2025

편저 시대청소년상담사 수험연구소

시험 준비부터 합격까지!

ARE YOU READY?

20년 연속 청소년상담사 부문 **1위**

필수1과목 | 청소년상담의 이론과 실제 · **필수2과목** | 상담연구방법론의 기초
필수3과목 | 심리측정 평가의 활용 · **필수4과목** | 이상심리

[1교시]

청소년상담사
2급 한권으로 끝내기

필수4과목 · 선택4과목 핵심이론 + 적중예상문제

청소년윤리강령 | 2024년 기출문제해설 + 무료강의

CBT 모의고사
3회 무료쿠폰 제공

시대에듀

최고의 교수진이 제공하는 **풍부한 실무경험**으로 **합격**을 앞당겨 드립니다!

청소년상담사 2·3급
국가 전문자격 합격은 역시 시대에듀!

장경은 교수

독고유리 교수

김윤수 교수

정경아 교수

홍시라 교수

**핵심이론부터 기출 유형까지! 광범위한 범위를 일목요연하게 정리!
초보자도 한 번에 이해 가능한 명쾌한 강의**

최신기출
무료제공

온라인
동영상 강의

**최신기출해설 동영상 1회분 무료제공
청소년상담 전문가를 위한 완벽한 합격전략!**

※ 강사구성 및 커리큘럼은 변경될 수 있습니다.
※ 자세한 정보는 시대에듀 홈페이지를 참고하시기 바랍니다.
시대에듀 홈페이지 www.sdedu.co.kr

시대에듀

끝까지 책임진다! 시대에듀!
QR코드를 통해 도서 출간 이후 발견된 오류나 개정법령, 변경된 시험 정보, 최신기출문제, 도서 업데이트 자료 등이 있는지 확인해 보세요! **시대에듀 합격 스마트 앱**을 통해서도 알려 드리고 있으니 구글 플레이나 앱 스토어에서 다운받아 사용하세요.
또한, 파본 도서인 경우에는 구입하신 곳에서 교환해 드립니다.

편집진행 박종옥·장민영 | **표지디자인** 김지수 | **본문디자인** 김보미·김휘주

청소년상담사

 2급 한권으로 끝내기

1교시

시대에듀

2025 청소년상담사 2급
한권으로 끝내기

Always with you

사람의 인연은 길에서 우연하게 만나거나 함께 살아가는 것만을 의미하지는 않습니다.
책을 펴내는 출판사와 그 책을 읽는 독자의 만남도 소중한 인연입니다.
시대에듀는 항상 독자의 마음을 헤아리기 위해 노력하고 있습니다.
늘 독자와 함께하겠습니다.

 보다 깊이 있는 학습을 원하는 수험생들을 위한
시대에듀의 동영상 강의가 준비되어 있습니다.
www.sdedu.co.kr ➜ 회원가입(로그인) ➜ 청소년상담사 2급

머리말

현대사회는 학교폭력, 가출, 학업중단, 왕따, 집단 괴롭힘, 약물남용 및 청소년성매매 등 다양화되고 심각해지고 있는 청소년 문제에 현실적으로 대처하기 위한 전문상담인력의 필요성이 점차 커지고 있습니다. 이런 분위기 속에서 청소년상담사의 역할과 중요도 역시 나날이 증가하고 있는 추세입니다.

청소년상담사 국가자격제도의 목적은 일반상담과 차별화된 청소년 문제에 초점을 맞춘 전문상담자의 양성 및 청소년상담의 전문화와 상담사의 자질 향상, 청소년 문제에 대한 열의와 관심, 높은 자질을 지닌 인력을 선발하는 데 있습니다.

수험문화를 선도하는 1등 교육출판 시대에듀에서는 청소년상담사 자격증의 필요성을 이해하고, 이에 맞춰 청소년상담사 2급 시험을 준비하는 수험생 여러분들을 위해 〈청소년상담사 2급 한권으로 끝내기〉 개정판을 출간하게 되었습니다. 본 서는 최근 높아진 출제수준에 맞추어 수험생들이 최소 시간으로 최대 효과를 누릴 수 있도록 다음과 같이 구성하였습니다.

도서의 특징

첫째 출제기준에 맞게 목차를 구성하였습니다.
청소년상담사 출제영역에 맞도록 목차를 구성하고, 과목별로 출제기준의 주요항목과 세부항목에 알맞게 이론을 재배치하여 독자님들이 학습하시기에 편리하도록 하였습니다.

둘째 최신 출제경향을 완벽히 분석하여, 총 8과목의 방대한 이론 가운데 핵심 내용만을 담았습니다.
2014년 12회부터 최근 2024년 23회 기출문제까지의 출제경향을 완벽히 반영하여, 기존의 불필요한 내용은 삭제하고 시험에 필요한 내용은 새롭게 추가하여 2025년 시험에 완벽하게 대비할 수 있도록 대폭 개정된 수험서입니다.

둘째 다양한 학습장치를 통해 독자 여러분들의 심도 있는 학습을 지원합니다.
연도별 기출표시, 중요표시 및 빈출되는 키워드를 중심으로 한 핵심이론을 한눈에 파악할 수 있도록 구성하였습니다. 또한, 지식IN 박스, 용어설명 박스 등을 통해 강약 있게 학습할 수 있도록 구성하였습니다.

편저자 씀

이 책의 구성과 특징 STRUCTURES

분권소개 1권(1교시 시험과목) + 2권(2교시 시험과목 + 최신기출)

〈2025 시대에듀 청소년상담사 2급 한권으로 끝내기〉 도서는 총 2권으로 분권하여 구성하였습니다.
[1권] 필수 1~4과목, [2권] 선택 1~4과목, 2024년 23회 최신 기출문제를 수록하였습니다.
2014년 12회부터 2024년 23회 기출문제까지의 출제 경향을 완벽하게 반영하여, 기존의 불필요한 내용은 삭제하고 시험에 필요한 내용은 새롭게 추가하여 2025년 시험에 완벽하게 대비할 수 있도록 대폭 개정된 수험서입니다.

 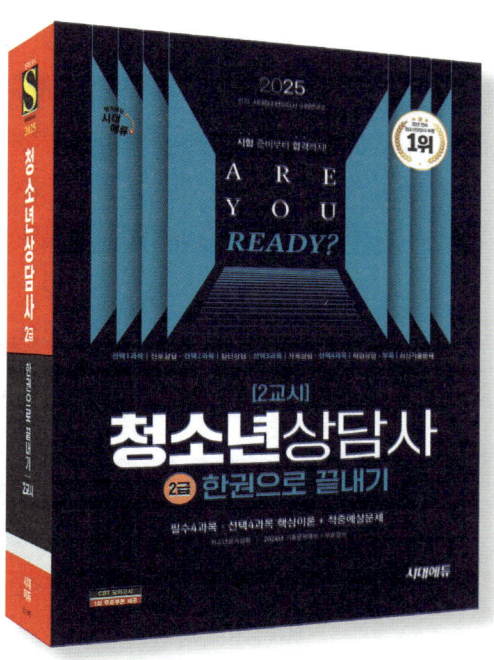

1권 1교시 시험과목
- 필수 01 청소년상담의 이론과 실제
- 필수 02 상담연구방법론의 기초
- 필수 03 심리측정 평가의 활용
- 필수 04 이상심리

2권 2교시 시험과목
- 선택 01 진로상담
- 선택 02 집단상담
- 선택 03 가족상담
- 선택 04 학업상담
- 부록   2024년 23회 기출문제

청소년상담사 시험가이드

청소년상담사 시험가이드에는 시험정보, 출제기준, 합격률 등 청소년상담사 자격시험의 모든 정보를 상세하게 수록하였습니다.

이 책의 구성과 특징 STRUCTURES

출제기준 항목과 똑같은 목차구성

청소년상담사 출제영역에 맞도록 목차를 새로이 구성하여, 과목별로 출제기준의 주요항목과 세부항목에 알맞게 내용을 재배치하였습니다. 필수 4과목과 선택 4과목, 총 8과목의 핵심이론이 〈2025 시대에듀 청소년상담사 2급 한권으로 끝내기〉에 모두 수록되어 있습니다.

과목별 핵심이론과 다양한 학습장치

연도별 기출표시, 빈출되는 키워드를 중심으로 한 중요한 핵심내용을 한눈에 파악할 수 있도록 하였습니다.
지식 IN 박스, 용어설명 박스 등을 통해 강약 있게 학습할 수 있도록 효과적으로 구성하였습니다.

이 책의 구성과 특징 STRUCTURES

적중예상문제 + 단답형 문제 + OX 문제

과목별, 챕터별로 적중예상문제, 단답형 문제, OX 문제를 구성하여 빈틈 없이 학습할 수 있습니다. '적중예상문제'를 통해 출제경향을 파악하고, '주관식 단답형 문제, 기출문항 OX 문제'를 통해 핵심 키워드를 한 번 더 숙지하여 최종적으로 정리할 수 있습니다.

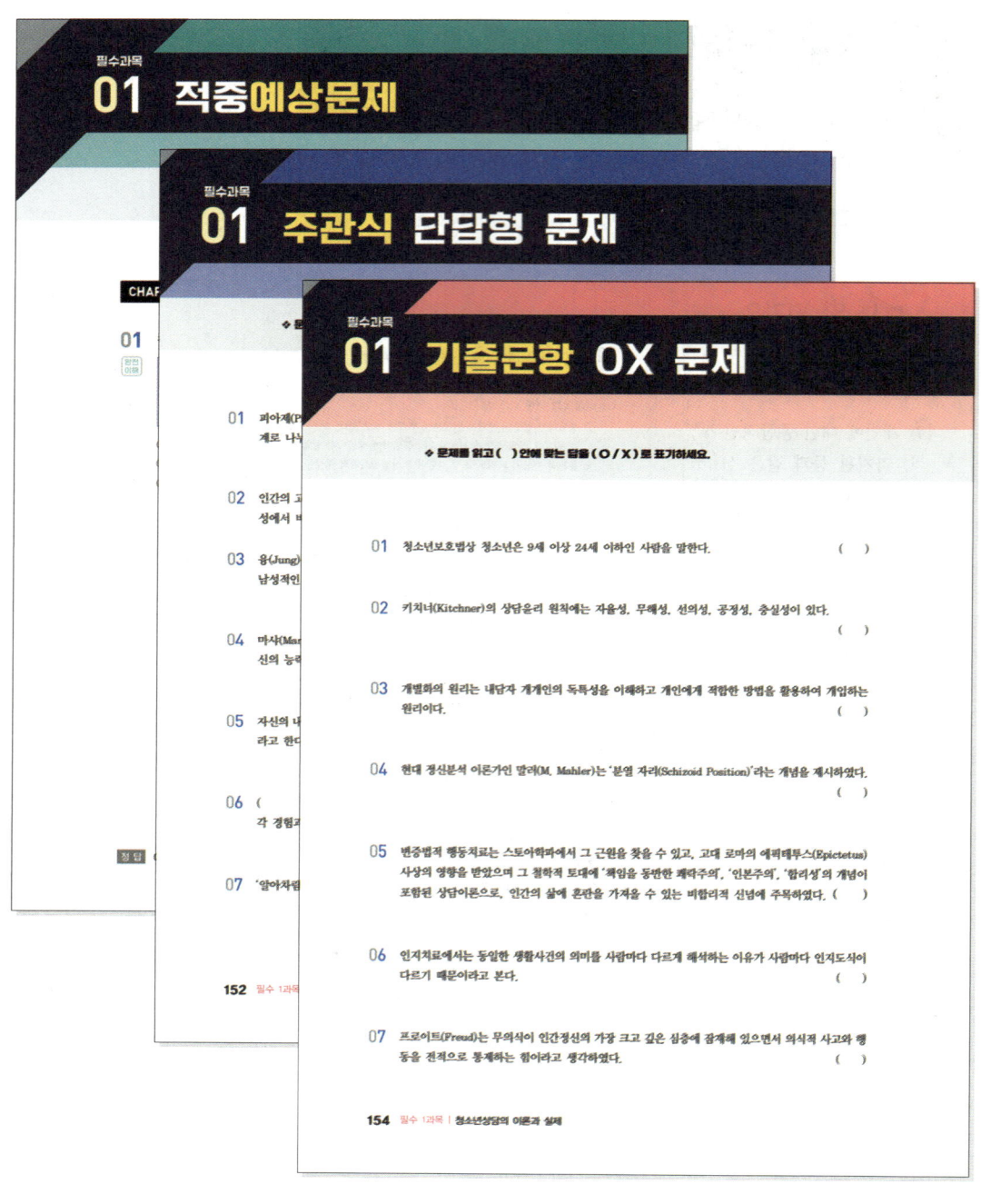

부록·최신기출문제(2024년 23회 기출)

필수 4과목 + 선택 4과목, 총 8과목의 핵심이론과 과목별 적중예상문제의 학습을 완벽하게 마쳤다면, 학습의 마지막 단계에서 최신기출문제를 풀어보면서 출제경향을 파악하고 최종 정리를 할 수 있도록, 2024년 23회 기출문제해설을 수록하였습니다.

청소년상담사 Q&A GUIDE

 청소년상담사 자격증은 어떤 자격증인가요?

청소년상담사는 청소년기본법 제22조 제1항에 의거하여 실시되는 '청소년 상담'과 관련된 국내 유일의 국가자격증으로, 자격시험에 합격하고 연수기관에서 실시하는 100시간 이상의 과정을 마친 사람에게 여성가족부장관이 부여하는 자격증입니다.

 청소년상담사 자격증을 취득하면 어떤 곳에 사용될 수 있나요?

개인의 역량에 따라 국가 차원의 청소년상담기관인 한국청소년상담복지개발원, 시·군·구 청소년지원센터를 비롯하여 청소년수련관, 청소년문화의 집, 사회복지관, 청소년쉼터, 청소년 관련 복지시설 및 청소년 업무지원부서 등에서 활동할 수 있게 됩니다. 그러나 청소년상담사 자격증을 취득한다고 해서 국가가 취업을 보장하는 것은 아닙니다.

 청소년상담사 자격의 취득 절차는 어떻게 되나요?

자격검정(필기시험, 면접시험, 응시자격서류 심사) ➡ 자격연수(100시간) ➡ 자격증 취득
필기시험은 과목별 5지 선다형 / 객관식 25문항으로 구성되어 있으며, 필기시험 합격예정자에 대하여 응시자격 증빙서류를 심사하게 됩니다. 면접시험은 응시자격 증빙서류 심사 합격자를 대상으로 개별면접 또는 집단면접으로 실시합니다. 면접시험까지 통과하시게 되면, 자격연수를 받으신 이후 자격증을 받으실 수 있습니다.

 필기시험 합격기준은 어떻게 되나요?

매 과목 100점 만점으로 하여 매 과목 40점 이상, 전 과목 평균 60점 이상을 득점한 자(절대평가 기준)입니다.

Q 연수는 언제까지 이수해야 하나요?

자격검정 최종 합격 이후 연수를 받아야 하는 기한이 제한되어 있지는 않습니다. 자격검정에 최종 합격한 연도에 연수를 받지 못하더라도 합격이 취소되지는 않으며, 연수를 받을 수 있는 해에 신청하여 받으면 됩니다(단, 신청한 회차에 100시간 이상 연수를 모두 이수해야 함).

Q 대학원에서 상담 관련 분야 전공을 수료했습니다. 응시자격이 되나요?

수료는 해당되지 않고, 학위를 취득한 경우 응시 가능합니다. 참고로 상담 관련 학과 박사학위를 취득하셨다면 1급, 상담 관련 학과 석사학위를 취득하셨다면 2급, 상담 관련 학과 학사학위를 취득하셨다면 3급 응시가 가능합니다.

Q 응시자격과 관련하여 상담 관련 학과란 어느 학과를 말하나요?

청소년상담사 기본 응시자격은 상담 관련 학과(분야) 학위가 있으시거나, 상담 실무경력이 있어야 합니다. 상담 관련 학과는 청소년학, 청소년지도학, 교육학, 심리학, 사회사업학, 사회복지학, 정신의학, 아동학, 아동복지학, 상담학과가 해당됩니다. 그 외의 경우 법령에 명시된 10개의 상담 관련 학과가 아니므로, 상담의 이론과 실제(상담원리·상담기법), 면접원리, 발달이론, 집단상담, 심리측정 및 평가, 이상심리, 성격심리, 사회복지실천(기술)론, 상담교육, 진로상담, 가족상담, 학업상담, 비행상담, 성상담, 청소년상담 또는 이와 내용이 동일하거나 유사한 과목이 재학 당시 전공 커리큘럼에 4과목 이상 개설되어 있는지를 학교 학과사무실 등을 통해 확인하셔야 합니다.

Q 작년도 서류심사에서 떨어졌습니다. 필기시험을 다시 봐야 하나요?

필기시험에 합격했다 하더라도 서류심사에 통과하지 못하였을 경우 내년도 필기시험에 다시 응시하셔야 합니다. 필기시험 합격예정자는 응시자격 증빙서류가 제출·승인되어야 필기시험이 최종 합격 처리됩니다.

자격상세정보 INFORMATION

청소년상담사 개요

청소년상담기관인 한국청소년상담복지개발원, 시·도 청소년종합상담센터, 시·군·구 청소년상담센터를 비롯하여 청소년수련관, 청소년문화관, 사회복지관, 청소년쉼터, 청소년관련 복지시설 및 청소년업무 지원부서 등에서 청소년의 보호선도 및 건전생활의 지도, 수련활동의 여건조성 장려 및 지원, 청소년단체의 육성 및 활동지원, 청소년을 위한 지역사회의 유익한 환경의 조성 및 유해 환경의 정화활동 등의 직무를 수행합니다.

전문 상담자 양성
청소년 문제에 초점을 맞춘 전문 상담자 양성

상담자 자질 향상
청소년상담사의 전문화와 상담자의 자질 향상

높은 자질을 지닌 인력 선발
청소년 문제에 대한 열의와 관심, 높은 자질을 지닌 인력 선발

주최·주관기관

- 여성가족부 : 정책수립
- 한국산업인력공단 : 필기시험, 면접시험, 응시자격서류 심사
- 한국청소년상담복지개발원 : 자격시험 연수, 자격증 교부

2025년 시험일정

회 차	원서접수	빈자리 접수	필기시험	필기합격자 발표일	면접접수	면접시험	최종합격자 발표일
24회	7.21(월)~7.25(금)	9.4(목)~9.5(금)	9.13(토)	10.22(수)	11.3(월)~11.7(금)	11.24(월)~11.29(금)	12.24(수)

※ 시험일정은 변경될 수 있으니, 반드시 해당 홈페이지를 확인하시기 바랍니다(www.q-net.or.kr/site/sangdamsa).
※ 2025년도 국가자격시험 시행일정 사전공고를 바탕으로 작성되었습니다.
※ 필기시험 정답은 www.q-net.or.kr/site/sangdamsa에서 "합격자발표 〉 가답안/최종정답공개"에서 확인할 수 있습니다.

청소년상담사의 역할

구 분	주요 역할	세부 내용
1급 청소년 상담사	청소년상담을 주도하는 전문가 (지도인력)	• 청소년상담 정책 개발 및 행정업무 총괄 • 상담기관 설립 및 운영 • 청소년들의 제 문제에 대한 개입 • 2급 및 3급 청소년상담사 교육 및 훈련
2급 청소년 상담사	청소년 정신을 육성하는 청소년상담사 (기간인력)	• 청소년상담의 전반적 업무 수행 • 청소년의 각 문제영역에 대한 전문적 개입 • 심리검사 해석 및 활용 • 청소년상담과 관련된 독자적 연구 설계 및 수행 • 3급 청소년상담사 교육 및 훈련
3급 청소년 상담사	유능한 청소년상담사 (실행인력)	• 기본적인 청소년상담 업무 수행 • 집단상담의 공동지도자 업무 수행 • 매체상담 및 심리검사 등의 실시와 채점 • 청소년상담 관련 의뢰체계를 활용 • 청소년상담실 관련 제반 행정적 실무를 담당

청소년상담사 양성현황

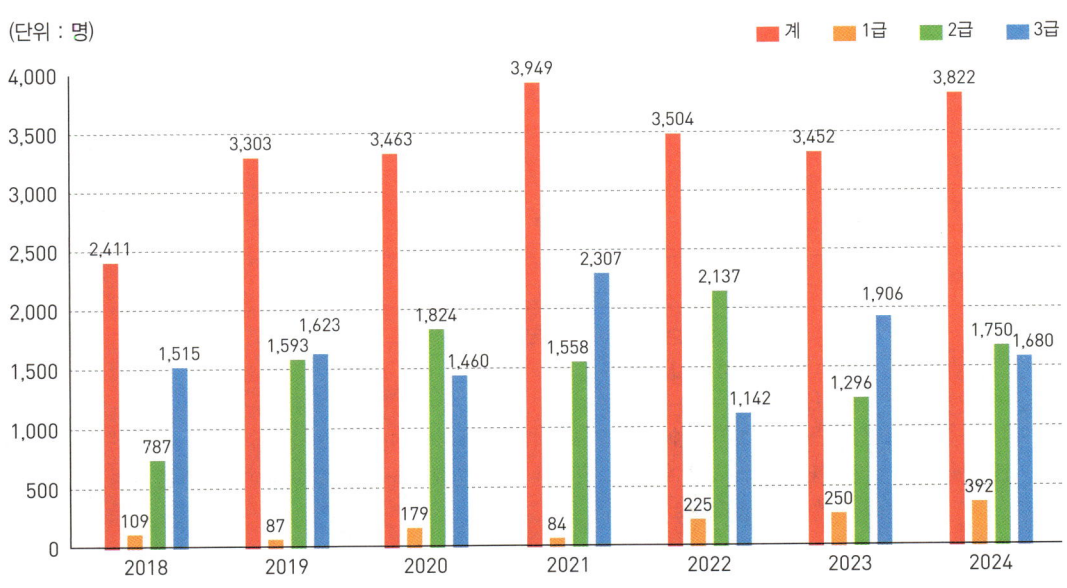

※ 출처 : 한국청소년상담복지개발원(2024)

자격상세정보 INFORMATION

○ 시험과목 및 시험시간 ※ 각 과목당 25문항, 객관식 5지선다

구 분	교 시	시험과목	시험시간
1급 청소년상담사 (5과목)	1교시(필수)	• 상담사 교육 및 사례지도 • 청소년 관련법과 행정 • 상담연구방법론의 실제	9:30 ~ 10:45 (75분)
	2교시(선택)	비행상담, 성상담, 약물상담, 위기상담 중 2과목	11:40 ~ 12:30 (50분)
2급 청소년상담사 (6과목)	1교시(필수)	• 청소년상담의 이론과 실제 • 상담연구방법론의 기초 • 심리측정 평가의 활용 • 이상심리	9:30 ~ 11:10 (100분)
	2교시(선택)	진로상담, 집단상담, 가족상담, 학업상담 중 2과목	11:40 ~ 12:30 (50분)
3급 청소년상담사 (6과목)	1교시(필수)	• 발달심리 • 집단상담의 기초 • 심리측정 및 평가 • 상담이론	9:30 ~ 11:10 (100분)
	2교시 (필수+선택)	• 학습이론(필수) • 청소년이해론, 청소년수련활동론 중 1과목	11:40 ~ 12:30 (50분)

○ 합격기준

구 분	합격결정기준
필기시험	• 매 과목 100점을 만점으로 하여 매 과목 40점 이상 • 전 과목 평균 60점 이상 득점한 자
면접시험	• 면접위원(3인)의 평정점수 합계가 모두 15점(25점 만점) 이상인 사람 • 다만, 면접위원의 과반수가 어느 하나의 평가사항에 대하여 1점으로 평정한 때에는 평정점수 합계와 관계없이 불합격으로 함

※ 필기시험 및 면접시험 합격예정자는 응시자격 서류를 제출하여야 하며, 정해진 기간 내 응시서류를 제출하지 않거나 심사 결과 부적격자일 경우 필기시험을 불합격 처리합니다.

필기시험 시행현황

구분		1급	2급	3급
2020년	응시자	470명	4,468명	5,822명
	합격자	85명	2,050명	3,056명
	합격률	18.09%	45.88%	52.49%
2021년	응시자	677명	4,485명	5,608명
	합격자	350명	2,802명	1,469명
	합격률	51.70%	62.47%	26.19%
2022년	응시자	646명	4,047명	5,526명
	합격자	471명	1,854명	2,859명
	합격률	72.91%	45.81%	51.74%
2023년	응시자	734명	4,189명	4,851명
	합격자	374명	2,157명	2,334명
	합격률	50.95%	51.49%	48.11%
2024년	응시자	1,987명	5,479명	4,779명
	합격자	1,352명	3,870명	2,672명
	합격률	68.04%	70.63%	55.91%

※ 2024년 시행현황은 합격예정자 기준으로 작성되었습니다.

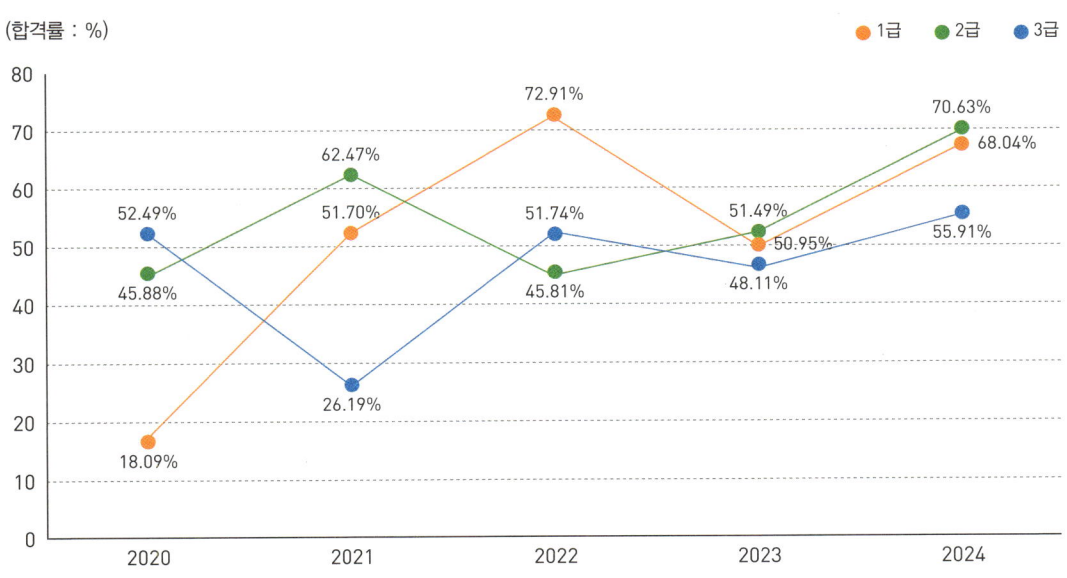

출제기준 ANALYSIS

01 필수과목 청소년상담의 이론과 실제

주요항목	세부항목	
청소년내담자의 이해	• 청소년내담자의 특성 • 청소년 문제의 이해 • 발달과제와 문제	
청소년상담이론 ★★★★	• 정신분석 • 행동주의 상담 • 인간중심 상담 • 합리정서행동 상담 • 현실치료/해결중심 상담 • 여성주의 상담 • 통합적 접근	• 개인심리학 • 실존주의 상담 • 게슈탈트 상담 • 인지치료 • 교류분석 • 다문화 상담
청소년상담의 기초 ★★★★	• 청소년상담의 의의 • 청소년상담의 특성 • 청소년상담자의 태도	• 청소년상담의 목표 • 청소년상담자의 자질 • 청소년상담자 윤리
청소년상담의 실제 ★★	• 상담의 시작 • 상담의 종결 • 상담의 유형 (단회, 단기, 장기, 매체 등)	• 상담의 작업 • 상담기술과 기법 • 청소년 사례 통합관리 • 지역사회안전망 운영
기 타	기타 청소년상담의 이론과 실제에 관한 사항	

기출 키워드

#청소년상담자의 역할 #화상상담 #게슈탈트 상담 #바디워크(Bodywork)
#상담이론(개인심리학, 교류분석) #상담기법의 적용 시점 #재결단작업 #사례개념화 #수용전념치료
#상담기법 #분석심리학 #현대 정신분석 이론가와 주요개념 #스마트폰 과의존
#키치너(K. Kitchener)의 윤리적 의사결정 원칙 #현실치료 #윤리강령 중 내담자의 권리와 보호
#해결중심상담 #교류분석 #청소년상담 #인지적 오류 #합리정서행동상담(REBT) #상담단계와 과업
#지역사회 청소년통합지원체계(CYS-Net, 청소년안전망)
#청소년상담에서 사전동의(Informed Consent) #청소년상담의 통합적 접근

※ 2024년 23회 기출문제를 바탕으로 작성되었습니다.

02 필수과목 　상담연구방법론의 기초

주요항목	세부항목	
상담연구의 기초	• 상담연구의 과학적 접근 • 전문적 글쓰기	• 상담연구의 패러다임
연구의 절차 ★★	• 연구문제 및 가설 설정 • 연구주제 선정 • 연구대상자 선정과 표집	• 연구구인의 조작적 정의 • 변인결정 및 측정도구의 선정 • 자료수집과 분석방법
연구의 타당도 ★★★★★	• 내적타당도 • 통계적 결론 타당도 • 검사도구의 신뢰도	• 외적타당도 • 검사도구의 타당도
실험설계 ★★★★★	• 실험연구의 개관 • 통계분석 절차 및 방법 • 집단 내 설계 • 준실험 설계 • 모의상담연구	• 상담성과 및 효과 연구 • 집단 간 설계 • 혼합설계 • 단일사례 연구설계 • 상관연구
질적 연구 ★★★	• 현상학적 접근 • 사례연구 • 질적 연구의 신뢰도와 타당도	• 근거이론 • 합의적 질적 연구(CQR)
상담연구 윤리 ★	상담연구 윤리	
기 타	기타 상담연구방법론의 기초에 관한 사항	

기출 키워드

#연구가설이 표현하고 있는 효과 #가설 설정 및 검정 #연구 수행 #상담 연구 #양적 연구 패러다임
#양적 연구의 타당도 #통계적 검정력(Statistical Power) #척도의 타당도를 평가할 수 있는 방법
#측정도구 선정 및 사용 #척도의 신뢰도(Reliability) #사례에 적절한 분석 방법
#논문 작성 시 '논의 및 결론'에 포함될 내용 #논문 작성 시 '연구방법' #진실험설계가 충족해야 할 조건
#근거이론 연구 #단순선형회귀분석에서 총변동(SST ; Sum of Squares Total) #집단 간 설계
#질적 연구의 특징 #인간참여자를 대상으로 한 연구 #연구부정행위 #혼합연구방법
#유사실험설계(Quasi-experimental Design)
#단일사례연구설계(Single-case Research Design) #모의상담연구 #실험실 실험연구

※ 2024년 23회 기출문제를 바탕으로 작성되었습니다.

출제기준 ANALYSIS

03 필수과목 심리측정 평가의 활용

주요항목	세부항목
심리검사 개론 ★★	• 심리검사 및 평가의 개념과 역사 · 총론 • 면접법과 행동평가법 • 심리검사의 분류, 선택, 시행 • 심리검사의 제작과 기본통계
심리검사 각론 ★★★★	• 지능검사 • 객관적 성격검사 • 투사적 검사
기 타	기타 심리측정 평가의 활용에 관한 사항

기출 키워드

#규준의 개념 #심리검사와 평가의 윤리 #심리평가의 목적 #심리검사의 역사 #면담 #행동평가
#내담자의 특성을 측정하기 위한 심리검사 #심리검사의 실시와 해석 #심리검사
#전통적 심리검사의 제작 순서 #심리검사의 신뢰도와 타당도 #K-WISC-V의 소검사
#K-WAIS-Ⅳ의 소검사 #지능 이론 #MMPI-2에서 재구성 임상척도 #홀랜드(Holland) 직업적성검사
#MBTI #MMPI-A #NEO-PI-R #TCI 척도 #PAI의 임상척도 #한국판 아동
#청소년 행동평가 척도(K-CBCL 6-18) #투사검사 #투사적 검사의 장점 #문장완성검사(SCT)

※ 2024년 23회 기출문제를 바탕으로 작성되었습니다.

04 필수과목　이상심리

주요항목	세부항목	
이상심리학의 이론적 입장	• 이상심리학에 대한 주요 이론 Ⅰ	• 이상심리학에 대한 주요 이론 Ⅱ
이상심리의 분류 및 평가	• 이상심리의 분류 및 평가(진단)	• DSM-5의 개괄
신경발달장애 ★★★	• 지적장애(지적발달장애) • 자폐 스펙트럼 장애 • 주의력결핍 및 과잉행동장애 (ADHD)	• 의사소통장애 • 운동장애 • 특정 학습장애
조현병 스펙트럼 및 기타 정신병적 장애 ★★★	• 조현병(정신분열증) • 조현양상장애(정신분열형장애) • 망상장애	• 조현정동장애(분열정동장애) • 단기 정신병적 장애 • 조현형 성격장애(분열형 성격장애)
양극성 및 관련 장애	• 제1형 양극성 장애, 제2형 양극성 장애 • 순환성 장애(순환감정 장애)	
우울장애 ★★★	• 지속성 우울장애(기분저하증) • 파괴적 기분조절 부전장애(파괴적 기분조절 곤란장애)	• 월경전불쾌감 장애
불안장애 ★★★	• 범불안장애 (Generalized Anxiety Disorder) • 공황장애	• 공포증 • 분리불안장애 • 선택적 함구증(무언증)
강박 및 관련 장애 ★★★	• 강박장애 • 수집광(저장장애) • 피부뜯기 장애(피부벗기기 장애)	• 신체이형장애(신체변형장애) • 발모광(털뽑기 장애)
외상 및 스트레스 관련 장애 ★★★	• 외상 후 스트레스 장애 • 애착장애	• 급성 스트레스 장애 • 적응장애
해리장애 ★★★	• 해리장애(해리성 장애)의 이해 • 해리성 기억상실증	• 해리성 정체감 장애 • 이인증/비현실감 장애
신체증상 및 관련 장애	• 신체증상장애 • 전환장애	• 질병불안장애 • 인위성(허위성) 장애
급식 및 섭식장애 ★	• 이식증(Pica) • 회피적/제한적 음식섭취 장애 • 신경성 폭식증	• 되새김장애(반추장애) • 신경성 식욕부진증(거식증) • 폭식장애

출제기준 ANALYSIS

배설장애	• 유뇨증	• 유분증
수면-각성장애	• 불면장애 • 기면증(수면발작증) • 수면이상증 (Parasomnias, 사건수면)	• 과다수면 장애 • 호흡 관련 수면장애 • 일주기리듬 수면-각성 장애
성 관련 장애 ★★	• 성기능 부전 • 변태성욕 장애(성도착장애)	• 성별 불쾌감
파괴적, 충동조절 및 품행장애 ★★★	• 적대적 반항장애 • 반사회성 성격장애 • 병적도벽(도벽광)	• 품행장애 • 간헐적 폭발장애 • 병적방화(방화광)
물질 관련 및 중독 장애	• 물질 관련 장애	• 비물질 관련 장애(도박장애)
신경인지 장애	• 주요/경도 신경인지장애	• 섬망
성격장애 ★★★	A군/B군/C군 성격장애	
기타	• 임상적 주의의 초점이 될 수 있는 기타의 상태 • 기타 이상심리에 관한 사항	

※ 시행처 출제기준은 이상심리 과목의 주요항목만 제시되며, 세부항목은 〈청소년상담사 2급 한권으로 끝내기〉 교재를 기준으로 작성하였습니다.

기출 키워드

#이상심리의 행동주의 모형 #DSM-5에 포함되지 않은 정신장애 #정신장애 분류의 장점
#DSM-5의 지적장애 중등도 수준 #DSM-5의 신경발달장애 #DSM-5에서 조현병의 음성증상
#DSM-5의 망상장애 아형(Subtypes) #DSM-5의 각 조현병 스펙트럼 장애와 그 진단기준
#DSM-5의 조증 삽화 진단기준 #우울증의 유형 #DSM-5의 불안장애 하위유형 #DSM-5의 공황장애
#급성 스트레스 장애 #DSM-5의 강박장애 #신해리 이론 #인위성장애
#해리성 기억상실 : 해리성 둔주 동반 #DSM-5의 신경성 폭식증
#불면장애의 치료를 위한 수면위생 교육 #DSM-5의 성별 불쾌감 장애 진단기준
#DSM-5의 품행장애 진단기준 #DSM-5의 병적 도벽 #임상적 주의의 초점이 될 수 있는 기타의 상태
#DSM-5의 조현형 성격장애 #성격장애에 대한 대안적 DSM-5 모델

※ 2024년 23회 기출문제를 바탕으로 작성되었습니다.

05 선택과목 진로상담

주요항목	세부항목
청소년 진로상담의 이론적 기초 ★★★★★	• 진로상담의 개관 • 진로선택이론 • 진로발달이론 • 진로의사결정이론 • 직업적응 및 진로전환이론 • 진로상담이론의 최근 경향 • 특수영역 진로상담 이론(진학, 직업능력, 다문화 등)
청소년 진로상담의 실제 ★★★★	• 진로상담의 과정 • 진로상담의 기법 • 진로심리검사 • 진로정보의 활용 • 개인/집단 진로상담과 프로그램의 실제 • 특수영역 진로상담실제(진학, 취업능력, 다문화 등)
기 타	기타 진로상담에 관한 사항

기출 키워드

#진로상담자가 갖추어야 할 역량 #진로상담의 목표 #윌리암슨(E. Williamson)의 진로상담 6단계
#홀랜드(J. Holland)의 직업성격유형이론 5가지 개념 #진로가계도(Career Genogram)
#파슨스(F. Parsons)의 특성요인이론 #로(A. Roe)의 욕구이론
#하렌(V. Harren)의 진로의사결정유형이론 #수퍼(D. Super)의 직업발달과정과 과업
#갓프레드슨(L. Gottfredson)의 제한타협이론 #긴즈버그(Ginzberg)의 직업선택 3단계
#타이드만과 오하라(D. Tiedeman & R. O'Hara)의 진로의사결정이론
#다위스와 롭퀴스트(Dawis & Lofquist)의 직업적응이론의 측면
#슐로스버그(N. Schlossberg)의 진로전환이론 #미러바일(R. Mirabile)의 퇴직자를 위한 카운슬링 모델
#크럼볼츠(J. Krumboltz)의 우연학습이론(Happenstance Learning Theory)
#사회인지 진로이론(SCCT)의 진로상담 전략 #사비카스(M. Savickas)의 진로구성주의
#진로무질서이론(CTC ; Career Theory of Chaos)
#진로 의사결정수준에 따른 내담자 분류 샘슨 등(J. Sampson et al.)
#진로양식면접(Career Style Interview)의 사용 질문 #작업동맹(Working Alliance)
#직업분류 및 직업사전 #청소년 집단진로상담 #다문화 진로상담

※ 2024년 23회 기출문제를 바탕으로 작성되었습니다.

출제기준 ANALYSIS

06 선택과목 집단상담

주요항목	세부항목

청소년 집단상담의 이론
★★★★★
	• 집단상담의 기초
	  – 정의, 목표, 치료적 요인
	• 집단역동의 이해 및 집단상담의 과정
	  – 초기단계, 중기단계, 종결단계
	• 집단상담의 제 이론
	  – 정신분석 접근, 개인심리학 접근, 행동주의 접근, 실존주의 접근, 인간중심 접근, 게슈탈트 접근, 합리정서행동 접근, 인지치료 접근, 현실치료/해결중심 접근, 교류분석 접근, 예술적 접근 등 기타 접근(심리극, 미술, 음악 등)
	• 집단상담자
	  – 집단상담자의 역할, 집단상담자의 기술, 집단상담자의 인성

청소년 집단상담의 실제 ★★★★	• 집단상담자의 기술 및 문제상황 다루기 • 청소년 집단상담의 계획 및 평가 • 청소년 집단상담의 특징 – 윤리와 규범, 참여자의 권리와 책임, 기타 특징 • 청소년 집단상담의 제 형태
기 타	기타 집단상담에 관한 사항

기출 키워드

#얄롬(I. Yalom)의 치료적 요인 #코리(G. Corey)의 '작업집단' #집단상담 종결단계에서 집단상담자 역할
#집단상담 초기단계의 집단원 특징 #합리적정서행동치료(REBT) 집단상담의 단계
#집단상담자의 개입 #심리극 집단상담 #집단상담자 역할 #게슈탈트 집단상담의 심리적 현상
#교류분석 집단상담 #인간중심 집단상담 #정신분석 집단상담기법 #집단상담자의 상담기술
#전이 반응에 대한 집단상담자의 대처 #집단상담자의 역할 #코리(G. Corey)의 집단상담자 전문적 자질
#집단상담자의 기술 중 반영 #집단상담 계획서에 포함되는 내용
#청소년 집단상담에서 집단상담자의 행동 #청소년상담사 윤리강령의 '다양성 존중'
#비자발적인 청소년의 집단상담자 역할 #청소년 집단상담의 이점
#청소년 집단상담의 일반적인 목표 #청소년 집단상담 운영 시 집단상담자의 전략 #감수성 훈련집단

※ 2024년 23회 기출문제를 바탕으로 작성되었습니다.

07 선택과목 가족상담

주요항목	세부항목
가족상담의 기초 ★★	• 가족상담을 위한 체계적 조망 • 가족상담의 기본개념 • 가족상담 과정 • 가족상담 기술 • 가족상담 윤리
가족상담의 이론과 실제 ★★★★	• 가족상담의 이론적 기초 • 가족상담 이론 – 보웬의 체계적 가족치료, 구조적 가족치료, 경험적 가족치료, 전략적 가족치료, 해결중심 단기 가족치료, 이야기치료 • 가족생활주기와 가족상담 • 가족상담 사정과 평가 • 가족상담 실제
청소년 가족–부모상담	• 청소년 가족 이해와 변화를 위한 개입전략 • 청소년 문제유형별 가족상담(폭력, 중독, 자살 등) • 청소년 가족–부모상담 사례
기 타	기타 가족상담에 관한 사항

기출 키워드

#가족상담 초기단계의 상담자 역할 #경험적 가족상담 #구조적 가족상담의 주요 기법
#보웬(M. Bowen)의 가족상담 #가족상담자의 윤리 #후기 가족상담이론에 영향을 준 사회구성주의
#가족상담이론과 기법 #경험적 가족상담의 목표 #구조적 가족상담의 개념–연합
#맥매스터 모델(McMaster Model)에서 제시한 가족기능
#카터(B. Carter)와 맥골드릭(M. McGoldrick)의 가족생활주기단계
#순환모델의 자기보고식 가족사정척도 #가족상담자의 개입 #청소년의 집단따돌림
#가족상담의 실제 #가족원의 중독문제 #가정폭력 가족상담 #이야기치료 #전략적 가족상담자
#대처질문 #체계론적 가족 상담의 개입 특성 #가족상담의 기본 개념

※ 2024년 23회 기출문제를 바탕으로 작성되었습니다.

출제기준 ANALYSIS

08 선택과목 학업상담

주요항목	세부항목	
학업문제의 이해	• 학업문제의 특성	• 학습부진의 정의 및 특성
학업관련 요인	• 인지적 영역 • 환경적 영역	• 정의적 영역
학업 관련 문제 및 평가 ★★★★	• 호소문제 유형 • 학업관련 검사에 대한 이해	• 학업/학습관련 장애 • 진단 및 평가절차
학습전략에 대한 이해 및 실제 ★★★	• 학습전략의 종류 및 분류 • 상황별 학습전략(수업, 시험, 노트작성 등) • 학습전략 프로그램의 실제	• 인지 및 초인지 전략
학업문제 상담 및 개입전략 ★★★★	• 학업상담의 특징 및 절차 • 주의집중력 문제 • 시험불안	• 학습동기 부족 • 학습부진 영재아 • 학습에서의 일반적인 부작용
기 타	기타 학업상담에 관한 사항	

기출 키워드

#학습장애 #커크와 찰팬트(S. Kirk & J. Chalfant) 등의 학습장애 분류

#칙센트미하이(M. Cskiszentmihalyi)의 몰입(Flow) #장기기억 속 지식의 형태

#자기결정성의 내면화 정도 #DSM-5에서 정의하는 학습장애의 종류

#DSM-5의 주의력결핍 과잉행동장애(ADHD) 진단기준 : 부주의 #K-WISC-Ⅴ에 포함된 하위 요인

#길포드(J. Guildford)의 창의적 사고 #능력-성취 불일치(IQ-Achievement Discrepancy)

#상보적 교수 #맥키치(W. McKeachie)의 자원관리 전략 #PMI(Plus-Minus-Interest)

#초인지전략(Metacognitive Strategies)

#마이켄바움과 굿맨(D. Meichenbaum & K. Goodman)의 자기교시훈련

#반두라(A. Bandura)의 관찰학습 #시간관리 매트릭스 #중재반응모형(RTI)

#관찰법의 종류 : 표본기록법 #반두라(A. Bandura)의 도덕적 품행 : 도덕적 정당화

#발레란드와 비소네트(Vallerand & Bissonnette)가 구분한 학습동기단계

#주의집중력 문제 : 인지적 측면 #학습부진 영재아에게 영향을 줄 수 있는 요인

#시험불안의 인지주의적 접근 #학업문제 부진아의 일반적인 진단 기준

※ 2024년 23회 기출문제를 바탕으로 작성되었습니다.

합격수기 REVIEW

다시 도전할 수 있게 이끌어준 시대에듀

작성자 : 김**

심리학 석사를 졸업하고, 갓 취득했던 3급 이후 더 도전하기를 꺼려 하며 현장에서 일해온 수년. 시간이 쌓일수록 이론공부를 학생 때처럼 하기란, 참 두렵고 미루고 싶은 숙제였습니다. 그러다 2024년 7월이 지나갈 때쯤, 2달여 남은 지금도 내가 공부하면, 2급 합격할 수 있을까? 직장 일을 하면서 동시에 공부를 병행해서 단기간에 확실히 합격할 방법은 무엇일까 고민했습니다. 주위에서 모두 시대에듀 강의를 들으라고 권해주었습니다. 〈시대에듀 청소년상담사 2급〉 합격반에 등록한 후, 낮에 일하고 밤엔 강의를 듣고, 버스를 오가며 또 강의를 들었습니다. 이해되지 않을 땐 다시 듣고 요점노트도 만들며 열심히 들었는데, 강의가 재미있으니 공부할 맛이 나고 자신도 생겼습니다.

이론공부 후 기출문제풀이 강의를 통해 시험풀이 요령과 문제를 바라보는 시야가 확장되었습니다. 기출문제를 3번씩 풀었고, 오답은 다시 설명을 들었습니다. 필기는 무난히 합격하였습니다.

시대에듀가 어깨 걸고 나를 당겨주었으니, 힘든 줄 모르고 공부를 하게 되었던 거라 여겨집니다. 필기합격 후, 면접대비 강의도 꼼꼼히 들었습니다. 면접사례별로 반드시 보아야 할 포인트를 짚어주셨는데, 교수님의 원포인트 강의초점이 어느 순간, 모든 사례에 적용된다는 것을 이해하게 되었고, 필기 때 공부한 심리평가 적용도 수월하게 이해되었고, 사례 외 면접사항도 자세히 알려주셔서 면접을 대비한 큰 그림이 보이도록 강의해주셨습니다.

덕분에 일하며 짧은 기간 공부하였는데도, 오늘 면접합격에 점수도 좋게 나올 수 있었습니다.

더운 8월부터 시대에듀 교수님들과 온라인으로 매일 얼굴을 마주하며, 공부하고 인내한 결과가 오늘 눈으로 보여서, 감사드립니다! 주변에서 물으면, 꼭 말하고 싶습니다. 청상공부?? 그럼 당연히 시대에듀 등록하고 교수님들 강의를 무조건 자주 들으라고~^^

합격 감사를 가장 먼저 나누고 싶어서^^ 면접 결과 발표 확인하자마자, 글로 옮겨봅니다. 정말 감사드려요~!!! 시대에듀 파이팅, 모든 도전하시는 분들도 파이팅!!!

최적의 효율을 자랑하는 커리큘럼

작성자 : 송**

처음 청소년상담사 2급 시험 준비를 결심했을 때, 저는 큰 두려움과 불안감에 사로잡혔습니다. 시간은 턱없이 부족했고, 공부해야 할 내용은 산더미 같았죠. '한 달 만에 과연 가능할까?' '괜히 돈만 버리는 건 아닐까?' 하는 생각이 끊임없이 들었습니다.

3급 공부도 시대에듀로 해서 덜컥 붙었던 기억에… '일단 해보지 않고는 모른다'는 마음가짐으로 시대에듀로 도전하기로 결정!! 강의는 놀랍도록 체계적이고 효율적이었습니다.

우선 몇 가지로 추려서 적어보겠습니다!!!

1. 핵심 요약 : 강사님들이 방대한 내용을 핵심만 콕 집어 요약해 주셔서, 짧은 시간 안에 효율적으로 학습할 수 있었습니다!

2. 체계적인 커리큘럼 : 하루하루 열심히만 한다면 이미 체계적인 커리큘럼으로 구성되어있어 30일 동안에도 모든 내용을 잘 다룰 수 있었고 방향도 잃지 않고 공부할 수 있었습니다! 강사님들의 강의는 단순한 이론 전달이 아니라, 실제 시험에 나올 법한 내용까지 잘 짚어주셨습니다.

3. 실전 대비 자료 : 이론 강의뿐만 아니라 실전 모의고사와 문제 풀이도 있어서 훨~~씬 효과적으로 공부가 가능했습니다!

집중과 효율의 시간이 부족하다는 압박감은 오히려 저를 더욱 집중하게 만들었습니다. 퇴근 후 강의를 들었고 2주 정도는 강의를 다 듣는 거에 일단 집중했습니다. 남은 2주는 문제풀이를 집중적으로 했습니다!! 강사님이 중요하다고 요약해주시는 부분을 집중했고 이해가 잘 안되는 부분은 계속 강의를 돌려봤습니다.

한 달 동안 집중적인 학습으로 쌓은 지식이 머릿속에서 정리되는 느낌으로 시험을 치르는 내내 늦게라도 시작하길 잘했다. 싶었습니다.

청소년상담사 자격증 취득을 고민하시는 분들, 특히 시간이 부족해 고민하시는 분들께 말씀드리고 싶습니다!!!

시간이 부족하다고, 늦었다고 포기하지 말고 집중력 있는 학습과 효율적인 강의만 있다면 짧은 시간에도 충분히 목표를 이룰 수 있습니다!!!!

※ 해당 후기는 시대에듀 합격자 수기 게시판에 남겨주신 내용을 재구성하였습니다.

1교시 목차 CONTENTS

필수1과목
청소년상담의 이론과 실제

01 청소년내담자의 이해

01 청소년의 개념 · 4
02 청소년기 발달과제와 문제 · 8

02 청소년상담이론

01 정신분석 · 13
02 개인심리학 · 22
03 행동주의 상담 · 28
04 실존주의 상담 · 35
05 인간중심 상담 · 39
06 게슈탈트 상담 · 42
07 합리정서행동 상담(REBT 상담) · 50
08 인지치료 · 54
09 현실치료 · 해결중심 상담 · 58
10 교류분석(TA ; Transaction Analysis) · 63
11 여성주의 상담 · 71
12 다문화 상담 · 74
13 통합적 접근 · 75

03 청소년상담의 기초

01 청소년상담의 이해 · 77
02 청소년상담자의 자질 및 역할 · 79
03 청소년상담자의 태도 및 행동 · 80
04 청소년상담자 윤리 · 81

04 청소년상담의 실제

01 상담의 시작 · 89
02 상담의 작업(중기단계) · 92
03 상담의 종결 · 95
04 상담의 과정과 원리 · 조건 · 전략 및 기법 · 98
05 상담의 유형 · 112
06 청소년안전망 운영사업 · 117

적중예상문제 · 단답형 문제 · OX문제 · 121

1교시 목차 CONTENTS

필수2과목
상담연구방법론의 기초

01 상담연구의 기초

01 상담연구의 과학적 접근 · · · · · 158
02 상담연구의 개요 · · · · · 162
03 질적 연구 · · · · · 171

02 연구 문제의 선정 및 표본추출

01 연구 문제의 선정 · · · · · 178
02 연구대상을 구하기 위한 표본추출(Sampling) · · · · · 179

03 측정과 척도

01 측 정 · · · · · 185
02 척 도 · · · · · 192

04 연구방법 및 실험설계

01 자료수집 및 자료수집방법 · · · · · 194
02 실험설계 · · · · · 201
03 단일사례연구(단일사례실험설계, 단일대상연구) · · · · · 211
04 집단 간 설계와 집단 내 설계 · · · · · 215
05 기타 실험설계 · · · · · 216

05 자료의 처리

01 자료의 편집 · · · · · 217
02 자료의 정리 · · · · · 219
03 부호화(Coding) · · · · · 223

06 통계와 자료의 분석

01 통계학 기초 · · · · · 228
02 기술통계 · · · · · 230
03 확률분포 · · · · · 234
04 추정통계 · · · · · 236
05 가설검정 · · · · · 238
06 표본크기 · · · · · 241
07 통계분석 · · · · · 242

07 연구보고서의 작성

01 연구보고서 일반 · · · · · 255
02 연구보고서 작성 · · · · · 256

적중예상문제 · 단답형 문제 · OX문제 · · · · · 259

필수3과목 심리측정 평가의 활용

01 심리검사 개론
- 01 심리검사 및 평가의 개념과 역사·총론 ·········· 318
- 02 면접법과 행동평가법 ································ 324
- 03 심리검사의 분류·선택·시행 ···················· 329
- 04 심리검사의 제작과 기본통계 ······················ 336

02 심리검사 각론
- 01 지능검사 ··· 346
- 02 객관적 성격검사 ······································ 364
- 03 투사적 검사 ··· 396

03 기타 심리측정 평가의 활용에 관한 사항
- 01 벤더게슈탈트 검사(BGT) ·························· 429
- 02 일반 직업적성검사(GATB) ························ 432
- 03 홀랜드유형 직업적성검사(CAT) ·················· 434

적중예상문제·단답형 문제·OX문제 ················ 438

필수4과목 이상심리

- 01 이상심리학의 이론적 입장 ························· 472
- 02 이상심리의 분류 및 평가 ·························· 476
- 03 신경발달장애 ··· 483
- 04 조현병 스펙트럼 및 기타 정신병적 장애 ······· 496
- 05 양극성 및 관련 장애 ································ 505
- 06 우울장애 ··· 509
- 07 불안장애 ··· 516
- 08 강박 및 관련 장애 ··································· 526
- 09 외상 및 스트레스 관련 장애 ······················ 533
- 10 해리장애 ··· 540
- 11 신체증상 및 관련 장애 ····························· 545
- 12 급식 및 섭식장애 ···································· 551
- 13 배설장애 ··· 558
- 14 수면-각성장애 ·· 560
- 15 성 관련 장애 ·· 569
- 16 파괴적, 충동조절 및 품행장애 ··················· 573
- 17 물질 관련 및 중독 장애 ··························· 579
- 18 신경인지장애 ··· 587
- 19 성격장애 ··· 591
- 20 임상적 주의가 필요한 기타 문제 ················ 604

적중예상문제·단답형 문제·OX문제 ················ 607

2교시 목차 CONTENTS

선택1과목 진로상담

01 청소년 진로상담의 이론적 기초

01 진로상담의 개관 · **4**
02 청소년 진로상담 · **8**
03 청소년 진로상담자의 역량과 자세 · **12**
04 진로선택이론 · **13**
05 진로발달이론 · **26**
06 기타 진로이론 · **41**
07 진로상담이론의 최근 경향 · **45**
08 특수영역(진학, 직업, 능력, 다문화 등) 진로상담이론 · · · · **57**

02 청소년 진로상담의 실제

01 진로상담의 원리 및 과정 · **64**
02 진로상담의 기법 · **66**
03 진로심리검사 · **69**
04 진로정보의 활용 · **75**
05 개인 진로상담 과정과 집단 진로상담의 실제 · · · · · · · · · · · · · **79**
06 특수영역 진로상담의 실제 · **84**
07 기타 진로상담에 관한 사항 · **89**

적중예상문제 · 단답형 문제 · OX문제 · **94**

선택2과목 집단상담

01 청소년 집단상담의 이론

01 집단의 의의 · **126**
02 집단상담의 기초 · **134**
03 집단역동의 이해 및 집단상담 과정 · **140**
04 집단상담의 제 이론 · **146**
05 집단상담자 · **170**

02 청소년 집단상담의 실제

01 집단상담자의 기술 및 문제 상황 다루기 · · · · · · · · · · · · · · · · **172**
02 청소년 집단상담의 계획 및 평가 · **185**
03 청소년 집단상담의 특성 · **193**
04 집단상담 윤리 · **197**

적중예상문제 · 단답형 문제 · OX문제 · **203**

선택3과목 가족상담

01 가족상담의 기초

01 가족상담을 위한 체계적 조망 · · · · · · · · · 232
02 가족상담의 기본 개념 · · · · · · · · · 237
03 가족상담 과정 · · · · · · · · · 240
04 가족상담 기술 · · · · · · · · · 242
05 가족상담 윤리 · · · · · · · · · 245

02 가족상담의 이론과 실제

01 가족상담의 이론적 기초 · · · · · · · · · 247
02 가족상담이론 · · · · · · · · · 250
03 가족생활주기와 가족상담 · · · · · · · · · 291
04 가족상담 사정과 평가 · · · · · · · · · 295

03 청소년 가족–부모상담

01 청소년 가족의 이해와 변화를 위한 개입전략 · · · · · · · · · 303
02 청소년 문제 유형별 가족상담(폭력, 중독, 자살 등) · · · · · · · · · 304
03 청소년 가족–부모상담 사례 · · · · · · · · · 306

적중예상문제 · 단답형 문제 · OX문제 · · · · · · · · · 314

선택4과목 학업상담

01 학업문제의 이해

01 학업문제의 개요 · · · · · · · · · 344
02 학습부진 · · · · · · · · · 345

02 학업 관련 요인

01 개 요 · · · · · · · · · 351
02 인지적 영역 · · · · · · · · · 351
03 정의적 영역 · · · · · · · · · 353
04 환경적 영역 · · · · · · · · · 366

03 학업 관련 문제 및 평가

01 호소문제 유형 · · · · · · · · · 370

02 학습장애 ... 372
03 지적장애 ... 378
04 주의력결핍 과잉행동장애(ADHD) ... 379
05 학업 관련 검사에 대한 이해 ... 381
06 진단 및 평가절차 ... 384

04 학습전략에 대한 이해 및 실제

01 학습전략의 개요 ... 387
02 인지 및 초인지 전략 ... 392
03 상황별 학습전략 ... 396
04 학습전략 프로그램의 실제 ... 398

05 학업문제 상담 및 개입전략

01 학업상담의 개요 ... 403
02 학습동기 부족 ... 408
03 주의집중력 문제 ... 412
04 학습부진 영재아 ... 415
05 시험불안 및 발표불안 ... 418
06 학습에서의 일반적인 부적응과 학교공포증 ... 421

06 기타 학업상담에 관한 사항

01 학습과 음식 ... 423
02 운동, 수면, 음악 ... 424
03 학습모형 ... 426

적중예상문제 · 단답형 문제 · OX문제 ... 428

부록 최신기출문제

2024년 23회 기출문제 및 정답 ... 473

청소년 상담사 2급

1교시

필수 1과목 청소년상담의 이론과 실제
필수 2과목 상담연구방법론의 기초
필수 3과목 심리측정 평가의 활용
필수 4과목 이상심리

필수 과목

청소년상담의 이론과 실제

01 청소년내담자의 이해
02 청소년상담이론
03 청소년상담의 기초
04 청소년상담의 실제

적중예상문제

(객관식 ‖ 주관식 단답형 문제 ‖ 기출문항 OX 문제)

"필수 1과목 청소년상담의 이론과 실제"는 전반적으로 평이하며, 크게 어려워지는 경향 없이 매년 비슷한 수준으로 출제되고 있습니다. 기본적으로 다양한 상담이론과 개념을 학습한다면 큰 문제없이 해결가능할 것으로 예측됩니다. 하지만 점차 기존에 출제되던 학자 외에 새로운 학자들이 등장하고 있어 학습에 주의할 필요가 있습니다. 이에 더해 여성주의 상담 같은 쟁점이 지속적으로 출제되고 있어, 출제 경향의 흐름에도 주의를 기울일 필요가 있습니다.

✓ **최근 2024년도 23회 기출키워드**

- 청소년상담자의 역할
- 화상상담
- 게슈탈트 상담
- 바디워크(Bodywork)
- 상담이론(개인심리학, 교류분석)
- 상담기법의 적용 시점
- 재결단작업
- 사례개념화
- 수용전념치료
- 상담기법
- 분석심리학
- 현대 정신분석 이론가와 주요개념
- 스마트폰 과의존
- 키치너(K. Kitchener)의 윤리적 의사결정 원칙
- 현실치료
- 윤리강령 중 내담자의 권리와 보호
- 해결중심상담
- 교류분석
- 청소년상담
- 인지적 오류
- 합리정서행동상담(REBT)
- 상담단계와 과업
- 지역사회 청소년통합지원체계(CYS-Net, 청소년안전망)
- 청소년상담에서 사전동의(Informed Consent)
- 청소년상담의 통합적 접근

정오표 ▲

CHAPTER 01 청소년내담자의 이해

중요도 ★★★

핵심포인트
청소년의 정의, 청소년의 특성, 청소년 내담자의 특성, 청소년기 발달과제에 따른 청소년 문제, 청소년의 내적 문제, 청소년의 문제행동(가출, 청소년폭력, 학업중단, 청소년 성문제, 집단 괴롭힘, 약물 오·남용 및 중독, 청소년 자살, 인터넷 중독 등), 최근 우리나라 청소년 문제의 전반적 경향

01 청소년의 개념

(1) 청소년의 정의

① 사회·문화·시대적 상황에 따라 상이하게 정의되고 있다.
② 사회·문화적 배경에 따라 청소년기는 짧을 수도, 길 수도 있으며, 심지어 존재하지 않을 수도 있다.
③ 청소년기가 뚜렷하게 존재하지 않는 문화나 사회에서는 아동이 그 사회의 고유한 통과의례(Rite of Passage)를 거치면서 성인으로 받아들여졌다.
   예 몇몇 원시문화에서의 사냥 의식이나 *할례의식, 과거 우리나라의 성인식 등
④ 현대사회에서는 고등교육으로 인한 재학 기간의 연장, 직업훈련 기간의 연장 등으로 인하여 청소년기가 점점 길어지고 있다.
⑤ 청소년 및 청소년기에 대한 개념의 변화

✅ **할례의식**
고대로부터 많은 민족 사이에서 행해져 온 의식의 하나로, 남녀의 성기 일부를 절제하는 의례를 말한다.

구 분	고전적 개념	현대적 개념
청소년	• 반항적이고 버릇이 없다(이유 없는 반항). • 사려가 깊지 않고 충동적이다. • 감수성이 예민하고 감정적이다. • 책임감이 부족하고 비타협적이다. • 성에 대한 관심이 높다.	• 요구·기대·근심·희망이 복합된 존재이다. • 다양한 특성을 다양하게 이해해야 하는 존재이다. • 권리와 책임의 소유자이다. • 보호와 자율의 대상이다. • 사이버문화와 정보화의 주역이다.
청소년기	• 아동기와 성인기의 과도기이다. • 질풍노도의 시기(홀), 심리적 이유기(홀링워즈), 심리사회적 유예기(에릭슨)이다. • 사회문화적 환경에 영향을 받는다.	• 기간이 장기화되고 있다. • 고유발달단계이다. • 상호작용체제이다.

> **지식 IN**
>
> **심리사회적 유예기**
> 에릭슨(Erikson)은 정체감이 확립되기 이전의 실험기간을 '심리사회적 유예기간(Psychosocial Moratorium)'이라고 명명하였다. 여기서 '유예기간'이란 개인의 정체감을 효과적으로 확립하기 위하여 외부적 요구로부터 일시적으로 해방되는 기간을 의미한다.

⑥ 청소년기 구분 방법(연령)
  ㉠ UN(1985년) : 청소년을 '15세부터 24세 사이의 집단'으로 구분한다.
  ㉡ 국제식량기구(FAO) : '10세부터 24세까지 결혼 여부를 불문한 남녀 인구부문'으로 구분한다.
  ㉢ 우리나라 각 법률에 따른 청소년의 구분

법률	호칭	연령
청소년기본법	청소년	9세 이상 24세 이하
청소년활동진흥법		
청소년복지지원법		
청소년보호법		만 19세 미만
소년법	소년	19세 미만
아동·청소년의 성보호에 관한 법률	아동·청소년	19세 미만
아동복지법	아동	18세 미만
근로기준법	연소자	15세 미만 (중학교 재학 중인 자는 18세 미만)
형법	미성년자	14세 미만
민법		19세 미만

(2) 청소년의 특성 14 15 16 17 18 20 23 기출

① 청소년의 일반적인 특성
  ㉠ 신체적·생리적 특성
    • 성장폭발 : 신장이나 몸집이 영아기 외에 가장 급격하게 발달하는 등 왕성한 변화를 이루는 발달 시기이다. 신장과 체중이 급성장하고, 성적인 성숙이 급격히 이루어진다(여아의 경우 10~12세 정도, 남아의 경우 12~14세 정도).
    • 호르몬상의 변화

남아	남성호르몬인 안드로겐 분비가 증가하고, 정소에서 테스토스테론이 분비되어 남성의 2차 성징이 나타난다. 키가 크는 것과 동시에 성적 성숙으로 성기가 커지고, 음모가 자라며, 목소리가 변하게 된다.
여아	난소에서 여성호르몬인 에스트로겐이 분비되어 여성의 2차 성징이 나타난다. 키가 크면서 가슴이 커지며, 생리를 시작하고 음모가 자란다.

    • 급격한 신체적·생리적 변화에 정서적 발달이 상응하지 못하면서 불균형이 나타난다. 따라서 신체적 조숙과 만숙의 차이가 사회적 관계에 영향을 미친다.
    • 또래보다 신체적·성적 변화속도가 너무 빠르면 심리적으로 불편한 상태에 놓일 수 있다.

ⓒ 인지적 특성
- 자아 정체감이 형성·발전하는 동시에 정체감 형성의 위기를 경험한다.
- 인지적 능력의 부족 : 청소년기인 형식적 조작기에 들어서면서 인지적 능력이 급격히 발달하지만, 현실과 동떨어진 이상주의적 성향을 나타내는 등 인지적 능력이 부족한 경우가 많다.
- 자아 중심적 : '상상적 청중'과 '개인적 우화'라는 개념적 특성을 보이고, 사회적 관계에서 자아 중심적인 특성이 강하다.
- 도덕성의 발달 : 청소년기의 도덕적 사고와 행동은 아동기와는 질적으로 다르며, 그들의 인지적 성숙과 사회환경적 역할 변화에 의해 크게 영향을 받는다.
- 사회적 이해력 발달 : 자신이 경험하지 않아도 상대방이 가지고 있는 감정이나 느낌을 파악하고, 그대로 느낄 수 있게 된다.
- 언어와 시각정보와 같은 상징적 표현체계를 가지고 지식체계를 구성할 수 있다.
- 정보습득과 문제 해결을 위한 효과적인 책략을 발견하는 통찰력을 가지며, 체계적·조합적 사고가 발달하고 메타 인지적 사고가 가능하며, 가설-연역적 사고의 발달로 추상적 사고를 할 수 있다.
- 가설설정 능력 : 완벽한 세상에 대한 비전을 세우는 이상주의적 사고로 확장되며 그에 따라 흑백 논리를 갖기 쉽다.
- 사회인지 발달의 특성에 따른 문제행동 : 자신만은 괜찮을 것으로 생각하며 위험한 행동을 계속하거나, 자신의 독특성에만 몰두하여 자신과 타인의 관심사를 구분하지 못한다.
- 다양한 견해를 존중하지 않고 자신의 견해를 관철하려는 편협한 태도를 고집하는 등의 행동을 보인다.

지식 IN

1. 엘킨드(Elkind)의 자아중심성 이론 15 기출

상상적 청중 (Imaginary Audience) 23 기출	• 청소년기의 과장된 자의식으로 인해 자신이 타인의 집중적인 관심과 주의의 대상이 되고 있다고 믿는 것을 말한다. • 다른 사람들이 자신을 관심의 초점으로 생각한다고 믿기 때문에 그들은 '관중'이고, 실제 상황에서는 자신이 관심의 초점이 아니므로 '상상적'이라 할 수 있다.
개인적 우화 (Personal Fable)	• 청소년기 특유의 비합리적이고 허구적인 자아관념을 말한다. • 자신의 우정이나 사랑 등을 타인은 결코 경험하지 못하는 것으로 생각하고, 다른 사람이 경험하는 죽음이나 위험 혹은 위기가 자신에게는 일어나지 않을 것이며, 혹시 일어난다고 하더라도 피해를 입지 않을 것이라고 확신하는 관념이다. • 청소년기의 자아중심성으로 인해 청소년은 자신이 다른 사람들과는 달리 특별하고 독특한 존재이며, 자신의 사고·감정·경험 세계가 다른 사람과 근본적으로 다르다고 믿는다.

2. 콜버그(L. Kohlberg)의 도덕발달 이론 16 기출
- 도덕발달 단계를 크게 '전인습 – 인습 – 후인습' 수준으로 구분하였다.
- 도덕발달 단계 중 청소년기는 대체로 인습적 수준의 시기에 속한다.
- 도덕발달을 모든 문화권의 보편적이고 합리적인 사고능력 과정으로 보았다.
- 도덕적 행위를 도덕적 판단능력으로 보았으며, 그 원리를 정의에서 찾았다.

> **3. 피아제(Piaget)의 인지발달 4단계**
> 피아제는 인지발달의 단계를 '감각운동기 – 전조작기 – 구체적 조작기 – 형식적 조작기'의 4단계로 나누고, 청소년기를 '형식적 조작기'에 해당한다고 하였다.

　　ⓒ 정서적 특성
　　　• 성년기보다 더 강도 높은 정서적 경험 : 청소년기의 성적·공격적 에너지의 불안정성에 따라 불안감·죄책감·수치감을 경험한다. 작은 일에도 화를 잘 내고 반항적으로 되며, 쉽게 우울해지는 경향을 보인다.
　　　• 방어기제의 발달 : 주로 부인(Denial)을 사용하는데, 이것은 가장 원초적인 방어기제로 기억 속에서 현실을 완전히 차단하여, 의식화되는 경우 감당하기 어려운 고통이나 욕구를 무의식적으로 부정하는 것이다.
　　　• 정서적 경험에 대한 자각적 태도 : 아동기 때와 달리, 자신의 정서적인 경험을 자각하고, 그것이 어떠한 감정인지를 명명할 수 있는 기술이 발달한다.
　　ⓔ 사회적 특성
　　　• 부모로부터의 개별화 : 청소년이 부모와 정서적인 유대를 지속하면서 자신을 부모와는 다른 독특한 한 사람의 인격체로 인식하고 경험해 가는 심리적 과정을 말하며, 애착 대상이 부모에서 친구로 바뀌고, 부모와 다른 가치관을 가지거나 생각을 하게 되고 그것을 내면화한다.
　　　• 독립과 의존의 갈등 경험 : 부모를 비롯한 성인들로부터 독립하고자 하는 욕구와 의존하려는 욕구의 갈등을 경험한다. 청소년 상담 시 적절한 수준에서 온정과 공감이 제공되어야 하는 이유이다.
　　　• 동성이나 이성 친구 등 또래 집단에 몰입 : 비슷한 경험을 하는 또래와의 관계는 청소년이 자신의 정체감을 형성하고 유지하는 데 필요한 심리적·사회적 지지를 얻게 한다. 또래 친구들로부터 충분한 지지를 받지 못하는 경우, 부정적인 자아상의 확립은 물론 사회적 거부와 배척의 감정 또는 고립감을 느끼게 되기도 한다.
　　ⓜ 기타 특성
　　　• 동시다발적 관심 : 청소년들은 한 가지에만 관심을 지속적으로 갖지 못하고, 동시다발적인 관심을 둔다.
　　　• 감각적 흥미와 재미의 추구 : 청소년들은 감각적이고 빠른 흐름을 추구한다.
　　　• 주위 환경으로부터의 영향 : 청소년들은 사회적·물리적 환경으로부터 크게 영향을 받는다.
　　　• 언어 표현력의 부족 : 청소년들은 또래 친구나 인터넷 등의 대중매체로부터 접하게 되는 유행어, 비속어, 폭력적인 표현 등의 불건전한 언어를 특별한 이유 없이 습관적으로 사용한다.
　　　• 신체와 외모에 관한 관심 : 청소년들은 신체나 외모에 관심이 많으며 자의식이 크다.
　② 청소년 내담자의 특성
　　㉠ 상담 동기의 부족 : 자기 스스로 상담실의 문을 두드리기보다는 의뢰된 내담자가 많다. 즉 비자발적으로 참여하는 경우가 많으므로, 상담 동기가 부족한 상태로 상담실을 방문한다.
　　㉡ 상담자에 대한 오해 : 내담자들은 상담자를 학교 지도부 선생님의 표상과 동일시하거나, 부정적으로 지각하는 경향이 있다.
　　㉢ 지구력의 부족 : 청소년은 집중력의 한계를 가지고 있으며, 상담시간에 꾸준히 자발적으로 참여하는 것을 힘들어한다.

02 청소년기 발달과제와 문제

(1) 청소년기 발달과제 20 기출

① 발달과업의 종류와 내용

발달과업의 종류	발달과업의 내용
자아정체감의 형성	• 자신의 체격을 타고난 그대로 인정하고, 신체를 효율적으로 사용할 것 • 자기의 능력과 적성을 객관적으로 인지하고 수용할 것 • 자신이 처한 가족적·사회적·국가적 현실을 수용할 것
사회적 역할 획득	• 동성과 이성을 포함한 또래 친구들과 새롭고 성숙한 교우관계를 맺을 것 • 남성 또는 여성으로서 그 사회에서 기대되는 성 역할을 획득할 것
독립과업 성취	• 부모나 다른 성인들로부터 정서적으로 독립할 것 • 적성에 맞는 진로를 선택할 것 • 경제적 독립을 위해서 직업을 준비할 것 • 결혼과 가정생활을 준비할 것
윤리적 체계 획득	• 사회적으로 책임질 수 있는 행동을 바라고 이를 실천할 것 • 행동지침이 되는 가치관이나 윤리적 체계를 획득할 것, 즉 이념을 발달시킬 것

> **지식 IN**
>
> **하비거스트(R. Havighurst)의 청소년기 발달과업** 15 기출
> • 신체 모습과 성 역할 수용
> • 동성 또는 이성의 또래들과 새로운 관계형성
> • 부모나 다른 성인들로부터의 정서적 독립과 경제적 독립의 확신 갖기
> • 진로의 준비 및 결정
> • 유능한 시민에게 필수적인 지적 기술과 개념 발달
> • 사회적으로 책임 있는 행동의 이해와 성취
> • 결혼과 가정생활의 준비
> • 적절한 과학적 세계관에 어울리는 양심의 가치 확립

② 발달과제에 따른 청소년 문제
  ㉠ 청소년 문제의 종류 : 신체적 변화에 따른 문제, 불안정한 심리적 갈등의 문제, 지나친 이상주의적 사고의 문제, 가정·학교·사회 내에서의 인간관계 문제, 자아정체감에 따른 문제
  ㉡ 청소년 문제의 특징 16 기출
    • 청소년 시기의 갈등은 자연스러운 현상으로 볼 수 있다.
    • 청소년이 학업 문제로 고민하는 것은 주로 학업 성적과 관련된 것이 많다.
    • 청소년의 가정 문제는 주로 부모 및 형제와의 갈등이다.
    • 최근 다양한 계층에서 청소년들의 일탈이 증가하고 있다.
    • 청소년 비행은 폭력이나 절도와 같은 심각한 범죄뿐만 아니라 음주, 흡연 등과 같은 일탈행동도 포함한다.

ⓒ 청소년 문제의 분류 22 기출

분 류	내 용	예 시
내현화(내재화) 문제 23 기출	과잉통제로 느끼게 되는 불안, 우울, 신체적 증상 등의 문제	섭식장애, 자살 등
외현화(외재화) 문제	과소통제로(통제되지 못하고) 표출되는 공격 행동, 파괴적 행동, 비행 행동 등의 문제	일탈, 약물 남용 등

(2) 청소년의 내적 문제

① 청소년 우울증

㉠ 특 징
- 학업, 진학, 대인관계 등으로 받는 스트레스가 주원인이다.
- 슬픔이나 우울 등의 감정을 직접 표현하지 않고 짜증을 많이 내거나 충동적인 모습을 보이며, 매사에 의욕이 없고 무기력한 모습으로 스마트폰 게임이나 인터넷에 집중하기도 한다(우울감이 높은 청소년은 인터넷이나 스마트폰에 중독될 가능성이 높다).
- 2주 이상 눈에 띄게 우울한 감정이 계속되고 매사에 흥미가 떨어지면서 불면, 식욕과 집중력 저하 등의 변화를 보이면 주요 우울증으로 진단할 수 있다.
- 청소년기 우울증은 여자 청소년에게서 더 많이 나타나는데, 이는 스트레스를 인식하고 해석하는 방법의 차이와 2차 성징 때문인 것으로 보인다.

㉡ 치료 및 예방 : 청소년과 부모에게 예방 프로그램을 제공하고, 스트레스 상황에 대처할 수 있는 능력을 증진시키도록 문제해결능력 프로그램을 고안하여 가르친다.

② 자아정체감의 위기

㉠ 개념 : 자신의 실존에 대한 근본적이고 궁극적인 질문을 던지게 되고, 내적 충동의 질적·양적 변화에 따라 자아정체감의 문제가 발생하면서 가출, 학교생활 부적응 문제 등을 초래할 수 있다.

㉡ 발생원인 : 상충적인 사회적 요구, 선택(진학, 직업 등)의 강요, 인지능력의 증대, 동일시 대상의 변화, 지나친 이상주의적 사고의 문제, 가정·학교·지역사회 내에서의 인간관계, 성 역할 및 집단 정체감

(3) 청소년의 문제행동

① 가 출

㉠ 가출청소년의 대다수는 구조적·기능적 결손가정 출신으로, 복귀할 가정이 없다.

㉡ 가정을 떠나는 청소년은 대부분 학교에서도 이탈하는 경우가 많다.

㉢ 청소년들은 가출 후 친구 자취방, 친구 집 혹은 이성친구의 집 등 다양한 이동경로를 거치며 유흥업소에 유입되기도 한다.

② 청소년폭력(학교폭력)

㉠ 개념 : '학교폭력'이란 학교 안이나 밖에서 학생을 대상으로 발생한 상해, 폭행, 감금, 협박, *약취·유인, 명예훼손·모욕, 공갈, 강요·강제적인 심부름 및 성폭력, (집단)따돌림, 사이버따돌림, 집단괴롭힘, 정보통신망을 이용한 음란·폭력 정보 등에 의하여 신체·정신 또는 재산상의 피해를 수반하는 행위를 말한다.

> **✓ 약취·유인**
> 약취는 폭행 또는 협박을 수단으로 하고, 유인은 기망(欺罔) 또는 유혹(誘惑)을 수단으로 하는 것을 말한다.

ⓒ 특 성
- 청소년폭력은 단순한 탈선의 차원을 넘어 심각한 범죄의 단계에 이르고 있다.
- 폭력행위가 비행청소년에 의해서만 자행되는 것이 아닌, 보통의 모든 청소년에게서 쉽게 발견될 수 있는 일반화된 비행유형이 되고 있다.
- 가해자들은 폭력행위에 대해 죄의식이나 책임감을 크게 느끼지 못하는 경우가 많고, 피해자들은 폭력 피해에 대해 적극적으로 알리지 않는 경우가 많다.
- 청소년폭력이 집단화되는 경향이 있으며, 저연령화가 심각해지고 있는 추세이다.

ⓒ 집단따돌림 24 기출
- 집단따돌림에 영향을 주는 요인은 개인, 가족, 학교환경 등으로 분류된다.
- 집단따돌림과 유사한 개념으로 왕따, 집단괴롭힘, 불링(Bullying) 등이 있다.
- 집단괴롭힘은 청소년의 *동조압력과 입시스트레스 등에서 비롯되기도 하며, 남학생보다 여학생 사이에서 더 보편적으로 발생한다.

> **동조압력**
> 어떤 집단에서 다수가 소수에게 다수와 같은 행동을 하라고 암묵적으로 강요하는 행위를 말한다.

ⓔ 학교폭력 관련 위기상담
- 피해 및 가해 청소년, 그들의 부모들이 포함되기 때문에 매우 복잡한 양상을 띤다.
- 피해자와 가해자 간의 법률문제가 발생하게 되므로, 법률자문체계 및 이해를 갖추는 것이 좋다.
- 학교폭력 상담에서 상담자는 우선 생명이나 안전의 보장을 위해 최선의 노력을 하면서, 중재 역할을 해내야 한다.

③ 학업 중단
ⓐ 개념 : 정규학교를 다니다가 비행, 질병, 가사, 기타의 이유로 학교를 졸업하기 전에 학업을 중단하는 것을 말하며, 중퇴 혹은 중도탈락과 유사한 의미이다.
ⓑ 원인 및 특성
- 개인적 요인보다는 학교적·사회적 요인 등 환경적 요인이 크게 작용한다.
- 중퇴청소년들은 문제아 또는 실패자라는 사회적 낙인으로 소외감과 좌절감을 경험하고, 이는 비행이나 범죄로 이어지는 경향이 있다.
- 대다수 청소년에게 있어 학업 중단은 자신의 문제 상황을 적극적으로 해결하려는 능동적 대처라기보다는, 현재 자신이 처한 상황으로부터 도피하거나 어쩔 수 없는 불가피한 상황에서 행해지는 경우가 많다.

④ 청소년 성문제 15 기출
ⓐ 개념 : 청소년의 성문제는 청소년의 성과 관련된 의식, 행위적 측면에서 모든 규칙 혹은 규범의 위반행위라 할 수 있다.
ⓑ 특 성
- 청소년 성비행은 행위자가 청소년이기 때문에 문제가 되는 지위비행적 성격을 띠는 동시에 법에 위반되는 범죄행위적인 요소를 포함하고 있다. 결국 법이나 규칙, 관습에 위반되는 성관련 행위로 이루어지는 일탈행위를 의미한다.
- 청소년은 신체적·생리적인 급격한 변화로 인해 혼란을 경험하며, 성별에 따른 2차 성징이 잘 나타나지 않는 경우, 부정적 신체상을 갖기 쉽다.
- 가정의 구조적 요인, 양육방식 및 친구관계 또한 성문제 행동에 영향을 미친다.

- 사회 학습적 관점에서 보면, 청소년들의 성문제 행동은 사회문화적 환경에서 학습의 과정을 통해 형성된다고 할 수 있다.

⑤ 약물 오·남용 및 중독
  ㉠ 약물 사용의 원인 : 청소년의 약물 사용의 원인은 유전적 요인, 가정환경적 요인, 지역사회와 사회적 환경요인, 동료와 매스컴의 요인, 자아병리적 요인과 관련이 있다.
  ㉡ 치료 및 예방
    - 인지-행동요법, 집단요법, 단기정신치료, 가족치료 등이 필요하다.
    - 치료 초기에는 치료적 관계형성을 위해 관심 있는 태도와 지지적 감정이입이 유용하며, 맞닥뜨림 방법을 제공할 수 있다.
    - 약물남용 환자가 주로 사용하는 방어기제는 부정·투사·합리화 등이다. ⇨ 치료자는 이에 대해 직접 직면하지 말고 방어기제에 내재된 환자의 고통을 공감하고, 죄책감과 실패감을 감소해주며, 강한 지지와 희망을 갖도록 해주어야 한다.

⑥ 청소년 자살
  ㉠ 자살생각, 자살시도, 자살행동으로 구분한다.
  ㉡ 특 성
    - 여학생이 남학생보다 자살시도율이 더 높으며, 남학생이 여학생보다 완전한 자살의 성공 가능성이 크다.
    - 외부자극 변화에 민감하여 충동적으로 일어나기 쉽고, 다분히 감정적인 경향이 있다.
    - 사소한 일에도 쉽게 충격을 받아 단순하게 자살하는 경향이 있으며, 모방 자살이 많다.
    - 자신의 심적 고통을 외부에 알리고자 하는 제스처형이나 호소형 자살이 많다.
    - 가정의 불화를 자신의 탓으로 생각하는 죄책감으로 인한 자살도 많다.
    - 성적 및 학교생활 관련 문제로 인한 자살이 많으며, 친구와의 동일시로 인한 집단자살도 많다.

⑦ 청소년 인터넷 중독 16 기출
  ㉠ 인터넷 중독의 요인 : 유희성, 익명성, 쌍방향성, 개방성, 호기심 등
  ㉡ 사이버 일탈행동의 대처방안 : 네티즌들의 자율적인 규제활동 강화, 네티켓 교육 확산, 청소년 관련법과 정보기술 관계법 보완
  ㉢ 인터넷 중독의 대처방안 16 기출
    - 인터넷 이용행태를 중심으로 한 생활일지를 작성하게 하여 인터넷 사용시간을 계획·실천하게 하며, 시간을 효과적으로 관리할 수 있는 기법을 활용하도록 한다.
    - 청소년들이 스스로 자신의 상황을 객관적으로 되돌아보고, 중독의 원인이 무엇인지를 자각하고 극복할 수 있도록 지도해야 한다.
    - 청소년이 가지고 있는 부정적 정서를 조절하게 하며 인터넷 외의 다른 활동을 즐기게 한다.
    - 자신의 문제를 솔직하게 표현하고 필요할 경우 전문가의 상담을 받을 수 있도록 지도해야 한다.

> **지식 !N**
>
> **1. 일상생활의 장애** 21 기출
>
> 인터넷을 지나치게 많이 사용하는 사람들이 가족과 마찰을 일으키는 현상을 가리키며, 이러한 현상은 약속을 지키지 않거나 수업에 들어가지 않는 등의 '일탈행동'으로 이어질 수 있다.
>
> 예 인터넷게임에 과몰입된 청소년 A는 게임하지 말라고 잔소리하는 부모님과 다투고, 밤늦도록 게임을 하느라 학교에 지각이 잦아졌다.
>
> **2. 스마트폰 과의존** 24 기출
> - 스마트폰 과의존 유형에는 SNS, 게임, 음란물, 도박, 검색 등이 있다.
> - 금단은 스마트폰을 사용하지 못하면 초조하고 불안함을 느끼는 현상이다.
> - 고위험 사용자군은 스마트폰 사용 통제력을 상실한 상태로, 전문 도움이 필요하다.
> - 스마트폰 과의존은 과도한 스마트폰 이용으로 스마트폰에 대한 현저성이 증가하고 이용 조절력이 감소해 문제적 결과를 경험하는 상태이다.
> - 청소년 스마트폰 중독 자가진단 척도(S-척도)
>
> | 고위험 사용자군 | 총점 : 45점 이상 |
> |---|---|
> | 잠재적 위험 사용자군 | 총점 : 42점 이상~44점 이하 |
> | 일반 사용자군 | 총점 : 41점 이하 |

(4) 최근 우리나라 청소년 문제의 전반적 경향 14 16 기출

① 비행상담에서는 학교폭력 관련 문제가 가장 많다.
② 진로상담에서는 진로정보탐색에 대한 요구가 큰 편이다.
③ 인터넷 중독 등 컴퓨터 사용과 관련된 문제가 증가하고 있다.
④ 또래관계는 대인관계 문제에서 가장 큰 비중을 차지하는 문제이다.
⑤ 전체 상담에서 가장 큰 비중을 차지하는 것은 학업·진로와 관련된 고민이다.

CHAPTER 02 청소년상담이론

중요도 ★★★

핵심포인트
정신분석, 융의 분석심리이론, 에릭슨의 심리사회이론, 마샤의 청소년 정체성 이론, 방어기제의 유형, 개인심리학, 행동주의 상담, 실존주의 상담, 인간중심 상담, 게슈탈트 상담, 합리정서행동 상담, 인지치료, 현실치료, 해결중심 상담, 교류분석, 여성주의 상담, 다문화 상담, 통합적 접근

01 정신분석 14 15 16 17 기출

(1) 개 요 17 19 21 기출

① 인생의 초기 경험을 중시하며, 무의식 혹은 심층에 숨어 있는 문제의 원인을 분석하여 그것을 의식의 세계로 노출하여 자아 기능을 강화한다.
② 의식의 수준은 무의식, *전의식, 의식으로 되어 있다.
③ 성격의 구조는 원초아, 자아, 초자아로 되어 있다.

> **전의식**
> 현재는 의식하지 못하지만, 주의를 집중하는 경우 의식으로 가져올 수 있는 정신작용의 부분을 말한다.

원초아(Id)	쾌락의 원리, 성격의 기초가 되는 기본욕구와 충동을 대표
자아(Ego)	현실의 원리, 사회규범·규칙·관습과 같은 사회적 현실을 고려하여 행동을 결정
초자아(Superego)	도덕의 원리, 부모가 아이에게 전달하는 사회의 가치와 관습, 양심과 자아이상의 두 측면

④ 심리성적 발달단계는 구강기, 항문기, 남근기, 잠복기, 생식기를 거치며, 각 단계에서 미해결된 문제를 경험하여 고착화되면 다음 단계에 영향을 끼친다고 보았다.
⑤ 불안은 현실적 불안, 신경증적 불안, 도덕적 불안으로 이루어져 있으며, 그중 신경증적 불안은 자아(Ego)가 본능적 충동인 원초아(Id)를 통제하지 못하여 원초아의 쾌락을 탐닉하는 경우 처벌을 받을 수 있다는 불안감을 의미하므로, 적절한 조치를 취하지 않으면 자아의 붕괴를 초래하게 된다.
⑥ 자유연상, 꿈의 분석, 정화, 전이, 해석 등의 상담기법을 사용한다.
⑦ 정상적인 성격발달이 특정 발달단계의 성공적인 문제 해결과 관련 있다고 보는 상담 접근 방법이다.
⑧ 내담자가 상담에서 자신의 신경증적 문제를 드러낸다고 가정하는 상담이론이다.

(2) 인간관 14 16 기출

① 인간은 비합리적이고 결정론적인 존재이다.
② 인간의 행동은 기본적인 생물학적 충동과 본능을 만족시키는 욕망에서 동기화된다.
③ 인간은 무의식적인 존재로서, 깨어 있는 의식은 무의식의 지배를 받는다.

(3) 청소년기에 대한 정신분석적 이해
① 청소년기는 프로이트(Freud)의 인간발달 5단계 중 생식기(12세 이후)에 해당한다.
② 청소년기는 잠복되어 있던 성적 에너지가 되살아나는 시기로 사춘기를 경험하며 2차 성징이 나타난다.
③ 리비도(성적 에너지)의 대상이 동성친구에서 또래의 이성친구로 옮겨가는 시기로 보았다.

(4) 정신분석이론의 수정·계승
① 융(Jung)의 분석심리이론 18 22 24 기출
  ㉠ 특 성
   - 성적 측면을 지나치게 강조하는 것에 반대하였다.
   - 특히 리비도를 성적인 것에만 제한하는 프로이트의 분석을 거부하면서, 리비도를 '영적인 특질을 가진 창조적 생명력'이라고 하였다.
   - 정신적 기능은 합리적 기능(사고·감정)과 비합리적 기능(감각·직관)으로 구성된다고 하였다.
   - 외향적 사고와 내향적 사고는 대립하는 것이 아니라 상보적이라고 하였다.
   - 중년기의 성격발달을 중요하게 다루었는데, 중년기를 전환점으로 자기의 방향이 내부로 향하여 자아가 다시 자기에 통합되면서 성격발달이 이루어진다고 보았다.
   - 단어연상검사, 꿈 분석, 증상 분석 등의 기법을 사용한다.
   - 성격을 통합하고 개성화하는 것이 분석심리치료의 궁극적 목표이다.
  ㉡ 정신구조의 구분 : 의식과 무의식[집단무의식(원형)과 개인무의식] 15 19 기출
   - 원형 : 집단무의식을 구성하는 것으로, 시간·공간·문화나 인종의 차이에 관계없이 보편적으로 존재하는 인류의 가장 원초적인 행동유형을 말한다.
   - 집단무의식 : 모든 인류에 공통으로 존재하는 것으로, 개인적 경험과는 상관없이 조상 또는 종족 전체의 경험 및 생각과 관계가 있는 원시적 공포, 사고, 성향 등을 말한다.
   - 개인무의식 : 프로이트의 전의식에 해당하는 영역으로, 그 내용은 의식으로 변화될 수 있고, 개인무의식과 자아 사이에는 빈번한 상호교류가 일어나며, 억압된 기억·사고·감정이 여기에 저장된다.

구 분			내 용
의 식		자 아	의식의 주체로서 의식적 지각, 기억, 사고 및 감정으로 구성
무의식	집단무의식(원형)	자 기	의식과 무의식이 통합된 가장 완전한 인격의 통일을 달성하기 위해 노력하는 원형
		아니마	무의식 속에 존재하는 남성의 여성적인 측면
		아니무스	무의식 속에 존재하는 여성의 남성적인 측면
		음영(그림자)	동물적 본성을 포함하고, 스스로 인식하기 싫은 자신의 부정적인 측면
		페르소나	자아의 가면으로, 개인이 외부에 표출하는 이미지 혹은 가면
	개인무의식	콤플렉스	현실적인 행동이나 지각에 영향을 미치는 무의식의 감정적 관념, 프로이트의 전의식과 무의식을 포함하는 개념

ⓒ 상담의 과정(4단계)

1단계	고백 (Confession)	• 억압된 감정과 숨겨진 비밀 등을 털어놓는 단계(정화법) • 내담자는 무의식적으로 억압하였던 그림자를 인식 • 비밀의 공유로 치료적 효과 경험 및 치료적 동맹 형성
2단계	해명[해석/명료화] (Elucidation)	• 내담자의 무의식에 있는 내용의 원인을 명료화하는 단계 • 내담자가 호소하는 증상·고통의 원인 및 의미와 현재의 생활·상황, 아니마·아니무스·그림자 등의 의미를 인지하는 단계
3단계	교육 (Education)	• 내담자의 증상 치료 및 문제 해결을 위해 교육하는 단계 • 목표는 내담자의 사회적 적응 및 정상화 • 대개 이 단계에서 상담 종결
4단계	변환[변형/변혁] (Transformation)	• 내담자와 상담자라는 두 인격의 역동적 상호작용으로 마치 화학적 반응이 일어나는 것처럼, 변화가 일어나 새로운 인격이 형성되는 단계 • 목표는 사회적 적응 및 정상화를 넘어선 자기실현

② 에릭슨(Erikson)의 심리사회이론 16 기출
  ㉠ 에릭슨은 인간의 발달단계를 8단계로 구분하고, 발달단계마다 해결해야 할 중요한 발달과업과 위기가 있는데, 이러한 과업과 위기를 성공적으로 달성할 때 개인이 건강하게 발달할 수 있다고 주장하였다.
  ㉡ 청소년기(12~20세)는 발달과업에서 프로이트의 생식기에 해당하며, 자아정체감 대 정체감 혼란이라는 심리사회적 위기를 경험하면서 정체감을 형성한다고 보았다.
  ㉢ 청소년 시기는 자아정체감 형성의 결정적 시기이므로, 이때 위기를 성공적으로 극복하지 못하면 부적절한 자아를 형성하게 된다.
  ㉣ 자아정체감 혼미가 직업 선택이나 성 역할 등에 혼란을 가져오기도 하며, 인생관과 가치관의 확립에 심한 갈등을 야기하기도 한다.
  ㉤ 청소년기에 정체성 위기를 경험하고 극복해야 할 에릭슨(Erickson)의 7가지 주요과업

주요 과업	특 징
시간조망 대 혼돈	'시간조망'이란 과거와 현재의 자기를 인정하고, 이를 바탕으로 미래의 시간을 설계할 수 있는 능력이다. 균형 있는 시간조망을 통해 하루의 체계적인 시간계획이 가능하여 안정된 인생설계를 할 수 있지만, 시간조망에 혼돈이 오면 설계를 제대로 할 수 없어 당혹감을 느끼게 되고, 결국 계획에 따라 행동하지 못하게 된다.
자아확신 대 무감각	청소년기에 외모를 비롯한 자신의 여러 특성에 대한 점검과정을 통해 자신의 가치에 대한 자아확신에 도달할 필요가 있다. 이 과정에서 자신의 가치에 대한 회의와 혼돈을 겪게 되는데, 자신의 긍정적인 하나의 특성만을 내세워 허세를 부리거나, 무감각한 상태로 도피하여 자아의식에 직면하지 않으려는 경향을 보인다.
역할실험 대 부정적 정체성	역할실험은 성인기의 직업적 탐색에 필수적인 과정이지만, 이상에 치우친 지나치게 높은 역할실험은 자신의 가능성과 잠재력을 충분히 탐색할 수 없게 하여 부정적 정체성을 갖게 될 수 있다.
성취기대 대 과업미비	성취기대는 과업성취에 대한 긍정적인 기대를 가지고 과업에 몰두할 수 있는 역량을 기르는 정체성을 뜻한다. 그런데 적절한 성취기대를 확립하지 못하면 일의 시작을 미루거나 완수해내지 못하는 과업미비에 빠져들게 된다.
성정체성 대 양성적 혼미	청소년기에는 이성 및 동성친구들을 통해 성 역할 특성을 확인하고 자신의 성정체성을 확립해 간다. 실패할 경우 자신의 성에 적합한 행위양식을 상실하는 양성적 혼돈에 빠져들게 된다.

지도성의 극대화 대 권위 혼미	자신이 속한 집단에서 지도자로서의 역할을 수행하거나 지도자를 잘 따르는 능력은 청소년 정체성 형성의 주요 요인이다. 자신의 역할에 수반되는 권위를 제대로 형성하지 못할 경우 지도력의 수행에 어려움을 느끼는 권위 혼미를 느낀다.
관념 극대화 대 이상의 혼미	청소년기는 일생을 살아가는 데 있어서 기준이 되는 신념을 확립해 가는 관념의 극대화 시기이지만, 편견에 휩쓸리거나 지나친 이상에 치우칠 경우 관념의 극대화에 실패함으로써 관념과 이상의 혼란상태에 빠지게 된다.

③ 마샤(Marcia)의 청소년 정체성 이론 14 16 기출
   ㉠ 마샤는 에릭슨의 자아정체감에 대한 개념을 보완하여 자아정체감을 자신에 대한 태도·가치·신념으로 간주하고, 청소년기에 형성된 자아정체감은 변하지 않는 것이 아니라 성인기에도 변화될 수 있는 것으로 보았다.
   ㉡ 각 개인의 자아정체감 상태를 두 가지 차원(자신에 대한 탐구와 관여정도)에 따라 정체감 성취, 정체감 유예, 정체감 유실(상실), 정체감 혼란(혼미)의 4가지 유형으로 구분하고 있다.

정체감 성취	• 정체성 위기와 함께 정체감 성취에 도달하기 위한 격렬한 결정과정을 경험함 • 청소년은 어느 사회에서나 안정된 참여를 할 수 있고, 상황 변화에 따른 동요 없이 성숙한 정체감을 소유할 수 있음
정체감 유예	• 정체성 위기로 격렬한 불안을 경험하지만, 아직 명확한 역할에 전념하지 못함 • 청소년은 자신의 능력과 사회적 요구, 부모의 기대 사이에서 고민함
정체감 유실 (상실)	• 정체성 위기를 경험하지 않았지만, 사회나 부모의 요구와 결정에 따라 행동함 • 청소년은 외면적으로는 본인의 결단의 지점을 통과한 것처럼 보이지만, 내면적으로는 통과하지 못한 상태 • 청소년의 발달에서 충분한 탐색 없이 지나치게 빨리 정체성 결정을 내린 상태
정체감 혼란 (혼미)	• 정체성 위기를 경험하지 않았으며, 명확한 역할에 대한 노력도 없음 • 청소년은 일을 저지르지도, 책임을 지려 하지도, 의심지도 않으며, 어떻게 살아야 하는지에 대해서도 관심이 없음

   ㉢ '자신에 대한 탐구'는 개인이 자신의 가치·진로·신념을 형성하기 위해 얼마나 많은 시행착오와 탐구를 하였는지를 평가하고, '관여정도'는 가치·진로·신념에 대해 얼마나 확고한 생각을 가지고 있는가를 말한다.

구 분		관 여	
		유	무
탐구 노력	유	정체감 성취	정체감 유예
	무	정체감 유실(상실)	정체감 혼란(혼미)

   ㉣ 청소년 초기의 자아정체성은 일반적으로 정체성 혼란(혼미)이나 유예수준에 머물러 있다. 또한 이들의 정체성 형성에는 부모의 조력이나 청소년 자신의 미래 전망에 대한 숙고적인 사색이 주요 역할을 하는 것으로 알려져 있다.

④ 대상관계이론
   ㉠ 개 요
      • 대상관계의 개념은 프로이트 사후의 정신분석학자들에 의해 발전하였다. 이들은 인간이 삶을 통해 맺는 다양한 관계가 곧 대상관계의 발현이라고 주장하였다.
      • 대상관계 이론가들은 인간의 생애 초기에 자기 자신과 타인 또는 대상에 대한 내적 이미지들로 구성된 심리구조의 형성 및 분화과정을 탐구하여, 그것이 어떠한 과정을 통해 대상관계적 상황으로 발현하는지 연구하였다.

ⓒ 인간관
- 인간을 소외된 상태로 보지 않으며, 환경과 상호작용 속에서 파악하고자 하였다.
- 인간은 마음속에 어떠한 과거경험의 흔적을 가지고 있으며, 이것은 다른 대상과 상호작용에서 외부 인간관계에 영향을 미치는 것은 물론, 그 대상에 대한 심리표상 관계에도 영향을 미친다.
- 인간은 상대역을 필요로 하며, 자신에게 관심을 보여주는 대상을 끊임없이 추구한다.
- 인간은 자율성을 통해 자기를 확인하려는 실천적 욕구와 의지를 가지고 있다.
- 인간은 '자아의식'이라 칭하는 유일한 특성을 가지고 있다. 이 특성은 주체성을 확립하려는 뛰어난 의지와 독특한 자극에 의해 강화된다. 인간은 선한 존재도 악한 존재도 아니다. 다만 대상과 거래에 의해 그 특성이 결정되는 유동적인 존재이다.

ⓒ 주요 개념

대상 (Object)	• 대상은 어떠한 비인간적인 사물을 뜻하는 것이 아닌, 일반적으로 갈망이나 행동이 지향하고 있는 사람을 지칭한다. • 느낌(Feelings), 정서(Affects), *욕동(Drive)은 대상을 가진다. • 프로이트는 본능적 욕동과 관련하여 아기의 최초 대상은 어머니의 젖가슴이고, 이후 어머니 자신이며, 다음으로 욕구를 충족시켜주는 타인 또는 사물로 보았다.
표상 (Representation)	• 개인이 어떻게 대상을 가지거나 소유하는가, 즉 개인이 어떻게 정신적으로 대상을 상징화하는가를 의미한다. • 외부세계와 내부세계로 구분된다. 외부세계는 사회환경, 일상적인 세계에 존재하는 관찰가능한 대상들의 영역을 의미하는 반면, 내부세계는 외부세계에 대한 개인의 정신적인 이미지와 표상을 의미한다. • 이 세계는 주체로서 개인이 외부세계를 어떻게 경험하며 그리는가에 달려있다.
자기표상 (Self Representation)	• 개인이 자신의 환경에 있는 대상들이나 중요한 사람들과 관계에서 경험하는 자기에 대한 정신적인 표현이다. • 대상과 관계를 지속하는 무의식적 세계의 자기를 의미한다. • 개인의 자기표상은 그가 다른 사람이나 세상과 어떠한 관계를 맺을지에 영향을 미친다. • 유쾌한 기분을 느낀다면, 만족을 주는 대상과 그에 의한 욕구가 충족되었기 때문에 자기표상은 '좋다'가 된다. 반면 불쾌한 기분을 느낀다면, 자기표상은 '나쁘다'가 된다.
대상관계 (Object Relations)	• 자아기능의 한 측면으로, 개인이 외부 대상과 관계를 맺는 기본 방식을 결정하는 심리내적 구조를 의미한다. • 출생 초기 어머니와 같은 주요 타자와의 관계에서 경험한 것들은 정신적 이미지와 표상으로 내면화된다. • 자신이 느끼는 내면화된 관계로서 지각이나 감정, 기억 등을 포함한다.

✓ 욕동
본능과는 구별되는 개념으로 인간행동에서 사고와 감정을 유발하는 원동력 또는 동기를 말한다.

ⓔ 주요 대상관계이론
- 말러(Mahler)의 분리-개별화 이론
  - 유아는 독립적이고 자율적인 존재가 되고자 하는 욕구와 다시 어머니와 공생적 융합(Symbiotic Fusion) 상태로 되돌아가고자 하는 욕구 사이에서 분투하는 존재로 기술된다.
  - 분리와 개별화는 두 개의 상호보완적인 발달경로라 할 수 있다.

- 분리는 자신과 세상이 분리되어 있다는 감각을 성취하는 것으로, 이러한 분리감은 점차 대상표상과 구분되는 자기라는 명확한 심리내적 표상으로 발달한다. 최적의 상황은 어머니로부터의 분화와 관련된 자각이 아이의 독립적인 자율적 기능의 발달과 나란히 진행되는 것이다.
- 분리와 개별화의 유아발달 4단계

분화(부화)단계 (출생 후 6~ 10개월 정도)	• 출생 후 수 주간 신생아는 자신의 신체감각만 인식하는 자폐 상태(출생 후 1개월) • 엄마와 하나 되는 느낌을 갖는 공생애 단계(출생 후 2~6개월) • 엄마로부터 최초로 분화하는 심리적 분화(부화)단계 • 엄마를 기지로 삼고, 다른 외부세계의 탐험을 시작
연습단계 (출생 후 10~ 16개월 사이)	• 유아의 두 번째 분화 시기 • 초기 연습단계 : 유아는 신체적 분화를 통해 운동능력 배양 • 적절한 연습단계 : 유아는 서서 걷기 시작하면서 급속도로 개별화 • 전능환상 : 유아가 엄마와의 관계를 완벽하게 통제하고 있으며, 존재 측면에서 자신이 이 세상에서 제일 귀하고 중요한 존재라고 생각 • 이 단계에서도 엄마는 아이에게 기지의 역할을 함
화해단계 (출생 후 16~ 24개월 사이)	• 전능의 환상이 깨어지고 상처받기 쉬운 상태가 됨 • 엄마를 자신을 도울 수 있는 한계가 있는 대상으로 지각하며, 엄마와 새로운 방식으로 관계를 만들어야 할 필요를 느낌 • 이 시기에 유아는 언어를 습득 • 엄마는 기지에서 대상으로 전환되며, 유아는 분리와 개별화가 급속도로 진행
대상항상성 단계 (출생 후 24~ 36개월 사이)	• 유아가 자신을 돌보는 대상과 안정된 상태로 관계할 수 있는 단계 • 유아는 좋은 대상으로서의 엄마와 나쁜 대상으로서의 엄마를 모두 수용하고, 나쁜 대상과 좋은 대상이 하나로 통합되어 안정된 상태가 됨 • 안정된 상태가 된 유아는 분리와 개별화를 통해 자신만의 고유하고 독특한 구조를 형성

• 클라인(Klein)의 투사적 동일시 이론 **14 기출**
- 유아가 태어날 때부터 대상관계를 형성하고 불안을 경험하며, 방어기제를 사용할 수 있다고 본다. 또한, 자아기능과 무의식적 환상 역시 태어날 때부터 가능하다고 본다.
- 원시적인 방어과정으로서 투사적 동일시를 제시하며, 이는 초기 유아로 하여금 어머니와 관계에서 발생하는 분노를 환상 속에서 극복하도록 해준다.
- 유아가 분노를 극복하는 과정

편집-정신분열증적 위치 (Paranoid- Schizoid Position)	• '편집증'은 유아가 외부의 나쁜 대상으로부터 박해받는다는 지속적인 두려움을 가짐으로써 나타나고, '분열증'은 '좋은 것'과 '나쁜 것'을 분열하는 경향성으로부터 나온 것이다. • 유아는 투사적 동일시와 같은 원시적인 방어기제를 통해 스스로 감당하기 어려운 파괴적이고 부정적인 감정이나 체험을 다루게 된다. • 유아의 자아인식 능력이 발달함에 따라 분열은 사라지게 된다.
우울증적 위치 (Depressive Position)	• 유아는 어머니에 대해 사랑과 증오를 동시에 느끼며, 어머니를 총체적 대상으로 인식하게 된다. • 유아는 대상에 대한 걱정을 하고, 대상이 사라지면 상실에 대한 애도감을 느끼며, 일시적으로 대상을 파괴했다는 죄책감을 가지기도 한다. • 발달의 정상적인 단계에 있어서 유아는 이러한 우울증과 죄의식을 염려와 애도를 통해 참아낼 수 있다.

> **지식 IN**
>
> **현대 정신분석 이론가와 주요개념** 24 기출
> - 코헛(H. Kohut) : 자기대상(Self-object)
> - 페어베언(W. Fairbairn) : 분열 자리(Schizoid Position)
> - 위니컷(D. Winnicott) : 과도적 대상(Transitional Object)
> - 말러(M. Mahler) : 분리개별화(Separation-individuation)
> - 클라인(M. Klein) : 투사적 동일시(Projective Identification)

(5) 상담의 목표 16 기출

① 내담자의 불안을 야기하는 억압된 충동을 자각하게 한다.
② 무의식의 내용을 의식수준으로 올려 개인의 성격구조를 수정하고, 자아를 강화해 행동이 본능의 요구보다 현실에 바탕을 두도록 한다.
③ 과거에 내담자 자신이 효과적으로 직면할 수 없었던 장면에 적절히 대처하도록 한다.
④ 현재 행동의 적절성과 부적절성을 탐색할 수 있게 한다.
⑤ 문제행동의 원인을 통찰하고 새로운 행동을 가능하게 한다.
⑥ 내담자가 자신의 행동의 동기를 각성·통찰할 수 있게 하여, 의식수준에서 행동할 수 있게 돕는다.

(6) 상담의 기법 16 17 19 기출

① 자유연상(Free Association) : 정신분석상담 과정에서 사용되는 기법 중 가장 기본적인 기술로, 내담자로 하여금 마음속에 떠오르는 것이면 무엇이든지 이야기하도록 하는 방법이다. 내담자의 두서없는 이야기라도 모든 이야기는 서로 어느 정도 관련이 있다. 그래서 마음의 미로를 통한 연상의 연쇄를 따라가면, 내담자 개인의 마음의 역사와 현재의 조직을 파악할 수 있게 된다.
② 해석(Interpretation) : 자유연상, 꿈, 저항, 전이를 분석할 때 사용하는 기본 절차이다. 꿈, 자유연상 내용, 저항, 상담관계 자체의 의미를 지적·설명하며, 가르치기도 한다. 자아로 하여금 무의식적인 재료를 의식화하는 것을 촉진해 내담자가 무의식적인 재료들에 대한 통찰을 갖게 하는 것으로, 사용 시 유의해야 할 규칙은 다음과 같다.
  ㉠ 내담자가 저항·방어적인 태도를 취할 때, 방어적인 행동의 이면에 숨어 있는 원인을 해석하기 전에 내담자의 방어나 저항 행동 그 자체를 지적·설명해주어야 한다.
  ㉡ 상담자는 내담자가 표현한 감정의 이면을 이해할 수 있어야 한다.
  ㉢ 내담자에게 위협적일 수 있으므로 내담자가 수용할 수 있을 것으로 판단될 때 이루어져야 한다.
③ 저항의 분석과 해석 : 저항은 내담자가 자신의 억압된 충동이나 감정을 각성하면 불안을 견디기가 힘들어서 불안으로부터 자아를 방어하려는 경향 때문에 나타난다. 저항분석의 목적은 내담자가 그 저항을 처리할 수 있도록 하기 위해 저항의 이유들을 각성하도록 도우려는 것이다. 저항해석의 원리는 상담자가 내담자의 주의를 집중하게 하고, 저항들 가운데서 가장 분명한 저항현상을 해석하는 것이다.
④ 전이의 분석과 해석 : 전이는 내담자가 어릴 때 어떤 중요한 인물에 대하여 가졌던 사랑이나 증오의 감정을 상담자에게 투사할 때 나타난다. 내담자는 상담자와의 전이 관계의 참된 의미를 각성함에 따라 나타난다. 그들의 문제와 밀접하게 관련된 과거의 경험과 갈등에 대한 통찰을 획득하게 된다.

> **지식 IN**
>
> **1. 상담자의 역전이** `14` `16` `17` `기출`
> - 상담자가 내담자에게 일으키는 전이 현상으로, 상담의 진전을 방해할 수 있다.
> - 내담자가 상담자로 하여금 어떤 감정을 느끼도록 무의식적으로 유발하는 투사적 동일시를 역전이로 볼 수 있다.
> - 상담자가 자각하지 못하면 상담과정에 부정적이다.
> - 다른 사람을 돌보는 것과 관련된 상담자의 미해결 욕구는 역전이와 관련이 있다.
>   예 어릴 때 나이 어린 동생을 보살펴야 했고 잘 돌보지 못했을 때 죄책감을 느꼈던 상담자는 내담자가 호소할 때 누군가를 보살펴야 한다는 미해결된 욕구를 역전이할 수 있다.
> - 상담자는 자신의 과거 경험이 현재 자신에게 미치는 영향에 대해 지속 점검하여 역전이가 일어나는 것을 방지해야 한다.
>
> **2. 역전이의 치료적 활용 방법** `19` `기출`
> - 상담자는 내담자가 상담자에게 주는 영향을 인식하고 내담자를 이해하는 도구로 활용하며, 자신의 역전이에 대해 지속 탐구하여 내담자의 무의식을 이해하는 단서로 활용해야 한다.
> - 다른 사람과 관계에서 내담자가 주로 어떤 피드백을 받아왔는지를 탐색하며, 내담자에 대한 상담자의 마음을 진솔하게 표현한다.
> - 수퍼비전의 도움을 받는 것도 하나의 방법으로, 수퍼비전의 도움을 받아 자신의 감정을 관리하고 역전이 문제를 파악하여 내담자에게 보다 효과적인 상담을 제공할 수 있다.

⑤ **꿈의 분석과 해석** : 꿈의 내용들은 억압된 소원들로 구성되어 있는 것으로 보아 무의식의 세계로 통하는 길이라 할 수 있다. 꿈은 *잠재적 내용(Latent Content)과 *현시적 내용(Manifest Content)으로 나뉜다. 상담자는 현시된 꿈의 내용이 갖는 상징들을 탐구하여 가장되어 있는 의미를 파악해야 한다.

> ✅ **잠재적 내용**
> 가장되고 숨겨져 있으며, 상징적이고 무의식적인 동기를 말한다.
>
> ✅ **현시적 내용**
> 꿈속에 나타나는 일상적인 꿈의 내용을 말한다.

⑥ **통찰** : 상담자는 전이 해석을 통해 내담자가 현실과 환상, 과거와 구분하도록 해주며, 아동기의 무의식적이고 환상적인 소망의 힘을 통찰하도록 한다.

⑦ **훈습** : 통찰 후 자신의 심리적 갈등을 깨달아 실생활에서 자신의 사고와 행동을 수정하고 적응방법을 실행해나가는 과정이라 할 수 있으며, 반복, 정교화, 확대로 구성된다.

⑧ **버텨주기** : 상담자는 내담자가 막연하게 느끼지만 스스로 직면할 수 없는 불안과 두려움에 대해 적절한 이해와 따뜻한 배려를 전달함으로써 내담자에게 의지가 되어준다.

⑨ **간직하기** : 상담자는 내담자가 불안과 두려움을 느끼는 충동과 체험에 대해 즉각적으로 반응하는 대신에 이를 마음속에 간직하여 적절히 통제함으로써 위험하지 않도록 변화시킨다.

(7) 방어기제의 유형 14 16 18 20 기출

억압	정서적인 아픔이 너무 커서 그 일이 전혀 기억이 나지 않거나 그 일의 일부 조각들만 기억되는 것 예 어릴 적 왕따의 기억을 바쁘게 사회생활하면서 잊어버리는 경우
반동형성	무의식적 소망이나 충동을 본래의 의도와 달리 반대 방향으로 바꾸거나 죄의식을 본래 행동의 반대 방향으로 바꾸는 것 예 미운 자식 떡 하나 더 주기, 경쟁자에 대한 과도한 친절, 성적 욕구가 강한 것을 감추기 위해 전혀 관심이 없는 것처럼 표현
퇴행	극심한 스트레스나 좌절을 경험할 경우, 어렸을 때 행동양식으로 돌아가는 것 예 예쁨을 독차지하던 아이가 동생이 태어나자 밤에 오줌을 싸는 경우
취소	자신의 공격적 욕구나 충동에 의해 발생한 피해에 대해 무의식적 죄책감을 해소하기 위한 시도로서 그 피해를 원상 복구하는 것 예 게임만 하는 아이의 뺨을 때린 후 용돈을 주는 경우
투사	사회적으로 인정받을 수 없는 자신의 행동과 생각을 마치 다른 사람의 것인 양 생각하고 남을 탓하는 것 예 자기가 화난 것을 의식하지 못한 채, 상대방이 자기에게 화를 낸다고 생각하는 경우
동일시	투사의 반대 개념으로, 자신의 무능함을 보충하기 위해 타인이나 집단의 일면을 모방하거나 일치시키면서 만족을 얻는 것 예 자신이 좋아하는 연예인의 옷차림을 따라하는 경우
투입	외부의 대상을 자기 내면의 자아체계로 받아들이는 것 예 남편이나 자식의 모든 잘못도 자신의 탓으로 돌리다 우울증에 걸린 주부
전이	• 전에 알았던 사람과 현재의 사람을 동일시하여, 전에 알았던 사람에게 가졌던 사랑이나 미움의 감정을 현재의 사람에게 옮겨 반복하고 있는 특수 착각(Specific Illusion)현상 • 대부분 무의식적 현상이므로 본인이 모르는 경우가 많음
역전이	• 전이는 보통 아랫사람 또는 환자에게 많은 반면, 역전이는 관리자나 상담자에게 많음 • 전에 다른 사람에게 가졌던 동일한 감정을 아랫사람이나 환자에게 갖게 되는 현상 예 업무 과정에서 부하직원으로 인해서 어떤 관리자의 마음속 분노나 증오심이 현실적으로 타당한 이유 없이 생긴 경우
승화	가장 바람직하고 높은 수준의 방어기제로, 용납될 수 없는 충동을 사회적으로 용납되는 다른 형태로 표출하는 것 예 예술가가 자신의 성적 욕망을 예술로 승화하는 경우
격리	과거의 고통스러운 기억과 감정을 분리하는 것 예 엄마가 딸과 한바탕 싸운 후에 딸이 곤히 잠자는 모습을 보고 이불을 덮어주는 경우
합리화 23 기출	성취되지 않은 욕망에 대해 그럴듯한 핑계를 대고 현재 상태를 정당화하는 것 예 여우가 높이 매달린 신 포도를 '저 포도는 시어서 안 먹는다.'라고 말하는 경우
전환	심리적 갈등이나 부담이 신체적 증상으로 나타나는 것 예 시험 때마다 아픈 아이
지성화 (주지화)	고통스러운 감정이나 불안을 없애기 위해 계속 상상함으로써, 필요 이상의 감정을 줄이는 것 예 위험한 수술을 앞두고 수술과정을 연상하여 익숙해지는 것
부정·부인	가장 원초적인 방어기제로, 기억 속에서 현실을 완전히 차단하는 기제 의식화되는 경우 감당하기 어려운 고통이나 욕구를 무의식적으로 부정하는 것 예 애인의 죽음을 믿지 않고 멀리 여행을 떠난 것이라고 믿는 경우
보상	한 분야에서 특별히 뛰어나 인정받음으로써 다른 분야에서의 실패나 약점을 보충하는 것 예 작은 고추가 맵다고 하는 경우
해리	마음을 편치 않게 하는 성격의 일부가 그 사람 자신의 지배를 벗어나 하나의 독립된 성격인 것처럼 행동하는 방어기제 예 지킬박사와 하이드의 경우

02 개인심리학 18 20 22 기출

(1) 개 요
① 사람들의 주요 문제가 3가지 측면에서의 결여, 즉 '사회적 관심의 결여', '상식의 결여', '용기의 결여'로부터 유발된다고 전제한다.
② 내담자를 치료의 대상으로 보는 대신, 개인이 자신에 대한 개념을 바꾸도록 돕는 것에 중점을 둔다.
③ 행동패턴을 바꾸고 증상을 제거하는 일보다 인생의 목적, 자아개념, 사고방식 등을 바꾸는 데 주된 관심을 갖는다.
④ 부적응행동 또는 이상행동은 개인의 열등감과 직접적으로 관계가 있다고 보고, 상담을 통해 내담자의 잘못된 발달을 재구성해주고, 자신의 생활양식과 사회적 상황을 이해하도록 돕는다.

(2) 인간관 17 19 21 기출
① 인간은 분리될 수 없는 하나의 전체적 존재이다(전체론).
② 인간은 주로 성적 동기보다 사회적 충동에 의해 동기화되는 사회적 존재이다.
③ 인간의 행동은 목적적·목표 지향적이고, 미래에 대한 기대로 가상적[허구적(Fictional)] 목표를 가지며, 이러한 중심 목표에 의해 인도된다.
④ 인간은 환경과 유전에 의해 결정되는 존재가 아니라, 사건을 해석하고 영향을 주며 자기의 삶을 결정하는 창조적인 능력을 가진 존재이다.
⑤ 선택과 책임, 삶의 의미, 자기 실현화를 강조하며, 긍정적 인간관을 가지고 있다.

(3) 주요 개념 15 16 17 21 기출
① 열등감과 보상
  ㉠ 열등감은 잘 적응하지 못하거나 해결할 수 없는 문제에 직면했을 때, 좀 더 안정을 추구하는 데서 생긴다. 열등감은 동기유발의 근거로 연습이나 훈련을 통해서 보상받으려고 노력한다.
  ㉡ 열등감은 열등 상황을 극복하여 우월의 상황으로 밀고 나아가게 하는 힘을 지녔다고 보고, 인간이 지닌 잠재능력을 발달하는 자극제 또는 촉진제 역할을 한다고 보았다.
② 우월을 향한 노력 : 인간의 궁극적인 목적은 우월하게 되는 것인데, 우월은 모든 인간이 갖는 기본 동기로, 선천적이며 열등감을 보상하려는 욕구에서 나온다.
③ 사회적 관심
  ㉠ 개인이 이상적인 *공동사회라는 목표를 달성하려는 성향을 말하며, 초기 모자관계에서 출발한다.
  ㉡ 사회적 관심의 수준이 개인의 심리적 건강을 측정하는 유용한 척도가 된다고 보았다.

> **공동사회**
> 일반적으로 긴밀한 인격적 관계를 주축으로 사회의 모든 부면(部面)이 공동체의식의 지배를 받는 사회를 말한다.

④ 공동체 의식 : 인간이 사회적 존재로 살아갈 때 삶의 과제를 해결할 수 있는 동기를 제공하며, 인간은 공동체 의식 형성과 사회적 관심 없이는 열등감 극복, 정신의 발달, 문화의 발달 등이 절대 불가능하다고 보았다.
⑤ 자아의 창조적 힘 : 인생의 목표와 목표추구 방법을 결정하고, 사회적 관심을 발달한다는 것이다.

⑥ 가상적/허구적 목표 : 개인이 추구하는 궁극적 목표는 현실에서 검증되지 않은 가상의 목표로, 이는 미래에 실재하는 어떤 것이 아닌, 현재의 행동에 영향을 미치는 미래에 대한 이상을 의미한다.

> **지식 IN**
>
> **가상적/허구적 목표** 16 기출
> - 아들러가 독일 철학자 바이힝거(H. Vaihinger)의 저서 『'마치 ~처럼'의 철학』으로부터 받은 영감에 근거한다.
> - 바이힝거는 인간은 누구나 허구적인 이상을 추구하며 살아가는데, 이러한 허구적 이상은 실제적인 대응물을 갖지 못하는 관념에 불과하지만, 개인의 삶에 강력한 영향을 미칠 뿐 아니라 중요한 실제적인 유용성을 지닌다고 보았다.
> - 개인의 성격을 이해하는 데 있어 그가 지닌 허구적 이상, 즉 가상적 최종목표를 인식하는 것이 중요하다고 생각하였다.

⑦ 생활양식 17 18 기출
  ㉠ 개인의 일관된 성격구조로 생애초기에 형성된다.
  ㉡ 인생목표, 자아개념, 성격, 문제에 대처하는 방법, 행동, 습관의 독특한 형태를 의미한다.
  ㉢ 아들러(Adler)에 의하면, 생활양식은 우리의 독특한 열등감을 극복하기 위한 노력을 나타내며, 출생순위로 인해 형제가 서로 다르게 경험하는 열등의 경험도 생활양식 형성에 영향을 미친다고 하였다.
  ㉣ 사회적 관심과 활동수준에 따른 생활양식(개인)의 분류

지배형	사회적 관심은 거의 없으면서 활동수준이 높아 공격적이고 주장적인 유형이다.
기생형(획득형)	기생적 방법으로 외부세계와 관계를 맺으며, 타인에 의존하여 욕구를 충족하는 유형이다.
회피형	참여하려는 사회적 관심도 적고 활동수준도 낮은 유형이다.
사회적 유용형	사회적 관심이 크므로 자신과 타인의 욕구를 동시에 충족하며, 인생과업을 완수하기 위해 다른 사람과 협력하는 유형이다.

⑧ 가족형상(출생순위) 15 기출
  ㉠ 사회적 요인이 성격에 미치는 영향을 강조하면서 개인의 가족 내 출생순위가 생활양식 형성에 영향을 준다고 하였다.
  ㉡ 형제간의 개인적 차이는 다른 형제의 존재 유무와 그들 간의 경쟁으로 인해 형성된다.
  ㉢ 심리적인 출생순위란 실제 출생순위와 상관없이, 자신이 가족 내에서 어떠한 순위라고 생각하는가 하는 주관적인 출생순위이다.
  ㉣ 출생순위는 심리적인 출생순위와 일치할 수도 다를 수도 있다. 10살 차이가 나는 형제가 있다면, 형은 맏이보다는 독자로서의 의미를 더 갖게 되고, 동생도 둘째보다는 독자의 의미를 갖는다. 즉, 이 형제는 둘 다 독자의 심리적인 출생순위를 갖게 되므로 이에 따라 성격이 형성된다.

지식 IN

아들러(Adler)의 가족구조와 출생순위 15 기출

출생순위	특 징
첫 째	• 부모의 사랑과 관심을 받지만, 둘째 아이가 태어나면 '폐위된 왕'이 된다. • 권위의 중요성을 동생보다 더 잘 이해한다. • 책임감, 타인 배려의 모습, 보수적이며 규칙을 중시하는 성향이 나타난다. • 부정적 요소로 퇴행적인 행동, 권위적 인물이나 규율에 쉽게 동조하는 행동, 자신감 상실, 언제나 일이 나빠질 것에 대한 두려움, 적대적이고 비관적인 성향 등을 나타낸다.
둘 째	• 가장 큰 특성은 '경쟁'이다. 즉, 태어나면서 첫째와의 경쟁 그리고 막내가 태어나면서 막내와의 경쟁 관계에 있게 된다. • 야심적이고, 공동체 지향적이며, 적응력이 뛰어나다. • 부정적 요소로 반항적이고 질투가 심하며, 항상 이기려 하고 추종자가 되기를 거부하는 경향이 있다.
막 내	• 과잉보호될 가능성이 크며, 그 때문에 의존적인 태도를 보인다. • 항상 많은 자극과 경쟁 속에 성장하게 되고, 형제를 앞지르고자 하는 욕구가 강하게 된다. • 부정적 요소로 응석받이 행동, 낮은 독립심, 열등감 등이 있다.
외동(독자)	• 가족 내에서 경쟁할 사람이 없으므로 경쟁 대상이 될 가능성은 약하다. • 때때로 남자아이의 경우 아버지와 경쟁하려 하고, 부모의 지나친 애정을 받게 되는 경우가 많다. • 자부심이 강하고, 자기중심적이며, 독립적으로 일을 추진하려는 성향을 나타낸다. • 남들과 경쟁을 피하려 하고, 항상 자신이 옳은 듯이 행동하는 경향을 나타낼 수 있다.

(4) 상담의 목표 17 기출

① 어떤 징후의 제거가 아니라, 개인 자신의 기본적인 과오를 인정하고 자아인식을 증대하도록 하는 것이다.
② 내담자의 *열등 콤플렉스와 생활양식의 발달과정을 이해하고, 이것이 현재 생활과제 해결에 어떻게 영향을 미치고 있는가 이해하도록 하여, 생활목표와 양식을 재구성하도록 도와주는 것이다.
③ 상담자의 역할은 내담자가 대인 관계를 향상하도록 훈련시키는 것뿐만 아니라 개인의 사회적 관심을 증대시키고, 열등감을 극복하도록 돕고 내담자의 견해나 목표를 수정함으로써 그들의 생활방식을 바꾸어 사회구성원으로서 기여하도록 돕는 데 있다.

> ✅ **열등 콤플렉스**
> 인간은 자기 안에 존재하는 열등한 요소를 인정하지 않으려는 경향이 있는데, 그것이 억압되어 일종의 콤플렉스로 작용하는 것을 말한다.

(5) 상담의 과정 15 17 기출

① 제1단계 : 적절한 치료관계 형성
  ㉠ 상담자는 상호신뢰와 존경을 바탕으로 내담자와 동등하고 우호적인 관계를 맺는다.
  ㉡ 상담자는 내담자와 동의하에 목표를 설정하고, 목표달성을 위해 노력해야 한다.
  ㉢ 상담자에 의한 허용적이고 온화한 분위기 속에서 내담자는 자신이 수용되고 있다는 사실을 느낄 것이며, 처음으로 자신의 열등감을 공개할 수 있게 될 것이다.
  ㉣ 주요 기법 : 공감을 가지고 참여하기, 경청하기, 격려와 지지, 가능한 한 내담자의 주관적 경험을 따라 하기, 목표를 명확히 확인하기, 내담자의 증상·활동·대인관계의 목적에 대한 최초의 예감 가정하기 등

② 제2단계 : 내담자의 역동성 탐색과 분석
  ㉠ 개인심리학에서 개인의 지각·신념·감정은 생활양식에 기초하여 이루어지기 때문에, 상담의 두 번째 단계에서는 내담자의 생활양식을 이해하는 것이 필요하다.
  ㉡ 내담자에 관한 객관적인 정보뿐만 아니라 주관적인 인식을 탐색한다.
  ㉢ 생활양식 조사에 포함되는 내용
    • 가족 구도 : 출생순위, 형제에 대한 진술, 형제의 속성에 대한 분석, 형제들의 상호관계, 부모에 관한 내용으로 구성되어 있다.
    • 어린 시절의 회상(Early Recollections) 24 기출
      – 내담자가 생생하게 기억하는 단일 사건들로, 아들러(Adler)는 수백만 개의 초기기억 중 중요 신념이나 기본적 오류들을 투사하는 특정 기억들을 선택한다고 하였다.
      – 상담자는 이러한 초기 기억들을 자기, 타인, 삶, 윤리 등에 대한 내담자의 신념 평가, 치료 회기와 치료 관계에 대한 내담자의 입장 평가, 대처 양식의 검증, 개인적 강점·장점, 방해하는 아이디어 등에 대한 평가로 활용한다.

③ 제3단계 : 해석을 통한 통찰
  ㉠ 해석은 현시점에서 내담자들이 하는 행동에 대한 모호한 동기를 다루는 것이다.
  ㉡ 통찰은 내담자의 인생에서 작용하는 동기이며, 개방과 시기 적절한 해석이 통찰을 획득하는 기본적인 기법이다.
  ㉢ 상담자는 내담자가 자신의 생활양식, 현재의 심리 문제, 잘못된 신념 즉 '기본적 오류'를 깨닫도록 해주고, 그것이 내담자에게 어떤 문제가 되는지 해석해준다.
  ㉣ 상담자는 내담자의 언행의 불일치, 이상과 현실 간의 불일치 등에 대해 직면함으로써 자신에 대한 통찰을 얻을 수 있도록 해야 한다.
  ㉤ 마지막으로 해석을 통하여 특히 내담자의 장점을 지적하고 격려해야 한다.

④ 제4단계 : 재교육(Reorientation)을 통한 원조
  ㉠ 해석을 통해 획득된 내담자의 통찰이 실행행동으로 전환되게 하는 재교육(재정향) 단계이다.
  ㉡ 상담자는 내담자에게 사회적 접촉을 보여주고, 내담자가 이를 실행해보도록 격려한다.
  ㉢ 내담자들이 새롭고 더 효과적인 관점을 발견하도록 돕고, 모험을 통해 생활을 변화할 수 있는 용기를 가지도록 격려하고 독려한다.

(6) 상담의 기법 15 16 22 기출
① 상담 초기에 활용하는 기법
  ㉠ 주목하기 : 내담자와 눈을 맞추면서 내담자를 심리적으로 인정하는 행동이다.
  ㉡ 경청 : 내담자의 언어적·비언어적 메시지를 포착하기 위해 듣는 것이다.
  ㉢ 공감적 이해 : 내담자의 주관적 세계를 파악하고, 이런 이해를 내담자에게 전달하는 상담자의 능력이다.

② 일반 상담기법 16 18 23 기출

충 고	충고를 사용하되 내담자의 의존성을 부추기지 않도록 하고, 내담자의 자기지도력과 자립능력을 격려하며 조심스럽게 충고한다.
격 려	상담자의 주 과제로, 내담자가 성장할 수 있고 자기충족적 방향으로 모험을 감행할 수 있는 내적 자원을 개발하도록 용기를 주는 것이다.
수렁(악동) 피하기	상담자가 내담자의 자기 패배적 행동을 인정하는 함정에 빠지지 않는 것으로, 사람들이 흔히 빠지는 함정과 난처한 상황을 피하도록 돕는 기법이다.
역설적 의도(개입)	• 내담자가 두려워하는 행동이나 사고를 의도적으로 과장하도록 하는 기법이다. • 내담자로 하여금 이러한 행동이 얼마나 어리석은가를 명확히 인식하도록 의도하는 것이다.
시범보이기	• 상담자는 내담자에 대해 사회적 관심의 대표자로서, '진실한 인간, 완전한 인간'이 아닌, 실수할 수 있는 '보통의 인간'으로서의 역할을 보여주어야 한다. • 내담자가 모방하려고 하는 가치를 행동으로 보여준다.
역할놀이	상담자는 내담자가 자신이 원하는 역할을 할 수 있도록 역할놀이 상황을 설정한다.
빈 의자 기법	빈 의자에 자신이 생각하고 있는 사람이 앉아 있다고 생각하고 이야기하는 기법이다.
가상행동 24 기출	내담자가 바라는 행동을 실제가 아닌 가상장면에서 '마치 ~인 것처럼(as If)' 해보게 하는 것이다.
즉시성	• 현재 이 순간에 무엇이 일어나고 있는지를 다루는 기법이다. • 내담자로 하여금 상담시간에 일어나는 것이 일상생활에서 일어나는 것의 표본이라는 점을 깨닫도록 돕는 것이다.

> **지식 IN**
>
> **즉시성** 15 16 17 19 22 23 기출
>
> 1. 의 미 21 기출
>   • 조력관계에서 상담자와 내담자 간에 '지금' 일어나고 있는 것, 즉 상담의 목적뿐만 아니라 내담자의 감정, 인상, 기대에 관하여 상담자가 이해하고 의사소통하는 것을 말한다.
>   • 내담자의 경험, 행동, 사고에 대한 상담자의 경험 또는 감정을 구두로 전달하는 것이다.
>   예 "철수야, 지금 나와 함께 있는 것에 짜증이 난 것처럼 느껴져."
>   "수미는 상담실에 올 때마다 가슴이 답답하다고 하는데, 그 말을 들으니 '내가 수미를 제대로 이해하지 못하고 있나?'라는 미안한 느낌이 들어."
>
> 2. 목 적
>   • 상담과정을 방해하는 치료적 관계에서의 문제를 표현하여 즉시적인 치료관계에서 문제를 논의함으로써, 자신의 문제에 대해 더 깊이 이해하도록 한다.
>   • 내담자에게 대인관계 문제를 해결하는 모델이 되며, 그 순간에 상담자와의 관계에 대한 내적 경험에 대해 내담자에게 피드백을 제공하는 의사소통이다.
>   • 내담자의 자기 탐색을 촉진하고 내담자 또는 관계에 초점을 유지하기 위해 사용한다.
>   • 상담회기 중 특정 사건, 내담자에 대한 상담자 반응에 초점을 맞출 수 있다.
>
> 3. 즉시성의 유형(G. Egan)
>
> | 관계즉시성 | 상담관계의 질, 즉 상담관계가 긴장되었는지, 지루한지, 혹은 생산적인지에 관해 내담자와 논의할 수 있는 상담자의 능력을 의미한다. |
> |---|---|
> | '지금-여기' 즉시성 | • 현재 발생하고 있는 교류에 관해 논의하는 것이다.
• 내담자가 어떤 사실에 관하여 이야기한 자신에 대해 상담자가 어떻게 생각하는지를 알고 싶어 하는 경우, 상담자는 내담자가 지금 이 순간 어떤 것을 경험하며, 어떤 생각과 감정을 가지고 있는지를 탐색한다. |

4. 즉시성의 적용에서 상담자의 3가지 두려움

- 상담자는 내담자가 자신의 메시지를 잘못 해석할지도 모른다고 걱정하고, 종종 자신의 반응이 내담자를 화나게 만들지 않을까 걱정하기도 한다. 즉시성을 적용할 경우 상담자는 내담자의 사고나 감정에 대해 잠정적으로 추측하거나 해석해야 하는데, 이때 잘못된 추측으로 내담자의 신뢰를 잃어버릴 수도 있다.
- 즉시성은 예상하지 않았던 결과를 초래할 수도 있다. 반영기술처럼 대부분의 상담기술은 예측된 결과를 가져오지만, 즉시성은 예외이다. 즉시성을 적용함으로써 상담자와 내담자 간의 친밀한 상담패턴과 상담관계가 손상될 수도 있다.
- 즉시성 때문에 더 이상 상담관계가 통제될 수 없다고 느끼는 내담자는 서둘러 상담을 종료하기도 한다. 어떤 내담자는 '끔찍하지 않아요?'와 같은 게임을 걸어오면서 상담자가 그 게임에 반응하도록 조종한다. 그러나 예상하지 않았던 상담자의 반응에 내담자는 상담관계를 끝내고자 한다.

5. 즉시성이 가장 효과적으로 활용될 수 있는 경우

- 상담관계가 긴장되었을 때
- 상담자와 내담자 간에 신뢰가 상실되었을 때
- 상담자와 내담자 간에 사회적 거리감이 느껴질 때
- 내담자의 의존성이 나타날 때
- 상담자의 역의존성이 나타날 때
- 상담자와 내담자가 서로에게 매력적으로 끌리기 시작할 때

③ 특수기법 14 16 기출

ㄱ. 초인종(단추) 누르기 23 기출
- 상담자는 내담자가 유쾌하거나 불쾌했던 상황을 상상해 볼 수 있게 하고, 그 이미지에 동반되는 감정들을 살펴보게 한 후, 어떤 감정을 선택할 것인지를 자신이 결정할 수 있음을 알게 한다.
- 이 기법의 목적은 내담자에게 그들이 무엇을 생각할지를 결정하여, 자신이 원하는 감정은 무엇이든지 만들어낼 수 있다는 사실을 가르치려는 것이다.

ㄴ. 수프에 침 뱉기(수프 엎지르기) 23 기출
- 상담자가 내담자의 수프(부정적 행동)에 침을 뱉음으로써 내담자는 여전히 그 수프를 먹으려고 하지만(그 행동을 수행하려고 하지만), 그 맛이 이전과 같지 않음을 알게 하는 것이다.
- 내담자의 자기 패배적 행동 뒤에 감춰진 의도나 목적을 드러내 밝힘으로써 내담자가 그 행동을 주저하게 하는 기법이다.

ㄷ. 타인을 즐겁게 하기 : 사회적 관심의 상실은 내담자를 실망시키는 주요 요인 중의 하나이기 때문에, 상담자는 내담자에게 밖으로 나가 다른 사람을 위해 좋은 일을 하라고 지시한다. 이 방식은 내담자를 사회적인 주 흐름 속으로 되돌아오도록 촉진한다.

ㄹ. 스스로 억제하기 : 내담자가 원하지 않는 행동을 하고 있는 순간에 상담자가 정신적인 '억제신호'들의 목록을 제공하여, 내담자의 모습이나 행동을 억제하게 하는 방법이다.

ㅁ. 과제부여 : 내담자의 문제해결을 위하여 치료자가 특정한 과제를 개발하여 내담자에게 이를 부과하고 이행하도록 함으로써, 내담자가 성공감을 맛보고 새로운 일에 자신감을 가지고 도전할 수 있도록 하는 기법이다.

03 행동주의 상담 14 15 16 20 기출

(1) 개 요 18 23 기출

① 행동주의 상담은 인간의 비정상적인 행동이 학습으로 획득·유지되는 것으로 가정하고, 실험적 연구에서 밝혀진 학습원리를 내담자의 심리치료 및 행동 수정에 적용·응용하는 상담이론이다.

> ✅ **강 화**
> 특정 요인에 의해 자극과 반응 사이의 관계를 강하게 만드는 현상을 말한다.

② 행동주의 상담에서는 상담자가 여러 학습원리를 사용하여 내담자가 원하는 새로운 행동을 학습하도록 돕는 과정, 즉 교육과정을 상담과정으로 본다.
③ 과거나 미래보다 현재의 구체적인 행동을 강조하며, 객관적으로 관찰할 수 있고 측정 가능한 행동만을 치료대상으로 삼는다.
④ 인간의 행동은 환경과의 상호작용으로 이루어지며 강화와 모방을 통해 학습된다고 본다.
⑤ 현재의 모든 행동이 오랜 학습의 과정을 거쳐 이루어진 것으로 보면서, 그 행동을 지속하는 환경적 자극(*강화)이 있음을 강조한다.
⑥ 환경론을 강조하고 비합리적 충동적 욕구도 후천적인 조건화의 결과로 본다.
⑦ 행동분석 A-B-C 21 기출
  ㉠ 스키너(Skinner)가 초기 행동주의 관점으로 ABC 패러다임을 제시하였다.
  ㉡ 인간의 '행동(Behavior)'이 '선행요인 또는 선행조건(Antecedents)'으로서 환경적 자극에 의해 동기화되며, 행동에 따르는 '결과(Consequences)'에 의해 전적으로 결정된다고 보는 이론이다.
  ㉢ 환경적 선행요인과 결과에 관심을 두며, 이를 '선행요인/선행사건(Antecedents) → 행동(Behavior) → 결과(Consequences)'의 머리글자에 따라 행동의 'ABC 패러다임'이라고 한다.

(2) 인간관

① 자아나 인지기능, 내면적 동기로는 인간의 행동을 설명할 수 없다.
② 개인의 행동발달 유형은 개인의 유전적 배경 및 환경적 조건에 따라 다르게 나타난다.
③ 인간행동은 내적 충동보다 외적 자극에 의해 동기화되며, 결과에 따른 보상 혹은 처벌에 의해 유지된다.
④ 인간행동은 법칙적으로 결정되고 예측이 가능하며, 통제 가능하다.

(3) 행동주의 관련 이론

① 고전적 조건형성과 조작적 조건형성의 비교

구 분	고전적 조건형성(파블로프, Pavlov)	조작적 조건형성(스키너, Skinner)
학습원리	무조건자극과 조건자극의 연합에 의해 학습이 일어난다.	보상이 뒤따르는 행동이 증가한다.
자극-반응 계열	자극이 반응의 앞에 온다.	반응이 효과나 보상 앞에 온다.
자극의 역할	반응은 외적자극에 의해 추출된다.	반응은 내부에서 자발적으로 방출된다.
자극의 자명성	특수자극은 특수반응을 일으킨다.	특수반응을 일으키는 특수자극은 없다.

② 사회학습이론(반두라, Bandura)
  ㉠ 사회학습이란 어떤 모델의 행동을 관찰하고 모방함으로써 학습하게 된다는 것으로, 주위 사람과 사건들에 주의를 집중함으로써 정보를 획득하는 것을 학습이라고 보았다.
  ㉡ 학습은 모델의 행동을 모방하거나 대리적 조건형성 즉 *대리학습을 통해서 이루어진다.
  ㉢ 반두라가 대표적 학자이며, 모델링을 통한 관찰학습과 모방학습을 강조한다.

> ✅ **대리학습**
> 타인의 행동결과의 관찰을 통해 자신의 학습이나 행동에 영향을 받는다는 것을 말한다.

(4) 주요 개념 14 17 기출

① **자기강화** : 자신이 통제할 수 있는 보상을 스스로에게 주어 행동을 유지, 변화하는 과정이다.
② **대리강화** : 타인의 행동 결과에 어떤 보상이나 벌이 주어지는지 관찰했다가 보상이 주어지는 행동만 선택하여 모방하게 되는 과정이다.
③ **자기효율성** : 어떤 결과에 도달하기 위해 필요한 행동을 제대로 해낼 수 있다는 자기확신이다.
④ **자기조절** : 수행과정, 판단과정, 자기반응과정을 통해 자신의 행동을 스스로 평가·감독하는 것이다.
⑤ **모방** : 다른 행동을 보고 들으면서 그 행동을 따라 하는 것이다.
⑥ **모델링** 17 24 기출
  ㉠ 타인의 행동을 관찰하고 학습하여 행동의 변화를 촉진하는 것으로, 실물모델·상징모델·묵시적 모델이 있다.
  ㉡ 정확한 학습을 위해 습득된 행동을 시연해 보게 하며, 모델이 매력적일수록 효과가 크다.
  ㉢ 실제 인물이 아닌 소설 속의 주인공도 모델로서의 역할이 가능하다.
⑦ **인지** : 심상, 사고, 계획 등을 하고, 내적 표준에 근거하여 자신의 행동을 조정하며, 자신의 행동결과를 예측할 수 있다.

(5) 상담의 목표

① 바람직하지 못한 행동을 소거하고, 효과적이고 바람직한 새로운 적응행동을 학습·유지하는 것이다.
② 내담자의 바람직하지 못한 행동도 바람직한 행동과 같이 학습된 것으로 보기 때문에, 상담의 목적은 잘못 학습되었다고 생각되는 행동을 소거하고, 보다 효과적이고 바람직한 행동을 새로이 학습하도록 내담자를 도와주는 것이다. 즉, 사회적 활동을 저해하는 비현실적인 공포나 불안을 제거하는 것이다.
③ 비현실적인 공포나 불안의 제거와 학습을 통한 행동수정이 중요한 목표였으나, 최근에는 자기지도가 강조되고 있다.
④ 상담목표는 내담자가 관심을 가지고 있는 영역을 규명하는 것이므로 내담자가 결정하며, 하나의 상담목표는 구체적인 세부단계로 나누어진다.
⑤ 상담목표가 사전에 규명되므로, 상담자는 목표 달성 여부를 평가할 수 있는 어떤 준거를 제공받을 수 있다.
⑥ 명료하고 구체적이며, 이해하기 쉽고 내담자와 상담치료자에 의해 합의된 것이어야 한다.

⑦ 상담목표가 각각의 내담자를 위해 다르게 진술되어야 한다. 상담목표가 개별화되어야 함은 의미상 상담목표의 중요한 기능이다.
⑧ 상담목표가 상담전략이나 구체적으로 어떤 상담기술을 선택하는 데 있어서 기초 자료를 제공한다.

(6) 상담의 방법
① 개개인에게 가장 적절한 기술을 사용한다. 모든 내담자는 각기 다른 기술의 적용을 받는다.
② 실험에 의해 상담기술을 개발한다. 즉, 누구나 그 절차에 의해 실험하면 똑같은 결과가 나올 수 있는 기술 개발을 강조한다.
③ 과학적인 방법을 사용한다. 상담기술의 개발뿐만 아니라 객관적인 목표의 설정, 그 결과에 대한 객관적인 평가를 강조한다.

(7) 상담의 과정 및 기법
① 상담의 과정

단계	내용
제1단계 상담관계의 형성	• 흔히 범하는 잘못은 내담자와 관계가 충분히 형성되기도 전에 행동을 바꾸기 위한 상담기술을 적용하는 것이다. • 상담자가 가치판단 없이 내담자가 말하는 것을 수용하고 이해하려는 노력이 필요하다. • 온정적·공감적이며, 내담자에 대해 많은 관심을 가져야 한다.
제2단계 문제행동의 규명	• 내담자와 관계가 잘 형성되면, 내담자의 문제행동을 확실히 규명해야 한다. • 상담자는 내담자 스스로 자신의 문제를 확실히 알 수 있도록 도와주어야 한다. • 내담자의 추상적 개념을 구체적 행동으로 나타낼 수 있도록 도와주어야 한다.
제3단계 현재의 상태 파악	• 상담자는 내담자의 현재 상태를 파악하여 적절한 상담기술을 모색해야 한다. • 현재 내담자가 나타내는 반응 수준이나 문제행동과 관련된 현재의 장면적 특징에서 문제행동을 기술하려는 것이 목적이다.
제4단계 상담목표의 선정	• 상담목표는 학습의 방향, 즉 상담의 방향을 제시하는 것이기 때문에 행동주의적 접근에서는 상담의 목표가 대단히 중요하다. • 목표설정은 상담에 있어 상담자와 내담자의 행동 표적이 된다.
제5단계 상담기술의 적용	• 상담기술은 내담자 개개인의 상담목표에 맞추어진 것이고, 현재의 상태 파악과 상담목표의 설정단계에서 모아진 정보에 기초를 두고 있다. • 내담자가 수정하고 싶어 하는 구체적 환경에 맞게 내담자의 행동수정을 도울 수 있는 상담기술을 구성하고 적용하는 일이 중요하다.
제6단계 상담결과의 평가	• 반드시 짚고 넘어가야 하는 과정으로, 얼마나 상담을 잘했는지, 상담기술이 얼마나 효과가 있는지 알아보는 것이다. • 어떤 기술에 얽매이지 않고, 평가결과에 따라 기술은 계속 바뀔 수 있다.
제7단계 상담의 종결	• 추가 상담이 필요할지에 대한 탐색의 기회이다. • 내담자의 다른 행동변화에 전이될 수 있도록 도와주는 데 초점을 맞춘다.

② **상담의 기법** 14 15 16 18 19 22 24 기출

㉠ 강화 : 보상을 제공하여 바람직한 행동의 빈도를 증가하는 것이다.

정적 강화	• 반응을 높이기 위해 유쾌 자극을 제공하는 것이다. • 가시적 보상(돈, 음식 등), 사회적 보상(관심, 칭찬, 미소 등) 예 성적이 올라 용돈을 올려주는 것, 정리정돈을 잘한 학생은 먼저 하교하도록 해주는 것
부적 강화	바람직한 행동이 나타나면 위협적인 것들을 면제하는 것이다. 예 수업태도가 좋으면 숙제를 면제해주는 것, 모범수에게 사역을 면제해주는 것, 교칙을 잘 지킨 학생에게 화장실 청소를 면제해주는 것

㉡ 처벌 : 어떤 행동에 뒤따르는 결과로 그 행동을 다시 야기할 가능성을 감소하는 것이다.

정적 처벌	체벌과 같은 유해한 자극을 가함으로써, 바람직하지 않은 행동을 배제하고자 하는 것이다. 예 수업시간에 떠드는 학생에게 벌을 주는 것, 싸움한 학생에게 화장실 청소를 시키는 것
부적 처벌	특정 행위에 대해 유쾌한 일을 철회하는 것이다. 예 성적이 떨어진 학생에게 부모가 컴퓨터 게임 시간을 줄이는 것, 떠드는 학생의 칭찬 스티커를 빼앗는 것

㉢ 소거 : 바람직하지 못한 행동에 강화를 주지 않음으로써, 반응의 강도 및 출현빈도를 감소하는 것이다.
  예 아이가 울 때마다 안아주던 행동(강화)을, 아이가 울더라도 안아주지 않음으로써 아이가 우는 행동을 감소하는 것이다.

㉣ 타임아웃 21 기출
  • 부적응 행동을 변화시키기 위해 사용하는 기법으로, 처벌 중 하나이다.
  • 바람직하지 못한 행동을 한 아동에게 정해진 기간 동안 어떤 강화장소로부터 비강화 장소에 고립시키는 방법이다.
    예 수업시간에 떠드는 학생을 교실(강화장소)에서 복도(비강화장소)로 나가 일정 시간 서있게 한다.
  • 어떤 행동을 했을 때 타임아웃을 하는지 사전에 명확히 알려준다.
  • 타임아웃을 사용할 때는 지시에 따르지 않을 경우, 뒤따를 결과를 미리 알려주어야 한다.
  • 문제행동을 중단하지 않으면 타임아웃이 임박했음을 경고한다.
  • 타임아웃을 끝냈을 때 규칙 준수를 칭찬한다.

㉤ 체계적 둔감법(체계적 둔감화 기법) 21 기출
  • 행동주의 상담에서 널리 사용하는 고전적 조건형성 기법이다.
  • 혐오스런 느낌이나 불안한 자극에 대한 위계목록을 작성한 다음, 낮은 수준의 자극에서 높은 수준의 자극으로 상상을 유도하여 혐오나 불안에서 서서히 벗어나도록 하는 것이다.
  • 불안과 공포를 통제하는 기제는 상호억제이다. 상호억제란 고전적 조건형성 중 하나로 새로운 반응이 습관적 반응을 감소하는 원리를 말하며, 행동주의 심리학자 볼프(J. Wolpe)가 발견하였다.

㉥ 홍수법 : 불안이나 두려움을 발생시키는 자극을 계획된 현실이나 상상 속에서 지속적으로 제시하는 기법이다. 혐오스런 느낌이나 불안한 자극에 대해 미리 준비하도록 한 후, 가장 높은 수준의 자극에 오랫동안 지속적으로 노출시킴으로써 시간이 경과함에 따라 혐오나 불안을 극복하도록 한다.

ⓐ 혐오치료 : 역조건형성의 일종으로, 바람직하지 않은 행동에 혐오자극을 제시하여 부적응적인 행동을 제거한다.
  예 금주나 금연교육 시 폐암환자나 간암환자의 사진을 보여준다.
ⓞ 노출 및 반응방지법 : 내담자가 두려워하는 자극에 노출시키되 강박행동을 못 하게 하는 기법이다.
ⓩ 주장훈련 : 대인관계에서 느끼는 내담자의 불안과 공포를 해소하기 위한 효과적인 *행동치료 기법으로, 상대의 권리를 침해하거나 불쾌감을 주지 않으면서 자신의 느낌, 생각, 욕구, 권리 등을 표현하는 체계적인 훈련이다.

> ✅ **행동치료**
> 부적절·부당당한 행동이나 환경에 학습이론을 적용하는 심리치료를 말한다.

ⓧ 자기표현훈련 : 자기표현을 통해 다른 사람과 상호작용하는 방법을 습득하도록 하는 행동치료 기법으로, 대인관계에서 비롯되는 불안요인을 제거하기 위한 것이다.
ⓚ 이완훈련 : 불안이나 스트레스를 겪고 있는 내담자에게 적용한다.
ⓣ 토큰경제(토큰강화, 환권보상치료, Token Economy)
 - 조작적 조건반사의 원리를 적용한 기법으로, 기대행동이 일어날 때 이를 강화하기 위해 보상하는 일종의 강화자극이다.
 - 바람직한 행동들에 대한 체계적인 목록을 정해놓은 후, 그러한 행동이 이루어질 때(강화물을 직접 사용하는 대신) 그에 상응하는 대용물(내담자가 원하는 보상물로 교환할 수 있는 토큰)을 제공하여 보상하는 것이다.
ⓟ 프리맥(Premack)의 원리 : 선호하는 행동이 덜 선호하는 행동을 강화하여 덜 선호하는 행동의 발생 빈도를 증가하는 것으로 강화의 상대성을 이용한 것이다.
  예 게임을 좋아하는 학생에게 숙제를 다 끝내면 게임을 할 수 있게 해준다.
ⓗ 자극통제 : 문제 행동과 관련된 환경 요인을 미리 재조정하여 행동의 변화를 촉진하는 기법이다. 즉, 부적절한 행동을 일으키는 환경 자극의 빈도를 줄이고 바람직한 행동을 일으키는 환경 자극을 증가하는 것을 목적으로 한다. 이 기법은 다른 기법의 효과를 촉진하는 역할을 하므로 다른 기법과 병행하는 것이 효율적이다.
 - 용암법 : 도와주거나 촉진하는 것을 점차 줄이면서 스스로 문제를 해결하게 하는 것이다.
 - 행동계약 : 구체화된 표적행동을 이행할 것을 서면으로 동의하는 것이다.
 - 행동조성(조형)
   - 행동을 구체적으로 세분화하여 단계별로 구분한 후, 각 단계마다 강화를 제공함으로써 바람직한 행동을 학습하도록 하는 것이다.
   - 중다양식치료 목표행동에 접근하는 반응을 강화하여 새로운 행동을 단계적으로 습득하게 한다.
     예 강아지에게 접근할 때마다 점진적으로 강화하여 강아지를 안을 수 있게 한다.
 - 행동시연 : 일종의 역할극으로, 자기주장·자기표현·공부방법 등을 가르치거나 시범을 보인 후 역할연기 등을 통해 연습과 피드백을 거쳐, 실제로 적용하게 하는 절차를 이행함으로써 행동을 습득할 수 있도록 하는 기법이다.

(8) 상담의 장단점

장 점	• 겉으로 드러나는 구체적인 행동을 소거하거나 새로운 행동을 획득하도록 상담목표를 정하므로, 상담의 목표 달성 여부를 분명히 알 수 있다. • 어떤 행동이 소거되고 획득되었는지 객관적으로 분명히 알 수 있기 때문에 객관적인 평가가 가능하므로 상담이 과학적으로 발전할 수 있게 되었다. • 내담자와 상담자의 합의에 따라 개개인에게 맞는 구체적인 상담기술을 다양하게 적용할 수 있게 되었다. • 행동하는 것을 강조하기 때문에 내담자의 행동을 바꾸는 데 도움을 주는 많은 행동적 기법 또는 전략을 가지고 있다.
단 점	• 상담에 있어 중요한 것으로 여겨지는 상담자와 내담자와의 관계를 경시하고 기술을 지나치게 강조한다. • 내담자가 가진 어떤 문제가 행동주의적 접근에 의해 일시적으로 사라진다고 하더라도 문제를 근원적으로 해결할 수 없기 때문에, 일시적으로 사라진 행동은 곧 다른 형태로 나타날 수 있다. • 행동의 변화는 있을지 모르나 느낌의 변화는 없으며 통찰이 없다. • 내담자가 가지고 있는 현재의 문제에 대한 내력을 경시한다. • 구체적인 문제행동을 수정하는 데 효과적일지는 모르나, 자아실현의 측면에서는 매우 부적합하다. • 행동주의적 접근은 그 기본 원리를 학습이론에 두고 있는데, 이들 이론은 실험실에서 동물을 대상으로 한 연구에서 나왔기 때문에, 실험실 밖의 일상생활에서나 동물이 아닌 인간에게는 적절하지 않을 수 있다. 특히 인간을 동물과 같이 취급한다는 비판을 받는다.

> **지식 IN**

라자루스(Lazarus)의 중다양식 심리상담(종합적·체계적·전체적인 접근상담법) 16 기출

1. BASIC ID
   - 중다양식적 접근의 핵심은 인간의 복잡한 성격에는 7가지 주요 기능 영역이 있다는 것이다. 이 양식들은 상호작용적이지만, 분리된 기능으로 보아야 한다.
   - 우리가 움직이고 느끼며, 상상하고 생각하는 사회적 존재라는 것을 포함한다.
   - 인간에 기능하는 7가지 양식에 대한 종합적인 평가

행동 (B ; Behavior)	관찰하고 측정할 수 있는 행위, 습관, 반응에 관한 것 예 "당신이 변화하고 싶은 것은 무엇입니까?, 당신은 얼마나 적극적입니까?, 당신은 어떤 행동을 시작하고 싶습니까?"
감정 (A ; Affective Responses)	감정, 기분, 강한 느낌에 관한 것 예 "어떤 감정을 가장 많이 느낍니까?, 당신을 웃게 하는 것은 무엇입니까?, 어떤 감정이 당신에게 문제가 됩니까?"
감각 (S ; Sensations)	촉각, 미각, 후각, 시각, 청각의 기본적 오감에 관한 것 예 "당신이 특히 보고, 냄새 맡고, 듣고, 만지고, 먹기를 좋아하거나 싫어하는 것은 무엇입니까?"
심상 (I ; Imagery)	자기상, 기억, 꿈, 공상 등을 포함 예 "반복되는 꿈이나 분명한 기억들에는 어떤 것들이 있습니까?, 당신의 신체상은 어떻습니까?, 당신은 현재의 당신을 어떻게 봅니까?"
인지 (C ; Cognitions)	기본적 가치, 태도, 신념을 형성하는 통찰, 철학, 생각, 의견, 자기-말, 판단 등을 의미 예 "지적 요구를 충족하는 방법은 무엇입니까?, 당신의 사고가 당신의 감정에 어떻게 영향을 미칩니까?, 당신이 가장 소중하게 여기는 가치나 신념은 무엇입니까?"
대인관계 (I ; Interpersonal Relationships)	타인과의 상호작용을 의미 예 "당신 자신은 얼마나 사교적입니까?, 어느 정도의 친밀감을 원합니까?, 삶의 중요 인물에게 무엇을 기대합니까?"
약물·생리 (D ; Drugs or Biological Factor)	약물 이상의 의미를 가지며, 섭식습관이나 운동양식을 포함 예 "당신은 건강하거나 건강한 의식을 가지고 있습니까?, 당신은 건강에 대해 걱정을 합니까?, 섭식, 운동, 신체적 외모에 관한 당신의 습관은 무엇입니까?"

2. 중다양식 치료자의 역할
   - 훈련자, 교육자, 치료자, 역할모델로서의 기능을 하며, 치료회기 동안 매우 적극적인 경향이 있다.
   - 관계 스타일의 많은 레퍼토리가 치료 결과를 높이는 다양한 기술만큼 중요하다는 것을 의미하는 '진정한 카멜레온'이 되기를 요구받는다.
   - 내담자와 관련해 여러 스타일을 고려해서 선택할 필요가 있다.
   - 내담자를 가르치고, 지도하고, 훈련하고, 모방하게 하고 지시한다.
   - 자기패배적 신념에 도전하고, 건설적인 피드백과 긍정적 강화를 제공하고, 적당히 자기노출을 한다.

04 실존주의 상담 14 15 16 17 19 20 기출

(1) 개요 17 18 기출
① 상담이론에 있어서 실존주의적 접근은 기존의 정신분석이론 및 행동주의이론에 반발하여 인본주의 심리학에 기초를 둔다.
② 인간의 본질에 대한 철학적인 탐구를 강조하며, 인간의 가장 직접적인 경험으로서 자기 자신의 존재에 초점을 둔다.
③ 실존주의 상담은 어떠한 사건에 대한 내담자 스스로의 확고한 신념이 단지 우연에 의한 것임을 인식시키며, 자유의 상황에서 내담자의 선택 및 그에 따른 책임을 강조한다.
④ 인간 존재의 불안의 원인을 본질적인 시간의 유한성과 죽음 또는 부존재, 고립의 불안에서 기인하는 것으로 보며, 이러한 불안을 오히려 생산적인 치료를 위한 재료로 활용하여 내담자의 변화를 이끌어낸다.
⑤ 상담자는 내담자와의 인간적이고 진실한 만남을 통해 내담자로 하여금 상담자와의 관계에서 자신의 독특성을 발견하도록 돕는다.
⑥ 상담자와 내담자는 모두 '지금-여기'의 만남에 의해 변화될 수 있다고 본다.
⑦ 삶에 대한 가치관 점검하기, 현재 가치체계의 출처 탐색하기, 선택의 자유와 책임 인식하기, 불안의 원인 인식하기 등의 개입방법이 이용된다.
⑧ 삶에서 영성의 중요함을 강조한다.

(2) 인간관 16 기출
① 인간실존의 특성은 이 세상에 우연히 내던져진 존재라는 것이며, 그러한 상황을 수용하거나 거부하는 것은 각 개인의 선택에 달려 있다.
② 인간은 자기인식의 능력을 지닌 존재로, 자신의 본질에 대한 책임은 자기에게 있다.
③ 인간은 정적인 존재가 아니라 의미 있는 전체로, 끊임없이 생성되고 변천되는 상태에 있다(계속해서 되어가는 존재).
④ 인간은 실존적으로 단독자이면서, 타자와의 관계를 추구하는 존재로 언젠가 죽을 수밖에 없는 존재라는 사실을 알고 있다.
⑤ 인간은 과거를 떨치고 일어나 즉각적인 상태에서 자신을 초월할 능력을 가지고 있는데, 이와 같은 초월 능력이 있으므로 선택의 가능성이 있다.
⑥ 인간은 실존적 불안을 지니며, 삶의 의미와 목적을 추구하는 존재이다.

(3) 상담의 목표 18 기출
① 내담자가 자기존재의 본질에 대하여 각성하고, 현재 자기가 경험하고 있는 정서적 장애의 원인이 자기상실 내지 논리의 불합리성에 있다는 것을 각성하게 해주는 데 있다.
② 내담자가 비록 제한된 세계의 존재일지라도 이 세상에 던져진 삶을 수동적으로 살아갈 것이 아니라, 자기 나름대로의 주관을 가지고 능동적으로 삶의 방향을 선택하도록 도와주는 데 있다.
③ 자신의 존재와 제한된 조건 안에서 자유와 선택과 책임 능력에 대한 인식(자각)과 수용을 증진시켜 자신의 가능성을 최대한 실현하도록 도와주는 데 있다.

(4) 상담자의 역할 14 기출
① 내담자로 하여금 자신의 잠재력을 깨닫게 한다.
② 내담자가 삶의 불안을 직면할 수 있도록 격려한다.
③ 내담자가 있는 그대로의 세상을 볼 수 있도록 도와준다.
④ 내담자 스스로 선택과 책임을 활용할 수 있도록 도와준다.
⑤ 내담자의 정서적 장애의 원인이 자기상실 내지 논리의 불합리성에 있다는 것을 각성하게 해준다.

(5) 실존주의 상담의 원리
① 비도구성의 원리
　㉠ 실존적 관계란 능률이나 생산성을 강조하는 기술적 관계가 아니므로, 상담은 도구적·지시적이 되어서는 안 된다.
　㉡ 상담자는 경직되고 틀에 박힌 방식으로 행동해서는 안 된다.
② 자아중심성의 원리
　㉠ 실존주의 상담의 초점은 내담자의 자아에 있다.
　㉡ 자아중심성은 주관성 및 내면성과 연관된다.
　㉢ 자아중심성은 개인의 자아세계 내면에 있는 심리적 실체를 중심으로 이루어지는 것이다.
③ 만남의 원리
　㉠ 실존적 상담관계에서는 '지금-여기'의 현실을 강조하며, '지금-여기'에서의 상담자와 내담자의 만남을 중시한다.
　㉡ 만남은 과거의 인간관계에서 알 수 없었던 것을 현재의 상담관계에서 알게 되는 것이다.
④ 치료할 수 없는 위기의 원리
　㉠ 실존주의 상담은 적응이나 치료를 상담의 핵심으로 간주하지 않는다.
　㉡ 실존주의 상담의 목적은 위기의 극복이 아니라 인간 존재의 순정성 회복에 있다.

(6) 상담의 과정

① 증상의 확인 : 내담자의 정서적 장애 또는 신경증을 신체적·심리적·정신적 측면에서 진단한다.
② 의미의 자각 : 삶과 죽음의 의미, 일과 노동의 의미, 성(性)과 사랑의 의미 등을 통해 내담자가 삶의 의미를 자각할 수 있도록 돕는다.
③ 태도의 수정 : 상담자는 객관적이고 무비판적인 입장에서 내담자의 태도 수정을 돕는다.
④ 증상의 통제 : 내담자의 태도에 대한 수정으로 문제의 증상을 통제할 수 있는 가능성이 열림을 인식하도록 한다.
⑤ 삶의 의미 발견 : 내담자가 삶에 대한 긍정적인 태도를 갖게 한다.

(7) 상담의 장단점

장 점	• 철학적 이론을 통해 개인의 개별성과 자아의 발달을 강조함으로써 삶의 의미와 방향을 제시한다. • 내담자가 자신의 자유 선택과 그에 따른 책임을 인식하도록 함으로써 능동적인 삶에 이르도록 돕는다. • 개인의 창조적인 삶을 강조하며 인간을 긍정적인 측면에서 이해한다.
단 점	• 철학적 이론에 치우쳐 기술적인 측면을 소홀히 할 수 있다. • 추상적인 측면이 강하여 보다 구체적으로 상담 장면에서 적용할 수 있는 방법이 요구된다.

(8) 실존주의 상담이론의 주창자 15 19 기출

메이 (Rollo May)	현대사회에서 인간이 직면하는 불안과 고독에 관심을 가졌다.
보스 (Medard Boss)	현 존재로서의 인간은 '세계 내 존재'이므로 사물과 인간에 대한 염려와 관심, 불안을 갖고 살게 마련이라고 하였다. 현 존재의 존재양식은 염려이며, 이는 현 존재의 유한성과 시간성을 말해준다.
얄롬 (Irvin Yalom) 23 기출	죽음, 자유, 고립(고독, 소외), 무의미성을 인간의 4가지 실존적 조건의 궁극적인 관심사로 들고, 이러한 관심사에 대한 자각으로 인해 갈등과 불안을 느낀다고 하였다. 또한 죽음은 불안의 원천이며, 실존적 갈등은 죽음의 불가피성에 대한 자각과 삶을 지속하려는 소망 간의 갈등이라고 보았다.
프랭클 (Viktor Frankl)	궁극적으로 인생은 자신의 문제에 대한 올바른 해답을 발견하고, 각 개인에게 계속적으로 부여되는 과업을 성취하는 책임을 지는 것이라고 보았다.
빈스반거 (Binswanger)	세계를 주변세계, 공존세계, 고유세계로 구분하여 설명하면서, 실존양식은 공존세계에 대한 현존재의 차원이며, 실존분석에서의 자기는 '이중적', '복수적', '단일적', '익명적' 등의 실존양식으로 다양하게 변화한다고 하였다.

(9) 실존주의 관련 이론 – 의미치료(Logotherapy)

① 주요 내용
　㉠ 프랭클(V. Frankl)은 나치 포로 수용소에서 삶과 죽음에 대한 체험을 하고, 극한 상황에서 나타나는 인간의 행동을 연구하였다.
　㉡ 포로들 중 극한상황에서도 의미를 추구하며 실존적 도전을 하는 사람을 목격하고, 이를 바탕으로 의미치료라고 부르는 실존주의적 상담접근을 주장하였다.
　㉢ 현상학·실존주의에 철학적 기반을 두는 인본주의적 관점에서 인간을 이해하면서 인간을 '쾌락이나 권력을 추구하는 존재'가 아닌, '의미를 추구하는 존재'로 보았다.
　㉣ 인간을 자기분리나 자기초월 능력을 지닌 실존적 존재로 인식하면서, 인간은 자기 인생의 책임자로, 모든 일의 선택자로서 자유의지에 따라 의미를 추구하는 존재라고 보았다.

② 주요 개념
　㉠ 의지의 자유 : 인간 의지의 자유를 의미하는 것으로 조건의 자유가 아닌, 개인에게 직면할 수 있는 어떤 조건에 대해 취할 자유를 의미한다.
　㉡ 의미에 대한 의지 : 삶의 기본 동기로, 인간은 일생 동안 의미를 탐색할 욕구에 직면한다.
　㉢ 삶의 의미 : 의미치료의 본질이면서 주어진 상황에 내재한 잠재 의미를 충족하는 데 책임이 있는 존재를 의미한다. 삶의 의미를 발견하지 못했거나, 뜻하는 삶을 살지 못했을 때 무의미나 공허감을 경험하며, 삶이 유한하기 때문에 자신에게 주어진 일회적 삶의 귀중한 의미를 갖게 된다.
　㉣ 의미치료의 3가지 기본적 신념
　　• 인간은 모든 조건에서 의미를 가진다.
　　• 인간은 의미에 도달할 의지를 가지며, 의지가 적용되지 않으면 좌절감·공허감을 느낀다.
　　• 인간은 자신의 의미를 찾을 자유를 가진다.

③ 상담의 목표
　㉠ 실존적 공허의 원인은 삶의 의미를 발견하지 못하거나 상실한 경우에서 비롯된다.
　　• 인간은 동물과 달리 무엇을 할 것인가를 말해주는 본능이나 추동에 의해 계획되어 있지 않기 때문이다.
　　• 인습, 전통, 가치가 인간에게 자신이 해야 할 것이 무엇인가를 말해주지 않기 때문이다.
　　• 인간은 결정하는 존재라기보다 결정된 존재라는 믿음인 *환원주의에 노출되어 있기 때문이다.

> ✅ **환원주의**
> 관찰이 불가능한 법칙 등을 직접적으로 관찰 가능한 경험명제의 집합으로 바꾸려는 실증주의적 경향을 말한다.

　㉡ 내담자가 실존적 공허를 통해 갖는 무의미감, 신경증에서 벗어나 삶의 의미를 발견하도록 한다.
　㉢ 인간이 자유의지를 가진 선택자로서 자신의 삶에 건설적인 의미를 선택할 수 있도록 한다.

④ 상담의 기법 16 20 기출

역설적 의도	• 공포증, 강박증을 가진 사람들에게 사용한다. • 공포나 불안을 가진 내담자는 두려워하는 사건의 재발을 두려워한다(예기불안). • 내담자가 두려워하는 일을 하도록 하거나 그런 일이 일어나기를 소망하도록 격려하여, 내담자가 자신의 증상에 대해 덜 걱정하도록 돕는 기법이다. 예 불면증 환자에게 잠을 자지 말라고 하는 경우
탈숙고	• 지나친 숙고로 인한 기대불안의 악순환에서 벗어나게 하기 위해 사용하는데, 지나친 숙고는 개인의 자발성과 활동성에 방해가 된다. • 지나친 숙고를 상쇄시킴으로써 개인의 자발성과 활동성을 회복시킨다. 예 불면증을 호소하는 내담자에게 잠을 자려고 일부러 애쓰는 대신, 하고 싶은 취미 활동을 적극적으로 해보라고 제안하는 경우

05 인간중심 상담 14 15 16 17 20 기출

(1) 개요
① 인간중심적 접근인 내담자중심 상담이론은 1940년대 초에 미국의 심리학자 로저스(Rogers)에 의해 창안된 것이다.
② 처음에 비지시적(Nondirective) 치료 혹은 상담으로 불려왔으나, 1951년 그의 저서 『내담자중심 치료(Client-Centered Therapy)』가 발간되면서부터 내담자중심 치료(상담)로 불렸다. 1980년대부터는 인간중심 상담으로 다시 이름을 바꾸었으며, 교육·산업·집단갈등 해결책 모색 등 다방면으로 이론이 확대되었다.
③ 로저스(Rogers)의 내담자중심 상담의 주요 내용 16 기출
　㉠ 인간은 자신의 중요한 일을 스스로 결정하고, 문제를 해결할 수 있는 능력을 지니고 있다는 점을 강조하면서, 부모의 가치조건을 강요하여 긍정적 존중의 욕구가 좌절되고, 부정적 자아개념이 형성되면서 심리적 어려움이 발생된다고 보는 이론이다.
　㉡ 인간은 누구나 자기 자신을 향상해 나가려는 자아실현의 동기를 타고났기 때문에, 내담자가 상담자와의 관계에서 일치, 존중, 감정이입적 이해를 경험하여 이를 받아들이게 되면, 자기 자신의 문제를 스스로 해결할 수 있다는 입장을 취한다.
　㉢ 인간은 자아와 현실 간에 불일치가 이루어지거나 자아에 대한 지각이 이상적 자아와 일치되지 않을 경우 부적응이 나타난다고 본다.

(2) 인간관 14 17 기출
① 인간은 자기를 이해하고 자아개념과 기본적 태도를 변경할 수 있는 방대한 자원을 가지고 있으며, 동일한 현상에 대해 개인의 주관적 경험을 토대로 인식하는 '창조적 존재'이다.
② 반결정론적인 입장에서 자유로운 존재로 개인의 부적응으로부터 건강한 상태로 회복할 수 있고, 나아가서는 자신의 능력을 최대한으로 발달할 수 있다.
③ 인간은 자기실현을 위해 끊임없이 노력하는 성장지향적 성향을 타고난다.
④ 인간중심 상담에서는 상담 및 심리치료의 과정에 대한 일차적 책임을 내담자에게 둔다.

(3) 주요 개념 14 16 기출
① 현상학적 장(Phenomenal Field)
　㉠ 현상학이란, 개인의 주관적 경험, 감정 그리고 세계와 자신에 대한 개인적 견해 및 사적 개념을 연구하는 것이다.
　㉡ 로저스(Rogers)는 인간은 근본적으로 자기실현을 성취하려는 동기와 자신이 스스로 문제를 해결하고 이해할 수 있는 능력을 가지고 있다는 관점에서 출발하였기 때문에, 청소년 역시 이러한 잠재력을 가지고 있다고 보았다.
　㉢ 현상학적 장(Phenomenal Field)이란, 경험적 세계 또는 주관적 경험으로 불리는 개념으로 특정 순간에 개인이 지각하고 경험하는 모든 것을 의미한다.
　㉣ 로저스는 이 세상에 개인의 주관적 현실, 즉 '현상학적 장'만 존재한다고 보았으며, 모든 인간 행동은 개인이 세계를 지각하고 해석한 결과로 보았다.

② 인간자아의 중요성 강조
  ㉠ 자아는 현재 있는 그대로의 '실제 자아'와 자기가 되고 싶은 '이상적 자아'로 구분된다.
  ㉡ 인간은 유목적적 존재로서 인간의 자아실현 경향 즉, 미래지향성은 인간행동의 가장 기본적인 동기라고 하였다.
  ㉢ 두 자아 간의 차이가 적절할 때 이상적인 자아가 되기 위한 노력을 기울이지만, 격차가 너무 커지면 부적응적인 문제를 유발한다고 하였다.
  ㉣ 청소년기 자아는 아동기의 경험과 '의미 있는 타인(Significant Others)'에 많은 영향을 받기 때문에 부모, 교사, 친구와 얼마나 긍정적인 경험을 하였느냐가 건강한 성장에 중요한 요인이 된다는 것이다.

③ 충분히 기능하는 사람(Fully Functioning Person) 23 기출
  ㉠ 아이는 무조건적인 긍정적 관심(존중)을 받을 때 스스로를 가치 있는 존재로 인식하며, 욕구와 자아실현 경향에 따라 행동함으로써 '충분히 기능하는 사람'으로 발전할 수 있다.
  ㉡ 특 징
    • 창조적으로 살아간다.
    • 개방적으로 체험한다.
    • '자신'이라는 유기체에 대해 신뢰한다.
    • 자신의 느낌과 반응에 따라 충실하고 자유롭게 산다.
    • 자신의 선택에 따른 실존적인 삶을 추구한다.

④ 유기체적 평가(가치화) 과정(OVP ; Organismic Valuing Process)
  ㉠ '가치'가 불변하거나 굳어 있지 않고 가치화가 계속 진행되는 동안 가치를 새로이 부여받는 것을 말한다.
  ㉡ 개별적 경험에 대한 긍정적 평가 혹은 부정적 평가 과정을 말한다.
    • 유기체로서의 자신을 유지하거나 정신과 기분을 북돋운 것으로 어떤 경험을 지각하면 그 경험을 긍정적으로 평가하여 더욱 추구한다.
    • 유기체로서의 자신에게 해를 끼치는 것으로 어떤 경험을 지각하면 그 경험을 부정적으로 평가하여 피한다.
  ㉢ 유기체가 자신을 신뢰하면 실존 상황에서 가장 만족스러운 행동을 선택할 수 있고 자신의 생각이나 감정 등을 허용할 수 있으므로, 인간중심 상담에서 가장 바람직한 인간인 충분히 기능하는 사람이 될 수 있다.

⑤ 가치조건화 18 19 기출
  ㉠ 주요한 타인의 평가에 의해 유기체적 경험이 왜곡되는 것을 말한다.
  ㉡ 인간이 자아에 대한 의식이 생기면 타인으로부터 인정받고 싶은 욕구가 생기는데, 대부분의 성인은 아동에게 조건적인 긍정적 관심을 보인다. "공부를 잘하면, 나는 너를 사랑하고 인정할 것이다."라는 표현을 들 수 있다. 이것을 '가치조건화'라고 하며, 이는 어른들에 의해 주입된 *가치체계를 내면화'하는 것을 말한다. 즉, 자기가 되고 싶은 것을 성취하기보다 타인의 기준에 자신을 맞추게 된다.

> **가치체계**
> 특정 집단이 가지고 있는 문화의 바탕을 형성하는 기본 요소를 말한다.

ⓒ 아이는 부모가 원하는 것을 할 때만 '긍정적 자기존중'을 느끼게 되며, 이는 결국 자기가 경험하는 사실을 부정하게 만든다.
ⓔ 가치의 조건화는 갈등, 불안, 공포 등의 정서적 문제를 유발하기도 한다. 의미 있는 대상으로부터 이런 행동을 하면 '나쁜 아이'라는 가치를 주입받게 될 경우, 실존적 존재로서 주관적인 내적 경험과 불일치를 이루며, 이는 '긍정적 자기존중을 잃지 않을까 하는 위협'으로 느껴져서 불안을 야기한다.
ⓜ 자신을 유지하고 잠재력과 가능성을 실현하려는 타고난 성향인 실현경향성 성취를 방해한다.

(4) 상담의 목적과 목표 14 18 기출
① **궁극적 목적** : '충분히 기능하는 인간'이 되도록 돕는 것이다.
② **구체적 목표** : 상담의 과정에서 개인으로 하여금 방어적인 행동을 하게 하는 가치조건의 해체를 도와서 유기체적 경험의 개방성을 증대할 수 있도록 돕고, 그 결과 자아개념과 유기체의 경험 간 일치 정도를 높일 수 있도록 돕는 것이다.

(5) 상담의 단계와 기법
① 로저스(Rogers)의 상담 12단계
  ㉠ 제1단계 : 상담의 시작으로 내담자의 능동성·자발성이 중요하다.
  ㉡ 제2단계 : 상담상황의 정의로서 내담자가 원한다면 상담자의 도움으로 자기의 문제를 해결해나 갈 수 있고, 상담자가 준비된 답을 가지고 있는 것이 아니라는 점을 이해시키며, 상담의 책임은 내담자에게 있다는 것을 명확히 한다.
  ㉢ 제3단계 : 감정표현을 막지 않고 수용하여 내담자의 깊은 감정이 표현되도록 한다.
  ㉣ 제4단계 : 상담자는 내담자의 부정적 감정을 수용하고 이를 정리해야 한다.
  ㉤ 제5단계 : 부정적 감정을 완전히 표현하면, 내담자에게 긍정적 감정이 일어난다.
  ㉥ 제6단계 : 상담자는 내담자의 긍정적 감정도 인정하고 수용한다.
  ㉦ 제7단계 : 내담자의 자기이해, 자기수용이 일어나면서 내면상태를 통찰하게 된다.
  ㉧ 제8단계 : 가능한 의사결정 및 방향을 제시하고, 대안을 탐색한다.
  ㉨ 제9단계 : 내담자의 긍정적 행동화가 가능하다.
  ㉩ 제10단계 : 심화된 통찰과 성장을 통해 깊은 자기이해가 일어난다.
  ㉪ 제11단계 : 긍정적 행동이 증가되고, 적극적이고 통합된 행동을 보인다.
  ㉫ 제12단계 : 조력의 필요가 감소하며, 상담이 종결 단계에 이른다.
② 상담의 기법
  ㉠ 진솔성(진실성·일치성) 22 기출
    • 상담자가 내담자와의 상담관계에서 순간순간 경험하는 자신의 감정이나 태도를 있는 그대로 솔직하게 인정하고, 경우에 따라서는 솔직하게 표현하는 태도를 가리킨다.
    • 상담자 자신의 내면에서 일어나는 다양한 경험에 대해 개방적이다.
    • 상담자 자신의 수치스럽거나 혼란스러운 감정도 부정하지 않고 수용한다.

ⓒ 무조건적인 긍정적 관심 및 수용 : 상담관계에서 상담자가 내담자를 구별하거나 비교·선택하는 과정으로 평가·판단하지 않고, 내담자가 나타내는 어떤 감정이나 그 밖의 행동특성들도 수용하여 그를 소중히 여기고 존중하는 상담자의 태도를 말한다(무판단적인 이해와 진실한 반응).
ⓒ 공감적 이해 : 상담자가 내담자의 개인적인 자각적 세계에 철저하게 익숙해지는 것을 의미한다. 이때 상담자는 내담자와 자신을 동일시하지는 않는다. 또한, 상담자는 진단이나 평가의 방법을 배제하여, 내담자의 말뿐만 아니라 침묵, 목소리, 표정 등에도 주의를 집중하여야 한다.

(6) 특 징 21 기출
① 구체적인 상담기법이나 방법보다 내담자에 대한 상담자의 태도를 더 중요하게 여긴다.
② 상담의 과정이나 문제해결에 대한 내담자의 책임과 주체성을 강조한다.
③ 수용적 상담관계의 중요성이 부각되고 있고, 상담 과정에서 상담자가 그대로 수용하고 내담자도 자신을 수용함으로써 개방적일 수 있다.
④ 수용적 상담관계의 분위기에서 내담자가 자신을 자유롭게 표현할 수 있고, 그 과정에서 자신의 문제 해결책을 스스로 찾을 수 있게 된다.
⑤ 위기 상황 시 우선 할 수 있는 개입은 고통을 충분히 표현할 수 있도록 경청하는 것이다.

(7) 상담의 장단점

장 점	• 인간의 주관적 내면의 경험을 현상학적 측면에서 다룰 수 있는 새로운 모델을 제시하였다. • 상담과 심리치료를 연계하여 심리치료에 대한 대중적인 연구가 이루어지도록 하였다. • 상담에서 요구하는 상담자와 내담자 관계의 특징을 분명히 밝혔다. • 상담기법을 체계화·보편화하였다.
단 점	• 내담자의 정서적 측면을 강조한 반면, 인지적 측면을 소홀히 다루었다. • 로저스의 이상적 인간관은 사실상 인격적 수양을 요구하지만 쉽게 이루어질 수 없다. • 내담자의 과거 경험·저항·전이 등이 무시되었다. • 객관적인 정보 활용을 통해 내담자를 도와주는 면이 부족하다.

06 게슈탈트 상담 14 15 16 17 24 기출

(1) 개 요
① 현상학, 실존주의의 영향을 많이 받았으며, 펄스(F. Perls)에 의해 개발되고 보급되었다.
② 내담자로 하여금 '지금-여기(Here-Now)'의 현실에서 자신이 무엇을 어떻게 보고 느끼는지, 무엇이 경험하는 것을 방해하는지를 각성하도록 돕는 접근방법이다.
③ 인간생활을 형태의 점진적 형성과 소멸의 과정으로 보며, 그 과정을 적응에 대한 기준으로 본다.
④ 개인이 자신의 내부와 주변에서 일어나는 일들을 충분히 자각할 수 있다면, 자신이 당면하는 삶의 문제들을 개인 스스로가 효과적으로 다룰 수 있다고 가정한다.

⑤ 내담자의 불안·분노·증오·죄책감 등 표현되지 않은 느낌으로서의 미해결 과제를 처리하며, 그로 인한 불편한 정서적 경험을 회피하지 않도록 하여 통합과 성장에 이를 수 있도록 돕는다.
⑥ 외부환경에 의존하던 내담자가 자신의 행동결과를 수용하고, 그에 대한 책임을 증진하도록 돕는다.
⑦ '어떻게'와 '무엇을'을 '왜'보다 더 중요시하며, '그것' 혹은 '그 사람'(3인칭) 대신에 '나'(1인칭)를 사용하도록 하여 계속적인 현재의 자기 각성이 이루어지도록 한다.

(2) 인간관

① 인간을 전체적이고 현재중심적이며, 선택의 자유에 의하여 잠재력을 각성할 수 있는 존재로 본다.
② 인간의 행동을 신체, 심리, 환경적인 요소들을 각각 분석하여 그 분석된 별개의 각 요소들의 전체 합(合)으로 보는 것이 아니라, 환경 속에서 각 요소들이 역동적으로 상호 관련되어 나타나는 하나의 전체로서 이해하고자 하였다.
③ 인간은 선택할 수 있는 자유의지를 가지고 있고, 자기의 행동에 대해 책임질 수 있다고 보았다.
④ 인간은 선천적으로 자아실현을 향한 *경향성을 가지고 있다. 이는 긍정적인 인간관으로서 모든 살아 있는 존재는 자기의 잠재력을 실현하려는 방향으로 나아간다는 것이다.

> ✅ **경향성**
> 현상이나 사상, 행동 따위가 어떤 방향으로 기울어지거나 쏠리는 성향을 말한다.

(3) 주요 개념

① 게슈탈트(Gestalt)
   ㉠ 게슈탈트는 '전체', '형태', '모습' 등의 뜻을 지닌 독일어이다.
   ㉡ 게슈탈트 심리학자들에 의하면, 개체는 어떤 자극에 노출되면 그것들을 하나하나의 부분으로 보지 않고, 완결·근접성·유사성의 원리에 입각하여 자극을 하나의 의미 있는 전체 혹은 형태 즉, '게슈탈트'로 만들어 지각하는 경향이 있다고 하였다.
   ㉢ 방의 책장을 정리하고, 바닥먼지를 청소기로 제거하며, 걸레로 닦는 등의 행동을 하는 것을 청소라고 할 때, 게슈탈트는 청소가 된다.
   ㉣ 게슈탈트 치료에서 게슈탈트는 개체에 의해 지각된 유기체 욕구나 감정 즉, 개체가 자신의 욕구나 감정을 하나의 의미 있는 전체로 조직화하여 지각한 것을 의미하기도 한다.
      예 어머니가 아이를 안고 싶은 것, 음악을 들으며 커피를 한 잔 마시고 싶은 것, 혹은 사람들과 친하게 지내고 싶은 것 등 여러 행동들은 모두 게슈탈트임

② 전경(Figure)과 배경(Ground)
   ㉠ 개인은 어떠한 대상이나 사건을 인식할 때 관심 있는 부분을 부각하는 반면 그 외의 부분을 밀쳐내는 경향이 있다. 전자를 '전경', 후자를 '배경'이라고 한다.
   ㉡ 건강한 사람은 매순간 자신에게 중요한 게슈탈트를 분명하게 전경으로 떠올릴 수 있는 데 반해, 그렇지 못한 사람은 전경과 배경을 명확하게 구별하지 못한다.

ⓒ 개체가 전경으로 떠올렸던 게슈탈트를 해소하면, 그것은 전경에서 배경으로 물러난다. 그러면 다시 새로운 게슈탈트가 형성되어 전경으로 떠오르고, 해소되면 배경으로 물러나는 과정을 되풀이한다. 이것을 유기체의 순환과정이라 한다.

③ '알아차림-접촉' 주기(게슈탈트가 형성되고 해소되는 반복과정) 15 기출
　㉠ 알아차림과 접촉을 통해 전경과 배경을 교체한다.
　㉡ 만일 둘 중 어느 한 쪽이라도 결여되면, 전경과 배경의 원활한 교체가 불가능하다.

알아차림	• 게슈탈트 형성과 관계가 있으며, 누구에게나 자연적으로 갖추어져 있는 능력이다. • 개체가 자신의 유기체 욕구나 감정을 지각하여 게슈탈트로 형성하여 전경으로 떠올리는 행위 또는 그러한 능력을 말한다. • '접촉-경계' 혼란이 개입함으로써 개체는 자신의 알아차림을 인위적으로 차단(Interrupt)하고, 그 결과 게슈탈트 형성에 실패하고 만다.
접촉	• 게슈탈트의 해소와 관계가 있으며, 에너지를 동원하여 실제로 환경과 만나는 행동이다. • 전경으로 떠오른 게슈탈트를 해소하기 위해 환경과 상호작용하는 행위를 뜻한다. • 게슈탈트가 형성되어 전경으로 떠올라도 이를 환경과의 접촉을 통해 완결 짓지 못하면 배경으로 물러나지 않는다. • 접촉은 알아차림과 함께 서로 보완 작용하여 '게슈탈트 형성-해소'의 순환과정을 도와주어 유기체 성장에 이바지한다.

　㉢ '알아차림-접촉' 주기 6단계

감각단계	배경에서 출발, 유기체의 욕구가 신체감각의 형태로 나타남
알아차림 단계	이를 알아차려 게슈탈트 형성
에너지 동원 단계	게슈탈트 해소를 위한 에너지 동원, 흥분 경험
행동단계	적절한 행동선택 및 실행
접촉단계	환경과의 접촉을 통한 게슈탈트 해소
물러남 단계	게슈탈트가 사라지고 휴식을 취함

　㉣ 물러남의 단계에서 일시적인 균형상태가 유지되다가 잠시 후에 새로운 욕구가 배경에서 발생하고 새로운 주기가 형성된다.
　㉤ '알아차림-접촉' 주기의 어느 단계에서든 방해가 일어날 수 있다.
　㉥ 건강한 유기체는 이렇게 환경과의 교류를 통하여 주기를 자연스럽게 반복하면서 성장한다.
　㉦ 접촉-경계 혼란으로 인해 '알아차림-접촉' 주기가 단절되면, 개체는 미해결 과제를 쌓게 되고 마침내 심리장애를 일으킨다.
　　• 배경으로부터 감각이 나타나는 과정의 장애 : 신체감각 자체가 느껴지지 않을 수 있다.
　　• 감각과 알아차림 사이의 장애 : 신체감각은 지각하지만, 그것을 잘못 해석하는 경우에 발생한다.
　　• 알아차림과 에너지 동원 사이의 장애 : 머리로는 이해하지만, 의욕이 일어나지 않아서 행동으로 옮기지 못하는 경우 발생한다.
　　• 에너지 동원과 행동 사이의 장애 : 동원된 에너지를 외부 환경과 접촉적인 행동으로 옮기지 못하고 에너지를 차단해버린다.
　　• 행동과 접촉 사이의 장애 : 행동이 목표대상을 겨냥하지 못하고, 산만하게 일어남으로써 발생한다.
　　• 접촉과 물러남 사이의 장애(리듬장애) : 접촉이 끝났는데도 물러나 쉬지 않고 항상 긴장하여 정상에 머무르려고 한다.

④ 부적응 행동
  ㉠ 부적응행동의 원인

각성의 결여	• 엄격하고 융통성이 없는 사람에게서 쉽게 찾아볼 수 있는 특징이다. • 환경에 적절히 대처할 수 있는 창조적인 능력을 상실하고, 환경의 기대에 맞게 형성된 자아상에 의해 통제된 삶을 살게 된다.
책임의 결여	스스로에 대해 책임을 지는 대신에 외부에 의존하고 조정하려고 한다.
환경과의 접촉상실	• 개인이 너무 엄격해서 외부환경의 어떤 투입도 수용될 수 없거나 융합될 수 없는 경우이다. • 자신을 잃어버리고 환경으로부터 모든 것을 통합하려는 시도 때문에 모든 것을 그저 받아들이려고 하는 경우이다.
형태의 미완성	선입견, 충동적 행동, 근심, 중압감 등으로 형태(게슈탈트)를 생성하지 못하고 미완성 상태에 머물러 현재 해야 하는 각성을 충분히 할 수 없는 것을 말한다.
욕구의 부인	사회적으로 용납될 수 없는 욕구들을 아예 인정하지 않고, 없는 체하여 욕구에서 나오는 힘을 얻지 못하는 것을 말한다.
양극화	자아의 양극화는 자신을 자극하는 모습이 강하거나 또는 약한 경우, 남성적이거나 또는 여성적인 경우와 같이 극과 극으로 양분된 것을 의미한다.

  ㉡ 접촉-경계 혼란 14 16 18 19 기출
    • '알아차림-접촉' 주기의 각 단계에서 차단이 일어나는 것을 '접촉-경계 혼란'이라고 한다.
    • 건강한 사람은 '접촉-경계'에서 환경과 교류하면서 자신에게 필요한 것들에 대해서는 경계를 열어 받아들이고, 해로운 것들에 대해서는 경계를 닫음으로써 자신을 보호한다.
    • '접촉-경계'에 혼란이 생겨서, 경계가 너무 단단하면 환경으로부터 자양분을 받아들이지 못하게 된다. 또한 경계가 너무 불분명하면 환경으로부터 들어오는 해독을 막지 못하며, 경계가 상실되면 개체의 정체감이 없어져버린다.
    • '접촉-경계' 혼란의 유형 20 21 22 기출

내 사	• 타인의 행동이나 가치관을 무비판적으로 받아들여 자기 것으로 동화되지 못한 채 남아서 자신의 행동이나 사고방식에 악영향을 미치는 것을 말한다. • 내사는 다른 사람들이 내담자에게 그렇게 하기를 원할 때 일어난다. 예 어린아이가 부모의 이야기에 절대 순응하라는 부모의 의견을 그대로 받아들이는 경우
투 사	• 내담자들이 흔히 자신의 생각이나 욕구, 감정 등을 타인의 것으로 지각하거나 책임소재를 타인에게 돌리는 경우를 말한다. • 투사는 내담자가 다른 사람들에게 그렇게 해주기를 요구할 때 일어난다. 예 자신이 시험을 못 본 것은 선생님이 잘못 가르쳤기 때문이라고 하는 경우
반 전 23 기출	자신이 다른 사람이나 환경에 대하여 하고 싶은 행동을 자기 자신에게 하는 것, 혹은 타인이 자기에게 해주기를 바라는 행동을 스스로 자기 자신에게 하는 것을 말한다. 예 부모님에 대한 불만의 표시를 직접 표출하지 못하고, 자기 손톱을 물어뜯는 것으로 대신하는 경우
융 합	• 밀접한 관계에 있는 두 사람이 서로 차이점이 없다고 느끼도록 합의함으로써 발생한다. • 융합으로 인하여 자신의 경계를 갖지 못할 때, 개체는 자신의 욕구와 감정을 제대로 해소할 수 없게 되면서 미해결 과제가 축적된다. • 상담자는 다르다는 것이 부정적이거나 죄책감을 느껴야 하는 것이 아님을 깨닫게 해줘야 한다. 예 친구가 행복하면 자신도 행복하고, 친구가 불행하면 자신도 불행하다고 느껴야 한다고 생각하는 경우

자의식	• 사회적 관계에서 타인을 과도하게 의식하고, 자기 자신을 대상화하여 주의를 기울여 관찰하는 행동이다. • 관심의 대상이 자신인 까닭에 타인과 관계를 맺기 어렵고 장기적으로 고립된다. 예 파티에서 춤을 추면서 남의 시선을 의식하여 자연스러운 몰입을 하지 못하는 경우 등
편 향	감당하기 힘든 외부 환경적 자극에 노출될 때, 압도당하지 않기 위해 자신의 감각을 둔화함으로써 환경과의 접촉을 약화하는 것을 말한다. 예 말을 장황하게 하거나 초점을 흩트리는 것, 말하면서 상대편을 쳐다보지 않거나 웃어버리는 것 등

⑤ 미해결 과제
  ㉠ '미해결 과제'는 완결되지 않은 게슈탈트를 의미하는 것으로, 분노·원망·고통·슬픔·불안·죄의식 등과 같이 명확히 표현되지 못한 감정을 포함한다.
  ㉡ 내담자 문제는 억압된 미해결 과제가 해소되지 못할 때 발생한다고 본다.
  ㉢ 표현되지 못한 감정은 개인의 의식 배후에 자리하여 다른 사람과 효율적으로 접촉하는 것을 방해한다.
  ㉣ 대표적인 미해결 과제인 적개심은 종종 죄의식으로 전환되어 다른 사람과의 진실한 대화를 어렵게 만든다.
  ㉤ 미해결 과제가 확장되는 경우 욕구 해소에 실패하게 되며, 이는 신체·심리적 장애로 이어진다.

⑥ 회 피
  ㉠ '회피'는 미해결 과제와 연관된 개념으로, 미해결 과제의 직면이나 미해결 상황과 관련된 불안정한 정서의 경험으로부터 개인이 자신을 지키기 위해 사용하는 수단 중 하나이다.
  ㉡ 사람은 분노·원망·고통·슬픔·불안·죄의식 등의 불편한 감정에 직면하거나 그러한 정서를 경험하려고 하지 않는다.
  ㉢ *예기불안은 개인을 심리적으로 경직되게 만들며, 부정적인 환상을 통해 현실적 삶의 적응을 방해한다.
  ㉣ 상담자는 내담자로 하여금 지금까지 표현 못 한 채 남아 있는 강렬한 감정들을 표현할 수 있도록 격려하며, 내담자의 감정적 통합을 통해 성장할 수 있도록 조력해야 한다.

> **예기불안**
> 자신에게 어떤 상황이 다가온다고 생각되는 경우에 생기는 불안을 말한다.

⑦ 각성 : 기억되는 것보다 지금 일어나고 있는 것을 가리키며, '지금-여기'의 현실에 무엇이 존재하느냐에 초점을 두는 능력이다.

(4) 상담의 목표
① 성숙하고 성장할 수 있도록 돕는 것으로 자기책임을 강조하며 다른 사람들보다는 자기 자신에게 의지하도록 한다.
② 발달과정에서 일어나는 문제들을 피할 여러 방법을 강구하고 그로 인해 개인성장이 곤경에 빠지게 되는 경우, 필요한 개입과 도전을 통해 개인이 통합과 성장에 필요한 지식과 자각을 얻을 수 있도록 돕는다.
③ 성숙과 성장에는 통합(Integration)의 성취라는 목표가 함축되어 있다. 통합이란 개인의 느낌, 지각, 사고 및 신체과정이 더 큰 전체의 부분임을 의미하며, 이전에 소외된 부분들의 통합은 중요한 상담의 목표가 된다.
④ 자신의 욕구와 감정을 알아차리고 수용하며, 환경과의 접촉을 통해 문제를 해소하도록 돕는다.

(5) 상담의 기법 15 기출

① 현재 욕구와 감정 및 신체의 자각 23 기출
  ㉠ 현재 욕구와 감정의 자각
    - 형태주의 상담에서는 현재 상황에서 자신의 욕구와 감정을 자각하는 것이 매우 중요하다.
    - 상담자는 내담자의 생각이나 주장의 배후에 있는 욕구와 감정을 자각하도록 도와야 한다.
    - 특히 '지금-여기'에서 일어나는 욕구와 감정을 자각하는 것이 중요하다.
      예 "지금 어떤 느낌이 드나요?", "지금 당신이 원하는 것은 무엇인가요?"
  ㉡ 현재 신체의 자각 : 상담자는 내담자에게 현재 상황에서 느끼는 신체 감각을 자각하도록 함으로써 자신의 욕구와 감정을 깨닫도록 도와야 한다.

② 환경 자각
  ㉠ 상담자는 내담자가 자신의 욕구와 감정을 명확히 하도록 환경과의 접촉을 증진하며, 주위 환경에서 체험하는 것을 자각하도록 도와야 한다.
  ㉡ 자연의 경치, 주위 사물의 모습, 타인의 동작 등에 대해 어떠한 *감각작용으로써 접촉하는지 자각하도록 돕는다.
  ㉢ 내담자가 보기, 듣기, 만지기, 냄새 맡기, 목소리 내기 등의 감각작용을 통해 환경과의 접촉을 증진하도록 해야 한다.

> ✅ **감각작용**
> 감각기관에 가해진 외적·내적 자극으로 생기는 구체적이고 의식적인 경험을 의미한다.

③ 언어 자각
  ㉠ 상담자는 내담자의 말에서 행동의 책임소재가 불명확한 경우, 자신의 감정과 동기에 책임을 지는 문장으로 말하도록 해야 한다.
  ㉡ 내담자로 하여금 '그것', '우리' 등의 대명사 대신 '나는'으로, '~해야 한다', '~해서는 안 된다' 등의 객관적·논리적 어투의 표현 대신 '~하고 싶다', '~하고 싶지 않다' 등의 주관적·감정적 어투의 표현으로 변경하여 표현하도록 한다.

④ 과장하기
  ㉠ 상담자는 내담자의 감정 체험 정도와 깊이가 약한 경우, 행동이나 언어를 과장되게 표현하도록 하여 감정 자각을 돕는다.
  ㉡ 신체언어나 춤은 상징적인 의미를 파악하는 데 효과적일 수 있다.

⑤ 반대로 하기(반전기법)
  ㉠ 상담자는 내담자에게 평소 행동과 반대되는 행동을 해보도록 하여, 내담자가 억압하고 통제해온 부분을 표출하도록 해야 한다.
  ㉡ 내담자는 반대 행동을 통해 자신의 다른 측면을 접촉하고 통합할 수 있다.

⑥ 머물러 있기(느낌에 머무르기)
  ㉠ 상담자는 내담자에게 자신의 미해결 감정을 회피하지 않고 직면하여 견뎌내도록 함으로써 해소하도록 도와야 한다.
  ㉡ 머물러 있기는 감정의 자각과 에너지의 소통에 유효하다.

⑦ 빈 의자 기법
  ㉠ 현재 치료 장면에 없는 사람과 상호작용할 필요가 있는 경우, 내담자에게 그 인물이 맞은편 빈 의자에 앉아 있다고 상상하도록 하여 대화하는 방법이다.

ⓛ 상담자는 내담자에게 상대방의 감정을 이해하도록 유도하여, 외부로 투사된 자신의 감정을 자각하도록 도와야 한다.

⑧ **자기 부분들 간의 대화**
  ㉠ 상담자는 내담자의 인격에서 분열된 부분 또는 갈등을 느끼는 부분들 간에 대화가 이루어지도록 해야 한다.
  ㉡ 부분들 간의 대화를 통해 서로의 입장이 분명히 드러나며, 성격의 대립되는 부분들이 통합될 수 있다.

> **지식 IN**
>
> **상전과 하인** 17 기출
> - 게슈탈트에서 대표적인 내적 분열은 상전과 하인의 대립이다.
> - 무의식적이고 내적인 대화를 의식적이고 외적인 대화로 만들어 양자의 갈등을 줄일 수 있다.

⑨ **꿈을 통한 통합**
  ㉠ 꿈은 내담자의 욕구나 충동 혹은 감정이 외부로 투사된 것이며, 꿈에 나타난 대상은 내담자의 소외된 부분 또는 갈등된 부분에 대한 상징이라고 볼 수 있다.
  ㉡ 정신분석에 의한 꿈의 해석과는 다른 것으로, 상담자가 내담자에게 꿈을 현실로 재현하도록 하여 꿈의 각 부분들과 동일시해 보도록 하는 것이다.

⑩ **대화실험**
  ㉠ 상담자는 내담자에게 특정 장면을 연출하거나 공상 대화를 하도록 제안하여 내적 분할을 인식하도록 도와야 한다.
  ㉡ 두 의자 기법
    - 내담자가 자신의 성격 중 갈등하고 있는 부분들(우월한 자/열등한 자 혹은 수동자/공격자) 사이에 꼭 끼어서 꼼짝 못 하고 있을 때 사용될 수 있다. 치료자는 내담자에게 이 의자에서 저 의자로 옮겨 앉으면서 두 가지 역할을 모두 해보라고 권할 수 있다.
    - 내담자는 묘사되고 있는 성격의 부분을 나타내기 위하여 자리를 바꿔가면서 두 부분들 간의 언어적 대화를 수행한다. 대화를 통해 갈등이 표면화되고, 내담자는 그것을 충분히 경험하게 된다.
  ㉢ 궁극적으로 성격 통합을 촉진하기 위한 것으로, 내담자가 거부해온 감정이 바로 자신의 실제적인 일부분임을 깨닫도록 하는 것이다.

(6) 상담(치료)의 과정
① 상담은 능동적이고 직접적인 경험에 관심을 가지고 시작한다.
② 상담자가 중심이 되어 상담활동을 정한다.
③ 언제나 현재를 중심으로 각성시키는 것을 중요한 상담목표로 정한다.
④ 상담과정은 형태의 생성과 소멸을 방해하는 요인을 제거하는 모든 과정이 포함된다.

(7) 상담의 장단점

장점	• 내담자의 문제해결만을 목적으로 하는 것이 아닌, 내담자의 성장을 고려하고 있다. • 내담자에게 자기 자신에 대한 실존적인 경험을 제공한다. • 부적응행동의 원인이 되는 과거의 사건을 '지금-여기'로 가져와서 생생하게 처리한다. • 꿈의 현실로의 재현을 통해 그것에 담긴 실존적인 메시지를 깨닫도록 해준다.
단점	• 인간의 발달과정에 대한 이론적 연구가 미흡하다. • 기법과 기술을 중요시하는 데 반해, 상담치료자와 내담자 간의 관계를 소홀히 한다. • 경험에 대한 각성에 있어서 사고에 의한 인지적 요소를 간과하며, 사회화 영향을 소홀히 다룬다. • 내담자에 대한 치료의 과정 및 결과에 대한 평가 등이 세부적이고 체계적으로 이루어지지 못했다.

지식 IN

펄스(F. Perls)의 신경증 [16 기출]

거짓층, 피상층 사이비층 (Cache Layer)	• 진실된 마음 없이 상투적으로 대하는 거짓된 상태를 말한다. • 자신을 노출하지 않아 진정한 변화가 일어나지 않는다.
공포층 (Phobic Layer) 연기층 (Role Playing Layer)	• 자신의 실체를 드러내면 타인이 거부할 것이라는 비현실적 공포를 가지는 상태를 말한다. • 자신의 모습으로 살지 않고, 부모나 주위환경의 기대에 맞추어 행동하며 살아가는 단계이다. • 개체는 환경에 적응하기 위해 자신의 욕구를 억압하고 주위에서 바라는 역할 행동을 연기하며 사는데, 자신이 하는 행동이 연기라는 것을 망각하고 그것이 진정한 자신인 줄로 착각하고 산다. • 모범생, 지도자, 구세주 역할 등이 있다.
난국층 교착층 막다른 골목 (Impasse Layer)	• 자기욕구를 나타내고자 하는 불안한 상태를 말한다(이 단계를 지나면 새로운 돌파구가 열림). • 개체는 이제껏 해왔던 역할연기를 그만두고 자립하려고 시도하지만, 동시에 심한 공포를 체험한다. • 지금까지 환경으로부터 도움을 받기 위해 해온 역할연기를 포기했지만, 다른 한편으로는 아직 스스로 자립할 수 있는 능력은 생기지 않은 상태이므로, 오도 가도 못 하는 *실존적 딜레마에 빠지게 되어 심한 공포를 체험한다.
내적파열층 내파층 (Implosive Layer)	• 자기욕구를 인식하지만 억압하는 상태를 말한다. • 스스로의 원함을 인식하지만, 드러내지 못하고 억압하는 상태(드러내어 타인을 상처 주거나 처벌을 받을까 봐)이다. • 분노표출 대신 감정표현을 억제하여 자신을 공격, 질책, 비난하는 반전행동을 보인다.
폭발층 (Explosive Layer)	• 감정과 욕구를 억압하지 않고 표출하는 상태를 말한다. • 한 개인이 게슈탈트를 순조롭게 해소하고 스스로 해결하는 단계이다. • 감정을 더 이상 억압하지 않고 직접 표현하며, 미해결 과제도 전경으로 떠올려 완결 짓는 정신과 신체의 총체적 통합 체험단계이다. • 진실한 자기와 접촉하여 자신의 진정한 감정과 욕구를 외부대상에게 직접 표현한다.

> ✓ **실존적 딜레마**
> 죽음, 책임감, 선택과 같은 것으로 허탈감과 공포를 체험하는 것을 말한다.

07 합리정서행동 상담(REBT 상담) 16 20 기출

(1) 개요

① 발전 과정
  ㉠ 1955년 엘리스(A. Ellis)는 인본주의적 치료와 철학적 치료, 행동주의적 치료를 혼합하여 '인지적(합리적) 치료(RT ; Rational Therapy)'를 고안하였다.
  ㉡ 1962년 '합리적 정서치료(RET ; Rational-Emotive Therapy)'로 명칭을 변경하였다.
  ㉢ 1993년 행동의 중요성이 강조됨에 따라 '합리정서 행동치료(REBT ; Rational-Emotive Behavior Therapy)'로 명칭을 변경하였다.

② 의의 23 기출
  ㉠ 고대 그리스 철학자 제논(Zenon)이 창시하고 이후 고대 로마 철학자 세네카 등이 완성한 스토아학파에서 그 근원을 찾을 수 있다.
  ㉡ 특히 고대 로마의 후기 스토아학파 철학자 에픽테투스(Epictetus)의 사상인 "인간은 발생하는 일이 아니라 그 일을 수용하는 방식 때문에 불안하다"라는 사상에 많은 영향을 받았다.
  ㉢ 철학적 토대에는 '책임을 동반한 쾌락주의', '인본주의', '합리성'의 개념이 포함되어 있다.
  ㉣ 인지 이론과 행동주의적 요소가 결합한 개념으로, 인지기능을 경험적으로 탐색하면서 자신의 문제를 파악하도록 하며, 자기 결정권과 책임성을 강조한다.
  ㉤ 과거보다는 현재의 문제에 초점을 두어, 문제 해결을 위해 구조적인 절차에 따른 구조화된 접근을 한다.
  ㉥ 인간의 삶에 혼란을 가져올 수 있는 비합리적 신념에 주목하여 인간의 비합리적 사고 또는 신념이 부적응을 유발한다고 보고, 인지 재구조화를 통해 비합리적 사고를 합리적인 사고로 대치하고자 한다.
  ㉦ 내담자가 다음과 같은 경험을 할 수 있게 한다. 16 기출
    • 심리 교육적 접근을 취하므로 많은 학습의 과정이 일어난다.
    • 자신이 세상을 보는 인지적 틀이 잘못되어 자신에게 문제가 나타났음을 알게 되고, 새로운 관점을 습득하는 법을 배운다.
    • 상담 과정을 통해 새롭게 형성되는 문제를 스스로 해결할 수 있는 자기 조력 방법을 배운다.

(2) 인간관

① 인간은 합리적 사고와 비합리적 사고의 잠재성을 모두 지닌다.
② 인간은 외부적 요인에 의해서 방해받기보다는 자기 자신에 의해서 방해받는다.
③ 인간은 왜곡되게 생각하려는 생리적·문화적 경향이 있으며, 말할 필요도 없이 자신이 스스로를 방해한다.
④ 문제는 일어난 사건이 아니라 그의 비합리적 신념이나 당위적으로 요구하는 생각에 근거하며, 냉정한 이성에 입각한 논박을 통해 합리적 신념으로 변화될 수 있다.
⑤ 인간은 제한된 범위에서나마 자신의 미래를 변화하고 통제할 수 있는 능력을 가진다.

(3) 주요 개념

① 비합리적 사고 16 17 기출

㉠ 비합리적 사고의 요소 : *당위적 사고, 과장성, 인간 비하성, 낮은 인내심 등이 있다.

㉡ 비합리적 사고는 '~해야 한다', '당연히 그래야 한다', '반드시 ~하지 않으면 안 된다' 등과 같은 단어들을 포함하며, 부정적인 정서와 관계의 어려움을 조장하는 극단적 진술들이다.

㉢ 비합리적 신념과 자기독백은 평소에 반복해서 학습된 것이며, 이는 거의 자동적·확산적으로 나타난다.

> ✓ **당위적 사고**
> '당위'란 당연히 그렇게 되거나 해야 한다는 뜻이며, '당위적 사고'는 엘리스가 제시한 개념으로서 계속적인 당위적 조건이 없는데도 그것을 기대하는 사고나 요구를 말한다.

② 합리적 사고와 비합리적 사고의 비교 14 15 16 기출

구 분	합리적 사고	비합리적 사고
논리성	논리적으로 모순이 없음	논리적으로 모순이 많음
실용성	삶의 목적달성에 도움이 됨	삶의 목적달성에 방해
현실성	경험적 현실과 일치	경험적 현실과 일치하지 않음
융통성	경직되어 있지 않음	절대적/극단적/경직되어 있음
파급효과	적절한 정서와 적응적 행동에 영향	부적절한 정서와 부적응적 행동 유도

(4) ABCDE 상담기법 15 기출

① 개요 및 특징

㉠ 인간이 비합리적인 신념으로 인해 부적응적 정서와 행동에 고착되는 것과 이의 치유감정을 설명하는 이론이다.

㉡ 엘리스(Ellis)는 인간의 사회적인 면, 특히 성격발달과 관련된 사회적인 면을 강조하였다.

㉢ 인간의 생각, 신념, 자기언어와 같은 인지적인 면이 경험이나 느낌만큼 인간행동에 중요한 영향을 미칠 수 있다고 본다.

㉣ 통찰된 것을 행동으로 옮겨야 함을 강조하면서 통합적이고 절충적인 상담의 실제를 강조하였으며, 정서적 장애와 문제행동의 원인 및 해결방법을 명확하게 제시한다는 장점이 있다.

㉤ 상담자와 1:1 상담을 하지 않고도 내담자 스스로 자신의 문제를 해결하는 방법을 익힐 수 있으며, 상담의 효과를 크게 높일 수 있음을 시사해주는 데 공헌하였다.

② ABCDE 기법의 주요 내용 18 기출

기 법	주요 내용	구체적인 예
A ; Activating Event (선행사건)	개인에게 정서적 혼란을 일으키는 어떤 사건을 말한다.	입학시험에 낙방
B ; Belief System (비합리적인 신념체계)	어떤 사건이나 행위 등과 같은 환경적 자극에 대해서 개인이 갖게 되는 비합리적인 태도 또는 사고방식을 말한다.	"시험에 낙방했으니 나는 쓸모없는 인간이다."

C ; Consequences (결과)	선행사건에 접했을 때 합리적 또는 비합리적인 태도 내지 사고방식을 가지고 그 사건을 해석함으로써 느끼게 되는 정서적 결과를 말한다.		극심한 우울과 불안, 자괴감
D ; Dispute (논박)	상담자는 논리적인 원리들을 제시하고, 내담자의 그릇된 신념들을 논박하여 내담자가 자기패배적인 생각을 바꾸거나 포기하도록 도와준다.	논리성	"시험에 떨어졌다고 쓸모없다고 말할 수 있는가?"
		현실성	"이번 시험에서 나만 떨어졌는가?"
		효용성	"시험에 떨어졌다고 해서 쓸모없는 인간이라고 생각하는 것이 과연 내게 어떠한 이득이 있겠는가?"
E ; Effect (효과)	내담자의 비합리적인 신념을 철저하게 논박함으로써 합리적인 신념으로 대치한 다음에 느끼게 되는 자기 수용적 태도와 긍정적 감정의 결과를 지칭한다.	합리 효과	"시험에 떨어졌다고 해서 내가 쓸모없는 인간은 아니다."
		정서 효과	"시험에 떨어진 것으로 인해 많이 실망스럽지만, 그렇다고 우울하거나 불안하지는 않다."

(5) 상담의 구체적 목표

① **자기에 대한 관심(Self-Interest)** : 정서적으로 건강한 사람은 자기 자신에게 완전히 빠져버리지 않으면서도 자신에게 관심을 가질 수 있다.

② **사회에 대한 관심(Social-Interest)** : 건강한 사람은 소외된 실존을 택하지 않고, 사회집단에서 다른 사람과 효과적으로 사는 데 관심을 갖는다.

③ **자기지시(Self-Direction)** : 정서적으로 건강한 사람은 다른 사람의 행동이나 지지를 좋아할지도 모르지만, 그런 지지를 요구하는 것은 아니다. 그들은 자신의 삶에 책임을 느낄 수 있으며, 자신의 문제를 독립적으로 해결할 수 있다.

④ **관용(Tolerance)** : 성숙한 개인은 다른 사람이 실수하거나 잘못하는 것을 수용하며, 그런 행동을 경멸하지 않는다.

⑤ **유연성(Flexibility)** : 건강한 사람은 사고가 유연하며, 변화에 개방적이고 다른 사람들에 대해 고집스럽지 않은 관점을 갖고 있다.

⑥ **불확실성의 수용(Acceptance of Uncertainty)** : 성숙한 개인은 자신이 불확실한 세상에 살고 있음을 인식한다. 비록 질서정연함을 좋아하지만, 이런 질서나 확실성에 대한 감각을 투덜대며 요구하는 것은 아니다.

⑦ **이행(Commitment)** : 건강한 개인은 자기 외부의 어떤 일에 적극적인 관심을 갖는다.

⑧ **과학적 사고(Scientific Thinking)** : 성숙한 개인은 깊이 느끼고 확실하게 행동한다. 또한 자신과 결과에 대해 반성함으로써 그런 감정과 행동들을 조절해 간다.

⑨ **자기수용(Self-Acceptance)** : 건강한 개인은 그가 살아 있다는 것만으로도 자신을 수용하며, 자신의 가치를 외적 성취나 남과 비교로 평가하지 않는다.

⑩ **모험실행(Risk Taking)** : 정서적으로 건강한 개인은 어리석게 빠져들지는 않지만, 모험적인 경향을 지닌다.

⑪ 반유토피아주의(Nonutopianism) : 성숙하고 정서적으로 건강한 사람은 자신이 유토피아적인 실존을 할 수 없다는 사실을 받아들인다. 그는 자신이 얻고자 하는 모든 것을 다 얻을 수는 없으며, 원하지 않는 모든 것을 다 회피할 수 없다는 것을 인식한다.

(6) 상담의 기법 17 18 19 기출

인지적 기법 22 기출	• 비합리적 신념 논박하기 : 기능적 · 경험적 · 논리적 · 철학적 논박, 치료회기 녹음 • 내담자 언어 변화시키기 : 합리적 대처말 • 인지적 과제 수행하기 : 심리 · 교육적 숙제 • 기타 : 자조서(Self-Help Book) 읽기, 독서요법, 모델링, 참고하기, 확대적용, 재구성, 멈추고 살펴보기 등
정서적 · 체험적 기법	합리적 정서 심상 형성, 대처말 숙달시키기, 녹음을 이용한 강력한 논박하기, 역할극, 유머, 치료자의 무조건적인 수용, 무조건적인 자기수용과 무조건적인 타인수용 가르치기, 격려, *참만남 집단 등
행동적 기법	강화, 벌칙, *수치심 깨뜨리기, 기술 훈련, 역설적 과제, 재발 방지, 체계적 둔감화, 어려운 상황에 머물기, 합리적인 신념에 따라 행동하기 등

> ● **참만남 집단**
> 인간관계 개선을 위해 타인과의 개방적 · 정직한 관계를 경험하는 학습집단을 말한다.

> ● **수치심 깨뜨리기**
> 다른 사람들이 나의 행동을 '우스꽝스럽다'고 생각할까봐 하지 못하는 그 행동을 많은 사람들 앞에서 해보도록 권하는 상담기법을 말한다.

(7) REBT에서 주장하는 원리 24 기출

① 인지는 인간정서의 가장 중요한 핵심적 요소이다.
② 인지, 정서, 행동의 상호작용 과정에서 인지적 요인이 핵심이 된다.
③ 역기능적 사고는 정서장애의 중요한 결정요인이다.
④ 비합리적 사고와 정신병리를 유도하는 요인은 유전적이고 환경적 영향을 포함하는 중대 요소로 되어 있다.
⑤ 인간의 사고는 원래 비합리적이지만, 신념은 변화한다고 믿는다.
⑥ 사고와 감정의 연관성을 기초로 사고의 분석에서 시작한다.
⑦ 행동에 대한 과거의 영향보다 현재에 초점을 맞춘다.

(8) 상담의 장단점

장 점	• 통합적인 접근방법으로 사고와 신념이 행동에 미치는 영향을 규명하였다. • 정서적 장애와 문제행동의 원인 및 해결방법을 명확하게 제시하였다. • 상담에서 합리적 사고와 논리적 신념에 대한 중요성을 재인식시켰다. • 자신의 정서적 장애에 대한 통찰과 함께 실제 행동으로 옮기는 것을 강조하였다. • 상담자와 일대일의 상담을 하지 않고도 내담자 스스로 자신의 문제를 해결하는 방법을 익힐 수 있도록 함으로써, 상담의 효과를 크게 높일 수 있음을 시사하였다.
단 점	• 신념을 바꾸는 것은 올바른 상황판단을 전제로 하므로, 심각한 기질장애자에게는 사용할 수 없다. • 내담자의 자율적인 성장을 저해할 우려가 있다. • 내담자의 지적 수준이나 자발성에 영향을 받는다. • 지나친 인지적 접근방법으로서 인간의 정서적인 측면을 소홀히 하고 있다.

08 인지치료 14 15 16 기출

(1) 개요 21 기출

① 의의
- ㉠ 인지치료는 협력적 경험주의 원칙에 기초한다.
- ㉡ 인지치료는 개인이 정보를 수용하여 처리하고 반응하기 위한 지적 능력을 개발시키는 방법을 말한다.
- ㉢ 벡(Beck)은 사람들이 느끼고 행동하는 방식이 경험의 지각과 구조화의 방식에 의해 결정된다고 보았다.
- ㉣ 개인은 상황을 구조화하는 방식에 따라 자신이 행동하고 느끼는 방식을 결정하는 존재라는 인간관을 제시하였다.
- ㉤ 엘리스(Ellis)가 개인의 비합리적 신념에 초점을 두었다면, 벡(Beck)은 개인의 정보처리과정상의 인지적 왜곡에 초점을 두었다.

② 상담자의 역할
- ㉠ 상담자는 내담자가 겪는 정서적 고통이나 부적절한 행동에 영향을 미치고, 내담자가 인식하지 못하는 생각인 부정적·자동적 사고나 비합리적 신념체계를 찾아서 변화시키는 데 초점을 둔다.
- ㉡ 상담자는 내담자에게 신념이 타당한지 스스로 검토해 볼 수 있도록 행동 실험을 요구한다.

③ 엘리스(Ellis)의 REBT와 벡(Beck)의 인지치료에서 치료자의 역할
- ㉠ 엘리스(Ellis)의 REBT
  - 내담자의 의지와 역할이 치료에 있어 매우 중요한 요소이다.
  - 치료자는 어디까지나 교사적인 입장으로서 상대를 깨우쳐주고 가르쳐주는 입장이다.
- ㉡ 벡(Beck)의 인지치료 23 기출
  - 인지치료 상담이론에서 상담자는 상담 초기에 내담자의 부적응적인 신념을 반박하지 않고 내담자가 자신의 신념이 어떤 기능을 하는가에 대한 탐색의 기회를 제공한다.
  - 이어서 상담자는 소크라테스식 교육자로서 내담자의 신념체계에서 옳고 그른 것을 소크라테스의 문답식으로 평가한다. 소크라테스식 문답식은 답을 정해놓고 가르쳐주는 형식이 아니라, 상대방(내담자)에게 여러 방향의 질문을 계속 던져서 스스로 생각하여 답을 찾아낼 수 있도록 하는 방법이다.
  - 그 후 면밀한 평가를 거쳐 새로운 자료가 들어오면 인지치료자와 내담자는 한 팀이 되어 새로운 전략을 마련한다.

(2) 주요 개념

① **핵심 신념** : 많은 자동적 인지에 바탕이 되는 자신에 대한 중심적 생각으로, '보편적이며 과일반화된 절대적인 것'으로 기술될 수 있다. 핵심신념은 자신, 타인, 세계 그리고 미래에 대한 자신의 견해를 반영한다.

② **중재적 신념** : 자동적 사고를 형성하는 극단적이고, 절대적인 규칙과 태도를 반영한다.

③ 역기능적 사고 : 비합리적이고 부적응적이며, 자기비판적인 사고를 말한다.
　예 사람은 똑똑하고 돈이 많지 않으면 행복해지기 어렵다.
④ 자동적 사고 : 한 개인이 어떤 상황에 대해 내리는 즉각적이고 자발적인 평가를 의미한다.
　예 선생님이 인사를 받지 않고 지나간 경우, 개인의 자동적 사고에 따라 순간적으로 어떤 학생은 자기를 무시한다고 생각하는 반면에 어떤 학생은 불안을 느끼는 상황이 발생한다.
⑤ 인지삼제 : 우울증상을 경험하는 사람들의 자동적 사고로, 자기와 세상, 미래에 대한 한 개인의 부정적인 생각과 태도를 말한다.
　㉠ 자기에 대한 비관적 생각
　㉡ 앞날에 대한 *염세주의적 생각
　㉢ 세상에 대한 부정적 생각

> ✅ **염세주의**
> 인간의 삶은 고통뿐이며, 따라서 인생은 살 만한 가치가 없다고 주장하는 철학적 사유를 나타내는 말이다.

⑥ 인지도식(스키마) 15 18 기출
　㉠ 한 개인이 살아가는 과정에서 삶에 대한 이해의 틀을 형성한 것이 삶의 인지도식이며, 대개 경험에 의하여 형성된다.
　㉡ 동일한 생활사건의 의미를 사람마다 다르게 해석하는 이유는 사람마다 인지도식이 다르기 때문이다.
　㉢ 역기능적 인지도식을 가지고 있는 경우, 사건을 당했을 때 부정적 내용의 자동적 사고를 자신도 모르게 떠올리게 되며, 그 결과로 심리적인 문제가 발생한다.
　㉣ 우울한 사람은 생활사건의 의미를 부정적으로 해석하게 하는 역기능적 인지도식을 지니고 있다.
　㉤ 역기능적 인지도식은 청소년기 이전부터 형성되기 시작한다.

⑦ 인지상 왜곡 14 17 19 20 21 기출
생활사건의 의미를 해석하는 과정에서 나타나는 추론과정의 체계적 오류를 말한다.

임의적 추론 (Arbitrary Inference) 22 기출	어떤 결론을 지지하는 증거가 없거나 그 증거가 결론에 위배됨에도 불구하고 그와 같은 결론을 내린다. 예 자신의 메시지에 답변이 없다고 하여, 상대방이 의도적으로 회피하는 것이라고 판단하는 경우
선택적 추상화(추론), 정신적 여과 (Selective Abstraction) 24 기출	다른 중요한 요소들은 무시한 채 사소한 부분에 초점을 맞추고, 그 부분적인 것에 근거하여 전체 경험을 이해한다. 예 발표를 잘 마무리했지만 한 친구가 졸고 있었다는 이유로 발표가 지루했다고 생각하는 경우
과도한 일반화 (Overgeneralization)	한두 가지의 고립된 사건에 근거해서 일반적인 결론을 내리고, 그것을 서로 관계없는 상황에 적용한다. 예 평소 자신을 도와주던 친구가 어쩌다 한 번 자신을 도와주지 않았다고 하여, 자신과의 친분관계를 끊은 것이라고 결론을 내리는 경우
개인화 (Personalization)	자신과 관련 근거가 없는 외부사건을 자신과 관련하는 성향으로, 실제로는 다른 것 때문에 생긴 일에 대해 자신이 원인이고 자신이 책임져야 할 것으로 받아들인다. 예 "내가 공부를 못하기 때문에 부모님의 사이가 안 좋다."
이분법적 사고, 흑백논리 (Dichotomous Thinking)	모든 경험을 한두 개의 범주로만 이해하고, 중간지대 없이 흑백논리로 현실을 파악한다. 예 "나와의 약속을 어겼기 때문에 너는 나쁜 인간이다."
과대평가 · 과소평가 (Magnification · Minimization)	어떤 사건 또는 한 개인이나 경험이 가진 특성의 한 측면을 그것이 실제로 가진 중요성과 무관하게 과대평가하거나 과소평가한다. 예 어떤 학생이 한두 번 지각했다고 해서 그 학생이 게으르다고 판단하는 경우

정서적 추론 (Emotional Reasoning)	자신의 정서적 경험이 마치 현실과 진실을 반영하는 양 간주하여, 이를 토대로 그 자신이나 세계 또는 미래에 대해 그릇되게 추리한다. 예 자신이 부적절하다는 느낌을 통해 아무런 쓸모없는 사람이라고 단정하는 경우
긍정 격하 (Disqualifying the Positive)	자신의 긍정적인 경험이나 능력을 객관적으로 평가하지 않은 채, 그것을 부정적인 경험으로 전환하거나 자신의 능력을 낮추어 본다. 예 자신의 계획이 성공에 이르렀음에도 불구하고, 이를 자신의 실력이 아닌 운에 의한 것으로 돌리는 경우
파국화, 재앙화 (Catastrophizing)	어떤 사건에 대해 자신의 걱정을 지나치게 과장하여 항상 최악을 생각하여 두려움에 사로잡힌다. 예 길을 걷다가 개에게 물린 사람이 광견병으로 목숨을 잃게 될 것이라 생각하는 경우
잘못된 명명 (Mislabelling)	어떤 하나의 행동이나 부분적 특성을 토대로 사람이나 사건에 대해 완전히 부정적이고 단정적으로 명명한다. 예 한 차례 지각을 한 학생에 대해 지각대장이라는 이름표를 붙이는 경우

> **지식 IN**
>
> **인지치료 관점에서의 정신병리** 16 기출
> - 비현실적인 부정적 인지가 부적응적 증상을 유발한다.
> - 정신장애의 유형은 자동적 사고의 주제와 밀접하게 관련되어 있다.
> - 정신병리는 개인이 현실을 정확하게 인식하지 못하고 과장하거나 왜곡할 때 생겨난다.
> - 정상과 정신병리는 연속선상의 차이에 의해 구별되는 것으로 본다.

(3) 상담의 목표 16 18 기출

① 인지치료는 역기능적이고 자동적인 사고 및 스키마, 신념, 가정의 대인관계 행동에서 영향력을 강조하며, 내담자로 하여금 이를 인식하도록 하고 수정할 수 있도록 돕는다.
② 내담자가 도식을 재구성하도록 격려함으로써, 정서나 행동에 변화가 일어나도록 한다.
   예 가끔 실수하더라도 나는 괜찮다.

(4) 인지치료의 과정

① 제1단계 : 내담자는 자신의 부정적인 자동적 사고를 점검한다.
② 제2단계 : 인지적 오류의 역기능적 가정과 믿음을 발견한다.
③ 제3단계 : 자신의 왜곡된 자동적 사고를 뒷받침하거나 반박하는 근거를 점검한다.
④ 제4단계 : 왜곡된 인지를 보다 현실적인 해석으로 대체한다.
⑤ 제5단계 : 왜곡된 인지유형으로 기울어지게 된 저변의 가정과 믿음을 규명하고 변경하여 긍정적인 사고틀로 변경할 있도록 학습한다.

(5) 상담의 기법 14 16 18 기출

문제축약 기법	• 내담자가 아주 다양한 문제 증상들을 호소했을 때, 이러한 증상들을 몇 가지 중요한 공통된 것들로 묶어서 다루는 방법이다. • 문제 증상들을 발생 시기별로 정리한 다음, 초기에 발생한 증상들을 먼저 다루는 것이다. 왜냐하면 먼저 발생한 문제들로 인해 이후의 증상들이 초래되었을 가능성이 크기 때문이다.
빈틈 메우기 기법	사람들이 경험하는 스트레스 사건과 정서적 혼란 사이의 빈틈을 확인하여 채우는 방법이다.
대처카드 사용 기법	• 내담자가 처한 문제나 상황을 기록하게 한 다음 대처카드에 그에 대한 대처 전략을 적게 한다. • 대처카드는 문제의 귀인을 기억하게 해주고 문제를 생산적으로 해결할 수 있도록 돕는다.
역기능적 사고 기록지 (칸 기법)	• 세 칸 기법 : 종이를 여러 칸으로 나누고, 제일 왼쪽 첫 번째 칸에는 문제를 경험했던 상황이나 구체적인 스트레스 사건을 적고, 세 번째 칸에는 그 상황을 경험하고 난 다음에 일어났던 정서적 결과를 적는다. 그런 다음 두 번째 칸에는 둘 사이의 빈틈, 즉 자동적 사고를 확인하여 적는다. • 다섯 칸 기법 : 네 번째 칸에 긍정적이거나 부정적인 사고를 적을 수 있고, 다섯 번째 칸에는 생각을 바꿀 경우 동일한 상황에서 정서적 결과가 어떻게 달라질 수 있는지 적을 수 있다.
소크라테스 질문법	• 내담자의 문제를 논박을 통해 인지적 왜곡이나 오류가 있음을 밝혀내고, 질문을 통해 자기발견과 타당화의 과정을 거치게 되어 사건이나 행동의 의미를 재발견하는 기법이다. • 상대에게 여러 방향의 질문을 계속 던져서 스스로 생각하여 답을 찾아낼 수 있도록 한다.
근육이완 훈련	근육의 수축과 이완, 깊고 규칙적인 호흡, 즐거운 사고나 심상 등을 훈련함으로써 일상생활에서 유발되는 스트레스에 대처할 수 있도록 가르치는 기법이다.
점진적 노출	불안을 유발하는 수준을 낮은 사건에서 높은 사건으로 점진적으로 노출하는 기법이다.
모델링	관찰학습 과정을 통해 클라이언트가 시행착오 학습을 거치지 않고, 원하는 행동을 학습할 수 있도록 하는 기법이다.

(6) 상담의 장단점

장 점	• 우울증 환자의 치료에 매우 효과적이다. • 인지치료의 연구는 비교적 정교하며 신뢰성이 높다.
단 점	• 적용범위가 매우 한정된다. • 지나치게 현재 중심적이며, 진단 중심적이다. • 인지적 측면만을 강조하며, 개인의 정서적 측면이나 환경적 요인에 대해 소홀히 하고 있다.

(7) 인지행동치료의 '제3의 동향'

① 의의

마음챙김 및 수용 기반 인지행동치료 접근법으로, 기존 인지행동치료를 보완·혁신하는 방법이다. 변증법적 행동치료와 수용전념치료 등이 있다.

② 변증법적 행동치료(DBT ; Dialectical Behavior Therapy) 24 기출
  ㉠ 성격발달에 대한 생물사회학 이론(Biosocial Theory)에 기초하고 있다.
  ㉡ 자살의도를 가진 내담자를 치료하기 위해 개발되었으나, 이후에 경계선 성격장애와 같은 문제를 보이는 내담자들에게 적용하는 이론으로 발전하였다.

③ 수용전념치료(ACT ; Acceptance and Commitment Therapy) 24 기출
  ㉠ 인간의 고통을 보편이며 정상적인 것으로 본다.
  ㉡ 상담목표는 심리적 유연성을 증대하는 것이다.
  ㉢ 내담자의 문제는 경험 회피와 인지적 융합으로 인한 심리적 경직성에서 비롯한다고 본다.

> **지식 IN**
>
> **자해 청소년에 대한 상담개입 방법** 24 기출
> - 마음챙김
> - 대인관계 기술
> - 정서조절 기술
> - 변증법적 행동치료

09 현실치료·해결중심 상담 14 15 16 17 19 기출

(1) 현실치료 상담이론 24 기출

① 개 요
- ㉠ 1950년대에 글래서(W. Glasser)가 정신분석의 결정론적 입장에 반대하면서 그에 반대되는 치료적 접근방법을 개발하였다.
- ㉡ 글래서의 현실치료는 선택이론을 기반으로 하여 논리적으로 도출해낸 상담이론이다.
- ㉢ 인간은 자신의 욕구를 충족하기 위해 행동하며, 그러한 행동은 인간이 스스로 선택하고 결정한 것이라는 점을 강조한다.
- ㉣ 내담자로 하여금 스스로의 삶을 더욱 효과적으로 통제할 수 있도록 하며, 결과에 대해 스스로 책임질 것을 강조한다.
- ㉤ 과거나 미래보다 현재에 초점을 두며, 무의식적 행동보다 행동 선택에 대한 평가에 초점을 둔다.

② 인간관
- ㉠ 인간은 궁극적으로 자기 결정적이며, 자신의 삶에 대한 책임과 능력이 있다고 가정하기 때문에 비결정론적이고 긍정적이다.
- ㉡ 인간은 자유롭게 자신이나 환경을 통제할 수 있으며, 자신의 목표를 스스로 선택하고자 하는 욕구를 지니고 있다.

③ 선택이론 14 15 기출
- ㉠ 인간이 뇌의 작용을 통해 자신의 행동을 어떻게 선택 또는 통제하는지 설명하는 이론이다.
- ㉡ 글래서(W. Glasser)는 우리가 인식하는 것보다 훨씬 더 많이 자신의 삶을 통제한다고 주장한다.
- ㉢ 통제할 수 있는 유일한 인간은 나 자신뿐이며, 불행과 갈등도 선택한 것이라고 하였다.

ⓔ 선택이론을 구성하는 주요 개념

기본 욕구 17 기출	• 인간은 다음과 같은 다섯 가지 기본 욕구를 가지고 태어난다.		
		생존 욕구	살고자 하고, 생식을 통한 자기 확장을 하고자 하는 속성
	심리적 욕구	사랑과 소속 욕구	사랑하고, 나누고, 협력하고자 하는 인간의 속성
		힘과 성취(권력) 욕구	경쟁하고 성취하며, 중요한 존재이고 싶어 하는 속성
		즐거움(재미) 욕구	새로운 것을 배우고, 놀이를 통해 즐기고자 하는 속성
		자유 욕구	이동하고 선택하는 것을 마음대로 하고 싶어 하는 속성
	• 기본 욕구 간 위계가 존재하는 것은 아니다. • 개인 내 욕구충족뿐 아니라 개인 간 욕구충족 사이에서도 갈등이 발생한다. • 인간은 기본 욕구를 충족하기 위해 감각체계, 지각체계, 행동체계를 통해 환경을 통제한다.		
좋은 세계 (Quality World)	• 개인은 저마다 다섯 가지 기본 욕구를 충족할 수 있는 다양한 방법과 수단을 지각 세계의 부분인 자기내면, 혹은 좋은 세계에 심리적인 사진으로 저장했다가 필요할 때마다 꺼내 쓴다. • 인간은 특히 기본 욕구가 잘 충족되었을 때 경험했던 사람, 물체, 사건에 대한 그림을 보관하여 좋은 세계(Quality World)를 발달시킨다. • 현실 세계와 좋은 세계 속 사진이 일치하느냐 일치하지 않느냐에 따라 개인의 만족도가 정해진다.		
행동체계	이제까지 욕구 충족에 도움이 되었던 조직화된 행동으로 구성되어 있다.		
전체행동 (Total Behavior)	• 인간은 자신이 원하는 것이 있을 때 전체행동(Total Behavior)을 통해 그것을 얻고자 노력한다. • 전체행동(Total Behavior)의 4가지 구성요소 → 활동(행동)하기, 생각하기, 느끼기, 생리(신체)반응 • 모든 행동은 선택되는데, 활동하기와 생각하기는 직접적인 통제가 가능하지만, 느끼기와 생리(신체)반응은 간접적으로 통제가 가능하다.		
감각체계와 지각체계	인간은 시각·청각·촉각 등 감각체계와 함께 현실을 받아들이고, 가치를 여과하는 지각체계를 통해 자신이 원하는 방식으로 경험적 현실세계를 분류한다.		

④ 현실치료 상담의 특징 17 18 기출
　㉠ 내담자가 정신질환을 앓고 있다는 개념을 용납하지 않고, 정신병적 행동은 우연히 일어나는 것이 아니라 개인이 선택한 것으로 본다.
　㉡ 삶의 심리적인 힘의 자원을 얻을 수 있는 달리기, 명상 등에 긍정적으로 탐닉할 것을 강조한다.
　㉢ 다른 상담접근과 달리 도덕성을 중요시한다.
　㉣ 상담자는 전이의 대상인물이 아니라, 따뜻한 인간적인 위치에서 내담자와 친밀한 관계를 맺는 존재이다.
　㉤ 통찰을 통한 변화보다는 적극적으로 욕구 충족을 위하여 새로운 방법을 교육시켜 주는 것을 강조한다.
　㉥ 내담자의 가치판단을 강조한다.
　㉦ 처벌이나 비난은 비효과적이라고 본다.
　㉧ 유머를 적절하게 사용하는 것을 권장한다.
　㉨ 의도적으로 능동태 또는 진행형 동사를 많이 사용한다.
　㉩ 부정적인 것을 줄이기보다 긍정적인 것을 늘리는 데 초점을 맞춘다.
　㉪ 내담자의 말과 행동이 일치하지 않는 것을 인식시켜 자신의 말과 행동에 책임지게 한다.

ⓒ 자기 자신을 개방하고, 심미적·정서적인 강도를 표현할 수 있도록 은유적 표현에 귀 기울인다.
⑤ 상담 목표 18 기출
  ㉠ 내담자가 원하는 것이 무엇인지 기본 욕구를 바탕으로 파악하고, 내담자가 책임질 수 있고 만족해하는 방법으로 심리적 욕구를 달성할 수 있도록 돕는다.
  ㉡ 내담자의 현재 행동에 초점을 두고 행동의 효과성에 따라 새로운 전행동(Total Behavior)을 선택하도록 한다.
  ㉢ 다른 사람들의 욕구 충족을 방해하지 않는 범위 내에서 자신의 욕구 충족을 추구하려면 사회제도나 도덕, 규범 등 현실적인 여건을 고려한 책임 있는 행동을 해야 하며, 옳고 그름을 판단할 수 있어야 한다고 하였다.
  ㉣ 내담자가 바람직한 방법으로 욕구를 달성할 수 있도록 3R을 강조한다.
    • 책임(Responsibility) : 다른 사람의 욕구 충족을 방해하지 않으면서 자신의 욕구를 충족하는 능력
    • 현실(Reality) : 현실 세계의 범위 안에서만 욕구가 충족될 수 있다는 사실을 직면하는 것
    • 옳고 그름(Right or Wrong) : 도덕적 판단, 즉 다른 사람에게 피해가 되지 않는 옳은 판단으로 자신의 욕구를 충족하는 것
⑥ 우볼딩(Wubbolding)의 상담 진행
  ㉠ 현실치료 상담에서 상담은 자신의 상황, 행동, 감정에 대한 책임이 전적으로 자신에게 있다는 가정을 하고, 다른 사람이나 환경을 탓하지 않고 자신이 통제할 수 있는 일에 에너지를 쏟는 것에 중점을 둔다.
  ㉡ 토의·논박·직면·언어충격·유머 등의 기술도 활용하였다.
  ㉢ 상담 절차의 핵심요소로 WDEP구조를 주장하면서 모든 단계에 질문기술을 활용하였다.
  ㉣ 현실치료의 상담과정(WDEP구조) 17 21 22 기출

제1단계 (Want)	• 바람(소망) 파악하기 – 내담자가 원하는 것이 무엇인지 명확히 하는 단계이다. – 원하는 것을 정확히 이해할수록 그것을 얻을 수 있는 가능성도 높아진다. – 자신이 진정 원하는 바람이 무엇인지 적어보고, 가장 원하는 것부터 상대적으로 덜 중요한 바람까지 순서를 정해본다. • 상담자 질문 : "당신은 무엇을 원합니까?", "당신은 어떤 사람이 되기를 소망합니까?"
제2단계 (Doing)	• 현재의 행동 파악하기 – 내담자 자신의 행동양식을 파악하는 단계이다. – 현재 자신의 행동을 관찰한다. – 하루의 일과를 꼼꼼히 리뷰해보고, 다른 사람들과 어떻게 소통하고 있으며, 시간을 어떻게 사용하고 있는지 등을 확인한다. • 상담자 질문 : "당신은 지금 무엇을 하고 있습니까?"
제3단계 (Evaluation)	• 바람(소망), 행동, 계획 평가하기 – 현재 행동양식이 자신의 욕구를 충족하는 데 도움 또는 해가 되는지 평가하는 단계이다. – 제2단계에서 관찰한 자신의 행동이 원하는 것을 얻는 데 도움 또는 해가 되는지 자기평가를 한다. • 상담자 질문 : "당신이 원하는 것이 현실적이고 실현 가능한 것입니까?", "지금 하고 있는 것이 당신이 원하는 것을 얻는 데 도움이 됩니까?", "상담의 진행과 당신의 변화에 대해 어떻게 약속하시겠습니까?"

제4단계
(Planning)
	• 효과적인 계획 세우기
	  – 내담자가 진정으로 원하는 것을 얻기 위한 계획을 세우는 단계이다.
	  – 지속적인 행동의 변화가 요구되며, 반복해서 할 수 있는 계획을 세우는 것이 좋다.
	• 계획 수립 시 고려사항
	  – 계획은 단순하고 이해하기 쉬워야 한다.
	  – 계획은 현실적이어야 한다.
	  – 계획은 구체적이어야 한다. 예 언제, 무엇을, 어디서, 얼마나 할 것인가?
	  – 계획은 즉시 실행 가능한 것이어야 한다. 예 오늘 당장 할 수 있는 일은 무엇인가?
	  – 계획은 성취가 가능해야 한다.
	  – 계획은 내담자가 통제할 수 있어야 한다.
	  – 계획은 성취여부를 측정할 수 있도록 설정되어야 한다.
	• 상담자 질문 : "원하는 것을 얻을 수 있는 효과적인 방법은 무엇입니까?"

ⓜ 현실치료의 지침
- 가장 자기다운 모습으로 상담해야 한다.
- 웃음은 고통에 대한 치유약이므로 상담 중에 유머를 적극 활용한다.
- 상담자 윤리강령에 따라 내담자의 궁극적인 복지를 위해 상담을 전개한다.
- '예상하지 않은 행동하기'를 통해 내담자가 자신의 또 다른 바람을 탐색하도록 하여 잠시나마 고통상태에서 벗어나게 한다.

⑦ 현실치료 상담의 유의사항(Glasser)
  ㉠ 상담관계 형성하기 : 상담자는 내담자와 라포(Rapport)를 형성하고, 내담자로 하여금 자신이 원하는 것은 물론 충족 상태에 이르지 못한 욕구를 스스로 찾을 수 있도록 돕는다.
  ㉡ 현재 행동에 초점두기 : 내담자가 자신의 욕구 충족을 위해 현재 어떤 행동을 하는지 알아본다.
  ㉢ 행동을 평가하기 : 현재 내담자의 행동이 욕구 충족에 도움 혹은 방해가 되는지 내담자 스스로 평가하도록 돕는다.
  ㉣ 활동계획 세우기 : 현재 행동 중 부정적인 것을 찾아 긍정적인 것으로 고치기 위한 계획을 세운다.
  ㉤ 다짐을 받아내기 : 내담자가 계획한 활동을 그대로 실천하겠다는 다짐을 받아내야 한다.
  ㉥ 변명을 받아들이지 않기 : 실행하지 않은 잘못을 받아들이게 해야 한다. 23 기출
  ㉦ 처벌을 사용하지 않기 : 처벌을 사용하면 더 패배적인 정체감을 가지게 되고, 상담관계를 악화시킬 수 있다.
  ㉧ 절대 포기하지 않기 : 내담자의 변화가능성을 끝까지 믿는다.

⑧ 상담의 기법

유 머	• 현실주의 상담 또는 현실치료는 인간의 기본 욕구로서 즐거움과 흥미를 강조한다. • 상담자는 유머를 사용함으로써 내담자와 친근한 관계를 유지하며, 상담과정에서 내담자의 참여와 소속의 욕구를 충족할 수 있다. • 유머는 내담자로 하여금 현재 자신의 문제에 대한 새로운 시각을 가질 수 있도록 한다. • 유머는 시기적절하게 사용되어야 한다. 내담자와의 상담관계가 형성되기 전에 유머를 사용하는 것은 바람직하지 않다.
역설적 기법	• 내담자가 상담과정에서 저항을 보이는 경우, 행동변화를 완고히 거부하는 내담자에게 효과적인 방법이다. • 상담자는 내담자에게 모순된 요구나 지시를 함으로써 의도적으로 내담자를 딜레마에 빠뜨린다. • 일종의 언어 충격으로서 매우 강력한 도구이므로, 전문 훈련을 받은 상담자가 사용해야 한다.

직면	• 내담자의 책임감을 강조하며, 변명을 허용하지 않는 것이다. • 상담자는 내담자가 현실적인 책임에서 벗어나는 행동을 하는 경우, 내담자에게 책임 있는 행동을 할 것을 촉구한다. • 내담자의 저항을 유발할 수 있으므로 사용상 주의를 요한다.

⑨ 상담의 장단점

장 점	• 직접적이고 적극적인 상담이다. • 문제양상을 보이는 다양한 집단에 효과적으로 적용할 수 있다. • 자신의 행동에 대해 책임을 지지 않으려 하며, 자신을 다른 사람의 부적절한 행동에 의한 희생자라고 생각하는 사람에게 매우 효과적이다.
단 점	• 문제에 대해 깊이 있는 접근보다는 피상적인 접근에 머문다. • 인간 행동의 의식적인 면을 강조함으로써 무의식적인 부분을 소홀히 한다. • 상담자의 주관적 가치판단이 개입될 수 있는 위험이 있다.

(2) 해결중심 상담이론 16 18 20 22 24 기출

① 개요 : 문제의 원인을 규명하기보다는 내담자가 가지고 있는 자원을 활용하여 해결방안을 마련하는 단기적 접근방법에 해당한다.

② 인간관
  ㉠ 인간은 근본적으로 누구나 자신의 문제를 해결할 수 있는 능력을 가지고 있다.
  ㉡ 상담자는 내담자를 문제를 지닌 사람으로 보지 않고 자신이 지닌 자원, 강점을 활용하지 못하고 있는 사람으로 본다.

③ 주요 개념
  ㉠ 해결중심 접근
    • 삶의 어려움을 성공적으로 해결하지 못하는 것에 중점을 두므로, 문제에 대해 깊이 알아보기보다 새로운 해결방안을 찾는 것을 더 중요시한다.
    • 문제해결을 위해서는 문제에 대해 더 많이 알아야 하는 것이 아니라 문제가 없는 때나 문제가 안 되는 상황에 대해 더 많이 알아야 한다.
    • 문제 행동이나 상황이 예외적으로 일어나지 않은 경우를 찾아내어 내담자의 성공을 확대하고 강화시켜 주기 위해 '예외질문'과 같은 질문기법을 사용한다.
  ㉡ 긍정적 관점 지향
    • 내담자를 강점과 자원을 가진 존재로 보는 입장이므로, 상담자는 문제 해결에 사용할 수 있는 내담자의 성공과 강점, 자원과 특성을 규명하고 그것을 내담자가 받아들일 수 있도록 돕는다.
    • 내담자는 상담 전에 이미 변화할 준비가 되어 있다고 가정한다.
    • 내담자를 전문가로 여기고 호기심 어린 자세와 가설적인 태도로 대한다.

④ 상담의 기본원리
  ㉠ 병리적인 것 대신에 건강한 것에 초점을 둔다. 내담자의 강점, 자원, 건강한 특성을 발견하여 상담에 활용한다.
  ㉡ 상담자는 내담자의 언어체계에 관심을 두고 내담자가 해결중심 언어를 사용하는 데 도움을 준다.
  ㉢ 문제에 접근하기 위한 다양한 해결책이 존재한다는 점을 강조하면서 탈이론적, 탈규범적 양상을 보이고, 내담자의 견해를 존중하며 현재에 초점을 맞추면서 미래 지향적이다.
  ㉣ 일차적으로 단순하고 간단한 방법을 사용한다.

ⓜ 변화는 항상 일어나며 불가피한 것이라고 본다. 즉 인간의 삶에 있어서 안정은 일시적인 반면 변화는 지속적이므로, 변화에 낙관적이며 변화 자체를 치료를 위한 해결책으로 활용한다.
ⓑ 내담자의 의견과 관점을 수용하므로 내담자 중심의 치료적 접근이 가능하다.
ⓢ 상담자-내담자 관계유형에 따라 상담목표와 개입을 달리한다.
ⓞ 그동안 효과가 있었던 해결책을 찾게 함으로써 문제해결의 가능성을 높인다.
ⓩ 내담자가 작은 목표를 성취하도록 함으로써, 성공경험을 높이고 문제 해결에 대한 희망을 갖게 한다.

⑤ 해결중심모델에서 사용하는 주요 질문기법

기적질문	내담자가 문제가 해결된 상태를 상상해보게 하는 것으로, 해결을 위한 요구사항들을 구체화·명료화하는 데 도움을 준다. 예 "잠자는 동안 기적이 일어나 당신을 여기에 오게 한 그 문제가 극적으로 해결됩니다. 아침에 일어나서 지난밤 기적이 일어나 모든 문제가 해결되었다는 것을 어떻게 알 수 있을까요?"
예외질문 22 기출	문제해결을 위해 우연적이고 성공적으로 실행한 방법을 찾아내어, 내담자가 이를 의도적으로 실행하도록 하는 것이다. 예 "문제가 발생하지 않은 때는 언제였습니까?", "문제가 발생하지 않았다는 것을 어떻게 알 수 있나요?"
척도질문	숫자를 이용하여 내담자에게 자신의 문제, 문제의 우선순위, 성공에 대한 태도, 정서적 친밀도, 자아존중감, 치료에 대한 확신, 변화를 위해 투자할 수 있는 노력, 진행에 관한 평가 등의 수준을 수치로 표현하도록 하는 것이다. 예 "폭력을 행사하는 아버지가 어느 정도 싫은지 0점에서 10점까지 점수로 표현할 수 있을까요?"
대처질문 21 기출	어려운 상황에서 적절한 대처 경험을 상기시켜, 내담자가 스스로의 강점을 발견하도록 돕는 것이다. 예 "어떻게 지난주보다 더 나빠지지 않았나요?"
관계성 질문	내담자와 중요한 관계에 있는 사람들의 관점에서, 그들이 내담자 자신의 문제에 대해 어떻게 생각할지 추측해보도록 하는 것이다. 예 "만약 당신의 아버지가 지금 여기에 있다고 가정할 때, 당신의 아버지는 당신의 문제가 해결될 경우 무엇이 달라질 거라 말씀하실까요?"
면담 이전의 변화를 묻는 질문	치료 이전의 변화를 매우 관심 있게 관찰하고, 이것을 근거로 해결방안을 찾아내는 데 이용한다. 예 "처음 상담을 신청했을 때와 상담을 받으러 오기까지의 시간 동안 어려운 상황이 좀 나아진 사람들을 종종 볼 수 있었습니다. 혹시 그와 같은 변화를 경험하셨습니까?"

10 교류분석(TA ; Transaction Analysis) 14 15 16 17 22 24 기출

(1) 개 요

① 교류분석 이론은 1950년대 초에 에릭 번(Eric Berne)에 의해 형성된 인간의 약점이나 결함보다는 인간의 강점에 초점을 두는 이론이다.
② 초기에 정신과 신체 간의 관계, 특히 인간의 직관에 흥미를 가졌고, 프로이트 이론에서 분리되어 자아의 상태를 부모 자아, 어른 자아, 어린이 자아로 나누었으며, 이 자아 상태를 관찰 가능한 현상으로 보았다.
③ '심리교류 분석' 또는 '의사거래 분석'이라고도 불린다.
④ 심리교류(Transaction)는 두 사람의 자아상태 사이에서 이루어지는 자극과 그에 관련된 반응으로서의 *의사소통의 단위이다.

✅ 의사소통
말이나 글을 통한 언어적 요소를 말한다.

(2) 인간관

① 인간은 성장에 대한 욕구와 잠재력을 가지고 있으며, 자신의 사고나 감정, 행동에 대해 책임을 질 수 있는 능력이 있다.
② 인간은 환경과 경험들에 의하여 어린 시절에 이미 중요하게 결정·형성되기는 하지만, 현재의 그러한 자신의 행동양식들을 이해할 수 있고, 또 나아가서는 그러한 행동들을 새롭게 다시 선택하고, 결정할 수 있는 반결정론적·가변적·자율적인 존재이다.

(3) 상담의 목적

① 상담의 목적은 자율성의 성취에 있다.
② 자율성이란, 개인의 과거 경험들이 그 개인의 성격 발달에 어떻게 영향을 미쳤든 간에 상관없이 내담자가 현재의 자신의 행동과 생활양식을 보다 적절한 것으로 다시 선택·결정할 수 있는 행동 특성을 의미하는 것이다.
③ 내담자에게 자기 패배적인 인생각본에서 벗어나도록 하여, 자신의 삶에 대해 보다 충실할 수 있도록 한다.

(4) 상담자의 역할 19 기출

① 내담자를 '자신의 생활양식을 보다 적절한 것으로 다시 선택하고 결정할 수 있는 자율적인 존재'로 인지하고, 내담자의 성장과 변화에 초점을 맞춘다.
② 상담자는 내담자와 상담 과정에서 계약을 맺어야 하며, 특수한 계약을 강조하고 책임을 분담하도록 한다.
③ 내담자가 비효율적인 결정을 했던 과거의 불리한 조건들을 탐색하도록 돕는다.
④ 주로 교훈적이고, 교육자의 역할을 하며 내담자에게 용기를 준다.

(5) 각본(Script) 14 15 기출

① 부모의 각본메시지(Script Message) 15 18 기출

허용	부모의 어린이 자아ⓒ에서 자녀의 어린이 자아ⓒ로 전달된 메시지 중 긍정적인 경우를 말한다.
프로그램	부모의 어른 자아ⓐ에서 자녀의 어른 자아ⓐ로 전달된 메시지를 말한다.
금지령	• 부모의 어린이 자아ⓒ에서 자녀의 어린이 자아ⓒ로 전달된 메시지 중 부정적인 경우를 말한다. • 자녀가 무엇을 해야 하며 무엇이 되어야 하는지를 말해주는데, 대체로 부모의 실망·좌절·불안·불행 등 고통을 표현하는 것으로, "~하지 말라"의 형태를 취한다. • 자녀는 이러한 금지령을 받아들일 것인지 이에 대항하여 싸울 것인지 결정하게 된다.
대항금지령	• 부모의 내면에 있는 부모 자아ⓟ에서 자녀의 부모 자아ⓟ로 전달된 메시지로서, 금지령에 대응하는 것이다. • 부모의 기대를 표현한 것으로 "~하라"의 형태를 취한다. 예 강해져라, 완벽해라 • 자녀들이 이러한 대항금지령에 따라 생활하기가 불가능하고 아무리 열심히 할지라도 불충분하며 이루기가 어렵다는 문제점이 있다.

② 초기결정 및 재결정

초기결정	• 아동은 부모의 금지령에 반응하여 어떠한 형태든 선택을 하게 된다. • 부모에게 인정받거나 애무를 받으려는 욕구 또는 신체적·심리적 생존을 위한 욕구에서 동기화된다. • 번(Berne)은 사람들이 이러한 금지령과 그 금지령에 근거하여 내린 결정의 희생물이라고 보고 있다.
재결정	• 초기결정이 내려졌을지라도 그 결정을 뒤엎지 못하는 것이 아니라고 보며, 초기결정에 반응하여 새로운 결정을 내릴 수 있다고 본다. • 적절한 초기결정이 후기에는 부적절할 수 있으므로, 교류분석이론에서는 이러한 초기결정의 특성을 자각하고, 새로운 결정(재결정)을 내리도록 함으로써 개인을 변화시키고자 한다.

③ 인생각본
  ㉠ 어린 시절에 양친의 영향을 받아 발달하고, 그 후의 인생체험에 의하여 강화되고 고정화된 인생계획을 의미한다.
  ㉡ 각본을 분석함으로써 지금까지 숙명 또는 운명이라고 체념하고 있던 것이 실은 자기가 무의식 중에 강박적으로 연기하고 있던 드라마라는 것을 자각한다.
  ㉢ 자기의 성격형성 과정을 알 수 있으며, 인생 초기에 형성된 기본적 인생태도 등에 대해서도 자세히 알 수 있다.

(6) 게임과 라켓감정

① 게임 14 18 기출
  ㉠ 심리사회적 수준에서 활발한 교류가 이루어질 때 나타나는 것으로, 게임은 최소한 한 사람에게 나쁜 감정을 갖게 하고 끝내는 일련의 교류, 즉 끝에 가서 라켓 감정을 유발하는 이면교류로 친밀감이 형성되는 것을 방해한다.
  ㉡ 게임은 초기결정을 지지할 목적에서 이루어지며, 유쾌한 감정을 가장하고 인생각본을 추진하기 위한 교류라고 할 수 있다.
  ㉢ 게임의 공식(Formula G) : 도발자가 약점을 가진 상대에게 책략을 쓰면 상대는 반응을 보이고 그 과정에서 어떠한 전환을 통하여 혼란이 생기며, 도발자와 상대 모두 좋지 않은 감정이나 결말로 끝이 난다.

> 속임수 + 약점 = 반응 → 전환 → 혼란 → 결말
> (Con)   (Gimmick)   (Response)   (Switch)   (Crossup)   (Payoff)

② 라켓감정 17 기출
  ㉠ 라켓은 초기결정을 확증하기 위하여 다른 사람을 조작하는 과정을 말하며, 조작적·파괴적인 행동과 연관된 감정이다.
    예 A는 어린 시절부터 '나는 누구에게도 사랑받지 못할 것이다.'라는 무의식적 결정에 따라 자기도 모르는 사이에 사람들로부터 배척받을 행동을 반복하며 사람들에 대한 분노를 끊임없이 경험한다.
  ㉡ 라켓감정은 주로 게임 뒤에 맛보는 불쾌하고 쓰라린 감정으로서, 게임과 마찬가지로 라켓도 초기결정을 지원하면서 개인의 인생각본의 기본이 된다.
  ㉢ 라켓감정은 스트레스 상황에서 적절성 여부와 상관없이 반복 사용된다.

(7) 자아의 구성요소(PAC) 16 기출

① 모든 사람은 어버이, 어른, 어린이 등 3가지 자아 상태를 가지고 있음을 관찰·분석하고, 이 중 어느 하나가 상황에 따라 한 개인의 행동을 지배한다고 본다.

② 이 세 자아 중에서 한 자아가 선택적으로 인간관계의 상황이나 의사소통 과정에서 행동의 주된 동력으로 작용하게 된다. 어느 상태에서 어느 자아가 개인 동력으로 작용하느냐에 따라 의사소통 및 인간관계의 양상이 달라지며 동시에 문제가 생길 수도 있다.

㉠ 부모 자아(P ; Parent) : 학습된 생활개념
- 출생부터 5년간 주로 부모를 통하여 모방 또는 학습하게 되는 태도 및 기타 지각된 내용과 그 행동들로 구성된다.
- 부모 자아 형성과정은 비판에 의한 교정 없이 바로 받아들여서 내면화된 것이 특징이다. 그렇기 때문에 진정한 의미의 파악 없이 무조건 수용된 오래된 부모 자아의 자료에 의한 우리의 행동은 비현실적·독선적이고 무조건 금지적이며 또한 부적절하게 나타나는 경우가 많다.
- 프로이트(Freud)의 초자아와 비슷하여 일련의 삶의 방식에 대한 규칙과 안내도이며, 문화적으로 결정되고 부모로부터 유전되거나 부모의 형태에 의해 습득된다.

비판적 부모 자아 (CP ; Critical Parent)	• 주로 비판·비난·질책을 한다. • 양심이나 이상 모두 깊이 관계하고 있어 어린이들이 살아가기 위한 여러 가지 규칙 등을 가르쳐주며 엄격한 면을 나타낸다. • CP가 너무 강한 사람에게는 명령이나 지시 등 자기의 가치관을 강요하는 것과 같이 지배적인 언행을 볼 수 있다. • 남을 칭찬하기보다는 책망하는 일이 많으며 상대방, 즉 어린이 자아를 위협하여 창조적인 작용에 제한을 가한다. • 자기신념에 의해서 "아니다"라고 분명히 말할 수 있는 장점도 있다. • 종교·정치·전통·성별 등에 대해서도 자기 생각에 의거한 행동기준을 설정하게 된다.
양육적 부모 자아 (NP ; Nurturing Parent)	• 어린이의 성장을 도와주는 어머니 같은 부분이며, 동정적·보호적·양육적이다. • 상대방이 원조를 필요로 할 때 부모처럼 보살펴주고 위로해주며 따뜻한 말을 해준다. • 정도가 지나치면 상대방의 독립심이나 자신감을 빼앗는 결과를 가져온다. • NP는 가정이나 직장에서의 원만한 인간관계를 맺기 위한 윤활유와 같은 것으로, 상대방의 자립 또는 성장에 깊이 관계를 맺고 있어서 타인의 감정에 공감할 수 있는 능력이라고도 할 수 있다.

㉡ 어른 자아(A ; Adult) : 사고적 개념
- 대략 18개월부터 발달하기 시작하며, 12세경에 정상적으로 기능한다.
- 프로이트(Freud)의 자아와 비슷하고 현실지향적인 사고와 합리적 행동이 특징이며, 내적 욕구와 외적 욕구를 중재하는 중재자 역할을 한다.
- 사건에 대하여 사고하고 수집된 자료를 정보처리하며, 현실적 행동방법을 결정하는 정보처리자이다. 이는 행동으로 옮기는 등의 냉정한 계산에 의거해야 가능하다.
- 어른 자아가 강한 사람은 정서적으로 성숙하고 행동의 자율성이 있으며, 개인의 행복과 성취뿐 아니라 사회적 문제에도 관심을 가지고 있다.
- 어른 자아가 효과적으로 사용될 때는 어린이 자아와 부모 자아의 행동을 적절하게 사용할 시기와 방법을 결정할 수 있으며, 어린이 자아와 부모 자아의 갈등을 완화시키고, 부모 자아로부터 어린이 자아가 위협받는 것을 보호해준다.

- 어른 자아는 지적으로 적응능력이 풍부해서 *현실음미를 할 수 있는 능력이라 말할 수 있다. 그러나 어른 자아만 너무 강하면 감정을 나타내지 않는 인간미 없는 타산적인 사람으로 보이는 경우가 생긴다.

> ✅ **현실음미**
> 현실검토, 즉 외적 현실에 적응하는 자아기능을 말한다.

ⓒ 어린이 자아(C ; Child) : 충동과 감정적 개념
- 어린 시절 실제로 느꼈거나 행동했던 것과 같은 감정이나 행동을 나타내는 자아 상태를 말하며, 상황에 대한 정서적 반응이 특징적인 사고, 감정 그리고 행동을 말한다.
- 프로이트(Freud)의 원본능과 유사하며, 나이와 상관없이 실제적인 행동과 사고가 어린이와 비슷하다.

자유로운 어린이 자아 (FC ; Free Child)	• 누구에게도 구속받지 않고 자연스럽게 행동하는 부분으로 양친의 영향을 받고 있지 않다. • 감정적·본능적·자기중심적·적극적이며 호기심이나 창조성의 원천이기도 하다. • 현실을 생각하는 일 없이 즉석에서 쾌감을 느끼고 고통을 피하려 한다. • 명랑하고 사양함 없이 천진난만하고, 화를 내도 오래가지 않으며 그 자리에 맞는 감정표현을 한다. • FC가 적절히 잘 작용되면 주위 사람들에게 즐거움과 매력을 느끼게 하지만, 너무 강하면 자기 자신에 대하여 제동을 걸지 못하고 경솔한 언동을 취하는 경우가 있다.
순응적 어린이 자아 (AC ; Adapted Child)	• 자기를 예절 바르게 교육하려고 애쓰는 부모에게 순종하고 있는 부분이다. • 어린이는 성장과정에서 양육자의 애정을 상실하지 않기 위해 자연적으로 자기를 억제하고 상대방의 테두리 안으로 들어가야겠다는 여러 가지 반응을 나타낸다. • 순종형이고 참을성이 있어 '말을 잘 듣는 아이' 편에 속하므로 대인관계를 원만하게 끌고 나가는 것같이 보이나, 자기를 항상 억제하고 있으므로 내부적으로 여러 문제를 숨기고 있다. • 감정을 억압하고 열등감에 사로잡힌다든가 슬픔에 잠기기 쉬운 면이 있다. • 비꼰다든지, 비뚤어진다든지, 앙심을 품는다든지, 나아가서는 갑자기 성을 내기도 한다. • 자연스러운 감정을 표현하는 것이 힘들어지므로 명랑성이 부족하고 음울한 면이 엿보인다. • AC가 너무 높으면 간단히 타협이나 동의를 하지만 거기서 이는 호의는 거짓 감정이므로, 그 이면에 굴절된 공격성이 감추어져 있기도 하다.

(8) 자아의 상태 [20] [기출]

① **혼합** : 어른 자아가 어버이 자아나 어린이 자아의 영향을 받는 상태를 말한다.
② **편견** : 어버이 자아가 어른 자아를 침범, 특정 신조나 현실성 없는 자의식에 빠진(종교활동에 맹목적 투신, 지나친 과신, 엘리트 의식 등) 것을 말한다.
③ **망상** : 어린이 자아가 어른 자아에 침범, 현실성 없는 망상, 유아적 공포증 등을 표현하는 것을 말한다.
④ **이중 혼합** : 어버이 자아와 어린이 자아가 이중으로 혼합, 언행 불일치, 생각이나 태도의 급변, 감정의 억제와 폭발이 상황에 맞지 않는 등의 양상을 표현하는 것을 말한다.
⑤ **배타** : 각 자아의 경계가 경직되어 심리적 에너지가 거의 이동하지 않는 상태를 말하며, 배타에는 '배제'와 '비대' 두 가지 유형이 있다.

(9) 교류분석에서의 심리적 욕구

① **인정자극의 욕구** : 신체적 접촉과 심리적인 인정을 받고자 하는 욕구이다.
② **시간구조의 욕구** : 인정자극을 극대화할 방향으로 삶의 시간을 활용하여 사회적 상황을 만들고자 하는 욕구이다.
③ **생활자세의 욕구**
　㉠ 개인이 전 생애를 통해 인생을 바라보는 어떤 확고한 심리적 틀을 갖고자 하는 욕구이다.
　㉡ 개인이 자신, 세계, 타인과의 관계를 결정하는 중요한 기초로, 생애초기 5년 안에 명확해진다.
　　• 이런 초기의 결정은 생활자세 형성의 기본이 되며, 생활각본으로 발달한다.
　　• 생활각본이 형성되면, 이런 인생에 대한 태도를 실행에 옮기기 위해 게임을 하게 된다.

(10) 스트로크(Stroke)

① 스트로크는 친밀한 신체적 접촉이라는 일반적 용어가 확대되어, 타인에 대한 존재의 인정을 뜻하는 모든 행위를 포함하는 개념이다.
② '긍정적/부정적', '조건적/무조건적', '신체적/상징적' 스트로크 등으로 구분된다.

긍정적 스트로크	"참 잘했어요.", "정말 멋있네요." 등
부정적 스트로크	"정말 실망스럽네요.", "그게 당신의 한계로군요." 등
조건적 스트로크	"공부를 열심히 하면 용돈을 올려줄게." 등
무조건적 스트로크	"당신은 사랑받기 위해 태어난 사람입니다." 등
신체적 스트로크	안아주고, 쓰다듬어 주는 등의 신체적 접촉
상징적 스트로크	얼굴 표정, 대화 태도, 사용하는 말투 등

③ 스트로크는 다음과 같은 제한규칙을 가지며, 이를 '스트로크 경제(The Stroke Economy)'라고 한다.
　㉠ 스트로크를 줄 수 있다고 해도 무작정 주지 마라.
　㉡ 스트로크가 필요하다고 해서 함부로 요구하지 마라.
　㉢ 스트로크를 원해도 쉽게 받아들이지 마라.
　㉣ 스트로크를 원하지 않더라도 애써 거절하지 마라.
　㉤ 자기 자신에게 스트로크를 주지 마라.

(11) 교류분석의 유형 18 기출

① 교류분석 또는 대화패턴은 자기 자신이나 타인에게 행하고 말하는 것을 분석하는 것으로, 자아상태 간 대화인 '내면적 교류'와 두 사람 간 대화인 '타인과의 교류'로 나눌 수 있다.
② 교류는 현재적이고 쉽게 관찰되는 '사회적 수준'과 잠재적이며 신체언어적인 '심리적 수준'의 두 가지 기본 유형이 있다.
③ 두 사람 간 교류에 있어서 자극과 반응의 소통 양상에 따라 '상보교류', '교차교류', '이면교류'로 구분된다.

상보교류	• 어떤 자아 상태에서 보내지는 메시지에 대해 예상대로의 반응이 되어 돌아오는 것이다. • 단지 두 개의 자아 상태만이 관련되며, 자극과 반응의 방향이 수평적이다. • 자극을 직접 받은 자아 상태에서 자극이 나온 자아 상태로 반응을 하며, 의사소통의 언어적-비언어적 측면이 일치한다. • 인간관계의 측면에서 이러한 교류는 솔직하고 자연스러우며 이치에 맞는 것이라고 할 수 있다.

교차교류	• 다른 사람의 어떤 반응을 기대하기 시작한 교류에 대해 예상 외의 반응이 되돌아오는 것이다. • 3~4개의 자아 상태가 관련되며, 자극과 반응의 방향은 항상은 아니지만 자주 교차된다. • 자극을 직접 받은 자아 상태에서 자극이 나온 자아 상태로 반응을 하지 않으며, 언어적-비언어적 의사소통이 일치한다. • 인간관계의 측면에서 이러한 교류는 고통의 근원이 된다.
이면교류	• 상대방의 하나 이상의 자아 상태를 향해서 상보적(현재적) 교류와 잠재적 교류의 양쪽이 동시에 작용하는 복잡한 교류로, 가식적인 메시지가 전달되는 것이다. • 3~4개의 자아 상태가 관련되며, 메시지에 두 가지 수준, 즉 언어적 수준(사회적 수준)과 비언어적 수준(심리적 수준)이 있다. • 메시지의 사회적-심리적 수준이 일치하지 않은 채 종종 상반된다. • 표면적으로 당연해 보이는 메시지를 보내고 있는 것 같으나, 그 주된 욕구나 의도 또는 진의 같은 것이 이면에 숨겨져 있는 것이 특색이다.

(12) 기본적인 생활자세(Life Position)

① 기본적 생활자세 또는 인생태도란, 어릴 때 양친과의 상보교류를 바탕으로 배양되는 자기나 타인 또는 세계에 대한 기본적인 반응태도 또는 그것에 기인하는 자기상이나 타인상을 말한다.

② 개인의 인생각본을 구성하는 주요 요소 16 기출

자기 부정 (I'm not OK)	타인 긍정 (You're OK)	• 타인과 비교하여 자신은 무력한 사람이라고 생각하고, 자신의 욕구보다는 타인의 욕구를 위해 봉사하며, 자신은 희생당한 사람이라고 느낀다. • 이러한 게임(솔직하지 못한 사회적 상호작용)은 타인의 권력을 지지하고, 자신의 권력은 부정하는 것이 특징이다. • 자신을 무기력하게 느끼며, 간접적 공격성을 표출하는 경향이 있다.
	타인 부정 (You're not OK)	• 인생의 모든 희망을 포기하고, 인생에 대한 흥미를 상실하며, 인생이 아무런 가망이 없다고 생각하는 관점이다. • 이러한 인간은 자기 파괴적이고 유아기적 행동을 하며, 타인이나 자신에게 상해를 입히는 공격적 행동을 보일 수 있다.
자기 긍정 (I'm OK)	타인 긍정 (You're OK)	• 신뢰성, 개방성, 교환에의 의지, 타인을 있는 그대로 수용하는 것이 특징이다. • 승리자의 각본으로서, 패배자는 없고 승리자만 있다.
	타인 부정 (You're not OK)	• 자신의 문제를 타인에게 투사하고, 타인을 비난하며, 그들을 끌어내리고 비판한다. • 이러한 태도를 강화하는 전형적인 게임은 자신의 우월성을 나타내고, 타인의 열등성을 비난하는 것이 특징이다.

(13) 상담의 과정(단계) 16 23 기출

① **계약** : 상담의 목표 및 과정에 대해 상담자와 내담자가 합의한다.

② **구조 분석** : 내담자의 자아 상태 분석을 통해 성격구조와 기능을 파악한다.

③ **상호교류 분석**
  ㉠ 구조분석을 기초로 하여 내담자가 다른 사람들과 맺고 있는 상호교류(두 사람의 자아 상태에서 이루어지는 자극과 반응)를 이해하도록 하는 것이다.
  ㉡ 내담자의 상호교류를 분석함으로써, 상보적·교차적·암시적 상호교류 등을 학습시킨다.

④ 게임 분석
  ㉠ 게임이란 일련의 연속적 교류가 이루어진 결과로, 두 사람 모두 나쁜 감정으로 끝나는 심리적 교류이다.
  ㉡ 게임 분석에서 중요한 것은 어루만짐(Stroke)으로, 이는 타인으로부터의 인정을 말한다.
  ㉢ 카프만(S. Karpman)은 게임분석을 위해 드라마 삼각형을 고안하였다.
⑤ 생활각본 분석
  ㉠ 생활각본은 생의 초기에 개인이 경험하는 외적 사태들에 대한 자신의 해석을 바탕으로 하여 형성·결정된 환경에 대한 반응행동 양식이다.
  ㉡ 굴딩(M. Goulding)은 각본분석에 의한 금지령 목록을 제시하였다.
⑥ 재결단 : 내담자가 잘못된 초기결단을 재경험하고, 새롭고 더욱 건전한 결단을 하도록 조력받는다. 이 경우 내담자는 더욱 자율적이고 책임감 있고 진실되게 살아가기를 선택할 수 있다.

(14) 상담의 기법

① 상담분위기 조성 기법
  ㉠ 허용 : 내담자가 부모의 금지에 근거해 행동하므로, 상담자는 허용적인 분위기를 창출한다.
  ㉡ 보호 : 허용적인 분위기에서 그동안 숨죽이던 아동자아가 자유롭게 기능해서 내담자가 당황스러워할 때, 내담자의 이런 반응을 안심시켜 주고 지지해주는 기법이다.
  ㉢ 맞닥뜨림 : 내담자의 행동이나 진술 가운데서 불일치나 *모순이 발견될 때 그것을 지적해주는 기법이다.

모순
두 개의 개념이나 명제(命題) 사이에 의미 내용이 서로 상반되는 관계를 말한다.

  ㉣ 설명 : 상담자가 내담자에게 어른 자아 대 어른 자아의 입장에서 가르치는 기법이다.
  ㉤ 예시 : 긴장을 없애고, 무언가를 가르쳐주는 기법(일화 또는 비교)이다.
  ㉥ 확립 : 맞닥뜨림으로 인해 일단 없어졌던 내담자의 행동이 재발할 때, 상담자가 내담자에게 그가 아직 과거의 행동을 완전히 버리지 못했으니 더 열심히 노력하라고 강화해주는 기법이다.
  ㉦ 해석 : 내담자의 행동 뒤에 숨어 있는 이유를 깨달을 수 있도록 도와주는 기법이다.
  ㉧ 구체적 종결 : 상담자가 어른 대 어른의 입장에서 내담자의 생활자세를 명료화해줄 때 사용되는 기법이다.

② 심리극 기법의 이용

역할연기	자기가 위치한 장면에서 어떤 역할을 선택하여 그것을 연기하는 기법이다.
역할 바꾸기	주인공이 심리극 진행 중에 갈등상황을 연기하고 있을 때, 극 중 상대역과 하던 역할을 바꾸어보는 기법이다.
이중자아	주인공의 내면세계 속 또 다른 모습을 보조자아가 주인공과 더불어 표현해주는 기법이다.
거울기법	주인공이 자기 행동을 거울에 비추어 보이듯 관찰할 수 있도록 보조자아가 주인공의 행동을 똑같이 재현해내는 기법이다.

빈 의자 기법	• 상대 인물을 등장시키는 대신에 빈 의자를 사용하여 주로 주인공의 내적 갈등을 극화해 다룰 수 있는 기법이다. • 빈 의자는 주인공에게 중요한 다른 사람의 역할로 사용될 수도 있지만, 정서적·물리적 장애가 되는 대상, 꿈속의 인물이나 생존해 있지 않은 인물, 주인공에게 의미가 있는 상징적인 물건 등 실제 사람으로는 대신할 수 없지만 주인공에게는 중요한 역할을 하는 대상으로 사용한다. • 보조자아가 섣부른 행동으로 주인공을 위축시킬 우려가 있을 때나 실제 인물로는 표현하기 어려운 대상을 상징할 때, 빈 의자를 매개체로 사용함으로써 주인공의 생각, 느낌, 내적 갈등이 표현되게 하는 데 효과적이다.
상상기법	상상 속의 인물이 되어보거나 상상 속의 활동이나 상황을 꾸며보는 기법이다.
독백기법	일상적으로는 말하지 않지만, 그 순간 머릿속에 떠오르는 생각이나 느낌을 혼자서 말하도록 하는 기법이다.
미래투사 기법	상상 속 자신의 미래 상황을 무대에서 현실로 경험하는 기법이다.

(15) 상담의 장단점

장 점	• 이론이나 기법이 비교적 간단하여 실제로 활용하기 쉽다. • 내담자에 대한 진단 및 평가에 그치지 않고, 수정할 사항에 대한 구체적인 내용을 제시한다. • 내담자로 하여금 인생각본에 의한 초기결정을 깨닫도록 하여, 자신에게 보다 적절한 생활양식을 결정할 수 있도록 한다. • 다른 상담기법과 병행해서 사용할 수 있다.
단 점	• 인간의 자율성을 강조하지만, 실제 자율성의 획득이 쉬운 것은 아니다. • 내담자의 지적 능력을 토대로 하므로 대상자 선정에 제약이 따르며, 대상자의 느낌과 체험에 한계가 있다. • 창의적이고 추상적인 부분이 있어 이 부분은 실제적인 적용에 어려움이 있다.

11 여성주의 상담 16 17 20 기출

(1) 개 요

① 남녀를 이분법적으로 구분하는 것에서 벗어나 다양성을 인정하고 수용하도록 돕는다.
② 모든 문제는 자신으로부터 비롯되었다는 전통적인 상담치료의 개인적인 관점을 거부하고, 내담자의 문제를 사회문화적 측면에서 *거시적으로 접근한다.
③ 상담의 원리는 계층, 인종 등에 확대 적용할 수 있다.
④ 내담자의 개인적 변화뿐만 아니라 사회의 변화에도 관심을 갖는다.
⑤ 사회적 성역할의 기대는 개인의 정체성 형성에 커다란 영향을 미치는 것으로 간주한다.
⑥ 성에 근거하여 차별하는 모든 형태의 제도적·사회적 불평등과 정책에 대항한다.
⑦ 대표적인 학자 16 19 기출
  ㉠ 길리건(C. Gilligan) 23 기출
    • 콜버그의 도덕성 발달 이론이 주로 남성적 특성을 다룬다고 비판하면서 콜버그가 연구한 도덕성은 '정의의 윤리'지만 자신이 발견한 도덕성은 '배려(Care)와 책임의 윤리'라고 하였다.

> ✔ 거시적
> 개개의 단위보다는 그것들의 집합의 움직임을 통계적·확률적 관점에서 분석하는 것을 말한다.

- 가설적 상황보다는 실제 상황을 적용하여 여성이 직면하는 도덕적 딜레마를 제시하고자 하였다.
- 정체성 형성에 있어, 전통적 심리학에서 바라보는 여성들의 관계에 대한 관점을 비평하였다.
- 여성의 착한 면으로 여겨지는 동정심과 돌봄과 같은 특성은 여성의 도덕성 발달에 있어서 불리한 조건으로 작용한다고 보았다.
- 여성의 도덕성이 일반적으로 3단계에 도달하는 반면, 남성의 도덕성이 4단계에 도달한다는 결과는 여성의 결함이 아니라 콜버그 이론의 결함이라고 주장하였다.
- 여성의 도덕 발달 단계

수준 1	자기 이익 지향	• 여성이 자신의 이익과 생존에 자기중심적으로 몰두하는 단계 • 어떤 상황이나 사건이 자신의 욕구와 대치될 때만 도덕적 사고와 추론을 시작한다.
수준 2	타인에 대한 책임으로부터 선의 선별	• 청년기 동안 도덕성의 사회적 조망이 발달한다. • 자신의 욕구를 억제하고 자기희생과 타인 배려가 존재한다. • 대인관계에서 불평등한 남성에 대한 의존과 예속을 추론한다.
수준 3	자신과 타인의 역동	• 자신의 주장과 타인에 대한 책임을 조율한다. • 수동적인 존재가 아닌, 의사결정 과정에 적극적으로 참여한다.

ⓒ 밀러(J. Miller) : 여성들이 사회에서 종속적 집단을 형성하기 때문에 이에 적합한 성격 특성을 발달한다고 주장하였다. 또한 종속집단에 해당하는 여성은 지배계층을 기쁘게 하기 위해 수동성·의존성·무능력 등의 특성을 형성해간다고 하였다.

(2) 인간관

① 인간을 정치적이며, 발달상의 성차가 있는 존재로 본다.
② 여성과 남성의 차이점 또는 유사점을 지나치게 과장하는 것을 경계하기 위해 알파편견과 베타편견 개념을 사용한다.
　㉠ 알파편견 : 남성과 여성의 차이를 과장하는 이론이다.
　㉡ 베타편견 : 전통적으로 성차를 무시하거나 최소화하는 이론이다.

(3) 상담의 기본원리

① 사람은 정치적이므로 내담자가 환경변화를 위한 사회적 행동에 참여하도록 돕는다.
② 상담자와 내담자 관계를 평등한 관계로 유지한다.
③ 내담자와 계약을 맺고 상담목표를 합의한다.
④ 여성의 경험은 존중되어야 한다.
⑤ 심리적 스트레스를 질병이 아니라 공정하지 못한 체제에 대한 의사 표현으로 재개념화한다.
⑥ 여성주의 심리상담의 치료자는 억압을 통합적으로 분석하고, 재구성하기(Reframing)를 통해 문제의 원인을 사회적 차원으로 인식하게 한다.

(4) 상담의 목표

① 우울, 의존성, 수동성 같은 편향된 증상을 제거한다.
② 여성 본인 스스로 느끼는 자존감을 고양한다.
③ 자신의 욕구를 희생하지 않는 대인관계를 통하여 여성의 삶의 질을 향상한다.

④ 여성의 성과 신체를 있는 그대로 수용하며, 내담자의 문화적 배경의 다양성을 존중한다.
⑤ 여성 내담자의 역량을 강화하며, 자기 스스로에 대한 양육을 통한 즐거움을 경험하도록 한다.

(5) 내담자들이 다루게 되는 주제들
① 불안과 방어를 탐색하기
② 힘과 통제에 대한 쟁점을 이해하기
③ 행동에 영향을 주는 외부적 힘 조사하기
④ 자라면서 받은 메시지 확인하기
⑤ 적절한 책임감 수용하기를 학습하기
⑥ 사회적 지시와 기대를 비판적으로 조사하기
⑦ 자신의 가치관을 탐색하기
⑧ 삶의 의미를 깊게 생각하기

(6) 상담자의 역할 17 21 기출
① 내담자가 자신의 생활에 미치는 사회적 요인을 평가하도록 돕는다.
② 내담자가 자신의 성 역할 *사회화 과정을 깨닫도록 돕는다.
③ 내담자가 자신의 내면화된 성 역할 메시지를 확인하여 자신만의 건설적 신념으로 대체하도록 돕는다.
④ 내담자가 *남성중심주의와 억압적인 사회의 신념이 자신에게 어떻게 부정적 방식으로 영향을 주는지 이해할 수 있도록 돕는다.
⑤ 내담자가 환경 변화를 일으킬 수 있는 능력을 가지도록 돕는다.
⑥ 내담자가 자유롭게 선택할 수 있도록 행동 범위를 넓히도록 돕는다.
⑦ 내담자가 개인적 능력감과 사회적 능력감을 기르도록 돕는다.

> ✅ **사회화 과정**
> 개인이 자기가 속한 집단의 가치와 규범을 내면화하는 과정이다.

> ✅ **남성중심주의**
> 남성의 경험을 인간 행동과 관점의 규범으로 보고, 여성의 경험을 비정상적이고 예외적인 것으로 보는 입장이다.

(7) 상담의 기법

성 역할 분석	내담자가 경험하고 내면화된 부정적 성 역할 메시지를 변화시키기 위한 기법이다.
힘의 분석	내담자가 사회의 다양한 힘(권력)에 대해 인식하고 대처할 수 있도록 돕는 기법이다.
주장훈련	타인을 짓밟지 않으면서 자신의 주장을 단호하게 할 수 있도록 돕는 기법이다.
의식향상 훈련기법	강의, 영화, 토의 등을 통해 부당했던 경험의 외적 근원을 보게 하여 사회변화에 참여할 수 있도록 돕는 기법이다.
독서요법	내담자가 독서를 통해 전문성을 증가하고 상담자와의 권력불균형을 줄이는 기법이다.
재구성(틀의 재형성)	내담자 문제의 원인을 자신에 대한 비난에서 사회적 요인으로 이동하는 기법이다.
재명명	행동 특징에 적용된 라벨이나 평가를 바꾸려는 중재기법(부정적인 어휘에서 긍정적인 어휘로 바꾸는 기법)이다.
상담 탈신비화 전략	상담자가 문제를 다룰 때 내담자에게 정보를 제공하며, 적절한 자기노출을 사용하는 기법이다.
집단작업 및 사회활동	여성들 사이의 협력을 촉진하고 다른 사람들과 연대하도록 돕는 기법이다.

12 다문화 상담

(1) 개 요
① 사회에서 다양한 그룹의 문화적 차이와 개인적 특성이 나타나므로, 문화적 차이에 따른 상담적 접근이 매우 중요하다.
② 우리나라도 다문화 사회에 진입하였으므로, 다문화 상담에 대한 학문적인 연구와 준비가 필요하다.
③ 다문화 가정을 위한 상담 및 심리치료 등에 어려움이 있기 때문에 적극적인 대처가 필요하다.
④ 돌봄과 상담의 임상현장에서 의사소통의 문제가 심각하기 때문에 현명한 상담이 필요하다.

(2) 다문화상담자의 자질
① 자신과 내담자의 문화적 특성에 대해 충분히 알아야 한다.
② 수용적 태도로 문화 차이를 인정하고 이해한다.
③ 내담자가 가진 세계관을 존중하고 공유하며, 절충적 상담을 실천한다.
④ 상담자가 가진 선입견을 배제하고, 융통성 및 유연성 있게 대처한다.
⑤ 타문화에 대해 관심과 지식을 가져야 하며, 상담기술을 문화적으로 적용한다.
⑥ 문화 차이로 인한 문제와 개인적인 문제를 구분한다.

(3) 효과적인 상담을 위한 전제조건
① 언어장벽을 보완한다.
② 효과적인 상담기법을 발견하고 활용한다.
③ 상담방법의 융통성을 추구한다.
④ 상담자는 적극적이고 지시적으로 접근한다.
⑤ 타문화 전문가와의 접촉을 유지하면서 전통적인 조력자와 협업하는 자세가 중요하다.

(4) 상담기법
① **재진술** : 내담자가 어려워하는 말들을 상담자가 명확히 이해시키면서 한국어 습득에도 도움을 줄 수 있는데, 이때 내용에 초점 맞추기, 간결하게 표현하기, 내담자가 한 말을 그대로 표현하기, 내담자에 대한 피드백하기 등을 한다.
② **공감적 이해** : 힘들어하는 다문화 내담자에게 공감적 이해의 태도와 행동을 보여주어야 촉진적인 관계를 형성할 수 있다.
③ **무조건적 존중** : 내담자에게 무조건적으로 수용하고 인정하며 존중하는 마음을 가져야 내담자가 존중받는다는 느낌을 받아 자기 경험과 생각을 잘 표현할 수 있다.
④ **질문** : 개방적 질문과 폐쇄적 질문을 적절히 사용한다.
⑤ **구조화** : 상담과정, 제한조건, 방향에 대하여 상담자가 내담자에게 정보를 준다. 구조화를 하면서 앞으로 상담을 어떻게 진행해나갈 것인지에 대한 설계작업을 하게 된다.

13 통합적 접근 20 24 기출

(1) 개요
① 다양한 이론적 접근과 기법을 필요에 따라 선별 적용하여 상담의 효과를 높이기 위한 접근법이다.
② 특정 이론의 한계를 극복하고자 포괄적으로 접근하는 시도이다.
③ 서로 다른 이론에서 나온 요소들을 통합하여 상담자 자신만의 개입전략을 개발할 때 사용된다.
④ 내담자 문제에 대한 국부적이며 단순한 치료를 피하고, 광범위하고 총체적인 기술, 능력, 개념 및 전략을 제공한다.
⑤ 상담자는 자신의 성격에 따라 여러 다른 특징을 지닌 내담자와 상호작용이 어떻게 달라지는가에 대해 보다 정확하게 알 수 있다.
⑥ 상담과 치료는 내담자를 돕기 위하여 모든 가능한 접근으로부터 명백한 개념과 전략의 의지적이고 체계적인 선택과 통합을 포함한다.
⑦ 라자루스(A. Lazarus)의 다중양식치료는 기술적 통합 접근에 해당한다.
⑧ 동화적 통합 접근은 특정한 주요 이론을 선택하고 다양한 치료적 접근을 결합·적용하는 것이다.

(2) 인간관
① 인간은 끊임없이 가능한 고도의 수준인 통합을 이루어 유지하려고 하므로, 통합의 수준은 상호 영향을 주고 인간이 발전함에 따라 시간과 더불어 변화한다고 본다.
② 최고도의 인간통합의 질서는 자아실현이나 모든 필요로 하는 수준의 만족할 만한 통합에 있고, 가장 중요한 동기는 자아실현과 일치하는 개인의 향상으로 본다.
③ 내담자의 기본적 욕구는 시간이 경과함에 따라 고도의 가능성 있는 통합의 단계(수준)를 성취하고 유지하는 데 있다고 가정하면서, 내담자의 눈에 보이는 세계 안에서 현재의 심리적 상태를 취급한다.

(3) 상담의 과정
① 알려져 있는 상담과 심리치료 이론을 수집하여 정리한다.
② 각각의 상담방법이 실제로 어떻게 사용되고 있는지 조직적이고 행동적인 방식으로 기술한다.
③ 각각의 상담방법에 포함되어 있는 심리적 역동성을 분석한다.
④ 각 상담방법에 내포되어 있는 성격병리 또는 행동병리에 대한 실험 및 임상연구를 통하여 타당성을 검토하여 하나의 종합적 행동병리 체계를 수립한다.
⑤ 각각의 상담방법이 효과적으로 적용될 수 있는 문제와 적용해도 아무런 효과가 없는 문제를 명백하게 확인하고, 각 방법이 사용될 수 있는 적절한 문제와 행동을 확실하게 한다.
⑥ 논리적으로 타당하고 경험적으로 유용한 기준을 설정하여 상담효과를 측정할 수 있도록 한다.
⑦ 상담이 실제에 적용되었을 경우 검증과 실험연구를 통해 그 효과를 측정한다.
⑧ 진단과 상담방법의 적용이 이루어지면 상담의 최초 단계에서 최종 단계까지 예측할 수 있고 통제할 수 있다.

(4) 체계적 상담모형

① 제1단계(문제탐색) : 라포(Rapport)를 형성한다.
② 제2단계(두 가지 측면에서의 문제의 정의) : 문제의 정의는 내담자와 상담자로 하여금 문제의 원인에 대해 확실히 알 수 있도록 해준다.
③ 제3단계(대안의 확인) : 신체적·정서적 안전을 고려하면서 현재 가능한 대안들을 확인하고 검토하기, 모든 합리적인 선택들을 제시하고 공개적으로 검토하기, 상담과정 중에 대안목록 작성하기, 내담자를 격려하여 가능한 한 많은 실행 가능한 대안들을 열거하고 언어로 표현하도록 하기 등이 포함된다.
④ 제4단계(계획) : 확인된 대안들에 대한 비판적인 평가, 재연, 역할연기, 제안 및 내담자가 계획한 실행단계에 대한 *정서적 심상법들이 포함된다.
⑤ 제5단계(행동 및 책무) : 내담자에 의해 실현할 수 있는 행동단계로서, 성실한 책무를 수행하는 단계이다.
⑥ 제6단계(평가와 피드백) : 상담자나 내담자는 모두 내담자의 욕구, 감정, 현재 적응수준에 비추어 목표 달성수준을 검토 및 평가한다.

> **정서적 심상법**
> 최악의 상태를 상상하게 하고 적절한 감정으로 변화하도록 하는 정서적인 기법을 말한다.

(5) 내담자의 조력을 통한 상담전략

① 관계형성전략 : 내담자와 긍정적인 관계를 형성하고 유지하기 위한 전략이다.
② 면접전략 : 면접에서 상담자와 내담자의 역할과 책임을 규정하고 명료화하며, 내담자가 상담하러 온 이유를 확인하고 신뢰와 라포를 형성하는 전략이다.
③ 자료수집전략 : 내담자와 상담자가 핵심적인 문제를 확인하고, 그 문제에 대한 환경적·사회적 영향을 검토하는 데 도움을 주기 위한 전략이다.
④ 아이디어 생성전략 : 특정한 관점에 구애받지 않고 내담자가 선택하는 것을 촉진하기 위한 전략이다.
⑤ 사례전략 : 수집된 자료를 토대로 선택된 광범위한 사례전략을 활용하는 전략이다.
⑥ 통찰전략 : 내담자가 통찰을 얻도록 촉진하는 전략이다.
⑦ 행동관리전략 : 내담자를 위한 조력상황에서 적당한 전략을 사용하여 내담자를 돕는 전략이다.
⑧ 평가 및 종결전략 : 상담자와 내담자가 기대했던 성과를 어느 정도 달성했는가 결정할 수 있도록 돕고, 상담과정에서 요구되는 조정(개선, 변화)을 제대로 실행하기 위한 전략이다.
⑨ 인간적·전문적 성장전략 : 상담자의 효율성 발휘 및 발달을 증진하기 위한 전략이다.
⑩ 연구전략 : 상담이론과 전략의 정확성, 효율성을 연구하여 더 좋은 상담을 개발하기 위한 전략이다.

> **지식 IN**
>
> **상담이론의 기능** [19] 기출
> - 상담이론은 나침반과 같은 역할을 하며, 상담 시 상담목표 설정의 방향을 제시한다.
> - 상담과정과 상담에 적합한 기법 선택에 도움을 주며, 내담자의 심리상태를 보다 정확하게 예측할 수 있는 틀을 제공한다. 따라서 상담자가 상담이론에 대해 해박한 지식을 갖출 때 체계적이고 효율적인 상담이 가능하다.
> - 상담 후 상담의 성과를 평가하는 근거를 제공한다.
> - 후속 이론 연구를 위한 토대를 제공한다.

CHAPTER 03 청소년상담의 기초

중요도 ★★★

핵심포인트
청소년상담의 의의, 청소년상담의 목표 및 방향, 청소년상담의 특징과 필요성, 청소년상담자의 인간적·전문가적인 자질, 청소년상담자의 역할, 청소년상담자의 태도, 청소년상담사의 윤리문제, 청소년상담사 윤리강령

01 청소년상담의 이해

(1) 청소년상담의 의미 18 19 기출
① 청소년상담이란 청소년 및 청소년 관련인, 관련 기관을 대상으로 하여 직접 봉사, 자문활동 그리고 매체를 통하여 청소년의 바람직한 발달 및 성장을 추구하는 활동이다.
② 청소년상담의 대상은 청소년, 청소년 관련인, 관련 기관 사람들을 포함한다.
③ 청소년상담은 청소년이 겪고 있는 정서적 불안, 부적절한 행동 및 정신질환을 치료하는 한편, 청소년의 발달과업을 충실히 달성할 수 있도록 프로그램을 개발하고 실시하여 보다 적응적이고 창조적인 사회인으로 성장하도록 돕는다.

(2) 청소년상담의 목표 14 16 23 기출
① 청소년 내담자의 문제행동에 변화를 촉진한다.
② 또래 관계, 부모 및 환경에 대한 적응기술을 증진하여 합리적인 의사결정과 문제해결을 돕는 데 중점을 둔다.
③ 긍정적 자아개념 형성 및 건전한 가치관의 정립을 돕는다.
④ 인간관계를 개선하도록 돕는다.
⑤ 이상심리를 치료한다.
⑥ 잠재 가능성을 찾아 계발·실현할 수 있도록 지원한다.
⑦ 진로의식 발달과 진로 및 진학에 관한 의사결정 능력을 증진한다.
⑧ 새로운 행동을 학습하게 하거나 새로운 태도와 신념을 형성하도록 한다.
⑨ 일상생활에서 직면하는 문제의 해결을 조력한다.
⑩ 청소년 내담자를 둘러싼 적절하지 못한 환경을 개선한다.
⑪ 경제적·사회적·심리적으로 위기에 처한 청소년의 안정적 생활을 지원한다.

(3) 청소년상담이 지향해야 할 바람직한 방향 14 17 기출

① **목적** : 소수의 부적응 청소년을 위한 심리치료와 문제의 해결에서 전체 청소년을 대상으로 하는 예방과 발달의 지원으로 확장되어야 한다.
② **대상** : 청소년 개인으로부터 청소년 발달에 영향을 끼치는 여러 집단을 포함해서 소속해 있는 조직체나 환경 자체로 확대되어야 한다.
③ **방법** : 직접적인 면담에서 자문, 훈련, 환경관리 및 대중매체의 이용 등 간접적인 활동전략을 포함하는 쪽으로 확충되어야 하며, 상담목표는 구체적인 행동변화를 나타낼 수 있으며 측정 가능한 행동 목표를 설정해야 한다.

(4) 청소년상담의 특성 15 16 17 18 20 21 23 24 기출

① 심리치료적인 측면보다는 청소년의 건전한 발달과 성장을 돕는 예방 및 교육적 측면, 위기에 처한 청소년들에 대한 직접개입 및 지원, 자립이 포함된다(성인상담과 구별).
② 청소년 내담자는 상담자에 대한 불신으로 반항적일 수 있고, 라포(Rapport) 형성이 어려울 수 있으므로 많은 시간과 노력이 필요하다.
③ 청소년에게 생태학적 환경은 큰 비중을 차지하므로, 환경의 재적응을 돕는 것이 필요하다. 즉, 청소년이 사회에 잘 적응하고 잠재가능성을 실현하도록 도와야 한다.
④ 청소년은 성장과정의 연속선상에 있으며, 또래의 영향을 받는 등 발달단계와 환경, 성격, 호소문제가 성인과는 분명히 다르기 때문에 청소년상담 영역을 성인상담과 구별하며, 청소년의 발달단계 특성을 고려한 상담개입 방안을 구성하여 활용한다.
⑤ 일상에서 당면한 문제 해결과 예방을 위해 교육을 실시한다.
⑥ 청소년들이 원하는 것을 적절한 방법으로 제공하여, 그들이 행복하게 살아갈 수 있도록 도와야 한다.
⑦ 청소년은 주변 인물인 부모, 교사로부터 영향을 받으므로, 청소년뿐만 아니라 부모, 교사, 청소년지도자를 대상으로 한 상담·교육·자문이 필요하다.
⑧ 청소년상담은 청소년 관련 정책의 영향을 받는다.
⑨ 청소년 고용, 보호 기관 관련자도 상담 대상에 포함된다.
⑩ 청소년상담의 방법은 일대일 개인면접뿐만 아니라 소규모 또는 대규모 형태의 집단교육 및 훈련, 컴퓨터나 전화 등을 이용한 매체상담, *놀이치료 형태 등의 다양한 방법을 활용한다.

> ✅ **놀이치료**
> 놀이 활동을 통해 심리적 문제를 스스로 극복하고 발달시기에 적합하게 발달하도록 돕는 치료기법을 말한다.

(5) 청소년상담의 필요성

① '심리적 이유기'로 정신적 독립과 자아정체감 형성을 추구하는 중요한 시기이다.
② 급격한 신체변화 및 심리적 혼란을 겪는 시기이다.
③ 과도한 학업부담으로 스트레스를 많이 받는 시기이다.
④ 사고의 미숙성 혹은 경직성으로 인하여 부적응적인 행동을 할 가능성이 많은 시기이다.
⑤ 가출, 약물남용, 따돌림, 성행동의 문제를 충동적으로 일으킬 가능성이 많은 시기이다.
⑥ 청소년 관련인과 관련 기관
 ㉠ 청소년 관련인 : 부모, 교사, 청소년지도자 등
 ㉡ 청소년 관련 기관 : 가정, 학교, 청소년 고용업체, 청소년 수련 기관, 청소년 봉사 기관 등

02 청소년상담자의 자질 및 역할 14 15 16 20 22 기출

(1) 인간적 자질 15 기출

① 인간에 대한 깊은 관심
② 온정적·수용적 태도, 공감과 이해심
③ 유머감각
④ 상담자의 욕구보다 내담자의 욕구를 우선하는 자기부정의 능력
⑤ 다양한 감정을 인식할 수 있는 정서적 통찰력(자신과 타인의 감정 이해)
⑥ 호기심과 탐구심
⑦ 경청능력 및 대화능력
⑧ 내면세계를 보고 느낄 수 있는 내성 또는 자기성찰
⑨ 정서적 친밀상태의 유지능력
⑩ 삶의 역설적인 면을 볼 수 있는 능력
⑪ 상담에 대한 열의와 힘
⑫ 자기성찰적 태도와 원숙한 적응상태

> **지식 IN**
>
> **코미어(W. Cormier)와 코미어(L. Cormier)가 제시한 상담자의 자질** 16 기출
> - **온정** : 상담자는 내담자의 독립성을 키워주고, 내담자의 이익을 추구해야 한다.
> - **에너지** : 상담자는 적극적인 자세로 상담회기에 임해야 하며, 많은 내담자를 연속적으로 면접할 수 있는 활동성을 유지해야 한다.
> - **융통성** : 유능한 상담자는 특정한 반응 양식에 사로잡히지 않는다. 자신의 스타일을 내담자의 요구에 적응시킬 수 있어야 한다.
> - **자기인식** : 상담자는 자신의 태도, 가치관, 감정을 인식하고 어떤 요인이 이러한 자신의 내적 특성에 영향을 미치는지 잘 이해하고 있어야 한다.
> - **지적능력** : 상담자는 다양한 조력 이론에 대한 지식을 갖추고, 이러한 것을 배우고자 하는 의욕과 학습능력을 갖추어야 하며, 현실적으로 빠른 이해력을 갖추어야 한다.
> - **지지** : 상담자는 내담자가 스스로 결정할 수 있도록 힘을 북돋워주고 지지해야 한다.
> - **문화적 경험에 대한 인식** : 상담자는 다양한 문화적 배경을 지닌 내담자들을 이해해야 한다.

(2) 전문가적 자질 14 16 21 23 기출

① 심리검사, 진단분류 체계, 사례관리 방법 등 상담이론에 대한 이해
② 상담 상황에서 지켜야 할 윤리규정 및 상담 관련법 숙지
③ 실제적인 상담기술 훈련을 포함한 지속적인 자기계발
④ 상담자 자신의 태도와 가치관에 대한 이해
⑤ 상담을 효율적으로 진행하는 방법과 절차 및 개입기술에 대한 이해
⑥ 내담자의 문화적 차이에 대한 이해

⑦ 심리학・사회학・문화인류학적 지식
⑧ 시대 감각 및 사회환경에 대한 지식
⑨ 위기나 돌발 상황에 대한 대처능력
⑩ 행정절차 숙지, 프로그램 실행 및 추진 능력
⑪ 자신이 일하는 기관의 상담관련 업무지식
⑫ 상담연계 기관에 관한 이해와 활용지침
⑬ 청소년상담사가 특별히 갖추어야 할 전문가적 자질
  ㉠ 인간발달단계의 각 단계별 특징을 파악하여 청소년의 일반적인 문제행동을 이해해야 한다.
  ㉡ 상담자는 청소년 내담자의 문제를 그 자신과 가정, 학교생활, 친구, 미래에 대한 생각이나 방향 등에서 총체적으로 살필 수 있는 틀과 방법을 확보하고 있어야 한다.

(3) 청소년상담자의 역할

① 직・간접 역할 24 기출
  ㉠ 직접적인 역할 : 교육자, 안내자, 옹호자, 조력자, (문제 해결을 위한) 훈련가, (인간발달과 정신건강의) 촉진자
  ㉡ 간접적인 역할 : 연구자, (갈등 해결을 위한) 조정자(중재자), (상담 관련 전문지식의) 자문가, 조직개발자
② 구체적인 역할
  ㉠ 상담활동 : 청소년 내담자를 대상으로 직접 상담하는 역할을 한다.
  ㉡ 상담 지원활동 : 부모, 교사, 청소년지도자 등을 대상으로 지원・자문・교육을 제공함으로써 상담의 수행을 지원한다.
  ㉢ 정책개발 및 제안 : 청소년상담과 관련하여 정책을 개발하고 제안한다.
  ㉣ 상담방법 및 프로그램 개발 : 청소년상담과 관련하여 상담방법 및 프로그램을 개발한다.

03 청소년상담자의 태도 및 행동 14 15 16 20 기출

(1) 청소년상담자의 태도 21 기출

① 공감적 이해 : 상대방이 경험하고 있는 것에 관하여 정확하게 지각하고, 그 지각에 관해서 의사전달을 할 수 있는 능력이다.
② 존중 : 내담자를 그들의 행동과 분리해서 인간 그 자체의 가치를 순수하고 깊게 수용해야 한다.
③ 따뜻한 태도 : 내담자에 대한 관심과 애착을 긍정적으로 표현함으로써 가능하다.
④ 솔직한 태도 : 언어적 행동과 비언어적 행동이 일치하게 행동해야 한다.
⑤ 구체성을 지닌 태도
⑥ 직면 : 상대방의 말과 행동이 서로 모순되는 점을 지적하는 것으로, 즉각적인 직면은 위험하며 내담자와의 좋은 관계가 형성된 후에 해야 한다.
⑦ 유머의 사용

⑧ 적극적이고 지시적인 태도 : 청소년상담에서는 상당한 교육과 훈련이 포함되어야 하므로, 상담자가 어느 정도 교사의 역할을 하면서 적극적이고 지시적일 때 상담의 효과가 극대화된다.
⑨ 피드백을 통한 점검 : 상담자가 말한 것을 내담자가 이해하고 있는지 피드백을 통해 점검한다.

(2) 상담관계에 도움이 되는 청소년상담자의 행동
① 순조로운 상담을 위한 상담자의 행동 : 환한 미소와 개방적인 신체 자세, 자연스러운 눈맞춤과 지지적인 발언, 기본적인 공감 표현, 긍정적인 강화, 적절한 자기개방, 상담구조화 등
② 깊이 있는 상담을 위한 상담자의 행동 : 탐색적인 질문, 심화수준의 공감, 탐색적인 침묵에 대한 적절한 수용, 시기적절한 해석, 즉시적인 반응 등

04 청소년상담자 윤리 14 15 16 17 기출

(1) 청소년상담사의 윤리문제 14 15 17 21 기출
① 내담자의 사생활이 보호되도록 노력해야 하며, 불법적인 정보유출이 이루어지지 않도록 필요한 조치를 강구해야 한다.
② 내담자에게 적절한 조력을 할 수 없는 경우 자신의 전문성의 한계를 인식하고 다른 상담자에게 의뢰해야 한다. 심리검사 실시와 해석 시에도 자신이 모르는 검사일 경우 전문성이 있는 다른 상담자가 검사하고 해석할 수 있도록 의뢰해야 한다.
③ 상담성과에 영향을 줄 수 있는 관계자(친인척, 친구, 직장상사)는 다른 상담전문가에게 의뢰하고, 사적 관계 및 경제적 거래관계는 금지된다.
④ 비밀보장이 인간의 존엄성 존중의 *절대가치를 위배하는 경우, 비밀보장 권리가 제한된다.
⑤ 비밀보장의 원칙과 예외 규정을 내담자에게 알린 후 엄격히 적용해야 한다.
⑥ 청소년상담에서 부모상담을 병행하는 경우, 누가 내담자가 될 것인지를 명확히 하고 상담을 시작한다.

> **절대가치**
> 시간과 공간을 초월하여 영원히 변하지 않는 가치를 말한다.

지식 IN
1. 상담에 대한 사전동의(Informed Consent) 내용 18 24 기출
- 비밀보장과 비밀보장의 예외 상황
- 상담자의 학위와 경력, 이론적 지향
- 상담 약속과 취소 및 필요시 연락 방법
- 상담 참여의 잠재적 위험 및 상담을 거부할 권리
- 내담자가 본인 상담 자료를 열람할 수 있는 권리
- 상담서비스로부터 얻을 수 있는 이익과 상담의 한계

2. 키치너(Kitchner)의 윤리적 결정원칙 14 16 24 기출
- 자율성
- 선의성(덕행)
- 충실성(성실성)
- 무해성
- 공정성(정의)

(2) 청소년상담사 윤리강령 15 16 17 18 기출

> – 전 문 –
> 청소년상담사는 청소년의 정서, 인지, 행동 발달을 조력하는 유일한 상담전문 국가자격증이다. 청소년상담사는 항상 청소년과 그 주변인들에게 인간으로서의 존엄성을 높이고자 노력하고, 청소년이 스스로 결정할 수 있도록 도와주며, 청소년의 아픔과 슬픔에 대해 청소년상담사로서의 책임을 다한다. 청소년상담사는 청소년이 사랑하는 가족, 이웃과 더불어 행복하게 살아갈 수 있도록 지원하기 위해 다음과 같이 윤리규정을 숙지하고 준수할 것을 다짐한다.

① 목 적
  ㉠ 청소년상담사의 책임과 의무를 분명하게 제시하여 내담자를 보호한다.
  ㉡ 청소년상담사가 직무 중에 발생하는 문제를 처리할 수 있는 기준을 제공한다.
  ㉢ 청소년상담사의 활동이 전문직으로서의 상담의 기능 및 목적에 저촉되지 않도록 기준을 제공한다.
  ㉣ 청소년상담사의 활동이 지역사회의 도덕적 기대에 부합하도록 준거를 제공한다.
  ㉤ 대한민국 청소년들의 건강·성장을 책임지는 전문가로서의 청소년상담사를 보호하는 기준을 제공한다.

② 청소년상담사로서의 전문적 자세 16 기출
  ㉠ 전문가로서의 책임 22 기출
    - 청소년상담사는 청소년기본법에 따라 청소년의 권리와 책임을 다할 수 있게 지원해야 한다.
    - 청소년상담사는 자기의 능력 및 기법의 한계를 인식하고, 전문적 기준에 위배되는 활동을 하지 않도록 한다.
    - 청소년상담사는 검증되지 않고 훈련 받지 않은 상담기법의 오·남용을 하지 않도록 유의한다.
    - 청소년상담사는 청소년과 관련된 정책·규칙·법규에 대해 정통해야 하고, 청소년 내담자를 보호하며 청소년 내담자가 최선의 발달을 이루도록 노력해야 한다.
  ㉡ 품위유지 의무 18 기출
    - 청소년상담사는 전문상담자로서 품위를 손상하는 행위를 하지 않는다.
    - 청소년상담사는 현행법을 우선적으로 준수하되, 윤리강령이 보다 엄격한 기준을 설정하고 있다면, 윤리강령을 따른다.
    - 청소년상담사는 상담적 배임행위(내담자 유기, 동의를 받지 않은 사례 활용 등)를 하지 않는다.
  ㉢ 보수교육 및 전문성 함양
    - 청소년상담사는 자신의 전문성을 유지·향상하기 위해 법적으로 정해진 보수교육(매년 8시간 이상)에 반드시 참여한다.
    - 청소년상담사는 다양한 사람들을 상담함에 있어 상담에 필요한 이론적 지식과 전문적 상담 및 연구능력을 향상하기 위해 교육, 자문, 훈련 등 지속적인 노력을 기울여야 한다.

③ 내담자의 복지
　㉠ 내담자의 권리와 보호 21 24 기출
　　• 청소년상담사는 내담자의 복지를 증진하고 존엄성을 존중하는 것에 최우선 가치를 둔다.
　　• 청소년상담사는 내담자가 상담 계획에 참여할 권리, 상담을 거부하거나 개입방식의 변경을 거부할 권리, 거부에 따른 결과를 고지받을 권리, 자신의 상담 관련 자료를 복사 또는 열람할 수 있는 권리 등을 보장해 주어야 한다. 단, 기록물에 대한 복사 및 열람이 내담자에게 해악을 끼친다고 판단될 경우 내담자의 기록물 복사 및 열람을 제한할 수 있다.
　　• 청소년상담사는 외부 지원이 적합하거나 필요할 때 의뢰할 수 있으며, 이를 청소년 내담자 및 보호자(만 14세 미만 내담 청소년의 경우)에게 알리고 서비스를 받을 수 있도록 노력한다.
　　• 청소년상담사는 자신의 질병, 죽음, 이동, 퇴직 등으로 인하여 상담을 중단해야 하는 경우 이에 대한 적절한 조치를 취해야 한다.
　　• 청소년상담사는 청소년 내담자에게 무력, 정신적 압력 등을 사용하지 않는다.
　㉡ 사전 동의
　　• 청소년상담사는 상담을 시작할 때 내담자가 충분한 설명을 듣고 선택할 수 있도록 적절한 정보를 제공해야 하고, 상담자와 내담자 모두의 권리와 책임에 대해 알려줄 의무가 있다.
　　• 청소년상담사는 내담자에게 상담 과정의 녹음과 녹화 여부, 사례지도 및 교육에 활용할 가능성에 대해 설명하고, 내담자에게 동의 또는 거부할 권리가 있음을 알려야 한다.
　　• 청소년상담사는 내담자가 만 14세 미만의 청소년인 경우, 보호자 또는 법정대리인의 상담 활동에 대한 사전 동의를 구해야 한다.
　　• 청소년상담사는 내담자에게 상담의 목표와 한계, 상담료 지불방법 등을 명확히 알려야 한다.
　㉢ 다양성 존중 24 기출
　　• 청소년상담사는 모든 인간의 기본적인 권리, 존엄성, 가치를 존중하며 성별, 장애, 나이, 성적 지향, 사회적 신분, 외모, 인종, 가족형태, 종교 등을 이유로 내담자를 차별하지 않는다.
　　• 청소년상담사는 내담자의 다양한 문화적 배경을 이해하고, 청소년상담사 자신의 고유한 문화적 정체성이 상담과정에 영향을 주지 않도록 노력해야 한다.
　　• 청소년상담사는 자신의 개인적 가치, 태도, 신념, 행위를 자각하고 내담자에게 자신의 가치를 강요하지 않는다.
④ 상담관계
　㉠ 다중관계
　　• 청소년상담사는 법적·도덕적 한계를 벗어난 다중 관계를 맺지 않는다.
　　• 청소년상담사는 내담자와 연애 관계 및 기타 사적인 관계를 맺지 않는다.
　　• 청소년상담사는 내담자와 상담 비용을 제외한 어떠한 금전적, 물질적 거래 관계도 맺지 않는다.
　　• 청소년상담사는 내담자와 상담 이외의 다른 관계가 있거나, 의도하지 않게 다중관계가 시작된 경우에는 적절한 조치를 취해야 한다.

ⓒ 부모/보호자와의 관계
　　　• 청소년상담사는 부모(보호자)의 권리와 책임을 존중하고, 청소년 내담자의 건강한 성장을 위해 부모(보호자)에게 상담자의 역할에 대해 설명하여 협력적인 관계를 성립하도록 노력한다.
　　　• 청소년상담사는 내담자의 성장과 복지에 필요하다고 판단되는 경우, 내담자의 동의하에 부모(보호자)에게 내담자에 관한 최소한의 정보를 제공한다.
　　ⓓ 성적 관계
　　　• 청소년상담사는 내담자 및 내담자의 가족, 중요한 타인에게 자신의 지위를 이용하여 성적 접촉 및 성적 관계를 가져서는 안 된다.
　　　• 청소년상담사는 이전에 연애 또는 성적 관계를 가졌던 사람을 내담자로 받아들이지 않는다.
⑤ 비밀보장 19 기출
　　ⓐ 사생활과 비밀보장의 의무
　　　• 청소년상담사는 내담자와 부모(보호자)의 사생활과 비밀보장에 대한 권리를 최대한 존중해야 한다.
　　　• 청소년상담사는 상담기관에 소속된 모든 구성원과 관계자, 수퍼바이저, 주변인들에게도 내담자의 사생활과 비밀이 보호되도록 주지해야 한다.
　　　• 청소년상담사는 청소년 내담자 상담 시 사전에 상담에 대한 내담자의 동의를 받고 상담 과정에 부모나 보호자가 참여할 수 있으며, 비밀보장의 한계에 따라 정보를 제공할 수 있음을 알린다.
　　　• 청소년상담사는 청소년 내담자 상담 시, 상담 의뢰자(교사, 경찰 등)에게 내담자 및 보호자(만 14세 미만 내담 청소년의 경우)의 동의하에 정보를 제공할 수 있다.
　　　• 청소년상담사는 비밀보장의 의미와 한계에 대하여 청소년 내담자의 발달단계에 적합한 용어로 알기 쉽게 설명해 주어야 한다.
　　　• 청소년상담사는 강의, 저술, 동료자문, 대중매체 인터뷰, 사적 대화 등의 상황에서 내담자의 신원 확인이 가능한 정보나 비밀 정보를 공개하지 않는다.
　　ⓑ 기록 및 보관 23 기출
　　　• 청소년상담사는 내담자에게 전문적인 서비스를 제공하기 위해 상담 내용을 기록하고 보관한다.
　　　• 기록의 보관은 공공기관이나 교육기관 등은 각 기관에서 정한 기록 보관 연한을 따르고, 이에 해당하지 아니한 경우에는 3년 이내 보관을 원칙으로 한다.
　　　• 청소년상담사는 기록 및 녹음에 관해 내담자의 사전 동의를 구한다.
　　　• 청소년상담사는 면접기록, 심리검사자료, 편지, 녹음 및 동영상 파일, 기타 기록 등 상담과 관련된 기록을 보관하고 처리하는 데 있어서 비밀을 준수해야 한다.
　　　• 청소년상담사는 원칙적으로 내담자 및 보호자(만 14세 미만 내담 청소년의 경우)의 동의 없이 상담의 기록을 제3자나 기관에 공개하지 않는다.
　　　• 청소년상담사는 내담자와 보호자가 상담 기록의 삭제를 요청할 경우 법적, 윤리적 문제가 없는 한 삭제하여야 한다. 상담 기록을 삭제하지 못할 경우 타당한 이유를 내담자와 보호자에게 설명해 주어야 한다.
　　　• 청소년상담사는 퇴직, 이직 등의 이유로 상담을 중단하게 될 경우, 기록과 자료를 적절한 절차에 따라 기관이나 전문가에게 양도한다.

- 전자기기 및 매체를 활용하여 상담관련 정보를 기록·관리하는 경우, 기록의 유출 또는 분실 가능성에 대해 경각심과 주의 의무를 가져야 하며, 내담자의 정보 보호를 위해 적극적인 노력을 해야 한다.
- 내담자의 기록이 전산 시스템으로 관리되는 경우, 접근 권한을 명확히 설정하여 내담자의 신상이 공개되지 않도록 조치를 취한다.

ⓒ 상담 외 목적을 위한 내담자 정보의 사용
- 청소년상담사는 자신의 사례에 대해 보다 나은 전문적 상담을 위해 내담자 및 보호자(만 14세 미만 내담 청소년의 경우)의 동의를 구한 후, 내담자에 대해 사실적이고 객관적인 정보만을 사용하여 동료나 수퍼바이저에게 자문을 받을 수 있다.
- 청소년상담사는 교육이나 연구 또는 출판을 목적으로 상담 관련 자료를 사용할 때에는 내담자 및 보호자(만 14세 미만 내담 청소년의 경우)의 동의를 구해야 하며, 신상 정보 삭제와 같은 적절한 조치를 취하여 내담자에게 피해를 주지 않도록 한다.

ⓓ 비밀보장의 한계 **20** 기출
- 청소년상담사는 상담 시 비밀보장의 1차적 의무를 내담자의 보호에 두지만, 비밀보장의 한계가 있는 경우 청소년의 부모(보호자) 및 관계기관에 공개할 수 있다.
- 비밀보장의 한계가 있는 경우는 다음과 같다.

> - 내담자나 내담자 주변인에게 닥칠 위험이 분명하고 위급한 경우
> - 법원의 명령이 있는 경우
> - 내담자의 생명이나 사회의 안전을 위협하는 경우 예 약물 남용, 아동학대 등
> - 내담자에게 감염성이 있는 치명적인 질병이 있을 경우

- 청소년상담사는 아동학대, 청소년 성범죄, 성매매, 학교폭력, 노동관계 법령 위반 등 관련 법령에 의해 신고 의무자로 규정된 경우 해당 기관에 관련 사실을 신고해야 한다.

⑥ 심리평가 **23** 기출

㉠ 심리검사의 실시
- 청소년상담사는 심리검사를 실시하고 해석할 수 있는 능력을 배양해야 한다.
- 청소년상담사는 심리검사 실시 전에 내담자 및 보호자(만 14세 미만 내담 청소년의 경우)에게 사전 동의를 받아야 한다.
- 청소년상담사는 검사도구를 선택, 실시, 해석함에 있어서 모든 전문가적 기준을 고려하여 사용한다.
- 청소년상담사는 내담자에게 적절한 심리검사를 선택해야 하며 검사의 타당도와 신뢰도, 제한점 등을 고려한다.
- 청소년상담사는 다문화 배경을 가진 내담자를 위한 검사 선택 시 내담자의 사회문화적 맥락을 신중히 고려해야 한다.

ⓛ 심리검사의 해석
- 청소년상담사는 심리검사 해석에 있어 성별, 나이, 장애, 성적 지향, 인종, 종교, 문화 등의 영향을 고려하여 검사 결과를 해석한다.
- 청소년상담사는 청소년이 이해할 수 있도록 심리검사의 목적, 성격, 결과에 대한 설명을 제공한다.
- 청소년상담사는 심리검사 결과를 다른 이들이 오용하거나 외부에 유출하지 않도록 하여야 한다.

⑦ 수퍼비전
ㄱ. 수퍼바이저의 역할과 책임
- 수퍼바이저는 사례지도 방법과 기법들에 대한 교육과 훈련을 지속적으로 받음으로써 사례지도 역량을 향상하기 위해 노력한다.
- 수퍼바이저는 전자 매체를 통하여 전송되는 모든 사례지도 자료의 비밀보장을 위해서 주의하고, 필요한 조치를 취한다.
- 수퍼바이저는 사례지도를 시작하기 전에, 진행 과정에 대해 충분히 설명한 후 동의를 받음으로써 수퍼바이지의 적극적 참여를 독려할 책임이 있다.
- 수퍼바이저는 수퍼바이지에게 전문가적 윤리적 규준과 법적 책임을 숙지시킨다.
- 수퍼바이저는 지속적 평가를 통해 수퍼바이지의 한계를 파악하고, 그가 자신의 한계를 인식하고 보완할 수 있도록 돕는다.

ㄴ. 수퍼바이저와 수퍼바이지의 관계
- 수퍼바이저는 수퍼바이지와 상호 존중하며 윤리적, 전문적, 개인적 그리고 사회적 관계를 명료하게 정의하고 유지한다.
- 수퍼바이저와 수퍼바이지는 성적 혹은 연애 관계, 그 외에 사적인 이익관계를 갖지 않는다.
- 수퍼바이저와 수퍼바이지는 상호간에 성희롱 또는 성추행을 해서는 안 된다.
- 수퍼바이저는 가족, 친구, 동료 등 상대방에 대한 객관성을 유지하기 힘든 사람과 *수퍼비전 관계를 맺지 않는다.

✅ 수퍼비전
상담자의 상담 수행을 감독 혹은 지도하는 활동을 말한다.

⑧ 청소년 사이버상담
ㄱ. 사이버상담에서의 정보 관리
- 운영 특성상, 한 명의 내담자가 여러 명의 사이버상담자를 만나게 되는 경우 상담자들 간에 정보를 공유할 수 있음을 내담자에게 알린다.
- 사이버상담 운영기관에서는 이용자가 다른 사람의 신분을 도용하지 않도록 절차를 마련해야 한다.

ㄴ. 사이버상담에서의 책임
- 사이버상담자는 만약에 있을지 모르는 위기개입 등의 상황을 대비하기 위해서 내담자의 신분을 확인할 방법을 가지고 있어야 한다.
- 사이버상담이 내담자에게 부적절하다고 간주될 경우, 상담자는 대면상담 연계 등 이에 적합한 서비스 연계를 하여야 한다.

⑨ 지역사회 참여 및 제도 개선에 대한 책임
  ㉠ 지역사회를 돕는 전문가 역할
    - 청소년상담사는 경제적 이득이 없는 경우에도 청소년의 최선의 유익을 위하여 지역사회의 기관, 조직 및 개인과 협력하고 사회공익을 위해 전문적 활동에 헌신함으로써 사회에 공헌한다.
    - 청소년상담사는 내담자가 다른 정신건강 전문가와 상담을 받고 있음을 알게 되면, 내담자의 동의하에 그 전문가와 긍정적이고 협력적인 관계를 맺도록 노력한다.
  ㉡ 제도 개선 노력
    - 청소년상담사는 청소년 및 복지관련 법령, 정책 등의 적용과 개선을 위해 노력한다.
    - 청소년상담사는 자문을 요청한 내담자나 기관의 문제 혹은 잠재된 사회문제를 규명하고 해결하는 데 도움을 준다.
⑩ 상담기관 설립 및 운영
  ㉠ 상담기관 운영자의 역할 21 기출
    - 청소년 상담 기관을 운영하고자 할 경우, 운영자로서의 전문성 및 역량을 갖추도록 노력해야 한다.
    - 상담기관 운영자는 직원이나 학생, 수련생, 동료 등을 교육·감독하거나 평가 시에 착취하는 관계를 가져서는 안 된다.
    - 상담기관 운영자는 자신과 현재 종사하고 있는 직원의 전문적 역량 향상에 책임이 있다.
    - 상담비용은 내담자의 재정 상태 등을 고려하여 합리적으로 책정한다.
    - 상담기관 운영자는 직원 채용 시 자격 있는 사람을 채용해야 한다.
  ㉡ 상담기관 종사자의 역할
    - 청소년상담사는 자신이 종사하는 기관의 목적과 운영방침을 따라야 하며, 기관의 성장 발전을 위해 노력해야 한다.
    - 청소년상담사는 고용기관에 손해를 끼칠 수 있는 상황이나 기관의 효율성에 제한을 줄 수 있는 상황에 대해 미리 알려주어야 한다.
⑪ 연구 및 출판
  ㉠ 연구활동
    - 청소년상담사는 청소년 문제 해결을 위해 윤리적 기준에 따라 과학적인 방법으로 연구를 계획하고 수행한다.
    - 청소년상담사는 연구 대상자를 심리적·신체적·사회적 불편이나 위험으로부터 보호하여야 한다.
    - 청소년상담사는 연구 참여자들에게 연구의 본질, 결과 및 결론에 대한 정보를 제공하는 것이 과학적 가치와 인간적 가치를 손상시키지 않는 한, 연구 참여자들이 이에 대한 정보를 얻을 수 있는 기회를 제공한다.
  ㉡ 출판활동
    - 청소년상담사는 연구 결과를 출판할 경우에 자료를 위조하거나 결과를 왜곡해서는 안 된다.
    - 청소년상담사는 투고논문, 학술발표원고, 연구계획서를 심사할 경우 제출자와 제출내용에 대해 비밀을 유지하고 저자의 저작권을 존중한다.

⑫ 자격취소

    ㉠ 청소년상담사는 청소년기본법 제21조의2(자격의 취소)에 해당하는 경우 자격이 취소된다.
- 청소년기본법 제21조의 결격사유에 해당하게 된 경우

> – 미성년자, 피성년후견인 또는 피한정후견인
> – 파산선고를 받고 복권되지 아니한 사람
> – 금고 이상의 형을 선고받고 그 집행이 끝나거나 집행을 받지 아니하기로 확정된 후 3년이 지나지 아니한 사람(3호)
> – 금고 이상의 형을 선고받고 그 집행유예의 기간이 끝나지 아니한 사람(4호)
> – 3호 및 4호에도 불구하고 「아동복지법」 제71조 제1항의 죄, 「성폭력범죄의 처벌 등에 관한 특례법」 제2조의 성폭력범죄, 「아동·청소년의 성보호에 관한 법률」 제2조 제2호의 아동·청소년대상 성범죄를 저지른 사람으로서, 형 또는 치료감호를 선고받고 확정된 후 그 형 또는 치료감호의 전부 또는 일부의 집행이 끝나거나(집행이 끝난 것으로 보는 경우를 포함한다) 집행이 유예·면제된 날부터 10년이 지나지 아니한 사람
> – 법원의 판결 또는 법률에 따라 자격이 상실되거나 정지된 사람

- 거짓이나 그 밖의 부정한 방법으로 자격을 취득한 경우
- 자격증을 다른 사람에게 빌려주거나 양도한 경우

⑬ 청소년상담사 윤리강령 제·개정 및 해석

    ㉠ 한국청소년상담복지개발원은 청소년상담사 *윤리강령 교육·보급을 위해 노력해야 한다.

    ㉡ 한국청소년상담복지개발원은 청소년상담사 대상 의견수렴 및 전문가 토론회, 자격검정위원회의 보고 등 자문을 통해 청소년상담사 윤리강령 개정안을 수립한 후 청소년상담사 윤리강령을 개정할 수 있다.

    ㉢ 윤리강령과 관련하여 의견이 있거나 공문 등을 통해 윤리적 판단을 요청할 경우, 한국청소년상담복지개발원에서 전문적 해석을 제공할 수 있다.

> ✅ **윤리강령**
> 특정 단체가 직업상으로 지켜야 할 기본적인 윤리적 덕목이나 권고를 압축하여 제시한 것을 말한다.

CHAPTER 04 청소년상담의 실제

중요도 ★★★

핵심포인트
상담의 시작, 상담의 작업(중기단계), 상담의 종결, 상담기술과 기법, 상담의 유형(단회, 단기, 장기, 매체 등), 청소년 지역사회 안전망 운영사업, 상담의 기본원리, 상담의 기본조건, 상담의 형태, 기타 청소년상담의 이론과 실제에 관한 사항

01 상담의 시작

(1) 준비단계
상담의 효율적인 결과를 창출하기 위해서 상담이 잘 이루어질 수 있도록 준비하는 것으로 상담실, 대기실, 접수실, 검사실이 조용하고 쾌적한 공간이 되도록 하고, 필요한 각종서류를 준비하도록 한다.

(2) 접수면접
① 내담자가 상담실을 방문했을 때 가장 먼저 이루어지는 것이 접수면접이다.
② 접수면접은 내담자에 대한 정보수집, 개념화, 상담자 배정을 위해 본 상담 이전에 실시하는 초기면접 과정으로, 사람에게 첫인상이 중요한 것처럼 상담에서 매우 중요하다.
③ 심리검사, 면접, 행동관찰 등을 통해 내담자에 대한 정보를 수집하고, 수집된 자료를 토대로 내담자의 특성, 문제 및 증상, 원인, 상담방향 및 방법에 대해 개념적으로 설명하며, 적합한 상담자를 배정하기 위해 실시하는 면접을 의미한다.
④ 접수면접 시 고려사항
　㉠ 상담실 내부적으로 접수면접자와 본상담자 간의 역할구분이 명확해야 한다.
　㉡ 접수면접은 본상담과는 다른 별도의 절차이다.
　㉢ '접수면접자'는 상담하는 사람이 아니라, 상담을 시작하기 이전에 내담자와 상담자를 연결하는 역할, 상담에 필요한 내담자의 기초정보를 탐색하거나 심리적 상태를 평가하는 역할을 한다.
　㉣ 내담자가 호소 문제를 필요 이상으로 상세하게 노출하면서 도움을 요청할 때는 내담자의 자기노출을 제한시켜야 하고, 나중에 본상담에서 자세한 이야기를 하도록 안내해야 한다.
　㉤ 단회상담을 해야 하는 경우가 아니라면, 내담자의 호소 문제를 구체화하는 개입행동은 삼가야 한다.

⑤ 접수면접 시 파악해야 할 주요 사항 23 기출
  ㉠ 내담자가 상담을 신청한 경위 및 주 호소 문제
  ㉡ 내담자가 가지고 있는 문제
  ㉢ 내담자 문제의 발달과정
  ㉣ 가족관계 : 역동적인 관계, 지원자·원조자 파악, 갈등관계 파악
  ㉤ 성장 및 생활배경 등 기본정보 파악
  ㉥ 이전의 상담경험 : 누구와 몇 회, 만족 여부, 중단 사유 등
  ㉦ 접수면접 시 내담자의 용모 및 태도와 행동 특성(관찰)
  ㉧ 내담자의 현재 상태에 대한 접수면접자의 평가
  ㉨ 접수면접 내용의 요지
  ㉩ 심리검사 및 경우에 따른 *임상적 진단결과
  ㉪ 상담계획 및 조치 : 내담자의 기대사항, 상담의 우선적 목표, 절차, 한계점, 상담관계에서의 참고사항, 상담의 예정기간 등

> ✓ **임상(臨床)**
> 의학적 이론과 기술의 실질적 적용에 중점을 두고 환자를 진단하고 치료하는 것을 말한다.

(3) 초기단계 14 15 16 17 20 기출

① 상담자가 내담자가 가지고 있는 문제를 이해(진단)하고 평가한 후에 상담목표를 세워 구체적으로 개입을 시작할 때까지의 단계를 말한다.

② 초기단계에서 과업들이 제대로 이루어지지 못하면 상담이 목표 없이 표류하거나 조기종결될 수 있으며, 종결되어도 문제는 제대로 해결되지 못한 채 남게 된다.

③ 초기단계의 과정 15 16 17 22 기출
  ㉠ 촉진적 상담관계의 형성
    • 관심기울이기(적극적 경청) : 상담자는 내담자 쪽으로 몸을 기울이며 적극적으로 경청함으로써, 단순히 상담자의 역할만을 수행하는 것이 아니라 한 인간으로서 내담자 본인에게 인간적인 관심을 가지고 이해하고 존중하려는 것임을 보여줘야 한다(개방적인 자세).
    • 신뢰관계 형성(방어기제의 방지) : 상담자는 내담자가 상담자를 신뢰할 수 있도록 하기 위해서 내담자에게 일관된 관심을 보이고 공감하며 민감하게 반응해야 한다.
  ㉡ 내담자의 이해와 평가
    • 상담자는 내담자가 제공하는 언어적 표현이나 비언어적 표현으로부터 내담자가 가지고 있는 현재의 문제점을 파악해야 한다.
    • 내담자가 현재 가지고 있는 문제점에 대하여 왜 도움이 필요한지 파악해야 한다.
    • 상담자와 내담자가 상담목표를 수립하기 위해서 내담자가 스스로 무엇이 해결되기를 바라며, 어떤 변화를 바라는지를 명확히 확인할 수 있도록 하는 것이 필요하다.
    • 상담자는 내담자가 호소하는 행동을 관찰함으로써, 내담자가 가지고 있는 문제(위기영역 및 수준)를 더 잘 이해하고 평가한다.
    • 내담자는 상담과정에서 반복적으로 학습된 행동패턴이 드러나게 되며, 이 과정에서 다른 사람에게 화난 감정을 상담자에게 투사하는 전이감정을 나타내는데, 이때는 내담자가 현실에 보다 잘 적응할 수 있도록 행동을 수정해야 한다.
    • 상담자는 내담자의 문제를 이해하여 상담목표 및 계획을 명확하게 기록해야 하는데, 기록 시에는 내담자의 동의를 구해야 한다.

ⓒ 초기단계 내담자에게 나타나는 현상과 개입방법 19 기출
- 내담자는 자신의 문제가 무엇인지 정확하게 알고 싶어 하며 문제를 즉시 해결해 주기를 원하는데, 이때 상담과정의 설명을 통해 내담자가 자신의 문제 원인을 아는 것만으로 해결할 수 없다는 점을 알려주어야 한다.
- 자기성찰보다는 주변 사람 및 환경을 문제의 원인으로 돌리는 경우가 많은데, 어떤 인물이나 환경을 비난하기보다는 그 구체적인 부분에 대한 자신의 불편한 감정이나 자신의 생각을 탐구하는 것이 바람직하다는 것을 알린다.
- 비자발적인 청소년 내담자에 대한 상담개입 22 기출
  - 내담자가 인지하고 있는 상담 신청 경위를 탐색한다.
  - 원치 않음에도 상담에 오게 된 내담자의 마음을 수용하고 공감한다.
  - 상담자 역할에 대해 알려주고, 상담과정과 비밀보장 등에 대해 설명한다.
  - 상담이 내담자의 심리적 어려움을 해소할 수 있도록 돕는 것임을 전달한다.
  - 상담에 대한 저항이 일어날 수 있으므로, 상담 시 자신의 문제를 지각할 수 있는 기회를 늘리면서 자발적으로 상담에 참여할 수 있도록 한다.

ⓔ 상담구조화 14 16 17 18 19 기출
- 상담구조화는 심리적 조력관계의 본질, 제한점, 목표 등을 규정하고, 상담자와 내담자의 역할과 책임 그리고 가능한 약속 등의 윤곽을 명백하게 하는 것을 말한다.
- '상담의 특성, 조건, 절차' 등에 대해 내담자와 상담자간에 합의된 이해이다. 또한 내담자와 상담자 간에 기본적인 기대를 맞추어가는 과정으로 내담자가 상담에 대한 비현실적 기대를 갖고 있을 경우 중요성이 더욱 높아진다.
- 상담에서 진행될 예상 회기를 알려준다.
- 상담에 대한 내담자의 불안을 경감시킬 수 있다.
- 상담의 모든 단계에서 이루어질 수 있지만 주로 초기에 잘 이루어질 필요가 있다.
- 상담이 직접적 문제해결이라고 생각하는 내담자에게 효과적이다.
- 상담자와 내담자의 공감적 탐색과 합의 과정을 통해 이루어진다.
- 구조화가 너무 자주 이루어지는 것은 혼란을 가져올 수 있으므로 바람직하지 않다.
- 내담자 정보에 대한 상담자의 비밀보장은 예외가 있음을 확실히 한다.
- 구조화는 상담여건의 구조화, 상담관계의 구조화, 비밀보장의 구조화로 구분할 수 있다.

상담여건의 구조화	상담 장소, 횟수, 시간, 비용, 상담약속을 지키지 못할 경우 연락방법 등에 대한 구조화
상담관계의 구조화	상담의 진행방법, 상담자와 내담자의 역할 등에 대한 구조화
비밀보장의 구조화	원칙적으로는 내담자의 비밀을 보장하는 것에 대한 구조화(단, 범죄와 관련되거나 감염병 등에 관한 내용은 비밀보장 예외)

ⓜ 목표탐색 및 명료화 17 기출
- 상담자와 내담자 모두 목표에 동의해야 한다.
- 목표가 구체적이어야 한다.
- 자기 파괴적인 행동에 관련된 것이어야 한다.

- 목표가 성취 지향적이어야 하고 측정 가능해야 한다.
- 행동적이고 관찰 가능한 목표이어야 한다.
- 목표는 이해되고 분명하게 재진술될 수 있어야 한다.
- 상담 초기에 설정한 목표는 필요에 따라 수정될 수 있다.

> **지식 IN**
>
> **1. 사례개념화의 개념** 14 16 24 기출
> - 내담자의 문제, 원인 또는 관련 요인, 상담개입 방법을 체계적으로 설명하는 과정이며, 내담자에 대한 잠정적인 가설이다.
> - 내담자로부터 얻은 단편 정보를 상담자가 통합하여 이해와 문제 해결에 활용하는 기술이다.
> - 핵심적인 문제를 파악하고 문제 해결을 위해 상담목표와 구체적 전략 수립, 행동특성을 특정 지식의 이론적 기초와 연결하는 것이다.
> - 사례개념화는 구체적인 상담개입의 방향을 제시해주는 역할을 한다.
> - 사례개념화의 목적은 내담자의 문제를 해결하기 위한 효과적인 계획을 세우는 데 있다.
>
> **2. 사례개념화 방법**
> - 문제의 핵심이 무엇인지 심리적 차원에서 생각한다.
> - 문제가 생긴 경로나 원인, 특정사건이나 계기, 그리고 그 사건이 내담자에게 끼친 영향을 파악한다.
> - 문제를 지속시키는 내적인 역동과 역기능적 사고, 신념, 감정, 행동특성, 방어기제와 외적역동, 즉 주변 사람들의 반응과 주변 환경을 살펴본다.
> - 내담자가 진술하는 내용에서 반복적으로 나타나는 공통주제나 패턴을 파악한다.
> - 위의 여러 정보를 근거로 가설을 세우고, 정보가 추가됨에 따라 그 가설을 계속해서 수정·보완한다.

02 상담의 작업(중기단계) 14 16 기출

(1) 의 의
① 내담자가 상담자를 신뢰하여 심리적으로 안정된 상태에서 심층적으로 내담자의 문제를 탐색하고 통찰하면서 목표에 도달하기 위해서 노력하는 상담의 핵심단계이자 중간단계이다.
② 내담자 자신이 처해 있는 상황에 대한 긍정적인 관점을 가능하게 하는 재구성 과정을 통해 내담자의 인식은 변화된다.
③ 집단상담의 경우, 우리집단이라는 소속감이 생기고 집단구성원 상호 간의 깊은 정서체험을 하게 된다.

(2) 내담자의 자기탐색과 통찰
① 상담자와의 신뢰가 깊어지면 내담자는 혼자 간직하고 있던 생각이나 감정 등까지 상담자에게 드러내는 과정에서 현재의 문제와 관련된 부적응적 사고, 감정, 행동 등을 자각하게 된다.
② 내담자는 새로운 자각을 바탕으로 현실에서 실천할 수 있는 행동계획을 수립하고 실행하는데, 그에 대한 평가가 있어야 한다.

(3) 중기단계에서 상담자의 역할 14 기출
① 구체적인 행동으로 옮기도록 격려한다.
② 내담자가 자기문제에 대한 탐색을 하도록 한다.
③ 상담진행 상태와 내담자 변화를 평가한다.
④ 내담자의 자신감과 변화된 행동을 지지한다.
⑤ 조언과 해결책을 제시하는 것을 삼가고, 관찰한 내용을 피드백해준다.

(4) 상담의 개입방법 16 기출
① **정서적 개입** : 우울과 분노, 열등감, 수치심 등 대인관계나 사회적 역할을 수행하는 데 장애를 느끼는 경우 정서는 주된 문제가 되며, 감정을 표현하게 하고 감정을 정화시켜 자신에 대해 이해할 수 있도록 도움으로써 변화를 이끌 수 있다.

> **지식 IN**
>
> **1. 정화(Catharsis)경험을 촉진하는 원리와 방법** 15 기출
>
> | 정화경험의 촉진원리 | 알렉산더는 정화경험을 교정적 감정경험으로 개념정의하면서 정화경험의 원리를 다음과 같이 설명하였다.
• 안전하고 우호적인 상황에서 과거의 외상적 경험을 회상할 것
• 경험을 회상할 때 강한 정서적 경험이 동반될 것
• 강렬한 정서적 경험 이후에는 과거와 같은 외상적 경험상황이 일어나지 않을 뿐만 아니라 오히려 안전감과 수용받는 경험을 하게 될 것
• 자신의 전이행동에 대한 새로운 통찰이 일어날 것 |
> |---|---|
> | 정화경험의 촉진방법 | • 정화경험을 촉진하는 안전하고 신뢰할 수 있는 환경의 조성 : 일치성, 존중, 공감과 같은 상담자의 촉진적 태도, 상담자가 가진 전문적 자원에 대한 관리를 통해 형성
• 정서적 외상이나 갈등상태를 언어, 행동, 상징화로 표현
• 신경증적 소망이나 충동의 표현 통제
• 중기단계에서 상담자가 정화경험을 촉진하는 환경 조성
• 체계적 현실검증으로 정화경험 및 정서적 통찰, 행동변화 유도 |
>
> **2. 상담에서 감정을 중요시하는 이유** 19 기출
> • 상담은 상담자와 내담자의 관계에 기초를 둔 과정으로, 상담자는 내담자가 표현하는 다양한 감정을 통해 내담자의 문제를 이해하고 평가할 수 있다.
> • 상담자의 정서적 민감성은 내담자를 이해하는 데 도움이 된다.
> • 내담자가 자신의 감정과 접촉하는 것은 자기 이해를 도울 수 있다.
> • 내담자가 자신의 감정을 수용하게 되면 새로운 감정과 경험에 개방적으로 변할 수 있다.

② 행동적 개입 : *품행장애, 폭력적 행동의 문제 등을 바꾸는 것을 목표로 개입하는 것으로, 개입방법으로는 행동연습, 과제수행 등 행동기술을 습득하여 행동을 바꿀 수 있도록 하는 것 등이 있다.

✓ **품행장애**
사회적인 관점으로 일탈행동이며 법률적으로는 비행에 해당한다.

③ 인지적 개입
  ㉠ 환경에 대한 지각 및 사고과정이 변화됨으로써 변화가 일어날 수 있다는 것을 전제로 하고, 내담자의 인지과정에 개입하는 것이 가장 효과적이다.
  ㉡ 인지의 변화를 위한 인지상담의 목표는 내담자에게 문제를 일으키는 잘못된 사고나 신념을 밝혀 주관적인 지각을 변화시킴으로써 개인의 변화를 도모하는 것이다. 그리고 인지의 변화를 위해 상담자는 왜곡된 사고를 논박하거나 교육과 같은 인지적 방법과 인지과제의 부여와 같은 지시적인 방법 등을 적극적으로 사용한다.

(5) 중기단계에서 나타날 수 있는 문제점과 대응방안

① 내담자가 그동안 알지 못했던 자신에 대해 깨달으면서 불만, 저항 등을 나타낼 수도 있다. 이 경우, 상담자는 내담자의 행위가 하나의 패턴이 되었다고 생각하는 시기에 적절한 방법으로 통찰 촉진을 위해 직면하거나 해석할 수 있다.
② 상담이 진행되면서 같은 이야기가 반복되거나 주제에서 벗어나는 경우가 있는데, 이때는 즉시적 반응, 자기노출, 질문 등을 통해 상담과정을 재검토하고, 다시 상담의 초점을 분명히 한다.

(6) 상담중기의 과제 14 기출

① 문제에 대한 구체적 탐색과 피드백의 과정 중 내담자가 지금까지 알지 못했던 자신을 깨달으면서 불만과 저항이 나타날 때 직면이 필요하다.
② 상담자와 내담자의 라포 형성과 상담자의 자기노출은 필요하지만, 지나친 자기노출과 친밀함은 오히려 상담에 방해가 될 수 있다.
③ 내담자가 주도적으로 말할 수 있게 도와야 하며, 조언과 해결책을 제시하는 것을 삼가고 관찰내용을 피드백해 스스로 자신을 돌아볼 수 있도록 한다.

지식 !N

1. 내담자의 저항 14 17 18 20 기출

원인	• 내담자의 비자발적 참여 • 상담자의 일방적인 과제 제시 • 상담자가 준비되지 않은 내담자에게 빠른 변화를 위해 적극적으로 개입
특징	• 상담 과정 중 비협조적인 행동 • 내담자의 습관화된 사고·감정·행동 패턴을 변화시키고자 할 때 나타남 • 자신이 바라지 않던 통찰을 하게 되는 것에 대한 두려움 • 책임지기 두려워 의사결정을 미루는 태도 • 상담자와의 권력 차이로 충분히 자신을 드러내지 못하는 것에 대한 두려움 • 상담자의 유능성 또는 상담방법에 대해 비난
예시	• 상담자에게 좌절이나 분노를 표현하기 어려워 상담을 취소하거나 늦게 오기 • 상담을 일찍 그만두고 싶어 하는 등의 행동 • 중요한 이야기를 하지 않고 화제 돌리기 • 공상하거나 졸기 • 불가능한 요구사항 설정하기 • 일방적으로 말하기

2. 장기간 오지 않는 내담자에 대한 상담자의 조치 19 기출

내담자가 오지 않는 원인으로는 불가피한 상황, 상담에 대한 저항 등 다양한 원인이 있을 수 있다. 따라서 내담자에게 문자와 전화 등을 통해 내담자의 선택을 존중하고, 향후 상담이 필요할 시 다시 찾아올 수 있음을 알려준다.

03 상담의 종결 14 16 17 20 기출

(1) 종결의 시기 17 기출
① 상담을 끝내고 헤어지는 과정에서 이루어지는 마무리 작업이다.
② 그간의 상담성과를 정리하고, 종결 이후의 삶을 준비하며 이별의 과정을 다룬다.

(2) 상담종결의 주제 14 16 18 기출
① 행동변화에 기여한 상담자 요인
② 행동변화에 기여한 내담자 요인
③ 상담종결을 앞둔 내담자의 심정
④ 상담목표의 달성 정도 파악
⑤ 상담 성과의 미흡한 부분과 앞으로의 대처방안

(3) 상담종결의 조건 17 기출
① 내담자가 호소문제를 더 이상 경험하지 않을 때
② 현재의 생활에 잘 적응하고 있는 것으로 판단될 때
③ 내담자가 호소문제를 경험하더라도 감내할 수 있을 정도로 호전되었다고 느낄 때
④ 내담자가 스스로 해결했던 문제 상황에 대해 더 많이 이야기하게 될 때

(4) 상담자의 판단에 의한 종결
① 종결시기의 결정 23 기출
  ㉠ 처음 설정했던 상담의 목표가 달성되거나, 상담진행의 진전이 없을 것이라는 판단이 설 경우
  ㉡ 상담이 내담자의 문제를 해결하거나 변화를 일으키는 데 더 이상 효과적이지 못하다는 판단이 설 경우
  ㉢ 장기간 상담을 해서 어느 정도 효과가 예측되더라도 내담자가 시간과 정력을 소비하기에는 너무 벅차다는 판단이 설 경우
② 내담자와의 종결에 대한 협의
  ㉠ 내담자에게 종결해야 하는 이유를 상담목표와 관련지어 그동안 이루어지거나 이루어지지 못한 내담자의 기대나 변화도 참작하면서 설명한다.
  ㉡ 내담자의 생각과 느낌을 철저히 탐색한다('버림받았다, 거부되었다'고 느낄 수 있기 때문).

ⓒ 내담자의 의견이나 반응을 이야기할 충분한 시간이나 기회를 가져야 한다.
　　② 상담 종결에 대한 내담자의 반응에 대해 상담자가 미리 준비하는 것이 필요하다.
　　⑩ 종결을 반대하는 내담자의 심리적 배경 등에 대해 충분히 대화의 시간을 갖고 종결의 필요성에 대한 분명한 신념을 전달한다.
③ 내담자의 종결에 대한 저항 　19 기출
　　㉠ 조기상실에 따른 고통, 외로움, 미해결된 슬픔, 거부당하는 두려움, 자기의존에 대한 두려움이 주요 원인이다.
　　㉡ 상담종결 시에 더 많은 시간을 요구하거나, 상담목표가 달성되었음에도 불구하고 더 많은 상담을 원한다.
　　ⓒ 상담 초기에 호소하지 않았던, 새로운 우울이나 불안 등의 증상을 호소하며 상담을 계속하기를 원한다.
④ 종결의 방법
　　㉠ 내담자 자신의 뜻한 바를 책임 있게 실천하는 과정의 검토 기간이 필요하다.
　　㉡ 새로운 관심사보다는 장차 일어날지 모르는 문제와 내담자가 취해야 할 태도 등에 대해 이야기한다.
　　ⓒ 인간적 측면을 드러내는 비형식적 태도를 취한다.
　　② 상담 내용에서 이루어진 노력이나 성과에 대해 충분히 토론하고 요약해준다.
　　⑩ 내담자 경험 내용의 차이점을 발견해서 토의한다.
　　⑭ 다시 상담을 받게 될지 모른다는 가정을 자연스레 제시한다(문제가 다시 생겨서가 아니라, 보다 발전된 상태와 새로운 관심사를 가지고 면담이 재개될 수 있다는 것을 강조한다).

(5) 내담자의 종결 제안

① 내담자가 종결을 제안할 경우
　　㉠ 내담자가 일방적으로 종결을 통고해오더라도 당황하지 말고 어느 정도 익숙해져야 한다.
　　㉡ 내담자가 최종결정을 하기 전에 상담종결 가능성을 염두에 두어야 한다.
　　ⓒ 면접시간이나 면접약속을 잘 지키지 않을 경우 종결의 가능성을 판단한다.
　　② 초심자에게는 내담자의 종결제안에 대한 처리방안이 매우 곤란한 문제이다. 그러므로 내담자에게 취할 수 있는 최선책과, 좌절감 및 분노와 같은 자신의 정서적 반응을 분리·처리하기 위해서 전문가적 성숙은 물론 자신과의 투쟁이나 철저한 수련을 해야 한다.
　　⑩ 내담자는 문제가 완전히 해결되지 않았더라도 시간, 경제적 부담, 압력 등 여러 가지 이유로 상담의 종결을 제안할 수 있으므로, 상담종결을 제안했을 때 그 이유에 대한 설명을 경청한다.
② 상담자의 종결에 대한 저항 : 굿이어(Goodyear)는 상담자가 종결을 힘들어하는 8가지 경우를 다음과 같이 제시하였다.
　　㉠ 내담자가 독립적으로 기능을 할 능력이 있는지에 대해 불안할 때
　　㉡ 내담자에게 보다 효과적인 상담을 제공하지 못했다는 죄책감이 들 때
　　ⓒ 종결이 중요한 관계의 단절을 의미한다고 생각될 때

ⓔ 내담자가 갑자기 분노하며 떠나려고 하여 상담자의 전문가적 자아개념이 위협받는다고 느껴질 때
ⓜ 내담자의 증상이나 역동을 통해 더 많은 것을 배울 수 있었던 학습경험의 단절이라고 생각될 때
ⓑ 더 이상 내담자의 모험을 통해 대리적인 삶을 경험할 수 없다고 느껴질 때
ⓢ 상담자 자신의 삶에서 다른 이별을 상징적으로 회상시킬 때
ⓞ 상담자 자신의 개별성에 관한 갈등을 유발시킬 때

③ 내담자의 종결제안에 대한 처리
ㄱ 내담자의 상담종결의 제안이 있은 후, 2~3회 면접이 더 진행될 수 있다는 전제하에 상담자는 구체적인 횟수와 이유를 제시하여 동의를 얻는 것이 필요하다.
ㄴ 내담자 측에서 그런대로 만족하나 상담자 측에서 만족하지 않더라도 억지로 상담을 더 진행해서는 안 된다.
ㄷ 일상생활에 장애가 없을 것이라는 판단이 서면 억지로 상담관계를 지속해서는 안 된다.
ㄹ 내담자 스스로 자각 및 자기 이해를 증진하는 방향을 탐색하고 정리하도록 한다.

(6) 종결단계의 과정 18 22 기출

① 상담성과에 대한 평가 및 점검
ㄱ 목표가 달성되어 종결을 하거나 여타의 다른 이유로 때 이르게 종결을 하게 되어도, 종결을 할 때 기본적으로 해야 할 일은 상담의 성과를 평가하는 일이다.
ㄴ 처음에 합의한 문제들이 어느 정도 극복되었는지, 남은 문제는 무엇인지를 점검한다.

② 심리검사의 실시 : 종결 시에 심리검사를 실시하여 상담을 시작할 때 실시한 심리검사 결과와 비교함으로써 변화의 정도를 양적으로 확인해 볼 수도 있다.

③ 문제해결력 점검 및 작별의 감정 다루기
ㄱ 그동안 상담에서 학습한 내용들을 앞으로 어떻게 대처할 것인지 점검한다.
ㄴ 이제까지 쌓아온 친밀한 관계에 작별을 고하고, 내담자 스스로 독립적으로 살아갈 마음의 준비를 해나간다.
ㄷ 내담자에게 또다시 문제가 생기면, 언제든지 다시 상담을 받을 수 있다는 사실을 알려 준다.

④ 추수상담에 대하여 논의하기
ㄱ 종결 후에도 내담자의 행동변화를 지속적으로 점검하여, 잘하는 점을 강화하고 부족한 점을 보완할 수 있다.
ㄴ 상담자 자신에게도 상담문제의 해결과정이 적합하였는지에 대한 임상적 통찰을 가져다준다는 점에서 의미가 있다.
ㄷ 추수(추후) 상담의 진행 시기, 횟수 등은 종결 전에 정한다.

> **지식 !N**
>
> **초기-중기-종결 단계의 상담자 역할** 15 16 17 18 24 기출
>
> | 초기단계 | • 내담자와 관계를 형성
• 내담자의 호소문제와 관련된 감정을 탐색하여 내담자의 문제 이해 및 평가
• 상담의 구조화 진행
• 내담자와 협의하여 상담의 목표 설정 |
> |---|---|
> | 중기단계 | • 내담자의 자기문제에 대한 탐색과 통찰을 도움
• 탐색 과정에서 깨달은 사실을 구체적인 행동으로 옮기도록 격려
• 상담진행 상태와 내담자 변화 평가
• 직면과 저항 다루기
• 조언과 해결책 제시가 아닌, 관찰한 내용의 피드백 |
> | 종결단계
21 기출 | • 상담성과를 평가하고 점검, 상담목표의 달성 정도 파악
• 내담자의 행동변화 요인(상담자 요인, 내담자 요인 등)을 평가
• 종결과 관련된 내담자의 감정을 파악
• 이전 단계에서 얻은 통찰을 실행으로 옮길 수 있도록 격려
• 추수 상담에 대한 조언 및 논의
• 향후 계획에 대한 논의 |

04 상담의 과정과 원리·조건·전략 및 기법 14 15 16 기출

(1) 상담의 과정[브래머(Brammer)의 8단계]

① 준비와 시작 단계(1단계)
   ㉠ 상담을 받기로 결심하는 것은 내담자에게는 커다란 용기이다. 즉, 상담을 받는 것에 대한 마음의 준비가 필요한 것이다.
   ㉡ 내담자가 상담을 받으러 올 때, 대개는 복잡하게 얽힌 감정과 생각을 가지고 있다. 상담자가 이야기하는 모든 것을 그대로 받아들이기를 원하면서도, 한편으로는 심리적 조력을 받거나 문제를 해결하는 것 자체에 대해서 반감을 나타내기도 한다.
   ㉢ 면접과 조력 전체에 대해서는 물론이고, 상담자 자신에 대한 내담자의 신뢰를 증가해 나가는 것이 무엇보다 중요하다.

② 명료화 단계(2단계)
   ㉠ 내담자가 도움을 청하는 원인과 문제의 배경을 파악하여 문제 자체가 무엇이며, 누가 상담의 대상인가 하는 것을 분명하게 밝히는 단계이다.
   ㉡ 상담자는 내담자가 원하는 조력이 무엇인지를 명백하게 하도록 고무하고 격려해야 한다.
   ㉢ 누가 문제를 가지고 있느냐 하는 점을 내담자가 결정하도록 도와주는 것이다.

③ 구조화 단계(3단계)
   ㉠ 구조화는 심리적 조력관계의 본질, 제한점, 목표 등을 규정하고, 상담자와 내담자의 역할과 책임 그리고 가능한 약속 등의 윤곽을 명백하게 하는 것을 말한다.

ⓛ 상담자는 내담자가 목표에 도달하는 단계를 알도록 함으로써, 어느 방향으로 상담이 전개될 것이며, 최종목표에 도달하기 위해서 얼마나 오랜 시간이 걸릴 것이냐에 대해 어느 정도 분명한 생각을 가지도록 하는 것이 좋다.
　　ⓒ 구체적으로는 상담시간, 유료상담의 경우 상담비용, 공격적 욕구를 표현하는 행동의 한계점, 상담자 역할의 제한점 등을 논의한다.

④ 관계심화 단계(4단계)
　　㉠ 이전의 단계에서 상담자와 내담자 간에 이루어진 관계를 더욱 심화하고, 내담자가 상담자를 신뢰하며 자신의 문제를 해결하기 위해 상담과정에 전력으로 참여하게 된다.
　　ⓛ 내담자가 상담자의 전문적 자질과 심리적 조력의 방법에 대한 신뢰를 갖는 것이 무척 중요한 역할을 한다.
　　ⓒ 피시(Fish)는 특정한 기술이나 방법이 아니라, 내담자가 상담자에 대해서 갖는 기대와 쌍방 간에 이루어지는 일반적 관계의 심화만으로도 문제가 해결되고 행동의 변화가 이루어질 수 있는데, 이것을 플라시보 치료(Placebo Therapy)라고 명명하였다.

⑤ 탐색 단계(5단계)
　　㉠ 이 단계에서는 중요한 두 가지 질문에 관련된 활동이 전개된다. 하나는 '내담자의 문제해결이나 행동수정을 위해서 어떤 변화가 일어나야 하는가'이고, 다른 하나는 '도달하려는 목표를 성취하기 위해서 어떤 방법이나 절차가 이용될 수 있는가'이다.
　　ⓛ 문제해결에 도움이 될 수 있는 사실에 대한 정보를 수집하고, 목표에 도달할 수 있는 방법과 절차를 이야기하며, 이를 위한 과제 내지 활동을 전개하게 된다.

⑥ 견고화 단계(6단계)
　　㉠ 탐색이 끝난 후 가장 적합한 대안·방법·사고·행동 등을 확정하여 이를 실천해나가는 단계로, 성공적인 상담에서의 결실기라고 할 수 있다.
　　ⓛ 이전의 단계에서 제시된 많은 대안, 대체될 행동, 감정, 사고 등에서 가장 적합한 것을 선정하여 이를 실제로 적용해나간다.

⑦ 계획화 단계(7단계)
　　㉠ 상담을 끝맺거나 계속할 것을 결정할 때, 필요한 여러 계획을 수립하고 검토하는 일을 하게 된다.
　　ⓛ 계획화 단계에서 이루어져야 할 목표는 내담자의 성장과 행동변화가 잘 이루어져 상담관계를 종료할 시점까지만이 아니라, 상담이 끝난 후에 이루어져야 할 구체적 활동에 대한 계획을 수립하는 것까지 포함한다.
　　ⓒ 진로상담과 같이 정보내용이 많이 관련되어 있는 경우에는 계획을 실천하기 위해 여러 가지 활동이 필요하기 때문에 이 단계에서 많은 시간이 필요하다.

⑧ 종료단계(8단계)
　　㉠ 상담을 통해서 성취한 것들을 상담의 목표에 비추어서 평가하게 된다. 만약에 성취하지 못한 목표가 있다면 왜 그렇게 되었는지 논의한다.
　　ⓛ 종료 시에는 상담자 자신이 상담의 전체 과정을 요약할 수도 있고, 내담자로 하여금 요약하도록 요구할 수도 있다. 만약에 내담자가 상담관계를 계속해서 유지하기를 희망하거나 또는 상담이 아직 덜 끝났다는 느낌을 가지고 있으면, 다른 기관이나 상담자에게 의뢰하거나, 추수(추후) 상담의 가능성을 남겨둠으로써 보다 원만하게 상담을 종료할 수 있다.

> **지식 IN**
>
> **청소년상담 과정 중에 취해야 할 상담자의 바람직한 태도** 21 22 기출
> - 상담자가 선호하는 이론에 내담자를 맞추지 않도록 노력하여야 한다.
> - 상담자가 잘 알고 있고, 이전에 사용했던 경험이 있으며, 내담자에게 효과적으로 적용할 수 있는 상담개입 전략을 사용한다.
> - 새로운 개입전략의 기법과 기술을 사용하기 위해서는 수퍼바이저의 조언을 구하는 것이 필요하다.
> - 활용하고자 하는 특정 기법에 대한 내담자의 전형적인 반응을 감지하고 대응하여야 한다.
> - 부모상담을 병행하는 경우, 누가 내담자가 될 것인지를 명확히 하고 상담을 시작해야 한다.
> - 심리검사는 실시 전에 내담자 및 보호자(만 14세 미만 내담 청소년의 경우)에게 사전 동의를 받아야 한다.
> - 내담자의 연령과 발달수준을 고려하여 매 회기 다양한 심리치료 기법을 활용하여야 한다.

(2) 상담의 기본원리

① 개별화의 원리
  ㉠ 의의 : 내담자 각 개인의 특성을 이해하고 그에 적합한 방법을 활용하여 개입하는 원리이다.
  ㉡ 개별화 수단
  - 내담자의 성별이나 직업, 나이에 따라 면접시간을 조정하기
  - 내담자를 위한 개별 환경 등 비밀이 존중된다는 안도감과 신뢰감 주기
  - 내담자와 약속시간을 준수하기
  - 면접을 위한 사전준비를 철저히 하기

② 수용의 원리
  ㉠ 의의 : 내담자의 '있는 그대로의 모습'을 이해하고 다루어 나가는 것이다.
  ㉡ 수용의 대상과 판단
  - 수용의 대상은 '선한 것(The Good)'이 아니라, '있는 그대로의 것(The Real)'이다.
  - 내담자의 일탈태도나 행동을 허용한다는 것을 의미하지는 않으며, 그것에 대해 '좋다, 나쁘다' 등을 비판하지 않고, 일단 아무런 판단도 하지 않는다는 정도이다.
  - 상담자는 윤리와 법, 전문적 가치에 의거하여 '바람직한 것'과 '수용할 수 있는 것'에 대한 기준을 가져야 한다.

③ 자기결정의 원리
  ㉠ 의의 : 내담자의 자기선택과 결정을 존중하고, 이를 인식하도록 다양한 인적·물적·사회적 지원을 연계하여 돕는 것이다.

  > ✓ **자기결정**
  > 자기의 판단에 따라 결정하는 것을 말한다.

  ㉡ 자기결정의 한계
  - 내담자의 신체적·정신적 능력을 넘어서는 *자기결정 능력을 기대할 수 없다.
  - 법률적·도덕적 제한이 있다.
  - 사회기관의 규정에 따라야 한다.

④ 비판적 태도의 금지 원리(비심판적 태도의 원리)
  ㉠ 의의 : 사람은 남에게 심판받지 않으려는 욕구를 가지고 있으므로, 내담자의 특성 및 가치관을 비난하지 않아야 된다는 원리이다.
  ㉡ 비심판적 태도의 장애요인
    • 편견이나 선입견
    • 성급한 확신
    • 다른 사람과 비교 또는 유형화하려는 태도
    • 상담자에 대한 적개심과 같은 내담자의 부정적 감정표현

⑤ 비밀보장의 원리
  ㉠ 의의 : 내담자에 대한 비밀정보의 보호를 의미한다.
  ㉡ 비밀보장과 관련된 갈등(비밀보장의 권리가 제한되는 경우)
    • 미성년자인 내담 청소년이 신체적·정신적 성적 학대를 받은 사실을 알게 되었을 때
    • 내담 청소년이 자기 자신이나 타인에 대하여 해를 가하려는 상황이 임박했을 때
    • 청소년의 부모나 보호자의 요청이 있을 때
    • 법원의 요구가 있을 때
    • 내담 청소년의 범죄사실이 드러났을 때
    • 내담 청소년이 *법정감염병에 감염된 사실이 드러났을 때

> **법정감염병**
> 「감염병의 예방 및 관리에 관한 법률」 제2조에서 열거·규정하고 있는 전염병을 말한다.

⑥ 의도된 감정표현의 원리
  ㉠ 의의 : 내담자가 자신의 감정을 자유롭게 표현할 수 있도록 상담자가 이를 격려하고 촉진하는 것(부정적 감정 포함)을 말한다.
  ㉡ 상담자의 역할
    • 내담자가 스트레스나 긴장에서 벗어날 수 있도록 편안한 분위기를 만든다.
    • 내담자의 감정표현에 진지한 자세로 경청함으로써 심리적인 지지를 표현한다.
    • 내담자의 부정적인 감정에도 주의를 기울인다.
    • 섣부른 충고나 해결책을 제시하지 않도록 한다.

⑦ 통제된 정서적 관여의 원리
  ㉠ 의의 : 내담자의 감정표현을 위해 상담자가 통제된 수준에서 정서적으로 관여하는 것을 말한다.
  ㉡ 정서적 관여의 구성요소
    • *민감성 : 내담자의 생각을 민감하게 파악하여 적절히 대처하도록 한다.
    • 이해 : 내담자의 주관적 경험 및 감정을 인지하며, 그것의 정확한 의미를 포착하여야 한다.
    • 반응 : 내담자의 감정적인 변화에 호응하여 적극성을 유지하도록 한다.

> **민감성**
> 자극을 쉽게 받아들이고 그로 인해 흥분하기 쉬운 상태 또는 성질을 말한다.

(3) 상담의 기본조건

① 수용(Acceptance)
  ㉠ 의 의
    - 수용은 인간의 가치와 존엄에 대한 인식에서 출발한다. 모든 내담자는 어떤 문제를 가지고 있건, 어떤 인간적인 결점을 지니고 있건, 혹은 어떤 죄악과 과오를 범하였건 관계없이, 한 인간으로서 존재하고 성장하며 발달하여야 될 필요가 있는 귀중한 인간으로 가치를 인정하는 것이다.
    - 내담자가 새로운 학습을 통해 어떤 가치를 구현해야 하는 심리적인 필요와 현실적인 필요를 충족하기 위한 가능한 조건을 제공하려는 마음의 태세를 가리켜 '수용'이라고 한다.
  ㉡ '내담자를 수용한다'는 의미
    - 존재 그 자체를 수용하는 것 : 내담자가 현재 어떠한 훌륭한 성취를 하고 있건, 반대로 실패와 과오를 범하고 있건, 그는 살아 있고 지금보다 더 향상되고 발전되어야 할 가치와 필요가 있음을 존중하는 것이다.
    - 인간의 다양한 특성을 수용하는 것 : 내담자가 지니고 있는 여러 가지 신체적인 특징, 성격적인 특징, 지적 또는 도덕적 특징을 현재 있는 그대로 수용하는 것을 가리킨다.
    - 인간의 구체적인 행동을 수용하는 것 : 구체적인 행동을 수용한다는 것은 행동을 칭찬하거나 그런대로 괜찮다고 승인 내지 묵인하는 것을 가리키는 것이 아니다. 구체적인 행동의 수용은 그 행동의 잘잘못을 떠나서 그러한 행동이 있었음을 과장하거나 왜곡하지 않고 하나의 사실로 받아들이는 것을 가리킨다. 잘한 행동이건 잘못한 행동이건 간에 관계없이, 행동의 원인과 귀결을 객관적으로 내담자의 존재·성장·발달이라는 장기적인 조망 속에서 생각하고 의논할 수 있는 마음의 자세라고 할 수 있다.

② 공감적 이해(감정이입적 이해)
  ㉠ 의 의
    - '공감적인 이해'는 내담자의 입장이 되어서 상담자가 내담자가 지닌 감정·의견·가치·이상·고민·갈등 등을 가지고 그가 처해 있는 여러 상황에 서보는 것이다.
    - 상담은 주관적인 심리작용을 도외시하면 그 상담이 성공하기는 힘들기 때문에, '이해'라는 말 대신에 '공감' 또는 '공감적인 이해'라는 말을 사용하며 이에 중요한 의미를 부여한다.
    - 대립되는 개념으로는 객관적인 사실에 의한 이해 또는 이론적인 이해 등이 있다.
  ㉡ 방 법
    - 주관적 내면세계의 이해 : 상담에서는 객관적이고 과학적인 방법에 의해서 인간행동을 이해하는 것을 중시하나, 그것만으로 충분하지 않다. 상담의 과정에서 중요한 것은 내담자의 마음속에서 주관적으로 작용하고 있는 지각·감정·동기·갈등·목표와 같은 것이기 때문이다.
    - 말의 이면에 담긴 내용의 이해 : 상담자는 성공적인 상담을 위해서 내담자가 하는 말의 내용을 표현된 언어의 의미를 넘어서, 말의 이면에 포함되어 있는 정서·의도·동기·갈등·고통 등을 이해해야 한다.
    - 비언어적인 표현에 담겨진 의미와 감정 이해 : 상담자는 내담자의 비언어적인 표현에 담겨진 의미와 감정을 이해해야 한다. 인간은 언어보다 비언어적인 수단을 통해서 자신을 보다 정확하게 그리고 보다 많이 표현하는 경우가 많다.

- 내담자 행동에 대한 궁극적 동기 이해 : 내담자가 자신의 행동을 통해 추구하는 궁극적인 동기가 어떤 것인가를 이해해야 한다. 내담자는 자신이 어떠한 행동을, 어떠한 이유 때문에, 무엇을 얻기 위해서 하였는지, 그 행동에 포함된 의미를 충분하게 이해하고 있지 못한 경우가 거의 대부분이기 때문이다.

③ 일 치
  ㉠ 의 의
   - 내적인 경험과 그에 관한 인식의 합일을 가리킨다. 한 걸음 더 나아가 내면적인 심리세계의 경험과 그에 대한 인식만이 아니라, 그에 관한 표현이 모두 합치되는 것이다.
   - 갓난아기들을 보면, 어떠한 신체적 체험이나 심리적인 고통의 표현이 일치되는 것을 알 수 있다. 이는 흔히 진지성, 명료성, 순수성 등으로 불리기도 한다.
   - 일치와 대립되는 개념은 허구성, 가식, 경박함, 불일치, 불순함 등이라고 할 수 있다.
  ㉡ 내 용
   - 하나의 통합 달성 : 상담관계 속에서 이루어지는 모든 의사소통과 활동은 상호 대립되거나 모순되는 결과를 초래하기보다 각각 독립된 것이면서도 하나의 통합을 이룩할 수 있는 것이어야 한다.
   - 내적인 경험과 그 표현의 일치 : 성인의 경우, 내면적인 경험과 그 표현이 서로 일치되지 않은 경우가 많은데, 이 경우 상담은 성공하기가 어렵다.
   - 상담자와 내담자의 상담목표와 동기의 일치 : 일치는 상담자와 내담자 그리고 상담의 목적 등에도 필요하다. 상담자와 내담자 사이의 일치는 우선 내담자의 상담목표와 동기가 상담자의 그것과 일치되어야 한다. 상담자와 내담자가 상담을 통해서 도달하려는 목표가 일치되지 않거나 대립되는 경우 상담은 중단되거나 실패할 수밖에 없다.
   - 각각의 목표의 일치 : 상담을 통해서 성취하려는 궁극적인 목표나 중간수준의 목표 또는 구체적·실제적인 행동수준의 목표가 일치될 때 상담은 효과적으로 이루어질 것이다.

(4) 상담의 기본전략

① 내담자에게 일어났던 최근의 의미 있는 자료에 초점을 맞춘다.
② 일반적이고 모호한 내용에서 구체적인 내용으로 집중한다.
③ 사건이나 생활역사의 나열보다 중요 인간관계에 관련된 내담자의 감정에 초점을 둔다. 즉, 사상 자체보다 그에 수반되는 정서 내용에 주목한다.
④ 상담자와 내담자 간의 나와 너의 관계를 구축하여 내담자 변화의 장으로 삼는다.
⑤ 장래와 과거에 관련된 사실들에 대한 의미 없는 조사보다는 상담 장면의 현재와 이곳에서의 내담자 감정과 행동에 주목한다.
⑥ 다른 사람과 자기 생활에 대해 기술한 내용의 이해보다는 내담자의 현재 하고 있는 적응 행동의 효과성을 검토하도록 한다.
⑦ 바람직한 내담자의 언행, 자기탐색 노력을 강화한다.
⑧ 자기표현 훈련, *긴장이완 훈련, 정신안정 훈련을 필요에 따라 내담자와의 합의하에 실시할 수 있다.
⑨ 상담의 진행 결과와 최초에 상호 합의한 목표를 비교 검토한다.
⑩ 상담관계와 내담자의 일상생활 장면 간의 차이를 검토하여 현실적인 행동전략을 협의한다.

> ✅ **긴장이완 훈련**
> 불안이나 스트레스, 화가 끓어오르는 상황에서 적절한 대처를 할 수 있도록 하는 훈련을 말한다.

(5) 주요 상담기법 14 15 16 19 20 22 24 기출

① 경청하기
- ㉠ 경청은 내담자의 말과 행동에 집중해서 보고 듣는 것으로 내담자가 생각이나 감정을 자유롭게 표현하게 한다.
- ㉡ 내담자의 말을 잘 경청하는 것은 상담을 성공적으로 이끄는 주요 요인이 된다.
- ㉢ 경청의 자세(G. Egan) 16 기출
  - 내담자 쪽으로 몸을 약간 기울인다.
  - 내담자를 바로 바라본다.
  - 개방적인 자세를 취한다.

> [예] **상담시간에 늦은 청소년 내담자와의 상담**
> - 상담자 : 좀 늦었네, 무슨 일 있었니?
> - 내담자 : 시위대가 시내에서 도로를 점거하고 시위를 하는 바람에 시내에 차가 많이 막혔거든요.
> - 상담자 : 그랬구나.

② 반영하기 15 16 17 18 21 기출
- ㉠ 반영은 내담자의 메시지 이면에 있는 감정을 표면적으로 드러내는 것으로, 내담자가 표현한 기본적인 감정이나 태도 등을 상담자가 다른 참신한 말로 부연해 주는 시도라고 정의할 수 있다.
- ㉡ 반영을 할 때는 내담자의 내면을 잘 파악하여 거울에 비추듯이 그대로 되돌려주려고 노력해야 한다.
- ㉢ 상담자는 반영을 통해 자기이해를 도와줄 뿐 아니라 내담자로 하여금 자기가 이해받고 있다는 인식을 주게 된다.
- ㉣ 상담자는 내담자의 행동을 유심히 관찰하여 말로써 표현한 것뿐만 아니라 자세, 몸짓, 목소리, 눈빛 등 비언어적 행동에서 나타나는 감정까지도 반영해 주는 것이 필요하다.

> [예] **가난한 집안환경 때문에 고민하는 청소년 내담자와의 상담**
> - 내담자 : 몇 년 전에 부모님 사업이 부도가 나서 제가 학비를 벌어야 해서 대학 다니기도 벅찬데, 얼마 전에 중고등학교에 다니는 동생들이 학비 때문에 저한테 도움을 청했어요.
> - 상담자 : 학생이라 많은 돈을 벌 수 없고, 아르바이트를 해서 겨우 대학을 다니느라 힘들 텐데, 어린 동생들이 학비 도움까지 청하니 동생들이 가엾으면서도 아무것도 해줄 수 없는 미안함 때문에 무척 안타까움을 느끼고 있구나.

지식 IN

감정반영 기술 15 17 기출
- 상담자는 모든 감정을 반영하려 하기보다는 가장 현저한 감정을 끄집어내야 한다. 확실히 가장 중요한 감정을 선별하기 위하여 상담자는 내담자의 언어적·비언어적 행동에 주의를 기울여야 한다.
- 감정반영 기술은 내담자의 탐색을 돕는 중요한 기술이다. 감정의 반영은 내담자가 걱정으로 인한 불안감을 어느 한쪽으로 밀쳐 버리지 않고 충분히 경험할 수 있도록 하고, 그 고통을 피하지 않고 받아들이며 끊임없이 탐색할 수 있도록 용기를 북돋아준다.

- 내담자의 정서적 정화(Catharsis)를 고무시키는 것을 돕는다. 상담자는 내담자로 하여금 자기 감정 즉, 슬퍼하고, 울고, 화내고, 소리치고, 당황하고, 즐거워하고, 놀라는 등의 감정을 경험하도록 할 필요가 있다. 그렇게 함으로써 정서적 노출로부터 뭔가를 얻어 앞으로 나아가게 하는 것이다. 이러한 정서적 노출의 치료적 과정을 '정화(Catharsis)'라고 한다.
- 반영은 느낌을 비추는 거울과 같다. 불투명하여 자신의 감정을 알 수 없는 내담자에게 상담자는 불투명함을 닦아주어 내담자가 자신의 감정을 명료화하고 설명할 수 있도록 도와주어야 한다.

③ 수용하기
　㉠ 수용이란, '음-음'이나 '예, 계속하시지요', '아, 그렇군요' 등과 같이 고개를 끄덕이며 보내는 짧은 어구로, 상담자가 주의를 집중하고 있다는 것을 나타내는 반응이다.
　㉡ 상담자가 내담자 그대로를 받아들이고 존중하고 있다는 것을 알게 하여, 내담자가 어떤 위압감이나 의무감을 느끼지 않고 자연스럽게 대화를 하도록 한다.
　㉢ 수용을 위한 4가지 요소
　　• 상담자가 내담자에게 시선을 주는 주목 행동 : 내담자를 향한 지속적인 시선은 상담자가 내담자를 수용하며, 주의를 기울이고 있다는 사실을 암시적으로 전달하는 것이 된다.
　　• 상담자의 안면표현과 고개를 끄덕이는 행동 : 상담자는 진지한 얼굴표정으로 관심을 나타내야 한다. 만약 상담자가 위장된 관심을 나타내면, 눈치가 빠른 내담자는 그것이 위선적이라는 것을 금방 알아차리므로, 상담자는 항상 표현 하나하나에 솔직하고 진지해야 한다.
　　• 상담자의 목소리와 억양 : 내담자는 상담자의 목소리와 억양을 단서로 자기의 이야기를 받아들이고 있는지를 구별할 수 있다. 말의 속도를 너무 빠르거나 너무 느리지 않도록 하여, 상담자가 관심을 갖고 도와주려고 노력하고 있다는 인상을 주도록 해야 한다.
　　• 상담자의 자세와 태도 : 내담자들은 상담자의 조그마한 행동에도 민감하다는 것을 유념하여, 자연스럽지 못한 행동이나 불쾌감을 주는 태도를 취하지 않도록 해야 한다.

> **예 운동을 그만두고, 학업성적 때문에 고민하는 청소년 내담자와의 상담**
> - 내담자 : 저는 중학교 2학년 때까지 학교 육상선수였어요. 그때 큰 대회에서 우승을 해서 담임선생님이 무척 예뻐해주셨어요.
> - 상담자 : 그랬었구나. 그래, 계속 이야기해보아라.

④ 질문의 사용 16 기출
　㉠ 상담에서 상담자가 질문을 많이 하는 것은 어떠한 경우에든지 바람직하지 못하다.
　㉡ 상담은 치료적 면접인 만큼 상담자는 심문자나 조사관의 역할을 해서는 안 된다.
　㉢ 이중질문과 특히 '왜'라는 질문은 내담자의 문제해결에 도움이 되지 못하고, 오히려 상담자의 역할과 상담의 성격을 오해하게 만들 소지가 있으므로 가능한 한 피해야 한다.
　㉣ 내담자로 하여금 이야기를 계속하여 자기탐색을 중단하지 않고 진행하는 방향으로 유도하거나, 내담자의 자기이해를 돕기 위해서 명료화나 직면화의 한 기법으로 사용될 때에 이상적이다.
　㉤ '개방형 질문'은 내담자의 이야기(감정, 생각, 행동, 경험 등)를 이끌어내고자 하는 목적이 있으며, 소통을 활성화하고 자유로운 논의를 유도한다.

ⓗ '폐쇄형 질문'은 구체적인 정보 수집, 논의주제의 범위 축소, 상담주제로의 초점 환원 등의 특징이 있으며, 내담자의 감정이 혼란스러울 때는 폐쇄적 질문이 더 도움이 된다.

구 분	개방형 질문	폐쇄형 질문
질문의 범위	포괄적	좁고 한정됨
답변의 범위	• 내담자에게 가능한 한 많은 대답을 선택할 수 있는 기회 제공 • 익숙하지 않은 내담자에게는 오히려 답변에 대해 부담을 느끼게 함	• 대답의 범위가 '예', '아니오' 또는 단답식 답변으로 제한 • 내담자의 신속한 답변 가능
촉진관계	바람직한 촉진관계 제공	촉진관계의 폐쇄
예 시	평소 부모님과의 관계는 어떤가요?	부모님을 존경하나요?

⑤ 바꾸어 말하기(Paraphrasing) 15 16 기출
  ㉠ 내담자의 이야기를 듣고, 상담자가 자기의 표현양식으로 바꾸어 말해주는 것은 상담에 여러 가지로 도움이 된다.
  ㉡ 바꾸어 말하면서 내담자의 입장을 상담자가 이해하려고 노력하고 있음을 전달할 수 있다.
  ㉢ 내담자가 한 말을 간략하게 반복함으로써 내담자의 생각을 구체화할 수 있다.
  ㉣ 내담자가 말하고 있는 바를 상담자가 올바로 이해하고 있는지를 확인할 수 있다.

> [예] **양심의 가책을 느껴 괴로워하는 청소년 내담자와의 상담**
> • 내담자 : 제가 어제 가게에서 물건을 사고 거스름돈을 더 받은 걸 알았지만, 그냥 나왔어요.
> • 상담자 : 지금 그 이야기는 겨우 거스름돈 몇 푼에 양심을 팔았다고 생각하니, 스스로에 대하여 실망이 매우 컸다는 말이니?
>
> [예] **상담 선생님에 대하여 궁금한 청소년 내담자와의 상담** 16 기출
> • 내담자 : 선생님은 왜 상담 선생님이 되셨어요?
> • 상담자 : 내가 상담 선생님이 된 이유가 궁금한가 보구나.

⑥ 재진술 22 기출
  ㉠ 내담자가 진술한 내용을 상담자의 말로 바꾸어 기술하는 것이다.
  ㉡ 내담자에 관한 정보를 함축적으로 되돌려줌으로써, 내담자가 자신이 한 말에 주의를 기울이게 한다.
  ㉢ 상담자가 내담자가 하는 말을 잘 듣고 있으며, 내담자를 이해하려 노력하고 있음을 전달할 수 있다.
  ㉣ 내담자가 사용한 말의 길이와 비슷하거나 적은 단어를 사용한다.
  ㉤ 반복(거의 그대로 재진술), 환언(다소 바꾸어 재진술), 요약(짧게 재진술) 등의 유형이 있다.

> [예] **시험공부를 미리미리 하지 않고 미루는 청소년 내담자와의 상담**
> • 내담자 : 저는 이번 기말고사에도 역시 시험 직전까지 시험 준비를 미루다 결국 밤새워 공부했어요.
> • 상담자 : 이번 기말고사도 벼락치기를 했군요.

⑦ 명료화(Clarification) 23 기출
  ㉠ 내담자의 말 중에서 모호한 점이나 모순된 점이 발견될 때, 이를 명확히 이해하고 넘어가기 위해서 다시 그 점을 상담자가 질문함으로써 내담자가 그 의미를 명백하게 하도록 돕는 기술이다.
  ㉡ 내담자의 문제를 거울에 비추어 보듯이 분명하게 하는 작업으로, 내담자가 미처 생각하지 못했던 측면을 다시 생각해 보게 한다.
  ㉢ 상담자가 내담자의 말을 정확히 이해하기 위해서도 필요하고, 내담자가 스스로의 의사와 감정을 구체화하여 재음미하도록 돕기 위해서도 중요하다.
  ㉣ 내담자에게 명료화를 요청할 때는 상담자가 내담자에게 도움을 주기 위하여 질문하고 있다는 느낌을 주도록 유의한다.

  > 예 부모님과 갈등을 겪고 있는 청소년 내담자와의 상담
  > • 내담자 : 부모님은 너무 막무가내이셔서 대화가 통하지 않아요.
  > • 상담자 : 부모님이 막무가내라고 했는데, 어떤 점에서 그렇게 생각하는지 구체적으로 이야기해주겠니?

⑧ 해 석 14 15 18 기출
  ㉠ 내담자가 자기의 문제를 새로운 각도에서 이해하도록 그의 생활경험과 행동의 의미를 상담자가 설명해주는 것이다.
    예 담임선생님에게 화가 나기 때문에 공부를 안 하려고 하는 것처럼 보이네.
  ㉡ 내담자가 다른 관점으로 문제를 볼 수 있도록 행동, 사고, 감정에 새로운 의미를 제공한다.
  ㉢ 해석의 내용이 내담자의 준거체계와 밀접할수록 내담자의 저항을 줄일 수 있고, 내담자 스스로 해석하도록 도와주는 것이 바람직하며, 내담자의 통찰을 촉진하는 데 목적이 있다.
  ㉣ 내담자의 이해 수준과는 상이한 새로운 참조체제를 제공해준다는 의미에서 큰 의의가 있으나, 아주 신중하게 사용되어야 한다.
  ㉤ 내담자 편에서 자기이해가 이루어지지 않았을 때 성급한 해석을 내리는 경우, 내담자가 방어적으로 나올 수 있으므로 해석의 시기에 유념해야 한다.
  ㉥ 저항을 직면할 수 있는 자아강도가 있을 때, 즉 받아들일 준비가 되어 있을 때 하는 것이 효과적이다.
  ㉦ 상담자와 내담자 간 충분한 라포(Rapport)가 형성되어 있을 때 실시해야 한다.
  ㉧ 해석의 내용은 가능한 한 내담자가 통제·조절할 수 있는 것이 좋다.
  ㉨ 단정적·절대적 어투보다 잠정적·탄력적 어투를 사용하는 것이 좋다.
  ㉩ 상담과정에서 수집하고 확인한 구체적·실제적인 정보를 근거로 제공한다.
  ㉪ 내담자의 현재 욕구를 존중하고, 내담자의 인지적·성격적 특성을 고려해서 이루어져야 한다.

  > 예 학교와 집에 모두 불만이 있는 청소년 내담자와의 상담
  > • 내담자 : 집에서는 부모님이 매일 학교성적 때문에 잔소리만 하시고, 학교에서는 선생님이 공부 잘하고 잘사는 애들만 편애하는 것 같아요. 그래서 집도 싫고 학교도 싫어요.
  > • 상담자 : 학교수업을 빠지고, PC방에서 하루 종일 있었던 것은 학교와 집에 대한 불만의 표시였구나.

> **지식 !N**
>
> **해석의 과정** 18 기출
> - 1단계 : 내담자를 관찰하며 해석할 준비하기, 다양한 가설과 증거 찾기
> - 2단계 : 내담자의 준비정도를 고려하고, 해석의 적절성 정하기
> - 3단계 : 상담자 자신의 의도 점검하기
> - 4단계 : 해석을 제시하기
> - 5단계 : 내담자의 반응 관찰하며 후속 대응하기

⑨ **직면(Confrontation)** 14 15 18 21 23 기출
  ㉠ 내담자의 말이나 행동이 일치하지 않거나 모순점이 있을 때 그것을 지적해주는 기술이다.

  > - "너는 아빠가 밉다고 하면서도 아빠를 걱정하고 있구나."
  > - "좋은 성적을 받고 싶다고 하면서 대부분의 시간을 게임하는 데 쓰고 있구나."
  > - "웃고 있지만 손을 꽉 쥐고 있구나."

  ㉡ 직면의 기술을 사용하는 경우 매우 신중해야 하며, 내담자는 직면에 처했을 때 매우 강한 감정적 반응을 나타낼 수 있다.
  ㉢ 내담자를 평가하거나 비판하는 인상을 주지 않도록, 내담자가 보인 객관적인 행동과 인상에 대하여 서술적으로 표현하는 것이 중요하다.
  ㉣ 직면은 타인에 대한 배려와 염려 그리고 공감을 바탕으로 하여야 하며, 즉각적인 직면은 위험하므로 내담자와 좋은 관계가 형성된 후에 해야 한다.

> **지식 !N**
>
> 내담자의 내면세계에 접근하는 깊이의 정도는 '반영 → 명료화 → 직면 → 해석'의 순이다.

⑩ **초점화(Focusing)** 15 기출
  ㉠ 내담자가 어떻게 이야기를 시작해야 할지 모르거나 이야기가 산만하여 방향이 없을 때, 이야기의 주제를 바로잡거나 방향을 바꾸어줌으로써 내담자가 특정 관심사나 주제에 주의를 집중하도록 돕는 기술을 말한다.
  ㉡ 초점 맞추기 과정
    - 제1단계 : 내담자가 가진 문제나 어떤 대상에 관한 전반적인 느낌에 집중하게 한다.
    - 제2단계 : 주의를 끄는 하나의 관심을 찾아내고 그것에 주의를 기울이게 한다.
    - 제3단계 : 하나의 감정에 주의를 유지하면서 그 감정으로부터 나타난 단어나 이미지를 떠올리게 한다.
    - 제4단계 : 감정의 흐름에 주의를 기울이게 하며, 그것을 판단하지 말고 단지 경험하게 한다.
    - 제5단계 : 현재 내담자의 문제에 관해 느껴지는 새로운 감정을 가져오게 한다.
    - 제6단계 : 5단계를 거치면서 의식에 나타났던 단어나 이미지를 묘사하게 한다.

> **예) 학교성적을 고민하면서도 주위환경 때문에 힘들어하는 청소년 내담자와의 상담**
> - 내담자 : 중학교 입학하고는 정말 열심히 공부했는데도 성적이 잘 오르지 않았어요. 저도 나름대로 걱정하고 있었는데, 부모님이 제 속도 모르고 성적이 오르지 않았다고 저에게 잔소리를 심하게 하셨어요. 공부하러 독서실에 간다고 하고 집에서 나오긴 했는데, 막상 독서실에 가면 친구들을 만나게 되거든요. 게다가 공부를 잘하는 친구들이 아니다 보니 같이 어울려서 PC방에서 게임하면서 시간을 다 보내게 돼요. 그렇게 놀다가 집에 오면 제 자신이 너무 한심하고, 장래가 걱정이 되어, '내일부터는 그 친구들하고 어울리지 말고 정말 공부해야지' 하고 마음먹는데, 그 친구들이 같은 반 친구들이라 안 어울릴 수도 없어요. PC게임이 너무 재미있어서 하지 않으면 왠지 허전하기도 해서 제가 PC게임에 중독된 거 같기도 해요. 정말 어떻게 해야 할지 모르겠어요.
> - 상담자 : 내가 보기에는 공부 장소를 바꾸는 문제에 대해서 상담하는 것이 우선인 것 같구나.

⑪ **재명명(Relabeling)** 16 기출
   ㉠ 내담자가 문제를 다른 시각에서 보거나, 다른 방법으로 이해하도록 돕는 기술이다.
   ㉡ '재구성(Reframing)' 혹은 '재규정(Redefining)'이라고도 한다.
   ㉢ 주어진 상황에 대한 부정적인 생각을 보다 새롭고 긍정적인 시각으로 변화하도록 돕는 것을 의미한다. 이는 특정 문제에 대해 내담자가 부여하는 의미를 수정함으로써, 내담자의 시각을 긍정적인 방향으로 변화하는 기술이다.

> **예) 담임선생님에 불만이 많은 청소년 내담자와의 상담**
> - 내담자 : 우리 담임선생님은 숙제를 너무 많이 내주시고, 아침저녁으로 훈시를 많이 하세요.
> - 상담자 : 숙제를 많이 내주시는 것은 너희들을 골탕 먹이려는 것이 아니라, 조금이라도 더 공부를 시키고 싶어서 그러시는 거야. 그리고 훈시가 많은 것은 그만큼 너희들을 걱정하고 좀 더 나은 사람이 돼라고 그러시는 거지.

지식 IN

은 유
비유나 동화 형태로 제시하며, 내담자의 자기인식을 돕고 문제를 재구성하도록 한다.

⑫ **요약(Summarizing)**
   ㉠ 내담자의 생각과 감정을 매회의 상담이 끝날 무렵 하나로 묶어 정리하는 것이다.
   ㉡ 내담자에게 매회의 상담을 자연스럽게 종결하도록 유도할 수 있고, 상담 도중에 나타난 문제점이나 진행 정도 및 다음 단계에 대한 계획을 파악하는 데 도움이 된다.
   ㉢ 요약은 상담자가 하든지 내담자에게 시켜보든지 상호간에 결정해서 실시할 수 있다.

> **예) 가정형편 문제로 고민하는 청소년 내담자와의 상담**
> - 상담자 : 지금까지 이야기한 것을 정리해보면, 혼자 공부하면 이해가 안 되는 것도 많고 능률도 오르지 않기 때문에 학원에서 강의를 들으면서 공부하고 싶은데, 가정형편이 어려워 부모님한테 차마 말씀드리지 못하고, 혼자 고민하고 있다는 말이지?

⑬ 조언(Suggestion) 또는 충고
  ㉠ 조언은 내담자가 해야 할 것을 추천하거나 제안하는 기술이다.
  ㉡ 상담자의 조언과 충고는 자칫하면 내담자의 반발과 저항을 초래할 수 있다.
  ㉢ 조언은 진정한 의미에서 내담자의 자기이해, 자기탐색, 자기성장의 기회를 박탈하기 쉽고 내담자를 열등한 위치에 처하게 하기 쉽다.
  ㉣ 조언을 자주 사용하는 것은 삼가야 한다. 다만 신속한 의사결정을 요하는 경우나 위기적 상황 및 부모와 가족상담을 하는 경우에 적절히 사용하는 것이 효율적이다.
  ㉤ 미성년자 및 중·고등학생을 상담하는 경우에는 다소 지시적인 방법으로서 직접적인 조언과 정보를 제공하는 것이 유용할 수 있다.
  ㉥ 청소년 내담자에게 충고나 조언 시 상담자의 개입방법 16 20 24 기출
    • 적용 시점은 내담자의 문제 해결을 위한 정보가 필요할 때이다.
    • 내담자의 감정, 태도 및 신념을 공감하며 조언하는 것이 중요하다.
    • 충고나 조언을 하기 전에 내담자가 원하는지, 어떤 시도나 노력을 했는지 확인한다.
    • 충고나 조언을 한 후 내담자가 이를 제대로 이행했는지 확인한다.
    • 충고나 조언한 내용에 대해 즉각적인 피드백과 실행 후의 피드백을 받는다.

> [예] **명품가방, 명품 옷 등에 관심이 많은 중학생 내담자와의 상담**
> • 내담자 : 저도 다른 아이들처럼 명품 옷과 명품신발을 신고 싶은데, 부모님이 안 사주세요. 다 가지고 있는 스마트폰도 저만 없다고요. 결국 저만 학교에서 왕따 당하는 기분인데, 부모님이 그걸 이해 못 해주시고 안 된다고만 하시니 정말 답답해요.
> • 상담자 : 학생 때는 겉모습을 꾸미는 것보다 앞으로 사회에 진출했을 때 필요한 실력을 쌓는 것이 더 중요하지 않을까?

⑭ 자기개방 / 자기노출(Self-Disclosure) 19 21 기출
  ㉠ 상담자가 내담자의 이야기를 들으면서 그 주제(내담자 문제)와 관련한 상담자 자신의 경험이나 개인적인 정보, 느낌, 의견 등을 내담자에게 드러내는 것이다.
  ㉡ 자신에 대한 이해와 수용을 통해 자신을 있는 그대로 나타내 보이는 것으로, 타인의 개방을 촉진하여 상호이해의 폭을 넓히는 동시에 더 깊은 자기개방이 가능하도록 촉진한다.
  ㉢ 내담자가 상담자와 더욱 깊은 관계를 맺고 상담자를 인간적으로 느끼면서 더욱 친밀하게 여길 수 있다.
  ㉣ 자기개방(자기노출) 이후 상담에 어느 정도 부정적인 영향을 미칠 수 있으므로, 자주 사용하지 않는 것이 좋다.

> [예] **범죄를 저질러 소년원에 있다가 퇴원한 청소년 내담자와의 상담**
> • 내담자 : 지금 생각해도 한순간의 실수로 중요한 시기를 소년원에서 보내야만 했던 것이 너무 후회스럽고, 앞으로도 영원히 낙인으로 남을 것을 생각하니 장래가 너무 걱정스럽습니다.
> • 상담자 : 나도 학생만큼 젊었을 때, 범죄에 휘말려 교도소에 수용된 적이 있었지. 출소 후에는 정말 막막했지만 남들보다 몇 배 더 노력을 했고, 지금은 나처럼 불우한 어린 시절을 보내는 청소년들을 돕는 보람된 일을 하고 있지.

지식 IN

자기개방의 종류

전략에 대한 개방	상담자 자신이 과거에 시도했던 전략을 개방하여 내담자에게 직접적인 안내를 한다. 예 "저는 우울할 때 산책을 합니다."
통찰에 대한 개방	상담자 자신이 과거 통찰을 획득했던 경험과 관련된 정보를 공개한다. 예 "저도 윗사람을 어려워하는데, 그 이유가 아버지에 대한 두려움 때문이라는 걸 알았어요."
감정에 대한 개방	내담자의 상담 내용에 대한 상담자의 솔직한 감정이나 의견을 내담자에게 드러내는 것이다. 예 "제가 당신이라면 많이 서러웠을 것 같아요."
사고에 대한 개방	내담자의 상황과 관련된 상담자의 경험에서 느꼈던 솔직한 의견을 드러내는 것이다. 예 "제 부모님이 이혼하셨을 때, 부모님이 저를 버렸다고 생각했어요."

⑮ 나 전달법(I-Message)
  ㉠ 상담자와 내담자 간에 보다 분명하고 직접적으로 메시지를 소통하는 방법에는 '나 전달법(I-Message)'과 '너 전달법(You-Message)'이 있다.
  ㉡ '나 전달법'은 생각이나 감정을 표현하는 데에 있어서 그 상대방이 나에게 미친 영향을 효과적으로 전달하되, 전달과정에서 상대방을 비난하지 않고 공격하지 않기 때문에 상대방의 방어적인 태도를 풀어서 상대방이 나를 이해할 수 있도록 도와준다.
  ㉢ '너 전달법'은 상대방에 대한 나의 판단을 마치 객관적인 사실처럼 말하는 방법인데, 충고나 위협으로 인식되어 저항에 부딪힐 수 있으므로 자제해야 한다.

> 예 **상담 도중에 자꾸 대화를 끊고 자기 말만 하려고 하는 청소년 내담자와의 상담**
> - 내담자 : 말씀 도중에 죄송한데요, 저는 그렇게 생각하지 않거든요.
> - 상담자(I-Message에 의한 경우) : 아까부터 계속 이야기 도중에 끼어드는데, 그러면 상담시간만 길어지고, 내가 하고 싶은 이야기를 제대로 할 수 없게 되어 제대로 된 상담이 어려워질 것 같거든. 의견을 말할 시간은 이후에 충분히 줄 테니까, 내 이야기가 끝난 다음에 하고 싶은 말을 했으면 하는구나.
> - 상담자(You-Message에 의한 경우) : 왜 아까부터 자꾸 대화 도중에 말을 끊는 거지?

⑯ 침묵의 처리 15 기출
  ㉠ 일반적으로 내담자가 자기 자신을 음미해보거나 머릿속으로 생각을 간추리는 과정에서 침묵이 발생하므로, 이런 때의 침묵은 유익한 필요조건이다.
  ㉡ 상담자는 침묵을 깨뜨리려 하지 말고, 인내심을 가지고 어느 정도 기다려보는 것이 바람직하다.
  ㉢ 상담관계가 잘 이루어지지 않거나, 상담자에 대한 저항 때문에 침묵이 일어난 경우에는 대개 내담자가 눈싸움을 하는 듯한 자세나 부정적 표정을 지으며 침묵을 지키는 경우가 있다. 이때는 상담자가 무조건 기다릴 것이 아니라, 그 침묵과 원인이 되는 내담자의 그때 그 자리에서의 숨은 감정을 언급하고 다루어 나가야 한다.

> **지식 IN**
>
> **비언어적 의사소통 - ENCOURAGE(Hill & O'Brien, 1999)** 18 기출
> - E(Eye Contact) : 적당한 정도의 시선 맞추기, 자주 다른 곳을 보거나 뚫어지게 보는 것을 피함
> - N(Nods) : 대화 중에 고개를 적당히 끄덕임, 상대방의 말에 귀 기울이고 있음에 대한 표시
> - C(Cultural Differences) : 상대방의 성별, 나이, 사회경제적 지위, 직업, 출신지역, 종교 등의 문화적 차이를 인식하고 존중
> - O(Open Stance) : 상대방 쪽으로 개방된 자세를 유지, 정면으로 상대방을 마주 대하고, 상대방 쪽으로 약간 몸을 기울임, 다리를 꼬거나 팔짱을 끼는 것은 개방된 자세가 아님
> - U(Umhmm) : 상대방의 이야기를 듣는 과정에서 '음', '네에', '그렇군요' 등의 표현, 경청하고 있음을 보임
> - R(Relax) : 몸에 긴장을 풀고 자연스럽게 행동
> - A(Avoid) : 교사의 감정을 지나치게 표시하거나 주변 물체로 시선 옮기기, 시계 보기, 옷자락이나 볼펜 만지작거리기 등의 산만한 행동 피하기
> - G(Grammatical Style) : 상대방의 언어에 맞추기, 상대방의 연령·교육수준 등에 맞는 대화, 지나치게 전문적이지 않도록 행동함
> - E(spacE) : 상대방과 너무 가깝지도 멀지도 않게 앉음

05 상담의 유형

(1) 단회상담

① 개 요
  ㉠ 단회상담은 상담의 가장 짧은 형태로, 상담이 1회기로 종료되는 유형의 상담이다.
  ㉡ 단회상담은 전화상담, 사이버상담, 심리검사의 해석상담, 진로 및 취업지도, 정보제공 상담, 응급상담 등이 있다.

② 단회상담의 원리와 기술
  ㉠ 단회 여부의 재빠른 결정
  ㉡ 내담자가 단회상담을 통해서 얻을 수 있는 것이 무엇인지 파악
  ㉢ 다회상담보다 훨씬 신속하고 정확하게 내담자의 목표를 파악
  ㉣ 능동적인 대화과정 조절(Process Control)
  ㉤ 융통성과 단호함의 겸비
  ㉥ 내담자의 문제해결 동기 유지
  ㉦ 조언이나 지시의 적절한 활용
  ㉧ 탈이론적(Beyond Theory) 융통성과 주체성 필요
  ㉨ 직면의 기술적 사용
  ㉩ 결론이나 성취 도달

(2) 단기상담 17 기출

① 개 요
  ㉠ 상담기간이 비교적 짧고 해결중심적인 상담 접근방법으로 문제의 원인, 역기능, 병리현상 등에 초점을 맞추기보다는, 내담자의 강점과 자원을 탐색하고 구체적인 해결방안을 적극적으로 모색한다.
  ㉡ 내담자가 호소하는 한두 가지 핵심문제를 중심으로 빠른 시간 내에 변화할 수 있도록 돕는다.

② 단기상담의 필요성
  ㉠ 사회적 필요성 : 바쁜 현대인들에게 장기상담을 할 만큼 시간적 여유가 없다.
  ㉡ 경제성 : 시간적·비용적 부담이 적고 가정 형편이 어려운 내담자들에게 유용하다.
  ㉢ 상담의 효과성 : 장기상담에 비교하여 단기상담의 효과성도 나쁘지 않다.
  ㉣ 상담관계의 효과성 : 장기상담에서 생기는 전이를 단기상담에서는 거의 느끼지 않는다. 즉, 지나친 의존이나 퇴행을 일으키지 않는다.

③ 단기상담의 특징 17 기출
  ㉠ 상담시간의 제한성에 따른 본질적 문제에 맞춘 상담계획의 수립
  ㉡ 달성 가능한 작은 목표의 선호와 현재 중심의 상담개입
  ㉢ 상담자의 적극적·능동적 역할 강조와 문제해결적 접근
  ㉣ 상담자와 내담자의 긍정적인 협력적 관계 구축

④ 단기상담에 적합한 내담자 17 기출
  ㉠ 정신 기능이 능률적인 내담자
  ㉡ 구체적이고 비교적 경미한 문제를 지닌 내담자
  ㉢ 대인관계 능력을 지닌 내담자

(3) 장기상담

① 개 요
  ㉠ 장기상담은 장기간 지속하는 상담이다(25회에서 많으면 100회 이상).
  ㉡ 내담자를 정밀하게 검사하여 완전하게 변화시키는 것을 목표로 한다.
  ㉢ 장기상담은 일반적으로 정신분석상담에서 많이 이루어진다.

② 장단점
장기간의 상담과정을 통하여 내담자의 근본적인 문제점을 해결할 수 있다는 장점이 있지만, 상담의 길이를 필요 이상으로 연장하거나 상담자와 내담자 모두에게 의존성을 불러일으킬 수도 있고, 비용도 많이 소모된다는 단점도 있다.

(4) 매체를 통한 상담 20 21 22 기출

① 전화상담 19 기출
  ㉠ 전화상담은 문제 해결 중심으로 진행되며, 대면상담으로 연계하는 역할을 한다.
  ㉡ 전화상담의 운영방식과 이용자들의 기대(즉석, 당면문제 해결)는 단회상담의 특성이다.
  ㉢ 특정 주제에 대한 상담이 주를 이루며, 상담자는 특정 주제에 대한 전문가인 경우가 많다.
  ㉣ 내담자의 음성의 질은 내담자의 감정과 태도에 대한 정보를 제공한다.

ⓜ 상습적인 음란전화나 언어폭력이 있을 경우 강력한 대처가 필요하다.
ⓑ 장단점

장 점	• 접근성 및 용이성 : 누구나 쉽게 부담 없이 이용할 수 있다. • *익명성 : 자신을 드러내고 싶지 않은 내담자가 무지, 불안, 망설임, 불확신, 죄책감 등에 대한 부담을 줄일 수 있으며, 내담자 자신의 선택의 여지를 넓힌다. • 친밀성 : 몸으로 표현하지 못하지만 음성만으로도 친밀감을 느낄 수 있다. • 신속성 : 응급상황 시에 신속하게 도움을 요청할 수 있다. • 내담자 위주의 주도성 · 선택성 · 자발성 : 내담자는 특정 상담자에게 의존할 필요 없이 원하는 상담자와 통화할 수 있고, 상담자와 거의 대등하게 대화를 주도할 수 있다.	✅ **익명성** 어떤 행위를 한 사람이 누구인지 드러나지 않는 것을 말한다.
단 점	• 정보습득의 한계 : 시각적이고 비언어적인 정보를 얻을 수 없고, 내담자가 보고하는 정보만 얻을 수 있으므로, 내담자를 충실히 이해할 수 없다. • 전화침묵의 위협 : 전화상담의 침묵은 면접상담의 침묵보다 더 지루하고 위협적이다. • 미완성의 우려 : 단 일회적으로 끝날 우려도 있고, 미완성의 우려도 있다. • 상담관계의 불완전성 : 내담자가 대화 중 전화를 일방적으로 끊어버리는 등의 행동으로 상담관계가 일방적으로 단절될 우려가 있다.	

② 사이버상담 14 15 16 23 기출
  ㉠ 컴퓨터를 매개로 가상공간에서 이루어지는 상담으로서 문자중심의 상담이 진행된다.
  ㉡ 스마트폰 및 인터넷 환경의 발달로 채팅상담과 화상상담 등이 활발해졌다.
  ㉢ 익명성 보장으로 내담자가 자신의 정보를 제공하지 않고도 상담할 수 있어, 내담자에 대한 정확한 인적사항이 파악되지 않을 수도 있다.
  ㉣ 위기개입 등의 상황에 대비하기 위해 내담자의 신분을 확인할 방법이 있어야 한다.
  ㉤ 대면상담과 마찬가지로, 사이버상담에서도 관계형성 및 구조화는 중요하다.
  ㉥ 사이버상담의 유형

채팅상담	전자게시판이나 통신망을 통해 상담자와 내담자가 실시간으로 모니터 화면을 통하여 대화를 나누는 형태이다.
화상상담	모니터를 통해 상담자와 내담자가 얼굴을 보며 상담하는 형태이다.
이메일 상담	전자우편을 주고받으면서 상담자와 내담자가 상담을 하는 형태를 말한다.
게시판 상담	공개적으로 진행되는 경우가 많고, 상담에 대한 심리적 부담이 적으며, 내담자 스스로 상담자가 되어볼 수 있다.
데이터베이스 상담	여러 가지 업무에 공동으로 필요한 데이터를 유기적으로 결합하여 저장한 집합체인 데이터베이스를 이용하여 상담하는 것이다.

  ㉦ 사이버상담의 기법 16 20 기출

즉시성과 현시기법	상담자가 내담자의 글에 대한 자신의 심정과 모습을 생생하게 시각화하여 표현하는 것이다.
정서적 표현에 괄호 치기	글 속에 숨어 있는 정서적 내용을 보여주며, 사실에 대한 대화를 주고받으면서 정서적 표현을 전달하는 것이다.
말줄임표 사용	침묵하는 것을 나타내거나 눈으로 글을 읽고 있음을 나타낼 때 사용하는 것이다.
비유적 언어 사용	문제나 상황에 대한 의미를 전달하고 심화시키기 위해 은유 등을 사용하는 것이다.
글씨체 사용	강조하고 싶은 경우 큰 글씨를 사용하거나, 내담자가 보내온 것과 같은 글씨체나 크기를 사용하여 내담자와 내적 세계를 공유하는 것이다.

③ 사이버상담의 장단점 24 기출
  ㉠ 장 점

시간적·공간적 제약의 극복	인터넷이 가능한 컴퓨터만 있으면 어디서나 상담받을 수 있다.
풍부하고 용이한 정보획득	문제 해결에 도움이 되는 자료를 쉽게 찾아볼 수 있으며, 풍부한 정보획득은 내담자가 더욱 넓은 조망을 가질 수 있도록 도움을 준다.
신속한 상담관계 형성	익명성으로 인해 내담자는 상담자를 의식하지 않고 자신의 의견을 더 자유롭고 솔직하게 표현할 수 있고, 이에 따라 기본적인 상담관계를 쉽게 형성할 수 있다.
감정정화 기능 (Catharsis)	자신의 억압된 감정이나 심리적 에너지가 충분히 표현되고 방출되어 긴장이 완화되는 상태를 가져올 수 있다(익명성으로 인한 적극적인 자기개방).
내담자의 자발적 참여 (내담자 주도성)	내담자가 익명으로 상담에 응하기 때문에 대면상담에서 만나는 내담자보다 상담 과정에서 더 많은 통제력과 주도성을 갖게 되며, 이런 점에서 높은 상담 동기를 가진 경우가 많다.

  ㉡ 단 점

의사소통의 제약	상담자는 내담자가 언급한 내용만을 토대로 답해야 하므로 양방향 커뮤니케이션에 제약이 있고, 비언어적 단서를 포착하고 활용하는 데 제약이 따른다.
응급(긴급) 상담 시 적극적 대처 곤란	내담자가 심각한 문제에 처해 있어도 적극적인 개입이 어렵고, 내담자의 갑작스러운 돌발 상황에 신속하게 대처하기 어렵다.
신뢰 문제	내담자의 글만으로 진위를 확인할 수 없다.
상담의 연속성 문제	내담자 자신의 정보를 선택적으로 공개할 수 있고 언제든지 상담을 중단할 수 있어서 상담의 연속성이 불투명하다.
대화 예절 파괴 가능성	내담자가 상담에 적합한 예절과 언어사용을 무시하고 상담과 관련 없는 말(예 성과 관련한 노골적인 표현이나 질문 등)을 하거나 상담자에게 개인적인 사항을 물어보는 등 내담자로서 지켜야 할 사항을 무시할 수 있다.

(5) 기타 상담의 형태
① 상담의 내용에 의한 분류

위기상담 (Crisis Counseling)	• 사망 또는 이별, 실연 또는 실직 등 위기상황에 처하여 내담자가 자신의 일상사를 제대로 처리할 수 없는 경우, 과도한 불안이나 죄책감 등의 부정적인 정서가 파괴적인 행동(예 자살기도, 알코올 중독 등)으로 이어질 우려가 있는 경우 시행된다. • 위기는 내담자의 신체적·정신적 장애로 연결될 수 있으므로, 즉각적인 개입이 필요하다. • 상담자는 개인적 지지, 직접적 개입, 적합한 치료기관에의 의뢰 등을 수행한다.
촉진상담 (Facilitative Counseling)	• 학업 문제, 직업문제, 결혼 적응 등의 문제 등에 대해 내담자가 필요한 행동을 하도록 조건을 제공하는 것이다. • 촉진상담은 단기간에서 장기간에 이르기까지 다양하며, 특히 내담자의 개인적인 문제와 관련하여 이를 해결하기 위한 적절한 조건을 제공한다. • 상담자는 개인상담, 정보제공, 행동지시 등을 수행한다.
예방상담 (Preventive Counseling)	• 특정한 문제에 대해 계획적이고 예방적인 차원으로 접근하여 해당 문제의 발생이나 재발을 방지하기 위해 시행된다. • 예방상담은 문제별로 일정한 기간에 시행되며, 특히 청소년 생활지도에 매우 유효하다. • 상담자는 개인상담, 정보제공, 적합한 프로그램 의뢰 등을 수행한다. 예 성교육, 약물 교육, 학교폭력 예방, 자살 예방, 인터넷 중독 예방 등

발달상담 (Developmental Counseling)	• 개인의 전 생애를 통해 이루어지는 상담으로 내담자 개인의 건강하고 성숙한 생활을 목표로 한다. • 내담자의 발달 단계에 따른 발달수준이 고려되며, 각 연령에 따른 발달과제가 적절히 수행되도록 조력하는 방향으로 전개된다. • 상담자는 개인적 발달과 관련된 개인상담, 가치관의 명료화, 의사결정의 검토 등을 수행한다. 예 긍정적 자아개념 발달, 청소년의 진로 및 직업탐색, 중년기의 진로변경, 노년기 죽음의 수용 등

② 문제유형별 위기상담

㉠ 이혼가정 청소년의 심리적 정서적 위기상담
- 부모의 이혼이 현실임을 받아들이도록 하여야 한다. 부모는 더욱 관심을 가지고 자녀가 이혼에 대해 정확하게 인식할 수 있도록 해주어서 자포자기, 두려움, 퇴행과 같은 위기를 극복할 수 있도록 한다.
- 자녀가 부모의 갈등으로부터 빨리 분리되어 정상적인 일상생활로 돌아와 학교, 친구 관계를 다시 이룰 수 있도록 돕는다.
- 이혼 후 자녀는 자기 비난이나 부모에 대한 분노를 해결해야 한다. 자녀들이 갖는 부모의 이혼에 대한 느낌은 부모 당사자들의 느낌과는 다르다. 언젠가는 부모와 함께 살 것이라는 희망을 가지고 있어 자신의 원래 가족을 유지하려고 노력하는 동시에 무반응적인 부모나 이혼을 결정한 부모에 대해 분노를 느낀다.
- 자신과 관련된 미래에 대한 현실적인 희망을 성취할 수 있도록 해주어야 한다.

㉡ 청소년 자살 문제와 위기상담 22 기출
- 죽음을 생각할 만큼 힘든 내담자의 마음을 공감한다.
- 자살을 생각하게 된 어려움이 무엇인지 구체적으로 살펴본다.
- 자살하려는 청소년이 표현하는 감정에 귀를 기울이며 이를 존중한다는 것을 보여준다.
- 자살 사고가 있으나 부모에게 이 사실을 알리는 것을 꺼릴 경우, 부모에게 알리고 싶지 않은 이유를 탐색한다.
- 비밀유지 예외상황에 대해 고지한다.
- 치명성을 명확히 파악하며, 특히 계획의 구체성을 파악하는 것이 중요하다.
- 명확한 자살 사고가 확인된다면 우선 보호자에게 알려야 하고, 위기 평정 후 신속한 개입이 필요하다.
- 몇 시간 내로 자살을 할 것이라고 암시하는 청소년들은 즉각 개입하여 주위나 부모에게 알려야 한다.
- 지역사회 *정신보건 기관 및 상담 시설 등 이용할 수 있는 자원을 활용한다.

> ✅ 정신보건
> 사람의 정신적 건강을 대상으로 하는 학문과 실천 활동을 의미한다.

(6) 기타 상담방법 14 16 기출

① 독서치료 : 책, 신문, 잡지, 문학작품 등의 독서자료를 활용하여 문제를 해결하는 치료방법이다.
② 음악치료 : 내담자의 선호도가 개입되지 않은 객관적 기준으로 음악을 선정하여 심리치료의 도구로 활용하는 것이다.

③ **미술치료** 16 20 기출
  ㉠ 미술을 심리치료의 도구로 활용하는 것으로, 미술표현은 내담자의 문제를 또 다른 관점으로 이해할 수 있게 한다.
  ㉡ 미술활동으로 생산된 구체적인 유형물은 새로운 통찰을 가능하게 한다.
  ㉢ 미술이 지닌 상징성은 내담자의 감정을 안전하게 표현할 수 있게 한다.
  ㉣ 말로써 자신의 어려움을 표현하는 것을 어려워하거나 꺼릴 경우, 미술활동은 어른에게도 유용한 매개체가 될 수 있다.
  ㉤ 단지 아동은 발달학적으로 미숙한 부분이 있으므로 이를 고려한 미술활동이 진행되어야 하며, 미술매체는 내담자의 인지수준에 따라 재료를 제한해주어야 한다.

06 청소년안전망 운영사업

(1) 청소년안전망 운영사업의 의의 18 기출

① 정부의 주요 청소년 정책 사업으로, 지역주민, 기관, 단체 등 지역 내에서 활용할 수 있는 자원을 연계하여 지역사회 청소년통합지원체계를 구축함으로써 위기상황에 처한 청소년들을 발견하고 통합적인 상담복지 서비스를 제공하는 사업(2019년 「CYS-Net」 사업 명칭이 「청소년안전망」으로 변경)이다.
② 청소년안전망 운영사업은 지역사회 내 청소년에게 도움을 줄 수 있는 다양한 자원 즉, 경찰청, 교육청, 학교, 쉼터 및 복지시설 등과 연계하여 학업중단, 가출, 인터넷 중독 청소년을 위한 상담, 보호, 자립 등 맞춤형 서비스를 제공한다.
③ 지역사회 청소년통합지원체계(청소년안전망)는 전국 240개 청소년상담복지센터(2024년 기준)를 기반으로 운영된다.
④ 청소년상담복지센터는 여성가족부 산하 한국청소년상담복지개발원이 총괄하며, 청소년 문제를 진단·평가하고 필요한 서비스를 제공한다.

(2) 지역사회 청소년통합지원체계(청소년안전망) 21 기출

① **의 의** 23 24 기출
  ㉠ 청소년에게 지역사회를 기반으로 통합서비스를 제공하기 위한 시스템이다.
  ㉡ 청소년의 건강한 성장을 위해 지역사회 내 청소년 관련 자원(위기청소년을 지원하기 위한 자발적인 주민 모임 등)을 연계하여 학업중단, 가출, 인터넷 과의존 등 위기청소년에게 상담·보호·교육·의료·자립 등 맞춤형 서비스를 제공한다.
  ㉢ 개입체계는 긴급구조, 일시보호, 진단, 상담개입을 위한 것이다.
  ㉣ '위기청소년 발견', '개입', '통합서비스 제공'의 세 가지 체계의 운영모듈이 있다.
  ㉤ 필수연계기관에 시·도 교육청과 초·중등학교 등이 포함된다.
  ㉥ 필수연계기관은 위기청소년에 대한 지원 의뢰가 있을 경우 최우선으로 지원하도록 상호 협력하여야 한다.

- ⓐ (위기)청소년 및 그 부모 등 가족이 겪고 있는 위기상황에 대해 상담을 실시하고, 필요한 경우 더욱 심화된 보호·교육·자립 등 맞춤형 서비스를 지원한다.
- ⓑ 청소년 가출, 폭력 등과 같은 위기문제나 심리·정서적 문제로 도움이 필요한 경우, 언제든지 지역 내 청소년상담복지센터를 통해 위기개입, 긴급구조, 일시보호 등 다양한 지역사회 청소년 통합지원체계(청소년안전망) 서비스를 제공받을 수 있다.
- ⓒ 위기청소년을 조기 발견하고자 아웃리치(청소년이 있는 현장으로 나아가 청소년을 위한 서비스를 제공하는 형태) 등을 실시하며, 위기청소년에 대한 일시보호 및 긴급지원도 실시한다.
- ⓓ 이 체계는 청소년복지지원법 제4장에 규정되어 있다.

② 연계 지원

중·고 위기청소년	청소년동반자
가출 청소년	청소년쉼터
인터넷 과의존 청소년	인터넷 과의존 치유 프로그램
학교 밖 청소년	학교밖청소년지원센터 꿈드림

③ 특 징
- ㉠ One-Stop 종합서비스를 제공한다.
- ㉡ 전문적이고 특화된 프로그램과 서비스를 체계적·종합적으로 제공한다.
- ㉢ 서비스 종류
  - 상담 및 정서적 지원
  - 사회적 보호, 교육 및 학업지원
  - 진로 및 취업지원, 의료 및 건강지원
  - 여가 및 문화 활동 지원, 법률자문 및 권리구제

④ 6원칙
- ㉠ 지역통합성 : 통합적 서비스가 제공될 수 있는 전달체계 구축
- ㉡ 즉시성 : 필요한 서비스를 즉각 제공하는 지원체계 구축
- ㉢ 지속성 : 필요한 서비스를 지속적으로 제공하는 지원체계 구축
- ㉣ 전문성 : 책임의식을 가지고 질 높은 서비스를 제공하는 지원체계 구축
- ㉤ 예방지향성 : 위기를 효과적으로 예방하는 지원체계 구축
- ㉥ 민관협력성 : 민간기관과 정부의 협력이 원활하게 이루어지는 지원체계 구축

⑤ 지원자격 및 이용방법
- ㉠ 지원자격 : 청소년(9~24세)과 그 가족이라면 누구나 이용 가능하다.
- ㉡ 이용방법 : 청소년상담복지센터는 월요일부터 금요일 오전 9시부터 오후 6시까지 운영되고, 청소년전화 1388은 365일 24시간 운영된다.

⑥ 추진 방향
- ㉠ 지역사회 기반의 청소년사회안전망 확대
- ㉡ 위기청소년 발견·보호·지원을 위해 '헬프콜 청소년전화 1388' 및 '청소년동반자' 운영 확대
- ㉢ 지역사회 청소년 유관기관 및 단체 등 협력체계(1388 청소년지원단) 강화

⑦ 지역사회 청소년통합지원체계(청소년안전망) 운영 체계

(3) 위기청소년 발견 · 보호 · 지원 프로그램

청소년전화 1388 21 기출	365일 24시간 청소년과 관련된 고민상담에서부터 긴급한 위기문제 해결까지 종합적인 서비스를 받을 수 있는 청소년전화 1388을 운영·지원한다.
청소년동반자	도움이 필요한 위기청소년을 직접 찾아가 정서적 지지, 심리상담, 지역자원 및 기관연계 등 필요한 서비스를 제공하는 청소년동반자(Youth Companion) 프로그램을 운영·지원한다.
1388 청소년지원단	• 위기청소년을 조기에 발견하고 지원하는 역할을 수행하기 위한 민간의 자발적 참여조직이다. • 전국의 청소년상담복지센터에 소속되어 '발견·구조', '의료·법률', '복지지원', '상담·멘토' 등의 다양한 활동을 수행한다. • 지역사회 내 약국, 병원, PC방, 노래방, 택시회사, 학원, 자원봉사자, 변호사, 교사 등이 참여하여 위기청소년에 대한 맞춤형 서비스를 제공하고 있다.

지식 IN

1. 위기대응을 위한 지역사회 공동체의 사전 준비 `21` `기출`
- 조례 제정 및 예산 준비
- 긴급상황에 투입할 전문인력 준비
- 지역사회 청소년 상담지원체계 사전 구축
- 지역사회 청소년 상담지원체계 협력에 대한 사전 협의

2. 지역사회 청소년통합지원체계(청소년안전망) 필수연계 기관 `22` `기출`
- 청소년상담복지센터 및 청소년복지시설
- 청소년 지원시설
- 청소년단체
- 지방자치단체
- 특별시·광역시·특별자치시·도 및 특별자치도(시·도) 교육청 및 교육지원청
- 학교
- 시·도 경찰청 및 경찰서
- 공공보건의료기관
- 보건소(보건의료원 포함)
- 청소년 비행예방센터
- 지방고용노동청 및 지청
- 학교 밖 청소년 지원센터
- 보호관찰소(보호관찰지소 포함)

3. 공동체 상담모형(지역사회 기반 청소년상담모형) `21` `기출`
- 지역사회 청소년들을 직접 찾아가서 그들의 결핍을 채워주는 데 필요한 기관 등을 연계해 주고, 스스로 자립할 수 있도록 보호자 혹은 옹호자가 되어 그들을 품어줄 수 있는 상담 환경을 제공함과 동시에 상담자 역할을 하는 상담모형이다.
- 한 가지 방법보다는 다양하고 복합적인 도움이 효과적이다.
- 예방이 치료보다 효과적이다.
- 환경은 개인의 성장과 발달을 촉진하기도 하고 제한하기도 한다.
- 상담의 목표는 개인과 공동체를 건강하게 만드는 것이다.

필수과목 01 적중예상문제

❖ 완벽하게 이해된 부분에 체크하세요.

CHAPTER 01 　청소년내담자의 이해

01 청소년기의 인지적 특성 중 다음과 같은 특성을 보이는 자아 중심성 관련 개념은?

> 자신의 우정이나 사랑 등을 타인은 결코 경험하지 못하는 것으로 생각하고, 다른 사람이 경험하는 죽음이나 위험 혹은 위기가 자신에게는 일어나지 않을 것이며, 혹시 일어나더라도 피해를 당하지 않을 것이라고 확신하는 관념이다.

① 이상주의
② 상상적 청중
③ 자아 정체감
④ 개인적 우화
⑤ 형식적 조작

청소년기의 인지적 특성 중 자아 중심성 관련 개념으로는 상상적 청중(Imaginary Audience)과 개인적 우화(Personal Fable)가 있다[엘킨드(Elkind)의 자아 중심성 이론].
상상적 청중
- 청소년기의 과장된 자의식으로 인해 자신이 타인의 집중적인 관심과 주의의 대상이 되고 있다고 믿는 것을 말한다.
- 다른 사람들이 자신을 관심의 초점으로 생각한다고 믿기 때문에 그들은 '관중'이고, 실제적인 상황에서는 자신이 관심의 초점이 아니므로 '상상적'이라 할 수 있다.

개인적 우화
- 청소년기 특유의 비합리적이고 허구적인 자아관념을 말한다.
- 자신의 우정이나 사랑 등을 타인은 결코 경험하지 못하는 것으로 생각하고, 다른 사람이 경험하는 죽음이나 위험 혹은 위기가 자신에게는 일어나지 않을 것이며, 혹시 일어난다고 하더라도 피해를 입지 않을 것이라고 확신하는 관념이다.
- 청소년기의 자아 중심성으로 인해 청소년들은 자신이 다른 사람들과는 달리 특별하고 독특한 존재이며, 자신의 사고·감정·경험 세계가 다른 사람과 근본적으로 다르다고 믿는다.

정답 01 ④

02 청소년의 개념에 관한 설명으로 옳지 않은 것은?

① 사회·문화·시대적 상황에 따라 상이하게 정의되고 있다.
② 사회·문화적 배경에 따라 청소년기는 짧을 수도, 길 수도 있고 심지어 존재하지 않을 수도 있다.
③ 청소년기가 뚜렷하게 존재하지 않는 곳에서는 아동이 할례의식 등을 거쳐 바로 성인으로 인정받는다.
④ 현대사회에서 청소년기는 점점 짧아지고 있다.
⑤ UN은 청소년의 개념을 '15세부터 24세 사이의 집단'으로 구분한다.

현대사회에서는 고등교육으로 인한 재학기간의 연장, 직업훈련 기간의 연장 등으로 인하여 청소년기가 점점 길어지고 있다.

03 청소년 관련 법령상 청소년의 연령구분으로 옳지 않은 것은?

① 청소년기본법 – 9세 이상 24세 이하의 사람
② 청소년활동진흥법 – 만 19세 미만의 사람
③ 청소년복지지원법 – 9세 이상 24세 이하의 사람
④ 청소년보호법 – 만 19세 미만의 사람
⑤ 아동·청소년의 성보호에 관한 법률 – 19세 미만의 사람

청소년활동진흥법상 청소년은 '9세 이상 24세 이하의 사람'에 해당한다.

04 청소년기의 여성이 가슴이 커지고, 생리를 시작하는 것과 관련이 있는 호르몬은?

① 티록신
② 테스토스테론
③ 에스트로겐
④ 인슐린
⑤ 에피네프린

여성의 경우, 난소에서 에스트로겐이 분비되어 2차 성징이 나타난다. 이때 키가 크면서 가슴이 커지고, 생리를 시작하며, 음모가 자란다.

05 청소년기의 자아정체감의 형성과 관련이 있는 발달과업은?

① 자신의 체격을 타고난 그대로 인정하고, 신체를 효율적으로 사용할 것
② 동성과 이성을 포함하여 또래친구들과 새롭고 성숙한 교우관계를 맺을 것
③ 남성 또는 여성으로서 그 사회에서 기대되는 성역할을 획득할 것
④ 부모나 다른 성인들로부터 정서적으로 독립할 것
⑤ 사회적으로 책임질 수 있는 행동을 바라고 이를 성취할 것

청소년기의 발달과업

발달과업의 종류	발달과업의 내용
자아정체감의 형성	• 자신의 체격을 타고난 그대로 인정하고, 신체를 효율적으로 사용할 것 • 자기의 능력과 적성을 객관적으로 인지하고 수용할 것 • 자신이 처한 가족적·사회적·국가적 현실을 수용할 것
사회적 역할 획득	• 동성과 이성을 포함한 또래친구들과 새롭고 성숙한 교우관계를 맺을 것 • 남성 또는 여성으로서 그 사회에서 기대되는 성역할을 획득할 것
독립과업 성취	• 부모나 다른 성인들로부터 정서적으로 독립할 것 • 적성에 맞는 진로를 선택할 것 • 경제적 독립을 위해서 직업을 준비할 것 • 결혼과 가정생활을 준비할 것
윤리적 체계 획득	• 사회적으로 책임질 수 있는 행동을 바라고 이를 실천할 것 • 행동지침이 되는 가치관이나 윤리적 체계를 획득할 것, 즉 이념을 발달시킬 것

06 청소년 문제에 관한 설명으로 옳지 않은 것은?

① 가장 흔한 청소년 문제는 학업·진로와 관련된 고민이다.
② 우울감이 높은 청소년은 스마트폰에 중독될 가능성이 크다.
③ 청소년 비행은 음주, 흡연 등과 같은 일탈 행동도 포함한다.
④ 내현화 문제에는 일탈, 약물남용, 섭식장애, 자살 등이 있다.
⑤ 사이버 따돌림과 음란 정보에 의해 정신적 피해를 주는 경우도 학교폭력에 해당한다.

청소년 문제의 분류

분류	내용
내현화(내재화) 문제	과잉통제로 느끼게 되는 불안, 우울, 신체적 증상 등의 문제 예 섭식장애, 자살 등
외현화(외재화) 문제	과소통제로(통제되지 못하고) 표출되는 공격 행동, 파괴적 행동, 비행 행동 등의 문제 예 일탈, 약물 남용 등

정답 02 ④ 03 ② 04 ③ 05 ① 06 ④

07 청소년 성문제의 특성에 관한 설명으로 옳지 않은 것은?

① 친구관계도 성문제 행동에 영향을 미친다.
② 신체·생리적인 급격한 변화로 인해 혼란을 경험한다.
③ 가정의 구조적 요인과 양육방식이 성 태도에 영향을 미친다.
④ 성문제는 다른 유형의 문제와 달라서 학습과정을 통해 형성되지 않는다.
⑤ 성별에 따른 이차 성징이 잘 나타나지 않을 때 부정적 신체상을 갖기 쉽다.

> 사회학습적 관점에서 보면, 청소년들의 성문제 행동은 사회문화적 환경 내에서 학습의 과정을 통해 형성된다고 할 수 있다.

08 피아제(Piaget)의 인지발달 4단계 중 청소년기에 해당하는 시기는?

① 감각운동기　　　　　　　② 전조작기
③ 구체적 조작기　　　　　　④ 형식적 조작기
⑤ 감각 조작기

> 피아제(Piaget)는 인지발달의 단계를 '감각운동기, 전조작기, 구체적 조작기, 형식적 조작기'의 4단계로 나누고, 청소년기를 '형식적 조작기'에 해당한다고 하였다.

09 청소년기의 특징에 관한 설명으로 옳지 않은 것은?

① 자아정체감이 형성·발전하는 동시에 정체감 형성의 위기를 경험한다.
② 동성이나 이성친구 등 또래집단에 몰두한다.
③ 청소년기의 자아중심성은 '상상적 청중'과 '개인적 우화'라는 개념에서 잘 나타난다.
④ 급격한 신체발달과 더불어 정서적으로 불안정한 상태이다.
⑤ 정서적 경험으로 방어기제는 퇴화한다.

> '방어기제'는 스트레스 및 불안의 위협에서 자신을 보호하기 위해 실제적인 욕망을 무의식적으로 속이면서 대체하는 양식으로, 청소년기에는 방어기제가 발달하는 정서적 특성을 보인다.

10 다음 중 청소년 내담자의 특성에 해당하는 내용을 모두 고른 것은?

ㄱ. 상담동기의 충만	ㄴ. 지구력 부족
ㄷ. 한 가지에만 관심	ㄹ. 감각적 흥미와 재미의 추구

① ㄱ, ㄴ, ㄷ ② ㄱ, ㄷ
③ ㄴ, ㄹ ④ ㄱ, ㄴ, ㄹ
⑤ ㄱ, ㄴ, ㄷ, ㄹ

ㄱ. 청소년 내담자는 자기 스스로 상담실의 문을 두드리기보다는 의뢰된 내담자가 많다. 따라서 이들은 상담동기가 매우 부족한 상태로 상담실을 방문한다.
ㄷ. 청소년들은 한 가지에만 관심을 지속적으로 갖지 못하고, 동시다발적인 관심을 갖는다.

청소년 내담자의 특성
• 상담동기의 부족
• 지구력의 부족
• 동시다발적 관심
• 주위 환경에 영향을 받음
• 왕성한 변화를 이루는 발달시기
• 상담자에 대한 오해
• 인지적 능력의 부족
• 감각적 흥미와 재미의 추구
• 언어 표현력의 부족

11 발달과제에 따른 청소년 문제로 옳지 않은 것은?

① 신체적 변화에 따른 문제
② 불안정한 심리적 갈등의 문제
③ 자아정체감의 문제
④ 지나친 현실주의적 사고의 문제
⑤ 가정·학교·지역사회 내에서의 인간관계 문제

지나친 이상주의적 사고로 현실부적응 문제를 초래할 수 있다.

12 인터넷 중독 청소년을 상담할 때 상담자가 사용할 수 있는 효과적 방법을 모두 고른 것은?

ㄱ. 인터넷 외 다른 활동을 즐기게 한다.
ㄴ. 인터넷 사용시간을 계획하고 실천하게 한다.
ㄷ. 청소년이 가지고 있는 부정적 정서를 조절하게 한다.
ㄹ. 인터넷에 몰입하게 된 상황이나 원인에 대해 알아본다.

① ㄱ, ㄴ ② ㄱ, ㄷ
③ ㄴ, ㄹ ④ ㄱ, ㄴ, ㄷ
⑤ ㄱ, ㄴ, ㄷ, ㄹ

인터넷 중독의 대처방안
- 인터넷 때문에 현재 자신이 잃어가고 있는 것을 파악하게 한다.
- 자신의 인터넷 이용 행태를 중심으로 한 생활일지를 작성하게 한다.
- 시간을 효과적으로 관리할 수 있는 기법을 활용하도록 한다.
- 청소년들이 스스로 자신의 상황을 객관적으로 되돌아보고 중독의 원인이 무엇인지를 자각하고 극복할 수 있도록 지도해야 한다.
- 자신의 문제를 솔직하게 표현하게 하고, 필요할 경우 전문가의 상담을 받을 수 있도록 지도해야 한다.

CHAPTER 02 청소년상담이론

01 에릭슨(Erikson)의 심리사회이론에 대한 설명으로 옳지 않은 것은?

① 청소년기는 발달과업에서 프로이트(Freud)의 생식기에 해당한다고 보았다.
② 청소년기에 위기를 성공적으로 극복하지 못하면 부적절한 자아를 형성하게 된다.
③ 자아정체감 혼미가 직업 선택이나 성 역할 등에 혼란을 가져오기도 한다.
④ 에릭슨(Erikson)은 인간의 발달단계를 10단계로 구분하였다.
⑤ 청소년기에는 자아정체감 대 정체감 혼란이라는 심리학적 위기를 경험하면서 정체감을 형성한다.

에릭슨(Erikson)은 인간의 발달단계를 8단계로 구분하고, 발달단계마다 해결해야 할 중요한 발달과업과 위기를 성공적으로 달성할 때 개인은 건강한 발달을 할 수 있다고 주장하였다.

02 프로이트(Freud)의 정신분석이론에 관한 설명으로 옳은 내용을 모두 고른 것은?

ㄱ. 인간을 생물학적 존재로 파악한다.
ㄴ. 청소년기는 발달단계상 잠복기에 해당한다.
ㄷ. 신경증적 불안은 원초아(Id)와 초자아(Superego) 사이의 갈등에서 생긴다.
ㄹ. 투사란 강한 성적 충동을 감추기 위해 오히려 성에 대해 지나친 혐오감을 드러내는 것과 같은 방어기제를 말한다.

① ㄱ
② ㄱ, ㄷ
③ ㄴ, ㄷ
④ ㄱ, ㄷ, ㄹ
⑤ ㄴ, ㄷ, ㄹ

ㄴ. 청소년기는 발달단계상 '생식기'에 해당한다.
ㄷ. 신경증적 불안은 원초아(Id)와 자아(Ego) 사이의 갈등에서 생긴다.
ㄹ. 강한 성적 충동을 감추기 위해 오히려 성에 대해 지나친 혐오감을 드러내는 것과 같은 방어기제는 '반동형성'이다. '투사'는 사회적으로 인정받을 수 없는 자신의 행동과 생각을 마치 다른 사람의 것인 양 생각하고 남을 탓하는 것(예 자기가 화난 것을 의식하지 못한 채, 상대방이 자기에게 화를 낸다고 생각하는 경우)이다.

03 다음 사례에서 내담자가 사용하는 방어기제는?

면접 보았던 회사에서 떨어졌어요. 실망이 크고 부모님 뵐 면목이 없었는데 차라리 잘되었다는 생각이 들어요. 그 회사가 임금은 높지만 일을 엄청 많이 시키고, 알고 보니 회사의 복지도 좋지 않대요. 저는 제 시간을 가지고 수준이 맞는 데 가고 싶어요. 그 회사를 안 가서 더 좋아요.

① 합리화
② 억 압
③ 퇴 행
④ 치 환
⑤ 승 화

① 합리화 : 성취되지 않은 욕망에 대해 그럴듯한 핑계를 대고 현재 상태를 정당화하는 것이다. 예 여우가 높이 매달린 신 포도를 '저 포도는 시어서 안 먹는다.'라고 말하는 경우
② 억압 : 정서적인 아픔이 너무 커서 그 일이 전혀 기억이 나지 않거나 그 일의 일부 조각들만이 기억되는 것이다. 예 어릴 적 왕따의 기억을 바쁘게 사회생활을 하면서 잊어버리는 경우
③ 퇴행 : 극심한 스트레스나 좌절을 경험할 경우, 어렸을 때 행동양식으로 돌아가는 것이다. 예 예쁨을 독차지 하던 아이가 동생이 태어나자 밤에 오줌을 싸는 경우
④ 치환 : 원하는 것을 갖지 못할 때 대체물로 해소하는 것 혹은 받아들여질 수 없는 욕구나 충동 에너지를 원래의 목표에서 대용 목표로 전환하여 긴장을 해소하는 것이다. 예 "꿩 대신 닭"
⑤ 승화 : 가장 바람직하고 높은 수준의 방어기제로, 용납될 수 없는 충동을 사회적으로 용납되는 다른 형태로 표출하는 것이다. 예 예술가가 자신의 성적 욕망을 예술로 승화하는 경우

04 융(Jung)의 분석심리이론에서 인간의 정신구조를 '의식'과 '무의식'으로 구분할 때, '의식'에 해당하는 것은?

① 자아(Ego)
② 아니마
③ 아니무스
④ 자기(Self)
⑤ 페르소나

자아(Ego)는 의식의 주체로서 의식적 지각, 기억, 사고 및 감정으로 구성된다.

05 마샤(Marcia)가 언급한 정체감 유예(Identity Moratorium) 상태인 청소년이 보일 수 있는 반응은?

① 분명한 삶의 목표가 생겼어요.
② 내가 정말 보잘것없는 존재 같아요.
③ 미래 계획 같은 것은 생각해본 적 없어요.
④ 부모님 말만 잘 들으면 되는 것 아닌가요?
⑤ 다른 아이들이 왜 그렇게 고민하는지 모르겠어요.

① 정체감 성취, ③ 정체감 혼란, ④ 정체감 상실(유실), ⑤ 정체감 혼란
정체감 유예(Identity Moratorium)
• 정체성 위기로 격렬한 불안을 경험하지만, 아직 명확한 역할에 전념하지 못한다.
• 청소년은 자신의 능력과 사회적 요구, 부모의 기대 사이에서 고민한다.

06 개인심리학 상담이론의 상담기법에 관한 설명으로 옳은 내용을 모두 고른 것은?

> ㄱ. 초인종(단추) 누르기 – 내담자가 유쾌한 경험과 유쾌하지 않은 경험을 번갈아가면서 생각하도록 하고, 각 경험과 관련된 감정에 관심을 가지도록 하는 것이다.
> ㄴ. 수프에 침 뱉기 – 내담자의 자기패배적 행동 뒤에 감춰진 의도나 목적을 드러내 밝힘으로써 내담자가 그 행동을 하는 것을 주저하게 하는 기법이다.
> ㄷ. 타인을 즐겁게 하기 – 상담자는 내담자에게 밖으로 나가 다른 사람을 위해 좋은 일을 하라고 지시하여, 내담자를 사회적인 주 흐름 속으로 되돌아오도록 촉진한다.
> ㄹ. 과제부여 – 내담자가 원하지 않는 행동을 하고 있는 순간에 상담자가 정신적인 '억제신호'들의 목록을 제공하여, 내담자의 모습이나 행동을 억제하게 하는 방법이다.

① ㄱ, ㄷ
② ㄴ, ㄹ
③ ㄱ, ㄴ, ㄷ
④ ㄴ, ㄷ, ㄹ
⑤ ㄱ, ㄴ, ㄷ, ㄹ

ㄹ. '스스로 억제하기' 기법에 대한 설명이다. '과제부여'는 내담자의 문제해결을 위하여 치료자가 특정 과제를 개발하여 내담자에게 이를 부과하고 이행하도록 함으로써, 내담자가 성공감을 맛보고 새로운 일에 자신감을 갖고 도전할 수 있도록 하는 기법이다.

07 아들러(Adler)의 가족구조와 출생순위에 관한 설명으로 옳은 내용을 모두 고른 것은?

> ㄱ. 첫째는 부모의 사랑과 관심을 받지만, 둘째 아이가 태어나면 '폐위된 왕'이 된다.
> ㄴ. 둘째는 보수적이며 규칙을 중시하는 성향을 보인다.
> ㄷ. 반항적이며 질투가 심하고, 항상 이기려 하고 추종자가 되기를 거부하는 것은 첫째의 부정적인 요소에 해당한다.
> ㄹ. 둘째는 태어나면서 첫째와의 경쟁 그리고 막내가 태어나면서 막내와의 경쟁적인 관계에 있게 된다.

① ㄱ, ㄴ　　　　　　　　　　　② ㄴ, ㄷ
③ ㄴ, ㄹ　　　　　　　　　　　④ ㄱ, ㄹ
⑤ ㄱ, ㄴ, ㄹ

ㄴ. 보수적이며 규칙을 중시하는 성향은 '첫째'에게 주로 나타난다.
ㄷ. '둘째'의 부정적인 요소에 해당하는 설명이다.

08 상담기법 중 '즉시성'에 관한 설명으로 옳지 않은 것은?

① 예상되지 않았던 결과가 초래될 수 있다.
② 회기 중 내담자의 행동을 파악하고 변화시키기 위해 사용한다.
③ 내담자의 기능과 과거에 대한 구체적인 사실을 파악하기 위해 사용한다.
④ 상담과정을 방해하는 치료관계에서의 문제를 표현한다.
⑤ 상담과정에서 발생한 문제를 개방적이고 직접적으로 다루어 적절한 의사소통 기술을 보여준다.

내담자의 기능과 과거가 아닌 '지금-여기'의 입장에서 내담자에게 반응하는 것이다.
즉시성
- 조력관계 안에서 상담자와 내담자 간에 일어나고 있는 것, 즉 상담의 목적뿐만 아니라 내담자의 감정, 인상, 기대에 관하여 상담자가 이해하고 의사소통하는 것을 의미한다.
- 내담자와의 관계에서 자신, 내담자 혹은 치료적 관계에 대한 즉각적인 감정을 상담자가 표면화하는 것이다.

09 인간중심치료 상담이론에 관한 설명으로 옳지 않은 것은?

① 인간은 자기 자신의 중요한 일들을 스스로 결정하고, 자신의 문제를 스스로 해결할 수 있는 능력을 지니고 있다.
② 인간은 자아와 현실 간에 불일치가 이루어지거나 자아에 대한 지각이 이상적 자아와 일치되지 않을 경우 부적응이 나타난다.
③ 궁극적 목적은 '충분히 기능하는 인간'이 되도록 돕는 것이다.
④ 상담의 과정에서 개인으로 하여금 방어적인 행동을 하게 하는 가치조건들의 강화를 돕는다.
⑤ 인간중심 상담에서는 상담 및 심리치료의 과정에 대한 일차적 책임을 내담자에게 둔다.

상담의 과정에서 개인으로 하여금 방어적인 행동을 하게 하는 가치조건들의 해체를 도와서 유기체적 경험의 개방성을 증대할 수 있도록 돕고, 그 결과 자아개념과 유기체의 경험 간 일치의 정도를 높일 수 있도록 돕는 것이 인간중심상담의 구체적 목표이다.

10 행동주의 기법에 관한 설명으로 옳은 것은?

① 부적강화 - 싸움한 학생에게 화장실 청소를 시킨다.
② 혐오치료 - 떠드는 학생에게 칭찬 스티커를 빼앗는다.
③ 타임아웃 - 정리정돈을 잘한 학생은 먼저 나갈 수 있도록 해준다.
④ 행동조성 - 강아지에게 접근할 때마다 점진적으로 강화하여 강아지를 안을 수 있게 한다.
⑤ 프리맥 원리 - 축구를 좋아하는 학생에게 축구를 잘하면 숙제를 면제해주겠다고 한다.

④ 행동조성(조형)은 행동을 구체적으로 세분화하여 단계별로 구분한 후, 각 단계마다 강화를 제공함으로써 바람직한 행동을 학습하도록 하는 것이다.
① 싸움한 학생에게 화장실 청소를 시키는 것은 '정적처벌'에 해당한다.
② 떠드는 학생에게 칭찬 스티커를 빼앗는 것은 '부적처벌'에 해당한다.
③ 정리정돈을 잘한 학생은 먼저 나갈 수 있도록 해주는 것은 '정적강화'에 해당한다.
⑤ 프리맥 원리는 축구를 좋아하는 학생에게 숙제를 마치면 축구를 할 수 있게 해주겠다고 하는 것이다.

11 게슈탈트 상담이론의 인간관과 일치하지 않는 것은?

① 인간은 전체적이고 현재 중심적이다.
② 인간은 자기 행동에 대해 책임질 수 있다.
③ 인간은 선택의 자유에 의하여 잠재력을 각성할 수 있다.
④ 인간은 선천적으로 자아실현을 향한 경향성을 가지고 있다.
⑤ 인간은 자신에게 관심을 보여주는 대상을 끊임없이 추구한다.

⑤ 정신분석이론을 수정·계승한 대상관계이론의 인간관이다.

12 다음 사례에서 내담자가 보이는 접촉경계혼란은?

> • 내담자 : 엄마가 저 때문에 사신다며 집착이 심해 너무 힘들어요. 5년간 만나다 결혼하려는 남자친구도 마음에 안 드신다며 결혼을 반대하시는 거예요. 저는 엄마의 강요가 정말 싫고 심지어는 죽어버리고 싶더라고요. 얼마 전에는 자살 시도도 했어요.
> • 상담자 : 엄마 때문에 생겨난 분노가 자신에게로 향하고 있네요.

① 내 사
② 반 전
③ 융 합
④ 투 사
⑤ 편 향

접촉경계혼란의 유형
② 반전 : 자신이 다른 사람이나 환경에 대하여 하고 싶은 행동을 자기 자신에게 하는 것, 혹은 타인이 자기에게 해주기를 바라는 행동을 스스로 자기 자신에게 하는 것을 말한다. 예 부모님에 대한 불만의 표시를 직접 표출하지 못하고 자기 손톱을 물어뜯는 것으로 대신하는 경우
① 내사 : 타인의 행동이나 가치관을 무비판적으로 받아들여 자기 것으로 동화되지 못한 채 자신의 행동이나 사고방식에 악영향을 미치는 것을 말한다. 예 어린아이가 부모의 이야기에 절대 순응하라는 의견을 그대로 받아들이는 경우
③ 융합 : 밀접한 관계에 있는 두 사람이 서로 간에 차이점이 없다고 느끼도록 합의함으로써 발생한다. 융합으로 인하여 자신의 경계를 갖지 못할 때, 개체는 자신의 욕구와 감정을 제대로 해소할 수 없게 되면서 미해결 과제가 축적된다. 예 친구가 행복하면 자신도 행복하고, 친구가 불행하면 자신도 불행하다고 느껴야 한다고 생각하는 경우
④ 투사 : 내담자들이 자기 생각이나 욕구, 감정 등을 타인의 것으로 지각하거나 책임소재를 타인에게 돌리는 것을 말한다. 예 자신이 시험을 못 본 것은 선생님이 잘못 가르쳤기 때문이라고 하는 경우
⑤ 편향 : 감당하기 힘든 외부 환경적 자극에 노출될 때, 압도당하지 않기 위해 자신의 감각을 둔화하여 환경접촉을 약화하는 것을 말한다. 예 말을 장황하게 하거나 초점을 흩트리는 것, 말하면서 상대편을 쳐다보지 않거나 웃어버리는 것 등

13 교차교류에 해당하는 설명으로 옳은 것은?

① 어떤 자아상태에서 보내지는 메시지에 대해 예상대로의 반응이 되어 돌아오는 것이다.
② 단지 두 개의 자아상태만이 관련되며, 자극과 반응의 방향이 수평적이다.
③ 자극을 직접 받은 자아상태에서 자극이 나온 자아상태로 반응하지 않는다.
④ 의사소통의 언어적-비언어적 측면이 일치하지 않는다.
⑤ 인간관계의 측면에서 이러한 교류는 솔직하고 자연스러우며, 이치에 맞는 것이라고 할 수 있다.

교차교류
• 다른 사람의 어떤 반응을 기대하기 시작한 교류에 대해 예상 외의 반응이 되돌아오는 것이다.
• 3~4개의 자아상태가 관련되며, 자극과 반응의 방향은 항상은 아니지만 자주 교차된다.
• 자극을 직접 받은 자아상태에서 반응을 하지 않으며, 언어적-비언어적 의사소통이 일치한다.
• 인간관계의 측면에서 이러한 교류는 고통의 근원이 된다.

정답 09 ④ 10 ④ 11 ⑤ 12 ② 13 ③

14. 번(Berne)의 교류분석 이론에서 제시한 게임 공식이다. 빈칸 안에 들어갈 내용을 순서대로 나열한 것은?

> 속임수 + 약 점 = (　　) → (　　) → (　　) → 결 말

① 혼란, 전환, 반응
② 혼란, 반응, 전환
③ 반응, 전환, 혼란
④ 반응, 혼란, 전환
⑤ 전환, 반응, 혼란

> **번의 게임공식**
> 도발자가 약점을 가진 상대에게 책략을 쓰면 상대는 '반응'을 보이고, 그 과정에서 어떠한 '전환'을 통하여 '혼란'이 생겨 도발자와 상대 모두 좋지 않은 감정이나 결말로 끝이 난다.

15. 합리정서행동치료(REBT)의 ABCDE를 순서대로 제시한 것은?

> ㄱ. 현수는 '이번 모의고사에서 낮은 점수를 받은 것은 정말 바보 같고 끔찍한 일'이라고 생각했다.
> ㄴ. 상담자는 "모든 사람이 항상 원하는 점수를 받을 수 있을까? 모의고사에서 낮은 점수를 받은 것이 그렇게 끔찍한 일인가."라고 질문하였다.
> ㄷ. 현수는 학습의욕이 저하되고 우울한 기분을 느꼈다.
> ㄹ. 현수는 이번 모의고사에서 예상했던 점수보다 낮은 점수를 받았다.
> ㅁ. 현수는 모의고사에서 낮은 점수를 받은 것이 아쉽기는 하지만, 우울해하지 않고 다음 시험을 위한 계획을 세우고 실천하게 되었다.

① ㄱ-ㄴ-ㄹ-ㄷ-ㅁ
② ㄱ-ㄷ-ㄴ-ㄹ-ㅁ
③ ㄷ-ㄹ-ㄱ-ㄴ-ㅁ
④ ㄹ-ㄱ-ㄴ-ㄷ-ㅁ
⑤ ㄹ-ㄱ-ㄷ-ㄴ-ㅁ

> **ABCDE 기법**
> - A(선행사건) : 개인에게 정서적 혼란을 일으키는 어떤 사건을 말한다.
> - B(비합리적인 신념체계) : 어떤 사건이나 행위 등과 같은 환경적 자극에 대해서 개인이 갖게 되는 비합리적인 태도 또는 사고방식을 말한다.
> - C(결과) : 선행사건에 접했을 때 합리적 또는 비합리적인 태도 내지 사고방식을 가지고 그 사건을 해석함으로써 느끼게 되는 정서적 결과를 말한다.
> - D(논박) : 자신이 가지고 있는 비합리적인 신념이나 사고에 대해서 도전해보고, 과연 그 생각이 사리에 맞는 것인지를 다시 한번 검토해보도록 상담자가 촉구하는 것을 말한다.
> - E(효과) : 내담자의 비합리적인 신념을 철저하게 논박함으로써 합리적인 신념으로 대치한 다음에 느끼게 되는 자기 수용적 태도와 긍정적 감정의 결과를 말한다.

16 벡(Beck)의 인지치료 상담이론에서 다음의 사례에 해당하는 인지상의 왜곡은?

> 몸이 이상해 종합검사를 받았던 A는 병원에서 재검진을 받아야 한다는 결과가 나오자 스스로 암에 걸렸다고 생각하였다.

① 선택적 추상화 ② 임의적 추론
③ 과도한 일반화 ④ 개인화
⑤ 이분법적 사고

① 선택적 추상화 : 다른 중요한 요소들은 무시한 채 사소한 부분에 초점을 맞추고, 그 부분적인 것에 근거하여 전체 경험을 이해하는 것이다.
③ 과도한 일반화 : 한두 가지의 고립된 사건에 근거해서 일반적인 결론을 내리고, 그것을 서로 관계없는 상황에 적용하는 것이다.
④ 개인화 : 자신과 관련시킬 근거가 없는 외부사건을 자신과 관련시키는 성향이다. 실제로는 다른 것 때문에 생긴 일에 대해 자신이 원인이고 자신이 책임져야 할 것으로 받아들인다.
⑤ 이분법적 사고 : 모든 경험을 한두 개의 범주로만 이해하고, 중간지대가 없이 흑백논리로써 현실을 파악하는 것이다.

임의적 추론(Arbitrary Inference)
어떤 결론을 지지하는 증거가 없거나 그 증거가 확실하지 않은데도 그러한 결론을 임의적으로 내리는 것을 의미한다.
[예] 의사가 재검진을 해야겠다고 말했음에도 환자가 암에 걸렸다고 단정짓는 경우, 자신의 메시지에 답이 없다고 하여 상대방이 의도적으로 회피하는 것이라고 판단하는 경우

17 인지치료의 인지도식에 대한 설명으로 옳지 않은 것은?

① 한 개인이 살아가는 과정에서 삶에 대한 이해의 틀을 형성한 것이다.
② 대개 경험에 의하여 형성된다.
③ 동일한 생활사건의 의미를 사람마다 다르게 해석하는 이유는 사람마다 인지도식이 다르기 때문이다.
④ 역기능적 인지도식을 가지고 있는 경우, 사건을 당했을 때 부정적 내용의 자동적 사고를 자신도 모르게 떠올리게 된다.
⑤ 역기능적 인지도식은 성인기에 형성되기 시작한다.

⑤ 역기능적 인지도식은 청소년기 이전부터 형성되기 시작한다.

18 글래서(W. Glasser)의 현실치료에 관한 설명으로 옳은 내용을 모두 고른 것은?

> ㄱ. 전체행동은 인간이 생각하고 느끼고 행동하고 생리적으로 반응하는 네 가지 요소로 구성된다.
> ㄴ. 내담자가 바라는 소망은 다섯 가지 기본욕구인 생존, 사랑, 권력, 자유, 재미와 관련된다.
> ㄷ. 통제할 수 있는 유일한 인간은 나 자신뿐이며, 불행과 갈등도 선택한 것이다.
> ㄹ. 인간은 특히 기본적 욕구가 잘 충족되지 않았을 때 경험했던 사람, 물체, 사건에 대한 그림을 보관하여 좋은 세계(Quality World)를 발달시킨다.

① ㄱ, ㄴ
② ㄷ, ㄹ
③ ㄱ, ㄴ, ㄷ
④ ㄴ, ㄷ, ㄹ
⑤ ㄱ, ㄴ, ㄷ, ㄹ

ㄹ. 인간은 특히 기본적 욕구가 잘 충족되었을 때 경험했던 사람, 물체, 사건에 대한 그림을 보관하여 좋은 세계(Quality World)를 발달시킨다.

19 클라인(Klein)의 투사적 동일시 이론에서 유아가 분노를 극복하는 첫 번째 단계는?

① 우울증적 위치
② 편집-정신분열증적 위치
③ 자폐증적 위치
④ 주의력결핍 과다장애적 위치
⑤ 강박장애적 위치

클라인은 유아가 '편집-정신분열증적 위치'와 '우울증적 위치'를 순차적으로 거치면서 분노를 극복한다고 하였다.

20. 라자루스(A. Lazarus)의 BASIC-ID 모형의 요소와 그 내용이 모두 바르게 연결된 것은?

ㄱ. A – 관찰하고 측정할 수 있는 행위, 습관, 반응에 관한 것
ㄴ. S – 촉각, 미각, 후각, 시각, 청각의 기본적 오감에 관한 것
ㄷ. C – 기본적 가치, 태도, 신념을 형성하는 통찰, 철학, 생각, 의견 등을 의미
ㄹ. D – 타인과의 상호작용

① ㄱ, ㄹ
② ㄱ, ㄴ, ㄷ, ㄹ
③ ㄱ, ㄴ, ㄷ
④ ㄴ, ㄷ, ㄹ
⑤ ㄴ, ㄷ

라자루스(A. Lazarus)의 중다양식 심리상담(BASIC-ID 모형)

행동(Behavior)	관찰하고 측정할 수 있는 행위, 습관, 반응에 관한 것
감정(Affective Responses)	감정, 기분, 강한 느낌에 관한 것
감각(Sensations)	촉각, 미각, 후각, 시각, 청각의 기본적 오감에 관한 것
심상(Imagery)	자기상, 기억, 꿈, 공상 등을 포함
인지(Cognitions)	기본적 가치, 태도, 신념을 형성하는 통찰, 철학, 생각, 의견, 자기-말, 판단 등을 의미
대인관계(Interpersonal Relationships)	타인과의 상호작용을 의미
약물·생리(Drugs or Biological Factor)	약물 이상의 의미를 가지며, 섭식습관이나 운동 양식 포함

21. 실존주의 상담이론에 관한 설명으로 옳지 않은 것은?

① 정신분석이론 및 행동주의이론에 기초를 둔다.
② 인간의 본질에 대한 철학적인 탐구를 강조하며, 인간의 가장 직접적인 경험으로서 자기 자신의 존재에 초점을 둔다.
③ 실존주의 상담은 어떠한 사건에 대한 내담자 스스로의 확고한 신념이 단지 우연에 의한 것임을 인식시키며, 자유의 상황에서 내담자의 선택 및 그에 따른 책임을 강조한다.
④ 상담자는 내담자와의 인간적이고 진실한 만남을 통해 내담자로 하여금 상담자와의 관계에서 자신의 독특성을 발견하도록 돕는다.
⑤ 상담자와 내담자는 모두 '지금-여기'의 만남에 의해 변화될 수 있다고 본다.

상담이론에 있어서 실존주의적인 접근은 기존의 정신분석이론 및 행동주의이론에 반발하여 인본주의 심리학에 기초를 둔다.

22 여성주의 치료의 상담기법에 관한 설명으로 옳지 않은 것은?

① 재구성 – 내담자 문제의 원인을 자신에 대한 비난에서 사회적 요인으로 이동하는 기법이다.
② 성역할 분석 – 내담자가 경험하고 내면화된 부정적 성역할메시지를 변화시키기 위한 기법이다.
③ 의식향상 훈련기법 – 내담자가 사회의 다양한 힘·권력에 대해 인식하고 대처할 수 있도록 돕는 기법이다.
④ 상담 탈신비화 전략 – 문제를 다룰 때 내담자에게 정보를 제공하며, 적절한 자기노출을 사용하는 기법이다.
⑤ 주장훈련 – 타인을 짓밟지 않으면서 자신의 주장을 단호하게 주장할 수 있도록 돕는 기법이다.

> ③ '힘의 분석' 기법에 관한 설명이다. '의식향상 훈련기법'은 강의, 영화, 토의 등을 통해 부당한 그들의 경험 외적 근원을 보게 하여 사회변화에 참여할 수 있도록 돕는 기법이다.

CHAPTER 03 청소년상담의 기초

01 청소년상담의 특징에 관한 설명으로 옳지 않은 것은?

① 청소년상담은 청소년 관련 정책의 영향을 받는다.
② 청소년의 발달단계 특성을 고려한 상담개입 방안을 구성하여 활용한다.
③ 청소년뿐만 아니라 부모, 교사, 청소년지도자를 대상으로 한 상담·교육·자문이 필요하다.
④ 청소년의 발달과 성장을 돕는 예방 및 교육적 측면보다는 심리치료적인 측면에 중점을 두어야 한다.
⑤ 라포(Rapport) 형성이 어려울 수 있으므로 많은 시간과 노력이 필요하다.

> 청소년상담은 심리치료적인 측면보다는 청소년의 건전한 발달과 성장을 돕는 예방 및 교육적 측면, 위기에 처한 청소년들에 대한 직접개입 및 지원, 자립에 중점을 둔다(성인상담과 구별).

02 청소년상담의 특성으로 옳지 않은 것은?

① 청소년 내담자의 인간관계를 개선하도록 한다.
② 집단교육과 매체를 이용하는 등 다양한 방법을 활용한다.
③ 청소년들이 원하는 것을 적절한 방법으로 제공하여야 한다.
④ 청소년지도자나 청소년 관련 기관은 청소년상담 대상이 아니다.
⑤ 상담 개입 시 청소년 내담자의 발달특징을 무엇보다 고려하여야 한다.

> 청소년상담은 청소년과 부모뿐만 아니라 청소년 관련인(교사, 청소년지도사), 청소년 관련 기관(가정, 학교, 청소년수련기관 등) 등을 상담 대상으로 한다.

03 청소년상담 목표에 관한 설명으로 옳지 않은 것은?

① 청소년을 둘러싼 적절하지 못한 환경을 개선한다.
② 청소년의 잠재 가능성을 찾아 실현할 수 있도록 지원한다.
③ 위기청소년들에게는 직접 개입보다 가족역동을 이해할 수 있도록 심리치료를 우선으로 한다.
④ 청소년들이 일상생활에서 직면하는 문제의 해결을 조력한다.
⑤ 경제적, 사회적, 심리적으로 위기에 처한 청소년의 안정적 생활을 지원한다.

> 청소년상담은 심리치료적 측면보다 청소년의 건전한 발달과 성장을 돕는 예방 및 교육적 측면, 위기에 처한 청소년들에 대한 직접 개입 및 지원, 자립이 포함된다.

04 청소년상담자의 자질에 관한 설명으로 옳지 않은 것은?

① 상대방의 입장이 되어 그의 처지를 이해하고, 성별이나 문화권이 다른 사람에 대해서도 이해한다.
② 능력의 한계나 개인적인 문제로 내담자를 적절하게 도와줄 수 없을 경우라도 해결할 수 있다는 확신을 가지고 상담을 시작한다.
③ 내담자를 비난하거나 책망하지 않고, 있는 그대로를 받아들이는 온정적·수용적 태도를 가진다.
④ 호기심과 탐구심을 바탕으로 사람에 대하여 자연스러운 관심을 갖는다.
⑤ 내담자의 문제를 적극적으로 경청하며 언어적 대화를 즐긴다.

> 상담자는 자신이 가진 능력 이상의 것을 주장하거나 암시해서는 안 되며, 타인에 의해 능력이나 자격이 오도되었을 때에는 수정해야 할 의무가 있다. 또한, 능력의 한계나 개인적인 문제로 내담자를 적절하게 도와줄 수 없을 때에는 상담을 시작해서는 안 되며, 다른 상담자나 전문가에게 의뢰하는 등 내담자를 도와줄 수 있는 방법을 강구해야 한다.

정답 22 ③ / 01 ④ 02 ④ 03 ③ 04 ②

05 청소년상담자의 태도로 옳지 않은 것은?

① 즉각적 직면
② 공감적 이해
③ 유머의 사용
④ 구체성을 지닌 태도
⑤ 적극적·지시적 태도

직면은 상대방의 말과 행동이 서로 모순되는 점을 지적하는 것으로, 타인에 대한 배려와 염려 그리고 공감을 바탕으로 해야 한다. 즉각적인 직면은 위험하며 내담자와의 좋은 관계가 형성된 후에 해야 한다.

06 청소년상담자의 윤리문제에 관한 설명으로 옳지 않은 것은?

① 어떠한 경우에도 비밀을 유지하여야 한다.
② 자신의 전문적 한계를 인식하고, 내담자에게 적절한 조력을 할 수 없는 경우에 다른 상담자에게 의뢰해야 한다.
③ 상담성과에 영향을 줄 수 있는 관계자(친인척·친구·직장상사)는 다른 상담전문가에게 의뢰한다.
④ 사적 관계 및 경제적 거래관계는 금지된다.
⑤ 청소년상담에서 부모상담을 병행하는 경우, 누가 내담자가 될 것인지를 명확히 정하고 상담을 시작한다.

비밀보장의 한계
다음과 같은 경우에 상담자는 내담자의 비밀을 사전 동의 없이 관련자에게 공개할 수 있다.
- 내담자나 내담자 주변인에게 닥칠 위험이 분명하고 위급한 경우
- 법원의 명령이 있는 경우
- 내담자의 생명이나 사회의 안전을 위협하는 경우 예 약물 남용 등
- 내담자에게 감염성이 있는 치명적인 질병이 있을 경우

07 심리검사 실시와 해석에 관한 윤리적 행동으로 옳은 것은?

① 11세 아동에게 본인 동의를 받아 바로 검사를 실시하였다.
② 다문화 배경을 가진 내담자를 위한 검사 선택 시 내담자의 사회문화적 맥락을 신중히 고려하였다.
③ 아는 대학원생의 논문을 위해 6개월 전의 검사결과들을 연구에 제공하였다.
④ 내담자에게 적절하지 않지만 상담사가 관심 있는 검사를 사용하였다.
⑤ 상담사가 모르는 검사지만 보호자의 요청으로 실시하고 해석하였다.

① 심리검사 실시 전에 내담자 및 보호자(만 14세 미만 내담 청소년의 경우)에게 동의를 받아야 한다.
③ 심리검사 결과를 다른 사람들이 오용하거나 외부에 유출하지 않도록 하여야 한다.
④ 내담자에게 적절한 심리검사를 선택해야 하며 검사의 타당도와 신뢰도, 제한점 등을 고려해야 한다.
⑤ 자신이 모르는 검사일 경우 전문성이 있는 다른 상담자가 검사하고 해석할 수 있도록 의뢰하여야 한다.

08 '청소년상담사 윤리강령'에 관한 설명으로 옳은 내용을 모두 고른 것은?

ㄱ. 청소년상담사는 기록 및 녹음에 관해 내담자의 사전 동의를 구한다.
ㄴ. 현행법이 윤리강령을 제한하는 경우는 현행법을 우선 적용하며, 윤리강령이 보다 엄격한 기준을 설정하고 있는 경우에도 현행법을 우선 적용한다.
ㄷ. 청소년상담사는 자기의 능력 및 기법의 한계를 인식하고, 전문적 기준에 위배되는 활동을 하지 않도록 한다.
ㄹ. 청소년상담사는 청소년 내담자 상담 시 사전에 상담에 대한 내담자의 동의를 받고 상담과정에 부모나 보호자가 참여할 수 있으며, 비밀보장의 한계에 따라 정보를 제공할 수 있음을 알린다.
ㅁ. 운영 특성상 한 명의 내담자가 여러 명의 사이버상담사를 만나게 되는 경우, 상담사들 간에 정보를 공유할 수 있음을 내담자에게 알린다.

① ㄱ, ㄴ, ㄷ, ㄹ
② ㄴ, ㄷ, ㄹ, ㅁ
③ ㄴ, ㄹ, ㅁ
④ ㄱ, ㄷ, ㄹ, ㅁ
⑤ ㄱ, ㄴ, ㄷ, ㄹ, ㅁ

ㄴ. 청소년상담사는 현행법이 윤리강령을 제한할 경우는 현행법을 우선 적용하지만, 윤리강령이 보다 엄격한 기준을 설정하고 있다면 윤리강령을 따른다.

09 키치너(Kitchner)의 윤리적 결정 원칙으로 옳은 내용을 모두 고른 것은?

> ㄱ. 정의(Justice)　　　　　　ㄴ. 무해성(Nonmaleficence)
> ㄷ. 책임성(Responsibility)　　ㄹ. 자율성(Autonomy)

① ㄱ, ㄷ　　　　　　　　② ㄱ, ㄹ
③ ㄴ, ㄷ　　　　　　　　④ ㄱ, ㄴ, ㄹ
⑤ ㄴ, ㄷ, ㄹ

　　키치너(Kitchner)의 윤리적 결정원칙
　　자율성, 무해성, 선의성(덕행), 공정성(정의), 충실성(성실성)

10 청소년상담사로서의 전문적 자세 중 청소년상담사의 품위유지 의무에 해당하지 않는 것은?

① 청소년상담사는 전문상담자로서 품위를 손상하는 행위를 하지 않는다.
② 청소년상담사는 현행법을 우선적으로 준수한다.
③ 청소년상담사는 청소년과 관련된 정책·규칙·법규에 대해 정통해야 한다.
④ 청소년상담사는 상담적 배임행위(내담자 유기, 동의를 받지 않은 사례 활용 등)를 하지 않는다.
⑤ 윤리강령이 현행법보다 보다 엄격한 기준을 설정하고 있다면 윤리강령을 따른다.

　　③ 전문가로서의 책임에 해당한다. 전문가로서 청소년상담사는 청소년과 관련된 정책·규칙·법규에 대해 정
　　　통해야 하고 청소년 내담자를 보호하며, 청소년 내담자가 최선의 발달을 이루도록 노력해야 한다.

CHAPTER 04 청소년상담의 실제

01 대면 접수면접에서 다루는 내용에 해당하지 않는 것은?

① 기본정보 파악
② 호소문제 탐색
③ 가족정보 파악
④ 태도와 행동 관찰
⑤ 통찰 촉진을 위한 직면

⑤ 통찰 촉진을 위한 직면은 상담 중기의 과제이다.

02 상담 초기에 권장되지 않는 기법은?

① 경 청   ② 직 면
③ 명료화   ④ 구체화
⑤ 재진술

직면은 내담자와의 좋은 관계가 형성된 후에 사용하는 것이 좋으므로, 초기단계보다는 중기단계에 적당한 기법이다.

직 면
- 내담자의 말이나 행동이 일치하지 않거나 모순점이 있을 때 그것을 지적해주는 기술이다.
- 직면의 기술을 사용하는 경우 매우 신중해야 하며, 내담자는 직면에 처했을 때 매우 강한 감정적 반응을 나타낼 수 있다.
- 직면은 내담자와 좋은 관계가 형성된 후에 해야 한다.

정답   09 ④   10 ③ / 01 ⑤   02 ②

03 상담구조화에 관한 설명으로 옳지 않은 것은?

① 상담의 모든 단계에서 이루어질 수 있지만 주로 초기에 잘 이루어질 필요가 있다.
② 내담자가 상담에 대한 비현실적 기대를 갖고 있을 경우 중요성이 더욱 높아진다.
③ 상담이 진행되면서 라포가 형성된 이후 천천히 진행된다.
④ 내담자와 상담자 간에 기본적인 기대를 맞추어가는 과정이다.
⑤ 상담절차나 조건, 상담관계, 비밀보장 등에 대해 구조화한다.

> 상담구조화는 상담이 어떻게 진행될 것인지에 대해 상담자와 내담자가 취할 역할은 무엇이며, 내담자의 권리는 어떤 것인가를 내담자에게 알려주는 활동이다. 또, 상담구조화는 상담 관계에 대한, 상담 실제에 대한, 그리고 상담 윤리에 관한 정보를 전달한다. 상담의 성과를 제대로 얻기 위해서는 상담이 일정하게 미리 정해진 방식대로 진행되는 것이 바람직하다. 상담구조화는 천천히 진행하기보다는 초기에 이루어지는 것이 좋다.

04 초기 단계에서 행하는 목표탐색 및 명료화 과정에 관한 설명으로 옳지 않은 것은?

① 상담자와 내담자 모두 목표에 동의하여야 한다.
② 목표가 구체적이어야 한다.
③ 자기 파괴적인 행동에 관련된 것이 아니어야 한다.
④ 목표가 성취지향적이어야 한다.
⑤ 행동적이고 관찰가능한 목표이어야 한다.

> **목표탐색 및 명료화**
> • 상담자와 내담자 모두 목표에 동의하여야 한다.
> • 목표가 구체적이어야 한다.
> • 자기 파괴적인 행동에 관련된 것이어야 한다.
> • 목표가 성취지향적이어야 한다.
> • 측정 가능한 목표이어야 한다.
> • 행동적이고 관찰 가능한 목표이어야 한다.
> • 목표는 이해되고 분명하게 재진술될 수 있어야 한다.

05 정화(Catharsis) 경험을 촉진하는 원리와 방법에 관한 설명으로 옳은 것은?

① 일치성, 존중, 공감과 같은 상담자의 태도가 정화경험을 촉진시킨다.
② 종결단계에서 상담자는 정화경험을 촉진하는 환경을 조성해야 한다.
③ 정서적 외상이나 내적 갈등상태를 상징화시켜 표현하는 것을 피해야 한다.
④ 정화경험 이후에 현실검증 기회를 제공하지 않아도 치료적 효과가 안정적으로 지속된다.
⑤ 과거의 외상경험을 회상시켜 현재에서 재경험 시킬 때, 외상과 관련된 정서적 연합은 피해야 한다.

정화(Catharsis) 경험을 촉진하는 원리와 방법
알렉산더는 정화 경험을 교정적 감정경험으로 개념 정의하면서, 정화 경험의 원리를 다음과 같이 설명하였다.
- 안전하고 우호적인 상황에서 과거의 외상적 경험을 회상할 것
- 경험을 회상할 때 강한 정서적 경험이 동반될 것
- 강렬한 정서적 경험 이후에 과거와 같은 외상적 경험상황이 일어나지 않을 뿐만 아니라 오히려 안전감과 수용받는 경험을 하게 될 것
- 자신의 전이행동에 대한 새로운 통찰이 일어날 것

06 상담종결 시 다루어야 할 내용을 모두 고른 것은?

> ㄱ. 상담목표의 달성정도 파악
> ㄴ. 상담종결 관련 내담자의 감정 다루기
> ㄷ. 향후 계획에 대한 논의
> ㄹ. 상담성과가 미진한 이유에 대한 평가

① ㄱ, ㄴ
② ㄱ, ㄷ
③ ㄴ, ㄷ
④ ㄴ, ㄷ, ㄹ
⑤ ㄱ, ㄴ, ㄷ, ㄹ

상담종결단계의 상담자 역할
- 상담성과를 평가하고 점검한다.
- 내담자의 행동변화 요인(상담자 요인, 내담자 요인 등)을 평가한다.
- 종결과 관련된 내담자의 감정을 파악한다.
- 내담자가 이전 단계에서 얻은 통찰을 실행으로 옮길 수 있도록 돕는다.
- 추후 상담에 대해 조언한다.

07 내담자가 종결을 제안해 올 경우에 관한 설명으로 옳지 않은 것은?

① 내담자가 일방적으로 종결을 통고해오더라도 당황하지 말고 어느 정도 익숙해져야 한다.
② 내담자가 최종 결정을 하기 전에 상담종결 가능성을 염두에 두어야 한다.
③ 종결이 중요한 관계의 단절을 의미한다고 생각될 때, 상담자는 종결에 대한 저항을 느낀다.
④ 내담자의 상담종결의 제안이 있으면 바로 다음 면접에서 상담을 종결한다.
⑤ 일상생활에 장애가 없을 것이라는 판단이 서면, 억지로 상담관계를 지속시켜서는 안 된다.

> 내담자의 상담종결의 제안이 있은 후, 2~3회 면접이 더 진행될 수 있다는 전제하에 상담자는 구체적인 횟수와 이유를 제시하여 동의를 얻는 것이 필요하다.

정답 03 ③ 04 ③ 05 ① 06 ⑤ 07 ④

08 청소년상담에서 '섣부른 충고나 해결책을 제시하지 않아야 하는 이유'와 관련 있는 원리는?

① 개별화의 원리
② 수용의 원리
③ 자기결정의 원리
④ 비판적 태도 금지의 원리
⑤ 의도된 감정표현의 원리

'의도된 감정표현의 원리'는 내담자가 자신의 감정을 자유롭게 표현할 수 있도록 상담자가 이를 격려하고 촉진하는 것을 말한다.
'의도된 감정표현의 원리'에 따른 상담자의 역할
- 내담자가 스트레스나 긴장에서 벗어날 수 있도록 편안한 분위기를 만든다.
- 내담자의 감정표현에 진지한 자세로 경청함으로써 심리적인 지지를 표현한다.
- 내담자의 부정적인 감정에도 주의를 기울인다.
- 섣부른 충고나 해결책을 제시하지 않도록 한다.

09 상담과정 3단계 중 다음에 제시한 단계에서 청소년상담자가 해야 할 역할로 옳지 않은 것은?

○ 내담자로 하여금 자신의 이야기를 하도록 격려한다.
○ 내담자의 호소문제, 상담에 대한 기대, 변화에 대한 동기 등을 탐색한다.
○ 내담자의 현재 문제와 관련된 대인관계, 가족관계 등을 파악한다.

① 관계형성
② 해석하기
③ 상담구조화
④ 상담목표 설정
⑤ 문제의 진단과 평가

보기의 내용은 '초기단계'에 해당하는 설명으로 명확화, 감정의 반영, 표현 바꾸기, 요약기법 등이 있다. '해석하기'는 '중기단계'에서 이루어진다.
상담 초기단계
- 상담관계의 형성과 내담자의 이해 : 신뢰 관계 형성, 문제의 진단 및 평가
- 상담의 구조화와 목표설정
- 주요 기법
  - 명확화 : 좀 더 자세히 이야기 해 주시겠습니까?, ~라는 말씀이시군요.
  - 감정의 반영 : 내담자 감정의 피드백, ~라고 느끼시는군요, 지금 기분은 ~하시군요.
  - 표현 바꾸기 : 내담자의 표현을 다른 용어로 바꾸어 돌려주는 기법
  - 요약 기법 : 지금까지 말씀하신 것을 잠시 정리해 보아도 될까요?

10 사이버상담의 기법과 이에 관한 설명으로 옳은 내용을 모두 고른 것은?

> ㄱ. 즉시성과 현시기법 – 상담자가 내담자의 글에 대한 자신의 심정과 모습을 생생하게 시각화하여 표현하는 것
> ㄴ. 정서적 표현에 괄호 치기 – 글 속에 숨어있는 정서적 내용을 보여주며, 사실에 대한 대화를 주고받으면서 정서적 표현을 전달하는 것
> ㄷ. 말줄임표 사용 – 침묵하는 것을 나타내거나 눈으로 글을 읽고 있음을 나타낼 때 사용하는 것
> ㄹ. 비유적 언어 사용 – 문제나 상황에 대한 의미를 전달하고 심화시키기 위해 은유 등을 사용하는 것
> ㅁ. 글씨체 사용 – 강조하고 싶은 경우 큰 글씨를 사용하거나, 내담자가 보내온 것과 같은 글씨체나 크기를 사용하여 내담자와 내적 세계를 공유하는 것

① ㄱ, ㄴ
② ㄱ, ㄴ, ㄷ
③ ㄱ, ㄷ, ㄹ
④ ㄴ, ㄷ, ㄹ, ㅁ
⑤ ㄱ, ㄴ, ㄷ, ㄹ, ㅁ

사이버상담
컴퓨터를 매개로 가상공간에서 이루어지는 상담으로 문자중심의 상담이 진행된다. 문자로 상담할 수밖에 없는 한계가 있지만, 위의 다양한 방법을 사용하여 감정을 전달할 수 있다.

11 학업문제, 직업문제, 결혼 적응 등에 대해 내담자로 하여금 필요한 행동을 하도록 조건을 제공하는 상담형태는?

① 위기상담
② 촉진상담
③ 예방상담
④ 발달상담
⑤ 심리상담

상담의 형태
- 위기상담(Crisis Counseling) : 위기상황(예 사망 또는 이별, 실연 또는 실직 등)에 처하여 내담자가 자신의 일상사를 제대로 처리할 수 없는 상황에서 과도한 불안이나 죄책감 등의 부정적인 정서가 파괴적인 행동으로 이어질 우려가 있는 경우 시행된다.
- 촉진상담(Facilitative Counseling) : 명시된 문제(예 학업문제, 직업문제, 결혼적응 등)에 대해 내담자가 필요한 행동을 하도록 조건을 제공하는 것이다.
- 예방상담(Preventive Counseling) : 특정한 문제에 대해 계획적이고 예방적인 차원으로 접근하여 해당 문제의 발생이나 재발을 방지하기 위해 시행된다.
- 발달상담(Developmental Counseling) : 개인의 전 생애를 통해 이루어지는 상담으로, 내담자 개인의 건강하고 성숙한 생활을 목표로 한다.

12 브래머(Brammer)의 상담 8단계 과정이 순서대로 바르게 나열된 것은?

ㄱ. 명료화의 단계
ㄴ. 준비와 시작의 단계
ㄷ. 탐색의 단계
ㄹ. 관계심화의 단계
ㅁ. 계획화의 단계
ㅂ. 종료의 단계
ㅅ. 구조화의 단계
ㅇ. 견고화의 단계

① ㄴ - ㄱ - ㅁ - ㄷ - ㄹ - ㅅ - ㅇ - ㅂ
② ㄴ - ㄱ - ㅇ - ㄷ - ㄹ - ㅁ - ㅅ - ㅂ
③ ㄴ - ㅁ - ㄱ - ㄷ - ㄹ - ㅅ - ㅇ - ㅂ
④ ㄴ - ㄱ - ㅅ - ㄹ - ㄷ - ㅇ - ㅁ - ㅂ
⑤ ㄴ - ㅁ - ㅇ - ㄱ - ㄷ - ㄹ - ㅅ - ㅂ

브래머의 상담 8단계 과정

1단계	준비와 시작	면접과 조력 전체에 대해서는 물론이고, 상담자 자신에 대한 내담자의 신뢰를 증가시켜 나가는 것이 무엇보다 중요한 단계
2단계	명료화	내담자가 도움을 청하는 원인과 문제의 배경을 파악하여 문제 자체가 무엇이며, 누가 상담의 대상인가 하는 것을 분명하게 밝히는 단계
3단계	구조화	심리적 조력관계의 본질·제한점·목표 등을 규정하고, 상담자와 내담자의 역할과 책임, 가능한 약속 등의 윤곽을 명백히 하는 단계
4단계	관계심화	이전 단계에서 이루어진 상담자와 내담자 간의 관계를 더욱 심화하고, 내담자가 상담자를 신뢰하며 자신의 문제를 해결하기 위해 상담과정에 전력으로 참여하게 되는 단계
5단계	탐색화	내담자의 문제해결이나 행동수정을 위해서 어떤 변화가 일어나야 하며, 도달하려는 목표를 성취하기 위해서 어떤 방법이나 절차가 이용될 수 있는가에 대한 정보를 수집하고, 이를 위한 과제 내지 활동을 전개하는 단계
6단계	견고화	탐색 후 제시된 많은 대안·방법·대체될 행동, 감정, 사고 등에서 가장 적합한 것을 선정·확정하여 이를 실제로 적용·실천해 나가는 단계(성공적인 상담의 결실기)
7단계	계획화	내담자의 성장과 행동변화가 잘 이루어져 상담을 종료할 시점까지만이 아니라, 상담이 끝난 후에 이루어져야 할 구체적 활동에 대한 계획까지 수립하는 단계(진로상담과 같이 정보내용이 많이 관련되어 있는 경우에는 계획을 실천하기 위해 여러 가지 활동이 필요하기 때문에 이 단계에서 많은 시간이 필요)
8단계	종료	상담자 자신이 상담의 전체 과정을 요약하거나 내담자가 요약하도록 요구하여 상담을 통해서 성취한 것들을 상담의 목표에 비추어 평가하고, 성취하지 못한 목표가 있다면 왜 그렇게 되었는지 논의하는 단계

13 상담기법의 전략에 관한 설명으로 옳지 않은 것은?

① 내담자에게 일어났던 최근의 의미 있는 자료에 초점을 맞춘다.
② 일반적이고 모호한 내용에서 구체적인 내용으로 집중한다.
③ 사건이나 생활역사의 나열에 초점을 둔다.
④ 상담자와 내담자간의 나와 너의 관계를 구축하여 내담자 변화의 장으로 삼는다.
⑤ 바람직한 내담자의 언행 및 자기탐색의 노력을 강화한다.

> 사건이나 생활역사의 나열보다 중요 인간관계에 관련된 내담자의 감정에 초점을 둔다. 즉, 사상 자체보다 그에 수반되는 정서 내용에 주목한다.

14 다음 사례의 상담기법과 가장 관련이 있는 것은?

> • 자녀 : 나는 선생님을 다 싫어하는 것은 아니에요. 단지 두 선생님, 특히 그중에서도 한 선생님은 정말 견뎌내기 힘들어요.
> • 부모 : 아! 너는 특별히 한 선생님을 싫어하는구나.

① 경 청
② 반영하기
③ 조언하기
④ 질문 사용하기
⑤ 명료화하기

> '반영'은 내담자가 표현한 기본적인 감정이나 태도 등을 상담자가 다른 참신한 말로 부연해주는 시도라고 정의할 수 있다. 반영을 할 때에는 내담자의 내면을 잘 파악하여 거울에 비추듯이 그대로 되돌려주려고 노력해야 한다.

15 상담기법 중 '질문의 사용'에 관한 설명으로 옳지 않은 것은?

① 상담에서 상담자가 질문을 많이 하는 것은 어떠한 경우에든지 바람직하지 못하다.
② 상담은 치료적 면접인 만큼 상담자는 심문자나 조사관의 역할을 해서는 안 된다.
③ 이중질문은 가능한 한 피해야 한다.
④ 명료화나 직면화의 한 기법으로서 사용될 때에 이상적이다.
⑤ '왜'라는 질문은 내담자에게 상담자가 경청하고 있다는 것을 보여주므로 자주 사용하는 것이 좋다.

> '왜'라는 질문은 내담자의 문제해결에 도움이 되지 못하고, 오히려 상담자의 역할과 상담의 성격을 오해하게 만들 소지가 있으므로 가능한 한 피해야 한다.

16 다음 사례의 상담기법과 가장 관련이 있는 것은?

- 내담자 : 제가 어제 가게에서 물건을 사고 거스름돈을 더 받은 걸 알았지만 그냥 나왔어요.
- 상담자 : 지금 그 이야기는 겨우 거스름돈 몇 푼에 양심을 팔았다고 생각하니, 스스로에 대하여 실망이 매우 컸다는 말이니?

① 경 청 ② 수용하기
③ 바꾸어 말하기 ④ 질문 사용하기
⑤ 명료화하기

내담자의 이야기를 듣고 나서 상담자가 자기의 표현양식으로 바꾸어 말해주는 것은 상담에 여러 가지로 도움이 된다. 바꾸어 말해줌으로써 내담자의 입장을 상담자가 이해하려고 노력하고 있음을 전달할 수 있다.

17 해석 기법에 관한 설명으로 옳지 않은 것은?

① 내담자의 말에 대해 상담자가 자신의 이해와 판단을 사용하여 반응하는 기법이다.
② 내담자의 문제 상황, 행동 등을 바라보는 상담자의 이해의 틀을 제시하는 것이다.
③ 해석의 내용은 내담자의 준거체계와 차이가 날수록 좋다.
④ 해석의 내용은 가능한 한 내담자가 통제·조절할 수 있는 것이 좋다.
⑤ 단정적·절대적 어투보다 잠정적·탄력적 어투를 사용하는 것이 좋다.

해석의 내용이 내담자의 준거체계와 밀접할수록 내담자의 저항을 줄일 수 있다. 해석은 내담자가 자기의 문제를 새로운 각도에서 이해하도록 그의 생활경험과 행동의 의미를 상담자가 설명해주는 것을 말한다.

18 청소년 내담자 A와의 대화에서 상담자가 공통적으로 사용한 상담기술은?

- 내담자 : 2학년으로 올라오고 벌써 한 학기가 지났는데, 짝꿍이랑 거의 말을 안 해본 거 같아요. 학교 가는 게 핵노잼이에요.
- 상담자 : 핵노잼이라는 의미는 짝꿍이랑 놀지 못해서 재미가 없다는 의미일까요?
- 내담자 : 네, 맞아요. 근데 아무래도 저를 무시하는 것 같아요.
- 상담자 : A를 무시하는 것 같다고 느낀 때가 구체적으로 어떤 상황이었나요?

① 반 영 ② 명료화
③ 요 약 ④ 공 감
⑤ 앵무새 말하기

명료화(Clarification)
- 내담자의 말에서 모호하거나 모순된 점이 발견될 때, 명확히 이해하고 넘어가기 위해서 다시 그 점을 상담자가 질문함으로써 내담자가 그 의미를 명백하게 하도록 돕는 기술이다.
- 명료화는 내담자의 문제를 거울에 비추어 보듯이 분명하게 하는 작업이다.
- 상담자가 내담자의 말을 정확히 이해하기 위해서도 필요하고, 내담자가 자신의 의사와 감정을 구체화하여 재음미하도록 돕기 위해서도 중요하다.
- 내담자에게 명료화를 요청할 때는 상담자가 내담자에게 도움을 주기 위하여 질문하고 있다는 느낌을 주도록 유의한다.

19 다음과 같은 순서를 따르는 상담기법은?

- 1단계 – 내담자가 가진 문제나 어떤 대상에 관한 전반적인 느낌에 집중하게 한다.
- 2단계 – 주의를 끄는 하나의 관심을 찾아내고 그것에 주의를 기울이게 한다.
- 3단계 – 하나의 감정에 주의를 유지하면서 감정으로부터 나타난 단어나 이미지를 떠올리게 한다.
- 4단계 – 감정의 흐름에 주의를 기울이게 하고, 그것을 판단하지 말고 단지 경험하게 한다.
- 5단계 – 현재 내담자의 문제에 관해 느껴지는 새로운 감정을 가져오게 한다.
- 6단계 – 5단계를 거치면서 의식에 나타났던 단어나 이미지를 묘사하게 한다.

① 사고중지 ② 정서도표 그리기
③ 감정 표현하기 ④ 긴장이완 훈련
⑤ 초점화하기

초점화(Focusing)는 내담자가 어떻게 이야기를 시작해야 할지 모르거나 이야기가 산만하여 방향이 없을 때, 이야기의 주제를 바로잡거나 주제의 방향을 바꾸어줌으로써 내담자가 특정한 관심사나 주제에 주의를 집중하도록 돕는 기술을 말한다.

20 다음 사례의 상담기법과 가장 관련이 있는 것은?

- 내담자 : 우리 담임선생님은 숙제를 너무 많이 내주시고, 아침저녁으로 훈시를 많이 하세요.
- 상담자 : 숙제를 많이 내주시는 것은 너희들을 골탕먹이려고 하는 게 아니라, 조금이라도 더 공부를 시키고 싶으신 거야. 그리고 훈시가 많다는 것은 그만큼 너희들을 걱정하고, 좀 더 나은 사람이 되라고 그러시는 거지.

① 명료화하기 ② 수용하기
③ 해석하기 ④ 초점화하기
⑤ 재명명하기

내담자가 문제를 다른 시각에서 보거나 다른 방법으로 이해하도록 돕는 기술을 '재명명'이라고 한다.

21 다음 사례의 상담기법과 관련이 있는 것은?

> - 내담자 : 요즘 들어 학교 공부에 흥미가 없어졌어요. 아이들과 노는 것도 재미가 없고요.
> - 상담자 : 나도 과거에 학교 가는 것이 싫어서 부모님 몰래 수업을 빼먹은 적도 있단다. 가끔은 모든 구속적인 것에서 벗어나 혼자 있는 것이 편할 때가 있지. 그래도 담임선생님께서 이런 내 마음을 알아주어 금세 마음을 돌릴 수 있었단다.

① 자기노출
② 재진술
③ 즉시성
④ 명료화
⑤ 태도반영

내담자의 문제와 관련하여 도움이 될 만한 상담자의 비슷한 자기 경험을 내담자에게 말하는 것이므로 자기노출(Self-Disclosure)에 해당한다.

22 다음 사례의 대화와 가장 관련이 없는 것은?

> - 아들 : 엄마, 성적표예요, 도장 찍어주세요.
> - 엄마 : 성적이 또 떨어졌구나. 엄마는 네가 이런 식으로 공부를 안 해서 마음이 너무 아프구나.

① 나 전달법(I-Message)에 해당한다.
② 생각이나 감정을 표현하는 데 있어서 그 상대방이 나에게 미친 영향을 효과적으로 전달한다.
③ 전달과정에서 상대방을 비난하지 않고 공격하지 않는다.
④ 충고나 위협으로 인식되어 저항에 부딪칠 수 있으므로 자제해야 한다.
⑤ 상대방의 방어적인 태도를 풀어서 상대방이 나를 이해할 수 있도록 도와준다.

보기는 '나 전달법(I-Message)'에 해당한다. '너 전달법(You-Message)'은 "너는 왜 그렇게 공부를 못하니?" 식의 어조로 말하는 것이다. '너 전달법'은 상대방에 대한 나의 판단을 마치 객관적인 사실처럼 말하는 방법인데, 충고나 위협으로 인식되어 저항에 부딪칠 수 있으므로 자제해야 한다.

23 단기상담에 대한 내용으로 옳지 않은 것은?

① 장기상담과 비교하여 단기상담의 효과도 나쁘지 않다.
② 장기상담에서 생기는 전이를 단기상담에서는 거의 느끼지 않는다.
③ 시간적·비용적 부담이 크다.
④ 지나친 의존이나 퇴행을 일으키지 않는다.
⑤ 내담자의 강점과 자원을 탐색한다.

> 단기상담은 시간적·비용적 부담이 적어 형편이 어려운 내담자들에게 유용하다.

24 통합관리의 원칙에 맞지 않는 것은?

① 지역통합성 – 통합적 서비스가 제공될 수 있는 전달체계 구축
② 즉시성 – 필요한 서비스를 즉각 제공하는 지원체계 구축
③ 지속성 – 필요한 서비스를 지속적으로 제공하는 지원체계 구축
④ 전문성 – 민간기관과 정부의 협력이 원활하게 이루어지는 지원체계 구축
⑤ 예방지향성 – 위기를 효과적으로 예방하는 지원체계 구축

> ④ '민관협력성'에 관한 설명이다. '전문성'은 책임의식을 가지고 질 높은 서비스를 제공하는 지원체계를 구축하는 것이다.

25 지역사회 청소년통합지원체계(청소년안전망)에 관한 설명으로 옳지 않은 것은?

① 위기청소년을 발견·보호·지원하기 위해 원스톱 통합지원 서비스를 제공한다.
② 서비스 대상은 9~24세 청소년이며, 학부모는 해당하지 않는다.
③ 청소년 전화 1388 상담을 24시간 운영하고 있다.
④ 학업중단 청소년에게 자립 및 학습을 지원한다.
⑤ 사업시행 주체는 여성가족부이다.

> 청소년안전망 서비스 대상은 9~24세 청소년 및 그 가족이다.

필수과목 01 주관식 단답형 문제

❖ 문제를 읽고 ( ) 안에 들어갈 단어를 적어주세요.

01 피아제(Piaget)는 인지발달의 단계를 '감각운동기, 전조작기, 구체적 조작기, 형식적 조작기'의 4단계로 나누고, 청소년기를 (   )에 해당한다고 하였다.

02 인간의 고통은 보편·정상적이며, 내담자의 문제는 경험 회피와 인지적 융합으로 인한 심리적 경직성에서 비롯한다고 보는 (   )의 상담목표는 심리적 유연성을 증대하는 것이다.

03 융(Jung)은 분석심리이론에서 무의식 속에 존재하는 남성의 여성적인 측면을 (   ), 여성의 남성적인 측면을 (   )(이)라고 정의하였다.

04 마샤(Marcia)는 정체성 위기로 격렬한 불안을 경험하지만 아직 명확한 역할에 전념하지 못하고 자신의 능력과 사회적 요구, 부모의 기대 사이에서 고민하는 것을 (   )(이)라고 하였다.

05 자신의 내부에서 일어나는 용납하기 어려운 충동을 다른 사람의 탓으로 돌리는 것을 (   )(이)라고 한다.

06 (   ) 기법은 내담자가 유쾌한 경험과 유쾌하지 않은 경험을 번갈아가면서 생각하도록 하고, 각 경험과 관련된 감정에 관심을 가지도록 하는 것이다.

07 '알아차림-접촉' 주기의 각 단계에서 차단이 일어나는 것을 (   )(이)라고 한다.

08 (   )은/는 주로 게임 뒤에 맛보는 불쾌하고 쓰라린 감정을 말한다.

09 (   )은/는 어떠한 사건에 대해 자신의 걱정을 지나치게 과장하여 항상 최악을 생각함으로써 두려움에 사로잡히는 것을 말한다.

10 (   )은/는 심리적 조력관계의 본질·제한점·목표 등을 규정하고, 상담자와 내담자의 역할과 책임 그리고 가능한 약속 등의 윤곽을 명백하게 하는 것을 말한다.

 정답

01 형식적 조작기
02 수용전념치료(ACT ; Acceptance and Commitment Therapy)
03 아니마, 아니무스
04 정체감 유예
05 투 사
06 초인종(단추) 누르기
07 접촉-경계 혼란
08 라켓감정
09 파국화(재앙화)
10 상담의 구조화

01 기출문항 OX 문제

❖ 문제를 읽고 ( ) 안에 맞는 답을 (O / X)로 표기하세요.

01 청소년보호법상 청소년은 9세 이상 24세 이하인 사람을 말한다. ( )

02 키치너(Kitchner)의 상담윤리 원칙에는 자율성, 무해성, 선의성, 공정성, 충실성이 있다. ( )

03 개별화의 원리는 내담자 개개인의 독특성을 이해하고 개인에게 적합한 방법을 활용하여 개입하는 원리이다. ( )

04 현대 정신분석 이론가인 말러(M. Mahler)는 '분열 자리(Schizoid Position)'라는 개념을 제시하였다. ( )

05 변증법적 행동치료는 스토아학파에서 그 근원을 찾을 수 있고, 고대 로마의 에픽테투스(Epictetus) 사상의 영향을 받았으며 그 철학적 토대에 '책임을 동반한 쾌락주의', '인본주의', '합리성'의 개념이 포함된 상담이론으로, 인간의 삶에 혼란을 가져올 수 있는 비합리적 신념에 주목하였다. ( )

06 인지치료에서는 동일한 생활사건의 의미를 사람마다 다르게 해석하는 이유가 사람마다 인지도식이 다르기 때문이라고 본다. ( )

07 프로이트(Freud)는 무의식이 인간정신의 가장 크고 깊은 심층에 잠재해 있으면서 의식적 사고와 행동을 전적으로 통제하는 힘이라고 생각하였다. ( )

08 프리맥(Premack)의 원리는 선호하는 행동이 덜 선호하는 행동을 강화하여 그 행동의 발생빈도를 증가시킨다는 강화의 상대성을 이용한 것이다. ( )

09 '과도한 일반화'란 다른 중요한 요소들은 무시한 채 사소한 부분에 초점을 맞추고, 그 부분적인 것에 근거하여 전체 경험을 이해하는 것이다. ( )

10 사이버상담은 내담자가 컴퓨터를 이용하여 자신의 문제를 일방적이고 제한적으로 공개하면, 상담자는 추후에 내담자가 언급한 내용만을 토대로 답변을 해야 하므로 양방향 커뮤니케이션이 이루어지지 않는데서 오는 제약이 있다. ( )

정답 및 해설

01 ×　02 ○　03 ○　04 ×　05 ×　06 ○　07 ○　08 ○　09 ×　10 ○

01 청소년보호법상 청소년은 만 19세 미만인 사람을 말한다.
04 '분열 자리(Schizoid Position)'라는 개념을 제시한 현대 정신분석 이론가는 페어베언(W. Fairbairn)이다. 말러(M. Mahler)는 분리개별화(Separation-individuation)라는 개념을 제시하였다.
05 엘리스(A. Ellis)의 합리정서행동상담에 대한 설명이다. 변증법적 행동치료는 마음챙김 및 수용 기반 인지행동치료 접근법으로, 성격발달에 대한 생물사회학 이론(Biosocial Theory)에 기초한 상담이론이다.
09 '선택적 추상화'에 대한 설명이다. '과도한 일반화'란 한두 가지의 고립된 사건에 근거하여 일반적인 결론을 내리고, 그것을 서로 관계없는 상황에 적용하는 것이다.

필수 ❷과목

상담연구방법론의 기초

- 01   상담연구의 기초
- 02   연구 문제의 선정 및 표본추출
- 03   측정과 척도
- 04   연구방법 및 실험설계
- 05   자료의 처리
- 06   통계와 자료의 분석
- 07   연구보고서의 작성

적중예상문제

(객관식 ∥ 주관식 단답형 문제 ∥ 기출문항 OX 문제)

평이한 난이도였던 필수 1과목과 달리 "필수 2과목 상담연구방법론의 기초"는 다소 어려움을 겪을 수 있는 형태의 문제가 출제되어 수험생들의 주의가 필요합니다. 일반적으로 탈락자의 점수가 다른 과목보다 낮게 형성되는데, 그 이유는 생소한 통계 이론들이 문제로 등장하고 있기 때문으로 보입니다. 과거의 출제 경향을 살펴보면 어려운 통계 문제가 등장하는 경우가 드물었지만, 최근에는 연구 결과를 분석하는 문제와 같이 많은 공부를 요구하는 문제로 변별력을 갖추려 하고 있습니다. 이에 따라 연구 방법, 연구 윤리와 같은 이론 학습을 기본으로 하고, 응용하여 연구 사례를 분석하는 연습을 하는 것이 합격의 비결이 될 것입니다.

✓ **최근 2024년도 23회 기출키워드**

- 연구가설이 표현하고 있는 효과
- 가설 설정 및 검정
- 연구 수행
- 상담 연구
- 양적 연구 패러다임
- 양적 연구의 타당도
- 통계적 검정력(Statistical Power)
- 척도의 타당도를 평가할 수 있는 방법
- 측정도구 선정 및 사용
- 척도의 신뢰도(Reliability)
- 사례에 적절한 분석 방법
- 논문 작성 시 '논의 및 결론'에 포함될 내용
- 논문 작성 시 '연구방법'
- 진실험설계가 충족해야 할 조건
- 근거이론 연구
- 단순선형회귀분석에서 총변동(SST ; Sum of Squares Total)
- 집단 간 설계
- 질적 연구의 특징
- 인간참여자를 대상으로 한 연구
- 연구부정행위
- 혼합연구방법
- 유사실험설계(Quasi-experimental Design)
- 단일사례연구설계(Single-case Research Design)
- 모의상담연구
- 실험실 실험연구

정오표▲

CHAPTER 01 상담연구의 기초

중요도 ★★★

핵심포인트

상담연구의 과학적 접근, 과학자–실무자 모델, 개념적 정의와 조작적 정의, 변수, 연역법과 귀납법, 상담연구의 필요성, 과학적 연구의 특징, 연구윤리의 일반원칙, 상담연구의 절차, 연구보고서의 작성, 연구의 유형, 양적연구와 질적연구, 코딩의 유형, 사례연구, 합의적 질적 연구론

01 상담연구의 과학적 접근

(1) 과학의 의의

① 과학은 지각적 작용에 의해 사물 및 현상의 구조와 성질을 관찰하고, 기술적 실험조사를 통해 사실을 증명하며, 이론적 설명과정으로 객관적인 법칙을 탐구하는 체계적 지식활동이다.
② 과학은 원인과 결과에 대한 인과관계를 설명하며, 자연현상이나 사회현상에 대한 지식과 논리적인 기술을 통하여 현상을 이해하고 설명하는 데 목표를 둔다. 이를 통하여 반복된 검증을 거쳐 규칙을 발견하여 일반적인 지식이나 이론으로 일반화한다.
③ 일반화된 이론을 통해 다른 대상, 다른 상황에서도 같은 현상이 발생할 것인지 예측하고, 이에 대한 적절한 통제를 위해 필요한 것이 무엇인지를 파악하는 과정이 과학적 연구의 목표이다.

(2) 과학과 철학

논리적 실증주의	이론은 관찰이나 가설의 검증을 통해서만 정당화될 수 있다.
논리적 경험주의	과학이론들은 확률적으로 검증되는 관찰에 의해서만 정당화될 수 있으며, 연속적인 경험적 검증과정을 거쳐 진리로 발전된다.
반증주의	기존 이론의 모순에 대한 계속적인 반증의 과정을 통해 과학적 검증이 이루어진다.
과학적 혁명	기존의 패러다임을 부정하고 새롭게 출발할 때 과학은 혁명적으로 발전한다.

(3) 과학자-실무자(전문가) 모델 15 기출

① 과학자-실무자 모델은 미국에서 1949년 교육훈련을 위한 교육철학으로 정식 채택된 이론이며, '볼더 모델'이라고도 한다. 대상자를 과학적으로 연구하는 한편, 그것을 상담 실무에 신중하게 적용할 것을 강조하는 모형이다.
② 과학자-실무자 모델은 다른 상담자의 연구 성과를 체계적으로 활용할 줄 아는 '과학적으로 생각하는 상담자'를 키워내야 한다고 주장한다.
③ 과학자-실무자 모델의 기본원리
　㉠ 임상심리학자는 임상 장면에서 적용 가능한 연구방법론을 개발하고, 그 기술과 기법에 능숙한 임상가가 되어야 한다.
　㉡ 임상심리학자는 과학자와 실무자로서의 역할을 동시에 훈련받음으로써 이론적·학문적·응용적·임상적인 역량을 강화할 수 있다.
　㉢ 임상심리학자는 인간 행동을 이해하기 위해 과학자로서 끊임없이 연구하는 동시에 실무자로서 그 과정을 통해 발견한 지식을 인간 행동의 변화를 위해 실천해야 한다.
　㉣ 임상심리학자는 1차로 과학자(심리학자)가 되어야 하며, 2차로 임상가(전문가)가 되어야 한다.

(4) 과학적 연구요소

① 개념
　㉠ 개념의 의의
　　• 일정한 관계사실에 대한 추상적인 표현이다.
　　• 특정한 여러 현상들을 일반화함으로써 나타내는 추상적인 용어이다.
　　• 현상을 예측 설명하고자 하는 명제 이론의 전개에서 그 바탕을 이루는 역할이다.
　　• 연구의 출발점과 앞으로의 연구방향을 제시한다.
　㉡ 개념의 조건

한정성	개념은 사실 또는 현상의 특징을 명확하게 잘 나타내야 한다.
통일성	일정한 현상을 나타내는 한 개념은 누구에게나 통일적으로 사용되어야 한다.
적절한 범위	개념의 추상화 정도의 문제로서 한 개념이 나타내는 범위가 넓으면 넓을수록 실제의 사실이나 현상에서 멀어져 이들에 대한 측정이 곤란해지므로 적절한 범위를 정할 수 있어야 한다.
체계성	한 연구에 쓰인 개념은 문제의 정립단계에서부터 이론의 형성단계까지 분리되어 취급되어서는 안 된다.

　㉢ 개념의 구체화
　　개념 → 개념적 정의(개념화) → 조작적 정의(조작화) → 현실세계(변수의 측정)

지식 IN

개념적 정의와 조작적 정의 15 16 19 22 23 기출

개념적 정의 (사전적 정의)	• 연구의 대상 또는 현상 등을 보다 명확하고 정확하게 표현하기 위해 개념적으로 정의하는 것이다. 예를 들어, 효의 개념적 정의는 '자식이 어버이를 섬기는 도리'라고 할 수 있다. • 개념에 대한 구체적인 묘사이지만 여전히 추상적·일반적·주관적인 것이 특징이다. • 개념적 정의는 정의하는 것의 특성이나 자질을 지적해야 한다. • 개념적 정의는 단정적이어야 하며, 중의성을 띠어서는 안 된다.
조작적 정의	• 개념이 추상적이어서 직접 조사하기 어려운 경우 그것을 측정 가능한 형태로 대체하거나 수량화해서 간접적으로 측정하는 것이다. 즉, 추상적인 개념을 구체적인 실제 현상과 연결해 측정하기 위해서 관찰할 수 있는 형태로 정의한 개념이다. • 조작적 정의는 측정 가능한 형태로 진술되며, 측정하고자 하는 구인과 논리적 관련성이 높다. • 다양한 속성의 측정을 위해 복수지표가 활용될 수 있다. 예를 들어, 신앙이라는 구인을 교회의 참석 횟수로 측정할 수도 있고, 성경을 읽은 횟수로 측정할 수도 있다. • 조작적 정의는 될 수 있는 한 실행 가능하고 관찰 가능한 조작을 좀 더 명확하게 표현한 용어로 구성된다. • 구체적일수록 반복연구의 수행이 쉽다. • 조작적 정의는 조사 목적과 관련하여 상당히 실용주의적인 측면을 포함하고 있다. • 지식이 축적되어 새로운 연구 성과가 나오거나 새로운 측정 방법이나 측정 도구가 나오면 조작적 정의를 변경해야 하는 경우가 발생할 수 있다. • 개념을 조작화할 때는 속성들에 대한 변동성의 범위를 분명히 해야 한다. • 변인의 어떤 속성을 조작할 것인가에 대해 결정해야 한다. • 주어진 변인을 구성하고 있는 다양한 속성에 대한 정밀성을 고려해야 한다. • 조작화는 변인들을 구성하고 있는 속성들을 구체화하기 위해 단일지표를 사용할 수 있다. • 실험연구의 내적타당도 및 후속연구의 발전 가능성을 높인다.

② 변 수 14 16 22 기출

㉠ 변수의 의의

변수는 두 가지 또는 그 이상의 값으로 경험적으로 분류할 수 있는 개념을 말한다.

㉡ 변수의 종류

독립변수	다른 것을 설명, 예언하거나 다른 것에 영향을 주는 변수
종속변수	독립변수에 의해 설명이나 예언이 되는 변수, 영향을 받는 변수
매개변수 (중재변수)	독립변수와 종속변수를 연결해 주는 변수
조절변수	변수 사이의 관계에서 강도와 방향을 조절하는 변수
외생변수	다른 변수에 의해 설명되지 않는 변수
내생변수	다른 변수에 의해 설명되는 변수
왜곡변수	두 개의 변수 간의 관계를 정반대의 관계로 나타나게 하는 제3의 변수
억압변수	두 개의 변수 간에 상관관계가 있으나 그와 같은 관계가 없는 것처럼 보이게 하는 변수
가외변수 (외재변수)	종속변수에 영향을 미칠 것으로 예측되지만, 연구에서는 다루어지지 않아야 할 변수
잠재변수	직접 관찰하거나 측정할 수 없어 다른 변수를 통해서 간접적으로만 측정할 수 있는 변수

ⓒ 변수의 효과 24 기출

직접효과		매개변수가 있어도 독립변수가 매개변수를 거치지 않고 종속변수에 직접 영향을 미치는 효과
간접효과	부분매개효과	독립변수가 매개변수를 통해 종속변수에 영향을 주고, 독립변수가 직접 종속변수에 영향을 주기도 하는 경우(직접효과)의 매개효과
	완전매개효과	매개변수가 있어야 독립변수가 종속변수에 영향을 미치는 경우의 매개효과
조절효과		독립변수가 종속변수에 미치는 효과가 조절 변수의 수준에 따라서 달라지는 경우 발생하는 효과
이월효과		선행 실험 처치나 연구 조건의 영향이 후속 실험 처치나 연구 조건이 시행되는 동안 남아서 작용하는 현상

③ 이 론
  ㉠ 이론은 현상에 대한 설명과 예측을 목적으로 변수 간의 관계를 밝힘으로써 그 현상에 대한 체계적인 견해를 제공하는 일련의 상호 연결된 개념, 정의 또는 명제이다.
  ㉡ 이론은 관찰된 데이터에서 변수들 간의 관계에 대한 확률적 진술, 즉 가설을 도출하여 이를 검증한 것이다.
  ㉢ 이론의 역할

연구의 주요 방향 결정	기존의 이론체계를 배경으로 하여 어떤 주제나 문제에 대해 조사함으로써 그 결과를 예측할 수 있는 연구의 방향을 결정하는 기능을 하게 한다.
현상의 개념화 및 분류화	이론은 그 개념 도식을 제시하여 연구대상에서 필요한 사실의 재개념을 쉽게 해주며, 현상을 적절히 분류하고 체계화하여 상호연관 짓는 기초를 제공한다.
요 약	이론은 사실 및 연구대상에 대한 기존 지식을 요약하는 기능을 한다. 즉, 이론은 과학적 지식을 간단명료하게 표현해주기도 한다.
사실의 예측 및 설명	이론은 조사하고 있는 현상을 설명해주며, 새로운 사실을 예측하도록 해준다.
지식의 확장	이론의 구성 당시에는 알려지지 않았던 현상을 예측·설명할 수 있도록 하여 지식과 이해를 넓혀 준다. 즉, 이론은 과학적 지식의 근원이 되는 명제, 가설 등의 판단기준이 되기도 한다.
지식의 결함 지적	이론은 기존의 사실을 요약하여 일반화하면서 추후에 조사·검증해야 할 결함을 제시해준다.

(5) 과학적 연구의 논리전개 방식
  ① 연역법과 귀납법의 특징 17 18 21 22 24 기출

연역법	• 참으로 인정된 보편적 원리를 현상에 연역해 설명하는 방법이다. • 법칙과 이론으로부터 어떤 현상에 대한 설명과 예측을 도출하는 방법이다. • 가설설정 → 조작화 → 관찰·경험 → 검증
귀납법	• 확률에 근거한 설명으로 과학이 관찰과 경험에서 시작한다고 보는 견해이다. • 관찰과 자료의 수집을 통해 보편성과 일반성을 가지는 하나의 결론을 도출하는 방법이다. • 주제선정 → 관찰 → 유형의 발견 → 임시결론(이론)

  ② 연역법과 귀납법의 관계
    ㉠ 연역법과 귀납법은 상호보완적인 관계를 형성한다.
    ㉡ 연역법은 구체적인 대상이나 현상에 대한 관찰에 일정한 지침을 제공한다.
    ㉢ 귀납법은 경험적인 관찰을 통해 기존의 이론을 보충 또는 수정한다.

02 상담연구의 개요

(1) 상담연구의 목적
① 보 고
  연구 결과에서 추론이나 결론을 내리지 않고 간단한 자료로 발표하는 것이다.
② 기 술
  인간의 행동이나 사회현상 등을 기술하거나 정의하는 것이다.
③ 설 명
  기술된 현상의 발생원인을 설명함으로써 사회현상의 인과관계를 설명하는 것이다.
④ 예 측
  이론의 기초명제로부터 보다 복잡한 명제를 추론하는 것이다. 즉, 수집된 자료를 분석하여 미래의 상황을 추정하고 예측하는 것이다.

(2) 상담연구의 필요성 16 기출
① 상담기법 효과에 대한 상충된 연구 결과들이 많기 때문이다.
② 현행 주요 상담기법이 최근 연구동향과 동떨어져 있기 때문이다.
③ 새롭게 고안한 상담기법의 효과를 확인하고 전파하고자 하기 때문이다.
④ 상담이론과 일치하지 않는 상담효과 연구들이 자주 보고되고 있기 때문이다.

(3) 상담연구의 방법
① 경험주의적 방법을 사용한다.
② 객관적인 접근방법을 사용한다.
③ 다양한 과학적 지식을 활용하는 종합과학적 접근방법을 사용한다.
④ 인간행동과 사회환경에 대한 법칙을 찾으려고 노력한다.
⑤ 인간의 합리적인 사고 작용을 기반으로 한다.

(4) 과학적 연구의 특징 16 20 21 23 기출

논리성 (Logical) 16 17 기출	• 과학적 연구는 원인과 결과 등이 모순 없이 합리적이고 논리적으로 맞아야 한다. • 과학적 연구는 연역법과 귀납법에 의한 과정을 거치며 사건과 사건의 연결이 객관적 사실에 의해 뒷받침되어야 한다.
인과성 (Deterministic)	모든 과학적 현상은 스스로 발생할 수 없으며, 그에 상응하는 원인이 존재하므로 모든 현상은 원인과 결과로 이해될 수 있어야 한다.
일반성 (Generalization)	• 과학적 연구는 경험을 통해 얻는 구체적인 사실들을 바탕으로 보편적이고 일반적으로 적용할 수 있는 원리를 추구한다. • 과학적 연구는 개별적 현상을 일일이 설명하는 것이 아니라 그것에 대한 일반적인 이해를 추구한다.

간결성 (Parsimony)	• 과학적 연구는 최선의 설명력을 확보하기 위한 가장 적합한 최소한의 변수와 방법을 선택한다. • 하나의 현상을 설명하는 여러 의견이 있을 경우 과학자들은 가장 간결한 이론을 추구한다.
정확성 (Precise)	측정하기 어려운 이론적인 개념은 반드시 다른 연구자가 동일한 개념을 측정하기 위하여 그 이론을 정의하고, 검증할 수 있도록 정확하게 사용해야 한다.
간주관성 (Intersubjectivity) 23 기출	• '상호주관성'이라고도 불리는 것으로, 연구자마다 서로 다른 주관적인 판단과 지식을 바탕으로 연구를 계획하고 수행해도 모두 같은 결과가 나올 수 있어야 한다. • 동일한 조건 아래 동일한 연구 방법으로 연구를 수행했을 때는 비록 연구자가 다르다 할지라도 동일한 결론에 이를 수 있어야 한다.
변화 가능성 (Changeable) 23 기출	과학적 지식의 속성상 미래의 언젠가는 다른 연구가 현재 우리가 가지고 있는 지식을 바꾸어 놓을 가능성이 높기 때문에 기존의 신념이나 연구 결과는 언제든지 비판·수정할 수 있다.
경험성 (Empiricism)	• 연구대상이 궁극적으로는 인간의 감각에 의해 지각될 수 있는 것이어야 한다. • 추상적인 개념도 구체적 사실들로부터 여과하여 생성된 것인 만큼 그 자체로는 추상적일지라도 궁극적으로는 경험적으로 인식 가능한 것이라고 할 수 있다.
객관성 (Objective)	• 건전한 감각기관을 가진 여러 사람이 같은 대상을 인식하고 그로부터 얻은 인상이 일치하는 것을 말한다. • 동일한 실험을 행하는 경우 서로 다른 주관적 동기가 있더라도 표준화된 도구와 절차 등을 통해 누구나 납득할 수 있는 결과를 나타내야 한다. • 이러한 필요성에 의해 조사표(질문지), 채점표, 척도 같은 객관화된 도구의 발달을 가져온 것이다.
재생 가능성 (Reproducibility)	• 일정한 절차, 방법을 되풀이했을 때 누구나 같은 결론을 내릴 수 있는 가능성을 말한다. • 과정 및 절차에 관한 재생 가능성을 입증 가능성 또는 타당성이라 하고, 결과에 관한 재생 가능성을 신뢰성이라 한다.

(5) 상담연구에서의 윤리

① 연구수행상의 윤리문제

　㉠ 연구 내용상의 윤리문제 : 연구대상은 사회적 통념이 허용하는 범위 내의 것이어야 하며, 인간 생활에 해를 주기보다는 이익을 주는 것이어야 한다.

　㉡ 연구 과정상의 윤리문제 : 타당한 결과를 얻어내기 위해 연구대상으로서의 인간을 조작해야 하는 경우, 연구자는 어떠한 태도를 취해야 하는지, 연구활동 중 습득한 사실들에 대해 어느 정도의 수준에서 비밀을 보장해야 하는지의 문제이다.

　㉢ 연구 결과상의 윤리문제 : 개인의 프라이버시를 어떻게 보장할 것인지, 연구 결과를 타 목적에 사용할 수 있는지, 연구 결과에 대한 책임이나 이익은 어떻게 분배해야 하는지의 문제이다.

② 연구윤리의 일반원칙 14 15 16 18 19 기출

무피해의 원칙	피험자는 연구에 참여함으로 인해 피해를 입어서는 안 된다.
이익의 원칙	상담연구는 상담의 기술, 체제, 이론의 개발과 검증과정에 기여하고 이를 더 발전시켜야 하며, 인류의 건강과 안녕에 기여해야 한다.
자율성의 원칙	연구에 참여하느냐 안하느냐는 피험자의 자발적 의사에 따른다.
신용의 원칙	연구 시 불가피하게 기만이 사용된 경우에도 실험과 자료수집을 마친 후에 '디브리핑' 절차를 이행하는 등 피험자에게 한 약속을 지켜야 한다.

지식 IN

1. 고지된 동의 14 17 20 21 기출
- 연구에는 위험과 이익이 공존하고 있기 때문에 피험자가 연구에 대한 충분한 설명을 들은 후 참가에 동의하는 것을 의미한다.
- 동의는 서면으로 하여야 한다.
- 피험자가 자발적으로 자유의 선택에 의해 동의해야 하며, 실험이 진행되는 중에 언제든지 자유롭게 실험 참가를 그만둘 수 있어야 한다.
- 미성년자의 경우에는 부모나 법적 보호자로부터 동의를 받아야 하며, 동의를 받았더라도 미성년자는 언제든지 참가를 거부할 수 있으며 만 14세 이상인 경우 반드시 본인의 동의를 얻어야 한다.

2. 사전 동의의 내용 18 21 24 기출
- 연구의 목적
- 예상되는 기간 및 절차
- 연구에 참여하거나 중간에 그만둘 수 있는 권리
- 부작용이나 위험 요소
- 비밀보장의 한계
- 참여에 대한 보상

3. 디브리핑 16 기출
- 실험의 목적을 달성하기 위해 실험의 의도 등을 숨기거나 속이고 실험을 진행한 후에 실험 참여자에게 연구의 성질, 결과 및 결론에 대하여 모든 상세한 내용을 설명해 주는 절차로 의문이나 오해를 제거하는 것을 말한다.
- 연구특성상 기만의 사용이 정당화된 경우, 연구자가 실험 혹은 자료 수집을 마친 후 기만의 불가피성, 기만으로 인한 오해나 불쾌감을 최대한 제거하기 위해 수행하는 절차이다.

③ **벨몬트 보고서의 기본 윤리원칙** 19 23 기출

벨몬트 보고서는 미국 '의학 및 행동연구 피실험자 보호를 위한 국가위원회'에서 사람을 대상으로 한 실험에 대한 윤리적 기준을 규정한 보고서이다. 보고서에서는 '인간존중', '선행', '정의'의 세 가지 원칙이 제시되었다.

인간존중의 원칙	• 개인은 자율성을 갖춘 존재로 대우받아야 하며, 그들을 어떤 목적을 위한 수단으로 사용해서는 안 된다는 원칙이다. 즉 사람은 반드시 스스로 선택할 수 있는 권리를 가질 수 있어야 한다는 것이다. 또한 자율성이 제한된 사람들은 추가적인 보호를 받아야 한다. • 인간존중의 원칙으로부터 파생된 규정 　- 정보에 기초한 동의서를 요구한다. 　- 피험자의 사생활을 존중한다.
선행의 원칙	• 선행은 위험을 최소화하고, 이득을 최대화함을 의미한다. • 선행의 원칙으로부터 파생된 규정 　- 위험은 최소화하고, 이득은 최대화하기 위해 가능한 최선의 연구계획을 세운다. 　- 연구자가 연구를 수행하는 과정에서 위험을 충분히 관리할 수 있는지 여부를 확인한다. 　- 위험 대 이득의 비율이 적절하지 않은 연구를 금지한다. 　- 상담서비스가 필요한 사람일 경우, 상담자는 가능한 유용하게 그 사람을 도울 의무를 가진다.

정의의
원칙
	• 정의의 원칙은 연구에서 파생되는 부담과 이득이 동등하게 분배될 수 있도록 연구를 설계하고, 사람들을 공정하게 대할 것을 요구한다.
	• 정의의 원칙으로부터 파생된 규정
	   – 피험자 선정에서의 공정성을 유지한다.
	   – 취약한 환경의 피험자군이나 이용하기 쉬운 피험자군을 착취하지 않는다.

(6) 상담연구의 절차 [20] [기출]

① 연구 문제의 선정 [18] [기출]
　㉠ 연구자가 그 연구에서 취급하고자 하는 주제, 연구의 목적 및 연구의 실제적 중요성과 이론적 의의 등에 관하여 명백한 구상을 갖고 이를 논리적으로 정립하는 단계이다.
　㉡ 연구 문제는 연구의 주제를 함축하고 있어야 한다.

② 가설의 설정 [14] [15] [18] [19] [23] [기출]
　㉠ 가설이란 둘 이상의 변수의 관계에 대한 잠정적인 진술로, 주목적은 문제의 해결이다.
　㉡ 가설은 확률적으로 표현된다.
　㉢ 가설은 아직 진실 여부가 확인되지 않은 사실로, 실증적인 확인을 위해 구체적이어야 하며, 현상의 관찰로부터 이루어진다.
　㉣ 가설은 간단명료하고 논리적으로 간결해야 하며, 계량화가 가능해야 한다.
　㉤ 가설은 광범위한 범위에 적용 가능해야 한다.
　㉥ 가설은 보통 독립변수와 종속변수 간의 관계의 형태로 표명된다.
　㉦ 현재 알려져 있는 사실(기존 이론)의 설명뿐만 아니라 장래의 사실도 예측할 수 있어야 한다.
　㉧ 가설 설정 시 윤리성, 창의성, 실용성 등을 고려해야 한다.
　㉨ 모든 변수는 실증적 연구의 대상이 될 수 있어야 한다.
　㉩ 문제의 설정에서 제기된 의문에 대하여 하나의 가정적 해답을 제시해야 한다.
　㉪ 경험적으로 검증하기 위해 변수의 조작적 정의가 필요하다.
　㉫ 최소한의 이론적 근거가 있어야 한다.
　㉬ 연구를 통해 진위 여부를 검증해야 한다.
　㉭ 서술방법에 따라 '서술적 가설'과 '통계적 가설'로 나눌 수 있다.

> **지식 !N**
>
> **가설의 조건**
> • 명료성 : 가설 속의 모든 용어들의 의미가 명백하거나 또는 적어도 이들 용어들을 조작적으로 정의하는 데 큰 어려움이 없어야 한다.
> • 한정성 : 연구자는 가설을 수립할 경우 먼저 둘 또는 셋 이상 변수들의 상관관계의 방향, 즉 긍정적 또는 부정적 관계에 관해서 한정적으로 정확히 밝혀야 한다.
> • 가치중립성 : 연구자의 가치, 편견, 주관적 견해 등을 가설 속에서 배제해야 한다.
> • 검증가능성 : 가설은 실증적이고 경험적으로 검증할 수 있어야 한다.

③ 연구설계
   ㉠ 의의 : 연구자가 실증적으로 검증할 수 있는 가설을 설정하고 나면, 가설에 설정된 여러 변수 간의 관계를 정확히 검증하기 위하여 연구설계를 해야 한다.
   ㉡ 연구설계 시 연구자가 고려해야 할 사항
      - 연구대상으로 삼을 현상에 관한 지금까지의 연구가 얼마나 이루어졌고, 그 연구들의 유형에는 어떤 것들이 있는가의 문제
      - 연구를 실시하는 데 활용 가능한 자원에는 어떤 것들이 있는가의 문제
      - 연구의 결과를 어느 정도로 수용하고, 활용할 수 있을 것인가의 문제

④ 자료의 수집
   ㉠ 자료수집의 단계에서는 결정된 자료수집 방법의 검토, 자료의 수집 및 수집된 자료의 정리와 조정이 설정된다.
   ㉡ 본격적인 연구자료를 수집하기 이전에 자료수집을 위해 고안된 자료수집 도구 또는 방법에 따라 예비적으로 자료수집을 해야 한다. 이러한 예비조사는 자료수집도구의 타당도 여부와 신뢰도 여부를 검사 해 볼 수 있도록 할 뿐만 아니라, 연구설계 자체까지도 점검 해 볼 수 있도록 한다.
   ㉢ 자료수집 방법에는 질문지, 면담, 참여관찰 등의 방법이 있고, 기존의 문서 또는 대중통신자료 등을 수집하는 방법도 있다.
   ㉣ 수집된 자료는 용이하게 분석할 수 있도록 일정하게 정리되어야 하며, 계획된 분석 방법에 자료가 잘 부합하도록 조정 및 변환되어야 한다. 이와 같은 자료의 정리 및 조정 등은 자료의 예비적 분석으로서 중요한 단계를 이룬다.

⑤ 자료의 분석
   ㉠ 자료의 분석은 연구에 의해 수집된 자료가 설정된 가설을 어느 정도로 지지하고 있는가를 평가하는 단계이다.
   ㉡ 자료의 분석 방법은 연구가설, 연구설계, 변수 간의 관계 및 그 변수의 수, 자료의 성격 등에 따라 미리 결정되는 것이 보통이다. 전체적인 자료가 정리·조정되면 미리 정해진 분석 방법에 의해 처리한다.
   ㉢ 다변량분석을 하는 경우 계산상의 오차 배제와 신속성을 위해 가능한 한 컴퓨터로 하는 것이 바람직하다.

⑥ 연구보고서 작성 16 17 기출
   ㉠ 보고서의 작성은 연구 결과를 연구되고 있는 영역 내의 동일한 현상, 혹은 동일한 조건이면 어느 경우에도 적용할 수 있도록 경험적으로 일반화하여 이를 일정한 형식으로 기술하는 것이다.
   ㉡ 보고서의 작성에서는 분석 결과의 해석 및 이론 형성, 보고서의 작성 및 발표 과정 등이 이루어진다.
   ㉢ 서론에서는 연구의 목적 및 방법, 연구 문제, 연구의 필요성 및 연구의 범위 등 연구의 의의를 나열하고, 기존 연구에서 미비한 사항이나 차이점 등도 기록한다.
   ㉣ 연구가설은 탐색적 질문과 검정을 위한 질문으로 구성할 수 있다.
   ㉤ 선행연구 결과를 인용할 경우 반드시 출처를 밝혀야 한다.
   ㉥ 연구 결과는 논문의 구성 내용 중 가장 객관적이어야 한다.
   ㉦ 결론 및 논의에는 자신이 수행한 연구 결과의 요약이 포함된다.

(7) 연구의 유형 16 17 기출

① 연구 목적 또는 이유에 따른 분류

탐색적 연구 (예비연구, 형식적 연구)	• 연구설계를 확정하기 이전에 타당성을 검증하거나, 연구 문제에 대한 사전지식이 부족한 경우에 실시한다. • 문헌연구, 경험자연구, 특례분석연구 등이 해당된다.
기술적 연구	• 현상을 정확하게 기술하는 것을 주목적으로 한다. • 둘 이상 변수 간의 상관관계를 기술할 때 적용한다. • 자료수집에는 제한이 없다. • 횡단연구와 종단연구로 분류된다.
설명적 연구	• 기술적 연구 결과의 축적을 토대로 어떤 사실과의 관계를 파악하여 인과관계를 규명하거나 미래를 예측하는 연구이다. • '왜(Why)'에 대한 대답을 제공하는 연구이다. • 현상에 대한 단순한 기술이 아닌, 인과론적 설명을 전개한다는 점에서 기술적 연구와 다르다.

지식 IN

문헌연구법
- 이미 발표된 연구의 결과나 역사적 문서를 수집하여 연구자가 연구하려고 하는 문제를 분석하는 것이다. 연구 전체가 문헌연구일 때도 있지만, 다른 연구 형태의 보조법으로 쓰이기도 한다.
- 사건의 직접적인 참여자나 목격자가 남긴 기록인 1차적인 자료와 목격자나 참여자의 이야기를 듣고 서술한 자료인 2차적인 자료를 모두 포함한다. 자료의 순수성을 위해서는 1차적인 자료를 사용하는 것이 바람직하다.
- 과거의 사실을 연구하는 역사적인 연구는 문헌연구를 주로 하지만, 1차적인 자료를 사용해야 창의적인 연구가 될 수 있다.
- 문헌은 문자로 기록된 것만을 의미하는 것이 아니며, 라디오나 텔레비전의 녹화 테이프, 노래, 비디오 등도 포함한다.
- 장단점

장 점	• 시간과 공간의 제약이 없으며, 시간과 비용을 절약할 수 있다. • 기존 연구의 동향을 알 수 있다.
단 점	• 연구자의 주관적 판단이 개입될 우려가 있다. • 문헌의 신뢰도에 문제가 있을 때 연구가 손상된다. • 실험을 하지 않기 때문에 평면적이고 서술적인 연구가 되기 쉽다.

② 시간적 차원에 따른 분류

횡단연구	• 어느 한 시점에서 다수의 분석단위에 대한 자료를 수집하는 연구이다. • 표본연구이다. • 모집단을 대표할 수 있는 자료를 제공한다. • 측정이 단 한 번 이루어진다. • 정태적 연구이다. • 연구대상의 특성에 따라 집단을 분류하여 비교분석하므로 표본의 크기가 클수록 좋다. • 인구연구, 여론연구 등이 해당된다.

종단연구	• 둘 이상의 시점에서 동일한 분석단위를 연구하는 것을 말한다. • 현장연구이다. • 연구마다 새롭게 표집된 표본에 관한 자료를 제공한다. • 반복적으로 측정이 이루어진다. • 동태적 연구이다. • 유형에 따라 서로 다른 시점에서 동일 대상자를 추적해 연구해야 하므로 표본의 크기가 크지 않아도 된다. • 동년배집단 연구(코호트 연구), 경향연구, 패널연구, 잠재성장모형 등이 해당된다.
단기 종단연구 17 기출	• 횡단연구와 종단연구의 장점을 절충한 방법이다. • 비교적 짧은 시간 내에 동일한 대상의 지속적인 변화를 살핀다. • 연구대상이 손실되면 결과의 타당성에 문제가 생길 수 있다.

지식 IN

동년배집단 연구(코호트 연구, Cohort Study) 15 16 기출
- 시간이 경과해도 유사한 특성을 보일 것으로 기대되는 실험대상 집단들이 서로 다른 경험으로 인하여 차이가 발생하는 경우에 사용한다.
- 고정된 모집단에서 조사 시점마다 표본을 다르게 추출하여 변화경향성을 분석하는 종단연구의 하나이다.
- 동일연배 집단을 대상으로 시간적 간격에 따라서 동일하게 자료를 수집·분석함으로써 연구 주제의 시대적 변화를 연구한다.
- 둘 이상의 시점에서 동일한 분석단위를 연구하는 것이다.
- 현장연구로 연구마다 새롭게 표집된 표본에 관한 자료를 제공하며, 반복적으로 측정이 이루어진다.
- 독립변수 경험(노출) 정도에 따라 대상을 구획하는 것은 연구의 내적 타당도를 높인다.
- 무선화를 통한 통제집단의 동질화가 확보되어야 한다.

③ 자료 성격에 따른 분류 14 16 17 18 19 20 21 22 23 24 기출

양적 연구	• 실증주의적 인식론에 바탕을 두며, 보편성과 표본의 대표성을 강조한다. • 현상의 속성을 계량적으로 표현하고 그들의 관계를 통계분석을 통해 객관적으로 밝혀낸다. • 자료를 수집하기 전에 구체적 연구가설을 세우는 연역법에 기초한다. • 연구 결과의 일반화가 용이하지만 구체화에 문제가 있다. • 방법론적 일원주의를 주장한다. • 관찰에 근거하지 않은 지식의 공허함을 주장한다. • 질문지연구, 실험연구, 통계자료분석 등이 해당한다.
질적 연구	• 현상학적 인식론을 바탕으로 연구자와 대상자 간의 긴밀한 상호 작용을 통해 진행된다. • 구성주의·구조주의·해석주의·후기실증주의 등의 관점을 따른다. • 언어, 몸짓, 행동 등 상황과 환경적 요인을 연구자의 개인적인 준거틀을 사용하여 비교적 주관적으로 연구한다. • 관찰자가 자신이 관찰하려는 것에 직접 참여하여 여러 가지 역할을 담당하는 참여관찰(현장연구)을 통해 연구 대상이 상황에 부여하는 의미를 이해하고자 한다. • 탐색적 연구에 효과적이며 사회과학에서 많이 사용하나 연구 결과의 일반화에 어려움이 있다. • 현지 연구, 사례연구, 담화분석, 근거이론, 현상학적 연구, 합의적 질적 연구가 해당하며 주로 영역코딩, 축코딩, 개방코딩 등 귀납적인 자료 분석을 한다.

혼합연구 18 22 24 기출	• 질적 연구와 양적 연구의 장점을 혼합하는 방법이다. • 다양한 목적을 만족시켜 줄 뿐만 아니라, 각 방법으로 얻은 결론의 의미를 더욱 분명하게 알 수 있도록 해준다. • 단일 연구방법에 비해 시간과 비용이 많이 든다. • 질적 자료와 양적 자료의 가중치는 세부 연구방법에 따라 달리 적용한다. • 혼합연구 방법의 설계 유형 중 하나인 삼각검증 설계에서는 양적 자료와 질적 자료를 동시에 수집한다. • 연구자에게는 질적 연구와 양적 연구 두 가지 모두에 대한 전문적 지식의 숙련도가 필요하다.

지식 IN

양적 연구와 질적 연구 비교 21 23 기출

구 분	양적 연구	질적 연구
실재의 본질	• 객관적 실재를 형성하는 인간의 특성과 본질이 존재한다고 가정 • 복잡한 패러다임에 관계된 변인들에 대한 연구가 가능	• 객관적 실재라고 일반화할 수 있는 인간의 속성과 본성은 없다고 가정 • 단편적인 연구가 아닌, 총체적 연구의 필요성을 주장
가치의 개입	• 가치중립적 연구 • 설문지, 구조화된 면접, 관찰을 통하여 측정하며, 통계를 이용한 양적 분석을 함	• 가치개입적 연구 • 심층면접, 참여관찰 그리고 문서연구를 통하여 해석적·서술적 분석을 함
인과관계	결과에 시간적으로 선행되거나 동시에 일어나는 원인이 실재	원인과 결과의 구분이 불가능
연구 목적	• 일반적 원리와 법칙 발견 • 인과관계 혹은 상관관계 파악 • 현상들 간의 관련성을 탐색	• 특정현상에 대한 이해 • 특정현상에 대한 해석이나 의미의 차이 이해
연구대상	• 대표성을 갖는 많은 수의 표본 • 확률적 표집방법 주로 사용 (비확률적 표집방법도 사용할 수 있음)	• 적은 수의 표본 • 비확률적 표집방법 주로 사용

④ 연구대상의 범위에 따른 분류

전수조사	• 조사대상이 되는 모집단 전체를 연구한다. • 경제성과 신속성이 떨어진다. • 표본오차는 없으나 비표본오차가 크므로, 표본조사에 비해 정확성이 떨어진다. • 대표적인 예로 인구조사가 해당된다.
표본조사	• 조사대상 중에서 전체를 대표할 수 있는 선택된 일부를 연구한다. • 시간과 비용이 적게 든다는 점에서 경제적이며, 심도 있는 조사가 가능하다. • 표본추출의 오류가 조사결과에 영향을 미친다. • 표본오차가 있으나 비표본오차가 전수조사에 비해 작으므로, 전수조사보다 더 정확한 자료를 얻을 수 있다.

⑤ 지식탐구방법
　㉠ 관습에 의한 방법 : 사회적인 습관이나 전통적인 관습을 의심의 과정 없이 그대로 수용하는 방법이다. 예 천동설
　㉡ 권위에 의한 방법 : 권위자나 전문가의 의견을 인용하는 방법이다.

ⓒ 직관에 의한 방법 : 가설설정 및 추론의 과정을 거치지 않은 채 확실한 명제를 토대로 대상에 대한 직접적인 인식을 추구하는 방법이다.
ⓔ 신비에 의한 방법 : 신, 예언가, 초자연적인 존재로부터 지식을 습득하는 방법이다.
ⓜ 과학에 의한 방법 : 문제에 대한 정의에서 자료를 수집·분석하여 결론을 도출하는 일련의 체계적인 과정을 통해 지식을 탐구하는 방법이다.

⑥ 기타 연구의 유형
㉠ 조사연구(Survey Research) 20 기출
- 표준화된 설문이나 면접을 활용하여 필요한 정보를 체계적으로 수집·분석하는 연구방법이다.
- 모집단을 대표할 수 있는 일부 대상을 뽑아서 하는 표본조사를 많이 한다.

장점	• 자료의 범위가 넓고, 풍부한 자료를 얻을 수 있다. • 응답표본의 대표성이 보장될 경우, 연구 결과의 일반화 가능성이 높다. • 수집된 자료는 정확성이 높다(단, 어느 정도의 오차는 갖는다). • 질문지조사의 경우, 구조화된 설문지를 사용하여 자료수집이 용이하다.
단점	• 획득된 정보는 피상적이다. • 고도의 조사지식과 기술을 요한다. • 대인면접조사의 경우, 조사자/응답자 간 상호작용이 응답에 영향을 미칠 수 있다.

㉡ 실험연구 17 19 기출
- 독립변수의 효과를 측정하거나, 독립변수가 종속변수에 영향을 미치는 인과관계에 대한 가설을 검증하는 방법이다. 실험조사를 위해 외부 요인들을 의도적으로 통제하고 관찰조건을 조성해야 한다.
- 인과관계 파악이 용이하고 가외변수의 통제가 쉬우며, 변수의 조작적 정의를 정확하게 내리기 쉽다.
- 변수의 조작이 가능할 때만 연구가 가능하고, 현장조사 연구에 비해 연구 결과의 일반화가 어려워 실제 상황에 적용하는 데 제한이 있다.

지식 IN

모의상담 연구 15 16 19 22 24 기출
- 대표적인 실험실 실험연구의 하나이다.
- 관찰하려는 상담현상 자체를 좀 더 단순화하는 연구전략이다.

장점	• 연구자가 계획한 대로 독립변수를 조작할 수 있다(실험조건의 통제가 용이). • 연구 문제와 관련 없는 변수(가외변수)들을 무작위화하거나 다른 방법으로 통제할 수 있다. • 모의상담 과정을 실제보다 단순화해 결과의 해석이 용이하다. • 상담연구에서 발생하는 윤리적인 장애를 줄일 수 있다. • 대리(Surrogate) 내담자의 활용을 통해 실제 상담연구의 한계를 약화할 수 있다.
단점	• 실험조건을 통제하면 외적 타당도가 저하된다. • 모의상담이 실제 상황보다 지나치게 단순화되므로 연구 결과를 일반화하기 어렵다.

03 ▶ 질적 연구 16 24 기출

(1) 현상학적 연구 19 기출

① 현상학은 현상을 연구하는 학문으로 자연적으로 일어나는 현상을 서술하는 데 중점을 두고, 사태 자체를 '있는 그대로' 이해하기 위한 방법이다.
② 현상학적 연구는 하나의 개념이나 현상에 여러 개인적 체험의 본질을 기술한다.
③ 자료의 분석은 경험 당시의 상황과 경험이 발생하는 과정에 대한 기술(Description)에서 시작한다. 다양한 문화 속에서 구성원들의 언어와 행동이 어떤 상황에서 어떻게 일어나고, 어떻게 상호작용을 하는지를 이해하고 기술하고자 한다.
④ 연구자는 오염되지 않은 관점을 갖기 위해 기존의 관점이나 가정을 끊임없이 점검해야 한다. 현상학적 연구의 질은 과정적 충실성과 해석의 공감적 타당성으로 평가된다.
⑤ 연구 참여자 선발은 연구 주제와 관련된 직접 경험과 경험의 표현 능력을 기준으로 이루어진다.
⑥ 현상학자들은 인간의 경험에서 의식의 구조를 탐색하며 그것의 철학적 관점 등의 철학적 논의에 뿌리를 두고 있다.
⑦ 주요 현상학적 개념
  ㉠ 현상학적 환원 : 대상을 정확히 바라보기 위해 우리의 판단에 영향을 미칠 수 있는 선입견에 대한 판단을 보류하는 것이다.
  ㉡ 괄호치기 22 기출
    • 기존 지식이나 보편적인 가치관, 윤리의식 등 현상에 관한 선입견을 괄호에 집어넣는 것이다.
    • 연구자는 현상에 대한 선지식이나 선경험을 배제함으로써 현상 자체가 의미하는 바가 무엇인지 잘 성찰할 수 있다.
  ㉢ 에포케 : 현상의 본질을 탐구하기 위해 일체의 선입견에 대한 판단을 중지하는 방법이다.

(2) 문화기술지 연구 19 기출

① 문화기술지 연구(Ethnographic Research)는 어떤 특정 집단 구성원들의 삶의 방식, 행동, 그들이 만들어 사용하는 사물들을 현지인의 관점에서 이해하고, 과학적으로 기술하기 위한 방법론이다.
② 문화기술지 연구가들은 사회 상황뿐만 아니라 사회에서 벌어지고 있는 문화, 즉 사람들이 어떻게 지각하고 행동하는가에도 관심을 가진다.
③ 문화기술지 연구는 문화를 창조하는 구성원 간의 관계, 즉 구성원 간의 의미구조에 관심을 두며 그것을 사회적 맥락에서 이해하려고 한다.
④ 일반적이지 않은 특성을 상세하고 심층적으로 이해하고자 할 때 활용된다.
⑤ 연구자의 오랜 시간 현장 참여를 통하여 자료를 수집한다.
⑥ 문화기술지 연구의 특징
  ㉠ 현상학적 특징 : 현상을 연구하는 학문으로, 자연적으로 일어나는 현상을 서술하는 데 중점을 두고 있으며 특정 현상에 대한 의미의 차이 파악을 중시한다.
  ㉡ 자연적 특징 : 연구 상황을 인위적으로 조작하지 않고 자연 그대로의 상태에서 연구를 실시한다.

ⓒ 총체적 특징 : 어떤 한 부분을 분석하는 것이 아니라 연구의 장에서 일어나는 모든 현상을 종합적으로 분석한다는 특징을 가지고 있다.
ⓓ 반복적 특징 : 구체적 연구가설이 있는 것이 아니라 연구하는 과정에서 가설이 형성되고, 그 형성된 가설이 검증되고, 다시 새로운 가설이 만들어지는 반복적 특성을 지닌다.

(3) 사례연구 14 19 기출

① 소수의 사례를 심층적으로 다루어 문제를 종합적으로 파악하는 방법이다.
② 사례유형화를 중심으로 진행되는 연구이다.
③ 역사적 맥락을 검토하고 관련 자료를 다룬다.
④ 종합적·해석적 설명을 지향한다.
⑤ 유형화된 다양성의 이해를 바탕으로 한다.

장 점	• 어느 특정 사상이나 사례에 대한 특례 분석과 같은 탐색적 작업에 사용한다. • 조사대상에 대한 문제의 원인을 밝혀줄 수 있다. • 조사대상을 포괄적으로 파악할 수 있다.
단 점	• 대표성이 불분명하다. • 다른 조사와 같은 변수에 대하여 관찰이 이루어지지 않기 때문에 비교가 불가능하다. • 관찰할 변수의 폭과 깊이가 불분명하다. • 일반화의 문제를 지니고 있다.

지식 IN

1. **사례사의 개념**
   사례사(Case History)는 어떤 특정 사례에 대하여 일어난 일들을 자세하게 조사함으로써, 해당 사건이나 현상을 전체적으로 파악하고 실증적으로 분석하는 조사 방법이다.

2. **사례사 연구의 단점** 16 기출
   • 변수의 통제가 불가능하다.
   • 인과적 결론을 내리기 어렵다.
   • 연구자의 편견이 개입될 가능성이 있다.
   • 자료가 잘못된 기억에 의존될 수 있다.

(4) 담화분석(Discourse Analysis) 20 기출

① 담화란 문장 단위를 넘어서는 언어 구성 단위의 결합체이다.
② 담화의 구조와 언어 사용의 패턴 및 맥락 간의 관계에 대한 연구이다.
③ 문장 간의 관계, 글의 결합력과 통일성을 연구한다.
④ 언어형식과 기능 간의 관계를 통해 언어가 사용되는 상황과 언어를 분석한다.
⑤ 담화분석을 통해 언어, 사회, 문화의 상호관계를 규명할 수 있다.
⑥ 대표적 담화분석으로는 대화분석(Conversation Analysis)이 있다.

(5) 근거이론 14 15 17 21 22 24 기출

① 개 념
  ㉠ 근거이론 방법론은 일련의 체계적인 과정을 통하여 어떤 현상에 대해 하나의 이론을 귀납적으로 끌어내는 질적 연구방법이다.
  ㉡ 대상자의 표현 속에서 대상자가 의미 있게 받아들이는 주요 사건이나 문제점을 대상자의 관점에서 파악하려는 연구방법론이다.
  ㉢ 근거이론 방법론은 연구하고자 하는 영역에서 보여지는 행위의 다양성을 설명하며, 해석할 수 있는 개념을 발견하고 이들 개념 간의 관계를 만들어낸다.
  ㉣ 따라서 연구자는 근거이론 방법론을 통하여 대상자의 주요 문제를 찾아내고, 이들이 지속적으로 문제를 해결해 나가는 기본적인 사회과정을 발견할 수 있다.
  ㉤ 근거이론에서는 새로운 개념이나 개념 간의 관계(설명)가 나타나지 않을 때까지 새로운 자료를 분석하면서 개념이나 관계를 지속적으로 규정한다.
  ㉥ 지속적 비교와 이론적 표집을 활용하여 표본으로부터 얻은 자료를 지속적으로 비교·분석하였을 때, 새로운 내용이 더 이상 나타나지 않으면 샘플추출을 중단한다.

② 철학적 배경
  ㉠ 상징적 상호작용론에 철학적 배경을 두고 있다. 상징적 상호작용론은 사회과정에서 일어나는 인간 행위의 의미를 설명하는 이론이다.
  ㉡ 개인이 어떻게 느끼고, 경험하며, 사회적 구조에 의미를 부여하는가를 조사하고, 가족·집단·조직·지역사회가 독특한 상황에 어떻게 의미를 부여하는가에 관심을 갖는다.

③ 연구 문제
  ㉠ 근거이론 방법을 사용하는 주목적은 이론을 정립시키는 것이기 때문에 현상을 깊이 탐구하기 위한 자유스럽고 유동성 있는 연구 질문이 필요하다.
  ㉡ 근거이론 방법에서의 연구 문제는 '특정 상황이나 어떤 조건 하에서 상호작용과 그 상호작용으로 인해 초래된 결과 등을 설명하는 기본적인 사회심리적 과정은 무엇인가?'이다.

④ 연구 과정 16 기출

연구 과정	내 용
자료수집	• 일반적으로 현장 연구의 패턴을 따른다. 연구 현장에 거주하면서 연구하고자 하는 집단이나 사회적 환경 속에 몰입한다. • 사건의 상징적 의미가 언어적·비언어적 행동으로 나타나기 때문에 관찰의 초점은 상호작용에 있다. • 자료수집 방법으로는 직접 관찰, 인터뷰, 질문, 포커스그룹, 기록 등이 있다.
표 본	• 표본의 크기는 생성된 자료에 대한 자료 분석에 따라 결정한다. • 초기에 표본을 선택할 때는 특수성보다 개방성에 초점을 두고, 자료는 포화가 이루어질 때까지 계속 수집한다. • 포화 결정 기준은 첫째, 자료의 실증적 한계의 조화, 둘째, 이론의 통합과 밀도, 셋째, 연구자의 이론적 민감도이다. • 연구자가 자료의 원인, 맥락, 결론 등과 관련된 질문에 대답할 수 있다면 자료는 포화된 것이다.
이론적 표본 추출	• 이론적 표본 추출은 전개되는 이론에 대해 입증된 이론적 관련성을 가진 개념들을 근거로 하여 표본을 추출하는 것이다. • 질문과 비교하면서 다양한 범주들과 속성들 및 차원을 가리키는 사건, 우연한 일들을 표본 추출하여 그것들을 발전하고 개념적으로 연결하는 것이다.

지속적 비교	• 자료를 코딩하고 분석하는 동안 연구자는 패턴에 관심을 가지면서, 사건과 사건을 비교하고 사건과 범주, 마지막으로 범주와 범주 혹은 개념과 개념을 비교하여 사건의 유사점과 차이점을 구분한다. • 연구자는 비교 분석을 통해 구조, 원인, 맥락, 차원, 결과 등 다양한 범주와의 관계를 연구하면서 생성된 개념이나 범주를 확정한다. 이런 속성에 대한 심층 조사는 행동적 변이를 설명하는 심층 이론을 생성한다.
코딩	자료를 분해 및 개념화하고 이론을 형성하도록 통합하는 분석과정으로, 개방코딩, 축 코딩, 선택 코딩의 순서로 자료를 분석한다.
메모	연구하는 동안 끊임없이 연구 내용을 생각하며 떠오르는 아이디어나 관련 상황을 인덱스 카드, 수첩, 컴퓨터에 수시로 즉시 기록하는데, 날짜와 시간, 장소 등을 기록해두어야 한다.
분류	• 코드가 풍부하고 메모가 쌓이면 분류를 시작한다. • 분류하는 동안 연구자는 범주와 그들의 관계를 설명하는 논리적인 도표를 포함하는 통합적인 그림을 그릴 수 있다. • 분류의 목적은 조각난 자료를 응집력이 있고 적용할 수 있는 전체로 결합하는 것이다.
핵심범주	• 이는 이론 생성의 기본 개념으로 이론의 통합은 밀도 높고 의미 있는 핵심범주의 발견에 있다. • 자료를 지속적으로 엄격하게 분석적으로 사고하면 결국 핵심범주를 생성하게 된다.

⑤ 근거이론 방법론의 활용
  ㉠ 연구 질문을 탐색함에 있어서, 의미를 가지고 있는 인간의 행동과 사회생활에 초점을 두고 있는 근거이론 방법론은 경험적 세계를 바탕으로 하여 이론을 형성하는 귀납적 방법론을 적용하기 때문에, 방법론적 가치의 유용성이 인정되고 근거이론이 실제 영역에 대한 지식 체계의 개발에 유용하다.
  ㉡ 근거이론 방법론은 다른 질적 연구방법과 마찬가지로 연구 대상자를 이해하기 위함이다. 따라서 연구자는 듣고, 관찰한 것, 읽은 것 등의 해석에 책임감을 가져야 한다.

⑥ 연구평가 기준의 4가지 속성
  ㉠ 적합성 : 이용할 실제적인 영역에 적합해야 한다.
  ㉡ 이해 : 독자들이 쉽게 이해할 수 있어야 한다.
  ㉢ 일반성 : 실제 영역 내에서 다양한 일상 상황에 적용할 수 있을 만큼 충분히 일반성이 있어야 한다.
  ㉣ 통제 : 참여자에게 일상 상황의 구조와 과정에 대한 부분적인 통제력이 허용되어야 한다.

지식 IN

코딩의 유형 및 순서 15 17 18 21 23 기출

개방코딩	• 면밀한 자료검토를 통해 현상에 이름을 붙이고 범주화하는 과정이다. • 개념을 밝히고, 그 속성과 차원을 자료 안에서 발견해 나가는 분석과정이다. • 범주화란 똑같은 현상에 속하는 것처럼 보이는 개념들을 그룹짓는 과정을 말한다. 범주를 만들 때는 그 속성에 의거해서 하게 되며, 속성은 일정하게 차원화된다. 즉, 속성은 범주의 특성이고, 차원은 연속선상에서 속성의 위치를 나타내는 것이다.
축코딩	• 범주를 하위범주와 연결하는 과정이다. • 코딩이 한 범주의 축을 중심으로 일어나며, 속성과 차원의 수준에서 범주들을 연결하는 작업이다. • 범주들은 인과적 조건, 현상, 맥락, 중재적 조건, 작용·상호작용 전략, 결과들을 나타내는 범주에 따라 연결된다. • 현상은 어떤 작용·상호작용에 의해 다루어지고 조절되거나 관계를 맺고 있는 중심 생각이나 사건들이다. • 인과적 조건은 어떤 현상에 영향을 미치는 사건을 말한다. • 맥락은 어떤 현상이 놓여져 있는 일련의 속성들의 구체적인 나열이다. • 중재적 조건은 특정한 맥락 내에서 취해지는 작용·상호작용 전략을 촉진하거나 억제하기 위해 작용하는 조건이다. • 작용·상호작용 전략은 현상을 다루고 조절하고 수행하고 반응하는 데 쓰이는 전략이며, 연속적이며 과정적인 특성이 있다. • 결과는 작용·상호작용 전략에 따른 결과를 말한다. • 축 코딩을 하는 동안에 연역적으로 제안된 모든 가설적인 관계는 계속 얻어지는 자료와 반복적으로 대조, 검증될 때까지 임시적인 것으로 여겨져야 한다. • 패러다임 모형을 구축한다.
선택코딩	• 마지막 과정으로 이론을 통합 및 정교화하는 과정이다. • 이때 이론의 통합을 도와주는 기법으로 메모와 도표가 사용된다.

(6) 합의적 질적 연구론(CQR ; Consensual Qualitative Research) 15 23 기출

① 의 의
- ㉠ 메릴랜드 대학의 상담학자 힐(C. Hill) 등은 학술지 TCP에서 일반적인 질적 연구방법과 차별화된 상담에 초점을 맞춘 '합의적 질적 연구(CQR)'라는 상담의 질적 연구 가이드라인을 발표하였다.
- ㉡ 이 방법이 기존의 질적 연구와 다른 점은 다양한 연구 구성원들을 참여시켜 자료를 분석하는 과정에서 양적 연구 과정의 엄밀함을 도입하여 체계적인 분석과 구성원의 합의를 강조한 점이다. 예를 들어, 수집된 자료를 바탕으로 중심 주제를 추출하는 과정에서 사례 안에서(Within Case Analysis) 발견되는 주제들을 추출한 후 사례 간 주제들을 추출하는(Cross Case Analysis) 2중의 분석 과정을 거친 후, 최종 결정에서 연구 참여자들 간의 합의를 유도함으로써 질적 연구의 유연성(Flexibility)과 양적 연구의 정밀함을 겸비한 연구모델이라는 평가를 받았다.

② 특 징
- ㉠ 다양한 관점을 위해 여러 명의 평정자를 참여시킨다.
- ㉡ 반구조화된 자료수집방법(개방형 질문)을 이용한다.
- ㉢ 면접 자료를 중심으로 연구 참여자의 경험을 범주화하는 귀납적 연구방법이다.
- ㉣ 자료의 의미를 결정할 때 합의를 통해 진행한다.
- ㉤ 감시자가 1차 집단에서 초기 작업한 내용을 검토한다.
- ㉥ 합의를 통해 자료의 의미를 영역, 중심개념, 교차분석의 절차로 판단한다.
- ㉦ 질적 연구의 타당성을 위협하는 가장 큰 문제는 연구자의 편견과 반응성이며, 연구자가 연구 참여자에게 미치는 영향인 반응성에 대해서도 고려해야 한다.
- ㉧ 질적 연구의 타당성을 확보하는 방법으로 삼각검증(자료수집의 다양화), 참여자 선정에서 엄격한 기준제시, 다수평정자의 사용, 참여자 확인(도출된 결과를 참여자에게 확인하는 것), 양적인 자료들의 활용, 자기성찰(Self-Reflection) 등이 있다.

③ 코 딩
합의적 질적 연구법은 다른 연구들이 하위개념을 먼저 코딩하고 그다음 영역을 코딩하는 것과 반대로, 먼저 큰 영역을 코딩하고 그 영역을 뒷받침해 줄 구체적 개념을 코딩한다.

④ 합의적 질적 연구법에서 사용되는 분석 절차

영역 코딩		• 유사한 내용을 묶어 영역을 만드는 과정이다. • 연구자를 포함한 평정자들이 원자료를 바탕으로 각자 영역을 분류한 뒤 함께 모아서 일치, 불일치를 합의하는 과정을 거친다. • 초기 영역은 자료를 부호화하는 과정에서 재정의되거나 삭제되기도 한다.
중심 개념 코딩		• 참여자의 단어를 간결하고 명확하게 하며 편집하는 과정이다. • 대명사는 일관성을 위해 변경하고, 반복은 삭제하며, 망설임과 비언어적 측면은 발화의 내용을 중심으로 추출해야 한다. • 중심 개념 코딩을 위해 참여자의 언어로 표현하는 것이 중요하고, 이때 해석적인 분석은 피한다.
교차분석		• 영역에 대한 중심 개념을 범주화하는 과정으로써, 자료를 더 높은 추상화로 옮겨가는 것이다. • 이때 자료 특성을 나타내는 데 빈도 표시를 사용한다. • 각 영역에서 유사한 중심 개념을 포함하고 있는지 확인하고, 범주를 최종적으로 확정한 뒤, 각 사례에서 등장하는 빈도를 표시한다. • 대부분의 사례에서 나타나는 경우를 '일반적'으로, 과반수의 사례에서 나타나는 경우를 '전향적'으로, 반수 이하의 사례에서 나타나는 경우를 '변동적'으로 표시한다.
감 사		연구와 관계없는 감사자들이 연구 결과를 검토하는 것이다.
	영역 코딩	영역명, 영역이 잘 정해졌는지, 영역 간의 중복, 너무 크거나 복잡하지 않은지 등을 검토한다.
	중심 개념코딩	• 요약이 분명하거나 간결한지, 영역에 적합하며 참여자의 말에 가까운지 등을 검토한다. • 원자료와 중심 개념에서 빠진 부분은 없는지, 더 낫게 진술될 수 있는지 등을 검토한다.
	교차분석	• 영역들과 교차분석 전체 간에 중복 영역은 없는지 검토한다. • 범주명이 중심 개념의 특징을 충분히 포착하는지 검토한다. • 범주들을 더 나누거나 합칠 수 있는지 검토한다. • 기타 영역과 범주 자료가 다른 곳으로 가거나 새 범주로 만들어질 수 있는지 검토한다.

(7) 내러티브(Narrative) 연구 21 기출

① 내러티브란 이야기로, 내러티브 연구란 한 개인이 삶에서 경험한 것을 시간적 흐름에 따라 분석하여 개인에게 어떤 영향을 미쳤는지 시공간과 상호작용적인 사회성 속에서 해석하고 연구하는 것이다.
② 주요 자료는 연대기적 형식의 일련의 사건(또는 행동)에 대한 음성 또는 문서 텍스트이다.
③ 물리적 공간인 장소가 연구 전체 과정에서 지속적으로 고려되어야 할 요소이다.

> **지식 IN**
>
> **질적 연구의 진실성(Trustworthiness)** 18 기출
> • 양적 연구에서의 신뢰도와 타당도에 해당하는 것으로, 질적 연구에서는 진실성(Trustworthiness)이라는 용어를 점차 많이 쓰고 있다.
> • 질적 연구의 진실성을 만족시키는 요건에는 '전이가능성, 안정성, 확증가능성, 신뢰성' 등이 있다.

CHAPTER 02 연구 문제의 선정 및 표본추출

중요도 ★★★

핵심포인트
연구 문제의 선정, 연구대상을 구하기 위한 표본추출, 표본추출의 주요개념(요소, 우주, 모집단, 서베이 모집단, 표본추출 단위, 표집간격, 표집오차, 통계치, 모수치, 변수, 계층, 편의, 유의수준, 관계), 표집방법 결정(확률 표본추출, 비확률 표본추출), 표본의 크기를 결정하는 요인

01 연구 문제의 선정

(1) 연구 주제의 선정기준
① **독창성(참신성)** : 기존의 결과와 다른 관점을 제시하거나 기존의 것들을 비교 또는 재구성해야 한다.
② **경험적 검증 가능성** : 해답이 가능하고 진위 여부를 경험적 차원에서 증명할 수 있어야 한다.
③ **구체성** : 연구 주제를 설명할 때 개념화하는 용어는 그 의미나 내포하고 있는 범위에서 보다 구체적이어야 한다.
④ **공헌성** : 문제에 대한 답이 이론적으로 학문발전에 공헌하고 실용적 측면에서 사회구성원의 행복을 증진하는 데 공헌할 수 있어야 한다.
⑤ **윤리성** : 사생활을 침해하거나 연구대상자나 사회에 신체적·정신적 피해를 주지 않아야 한다.
⑥ **현실적 제약성** : 소요되는 비용이나 시간, 노력 등을 현실적으로 고려해야 한다.

(2) 연구 문제의 선정
① **연구 영역의 설정** : 구체적인 문제를 선정하려면 우선 연구하고자 하는 연구 영역(분야)을 결정해야 한다. 특정한 이론의 개발과 검정, 이해관계, 흥미, 위신, 친숙도 등을 포함하는 개인적인 동기와 학문적 유행과 상호 경쟁적 요인, 연구비의 지급과 계약체결 등에 따라 결정한다.
② **구체적 문제의 선정** : 연구 영역이 결정되면 그 영역에서 어떤 구체적인 문제를 결정할 것인가의 문제가 대두된다.
③ **문제에 대한 이론적 준거의 설정** : 문제가 선정되면 그 문제와 관련된 기존의 이론은 물론 이미 연구되어진 경험적인 연구들에 대해서도 면밀하게 검토해 보고 적합한 기존 이론을 골라 연구를 위한 이론적 준거를 설정하든가 독자적인 이론적 준거틀을 만들 수도 있다.

(3) 연구 문제의 유형

유 형	내 용	예 시
기술형	• 어떤 사상이나 현상이 어떻게 드러나는가를 묻는 문제 • 설문조사, 관찰, 면담, 축어록분석	대학의 학생생활연구소 내담자들의 호소문제 분류연구
차이형	피험자 간 혹은 피험집단 간에 어떤 차이가 있을 것인가에 대한 질문 혹은 가설	일반학생과 불량학생 사이의 상호작용상 차이는 무엇인가에 관한 연구
관계형	둘 혹은 셋 이상의 구인들 사이에 모종의 관계가 있는지 알아보는 연구 문제	상담에 대한 내담자 만족도와 관련된 상담과정상의 특징들

02 연구대상을 구하기 위한 표본추출(Sampling)

(1) 표본추출의 의의

① 표본추출이란 전체 모집단(Population)으로부터 부분으로서의 표본(Sample)을 선택(Selection)하는 행위 또는 활동이다.
② 표본을 선택하는 과정을 표본추출 또는 표집(標集)이라고 하며, 표본추출 과정을 통해 조사대상을 선정한다.
③ 모집단을 정확하게 알기 위해서는 이를 전부 다 조사하는 것(전수조사)이 좋지만, 현실적으로 이들을 일일이 조사할 만큼 시간과 예산이 충분하지 못하다.
④ 표본추출의 핵심쟁점은 표본의 특성이 전체 대상의 특성을 대표할 수 있는지의 여부, 즉 표본의 대표성이 중요하다.
⑤ 연구자는 전체 집단의 일부에서 얻어진 표본자료를 통해 표본의 특성을 이해하고, 여기에 여러 가지 통계 이론과 방법을 동원하여 모집단의 특성을 추론하게 된다(통계적 추론).
⑥ 표본은 일차적으로 기술적 통계분석의 대상이 되는데, 기술적 통계분석은 모집단을 고려하지 않고 표본 결과만을 고려한다.
⑦ 일부 표본을 대상으로 자료를 수집하는 경우에도 수집된 자료의 처리결과는 모집단을 대상으로 일반화할 수 있어야 한다.

(2) 표본추출의 목적

① 모집단의 특성 추론
   표본추출의 주된 목적은 표본으로부터 획득한 표본의 특성인 통계를 사용하여 모집단의 특성을 추론하는 것이다.
② 시간과 비용의 절약
   표본추출을 통해 선택된 모집단과 매우 유사한 표본을 분석하여 모집단에 관한 자료를 추론함으로써, 모집단 전체를 연구할 경우 예상되는 막대한 시간과 비용을 절감할 수 있다.

③ 대표성과 적절성의 조화
　㉠ 표본추출에서는 조사결과가 모집단을 얼마나 잘 대표하고 있느냐 하는 대표성도 중요하지만, 이에 못지않게 적은 비용으로 일정한 정확성을 가질 수 있는 표본의 크기를 설정하는 적절성의 문제도 중요하다.
　㉡ 대표성과 적절성의 조화를 위한 유의사항
　　• 편견이 들어가지 않고 충실히 전체를 대표할 수 있는 표본을 얻도록 해야 한다.
　　• 비용이 허락하는 범위에서 가장 효과적으로 필요한 정보를 얻을 수 있어야 한다.
　　• 표본이 어떤 층을 포함하는지 또는 포함하지 않는지를 분명히 알아야 한다.
　　• 표본의 크기는 필요한 통계학적 신뢰도를 확보할 수 있을 만큼 커야 한다.
　　• 가급적 표본은 현지에서 현지조사원이 선정하는 것보다 연구실에서 충분한 자료를 토대로 일정한 절차에 따라 선정하는 것이 좋다.
　　• 조사대상이 사람인 경우 어떠한 특성을 가진 사람에 대해 어떠한 유형의 표본을 선정할 것이며, 또한 이들이 조사를 거부하거나 조사 자체가 어려운 경우 어떻게 대처할 것인지를 미리 염두에 두어야 한다.

(3) 표본추출의 장단점

장 점	• 모집단 전체를 연구할 경우 예상되는 막대한 시간과 비용을 절감할 수 있다. • 자료수집, 집계 및 분석과정을 신속하게 처리할 수 있다. • 모집단 전체 조사가 불가능한 경우에 적용할 수 있어, 전수조사의 한계를 극복할 수 있다. • 비표본오차의 감소와 조사대상의 오염방지를 통해 전수조사보다 더 정확한 자료를 얻을 수 있다. • 전수조사보다 더 많은 조사항목을 포함할 수 있으므로 다방면의 정보획득이 가능하다.
단 점	• 표본의 대표성 문제가 제기되는 경우 일반화의 가능성이 낮아진다. • 모집단의 크기가 작은 경우 표집 자체가 무의미하다. • 표본설계가 복잡한 경우 시간과 비용의 낭비를 가져온다. • 정확한 전문지식이 필요하다. • 특정 성질의 조사대상을 찾을 때 좋지 않다.

(4) 표본추출의 주요개념

① 요소(Element)
　㉠ 정보수집의 기본이 되며, 분석의 기본이 되는 단위(Unit)를 말한다.
　㉡ 대체로 실태조사에서 요소는 일반인들 또는 특정한 유형의 사람들이 된다. 때로는 가족, 사회적 클럽, 기업 등과 같은 단위들도 실태조사의 요소가 되기도 한다.

② 우주(Universal)
　㉠ 모든 요소들의 이론적이고 가설적인 결합을 말한다.
　㉡ 우리나라 사람들 개개인이 실태조사의 요소인 경우 우리나라 사람들 전체가 우주가 된다.
　㉢ 시간과 장소에 따라 실태조사의 우주가 무한정인 경우도 있다.

③ 모집단(Population)
    ㉠ 정보를 얻고자 하는 대상이 되는 집단 전체를 의미하며, 측정이나 조사를 하기 위하여 표본을 뽑아내는 바탕이 된다.
    ㉡ 모집단은 표본추출 단위의 유한성 여부에 따라 유한모집단과 무한모집단으로 구분할 수 있다. 여기서 유한모집단은 전체 표본추출 단위수를 계산할 수 있는 것을 말하는 반면, 무한모집단은 동전던지기와 같이 표본추출 단위수가 끝없이 무한한 모집단을 말한다.

④ 서베이 모집단(Survey Population)
    ㉠ 실제로 조사의 표본이 추출된 요소들의 원래의 집합을 말한다.
    ㉡ 서베이 모집단은 조사에 따라 모집단보다 한정적일 수 있다.
    ㉢ 예를 들어, 모집단이 '2024년 현재 대한민국에 거주하는 사람들 전체'일 때, 연구의 편의를 위해 실제 조사에서는 '제주도 등 도서지역에 거주하고 있는 사람들을 제외한 2024년 현재 대한민국에 거주하는 사람들 전체'를 대상으로 함으로써 서베이 모집단을 제한할 수 있다.

⑤ 표본추출 단위(Sampling Unit)
    ㉠ 표본추출의 각 단계에서 실제로 표본으로 선정되는 요소 또는 요소의 집합을 말한다.
    ㉡ 단순-단계 표본(1단계 표본추출)에서 표본추출 단위는 요소와 동일하지만, 다단계 표본추출에서는 상이한 표본추출 단위의 수준이 적용될 수 있다.
    ㉢ 예를 들어, 서울시민의 정치 참여도를 조사하기 위해 먼저 '동'을 선정하고 가구에서 가장(家長)을 표본으로 선정하는 경우, '동', '가구', '가장'이 각각 표본추출 단위가 된다. 다만, 이 경우 '가장'만이 요소에 해당한다.

⑥ 표집간격(Sampling Interval)
    ㉠ 모집단으로부터 표본을 추출할 때 추출되는 간격을 의미하는 것으로, 특히 체계적 표집(Systematic Sampling)에서 사용되는 용어이다.
    ㉡ 표집간격은 모집단의 전체 크기를 표본의 크기로 나눈 수치를 의미한다.

$$표집간격 = \frac{모집단의\ 전체\ 크기}{표본의\ 크기}$$

⑦ 표집오차(Sampling Error) [17] [20] 기출
    ㉠ 표집에 의한 모수치의 측정값이 모수치와 다른 정도를 의미한다.
    ㉡ 표집오차는 표본의 대표성으로부터의 이탈 정도를 나타내며, 모집단이 동질적일수록 작아진다.
    ㉢ 표집오차는 표본의 크기가 클수록 작아지고, 비표집오차는 표본의 크기가 클수록 커진다.

⑧ 통계치(통계량, Statistics)
    ㉠ 표본의 특징을 수치화한 값이다.
    ㉡ 모집단의 모수는 대부분 통계치를 가지고 측정한다. 그러나 모집단을 완벽하게 반영하는 표본집단을 찾기는 거의 불가능하다.
    ㉢ 표본집단이 연구대상 모집단과 일치하면 할수록 보다 더 선호된다.
    ㉣ 연구자는 선택한 표본집단을 연구대상 모집단과 비교하여 관련이 없는 개체가 포함되어 있는지, 중요한 개체가 빠지지 않았는지 세심하게 검토해야 한다.

⑨ 모수치(모수, Parameter)
  ㉠ 모집단의 특성을 나타내는 수치이다.
  ㉡ 모수치는 한 변수의 성격이 모집단에서 어떻게 나타나는지를 가리키는 것이다. 예를 들어, 선거에서 전체 유권자 집단의 특성을 '모수치'라고 하고, 표본의 특성을 '통계치'라고 하며, 모수치(모집단)와 통계치(표본)의 차이를 '표집오차'라고 한다.
  ㉢ 실태조사의 목적은 표본을 관찰한 것을 기반으로 하여 모집단의 특성, 즉 모수치를 추정하는 것이다.

⑩ 변수(Variable)
  ㉠ 성, 연령, 고용적 지위 등과 같은 상호 배타적 속성들의 집합을 말한다.
  ㉡ 변수는 '변이(Variation)'를 포함한다. 만약 모집단 속의 모든 요소들이 동일한 속성을 가지고 있다면, 이는 변수가 아닌 '상수(Constant)'에 해당한다고 볼 수 있다.

⑪ 계층(Strata)
  ㉠ 모집단을 구성하는 특성을 상호 배타적으로 구분해 놓은 부분집합을 말한다.
  ㉡ 조직 내 모든 직위에 있는 사람들을 골고루 뽑기 위해 직위별로 모집단을 구별해 놓은 경우 직위가 곧 계층이 된다.

⑫ 편의(Bias)
  ㉠ 추정하고자 하는 모수와 추정량의 기댓값과의 차이를 의미한다.
  ㉡ 표본에 입각하여 추리하는 모집단의 추정치가 모수치의 진가와 계통적으로 차이가 나도록 만드는 오차를 말한다.

⑬ 유의수준(Significance Level) 22 기출
  ㉠ 제1종 오류를 범할 확률의 최대 허용한계로, 귀무가설의 기각여부를 결정하는 기준이다.
  ㉡ 일반적으로 0.05(5%)를 유의수준으로 가장 많이 사용하며, 0.01을 사용하기도 한다.
  ㉢ "유의수준 5%란 실제로는 독립변수가 종속변수에 효과가 없는데, 검정 결과 효과가 있다고 잘못 결론 낼 확률이 5% 범위 안에 있다"라는 뜻이다.

⑭ 관계(Relationship)
  ㉠ 둘 이상의 변수가 서로 같이 변하는 것을 말한다.
  ㉡ 상관관계는 두 변수가 상응의 관계에 있는 경우이다. 예 수입의 크기와 집의 크기
  ㉢ 인과관계는 두 변수가 원인과 결과의 관계에 있는 경우이다. 예 교통량의 증가와 교통사고의 발생건수
  ㉣ 허위적 상관관계는 두 변수 간에 높은 상관관계를 가지고 있을지라도 어떠한 인과관계도 없는 경우이다. 예 학교성적과 성격

(5) 표본조사설계의 절차

① **모집단의 확정**
  ㉠ 연구 결과의 일반화를 위한 대상을 확정하는 것으로, 조사대상이 되는 집단을 의미한다.
  ㉡ 연구 목적에 부합하는 자료를 얻으려면 명확하고 정밀한 모집단을 규정해야 한다.
  ㉢ 모집단을 확정하기 위해서는 연구대상, 표본단위, 연구범위, 기간 등을 명확히 한정해야 한다. 예를 들어, '우리나라 사람들 전체'는 그 범위가 불확실하고 무한정인 우주인 반면, '2024년 현재 대한민국에 거주하는 사람들 전체'는 한정성을 가지므로 모집단이 된다.

② **표집틀(Sampling Frame) 선정**
  ㉠ 표집틀은 모집단 내에 포함된 조사대상자들의 명단이 수록된 목록을 말한다. 예를 들어, 학생명부로부터 학생들의 단순표본이 추출되었을 경우, 이 학생명부가 바로 표집틀에 해당한다.
  ㉡ 모집단이 확정된 경우 표본을 추출하게 될 표집틀을 선정해야 한다.
  ㉢ 표집틀은 모집단의 구성요소를 모두 포함하는 한편, 각각의 요소가 이중으로 포함되지 않는 것이 좋으며 부적절한 표집틀은 대표성이 결여된다.
  ㉣ 표집틀 구성의 평가요소

포괄성	표집틀이 연구하고자 하는 전체 모집단 중 얼마나 많은 부분을 포함하고 있는가를 보아야 한다.
추출확률	모집단에서 개별 요소가 추출될 수 있는 확률이 동일한가를 알아보고, 동일하지 않은 경우 이를 조정할 수 있어야 한다.
효율성	가능한 한 조사자가 원하는 대상만을 표집틀 속에 포함해야 한다.

③ **표집방법 결정** 14 16 17 18 19 20 22 23 기출
  표집틀이 선정되면 모집단의 대표성을 확보할 수 있는 표집방법을 결정하는데, 표집방법은 크게 확률 표본추출과 비확률 표본추출으로 나눌 수 있다.
  ㉠ 확률 표본추출
    무작위적인 방법을 통해 표본을 추출하는 방법으로, 비확률 표본추출을 사용할 때보다 외적 타당도를 높일 수 있다. 모집단의 각 표집단위가 모두 추출의 기회를 가지고 있으며, 각 표집단위가 추출될 확률을 정확히 알고 있는 가운데 표집을 하는 방법이다.

단순무작위 표집 (단순무선표집)	난수표, 제비뽑기, 컴퓨터를 이용한 난수의 추출방법 등을 사용하여 추출하는 방법
계통표집 (체계적 표집)	모집단 목록에서 구성요소에 대해 일정한 순서에 따라 매 K번째 요소를 추출하는 방법
유층표집 (층화표집)	모집단을 집단 내 구성이 동질적인 몇 개의 집단으로 나눈 후, 각 계층별로 단순무작위 또는 체계적인 표집을 하는 방법(집단 내 동질적, 집단 간 이질적)
집락표집 (군집표집)	모집단 목록에서 구성요소를 여러 가지 이질적인 구성요소를 포함하는 여러 개의 집락 또는 집단으로 구분한 후, 집락을 표집단위로 하여 무작위로 몇 개의 집락을 표본으로 추출하고 표본으로 추출된 집락에 대해 그 구성요소를 전수조사하는 방법(집단 내 이질적, 집단 간 동질적)
행렬표집	피험자와 문항을 동시에 표집할 수 있으며, 개인에 대한 정보보다는 집단에 대한 정보를 얻고자 할 때 유용한 방법

ⓒ 비확률 표본추출 15 21 23 24 기출

조사자나 면접자의 주관적인 판단에 의하여 모집단에서 표본의 구성원들을 추출하는 것을 말한다. 모집단 구성원이 표본에 포함될 확률을 사전에 알 수 없기 때문에 표본이 모집단을 어떻게 대표하는지 알 수 없으며, 따라서 표본오차도 평가할 수 없다.

편의표집 (임의표집)	• 표본선정의 편리성에 기준을 두고 임의로 표본을 선정하는 방법이다. • 비용이 적게 들고 시간을 절약할 수 있으나, 표본의 대표성이 떨어진다.
판단표집 (유의표집, 목적표집, 의도적 표집)	• 연구자의 주관적 판단의 기준에 따라 연구 목적 달성에 도움이 될 수 있는 구성요소를 의도적으로 추출하는 방법이다. • 연구자의 주관적 판단의 타당성 여부가 표집의 질을 결정한다. • 간편하게 표집할 수 있고, 비용을 절약할 수 있다.
할당표집	• 연구자의 모집단에 대한 사전지식을 기초로 하여 모집단의 특성을 나타내는 각 속성의 구성 비율을 고려해 하위 집단별로 표본수를 할당한 다음 표본을 추출하는 방법이다. • 모집단의 대표성이 비교적 높으나, 분류의 과정에서 편견이 개입될 소지가 많다.
누적표집 (눈덩이표집)	• 연속적인 추천과정을 통해 표본을 선정하는 방법이다. • 일반화의 가능성이 적고 계량화가 곤란하므로 질적 조사에 적합하다.

④ 표집크기 결정

㉠ 표집방법이 결정되면 표본의 크기 또는 표집크기를 결정한다.
㉡ 모집단의 성격, 시간 및 비용, 조사원의 능력 등은 물론 표본오차를 나타내는 정확도와 신뢰도를 고려하여 표본의 크기를 결정한다.
㉢ 표본의 크기를 결정하는 요인 14 19 기출

내적 요인	신뢰도와 정확도
외적 요인	• 모집단의 동질성 : 모집단 요소들이 유사한 속성을 많이 갖고 있다면 표본의 크기는 작아도 된다. • 표집방법과 절차 : 표집방법에 따라 표본의 크기를 달리 해야 한다. 예를 들면, 층화표집은 가장 작은 표본을 요구하며, 단순무작위표집은 좀 더 큰 표본을, 군집표집은 가장 큰 표본을 필요로 한다. • 연구방법에 따른 연구유형 : 상관연구나 실험연구에서는 최소 30명 정도의 연구대상자가 바람직하다. 상관연구에서 조사하는 변수 간의 상관관계가 낮을 것으로 예상될 경우에는 보다 큰 표본을 사용하는 것이 바람직하다. 종속변수를 측정하는 연구 도구의 신뢰도가 높지 않을 때도 표본의 크기가 커야 한다. • 자료분석 방법 : 수집된 자료가 분석되는 범주의 수가 증가할수록 각각의 범주에 일정한 수의 표본이 필요하므로, 전체 표본의 크기는 증가하게 된다. • 통계적 검정력 : 통계적 검정력을 기준으로 이에 적합한 최소 표본크기를 정하게 된다. • 시간, 예산, 조사자의 능력, 수집된 자료가 분석되는 카테고리의 수 등

⑤ 표본추출

㉠ 결정된 표집방법을 통해 본격적으로 표본을 추출한다.
㉡ 추출방식에 따라 난수표 등을 이용할 수 있으며, 결과의 일반화 가능성을 항상 염두에 두어야 한다.

CHAPTER 03 측정과 척도

중요도 ★★☆

핵심포인트
측정의 수준(명목수준, 서열수준, 등간수준, 비례수준), 측정의 타당도(타당성), 측정의 신뢰도(신뢰성), 문항내적합치도, 타당도와 신뢰도의 관계, 신뢰도를 높이는 방법, 측정의 오류(체계적 오류, 비체계적 오류), 척도의 개발 순서, 척도의 유형

01 측 정

(1) 측정의 개요
① 측정의 의의
  ㉠ 측정이란 추상적·이론적 세계를 경험적 세계와 연결하는 수단이다. 즉, 이론을 구성하는 개념이나 변수들을 현실세계에서 관찰 가능한 자료와 연결하는 과정이다.
  ㉡ 측정은 특정 분석단위에 대해 질적 또는 양적인 값을 결정하는 과정이다.
② 측정의 중요성
  ㉠ 표준화된 묘사의 방법이다. 대상이나 사건을 가장 적절하고 일관성 있게 묘사해 줄 뿐만 아니라 표현이나 묘사가 불가능한 것도 묘사할 수 있도록 한다.
  ㉡ 자료수집과 조직화를 위한 기본적인 단계로, 코딩작업과 같이 자료를 통계적으로 분석할 수 있게 해준다.
  ㉢ 관념의 세계와 경험의 세계 간의 교량의 역할을 한다. 추상적인 개념을 경험적으로 인식할 수 있도록 해줌으로써 조사문제에 대한 해답을 제공하고 가설의 검증에 중요한 역할을 한다.
  ㉣ 가장 간편한 묘사의 방법이다. 전화번호, 주민등록번호와 같이 대상의 속성에 대해 가장 간단하게 묘사해 준다.
③ 측정의 기능

일치 또는 조화의 기능	일치 또는 조화란 이론적 모델을 현실세계와 연결하는 측정의 규칙이다. 즉, 추상적인 세계와 경험적인 세계를 조화시키고 일치시키는 데 사용되는 규칙과 절차를 제시한다.
객관화와 표준화의 기능	개념에 대한 측정이 없다면 경험적인 검증이 어려워지고, 검증이 어려워지면 이론을 정확히 일반화할 수 없게 된다.
계량화의 기능	사건이나 현상을 세분화하고 통계적 분석에 활용할 수 있는 정보를 제공한다. 수가 가지고 있는 속성에 따라 다양한 수준에서 이루어지기 때문에 변수를 일정한 범주, 수준, 정도, 빈도 등으로 기수할 수 있도록 해준다.
반복과 의사소통의 기능	연구 결과를 다른 사람들이 반복하고 그 결과를 반증할 수 있도록 해준다. 측정은 연구 결과를 다른 사람에게 정확히 전달하는 의사소통 기능을 갖는다.

(2) 측정의 수준 19 22 23 기출

① 명목수준의 측정
　㉠ 가장 낮은 수준의 측정으로써 대상 자체 또는 그 특징에 대해 명목상의 이름을 부여하는 것이다.
　㉡ 측정대상을 유사성과 상이성에 따라 구분하고, 구분된 각 집단 또는 카테고리에 숫자나 부호 또는 명칭을 부여하는 것이다.
　㉢ 명목수준의 측정을 할 수 있는 변수들은 성(Gender), 인종, 종교적 선호, 정당적 선호 등을 들 수 있다. 예를 들어, 종교적 선호에 따라 분석단위 대상을 기독교, 불교, 이슬람교, 유대교 등으로 구분하고 명칭을 부여할 수 있으며, 인종에 따라 분석단위 대상을 백인종, 흑인종, 황인종 등으로 구분할 수 있다.
　㉣ 명목수준의 측정은 완전성(총망라성)을 유지해야 한다. 여기서 완전성이란 질문에 대한 카테고리가 충분히 많아서, 개인이나 사건과 같은 분석단위들을 하나도 빠짐없이 카테고리들 가운데 어느 하나에 할당할 수 있어야 함을 의미한다.
　㉤ 명목수준의 측정은 상호 배타성을 유지해야 한다. 여기서 상호 배타성이란 개인이나 사물과 같은 분석단위가 하나 이상의 카테고리에 할당되지 않도록 배열해야 한다는 것을 의미한다.
　㉥ 사용할 수 있는 통계량으로는 최빈값, 백분율 등이 있다.

② 서열수준의 측정
　㉠ 측정대상을 특징 및 속성에 따라 일정한 범주로 분류하여, 이들에 대해 상대적인 순서·서열상의 관계를 나타내는 것이다.
　㉡ 서열수준의 측정은 명목수준의 측정에서 나아가 순서 또는 서열까지 부여한다.
　㉢ 서열수준의 측정에서는 카테고리에 '1<2', '2<3', '1<3'과 같이 순서 또는 서열을 부여할 수 있다. 그러나 이러한 숫자가 거리나 간격의 의미를 지니지는 않는다.
　㉣ 명목수준의 측정으로 가능한 사물이나 현상에 대해 약간의 수정을 가함으로써 서열수준의 측정이 가능해진다. 예를 들어, 색상의 카테고리는 '흰색', '빨강', '파랑', '검정' 등 단순히 명목수준의 측정에 속한다. 그러나 이와 같은 색상의 종류를 밝음의 순서에 따라 '가장 밝은 색부터 가장 어두운 색'의 순서로 재배치함으로써 서열수준 측정의 카테고리가 형성된다.
　㉤ 서열수준의 측정은 명목수준의 측정 조건 또는 속성인 완전성(총망라성)과 상호배타성 이외에 이행성과 비대칭성의 두 가지 조건 또는 속성들을 더 요구한다.

이행성	'A > B'이고 'B > C'인 경우, 'A > C'를 말한다.
비대칭성	'A > B'이고 'B > C'인 경우, 'C는 결코 A보다 클 수 없다'는 것을 말한다.

　㉥ 사용할 수 있는 통계량으로는 명목수준의 통계량, 중앙값, 백분위수, 제4분위수 등이 있다.

③ 등간수준의 측정
　㉠ 등간수준의 측정은 측정대상을 특징 및 속성에 따라 서열화하는 것은 물론 서열 간 간격이 일정하도록 연속선상에 수치를 부여하는 것이다.
　㉡ 등간수준의 측정은 측정의 대상인 사물이나 현상을 분류하고 서열을 정하며, 나아가 이들 분류된 부분(카테고리) 간의 간격(거리)까지도 측정한다.

ⓒ 등간수준의 측정은 가감(+, −)과 같은 수학적 조작을 가능하게 하는 양적 자료를 대상으로 한다. 그러나 등간수준의 측정의 경우 승제(×, ÷)는 가능하지 않다. 다시 말해, 10℃가 5℃보다 두 배 더 덥다고 말할 수 없다. 21 기출
　　ⓔ 등간수준의 측정은 명목수준의 측정과 서열수준의 측정의 조건 또는 속성인 완전성(총망라성), 상호배타성, 이행성 그리고 비대칭성 이외에 추가적으로 부가성을 지닌다.
　　ⓜ 부가성이란 실제로 덧셈이나 뺄셈을 할 수 있는 것을 말한다.
　　ⓗ 사용할 수 있는 통계량으로는 서열수준의 통계량, 평균값, 표준편차 등이 있다.

④ 비례수준의 측정
　　㉠ 비례수준의 측정(비율수준의 측정)은 측정대상의 특징 및 속성에 절대적인 '0'을 가진 척도로써 수치를 부여하는 것이다.
　　㉡ 명목수준의 측정에서처럼 사물이나 현상을 분류하고, 서열수준의 측정에서처럼 서열을 정할 수 있을 뿐만 아니라, 등간수준의 측정에서처럼 이들 분류된 부분(카테고리)간의 간격(거리)까지 측정할 수 있다.
　　㉢ 비례수준의 측정은 앞선 측정들 가운데 가장 세련된 측정수준으로서, 절대적인 '0'에 의한 측정이라는 점에서 다른 측정들과 구분된다.
　　㉣ 비례수준 측정의 유형으로는 교육수준, 소득수준, 백분율 이외에도 연령, 가족구성원의 수 등을 들 수 있다. 이외에도 고등학교의 수, 형제자매의 수, 집단의 인원수 등의 단순한 집계도 있다.
　　㉤ 사용할 수 있는 통계량으로는 등간수준의 통계량, 산술·기하·조화평균, 표준편차, 변동계수 등을 비롯한 모든 통계량을 사용할 수 있다.

> **지식 IN**
>
> **비례수준 측정의 조건 또는 속성**
> - 비례수준의 측정은 명목수준 측정의 조건 또는 속성인 완전성(총망라성)과 상호배타성, 서열수준 측정의 속성인 이행성과 비대칭성, 등간수준 측정의 속성인 부가성을 지닌다.
> - 비례수준의 측정은 사물이나 현상을 분류하고, 명칭을 부여하며, 서열을 정하고, 가감과 같은 수학적 조작을 할 수 있을 뿐만 아니라, 승제와 같은 수학적 조작까지 가능하므로 가장 고차원적인 측정이라고 할 수 있다.

(3) 측정의 타당도 및 신뢰도 16 22 기출

① 측정의 신뢰도와 타당도에 영향을 미치는 요인

검사도구 및 그 내용	측정의 길이, 문화적 요인, 개방형 질문과 폐쇄형 질문, 오탈자 등 기계적인 요인 등
환경적 요인	대인면접과 자기기술식 질문지, 측정도구를 완성하는 데 필요한 제시의 명백성 등
개인적 요인	응답자의 사회·경제적 지위, 연령, 성별, 성숙도, 기억력, 사회적 요청 등
조사자의 해석	부호화의 객관화, 측정결과 획득한 점수의 해석 등

② **측정의 타당도(타당성)** 14 16 17 18 19 24 기출

측정하고자 하는 개념이나 속성을 얼마나 정확히 측정하고 있는가의 정도를 나타낸다.

내용타당도 (논리타당도)	의의	• 측정도구가 일반화하려고 하는 내용영역과 행동영역을 어느 정도로 잘 반영해 주고 있는가를 말해준다. • 조사자가 만든 측정도구(척도)가 조사하고자 하는 대상의 속성들을 어느 정도 대표성 있게 포함하고 있으면, 그 측정은 논리적으로 타당하다고 볼 수 있다. • 연구자의 직관이나 전문가의 의견을 통해 파악하는 방식이다. • 성취도검사에서 특히 중요한 타당도이다.
	종류 21 기출	• 학자에 따라서 내용타당도를 표면타당도, 액면타당도(안면타당도)와 혼용하기도 하고 아래처럼 구분하기도 한다. • 내용타당도 : 검사를 구성하고 있는 문항들이 실제 측정하고자 하는 개념의 전 영역을 얼마나 골고루 잘 반영하는가에 대한 정도를 나타내며, 전문가 그룹이 동의할 때 확보된다. • 표면타당도, 액면타당도(안면타당도) : 검사문항을 전문가가 아닌 일반인들이 읽고 그 검사가 얼마나 타당해 보이는지를 평가하는 낮은 수준의 타당도이다.
	특징	• 비교적 적용이 쉽고 시간절약에 유리한 반면, 전문가의 주관적인 편견이나 오류의 가능성을 배제하기 어렵다. • 객관적 검정력이 가장 떨어짐에도 불구하고, 타당도를 측정하는 가장 기본적인 방법으로 널리 이용되고 있다.
기준타당도 (경험적 타당도, 준거 관련 타당도)	의의	특정한 측정도구의 측정값을 이미 타당도가 경험적으로 입증된 기준이 되는 측정도구의 측정값과 비교하여 나타나는 관련성의 정도를 의미한다.
	종류 23 기출	• 평가의 기준변수가 미래의 시점에 관한 것인 경우 '예측적 타당도'라고 부르고, 현재 상태를 나타내는 것인 경우 '동시적 타당도'라고 부른다. • 예측적 타당도(예언적 타당도) : 어떠한 행위가 일어날 것이라고 예측한 것과 실제로 대상자 또는 집단이 나타낸 행위 간의 관계를 측정한 것이다. 예측타당도의 절차는 다음과 같다. 　- 피험자 집단에게 새로 제작한 검사를 실시한다. 　- 일정기간 후 검사한 내용과 관계가 있는 피험자들의 행위를 측정한다. 　- 검사점수와 미래 행위의 측정치와 상관 정도를 추정한다. • 동시적 타당도(일치적 타당도, 공존타당도) : 새로 제작한 검사의 타당도를 위해 기존에 타당도를 보장받고 있는 검사와의 유사성 혹은 연관성에 의해 타당도를 검정하는 방법이다.
	특징	• 내용타당도에 비해 객관적인 반면, 기본적으로 비교기준을 이용하기 때문에 비교기준이 있는가를 알아야 하고, 그 비교기준이 타당한 것인가에 대한 검토 등을 하는 데 추가적인 시간과 비용이 소요된다. • 준거 관련 타당도의 결과는 이론적으로 타당한 것으로 밝혀진 외부적 기준과의 통계적 상관에 의해 수치화된다.
구인타당도 (구성타당도, 개념타당도)	의의	• 연구자가 측정하고자 하는 심리적·추상적 개념이 실제로 측정도구에 의하여 제대로 측정되었는가를 검정하는 방법이다. • 조작적 정의 → 문항 제작 → 응답 자료 수집 → 구인 측정 파악 → 구인과 관계가 없는 문항 제거
	종류 21 기출	• 이해타당도 : 특정 개념에 대해 이론적 구성을 토대로 어느 정도 체계적·논리적으로 이해하고 있는가를 나타내는 타당도이다. • 수렴타당도(집중타당도) : 동일한 개념을 측정하기 위해 서로 다른 측정 방법을 사용하여 측정으로 얻은 측정치들 간에 높은 상관관계가 존재해야 함을 전제로 한다. • 판별타당도 : 서로 다른 개념들을 측정했을 때 얻어진 측정문항들의 결과 간에 상관관계가 낮아야 함을 전제로 한다.

구인타당도 (구성타당도, 개념타당도)	종 류 21 기출	• 요인분석 　- 검사를 구성하는 문항들의 상관관계를 분석하여 상관이 높은 문항들을 묶어주는 통계적 방법이다. 　- 표본의 수는 100개 이상이 바람직하다. • 다특성-다방법 접근 : 둘 이상의 특성에 대해 둘 이상의 방법으로 측정하여 그 결과를 분석하는 방법이다. 동일한 특성에 대해 서로 다른 방법으로 측정하여 그 결과가 어느 정도 상관관계를 나타내는지 확인하는 것이다.
	특 징	측정하고자 하는 개념의 추상성이 높은 경우 개념타당도를 확보하기가 상대적으로 어렵다.
교차타당도	의 의	• 동일한 모집단에서 표집된 두 독립적인 표본에서 예언변인과 기준변인과의 관계가 얼마나 일관성이 있느냐를 의미한다. • 예컨대 샘플이 1,000명이 있는 경우에 다음과 같이 실시한다. 　- 1,000명에 대해 분석을 실시한다. 　- 1,000명을 두 개 집단으로 나눠 무선할당을 한다. 두 개의 자료를 분석한다. 　- 교차타당도의 주요 목적은 연구의 일반화를 위한 것이다. 위의 순서에 따라 세 개의 자료집합에 대해 분석을 실시하고 이들의 일치성 여부를 확인하면, 교차타당도가 확인되었다고 결론을 내린다.
	특 징	교차타당도란 결국 한 타당도 결과의 신뢰도를 검증하는 것이 되며, 이러한 과정을 통하여 우연적인 변산적 오차의 크기를 추정하여 타당도 자료에 필요한 수정을 한다.

③ 측정의 신뢰도(신뢰성) 14 15 17 18 23 24 기출

동일한 대상에 대하여 같거나 유사한 측정도구를 사용하여 반복 측정할 경우에 동일하거나 비슷한 결과를 얻을 수 있는 정도를 나타낸다. 신뢰도 확보방안으로 다음의 방법들이 있다.

조사자 간 신뢰도	• 조사자 또는 평가자가 2명 이상인 경우 이들 간의 평가점수가 일치해야 신뢰도가 있다는 것을 나타낸다. • 상호관찰자 기법이라고도 한다.
검사-재검사 신뢰도	• 동일한 측정도구를 가지고 동일한 대상에게 시간적 간격을 두고 반복 측정하여 신뢰도를 평가하는 방법이다. • 적용이 간편하고 측정도구를 직접 비교할 수 있는 장점이 있으나, 두 검사 사이의 외재변수와 학습효과와 기억력이라는 속성이 작용해 신뢰성을 측정하는 데 한계가 있다.
대안신뢰도 (동형검사 신뢰도)	• 유사한 형태의 둘 이상의 측정도구를 사용하여 동일한 표본에 적용한 결과를 서로 비교하여 신뢰도를 측정하는 방법이다. • 복수양식법, 평행양식법이라고도 하며, 시험 간격이나 반복측정이 문제 되지 않는다.
반분신뢰도	• 측정도구를 임의로 반으로 나누고 그 각각을 독립된 척도로 간주하여 이들의 측정결과를 서로 비교하는 방법이다. • 측정 시간이 다를 때의 시간 간격으로 인해 일어나는 외생변수의 영향을 배제할 수 있고, 반복검사에서 나타나는 학습효과와 같은 검사효과도 배제할 수 있다. • 반분된 두 검사에서 얻은 신뢰도 계수는 어디까지나 반분된 검사의 신뢰도이므로, 실제 사용되는 전체 검사의 신뢰도를 추정하기 위해서는 스피어만-브라운 교정공식을 사용해야 된다. • 항목을 구분하는 방식에 따라서 신뢰도 계수의 추정치가 달라진다는 단점이 있다. • 추정과정에서 상관관계가 활용된다. • 보통 동일한 검사를 1/2로 나누어 신뢰도를 측정하는 방법으로는 문항을 홀수와 짝수로 나누거나 검사를 전체로 보아 앞부분과 뒷부분으로 나누는 방법 등에 따라 그 결과가 달라질 수 있다. • 검사 문항수가 감소하면 반분신뢰도 계수도 낮아진다. 다분문항에도 사용할 수 있다.

내적 일관성 신뢰도 (문항 내적 합치도) 21 23 24 기출	• 단일의 신뢰도 계수를 계산할 수 없는 반분법의 단점을 고려하여, 가능한 모든 반분신뢰도를 구한 다음, 그 평균값을 신뢰도로 추정하는 방법이다. • 크론바흐 알파계수(Cronbach α), KR-20, KR-21, 호이트(Hoyt) 신뢰도 등이 있다. • 크론바흐 알파계수는 다음과 같이 구한다. 19 기출 [분산을 알고 있을 때] $$\alpha = \frac{k}{k-1}(1 - \frac{\Sigma\sigma_i^2}{\sigma_t^2})$$ k : 측정항목의 수 $\Sigma\sigma_i^2$: 개별 항목의 분산 σ_t^2 : 전체 항목의 총분산 [(피어슨) 상관계수를 알고 있을 때] 22 기출 $$\alpha = \frac{설문문항수 \times 상관계수들의\ 평균}{1 + \{(설문문항수 - 1) \times 상관계수들의\ 평균\}}$$ − 크론바흐 알파계수를 이용하면 신뢰도가 낮은 경우 신뢰도를 저해하는 항목을 찾을 수 있다. − 크론바흐 알파계수는 '0∼1'의 값을 가지며, 값이 클수록 신뢰도가 높다. − 크론바흐 알파계수가 0.6 이상이 되어야 만족할 만한 수준의 신뢰도라고 보며, 0.8∼0.9 정도를 신뢰도가 높은 것으로 본다. • KR-20과 KR-21 − 쿠더와 리처드슨이 제안한 방법이다. − KR-20은 사지선다형에서와 같이 정답과 오답이 있어 특정 문항에서 정답을 한 경우는 1점, 오답을 한 경우는 0점으로 점수를 할당하는 경우와 같이 이분채점문항에만 사용될 수 있는 방법이다. − KR-21은 문항 점수가 리커트척도와 같이 1, 2, 3, 4, 5점과 같을 때 검사의 신뢰도를 추정하는 방법이다. • 호이트(Hoyt) 신뢰도 − 문항의 채점이 정오에 따라 1과 0으로 주어지는 검사에서는 결과적으로 쿠더-리처드슨 공식 KR-20과 그 값이 일치한다. − 3, 2, 1처럼 여러 가지 부분점수를 주는 경우에도 적용될 수 있다는 것이 장점이다. • 크론바흐 알파계수, KR-20, KR-21, 호이트 신뢰도 중 가장 많이 쓰이는 것은 크론바흐 알파계수이다. 크론바흐 알파계수가 흔히 사용되는 이유는 이분문항뿐 아니라 연속적으로 점수가 부여되는 문항들의 신뢰도 추정이 가능하며, 신뢰도 계산 공식의 유도과정과 개념이 보다 간단하기 때문이다. • 동일한 자료라도 크론바흐 알파계수, KR-20, KR-21, 호이트 신뢰도의 값은 다를 수 있다.

④ 타당도와 신뢰도의 관계 14 기출
   ㉠ 신뢰도가 높다고 하여 반드시 타당도가 높은 것은 아니다.
   ㉡ 타당도가 낮다고 하여 반드시 신뢰도가 낮은 것은 아니다.
   ㉢ 타당도가 없어도 신뢰도를 가질 수 있다.
   ㉣ 타당도가 있으면 반드시 신뢰도가 있다.
   ㉤ 타당도는 신뢰도의 충분조건이고, 신뢰도는 타당도의 필요조건이다.
   ㉥ 타당도와 신뢰도는 비대칭적 관계이다.

⑤ 타당도를 높이는 방법 20 기출
　㉠ 측정대상(구성개념/변수)에 대하여 명료하게 정의한다.
　㉡ 측정대상의 배경이 되는 현상에 대해 충분히 이해한다.
　㉢ 기존 관련 연구에서 사용되어 타당성을 인정받은 측정도구(방법)를 사용한다.
　㉣ 측정대상과 이를 측정하는 문항들 간의 상호 상관관계가 낮은 문항을 제거한다.
⑥ 신뢰도를 높이는 방법 16 17 기출
　㉠ 측정 항목을 증가하고 유사하거나 동일한 질문을 2회 이상 시행한다.
　㉡ 면접자들의 일관적 면접방식과 태도로 보다 일관성 있는 답변을 유도할 수 있다.
　㉢ 애매한 문구사용은 상이한 해석의 가능성을 내포하므로, 측정도구의 모호성을 제거하여야 한다.
　㉣ 신뢰성이 인정된 기존의 측정 도구를 사용하고 변별도가 높은 문항을 많이 쓴다.
　㉤ 피험자들이 검사에 대한 흥미가 높고, 검사 선택 동기가 높아야 한다. 조사대상이 어렵거나 관심이 없는 내용일 경우, 무성의한 답변으로 예측이 어려운 결과가 도출되므로 제외한다.
　㉥ 집단의 능력 범위가 넓어야 하며, 검사대상의 개인차를 크게 한다.
　㉦ 문항의 난이도를 적절하게 구성하여야 하며, 충분한 검사 시간이 주어져야 한다.
　㉧ 문항이 동질적이어야 하며, 검사내용의 범위를 좁게 구성한다.

지식!N

성격 특성을 측정하는 도구를 선택할 때 고려해야 할 사항 15 기출

- 준거와의 상관(타당도 측면)
도구가 측정하고자 하는 속성의 다른 증후들과 관련된다는 것을 보이는 것, 즉 외부적인 준거(비교의 기준)로써 행동지표를 사용하는 것과 평가도구가 측정한 것과 얼마나 상관이 되는가를 의미한다. 예를 들어, 사교성이라는 성격을 측정하였을 때 측정에서 높은 점수를 받은 사람들이 실험실에서 이와 관련된 행동(폭넓은 대인접촉 또는 쾌활성)을 더 많이 한다면, 그 측정도구는 준거와의 상관도가 높다고 할 수 있다.
- 문항 내적 합치도(신뢰도 측면)
성격특성을 측정하는 문항 간의 일관성을 측정하는 것으로, 검사도구가 얼마나 오차 없이 정확하게 측정하고자 하는 속성을 측정했는지 알 수 있다. 문항 내적 합치도가 높은 측정도구를 선택하여야 한다.
- 상황 변화에 대한 민감성(신뢰도 측면)
실험연구에서 연구자에 의해 도입된 중재/처치와 같은 특성 조작(Manipulation) 후 변화 정도를 민감하게 측정할 수 있는 반응성이 높은 측정도구를 사용하는 것이 중요하다.
- 시간 경과에 따른 안정성(신뢰도 측면)
동일한 성격특성 검사를 동일한 대상에게 일정한 시간 간격을 두고 두 번에 걸쳐 실시했을 때, 두 번 실시한 시험점수가 일치되는 정도를 의미한다.

⑦ 측정의 오류 16 기출
  ㉠ 측정의 오류는 각각 체계적 오류와 비체계적 오류로 구분된다.

체계적 오류	변수에 일정하게 또는 체계적으로 영향을 주어 측정결과가 항상 일정한 방향으로 편향되는 오류
비체계적 오류 (무작위적 오류)	측정대상, 측정과정, 측정수단, 측정자 등에 일관성 없이 영향을 미침으로써 발생되는 오류

  ㉡ 체계적 오류와 비체계적 오류는 다시 다음과 같이 분류된다.

체계적 오류	사회 경제적 특성에 의한 오류	선행효과 오류	고학력자일수록 응답문항 가운데 앞쪽에 있는 답을 선택하는 경향으로 인한 오류
		후행효과 오류	저학력자일수록 응답문항 가운데 뒤쪽에 있는 답을 선택하는 경향으로 인한 오류
	개인적 성향에 의한 오류	관용의 오류	응답자의 무성의로 무조건 긍정적인 답을 선택하는 오류
		가혹의 오류	응답자의 무성의로 무조건 부정적인 답을 선택하는 오류
		중앙집중 경향의 오류	응답자의 무성의로 중립적인 답을 집중적으로 선택함으로써 발생하는 오류
		대조의 오류	자신과 상반되는 것으로 다른 사람을 평가하는 오류
		후광효과 오류	측정대상의 한 가지 속성에 강한 인상을 받아 이를 토대로 전체 속성을 평가하는 오류
비체계적 오류 (무작위적 오류)		측정자에 의한 오류	측정자의 건강상태나 주관적인 감정상태에 의해 측정 결과에 영향을 미치는 오류
		응답자(측정대상자)에 의한 오류	응답자의 피로, 긴장상태가 측정 결과에 영향을 미치는 오류
		측정상황에 의한 오류	측정시간이나 장소, 분위기에서 기인하는 오류
		측정도구에 의한 오류	측정도구에 대한 적응 및 사전교육에서 기인하는 오류

02 척 도

(1) 척도의 개요
① 척도의 의의
  ㉠ 척도는 측정하고자 하는 대상에 수치나 기호를 부여하는 것으로 하나의 특성을 여러 가지 척도로 측정할 수 있다.
  ㉡ 척도의 가장 중요한 요소는 규칙이다. 규칙은 숫자나 기호들을 어떻게 부여할 것인지에 관한 기준을 제시하는 것이다.
② 척도의 조건

단순성	척도의 계산과 이해가 용이해야 한다.
유용성	척도가 유용하다는 것은 이해가 쉬워야 한다는 것을 의미한다.
신뢰성	어떤 상황을 달리해서 측정해도 항상 똑같은 결과가 나올 때 신뢰성이 있다고 한다.
타당성	척도가 측정하고자 하는 것을 정확하게 측정하는가의 문제이다.

③ 척도의 개발 순서 18 기출

척도의 사용목적 파악 → 개념 정의 및 개념 파악 → 문항 개발 → 문항 검토 → 사전검사 또는 예비검사 실시 → 문항 수정 → 척도 확정

(2) 척도의 유형 14 18 20 21 22 23 기출

명명척도 (명목척도)	• 단순한 분류의 목적을 위한 것으로, 상호배타적인 특성을 지닌 가장 낮은 수준의 측정에 해당한다. • 성, 인종, 종교, 결혼 여부, 직업, 전화번호 등의 구별이 해당된다.
서열척도	• 서열이나 순위를 매길 수 있도록 수치를 부여한 척도로, 서열 간의 간격이 동일하지 않다. • 사회계층, 선호도, 수여 학위, 변화에 대한 평가, 서비스효율성 평가, 청소년상담사 자격등급 등의 측정에 이용된다.
등간척도 (동간척도, 구간척도)	• 서열을 정할 수 있을 뿐 아니라 이들 분류된 범주 간 간격도 측정할 수 있다. • 평균값, 표준편차, 상관계수를 구할 수 있다. • 지능, 온도, 시험점수 등이 해당된다.
비율척도	• 척도를 나타내는 수가 등간일 뿐만 아니라 의미 있는 절대영점을 가지고 있는 경우에 이용된다. 비율성도 가지고 있다. • 절대영점이 있어 자의적으로 해석할 수 없고 몇 배 크다 작다를 정할 수 있으며, 사칙연산이 가능하다. • 연령, 무게, 키, 수입, 출생률, 사망률, 이혼율, 가족 수, 심리학과 졸업생 수 등이 해당된다.
리커트 척도	• '총화평정척도' 또는 '다문항척도'라고도 하며, 여러 개의 문항을 하나의 척도로 사용한다. • 사회과학에서 널리 사용된다.
거트만 척도	• 서열척도의 일종으로 '척도도식법'이라고도 하며, 단일차원적이고 예측성이 있다. • 두 개 이상의 변수를 동시에 측정하는 다차원적 척도로 사용되기는 거의 불가능하다.
사회적 거리척도	• 소수민족, 사회계급 등에 대한 사회적 거리감의 정도를 측정하기 위해 연속적인 문항들을 동원한다. • 단순히 사회적 거리의 원근의 순위만을 표시한 것으로 친밀한 정도의 크기를 나타내지는 않는다.
서스톤 척도	• 등간-비율척도의 일종으로 가장 긍정적인 태도와 가장 부정적인 태도를 나타내는 양 극단을 등간적으로 구분하여 수치를 부여한다. • 척도들 간의 간격이 동일하여 '등간격 척도'라고도 한다. • 리커트 척도의 단점을 극복하기 위한 것으로 중요성이 있는 항목에 가중치를 부여한다.
요인척도	• 등간-비율척도의 하나로 변수들 간에 존재하는 상호 관계의 유형을 밝히고, 상호 간에 밀접하게 연관되어 있는 변수들의 묶음을 발견하여, 이를 보다 적은 수의 가설적 변수, 즉 요인들로 축소하기 위한 방법이다. • 분석을 위한 분석이 될 수 있는 단점이 있다.
소시오메트리	• 집단 내의 선택, 커뮤니케이션 및 상호작용의 패턴에 관한 자료를 수집하고 분석하는 방법이다. • 한정된 집단성원 간의 관계를 도출함으로써 집단의 성질, 구조, 역동성, 상호관계를 분석하는 일련의 방법이다.
Q 분류척도	• 특정 자극에 대한 비슷한 태도를 가진 사람이나 대상을 분류하기 위한 방법이다. • 한 가지 현상을 설명하기 위해서 단일현상을 여러 가지 현상으로 세분한다.
의미분화척도	• 어떤 대상이 개인에게 주는 주관적인 의미를 측정하는 방법이다. • 척도의 양 극점에 서로 상반되는 형용사나 표현을 제시하여 정도의 차이에 의한 일련의 형용사 쌍을 만들며, 이에 응답자의 주관적인 판단이나 느낌을 반영하도록 한다.

CHAPTER 04 연구방법 및 실험설계

중요도 ★★★

핵심포인트

자료수집, 자료수집방법(관찰법, 질문지법, 면접법, 전화조사법, 우편조사법, 집단조사법, 배포조사법, 인터넷조사법, 내용분석법), 실험설계의 타당도(내적 타당도, 외적 타당도, 통계적 결론 타당도, 구인타당도), 외재변수의 통제방법, 실험설계의 유형(순수실험설계, 준실험설계, 전실험설계, 비실험설계), 단일사례연구, 집단 간 설계와 집단 내 설계

01 자료수집 및 자료수집방법

(1) 자료수집

① 의 의

자료는 조사연구에 사용되는 모든 종류의 정보를 말하며, 1차 자료와 2차 자료로 구분된다.

구 분	1차 자료	2차 자료
의 의	조사자가 현재 수행 중인 조사목적을 달성하기 위해 직접 수집한 자료를 말한다.	현재의 조사목적에 도움을 줄 수 있는 자료로, 1차 자료를 제외한 기존의 모든 자료를 말하며, 기존의 정부간행물이나 기업에서 수집한 자료, 학술지에 발표된 논문 등도 포함된다.
수집방법	• 조사자가 원하는 자료의 특성 및 조사설계 등에 의하여 달라진다. • 조사비용 및 조사기간, 조사자나 수집원들의 능력에 의하여도 달라진다.	• 내부 자료의 경우에는 자료를 어느 정도 체계적으로 분류하고 관리하여 왔는가에 따라 쉽게 구할 수 있고, 사내자료라도 도저히 구할 수 없는 경우도 있다. • 외부 자료의 경우에는 그 자료를 발견하거나 보유하고 있는 곳에서 구할 수 있다. 2차 자료는 비교적 어렵지 않게 구할 수 있다.
특 징	• 사전에 적절한 조사설계를 통하여 수집된 자료이기 때문에 조사목적에 적합한 정확도·신뢰도·타당성을 평가할 수 있으며, 수집된 자료를 의사결정에 필요한 시기에 적절히 이용할 수 있다. • 일반적으로 2차 자료에 비하여 수집하는 데 비용과 인력, 시간이 많이 든다.	• 일반적으로 자료를 얻기 쉽고 수집비용이 1차 자료에 비하여 저렴하다. • 자료수집 목적이 조사목적과 일치하지 않고, 측정단위나 조작적 정의 등이 다르기 때문에 그 사용에 주의를 요한다.

② 자료수집방법의 선택 시 고려할 사항
  ㉠ 탄력성 : 조사상황에 따라 신속하게 질문방법, 절차, 순서, 내용을 바꿀 수 있어야 한다.
  ㉡ 복잡성 : 면접조사의 경우 시각적인 효과 및 응답자의 문제이해 정도를 확인할 수 있으므로 보다 복잡한 정보를 수집할 수 있다.
  ㉢ 질문의 양 : 질문 작성에 필요한 시간 및 노력을 감안하여 응답자가 흥미를 느끼고 응답을 계속할 수 있도록 질문의 양이 적절해야 한다.
  ㉣ 정보의 정확성 : 개인적 비밀, 말하기 곤란한 것들은 우편조사에 의한 방법이 좋다. 면접원의 태도나 응답자와의 관계에 영향을 받지 않으며, 시간 여유를 가지고 설문을 작성할 수 있기 때문이다.
  ㉤ 소요시간 : 전국적인 규모라면 우편조사가 빠르지만, 일반적으로 전화조사, 면접조사(집단조사), 우편조사의 순으로 볼 수 있다.
  ㉥ 비용 : 조사지역의 넓이, 소요시간 및 필요로 하는 응답률이 문제가 되지만, 일반적으로 면접조사(집단조사)가 전화조사나 우편조사보다 비용이 많이 든다.

(2) 자료수집방법

① 관찰법 16 21 기출
  ㉠ 의의 : 관찰법은 가장 기본적인 방법으로 인간의 감각기관을 매개로 현상을 귀납적인 방법으로 조사하는 방법이다.
  ㉡ 종 류

참여 정도에 따른 관찰 방법	참여관찰	관찰 대상의 내부에 들어가 구성원으로 참여하면서 관찰하는 방법이다. 대상의 자연성과 유기적인 전체성을 보장한다.
	준참여관찰	관찰 집단의 생활 일부에만 참여해 관찰하는 방법이다.
	비참여관찰	조사자가 신분을 밝히고 관찰하는 방법이다. 주로 조직적인 관찰에 사용된다.
통제 및 조작 정도에 따른 관찰 방법	통제관찰	사전의 기획 절차에 따라 타당성과 신뢰성 확보를 위해 관찰 조건을 표준화하고 보조기구를 사용하는 방법이다. 비참여관찰에 사용된다.
	비통제관찰	관찰 조건을 표준화하지 않고 조사 목적에 맞는 자료를 다양하게 관찰하는 방법이다. 탐색적 조사에 많이 사용된다.
관찰 시점에 따른 관찰 방법	직접관찰	관찰 시점이 관찰 대상의 행동이 일어나는 시점과 일치할 때 사용하는 방법이다. 연구 대상이 되는 사회적 현상이나 행위 또는 태도 등을 관찰자가 그 자리에서 직접 보고 관찰한 바를 기록하여 자료로 활용한다.
	간접관찰	관찰자가 직접 관찰할 수 없었던 관찰 대상의 사건, 행위나 태도 등을 2차 자료인 각종 기록물, 문헌, 녹음 등을 통해 관찰하는 방법이다.

ⓒ 관찰의 단계

제1단계 관찰을 계획하는 단계	• "왜 관찰하려는가?" • "어떤 행동을 관찰할 것인가?" • "언제 그리고 얼마나 오랫동안 관찰할 것인가?" • "관찰을 어느 곳에서 할 것인가?" • "어떻게 기록할 것인가?"
제2단계 실제로 내담자를 관찰하는 단계	• 관찰은 관찰자의 감각기관을 통한 지각에 의존하기 때문에 때로는 왜곡된 자료를 수집할 가능성이 있다. • 관찰자의 기대, 과대한 일반화, 후광효과, 그리고 주관적 해석의 가능성 등이 오류의 원천이다. • 관찰자는 이러한 오류나 편견의 원천을 인식하고 영향을 받지 않도록 노력하고, 관찰훈련을 통해 보다 객관성 있는 관찰을 할 수 있도록 해야 한다. • 관찰자로서 가능한 한 객관성을 유지한다.
제3단계 관찰을 기록하는 단계	• 내담자의 입장에서 관찰하고 기록한다. • 관찰기록은 가능한 한 관찰과 거의 동시에 또는 직후에 한다. • 기록하기 전에는 관찰한 것에 대해 가능한 한 아무에게도 이야기하지 않는다. • 실제 보고 들은 것과 관찰자의 추론을 구분한다.
제4단계 기록내용을 분석하는 단계	• 관찰기록의 결과가 내담자를 평가할 수 있는 의미있는 자료가 되기 위해서는 반드시 체계적으로 분석되어야 한다. • 관찰자가 해석과 추론을 얼마나 정확하게 하느냐에 따라 관찰의 성패가 좌우되고, 궁극적으로 내담자의 행동 및 발달을 올바로 평가했는지의 여부가 결정된다. • 자료 분석 시 상담자가 두려움을 갖게 되나, 계속적인 훈련을 통해 이를 극복하려고 노력해야 한다. • 특히, 정확한 추론을 위해서는 내담자에 대한 전문적인 지식을 가지고 있어야 하며, 이러한 지식을 자신의 관찰결과에 적용해 계속적으로 비교·분석하려는 자세가 필요하다.
제5단계 각 내담자에 대한 분석 결과를 적절한 곳에 활용하는 단계	• 관찰 자료는 관찰목표에 따라 체계적으로 기록되고 분석되어 효과적으로 활용될 때 실용적 자료로서의 가치를 지니게 된다. • 각 내담자에 대한 관찰기록은 누적된 관찰결과에 기초한 종합적인 분석자료이어야 한다. • 각 내담자에 대한 관찰기록은 내담자의 발달 및 행동특성을 평가하기 위한 자료 그리고 내담자 부모와의 면담을 위한 자료 등으로 적극 활용되어야 한다. • 각 내담자를 평가할 경우에는 관찰자료 외에 각종 검사결과, 내담자의 부모면담 결과 등을 종합적으로 검토함으로써 보다 정확한 평가를 할 수 있도록 해야 한다. • 각 내담자에 대한 관찰기록의 내용은 비밀이 유지되어야 한다.

ⓓ 장단점

장 점	• 현재의 상태를 가장 생생하게 기록할 수 있다. • 응답과정에서 발생하는 오차를 줄일 수 있다. • 언어와 문자의 제약 때문에 측정하기 어려운 사실도 조사가 가능하다. • 연구대상의 무의식적인 행동이나 인식하지 못한 문제도 관찰이 가능하다. • 대상자가 표현능력은 있더라도 조사에 비협조적이거나 면접을 거부할 경우 효과적이다.
단 점	• 대상자의 내면적인 특성이나 사적 문제, 과거사실에 대한 자료는 수집할 수 없다. • 대상자가 관찰을 당하고 있다는 것을 알면 평소와 다른 행동양식을 보일 수 있다. • 조사대상의 변화양상을 포착할 수 없으므로 결과를 일반화하는 데 제약이 있다. • 관찰자가 선택적으로 관찰하게 되는 경우가 있다. • 시간과 비용, 노력이 많이 소요된다.

② 질문지법
  ㉠ 의의 : 질문지는 조사자가 조사문제에 대한 해답을 구할 수 있도록 형성된 하나의 조사도구이다. 일련의 상호 연관된 질문들로 구성되어 있으며, 해당 질문들은 논리적으로 연결되어 있다.
  ㉡ 종류

질문방식에 따른 종류	사실에 대한 응답자의 태도나 의견을 직접 질문하는 직접질문법과 응답자의 반감을 예상하여 전혀 다른 방법으로 질문하는 간접질문법이 있다.
질문구성 양식에 따른 종류	선택형의 구조적 질문지와 자유로이 응답할 수 있는 비구조적 질문지로 나눈다.

  ㉢ 장단점

장 점	• 현장연구원이 필요 없다. • 응답자의 편의에 따라 대답을 완성할 수 있다. • 익명성이 보장되어 응답자가 안심하고 응답할 수 있다. • 표준화된 언어구성으로 모든 응답자에게 동일하게 적용된다. • 조사자의 편견을 배제할 수 있다. • 보다 넓은 범위에서 쉽게 응답자에게 접근할 수 있다. • 시간과 비용이 절약된다.
단 점	• 질문의 요지를 설명할 수 있는 융통성이 낮다. • 질문에 대한 무응답률이 높으며, 질문지의 회수율이 매우 낮다. • 비언어적 행위나 특성을 기록할 수 없다. • 관심도가 낮은 질문의 내용에는 기록하지 않을 가능성이 있다. • 복합적인 질문지 형식을 사용할 수 없다. • 질문지에 대한 통제를 제대로 할 수 없다. • 우편조사 등에서 정말 응답해야 할 사람이 응답했는지가 의문시될 수 있다.

③ 면접법 16 기출
  ㉠ 의의 : 면접은 조사자(면접자)가 연구 문제에 대한 적절한 해답을 구하기 위해 마련한 질문들을 응답자와 직접 대면한 상태에서 질문하는 방법이다. 면접법은 조사목적에 따른 특정화된 내용을 토대로 대화가 이루어지는 인간 상호 간의 직접적인 커뮤니케이션 시스템이다.
  ㉡ 종류

표준화 면접 (구조화된 면접)	• 면접자가 면접조사표를 만들어서 모든 응답자에게 동일한 질문순서와 동일한 질문내용으로 자료를 수집하는 방법이다. • 비표준화된 면접에 비해 응답 결과에 있어서 상대적으로 신뢰도가 높지만 타당도는 낮다. • 반복적인 면접이 가능하며, 면접결과에 대한 비교가 용이하다. • 면접의 신축성·유연성이 낮으며, 깊이 있는 측정을 도모할 수 없다.
비표준화 면접 (비구조화된 면접)	• 면접자가 면접조사표의 질문내용, 형식, 순서를 미리 정하지 않은 채 면접상황에 따라 자유롭게 응답자와 상호작용을 통해 자료를 수집하는 방법이다. • 표준화된 면접에 비해 응답 결과에 있어서 상대적으로 타당도가 높지만 신뢰도는 낮다. • 면접의 신축성·유연성이 높으며, 깊이 있는 측정을 도모할 수 있다. • 반복적인 면접이 불가능하며, 면접결과에 대한 비교가 어렵다.
반표준화 면접 (반구조화된 면접)	• 일정한 수의 중요한 질문은 표준화하고 그 외의 질문은 비표준화하는 방법이다. • 면접자가 면접지침에 따라 응답자에게 상황에 적합한 변형 질문을 제시할 수 있다. • 사실과 가설을 확인할 수 있을 뿐만 아니라 새로운 사실이나 가설을 발견할 수도 있다. • 반표준화 면접의 종류로는 초점집단 면접법, 임상 면접법 등이 있다.

ⓒ 장단점

장 점	• 다양한 조사내용을 비교적 긴 시간에 걸쳐서 상세하게 조사할 수 있다. • 면접자가 자료를 직접 기입하므로 응답률이 매우 높다. • 질문의 내용을 응답자가 잘 이해하지 못하는 경우에 면접자가 설명해 줄 수 있고, 응답자의 내용이 분명하지 않은 경우에도 면접자가 응답의 내용을 점검할 수 있어서 응답의 오류를 줄일 수 있다. • 질문서에 포함된 내용 외에도 연구에 필요한 기타 관련 정보들을 수집할 수 있다. • 잘못 기입하는 경우(오기)나 아예 기입하지 않는 경우(불기)를 예방할 수 있다. • 적절한 질문을 현장에서 결정할 수 있는 융통성이 있다. • 비언어적 행위를 직접 관찰할 수 있다. • 개별적으로 진행하는 면접환경을 표준화할 수 있다. • 면접 시에 복잡한 질문지를 사용할 수 있다.
단 점	• 비용과 시간이 많이 소요된다. • 방문시각을 항상 고려해야 하며, 방문계획 시간을 엄수해야 한다. • 면접자와 응답자 사이에 친숙한 분위기가 형성되지 않거나 상호 이해가 부족한 경우 조사 외적인 요인들로부터 오류가 개입될 가능성이 있다. • 응답자의 익명성이 결여되어 정확한 내용을 도출하기 어렵다. • 응답자에 대한 편의가 제한적이다. • 특수층의 사람에 대해 면접이 곤란한 경우가 있다.

④ 전화조사법

ⓐ 의의 : 추출된 피조사자에게 전화를 걸어 질문 문항들을 읽어준 후, 응답자가 전화상으로 답변한 것을 조사자가 기록함으로써 자료를 수집하는 방법이다.

ⓒ 장단점

장 점	• 적은 비용으로 단시간에 조사할 수 있어 비용과 신속성 측면에서 매우 경제적이다. • 전화번호부를 이용하여 비교적 쉽고 정확하게 표본을 추출할 수 있다. • 직접 면접이 어려운 사람의 경우에 유리하다. • 조사자는 응답자의 외모나 차림새 등의 편견을 용이하게 통제할 수 있다. • 컴퓨터에 의한 완전자동화를 통해 효율성과 통일성을 극대화할 수 있다. • 현지조사가 불필요하며, 무작위번호 통화를 통해 쉽게 표본을 추출할 수 있다.
단 점	• 전화번호부의 부정확성 및 미등재 전화번호의 존재가 문제시된다. • 대인면접에 비해 소요시간이 짧으나, 분량이 제한된다. • 모집단이 불완전하며, 표본의 대표성에 문제가 발생할 수 있다. • 응답자의 주변 상황이나 표정, 태도를 확인할 수 없으며, 보조도구를 사용하기가 곤란하다. • 응답자가 특정한 주제에 대해 응답을 회피하기도 하며, 무성의하게 대답하기도 한다. • 전화상으로 질문을 주고받는 도중 응답자가 끝까지 참지 못하고 전화를 끊는 경우가 있다.

⑤ 우편조사법
　㉠ 의의 : 질문지를 추출된 피조사자에게 우편으로 우송하여 응답자로 하여금 스스로 응답하게 한 다음, 응답자가 질문지를 다시 조사자에게 우송해 줌으로써 자료를 수집하는 방법이다.
　㉡ 장단점

장 점	• 시간과 공간의 제약에 크게 구애받지 않으므로 비용이 절감된다. • 면접조사에서 쉽게 접근할 수 없는 다양한 대상을 포함할 수 있다. • 조사자는 응답자의 외모나 차림새 등의 편견을 용이하게 통제할 수 있다. • 응답자가 충분한 시간적 여유를 가지고 응답하도록 할 수 있다. • 응답자의 익명성이 보장되고 사려 깊은 응답이 가능하다.
단 점	• 최대의 문제점은 낮은 회수율이다. • 응답내용이 모호한 경우 응답자에 대한 해명의 기회가 없다. • 질문 문항에 대해 단순성이 요구된다. • 우편대상 주소록을 작성하는 데 시간 및 노력이 요구된다. • 잘못 기입하는 경우(오기)나 아예 기입하지 않는 경우(불기)가 발생할 수 있다. • 융통성이 부족하며, 직접적인 답변 외의 비언어적인 정보를 수집하기 어렵다. • 무자격자의 응답을 통제하기 어렵다. • 주위 환경과 응답시기를 통제하기 어렵다.

⑥ 집단조사법(집합조사법)
　㉠ 의의 : 추출된 피조사자들을 한 자리에 모아놓고 질문지를 일제히 배부하여 응답자가 직접 기입하도록 한 후 회수하는 방법이다.
　㉡ 장단점

장 점	• 조사목적에 부합하는 응답자의 집합인 경우 조사를 쉽고 빠르게 진행할 수 있으며, 비용을 절감할 수 있다. • 조사의 설명이나 조건을 동일하게 할 수 있다. • 응답자들과 동시에 직접 대화할 기회가 있으므로 질문에 대한 오류를 줄일 수 있다.
단 점	• 조사대상을 한 장소에 집합시키는 것이 어려우며, 출석자에게 일당이나 교통비를 주어야 할 경우 비용이 발생할 수 있다. • 응답자의 개인별 차이를 무시함으로써 조사 자체의 타당도가 낮아지기 쉽다. • 응답자가 옆 사람이나 다른 사람의 영향을 받을 가능성이 있다. • 질문지를 잘못 기입하는 경우 시정하기 어렵다.

⑦ 배포조사법
　㉠ 의의 : '유치법'이라고도 하며 질문지를 배부하여 응답자가 기입하고 나중에 회수하는 것이다. 따라서 응답자가 기입할 때 조사자가 그곳에 있지 않는 것이 보통이다.
　㉡ 장단점

장 점	• 우편조사와 비교하여 질문지의 회수율이 높고, 재방문의 횟수가 적어진다. • 응답자에게 생각할 시간적 여유를 주고, 개인의 비밀사항까지 회답을 받을 수 있다. • 시간, 인력, 비용이 적게 든다.
단 점	• 응답자 본인의 의견이 기입되었는지 제3자의 영향을 받았는지 알 수 없고, 조사대상자가 바뀔 우려가 있다. • 글자를 아는 사람에게만 적용할 수 있다. • 잘못 기입하는 경우(오기)나 아예 기입하지 않는 경우(불기)등이 발생하거나 질문지가 훼손될 우려가 있다.

⑧ 인터넷조사법
　㉠ 의의 : 전산망 가입자들을 대상으로 전산망을 통해 직접 질문지 파일을 보내고 응답 파일을 받는 방법이다.
　㉡ 장단점

장 점	• 시간 및 공간상의 제약이 다른 방법에 비해 상대적으로 적다. • 조사가 신속히 이루어지며, 쌍방향 소통이 가능하다. • 조사비용이 적게 들며, 조사대상자가 많은 경우에도 추가비용이 들지 않는다. • 멀티미디어 자료의 활용 등 다양한 형태의 조사가 가능하다. • 구조화된 설문지 작성이 용이하다. • 특수 계층의 응답자에게도 적용할 수 있다. • 이메일 등을 통해 추가질문을 할 수 있다.
단 점	• 컴퓨터와 인터넷을 사용할 수 있는 사람만을 대상으로 하므로 표본의 대표성 문제가 제기될 수 있다. • 컴퓨터시스템을 사용하므로 고정비용이 발생한다. • 응답자의 프라이버시 보호와 통신상의 예절 등에 각별한 주의를 필요로 한다. • 응답자에 대한 통제가 쉽지 않으며, 응답률과 회수율이 낮게 나타날 수 있다.

⑨ 내용분석법
　㉠ 의의 : 내용분석이란 인간의 상징적 기호로 표시된 의사소통 기록물의 내용적 특성을 체계적으로 기술하고, 나아가 그 동기와 원인, 결과나 영향을 체계적으로 추리하는 분석 방법이다. 문헌연구방법의 대표적인 유형의 하나로 서적, 신문, 문서 등 기록화된 것을 중심으로 그 연구대상에 대한 필요한 자료를 수집·분석하여, 객관적·체계적·계량적인 방법으로 측정·분석하는 기술이다.
　㉡ 특 징
　　• 내용분석은 문헌연구의 일종이다.
　　• 내용분석은 메시지를 그 분석대상으로 한다.
　　• 메시지의 현재적인 내용뿐만 아니라 잠재적인 내용도 분석대상으로 한다.
　　• 객관성, 체계성 및 일반성을 그 요건으로 하고 있다.
　　• 양적 분석 방법뿐만 아니라 질적 분석 방법도 사용한다.
　　• 범주 설정에 있어서는 포괄성과 상호 배타성을 확보해야 한다.
　　• 자료가 방대한 경우 내용분석법에서도 모집단 내에서 표본을 추출하여 분석할 수 있다.
　㉢ 장단점

장 점	• 가치, 요망, 태도, 창의성, 인간성 또는 권위주의 등 다양한 심리적 변수를 효과적으로 측정할 수 있다. • 관찰 등의 측정 방법으로는 불가능한 가치문제를 연구할 수 있다. • 여타의 관찰 또는 측정 방법에 대한 타당성 여부를 조사하기 위해 사용할 수 있다. • 여타의 연구 방법과 병용이 가능하다. 즉, 실험적 연구의 결과 또는 개방형 질문의 응답내용 등에 대한 내용분석이 가능하다. • 다른 조사에 비해 실패 시의 위험부담이 적다(안정성의 문제). • 비용과 시간 등이 절약된다.
단 점	• 자료수집상의 타당도는 확보할 수 있으나, 실제적인 타당도를 확보하기 어렵다. • 자료의 입수가 제한되는 경우가 적지 않다. • 기록된 것을 가지고 분석해야 하기 때문에 기록에 남아있지 않은 것은 분석하기 곤란하다.

02 실험설계

(1) 실험설계의 의의 및 특성

① 실험설계의 의의
  ㉠ 실험은 과학적 방법의 요체인 통제된 연구의 정신에 가장 충실하고자 하는 연구방법으로, 엄격히 통제된 상황에서 두 변수 사이의 인과관계를 검증하는 것이다.
  ㉡ 실험적 조사설계, 즉 실험설계는 인과관계에 대한 가설을 검증하기 위해 변수를 조작·통제하여, 그 조작의 효과를 관찰하기 위한 방법을 말한다.

② 실험설계의 기본특성
  ㉠ 실험설계는 기본적으로 실험집단과 통제집단 및 자극의 3가지 요소로 이루어진다. 즉, 인과관계를 추리하기 위해 실험집단과 통제집단으로 나누고, 실험집단에 자극을 가하여 나타난 결과를 통제집단과 비교하는 방식이다.
  ㉡ 실험설계 시 조사대상을 실험집단과 통제집단으로 나누기 이전에 통제가 어려운 변수들을 찾아내야 한다.
  ㉢ 변수를 찾기 위해서는 문헌조사, 경험자조사, 조작적 정의와 재개념화의 방법을 사용하여 어떤 변수가 개입했는가를 찾는 방법, 사회이론과 연관시켜 변수를 찾는 방법, 예비조사(Pilot Study)를 통해 변수를 찾는 방법 등을 사용할 수 있다.
  ㉣ 사회과학에서 실험설계가 중요한 이유는 종속변수에 영향을 미치는 독립변수가 너무 많고, 측정 불가능하거나 측정이 어려운 개념이 많으며, 검증이 불가능한 경우가 많기 때문이다.
  ㉤ 점차 다변화되고 복잡해지는 사회현상을 설명하기 위해 좀 더 정교한 연구방법이 요구되고 있으며, 그에 따라 사회과학의 연구에서도 점차 실험의 비중이 높아지고 있다.

③ 실험설계의 원리
  ㉠ 조사문제의 해답 제공
    실험설계의 주요 원리 중의 하나는 실험설계가 조사 질문에 대한 해답을 구할 수 있도록 작성되고 있는가, 혹은 가설을 적절히 검증할 수 있도록 되어 있는가 하는 것이다. 즉, 실험설계는 조사질문에 대한 해답을 구할 수 있도록 설계되어야 한다는 것이다.
  ㉡ 분산의 통제
    실험설계는 자료수집 및 분석에서 타당도를 확보하기 위해 분산을 적절히 통제해야 한다. 이를 위해서는 다음의 기본 원리를 확보해야 한다.

실험변수의 극대화	• 실험변수의 극대화는 실험변수의 차이를 크게 함으로써 효과를 얻을 수 있다. • 종속변수의 총분산에서 독립변수의 효과를 구별할 수 있도록 실험변수의 차이를 크게 해야 한다.
가외변수의 통제	• 가외변수(외재변수)의 통제는 조사목적 이외 변수의 영향을 최소화·무효화·고립화하는 것이다. • 가외변수에는 표본의 편중, 시험효과, 모방효과 등이 있다. • 가외변수의 통제방법으로는 가외변수의 고정, 가외변수의 실험변수화, 무작위추출 등을 들 수 있다.
오차분산의 최소화	• 오차분산은 우연히 측정과정에서 생기는 변동 또는 변화를 말한다. • 오차분산은 총분산 중 체계적인 분산을 제외한 것이다. • 오차분산의 원인은 조사대상에 대한 개인적 오차 및 측정의 오차와 관련된다. • 오차분산을 최소화하는 방법으로는 통제된 조건을 통한 측정오차의 감소, 또는 측정의 신뢰도 증가 등이 있다.

④ 실험설계의 구성요소 24 기출

비교 (Comparition)	• 실험설계는 기본적으로 실험집단과 통제집단에 대한 비교를 통해 변화를 입증한다. • 실험조치를 실시한 집단과 실시하지 않은 집단의 종속변수를 비교하거나, 특정 집단의 사람들에게 실험을 실행하기 전과 실행한 후의 종속변수를 비교한다. • 비교는 두 변수 사이에 상관관계가 존재하는지 입증하는 과정이다.
실험변수의 조작 (Manipulation)	• 인과성이라는 개념은 "만약 X가 Y의 원인이라면, X의 변화를 유도할 때 Y의 변화가 뒤따른다."라는 뜻을 함축하고 있다. • 양자 간 관계는 비대칭적인 것으로 가정한다. • 인과성과 시간적 선행성을 입증하기 위해 실험변수의 조작이 필요하다. • 독립변수를 의도적으로 특정 시기에 실행시켜 종속변수의 변화를 관찰하거나, 일부 집단에만 독립변수를 도입하여 다른 집단과 종속변수의 차이를 관찰한다. • 인위적 상황에서는 실험변수의 조작이 가능하나 자연적 상황에서는 이러한 조작이 어렵다.
무작위할당 (Random Assignment)	• 제3의 변수에 의한 설명의 가능성을 줄이고 내적 타당도를 확보하기 위해 기본적으로 실험집단과 통제집단의 동질성이 요구된다. • 무작위할당은 외재적 변수의 통제와 경쟁가설을 제거하기 위해 실험집단과 통제집단을 동질화한다. • 무작위할당은 실험의 타당도를 저해하는 요인을 예방 또는 제거하기 위한 것이다.

> **지식 IN**
>
> **실험설계의 조건** 19 20 기출
> • 종속변수값 간의 비교 : 실험조치를 실시한 집단과 실시하지 않은 집단의 종속변수를 비교하거나, 특정 집단의 사람들에게 실험을 실행하기 전과 실행한 후의 종속변수를 비교한다.
> • 독립변수의 조작 : 독립변수의 종류 및 변화의 강도 등을 조절하여 실험대상에 적용하고, 독립변수의 변화가 종속변수에 미치는 영향을 관찰한다.
> • 외생변수의 통제 : 종속변수에 영향을 미칠 수 있는 독립변수와 종속변수 이외의 변수의 영향을 제거한다.
> • 실험대상의 무작위화 : 무작위표집(무작위표본추출) 또는 무작위할당한다.

⑤ 실험설계의 타당도 15 16 19 20 24 기출
  ㉠ 내적 타당도 : 각 변수 사이의 인과관계를 추론하여 그것이 실험에 의한 진정한 변화에 의한 것인지를 판단하는 인과조건의 충족 정도를 말한다.
  '내적 타당도를 위협하는 요인'은 다음과 같다. 16 21 22 23 기출

성장요인 (성숙요인)	• 시간의 흐름에 따라 발생하는 조사대상 집단의 신체적·심리적 특성의 변화나 실험집단의 성숙으로 인해 결과가 달라지는 경우이다. • 아동이나 노인을 대상으로 한 연구 등이 있다.
역사요인 (우연한 사건)	• 조사 기간 중에 연구자의 의도와는 상관없이 통제 불가능한 사건이 일어나 종속변수에 영향을 미치는 경우이다. • 고등학생 대상의 스트레스 완화 연구수행 시 학교의 축제 등이 있다.
선별요인 (선택요인)	• 두 집단을 비교하는 경우 두 집단이 애초에 이질적인 집단이어서 실험의 효과를 정확히 측정할 수 없는 경우이다. • 남아를 통제집단으로, 여아를 실험집단으로 조기영어 프로그램을 실시 후, 사후검사에서 여아가 효과가 높았다면 이것은 애초에 여아가 남아보다 선천적으로 언어 습득 능력이 높기 때문일 수도 있다.
상실요인 (실험대상의 탈락)	• 관찰대상 집단 일부의 탈락 또는 상실로 인해 남아있는 대상이 처음의 관찰대상 집단과 다른 특성을 갖게 됨으로써 결과가 달라지는 경우이다. • 금연프로그램의 성공률 연구, 이사·사망·질병 등으로 인한 실험대상자 탈락 등이 있다.
통계적 회귀요인	• 통계적 회귀, 즉 같은 현상을 여러 번 측정하면 그 값들이 평균으로 수렴하려는 특성으로 인해 결과가 달라지는 경우이다. • 극단적인 측정값을 갖는 사례들을 재측정할 때, 평균값으로 회귀하여 처음과 같은 극단적 측정값을 나타낼 확률이 줄어드는 것이다. • 좌절감이나 우울증의 정도가 매우 심한 사람들을 대상으로 한 실험 등이 있다.
검사요인 (테스트 효과)	• 유사한 검사를 반복하여 실시하는 경우, 실험 참가자들의 검사에 대한 친숙도가 높아져서 측정값에 영향을 미치는 경우이다. • 동일한 시험문제나 조사도구로 반복 측정할 때 나타난다.
도구요인	• 측정자의 측정 기준이 달라지거나 측정 수단이 변화함에 따라 결과가 왜곡되는 현상이다. • 사전검사에는 난이도가 높은 도구를 사용하고 사후검사에는 난이도가 낮은 도구를 사용할 경우, 또는 주관식 시험문제를 채점하는 경우 등에서 나타난다.
모방 (개입의 확산)	• 분리된 집단들을 비교하는 조사연구에서 적절한 통제가 안 되어, 실험 자극에서 실험집단이 얻은 효과가 통제집단에 영향을 미치는 경우이다. • 실험집단과 통제집단을 통제하지 않는 경우, 상호 교류로 인해 실험집단의 영향이 통제집단에 이식될 수 있다.
인과적 시간-순서	• 독립변수와 종속변수 사이의 인과관계의 방향을 결정하기 어려운 경우이다. • 즉, 독립변수가 종속변수에 영향을 미친 것인지, 종속변수가 독립변수에 영향을 미친 것인지 결정하기 어려운 경우를 말한다. • 직업적 스트레스가 정신분열을 야기한 것인지, 정신분열이 직업적 스트레스를 야기한 것인지 판단하기 어려운 경우가 있다.

ⓛ 외적 타당도 : 연구의 결과에 의해 기술된 인과관계가 연구대상 이외의 경우로 확대·일반화될 수 있는 정도를 말한다.
'외적 타당도를 위협하는 요인'은 다음과 같다. 14 22 23 기출

연구 표본의 대표성 결여	표본이 모집단을 대표하지 못하기 때문에 그 대표성을 확신할 수 없는 경우에는 일반화 가능성이 작다고 할 수 있다.
선발과 처치의 상호작용	대상자의 특성에 따라 실험 조건의 영향이 다르게 작용하는 경우이다.
검사 경험의 반응적 효과	사전검사 경험이 결과의 일반화 가능성을 제약하는 것이다.
복합적인 실험 처치의 간섭	동일 대상자를 대상으로 여러 실험 처치를 할 때, 이전 실험 처치의 경험이 이후 처치를 받을 때까지 남아 영향을 미치는 것이다.
호손효과	실험 대상자 스스로 실험의 대상이 되고 있음을 인식할 때 나타나는 의식적 반응이 연구의 결과에 영향을 미치는 효과이다.
플라시보 효과 (Placebo Effect)	• 외적 타당도를 저해하는 요인 가운데 하나로, '위약효과'라고도 한다. • 약효가 전혀 없는 거짓 약을 진짜 약으로 가장하여 환자에게 복용하도록 했을 때, 환자의 병세가 호전되는 효과를 말한다. • 대상자가 주위의 특별한 관심을 받고 있다고 인식하는 경우 심리적인 반응에 의해 변화가 나타나는 것을 말한다.
존 헨리 효과	특별한 처리를 받지 못한 통제집단의 피험자들이 평상시와는 다르게 행동하거나 고의로 실험집단보다 더 좋은 결과가 나타나도록 노력하는 경우에 발생하는 효과를 말한다.
바닥(Floor) 효과	어떤 심리적 경향을 측정하려 할 때 테스트 항목에 피험자가 반응한 것이 차이를 변별하지 못할 정도로 점수가 미미할 경우를 말한다. 예 아동들에게 성인 IQ테스트를 부여할 때
천장(Ceiling) 효과	검사의 난이도가 너무 낮아서 검사에 응한 모든 피험자가 매우 높은 점수를 얻는 경우를 말한다.
연구자 효과	실험자의 기대가 은연중에 피험자에게 전달되어 구인타당도를 위협하는 것을 말한다.

> **지식 IN**

타당도에 따른 연구설계의 선택

1. 겔소(Gelso)의 기포가설
    - 겔소는 상담심리 연구설계를 크게 '통제'와 '연구자료를 수집한 장'의 두 가지 차원으로 범주화하였다.
        - 통제가 강할수록 연구는 내적 타당도는 높지만 외적 타당도가 낮아진다.
        - 자료수집이 현장에서 이루어질수록 연구의 외적 타당도는 높지만 내적 타당도는 낮아진다.
    - 내적 타당도를 높이면 외적 타당도가 떨어지고, 외적 타당도를 높이면 내적 타당도가 떨어진다.

2. 겔소(Gelso)가 제시한 4가지 연구설계와 타당도의 관계 [20] 기출
    - 4가지 연구설계 : 실험실 실험연구/실험실 기술연구/현장 실험연구/현장 기술연구
    - 실험실연구는 외적 타당도에서 불리하다.
    - 현장연구는 외적 타당도에서 유리하다.
    - 기술연구는 내적 타당도에서 불리하다.
    - 실험연구는 내적 타당도에서 유리하다.

구 분		내적 타당도	외적 타당도	연구특징
실험실	실 험	↑	↓	• 내적 타당도에서 유리 • 외적 타당도는 낮지만, 높은 내적 타당도를 얻을 수 있기 때문에 변인들 간의 인과적 속성을 정확히 알고자 할 때 주로 사용한다. 예 모의상담연구, 유사상담연구
	기 술	↓	↓	내적 타당도, 외적 타당도 모두 불리
현 장	실 험	↑	↑	내적 타당도, 외적 타당도 모두 유리
	기 술	↓	↑	내적 타당도에서는 불리하지만, 현장 연구이기 때문에 높은 외적 타당도를 얻을 수 있다. 예 상담과정 연구, 내담자의 특성 분류 연구

ⓒ 통계적 결론 타당도 18 기출

'통계적 결론'이라는 것은 추리통계에 관한 것으로 통계적 검정에는 몇 가지 필수 요소들이 있다. 첫째는 통계적 검정은 표집의 자료를 가지고 전집(모집단)의 내용을 추정하는 것이다. 둘째는 영가설을 세운다는 것이다. 영가설이란 검정하고자 하는 통계치가 의미가 없다는 것이다. 일단 통계치가 의미가 없다는 영가설을 세워놓고 그것을 부정하는 방식으로 검정절차를 밟는다. '통계적 결론 타당도를 위협하는 요인'은 다음과 같다.

낮은 통계적 검정력	• 통계적 검정력이란 영가설이 참이 아닐 때 영가설을 기각할 수 있는 힘, 즉 확률을 말한다. • 통계적 검정력이 낮다는 것은 영가설이 참이 아님에도 불구하고 영가설을 기각하지 못하는 경우를 말하며, 이때 그릇된 결론을 내릴 가능성이 높아지므로 통계적 결론 타당도가 위협을 받는다.
통계적 가정의 위반	• 통계적 가정은 어떤 통계분석 절차가 유효하기 위한 선행조건들을 의미하는데, 자주 사용하는 모수적 통계는 다음과 같은 조건들이 있다. (1) 표집분포의 정상성 (2) 피험자 선발과정이 무선적이고 독립적일 것 (3) 집단 간 변량의 동질성 등 • 지나치게 위반하면 1종 오류를 증가시키기 때문에 얻어진 통계결과는 부정확한 결론이 될 가능성이 높다.
투망질식 검증	• 투망질식 검증은 한 세트의 자료를 가지고 여러 번 통계검증을 하여 의미 있는 결과만을 뽑아내는 전략이다. • 문제는 이렇게 한 자료를 여러 번 검증하면 할수록, 그것을 통한 결론은 오류를 범할 확률이 증가한다는 것이다. 한 자료에서 한 번의 통계검증을 실시하든지, 또는 미리 설정된 가설에 한 검증, 즉 계획된 검증만을 실시하는 것이 바람직하다.
낮은 신뢰도 측정	연구에 사용된 측정의 신뢰도가 낮으면 이른바 오차변량이 커지며, 이는 통계적 검증력의 약화를 초래한다.
신뢰롭지 못한 처치	예를 들어, 내담자 중심 상담을 10번에 걸쳐 실시하여 효과를 검증할 때, 상담이 매번 상황에 따라 달라진다면 신뢰도에 문제가 생긴다. 최근에는 이런 문제를 극복하기 위해 처치를 매뉴얼화하려고 한다.
반응의 무작위적 다양성	• 불안 증상에 대한 상담에서 행동연습을 처방하는데, 어떤 피험자는 술집에서, 어떤 피험자는 직장에서, 어떤 피험자는 공원에서 연습을 하였다. • 이런 연습상황의 다양성과 차이가 반응의 다양성을 낳고, 이는 다시 오차변량을 증가시켜서 결국 통계적 결론 타당도를 위협한다.
피험자의 무작위적 이질성	• 연구 참여자가 동질할 수 없어서 생기는 문제, 예를 들어 행동연습을 할 때 잘생긴 피험자는 못생긴 피험자에 비해 비교적 성공적인 경험을 할 가능성이 높다. 즉 용모의 차이가 클수록 결과에서 오차변량이 커지고, 진정한 관계를 발견하는 데 방해가 된다. • 이럴 때는 공변량분석 기법을 이용하여 통계적으로 용모변수의 영향을 제거해야 한다.

지식 IN

통계적 검정력을 높이는 방법 16 19 기출

- 표집의 크기를 크게 한다.
- 실험의 절차 혹은 측정의 신뢰도를 높여서 오차변량을 줄인다.
- 양측검정보다는 단측검정을 사용한다(가설의 방향을 분명히 알고 있어야 한다).
- 1종 오류의 한계, 즉 알파 수준을 높여서 베타 수준을 감소시킨다.

⑥ 통제(Control)
  ㉠ 통제의 의의
    - 통제는 실험설계에서 독립변수(원인변수)와 종속변수(결과변수) 사이에 관찰된 공동 변화에 대해 제3의 변수가 개입되어 해석상의 오류를 야기할 수 있는 가능성을 제한하는 것이다.
    - 실험설계에서 내적 타당성을 확보하고 제3의 변수에 의한 설명을 배제하기 위해 실험집단과 통제집단에 대한 동등성 또는 동질성을 확보하는 절차에 해당한다.
    - 실험집단과 통제집단의 동등성 또는 동질성은 이들 집단이 실험변수의 처리를 받았는가의 여부를 제외한 다른 모든 면에서 동질적이어야 한다는 것이다.
  ㉡ 외재변수의 통제를 위한 사전작업
    - 실험설계 시 조사대상을 실험집단과 통제집단으로 나누기 이전에 문제와 연관된 변수를 찾아내야 한다. 이때 해당 변수는 연구 주제와 밀접한 관련을 가지며, 연구자에 의해 결정된다.
    - 해당 변수를 찾기 위해서는 문헌조사, 경험자조사, 조작적 정의와 재개념화의 방법을 사용하여 어떤 변수가 개입하였는가를 찾는 방법, 사회이론과 연관시켜 변수를 찾는 방법, 예비조사(Pilot Study)를 통해 변수를 찾는 방법 등을 사용할 수 있다.
  ㉢ 외재변수의 통제방법 16 기출

무작위할당 (Random Assignment)	- 무작위할당 또는 무작위배정은 어느 하나의 대상이 실험집단이나 통제집단에 할당될 동일한 기회를 가진 상태로 두 집단 중 하나에 배정한다는 것이다. - 조사대상에 양 집단에 뽑힐 동일한 확률을 부여함으로써 변수를 통제하는 것이다. - 여기에는 조사자의 주관, 선입관, 판단이 개입되어서는 안 된다.

짝짓기 (Matching)	- 짝짓기는 실험집단과 통제집단을 동일하게 하기 위해 주요 변수들을 미리 알아내어 실험집단과 통제집단에서 그것들의 분포가 똑같이 나타나도록 하는 것이다.
	- 서로 적합하다고 간주되는 모든 특성·요인·조건·변수 등에서 정확하게 서로 똑같은 대상들을 둘씩 골라 하나는 실험집단에, 다른 하나는 통제집단에 배정함으로써 두 집단의 동질성을 확보한다.
	- 짝짓기에는 정밀 통제와 빈도분포 통제의 두 가지 방법이 있다.
	  - 정밀 통제 : 변수에 관한 것을 하나하나 조사하여 양 비교집단으로 나누는 것을 말한다. 이 방법은 변수의 수가 많을 경우, 짝이 없을 경우 사용이 불가능하며, 어떤 변수가 중요한 것인지 결정하기가 곤란할 때 사용하기 어렵다. 또한, 정밀한 짝짓기를 실시할 때 적절한 짝을 구하기 위해 많은 사례를 상실하는 경우도 있다.
	  - 빈도분포 통제 : 하나의 변수가 모든 변수를 대표한다고 보고 한 변수의 전반적인 빈도분포에 의해 배합하는 방법이다. 짝짓기가 용이할 뿐만 아니라 연구자는 많은 수의 사례를 상실하지 않을 수 있다. 그러나 정확성이 떨어지는 단점이 있다.

⑦ 실험설계의 기본절차
    ㉠ 대상선정 : 연구대상을 선정한다.
    ㉡ 실험환경 선정 : 실험실, 실험도구 등의 다양한 실험환경을 선정한다.
    ㉢ 무작위표집 : 연구대상을 무작위로 표본추출한다.
    ㉣ 무작위할당 : 추출된 표본을 무작위로 실험집단과 통제집단에 배치한다.
    ㉤ 사전검사 : 실험집단과 통제집단에 종속변수에 대한 사전검사를 실시한다.
    ㉥ 실험조치 : 통제집단은 그대로 놓아둔 채 실험집단에 대해 실험조치를 실시한다.
    ㉦ 사후검사 : 실험집단과 통제집단에 종속변수에 대한 사후검사를 실시한다.
    ㉧ 비교 및 검증 : 사전·사후 검사결과 변수 간 의미 있는 변화를 비교·검토한다.

지식 IN

사후검정방법의 종류 14 15 16 20 21 기출

방법	설명
Tukey의 HSD 검정	• Tukey HSD 검정은 전체적인 F 검정 대신 사용되는데, 평균의 차가 가장 큰 비교에 관한 가설이 기각되었을 때, 개별평균의 모든 짝을 비교하는 사후 비교방법이다. • Newman-Keuls 검정이나 Duncan 검정보다 유의한 차이로 나오는 것이 적으며, 평균치의 서열을 고려하지 않고 한 개의 기준치를 사용한다.
Fisher LSD 검정	최소한의 유의미한 차이 검정법으로 두 집단 간의 유의미성을 검토하는 데 편리하다.
Duncan 검정	표본평균들 중에 의 있는 차이를 보이는 것이 있을 때 어떤 표본들의 평균차가 의의가 있는지를 사후에 검정하는 방법이다.
Scheffe 검정	• 복수집단의 평균을 사후 비교하는 검정 방법이다. • 두 개의 실험집단 평균들 사이의 차이에 대한 비교뿐만 아니라 모든 가능한 유형의 대비에 의한 비교들에도 적용되는 사후 비교방법이다. • 검정력이 가장 엄격하며, 1종 오류가능성이 낮지만 2종 오류가 일어날 확률이 높다. • 사후비교 방법 중 가장 융통성이 있어 처치집단의 사례수가 다를 경우에도 사용할 수 있으며, 정규성과 등분산성을 충족하지 않더라도 큰 영향을 받지 않는다.
Dunnett 검정	몇 개의 실험집단과 한 개의 통제집단 사이에 유의미한 차이가 있는지를 알고자 할 때 쓰는 방법이다.
Newman-Keuls 검정	평균들을 낮은 것부터 높은 것으로 순서를 매겨 실시하는 사후검정방법이다.
Bonferroni 검증	• 여러 사후검정방법 중에서 가장 보수적인 방법이다. • 직관적인 이해가 가능하여 어느 통계분석법에나 폭넓게 사용되고 있다.

(2) 실험설계의 유형 17 19 21 22 24 기출

① 순수실험설계(진실험설계)
    ㉠ 순수실험설계 또는 진실험설계는 무선할당을 통한 집단 구성, 사전검사와 사후검사 실시, 독립변수의 조작에 따른 종속변수 간의 비교 외생변수의 통제 등의 실험적 조건을 모두 갖춘 실험설계이다.
    ㉡ 내적 타당도를 저해하는 요인들을 최대한 통제한 설계유형이다.

ⓒ 통제집단 전후 비교설계, 통제집단 후 비교설계, 솔로몬 4집단설계, 요인설계 등이 있다.

통제집단 전후 비교설계 (사전-사후 검사 통제집단 설계) 20 23 기출	• 무작위할당으로 실험집단과 통제집단을 구분한 후 실험집단에 대해서는 독립변수 조작을 가하고, 통제집단에 대해서는 아무런 조작을 가하지 않은 채 두 집단 간의 차이를 전후로 비교하는 방법이다. • 실험집단과 통제집단 모두 사전-사후 검사를 받는다. • 개입 전 종속변수의 측정을 위해 사전검사를 실시하고, 사전검사를 공변량으로 사용함으로써 개인 간의 오차 변량을 조정할 수 있다. • 사전검사를 활용하여 연구 참여 지원자의 참여여부를 결정할 수 있다. • 두 집단의 동질성을 확보할 수 있으며 외재변수를 통제할 수 있다. • 내적 타당도는 높으나, 외적 타당도가 낮다.
통제집단 후 비교설계 (사후검사 통제집단 설계)	• 통제집단 전후 비교설계의 단점을 보완하기 위해 실험대상자를 무작위로 할당하고 사전검사 없이 실험집단에 대해서는 조작을 가하고 통제집단에 대해서는 아무런 조작을 가하지 않은 채 그 결과를 서로 비교하는 방법이다. • 사전검사의 영향을 제거할 수 있으며, 통제집단 전후 비교설계에 비해 간단하고 비용이 적게 소요된다. • 종속변수의 측정결과를 단지 독립변수의 조작에 의한 결과라고 단정할 수 없다. • 사전검사를 하지 않으므로 실험집단과 통제집단의 동질성을 확신할 수 없다.
솔로몬 4집단설계 18 기출	• 연구대상을 4개의 집단으로 무작위할당한 것으로, 통제집단 전후 비교설계와 통제집단 후 비교설계를 혼합한 방법이다. • 사전검사를 한 2개의 집단 중 하나와 사전검사를 하지 않은 2개의 집단 중 하나를 실험조치하여 실험집단으로 하며, 나머지 2개의 집단에 대해서는 실험조치를 하지 않은 채 통제집단으로 한다. • 가장 이상적인 설계 유형으로, 사전검사의 영향을 제거하여 내적 타당도를 높일 수 있는 동시에, 사전검사와 실험처치의 상호작용의 영향을 배제하여 외적 타당도를 높일 수 있다. • 실험집단과 통제집단의 선정과 관리가 어렵고 비경제적이다.
요인설계 14 16 17 기출	• 독립변수가 복수인 경우에 적용하는 방법이다. • 실험집단과 통제집단을 설정한 후 개별 독립변수와 종속변수, 복수의 독립변수와 종속변수의 인과관계를 검증한다. • 둘 이상의 독립변수가 상호작용에 의해 종속변수에 미치는 영향을 파악할 수 있다. • 독립변수가 많은 경우 시간과 비용 측면에서 비경제적이다. • 요인의 개수와 설계 방법에 따라 완전무선화요인설계, 무선요인설계, 혼합요인설계, 무선구획설계, 2요인 교차설계, 2요인 배속설계 등 다양한 종류의 요인설계가 있다. 　- 혼합요인설계 : 요인은 피험자 내 혹은 피험자 간 변인이 될 수 있으며, 집단 간 피험자 변인과 집단 내 피험자 변인을 모두 포함하는 요인설계이다. 　- 무선구획설계 : 체중 등 특성이 유사한 피험자를 결합하여 구획을 나누어 실험하는 설계이다. 　- 완전무선화요인설계 : 독립변수가 두 개 이상으로서 모든 독립변수가 처치변수인 설계방법이다.

② 준실험설계(유사실험설계) 16 19 21 24 기출

　㉠ 준실험설계는 실험집단이나 통제집단이 무선적으로 배치되지 않는 상태에서 행해지는 실험설계를 말하며 진실험설계에 비해 외생변수의 효과를 통제하기 어렵다.

　㉡ 준실험설계는 실험설계의 실험적 조건에 해당하는 무작위할당, 독립변수의 조작, 통제집단, 사전·사후 검사 중 한두 가지가 결여된 설계유형이다.

　㉢ 무작위할당에 의해 실험집단과 통제집단을 동등하게 할 수 없는 경우, 무작위할당 대신 실험집단과 유사한 비교집단을 구성한다.

　㉣ 순수실험설계에 비해 내적 타당도가 낮지만, 현실적으로 실험설계에서 인위적인 통제가 어렵다는 점을 감안할 때 실제 연구에서 더 많이 적용되며 독립변수를 조작해 연구하는 설계이다.

ⓜ 비동일 통제집단설계, 단순시계열설계, 복수시계열설계, 회귀불연속설계 등이 있다.

비동일 통제집단설계	• 통제집단 전후 비교설계와 유사하지만, 무작위할당에 의해 실험집단과 통제집단이 선택되지 않는다는 점이 다르다. • 임의적인 방법으로 양 집단을 선정하고 사전·사후 검사를 실시하여 종속변수의 변화를 비교하는 것이다. • 이 설계는 임의적 할당에 의한 선택의 편의가 발생할 수 있으며, 실험집단의 결과가 통제집단으로 모방되는 것을 차단하기 어렵다는 단점을 지닌다.
단순시계열설계	• 실험조치를 하기 이전 또는 이후에 일정한 기간 동안 정기적으로 수차례 종속변수를 측정하여 실험조치의 효과를 추정하는 방법이다. • 실험조치 이전 또는 이후의 기간 동안 관찰값에 영향을 미치는 사건의 유무를 확인하여야 한다. • 통제집단을 사용하지 않으므로 중대한 변화가 과연 실험조치에 의한 것인지 또는 역사요인이나 회귀요인에 의한 것인지 확신할 수 없다.
복수시계열설계	• 복수시계열설계는 내적 타당도의 문제점을 개선하기 위해 단순시계열설계에 하나 또는 그 이상의 통제집단을 추가한 것으로, '통제 시계열설계(Control-Series Design)'라고도 한다. • 비슷한 특성을 지닌 두 집단을 선택하여 실험집단에 대해서는 실험조치 이전과 이후에 여러 번 관찰하는 반면, 통제집단에 대해서는 실험조치를 하지 않은 채 실험집단의 측정시기에 따라 변화 상태를 지속적으로 비교한다. • 단순시계열설계에 비해 내적 타당도를 높일 수 있으나, 실험집단과 통제집단의 구분이 무작위할당에 의한 것이 아니므로 이질적일 수 있다.
회귀불연속설계	• 대상을 실험집단과 통제집단으로 배정한 후 이들 집단에 대해 회귀분석을 함으로써 그로 인해 나타나는 불연속의 정도를 실험조치의 효과로 간주하는 방법이다. • 특히 정책평가에서 유용하게 사용되는 방법으로, 정책조치를 한 집단과 하지 않은 집단에 대한 정책행위의 결과 추정치를 계산하여 이를 비교하는 방법이다. • 실험집단과 통제집단의 동시발생으로 인해 역사요인 및 성장요인에 대한 통제가 가능하나, 도구요인 및 실험대상의 탈락 문제로 인해 내적 타당도가 저하될 수 있다.

③ 전실험설계

㉠ 전실험설계는 무작위할당에 의해 연구대상을 나누지 않고, 비교집단 간의 동질성이 없으며, 독립변수의 조작에 따른 변화의 관찰이 제한된 경우에 실시하는 설계유형이다.

㉡ 인과적 추론이 어려운 설계로서, 내적·외적 타당도를 거의 통제하지 못한다.

㉢ 1회 사례연구, 단일집단 전후 검사설계, 정태적 집단비교설계 등이 있다.

1회 사례연구	• 단일사례 또는 단일집단에 실험조치를 한 후 종속변수의 특성에 대한 검토를 토대로 결과를 평가하는 방법이다. • 탐색적 목적을 위해 유용하게 사용할 수 있다. • 비교 관찰이나 가설검증을 위한 충분한 근거가 없으므로 분석 결과를 일반화할 수 없으며, 변수의 통제도 어렵다.
단일집단 전후 검사설계	• 조사대상에 대해 사전검사를 한 다음 독립변수를 도입하며, 이후 사후검사를 하여 인과관계를 추정하는 방법이다. • 실험조치의 전후에 걸친 일정 기간의 측정상 차이를 실험에 의한 영향으로 확신하기 어렵다. • 역사요인, 성숙요인 등의 외재변수를 통제할 수 없다. • 효과 검증을 위해 사용할 수 있는 가장 적합한 통계 분석 방법은 대응표본 t검정이다.
정태적 집단비교설계	• 실험집단과 통제집단을 임의로 선정한 후 실험집단에는 실험조치를 가하는 반면, 통제집단에는 이를 가하지 않은 상태로 그 결과를 비교하는 방법이다. • 통제집단 후 비교설계에서 무작위할당을 제외한 형태이다. • 무작위할당에 의한 동등화가 이루어지지 않으므로 선택의 편의가 발생하며, 두 집단 간의 교류를 통제하지 못하므로 모방 효과가 발생한다.

④ 비실험설계 14 기출
  ㉠ 독립변수의 조작이 불가능하여 실험적인 연구를 실행할 수 없는 상황에서 적용하는 설계유형이다.
  ㉡ 자연적인 상황에서 발생하는 공동변화와 그 순서에 대한 관찰에 기초를 두고 인과적 과정을 추론하는 것이다.
  ㉢ 윤리성 문제 등 순수실험설계를 적용하는 것이 부적절한 사회과학에서 널리 사용 가능하지만, 독립변수를 조작할 수 없으며 해석의 오류를 일으킬 수 있다.
  ㉣ 횡단적 연구설계와 종단적 연구설계 등이 있다. 14 기출

횡단적 연구설계	• 한 시점에 대한 조사를 토대로 하며, 일원적 설계, 상관관계 설계 등이 해당한다. • 같은 시기에 서로 다른 여러 연령집단을 대상으로 하여 특정한 발달특성에 대한 자료를 수집한 후, 연령집단 간의 비교를 통해 발달적 차이 및 비교를 진행하는 연구방법이다. • 일원적 설계는 특정 사건이나 현상에 대한 단 한 번의 조사를 통해 개개변수의 값의 빈도를 파악하는 방법이다. • 상관관계 설계는 '교차분석적 설계'라고도 하며, 독립변수 또는 종속변수로 간주할 수 있는 각각의 변수에 해당 속성을 부여하여, 이를 분류하거나 교차함으로써 통계적 기법을 통해 상관관계를 추정하는 방법이다.
종단적 연구설계	• 횡단적 연구설계와 달리 여러 시점에 걸친 조사를 토대로 한다. • 환경적 변인들 간의 상관을 분석할 수 있다. • 일정 기간에 걸쳐서 반복적으로 동일 연구대상에 대한 자료를 수집하는 연구설계이다. • 경향연구설계, 패널연구설계, 동년배집단 연구설계 등이 해당한다.

03 단일사례연구(단일사례실험설계, 단일대상연구)

(1) 단일사례연구의 의의 및 특징 15 16 22 24 기출

① 단일사례연구의 의의
  변수 간의 관계 규명을 위한 것이라기보다는 연구자의 의도적인 개입이 표적행동에 바라는 대로의 효과를 가져왔는지를 평가하기 위해 적용하는 설계이다.

② 단일사례연구의 특징
  ㉠ 사례가 하나이며, 기본적으로 외적 타당도가 낮다.
  ㉡ 어떤 표적행동에 대한 개입의 효과를 관찰하여 분석한다.
  ㉢ 시계열적인 반복관찰을 통해 개입 전과 개입 후의 상태를 비교하여 처치효과를 추정한다.
    • 체계적 반복 : 원래 실험에 적용된 요소들을 의도적으로 변경해 반복연구를 수행하는 것이다.
    • 직접 반복 : 많은 대상자들을 상대로 동일한 실험 절차를 적용하는 것을 의미한다.
  ㉣ 연구조사와 실천을 통합하고, 실천 지향의 연구조사를 한다.
  ㉤ 혐오적 중재를 사용하기 전에 대안적인 중재 방안을 탐색한다.
  ㉥ 대상자의 수는 연구자의 의도에 따라 결정된다.
  ㉦ 결과 해석이 용이하다.

ⓞ 연구를 진행하면서 연구설계나 연구절차를 융통성 있게 수정할 수 있다.
ⓩ 기저선이 확립된 후에 처치를 가한다.
ⓧ 한 개인의 행동을 살펴볼 수 있는 강력한 방법이다.
㉠ 처치가 끝난 후 원래의 기저선으로 돌아가는 가역성을 보여주어야 한다.
㉡ 개입의 효과에 대한 임상적 유의미성을 중시한다.
㉣ 연구 결과의 일반화 가능에 제약이 있다.

(2) 단일사례연구의 기본개념 및 유형

① 기본 개념
  ㉠ 기초선 단계 : 기초선(기준선, Baseline)이란 연구자가 개입활동을 실시하기 전에 표적행동의 상태를 관찰하는 기간을 의미하기도 하고, 때로는 중재 없이 관찰된 표적행동의 상태를 수집하는 것을 의미하기도 한다. 단일사례설계의 구조를 설명하는 데 있어서 기초선은 일반적으로 'A'로 표시된다.
  ㉡ 개입단계 : 표적행동에 대한 개입활동이 이루어지는 기간이다. 이 기간 동안 표적행동의 상태에 대한 관찰이 병행되어야 한다. 관찰의 횟수나 기간은 기초선과 같은 정도로 하는 것이 바람직하다. 단일사례연구 설계의 구조를 설명하는 데 있어서 개입국면을 일반적으로 'B'로 표시한다.
  ㉢ 표적행동 : 개입을 통해 변화시키려는 행동이다.

② 단일사례연구의 유형 22 기출
  ㉠ AB설계 : 기본 단일사례연구설계
    • 가장 기본이 되는 단일사례연구설계로, 매우 단순하기 때문에 쉽게 임상현장에 적용할 수 있다.
    • 준실험설계의 시계열설계를 단일대상에 적용한 것이다.
    • 가장 간단한 단일사례설계로 하나의 기초선 단계(A)와 하나의 개입단계(B)로 구성된다.
    • 단 하나의 기초선 단계가 있으므로, 서비스를 전달하는 우선순위와 갈등이 가장 적기 때문에 연구자들이 가장 선호하는 설계이다.
    • A단계에서는 단순히 표적행동의 빈도 등에 관한 관찰만 이루어진다.
    • B단계에서는 표적행동에 대한 개입활동이 이루어지고 변화에 대한 관찰이 이루어진다.
    • AB설계란 A, B의 순서로 이루어진 설계구조의 형태를 말한다.
    • 관찰결과와 관찰점을 연결하여 그래프로 나타낸다.
    • 반복적으로 관찰하지만 외재변수에 대한 통제가 없으므로, 개입이 표적행동의 변화에 미치는 효과의 신뢰도가 낮다.
  ㉡ ABA설계
    • ABA설계는 AB설계에 개입 이후 또 하나의 기초선(A)을 추가한 설계이다.
    • AB설계에 개입을 일정기간 실시하고 나서 개입을 중단한 후 표적행동을 관찰하는 설계이다.
    • 첫 번째 A에서 표적행동의 빈도가 높았는데 B에서 빈도가 낮았다가 개입을 종료한 후 다시 관찰(A)했을 때 빈도가 높아지면 개입이 효과적이었다고 추정할 수 있다.

- 두 번째 기초선 기간을 반전기간 또는 제2기초선이라고 한다.

장점	제2기초선을 추가하여 AB설계의 낮은 신뢰도 문제를 극복한다.
단점	• 개입의 효과를 평가하기 위한 목적으로 개입을 중단하는 것은 윤리적 문제가 된다. • 제2기초선 동안에 문제가 악화되지 않을 경우, 그것이 개입 이외의 다른 외부적인 요인들이 영향을 미쳤기 때문인지 개입의 효과가 지속되기 때문인지 알 수 없다.

ⓒ ABAB설계(철회, 반전설계)
- AB설계에 또 하나의 AB(기초선 A와 개입 B)를 추가한 설계이다.
- 외재변수를 좀 더 효과적으로 통제하기 위해 제2기초선(A)과 제2개입단계(B)를 추가하는 것이다.
- 개입의 효과를 가장 높이 확신할 수 있기 때문에 실천현장에서 유용한 설계이다.
- 기초선(A) 측정 후 일정기간 개입(B)을 하고, 일정기간 중단(A)한 후 다시 개입(B)을 하는 것이다.
- 제2기초선 단계에서 표적행동이 개입 이전의 제1기초선 단계의 표적행동 상태와 유사하다면, 개입이 표적행동에 효과가 있음을 추정할 수 있다.
- 두 번째 개입 이후 표적행동 상태가 제2기초선 단계와 비교하여 현격한 변화를 보인다면 개입의 효과를 더욱 신뢰할 수 있다.
- 따라서 ABA설계의 외생변수의 요인을 통제할 수 있다.

ⓔ BAB설계(선개입설계)

처음에는 기초선 기간을 설정하지 않고 바로 개입단계(B)에 들어가고, 그다음에 개입을 중단하는 기초선 단계(A)를 갖고 다시 개입을 재개하는 단계(B)를 갖는 설계이다.

장점	반복된 개입을 통해 개입의 효과를 가져올 수 있고, 바로 개입단계에 들어감으로써 조속한 개입에 유용하다.
단점	외부요인을 통제하기 어렵고, 개입의 효과가 지속적인 경우 기초선 단계와 제2개입에서 표적행동의 상태가 유사하므로 개입효과를 평가하기 어렵다.

ⓜ ABCD설계(복수요인설계, 다중요소설계)
- 하나의 기초선 자료에 대해서 여러 개의 각기 다른 방법(BCD)을 개입하는 방법이다.
- 내담자에게 도움되지 않는 개입을 수정하거나 실제로 표적문제에 변화를 가져오는지 설명하고자 할 때 유용하다.

장점	융통성이 있어서 연속적인 단계에서 옳다고 입증된 대로 개입계획을 변경할 수 있다.
단점	이월효과, 순서효과, 우연한 사건과 관련된 제한점들이 있다.

ⓗ 복수기초선설계
- 기초선을 여러 개 설정하여 관찰하는 설계로, 하나의 동일한 개입방법을 여러 문제, 여러 상황, 여러 사람들에게 적용하여 같은 효과를 얻음으로써 표적행동에 대한 개입효과를 정하는 데 신빙성을 높이려는 것이다.
- 둘 이상의 기초선을 사용하는데 복수기초선설계에서는 개입을 중단하는 대신에 동시에 시작한다.

- 둘 이상의 개입단계를 사용하지만 개입은 각 기초선의 서로 다른 관찰점에서 도입된다.
- 둘 이상의 문제가 똑같은 방법으로 해결되거나(문제 간 복수기초선 설계), 같은 문제가 둘 이상의 상황에서 해결되거나(상황 간 복수기초선 설계), 같은 상황에서 같은 문제를 가진 둘 이상의 사람이 치료받게 된 경우(대상자 간 복수기초선 설계), 개입이 표적행동의 변화를 가져왔다는 인과적 관계의 확신을 높일 수 있다.

ⓐ 중다기초선설계(다중-기저선설계) 16 기출

여러 개의 기초선을 측정하여 순차적으로 중재를 적용하고 그 이외의 조건을 동일하게 함으로써 목표행동의 변화가 오직 중재에 의한 것임을 입증하는 설계이다.

장점	중재를 제거하거나 반전하지 않아도 되고 실제 현장에서 사용하기에 용이하다.
단점	• 다수의 기초선을 동시에 측정해야 하는데 동시에 측정할 수 있는 기초선을 여러 개 찾기 어려울 수 있고, 현실적으로 동시에 측정하기 어려울 수 있다. • 기초선 기간이 길어짐에 따라 피험자를 지치게 하여 타당하지 않은 결과가 나타날 수 있게 된다. • 이러한 문제점을 극복하기 위하여 중다간헐 기초선설계 등이 개발되었다.

ⓑ 중다간헐 기초선설계
- 중다기초선설계의 변형이다.
- 중재를 시작하기 전에 기초선 수준에 큰 변화가 없었음을 확인할 수 있을 정도로만 간헐적으로 자료를 수집한다.

장점	기초선 기간이 길어질 경우 불필요한 기초선 측정을 막아주고, 빈번하게 나타나는 부적절한 행동을 막아주는 현실적인 대안이 될 수 있다.
단점	기초선이 안정적일 때만 사용해야 한다.

③ 중재비교설계

새로운 훈련방법이 기존의 훈련방법이나 프로그램보다 우월하다는 것을 밝혀, 새로운 훈련방법에 대한 설득력 있는 근거를 제시하기 위해, 여러 훈련조건을 비교할 수 있도록 개발된 연구방법이다.

㉠ 중다중재설계

목표행동에 대한 두 개 이상의 중재조건의 효과를 검증하기 위한 방법이다.

장점	여러 중재 방법을 한 연구에서 검증해 볼 수 있다.
단점	내적 타당도 문제(외부 변인·발달 변인의 개입가능성)가 발생한다.

㉡ 교대중재설계 15 기출

한 대상자에게 여러 중재를 빠른 간격으로 교대로 실시하여 그 중재들 간의 효과를 비교하는 설계이다.

장점	• 기초선 측정을 반드시 하지 않아도 된다. • 반전설계나 중다중재설계가 갖는 내적 타당도나 중재순서 및 간접효과에 대한 위협이 감소한다. • 체계적으로 중재 간 균형을 맞추어 중다중재설계에서 보이는 중재 간 전이문제를 해결한다. • 실험종료 시기가 빨라도 타당도에 문제가 되지 않는다.
단점	• 훈련자의 독립변수 신뢰도가 매우 중요하다. • 중재방법이 인위적이다. • 연구절차가 번거롭다.

ⓒ 동시중재설계

두 중재를 동시에 제시하여 대상자가 선택하는 것으로 두 명의 중재자가 필요하다.

장 점	• 교대중재설계의 장점과 동일하다. • 중재비교설계의 문제인 중재 간 순서효과를 배제할 수 있다. • 반전단계를 개입시키거나 중재단계에서의 기초선 측정이 필요없기 때문에 시간적인 효율성이 있다.
단 점	• 다수의 중재자가 개입되기 때문에 중재자의 변인이 결과를 오염시킬 위험이 많다. • 중재자변수 이외에도 시간변수도 잘 통제가 되지 않아 연구의 타당도를 위협할 수 있다. • 대상자가 중재를 변별하는 것이 어렵다. • 복잡한 설계방법 때문에 많은 변수의 균형과 통제가 요구된다.

ⓔ 평행중재설계

독립적이지만 난이도가 유사한 행동에 대한 중재 기법 간의 효과를 간접적으로 비교할 수 있는 설계이다.

장 점	• 중재 간 순서효과를 배제할 수 있다. • 대상자나 행동의 반복을 통해 타당도를 높일 수 있다.
단 점	중재 간의 효과 비교에 비효율적이다.

ⓜ 기준변동설계

독립변수를 이용하여 종속변수의 점진적이고 단계적인 변화를 이루고자 할 때 사용한다.

장 점	• 대상자의 행동 레퍼토리 안에 있으면서 단계적으로 증가·감소할 수 있는 행동에 적절하다. • 최종 목표에 도달하기까지 시간이 걸리는 경우 적절하다. • 중재반전이 필요 없다.
단 점	• 목표행동 및 교수방법의 범위가 비교적 좁다. • 기준 정도의 변동이 주관적인 예측에 의존한다.

04 집단 간 설계와 집단 내 설계 16 기출

(1) 집단 간 설계

① 집단을 나누어 서로 상이한 처치를 하는 설계이다.
② 집단 간 설계에서는 다르게 처치된 집단 간의 종속변인 값을 비교한다. 이때 종속변인 값의 차이는 피험자 집단 간의 차이이므로, 피험자 간 설계라고도 한다.
③ 사후검사 통제집단 설계, 솔로몬 4집단 설계, 요인설계, 배합집단설계 등이 있다.

장 점	• 반복 측정으로 인한 이월효과를 쉽게 통제할 수 있다. • 상호작용 효과를 검정할 수 있다.
단 점	통계적으로 절차가 까다롭고 변인을 찾아내기 쉽지 않다.

(2) 집단 내 설계

① 반복 처치 또는 둘 혹은 그 이상의 독립변인에 같은 참여자를 할당하는 설계이다.
② 처치에 대한 반응의 차이가 동일한 피험자 내의 차이이므로, 피험자 내 설계 또는 반복측정설계(Repeated Measures Design)라고도 한다.

장 점	• 피험자 특성의 차이에 따른 영향이 적다. • 상대적으로 적은 피험자로도 연구가 가능하다. • 비교적 간단하다.
단 점	민감도가 떨어진다.

③ 교차 설계, 라틴정방형 설계 등이 있다. 21 24 기출

교차 설계	피험자는 두 개 이상의 실험에 무작위 배정되어 실험에 참가했다가, 일정 기간이 경과한 후에 서로 교차하여 실험에 참가하게 된다.
라틴정방형 설계	• 사전에 통제할 두 요인을 하나는 종축, 다른 하나는 횡축으로 처치의 수만큼 설정하고, 종축과 횡축 안에서 각 처치를 무선적으로 배정하여, 각 처치가 횡열과 종열에서 단 한 번씩만 나타나게 설계하는 것이다. • 무선구획설계가 횡열에서만 잡음변수의 효과를 통제한다면, 라틴정방형 설계는 횡열과 종열에서 모두 잡음변수를 통제한다고 할 수 있다. • 이 설계를 활용하는 실제적 주요 목적은 복수의 처치를 동일대상에게 반복 실시하는 경우에 처치의 이월효과 또는 순서효과까지 통제하려는 데 있다.

05 기타 실험설계

(1) 무선구획설계 14 16 기출

① 피험자를 각 집단에 무선배치하여 비교집단 간의 동등성을 확보하는 과정에서 추가적으로 구획을 설정하여 동일구획 내에서는 각 집단에 동질적인 피험자들이 배치되도록 하는 방법이다.
② 예를 들어, 3가지 트레이닝 방법이 오래달리기에 미치는 효과분석 연구에 15명의 피험자를 사전의 오래달리기 점수의 순서대로 다섯 구획을 만들어, 무선화로 각 구획의 3명에게 트레이닝 처치를 하는 경우를 말한다.
③ 구획은 종속변수와 상관이 높은 변수를 기준으로 설정되므로 구획 내의 피험자들은 반응(종속변수의 값)이 동질적이고, 집단 내 분산을 구획에 의한 분산과 오차분산으로 분리하는 효과가 있다. 따라서 가설검정을 위한 오차분산이 축소되어 가설검정력을 높이는 효과가 있다.

(2) 배속설계(위계설계) 16 기출

① 구획설계처럼 실험외적 변수가 종속변수에 미치는 효과를 통제하기 위해 만들어진 설계로서 방식에서 차이가 있다.
② 구획설계에는 외재변인을 구획을 나누어서 배치했다면, 배속설계는 외재변인을 하나의 독립변수로 간주해서 계산하는 것이다.

CHAPTER 05 자료의 처리

중요도 ★★★

핵심포인트
자료의 편집, 편집의 과정, 자료의 정리, 자료행렬의 유형, 도수분포표, 부호화(Coding), 부호(코드)의 종류, 부호의 선정, 부호화의 유형(연역적 부호화, 귀납적 부호화)

01 자료의 편집

(1) 편집의 의의

① 자료는 질적 자료와 양적 자료로 구분된다.

질적 자료	• 원칙적으로 숫자로 표시될 수 없는 비구조화된 자료를 말하며 범주형 자료라고도 한다. • 명목척도, 서열척도로 구성되며 성별 등이 해당된다.
양적 자료	• 자료 자체가 숫자로 표현되어 있으며, 질적 자료와 달리 자료의 속성을 그대로 반영한다. • 등간척도와 비율척도로 구성되며 몸무게, 성적 등이 해당된다.

② 편집이란 수집된 자료들을 검토하고 정정하며, 경우에 따라 미리 정해진 원칙에 따라 사전코딩(Precoding)을 하는 것이다.
③ 자료처리의 제1단계로서, 수집된 자료를 점검하여 오기, 누락, 흘려 쓴 것 등을 시정한다.

(2) 편집의 목적

① 편집은 연구에서 사용된 개념이 어느 정도 정확하고 일관성 있게 사용되었는가를 검토한다.
② 조사에서 발생한 체계적 오차와 불일치의 원인을 찾아낸다.
③ 코더(Coder)를 위해 자료가 분명하고 일관성이 있으며 간단하도록 정리한다.

(3) 편집의 조건

완전성	조사자는 조사대상과 연관된 것은 전부 포함하되 결격사유에 해당하는 것은 제외되도록 절차를 수립한다.
일관성	수치계산이 정확한가 또는 어느 질문의 응답과 다른 질문의 응답이 이론적으로 일치하는가(이론적 일관성), 어떤 개념이 모든 응답자에게 동일한 의미로 받아들여지고 있는가(개념적 일관성), 조사원에 대한 지도관리를 일관성 있게 하고 있는가(관리적 일관성) 등을 근거로 자료를 편집해야 한다.
명확성	자료는 분명하고 알기 쉬우며 명확해야 한다.

(4) 자료의 명확성을 확보하기 위한 노력
① 지정한 조사대상에 관한 질문지가 확보되었는지를 검토한다.
② 질문지 중에 누락된 항목의 유무를 색출한다.
③ 기입이 불완전한 조사항목을 검출해낸다.
④ 해독하기 어려운 문자를 정정한다.
⑤ 문답 기입법을 통일한다.
⑥ 계산착오를 검출한다.
⑦ 오기를 검출한다.
⑧ 조사원의 부정기입을 검출한다.
⑨ 계산치를 기입한다.
⑩ 추정회답을 기입한다.

(5) 편집의 과정
① **자료의 검토** : 조사원에 의한 자료의 검토에는 다음의 3가지 유형이 있다.
　㉠ 면접 등 자료수집이 끝난 후 떠나기 직전에 하는 것 : 이는 주로 기입되지 않은 것, 기입에 오류가 없는지를 검토하는 것이다. 오류가 있는 경우 구두면접에 의해 시정한다.
　㉡ 하루의 조사가 끝난 후 그 날 회수한 질문지에 대해 이루어지는 것 : 자료내용을 다시 한번 검토하여 불명확한 문자를 시정하고 기입방식을 통일하며, 계산할 것이 있는 경우 계산하여 그 수치를 기입한다.
　㉢ 조사원이 조사의 책임량을 마치고 돌아오기 직전에 행하는 것 : 조사원이 자신에게 할당된 조사대상자를 모두 조사했는지, 조사가 불가능한 대상은 얼마나 되는지 등을 확인한다.
② **자료의 정리** : 자료의 정리란 질문, 특히 개방형 질문이나 복잡하고 다양한 응답을 요구하는 질문에 대한 응답을 코딩하기에 편리하도록 정리하는 것이다.
③ **누락된 정보의 편집**
　㉠ 정보누락의 원인
　　• 응답자에게 지나치게 개인적인 질문이나 수입・지출과 같은 대답하기 곤란한 질문을 하는 경우 발생한다.
　　• 응답자가 질문에 대한 지식이 부족한 경우 발생한다.
　　• 조사원이 질문을 잘못하였거나 글씨를 알아보지 못하도록 기재하는 경우 발생한다.
　㉡ 누락된 정보의 처리
　　• 누락된 정보를 누락된 채로 넘어가는 경우 : 누락된 정보에 대해 따로 특별한 부호를 부여하고 편집자도 정보의 누락 여부를 결정하며 불분명한 응답을 코더가 읽을 수 있도록 한다. 그러나 이 방법은 문제가 해결된 것이 아니고 부호화에 의해 문제가 다음 단계로 이전된 것에 불과하다.
　　• 누락된 정보에 일정한 값을 부여하는 경우 : 어느 하나의 누락정보 때문에 이 사례를 제거하기보다는 고려할 수 있는 다른 자료를 이용하여 이 응답자의 누락정보를 추정한다.

이때에는 누락정보와 관련된 다른 자료나 서베이, 정부의 각종 통계자료, 다른 조사에서 수집된 사례 등을 활용할 수도 있다. 그러나 이 방법은 누락정보의 사례수가 많을 경우 해당 변수의 성격을 완전히 왜곡할 우려가 있으므로 주의해야 한다.

02 자료의 정리

(1) 자료정리의 의의
① 자료는 수집된 형태 그대로는 직접적인 분석이 불가능하므로 분석이 가능한 형태로 정리해야 한다.
② 자료가 수집되면 자료들은 전반적인 편집 또는 부호화 등의 과정을 거쳐 자료정리표에 이기된다.

(2) 자료정리의 3단계

구분	내용
제1단계	• 현지조사원이 돌아오면 그 면전에서 하는 것으로, 누락된 것, 오기, 불분명한 회답을 우선적으로 검토·확인한다. • 현지조사원과 편집자가 달라 조사원이 발견하지 못한 실수나 부정기입을 찾아낼 수 있다. • 조사의 진행과 함께 또는 매일, 수차례에 걸쳐 정리하는 것이 좋다.
제2단계	• 현지조사원이 자신에게 할당된 조사를 완료하면서 바로 행하는 것이다. • 이 단계에서는 조사책임량의 완수 여부, 대상자의 중복 및 누락 여부를 확인한다.
제3단계	• 현지조사원이 조사본부로 돌아오기 직전에 전반적인 재검토를 해보는 것이다. • 간단한 집계나 공백란에 통계적으로 추정된 것을 기입해 넣을 수도 있다.

(3) 자료정리표
① 일반적으로 모든 수집된 자료에 대해서는 일정한 형태를 갖는 자료정리표가 필요하다.
② 자료정리표는 자료가 펀치카드로 옮겨지기 이전에 자료를 명백히 정리하고 조직하며, 그 자료에 대한 여러 가지 참고사항을 간명하고도 종합적으로 밝혀주는 것이다.

(4) 자료행렬
① 모든 자료는 그 내용을 분석적으로 볼 때 그 나름의 일정한 성질, 측정단위, 측정시점이라는 각기 다른 3차원의 속성으로 이루어진다.
② 자료를 분석함에 있어서 3차원의 자료속성을 동시에 전부 분석할 수는 없으므로, 이를 2차원의 평면자료체로 한정할 수밖에 없다.
③ 이와 같이 3차원의 자료입방체에서 2차원의 평면자료체로 표시되는 것이 곧 '자료행렬'이다.

④ 자료행렬의 유형

R-자료행렬	• 자료의 성질과 측정단위라는 두 가지 요인으로 성립되는 자료행렬이다. • 가장 많이 사용되는 자료행렬로서, 자료의 두 구성요인인 성질이 변수가 되고, 측정단위가 사례로 되어 있는 경우이다. 단순히 자료행렬이라고 말하는 것은 R-자료행렬을 뜻한다.
Q-자료행렬	• R-자료행렬과 같이 자료의 구성요인인 성질과 측정단위로 이루어지며, 이 경우 측정단위가 변수가 되고 성질이 사례가 되는 것이다. • Q-자료행렬은 요인분석에 있어 측정단위(즉, 국가·조직·사회·집단·개인)를 그 성질에 따라 집단화하는 데 유용하다.
P-자료행렬	• 성질이 변수가 되고, 측정시점이 사례가 된다. • P-자료행렬에 의해 분석을 하는 경우 시간차에 따른 성질의 변천상태가 파악되어 연구현상에 대한 시계열분석 또는 시간에 따른 종적 연구가 가능해진다.
O-자료행렬	측정시점이 변수가 되고, 성질이 사례가 되는 행렬이다.
T-자료행렬	측정시점이 변수가 되고, 측정단위가 사례가 되는 행렬이다.
S-자료행렬	측정단위가 변수가 되고, 측정시점이 사례가 되는 행렬이다.

(5) 자료정리방법의 유형

① 점도표

㉠ 점도표는 질적 자료뿐만 아니라 양적 자료에도 사용할 수 있으며, 원자료의 특성을 그림으로 나타내는 가장 간단한 방법이다.

㉡ 수평축에 범주 또는 측정값을 기입하고, 수직축에 그들의 관찰 도수를 기입한다.

㉢ 다음의 점도표는 A중학교 3학년 1반 25명 학생의 혈액형을 표시한 것이다. 점도표에서 A형이 7명, B형이 5명, AB형이 4명, O형이 9명임을 나타내고 있다.

㉣ 특징 : 자료의 정확한 위치를 알 수 있으며, 수집한 자료의 흩어진 모양을 쉽게 파악할 수 있다는 장점이 있는 반면, 자료의 수에 해당하는 점을 찍어서 나타내므로 그 수가 매우 많은 경우에는 부적당하다는 단점이 있다.

② 선그래프·막대그래프·파레토 그래프

㉠ 의 의

선그래프	각 범주에 대응하는 도수 또는 상대도수 등을 수직선으로 나타낸 그림
막대그래프	각 범주에 대응하는 도수 또는 상대도수 등을 같은 폭의 수직막대로 나타낸 그림
파레토 그래프	각 범주의 도수가 감소하도록 범주를 재배열한 막대그래프

ⓒ 특징 : 도수분포표에 비하여 각 범주의 도수 또는 상대도수를 시각적으로 쉽게 비교할 수 있다.

③ 도수분포표

㉠ 의 의

도수분포표란 질적 자료를 정리하는 방법으로, 자료에서 나타나는 범주와 각 범주에 해당하는 자료의 개수를 세어서 구한 도수를 함께 나열한 것이다. 결국 도수분포표는 자료의 특성을 요약하고 정리하는 기술통계학에서 가장 기본적인 역할을 하며, 도수분포표를 작성하는 방법은 변수의 성격에 따라 달라진다.

㉡ 작성순서 및 사례

• 학생 40명의 윗몸일으키기 횟수가 다음과 같을 때 도수분포표 그리는 법

[자 료]

33	8	11	22	12	9	8	33	32	30
22	12	24	21	26	12	15	37	30	16
18	9	28	18	25	37	16	25	28	25
16	24	31	25	28	26	15	12	35	38

제1단계	• 범위를 계산한다. 범위(R) = Max(최댓값) − Min(최솟값) • R = Max − Min = 38 − 8 = 30	
제2단계	• 계급의 수를 결정한다(스타제스에 의한 방법) • $K = 1 + \dfrac{\log n}{\log 2}$ (단, K는 계급의 수, n은 전체 도수) $K = 1 + \dfrac{\log n}{\log 2} = 1 + \dfrac{\log 40}{\log 2} = 1 + \dfrac{\log 4 + \log 10}{\log 2}$ $\fallingdotseq 1 + \dfrac{0.6021 + 1}{0.301} \fallingdotseq 1 + 5.32 = 6.32 \rightarrow 7$	**[도수분포표]** | 계급 | 도수 | |---|---| | 5~9 | 4 | | 10~14 | 5 | | 15~19 | 7 | | 20~24 | 5 | | 25~29 | 9 | | 30~34 | 6 | | 35~39 | 4 | | 합계 | 40 |
제3단계	• 계급간격을 결정한다. • C = R / K(C는 계급의 간격, R은 범위, K는 계급의 수) • C = 30 / 7 ≒ 4.29 　4.29를 조정하여 5로 하면, 각 계급은 5~9, 10~14, 15~19, 20~24, 25~29, 30~34, 35~39가 된다.	
제4단계	• 도수를 산정한다. • 도수분포표는 오른쪽 표와 같다.	

실제 도수분포표는 위 표의 오른쪽과 같다.

ⓒ 도수분포표의 유형
  • 상대도수분포표 : 계급에 포함되는 도수를 총도수로 나눈 값인 상대도수를 계급에 따라 정리한 도수분포표이다.

> 상대도수 = f_i / N
> (f_i는 계급도수, N은 총도수)

  • 누적도수분포표 : 어느 계급의 누적도수는 그 이전의 도수 전체를 그 계급의 도수에 누적한 도수분포표이다.

  즉, $F_i = f_1 + f_2 + \cdots\cdots + f_i = \sum_{v=1}^{i} f_v$ 를 i번째 계급의 '누적도수'라고 하고,

  이 누적도수를 각 계급에 대응한 것이 '누적도수분포'이다.
  • 상대누적도수분포표 : 누적도수를 총도수로 나눈 것, '상대누적도수'를 각 계급에 대응하면 상대누적도수분포를 얻는다.

④ 계급값, 도수, 상대도수, 누적도수, 상대누적도수 관계표

계급값	도수	상대도수	누적도수	상대누적도수
x_1	f_1	f_1/N	$F_1 = f_1$	F_1/N
x_2	f_2	f_2/N	$F_2 = f_1 + f_2$	F_2/N
x_3	f_3	f_3/N	$F_3 = f_1 + f_2 + f_3$	F_3/N
⋮	⋮	⋮	⋮	⋮
x_k	f_k	f_k/N	$F_k = \sum_{v=1}^{k} f_v$	F_k/N

⑤ 도수분포 그래프

히스토그램 (Histogram)	• 히스토그램이란 직교좌표의 가로축에 도수분포표의 각 계급을 나타내는 구간을 밑변으로 하고, 계급에 대응하는 도수를 높이로 하는 직사각형을 모든 계급에 대해서 만들어 연결한 것을 말한다. • 히스토그램의 면적을 1이 되게 하는 것이 보통이며, 도수밀도 = (계급의 도수 / 계급의 간격)이다.
도수다각형 (Frequence Polygon)	• 히스토그램에서 계급 중앙값들을 가로축의 좌표로 하여 각 계급에 해당하는 도수밀도를 점찍어 이어 나간 그래프를 말한다. • 히스토그램의 계급값을 X축의 좌표로 하고, Y축 상의 각 계급에 해당하는 점을 찍어 선분으로 연결한 선을 말한다.
누적도수 분포곡선 (Ogive)	누적도수분포표에서 구간 경계선 중 상한선을 가로축의 좌표로 하여, 각 계급에 대응하는 누적도수를 점찍어 이은 그래프이다.
로렌츠 곡선 (Lorenz Curve)	누적도수분포곡선의 일종으로, 이것은 소득의 분포 또는 재산소유의 평등이나 불평등에 대한 측정 방법의 하나로 쓰이는데, 직교좌표의 가로축과 세로축을 같은 길이로 취하고, 양축을 같이 100%로 눈금을 정한다.

03 부호화(Coding)

(1) 부호화(코딩)의 의의

① 자료처리의 제2단계는 각 조사항목에 대한 응답을 분류하는 일인데, 이러한 분류구분을 명확히 하기 위해 붙이는 계통적인 문자 또는 숫자를 '부호(Code)'라고 한다.
② '부호화'는 이 부호를 부호지침(Coding Guide)에 따라, 코더(Coder)가 질문지의 각 항목에 대해 체계적인 숫자나 기호로 변환하여 부호지(Coding Sheet)에 옮기는 것이다.
③ 부호화는 여러 가지 정보를 몇 가지 한정된 수의 카테고리로 대치함으로써 자료의 처리를 단순화하는 데 목적이 있다.
④ 조사대상인 사례수가 많거나 조사항목이 많을수록 또는 통계적 처리가 복잡할수록 매우 유효하다.
⑤ 부호화의 과정은 분류 카테고리의 결정, 각 카테고리에 대한 부호의 선정, 응답의 부호화로 구분할 수 있다.

(2) 분류 카테고리의 결정

① 결정원칙
   ㉠ 카테고리는 연구 문제나 연구 목적에 따라 분류되어야 한다.
   ㉡ 분류되는 사례나 단위가 하나도 남김없이 각 카테고리에 귀속되도록 해야 한다.
   ㉢ 분류 카테고리는 상호 배타적이어서 각 사례는 한 번만 분류되어야 한다. 이를 위해 변수의 정의가 분명하고 명료해야 한다.
   ㉣ 분류 카테고리는 하나의 차원에서 제시되어야 한다. 이는 각 변수가 하나의 차원이기 때문에 각각 별개로 취급되어야 한다는 것을 의미한다.
   ㉤ 가능하면 같은 종류의 다른 조사결과를 비교할 수 있도록 동일한 분류단위를 사용해야 한다.

② 카테고리의 수
   ㉠ 일반적으로 카테고리가 적은 것보다는 많은 것이 유리하다. 이는 이미 부호화된 응답을 세분하기보다는 카테고리를 줄이는 것이 쉽기 때문이다.
   ㉡ 카테고리의 수는 예상되는 통계적 분석과 사례수에 따라서도 결정된다. 사례수가 극히 적은 카테고리는 연구자가 특별히 관심을 가진 경우가 아닌 한, 하나의 카테고리로 취급하는 것은 의미가 없다.

(3) 부호(코드)의 종류

① 연속코드(Sequence Code)
   ㉠ 연속코드는 코딩될 항목이나 대상을 일정한 기준에 따라 배열해 놓고, 이들에 대해 '1'에서부터 순차적으로 일련번호를 부여하는 것으로 가장 간단한 코드 방식이다.
   ㉡ 일률적으로 연속하여 부여되는 코드이므로, 출발코드는 '10', '100' 등 어디서 시작해도 무관하다.
   ㉢ 연속코드는 코딩되는 항목이나 대상이 갖는 어떤 특징을 나타내는 것이 아니므로, 코드 내용을 해독하기 위한 '코드 북(Code Book)'이 필요하다.
   ㉣ 연속코드는 항목의 카테고리 수가 비교적 적고 그 내용이 오랫동안 변하지 않을 경우 유용하고 실용적이지만, 항목의 카테고리 수가 많고 공통되는 특성에 따라 새로 분류해야 하는 경우 부적당하다.

② 블록코드(Block Code)
   ㉠ 블록코드는 일련의 연속되는 부호 또는 숫자를 몇 개의 블록으로 분류하고, 각 블록을 다시 공통 특징을 갖는 일단의 항목으로 나누어 각 블록별 또는 항목별에 따른 부호를 부여하는 것이다.
   ㉡ 다른 부호방식과 비교하여 적은 행수로써 많은 그룹을 나타낼 수 있다.
   ㉢ 차후에 발생하는 추가사항에 대한 부호를 각 블록별로 여유 있게 남겨놓아야 하며, 각 블록을 한 개의 부호로 나타낼 수 없으므로 자료처리에 부적당할 수 있다.

③ 집단분류코드(Group Classification Code)
  ㉠ 집단분류코드는 항목의 성격에 따라 대분류·중분류·소분류로 나누고, 이들 각 분류에 따라 부호행수를 증가해 각 수치가 소속되는 집단을 명확히 하는 방법이다.
  ㉡ 이 부호의 마지막 수치는 특정한 품목을 나타내며, 기타의 수치는 각 집단을 나타낸다.
  ㉢ 분류가 비교적 쉬우므로 자료처리에 적합하고 추가 및 증보가 가능하며, 부호의 내용을 알아보기 쉬운 장점이 있는 반면, 부호의 수치가 많은 단점도 있다.
  ㉣ 우편번호, 주민등록번호, 행정구역 등이 집단분류코드에 해당한다.

④ 유의수코드(Significant Digit Code)
  ㉠ 유의수코드는 코드로 부여되는 부호 또는 숫자의 전부 또는 일부가 코드의 대상이나 대상항목이 갖는 특성을 그대로 나타내는 것이다.
  ㉡ 대상 또는 항목의 특성을 잘 아는 사람은 주어진 코드에 따라 대상이나 항목을 쉽게 파악할 수 있는 장점이 있는 반면, 다른 부호에 비해 수치의 수가 너무 많이 사용되는 단점도 있다.
  ㉢ 중량, 면적, 용량, 거리, 광도 등의 물리적 수치를 그대로 부호로 사용할 수도 있다.

⑤ 식별코드(Identification Code)
  ㉠ 식별코드는 수집된 자료에서 각 변수와 사례를 식별하여 분석의 편의를 도모하기 위해 그들 각각에 부여하는 일정한 부호 또는 숫자를 말한다.
  ㉡ 식별코드는 각각의 연구 제목에도 부여된다. 즉, 다양한 각종 연구가 증가함에 따라 각각의 연구를 구별하기 위해 식별코드가 부여되기도 한다.
  ㉢ 컴퓨터카드에 식별코드를 표시할 때는 그 카드의 첫머리 부분의 열(列)을 펀칭하여 표시한다.

⑥ Mnemonic 코드(연상코드)
  ㉠ Mnemonic 코드는 숫자나 문자 또는 양자의 조합으로써, 기억하기 쉽도록 부호를 매기는 방법이다.
  ㉡ 다른 부호화 방법이 수치만을 사용하여 부호를 작성하는 반면, Mnemonic 코드는 물리적인 수치의 전후 또는 중간에 종류를 표시하는 문자를 삽입함으로써 어느 종류의 것인지를 확실히 이해할 수 있도록 한다.
  ㉢ 부호가 차지하는 행수가 너무 많고 분류처리하기가 대단히 곤란하다는 단점이 있다.
  ㉣ 이 부호를 사용할 때 주의할 점은 문자와 숫자를 혼용해서 사용하므로 양자의 구별이 곤란한 것은 피하도록 해야 한다.
  ㉤ Mnemonic 코드에서 혼용을 삼가야 할 문자와 숫자
    • 숫자 '0' – 영문자 'Q', 'D', 'O'
    • 숫자 '1' – 영문자 'I', 'l'('L'의 소문자)
    • 숫자 '2' – 영문자 'Z'
    • 숫자 '5', '8' – 영문자 'S'

(4) 부호의 선정

① 부호구성의 원리
  ㉠ 부호의 순서는 되도록이면 질문지의 질문순서와 일치하도록 한다.
  ㉡ 질문이 사전 부호화되어 있을 경우 질문에 설정된 부호의 동등성 및 일관성을 유지하도록 한다.
  ㉢ 개개의 부호화된 변수는 변수에 대한 설명과 명칭이 통계적 컴퓨터프로그램에 기억하기 쉬운 형태로 제시되어야 한다.
  ㉣ 부호는 간단하고 명료하며 융통성이 있어야 한다.
  ㉤ 가급적 표준화된 부호를 사용하는 것이 좋다.
  ㉥ 자료의 상세한 사용을 위해 원초자료를 항상 보존해야 한다.
  ㉦ 부호를 규정하는 데 사용되는 값이 표준적인 컴퓨터 기호인지, 사용하려는 기계나 프로그램에 적용할 수 있는지를 확인해야 한다.
  ㉧ 누락된 자료와 필드(Field)를 넘어선 값에 대한 부호를 두어야 하며, 누락된 정보를 빈칸으로 두어서는 안 된다.
  ㉨ 중복응답에 대한 해결방법을 마련해야 한다.
  ㉩ 일상적인 단어의 의미와 부호에 사용되는 번호의 방향 간에 일관성을 유지하도록 한다.
  ㉪ 하나의 부호는 하나의 행에 일치시켜야 한다. 특히, 소수점이 있는 경우 취급되는 수치가 크면 소수점 이하를 버리거나 반올림하여 처리한다.
  ㉫ '0~9'의 부호가 어떤 질문에 응답의 범위를 대표할 수 있을 때는 이 부호를 대분류로 하고, 이것을 보다 세분화된 소분류로 하여 부호화하는 것이 좋다.
  ㉬ 부호화를 신속하게 할 수 있도록 분할표를 사용한다.
  ㉭ 부호화 구조를 설계할 때는 사용할 통계적 분석의 종류를 항상 염두에 두어야 한다.

② 부호화의 원칙
  ㉠ 코딩에 일관성이 있어야 한다.
  ㉡ 가능한 한 자연적 코딩이 좋다.
  ㉢ 가능한 한 경험적 코딩이 좋다.
  ㉣ 한 난만을 써서 코딩할 필요는 없다.
  ㉤ 한 개의 난에 반드시 한 천공이 있어야 한다.
  ㉥ 코딩 카테고리로써 공란을 피해야 한다.
  ㉦ 자료분석과 관련하여 복수란의 코딩을 계획할 수 있다.
  ㉧ 가능하면 '0'에서 '9'의 숫자를 쓰고, '-'나 '+' 부호는 쓰지 않는다.

(5) 부호화의 유형

연역적 부호화	• 연역적 부호화는 특히 대부분의 서베이에서와 마찬가지로, 사전에 카테고리가 구성되고 여기에 따라 응답자가 응답을 하도록 고안한 것이다. • 이론으로부터 도출되어 카테고리가 사전에 구성되어 있으므로 가설검증을 위한 연구에서 효과적이다. • 관찰자의 주의를 사전에 환기시킴으로써 자료의 일관성을 유지할 수 있으며, 관찰을 지나치게 상세하게 하는 낭비를 피할 수 있다. • 행위의 연결성과 복잡성을 저해하고 융통적이지 못하며, 상세한 설명이나 묘사가 제외됨으로써 다음 단계에서 재분석을 할 때 한계를 가져온다. • 개념적 정의가 불명료한 경우 추후 개정된 카테고리에 따라 이들을 재분류하는 것이 어려우므로 새로운 기록을 다시 구해야 하는 문제가 발생한다.
귀납적 부호화	• 귀납적 부호화는 탐색적 조사나 예비조사와 마찬가지로, 사전 설계된 카테고리 체계 없이 수집되며, 부호화체계가 원초자료에 기초를 두고 구성된다. • 응답의 대표적 표본을 선정해서 모든 응답을 부호화된 특정한 항목으로 기록한다. • 귀납적 방법은 대부분 개방형 질문의 응답이나 문헌조사 및 참여관찰방법으로 수집된 자료를 부호화하는 데 사용된다. • 조사원이 수집된 자료에서 어떤 설명을 도출하기가 용이하며, 동일한 관찰에 적용되는 부호화체계가 다양하다. • 지나치게 상세한 자료로 인해 문제가 발생한다.

CHAPTER 06 통계와 자료의 분석

중요도 ★★★

핵심포인트
주요 통계학 용어, 기술통계(대푯값, 산술평균, 기하평균, 조화평균, 평방평균), 중앙값, 최빈값, 산포도(분산도), 정규분포의 특성, 표준정규분포, 추정통계, 가설검정, 유의확률, 표본크기의 결정, 통계분석(교차분석, 분산분석, 회귀분석, 상관관계분석, 메타분석 등)

01 통계학 기초

(1) 의의

① 통계학은 관심을 갖는 대상의 집단에 대해 자료를 수집하고, 수집된 자료를 연구 목적에 알맞게 정리하고 분석하여 얻은 결과로 미래를 예측하는 학문이다.

② 기능에 따른 분류

기술통계	• 통계자료를 수집·작성하여 이를 분류 또는 정리하는 과정을 통해 모집단의 특성을 규명하는 분야이다. • 수집된 자료의 특성을 쉽게 파악하기 위해 도표, 그림, 중앙값, 최빈값, 평균, 표준편차 등을 이용하여 구한 분포의 형태 등을 사용한다. • 관심대상의 자료를 어떻게 하면 효율적으로 정리하고 요약할 수 있는가를 연구의 주목적으로 한다. • 평균, 비율, 분산, 기록, 지수 등이 있다.
추정(추리)통계	• 추정통계학이란 자료에 내재되어 있는 정보를 분석하여 불확실한 사실에 대한 추론을 하는 분야이다. • 모집단에서 뽑은 표본을 분석한 결과를 가지고 모집단의 특성을 밝히고 규명하는 통계학의 한 분야이다. • 모집단, 표본, 표본크기, 모수, 통계량 등이 있다.

③ 변수의 수에 따른 분류
  ㉠ 일원통계 : 하나의 변수만 분석하는 통계이다.
  ㉡ 다원통계 : 둘 이상의 변수를 동시에 분석하는 통계이다.
④ 모집단의 유형에 따른 분류
  ㉠ 모수 통계(Parametric Statistics)
    • 모집단의 특성에 대한 정보(분포의 형태와 모수에 대한 사전정보)가 충분하고, 변수의 척도가 등간척도 이상으로 측정된 경우 적용될 수 있는 통계기법이다.
    • 모집단의 확률분포가 특정한 분포, 즉 정규분포를 따르며 대체로 연속형의 수량적 자료를 분석할 때 사용한다.
  ㉡ 비모수 통계(Nonparametric Statistics)
    • 모집단의 분포형태나 모수에 대한 정보가 부족해 모집단의 특성에 대한 가정을 세우기 어렵거나 자료의 척도가 명목척도나 서열척도인 경우 적용되는 통계기법이다.
    • 모집단의 확률분포가 정규분포를 따르지 않으며, 질적 자료 혹은 비연속적 수량적 자료를 분석할 때 사용된다.

> **지식 IN**
>
> **비모수 통계 검증법** 18 기출
> • Friedman 검정 : 세 집단 이상의 대응 표본을 비교하는 방법으로 이원분산분석이다.
> • Mann-Whitney U 검정 : 연속이며 동일한 분포형태를 갖는 두 개의 독립된 모집단 간의 중심위치를 비교하기 위한 검정법이며, 두 집단 각각의 값들의 순위들을 합한 것을 사용한다.
> • Wilcoxon 검정 : 서로 짝을 이룬 두 표본의 값 차이를 이용하여 두 표본의 분포 차이를 검정하는 방법이다.
> • Kruskal-Wallis 검정 : 셋 이상의 집단에 정규성을 만족하지 않는 집단이 포함되어 있어서 일원분산분석을 할 수 없는 경우에 사용하는 방법이다.

(2) 주요 통계학 용어 17 기출

① 모집단(Population)과 표본(Sample)
  통계적인 관찰의 대상이 되는 집단 전체로서 어떤 집단을 통계적으로 관찰하여 평균이나 분산 등을 조사할 때, 관찰의 대상이 되는 집단 전체를 조사하는 것이 여러 가지 이유로 어려운 경우에, 전체에서 일부를 추출하여 그것을 조사함으로써 전체의 성질을 추정하는 방법을 취한다. 이런 경우 원래의 집단 전체를 '모집단'이라 하고, 추출된 일부를 '표본'이라고 한다.
② 모수(모수치, Parameter)
  모집단의 특성을 수치로 나타내는 것으로 일반적으로 영문 대문자로 표시하는데, 모집단 특성 표시의 양적인 값을 말한다.
③ 통계량(Statistic)
  표본의 특성을 수치로 나타내는 것으로 영문 소문자로 표시하는데, 표본에 담긴 정보를 요약한 공식이다.

④ 변수(Variable)

변수란 알고자 하는 연상의 특성을 나타내는 개념으로써, 변화하는 값을 가지고 있는 것들을 말한다.

질적 변수	두 개 이상의 범주나 3개 이상의 다(多) 범주로 되어 있어서 수량으로 표시할 수 없는 변수

양적 변수	• 고유한 수량을 나타낼 수 있는 변수 예 연령, 소득, 점수, 가족수 등
	• 양적인 변수에는 불연속변수와 연속변수가 있다.
	  – 불연속변수(이산변수) : 정수의 값을 가지는 양적 변수로 셀 수 있는 값을 가지는 변수
	    예 가족수, 자녀수 등
	  – 연속변수 : 정수 사이에 간격이 있는 수량값으로 한정된 숫자로 셀 수 없는 양적 변수

⑤ 모조변수(Dummy Variable)

질적 변수를 연구자가 의도적으로 부호화하여 수량화시키는 변수를 말한다.

⑥ 파생변수(Derived Variable)

다른 변수의 비에 의하여 산출되는 변수를 말한다.

02 기술통계

(1) 대푯값

① 대푯값이란 분포의 중심위치를 나타내는 측정치로, 집중경향(Central Tendency) 측정치라고도 한다.
② 계산 방법과 분포 형태에 따라서는 대푯값과 분포의 중앙 또는 집중점이 일치하는 경우도 있으나, 일반적으로 대푯값은 보다 넓은 의미의 분포 중심으로써 변수 전체를 대표하는 값이다.

(2) 계산적인 대푯값

표본을 가지고 산출하는 것이 아니라 변수 전체를 사용하여 계산하는 값으로, 변수 중에서 한 값이라도 변하면 대푯값에 영향을 주므로 극단적인 변수에 의해 영향을 받는다. 그래서 추상적인 대푯값이라고도 한다. 계산에 의한 추상적인 대푯값으로는 산술평균, 기하평균, 조화평균, 평방평균이 있다.

① 산술평균($\overline{X}$)

산술평균이란 n개의 수가 있을 때, 이들의 합을 개수로 나눈 것, 즉 계산상 가장 간단한 방법으로 변수의 총합을 그 항의 개수로 나눈 값을 말한다.

$$\overline{X} = \frac{(x_1 + x_2 + \cdots + x_n)}{n} = \frac{1}{n}\sum_{i=1}^{n} x_i$$

② 기하평균(G)

기하평균이란 변화율이나 비율의 평균을 구할 때 이용하는 수치로써, 모든 측정치를 곱하여 측정치의 수만큼 제곱근을 구한 것이다.

$$G = \sqrt[n]{x_1 \times x_2 \times \cdots \times x_n} \quad (\text{단, } n \text{은 변수의 개수})$$

③ 조화평균(H)

조화평균이란 n개의 양수에 대하여 그 역수들을 산술평균한 것의 역수를 말한다.

$$H = \frac{1}{\frac{1}{n}\left(\frac{1}{x_1} + \cdots + \frac{1}{x_n}\right)} = \frac{n}{\sum_{i=1}^{n}\left(\frac{1}{x_i}\right)}$$

④ 평방평균(Q)

평방평균은 변량에 대한 분산과 표준편차 등에 사용되는 추상적 대푯값으로, 극단적인 값의 영향을 받으나 산술평균보다는 덜 받는다.

$$Q = \sqrt{\frac{\sum_{i=1}^{n} x_i^2}{n}} = \sqrt{\frac{x_1^2 + x_2^2 + \cdots + x_n^2}{n}}$$

(3) 위치적인 대푯값(구체적인 대푯값) 22 기출

① 중앙값(중위수, 중앙치, Median) 18 기출
  ㉠ 중앙값이란 통계집단의 측정값을 크기순으로 배열했을 때 중앙에 위치한 수를 말한다.
  ㉡ 자료 n이 홀수일 경우 중앙값은 (n+1)/2번째의 값이 되고, n이 짝수일 경우 중앙값은 n/2번째의 값과 (n/2)+1번째의 값의 평균값이 된다.

② 최빈값(최빈치, Mode)

통계집단에서 가장 많이 나타나는 변량의 값으로 '모드'라고도 한다. 즉, 도수분포에서 최대의 도수를 가지는 변량의 값이다. 예를 들면, 어느 학생의 7회에 걸친 성적이 각각 40점, 42점, 45점, 46점, 45점, 45점, 45점이었다면, 7회 중에서 45점이 모두 4회로 절대 다수이므로 이 집단의 최빈값은 45점이다.

> **지식 IN**
>
> **변인의 유형에 적합한 대푯값(집중경향 측정치)**
> - 명목변인 : 최빈값
> - 서열변인 : 최빈값, 중앙값
> - 등간변인 : 최빈값, 중앙값, 평균값, 표준편차 등
> - 비율변인 : 모든 통계치

(4) 산포도(분산도)

① 의 의
  ㉠ 자료의 분산 상황을 나타내는 수치로 변량 x와 그 분포 F(x)가 주어지고 그 분포의 중심적 위치의 측도(測度)를 m이라 할 때, F(x)의 m 주위에서 흩어져 있는 정도를 나타내는 기술적 지표이다.
  ㉡ 종 류

절대적인 분포의 산포도	범위, 평균편차, 사분편차, 표준편차
상대적인 분포의 산포도	변이계수, 사분위편차계수, 평균편차계수

② 절대적인 분포의 산포도
  ㉠ 범 위
   범위란 자료의 분산을 측정하는 가장 간단한 방법으로, 자료의 관측치 가운데 가장 큰 최댓값과 가장 작은 최솟값의 차이를 말한다.

   $$범위(R) = 자료의\ 최댓값 - 자료의\ 최솟값$$

  ㉡ 평균편차(Mean Deviation)
   편차란 관측치들의 평균값으로부터 떨어져 있는 거리를 말한다. 평균편차란 계량적인 성질에 관한 집단의 불균일성을 나타내는 도수 특성값의 일종으로, 평균값에 대한 각 변량의 편차의 절댓값을 평균한 값이다.

   $$변수의\ 평균편차(MD) = \frac{\sum|X_i - \overline{X}|}{n} \text{이고}$$

   $$도수분포에서의\ 평균편차(MD) = \frac{\sum f_i|X_i - \overline{X}|}{n}$$

   ($\overline{X}$: 평균)

  ㉢ 사분(위)편차
   사분편차는 점수분포의 중앙부에서 50%를 반으로 나눈 것 즉, 상하위로 25% 위치에 해당하는 점수의 범위라 할 수 있다. 자료들이 얼마나 중간 부분에 있는가를 나타내는 퍼짐의 정도를 나타낸다.
   Q_1 – 제1사분위수(자료를 작은 것부터 크기 순서대로 나열하여 25%에 위치한 값)
   Q_2 – 제2사분위수(자료를 작은 것부터 크기 순서대로 나열하여 50%에 위치한 값)
   Q_3 – 제3사분위수(자료를 작은 것부터 크기 순서대로 나열하여 75%에 위치한 값)

   $$사분편차 = \frac{(Q_3 - Q_1)}{2}$$

② 분산과 표준편차
- 편차 = 각 측정값과 평균과의 차이 = 측정값 − 표본평균 = $X_i - \overline{X}$
- 편차의 합 = $\sum(X_i - \overline{X}) = 0$

> - 편차들의 합은 양수와 음수의 편차들이 서로 상쇄되어 항상 0이 되기 때문에 적절한 측도가 될 수 없다.
> - 위 문제를 해결하기 위한 방법이 편차의 제곱들로 표현되는 분산이다.
> - 주어진 자료가 모집단 전체인 경우의 분산은 모분산 σ^2, 표본자료인 경우의 분산은 표본분산 s^2으로 표기한다.

- 모집단의 크기가 N, 표본의 크기가 n인 경우의 분산과 표준편차

> - 모분산 : $\sigma^2 = \dfrac{\sum(X_i - \mu)^2}{N}$
> - 표본분산 : $s^2 = \dfrac{\sum(X_i - \overline{X})^2}{n-1}$
> - 모표준편차 : $\sigma = \sqrt{\dfrac{\sum(X_i - \mu)^2}{N}}$
> - 표본표준편차 : $s = \sqrt{\dfrac{\sum(X_i - \overline{X})^2}{n-1}}$
>
> (μ: 모집단의 평균, $\overline{X}$: 표본의 평균)

지식 IN

왜도와 첨도

1. **왜 도**
   ① 자료의 분포 모양이 어느 쪽으로 얼마만큼 기울어져 있는가, 즉 비대칭 정도를 나타내는 척도이다.
   ② 왜도의 특징
      ㉠ 정규분포 곡선 : 왜도 = 0
      ㉡ 좌측으로 기울어진 경우(좌측으로 비대칭, 정적 비대칭)
         - 왜도 > 0
         - 평균 > 중앙값 > 최빈값
      ㉢ 우측으로 기울어진 경우(우측으로 비대칭, 부적 비대칭)
         - 왜도 < 0
         - 최빈값 > 중앙값 > 평균

2. **첨 도**
   ① 분포의 형태에서 최정점의 뾰족한 정도를 나타내는 척도
   ② 첨도의 특징
      ㉠ 정규분포 곡선 : 첨도 = 0 (또는 3)
      ㉡ 첨도 > 0 (또는 3) : 정규분포보다 뾰족
      ㉢ 첨도 < 0 (또는 3) : 정규분포보다 무딘 모양

③ 상대적인 분포의 산포도
  ㉠ 변이계수(CV ; Coefficient of Variance)
    표준편차를 평균으로 나눈 몫을 변이계수라 하며, 표준편차계수 또는 변동계수라고도 한다.

$$\text{변이계수}(CV) = \frac{S}{\overline{X}} = \frac{\text{표준편차}}{\text{평균}} \times 100(\%) \text{ or } \frac{\text{표준편차}}{\text{평균}}$$

  ㉡ 사분위편차계수(V_q)
    사분편차를 중앙값으로 나눈 몫을 사분위편차계수라고 한다.

$$\text{사분위편차계수}(V_q) = \left\{\frac{(Q_3 - Q_1)}{2} \div \text{중앙값}(M_e)\right\} \times 100$$

  ㉢ 평균편차계수(V_s)
    평균편차를 중앙값 또는 산술평균으로 나눈 몫을 평균편차계수라 한다.

$$\text{평균편차계수}(V_s) = \{\text{평균편차(MD)} \div \text{중앙값}(M_e)\} \times 100$$
$$= \{\text{평균편차(MD)} \div \text{산술평균}(\overline{X})\} \times 100$$

03 확률분포

(1) 확률분포의 의의

확률변수의 성격을 나타내는 것으로, 표본공간에 나타나는 모든 값들과 그 값에 대응하는 확률을 동시에 표시한 것을 말한다.

(2) 확률분포의 종류

① 이산확률분포 : 확률변수가 이산변수인 분포이다.
  ㉠ 베이즈정리
    사전정보를 통해 사후확률(조건부 확률)을 예측하는 과정에서 사용되는 공식으로, 어떤 표본조사 또는 사전조사를 통해서 얻어진 정보와 같이 새로운 정보가 주어졌다는 조건하에서 어떤 사건이 발생한 확률을 결정하는 것과 관련이 있다. 22 기출
  ㉡ 베르누이시행 22 기출
    • 베르누이실험 : 실험의 결과가 상호배반적이고 완비된 2개(예 삶 또는 죽음, 남자 또는 여자, 성공 또는 실패 등) 중의 하나로 분류될 수 있는 확률실험을 말한다.
    • 베르누이실험이 독립적으로 여러 번 수행되며 성공의 확률이 각 시행에서 똑같이 유지될 때 베르누이시행이라고 한다.
  ㉢ 이항분포 : 연속된 n번의 독립적 시행에서 각 시행이 확률 p이고, 여사건이 일어날 확률이 q=1-p인 이산확률분포이다.

② **연속확률분포** : 확률변수가 소수점을 포함하는 실수의 값을 갖는 연속분포이다.
   ㉠ 정규분포
      - 개념 : 도수분포곡선이 평균값을 중앙으로 하여 좌우대칭인 종 모양을 이루는 것으로, 평균 μ, 분산 σ^2을 갖는 정규분포는 N(μ, σ^2)로 표시한다.

정규분포의 확률밀도함수

$$f(x) = \frac{1}{\sigma\sqrt{2\pi}} e^{-\frac{(x-\mu)^2}{2\sigma^2}} \quad (-\infty < x < \infty)$$

π = 원주율, e = 자연상수

   - 정규분포의 특성
      - 평균 μ를 중심으로 하여 좌우대칭으로 평균, 중앙값, 최빈값이 모두 같은 종모양으로 분포한다.
      - 정규곡선 아래의 전체 면적은 1, 평균을 중심으로 양쪽이 각각 $\frac{1}{2}$의 면적을 차지한다.
      - 정규곡선은 x축에 무한대로 접근한다.
      - 정규곡선의 모양과 위치는 분포의 평균과 분산 또는 표준편차에 의해 결정된다.
      - 평균값이 클수록 오른쪽에 위치하고, 분산이 작을수록 뾰족한 종모양이다.
      - 중심극한정리 : 표본을 사용하여 모수를 추정할 경우 모집단의 실제분포와 상관없이 표본의 수가 많다면, 표본평균의 표본분포는 정규분포(Normal Distribution)에 근접한다. **22 기출**

   ㉡ 표준정규분포 **17 기출**

   정규분포의 확률변수가 어떤 범위의 값을 가지는지 계산하는 경우, $f(x)$를 적분하여 계산해야 하는 어려움이 있다. 이 어려움을 해결하기 위해 변수변환을 행한다.

표준정규분포의 확률변수

$$Z = \frac{X - \mu}{\sigma}$$

(X = 측정값, μ = 분포의 평균, σ = 분포의 표준편차)

   - 모든 정규분포를 평균 $\mu = 0$, 표준편차 $\sigma = 1$인 일정한 형태로 표준화한 정규분포이다.

확률변수 Z의 밀도함수

$$f(z) = \frac{1}{\sqrt{2\pi}} e^{-\frac{1}{2}z^2} \quad (-\infty < z < \infty)$$

   - 표준정규분포는 확률변수 X의 평균과 분산에 관계없이 일정한 형태를 갖는 $N(0, 1^2)$인 분포를 따른다.

기댓값의 성질

$E(aX) = a \cdot E(X)$ $E(X+b) = E(X) + b$
$E(X-b) = E(X) - b$ $E(aX+b) = a \cdot E(X) + b$

> **분산의 성질**
> $Var(aX) = a^2 \cdot Var(X)$　　　　　$Var(X+b) = Var(X)$
> $Var(X-b) = Var(X)$　　　　　$Var(aX+b) = a^2 \cdot Var(X)$

지식 IN

종속변수의 정규성 검정 18 기출
- 정규성은 관측값들이 정규분포를 따르는 모집단에서 취해졌는지를 검정하는 것이다.
- 콜모고로프-스미르노프 검정(Kolmogorov-Smirnov Test), 샤피로윌크 검정(Sapiro-Wilk Test), Kernel Density Plot, Q-Q Plot 등의 방법이 있다. 첨도, 왜도를 확인하는 것도 중요하다.

04 추정통계

(1) 추정통계 일반

① 의 의

표본의 특성을 나타내는 수치인 통계량을 기초로 하여 모집단의 특성인 모수를 추측하는 통계적 분석 방법을 말한다.

② 추정통계의 종류

점추정	모수를 단일치로 추측하는 방법으로, 그 신뢰도를 나타낼 수 없다는 단점이 있다.
구간추정 22 기출	• 모수를 포함하리라고 추측되는 구간을 구하는 방법이다. • 구간추정은 모수의 추정치와 신뢰도를 함께 구할 수 있다.

③ 바람직한 통계적 추정량의 결정기준

㉠ 추정량 : 모수의 추정에 사용되는 표본통계량을 말한다.

㉡ 추정량의 결정기준(4가지 기준)

불편성	• 추정량의 기대치가 추정할 모수의 실제값과 같을 때, 이 추정량은 불편성을 가졌다고 한다. 이러한 추정량을 불편추정량이라 한다. • 이 불편성의 원칙에 의해 모집단의 모표준편차를 추정하는 데에는 표본의 표본표준편차가 불편추정치가 된다. • 추정량은 $\bar{\theta}$, 모수를 θ라고 나타내면, $E(\bar{\theta}) = \theta$를 만족하는 성질을 말한다. • $E(\bar{X}) = \mu$ • $E(S) = \sigma$ ※ 편의 : 추정량의 기대치와 모수와의 차이 = $E(\bar{\theta}) - \theta$
효율성	• 표본에서 계산된 추정량은 모집단의 모수에 근접하여야 하는데, 이렇게 되기 위해서는 모수를 기준으로 하여 추정량의 분산이 작아야 한다는 원칙이다. • 추정량의 분산도가 더욱 작은 추정량이 보다 더 바람직한 추정량이 된다는 성질이다. • $V(\bar{\theta_1}) < V(\bar{\theta_2})$일 때, $\bar{\theta_1}$이 $\bar{\theta_2}$보다 더 효율적인 추정량이 된다.

일치성	• 표본의 크기 n이 크면 클수록 모수에 일치하게 되는 추정량을 일치추정량이라 한다. • $\lim_{n \to \infty} \overline{\theta} = \theta$
충족성	모수에 대하여 모든 정보를 제공하는 추정량을 충족추정량이라 한다.

(2) 점추정

① 의 의
  ㉠ 모집단으로부터 추출된 표본을 이용하여 하나의 수치로 모수를 추정하는 것을 말한다.
  ㉡ 모수를 단일치로 추측하는 방법이다.
  ㉢ 신뢰도를 나타낼 수 없다는 단점이 있다.

② 점추정의 유형

모평균의 점추정	• 모평균의 점추정량은 표본평균과 같다. 즉, 모집단 평균 μ의 불편추정량은 $\overline{X}$이다. • μ의 추정량 = $\overline{X}$
모분산의 점추정	• 모분산의 점추정량은 표본분산과 같다. 즉, 모집단의 분산 σ^2의 불편추정량은 표본분산 S^2이다. • σ^2의 추정량 = S^2
모표준편차의 점추정	• 모표준편차의 점추정량은 표본표준편차와 같다. • σ의 추정량 = S
모비율의 점추정	• 모비율의 점추정은 표본비율과 같다. • n개의 표본 중에 A의 성질을 가진 것이 X개 있으면, $\overline{P} = \dfrac{X}{n}$

(3) 구간추정

① 신뢰도(신뢰수준) **16** 기출
  ㉠ 신뢰도란 어떤 데이터가 동일한 측정대상을 측정하였을 때 일관성 있는 측정결과를 산출하는 정도로, 측정의 결과가 일관성을 가진다는 의미이다.
  ㉡ 신뢰도는 추정의 정확성과 관련이 있는 것으로써, 신뢰도가 95%라는 의미는 표본을 100번 뽑아 그 평균을 구했을 경우 95번 정도는 신뢰구간 내에 모집단 평균이 포함된다는 것이다.
  ㉢ 오차율(α) : 신뢰구간 내에 모집단 평균이 포함되지 않을 확률
  ㉣ 신뢰도 = $1 - \alpha$, $\alpha = 1 -$ 신뢰도

신뢰도($1 - \alpha$)	z(표준오차)
0.90(90%)	1.645
0.95(95%)	1.96
0.99(99%)	2.576

② 신뢰구간
  표준오차를 고려하여 모집단 평균 μ가 포함될 확률구간을 말한다.

05 가설검정

(1) 가설검정의 개념 및 용어 19 21 22 기출

① 가설(Hypothesis)
  ㉠ 아직 경험적으로 검정되지 않은 일종의 예비적 이론이다.
  ㉡ 둘 혹은 그 이상의 변인들 간의 관계에 대한 추측적 진술로, 자명한 관계에 대한 가설 설정은 지양한다.
  ㉢ 연구 문제의 해답, 변인관계의 간단·명료·뚜렷함, 실증적으로 검정 가능, 가설 내용의 긍정 또는 부정이 가능하도록 진술되어야 한다.
  ㉣ 불필요하게 같은 뜻의 말을 표현만 달리하여 되풀이하는 동의 반복적이어서는 안 된다.

② 가설의 유형 16 기출

귀무가설 (영가설)	• 통계적 검정의 대상이 되는 가설로, H_0로 표시한다. • 연구가설을 검증하기 위해 연구가설과 상반되는 귀무가설을 세우고, 귀무가설이 기각되면 연구가설이 옳았음이 입증되며, 반대로 귀무가설이 채택되면 연구가설이 틀렸다는 것이 입증된다.
대립가설 (연구가설)	• 연구자가 새롭게 주장하는 가설이다. • 귀무가설에 대립되는 가설로, 귀무가설이 거짓일 때 채택하며 H_1으로 표시한다. • 연구가설은 사회현상에 관한 이론으로부터 도출될 수 있고, '작업가설'이라고도 한다.

③ 가설검정의 의의
  대상집단의 특성량에 대하여 어떤 가설을 설정하고, 대상집단인 모집단으로부터 추출한 표본으로 가설을 검토하는 통계적 추론이다.

④ 기각과 유의
  ㉠ 통계학에서는 이론치와의 차이가 확률적인 오차의 범위를 넘어 오류라고 판단되어질 때 '가설을 기각(Reject)한다'라고 한다.
  ㉡ 가설을 기각 혹은 채택하는 판단기준이 되는 것을 유의수준(α)이라 한다. 귀무(영)가설이 기각된 경우는 '유의(Significant)하다'라고 한다. 그러나 단순히 '유의하다'라고만 하지 않고, 반드시 '유의수준 몇 % 내에서 유의하다'라고 말한다.

(2) 가설검정의 오류

① 의 의
  ㉠ 표본에서 나온 통계치를 이용하여 모수치를 추정하면 거의 오차가 발생하게 마련인데, 이 오차를 가설검정의 오류라고 한다.
  ㉡ 가설검정에서 귀무가설을 채택하든 기각하든 간에 어느 하나를 결정할 때는 2가지 오류 중 어느 하나를 범할 가능성이 있다.

② 종 류 14 19 21 22 24 기출
  ㉠ 제1종 오류 : 실제로 귀무가설이 옳은데 검정결과 귀무가설이 틀렸다고 기각하는 잘못을 범하는 것이 제1종 오류이다. 그 확률은 α인데, 이 α가 유의수준이다.
    • H_0를 기각하는 그릇된 결정의 확률 : α

- H_0를 채택하는 옳은 결정의 확률 : $1-\alpha$
- 일반적으로 1종 오류를 2종 오류보다 더 심각한 오류로 간주한다.

ⓒ 제2종 오류 : 실제로 귀무가설이 틀렸는데 검정결과 옳다고 채택하는 오류를 제2종 오류라 하는데, 그 확률을 β라 한다.
- H_0를 채택하는 그릇된 결정을 할 확률 : β
- H_0를 기각하는 옳은 결정을 할 확률(검정력 또는 검출력이라고 한다) : $1-\beta$
- 일반적으로 1종 오류의 확률이 작아질수록 2종 오류의 확률은 커지고 통계적 검정력은 작아진다.

지식 IN

1. 귀무가설의 채택과 기각

구 분	귀무가설(참)	귀무가설(거짓)
귀무가설 채택	정확한 결론($1-\alpha$)	제2종 오류(β)
귀무가설 기각	제1종 오류(α)	정확한 결론($1-\beta$)

2. 출판편향(Publication Bias) 혹은 책상 서랍의 문제(File Drawer Problem) 17 기출
- 기존의 실증적 연구 결과들을 정량적인 방법을 통해 체계적으로 조명하는 메타분석(Meta-Analysis)에서는 연구의 편향성 문제가 제기된다. 발표되지 않은 논문들은 연구 결과가 유의하지 않은 관계 혹은 연구자가 발표 시기를 놓치거나 연구설계가 빈약하다는 이유로 심사 요건을 충족하지 못한 경우 등을 포괄한다.
- 메타분석에서는 모든 개별연구가 수집 대상임에도 불구하고, 일부 연구 결과는 책상서랍에 묻혀 공공 영역에 나오지 않는 경우가 있다. 로젠탈(Rosenthal)은 이를 '출판편향(Publication Bias)' 혹은 '책상 서랍의 문제(File Drawer Problem)'로 지칭하였다.
- 로젠탈은 모든 발표 논문이 1종 오류(영가설이 '참'임에도 불구하고 이를 기각하고 대립가설을 채택하는 오류)를 범하고 있다고 주장하였다. 사실 학술지 등에 발표된 연구들의 경우 미발표 논문에 비해 보다 긍정적인 결과를 제시하고 있을 가능성이 높다. 따라서 출판편향은 1종 오류를 증가시키게 된다.

(3) 가설의 요소 및 검정절차

① 의 의

모집단에 대한 통계적 가설검정에 필요한 요소로는 가정, 가설, 검정통계치, 임계치, P값, 결과의 해석 등이 있다.

② 가 정

㉠ 모든 통계적 검정절차는 그 통계분석 속에 적합한 형태로 변수측정이 되어야 한다.
㉡ 대부분의 통계검정의 경우, 변수는 연속적 특성을 지녀야 하고 정규분포를 이루어야 한다.
㉢ 표본은 반드시 단순무작위추출에 의해 추출되어야 한다.
㉣ 통계분석이 유의적이기 위해서는 최소한의 표본 크기를 확보하여야 한다.

③ 양측검정과 단측검정
　㉠ 양측검정 : 가설검정에서 귀무가설을 기각할 영역이 양쪽에 위치하고 있는 것을 말한다.
　㉡ 단측검정 : 가설검정에서 귀무가설을 기각할 영역이 한쪽에 위치하고 있는 것을 말한다.
　㉢ 양측검정과 단측검정의 비교

유 형	양측검정	단측검정	
		좌측검정	우측검정
귀무가설	$H_0 : \theta = \theta_0$	$H_0 : \theta = \theta_0$	$H_0 : \theta = \theta_0$
대립가설	$H_1 : \theta \neq \theta_0$	$H_1 : \theta < \theta_0$	$H_1 : \theta > \theta_0$

(H_0 : 귀무가설, H_1 : 대립가설, θ : 모수, θ_0 : 모수의 특정한 값)

④ 검정 통계치 : 귀무가설의 채택 또는 기각 여부를 결정하는 데 사용되는 표본통계치이다.
⑤ 임계치 : 주어진 유의수준에서 귀무가설의 채택 또는 기각을 결정하는 데 기준이 되는 값을 말한다.
⑥ 유의수준(sig., Significance Level, α) : 통계적 가설검정에서 귀무가설이 참인데도 불구하고 이를 기각하는 확률로써 위험률이라고도 한다.
⑦ 유의확률(P값) 17 기출
　㉠ 귀무가설이 맞다는 전제하에, 표본에서 실제로 관측된 통계치와 '같거나 더 극단적인' 통계치가 관측될 확률이다.
　㉡ P값을 계산된 검정의 유의수준이라고 하며, P값으로 귀무가설을 지지하는 정도를 나타내는데, P값이 적으면 적을수록 표본분석의 결과는 귀무가설과 상반된다.
⑧ P값과 α를 이용한 검정
　㉠ 'P값이 아주 작다'는 의미 : 귀무가설이 사실일 때, 귀무가설을 지지하는 표본결과가 나오기 어렵다는 뜻이므로, P값이 아주 작을 때는 귀무가설을 기각하고 대립가설을 채택한다.
　㉡ 'P값이 크다'는 의미 : 표본결과가 귀무가설이 사실이라는 뜻이므로, P값이 클 때는 귀무가설을 채택한다.
　㉢ 계산된 P값과 α값을 비교하여 어느 가설을 채택할지 결정한다. 21 23 24 기출

> • 유의확률(P값) < 유의수준(α) : H_0 기각
> • 유의확률(P값) ≥ 유의수준(α) : H_0 채택

⑨ 자유도(df., Degree of Freedom)
　㉠ 사례수를 말한다.
　㉡ 주어진 조건 아래에서 자유롭게 변화할 수 있는 점수나 변인의 수를 뜻한다
　　예 5명 학생에게 자신이 좋아하는 한 명을 선택하라는 조건에서 선택대상은 자신을 제외한 4명이며, 이때 자유도는 4이다.

> **지식 IN**
>
> **통계적 가설의 검정절차** 19 기출
> ① 검정하고자 하는 가설을 설정한다.
> ② 분석기법(양측검정과 단측검정)을 결정한다.
> ③ 유의수준 α와 유의수준을 충족하는 임계치를 결정한다.
> ④ 검정통계량(유의확률)을 계산한다.
> ⑤ 판정 : 유의확률(P값)이 유의수준보다 작으면 H_0(귀무가설)를 기각한다.

06 표본크기

(1) 표본크기의 의의

① 신뢰구간의 폭을 결정하는 것은 신뢰도와 표본의 크기이다. 모수에 대한 구간의 폭을 결정할 때 표본의 크기 n은 매우 중요하다. 왜냐하면 표본의 크기가 크면 클수록 모수에 관한 정보가 확실해지므로 신뢰구간이 짧아지고, 표본의 크기가 작을수록 신뢰구간의 폭은 커지기 때문이다. 신뢰구간의 폭이 너무 크면, 모평균이 실제로 어디쯤에 위치할지 예측하기가 매우 어렵다.

② 표본의 크기는 표본의 사례수를 말하는데 이는 표집오차, 특히 무작위표집오차와 밀접한 관련을 갖는다. 표본의 크기가 클수록 표집오차는 작아지며, 그 반대로 표본의 크기가 작을수록 표집오차는 증가한다.

(2) 표본크기의 결정 시 고려사항 14 19 20 기출

① 표집의 동질성
동질성은 전체 집단을 구성하는 요소들이 연구하고자 하는 속성과 비슷한 정도를 말한다. 동질성이 높을수록 표본의 크기는 작아질 수 있다.

② 표집방법과 절차
표집방법에 따라 표본의 크기를 달리 해야 한다. 예를 들면, 층화표집은 가장 작은 표본을 요구하며, 단순무작위표집은 좀 더 큰 표본을, 군집표집은 가장 큰 표본을 필요로 한다.

③ 비용·시간 및 인력의 한계
표본의 크기는 조사연구 및 표출에 소요되는 비용, 시간 및 인력의 조건에 따라 적절히 조정·결정되어야 한다.

④ 카테고리의 수
표본의 크기는 각 변수의 카테고리가 얼마나 다양한가에 따라 다르게 결정되어야 한다. 변수의 카테고리를 많이 나누면 나눌수록 표본의 크기는 커져야 한다.

⑤ 정확성
정확성은 표본을 근거로 하여 모집단을 추정한 추정치가 실제로 모집단의 가치에 어느 정도 가까울 수 있느냐의 정도를 말하는 것으로, 그 수준과 정도는 표본의 크기에 따라 결정된다.

(3) 표본크기의 결정 21 22 기출

① 표본크기의 결정공식

모집단의 분산을 알고 있을 경우	모집단의 분산을 알지 못하는 경우
$n = \left(\dfrac{Z \times \sigma}{e}\right)^2$	$n = \left(\dfrac{Z \times S}{e}\right)^2$

(n : 표본의 크기, Z : 정규분포의 Z값, σ : 모표준편차, S : 표본표준편차, e : 허용되는 오차의 크기)

㉠ 모집단의 분산을 알고 있을 경우 : 신뢰구간 접근법을 사용하여 표본의 크기를 산정할 수 있다.
㉡ 모집단의 분산을 알지 못하는 경우 : 가설검증 방법을 사용하여 모집단의 표준편차를 추정해 표본의 크기를 결정할 수 있다.

② 표본의 크기 결정
㉠ 신뢰도 : 일정한 오차의 범위 내로 신뢰구간을 설정하고자 할 때, 신뢰도를 높일수록 표본의 크기는 커야 한다.
㉡ 표준편차 : 일정한 범위 내로 신뢰구간을 설정하고자 하는 경우, 모집단의 분산 또는 표준편차가 클수록 표본의 크기는 커야 한다.
㉢ 오차의 크기 : 오차를 작게 하려면, 표본의 크기를 크게 해야 한다.
㉣ 비율추정 시 표본의 크기 : 모집단의 추정이라는 원리상 모비율을 모르고 있는 것이 일반적이다. 따라서 모비율에 대해 대체적인 값을 알고 있으면 이를 이용하도록 하고, 이것이 불가능하면 소규모의 예비조사에 의해서 대체적인 값을 추정하도록 하되, 이 값마저 알 수 없다면 비율의 표본오차 $P=1/2$ 을 사용하여 표본의 크기를 결정하는 것이 안정성이 크다.

$$n = P(1-P)\left(\dfrac{Z}{e}\right)^2$$
(모비율의 대체값, 즉 P의 추정치가 없을 경우, $P=0.50$을 대입)

07 통계분석 14 기출

(1) 교차분석

① 의 의
교차분석이란 명목척도 및 서열척도의 성격을 가진 두 변수의 관계도를 분석하는 것이다.
② 교차표의 작성
㉠ 독립변수와 종속변수를 결정한다.
㉡ 독립변수에 대한 각 카테고리의 백분율을 계산한다.
㉢ 독립변수의 백분율 계산 카테고리와 종속변수의 카테고리 중 하나를 선택하여 비교한다.

③ 교차분석검정의 종류 17 23 기출
　㉠ 카이제곱(χ^2)검정
　　• 카이제곱검정은 교차표에 나타난 변수 간의 유의성을 알아보는 방법으로, 모집단에서 두 집단 간의 관련성이 없다는 전제하에 각 카테고리의 기대빈도의 값을 구하는 것이다.

$$\chi^2 = \sum \frac{(O_i - E_i)^2}{E_i} \quad (O_i = \text{관찰빈도}, \; E_i = \text{기대빈도})$$

$$\text{기대빈도} = \frac{\text{행의 합} \times \text{열의 합}}{\text{총 합}}$$

Kappa 계수 공식

$$K = \frac{P_A - P_B}{1 - P_B}$$

P_A : 2명의 채점자 간에 채점이 일치할 확률
P_B : 우연히 두 채점자에 의해 일치된 평가를 받을 확률

　　• 분포형태가 좌로 기울어진 분포이고, 자유도가 커질수록(표본의 변량수가 커질수록) 정규분포에 접근한다.
　　• 카이제곱검정의 자유도 = (r-1)(c-1), r : 행의 수, c : 열의 수
　㉡ t-검정분석 14 기출
　　• t-검정은 두 집단 간의 평균 차이를 분석하고자 하는 경우에 이용하는 분석 방법이다.
　　• t-검정의 기본원리는 두 집단의 평균차이를 두 집단의 분산으로 표준화한 값을 통계적으로 검정하는 것이다.
　　• t-검정은 정규모집단으로부터 산출된 표본수가 30 미만인 경우, 정규모집단의 분산을 모르고 표본분산을 쓰는 경우 등에 사용한다.
　　• 대응표본 t-검정 : 한 집단을 대상으로 어떤 개입의 효과를 측정하기 위해 개입 전과 개입 후의 값을 비교하는 방법이다.
　　• 독립표본 t-검정 : 두 집단 간의 평균 차이를 검정하는 방법이다(독립표본 t-검정의 자유도 = $n_1 + n_2 - 2$).
　㉢ Z-검정
　　Z-검정은 모집단의 분산을 알고 있는 경우에 사용하며, 표본의 크기가 30개 이상이 되면 모집단의 분산을 알 수 없더라도 중심극한정리에 따라서 정규분포를 가정할 수 있으므로 Z-검정을 사용할 수 있고, 이 경우의 t-검정은 Z-검정과 거의 동일한 결과가 나온다.
　㉣ F-검정
　　F-검정은 두 개 이상의 집단을 비교하는 데 사용되는 분석 방법으로, 집단 내 이질성에 대한 집단 간 이질성의 비율로서 여러 처리수준 간 평균적 차이가 있는가를 검정하며, 등분산 여부를 판단할 수 있다.

(2) 분산분석 16 19 20 기출

① 의 의
  ㉠ 3개 이상의 집단들의 평균차이를 동시에 비교하기 위한 검정방법, 즉 여러 집단의 평균의 동일성에 대한 검정을 하기 위한 기법이다.
  ㉡ 분산분석은 집단 간 변량과 집단 내 변량의 개념을 사용하는데, 집단 간 변량은 집단 간 차이를 제곱하여 합한 것이며, 집단 내 변량은 어느 집단 내에서 개인 간의 차이를 제곱하여 합한 것이다.

② 분산분석을 위한 기본가정
  ㉠ 종속변수가 양적 변수이다.
  ㉡ 정규분포성 : 모집단의 분포는 정규분포를 이루어야 한다.
  ㉢ 분산의 동일성 : 각 모집단의 분산은 동일하고, 각 집단의 표본은 각 모집단으로부터 독립적으로 추출되어야 한다. 각 집단들의 분산이 같지 않을 경우에는 분산분석법을 사용할 수 없으며, 각 집단의 표본수가 다를 경우에는 더욱 사용할 수 없다.

③ 분산분석의 특징
  ㉠ 3개 이상의 모평균의 차이를 검정함이 목적이다.
  ㉡ 검정에 있어서 F-분포를 사용한다.
  ㉢ F값은 집단 간 분산을 집단 내 분산으로 나눈 값이다.

$$F = \frac{\text{집단 간 분산}}{\text{집단 내 분산}}$$

  ㉣ 모수적 가설검정법이다.
  ㉤ 집단 간 차이가 커지면 F값이 커진다.

지식 IN

F-분포 21 기출
- F-분포는 모집단에서 독립적으로 추출한 표본들의 분산비율이 나타내는 연속확률분포이므로, 확률변수는 항상 양(+)의 값을 갖는다.
- 분포의 모양은 주로 비대칭이나 자유도에 따라 달라지며 자유도가 커지면 정규분포에 근접한다.
- 두 개의 표본분산이 사용되기 때문에 두 개의 표본의 자유도가 있다.

---

④ 분산분석법의 유형 16 기출
  ㉠ 일원분산분석법 : 분석하고자 하는 변수가 1개인 경우를 말한다.
     예 연령별로 임금 차이가 있는가?
  ㉡ 이원분산분석법 : 독립변수가 2개인 경우를 말한다.
     예 성별, 연령별 봉급의 차이가 있는가?
  ㉢ 다원분산분석법 : 독립변수가 3개 이상인 경우를 말한다.
     예 성별, 학력별, 연령별 봉급의 차이가 있는가?

지식 IN

일원분산분석법 21 기출

1. 개 념

변동의 원인이라고 판단되는 인자를 1개만 채택하여, 그 인자의 수준을 몇 단계로 변화했을 때 결과가 어떻게 변하는지를 측정한 측정치를 해석하는 것으로, 선택한 인자가 확실히 영향을 미치고 있는지의 여부를 통계적으로 검정하는 방법이다.

2. 일원배치법

일반적으로 세 가지 또는 그 이상의 처리방법들의 효과가 동일하다는 귀무가설을 일원분산분석하기 위한 실험설계는 실험대상을 관심의 대상이 되는 처리방법에 따라 확률적으로 할당하고, 그 처리효과를 판단할 수 있도록 하는 실험설계이다.

3. 일원분산분석 모형

> SST(총제곱합) = SSR(처리제곱합) + SSE(오차제곱합)

위 등식으로부터 일원분산분석 모형을 다음과 같이 정의한다.

> $Y_{ij} = \mu + \alpha_i + \epsilon_{ij}$
>
> μ : 전체적 평균효과
>
> α_i : i번째 처리의 효과 ($\alpha_i = \mu_i - \mu$, $\sum \alpha_i = 0$)
>
> ϵ_{ij} : $N(0, \sigma^2)$를 따르는 오차
>
> ▶ 서로 독립이고 평균 0, 분산 σ^2인 정규분포를 따른다고 가정
>
> $H_0 : \mu_1 = \mu_2 = \cdots = \mu_k = \mu$
>
> H_1 : 모든 μ_i가 전부 같지는 않다.

▶ 일원분산분석(ANOVA)표 19 23 기출

구 분	제곱합	자유도	평균제곱	분산비(F)
처 리	SSR	$k-1$	$MSR = \dfrac{SSR}{k-1}$	$F = \dfrac{MSR}{MSE}$
오 차	SSE	$n-k$	$MSE = \dfrac{SSE}{n-k}$	-
전 체	SST	$n-1$	-	-

(k : 요인 또는 집단의 수, n : 개체 수)

(3) 회귀분석 14 15 16 19 기출

① 회귀분석의 개념 21 기출

㉠ 회귀분석은 통계학에서 관찰된 연속형 변수들에 대해 독립변수와 종속변수 사이의 인과관계에 따른 수학적 모델인 선형적 관계식을 구하여 어떤 독립변수가 주어졌을 때 이에 따른 종속변수를 예측한다. 또한, 회귀분석은 종속변수의 예측뿐만 아니라 가설이나 이론으로 알려진 가설적 함수관계의 타당성(Validity)을 검정하기 위해서도 이용된다.

ⓒ 회귀분석을 이용하기 위해서는 종속변수와 독립변수라는 두 종류의 변수를 필요로 한다. 이들은 원칙적으로 모두 등간척도나 비율척도로 측정된 변수이어야 하나, 독립변수가 명목척도인 변수일 경우라도 더미(Dummy) 변수를 이용하여 분석이 가능하다.

② 회귀방정식의 형태

$$Y = \alpha + \beta X + \mu$$
Y : 종속변수, 반응변수(Response Variable), 피설명변수
X : 독립변수, 설명변수(Explanatory Variable), 예측변수

③ 회귀분석의 종류

ⓐ 단순회귀분석
- 회귀분석은 2개 이상의 정량적 변수들 간의 관계를 이용하여 나머지 다른 변수들로부터 하나의 변수를 예측하는 통계적 기법이다. 단순회귀분석은 독립변수가 오직 하나만 존재하는 경우로 모형의 구조식은 다음과 같다.

$$Y_i = \beta_o + \beta_i X_i + \varepsilon_i \, (i = 1, 2, \cdots, n)$$

Y_i는 i번째 관찰한 반응변수의 값
X_i는 i번째 독립변수의 값, 주어진 상수
β_o와 β_1은 추정해야 할 모수
ε_i는 모든 i에 대하여 $\mathrm{Cov}(\varepsilon_i, \varepsilon_j) = 0$인 독립적이며 정규분포를 따르는 오차항이다.
β_o는 절편, β_i는 기울기(독립변수 X가 한 단위 변화할 때 Y가 변화하는 양)로 회귀계수(Coefficient of Regression)

- 단순회귀모형의 적합도 평가
  - 회귀분석 과정에서 표본회귀선이 표본자료에 얼마나 적합한지, 즉 적합의 정도를 평가하는 방법이다.

  $$\sum (y_i - \overline{Y})^2 = \sum (\hat{y_i} - \overline{Y})^2 + \sum e_i^2$$
  ▸ 총 표본변동 = 설명된 변동 + 설명 안 된 변동
  ▸ 총 제곱합(SST) = 회귀제곱합(SSR) + 잔차제곱합(SSE)

  - 적합도 혹은 설명력은 종속변수의 총 변동에 대해 회귀모형에 의해서 설명되는 부분의 비율로 나타낼 수 있으며, 이것을 결정계수(R^2)라 한다. 16 19 21 23 24 기출

  $$R^2 = \frac{SSR}{SST} = 1 - \frac{SSE}{SST}$$

  ▸ $0 \leq R^2 \leq 1$
  ▸ $R^2 = 1$: 종속변수와 설명변수 간에 선형관계가 존재하여 표본회귀선이 표본자료에 적합함을 의미한다.
  ▸ $R^2 = 0$: 종속변수와 설명변수 간에 선형관계가 없어 표본회귀선이 표본자료에 전혀 적합하지 않음을 의미한다.

ⓒ 다중회귀분석

다중회귀분석은 독립변수의 수가 여러 개인 회귀방정식을 일컫는다.

> k개의 독립변수 $X_1, X_2, \cdots, X_k$들이 종속변수(반응변수) Y를 설명하는 회귀모형 식은 다음과 같다.
> $$Y_i = \beta_0 + \beta_1 X_{1i} + \beta_2 X_{2i} + \cdots \beta_k X_{ki} + \varepsilon_i$$

ⓒ 위계적 회귀분석 24 기출
- 종속변수에 가장 큰 영향을 미치는 독립변수와 두 번째로 영향을 미치는 독립변수 등 독립변수의 상대적 영향력의 크기를 순서대로 파악하는 것을 말한다.
- 특정 독립변수의 효과를 통제하거나 새로운 독립변수의 효과를 알고자 할 때 활용한다.
- 독립변수들이 종속변수를 설명하는 설명력의 변화값과 유의한 독립변수들이 유지·추가·제거되는 양상을 파악할 수 있다.
- 추가되는 변수로 인한 R^2증가분에 대한 F검정을 통해서 추가적 변수들의 기여도가 유의한지 판단한다.
- 매개효과나 조절효과 또는 상호작용효과를 확인하기 위해 사용한다.

지식 IN

다중공선성(Multicollinearity) 15 기출

1. 의의
   - 다중공선성 문제는 통계학의 회귀분석에서 독립변수들 간에 강한 상관관계가 나타나는 문제이다. 따라서 독립변수가 하나인 단순회귀분석에서는 문제가 되지 않는다.
   - 독립변수들 간에 상관관계가 낮으면 회귀계수의 해석이 적절하지만, 상관관계가 높으면 회귀계수 추정과 검정이 쓸모없게 되는데, 이를 다중공선성의 문제라 한다.
   - 다중공선성이 생기면 종속변수에 대한 독립변수의 영향력이 왜곡된다.

2. 다중공선성 진단방법
   - 두 변수 간의 상관관계만을 파악할 경우에는 산점도나 상관계수를 이용하여 진단한다.
   - 하나의 독립변수가 2개 이상의 독립변수의 선형결합으로 표현되어 발생하는 다중공선성 문제는 분산확대인자(VIF)나 상태지수(Condition Index)로 진단한다.
   - 분산확대인자를 구하여 이 값이 10이거나 10을 넘는다면, 보통 다중공선성의 문제가 있다.
   - 상대지수가 10이면 독립변수 간 약한 상관관계가 존재하고, 100 이상이면 다중공선성의 문제가 있다.

3. 다중공선성 문제해결
   - 다중공선성 문제를 일으킬 것이라고 판단되는 독립변수를 처음부터 제거한다.
   - 종속변수와 상관관계가 낮은 독립변수를 제거한다.
   - 상관계수의 값의 차이가 크지 않으면 해석하기 용이한 변수를 남기면 된다.

④ 더미분석을 이용한 회귀분석
  ㉠ 회귀분석에서 범주적 변수를 다루는 일반적인 방법은 그 변수의 각 범주에 따른 영향을 나타낼 수 있는 더미 변수(Dummy Variable)를 이용하는 것이다.
  ㉡ 더미 변수는 두 개의 값만을 취하는 변수(Binary Variable)로, 관측대상 해당 범주에 속하면 1, 속하지 않으면 0의 값을 갖는다.
  ㉢ 더미 변수의 사용은 회귀식의 기울기는 바뀌지 않고 절편항만을 바꿈으로써 범주별 평균값이 다르다는 가정을 잘 반영한다. 물론 범주별로 기울기가 서로 다르다고 가정하고, 더미 변수를 이용하여 회귀분석을 시도할 수도 있다.
  ㉣ k개 그룹의 질적 차이를 구분하는 경우, $k-1$개의 더미 변수를 사용한다.

(4) 상관관계분석

① 의 의
상관관계분석은 하나의 변수가 다른 변수와 어느 정도 밀접한 관련성을 갖고 변화하는지를 알아보기 위하여 사용된다.

② 상관계수 15 16 17 19 23 기출
  ㉠ 상관계수는 두 변수 X, Y의 표준편차의 곱에 대한 공분산의 비율로 정의한다.

$$(\text{피어슨}) \text{ 상관계수}(r) = \frac{\text{공분산}}{A\text{척도의 표준편차} \times B\text{척도의 표준편차}}$$

  ㉡ 표본상관계수는 r, 모상관계수는 ρ로 표시한다. 상관계수의 부호는 분자에 있는 공분산의 부호에 의해 결정된다.
  ㉢ 상관계수의 부호가 (+)이면 정상관 또는 양의 상관관계라 하고, (-)일 때는 부상관 또는 음의 상관관계라고 한다.
  ㉣ 상관계수 r의 범위는 $-1 \leq r \leq +1$이다. 상관계수가 ±1에 가까울수록 '상관이 높다'라고 말하고, 0에 접근할수록 '상관이 낮다'라고 말한다.
  ㉤ 상관계수 r을 제곱한 값이 결정계수이다.

$$\text{결정계수} = (\text{상관계수})^2$$

  ㉥ 상관관계는 두 개 또는 그 이상의 변인들이 정적 또는 부적으로 함께 변하는 방향과 관계의 정도만을 제시해 줄 뿐이므로 측정단위에 관계없다. 각 변수에 특정 상수를 더하거나 빼거나 곱하거나 나누어도 그 값의 크기는 변하지 않는다. 즉, 측정단위와 독립적으로 정의된다.

③ 편상관계수(Partial Correlation) 16 기출
  ㉠ 변수 3개가 있을 때 공통적으로 작용하는 변수의 부분을 뺀 나머지 둘 간의 상관관계를 보려는 것이다.

ⓒ 편상관계수를 구하는 방법

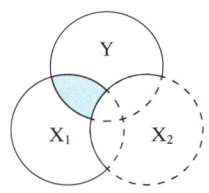

- 위 그림에서 Y와 X_1의 편상관계수는 Y에서 X_2를 통제한 Y와 X_1의 상관관계를 의미하므로 다음과 같이 구할 수 있다.

$$r_{X_1 Y \cdot X_2} = \frac{r_{X_1 Y} - r_{X_1 X_2} \cdot r_{X_2 Y}}{\sqrt{1 - r_{X_1 X_2}^2} \cdot \sqrt{1 - r_{X_2 Y}^2}}$$

지식 IN

상관계수의 종류와 내용 14 15 17 21 기출

파이(Phi) 계수	두 변수가 모두 이분변수일 때 두 변수 간의 상관관계를 나타내는 지수 예 성별과 산아제한에 대한 찬반의 상관관계
스피어만 (Spearman) 등위상관계수	• 측정형 변수(키, 몸무게, 물가지수 같은 변수)나 순서형 분류형 변수(소득수준, 학년 등과 같은 변수)들의 상관관계 정도를 자료의 순위 값에 의하여 계산하는 상관계수 • 계산방법은 자료의 서열을 정한 다음, 서열 간의 피어슨(Pearson) 상관계수를 계산하면 됨 예 구청의 대민서비스 수준(서비스 없음, 표준서비스, 프리미엄서비스)과 구민의 만족도(상, 중, 하)조사 등
점이연계수	• 하나가 연속변수이고 다른 하나가 이분변수일 때 사용하는 상관계수 • 이분변수를 0과 1로 코딩한 다음, 피어슨(Pearson) 상관계수를 계산하면 됨 • 검사에서 총점과 문항 간의 상관계수를 구할 때 자주 사용됨 • 두 집단의 T-검증과 밀접히 관련되어 있음 예 남학생과 여학생의 수학점수 간의 상관관계
이연계수	• 하나가 연속변수이고 다른 하나가 이분변수일 때 사용하는 상관계수이지만, 이분변수가 원래 연속변수인데 이분화한 경우에 사용 • 이분화되지 않았을 때 두 연속변수들 간의 상관계수를 추정하는 방식으로 상관이 구해짐 예 완전학습 여부와 학업성취도 간의 상관관계
피어슨(Pearson) 상관계수	• 등간척도 및 비율척도로 이루어진 변수들 간의 관계를 분석하는 상관계수 • 오로지 두 변수 간의 직선형 상관관계를 정량화하기 위한 목적으로 사용

(5) 메타분석 16 기출

① 의의
　ⓐ 개별 결과들을 통합할 목적으로 각 개별 결과들을 결합한 값을 산출하는 통계적 분석 방법을 의미한다.
　ⓑ 어떤 주제에 관한 선행연구 결과들을 양적으로 분석하기 위해 각 연구들로부터 얻은 효과크기(ES ; Effect Size)를 평균화한 것이다.
　ⓒ ES의 분석결과를 기초로 연구의 주요 특성(Characteristics)에 따라 ES가 어떻게 달라지는가를 검토해 봄으로써 지식과 이론의 확장에 기여한 것이다.

② 선행연구 결과를 종합·요약하는 방법

전통적 문헌분석	• 각 연구 결과를 열거하고 결론을 제시한다. • 연구자의 편견이 작용하기 쉽다. • 종합해야 할 연구수가 많을 경우 감당하기 어렵다.
메타분석	특정주제와 관련된 선행연구 결과들을 양적(통계적)으로 분석·종합·요약한다.

③ ES(효과크기) 15 기출

$$효과크기 = \frac{\overline{X_E} - \overline{X_C}}{S_P}$$

$\overline{X_E}$ = 실험집단 평균치, $\overline{X_C}$ = 통제집단 평균치, S_P = 통합표준편차

④ 메타분석의 장점
  ㉠ 많은 개별연구 결과를 근거로 가설을 검증하기 때문에 높은 통계적 검증력을 갖는다.
  ㉡ 개별연구들을 통합하여 효과크기의 평균치를 산출하기 때문에, 단일연구로부터 개발한 효과크기보다는 신뢰적인 효과크기를 얻을 수 있다.
  ㉢ 변인 간의 관계유형(직선적 혹은 곡선적) 파악이 가능하여, 단일 연구 결과에 비해 각 변인이 취할 수 있는 값의 범위가 커지기 때문에, 상이한 연구 결과가 있을 때 그 원인 규명이 가능하다.

⑤ 메타분석의 특징
  ㉠ 계량적·통계적 방법을 사용한다.
  ㉡ 연구의 질에 따라 연구의 결과를 미리 판단하지 않는다.
  ㉢ 일반적 결론을 도출하려고 한다.

⑥ 메타분석의 유용성
  ㉠ 통제집단과 실험집단의 점수가 다르다는 것뿐만 아니라 그 차이의 크기도 알려준다.
  ㉡ 어떤 통계나 측정에도 적용할 수 있는 ES(Effect Size)를 제공한다.
  ㉢ 어떤 변인이 실험결과에 영향을 미쳤는가를 결정할 수 있다. 그러나 많은 시간이 소요되고 불충분한 연구에서 얻은 자료도 포함될 수 있다.
  ㉣ 메타분석은 동일한 분야에서의 평가결과를 종합하는 형식적 접근법으로 구성되어 있으며, 문헌들로부터 사회 프로그램에 관하여 알려진 바를 쉽게 추출할 수 있도록 해주고, 그 정보를 쉽게 평가하도록 해준다.
  ㉤ 서로 다른 연구에서 다룬 동일한 통계량에 대한 관측치들 사이의 변이(Variation)와 관련 있는 요인으로서, 독립변수 외에 기준변수에 영향을 주는 조절변수의 값은 메타분석에서 다루고자 하는 통계량에 중요한 정보를 제공한다.
  ㉥ 예를 들어, 학습시간량으로 학업성취도를 예언하고자 할 때, 학습 방법에 따라서 예언력이 달라진다면 학습 방법이 조절변수가 된다. 조절변수는 연구설계에 포함된다는 점에서 외재변수와 구별되며 독립변수의 기능을 하기도 한다.

⑦ 메타분석을 위한 통계치

> 〈사례〉 정신연습을 실시한 실험집단의 $\overline{X}$와 S가 각각 67과 10, 통제집단의 $\overline{X}$와 S가 각각 54와 10으로 나타났을 때의 메타분석을 실시하면 다음과 같다.
>
> $$ES = \frac{\overline{X_E} - \overline{X_C}}{S_C} = \frac{67-54}{10} = 1.3$$
>
> $ES = 1.3$은 $\overline{X} = 30$, $S = 10$인 분포를 $\overline{X} = 0$, $S = 1$인 단위 정상분포로 바꾸었을 때 이 단위 정상분포에서 원점수 67에 해당하는 표준점수(Z)와 동일 정상분포에서 Z점수로 1.3에 해당하는 면적비율은 0.0968(약 10%)임. 즉, $ES = 1.3$을 기준으로 할 때
> – 통제집단에서 이 점수 이상을 받은 사람 : 10%
> – 통제집단에서 이 점수 이하를 받은 사람 : 90%
> – 실험집단의 $\overline{X}$에 해당하는 점수를 받은 사람은 통제집단 사람의 약 90%보다 더 좋은 점수를 받음

⑧ 메타분석 방법에 대한 비판과 문제
  ㉠ 동질성의 문제
    • 사과와 오렌지를 합해놓고 통합된 결론을 추론하는 것은 비논리적이라는 주장이다.
    • 타당성이 낮은 연구를 타당성이 높은 연구와 혼합함으로써 왜곡된 결론을 유도한다.
  ㉡ 연구의 독립성 문제
    동일한 연구에서 여러 개의 ES가 산출되는데, 하나만 쓸 경우에는 애써 얻은 유용한 정보를 상실하게 되고, 여러 개를 모두 쓸 경우에는 비독립적인 자료를 독립적인 것처럼 취급하게 된다.
  ㉢ 정보의 상실에 대한 비판
    한 연구가 가지고 있는 다양한 정보를 지나치게 단순화한다.

(6) 기타 분석

① 로짓분석
  ㉠ 로짓분석이란 종속변수가 0, 1 등 명명척도로 측정되는 경우에 사용되는 회귀분석이다.
  ㉡ 로짓분석이 활용될 수 있는 사례로는 노조파업에 영향을 미치는 변수와의 관계를 알고자 하는 경우 또는 어느 유권자가 투표를 할 것인지를 결정하는 것에 영향을 미치는 변수를 분석하고자 하는 경우 등이 있다.

② 판별분석 17 21 기출
  ㉠ 판별분석이란 독립변수들의 특성이 범주화된 종속변수에 어떠한 영향을 미치는가를 분석하기 위한 통계분석기법이다.
  ㉡ 판별분석의 목적은 독립변수들을 바탕으로 종속변수, 즉 집단들을 구분할 수 있는 판별함수를 추정하거나, 다수의 독립변수들 가운데 집단 구분에 영향을 미치는 변수들을 발견하기 위함이다.
  ㉢ 각 집단들 간에 통계적으로 유의미한 차이가 존재하는지의 여부를 결정하고, 추정된 판별함수를 이용하여 집단이 알려지지 않은 새로운 관측치가 어떤 집단에 속할지를 분류한다.
  ㉣ 판별분석을 위해서는 이상점(Outlier)이 없어야 하며 독립변수와 종속변수는 선형적인 관계가 있어야 한다. 독립변수들이 상호 독립적이어야 하며, 각 독립변수가 정규분포를 따른다는 것과 등분산성을 가정하여야 하고, 종속변수는 비연속변수여야 한다.

③ 군집분석 24 기출
 ㉠ 군집분석이란 어떤 객체나 대상들이 지니고 있는 다양한 특성의 유사성을 바탕으로 동질적인 몇 개의 군집으로 집단화하는 통계분석기법이다.
 ㉡ 군집분석은 특성의 유사성, 즉 특성을 나타내는 자료가 얼마나 비슷한 값을 갖는지 거리로 계산하여 거리가 가까운 것들을 동일한 집단으로 묶는다.
 ㉢ 군집분석은 집단의 수 또는 집단의 구조에 대한 가정 없이 개체들 사이의 거리, 즉 측정치의 차이를 이용하여 집단 분류를 수행한다.

④ 신뢰도분석
 ㉠ 신뢰도분석이란 측정도구에 측정오차가 상대적으로 얼마나 있는가 분석하는 통계분석기법이다.
 ㉡ 신뢰도를 분석하기 위하여 이용되는 변수의 척도는 등간척도·비율척도·이항척도이어야 하며, 명명척도는 원칙적으로 불가능하다.
 ㉢ 요인분석을 통해 유사한 변수들을 그룹으로 묶을 때, 그 그룹 내 변수들이 동질적인 특성을 지니고 있는가를 검정할 때 신뢰도분석을 사용한다.

⑤ 시계열분석
 ㉠ 시계열분석이란 시간의 순서에 따라 관측된 시계열 데이터가 어떠한 추이로 변화하고 있는가를 분석하는 통계기법이다.
 ㉡ 추세변동은 전체 기간을 통하여 일정한 진행을 나타내는 변동이다.
 ㉢ 계절변동은 일정 기간 동안에 규칙적인 주기로 나타나는 변동이다.

⑥ 공변량분석(공분산분석) 14 15 기출
 ㉠ 공변량이란 여러 변수들이 공통적으로 함께 잠재되어 있는 변량을 말한다.
 ㉡ 독립변수 중에서 외적변수가 종속변수에 미친 영향을 통계적 방법으로 제거하는 분석이다.
 ㉢ 실험설계 전후의 사전사후 검사 시, 사후검사의 점수 차이만으로 두 집단의 차이를 결론 짓는 것은 잘못된 것이다. 왜냐하면 사전검사 시 이미 두 집단이 차이가 있었을 수도 있기 때문이다.
 ㉣ 이질집단을 사전의 T-test를 통해 동질성 검사를 실시하거나, 사전검사를 기초로 하여 사후점수를 수정하여 검증하는 공변량분석을 실시하는데, 이 때 사전검사를 공변수로 놓고, 사후검사를 종속변수로 놓는다.
 ㉤ 공변량을 사전검사로 놓고 일반선형검사를 하면 공변량 분석이 되고, 그 값이 0.05 이하로 나오면 의미가 있다고 한다. 공변량(공변이)에 p값은 가장 중요한 것으로서, 이 값이 0.05보다 작다는 것은 공변량이 의미가 있다는 것이다. 즉, 이 공변량이 종속변수에 영향을 준다는 말이며, 그 결과 공변량분석 모형에서 공변량에 대한 효과를 통계적으로 통제한다는 의미이다.
 ㉥ 공분산분석의 기본가정 15 기출
  • 공변인의 측정에 처치 효과의 영향이 없어야 한다.
  • 공변인의 측정은 측정의 오차 없이 이루어져야 한다.
  • 공변인의 각 수준에서 종속변인의 조건분포는 정규분포를 이루어야 한다.
  • 공변인의 각 수준에서 종속변인의 변량은 처치집단 간에 일정해야 하며, 공변인과는 독립적이어야 한다.

⑦ **구조방정식 모형** 17 18 기출
  ㉠ 회귀분석, 경로분석, 요인분석을 병합한 모형으로, 변인들 간의 인과관계를 명확하게 규명할 수 있는 통계적 방법이다.
  ㉡ 관측이 가능한 측정변수를 이용하여 관측이 불가능한 잠재변수를 추정한 후, 잠재변수 사이의 상관관계 기초로 하여, 연구자가 설정한 이론적 인과관계를 실제 자료가 어느 정도 지지해주는 지를 보여주는 통계적 분석 방법이다.
  ㉢ 검증 및 다양한 적합도 지수(Fit Index)들을 적용하여 연구자가 개발한 이론적 모형이 실제 자료와 얼마나 부합되는지 평가할 수 있다.

구 분	적합도 지수	기준값	표본크기
상대적합도 지수 21 기출	NFI(Normed Fit Index)	.90 이상	민 감
	TLI(Tucker-Lewis Index)	.90 이상	덜 민감
	CFI(Comparative Fit Index)	.90 이상	덜 민감
절대적합도 지수 20 기출	GFI(Goodness of Fit Index)	.90 이상	민 감
	AGFI(Adjusted Goodness of Fit Index)	없 음	민 감
	RMSEA(Root Mean Square Error of Approximation)	.05 이하	덜 민감

  ㉣ 장 점
    • 측정의 오차를 통제할 수 있다(구조방정식이 통제할 수 있는 오차는 설명오차가 아니다. 설명오차는 종속변수의 역할을 하는 내생잠재변수가 독립변수의 역할을 하는 외생잠재변수에 의해 설명되고 남은 오차를 말한다).
    • 적합도 지수를 사용하여 이론적 모형에 대한 통계적 평가가 가능하다.
    • 여러 개의 독립변수, 매개변수, 종속변수 간의 관계를 동시에 분석할 수 있다.
    • 잠재변수를 사용하므로 측정변수로만 산출된 값에 비해 비교적 정확한 추정치를 얻을 수 있다.
  ㉤ 구조방정식의 자유도 계산식

  $$\frac{n(n+1)}{2} - k \ (n : \text{측정변수의 수}, \ k : \text{자유모수의 수})$$
  자유모수의 수 = 오차 + 외생변수 분산 + 외생변수 간 공분산 + 1로 고정되지 않은 경로

⑧ 잠재성장모형 20 기출
  ㉠ 잠재성장모형은 둘 이상의 시점에서 동일한 분석단위를 연구하는 종단연구모형 중의 하나로, 다양한 분야의 연구자들에 의해 활용되고 있다.
  ㉡ 잠재성장모형은 시간에 따른 반복측정 결과를 바탕으로, 각 개인이 시간에 따라 어떤 형태로 변화하고, 개인들의 변화궤적에는 어떤 차이가 있는지 연구하는 모형이다.

  > 예) 전국 초등학교 4학년 학생 2,000명을 표집하여, 6년에 걸쳐 매년 같은 학생을 대상으로 학교폭력 경험 및 관련 변인을 조사하여 개인과 집단의 변화추이와 관련 요인의 영향을 분석하고자 한다.

  ㉢ 이 모형은 시간에 따른 개인 간, 개인 내 차이를 설명할 수 있고, 변화의 개인차를 설명하는 변수 또한 함께 파악할 수 있다는 장점이 있다.
  ㉣ 변화함수가 선형일 때, 개인의 변화는 시간에 비례하는 변화와 오차를 합한 값이다.

  $$Y_{ij} = \pi_{0i} + \pi_{1i} T_{ij} + e_{ij}$$
  (i = 개인, j = j번째 측정, T = 측정시간, e = 오차, π_{0i} = 초기치, π_{1i} = 일차변화율)

CHAPTER 07 연구보고서의 작성

중요도 ★★★

핵심포인트
연구보고서의 유형, 연구보고서 작성 시 유의점, 표절에 해당하는 경우, 연구보고서 작성요령(표제, 목차, 개요, 서론, 선행연구의 분석 및 이론적 배경, 연구방법, 결과, 논의 및 제언, 참고문헌, 부록)

01 연구보고서 일반

(1) 개념

① 연구보고서는 연구를 종료하고, 연구한 결과를 체계적으로 정리하여 연구기관이나 학술단체 등에 제출하는 보고서이다.

② 유형

탐색적 연구보고서	연구 문제를 규명하거나 가설을 정립하는 데 도움을 주는 보고서이다.
기술적 연구보고서	연구 문제와 관련된 사회적 현상의 특성과 변수 간의 상호연관성을 서술하기 위해 수행된 연구의 결과보고서이다.
설명적 연구보고서	변수 간의 인과관계를 밝히기 위해 수행된 연구의 보고서로서, 보고의 목적이 설명적인 것임을 밝혀야 하고, 인과관계의 신뢰성에 대한 근거도 제시해야 한다.
제안적 연구보고서	• 자료의 분석결과에 따라 특정한 정책대안이나 개입방안을 창안하여 제안하는 보고서이다. • 보고의 목적이 제안임을 밝혀야 하고, 제안할 내용의 근거를 논리적으로 제시하여야 한다.

(2) 연구보고서 작성 시 유의점

① 보고의 대상 및 보고받을 대상의 수준을 고려하여 보고대상에 적합하게 작성해야 한다.
② 정확성 · 명료성 · 간결성을 유지해야 한다.
③ 통계자료 분석의 결과는 가능한 숫자나 도표를 사용하되, 보고대상자가 도표를 정확히 이해할 수 있도록 적절한 해석과 설명이 있어야 한다.
④ 반드시 표준어를 사용하고, 혼란을 초래할 수 있는 용어는 피해야 한다.
⑤ 표절(타인의 아이디어를 정당한 승인 없이 도용하는 것)에 유의해야 한다.

> **지식 IN**
>
> **연구부정행위** 15 17 19 20 21 22 23 24 기출
> - 표절에 해당하는 경우
>   - 누구의 아이디어인지 모를 경우에도 인용표기를 하지 않은 경우
>   - 기존연구의 문제와 방법을 반복한 경우 그 연구 목적과 반복한 사실 등을 밝히지 않은 경우
>   - 원 출처를 인용한 제2차 출처로부터 원출처에 제시된 글의 내용을 재인용하면서, 제2차 출처를 밝히지 않고 원출처만 제시하는 경우
>   - 이미 출간된 본인의 저술을 책으로 엮거나 타 출판물에 출판하면서 저널의 편집자나 독자들에게 중복출판임을 고지하지 않는 경우(자기표절, 중복출판)
>   - 출처를 인용한 경우라도 본인의 저술로 인정할 수 없을 정도로 너무 많은 문구와 아이디어를 빌려 온 경우
> - 변 조
>   연구재료·장비·과정 등을 인위적으로 조작하거나 데이터를 임의로 변형·삭제함으로써 논문 내용 또는 결과를 왜곡하는 행위를 말한다.
> - 위 조
>   허위 데이터를 사용하거나 존재하지 않는 연구 결과나 자료를 허위로 만들어 내는 것을 말한다.
> - 부당한 저자 표시
>   공동으로 집필한 원문에 공저자를 모두 기재하지 않았거나, 연구에 기여하지 않은 사람에게 논문 저자 자격을 부여하는 것을 말한다.

02 연구보고서 작성 16 17 20 기출

(1) 구 성

① 연구보고서는 표제, 목차, 개요, 서론, 이론적 배경, 연구방법, 결과, 결론 및 제언, 참고문헌, 부록 등의 순으로 구성된다.
② 핵심이 되는 부분은 서론, 이론적 배경, 연구방법, 결과, 결론 및 제언 등으로 구성된다.

(2) 작성 요령

① 표 제
연구제목, 연구자, 연구기관의 이름, 작성일자 등이 표기된다.

② 목 차
보고서의 내용을 나타내는 세부제목들을 순서에 따라 나열하고 해당면을 표시하여 쉽게 찾을 수 있도록 하며, 도표가 많은 경우 표목차를 별도로 만드는 것이 좋다.

③ 개 요(초 록)
㉠ 보고서 전체의 중요한 부분을 요약, 정리하여 짧은 시간에 내용을 파악할 수 있도록 한다.
㉡ 연구 목적, 연구 배경, 연구 문제, 가설, 연구 내용, 연구 방법, 주요 연구 결과 및 발견사항, 결론 등이 포함된다.

④ 서 론 15 16 18 기출
  ㉠ 연구의 목적 및 방법, 연구 문제, 연구의 필요성 및 연구의 범위 등 연구의 의의를 나열하고, 기존 연구에서 미비한 사항이나 차이점 등도 기록한다.
  ㉡ 용어의 정의 및 연구 문제를 위한 틀을 발전시키며 연구가설을 진술한다.
  ㉢ 연구의 제한점을 제시함으로써 연구 결과에 대한 과잉일반화나 해석상의 오류가능성에 대해 경고한다.

⑤ 선행연구의 분석 및 이론적 배경의 작성 18 기출
  ㉠ 연구에 기초가 되는 이론을 전개하는 부분으로 참고서적이나 문헌의 내용을 체계적으로 전개한다.
  ㉡ 문헌 고찰은 연구의 맥락에서 고찰해야 한다. 이론적 배경이 기능을 다하려면, 다음과 같은 내용들이 이론적 배경에서 탐색되어야 한다.
    • 독립변인과 종속변인의 관계에 대한 논의
    • 연구자의 주장이나 생각
    • 잠정적 결론 암시
    • 가설의 도출 예상
  ㉢ 본연구와 직접 관련되는 선행연구는 그 연구의 목적, 사용된 방법, 도구, 대상, 결과 등에 대하여 자세히 언급하고, 간접적 관련 되는 것은 연구의 의의와 결과 등 주요 핵심만 간단히 제시한다.

⑥ 연구방법 17 23 24 기출

연구대상	모집단으로부터 연구대상(참여자)을 표집하는 방법 및 절차를 보다 구체적으로 설명한다.
수집방법	질문지법, 면접법, 내용분석법 등 자료수집 방법을 제시한다.
연구절차	연구수행 과정에 비추어 체계적으로 순서에 의해 서술하는 것이 바람직하며, 조사연구, 실험연구와 관찰연구 등에서 연구가 진행되는 모든 절차를 자세히 기록한다.
측정도구와 검사도구	연구에서 사용한 도구의 특징으로 도구명, 제작자와 회사명, 도구의 내용을 기록하고 타당도와 신뢰도의 정보를 제공하여야 한다.
연구가설	연구의 목적을 구체화한 진술로서, 연구의 중요도에 따라 기술한다. 자료 분석 결과가 연구자의 예측과 다르게 나타나도 연구가설을 수정해서는 안 된다.

⑦ 결 과
  연구방법에 따라 얻은 연구의 결과를 기록하는 부분으로, 양적 연구인 경우에는 연구 목적과 구체화된 가설에 따라 연구 결과를 서술하고, 질적 연구의 경우에는 연구를 진행하면서 얻은 결과를 서술한다. 이때, 표나 그림으로 제시할 수 있다.

⑧ 논의(결론) 및 제언 14 24 기출
  결과를 바탕으로 결론을 내리는 부분으로, 연구 과정에서의 문제점과 오류 가능성, 후속연구를 위한 제언 등을 아울러 제시한다.
  ㉠ 결과가 가설을 지지했는지 여부를 설명한다.
  ㉡ 결과에 근거한 결론을 진술한다.
  ㉢ 연구의 한계점을 제시한다.

ⓒ 결과가 제공하는 이론적·실제적 함의 및 시사점을 제공한다.
- 연구 결과에 대한 이론적 해석을 시도하고, 실제적 쟁점을 거론한다.
- 이론이나 실제에 대한 변화가 요구되면 조심스럽게 논의한다.

ⓜ 논의가 어려운 이유는 연구자의 문제의식과 연구 결과 간의 관계를 제대로 연결짓지 못하기 때문이다.

⑨ 참고문헌 17 기출
㉠ 연구 과정에서 사용한 자료의 출처를 밝히는 부분으로, 기록하는 방법에는 각주와 후주가 있다.

각 주	• 참고문헌이 인용된 해당 페이지의 하단에 정보를 기록하는 형태이다. • 참고문헌을 해당 페이지에서 쉽게 볼 수 있는 장점이 있으나, 편집이 어렵고 참고문헌이 많은 경우 서술이 불편하다.
후 주	• 모든 참고문헌의 내용을 논문 맨 뒤에 함께 기록하는 형태이다. • 참고문헌을 후주로 기록할 때는 연구를 위하여 인용된 모든 문헌을 기록한다.

㉡ 참고문헌 양식 : 미국심리학회(APA) 기준 17 기출

참고문헌 기본원칙		• 참고문헌 목록은 1저자의 성에 따라 가나다, 알파벳 순으로 배열, 국내문헌 → 해외문헌 순으로 배열 • 국문레퍼런스는 저자명을 모두 표기, 해외레퍼런스는 '저자 성, 저자 이름 이니셜' 표기 • 동일 저자의 여러 문헌을 인용한 경우 문헌 발행년도 순으로 배열 • 1저자만 동일한 경우 다음 저자의 이름 순 • 저자 수가 7인 이하인 경우 모든 저자의 이름을 표기하고, 8인 이상인 경우 앞의 6인의 저자명을 쓰고 세 개의 생략점을 찍은 후 맨 끝의 저자명을 표기 • 첫 줄 내어쓰기
문헌종류별 참고문헌 양식	단행본	저자명(발행연도), 도서명(판사항 – 판본이 여러 개인 경우), 출판사주소지 : 출판사명
	단행본 (번역본)	저자명(발행연도), 도서명, 번역자명(번역), 출판사주소지 : 출판사명, (원전 출판년도)
	단행본 (편집도서 챕터)	저자명(발행연도), 챕터명, In 편집자명(Ed.), 도서명(pp.페이지), 출판사주소지 : 출판사명
	학위논문	저자명(발행연도), 논문명(학위종류, 학위수여기관), 온라인 위치(온라인에 있는 경우)
	저널논문 (학술지)	저자명(발행연도), 논문명, 저널명, 권(호), 페이지, doi(저널에 따라 doi 생략하는 경우 있음)
	잡지 기사	• 저자명(발행시기), 기사제목, 잡지명, 권(호), 페이지 • 온라인 기사의 경우 : 저자명(발행시기), 기사제목, 잡지명, 권(호), Retrieved from 기사 URL • 저자가 드러나지 않은 경우 : 기사제목, (발행시기), 잡지명, 권(호), 페이지

⑩ 부 록

부록에서는 연구에서 사용한 질문지, 실험도구나 그림, 사진 또는 분석결과 자료 등 연구보고서의 본문 부분에 수록하기 곤란한 내용을 서술한다.

필수과목 02 적중예상문제

❖ 완벽하게 이해된 부분에 체크하세요.

CHAPTER 01　상담연구의 기초

01 개념(Concepts)의 정의와 가장 거리가 먼 것은?

① 일정한 관계사실에 대한 추상적인 표현
② 특정한 여러 현상들을 일반화함으로써 나타내는 추상적인 용어
③ 현상을 예측 설명하고자 하는 명제 이론의 전개에서 그 바탕을 이루는 역할
④ 사실과 사실 간의 관계에 논리의 연관성을 부여하는 것
⑤ 연구의 출발점과 앞으로의 연구방향을 제시

　사실과 사실 간의 관계에 논리의 연관성을 부여하는 것은 '이론'에 대한 설명이다.

02 조작적 정의에 관한 설명으로 옳지 않은 것은?

① 측정 가능한 형태로 진술된다.
② 구체적일수록 반복연구의 수행이 쉽다.
③ 한 구인에는 단 한 가지의 조작적 정의가 존재한다.
④ 측정하고자 하는 구인과 논리적 관련성이 높다.
⑤ 지식이 축적되면 조작적 정의를 변경해야 하는 경우가 발생하기도 한다.

　한 구인에 다양한 조작적 정의가 존재할 수 있다. 예컨대, 신앙이라는 구인을 교회의 참석횟수로 측정할 수도 있고, 성경을 읽은 횟수로 측정할 수도 있다.

정답　01 ④　02 ③

03 벨몬트 보고서는 모든 임상연구의 기초가 되는 3가지 기본 윤리원칙들을 제시하고 있다. 다음에서 3가지 기본 윤리원칙에 해당하는 내용을 바르게 나열한 것은?

> ㄱ. 인간존중의 원칙
> ㄴ. 선행의 원칙
> ㄷ. 특수성의 원칙
> ㄹ. 정의의 원칙
> ㅁ. 공평의 원칙

① ㄱ, ㄴ, ㄷ
② ㄱ, ㄴ, ㄹ
③ ㄴ, ㄷ, ㄹ
④ ㄴ, ㄷ, ㅁ
⑤ ㄷ, ㄹ, ㅁ

벨몬트의 기본 윤리원칙
- 인간존중의 원칙 : 개인은 자율성을 갖춘 존재로 대우받아야 하며, 그들을 어떤 목적을 위한 수단으로 사용해서는 안 된다는 원칙이다.
- 선행의 원칙 : 선행은 위험을 최소화하고, 이득을 최대화함을 의미한다.
- 정의의 원칙 : 정의의 원칙은 연구에서 파생되는 부담과 이득이 동등하게 분배될 수 있도록 연구를 설계하고, 사람들을 공정하게 대할 것을 요구한다.

04 다음 사례에서 연구가설이 표현하고 있는 효과는?

> 기업에서 고객조사를 해보면 제품 만족(A)과 고객 만족(B)은 관련성이 높다. 그런데 제품은 만족하는데 고객이 느끼는 전반적인 만족도인 고객만족도는 그다지 높지 않고 반대로 제품에 대해 불만족한 고객 중에는 고객만족도가 높은 사람도 발견되었다. 이것을 두고 최근 한 연구자는 두 변인(A, B)과 구매한 고객에 관한 기업의 신뢰(M)를 나타내는 연구가설을 다음과 같이 설정했다.
> "A는 M을 통해 B에 정적인 영향을 미칠 것이다."

① B의 직접효과
② B의 매개효과
③ B의 이월효과
④ M의 조절효과
⑤ A의 간접효과

"A(독립변수)가 M(매개변수)을 통해 B(종속변수)에 (정적인) 영향을 미칠 것이다"라는 것은 A의 간접효과에 관한 표현이다.

05 다음과 같이 가정할 때 X, Y, Z에 대한 옳은 설명은?

○ X가 변화하면 Y가 유의미하게 변화한다.
○ 그러나 제3의 변수인 Z를 고려하면 X와 Y 사이의 유의미한 관계가 사라진다.

① X는 종속변수이다.
② Y는 독립변수이다.
③ Z는 매개변수이다.
④ Z는 억제변수이다.
⑤ X-Y의 관계는 허위적(Spurious) 관계이다.

① X는 원인적 변수인 독립변수이다.
② Y는 종속변수이다.
⑤ Z는 제3의 변수로서 독립변수와 종속변수 사이에 직접적인 관계가 없으나, 두 변수에 동시에 영향을 미쳐 두 변수 간에 관계가 있는 것처럼 보이게 하는 허위적 관계(또는 허구효과)를 만드는 변수이다.

06 다음에서 공통으로 위반가능성이 있는 연구윤리는?

○ 학생이 연구에 참여해야만 학점을 받을 수 있어 연구에 참여한다.
○ 집단상담연구에 참여하였으나 구성원이 마음에 들지 않아 그만두고 싶은데 연구자의 암묵적 압력으로 그만두지 못한다.

① 비밀유지와 사생활보호   ② 고지된 동의
③ 속임수의 사용   ④ 진실성의 원칙
⑤ 자율성의 원칙

연구 불참여부는 피험자의 자율의사에 따라야 한다.
연구윤리의 일반원칙

자율성의 원칙	연구에 참여하느냐 안하느냐는 피험자의 자발적 의사에 의한다.
무피해의 원칙	피험자는 연구에 참여함으로 인해 피해를 입어서는 안 된다.
이익의 원칙	상담연구는 상담의 기술, 체제, 이론의 개발과 검증과정에 기여하고 이를 더 발전시켜야 하며, 인류의 건강과 안녕에 기여해야 한다.
신용의 원칙	연구 시 불가피하게 기만이 사용된 경우에도 실험과 자료수집을 마친 후에 '디브리핑' 절차를 이행하는 등 피험자에게 한 약속을 지켜야 한다.

정답 03 ② 04 ⑤ 05 ⑤ 06 ⑤

07 과학적 연구의 특성으로 옳지 않은 것은?

① 객관성을 추구해야 한다.
② 타당한 근거를 통해 결론에 대한 증거자료를 확보해야 한다.
③ 조건과 과정이 같으면 동일한 결론을 얻어야 한다.
④ 기존에 확립된 이론은 수정되지 않아야 한다.
⑤ 자료는 합리적이고 체계적인 방법을 통해 수집한 것이어야 한다.

과학적 연구는 객관적이고 합리적인 타당한 근거를 통해 결론에 대한 검증이 가능하고, 어느 정도의 법칙적인 일반성을 포함하는 체계적 연관성을 가진 일련의 진술을 말한다.

과학적 연구의 특징

재생가능성	일정한 절차, 방법을 되풀이했을 때 누구나 같은 결론을 내릴 수 있는 가능성이다.
경험성	연구대상이 궁극적으로는 인간의 감각에 의해 지각될 수 있는 것이어야 한다.
객관성	건전한 감각기관을 가진 여러 사람이 같은 대상을 인식하고 그로부터 얻은 인상이 일치하는 것이다.
간주관성	'상호주관성'이라고도 불리는 것으로, 과학적 지식은 다른 연구자들에게도 연구 과정과 결과가 이해되어야 한다.
체계성	과학적 연구는 내용의 전개과정이나 조사과정이 일정한 틀, 순서, 원칙에 입각하여 진행되어야 한다.
변화가능성	기존의 신념이나 연구 결과는 언제든지 비판하고 수정할 수 있다.

08 가설에 관한 설명으로 옳지 않은 것은?

① 가설은 보통 독립변수와 종속변수 간의 관계의 형태로 표명된다.
② 현재 알려져 있는 사실의 설명뿐만 아니라 장래의 사실도 예측할 수 있어야 한다.
③ 가설 설정 시 윤리성, 창의성, 실용성 등을 고려해야 한다.
④ 모든 변수는 실증적 연구의 대상이 될 수 있어야 한다.
⑤ 문제의 설정에서 제기된 의문에 대하여 다수의 해답을 제시해야 한다.

문제의 설정에서 제기된 의문에 대하여 하나의 가정적 해답을 제시해야 한다.

09 가설의 조건에 해당하지 않는 것은?

① 명료성
② 한정성
③ 가치중립성
④ 다양성
⑤ 검증가능성

가설의 조건

명료성	가설 속의 모든 용어들의 의미가 명백하거나 또는 적어도 이들 용어들을 조작적으로 정의하는 데 큰 어려움이 없어야 한다.
한정성	연구자는 가설을 수립할 경우 먼저 둘 또는 셋 이상 변수들의 상관관계의 방향, 즉 긍정적 또는 부정적 관계에 관해서 한정적으로 정확히 밝혀야 한다.
가치중립성	연구자의 가치, 편견, 그리고 주관적 견해 등을 가설 속에서 배제해야 한다.
검증가능성	가설을 검증할 수 있는 도구가 존재해야 한다.

10 탐색적 연구에 관한 설명으로 가장 올바른 것은?

① 둘 이상 변수 간의 상관관계를 기술할 때 적용한다.
② 현상에 대한 단순한 기술이 아닌 인과론적 설명을 전개한다.
③ 조사하고자 하는 분야에 대한 예비지식을 얻고자 하는 것이다.
④ 현상을 정확하게 기술하는 것을 주목적으로 한다.
⑤ '왜(Why)'에 대한 대답을 제공하는 연구이다.

탐색적 연구는 '예비연구'라고도 하는데, 기술적으로 엄밀한 제한을 받지 않고 연구를 할 수 있는 것으로, 연구설계를 확정하기 이전에 타당성을 검증하거나, 연구 문제에 대한 사전지식이 부족한 경우에 실시한다.
①·④ 기술적 연구, ②·⑤ 설명적 연구에 관한 설명이다.

11 기술적 연구가 갖는 특징으로 잘못 지적된 것은?

① 연구분야에 대한 많은 지식이 전제되어야 한다.
② 연구자가 측정하려는 것이 분명히 규정되어 있어야 한다.
③ 자료수집에 제한이 있다.
④ 치밀하게 절차가 계획되어야 한다.
⑤ 현상을 정확하게 기술하는 것을 주목적으로 한다.

기술적 연구는 어떤 상황에 대한 특징이나 성격을 기술하는 것이므로, 자료수집에는 제한이 없다.

12 종단연구에 관한 설명이 아닌 것은?

① 둘 이상의 시점에서 동일한 분석단위를 연구하는 것을 말한다.
② 동년배연구, 패널연구 등이 있다.
③ 연구마다 새롭게 표집된 표본에 관한 자료를 제공한다.
④ 정태적 연구이다.
⑤ 반복적으로 측정이 이루어진다.

종단연구는 동태적 연구에 해당한다.

13 코호트 설계에 관한 설명으로 옳은 내용을 모두 고른 것은?

ㄱ. 시간이 경과해도 유사한 특성을 보일 것으로 기대되는 실험대상 집단들이 서로 다른 경험으로 인하여 차이가 발생하는 경우에 사용한다.
ㄴ. 독립변수 경험(노출) 정도에 따라 대상을 구획하는 것은 연구의 내적 타당도를 높인다.
ㄷ. 실험집단과 통제집단을 구분하기 어려울 때 사용한다.
ㄹ. 대표적인 횡단적 조사방법 설계이다.
ㅁ. 무선화를 통한 통제집단의 동질화가 확보되지 않을 때 사용한다.

① ㄱ
② ㄱ, ㄴ
③ ㄴ, ㄷ
④ ㄱ, ㄷ, ㄹ
⑤ ㄱ, ㄹ, ㅁ

ㄷ. 코호트 설계는 통제집단과 실험집단을 구분할 수 있을 때 사용한다.
ㄹ. 시간에 따라 추적되는 대표적인 종단적 조사방법 설계이다.
ㅁ. 무선화를 통한 통제집단의 동질화가 확보되어야 한다.
코호트 설계(Cohort Study)
연구를 시작할 때 연구대상인 코호트 구성원으로부터 요인노출(예 흡연유무)에 대한 자료를 수집하고, 그 시점 이후부터는 전향적으로 추적조사하면서 기대되는 사건(예 폐암)의 발생여부를 조사하는 설계를 말한다.

14 양적 연구에 관한 설명으로 옳지 않은 것은?

① 인과관계와 관련하여 원인과 결과를 분석하는 것이 가능하다.
② 내부자적 관점을 중시하며, 현상학적 전통을 따른다.
③ 자료를 수집하기 전에 구체적인 연구가설을 설정한다.
④ 일반적 법칙 발견과 연구 결과의 일반화를 시도한다.
⑤ 많은 수의 표본을 필요로 하며, 확률적 표집방법을 사용한다.

② 질적 연구에 관한 설명이다.
양적 연구와 질적 연구

양적 연구	• 현상의 속성을 계량적으로 표현하고 그들의 관계를 통계분석을 통해 밝혀낸다. • 정형화된 측정도구를 사용하여 객관적인 연구를 수행한다. • 연역법에 기초하며 연구 결과의 일반화가 용이하다. • 실증주의적 인식론에 바탕을 두며, 객관성과 보편성을 강조한다. • 방법론적 일원주의를 주장한다. • 관찰에 근거하지 않은 지식의 공허함을 주장한다. • 일반화 가능성이 높지만, 구체화에 문제가 있다. • 질문지연구, 실험연구, 통계자료분석 등이 해당된다.
질적 연구	• 현상학적 인식론을 바탕으로 연구자와 대상자 간의 긴밀한 상호작용을 통해 진행된다. • 언어, 몸짓, 행동 등 상황과 환경적 요인을 연구한다. • 연구자의 개인적인 준거틀을 사용하여 비교적 주관적인 연구를 수행한다. • 관찰자의 해석으로부터 독립된 객관적인 관찰은 존재하지 않음을 주장한다. • 행위자가 자신의 경험에 부여하는 의미의 파악을 중시한다. • 탐색적 연구에 효과적이며, 사회과학에서 많이 사용한다. • 귀납법에 기초하며, 연구 결과의 일반화에 어려움이 있다. • 현지연구, 사례연구 등이 해당된다.

15 근거이론(Grounded Theory) 접근을 채택한 연구에 관한 설명으로 옳지 않은 것은?

① 조사과정에서 조사자의 관점이 중요시 된다.
② 자료 분석을 통해 이론을 도출하는 데 관심을 갖는다.
③ 연구 결과의 일반화를 극대화하기 위해 확률표집이 선호된다.
④ 상징적 상호작용론에 바탕을 둔 이론이다.
⑤ 귀납적 방법을 적용한다.

③ 근거이론은 질적 연구의 한 방법으로 비확률 표집을 선호한다.
① 일반적으로 양적 접근에서는 조사자의 관점을 엄격한 구조 틀로써 배제하려고 하지만, 질적 접근에서는 오히려 조사자의 관점을 조사연구의 중요한 요소로 포함시킨다.
② 근거이론은 자료에 기반을 두고 사람, 사건, 현상에 대한 이론을 발전시키는 데 목적을 둔다. 즉, 이론에서 가설을 도출하고 자료를 수집하여 그것을 검증하는 단계를 거치는 양적 접근과는 달리, 근거이론 접근에서는 자료에서 이론을 도출하는 데에 주된 관심을 둔다.
④ 근거이론 방법론은 상징적 상호작용론에 철학적 기반을 둔 이론으로 인간행동과 상호작용을 연구하는 수단을 제공하고 공동행동에 대한 이해와 새로운 견해를 창조한다.
⑤ 근거이론 방법론은 이론적 설명을 생성하기 위해 일상적인 행동이나 조직적인 패턴을 이용한 귀납적 방법을 적용한다.

정답 12 ④ 13 ② 14 ② 15 ③

16 '원인 없는 결과는 없다'와 같은 분명한 명제에 호소하여 지식을 얻는 방법은?

① 관습에 의한 방법　　　　　　　② 권위에 의한 방법
③ 신비에 의한 방법　　　　　　　④ 과학적 방법
⑤ 직관에 의한 방법

> 직관에 의한 방법은 스스로 분명한 명제에 호소하는 방법이다. 이 명제는 너무나 명백한 사실에 속하기 때문에 그 뜻을 이해하는 사람이면 누구나 그것이 곧 진실이라는 확신을 갖게 된다. 예를 들면, '전체는 부분보다 크다', '개인의 재산권은 불가침이다', '이중결혼은 죄악이다', '원인 없는 결과는 없다'와 같은 명제들은 많은 사람들이 의심없이 받아들이고 있다.

17 실험연구의 특징으로 옳은 것은?

① 가외변수의 통제가 어렵다.
② 인과관계 파악이 용이하다.
③ 종속변수의 조작이 용이하다.
④ 현장조사연구에 비해 연구 결과의 일반화가 용이하다.
⑤ 변수의 조작적 정의를 정확하게 내리기 쉽지 않다.

실험연구의 장단점

장 점	가외변수의 통제나 변수의 조작적 정의를 정확하게 내리기 쉽고, 인과관계 파악이 용이하다.
단 점	변수의 조작이 가능할 때만 연구가 가능하고, 현장조사 연구에 비해 연구 결과의 일반화가 어려워 실제 상황에 적용하는 데 제한이 있다.

18 조사연구(Survey Research)의 단점이 아닌 것은?

① 획득된 정보는 피상적이다.
② 대규모 모집단연구에 불리하다.
③ 표본오차의 가능성이 있다.
④ 고도의 조사지식과 기술을 요한다.
⑤ 응답자를 일시적으로 자신의 사회적 맥락에서 끌어내어 조사의 결과를 무의미하게 할 수도 있다.

조사연구는 대규모 모집단의 특성을 기술하는 데 특히 유용하다.
조사연구의 단점
- 획득된 정보는 피상적이다.
- 얻은 정보가 상대적으로 정확하다고 할지라도 어느 정도의 오차를 갖는다.
- 면접을 이용하여 조사하는 경우, 응답자를 일시적으로 자신의 사회적 맥락에서 끌어내어 조사의 결과를 무의미하게 할 수도 있다.
- 고도의 조사지식과 기술을 요한다.

19 모의상담연구에 관한 설명으로 옳은 내용을 모두 고른 것은?

ㄱ. 독립변수의 조작이 쉽다.
ㄴ. 가외변수를 통제하기가 어렵다.
ㄷ. 상담과정을 단순화함으로써 연구 결과 해석이 용이해진다.
ㄹ. 상담연구에서 발생할 수 있는 윤리적 문제를 피할 수 있다.
ㅁ. 연구 결과를 일반화하는 데 유리하다.

① ㄱ
② ㄱ, ㄷ
③ ㄴ, ㄷ
④ ㄱ, ㄷ, ㄹ
⑤ ㄱ, ㄴ, ㄷ, ㅁ

ㄴ. 연구 문제와 관련이 없는 다른 변인들을 무작위화하거나 혹은 다른 방법으로 통제할 수 있다.
ㅁ. 모의상담연구의 단점에 해당되는 내용으로, 실제 상황보다 지나치게 단순화되므로 연구 결과를 일반화하기 어렵다.

정답 16 ⑤ 17 ② 18 ② 19 ④

20 논리적 연관성을 도출하는 방법인 연역적 방법과 귀납적 방법에 관한 설명으로 옳지 않은 것은?

① 귀납적 방법은 구체적인 사실로부터 일반원리를 도출해 낸다.
② 연역적 방법은 일정한 이론적 전제를 수립해 놓고 그에 따라 구체적인 사실을 수집하여 검증함으로써 다시 이론적 결론을 유도한다.
③ 연역적 방법은 이론적 전제인 공리로부터 논리적 분석을 통하여 가설을 정립하여 이를 경험의 세계에 투사하여 검증하는 방법이다.
④ 귀납적 방법이나 연역적 방법은 상반된 방법이므로 양방법을 조화시키면 상호 배타적이기 쉽다.
⑤ 귀납적 방법의 경우 소수의 사례를 토대로 전체에 대한 결론을 내리는 경우에 귀납적 오류를 범할 수 있다.

> 연역적 방법이나 귀납적 방법은 그 어느 것도 완벽하지 못하므로, 이론을 전개할 때 두 방법을 조화해 상호 보완해야 한다.

CHAPTER 02 연구 문제의 선정 및 표본추출

01 연구 주제 선정기준 중 문제에 대한 답이 이론적으로 학문발전에 공헌해야 한다는 것은?

① 계속성　　　　　　　　　　　② 독창성
③ 경험적 검증 가능성　　　　　④ 윤리성
⑤ 공헌성

> 연구 주제 선정기준 중 공헌성은 문제에 대한 답이 이론적으로 학문발전에 공헌하고, 실용적 측면에서 사회구성원의 행복을 증진하는 데 공헌할 수 있어야 한다는 기준이다.

02 모집단을 정확하게 규정하기 위해 고려해야 하는 요소가 아닌 것은?

① 표본단위　　　　　　　　　　② 경제성
③ 조사지역　　　　　　　　　　④ 조사기간
⑤ 연구대상

> 연구 목적에 부합되는 자료를 얻기 위해서는 가능한 한 정확한 모집단의 규정이 필요한데, 이를 위해서는 연구대상, 표본단위, 범위(조사지역), 시간(조사기간)의 4가지 요소를 명확히 해야 한다.

03 표본추출에 관한 설명 중 옳지 않은 것은?

① 표본은 모집단에서 추출한다.
② 표본은 확률표본추출을 하여야 한다.
③ 표본은 대표성이 있어야 한다.
④ 표본은 정규집단에서 추출하는 것이 좋다.
⑤ 표본은 일차적으로 기술적 통계분석의 대상이 된다.

> 전체를 가장 잘 대표하고 있는 부분을 뽑는 작업을 표본추출이라 하며, 확률표본추출과 비확률표본추출의 방법이 있다.

04 어떤 연구가 부적절한 표집틀(Sampling Frame)을 사용하여 얻은 자료를 바탕으로 이루어졌다면, 그 연구 결과는?

① 대표성을 결여하게 된다.
② 이론적인 적절성이 결여된다.
③ 정확한 가설을 설정하기 어렵다.
④ 정확한 측정을 어렵게 한다.
⑤ 검증이 어려워진다.

> 표집틀은 모집단 내에 포함된 조사대상자들의 명단이 수록된 목록을 말한다. 표집틀이 부적절하면 대표성을 결여하게 된다.

05 표본의 크기가 50명이고, 모집단 크기의 수가 3,000명일 때 표집간격은?

① 60명　　　　　　　　　　② 150명
③ 175명　　　　　　　　　　④ 350명
④ 15,000명

> 표집간격 = $\dfrac{\text{모집단 전체의 크기}}{\text{표본크기}}$ 이므로, $\dfrac{3{,}000}{50} = 60(명)$

06 표본의 크기에 관한 설명으로 옳지 않은 것은?

① 모집단이 동질적일수록 표본 크기는 작아도 된다.
② 동일한 조건에서 표본의 크기가 클수록 통계적 검증력은 증가한다.
③ 사례수가 작으면 표준오차가 커지므로 작은 크기의 효과를 탐지할 수 있다.
④ 측정도구의 신뢰도가 낮을 경우 대규모 표본을 이용하는 것이 효과적이다.
⑤ 중도탈락률이 높을 것으로 예상되는 경우 대규모 표본을 이용하는 것이 효과적이다.

　　표본의 크기는 표본의 사례수를 말하는데, 이는 표집오차, 특히 무작위표집오차와 밀접한 관련을 갖는다. 표본의 크기가 클수록 표집오차는 작아지며, 그 반대로 표본의 크기가 작을수록 표집오차는 증가한다.

07 표본추출의 절차에 관한 설명 중 옳지 않은 것은?

① 모집단은 그 특성을 잘 알 수 있도록 규정한다.
② 모집단이 확정된 경우 표본을 추출하게 될 표집틀을 선정해야 한다.
③ 표본추출의 전제는 일반화를 정확히 할 수 있는 한도 내에서 오차를 허용하여 뽑는다.
④ 표본추출 시 필요하면 표본을 수정해도 된다.
⑤ 표본추출의 절차에서는 가장 먼저 표집방법을 결정해야 한다.

　　표본추출의 절차
　　모집단의 확정 → 표집틀의 선정 → 표집방법 결정 → 표집크기 결정 → 표본추출

08 표본추출의 핵심을 대표성과 적절성의 조화라고 할 때, 고려하지 않아도 되는 사항은?

① 편견이 들어가지 않고 충실히 전체를 대표할 수 있는 표본을 얻어야 한다.
② 표본이 어떤 층을 포함하는가 또는 포함하지 않는가를 분명히 안다.
③ 표본의 크기는 필요한 통계학적인 신뢰도를 확보할 수 있을 만큼 커야 한다.
④ 가급적 표본은 연구실에서 자료를 토대로 뽑는 것보다 현지에서 뽑도록 한다.
⑤ 비용이 허락하는 범위 내에서 가장 효과적으로 필요한 정보를 얻을 수 있어야 한다.

　　표본은 가급적 현지에서 현지조사원이 뽑는 것보다, 연구실에서 충분한 자료를 토대로 일정한 절차에 따라 뽑는다.

09 표본추출의 단점에 관한 설명으로 옳지 않은 것은?
① 정확한 표본추출이 용이하지 못하다.
② 소수의 특수한 성질을 가진 조사대상을 찾는 경우에는 적당치 않다.
③ 시간과 비용이 많이 든다.
④ 표본추출의 종류마다 한계가 있어 각각의 방법을 어떻게 선택할 것인가의 애로점이 있다.
⑤ 모집단의 크기가 작은 경우 표집 자체가 무의미하다.

표본추출은 모집단에서 자료를 일부만 뽑아 조사하므로 시간과 경비가 절약된다.

10 표집방법과 그 방법이 속한 유형이 바르게 연결된 것은?
① 할당(Quota) 표집 – 확률표집
② 군집(Cluster) 표집 – 비확률표집
③ 편의(Convenience) 표집 – 확률표집
④ 판단(Judgement) 표집 – 비확률표집
⑤ 층화(Stratified) 표집 – 비확률표집

표집방법과 유형

확률 표집 방법	단순무작위표본추출방법 (Simple Random Sampling)	표본 요소들이 표출될 확률이 동일하다.
	층화표본추출방법 (Stratified Sampling)	일정한 특성에 의해 모집단을 층화하고 각 층에서 일정 수를 무작위 표출한다.
	군집(집락)표본추출방법 (Cluster Sampling)	표본(추출)단위를 집단(일정한 지역)으로 하여 무작위 표출한다.
	계통표본추출방법 (Systematic Sampling)	모집단 추출 틀에서 단순 무작위로 하나의 단위를 선택하고, 그 다음 k번째 간격마다 하나씩의 단위를 표본으로 추출한다.
비확률 표집 방법	편의(임의/우연)표본추출방법 (Convenience Sampling)	조사자가 편리한 대로 표출한다.
	판단(목적/유의)표본추출방법 (Judgement Sampling)	조사 목적에 맞다고 판단되는 소수의 인원을 조사자가 선택한다.
	할당표본추출방법 (Quota Sampling)	일정한 특성을 기준으로 모집단의 구성비에 맞추어 편의 표출한다.

정답 06 ③ 07 ⑤ 08 ④ 09 ③ 10 ④

11 확률표집과 비확률표집에 관한 설명으로 옳지 않은 것은?

① 확률표집은 모집단으로부터 선택될 확률이 미리 알려지지 않은 경우 사용한다.
② 확률표집은 무작위적 표집을, 비확률표집은 인위적 표집을 한다.
③ 확률표집은 모수치 추정이 가능하지만, 비확률표집은 모수치 추정이 불가능하다.
④ 비확률표집은 확률표집보다 시간과 비용이 절약된다.
⑤ 비확률표집에는 편의표집, 유의표집, 눈덩이표집, 할당표집 등이 있다.

확률표집방법과 비확률표집방법의 비교

구 분	확률표집방법	비확률표집방법
연구대상이 표본으로 추출될 확률	모집단의 모든 요소들이 동일하게 추출될 확률이 확실할 때	모든 요소들이 표본으로 추출될 확률을 알 수 없을 때
표집(표본추출)	무작위적 표집	인위적 표집
모수치 추정가능성	추정 가능	추정 불가능
오차 측정가능성	측정 가능	측정 불가능
시간과 비용	많이 소요	절 약
모집단의 규모와 성격	명확히 규정	불명확 또는 불가능
종 류	단순무작위표집, 체계적표집, 층화표집, 집락표집 등	편의표집, 유의표집, 눈덩이표집, 할당표집 등

12 다음 보기의 내용이 설명하는 표집방법은?

> 강남역에 위치한 도서관을 이용하는 남녀 청소년의 비율이 6:4 임을 감안하여, 어느 하루를 정하여 그 곳을 방문한 청소년들을 대상으로 남학생 60명, 여학생 40명을 선착순으로 설문조사를 실시하였다.

① 단순무작위표집 ② 체계적표집
③ 층화표집 ④ 할당표집
⑤ 군집표집

할당표집은 연구자의 모집단에 대한 사전지식을 기초로 하여, 모집단의 특성을 나타내는 하위 집단별로 표본수를 할당한 다음 표본을 추출하는 방법이다.
① 단순무작위표집(단순무선표집) : 모집단 내의 개별적인 관찰이나 개인이 표본으로 선택될 확률이 동일하고, 각각의 선택이 서로 간에 영향을 미치지 않도록 표본을 추출하는 방법이다.
② 체계적표집(계통표집) : 모집단을 구성하는 구성요소들이 배열된 목록에서 매 k번째 요소를 추출하여 표본을 형성하는 표출방법이다.
③ 층화표집(유층표집) : 모집단을 일정한 기준에 따라 2개 이상의 동질적인 층(Strata)으로 구분하고, 각 층별로 단순무작위추출 방법을 적용하는 방법이다.
⑤ 군집표집(집락표집) : 모집단을 이질적인 구성요소를 포함하는 여러 개의 집락으로 구분한 다음, 구분된 집락을 표출단위로 하여 무작위로 몇 개의 집락을 표본으로 추출하고, 이를 표본으로 추출된 집락에 대하여 그 구성단위를 전수 조사하는 방법이다.

13 표집틀(Sampling Frame)을 평가하는 주요 평가요소 중 가능한 한 조사자가 원하는 대상만을 표집틀에 포함해야 한다는 것과 관련이 있는 요소는?

① 포괄성　　　　　　　　　　　② 추출확률
③ 안정성　　　　　　　　　　　④ 효율성
⑤ 통일성

표집틀 구성의 평가요소

포괄성	표집틀이 연구하고자 하는 전체 모집단 중 얼마나 많은 부분을 포함하고 있는가를 보아야 한다.
추출확률	모집단에서 개별 요소가 추출될 수 있는 확률이 동일한가를 알아보고, 동일하지 않은 경우 이를 조정할 수 있어야 한다.
효율성	가능한 한 조사자가 원하는 대상만을 표집틀 속에 포함해야 한다.

14 표본크기에 관한 설명으로 옳지 않은 것은?

① 모집단 구성원 특성이 다양할수록 표본의 수는 커져야 한다.
② 추정치 정확도의 정도, 시간과 비용의 제한 등을 고려해야 한다.
③ 표본수가 줄어들수록 모집단에 대한 추정의 정확성이 높아지게 된다.
④ 신뢰구간 접근법은 모집단의 분산이 알려져 있을 경우 표본크기 산정에 사용할 수 있다.
⑤ 모집단의 분산이 알려져 있지 않은 경우, 가설검증 방법을 사용하여 모집단의 표준편차를 추정해 표본의 크기를 결정할 수 있다.

표본수가 많아질수록(표본의 크기가 클수록) 모집단에 대한 추정의 정확성이 높아지고, 표본수가 줄어들수록(표본의 크기가 작을수록) 정확성은 낮아진다.

표본크기의 결정 시 고려사항
- 표집의 동질성 : 동질성은 전체 집단을 구성하는 요소들이 연구하고자 하는 속성과 비슷한 정도를 말한다. 동질성이 높을수록 표본의 크기는 작아질 수 있다.
- 표집방법과 절차 : 표집방법에 따라 표본의 크기를 달리 해야 한다. 예를 들면, 층화표집은 가장 작은 표본을 요구하며, 단순무작위표집은 좀 더 큰 표본을, 군집표집은 가장 큰 표본을 필요로 한다.
- 비용·시간 및 인력의 한계 : 표본의 크기는 조사연구 및 표출에 소요되는 비용, 시간 및 인력의 조건에 따라 적절히 조정·결정되어야 한다.
- 카테고리의 수 : 표본의 크기는 각 변수의 카테고리가 얼마나 다양한가에 따라 다르게 결정되어야 한다. 변수의 카테고리를 많이 나누면 나눌수록 표본의 크기는 커져야 한다.
- 정확성 : 정확성은 표본을 근거로 하여 모집단을 추정한 추정치가 실제로 모집단의 가치에 어느 정도 가까울 수 있느냐의 정도를 말하는 것으로써, 그 수준과 정도는 표본의 크기에 따라 결정된다.

정답　11 ①　12 ④　13 ④　14 ③

15 단순무작위표집을 통하여 자료를 수집하기 어려운 조사는?

① 신용카드 이용자의 불편사항
② 조세제도 개혁에 대한 중산층의 찬반 태도
③ 새 입시제도에 대한 고등학생의 찬반 태도
④ 주민자치센터 행정서비스에 대한 거주민의 만족도
⑤ 한강르네상스사업에 대한 서울시민의 찬반 태도

단순무작위표집은 확률적 표집에 바탕을 두므로 표본틀이 명확해야 한다. ②의 경우 조사대상인 중산층이란 개념이 모호하므로 비확률적 표집방법으로 의도적으로 표본을 선택하는 유의표본추출을 이용해야 한다.

16 (가), (나), (다) 순서로 배열된 명단(10,000명)에서 100명을 표본으로 뽑기 위하여 첫번째 무작위로 선택된 사람이 21번째 사람이었다면, 그다음에 121, 221, 321의 순서로 100명을 뽑는 표본추출 방법은?

① 연속표집　　　　　　　　　　② 층화표집
③ 계통표집　　　　　　　　　　④ 집락표집
⑤ 판단표집

계통표집은 단순무작위 표본추출의 한 방법으로 등간추출방법이다. 10,000명 중에서 100명을 뽑는다면 매 100번째의 사람을 골라내면 되고, 무작위로 선택된 첫 번째 사람이, 예컨대 21번째의 사람이었다면 그다음에 121, 221, 321의 순서로 100명을 뽑으면 된다.

17 공장이나 학교 또는 행정구역을 층으로 하여, 각각 다른 때에 각각 다른 조사원이 조사하는 경우는?

① 계통표집　　　　　　　　　　② 단순무작위표집
③ 층화표집　　　　　　　　　　④ 집락표집
⑤ 판단표집

비중이 다른 여러 가지들이 섞여 있을 때 층화표집으로 조사한다.

18 다음에 나타난 표본추출기법에 관한 설명으로 옳은 것은?

> A연구자는 울산시 청소년들의 학교폭력 실태를 파악하기 위하여 일차 표집단위로 울산시 소재 10개 중학교를 무선 추출한 후, 추출된 학교마다 한 학급씩을 무작위로 선택하여 학급 학생 전원을 대상으로 조사를 수행하였다.

① 모집단을 구성하는 모든 개별요소들에 고유번호가 필요하다.
② 내적으로 이질적이고 외적으로 동질적인 단위를 추출한다.
③ 표집틀을 확보하고 있지 못한 상황에 유용하다.
④ 모집단에 대한 사전 지식이 없을 경우에 활용된다.
⑤ 비확률표본추출 기법에 해당한다.

① 모집단을 구성하는 모든 개별요소들이 동일하게 추출되므로 고유번호가 필요 없다.
③ 모집단의 범위를 한정할 수 없거나, 모집단의 범위는 한정할 수 있지만 표집틀을 구할 수 없는 경우에 유용한 것은 '비확률표본추출'이다.
④ 모집단에 대한 사전 지식이 없을 경우에 활용하는 추출방법은 단순임의추출법이다.
⑤ 확률표본추출 기법에 해당한다.

집락표집(군집표집)
모집단 목록에서 구성요소를 여러 가지 이질적인 구성요소를 포함하는 여러 개의 집락 또는 집단으로 구분한 후, 집락을 표집단위로 하여 무작위로 몇 개의 집락을 표본으로 추출하고 표본으로 추출된 집락에 대해 그 구성요소를 전수조사하는 방법(집단 내 이질적, 집단 간 동질적)이다.

19 표집오차(Sampling Error)에 관한 설명으로 옳지 않은 것은?

① 일반적으로 표본의 크기가 클수록 표집오차는 작아진다.
② 일반적으로 표본의 분산이 작을수록 표집오차는 작아진다.
③ 표본의 크기가 같을 경우 할당표집에서보다 층화표집의 경우 표집오차가 더 크다.
④ 표본의 크기가 같을 경우 단순무작위표집에서보다 집락표집의 경우 표집오차가 더 크다.
⑤ 표집오차는 표본의 대표성으로부터의 이탈정도를 나타낸다.

할당표집은 비확률 표집방법으로 표집오차를 산출할 수 없을 뿐만 아니라, 표본의 정확성을 추정할 수 없다.

20 4년제 대학교 대학생 집단을 학년과 성, 계열별(인문계, 자연계, 예체능계)로 구분하여 할당표본추출을 할 경우, 할당표는 총 몇 개의 범주로 구분되는가?

① 3개
② 5개
③ 12개
④ 20개
⑤ 24개

> 대학생 집단을 할당하려면 학년은 1, 2, 3, 4학년이므로 4개, 성별은 남자, 여자로 2개, 계열별로는 인문계, 자연계, 예체능계 3개로 구분되므로 4×2×3 = 24개의 범주로 나누어진다.

CHAPTER 03 측정과 척도

01 측정의 기능에 해당하지 않는 것은?
① 일치 또는 조화의 기능
② 주관화의 기능
③ 표준화의 기능
④ 계량화의 기능
⑤ 반복과 의사소통의 기능

측정의 기능	
일치 또는 조화의 기능	일치 또는 조화란 이론적 모델을 현실세계와 연결하는 측정의 규칙이다. 즉, 추상적인 세계와 경험적인 세계를 조화하고 일치하는 데 사용되는 규칙과 절차를 제시해 준다.
객관화와 표준화의 기능	개념에 대한 측정이 없다면 경험적인 검증이 어려워지고, 검증이 어려워지면 이론을 정확히 일반화할 수 없게 된다.
계량화의 기능	사건이나 현상을 세분화하고 통계적 분석에 활용할 수 있는 정보를 제공한다. 수가 가지고 있는 속성에 따라 다양한 수준에서 이루어지기 때문에 변수를 일정한 범주, 수준, 정도, 빈도 등으로 기수할 수 있도록 해준다.
반복과 의사소통의 기능	연구 결과를 다른 사람들이 반복하고, 그 결과를 반증할 수 있도록 해준다. 측정은 연구 결과를 다른 사람에게 정확히 전달하는 의사소통의 기능을 갖는다.

02 서열수준의 측정에 관한 설명으로 옳지 않은 것은?

① 각 카테고리 간의 대소의 관계를 판단한다.
② 이러한 대소관계는 비반사적이고 비대칭적이나 이행적이다.
③ 부여된 숫자나 기호는 각 카테고리의 상대적 위치까지도 표현한다.
④ 가감승제의 수학적 조작에 있어서 큰 의미를 갖는다.
⑤ 보가더스의 사회적 거리척도, 모레노의 소시오메트리, 리커트의 리커트척도, 거트만의 거트만척도 등이 있다.

> 서열수준의 측정치는 가감승제라는 수학적 조작에 있어서는 아무런 의미를 갖지 못하고, 단지 부등식 조작만 가능할 뿐이다. 가감승제와 같은 수학적 조작이 가능한 것은 비례수준의 측정이다.

측정의 수준

명목수준의 측정	가장 낮은 수준의 측정으로 대상 자체 또는 그 특징에 대해 명목상의 이름을 부여하는 것이다.
서열수준의 측정	• 측정대상을 특징 및 속성에 따라 일정한 범주로 분류하여, 이들에 대해 상대적인 순서·서열상의 관계를 나타내는 것이다. • 서열수준의 측정은 명목수준의 측정에서 나아가 순서 또는 서열까지 부여한다.
등간수준의 측정	측정대상을 특징 및 속성에 따라 서열화하는 것은 물론, 서열 간의 간격이 일정하도록 연속선상에 수치를 부여하는 것이다.
비례수준의 측정	• 비례수준의 측정(비율수준의 측정)은 측정대상의 특징 및 속성에 절대적인 '0'을 가진 척도로 수치를 부여하는 것이다. • 가장 고차원적인 측정으로 가감승제와 같은 수학적 조작이 가능하다.

03 등간수준의 측정에 관한 설명으로 옳지 않은 것은?

① 어떠한 단위의 존재 또는 설정이 전제가 된다.
② 등간수준의 측정이 나타내는 정도는 불변이어야 한다.
③ 등간수준의 측정은 공인되었거나 공인될 수 있어야 한다.
④ 측정의 대상인 사물이나 현상을 분류하고 서열을 정한다.
⑤ 자연과학 분야에서 공인된 단위는 그 예가 별로 없다.

> 등간수준의 측정에 있어서는 어떠한 단위의 존재 또는 설정이 전제가 되는데, 이러한 단위는 공인되어 있거나 공인될 수 있는 것이어야 한다. 자연과학 분야에서는 이와 같이 이미 공인된 측정단위가 많이 형성되어 있지만, 사회과학 분야에서는 그 예가 별로 없다.

04 검사의 신뢰도를 높이기 위한 설명으로 옳지 않은 것은?

① 검사대상의 개인차를 크게 한다.
② 검사내용의 범위를 포괄적으로 구성한다.
③ 문항의 난이도를 적절하게 구성한다.
④ 문항의 변별도를 높인다.
⑤ 적은 수의 문항보다는 많은 수의 문항으로 구성한다.

> 검사도구의 측정 내용이 보다 좁은 범위의 내용일 때 검사의 신뢰도는 증가한다.
> **신뢰도를 높이는 방법**
> • 측정항목을 증가하고, 유사하거나 동일한 질문을 2회 이상 시행한다.
> • 면접자들의 일관적 면접방식과 태도로 보다 일관성 있는 답변을 유도할 수 있다.
> • 애매모호한 문구사용은 상이한 해석의 가능성을 내포하므로, 측정도구의 모호성을 제거하여야 한다.
> • 신뢰성이 인정된 기존의 측정 도구를 사용하고, 변별도가 높은 문항을 많이 쓴다.
> • 조사대상이 어렵거나 관심이 없는 내용일 경우, 무성의한 답변으로 예측이 어려운 결과가 도출되므로 제외한다.
> • 난이도가 50% 수준의 것을 많이 쓰고, 검사 시간의 제한을 엄격히 한다.
> • 집단의 능력의 범위가 넓어야 하며, 검사대상의 개인차를 크게 한다.
> • 피험자들이 검사에 대한 흥미가 높고 검사 선택 동기가 높아야 한다.

05 측정의 타당도의 정의로 옳은 것은?

① 측정도구가 측정하고자 하는 현상을 일관성 있게 측정하는 능력이다.
② 조사대상이 시간의 경과에 따라 생리적 또는 심리적으로 변화하는 것이다.
③ 조사자가 측정하고자 하는 것을 실제에 가깝게 측정하였느냐 하는 것이다.
④ 사전검사와 사후검사 간에 측정도구가 상이하여 나타나는 변화이다.
⑤ 측정에 사용하는 방법이 객관적인 합리성을 가지고 있는 정도를 말한다.

> 측정의 타당도는 조사자가 측정하고자 하는 개념이나 속성을 얼마나 실제에 가깝게 정확히 측정하고 있는가의 정도를 나타낸다.

06 어떤 회사의 기획실 직원이 그 회사 사원들의 직업만족도를 측정하기 위해서 몇 가지의 설문 문항들을 작성하여 그의 동료 직원들에게 보여서 그가 측정하려고 하는 바를 빠짐없이 모두 다 포함했는지를 확인한다면, 다음 중 가장 적절한 설명은?

① 개념타당도를 확보하는 일이다.
② 내용타당도를 확보하는 일이다.
③ 기준타당도를 확보하는 일이다.
④ 내적신뢰도를 확보하는 일이다.
⑤ 예측적타당도를 확보하는 일이다.

내용타당도(논리적 타당도)는 측정도구가 일반화하려고 하는 개념을 어느 정도로 잘 반영해 주고 있는가를 말해준다. 따라서, 조사를 위해 작성한 문항들이 조사자가 측정하고자 하는 내용을 제대로 포함하고 있느냐 아니냐를 논리적으로 검토해 보는 것이다.

07 논리적 타당도의 장점이 아닌 것은?

① 통계적 절차를 사용하지 않고 직접 적용될 수 있다.
② 질문내용에 기초를 두어 관찰될 수 있고 추정될 수 있다.
③ 적용이 용이하고 시간이 많이 소요되지 않는다.
④ 객관적 해석과 판단에 의존하므로 판단에 오차 또는 착오가 개입할 여지가 없다.
⑤ 통계적 검증이 이루어지지 않는다.

논리적 타당도는 조사자의 주관적인 해석과 판단에 지나치게 의존함으로써 판단에 오차 또는 착오가 개입할 여지가 많으며, 또한 통계적 검증이 이루어지지 않는 결점이 있다. 또 측정하려는 속성과 이 속성을 반영하는 항목 간의 상응관계의 정도를 파악할 방법이 없다. 따라서 논리적 타당도는 측정의 타당도를 수립하는 방법 중 가장 타당도가 떨어지는 방법이다.

08 다음의 절차에 따라 추정하는 타당도의 유형은?

> 첫째, 피험자 집단에게 새로 제작한 검사를 실시한다.
> 둘째, 일정기간 후 검사한 내용과 관계가 있는 피험자들의 행위를 측정한다.
> 셋째, 검사점수와 미래 행위의 측정치와 상관정도를 추정한다.

① 예측타당도(Predictive Validity)
② 구성타당도(Construct Validity)
③ 안면타당도(Face Validity)
④ 공인타당도(Concurrent Validity)
⑤ 내용타당도(Content Validity)

예측타당도는 어떤 검사가 무슨 행위가 일어날 것이라고 예측한 것과 실제 대상자 또는 집단이 나타낸 행위 간의 관계를 측정하는 것이다.

09 문제 푸는 능력을 측정하기 위해 두 가지 도구를 개발했다. 즉, 선생님의 질문에 대답하는 것과 시험 문제지를 통한 측정이다. 측정결과 두 방법의 상관관계가 높게 나왔다면, 올바른 판단은?

① 이해타당도가 높다.
② 집중타당도가 높다.
③ 예언타당도가 높다.
④ 판별타당도가 높다.
⑤ 경험타당도가 높다.

> 수렴타당도(집중타당도)는 동일한 개념을 측정하기 위해 서로 다른 측정 방법을 사용하여 측정으로 얻은 측정치들 간에 높은 상관관계가 존재해야 함을 전제로 한다.

10 '사회경제적 지위에 따라 성차별적인 태도에 차이가 있는가'라는 연구질문에 대한 답을 찾고자 한다. 이론적으로 연결되어 있는 '사회경제적 지위'와 '성차별적인 태도'라는 2가지 개념과 각 개념에 대한 다수의 측정항목을 동시에 설정한다고 하였을 때, 이 상황에 해당하는 측정 타당화 방법은?

① 안면적 타당도(Face Validity)
② 내용적 타당도(Content Validity)
③ 기준적 타당도(Criterion-related Validity)
④ 구성적 타당도(Construct Validity)
⑤ 논리적 타당도(Logical Validity)

> 구성적 타당도는 조작적으로 정의되지 않은 인간의 심리적 특성이나 성질을 심리적 개념으로 분석하여 조작적 정의를 부여한 후, 검사점수가 조작적 정의에서 규명한 심리적 개념들을 제대로 측정하였는가를 검정하는 방법이다. 여기에서 '개념(Construct)'이란 심리적 특성이나 행동양상을 설명하기 위해 존재를 가정하는 심리적 요인을 말하는 것으로, 창의성 검사의 경우 이해성·도전성·민감성 등을 개념이라고 할 수 있다.

11 다음 보기에서 알아보고자 한 타당도는?

> 새로 작성한 인성검사와 현재 널리 사용되고 있는 인성검사와의 상관관계를 산출하였다.

① 내용타당도 ② 예언타당도
③ 공인타당도 ④ 구인타당도
⑤ 이해타당도

공인타당도는 새로운 검사도구를 제작하였을 때 제작한 도구의 타당성을 검증하기 위하여 기존에 타당성을 보장받고 있는 검사와의 유사성 혹은 연관성 등을 비교하는 검증이다. 예를 들어, 연구자가 본인의 연구에 부합하는 인성검사를 제작하였을 때, 그 인성검사의 타당도를 검증하기 위하여 미네소타 다면적 인성검사(MMPI ; Minnesota Multiple Personality Inventory)와의 관계를 점검하여 새로 제작한 검사의 타당성을 판정하는 것은 공인타당도 검증의 한 예이다.

12 구인타당도에 해당하는 것을 모두 고른 것은?

> ㄱ. 요인분석
> ㄴ. 문항의 내용 및 척도 구성에 대한 전문가의 판단
> ㄷ. 특정 개념에 대해 이론적 구성을 토대로 어느 정도 체계적·논리적으로 이해하고 있는가를 나타내는 타당도
> ㄹ. 특성-다방법(Multitrait-multimethod) 접근

① ㄱ, ㄴ ② ㄴ, ㄷ
③ ㄷ, ㄹ ④ ㄱ, ㄷ, ㄹ
⑤ ㄱ, ㄴ, ㄷ, ㄹ

ㄴ. 내용타당도에 관한 설명이다.

구인타당도(구성타당도/개념타당도)의 종류

요인분석	검사를 구성하는 문항들의 상관관계를 분석하여 상관이 높은 문항들을 묶어주는 통계적 방법
이해타당도	특정 개념에 대해 이론적 구성을 토대로 어느 정도 체계적·논리적으로 이해하고 있는가를 나타내는 타당도
다특성-다방법 접근	둘 이상의 특성에 대해 둘 이상의 방법으로 측정하여 그 결과를 분석하는 방법으로, 동일 특성에 대해 서로 다른 방법으로 측정하여 그 결과가 어느 정도 상관관계를 나타내는지 확인하는 것
수렴(집중)타당도	동일 개념을 측정하기 위해 서로 다른 측정 방법을 사용하여 얻은 측정치 간에 높은 상관관계가 존재해야 함을 전제로 함
판별타당도	서로 다른 개념들을 측정했을 때 얻은 측정 문항들의 결과 간에 상관관계가 낮아야 함을 전제로 함

정답 09 ② 10 ④ 11 ③ 12 ④

13 검사의 신뢰도와 관련된 설명으로 옳은 내용을 모두 고른 것은?

> ㄱ. 검사-재검사 신뢰도 : 측정변인이 비교적 안정되어 있을 때만 적절하다.
> ㄴ. 반분 신뢰도 : 문항수가 많아질수록 신뢰도가 낮아진다.
> ㄷ. 동형검사 신뢰도 : 검사-재검사 신뢰도의 문제점을 보완할 수 있다.
> ㄹ. 검사자 간 신뢰도 : 투사검사 및 창의성검사 등에 적용하여 평가의 신뢰도를 높일 수 있다.

① ㄱ, ㄹ ② ㄴ, ㄷ
③ ㄷ, ㄹ ④ ㄱ, ㄷ, ㄹ
⑤ ㄴ, ㄷ, ㄹ

ㄴ. 반분 신뢰도 : 한 검사를 두 부분으로 나눈 뒤 둘 간의 상관을 통하여 신뢰도를 추정하는 방법이다. 문항수가 많을수록 신뢰도가 높게 나타날 가능성이 크다.
ㄱ. 검사-재검사 신뢰도 : 하나의 검사를 동일한 피험자 집단에게 일정한 시간 간격을 두고 두 번 실시하여 그 결과가 얼마나 일관되게 나오는지 살펴보는 방법이다.
ㄷ. 동형검사 신뢰도 : 한 검사에 대하여, 다른 문항으로 구성되지만 검사의 난이도와 점수 분산 등이 같은 동형 검사를 제작하여 이들 두 검사의 실시 결과 간의 상관계수를 계산하여 신뢰도를 추정한다.
ㄹ. 검사자 간 신뢰도 : 서로 다른 검사자에 의해 얻은 결과를 통하여 신뢰도를 추정한다.

14 크론바흐 알파값에 관한 설명으로 옳지 않은 것은?

① 표준화된 크론바흐 알파값은 0에서 1의 값을 갖는다.
② 문항 간의 평균상관계수가 높을수록 크론바흐 알파값도 커진다.
③ 문항의 수가 적을수록 크론바흐 알파값은 커진다.
④ 크론바흐 알파값이 클수록 신뢰도가 높다고 인정된다.
⑤ 크로바흐 알파값은 0.6이상 되어야 만족할 만한 수준이 되며, 0.8~0.9 정도를 신뢰도가 높은 것으로 본다.

문항의 수가 많을수록 크론바흐 알파값이 커진다.

15 신뢰도와 타당도에 관한 설명으로 옳지 않은 것은?

① 신뢰도가 없는 측정은 항상 타당도가 있다.
② 타당도가 있는 측정은 항상 신뢰도가 있다.
③ 신뢰도가 있는 측정은 타당도가 있을 수도 있고 없을 수도 있다.
④ 타당도가 없는 측정은 신뢰도가 있을 수도 있고 없을 수도 있다.
⑤ 타당도와 신뢰도는 비대칭적 관계이다.

신뢰도와 타당도의 상호관계
- 타당도가 높기 위해서는 신뢰도가 높아야 한다.
- 신뢰도가 높다고 하여 반드시 타당도가 높은 것은 아니다.
- 타당도가 낮다고 하여 반드시 신뢰도가 낮은 것은 아니다.
- 타당도가 없어도 신뢰도를 가질 수 있다.
- 타당도가 있으면 반드시 신뢰도가 있다.
- 타당도는 신뢰도의 충분조건이고, 신뢰도는 타당도의 필요조건이다.
- 타당도와 신뢰도는 비대칭적 관계이다.

16 5점 리커트 척도인 외향성 검사의 신뢰도 추정방법으로 옳지 않은 것은?

① KR-20
② 반분 신뢰도
③ Cronbach의 알파(α)
④ 동형검사 신뢰도
⑤ 검사-재검사 신뢰도

쿠더-리차드슨(Kuder-Richardson) 20(KR-20)은 이분채점 문항에만 사용될 수 있는 방법이다. 즉, 적성검사의 사지선다형에서와 같이 정답과 오답이 있어 특정 문항에서 정답을 한 경우는 1점, 오답을 한 경우는 0점으로 점수를 할당하는 경우의 내적 일관성계수를 구할 때 사용하는 방법이다.

17 척도에 관한 설명으로 옳지 않은 것은?

① 섭씨 온도는 등간(Interval)척도의 예이다.
② 20℃는 10℃보다 두 배 뜨겁다고 할 수 있다.
③ 비율(Ratio) 척도는 절대 영점을 가지고 있다.
④ 하나의 특성을 여러 가지 척도로 측정할 수 있다.
⑤ 등간(Interval)척도와 비율(Ratio)척도로 측정된 변수들은 모두 회귀분석의 종속변수로 사용할 수 있다.

등간척도
- 서열을 정할 수 있을 뿐만 아니라 이들 분류된 범주 간의 간격까지도 측정할 수 있는 척도이다.
- 지능, 온도, 시험점수 등이 해당된다.
- 승제($\times$, $\div$)가 가능하지 않아서 IQ 160인 사람이 IQ 80인 사람에 비해 두 배 지능이 높다거나, 20℃가 10℃보다 두 배 더 뜨겁다고 말할 수 없다.

18 총화평정척도(Summated Rating Scale)에 관한 설명으로 옳은 것은?

① 각 문항이 모두 하나의 척도이며 전체의 문항에 대한 총평점을 태도의 측정치로 본다.
② 어떤 대상이 개인에게 주는 주관적인 의미를 측정하는 방법이다.
③ 특정 자극에 대한 비슷한 태도를 가진 사람이나 대상을 분류하기 위한 방법이다.
④ 집단 내의 선택, 커뮤니케이션 및 상호작용의 패턴에 관한 자료를 수집하고 분석하는 방법이다.
⑤ 등간-비율척도의 일종으로, 가장 긍정적인 태도와 가장 부정적인 태도를 나타내는 양 극단을 등간적으로 구분하여 수치를 부여한다.

② 의미분화척도에 대한 설명이다.
③ Q 분류척도에 대한 설명이다.
④ 소시오메트리에 대한 설명이다.
⑤ 서스톤척도에 대한 설명이다.

19 측정의 수준에 따라 4가지 종류의 척도로 나눌 때, 가장 적은 정보를 갖는 척도부터 가장 많은 정보를 갖는 척도를 그 순서대로 나열한 것은?

① 명목척도 < 비율척도 < 등간척도 < 서열척도
② 서열척도 < 명목척도 < 등간척도 < 비율척도
③ 명목척도 < 서열척도 < 등간척도 < 비율척도
④ 명목척도 < 서열척도 < 비율척도 < 등간척도
⑤ 비율척도 < 명목척도 < 등간척도 < 서열척도

정보의 양에 따른 척도의 순서
명목척도 < 서열척도 < 등간척도 < 비율척도

20 척도에 관한 설명으로 옳지 않은 것은?

① 명목척도에는 성별, 전화번호 등이 있다.
② 서열척도는 순위에 대한 정보를 포함하고 있다.
③ 등간척도를 이용하여 평균값, 표준편차, 상관계수를 구할 수 있다.
④ 서스톤척도는 척도들 간의 간격이 동일하다 하여 등간격척도라고도 한다.
⑤ 거트만척도는 인종적 편견의 강도를 측정하기 위해 고안한 것으로 사회적 거리척도라고도 한다.

인종적 편견의 강도를 측정하기 위해 고안된 척도는 보가더스(Bogardus)의 사회적 거리척도이다.
- 거트만척도 : 서열척도의 일종으로 '척도도식법'이라고도 하며, 단일차원적이고 예측성이 있다.
- 보가더스의 사회적 거리척도 : 소수민족, 사회계급 등에 대한 사회적 거리감의 정도를 측정하기 위해 연속적인 문항들을 동원한다.

CHAPTER 04 연구방법 및 실험설계

01 자료의 구분에 관한 설명으로 옳지 않은 것은?

① 자료는 조사연구에 사용되는 모든 종류의 정보를 말한다.
② 1차 자료란 직접 현지조사에서 획득된 자료이다.
③ 2차 자료는 수집비용이 많이 든다.
④ 기존의 정부간행물이나 기업에서 수집한 자료, 학술지에 발표된 논문 등도 2차자료에 포함된다.
⑤ 1차 자료는 조사자가 원하는 자료의 특성 및 조사설계 등에 의하여 달라진다.

2차 자료는 일반적으로 얻기 쉽고 1차 자료에 비하여 수집비용이 저렴하다.

02 자료수집방법의 선택 시 고려사항으로 옳지 않은 것은?

① 조사상황에 따라 신속하게 질문방법, 절차, 순서, 내용을 바꿀 수 있어야 한다.
② 우편조사의 경우 다양한 문제의 삽입으로 복잡한 정보를 수집할 수 있다.
③ 질문의 양이 적절해야 한다.
④ 개인적 비밀, 말하기 곤란한 것들은 우편조사에 의한 방법이 좋다.
⑤ 일반적으로 면접조사(집단조사)가 전화조사나 우편조사보다 비용이 많이 든다.

면접조사의 경우 시각적인 효과 및 응답자의 문제이해 정도를 확인할 수 있으므로 보다 복잡한 정보를 수집할 수 있지만, 우편조사의 경우에는 질문문항에 대하여 단순성이 요구된다.

03 관찰연구에 관한 설명으로 옳은 내용을 모두 고른 것은?

ㄱ. 자연관찰은 생태학적 타당도가 높다.
ㄴ. 통제관찰은 실험실과 실제 환경에서 수행될 수 있다.
ㄷ. 실험실 관찰은 상황을 인위적으로 만들고 그 결과를 관찰할 수 있다.
ㄹ. 관찰의 조작성 여부에 따라 참여관찰과 비참여관찰로 구분된다.

① ㄱ, ㄴ
② ㄷ, ㄹ
③ ㄱ, ㄴ, ㄷ
④ ㄴ, ㄷ, ㄹ
⑤ ㄱ, ㄴ, ㄷ, ㄹ

ㄹ. 관찰방법은 참여 정도에 따라 참여관찰, 준참여관찰, 비참여관찰이 있으며, 통제 및 조작 정도에 따라서는 통제관찰과 비통제관찰이 있다.

참여관찰	관찰대상의 내부에 들어가 구성원으로 참여하면서 관찰하는 방법으로 대상의 자연성과 유기적인 전체성을 보장한다.
준참여관찰	관찰집단의 생활의 일부만 참여해 관찰하는 방법이다.
비참여관찰	조사자가 신분을 밝히고 관찰하는 것으로 주로 조직적인 관찰에 사용된다.
통제관찰	사전의 기획절차에 따라 타당성과 신뢰성 확보를 위해 관찰조건을 표준화하고 보조기구를 사용하는 관찰로 비참여관찰에 사용된다.
비통제관찰	관찰조건을 표준화하지 않고 조사목적에 맞는 자료이면 다양하게 관찰하는 방법으로, 이는 탐색적 조사에 많이 사용된다.

04 관찰에 의한 자료수집방법으로 옳지 않은 것은?

① 관찰자의 입장에서 관찰하고 기록한다.
② 관찰은 관찰자의 감각기관을 통한 지각에 의존하기 때문에 때로는 왜곡된 자료를 수집할 가능성이 있다.
③ 관찰기록은 가능한한 관찰과 거의 동시에 또는 직후에 한다.
④ 기록하기 전에는 관찰한 것에 대해 가능한 한 아무하고도 이야기하지 않는다.
⑤ 실제 보고 들은 것과 관찰자의 추론을 구분한다.

내담자의 입장에서 관찰하고 기록한다.

05 질문지법의 장단점에 관한 설명으로 옳지 않은 것은?

① 현장연구원이 필요 없다.
② 응답자의 편의에 따라 대답을 완성할 수 있다.
③ 익명성이 보장되어 응답자가 안심하고 응답할 수 있다.
④ 조사자의 편견을 배제할 수 없다.
⑤ 관심도가 낮은 질문의 내용에는 기록하지 않을 가능성이 있다.

질문지법은 조사자의 편견을 배제할 수 있다는 장점이 있다.

06 비표준화면접에 관한 설명으로 옳은 것은?

① 모든 응답자에게 동일한 질문순서와 동일한 질문내용에 따라 수행하는 방법이다.
② 표준화면접에 비하여 타당도가 높지만 신뢰도는 낮다.
③ 깊이 있는 측정이 어렵다.
④ 면접의 신축성·유연성이 낮다.
⑤ 반복적인 면접이 가능하다.

비표준화면접
- 면접자가 면접조사표의 질문내용, 형식, 순서를 미리 정하지 않은 채 면접상황에 따라 자유롭게 응답자와 상호작용을 통해 자료를 수집하는 방법이다.
- 표준화된 면접에 비해 응답 결과에 있어서 상대적으로 타당도가 높지만 신뢰도는 낮다.
- 면접의 신축성·유연성이 높으며, 깊이 있는 측정을 도모할 수 있다.
- 반복적인 면접이 불가능하며, 면접결과에 대한 비교가 어렵다.

07 전화조사법의 장점으로 옳지 않은 것은?

① 적은 비용으로 단시간에 조사할 수 있어 비용과 신속성 측면에서 매우 경제적이다.
② 직접 면접이 어려운 사람의 경우에 유리하며, 개별면접에 비해 응답률이 높다.
③ 조사자는 응답자의 외모나 차림새 등의 편견을 용이하게 통제할 수 있다.
④ 현지조사가 불필요하며, 무작위번호통화를 통해 쉽게 표본을 추출할 수 있다.
⑤ 표본의 대표성을 담보할 수 있다.

전화조사법은 모집단이 불완전하며, 표본의 대표성에 문제가 발생할 수 있다.

08 집합조사법의 특징이 아닌 것은?

① 조사 자체의 타당도가 높아진다.
② 조사표를 잘못 기입하는 경우 시정하기 어렵다.
③ 옆사람이나 다른 사람의 영향을 받을 가능성이 있다.
④ 응답자들과 동시에 직접 대화할 기회가 있으므로 질문에 대한 오류를 줄일 수 있다.
⑤ 조사목적에 부합하는 응답자들이 집합되어 있는 경우, 조사를 쉽고 빠르게 진행할 수 있으며, 비용을 절감할 수 있다.

> 집합(단)조사법은 응답자의 개인별 차이를 무시함으로써 조사 자체의 타당도가 낮아지기 쉽다.

09 배포조사법의 장단점에 관한 설명으로 옳지 않은 것은?

① 우편조사와 비교하여 질문지의 회수율이 높고, 재방문의 횟수가 적어진다.
② 응답자에게 생각할 시간적 여유를 주고, 개인의 비밀사항까지 회답을 받을 수 있다.
③ 시간, 인력, 비용이 적게 든다.
④ 조사대상자가 제3자의 영향을 받을 우려가 없다.
⑤ 글자를 아는 사람에게만 적용이 가능하다.

> 배포조사법은 응답자가 기입할 때 조사자가 그곳에 있지 않는 것이 보통이므로, 응답자 본인의 의견이 기입되었는지 제3자의 영향을 받았는지 알 수 없고, 조사대상자가 바뀔 우려가 있다.

10 다음과 같은 특징을 지닌 연구방법은?

> ○ 질적인 정보를 양적인 정보로 바꾼다.
> ○ 문헌연구방법의 대표적인 유형이다.
> ○ 메시지를 연구대상으로 할 수 있다.

① 투사법
② 내용분석법
③ 질적 연구법
④ 사회성측정법
⑤ 관찰법

> 내용분석법이란 인간의 상징적 기호로 표시된 의사소통 기록물의 내용적 특성을 체계적으로 기술하고, 나아가 그 동기와 원인, 결과나 영향을 체계적으로 추리하는 분석 방법이다. 문헌연구방법의 대표적인 유형의 하나로 서적, 신문, 문서 등 기록화된 것을 중심으로 그 연구대상에 대한 필요한 자료를 수집·분석하여, 객관적·체계적·계량적인 방법에 의해 측정 및 분석하는 기술이다.

11 사전-사후 검사 통제집단 설계에 관한 설명으로 옳지 않은 것은?

① 사전검사를 활용하여 연구 참여 지원자의 참여 여부를 결정할 수 있다.
② 두 집단에 피험자를 무선 할당한다.
③ 두 집단 모두 사전-사후 검사를 받는다.
④ 두 집단 모두 처치를 받는다.
⑤ 사전검사를 공변량으로 사용함으로써 개인 간의 오차 변량을 조정할 수 있다.

> 사전-사후 검사 통제집단 설계는 실험집단에는 처치를 하지만, 통제집단에 대해서는 아무런 처치를 하지 않는다.
> **사전-사후 검사 통제집단 설계**
> - 무작위할당으로 실험집단과 통제집단을 구분한 후 실험집단에 대해서는 독립변수 조작을 가하고, 통제집단에 대해서는 아무런 조작을 가하지 않은 채 두 집단 간의 차이를 전후로 비교하는 방법이다.
> - 개입 전 종속변수의 측정을 위해 사전검사를 실시한다.
> - 두 집단의 동질성을 확보할 수 있으며 외재변수를 통제할 수 있다.
> - 내적 타당도는 높으나, 외적 타당도가 낮다.

12 실험설계의 기본원리인 분산의 통제에 관한 설명으로 옳지 않은 것은?

① 가외변수의 통제는 조사목적 이외 변수의 영향을 최소화·무효화·고립화하는 것이다.
② 종속변수의 총분산에서 독립변수의 효과를 구별할 수 있도록 실험변수의 차이를 극소화해야 한다.
③ 오차분산은 우연히 측정과정에서 생기는 변동 또는 변화를 말한다.
④ 오차분산의 원인은 조사대상에 대한 개인적 오차 및 측정의 오차와 관련된다.
⑤ 오차분산을 최소화하는 방법으로는 통제된 조건을 통한 측정오차의 감소, 측정의 신뢰도 증가 등이 있다.

> 종속변수의 총분산에서 독립변수의 효과를 구별할 수 있도록 실험변수의 차이를 크게 해야 한다.

정답 08 ① 09 ④ 10 ② 11 ④ 12 ②

13 실험설계의 구성요소 중 실험변수의 조작에 관한 설명으로 옳지 않은 것은?

① 인과성이라는 개념은 "만약 X가 Y의 원인이라면, X의 변화를 유도할 때 Y의 변화가 뒤따른다."는 뜻을 함축하고 있다.
② 양자 간 관계는 대칭적인 것으로 가정한다.
③ 인과성과 시간적 선행성을 입증하기 위해 실험변수의 조작이 필요하다.
④ 독립변수를 의도적으로 특정 시기에 실행해 종속변수의 변화를 관찰하거나, 일부 집단에만 독립변수를 도입하여 다른 집단과 종속변수의 차이를 관찰한다.
⑤ 인위적 상황에서는 실험변수의 조작이 가능하나, 자연적 상황에서는 이러한 조작이 어렵다.

양자 간 관계는 비대칭적인 것으로 가정한다.

14 유사실험설계(Quasi-Experimental Design)에서 진실험설계(True-Experimental Design)로 전환하기 위해 필요한 것은?

① 무선할당
② 피험자 수의 확대
③ 독립변인의 수 증가
④ 사전과 사후검사의 실시
⑤ 실험집단과 통제집단의 구성

진실험설계와 유사실험설계를 구분하는 제일 중요한 것은 무선할당 처치 조건 사용 유무이다. 유사실험설계는 연구자가 관심이 있는 처치변수 이외의 변수들을 통제하지 못해 실험결과의 처치효과를 강력히 주장하기는 힘들다.

진실험설계와 유사실험설계
• 진실험설계 : 엄격한 외래변수의 통제 하에서 독립변수를 조작함으로써 인과관계를 밝힐 수 있는 설계이다.
• 유사실험설계 : 준실험설계라고도 하며, 진실험의 조건을 충족하지 못하는 설계로, 실험설계에서 피험자를 무선할당하지 않는 설계이다.

15 실험설계의 구성요소에 관한 설명으로 옳지 않은 것은?

① 실험설계는 기본적으로 실험집단과 통제집단에 대한 비교를 통해 변화를 입증한다.
② 비교는 두 변수 사이에 상관관계가 존재하는지를 입증하는 과정이다.
③ 실험조치를 실시한 집단과 실시하지 않은 집단의 종속변수를 비교하거나, 특정 집단의 사람들에게 실험을 실행하기 전과 실행한 후의 종속변수를 비교한다.
④ 제3의 변수에 의한 설명의 가능성을 줄이고 내적 타당도를 확보하기 위해 기본적으로 실험집단과 통제집단의 동질성이 요구된다.
⑤ 무작위할당은 실험집단과 통제집단을 이질화한다.

무작위할당은 외재적 변수의 통제와 경쟁가설을 제거하기 위해 실험집단과 통제집단을 동질화한다.

16 다음 보기의 사례에 나타난 연구설계의 일반적인 특징에 관한 설명으로 옳은 것은?

> 연구자 A는 청소년기 자전거 운동이 체중 감소에 미치는 효과를 알아보고자 동일연령 청소년 200명을 각각 100명씩 두 집단으로 무선배치하고 1차 체중 측정을 수행한 후, 한 집단에는 하루 한 시간의 자전거 타기 운동을, 다른 집단에는 아무런 조치도 취하지 않았다. 한 달 후 두 집단을 대상으로 2차 체중 측정을 수행한 후 평균값 차이의 통계적 유의성에 대한 검정을 수행하였다.

① 실험결과의 내적 타당도가 낮다.
② 실제 상황에 적용하기 용이하다.
③ 독립변인의 수를 늘릴 수 있다.
④ 성숙(Maturation)으로 인한 문제는 통제된다.
⑤ 일반적으로 경로분석을 통해 처치의 효과를 검정한다.

④ 내적 타당도를 저해하는 성숙요인은 실험 시간이 긴 경우에 영향을 미친다. 문제의 사례에서는 한 달이라는 비교적 짧은 시간 후에 재측정을 실시하였으므로, 성숙요인을 통제했다고 할 수 있다.
① 사례에 나타난 것은 순수실험설계(진실험설계) 중 통제집단 전후 비교설계이다. 비교설계는 내적 타당도가 높다.
② 실제 상황에 적용하는 데 제한이 있다.
③ 사례는 '자전거 운동'이 '체중 감소'에 미치는 효과를 알아보는 것이다. 이때 독립변수는 자전거 운동인데, 독립변수의 수를 더 늘리면 체중 감소에 자전거 운동 이외의 요인이 작용하게 되어 실험의 목적을 달성할 수 없으므로, 독립변수를 늘리는 것은 옳지 않다.
⑤ 경로분석은 다수의 변인 사이의 인과관계를 파악하기 위한 방법이다. 사례는 변수가 단일한 경우이므로 옳지 않다.

17 어린이 축구교실의 효과를 측정하기 위해서 단일집단 전후비교를 이용하여 축구기술의 향상정도를 측정하였다. 이 실험에서 실험결과를 왜곡할 수 있는 요인으로 가장 통제하기 어려운 것은?

① 역사요인 ② 도구요인
③ 통계적 회귀 ④ 피험자 선택
⑤ 검사요인

역사요인은 측정기간 도중에 발생한 사건에 의해 결과에 영향을 미치는 효과를 말한다. 어린이 축구교실의 단일집단을 일정한 기간을 사이에 두고 전후로 측정하는 경우, 그 기간 중 측정결과에 영향을 미칠 수 있는 요소들을 확실히 통제하기 어려우며, 그로 인해 왜곡된 결과가 나타날 수 있다.

정답 13 ② 14 ① 15 ⑤ 16 ④ 17 ①

18 다음 사례에서 영향을 미칠 수 있는 대표적인 내적 타당도 저해요인은?

> 노인들이 요양원에서 사회복지서비스를 받은 후에 육체적으로 약해졌다. 이 결과를 통해 사회복지서비스가 노인들의 신체적 능력을 키우는 데 전혀 효과가 없었다고 추론하였다.

① 성숙요인
② 외부요인
③ 검사요인
④ 도구요인
⑤ 선별요인

성숙요인은 시간의 흐름에 따라 발생하는 조사대상 집단의 신체적·심리적 특성의 변화 또는 실험이 진행되는 기간으로 인해 실험집단이 성숙하게 되어 독립변수의 순수한 영향 이외의 변화가 종속변수에 영향을 미치는 것이다.

19 실험실 실험연구에 관한 설명으로 옳지 않은 것은?

① 가외변인에는 표본의 편중, 시험효과, 모방효과 등이 있다.
② 상담학연구의 실험실 실험연구에는 모의상담이 해당된다.
③ 종속변인에 영향을 미치는 처치변인 외에 가외변인에 대한 통제가 중요하다.
④ 처치·자극·환경 조건을 인위적으로 조작(통제)하여 종속변인이 어떤 변화를 보이는지를 분석한다.
⑤ 현장 실험연구에 비해 외적 타당도가 높은 편이다.

실험실 실험연구는 현장 실험연구에 비해 외적 타당도가 낮은 편이다.
- 실험실 실험연구 : 외적 타당도는 낮지만, 높은 내적 타당도를 얻을 수 있기 때문에 변인들 간의 인과적 속성을 정확히 알고자 할 때 주로 사용한다. 예 모의상담연구
- 현장 실험연구 : 내적 타당도, 외적 타당도 모두 높다.
- 실험실 기술연구 : 내적 타당도, 외적 타당도 모두 낮다.
- 현장 기술연구 : 외적 타당도는 높지만, 내적 타당도는 낮다.

20 집단 내 설계에 해당하는 것을 모두 고른 것은?

ㄱ. 사후검사 통제집단 설계	ㄴ. 솔로몬 4집단 설계
ㄷ. 교차설계	ㄹ. 라틴정방형(Latin Square) 설계

① ㄱ, ㄴ　　② ㄱ, ㄷ
③ ㄴ, ㄷ　　④ ㄴ, ㄹ
⑤ ㄷ, ㄹ

ㄷ·ㄹ. 교차설계와 라틴정방형 설계는 반복 처치 또는 둘 혹은 그 이상의 독립변인에 같은 참여자를 할당하는 설계인 집단 내 설계에 해당한다.
ㄱ·ㄴ. 집단 간 설계/피험자 간 설계는 집단을 나누어 상이한 처치를 하는 설계로 요인설계, 배합 집단설계, 사후검사 통제집단 설계, 솔로몬 4집단 설계 등이 있다.

CHAPTER 05 　자료의 처리

01 질적 자료와 관련이 없는 것은?

① 숫자로 표시할 수 없는 자료　　② 명목척도
③ 구간척도　　④ 서열척도
⑤ 교육수준

질적 자료와 양적 자료

질적 자료	• 원칙적으로 숫자로 표시될 수 없는 자료를 말하며, 범주형 자료라고도 한다. • 명목척도, 서열척도로 구성되며, 이에는 성별, 교육수준 등이 해당된다.
양적 자료	• 자료 자체가 숫자로 표현되어 있으며, 질적 자료와 달리 자료의 속성을 그대로 반영한다. • 등간척도와 비율척도로 구성되며 몸무게, 성적 등이 해당된다.

정답　18 ①　19 ⑤　20 ⑤ / 01 ③

02 자료행렬의 정의로 옳은 것은?

① 1차원의 점을 2차원의 평면자료체로 표시하는 것
② 2차원의 평면자료체를 1차원의 점으로 표시하는 것
③ 2차원의 평면자료체를 3차원의 자료입방체로 표시하는 것
④ 3차원의 자료입방체를 1차원의 점으로 표시하는 것
⑤ 3차원의 자료입방체를 2차원의 평면자료체로 표시하는 것

> 자료를 분석함에 있어서 3차원의 자료속성을 동시에 전부 분석할 수는 없으므로, 이를 2차원의 평면자료체로 한정할 수밖에 없다. 이와 같이 3차원의 자료입방체에서 2차원의 평면자료체로 표시되는 것이 곧 '자료행렬'이다.

03 자료의 성질과 측정단위라는 두 가지 요인으로 성립되는 자료행렬은?

① S-자료행렬　　　　　　　　② T-자료행렬
③ P-자료행렬　　　　　　　　④ O-자료행렬
⑤ R-자료행렬

> R-자료행렬은 자료의 성질과 측정단위라는 2가지 요인으로 성립되는 자료행렬로, 단순히 자료행렬이라고 말하는 것은 R-자료행렬을 뜻한다.

04 측정단위(즉, 국가・조직・사회・집단・개인 등)를 그 성질에 따라 집단화하는 데 유용한 자료행렬은?

① O-자료행렬　　　　　　　　② P-자료행렬
③ S-자료행렬　　　　　　　　④ Q-자료행렬
⑤ T-자료행렬

> Q-자료행렬은 R-자료행렬과 같이 자료의 구성요인인 성질과 측정단위로 이루어지며, 이 경우 측정단위가 변수가 되고 성질이 사례가 되는 것이다. 요인분석에 있어 측정단위(즉, 국가・조직・사회・집단・개인 등)를 그 성질에 따라 집단화하는 데 유용한 자료행렬이다.

05 점도표에 관한 설명으로 옳지 않은 것은?

① 질적 자료뿐만 아니라 양적 자료에도 사용할 수 있다.
② 수평축에 범주 또는 측정값을 기입하고, 수직축에 그들의 관찰 도수를 기입한다.
③ 자료의 정확한 위치를 알 수 있다.
④ 수집한 자료의 흩어진 모양을 쉽게 파악할 수 있다.
⑤ 자료의 양이 많을 때 사용한다.

자료의 수에 해당하는 점을 찍어서 나타내므로, 그 수가 매우 많은 경우에는 부적당하다.

06 파레토 그래프에 관한 설명으로 옳은 것은?

① 각 범주에 대응하는 도수 또는 상대도수 등을 수직선으로 나타낸 그림
② 각 범주에 대응하는 도수 또는 상대도수 등을 수평선으로 나타낸 그림
③ 각 범주에 대응하는 도수 또는 상대도수 등을 같은 폭의 수직막대로 나타낸 그림
④ 각 범주의 도수가 증가하도록 범주를 재배열한 막대그래프
⑤ 각 범주의 도수가 감소하도록 범주를 재배열한 막대그래프

선그래프·막대그래프·파레토 그래프

선그래프	각 범주에 대응하는 도수 또는 상대도수 등을 수직선으로 나타낸 그림
막대그래프	각 범주에 대응하는 도수 또는 상대도수 등을 같은 폭의 수직막대로 나타낸 그림
파레토 그래프	각 범주의 도수가 감소하도록 범주를 재배열한 막대그래프

07 도수분포표 작성 시 유의하여야 할 사항이 아닌 것은?

① 계급간격의 결정
② 계급의 수의 결정
③ 계급의 한계
④ 계급의 중앙값 결정
⑤ 자료의 최대·최솟값 찾기

도수분포표의 작성 시 유의하여야 할 사항은 모든 자료를 빠짐없이 포함하여야 하고, 자료의 최대·최솟값을 찾아야 하며, 적절한 계급의 수를 결정하되 중복되지 않도록 동일한 간격의 계급간격을 결정하여야 하고, 계급은 연속적으로 표시하여야 한다는 것이다.

정답 02 ⑤ 03 ⑤ 04 ④ 05 ⑤ 06 ⑤ 07 ④

08 도수분포표를 작성하려면 계급의 수와 계급의 간격을 결정하여야 한다. 계급의 수가 10이고, 최댓값이 90, 최솟값이 50일 때 계급의 간격은?

① 2
② 3
③ 4
④ 5
⑤ 6

계급의 간격 = (최댓값 − 최솟값) / 계급의 수이므로, (90 − 50) / 10 = 4이다.

09 도수분포그래프에 포함되지 않는 것은?

① 도수다각형
② 로렌츠 곡선
③ 확률분포곡선
④ 히스토그램
⑤ 누적도수분포곡선

도수분포그래프에는 히스토그램, 도수다각형, 도수곡선, 누적도수분포곡선, 로렌츠 곡선, 상자와 수염그림 등이 있다.

10 부호화에 관한 설명으로 옳지 않은 것은?

① 자료처리의 제2단계는 각 조사항목에 대한 응답을 분류하는 일인데, 이러한 분류구분을 명확히 하기 위해 붙이는 계통적인 문자 또는 숫자를 '부호(Code)'라고 한다.
② '부호화'는 이 부호를 부호지침(Coding Guide)에 따라, 코더(Coder)가 질문지의 각 항목에 대해 체계적인 숫자나 기호로 변환하여 부호지(Coding Sheet)에 옮기는 것이다.
③ 부호화는 여러 가지의 정보를 몇 가지 한정된 수의 카테고리로 대치함으로써 자료의 처리를 단순화하는 데 목적이 있다.
④ 조사대상인 사례수가 많거나 조사항목이 많을수록 또는 통계적 처리가 복잡할 때는 비효율적이다.
⑤ 부호화의 과정은 분류 카테고리의 결정, 각 카테고리에 대한 부호의 선정, 응답의 부호화로 구분할 수 있다.

조사대상인 사례수가 많거나 조사항목이 많을수록 또는 통계적 처리가 복잡할수록 매우 유효하다.

11 분류 카테고리의 결정원칙으로 옳지 않은 것은?

① 카테고리는 연구 문제나 연구 목적에 따라 분류되어야 한다.
② 분류 카테고리는 하나의 차원에서 제시되어야 한다.
③ 가능하면 같은 종류의 다른 조사결과를 비교할 수 있도록 동일한 분류단위를 사용하도록 해야 한다.
④ 분류되는 사례나 단위가 하나도 남김없이 각 카테고리에 귀속되도록 해야 한다.
⑤ 분류되는 카테고리는 상호보완적이어서 각 사례는 두 번 이상 분류되어도 상관없다.

> 분류되는 카테고리는 상호배타적이어서 각 사례는 단 한 번만 분류되어야 한다. 즉, 응답은 어느 카테고리의 하나에만 분류되어야지 두 개 이상의 카테고리에 들어가서는 안 된다. 이를 위해서는 변수의 정의가 분명하고 명료해야 한다.

12 코드로 부여되는 부호 또는 숫자의 전부 또는 일부가 코드의 대상이나 대상항목이 갖는 특성을 그대로 나타내는 것은?

① 연속코드(Sequence Code)
② 블록코드(Block Code)
③ 집단분류코드(Group Classification Code)
④ 유의수코드(Significant Digit Code)
⑤ 식별코드(Identification Code)

> 유의수코드는 중량, 면적, 용량, 거리, 광도 등의 물리적 수치를 그대로 부호로 사용할 수도 있다.

13 코드 내용을 해독하기 위한 '코드 북(Code Book)'이 필요한 코드는?

① 연속코드
② 블록코드
③ 집단분류코드
④ 유의수코드
⑤ 식별코드

> 연속코드는 코딩되는 항목이나 대상이 갖는 어떤 특징을 나타내는 것이 아니므로, 코드 내용을 해독하기 위한 '코드 북(Code Book)'이 필요하다.

14 부호화(Coding)의 원칙에 관한 설명으로 옳은 것은?

① 한 개의 난만을 써서 코딩할 필요는 없다.
② 코딩에 있어서 일관성의 유지는 별 의미가 없다.
③ 한 개의 난에는 가능한 여러 개의 천공을 하는 것이 경제적이다.
④ 경험적 코딩보다는 가능한 한 연구 목적에 맞게 자료를 수정해 부호화하는 것이 좋다.
⑤ 가능하면 '-'나 '+' 부호를 사용한다.

부호화의 원칙
- 코딩에 일관성이 있어야 한다.
- 가능한 한 자연적 코딩이 좋다.
- 한 난만을 써서 코딩할 필요는 없다.
- 가능한 한 경험적 코딩이 좋다.
- 한 개의 난에 반드시 한 천공이 있어야 한다.
- 코딩 카테고리로써 공란을 피해야 한다.
- 자료분석과 관련해 복수란의 코딩을 계획할 수 있다.
- 가능하면 0에서 9의 숫자를 쓰고, '-'나 '+' 부호는 쓰지 않는다.

15 귀납적 부호화의 유형에 해당하는 것은?

① 대부분의 서베이에서와 마찬가지로 사전에 카테고리가 구성되고 여기에 따라 응답자가 응답을 하도록 고안한 것이다.
② 응답의 대표적 표본을 선정해서 모든 응답을 부호화된 특정한 항목으로 기록한다.
③ 이론으로부터 도출되어 카테고리가 사전에 구성되어 있으므로 가설검증을 위한 연구에서 효과적이다.
④ 관찰자의 주의를 사전에 환기시킴으로써 자료의 일관성을 유지할 수 있으며, 관찰을 지나치게 상세하게 하는 낭비를 피할 수 있다.
⑤ 행위의 연결성과 복잡성을 저해하고 융통적이지 못하며, 상세한 설명이나 묘사가 제외됨으로써 다음 단계에서 재분석을 할 때 한계를 가져온다.

①·③·④·⑤ 연역적 부호화에 대한 설명이다.

CHAPTER 06 통계와 자료의 분석

01 I개 그룹의 평균을 비교하고자 한다. 다음 일원분산분석 모형에 대한 가설 $H_0 : \alpha_1 = \alpha_2 = \cdots = \alpha_I = 0$을 유의수준 0.05에서 F-검정 결과 p값이 0.07이었을 때의 추론 결과로 옳은 것은?

$$X_{ij} = \mu + \alpha_i + \epsilon_{ij}, \quad i = 1, 2, \cdots, I, \quad j = 1, 2, \cdots, J$$

① I 개의 그룹 평균은 모두 같다.
② I 개의 그룹 평균은 모두 다르다.
③ I 개의 그룹 평균 중 적어도 하나는 다르다.
④ I 개의 그룹 평균은 증가하는 관계가 성립한다.
⑤ I 개의 그룹 평균은 감소하는 관계가 성립한다.

$X_{ij} = \mu + \alpha_i + \epsilon_{ij}$
μ : 전체적 평균효과, α_i : i번째 처리로부터의 효과($\alpha_i = \mu_i - \mu$, $\sum \alpha_i = 0$)
유의확률 p값이 0.07로 유의수준 0.05보다 크므로 귀무가설 H_0를 채택한다.
$\alpha_i = \mu_i - \mu = 0$이 성립하려면 $\mu_i = \mu$가 되어야 하므로, I개의 그룹 평균이 모두 같아야 한다는 추론결과가 나온다.

02 주사위를 120번 던져서 얻은 결과가 다음과 같다. 주사위가 공정하다는 가정하에서 1×6 분할표에 대한 χ^2 검정통계량 값은?

눈의 값	1	2	3	4	5	6
관찰도수	18	23	16	21	18	24

① 0
② 0.125
③ 1.25
④ 2.0
⑤ 2.5

χ^2 검정통계량 공식

$\chi^2 = \sum_{i=1}^{k} \frac{(O_i - E_i)^2}{E_i}$ (O_i : i번째의 관찰치, E_i : i번째의 기대치)

시행횟수가 120번이며, 주사위가 공정하다는 가정하에서 1×6분할표에 대한 통계량을 구해야 하므로, 기대치 $E_i = 120 \div 6 = 20$이다. 따라서 검정통계량 공식에 기대치와 눈의 값에 대한 각각의 관찰도수를 대입하면,

$$\frac{(18-20)^2 + (23-20)^2 + (16-20)^2 + (21-20)^2 + (18-20)^2 + (24-20)^2}{20} = \frac{50}{20} = 2.5$$

03 평균이 40, 중앙값이 38, 표준편차가 4일 때의 변이계수는?

① 0.4%
② 10%
③ 40%
④ 100%
⑤ 1000%

변이계수 = $\frac{\text{표준편차}}{\text{평균}} \times 100(\%)$ or $\frac{\text{표준편차}}{\text{평균}}$ 이다. 그러므로 변이계수는 $\frac{4}{40} \times 100(\%) = 10(\%)$이다.

04 변수 X와 Y 간의 공분산 및 피어슨 적률상관계수에 관한 설명으로 옳은 내용을 모두 고른 것은?

> ㄱ. X의 분산이 0이면 X와 Y간의 공분산은 항상 0이다.
> ㄴ. X와 Y 간의 피어슨 적률상관계수가 0.5이면, X는 Y의 분산 중 25%를 설명할 수 있다.
> ㄷ. X와 Y를 백분위로 변환하더라도 변환된 두 변수 간의 피어슨 적률상관계수는 변하지 않는다.

① ㄱ
② ㄷ
③ ㄱ, ㄴ
④ ㄴ, ㄷ
⑤ ㄱ, ㄴ, ㄷ

ㄱ. 공분산은 '변수 X의 편차점수와 변수 Y의 편차점수 곱의 평균'이다. 따라서 분산이 0인 경우, 편차도 0이므로, 공분산은 항상 0이다.
ㄴ. X와 Y 간의 피어슨 적률상관계수를 제곱하면 결정계수가 된다. 결정계수가 0.25라는 말은 Y의 전체 분산 중에서 25%가 X에 의해서 설명되거나 예측될 수 있다는 의미이다. 피어슨 적률상관계수가 0.5이면, 결정계수는 0.25, 즉 X는 Y의 분산 중 25%를 설명할 수 있다.
ㄷ. 피어슨의 적률상관 계산 시 변수를 백분비로 변화시키면 피어슨의 적률상관계수 수치에 변화가 발생한다.

05 '자기존중감'과 '회복탄력성'이 서로 구분되는 독특한 구인인지 알아보기 위해 활용한 분석법으로 옳은 것은?

① 종속변수와의 단순상관이 높은 변수를 먼저 투입하는 방식으로 회귀분석을 실시한다.
② 두 변수의 분산이 동일하다고 볼 수 있는지를 카이자승으로 검정한다.
③ 종속변수에 대한 두 변수의 주효과가 유의한지를 분산분석으로 검정한다.
④ 두 변수를 모두 투입했을 때 나타나는 설명량 R^2값이 유의한지를 표준 회귀분석으로 검정한다.
⑤ 두 번째 변수를 투입한 후 나타난 설명량의 증가($\triangle R^2$)가 통계적으로 유의한지를 위계적 회귀분석으로 검정한다.

⑤ 위계적 회귀분석은 추가되는 변수로 인한 R^2 증가분에 대한 F검정을 통해 추가적 변수의 기여도가 유의한지를 판단한다.
① 상관관계가 낮은 변수를 투입해야 설명력이 높은 회귀분석이 된다.
② 두 변수의 분산이 동일하다고 볼 수 있는지는 연속형 변수의 두 그룹 간 차이를 비교 분석할 수 있는 독립표본 T검정을 사용한다.
③ 종속변수에 대한 두 변수의 주 효과가 유의한지는 이원분산분석으로 검정한다.
④ 두 변수를 모두 투입했을 때 나타나는 설명량 R^2값이 유의한지는 분산분석으로 검정한다.

06 단순선형회귀분석에서 선형관계로 설명되지 않는 변동(SSE ; Sum of Squares Error)이 총변동(SST ; Sum of Squares Total)에서 차지하는 비중이 1/4이라면 결정계수 R^2의 값은?

① 1/16
② 1/4
③ 7/16
④ 9/16
⑤ 3/4

$$R^2 = 1 - \frac{SSE}{SST} = 1 - \frac{1}{4} = \frac{3}{4}$$

07 표본크기가 3인 자료 x_1, x_2, x_3의 평균 $\bar{x}$ =10, 분산 s^2 =100이다. 관측값 10이 추가되었을 때, 4개 자료의 분산 s^2은? (단, 처음 3개 자료의 $\sum_{i=1}^{3} x_i$ = 30, $\sum_{i=1}^{3} x_i^2$ = 500)

① $\frac{110}{3}$
② 50
③ 55
④ $\frac{200}{3}$
⑤ 70

평균 10, 분산 100인 자료를 X라고 하면,
E(aX + b) = aE(X) + b
Var(aX + b) = a^2Var(X)
∴ Var(X + 10) = Var(X)
여기서 Var(X) = $E(X^2) - E(X)^2$ 이므로, Var(X) = $\frac{500}{3}$ - 100 = $\frac{200}{3}$

08 p-값($p-value$)과 유의수준(Significance Level) α에 관한 설명으로 옳은 것은?

① p-값 $> \alpha$ 이면 귀무가설을 기각할 수 있다.
② p-값 $< \alpha$ 이면 귀무가설을 기각할 수 있다.
③ p-값 $= 0$ 이면 귀무가설은 반드시 채택된다.
④ 유위수준 α는 귀무가설 채택여부와는 아무 관계가 없다.
⑤ p-값과 귀무가설 채택여부와는 아무 관계가 없다.

α는 H_0가 참임에도 불구하고 H_0를 기각하는 확률을 말하며, p-값은 계산된 검정의 유의수준이다.
p-값이 작을수록 표본분석의 결과는 귀무가설과 상반된다.
- $p-value < \alpha$: H_0 기각
- $p-value \geq \alpha$: H_0 채택

09 일원배치 분산분석을 시행하였다. 처리는 모두 5개이며, 각 처리 당 6회씩 반복 실험을 하였다. 결정계수의 값이 0.6, 처리평균제곱의 값이 300이라면 오차제곱합의 값은?

① 800
② 900
③ 1600
④ 1800
⑤ 2000

처리 수 $k=5$, 각 처리 당 6회씩 반복 실험을 하였으므로, 총 횟수 $n=5\times 6=30$
처리의 자유도는 $k-1=5-1=4$이다.
처리의 평균제곱 $MSR = 300 = \dfrac{SSR}{k-1} = \dfrac{SSR}{4}$ 이므로, 처리의 제곱합 $SSR = 1200$
결정계수 $R^2 = 0.6 = \dfrac{SSR}{SST} = \dfrac{1200}{SST}$, 전체 제곱합 $SST = 2000$
따라서 오차제곱합 = 전체 제곱합 – 처리의 제곱합 = 800

10 전국의 고등학생 10,000명을 대상으로 모의수능시험을 치른 결과, A영역(80점 만점)에서 평균이 45점, 표준편차가 15점이었다. 어떤 학생의 원점수가 67.5점일 때, 평균이 50점, 표준편차는 10점으로 환산한 표준점수는?

① 65.0　　　　　　　　　　　② 67.5
③ 70.0　　　　　　　　　　　④ 72.5
⑤ 75.0

　　Z점수의 참조점은 평균을 0, 표준편차를 1로 하기 때문에 Z점수는 음수와 더불어 소수점을 지니게 된다. 이를 피하기 위해서 평균점 50, 표준편차를 10점으로 하는 변환된 표준점수를 T점수라 하고,
　　T점수 = (Z점수×10) + 50이다.
　　이 학생의 Z점수는 $\frac{67.5 - 45}{15} = 1.5$이므로, 평균 50점, 표준편차 10점으로 환산한 표준점수는 65점이다.

11 공분산분석의 기본 가정으로 옳은 내용을 모두 고른 것은?

> ㄱ. 공변인의 측정에 종속변수의 영향이 없어야 한다.
> ㄴ. 공변인의 측정은 측정오차 없이 이루어져야 한다.
> ㄷ. 공변인의 각 수준에서 종속변수의 조건분포는 정규분포를 이루어야 한다.
> ㄹ. 공변인에 대한 종속변수의 회귀계수가 처치집단 간에 유의하게 달라야 한다.

① ㄱ　　　　　　　　　　　　② ㄴ
③ ㄱ, ㄷ　　　　　　　　　　④ ㄴ, ㄷ
⑤ ㄴ, ㄷ, ㄹ

　　ㄱ. 공변인과 종속변인 간에 선형적 관계가 있어야 한다(상관관계가 있어야 함).
　　ㄹ. 공변인에 대한 종속변인의 회귀계수가 처치집단 간에 동일해야 한다.

12 두 변수 x와 y의 함수관계를 알아보기 위하여 크기가 10인 표본을 취하여 단순회귀분석을 실시한 경우 회귀식 $y = 20 - 0.1x$를 얻었고, 결정계수 R^2은 0.81이었다. x와 y의 상관계수는?

① -0.1
② -0.81
③ -0.9
④ -1.1
⑤ -1.11

> 결정계수는 회귀분석에서 사용되는 수치로 회귀모형이 적합한지 확인하기 위해 사용하며, 회귀모형의 독립변수가 종속변수 변동의 몇 %를 설명하고 있는지 나타내는 지표이다. 결정계수는 상관계수를 제곱한 값이다. 문제에서 결정계수 R^2는 0.81이고, 회귀식이 $y = 20 - 0.1x$이므로 음의 상관관계를 나타내며, 상관계수 $R = -\sqrt{0.81} = -0.9$이다.

13 단순회귀모형 $Y = \alpha + \beta \chi + \epsilon$에서 회귀직선의 유의성을 검정하기 위한 가설로 옳은 것은?

① $H_0 : \beta = 0,\ H_1 : \beta \neq 0$
② $H_0 : \beta \neq 0,\ H_1 : \beta = 0$
③ $H_0 : \beta = 0,\ H_1 : \beta > 0$
④ $H_0 : \beta = 0,\ H_1 : \beta < 0$
⑤ $H_0 : \beta \neq 0,\ H_1 : \beta < 0$

> **단순회귀모형의 기울기계수에 대한 유의성검정을 위한 가설설정**
> - $H_0 : \beta = 0,\ H_1 : \beta \neq 0$
> - 회귀분석에서는 절편계수보다 기울기계수의 의미가 더욱 강조된다. 기울기계수는 독립변수에 따라 종속변수가 어떻게 변화하는지를 알려줄 뿐 아니라, 종속변수와 독립변수 간에 선형회귀 관계가 성립되는지의 여부도 기울기계수에 대한 유의성 검정으로 판단 가능하기 때문이다.
> - 설명변수의 유의성을 검정한다는 것은 귀무가설 $H_0 : \beta = 0$의 유의성 검정과 동일하다. $H_0 : \beta = 0$이 채택되면 회귀모형에서 가 없어지면서 설명변수는 종속변수를 설명하지 못하므로, 회귀직선이 유의하지 않다고 판단한다.

14 다음 분산분석(ANOVA) 결과에 관한 설명으로 옳지 않은 것은?

변동 요인	제곱 합	자유도	평균제곱	F	유의 확률
집단 간	60	3	20	(A)	0.000
집단 내	27	27	1		
합 계	87	30	–	–	–

① A는 20이다.
② 영가설은 $H_o : \mu1 = \mu2 = \mu3$ 이다.
③ 분석에 사용된 사례의 수는 31개이다.
④ 분석에 사용된 집단의 수는 4개이다.
⑤ 분석결과, 유의수준 0.05에서 영가설은 기각한다.

> ② 분석에 사용된 집단의 수는 4개이므로, $H_o : \mu1 = \mu2 = \mu3 = \mu4$ 이다.
> ① F = 집단 간 변량/집단 내 변량 = 20/1 = 20
> ③·④ 집단 간 자유도 = 집단의 수 – 1 = 3이므로, 분석에 사용된 집단의 수는 4개이다.
> 집단 내 자유도 = 전체 사례(표본)의 수 – 집단의 수 = 27에서 집단의 수가 4개이므로, 분석에 사용된 사례의 수는 31개이다.
> ⑤ 유의확률이 0.000으로 유의수준 0.05보다 작기 때문에 통계적으로 유의미하므로 영가설은 기각한다.
>
> 유의확률(P값) < 유의수준(α) : H_o 기각
> 유의확률(P값) ≥ 유의수준(α) : H_o 채택

15 모평균이 10, 모분산이 9인 정규모집단으로부터 추출한 크기가 36인 표본의 표본평균은 어떤 분포를 따르는가?

① $N(10, \frac{3}{2})$ ② $N(10, \frac{3}{4})$
③ $N(10, \frac{1}{2})$ ④ $N(10, \frac{1}{4})$
⑤ $N(10, \frac{1}{9})$

> 모집단의 분포가 $N(\mu, \sigma^2)$일 때, 표본평균 $\bar{x}$는 정규분포 $N(\mu, \frac{\sigma^2}{n})$에 따른다. 문제에서 모평균 $\mu = 10$이고, 모분산 $\sigma^2 = 9$, 크기 $n = 36$이므로, 표본의 표본평균은 $N(10, \frac{1}{4})$의 분포를 따른다.

정답 12 ③ 13 ① 14 ② 15 ④

16 정규모집단의 모평균에 대한 신뢰구간에 관한 설명으로 옳지 않은 것은?

① 신뢰수준이 높을수록 신뢰구간 폭은 넓어진다.
② 표본 수가 증가할수록 신뢰구간 폭은 넓어진다.
③ 모분산을 아는 경우는 정규분포를, 모르는 경우는 t 분포를 이용하여 신뢰구간을 구한다.
④ 95% 신뢰구간이라 함은 동일한 추정방법에 의해 반복하여 신뢰구간을 추정할 경우, 전체 반복횟수의 약 95% 정도는 신뢰구간의 내에 모평균이 포함되어 있음을 의미한다.
⑤ 신뢰도 계수가 커지면 신뢰구간이 넓어진다.

- 신뢰구간의 넓이 = (신뢰도 계수) × (표준오차)
- 신뢰도를 높인다는 것은 신뢰도 계수가 커진다는 것을 의미하므로, 신뢰도 계수를 크게 하면 구간을 넓히는 결과가 된다. 따라서 신뢰도 계수를 고정하는 경우, 구간의 넓이를 좁힐 수 있는 유일한 방법은 표준오차를 줄이는 것이다.
- 표준오차 = $\dfrac{\sigma}{\sqrt{n}}$ (σ는 상수이므로, 표본수 n을 늘려야 표준오차가 작아짐)
- 표본 수가 증가할수록 표준오차가 작아지므로 신뢰구간의 넓이는 좁아진다.

17 다음 분산분석표의 빈칸에 들어갈 내용으로 알맞은 것은?

요인	자유도	제곱합	평균제곱	F값	유의확률
인자	1	199.34	199.34	(C)	0.099
잔차	6	315.54	(B)		
계	(A)	514.88			

	A	B	C
①	7	1893.24	9.50
②	7	1893.24	2.58
③	7	52.59	3.79
④	7	52.59	2.58
⑤	7	52.59	9.50

$A = 1 + 6 = 7$
$B = \dfrac{SSE}{6} = \dfrac{315.54}{6} = 52.59$
$C = \dfrac{MSR}{MSE} = \dfrac{199.34}{B} = \dfrac{199.34}{52.59} \fallingdotseq 3.79$

18 어떤 동전이 공정한가를 검정하고자 20회를 던져본 결과 앞면이 15번 나왔다. 이 검정에서 사용되는 카이제곱 통계량 $\sum \frac{(O_i - e_i)^2}{e_i}$ 의 값은?

① 2.5
② 5
③ 10
④ 12.5
⑤ 25

기대치 : $20회 \times \frac{1}{2} = 10$

구 분	앞	뒤
관측치	15	5
기대치	10	10

$\therefore \frac{(15-10)^2}{10} + \frac{(5-10)^2}{10} = 5$

19 봉급생활자의 연봉과 근속년수, 학력 간의 관계를 알아보기 위하여 연봉을 반응변수로 하여 회귀분석을 실시하기로 하였다. 그런데 근속년수는 양적 변수이지만 학력은 중졸, 고졸, 대졸로 수준 수가 3개인 지시변수(또는 가변수)이다. 다중회귀모형 설정 시 필요한 설명변수의 개수는?

① 1
② 2
③ 3
④ 4
⑤ 5

회귀모형을 위해 모형을 설정하는 경우 관심의 대상이 되는 종속변수가 양적인 독립변수(설명변수)들 이외에 학력, 인종, 지역, 종교 등 질적인 독립변수에 의해서도 영향을 받을 수 있다. 이러한 질적 효과를 고려할 수 있는 독립변수로 더미변수(가변수)가 있으며, 이 더미변수는 질이나 속성의 유무를 나타내는 데 사용된다. k개 그룹의 질적 차이를 구분하는 경우, $k-1$개의 더미변수를 사용해야 완전한 다중공선성의 문제가 발생하지 않는다. 문제에서 설명변수에 해당하는 근속년수와 학력 중 근속년수는 양적 변수이지만 학력은 중졸, 고졸, 대졸로 수준 수 $k=3$인 질적 변수에 속하므로, 다음과 같이 $k-1=2$개의 더미변수를 설정해야 한다.

$D_i = \begin{cases} 1 \text{ (대졸 이상인 경우)} \\ 0 \text{ (대졸 미만인 경우)} \end{cases}$

따라서 다중회귀모형 설정 시 필요한 설명변수는 근속년수와 더미변수 2개를 합하여 총 3개이다.

20 10명의 스포츠댄스 회원들이 한 달간 댄스 프로그램에 참가하여 프로그램 시작 시 체중과 한 달 후 체중의 차이를 알아보려고 할 때 적합한 검정방법은?

① 대응표본 t-검정
② 독립표본 t-검정
③ Z-검정
④ F-검정
⑤ 카이제곱 검정

스포츠댄스 회원들을 대상으로 댄스 프로그램의 효과를 측정하기 위해 프로그램 개입 전과 후의 값을 체중 차이로 알아보려는 검정방법이므로, 대응표본 t-검정에 해당한다.
① 대응표본 t-검정 : 한 집단을 대상으로 어떤 개입의 효과를 측정하기 위해 개입 전과 개입 후의 값을 비교하는 방법
② 독립표본 t-검정 : 두 집단 간의 평균차이를 검정하는 방법
③ Z-검정 : 모집단의 분산을 알고 있는 경우 두 집단의 평균차이가 유의미한지 알아보기 위해 검정하는 방법
④ F-검정 : 두 개 이상 집단의 분산이 유의한 차이가 있는지 분석하는 방법
⑤ 카이제곱검정 : 변수 간의 유의성 확인을 위해 검정하는 방법

CHAPTER 07 연구보고서의 작성

01 연구보고서의 작성순서가 바르게 나열된 것은?

① 서론 – 이론적 배경 – 연구방법 – 결과 – 결론 및 제언 – 참고문헌 – 부록
② 서론 – 연구방법 – 이론적 배경 – 결론 및 제언 – 결과 – 참고문헌 – 부록
③ 서론 – 이론적 배경 – 연구방법 – 참고문헌 – 부록 – 결과 – 결론 및 제언
④ 서론 – 이론적 배경 – 연구방법 – 결과 – 결론 및 제언 – 부록 – 참고문헌
⑤ 이론적 배경 – 서론 – 연구방법 – 결과 – 결론 및 제언 – 참고문헌 – 부록

연구보고서는 표제 → 목차 → 개요 → 서론 → 이론적 배경 → 연구방법 → 결과 → 결론 및 제언 → 참고문헌 → 부록 등의 순으로 구성된다.

02 연구 문제와 관련된 사회적 현상의 특성과 변수 간의 상호연관성을 서술하기 위해 수행된 연구의 결과보고서는?

① 탐색적 연구보고서
② 기술적 연구보고서
③ 설명적 연구보고서
④ 제안적 연구보고서
⑤ 사회적 연구보고서

기술적 연구보고서는 연구 문제와 관련된 사회적 현상의 특성과 변수 간의 상호연관성을 서술하기 위해 수행된 연구의 결과보고서로, 이 보고서가 모집단 전체에 관한 것인지, 표본에 한정된 것인지와 통계적 오차의 범위를 제시하여야 한다.

03 다음 보기의 A~C에 들어갈 내용으로 옳은 것은?

> ㄱ. (A) - 연구재료, 장비, 과정 등을 인위적으로 조작하거나 연구자료를 임의로 변형, 삭제함으로써 연구 내용 또는 결과를 왜곡하는 행위
> ㄴ. (B) - 타인의 아이디어, 연구 내용, 결과 등을 정당한 승인 또는 인용 없이 도용하는 행위
> ㄷ. (C) - 존재하지 않는 연구자료, 연구 결과 등을 허위로 만들거나 기록 또는 보고하는 행위

	A	B	C
①	표절	위조	변조
②	위조	표절	변조
③	위조	변조	표절
④	변조	표절	위조
⑤	변조	위조	표절

> A. 변조 : 연구재료·장비·과정 등을 인위적으로 조작하거나 데이터를 임의로 변형·삭제함으로써 논문 내용 또는 결과를 왜곡하는 행위이다.
> B. 표절 : 타인의 아이디어를 정당한 승인 없이 활용하는 행위이다.
> C. 위조 : 허위 데이터를 사용하거나 연구 결과를 허위로 만들어 내는 행위이다.

04 보고서 전체의 중요한 부분을 요약 및 정리하여 짧은 시간에 연구보고서 전체의 내용을 파악할 수 있도록 한 부분은?

① 표제
② 목차
③ 개요
④ 서론
⑤ 이론적 배경

> 개요에는 보고서 전체의 중요한 부분을 요약, 정리하여 짧은 시간에 연구보고서 전체의 내용을 파악할 수 있도록 한다.

05 연구방법 중 타당도와 신뢰도의 정보를 제공하여야 하는 부분은?

① 연구대상
② 수집방법
③ 연구절차
④ 측정도구와 검사도구
⑤ 연구가설

> 측정도구와 검사도구를 서술할 때는 연구에서 사용한 도구의 특징으로 도구명, 제작자와 회사명, 도구의 내용을 기록하고 타당도와 신뢰도의 정보를 제공하여야 한다.

06 연구방법에 들어갈 각 항목의 작성방법으로 옳지 않은 것은?

① 연구대상에서는 모집단으로부터 연구대상을 표집하는 방법을 보다 구체적으로 설명한다.
② 수집방법에서는 질문지법, 면접법, 내용분석법 등 자료수집방법을 제시한다.
③ 연구절차에서는 연구수행 과정에 비추어 체계적으로 순서에 의해 서술하는 것이 바람직하다.
④ 측정도구와 검사도구에서는 연구에서 사용한 도구의 특징으로 도구명, 제작자와 회사명, 도구의 내용을 기록하고 타당도와 신뢰도의 정보를 제공하여야 한다.
⑤ 연구가설은 일반적으로 귀무가설이며 구체적으로 서술된 가설이어야 한다.

연구가설은 연구의 목적을 구체화한 진술로서, 연구의 중요도에 따라 기술한다. 연구가설은 일반적으로 대립가설이며, 구체적으로 서술된 가설이어야 한다.

07 참고문헌 작성에 관한 설명으로 옳지 않은 것은?

① 참고문헌은 연구 과정에서 사용한 자료의 출처를 밝히는 부분이다.
② 각주는 참고문헌이 인용된 해당 페이지의 하단에 참고문헌의 정보를 기록하는 형태이다.
③ 각주는 해당 참고문헌을 해당 페이지에서 쉽게 볼 수 있는 장점이 있다.
④ 참고문헌이 많을 경우에는 각주를 이용하는 것이 좋다.
⑤ 후주는 모든 참고문헌의 내용을 논문 맨 뒤에 함께 기록하는 형태이다.

각주를 이용할 경우 편집이 어렵고, 참고문헌이 많을 경우 서술이 불편하므로 후주로 서술하는 것이 일반적이다.

08 가설 설정 및 검정에 관한 설명으로 옳지 않은 것은?

① 가설 설정은 주로 연역적 접근법을 사용한다.
② 유의수준보다 유의확률이 작으면 귀무가설을 기각한다.
③ 기존 연구에서 미비한 사항이나 차이점 등의 기록은 논문의 서론에 기술한다.
④ 귀무가설을 기각했을 때 이 결정이 오류일 확률을 1종 오류라고 한다.
⑤ 자료 분석 결과가 연구자의 예측과 다르게 나타나면 연구가설을 수정해서 논문에 보고한다.

⑤ 자료 분석 결과가 연구자의 예측과 다르게 나타나도 연구가설을 수정해서는 안 된다.

09 연구윤리로 옳은 내용을 모두 고른 것은?

ㄱ. 이전에 출판된 본인의 연구 결과를 사실을 밝히지 않고 사용하는 것은 변조이다.
ㄴ. 허위 데이터를 사용하거나 연구 결과를 허위로 만들어 내는 것은 위조라 한다.
ㄷ. 타인의 아이디어를 정당한 승인 없이 활용하는 것을 표절이라 한다.
ㄹ. 연구에 기여하지 않은 사람에게 논문저자 자격을 부여하는 것은 부당한 저자표시이다.

① ㄱ, ㄴ, ㄷ   ② ㄱ, ㄷ, ㄹ
③ ㄴ, ㄷ, ㄹ   ④ ㄴ, ㄹ
⑤ ㄷ, ㄹ

ㄱ. 이전에 출판된 본인의 연구 결과를 사실을 밝히지 않고 사용하는 것은 자기표절이다.

10 연구논문 작성에 관하여 일반적으로 옳은 설명을 모두 고른 것은?

ㄱ. '연구 방법'에는 연구대상, 자료 수집방법, 도구, 분석법을 서술한다.
ㄴ. '초록'에는 연구 목적과 연구 결과만 요약해서 제시한다.
ㄷ. 기존 연구의 분석결과표를 '연구 결과'에 제시한다.
ㄹ. 질적 연구의 결과를 표, 그림으로 제시할 수 있다.

① ㄱ, ㄴ   ② ㄱ, ㄹ
③ ㄴ, ㄹ   ④ ㄱ, ㄷ, ㄹ
⑤ ㄱ, ㄴ, ㄷ, ㄹ

연구보고서는 표제, 목차, 개요, 서론, 선행연구의 분석 및 이론적 배경, 연구 방법, 결과, 결론 및 제언, 참고문헌, 부록 등의 순으로 구성된다.
ㄴ. '초록'(개요)에는 보고서의 전체의 중요한 부분을 요약·정리하여 짧은 시간에 연구보고서 전체의 내용을 파악할 수 있도록 한다. 연구 목적, 연구 배경, 연구 문제, 가설, 연구 내용, 연구 방법, 주요 연구 결과 및 발견사항, 결론 등이 포함된다.
ㄷ. 기존 연구의 분석결과표는 '연구 결과' 이전인 '선행연구의 분석 및 이론적 배경'에 제시한다.

필수과목 02 주관식 단답형 문제

❖ 문제를 읽고 (　　) 안에 들어갈 단어를 적어주세요.

01 (　　)은/는 일정한 관찰된 사실에 대한 추상적 표현으로, 특정한 제 현상들을 일반화함으로써 나타난다.

02 (　　)은/는 개념이 추상적이어서 직접 조사하기 어려운 경우, 그것을 측정 가능한 형태로 대체하거나 수량화해서 간접적으로 측정하는 것이다.

03 (　　)은/는 두 개의 변수 간에 상관관계가 있으나 그와 같은 관계가 없는 것처럼 보이게 하는 변수이다.

04 근거이론은 자료분석 과정이 개방코딩, (　　), 선택코딩으로 진행되는 연구방법이다.

05 표본추출의 주된 목적은 표본으로부터 획득한 표본의 특성인 통계를 사용하여 (　　)의 특성을 추론하는 데 있다.

06 (　　)은/는 표집에 의한 모수치의 측정값이 모수치와 다른 정도를 의미하며, 표본의 대표성으로부터의 이탈 정도를 나타낸다.

07 (　　)은/는 조사자나 면접자의 주관적인 판단에 의하여 모집단에서 표본의 구성원들을 추출하는 것을 말한다.

08 (   )은/는 어떠한 행위가 일어날 것이라고 예측한 것과 실제로 대상자 또는 집단이 나타낸 행위 간의 관계를 측정하는 것이다.

09 비율척도는 (   )이/가 있어 몇 배 크다, 작다를 정할 수 있으며 사칙연산이 가능하다.

10 (   )은/는 실험대상의 무작위화, 실험변수의 조작, 외생변수의 통제 등 실험적 조건을 갖춘 설계유형이다.

정답

01 개 념
02 조작적 정의
03 억압변수
04 축코딩
05 모집단
06 표집오차(표본오차, Sampling Error)
07 비확률 표본추출
08 예측적 타당도(예언적 타당도)
09 절대영점
10 순수실험설계 또는 진실험설계

02 기출문항 OX 문제

❖ 문제를 읽고 ( ) 안에 맞는 답을 (O / X)로 표기하세요.

01 첨도는 자료의 분포 모양이 어느 쪽으로 얼마만큼 기울어져 있는가, 즉 비대칭 정도를 나타내는 척도이다. ( )

02 추정량의 기대치가 추정할 모수의 실제값과 같을 때, 이 추정량은 불편성을 가졌다고 한다. ( )

03 실제로 귀무가설이 옳은데 검정결과 이 귀무가설이 틀렸다고 기각하는 잘못을 범하는 것은 제1종 오류로서 그 확률은 α인데, 이 α가 유의수준이다. ( )

04 5명의 학생에게 자신이 좋아하는 한 명을 선택하라는 조건에서 자유도는 5이다. ( )

05 t-검정은 두 개 이상의 집단을 비교하는 데 사용되는 분석 방법으로, 집단 내 이질성에 대한 집단 간 이질성의 비율로 집단의 차이 여부를 검정하는 것이다. ( )

06 분산분석은 3개 이상의 집단들의 평균 차이를 동시에 비교하기 위한 검정방법, 즉 여러 집단의 평균의 동일성에 대한 검정을 하기 위한 기법이다. ( )

07 회귀분석은 2개 이상의 정량적 변수들 간의 관계를 이용하여 하나의 변수를 나머지 다른 변수들로부터 예측이 가능하게 하는 통계적 기법이다. ( )

08 가설을 기각 혹은 채택하는 판단기준이 되는 것을 유의수준(α)이라 한다. 귀무가설이 채택된 경우는 '유의(Significant)하다'라고 한다. ( )

09 ABA설계는 AB설계에 개입이후 또 하나의 기초선(A)을 추가한 설계이다. ( )

10 실험설계는 독립변수의 조작이 불가능하여 실험적인 연구를 실행할 수 없는 상황에서 적용하는 설계유형이다. ( )

정답 및 해설

01 × 02 ○ 03 ○ 04 × 05 × 06 ○ 07 ○ 08 × 09 ○ 10 ×

01 왜도에 대한 설명이다.
04 5명 학생에게 자신이 좋아하는 한 명을 선택하라는 조건에서 선택 대상은 자신을 제외한 4명이며, 이때 자유도는 4이다.
05 F-검정에 대한 설명이다.
08 가설을 기각 혹은 채택하는 판단기준이 되는 것을 유의수준(α)이라 한다. 귀무가설이 기각된 경우는 '유의(Significant)하다'라고 한다.
10 비실험설계에 대한 설명이다.

심리측정 평가의 활용

- 01 심리검사 개론
- 02 심리검사 각론
- 03 기타 심리측정 평가의 활용에 관한 사항

적중예상문제

(객관식 ‖ 주관식 단답형 문제 ‖ 기출문항 OX 문제)

필수 2과목과 함께 많은 수험생들이 어려움을 겪는 "필수 3과목 심리측정 평가의 활용"입니다. 필수 2과목이 어려운 통계학 문제로 어려움을 겪었다면, 필수 3과목은 방대한 개념들로 인해 어려움을 겪는 경우가 많습니다. 과거의 시험에서는 각 심리검사의 특징이 포괄적 형태로 출제되는 경우가 많았지만, 최근의 시험에서는 세세한 척도를 묻거나, 심지어 사례에 심리검사를 적용하는 활용형 문제도 출제되고 있습니다. 이에 더해 기존에 자주 출제되던 심리검사의 역사, 개발 단계 등 토대 이론들도 여전히 출제되고 있으니 반복학습을 통한 개념의 내재화가 필요할 것으로 보입니다.

✓ **최근 2024년도 23회 기출키워드**

- 규준의 개념
- 심리검사와 평가의 윤리
- 심리평가의 목적
- 심리검사의 역사
- 면담
- 행동평가
- 내담자의 특성을 측정하기 위한 심리검사
- 심리검사의 실시와 해석
- 심리검사
- 전통적 심리검사의 제작 순서
- 심리검사의 신뢰도와 타당도
- K-WISC-V의 소검사
- K-WAIS-IV의 소검사
- 지능 이론
- MMPI-2에서 재구성 임상 척도
- 홀랜드(Holland) 직업적성검사
- MBTI
- MMPI-A
- NEO-PI-R
- TCI 척도
- PAI의 임상 척도
- 한국판 아동·청소년 행동평가 척도 (K-CBCL 6-18)
- 투사검사
- 투사적 검사의 장점
- 문장완성검사(SCT)

정오표▲

CHAPTER 01 심리검사 개론

중요도 ★★★

핵심포인트
심리검사의 특징과 발달과정, 심리검사 시 고려사항, 면접법, 행동평가법, 정신상태검사, 심리검사의 분류・선택・시행, 심리검사의 제작순서, 심리검사의 표준화, 심리검사의 주요 규준, 척도의 종류, 신뢰도, 타당도, 문항분석, 탐색적 요인분석

01 심리검사 및 평가의 개념과 역사・총론

(1) 심리검사의 의의 15 16 20 21 24 기출
① 심리검사란 개인에 대한 종합적인 정보를 알아내는 과정의 한 부분으로, 개인의 지능, 학력, 적성, 성격, 흥미, 가치관 등과 같은 심리적 속성을 체계적이고 수량적으로 측정하는 방법이다.
② 심리적 현상에 있어서 개인 간의 차이를 비교・분석함으로써, 개인의 인격적・행동적 측면을 이해할 수 있도록 하기 위한 심리학적 측정 과정이다.
③ 표집된 행동표본을 대상으로 과학적인 검증의 과정을 거쳐 그 결과를 수치로 나타내며, 이를 표준화된 방법에 의해 점수로써 기술하는 방법이다.
④ 제한된 규준을 통해 개인의 행동을 예측하기 위한 기술적 과정으로, 개인의 소수 표본 행동을 측정하여 그 결과를 토대로 개인의 전체 행동을 예견할 수 있다.

(2) 심리검사의 특징 16 17 20 23 24 기출
① 심리평가를 위한 자료원이다.
② 수검자의 행동에 대한 양적 측정을 통해 개인 간 비교가 가능하다.
③ 수검자의 검사반응을 비교함으로써 개인 내 비교도 가능하다.
④ 심리검사를 통해 내리는 결론은 확정적인 것이 아니라 잠정적인 것이다.
⑤ 심리검사는 전체 행동이 아닌, 일부 표집된 행동을 대상으로 한다.
⑥ 심리적 구성개념을 측정하기 위한 도구이다.
⑦ 표준화된 방식으로 심리적 구성개념을 측정하며, 심리적 구성개념은 조작적으로 완벽하게 정의할 수 없다.
⑧ 검사를 통해 내려지는 결론은 항상 오류가능성을 내포한다.

> **지식 !N**
>
> **심리적 구성개념(Construct)** 18 기출
> - 물리적 속성과 심리적 속성을 구분하여, 심리적 속성을 심리적 구성개념이라 한다.
> - 심리학자들이 상상으로 만들어낸 추상적·가설적 개념으로 직접 측정이 불가능하다.
> - 특정 규칙에 따라 심리적 구성개념을 수량화(대상의 속성에 수를 할당)하는 것을 측정이라 한다.

(3) 심리검사의 한계

① 심리검사는 내담자의 특정 행동 및 반응 양상을 표집하여 이를 토대로 해당 영역 전체를 추정하는 방식이므로, 검사 자체의 신뢰도와 타당도가 검증되어야 하며, 오류 발생 가능성을 염두에 두어야 한다.
② 심리검사는 보통 일회적으로 실시되므로 충분하고 정확한 정보를 얻기 어렵다.
③ 심리검사는 표준화된 자극에 대한 내담자의 현재 반응을 측정하는 것이다. 따라서 내담자의 과거 및 미래에 대한 종합적인 정보를 얻기 위해서는 면담 및 행동관찰에서 입수한 자료들로 보충하여야 한다.

(4) 심리검사가 측정하는 심리적 속성 15 16 기출

① 추상적 개념(개인의 지능, 적성, 성격, 흥미, 가치관 등)이다.
② 직접 측정이 불가능하므로, 조작적 정의를 통해 수량화해서 간접적으로 측정해야 한다.
③ 수량화하는 도구로서의 심리검사들이 개발되어야 한다.
④ 심리적 측정을 통해 객관화가 가능하다.

(5) 심리검사의 목적(Talbott)

① 내담자에 대한 임상적 진단을 명료화·세분화한다.
② 문제의 증상 및 심각성 정도를 구체화한다.
③ 내담자의 자아 강도를 평가한다.
④ 내담자의 인지 기능을 측정한다.
⑤ 내담자에 대한 적절한 치료 유형을 제시한다.
⑥ 내담자에 대한 적절한 치료 전략을 기술한다.
⑦ 내담자를 치료적 관계로 유도하며, 내담자로 하여금 자아 강도 및 문제 영역에 대해 인식하도록 돕는다.
⑧ 내담자의 치료에 따른 반응을 검토하며, 치료 효과를 평가한다.
⑨ 내담자의 정신역동적 진단을 명료화한다.

> **지식 !N**
>
> **심리검사의 목적**
> - 기술적 진단
> - 개성 및 적성의 발견
> - 미래 행동의 예측
> - 조사 및 연구

(6) 심리검사의 발달과정 15 16 17 18 19 20 21 23 24 기출

① 1879년 – 분트(Wundt)가 독일 라이프치히에 심리학 연구를 위해 실험실을 개설하였다.
② 1890년 – 카텔(Cattell)이 '정신검사(Mental Tests)'라는 용어를 처음으로 제안하였다.
③ 1892년 – 미국심리학회(APA ; American Psychological Association)가 창설되었다.
④ 1896년 – 비트머(Witmer)가 미국 펜실베이니아 대학에 세계 최초의 심리진료소를 개설하여 임상심리학의 본격적인 시작을 알렸다.
⑤ 1905년 – 비네가 시몽(Simon)과 함께 초등학교 입학 시 지적 장애아를 식별하기 위한 현대적인 의미의 지능검사법인 '비네-시몽 검사(Binet-Simon Test)'를 개발하여 언어능력 이외에 감각 및 지각능력을 측정하였고, 최초로 정신연령 개념을 도입하였다.
⑥ 1911년 – '비네-시몽 검사(Binet-Simon Test)'가 성인까지의 문제를 포함하여 '비네-시몽 척도(Binet-Simon Scale)'로 명명되었다.
⑦ 1916년 – 터만(Terman)이 비네-시몽 검사를 발전해 지능검사도구인 '스탠포드-비네 검사(Stanford-Binet Intelligence Scale)'를 개발하였고 비율 지능지수(IQ)를 처음으로 사용하였다.
⑧ 1917년 – 미국의 제1차 세계대전 개입과 함께 군 입대 대상자의 선정과 부대배치를 위해 성인용 집단지능검사로 일반적 언어성 검사인 '군대 알파(Army α) 검사'와 외국인이나 문맹자를 위한 비언어성 지능검사인 '군대 베타(Army β) 검사'가 개발되었다.
⑨ 1920년 – 최초의 객관적 성격 검사인 우드워스(Woodworth)의 개인자료기록지(Personal Data Sheet)가 세계 1차 대전 당시 군지원자들에 대한 대규모 진단평가를 위해 제작되었다.
⑩ 1921년 – 스위스 의사인 로샤가 좌우대칭의 잉크얼룩이 있는 10장의 카드로 '로샤 검사(Rorschach Test)'를 개발하였다.
⑪ 1926년 – 구디너프(Goodenough)에 의해 인물화(DAP)검사가 개발되었다.
⑫ 1935년 – 머레이와 모건(Murray & Morgan)이 '주제통각검사(TAT ; Thematic Apperception Test)'를 개발하였다.
⑬ 1938년 – 벤더게슈탈트 검사(BGT)가 정신병리 유형과 지각 간의 관계를 연구하기 위한 용도로 개발되었다.
⑭ 1939년 – '웩슬러-벨류부(Wechsler-Bellevue)' 성인용 지능척도가 개발되었다. 개발할 당시 1905년 개발된 '비네-시몽 검사(Binet-Simon Test)'와 1917년 미국의 제1차 세계대전 개입과 함께 개발된 집단 심리검사도구인 '군대 알파(Army α)'와 '군대 베타(Army β)'의 검사 문항을 차용하여 검사배터리를 개발하였다.
⑮ 1943년 – 미네소타 다면적 인성검사(MMPI ; Minnesota Multiphastic Personality Inventory)가 개발되었다.
⑯ 1949년 – '16성격 요인검사(16PF ; Sixteen Personality Factor Questionnaire)'가 개발되었다.
⑰ 1949년 – 아동용 주제통각검사(CAT)가 개발되었다.
⑱ 1955년 – '웩슬러 성인용 지능검사(WAIS ; Wechsler Adult Intelligence Scale)'가 표준화되었다.
⑲ 1957년 – '마이어스-브릭스 성격유형검사(MBTI ; Myers-Briggs Type Indicator)'가 개발되었다.
⑳ 1974년 – 엑스너(J. Exner)는 로샤(Rorschach) 검사의 종합체계를 고안하였다.

(7) 심리평가의 의의 15 21 22 기출

① **종합적인 평가** : 심리평가는 내담자에 대하여 심리검사와 상담(면담), 행동관찰, 전문지식 등 다양한 방법으로 자료를 수집하고, 이를 토대로 종합적인 평가를 내리는 전문적인 작업과정이다.

② **지식과 임상적 경험의 통합과정** : 심리평가는 인간에 대한 심리학적 지식, 정신병리와 진단에 대한 지식, 임상적 경험 등을 통해 이루어진다.

③ **문제해결의 과정** : 심리평가는 단순히 심리검사의 결과를 제시하는 것이 아닌, 다양한 정보를 종합하여 문제해결을 돕는다.

④ **내담자에 대한 최종 해석·판단 과정**
  ㉠ 심리평가에는 내담자가 의뢰한 문제를 분석한 후 심리검사, 면담, 행동관찰 등으로 필요한 자료를 모으는 과정과 심리장애 진단 및 인간행동 발달 및 정신병리 등에 대한 전문적인 심리학적 지식을 바탕으로 그 자료들을 해석하는 과정이 있다.
  ㉡ 이러한 해석을 바탕으로 상담자는 내담자의 문제에 개입할 방식, 시기와 강도, 영역 등을 전문적으로 판단하고 결정한다.

⑤ **주관적 요소의 개입** : 심리평가는 해석과정에서 평가자의 이론적 배경에 따라 불가피하게 주관적 요소가 개입하게 된다.

(8) 심리평가의 목적 24 기출

① 내담자 및 주변 환경에 대한 이해
② 문제의 명료화 및 세분화
③ 내담자에 대한 이해(자아 강도 확인, 성격 구조와 특성 이해)
④ 치료계획 및 치료 전략의 제시
⑤ 치료적 관계의 유도
⑥ 치료 결과 및 효과, 증상의 심각도에 대한 평가

(9) 심리평가 과정 시 임상적 판단의 정확성을 높이는 방안 15 기출

① 기억에 의존하기보다 정보를 가능한 상세하게 기록한다.
② 관련 문헌을 참고하여 과거의 경향과 새로운 경향을 파악한다.
③ 평가자는 자신의 판단이 얼마나 정확한지에 대해 피드백을 받는다.
④ 평가자는 자신이 세운 가설을 지지하는 자료와 지지하지 않는 자료를 함께 고려한다.
⑤ *바넘효과를 임상적 판단의 기초로 삼지 않는다. 바넘효과는 개개인을 구분짓는 특징으로 작용하지 않기 때문이다.

> ✔ **바넘효과(포러효과)**
> 일반적이고 모호해서 누구에게나 적용되는 성격묘사를 특정 개인에게만 적용되는 것으로 받아들이는 성향을 말한다.

(10) 심리평가보고서 22 기출

① 심리평가보고서는 심리학·임상학적 전문가가 평가에 의뢰된 내담자나 환자를 대상으로 해당 개인 및 주변 인물에 대한 면접, 개인에 대한 행동관찰, 생활사적 정보와 평가 결과에 대한 통합 과정 등을 기록한 것이다.

② 내담자나 환자의 신체적·정신적·정서적 기능과 인지능력, 행동수행능력 등을 평가하여 개인의 특징적 양상을 구체적이고 명확하게 기술하며, 이를 의뢰된 문제나 치료적 목적에 결부해 진단에 대한 정보를 제공한다.
③ 향후 치료적 개입에 대해 건의하며, 치료적 결과에 대한 전망과 기능적 향상 가능성, 직접적인 개입에 의해 초래될 수 있는 문제점 등을 조망한다.
④ 심리평가서에 수검자가 이해하기 어려운 특수한 전문용어나 표현, 추상적 용어를 사용하지 않아야 한다.
⑤ 구성 형식
   ㉠ 제목 및 내담자에 관한 정보 : 제목, 작성자 및 내담자의 이름, 평가 날짜 및 장소, 내담자의 성별, 생년월일, 결혼상태, 참고자료, 의학적 기록 등
   ㉡ 의뢰된 이유 및 원천 : 내담자의 의뢰와 연관된 사람, 장소(기관), 의뢰 이유, 특별히 의뢰된 질문 등
   ㉢ 평가도구 및 절차 : 사용되는 평가의 목록, 평가의 절차 등
   ㉣ 행동관찰 : 내담자의 용모, 말과 표현, 면담 태도, 언어적·비언어적 의사소통능력 등
   ㉤ 평가 결과에 대한 해석 : 내담자의 신체·정신·정서적 기능, 인지능력, 행동수행능력, 대인관계능력 등
   ㉥ 생활사적 정보와 평가결과의 통합 : 내담자의 현재 상태에 대한 심리적 평가, 잠정적 결론을 유추하기 위한 과정

(11) 심리검사 및 심리평가 시 고려사항

① 심리검사 개발 시 유념해야 할 사항
   ㉠ 검사 본래의 개념화가 통계분석 등의 구체적인 과정보다 더욱 중요하다.
   ㉡ 사전 검사설계 단계에서부터 최종 검사 점수 보고에 대해 고려해야 한다.
   ㉢ 검사는 최종 시행에 앞서 비공식적인 예비시행의 과정을 거쳐야 한다.
   ㉣ 검사의 전체 제작기간은 검사 개발자가 예상한 기간보다 오래 걸릴 수 있다.
   ㉤ 문항은 최대한 단순하고 일반적인 이해를 요하는 것이 좋다.
   ㉥ 문항이 독창적인 경우 오류의 원인이 되어 잘못된 결과를 초래할 수도 있다.
   ㉦ 문항 분석의 통계적인 기법을 통해서도 부적절한 문항은 남아있을 수 있다.
   ㉧ 통계적인 관점에서 표준화 집단은 무조건 크다고 좋은 것이 아니다.
   ㉨ 문항 제작에 앞서 해당 검사 분야에 대한 충분한 연구가 이루어질 필요가 있다.
   ㉩ 문항 준비 단계에서 충분한 분량의 문항을 작성해 두는 것이 바람직하다.
   ㉪ 검사의 표준화를 위해 최종 매뉴얼을 제작하여야 한다.
② 심리검사 시 고려사항 16 18 24 기출
   ㉠ 전문적 측면(전문가로서의 자질)
      • 검사자는 고도의 책임 있는 기능을 수행하기 위해 인간행동을 이해하는 데 필요한 전문적인 교육을 받아야 한다.
      • 전문적인 기술을 가지고 심리학적 평가기법을 다룰 수 있어야 한다.

- 타당도와 신뢰도가 검증되지 않은 평가도구를 사용하는 경우 검사결과 및 해석의 장단점을 기술해야 한다.
- 표준화 검사라 하더라도 결과를 해석할 때는 검사에 영향을 미칠 수 있는 상황이나 개인의 언어적·문화적 차이를 고려해야 한다.
- 평가서에 수검자가 이해하기 어려운 특수한 전문용어나 표현을 사용하지 않아야 한다.
- 가장 적은 시간과 노력을 들여 가장 타당하게 평가할 수 있는 검사를 선택해야 한다.

ⓒ 도덕적 측면(수검자에 대한 의무와 권리)
- 검사자는 인간의 권리를 보호해야 할 의무가 있다.
- 심리검사와 관련된 수검자의 권리에는 검사를 받지 않을 권리, 검사점수 및 해석을 알 권리, 검사 자료에 접근할 수 있는 사람이 누구인지 알 권리, 검사 결과의 비밀을 보장받을 권리 등이 있다.

ⓒ 윤리적 측면(검사자의 책임)
- 검사자는 수검자에게 검사가 어떻게 사용되는지 말해주고 비밀보장의 한계를 설명해 주어야 하며, 자신을 고용한 기관에 대해서는 가능한 한 최소한의 정보를 제공하는 것이 바람직하다.
- 수검자가 자해나 타해의 위험이 있는 경우 비밀보장의 원칙을 지키지 않아도 된다.
- 법률에 의해 위임된 경우나 승인된 경우에는 개인의 동의 없이 검사를 시행할 수 있고, 비밀정보를 최소한으로 노출할 수 있다.
- 수검자를 다른 기관으로 의뢰할 경우 해당 기관의 전문가에게 검사자료를 제공할 수 있다.
- 검사를 실시하는 목적과 검사결과의 용도에 대해 내담자를 충분히 이해시키는 것이 바람직하며 평가결과를 보여주면 안 되는 경우에는 사전에 수검자에게 이 사실을 알려야 한다.

ⓔ 사회적 측면
- 검사자는 심리검사가 주는 이익과 개인의 권리 및 자유를 위협하는 위험을 알고 있어야 한다.
- 이익이 위험을 훨씬 능가하고 위험이 최소화된 경우에만 검사 사용이 사회적으로 용인되어야 한다.
- 검사 자격을 갖추지 못한 사람에게 평가도구가 판매되지 않도록 해야 한다.

③ **심리평가의 윤리적 고려사항**
ⓐ 내담자의 권익보호
ⓑ 표준화된 도구의 사용
ⓒ 내담자의 문제에 대한 인식
ⓓ 평가도구의 도덕성 및 윤리성
ⓔ 분류의 신중한 사용
ⓕ 평가 결과를 토대로 치료적 개입
ⓖ 사생활 보호 및 비밀유지

02 면접법과 행동평가법

(1) 면접법 14 15 기출

① 개요
- ㉠ 면접은 구조적인 심리검사를 통해 파악하기 어려운 내담자에 대한 의미 있는 자료를 제공한다.
- ㉡ 상담자(검사자)는 면접을 통해 내담자의 방문사유, 내담자의 태도, 내담자의 가정 또는 직장 내 생활 및 적응상태, 대인관계 양상, 개인력 등에 대한 폭넓은 정보를 얻을 수 있다.
- ㉢ 면접에 의한 자료는 자의적인 해석이나 의도적 또는 비의도적인 왜곡, 과장 또는 축소, 생략의 과정이 개입될 수 있으므로 정확성을 보장하기 어렵다.
- ㉣ 면접에 의해 수집된 자료는 충분한 검토와 함께 분석 및 추론 등에 의한 전문적인 진행과정을 거침으로써 유효하게 활용될 수 있다.
- ㉤ 인간중심상담에 근거한 경우, 일반적으로 진단을 위한 구조적 면접보다 비구조적 면접을 더 선호한다.
- ㉥ 개방형 질문으로 시작해서 이후 폐쇄형 질문으로 접근하는 것이 바람직하다.
- ㉦ 면접의 목적을 효과적으로 달성하기 위해서는 라포 형성이 매우 중요하다.
- ㉧ 구조적 면접은 비구조적 면접에 비해 다량의 자료를 객관적·체계적으로 수집할 때 유용하다.

> **지식 IN**
>
> **개방형 질문과 폐쇄형 질문** 18 기출
> - 개방형 질문은 수검자의 독특한 반응을 얻을 수 있는 장점이 있는 반면, 폐쇄형 질문은 수검자의 독특한 반응을 억제한다.
> - 도박 습관, 범죄기록, 마약 복용, 아동 학대 등 사회적 일탈행위 등에 관한 질문을 개방형으로 할 경우 수검자는 부담을 느낄 수 있으므로 폐쇄형으로 확인하는 것이 더 적합하다.
> - 수검자가 혼란이 심하고 통찰이 없는 경우 폐쇄형·선다형 질문이 개방형 질문보다 더 효과적이다.

② 형식
- ㉠ 비구조화된 면접 21 기출
  - 특별한 형식과 절차를 미리 정해 두지 않고, 면접상황과 내담자 반응에 대한 면접자의 판단에 따라 유연성 있게 진행된다.
  - 일관적이고 체계적인 정보를 수집하는 데 불리하다.
  - 자기보고식 심리검사에 비해 타당도가 더 낮다.
  - 구조화된 면접에 비해 평정자 간 일치도를 산출하기 더 어렵다.
  - 면접자 간 신뢰도가 낮고, 면접자의 주관이 개입할 여지가 많다.
  - 수검자의 상황에 따라 질문의 내용이나 순서를 바꾸기가 쉽다.
  - 동일한 영역에 대한 객관적인 평가가 어렵다.
  - 수검자로부터 수집한 자료를 수량화하기 어렵다.

- 수검자의 개인력에 관한 독특한 세부사항을 수집하는 데 도움이 된다.
- 면접자에 따라 절차가 다르게 진행되고 내용이 달라질 수 있으므로, 면접자의 숙련된 전문성이 필요하다.

ⓒ 체계적(구조화된) 면접 [14][17][18][20][21][24] 기출
- 면접에 포함되어야 하는 내용과 질문, 진행방법이나 반응기록 방식을 정해 놓고, 표준화된 방식에 따라 필요한 내용을 수집한다.
- 진단평가의 신뢰도를 높여준다.
- 초보면접자도 빠짐없이 질문할 수 있다.
- 면접자의 개입이 최소화된다.
- 면접자의 주관적 추론이 개입될 여지가 매우 적다.
- 폐쇄형 질문이 개방형 질문보다 더 많이 사용된다.
- 특정 증상의 유무에 대한 기록의 정확성을 높여준다.
- 수동적이고 의존적인 수검자에게 더 유용하다.
- 구조적 면접 자료는 비구조적 면접 자료에 비해 수량화가 쉽다.
- 수검자의 상황에 따라 융통성을 발휘하기 어렵다.

ⓒ 반구조화된 면접
- 구조화된 면접과 비구조화된 면접의 단점을 보완하고 장점을 취하기 위한 방법이다.
- 몇 가지 핵심질문으로 구성하고, 나머지는 면접자가 유연하게 진행할 수 있도록 구성된다.
- 면접자의 판단에 따라 질문의 내용과 순서를 수정할 수 있다.

> **지식 IN**
>
> **SCID(Structured Clinical Interview for DSM)** [21][23] 기출
> - DSM을 기반으로 진단을 위해 체계화된 질의 응답의 진단 면접지침서로 반구조화된 면담도구이다.
> - DSM-5에 맞게 SCID-I는 SCID-5-CV로, SCID-II는 SCID-5-PD로 개정되었다.
> - 가족 및 병력에 관해 질문하고 질병 및 현재 불만 사항, 경험한 증상의 본질, 심각성 및 기간에 이르기까지 다양하게 질문한다.
> - 주요 정신장애 및 인격장애를 결정하는 데 사용된다.
> - 평가 대상의 전집과 평가 맥락에 맞게 내용을 조정할 수 있도록 융통성이 허용된다.

(2) 행동평가법 [14][15][16][17][20][24] 기출

① 개 요
  ㉠ 행동평가는 고전적 및 조작적 조건형성 연구(행동주의 연구)에서 출발하였다.
  ㉡ 행동평가는 직접적인 평가과정으로서 평가대상의 실제 속성에 대한 가장 근접한 자료를 제공한다는 점에서 유의미하다.
  ㉢ 면담이나 심리검사 장면에서 내담자가 드러내 보이는 행동은 내담자의 일상적인 생활 상황에서의 행동을 반영한다.
  ㉣ 상담자는 내담자의 행동을 주의 깊게 관찰함으로써 내담자의 일상생활 속에서의 긴장과 압력, 대인관계, 문제 상황에서의 행동양상 등을 추측해 볼 수 있다.

- ⑩ 행동평가는 그 유용성에도 불구하고 면담 및 심리검사 장면의 제한된 영역에 국한되므로, 내담자의 전체 행동영역에 대한 대표성을 보장하는 것으로 보기 어렵다.
- ⑪ 내담자는 자신의 행동을 다른 누군가가 지켜보고 있다고 인식하는 경우, 실제 상황과는 다른 행동을 나타내 보일 수 있다.
- ⓥ 행동평가법은 처치 후 문제행동의 변화를 평가하는 데 유용하지만, 시간과 인원, 장비 측면에서 비효율적이다.
- ⓞ 개인의 성향보다 상황 요인을 더 중요시한다.
- ⓩ 규준적(Nomothetic) 접근보다 개인 특이적(Idiographic) 접근을 따른다.

② **기본 전제**
- ㉠ *다요인결정론을 전제한다.
- ㉡ 행동과 인접한 환경적 사건이 중요하다고 전제한다.
- ㉢ 개인의 행동이 환경에 영향을 줄 수도 있다고 전제한다.
- ㉣ 행동은 단편적인 요소들에 의해 구성되어 있다고 전제한다.
- ㉤ 행동평가는 인간의 행동양식을 객관적 척도로 제시하는 방법이고, 환경변화에 영향을 받는 외재적 특성을 전제한다.

> ✅ **다요인결정론**
> 어떤 행동이든 다양한 요인이나 요인들의 상호작용에 의해 결정된다는 이론을 말한다.

③ **목 적**
- ㉠ 문제행동과 그것을 유지하는 조건을 확인하기
- ㉡ 적절한 처치를 선별하기
- ㉢ 처치를 수정하기
- ㉣ 처치효과를 평가하기

④ **기 법**
- ㉠ 행동면담
  - 선행사건-행동-결과 간의 관계를 기술하고 이해하는 데 초점을 맞춘다.
  - 목표행동을 확인하거나 부가적인 행동평가 과정을 선택하는 데 도움을 준다.
- ㉡ 행동관찰 [18] [20] [21] [23] 기출
  - 개요 : 행동면담만으로 적절한 평가를 충분히 할 수 없는 경우, 처치하기 전이나 도중 또는 그 후에 행동관찰이 필요하다. 행동관찰은 관찰자 기대의 영향을 받는다.
  - 행동관찰 시 사용되는 코딩 방법

이야기기록	• 관찰하고자 하는 행동을 써 두는 것이다. • 관찰을 수량화하기 어렵고 타당도가 낮다. • 관찰 이후 특정 행동을 구체적 영역에서 양적으로 측정하는 데 도움이 된다.
간격기록	일정한 간격을 두고 일어나는 행동을 기록하는 것으로, 시간표집과 간격표집 방법이 있다.
사건기록	행동이 일어날 때까지 기다린 후 행동의 세목 및 빈도와 강도를 기록하는 것이다.
평정기록	• 체크리스트나 척도상에서 기록하는 것이다. • 특정 행동 특징에 대해 1~5점 척도나, 1~7점 척도로 측정하는 것이다. • 기록 내용을 수량화하기 용이하다.

- 행동관찰법의 유형 15 기출

자연관찰법	• 관찰자가 실제 생활환경에서 내담자의 자연스러운 행동을 관찰하는 방법이다. • 여러 상황에 걸쳐 많은 정보를 확보하도록 함으로써 문제행동에 대한 리스트 작성 및 기초 자료수집에 효과적이다. • 수검자의 문제행동이 나타나는 데 시간이 오래 걸리며, 비용면에서도 효율적이지 못하다.
유사관찰법 (통제된 관찰법/ 실험적 관찰법)	• 관찰자에 의해 미리 계획되고 조성된 상황의 전후 관계에 따라 특정한 환경 및 행동조건에서 내담자의 행동을 부각하기 위한 방법이다. • 수검자의 문제행동을 포착하는 데 시간이 적게 걸리며, 비용면에서도 효율적이다. • 수검자의 반응요인으로 인해 외적 타당도가 저해될 수 있다.
참여관찰법	• 수검자와 자연스러운 환경에서 생활하는 사람에게 관찰대상을 관찰·기록하게 하여 그에 대한 결과를 보고하도록 하는 방법이다. • 자연스러운 환경에서의 자료수집이 가능하며, 광범위한 문제행동에 적용이 가능하다. • 관찰자의 편견이나 선입견이 개입될 수 있으며, 관찰 이전의 상호작용에 의해 관찰기록의 정확성을 확신하기 어렵다.
자기관찰법 (자기-감찰/ 자기-탐지)	• 관찰자가 자기 자신의 행동을 스스로 관찰하며, 자신과 환경 간의 상호작용에 대해 기록하는 방법이다. • 관찰자 자신의 행동에 대한 피드백을 통해 문제행동을 통제할 수 있다. • 관찰자가 자신에 대한 관찰 및 기록을 왜곡할 수 있다.

- 행동관찰에서 나타날 수 있는 오류의 원인 15 기출
  - 표적행동에 대한 명확성 : 관찰내용(표적행동)이 명확하지 못해서 오류가 발생한다.
  - 관찰자로 인한 반응억제수준 : 피관찰자가 관찰자를 의식하여 평소의 행동을 억제하는 경우 오류가 발생한다.
  - 관찰자의 민감성 : 피관찰자의 행동이나 움직임 또는 표정을 포착하여 기술할 수 있는 민감성은 개인의 특징에 많이 의존하지만 훈련을 통해 개선될 수 있다.
  - 관찰자의 개인적인 편견, 후광효과 : 관찰대상에 대한 관찰자의 사전정보나 인식이 긍정적이면 관찰자는 관찰대상을 우호적인 관점에서 바라보게 되는데 이를 '후광효과'라고 하며, 이와 반대될 때는 '편견'이 될 것이다.
  - 관찰자의 훈련수준 : 관찰자의 훈련수준과 관심에 따라 선택적 관찰이 이루어진다.
  - 관찰자 개인의 특성 : 지나치게 관대하거나 엄격하여 관찰에 영향을 미치는 경우이다.
  - 측정할 준거의 일관성 수준 : 관찰자가 동일한 장면이나 행동을 다시 관찰했을 때도 동일한 평가를 내리는 정도의 일관성이 유지되지 못해 오류가 발생할 수 있다.
  - 기록 및 해석의 오류 : 같은 기록이라도 관찰정보를 빠뜨리는 '생략오류', 실제로 본 상황 이상의 정보를 담는 '첨가오류', 일어난 행동의 순서를 부적절한 순서로 계열화시키는 '전환오류'가 있을 수 있다.

- 행동관찰 시 유의사항
  - 관찰할 행동에 대한 조작적 정의가 명확해야 한다.
  - 인위적 상황의 관찰은 자연적 상황의 관찰보다 반응성 문제가 크다.
  - 행동관찰법에서 한 번에 관찰해야 하는 표적행동의 개수는 적을수록 좋다.
  - 발생빈도가 높은 행동의 기록은 간격 기록법을 사용한다.
  - 관찰자 간에 측정한 결과가 유의하게 일치할수록 신뢰도가 높아진다.

- 관찰평가에서 나타날 수 있는 오류 16 기출

호손(Hawthorne) 효과	실험에 참가한 개인이 자신이 관찰되고 있다는 사실을 알 때 자신의 행동을 바꾸거나 작업의 능률이 오르는 효과로 외적 타당도를 저해하는 요인 중 조사반응성과 연관된다.
존 헨리(J Henry) 효과	특별한 처리를 받지 못한 통제집단의 수검자들이 평상시와는 다르게 행동하거나, 고의로 실험집단보다 더 좋은 결과가 나타나도록 노력하는 경우에 발생하는 효과이다.
실험자 효과	자료를 조사하거나 연구를 실행하는 실험자의 특성이나 기대 등과 같은 실험자변인(독립변인)이 반영되는 현상이다.
관찰자의 기대	관찰자가 여러 가지 상황에서 일어나는 행동을 있는 그대로 기록하는 것이 아니라 일어나기를 기대하는 방향으로 결과를 기록하는 것을 말한다. → 피그말리온 효과
할로(Halo) 효과	후광효과라고도 하며, 관찰자가 시행한 한 가지 평가가 전반적 평가에 영향을 미치는 것이다. 측정하고자 하는 변인이 분명할수록 관찰평가에서 나타나는 오류는 감소한다.

ⓒ 인지적 행동평가 19 기출
- 외현적 행동에만 초점을 맞췄던 초기의 행동평가와는 달리 내담자의 인지과정은 치료효과가 있을 뿐 아니라, 문제행동을 지속 또는 악화시키는 원인이 되기도 한다고 본다.
- 인지를 덜 구조화된 방식으로 기록하기 위해 생각을 중얼거리며 말하기, 사적인 언어, 명확한 사고, 산출법, 사고목록 작성하기, 사고표집, 사건기록 등의 방법을 사용한다.

생각을 중얼거리며 말하기(Think Aloud)	자유 연상과 비슷하게 5~10분 동안 떠오르는 계속적인 생각을 말로 표현하도록 하는 방법
사적인 언어 (Private Speech)	사적인 언어가 내적 사고를 반영함을 가정하고 관찰자가 가까이서 지켜보며 언어를 기록하고 이를 토대로 평가하는 방법
명확한 사고 (Articulated Thoughts)	가상상황을 제시하고 수검자에게 자기표현을 하도록 하고 비난과 공포스러운 자극에 노출시킨 후 표현을 기록하게 하는 방법
산출법 (Production Methods)	공포자극 상황과 같은 실제 상황에서 전형적으로 나타나는 생각을 기록하게 하는 방법
사고목록 작성하기 (Thought Listing)	생각을 계속적으로 하되, 계속해서 기술하기보다 관련된 생각을 요약하여 순서화하는 방법
사고 표집 (Thought Sampling)	외부 자극을 먼저 주고 이 외부 자극이 제시되기 전까지 수검자가 어떤 생각을 했는지에 대한 기록을 하는 방법
사건 기록 (Thought Recording)	관련된 사건이 일어날 때까지 기다렸다가 사건이 일어난 시점에 떠오른 생각을 기록하게 하는 방법

ⓒ 심리생리적 평가
- 한 사람을 완전히 이해하려면 행동, 감정, 인지뿐만 아니라 이 요인들이 생리적 기능과 어떻게 상호작용하는지 알아야 한다.
- 흔히 평가되는 생리적 반응은 심장박동, 혈압, 체온, 근육긴장, 피부전기반사, *로 측정되는 뇌활동이다.

> ✓ EEGs
> Electroencephalograms의 약자로서 뇌전도 검사를 말한다.

(3) 정신상태검사(Mental Status Examination) 16 17 18 20 22 24 기출

① 정신분석의 원리에 근거하여 개발된 면담법이다.
② 면담시각에 환자의 증상과 증후를 체계적으로 평가하는 것이다.
③ 며칠 사이에 증상이 변할 수 있으므로, 현재의 정신상태를 평가하는 것이 중요하다.
④ 면담 중에 관찰된 환자의 외모, 말, 행동 및 생각 등을 기술하는 것이다.
⑤ 주요 항목

영 역	세부내용
일반적 기술	외모, 행동과 정신운동활동, 면담 시 태도
감정과 정서	기분, 정서적 표현, 적절성
말	양, 속도, 연속성
지 각	환각, 착각
사고(Thought)	사고과정, 사고내용
감각과 인지	의식, 지남력, 집중력, 기억력, 계산력, 상식과 지능, 추상적 사고능력
판단과 병식	상황적 판단력, 사회적 판단력
정신기능 사정척도	정신건강과 정신장애의 가설적인 연속선상에서 심리적·사회적 기능을 고려하여 점수로 나타냄

⑥ 면담 시 실시하는 정신상태검사는 지적 기능 영역을 포함한다.

03 심리검사의 분류·선택·시행 15 16 17 기출

(1) 검사자극 특성에 따른 분류

① 객관적 검사(Objective Tests)
  ⊙ 검사과제가 구조화되어 있으므로 '구조적 검사(Structured Test)'라고도 한다.
  ⓒ 검사에서 제시되는 문항의 내용이나 그 의미가 객관적으로 명료화되어 있으므로, 모든 사람에게서 동일한 방식의 해석이 내려질 것을 기대하는 검사이다.
  ⓒ 검사에서 평가되는 내용이 검사의 목적에 부합하여 일정하게 준비되어 있으며, 수검자가 일정한 형식에 따라 반응하도록 되어 있다.
  ⓔ 검사 결과를 통해 나타나는 개인의 특성 및 차이는 각각의 문항들에 대한 반응 점수를 합산한 후 그 차이를 평가하는 과정으로 전개된다.
  ⓜ 객관적 검사의 목적은 개인의 독특성을 측정하기보다는 개인마다 공통적으로 지니고 있는 특성이나 차원을 기준으로 하여 개인들을 상대적으로 비교하는 데 있다.
  ⓗ 한국판 성인용 웩슬러 지능검사(K-WAIS), 한국판 웩슬러 아동용 지능검사(K-WISC) 등의 지능검사와 미네소타 다면적 인성검사(MMPI), 마이어스-브릭스 성격유형검사(MBTI), 기질 및 성격검사(TCI), 16성격 요인검사(16PF) 등의 성격검사 등이 해당한다.

② 투사적 검사(Projective Tests) 16 17 기출
  ㉠ 비구조적 검사 과제를 제시하여 개인의 다양한 반응을 무제한적으로 허용하므로 '비구조화 검사(Unstructured Test)'라고도 한다.
  ㉡ 투사적 검사는 검사 지시 방법이 간단하고 일반적인 방식으로 주어지며, 개인의 독특한 심리적 특성을 측정하는 데 주목적을 둔다.
  ㉢ 투사적 검사에서 수검자의 특성은 명료한 검사자극에 대한 수검자의 의도적·가장적 반응이 아닌 모호한 검사자극에 대한 수검자의 비의도적·자기노출적 반응으로 나타난다.
  ㉣ 머레이(Murray)는 검사자극 내용이 모호할수록 수검자가 지각적 자극을 인지적으로 해석하는 과정에서 심리구조의 영향을 더욱 강하게 받는다고 주장하였다.
  ㉤ 검사자극 내용을 불분명하게 함으로써 막연한 자극을 통해 수검자가 자신의 내면적인 욕구나 성향을 외부에 자연스럽게 투사할 수 있도록 유도한다.
  ㉥ 로샤 검사(Rorschach Test), 주제통각검사(TAT), 집-나무-사람검사(HTP), 문장완성검사(SCT), 인물화 검사(Draw-A-Person) 등이 해당한다.

지식 IN

객관적 검사와 투사적 검사의 장단점 15 16 21 24 기출

구분	객관적 검사	투사적 검사
장점	• 신뢰도와 타당도 수준이 비교적 높다. • 검사의 시행·채점·해석이 용이하다. • 검사자나 상황 변인의 영향을 덜 받는다. • 검사자의 주관성이 배제되어 객관성이 보장된다.	• 수검자의 독특한 반응을 끌어낸다. • 수검자의 방어적 반응이 어려우므로 솔직한 응답이 유도된다. • 객관적 검사에 비해 평가자에 따라 결과 해석이 다양하다. • 수검자의 풍부한 심리적 특성 및 무의식적 요인이 반영된다.
단점	• 반응 경향성(자신이 생각한 것과는 관계없이 수검자가 어떤 특정한 방향으로 답하려고 하는 경향성)의 영향으로 쉽게 왜곡이 가능하다. • 반응 경향성에는 생각 없이 다른 사람의 의견을 따르는 '묵종경향성', 사회적으로 바람직하다고 생각하는 방향으로 답변하는 '사회적 바람직성' 등이 있다. • 수검자의 감정이나 신념, 무의식적 요인을 다루는 데 한계가 있다. • 문항내용 및 응답의 범위가 제한된다.	• 신뢰도와 타당도의 검증이 어렵다. • 검사의 채점 및 해석에 있어서 높은 전문성이 요구된다. • 검사자나 상황 변인의 영향을 받아 객관성이 결여된다. • 검사자 간 채점 결과의 일치도가 더 낮다. • 채점 과정에서 검사자의 주관이 더 개입된다. • 상황적 요인에 의해 수검자의 반응이 더 영향을 받는다.

(2) 검사 측정 내용에 따른 분류

① 인지적 검사(최대수행검사) 15 16 18 20 21 23 24 기출
　㉠ 일정한 시간 내에 자신의 능력을 최대한 발휘하도록 하는 '극대수행검사'에 해당한다.
　㉡ 개인의 능력 전체가 아닌, 일부의 능력을 측정하는 능력검사이다.
　㉢ 보통 문항에 정답이 있으며, 응답에 시간 제한이 있다.
　㉣ 정확한 측정을 위해 검사실시 전 상담자는 내담자와 최대한의 상호작용을 해야 한다.
　㉤ 지능검사, 적성검사, 성취도검사, 운동능력검사, 신경심리검사, 창의력검사 등이 해당한다.

지능검사	• 지능검사는 일반적으로 개인의 지적 능력을 파악하기 위해 고안된 것이다. • 인지적 검사에 해당하며, 1905년 비네와 시몽(Binet & Simon)이 초등교육을 받을 수 없는 지적 장애아를 구별하기 위해 처음 개발하였다. • 스탠포드-비네 지능검사, 웩슬러 지능검사, 카우프만 지능검사 등이 해당한다.
적성검사	• 적성은 일반적 지식이나 특수한 기술을 습득·숙달할 수 있는 개인의 잠재력을 말하는 것으로, 학업적성이나 직업적성 등을 포함한다. • 적성검사는 인지적 검사로써 개인의 특수한 능력 또는 잠재력을 발견하도록 하여 학업이나 취업 등의 진로를 결정하는 데 정보를 제공하며, 이를 통한 미래의 성공 가능성을 예측한다. • 차이적성검사(DAT), 일반 직업적성검사(GATB) 등이 해당한다.
성취도검사	• 성취도검사는 적성검사와 달리 개인의 현재까지 축적된 과거의 경험을 측정 대상으로 한다. • 훈련이나 수업 등의 체계화된 교수를 통해 학습된 기술 및 지식을 측정하는 표준화된 검사이다. • 우드콕-존슨 학습능력평가 심리학적 배터리(WJPB), 광범위 성과 테스트(WRAT), 스탠포드 성취도검사(SAT) 등이 해당한다.
신경심리검사	• 행동상으로 나타나는 두뇌의 손상정도를 판단하기 위한 도구로, 운동영역·촉각·시각·언어능력·쓰기·읽기·기억 등의 평가가 이루어진다. • 주요 검사 　- Boston Naming Test : 언어능력검사 　- Visual Span Test : 기억력 검사 　- California Verbal Learning Test : 언어학습 검사 　- Clock Drawing Test : 시공간 능력, 언어능력검사 　- Wisconsin Card Sporting Test : 실행기능 　- *Rey-Osterrieth Complex Figure Test : 지각능력, 시각주의력, 시각기억력, 구성능력 등 평가

◆ 레이-오스테리스 복합도형 검사
복잡한 도형을 제시하여 기억만으로 재현하도록 하여 계획, 조직화 능력, 시각적 기억력, 시각-운동 협응력을 측정하는 신경심리학적 평가이다.

② 정서적 검사 23 기출
　㉠ 비인지적 검사로서 일상생활에서의 습관적인 행동을 검토하는 '습관적 수행검사'에 해당한다.
　㉡ 개인의 인지능력 외에 정서, 흥미, 태도, 가치 등을 측정하며, 응답자의 정직한 응답을 요구한다.
　㉢ 문항에 정답이 없으며, 응답에 시간제한도 없다.
　㉣ 성격검사, 흥미검사, 태도검사 등이 해당한다.

성격검사	• 성격검사는 개인의 선천적 요소와 후천적 요소의 상호작용에 의해 나타나는 일관된 특징으로서의 성격을 측정 대상으로 한다. • 정서적 검사에 해당하며, 1892년 크레플린(Kraepelin)이 정신과 환자를 대상으로 한 자유연상검사에서 비롯되었다. • 마이어스-브릭스 성격유형검사(MBTI), 미네소타 다면적 인성검사(MMPI), 로샤 검사(Rorschach Test), 카텔의 16PF 등이 해당한다.
흥미검사	• 흥미란 개인이 특정 대상이나 활동에 대해 '좋다/싫다' 또는 '만족/불만족'을 표현하는 것으로서, 흥미검사는 이와 같은 특정 대상이나 활동에 대한 선호도를 측정 대상으로 한다. • 학습 흥미, 적성 흥미 등으로 구분되며, 학습지도 및 진로지도에 유용하게 사용된다. • 직업선호도 검사(VPI), 스트롱-캠벨 흥미검사(SCII), 쿠더 직업흥미검사(KOIS) 등이 해당한다.

태도검사	• 태도검사는 특정한 종류의 자극에 대한 개인의 정서적 반응이나 가치 판단 등을 나타내는 태도(Attitude)를 측정 대상으로 한다. • 태도검사의 문항은 질문 내용에 대한 방향성(예/아니오), 강도(강함/약함) 등으로 제시되며, 용어나 문장의 표현에 따라 응답자의 응답에 변화를 보이기도 한다. • 부모양육 태도검사(PAT), 직무만족도검사(JSS) 등이 해당한다.

(3) 검사 실시 방법에 따른 분류

① 수검자의 수

개인검사	• 한 명의 수검자와 한 명의 검사자에 의해 1:1 방식으로 이루어진다. • 수검자는 응답을 하고 검사자는 응답을 기록한다. • 수검자에 대한 행동관찰을 통해 유용한 정보를 얻을 수 있으며, 심층적 분석에 유리하다. • 검사점수의 독특한 해석을 인정한다. • 집단검사에 비해 임상적인 유용성이 높다. • 일반적으로 채점 과정에서 상당한 기술을 요한다. • 한국판 웩슬러 성인용 지능검사(K-WAIS), 일반 직업적성검사(GATB) 등이 해당한다.
집단검사	• 여러 명의 수검자들을 대상으로 검사가 이루어진다. • 검사는 보통 1회에 동시적으로 실시된다. • 컴퓨터 등을 활용하여 채점이 가능하며, 검사자의 특별한 기술을 요하지 않는다. • 선별검사(Screening Test)로 사용하기에 적합하다. • 검사 시행 및 채점에 소요되는 비용과 시간을 최소화할 수 있다. • 채점 과정은 비교적 객관적이며 신뢰할 만하나, 검사장면에서 발생할 수 있는 오차 요인을 통제하기 어려우므로 신뢰성이 상대적으로 떨어진다. • 다면적 인성검사(MMPI), 성격유형검사(MBTI) 등이 해당한다.

② 시간제한 유무

속도검사	• 시간제한을 두는 검사로 제한 시간 내에 얼마나 빠르고 정확하게 정답에 반응하는가 측정한다. • 보통 쉬운 문항들로 구성되는 것이 일반적이다. • 문제해결능력보다는 숙련정도를 측정한다. • 개인의 인지적 영역을 측정하는 대부분의 지능검사, 적성검사, 창의성 검사 등이 해당한다.
역량검사	• 시간제한을 두지 않는 검사로서 '총량검사'라고도 한다. • 보통 어려운 문항들로 구성되는 것이 일반적이다. • 숙련정도보다는 문제해결능력을 측정한다. • 개인의 정의적 영역을 측정하는 대부분의 성격검사, 태도검사 등이 해당한다.

③ 검사도구

지필검사	• 종이에 인쇄된 문항들에 필기도구를 이용하여 응답하도록 제작된 검사이다. • 검사 실시가 용이하며, 집단검사 형태로 널리 사용된다. • 운전면허시험의 필기시험, 질문지법, 설문조사 등이 해당한다.
수행검사	• 수검자로 하여금 대상이나 도구를 직접 다루도록 하는 검사로 '동작검사'라고도 한다. • 수검자가 직접 수행해야 하는 과제들로 구성되어 수검자의 기능 수행 능력 정도를 파악할 수 있도록 한다. • 운전면허시험의 주행시험, 각종 실기평가 등이 해당한다.

(4) 사용목적에 따른 분류

① 규준참조검사(Norm-Referenced Test) 19 기출
  ㉠ 규준참조(Norm-Referenced)란 개인이 특정 검사에서 받은 점수를 동일 검사에서 다른 사람들이 받은 점수와 비교하는 것이다.
  ㉡ 규준참조검사는 개인의 점수를 해석하기 위해 유사한 다른 사람들의 점수를 비교하여 평가하는 상대평가 목적의 검사에 해당한다.
  ㉢ 상대평가를 위해 대상자집단(규준집단)의 점수분포를 고려하며, 개인의 점수를 해당 분포에 비추어 상대적으로 파악한다. 이때 점수분포가 곧 *규준(Norm)에 해당한다.
  ㉣ 보통 점수분포에 따른 평균, 표준편차, 분포 모양 등이 제시되며, 원점수, 표준점수, 백분위점수(또는 백분위서열) 등이 기재된다.
  ㉤ 규준이 없는 것은 곧 비교할 대상이 없는 것이므로, 개인의 특정 검사 결과로 점수의 상대적인 의미를 파악하기 어렵다.
  ㉥ 규준참조검사상의 규준은 절대적이거나 보편적인 것이 아니며, 영구적인 것도 아니다.
  ㉦ 규준참조검사를 위해서는 규준집단이 모집단을 잘 대표하는 것인지 확인하는 절차가 요구된다.
  ㉧ 대부분의 표준화된 지능검사, 성격검사, 흥미검사 등의 심리검사와 각종 선발검사 등이 규준참조검사에 해당한다.

> ✓ **규 준** 24 기출
> 규준은 특정 검사 점수의 해석에 필요한 기준이 되는 자료로, 특정 개인의 점수가 어떤 의미를 지니고 있는지에 관한 정보를 제공해 준다.

② 준거참조검사(Criterion-Referenced Test)
  ㉠ '준거(Criterion)'란 개인이 어떤 일을 수행할 수 있다고 대중이 확신하는 지식 또는 기술 수준을 말하며, 목표 설정에 있어서 도달하여야 할 기준을 의미한다.
  ㉡ 준거참조검사는 규준참조검사와 달리 규준을 가지고 있지 않은 검사 형태로서, '영역참조검사(Domain-Referenced Test)'라고도 한다.
  ㉢ 검사점수를 다른 사람들의 결과와 비교하는 것이 아닌 어떤 *기준점수와 비교하는 절대평가 목적의 검사에 해당한다.
  ㉣ 보통 범주를 구분하기 위해 기준점수를 설정하며, 원점수를 설정된 기준에 비추어 판단한다.
  ㉤ 개인 간 상대적인 비교가 큰 의미를 가지지 못하므로, 목표 도달을 위한 경쟁의식 및 동기유발이 부족하다.
  ㉥ 문항 개발 시 측정하고자 하는 내용 영역을 잘 반영했는지에 대한 전문가의 평가절차가 요구된다.
  ㉦ 운전면허시험을 비롯한 각종 국가자격시험, 국가 수준의 학업성취도 평가 등이 준거참조검사에 해당한다.

> ✓ **기준점수**
> 분할점수 또는 경계선점수를 말한다.

(5) 심리검사의 일반적 시행과정 15 16 기출

① 제1단계 - 심리검사의 선택
  ㉠ 심리검사의 사용에 있어서 가장 중요한 단계로, 부적절하거나 부정확한 심리검사를 사용하는 경우 그 결과는 신뢰할 수 없다.
  ㉡ 해당 검사가 사용 목적에서 벗어나는 경우 실용적 측면에서 가치가 없으며, 오래된 검사의 낡은 규준을 그대로 이용하는 경우 수검자에 대한 정확한 진단이 어렵다.
  ㉢ 검사자는 우선적으로 검사 실시의 상황 및 목적을 고려하여 검사의 시행 여부를 결정한다.
  ㉣ 다양한 심리검사의 내용 및 특징 등에 대한 정확한 정보를 토대로 검사 내용상 검사 목적에 가장 잘 부합하는 심리검사를 선택한다.
  ㉤ 검사의 양호도, 즉 타당성, 신뢰성, 객관성, 경제성, 실용성 등을 고려하여 검사방법을 선택한다.

> **지식 IN**
>
> **심리검사 선택 시 고려할 사항** 15 기출
> - 검사의 신뢰도가 충분히 높은가?
> - 검사가 수검자의 교육수준에 맞는가?
> - 수검 대상자와 검사의 규준집단이 유사한가?
> - 측정하고자 하는 구성개념을 검사가 측정하는가?

② 제2단계 - 검사요강에 대한 이해
  ㉠ 표준화된 검사는 검사의 실시·채점·해석에 있어서 통일성을 강조한다.
  ㉡ 검사요강에는 해당 심리검사의 목적, 특징, 개발 배경 및 과정, 검사 및 문항의 형식, 검사의 실시·채점·해석에 관한 사항, 검사양호도 및 문항양호도 등에 대한 사항들이 기록되어 있다.
  ㉢ 검사의 실제 시행에 있어서 검사 개발 당시 규준 작성의 진행 과정과 동일한 조건하에서 검사가 실시·채점·해석되어야 타당성과 신뢰성이 높은 결과를 얻을 수 있다.

③ 제3단계 - 검사에 대한 동기화
  ㉠ 검사에 대한 동기화는 수검자가 심리검사를 받을 준비상태에 놓이는 것을 의미한다.
  ㉡ 심리검사는 수검자의 검사에 대한 자발적이고 적극적인 관심과 협조를 필요로 한다.
  ㉢ 수검자가 자신의 지적 능력이나 심리적 성향을 다른 사람에게 드러내고자 하지 않는 경우 또는 심리검사 자체를 무의미한 것으로 생각하는 경우 심리검사를 회피하게 된다.
  ㉣ 검사자는 수검자의 심리검사에 대한 거부감을 해소하여 수검자로 하여금 심리검사에 적극적으로 참여하도록 하기 위해, 해당 심리검사의 목적, 특징, 절차, 효과 등에 대해 충분히 설명해야 한다.
  ㉤ 검사자는 수검자의 심리검사에 대한 두려움이나 거부감을 해소시키기 위해 노력해야 한다.

④ 제4단계 - 검사의 실시 16 기출
  ㉠ 검사자는 검사요강에 제시된 검사 실시 관련 정보들을 숙지한 채 실제 검사장면에서 다양한 조건을 정확하게 적용한다.
  ㉡ 검사 실시 과정상의 전반적인 환경에 익숙해지기 위해 검사 시행 전 검사자가 수검자의 입장에서 미리 해당 심리검사를 받아보는 것도 효과적이다.
  ㉢ 표준화된 심리검사에서 검사자는 원칙적으로 검사요강의 지시문을 그대로 따라야 하며, 검사자가 임의로 지시문을 첨가하거나 자의적으로 해석하는 태도는 삼가야 한다.
  ㉣ 검사자는 수검자의 응답에 영향을 미치지 않도록 과도한 친밀감이나 냉정함을 보이지 않도록 하며, 수검자로 하여금 어떤 특정한 방향으로 인도하려는 태도를 삼가야 한다.
  ㉤ 검사자는 최적의 환경에서 검사가 실시되도록 노력해야 한다. 적절한 채광 및 온도를 유지하고 소음이 발생하지 않도록 하며, 수검자의 검사로 인한 피로를 최소화해야 한다.

⑤ 제5단계 - 검사의 채점
  ㉠ 컴퓨터를 이용한 채점의 경우 수검자가 혹시 응답지 작성 과정에서 오류를 범한 것은 아닌지 혹은 시스템상의 오류로 인해 채점 결과가 잘못 나온 것은 아닌지 검토할 필요가 있다.
  ㉡ 검사자는 특히 단답형 문항과 *자유반응형 문항이 혼용되어 있는 검사의 경우 검사요강에 제시된 기준을 충실히 이행함으로써 객관성을 유지하도록 노력해야 한다.
  ㉢ 집단을 대상으로 하는 심리검사의 경우 몇 개의 응답지를 예비적으로 채점하여 채점 기준에 익숙해지도록 하며, 채점상 나타날 수 있는 문제들을 사전에 파악하는 것이 바람직하다.

> ✓ **자유반응형**
> 응답자의 응답 형태에 제한을 가하지 않고 표현하는 방법을 말한다.

⑥ 제6단계 - 검사 결과에 대한 해석
  ㉠ 심리검사를 제작·판매하는 출판사는 검사 결과에 대한 해석 내용을 개괄적으로 제시할 뿐 세부적인 점수 차이에 대해 알려주지 않는다. 이 경우 검사자는 그 차이를 분명히 인지하며, 이를 수검자에게 알려줄 필요가 있다.
  ㉡ 대부분의 심리검사는 응답지의 채점에서 얻어지는 원점수를 이용하는 것이 아닌, 규준집단 점수분포상에서의 상대적인 위치를 나타내는 전환점수 또는 변환점수를 사용한다.
  ㉢ 검사자는 수검자 개인의 심리검사 결과를 보다 정확하게 해석하기 위해 사전에 백분위와 표준점수 체계 등 전문적 지식을 보유하고 있어야 한다.

지식 IN

심리검사 결과 해석 시 유의사항
- 전문적인 자질과 경험을 갖춘 사람이 해석을 하여야 한다.
- 다른 검사나 관련 자료를 함께 고려하여 결론을 내려야 한다.
- 검사 결과가 악용되어서는 안 된다.
- 자기 충족 예언을 하여서는 안 된다.
- 내담자(수검자)에게 명령을 내리거나 낙인을 찍어서는 안 된다.
- 규준에 따라 해석하여야 한다.

04 심리검사의 제작과 기본통계

(1) 검사제작자의 자격

① 검사제작자는 검사 목표 및 내용, 검사 과정에 대해 충분히 이해하고 있어야 한다.
② 검사제작자는 연령, 언어 및 학습발달 수준, 이해력 수준 등 수검자 집단의 특성을 충분히 파악하고 있어야 한다.
③ 검사제작자는 문항 유형 및 특징, 문항 제작의 세부과정 등 문항작성법에 대해 충분히 숙지하고 있어야 한다.
④ 검사제작자는 신뢰도와 타당도, 문항의 난이도와 변별도, 문항분석 방법 등 검사와 관련된 다양한 이론들을 숙지하고 있어야 한다.
⑤ 검사제작자는 수검자의 이해력 및 창의성 등을 보다 효과적으로 분석·종합하기 위해 고등 수준의 정신능력을 보유하고 있어야 한다.
⑥ 검사제작자는 검사 문항 내용을 간결하고 명확하게 기술할 수 있는 탁월한 문장력을 보유하고 있어야 한다.
⑦ 검사제작자는 문항 제작 과정상 주관화 오류를 방지하기 위해 다른 평가자나 검토자 등의 의견에 대해 수용적인 태도를 유지하여야 한다.
⑧ 검사제작자는 객관적이고 공정한 문항을 제작하기 위해 성별, 인종, 종교, 학력, 사회계층, 정치적 성향 등에 대해 어떠한 편견도 가져서는 안 된다.
⑨ 검사제작자는 문항 제작 경험을 지속적으로 쌓아감으로써, 다양한 문항들을 제작·분석·수정·보완하는 과정을 통해 보다 새롭고 창의적인 문항을 제작할 수 있어야 한다.

(2) 심리검사의 제작순서 14 15 16 19 20 24 기출

① 제작 목적의 설정
  ㉠ 검사의 사용목적에 따라 검사를 제작하는 기본방향이 전혀 달라질 수 있기 때문에 검사의 목적이 무엇인지를 분명히 밝혀야 한다.
  ㉡ 심리검사를 통해 어떤 심리적 특성을 측정할지 정한다.
② 검사 내용의 정의

개념적 정의	개념을 보다 명백히 재규정해보는 과정이다. 심리검사 제작 시 반드시 개념적 정의가 필요한 것은 아니다. 예 지능검사도구를 제작함에 있어서 지능이란 개념을 사물이나 학습내용을 이해하고 받아들이는 능력이라고 재규정하는 것
조작적 정의	추상적인 개념들을 경험적·실증적으로 측정이 가능하도록 구체화한 것이다. 예 지능이란 추상적 개념을 IQ 테스트라는 지표화 지능지수로 전환하는 것

③ 검사 방법의 결정
  ㉠ 검사 방법은 검사 제작의 목적, 검사 내용, 검사 대상에 따라 자동적으로 결정되나, 한 조건에서 사용될 수 있는 방법이 한 가지만 있는 것이 아니다.
  ㉡ 따라서 가장 적절하고 효율적인 방법이 사용되도록 모든 방법을 다 검토해야 한다.
④ 문항의 작성
  ㉠ 예비문항의 수는 보통 5~6배(전문가는 2~3배 정도)로 구성한다.
  ㉡ 문항작성을 위한 접근법에는 *영역준거식 접근법과 *문장도해식 접근법이 있다.
  ㉢ 문항 작성 시 유의사항
    • 문장은 현재시제로 작성한다.
    • 수검자가 사실적인 것으로 해석할 수 있는 문장은 삼간다.
    • 하나 이상의 해석이 가능한 중의적인 문장은 삼간다.
    • 거의 모든 사람들이 '예' 또는 '아니요'라고 답할 가능성이 높은 문장은 삼간다.
    • 문장은 가급적 짧고 이해하기 쉽도록 한다.
    • 문장은 문법상 오류가 없어야 한다.
    • 긍정적 또는 부정적인 감정을 표현하는 문항 수는 가급적 유사한 비율로 구성한다.
    • '반드시', '모두', '결코', '전혀' 등 강한 긍정이나 강한 부정은 가급적 삼간다.
    • '거의', '단지' 등 애매모호한 형용사의 사용은 가급적 삼간다.
    • '~하지 않을 수 없다', '~ 없지 않다' 등 이중부정은 가급적 삼간다.
    • '만약 ~한다면'의 조건절이나 '~이기 때문에'의 원인·이유절의 사용은 가급적 삼간다.

> **영역준거식**
> 인지영역이나 정의적 특성 측정에 주로 사용된다.

> **문장도해식**
> 측정하고자 하는 특성의 핵심과 그 특성의 어떤 측면이나 요소를 점진적으로 나열하는 방식이다. 즉, 특성의 형태, 핵심, 특성을 이루는 요소 등으로 접근한다.

⑤ 예비검사의 실시
  ㉠ 기본목적은 수정을 가할 필요가 있는 부분을 발견하는 것이다.
  ㉡ 문항진술에 사용할 어휘와 표현, 문항형식의 적절성, 답지와 응답방법, 검사체제, 검사 소요시간 확인, 지시문의 내용 및 기타 문제점을 사전에 검토하고 조절하기 위해 실시하는 기초조사이다.
  ㉢ 문항분석을 위한 자료수집을 목적으로 한다. 검사 전체로 하여금 적합한 곤란도를 갖게 하기 위하여 각 문항의 곤란도를 알아내고, 각 문항의 문항변별력을 알아내어 검사 전체가 유효한 측정도구가 될 수 있게 한다.
⑥ 문항 분석과 수정
  ㉠ 어떠한 문항이 좋은 문항인지 알기 위하여 평균, 표준편차, 왜도, *첨도, 상관계수를 포함하는 문항분석을 실시하여, 문항의 난이도, 변별도 등을 추정한다.
  ㉡ 예비검사단계, 통계분석단계, 문항선택단계로 이루어진다.

> **첨 도**
> 확률분포의 뾰족한 정도를 나타내는 척도

예비검사단계	수검과정에서 발생할 수 있는 예상 못 한 반응이나 문항에 대한 해석적 오류 가능성을 검토한다.
통계분석단계	문항의 난이도, 변별도, 추측도 등에 대한 통계적 분석을 통해 구성된 문항들이 양질의 문항인지 확인한다.
문항선택단계	문항의 적절성 여부를 통해 수검자의 특성을 유의미하게 반영할 수 있는 문항들을 선택한다.

⑦ 본검사 실시
  ㉠ 사전 검사를 통해 검사 자체에 별다른 문제점이 없다면 사람들을 대상으로 본격적인 검사를 실시한다.
  ㉡ 표집에는 단순무선 표집, 체계적 표집, 층화표집, 군집표집, 임의표집, 눈덩이 표집, 할당표집이 있다.
⑧ 신뢰도와 타당도 검토
  ㉠ 검사 제작자가 문항 평가를 하기 위해서는 전체 검사신뢰도에 대한 기여 정도를 본다.
  ㉡ 내용타당도·준거타당도·구인타당도 등에 대한 확인을 통하여 의도했던 바가 검사결과에 제대로 반영되고 있는지 살펴본다.
⑨ 규준과 검사요강 작성
  ㉠ 모집단의 특징과 성격을 보다 구체적으로 설정한다.
  ㉡ 수검자 모집단을 잘 대표할 수 있는 사람들로 규준집단을 구성하고 검사요강을 작성한다.

> **지식 IN**
>
> **심리검사 제작 순서** 16 19 23 기출
> 1. 제작 목적의 설정
> 2. 검사 내용의 정의
> 3. 검사 방법의 결정
> 4. 문항의 작성
> 5. 예비(사전)검사의 실시
> 6. 문항 분석과 수정
> 7. 본검사 실시
> 8. 신뢰도와 타당도 검토
> 9. 규준과 검사요강 작성

(3) 심리검사의 표준화

① 검사의 표준화
  ㉠ 검사의 표준화는 검사의 제반 과정에 대한 일관성을 확보하기 위한 노력이다.
  ㉡ '표준화 검사(Standardized Test)'는 검사 실시부터 채점 및 해석까지의 과정을 단일화·조건화하여 검사의 제반 과정에 검사자의 주관적인 의도나 해석이 개입될 수 없도록 하는 것이다.
  ㉢ 경험적으로 제작되어 적절한 규준 및 기준 점수, 타당도 및 신뢰도의 자료를 제시하며, 측정된 결과들을 상호 비교할 수 있도록 해준다.
  ㉣ '검사절차의 표준화'는 검사 실시 상황이나 환경적 조건에 대한 엄격한 지침을 제공하는 동시에 검사자의 질문 방식이나 수검자의 응답 방식까지 구체적으로 규정함으로써 시간 및 공간의 변화에 따라 검사 실시 절차가 달라지지 않도록 하는 것을 말한다.
  ㉤ '채점 및 해석의 표준화'는 검사의 최종판을 검사 예정 집단과 가능한 한 비슷하게 구성한 '규준집단(Norming Sample)'에 실시하여 채점 및 해석의 기준, 즉 '규준(Norm)'을 미리 설정하는 것을 말한다.

② 표준화 검사의 기능
  ㉠ 예언 또는 예측 : 잠정적 추론을 토대로 인간 행동의 특성 및 장래를 예측한다.
  ㉡ 진단 : 수검자에 대한 다각적 특질을 파악한다.
  ㉢ 조사 : 집단의 일반적 경향을 조사하고 그 결과를 다른 집단과 비교한다.
  ㉣ 개성 및 적성의 발견 : 진학이나 직업적 선택 등의 지도 또는 배치에 이용한다.

③ 표준화 검사의 제작과정
  ㉠ 제1단계 – 검사목적의 정의
  ㉡ 제2단계 – 사전 검사설계
  ㉢ 제3단계 – 문항 준비
  ㉣ 제4단계 – 문항 분석
  ㉤ 제5단계 – 표준화 및 규준작성
  ㉥ 제6단계 – 최종 검사준비 및 출판

④ 표준화 검사 활용 시 주의사항
  ㉠ 표준화 검사는 동일한 목적이라도 그 종류가 매우 다양하므로, 검사의 양호도, 즉 타당성·신뢰성·객관성·경제성·실용성 등을 고려하여 선택해야 한다.
  ㉡ 표준화 검사는 그 시행 이유와 필요성에 대한 명확한 목적의식을 가지고 실행해야 한다.
  ㉢ 표준화 검사는 수검자의 행동 특성에 대한 참고자료로서 유효할 뿐, 그 결과 자체가 절대적인 것은 아니다.
  ㉣ 표준화 검사를 유효하게 활용하기 위해서는 검사의 시행·채점·해석에 대한 전문적인 식견과 소양이 필요하다.

(4) 심리검사의 주요 규준

① 발달규준

수검자가 정상적인 발달경로에서 얼마나 이탈해 있는지 표현하는 방식으로 원점수에 의미를 부여하는 것을 말한다.

연령규준	개인의 점수를 규준집단에 있는 사람들의 연령과 비교하여 어느 연령 수준에 해당되는지 해석할 수 있도록 한다.
학년규준	주로 성취도검사에서 이용하기 위해 학년별 평균이나 중앙치를 이용하여 규준을 제작하는 방법이다.

② 집단 내 규준 15 18 20 21 22 23 기출

개인의 원점수를 규준집단의 수행과 비교해 볼 수 있도록 하는 것으로, 원점수가 서열척도에 불과한 것에 비해 집단 내 규준점수들은 심리측정상 등간척도의 성질을 갖도록 변환하는 것이 일반적이다.

백분위점수	• 원점수의 분포에서 100개의 동일한 구간으로 점수들을 분포하여 변환점수를 부여한 것이다. • 표준화 집단에서 특정 원점수 이하인 사례의 비율이라는 측면에서 표시한 것으로, 개인이 표준화 집단에서 차지하는 상대적인 위치를 가리킨다. • 특히 최저점수에서부터 등수가 정해지므로 백분위가 낮아질수록 개인성적은 나쁘게 나온다. • 백분위 점수는 계산이 간편하고 이해가 쉬우며, 사실상 모든 심리검사에서 보편적으로 이용할 수 있는 장점이 있다.

표준점수		• 원점수를 주어진 집단의 평균을 중심으로 표준편차 단위를 사용하여 도출한 선형변환점수를 말한다. • 원점수를 표준점수로 변환함으로써 상대적인 위치를 짐작할 수 있으며, 검사 결과를 비교할 수도 있다. • 가장 보편적인 표준점수로서 Z점수, T점수, H점수 등이 있다.
	Z점수	• 원점수를 평균이 0, 표준편차가 1인 Z분포상의 점수로 변환한 점수이다. • Z점수 = (원점수 − 평균) ÷ 표준편차
	T점수	• 평균이 50, 표준편차가 10이 되도록 Z점수를 변환한 점수이다. • T점수 = 10 × Z점수 + 50
	H점수	• T점수를 변형한 것으로서 평균이 50, 표준편차가 14인 표준점수이다. • H점수 = 14 × Z점수 + 50
표준등급		• '스테나인(Stanine)'이라고도 하며, 이는 'Standard'와 'Nine'의 합성어이다. • 원점수를 백분위점수로 변환한 다음 비율에 따라 1~9까지의 구간으로 구분하여 각각의 구간에 일정한 점수나 등급을 부여한 것이다. 스테나인 점수의 최고 점수는 9, 최저 점수는 1 그리고 평균에 해당하는 중간 점수는 5가 된다. • 학교에서 실시하는 성취도검사나 적성검사의 결과를 나타낼 때 주로 사용한다. • 결과 점수를 일정한 범주로 분포하여 학생들 간의 점수차가 적은 경우 발생할 수 있는 해석상의 문제를 미연에 방지할 수 있다.

〈정규분포에서 스테나인에 해당하는 면적 비율〉

스테나인	1	2	3	4	5	6	7	8	9
백분율(%)	4	7	12	17	20	17	12	7	4

지식 IN

표준편차(Standard Deviation) 18 기출
- 점수집합 내에서 점수 간의 상이한 정도를 나타내는 산포도(변산도) 측정도구이다.
- 변수 값이 평균값에서 어느 정도 떨어져 있는지를 알 수 있도록 한다.
- 표준편차는 클수록 평균값에서 이탈한 것이고, 작을수록 평균값에 근접한 것이다.
- 표준편차는 분산의 양의 제곱근으로 산출한다.

(5) 척도의 종류

① 측정수준에 의한 분류 14 16 기출

㉠ 개념 : 척도는 측정을 하기 위한 도구로, 측정하고자 하는 대상에 수치나 기호를 부여하는 것으로, 체계적·논리적으로 연관되어 있는 여러 문항으로 이루어진 복합적인 측정도구이다.

㉡ 종 류

명목척도 (Nominal Scale)	• 단순한 분류의 목적을 위해 측정대상의 속성에 수치를 부여하는 것을 말한다. • 성, 인종, 종교, 결혼 여부, 직업 등의 구별이 해당한다.
서열척도 (Ordinal Scale)	• 일종의 순위척도로 그 측정대상을 속성에 따라 서열이나 순위를 매길 수 있도록 수치를 부여한 척도이다. • 서열 간의 간격이 동일하지 않으며 절대량을 지적하지 않는다. • 사회계층, 선호도, 수여 받은 학위, 변화에 대한 평가, 서비스 효율성 평가, 청소년상담사 자격등급 등의 측정에 이용된다.

등간척도 (Interval Scale)	• 일종의 구간척도로 측정하고자 하는 사물대상이나 현상을 분류하고 서열을 정할 수 있을 뿐만 아니라, 이들 분류된 범주 간의 간격까지도 측정할 수 있는 척도이다. • 지능, 온도, 시험점수 등이 해당한다. • 등간격이므로 산술계산에 사용될 수 있으나, 절대영점이 없다.
비율척도 (Ratio Scale)	• 척도를 나타내는 수가 등간일 뿐만 아니라 의미 있는 절대영점을 가지고 있는 경우에 이용되는 척도이다. • 연령, 무게, 키, 수입, 출생률, 사망률, 이혼율, 가족 수, 졸업생 수 등이 해당한다.

② 척도화 기법 14 기출

써스톤 척도	• 대표적인 자극 또는 문항중심의 척도화 방법이다. 자극중심방법은 연구자가 자극이나 문항들을 심리적 연속선상에서 배열하려는 목적을 가진 방법이다. • 등현등간척도라고도 하며, 조사자들이 어떠한 대상에 대해 가능한 많은 설명을 문장으로 만들어 놓고, 일정수의 응답자들이 가장 많이 동의하는 문장을 찾아 이를 바탕으로 하여 척도에 포함될 적절한 문항들을 선정하여 척도를 구성하는 방법을 말한다.
거트만 척도	써스톤 척도와 유사한 제작원리를 갖지만, 수검자 반응에서의 누적성을 고려하여 구성하였고, 점증하는 강도에 따라서 일련의 태도문항을 위계적·서열적으로 배열하는 것으로, 특정 강도의 진술과 일치한다는 것은 그것보다 낮은 강도의 진술과 일치함을 뜻한다.
리커트 척도	매스 커뮤니케이션 조사연구에서 가장 보편적으로 이용되는 방식으로서, 5점 혹은 7점 척도로 이루어진 구성체에 관한 긍정과 부정의 의견을 담은 일련의 진술문들로 구성된 척도이다.
의미분별 척도	관심대상 사물이나 현상을 염두에 두고 다양한 단어가 함축하는 의미를 평정하여 그 사물이나 현상의 특성을 측정하는 척도이다.
강제선택형 척도	응답자들이 각 진술문에 대해 '매우 찬성, 찬성, 중립, 반대, 매우 반대'와 같은 5점으로 이루어진 선택틀 중에서 하나의 답을 고르거나 각 진술문들에 대해 '반드시 참이다'에서 '확실히 거짓이다'까지 이어지는 선택에서 하나의 답을 고르는 척도이다.
진위형 척도	'예/아니오'로 대답하는 형태이다.
중다선택형 척도	하나의 문항에 대해 보통 4가지 또는 그 이상의 선택지가 주어지고 하나의 정답을 선택하는 형태이다.

(6) 신뢰도

① 신뢰도의 개념 24 기출
  ㉠ 동일한 검사 또는 동형의 검사를 반복 시행했을 때 개인의 점수가 일관성 있게 나타나는 정도를 말한다.
  ㉡ 신뢰도는 측정하려는 것을 얼마나 안정적으로 일관성 있게 측정하였느냐의 문제이며, 검사도구가 오차 없이 정확하게 측정한 정도를 의미한다.
  ㉢ 측정의 오차가 적을수록 신뢰도는 높다고 본다. 신뢰도는 또한 관찰변량과 오차변량에 의해서 정의될 수 있다.

② 신뢰도 추정방법 14 16 17 18 20 22 24 기출

검사-재검사 신뢰도 (안정성 계수)	• 하나의 검사를 동일한 피험자 집단에 일정한 시간 간격을 두고 두 번 실시하여 그 결과가 얼마나 일관되게 나오는지를 살펴보는 방법이다. • 파이(Phi) 계수를 활용한다. • 반분 신뢰도와 동형검사 신뢰도는 모두 검사-재검사 신뢰도의 문제점을 보완해준다.
동형검사 신뢰도 (동형성 계수)	한 검사에 대하여, 다른 문항으로 구성되지만 검사의 난이도와 점수분산 등이 같은 동형 검사를 제작하여 이들 두 검사의 실시 결과 간의 상관계수를 계산하여 신뢰도를 추정한다.

동질성 계수 (내적 일관성 계수)	반분 신뢰도 : 한 검사를 두 부분으로 나눈 뒤 둘의 상관을 통하여 신뢰도를 추정한다. 반분된 두 검사 간에 얻어진 신뢰도 계수는 어디까지나 반분된 검사의 신뢰도이므로, 실제 사용되는 전체 검사의 신뢰도를 추정하기 위해서는 *스피어만-브라운 공식을 사용하여 교정한다.	✓ 스피어만-브라운 공식 반분된 두 검사 각각의 표준편차(변량)가 같다고 가정한 상황에서 계산된 것을 말한다.
	크론바흐 알파(Cronbach α) : 내적 일관성을 구하는 방법 중 하나로 교육학, 심리학 등의 분야에서 가장 널리 쓰이고 있는 신뢰도 추정 방법이다.	
	KR 신뢰도 : 한 검사 내에서 문항에 대한 반응이 얼마나 일관성이 있는지를 변산적 오차로 계산하는 신뢰도 지수이다(유형 : KR-20, KR-21).	

③ 신뢰도의 응용
  ㉠ 표준오차 : 오차점수의 분포의 표준편차를 말하며, 한 검사 대상자의 관찰점수를 갖고 진점수를 추정할 때 생기는 오차의 정도에 관한 정보를 제공하는 것이다.
  ㉡ 측정의 표준오차(SEM ; Standard Error of Measurement) 16 20 21 22 기출
    • 주어진 수검자의 관찰점수를 가지고 진점수를 추정할 때 생기는 오차의 정도이다.
    • 어떤 검사도구로 한 사람을 무한히 반복해서 검사한다고 가정할 때 얻어지는 관찰점수로, 분포의 평균은 진점수이고 이때의 표준편차가 표준오차에 해당한다.
    • 측정의 표준오차에 대한 해석은 진점수를 중심으로 관찰된 점수의 분포를 알려주는 유용한 지수이다.
    • 심리검사에서 '측정의 표준오차(SEM) 값이 클수록'이 의미하는 바는 다음과 같다.
      - 진점수의 신뢰구간은 넓어지며, 측정의 정확도는 낮아진다.
      - 검사의 신뢰도가 낮아진다.
      - 0을 중심으로 오차점수들이 더 멀리 떨어져 있다.
      - 검사로 수집된 관찰점수들이 진점수를 중심으로 더 멀리 떨어져 있다.
      - 검사를 반복시행할 때 동일한 값을 얻을 가능성이 낮아진다.
    • SEM이 상대적으로 큰 소검사는 시간표집에 따른 변동성이 크다.
    • SEM을 산출하기 위해서는 검사-재검사 상관계수가 필요하다.
    • SEM이 작은 검사일수록 수검자의 당일 상태의 영향을 적게 받는다.
    • SEM은 수검자의 현재 관찰점수의 신뢰구간을 설정하는 데 사용된다.
    • 특정검사의 검사-재검사 신뢰도가 높을수록 SEM은 작아진다.
      - 수검자IQ의 95% 신뢰구간은 IQ ± 1.96 × SEM이다.
      - 수검자IQ의 68% 신뢰구간은 IQ ± 1.00 × SEM이다.
    • SEM의 산출공식은 $SEM = S_x\sqrt{1-r_{xx}'}$ 이다. 여기에서 S_x는 관찰점수분포의 표준오차를, r_{xx}'는 검사의 신뢰도계수를 의미한다.
    • 90% 신뢰구간은 X − 1.65SEM ≤ T ≤ X + 1.65SEM이다.
    • 95% 신뢰구간은 X − 1.96SEM ≤ T ≤ X + 1.96SEM이다.
  ㉢ 신뢰도에 영향을 미치는 요인 24 기출
    • 개인차 : 개인차가 클수록 신뢰도계수도 커진다.
    • 문항 수 : 문항 수가 많은 경우 신뢰도는 어느 정도 높아진다.
    • 문항반응 수 : 적정한 크기를 유지하며, 초과하는 경우 신뢰도는 향상되지 않는다.

- 검사유형(속도검사의 신뢰도) : 속도검사의 경우 신뢰도 추정은 바람직하지 않다.
- 신뢰도 추정방법(검증법) : 측정오차가 클수록 신뢰도 계수는 작을 가능성이 높다.

(7) 타당도 16 기출

① 개념 : 타당도란 평가의 도구가 무엇을 재고 있느냐의 문제인 동시에 그 평가의 도구가 어느 특정 개인이나 집단에 대해서 평가해 내려는 목표를 얼마나 정확하게 재어 내느냐의 문제이다.

② 타당도의 종류

㉠ 내용타당도 : 측정도구에 포함된 내용들이 측정하고자 하는 속성이나 개념을 얼마나 대표성 있게 포함하고 있는가에 대해 주관적으로 판단하는 것이다. 안면타당도를 내용타당도로 볼 수 있지만, 내용타당도가 전문가의 평가 및 판단에 근거한다면, 안면타당도는 검사문항을 일반인의 입장에서 타당도를 평가하는 것이다.

㉡ 기준(준거)타당도
- 실용적 타당도 또는 경험타당도라고도 한다.
- 이미 전문가가 만들어놓은 신뢰도와 타당도가 검증된 측정도구에 의한 측정결과를 기준으로 한다.
- 연구하려는 속성을 측정해줄 것으로 알려진 외적준거와 측정도구의 측정결과의 관계를 비교함으로써 타당도를 파악한다.
- 기준타당도의 구분 14 18 22 24 기출

동시타당도 (공인타당도)	새로 제작한 검사의 타당도를 위해 기존에 타당도를 보장받고 있는 검사와의 유사성에 의해 타당도를 검증하는 방법이다.
예측타당도 (예언타당도)	• 어떤 행위가 일어날 것이라고 예측한 것과 실제 대상자 또는 집단이 나타낸 행위 간의 관계를 측정하는 것이다(검사가 먼저 실시되고 준거가 나중에 측정됨). • 예언타당도를 알기 위한 방법으로 생존분석, 파이계수, 로지스틱회귀분석, ROC분석 등이 있다.

지식 IN

예언타당도와 관련된 통계치 및 분석 방법
- 생존분석 : 생존기간을 분석하여 생존함수 또는 생존곡선을 예측하는 기법이다.
- 파이계수 : 한 검사의 문항 간 상관계수를 알아보기 위한 통계기법이다.
- 로지스틱 회귀분석 : 일반적인 회귀분석의 목표와 동일하게 종속변수와 독립변수 간의 관계를 구체적인 함수로 나타내어 향후 예측 모델에 사용하는 것이다.
- ROC분석 : 주로 의학 분야에서 사용되며, 검사수치의 민감도, 특이도로 곡선을 질병인지 아닌지 예측하고자 하는 통계기법이다.

㉢ 개념타당도
- 구성타당도, 구인타당도, 구조적 타당도라고도 한다.
- 조작적으로 정의되어 있지 않은 인간의 심리적 특성이나 성질을 심리적 개념으로 분석하여 조작적 정의를 부여한 후, 검사점수가 조작적 정의에서 규명한 심리적 개념들을 제대로 측정하는가를 검증하는 것이다.

- '개념(Construct)'이란 심리적 특성이나 행동양상을 설명하기 위해 존재를 가정하는 심리적 요인을 말하는 것으로, 창의성 검사의 경우 이해성·도전성·민감성 등이 있다.
- 응답 자료가 계량적 방법에 의해 검정되므로, 과학적이고 객관적이라 할 수 있다.
- 개념타당도를 분석하는 방법 18 기출

수렴타당도 (집중타당도)	검사결과가 해당 속성과 관련 있는 변수들과 어느 정도 높은 상관관계를 가지고 있는지 측정하는 것이다. 단축형 검사를 개발한 경우 원검사와의 관련성을 알아볼 때 사용한다.
변별타당도 (판별타당도)	검사결과가 이론적으로 해당속성과 관련 없는 변수들과 어느 정도 낮은 상관관계를 가지고 있는지를 측정하는 것이다.
요인분석	검사를 구성하는 문항들의 상관관계를 분석하여 상관이 높은 문항들을 묶어주는 통계적 방법을 말한다.

- 중다특성-중다방법 행렬 14 기출
    - 캠벨과 피스크(Campbell & Fiske)가 고안한 구인타당도를 살펴보는 방법이다.
    - 둘 이상의 특성에 대해 둘 이상의 방법으로 측정하여 그 결과를 분석하는 방법으로, 동일 특성에 대해 서로 다른 방법으로 측정하여 그 결과가 어느 정도 상관관계를 나타내는지 확인하는 것이다.
    - 행렬에서 대각선에 존재하는 상관계수 값은 검사-재검사 신뢰도를 나타내는 값이다.
    - 수렴타당도와 변별타당도 등의 개념으로 구인타당도를 검증한다.

(8) 문항분석

① 개념 : 어떠한 문항이 신뢰도와 타당도를 높이는 문항인지를 분석하는 과정을 말한다.

② 문항분석방식 14 16 17 20 기출

분석방식	내용
문항 반응분포	선다형 문항의 검사에서 수검자들이 반응한 응답(정답과 오답)의 비율을 분석하는 방식이다.
평균 및 표준편차	문항의 평균이 극단적인 값을 가지고 있거나 표준편차가 지나치게 작은 경우 나쁜 문항이다.
문항난이도	• 검사 문항의 쉽고 어려운 정도를 뜻하며, 문항난이도 지수는 한 문항의 총반응 수에 대한 정답 반응 수의 비율로 표시하기 때문에 실제적으로 한 문항의 쉬운 정도를 나타낸다. • 문항난이도 지수 수치가 높을수록 좀 더 쉬운 문항이다. 즉, 문항난이도 지수가 0에 근접할수록 어려운 문항이다. • 검사 문항 개발 과정에서 문항난이도를 알아보는 목적은 적절한 수준의 문항을 고르기 위함이다. • 난이도는 0.5~0.6 사이를 최적 범위로 본다.
문항변별도	• 한 검사에서 각 문항이 피험자의 능력 수준을 변별할 수 있는 정도를 나타내는 지수로, 변별력이 있는 문항은 능력이 높은 수검자가 답을 맞히는 확률이 능력이 낮은 수검자가 답을 맞히는 확률보다 높은 문항이다. • 즉, 문항전체 상관이 낮으면 문항의 변별력은 낮아지고, 문항전체 상관이 높으면 문항에서 높은 점수를 받은 사람의 전체 점수도 높다. • 변별지수는 상·하위 집단에 속한 수검자의 정답 백분율에 대한 차이값이다. • 변별지수 $D = \dfrac{U}{NU} - \dfrac{L}{NL}$ (U : 상위집단에 속한 사람 중 정답자 수, NU : 상위집단 사람의 수, L : 하위집단에 속한 사람 중 정답자 수, NL : 하위집단 사람의 수) • 문항변별지수가 -1.0~+1.0 사이의 값을 갖고, +1.0에 가까울수록 변별력이 높은 문항이다.

문항특성곡선 (ICC)	• 특정 문항을 맞출 확률을 잠재적 능력의 함수로 나타낸 것으로, 수검자 능력에 따라 문항의 답을 맞힐 확률을 나타내는 곡선이다. • 문항변별도는 문항특성곡선의 기울기가 크면(가파르면) 높아지고, 기울기가 작으면(완만하면) 낮아진다. • 문항특성곡선이 왼쪽 위로부터 오른쪽 아래로 완만하게 내려오는 문항은 변별력이 낮은 문항이다.

(9) 탐색적 요인분석 14 기출

① 개 념
  ㉠ 예비문항들 중에서 검사제작자가 구인에 관한 이론에 따라 상정한 잠재변수들에 대하여 만족할 만한 부하량을 가진 문항들을 골라내기 위한 용도로 사용한다.
  ㉡ 일반적으로 탐색적 요인분석은 내용타당도와 구성타당도 측면에서 요인구조의 타당도를 입증하고자 한다.

② 탐색적 요인분석 단계 14 기출
  ㉠ 문항 간의 상관계수 산출
  ㉡ 요인 수 추정
  ㉢ 요인구조 회전
  ㉣ 요인 간 상관계수 산출

③ 요인분석을 실시할 경우 주의할 점
  ㉠ 문항들 간의 상관계수를 어떻게 구하는 것이 바람직할지 고려한다.
  ㉡ 주성분분석과 요인분석의 용도를 구분하여 사용한다.
  ㉢ 요인에 대한 해석 가능성을 높이기 위해 요인회전 방법을 사용할 때 직교 회전과 사교 회전을 어떤 맥락에서 사용해야 하는지 명백히 이해해야 한다.

CHAPTER 02 심리검사 각론

중요도 ★★★

핵심포인트

지능의 요인 및 구조, 지능지수, 한국판 웩슬러 성인용 지능검사 4판(K-WAIS-IV), 한국판 웩슬러 아동용 지능검사 4판(K-WISC-IV) 및 5판(K-WISC-V), K-ABC, 미네소타 다면적 인성검사(MMPI), 마이어스-브릭스 성격유형검사, 16성격요인검사(16PF), 성격 5요인 검사(NEO-PI-R), 성격평가질문지(PAI), 기질 및 성격검사(TCI), 로샤 검사, 주제통각검사(TAT), 인물화 검사(DAP), 집-나무-사람 그림검사(HTP), 문장완성검사(SCT)

01 지능검사

(1) 지능의 의의

① 지능에 대한 학자들의 정의
  ㉠ 웩슬러(Wechsler) : 지능은 개인이 합목적적으로 행동하고 합리적으로 사고하며, 환경을 효율적으로 다룰 수 있는 총체적인 능력이다.
  ㉡ 비네(Binet) : 지능은 일정한 방향을 설정하고 이를 유지하는 경향성, 자신이 소망하는 바를 성취하기 위해 순응하는 능력, 목표를 아는 능력이다.
  ㉢ 터만(Terman) : 지능은 추상적 사고를 하는 능력, 즉 다양한 문제들을 해결하기 위해 추상적 상징을 사용하는 능력이다.
  ㉣ 스피어만(Spearman) : 지능은 사물의 관련성을 추출할 수 있도록 하는 정신작용이다.
  ㉤ 써스톤(Thurston) : 지능은 추상적 개념과 구체적 사실을 연관시킬 수 있는 능력이다.
  ㉥ 피아제(Piaget) : 지능은 단일형식의 조직이 아닌 적응 과정을 통해 동화와 조절이 균형을 이루는 형태를 말한다.
  ㉦ 스턴(Stern) : 지능은 사고를 작동시켜 새로운 요구에 의식적으로 적응하는 일반적 능력이다.
  ㉧ 핀트너(Pintner) : 지능은 새로운 환경에 자신을 적응시키는 능력이다.
  ㉨ 게이츠(Gates) : 지능은 학습해 가는 능력 또는 다양하고 광범위한 사실들을 파악하는 복합화된 능력이다.
  ㉪ 디어본(Dearborn) : 지능은 학습된 능력, 즉 경험에 의해 습득되는 능력이다.
  ㉫ 프리만(Freeman) : 지능은 지능검사에 의해 측정된 것이다.

② 지능의 일반적 정의

학습능력	• 지능은 교육을 받을 수 있는 능력 또는 유익한 것을 학습할 수 있는 능력이다. • 지능이 높은 사람은 학습할 수 있는 능력이 높은 반면, 지능이 낮은 사람은 학습할 수 있는 능력이 낮다. • 주요 학자 : 게이츠(Gates), 디어본(Dearborn) 등
적응능력	• 지능은 전체 환경에 대한 적응능력이자, 생활상의 새로운 문제와 상황에 대처하는 정신적 적응력이다. • 지능이 높은 사람은 새로운 환경의 변화에 비교적 잘 적응하는 반면, 지능이 낮은 사람은 잘 적응하지 못하는 양상을 보인다. • 주요 학자 : 피아제(Piaget), 스턴(Stern), 핀트너(Pintner) 등
추상적 사고능력	• 지능은 추상적인 사고를 할 수 있는 능력이자, 이를 구체적인 사실과 연관할 수 있는 능력이다. • 지능이 높은 사람은 자신이 소유한 지식을 통해 구체화된 현상을 파악하는 동시에 이를 서로 연관할 수 있다. • 주요 학자 : 터만(Terman), 스피어만(Spearman), 써스톤(Thurston) 등
종합적·전체적 능력 (포괄적 정의)	• 지능은 어떠한 목적을 향해 합리적으로 행동하고 체계적으로 사고하며, 환경을 효과적으로 다루는 유기체의 종합적인 능력이다. • 지능이 높은 사람은 학습능력, 적응능력, 추상적 사고능력 등을 통해 성공적인 생활을 영위할 수 있다. • 주요 학자 : 웩슬러(Wechsler) 등
조작적 정의	• 지능은 지능검사에 의해 측정된 것이다. • 이것은 정의로서는 명확하나 지능의 정신적인 본질에 관한 내용을 담고 있지 않다. • 주요 학자 : 프리만(Freeman), 보링(Boring) 등

(2) 지능의 요인 및 구조 15 16 24 기출

① 비네(Binet)의 일반지능설
  ㉠ 비네는 사고의 방향성, 행동의 목적성, 자기비판성을 지능의 본질로 보았다.
  ㉡ 지능은 이해, 방향, 창작, 비판 등의 다양한 요소들을 포함한다.
  ㉢ 비네는 개인의 이해력, 판단력, 논리력, 추리력, 기억력 등을 검사할 수 있는 포괄적인 척도를 개발하였다.
  ㉣ 지능은 전체적인 통일체로 각 요소가 상호 밀접한 관련을 맺고 있으므로, 특정 요소를 별개인 양 분석할 수 없다. 예를 들어 기억은 주의와 연관되고, 감각적 판별은 연상 과정과 관련이 있다.

② 스피어만(Spearman)의 2요인설
  ㉠ 지능에 대한 최초의 요인분석으로, 스피어만은 여러 지적능력에 관한 검사와 이들 검사 간에 존재하는 상관관계를 설명하는 '요인(Factor)'의 개념을 도입하였다.
  ㉡ 지능은 모든 개인이 공통적으로 가지고 있는 '일반요인(General Factor)'과 함께 언어나 숫자 등 특정한 부분에 대한 능력으로서 '특수요인(Special Factor)'으로 구성된다.
  ㉢ 일반지능이 낮더라도 음악이나 미술 등 예능에서 천재성을 보이는 경우가 있다. 이는 일반요인이 아닌 특수요인에 의한 것이다.

일반요인 (G Factor)	생득적인 것으로, 모든 유형의 지적 활동에 공통적으로 작용한다. 예 이해력, 관계추출능력, 상관추출능력 등
특수요인 (S Factor)	일반요인만으로 해결하기 어려운 특수한 과제를 수행하기 위해 작용한다. 예 언어능력, 수리능력, 정신적 속도, 상상력 등

③ 써스톤(Thurstone)의 다요인설(PMA ; Primary Mental Abilities) 15 19 기출
　㉠ 써스톤은 대학생을 대상으로 다양한 종류의 지능검사를 실시한 후 요인분석적 방법으로 연구하였다.
　㉡ 지능은 각각 독립적인 기능을 가지고 있는 개별적인 능력들로 구성되어 있다고 주장함으로써, 불분명한 일반지능의 실체를 강조한 일반지능설의 한계를 극복하고자 한다.
　㉢ 지능은 언어이해(Verbal Comprehension), 수(Numerical), 공간시각(Spatial Visualization), 지각속도(Perceptual Speed), 기억(Memory), 추리(Reasoning), 단어유창성(Word Fluency) 등 7가지 요인(7가지 기초정신능력)으로 구성된다.

언어이해 (V Factor)	• 언어의 개념화, 추리 및 활용 등에 대한 능력이다. • 어휘력 검사와 독해력 검사로 측정한다.
수 (N Factor)	• 계산 및 추리력, 즉 수를 다루며 계산하는 능력이다. • 더하기나 곱하기, 큰 숫자나 작은 숫자 찾기 등의 기초적인 산수문제로 측정한다.
공간시각 (S Factor)	• 공간을 상상하고 물체를 시각화할 수 있는 능력이다. • 상징물이나 기하학적 도형에 대한 정신적 조작을 요하는 검사로 측정한다.
지각속도 (P Factor)	• 어떤 대상이나 현상을 빠르고 정확하며, 구체적이고 객관적으로 파악하는 능력이다. • 상징들의 신속한 재인을 요하는 검사로 측정한다.
기억 (M Factor)	• 지각적·개념적 자료들을 명확히 기억하고 재생할 수 있는 능력이다. • 단어, 문자 등을 이용한 회상 검사로 측정한다.
추리 (R Factor)	• 주어진 자료들로써 일반원칙을 밝히며, 이를 목표달성을 위해 생산적으로 적용·추리하는 능력이다. • 유추검사나 수열완성형 검사로 측정한다.
단어유창성 (W Factor)	• 상황에 부합하는 유효적절한 단어를 빠르게 산출해낼 수 있는 능력이다. • 제한 시간 내에 특정 문자(예를 들어 '가' 또는 'A')로 시작하는 단어를 최대한 많이 제시하도록 요구하는 방식의 검사로 측정한다.

④ 길포드(Guilford)의 복합요인설(입체모형설) 16 기출
　㉠ 길포드는 써스톤의 7가지 기본정신능력에 관한 이론을 발전시켜 기존의 지능에 대한 협소한 계열을 확대하였다.
　㉡ 지능은 다양한 방법에 의해 상이한 정보들을 처리하는 다각적 능력들의 체계적인 집합체이다.
　㉢ 지능구조는 내용(Content), 조작(Operation), 결과(Product)의 3차원적 입체모형으로 이루어지며, 이들의 상호작용에 의한 180개의 조작적 지적 능력으로 구성된다.

내용차원(사고의 대상)	시각, 청각, 상징, 의미, 행동
조작차원(사고의 과정)	평가, 수렴적 조작, 확산적 조작, 기억파지, 기억저장, 인지
결과차원(사고의 결과)	단위, 분류, 관계, 체계, 전환, 함축

지식 IN

수렴적 사고와 확산적 사고

수렴적 사고	• 이미 알고 있는 지식이나 기억된 정보를 통해 가장 적합한 답을 찾아내는 사고의 방식이다. • '10 + 15 = 25'와 같이 이미 알고 있는 공식을 통해 정답을 찾거나 문제를 해결한다.
확산적 사고	• 이미 알고 있거나 기억된 지식 외에 새롭고 다양한 문제해결 방식을 창출하는 능력, 즉 창의성과 연관된 사고의 방식이다. • '찰흙을 가지고 무엇을 만들 수 있을까?'와 같이 가능한 한 다양한 해석이나 해결방안을 찾는다.

⑤ 카텔과 혼(Cattell & Horn)의 위계적 요인설 19 20 기출
  ㉠ 카텔은 인간의 지능을 유동성 지능(Fluid Intelligence)과 결정성 지능(Crystallized Intelligence)으로 구분하였다.
  ㉡ 혼은 카텔의 주장을 토대로 유동성 지능과 결정성 지능의 특징적 양상에 대해 연구하였다.

유동성 지능	• 익숙지 않은 자극에 직면할 때 그에 대처하기 위한 즉각적 적응력 및 융통성과 연관된다. • 유전적·신경생리적 영향에 의해 발달이 이루어지는 반면, 경험이나 학습의 영향을 거의 받지 않는다. • 신체적 요인에 따라 청소년기에 이르기까지 발달이 이루어지다가 이후 퇴보현상이 나타난다. • 기억력, 추리력, 추론능력을 포함하여 수열 및 분류, 비언어적·비표상적 유추와 관련된 능력 등이 해당한다. • 웩슬러(Wechsler) 지능검사의 소검사 중 '빠진 곳 찾기', '차례 맞추기', '토막짜기', '모양 맞추기', '공통성 문제', '숫자 외우기' 등이 유동성 지능을 반영한다.
결정성 지능	• 교육이나 훈련, 문화적 자극에 의해 개발된 지적능력과 연관된다. • 경험적·환경적·문화적 영향의 누적에 의해 발달이 이루어지며, 교육 및 가정환경 등에 의해 영향을 받는다. • 나이가 들수록 더욱 발달하는 경향이 있다. • 문제해결능력, 상식, 언어능력, 산술 및 기계적 지식 등이 해당한다. • 웩슬러 지능검사의 소검사 중 '기본지식', '어휘문제', '공통성 문제', '이해문제' 등이 결정성 지능을 반영한다.

⑥ 가드너(Gardner)의 다중지능이론 16 18 19 20 기출
  ㉠ 전통적인 지능이론이 지능의 일반적인 측면을 강조하는 데 반해, 가드너는 문제해결 능력과 함께 특정 사회적·문화적 상황에서 산물을 창조하는 능력을 강조하였다.
  ㉡ 인간의 지능은 일반지능과 같은 단일한 능력이 아닌 다수의 능력으로 구성되며, 각각의 능력들의 상대적 중요도는 서로 동일하다.
  ㉢ 가드너는 지능을 언어지능, 논리-수학지능, 공간지능, 신체-운동지능, 음악지능, 대인관계지능, 개인 내적 지능, 자연탐구 지능 등 8가지의 독립된 지능으로 구분하였다.
  ㉣ 최근에는 실존적 지능(Existential Intelligence)을 비롯하여, 도덕적 감수성(Moral Sensibility), 성적 관심(Sexuality), 유머(Humor), 직관(Intuition), 창의성(Creativity) 등 다양한 지능의 존재 가능성을 제기하고 있다.

언어지능	• 언어 분석 및 이해의 능력 • 단어의 소리, 리듬, 의미에 대한 감수성 [예] 시인, 소설가, 법률가, 저널리스트 등
논리-수학지능	• 상징적 논리력 및 계산의 능력 • 추상적 사고력 및 추론능력 [예] 과학자, 수학자, 엔지니어, 컴퓨터 프로그래머, 회계사 등
공간지능	• 3차원적 사고, 시각적·공간적 정보를 지각·조정하는 능력 • 자신이 처한 상황에서 특정한 방향을 알아내는 능력 [예] 화가, 조각가, 건축가, 발명가, 항해사 등
신체-운동지능	• 신체를 조정하고 신체적 기술을 활용하는 능력 • 신체를 활용하여 문제를 해결하고 소산물을 창출해내는 능력 [예] 운동선수, 무용가, 연극배우, 외과의사 등
음악지능	• 음에 대한 다각적인 감각능력 • 소리의 의미에 대한 이해 및 교류, 음악적 창작능력 [예] 작곡가, 지휘자, 연주자, 음향기술자 등

대인관계지능	• 타인에 대한 이해력 및 상호작용능력 • 타인의 얼굴표정이나 음성 또는 몸짓 등에 대한 민감성 예 정치가, 성직자, 사업가, 교육가 등
개인 내적 지능	• 자신에 대한 객관적 또는 직관적 이해능력 • 자신의 강점과 약점에 대한 인식, 자신의 상태를 발전시키는 능력 예 철학자, 심리학자, 정신분석가 등
자연탐구 지능	가장 최근에 올라온 것으로 자연의 패턴을 관찰하고 대상을 정의·분류하는 능력

⑦ 스턴버그(Sternberg)의 삼원지능이론 16 기출
  ㉠ 스턴버그는 지능을 개인의 내부세계와 외부세계에서 비롯되는 경험의 측면에서 성분적 지능, 경험적 지능, 상황적 지능으로 구분하였다.
  ㉡ 지능의 세 가지 측면을 토대로 한 성분하위이론, 경험하위이론, 상황하위이론은 다시 각각의 세부적인 하위이론들로 나눠짐으로써 위계구조를 이룬다.
  ㉢ 삼원지능이론의 각 하위이론들은 내부영역, 경험영역, 외부영역에서 지능의 근원적 요소들을 포착하여 해당 요소들이 어떻게 지적 사고와 행동을 산출하는지 제시한다.

성분적 지능	• 새로운 지능을 획득하고 이를 논리적 문제의 해결에 적용하는 분석적 능력 또는 정보처리능력을 말한다. • 메타요소, 수행요소, 지식습득요소를 포함한다.
경험적 지능	• 직관력과 통찰력을 통해 새로운 문제를 신속하게 처리하는 능력으로 창의적 능력을 말한다. • 신기성을 다루는 능력과 정보처리의 자동화능력을 포함한다.
상황적 지능	• 현실상황에 대한 적응 및 환경과의 조화를 이루는 융통적이고 실용적인 능력으로 실제적 능력을 말한다. • 환경에 적응하는 능력과 새로운 환경을 선택하는 능력을 포함한다.

⑧ 젠센(A. Jensen)의 유전지능이론 16 기출
  ㉠ 인종 간 지능의 고저(高低)가 유전자적 차이에서 온다고 분석하였다.
  ㉡ 문화나 교육을 통한 지능은 유전적 요인보다 영향력이 낮다고 보았다.

(3) 지능검사의 목적
① 개인의 전반적인 지적능력 수준을 평가한다.
② 개인의 지적기능 및 인지적 특성을 파악한다.
③ 기질적 뇌손상 또는 뇌손상에 따른 인지적 손상을 평가한다.
④ 임상적 진단을 명료화한다.
⑤ 지능검사 결과를 토대로 합리적인 치료목표를 수립한다.
⑥ 성격과 자아기능의 역동에 관한 정보를 제공한다.

(4) 지능검사의 분류
① 측정 내용에 따른 분류

일반지능검사	• 지능을 종합적·혼합적으로 측정하도록 구성되어 있다. • 여러 가지 정신능력을 측정하는 문항들이 합승식으로 혼합되어 있다.
특수지능검사	• 특수한 정신능력을 독립적으로 측정하도록 구성되어 있다. • 추리력검사, 기억력검사, 주의력검사 등이 해당하며, 특히 적성검사와 밀접하게 연관된다.

② 언어이해 정도에 따른 분류

언어검사	• 검사 문항이 주로 언어에 의존하고 있으므로, 수검자가 주어진 언어자극을 통해 문제를 이해하고 언어를 사용해서 문항에 대답하도록 구성되어 있다. • '알파(α) 검사'라고도 하며, 성인 및 청소년을 대상으로 한 일반적인 지능검사에 널리 사용된다.
비언어검사	• 검사 문항이 언어자극을 최소화한 채 도형, 그림, 기호, 실제의 작업을 통해 지능을 측정하도록 구성되어 있다. • '베타(β) 검사'라고도 하며, 특히 취학 전 아동, 문맹인, 언어장애인, 노인, 외국인 등을 대상으로 한 지능검사에 사용된다.

③ 지필도구 사용 여부에 따른 분류

지필검사	• 종이로 된 검사지 위에 모든 검사 문항이 제시되어 있다. • 수검자는 문항을 읽고 생각해서 쓰는 것 외의 별다른 실제 작업을 수행하지 않는다. • 주로 집단검사 용도로 사용되며, 채점이 용이하고 검사 결과의 타당도도 비교적 높다.
동작검사	• 수검자에게 구체적인 재료를 가지고 어떤 작업이나 동작을 수행하도록 요구한다. • 나무토막이나 그림, 나사, 연장, 종이, 간단한 기구 등을 가지고 실제 작업을 수행하도록 하며, 그 결과를 토대로 지능 수준을 측정한다. • 주로 개인검사 용도로 사용되며, 수검자의 검사 수행 과정을 통해 수검자에 대한 질적인 정보를 입수할 수 있다.

④ 검사 대상에 따른 분류

개인지능검사	• 수검자 한 사람을 대상으로 검사를 실시하도록 되어 있는 검사이다. • 개인 수검자의 행동을 빠짐없이 관찰할 수 있으므로 수검자의 심리상태나 결함 혹은 장점을 파악할 수 있으며, 상대적으로 높은 신뢰성과 타당성, 임상적인 유용성을 기대할 수 있다. • 검사의 시행·채점·해석이 복잡하고 검사에 오랜 시간이 소요되며, 검사자를 위한 고도의 훈련과 기술이 요구된다.
집단지능검사	• 한 번에 여러 사람에게 동시에 실시할 수 있도록 구성되어 있는 검사이다. • 검사의 실시·채점·해석이 간편하고 상대적으로 시간 및 비용을 절감할 수 있으며, 특히 선별검사(Screening Test)로 사용하기에 적합하다. • 검사장면에서 발생할 수 있는 여러 오차 요인들을 통제하기 곤란하므로 신뢰성이 떨어지며, 개인지능검사에 비해 임상적인 유용성이 낮다.

> **지식 IN**
>
> **플린(Flynn) 효과** 21 기출
> 세대가 지날수록 IQ지수가 점점 증가하는 현상으로, 뉴질랜드의 정치학자 제임스 플린(J. Flynn)이 발견했다. 그는 1950년대부터 미국 군대 지원자 지능검사 점수를 종단적으로 살펴본 후, 지능 점수가 10년마다 3점씩 상승한다는 사실을 밝혀냈다. 이러한 IQ의 증가가 실제적인 지적 능력의 향상인가 하는 점에서는 의견이 엇갈리고 있으나, 플린은 인간 집단에 특별한 유전체적 변화가 없이 짧은 시기에 그렇게 큰 진화적 변화가 나타날 수는 없다고 보고 있으며, IQ의 증가가 지적 능력의 발전에서 기인한 다기보다는 정신적 활동을 점점 더 많이 요구하는 현 사회현상의 반영으로 보고 있다.

(5) 지능지수의 구분 14 15 16 19 20 21 기출

① 비율지능지수(비율 IQ) 21 기출

㉠ 비네(Binet) 검사 계열에서 사용하는 방식이다.

ⓛ 1916년 미국 스탠포드대학의 터만(Terman)이 기존의 비네-시몽 검사를 미국 문화에 부합하도록 수정하여 스탠포드-비네(Stanford-Binet) 검사를 제시하였다.
　　ⓒ 개인의 지적능력을 정신연령(MA ; Mental Age)과 생활연령 또는 신체연령(CA ; Chronological Age)의 대비를 통해 비율로써 나타낸다. 즉, 비율지능지수는 아동의 정신연령을 생활연령으로 나누어 '100'을 곱한 것이다.

$$지능지수(IQ) = \frac{정신연령(MA)}{생활연령(CA)} \times 100$$

　　ⓔ 비율지능지수는 생활연령의 지속적인 증가에도 불구하고 정신연령이 대략 15세 이후로 증가하지 않는다는 사실을 간과했기 때문에 15세 이후의 청소년이나 성인을 대상으로 하는 검사로는 부적합하다.
　　ⓜ 비율지능지수는 생활연령 수준에 따른 정신연령 범위의 증감폭을 충분히 고려하지 못함으로써 다른 연령대의 대상자와 비교가 곤란하다. 예를 들어, 7세 아동의 지능지수 '100'이 해당 연령대에서 가지는 상대적인 위치와 10세 아동의 지능지수 '100'이 동일 연령대에서 가지는 상대적인 위치는 동일하지 않다.

② **편차지능지수(편차 IQ)** 15 16 23 기출
　　ⓛ 웩슬러(Wechsler) 검사 계열에서 사용하는 방식이다.
　　ⓒ 기존의 스탠포드-비네(Stanford-Binet) 검사에서 적용하던 비율지능지수의 한계에 대한 인식에서 비롯되었다.
　　ⓔ 개인의 어떤 시점의 지능을 동일 연령대 집단에서의 상대적인 위치로 규정한 지능지수이다. 즉, 동일 연령을 대상으로 검사를 실시한 후에 정규분포곡선에서 평균을 '100', 표준편차를 '15'로 하여 환산한 것이다.

$$지능지수(IQ) = 15 \times \frac{개인점수 - 해당\ 연령규준의\ 평균}{해당\ 연령규준의\ 표준편차} + 100$$

　　ⓔ 개인의 지능 수준을 동일 연령대 집단의 평균치와 대조하여 그 이탈된 정도를 통해 상대적인 위치로써 나타낸다. 개인의 점수를 동일 연령의 다른 사람과 직접 비교하는 것이 가능하다.
　　ⓜ 개인 내 영역별 소검사의 점수를 비교할 수 있으며, 프로파일의 해석을 통해 진단 집단의 특징을 파악할 수 있도록 해준다.
　　ⓑ 모든 연령집단에서 동일한 방법으로 해석이 가능하다.

(6) 지능검사의 실시와 유의점 16 기출
① 먼저 라포 형성과 유지를 위해 노력한다.
② 검사환경을 일정하게 하고 주변자극을 차단한다.
③ 지시문이나 질문은 미리 정해져 있어야 한다.
④ 채광 및 온도를 유지하고, 소음이 없는 최적의 장소를 구비하여야 한다.
⑤ 검사로 인한 피로를 최소화해야 한다.
⑥ 검사는 표준화된 절차를 따라 실시한다.

(7) 웩슬러(Wechsler) 지능검사의 이해

① 웩슬러 지능검사의 의의 16 17 기출
  ㉠ 웩슬러 지능검사는 데이비드 웩슬러(David Wechsler)가 1939년에 제작한 개인지능검사로, 오늘날 스탠포드-비네 검사와 더불어 가장 널리 사용되고 있다.
  ㉡ 지능의 다요인적·중다결정적 측면을 강조하여 유전과 환경의 상호작용을 고려하였다.
  ㉢ 웩슬러 지능검사는 지능이 다차원적이고 중다적인 구조로 이루어져 있음을 전제로 하여, 지능의 다양한 영역을 총체적인 관점으로 평가한다.

② 웩슬러 지능검사의 특징 16 17 기출
  ㉠ 웩슬러 지능검사는 집단검사가 아닌 개인검사이므로, 검사자와 수검자 간의 관계형성이 보다 용이하다.
  ㉡ 인지적 검사로서 구조화된 객관적 검사에 해당한다.
  ㉢ 정신연령과 생활연령을 비교한 스탠포드-비네 검사의 비율지능지수방식에서 벗어나 개인의 지능을 동일 연령대 집단에서의 상대적인 위치로 규정한 *편차지능지수를 사용한다.

> ✅ **편차지능지수**
> 같은 생활 연령의 아동 가운데 한 아이의 상대적 지능 정도를 표시하는 수치를 말한다.

  ㉣ 언어이해, 지각추론, 작업기억, 처리속도와 같이 4개의 소검사로 구성되어 있다.

언어이해지수	언어적 개념 형성능력, 언어적 추론능력, 환경으로부터 획득한 지식을 측정한다.
지각추론지수	지각적 및 유동적 추론능력, 공간 처리능력, 시각-운동 통합능력을 측정한다.
작업기억지수	작업기억능력을 측정한다.
처리속도지수	간단한 시각적 정보를 빠르고 정확하게 살펴보고, 배열하고 구별하는 능력을 측정한다.

  ㉤ 현재의 지능수준은 물론 병전 지능수준까지 추정함으로써 정신병리를 파악할 수 있도록 한다. 병전 지능 추정의 기준이 되는 소검사는 '어휘'와 '상식', '토막짜기'이다.
  ㉥ 검사자가 모든 문제를 구두 언어나 동작으로 제시하고 수검자의 반응을 직접 기록할 수 있도록 함으로써, 글을 모르는 수검자(문맹인)라도 검사를 받는 것이 가능하다.

③ 웩슬러 검사의 종류와 발달순서

유아용	만 4~6세	WPPSI(Wechsler Preschool & Primary Scale of Intelligence) → WPPSI-R → WPPSI-III(2002)
아동용	만 6~16세	WISC(Wechsler Intelligence Scale for Children) → WISC-R → WISC-III → WISC-IV(2003)
성인용	만 16세 이상	WAIS(Wechsler Adult Intelligence Scale) → WAIS-R → WAIS-III → WAIS-IV(2008)

(8) 한국판 웩슬러 성인용 지능검사 4판(K-WAIS-IV) 16 19 20 22 기출

① 의 의
  ㉠ K-WAIS-IV(Korean Wechsler Adult Intelligence Scale-IV)는 미국 원판인 WAIS-IV(2008)를 한국판으로 번안하여 표준화한 개인용 지능검사이다.
  ㉡ K-WAIS-IV는 16세 0개월부터~69세 11개월까지의 청소년과 성인의 인지능력을 개인적으로 평가할 수 있도록 만들어진 임상도구이다.

ⓒ 이 검사의 원판인 WAIS-IV의 개정 목표는 동시대적인 규준을 만들고, 심리측정적 속성을 개선하며, 임상적 활용을 개선하고 사용하기에 보다 편리한 도구를 만드는 것이었다.
ⓓ K-WAIS-IV 제작과정에서 이러한 WAIS-IV의 개정 목표를 충실하게 따르고자 노력하였다.

② 특 징 15 16 17 18 21 기출
ⓐ WAIS-IV는 웩슬러 성인용 지능검사의 가장 최신판으로, 소검사들과 합성점수로 이루어져 있다. 합성점수는 일반적인 지적 능력을 나타내주는 점수와 특정 인지영역에서의 지적 기능을 나타내주는 점수로 구성되어 있다.
ⓑ 이전판인 K-WAIS(WAIS-R의 한국판)와 비교할 때 K-WAIS-IV는 많은 변화가 있다. 우선, 이전판에서 제공되던 3가지 지능지수 중 전체 지능지수만 제공되고, 언어성 및 동작성 지능지수는 제공되지 않는다.
ⓒ WAIS-III에서 처음으로 채택되었던 언어이해, 지각추론, 작업기억, 처리속도의 4요인 구조가 WAIS-IV에서도 유지되어 K-WAIS-IV에서도 4요인 구조가 그대로 적용되었다.
ⓓ 이전 판에 있던 소검사들 중 차례 맞추기와 모양 맞추기 소검사가 없어지고 행렬추론, 동형찾기, 퍼즐, 순서화, 무게비교, 지우기와 같은 새로운 형식의 소검사가 추가되었다.

> ✅ 유동적 지능
> 카텔(Cattell)이 주장한 선천적이며 유전적으로 결정되는 지능으로서, 생리적인 영향을 받는다.

ⓔ 이러한 변화를 통해 *유동적 지능, 작업기억, 그리고 처리속도를 안정적으로 측정할 수 있게 하였다. 또한, 지능지수를 연령범주별 환산점수로부터 유도하도록 하였다(전체 연령 기준의 환산점수도 제공된다).
ⓕ 산출되는 지능지수의 범위를 IQ 40~160으로 확장하여 능력이 매우 뛰어나거나 매우 제한된 사람들의 지능지수 산출을 가능하게 하였다.
ⓖ 시범문항과 연습문항의 도입, 시각적 자극의 크기를 확대, 언어적 지시를 단순화하고, 시간보너스의 비중을 줄이며, 검사의 수행과정에서 운동 요구를 감소시켜 전반적으로 실시를 간편화하고 실시시간을 단축시켰다. 특히 나이든 집단의 과제 수행을 용이하게 하였다.
ⓗ 제한 시간이 있는 소검사는 토막짜기, 퍼즐, 무게비교, 빠진 곳 찾기, 산수, 동형찾기, 기호쓰기, 지우기 등이다.
ⓘ 수행의 질적 평가를 위하여 토막짜기, 숫자, 순서화(선택) 소검사에 대해 과정 점수(Process Scores)가 제공되었다.

③ 소검사 구성 22 24 기출

구 분	언어이해(VCI)	지각추론(PRI)	작업기억(WMI)	처리속도(PSI)
핵심소검사	• 공통성 • 어 휘 • 상 식	• 토막짜기 • 행렬추리 • 퍼 즐	• 숫 자 • 산 수	• 동형찾기 • 기호쓰기
보충소검사	이 해	• 무게비교 • 빠진 곳 찾기	순서화	지우기

④ 소검사의 특징 18 22 23 기출

구 분	소검사	내 용
언어이해	공통성 (Similarity)	• 공통적인 사물이나 개념을 나타내는 두 개의 단어가 제시되면 어떠한 유사점이 있는지를 기술해야 한다. • 언어적 개념형성 혹은 추론의 과정을 측정한다.

영역	소검사	설명
언어이해	어휘 (Vocabulary)	• 그림 문항의 경우 시각적으로 제시되는 물체의 이름을 말해야 한다. • 언어적 문항의 경우 인쇄된 글자와 동시에 구두로 제시되는 단어의 뜻을 말해야 한다.
	상식 (Information)	언어이해 지수의 핵심 소검사로서, 폭넓은 영역의 일반 지식에 관한 질문에 대답해야 한다.
	이해(보)★ (Comprehension)	• 일반적 원리와 사회적 상황에 대한 이해에 근거해서 질문에 답해야 한다. • 언어적 이해와 표현, 과거 경험을 활용하고 평가하는 능력, 실질적인 지식, 판단력을 측정할 수 있다.
지각추론	토막짜기 (Block Design)	• 정해진 제한 시간 내에 제시된 모형과 그림, 또는 그림만 보고 빨간색과 흰색으로 이루어진 토막을 사용하여 제시된 모형이나 그림과 똑같은 모양을 만들어야 한다. • 추상적인 시각적 자극을 분석하고 통합하는 능력을 측정하며 비언어적 개념형성과 추론, 광범위한 시각적 지능, 유동적 지능, 시지각 및 조직화 능력, 동시적 처리 과정, 시각-운동 협응 능력 등을 측정한다.
	행렬추론 (Matrix Reasoning)	• 일부가 빠져있는 행렬을 보고 이를 완성할 수 있는 반응 선택지를 골라야 한다. • 유동적 지능, 광범위한 시각적 지능, 분류와 공간적 능력, 부분과 전체의 관계를 파악하는 능력, 동시적 처리, 지각적 조직화 능력을 측정한다.
	퍼즐 (Visual Puzzles)	• 완성된 퍼즐을 보고 제한 시간 내에 그 퍼즐을 만들 수 있는 3개의 반응을 찾는다. • 비언어적 추론, 추상적인 시각자극을 분석하고 통합하는 능력, 시지각, 광범위한 시각적 지능, 유동적 지능, 동시적 처리능력, 공간적 시각화와 조작능력 등을 측정한다.
	무게비교(보)★ (Figure Weights)	• 정해진 제한 시간 내에 양쪽 무게가 달라 균형이 맞지 않는 저울을 보고 균형을 맞추는 데 필요한 반응을 찾는다. • 양적 추론, 유추적 추론을 측정한다.
	빠진 곳 찾기(보)★ (Picture Completion)	• 정해진 제한 시간 내에 중요한 부분이 빠져 있는 그림을 보고 빠진 부분을 찾아야 한다. • 시지각, 조직화, 집중력, 대상의 핵심적인 세부 사항을 시각적으로 인식해 내는 능력을 측정한다.
작업기억	숫자 (Digit Span)	• 검사자가 읽어준 일련의 숫자를 동일한 순서로 기억해야 한다. • '숫자 거꾸로 따라하기'에서는 검사자가 읽어준 일련의 숫자를 역순으로 기억해야 하며, 기억·정보의 변형과 정신적 조작·시공간적 심상화를 측정한다. • '숫자 순서대로 배열하기'에서는 검사자가 읽어준 일련의 숫자를 작은 숫자부터 차례로 기억해내야 하며, 암기 학습·기억·주의력·부호화·청각적 처리과정을 측정한다.
	산수 (Arithmetic)	• 정해진 제한 시간 내에 일련의 산수 문제를 암산으로 풀어야 한다. • 정신적 조작, 집중력, 주의력, 단기 및 장기기억, 수리적 추론능력, 정신적 주의 등을 측정한다.
	순서화(보)★ (Letter-Number Sequencing)	• 일련의 숫자와 글자를 읽어주면 숫자와 글자를 순서대로 회상해야 한다. • 순차적 처리능력, 정신적 조작 능력, 주의력, 집중력, 기억폭, 단기적 청각 기억력 등을 측정한다.

처리속도	동형찾기 (Symbol Search)	• 정해진 제한 시간 내에 탐색집단에서 표적기호와 동일한 것을 찾아 표시해야 한다. • 단기적 시각 기억력, 시각운동 협응력, 인지적 유연성, 시각적 변별력, 정신운동 속도, 정신적 조작속도, 주의력, 집중력, 청각적 이해력, 지각적 조직화 능력, 유동적 지능, 계획 및 학습능력을 측정한다.
	기호쓰기 (Coding)	• 제한 시간 내에 숫자와 짝지어진 기호를 옮겨 적는다. • 단기적 시각 기억력, 학습능력, 정신운동 속도, 시각적 지각능력, 시각-운동 협응 능력, 시각적 탐색 능력, 인지적 유연성, 주의력, 집중력, 동기 등을 측정한다.
	지우기(보)★ (Cancellation)	• 정해진 제한 시간 내에 조직적으로 배열되어 있는 도형들 속에서 표적모양을 찾아 표시한다. • 처리속도, 시각적 선택적 주의력, 경계능력, 지각속도, 시각-운동 능력을 측정한다.

★은 보충소검사

⑤ K-WAIS-Ⅳ 검사의 채점 14 기출

  ㉠ 각각의 소검사 문항에서 얻은 점수를 합하여 소검사의 원점수를 구한다.
  ㉡ 소검사의 원점수를 검사지의 환산점수 산출표를 토대로 환산점수로 바꾼다(이 환산점수는 평균 10, 표준편차 3인 표준점수로 변환한 것이다).
  ㉢ 언어성 검사와 동작성 검사에 속하는 각 소검사들의 환산점수를 더해서 각기 언어성 검사와 동작성 검사의 환산점수를 구하고, 이를 다시 더해서 전체 검사점수의 환산점수를 구한다(평균 100, 표준편차 15로 변환한 것이다).
  ㉣ 각 환산점수를 검사요강의 연령별 지능지수산출표를 활용하여 언어성 IQ, 동작성 IQ, 전체 IQ로 바꾼다.

⑥ K-WAIS-Ⅳ의 조합점수별 측정내용

구 분	내 용
언어이해지수 (VCI)	언어적 이해능력, 언어적 정보처리능력, 언어적 기술 및 정보의 새로운 문제해결을 위한 적용능력, 어휘를 이용한 사고능력, 결정적 지식, 인지적 유연성, 자기 감찰능력 등을 반영한다.
지각추론지수 (PRI)	지각적 추론능력, 시각적 이미지에 대한 사고 및 처리능력, 시각-운동 협응능력, 공간처리 능력, 인지적 유연성, 제한된 시간 내에 시각적으로 인식한 자료를 해석 및 조직화하는 능력, 유동적 추론능력, 비언어적 능력 등을 반영한다.
작업기억지수 (WMI)	작업기억, 청각적 단기기억, 주의집중력, 수리능력, 부호화 능력, 청각적 처리기술, 인지적 유연성, 자기감찰 능력 등을 반영한다.
처리속도지수 (PSI)	시각정보의 처리속도, 과제 수행속도, 시지각적 변별능력, 정신적 수행의 속도 및 정신운동 속도, 주의집중력, 시각-운동 협응능력, 인지적 유연성 등을 반영한다.
전체지능지수 (FSIQ)	개인의 인지능력의 현재 수준에 대한 전체적인 측정치로, 언어이해지수(VCI), 지각추론지수(PRI), 작업기억지수(WMI), 처리속도지수(PSI) 등 4가지 지수를 산출하는 데 포함된 소검사 환산점수들의 합으로 계산한다.
일반능력지수 (GAI)	언어이해의 주요 소검사(공통성, 어휘, 상식)와 지각추론의 주요 소검사(토막짜기, 행렬추론, 퍼즐)로 구성된 조합점수이다.
인지효능지수 (CPI)	작업기억의 주요 소검사(숫자, 산수)와 처리속도의 주요 소검사(동형찾기, 기호쓰기)로 구성된 조합점수이다.

지식 IN

표준점수 간의 비교 15 16 17 기출

구 분	Z점수	지능점수	T점수	토막짜기	백분위
68.26 %	-1~+1	85~115	40~60	7~13	15.87~84.13
95.44 %	-2~+2	70~130	30~70	4~16	2.28~97.72
99.72 %	-3~+3	55~145	20~80	1~19	0.14~99.86

⑦ K-WAIS-IV의 활용
  ㉠ 심리교육적인 도구로 일반적인 인지능력을 포괄적으로 평가하는 데 활용될 수 있다.
  ㉡ 지적 장애, 지적으로 우수한 사람, 다양한 신경학적 상태에 있는 수검자의 인지적 강점과 약점을 살펴보는 평가과정의 일부로 사용할 수 있다.
  ㉢ 교육 환경에서는 지적 능력의 평가를 통하여 낮은 학업적 성취의 원인이 되는 인지적 결함을 찾아내고, 미래의 학업성취를 예측하는 데 광범위하게 활용된다.
  ㉣ 신경학적 문제와 정신건강의학적 문제를 감별·진단하는 데 사용될 수 있다.
  ㉤ 연구 목적으로도 활용될 수 있다. 연구자는 본 검사를 활용하여 치료적 개입의 효과가 특정 인지능력에서 어떠한 방식으로 나타나는지 혹은 외상적 두뇌손상이 인지기능에 미치는 영향 등을 검증해볼 수 있다.

(9) 한국판 웩슬러 아동용 지능검사 4판(K-WISC-IV) 14 16 20 23 기출

① 의 의
  ㉠ 한국판 웩슬러 아동용 지능검사(K-WISC-IV)는 6세 0개월~16세 11개월까지의 아동의 인지적 능력을 평가하기 위한 개별 검사도구이다.
  ㉡ 한국판 웩슬러 아동용 지능검사(K-WISC-III)를 개정한 것으로 개정과정에서 인지발달, 지적 평가, 인지과정에 대한 최근 연구들을 통합하여 전반적인 지적 능력(전체 검사 IQ)을 나타내는 합성점수는 물론, 특정 인지 영역에서의 지적 기능을 나타내는 소검사와 합성점수를 제공한다.

② 특 징
  ㉠ 소검사 추가
    K-WISC-IV는 15개의 소검사로 구성되어 있다. K-WISC-III와 동일한 10개 소검사와 5개의 새로운 소검사(공통그림찾기, 순차처리, 행렬추리, 선택, 단어추리)가 추가되었다.
  ㉡ 합성점수 산출
    K-WISC-IV는 다섯 가지 합성점수를 얻을 수 있으며, 아동의 전체적인 인지능력을 나타내는 전체 검사 IQ를 제공한다(15개의 소검사로 이루어져 있지만, 합성점수를 얻기 위해서는 대부분 10개의 주요 검사만 실시).
  ㉢ 처리점수 산출
    K-WISC-IV는 3개의 소검사(토막짜기, 숫자, 선택)에서 7개의 처리점수를 제공한다. 이러한 점수들은 아동의 소검사 수행에 기여하는 인지적 능력에 대한 보다 자세한 정보를 제공하도록 고안되었다(처리점수는 다른 소검사 점수로 대체할 수 없으며, 합성점수에도 포함되지 않음).

② 심리교육적 도구

K-WISC-IV는 전반적인 인지적 기능에 대한 포괄적인 평가를 할 때 사용할 수 있다. 또한 지적 영역에서의 영재, 지적장애, 그리고 인지적 강점과 약점을 확인하기 위한 평가의 일부분으로 사용가능하다. 따라서 임상장면 및 교육장면에서 치료계획이나 배치결정을 내릴 때 유용하다.

⑩ 다양한 인지기능 평가

인지 능력이 평균 이하로 추정되는 아동, 인지기능을 재평가해야 하는 아동, 낮은 지적능력이 아닌 신체적·언어적·감각적 제한이 있는 아동, 청각장애아 또는 듣는 데 어려움이 있는 아동의 평가 등이 가능하다.

③ 하위 소검사의 유형 18 20 21 22 23 기출

㉠ 언어이해

소검사	목 적	방 법
공통성 (SI)	• 언어적 추론과 개념 형성을 측정 • 청각적 이해, 기억, 본질적인 특성과 비본질적인 특성 간의 구분, 언어적 표현과 관련	• 아동이 공통적인 사물이나 개념을 나타내는 두 개의 단어를 듣고, 두 단어가 어떻게 유사한지 말함 • 총 23문항이며, 이 중 12개는 새로운 문항으로 채점 연구를 통해 채점 기준을 새로 마련하였으며, 시작 전 아동으로부터 좋은 반응을 요구하기 위해 예시 문항이 개정됨
어휘 (VC)	• 아동의 언어 지식과 언어적 개념 형성을 측정 • 아동의 지식의 축적, 학습 능력, 장기기억, 언어발달의 정도 측정	• 아동은 그림문항에서 소책자에 있는 그림들의 이름을 말하고, 말하기 문항에서 검사자가 크게 읽어주는 단어의 정의를 말함 • 4개의 그림 문항과 32개의 언어 문항을 포함하여 36문항이 있고, 그림 문항은 하한선을 늘리기 위해 추가됨
이해 (CO)	언어적 추론과 개념화, 언어적 이해와 표현, 과거 경험을 평가하고 사용하는 능력, 실제적 지식을 발휘하는 능력 측정	• 아동은 일반적인 원칙과 사회적 상황에 대한 이해에 기초하여 질문에 대답함 • 21문항으로 구성되어 있고, 이 중 11개 문항이 추가되었고 10개의 문항은 단어가 조금 바뀌거나 전혀 바뀌지 않고 유지됨
상식★ (IN)	• 아동이 일반적이고 사실적인 지식을 획득하고 유지하며, 인출하는 능력을 측정 • 결정화된 지능, 장기 기억, 학교와 환경으로부터 얻은 정보를 유지하고 인출하는 능력 등을 측정	• 아동이 일반적 지식에 관한 광범위한 주제를 다루는 질문에 대답함 • 33문항 중 15개 문항이 추가되었고, 18개의 문항은 단어가 조금 바뀌거나 전혀 바꾸지 않고 유지됨
단어추리★ (WR)	언어적 이해, 유추 및 일반적 추론 능력, 언어적 추상화, 특정 분야의 지식, 서로 다른 유형의 정보를 통합 및 종합하는 능력, 대체 개념을 만들어내는 능력을 측정	• 아동이 일련의 단서에서 공통된 개념을 찾아내어 단어로 말함 • K-WISC-IV의 새로운 소검사이며 총 24문항으로 구성됨

★은 보충소검사

ⓒ 지각추론

소검사	목 적	방 법
토막짜기 (BD)	• 추상적 시각자극을 분석하고 종합하는 능력을 측정 • 비언어적 개념 형성, 시지각 및 시각적 조직화, 동시처리, 시각-운동 협응 등과 관련	• 아동이 제한 시간 내에 흰색과 빨간색으로 이루어진 토막을 사용하여 제시된 모형이나 그림과 똑같은 모양을 만듦 • 14문항이며, 이 중 11개 문항은 K-WISC-Ⅲ에서 유지되었거나 약간 수정되었고, 3개의 문항은 상한선을 늘리기 위해 추가됨
행렬추리 (MR)	• 유동성 지능의 좋은 측정치이며 일반 지적 능력에 대한 신뢰할 만한 추정치 • 시각적 정보처리와 추상적 추론 능력을 신뢰성있게 측정하기 위해 4가지 유형의 문항을 고안	• 아동은 불완전한 행렬을 보고, 5개의 반응 선택지에 제시된 행렬의 빠진 부분을 찾아냄 • 총 35문항으로 구성
공통그림찾기 (PCn)	추상화와 범주적 추론 능력을 측정하기 위해 새롭게 고안된 검사	• 아동에게 두 줄 또는 세 줄로 이루어진 그림들을 제시하며, 아동은 공통된 특성으로 묶일 수 있는 그림을 각 줄에서 한 가지씩 고름 • 28문항이며 높은 번호일수록 추상적 추론 능력이 점점 더 요구되는 순서로 되어 있음
빠진 곳 찾기★ (PCm)	시지각 및 시각적 조직화, 집중력, 사물의 본질적인 세부에 대한 시각적 재인을 측정	• 아동이 그림을 보고 제한 시간 내에 빠져있는 중요한 부분을 가리키거나 말함 • 총 38문항이며, 13개의 새로운 문항과 K-WISC-Ⅲ에서 유지된 25개의 문항으로 이루어져 있음

★은 보충소검사

ⓒ 작업기억

소검사	목 적	방 법
숫자 (DS)	• 청각적 단기기억, 계열화능력, 주의력, 집중력을 측정 • '숫자 바로 따라하기'는 기계적 암기 학습과 기억, 주의력, 부호화, 청각적 처리와 관련 • '숫자 거꾸로 따라하기'는 작업기억, 정보 변환, 정신적 조작, 시공간적 형상화와 관련 • '숫자 바로 따라하기'에서 '숫자 거꾸로 따라하기' 과제로의 전환에는 인지적 유연성과 정신적 기민함이 요구됨	• '숫자 바로 따라하기'에서는 검사자가 큰 소리로 읽어 준 것과 같은 순서로 아동이 따라함 • '숫자 거꾸로 따라하기'에서는 검사자가 읽어 준 것과 반대 방향으로 아동이 따라함 • '숫자 바로 따라하기' 8문항, '숫자 거꾸로 따라하기' 8문항이 있음
순차연결 (LN)	계열화, 정신적 조작, 주의력, 청각적 단기기억, 시공간적 형상화, 처리속도와 관련	• 아동에게 연속되는 숫자와 글자를 읽어주고, 숫자가 많아지는 순서와 한글의 가나다 순서대로 암기하도록 함 • 각각 3개의 시행으로 이루어진 10문항으로 구성됨
산수★ (AR)	• 정신적 조작, 집중력, 주의력, 단기기억 및 장기기억, 수와 관련된 추론 능력, 정신적 기민함과 연관 • 계열화, 유동적 추론, 논리적 추론과도 관련	• 아동이 구두로 주어지는 일련의 산수 문제를 제한 시간 내에 암산으로 계산함 • 34문항으로 구성되며, 21개의 새로운 문항이 개발됨(상한선과 하한선, 그리고 심리측정적 속성을 강화시키기 위해)

★은 보충소검사

ⓔ 처리속도

소검사	목적	방법
기호쓰기 (CD)	처리 속도에 더하여, 단기기억, 학습능력, 시지각, 시각-운동 협응, 시각적 주사 능력, 인지적 유연성, 주의력, 동기를 측정	• 아동은 간단한 기하학적 모양이나 숫자에 대응하는 기호를 그리고, 기호표를 이용하여 해당하는 모양이나 빈칸에 각각의 기호를 주어진 시간 안에 그림 • 두 개의 연령 집단별로 〈기호쓰기〉 소검사의 형식을 나눈 것은 K-WISC-Ⅲ에서 유지됨
동형찾기 (SS)	처리 속도와 함께, 시각적 단기기억, 시각-운동 협응, 인지적 유연성, 시각적 변별, 집중력, 주의력과 관련	• 아동은 반응 부분을 훑어보고 반응 부분의 모양 중 표적 모양과 일치하는 것이 있는지를 제한 시간 내에 표시함 • 두 개의 연령집단별로 나눈 것이 K-WISC-Ⅲ에서 유지되었고, 상한선을 늘리기 위해 〈동형찾기 B〉에서 15문항이 추가됨
선택★ (CA)	처리 속도, 시각적 선택주의, 각성, 시각적 무시를 측정	• 아동이 무선으로 배열된 그림과 일렬로 배열된 그림을 훑어봄 • 그리고 제한 시간 안에 표적 그림들에 표시함 • 시각적 자극이 무선으로 배열되었을 때와 일렬로 배열되었을 때, 이렇게 두 개의 문항으로 구성됨

★은 보충소검사

④ 실시 지침
  ㉠ 표준 소검사 실시 순서
    • '토막짜기 → 공통성 → 숫자 → 공통그림찾기 → 기호쓰기 → 어휘 → 순차연결 → 행렬추리 → 이해 → 동형찾기 → 빠진곳찾기 → 선택 → 상식 → 산수 → 단어추리' 순으로 진행한다.
    • 토막짜기가 첫 번째 소검사로 시행되는 이유는 검사자가 수검자와의 라포를 형성하는 데 도움이 되기 위함이다.
    • 아동의 특성에 따라 표준 실시 순서를 벗어나야 할 경우도 있는데, 아동이 어떤 특별한 소검사에 응하기를 거부한다면, 그 소검사를 일시적으로 중지하고 다음 소검사를 실시한다. 그 후, 아동이 검사에 좀 더 열중할 경우 중지했던 그 소검사로 되돌아간다.
  ㉡ 실시 규칙 14 기출
    • 시작점 : 각 소검사 실시는 전문가 지침서와 기록용지에 명시되어 있는 특정 연령의 시작점에서 시작하는데, 시작점에 대한 연령 범위는 포괄적이다. 〈숫자〉, 〈선택〉 두 개의 소검사만이 모든 연령에 대해 단 하나의 시작점을 갖고, 나머지 다른 모든 소검사들은 시작점이 아동의 연령에 따라 달라진다.
    • 역순규칙 : 특정 연령용 시작점이 있는 대부분의 소검사에 적용되고, 어린 아동들이나 지적 결손으로 의심되는 나이가 많은 아동들 용으로 고안된 것이다. 역순 문항들이 있는 소검사들에서는 처음 실시되는 두 문항에서 아동이 완벽한 점수를 받으면 시작점 이전의 미실시 항목들에 대해서 모두 만점을 부여하고, 그 소검사를 계속한다.
    • 중지규칙 : 소검사 실시를 언제 그만두는가를 결정하기 위한 기준들을 나타내며, 라포를 유지하고 검사 시간을 최소화하도록 고안된 것으로 소검사마다 다른데, 일반적으로 아동이 특정수의 연속적인 문항들에서 0점을 받은 후에 소검사 실시를 그만두도록 지시한다.

ⓒ K-WISC-Ⅳ 검사의 실시와 채점
- 실시와 채점의 객관도를 유지하기 위해 검사문항이나 실시 지시문을 변경하지 않아야 한다.
- 아동이 검사시작 전까지는 도구를 보지 못하도록 한다.
- 특정 반응이 옳은지 틀린지에 대해서는 피드백을 주어서는 안 된다. 아동의 자발적인 반응이 명백히 틀렸고 추가 질문을 할 필요가 없으면, 두 번째 반응을 요구하지 않고 실패한 문항으로 간주한다.
- 아동이 기록용지나 지침서를 보게 해서는 안 된다.
- 그 문항의 실시 지침에 추가 탐문할 것이 언급되어 있지 않는 한, 명백히 틀린 대답에 대해서는 추가 질문하지 않는다.
- 언어이해 소검사의 경우, 수검자의 응답이 문법에 맞지 않다는 이유로 채점을 불리하게 해서는 안 된다.
- 수검자의 반응을 기록할 때에는 말한 그대로의 내용을 모두 기록해야 한다.

지식 IN

기록용지에 표기하기 쉬운 권장 약어

기 호	용 도
Q	추가질문을 사용했을 때 표기
P	촉구를 사용했을 때 표기
R	문항이 반복했을 때 표기
DK	아동이 모른다고 답할 때 표기
NR	아동이 반응하지 않을 때 표기
PC	아동이 정확하게 가리켰을 때 표기
PK	아동이 정확하지 않게 가리켰을 때 표기

⑤ 해석 순서 16 기출
ⓐ 전체 지능점수 분류 및 해석
ⓑ 지표점수(언어이해, 지각추론, 작업기억, 처리속도) 해석
ⓒ 소검사 간 분산분석 및 해석
ⓓ 소검사 내 분산분석 및 해석

지식 IN

특정학습장애(Specific Learning Disorder) 18 기출
- 정상적인 지능을 갖추고 있고, 정서적인 문제가 없음에도 불구하고 지능수준에 비해 현저한 학습부진을 보이는 경우를 말한다.
- 읽기 손상 동반 : 부정확하거나 느리고 힘겨운 단어 읽기, 읽은 것의 의미 이해 어려움
- 쓰기 손상 동반 : 철자쓰기 미숙, 글쓰기 미숙
- 수학 손상 동반 : 수에 대한 개념 숙지나 수 이해 어려움, 수 계산 미숙

(10) 한국판 웩슬러 아동용 지능검사 5판(K-WISC-V) 20 24 기출

① 의 의
- ㉠ 기존 한국판 웩슬러 아동지능검사 4판의 개정판으로 전반적인 지적 능력(전체 VIQ)은 물론, 특정 인지영역(언어이해, 시공간, 유동추론 등)의 지적 기능을 나타내는 소검사 및 지표검사를 제공한다.
- ㉡ 추가적인 임상적 활용을 위한 여러 점수(처리점수)를 제시해준다.

② 특 징
- ㉠ 이전 판과는 달리, 지능 이론은 물론이고 인지발달, 신경발달, 인지신경과학, 학습과정에 대한 최근 심리학 연구들에 기초하고 있다.
- ㉡ 16개의 소검사로 이루어져 있으며, 유동적 추론의 측정을 강화하는 새로운 3개의 소검사(무게비교, 퍼즐, *그림기억)가 추가되었고, 4판에서 13개의 소검사(토막짜기, 공통성, 행렬추리, 숫자, 기호쓰기, 어휘, 동형찾기, 상식, 공통그림찾기, 순차연결, 선택, 이해, 산수)가 유지되었으나, 소검사의 실시 및 채점 절차가 수정되었다.

> ✅ **그림기억**
> 작업기억에 해당하는 소검사로 제한 시간 내에 1개 이상의 그림이 있는 자극 페이지를 본 후, 반응 페이지에 있는 보기에서 해당 그림을 가능한 한 순서대로 찾아야 한다.

- ㉢ 구조적으로 변화한 전체 IQ(FSIQ)와 5가지 기본지표점수(언어이해, 시공간, 유동추론, 작업기억, 처리속도)와 5가지 추가지표점수(양적추론, 청각작업기억, 비언어, 일반능력, 인지효율)를 제공한다는 점에서 이전 4판과 다르다.
- ㉣ 인지능력에서 좀 더 독립적인 영역에 대한 아동의 수행을 나타낼 수 있는 지표점수와 처리점수를 추가적으로 제공한다.

③ 구 성

㉠ 전체척도

언어이해	시각공간	유동추론	작업기억	처리속도
• 공통성 • 어 휘 • 상 식 • 이 해	• 토막짜기 • 퍼 즐	• 행렬추리 • 무게비교 • 공통그림찾기 • 산 수	• 숫 자 • 그림기억 • 순차연결	• 기호쓰기 • 동형찾기 • 선 택

㉡ 기본지표척도

언어이해	시각공간	유동추론	작업기억	처리속도
• 공통성 • 어 휘	• 토막짜기 • 퍼 즐	• 행렬추리 • 무게비교	• 숫 자 • 그림기억	• 기호쓰기 • 동형찾기

㉢ 추가지표척도

양적추론	청각작업기억	비언어	일반능력	인지효율
• 무게비교 • 산 수	• 숫 자 • 순차연결	• 토막짜기 • 퍼 즐 • 행렬추리 • 무게비교 • 그림기억 • 기호쓰기	• 공통성 • 어 휘 • 토막짜기 • 행렬추리 • 무게비교	• 숫 자 • 그림기억 • 기호쓰기 • 동형찾기

(11) 웩슬러 지능검사의 지능지수 산출방법 [20] [기출]

① 소검사의 원점수를 구한다.
② 원점수를 표준점수로 환산하여 환산점수를 도출한다.
③ 조합점수(합산점수)를 도출한다.
④ 환산점수 및 조합점수 대응 표준편차와 백분위

환산점수	조합점수	표준편차	백분위
19	145	+3	99.9
18	140	+2⅔	99.6
17	135	+2⅓	99
16	130	+2	98
15	125	+1⅔	95
14	120	+1⅓	91
13	115	+1	84
12	110	+⅔	75
11	105	+⅓	63
10	100	0(평균)	50
9	95	−⅓	37
8	90	−⅔	25
7	85	−1	16
6	80	−1⅓	9
5	75	−1⅔	5
4	70	−2	2
3	65	−2⅓	1
2	60	−2⅔	0.4
1	55	−3	0.1

(12) K-ABC(카우프만 아동용 지능검사) [14] [18] [24] [기출]

① 개 요
  ㉠ 전통적인 지능검사의 문제점을 극복하기 위해 카우프만(Kaufman)이 1983년에 개발하였다.
  ㉡ 16개의 하위 검사로 이루어지지만, 실제 아동에게 실시되는 하위검사 수는 연령에 따라 달라진다.
② 구 성
  ㉠ 계열적이거나 동시적인 순서로 문제를 해결하는 순차적 처리검사와 문제를 통합하고 종합하는 것을 요구하는 동시적 처리검사로 구성되어 있다.
  ㉡ 순차처리척도, 동시처리척도, 인지처리과정종합척도(순차처리 + 동시처리), 습득도척도의 4개의 하위척도로 구성되어 있다.
  ㉢ Cattell-Horn의 유동성 지능-결정성 지능이론과 비교할 때, 순차처리척도와 동시처리척도는 낯선 문제 상황에서 아동이 융통성 있게 적절히 대처할 수 있는 능력을 측정하므로 유동성 지능과, 습득도 처리는 아동이 이미 습득한 지식과 기능을 반영하므로 결정성 지능과 비슷하다.

③ 특 징
  ㉠ 인지과정에 관한 이론에 토대를 두고 좌반구와 우반구의 기능 차이에 초점을 두고 선천적·후천적 지능의 측정을 특징으로 한다.
  ㉡ 2세 6개월~12세 5개월을 대상으로 한다.
  ㉢ 언어의 영향을 최소화하기 위해 패턴인지, 도형유추, 손동작 반복과 같은 비언어적 척도를 포함하고 있다.
  ㉣ 문화적 환경에서 습득한 것과 학교에서 습득한 것을 분리하여 평가한다.
④ 하위검사의 구성
  ㉠ 순차처리척도 : 손동작, 수회생, 단어배열
  ㉡ 동시처리척도 : 마법의 창, 얼굴기억, 그림통합, 삼각형, 시각유추, 위치기억, 사진순서
  ㉢ 습득도척도 : 표현어휘, 인물과 장소, 산수, 수수께끼, 문자해독, 문장이해

02 객관적 성격검사

(1) 성격의 의의

① 성격에 대한 학자들의 정의
  ㉠ 프로이트(Freud) : 성격은 원초아(Id), 자아(Ego), 초자아(Superego)의 상호작용 결과이다.
  ㉡ 에릭슨(Erikson) : 성격은 일생 동안 여러 단계를 거치면서 당면하게 되는 심리사회적 위기의 극복 결과이다.
  ㉢ 로저스(Rogers) : 성격은 모든 경험의 중심이 되는 자아, 즉 조직화되고 항구적이며 주관적으로 지각된 실체이다.
  ㉣ 올포트(Allport) : 성격은 한 개인의 내부에 있는 그 어떤 것으로서, 행동과 생각을 결정하는 신체적·정신적 체제의 역동적 조직이다.
  ㉤ 켈리(Kelley) : 성격은 개인이 자신의 생활경험에서 스스로 의미를 부여해나가는 그 나름대로의 독특한 방법이다.
② 성격의 일반적 정의

생물학적 관점	• 개인은 외계의 변화를 지각하고, 그로 인해 발생할 수 있는 혼란을 예측하여 자기 체계를 유지하려는 행동을 한다. • 성격은 개인의 항상성 유지기능에 따라 환경에의 적응을 목표로 하는 행동체계이다. • 주요 학자 : 스태그너(Stagner), 베르탈란피(Bertalanffy) 등
심신동형적 관점	• 개인의 정신현상은 신경계의 생리학적 제반 과정에서 나타나는 기능 및 역동성을 반영한다. • 성격은 개인 특유의 신경생리적 계열의 항렬식이다. • 주요 학자 : 클라인(Klein), 램플라인(Remplein) 등
정신역동적 관점	• 성격은 개인의 심리적 성격구조에 의해 파악된다. • 성격은 신체적·정신적 체계의 역동적 조직으로서, 개인 내부의 역동적 관계에서 비롯된다. • 주요 학자 : 프로이트(Freud), 올포트(Allport), 레빈(Lewin) 등

사회학적 관점	• 성격은 개인이 속한 사회와 함께 행동유형의 체계적 집합으로 문화에 의해 파악된다. • 개인의 성격은 사회에서 자신이 차지하고 있는 지위와 함께 그 지위에 결부된 문화유형으로서의 역할에 의해 좌우된다. • 주요 학자 : 카디너(Kardiner), 린턴(Linton) 등
요인적 관점	• 개인의 성격구조는 다양하면서도 공통된 특질, 즉 요인들의 구성에서 비롯된다. • 요인분석적 연구는 개인의 성격차원에서 보편적인 특질들의 모음을 찾으려는 방향으로 전개되며, 이를 통해 성격을 측정·기술·예측하고자 한다. • 주요 학자 : 아이젱크(Eysenck), 카텔(Cattell) 등

(2) 성격에 대한 주요연구

① 유형론

  ㉠ 히포크라테스(Hippocrates) - 체액기질설

> • 다혈질 : 명랑하고 낙천적·온정적·정서적이며 교제에 능하다.
> • 우울질 : 우울, 비관, 소심하며, 걱정과 불평불만이 많다.
> • 담즙질 : 쉽게 흥분하고 의기양양하며, 과단성이 있으나 실수가 잦다.
> • 점액질 : 냉정·침착하고 사색적이며, 동작이 느린 반면 지속적이다.

  ㉡ 셸든(Sheldon) - 체형기질설

> • 내배엽형 : 비만형 또는 내장형으로, 사교적·향락적이며, 다정다감하다.
> • 중배엽형 : 근골형 또는 신체형으로, 냉정하고 잔인하며, 자기주장이 강하고 투쟁적·모험적이다.
> • 외배엽형 : 세장형 또는 두뇌형으로, 고독하고 신경질적이며, 극도의 억제력을 지닌다.

  ㉢ 딜테이(Dilthey) - 세계관 유형에 따른 성격유형

> • 감성적 인간 : 감각적·충동적이며, 지상의 행복과 향락을 추구한다.
> • 영웅적 인간 : 자신의 의지로써 주변의 저항을 극복하며, 자유를 획득하고자 한다.
> • 사색적 인간 : 범신론과 함께 세계적 감정을 통한 인간의 통일성을 믿는다.

  ㉣ 융(Jung) - 양향설

내향성	외향성
• 관심의 방향이 자신의 내부로 향한다. • 객체의 인상이 주체 안에서 형성한 것에 의거하여 사물을 본다. • 일시적인 외부사건보다는 지속적인 개념이나 절대적인 원리를 신뢰한다.	• 관심의 방향이 외계로 향한다. • 객체에 부합하는 방향으로 행동하고 판단한다. • 외부세계의 중요성을 확신하며, 환경에 자신의 영향력을 행사하고자 한다.

② 특질론
- ㉠ 올포트(Allport)
  - 올포트는 *특질(Traits)을 환경의 자극에 반응하는 일관적이고 지속적인 방식으로 보았다.
  - 성격의 일관성을 강조하며, 이러한 일관성이 생의 초기부터 시작하여 아동에서 성인으로 성장함에 따라 더욱 공고해진다고 보았다.
  - 개인의 환경에 대한 일관성 있는 반응은 개인 내부의 신체·정신적 체계의 역동적 구조에 의한 것이다.
  - 성격이 개인의 인생 전체에 미치는 영향력에 따라 '주특질(Cardinal Trait)', '중심특질(Central Trait)', '이차특질(Secondary Trait)'로 구분한다.
  - 중심특질은 개인의 여러 행동에 두루 영향을 미치는 것으로 사람의 성격을 요약할 때 사용한다. 반면, 이차특질은 일관적이기는 하나 개인의 행동에 강력한 영향력을 미치지는 못하며, 제한된 상황에서 적용한다. 주특질은 극소수의 사람만이 가지고 있으며, 영향력이 매우 강력하여 개인의 모든 행위를 지배한다.
  - 특질은 사람마다 다르다. 어떤 사람에게 중심특질인 것이 다른 사람에게는 이차특질일 수 있다.

> ✅ **특 질**
> 개인을 다른 사람들과 구별해 주는 일관적인 심리적 경향성을 말한다.

- ㉡ 카텔(Cattell)
  - 카텔은 특질차원을 찾아내는 방법으로 요인분석의 통계학적 분석 방법을 사용하였다.
  - 겉으로 드러나는 구체적인 행동 중 일관성·규칙성이 있는 특질로 '표면특질(Surface Trait)'과 함께, 그러한 행동을 결정하는 요인으로서 그 기저에 깔려 있는 보다 안정적인 특질로 '원천특질(Source Trait)'을 구분하였다.
  - 성격 특성과 연관된 4,500개의 개념들에서 최소한의 공통요인을 추출하여 16개의 요인을 발견하였으며, 이를 토대로 자신의 성격이론을 입증하기 위해 '16 성격 요인검사(16PF ; Sixteen Personality Factor Questionnaire)'를 고안하였다.
- ㉢ 아이젱크(Eysenck)
  - 아이젱크는 히포크라테스의 4대 기질설에 관심을 가지고 이를 현대 경험적 성격이론과 결합하여 인간의 성격차원을 분류하였다.
  - 성격특질은 '내향성-외향성(Introversion-Extraversion)', '신경증적 경향성(Neuroticism)', '정신병적 경향성(Psychoticism)'으로 구분된다.
  - 내향성-외향성은 개인의 각성수준, 신경증적 경향성은 정서적 예민성·불안정성, 정신병적 경향성은 공격성·충동성·반사회성을 나타낸다.

(3) 미네소타 다면적 인성검사(MMPI)의 이해

① 의 의
- ㉠ 하더웨이(Hathaway)와 매킨리(Mckinley)에 의해 제작된 다면적 인성검사(MMPI ; The Minnesota Multiphasic Personality Inventory, 1943)로 대표적인 객관적 성격검사이다.
- ㉡ 처음에는 MMPI-1이 있었지만 오랜 기간 동안 사용되면서 개편의 필요성이 존재했으며, 절판되었고 현재는 MMPI-2와 MMPI-2-RF, MMPI-A가 존재한다.

ⓒ MMPI-2는 현재 가장 널리 쓰이고 연구된 검사이며, MMPI-2-RF는 MMPI-2를 사용하기에 적합하지 않은 클라이언트를 위해 개발된 문항축소형 MMPI-2이다.
ⓓ MMPI-A는 중고등학생들을 위한 심리검사이며, 표본집단 또한 중고등학생이고 MMPI-2에 나온 일부 성인용 문항을 제거한 심리검사이다.

② **MMPI의 특징** 22 23 기출
ⓐ 20C 초반 대다수의 심리검사들이 이론적 제작방법에 의해 고안된 반면, MMPI는 실제 환자들의 반응을 토대로 경험적 제작방법에 의해 만들어졌다.
ⓑ 임상장면의 규준집단을 사용하여 개발된 것으로, 비정상적인 행동과 증상을 객관적으로 측정하여 임상진단에 관한 정보를 제공해주는 것이 주목적이다.
ⓒ 본래 일반적 성격특성을 측정하기 위한 것이 아니었으나, 진단적·병리적 분류의 개념이 정상인의 행동을 설명하는 데에도 어느 정도 유효하다는 전제하에 일반적 성격특성을 유추하기 위한 용도로도 사용되고 있다.
ⓓ 대표적인 자기보고식 검사로 실시·채점·해석이 쉽고, 시간과 노력을 절약할 수 있다.
ⓔ 투사적 검사에서와 달리 비교적 덜 숙련된 임상가라도 간편하고 정확한 해석을 할 수 있다.
ⓕ 수검자는 각 문항에 대해 '그렇다' 혹은 '아니다'의 두 가지 답변 중 하나를 택하여 반응하도록 되어 있다.
ⓖ 이와 같은 반응은 주요 비정상행동을 측정하는 10가지 임상 척도와 수검자의 검사태도를 측정하는 4가지 타당도 척도에 따라 채점된다.
ⓗ 원점수를 T점수로 환산하여 평가하며, 이때 T점수는 평균이 50, 표준편차가 10이 되도록 Z점수를 변환한 점수에 해당한다.
ⓘ MMPI는 4개의 타당도 척도와 10개의 임상 척도를 포함한 566개 문항으로 구성되었다. 후에 6개 임상 척도의 하위 내용을 세분화한 해리스-링고스(Harris-Lingoes) 소척도가 개발되었다.
ⓙ MMPI의 문항 수가 방대하여 시간이 많이 소요된다는 문제가 제기되어 단축형 MMPI에 대한 연구가 전개되었다. 현재 임상장면에서는 383개 문항으로 구성된 단축형이 널리 사용되고 있다.

③ **MMPI의 구성** 15 16 17 18 19 24 기출
MMPI는 피검사자의 왜곡된 검사태도를 탐지하기 위한 4가지 타당도 척도와 주요 비정상 행동의 종류를 측정하는 10가지 임상 척도로 구성되어 있다.
㉠ 타당도 척도

? 척도 (무응답 척도)	• 응답하지 않은 문항 또는 '예', '아니요' 모두에 응답한 문항들의 총합이다. • 문항의 누락은 보통 검사지시에 따라 좌우된다. 즉, 모든 문항에 응답하도록 요청하면 별로 빠뜨리는 문항 없이 응답하며, '예', '아니요'를 결정할 수 없는 경우에는 답하지 않아도 된다는 지시를 주면 무응답 문항이 많아지게 된다. • 제외되는 문항의 효과는 잠재적으로 전체 프로파일 및 해당 문항이 속한 척도의 높이를 저하하는 결과를 초래한다. • 보통 30개 이상의 문항을 누락하거나 양쪽 모두에 응답하는 경우 프로파일은 무효로 간주될 수 있다. 다만, 30개 이상의 문항을 누락하더라도 기본적인 타당도 척도와 임상 척도가 위치한 검사의 전반부에 해당하지 않는다면 비교적 타당한 것으로 볼 수 있다. • 원점수 30 이상이면 프로파일이 무효일 가능성이 높다.

L척도 (부인 척도, Lie)	• L척도는 사회적으로 찬양할 만하나 실제로는 극도의 양심적인 사람에게서 발견되는 태도나 행동을 측정한다. • 본래 수검자가 자신을 좋게 보이려고 하는 다소 고의적이고 부정직하며, 세련되지 못한 시도를 측정하려는 척도이다. • 심리적 세련(Psychological Sophistication)의 정도를 나타내는 것으로, 점수가 높을수록 세련됨이 부족한 것을 의미한다. • L척도의 점수는 수검자의 지능, 교육 수준, 사회경제적 위치 등과 연관이 있으며, 특히 지능 및 교육 수준이 높을수록 L척도의 점수는 낮게 나온다. • 문항은 이성적으로는 가능하나 사실상 그대로 실행하기 어려운 것들이다. 예 "가끔 욕설을 퍼붓고 싶은 때가 있다." • MMPI의 모든 척도가 경험적 방법에 의해 도출된 문항으로 구성된 반면, L척도만은 논리적 근거에 의해 선발된 문항으로 구성되어 있다. • 측정 결과가 80T 이상으로 높은 경우 프로파일이 타당하지 않다고 본다.
F척도 (비전형 척도)	• F척도는 비전형적인 방식으로 응답하는 사람들을 탐지하기 위한 것으로, 어떠한 생각이나 경험이 일반대중의 그것과 다른 정도를 측정한다. • 수검자의 부주의나 일탈된 행동, 질문 항목에 대한 이해 부족, 채점상의 심각한 오류 등을 식별할 수 있다. • 문항은 정상 성인을 대상으로 하여 비정상적인 방향으로의 응답이 10%를 초과하지 않은 것들로 구성되어 있다. 예 "내 혼이 가끔 내 몸에서 떠난다." • 양쪽으로 치우친 문항들을 통해 수검자가 '예' 또는 '아니요'에 일률적으로 응답하는 일탈된 반응 태도를 확인하는 데 유효하다. • F척도 점수가 높을수록 수검자는 대부분의 정상적인 사람들이 하는 것처럼 반응하지 않는 것을, 그가 가지고 있는 문제 영역이 많고 문제의 정도가 심각한 것을 나타낸다. • 측정 결과가 100T 이상인 경우 망상, 환청, 뇌의 기질적 손상 등 심각한 정신과적 장애를 가진 것으로 의심할 수 있다. 반면, 수검자의 문항에 대한 이해의 어려움이나 자신의 상태에 대한 의도적인 왜곡을 짐작할 수도 있다. 비임상 장면에서는 T점수가 80 이상인 경우 검사자료가 타당하지 않다고 본다. • 무선반응, 고정반응, 정신병리, 부정가장에 민감한 척도이기 때문에 F척도가 상승할 경우 VRIN, TRIN 척도를 함께 살펴본다.
K척도 (교정 척도)	• K척도는 분명한 정신적인 장애를 지니면서도 정상적인 프로파일을 보이는 사람들을 식별하기 위한 것이다. • 심리적인 약점에 대한 방어적 태도를 탐지하기 위한 것으로, 수검자가 자신을 바람직한 방향으로 왜곡하여 좋은 인상을 주려고 하는지 혹은 검사에 대한 저항의 표시로 나쁜 인상을 주려고 하는지 파악하는 데 유효하다. • L척도의 측정내용과 중복되기도 하지만 L척도보다는 은밀하게, 보다 세련된 사람들에게서 측정된다는 점이 다르다. • K척도는 5가지 임상 척도의 진단상 변별력을 높이기 위한 교정 목적의 척도로도 사용된다. 특히 척도 7 Pt(강박증), 척도 8 Sc(조현병)에는 K척도의 원점수 전부를 더하고, 척도 1 Hs(건강염려증), 척도 4 Pd(반사회성), 척도 9 Ma(경조증)에는 K척도의 점수 일부를 더하여 교정하도록 하고 있다. • 임상 장면에서 T점수가 65 이상인 경우와 T점수가 40 미만인 경우 검사결과가 타당하지 않다고 본다. • 비임상 장면에서 T점수가 75이상인 경우와 T점수가 40미만인 경우 검사결과가 타당하지 않다고 본다.

ⓛ 임상 척도 `16` `22` `23` `기출`

척도 1 Hs (Hypochondriasis, 건강염려증)	• 심기증(Hypochondria) 척도로 수검자의 신체적 기능 및 건강에 대한 과도하고 병적인 관심을 반영한다. • 수검자가 호소하는 신체적인 증상의 수와 함께 이를 통한 다른 사람의 조종 가능성을 측정하는 문항으로 구성되어 있고, 수검자에게서 나타나는 불안이나 집착은 정신병적 상태보다는 신경증적 양상에서 비롯된다. • 대부분의 문항들이 다른 임상 척도에서도 채점되며, 특히 척도 3 Hy(히스테리)와 중복되어 같은 방향으로 채점이 이루어진다. • 측정 결과가 65T 이상인 경우 만성적인 경향이 있는 모호한 여러 신체증상들을 호소한다. • 측정 결과가 44T 이하인 경우 낙천적이고 통찰력이 있으며, 건강에 대한 염려가 없는 것을 나타낸다. • 척도 1이 단독 상승한 경우 오랫동안 모호한 신체 증상을 호소하며, 이를 통해 타인을 조종하거나 지배할 목적으로 이용하는 경우도 있다. • 원판 MMPI에서는 총 33개의 문항으로 구성되어 있으나 MMPI-2에서는 내용상 문제의 소지가 있는 한 개 문항을 삭제하여 총 32문항으로 구성되었다.
척도 2 D (Depression, 우울증)	• 검사수행 당시 수검자의 우울한 기분, 즉 상대적인 기분 상태를 알아보기 위한 척도이다. • 우울증상은 사기 저하, 자신에 대한 과소평가, 열등감, 미래에 대한 희망 상실, 현재 자신의 생활환경에 대한 일반적인 불만 등으로 나타난다. • 측정 결과가 70T 이상인 경우 우울하고 비관적이며, 근심이 많고 무기력하다. 또한 지나치게 억제적이며 쉽게 죄의식을 느낀다. 특히 점수 증가는 심한 심리적 고통, 변화나 증상완화에 대한 소망을 반영하기도 한다. • 측정 결과가 40T 이하인 경우 우울이나 비관적 성향이 없이 사교적이고 낙천적이며, 사고나 행동에서 자유로움을 의미한다. 반면, 오히려 주의력 부족 또는 자기과시적 성향을 시사하기도 한다. • 원판 MMPI에서는 총 60개의 문항으로 구성되어 있으나, MMPI-2에서는 3문항이 제외되어 총 57개의 문항으로 구성되었다.
척도 3 Hy (Hysteria, 히스테리)	• 현실적 어려움이나 갈등을 회피하는 방법으로 부인기제를 사용하는 성향 및 정도를 반영한다. • 전환성 히스테리 경향의 지표로, 스트레스로 인해 일시적으로 나타나는 신체마비, 소화불량, 심장 이상 등의 신체적 기능장애나, 신경쇠약, 의식상실, 발작 등의 심리적 기능장애와 연관된다. • 히스테리 증상을 가지고 있는 환자가 과도한 정신적 스트레스를 받는 경우 심리적 갈등에서 도피하고자 하며, 자신의 욕구를 무의식적으로 신체적 증상으로 전환시켜 나타내기도 한다. 따라서 척도 3에 속하는 문항들은 척도 1 Hs(건강염려증)와 중복되어 같은 방향으로 채점이 이루어진다. • 척도 3의 점수는 수검자의 지능, 교육수준, 사회경제적 위치 등과 연관이 있으며, 특히 지능 및 교육수준이 높을수록 척도 3의 점수 또한 높게 나온다. 또한 성별에서도 차이가 나타나 보통 여자가 남자보다 높은 경향이 있다. • 측정 결과가 70T 이상인 경우 유아적이고 의존적이며, 자기도취적이고 요구가 많다. 또한 스트레스 상황에서 특수한 신체적 장애를 나타내 보이며, 스트레스 처리에 있어서 부인이나 억압의 신경증적 방어기제를 사용하기도 한다. • 측정 결과가 40T 이하인 경우 논리적이고 냉소적이며, 정서적으로 둔감하고 흥미 범위가 좁다. 특히 이와 같은 낮은 점수는 타인에 대한 비우호적인 성향과 사회적인 고립상태를 반영하기도 한다. • 척도 3이 단독으로 상승하는 사람들은 타인과의 관계나 조화를 강조하고 낙천적이며 관습적인 특성을 보이고, 어떠한 형태의 분노감정도 표출하지 않는다. • 원판 MMPI의 총 60개의 문항이 MMPI-2에서도 유지되었다.

척도	설명
척도 4 Pd (Psychopathic Deviate, 반사회성)	• 갈등의 정도에 대한 지표로, 특히 가정이나 권위적 대상 일반에 대한 불만, 자신 및 사회와의 괴리, 권태 등을 반영한다. 또한 반사회적 일탈행동에 대한 지표로서, 반항, 충동성, 학업이나 진로문제, 범법행위, 알코올이나 약물남용 등을 반영한다. • 정상적인 사람의 척도 4 점수가 약간 높은 경우 자기주장적이고 솔직하며 진취적이고 정력적이지만, 실망스러운 상황이나 좌절에 처하면 공격적이고 부적응적인 모습으로 변하게 된다. • 비행청소년의 경우 척도 4가 단독으로 상승할 수도 있으나 척도 6 Pa(편집증), 척도 8 Sc(조현병) 또는 척도 9 Ma(경조증)와 쌍을 이루는 경우도 많다. • 측정 결과가 65T 이상인 경우 외향적·사교적이면서도 신뢰할 수 없고 자기중심적이며, 무책임하다. 스트레스를 경험하면 반사회적인 특성이 드러나며, 적대감이나 반항심을 표출한다. • 측정 결과가 40T 이하인 경우 도덕적·관습적이며, 권태로운 생활에도 잘 견뎌낼 수 있다. 반면, 자신의 경쟁적·공격적·자기주장적인 성향에 대한 강한 억제를 반영하기도 한다. • 척도 4가 단독상승한 사람들은 권위적 대상에 대한 갈등, 충동적 행동, 반항성을 보이며 자기중심적이고 심리적 통찰력이 결여되어 욕구 좌절에 대한 인내력이 낮고, 분노 감정을 통제하기 어렵다. • 원판 MMPI의 총 50개의 문항이 MMPI-2에서도 유지되었다.
척도 5 Mf (Masculinity -Femininity, 남성성-여성성)	• 본래 동성애 경향을 측정하기 위한 것이었으나, 남성성-여성성의 측정 척도로 개정되었다. • 흥미 양상이 남성적 성향에 가까운지 여성적 성향에 가까운지를 나타내는 지표로 남성용과 여성용 두 개의 척도가 있으며, 그 해석은 별개이다. • 측정 결과가 70T 이상인 남성의 경우 예민하고 탐미적이며, 여성적이거나 수동적인 성향이 있다. 이들은 성적 정체감에 대한 갈등, 이성애적 욕구의 저하를 나타낸다. • 측정 결과가 40T 이하인 남성의 경우 능동적이고 공격적이며, 거칠고 모험을 즐긴다. 또한 무모하고 실질적이며 관심이 좁다. 반면, 남성성에 대한 강박적 성향이 있거나 공격적 충동을 해소하는 데 있어서 어려움을 나타내기도 한다. • 측정 결과가 60T 이상인 여성의 경우 남성적이고 거칠며 공격적이고 자신감이 있다. 이들은 감정적이지 않으며 무딘 경향이 있다. 다만, 이 범위에 해당하는 여성은 많지 않으므로 채점 및 환산 과정에서의 오류를 점검할 필요가 있다. • 측정 결과가 34T 이하인 여성의 경우 수동적이고 복종적이며, 스스로 무력하다고 생각한다. 반면, 여성성에 집착하여 자신을 전형적인 여성의 역할에 동일시하는 것으로도 볼 수 있다. • 척도 5는 병리적인 특성을 재는 척도가 아니기 때문에 다른 척도들을 해석한 후 척도 5의 특성과 통합하는 것이 바람직하다. • 원판 MMPI는 총 60개의 문항으로 구성되어 있으나, MMPI-2에서는 4문항이 제외되어 총 56개의 문항으로 구성되었다.
척도 6 Pa (Paranoia, 편집증)	• 대인관계에서의 민감성, 의심증, 집착증, 피해의식, 자기 정당성 등을 반영한다. 보통 이와 같은 심리적 성향은 말로 표현되기보다는 묵시적·암시적으로 표출되는 경향이 있다. • 문항에 대한 요인분석에서는 박해, 망상, 희망상실, 죄책감 등의 편집증적 요인과 함께 냉소적 태도, 히스테리, 경직성 등의 신경증적 요인이 나타나고 있다. • 정상적인 사람으로서 척도 6의 점수가 약간 높은 경우 호기심과 탐구심이 많으며, 진취적이고 흥미범위도 넓다. 다만, 과도한 스트레스 상황에 처하는 경우 민감성과 의심증을 드러내며, 왜곡된 지각을 나타내 보이기도 한다. • 측정 결과가 70T 이상인 경우, 수검자는 편집증적 정신병의 가능성이 있다. 이들은 투사하고 남을 비난하며 원망한다. 또한 적대적이거나 따지기를 좋아한다. 경우에 따라 피해망상이나 과대망상을 보이며, 조현병(정신분열증) 또는 편집형 장애로 진단되기도 한다. • 정상인으로서 측정 결과가 44T 이하인 경우, 사회적인 흥미를 가지고 생활상의 문제에 유연하게 대처하는 양상을 보이나, 정신병적 소견이 있는 환자의 경우 자기중심적인 성향으로 문제해결에 있어서 경직적이며 경계심이 많은 양상을 보인다. 반면, 반동형성을 통해 대인관계에서의 민감성을 의도적으로 부인하는 것으로도 볼 수 있다.

	• 척도 6은 명백 문항으로 구성되어 있기 때문에 단독상승하는 경우가 드물다. • 원판 MMPI의 총 40개의 문항이 MMPI-2에서도 유지되었다.
척도 7 Pt (Psychasthenia, 강박증)	• 심리적 고통이나 불안, 공포, 강박관념의 정도를 반영하는 지표로 활용된다. • 척도 7은 특히 걱정을 많이 하는 성격(특성불안)에서의 만성적 불안을 측정한다. • 자신이 부적응적이라는 사실을 알고 있음에도 불구하고 특정행동이나 사고를 하지 않을 수 없는 상태이다. • 정상적인 사람의 척도 7 점수가 약간 높은 경우 조직화와 시간 엄수, 질서정연하게 행동하는 능력을 나타내 보인다. 다만, 과도한 스트레스 상황에 처하는 경우 과도한 걱정에 사로 잡히고 사소한 일에 집착하는 등 부적응적인 모습을 드러낸다. • 척도 7은 특히 척도 8 Sc(조현병)와 척도 2 D(우울증)에서 상당 부분 중복적인 양상을 보인다. • 정상인으로서 측정 결과가 높은 남성의 경우 책임감이 있고 양심적이며 이상주의적인 반면, 여성의 경우 불안과 걱정이 많고 긴장되어 있다. 그러나 강박적인 환자의 경우 긴장되고 불안하며 생각에 집착한다. 또한 창의력과 융통성이 결여되어 있으며, 공포와 죄의식을 느끼기도 한다. • 낮은 점수는 일상생활에서의 심리적 고통이나 불안 없이 비교적 안정감과 만족감을 느끼는 상태로 볼 수 있다. 다만, 과거 70T 이상의 높은 점수를 보인 사람에게서 낮은 점수가 나타난 경우, 자신의 불안상태에 대한 과잉보상의 결과로 볼 수 있다. • 척도 7만 단독 상승한 사람들은 불안하고 긴장되고 경직된 사람들이며 사고의 융통성이 부족하고 우유부단하며 자신과 타인에게 높은 행동기준을 요구한다. • 원판 MMPI의 총 48개의 문항이 MMPI-2에서도 유지되었다.
척도 8 Sc [Schizophrenia, 조현병 (정신분열증)]	• 정신적 혼란과 불안정 상태, 자폐적 사고와 왜곡된 행동을 반영하는 지표로 활용된다. • 감정반응에서의 위축 및 양면성이 나타나며, 공격적이고 기태적인 행동을 보이기도 한다. • 척도 8의 문항들은 본래 조현병(정신분열증)으로 진단된 두 개 집단 환자들의 반응을 대조하여 경험적으로 제작한 것이다. • 정상적인 사람의 척도 8 점수가 약간 높은 경우 창의성과 상상력이 풍부하며 전위적인 성격을 가진 것으로 볼 수 있으나, 과도한 스트레스 상황에 처하는 경우 비현실적이고 기태적인 행위를 보이기도 한다. • 임상 척도 중 다른 여러 가지 요인들에 의해 점수 차이가 발생하므로 단독으로 해석하기 어려우며, 교정 척도인 K척도의 문항 중 비정상적인 방향으로 응답한 문항 수 전부를 더하여 점수를 산출한다. • 측정 결과가 70T 이상인 경우, 전통적인 규범에서 벗어나는 정신분열성 생활방식을 반영한다. 이들은 위축되어 있고 수줍어하며 우울하다. 또한 열등감과 부족감을 느끼며, 주의집중 및 판단력 장애, 사고장애를 나타내 보이기도 한다. 다만, 90T 이상의 높은 점수인 경우 극심한 스트레스 상황에 처해 있거나 자아정체성 위기를 맞고 있는 것으로 볼 수 있으며, 조현병(정신분열증)이라고 단정하기는 어렵다. • 측정 결과가 40T 이하인 경우, 현실적·관습적·실용적인 사고를 나타내며, 지나치게 순종적이고 권위에 수용적인 모습을 보인다. 이들은 창의력과 상상력이 부족하며, 세상을 다르게 지각하는 사람들을 이해하지 못한다. • 척도 8이 단독 상승하는 사람들은 현실적 압박으로부터 도망가려고 하거나 수용할 수 없는 충동을 공상세계에서 대리 충족시키려는 특징이 있다. • 원판 MMPI의 총 78개의 문항이 MMPI-2에서도 유지되었다.
척도 9 Ma (Hypomanina, 경조증)	• 심리적·정신적 에너지의 수준을 반영하며, 사고나 행동에 대한 효율적 통제의 지표로 활용된다. • 인지영역에서는 사고의 비약이나 과장을, 행동영역에서는 과잉활동적 성향을, 정서영역에서는 과도한 흥분상태, 민감성, 불안정성을 반영한다. • 정상적인 사람의 척도 9 점수가 약간 높은 경우 적극적·열성적 성격을 가진 것으로 볼 수 있으나, 과도한 스트레스 상황에 처하는 경우 피상적이고 신뢰성이 결여되며 일을 끝맺지 못한다. • 보통 척도 9만 단독으로 해석하는 경우는 드물며, 다른 임상 척도와의 상승 척도 쌍으로 해석하는 경우가 대부분이다.

척도 9 Ma (Hypomanina, 경조증)	• 특히 남성의 경우 여성보다 높은 점수를 보이는데, 이는 과격행동에 대한 성역할적 시인에서 비롯된다. • 측정 결과가 70T 이상인 경우, 외향적·충동적·과대망상적 성향과 함께 사고의 비약을 반영한다. 비현실성으로 인해 근거 없는 낙관성을 보이기도 하며, 신경질적으로 자신의 갈등을 행동으로 표출하기도 한다. • 측정 결과가 40T 이하인 경우, 소극적·통제적 성향, 조심스러움, 정서적 표현의 자제를 반영한다. 또한 만성적인 피로나 흥미의 상실, 우울장애를 반영하기도 한다. 일시적인 질병의 영향력으로 인해 점수가 낮게 나올 수도 있으나, 35T 이하의 극단적으로 낮은 점수는 우울증을 시사하기도 한다. • 9번 척도만 단독 상승하는 사람들은 충동적이고 과격한 행동을 보인다. • 원판 MMPI의 총 46개의 문항이 MMPI-2에서도 유지되었다.
척도 0 Si (Social Introversion, 내향성)	• 사회적 활동 및 사회에 대한 흥미 정도를 나타내는 지표로 활용된다. • 혼자 있는 것을 좋아하는가(내향성), 타인과 함께 있는 것을 좋아하는가(외향성)와 같이 다른 사람과의 관계형성 양상을 반영한다. • 척도 0은 원개발자에 의해 만들어진 것이 아니라 드라케(Drake)에 의해 제작되어 임상적 가치를 인정받음으로써 새롭게 추가된 것이다. • 척도 0의 상승은 대인관계 회피증이나 개인적 고민에서 비롯되는 자기비하 또는 내향적 성격 때문일 수도 있다. 즉, 척도 0은 정신병리와 무관한 경우가 대부분이다. • 측정 결과가 70T 이상인 경우, 내성적 성향으로 수줍어하고 위축되어 있으며, 사회적으로 보수적·순응적이다. 또한 지나치게 억제적이고 무기력하며, 융통성이 없고 죄의식에 잘 빠진다. 사회적 상황에서 불안정해지므로 사회적 접촉을 기피하며, 이것이 문제를 더욱 악화하기도 한다. • 측정 결과가 40T 이하인 경우, 외향적 성향으로 자신감이 넘치며 사회적 관계에서의 능숙함을 보인다. 그러나 오히려 대인관계가 가벼울 수 있으며, 자신의 이익을 위해 다른 사람을 조정할 가능성도 배제할 수 없다. • 척도 0만 단독 상승하는 경우는 드물게 나타나는데, 이들은 대인관계를 불편하게 느끼고 사회적 기술이 부족하며, 내향적이고 자신감이 부족한 특징을 보인다. • 원판 MMPI는 총 70개의 문항으로 구성되어 있으나, MMPI-2에서는 1문항이 제외되어 총 69개의 문항으로 구성되었다.

④ MMPI(MMPI-2)의 상승 척도 쌍 14 15 16 20 21 22 기출

㉠ 단독상승 1

1-2 또는 2-1코드	• 신체 기능에 몰두함으로써 수반되는 다양한 신체적 증상에 대한 호소와 염려를 보인다. • 정서적으로 불안감과 긴장감을 느끼며, 감정 표현에 어려움이 있다.
1-3 또는 3-1코드	• 심리적인 문제가 신체적인 증상으로 전환되어 나타나는데, 특히 전환장애일 가능성이 크다. • 자신의 외현적 증상이 심리적인 요인에 의한 것임을 인정하지 않으려 하고, 자기중심적이며 대인관계에 있어서 피상적이다. • 사지의 통증이나 두통, 흉통 또는 식욕부진, 어지럼증, 불면증을 보인다.
1-4 또는 4-1코드	• 반사회성보다는 건강염려증으로 여자보다 남자에게 더 나타난다. • 불안하고 우유부단하며, 외향적인 듯하고 이성과의 관계에서 미숙하며, 반항적이거나 직접 표현하지 못한다.
1-5 또는 5-1코드	• 주로 남자에게서 볼 수 있으며, 불평 많은 태도를 나타낸다. • 불분명한 신체적 증상을 호소하며 책임을 회피하려 한다. • 생활에서의 불만을 신체증상을 통하여 호소하려 한다.
1-6 또는 6-1코드	• 신체화증상을 보이며 적대감을 나타낸다. • 치료나 변화에 대하여 매우 저항적이며, 대인관계의 갈등이 많다. • 편집증적 장애 가능성이 있고, 정신분열에 대한 감별이 필요하다.

1-7 또는 7-1코드	• 만성 불안이나 긴장과 관련되는 신체적 증상을 나타낸다. • 신체화 경향을 보이고 우울하며, 감정억제가 심하고 열등감이나 죄책감을 잘 느끼며, 강박적 사고를 수반한다.
1-8 또는 8-1코드	• 기괴한 신체적 증상을 호소하는 경향이 많다. • 신체적 망상을 보이기도 하고, 소외감을 느낀다.
1-9 또는 9-1코드	• 소화기 장애, 두통, 피로감 등과 같은 신체증상과 심한 마음의 고통을 호소한다. • 외향적이고 수다스러워보이지만, 수동-의존적이며 긴장되어 있다. • 안절부절 못하며, 정서적 불안과 고통을 경험한다.

ⓒ 단독상승 2

2-3 또는 3-2코드	• 현저한 우울감, 무력감, 무감각을 보인다. • 일상생활에서 흥미가 결여되어 있고, 위장계통 증상을 보인다.
2-4 또는 4-2코드	• 충돌조절의 어려움으로 법률적인 문제를 일으켜 치료 상황에 노출되는 등 사회적으로 받아들여지지 않는 형태이다. • 알코올중독자, 약물중독자들에게 자주 나타난다.
2-6 또는 6-2코드	• 자기 자신이나 타인에 대한 분노감을 나타낸다. • 보통의 상황에 대해 악의적인 해석을 내린다.
2-7 또는 7-2코드	• 불안하고 우울하며, 긴장하고 예민한 모습을 보인다. • 완벽주의이며, 자신의 결함에 대해 열등감과 죄책감을 느낀다.
2-8 또는 8-2코드	• 불안과 우울, 자제력 상실에 대한 공포를 가지고 있다. • 심한 불안과 우울은 물론 조현병(정신분열증)적 양상이 포착되기도 한다. • 환청이나 환시, 망상에 사로잡히기도 하며, 기태적인 신체적 증상을 보이기도 한다.
2-9 또는 9-2코드	• 우울증과 경조증적 성향을 동시에 나타낸다. • 보상활동과 기질적 뇌손상에 의한 통제력 상실을 반영한다. • 조증상태에 있는 양극성 장애환자에게서 나타날 수 있다.

ⓒ 단독상승 3

3-4 또는 4-3코드	• 공격성과 적개심을 통제할 수 있는가 그렇지 않은가의 지표이다. • 만성적이고 강한 적개심이 있으며 자기중심적이다.
3-5 또는 5-3코드	• 자기중심적이고 히스테리적인 성격을 가지고 있다. • 남성의 경우 여성적·수동적인 성향을, 여성의 경우 남성적·공격적인 성향을 보인다.
3-6 또는 6-3코드	• 중증의 불안과 두통을 호소하며, 약한 소화기통의 증상을 호소한다. • 비판에 민감하며, 낙천적인 태도를 취한 것처럼 보인다.
3-7 또는 7-3코드	• 긴장과 불안, 만성적 두통, 사지통증 등 신체적 증상을 호소한다. • 두려움, 공포, 수면장애의 증상을 보이는데 그 안에는 충족되지 않은 의존욕구가 존재하나 이를 부인한다. • 임상적 진단으로는 불안장애의 가능성이 높다.
3-8 또는 8-3코드	• 심각한 불안과 긴장, 우울감과 무력감을 호소한다. • 주의력 장애 및 집중력 장애, 지남력 상실, 망상 및 환각 등의 사고장애를 보인다. • 정서적으로 취약하고 다른 사람에 대해 애정과 관심의 욕구를 가진다. • 과도한 정신적 고통이 두통이나 현기증, 흉통, 위장장애 등의 신체적 증상으로 나타나기도 한다.
3-9 또는 9-3코드	• 두통, 심혈관 계통 증상이나 흉통 등과 같은 신체적 증상을 급성으로 호소한다. • 외향적이며 사교적이고 타인과 어울리기를 좋아하지만 대인관계는 피상적이다. • 임상적으로 신체형 장애로 진단받는 경우가 많고, 히스테리성 성격장애일 가능성도 높다. • 치료적 예후는 좋지만 심리적인 요인을 인정하려고 하지 않으며, 신체적인 증상만 호전되면 치료는 잊어버려 재발될 가능성이 있다.

㉣ 단독상승 4

4-5 또는 5-4코드	• 사회적인 가치에 비순응적이며, 공격적이다. • 미성숙하고 자기중심적, 성적 정체감에 문제가 있다. • 우울이나 불안의 정서적 곤란은 없고 자기도취적이다.
4-6 또는 6-4코드	• 사회적 부적응이 현저하고 공격적 태도를 보이는 비행청소년에게서 종종 나타난다. • 미성숙하고 자기중심적인 성향을 보이며, 다른 사람들에게서 관심과 동정을 유도한다. • 화를 내면서 내부의 억압된 분노를 표출하나, 그 분노의 원인을 항상 외부에 전가한다. • 비현실적 사고를 하기도 하며, 자신에 대해 과대망상적이기도 하다.
4-7 또는 7-4코드	• 충동적인 분노 표출과 자기비난을 주기적으로 반복한다. • 의존적이며 불안정한 사람들이고, 자신의 가치를 확인받기를 원한다.
4-8 또는 8-4코드	• 특이한 행동이나 심리상태를 가지고 있는 비행청소년에게서 종종 나타난다. • 분열성 또는 분열형의 성격을 가지고 있으며, 타인과의 친밀한 관계형성을 회피하여 사회적으로 고립되어 있다. • 판단력, 통찰력, 의사소통능력 등이 부족하여 학업적·직업적 성취도가 낮으며, 알코올이나 약물을 남용하기도 한다.
4-9 또는 9-4코드	• 충동적·반항적 성격과 함께 과격하고 공격적인 행동을 특징으로 한다. • 재범 우려가 있는 범죄자나 신체노출, 강간 등의 성적 행동화를 보이는 사람, 결혼문제나 법적 문제 등에 연루된 사람에게서 종종 나타난다. • 자신의 행동에 대해 무책임하여 신뢰감을 주지 못하며, 사회적 가치를 무시하여 반사회적 범죄행위를 저지르기도 한다.

㉤ 단독상승 5

5-7 또는 7-5코드	• 불안하기보다는 우울하며, 걱정이 많고 불행하게 느낀다. • 이성과의 관계에서 문제를 호소하며, 학습 곤란도 있다.
5-8 또는 8-5코드	• 알코올 남용, 정신질환, 신체적 학대 등의 가족력이 있다. • 유별나고 무엇인가 이상하며 친밀한 대인관계를 회피한다.

㉥ 단독상승 6

6-7 또는 7-6코드	• 불안하고 걱정이 많으며 의심이 많다. • 고집불통이며, 자신과 타인에 대해 깊이 생각한다.
6-8 또는 8-6코드	• 편집증적 경향과 사고장애 등으로 편집증적 정신분열병이 의심되는 사람에게서 종종 나타난다. • 피해망상, 과대망상, 환청 등으로 작은 고통에도 괴로워한다. • 타인에 대해 적대감과 의심, 과민한 반응과 변덕스러운 태도를 보이는 등 타인과의 관계에서 불안정하다.
6-9 또는 9-6코드	• 말이 많고 기분이 과잉이며, 공격적이고 적개심을 포함하고 있다. • 과대망상, 피해망상, 주의집중 곤란, 판단력 장애, 환청 등이 나타난다.

㉦ 단독상승 7

7-8 또는 8-7코드	• 만성적인 불안정감, 부적절감, 열등감을 가지고 있다. • 불안하고 우울하며, 긴장하고 예민한 모습을 보인다. • 주의집중에 어려움을 호소하며, 사고력이나 판단력에 있어서 장애를 보이기도 한다. • 사회적 상황에서 현실회피적인 양상을 보이며, 대인관계에 있어서도 수동적·의존적이거나 대인관계 자체를 기피하기도 한다.
7-9 또는 9-7코드	• 만성적으로 불안하고 걱정이 많고 긴장되어 있다. • 때로는 과격행동이나 과대망상적이며 죄책감과 자기비난에 빠지기도 한다.

◎ 단독상승 8

8-9 또는 9-8코드	• 편집증적 망상과 환각, 공상으로 많은 시간을 보낸다. • 사고는 *기태적이며, 정서는 부적절하다. • 한 가지 생각에 집중하지 못하며, 예측불허의 행동을 보이기도 한다. • 다른 사람에 대한 의심과 불신으로 인해 친밀한 대인관계를 형성하기 어렵다. • 성적 적응에 어려움을 보이며, 성적인 문제에 대해 갈등을 나타낸다. • 발병기간이 짧고 급속적이며, 절반 이상이 과거에 다른 병력을 가지고 있다.

✅ **기태적**
이상행동이나 이상한 것을 느끼는 것을 말한다.

⑤ MMPI의 시행·채점·해석 16 기출

㉠ MMPI의 시행상 유의사항
- 검사자는 수검자가 MMPI에 제대로 응답할 수 있는지 수검자의 독해력 수준을 파악해야 한다. 이 경우 독해력은 초등학교 6학년 이상의 수준이어야 한다.
- 검사자는 수검자의 연령 및 지능수준을 확인해야 한다. 본래 검사를 실시할 수 있는 연령하한선이 16세이나, 일정 수준의 독해력이 인정되는 경우 12세까지 가능하다. 지능수준은 언어성 IQ(VIQ)가 80 이하인 경우 검사 실시가 부적합한 것으로 간주되고 있다.
- 검사자는 수검자의 임상적인 상태를 고려해야 한다.
- 검사 시간은 원칙적으로 제한이 없으나, 보통 대부분의 사람들(90% 이상)에서 60분 내지 90분 정도 소요된다. 그러나 다른 심리검사에 비해 검사 문항이 월등히 많으므로 수검자가 피로나 권태를 느끼지 않는 시간대에 실시하는 것이 바람직하다.
- 검사자는 수검자에게 검사용지를 주어 집에서 하게 할 수도 있으나, 가능한 한 검사자가 지정하는 곳에서 검사자의 감독하에 실시하는 것이 바람직하다.
- 검사는 충분한 조명, 조용한 분위기, 여유로운 공간, 적절한 환기 등 환경적 조건이 갖추어진 곳에서 이루어져야 한다.
- 검사 실시 전 검사의 목적, 결과의 용도, 누가 이 결과를 보게 되는가, 결과의 비밀보장 등에 대해 솔직하고 성실하게 설명해준다. 또한 수검자의 검사에 대한 제반 질문에 대해 친절하게 답변함으로써 수검자의 협조를 얻도록 노력한다.
- 검사 도중 검사자는 수검자에게 방해되지 않게 한두 번 정도 검사 진행을 확인할 필요가 있다.
- 검사 실시와 함께 보호자나 주변인물과의 면접을 실시함으로써 수검자에 대한 생활사적 정보와 수검자의 현 상태에 대한 객관적인 정보를 얻는 것이 필요하다.
- 마지막으로 실시한 검사를 채점한 후에 다시 수검자와 면접을 실시해야 한다.

㉡ MMPI의 채점 및 프로파일 작성
- 채점자는 수검자의 답안지를 세밀하게 살펴보며, 응답하지 않은 문항 또는 '예', '아니요' 모두에 응답한 문항을 표시해 둔다. 해당 문항들은 무응답으로 처리하여 '?' 채점란에 기입한다.
- 구멍 뚫린 채점판 또는 컴퓨터 채점 프로그램을 이용하여 채점한다. 특히 원점수가 극단적으로 높거나 낮게 나오는 경우 채점 과정상의 오류를 점검해본다.
- 검사의 신뢰도와 타당도를 높이기 위해 K 교정점수를 구하며, 이를 5가지의 특정 임상 척도에 일정 비율을 더해준다.

- 13개 검사 척도(? 척도를 제외한 3개의 타당도 척도와 10개의 임상 척도)의 원점수를 T점수로 환산하며, 해당 값에 따라 프로파일 용지 위에 프로파일을 그린다.
- 프로파일을 작성할 때 우선 T점수를 점으로 찍은 후 검사 척도들을 실선으로 연결한다. 다만, 타당도 척도와 임상 척도는 분리하며, 보통 ? 척도는 환산점수 대신 원점수를 그대로 기입한다.

ⓒ MMPI 해석 시 검토 사항

기본적인 신상자료 검토	• 수검자의 성별, 연령 및 교육 수준을 검토한다. • 성별, 연령 및 교육 수준에 따라서 해석이 다를 수 있다.
검사태도에 대한 검토	• MMPI 타당도 척도들로써 수검태도를 살펴볼 수 있다. 또한, 검사장면에서의 긴장도와 불안 등 관찰되어진 검사태도와 검사 소요시간 및 답안지를 살펴봄으로써 해석에 유의한 자료를 구할 수도 있다. • 답안지를 살펴서 필압, 네모 칸을 채우는 방법, 지우개의 사용빈도, 여백의 사용 등에 따라서 그 사람의 성격이나 현재의 심리적 상태에 대한 가설을 세울 수 있다.
타당도 척도와 임상 척도 검토	• 각 척도의 상승 정도를 파악하고, 그것이 수검자에 대하여 어떤 의미로 해석될 수 있는지 검토해 본다. • 각 척도의 점수가 수검자에게 있어서 정상범위에 속하는지, 비정상범위에 속하는지, 또한 성별, 연령, 교육 수준, 환자의 증상이나 상황을 고려할 때 가장 가능성 있는 해석은 어떤 것인지에 대한 가설들을 만들어 본다.
척도별 연관성에 대한 검토	• 타당도 척도와 임상 척도, 어느 특정 척도의 점수를 근거로 하여 다른 척도들에 대한 예측을 시도해야 한다. • 타당도 및 임상 척도들로부터 얻어지는 자료 간 일관성 여부를 알 수 있다.
상승 척도 쌍 분석	• 두 개의 척도가 가장 높거나 가장 비정상적인 임상 척도라면 MMPI 해석체계의 핵심인 상승 척도 쌍의 분석을 할 수 있다. • 이와 같은 분석을 위해서는 적어도 T점수가 70 이상으로 상승하는 것을 원칙으로 하며, 때로는 하나만 T점수 70 이상으로 상승하는 단독 프로파일의 경우도 있다.
전체 프로파일에 대한 형태적 분석	전체적 형태분석에서 주로 고려하게 되는 프로파일의 특징은 척도들의 상승도, 기울기 및 굴곡이다.
낮은 임상 척도 검토	낮은 점수가 반드시 높은 점수가 의미하는 것과 반대되는 측면만을 나타내는 것은 아니며, 낮은 점수 나름대로 특별한 의미가 있는 경우가 종종 있으므로, 프로파일의 낮은 점수에도 충분한 주의를 기울여 이를 해석에 포함한다.

ⓔ MMPI의 해석 과정

제1단계	• MMPI 시행 결과에 의한 수검자의 타당도 척도 및 임상 척도 점수를 검토한다. • 각 척도가 정상 또는 비정상 범위에 속하는지 파악하며, 그 척도의 범위가 나타내는 의미를 검토한다.
제2단계	• 각 척도 간 연관성이나 인과성 정도를 분석한다. • 각 척도의 점수 범위가 의미하는 바와 함께 그것이 나타낼 수 있는 다양한 가설들을 종합함으로써 특정 척도의 점수를 토대로 다른 척도에 대한 예측을 시도한다.
제3단계	• 척도 간의 응집이나 분산을 구분하여 그에 적합한 해석상의 가설을 형성한다. • T점수가 70 이상으로 상승하는 임상 척도로서 가장 높은 2개의 척도를 하나의 상승 척도쌍으로 묶어 분석을 수행하는 것이 가장 일반적이다.
제4단계	• T점수가 매우 낮은 임상 척도를 검토한다. • 표준적인 프로파일은 T점수가 50 ±5의 범위이며, T점수가 30~70인 경우 '정상'의 범위에 있는 것으로 간주한다. 그러나 만약 어떠한 프로파일이 정상 범위의 하한선에 위치한 경우, 그것이 오히려 수검자의 병적 상태를 나타내는 등 임상적으로 유의미한 것일 수 있다.

제5단계	• 타당도 척도 및 임상 척도들을 집단으로 묶어 형태분석을 수행한다. • 3개 척도의 상승 정도는 물론 다른 척도 집단과의 상대적인 차이를 고려하며, 그에 따른 임상적 양상에 대한 정보를 수검자의 개인적 신상자료와 연결하여 추론한다.
제6단계	• 타당도 척도 및 임상 척도들의 전체 프로파일에 대한 형태분석을 수행한다. • 프로파일의 상승도, 기울기, 굴곡 등과 수검자의 개인자료 등을 종합적으로 고려하여 총체적·통합적인 해석을 내린다.

지식 IN

빠뜨린 문항의 원인 및 대처방법

원 인	대처방법
수검자가 강박성으로 인해 문항 내용에 대한 정확한 응답에 과도하게 집착하는 경우	검사자는 문항에 정답이 있는 것이 아니며, 문항이 요구하는 응답이 대략적인 것임을 강조한다.
수검자가 정신적 부주의나 혼란으로 인해 문항을 빠뜨리는 경우	검사자는 수검자가 충분한 시간과 여유를 가지고 모든 문항을 주의 깊게 살펴보도록 요구한다.
수검자가 방어적인 태도로 자신을 드러내는 것에 대해 거부감을 느끼거나 검사자에 대해 불신하는 경우	검사자는 척도점수가 중요한 것이지 각 문항의 개별적인 응답 내용이 중요한 것이 아니라는 점을 강조하며, 검사 결과에 대해 비밀이 유지될 것임을 확신시킨다.
수검자가 검사자에게 비협조적이고 반항적인 태도를 보이는 경우	이 경우 검사를 실시하지 않는 것이 바람직하다. 다만, 검사자는 수검자와 면담을 통해 충분히 라포(Rapport)를 형성한 후 검사를 재시도할 수 있다.
수검자가 극도의 불안이나 우울증상을 보이는 경우	이 경우 검사를 실시하지 않는 것이 바람직하다. 다만, 검사자는 수검자의 불안이나 우울증상이 경감된 후 검사를 시행할 수 있다.

⑥ 타당도 척도의 여러 가지 형태

삿갓형 (∧형)	• 가장 자주 나타나는 척도형태이다. • L척도와 K척도가 T점수 50 이하 / F척도는 T점수 60점 이상 : 자신의 신체적·정서적 곤란을 인정하고 이런 문제를 스스로 해결할 능력 부족으로 도움을 요청한 상태이다. • L척도와 K척도는 T점수 50~60 사이 / F척도는 T점수 70 이상으로 상승 : 자신의 문제 인정과 동시에 방어하고자 노력하지만, 문제 해결을 못하고 만성적인 적응곤란을 경험하고 있는 상태이다. • L척도가 T점수 50 이하 / F척도는 K척도와 같거나 보다 큼 / K척도는 T점수 55 이하인 경우 : 오랫동안 지속된 문제를 가지고 있으나, 적응이 되어 불편을 느끼지 않는 문제점만 인정하는 상태이다.
브이형 (V형)	• L척도와 K척도는 T점수 60~70까지 상승, F척도는 T점수 50 이하인 경우이다. • 자기가 가진 바람직하지 못한 충동, 감정, 문제를 부인하거나 회피하며, 가능한 한 자신을 좋게 보이려 한다. • 직업응모자들, 방어적인 정상인들, 히스테리 환자, 건강염려증 환자들에게 주로 나타나는데, 치료에 자발적이지 않다. • 주된 방어기제로 억압과 부인이 있다.
정(+)적 기울기 (／모양)	• L척도는 F척도보다 낮고 F척도는 K척도보다 낮은 상태이다(L척도의 T점수는 40정도이며, F척도는 T50~55, K척도는 T60~70). • 일상생활의 여러 가지 문제를 해결할 능력이 있고, 현재는 별로 갈등이나 스트레스를 느끼지 않는 정상인들에게서 볼 수 있는 전형적인 형태이다.

부(−)적 기울기 (＼모양)	• K, F, L 순서로 상승되어 있는 상태이다(L척도 T점수 60점 이상이며, F척도 T점수 50 정도 보이고 K척도는 T40~45인 경우). • 순박하고 덜 세련되어 있으면서도 좋게 보이려고 한다. • 교육 수준이 낮거나 사회경제 수준이 낮은 출신들이 많다.

⑦ 임상 척도군의 유형

신경증 3척도군	척도 1 Hs(건강염려증), 척도 2 D(우울증), 척도 3 Hy(히스테리)
정신병 4척도군	척도 6 Pa(편집증), 척도 7 Pt(강박증), 척도 8 Sc(조현병), 척도 9 Ma(경조증)
문제행동 3척도군	척도 4 Pd(반사회성), 척도 5 Mf(남성성-여성성), 척도 9 Ma(경조증)

(4) MMPI-2(다면적 인성검사 II)

① MMPI-2의 개발 14 19 22 기출
  ㉠ 1943년 MMPI가 처음 개발된 이후 1960년대부터 사회문화적인 변화에 따른 문항들의 새로운 규준에 대한 필요성이 제기되었다.
  ㉡ MMPI-2는 원판 MMPI의 개정판으로, 기존 원판의 문제점을 개선하고 최신의 규준을 확보하여 새로운 문항과 척도들을 추가한 것이다.
  ㉢ 검사 대상자는 19세 이상의 성인 남녀이고, 동형 T점수를 사용하여 지표 간 백분위 비교가 가능하게 하여 지속적으로 지적되었던 규준의 문제를 해결하였다.
  ㉣ 총 567개의 문항과 함께 재구성 임상 척도, 내용 척도, 보충 척도, 성격 병리 5요인 척도(PSY-5 척도) 등이 포함되었으며, 원판 MMPI의 기본 타당성 척도 및 임상 척도의 틀은 그대로 유지되었다.
  ㉤ 구시대적인 표현, 성차별적인 문구 등이 제외되는 대신 새로운 오락문화, 성적 표현, 자살 및 약물 문제 등이 포함되었다.
  ㉥ 임상 척도 간의 높은 상관성을 배제하고, 각각의 임상 척도가 다른 척도와 구분되는 핵심적 특징을 측정한다는 가정하에 재구성 임상 척도를 개발하였다.
  ㉦ 내용 척도는 논리적 방법과 통계적 방법을 조합하여 개발되었으며, 주로 명백 문항으로 구성되어 있어서 수검자의 수검태도를 고려하여 해석해야 한다.

② MMPI-2의 구성 15 16 20 21 23 기출
  ㉠ 타당도 16 18 21 기출
    MMPI-2에서는 원판 MMPI의 타당성 척도 외에 VRIN, TRIN, FB와 FP, FBS, S척도가 추가되었다.

VRIN 척도, TRIN 척도	VRIN 척도 (무선반응 비일관성 척도) 49개 문항 쌍 67개 반응 쌍	• 수검자의 무선반응을 탐지하는 척도로 문항의 내용을 제대로 읽지 않고 응답했거나 무선적으로 반응했기 때문에 비일관성을 보이는 사람들을 확인할 수 있다. • 내용이 서로 비슷하거나 상반되는 문항으로 이루어져 있고, T점수가 80 이상이면 무효 프로파일일 가능성이 있으며, 비전형(F) 척도와 함께 해석하면 유용한 결과를 얻을 수 있다.
	TRIN 척도 (고정반응 비일관성 척도) 20개 문항 쌍 23개 반응 쌍	• 수검자가 척도문항의 내용과 상관없이 무분별하게 문항 모두에 대해 '그렇다' 또는 '아니다'로 반응하는 경향을 탐지하는 척도로 내용이 서로 상반되는 문항 쌍만으로 이루어져 있다. • 20개의 문항 쌍으로 되어 있으며, T점수가 80 이상일 경우 검사자료가 타당하지 않다고 판단하여 해석하지 않는다.

FB 척도, FP 척도	FB 척도 (비전형- 후반부 척도) 40 문항	• 검사 후반부의 비전형 반응을 탐색하는 척도로, 검사과정에서 수검자의 태도변화를 알 수 있다. T점수는 수검자의 검사태도가 변화되었는지를 파악하는 목적으로만 사용되며, F(B)척도 점수가 높으면 검사 후반부에 위치한 내용 척도들을 해석하는 데 주의해야 한다. • 임상 장면에서는 T점수가 110 이상일 때, 비임상 장면에서는 T점수가 90 이상일 경우 검사자료가 타당하지 않다고 본다.
	FP 척도 (비전형- 정신병리 척도) 27 문항	• F척도에 비해 심각한 정신병리에 덜 민감하지만 F척도 상승이 실제 정신병적인 문제에 기인한 것인지, 아니면 의도적으로 부정적인 모습으로 과장하여 꾸미는 것인지 판단하는 데 유용한 척도이다. • T점수가 100 이상일 경우 검사자료가 타당하지 않다고 본다. T점수가 70~99인 경우, 도움을 청하려는 의도로서 증상을 과장되게 보고했을 가능성을 고려하여 해석한다.
FBS 척도 (증상타당도 척도) 43 문항		• 개인상해소송이나 신체적 장애 신청 장면에서 F척도가 타당하지 못하기 때문에 이를 보완하는 목적으로 개발된 척도이다. • 개인상해 소송 시 꾀병으로 판단된 사람과 꾀병이 아닌 사람의 반응을 비교하여 선정된 43개 문항으로 이루어져 있다. • T점수가 100 이상일 경우, 과대보고가 시사되기 때문에 검사자료가 타당하지 않다고 본다. T점수가 70~99일 경우, 신체적·인지적 증상들에 대한 신뢰할 수 없는 보고로 인해 과대보고의 가능성이 있다고 본다.
S 척도 (과장된 자기제시 척도) 50 문항		• 자신을 매우 정직하고, 책임감 있고, 심리적 문제가 없고, 도덕적 결함이 없고 남들과 잘 어울리는 원만한 사람인 것처럼 보이려는 경향성을 측정하는 척도이다. • K척도와 함께 방어성을 측정하는 척도로 두 척도 간 상관이 상당히 높은 특징을 보인다. • 임상장면에서 T점수 70 이상인 경우, 비임상 장면에서 T점수 75 이상인 경우에 프로파일이 타당하지 않을 수 있다.

ⓛ 임상 척도 : 원판 MMPI의 틀이 그대로 유지되었다.
ⓒ 해리스-링고스(Harris-Lingoes) 소척도 15 16 19 20 21 23 기출
- 임상 척도의 문항들 중 내용이 유사하거나 동일한 태도, 특성을 반영하는 문항들을 주관적으로 함께 묶어 소척도를 작성하였다.
- 임상 척도 중 Hs, Mf, Pt, Si는 소척도가 없다.

D (우울)	D1 주관적 우울감	• 불행감, 울적함이나 우울감을 느낄 때가 많다. • 일상생활에서 일어나는 문제들을 처리할 힘이 모자란다. • 주변에서 어떤 일이 일어나는지 관심이 가지 않는다. • 신경이 예민하거나 긴장되어 있는 경우가 대부분이다. • 주의집중이 어렵다. • 식욕이 줄고 수면에 어려움이 있다. • 깊은 근심에 빠져 자주 울음이 나온다. • 자신감이 부족하다. • 열등하고 쓸모없다고 느낀다. • 비판에 쉽게 상처받는다. • 사회적인 상황에서 불편해하고 수줍어하며 당황한다. • 친한 친구 및 친척 외의 다른 사람들과 교류를 피하는 경향이 있다.
	D2 정신운동 지체	• 꼼짝할 수 없다고 느끼고 틀어박혀 있다. • 일상생활에서 일어나는 문제들을 처리할 힘이 모자란다. • 사람들을 피한다. • 적대적이거나 공격적인 충동이 없다.

D (우울)	D3 신체적 기능장애	• 자신의 신체 기능에 대한 생각에 몰두해 있다. • 건강이 좋지 않다. • 허약하고, 건초열(Hay Fever)이나 천식, 식욕부진, 메스꺼움이나 구토 및 경련과 같은 여러 종류의 다양한 신체증상을 경험한다.
	D4 둔감성	• 일상생활에서 일어나는 문제들을 처리할 힘이 모자란다. • 긴장한다. • 정신을 집중하기 어렵다. • 기억 및 판단력이 떨어진다. • 자신감이 부족하다.
	D5 깊은 근심	• 깊은 근심에 빠져 곰곰이 생각하며 우는 경우가 많다. • 문제들을 처리할 힘이 모자란다. • 더 이상 살 가치가 없다고 생각한다. • 열등하고 불행하며 쓸모없다고 느낀다. • 비판받으면 쉽게 속상해한다. • 사고 과정을 통제하지 못하는 느낌이다.
Pd (반사회성)	Pd1 가정불화	• 자신의 가정 및 가족 분위기가 유쾌하지 않다고 본다. • 자신의 가정을 떠나고 싶어 한다. • 자신의 가정은 사랑, 이해 및 지지가 부족하다고 본다. • 자신의 가족들이 비판적이고 걸핏하면 싸우며, 적당한 자유 및 독립성을 보장하지 않는다고 느낀다.
	Pd2 권위불화	• 사회적으로 통용되고 부모님이 가지고 있는 규준 및 관습에 분개한다. • 학교에서 말썽을 부리거나 혹은 법적인 문제를 일으킨 적이 있다. • 옳고 그름에 대한 분명한 소신이 있다. • 자신이 믿는 것을 옹호한다. • 타인의 가치 및 규준에 크게 영향을 받지 않는다.
	Pd3 사회적 침착성	• 사회적 상황에서 자신감이 있고 편안하게 느끼며, 자신의 의견을 강하게 나타낸다. • 이 소척도에서 T점수 65점 이상을 얻는 것이 불가능하므로, 4번 척도(반사회성)가 상승한 이유를 이해하는 데 도움이 되지 않는다.
	Pd4 사회적 소외	• 소외감, 고립감 및 소원함을 느낀다. • 사람들로부터 이해받지 못한다고 느낀다. • 외롭고, 불행하며 사랑받지 못한다고 느낀다. • 살면서 부당한 대우를 받는다고 느낀다. • 자신의 문제와 결점들을 다른 사람의 탓으로 돌린다. • 다른 사람들이 자신에 대해 어떻게 반응할지를 염려한다. • 자신의 행동에 대한 후회, 죄책감 및 양심의 가책을 경험한다.
	Pd5 내적 소외	• 불편하고 불행하다. • 정신을 집중하기 어렵다. • 일상에서 재미나 보람을 찾지 못한다. • 예전에 한 일에 대해 후회, 죄책감 및 양심의 가책을 경험하지만, 무엇을 잘못했는지는 잘 모른다. • 차분하게 마음잡기가 힘들다. • 과도하게 술을 마실 수 있다.
Pa (편집증)	Pa1 피해의식	• 세상을 위협적인 곳으로 본다. • 살면서 부당한 대우를 받고 있다고 느낀다. • 이해받지 못한다고 느낀다. • 다른 사람들로부터 부당한 비난이나 책망을 받는다고 느낀다. • 타인을 의심하고 믿지 못한다.

Pa (편집증)	Pa1 피해의식	• 자신의 문제 및 결점에 대해 다른 사람을 비난한다. • 다른 사람들이 자신에게 영향력을 행사하거나 통제하려 한다고 느낀다. • 다른 사람들이 자신을 독살하려 하거나 해를 입히려 한다고 믿는다.
	Pa2 예민성	• 다른 사람들보다 신경이 과민하거나 흥분을 잘하며 더 민감하다. • 다른 사람들에 비해 더 강렬한 감정을 느낀다. • 외롭고 이해받지 못한다고 느낀다. • 기분전환을 위해 위험하거나 자극적인 행위를 찾는다.
	Pa3 순진성	• 다른 사람에 대해 매우 낙관적인 태도를 취한다. • 사람들이 정직하고, 이기적이지 않고, 관대하며 이타적이라고 본다. • 잘 믿는다. • 도덕적 기준이 높다. • 적대감 및 부정적인 충동이 일어나지 않는다.
Sc (조현병)	Sc1 사회적 소외	• 살면서 부당한 대우를 받고 있다고 믿는다. • 사람들로부터 이해받지 못한다고 믿는다. • 다른 사람들이 자신에 대해 원한을 품고 있다고 믿는다. • 다른 사람들이 자신에게 해를 입히려 한다고 믿는다. • 가족 간에 사랑과 지지가 부족하다고 느낀다. • 가족들이 자신을 애 취급한다고 느낀다. • 외로움과 공허감을 느낀다. • 누구와도 사랑을 해본 적이 없다. • 가족에 대해 적대감과 증오심을 품는다. • 가능하면 사회적 상황 및 인간관계를 피한다.
	Sc2 정서적 소외	• 우울 및 절망감을 경험하며, 죽어버렸으면 하는 마음이 있을 수 있다. • 냉담하며 겁을 먹는다. • 가학적인 혹은 피학적인 욕구가 있다.
	Sc3 자아통합 결여, 인지적	• 미칠지도 모른다고 느낀다. • 생각이 이상하게 흘러가며 비현실감이 든다. • 정신집중 및 기억에 어려움이 있다.
	Sc4 자아통합 결여, 동기적	• 인생살이가 힘들다고 느끼며, 우울 및 절망감을 경험한다. • 일상적인 일을 처리하는 데 어려움이 있으며, 과도하게 염려한다. • 스트레스에 부딪히면 공상 및 백일몽으로 빠져들게 된다. • 일상에서 재미와 보람을 찾지 못한다. • 모든 게 더 나아질 거라는 희망을 잃었다. • 죽어버렸으면 하는 마음이 있을 수 있다.
	Sc5 자아통합 결여, 억제부전	• 자신의 감정과 충동을 통제하지 못한다고 느끼며, 자신의 통제력 상실에 놀란다. • 안절부절못하고 과잉행동을 보이며, 짜증을 부리는 경향이 있다. • 웃음과 울음을 참지 못하는 때가 있다. • 자신이 무엇을 하고 있는지 모르고, 나중에도 자신이 한 행동을 기억하지 못했던 경험이 있다.
	Sc6 기태적 감각경험	• 자신의 몸이 이상하고 유별나게 변하고 있다는 느낌이 든다. • 피부가 민감해지고, 뜨겁거나 차가운 느낌이 들고, 목소리가 변하고, 근경련이 일어나고, 동작이 서툴고, 몸의 균형을 잡는 데 어려움이 있고, 귀가 윙윙거리거나 울리고, 마비를 경험하고 몸이 허약해지는 경험을 한다. • 환각, 이상한 사고 내용을 경험하고, 외부의 어떤 힘이 작용한다고 생각한다.

Hy(히스테리)	Hy1 사회적 불안의 부인	• 이 소척도에서 T점수 65점 이상을 얻는 것은 불가능하기 때문에, 3번 척도[히스테리(Hysteria, Hy)] 상승의 이유를 이해하는 데 도움이 되지 않는다.
	Hy2 애정욕구	• 다른 사람들로부터 주목받고 사랑받고 싶은 욕구가 강하며, 자신의 감정이나 태도를 더 솔직하게 드러내면 이런 욕구가 충족되지 못하리라는 두려움이 있다. • 다른 사람들에 대해 낙관적이고 사람을 잘 믿는 태도를 보인다. • 다른 사람들을 정직하고, 민감하며 사리가 분명하다고 본다. • 타인에 대한 부정적인 감정이 없다. • 가능하면 언제나 불쾌한 대면은 피하려고 애쓴다.
	Hy3 권태-무기력	• 불편하고 건강이 좋지 않다고 느낀다. • 허약하고 쉽게 피로감을 느끼거나 지친다. • 특별한 신체증상을 호소하지 않는다. • 정신집중이 어렵고, 식욕부진과 수면장애가 있다. • 불행감 및 우울감을 느낀다. • 자신의 집안이 유쾌하지 않으며, 재미도 없다고 본다.
	Hy4 신체증상 호소	• 많은 신체증상을 호소한다. • 심장이나 가슴 통증을 경험한다. • 짧게 기절하거나 현기증이나 몸의 균형을 잡지 못할 때가 있다. • 메스꺼움 및 구토, 시야 흐림, 떨림이나 너무 뜨겁거나 차가워지는 느낌을 경험한다. • 타인에 대해 거의 혹은 전혀 적대감을 표현하지 않는다.
	Hy5 공격성의 억제	• 적대적·공격적인 충동이 일어나지 않는다. • 범죄 및 폭력에 대한 기사가 흥미롭지 않다. • 다른 사람들이 자신에게 어떻게 반응하는지에 민감하다. • 단호하다.
Ma (경조증)	Ma1 비도덕성	• 사람들을 이기적이고 정직하지 못하며 기회주의적이라고 보면서, 그런 사람들처럼 행동하는 것이 정당하다고 느낀다. • 다른 사람들을 조종하고 착취함으로써 대리만족을 얻는다.
	Ma2 심신운동 항진	• 말의 속도, 사고 과정 및 근육운동이 빨라진다. • 긴장감을 느끼고 안절부절못한다. • 이유 없이 흥분하거나 기분이 고양된다. • 쉽게 지루함을 느끼고, 이를 이겨내고자 모험이나 흥분, 위험을 좇는다. • 해롭거나 충격적인 무엇인가를 하려는 충동이 인다.
	Ma3 냉정함	• 사회적 장면에서 불안을 경험하지 않는다. • 주변에 사람들이 있으면 편안하다. • 사람들과 이야기하는 데 어려움이 없다. • 다른 사람의 견해, 가치 및 태도에 아랑곳하지 않는다. • 참을성이 없고 다른 사람들에게 짜증을 부린다.
	Ma4 자아팽창	• 자신은 중요한 사람이라고 생각한다. • 다른 사람들이 요구를 할 경우, 특히 요구하는 사람이 자신보다 무능하다고 느끼는 경우 분개한다. • 부당하게 취급받는다고 느낀다.

ⓐ 내용 척도와 내용 소척도 19 기출

내용 척도(15개)	내용 소척도(27개)	
불안(ANX)	–	
공포(FRS)	• 일반화된 공포(FRS1)	• 특정한 공포(FRS2)
강박성(OBS)	–	
우울(DEP)	• 동기 결여(DEP1) • 자기 비하(DEP3)	• 기분 부전(DEP2) • 자살 시도(DEP4)
건강염려(HEA)	• 소화기 증상(HEA1) • 일반적 건강염려(HEA3)	• 신경학적 증상(HEA2)
기태적 정신상태(BIZ)	• 정신증적 증상(BIZ1)	• 분열형 성격특성(BIZ2)
분노(ANG)	• 폭발적 행동(ANG1)	• 성마름(ANG2)
냉소적 태도(CYN)	• 인간 혐오적 신념(CYN1)	• 대인관계 의심(CYN2)
반사회적 특성(ASP)	• 반사회적 태도(ASP1)	• 반사회적 행동(ASP2)
A유형 행동(TPA)	• 조급함(TPA1)	• 경쟁 욕구(TPA2)
낮은 자존감(LSE)	• 자기 회의(LSE1)	• 순종성(LSE2)
사회적 불편감(SOD)	• 내향성(SOD1)	• 수줍음(SOD2)
가정 문제(FAM)	• 가족 불화(FAM1)	• 가족 소외(FAM2)
직업적 곤란(WRK)	–	
부정적 치료 지표(TRT)	• 낮은 동기(TRT1)	• 낮은 자기 개방성(TRT2)

ⓑ 보충 척도 19 22 기출

- 불안(A) : 생각과 사고 과정, 부정적 정서와 기분 부전, 비관주의와 낮은 활력, 악성 심리상태로 나뉨
- 억압(R) : 건강과 신체 증상, 정서성과 폭력 및 활동성, 사회적 상황에서 타인에 대한 반응, 사회적 주도성과 개인이 느끼는 적절감 및 외모, 개인적 흥미와 직업 흥미 등 포함
- 자아 강도(Es) : 신체기능, 은둔성, 도덕적 태도, 개인이 느끼는 적절감, 대처 능력, 공포증 및 불안 포함
- 지배성(Do) : 주의집중력, 강박적 사고와 행동, 자신감, 사회적 상황에서 불편감, 신체적 용모에 대한 관심, 인내력 및 정치적 견해 포함
- 사회적 책임감(Re) : 사회적·도덕적 논점에 대한 관심, 특권 및 청탁에 반대하는 것, 의무와 극기에 대한 강조, 관습 대 저항, 세상 전반에 대한 신뢰와 자신감, 마음의 평정, 확신과 개인적 안정감 포함
- 대학생활 부적응(Mt) : 낮은 자존감, 활력부족, 냉소적 태도/안절부절 못함과 관련됨
- 적대감(Ho) : 점수가 높은 사람들은 냉소적이고 의심이 많음
- 적대감 과잉통제(O-H) : 점수가 높은 사람들은 보복을 하지 않고, 화를 표현하지 않음
- 중독 인정(AAS) : 점수가 높은 사람들은 정신건강 관련 혹은 법적 장면에서는 물질남용이나 물질의존으로 진단받기 쉬움
- 중독 가능성(APS) : 자신에 대한 불만족, 자기효능감 부족, 반사회적 행동화, 외향성, 위험 감수/무모함의 5개 군집으로 나뉨
- 남성적 성역할(GM) 및 여성적 성역할(GF) : MMPI의 남성성-여성성 척도의 양극을 남성적 요소와 여성적 요소로 나누어 측정
- 결혼생활 부적응(MDS) : 점수가 높은 사람들은 전반적으로 부적응적이고 우울과 실패감 및 화에 빠져 있고, 사람들이 자신을 거부한다고 느낄 수 있음

- 외상 후 스트레스장애(PK) : 큰 정서적 혼란, 불안, 걱정 및 수면장애, 죄책감과 우울에 관한 것
- MacAndrew의 알코올중독(MAC-R) : 점수가 높은 사람들은 외향적·과시적·자기주장적임
- 모호-명백 소척도(S-O) : MMPI 문항 중에서 피검사자가 보기에 정서장애와 관련된다는 것을 쉽게 알 수 있는 것은 명백 문항이고, 알아차리기 어려운 것은 모호 문항으로 처리

ⓑ 성격병리 5요인(PSY-5) 척도 22 기출

- 성격병리 5요인(PSY-5) 척도 종류

공격성 척도(AGGR)	방어적이거나 반응적인 공격보다는 도구적인 공격성에 초점
정신증 척도(PSYC)	기이한 감각 및 지각적 경험, 특이한 신념, 위험이나 손상에 대한 비현실적인 두려움 등과 같은 현실과의 단절 평가
통제 결여 척도(DISC)	충동성, 위험추구 성향, 관습과 도덕적 제약을 무시하는 성향 측정
부정적 정서성/신경증(NEGE) 척도	부정적 정서경험 측정
내향성/낮은 긍정적 정서성(INTR) 척도	기쁨을 느끼고 남들과 즐겁게 어울리는 성향 측정

- 성격병리 5요인(PSY-5) 척도의 해석

공격성 척도 (AGGR)	• 낮은 점수는 해석하지 않는다. • 높은 점수(T>65)일 때 특징 - 언어적·신체적으로 공격적이다. - 다른 사람을 지배하거나 통제하기 위해 폭력을 사용한다. - 상담 중에 상담자를 통제하거나 지배하려고 노력한다. - 학교에서 행동 문제를 보인 적이 있다. - 다른 사람들을 위협하기를 좋아한다. 등
정신증 척도 (PSYC)	• 낮은 점수는 해석하지 않는다. • 높은 점수(T>65)일 때 특징 - 현실과 단절된 경험을 한다. - 다른 사람에게 보이지 않는 신념 또는 이상한 감각·지각적 경험을 한다. - 관계망상이 보인다. - 기태적이고 혼란되어 있거나 우원적인 사고를 보인다. - 비현실적인 수준으로 위험을 예상한다. - 소외감을 느끼고, 친구가 극소수이거나 전혀 없다. 등
통제 결여 척도 (DISC)	• 낮은 점수(T≤40)일 때 특징 - 충동적이지 않고 자제력이 있다. - 규칙이나 법을 잘 따른다. - 신체적으로 위험한 일은 하려 하지 않는다. - 지루함을 잘 견딘다. 등 • 높은 점수(T>65)일 때 특징 - 충동적이고 자기 통제가 결여되어 있다. - 신체적으로 위험한 것들을 추구하는 행동을 한다. - 전통적인 도덕적 제약에 잘 얽매이지 않는다. - 쉽게 지루해하며, 흥분되는 경험을 찾아다닌다. 등

부정적
정서성/신경증
척도(NEGE)
	• 낮은 점수는 해석하지 않는다.
	• 높은 점수(T>65)일 때 특징
	  – 부정적인 정동을 경험하는 소인을 가지고 있다.
	  – 입력되는 정보 중 문제로 발전될 만한 것에 초점을 둔다.
	  – 최악의 시나리오를 상상한다.
	  – 친구가 없거나 극소수이다. 등

내향성/낮은 긍정적
정서성 척도(INTR)
	• 낮은 점수(T≤40)일 때 특징
	  – 기쁨과 즐거움을 느끼는 능력이 있다.
	  – 꽤 사교적이고 에너지가 많다.
	  – 매우 낮은 점수는 경조증의 증상이 있을 수 있다. 등
	• 높은 점수(T>65)일 때 특징
	  – 기쁨이나 즐거움을 경험할 수 있는 능력이 거의 없다.
	  – 사회적으로 내향적이며 성취에 대한 욕구가 낮다.
	  – 슬프거나 울적하고, 우울한 느낌을 보고한다. 등

ⓧ 재구성 임상 척도 14 15 16 19 24 기출

• 재구성 임상 척도 개발 단계

개발 1단계	의기소침 척도(RCd) 개발 : 척도2(우울)와 척도7(강박불안)의 문항을 요인 분석하여 의기소침 요인을 추출
개발 2단계	임상 척도들에 반영된 일반적인 의기소침 요인 제거 : 각각의 임상 척도마다, 그 임상 척도에 포함된 문항들과 잠정적 의기소침(RCd) 척도에 포함된 문항들을 모두 합친 뒤에 요인분석 실시
개발 3단계	씨앗 척도(Seed Scale) 제작 : 각각 임상 척도의 핵심적 특성을 반영하는 요인과의 요인부하가 높은 문항들로 구성
개발 4단계	12개의 씨앗 척도와 MMPI-2 문항 간 상관관계 구함

• 재구성 임상 척도의 해석

의기소침 (RCd)	전반적인 정서적 불편감과 동요의 지표
신체 증상 호소 (RC1)	임상 척도 1 및 내용 척도의 건강염려(HEA)와 유사
낮은 긍정 정서 (RC2)	무력감, 절망감, 지루함, 고립감, 수동적이고 비관적인 생각과 관련
냉소적 태도 (RC3)	점수가 높은 사람은 남들을 믿지 못하고, 다른 사람들이 타인을 배려하지 않고 이용한다고 생각함
반사회적 행동 (RC4)	점수가 높은 사람은 사회적 규범 및 기대에 따르지 않고 법률 저촉행위를 하며, 공격적·적대적·비판적·논쟁적임
피해 의식 (RC6)	점수가 높은 사람은 자신이 남들의 표적이 된다고 생각하고 타인을 의심하며, 편안하고 믿을 만한 대인관계를 맺지 못함
역기능적 부정 정서(RC7)	점수가 높은 사람은 불안, 짜증 및 부정적인 정서를 경험함
기태적 경험 (RC8)	정신병적 장애에서 나타나는 감각, 지각, 인지, 운동의 장애를 측정
경조증적 상태 (RC9)	점수가 높은 사람은 지나치게 빠른 사고의 전환, 지나친 활기와 흥분감, 고양된 기분과 짜증, 충동 통제의 어려움 등을 경험함

(5) MMPI-A(청소년용 다면적 인성검사)

① MMPI-A의 특징 21 기출
  ㉠ MMPI는 본래 성인을 대상으로 한 것으로, 청소년에게 부적절한 문항이 포함되거나 청소년기의 특징을 담아내지 못하는 한계가 있었다.
  ㉡ MMPI-A는 1992년에 기존 MMPI의 문항 및 척도를 청소년들에게 적절한 내용으로 개정한 것으로써, 가족이나 학교, 또래집단에서의 문제 등과 관련된 내용을 포함하고 있다.
  ㉢ MMPI의 타당도 척도와 임상 척도의 큰 틀을 유지한 채 청소년들에게 적절한 문항을 제시하고 그들의 특징을 담아내고 있다.
  ㉣ 총 478개의 문항과 함께 타당도 척도, 임상 척도, 내용 척도, 보충 척도로 구성되어 있으며, 이들 중에는 청소년을 위해 새롭게 개발된 척도들도 포함되어 있다. 다만, 재구성 임상 척도는 포함되어 있지 않다.
  ㉤ 일부 청소년에게서 나타나는 정체감 혼란으로 인해 자신의 증상을 극단적으로 과장함으로써 F 척도의 T점수가 성인에 비해 높게 나타나는 문제를 고려하였다.
  ㉥ 무응답 반응이 30개 이상 너무 많으면 전체 척도를 신뢰하기 힘들다.

② MMPI-A의 구성 17 18 20 기출

타당도 척도	무응답 척도(?), 부인(L)척도, 비전형 척도(F, F1, F2), 교정(K) 척도, 무선반응 비일관성 척도(VRIN), 고정반응 비일관성 척도(TRIN)	
임상 척도	척도1(건강염려증), 척도2(우울증), 척도3(히스테리), 척도4(반사회성), 척도5(남성성과 여성성), 척도6(편집증), 척도7(강박증), 척도8(조현병), 척도9(경조증), 척도0(내향성)	
내용 척도	청소년용 4척도	소외, 품행문제, 낮은 포부, 학교문제
	MMPI-2척도 11개	불안, 강박성, 우울, 건강염려, 기태적 정신상태, 분노, 냉소적 태도, 낮은 자존감, 사회적 불편감, 가정문제, 부정적 치료지표
보충 척도	청소년용 3척도	알코올/약물 문제인정, 알코올/약물문제 가능성, 미성숙
	MMPI-2척도 3개	불안, 억압, MacAndrew의 알코올 중독
PSY-5 척도	공격성, 정신증, 통제결여, 부정적 정서성, 내향성/낮은 긍정적 정서성	

③ MMPI-A에 포함된 내용 척도, 보충 척도, PSY-5 척도 16 17 19 21 22 24 기출

구 분	특 징
내용 척도	• 청소년을 위해 개발된 4개 척도 – 소외(A-aln) : 점수가 높은 청소년은 다른 사람들로부터 정당한 대우를 받지 못하고 이해받지 못하며 이용당한다고 느껴 그들과 큰 정서적 거리를 느낌 – 품행 문제(A-con) : 점수가 높은 청소년은 자신이 절도, 좀도둑질, 거짓말, 기물 파손, 무례한 행동, 욕설, 반항적 행동을 했다고 말함 – 낮은 포부(A-las) : 점수가 높은 청소년은 성공하는 것에 대해 흥미를 보이지 않음 – 학교 문제(A-sch) : 점수가 높은 청소년은 낮은 성적, 정학, 무단결석, 교사에 대한 부정적 태도, 학교 혐오 등을 나타냄 • 그 외 11개의 MMPI-2 척도 – 불안(A-anx) : 점수가 높은 청소년은 긴장, 과도한 걱정, 수면장애 등의 불안 증상 – 강박성(A-obs) : 점수가 높은 청소년은 종종 사소한 일에 대해 과도하게 걱정하고 반응 – 우울(A-dep) : 점수가 높은 청소년은 자주 울고 피로감을 쉽게 느낌 – 건강염려(A-hea) : 점수가 높은 청소년은 다양한 신체 증상 호소 – 기태적 정신상태(A-biz) : 점수가 높은 청소년은 환청, 환시, 환후 등을 포함하여 이상한 생각과 경험을 함

내용 척도	- 분노(A-ang) : 점수가 높은 청소년은 분노를 적절하게 조절하지 못함 - 냉소적 태도(A-cyn) : 점수가 높은 청소년은 염세적 태도를 지님 - 낮은 자존감(A-lse) : 점수가 높은 청소년은 자신이 매력 없고 자신감이 부족하며 쓸모없고 결점이 많다고 생각 - 사회적 불편감(A-sod) : 점수가 높은 청소년은 수줍어하고 혼자 있는 것을 더 좋아함 - 가정 문제(A-fam) : 점수가 높은 청소년은 부모나 다른 가족과 많은 갈등이 있음 - 부정적 치료 지표(A-trt) : 점수가 높은 청소년은 의사나 정신건강 전문가에 대해 부정적인 태도를 보임
보충 척도	• 청소년을 위해 개발된 3개 척도 - 알코올/약물 문제 인정(ACK) : 점수가 높은 청소년은 자신이 알코올 및 다른 약물 문제를 인정하고 있음을 나타냄 - 알코올/약물 문제 가능성(PRO) : 또래집단의 부정적 영향, 자극 추구, 규칙 위반, 성취에 대한 부정적 태도, 부모와의 갈등, 판단력 문제 등 포함 - 미성숙(IMM) : 미래를 계획하기보다는 현재에만 관심을 집중, 자신감 결여, 통찰과 내성의 결여, 인지적 복합성의 결여, 대인관계에서의 불편감, 의심 및 소외, 적대감과 반사회적 태도, 자기중심성, 비난의 외재화 등의 내용 포함 • 그 외 3개의 MMPI-2 척도 - 불안(A) : 점수가 높은 청소년은 심리적 고통, 불안, 불편감, 전반적인 정서혼란을 보임 - 억압(R) : 점수가 높은 청소년은 관습적이고 복종적이며 불쾌한 상황을 피하려 드는 경향이 있음 - MacAndrew의 알코올중독(MAC-R) : 점수가 높은 청소년은 알코올을 포함한 물질남용, 외향적이고 자기과시적이고 모험적인 경향을 보임
PSY-5 척도	• 공격성(AGGR) : 권력욕구, 지배욕구, 행동의 활성화, 과격한 행동 측정 • 정신증(PSYC) : 이상한 감각과 지각의 경험, 현실감각의 결여, 이상한 믿음이나 태도 평가 • 통제결여(DISC) : 위험을 추구하고 충동적이고 관습에 얽매이지 않는 성향 평가 • 부정적 정서성/신경증(NEGE) : 불쾌한 정서, 불안, 걱정, 죄책감 등의 정서 평가 • 내향성/낮은 긍정적 정서성(INTR) : 유쾌한 정서를 경험하기 어렵고, 사회생활을 회피하며, 목표를 추구하거나 책임을 완수할 에너지가 부족한 성향 평가

(6) MMPI-2-RF(다면적 인성검사 II 재구성판)

① MMPI-2-RF(MMPI-2 Restructured Form)는 MMPI-2의 단축형으로 338개의 문항으로 구성되어 있다.

② 성별에 따라 서로 다른 T점수를 제공하던 기존의 방식에서 벗어나 전체 규준에 따른 T점수를 제공한다.

③ MMPI-2 문항의 임상적 의미를 효과적으로 측정하기 위한 총 50개의 척도로 구성되어 있다. 여기에는 타당도 척도 8개, 상위차원 척도 3개, 재구성 임상 척도 9개, 특정문제 척도 23개, 흥미 척도 2개, 성격병리 5요인 척도 5개가 포함된다.

④ MMPI-2와 다르게 재구성 임상 척도가 임상 척도를 대체하고 있다.

(7) 마이어스-브릭스 성격유형검사(MBTI)

① MBTI의 의의 20 기출

㉠ 마이어스-브릭스 성격유형검사(MBTI ; Myers-Briggs Type Indicator)는 융(C. G. Jung)의 심리유형이론을 토대로 마이어스와 브릭스(Myers & Briggs)가 제작한 객관적 검사이다.

㉡ 브릭스는 자서전에 관한 연구에서 융의 이론을 접하게 되었으며, 이 이론을 토대로 오랜 기간 개인의 성격적 특징 및 개인차에 대한 관찰을 수행하였다.

ⓒ 브릭스는 융의 심리유형이론의 타당성을 경험적 방법으로 확증하였으며, 이를 그녀의 딸인 마이어스가 지속적으로 연구하여 마침내 MBTI를 완성하였다.
ⓓ MBTI는 Form A, B, C, D, E를 거쳐 1962년에 Form F, 1975년에 Form G가 개발되었으며, 현재 Form J, K, M, Q 등이 개발되어 있다.

② MBTI의 특징 18 기출
㉠ MMPI와 달리 MBTI는 인간의 건강한 심리에 기초를 두어 만들어진 심리검사도구이다.
㉡ 인간은 겉으로 보기에는 예측하기 힘들 정도로 변화무쌍해 보이지만, 사실 매우 질서정연하고 일관성 있게 다르다. 일관성과 상이성은 각 개인이 외부로부터 정보를 수집하고(인식 과정), 자신이 수집한 정보에 근거해서 행동을 위한 결정을 내리는 데(판단 과정) 있어서 각 개인이 선호하는 방법이 근본적으로 다르기 때문이다.
㉢ MBTI는 자신의 성격 유형을 파악 하여 자신을 보다 깊이 이해하며, 진로나 직업을 선택하는 데 도움을 제공한다. 또한 타인에 대한 이해 및 대인관계 향상에 긍정적인 영향을 미치는 것을 목표로 한다.
㉣ 개인이 비교적 쉽게 응답할 수 있는 자기보고식의 문항들을 통해 선호 경향을 추출한 다음 그 경향들이 행동에 어떠한 영향을 미치는지 파악한다.
㉤ 개인의 성격을 4개의 양극 차원에 따라 분류하고, 각 차원별로 2개의 선호 중 하나를 선택하도록 함으로써 총 16가지의 성격유형으로 구분한다.
㉥ 총 95개의 문항으로 구성되어 있으며, 검사에만 약 30분 정도의 시간이 소요된다.

③ MBTI의 선호지표에 따른 성격유형 14 15 16 19 20 23 24 기출
㉠ 에너지의 방향 - 외향형(Extroversion) / 내향형(Introversion)
이 선호지표는 개인의 주의집중 및 에너지의 방향이 인간의 외부로 향하는지 내부로 향하는지 나타낸다. 융은 이와 같은 외향형과 내향형이 상호보완적인 태도임을 강조하였다.

외향형 (E)	• 주체보다 객체를 중요하게 여겨 에너지가 외부세계의 일이나 사람에게 향하는 것을 선호한다. • 폭넓은 활동력과 적극성, 정열을 특징으로 한다. • 다른 사람이 자신을 어떻게 보는가에 관심을 가진다. • 경험을 우선으로 하며, 글보다는 말로 표현하려는 경향이 있다.
내향형 (I)	• 객체보다 주체를 중요하게 여겨 에너지를 내부세계의 아이디어에 집중하는 것을 선호한다. • 깊이와 집중력이 있으며, 신중하고 조용하다. • 자신이 지금 무엇을 느끼고 있는지에 관심을 가진다. • 이해를 우선으로 하며, 말보다는 글로 표현하려는 경향이 있다.

㉡ 인식기능 - 감각형(Sensing) / 직관형(Intuition)
이 선호지표는 정보의 인식 및 수집 방식에 있어서 경향성을 반영한다.

감각형 (S)	• 오감을 통해 직접적으로 인식되는 정보에 주의를 기울이고, 실제로 존재하는 것을 선호한다. • 실용적인 현실감각이 있으며, 실제 경험을 강조한다. • 현재지향적이며, 세부적이고 진지한 관찰을 수행한다. • 정확한 일처리를 강조하며, 숲보다는 나무를 보려는 경향이 있다.
직관형 (N)	• 육감을 통해 얻은 정보에 관심을 기울이고 실제로 존재하는 것보다는 있음직한 것 혹은 있을 법한 것, 즉 숨어있는 의미를 알아차리는 것과 관련된 것을 선호한다. • 은유, 이상, 환상, 공상, 이미지 등과 연관된다. • 미래지향적이며, 아이디어를 강조한다. • 신속한 일처리를 강조하며, 나무보다는 숲을 보려는 경향이 있다.

ⓒ 판단기능 – 사고형(Thinking) / 감정형(Feeling)

이 선호지표는 인식된 정보를 토대로 판단 및 결정을 내리는 경향성을 반영한다.

사고형 (T)	• 판단을 할 때 사실과 논리에 근거를 두고 객관적인 가치에 따라 결정을 내리는 것을 선호한다. • 진실 및 사실이 주된 관심사이다. • 논리와 분석, 원리와 원칙을 추구한다. • 옳고 그름에 대한 판단을 내리며, 지적인 비평을 강조한다.
감정형 (F)	• 개인적인 가치와 인간중심적 가치에 근거하여 결정을 내리는 것을 선호한다. • 인간 및 인간관계가 주된 관심사이다. • 온화함과 인정, 우호적인 협력을 추구한다. • 좋고 나쁨에 대한 느낌을 반영하며, 의미와 영향을 강조한다.

ⓔ 생활양식 또는 이행양식 – 판단형(Judging) / 인식형(Perceiving)

이 선호지표는 외부세계에 대한 태도, 생활방식 및 적응양식에 있어서 어떠한 과정을 선호하는지를 나타낸다.

판단형 (J)	• 무엇이든 나름대로 판단을 하여 서둘러 결정을 내리는 것을 선호한다. • 일에 대해 철저한 준비와 계획을 중시하며, 임무 완수를 강조한다. • 조직력과 계획성, 통제성을 추구한다. • 목적의식이 명확하며, 자기의사가 확고하다.
인식형 (P)	• 결정을 가능한 한 미루면서 새로운 가능성의 소지를 남겨두는 것을 선호한다. • 어떤 일에 대해 서둘러 결정을 내리기보다는 그 과정을 즐긴다. • 적응성, 개방성, 수용성을 추구한다. • 자율적·융통적·잠정적이며, 상황에 따른 포용성을 발휘한다.

④ MBTI의 성격유형 및 특징

㉠ MBTI의 16가지 성격유형

	S	S	N	N	
I	ISTJ (세상의 소금형)	ISFJ (임금뒷편의 권력형)	INFJ (예언자형)	INTJ (과학자형)	J
I	ISTP (백과사전형)	ISFP (성인군자형)	INFP (잔다르크형)	INTP (아이디어뱅크형)	P
E	ESTP (수완좋은 활동가형)	ESFP (사교적 유형)	ENFP (스파크형)	ENTP (발명가형)	P
E	ESTJ (사업가형)	ESFJ (친선도모형)	ENFJ (언변능숙형)	ENTJ (지도자형)	J
	T	F	F	T	

ⓒ 주요 유형별 특징

구 분	특 징
ST 유형	• 과제를 조직, 지시하는 등 조직화된 일을 능숙하게 수행한다. • 객관적·논리적·능률적이며, 정확하고 공정하다. • 대인관계에서 미숙한 양상을 보이며, 과제수행에 있어서 일방적이다. • 장기적인 계획을 잘 세우지 못하며, 미래 변화를 예측하는 데 어려움이 있다.
SF 유형	• 사람에 대한 관심과 함께 인간적인 따뜻함이 있다. • 다른 사람의 말을 잘 경청하며, 상호 교류 및 타협에 능숙하다. • 다른 사람의 비판에 민감하며, 감정적으로 반응하는 경향이 있다. • 대인관계를 의식하여 자신의 주장을 확고하게 제시하지 못하며, 객관적인 태도를 견지하기 어렵다.
NF 유형	• 변화의 필요성을 인식하며, 변화의 시도를 위한 새로운 접근 및 대안에 관심을 가지고 있다. • 어떠한 사실을 세부적으로 해석하여 이를 광범위한 사실로 수렴할 수 있는 능력이 있다. • 미래와 변화에 대한 관심으로 인해 정작 현실적인 문제를 간과하는 경우가 있다. • 참신한 아이디어나 영감을 실제 계획을 통해 완수하지 못하는 경우가 있다.
NT 유형	• 어려운 과제나 장기적인 계획을 체계적이고 끈기 있게 수행한다. • 정확하고 객관적인 판단을 내리며, 이전에 배운 내용을 새로운 상황에 적용하는 능력이 있다. • 다른 사람은 물론 자기 자신에 대해서도 비판적이고 무감동하며 냉정하다. • 자신의 방식을 고집함으로써 다른 사람과 협동적으로 일하는 데 어려움이 있다.

(8) 16PF와 다요인 인성검사

① 16PF 14 18 24 기출

ㄱ. 1949년 카텔(Cattell)이 지능요인을 성격의 한 범주로 평가하기 위해 고안한 검사도구로, 인간의 행동을 기술하는 수많은 형용사에서 최소한의 공통요인을 추출한 요인분석 방법이다.

ㄴ. 카텔은 성격 특성과 연관된 4,500여 개의 개념에서 160개의 상반된 단어를 선정하고, 여기에 11개의 개념을 추가하여 171개를 선정하였다. 이후 질문지법을 동원하여 결과를 상관분석한 후 최종적으로 16개의 요인을 발견하였다.

ㄷ. 카텔은 16개의 1차 요인을 다시 요인분석하여 4개의 2차 요인을 추출하였고, 각 척도는 높고 낮은 대조적인 성격특성을 나타낸다.

② 다요인 인성검사

ㄱ. 개념 : 카텔의 16PF를 토대로 우리나라 실정에 맞게 표준화한 검사로, 카텔이 주창한 근원 특성들을 중심으로 요인분석법을 통해 성격특성들을 추출한 것이다.

ㄴ. 척도의 구성

• 다요인 인성검사의 1차 요인

1차 요인명	내 용	1차 요인명	내 용
A요인	온정성 척도 (냉정성 / 온정성)	M요인	공상성 척도 (실제성 / 공상성)
C요인	자아강도 척도 (약한 자아강도 / 강한 자아강도)	N요인	실리성 척도 (순진성 / 실리성)

E요인	지배성 척도 (복종성 / 지배성)	O요인	자책성 척도 (편안감 / 자책감)
F요인	정열성 척도 (신중성 / 정열성)	Q1요인	진보성 척도 (보수성 / 진보성)
G요인	도덕성 척도 (약한 도덕성 / 강한 도덕성)	Q2요인	자기결정성 척도 (집단의존성 / 자기결정성)
H요인	대담성 척도 (소심성 / 대담성)	Q3요인	자기통제성 척도 (약한 통제력 / 강한 통제력)
I요인	예민성 척도 (둔감성 / 예민성)	Q4요인	불안성 척도 (이완감 / 불안감)

- 다요인 인성검사의 2차 요인

2차 요인명	내 용
외향성	내향성 / 외향성
불안성	약한 불안 / 강한 불안
강정성	유익성 / 강인성
자립성	종속성 / 자립성
초자아 강도	약한 초자아 강도 / 강한 초자아 강도

- 다요인 인성검사의 특수척도명

특수척도	요인명	내 용
동기왜곡척도	MD	솔직한 대답 / 잘 보이려는 대답
무작위척도	RANDOM	진지한 대답 / 불성실한 대답

(9) 성격 5요인검사(NEO-PI-R) 14 15 23 24 기출

① 개 요
　㉠ 코스타와 맥크레이(Costa & Mccrae)에 의해 개발되었다.
　㉡ 성격검사들을 결합 요인을 분석하여 공통적으로 추출되는 요인을 발견하고자 하였다.
　㉢ 코스타와 맥크레이는 처음에는 신경증, 외향성, 개방성의 NEO에 초점을 맞추어 새 성격검사(NEO-PI)를 개발하였고, 나중에 수용성과 성실성을 추가하여 NEO-PI-R을 만들었다.
　㉣ 5대요인은 각각 6개의 하위척도로 구분되며, 각 척도당 8문항씩 모두 240문항으로 구성되었다.

② 척도의 구성 및 내용 18 19 21 기출

요인명	의 미	내 용
N요인 (신경증)	• 일상생활에서 경험하는 부정적 정서와 그에 대한 적응의 정도를 의미함 • 높은 점수의 사람은 정서적으로 안정되어 있지 못하며 예민하고 스트레스에 취약함	• N1 - 불 안 • N2 - 적대감 • N3 - 우 울 • N4 - 자의식 • N5 - 충동성 • N6 - 심약성

E요인 (외향성)	• 높은 점수의 사람은 사람들과 만나기를 좋아하며 적극적이고 자기주장을 잘하며 열성적이고 낙천적인 것을 의미하고, 직업세계에서 영업과 판매를 잘하는 사람들이 해당됨 • 낮은 점수의 사람은 조용하고 잘 드러나지 않으며, 혼자 지내는 것을 더 좋아하고 조용한 모습을 보이므로 비사교적이고 우유부단하며 일의 속도가 늦음	• E1 - 온 정 • E2 - 사교성 • E3 - 주 장 • E4 - 활동성 • E5 - 자극 추구 • E6 - 긍정적 감정
O요인 (개방성)	• 독자적인 판단, 변화에 대한 선호, 심미적인 감수성, 풍부한 상상력과 아이디어, 지적호기심 등의 정도를 의미 • 높은 점수의 사람은 세상에 대해 호기심이 많고 새로운 아이디어와 가치를 추구하며, 자신의 감정에 민감하고, 창조적이고 탐구적인 일을 좋아함	• O1 - 상 상 • O2 - 심미성 • O3 - 감정개방 • O4 - 행동개방 • O5 - 사고개방 • O6 - 가치개방
A요인 (우호성)	• 이타심과 관련이 있으며, 타인을 신뢰하고 관심을 가지는 정도와 솔직하고 순응적인 정도를 의미 • 외향성과 같이 개인의 대인관계 양식을 잘 설명해 줌 • 높은 점수의 사람은 이타심이 있으며, 타인을 신뢰하고 솔직하고 순응적임	• A1 - 온정성 • A2 - 신뢰성 • A3 - 관용성 • A4 - 이타성 • A5 - 겸 손 • A6 - 동 정
C요인 (성실성)	• 자신에 대한 능력을 믿고 계획적이고 조직적으로 일을 수행하며, 자기 통제를 잘하여 책임감 있게 생활하는가의 정도를 의미 • 높은 점수의 사람은 목적 지향적이고, 조직력이 뛰어나며, 시간을 엄수하고 자신의 의무 이행에 철저함 • 낮은 점수의 사람은 게으르고 원칙 없이 행동하는 것이 아니라, 정해진 원칙을 정확히 적용하는 것을 힘들어하거나 주어진 목표를 달성하려는 의지가 부족한 특성을 보임	• C1 - 능력감 • C2 - 정연성 • C3 - 충실성 • C4 - 성취동기 • C5 - 자기통제 • C6 - 신중성

(10) 성격평가질문지(PAI) 14 15 16 18 21 기출

① 개 요

1991년 미국의 심리학자 머레이(Morey)가 성격과 정신병리를 평가하기 위한 객관검사로, 임상장면에서 환자나 내담자에 대한 중요한 정보를 제공하기 위해 개발한 자기보고형 검사를 말한다.

② 특 징

㉠ 총 344문항으로 구성되어 있고, 22개의 척도들을 4개의 타당성 척도, 11개의 임상 척도, 5개의 치료 척도, 2개의 대인관계 척도 등 서로 다른 영역을 평가하는 척도들로 분류하고 있다.

㉡ 환자집단의 성격 및 정신병리적 특징과 동시에 정상 성인의 성격평가에도 매우 유용하다.

㉢ 우울, 불안, 정신분열병 등과 같은 축 Ⅰ 장애뿐만 아니라 반사회적, 경계선적 성격장애와 같은 축 Ⅱ 장애를 포함하고 있어서 DSM-5의 진단분류에 정보를 제공한다.

㉣ 대부분의 질문지형 성격검사가 '그렇다-아니다'의 양분법적 반응양식으로 되어 있지만, 성격평가질문지(PAI)는 4점 평정척도로 이루어져 있어 행동의 손상 정도 또는 주관적 불편감 수준을 정확히 측정하고 평가한다.

㉤ 분할점수를 사용한 각종 장애의 진단과 꾀병이나 과장 및 무선적 반응과 같은 부정적 왜곡, 물질 남용으로 인한 문제의 부인과 같은 긍정적·방어적 반응 왜곡의 탐지에도 유용하다.

㉥ 각 척도는 3~4개의 하위척도로 구분되어 있어 장애의 상대적 속성을 정확히 측정하고 평가할 수 있다.

ⓢ 문항을 중복시키지 않아 변별타당도가 높고 여러 가지 지표가 있어 유용하다.
ⓞ 환자가 질문지에 반응하는 데 그치지 않고, 임상장면에서 반드시 확인해야 할 위기문항을 제시하고 있어 그 내용을 직접 환자에게 물어봄으로써 추가 정보를 수집할 수 있고, 임상 척도의 의미를 보다 정확하게 평가할 수 있다.
ⓩ 잠재적 위기 상황의 지표에 관한 중요한 내용으로 구성되어 있는 27개의 결정문항이 있어 위기 상황에 즉각적으로 개입할 수 있다.
ⓒ 성격평가질문지(PAI)에는 실제보다 더 좋게 보이려는 태도를 평가할 수 있는 척도가 있다.
ⓚ 치료계획의 수립과 시행 및 평가에 관한 구성개념을 측정한다.

③ 척도 구성

㉠ 타당도 척도 23 기출

ICN (비일관성)	경험적으로 도출한 척도로 내용이 유사한 문항에 대한 수검자의 반응일치성을 평가하기 위한 척도
INF (저빈도)	무선반응, 무관심, 부주의, 정신적 혼란 또는 독해력 결함 등으로 인해 문항에 대해 제대로 반응하지 못한 수검자를 찾아내는 데 유용한 척도
NIM (부정적 인상)	바람직하지 못한 인상을 과장하기 위해 반응을 왜곡하거나 매우 기이하고 희한한 증상과 관련된 문항을 포함하고 있는 척도
PIM (긍정적 인상)	수검자가 매우 바람직한 방향으로 반응했거나 어떠한 사소한 결점도 부정하려는 내용으로 구성되어 있는 척도

㉡ 임상 척도 23 24 기출

SOM (신체적 호소)	신체적 기능 및 건강과 관련된 문제에 대한 관심을 반영하는 문항을 포함
ANX (불안)	불안을 경험할 때 공통적으로 나타나는 임상적 특징들을 측정
ARD (불안 관련 장애)	불안장애와 관련된 3가지 상이한 증후군의 임상적 특징을 측정
DEP (우울)	우울증후군에 공통적인 임상적 특징을 측정하는 척도
MAN (조증)	조증과 경조증의 임상적 특징을 측정하는 척도
PAR (편집증)	편집증인 사람들이 가지고 있는 증상적 및 성격적 요소와 관련된 특징적 현상을 측정하는 척도
SCZ (조현병)	조현병(정신분열증)의 다양한 측면을 측정하기 위한 척도
BOR (경계선적 특징)	심한 성격장애와 관련된 여러 특징을 평가하기 위한 척도
ANT (반사회적 특징)	반사회적 성격의 구성개념과 관련된 특징 및 행동을 평가하기 위한 척도
ALC (알코올 문제)	알코올의 사용, 남용, 의존과 관련된 행동과 그 결과를 평가하기 위한 척도
DRG (약물 문제)	약물사용, 남용, 의존과 관련된 행동과 그 결과를 평가하기 위한 척도

ⓒ 치료 척도 18 21 22 23 기출

AGG (공격성)	공격성, 분노, 적개심과 관련된 태도와 행동적 특징을 평가하기 위한 척도
SUI (자살관련)	죽음이나 자살과 관련된 사고 및 구체적인 계획 등에 관한 생각을 평가하기 위한 척도
STR (스트레스)	개인이 현재 경험하고 있거나, 최근에 경험한 생활 상황적 스트레스를 평가하기 위한 척도
NON (비지지)	사회적 관계의 가용성과 질을 포함한 지각된 사회적 지지의 부족을 평가하기 위한 척도
RXR (치료거부)	심리적·정서적 변화에 대한 개인적 관심과 관련된 속성과 태도를 평가하기 위한 척도

ⓔ 대인관계 척도 23 기출

DOM (지배성)	개인이 대인관계에서 통제적, 순종적 또는 자율적인 정도를 평가하기 위한 척도
WRM (온정성)	대인관계에서 관여하고 공감하는 정도와 거절적이고 불신하는 정도를 평가하기 위한 척도

④ 채점기준 17 기출
 ㉠ 누락된 응답이 17개 이상인지 확인한다.
 ㉡ 4개의 타당도 척도에서 반응일관성과 부주의, 무관심, 왜곡 등의 문제가 있는지 살펴본다.
 ㉢ 임상 척도에서 T점수 70 이상이면 정상집단으로부터 이탈되었다고 해석할 수 있다.
 ㉣ 수검자의 검사 프로파일을 24개 진단군의 평균 프로파일과 비교할 수 있다.
 ㉤ 모든 결정문항은 즉각적인 관심을 필요로 하는 행동이나 정신병리가 있다고 봐야 한다.
 ㉥ 꾀병을 시사하는 문항에 대해 시인할 경우 기만, 과장 또는 희귀한 해리장애나 기질적 장애와 관련된 실제적 증상일 가능성을 추적·평가해야 한다.

(11) 기질 및 성격검사(TCI ; Temperament and Character Inventory) 14 15 16 17 19 21 24 기출

① 개 요
 ㉠ 타고난 기질을 이해하고 기질을 바탕으로 환경과의 상호작용 속에서 발달한 성격을 파악하여 개인의 고유한 인성을 종합적으로 평가하는 심리검사를 말한다.
 ㉡ 클로닝거(Cloninger)가 심리생물학적 인성 모델에 기초하여 개발한 것으로서, 기존의 다른 인성검사들과 달리, 한 개인의 기질과 성격을 구분하여 측정할 수 있다는 장점이 있다. 이를 통해 한 개인의 사고방식, 감정양식, 행동패턴, 대인관계 양상, 선호경향 등을 폭 넓고 정교하게 이해할 수 있다.

② 척도 및 특징
 ㉠ 기질 척도 18 19 기출
  • 자극 추구 : 새롭거나 신기한 자극, 잠재적인 보상 단서 등에 강하게 반응하는 유전적 경향성으로 흥분과 보상을 추구하는 탐색 활동을 하며, 단조로움과 처벌은 적극적으로 회피한다. 두뇌의 행동 활성화 시스템과 도파민 기제와 관련되어 있다.

- 위험 회피 : 위험하거나 혐오스러운 자극에 강하게 반응하는 유전적 경향성으로 처벌이나 위험을 회피하기 위해 행동을 억제하며, 이전에 하던 행동도 중단한다. 두뇌의 행동 억제 시스템과 세로토닌 기제와 관련되어 있다.
- 사회적 민감성 : 사회적인 보상 신호에 대해 강하게 반응하는 유전적 경향성으로 사회적인 보상 신호에 의해 이전의 보상 또는 처벌 감소와 연합되었던 행동이 유지된다. 두뇌의 행동 유지 시스템과 노어에피네프린 기제와 관련되어 있다.
- 인내력 : 보상이 없을 때 혹은 간헐적으로만 강화되는 경우에도 한 번 보상된 행동을 꾸준히 지속하는 경향성을 말한다. 두뇌의 행동 유지 시스템과 관련되어 있다.

ⓒ 성격 척도
- 자율성 : 자신이 선택한 목표와 가치를 이룰 수 있도록 상황을 만들어 가는 능력으로 자기 행동에 대한 통제력, 조절력, 적응력과 관련되어 있다.
- 연대감 : 자기 자신을 사회의 통합적인 한 부분으로 지각할 수 있는 정도로 타인을 수용하고 공감하는 데 있어서의 개인차를 보여준다.
- 자기 초월 : 자기 자신을 우주의 통합적인 한 부분으로 지각할 수 있는 정도로 개인의 영성과도 관련되어 있다.

③ TCI 해석 절차
ⓐ 기질 및 성격차원의 개별적 평가 : TCI 기질 차원(자극추구, 위험회피, 사회적 민감성, 인내력) 각각의 점수에 따라 개인을 이해한다.
ⓑ 성격의 성숙도 및 적응수준 평가 : TCI 성격 차원 점수들의 높낮이와 조합을 고려하여 성격의 성숙도 및 적응수준을 평가하고, 현재 개인이 드러내고 있는 성격의 특성을 이해한다.
ⓒ 기질유형 평가 : TCI 기질 차원 점수들의 높낮이와 조합을 고려하여 개인이 어떤 기질유형을 가지고 있는지 평가하며, 성격 발달의 기반이 되는 요소들을 이해한다.
ⓓ 기질과 성격의 종합평가 : 기질 차원 및 성격 차원을 고려하여 개인의 종합적인 인성을 이해한다.

(12) 한국판 아동 · 청소년 행동평가척도(K-CBCL 6-18, Child Behavior Checklist) 18 기출

① 특 징
ⓐ 1983년 미국의 심리학자 Achenbach와 Edelbrock가 개발한 CBCL을 우리나라 오경자 등이 번역하여 표준화한 행동평가도구이다.
ⓑ 아동, 청소년기의 사회적 적응 및 정서나 행동문제를 부모가 평가하는 청소년 심리장애 진단 임상적 도구이다.

② 검사의 구성

전체 척도	하위 척도	
사회능력(적응) 척도	사회성, 학업수행, 총 사회능력	
문제행동 척도	문제행동 증후군 척도	내재화 척도 : 불안/우울, 위축/우울, 신체 증상
		외현화 척도 : 규칙 위반(규칙을 어기거나 사회적 규범에 어긋나는 문제행동을 충동적으로 하는 성향), 공격행동(언어·신체적으로 파괴적이고 공격적인 행동이나 적대적인 태도)
		사회적 미성숙, 사고의 문제, 주의집중 문제, 기타 문제
	DSM진단 척도	DSM정서문제, DSM불안문제, DSM신체화문제, DSM ADHD, DSM반항행동문제, DSM품행문제
	문제행동 특수 척도	강박 증상, 외상 후 스트레스 문제, 인지 속도 부진

03 투사적 검사

(1) 투사적 검사의 의의 및 특징

① 투사적 검사는 투사기법을 이용한 검사로, 객관적 검사와 달리 덜 구조화되어 있다. 이와 같은 특징을 강조하여 '비구조적 검사(Unstructured Test)'라고도 부른다.
② 성격에 대한 총체적인 접근을 통해 수검자 개인의 전체적인 성격을 그려내는 데 초점을 둔다.
③ 수검자의 반응에 제한을 가하지 않으며, 검사 지시문 또한 매우 단순하다.
④ 모호한 검사자극에 대한 수검자의 지각 및 해석 방식에서 수검자의 심리적인 특징이 표출된다.
⑤ 투사적 검사는 검사-재검사 신뢰도가 상대적으로 낮은 편이다.
⑥ 수검자의 이야기 속에 의식/무의식적 갈등이 표출된다고 가정된다.
⑦ 검사도구는 수검자에게 내재된 욕구, 갈등, 불안의 양상을 비롯하여 수검자의 사고방식이나 문제해결방식을 표출하도록 하는 일종의 스크린이 된다.
⑧ 대부분의 투사적 검사들은 정신분석이론에 상당 부분 영향을 받아 왔으나, 최근에는 현상학이론, 자극-반응이론, 지각이론 등의 개념을 도입하고 있다.
⑨ 투사적 검사에서의 투사는 개인의 주관적인 상태가 지각에 영향을 미치는 '통각(Apperception)'으로서의 의미를 가진다. 즉, 투사는 '지각에 대한 의미 있는 해석'으로, 개인의 주관적 지각에서 비롯되는 '통각적 왜곡(Apperceptive Distortion)'이라 할 수 있다.

(2) 투사적 검사의 유용성

① 개인별 독특성 발견

투사적 검사는 개인에 대해 질적으로 상이한 정보를 제공한다. 특히 수검자의 사례사, 발달과정, 가족배경, 성장환경 등을 통한 독특하고 다양한 반응을 유도하고, 의식화되지 않던 사고를 자극함으로써 수검자 개인에 대한 종합적인 정보를 입수할 수 있다.

② 통찰적 인상의 발견

투사적 검사는 수검자의 반응에 대한 해석과정에서 평정자 간에 차이가 발생할 가능성이 매우 높다. 그러나 검사에 대한 전문적인 훈련과 경험의 습득을 통해 수검자에 대한 통찰적인 인상의 발견이 가능하다.

③ 풍부한 자료의 제공

투사적 검사는 개인의 성격을 이해하는 데 매우 풍부한 자료를 제공한다. 정형화된 자기보고식 검사와 달리, 투사적 검사는 다양한 해석의 차원을 통해 수검자의 과거 경험 및 현재 상태에 대한 포괄적인 이해를 가능하도록 한다.

(3) 투사기법의 분류

① 연상기법 : 수검자에게 잉크반점이나 단어 등의 모호한 자극을 제시하여 해당 자극에서 연상되는 최초의 지각이나 이미지를 표현하도록 한다. 예 로샤 검사, 단어연상검사 등

② 구성기법 : 수검자에게 그림이나 조각, 문장 등을 제시하여 순서나 이야기를 구성하도록 한다. 예 주제통각검사 등

③ 완성기법 : 수검자에게 미완성된 그림이나 조각, 문장 등을 제시하여 하나의 완성된 작품으로 만들도록 한다. 예 문장완성검사 등

④ 표현기법 : 수검자에게 몇 가지 자극을 결합하여 새로운 것을 만들어내도록 한다. 예 인물화 검사, 집-나무-사람 그림검사 등

(4) 로샤 검사(Rorschach Test)

① 로샤 검사의 의의 19 23 기출

㉠ 로샤 검사는 1921년 스위스 정신과 의사인 로샤(Hermann Rorschach)가 『심리진단(Psychodiagnostik)』에 발표한 논문을 통해 세상에 소개되었다.

㉡ 로샤는 잉크반점(Ink-Blot)으로 된 카드 테스트에서 잉크반점기법이 조현병(정신분열증)을 진단하는 데 유효한 도구가 된다는 사실을 입증하였다.

㉢ 로샤는 자신의 연구가 개인의 성격 및 습관, 반응양상 등에 대한 유용한 정보를 제공하는 도구로 사용될 수 있음을 인식하고, 연구를 체계적으로 확장하고자 하였다.

㉣ 로샤는 검사 결과가 수검자의 무의식에 대한 깊은 통찰을 제공할 수 있다고 하였다.

㉤ 로샤 검사는 다양한 학자들에 의해 연구되었으며, 최근에는 엑스너(J. Exner)의 실증적 접근방법과 러너(Lerner)의 개념적 접근방법이 주류를 이루고 있다.

㉥ 종합체계 방식에서 엑스너가 이전의 접근방식들을 통합할 때 경험적인 근거를 바탕으로 실증적으로 입증된 부분과 연구 결과들만을 채택·종합하여 타당성 있고 신뢰할 수 있는 통합체계를 발전했다.

② 로샤 검사의 특징 20 23 기출

㉠ 로샤 검사는 대표적인 투사적·비구조적 검사로, 지각과 성격의 관계를 상정한다.

㉡ 개인이 잉크반점을 조직하고 구조화하는 방식이 근본적으로 그 사람의 심리적 기능을 반영한다고 본다.

㉢ 수검자는 그가 지각한 것 속에 자신의 욕구, 경험, 습관적 반응양식을 투사한다.

② 로샤 카드에서는 형태와 색채는 물론 음영에 대한 지각적 속성까지 고려한다.
⑩ 해석자의 판단에 있어서 옳고 그름을 판단하는 정답은 없다.
⑪ 우울증상이 있는 사람은 보통 음영차원과 무채색 반응의 빈도가 높게 나타난다.
⑫ 로샤 검사는 주관적 검사로서 신뢰도 및 타당도가 검증되지 못했으므로, 객관적·심리측정적 측면에서는 부적합하다.

③ **로샤 검사의 잉크반점카드(Ink-Blot Card)** 24 기출

㉠ 카드 Ⅰ
- 이 카드는 무채색으로, 평범(P)반응은 박쥐 또는 나비이다.
- 상당히 큰 검정과 회색의 잉크반점, 그리고 뚜렷이 구별되는 4군데의 백색 공간이 있다.
- 처음으로 제시되는 카드이므로, 수검자의 새로운 상황에 대한 대처방식을 살펴볼 수 있다. 즉, 수검자가 편안한 가운데 효율적으로 카드에 접근하는 경우, 수검자는 새로운 스트레스에 대한 적응력이 상대적으로 높은 것이다.
- 이 카드는 평범(P)반응이 쉽게 유도되나, 검정과 회색의 무채색으로 인해 우울감이나 불행감의 반응을 보일 수 있다.

㉡ 카드 Ⅱ
- 이 카드는 무채색에 부분 적색으로, 평범(P)반응은 동물이다.
- 두 개의 큰 회색빛이 도는 검은 영역으로 구성되어 있으며, 이것은 위아래에 세 개의 붉은 점에 연결되어 있다.
- 수검자는 적색을 피로 보기도 하며, 이를 통해 분노나 적개심, 심리적 고통의 반응을 보일 수 있다.
- 이는 수검자의 성(性)에 대한 관심 정도를 보여준다.

㉢ 카드 Ⅲ
- 이 카드는 무채색에 부분 적색으로, 평범(P)반응은 인간의 형상이다.
- 진한 검정 및 회색의 영역과 밝은 회색의 부분이 결합되어 있으며, 두 영역 사이에는 분명하게 형성된 붉은 부분이 있고, 그 위에는 두 개의 다른 붉은 부분이 있다.
- 두 번째 카드와 달리 반점의 형태가 명확히 분리되어 있으며, 이는 마치 두 사람이 서로 마주하고 있는 것처럼 보일 수 있다.
- 수검자가 이 카드에서 어려워하는 경우, 대인관계나 사회적 상호작용에 대해 부정적인 태도를 가지고 있는 것으로 볼 수 있다.

㉣ 카드 Ⅳ
- 이 카드는 무채색으로, 평범(P)반응은 인간 또는 거인이다.
- 온통 검정과 회색으로 상당히 그늘져 있으며, 반점은 육중하고 형태가 분명하다.
- 이른바 '아버지 카드(Father Card)'로 불리며, 크고 강하며, 권위적이고 위협적인 것을 연상시킨다.
- 수검자가 이 카드에서 어려워하는 경우, 권위나 권위적인 인물에 대한 열등감을 가지고 있는 것으로 볼 수 있다.

㉤ 카드 Ⅴ
- 이 카드는 무채색으로, 평범(P)반응은 박쥐 또는 나비이다.
- 온통 검정색으로 외곽선이 분명하며, 수검자에게는 비교적 쉬운 과제에 해당한다.

- 쉬운 과제에도 불구하고 수검자가 이 카드에서 어려워하는 경우, 카드 Ⅳ에서 경험한 불안의 감정이 지속된 것으로 볼 수 있다.

ⓑ 카드 Ⅵ
- 이 카드는 무채색으로, 평범(P)반응은 양탄자 또는 동물가죽이다.
- 그림자 부분이 명확히 제시되어 다른 어떤 카드에서보다 그림자가 두드러지게 나타난다.
- 많은 사람들에 의해 성기의 상징으로 해석되므로 이른바 '성 카드(Sex Card)'라고 불리며, 이를 통해 수검자의 성에 대한 태도를 살펴볼 수 있다.
- 인간관계에서의 친밀성을 연상시키기도 하므로, 이를 통해 수검자의 대인관계에 대한 태도를 살펴볼 수 있다.

ⓢ 카드 Ⅶ
- 이 카드는 무채색으로, 평범(P)반응은 인간의 얼굴 또는 동물의 머리이다.
- 전체의 반점은 가벼운 회색이며, 하단 가운데 부분에 아주 약간 더 진한 부분이 보인다.
- 하단 가운데 부분이 여성의 성기를 연상시키므로 '어머니 카드(Mother Card)'라고 불리며, 여성적인 것과 연관된 특성들을 대거 포함한다.
- 수검자가 이 카드에서 어려워하는 경우, 여성에 대한 부정적인 감정이나 여성과의 해결되지 못한 불안 등을 경험하고 있는 것으로 볼 수 있다.

ⓞ 카드 Ⅷ
- 이 카드는 전체가 유채색으로, 평범(P)반응은 움직이는 동물이다.
- 상단은 푸른색을 띤 회색 또는 초록을 띤 회색으로, 중앙은 푸른색으로, 하단은 핑크와 오렌지색으로 되어 있다.
- 대부분의 수검자는 앞선 카드들에 비해 쉽게 평범(P)반응을 보이며 안도감을 드러내기도 한다.
- 화려한 색상이 조각으로 나뉘어 흩어져 있으므로 이를 위협적인 것으로 느낄 수도 있으며, 수검자가 그와 같은 반응을 보이는 경우 복잡한 상황에서의 감정적 자극을 회피하고자 하는 것으로 볼 수 있다.

ⓩ 카드 Ⅸ
- 이 카드는 전체가 유채색으로, 평범(P)반응은 인간 또는 인간과 흡사한 형상이다.
- 오렌지, 핑크, 초록색의 색면들이 크고 윤곽이 모호한 상태로 서로 교차되어 있다.
- 색면의 구조, 색상의 혼합, 그림자 영역으로 인해 모호하고 산만하게 보이므로, 어떤 수검자들은 전체를 사용하여 하나의 반응을 나타내는 데 어려움을 느낀다.
- 가장 빈번하게 거부되는 카드로, 수검자가 이 카드에서 어려워하는 경우, 이와 같은 복잡한 상황을 좋아하지 않는 것으로 볼 수 있다.

ⓒ 카드 Ⅹ
- 이 카드는 전체가 유채색으로, 평범(P)반응은 게 또는 거미이다.
- 다양한 색이 여러 군데 산재해 있으며, 예술가의 팔레트 혹은 해저의 풍경이라고 말하지 않는 한 전체를 하나의 윤곽으로 파악하기 어렵다.
- 카드 Ⅸ 다음으로 어려운 카드로, 수검자들은 이 카드에서 전체가 아닌 부분을 선택하여 반응하는 경우가 많다.
- 수검자가 이 카드에서 어려워하는 경우, 많은 것을 동시에 처리하는 것에 압도되어 부담감을 느끼거나 검사 자체를 빨리 끝내고 싶어 하는 것으로 볼 수 있다.

④ 로샤의 잉크반점기법을 위한 10장의 카드

데칼코마니 양식에 의한 대칭형의 잉크얼룩으로 이루어진 무채색카드 5매, 부분적인 유채색 카드 2매, 전체적인 유채색 카드 3매로 모두 10매의 카드로 구성되어 있다.

순 서	색 상	평범반응
카드 I	무채색	박쥐 또는 나비
카드 II	무채색에 부분 적색	동 물
카드 III	무채색에 부분 적색	인간의 형상
카드 IV	무채색	인간 또는 거인
카드 V	무채색	박쥐 또는 나비
카드 VI	무채색	양탄자 또는 동물가죽
카드 VII	무채색	인간의 얼굴 또는 동물의 머리
카드 VIII	유채색	움직이는 동물
카드 IX	유채색	인간 또는 인간과 흡사한 형상
카드 X	유채색	게 또는 거미

⑤ 로샤 검사 단계 14 19 23 기출

구 분	내 용
자유연상 단계	• 수검자의 반응을 그대로 기록해 독특한 반응에 대한 정보를 얻는다. • 지시문은 간단한 것이 좋으며, 로샤 검사가 상상력 검사라는 잘못된 인상을 주어서는 안 된다. 상상력 검사라고 생각하는 경우, 수검자는 자신들이 지각한 것에 반응하기 보다는 연상한 것에 반응할 수 있기 때문이다. • 수검자의 반응을 암시하거나 유도해서는 안 된다. • X번 카드까지 표준적인 방법으로 실시했는데 전체 반응 수가 14개 미만인 짧은 기록일 경우 해석적인 가치가 줄어들 수 있으므로, 반응을 더 해달라고 부탁하고 검사를 다시 할 수 있다. • 반대로 수검자가 카드 I에 대해 5개의 반응을 한 후 더 많은 반응을 하려고 하면 다음 카드로 넘어간다. II번 카드까지는 5개 이상의 반응을 하려고 하면 이와 동일하게 개입한다.
질문단계	• 질문단계의 목적은 반응을 정확하게 기호화하고 채점하려는 것이다. • 검사자는 수검자가 어떤 결정인에 의해 해당 반응을 형성한 것인지 확인할 수 있는 질문을 한다. • 개방적인 질문을 통해 어떤 영역을 무엇 때문에 그렇게 보았는지 질문한다. • 검사자는 수검자의 이야기를 반응기록지에 기재한다. • 과도한 질문은 수검자의 저항과 거부감을 유발할 수 있으므로 삼간다. • 직접적으로 반응을 유도하는 질문은 적절하지 않다. 이는 이후 반응을 기술할 때 영향을 미칠 수 있다.
한계음미 단계	• 이 단계는 채점에 포함하지 않지만, 수검자의 상태를 좀 더 정확히 파악하기 위하여 사용하는 절차이다. • 대부분의 사람들이 많이 보고하는 평범반응을 수검자가 보고하지 않는 경우, 수검자가 그러한 반응을 볼 수 있는지를 평가할 수 있다. • 검사자는 평범반응이 나타나지 않은 2~3개의 잉크 반점을 선택한 후, 수검자에게 평범반응을 알려주고 수검자가 평범반응을 볼 수 있는지 확인할 수 있다. • 독창적인 반응을 하느라 평범반응을 하지 않은 수검자는 쉽게 평범반응을 지각하지만, 심하게 손상된 정신과 환자는 다른 사람들의 반응을 의아하게 생각함을 알 수 있다.

⑥ 로샤 검사의 채점 및 해석 15 16 19 20 21 기출
  ㉠ 반응의 위치(반응영역)
    • "수검자의 주된 반응이 어느 영역에 대해 일어나고 있는가?"
    • 검사자는 수검자의 반응영역 자체를 평가하는 동시에 그와 관련된 인지적 활동을 평가한다.

기 호	정 의	기준 내용
W	전체반응	• 반점 전체를 보고 반응하는 경우 • 아주 작은 부분이 제외되어도 W로 기호화할 수 없음
D	흔히 사용하는 부분에 대해 반응 또는 보통 부분반응	자주 사용되는 반점 영역을 보는 경우
Dd	드문 부분반응 또는 이상 부분반응(정상규준집단 5% 미만)	• 남들이 잘 보지 않는 부분이지만 검사자의 판단상 그럴듯하게 보일 경우 • W반응, D반응이 아니면 자동적으로 Dd로 기호화함
S	흰 공간 부분이 사용되었을 경우의 공백반응 또는 간격반응	• 카드의 여백을 본 경우 • 흰 공간은 다른 영역과 함께 사용하는 경우도 있고, 흰 공간만을 사용할 수도 있음 • 어떤 경우든 S는 단독으로 기호화할 수는 없음. 따라서 WS, DS 또는 DdS처럼 항상 다른 기호와 같이 사용함

  ㉡ 발달질
    • "반응의 질은 어떠한가?", "반응영역에서 발달수준은 어떠한가?"
    • 검사자는 수검자가 지각한 대상에 구체적인 형태가 있는지와 함께 그 대상들 간에 상호작용이 있는지를 평가한다.

기 호	정 의	기준 내용
+	통합반응	반점의 단일하거나 구분된 부분이 관련이 있는 하나의 반응에 조직되어 묘사된 것으로서, 구체적인 형태 특성으로 나타나는 경우
v/+	모호-통합반응	반점의 단일하거나 구분된 부분이 관련이 있는 하나의 반응에 조직되어 묘사된 것으로서, 구체적인 형태 특성으로 나타나지 않는 경우
o	보통반응	잉크반점이 구체적인 형체특성으로 묘사되어 대상의 윤곽과 함께 구조적인 양상을 보이는 경우
v	모호반응	잉크반점이 구체적인 형체특성 없이 묘사되어 대상의 윤곽이나 구조적인 양상을 보이지 않는 경우

ⓒ 결정인 16 17 19 기출

- "반응하기 위해 잉크반점의 어떤 부분이 사용되었는가?", "반응을 결정하는 데 영향을 미친 반점의 특징은 어떠한가?"

분류		기호 및 채점	해석
형태(Form)	F(형태반응)	형태를 단독으로 보고 반응할 때 채점	통제, 지연
운동 (Movement)	M(인간의 움직임 반응)	인간이 동작을 보이거나 동물이나 가공적 인물이 인간과 유사한 움직임에 채점	개념화, 욕구, 스트레스
	FM(동물의 움직임 반응)	동물의 움직임을 지각한 반응에 채점, 자연적이되 아닌 경우 M으로 채점	
	m(무생물의 움직임 반응)	생명력이 없는 사물 움직임에 채점	
	※ 운동반응은 능동적(적극적)인지 수동적(소극적)인지에 따라 a와 p의 기호로 표시하며, 의인화 표현일 때에는 사람으로 생각해야 함		
유채색 (Chromatic Color)	C(순수 색채반응)	반점의 순수색채만을 근거로 반응할 때 채점	정서 표현의 조정
	CF(색채-형태반응)	반점의 색채가 일차적 결정요인이고, 형태가 이차적일 때 채점	
	FC(형태-색채반응)	반응의 형태가 주요 결정요인, 색채가 이차적 개입일 때 채점	
	Cn(색채명명반응)	반점색채가 명명되고, 그 명칭에 관한 반응으로 채점	
무채색 (Achromatic Color)	C'(순수 무채색반응)	무채색이 반응 결정요인으로 작용	정서 억제
	C'F(무채색 형태반응)	무채색이 일차적 결정요인, 이차적으로 형태가 결정요인으로 작용할 때 채점	
	FC'(형태 무채색반응)	형태가 일차적 결정요인, 이차적으로 무채색이 결정요인일 때 채점	
음영-재질 (Shading-Texture)	T(순수재질반응)	반점의 음영이 개입없이 순수할 때 채점	애정 욕구
	TF(재질-형태반응)	반점의 음영이 재질을 나타낼 때 일차적으로 지각되고, 이차적으로 형태가 개입될 때 채점	
	FT(형태-재질반응)	형태에 따라 일차적으로 지각되고, 이차적으로 음영의 특징이 재질을 나타낼 때 채점	
음영-차원 (Shading-Dimension)	V(순수-차원반응)	차원이나 깊이만일 경우 채점	부정적 자기평가
	VF(차원-형태반응)	일차적으로 음영깊이·차원이 지각되고, 이차적으로 형태가 지각되는 경우 채점	
	FV(형태-차원반응)	형태가 일차적으로 결정되고, 깊이나 차원이 이차적 결정요인일 때 채점	
음영-확산 (Shading-Diffuse)	Y(순수-음영반응)	형태개입 없이 밝고 어두운 것에 따라 결정될 때 채점	불안감, 무력감
	YF(음영-형태반응)	밝고 어두운 것이 일차적으로 결정, 형태가 이차적 개입일 때 채점	
	FY(형태-음영반응)	주로 반점의 형태에 의존하여 반응이 결정되고, 이차적으로 음영 특징이 반응을 결정할 때 채점	

형태차원 (Form Dimension)	FD(형태에 근거한 차원 반응)	깊이나 거리, 차원의 인상이 반점의 크기나 모양을 근거로 결정될 때 채점, 이때 음영은 개입되지 않음	내 성
쌍반응(Pairs)/ 반사반응 (Reflections)	(2)(쌍반응)	반점의 대칭성에 근거하여 두 개의 동일한 사물을 지각할 때 채점	자기초점, 자아중심성
	rF(반사-형태반응)	반점의 대칭적인 성질에 근거하여 반사되거나 거울에 비친 모습을 나타낸다고 반응될 때 채점, 형태를 갖추지 않은 사물로 반응(그림자)	
	Fr(형태-반사반응)	반응의 대칭성에 근거하여 반사하거나 거울에 비친 모습으로 지각되는 경우 채점, 일정한 형태를 가진 사물로 반응	

ⓔ 형태질
- "반응이 잉크반점의 특징에 얼마나 부합하는가?"
- 검사자는 수검자가 사용한 반점 영역의 형태가 지각한 대상의 형태와 어느 정도 일치하는지 평가한다.

기 호	정 의	기준 내용
+	우수-정교한	형태를 매우 구체적으로 자세하게 묘사한 경우
o	보통의	대상을 묘사함에 있어서 쉽게 이해할 수 있는 방식으로 언급하는 경우
u	드 문	반점의 특징과 반응의 내용이 크게 부조화하지는 않지만 흔하지 않은 경우
-	왜곡된	반점의 특징에 대해 왜곡하고, 임의적·비현실적으로 반응을 형성하는 경우

ⓜ 쌍반응 및 반사반응
- "사물에 대해 대칭적으로 지각하고 있는가?"
- 검사자는 수검자가 반점에 대해 대칭을 근거로 하여 반응하고 있는지를 평가한다.
- 쌍반응 기호인 '(2)'는 다른 결정인과 형태질 기호의 오른쪽에 표시한다.
- 반사반응은 대상의 대칭성이라는 측면에서 쌍반응과 동일하나 해당 대칭이 반사된 것 또는 거울상이라는 점에서 다르다.

ⓑ 반응내용 23 기출
- "반응은 어떤 내용의 범주에 포함되는가?"
- 검사자는 수검자의 반응이 동시에 하나 이상의 대상을 포함하는 경우 반응에 포함된 내용들을 모두 기호로 표시한다.

기 호	반응내용	기 호	반응내용
H	사람의 전체 모습	Bt	식물 또는 식물의 부분, 새둥지
(H)	가공인물, 신화 속 인물, 유령, 요정	Cg	의복, 신발, 벨트, 안경
Hd	인체의 일부	Cl	구 름
(Hd)	가공인물 등의 불완전한 형태	Ex	불꽃놀이, 폭발, 폭풍
Hx	정서, 감각 경험	Fi	불, 연기
A	동물의 전체 모습	Fd	사람의 음식, 동물의 먹이
(A)	가공적·신화적 동물	Ge	지 도
Ad	동물의 불완전한 형태	Hh	가정용품, 주방기구, 램프, 양탄자

(Ad)	가공적·신화적 동물의 불완전한 형태	Ls	풍경, 산, 섬, 동굴, 바다 경치
An	골격, 근육, 해부학적 구조	Na	Bt와 Ls에서 제외된 자연환경 (태양, 달, 하늘)
Art	예술작품, 보석, 장식물	Sc	과학 및 과학적 산물 (자동차, 빌딩, 무기)
Ay	문화적·역사적 의미의 물건, 토템	Sx	성기관 및 성행동
Bl	사람이나 동물의 피	Xy	엑스레이 반응에 의한 뼈나 내부기관

ⓧ 평범반응 15 21 기출
- 10장의 로샤 카드를 보고 연상하는 반응 중 수검자 집단에서 반응빈도가 높은 13개의 반응을 말하며, P(Popular Response)로 기호화하고 반응내용의 기호 뒤에 기록한다.
- 객관적 기준에 따라 P와 유사하지만 완전히 일치하지 않거나, 반응내용과 사용한 영역이 일치하지 않는 경우는 배제한다.
- 정상 성인의 평범반응 범위는 5~8개 정도이며, 4개 이하의 평범반응을 보이는 경우 심각한 정신병리의 표현이거나 수검자의 독특한 인격적 특징으로 인해 관습적(경제적)인 방식으로 지각하지 못한다고 본다.

기호	평범반응	기호	평범반응
Ⅰ(W)	박쥐 / 나비	Ⅵ(W or D1)	동물가죽
Ⅱ(D1)	동물의 전체 형태	Ⅶ(D9)	얼굴(인간)
Ⅲ(D9)	인간의 모습	Ⅷ(D1)	동물전체
Ⅳ(W or D7)	거 인	Ⅸ(D3)	인간, 괴물
Ⅴ(W)	나비 / 박쥐	Ⅹ(D1)	게/거미

ⓞ 조직화 활동 16 기출
- 조직화 활동이란 수검자가 자극을 인지적으로 조직화하거나 또는 조직화하려 얼마나 노력했는가를 수치적으로 나타내는 것으로 Z점수를 통해 값을 매긴다.
- 조직화 활동 Z점수를 줄 수 있으려면 형태가 포함되어 있는 반응이어야 한다.
- 공백 공간을 포함하고 있는 반응에 대해 Z점수를 채점하려면 반점의 다른 영역도 포함하고 있어야 한다.

ⓩ 특수점수 14 17 18 22 기출

반응 내용에서 나타나는 특이한 면에 대해서 기호화하는 것으로, 종합체계 이전에는 내용분석의 대상이었던 여러 가지 반응 특징에 대한 수량화가 어느 정도 가능해졌다. 종합체계에서는 14가지의 특수 점수를 제시하고 있고, 그 분류는 다음과 같다.

특이한 언어반응 (Unusual Verbalization)	일탈된 언어표현	• DV(일탈된 언어표현) : 수검자가 신조어 조작을 보이거나 과잉 표현을 보일 때 채점 • DR(일탈된 반응) : 수검자가 부적절한 구를 사용하였거나 표현이 우회적일 때 채점
	부적절한 반응합성	• INCOM(조화되지 않는 합성) : 반점의 부분이나 이미지들이 부적절하게 하나의 대상으로 합쳐서서 압축하여 표현할 때 채점 • FABCOM(우화적인 합성) : 분명하게 분리되어 있는 두 가지 이상의 반점 영역들에 대해, 대상들이 있을 수 없는 방식으로 관계를 맺고 있는 것으로 지각하는 경우 채점 • CONTAM(오염 반응) : 부적절한 반응합성 중에서 가장 부적절한 반응을 하였을 때 채점 • ALOG(부적절한 논리) : 검사자가 유도하지 않았는데도 수검자가 자신의 반응을 정당화하기 위하여 설명할 때, 논리가 부적절하고 비합리적일 때 채점
반응반복 (PSV ; Perseveration)		• 같은 카드에 대해서 위치, 발달질, 결정인, 형태질, 내용 및 Z점수까지 모두 같은 반응이 연속적으로 나타날 경우 • 카드 간 내용이 반복될 경우 • 기계적으로 계속 대상을 보고하는 경우
통합 실패 (Integration Failure, CONFAB)		수검자가 반점의 어느 한 부분에 주의를 기울여 반응한 뒤, 이를 보다 큰 반점영역이나 전체 반점에 대해 일반화시키는 경우
특수내용 (Special Content)		• 추상적 내용(AB) : 수검자가 상징적인 표현을 사용하거나 인간의 정서, 감각적인 경험을 보고 하는 경우 • 공격적 운동(AG) : 운동반응에서 싸움, 파괴, 논쟁, 공격 등의 분명하게 공격적인 내용이 포함될 경우 • 협조적 운동(COP) : 운동반응에서 둘 또는 그 이상의 대상들이 협조적인 상호작용을 하고 있는 경우 • 병적인 내용(MOR) : 죽은, 파괴된, 손상된, 폐허가 된, 상처 입은, 깨어진 등의 대상으로 지각한 경우 • 개인적 반응(PER) : 수검자가 자신의 반응을 정당화하고 명료화하기 위하여 자신의 개인적인 지식이나 경험을 언급하면서 반응할 경우 • 특수한 색채 투사(CP) : 무채색 영역에서 유채색을 지각하는 경우

⑦ 구조적 요약 14 16 17 18 19 20 23 기출

㉠ 각 반응을 정확하게 부호화하고 채점하는 목적은 궁극적으로 구조적 요약을 완성하기 위함이다. 이러한 구조적 요약 자료들은 임상가가 수검자의 심리적 특성과 기능에 관한 가설을 세우고, 이러한 가설을 바탕으로 수검자의 성격적 특징과 임상진단에 관한 기술을 하도록 돕는다.

㉡ 구조적 요약은 먼저 각 반응을 순서에 따라 부호화 채점을 한 후에 각 반응의 빈도를 기록하고 비율, 백분율 총점수 등을 계산하는 순으로 한다.

- 구조적 요약 – 상단부

위 치	조직화 활동	3개 항목이 채점되어야 한다. • Z반응의 수, 즉 Zf(Z빈도) 기록 • 가중치를 부여한 Z점수의 총합(Zsum) 계산 • 가중치 Zest(최대Z값) 구하기
	영역기호	기본적인 영역기호 각각의 빈도 계산
	발달질	반응영역에 관계없이 발달질 기호 각각의 빈도 계산
결정인		결정인이 혼합된 경우를 제외하고는 각각 따로 기록, 혼합반응은 혼합반응란에 기록
형태질		• FQx : 기록에 포함된 모든 반응의 형태질을 평가 • MQual : 모든 인간운동반응의 형태질의 빈도 • W + D : W나 D영역을 사용한 모든 반응의 FQ빈도
내 용		내용 안에 27개의 항목이 있는데 일차반응과 이차반응으로 나누어 기록
접근방식 요약		구조적 요약의 오른편 상단에 있는 칸에 수검자가 사용한 반응의 원리를 순서대로 기록
특수점수		15개 특수점수 각각의 빈도 기록 • 6개 특수점수의 원점수의 합 구하기 • 6개 특수점수의 원점수에 가중치를 곱하고 더해서 WSUM6에 기록

- 구조적 요약 – 하단부

상단부에서 구해진 빈도들을 기초로 하여 비율이나 백분율, 가중점수 등이 구해진다. 이 점수들을 7개의 군집으로 나눈다. 가장 아랫부분에 6개 특수지표(PTI, DEPI, CDI, S-CON, HVI, OBS)가 있고, 이 지표들이 기준표에 따라 가장 나중에 계산된다.

핵심영역	Lambda, L(람다 L)	전체반응에서 순수형태반응이 차지하는 비율로 심리적 자원의 경제적 사용과 관련됨
	Erlebnistypus, EB(체험형 EB)	인간운동반응 M과 가중치를 부여한 색채반응 총점수 SumC와의 관계
	Experience Actual, EA(경험실제 EA)	개인의 가용자원과 관련 있는 변인으로, Sum M과 WSumC를 더하면 됨
	EB Pervasive, EBPer(EB 지배성)	의사결정에서 EB양식 중 우세한 양식이 있는지 나타내주는 비율
	Experience Base, eb(경험기초 eb)	모든 비인간 운동결정인(FM, m)과 음영 및 무색채 결정인의 관계
	Experience Stimulation, es(경험자극 es)	eb자료를 근거로 계산하고, 현재 수검자가 경험하는 자극과 관련 있음
	D Score, D(D점수)	EA와 es 간의 관계에 대한 중요한 정보를 제공해 주고, 스트레스에 대한 내성과 통제요소와 관련 있음

영역	지표	설명
핵심영역	Adjusted es, Adj es(조정 es)	D점수는 스트레스 인내도와 유용한 자원에 관한 정보를 제공해 줄 뿐만 아니라 이러한 요소들이 상황적 요소에 의해 영향을 받았는지를 알려준다. 이를 알아보기 위해서 es로부터 상황적 요인과 관련이 있는 모든 요소들을 제외하면 됨
	Adjusted D Score, Adj D(조정 D 점수)	EA-Adj es를 통하여 얻어진 원점수를 D 점수 환산표에 적용시켜 구함
관념영역	Active : Passive Ratio, a : p(능동 : 수동 비율)	관념과 태도의 융통성과 관련있는 것으로 왼쪽에는 능동 운동반응의 총반응수를, 오른쪽에서는 수동 운동반응의 총반응수를 적음
	M Active : Passive Ratio, $M^a : M^p$ (인간 운동, 능동 : 수동 비율)	사고특징과 연관되는데 인간 운동반응의 능동운동과 수동운동의 비율을 나타냄
	Intellectualization Index, 2AB + (Art + Ay) (*주지화 지표)	특수점수인 AB(Abstract), Art 및 Ay 반응내용 포함 ✅ **주지화** 불안통제와 긴장감소를 위해 본능적 욕구을 지적 활동에 묶어두는 심리적 작용을 말한다.
정서영역	Form-Color Ratio, FC : CF + C (형태-색채비)	정서의 조절과 연관되고, FC 결정인을 사용한 총반응수와 CF + C + Cn 반응수의 비율을 나타냄
	Constriction Ratio, Sum C' : WSumC	정서를 지나치게 내면화하는 것과 관련 있음
	Affective Ratio, Afr(정서비)	I-VII번 카드까지 반응수와 나머지 VIII-X번 카드까지의 반응수 비율로 수검자의 정서적 자극에 대한 관심을 나타냄
	Complexity Ratio, Blends : R(복합성 지표)	혼합반응의 수와 총반응수의 비율
중재영역	Form Appropriate Extended, XA+% (적절한 확대 형태)	형태 특성을 적절히 사용한 반응의 비율을 나타냄
	Form Appropriate-Common Areas, WDA% (적절한 일반 영역 형태)	W와 D영역을 사용한 반응들 중에서 형태 특성을 적절히 사용한 반응의 비율을 나타냄
	Distorted Form, X-% (왜곡 형태)	반점의 특징과 맞지 않게 형태를 사용한 비율을 나타냄, 현실 지각 왜곡 정도 평가
	Conventional Form Use, X+%(관습적 형태)	일상적인 대상을 지각한 반응 중 형태 특성을 적절하게 사용한 비율을 나타냄
	Unusual Form Use, Xu%(드문 형태 반응)	윤곽을 적절히 사용했지만 비관습적으로 사용한 반응의 비율을 나타냄

처리영역	Economy Index, W : D : Dd (경제성 지표)	W(전체)반응수, D(흔한)반응수, Dd(드문 부분)반응수의 비율
	Aspirational Ratio, W : M (기대 지표)	W(전체)반응수와 M(인간운동)반응수의 비율
	Processing Efficiency, Zd (과정 효율성)	Zd는 ZSum에서 Zest를 뺀 값으로 정보를 효율적으로 조직화하는 능력 평가
대인관계 영역	Interpersonal Interest, Human Cont. (대인관계 관심)	인간에 대한 관심에 관한 정보를 제공
	Isolation Index, Isolate/R (소외 지표)	사회적 고립과 관련된 것으로 식물, 구름, 지도, 풍경, 자연 등 다섯 가지 내용범주를 포함
자기지각 영역	Egocentricity Index, 3r + (2) / R (자아중심성 지표)	자존감과 관련이 있는 지표로, 전체 반응기록에서 반사반응과 쌍반응의 비율
특수지표	지각적 사고 지표(PTI)	왜곡된 사고와 부정확한 지각 정도 측정, 4개 이상 해당될 경우 산출 • XA% < .70 and WDA% < .75 • X−% > .29 • LVL2 > 2 and FAB2 > 0 • R < 17 and WSUM6 > 12 or R > 16 and WSUM6 > 17 • M− > 1 or X−% > .40
	우울증 지표(DEPI)	정서적·인지적 우울증 정도 측정, 5개 이상 해당될 경우 산출 • (FV + VF + V > 0) OR (FD > 2) • (Col − Shd Blends > 0) OR (S > 2) • (3r + (2)/R > .44 and Fr + rF = 0) OR (3r + (2)/R < .33) • (Afr < .46) OR (Blends < 4) • (Sum Shading > FM+m) OR (SumC' > 2) • (MOR > 2) OR (2 × AB + Art + Ay > 3) • (COP < 2) OR ([Bt + 2 × Cl + Ge + Ls + 2 × Na]/R > .24)
	대응결함 지표(CDI)	환경적 요구·스트레스 상황 대처 손상 측정, 4개 또는 5개 이상이면 산출 • (EA < 6) OR (AdjD < 0) • (COP < 2) and (AG < 2) • (Weighted Sum C < 2.5) OR (Afr < .46) • (Passive > Active + 1) Or (Pure H < 2) • (Sum T > 1) OR (Isolate/R > .24) OR (Food > 0)

특수지표	자살지표(S-CON)	자살가능성에 대한 정도 측정, 8개 이상 해당될 경우 산출, 14세 이상 수검자에게만 적용
		• FV + VF + V + FD > 2 • Color-Shading Blends > 0 • 3r + (2)/R < .31 or > .44 • MOR > 3 • Zd > + 3.5 or Zd < -3.5 • es > EA • CF + C > FC • X + % < .70 • S > 3 • P < 3 또는 P > 8 • Pure H < 2 • R < 17
	과잉경계 지표(HVI)	환경에 대한 예민성과 경계의 정도 측정, 1번을 만족시키고 아래 7개 중 최소한 4개가 해당될 경우 체크
		• (1) FT + TF + T = 0 • (2) Zf > 12 • (3) Zd > + 3.5 • (4) S > 3 • (5) H + (H) + Hd + (Hd) > 6 • (6) (H) + (A) + (Hd) + (Ad) > 3 • (7) H + A : Hd + Ad < 4 : 1 • (8) Cg > 3
	강박증 지표(OBS)	강박사고 및 행동의 정도 측정

		• (1) Dd > 3
		• (2) Zf > 12
		• (3) Zd > + 3.0
		• (4) Populars > 7
		• (5) FQ + > 1
		• 한 가지 이상 해당될 경우 체크
		  – (1)~(5) 모두 해당
		  – (1)~(4) 중에서 2개 이상이 해당되고 FQ + > 3
		  – (1)~(5) 중에서 3개 이상이 해당되고 X + % > .89
		  – FQ + > 3 AND X + % > .89

지식 IN

로샤 검사의 람다(L ; Lamda)값 16 18 23 기출

- 전체반응에서 순수형태반응이 차지하는 비율이다.
- 로샤 검사에서 람다(Lamda)는 경험에 대한 개방성 지표이다.
- 심리적 자원을 경제적으로 사용하는 것과 관련이 있다.
- 주변 환경에 관심을 기울이는 정도와 관심의 폭을 평가한다.
- 람다값이 .30~.99에 속하면 평균집단으로 분류되고 주의의 초점이 넓다.

⑧ 심리적 문제를 나타내는 Rorschach변인 16 기출

통제	• EA(Experience Actual : Sum M + WSumC) < 7 : 심리적 자원의 가용성이 낮음 • Adj D (adjusted D : D[= EA−es] − m − Y) < 0 : 심리적 스트레스를 경험하지만, 통제가 어려움 • Adj D (adjusted D) > 0 : 심리적 스트레스가 없음, 치료 동기가 낮을 수 있음 • L(Lamda : F/R−F) > .99 : 자극장에 참여가 낮음, 정보처리의 문제 시사 • L(Lamda) < .30 : 과잉포괄적 양식, 정서나 관념의 과도한 관여 • EB−style = ambitent : 사고, 문제해결, 결정과정에 영향을 미치는 정서적 측면이 일관되지 않음 • SumSh > FM + m : 정서적 스트레스
정서	• Shdshd(blends of shading) : 고통스럽고 혼란스러운 정서 경험 • WSumC < 2.5 : 정서적인 경험에 접근하려 하지 않음 • Afr < .40 또는 SumC' > WSumC : 정서적인 자극에 반응성이 낮음 또는 정서의 과도한 내재화 • CF + C > FC : 정서조절의 어려움 • FC > 1.5 CF + C, C = 0 : 정서적인 표현의 지나친 통제 • Blends < 4 : 복잡한 정서 자극을 다루는 데 있어 어려움 • S > 2 : 환경에 대한 부정적·반항적 태도
대인관계	• AG + COP < 3 : 사회적 상호작용에 관심이 적음 • AG > 3 : 사회적 상호작용에서 공격성 표현 예상 • Isol/R > .24 : 사회적 상호작용에 참여가 낮음 • Fd > 0 : 의존적 경향성 • H < 2 : 다른 사람과 동일시하는 능력이 낮음 • T = 0 : 밀접함에 대한 요구가 없음 • T > 1 : 밀접함에 대한 과도한 요구
자기지각	• Fr + rF > 0 : 나르시시적 특성 • Egoindex (3r+[pair]/R) < .33 : 부정적인 자기 가치감 • Egoindex > .44 : 자기 자신에게 지나치게 몰두함 • SumV + FD > 2 : 과도하고 고통스러운 자기 검열 • FD = 0 : 자기 검열 능력이 낮음 • MOR > 2 : 부정적이고 염세적인 자기상 • An + Xy > 2 : 신체와 자기상에 대한 반추
사고과정	• X−% > .29 : 지각적 왜곡 • S−% > .40 : 지각적 부정확성에 기여하는 분노 또는 부정적 경향성 • P < 4 : 명백한 상황에서 관습적인 반응이 적음 • Sum6 > 6, WSum6 > 17 : 사고 왜곡 • M − > 1 : 다른 사람을 지각하는 데 있어 왜곡 • Ma < Mp+1 : 환상의 과도한 사용 • Intell−index > 5 : 방어로서 주지화의 과도한 사용

(5) 주제통각검사(TAT) 15 16 22 기출

① TAT의 의의
  ㉠ 주제통각검사(TAT ; Thematic Apperception Test)는 로샤 검사와 더불어 전 세계적으로 널리 사용되고 있는 대표적인 투사적 검사이다.
  ㉡ 1935년 하버드대학의 머레이와 모건(Murray & Morgan)이 『공상연구방법론(A Method for Investigating Fantasies)』을 통해 처음 소개하였다.
  ㉢ 머레이는 기존의 아카데믹한 심리학이 인간 본성에 대한 실제적인 내용을 알려주지 못한다고 주장하며, 상상을 통해 인간 내면의 내용들을 탐구하는 새로운 검사방식을 고안하였다.

② 머레이는 프로이트(Freud)와 융(Jung)의 정신분석이론을 통해 '지각(Perception)'보다는 '상상(Imagination)'에 의한 반응이 우선한다는 점을 강조하였다.

⑩ 머레이는 융의 정신분석을 연구하던 모건과 함께 카드 형태의 TAT 도구를 개발하였으며, 이 카드는 1936년 처음 배포되기 시작하여 1943년 하버드 출판부에서 출판되었다.

ⓑ 3회의 개정을 거쳐 1943년에 출판된 31개 도판의 TAT 도구는 현재까지 그대로 사용되고 있다.

② TAT의 특징 14 18 23 기출

㉠ '통각(Apperception)'이란 '투사(Projection)'와 유사하나 보다 포괄적인 의미를 가진 것으로, '지각에 대한 의미 있는 해석'을 말한다. 즉, 통각은 지각에 의미가 부가되는 것으로, 외부세계에 대한 객관적인 지각 과정에 주관적인 요소가 개입된 통합적인 인식 과정으로 볼 수 있다.

㉡ TAT는 투사적 검사로, 자아와 환경관계 및 대인관계의 역동적 측면 등을 평가한다.

㉢ 정신분석이론을 토대로 수검자 자신의 과거 경험 및 꿈에서 비롯되는 투사와 상징을 기초로 한다.

㉣ 수검자가 동일시할 수 있는 인물과 상황을 그림으로 제시하여 수검자의 반응양상을 분석·해석한다.

㉤ 수검자는 그림을 보면서 현재의 상황과 그림 속 인물들의 생각 및 느낌과 행동, 과거와 미래의 상황들을 상상력을 발휘하여 이야기한다.

㉥ 수검자의 그림에 대한 반응을 통해 현재 수검자의 성격 및 정서, 갈등, 콤플렉스 등을 이해하는 동시에 수검자 개인의 내적 동기와 상황에 대한 지각 방식 등에 대한 정보를 얻을 수 있다.

㉦ 로샤 검사와 주제통각검사는 상호보완적으로 사용된다. 로샤 검사가 주로 사고의 형식적·구조적 측면을 밝히는 데 반해, 주제통각검사는 주로 사고의 내용을 규명한다.

㉧ TAT는 가족관계 및 남녀관계와 같은 대인관계 상황에서의 욕구 내용 및 위계, 원초아(Id), 자아(Ego), 초자아(Superego)의 타협구조 등을 파악할 수 있도록 한다.

㉨ 머레이는 TAT를 심리치료 과정의 첫 단계에 유용하게 사용할 수 있다고 제안하였다.

③ TAT의 기본가정

벨락(Bellak)은 TAT의 기본가정으로서 '통각(Apperception)', '외현화(Externalization)', '정신적 결정론(Psychic Determinism)'을 제시하였다. 특히, 벨락은 TAT에 대한 연구를 토대로 3~10세의 아동에게 시행할 수 있는 아동용 주제통각검사(CAT ; Children Apperception Test)를 고안하였다.

통각 (Apperception)	개인은 대상을 인지할 때 지각, 이해, 추측, 심상의 심리적 과정을 거쳐 대상에 대한 결론을 내린다. 통각은 객관적 자극과 주관적 경험의 상호작용으로 이루어진다.
외현화 (Externalization)	수검자는 전의식적 수준에 있는 내적 욕구와 선행 경험을 외현화 과정을 통해 의식화한다.
정신적 결정론 (Psychic Determination)	TAT를 비롯한 모든 투사적 검사는 자유연상의 과정을 포함하며, 검사 결과의 해석에 있어서 정신적 결정론의 입장을 따른다.

④ TAT의 구성 16 17 20 22 23 24 기출
   ㉠ 주제통각검사는 30장의 흑백그림카드와 1장의 백지카드 등 총 31장으로 구성되어 있다(아동용 주제통각검사 카드는 기본 9장, 보충 9장으로 구성).
   ㉡ 그림카드 뒷면에는 공용도판, 남성공용도판(BM), 여성공용도판(GF), 성인공용도판(MF), 미성인공용도판(BG), 성인남성전용도판(M), 성인여성전용도판(12F), 소년전용도판(B), 소녀전용도판(G)으로 구분되어 있으며, 한 사람의 수검자에게 20장을 적용할 수 있도록 구성되어 있다.
   ㉢ 숫자로만 표시되어 있는 카드는 연령과 성별의 구분 없이 공통적으로 적용될 수 있다.

도 판	내용 및 해석
1	• 한 소년이 탁자 위의 바이올린을 보면서 생각에 잠겨있다. • 주요 해석 : 부모와의 관계, 자율 및 권위에의 순응, 성취욕구, 성취를 이루는 방식
2	• 젊은 여인은 책을 들고 서 있고 남자는 들에서 일을 하고 있다. 나이든 여인은 나무에 기댄 채 먼 곳을 응시하고 있다. • 주요 해석 : 가족관계, 자립 및 복종, 성역할
3BM	• 한 소년이 마룻바닥에 주저앉아 소파 위로 고개를 파묻고 있고, 그 옆에는 권총이 놓여있다. • 주요 해석 : 공격성, 우울감, 엄격한 초자아
3GF	• 한 여인이 고개를 숙인 채 오른손으로는 자신의 얼굴을 가리고, 왼손으로는 나무로 된 문을 잡고 있다. • 주요 해석 : 우울감, 배우자 또는 부모와의 관계
4	• 한 여인이 남자의 어깨를 잡고 있으나, 그 남자는 몸을 돌린 채 그녀에게서 벗어나려는 듯 자세를 취하고 있다. • 주요 해석 : 남녀관계, 남녀 간의 역할 및 태도
5	• 중년의 여인이 문을 반쯤 연 채 방 안을 들여다보고 있다. • 주요 해석 : 자위행위, 두려움, 공포감
6BM	• 키 작고 나이든 여인이 등을 돌린 채 창밖을 바라보고 있는 반면, 키 크고 젊은 남자는 약간 어두운 표정으로 여인의 옆에 서있다. • 주요 해석 : 오이디푸스 콤플렉스, 모자갈등, 부부갈등
6GF	• 한 여인이 소파에 앉아 어깨 너머로 나이든 남자를 바라보고 있고, 그녀의 뒤에 있는 남자 또한 파이프를 문 채 그녀를 바라보고 있다. • 주요 해석 : 이성 간의 갈등, 남녀의 역할 및 태도
7BM	• 젊은 남자와 나이든 남자가 머리를 맞댄 채 무언가 이야기를 나누는 듯하다. • 주요 해석 : 부자 관계, 반사회적·편집증적 경향
7GF	• 나이든 여인이 어린 소녀에게 책을 읽어주고 있고, 그 소녀는 인형을 안은 채 다른 곳을 응시하고 있다. • 주요 해석 : 모녀 관계, 어머니 또는 자신에 대한 태도
8BM	• 한 청년이 정면을 응시하고 있고, 그 옆에 엽총의 총신이 보인다. 그 뒤로 마치 수술 장면인 듯한 사람이 누워있고, 몇 명의 남자들이 그 앞에 서있다. • 주요 해석 : 오이디푸스적 관계, 공격성, 성취동기
8GF	• 한 젊은 여인이 턱을 고인 채 어딘가를 바라보며 생각에 잠겨있다. • 주요 해석 : 현실의 어려움, 미래에 대한 상상
9BM	• 풀밭에 4명의 남자들이 편한 자세로 누워있다. • 주요 해석 : 사회적 관계, 동료 및 교우와의 관계
9GF	• 해변에서 한 젊은 여인이 드레스를 입고 어딘가로 달려가고 있고, 또 다른 여인이 한 손에 책을 든 채 나무 뒤에서 그녀를 바라보고 있다. • 주요 해석 : 자매 간 또는 모녀 간의 경쟁 및 적대감

10	• 남자와 여자가 서로 안고 있는 자세로, 여자는 남자의 어깨에 머리를 기대고 있다. • 주요 해석 : 자녀관계 또는 부부관계, 결혼생활의 적응
11	• 높은 절벽 사이로 길이 나 있고, 길 위의 바위벽 위로 용의 머리 형상이 튀어나와 있다. • 주요 해석 : 유아적·원시적 공포, 구강기적 공격
12M	• 젊은 남자는 눈을 감은 채 소파에 누워있고, 그 옆에 나이든 남자가 몸을 구부린 채 젊은 남자의 얼굴 위로 손을 뻗고 있다. • 주요 해석 : 수동적 동성애의 두려움, 수동성, 의존욕구
12F	• 젊은 여인이 정면에 위치하고, 그 뒤로 이상한 얼굴의 노파가 숄을 두른 채 그녀의 뒤에 있다. • 주요 해석 : 두 여자 간의 갈등, 고부갈등
12BG	• 인적 없는 숲속 시냇가에 조각배가 하나 있고, 그 옆에 나무 한 그루가 서있다. • 주요 해석 : 은둔 성향, 우울감, 자살성향
13MF	• 젊은 여자는 가슴을 드러낸 채 침대에 누워있고, 그녀 앞에 젊은 남자가 한 손으로 얼굴을 가리고 고개를 숙인 채 서있다. • 주요 해석 : 성적 갈등, 성적 학대에의 두려움, 부부갈등
13B	• 한 소년이 통나무집 문턱에 쪼그리고 앉아 있다. • 주요 해석 : 분리불안, 부모에 대한 애정욕구, 외로움
13G	• 한 소녀가 구불구불한 계단을 오르고 있다. • 주요 해석 : 혼자 일할 때의 외로움, 시간에 대한 태도
14	• 어두운 방안에서 한 남자가 빛이 들어오는 창문턱에 한쪽 발을 올려놓은 채 서있다. • 주요 해석 : 어둠에 대한 공포, 자살충동, 성적 정체성
15	• 이상한 모습의 한 남자가 묘비 앞에서 두 손을 꼭 쥔 채 서있다. • 주요 해석 : 죽음에 대한 공포, 죄책감, 우울감
16	• 백지카드 • 주요 해석 : 자유로운 투사, 수검자의 현재 상태와 느낌
17BM	• 한 남자가 벌거벗은 채 밧줄에 매달려 있다. • 주요 해석 : 오이디푸스적 공포, 야망, 과시경향
17GF	• 한 여인이 강물 위 다리 난간에 몸을 숙인 채 서 있고, 그 뒤로 큰 건물과 다리 아래로 남자 형상이 보인다. • 주요 해석 : 우울 및 불행에 대한 감정, 자살성향
18BM	• 한 남자가 뒤쪽으로 누군가의 손에 의해 붙잡혀 있다. • 주요 해석 : 남성의 공격성에 대한 두려움, 중독상태
18GF	• 한 여자가 계단 난간에서 다른 여자의 목을 손으로 받든 채 안고 있다. • 주요 해석 : 여성의 공격성에 대한 두려움, 모녀갈등
19	• 눈에 덮인 오두막집 위로 기괴한 형상의 구름이 걸려있다. • 주요 해석 : 불안, 안전에의 욕구, 환경적 어려움의 극복
20	• 한 남자가 어둠 속 가로등에 기대어 서있다. • 주요 해석 : 어둠 및 불안에 대한 공포, 외로움

⑤ TAT 시행 및 해석

㉠ TAT의 시행방법 15 18 19 22 기출
- 검사에 의한 피로를 최소화하기 위해 대략 한 시간 정도 두 번의 회기로 나누어 시행한다. 이때 회기 간에는 하루 정도의 간격을 두도록 한다.
- 보통 1~10번의 카드를 첫 회기에 시행하며, 나머지 11~20번의 카드를 다음 회기에 시행한다.
- 임상장면에서는 수검자의 임상적 상태에 따라 융통성 있게 지시할 수 있어야 한다.

- 검사자는 지시내용을 편안한 방식으로 전달해야 하며, 각 그림에 대해 "어떻게 해서 그림과 같은 상황이 일어나게 되었고, 그림에 나타난 인물이 어떤 생각과 느낌을 가지고 있을 것으로 보이고 앞으로 어떻게 될 것 같은가?"와 같은 의문 즉, 각 그림에 관한 과거, 현재, 미래, 및 인물의 생각과 느낌은 반드시 포함시켜야 한다.
- 지시문은 연령, 성격, 교육 수준, 지적 수준 및 환경에 따라 달리할 수 있다.
- 일반적으로 한 번 지시한 다음에는 더 자세하게 설명하거나 다시 지시하지 않는다.
- 수검자의 이야기에 결정적인 내용이 빠져있을 경우, 다시 지시하거나 보충할 필요가 있다.
- 다시 지시하거나 보충한 후에도 중요 사항이 빠지면 다시 지시하거나 질문할 필요가 없다.
- 반응이 적거나 저항이 강하거나 의심이 있는 수검자의 경우, 이 검사를 시행하기 전에 다른 검사를 시행하는 것이 자유로운 반응을 끌어내는 데 도움이 된다.
- 수검자가 검사 실시 동안 자유롭게 상상하고 이러한 공상을 언어로 표현하려면 수검자가 편안하게 느낄 수 있어야 한다.
- 검사자는 검사 도중 중립적이어야 하며, 수검자의 반응에 대해 검사자의 개인적인 감정반응을 말해서는 안 된다.
- 검사시행 후 이야기의 원천에 대해 질문해 보는 것이 도움이 된다. 그 주제에 대해 자유롭게 이야기하도록 한다. 이 경우 TAT 반응이 수검자로 하여금 자유로운 연상을 유도하고 의미 있는 경험을 의식화시키는 기회를 제공해 주고, 나아가서는 통찰력을 제공하는 기회도 주게 된다.
- 반응 기록방식은 검사자가 수검자의 말 그대로를 기록하는 방식이 가장 일반적이다. 다른 방식으로 수검자가 직접 기록하게 하는 방식, 기록보조자의 도움방식, 녹음방식이 있다.
- 검사는 검사자와 수검자 간에 관계형성(Rapport)이 이루어진 상태에서 시행하도록 한다.
- 검사자는 수검자에게 각 카드를 통해 어떠한 극적인 이야기를 만들어보도록 요구하며, 그에 대해 대략 5분 정도 이야기를 해줄 것을 요청한다.
- 16번 백지카드에서는 수검자가 어떤 그림을 상상하고 있는지 말해달라고 요청한다. 다만, 과도하게 상상력을 발휘할 것을 요구하여 수검자로 하여금 위협감을 느끼게 해서는 안 된다.
- 상상력이 결여된 수검자에게는 16번 백지 카드의 유용성이 제한될 수 있다.
- 카드에 없는 자극이나 대상의 언급에 주목해서 그 의미를 해석한다.

ⓒ TAT 해석의 기본가정
- 수검자가 제시하는 이야기의 구성요소는 내적인 상태와 인과관계를 맺고 있다.
- 수검자는 이야기 속의 가상적 인물을 통해 자신의 욕구와 갈등을 드러낸다.
- 수검자가 드러내는 욕구와 갈등은 종종 간접적·상징적인 방식으로 표출된다.
- 수검자의 이야기가 모두 동등한 가치와 중요성을 가지는 것은 아니다.
- 수검자의 이야기 중 특정 주제가 반복되어 나타나는 경우 그것이 수검자의 욕구와 갈등을 잘 반영하는 것일 수 있다.
- 이야기 속에 나타난 충동, 갈등과 외부 행동 사이에 상관관계가 있다.
- 이야기 내용은 수검자의 지속적인 기질과 갈등뿐만 아니라 그 상황의 순간적인 자극에 따라 일어난 충동과 갈등이 표현되며, 이 두 가지 내용이 동일한 방식으로 반영된다.

ⓒ TAT 해석의 방법 18 23 기출
- 표준화법(Hartman) : 수량화된 해석방법으로, 수검자의 반응을 항목별로 구분하여 표준화자료와 비교한다.
- 욕구-압력 분석법(Murray) : 주인공 중심의 해석방법으로서, 주인공의 욕구 및 압력, 욕구 방어 및 감정, 다른 등장인물과의 관계 등에 초점을 둔다. 일반적으로 가장 널리 사용되고 있다.
- 대인관계법(Arnold) : 이야기에 등장하는 인물들의 상호 관계를 중심으로 한 해석방법으로 이들 간의 공격성이나 친화성 등을 분석한다.
- 직관적 해석법(Bellak) : 해석자의 통찰적인 감정이입 능력이 요구되는 해석방법으로서, 수검자의 반응에서 나타나는 무의식적 내용을 *자유연상을 이용하여 해석한다.
- 지각법(Rapaport) : 이야기 내용에 대한 형식적 해석방법으로, 수검자의 왜곡적 반응이나 일탈된 사고, 기괴한 언어 사용 등을 포착한다.

✓ **자유연상**
마음속에 떠오르는 생각이나 감정을 걸러내지 않고 모두 말하는 것을 말한다.

⑥ 욕구-압력 분석법(Murray) 19 21 22 23 기출
ㄱ 분석 단계

단계	분석 요인	해석 과정
제1단계	주인공	수검자는 이야기 속 주인공에 자신을 동일시하므로, 검사자는 그 주인공이 누구인지 찾아낸다.
제2단계	환경 자극 또는 압력	검사자는 주인공의 행동을 유발하는 일반적 환경과 특수한 환경에 주의를 기울여 그 강도, 빈도 등 특징적 양상을 세밀하게 검토한다.
제3단계	주인공의 욕구 및 동기 그리고 행동	검사자는 이야기 속 주인공이 느끼고 생각하며 행동하는 것에 세심한 주의를 기울인다.
제4단계	심적 부착 (Cathexes)	검사자는 주인공이 가까이 하거나 멀리 하는 인물이나 사물, 관념이나 현상 등 주인공의 욕구나 압력의 대상이 되는 것들을 세밀하게 검토한다.
제5단계	내적 심리상태	검사자는 이야기 속에서 주인공이 경험하는 행복, 갈등, 비관의 양상을 포착한다.
제6단계	해결행동의 양식	검사자는 주인공이 환경 자극 또는 압력에 직면하는 경우 그 주인공의 반응 양상을 세밀하게 검토한다.
제7단계	결과 또는 결말	검사자는 주인공이 겪는 성공 또는 실패의 정도를 평가하며, 그 이야기가 행복 또는 불행의 결말로 이어지는지, 주인공의 갈등상태가 미해결된 상태로 지속되고 있는지 분석한다.

ㄴ 욕구의 목록

욕구의 방향	욕구 내용	
사물 또는 상황	• 성취의 욕구 • 인지의 욕구 • 구성의 욕구 • 흥분의 욕구 • 수동의 욕구 • 유희의 욕구 • 변화·여행·모험의 욕구	• 획득의 욕구 • 이해의 욕구 • 만회·극복의 욕구 • 섭식의 욕구 • 확보의 욕구 • 관능의 욕구

사람(타인)	• 친화의 욕구 • 지배의 욕구 • 양육의 욕구 • 인정의 욕구 • 성(性)의 욕구	• 공격의 욕구 • 전달의 욕구 • 구원의 욕구 • 거부의 욕구
타인의 행동에 대한 반응	• 자유·자율의 욕구 • 존경·복종의 욕구 • 방어의 욕구 • 비난 회피의 욕구	• 굴종의 욕구 • 은둔의 욕구 • 불가침의 욕구 • 해독 회피의 욕구

ⓒ 압력의 목록

압력의 방향	압력 내용	
사 람	• 착취의 압력 • 공격의 압력 • 존경의 압력 • 인지의 압력 • 확보의 압력 • 구원의 압력 • 공격-지배의 압력 • 가정불화의 압력 • 성(性)의 압력 • 지배-양육의 압력	• 친화의 압력 • 지배의 압력 • 모범의 압력 • 전달의 압력 • 배척의 압력 • 보상의 압력 • 사기·배신의 압력 • 경쟁의 압력 • 양육의 압력 • 형제출산의 압력
환 경	• 운명의 압력 • 자연적 또는 물리적 위험의 압력 • 주변 환경의 불행 또는 결핍의 압력	• 재해의 압력 • 사회적·이데올로기적 압력
주인공 자신	• 죽음의 압력 • 신체부전의 압력 • 욕구 좌절의 압력 • 죄의식의 압력	• 질병의 압력 • 심리부전의 압력 • 열등감의 압력 • 수술의 압력

⑦ TAT에서 나타나는 진단별 반응특징 15 19 기출

구 분	내 용
조현병 (정신분열증)	• 이야기 구조의 와해, 지각의 오지각, 기괴한 언어화, 일관된 주제의 결여, 환자 자신과 그림의 사건을 구별하지 못하는 거리감의 상실 등이 나타난다. • 내용상 사회적으로 수용될 수 없는 이야기(금기시된 공격, 성적도착 등), 불합리하고 기괴한 요소, 상반되는 내용, 망상적 자료, 엉뚱한 독백이나 상징주의 등이 표현된다. • 인물들은 감정의 깊이가 결여되어 있으며, 고립되어 있거나 철수되어 있다.
우울증	• 사고가 위축되어 있고, 반응과 언어가 느리며, 정동(기분)이 가라앉아 있다. • 이야기는 대개 자살사고, 고립감, 거부당함, 무가치함, 인물들의 무능력 등에 관한 주제를 포함한다.
경조증	• 언어 방출에 대한 압력, 사고 비약, *다행증 등으로 대단히 빨리 말한다. • 정신증적 수준에서 현실 검증력을 상실한 조증 환자들은 부인이라는 원시적 방어기제를 자주 사용하는데, 내용상 우울, 죄책감, 분노, 무기력 등이 부인되고 유쾌함, 평온함, 좋은 감정 등이 교대로 출현한다.

✓ 다행증

이유없이 병리적으로 행복감을 느끼는 증상을 말한다.

히스테리적 성격	• 두드러진 특징으로 정서적 가변성을 들 수 있다. 공포스럽거나 또는 예쁜 장면들에 대한 정서적인 반응이 급변하여 나타난다. • 언어적 표현에 있어서는 서술 자료를 지나치게 많이 사용하고, 이야기가 *양가적이다. • 내용상 피상적이고 성적인 내용이 많이 나타난다.
강박장애	• 이야기 길이가 길고, 수정을 많이 한다. • 검사자극에 대한 불확신감으로 인해서 지루하고 반추적이고 현학적인 이야기를 만들어낸다. • 어떤 경우에는 객관적으로 나타난 세부적인 것만 기술하고, 이야기를 만들 수 없다고 하기도 한다. • 내용도 주로 인물들의 주저와 망설임으로 표현하는 경우가 많고, 주제도 부지런함과 복종, 완벽함이 강조된다.
편집성 성격장애	• 일반적으로 회피적이고 검사의 목적을 의심한다. • 이야기가 자기 개인적인 것이 아님을 강조한다. • 단서에 과도하게 민감하고, 방어가 심하다. • 이야기가 매우 간결하며, 의심과 방어적 특성이 나타날 수 있고, 어떤 경우에도 이야기가 과대적이고 확산적인 조증 경향을 드러낼 수도 있다. 아니면 허위 논리를 중심으로 세세한 증거들을 수집, 언어화하여 자신의 결론을 정당화할 수도 있다. • 불신, 교활함, 사악한 외부의 힘에 대한 강조, 갑작스러운 인물의 변화 등이 나타난다. • 인물의 성이나 연령 등을 오지각 하는 경우를 자주 보인다.
불안상태	• 이야기가 간결하고, 행동이 극적이며, 강박적이다. • 양자택일의 상황이 자주 나타난다. • 모호, 주저, 당황을 암시하는 표현이 많다. • 도판 내의 인물과 직접적 동일시를 한다. • 검사자에게 불안 섞인 질문을 자주 한다. • 내용상으로 갈등, 욕구좌절, 비극 등이 흔히 나타난다.

✓ **양가적**
한 가지 대상에 대한 상반되는 감정을 말한다.

(6) 인물화 검사(DAP ; Draw A Person) 15 16 21 기출

① 의 의
  ㉠ 구디너프(Goodenough)의 인물화 검사
    1926년 아동용 지능검사도구로 인물화 검사를 고안하였는데, 주로 세부 묘사를 얼마나 많이 했는가를 측정의 대상으로 삼아 지능에 대해서 연구하였다.
  ㉡ 마코버(Machover)의 인물화 검사
    • 인물화는 그리는 사람의 성격의 중요한 측면을 나타낸다고 지적하였다.
    • 인물화로써 성격의 중요 부분을 진단할 수 있다.
  ㉢ 레비(Levy)의 인물화 검사
    자아개념, 주위환경의 인물, 이상적 자아상, 습관과 정서, 인성과 사회에 대한 전반적인 태도를 측정할 수 있다고 주장하였다.

② 인물화 기법의 장점
  ㉠ 실시하기 쉽다.
  ㉡ 연필과 종이, 지우개 이외의 재료가 없다.
  ㉢ 한 시간 이내로 가능하다.
  ㉣ 운동신경을 매개로 한다.

ⓜ 외국인에게도 실시할 수 있으며, 문맹자도 가능하다.
　　ⓗ 검사의 목적이 숨겨져 있으므로 솔직할 수 있다.
③ 도구 및 실시방법
　　㉠ 흰종이 한 장과 연필을 제시하고 "사람을 그리세요."라고 요구하며, 남·여성에 대한 지시는 하지 않는다.
　　㉡ 한 장을 그리고 난 후, 그린 사람의 성별을 묻고 그린 성별의 사람과 반대되는 성별의 사람을 그릴 것을 요구한다.
　　㉢ 그림에 대한 표현은 피검사자의 자유로운 선택에 맡기도록 하며, 질문에 구체적인 대답은 하지 않도록 한다.
　　㉣ 그림이 완성되고 나면 나이, 성격, 배경, 신분 등에 대한 질문을 한다.
④ 주의할 점
　　㉠ 검사시간은 제한이 없으나 그리는 데 10분 내지 30분가량 걸린다.
　　㉡ "당신에게 달려있으니 당신 마음대로 그리세요."라고 말하며 아무런 지시도 하지 않는다.
⑤ 해석목록

그림을 그리는 과정	• 그림을 그리는 순서 • 그림 그리는 태도 • 지움(수정, 생략)	
전체적인 인물상	• 인물상의 균형, 대칭, 비례 • 나체상인가, 대칭성이 있는가, 도화지 속의 균형, 옆모습인가 정면인가 등	
기 타	• 인물상의 크기 • 인물상의 음영과 완성되지 않은 그림	• 인물상의 방향 • 세부묘사 등

⑥ 해석방법
　　㉠ 임상적 해석방법
　　　• 인물의 순서
　　　• 그림의 크기 및 위치
　　　• 인물의 동작
　　　• 왜곡이나 생략
　　　• 각 신체 부분들이 의미하는 상징
　　　• 필압 등을 분석하여 수검자의 심층심리적 특성 진단
　　㉡ 신체도식과 자의식으로서 특징

크 기	• 인물의 크기가 작으면 개인은 위축되고 작게 느끼고 있으며, 환경의 요구에 대해 열등감과 부적당감을 느끼는 경우임 • 인물의 크기가 크면 우월한 자아상, 공격적 태도로 환경과의 관계를 맺는 경우임
신체형상의 배치	• 중앙위편 : 자아에 대한 불확신감, 혹은 긴장감 • 왼편 : 자의식이 강하거나 내향적 경향 • 중앙 아래편 : 안정되어 있는 평온상태, 또는 우울감, 패배감 • 오른편 : 저항, 적개심이 가능함 • 중앙 : 자율적, 적응적, 자아중심적인 경향

선처리	• 자의식이나 불안의 정도를 나타냄 • 필압이 증가되는 것은 스트레스를 표명 • 분명한 윤곽선은 건강한 상태와 관련 • 끊어지거나 여러 번 그은 선은 불안 표시
음영처리	• 신체부분의 음영은 불안을 나타내며, 음영이 강할수록 더 불안함 • 얼굴음영 : 매우 혼란한 부정적 자아상 • 팔의 음영 : 공격적 충동 • 손의 음영 : 도벽의 경향 • 신체부분의 음영은 그곳을 가리고 싶은 욕구 • 사람형상에서 생동감 있게 보이고자 하는 기법으로 단순히 사용하기도 함
지우기	• 지우기는 음영처리와 같은 의미 • 불안의 척도 • 불안과 전혀 관계없다고 보기도 함
생 략	• 정신병자와 어린아이들에게서 자주 표현됨 • 방어와 후퇴의 척도 • 신체의 중요한 부분을 삭제하는 것은 심한 퇴행과 관련 • 정신분열 환자에게서 자주 나타남 • 눈의 생략 : 현실도피, 현실기피 • 입의 생략 : 사회적 접촉기피(언어적) • 팔의 생략 : 적개심이나 성적 충동에 의한 죄책감
왜 곡	• 심한 정서적 장애 • 유도된 불안과 관련 • 어린이, 청소년, 병원환자, 성범죄자의 그림에 나타남

ⓒ 인물화의 인성영역과 정서적 측면

충동성 문제	신체의 불균형, 큰 형상, 목 생략, 미숙한 통합성
불안정, 부족감	기운 형상, 아주 작은 머리, 잘린 손, 괴물이나 기괴한 형상, 팔과 다리와 발의 생략
불 안	얼굴, 신체에 음영처리, 손과 목의 음영처리, 다리를 붙인 형태, 구름, 비, 날아다니는 새
소심함, 부끄러움	아주 작은 형상, 짧은 팔, 몸에 바짝 붙어있는 팔, 코 생략, 입 생략
의기소침함, 낙심	아주 작은 형상, 짧은 팔, 눈 생략
분노, 공격성	어긋난 눈동자, 치아, 긴 팔, 큰 손, 벗은 형상
초등 저학년의 미숙한 학업성취	15도 이상 기운 형상, 괴물이나 기괴한 형상, 세 개나 네 개의 형상을 즉흥적으로 그림, 신체, 팔, 입의 생략
불안을 나타내는 척도	유별나게 큰 머리, 머리카락이 강한 음영처리, 비정상적으로 큰 눈이나 음영이 많이 든 눈이나 사시를 그린 눈, 길이가 다른 두 팔, 기운형상, 다른 성을 그리는 경우, 크거나 작게 그린 경우

(7) 집-나무-사람 그림검사(HTP ; House-Tree-Person) 14 15 16 21 24 기출

① HTP의 의의
- ㉠ 인류가 언어 사용 이전에 그림을 통해 의사소통을 해온 바와 같이, 그림이 언어보다 인간의 정서표현에 더욱 가깝다고 볼 수 있다. 따라서 인간의 보다 원시적이고 무의식적이며 심층적인 심상은 그림을 통해 더 잘 반영된다.
- ㉡ 집-나무-사람 그림검사는 1948년 벅(Buck)이 처음 개발한 투사적 그림검사로, 수검자가 자신의 개인적 발달사와 관련된 경험을 그림에 투사한다는 점에 기초한다.
- ㉢ 해머(Hammer)는 HTP를 임상적으로 확대 적용하였으며, 코피츠(Koppitz)는 투사적 채점 체계를 제시하였다.
- ㉣ 번스와 카우프만(Burns & Kaufman)은 기존의 HTP를 변형하여 동작성 HTP(Kinetic-HTP)를 고안하였다.

② HTP의 특징
- ㉠ HTP는 수검자의 무의식과 관련된 상징을 드러내줌으로써 더욱 풍부한 정보를 제공한다.
- ㉡ HTP는 기존의 인물화 검사(DAP ; Draw-A-Person)에 의한 결과보다 더 많은 정보를 입수할 수 있으므로 개인의 성격구조를 이해하는 데 효과적이다.
- ㉢ HTP의 집, 나무, 사람은 수검자의 연령과 지식수준 등을 고려할 때 다른 어떠한 주제보다도 받아들이기 쉽다. 즉, HTP는 사실상 모든 연령의 수검자에게 실시가 가능하며, 특히 문맹자에게 적합하다.
- ㉣ 검사 자체가 간접적이므로, 수검자는 검사자가 요구하는 바를 알지 못하여 보다 솔직하고 자유롭게 반응한다.
- ㉤ 수검자의 그림은 모호하고 구조화되지 않은 것이므로, 반응을 해석하는 데 어려움이 따른다.
- ㉥ 일반적으로 집은 가정생활이나 부부관계, 가족 간의 상호작용을 반영하며, 특히 아동기 부모와의 관계를 나타낸다.
- ㉦ 나무-사람은 대인관계, 타인에 대한 감정 등을 반영하며, 특히 자신의 신체상(Body Image) 및 자기상(Self Image)을 나타낸다.
- ㉧ '나무'나 '사람' 그림은 주로 성격의 핵심 갈등 및 방어에 대한 정보를 제공해준다. '사람그림'이 보다 의식적인 측면을 반영하는 반면, '나무그림'은 더 깊고 무의식적인 감정을 반영해 준다.
- ㉨ HTP는 수검자의 여러 가지 반응들에 대해 총체적인 관점에서 해석이 이루어져야 하며, 어느 하나의 측면에 집중해서는 안 된다.
- ㉩ 로샤 검사(Rorschach Test)나 주제통각검사(TAT)가 제시된 자극에 대해 수검자가 어떻게 반응하는지 수검자의 수동적인 반응 과정으로 전개되는 반면, HTP는 수검자가 직접 반응을 구성해 가는 능동적인 반응 과정으로 전개된다.
- ㉪ 로샤 검사나 주제통각검사가 언어 또는 이야기를 매개로 하는 반면, HTP는 언어적인 표현을 전제로 하지 않으므로, 비언어적인 방식으로 표출되는 성격의 단면을 포착하는 것이 가능하다.
- ㉫ HTP를 통해 개인의 무의식이나 방어기제를 탐색하는 것이 가능하며, 특히 아동의 성격을 이해하는 데 매우 유효하다.

③ HTP의 시행 15 16 22 23 기출
  ㉠ 그림 단계
    • 검사자는 백지 4장, 연필, 지우개, 초시계를 준비한다.
    • 검사자는 수검자에게 그림을 잘 그리고 못 그리는 것이 중요하지 않으므로, 자유롭게 그릴 것을 요구한다.
    • 검사는 '집 → 나무 → 사람' 순으로 한다. 특히 중성적 자극에서부터 점진적으로 자기상으로 접근하는 방향으로 전개한다.
    • 처음 집을 그리도록 할 때에는 용지를 가로로 제시하며, 이후 나무나 사람, 반대 성(性)의 사람을 그리도록 할 때에는 용지를 세로로 제시한다.
    • 수검자가 사람을 그릴 때 전신을 그리도록 요구하며, 만화적으로 그리거나 뼈대만 그리지 않도록 한다.
    • 검사자는 수검자의 반응을 상세히 기록한다. 수검자가 편안한 상태인지 또는 긴장한 상태인지, 충동적으로 그리는지 또는 조심스럽게 그리는지 등 수검자의 검사 태도는 물론 수검자가 한 말과 함께 각 그림마다 소요된 시간까지 함께 기재한다. 이는 모호한 상황에서 수검자가 어떻게 대처하는지 파악하도록 해준다.
  ㉡ 질문단계
    • 그림이 완성된 경우 검사자는 수검자에게 그 그림에 대해 자유롭게 이야기를 해보도록 요구하며, 중요한 사항들에 대해 질문한다.
    • 질문의 목적은 수검자가 그림을 통해 표출하는 개인적인 의미, 즉 현상적 욕구나 갈등, 압박의 투사를 알아보기 위한 것이다.
    • 검사자가 집, 나무, 사람과 관련하여 수검자에게 할 수 있는 질문은 매우 다양하며, 대표 질문은 다음과 같다.

집 (House)	• 집의 재질은 어떻습니까? • 이 집은 누구의 집입니까? • 이 집에 누구와 함께 살고 싶습니까? • 이 집에 대해 어떻게 생각합니까? • 당신이 살고 있는 집은 이 집보다 큽니까 아니면 작습니까? • (굴뚝이 있는 경우) 굴뚝의 연기는 어느 방향으로 흐릅니까? • (나무가 있는 경우) 나무를 그린 이유는 무엇입니까? • (도로가 있는 경우) 도로는 어디로 통합니까?
나무 (Tree)	• 나무는 어떤 종류입니까? • 나무가 살아있습니까 아니면 죽어있습니까? • 잎과 가지가 무성합니까 아니면 메말라 있습니까? • 이 나무는 남자입니까 아니면 여자입니까? • 나무는 한 그루입니까 아니면 여러 그루입니까? • 나무는 큽니까 아니면 작습니까? • (바람이 있는 경우) 바람은 어느 방향에서 불어옵니까? • (새가 있는 경우) 새는 누구를 나타내는 것입니까?

사람 (Person)	• 이 사람은 남자입니까 아니면 여자입니까? • 이 사람의 나이는 어떻습니까? • 이 사람은 누구입니까? 친구인가요 아니면 친척인가요? • 이 사람은 행복합니까 아니면 불행합니까? • 이 사람의 장단점은 무엇입니까? • 이 사람에게 가장 필요한 것은 무엇이라고 생각합니까? • 이 사람은 지금 무엇을 하고 있습니까? • (옷을 입고 있는 경우) 이 사람이 입고 있는 옷은 어떤 옷입니까?

④ HTP의 해석

㉠ 구조적 해석 18 22 기출

- 검사 소요시간
  - 일반적 소요시간 : 하나의 그림을 완성하는 데 대략 10분 정도 소요
  - 과도하게 빨리(2분 이내) 또는 느리게(30분 이상) 그린 경우 : 수검자의 갈등과 연관됨
  - 오랜 시간 소요 : 완벽 성향, 강박 성향
  - 어려움 호소 : 낮은 자존감, 우울감
- 그림의 순서
  - 일반적 순서 : 집의 경우 '지붕 → 벽 → 문 → 창문', 인물의 경우 '얼굴 → 눈 → 코 → 입 → 목 → 몸 → 팔 → 다리'
  - 일반적 순서와 다르게 그린 경우 : 사고장애, 발달장애
  - 얼굴의 내부를 먼저, 윤곽을 나중에 그린 경우 : 평소 타인과의 대인관계에 문제가 있음
  - 그림을 지우고 새로 그린 경우 : 해당 영역이 상징하는 것과 관련하여 열등감이나 가장 성향을 지니고 있음
- 그림의 크기
  - 일반적 크기 : 종이 크기의 2/3 정도 사용
  - 그림을 과도하게 크게 그린 경우 : 공격성, 과장성, 낙천성, 행동화 성향, 자기 확대의 욕구 등
  - 그림을 과도하게 작게 그린 경우 : 열등감, 불안감, 위축, 낮은 자존감, 의존성 등
- 그림의 위치
  - 일반적 위치 : 종이 가운데
  - 가운데 : 적정 수준의 안정감, 융통성의 부족
  - 위 : 높은 욕구, 목표달성에 대한 스트레스, 공상적 만족감
  - 아래 : 불안정감, 우울성향, 실제적인 것을 선호하는 성향
  - 왼쪽 : 충동성, 외향성, 변화의 욕구, 즉각적 만족추구 성향
  - 오른쪽 : 자기 통제적 성향, 내향성, 지적 만족추구 성향
  - 구석 : 두려움, 위축감, 자신감 결여
- 그림의 선
  - 수평선 : 여성성, 두려움, 소극적·자기 방어적 성향
  - 수직선 : 남성성, 결단성, 활동적·자기 주장적 성향
  - 직선 : 경직성, 완고함, 공격성
  - 곡선 : 유연성, 관습 거부 성향

- 길게 그린 선 : 안정성, 결단성, 높은 포부수준
- 끊긴 곡선 : 의존성, 우유부단함, 복종적 성향
- 선에 음영 : 불안정성, 불안감, 민감성, 신중함
- *필 압
  - 에너지의 수준을 보여준다.
  - 일반적 필압 : 강(强) 또는 약(弱)의 유연한 필압 사용
  - 필압의 계속적인 변화 : 낮은 안정감
  - 강한 필압 : 공격성, 독단성, 자기 주장적 성향, 극도의 긴장감, 뇌염 또는 간질 상태 등
  - 약한 필압 : 위축감, 두려움, 우유부단, 자기 억제 성향, 우울증 상태 등

> **필 압**
> 글씨를 쓰거나 그림을 그릴 때 손에 쥔 도구 끝에 주는 압력을 말한다.

- 그림의 세부묘사
  - 세부묘사의 의미 : 일상생활에서 실제적인 면을 의식 또는 처리하는 능력
  - 생략된 세부묘사 : 위축감, 우울 성향
  - 과도한 세부묘사 : 강박성, 자기 억제 성향, 주지화 성향
  - 부적절한 세부묘사 : 위축감, 불안감
- 그림의 대칭성
  - 대칭성 결여 : 불안정성, 신체적 부적응감, 정신병적 상태, 뇌기능장애
  - 대칭성 강조 : 경직성, 강박성, 충동성, 융통성 결여, 편집증적 성향
- 그림의 왜곡 또는 생략
  - 왜곡 및 생략 : 불안감, 내적 갈등
  - 극단적 왜곡 : 현실 검증력 장애, 뇌손상 또는 지적장애
- 동적 또는 정적 움직임
  - 경직된 모습 : 우울감, 위축감, 정신병적 상태
  - 극단적 움직임 : ADHD(주의력결핍 과잉행동증후군), *경계선 성격장애

> **경계선 성격장애**
> 정서·행동·대인관계가 매우 불안정하고 변동이 심한 이상 성격으로 감정의 기복이 심한 장애를 말한다.

- 절 단
  - 용지 하단에서의 절단 : 강한 충동성 또는 충동성의 억제
  - 용지 상단에서의 절단 : 주지화 성향, 지적인 면에서의 강한 성취욕구
  - 용지 왼쪽에서의 절단 : 의존성, 강박성, 과거에의 고착, 감정의 솔직한 표현
  - 용지 오른쪽에서의 절단 : 행동에 대한 통제, 미래로의 도피 욕구, 감정 표현에의 두려움
- 음 영
  - 음영의 의미 : 불안 또는 갈등 수준
  - 진하게 칠한 음영 : 불안 및 강박에 의한 우울감, 미숙한 정신상태로의 퇴행
  - 연하게 칠한 음영 : 대인관계에서의 과민성
- 그림 지우기
  - 빈번한 지우기 : 내적 갈등, 불안정, 자신에 대한 불만
  - 반복적 지우기에도 그림이 개선되지 않음 : 특별한 불안 또는 갈등

- 종이 돌리기
  - 이리저리 돌리기 : 반항성, 내적 부적절감
  - 계속 같은 방향으로 돌리기 : 하나의 개념에 얽매인 보속성
- 투시화
  - 투시화의 의미 : 성격 통합 상실, 현실검증장애, 병적 징조
  - 신체 내부의 장기 투시 : 조현병(정신분열증)

ⓒ 내용적 해석 14 18 기출

- 집

분류	내용
문	• 환경과의 직접적 접촉의 성질 및 상호작용의 정도 • 문이 없는 경우 : 가족 간 거리감, 고독감 • 문이 활짝 열린 경우 : 온정을 느끼고 싶은 강렬한 욕망 • 문이 측면에 그려진 경우 : 신중성, 현실도피 성향 • 문이 집에 비해 작은 경우 : 사회성 결핍, 무력감, 현실도피 성향 • 문에 잠금장치를 강조한 경우 : 방어적 성향, 의심증, 망상증
창문	• 환경과의 간접적 접촉의 성질 및 상호작용의 정도 • 창문이 없는 경우 : 대인관계 곤란 • 창문과 문이 모두 없는 경우 : 정신분열 • 창문이 많은 경우 : 타인과 친밀해지고 싶은 욕망
지붕	• 생활의 환상적 영역, 공상적 활동, 자기 자신에 대한 관념 • 지붕이 큰 경우 : 환상·공상에 몰두, 대인관계에 대한 무관심 • 지붕과 벽을 함께 그린 경우 : 심한 환상적·공상적 사고, 정신분열 • 지붕이 없는 경우 : 심각한 위축성, 지적장애 • 지붕이 파괴되거나 금이 간 경우 : 억압된 자기 통제력
굴뚝	• 가족 내 관계, 애정욕구, 성적 만족감 • 작은 연돌 : 거세불안, 성적 무능력감 • 많은 연돌 : 남근선망, 대인관계 욕구 • 굴뚝에서 연기가 나는 경우 : 가정 내 갈등, 애정욕구 결핍 • 굴뚝이 없는 경우 : 정적인 가족 내 분위기
벽	• 자아 강도 및 통제력 • 연결이 부적절한 벽 : 일차적 욕구에 대한 집착, 자아상실감 • 허물어질 듯한 벽 : 자아의 붕괴 • 벽면이 깨끗한 경우 : 우울증, 현실도피 성향, 대인관계 결핍 • 벽에 방의 내부를 그린 경우 : 지적장애, 정신분열 • 벽의 한쪽 면과 다른 쪽 면이 어긋난 경우 : 이중인격, *해리성 장애
부수적 사물	• 해, 나무, 수풀 : 의존욕구 • 구름, 그림자 : 불안감 • 길 : 대인관계 • 울타리, 산, 관목 : 방어욕구

✓ 해리성 장애

의식이나 기억, 성격, 정체감, 환경에 대한 지각 등이 어떠한 이유로 붕괴된 상태를 말한다.

• 나 무

분류	내 용
뿌리	• 안정성 여부, 현실과의 접촉 수준 • 뿌리를 강조한 경우 : 불안정 및 그에 대한 과도한 보상 • 뿌리가 없는 경우 : 현실에서의 불안정감 • 뿌리 없이 땅을 그린 경우 : 내적 단절감, 약간의 안정감 수준
기둥	• 자아 강도, 내면화의 힘 • 크거나 높은 경우 : 자아 강도 부족 및 그에 대한 과도한 보상 • 기둥이 빈약한 경우 : 위축감, 무력감 • 기둥이 기울어진 경우 : 외적 요인에 의한 내적 자아 손상 및 압박 • 옹이구멍이 있는 경우 : 성장과정상 외상 경험
가지	• 환경 및 타인과의 접촉 성향, 수검자의 자원 • 작은 기둥에 큰 가지를 그린 경우 : 과도한 성취성향 • 큰 기둥에 작은 가지를 그린 경우 : 성취좌절, 부적절감 • 가지가 없는 경우 : 대인관계 위축, 우울감 • 가지의 열매가 떨어진 경우 : 대인관계 실패, 정서적 어려움 • 밑으로 향한 가지를 그린 경우 : 환경적 압력 미대처, 자기주장 약함
잎	• 외계, 장식, 활력 수준 • 잎이 가지에 비해 작은 경우 : 정신적 퇴행 • 잎이 가지에 비해 큰 경우 : 정열, 과도한 욕구 • 잎이 직선적인 경우 : 분리적 성격, 외계 순응의 어려움 • 잎이 둥그런 경우 : 사교성, 명랑한 성격

※ 나무를 하나의 선으로 열쇠구멍(♀)처럼 그린 경우는 저항적·부정적임을 나타내는 것으로 검사자가 하라는 대로 하기는 하지만, 그림을 가능한 한 짧게 그림으로써 거부 의사를 분명히 드러내는 것으로 볼 수 있다.

• 사 람

분류	내 용
머리	• 인지능력 및 지적 능력, 공상 활동 • 머리를 크게 그린 경우 : 지적 욕망, 자아의 확장 • 머리를 작게 그린 경우 : 지적 부적절감, 열등감, 강박적 성향 • 머리가 없는 경우 : 불쾌한 생각의 제거 욕망 • 머리가 뒤를 보고 있는 경우 : 정신분열, 현실도피 • 머리가 옆을 보고 있는 경우 : 공상, 환각
얼굴	• 눈 : 기본적 성향 및 현재의 기분 • 코 : 성적 상징, 외모에 대한 태도, 타인과의 관계형성 • 입 : 심리적 성향, 타인과의 의사소통 • 귀 : 정서자극에 대한 반응 • 턱 : 공격성, 자기 주장적 성향 • 목 : 지적 영역, 충동적 성향
몸통	• 어깨 : 책임성, 책임 수행능력 • 가슴 : 남자의 경우 힘과 능력, 여자의 경우 성적 성숙 및 애정욕구 • 허리 : 성적 행동, 성충동 • 엉덩이 : 성적 발달 미숙
팔다리	• 팔 : 현실에서의 욕구충족 방식 • 다리 : 목표를 위한 행동, 위험으로부터의 도피 • 손 : 사회적 교류, 환경에 대한 통제 능력 • 발 : 독립성 대 의존성

(8) 문장완성검사(SCT ; Sentence Completion Test)의 이해 15 18 23 24 기출

① SCT의 의의
  ㉠ 문장완성검사(SCT)는 단어연상검사의 변형·발전된 형태로, 다수의 미완성 문장들에 대해 수검자가 자신의 생각대로 문장을 완성하도록 하는 검사이다.
  ㉡ 갈튼(Galton)의 자유연상법, 카텔(Cattell) 및 라파포트(Rapaport)의 단어연상법, 융(Jung)의 임상적 연구 등에 영향을 받았다.
  ㉢ 1897년 에빙하우스(Ebbinghaus)가 최초로 지능검사도구로 미완성 문장을 활용하였으며, 1928년 페인(Payne)이 문장완성을 성격검사도구로 처음 사용하였다. 이후 1930년 텐들러(Tendler)가 이를 사고반응 및 정서반응의 진단을 위한 도구로 발전시켰다.
  ㉣ 현재 임상 현장에서는 삭스 문장완성검사(SSCT ; Sacks Sentence Completion Test)가 널리 사용되고 있다.

② SCT의 특징
  ㉠ SCT는 자유연상을 토대로 하므로 수검자의 내적 갈등이나 욕구, 환상, 주관적 감정, 가치관, 자아구조, 정서적 성숙도 등을 효과적으로 파악할 수 있다.
  ㉡ 언어표현을 사용하므로 수사법, 표현의 정확성 여부, 표현된 정서, 반응 시간 등이 중요한 의미를 지닌다.
  ㉢ 보통 50~60개 문장을 통해 수검자의 복합적인 성격 패턴을 도출해낸다.
  ㉣ 로샤 검사나 주제통각검사(TAT)보다 더 구조화되어 있으므로, 몇몇 학자들에 의해 투사적 검사로 보기 어렵다는 견해도 있다.
  ㉤ 단어연상검사에 비해 연상의 다양성이 감소된다는 지적도 있으나, 검사 문장을 통해 나타나는 상황적 맥락이나 감정적 색채 등이 오히려 수검자의 태도나 관심 영역을 잘 반영하고 있다는 주장이 받아들여지고 있다.
  ㉥ 수검자는 '예/아니요'와 같이 단정적으로 답을 강요당하지 않으며, 자신이 원하는 대로 답할 수 있다.
  ㉦ 수검자가 검사의 구체적인 의도를 명확히 알지 못하고, 옳은 답 또는 그른 답을 분간할 수 없으므로 비교적 솔직한 답을 얻을 수 있다. 다만, 다른 투사적 검사에 비해 검사의 의도가 완전히 은폐되지 않으므로 수검자의 응답이 왜곡되어 나타날 가능성을 완전히 배제하기는 어렵다.
  ㉧ 다른 투사적 검사에 비해 검사의 시행 및 해석에 있어서 특별한 훈련이 요구되지 않는다. 다만, 표준화 검사와 같이 객관적인 채점을 할 수는 없으므로 검사 결과의 임상적인 분석을 위해 보다 전문적인 수준의 지식과 훈련이 필요하다.
  ㉨ 집단적인 검사가 가능하므로 시간 및 노력이 상대적으로 적게 소요된다.
  ㉩ 검사 문항의 작성이 매우 용이하며, 특히 다양한 상황에 부합하도록 검사 문항을 수정하거나 추가적인 질문을 할 수 있다.
  ㉪ 수검자의 언어표현능력이 검사 결과에 영향을 미치므로, 언어발달이 완성되지 못한 아동에게는 적용하기 어렵다.

지식 IN

삭스 문장완성검사(SSCT ; Sacks Sentence Completion Test)

- SSCT는 20명의 심리학자들을 대상으로 가족, 성, 대인관계, 자아개념의 4가지 영역에 대해 중요한 태도를 유도할 수 있는 미완성 문장들을 만들도록 한 후 선별의 과정을 거쳐 만들어졌다.
- 최종 검사 문항은 가족 12문항, 성 8문항, 대인관계 16문항, 자아개념 24문항으로 총 60개였으나, 내용상 중복되는 것을 제외한 채 현재 50개 문항의 형태로 널리 사용되고 있다.
- 삭스(Sacks)는 4개의 영역을 15개의 영역으로 보다 세분화하여, 각 영역에서 수검자가 보이는 손상의 정도에 따라 0, 1, 2점으로 평가하고, 해당 평가에 대한 해석체계를 구성하였다.
- SSCT의 4가지 주요 영역의 특징 17 21 기출

영역	특징
가족	아버지, 어머니를 비롯하여 가족에 대한 태도를 측정한다. 예 "우리 가족은 나에 대해 _____."
성	이성 관계 또는 성적 관계, 결혼에 대한 태도를 측정한다. 예 "내 생각에 남자들은(여자들은) _____."
대인관계	가족 외의 사람들, 즉 친구, 동료, 권위자에 대한 태도를 측정한다. 예 "윗사람이 내 앞으로 다가오면 _____."
자아개념	자신의 능력과 목표, 두려움과 죄책감 등을 비롯하여 현재, 과거, 미래에서 자기상의 면모를 측정한다. 예 "나는 어렸을 때 _____."

③ SCT의 시행 및 해석

㉠ SCT의 시행방법

- 문장을 완성하는 데 있어서 정답이 없으므로, 수검자는 의식적인 검열의 과정을 거치지 않은 채 자신의 처음 생각을 작성하도록 한다.
- 글씨나 문장의 좋고 나쁨은 의미가 없다.
- 주어진 문장에 대해 아무런 생각이 나지 않는 경우 해당 문항에 표시를 한 채 다음 문항으로 넘어간다. 이후 해당 문항은 마지막 과정에서 작성을 완료하도록 한다.
- 원칙적으로 시간제한은 없으나, 생각을 하는 데 오래 걸리지 않도록 빨리 작성한다.
- 문장을 지우고 다시 쓰고자 하는 경우 두 줄을 긋고 빈 공간에 쓰도록 한다.

ⓛ SCT의 반응유형

유 형	반응 내용	판 단
고집형	내용의 변화가 적으며, 특정 대상이나 욕구를 반복적으로 제시함	성격의 경직성, 기호의 편벽성
감정 단반응형	'좋다' 또는 '싫다' 등 간단하고 짤막한 어휘로 반응함	지적장애, 감정 통제의 어려움
장황형	감정 단반응형과 달리 장황하고 지루하게 반응함	신경증적·강박적 성향
자기 중심형	자신과 관련되지 않은 문항에서조차 자기중심적인 주제로 반응함	미성숙
공상 반응형	비현실적인 생각이나 공상으로 반응함	현실도피, 현실에의 부적응
허위 반응형	자신의 본래 모습을 감추면서 도덕적으로 반응함	반사회성, 가장적 성향
모순형	검사 전체의 전후 내용을 고려할 때 내용상 모순적으로 반응함	무의식적 갈등
반문형	자극 문항 앞에서 응답이 아닌 반문으로 반응함	권위에 대한 저항
은닉형	자극 문항 앞에서 반응의 내용에 대해 구체적인 표현을 삼감	자기 방어적 성향
거부형	자극 문항 앞에서 고의로 '없다' 또는 '모른다'로 반응하거나 전혀 반응하지 않음	자기 방어적 성향
병적 반응형	자극 문항 앞에서 비정상적인 내용으로 반응함	정신장애

ⓒ SCT의 해석 요인

성격적 요인	• 지적 능력 요인 • 가치 지향적 요인	• 정의적 요인 • 정신역동적 요인
결정적 요인	• 신체적 요인 • 대인적·사회적 요인	• 가정적·성장적 요인

ⓔ SCT 해석 시 고려 사항
- 수검자는 외적인 환경 자극에 반응하는가 또는 자신의 내적 충동에 반응하는가?
- 수검자는 스트레스 상황에서 충동적으로 반응하는가 또는 자기 통제적으로 반응하는가?
- 수검자의 사고는 성숙한 편인가 또는 미성숙한 편인가?
- 수검자의 사고는 현실적인가 또는 공상적이거나 자폐적인가?

CHAPTER 03 기타 심리측정 평가의 활용에 관한 사항

중요도 ★★★

핵심포인트
벤더게슈탈트 검사(BGT)의 특징, BGT의 시행 및 해석, 허트(M.Hutt)의 BGT 평가항목, 일반 직업적성검사(GATB), 홀랜드유형 직업적성검사(CAT), CAT의 6가지 직업성격 유형, 홀랜드 모형과 해석

01 벤더게슈탈트 검사(BGT) 15 16 기출

(1) BGT의 의의 18 기출

① 벤더게슈탈트 검사(BGT ; Bender Gestalt Test)는 1938년 벤더(Bender)가 미국 정신의학협회(American Orthopsychiatric Association) 연구지에 『시각-운동 게슈탈트 검사 및 그 임상적 활용(A Visual-motor Gestalt Test and Its Clinical Use)』이라는 논문을 통해 소개하였다.
② 벤더는 정신병리의 유형과 지각 간의 관계를 연구하기 위한 용도로 게슈탈트 검사를 고안하였다.
③ 형태심리학의 창시자인 베르타이머(Wertheimer)가 지각의 형태학적 측면을 연구하기 위해 다양한 도형을 검사도구로 사용하였으며, 벤더가 그 도형들 중 9개를 선별하여 자신의 검사도구로 응용하였다.
④ 초기에는 발달적 측면에서 기질적 장애를 판별하기 위해 적용하였으나, 해석에 대한 경험적 증거나 신뢰도에 대해서는 간과되었다.
⑤ 허트(Hutt)는 1945년에 베르타이머의 원 도형과 보다 유사한 자극으로 구성된 검사를 개발하여 검사의 실시 및 해석에 대한 새로운 지침인 'HABGT(Hutt Adaptation of the Bender Gestalt Test)'를 제시하였다.
⑥ 벤더게슈탈트 검사는 투사적 목적은 물론 신경심리적 목적으로 뇌의 기질적인 손상이 있는 환자들을 진단하기 위한 용도로 사용되고 있다.

(2) BGT의 특징 16 기출

① BGT는 형태심리학과 정신역동이론을 기초로 한다.
② 검사자는 수검자에게 약 '11cm × 10cm' 크기의 카드 9장으로 구성된 도형들을 제시한다. 카드는 도형 A를 포함하여 도형 1~8까지로 구성된다.
③ 검사자는 수검자가 도형들을 어떻게 지각하여 재생하는지 관찰함으로써 성격을 추론할 수 있다.
④ 정신병리적 진단 및 뇌손상 여부도 탐지할 수 있으므로 뇌손상이 심할 경우 그대로 그리는 모사의 정확도가 떨어진다.

⑤ 언어표현이 아닌 단순한 도형그림 작성방식이므로, 언어능력이나 언어표현이 제한적인 사람, 언어적인 방어가 심한 환자에게 효과적으로 적용할 수 있다.
⑥ 지적장애나 뇌기능장애를 진단하는 데 효과적으로 적용할 수 있다.
⑦ 일종의 투사적 검사로서, 시각-운동 협응능력 및 시지각 능력을 측정한다.
⑧ 수검자의 수검 공포를 완화하고 검사자와의 관계형성을 위한 완충검사로서의 역할을 한다.

(3) BGT의 시행 및 해석

① BGT의 시행방법 16 기출

모사 (Copy Phase)	• 검사자는 수검자에게 모사할 용지, 연필과 지우개를 주며, 9장의 카드를 책상 위에 엎어둔 채 기본적인 지시사항을 안내한다. • 수검자는 검사자의 지시에 따라 주어진 그림을 보고 따라 그린다.
변용묘사 또는 정교화 (Elaboration Phase)	• 검사자는 모사단계에서 수검자가 그린 그림을 치운 후, 새로운 용지를 수검자에게 제시한다. • 수검자는 검사자의 지시에 따라 앞서 모사한 그림을 자신이 원하는 방식으로 고쳐 그린다.
연상 (Association Phase)	• 검사자는 수검자로 하여금 원 도형과 변형된 도형에 대해 이야기하도록 요구한다. • 수검자의 성격적 특성 및 역동적 측면에 대해 많은 정보를 입수할 수 있다.
순간노출 (Tachistoscopic Phase)	• 모사와 흡사하나 보통 5초 정도의 짧은 시간 동안 그림을 노출한 후 수검자에게 해당 그림을 기억을 통해 그리도록 한다. • 뇌기능장애가 의심되는 경우 이를 감별하기 위한 보충적인 자료로 활용된다.
회상 (Recall Phase)	• 모사로 그린 그림을 다시 회상하면서 그리도록 한다. • 수검자의 기질적 손상 유무를 변별하는 데 유효하다.
재모사 또는 한계음미 (Testing the Limits Phase)	• 그려진 도형이 일탈한 경우, 그것이 단순한 실수인지 뇌기능장애에서 비롯된 것인지 판단하기 위해 수행한다. • 기질적 장애가 있는 경우 수검자가 일탈된 도형을 수정하지 못하는 반면, 정서장애가 있는 경우 자발적인 주의를 통해 수정이 가능하다.

② BGT의 시행단계

BGT의 6가지 방법은 임의로 채택되어 사용된다. 다만, 용도에 따라 몇 가지 방법을 조합하여 사용한다. 일반적으로 활용되는 실시단계는 다음과 같다.

㉠ 일반적 검사의 경우 : 모사단계 → 회상단계 → 재모사단계
㉡ 뇌손상 검사의 경우 : 순간노출단계 → 회상단계 → 한계음미단계
㉢ 투사적 검사의 경우 : 모사단계 → 변용묘사단계 → 연상단계

③ BGT의 시행상 유의사항

㉠ 자극 카드는 수검자가 미리 보지 못하도록 엎어놓으며, 검사 실시와 함께 도형 A부터 도형 8까지 차례대로 제시한다.
㉡ 모사용지는 여러 장을 준비하며, 수검자가 추가로 요구하는 경우 더 사용할 수 있도록 한다.
㉢ 모사할 때 자 등의 보조도구를 사용하지 않도록 지시한다.
㉣ 수검자가 제시된 내용 이외의 질문을 하는 경우 짧게 "좋을 대로 하십시오."라고만 답변한다.

ⓒ 검사자는 수검자의 검사태도 및 검사행동을 유심히 관찰하여 해석에 참고하도록 한다. 특히 수검자가 모사와 상관없이 용지를 회전한다거나 점의 수를 헤아리는 등의 행위를 하는 경우 또는 무성의하게 스케치하듯이 그리는 경우 일단 제지하도록 하며, 그와 같은 행위가 반복적으로 나타나는 경우 이를 검사 결과에 반영한다.
ⓗ 성인에서 도형A의 정상적인 위치는 도형 A가 1/3 상단에 놓여있으며, 어떤 부분도 모서리로부터 1인치 내에 있지 않아야 한다.
ⓢ 일반적인 검사에서는 '모사'를, 뇌의 기질적 손상을 진단하기 위한 검사에서는 '순간노출'을 우선적으로 실시한다.
ⓞ 도형을 모사하는 데 특별한 시간제한은 두지 않는다.

④ 허트(M.Hutt)의 BGT 평가항목 16 17 18 19 22 기출

평가항목	내 용		
조직화 (Organization)	• 배열순서 • 공간의 크기 • 용지의 회전	• 도형 A의 위치 • 도형 간의 중첩 • 자극도형의 위치변경	• 공간의 사용 • 가장자리의 사용
크기의 일탈 (Deviation in Size)	• 전체적으로 크거나 작은 그림 • 점진적으로 커지거나 작아지는 그림 • 고립된 큰 그림 또는 작은 그림		
형태의 일탈 (Deviation of Form)	• 폐쇄의 어려움 • 각도의 변화	• 교차의 어려움	• 곡선 모사의 어려움
형태의 왜곡 (Distortion of Form)	• 지각적 회전 • 파편화 또는 단편화 • 정교함 또는 조악함	• 퇴 영 • 중복 곤란(기질적 뇌 장애와 가장 밀접한 관계) • 보속성	• 단순화 • 도형의 재모사
움직임 및 묘사요인 (Movement and Drawing)	• 운동방향에서의 일탈	• 운동방향의 비일관성	• 선 또는 점의 질

※ 객관적으로 분석할 때는 각각의 항목을 수치화한 후 규준에 맞추어 양적으로 채점한다.

지식 IN

BGT 평가항목의 개념정리
• 지각적 회전(Perception Rotation)
  자극도형과 용지가 표준 위치에 있는데도 묘사한 도형은 그 주된 축이 회전되어 있는 것을 말한다. 회전이 심하면 뇌 기능 장애나 지적장애에서 볼 수 있는 자아 기능 수행 장애를, 시계 방향으로 약간 회전한 것은 우울증을, 역시계 방향으로 회전한 것은 반항적 경향을 의심해볼 수 있다.

• 퇴영(Retrogression)
  수검자가 원을 점으로 모사하거나 연속된 점들을 선으로 그리는 등 자극도형을 매우 유치한 형태로 나타내는 것을 말한다.

• 파편화 또는 단편화(Fragmentation)
  모사한 도형의 형태가 원형과 달리 결합되어 있지 않은 채 여러 부분으로 떨어져 있어 전체적인 형태가 상실된 경우를 말한다.

• 보속성(Perseveration)
  앞서 제시된 도형의 요소가 다음 도형의 모사 과정에서 연속적으로 나타나거나, 자극도형에서 요구되는 이상으로 연장하여 그리는 것을 말한다.

⑤ 허트(M. Hutt)의 BGT 도형모사 곤란반응 16 22 기출

폐쇄 곤란 (Closure Difficulty)	도형 내에 폐곡선을 완성하지 못하거나 부분들을 접촉하지 못하는 현상	대인관계 어려움
교차 곤란 (Crossing Difficulty)	다각형의 선이 서로 교차되는 점에서 선을 지우고 다시 그리는 현상	강박증·공포증 환자
곡선 곤란 (Curvature Difficulty)	곡선 진폭이 너무 크게 변화되는 현상	우울한 환자
정교화 곤란 (Elaboration Difficulty)	너무 정교하게 그리거나 낙서하듯 그리는 현상	조증환자, 충동조절 (통제의 문제)
단순화 곤란 (Simplification Difficulty)	도형을 분명하게 완성하지 못하거나 부분이 각각 떨어져 있게 그리는 현상	지각-운동 기능장애, 추상적 사고능력 저하

> **지식 IN**
>
> **벤더도형검사 2판(BGT-II)**
> - 아동 및 성인(4~85세)을 대상으로 시각-운동협응 기술을 측정하는 검사이다.
> - 16개의 도형을 제시하고 베껴서 그리도록 하는 검사로서 신경심리검사의 일종으로 뇌기능장애 여부를 판정할 수 있다.
> - 시각적 자극을 제시하고 이를 모사시킴으로써 지각-운동 기능을 평가한다.
> - 개인의 특징적인 인성을 밝히려는 비언어적 검사로 문화적 영향을 덜 받는다.
> - 평가의 활용성을 강화하기 위해 원판 9장에 자극카드 7장이 추가적으로 개발되어 총 16장의 카드로 구성되었다.
> - 추가된 자극카드는 4~7세 11개월을 위한 자극카드 4장과 8~85세를 위한 자극카드 3장으로 구성되었다.
> - 뇌의 기질적 병변 여하를 밝혀내는 데 유용하다.
> - 기질적 뇌장애로 해석할 수 있는 특정한 반응들이 구체화되어 있다.
> - 항목별 5점 척도로 평정하는 채점 체계를 갖추었다.

02 일반 직업적성검사(GATB)

(1) GATB의 의의

① 일반 직업적성검사(GATB ; The General Aptitude Test Battery)는 1947년 미국 연방정부 직업안정국(United States Employment Service)이 일반 적성검사배터리를 표준화한 것이다.
② 포괄적인 적성을 측정하는 종합 적성검사로서, 11개의 지필검사와 4개의 수행검사(동작검사)를 포함한 총 15개의 하위검사로 구성되어 있다.
③ GATB를 통해 총 9개 분야의 적성이 측정된다.

(2) GATB의 구성

① 지필검사
- ㉠ 기구대조검사 : 보기에 제시된 그림의 전개도를 본 후 동일한 형태의 도형을 찾아낸다.
- ㉡ 형태대조검사 : 서로 대조되는 도형집단에서 크기와 모양이 동일한 도형을 찾아낸다.
- ㉢ 명칭비교검사 : 좌우 양쪽의 문자 또는 숫자로 표시된 명칭을 비교하여 동일한지 판별한다.
- ㉣ 타점속도검사 : 연속적으로 나열되어 있는 사각형 안에 최대한 빨리 3개씩 점을 찍는다.
- ㉤ 표식검사 : 사각형 안에 최대한 빨리 정해진 기호(표식)를 기입한다.
- ㉥ 종선기입검사 : H의 양측 선에 닿지 않도록 H 가운데의 횡선을 가로질러 최대한 많이 선을 긋는다.
- ㉦ 평면도판단검사 : 보기에 제시된 자극도형 중 위치나 방향을 바꾸어 놓은 도형을 5개의 기하학적 도형 중에서 찾아낸다.
- ㉧ 입체공간검사 : 보기에 제시된 평면도를 본 후 해당 평면도형에 해당하는 입체도형을 찾아낸다.
- ㉨ 어휘검사 : 제시된 4개의 단어 중 동의어 또는 반대어에 해당하는 단어 2개를 찾아낸다.
- ㉩ 산수추리검사 : 문장으로 제시된 산수 응용문제를 푼다.
- ㉪ 계수검사 : 덧셈, 뺄셈, 곱셈, 나눗셈의 사칙연산을 통해 기본연산능력을 측정한다.

② 수행검사(동작검사)
- ㉠ 환치검사 : 상판과 하판에 48개 구멍이 뚫려있는 팩보드(Peg Board)에서 상판 막대기의 팩을 양손을 이용하여 동시에 뽑은 다음 이를 하판의 대응되는 위치에 꽂아 넣는다.
- ㉡ 회전검사 : 환치검사를 통해 하판에 꽂아 넣은 팩을 한 손으로 한 개씩 빼낸 후, 이를 뒤집어 다시 꽂아 넣는다.
- ㉢ 조립검사 : 상판과 하판에 50개의 구멍과 원주가 있고, 일정한 간격으로 못과 좌철이 놓여 있는 손가락 재치보드에서 상판의 못과 원주에 꽂혀 있는 좌철을 양손을 이용하여 빼내어 조립한 다음, 못을 빼낸 손으로 하판의 대응되는 위치에 꽂아 넣는다.
- ㉣ 분해검사 : 조립검사를 통해 하판에 꽂아 넣은 못과 좌철의 조립물을 다시 분해하여 못과 좌철이 있던 본래의 위치에 양손을 이용하여 동시에 꽂아 넣는다.

(3) GATB에 의해 측정되는 적성의 분류

① 지능(G ; General Intelligence)
일반적인 학습능력, 설명이나 지도내용과 원리를 이해하는 능력, 추리 판단하는 능력, 새로운 환경에 신속하게 순응하는 능력 등

② 언어능력(V ; Verbal Aptitude)
언어의 뜻과 함께 그와 관련된 개념을 이해하고 사용하는 능력, 언어상호 간의 관계와 문장의 뜻을 이해하는 능력, 보고 들은 것이나 자신의 생각을 발표하는 능력 등

③ 수리능력(N ; Numerical Aptitude)
신속하고 정확하게 계산하는 능력 등

④ 사무지각(Q ; Clerical Perception)
문자나 인쇄물, 전표 등의 세부를 식별하는 능력, 잘못된 문자나 숫자를 찾아 교정하고 대조하는 능력, 직관적인 인지능력의 정확도나 비교·판별하는 능력 등

⑤ 공간적성(S ; Spatial Aptitude)
공간상의 형태를 이해하고 평면과 물체의 관계를 이해하는 능력, 기하학적 문제해결 능력, 2차원이나 3차원의 형체를 시각적으로 이해하는 능력 등

⑥ 형태지각(P ; Form Perception)
실물이나 도해 또는 표에 나타나는 것을 세부까지 바르게 지각하는 능력, 시각으로 비교·판별하는 능력, 도형의 형태나 음영, 근소한 선의 길이나 넓이 차이를 지각하는 능력, 시각의 예민도 등

⑦ 운동반응(K ; Motor Coordination)
눈과 손 또는 눈과 손가락을 함께 사용하여 빠르고 정확하게 운동할 수 있는 능력, 눈으로 겨누면서 정확하게 손이나 손가락의 운동을 조절하는 능력 등

⑧ 손가락 재치(F ; Finger Dexterity)
손가락을 정교하고 신속하게 움직이는 능력, 작은 물건을 정확하고 신속하게 다루는 능력 등

⑨ 손의 재치(M ; Manual Dexterity)
손을 마음대로 정교하게 조절하는 능력, 물건을 집고 놓고 뒤집을 때 손과 손목을 정교하고 자유롭게 운동할 수 있는 능력 등

(4) GATB의 채점 및 적용

① 채점 및 원점수 산출 : 지필검사는 맞은 문항수를, 수행검사는 완성한 개수를 센다. 단, 종선기입검사, 타점속도검사, 표식검사는 진행한 수를 세는데, 이때 해당 수치가 원점수가 된다.
② 환산점수 산출 : 검사요강에 수록된 환산표를 참고하여 원점수를 환산점수로 변환한다.
③ 적성별 점수 산출 : 환산점수를 이용하여 9개의 적성분야별 점수를 산출한다.
④ 적정 직무군 선정 : GATB는 2~3개의 적성분야를 조합하여 모두 15개의 직무군을 제공하고 있으며, 각 직무군에서 필요로 하는 적성분야의 점수에 따라 다시 2~3개의 하위직무군으로 분류하고 있다. 이 분류는 직무군별로, 직무군 내 하위직무군별로 적성분야의 기준점수를 제시하고 있으며, 수검자의 적성분야별 점수를 이 기준과 비교하여 수검자의 적정한 직무군을 판별한다.

03 홀랜드유형 직업적성검사(CAT)

(1) CAT(Career Aptitude Test)의 의의 및 특징

① 홀랜드(Holland)는 개인-환경 적합성 모형을 통해 직업심리학적 특성과 직업 환경의 심리적 특성을 결부함으로써, 개인의 행동이 그들의 성격에 부합하는 직업 환경 특성들 간의 상호작용에 의해 결정된다고 보았다.
② 개인의 성격은 그들의 직업적 선택을 통해 표현되며, 개인의 직업적 만족이나 안정, 성취, 적응 또한 그들의 성격과 직업 환경 간의 적절한 연결에 달려있다고 본다.

③ 홀랜드유형 직업적성검사는 직무의 다양한 특성들을 탐색하고, 개인이 해당 직무를 수행할 수 있는 능력이 있는지 판단함으로써 개인의 진로적성을 파악할 수 있도록 한다.
④ 직무의 실제 특성을 6가지 유형으로 분류하여 개인이 어느 유형에 속하는지, 개인이 선호하는 유형의 특징적 양상은 어떠한지, 그에 적합한 직업은 무엇인지 제시한다.

(2) CAT 직업분류체계의 기본가정
① 대부분의 사람 또는 문화는 현실형(Realistic Type), 탐구형(Investigative Type), 예술형(Artistic Type), 사회형(Social Type), 진취형(Enterprising Type), 관습형(Conventional Type)의 6가지 유형 또는 이 유형들의 조합에 의해 분류될 수 있다.
② 직업 환경 또한 6가지 유형 또는 이 유형들의 조합으로 분류될 수 있다.
③ 사람들은 자신의 능력과 기술을 발휘할 수 있는 환경, 자신의 태도와 가치를 표현할 수 있는 환경을 찾고자 한다.
④ 사람들의 행동은 자신의 직업환경 및 특성, 자신의 성격 및 흥미 특성의 상호작용에 의해 결정된다.

(3) CAT의 6가지 직업성격 유형 19 24 기출
① 현실형(R ; Realistic Type)

일반적 특징	• 확실하고 현재적 · 실질적인 것을 지향한다. • 현장에서 수행하는 활동 또는 직접 손이나 도구를 활용하는 활동을 선호한다. • 추상적인 개념을 통해 자신의 생각을 표현하는 일이나 친밀한 대인관계를 요하는 일은 선호하지 않는다.
성격적 특징	• 신체적으로 강인하며, 안정적이고 인내심이 있다. • 평범하고 솔직하며, 정치적 · 경제적인 측면에서 보수적인 양상을 보인다.
직업활동 양상	• 일의 성과에 대한 구체적이고 신속한 확인을 통해 직무활동에 보람을 느낀다. • 기술직 · 토목직, 자동차엔지니어, 비행기조종사, 농부, 전기 · 기계기사 등이 적합하다.

② 탐구형(I ; Investigative Type)

일반적 특징	• 추상적인 문제나 애매한 상황에 대한 분석적이고 논리적인 탐구활동을 선호한다. • 새로운 지식이나 이론을 추구하는 학문적 활동을 선호한다. • 대인관계에 관심을 가지지 않으며, 공동 작업을 선호하지 않는다.
성격적 특징	• 자신의 지적인 능력에 대한 자부심이 있다. • 새로운 정보에 대해 관심을 가지며, 문제 해결보다는 문제 자체에 대해 더 많은 관심을 가진다.
직업활동 양상	• 복잡한 원리 또는 첨단기술 등의 새로운 분야에 도전을 하여 내면적인 호기심을 충족시킴으로써 보람을 느낀다. • 화학자, 생물학자, 물리학자, 의료기술자, 인류학자, 지질학자, 설계기술자 등이 적합하다.

③ 예술형(A ; Artistic Type)

일반적 특징	• 어떤 것의 시비보다는 상상적이고 창조적인 것을 지향하는 문학, 미술, 연극 등의 문화 관련 활동분야를 선호한다. • 직업 활동이 자신의 개인적인 관심 분야와 밀접하게 연관된다. • 구조화된 상황이나 정서적으로 억압적인 상황을 선호하지 않는다.
성격적 특징	• 독립적인 상황에서 자신의 내면세계를 작품으로 표현하고자 한다. • 심미적인 가치를 높이 평가하며, 예술적인 방법으로 자신을 표현한다.
직업활동 양상	• 새로운 것을 창조하거나 창의적인 사람과 관계를 형성할 때 보람을 느낀다. • 문학가, 작곡가, 미술가, 무용가, 무대감독, 디자이너, 인테리어 장식가 등이 적합하다.

④ 사회형(S ; Social Type)

일반적 특징	• 인간의 문제와 성장, 인간관계를 지향하고 사람과 직접 일하기를 좋아하며, 원만한 대인관계를 맺는다. • 다른 사람을 교육·육성하는 일을 좋아하며, 개인적인 이익을 추구하기보다 타인을 돕는 활동을 선호한다. • 논리적·분석적인 활동이나 인간의 가치가 배제된 경쟁적인 활동을 선호하지 않는다.
성격적 특징	• 다른 사람에 대해 협력적이고 친절하며, 유머 감각과 재치를 가지고 있다. • 평화로운 인간관계를 선호하며, 다른 사람의 복지에 관심을 가진다.
직업활동 양상	• 동료들과 친밀한 관계를 형성하며, 상대방의 능력에 대해 서로 신뢰를 나타낼 때 보람을 느낀다. • 사회사업가, 교사, 상담사, 간호사, 임상치료사, 언어치료사, 목회자 등이 적합하다.

⑤ 진취형(E ; Enterprising Type)

일반적 특징	• 정치적·경제적 도전극복을 지향하며, 지위와 권한을 통해 다른 사람의 행동을 이끌고 통제하는 활동을 선호한다. • 다른 사람들과 함께 일하는 것을 선호하며, 조직화된 환경에서 공동의 목표를 달성하고자 한다. • 추상적이고 애매한 상황에서 관찰적이고 상징적인 활동을 선호하지 않는다.
성격적 특징	• 다른 성격유형보다 자기주장이 강하고 지배적이며, 자기 확신이 강하다. • 자신감과 모험심이 강하며, 낙천적이고 논쟁적이다.
직업활동 양상	• 조직활동 내에서 적절한 권한 행사를 통해 조직의 목표를 달성할 때 보람을 느낀다. • 기업실무자, 영업사원, 보험설계사, 정치가, 변호사, 판매원, 연출가 등이 적합하다.

⑥ 관습형(C ; Conventional Type)

일반적 특징	• 구조화된 상황에서 구체적인 정보를 토대로 정확하고 세밀한 작업을 요하는 일을 선호한다. • 정확성을 요하는 활동, 회계 등과 같이 숫자를 이용하는 활동을 선호한다. • 비구조화된 상황, 창의성을 요하는 활동을 선호하지 않는다.
성격적 특징	• 보수적·안정적이며, 성실하고 꼼꼼하다. • 스스로 자기통제를 잘 하며, 인내심을 가지고 주어진 일을 묵묵히 수행한다.
직업활동 양상	• 자신의 기여에 의한 실질적인 성과가 조직의 목표 달성에 긍정적인 결과를 가져올 때 보람을 느낀다. • 사무직 근로자, 경리사원, 컴퓨터 프로그래머, 사서, 은행원, 회계사, 법무사, 세무사 등이 적합하다.

(4) 홀랜드 모형과 해석

① 모 형

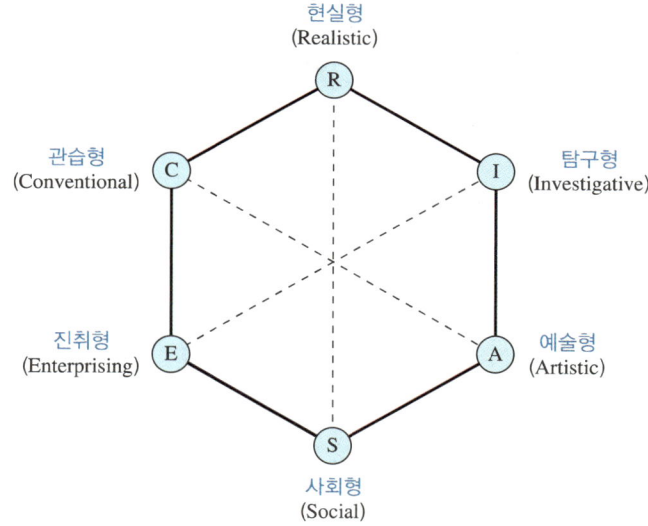

② 해 석

일관성	• 성격과 환경유형 모두에 적용되는 것으로, 유형들의 어떤 쌍은 다른 유형의 쌍들보다 공통점을 더 많이 가지고 있다. • 탐구적이고 관습적인 활동에 흥미를 가진 현실적인 사람(RIC)은 진취적이고 사회적인 활동에 선호를 나타내는 현실적인 사람(RES)보다 더 일관성이 있다.
일치성	• 한 개인이 자기 자신의 성격유형과 동일하거나 유사한 환경에서 일하고 생활하는 경우에 해당한다. • 육각형 모델을 통해 개인의 유형과 환경 간의 일치 정도를 측정할 수 있으며, 가장 완벽한 적합은 현실적 환경에 현실적인 유형이라 할 수 있다.
차별성 (변별성)	• 어떤 사람 또는 환경은 매우 단순하여 어느 유형과는 매우 유사한 반면 다른 유형과는 차별적인 모습을 보인다. • 모든 유형에 거의 동일한 유사성을 보이는 사람은 차별적 특징이 없거나 잘 규정되지 않았다고 볼 수 있다.
정체성	• 성격과 환경 유형 모두를 형성하도록 지원해 주는 이차적인 구조로 간주된다. • 성격적 측면에서의 정체성은 개인의 목표, 흥미, 재능에 대한 명확하고 견고한 청사진을 말하는 반면, 환경적 측면에서의 정체성은 조직의 투명성 및 안정성, 목표·일·보상의 통합을 의미한다.
계측성 (타산성)	• 유형들 내 또는 유형들 간의 관계는 육각형 모델에 의해 정리되며, 육각형 모델에서의 유형들 간의 거리는 그 이론적인 관계에 반비례한다. • 육각형은 이론의 본질적 관계를 설명해 주는 것으로, 여러 가지 실제적인 용도를 가지고 있다.

필수과목 03 적중예상문제

❖ 완벽하게 이해된 부분에 체크하세요.

CHAPTER 01 심리검사 개론

01 다음에서 설명하고 있는 개념으로 옳은 것은?

○ 특정 검사 점수의 해석에 필요한 기준이 되는 자료이다.
○ 검사 후 수검자들의 점수를 해석하는 데 필요하다.

① 행동 표본
② 심리측정
③ 척 도
④ 심리검사
⑤ 규 준

⑤ 규준은 특정 개인의 점수를 다른 사람들의 점수와 비교하여 높거나 낮은 정도를 확인할 수 있게 한다.
① 행동 표본은 측정하고자 하는 행동의 일부를 관찰하여 행동을 추정하는 것이다.
② 심리측정은 심리적 속성에 수를 부여하는 것이다.
③ 척도는 측정하고자 하는 대상에 수치나 기호를 부여하는 것이다.
④ 심리검사는 개인에 대한 종합적인 정보를 알아내는 과정의 한 부분으로, 심리적 속성을 체계적이고 수량적으로 측정하는 것이다.

02 심리검사를 개발할 때 문항선별에 관한 설명으로 옳은 것은?

① 변량이 크다는 것은 해당 문항에 대한 수검자들의 반응이 거의 동일함을 의미한다.
② 문항선별의 목적은 최대 개수의 문항으로 일정 수준 이상의 타당도와 신뢰도를 얻기 위함이다.
③ 문항-총점 간 상관계수가 낮은 문항부터 제외한다.
④ 크론바흐 알파계수(α)가 높은 문항부터 제외한다.
⑤ 응답 평균이 극단에 위치하는 문항들은 일반적으로 큰 변량을 가진다.

① 변량이 크다는 것은 해당 문항에 대한 수검자들의 반응 차이가 큰 것을 의미한다.
② 문항선별의 목적은 가급적 적은 수의 문항으로 일정 수준 이상의 타당도와 신뢰도를 얻기 위함이다.
④ 크론바흐 알파계수(α)가 낮은 문항부터 제외하도록 한다.
⑤ 응답 평균이 극단에 위치하는 문항들은 일반적으로 작은 변량을 가진다.

03 다음에 제시된 심리검사의 최초 개발 시기를 순서대로 나열한 것은?

| ㄱ. MMPI | ㄴ. Binet-Simon Scale |
| ㄷ. Wechsler-Bellevue Scale | ㄹ. Army α |

① ㄱ - ㄴ - ㄷ - ㄹ
② ㄴ - ㄷ - ㄱ - ㄹ
③ ㄴ - ㄹ - ㄷ - ㄱ
④ ㄹ - ㄴ - ㄱ - ㄷ
⑤ ㄹ - ㄴ - ㄷ - ㄱ

ㄴ. 1905년 : 비네가 시몽(Simon)과 함께 초등학교 입학 시 정신박약아를 식별하기 위한 검사법, 즉 '비네-시몽 검사(Binet-Simon Test)'를 개발하였다.
ㄹ. 1917년 : 미국의 제1차 세계대전 개입과 함께 집단 심리검사도구인 '군대 알파(Army α)'와 '군대 베타(Army β)'가 개발되었다.
ㄷ. 1939년 : '웩슬러-벨류브(Wechsler-Bellevue) 성인용 지능척도'가 개발되었다.
ㄱ. 1943년 : 미네소타 다면적 인성검사(MMPI ; Minnesota Multiphastic Personality Inventory)가 개발되었다.

04 심리검사에 관한 설명으로 옳은 것은?

① 전집의 행동을 측정한다.
② 검사상황변인은 결과에 영향을 미치지 않는다.
③ 심리검사를 통해 내리는 결론은 확정적인 것이 아니라 잠정적인 것이다.
④ 심리적 속성을 공식에 따라 수량화한다.
⑤ 면접과 행동관찰에서 얻은 정보를 통합한 결과이다.

① 심리검사는 전체 행동이 아닌 일부 표집된 행동을 대상으로 한다.
② 심리검사가 시행되는 곳은 지나친 소음과 자극으로부터 보호되어야 하며, 적절한 채광과 통풍, 안정된 자리 배치와 공간이 요구되는 등 검사 상황 변인이 결과에 영향을 미친다.
④ 직접 측정이 불가능하므로, 조작적 정의를 통해 수량화해서 간접적으로 측정해야 한다.
⑤ 심리검사는 표준화된 자극에 대한 내담자의 현재 반응을 측정하는 것이다.

05 심리검사의 역사를 연도순으로 바르게 나열한 것은?

ㄱ. MMPI 개발
ㄴ. 로샤(Rorschach) 검사 개발
ㄷ. 최초의 지능검사로 알려진 비네-시몽(Binet-Simon) 검사 개발
ㄹ. 카텔(J. Cattell)이 정신검사라는 말을 처음으로 사용

① ㄷ - ㄹ - ㄱ - ㄴ
② ㄷ - ㄹ - ㄴ - ㄱ
③ ㄹ - ㄴ - ㄱ - ㄷ
④ ㄹ - ㄷ - ㄱ - ㄴ
⑤ ㄹ - ㄷ - ㄴ - ㄱ

ㄹ. 1890년 : 카텔(J. Cattell)이 정신검사라는 말을 처음으로 사용
ㄷ. 1905년 : 최초의 지능검사로 알려진 비네-시몽(Binet-Simon) 검사 개발
ㄴ. 1921년 : 로샤(Rorschach) 검사 개발
ㄱ. 1943년 : MMPI(Minnesota Multiphastic Personality Inventory) 개발

06 심리검사와 그 특징을 옳게 짝지은 것은?

① 우드워스(Woodworth)의 개인자료기록지(Personal Data Sheet) - 최초로 타당도 척도 사용
② 비네-시몽(Binet-Simon) 검사 - 최초의 아동집단지능검사
③ 로샤(Rorschach) 검사 - 최초로 잉크반점의 유용성 제안
④ 군대베타(Army-beta) 검사 - 최초 개발된 비언어성 지능검사
⑤ TAT - 최초 제작된 투사적 검사

④ 군대베타 검사는 최초 개발된 비언어성 지능검사로, 문맹자나 영어를 모르는 외국인을 위해 개발한 검사이다.
① 우드워스의 개인자료기록지는 최초의 객관적 성격검사이다.
② 비네-시몽 검사는 최초의 지능검사로 알려져 있다.
③ 로샤 검사는 1921년 의사인 로샤가 잉크반점이 있는 10장의 카드로 개발하였다. 그러나 잉크반점 기법은 그 이전에 지능검사를 고안하는 과정이나 상상력, 창의력을 평가하는 도구로 이용되었다.
⑤ 1935년 처음 개발된 주제통각검사(TAT)는 1921년에 개발된 로샤 검사와 더불어 전 세계적으로 널리 사용되고 있는 대표적 투사적 검사이다.

07 심리검사 유형에 관한 설명으로 옳지 않은 것은?

① 비구조화 검사는 발견법칙적(Nomothetic) 검사이다.
② 객관적 검사는 구조화되어 있는 검사이다.
③ 수검자 단위에 따라서 집단검사와 개인검사로 구분한다.
④ 검사도구에 따라 지필검사와 도구검사로 구분한다.
⑤ 수행방식에 따른 분류는 최대 수행검사와 습관적 수행검사가 있다.

발견법칙적 검사는 객관적 검사이자 구조적 검사이다.

08 행동평가의 기본 전제로 옳지 않은 것은?

① 다요인결정론을 전제한다.
② 행동과 인접한 환경적 사건이 중요하다고 전제한다.
③ 개인의 행동이 환경에 영향을 줄 수도 있다고 전제한다.
④ 행동은 단편적인 요소들에 의해 구성되어 있다고 전제한다.
⑤ 환경 변화에도 불구하고 안정적으로 유지되는 내재적 특성을 전제한다.

행동평가는 인간의 행동양식을 객관적 척도로 제시하는 방법이고, 환경변화에 영향을 받는 외재적 특성을 전제한다.

09 심리평가를 위한 면접에 관한 설명으로 옳지 않은 것은?

① 구조적 면접은 비구조적 면접에 비해 면접자 간 일치도가 낮다.
② 구조적 면접 자료는 비구조적 면접 자료에 비해 수량화가 쉽다.
③ 구조적 면접은 수검자의 상황에 따라 융통성을 발휘하기 어렵다.
④ 면접의 형식을 선정할 때는 면접의 목적을 고려한다.
⑤ 구조적 면접은 면접의 내용이 정해져 있다.

구조적 면접은 면접에 포함되어야 하는 내용과 질문, 진행방법이나 반응기록 방식을 정해 놓고, 표준화된 방식에 따라 필요한 내용을 수집하기 때문에 비구조적 면접에 비해 면접자 간 일치도가 높다.

정답 05 ⑤ 06 ④ 07 ① 08 ⑤ 09 ①

10 예언타당도와 관련된 통계치 및 분석 방법이 아닌 것은?

① 고유치
② 생존분석
③ 파이계수
④ ROC분석
⑤ 로지스틱 회귀분석

① 고유치(Eigenvalue)는 각 요인이 설명할 수 있는 변수들의 분산의 총합으로, 구성타당도의 요인분석에 사용된다.
② 생존분석이란 생존기간을 분석하여 생존함수(Survival Function) 또는 생존곡선(Survival Curve)을 예측하는 통계기법이다.
③ 검사 X와 준거 Y와의 상관계수로 표시되는 것이 예언적 타당도이다. 파이계수는 한 검사의 문항간 상관계수를 알아보기 위한 통계기법으로 예언타당도에 해당한다.
④ ROC분석은 주로 의학에서 사용되며 검사수치의 민감도, 특이도로 곡선을 질병인지 아닌지 예측하고자 하는 통계기법이다.
⑤ 로지스틱 회귀분석의 목적은 일반적인 회귀분석의 목표와 동일하게 종속 변수와 독립 변수간의 관계를 구체적인 함수로 나타내어 향후 예측 모델에 사용하는 것이다.

11 행동관찰법과 그 특징을 모두 올바르게 연결한 것은?

ㄱ. 자연관찰법 – 관찰할 행동을 미리 선정한다.
ㄴ. 유사관찰법 – 자연관찰법보다 외적 타당도가 높다.
ㄷ. 참여관찰법 – 관찰 대상의 주변 인물 중에서 관찰자를 선정한다.
ㄹ. 자기관찰법 – 스스로 관찰을 의식하여 평소와 다른 행동을 보일 수 있다.

① ㄱ, ㄷ
② ㄴ, ㄹ
③ ㄱ, ㄴ, ㄷ
④ ㄱ, ㄷ, ㄹ
⑤ ㄱ, ㄴ, ㄷ, ㄹ

ㄴ. 유사관찰법은 관찰의 효율성을 높이기 위해 내담자가 문제행동을 보이는 상황을 조작해놓고, 그 조건에서의 문제행동을 관찰하는 것이다. 자연관찰법이 유사관찰법보다 자연스러운 상황에서 관찰하게 되므로 외적 타당도가 더 높다.

12 면접법에 관한 설명으로 옳은 것은?

① 개방형 질문은 수검자의 독특한 반응을 억제한다.
② 구조화된 면접은 초보 면담자의 진단 신뢰도를 높인다.
③ 반구조화된 면접은 면접자의 판단에 따라 질문 내용과 순서를 수정할 수 없다.
④ 비구조화된 면접은 구조화된 면접보다 수동적이고 의존적인 수검자에게 더 유용하다.
⑤ 폐쇄형 질문은 성 또는 학대와 같은 문제를 확인하기에 부적합하다.

① 폐쇄형 질문은 수검자의 독특한 반응을 억제하는 반면, 개방형 질문은 수검자의 독특한 반응을 얻을 수 있는 장점이 있다.
③ 반구조화된 면접은 몇 가지 핵심 질문으로 구성하고, 나머지는 면담자가 유연하게 진행할 수 있도록 구성되어 면접자의 판단에 따라 질문 내용과 순서를 수정할 수 있다.
④ 수동적이고 의존적인 수검자일수록 표준화된 방식에 따라 필요한 내용을 수집하는 구조된 면접이 더 유용하다.
⑤ 도박 습관, 범죄기록, 마약 복용, 아동 학대 등 사회적 일탈 행위 등에 관한 질문을 개방형으로 할 경우 수검자는 부담을 느낄 수 있으므로 폐쇄형으로 확인하는 것이 더 적합하다.

13 심리평가에 관한 설명으로 옳지 않은 것은?

① 평가자의 주관적 요소가 개입된다.
② 수검자의 문제해결을 돕는 전문적 활동이다.
③ 다양한 방식으로 얻은 정보들을 통합하는 과정이다.
④ 심리검사, 면담, 행동관찰 등 다양한 방식으로 구성된다.
⑤ 표준방식에 따라 모든 수검자에게 동일하게 진행된다.

심리평가 과정은 각 수검자마다 적절한 평가절차와 심리검사 실시 등을 위해 어떠한 방법을 선택할 것인가를 결정한 후에 검사를 시행, 채점하여서 그 결과를 해석하는 과정이다.

14 심리검사 개발 시 고려할 타당도에 관한 설명으로 옳은 것은?

① 수렴타당도는 준거타당도에 포함된다.
② 예측타당도는 검사가 우선 실시되고 준거는 나중에 측정된다.
③ 내용타당도는 요인분석을 통해 검사문항 간의 관계를 분석한다.
④ 안면타당도는 검사를 개발한 해당 전문가의 시각에 근거한다.
⑤ 변별타당도는 단축형 검사를 개발한 경우 원검사와의 관련성을 알아볼 때 사용한다.

① 수렴타당도는 개념타당도에 포함되며, 준거(기준)타당도에는 예측적 타당도와 동시적 타당도가 있다.
③ 요인분석을 통해 검사문항 간의 관계를 분석하는 것은 구성타당도이다.
④ 검사를 개발한 해당 전문가의 시각에 근거한 것은 내용타당도이고, 안면타당도는 검사문항을 전문가가 아닌 일반인들이 읽고 그 검사가 얼마나 타당해 보이는지를 평가하는 방법이다.
⑤ 단축형 검사를 개발한 경우 원검사와의 관련성을 알아볼 때 사용하는 것은 수렴타당도이다.

15

성취도검사의 총점에 있어 상·하위 25% 집단의 특정 문항에 대한 답지별 선택비율이다. 정답이 4번이라고 할 때, 이 문항에 대한 설명으로 옳은 것은?

구 분	상위 25%의 선택비율	하위 25%의 선택비율
답지 ①	.02	.10
답지 ②	.08	.05
답지 ③	.00	.05
답지 ④	.90	.80

① 정답률은 .85이다.
② 변별도는 음수이다.
③ 변별도가 낮은 편이다.
④ 어려운 문항이다.
⑤ 모든 오답지가 매력 있다.

③ '답지 ④'의 상위 25%의 선택비율은 90%이고, 하위 25%의 선택비율은 80%로 나타났다. 정답이 4번이라고 할 때 정답률이 높은 편이므로, 변별도가 낮은 쉬운 문항이라고 예측할 수 있다.
① 25~75% 사이의 정답률을 알 수 없으므로 정답률은 알 수 없다.
② 문항 변별도 = (상위집단 정답률 − 하위집단 정답률) = 0.9 − 0.8 = 0.1
  상위집단의 정답자 수가 하위집단의 정답자 수보다 많으므로 변별도는 0.1로 양수이다.
④ 쉬운 문항이다.
⑤ 정답률이 월등한 것으로 보아 오답지는 매력이 없다고 예측할 수 있다.

16

심리검사를 제작하는 순서를 바르게 나열한 것은?

ㄱ. 문항작성   ㄴ. 검사방법 결정
ㄷ. 검사내용 정의   ㄹ. 예비검사 실시
ㅁ. 신뢰도와 타당도 검증

① ㄱ − ㄷ − ㄹ − ㅁ − ㄴ
② ㄴ − ㄱ − ㄷ − ㅁ − ㄹ
③ ㄴ − ㄷ − ㄱ − ㄹ − ㅁ
④ ㄷ − ㄴ − ㄱ − ㄹ − ㅁ
⑤ ㄷ − ㄴ − ㄱ − ㅁ − ㄹ

심리검사의 제작절차
1. 제작목적의 설정
2. 검사내용의 정의
3. 검사방법의 결정
4. 문항작성
5. 예비검사
6. 문항분석 및 수정
7. 신뢰도와 타당도 검증

17 다음 보기의 내용에 해당하는 척도는?

> 구인(Construct)에 대한 선호도를 표시하는 문항들을 모아 척도로 만드는 '자극 중심 척도화' 기법이다.

① 리커트(Likert) 척도
② 거트만(Guttman) 척도
③ 써스톤(Thurstone) 척도
④ 의미변별척도
⑤ 스타펠(Stapel) 척도

써스톤(Thurstone) 척도
등현등간척도라고도 하며 조사자들이 어떠한 대상에 대해 가능한 많은 설명을 문장으로 만들어 놓고, 일정 수의 응답자들이 가장 많이 동의하는 문장을 찾아 이를 바탕으로 하여 척도에 포함될 적절한 문항들을 선정하여 척도를 구성하는 방법을 말한다.

18 피어슨(Pearson)의 적률상관계수에 관한 설명으로 옳지 않은 것은?

① -1.00에서 $+1.00$까지의 범위를 갖는다.
② 상관계수는 두 변수가 공유하는 분산의 비율이다.
③ 두 변수의 상관계수는 그 변수의 산포도를 반영한다.
④ 상관계수 $-.70$은 $+.50$보다 더 큰 연관성을 나타낸다.
⑤ 두 변수의 상관계수는 각 변수의 표준편차의 영향을 받는다.

상관계수는 하나의 변수가 다른 변수와 어느 정도 밀접한 관련성을 가지고 변화하는지를 알아보기 위하여 사용된다.

정답 15 ③ 16 ④ 17 ③ 18 ②

19 등간성을 가정할 수 있는 척도는?

① 등 수
② 사분위(Quartiles)
③ 백분위(Percentile Rank)
④ 편차(Deviation) 지능지수
⑤ 연령 동등(Age-Equivalent)

①·②·③ 등수, 사분위, 백분위는 그 의미를 이해하기 쉽지만, 등위를 나타내는 서열척도이므로 분포가 원점수와는 매우 다르다. 검사점수를 유용하게 사용하기 위해서는 등간척도로 전환하여 사용하여야 하는데, 등간성을 가정하는 척도로는 Z점수와 T점수가 있다. 이 점수는 표준편차를 단위로 하므로 표준점수라고 칭한다.
⑤ 연령 동등, 학년 동등도 모두 서열척도에 해당하므로 등간성을 가정할 수 없다.

20 고등학생 K군은 청소년 분노검사에서 24점이 나왔으며 이 검사는 평균 18점, 표준편차 3, 표준오차 2이다. K군의 원점수를 평균 50점, 표준편차 10인 T점수로 환산하면?

① 60
② 65
③ 70
④ 75
⑤ 80

- Z점수 = (원점수 − 평균) ÷ 표준편차 = (24 − 18) ÷ 3 = 2
- T점수 = 10 × Z점수(2) + 50 = 70

Z점수와 T점수

Z점수	• 원점수를 평균이 0, 표준편차가 1인 Z분포상의 점수로 변환한 점수이다. • Z점수 = (원점수 − 평균) ÷ 표준편차
T점수	• 평균이 50, 표준편차가 10이 되도록 Z점수를 변환한 점수이다. • T점수 = 10 × Z점수 + 50

21 정신상태검사(Mental Status Examination)에 관한 설명으로 옳은 것은?

① 주요 문제의 빈도와 심도, 경과 등을 질문하는 검사이다.
② 비구조화된 면접법이다.
③ 발달력을 평가하는 과정이다.
④ 수검자의 면접태도, 감정, 사고 등을 파악한다.
⑤ 대인관계와 과거 정신과적 병력이 영역에 포함된다.

정신상태검사(Mental Status Examination)
- 면담 시 관찰한 것과 면담 중 받은 인상의 총체를 기술하는 임상적 평가의 일부분으로서 문제의 원인, 진단, 예후, 치료를 결정하는 데 도움이 된다.
- 전반적인 외양, 행동 특성과 태도, 표현 언어, 사고 내용, 인지, 기분과 정동, 통찰과 판단력, 충동 조절 등에 관한 평가와 관찰이 포함된다.

22 검사타당도에 관한 설명으로 옳지 않은 것은?

① 준거타당도에는 예측타당도가 속한다.
② 구성타당도는 검사가 조작적으로 정의한 개념을 검증한다.
③ 내용타당도는 전문가들이 검사내용을 살펴봄으로써 판단한다.
④ 공인타당도는 주로 요인분석 방법을 사용하여 판단한다.
⑤ 수렴변별타당도는 이론적 구성요인과의 상관관계로 판단할 수 있다.

공인타당도는 새로 작성한 인성검사와 현재 널리 사용되고 있는 인성검사와의 상관관계를 산출하는 것으로 새로운 검사도구를 제작하였을 때 제작한 도구의 타당성을 검증하기 위하여 기존에 타당성을 보장받고 있는 검사와의 유사성 혹은 연관성 등을 비교하는 검증이다. 예를 들어, 연구자가 본인의 연구에 부합하는 인성검사를 제작하였을 때, 그 인성검사의 타당도를 검증하기 위하여 미네소타 다면적 인성검사(MMPI ; Minnesota Multiple Personality Inventory)와의 관계를 점검하여 새로 제작한 검사의 타당성을 판정하는 것이 공인타당도 검증의 한 예이다.

23 내적합치도를 확인할 수 있는 신뢰도 지수들로 짝지어진 것은?

① 선발비와 KR-20
② KR-20과 Phi계수
③ 반분신뢰와 Phi계수
④ KR-21와 Cronbach α 계수
⑤ 동형검사신뢰도와 Cronbach α 계수

문항 내적합치도
한 검사에 있는 문항 하나하나를 모두 한 개의 독립된 검사로 생각하고 그 합치성, 동질성, 일치성을 종합하는 방법으로 계산은 쿠더-리차드슨 공식(KR-21) 또는 크론바흐 알파(Cronbach α)를 사용한다.

CHAPTER 02 　심리검사 각론

01 지능이론 학자와 그의 이론을 바르게 연결한 것은?

① 가드너(H. Gardner) – 3수준 지능이론
② 스턴버그(R. Sternberg) – 삼원이론
③ 길포드(Guilford) – 위계적 요인설
④ 써스톤(L. Thurstone) – 다중지능이론
⑤ 스피어만(C. Spearman) – 7가지 기초정신능력

① 가드너(H. Gardner) : 다중지능이론
③ 길포드(Guilford) : 복합요인설
④ 써스톤(L. Thurstone) : 7가지 기초정신능력
⑤ 스피어만(C. Spearman) : 2요인 이론

02 편차지능지수에 관한 설명으로 옳은 것은?

① 정규분포 가정이 적용되지 않는다.
② 비네-시몽(Binet-Simon) 검사에서 사용한 지수이다.
③ 한 개인의 점수는 같은 연령 수준 내에서 비교된다.
④ 산출된 지능지수는 연령에 따라 다르게 해석된다.
⑤ 비율지능지수에 비해 중년 집단에의 적용에는 한계가 있다.

① 정규분포곡선에서 평균을 100, 편차를 15로 하여 환산한 척도이다.
② 웩슬러(Wechsler) 검사 계열에서 사용하는 방식이다. 기존의 스탠포드-비네(Stanford-Binet) 검사에서 적용하던 비율지능지수의 한계에 대한 인식에서 비롯되었다.
④ 모든 연령집단에서 동일한 방법으로 해석이 가능하다.
⑤ 비율지능지수는 연령이 적은 경우 과대평가되고, 연령이 많은 경우 과소평가되어 중년집단에는 적용에 한계가 있으며, 이런 결함을 보완하기 위한 것이 편차지능지수이다.

03 길포드(J. Guilford)의 지능구조 모형(Structure of Intellect Model)에 관한 설명으로 옳지 않은 것은?

① 확산적 사고는 창의성과 밀접한 관련이 있다.
② 써스톤(L. Thurstone)의 다요인설을 확대하였다.
③ 내용, 조작, 결과의 3차원 지능구조 모델을 제시하였다.
④ 모형의 '조작' 과정에 체계적 사고와 전환적 사고가 포함된다.
⑤ 지능을 다양한 방법으로 상이한 종류의 정보를 처리하는 능력들의 체계적인 집합체로 보았다.

길포드(Guilford)의 복합요인설(입체모형설)
써스톤의 7가지 기본정신 능력에 관한 이론을 발전한 길포드는 지능이 다양한 방법에 의해 상이한 정보들을 처리하는 다각적 능력들의 체계적인 집합체라고 말하며, 지능구조의 3차원적 입체모형을 통해 180개의 조작적인 지적 능력을 제시하였다.

내용차원(사고의 대상)	시각, 청각, 상징, 의미, 행동
조작차원(사고의 과정)	평가, 수렴적 조작, 확산적 조작, 기억파지, 기억저장, 인지
결과차원(사고의 결과)	단위, 분류, 관계, 체계, 전환, 함축

04 K-WISC-Ⅳ의 핵심 및 보충 소검사에 관한 설명으로 옳지 않은 것은?

① 어휘는 언어이해 지표의 핵심 소검사이다.
② 빠진 곳 찾기는 지각추론 지표의 보충 소검사이다.
③ 행렬추리는 처리속도 지표의 핵심 소검사이다.
④ 산수는 작업기억 지표의 보충 소검사이다.
⑤ 토막짜기는 지각추론 지표의 핵심 소검사이다.

'행렬추리'는 지각추론 지표의 핵심 소검사이다. 처리속도의 핵심 소검사에는 기호쓰기, 동형찾기가 있으며, 보충 소검사에는 선택이 있다.

05 웩슬러(Wechsler) 지능검사에서 병전 지능을 추정하기 위해 사용되는 소검사로만 바르게 묶인 것은?

① 어휘, 상식, 토막짜기　　② 협응, 공간, 토막짜기
③ 상식, 토막짜기, 공간　　④ 공간, 토막짜기, 상식
⑤ 어휘, 협응, 상식

병전 지능 추정의 기준이 되는 소검사는 '어휘'와 '상식', '토막짜기'인데, 그 이유는 이들 소검사에서의 점수가 가장 안정적이며, 요인분석 결과 대표적인 언어성, 동작성 소검사가 되는 것으로 밝혀져 있기 때문이다.

정답 01 ② 02 ③ 03 ④ 04 ③ 05 ①

06 웩슬러 성인용 지능검사 4판(WAIS-IV)에 새로 추가된 소검사를 모두 고른 것은?

> ㄱ. 퍼 즐
> ㄴ. 무게비교
> ㄷ. 지우기
> ㄹ. 산 수
> ㅁ. 토막짜기

① ㄱ, ㄴ, ㄷ
② ㄱ, ㄴ, ㄹ
③ ㄱ, ㄷ, ㅁ
④ ㄴ, ㄷ, ㄹ
⑤ ㄴ, ㄹ, ㅁ

WAIS-IV에서 제외된 검사와 추가된 검사
- 제외된 소검사 : 차례 맞추기, 모양 맞추기
- 추가된 소검사 : 행렬추론, 동형찾기, 퍼즐, 순서화, 무게비교, 지우기

07 K-WAIS-IV에서 전체검사(Full Scale) IQ가 115일 때, 이에 해당하는 T점수는?

① 50
② 55
③ 60
④ 65
⑤ 70

한국판 웩슬러 성인용 지능검사 4판(K-WAIS-IV)는 평균이 100이며, 표준편차는 15이다. K-WAIS-IV에서 전체검사 IQ는 115이므로, 15×Z점수+100=115에서 Z점수는 1이다. 따라서 T점수는 10×Z점수+50이므로, T점수=10×1+50=60이다.

08 웩슬러(Wechsler) 지능검사에서 소검사별 환산점수의 평균(M)과 표준편차(SD)로 옳은 것은?

① M = 10, SD = 2
② M = 10, SD = 3
③ M = 15, SD = 5
④ M = 50, SD = 10
⑤ M = 100, SD = 15

웩슬러(Wechsler) 지능검사에서 소검사의 원점수를 검사지의 환산점수 산출표를 토대로 환산점수로 바꾼다(이 환산점수는 평균 10, 표준편차 3인 표준점수로 변환한 것이다).

09 웩슬러 성인용 지능검사 4판(WAIS-IV) 소검사 중 시간제한이 없는 것은?

① 행렬추론
② 기호쓰기
③ 무게비교
④ 퍼 즐
⑤ 빠진 곳 찾기

'행렬추론'은 일부가 빠져있는 행렬을 보고 이를 완성할 수 있는 반응 선택지를 골라야 하는 소검사로 시간제한이 없다. 제한 시간이 있는 소검사는 토막짜기, 퍼즐, 무게비교, 빠진 곳 찾기, 산수, 동형찾기, 기호쓰기, 지우기 등이다.

10 자기보고식 성격검사에 관한 설명으로 옳지 않은 것은?

① NEO-PI-R에서 성실성(C)은 한 개인이 지향하는 대인관계적 특성을 평가한다.
② 성격평가질문지(PAI)에는 실제보다 더 좋게 보이려는 태도를 평가할 수 있는 척도가 있다.
③ 기질 및 성격검사(TCI)에서 인내력(Persistence)은 기질척도에 해당된다.
④ MBTI에서 외향성(E)-내향성(I)은 주의집중과 에너지의 방향을 나타내는 지표이다.
⑤ MMPI-2에서 L척도를 통해 세련되지 못한 방어적 태도를 탐색할 수 있다.

NEO-PI-R에서 한 개인이 지향하는 대인관계적 특성을 평가하는 것은 외향성(E)과 우호성(A)이며, 성실성(C)은 한 개인의 계획성과 조직성을 평가한다.

11 객관적 및 투사적 심리검사에 관한 설명으로 옳지 않은 것은?

① 객관적 검사의 경우, 투사적 검사에 비해 수검자가 방어적 반응을 하기 더 어렵다.
② 투사적 검사의 경우, 객관적 검사에 비해 반응의 독특성이 잘 나타난다.
③ 투사적 검사의 경우, 객관적 검사에 비해 평가자에 따라 결과 해석이 다양하다.
④ 객관적 검사의 경우, 투사적 검사에 비해 신뢰도가 높은 편이다.
⑤ 투사적 검사의 경우, 객관적 검사에 비해 실시, 채점, 해석 시 전문성이 더 요구된다.

객관적 검사는 개인이 응답하는 방식에 있어서 일정한 흐름, 예를 들면 긍정적으로 일관되게 응답하거나 아니면 부정적으로 일관되게 응답하는 개인의 경향이 있다. 반면, 투사적 검사는 반응과정에서 피검자는 불분명하고 모호하며, 신기한 검사자극에 부딪혀서 적절한 방어를 하기가 어렵게 된다.

12 성격평가질문지(PAI)에 관한 설명으로 옳지 않은 것은?

① 타당도척도, 임상 척도, 치료척도, 대인관계척도로 구성되어 있다.
② 27개의 결정문항을 통해 위기상황에 즉각적으로 개입할 수 있다.
③ 문항을 하위 척도에 중복 사용하지 않아서 변별타당도가 높다.
④ 성격장애를 측정할 수 있어서 DSM-Ⅳ의 축Ⅱ에 관한 정보를 제공한다.
⑤ '그렇다-아니다'의 양분법적 평정척도와 4점 척도를 사용하여 측정한다.

> 대부분의 질문지형 성격검사가 '그렇다-아니다'의 양분법적 반응양식으로 되어 있으나, 성격평가질문지(PAI)는 4점 평정척도['전혀 그렇지 않다(⓪)', '약간 그렇다(①)', '중간 정도이다(②)', '매우 그렇다(③)']로 이루어져 있어서 행동의 손상정도 또는 주관적 불편감 수준을 정확히 측정하고 평가할 수 있다.

13 MMPI-2에서 재구성 임상 척도의 T점수가 65 이상일 때 해석으로 옳지 않은 것은?

① RC1 : 소화 기능 문제, 두통, 신경과적 증상과 같은 다양한 신체 증상을 보고한다.
② RC9 : 지나치게 빠른 사고의 전환, 지나친 활기와 흥분감, 고양된 기분과 짜증, 충동 통제의 어려움 등을 경험한다.
③ RC3 : 냉소적 태도를 가지고 있으며 타인을 신뢰할 수 없고 이기적인 존재라고 생각한다.
④ RC7 : 불안, 짜증 및 부정적인 정서를 경험한다.
⑤ RC6 : 비현실감, 환각 증상이 나타난다.

> RC6 : 피해의식을 가지고 있어서 자신이 남들의 표적이 된다고 생각하고 타인을 의심한다. 편안하고 믿을 만한 대인관계를 맺지 못한다.

14 MMPI-2의 해리스-링고스(Harris-Lingoes) 소척도 가운데 임상 척도 4번과 8번에 공통으로 포함되는 것은?

① 냉정함
② 내적 소외
③ 피해의식
④ 사회적 소외
⑤ 자아통합 결여-억제부전

척도4(Pd4 : 사회적 소외)	척도8(Sc1 : 사회적 소외)
• 소외감, 고립감 및 소원함을 느낀다. • 사람들로부터 이해받지 못한다고 느낀다. • 외롭고, 불행하며 사랑받지 못한다고 느낀다. • 살면서 부당한 대우를 받는다고 느낀다. • 자신의 문제와 결점들을 다른 사람의 탓으로 돌린다. • 다른 사람들이 자신에 대해 어떻게 반응할지 염려한다. • 자신의 행동에 대한 후회, 죄책감 및 양심의 가책을 경험한다.	• 살면서 부당한 대우를 받고 있다고 믿는다. • 사람들로부터 이해받지 못한다고 믿는다. • 다른 사람들이 자신에게 원한을 품고 있다고 믿는다. • 다른 사람들이 자신에게 해를 입히려 한다고 믿는다. • 가족 간 사랑과 지지가 부족하다고 느낀다. • 가족들이 자신을 애 취급한다고 느낀다. • 외로움과 공허감을 느낀다. • 누구와도 사랑을 해본 적이 없다. • 가족에 대해 적대감과 증오심을 품는다. • 가능하면 사회적 상황 및 인간관계를 피한다.

15 MMPI-A에 관한 설명으로 옳지 않은 것은?

① MMPI-2와는 다르게 S척도가 없다.
② 비전형척도는 F, F1, F2로 구성되어 있다.
③ MMPI 문항들 중 청소년에게 적합하지 않은 문항들을 제외하였다.
④ 가정문제척도(FAM)는 청소년용에만 있는 내용 척도로 가족과의 갈등을 보여준다.
⑤ 성격병리 5요인 척도는 MMPI-2와 같이 5개로 구성되어 있다.

MMPI-2도 가정문제(FAM)의 내용 척도가 있다. 청소년을 위해 개발되어 청소년에만 있는 내용 척도는 소외 척도(A-aln), 품행 문제 척도(A-con), 낮은 포부 척도(A-las), 학교 문제 척도(A-sch)이다.

16 다음 내용과 관련이 있는 MMPI-2 임상 척도의 해리스-링고스(Harris-Lingoes) 소척도는 무엇인가?

> ○ 일상에서 재미나 보람을 찾지 못한다.
> ○ 정신을 집중하기 어렵다.
> ○ 예전에 한 일에 대해 후회, 죄책감 및 양심의 가책을 경험하지만, 무엇을 잘못했는지는 잘 모른다.
> ○ 과도하게 술을 마실 수 있다.

① D1 주관적 우울감   ② D4 둔감성
③ D5 깊은 근심   ④ Pa1 피해의식
⑤ Pd5 내적 소외

Pd5 내적 소외가 높은 사람들의 특징
- 불편하고 불행하다.
- 정신을 집중하기 어렵다.
- 일상에서 재미나 보람을 찾지 못한다.
- 예전에 한 일에 대해 후회, 죄책감 및 양심의 가책을 경험하지만, 무엇을 잘못했는지는 잘 모른다.
- 차분하게 마음잡기가 힘들다.
- 과도하게 술을 마실 수 있다.

17 다음 사례에서 공통적으로 나타날 수 있는 MMPI-2 상승 척도 쌍은?

> ○ 반복되는 범법행위로 인해 정신감정을 목적으로 병원에 강제 입원된 사람
> ○ 남편과 시어머니와의 갈등으로 인해 무력감을 느끼고 만성적 적응 문제가 있는 사람
> ○ 술이나 약물을 남용하는 사람

① 1-3   ② 2-4
③ 2-9   ④ 6-8
⑤ 7-8

② 2-4 : 충동적인 행동화로 법률적인 문제를 일으켜 치료 상황에 노출된다.
① 1-3 : 사지의 통증이나 두통, 흉통 또는 식욕부진, 어지러움, 불면증을 보인다.
③ 2-9 : 우울증과 경조증적 성향을 동시에 나타낸다.
④ 6-8 : 자폐적, 단편적, 사고내용 기괴, 피해망상과 과대망상 및 환각, 현실감 장애를 보인다.
⑤ 7-8 : 극심한 정서적 혼란, 자신의 심리적 문제 인정, 판단력 손상, 내성적, 반추적, 생각이 많다.

18 MMPI-2의 각 척도와 하위영역 소척도의 짝이 옳게 연결된 것은?

① 보충 척도 – 분노(ANG) 척도
② 내용 척도 – 외상 후 스트레스장애(PK) 척도
③ 임상 척도 – 통제 결여(DISC) 척도
④ 재구성 임상 척도 – 의기소침(RCd) 척도
⑤ 내용 척도 – 억압(R) 척도

> ① 내용 척도 : 분노(ANG) 척도
> ② 보충 척도 : 외상 후 스트레스장애(PK) 척도
> ③ 성격병리 5요인(PSY-5) 척도 : 통제 결여(DISC) 척도
> ⑤ 보충 척도 : 억압(R) 척도

19 주제통각검사(TAT)에 관한 설명으로 옳지 않은 것은?

① 수검자의 성과 연령에 따라 카드를 선정한다.
② 모든 수검자에게 적용되는 공통 카드는 총 20장이다.
③ 피검자의 이야기는 의식의 흐름을 반영하므로 방해하지 않는다.
④ 머레이(Murray)는 그림 속 등장인물의 욕구와 환경적 압력을 분석하였다.
⑤ 이야기를 만드는 사람의 성향이나 갈등 등이 직·간접적으로 표현된다.

> TAT는 총 31매의 그림으로 구성되어 있다. 11매는 모든 수검자에게 공통적으로 적용되고, 성인 남자용(M)이 9매, 성인 여자용(F)이 9매, 소년용(B)이 9매, 소녀용(G)이 9매로 각 수검자는 20매의 그림을 보게 된다.

20 주제통각검사(TAT)에서 다음 내용에 해당하는 주제로 옳은 것은?

> 도판 6BM – 키 작고 나이든 여인이 등을 돌린 채 창밖을 바라보고 있는 반면, 키 크고 젊은 남자는 약간 어두운 표정으로 여인의 옆에 서있다.

① 공격성 ② 성취동기
③ 현실의 어려움 ④ 모자·부부 갈등
⑤ 동료 및 교우와의 관계

> ①·② 도판 8BM : 한 청년이 정면을 응시하고 있고, 그 옆에 엽총의 총신이 보인다. 그 뒤로 마치 수술 장면인 듯 한 사람이 누워 있고 몇 명의 남자들이 그 앞에 서있다.
> ③ 도판 8GF : 한 젊은 여인이 턱을 고인 채 어딘가를 바라보며 생각에 잠겨있다.
> ⑤ 도판 9BM : 풀밭에 4명의 남자들이 편한 자세로 누워있다.

정답 16 ⑤ 17 ② 18 ④ 19 ② 20 ④

21 MMPI-2와 로샤(Rorschach) 검사에서 정신병리의 심각성과 지각적 왜곡의 문제를 탐색할 수 있는 척도와 지표로 옳은 것은?

① F척도, X-%
② Sc척도, EB
③ Pa척도, a : p
④ Pt척도, EA
⑤ K척도, Afr

② Sc척도(조현병) : 정신적 혼란과 불안정 상태, 자폐적 사고와 왜곡된 행동을 반영하는 지표로 활용되며, EB(Erlebnistypus, 체험형)는 인간운동반응 M과 가중치를 부여한 색채반응 총점수 SumC와의 관계를 나타낸다.
③ Pa척도(편집증) : 대인관계에서의 민감성, 의심증, 집착증, 피해의식, 자기 정당성 등을 반영하며, a:p(Active, Passive Ratio)는 관념과 태동의 융통성과 관련 있는 것으로 능동 : 수동 비율을 나타낸다.
④ Pt척도(강박증) : 심리적 고통이나 불안, 공포, 강박관념의 정도를 반영하는 지표로 활용되며, EA(Experience Actual, 경험실제)는 개인의 가용자원과 관련 있는 변인이다.
⑤ K척도(교정척도) : 분명한 정신적인 장애를 지니면서도 정상적인 프로파일을 보이는 사람들을 식별하기 위한 것이며, Afr(Affective Ratio, 정서비)은 수검자의 정서적 자극에 대한 관심을 나타낸다.

22 MMPI-2의 타당도 척도에 관한 설명으로 옳은 것은?

① 무작위로 반응하면 F척도와 TRIN의 T점수가 상승한다.
② 모든 문항에 '아니다'로 반응하면 TRIN의 T점수가 상승한다.
③ VRIN은 내용이 상반되는 문항 쌍으로만 구성되어 있다.
④ VRIN과 TRIN의 T점수가 모두 상승하면서 F척도의 T점수도 상승하면, 부정왜곡을 반영할 가능성이 높다.
⑤ 모든 문항에 '그렇다'로 반응하면 VRIN의 T점수가 상승한다.

②·⑤ 모든 문항에 '아니다' 또는 '그렇다'로만 반응하면 모두 TRIN의 T점수가 상승한다.
① 무작위로 반응하면 F척도와 VRIN의 T점수가 상승한다.
③ TRIN은 내용이 상반되는 문항 쌍으로만 구성되어 있다.
④ TRIN과 VRIN의 T점수가 모두 상승하면, 자료의 타당성이 없어 해석하지 않거나 무효프로파일일 가능성이 크다.

23 엑스너(Exner) 종합체계에 따른 로샤(Rorschach) 검사의 채점에 관한 설명으로 옳은 것은?

① S는 단독으로 기호화할 수 없다.
② 평범반응(P)을 기호화할 때 평가자의 주관적 기준에 따른다.
③ 잉크반점의 전체와 흰 공간을 사용한 경우 W로 기호화한다.
④ 잉크반점 중 아주 작은 부분이 제외되어도 W로 기호화할 수 있다.
⑤ 사람들이 흔히 사용하는 부분에 대해 반응한 경우 Dd로 기호화한다.

② 평범반응(P)이란 수검자 집단에서 반응 빈도가 높은 13개의 반응을 말하며, P로 기호화하고 반응내용의 기호 뒤에 기록한다. 객관적 기준에 따라 평범반응(P)과 유사하지만 완전히 일치하지 않거나, 반응내용과 사용한 영역이 일치하지 않는 경우는 배제한다.
③ 잉크반점의 전체와 흰 공간을 사용한 경우 WS로 기호화한다.
④ 잉크반점 중 아주 작은 부분이 제외되어도 W로 기호화할 수 없다.
⑤ 사람들이 흔히 사용하는 부분에 대해 반응한 경우 D로 기호화한다.

24 로샤(Rorschach) 검사의 우울증 지표(DEPI)에 해당하지 않는 것은?

① (FV + VF + V > 0) OR (FD > 2)
② (Col − Shd Blends > 0) OR (S > 2)
③ FV + VF + V + FD > 2
④ (Afr < .46) OR (Blends < 4)
⑤ (MOR > 2) OR (2 × AB + Art + Ay > 3)

로샤(Rorschach) 검사의 우울증 지표(DEPI)
- (FV + VF + V > 0) OR (FD > 2)
- (Col − Shd Blends > 0) OR (S > 2)
- (3r + (2)/R > .44 and Fr + rF = 0) OR 3r + (2)/R < .33)
- (Afr < .46) OR (Blends < 4)
- (Sum Shading > FM+m) OR (SumC' > 2)
- (MOR > 2) OR (2 × AB + Art + Ay > 3)
- (COP < 2) OR ([Bt + 2 × Cl + Ge + Ls + 2 × Na]/R > .24)

25 로샤(Rorschach) 검사에서 결정인에 관한 해석으로 옳은 것은?

① Y, YF, FY − 통제할 수 없는 불안감
② T, TF, FT − 자아중심성
③ C, CF, FC, Cn − 자기초점
④ rF, Fr − 방어적 태도
⑤ C', C'F, FC' − 조직화 경향

로샤검사의 결정인

기 호	정 의	해 석
F	형태(Form)	통제, 지연
M, FM, m	운동(Movement)	개념화, 욕구, 스트레스
C, CF, FC, Cn	유채색(Chromatic Color)	정서 표현의 조정
C', C'F, FC'	무채색(Achromatic Color)	정서 억제
T, TF, FT	음영-재질(Shading-Texture)	애정 욕구
V, VF, FV	음영-차원(Shading-Dimension)	부정적 자기평가
Y, YF, FY	음영-확산(Shading-Diffuse)	불안감, 무력감
FD	형태차원(Form Dimension)	내 성
(2) / rF, Fr	쌍반응(Pairs) / 반사반응(Reflections)	자기초점, 자아중심성

26 로샤(Rorschach) 검사에서 수검자가 반점들에 대해 "닭 머리를 한 여자"라고 반응했을 때 채점 기호로 옳은 것은?

① DV2
② Afr
③ COP
④ INCOM2
⑤ BIZ

- INCOM은 조화되지 않는 합성을 나타내며, 반응의 부분이나 이미지들이 부적절하게 하나의 대상으로 합쳐져서 압축하여 표현할 때 채점한다.
- INCOM의 수준 1반응은 우연적으로 나타나는 반면, 수준 2반응은 이상하고 비현실적이다.

27 로샤(Rorschach) 검사의 구조변인에 대한 해석적 연결로 옳지 않은 것은?

① Lamda – 주변 환경에 관심을 기울이는 정도와 관심의 폭을 평가
② Zd – 정보를 효율적으로 조직화하는 능력을 평가
③ X-% – 현실을 지각할 때 왜곡되어 있는 정도를 평가
④ 3r+(2)/R – 공격성을 측정하는 지표
⑤ Afr – 정서적 자극에 대한 관심을 나타내는 지표

3r+(2)/R은 자아중심성을 측정하는 지표이다.

28 로샤(Rorschach) 검사의 채점항목 중 반응영역의 내용으로서 자주 사용되는 반점 영역을 보는 경우에 해당하는 것은?

① D
② Dd
③ S
④ W
⑤ Sd

로샤 검사의 반응영역

기호	정의	기준 내용
W	전체반응	반점 전체를 보는 경우
D	흔한 부분반응 또는 보통 부분반응	자주 사용되는 반점 영역을 보는 경우
Dd	드문 부분반응 또는 이상 부분반응	남들이 잘 보지 않는 부분이지만 검사자의 판단상 그럴듯하게 보일 경우
S	공백반응 또는 간격반응	카드의 여백을 본 경우

29 로샤(Rorschach) 검사의 채점항목을 올바르게 연결한 것은?

① 발달질 – 반응의 질은 어떠한가?
② 형태질 – 사물에 대해 대칭적으로 지각하고 있는가?
③ 결정인 – 반응은 어떤 내용의 범주에 포함되는가?
④ 반응영역 – 반응이 잉크반점의 특징에 얼마나 부합하는가?
⑤ 반응내용 – 반응을 결정하는 데 영향을 미친 반점의 특징은 어떠한가?

로샤(Rorschach) 검사의 채점항목
- 반응영역 : "수검자의 주된 반응이 어느 영역에 대해 일어나고 있는가?"
- 발달질 : "반응의 질은 어떠한가?", "반응영역에서 발달수준은 어떠한가?"
- 결정인 : "반응하기 위해 잉크반점의 어떤 부분이 사용되었는가?", "반응을 결정하는 데 영향을 미친 반점의 특징은 어떠한가?"
- 형태질 : "반응이 잉크반점의 특징에 얼마나 부합하는가?"
- 쌍반응 및 반사반응 : "사물에 대해 대칭적으로 지각하고 있는가?"
- 반응내용 : "반응은 어떤 내용의 범주에 포함되는가?"

30 HTP 검사결과에 관한 해석으로 옳지 않은 것은?

① 그림 하단에 치우침 – 공상을 즐김, 야심이 높음, 성취를 위한 투쟁
② 끊긴 곡선 – 우유부단, 감정적 경향, 복종적
③ 세부 묘사의 결여 – 지적장애, 철수, 뇌손상, 우울
④ 흐린 선 – 위축감, 두려움, 우유부단, 자기억제 성향
⑤ 과도한 세부묘사 – 강박성, 자기억제 성향, 주지화 성향

그림 하단에 치우침 : 불안정감, 우울성향, 실제적인 것을 선호하는 성향
그림의 위치
- 일반적 위치 : 종이 가운데
- 가운데 : 적정 수준의 안정감, 융통성의 부족
- 위 : 높은 욕구, 목표달성에 대한 스트레스, 공상적 만족감
- 아래 : 불안정감, 우울성향, 실제적인 것을 선호하는 성향
- 왼쪽 : 충동성, 외향성, 변화에의 욕구, 즉각적 만족추구 성향
- 오른쪽 : 자기 통제적 성향, 내향성, 지적 만족추구 성향
- 구석 : 두려움, 위축감, 자신감 결여

31 한국판 아동·청소년 행동평가 척도(K-CBCL 6-18)에 관한 설명으로 옳지 않은 것은?

① 아동, 청소년기의 사회적 적응 및 정서나 행동 문제를 부모가 평가하는 임상적 심리 장애 진단 도구이다.
② 신체 증상 척도는 내재화 척도에 해당한다.
③ 규칙 위반 척도는 외현화 척도에 해당한다.
④ 문제행동 총점은 내재화 척도와 외현화 척도를 합산한 점수이다.
⑤ 공격행동 척도는 언어적·신체적으로 파괴적이고 공격적인 행동이나 적대적인 태도를 나타낸다.

문제행동 총점은 내재화 척도 + 외현화 척도 + 사회적 미성숙 + 사고의 문제 + 주의집중 문제 + 기타 문제를 합산한 점수이다.

문제행동 척도

문제행동 증후군 척도	내재화 척도 : 불안/우울, 위축/우울, 신체 증상
	외현화 척도 : 규칙 위반(규칙을 어기거나 사회적 규범에 어긋나는 문제행동을 충동적으로 하는 성향), 공격행동(언어적·신체적으로 파괴적이고 공격적인 행동이나 적대적인 태도)
	사회적 미성숙, 사고의 문제, 주의집중 문제, 기타 문제
DSM진단 척도	DSM정서문제, DSM불안문제, DSM신체화문제, DSM ADHD, DSM반항행동문제, DSM품행문제
문제행동 특수 척도	강박 증상, 외상 후 스트레스 문제, 인지 속도 부진

32 문장완성검사에 관한 설명으로 옳은 것은?

① 검사시간에 제한이 있다.
② 집단에게는 실시될 수 없다.
③ 로샤(Rorschach) 검사나 주제통각검사(TAT)에 비해 덜 구조화되어 있다.
④ 검사의 객관성을 위해 검사자는 문항에 대한 추가적인 질문을 해서는 안 된다.
⑤ 자유연상을 토대로 하는 투사적 검사이다.

① 원칙적으로 시간제한은 없으나 생각을 하는 데 오래 걸리지 않도록 빨리 작성한다.
② 집단적인 검사가 가능하므로 시간 및 노력이 상대적으로 적게 소요된다.
③ 로샤(Rorschach) 검사나 주제통각검사(TAT)보다 더 구조화되어 있으므로, 몇몇 학자들에 의해 투사적 검사로 보기 어렵다는 견해도 있다.
④ 검사문항의 작성이 매우 용이하며, 특히 다양한 상황에 부합하도록 검사 문항을 수정하거나 추가적인 질문을 할 수 있다.

33 삭스 문장완성검사(SSCT)의 4가지 주요 영역에 해당하지 않는 것은?

① 흥 미
② 자아개념
③ 성(性)
④ 대인관계
⑤ 가 족

> **삭스 문장완성검사(SSCT)의 4가지 주요 영역**
> • 가족 : 아버지, 어머니를 비롯하여 가족에 대한 태도를 측정한다.
> • 성(性) : 이성 관계 또는 성적 관계, 결혼에 대한 태도를 측정한다.
> • 대인관계 : 가족 외의 사람들, 즉 친구, 동료, 권위자에 대한 태도를 측정한다.
> • 자아개념 : 자신의 능력과 목표, 두려움과 죄책감 등을 비롯하여 현재, 과거, 미래에서 자기상의 면모를 측정한다.

34 NEO-PI-R에서 다음 소척도의 점수가 상승했을 때, 이에 대한 해석으로 적절한 것은?

① 신경증(N) - 과도한 욕망이나 충동
② 외향성(E) - 활동적이고 과업지향적
③ 개방성(O) - 관습적이고 분석적
④ 우호성(A) - 낯선 사람에 대한 관용
⑤ 성실성(C) - 개혁적이고 지능이 높음

> **NEO-PI-R 척도의 구성 및 내용**

요인명	의 미	내 용	
N요인 (신경증)	높은 점수의 사람은 정서적으로 안정되어 있지 못하며, 스트레스에 취약하고 예민하며 과도한 욕망이나 충동이 일어남	• N1 - 불 안 • N3 - 우 울 • N5 - 충동성	• N2 - 적대감 • N4 - 자의식 • N6 - 심약성
E요인 (외향성)	• 높은 점수의 사람은 사람들과 만나기를 좋아하며 적극적이고 자기주장을 잘함 • 열성적이고 낙천적이며, 직업세계에서 영업과 판매를 잘하는 사람들이 해당됨	• E1 - 온 정 • E3 - 주 장 • E5 - 자극 추구	• E2 - 사교성 • E4 - 활동성 • E6 - 긍정적 감정
O요인 (개방성)	• 높은 점수의 사람은 세상에 대해 호기심이 많으며, 새로운 아이디어와 가치를 추구함 • 자신의 감정에 민감하고, 창조적·탐구적인 일을 좋아함	• O1 - 상 상 • O3 - 감정개방 • O5 - 사고개방	• O2 - 심미성 • O4 - 행동개방 • O6 - 가치개방
A요인 (우호성)	이타심과 관련이 있으며, 타인을 신뢰하고 관심을 가지는 정도와 솔직하고 순응적인 정도를 의미함	• A1 - 온정성 • A3 - 관용성 • A5 - 겸 손	• A2 - 신뢰성 • A4 - 이타성 • A6 - 동 정
C요인 (성실성)	• 높은 점수의 사람은 목적지향적이고 조직력이 뛰어남 • 시간을 엄수하고 자신의 의무 이행에 철저함	• C1 - 능력감 • C3 - 충실성 • C5 - 자기통제	• C2 - 정연성 • C4 - 성취동기 • C6 - 신중성

CHAPTER 03 기타 심리측정 평가의 활용에 관한 사항

01 벤더게슈탈트 검사(BGT)에 관한 설명으로 옳은 것은?

① 불안한 사람은 심한 보속성을 보인다.
② 성인에서 도형A의 정상적인 위치는 용지의 정중앙이다.
③ 뇌기능 장애가 의심될 때는 모사단계만 적용한다.
④ 뇌손상이 심할 경우 모사의 정확도가 떨어진다.
⑤ 일종의 객관적 검사로서 수검자의 주의력 및 단기기억력을 측정한다.

④ 정신병리적 진단 및 뇌손상 여부도 탐지할 수 있으므로, 뇌손상이 심할 경우 그대로 그리는 모사의 정확도가 떨어진다.
① 보속성은 앞서 제시된 도형의 요소가 다음 도형의 모사 과정에서 연속적으로 나타나거나, 자극도형에서 요구되는 이상으로 연장하여 그리는 것을 말한다. 특히, 보속성은 자아통제력의 저하나 현실 검증력의 장애를 나타내는 것으로 해석된다. 불안한 사람은 첫 번째로 모사한 것을 완전히 지우지 않고 그대로 두거나, 지우개를 사용하지 않고 줄을 그어 지워버리고 다시 그리는 도형의 재묘사를 사용한다.
② 성인에서 도형 A의 정상적인 위치는 용지의 1/3 상단에 놓여 있으며, 어떤 부분도 모서리로부터 1인치 내에 있지 않아야 한다.
③ 일반적인 검사에서는 '모사'를, 뇌의 기질적 손상을 진단하기 위한 검사에서는 '순간노출'을 우선적으로 실시한다.
⑤ 일종의 투사적 검사로서, 시각-운동 협응능력 및 시지각 능력을 측정한다.

02 허트(M. Hutt)의 BGT 평가항목에서 형태의 일탈에 속하지 않는 것은?

① 폐쇄 곤란
② 교차 곤란
③ 곡선 모사 곤란
④ 각도의 변화
⑤ 중첩의 어려움

'중첩의 어려움'은 형태의 왜곡(Distortion of Form)에 해당한다.

허트(M.Hutt)의 BGT 평가항목

평가항목	내용	
조직화 (Organization)	• 배열순서 • 공간의 사용 • 도형 간의 중첩 • 용지의 회전	• 도형 A의 위치 • 공간의 크기 • 가장자리의 사용 • 자극도형의 위치변경
크기의 일탈 (Deviation in Size)	• 전체적으로 크거나 작은 그림 • 고립된 큰 그림 또는 작은 그림	• 점진적으로 커지거나 작아지는 그림
형태의 일탈 (Deviation of Form)	• 폐쇄의 어려움 • 곡선 모사의 어려움	• 교차의 어려움 • 각도의 변화
형태의 왜곡 (Distortion of Form)	• 지각적 회전 • 단순화 • 중첩의 어려움 • 보속성	• 퇴영 • 파편화 또는 단편화 • 정교함 또는 조악함
움직임 및 묘사요인 (Movement and Drawing)	• 운동방향에서의 일탈 • 선 또는 점의 질	• 운동방향의 비일관성

※ 객관적으로 분석할 때는 각각의 항목을 수치화한 후 규준에 맞추어 양적으로 채점한다.

03 허트(M. Hutt)의 채점기준에 따라 BGT 도형A를 모사한 아래 그림에서 나타나는 곤란반응은?

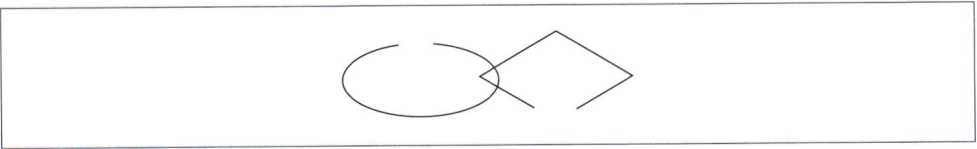

① 폐쇄(Closure)곤란
② 교차(Crossing)곤란
③ 곡선(Curvature)곤란
④ 정교화(Elaboration)곤란
⑤ 단순화(Simplification)곤란

허트의 BGT 도형모사 곤란반응
• 폐쇄(Closure)곤란 : 도형 내에 폐곡선을 완성시키지 못하거나 부분들을 접촉시키지 못하는 현상
  예 대인관계 어려움
• 교차(Crossing)곤란 : 다각형의 선이 서로 교차되는 점에서 선을 지우고 다시 그리는 현상
  예 강박증·공포증 환자
• 곡선(Curvature)곤란 : 곡선 진폭이 너무 크게 변화되는 현상
  예 우울한 환자
• 정교화(Elaboration)곤란 : 너무 정교하게 그리거나 낙서하듯 그리는 현상
  예 조증 환자, 충동조절 통제의 문제
• 단순화(Simplification)곤란 : 도형을 분명하게 완성하지 못하거나 부분이 각각 떨어져 있게 그리는 현상
  예 지각-운동 기능 장애, 추상적 사고능력 저하

정답 01 ④ 02 ⑤ 03 ①

04 다음 내용과 연관된 GATB의 하위검사에 해당하는 것은?

> ○ 상판과 하판에 48개 구멍이 뚫려있는 팩보드(Peg Board)를 이용한다.
> ○ 앞서 하판에 꽂아 넣은 팩을 한 손으로 한 개씩 빼낸 후 이를 뒤집어 다시 꽂아 넣는다.

① 환치검사
② 분해검사
③ 회전검사
④ 조립검사
⑤ 타점속도검사

① 환치검사 : 팩보드에서 상판 막대기의 팩을 양손을 이용하여 동시에 뽑은 다음, 이를 하판의 대응되는 위치에 꽂아 넣는 검사이다.
② 분해검사 : 조립검사를 통해 하판에 꽂아 넣은 못과 좌철의 조립물을 다시 분해하여 못과 좌철이 있던 본래의 위치에 양손을 이용하여 동시에 꽂아 넣는 검사이다.
④ 조립검사 : 손가락 재치보드에서 상판에 꽂혀 있는 못과 원주에 꽂혀 있는 좌철을 양손을 이용하여 빼내어 조립한 다음, 못을 빼낸 손으로 하판의 대응되는 위치에 꽂아 넣는 검사이다.
⑤ 타점속도검사 : 수행검사가 아닌 지필검사로서, 연속적으로 나열되어 있는 사각형 안에 최대한 빨리 3개씩 점을 찍는 검사이다.

05 벤더도형검사 2판(BGT-II)에 관한 설명으로 옳지 않은 것은?

① 아동 및 성인을 대상으로 실시한다.
② 지각-운동 기능을 평가할 수 있다.
③ 뇌기능상의 문제보다는 성격검사 쪽을 살펴보는 데 더 적합하다.
④ 항목별 5점 척도로 평정하는 채점 체계를 갖추었다.
⑤ 카드는 총 16장으로 구성되어 있다.

벤더도형검사 2판(BGT-II)은 성격검사쪽보다는 뇌기능상의 문제를 살펴보는 데 더 적합한 검사이다.

06 CAT 직업성격 유형의 해석 차원 중 다음의 내용에 해당하는 것은?

○ 유형들 내 또는 유형들 간의 관계는 육각형 모델에 의해 정리되며, 육각형 모델에서의 유형들 간의 거리는 그 이론적인 관계에 반비례한다.
○ 육각형은 이론의 본질적 관계를 설명해주는 것으로서, 여러 가지 실제적인 용도를 가지고 있다.

① 정체성 ② 일관성
③ 일치성 ④ 계측성
⑤ 차별성

① 정체성 : 직업성격 유형은 성격과 환경유형 모두를 형성하도록 지원해주는 이차적인 구조로 간주된다.
② 일관성 : 직업성격 유형은 성격과 환경유형 모두에 적용되는 것으로, 유형들의 어떤 쌍은 다른 유형의 쌍들보다 공통점을 더 많이 가지고 있다.
③ 일치성 : 한 개인이 자기 자신의 성격유형과 동일하거나 유사한 환경에서 일하고 생활하는 경우에 해당한다.
⑤ 차별성 : 어떤 사람 또는 환경은 매우 단순하여 어느 유형과는 매우 유사한 반면, 다른 유형과는 차별적인 모습을 보인다.

07 다음의 특징을 지니는 홀랜드(J. Holland)의 직업적 성격유형으로 옳은 것은?

○ 정해진 원칙과 계획에 따라 자료들을 기록, 정리, 조직하는 일을 좋아한다.
○ 모험적·비체계적 활동에는 매우 혼란을 느낀다.
○ 체계적인 작업환경에서 계산적 능력을 발휘하는 활동을 좋아한다.

① 현실적 유형 ② 탐구적 유형
③ 진취적 유형 ④ 관습적 유형
⑤ 사회적 유형

관습형(C : Conventional Type)

일반적 특징	• 구조화된 상황에서 구체적인 정보를 토대로 정확하고 세밀한 작업을 요하는 일을 선호한다. • 정확성을 요하는 활동, 회계 등과 같이 숫자를 이용하는 활동을 선호한다. • 비구조화된 상황, 창의성을 요하는 활동을 선호하지 않는다.
성격적 특징	• 보수적·안정적이며, 성실하고 꼼꼼하다. • 스스로 자기통제를 잘하며, 인내심을 가지고 주어진 일을 묵묵히 수행한다.
직업활동 양상	• 자신의 기여에 의한 실질적인 성과가 조직의 목표 달성에 긍정적인 결과를 가져올 때 보람을 느낀다. • 사무직 근로자, 경리사원, 컴퓨터 프로그래머, 사서, 은행원, 회계사, 법무사, 세무사 등이 적합하다.

필수과목 03 주관식 단답형 문제

❖ 문제를 읽고 (   ) 안에 들어갈 단어를 적어주세요.

01 물리적 속성과 달리 인간의 행동을 설명하기 위한 추상적 개념을 (   )(이)라고 한다.

02 한국 웩슬러 성인용 지능검사 4판(K-WAIS-IV)에는 언어이해, (   ), 작업기억, 처리속도의 4요인 구조가 적용되었다.

03 카텔(R. Cattell)의 (   )지능에는 어휘력, 일반상식, 언어이해력, 판단력 등이 있다.

04 K-WAIS-IV에서 언어이해는 핵심소검사인 (   ), (   ), (   )과 보충소검사인 이해로 구성되어 있다.

05 머레이(Morey)가 성격과 정신병리를 평가하기 위해 제작한 객관검사로 (   )은/는 4점 평정 척도로 이루어져 있어 행동의 손상 정도 또는 주관적 불편감 수준을 정확히 측정하고 평가한다.

06 로샤(Rorschach) 검사에서 운동(Movement)의 기호는 인간은 M, 동물은 (   ), 무생물은 m 으로 나타낸다.

07 로샤 검사에서 W반응, D반응이 아니면 자동적으로 (   )(으)로 기호화한다.

08 (   )은/는 1948년 벅(Buck)이 처음 개발한 투사적 그림검사로, 수검자가 자신의 개인적 발달사와 관련된 경험을 그림에 투사한다는 점에 기초한다.

09 주제통각검사는 30장의 흑백그림카드와 1장의 백지카드 등 총 31장으로 구성되어 있으며, 한 사람의 수검자에게 (   )장을 적용할 수 있도록 구성되어 있다.

10 형태심리학과 정신역동이론을 기초로 수검자가 카드 9장으로 구성된 도형들을 어떻게 지각하여 재생하는지 관찰함으로써 성격을 추론하여 정신병리적 진단 및 뇌손상 여부를 탐지하는 검사를 (   )(이)라고 한다.

정답

01 심리적 구성개념
02 지각추론
03 결정성
04 공통성, 어휘, 상식
05 성격평가질문지(PAI)
06 FM
07 Dd
08 HTP(집-나무-사람 그림검사)
09 20
10 BGT(벤더게슈탈트 검사)

필수과목 03 기출문항 OX 문제

❖ 문제를 읽고 ( ) 안에 맞는 답을 (O / X)로 표기하세요.

01 문항 변별도는 한 검사에서 각 문항이 수검자의 능력 수준을 변별할 수 있는 정도를 나타내는 지수를 말한다.   (   )

02 한국판 웩슬러 아동용 지능검사(K-WISC-IV)의 하위 소검사 유형 중 하나인 작업기억에는 기호쓰기, 동형찾기, 선택이 해당된다.   (   )

03 신경증 척도(Hs, D, Hy) T점수가 모두 65보다 높으면서 1, 2, 3 척도 순으로 점수가 높아지는 정적 기울기 형태를 보이는 경우, 부인과적 병력을 가진 여성들에게서 전형적으로 나타난다.   (   )

04 16PF를 활용한 다요인 인성검사는 성격심리학의 특성이론을 근거로 요인 분석적 방법을 통해 개발되었다.   (   )

05 MMPI-2의 성격병리 5요인에 공격성, 정신증, 통제결여, 부정적 정서성/신경증, 내향성/외향성 척도가 속한다.   (   )

06 로샤 검사의 구조적 요약에서 람다 L(Lambda, L)은 전체반응에서 순수형태반응이 차지하는 비율로 심리적 자원의 경제적 사용과 관련된다.   (   )

07 머레이(H. Murray)는 주제통각검사(TAT)의 수검자 반응을 욕구와 압력의 측면에서 분석하는 해석 체계를 제시하였다.   (   )

08 HTP 검사해석에서 나무의 가지와 사람의 팔은 대인관계에 대한 욕구를 탐색할 수 있는 정보를 제공한다. ( )

09 MMPI-2에서 신체장애 등급을 받거나 상해관련 소송에서 증상의 과장 또는 가장을 탐지할 목적으로 개발된 척도는 FBS척도이다. ( )

10 삭스(J. Sacks)의 문장완성검사에서 대표적으로 평가하는 4가지 영역에는 성, 가족, 정서, 자기개념이 있다. ( )

정답 및 해설

01 ○ 02 × 03 ○ 04 × 05 × 06 ○ 07 ○ 08 ○ 09 ○ 10 ×

02 처리속도의 소검사에 해당된다. 작업기억에는 숫자, 순차연결, 산수가 포함된다.

04 NEO-PI-R에 대한 설명이다. 다요인 인성검사는 성격 특성이론을 근거로 제작된 검사로 모든 성격범주를 포괄하고 있어 일반인들의 성격 이해에 적합하다.

05 성격병리 5요인에 공격성, 정신증, 통제결여, 부정적 정서성/신경증, 내향성/낮은 긍정적 정서성 척도가 속한다.

10 삭스의 문장완성검사(SSCT)의 20명의 심리학자들을 대상으로 가족, 성, 대인관계, 자아개념의 4가지 영역에 대해 중요한 태도를 유도할 수 있는 미완성 문장들을 만들도록 한 후 선별의 과정을 거쳐 만들어졌다.

필수 ❹과목

이상심리

01 이상심리학의 이론적 입장	11 신체증상 및 관련 장애
02 이상심리의 분류 및 평가	12 급식 및 섭식장애
03 신경발달장애	13 배설장애
04 조현병 스펙트럼 및 기타 정신병적 장애	14 수면-각성장애
05 양극성 및 관련 장애	15 성 관련 장애
06 우울장애	16 파괴적, 충동조절 및 품행장애
07 불안장애	17 물질 관련 및 중독 장애
08 강박 및 관련 장애	18 신경인지장애
09 외상 및 스트레스 관련 장애	19 성격장애
10 해리장애	20 임상적 주의가 필요한 기타 문제

적중예상문제

(객관식 ‖ 주관식 단답형 문제 ‖ 기출문항 OX 문제)

"필수 4과목 이상심리"의 경우 매년 비슷한 난도로 출제되고 있지만 DSM-5 장애 분류 기준에 맞춰 개별 장애의 세부내용을 묻는 문제가 증가하고 있습니다. 또 사례를 보고 장애를 진단하는 등 실무능력을 평가하려는 문제가 증가하는 추세입니다. 이에 따라 단순히 장애의 정의를 암기하는 것뿐만 아니라 사례에 적용하는 연습도 필요합니다.

✓ 최근 2024년도 23회 기출키워드

- 이상심리의 행동주의 모형
- DSM-5에 포함되지 않은 정신장애
- 정신장애 분류의 장점
- DSM-5의 지적장애 중등도 수준
- DSM-5의 신경발달장애
- DSM-5에서 조현병의 음성증상
- DSM-5의 망상장애 아형(Subtypes)
- DSM-5의 각 조현병 스펙트럼 장애와 그 진단기준
- DSM-5의 조증 삽화 진단기준
- 우울증의 유형
- DSM-5의 불안장애 하위유형
- DSM-5의 공황장애
- 급성 스트레스 장애
- DSM-5의 강박장애
- 신해리 이론
- 인위성장애
- 해리성 기억상실 : 해리성 둔주 동반
- DSM-5의 신경성 폭식증
- 불면장애의 치료를 위한 수면위생 교육
- DSM-5의 성별 불쾌감 장애 진단기준
- DSM-5의 품행장애 진단기준
- DSM-5의 병적 도벽
- 임상적 주의의 초점이 될 수 있는 기타의 상태
- DSM-5의 조현형 성격장애
- 성격장애에 대한 대안적 DSM-5 모델

정오표▲

CHAPTER 01 이상심리학의 이론적 입장

중요도 ★★★

핵심포인트
정신분석이론, 인지행동이론, 인본주의이론, 행동주의이론, 사회문화적 이론, 정신장애의 원인에 관한 학설, 생물학적 이론, 통합이론

이상심리학이란 인간의 일탈행동 또는 심리적 장애를 연구하는 학문이다. 연구 범위는 사회적 구조 속에서 파악되는 문제행동까지 포함한다.

01 이상심리학에 대한 주요 이론 Ⅰ 20 기출

(1) 정신분석이론 18 19 21 22 기출
① 프로이트(Freud)는 이상행동의 원인을 어린 시절의 경험과 무의식적 갈등에 의한 것으로 본다.
② 인간의 성격을 쾌락의 원리에 기초한 원초아(Id), 현실의 원리에 기초한 자아(Ego), 도덕의 원리에 기초한 초자아(Superego)로 구분한다.
③ 자아가 원초아를 적절히 조절·통제하지 못하여 '신경증적 불안'이 발생하고, 그로 인한 불안에서 벗어나기 위해 방어기제를 사용한다. 이때 방어기제의 부적절한 사용에 의해 이상행동이나 정신장애가 발생한다.
④ 이상행동은 자유연상, 꿈의 분석, 저항의 분석, 훈습 등의 기술을 활용하여 치유한다.
⑤ 인간의 발달단계를 구강기(양가감정 경험), 항문기(배변훈련), 남근기(오이디푸스 콤플렉스, 엘렉트라 콤플렉스 경험), 잠복기(성적 욕구 억압·잠재), 생식기(사춘기 경험, 2차 성징)로 나눈다.

(2) 인지(행동)이론 19 기출
① 인지를 인간 정서의 핵심적 요소로 간주한다.
② 인간은 주관적·심리적 현실에 의해 영향을 받아 능동적으로 세상에 의미를 부여한다고 본다.
③ 인간의 역기능적 사고와 신념 등 부적응적인 인지 활동에 의해 이상행동이나 정신장애가 발생한다.
④ 이상행동을 제거하기 위해 합리적 정서치료, 인지치료, 자기교습훈련 등의 기술을 사용한다.
⑤ 인지치료의 선구자인 벡(A. Beck)은 우울장애에 널리 쓰이는 치료법을 개발하였다.

(3) 인본주의이론
① 인간을 합목적적·건설적·현실적·성장지향적 존재로 본다.
② 인간은 자기성장을 실현할 수 있는 능력, 자신의 잠재력을 실현할 수 있는 능력, 자아실현의 동기를 타고났다.
③ 어린 시절 자기 욕구를 부모의 기대와 가치에 부합하도록 하는 조건적 수용이 이루어짐으로써 부적응 상태가 초래된다.
④ 일치성(진실성), 공감적 이해와 경청, 무조건적 긍정적 관심(존중)을 통해 부적응 상태를 극복할 수 있다.

(4) 행동주의이론 19 21 24 기출
① 인간의 내면과 무의식을 강조한 정신분석이론과 달리, 직접적으로 관찰이 가능한 인간의 행동에 연구의 초점을 둔다.
② 인간의 모든 행동은 환경과의 상호작용에 의해 학습된 것이며, 이상행동 또한 주변 환경으로부터의 잘못된 학습에 기인한다고 본다.
③ 고전적 조건형성, 조작적 조건형성, 모방학습(사회적 모델링) 등을 통해 이상행동이 습득되고 유지되는 과정을 구체적으로 밝히고자 한다.
④ 이상행동을 제거하기 위해 소거, 강화와 처벌, *체계적 둔감법, 모방학습 등의 기술을 사용한다.

> ✅ **체계적 둔감법**
> 공포 및 불안과 관련된 부적응 행동을 치료하는 데 사용되는 기법을 말한다.

(5) 사회문화적 이론
① 인간은 사회적 존재이며, 이상행동은 사회문화적 요인에 의해 유발될 수 있다는 이론이다.
② 동일한 문화권이라도 거주지역과 사회계층에 따라서 생활조건이 다르고 생활하는 방식이 다르기 때문에 정신장애의 발생률이 다를 수 있다.
③ 정신장애의 원인에 관한 학설 15 기출

사회적 유발설	낮은 사회계층에 속하는 사람은 타인으로부터의 부당한 대우, 낮은 교육수준, 낮은 취업기회 및 취업조건 등으로 많은 스트레스와 좌절을 경험하며, 그 결과 조현병으로 발전할 수 있다는 이론이다.
사회적 선택설	중상류층 사람들도 정신장애를 겪게 되면 사회에 대한 적응능력이 낮아져 결국 사회의 하류계층으로 옮겨가게 된다는 이론이다.
사회적 낙인설	정신장애에 대한 사회적 낙인은 정신장애를 지닌 사람들의 재활을 어렵게 만들고, 심리적 적응을 약화하는 결과를 초래한다는 이론이다.

④ 부정적인 사회문화 풍토를 개선함으로써 정신장애를 예방하는 데 기여하였으나, 동일한 사회에서도 건강하게 살아가는 사람과 정신장애가 발생하는 사람이 있다는 것을 설명하지 못하는 단점이 있다.

02 이상심리학에 대한 주요 이론 II

(1) 생물학적 이론 16 18 19 23 기출

① 생물학적 입장은 신체적 원인론에 뿌리를 두고 있다. 모든 정신장애는 신체질환과 마찬가지로 신체적 원인에 의해서 생겨나는 일종의 질병이며 생물학적 방법에 의해서 치료되어야 한다고 가정한다.

② 유전적 이상이 뇌의 구조적 결함이나 신경생화학적 이상을 초래하여 정신장애를 유발할 수 있다고 본다.

③ 뇌의 주요 신경전달물질인 도파민, 세로토닌, 노르에피네프린 등의 과다 또는 결핍상태가 정신장애와 관련되어 있다고 본다. 특히 도파민과 노르에피네프린이 뇌의 특정 부위에 부족할 경우 ADHD 발생에 영향을 미치는 것으로 추정된다.

도파민	• 중추신경계에서 신경전달물질로 작용 : 뇌신경세포의 흥분 전달 • 운동 및 주의에 관여 : 정서적 각성, 주의집중, 쾌락, 수의적 운동과 같은 심리적인 기능에 영향 • 조현병과 관련, 파킨슨병 치료에 이용	**✓ 교감신경** 부교감신경계통과 함께 자율신경계통을 이루는 원심성 말초신경계통을 말한다.
세로토닌	• 기분조절, 수면・식욕 조절, 공격성・충동 억제에 영향 • 부족할 경우 우울증 발생에 영향	
노르에피네프린	• *교감신경계에서 신경전달물질로 작용 : 에피네프린과 함께 추출 • 정서적 각성, 집중력 증가, 대사활동 증가	

④ 이상행동은 약물치료, 전기충격치료, 뇌절제술 등을 이용하여 치유한다.

> **지식 IN**
>
> **변연계, 기저핵, 소뇌의 주요 기능** 20 기출
> - 변연계(Limbic System) : 대뇌와 간뇌의 경계에 따라 위치한 뇌의 구조물들로 구성된다.
>   - 편도체(Amygdala) : 감정이 개입된 사건에 대한 기억의 형성에서 중요한 역할을 하며, 공포・불안 행동과 밀접한 관련이 있다.
>   - 해마(Hippocampus) : 단기기억을 장기기억으로 전환하는 역할을 하며, 다량의 신경전달물질을 포함한다.
>   - 시상하부(Hypothalamus) : 항상성 유지를 위한 중추이며 감정표출, 체온조절, 배고픔이나 목마름 등의 다양한 행동 조절을 담당하는 중추로 작용한다.
> - 기저핵(Basal Ganglia) : 대뇌, 간뇌, 중뇌에 양측으로 위치하고 있으며, 신체의 불안수준, 근육 긴장도, 활동, 자세, 큰 근육의 움직임을 조절(운동의 계획과 실행)한다.
> - 소뇌(Cerebellum) : 뇌의 다른 부분이나 척수로부터 외부에 대한 감각정보를 받아 이를 처리・구성・통합하여 운동기능을 조절하며, 조화롭고 정밀한 운동이 가능하도록 한다.

(2) 통합이론 15 22 기출

① 인간의 이상행동에 대한 원인을 통합적으로 설명하고자 시도한다.
② '취약성-스트레스 모델'은 유전적·생리적·심리적·사회적으로 특정 장애에 걸리기 쉬운 개인적 특성과 스트레스 경험이 상호작용함으로써 이상행동이나 정신장애가 발생한다고 본다.
③ '생물심리사회적 모형'은 신체질환 및 정신장애가 생물학적·심리적·사회적 요인의 상호작용에 의해 나타난다는 점을 강조하며, 이들에 대한 다차원적인 상호작용적 접근을 강조한다(체계이론).
  ㉠ 전체론 : 전체는 그것을 구성하는 부분의 합 이상이다. 인간은 신경체계, 신체적 기관과 순환계 등의 합 그 이상이라는 이해에 근거한다(↔ 환원주의론).
  ㉡ 동일결과성(Equifinality)의 원리 : 동일한 정신장애가 여러 다른 원인에 의해서 유발될 수 있다.
  ㉢ 다중결과성(Multifinality)의 원리 : 동일한 원인적 요인이 다양한 결과를 유발할 수 있다.
  ㉣ 상호적 인과론 : 원인과 결과의 관계가 양방향적일 수 있다. 부모는 아동을 특정한 방식으로 행동하도록 영향을 미칠 수 있지만, 아동도 부모의 행동에 영향을 미친다(↔ 직선적 인과론).
  ㉤ 항상성 유지론 : 유기체가 항상 일정한 상태를 유지하려는 성향을 의미한다. 인간은 적당한 자극 수준을 일정하게 유지하려는 경향이 있어, 너무 많은 자극이 주어지면 자극을 회피하고, 자극이 너무 적으면 새로운 자극을 추구하는 경향이 있다.

CHAPTER 02 이상심리의 분류 및 평가

중요도 ★★★

핵심포인트
DSM(정신장애 진단 및 통계편람)의 특징, DSM-5의 일반적인 개정사항, DSM-IV와 DSM-5의 정신장애 주요범주 비교, 이상행동의 분류체계, 이상행동(정신장애) 관련 용어, 이상심리의 평가 및 진단

정신질환자들의 분류체계와 진단을 효율적으로 적용할 수 있는 발판으로, 1952년 DSM(정신장애 진단 및 통계편람)-1이 출간되었고, 현재는 DSM-5에 이르고 있다.

01 DSM-5

(1) DSM(정신장애 진단 및 통계편람)의 특징 14 16 18 19 23 기출

① 1945년 제2차 세계 대전이 끝난 후 급증하는 정신질환과 신경질환에 대한 이론들을 정리하고 정신의학적 진단의 타당성과 신뢰성을 확보하기 위해 미국정신의학회(APA)에서 처음 출간하였다.
② 정신장애의 원인보다는 질환의 증상과 증후들에 초점을 두며, 정신질환자들의 분류체계와 진단을 효율적으로 적용할 수 있는 발판이 되고 있다.
③ 분류체계는 정신장애를 치료하는 의사나 연구자들 간 소통에 도움을 주고 불필요한 혼란과 모호함을 감소한다.
④ DSM-5는 다양한 심리장애를 다음과 같은 범주로 분류하고, 각 범주를 여러 하위 장애로 세분하였다.

범주	하위 장애	범주	하위 장애
신경발달 장애	• 지적장애 • 의사소통장애 • 자폐 스펙트럼 장애 • 주의력 결핍 및 과잉행동장애 • 특정 학습장애 • 운동장애	조현병 스펙트럼 및 기타 정신병적 장애	• 조현병(정신분열증) • 조현정동장애(분열정동장애) • 조현양상장애(정신분열형장애) • 단기 정신병적 장애 • 망상장애 • 조현형성격장애(분열형성격장애)
양극성 및 관련 장애	• 제1형 양극성 장애 • 제2형 양극성 장애 • 순환성장애(순환감정장애)	우울장애	• 주요 우울장애 • 지속성 우울장애(기분저하증) • 월경전불쾌감 장애 • 파괴적 기분조절 부전장애 (파괴적 기분조절 곤란장애)

불안장애	• 특정공포증 • 광장공포증 • 사회공포증(사회불안장애) • 공황장애 • 분리불안장애 • 선택적 함구증(무언증) • 범불안장애		강박 및 관련 장애	• 강박장애 • 신체이형장애(신체변형장애) • 수집광(저장장애) • 발모광(털뽑기 장애) • 피부뜯기 장애(피부벗기기 장애)
외상 및 스트레스 관련 장애	• 외상 후 스트레스 장애 • 급성 스트레스 장애 • 반응성 애착장애 • 탈억제성 사회적 유대감 장애 (탈억제 사회관여 장애) • 적응장애		해리장애	• 해리성 정체감 장애 • 해리성 기억상실증 • 이인증/비현실감 장애
신체증상 및 관련 장애	• 신체증상장애 • 질병불안장애 • 전환장애 • 인위성(허위성) 장애		급식 및 섭식장애	• 이식증 • 되새김장애(반추장애) • 회피적/제한적 음식섭취 장애 • 신경성 식욕부진증 • 신경성 폭식증 • 폭식장애
배설장애	• 유뇨증 • 유분증		수면-각성 장애	• 불면장애 • 과다수면 장애 • 기면증(수면발작증) • 호흡관련 수면장애 • 일주기 리듬 수면-각성 장애 • 사건수면(수면이상증)
성 관련 장애	성기능 부전	• 사정지연 • 발기장애 • 여성극치감장애 • 여성 성적 관심/흥분 장애 • 성기 골반 통증/삽입 장애 • 남성 성욕감퇴 장애 • 조기사정	성격장애	A군 성격장애	• 편집성 성격장애 • 조현성(분열성) 성격장애 • 조현형(분열형) 성격장애
	변태 성욕장애	• 관음장애 • 노출장애 • 마찰도착 장애 • 성적 피학 장애 • 성적 가학 장애 • 소아성애장애(소아애호장애) • 물품음란장애(성애물장애) • 복장도착장애(의상전환장애)		B군 성격장애	• 반사회성 성격장애 • 연극성 성격장애 • 경계선 성격장애 • 자기애성 성격장애
	성별 불쾌감	• 아동의 성별불쾌감(성불편증) • 청소년 및 성인의 성별불쾌감		C군 성격장애	• 회피성 성격장애 • 의존성 성격장애 • 강박성 성격장애

파괴적, 충동조절 및 품행장애	• 적대적 반항장애(반항성 장애) • 품행장애 • 반사회성 성격장애 • 간헐적 폭발장애 • 병적도벽(도벽광) • 병적방화(방화광)	신경인지 장애	• 섬 망 • 주요 및 경도 신경인지장애
물질 관련 및 중독장애	물질 관련 장애: • 알코올 관련 장애 • 카페인 관련 장애 • 대마 관련 장애 • 환각제 관련 장애 • 흡입제 관련 장애 • 아편계 관련 장애 • 진정제, 수면제 또는 항불안제 관련 장애 • 자극제 관련 장애 • 담배 관련 장애 비물질 관련 장애: 도박장애	기타 정신장애	• 다른 의학적 상태에 기인한 달리 명시된 정신장애 • 다른 의학적 상태에 기인한 명시되지 않은 정신장애 • 달리 명시된 정신장애 • 명시되지 않은 정신장애
추가 연구가 필요한 진단적 상태	• 약화된 정신병 증후군 • 지속성 복합 사별장애 • 인터넷게임장애 • 자살행동장애		• 단기 경조증 동반 우울 삽화 • 카페인사용장애 • 태아기 알코올 노출과 연관된 신경행동장애 • 비자살성 자해

(2) DSM-5의 일반적인 개정사항 16 17 19 20 21 기출

① 개정판 숫자의 변경

기존의 DSM-Ⅳ-TR까지는 숫자를 로마자로 표기하였으나, DSM-5에서는 숫자로 표기하였다. 이는 새로운 임상적 발견에 따른 개정을 보다 쉽게 하기 위한 의도를 가지고 있다.

② 다축진단체계의 폐지

기존의 DSM-Ⅳ에서 사용하는 다축진단체계가 실제 임상현장에서 유용하지 못하며, 진단의 객관성 및 타당성이 부족하다는 비판에 따라 이를 폐지하였다. 다만, 이는 표기방식을 폐기하는 것일 뿐 내용 전체를 폐기한 것은 아니며, 일부는 진단 내에 포함시키거나 진단별 예로 전환하였다.

③ 차원적 분류 · 평가의 도입

㉠ 범주적 분류의 한계를 보완하기 위해 차원적 분류방식을 도입함으로써 이른바 하이브리드 모델(Hybrid Model)을 제안하였다.

㉡ 일차적으로 범주적 분류에 기초하며 더불어 차원적 분류를 사용하였다.

㉢ 차원적 분류는 이상행동과 정상행동을 단지 부적응성의 정도 차이일 뿐 이들 간의 질적인 차이를 인정하지 않는다.

④ 환자의 인권존중

㉠ 가치의 다양성을 배려하고 문화적 차이를 고려하였다.

㉡ 정신지체, 치매, 말더듬과 같은 비하적인 진단명을 각각 지적장애, 신경인지장애, 아동기 발병 *유창성 장애 등 내담자를 존중하는 진단명으로 바뀌었다.

✓ **유창성 장애**

말더듬, 말빠름증을 말한다.

⑤ 기타 질환(NOS 질환)의 접근

DSM-Ⅳ에서 '달리 분류되지 않는(Not Otherwise Specified)' 진단을 DSM-5에서 '달리 명시된(Other Specified)' 혹은 '명시되지 않는(Unspcified)'으로 변경하였다.

(3) DSM-Ⅳ와 DSM-5의 정신장애 주요범주 비교 16 17 20 21 기출

① '정신분열증'의 하위유형이었던 '망상형 또는 편집형', '해체형 또는 혼란형', '긴장형', '감별불능형 또는 미분화형', '잔류형' 등의 분류가 폐지되었다.
② '불안장애'의 하위유형이었던 '강박장애'와 '외상 후 스트레스 장애'가 불안장애에서 분리되어, 각각 '강박 및 관련 장애'와 '외상 및 스트레스 관련 장애'의 독립된 장애범주로 분류되었다.
③ '기분장애'의 하위유형이었던 '우울장애'와 '양극성 장애'가 각각 분리되어 독립된 장애범주로 구분되었다.
④ '유아기, 아동기 또는 청소년기에 통상 처음 진단되는 장애'의 하위 유형이었던 '배설장애'가 독립된 장애범주로 분류되었다.
⑤ '폭식장애'는 '급식 및 섭식 장애'의 하위유형으로 정식 진단명이 부여되었다.
⑥ '건강염려증'은 '신체증상 및 관련 장애'의 하위유형인 '질병불안장애'로 대체되었다.
⑦ '광범위한 발달장애'의 하위유형이었던 '자폐성 장애'가 '자폐 스펙트럼 장애'로 명칭이 변경되어, DSM-5에서 새롭게 제시된 '신경발달 장애'의 하위유형으로 분류되었다. 기존의 '아스퍼거 장애'와 '아동기 붕괴성 장애'는 '자폐 스펙트럼 장애'로 통합되었다.
⑧ '강박 및 관련 장애'가 새로운 범주로 제시되었고 '수집광', '피부뜯기 장애' 등 새로운 하위진단의 진단이 가능하게 되었다.
⑨ '우울장애'의 하위유형으로 '파괴적 기분조절 부전장애'와 '월경전불쾌감 장애'가 추가되었다.
⑩ DSM-Ⅳ의 '주요 우울증 삽화'의 진단 기준에 있는 '사랑하는 사람과의 사별 후 2개월까지 나타나는 우울증상'을 진단기준에서 제외하였다(2개월의 과학적 근거가 무관).
⑪ '유아기, 아동기 또는 청소년기에 통상 처음 진단되는 장애'의 하위 유형이었던 '주의력 결핍 및 과잉행동장애'가 '신경발달장애'의 하위유형으로 분류되었다. 증상의 발현시기도 '7세 이전'에서 '12세 이전'으로 조정되었다.
⑫ '치매'가 심각도에 따라 '주요 신경인지장애' 및 '경도 신경인지장애'로 분류되었다.
⑬ 물질 관련 장애는 '물질 관련 및 중독장애'로 확장되고, '물질 관련 장애'와 '비물질 관련 장애'로 나뉘었다. 그 심각도를 '경도', '중도', '고도 또는 중증도' 세 등급으로 구분하였다.
⑭ 병적 도박이 '도박장애'로 명칭이 변경되어 '물질 관련 및 중독장애' 중 '비물질 관련 장애'로 분류되었다.

> **지식 IN**
>
> **DSM-IV와 DSM-5의 정신장애 범주 비교** 19 기출
>
> | 삭제된 진단명 | • 아스퍼거 장애
• 정신분열증 하위유형
• 성정체감 장애 | • 아동기 붕괴성 장애
• 일반 의학적 상태로 인한 정신장애
• 주요 우울증 삽화의 사별배제 항목 삭제 |
> |---|---|---|
> | 신설된 진단명 | • 자폐 스펙트럼 장애
• 피부뜯기 장애
• 월경전불쾌감 장애
• 중독장애-도박장애
• 회피적/제한적 음식섭취 장애
• REM수면행동 장애 | • 수집광
• 파괴적 기분조절 부전장애
• 폭식장애
• 하지불안 증후군
• 사회적 의사소통 장애
• 성별불쾌감 |

02 이상행동의 분류

(1) 이상행동의 구분 23 기출

① **이상행동** : 개인의 부적응을 초래하는 외현적 행동과 정서, 인지, 동기, 신체·생리적 특성 등 객관적으로 관찰·측정할 수 있는 심리적 속성을 포함하는 광의의 개념이다.

② 이상행동을 구분하는 기준
  ㉠ 일상생활 적응을 방해하는 심리적·사회적·기타 영역에서의 기능이 저하된다.
  ㉡ 개인이 주관적인 불편감과 고통을 경험한다.
  ㉢ 통계적 평균 범위의 일탈이 나타난다.
  ㉣ 사회문화 규범으로부터의 일탈이 나타난다.

(2) 이상행동의 분류체계 16 19 22 기출

① 신뢰도와 타당도에 근거하여 평가하는데, 신뢰도는 일관성 있게 측정, 타당도는 얼마나 정확하게 측정하는지를 나타낸다.
② **범주적 분류** : 이상행동이 정상행동과는 질적으로 구분되며, 흔히 독특한 원인에 의한 것이기 때문에 정상행동과는 명료한 차이점이 있다는 가정에 근거한다. 즉, 장애의 유무에 초점을 두어, 흑백논리적인 특성이 있다.
③ **차원적 분류** : 정상행동과 이상행동의 구분이 부적응성의 정도 문제일 뿐 질적인 차이는 없다는 가정에 근거한다.
④ **개별기술적(Idiographic) 접근** : 개인 특성의 독특한 측면을 중점적으로 규명한다.
⑤ **원형적(Prototypical) 접근** : 특정 질병의 필수 특성과 다른 유형의 변종을 함께 고려한다.
⑥ **법칙정립적(Nomothetic) 접근** : 일반적인 법칙을 명료화하기 위하여 대규모 집단을 비교한다.

(3) 이상행동 분류 및 진단의 장단점 19 21 23 24 기출

① 장 점
  ㉠ 해당 분야의 연구자나 임상가들이 사용하는 용어를 통일할 수 있다.
  ㉡ 연구자나 임상가에게 효과적인 정보를 제공해 줌으로써 임상적 활용도가 높다.
  ㉢ 정신장애에 대한 과학적 연구와 이론개발을 위한 유용한 기초를 제공해 주고, 분류체계에 따라 축적된 연구 결과와 임상적 지식을 체계적으로 정리하고 전달할 수 있게 한다.
  ㉣ 진단은 어떤 증상을 나타내는 환자를 분류체계에 따라 특정한 장애에 할당하는 분류작업으로 심리장애를 지닌 환자들 간의 유사성과 차이점을 인식하는 데에 도움을 준다. 이를 통해 그 환자의 다른 특성들(주요 증상, 예후 등)을 쉽게 추정할 수 있다.
  ㉤ 장애의 진행과정을 예측 가능하게 함으로써 효과적인 치료를 제공할 수 있다.

② 단 점
  ㉠ 분류나 진단을 통해서 환자의 개인 정보가 유실되고, 환자에 대한 고정관념이 형성될 수 있다.
  ㉡ 환자 개인은 진단된 장애 외에 독특한 증상과 특성을 지닐 수 있으나, 이러한 특성이 무시될 수 있다.
  ㉢ 환자에 대한 낙인이 될 수 있다(주변의 편견 등).
  ㉣ 진단명이 환자를 그 진단명에 맞추어가는 *자기충족(이행)적 예언의 결과를 초래할 수 있다.
  ㉤ 환자의 예후나 치료효과에 대한 선입견을 줄 수 있다. 환자의 실제 증상이 아닌, 진단에 따라 치료함으로써 개인을 비인격화하고 사회적 제약과 통제를 가하는 수단이 될 수 있다.
  ㉥ 현재의 분류체계는 의학적 모델로서 환경적 영향을 무시하고 창조적 사고를 억제한다.

> ✅ **자기충족(이행)적 예언**
> 기대와 믿음을 가지면 결국 그 사람이 기대되는 방향으로 행동하는 것을 말한다.

(4) 이상행동(정신장애) 관련 용어 16 기출

① 역학(Epidemiology) : 특정 이상행동과 정신장애의 분포 양상에 관한 연구를 말한다.
② 위험요인(Risk Factor) : 이상행동이나 정신장애의 발생 가능성을 증가시키는 어떤 조건이나 환경을 말한다.
③ 증상(Symptom) : 좁은 의미에서 환자가 호소하는 질병의 표현이다.
④ 신호(Sign) : 비정상성을 알려주는 관찰 가능한 징후를 말한다.
⑤ 장애(Disorder) : 신체기관이 본래의 제 기능을 발휘하지 못하거나 정신능력에 어떤 결함이 있는 상태를 말한다.
⑥ 유병률(Prevalence) : 전체 인구 중 특정 정신장애(예 우울증, 불면증)를 가진 사람들의 비율을 말한다.

03 이상심리의 평가 및 진단 19 기출

(1) 정신상태검사(MSE) 21 기출

신경학적 검진에서 가장 복합적인 것이 정신상태검사(MSE)이다. 정신상태란 사람의 정서반응, 사고력, 추리력, 판단력 같은 인지능력 및 성격을 총괄하는 것으로, 개인의 능력과 환경과의 상호작용 능력을 확인하는 과정이다. 정신상태검사에는 신체적 외모와 행동을 관찰하고 인지능력을 조사하며, 말과 언어를 관찰하고 정서적 안정성을 평가하는 것이 포함된다.

(2) 면접법 18 기출

면접자와 피면접자가 1:1로 직접 대면하여 언어적인 대화나 의사소통을 통해 환자의 심리적 특징과 정신 병리를 탐색하는 방법을 말한다. 질문의 내용과 순서, 반응의 평가방법이 일정하게 정해져 있는지에 따라 '구조화된 면접'과 '비구조화된 면접'으로 나누어진다. 비구조화된 면접은 면접목적만 명시하고 내용이나 방법은 면접자에게 일임하기 때문에 고도의 면접기술이 필요하다. 따라서 훈련받은 평정자가 실시해야 한다.

(3) 행동관찰법 21 기출

개인이나 집단의 심리적 특성을 알기 위하여 특정한 행동의 빈도수·지속시간·속도 등을 관찰하여 측정하는 방법을 말한다. *자연주의적 관찰법, 구조화된 관찰법, 자기관찰법, 행동분석법 등이 있다.

✔ **자연주의적 관찰법**
실제 생활환경에서 자연스런 관찰을 시행하는 것을 말한다.

(4) 심리검사법

개인의 지능, 성격, 심리적 특성 등을 측정하기 위한 구체적인 검사문항과 채점체계를 갖추고 규준과 해석지침을 통해 검사결과를 해석하는 방법을 말한다. 지능검사, 객관적 성격검사, 투사적 성격검사, 신경심리검사가 해당한다.

(5) 심리생리적 측정법

심장박동수, 혈압, 근육긴장도 등과 같은 반응을 통해 심리적 상태나 특성을 평가하는 방법을 말한다. 뇌파검사, *근전도검사, 심장박동검사, 피부전도반응검사 등을 통해 이루어진다.

✔ **근전도검사**
근육의 전기적 활성도를 확인하는 검사 방법을 말한다.

(6) 뇌영상술

인간의 심리적 기능은 뇌와 밀접한 관계를 맺고 있다고 보고, 인간의 뇌를 투시하여 뇌의 구조와 기능을 평가하는 방법을 말한다. 단층촬영술(CT), 자기공명 영상술(MRI), 양전자방출 단층촬영술(PET) 등이 해당한다.

CHAPTER 03 신경발달장애

중요도 ★★★

핵심포인트
지적장애(지적발달장애), 지적장애의 구분기준, 의사소통장애, 자폐 스펙트럼 장애, 주의력 결핍 및 과잉행동장애(ADHD), 특정 학습장애, 운동장애

신경발달장애는 전형적으로 초기 발달단계인 학령 전기에 발현되기 시작한다. 발달 결함의 범위는 매우 제한된 손상부터 전반적 손상에 이르기까지 다양하다. 또한, 동반질환을 가지는 경우가 흔하다. 신경발달장애는 DSM-5 진단기준에 따라 지적장애, 의사소통장애, 자폐 스펙트럼 장애, 주의력 결핍 및 과잉행동장애, 특정학습장애, 운동장애 등 하위유형으로 구분한다. 16 19 20 22 23 기출

01 지적장애(지적발달장애) 18 기출

(1) 개념
① 발달기에 나타나는 개념적·사회적·실제적 영역에 있어서 지적 기능 및 적응기능상의 결손을 '지적장애'라고 한다.
② 지적장애는 아동기 및 청소년기에 시작하는 발달장애로서 지적·인지적 능력에 뚜렷한 한계가 있고 일상생활을 제대로 수행하기 어렵다. 지적장애 자체가 질병은 아니다.
③ 지적인 기능이 평균 이하이다. 표준화된 지능검사에서 지능지수(IQ) 70 미만의 소견을 보인다.

(2) DSM-5 진단기준
지적장애(지적발달장애)는 발달시기에 시작되며, 개념·사회·실용 영역에서 지적 기능과 적응 기능에 결함이 있는 상태를 말한다. 다음 3가지 기준을 충족해야 한다.
① 추리, 문제해결, 계획, 추상적 사고, 판단, 학업, 경험 학습 등과 같은 지적 기능에 결함이 있는데, 이는 임상적 평가와 개별 표준화 지능검사 모두에서 확인되어야 한다.
② 개인 독립성 및 사회적 책임에 대한 발달적·문화적 기준을 충족하지 못하는 적응 기능의 결함이 있다. 지속적인 지원이 없다면, 적응 결함은 가정, 학교, 일터, 지역사회 등 여러 환경에서 의사소통, 사회참여, 독립생활과 같은 일상생활 활동 중 1가지 이상 제한을 가져온다.
③ 지적 및 적응 결함이 발달기에 발병한다. 심각도에 따라 가벼운(경도), 보통의(중등도), 심한(고도), 아주 심한(최고도) 정도로 구분한다.

(3) 지적장애의 심각도에 따른 구분 기준 14 24 기출

심각도	개념적 영역	사회적 영역	실행적 영역
경도 또는 가벼운 정도 (Mild Mental Retardation) IQ 50/55에서 70 미만(지적장애의 약 85%)	• 학령전기 아동에서는 정상 아동과 차이가 뚜렷하지 않을 수 있다. • 학령기 아동과 성인은 읽기, 쓰기, 계산, 시간 등과 같은 학업기술을 배우는 데 어려움이 있다.	• 또래에 비해 사회적 상호작용이 미숙하다. • 연령에 적합한 방식으로 감정이나 행동을 조절하는 데 어려움이 있을 수 있다.	• 연령에 적합한 자기관리를 수행할 수 있다. • 복잡한 일상생활에서 또래에 비해 약간의 도움이 필요하다.
중등도 또는 보통의 정도 (Moderate Mental Retardation) IQ 35/40에서 50/55까지(지적장애의 약 10%)	• 또래에 비해 전 발달 영역에 걸쳐 개념적 기술이 현저히 뒤쳐진다. • 학령전기 아동에서는 언어와 학습 준비 기술이 느리게 발달한다.	전 발달 과정에 걸쳐 사회적 행동과 의사소통 행동에서 또래들과 확연한 차이를 보인다.	식사, 옷 입기, 배설 등의 관리는 가능하나, 독립적으로 수행하기 위해서는 장기간에 걸친 교육과 시간이 필요하다.
고도 또는 심한 정도 (Severe Mental Retardation) IQ 20/25에서 35/40까지 (지적장애의 약 3~4%)	• 개념적 기술을 제한적으로 습득할 수 있다. • 글이나 수, 양, 시간, 금전에 대한 개념 이해가 거의 없다.	• 말 표현 시, 어휘나 문법에 상당한 제한이 있다. • 한 단어나 구로 말을 하거나 다른 보완 방법으로 내용을 보충한다.	식사, 옷 입기, 목욕, 배설과 같은 일상생활 전반의 지원과 감독이 항시 필요하다.
최고도 또는 아주 심한 정도 (Profound Mental Retardation) IQ 20/25 이하 (지적장애의 약 1~2%)	• 상징적 대상에 대한 이해가 어렵다. • 단순한 시각-공간적 기능을 습득할 수도 있으나 동반된 운동, 감각 손상이 사물의 기능적 사용을 방해할 수 있다.	• 말이나 몸짓의 상징적 의사소통에 대한 이해가 매우 제한적이다. • 자신의 욕구나 감정은 주로 비언어적·비상징적 의사소통 방식을 통해 표현한다.	일상적인 신체관리, 건강, 안전의 전 영역에 걸쳐 타인에게 의존하여 생활하게 된다.

(4) 원인과 치료

① 지적장애를 유발하는 원인으로는 유전자 이상, 임신 및 출산과정의 이상, 후천성 아동기 질환, 임신 중 태내환경의 이상, 열악한 환경적 요인이 있다.
② 지적장애에 대한 최선의 치료는 예방이다.
③ 지적장애 자체보다 이차적인 정신질환과 후유증 및 사회적응에 대한 치료가 필수적이다.
④ 개인정신치료를 포함한 가족치료와 행동치료 및 문제되는 행동에 대한 약물치료를 시행할 수 있으며, 간질과 같은 합병증 치료를 해야 한다.

02 의사소통장애 14 15 16 18 19 기출

(1) 개념
① 일반적인 지능수준인데도 의사소통에 사용되는 말이나 언어의 사용에 결함이 있는 경우를 말한다.
② 언어장애, 말소리장애, 아동기 발병 유창성 장애, 사회적 의사소통장애가 있다.

(2) 언어장애
① 개념
　㉠ 언어를 이해하거나 표현하는 데에 현저한 어려움을 나타내는 경우를 말한다. 감각기능 결함과 같은 신체적 원인이 언어발달을 지체시킬 수 있으며, 언어발달이 이루어지는 유아기에 적절한 언어적 환경과 자극이 주어지지 못할 경우에 발생할 수 있다.
　㉡ 어휘가 제한되어 있거나 짧고 단순한 구조의 말을 주로 사용하며, 어순이나 시제가 잘못된 언어 표현을 한다. 또한 단어나 어휘를 부적절하게 사용하거나 문장의 주요 부분을 생략하고, 길고 복잡한 문장을 만들지 못한다.
　㉢ 4세 이전에는 언어장애와 정상적 언어발달의 변형양상을 구분하는 것이 어려울 수 있다.
　㉣ 수용성 언어장애 아동은 언어의 이해뿐 아니라 표현에서도 결함을 보이고, 표현성 언어장애 아동은 일반적으로 언어의 이해는 문제가 없고 표현하는 데에 결함을 보인다.

② DSM-5 진단기준
　㉠ 다음 증상을 포함하여 이해나 생성의 결함에 기인하여 여러 양상(구어, 문어, 수화 등)에 따른 언어 습득과 사용이 지속적으로 곤란하다.
　　• 한정된 어휘(단어에 대한 지식과 사용)
　　• 제한된 문장 구조(문법 규칙과 형태론에 기초하여 문장을 형성하기 위한 단어 및 단어 마무리를 하는 능력)
　　• 손상된 화법(어떤 주제나 일련의 사건에 대해 설명하거나 대화할 때 단어를 사용하여 문장을 만드는 능력)
　㉡ 효과적인 의사소통, 사회 참여, 학업수행, 작업수행 등에 기능적 제한을 가져와 언어능력이 연령에 따른 기대치보다 실제적이고 양적으로 떨어진다.
　㉢ 언어장애 증상들이 초기 발달기에 나타난다.
　㉣ 언어장애 증상이 청각이나 다른 감각 손상, 운동 기능장애 혹은 다른 의학적·신경학적 상태에 기인하지 않고, 지적장애나 광범위성 발달지연으로 설명되지 않는다.

③ 치료
　이비인후과, 소아과, 치과 등에서 감각적·신체적 문제가 있는지 점검하는 것이 필요하고, 정서적 문제나 부모-자녀관계를 잘 탐색하여 이를 해결해 주는 것이 중요하다.

(3) 말소리장애

① 개념
- ㉠ 발음에 어려움을 나타내는 경우이다. 나이나 교육수준에 비해 현저하게 부정확하거나 잘못된 발음을 사용하고, 단어의 마지막 음을 발음하지 못하거나 생략하는 등의 문제를 나타낸다.
- ㉡ 말소리장애는 청각장애, 발성기관의 결함, 신경학적 장애, 인지장애와 같은 문제에 의해 유발될 수 있고, 또한 정서적 불안과 긴장, 사회적 상황에 대한 부적절감이나 공포, 과도한 분노나 적대감 같은 심리적 원인에 기인할 수 있다.

② DSM-5 진단기준
- ㉠ 말의 명료성을 저해하거나 언어적 의사소통을 방해한다.
- ㉡ 말소리 생성이 지속적으로 곤란하여 말소리장애가 사회참여, 학업수행, 작업수행 등을 방해하여 의사소통에 제한을 가져온다.
- ㉢ 말소리장애가 초기 발달기에 나타난다.
- ㉣ 말소리장애가 뇌성마비, *구개파열, 청력 소실, 외상성 뇌손상, 기타 의학적/신경학적 상태 등과 같은 획득된 상태에 기인하지 않아야 한다.

✅ **구개파열**
입천장이 갈라진 채로 출생하는 장애를 말한다.

③ 치료
- ㉠ 수술이나 심리치료 등을 통하여 음성학적 문제를 유발하는 신체적 또는 심리적 문제를 해결한다.
- ㉡ 언어치료사 등을 통하여 올바른 발성습관을 교육한다.

(4) 아동기 발병 유창성장애(말더듬증)

① 개념
- ㉠ 말의 유창성에 문제가 있는 경우를 말한다. 말을 시작할 때 첫음이나 첫음절을 반복하여 사용하거나(예 난-난-난-난 기분이 좋다) 특정한 발음을 길게 하거나(예 나는 하~악교에 간다), 말을 하는 도중에 부적절하게 머뭇거리거나 갑자기 큰 소리로 발음하는 등 다양한 형태로 나타난다.
- ㉡ *말더듬증은 말을 더듬는 사람을 흉내 내거나 정서적 흥분이나 불안상태에서 우연히 말을 더듬게 되면서 시작된다. 또는 스트레스로 인한 심리적 압박감이나 긴장감이 고조되어 자연스런 말과 행동이 억제되는 상황에서 말더듬증이 시작되기도 한다.
- ㉢ 또래 아동으로부터 놀림의 대상이 되므로, 말더듬증에 대한 두려움으로 말을 하지 않거나 말하는 상황을 피하려는 경향성을 갖는다.
- ㉣ 말더듬증으로 인해 사회적 관계에서 좌절감과 불안을 경험하게 되고, 낮은 자존감과 사회적 위축이 초래될 수 있으며, 성인의 경우 직업 선택이나 승진에 어려움을 겪게 된다.

✅ **말더듬증**
말을 순조롭게 하지 못하고 막히는 증상을 말한다.

② DSM-5 진단기준
　㉠ 말을 만드는 정상적인 유창성과 말 속도 장애로, 개인의 연령과 언어기술에 부적절하며 오랜 시간 지속된다. 다음과 같은 증상이 자주 뚜렷하게 발생한다.
　　• 소리와 음절 반복
　　• 자음과 모음을 길게 소리내기
　　• 분절된 단어 예 한 단어 내에서 멈춤
　　• 청각적 혹은 무성 방해
　　• 단어 대치 예 문제 단어를 회피하기 위한 단어 대치
　　• 과도하게 힘주어 단어 말하기
　　• 단음절 단어 반복 예 나, 나, 나는 그를 안다
　㉡ 장애가 말하기에 불안을 일으키거나 효과적인 의사소통, 사회참여, 학업 혹은 작업수행 등을 방해한다.
　㉢ 이런 증상들이 초기 발달기에 나타난다(늦은 발병의 경우 성인기 발병 유창성 장애로 진단).
　㉣ 장애가 말-운동 결함, 신경학적 손상을 수반한 유창성장애나 다른 의학적 상태에 기인하지 않으며 또 다른 정신장애로 설명되지 않는다.
③ 치 료
　말더듬증이 악화되는 상황과 그에 관련되는 심리적 요인에 대한 분석이 이루어진 후에 시행되어야 한다. 사회적 상황에서 과도하게 느끼는 불안과 공포를 완화하는 치료를 통해 말더듬증이 개선될 수도 있다.

(5) 사회적 의사소통 장애 17 기출
① 개 념
　㉠ 언어적·비언어적 의사소통에 있어서 사회적 규칙을 이해하거나 따르는 데 어려움을 느끼는 상태를 말한다.
　㉡ 사회적 맥락에 맞는 의사소통이 어렵고, 대화에서 언어의 함축적 또는 이중적 의미를 이해하기 어렵다.
　㉢ 사회 참여나 사회적 관계의 발전뿐만 아니라, 학업적·직업적 수행 기능에 제한을 초래한다.
　㉣ 사회적 의사소통 장애는 DSM-5에 새로 추가된 장애유형이다.
② DSM-5 진단기준
　㉠ 언어적·비언어적 의사소통의 사회적인 사용에 있어서 지속적인 어려움이 있고, 다음과 같은 양상이 모두 나타난다.
　　• 사회적 맥락에 적절한 방식으로 인사 나누기나 사회적 목적의 의사소통에서의 결함
　　• 사회적 맥락이나 듣는 사람의 요구에 맞춰 의사소통 방법을 바꾸는 능력 손상
　　• 자기 순서에 대화하기, 상대방이 알아듣지 못했을 때 좀 더 쉬운 말로 바꾸기, 적절한 상호작용을 위한 언어적·비언어적 신호 사용하기 등 대화를 주고받는 규칙을 따르는 것의 어려움
　　• 명시적으로 표현되지 않은 것이나 언어의 함축적·이중적 의미를 이해하는 능력 손상

ⓒ 개별적으로나 복합적으로 결함이 효과적인 의사소통, 사회적 참여, 사회적 관계, 학업적 성취 또는 직업적 수행의 기능적 제한을 야기한다.
　　ⓒ 증상의 발병은 초기 발달 시기에 나타난다.
　　ⓔ 증상은 다른 의학적 또는 신경학적 상태나 부족한 단어 구조 영역과 문법 능력에 기인한 것이 아니며, 자폐 스펙트럼 장애, 지적장애, 전반적 발달지연 또는 다른 정신장애로 더 잘 설명되지 않는다.
③ 치 료
　　DSM-5에서 사회적 의사소통장애라는 새로운 진단범주를 사용함으로써 적합한 치료를 효율적으로 사용할 수 있게 되었는데, 일반적으로 신체적·심리적 요인의 분석을 통한 적절한 치료를 시행하여야 한다.

03 자폐 스펙트럼 장애 14 16 기출

(1) 개 념

① 사회적 상호작용과 의사소통에서 장애를 나타낼 뿐만 아니라 제한된 관심과 흥미를 지니며 상동적인 행동을 반복적으로 나타내는 장애들을 포함한다.
② DSM-Ⅳ에서 '광범위한 발달장애'에 포함되었던 '자폐성 장애'가 '자폐 스펙트럼 장애'로 명칭이 변경되고, 신경발달장애의 하위유형으로 분류되었다. '아동기 붕괴성 장애', '아스퍼거 장애' 등이 통합되었다. *레트장애는 고유한 유전적 원인이 밝혀졌기 때문에 자폐 스펙트럼 장애에서 제외되었다.

> ✓ 레트장애
> 생후 5개월까지 정상발달을 보이다가 그 이후에 자폐증상이 나타나는 경우를 말한다.

(2) DSM-5 진단기준

① 다양한 맥락에 걸쳐 사회적 의사소통과 상호작용에 지속적인 결함이 나타난다. 이러한 결함은 현재 또는 과거에 다음과 같은 방식으로 나타난다.
　　⊙ 사회적-정서적 상호작용의 결함을 나타낸다. 예컨대, 다른 사람에게 비정상적인 방식으로 사회적 접근을 시도하고, 정상적으로 주고받는 대화를 하지 못하며, 다른 사람과 관심사나 감정을 공유하지 못하고, 심한 경우에는 사회적 상호작용을 시작하지 못하거나 그에 반응하지 못한다.
　　ⓒ 언어적 의사소통뿐만 아니라 사회적 상호작용을 하기 위한 눈맞춤이나, 얼굴 표정, 몸의 자세, 몸짓 등 비언어적인 행동을 사용하는 데 결함이 있다. 따라서 부모나 친구들과 친밀한 관계를 형성하지 못한다.
　　ⓒ 대인관계를 발전시키고 유지하며, 이해하는 데 결함이 나타난다.
② 행동, 흥미 또는 활동에 있어서 제한적이고 반복적인 양상이 다음 중 2개 이상의 증상으로 나타난다.
　　⊙ 정형화된 혹은 반복적인 운동 동작, 물체사용, 언어사용을 한다.
　　ⓒ 동일한 것에 대한 고집, 일상적인 것에 대한 완고한 집착 또는 언어적·비언어적 행동의 의식화된 패턴을 나타낸다.

ⓒ 매우 제한적이고 고정된 흥미를 지니는데, 그 강도나 초점이 비정상적이다.
　　ⓓ 감각적 자극에 대한 과도한 혹은 과소한 반응성을 나타내거나 환경의 감각적 측면에 대해서 비정상적인 관심을 나타낸다.
③ 장애 증상들은 초기 발달기에 나타난다.
④ 장애 증상들은 사회적·직업적 기능 또는 다른 중요한 기능 영역에서 유의미한 고통과 손상을 초래한다.
⑤ 장애는 지적장애나 전반적 발달 지연에 의해 더 잘 설명되지 않는다.

(3) 원인

① 자폐증은 뇌의 발달장애로 인한 질병인데 원인은 아직까지 확실하지 않다.
② 자폐증 아이에게 지적장애가 75%에 이를 정도로 흔하고, 경련성 질환도 높은 빈도로 발견된다. 이는 자폐증의 생물학적 원인론을 보여 주는 것이다.
③ 현재는 전체 뇌 크기와 *측두엽 이상과 연관된 신경해부학적 원인론과 신경전달 물질과 연관된 생화학적 원인론에 대한 연구가 진행되고 있다.

> **측두엽**
> 측두골(관자놀이뼈) 안쪽에 위치하며, 청각 정보가 일차적으로 전달되는 피질 영역을 말한다.

(4) 치료

① 자폐 스펙트럼 장애는 장애의 증상이 현재기능뿐만 아니라 새로운 행동의 학습도 저해하기 때문에 원칙적으로 치료하기 어렵다.
② 전반적 발달장애의 치료는 한마디로 '통합적 치료'이다. 영유아기에는 사회적 상호 작용의 첫 단추이자 출발점인 부모나 일차 양육자와의 애착을 발달시키는 치료를 받는 것이 좋다. 걸음마기에는 사회적 상호 작용 촉진에 기초를 둔 행동치료와 놀이치료 및 언어적 훈련을 받아야 한다. 학령전기인 4~6세 시기에는 그룹 놀이치료와 사회기술 훈련이 포함된 다양한 프로그램이 필요하고 동시에 과잉행동, 상동행동, 자해적 행동 등에 대한 행동치료와 약물치료가 필요하기도 하다.
③ 학령기에는 꾸준한 사회기술 훈련과 더불어 다양한 인지 학습과 언어적 활용에 대한 도움이 필요하며, 발달 단계에서 필요한 내용들이 개별-그룹-통합 등의 다양한 형태로 지원되어야 한다.
④ 이 과정에서 부모는 어떤 특수한 치료가 아이의 문제를 해결해 줄 것이라는 기대를 갖고 매달리는 경향을 보이는데 이것은 좋지 않다. 아이의 특성·자원·성향·여건을 잘 고려하여 사회성 발달을 일차적 목표로 하는 치료를 하는 것이 좋다. 이런 과정에 중요한 선택 기준은 '근거 있는 치료인가'하는 것과 '헛된 약속을 하지 않는가' 하는 것이다. 근거는 치료 효과가 증명된 것을 의미하는 것으로, 헛된 약속을 하는 치료들은 대개 도움이 되지 않는다. 이런 근거와 치료 효과에 관련된 부분은 소아정신과 전문의와 상의해보는 것이 가장 좋다.
⑤ 정기적인 의학적 평가와 의학적 치료도 매우 중요하다. 통합적 치료의 한 축으로, 행동 조절, 주의력 향상, 감정 조절, 수면-식이 조절, 감각 조절에 약물치료가 매우 효과적이기 때문이다. 자폐증을 가진 사람 중 가장 성공한 템플 그랜딘(T. Grandin) 교수도 아동-청소년기에 수년간 감각 예민성을 줄여주고 감정을 조절하기 위한 약물치료를 받았으며 본인에게 많은 도움이 되었음을 강조하고 있다.

04 주의력결핍 및 과잉행동장애(ADHD) 16 20 21 22 기출

(1) 개념
① 아동기에 많이 나타나는 장애로서, 지속적으로 주의력이 부족하여 산만하고, 과다활동, 충동성을 6개월 이상 지속적으로 보이는 상태를 말한다.
② 부주의 행동 특성 9개와 과잉행동 및 충동성 특성 9개로 구성된 총 18개의 행동증상을 통해 진단한다.
③ 이러한 아동은 기본 문제를 동반하는 경우가 많다. 지능수준에 비해서 학업성취도가 저조하고, 또래 아이들에게 거부당하거나 소외될 가능성이 높으며, 부정적 자아개념을 형성하고 정서적으로 불안정하며, 공격적이고 반항적인 행동을 나타내는 경향이 있다. 증상이 지속되면 적대적 반항장애로 발전될 가능성이 높다.
④ 이러한 증상들을 치료하지 않고 방치할 경우 아동기 내내 여러 방면에서 어려움이 지속되고, 일부의 경우 청소년기와 성인기가 되어서도 증상이 남게 된다.
⑤ 복합형, 주의력결핍 우세형, 과잉행동-충동 우세형의 세 하위유형으로 구분된다. 과잉행동은 별로 나타나지 않지만 부주의 문제를 주로 보일 때는 '주의력결핍 우세형'으로 진단된다.

(2) 원인
① 신경해부학적 이상, 중추신경계의 외상, 유전적 소인과 환경적 요인 등이 복합적인 행동적 장애의 병인으로 예측되고 있다.
② 뇌영상 촬영에서 정상인에 비해 활동과 주의집중을 조절하는 부위의 뇌 활성이 떨어지는 소견이 관찰되며, 이 부위의 구조적 차이도 발견되고 있다.
③ 이 질환으로 진단받은 아이의 부모들은 자책과 비난에 노출되기 쉽다. 그러나 질환의 정확한 원인은 현재까지 알려진 바가 없으며, 양육 방법에 의하기보다 유전적인 경향과 더 연관된 것으로 보인다.
④ 특히, 카테콜아민(도파민, 노르에피네프린, 에피네프린) 대사의 유전적인 불균형 및 비정상적인 활동이 중요한 역할을 하는 것으로 보인다.
⑤ 특정 환경 요인은 이 질환의 발병 또는 악화와 연관되어 보인다. 아직 많은 부분이 밝혀지지 않았지만, 몇 가지 가능성 있는 요인은 다음과 같다.

흡연, 음주, 약물	환자 어머니의 산전 흡연 노출(직·간접흡연)은 이 질환의 발병과 관련이 있다. 임신 중의 술과 약물은 태아의 신경세포 활성을 줄이는 것으로 보인다.
학령기 이전 특정 독소의 노출	특히 페인트나 오래된 건물의 수도관에서 발견되는 납의 노출은 이 질환뿐만 아니라 아이의 분열적이고 폭력적인 행동과도 관련 있다.
음식첨가물	인공색소와 식품보존제와 같은 음식첨가물 또한 과잉행동을 유발하는 것으로 보인다. 설탕은 과잉행동의 유발물질로 흔히 의심되는데, 아직까지 확실한 증거는 없다.

(3) DSM-5 진단기준 16 18 기출

주의력 결핍 및 과잉행동 장애의 진단은 아래 ① 또는 ② 중 한 가지일 때 가능하다.

① '부주의'에 관한 다음 증상 가운데 6가지 이상 증상이 6개월 동안 부적응적이고 발달 수준에 맞지 않는 정도로 지속된다.
  ㉠ 흔히 세부적인 면에 대해 면밀한 주의를 기울이지 못하거나, 학업, 작업, 또는 다른 활동에서 부주의한 실수를 저지른다.
  ㉡ 흔히 일을 하거나 놀이를 할 때 지속적으로 주의를 집중할 수 없다.
  ㉢ 흔히 다른 사람이 말을 할 때 경청하지 않는 것으로 보인다.
  ㉣ 흔히 지시를 완수하지 못하고, 학업, 잡일, 작업장에서의 임무를 수행하지 못한다(반항적 행동이나 지시를 이해하지 못해서가 아님).
  ㉤ 흔히 과업과 활동을 체계화하지 못한다.
  ㉥ 흔히 지속적인 정신적 노력을 요구하는 과업(학업 또는 숙제 등)에 참여하기를 피하고 싫어하며 저항한다.
  ㉦ 흔히 활동하거나 숙제하는 데 필요한 물건들(장난감, 학습 과제, 연필, 책 또는 도구 등)을 잃어버린다.
  ㉧ 흔히 외부의 자극에 의해 쉽게 산만해진다.
  ㉨ 흔히 일상적인 활동을 잊어버린다.

② '과잉행동-충동'에 관한 다음 증상 가운데, 6가지 이상 증상이 6개월 동안 부적응적이고 발달 수준에 맞지 않을 정도로 지속된다.
  ㉠ 흔히 손발을 가만히 두지 못하거나 의자에 앉아서도 몸을 꼼지락거린다.
  ㉡ 흔히 앉아 있도록 요구되는 교실이나 다른 상황에서 자리를 떠난다.
  ㉢ 흔히 부적절한 상황에서 지나치게 뛰어다니거나 기어오른다(청소년 또는 성인의 경우에는 주관적인 좌불안석으로 제한될 수 있다).
  ㉣ 흔히 조용히 여가 활동에 참여하거나 놀지 못한다.
  ㉤ 흔히 '끊임없이 활동하거나' 마치 '자동차(무엇인가)에 쫓기는 것'처럼 행동한다.
  ㉥ 흔히 지나치게 수다스럽게 말을 한다.
  ㉦ 흔히 질문이 채 끝나기 전에 성급하게 대답한다.
  ㉧ 흔히 차례를 기다리지 못한다.
  ㉨ 흔히 다른 사람의 활동을 방해하고 간섭한다(예 대화나 게임에 참견한다).

③ 장애를 일으키는 과잉행동-충동 또는 부주의 증상이 12세 이전에 있었다(DSM-IV에서는 7세).
④ 증상으로 인한 장애가 2가지 또는 그 이상의 장면에서 존재한다(예 학교 또는 작업장, 가정에서).
⑤ 사회적·학업적·직업적 기능에 임상적으로 심각한 장애가 초래된다.
⑥ 증상이 광범위성 발달장애, 조현병 또는 기타 정신증적 장애의 경과 중에만 발생하는 것이 아니며, 다른 정신 장애(예 기분장애, 불안장애, 해리성 장애, 또는 인격장애)에 의해 잘 설명되지 않는다.

(4) 치료 16 21 기출

① ADHD에는 약물치료가 효과적이다. 80% 정도가 분명한 호전을 보이는데, 집중력·기억력·학습능력이 전반적으로 좋아진다. 또한, 과제에 대한 흥미와 동기가 강화되어 수행능력이 좋아진다. 더불어 주의 산만함, 과잉 활동과 충동성은 감소되고, 부모님과 선생님을 잘 따르며 긍정적인 태도를 보이게 된다.
② 약물치료는 도파민과 노르에피네프린에 관계하는 메틸페니데이트(리탈린) 또는 암페타민 계열의 중추신경계 각성제(흥분제)가 사용된다.
③ 약물치료로 모든 것이 해결되는 것이 아니므로, 병에 대한 정확한 정보를 얻고 아이를 도와줄 수 있는 부모 교육, 아동의 충동성을 감소하고 자기조절 능력을 향상하는 인지행동 치료, 기초적인 학습능력 향상을 위한 학습치료, 놀이치료, 사회성 그룹치료 등 다양한 치료가 아이의 필요에 맞게 병행되는 것이 좋다.
④ 심각하고 만성적인 주의력 결핍 및 과잉행동장애 청소년에 대해서는 의사, 부모님, 선생님 모두가 증상개선을 위해 함께 노력해야 한다.

05 특정 학습장애 14 15 23 기출

(1) 개념

① 정상적인 지능을 갖추고 있고 정서적인 문제가 없음에도 불구하고, 지능수준에 비해 현저한 학습부진을 보이는 경우를 말한다.
② 특정 학습장애의 심각도는 경도, 중등도, 고도로 나눌 수 있다. 17세 이상인 경우, 학습 어려움에 대한 과거 병력이 표준화된 평가를 대신할 수 있다.
③ 읽기 손상의 경우, 부정확하거나 느리고 힘겨운 단어읽기와 읽은 것의 의미를 이해하기 어려운 것을 의미한다.
④ 쓰기 손상 동반의 경우, 철자의 오류가 매우 많고, 반복된 학습에도 불구하고 철자의 혼란이 교정되지 않으며, 작문의 경우 명료도와 구조화가 포함된다.
⑤ 수학 손상 동반의 경우, 기본적 연산을 하지 못하고, 수학적 추론의 어려움(양적 문제를 풀기 위한 수학적 개념 및 문제 이해의 어려움, 암기된 연산값 또는 수식을 적용하는 데 심각한 어려움)이 있는 것을 포함한다.
⑥ 학습장애가 지속되면 주의력 결핍장애, 우울증, 시험불안증이 동반될 수 있고, 청소년기에 반항장애나 품행장애로 이어지기도 한다.

(2) DSM-5 진단기준

① 다음의 한 가지 이상의 증상을 6개월 이상 나타낼 경우에 특정 학습장애로 진단한다.
㉠ 부정확하거나 부자연스러운 단어읽기
㉡ 읽은 것의 의미를 이해하는 것이 어려움
㉢ 철자법이 미숙함

② 글로 표현하는 것에 미숙함
⑩ 수 감각, 수에 관한 사실, 산술적 계산을 숙달하는 데의 어려움
⑪ 수학적 추론에서의 어려움
② 학습 기술이 표준화된 성취도 검사와 종합적인 임상 평가를 통해 생활연령에 기대되는 수준보다 현저하게 양적으로 낮으며, 학업적·직업적 수행이나 일상생활을 현저하게 방해한다는 것이 확인되어야 한다.
③ 학습의 어려움은 학령기에 시작되나 해당 학습 기술을 요구하는 정도가 개인의 능력을 넘어서는 시기가 되어야 분명히 드러날 수도 있다.
④ 학습의 어려움은 지적장애, 시력이나 청력 문제, 다른 정신적·신경학적 장애, 정신적 불행, 학습지도사가 해당 언어에 능숙하지 못한 경우, 불충분한 교육적 지도로 더 잘 설명되지 않는다.

(3) 원 인
① 생물학적 원인으로 상당부분 유전되는 것으로 보고되었다.
② 후천적인 환경적 요인으로 아동학대, 가정불화가 있는 가정환경 등에 의하여 유발될 수 있다.
③ 잘못된 교육환경도 학습장애를 일으킬 수 있다.

(4) 치 료
① 학습장애는 조기에 발견하여 치료하는 것이 치료효과나 아동의 적응을 위해 바람직하다. 아동이 학습장애로 인해 다른 아동과의 학습능력에 격차가 너무 벌어지기 전에 이를 교정해주는 것이 좋다.
② 학습장애의 치료는 아동에게 학습을 위한 기술을 가르치는 것, 아동에게 심리적인 지지를 해주어 자존감과 자신감을 키워주는 것, 아동이 가정과 학교에서 효과적으로 공부하고 자신의 생활을 관리할 수 있도록 지도하는 것으로 이루어진다.
③ 학습장애의 교정에는 많은 시간과 노력이 들기 때문에, 부모의 끈기 있는 노력이 중요하다.

06 운동장애

(1) 개 념
나이나 지능수준에 비해서 움직임 및 운동능력이 현저하게 미숙한 경우를 뜻한다.

(2) 틱(Tic)장애 15 16 18 19 기출
① 개 념
㉠ 급작스럽고 빠르며, 반복적이고 비율동적인 동작 또는 음성 증상을 말한다.
㉡ 머리나 어깨, 손 부위를 급작스럽고 반복적·상동증적으로 움직이는 '운동성 틱'과 헛기침을 하거나 쿵쿵거리는 등 돌발행동, 엉뚱한 단어나 구절을 반복하는 '음성 틱'으로 구분한다.
㉢ DSM-5에서는 틱장애를 투렛장애, 지속성(만성) 운동 또는 음성 틱장애, 잠정적 틱장애 등 3가지 하위유형으로 구분한다.

② 투렛장애 DSM-5 진단기준 24 기출
  ③ 18세 이전(보통 아동기)에 발병하며, 여아보다 남아에게서 더 많이 나타난다.
  ⓒ 틱장애 중 가장 심각한 유형으로서, 여러 '운동성 틱(Motor Tic)'과 한 가지 이상 '음성 틱(Vocal Tic)'이 일정 기간 나타난다. 두 가지 틱이 반드시 동시에 나타날 필요는 없다.

단순 운동성 틱	눈 깜박거리기, 얼굴 찡그리기, 머리 흔들기, 입 내밀기, 어깨 들썩이기
복합 운동성 틱	자신을 때리기, 제자리에서 뛰어오르기, 다른 사람이나 물건을 만지기, 물건 던지기, 손 냄새 맡기, 남의 행동을 그대로 따라 하기, 자신의 성기부위 만지기, 외설적인 행동하기
단순 음성 틱	킁킁거리기, 가래 뱉는 소리 내기, 기침 소리 내기, 빠는 소리 내기, 쉬 소리 내기, 침 뱉는 소리 내기
복합 음성 틱	사회적인 상황과 관계없는 단어를 말하기, 욕설 뱉기, 남의 말을 따라 하기

  ⓒ 틱은 1년 이상 거의 매일 또는 간헐적으로 하루에 몇 차례씩(대개 발작적으로) 일어난다.
  ② 장애는 물질의 생리적 효과나 다른 의학적 상태로 인한 것이 아니다.
③ 지속성 운동 또는 음성 틱장애 DSM-5 진단기준 16 기출
  ③ 한 가지 또는 여러 가지 운동성 틱이 나타나거나 음성 틱이 나타나는 경우이다. 운동성 틱과 음성 틱이 모두 나타나지는 않는다.
  ⓒ 틱 증상은 1년 이상의 기간 동안 거의 매일 또는 간헐적으로 하루에 몇 차례 일어난다.
  ⓒ 18세 이전에 발병한다.
  ② 장애는 물질의 생리적 효과나 다른 의학적 상태로 인한 것이 아니고, 투렛장애의 진단기준에 맞지 않아야 한다.
④ 잠정적 틱장애 DSM-5 진단기준
  ③ 한 가지 또는 다수의 운동 틱 또는 음성 틱이 존재한다.
  ⓒ 틱은 처음 틱이 나타난 시점으로부터 1년 미만으로 나타난다.
  ⓒ 18세 이전에 발병한다.
  ② 장애는 물질의 생리적 효과나 다른 의학적 상태로 인한 것이 아니고, 투렛장애나 지속성 운동 또는 음성 틱장애의 진단기준에 맞지 않아야 한다.

(3) 발달성 협응장애(아동기 행동곤란증)
  ① 개 념
    나이에 비해서 앉기, 기어다니기, 걷기, 뛰기 등 운동발달이 늦고, 동작이 서툴러서 물건을 자주 떨어뜨리고 깨뜨리며, 운동이나 글씨 쓰기를 잘하지 못하는 경우이다.
  ② DSM-5 진단기준
    ③ 협응 운동의 습득과 수행이 개인의 연령과 기술 습득 및 사용 기회에 기대되는 수준보다 현저하게 낮다. 장애는 운동 기술 수행의 지연과 부정확성, 서툰 동작으로도 나타난다.
    ⓒ 진단기준 ③의 운동 기술 결함이 생활연령에 걸맞은 일상생활에 지속적인 방해가 되며 학업이나 직업 활동, 여가 놀이에 현저한 영향을 미친다.
    ⓒ 증상은 초기 발달 시기에 시작된다.
    ② 운동 기술의 결함이 지적장애나 시각 손상으로 더 잘 설명되지 않으며, 운동에 영향을 미치는 신경학적 상태에 기인한 것이 아니다.

(4) 상동증적(정형적) 운동장애 17 기출

① 개 념
  ㉠ 특정 행동을 아무런 목적 없이 반복적이고 충동적으로 지속하여 정상적인 적응에 문제를 야기하는 운동장애이다.
  ㉡ 상동증, 기행증, 음송증, 보속증, 강직증, 자동증, 거부증 등이 포함된다.
  ㉢ 틱은 비의도적이고 급작스러운 방식으로 나타나는 반면, 손 흔들기, 몸을 좌우로 흔들기, 머리를 벽에 부딪치기, 손가락 깨물기, 피부 물어뜯기, 몸에 구멍 뚫기 등 같은 정형적인 행동은 다분히 의도성이 있고 율동적이며, 자해적인 측면이 있다.
  ㉣ 증상의 심각도가 경도인 경우 감각자극이나 주의전환에 의해 증상이 쉽게 억제된다.
  ㉤ 운동행동을 억제하기 위해 보호 장비를 찾는 행동을 하기도 한다.

② DSM-5 진단기준
  ㉠ 억제할 수 없는 것처럼 보이고 목적 없는 것 같은 행동을 계속 반복한다.
  ㉡ 반복적인 행동이 사회적·학업적 또 다른 활동을 방해하고, 자해의 원인이 되기도 한다.
  ㉢ 초기 발달 시기에 발병한다.
  ㉣ 반복적 행동은 물질의 생리적 효과나 신경학적 상태로 인한 것이 아니며, 다른 신경발달장애나 정신질환으로 더 잘 설명되지 않는다.

CHAPTER 04 조현병 스펙트럼 및 기타 정신병적 장애

중요도 ★★★

핵심포인트
조현병(정신분열증), 조현정동장애(분열정동장애), 조현양상장애(정신분열형장애), 단기 정신병적 장애, 망상장애, 조현형 성격장애(분열형 성격장애)

'조현병 스펙트럼 및 기타 정신병적 장애'는 기괴한 사고와 와해된 언어를 특징으로 하는 다양한 장애의 통합적 범주이다. 그 증상의 심각도와 지속기간 또는 기분삽화의 경험여부를 기준으로 동일선상의 스펙트럼으로 배열할 수 있다. 20 기출

심각도 낮음 ───────────				심각도 높음
조현형 성격장애	망상장애	단기 정신병적 장애	조현양상장애	조현병
				조현정동장애

01 조현병(정신분열증) 14 15 16 17 19 기출

(1) 개 념

① 조현병은 뇌의 특별한 기질적 이상 없이 사고나 감정, 언어, 지각, 행동 등에서 부적응적인 장애를 나타내는 정신장애이다.
② 주요 증상들은 인지적·정서적·행동적 영역에 걸쳐 광범위하게 나타난다. 단일질환이라기보다는 다양한 원인에 의해 유사한 증상들을 보이는 일종의 질환군이다.
③ 발병 이전과 비교하여 발병 이후 대인관계, 직업적 활동, 주요 생활영역에서 현저한 기능 저하가 나타난다.
④ 원인이 명확히 밝혀지지 않았으나, 도파민(Dopamine) 등 신경전달물질 시스템의 이상, 변연계(뇌간의 주변부)의 이상, 유전적 요인, 태아기 또는 영아기 때의 두부손상 등 복합적인 작용에 의해 발병하는 것으로 추정한다.

⑤ 조현병의 발병 연령은 대체로 10대 후반에서 30대 중반 사이이다. 남자의 경우는 평균적으로 20대 초·중반이며, 여자의 경우는 20대 후반이다. 청소년기 이전의 발병은 드물다.

⑥ 어린 나이에 발병할수록 주의집중력, 이해력, 판단력 등 인지능력의 저하가 심하고, 음성증상이 많으며, 뇌의 구조적 이상소견이 있는 경우가 많고, 예후가 양호하지 못하다. 반면 발병 연령이 늦을수록 *환각 또는 망상이 주요 증상인 경우가 많고, 인지기능의 손상이 적으며, 뇌의 구조적 이상소견이 적고, 예후가 양호하다.

> **✓ 환 각**
> 아무런 감각 기관의 자극이 없음에도 마치 어떠한 사물이 있는 것처럼 지각하는 증상을 말한다.

(2) 특 징 14 17 18 20 기출

① 조현병에만 나타나는 특이 증상은 없다. 따라서 정신상태 검사만으로 조현병으로 확진하면 안 되며, 다양한 내과적 질환과 타 정신과 질환에 대한 감별이 이루어져야 한다.

② 조현병의 대표적인 증상은 망상과 환각이다.
 ㉠ 망상 : 피해망상, 과대망상, 신체적 망상에 이르기까지 다양하다.
 ㉡ 환각 : 지각(Perception)의 이상으로 인해 외부 자극이 없음에도 불구하고 지각적 경험을 하는 것이다. 어떠한 불안이나 공포, 무의식적 욕구 또는 억압된 충동, 죄의식 또는 죄책감 등에 대해 투사(Projection) 기제를 이용함으로써 나타난다. 가장 흔한 환각은 환청이다.

예기환각	격렬한 감정 상태에서 무엇인가가 나타날 것으로 예상함으로써 발생하는 환각
진성환각	실제 대상이 존재하지 않음에도 불구하고 마치 그 대상이 존재하는 것으로 인지하는 환각
가성환각	실제 대상이 존재하지 않고 그러한 사실을 인지하면서도 마치 그 대상이 있는 것과 같이 느껴지는 환각

> **지식 IN**
> **팬텀(Phantom)현상**
> 이미 존재하지 않는 신체부분에 대한 환각을 통해 사지를 절단한 후에도 그 부분에 통증을 느끼는 것은 일종의 가성환각에 해당하며 이를 일컬어 팬텀현상이라고 한다.

③ 와해된 언어·사고를 보이고, 움직임과 의사소통이 심하게 둔화되는 긴장증적 행동을 보이기도 한다. 즉 망상(Delusion), 사고비약(Flight of Idea), 강박사고(Obsession), 지리멸렬(Incoherence) 같은 사고 장애와, 무논리증이나 무언어증 같은 언어장애, 또는 정서적 둔마 같은 정서장애를 보인다. 뇌실의 확장이 관찰되기도 한다.
 ㉠ 사고 진행의 장애(Disorder Of Thought Progressions) : 사고 진행이란 연상의 속도와 그 방식을 의미하며, 다양한 정신병적 장애에서 이 과정의 와해가 일어난다.
  • 사고비약(Flight of Idea) : 한 생각에서 다른 생각으로 연상이 너무 빨리 진행되어 원래의 주제에서 벗어나 탈선하므로, 사고 목표에 도달하지 못하는 사고이다.
   – 음향연상(Clang Association) : 소리만 비슷한 의미 없는 단어를 계속 말하는 것을 말한다.
    예 비행기, 비둘기, 비누, 비스킷 등
  • 사고지체(Retardation of Thought) : 연상의 시작도 말의 속도도 느린 것을 말하며, 목소리도 낮고 적다.

- 우원증(Circumstantiality) : 주제와 무관한 말을 쓸데없이 많이 하거나 부연 설명하는 데 오랜 시간을 써서 목표했던 결론에 도달하기까지 오래 걸리는 증상이다.
- 보속증(Perseveration) : 사고의 진행이 제자리만 맴돌아 몇 개의 단어나 문장에서 벗어나지 못하고 계속 같은 말만 반복하는 것을 말한다.
- 지리멸렬(Incoherence) : 사고 진행이 와해되어 논리적 연결이 없고 조리가 없어, 도무지 줄거리를 알 수 없는 언어로 구나 단어들이 흩어진 상태이다.
  - 연상이완(Loosening of Association) : 지리멸렬의 한 형태로 일관성이 없이 서로 연결되지 않고 토막토막 끊어지거나 줄거리를 알 수 없는 이야기를 계속하는 경우를 말한다.
  - 말비빔(Word Salad) : 지리멸렬의 극심한 형태로 연관성 없는 단어만을 나열하는 것을 말한다.
- 사고의 막힘(Blocking of Thought) : 사고의 박탈이라고도 하는데, 사고의 흐름이 갑자기 막혀버리는 현상을 말한다.

ⓒ 무논리증 또는 무언어증 : 말을 할 때 극히 제한된 단어만 사용하며, 말하는 방식에 있어서 자발성이 부족한 것이다.

ⓒ 정서적 둔마 : 정서표현이 거의 없거나 아주 드문 경우 또는 부적절한 정서를 보이는 것이다.

ⓔ 무의욕증 : 과제를 지속적으로 추진해 나가는 데 있어서 의지의 부족 또는 흥미와 욕구의 결핍이 나타난다.

④ 충동 조절에 문제가 있을 수 있고, 치료하지 않은 환자는 흔히 공격적인 행동을 보인다. 또한, 자살 시도가 상당히 많기 때문에 주의를 기울여야 한다.

(3) DSM-5 진단기준 14 16 17 18 19 23 24 기출

① 다음 증상 가운데 2개 이상(㉠, ㉡, ㉢ 중 하나는 반드시 포함) 해당해야 하며, 1개월 중 상당 기간 동안 나타난다(단, 성공적으로 치료된 경우는 기간이 짧을 수 있다).
  ㉠ 망 상
  ㉡ 환 각
  ㉢ 와해된 언어/사고 예 말할 때 빈번히 주제 이탈 혹은 지리멸렬
  ㉣ 심하게 혼란스러운 행동이나 긴장성 행동
  ㉤ 음성증상 예 정서적 둔마, 무의욕증

② 장애가 시작된 후 상당부분의 시간 동안, 1가지 이상의 주요한 영역(직업, 대인관계, 자기돌봄)의 기능수준이 장애 시작 전보다 현저하게 저하된 경우이다(아동기나 청소년기에 시작될 경우에는 대인관계, 학업적 또는 직업적 기능에서 기대되는 수준에 이르지 못한다).

③ 장애의 징후가 적어도 6개월 이상 지속되어야 한다. 6개월의 기간은 진단기준 ①을 충족하는 증상(활성기 증상)이 존재하는, 적어도 1개월의 기간을 포함하고 있어야 하며, 또한 전구기(전구증상이 나타나는 시기) 또는 관해기(완화기)의 증상이 나타나는 기간을 포함한다. 이러한 전구기나 관해기 동안, 장애의 징후는 단지 음성증상만으로 나타나거나 기준 ①에 열거된 증상이 2개 이상의 증상으로 약화된 형태로 나타날 수 있다.

④ 조현정동장애와 정신병적 특성을 나타내는 우울 또는 양극성 장애의 가능성이 배제되어야 한다. 이는 주요 우울삽화나 조증삽화가 활성기 증상과 함께 동시에 나타난 적이 없고, 기분삽화가 활성기 증상과 함께 나타난다 해도 그것은 활성기와 잔류기의 전체 기간 중 짧은 기간 동안에만 존재하기 때문이다.
⑤ 장애는 물질(예 남용물질, 치료약물)이나 다른 신체적 질병의 생리적 효과에 의한 것이 아니다.
⑥ 아동기에 시작하는 자폐 스펙트럼 장애나 의사소통장애를 지닌 과거병력이 있을 경우, 조현병의 진단에 필요한 다른 증상에 더해서 현저한 망상이나 환각이 1개월 이상 나타날 경우에만 조현병을 추가적으로 진단한다.

(4) 조현병의 양성증상과 음성증상 14 16 18 21 22 24 기출

① 조현병 환자들이 나타내는 증상들은 양성증상과 음성증상으로 구분한다.
② 양성증상은 망상이나 환각 등 정상적인 기능의 과잉 혹은 왜곡을 반영한다.
③ 음성증상은 의욕결핍이나 표현불능 등 적응적 기능의 결핍을 반영한다.

양성증상(Positive Symptom)	음성증상(Negative Symptom)
• 정상적·적응적 기능의 과잉 또는 왜곡을 나타냄 • 도파민 등 신경전달물질의 이상에 의한 것으로 추정함 • 스트레스 사건에 의해 급격히 발생함 • 약물치료에 의해 호전되며, 인지적 손상이 적음 • 망상, 환각, 환청, 와해된 언어나 행동 등	• 정상적·적응적 기능의 결여를 나타냄 • 유전적 소인이나 뇌세포 상실에 의한 것으로 추정함 • 스트레스 사건과의 특별한 연관성 없이 서서히 진행됨 • 약물치료로도 쉽게 호전되지 않으며, 인지적 손상이 큼 • 무감동(정서적 둔마, 감소된 정서표현), 무언어증, 무의욕증, 사회적 고립 등

(5) 조현병의 4A 증상(Bleuler)

① 연상의 장애(Association Disturbance)
  사고 형태 및 조직화의 장애, 연상의 이완 또는 탈선, 와해된 언어 등
② 정서의 장애(Affective Impairment)
  부적절한 정서, 둔마된 감정, 무감동, 무의욕증 등
③ *양가성(Ambivalence)
  감정·의지·사고의 양가성, 사고와 충동 간의 내적 갈등, 혼란스러운 행동 등
④ 자폐성(Autism)
  현실에서의 철수, 자폐적 고립, 비현실적 공상 등

✓ 양가성
두 가지의 상호 대립되거나 상호 모순되는 감정이 공존하는 상태를 말한다.

(6) 원 인 14 15 16 17 기출

① 생물학적 요인
  ㉠ 조현병을 뇌의 장애로 규정한다.
  ㉡ 유전적 요인, 뇌의 구조적 또는 기능적 결함, 도파민과 세로토닌 등 신경전달물질의 이상의 관련성을 밝히는 연구가 진행되고 있다.

② 심리적 요인
  ㉠ 인지적 입장 : 조현병을 사고장애로 보고, 주의 기능 손상에서 기인한다고 본다.
  ㉡ 정신분석적 입장 : 조현병의 심리적 원인에 대해 다양한 주장을 제기한다.
    • 페데른(Federn) : 조현병을 자아경계의 붕괴에 기인한 것으로 본다.
    • 대상관계이론 : 생애 초기의 발달과정에 조현병의 기원을 둔다.
③ 가족관계 및 사회환경적 요인
  ㉠ 부모의 양육태도, 가족 간 의사소통, 부모와 자녀의 의사소통방식, 부모의 부부관계 등이 조현병에 영향을 미친다고 주장한다.
  ㉡ 이중구속 이론 : 부모의 상반된 의사전달이 조현병 유발에 영향을 미친다고 본다.
  ㉢ 조현병 환자들이 사회경제적 하류층에서 많이 발견된다고 주장한다.
④ 취약성-스트레스 모델
  ㉠ 조현병은 장애 자체가 만성화되는 것이 아니라, 장애에 대한 취약성이 지속되는 것이라 주장한다.
  ㉡ 조현병에 대한 취약성의 정도는 개인마다 다르며, 유전적 요인과 출생 전후의 신체적·심리적 요인에 의해 결정된다고 본다.
  ㉢ 취약성을 지닌 사람에게 스트레스 사건이 발생하여 그 적응부담이 일정한 수준을 넘게 되면, 조현병이 발병된다고 주장한다.
  ㉣ 일란성쌍생아의 정신장애 발병 일치율이 100%가 아닌 현상을 설명할 수 있다.

	유전적 요인	부모나 가족의 병력
취약성 요인	신경생리학적 요인	뇌의 구조적 결함이나 기능적 이상
	발달적 요인	• 출생 후 3세까지의 기간 동안 주양육자와의 밀접한 관계 부족, 입양가정이나 보호시설에서 성장 • 부모-자녀 의사소통에서 혼란과 적대감, 어린 시절의 학대
	개인의 성격 특성	아동기의 산만성과 주의집중의 문제, 언어성 지능의 상대적 저하, 영아기의 운동협응 부족 등
스트레스 요인	물리생물학적 요인	바이러스 감염, 병균침입, 화학물질 등
	심리사회적 요인	생활사건(실직, 이혼, 사별), 천재지변

(7) 치 료 15 16 기출

① 약물치료
  ㉠ 조현병 치료에 있어서 약물이 실질적인 가치가 있다는 것은 여러모로 증명되어 있으며, 특히 그 증상을 경감하는 데 결정적인 역할을 하고 있다.
  ㉡ 치료 초기에 급성이며, *격정 증상이 나타날 때는 대량의 항정신병 약물을 급성 신경이완(Rapid Neuroleptization)의 방법으로 투여한다.
  ㉢ 진정효과를 원할 때는 저역가(Low Potency) 약물 또는 벤조다이아제핀 병용이 효과적이다.

> ✓ 격 정
> 불안이 심하여 신체적 긴장이 심한, 어찌할 바 모르는 좌불안석상태를 나타내는 것이다.

② 그 이후에는 장기간의 유지요법을 시행한다. 장기치료 시 부작용으로 나타나는 비가역적인 자발성 운동장애에 대해 조심해야 한다.
　　◎ 대개 약물은 양성증상에 효과적이다. 음성증상을 위해서는 최근 클로자핀, 리스페리돈 등 비전형적 항정신병 약물이 소개되고 있다.
② 심리 치료
　　㉠ 약물요법이 치료의 전부가 될 수는 없으며, 지속적 효과와 사회적 적응을 위해서는 심리치료가 필요하다.
　　㉡ 조현병의 심리치료에서 가장 중요한 것은 '의미 있는 관계형성'이며, 이러한 관계 속에서 갈등과 불안을 방어하는 자아의 방어기능을 강화하고 자아경계를 강화하며, 치료자와의 건강한 관계 속에서 진정한 대상관계를 재경험하도록 한다.
　　㉢ 이들이 사회적 적응에 가장 어려움을 겪는 이유는 사회적 기술이 부족하여 타인에게 혐오적 인상을 주고 타인에게 거부당하기 때문이다. 따라서 사회적 기술훈련을 통해 다양한 사회적 상황에 대처하는 기술을 습득하고, 이러한 상황에서 발생하는 불안을 극복하면서 타인과의 상호작용을 증진할 수 있다.
　　㉣ 특히 집단치료를 통해 많은 도움을 받을 수 있는데, 집단치료를 통해 동료로부터 지지를 받는 동시에 사회적 상호작용의 기술을 익히게 된다.

02 조현정동장애(분열정동장애) 16 19 21 24 기출

(1) 개 념
① 조현병과 함께 증상의 심각도와 부적응 정도가 가장 심한 장애로 분류된다.
② 조현병의 주요 증상에 대한 첫 번째 진단기준을 충족시키는 동시에 주요 우울 또는 조증삽화가 함께 나타나는 경우이다.
③ 또한 기분삽화가 없는 상태에서 망상이나 환각이 적어도 2주 이상 나타나야 한다.

(2) 특 징
① 초기에 현저한 환청과 피해망상이 2개월 정도 나타나다가 주요 우울증 증상이 나타나고, 이후에 정신분열증적 증상과 주요 우울증의 증상이 공존한다.
② 이후 주요 우울증 증상은 완전히 사라지고, 정신분열증적 증상만 1개월 정도 더 지속되다 사라진다.
③ 발병시기가 빠르고, 갑작스러운 환경적 스트레스에 의해 급성적으로 시작되며, 심한 정서적 혼란을 나타낸다.
④ 병전 적응상태가 양호하며, 조현병의 가족력이 없는 대신 기분장애의 가족력이 있고, 조현병에 비해 예후가 좋다.
⑤ 초기 성인기에 나타나는 양극형과 후기 성인기에 나타나는 우울형으로 분류된다.

(3) DSM-5 진단기준
① 조현병 DSM-5 진단기준과 동시에 주요 우울 또는 조증 삽화가 있다.
② 유병 기간 동안 주요 우울 또는 조증 삽화 없이 존재하는 2주 이상의 망상이나 환각이 있다.
③ 주요 우울 또는 조증 삽화의 기준에 맞는 증상이 병의 활성기 및 잔류기 전체 지속 기간 동안 대부분 존재한다.
④ 장애가 물질의 효과나 다른 의학적 상태로 인한 것이 아니다.

03 조현양상장애(정신분열형장애) 기출

(1) 개념
조현병과 동일한 임상적 증상을 나타내지만, 장애의 지속기간이 1개월 이상 6개월 이하인 경우를 말한다.

(2) 특징
① 유병률은 정신분열증의 절반 정도로 추정되고 있고, 청소년에게 흔하다.
② 장애의 지속기간은 전조기, 활성기, 잔류기로 구분된다.
③ 장애의 지속기간이 6개월 이상 지속될 경우에는 진단이 조현병으로 바뀌게 된다.
④ DSM-5 진단기준에 사회적·직업적 기능의 손상을 요구하는 기준이 없다. 즉, 사회적·직업적 기능의 잠재적 손상이 있을 수 있지만 진단에 필수 조건은 아니다.
⑤ 물질의 생리적 효과로 인한 것이 아니어야 하고, 조현정동장애의 가능성이 배제되어야 한다.
⑥ 가족 중에 조현병의 병력을 지닌 사람은 드물다.

(3) DSM-5 진단기준
① 다음 증상 중 2가지 이상이 1개월 기간 동안 상당 부분의 시간에 존재하고, 이들 중 최소한 하나는 ㉠, ㉡, ㉢ 증상이어야 한다.
  ㉠ 망상
  ㉡ 환각
  ㉢ 와해된 언어/사고
  ㉣ 심하게 혼란스러운 행동이나 긴장성 행동
  ㉤ 음성증상 예 정서적 둔마, 무의욕증
② 장애의 삽화가 1개월 이상 6개월 이내로 지속된다. 회복까지 기다릴 수 없어 진단이 내려져야 할 경우에는 '잠정적'을 붙여 조건부 진단이 되어야 한다.
③ 조현정동장애와 정신병적 양상을 동반한 우울 또는 양극성 장애는 배제된다(주요 우울 또는 조증 삽화가 활성기 증상과 동시에 일어나지 않고, *기분삽화가 활성기 증상 동안 일어난다고 해도 병의 전체 지속 기간의 일부에만 존재하기 때문에 배제함).
④ 장애가 물질의 생리적 효과나 다른 의학적 상태로 인한 것이 아니다.

> ✅ **기분삽화**
> 양극성 장애에서 나타나는 극심한 기분 변화를 말한다.

04 단기 정신병적 장애 16 19 21 24 기출

(1) 개념
조현병의 주요 증상 중 한 가지 이상이 하루 이상 1개월 이내로 짧게 나타나며, 병전 수준의 기능으로 회복되는 경우를 말한다.

(2) 특징
① 대개 정서적 시련을 겪는다.
② 장애가 짧기는 하지만 손상의 수준은 심각할 수 있다.
③ 자살 행동의 위험성이 증가할 수 있다.
④ 남성보다는 여성에게 2배 더 흔하다.
⑤ 평균 발병연령은 30대 중반이지만, 생애 전반에 걸쳐서 발병할 수도 있다.
⑥ 성격장애, 취약한 성격을 가진 이들에게 이 장애가 생겨날 수 있다.

(3) DSM-5 진단기준
① 다음 증상 중 1가지 이상이 존재하고, 이들 중 최소한 하나는 ㉠, ㉡, ㉢ 증상이어야 한다.
  ㉠ 망상
  ㉡ 환각
  ㉢ 와해된 언어/사고
  ㉣ 심하게 혼란스러운 행동이나 긴장성 행동
② 장애 삽화 기간은 최소 1일 이상 1개월 이하이며, 삽화 이후 병전 기능 수준으로 완전히 회복된다.
③ 장애가 정신병적 양상을 동반한 주요 우울장애나 양극성 장애, 혹은 조현병이나 긴장증 같은 다른 정신병적 장애로 더 잘 설명되지 않으며, 물질이나 일반적인 의학적 상태의 직접적인 생리적 효과로 인한 것이 아니다.

05 망상장애 18 19 24 기출

(1) 개념
① 망상장애는 환자의 현실 판단력에 장애가 생겨서 망상이 생기는 질환을 말한다.
② 망상은 현실에 맞지 않은 잘못된 생각으로서 사실과 다르고, 논리적인 설명으로 시정되지 않으며, 교육 정도나 문화적인 환경에 걸맞지 않은 잘못된 믿음 또는 생각이다.
③ 망상장애에서의 망상은 조현병에서 보이는 망상과 달리 괴이하지 않은 망상이다.
④ 환자는 망상에 적절한 감정반응을 보인다. 이런 망상을 제외하고는 비교적 일상생활을 잘한다.
⑤ 망상장애는 *병식이 없어 치료거부가 심하므로 치료관계 형성이 매우 어려워 항정신병 약물치료가 쉽지 않다.

> ✅ 병식
> 현재 자신이 병에 걸려 있다는 자각

(2) DSM-5 진단기준

① 기이하지 않은, 즉 실생활에서 충분히 일어날 수 있는 1가지 이상의 망상이 1개월 이상 지속되어야 한다.
② 조현병의 DSM-5 진단기준 ①에 부합되지 않는다.
③ 망상이나 그것의 결과 외에는 그 사람의 기능이 심하게 망가지지 않고, 행동도 두드러지게 이상하거나 기이하지 않다.
④ 기분장애의 삽화가 망상과 같이 있었다면, 그 기간이 망상이 있는 기간보다 상대적으로 짧다.
⑤ 약물이나 남용하는 물질 및 전신적인 내과적 질병에 의한 직접적인 생리적 과정의 결과로 인한 것이 아니다.

(3) 유형 15 21 22 24 기출

색정형 (애정형)	• 중심 망상은 다른 사람이 자신을 사랑한다는 망상이다. • 이런 환자에서 흔히 볼 수 있는 역설적 행동은 망상의 대상이 되는 사람이 거부하는 말이나 행동을 해도 모두 애정표현이라고 해석하는 것이다.
과대형	• 중심 망상은 자신이 위대하고 비밀스러운 능력을 가졌다는 망상이다. 또는 대통령 같은 특별한 사람과 특별한 관계라고 생각한다. • 과대망상은 종교적인 내용을 가질 수도 있어 망상을 가진 환자가 종교집단의 지도자가 될 수도 있다.
질투형	• 망상이 배우자의 부정과 연관될 때 부부간의 편집증이라고 불린다. • 남자가 여자보다 흔하고, 심해지면 배우자를 언어적·신체적으로 학대하기도 한다.
피해형	• 가장 흔한 아형으로 자신이 음모의 대상이 되거나, 속임을 당하고 있다거나, 추적당하고 있다거나, 자신도 모르게 약물이나 독약을 먹는다고 생각하거나, 어떤 장기적인 목표를 추구하는 데 있어서 방해를 받고 있다고 생각한다. • 망상장애 중 가장 높은 유병률을 보인다.
신체형	• 주요 망상은 감염, 피부에 벌레가 서식한다는 생각, 피부나 입, 자궁에서 나는 체취에 관한 망상, 신체의 일부가 제대로 기능을 못한다는 망상이다. • 약물남용이 흔하며, 증상으로 인한 좌절로 자살을 기도하기도 한다.
혼합형	• 어느 한 가지 망상적 주제가 두드러지지 않는다.

06 조현형 성격장애(분열형 성격장애) 21 기출

친밀한 인간관계를 불편해하고, 인지적 또는 지각적 왜곡과 더불어 기이한 행동을 하는 성격장애이다. '조현병 스펙트럼 및 기타 정신병적 장애'에 속하는 동시에 '성격장애'에도 속하는 장애이다. 진단기준 및 관련 내용은 '19장 성격장애'에서 설명한다.

CHAPTER 05 양극성 및 관련 장애

중요도 ★★☆

핵심포인트
DSM-5 진단기준, 양극성 장애의 유형, 순환성 장애(순환감정 장애), 양극성 및 관련 장애의 원인 및 치료

양극성 및 관련 장애는 우울 증상과 조증 증상이 번갈아 나타나는 경우로, '조울증(Manic Depressive Illness)'이라고 한다. DSM-5의 분류기준에 따라 제1형 양극성 장애, 제2형 양극성 장애, 순환성 장애의 3가지로 분류할 수 있다.

01 DSM-5 진단기준

(1) 조증 *삽화 20 24 기출

① 비정상적으로 의기양양하고 아무런 거리낌이 없으며, 과도하게 고양된 기분이 최소 1주간 거의 매일 하루 대부분 지속된다.
② 다음 증상 중 3개 이상 심각한 정도로 나타나거나 4개 이상 과민한 정도로 나타난다.
  ㉠ 자기존중감이 팽창하거나 지나치게 과장된 자신감
  ㉡ 수면 욕구 감소
  ㉢ 평소보다 말이 많아지거나 말을 계속함
  ㉣ 사고비약(Flight of Ideas)이 있거나 사고가 연이어 나타남
  ㉤ 지나친 주의산만
  ㉥ 목표 지향적 활동의 증가 또는 정신 운동의 초조
  ㉦ 고통스러운 결과에 이르는 쾌락적 활동에 과도한 몰두
③ 기분장애가 직업적 기능이나 통상적인 사회활동 또는 다른 사람과의 관계가 심각한 장애를 초래할 만큼 심하거나, 자신이나 타인에게 해를 입히는 것을 방지하기 위하여 입원을 요할 만큼 심하거나 또는 정신병적 증상을 동반한다.
④ 증상이 물질이나 일반적인 의학적 상태의 직접적인 생리적 효과에 의한 것이 아니다.

> **삽화(Episode)**
> 짧은 기간을 의미하며, 보통 짧은 조증 등에서 삽화라는 말을 쓴다.

(2) 경조증 삽화
① 비정상적으로 의기양양하고 아무런 거리낌이 없으며, 과도하게 고양된 기분이 최소 4일 이상 거의 매일 하루 중 대부분 지속된다.
② 조증 삽화의 ②가 3개 이상 심각한 정도로 나타나거나 4개 이상 과민한 정도로 나타난다.
③ 삽화는 증상이 없었더라면 그 사람에게 나타나지 않을 정도의 기능 변화와 관련이 있다.
④ 기분의 장애와 기능의 변화는 다른 사람의 눈에 띌 정도이다.
⑤ 삽화가 사회적 또는 직업적으로 심각한 장애를 초래하거나 입원을 필요로 할 만큼은 심하지 않다.
⑥ 증상이 물질의 생리적 효과에 의한 것이 아니다.

(3) 주요 우울 삽화 20 기출
① 다음 중 5가지 이상 증상이 2주 지속되며, 이전과 비교할 때 기능상태의 변화를 보인다. 증상 가운데 적어도 하나는 ㉠이거나 ㉡이어야 한다.
  ㉠ 하루 중 대부분 거의 매일 지속되는 우울 기분
  ㉡ 하루 중 대부분 거의 매일 거의 모든 일상 활동에 대해 흥미나 즐거움 저하
  ㉢ 체중 조절을 하지 않는 상태에서 의미 있는 체중 감소나 체중 증가, 거의 매일 나타나는 식욕 감소나 증가
  ㉣ 거의 매일 나타나는 불면이나 과다수면
  ㉤ 거의 매일 나타나는 정신운동 초조나 지연
  ㉥ 거의 매일 나타나는 피로 또는 활력 상실
  ㉦ 거의 매일 나타나는 자기무가치감 또는 부적절한 죄책감
  ㉧ 거의 매일 나타나는 사고력·집중력·판단력 감소
  ㉨ 죽음에 대한 반복적인 생각 또는 자살 시도나 자살 수행 계획
② 증상이 사회적·직업적 또는 다른 중요한 기능 영역에서 임상적으로 유의미한 고통이나 손상을 초래한다.
③ 삽화가 물질의 생리적 효과나 다른 의학적 상태로 인한 것이 아니다.

02 제1형 양극성 장애, 제2형 양극성 장애 19 22 기출

(1) 제1형 양극성 장애 16 18 기출
① DSM-5 조증삽화(Manic Episode) 진단기준을 적어도 1회 부합한다. 조증 삽화는 적어도 1주일 이상 지속되는데, 경조증 삽화나 주요 우울 삽화에 선행하거나 뒤따른다.
② 제1형 양극성 장애에 동반되는 세부 양상 유형 : 불안증 동반, 혼재성 양상 동반, 급속 순환성 동반, 멜랑콜리아 양상 동반, 비전형적 양상 동반, 기분과 일치하는 또는 일치하지 않는 정신병적 양상 동반, 긴장증 양상 동반, 계절성 양상 동반, 주산기 발병 동반

(2) 제2형 양극성 장애 23 기출

① 조증 삽화보다 정도가 약한 '경조증 삽화' 진단기준에 적어도 1회 부합하고, 주요 우울 삽화의 진단기준에 부합한다. 단 조증 삽화는 1회도 없어야 한다. 조증 삽화가 나타나는 경우 제1형 양극성 장애로 변경된다.
② 경조증과 우울증의 잦은 교체로 인한 예측 불가능성은 사회적·직업적 기능 또는 다른 중요한 기능 영역에서 임상적으로 유의미한 고통이나 손상을 초래한다.
③ 제2형 양극성 장애에 동반되는 세부 양상 유형 : 불안증 동반, 혼재성 양상 동반, 급속 순환성 동반, 기분과 일치하는 또는 일치하지 않는 정신병적 양상 동반, 긴장증 양상 동반, 계절성 양상 동반, 주산기 발병 동반
④ 자살 시도 빈도는 제1형 양극성 장애와 제2형 양극성 장애가 비슷한 수준이지만, 치명적인 자살 완수에 이르는 비율은 제2형 양극성 장애가 제1형 양극성 장애보다 더 높다.

03 순환성 장애(순환감정 장애) 15 16 17 19 21 22 기출

(1) 개 념
① 기분삽화에 해당되지 않는 경미한 우울 증상과 경조증 증상이 번갈아 가며 2년 이상(아동·청소년의 경우는 1년 이상) 장기적으로 나타나는 경우를 말한다.
② 순환성 장애를 가진 사람은 제1형 양극성 장애나 제2형 양극성 장애로 발전될 확률이 매우 높다.
③ 주요 발병 시기는 청소년기나 성인기 초기인데, 일반 인구에서 남녀 발병률은 비슷하다.
④ 물질 관련 장애 또는 수면장애를 동반할 수 있다.

(2) DSM-5 진단기준
① 적어도 2년 동안(아동·청소년은 1년) 다수의 경조증 기간과 우울증 기간이 있다.
② 2년 이상(아동·청소년은 1년) 경조증 기간과 우울증 기간이 절반 이상 차지하고, 증상 없는 기간이 2개월 이상 지속되지 않는다.
③ 주요 우울 삽화, 조증 삽화, 경조증 삽화가 존재하지 않는다.
④ 진단기준 ①의 증상이 조현병 스펙트럼 및 기타 정신병적 장애로 더 잘 설명되지 않는다.
⑤ 증상이 물질의 생리적 효과나 다른 의학적 상태로 인한 것이 아니다.
⑥ 증상이 사회적·직업적 또는 다른 중요한 기능 영역에서 임상적으로 유의미한 고통이나 손상을 초래한다.
⑦ 불안증을 동반할 수 있다.

04 원인

양극성 장애는 모든 연령대에서 발병할 수 있어, 여러 가지 이론적 입장에서 그 원인에 대한 설명이 제시되고 있다.

생물학적 입장	• 양극성 장애에 영향을 미치는 유전적 요인, 수면 생리적 요인, 신경내분비적 요인, 신경전달물질에 대해 연구한다. • 양극성 장애는 주요 우울장애에 비해 유전적 요인에 의해서 더 많은 영향을 받는다. • 양극성 장애환자의 친족에서 일반인에 비해 8~18배 정도 양극성 장애의 발생이 많으며, 부모 중 한 명이 양극성 장애일 경우 25%, 둘 모두 양극성 장애일 경우 50%까지 자녀에게 기분장애가 나타날 수 있다고 조사되었다.
정신분석적 입장	양극성 장애의 조증 증세를 무의식적 상실이나 자존감 손상에 대한 방어나 보상 반응으로 본다.
인지적 입장	조증 증세를 나타내는 사람은 현실의 해석에 인지적 왜곡이 있다고 본다.

05 치료 [18 기출]

약물치료	• 전통적인 치료약물인 리튬(Lithium) 이후 다양한 약물이 개발되어 진료 현장에서 활용되고, 전반적인 치료 성과를 거두고 있다. • 기분조절제뿐만 아니라 항정신병 약물 등이 사용되며, 개인의 특성에 따라 항우울제 등의 병합요법이 필요할 수 있다. • 증상이 본인이나 타인에게 해를 줄 수 있는 경우, 신속한 약물조절을 요하는 경우, 약물 부작용 등 내과적 문제가 심각한 경우, 그리고 정확한 감별 진단을 원하는 경우 등에는 입원치료가 필요하다.
인지치료	양극성 장애는 흔히 만성적인 경과를 나타내며 재발하는 경향이 높기 때문에, 지속적인 투약과 더불어 자신의 증상을 지속적으로 관찰하고 생활 스트레스를 관리하는 인지 행동적 치료가 함께 병행되어야 한다.
대인관계 및 사회적 리듬치료	대인관계의 안정과 사회적 일상생활의 규칙성이 양극성 장애의 재발을 막는 데 효과적이다.

CHAPTER 06 우울장애

중요도 ★★★

핵심포인트
우울장애에 관한 이론, 주요 우울장애, 지속성 우울장애(기분저하증), 월경전불쾌감 장애, 파괴적 기분조절 부전장애(파괴적 기분조절 곤란장애)

우울장애는 정신장애 중 가장 높은 유병률을 보이며, 일생 동안 20~25%의 사람들이 한 번 이상 경험한다고 알려져 있다. DSM-5의 분류기준에 의한 주요 하위유형은 주요 우울장애, 지속성 우울장애, 월경전불쾌감 장애, 파괴적 기분조절 부전장애이다. 우울장애는 코르티솔의 과대분비와 관련 있다. 14 18 23 기출

01 우울장애에 관한 이론

(1) 정신분석적 이론
① 우울장애를 분노가 무의식적으로 자기 자신에게 향해진 현상으로 본다.
② 프로이트는 구강기 동안 욕구가 충족되지 못했거나 과잉 충족되면 우울장애에 걸릴 수 있다고 보았다.
③ 분노의 내향화는 자기비난, 자기책망, 죄책감 등으로 인한 자기 가치감 손상 및 자아기능 약화를 유발하며 우울장애로 발전하게 된다.

(2) 행동주의적 이론
① 개인의 수동적 태도 및 자신의 삶을 통제할 수 없다는 느낌이 이전의 통제 실패 경험이나 외상을 통해 획득된다는 '학습된 무기력이론'에 근거한다.
② 개인이 스스로 통제할 수 없는 스트레스 상황이 반복될 때 무기력감이 학습되고, 결국 통제 가능한 스트레스 상황에서도 적절한 수행을 어렵게 하며 우울 증상으로 이어진다는 것이다.

(3) 생물학적 이론

① 유전적 요인, 신경전달물질, 뇌구조의 기능, 내분비계통의 이상이 우울장애와 관련된다고 본다.
② 단극성 우울증보다 양극성 우울증이 유전적 영향을 많이 받는다는 증거가 나타난다.
③ *카테콜라민(Catecholamine) 결핍과 관련이 있다는 가설이 있다.
④ 뇌의 시상하부의 기능장애와 생체리듬의 이상이 우울장애를 유발한다고 본다.

> ✅ **카테콜라민**
> 교감신경의 작용을 항진시킬 수 있는 일련의 화합물을 말한다.

(4) 우울장애의 귀인이론(Abramson) 14 기출

① 우울장애는 '내부적/외부적 요인', '안정적/불안정적 요인', '전반적/특수적 요인', 3가지 방향으로 귀인이 이루어진다.
② '내부적/외부적 요인'은 우울장애의 발생 및 크기 수준, '안정적/불안정적 요인'은 우울장애의 장·단기화 정도, '전반적/특수적 요인'은 우울장애의 일반화 정도와 연관된다.
③ 일반적으로 사람들은 긍정적인 결과는 자신의 탓으로 돌리는 데 반해, 부정적인 결과는 다른 사람 또는 외부환경의 탓으로 돌린다.
④ 우울증 성향의 사람들은 자신의 실패경험에 대해 내부적·안정적·전반적 요인으로 귀인하는 경향이 있다.

내부적/외부적 요인	• 실패의 원인을 자신의 능력 또는 노력의 부족, 성격상의 결함 등 내부적 요인으로 귀인하는 경우 우울감이 증폭된다. • 실패의 원인을 과제의 난이도나 운 같은 외부적 요인으로 귀인하는 경우, 우울감은 상대적으로 낮은 수준을 보인다.
안정적/불안정적 요인	• 실패의 원인을 자신의 능력 부족이나 성격상의 결함 등 안정적 요인으로 귀인하는 경우, 우울감은 만성화·장기화된다. • 실패의 원인을 노력 부족 등 불안정적 요인으로 귀인하는 경우, 우울감은 상대적으로 단기화된다.
전반적/특수적 요인	• 실패의 원인을 자신의 전반적인 능력 부족이나 성격 전체의 문제 등으로 귀인하는 경우, 우울증이 일반화된다. • 실패의 원인을 자신의 특수한 능력 부족이나 성격상 일부의 문제 등으로 귀인하는 경우, 우울증이 특수화된다.

(5) 우울장애와 자동적 사고 18 기출

① 자동적 사고 : 어떤 사건에 대하여 습관처럼 부정적인 생각이 자동적으로 떠오른다.
② 벡(A. Beck)의 인지삼제(자동적 사고의 3가지 주제)

나 자신	자기 자신에 대한 비관적인 생각 예 '나는 무가치한 사람이다.'
나의 미래	앞날에 대한 염세주의적 생각 예 '나의 앞날은 희망이 없다.'
나의 주변세계	주변 환경에 대한 비관적인 생각 예 '이 세상은 내가 살아가기에 너무 힘들다.'

(6) 우울장애와 관련된 인지적 오류 17 기출

① 흑백 논리적 사고 : 세상을 흑백 논리적으로 해석하고 평가하는 경향이 있다.
② 과잉 일반화 : 한두 번의 사건에 근거하여 일반적인 결론을 내리고, 무관한 상황에 그 결론을 적용하는 오류를 범한다.
③ 정신적 여과 또는 선택적 추상화 : 어떤 상황에서 일어난 여러 가지 일 중에서 일부만을 뽑아내어 상황 전체를 판단하는 오류를 범한다.
④ 의미확대 또는 의미축소 : 어떤 사건의 의미나 중요성을 실제보다 지나치게 확대하거나 축소한다.
⑤ 파국적 사고 : 부정적 측면만 보고 최악의 상태를 생각한다.
⑥ 개인화의 오류 : 자신과 무관한 사건을 자신과 관련된 것으로 잘못 해석한다.
⑦ 잘못된 명명의 오류 : 사람들의 특성이나 행위를 기술할 때 부적절한 명칭을 사용한다.
⑧ 독심술적 오류 : 충분한 근거 없이 다른 사람의 마음을 마음대로 추측하고 단정한다.
⑨ 예언자적 오류 : 충분한 근거 없이 미래에 일어날 일을 단정하고 확신한다.
⑩ 감정적 추리의 오류 : 충분한 근거 없이 막연한 감정에 근거하여 결론을 내린다.

(7) 우울증의 유형 구분 24 기출

① 외인성 우울증과 내인성 우울증
  ㉠ 외인성 우울증은 환경적인 스트레스(사별, 실연, 실직, 중요한 시험에서의 실패, 가족의 불화나 질병 등)에 의한 것으로 큰 사건이나 상실감에 반응하며, 반응성 우울증이라고도 한다.
  ㉡ 내인성 우울증은 유전적 요인 또는 호르몬 분비나 생리적 리듬 등과 같은 내부적인 생리적 요인에 의해 우울 증상이 나타난다.
② 단극성 우울증과 양극성 우울증
  ㉠ 단극성 우울증은 과거에 조증 상태를 경험한 적 없이 우울 상태가 나타나는 경우이다.
  ㉡ 양극성 우울증은 현재 우울증 상태에 있고 과거에 조증 상태를 경험한 적이 있는 경우이다.
③ 신경증적 우울증과 정신병적 우울증
  ㉠ 신경증적 우울증은 현실판단력에 현저한 손상이 없는 상태에서 다만 우울한 기분과 의욕상실이 나타나며, 자신에 대한 부정적 생각에 몰두하지만, 이러한 생각이 망상 수준에 도달하지는 않는다.
  ㉡ 정신병적 우울증 : 현실판단력이 손상되어 환각과 망상이 나타난다.
④ 지체성 우울증과 초조성 우울증
  ㉠ 지체성 우울증은 기분이 심하게 가라앉고, 행동과 사고가 느려진다.
  ㉡ 초조성 우울증은 걱정, 불안, 흥분을 동반한다.

02 주요 우울장애

(1) 개념
① 가장 심한 유형의 우울장애로, '우울한 기분'이나 '흥미·즐거움의 상실'이 현저한 상태로 나타난다.
② '단극성 장애'라고 하며, 남성보다 여성에게 대략 2배 정도 많이 나타난다.
③ 우울장애가 처음 발병한 이후 지속적으로 치료받지 않으면, 2년 이내에 절반 이상이 재발한다고 알려져 있을 정도로 재발 가능성이 높다.
④ 어떤 연령대에서도 발병할 수 있지만, 아동기에 비해 청소년기에 발병 가능성이 높아진다.

(2) DSM-5 진단기준 15 16 21 22 23 기출
① 다음 '우울 삽화 9개' 중 5개 증상 이상이 거의 매일 연속적으로 최소 2주간 지속되며, 그러한 상태가 이전 기능과의 차이를 나타내야 한다. 해당 증상 중 우울한 기분(㉠)이나 흥미의 상실(㉡)을 반드시 하나 이상 포함해야 한다. 단, 명백한 다른 의학적 상태로 인한 증상은 포함되지 않아야 한다.
  ㉠ 하루 중 대부분 거의 매일 지속되는 우울 기분, 아동 청소년의 경우는 과민한 기분으로 나타나기도 함
  ㉡ 하루 중 대부분 거의 매일 거의 모든 일상 활동에 대해 흥미나 즐거움 저하
  ㉢ 체중 조절을 하지 않는 상태에서 의미 있는 체중 감소나 체중 증가, 거의 매일 나타나는 식욕 감퇴나 증가
  ㉣ 거의 매일 나타나는 불면이나 과다수면
  ㉤ 거의 매일 나타나는 정신운동 초조나 지연
  ㉥ 거의 매일 나타나는 피로 또는 활력 상실
  ㉦ 거의 매일 나타나는 무가치감 또는 부적절한 죄책감
  ㉧ 거의 매일 나타나는 사고력·집중력·판단력 감소
  ㉨ 죽음에 대한 반복적인 생각 또는 자살 시도나 자살 수행 계획
② 증상이 물질이나 일반적인 의학상태의 직접적인 생리적 효과로 인한 것이 아니고, 사회적·직업적 기타 중요한 기능 영역에서 임상적으로 유의미한 고통이나 손상을 초래한다.
③ 삽화가 물질의 생리적 영향이나 다른 의학적 상태로 인한 것이 아니다.
④ 주요 우울장애에 동반되는 세부 양상 유형 : 불안증 동반, 혼재성 양상 동반, 멜랑콜리아 양상 동반, 비전형적 양상 동반, 기분과 일치하는 또는 일치하지 않는 정신병적 양상 동반, 긴장증 양상 동반, 계절성 양상 동반, *주산기 발병 동반

주산기
출산 전후의 시기를 말한다.

(3) 치료 18 기출
① **정신역동적 치료** : 내담자의 무의식적 갈등을 잘 파악하여 내담자에게 적절한 방법으로 직면시키고 해석해 준다.
② **인지치료** : 내담자의 사고내용을 탐색하여 인지적 왜곡을 찾아 교정함으로써 현실적이고 긍정적인 신념과 사고를 지니도록 한다.
③ **약물치료** : 삼환계 항우울제, MAO억제제, 세로토닌 흡수제 등을 사용하면 효과적이지만, 우울장애의 근본적인 치료방법은 아니고 부작용의 우려가 많다.

03 지속성 우울장애(기분저하증)

(1) 개념
① 하루 대부분 우울한 기분인 우울증상이 2년 이상 지속적으로 나타나는 경우를 말한다.
② DSM-IV의 '만성주요 우울장애'와 '기분부전장애'를 합하여 DSM-5에서 새롭게 제시된 진단명이다.

(2) DSM-5의 진단기준
① 우울 증상이 최소 2년간 하루 대부분 지속되며, 증상이 없는 날보다 있는 날이 더 많다.
② 우울장애는 다음 중 2가지 증상 이상이 나타난다.
　㉠ 식욕부진 또는 과식
　㉡ 불면 또는 과다수면
　㉢ 기력(활력) 저하 또는 피로감
　㉣ 자존감 저하
　㉤ 집중력 감소 또는 우유부단
　㉥ 절망감
③ 장애를 겪는 2년(아동·청소년은 1년) 동안 증상 지속 기간이 최소 2개월이며, 진단기준 ①과 ②의 증상이 존재하지 않는 경우가 없다.
④ 주요 우울장애의 진단기준을 만족하는 증상이 2년 동안 지속적으로 나타날 수 있다.
⑤ 조증 삽화나 경조증 삽화가 없어야 하고, 순환성 장애의 진단기준에 부합하지 않는다.
⑥ 증상이 물질이나 일반적인 의학상태의 직접적인 생리적 효과로 인한 것이 아니고, 사회적·직업적 기타 중요한 기능 영역에서 임상적으로 심각한 고통이나 손상을 초래한다.

(3) 원인과 치료
① 원인에 대해서 아직 체계적인 연구가 이루어지지 않았지만, 유전적인 요인이 작용하는 것으로 추정된다.
② 항우울제와 인지행동 치료가 기분부전증을 개선하는 데 가장 효과적인 것으로 알려져 있다.
③ 신체적 운동과 수면패턴의 개선도 증상이 악화되지 않도록 하는 데 효과적이다.

04 월경전불쾌감 장애 18 기출

(1) 개념
① 월경 7~10일 전부터 평소와는 다르게 아무렇지 않게 넘길 수 있는 일에 예민해지고 신경질과 짜증이 늘어나며, 극심한 무력감이나 우울함에 일상생활에 대한 흥미도 떨어지는 등 급격한 심리변화를 호소하는 장애를 말한다.
② 원인은 아직 밝혀지지 않았으며, 생리주기에 따른 난소의 호르몬 분비 변화와 뇌의 신경전달물질 사이의 복잡한 상호작용에 의해 발생한다고 추측하고 있다.

(2) DSM-5의 진단기준
① 대부분 월경주기마다 월경이 시작되기 1주 전에 증상 이상이 시작되고, 월경이 시작된 후 수일 안에 호전되며 월경이 끝난 후에는 증상이 경미하거나 사라진다.
② 다음 중 적어도 1가지 이상 증상이 포함된다.
  ㉠ 현저한 정서적 불안정
  ㉡ 현저한 과민성이나 분노 또는 대인관계의 갈등 증가
  ㉢ 현저한 우울기분, 무기력감 또는 자기비하적 사고
  ㉣ 현저한 불안, 긴장 또는 안절부절못하는 느낌
③ 다음 중 적어도 1가지 이상 추가 증상이 존재하며, 진단기준 ②에 해당하는 증상과 더불어 총 5가지 증상이 포함된다.
  ㉠ 일상 활동에 대한 흥미 감소
  ㉡ 주의집중의 곤란
  ㉢ 무기력감, 쉽게 피곤해짐
  ㉣ 식욕의 현저한 변화
  ㉤ 과다수면 또는 불면
  ㉥ 압도되거나 통제력을 상실할 것 같은 느낌
  ㉦ 신체적 증상 예 유방의 압통 또는 팽만감

(3) 치료

약물치료	세로토닌 재흡수 억제제를 비롯한 항우울제가 사용된다.
인지행동치료	• 월경전기에 경험하는 사건들을 기술해보고 불쾌감정을 현실적으로 변화시키는 인지적 재구성의 과정을 갖도록 한다. • 식이요법이나 규칙적인 유산소 운동도 증상 완화에 도움이 된다.

05 파괴적 기분조절 부전장애(파괴적 기분조절 곤란장애) 19 기출

(1) 개 념
① 반복적으로 심한 파괴적 분노를 폭발하는 경우를 말한다.
② 주로 아동기나 청소년기에 나타난다.

(2) DSM-5 진단기준 20 기출
① 언어 또는 행동을 통하여 심한 분노폭발을 반복적으로 나타낸다. 이러한 분노는 상황이나 촉발자극의 강도나 기간에 비해서 현저하게 과도한 것이어야 한다.
② 분노폭발은 발달수준에 부적합한 것이어야 한다.
③ 분노폭발은 평균적으로 매주 3회 이상 나타나야 한다.
④ 분노폭발 사이에도 거의 매일 하루 대부분 짜증이나 화를 내며, 이러한 행동은 다른 사람에 의해서 관찰될 수 있다.
⑤ 이상 증상(①~④)이 12개월 이상 지속적으로 나타나야 한다.
⑥ 이상 증상(①~④)이 3가지 상황(가정, 학교, 또래와 함께 있는 상황) 중 2개 이상에서 나타나야 하며, 한 개 이상에서 심하게 나타나야 한다.
⑦ 이 진단은 6~18세 이전에만 적용될 수 있다.
⑧ 이상 증상(①~⑤)이 10세 이전에 시작되어야 한다.

(3) 원 인
① 부정적인 감정반응을 억제하는 뇌기능의 저하를 나타낸다.
② 사회생활에서 겪는 스트레스나 좌절감을 억제하는 기능의 저하가 원인이 될 수도 있다.
③ 가족이나 환경적 요인으로 인한 역기능적 양육행동이 원인이 될 수도 있다.

(4) 치 료
① **비지시적 놀이 치료** : 다양한 인형과 장난감을 통하여 아동이 자유롭게 표현하면서 좌절감을 해소할 수 있는 내면적 공상을 촉진한다.
② **가족치료** : 가족 간의 갈등을 해소하고 부모의 양육행동을 긍정적으로 변화시킨다.

CHAPTER 07 불안장애

중요도 ★★★

핵심포인트
범불안장애(Generalized Anxiety Disorder), 공포증(특정공포증, 광장공포증, 사회공포증), 공황장애, 분리불안장애, 선택적 함구증(무언증)

'불안'은 위험이나 위협적인 상황에서 자신을 보호하고 환경에 적응하기 위한 생체의 적응적 반응양식으로, 뇌의 변연계에서 담당한다. 그러나 과도한 불안반응은 자율신경계의 각성을 유발하는 정서 부적응 상태, 즉 '병적인 불안'이 된다. 병적인 불안으로 인해 과도하게 심리적인 고통을 느끼거나 현실적인 적응에 심각한 어려움을 나타내는 경우를 '불안장애'라고 한다. 아동·청소년기에는 성인과 비교해 수면곤란, 두통, 복통 등과 같은 신체증상이 두드러진다. DSM-5의 분류기준에 의한 불안장애의 주요 하위유형은 분리불안장애, 선택적 함구증, 특정공포증, 사회공포증(사회불안장애), 공황장애, 광장공포증, 범불안장애 등이다.
14 20 21 23 24 기출

01 범불안장애(Generalized Anxiety Disorder) 15 19 22 23 기출

(1) 개념
① '일반화된 불안장애'라고도 하며, 과도한 불안과 긴장을 지속적으로 경험하는 상태를 말한다.
② 일상생활의 다양한 상황이나 사건에서 만성적인 불안과 지나친 걱정으로 인해 현실적인 부적응 상태를 경험하는 것을 말한다.

(2) 특징
① 최소 6개월 동안 주요 증상이 나타나는 경우에 진단되며, 불안이 특정 주제에 국한되는 것이 아닌 광범위한 주제를 포괄한다.
② 평소 불안감과 초조감을 느끼며, 항상 과민하고 긴장된 상태에 있다. 또한 주의집중을 하기 어렵고 쉽게 피로감을 느끼며, 지속적인 긴장으로 인해 두통, 근육통, 소화불량 등을 경험한다.
③ 일반적으로 주변 생활환경 속에 존재하는 잠재적인 위험에 예민하며, 이러한 잠재적인 위험이 실제로 발생할 확률을 과도하게 평가한다.
④ 행동적 관점에서는 불안촉발 조건자극이 광범위하게 일반화된 다중 공포증으로 설명된다.

⑤ *유병률은 높은 편이나 그에 비해 치료기관을 찾는 비율은 낮다.
⑥ 인지적 특성으로 기억과제 수행에서 중성자극보다 위협자극을 더 잘 기억한다.

> ✓ **유병률**
> 어떤 특정한 시점에 전체 인구 중에서 해당 질병을 가지고 있는 인구의 비율을 말한다.

(3) DSM-5 진단기준
① (직장이나 학업과 같은) 수많은 활동에 대해 과도한 불안과 걱정을 하며, 그 기간이 6개월 이상 이어진다.
② 자기 스스로 걱정을 통제하는 것이 어렵다고 느낀다.
③ 불안과 걱정은 다음 6가지 증상 중 3가지 이상과 연관된다(아동의 경우 1가지 이상).
  ㉠ 안절부절못함 또는 긴장이 고조되거나 가장자리에 선 듯한 느낌
  ㉡ 쉽게 피로해짐
  ㉢ 주의집중이 어렵거나 정신이 멍한 듯한 느낌
  ㉣ 과민한 기분상태
  ㉤ 근육 긴장
  ㉥ 수면 장애
④ 불안이나 걱정 또는 신체 증상이 사회적·직업적 기능 또는 다른 중요한 기능 영역에서 임상적으로 유의미한 고통이나 손상을 초래한다.

(4) 치 료

약물치료	• 벤조다이아제핀 계열의 약물이 사용되는데, 과민성을 저하시키고 진정 효과를 나타낸다. • 진정 효과를 발휘하지 못하거나 부작용, 금단 현상이 생기는 등의 문제점을 지니고 있다.
인지행동적 치료방법	• 흔히 경험하는 주된 내용의 걱정을 치료시간에 떠올리게 하여 그 걱정이 과연 현실적인 것이며, 효율적인 것인지에 대해 구체적인 논의를 하는 방식으로 진행된다. 이 과정에서 환자가 걱정의 비현실성과 비효율성을 인식하게 하는 동시에 걱정에 대한 긍정적 신념 역시 수정할 수 있게 된다. • 걱정이 떠오를 경우에 이를 조절하고 대처하는 방법을 습득하는 것이 중요한 목표가 된다.

02 공포증

(1) 공포증의 이해
① 어떤 대상이나 상황에 대한 강렬한 공포와 그것에 대한 회피반응을 특징적으로 나타내는 불안장애의 일종이다.
② 범불안장애보다 불안과 공포의 강도가 높으며, 범불안장애와 달리 특정 대상·상황에 한정되어 회피행동을 보인다.
③ 공포를 느끼는 대상이나 상황에 따라 특정공포증, 사회공포증, 광장공포증으로 구분한다.

(2) 특정공포증 18 21 기출

① 개념 : 특정한 공포 대상이나 상황에 노출되는 경우 나타나는 심각한 두려움과 비합리적인 회피행동을 동반하며, '단순공포증(Simple Phobia)'이라고도 한다.
② 유형 : 동물형, 자연환경형, 혈액-주사-상처형, 상황형 등으로 구분한다. 14 기출

동물형	대개 아동기에 시작되는데, 동물이나 곤충을 두려워하는 것이다.
자연환경형	폭풍, 높은 곳, 물과 같은 자연환경에 대한 공포이다.
혈액-주사-상처형	피를 보거나 주사를 맞거나 기타 의학적 검사를 두려워하는 경우로 혈관 미주신경 반사가 매우 예민하며, 주로 초등학교 아동기에 발병한다.
상황형	교통수단, 터널, 다리, 엘리베이터, 비행기 등에 공포를 느끼는 유형으로 아동기와 20대 중반에 흔히 발병한다.

③ DSM-5 진단기준
  ㉠ 특정 대상이나 상황에 대해 현저한 공포·불안을 느끼는데, 실제적인 위험과 사회문화적 맥락을 고려할 때 과도한 양상을 보인다.
  ㉡ 공포 대상이나 상황은 거의 즉각적인 공포나 불안을 야기한다.
  ㉢ 공포 대상이나 상황이 유발하는 극심한 공포나 불안을 회피하거나 견디려는 모습을 보인다.
  ㉣ 공포, 불안, 회피는 보통 6개월 이상 지속되는데, 사회적·직업적 기능 또는 다른 중요한 기능 영역에서 임상적으로 유의미한 고통이나 손상을 초래한다.

④ 공포증의 유발요인
  ㉠ 공포증의 2요인 이론
    • 모어(Mower)는 공포증의 원인과 관련하여 공포의 학습 및 회피행동의 학습의 두 가지 학습과정에 의한 고전적 조건형성과 조작적 조건형성이라는 2요인 이론을 제시하였다.

고전적 조건형성	파블로프가 발전시킨 이론으로 공포감을 유발하지 않는 중성적 조건자극이, 공포를 유발하는 무조건 자극과 반복적으로 짝지어 제시될 경우, 공포반응과 조건자극이 연합되어 무조건 자극 없이 조건자극만으로도 공포반응이 유발되는 것이다.
조작적 조건형성	어떤 반응에 대해 선택적으로 보상함으로써 그 반응이 일어날 확률을 증가시키거나 감소시키는 것이다.

    • 공포증이 형성되는 과정에는 고전적 조건형성의 학습원리가 관여하는 반면, 일단 형성된 공포증은 조작적 조건형성의 원리에 의해서 유지되고 강화된다고 하였다. 예를 들어, 손을 씻는 등의 청결행위를 반복하는 환자의 경우, 자신의 손이나 옷에 묻은 이물질이 조건화된 공포 반응을 야기하며, 환자는 이러한 공포의 근원을 제거하기 위해 청결행위를 강화 및 유지하고자 한다는 것이다.
    • 모어는 강박적 행위를 치료하기 위한 방법으로 체계적 둔감법은 유효하지 못하며, 회피행동 자체를 직접적으로 차단하는 것이 더욱 효과적이라고 주장하였다.
  ㉡ 왓슨(Watson)의 쥐실험 공포이론
    • 왓슨(Watson)은 철저하게 고전적 조건형성적인 주의를 펼쳤던 학자이다.
    • 왓슨은 어린아이에게 흰쥐를 주고 자유롭게 만질 수 있도록 하고, 어린아이가 쥐를 만지려고 할 때마다 큰 소음을 일으켰다. 이 과정을 여러 번 반복한 후, 소음 없이 쥐를 만지도록 했더니 어린아이는 쥐만 보고도 겁에 질려 울음을 터뜨렸다. 처음엔 쥐를 보고 아무렇지도 않았는데 쥐에 대한 공포심이 발생한 것이다.

ⓒ 정신분석론 접근방법

5살 어린이 한스(Hans)는 말에 대한 공포증을 지니고 있었는데, 프로이트(Freud)는 한스의 공포증이 오이디푸스 갈등과 관련된 것이라고 하였다. 한스는 어머니에 대해 애착을 느끼는데 이 때문에 아버지로부터 남근을 거세당할 것 같은 불안을 지니게 되고, 한스는 이러한 아버지에 대한 공포를 부정하기 위해서 아버지의 특징을 상징적으로 지닌 말에게 그 공포감을 투사했다는 것이다.

⑤ 치 료 14 16 20 21 기출

체계적 둔감법	• 볼프(J. Wolpe)에 의해 개발된 치료법으로, 공포증 치료에 효과적이다. • 상담자와 내담자는 불안위계표를 작성한 후, 위계별로 점진적 이완과 불안을 반복적으로 짝지우면서 공포증을 감소시킨다. • 역조건화의 기제와 관련이 있다.
참여적 모방학습	다른 사람이 공포자극을 불안 없이 대하는 것을 관찰하도록 하여 공포증을 치료하는 방법이다. 뱀 공포증을 지닌 사람은 뱀을 만지고 목에 두르는 사람을 관찰하면서 그와 함께 뱀에 대한 접근행동을 학습하며 공포증을 극복하게 되는 것이다.
노출치료	반복적인 노출을 통해 공포자극에 적응하도록 유도하는 치료방법이다. • 실제적 노출법 : 실제로 공포자극에 노출하는 방법 • 심상적 노출법 : 공포자극을 상상하게 하여 노출시키는 방법 • 점진적 노출법 : 공포자극에 조금씩 노출시키는 방법 • 홍수법 : 공포자극에 단번에 집중적으로 노출시키는 방법
이완훈련법	불안과 공존할 수 없는 신체적 이완상태를 유도하는 기술을 가르쳐 공포증을 극복하게 한다.

(3) 광장공포증 17 18 21 기출

① 개 념
  ㉠ 광장이나 공공장소, 특히 급히 빠져나갈 수 없는 상황이나 장소에 혼자 있게 되는 것에 대해 공포를 느끼는 불안장애이다.
  ㉡ 공황발작이나 공황 유사 증상이 나타날까 봐 두려워하며, 공황발작의 위험에서 이를 피하기 어려운 장소나 상황에 처한 경우 나타난다. 즉 공황발작 시 도움받기 곤란한 백화점·영화관 같은 곳이나, 탈출하기 어려운 엘리베이터, 버스, 지하철 같은 공간에 대해 과도한 공포를 느낀다.
  ㉢ 죽거나 미칠 것 같은 두려움, 질식할 것 같은 느낌, 가슴 답답함, 어지러움, 구토 같은 신체적·심리적 증상을 수반한다.
  ㉣ 광장공포증은 특정 장소나 상황 자체에 대한 공포가 아닌, 그러한 공간에서 맞닥뜨릴 수 있는 어떠한 불시의 사건에 대한 공포와 연관된다.

② DSM-5 진단기준
  ㉠ 다음 상황 중 2가지 이상의 경우에서 공포나 불안이 나타난다.
    • 대중교통수단을 이용하는 상황
    • 개방된 공간에 있는 상황
    • 폐쇄된 공간에 있는 상황
    • 줄을 서 있거나 군중 속에 있는 상황
    • 집 밖에 혼자 있는 상황
  ㉡ 공포, 불안, 회피는 보통 6개월 이상 지속되는데, 사회적·직업적 기능 또는 다른 중요한 기능 영역에서 임상적으로 유의미한 고통이나 손상을 초래한다.

ⓒ 공포와 불안은 그 상황과 맥락을 고려할 때 실제로 주어지는 위험에 비해 과도한 양상을 보인다.
ⓔ 광장공포유발 상황을 피하려고 하거나, 동반자를 필요로 하거나, 공포・불안에 맹렬히 견디려고 애쓴다.
ⓜ 광장공포증은 공황장애의 유무와 관계없이 진단된다.

③ 치 료

약물치료	• 대표적인 약물로는 SSRI(Specific-Serotonin Reuptake Inhibitor)와 같은 항우울제 약물과 벤조디아제핀 계열의 항불안제 약물이 있고, 필요에 따라 다른 계열의 약물을 사용하기도 한다. • 약물치료로 인한 증상 호전이 나타나려면 일반적으로 8~12개월 약물치료를 유지해야 한다.
인지행동 치료	• 광장공포증의 치료에는 잘못된 인지과정을 수정하고 신체감각에 대한 민감성을 둔화시키는 인지행동치료가 효과적인 것으로 보고되고 있다. • 인지치료의 핵심적인 요소는 환자가 사소한 신체감각을 파멸・죽음과 같은 파국적 상황으로 잘못 인식하는 것을 교정하는 것과, 공황발작이 일어나도 시간이 지나 없어지면 실질적으로 생명이 위협받는 상황이 아님을 인지시키는 것이다. • *이완요법, 호흡훈련, 실제 노출치료(In Vivo Exposure) 등이 활용된다.

✓ **이완요법**
인위적으로 근육의 긴장을 완화시켜 심리적 안정을 요하는 기법을 말한다.

(4) 사회공포증(사회불안장애) 기출

① 개 념
ⓐ 사람들과 상호작용을 해야 하는 사회적 상황에서 불안과 공포를 경험하는 불안장애이다.
ⓑ 여러 사람들 앞에 나설 때 발생하는 무대공포나 *적면공포 등으로 나타나며, 다른 사람들에게서 부정적인 평가를 받을지 모른다는 불안과 함께 자신이 당황하게 되는 것에 대한 두려움을 느낀다.
ⓒ 이러한 증상을 가진 사람은 자신의 공포가 과도하고 비합리적이라는 사실을 알고 있다.
ⓓ 사회공포증 환자들은 두려워하는 상황에 노출되거나 노출될 것이 예상될 때 심각한 불안감이 발생한다. 일부 환자에게서는 공황발작(Panic Attack) 형태로 불안 증상이 나타날 수 있다.
ⓔ 환자들은 불안감을 일으키는 상황을 피하고자 끊임없는 노력을 하게 되고, 이것이 사회적 기능에 저하를 일으킨다.
ⓕ 매우 흔한 심리적 문제로서 다른 불안장애에 비해 유병률이 높으며, 다른 불안장애와 함께 나타나는 경향이 있다.

✓ **적면공포**
얼굴이 빨개지는 것을 두려워하는 공포를 말한다.

② DSM-5 진단기준
ⓐ 타인에 의해 면밀히 관찰될 수 있는 1가지 이상의 사회적 상황에 노출되는 것에 대한 과도한 공포나 불안을 느낀다.
ⓑ 불안 증상이나 부정적으로 비치는 행동을 하는 것에 대해 두려워한다.
ⓒ 사회적 상황은 거의 항상 공포나 불안을 야기하므로, 회피하거나 공포・불안을 맹렬히 견디려고 애쓴다.
ⓓ 공포, 불안, 회피는 보통 6개월 이상 지속되는데, 사회적・직업적 기능 또는 다른 중요한 기능 영역에서 임상적으로 유의미한 고통이나 손상을 초래한다.
ⓔ 공포와 불안은 그 상황과 맥락을 고려할 때 실제로 주어지는 위험에 비해 과도한 양상을 보인다.

③ 원 인

정신분석적 입장	무의식적 갈등이 사회적 상황에 대치되어 투사된 것
인지적 입장	• 사회적 자기에 대한 부정적 개념 • 다른 사람에게 자신에 관한 좋은 인상을 심어 주어야 한다는 강한 신념 등
인지이론 (Clark & Wells)	• 사회적 수행에 대한 과도한 기준의 신념 • 사회적 평가에 대한 조건적 신념 • 자기와 관련된 부정적 신념

④ 치 료

약물치료	SSRI와 벤조디아제핀계 약물이 대표적으로 사용되고 있다. 특별한 행위와 연관된 사회 공포증에는 베타아드레날린 수용체 길항제(B-Adrenergic Receptor Antagonist) 약물을 병행하여 사용하기도 한다.
인지치료	불안유발 상황에 직면하도록 하는 노출훈련(Exposure Training)과 함께 인지행동적 집단치료가 효과적인 것으로 보고된다. 특히 인지행동적 집단치료는 인지적 재구성, 반복적 노출, 역할연습, 긴장이완훈련 등이 활용된다.

03 공황장애

(1) 개 념 16 18 20 21 기출

① 예기치 못한 강렬한 불안, 즉 공황발작을 반복적으로 경험하는 장애를 말한다.
② 발작이 없는 중간시기에는 공황발작이 다시 일어나는 것에 대한 계속적인 걱정과 더불어 공황발작의 결과에 대한 근심(예 심장마비가 오지 않을까, 미치지 않을까 하는 걱정)을 나타내며 부적응적인 행동변화(예 심장마비가 두려워서 일체의 운동을 중지하거나 직장을 그만두는 것)를 수반하게 된다.
③ 다코스타라는 의사가 전쟁의 극단적인 상황과 생사의 경계에서 엄청난 공포감을 느낀 군인들이 극도의 불안증상을 보이는 것을 발견하여 이를 다코스타 증후군(Dacosta's Syndrome), 군인심장증후군(Soldier's Heart)이라 불렀다. 이후 1980년대에 미국 정신의학회는 다코스타 증후군을 정신질환으로 정식 규정하고, 공황장애(Panic Disorder)라 명명하였다.
④ 공황발작 증상은 갑작스럽게 나타나며 10분 이내에 최고조에 달하여 극심한 공포를 야기하게 되는데, 대략 10~20분간 지속된다.
⑤ 클락(D. Clark)이 제시한 공황장애의 인지모델
  ㉠ 신체감각을 위험한 것으로 잘못 해석하는 파국적 오해석에 의해 유발된다.
  ㉡ 인지적 입장에서 공황장애를 가장 설득력 있게 설명한 이론이다.
  ㉢ 자 극
    • 외적 자극 : 특정 유형의 장소
    • 내적 자극 : 불쾌한 기분, 생각, 심상, 신체 감각 등

(2) DSM-5 진단기준 17 21 23 24 기출

① 다음 공황발작 13가지 증상 중 4가지 이상이 나타나는 경우 공황장애로 진단한다.
  ㉠ 가슴 두근거림
  ㉡ 땀 흘림
  ㉢ 몸 떨림 또는 손발 떨림
  ㉣ 숨이 가쁘거나 막히는 느낌
  ㉤ 질식할 것 같은 느낌
  ㉥ 흉부 통증 또는 답답함
  ㉦ 구토감 또는 복부 통증
  ㉧ 현기증, 비틀거림, 몽롱함, 기절 상태의 느낌
  ㉨ 몸에 한기나 열기를 느낌
  ㉩ 감각 이상
  ㉪ 비현실감 또는 이인증
  ㉫ 통제불능에 대한 공포
  ㉬ 죽을 것 같은 두려움

② 최소 1회 이상의 발작 이후 1개월 이상 다음 중 1가지 혹은 2가지의 양상이 나타나야 한다.
  ㉠ 추가적인 공황발작이나 그로 인한 결과들에 대한 지속적인 염려나 걱정
  ㉡ 공황발작과 관련된 행동에서의 유의미한 부적응적 변화

(3) 원 인 14 기출

생물학적 원인	• 과잉호흡이론(Hyperventilation) : 깊은 호흡을 빨리 하는 경향이 있는데, 이때 공황발작 유발에 영향 • 질식오경보 이론 : 독특한 생화학적 기제에 의해 유발 • 뇌의 청반핵(Locus Ceruleus) 민감성
정신분석적 입장	• 불안을 야기하는 충동에 대한 방어기제가 제대로 작동하지 못함 • 분리불안 경험의 재현 • 무의식적인 상실 경험과 관련
인지적 입장	신체감각에 대한 파국적 오해석에 의해 유발[클라크(Clark)의 인지이론]

(4) 치 료

약물치료	벤조디아제핀(Benzodiazepine)계열의 약물, 삼환계 항우울제, 세로토닌 재흡수 억제제 등이 사용되는데, 부작용의 가능성이 있다.
심리치료	인지행동치료가 효과적이라고 보고되는데, 복식호흡훈련, 긴장이완훈련, 광장공포증과 관련된 공포 상황에의 점진적·체계적 노출 등의 요소로 구성된다.

04 분리불안장애 18 21 기출

(1) 개념
분리불안장애는 애착대상으로부터 분리될 때 혹은 분리될 것으로 예상될 때 느끼는 불안의 정도가 일상생활을 위협할 정도로 심하고 지속적인 경우를 말한다.

(2) DSM-5 진단기준
① 다음 증상들 중 최소 3가지 증상 이상이 나타난다.
  ㉠ 집이나 주요 애착대상으로부터 분리를 경험하거나 이를 예상할 때 반복적으로 심한 고통을 느낀다.
  ㉡ 주요 애착대상을 잃는 것 혹은 그들에게 질병·부상·재난·사망 같은 일이 일어나지 않을까 지속적으로 과도하게 근심한다.
  ㉢ 분리불안으로 인해 집으로부터 멀리 떠나거나 학교나 직장에 가는 것을 지속적으로 꺼리거나 거부한다.
  ㉣ 혼자 있는 것 혹은 주요 애착대상 없이 집이나 다른 장소에 있는 것에 대해 지속적으로 꺼리거나 과도한 공포를 느낀다.
  ㉤ 집으로부터 멀리 떠나 잠을 자는 것 혹은 주요 애착대상이 가까이 없이 잠을 자는 것에 대해 지속적으로 꺼리거나 거부한다.
  ㉥ 분리의 주제를 포함하는 악몽을 반복적으로 꾼다.
  ㉦ 주요 애착대상으로부터 분리되거나 이를 예상하게 될 때 신체증상을 반복적으로 호소한다.
② 공포, 불안, 회피 반응이 최소 6개월 이상(아동·청소년은 4주) 지속된다.
③ 장애는 사회적·학업적·직업적 기능 또는 다른 중요한 기능 영역에서 임상적으로 유의미한 고통이나 손상을 초래한다.

(3) 원인
① 부모의 부적절한 양육행동, 즉 과잉보호적인 양육행동이 아동의 독립성을 약화하고 의존성을 강화하여 분리불안장애를 유발하는 것으로 보고된다.
② 아동의 유전적 기질도 분리불안장애를 유발하는 요인이 된다.
③ 인지행동적 입장에서는 분리불안장애를 애착대상에 대한 인지적 왜곡으로 발생한다고 본다.

(4) 치료
① 아이의 마음을 이해하기 위한 면담이나 놀이치료, 행동치료, 가족치료가 필요하다.
② 그 밖에 등교, 심부름 보내기, 잠자리 분리를 목표로 한 긍정적 강화 요법, 긴장 이완 요법, 체계적 탈감각법 등의 인지행동 치료가 시행되어야 한다.
③ 지속적으로 등교를 거부할 경우 약물치료를 병행해야 하며, 때로는 정신과적 입원이 필요하다. 최근에는 선택적 세로토닌 재흡수 억제제(SSRI), 벤조디아제핀(Benzodiazepine) 등 여러 약물이 시도되고 있다.

> ✔ **벤조디아제핀**
> 벤젠고리와 디아제팜 고리로 이루어져 있는 화합물을 말한다.

05 선택적 함구증(무언증) 18 19 기출

(1) 개념
① 특정 상황에서만 다른 사람에게 전혀 대꾸를 하지 않으며, 말을 하지 않는 것을 말한다. 소아들은 말 대신 몸짓, 고개 끄덕이기, 머리 흔들기, 몸 잡아당기기, 밀치기 등으로 의사표현하거나, 어떤 경우에는 단음절의 짧고 일정한 목소리로, 어떤 경우는 목소리의 변화로 의사를 표현한다.
② 아이들의 낯가림을 경험한 대부분의 부모들은 그저 낯가림이 심한 아이라고 생각하고 방치해 두기 쉬운데, 선택적 함구증은 수줍어서 말을 하지 않는 것과는 다르다. 이로 인해 친구도 못 사귀고 학습하는 데도 문제를 갖게 되는 등 사회적 기능까지 문제를 가져올 수 있다.

(2) DSM-5 진단기준
① 다른 상황에서는 말을 할 수 있음에도 불구하고, 특정한 사회적 상황에서 지속적으로 말을 하지 못한다.
② 장애가 학업적·직업적 성취나 사회적 의사소통을 저해한다.
③ 증상이 적어도 1개월은 지속되어야 한다(입학 후 처음 1개월은 포함되지 않는다).
④ 말하지 못하는 이유가 사회생활에서 요구되는 언어에 대한 지식이 없거나 그 언어에 대한 불편한 관계가 없는 것이어야 한다.
⑤ 장애가 의사소통장애에 의해 잘 설명되지 않고, 전반적 발달장애, 조현병, 다른 정신병적 장애의 기간 중에만 발생되는 것은 아니다.

(3) 원인
사회적 상황에서의 심한 불안에 의해 유발되는 것으로 본다. 이에 따라 선택적 함구증을 지닌 대부분의 사람이 사회공포증을 함께 지니고 있는 경우가 많다.

(4) 치료
① 놀이치료에 대한 일반적인 지침
  ㉠ 말하도록 강요하지 말고 놀이에 표현된 의미에 주목한다. 말을 하라는 압력이나 기대 없이 선택적 함구증 아동들이 놀이치료에 대해 편안하도록 한다. 수용될 수 없다고 느낀 자신에 대한 느낌을 안전하게 표현하게 하며, 이런 느낌을 치료자가 수용함으로써 아동은 자신을 좀 더 긍정적으로 경험하게 한다.
  ㉡ 형제놀이치료, 또래놀이치료가 효과적이라는 보고가 많다. 낯선 곳에서 지나치게 긴장하고 경직되는 것을 완화시키고 치료 상황에 빨리 적응하도록 하기 위해 초기에 형제나 부모, 친한 또래를 함께 치료세션에 들어오게 하는 방법이 도움이 된다.

② **인지행동적 놀이치료** : 아동과의 작업에 인지-행동원리에 입각한 이론적 틀을 제공한다. 이것은 아동들이 자신의 행동을 변화시키고 치료에서 적극적인 참여자가 되는 것을 배우는 데 효과적이다. 인지행동적 놀이치료는 단기적으로 제한된 시간 안에 구조화되고, 직접적·문제중심적인 치료이다.
③ **행동수정 및 행동치료** : 자기모델링 4단계 기법, 신비의 동기유발물 기법, 둔감법, 자극약화법 등이 있다.
   ㉠ 자기모델링 4단계

제1단계	교사가 일련의 질문을 하고, 아동이 아무런 응답도 하지 않는 상황을 녹화한다.
제2단계	아동이 말을 하는 사람(주양육자)이 동일한 학교상황에 와서 아동에게 교사가 한 동일한 질문을 한다. 이때 아동이 그러한 질문에 응답하는 모습이 나타난다.
제3단계	녹화내용을 편집하여 교사가 질문하는 모습과 아동이 응답하는 모습을 연결한다. 이렇게 편집된 녹화물에서는 교사의 질문에 아동이 응답하는 모습이 나타난다.
제4단계	아동에게 이러한 녹화물을 반복적으로 보여주며, 아동이 보는 동안 교사의 질문에 대답하는 장면이 나올 때마다 긍정적인 강화물을 제공한다.

   ㉡ 신비의 동기유발물 기법 : 강화물을 제공하여 행동을 자극하거나 유도하는 기법이다.
   ㉢ 둔감법 : 처음에는 문자나 메신저로 대화하고, 다음에는 전화로 대화하며, 점차 증세를 둔화시켜나가는 방법이다.
   ㉣ 자극약화법 : 친밀한 사람과 즐겁게 놀이하며 대화하고 있을 때, 새로운 사람이 자연스럽게 접근하여 치료하는 방식으로서 집단치료에서 많이 사용하는 기법이다.

CHAPTER 08 강박 및 관련 장애

중요도 ★★★

핵심포인트
강박장애, 신체이형장애(신체변형장애), 수집광(저장장애), 발모광(털뽑기 장애), 피부뜯기 장애(피부벗기기 장애)

DSM-5의 분류기준에 의한 '강박 및 관련 장애'의 주요 하위유형에는 강박장애, 신체이형장애, 수집광, 발모광, 피부뜯기 장애 등이 있다. 21 23 기출

01 강박장애 18 19 24 기출

(1) 개 념 15 기출

① 원하지 않는 생각과 행동을 반복하게 되는 장애로, 심각한 불안이나 고통을 유발하는 강박사고와 이를 중화하기 위한 강박행동을 특징으로 한다. 강박사고는 *침투적 사고를 말하며, 강박행동은 불안회피를 추구하는 우연 연합으로 설명된다.

✓ **침투적 사고**
우연히 의식 속에 떠오르는 원치 않는 불쾌한 생각(성추행 등)을 의미한다.

② 강박장애를 지닌 사람들은 이러한 강박적 사고와 행동이 지나치고 부적절하다는 것을 인식하고 있지만, 통제할 수 없기 때문에 심한 심리적 고통을 겪을 뿐만 아니라, 이러한 생각과 행동에 많은 시간을 허비하고 현실적 적응에 어려움을 겪는다.
③ 강박장애를 지닌 사람은 '사고-행위 융합'을 특징으로 한다. 사고와 행위를 동일한 것으로 오해석함으로써 불안이 상승하게 되는 것이다.
④ 강박장애 환자들은 종종 순서나 규칙성에 사로잡혀 있는 경우가 많고, 불필요한 물건들을 버리지 못하고 쌓아 놓는 경우가 흔하다.
⑤ 일반적으로 발병 연령은 남성이 여성보다 더 빠르다.

(2) DSM-5 진단기준 16 20 기출

① 강박사고 또는 강박행동 중 어느 하나가 존재하거나 둘 다 존재한다.

강박사고 (Obsession)	• 심한 불안이나 곤란을 초래하는 반복적·지속적인 사고, 충동 또는 이미지들(침투적 사고)이 침입적이고 원치 않게 경험되며, 현저한 불안과 고통을 유발한다. • 그러한 사고, 충동, 이미지들을 무시하거나 억압하려 노력하거나, 다른 사고나 행동으로 중화하려고 노력한다.

강박행동 (Compulsion)	• 각 개인이 강박사고에 대한 반응으로 해야만 한다고 느끼거나 엄격한 규칙에 따라 행하는 반복적인 행동(예 손 씻기, 순서 매기기, 점검) 또는 정신적 행위(예 기도, 숫자 세기, 속으로 단어 반복하기)를 말한다. • 이같은 행동이나 정신적 행위는 불안·고통을 방지하거나 감소하고, 무서운 사건이나 상황을 방지할 목적이어야 한다. 현실상황에서 중화하려고 계획된 실제적인 방법과는 관련이 없거나, 관련이 있더라도 명백히 지나친 것이다.

② 강박사고나 강박행동이 많은 시간을 소모하게 만들어(예 하루 1시간 이상), 개인의 정상적 일상생활, 직업(또는 학업) 기능 또는 통상적 사회활동이나 대인관계에 명백히 지장을 준다.

③ 이 장애가 물질 또는 일반적 의학상태에 의한 직접적인 생리적 효과 때문이 아니고, 다른 정신장애의 증상으로 설명될 수 없다.

(3) 임상적 특징

순수한 강박사고형	외현적인 강박행동이 나타나지 않고 내면적 강박사고만 지니는 경우
내현적 강박행동형	강박사고와 더불어 겉으로 관찰되지 않는 내면적 강박행동만을 지니는 경우
외현적 강박행동형	강박사고와 더불어 분명히 겉으로 드러나는 강박행동

(4) 원 인

① 인지행동적 입장인 살코프스키스(Salkovskis)는 침투적 사고와 침투적 사고에 대한 *자동적 사고가 강박장애의 원인이 된다고 본다.

② 강박인지 연구그룹은 사고-행위 융합의 인지적 오류 개입(도덕성 융합, 발생가능성 융합)으로 발생한다고 본다.

③ 라흐만(Rachman)은 침투사고에 대한 평가과정에서 나타나는 파국적 해석을 강박장애 유발 요인으로 본다.

④ 오코너(O'Connor) 등은 추론과정에서 상상한 가능성과 현실적 가능성을 혼동할 뿐만 아니라 상상한 가능성에 근거하여 행동하는 추론융합이 강박장애의 중요한 유발 요인이라 한다.

⑤ 베그너(Wegner)와 그의 동료들은 어떤 생각을 억제하려 할수록 그 생각이 더 잘 떠오르는 현상인 사고억제의 역설적 효과가 강박장애를 일으킨다고 본다.

⑥ 강박행동의 원인을, 위험을 회피하기 위한 것(위험회피 차원)과 불완전감을 해소하기 위한 것(불완전감 차원)이라 보는 입장도 있다.

⑦ 정신분석적 입장은 특정한 방어기제를 통해 무의식적 갈등으로 인한 불안에 대처하려 할 때 강박장애가 발생한다고 본다. 프로이트(S. Freud)는 항문기 단계에 그 기원이 있다고 주장한다.

⑧ 생물학적 입장은 뇌의 구조적 결함으로 인한 기능 이상이 강박장애를 유발한다고 본다. 특히 안와전두피질이나 기저핵의 기능 이상이 관련될 수 있다.

> ✓ 자동적 사고
> 거의 자동적으로 일어나 매우 빨리 지나가는 사고로서, 개인이 잘 의식하지 못하는 사고를 말한다.

(5) 치 료 15 18 기출

약물치료	• SSRI(세로토닌 선택적 재흡수 억제제) 처방이 대표적이다. 일반적으로 4~6주에 효과가 나타나고, 최대 8~16주에 나타난다. • 연구 결과를 보면 약물에 호전을 보이는 경우는 1/2~3/4 정도이다.
노출 및 반응방지법	• 학습이론에 근거한 행동치료적 기법으로, 강박행동의 수정에는 불안유발 자극에 대한 노출치료가 효과적이다. • 불안을 초래하는 자극(버스 손잡이)이나 사고(손에 병균이 묻었다는 생각)에 노출시키되 강박행동(손 씻는 행동)을 하지 못하게 하는 방법이다. • 두려워하는 자극과 사고를 강박행동 없이 견디어 내는 둔감화 효과가 나타날 뿐만 아니라, 강박행동을 하지 않아도 두려워하는 결과(병에 전염됨)가 일어나지 않는다는 것을 체험할 수 있게 된다.
사고중지법	강박사고가 떠오를 때마다 환자 자신이 강박사고를 중지하려고 함으로써 강박사고에 집착하는 것을 완화하는 방법이다.
역설적 의도법	강박사고를 억누르기보다 오히려 과장된 방식으로 하려고 행동하는 방법이다.
자기주장훈련	강박장애자는 자신의 감정을 과도하게 억제하는 경향이 있으므로, 상대방을 공격하지 않으면서 자신의 감정과 의견을 솔직하게 표현하도록 훈련하는 방법이다.
파이기법	'내가 화장실 손잡이를 만져서 세균에 오염되어 사랑하는 사람이 병들 것이다'라는 생각을 하는 사람이 있다면, 실제로 환자가 화장실 손잡이를 만져서 세균을 옮길 가능성이 얼마나 되는지 확인하게 하는 방법이다. 이를 통해 환자가 옮길 확률이 상대적으로 작음을 인식하게 하는 기법이다.
이중기준 기법	환자가 두려워하는 사건이 다른 사람에게 발생했을 때, 그 사람에게 책임을 얼마나 물을 수 있는지 평가해보도록 함으로써 과도한 책임감을 감소시키는 기법이다.
인지적 치료기법	• 침투적 사고에 대해서 과도한 책임감과 통제의무감을 느끼게 만드는 자동적 사고를 확인하고 변화시킴으로써, 강박적 사고와 행동을 감소시키는 방법이다. • 침투적 사고는 그 내용이 아무리 비윤리적이고 위협적인 것이라도 누구나 경험하는 보편적 현상이므로, 자연스러운 것으로 받아들이면서 통제하려 들지 않으면 저절로 사라지게 됨을 인식하게 한다.

02 신체이형장애(신체변형장애) 18 21 22 기출

(1) 개 념

① 객관적으로 정상 용모를 가진 사람이 자신의 외모가 심한 문제가 있다고 생각하면서 사소한 외모문제를 과도하고 왜곡되게 집착하는 장애로, '신체추형장애'라고도 한다.
② 대부분 15~20세 사이의 청소년기(사춘기)에 많이 발생하며, 미혼의 여성에게 특히 많이 발생한다.
③ 우연한 사건(예 외모에 대한 친구의 언급)에 의해 자기의 신체적 특성에 주목하게 되고, 이에 대해 선택적 주의를 기울이기 시작하면서 신체적 특성을 심각하게 여긴다. 이때 장애증상의 심리적 원인을 받아들이지 않고 성형수술을 원하는 경향이 있다.
④ 생물학적 입장에서는 신체이형장애가 세로토닌(Serotonin)이라는 신경전달물질과 관련되어 있다고 본다.

(2) DSM-5 진단기준
① 다른 사람이 알아볼 수 없거나 아주 경미한 신체의 결점이 인식되는 것에 집착한다.
② 외모 걱정에 대한 반응으로 반복행동(거울 보기, 과도한 꾸미기, 피부 뜯기 등) 또는 정신 활동(외모 비교)을 행한다.
③ 외모에 대한 집착이 사회적·직업적 기능 또는 다른 중요한 기능 영역에서 임상적으로 유의미한 고통이나 손실을 초래한다.
④ 외모 집착은 섭식장애의 진단기준을 충족하는 경우에서 체지방 또는 몸무게를 걱정하는 것으로 더 잘 설명되지 않는다.

(3) 원 인
① 정확한 원인은 알려져 있지 않지만, 정신분석적 입장에서는 무의식적 성적 또는 정서적 갈등이 신체 부위에 대치되어 나타난다고 본다.
② 인지행동적 입장에서는 신체이형장애를 지닌 사람들이 외모와 관련된 평가를 일반인들보다 더 부정적이고 위협적인 것으로 해석하여 나타난다고 본다.
③ 생물학적 입장에서는 세로토닌과 관련되어 신체이형장애가 나타난다고 보기도 하며, 조현병, 성격장애와 같은 다른 정신장애로부터 기인한다고 보기도 한다.

(4) 치 료

약물치료	세로토닌 재흡수 억제제(예 클로미프라민, 플루복사민)를 사용한 약물치료는 망상수준의 신체이형장애에 효과적인 것으로 알려져 있다.
인지치료	인지행동적 치료방법의 하나인 노출치료와 반응억제(ERP) 방법은 경미한 정도의 효과가 있다.

03 수집광(저장장애)

(1) 개 념
① 불필요한 물건을 버리지 못하고 보관하려는 강한 충동을 느끼고, 물건 버리는 것 자체를 고통으로 받아들이는 장애이다. 저장 강박장애, 저장 강박증후군이라고도 한다.
② DSM-5에서 강박장애 중 물건에 집착해 이를 수집하고 저장하는 증상을 따로 떼어 수집광(Hoarding Disorder)으로 독립시켰다. 불필요한 물건을 버리지 못하고 보관하는 강박적 저장과 불필요한 물건을 수집하여 집 안으로 끌어들이는 강박적 수집으로 구분한다.

(2) DSM-5 진단기준
① 실제 가치와 관계없이 소유물을 버리거나 분리하는 데 있어 지속적인 어려움을 겪는다. 이러한 어려움은 물건을 버리는 것에 연관되는 고통이나 물건을 보유하려는 필요성으로 인한 것이다.
② 소유물이 축적되어서 생활공간이 채워지고 혼잡해지며, 사용목적이 상당히 손상되는 결과를 야기한다. 만약 생활공간이 어지럽혀지지 않았다면, 제3자(가족, 청소부)의 개입으로 인한 것이다.
③ 증상은 사회적·직업적 기능 또는 다른 중요한 기능 영역에서 임상적으로 유의미한 고통이나 손실을 초래한다. 또한 다른 의학적 상태로 인한 것이 아니고, 다른 정신질환으로 더 잘 설명되지 않는다.

(3) 원 인
① 정신역동적 입장에서는 항문기에 성격이 고착되어 반항적 공격성이 수집광으로 표현된다고 본다.
② 인지행동적 입장에서는 가치판단 능력과 의사결정 능력의 손상 때문으로 본다. 어떤 물건을 버릴지 보관할지 결정하는 데는 물건의 가치를 평가할 수 있는 능력과 자기 의사 결정 능력이 필요한데, 쓸모없는 물건을 가치 있다고 느끼거나 아예 의사결정을 하지 못하는 경우 수집광이 되는 것이다.
③ 최근의 연구에 따르면, 뇌의 전두엽 부위가 제 기능을 못할 때 저장 강박장애를 보인다고 보고된다.

(4) 치 료

약물치료	• 세로토닌이라는 신경전달물질이 강박증에 영향을 미치는 것으로 밝혀지면서 우울증 치료제로 개발된 세로토닌 재흡수 차단제를 사용해서 신경을 안정시켜 준다. • 다른 강박장애보다 치료가 쉽지 않은 편이다.
인지치료	• 수집광 환자에게 왜 물건을 수집하는지 원인을 찾아 스스로 깨닫게 하고, 동시에 소유물을 가치와 유용성에 따라 분류하는 방법을 가르친다. • 소유물을 함께 분리·정리하면서, 버릴 물건과 그렇지 않은 물건을 명료하게 결정할 수 있도록 한다.

04 발모광(털뽑기 장애)

(1) 개 념
① 발모광은 자신의 털(머리카락, 눈썹 등)을 뽑으려는 충동을 억제하지 못해 반복적으로 털을 뽑는 질병으로 충동조절 장애에 속한다.
② 환자는 털을 뽑기 전에는 긴장감이 증가하고, 털을 뽑고 나면 기쁨·만족감·안도감을 느낀다. 이로 인해 현저한 모발의 상실을 가져오게 된다.
③ 대체로 아동기(5~8세)나 청소년기(13세 전후)에 발병하나, 그 이후에 생기는 경우도 있다. 아동기에는 남녀 유병률이 비슷하지만 전체적으로 여자에게 잘 생긴다.

(2) DSM-5 진단기준
① 반복적인 털뽑기 행동으로 모발 손실을 초래한다.
② 털뽑기를 줄이거나 중단하려고 반복적으로 시도한다.
③ 털뽑기가 사회적·직업적 기능 또는 다른 중요한 기능 영역에서 임상적으로 유의미한 고통이나 손실을 초래한다.
④ 털뽑기나 모발 손실이 다른 의학적 상태로 인한 것이 아니고, 다른 정신장애의 증상으로 잘 설명되지 않는다.

(3) 원 인
① 발모벽은 심리적인 원인과 생물학적인 원인이 복합적으로 작용하는 것으로 생각된다.
② 전체 환자의 1/4 이상은 심리적 스트레스 상황과 연관되어 있다고 한다.
③ 심리적 요소로는 부모와 자식 관계의 문제, 혼자 남겨지는 것에 대한 걱정, 최근 대상의 상실, 우울, 불안 등이 있다.
④ 생물학적 원인으로는 강박장애와 마찬가지로 뇌의 세로토닌 체계의 이상이 보고되고 있다.

(4) 치 료

약물치료	국소적 스테로이드, 항우울제, 세로토닌 제제, 항정신병약물 등을 투여할 수 있고, 강박장애에 투여하는 *클로미프라민(Clomipramine)과 선택적 세로토닌계 항우울제를 사용한다.
행동치료	• 자기관찰을 통한 자신의 증상을 자각하게 한다. • 습관반전 훈련을 통해 다른 행동(뜨개질, PC게임 등)에 몰두하게 한다. • 자극통제를 통해 발모의 충동을 느끼는 상황이나 심리적 상태를 확인하여 회피하도록 한다. • 발모행동을 멈춰야 하는 이유를 작성하여 반복적으로 읽게 하는 동기향상법 등을 활용할 수 있다.

✓ **클로미프라민**
우울증 치료제로 개발되었으나 이전부터 조루에도 효과가 있다고 알려져 있다.

05 피부뜯기 장애(피부벗기기 장애)

(1) 개 념
① 강박적으로 반복해서 자신의 피부를 벗기거나 뜯음으로써 피부를 손상하는 장애이다.
② 피부뜯기 장애는 심각하지만 잘 알려지지 않은 문제로, DSM-5에서 처음 강박 관련 장애의 하위장애로 포함되었다.

(2) DSM-5 진단기준
① 반복적인 피부뜯기로 인해 피부 병변으로 이어진다.
② 피부뜯기를 줄이거나 중단하려고 반복적으로 시도한다.

③ 피부뜯기가 사회・직업적 기능 또는 다른 중요한 기능 영역에서 임상적으로 유의미한 고통이나 손실을 초래한다.

④ 피부뜯기가 물질의 생리적 영향 또는 다른 의학적 상태로 인한 것이 아니고, 다른 정신장애의 증상으로 잘 설명되지 않는다.

(3) 원 인

① 정신역동적 입장에서는 미해결된 아동기의 정서적 문제, 특히 권위적 부모에 대한 반항의 표현으로 설명한다.

② 인지행동적 입장에서는 일종의 스트레스 대처방식으로 간주한다. 즉, 자기-진정하기의 효과를 통하여 스트레스를 감소시킨다고 설명한다. 이외에 반복적이고 지루한 생활을 달래거나 또는 완벽주의 성향으로 인하여 미세한 피부문제에 대한 집착 등을 원인으로 보기도 한다.

③ 생물의학적 입장에서는 신경전달물질인 도파민이 피부가려움증을 유발하여 피부뜯기 장애를 유발한다고 설명한다.

(4) 치 료

약물치료	강박장애의 치료약물과 선택적 세로토닌 재흡수 억제제 계열의 항우울제가 처방된다.
행동치료	털뽑기 장애와 유사한 치료법을 사용한다.

CHAPTER 09 외상 및 스트레스 관련 장애

중요도 ★★★

핵심포인트
외상 후 스트레스 장애, 외상 후 스트레스 장애를 유발하는 위험요인, 급성 스트레스 장애, 애착장애(반응성 애착장애, 탈억제성 사회적 유대감 장애), 적응장애

DSM-5의 분류기준에 의한 주요 하위유형은 외상 후 스트레스 장애, 급성스트레스 장애, 반응성 애착장애, 탈억제성 사회적 유대감 장애, 적응장애 등이다.

01 외상 후 스트레스 장애

(1) 개 념 16 기출

① 충격적인 사건, 예를 들어 강간, 폭행, 교통사고, 자연재해, 가족이나 친구의 죽음 등을 경험한 후 불안상태가 지속적으로 나타나는 장애이다.
② 충격적인 경험을 한 후 과각성 상태가 지속되고 고통스런 기억에서 완전히 벗어나지 못하며, 그로 인해 그와 관련된 생각을 회피하려고 한다.
③ 외상 후 스트레스 장애는 최소 1개월 동안 주요 증상으로 인해 일상생활에 심각한 지장을 초래하는 경우에 진단되며, 증상은 보통 충격적인 사건 직후에 나타나지만 사건 발생 한달 후 심지어는 1년 이상 경과된 후에 시작될 수도 있다.
④ 아동기를 포함해서 어느 연령대에도 발생 가능하며, 외상 사건이 주위 사람에게 일어난 것을 알게 된 후에도 발생할 수 있다.
⑤ 주된 증상은 충격적인 사건의 재경험과 이와 관련된 상황 및 자극에서 회피하는 행동을 보이는 것이다. 해리 현상이나 공황발작을 경험할 수도 있고, 환청 같은 지각 이상을 경험할 수도 있다.
⑥ 공격적 성향, 충동조절 장애, 우울장애, 약물 남용 등이 나타날 수 있고, 집중력 및 기억력 저하 등의 인지기능 문제가 나타날 수도 있다. 진단 시 해리 증상의 여부를 명시해야 한다.

(2) DSM-5 진단기준 19 22 23 기출

① 실제 죽음이나 죽음에 대한 위협, 심각한 상해 또는 성폭력에 다음 중 1가지 이상의 방식으로 노출된다.
  ㉠ 외상 사건을 직접 경험
  ㉡ 외상 사건이 다른 사람에게서 일어나는 것을 목격
  ㉢ 외상 사건이 가까운 가족성원이나 친구에게 일어난 것을 알게 됨(실제 죽음이나 죽음에 대한 위협에 노출된 경우, 그 외상 사건은 반드시 폭력적이거나 불의의 사고여야 함)
  ㉣ 외상 사건의 혐오스러운 세부 내용에 반복적 혹은 극단적 노출

② 외상 사건이 일어난 후 외상 사건과 관련된 침투 증상이 다음 중 1가지 이상 나타난다.
  ㉠ 외상 사건의 고통스러운 기억을 자기 의지와 상관없이 반복적·침투적으로 경험함
  ㉡ 외상 사건과 관련된 내용 또는 정서가 포함된 고통스러운 꿈을 반복적으로 경험함
  ㉢ 외상 사건이 마치 되살아나는 듯한 행동이나 느낌이 포함된 해리 반응을 경험함
  ㉣ 외상 사건과 유사하거나 이를 상징화한 내적·외적 단서에 노출되는 경우 강렬한 혹은 장기적인 심리적 고통 경험
  ㉤ 외상 사건의 특징과 유사하거나 이를 상징화한 내적·외적 단서에 대해 현저한 생리적 반응

③ 외상 사건이 일어난 후 외상 사건과 관련된 지속적인 자극 회피가 다음 중 1가지 이상의 방식으로 나타난다.
  ㉠ 외상 사건 또는 그것과 밀접하게 연관된 고통스러운 기억, 생각, 감정을 회피하거나 회피하려는 노력
  ㉡ 외상 사건 또는 그것과 밀접하게 연관된 고통스러운 기억, 생각, 감정을 유발하는 외적인 단서들을 회피하거나 회피하려는 노력

④ 외상 사건이 일어난 후 혹은 악화된 이후 외상 사건과 관련된 인지와 기분의 부정적인 변화가 다음 중 2가지 이상 나타난다.
  ㉠ 외상 사건의 중요한 측면을 기억하지 못함
  ㉡ 자기 자신, 타인 혹은 세상에 대한 과장되거나 부정적인 신념·기대를 지속적으로 나타냄
  ㉢ 외상 사건의 원인이나 결과에 대한 왜곡된 인지를 지속적으로 나타내며, 이러한 인지가 그 자신이나 타인을 책망함
  ㉣ 부정적인 정서 상태를 지속적으로 나타냄
  ㉤ 중요한 활동에 대한 관심이나 참여가 현저히 감소
  ㉥ 다른 사람으로부터 거리감 혹은 소외감
  ㉦ 긍정적인 감정을 지속적으로 느끼지 못함

⑤ 외상 사건이 일어난 이후 혹은 악화된 이후 외상 사건과 관련된 각성 및 반응성에서 현저한 변화가 다음 중 2가지 이상 나타난다.
  ㉠ 사람이나 사물에의 언어적 또는 물리적 공격으로 나타나는 짜증스러운 행동과 분노 폭발
  ㉡ 무모한 행동 혹은 자기파괴적 행동
  ㉢ 과도한 경계
  ㉣ 과도한 놀람 반응

ⓜ 주의집중 곤란
ⓗ 수면 장애
⑥ 위에 제시된 ②~⑤ 장애증상이 1개월 이상 나타난다.
⑦ 장애가 사회적·직업적 기능 또는 다른 중요한 기능 영역에서 임상적으로 유의미한 고통이나 손실을 초래한다.
⑧ 위 진단 기준은 성인, 청소년, 만 6세 이상 아동에게 적용된다. 만 6세 미만 아동에 대해서는 별도의 진단 기준을 적용한다.
⑨ 이인증, 비현실감 같은 해리 증상을 동반할 수 있다.

(3) 원인

① 외상 사건이라는 분명한 촉발요인이 존재한다.
② **생물학적 이론 관점** : 유전적 요인이 외상 후 스트레스 장애에 대한 취약성과 연관되어 있다.
③ **인지적 이론 관점** : 안전성에 대한 신념, 의미 있는 세상에 대한 신념, 가치 있는 자기에 대한 신념을 가지고 있던 사람들이, 외상사건으로 인해 신념이 무너지고 혼란과 무기력 상태에 빠져 외상 후 스트레스 장애를 유발한다.
④ **정서적 처리 이론 관점** : 외상 경험과 관련된 부정적 정보들의 연결망으로 이루어진 공포 기억구조가 형성되어 부적응을 초래한다.
⑤ **이중표상 이론 관점** : 외상 사건을 의도적으로 회상해야 할 경우 정확하게 기술하지 못하는 기억 불능과 본인의 의사와 달리 외상 사건의 장면이 수시로 떠올라 고통받는 기억 침투라는 상반된 증상이 나타난다.
⑥ **엘러스(Ehlers)와 클라크(Clark)의 인지 모델 관점** : 과거에 일어난 외상 사건으로 인해서 현재에 위협감을 느껴 외상 후 스트레스 장애가 발생한다.

(4) 외상 후 스트레스 장애를 유발하는 위험요인 15 기출

외상 전 위험요인	외상 사건 이전 외상 경험, 정신장애 가족력, 의존성이나 정서적 불안정 등 성격특성, 자기 운명에 대한 외부적 통제소재, 심한 음주 및 도박 등이 해당된다.
외상 중 위험요인	외상 사건 자체의 요인으로서 사건의 양태 및 강도와 연관된다. 일반적으로 외상 사건의 강도가 높고 노출 횟수가 많을수록 외상 후 스트레스 장애 발병 가능성이 높다. 또한 외상 사건이 가까운 사람에게서 유발되거나 타인의 악의에 의한 것일수록 증상이 더욱 심하고 오랫동안 지속된다.
외상 후 위험요인	사회적 지지망이나 경제적 자원, 부가적 스트레스 원인 등이 해당한다. 일반적으로 사회적 지지망이 부족하거나 결혼 생활 혹은 직장생활이 불안정한 경우 또는 다른 생활스트레스를 경험하고 있는 경우, 외상 후 스트레스 장애 증상을 더욱 악화한다.

(5) 치료

약물치료	SSRI(선택적 세로토닌 재흡수 억제제)가 우선적으로 고려되는 약물로서, 이 약물은 우울증 및 다른 불안장애의 증상과 유사한 증상뿐만 아니라 외상 후 스트레스 장애 고유의 증상도 호전한다.
정신치료	정신역동적 정신치료가 도움이 될 수 있다. 이 밖에 행동치료, 인지치료, 최면 요법, 지속적 노출 치료, 안구운동 둔감화 및 재처리 치료 등이 심리요법으로 활용되고 있다.

02 급성 스트레스 장애

(1) 개념 24 기출
① 외상사건을 직접 경험했거나 목격한 후에 나타나는 부적응 증상들이 최소 3일 이상 최고 4주간 지속되는 장애이다.
② 4주가 지난 후에도 부적응 증상이 개선되지 않고 지속 또는 악화되는 경우 '외상 후 스트레스 장애'로 진단된다.

(2) DSM-5 진단기준 16 17 22 23 기출
① 실제 죽음이나 죽음에 대한 위협, 심각한 상해 또는 성폭력에 다음 어느 1가지 이상의 방식으로 노출된다.
　㉠ 외상 사건을 직접 경험
　㉡ 외상 사건이 다른 사람에게서 일어나는 것을 목격
　㉢ 외상 사건이 가까운 가족성원이나 친구에게 일어난 것을 알게 됨(실제 죽음이나 죽음에 대한 위협에 노출된 경우, 그 외상 사건은 반드시 폭력적이거나 불의의 사고여야 함)
　㉣ 외상 사건의 혐오스러운 세부 내용에 반복적 혹은 극단적 노출
② 침습, 부정적 정서, 해리, 회피, 각성, 5가지 영역에 해당하는 증상 중 9개 이상이 외상 사건 이후 나타나거나 악화된다. 증상 지속 기간은 사고 이후 최소 3일 이상 최대 4주까지이다.

침습	• 반복적·불수의적·침습적으로 괴로운 외상 기억이 자꾸 떠오른다. • 외상 사건과 관련된 내용이나 정서를 포함한 고통스러운 꿈이 반복된다. • 외상 사건이 다시 일어나고 있는 것 같은 해리 반응이 나타난다. • 외상 사건과 유사하거나 상징적인 내적 혹은 외적 단서에 노출되었을 때 나타나는 지속적이고 극심한 심리적 고통 혹은 생리적 반응이 나타난다.
부정적 정서	긍정적인 감정(행복, 만족, 사랑)을 지속적으로 경험할 수 없다.
해리	• 자기 자신이나 주변에 대한 현실감이 떨어진다. • 외상 사건의 중요한 측면을 기억하지 못한다.
회피	• 외상 사건과 관련된 고통스러운 기억, 생각, 감정을 회피하거나 회피하려고 노력한다. • 외상 사건을 생각나게 하는 요소들(사람, 장소, 대화, 활동, 물건, 상황)을 회피하거나 회피하려고 노력한다.
각성	• 수면 장애(Sleep Disturbance) • 과각성 : 과잉 경계 • 집중 곤란 • 과도한 놀람 반응 • 타인이나 물체에 대한 언어적 또는 신체적 공격으로 표현되는 과민한 행동과 분노

③ 증상이 사회적·직업적 기능 또는 다른 중요한 기능 영역에서 임상적으로 유의미한 고통이나 손실을 초래한다.
④ 증상이 물질의 생리적 반응이나 또는 다른 의학적 상태에 기인한 것이 아니다.

(3) 원인과 치료
① 외상 사건이라는 분명한 촉발요인이 있다.
② 노출과 인지적 재구성을 통한 인지행동 치료가 증상을 완화하는 데 효과적이다.

03 애착장애

(1) 개념
① 생후 9개월 이상 만 5세 이전 아동에게 주로 발병하며, 유·아동이 양육자와의 *애착외상으로 인해 신체적·지적·정서적 발달이 지체되는 것을 의미한다. 상동증적 행동을 보이는 경우도 있고, 사회성 발달에 어려움을 겪는다.
② 다른 사람과의 관계를 두려워하거나 회피하는 억제형(Inhibited Type)과 아무에게나 부적절하게 친밀감을 나타내는 탈억제형(Disinhibited Type)으로 구분한다.

> ✅ **애착외상**
> 유·아동이 애착형성 시기에 양육자에게 충분한 애정을 받지 못하거나 학대 또는 방임 양육되어 불안정애착을 형성한 것을 말한다.

(2) 반응성 애착장애 21 22 기출
① 개념
  ㉠ 다른 사람과의 관계를 두려워하거나 회피하는 억제형(Inhibited Type) 애착장애를 말한다.
  ㉡ 유아동의 발달단계에 해당하는 사회적인 상호반응이 나타나지 않는다.
② DSM-5 진단기준
  ㉠ 아동이 주양육자에 대해 거의 항상 정서적으로 억제되고 위축된 행동이 다음 2가지 양상으로 나타난다.
    • 아동이 스트레스를 느낄 때 거의 위안을 구하지 않거나 최소한의 위안만을 구한다.
    • 아동이 스트레스를 느낄 때 양육자의 위안에 거의 반응하지 않거나 최소한의 반응만을 나타낸다.
  ㉡ 지속적인 사회적·정서적 장애가 다음 중 최소 2가지 이상 나타난다.
    • 다른 사람에 대하여 최소한의 사회적·정서적 반응만 보인다.
    • 긍정적인 정서가 제한적으로 나타난다.
    • 양육자와 비위협적인 상호작용 중에 이유 없이 짜증, 슬픔, 공포를 나타낸다.
  ㉢ 불충분한 양육의 극단적인 형태를 경험했다는 것이 다음 중 1가지 이상으로 나타난다.
    • 위안, 자극, 애정에 대한 기본적인 욕구가 양육자에 의해 지속적으로 결핍되어 사회적 방임이나 박탈의 형태로 나타난다.
    • 주된 양육자가 자주 바뀜으로 인해서 안정된 애착을 형성할 기회가 극히 제한된다.
    • 선택적인 애착을 형성할 기회가 극히 제한된 비정상적인 환경에서 양육된다.
  ㉣ 진단기준 ㉢의 불충분한 양육이 진단기준 ㉠의 장애 행동을 초래한 것으로 추정된다.
  ㉤ 진단기준이 자폐 스펙트럼 장애에 해당하지 않아야 한다.

ⓑ 이러한 장애는 아동의 연령 5세 이전에 시작된 것이 명백하다.
ⓢ 아동의 발달연령은 최소 9개월 이상이어야 진단이 가능하다.

③ 원인과 치료
ⓐ 애착 외상이라는 비교적 분명한 환경적 촉발요인을 지니고 있고, 부모의 양육행동과 아동의 기질적 특성이 어떻게 상호작용하는지에 따라 발생한다고 본다.
ⓑ 애착장애의 치료와 예방은 양육자(부모)의 정서적 감수성과 반응성을 증진시켜 아동과의 상호작용을 긍정적으로 변화시키는 데 초점이 맞추어지고 있다.
ⓒ 놀이치료는 아동이 흥미를 느끼며 쉽게 몰입할 수 있어 효과적이다.
ⓓ 다음과 같은 치료적 도움이 필요하다.
- 정신사회적 지지 서비스 : 양육이나 가사 보조자 고용, 가정의 물리적 환경개선, 경제적 상태의 호전을 위한 노력, 가족 간 고립 줄이기
- 정신치료적 중재 : 개인정신치료, 약물치료, 부모치료, 가족치료, 부부치료
- 교육상담 서비스 : 집단 교육, 부모 교육, 양육기술 교육, 아이의 정서적·신체적 안녕의 개선에 대한 집중적인 관찰

(3) 탈억제성 사회적 유대감 장애(탈억제 사회관여 장애) 18 22 기출

① 개 념
아무에게나 부적절하게 친밀감을 나타내는 탈억제형(Disinhibited Type) 애착장애이다.

② DSM-5 진단기준 15 기출
ⓐ 아동이 낯선 사람에게 적극적으로 접근해서 상호작용하려는 행동이 다음 중 2가지 이상 나타난다.
- 낯선 성인에게 접근하거나 상호작용하는 데 주저함이 없다.
- 지나치게 친밀한 언어적 또는 신체적 행동을 나타낸다.
- 낯선 상황에서도 주변을 탐색·경계하는 정도가 떨어지거나 부재한다.
- 낯선 성인을 망설임 없이 기꺼이 따라 나선다.
ⓑ 진단기준 ⓐ의 행동이 충동성에 국한되지 않고, 사회적 탈억제 행동을 포함한다.
ⓒ 불충분한 양육의 극단적인 형태를 경험했다는 것이 다음 중 1가지 이상으로 나타난다.
- 위안, 자극, 애정에 대한 기본적인 욕구가 양육자에 의해 지속적으로 결핍되어 사회적 방임이나 박탈의 형태로 나타난다.
- 주된 양육자가 자주 바뀜으로 인해서 안정된 애착을 형성할 기회가 극히 제한된다.
- 선택적인 애착을 형성할 기회가 극히 제한된 비정상적인 환경에서 양육된다.
ⓓ 진단기준 ⓒ의 불충분한 양육이 진단기준 ⓐ의 장애 행동을 초래한 것으로 추정된다.
ⓔ 장애가 현재까지 12개월 이상 지속된다.
ⓕ 아동의 발달연령은 최소 9개월 이상이어야 진단이 가능하다.

③ 원인과 치료
ⓐ 정확한 원인은 알려져 있지 않지만, 애착대상을 여러 번 상실하거나 양육자가 자주 교체되는 경험을 함으로써 지속적인 애착관계를 형성하지 못한 경우에 나타난다.
ⓑ 반응성 애착장애와 치료방법이 유사하다.

04 적응장애

(1) 개념
① 주요한 생활사건에 대한 적응실패로 나타나는 정서적 또는 행동적 부적응 증상을 말한다.
② 주요한 생활사건이란 가족의 죽음, 심각한 질병, 이혼, 사업의 실패와 같은 갑자기 발생하는 사건을 말한다. 학교입학 및 졸업 등과 같은 발달과정에서 일반적으로 겪는 것도 있다.

(2) DSM-5 진단기준 22 기출
① 분명히 확인될 수 있는 스트레스 사건에 대한 반응으로 부적응 증상이 나타난다. 부적응 증상은 스트레스 사건이 발생하고 3개월 이내에 시작된다.
② 증상이나 행동이 임상적으로 유의미하고 다음 중 1가지 이상에 해당한다.
  ㉠ 외부 상황이나 사회문화적 요인을 고려해 볼 때, 스트레스 사건의 심각성이나 강도에 비해 현저하게 높은 고통을 나타낸다.
  ㉡ 증상이나 행동이 사회적·직업적 기능 또는 다른 중요한 기능 영역에서 유의미한 손상을 초래한다.
③ 스트레스와 관련되는 장애는 다른 정신장애 진단기준을 만족하지 않으며, 이전에 존재하던 정신장애가 악화된 것이 아니다.
④ 증상이 정상 애도 반응으로 나타나는 것이 아니다.
⑤ 스트레스 요인이 종결되면, 증상은 종결 후 6개월 이상 지속되지 않는다.
⑥ 적응장애와 동반되는 세부 양상은 우울 기분 동반, 불안 동반, 불안 및 우울 기분 동시 동반, 품행장애 동반, 정서 및 품행장애 동시 동반 등이다.

(3) 원인
① 강력한 스트레스 사건 자체가 적응장애를 유발할 수 있다.
② 스트레스 사건에 대한 심리적 반응과 대처 방식이 개인마다 다르기 때문에 나타난다.
③ 개인의 환경적 요인 즉, 사회적 지지 자원이 열악할 경우 발생한다.

(4) 치료

심리치료	사건에 대한 내담자의 심리적 고통과 충격을 공감하며 심리적인 지지를 제공할 뿐 아니라 내담자의 대처행동을 좀 더 효과적으로 변화시키도록 돕는다.
약물치료	적응장애에 수반되는 심리적 증상에 따라 항불안제, 항우울제, 수면제 등 소량으로 단기간 사용될 수 있다.

CHAPTER 10 해리장애

중요도 ★★☆

핵심포인트
해리장애(해리성 장애)의 이해, 해리성 정체감 장애, 해리성 기억상실증, 이인증/비현실감 장애

해리장애(Dissociative Disorders)는 의식, 기억, 행동 및 자기정체감의 통합적 기능에 갑작스러운 이상 증상을 나타내는 장애이다. DSM-5의 분류기준에 의한 주요 하위유형은 해리성 정체감 장애, 해리성 기억 상실증, 이인증/비현실감 장애 등이다.

01 해리장애(해리성 장애)의 이해 14 16 22 기출

① *해리(Dissociation)는 의식의 통합적 기능이 통일성을 상실한 나머지 연속적인 자아로부터 의식이 단절되는 현상을 뜻한다. 감당하기 어려운 충격적 경험으로부터 자신을 보호하기 위한 기능을 한다는 측면에서 적응적인 것으로 간주되지만, 그것이 지나치거나 부적응적인 양상으로 나타나는 경우 '해리장애'로 진단된다.

> ✅ **해리**
> 자신의 행동을 자각 수준으로부터 분리하는 과정을 말한다.

② 일반적으로 강한 심리적 충격이나 외상을 경험한 후, 개인의 의식, 기억, 자기정체감의 정상적 통합이 붕괴된다.
③ '해리 현상'은 일상생활에서 누구나 겪을 수 있는 정상적인 경험에서부터 심한 부적응을 초래하는 병리적 현상에 이르기까지 광범위하고 연속적인 심리적 현상으로 볼 수 있다.

02 해리성 정체감 장애

(1) 개 념 16 22 기출

① 해리성 정체감 장애는 한 사람에게 서로 다른 정체성과 성격을 가진 여러 사람이 존재하면서 상황에 따라 각기 다른 사람이 의식에 나타나서 말과 행동을 하는 모습을 보인다. '다중인격장애 또는 다중성격장애(Multiple Personality Disorder)'라고도 한다.
② 각각의 인격은 반복적으로 행동을 통제·조절하며, 개별적인 과거력과 자아상을 가진다. 한 인격이 의식에 나타나 경험한 것을 다른 인격이 기억하지 못하는 경우가 많다.

③ 자신의 이름을 그대로 유지하는 일차적 인격은 수동적·의존적이고 우울감과 죄책감을 느끼는 반면, 다른 이름을 가지고 교체되는 인격은 통제적·적대적이고 다른 인격과 갈등을 일으킨다.
④ 아동기에 신체적 또는 성적 학대를 경험한 사람에게서 흔히 나타나며, 심리사회적 스트레스에 자극되어 인격의 교체가 나타난다.

(2) DSM-5 진단기준

① 둘 또는 그 이상의 구분되는 성격상태를 특징적으로 나타내는 정체감의 분열로, 이는 일부 문화권에서는 빙의(Possession)경험으로 기술되기도 한다. 정체감의 분열은 자기감 및 행위주체감의 현저한 비연속성을 포함하며, 여기에 정서, 행동, 의식, 기억, 지각, 인지 및(혹은) 감각-운동기능이 수반된다. 이러한 징후 및 증상들은 객관적인 관찰이나 주관적인 보고로 나타날 수 있다.
② 일상의 사건, 중요한 개인정보 그리고(혹은) 외상적 사건의 회상에 있어서 반복적인 공백이 통상적인 망각과 일치하지 않는다.
③ 증상들은 사회적·직업적 기능 또는 다른 중요한 기능영역에서 임상적으로 유의미한 고통이나 손상을 초래한다.
④ 장애는 널리 받아들여지는 문화적 혹은 종교적 관습의 정상적인 부분이 아니다.
⑤ 증상들은 물질의 생리적 효과(알코올 중독 상태에서의 일시적 기억 상실이나 혼돈된 행동) 혹은 다른 의학적 상태의 생리적 효과(복합부분발작)에 기인한 것이 아니다.

(3) 원 인 24 기출

① 외상 이론
   ㉠ 아동기의 외상경험과 해리적 방어에 초점을 맞춘다.
   ㉡ 5세 이전에 많은 외상경험을 하게 된 아동들은 통합된 자기정체감을 확립하지 못한 채 해리적 방어 책략을 통해서 대체 인격을 형성하게 된다고 본다.
   ㉢ 해리는 아동기의 외상경험으로부터 살아남기 위한 대처 방략으로 감당할 수 없는 외상 기억과 감정을 묻어두는 역할을 하게 된다.
② 4요인 이론(Kluft, 1984)
   ㉠ 해리능력 : 외상에 직면했을 때 현실로부터 해리될 수 있는 내적 능력
   ㉡ 외상경험 : 신체적·성적 학대와 같은 외상경험
   ㉢ 응집력 있는 자아의 획득 실패
   ㉣ 진정(위로) 경험의 결핍
③ 신해리 이론(Neodissocation Theory)
   ㉠ Hilgard(1977)는 인간의 심리적 구조에는 독자적인 기능을 하는 여러 인지체계가 존재한다고 보았으며, 해리를 억압과 구별되는 다른 유형의 방어기제라고 주장한다.
   ㉡ 억압과 해리는 모두 불쾌한 경험을 '의식'에서 밀어내는 방어 기능을 한다는 점에서 유사하지만 그 방식이 다르다. 억압의 경우는 억압장벽에 의해 수평분할이 생기고 기존의 내용들이 무의식으로 눌러 내려가게 되는 반면, 해리에서는 수직분할이 생기고 사고 내용들은 수평적인 의식 속에 머물러 있게 된다고 보았다.

(4) 치 료

① 정신치료적 접근이 효과적인 것으로 알려져 있고, 항우울제나 항불안제 등의 약물 요법이 보조적으로 사용된다.
② 여러 성격에 대해 파악하고 상대적으로 적절한 성격과 치료적 동맹을 형성한 후, 부정적이고 문제 있는 성격에 대한 심리치료를 시행하기도 한다.
③ 해리성 정체감 장애 심리치료를 위한 3가지 지침
　㉠ 환자와 치료자 간에 견고한 치료적 관계를 형성한다.
　㉡ 환자로 하여금 과거의 외상 경험을 드러내고 이를 정화시킬 수 있도록 돕는다.
　㉢ 환자에게서 나타나는 다양한 인격들 간의 원활한 소통·협동이 이루어지도록 유도한다.

03 해리성 기억상실증 17 20 21 22 23 24 기출

(1) 개 념

① 해리성 기억상실증은 개인의 중요한 과거 경험이나 정보를 기억하지 못하는 것이다.
② 특정 사건에 대해 기억하지 못하는 국소적 기억상실, 사건의 일부분에 대해 기억하지 못하는 선택적 기억상실, 정체성과 생활사에 대해 기억하지 못하는 전반적 기억상실 등으로 구분한다.

국소적 기억상실	특정 기간에 발생한 사건에 한하여 기억을 잊음
선택적 기억상실	특정한 사건의 일부분에 대해 기억하지 못함
전반적 기억상실	전 생애를 다 기억하지 못함
지속성 기억상실	새로 발생하는 개개의 사건을 계속 잊음
체계화된 기억상실	정보의 특정 범주에 대한 기억을 잊음
둔주성 기억상실	해리성 둔주가 나타나는 기억상실로, 정체성 또는 다른 중요한 자전적 정보에 대한 기억상실과 관련된 방랑이 나타남

③ 뇌 손상이나 뇌 기능 장애가 아닌 심리적 요인에 의해 기억상실이 급작스럽게 발생하며, 일시적으로 지속되었다가 갑작스럽게 회복되는 경우가 많다.
④ 보통 개인의 생활사 중 일부를 회상하지 못하는 기억의 공백으로 나타나며, 언어 및 학습 능력, 일반적 지식, 비개인적인 정보에 대한 기억에는 손상이 없다.
⑤ DSM-5에서 해리성 기억상실증을 *해리성 둔주와 함께 나타나는 유형과 그렇지 않은 유형으로 구분한다.

> ✅ **해리성 둔주**
> 일정 기간 동안 자신의 과거에 대해 회상하지 못하고, 일부 혹은 완전히 새로운 정체성을 갖고 생활하는 것을 말한다.

(2) DSM-5 진단기준

① 통상적인 망각과는 일치하지 않는, 보통 외상성 또는 스트레스성의 중요한 자전적 정보를 회상하는 능력의 상실이다. 해리성 기억상실에는 주로 특별한 사건이나 사건들에 대한 국소적 또는 선택적 기억상실이 있다. 또한 정체성과 생활사에 대한 전반적 기억상실도 있다.

② 증상이 사회적·직업적 또는 다른 중요한 기능 영역에서 임상적으로 유의미한 고통이나 손상을 초래한다.
③ 장애는 물질의 생리적 효과나 신경학적 상태 또는 기타 의학적 상태(예 복합 부분 발작, 일과성 전반적 기억상실, 두부 손상에 의한 후유증/외상성 뇌손상, 다른 신경학적 상태)로 인한 것이 아니다.
④ 장애는 해리성 정체감 장애, 외상 후 스트레스 장애, 급성 스트레스 장애, 신체증상장애, 주요 및 경도 신경인지장애로 더 잘 설명되지 않는다.

(3) 원인

① 가장 큰 원인으로는 전쟁이나 재난, 대형사고, 학대와 같은 충격적인 스트레스 사건을 들 수 있다.
② 정신분석적 입장에서 해리는 능동적인 정신과정이다. 불안을 일으키는 심리적 내용을 능동적으로 방어하고 억압함으로써 이러한 심리적 내용이 의식되지 못하게 할 뿐 아니라 행동에 영향을 주지 못하게 한다.
③ 행동주의적 입장에서는 기억상실 행동이 학습에 의해 습득된다고 본다. 불안이나 죄의식에서 벗어나는 방법으로 자신을 보호하기 위해 해리증상이 지속된다는 것이다.
④ 생물학적 입장에서는 해리장애를 내현기억과 외현기억에 대한 신경심리학적 결과에 근거하여 설명한다. 의식되는 정신활동은 지각, 기억, 언어 기능을 담당하는 시스템과 상호작용하는 의식적 자각 시스템에 의해 이루어지는데, 이러한 자각시스템 자체에 손상이 생기거나 다른 시스템과의 연결에 손상이 생길 경우, 각각의 기능에는 영향이 없지만 해리증상을 일으킬 수 있다.

(4) 치료

① 상실된 기억을 회복시키는 것이 중요하다. 바르비투르(Barbiturate) 계열의 약물을 정맥주사로 투여하면 효과가 빨리 나타난다.
② 최면치료나 심리치료를 통해 환자의 정신적 충격과 정서적 갈등을 완화해 기억을 회복시키기도 한다.

04 이인증/비현실감 장애 18 기출

(1) 개념

① *이인증/*비현실감은 자기 자신 또는 세상과 분리된 듯한 주관적인 경험으로, 지각적 통합의 실패를 의미하는 해리 증상이다. 자기 자신이나 세상과 관련하여 평소와 전혀 다른 지각 경험을 함으로써 현실 감각이 일시적으로 손상되는 것이다.
② 이인증은 자기 자신이 평소와 다르게 낯선 상태로 변화되었다고 느끼는 것이고, 비현실감은 자신이 아닌 외부세계가 이전과 다르게 변화되었다고 느끼는 것이다.
③ 이인증은 수 초에서 수년간 지속되기도 하며, 생명을 위협하는 급작스러운 상황에서 순간적으로 나타나기도 한다.

✅ **이인증**
자신의 사고, 느낌, 감각, 신체나 행동에 관하여 외부 관찰자가 되는 경험을 말한다.

✅ **비현실감**
비현실적이거나 자신의 주변 환경과 분리된 것 같은 경험을 말한다.

(2) DSM-5 진단기준 22 기출

① 비현실, 분리의 경험, 또는 자신의 생각, 느낌, 감각, 신체 또는 행동에 대해 외부의 관찰자가 되는 경험을 지속적으로 또는 반복적으로 경험한다.
② 이인증/비현실감을 경험하는 동안 현실 검증력은 손상되지 않은 채로 남아 있다.
③ 임상적으로 심각한 고통이나 사회적·직업적 또는 다른 중요한 기능 영역에서 임상적으로 유의미한 고통이나 손실을 초래한다.
④ 이인증 경험은 정신분열증, 공황장애, 급성 스트레스 장애, 또는 기타 해리성 장애의 경과 중에만 일어나는 것이 아니고, 물질이나 일반적인 의학적 상태의 직접적인 생리적 효과로 인한 것이 아니다.

(3) 원 인

신체적 원인	외상(Trauma)은 이인증 발생과 관련이 깊은데, 이인증을 경험하는 환자의 1/3~1/2 정도에서 심각한 외상을 경험한 적이 있다. 또한, 생명을 위협받은 경험을 한 사람들의 60% 정도에서 사건 당시나 사건 직후에 일시적인 이인증을 경험한다고 보고된다.
신경학적 원인	신경학적 원인으로 간질이나 뇌종양, 편두통, 뇌진탕 등에 동반되어 생길 수 있고, 대사 이상 등에 의해서도 생길 수 있다.
심리적 원인	정신역동학적으로는 이인증을 심하고 고통스러운 경험과 갈등적인 상황에 대해 자아를 방어하는 일종의 정서적인 반응으로 보기도 한다. 어린 시절의 대인관계에서 받은 외상(특히 정서적인 학대)과 관련이 깊은 것으로 알려져 있다.
인지행동 모델	우울이나 불안, 스트레스, 피로감, 약물 등과 같은 다양한 원인에 의해서 일시적으로 경험할 수 있다.
약물 원인	마리화나, 환각제, 중추신경자극제 등의 약물을 사용하여 발생하기도 한다.

(4) 치 료

약물치료	세로토닌 재흡수 억제제(SSRI), 기분조절제, 항정신병약물, 벤조디아제핀 등이 활용된다.
정신치료	정신역동적 정신치료, 인지치료, 인지행동치료, 최면치료, 지지요법 등이 있다. 증상이 심한 이인증 환자들에게 장기간의 지지적 치료가 필요하다. 스트레스 조절, 이완요법, 운동 등도 도움이 될 수 있다.

CHAPTER 11 신체증상 및 관련 장애

중요도 ★★★

핵심포인트
신체증상장애, 질병불안장애, 전환장애, 인위성(허위성) 장애

신체증상 및 관련 장애는 다양한 신체적 증상이 심리적 원인에서 비롯된 것으로, 의학적 검사로 설명할 수 있는 신체적 이상이 발견되지 않는 경우를 말한다. DSM-5의 분류기준에 의한 주요 하위유형은, 신체증상장애, 질병불안장애, 전환장애, 인위성 장애 등이다.

01 신체증상장애 16 기출

(1) 개념 20 22 기출

① 신체증상장애는 하나 이상의 신체적 증상을 고통스럽게 호소하거나 그로 인해 일상생활에서 현저한 지장을 받는 것을 말한다. 건강 상태 및 신체 증상에 대해 불안수준이 높고, 건강 염려에 과도한 에너지를 소비한다.
② 증상 양상은 사회문화적 요인의 영향을 받는다. 사회경제적 지위나 교육수준이 낮고, 도시보다 시골에 거주하는 사람에게 더 많이 나타나는 경향이 있다.
③ 아동기나 청소년기에 시작하는 경향이 있고, 아동에게 흔한 증상은 복통, 두통, 피로이다.
④ 공황장애와는 달리 신체증상이 더 지속적이며, 범불안장애와는 달리 신체증상이 걱정의 주요 초점이다. 또한 전환장애와는 달리 증상을 유발하는 고통에 초점이 더 맞추어져 있으며, 신체이형장애와는 달리 신체외형 결함에 대한 공포가 주된 관심이 아니다.

(2) DSM-5 진단기준 18 기출

① 1가지 이상 신체증상이 고통을 유발하거나 일상생활에서 유의미한 지장을 초래한다.
② 신체증상이나 건강에 대한 과도한 사고, 감정 또는 행동이 다음 중 1가지 이상의 방식으로 나타난다.
  ㉠ 자신이 지닌 증상의 심각성에 대해서 부적합하고 지속적인 생각
  ㉡ 건강이나 증상에 대해서 지속적으로 높은 수준의 불안
  ㉢ 증상과 건강염려에 대하여 과도한 시간과 에너지를 소모

③ 신체증상에 대한 과도한 사고와 염려가 6개월 이상 지속된다.
④ 현재의 심각도를 다음과 같이 명시한다.
    ㉠ 경도 : 진단기준 ②의 구체적인 증상들 중 단 1가지만 충족
    ㉡ 중(등)도 : 진단기준 ②의 구체적인 증상들 중 2가지 이상 충족
    ㉢ 고도 또는 중증도 : 진단기준 ②의 구체적인 증상들 중 2가지 이상 충족하고, 여러 가지 신체적 증상(또는 하나의 매우 심한 신체증상)이 있음

(3) 원인

생물학적 입장	신체증상장애와 관련된 유전적 요인과 신경생리적 요인에 대한 연구 진행
정신분석적 입장	• 신체증상 : 억압된 감정이 신체적 통로를 통해 표출 • 감정표현 불능증 : 어떤 감정 상태에서 흥분하게 되었을 때 나타나는 신체적 변화를 자신의 감정과 연관지어 생각하지 못하고 신체적 질병의 신호로 잘못 해석
행동주의적 입장	신체적 증상이 외부 환경에 의해 강화된 것
인지적 입장	신체증상장애를 지닌 사람들에게서 나타나는 독특한 인지적 특징에 초점

(4) 치료

① 매우 치료하기 어려운 장애로 알려져 있다. 신체증상장애를 지닌 환자들이 자신의 신체적 증상이 심리적 요인에 의한 것일 수 있다는 점을 인정하려 하지 않으며, 심리치료에 저항적이고 비협조적인 경향이 있다.
② 심리치료
    ㉠ 신체증상장애는 다각적인 심리치료적 노력을 통해서 현저하게 호전될 수 있다. 이를 위해서는 치료자와의 신뢰 관계 속에서 신체증상 유발과 관련된 심리적 갈등이나 부정적 감정을 표현하고 해소하는 것이 중요하다.
    ㉡ 신체증상장애를 지닌 사람들은 내면적으로 우울, 불안, 죄책감, 분노, 적개심 등의 부정적 감정을 지니고 있지만, 이를 인정하거나 표현하지 않으려는 경향이 있기 때문에, 이러한 부정적 감정 표현을 격려하고 자기주장훈련을 통해 대인관계에서 부정적 감정이 누적되지 않도록 하는 것이 중요하다.
③ **약물치료** : 신체증상장애를 직접적으로 치료하는 약물은 없지만, 우울증이나 불안장애와 같은 정신장애를 동반할 경우에는 적절한 약물치료가 필요하다.

02 질병불안장애 15 16 17 18 21 22 기출

(1) 개념
① 신체적인 증상이나 감각을 비현실적으로 부적절하게 인식하여, 자신이 심한 병에 걸렸다는 집착과 공포를 가지는 것을 말한다. 건강염려증이라고도 불린다.
② *의료쇼핑(Doctor Shopping)을 하면서 자신의 신체를 반복적으로 확인하는 '진료추구형'과 반대로 의학적 진료를 하지 않으려고 회피하는 '진료회피형'으로 구분할 수 있다.
③ 유병률은 남성과 여성이 비슷하다.

> ✓ **의료쇼핑**
> 신체질환이 없다는 확진을 받아도 이를 믿지 않고 여러 병원이나 의사를 찾아다니는 것을 말한다.

(2) DSM-5 진단기준
① 심각한 질병이 있다는 두려움이나 생각에 과도하게 집착한다.
② 신체적 증상이 존재하지 않거나 존재하더라도 그 강도가 경미하다. 다른 질병이 있는 경우라 하더라도 이러한 질병 집착은 명백히 과도한 것이다.
③ 건강에 대한 불안 수준이 높으며, 개인적 건강상태에 관한 사소한 정보에도 과도하게 반응한다.
④ 건강과 관련된 과도한 행동이나 부적응적 회피행동을 나타낸다.
⑤ 질병에 집착이 최소 6개월 이상 지속되어야 하며, 두려워하는 질병이 그 기간 동안에 변화할 수 있다.
⑥ 질병에 대한 집착이 다른 정신질환 신체증상장애로 잘 설명되지 않는다.

(3) 원인
① 정신분석적 입장에서는 질병불안장애를 성적충동이 과도하게 자신에게 지향된 결과라고 한다.
② 행동주의적 입장에서는 질병불안장애를 조건형성의 원리를 통해 설명하고 있다.
  ㉠ 질병에 대한 두려움으로 인해 신체불안반응이 유발된다.
  ㉡ 신체변화와 불안반응은 환경적 요인이나 내부적 단서에 조건형성이 될 수 있다.
  ㉢ 이러한 단서에 노출되면 질병불안적인 증상이 나타나고, 이렇게 형성된 증상은 여러 가지 강화요인에 의해서 지속되고 악화된다.

(4) 치료
① **약물치료** : 프로작, 졸로푸트 등 우울증 치료제를 처방하면 증세가 좋아지기도 한다.
② **인지행동 치료** : 환자에게 스스로 생각을 바꾸도록 유도한 다음 신체의 변화를 자각하게 하고, 마지막으로 의사나 병원을 방문하여 질병을 확인하고 안심시키는 것이 필요하다.
③ 충분한 시간을 할애하여 환자가 경험하는 신체 증상의 속성과 그 원인에 대해서 자세하게 설명해주고 환자가 궁금해하는 점에 대해서 충분한 설명을 해주면, 환자의 건강염려증적 불안과 병원방문행동이 현저하게 줄 수 있다.

03 전환장애 23 기출

(1) 개념 16 기출
① '전환'은 개인의 무의식적·심리적 갈등이 신체증상으로 나타나는 경향을 말한다.
② '히스테리성 신경증(Hysterical Neurosis)'이라고도 불리며, 한 가지 이상의 신경학적 손상을 시사하는 증상을 나타내므로 '기능성 신경증상 장애'라고도 한다.
③ 심리적 요인과 연관된 명확히 설명하기 어려운 증상이나 결함이 수의적 운동기능(대뇌의 의지에 따른 운동기능) 또는 감각기능에 영향을 미친다.
④ 신체증상은 의도적으로 가장된 것이 아니며, 그에 선행된 갈등이나 스트레스를 전제로 한다. 스트레스 요인이 동반되지 않는 경우도 있다.

(2) DSM-5 진단기준 18 22 기출
① 수의적 운동기능이나 감각기능에 영향을 미치는 1가지 이상의 증상이 있다.
② 증상과 확인된 신경학적 또는 의학적 상태간의 불일치를 보여주는 임상적인 증거가 있다.
③ 증상이 다른 신체적 질병이나 정신장애로 더 잘 설명되지 않는다.
④ 증상이 임상적으로 현저한 고통을 초래하거나 일상생활의 중요한 적응기능에 현저한 장애를 나타내야 한다.
⑤ 명시해야 할 증상 유형 : 쇠약감이나 마비 동반, 이상 운동 동반, 삼키기 증상 동반, 언어 증상 동반, 발작 동반, 무감각증이나 감각 손실 동반, 특정 감각 증상 동반, 혼합 증상 동반
⑥ 증상이 6개월 이하일 때는 급성 삽화로, 6개월 이상일 때는 지속성 삽화로 명시한다.

(3) 전환장애의 4가지 유형
① 운동기능 이상 : 신체균형이나 협응기능의 손상, 신체 일부의 마비나 기능 저하, *불성증(Aphonia), 음식을 삼키지 못하거나 목구멍이 막힌 듯한 느낌 등

> ✅ **불성증**
> 목소리가 나오지 않는 것을 말한다.

② 감각기능 이상 : 신체 일부의 촉각이나 통각 상실, 소리를 듣지 못함, 갑작스런 시력 상실 또는 이중시야 등
③ 경련이나 발작 : 급작스럽게 손발이 뒤틀리는 경련, 특이한 신체 감각 등
④ 복합적 증상 : 위 3가지 유형의 증상들이 복합적으로 혼재하는 경우

(4) 원인

정신분석이론	무의식적인 생각이나 감정을 표현하려는 욕구와 그것을 표현하는 것에 대한 두려움과의 타협으로 발생
행동주의적 입장	충격적 사건이나 정서적 상태 후에 생기는 신체적 변화나 이상이 외부적으로 강화된 것
생물학적 입장	뇌의 손상이나 기능 이상 때문에 발생

(5) 치료

① 전환장애를 나타내는 사람은 흔히 신체증상장애 경향을 함께 나타내는 경우가 많기 때문에 신체증상장애에 적용되는 치료방법이 사용된다.
② 특히 전환장애 환자를 치료할 때는 전환증상을 유발한 충격적인 스트레스 사건을 확인하고, 이러한 부정적 상황이 지속될 경우에는 이를 제거하도록 노력해야 한다.
③ 아울러 가족과 주변 사람들의 협조를 얻어 환자가 나타내는 전환증상에 대하여 지지와 강화를 줄이는 등 환자가 전환증상을 나타냈을 때 얻을 수 있는 이득을 감소해 나가야 한다.

04 인위성(허위성) 장애 19 기출

(1) 개념 14 18 22 기출

① 환자의 역할을 하기 위해 신체적 또는 심리적 증상을 의도적으로 만들어 내거나 위장하는 경우를 말한다.
② 꾀병은 의도적으로 증상을 만들거나 과장하는 것에 목적을 지니고 있는 반면, 허위성 장애는 환자 역할을 하는 것 이외에 어떠한 현실적 이득이나 목적이 발견되지 않는다.
③ 자기 파괴적인 행동이나 피학적 행동을 통해 죄책감을 덜거나 다른 사람을 향한 증오나 적개심을 내면화한다.
④ 신체적 증상을 위장한다는 점에서 *뮌하우젠 증후군(Müncharsen Syndrome)이라고도 한다.
⑤ DSM-5 진단기준에서는 '스스로에게 부과된 인위성장애'와 '타인에게 부과된 인위성장애'로 구분한다.

✅ **뮌하우젠(Müncharsen)**
소설에 등장하는 허풍쟁이 남작 이름이다.

(2) DSM-5 진단기준 24 기출

① 스스로에게 부과된 인위성장애
  ㉠ 분명한 속임수와 관련되어 신체적 또는 심리적인 징후나 증상을 조작하거나 상처나 질병을 유도한다.
  ㉡ 다른 사람에게 자기 자신이 아프고 장애가 있거나 부상당한 것처럼 표현한다.
  ㉢ 명백한 외적 보상이 없는 상태에서도 기만적 행위가 분명하다.
  ㉣ 행동이 망상장애나 다른 정신병적 장애와 같은 다른 정신질환으로 더 잘 설명되지 않는다.
② 타인에게 부과된 인위성장애
  ㉠ 분명한 속임수와 관련되어 다른 사람의 신체적 또는 심리적인 징후나 증상을 조작하거나 상처나 질병을 유도한다.
  ㉡ 제3자(피해자)가 아프고, 장애가 있거나 부상당한 것처럼 다른 사람에게 내보인다. 이때 제3자가 아닌 가해자가 인위성장애 진단을 받는다.
  ㉢ 명백한 외적 보상이 없는 상태에서도 기만적 행위가 분명하다.
  ㉣ 행동이 망상장애나 다른 정신병적 장애와 같은 다른 정신질환으로 더 잘 설명되지 않는다.

(3) 원인과 치료
① 어린 시절 부모나 가족으로부터의 애정 결핍으로 자기 가치감을 획득하지 못하고, 의존욕구를 경험한 것이 원인이 될 수 있다.
② 환자 스스로 자신의 증상이 허위성 장애임을 인식하는 것이 중요하다. 심리치료를 통하여 환자가 자신의 허위증상을 인정하도록 하는 것이 치료에서 가장 핵심적인 요소이다.

CHAPTER 12 급식 및 섭식장애

중요도 ★★

핵심포인트
이식증(Pica), 되새김장애(반추장애), 회피적/제한적 음식섭취 장애, 신경성 식욕부진증(거식증), 신경성 폭식증, 폭식장애

급식 및 섭식장애는 먹는 행동과 관련하여 부적응적 이상 증상들이 나타나서 개인의 신체적 건강과 심리사회적 기능을 손상하는 장애이다. DSM-5의 분류기준에 의한 주요 하위유형은 이식증, 반추장애 또는 되새김 장애, 회피적/제한적 음식섭취 장애, 신경성 식욕부진증, 신경성 폭식증, 폭식장애 등이다. 이식증을 제외한 단일 삽화에 대해 두 개 이상의 진단명을 적용할 수 없다. 17 21 기출

01 이식증(Pica) 14 기출

(1) 개념 21 기출
① 영양분이 없는 물질이나 먹지 못할 것(예 종이, 천, 흙, 머리카락 등)을 적어도 1개월 이상 지속적으로 먹는 경우를 말한다.
② 가정의 경제적 빈곤, 부모의 무지와 무관심, 아동의 발달 지체 등과 관련된 경우가 많다.
③ 흔히 지적장애를 동반하며, 지적장애가 심할수록 증상의 빈도가 증가한다.
④ 이식증 진단은 다른 급식 및 섭식 장애의 진단이 있어도 추가적 진단이 가능하다.
⑤ 발달학적으로 정상적인 물체를 입으로 가져가는 행동을 배제하기 위해 최소 2세 이상에서 이식증 진단을 내린다.

(2) DSM-5 진단기준
① 적어도 1개월 동안 비영양성·비음식 물질을 지속적으로 먹는다.
② 비영양성·비음식 물질을 먹는 것이 발달 수준에 부적절하다.
③ 먹는 행동이 문화적으로 허용된 습관이 아니다.
④ 먹는 행동이 다른 정신장애(예 지적장애, 광범위성 발달장애, 조현병)의 기간 중에만 나타난다면, 이 행동이 별도의 임상적 관심을 받아야 할 만큼 심각한 것이어야 한다.

(3) 원인과 치료
① 영양결핍, 특히 철분 결핍에 의해 유발될 수 있다고 본다.
② 부모와 아동에 대한 교육이 필요하다.
③ 영양분 결핍에 의해 이식증이 초래된 경우 결핍된 양분을 보충해 준다.

02 되새김장애(반추장애)

(1) 개념
① 음식물을 토해내거나 되씹는 행동을 1개월 이상 반복하는 장애이다.
② 핵심증상은 반복적인 음식 역류(Regurgitation)이며, 되새김 장애를 지닌 사람들은 위장장애나 뚜렷한 구역질 반응 없이 부분적으로 소화된 음식을 쉽게 역류한다.
③ 반추와 연관된 자기 자극행동으로 손가락 빨기, 헝겊 빨기, 머리 부딪히기, 몸 흔들기 등이 있으며, 되새김 장애 행동이 지속될 경우 체중 감소, 탈수, 전해질 불균형, 성장 지연, 영양 부족 등 증세를 나타낸다.

(2) DSM-5 진단기준 17 기출
① 적어도 1개월 동안 음식물의 반복적인 역류와 되씹기 그리고 뱉어내는 행동을 한다.
② 장애 행동은 위장상태 또는 일반적인 의학적 상태(예 식도역류, *유문협착증)로 인한 것이 아니다.
③ 장애 행동은 신경성 식욕부진증, 신경성 폭식증, 폭식장애 그리고 회피적/제한적 음식섭취장애의 경과 중에만 발생하지 않는다.
④ 만약 이 증상이 정신지체 또는 광범위성 발달장애의 경과 중에만 발생한다면, 별도로 임상적 관심을 받아야 할 만큼 심각한 것이어야 한다.

> ✅ **유문협착증**
> 위 유문부의 내강이 좁아져서 음식물 등이 잘 통과하지 못하는 병을 말한다.

(3) 원인과 치료
① 부모의 무관심, 정서적 자극의 결핍, 스트레스가 많은 생활환경, 부모-아동관계의 갈등이 주요 원인이라 본다.
② 부모가 아이에게 정서적 유대관계를 가지고 음식을 먹이는 방법을 교육한다.
③ 체중감소, 탈수, 성장 지연, 영양 부족 등 증세를 나타낼 경우에 외과적 처치가 필요하다.

03 회피적/제한적 음식섭취 장애

(1) 개념
① 심각한 체중저하와 영양결핍이 나타나도록 음식 섭취에 관심이 없거나 회피하고, 먹더라도 매우 제한적으로만 먹는 경우를 말한다.
② 어린아이에게 흔하며, 신경성 식욕부진증이나 신경성 폭식증처럼 마른체형에 대한 집착이 보이지 않는다.

(2) DSM-5 진단기준 22 기출
① 섭식 또는 급식 장애(음식 섭취에 대한 명백한 관심 결여, 음식의 특성에 기초한 회피, 음식 섭취 후 결과에 대한 우려)가 지속적으로 나타나며 다음 중 1가지 이상과 연관이 있어야 한다.
　㉠ 심각한 체중감소
　㉡ 심각한 영양결핍
　㉢ 위장관 급식 또는 영양 보충제에 의존
　㉣ 정신사회적 기능 장애
② 이 장애는 음식을 구할 수 없는 상황 또는 문화적인 관행으로 설명되지 않는다.
③ 신경성 식욕부진증이나 신경성 폭식증 경과 중 나타나는 것이 아니고, 체중이나 체형에 관한 장애의 증거가 없다.
④ 섭식장애는 동반되는 다른 의학적 상태로 인한 것이 아니고, 다른 정신장애로 더 잘 설명되지 않는다. 이러한 섭식장애가 다른 증상 또는 장애와 관련하여 발생한다면, 추가적으로 임상적 진단이 필요하다.

(3) 원인과 치료
① 아동이 냄새, 질감 또는 풍미로 인해 음식을 거부하거나 관심이 부족한 경우가 많다.
② 먹는 것에 대한 압력이나 음식에 대한 부정적 경험이 장애의 원인이 될 수 있다.
③ 치료를 위해서는 먼저 장애의 근본 원인을 파악해야 한다. 식도역류, 위장장애 등 질환이 있는지 살펴보아야 하고, 신체적인 문제가 없다면 체계적 둔감화 기법과 노출치료를 포함한 인지행동치료가 효과적이다.
④ 부모의 식사교육이나 지지가 부족한 경우가 많아 부모 교육이 중요하다.

04 신경성 식욕부진증(거식증)

(1) 개념 17 21 23 기출
① 체중 증가에 대한 극심한 두려움 때문에 음식섭취를 지나치게 제한하여 심각한 저체중 상태가 되는 경우를 말한다. 음식을 거부한다는 의미에서 '거식증'이라고도 불린다.
② 심각한 저체중인데도 자기 신체 상태를 부적절하게 왜곡 인지하고, 체중 증가를 막기 위한 지나친 행동이 지속적이고 강박적으로 나타난다.
③ 장애 행동으로 인해 신체적·정신적·사회적 기능이 심각하게 손상된다.
④ 전형적으로 청소년기 혹은 성인기 초기에 발병되고, 여성의 발병률이 더 높다.

(2) DSM-5 진단기준 22 23 기출
① 음식섭취를 지나치게 제한함으로써 연령, 성별, 발달 수준의 맥락에서 심각한 저체중 상태를 초래한다. 저체중은 최소한의 정상 수준 또는 최소한의 기대수치 이하의 체중을 말한다.
② 심각한 수준의 저체중임에도 불구하고 체중 증가와 비만에 대한 극심한 두려움을 지니거나 체중 증가를 저지하는 지속적인 행동을 나타낸다.
③ 체중과 체형을 왜곡하여 인식하고, 체중과 체형이 자기평가에 지나친 영향을 미치거나 현재 나타내고 있는 체중미달의 심각함을 지속적으로 부정한다.
④ '제한형'과 '폭식/제거형'으로 구분하여 명시한다.
　㉠ 제한형 : 체중 관리, 단식 및 과도한 운동으로 인해 병이 유발된 경우로, 지난 3개월 동안 폭식 또는 제거 행동(구토 유도, 하제·이뇨제·관장제 오용)이 반복적으로 나타나지 않았다.
　㉡ 폭식/제거형 : 지난 3개월 동안 폭식 또는 제거 행동이 반복적으로 나타났다.
⑤ 체질량지수(BMI)를 기준(아동·청소년의 경우 BMI 백분위수를 기준)으로 하여 현재의 심각도를 경도, 중등도, 고도, 극도로 구분하여 명시한다.

(3) 원인 14 16 기출
① 정신분석적 관점 : 성적인 욕구에 대한 방어적 행동으로 본다.
② 행동주의적 관점 : 일종의 체중공포증(Weight Phobia)으로 본다. 현대사회의 미의 기준을 학습한 후 과다체중에 대한 두려움으로 음식섭취를 거부하는 것이다.
③ 인지적 관점 : 자신의 신체에 대한 왜곡된 지각을 장애의 원인으로 본다. 자신을 실제 체형보다 뚱뚱한 것으로 잘못 인지하고, 지나치게 마른 체형을 이상적으로 여기며 지향한다는 것이다.
④ 생물학적 관점
　㉠ 자가중독(Auto Addictive)이론 : *자가기아(Self-Addiction) 행동을 하는 동안 엔돌핀이 증가하여 긍정적 정서를 경험함으로써 신경성 식욕부진증적 행동이 강화된다고 본다.
　㉡ 설정점(Set Point)이론 : 시상하부의 기능 이상으로 인한 *설정점(Set Point)의 저하를 원인으로 본다.

> **자가기아 행동**
> 과도한 운동과 절식을 하는 행동을 말한다.

> **설정점**
> 일정한 체중, 체온, 염분 농도 등을 일정선에서 유지하려는 몸의 보호기전을 말한다.

(4) 치료

① 신경성 식욕부진증 환자의 치료에서 가장 중요한 것은 음식섭취를 통해 체중을 늘리는 것이다.
② 정신과적 문제와 더불어 심각한 내과적 문제가 동반되는 경우가 많기 때문에, 필요한 경우 입원 등을 고려한 포괄적인 치료가 진행되어야 한다.
③ 개인 및 가족치료가 동시에 이루어지는 것이 효과적이다. 인지행동요법 등의 정신치료와 더불어 적절한 약물치료가 필요하다.

> **지식 IN**
>
> **신경성 식욕부진증 청소년 자녀가 있는 가족의 특성** 16 기출
> - 평온해 보이는 가족 이면에 심각한 긴장감이 존재한다.
> - 가족이 서로에게 과도하게 관심을 가지는 데서 비롯된다.
> - 부모의 갈등에 끼인 자녀는 문제를 해결하고자 증상을 강화시킨다.
> - 가족은 겉으로 보이는 조화를 유지하는 데 급급하여 갈등을 회피한다.
> - 가족 간 친숙한 상호교류 패턴에 고착되어, 변화의 필요성조차 부인해버리는 경우가 있다.

05 신경성 폭식증

(1) 개 념 15 기출

① 단시간 내에 일반인들이 먹는 양보다 명백히 많은 양을 먹는 폭식행동과 그로 인한 체중 증가를 막기 위한 보상행동을 반복하는 경우를 말한다.
② 자신의 체중과 체형에 대하여 과도하게 집착하고, 우울증을 동반하는 경우가 많다.
③ 성격적 문제, 대인관계의 어려움, 충동통제의 어려움, 약물남용의 문제를 수반하기도 한다.
④ 폭식행동은 주로 밤에 혼자 있을 때, 우울하거나 스트레스를 받았을 때 자주 나타난다.
⑤ 신경성 식욕부진증에서 발전하기도 한다.
⑥ 신경성 폭식증은 남성보다 여성에서 더 흔하다.

(2) DSM-5 진단기준 18 22 24 기출

① 폭식행동을 반복적으로 한다. 이러한 폭식행동은 아래 2가지 특징을 보인다.
  ㉠ 일정한 시간 동안(2시간 이내) 먹는 음식의 양이 대부분의 사람이 유사한 상황에서 먹는 양에 비해 현저하게 많다.
  ㉡ 폭식행위 동안 먹는 것에 대한 조절 능력 상실감(예 먹는 것을 멈출 수 없으며, 먹는 양을 조절할 수 없다는 느낌)을 느낀다.

② 체중증가를 억제하기 위한 반복적이고 부적절한 보상행동(예 설사제, 이뇨제, 관장약, 기타 약물의 남용, 금식, 스스로 유도한 구토, 과도한 운동)이 나타난다.
③ 폭식행동과 부적절한 보상행동 모두 평균적으로 적어도 주 1회 이상 3개월 동안 일어나야 한다.
④ 체형과 체중이 자기 평가에 과도한 영향을 미친다.
⑤ 문제행동들이 신경성 식욕부진증 기간 동안에만 나타나는 것이 아니다.

(3) 원 인

정신분석적 관점	부모에 대한 무의식적인 공격성의 표출과 관련되어 있다고 본다.
행동주의적 관점	체중증가에 대한 두려움에서 기인한다고 본다.
생물학적 관점	우울증의 형태로 볼 수 없고, 우울증과의 공병률이 높을 뿐이라는 견해가 지배적이다.

(4) 치 료

① 신경계의 세로토닌 시스템을 항진시키는 항우울제 약물치료가 가장 많이 시행되며, 항우울제는 폭식증의 증상을 경감해 준다.
② 폭식과 관련된 식이 행동을 조절하고, 음식·체중·체형 등에 대한 잘못된 신념을 교정하는 인지행동 치료가 도움이 될 수 있다.
③ 무의식적인 정신역동을 다루는 정신분석치료가 적용되기도 한다. 치료는 정신과 전문의의 진단 및 권유에 따라 적절한 치료법을 선택하여 적용하는 것이 바람직하다.
④ 공황장애와는 달리 신체증상이 더 지속적이며, 범불안장애와는 달리 신체증상이 걱정의 주요 초점이다. 또한 전환장애와는 달리 증상을 유발하는 고통에 초점이 더 맞추어져 있으며, 신체이형장애와는 달리 신체외형 결함에 대한 공포가 주된 관심이 아니다.

> **지식 IN**
> **신경성 폭식증의 특징(신경성 식욕부진증과 비교 시)** 20 기출
> - 신경성 폭식증은 신경성 식욕부진증보다 대개 기분변화의 과거력 빈도가 더 높다.
> - 신경성 식욕부진증보다 신경성 폭식증에서 성격장애의 동반이환율이 더 높다.
> - 신경성 폭식증은 신경성 식욕부진증보다 대개 강한 충동을 통제하기가 더 어렵다.
> - 신경성 폭식증은 신경성 식욕부진증 환자보다 구토로 인한 치과적 문제가 더 발견된다.
> - 무월경 문제는 신경성 식욕부진증 여성이 신경성 폭식증 여성보다 더 자주 보고된다.

06 폭식장애

(1) 개 념 18 기출
  ① 폭식행동을 반복하고 폭식으로 인한 심리적·신체적 고통을 경험하지만, 음식을 토하는 등의 보상행동은 하지 않는 경우이다.
  ② 폭식장애를 지닌 사람은 과체중이거나 비만인 경우가 많다.

(2) DSM-5 진단기준 19 기출
  ① 폭식행동을 반복적으로 한다. 이러한 폭식행동은 아래 2가지 특징을 보인다.
    ㉠ 일정한 시간 동안(2시간 이내) 먹는 음식의 양이 다른 사람이 유사한 상황에서 먹는 양에 비해 현저하게 많다.
    ㉡ 폭식행위 동안 먹는 것에 대한 조절 능력 상실감(예 먹는 것을 멈출 수 없으며, 먹는 양을 조절할 수 없다는 느낌)을 느낀다.
  ② 폭식행동이 나타날 때 다음 중 3가지 이상과 관련되어야 한다.
    ㉠ 정상보다 더 빨리 많이 먹는다.
    ㉡ 불편할 정도로 포만감을 느낄 때까지 먹는다.
    ㉢ 신체적으로 배고프지 않을 때에도 많은 양의 음식을 먹는다.
    ㉣ 너무 많은 양을 먹음으로 인한 당혹감 때문에 혼자 먹는다.
    ㉤ 먹고 나서 자신에 대한 혐오감, 우울감 또는 심한 죄책감을 느낀다.
  ③ 폭식행동에 대한 현저한 고통을 느낀다.
  ④ 폭식행동이 평균적으로 주 1회 이상 3개월 동안 나타나야 한다.
  ⑤ 폭식행동이 신경성 폭식증의 경우처럼 부적절한 보상행동과 함께 나타나지 않아야 한다.
  ⑥ 폭식행동이 신경성 식욕부진증 또는 신경성 폭식증 상태에서만 나타나는 것이 아니어야 한다.

(3) 원인과 치료
  ① 폭식행동은 엄격한 절식에 대한 반작용으로 나타나기도 하고, 부정 정서에서 기인하기도 한다.
  ② 환자가 자신의 섭식행동을 지속적으로 관찰하고 변화시킬 수 있는 인지행동 치료를 한다.
  ③ 심리치료를 통하여 스트레스를 폭식이 아닌 다른 방법으로 해결하도록 유도한다.
  ④ 신경계의 세로토닌 시스템을 항진시키는 항우울제를 이용한 약물치료가 가장 많이 시행되며, 항우울제는 폭식증의 증상을 경감해 준다.

CHAPTER 13 배설장애

중요도 ★★★

핵심포인트
유뇨증의 개념과 DSM-5 진단기준, 유분증의 개념과 DSM-5 진단기준

대소변을 스스로 가릴 수 있는 연령이 지난 아동이 옷이나 부적합한 장소에서 배설하는 경우를 말한다. DSM-5의 분류기준에 의한 주요 하위유형으로 유뇨증과 유분증이 있다.

01 유뇨증 15 기출

(1) 개 념
① 배변훈련이 끝나는 5세 이상 아동이 신체적으로 이상이 없는데도 옷이나 침구에 반복적으로 소변을 보는 경우를 말한다. 유뇨증이 야간에 심한 경우 '야뇨증'이라고 한다.
② 연령 수준에 따라 유병률이 변화하며, 만 5세가 지났더라도 수개월에 한 번 정도 어쩌다가 실수를 하는 경우는 병으로 생각하지 않는다.
③ 5세까지 소변 가리기를 한 번도 제대로 하지 못하는 '일차성 유뇨증'과 일정 기간 분명하게 소변을 가린 후에 장애가 나타나는 '이차성 유뇨증'으로 구분된다.

(2) DSM-5 진단기준
① 침구나 옷에 반복적으로 소변을 본다.
② 장애 행동이 주 2회 이상 빈도로 적어도 3개월 동안 연속 일어난다.
③ 증상이 사회적·학업적 또는 다른 중요한 기능 영역에서 임상적으로 유의미한 고통이나 손상을 초래한다.
④ 아동의 발달연령은 최소 5세이어야 진단이 가능하다.
⑤ 장애 행동이 물질이나 일반적인 의학적 상태의 직접적인 생리적 효과로 기인한 것이 아니다.
⑥ 야간 수면 시에 나타나는 '야간형 단독', 깨어있는 동안 나타나는 '주간형 단독', 밤낮 구분 없이 나타나는 '주야간형 복합'을 구분하여 명시한다.

(3) 원인과 치료
① 유전적 요인, 중추신경계의 미성숙, 방광의 부분적 기능장애, 요 농축능력의 장애, 낮은 방광 용적, 스트레스나 심리적 갈등, 부적절한 대소변 훈련을 장애의 원인으로 본다.
② 유뇨증 증세는 저절로 호전되는 경향이 있다.
③ 전자식 경보장치를 활용한 행동치료적 기법이 효과적인 것으로 알려져 있다. 행동수정, 긍정적 강화요법도 활용한다.
④ 행동요법으로 호전되지 않을 경우에는 약물치료를 활용한다. 이미프라민, 옥시부틸린, 미니린 등을 사용할 수 있다.

02 유분증

(1) 개념
① 4세 이상의 아동이 대변을 적절치 않은 장소에 반복적으로 배설하는 경우를 말한다.
② 5세 아동의 약 1%가 유분증이 있고, 남아가 여아보다 흔하다.
③ 대변 가리기가 이전에 성취되지 않아서 발생한 '일차성 유분증'이 있고, 일정 기간 대변을 가린 후 발생하는 '이차성 유분증'이 있다.

(2) DSM-5 진단기준
① 부적절한 장소에서 반복적으로 대변을 본다.
② 장애 행동이 매달 1회 이상 빈도로 적어도 3개월 동안 연속 일어난다.
③ 아동의 발달연령은 최소 4세이어야 진단이 가능하다.
④ 장애 행동이 물질이나 일반적인 의학적 상태의 직접적 생리적 효과로 기인한 것이 아니다.
⑤ 변비 및 범람 변실금을 동반하는 경우가 있다.

(3) 원인과 치료
① 적절한 시기에 대소변 훈련을 시키지 않았거나, 대소변 훈련과정에서 일관성이 없었거나 지나치게 강압적이거나, 발달단계에 맞지 않게 너무 일찍 훈련을 시키는 경우, 문제가 발생하기 쉽다.
② 유분증 치료는 대변 가리기 훈련, 행동치료, 심리치료가 활용된다. 규칙적으로 대변을 보게 하는 습관을 기르거나, 대변을 잘 가리는 행동에 대해서 보상을 주는 행동치료 기법이 효과적이다.
③ 가족 내에서 아동을 수용하는 분위기를 유도하는 동시에, 유분증으로 인한 낮아진 아동의 자존심을 높여주는 것이 중요하다.

CHAPTER 14 수면-각성장애

중요도 ★★★

핵심포인트
수면 유형, 불면장애, 과다수면 장애, 기면증(수면발작증), 호흡관련 수면장애, 일주기리듬 수면-각성 장애, 수면이상증(Parasomnias ; 사건수면)

수면-각성 장애는 우리의 삶에 있어서 중요한 기능을 하는 수면에 곤란이나 이상이 있는 경우를 말한다. DSM-5의 분류기준에 의한 주요 하위유형으로 불면장애, 과다수면 장애, 기면증, 호흡 관련 수면장애, 일주기 리듬 수면-각성 장애, 사건수면 등이 있다.

01 수면 유형

(1) 렘(REM) 수면
① 렘수면기는 무언가를 보는 것처럼 '안구의 빠른 운동(Rapid Eye Movement)'으로 알 수 있다.
② 깨어있을 때와 비슷한 패턴의 뇌파가 관찰된다.
③ 대개 우리가 꿈을 꾸는 단계로, 총 수면 시간 중 상대적으로 작은 비중을 차지한다.
④ 기억을 포함한 지적인 일과 관련된 기능을 회복해 주는 것으로 알려져 있다.

(2) 비렘(Non-REM) 수면
① 대부분의 수면 시간을 차지한다.
② 우리의 육체적인 기능을 회복해 주는 것으로 알려져 있다.
③ 뇌파 양상과 수면의 깊이에 따라 단계를 구분할 수 있으며, 각 단계는 반복된다.
  ㉠ 1단계 : 수면상태로 들어가는 단계
  ㉡ 2단계 : 깊은 잠으로 들어가는 단계(수면의 약 50%에 해당)
  ㉢ 3단계 : 깊은 수면상태

02 불면장애 21 22 기출

(1) 개념
① 밤에 잠들기 어렵거나 숙면을 취하지 못하거나 아침에 지나치게 일찍 깨는 경우이다.
② 수일이나 수 주 동안 잠을 제대로 못 자는 급성불면증(Acute Insomnia)과 한 달 이상 지속되는 만성불면증(Chronic Insomnia)으로 구분할 수 있다.
③ 각성수준이 높은 사람은 불면증에 걸리기 쉬우며, 불면에 대한 걱정과 두려움이 불면증을 지속한다.

(2) DSM-5 진단기준
① 수면 시간이나 질에 대해 불만족감이 현저하며, 다음 중 1가지 이상의 증상과 관련된다.
　㉠ 수면 개시의 어려움(아동의 경우 보호자 없이 잠들기 어려움)
　㉡ 수면 유지의 어려움(수면 중 자주 깨거나 깬 뒤에 다시 잠들기 어려움)
　㉢ 이른 아침 각성하여 다시 잠들기 어려움
② 수면 장애가 사회적 · 직업적 · 교육적 · 학업적 · 행동적 또는 다른 중요한 기능 영역에 임상적으로 유의미한 고통이나 손상을 초래한다.
③ 수면 문제가 적어도 주 3회 이상 발생하고, 3개월 이상 지속된다.
④ 수면 문제는 적절한 수면의 기회가 주어졌음에도 불구하고 발생한다.
⑤ 불면증이 다른 수면각성장애로 잘 설명되지 않고, 또 다른 수면각성장애가 나타날 때에만 증상이 생기지 않는다.
⑥ 불면증은 물질의 효과로 인한 것이 아니고, 공존하는 정신질환과 의학적 상태가 현저한 불면증 호소를 충분히 설명할 수 없다.
⑦ 증상이 적어도 1개월 이상 3개월 미만으로 지속되는 '삽화성', 증상이 3개월 이상 지속되는 '지속성', 2회 이상의 삽화가 1년 내에 발생하는 '재발성'을 구분하여 명시한다.

(3) 원인과 치료
① 인지행동적 관점에서는 높은 각성수준이 불면장애를 일으킨다고 본다.
② 흔히 볼 수 있는 불면장애의 원인으로는 심리적 장애요인, 정신과적 장애, 잘못된 생활습관, 신체 질환, 약물 남용, 학습된 불면증 등을 들 수 있다.
③ 인지행동 치료 4가지 요소
　㉠ 수면위생 교육 : 숙면을 취할 수 있는 환경이나 습관을 위해 교육한다.
　㉡ 자극 통제 : 침실에서는 활동을 통제하고 잠만 잔다.
　㉢ 긴장 이완 훈련 : 불면을 초래하는 높은 각성과 긴장 상태를 이완하도록 훈련한다.
　㉣ 인지적 재구성 : 수면을 방해하는 부정적인 신념이나 생각을 긍정적인 것으로 대체한다.
④ 불면증에 대한 치료는 벤조디아제핀계 수면제가 주로 사용된다.

03 과다수면 장애

(1) 개념
① 잠을 충분히 잤는데도 계속 졸음이 밀려와서 일상생활에 큰 지장을 받는 상태를 말한다. 9시간 이상 수면을 취하고도 졸린 증상을 보인다.
② 과다한 졸음으로 인해 사회적·직업적으로 현저한 부적응을 초래하고, 게으름이나 무기력으로 오인되어 사회적 관계나 가족관계를 손상할 수 있다.

(2) DSM-5 진단기준 22 기출
① 주요 수면 시간이 7시간 이상인데도 과도한 졸림을 호소하며, 다음 중 1가지 이상의 증상을 보인다.
　㉠ 동일한 날에 반복적으로 깜박 잠이 들거나 잠에 빠져드는 일이 발생한다.
　㉡ 매일 9시간 이상 지속적으로 잠을 자는데도 계속 피곤하다.
　㉢ 갑자기 깬 후에 완전히 각성 상태를 유지하기 어렵다.
② 과다수면이 주 3회 이상 나타나고, 적어도 3개월 이상 지속된다.
③ 과다수면이 인지적·사회적·직업적 또는 다른 중요한 기능 영역에서 유의미한 고통이나 손상을 초래한다.
④ 과다수면이 다른 수면장애로 더 잘 설명되지 않으며, 다른 수면장애의 경과 중에만 발생하지 않는다.
⑤ 과다수면 물질의 생리적 효과로 인한 것이 아니다.
⑥ 공존하는 정신질환과 의학적 장애가 현저한 과다수면 호소를 충분히 설명할 수 없다.
⑦ 장애 지속 기간이 1개월 미만인 '급성', 지속 기간이 1개월~3개월인 '아급성', 지속 기간이 3개월 이상인 '지속성'으로 구분하여 명시하고, 현재의 심각도를 명시한다.

(3) 원인과 치료
① 과다수면장애의 원인은 정신적·육체적 피로, 스트레스, 체력저하 등을 꼽을 수 있다. 수면 무호흡증이나 코골이 같은 신체적 질병이나 다른 정신질환, 약물의 작용 등으로 인해 유발되는 경우도 있다.
② 과다수면장애를 초래하는 질환이 있는지 먼저 확인하고, 코골이나 비염 같은 질환이 원인이 되어 수면의 질을 떨어뜨린다면 먼저 치료해야 한다.
③ 정확한 검사와 진단 후 적절한 약물치료를 시행한다. 메틸페니데이트나 모다피닐 같은 중추성 신경자극제를 활용한다.

04 기면증(수면발작증)

(1) 개념
① 낮에 갑작스럽게 심한 졸음을 느끼며, 자기도 모르게 잠에 빠지는 경우를 말한다.
② 수면발작(Sleep Attack)이 주요 증상이며 *탈력발작이 나타날 수 있다. 수면이 시작되거나 깰 때 수면마비나 환각을 경험하기도 한다.
③ 자동차 운전 중, 회의하던 중, 대화 도중, 식사 중, 부적절한 상황에서도 잠을 자게 되는데, 짧게는 5분 길게는 1시간까지 잠을 잔다.

> **탈력발작**
> 갑작스러운 근육의 힘이 짧은 시간 동안 빠지는 것을 말한다.

(2) DSM-5 진단기준 22 기출
① 저항할 수 없는 졸음, 깜박 잠이 드는 것, 낮잠이 하루에 반복적으로 나타난다. 적어도 주 3회 이상 3개월 동안 발생한다.
② 다음 중 1가지 또는 2가지 증상이 동시에 나타난다.
  ㉠ 다음으로 정의되는 탈력발작이 1개월에 수차례 발생한다.
    • 장기간 유병 환자의 경우 : 웃음이나 농담으로 유발되는 짧은 삽화의 의식이 있는 상태에서 양측 근육긴장의 갑작스러운 소실
    • 발병 6개월 이내 환자나 아동의 경우 : 분명한 계기 없이 혀를 내밀거나 근육긴장 저하를 동반한 얼굴을 찡그리거나 턱이 처지는 삽화
  ㉡ 야간 수면다원 검사에서 급속안구운동(REM) 수면 잠복기가 15분 이내로 나타나거나, 또는 수면 잠복기 반복 검사에서 평균 수면 잠복기가 8분 이내로 나타나고, 2회 이상의 수면개시 REM수면이 나타난다.
  ㉢ 뇌척수액 하이포크레틴(Hypocretin-1) 면역반응성 수치를 이용하여 측정된 하이포크레틴 결핍증이다.
  ㉣ 다음을 구분하여 명시하고, 현재의 심각도를 명시한다.
    • 탈력발작이 없지만, 하이포크레틴 결핍증이 있는 기면증
    • 탈력발작이 있지만, 하이포크레틴 결핍증이 없는 기면증
    • 상염색체 우성 소뇌실조, 난청 및 기면증
    • 상염색체 우성 기면증, 비만 및 제2형 당뇨
    • 다른 의학적 상태로 인한 이차성 기면증

(3) 원인과 치료
① 중추신경계 내의 하이포크레틴 전달 이상이 병의 원인과 관련되어 있다고 추정되며, 유전적 요인도 작용하는 것으로 알려져 있다.
② 유전적 요인과 환경적 스트레스가 상호작용하여 수면발작을 초래한다는 2역치 다중요인 모델이 있다.
③ 메틸페니데이트나 암페타민과 같이 각성수준을 증가시키는 약물로 치료한다. 이 외에도 식이요법, 운동이나 사회적 활동수준을 증가시켜 적절한 각성수준을 유지, 심리치료 등의 방법을 활용한다.

05 호흡 관련 수면장애

(1) 개념
① 수면 중의 호흡장애로 인하여 과도한 졸음이나 불면증이 유발되는 경우이다.
② 폐쇄성 수면무호흡/저호흡, 중추성 수면무호흡증, 수면 관련 환기저하로 구분할 수 있다.
③ 호흡 관련 수면장애가 있는 사람 중에는 야간에 느끼는 흉부 불편감, 호흡정지, 무호흡이나 질식과 관련된 불안을 나타내기도 한다.

(2) 폐쇄성 수면무호흡/저호흡
① 개념
  수면 도중에 기도가 막혀 다섯 번 이상의 무호흡증이나 호흡저하증이 반복적으로 나타난다.
② DSM-5 진단기준
  다음 ㉠이나 ㉡ 중 1가지 이상 증상이 있다.
  ㉠ 수면다원 검사에서 수면 시간당 적어도 5회 이상 폐쇄성 무호흡이나 저호흡이 있고, 다음 중 1가지 이상의 수면 증상이 있다.
    • 야간 호흡 장애 : 코골이, 거친 콧숨/헐떡임, 또는 수면 중 호흡 정지
    • 충분한 수면을 취했음에도 주간 졸림, 피로감
  ㉡ 동반된 증상과 관계없이 수면다원 검사에서 확인된 수면 시간당 15회 이상 폐쇄성 무호흡 또는 저호흡을 나타낸다.
  ㉢ 현재의 심각도를 명시한다.

(3) 중추성 수면무호흡증 22 기출
① 개념
  기도 막힘은 없으나, 신경학적 질환이나 심장질환 등으로 인해 수면 중에 다섯 번 이상의 호흡정지가 나타난다.
② DSM-5 진단기준
  ㉠ 수면다원 검사에서 수면 시간당 5회 이상의 중추성 무호흡이 존재한다.
  ㉡ 장애가 다른 수면장애로 더 잘 설명되지 않는다.
  ㉢ '특발성 중추성 수면무호흡증', '체인 스토크스 호흡', '아편계 사용과 동반이환된 중추성 수면무호흡증'을 각각 구별하여 명시하고, 현재의 심각도를 명시한다.

(4) 수면 관련 환기저하증
① 개념
  수면 중에 호흡기능이 저하되면서 동맥의 이산화탄소 수준이 증가하는 현상을 말한다.
② DSM-5 진단기준
  ㉠ 수면다원 검사에서 이산화탄소 농도의 상승과 연관한 호흡저하 삽화들이 나타난다.

Ⓛ 장애가 현재의 다른 수면장애로 더 잘 설명되지 않는다.
㉢ '특발성 환기저하', '선천성 중추성 폐포 환기저하', '동반이환된 수면관련 환기저하'로 구분하여 명시하고, 현재의 심각도를 명시한다.

06 일주기 리듬 수면-각성 장애

(1) 개 념 19 기출
① 수면-각성 주기의 변화로 인해 과도한 졸음이나 불면이 반복되는 경우이다.
② 일주기 리듬 수면-각성 장애를 설명하는 생체시계는 뇌 시상하부의 시교차상핵(SCN)에 위치한다.
③ 인간의 생체시계는 24시간보다 길기 때문에 취침/기상 시간을 조금씩 늦추는 것은 쉽지만 앞으로 당기는 것은 어렵다.
④ 청소년들이 아침에 일찍 일어나기 힘들어 하는 이유 중 하나도 일주기 리듬에 기인하며 청소년기에는 멜라토닌의 생성량이 많기 때문에 일주기 리듬이 쉽게 뒤로 밀릴 수 있다.
⑤ 생체시계를 외부의 시간에 동조시키는 데 빛이 가장 중요한 역할을 담당하고 있다.

(2) DSM-5 진단기준 17 기출
① 일차적으로 일주기 리듬의 변화 또는 내인성 일주기 리듬과 개인의 환경 또는 사회적·직업적 일정에 의해 요구되는 수면-각성 일정 사이의 조정 불량으로 인한 수면 교란이 지속되거나 반복된다.
② 수면 방해는 과도한 졸림이나 불면, 또는 2가지 모두 초래한다.
③ 수면 교란은 사회적·직업적 또는 다른 중요한 기능 영역에서 임상적으로 유의미한 고통이나 손상을 초래한다.
④ 다음 세부 유형을 명시한다.

지연된 수면단계형	개인의 수면-각성 주기가 사회적으로 요구되는 것보다 지연되는 경우
조기 수면단계형	개인의 수면-각성 주기가 사회적으로 요구되는 것보다 앞서 있는 경우
불규칙한 수면-각성형	수면-각성 주기가 일정하지 못해서 하루에도 여러 번 낮잠을 자고 밤에 주된 수면을 취하지 않는 경우
비24시간 수면-각성형	개인의 수면-각성 주기가 24시간 환경과 일치하지 않아서 잠들고 깨어나는 시간이 매일 지속적으로 늦어지는 경우
교대 근무형	교대근무에 의해 요구되는 수면-각성 주기와 개인의 수면-각성 주기가 불일치하는 경우

⑤ 증상이 1~3개월 나타나는 '삽화성', 증상이 3개월 이상 지속되는 '지속성', 2회 이상의 삽화가 1년 내에 발생하는 '재발성'으로 구분하여 명시한다.

(3) 치 료
주기적으로 빛에 노출시켜 규칙적인 일주기 리듬을 형성하도록 하여 치료한다.

07 수면이상증(Parasomnias, 사건수면)

(1) 개 념 15 18 기출
① 수면상태에서 일어나는 비정상적인 행동이나 경험을 말한다.
② 비REM수면 각성장애, 악몽장애, REM수면 행동장애로 분류할 수 있다.

(2) 비REM수면 각성 장애
① 개 념
주된 수면 시간의 첫 1/3 기간에 수면에서 불완전하게 깨는 경험을 반복하는 경우로, 수면 중 보행이나 수면 중 경악의 형태로 나타난다.

수면 중 보행형	• 수면 중에 잠자리에서 일어나서 걸어 다니는 일이 반복되는 경우를 말한다. • 다양한 행동을 포함하는데 대부분 규칙적이고 복잡하지 않다. • 사춘기 이전에 발병률이 높고, 그 이후에는 중추신경계의 성숙과 관련되어 있다. • 벤조디아제핀과 같은 항불안제가 효과적이며, 이완치료나 최면술을 사용하기도 한다.
수면 중 경악형	• 수면 중에 심장이 빨리 뛰고 호흡이 가빠지며, 진땀을 흘리는 등의 자율신경계의 흥분과 더불어 강렬한 공포를 느껴 자주 잠에서 깨는 경우를 말한다. • 비명을 지르거나 울면서 갑자기 침대에서 일어나 앉으며, 매우 놀란 표정과 심한 자율신경계 불안증상이 나타난다. • 다양한 원인이 제기되며, 이 장애가 청소년기까지 지속될 경우 심리치료가 필요하고, 항불안제와 같은 약물이 도움이 될 수 있다.

② DSM-5 진단기준
㉠ 대개 주된 수면삽화 초기 1/3 동안 발생하는 잠에서 불완전하게 깨는 반복적인 삽화가 있고, 수면보행증이나 야경증을 동반한다.
㉡ 꿈을 전혀 또는 거의 기억하지 못한다.
㉢ 삽화를 기억하지 못한다.
㉣ 삽화가 사회적·직업적 또는 다른 중요한 기능 영역에서 임상적으로 유의미한 고통이나 손상을 초래한다.
㉤ 장애가 물질의 생리적 효과로 인한 것이 아니고, 공존하는 정신질환과 의학적 장애로 설명할 수 없다.

(3) 악몽장애 23 기출
① 개 념
㉠ 주된 수면이나 낮잠을 자는 동안에 생존, 안전, 자존감의 위협과 같은 여러 가지 무서운 꿈을 꾸어 잠에서 깨어나는 일이 반복되는 경우를 말한다.
㉡ 악몽은 전형적으로 심한 불안이나 공포를 유발하는 길고 정교한 꿈으로 나타나고, 잠에서 깨어나면서 종결된다.
㉢ 심각한 심리사회적 스트레스에 노출된 사람에게 나타나기 쉽고, 전쟁 후나 극심한 충격과 같은 외상적 경험 후에 잘 발생한다.

② 악몽장애는 대체로 3~6세 사이에 시작하여 청소년기 후기나 성인기 초기에 유병률과 심각도가 최고조에 이르며 여성이 남성에 비해 2배 높은 유병률을 보인다.
② DSM-5 진단기준 22 기출
  ③ 대개 생존, 안전, 신체적 온전함에 대한 위협을 피하고자 노력하는 광범위하고 극도로 불쾌하며 생생하게 기억나는 꿈들의 반복적 발생이 일반적으로 야간 수면 시간의 후기 1/2 동안 일어난다.
  ⓒ 불쾌한 꿈으로부터 깨어나면 빠르게 지남력을 회복하고 각성한다.
  ⓒ 수면 교란이 사회적·직업적 또는 다른 중요한 기능 영역에서 임상적으로 유의미한 고통이나 손상을 초래한다.
  ② 악몽 증상이 물질의 생리적 효과로 인한 것이 아니고, 공존하는 정신질환과 의학적 장애가 악몽에 대한 호소를 충분히 설명할 수 없다.
  ⓜ 악몽기의 지속 기간에 따라 급성, 아급성, 지속성을 구분하여 명시하고, 악몽이 발생하는 빈도에 의해 현재의 심각도를 경도, 중등도, 고도로 명시한다.

(4) REM수면 행동장애

① 개 념
  ③ 수면 중 소리를 내거나 옆 사람을 다치게 할 수 있는 복잡한 동작을 반복적으로 나타내며 깨어나는 경우를 말한다.
  ⓒ REM수면 중에 복잡하고 활기찬 움직임이 나타난다.
  ⓒ 유병률에 대해서는 알려진 것이 거의 없지만, 50대 이상의 남성에게서 많이 나타나고, 심리사회적 스트레스로 인해 유발한다고 본다.

② DSM-5 진단기준
  ③ 발성 및 복합 운동 행동과 관련된 수면 중 각성의 반복적인 삽화가 나타난다.
  ⓒ 이러한 행동들은 REM수면 중 발생하므로 적어도 수면 개시 90분 이후에 발생하며 수면 후반부에 빈번하다. 낮잠 중에는 드물게 발생한다.
  ⓒ 삽화로부터 깨어날 때, 개인은 완전히 깨어나고 명료하며 혼돈되거나 *지남력을 상실하지 않는다.
  ② 다음 중 1가지에 해당한다.
    • 수면다원 검사 기록상 무긴장증이 없는 REM수면
    • REM수면 행동장애 과거력 및 확정된 시누클레인에 의한 신경퇴행성 질환 진단
  ⓜ 이러한 행동들은 사회적·직업적 또는 다른 중요한 기능 영역에서 임상적으로 유의미한 고통이나 손상을 초래한다.
  ⓗ 장애는 물질의 생리적 효과나 다른 의학적 상태로 인한 것이 아니고, 공존하는 정신질환 및 의학적 장애로 설명할 수 없다.

> **지남력**
> 시간, 사람, 장소와의 관계 속에서 현재 자신의 상황을 파악하고 이해하는 능력을 말한다.

(5) 하지불안(초조성다리) 증후군

① 개 념
  ㉠ 수면 중에 다리의 불쾌한 감각 때문에 다리를 움직이고 싶은 충동을 느끼는 경우를 말한다.
  ㉡ 유병률은 2~2.7%로 나타나고, 주로 40대 이상에서 진단된다.
  ㉢ 원인은 생물의학적 입장에서 논의되고 있고, 수면 중의 도파민 수준 저하가 하지불안 증후군을 유발할 수 있다고 본다.

② DSM-5 진단기준 22 기출
  ㉠ 대개 다리에 불편하고 불쾌한 감각을 동반하거나, 이에 대한 반응으로 다리를 움직이고 싶은 충동이 다음 내용을 모두 충족한다.
    • 다리를 움직이고 싶은 충동이 쉬고 있거나 활동을 하지 않는 동안에 시작되거나 악화
    • 다리를 움직이고 싶은 충동이 움직임에 의해 부분적으로 또는 완전히 악화
    • 다리를 움직이고 싶은 충동이 낮보다 저녁이나 밤에 악화되거나 저녁이나 밤에만 발생
  ㉡ 진단기준 ①의 증상이 일주일에 적어도 3회 이상 발생하고, 3개월 이상 지속된다.
  ㉢ 진단기준 ①의 증상이 사회적·직업적·교육적·학업적·행동적 또는 다른 중요한 기능 영역에서 유의미한 고통이나 손상을 초래한다.
  ㉣ 진단기준 ①의 증상이 약물의 생리적 효과나 다른 의학적 상태로 인한 것이 아니고, 공존하는 정신질환 및 의학적 장애로 설명할 수 없다.

CHAPTER 15 성 관련 장애

중요도 ★★★

핵심포인트
성기능부전, 성별불쾌감, 변태성욕장애(성도착장애)

01 성기능부전

(1) 개 념
① 사정지연, 발기장애, 여성극치감 장애, 여성 성적 관심/흥분 장애, 성기-골반 통증/삽입 장애, 남성성욕감퇴 장애, 조기사정, 물질/약물치료로 유발된 성기능부전 등을 포함하는 성기능부전 장애이다.
② 성기능부전 증상이 최소 6개월 이상 지속되고, 개인에게 임상적으로 유의미한 고통을 초래한다.
③ 성기능부전의 아형으로 평생형/후천형, 전반형/상황형이 있다.
④ 성욕장애 또는 흥분장애로 진단되기 위해서는 최소 6개월의 지속 기간이 있어야 한다.

(2) 유 형
① **사정지연** : 대부분 동반자가 있는 성적 활동의 상황에서 개인이 원치 않는데도 사정지연을 하거나 사정부재를 경험한다.
② **발기장애** : 대부분 성적 활동 상황에서 발기와 관련된 어려움을 겪는다.
③ **여성극치감 장애** : 성적 활동 중 극치감이 지연되거나 부재하는 경우를 말한다.
④ **여성 성적 관심/흥분 장애** : 성적 활동에 대한 관심이 결여 또는 감소한 경우, 내적·외적 성적 암시에 대한 반응이 결핍 또는 감소한 경우를 말한다.
⑤ **성기-골반 통증/삽입 장애** : 성교 중 삽입통이 있거나 관련된 통증이 있는 경우를 말한다.
⑥ **남성성욕감퇴 장애** : 성과 관련된 생각이나 성적 활동에 대한 욕구가 결여·부재한 경우를 말한다.
⑦ **조기사정** : 동반자와의 성적 활동 동안 질 내에 삽입 후 1분 안에 사정이 반복되는 것을 말한다.

(3) 치 료
① 개인보다는 부부를 주된 치료대상으로 하고, 치료자도 남녀 두 명으로 구성한다.
② 치료에 앞서 신체적 검사와 심리사회적 검사를 통해 성기능부전의 증상과 관련 요인을 다각적으로 평가한다.
③ 성기능 부전의 원인을 확인하고, 각 질환에 적절한 약물치료를 활용한다.

02 성별불쾌감

(1) 개념 20 기출
① 자신의 생물학적 성과 성 역할에 대해서 지속적으로 불편감을 느끼는 경우로, 반대의 성에 대해서 강한 동일시를 나타내거나 반대의 성이 되기를 소망하는 경우를 말한다.
② 성별불쾌감 상태는 사회적·직업적 또는 다른 중요한 기능 영역에서 임상적으로 유의미한 고통이나 손상을 초래한다.
③ 성별불쾌감 환자들은 경험되는 성별과 생물학적 성별의 불일치를 경험하지만, 항상 1차·2차 성징을 제거하고 이성의 성징을 갖기를 원하지는 않는다.

(2) DSM-5 진단기준 17 24 기출
① 아동의 성별불쾌감 : 자신의 경험된 성별과 할당된 성별 사이의 현저한 불일치가 최소 6개월 동안 다음 중 적어도 6가지 이상 나타난다(㉠을 반드시 포함한다).
  ㉠ 반대 성이 되고 싶은 강한 갈망 또는 자신이 반대 성이라고 주장
  ㉡ 반대 성 옷을 입거나 반대 성 흉내내기를 선호
  ㉢ 가상놀이나 환상놀이에서 반대 성 역할을 강하게 선호
  ㉣ 반대 성이 사용하는 장난감이나 활동을 강하게 선호
  ㉤ 반대 성 놀이 친구에 대한 강한 선호
  ㉥ 할당된 성의 전형적인 놀이와 활동에 대한 강한 거부
  ㉦ 자기 성별에 대한 강한 혐오감
  ㉧ 반대 성별의 일차성징 및 이차성징에 일치하는 것을 강렬히 선호
② 청소년 및 성인의 성별불쾌감 : 자신의 경험된 성별과 할당된 성별 사이의 현저한 불일치가 최소 6개월 동안 다음 중 적어도 2가지 이상 나타난다.
  ㉠ 자신에게 부여된 1차적 성과 경험된 성에 있어서 현저한 불일치
  ㉡ 자신의 경험된 성과의 현저한 불일치 때문에 자신의 1차 또는 2차 성징을 제거하려는 강한 욕구
  ㉢ 반대 성의 1차 또는 2차 성징을 얻고자 하는 강한 욕구
  ㉣ 반대 성이 되고 싶은 강한 욕구
  ㉤ 반대 성으로 대우받고 싶은 강한 욕구
  ㉥ 자신이 반대 성의 전형적 감정과 반응을 지니고 있다는 강한 신념

(3) 원인과 치료
① 성별불쾌감은 유전자의 이상과 태내 호르몬의 이상이 원인인 선천적 요인과 성장 과정에서 발생하는 후천적 요인에 의해서 유발된다는 주장이 경합하고 있다.
② 성 정체성 장애에 수반되는 우울이나 불안 등의 심리적 문제를 다루어 주는 심리치료를 활용한다.

03 변태성욕장애(성도착장애)

(1) 개념
① 변태성욕장애는 성행위 대상이나 성행위 방식에서 비정상성을 나타내는 장애로 '성도착장애'라고도 한다.
② 강력한 성적 충동과 함께 성적 흥분을 경험하기 위하여 유별나고 괴이한 비정상적 상상, 대상, 행위 또는 방법을 사용하는 모든 성적 장애가 포함된다.
③ 이러한 상상과 행동은 환자의 의도와는 관계없이, 최소 6개월 이상 지속적으로 반복된다.
④ 이러한 성적 행동, 성적 충동, 환상이 임상적으로 심각한 고통이나 사회적, 직업적 또는 기타 중요한 영역에서 장애를 일으킨다.

(2) 유형 16 18 19 21 22 23 기출

노출장애	눈치채지 못한 사람에게 성기를 노출하는 행위를 반복하며, 때로는 성기를 노출하면서 또는 노출시켰다는 상상을 하면서 성적 흥분을 일으킨다.
관음장애	• 다른 사람이 옷을 벗고 있는 모습을 몰래 훔쳐보면서 강한 성적 흥분을 느끼는데, 성적 흥분이 성적 공상·충동·활동으로 발현된다. • 장애를 보이는 개인은 18세부터 진단할 수 있다.
마찰도착장애	• 동의하지 않은 사람에 대한 접촉, 마찰 등을 통해 강한 성적 흥분을 일으키는 반복적 행동이 6개월 이상 지속된다. • 이들은 체포될 염려가 없는 밀집된 지역(예 대중교통수단, 붐비는 길거리)에서 행위 중 피해자와 비밀스런 애정관계를 맺게 된다는 상상을 하기도 한다.
소아성애장애	• 사춘기 이전의 소아(보통 13세 이하)를 대상으로 성적 공상이나 성적 행동이 반복적으로 나타나며, 적어도 6개월 이상 지속된다. • 진단기준에 부합하려면 소아에 대한 성적 충동이나 공상이 자신에게 현저한 고통이나 대인관계의 어려움을 초래해야 한다. • 개인 연령이 적어도 16세 이상이어야 진단이 가능하고, 피해자 아동보다 적어도 5세 연상이어야 한다. • 위협이나 폭력을 사용하기도 하며, 근친강간이 발생할 수 있다. • 성적으로 남녀 모두 선호하는 경우도 있다.
성적피학장애	굴욕을 당하거나, 매질을 당하거나 묶이는 등 고통을 당하는 행위를 중심으로 성적 흥분을 느끼거나 성적 행위를 반복하는 경우이다.
성적가학장애	다른 사람의 신체적 또는 심리적 고통을 통해 성적 흥분을 느끼거나 그러한 성적 행위를 반복하는 경우이다.
물품음란장애	무생물인 물체를 이용하거나 성기가 아닌 특정 신체 부위에 집착하면서 성적 흥분을 느끼는 경우를 말한다.
복장도착장애	성적 흥분을 목적으로 이성의 옷으로 바꿔 입는 경우를 말하며, 물품음란장애를 동반한다.

(3) 원인

① 정신분석학적 발달 과정 중 구순기나 항문기 수준에서 고착된 것으로 *오이디푸스 콤플렉스와 관련시키는 역동적 설명이 있다.

② 어머니와의 이별 또는 어릴 때 성적 폭행이 원인이 되기도 한다.

③ 사회적 이론에서는 어렸을 때 성도착 환자에게 당했던 경험이나 대중매체의 영향 등이 원인적으로 작용한다고 본다.

④ 학습이론에서는 어릴 때 도착행동에 대한 환상이 성장과정 중 타인과의 관계를 통해 억제되지 못하고 계속 발전되었기 때문이라고 본다.

⑤ 대뇌장애(뇌파 등 신경학적 연성징후, 경련 등), 호르몬 장애, 염색체 장애 등과 관련된다는 주장도 있다.

⑥ 이 밖에도 다른 정신장애와 지적장애가 성도착 행동에 관련되기도 한다.

> **오이디푸스 콤플렉스**
> 아들이 아버지에게는 적대적 감정과 거세공포를, 어머니에게는 무의식적인 성적 애착을 품는 것이다.

(4) 치료

① 일반적인 치료목표는 환자가 자신의 변태성욕장애를 인정하여 치료에 응하도록 하고, 성도착 행위의 피해자가 느낄 수 있는 고통과 불쾌감을 공감할 수 있도록 하는 것이다.

② 사회적 고립과 부적절한 대인관계를 개선하도록 유도하고, 성도착 행동이 유발되기 쉬운 상황을 인식하여 회피하는 방법을 비롯한 재발 예방 계획을 세우는 것이 중요하다.

CHAPTER 16 파괴적, 충동조절 및 품행장애

중요도 ★★★

핵심포인트
적대적 반항장애, 품행장애, 반사회성 성격장애, 간헐적 폭발장애, 병적도벽(도벽광), 병적방화(방화광)

파괴적, 충동조절 및 품행장애는 정서 및 행동에 대한 자기조절 문제와 관련이 있다. DSM-5의 분류기준에 의한 주요 하위유형으로서 적대적 반항장애, 간헐적 폭발장애, 품행장애, 반사회성 성격장애, 병적 도벽, 병적 방화 등이 있다.

01 적대적 반항장애 16 22 23 기출

(1) 개 념
① 지속적으로 부정적이며, 명령에 순종하지 않고, 부모나 선생님과 같은 권위적인 대상에게 적대적 행동을 보이는 것이 특징이다.
② 이 진단을 고려할 때 또래에서 보이는 정상적인 수준의 반항과 자기주장을 구분하는 것이 필요하다.
③ 주의력결핍 과잉행동 장애와 함께 나타나는 경우가 많다.
④ 적대적 반항장애를 품행장애가 있는 일부 청소년의 발달적 선행요인으로 간주하기도 한다.

(2) DSM-5 진단기준
① 분노와 과민한 기분, 논쟁적·반항적 행동, 보복적 양상이 적어도 6개월 이상 지속된다.
② 다음 중 적어도 4가지 이상 증상이 나타나고, 형제나 자매가 아닌 적어도 1명 이상 다른 사람과의 상호작용에서 나타난다.
  ㉠ 분노/과민한 기분
    • 자주 욱하고 화를 냄
    • 자주 과민하고 쉽게 짜증을 냄
    • 자주 화를 내고 크게 격분함
  ㉡ 논쟁적/반항적 행동
    • 권위자와의 잦은 논쟁
    • 자주 적극적으로 권위자의 요구를 무시하거나 규칙을 어김
    • 자주 고의적으로 타인을 귀찮게 함
    • 자주 자신의 실수나 잘못된 행동을 남의 탓으로 돌림

ⓒ 보복적 양상
- 지난 6개월 동안 적어도 두 차례 이상 앙심을 품음
③ 행동 장애가 개인 자신 또는 사회적 맥락에 있는 상대방에게 고통을 주며, 그 결과가 사회적·학업적·직업적 또는 다른 중요한 기능 영역에서 부정적인 영향을 미친다.

(3) 원인과 치료
① 구체적인 원인은 밝혀져 있지 않으나 부모와 자녀 간의 갈등이 중요한 역할을 하는 것으로 본다. 따라서 문제 행동을 보이는 아동만 치료하는 것이 아니라 가족 전체가 치료에 참여해야 한다.
② 한편으로는 아동의 자존감이 낮고, 발달이 미숙한 면이 있다는 점에서 개인 정신치료로 아동의 문제적 갈등과 부모에 대한 무의식적 공격성을 다뤄 올바른 방향으로 발달을 계속해나갈 수 있도록 돕는 것도 필요하다.

02 품행장애 15 16 18 19 21 23 기출

(1) 개념
① 품행장애는 공격성과 타인의 권리를 침해하는 것, 규칙을 지키지 않는 것을 특징으로 한다. 지나친 공격성으로 타인을 해치고, 자기 물건이나 남의 물건을 파괴하는 행동을 보이며, 사기나 도둑질을 하기도 한다. 또한 반드시 지켜야 할 규칙들을 빈번히 어긴다.
② 문제행동이 어린 나이에 시작되고, 문제행동의 수가 많은 경우에는 성인기에 반사회성 성격장애로 발전될 수 있다.
③ 유병률은 아동기에서 청소년기로 갈수록 증가한다.
④ 품행장애 증상이 약하고, 공존하는 정신병리가 없고, 지능이 정상인 경우 예후가 좋다.
⑤ 적대적 반항장애에 비해 더욱 증상이 심각하고, 정서의 문제라기보다 공격적 행동의 문제이지만, 정서 문제와 행동 문제가 동시에 심각하다면 적대적 반항장애와 동반 진단할 수 있다.

(2) DSM-5 진단기준 24 기출
① 다른 사람의 기본적인 권리를 침해하고, 사회 규범 및 규칙을 위반하는 지속적·반복적 행동 양상으로써, 다음 항목 가운데 3개 이상의 항목이 지난 12개월 동안 있어 왔고, 적어도 1개 이상의 항목이 지난 6개월 동안 있다.
㉠ 사람과 동물에 대한 공격성
- 다른 사람을 자주 괴롭히거나 위협함
- 신체적인 싸움을 자주 걺
- 다른 사람에게 심각한 신체적 손상을 입힐 수 있는 무기 사용
- 다른 사람에게 신체적으로 잔인하게 대함
- 동물에게 신체적으로 잔인하게 대함

- 피해자가 보는 앞에서 도둑질을 함
- 다른 사람에게 성적 활동을 강요함

ⓒ 재산 파괴
- 심각한 손상을 입히려는 의도로 고의적으로 불을 지름
- 다른 사람의 재산을 의도적으로 파괴함

ⓒ 사기 또는 절도
- 다른 사람의 집·건물 또는 자동차에 *무단침입함
- 어떤 물건을 얻거나 환심을 사기 위해 또는 목적을 갖고 거짓말을 자주 함
- 피해자와 대면하지 않은 상황에서 귀중품을 훔침

ⓔ 심각한 규칙 위반
- 부모의 제지에도 불구하고 13세 이전부터 자주 밤늦게까지 집에 들어오지 않음
- 부모와 같이 사는 동안 밤에 적어도 2회 이상 가출 또는 장기간 가출이 1회 있음
- 13세 이전에 무단결석을 자주 함

② 행동의 장애가 사회적, 학업적 또는 직업적 기능에 임상적으로 유의미한 고통이나 손실을 초래한다.
③ 18세 이상일 경우 반사회성 성격장애의 진단 기준에 맞지 않아야 한다.

> **DSM-5 원문관련**
>
> "다른 사람의 집·건물 또는 자동차에 무단침입함"
> (Has broken into someone else's house, building, or car).
> * 출처: DSM-5 원서
>
> 다른 사람의 집, 건물 또는 자동차를 '부숨/망가뜨림'이라고 해석한 수험도서들이 다수 있다.

(3) 원인
① 지나치게 엄한 부모의 훈육, 편부모와 같은 좋지 않은 가족환경, 부모의 훈육이나 지도가 너무 없는 경우가 원인이 될 수도 있다.
② 사회경제적으로 어려운 환경에 처해있는 것과 같은 사회심리적 요소도 중요한 원인 중 하나이다.
③ 생물학적 유전자와 아동학대의 경험이 상호작용하여 품행장애를 일으킨다는 주장도 제기된다.

(4) 치료
① 긍정적이고 사회적으로 용인되는 행동, 공격적인 언행이 아닌 적절한 말과 행동을 할 때 긍정적 피드백과 적절한 보상을 해주는 행동요법이 효과적이다.
② 치료자는 부모, 가족, 교사, 지역사회 등 다각적인 치료 프로그램으로 접근하는 것이 좋다. 사회기술훈련, 가족교육과 혼란스러운 가족 간의 갈등을 치유하는 가족치료를 병행한다.

> **지식 IN**
>
> **품행장애의 다중체계치료(Multisystemic Therapy)** 16 기출
> 현재 중심, 행동지향적 개입이 원칙이다. 사회생태학적 발달모형에 근거하고 있는 MST는 반사회적 행동의 결정인자를 개인, 가족, 지역사회의 3차원에서 밝혀줌으로써, 프로그램을 보호관찰이나 개인 심리치료와 같은 임상적 장면에서가 아니라 가정, 학교에서 실시하게 된다. 가족체계 치료와 행동치료의 치료전략을 사용하고, 비행청소년이 가진 기술과 또래, 학교, 이웃과 같은 가족 외적 영향도 다룬다.

03 반사회성 성격장애

반사회성 성격장애는 사회적 규범이나 타인의 권리를 무시하는 행동양상을 주된 특징으로 나타낸다. 성격장애의 한 유형범주에 포함되므로, 진단기준 및 내용은 '19장 성격장애'에 수록한다.

04 간헐적 폭발장애 15 17 22 23 기출

(1) 개념
① 공격적 충동이 조절되지 않아 심각한 파괴적 행동으로 나타나게 되는 경우로 보통 행동 폭발이 30분 이내로 나타난다.
② 자극사건이나 심리사회적 스트레스에 비해 공격성의 정도가 지나치게 높고, 전형적으로 행동폭발을 유발하지 않는 자극에도 충동적으로 행동한다.
③ 공격적 발작을 하듯이, 폭발적인 행동을 하기 전에 긴장감이나 각성상태를 먼저 느끼고, 행동을 하고 나서는 즉각적인 안도감을 느낀다. 그렇지만 곧이어 공격적 행동으로 인해 동요하고 후회하며 당혹스러움을 느끼게 된다.
④ 장애로 인하여 직업상실, 학교적응 곤란(정학), 이혼, 대인관계의 문제, 사고, 입원, 투옥 등을 겪을 수 있다.
⑤ 아동기 후반 또는 청소년기에 시작된다.

(2) DSM-5 진단기준
① 공격적 충동을 조절하지 못하여 반복적으로 행동폭발을 나타내고, 다음 항목 중 1가지를 보인다.
　㉠ 언어적 공격성 또는 재산·동물·타인에게 가하는 신체적 공격성이 3개월 동안 주 2회 이상 발생(재산 피해나 재산 파괴를 초래하지 않으며, 동물·사람에게 상해를 입히지 않는다)
　㉡ 재산 피해 또는 동물이나 사람에게 상해를 입힐 수 있는 신체적 폭행을 포함하는 폭발적 행동을 12개월 이내에 3회 보임
② 반복적 행동폭발 동안 표현된 공격성의 정도는 스트레스 요인에 의해 촉발되는 정도를 심하게 넘어선 것이다.
③ 반복되는 공격적 행동폭발은 미리 계획된 것이 아니며, 유형적인 대상에만 한정된 것이 아니다.
④ 반복되는 공격적 행동폭발은 개인에게 심리적 고통을 유발하거나, 직업적 또는 대인관계 기능에 손상을 주거나, 경제적 또는 법적 문제와 관련된다.
⑤ 생활연령은 적어도 6세 이상이어야 진단이 가능하다.

(3) 원인과 치료

① 정확한 원인으로 밝혀진 것은 없지만, 가족의 분위기가 폭력적일 경우 또는 어린 시절 학대를 받거나 무시당한 경우를 주요 원인으로 본다.

② 심리적인 방법으로는 과거에 누적된 분노나 적개심을 비공격적인 방법으로 표출하고, 심리사회적 스트레스에 대해 인내력을 증대시키는 방법이 도움이 될 수 있다.

③ 변연계 이상 등 신경생물학적 요인이 관여될 수 있다.

④ 리튬, *카바마제핀, 벤조디아제핀 등이 효과를 나타낸다는 보고가 있으며, 최근 세로토닌이 공격행동과 관련된다는 연구에 근거하여 세로토닌 재흡수를 차단하는 약물이 효과적이라고 제안되고 있다.

> ✅ **카바마제핀**
> 삼차신경통, 대발작성 등의 간질 및 분열병의 치료제를 말한다.

05 병적도벽(도벽광) 15 23 24 기출

(1) 개념

① 경제적 필요 때문에 훔치는 것이 아니라, 남의 물건을 훔치고 싶은 충동을 참지 못해 반복적으로 도둑질을 하는 경우를 말하며, '절도광'이라고도 한다.

② 이들은 '훔치는 물건'보다는 '훔치는 행위'가 중요하며, 그러한 행위를 하면서 느끼는 긴장감·만족감에 대한 유혹을 통제하지 못한다. 절도욕구에 대해서 불편해하고 발각되는 것에 대한 두려움을 지니지만, 절도행위 후의 만족감이 더 크기 때문에 절도행위를 반복한다.

③ 보통 청소년 후기 무렵에 발병되고 훔치기 직전에 긴장감이 고조된다.

(2) DSM-5 진단기준

① 개인적으로 쓸모가 없거나 금전적으로 가치 없는 물건을 훔치려는 충동을 저지하는 데 반복적으로 실패한다.

② 훔치기 직전에 고조되는 긴장감이 나타난다.

③ 훔쳤을 때의 기쁨, 만족감 또는 안도감이 있다.

④ 훔치는 행위는 분노나 복수 또는 망상이나 환각에 대한 반응이 아니다.

⑤ 훔치는 행위가 품행장애, 조증삽화 또는 반사회성 성격장애로 더 잘 설명되지 않는다.

(3) 원인과 치료

① 생물학적 입장에서는 뇌의 특정부분의 손상이나 신경학적 기능이상으로 나타난다고 본다.

② 정신분석적 입장에서는 아동기에 잃어버린 애정과 쾌락에 대한 대체물을 추구하는 행위로 본다.

③ 도벽증 환자에 대한 정신역동적 치료의 사례들이 보고되고 있으며, 체계적 둔감법, 혐오적 조건형성, 사회적 강화요인의 변화 등을 통한 행동치료가 유용한 것으로 보고되고 있다.

06 병적방화(방화광) 23 기출

(1) 개념
① 불을 지르고 싶은 충동을 조절하지 못해 반복적으로 방화를 하는 경우를 말한다.
② 방화광을 지닌 사람들은 불을 지르기 전에 긴장이나 흥분이 된다. 불을 지르거나 남이 불을 지르는 것을 볼 때 기쁨이나 만족감 또는 안도감을 느낀다.
③ 방화를 하기 위해 사전에 충분히 준비한다.
④ 방화로 인한 인명피해나 재산파괴 등에 무관심할 수 있다.

(2) DSM-5 진단기준 16 기출
① 1회 이상의 고의적이고 목적 있는 방화 행위를 한다.
② 방화 행위 전의 긴장 또는 정서적 흥분이 나타난다.
③ 불과 연관된 상황적 맥락에 대한 매혹, 흥미, 호기심을 가지고 있다.
④ 불을 지르거나 불이 난 것을 목격하거나 참여할 때 기쁨, 만족 또는 안도감을 보인다.
⑤ 방화는 금전적 이득, 사회·정치적 신념의 표현, 범죄행위 은폐, 분노나 복수심의 표현, 생활환경 개선, 망상이나 환각에 대한 반응, 손상된 판단력의 결과, 물질 중독에 기인한 것이 아니다.
⑥ 방화 행위는 품행장애, 조증삽화 또는 반사회성 성격장애로 더 잘 설명되지 않는다.

(3) 원인과 치료
① 정신분석적 입장은 성적 욕구를 해소할 수 있는 대체수단으로 불을 지른다고 본다.
② 뇌의 기능적 결함으로 방화광이 나타날 수 있다고 보기도 한다.
③ 다른 충동통제 장애와 마찬가지로, 정신역동치료나 행동치료에 대한 치료사례가 보고되고 있다.

CHAPTER 17 물질 관련 및 중독 장애

중요도 ★★★

핵심포인트
물질 관련 장애(알코올 관련 장애, 기타 각종 물질 관련 장애), 비물질 관련 장애(도박장애)

01 물질 관련 장애 15 16 23 기출

(1) 개 념
① 물질 관련 장애는 술, 담배, 마약 등과 같은 물질이나 약물을 복용하여 생겨나는 다양한 심리적 문제를 뜻한다.
② 물질 관련 장애는 크게 '물질사용장애'와 '물질유발장애'로 구분된다.
③ 물질 관련 장애를 일으키는 물질로는 알코올, 담배, 카페인, 흡입제, 아편계, 자극제, 환각제, 대마계 칸나비스, 진정제, 수면제 또는 항불안제가 있다.

(2) 물질사용장애 14 기출
① 개 념
특정한 물질의 반복사용으로 인해 그 물질에 종속되어 생겨나는 다양한 문제를 말한다.
② 종 류

물질의존	특정한 물질을 반복적으로 사용하면 점점 더 많은 양을 복용해야만 전과 같은 효과를 얻게 되는 내성이 생겨나고, 그 물질을 끊으면 매우 고통스러운 상태가 나타나는 금단증상을 경험하게 되는 경우를 말한다. 따라서 점점 복용량이 늘어나고, 이러한 물질을 구하기 위해 과도한 시간적·경제적 투자를 하게 됨으로써 심각한 현실적 문제가 발생하게 된다.
물질남용	물질의 과도한 섭취로 인해 학업, 직업, 가정에서 자신의 역할을 수행하지 못하고 폭력적인 행동을 하거나 법적 문제를 반복적으로 야기하는 경우를 뜻한다.

> **지식 IN**
>
> **중독성 물질의 분류** 15 16 20 21 기출
> - 흥분제 : 코카인, 암페타민(필로폰), 카페인, 니코틴
> - 진정제 : 알코올, 아편, 모르핀, 헤로인, 벤조다이아제핀, 바비튜레이트
> - 환각제 : LSD, 메스칼린(Mescaline), 대마초, 살로사이빈, 엑스터시(Ecstasy), 펜시클리딘(Phencyclidine)
> - 아편유사제(Opioids) : 아편, 코데인, 펜타닐, 헤로인, 하이드로 코데인, 메사돈, 모르핀 등

(3) 물질유발장애

① 개 념

물질유도 장애는 과도한 또는 지속적인 물질복용으로 인해 파생된 부적응적인 행동변화를 뜻한다. 이러한 행동변화에는 여러 가지 양상이 있으며, 물질에 따라 각기 다른 증상이 나타난다.

② 종 류

물질중독	물질복용으로 일시적으로 나타나는 부적응적 증상군
물질금단	물질복용을 중단함으로써 나타나는 증상군
물질약물 유도성 정신장애	물질복용으로 생겨나는 다양한 정신장애들(물질 유도성 섬망, 치매, 정신증, 기분장애, 불안장애, 성기능장애, 수면장애 등)

02 물질 관련 장애의 종류

(1) 알코올 관련 장애

① 개 념 14 19 기출

㉠ 알코올로 인한 임상적으로 유의미한 손상이나 고통을 일으키는 것을 말한다.

㉡ 기억 상실, 지각적 결함, 주도성의 결여, *작화증과 같이 주로 인지적인 기능 손상을 일으키는 코르사코프 증후군과 베르니케병, 태아 알코올 증후군 등이 발생한다.

㉢ 하위유형으로 알코올사용장애, 알코올 중독, 알코올 금단 등이 있다.

✓ **작화증**
자신이 기억하지 못하는 것을 마치 있었던 것처럼 확신을 갖고 말하거나, 사실을 위장·왜곡하는 병적인 증상을 말한다.

> **지식 IN**
>
> **코르사코프 증후군(Korsakoff Syndrome)**
> - 1887년 러시아의 정신병리학자인 코르사코프에 의해 제기된 것으로, 건망증, 기억력 장애, 작화증 등의 증상을 특징으로 한다.
> - 지속적인 알코올 사용으로 인해 중추신경계에 손상이 발생하면서 기억력, 판단력, 주의력 등에 이상이 생기는 질병이다.
> - 새로운 경험을 기억하지 못하는 알코올성 기억장애에 해당하며, 기억 기능을 담당하는 해마가 손상되어 발생하는 것으로 알려져 있다.

② 알코올사용장애 <u>18</u> 기출
  ㉠ 개념
    • 알코올 사용 양상이 임상적으로 심각한 기능손상이나 고통을 유발하는 것을 말한다.
    • 유전요인을 포함한 생물학적·심리적·사회적 요인들이 상호 작용하여 나타나는 다요인적인 질환이다.
    • 각종 질병의 발생 위험성을 높이는 건강상의 문제를 유발할 뿐만 아니라, 비행, 자살, 차량 사고, 살인 등 사회문제를 일으키는 직접적인 동기가 되는 질환이다.
    • 가정의 경제적 곤란, 배우자 학대, 자녀 양육의 악영향 등 가족의 기능장애를 초래한다.
  ㉡ DSM-5 진단기준
    다음 중 2개 이상이 12개월 사이에 나타난다.
    • 알코올을 예상했던 것보다 더 많은 양 또는 더 오랜 기간 마신다.
    • 알코올 사용을 줄이거나 통제하려는 지속적인 노력을 기울이지만 매번 실패한다.
    • 알코올을 획득하고 사용하여 그 효과로부터 회복하는 데 많은 시간을 허비한다.
    • 알코올을 마시고 싶은 갈망이나 강렬한 욕구를 지닌다.
    • 반복적인 알코올 사용으로 인해 직장, 학교나 가정에서 주된 역할과 의무를 수행하지 못한다.
    • 알코올의 효과에 의해서 초래되거나 악화되는 사회적 또는 대인관계적 문제가 반복됨에도 불구하고 지속적으로 알코올을 사용한다.
    • 알코올 사용으로 인해서 중요한 사회적·직업적 또는 여가 활동이 포기되거나 감소된다.
    • 신체적 위험이 존재하는 상황에서도 반복적으로 알코올을 사용한다.
    • 알코올에 의해서 초래되거나 악화될 수 있는 지속적인 신체적 또는 심리적인 문제가 있음을 알면서도 알코올 사용을 계속한다.
    • 내성이 나타난다(중독이 되거나 현저하게 증가된 양의 알코올 필요, 같은 양의 알코올을 지속적으로 사용함에도 현저하게 감소된 효과).
    • 금단증상이 나타난다(알코올의 특징적인 금단증후군이 나타나고, 금단증상을 감소·회피하기 위해서 알코올 관련 물질을 취한다).

③ 알코올 중독
  ㉠ 개념
    • 과도하게 알코올을 섭취하여 심하게 취한 상태에서 부적응적 행동을 특징으로 한다.
    • 지속적인 알코올 사용으로 인해 중추신경계에 손상이 발생하면서 기억력, 판단력, 주의력 등에 이상이 생긴다.
  ㉡ DSM-5 진단기준
    • 최근 알코올 섭취가 있고, 알코올 섭취 동안 임상적으로 심각한 문제적 행동 변화 및 심리 변화가 있다.
    • 알코올 섭취 동안 또는 그 직후에 다음 증상 중 1가지가 나타난다.
      - 불분명한 언어, 운동 실조, 불안정한 보행, 안구진탕, 집중력·기억력 손상, 혼미 또는 혼수
    • 증상은 다른 의학적 상태로 인한 것이 아니며, 다른 물질 중독을 포함한 다른 정신질환으로 더 잘 설명되지 않는다.

④ 알코올 금단
　㉠ 개 념
　　• 지속적으로 마시던 알코올을 중단했을 때 나타나는 여러 가지 신체적 또는 심리적 증상을 말한다.
　　• 증상은 알코올의 혈중농도가 급속히 감퇴될 때(즉, 4~12시간 이내) 전형적으로 시작되는 것이 대부분이나, 며칠 후에 나타나는 경우도 있다. 대개 알코올 금단증상은 금주 후 이틀째 그 강도가 절정을 이루고, 4~5일에는 두드러지게 개선된다. 급성 금단기가 지난 후 불안증상이나 불면증, 자율신경계 기능저하의 강도가 약하기는 하지만 3~6개월 동안 지속될 수 있다.
　㉡ DSM-5 진단기준
　　• 장기적으로 섭취하던 알코올을 중단한 지 수 시간 또는 수일 이내 다음 중 2가지 이상 증상이 나타난다.
　　　- 자율신경계 기능항진, 손떨림 증가, 불면증, 오심 또는 구토, 일시적인 환각 또는 착각, 정신운동 초조증, 불안, 대발작
　　• 증상은 사회적·직업적 또는 다른 중요한 기능 영역에서 임상적으로 유의미한 고통이나 손상을 초래하고, 다른 의학적 상태로 인한 것이 아니다.

⑤ 치 료 18 기출

입원치료	일상생활에 많은 지장을 줄 경우 입원이 필요하다.
약물치료	진정제, 최면제, 수면제 등은 보조적 역할이며, 근본적인 치료는 아니다.
심리치료	스트레스 대처훈련, 사회적 기술훈련, 의사소통훈련, 감정표현훈련, 자기주장훈련, 부부관계 증진훈련 등을 통해 심리적 갈등을 완화하는 기술을 습득시켜, 물질에 대한 의존도를 약화한다.
행동치료	혐오치료, 대체치료 등을 사용한다.
집단치료	AA(알코올 중독자들) 등의 자조집단을 통한 치료가 효과적이다.

(2) 기타 각종 물질 관련 장애
① 물질 관련 장애 하위유형 16 23 기출

카페인 관련 장애	카페인 중독, 카페인 금단, 기타 카페인으로 유발된 장애, 명시되지 않은 카페인 관련 장애
대마계 (칸나비스) 관련 장애	대마사용장애, 대마 중독, 대마 금단, 기타 대마로 유발된 장애, 명시되지 않은 대마 관련 장애
아편계 관련 장애	아편계 사용장애, 아편계 중독, 아편계 금단, 기타 아편계로 유발된 장애, 명시되지 않은 아편계 관련 장애
담배(타바코) 관련 장애	담배사용장애, 담배 금단, 기타 담배로 유발된 장애, 명시되지 않은 담배 관련 장애
환각제 관련 장애	펜시클리딘 사용장애, 기타 환각제 사용장애, 펜시클리딘 중독, 기타 환각제 중독, 환각제 지속성 지각장애, 기타 펜시클리딘으로 유발된 장애, 기타 환각제로 유발된 장애, 명시되지 않는 펜시클리딘 관련 장애, 명시되지 않은 환각제 관련 장애
흡입제 관련 장애	흡입제 사용장애, 흡입제중독, 기타 흡입제로 유발된 장애, 명시되지 않은 흡입제 관련 장애

진정제, 수면제, 항불안제 관련 장애	진정제·수면제·항불안제 사용장애, 진정제·수면제·항불안제 중독, 진정제·수면제·항불안제 금단, 기타 진정제·수면제·항불안제로 유발된 장애, 명시되지 않은 진정제·수면제·항불안제 관련 장애
자극제 관련 장애	자극제 사용장애, 자극제 중독, 자극제 금단, 기타 자극제로 유발된 장애, 명시되지 않은 자극제 관련 장애

② 카페인·환각제·흡입제 장애의 진단기준 **14 기출**

카페인	카페인 중독은 250mg 이상의 카페인을 섭취했을 때, 다음 중 5개 이상의 증후가 나타나고, 사회적·직업적 또는 다른 중요한 기능영역에서 현저한 고통이나 장애를 유발하는 경우를 말한다. ① 안절부절못함 ② 신경과민 ③ 흥분 ④ 불면 ⑤ 안면홍조 ⑥ 이뇨 ⑦ 위장관계장애 ⑧ 근육연축 ⑨ 두서없는 사고와 언어의 흐름 ⑩ 빈맥 또는 심부정맥 ⑪ 지칠 줄 모름 ⑫ 정신운동성 초조
환각제	환각제 사용 또는 그 직후 다음 징후 가운데 2개 이상이 나타난다. ① 동공산대 ② 빈맥 ③ 발한 ④ 가슴 두근거림 ⑤ 시야혼탁 ⑥ 떨림 ⑦ 운동조정곤란
흡입제	휘발성 흡입제 사용 도중, 사용 직후 또는 노출 이후에 심각한 부적응적 행동변화나 심리적 변화가 나타나고 다음과 같은 증상이 2개 이상 나타난다. ① 현기증 ② 안구진탕증 ③ 운동조정 곤란 ④ 불분명한 언어 ⑤ 불안정한 보행 ⑥ 기면 ⑦ 반사의 감소 ⑧ 정신 운동성 지연 ⑨ 떨림 ⑩ 전반적인 근육약화 ⑪ 시야 혼탁이나 복시 ⑫ 혼미나 혼수 ⑬ 다행감

③ 진정제, 수면제, 항불안제 장애의 진단기준

중독의 진단	진정제, 수면제, 항불안제 물질의 사용 도중 또는 그 직후에 아래 징후들 가운데 1개(또는 그 이상)가 나타난다. ① 불명료한 발음 ② 운동조정곤란 ③ 불안정한 보행 ④ 안구진탕 ⑤ 주의력 장애 및 기억력 장애 ⑥ 혼미나 혼수
금단의 진단	심하게 지속적으로 사용해오던 진정제, 수면제, 항불안제 사용의 중단 또는 감량 이후 몇 시간에서 며칠 내에 다음의 항목 가운데 2개 이상이 나타난다. ① 자율신경계 항진 ② 손 떨림의 증가 ③ 불면 ④ 오심 또는 구토 ⑤ 일시적인 시각적·촉각적·청각적 환각이나 착각 ⑥ 정신운동성 초조 ⑦ 불안 ⑧ 대발작 경련

④ 자극제 관련 장애의 진단기준

자극제는 암페타민과 코카인을 비롯한 중추신경계를 자극하는 물질을 말한다.

중독의 진단	자극제의 사용 중 또는 그 직후에 다음 증상 가운데 2개 이상이 나타난다. ① 빈맥 또는 서맥 ② 동공산대 ③ 혈압 상승 또는 하강 ④ 발한 또는 오한 ⑤ 오심 또는 구토 ⑥ 체중감소의 증거 ⑦ 정신 운동성 초조 또는 지연 ⑧ 근육 약화, 호흡 억제, 흉통, 심부정맥 ⑨ 의식 혼란, 경련, 운동실조, 근육긴장 이상증
금단의 진단	자극제 사용 중단한 몇 시간 내지 며칠 내에 불쾌한 기분이나 다음의 생리적 변화 가운데 2개 이상이 발생한다. ① 피로 ② 생생하고 기분 나쁜 꿈 ③ 불면 또는 수면 과다 ④ 식욕 증가 ⑤ 정신운동성 지연 또는 초조

지식 IN

DSM-5 담배사용장애와 담배금단 진단기준

담배사용장애	지난 12개월 동안 임상적으로 중대한 장해나 괴로움에 이르는 문제성 담배사용 패턴으로 다음 항목 중 2개 이상이 나타난다. • 원래 의도했던 것보다 더 많이 더 오래 담배를 피운다. • 담배사용을 줄이거나 조절하려는 계속적인 욕구가 있거나 이를 위한 노력에도 실패한다. • 담배를 구하거나 피우는 데 필요한 활동에 많은 시간을 보낸다. • 갈망 혹은 담배사용에 대한 강력한 욕구나 충동을 느낀다. • 반복적인 담배사용으로 인해 직장, 학교, 가정에서의 주요한 역할을 못 한다. • 담배로 인해 지속적, 반복적으로 신체적·심리적 문제가 유발되거나 악화될 가능성이 높다는 것을 알면서도 계속 담배를 사용한다. • 담배 사용으로 사회적·직업적·여가 활동을 포기하거나 줄인다. • 신체적으로 해가 되는 상황에서도 반복적으로 담배를 사용한다.
담배금단	• 적어도 수 주간 매일 담배 사용한다. • 담배사용의 갑작스러운 중단이나 양을 줄였을 때 다음 증상 중 4개 이상이 24시간 이내에 나타난다 (①과민성, 좌절 또는 화 ②불안 ③집중곤란 ④식욕 증가 ⑤안절부절 ⑥우울기분 ⑦불면). • 위의 증상들이 사회적·직업적 혹은 중요한 기능 영역에서 임상적으로 유의한 고통 또는 손상을 초래한다. • 위의 증상들이 다른 의학적 상태로 인한 것이 아니며, 다른 물질중독 및 금단을 포함하는 다른 정신장애로 더 잘 설명되지 않는다.

⑤ 치료
　㉠ 치료의 전제조건
　　• 치료에 대한 본인의 강한 의지가 있어야 한다.
　　• 물질에 대한 중독 및 의존도가 상대적으로 낮을 시 치료의 가능성이 높다.
　　• 개입자가 전문성을 가지고 있어야 한다.
　㉡ 정신분석적 치료방법 : 정신분석적 입장에서는 치료과정은 물질로 인한 장애를 겪고 있는 사람이 자신의 무의식적 동기와 갈등을 알아가는 과정이라고 본다. 정신분석적 입장에서는 현재보다 과거의 사건들에 관심을 두며 치료기법은 다음과 같다.

자유연상	편안하게 누운 상태에서 아무런 억제나 논리적 판단 없이 마음속에 떠오르는 생각을 그대로 솔직하게 이야기하는 방법이다.
꿈의 분석	꿈속에서 나타나는 주제와 내용을 분석하여 무의식적인 갈등을 찾아가는 방법이다.
전이분석	내담자가 치료과정에서 치료자에게 나타내는 전이현상을 분석한다.
저항분석	치료과정에서 나타나는 내담자의 비협조적이고 저항적인 행동의 의미를 분석한다.

　㉢ 행동주의적 접근방법 : 행동주의적 치료방법에서는 잘못된 학습에 의해 형성된 이상행동을 제거하거나, 적응적 행동을 학습시켜 대체하게 하고자 노력한다.

소 거	물질을 반복적으로 찾도록 강화하는 요인을 제거한다.
혐오적 조건형성	물질을 찾는 행동을 할 때 불쾌한 자극을 줌으로써 그 행동을 억제하는 방법이다.
체계적 둔감법	단계적 노출을 통하여 부적응적 증상을 제거하는 방법으로 불안장애 등에 효과적이다.

ⓔ 생물학적 치료 : 생물학적 입장에서는 물질장애를 하나의 질병으로 보고 치료한다.

약물치료	항우울증 약물 등을 사용하여 증상을 변화시키려는 방법이다.
전기충격치료	뇌에 일정한 강도의 전기충격을 가하여 심리적 증상의 호전을 유발하기 위한 방법이다.
뇌절제술	극단적인 경우 이외에는 사용하지 않는다.

03 비물질 관련 장애(도박장애) 14 15 16 17 18 기출

(1) 개 념
① 노름이나 도박을 하고 싶은 충동으로 반복적인 도박을 하게 되는 정신장애로, 남성이 여성보다 유병률이 더 높다.
② 무기력, 죄책감, 불안, 우울감을 느낄 때 도박에 집착하는 경향이 있고, 도박을 줄이거나 중단하려고 할 때 안절부절못하고 짜증을 내기도 한다.
③ 돈을 딸 수 있다는 낙관주의에 빠져 있을 수 있다.
④ 도박중독자는 도박문제 이외에 흔히 재정적 문제와 법적 문제도 함께 갖고 있다.
⑤ 병적 도박자들은 도박을 하면서 엄청난 스트레스를 받기 때문에, 스트레스로 인한 고혈압이나 소화성 궤양, 편두통과 같은 증상을 동반하기도 한다.

(2) DSM-5 진단기준
① 다음 중 4개 이상의 항목에 해당하는 도박행동이 12개월 동안 지속적이고 반복적으로 일어나서 사회적·직업적 부적응을 초래한다.
  ㉠ 돈의 액수가 커질수록 더 흥분감을 느끼기 때문에 액수를 계속 늘리면서 도박하려는 욕구가 있다.
  ㉡ 도박행동을 줄이거나 그만두려고 시도할 때 안절부절못하거나 신경이 과민해진다.
  ㉢ 스스로 도박행동을 조절하거나 줄이거나 중지하려는 노력이 거듭 실패로 돌아간다.
  ㉣ 도박에 집착한다.
  ㉤ 무기력감, 죄책감, 불안감, 우울감 등과 같은 정신적 문제에 부딪혔을 때, 여기에서 탈출하기 위한 수단으로 도박을 하거나 불쾌한 기분을 가라앉히기 위한 수단으로 도박을 한다.
  ㉥ 도박으로 돈을 잃고 나서 이를 만회하기 위해 다음날 다시 도박을 한다.
  ㉦ 자신이 도박에 빠져 있는 정도를 숨기기 위해서 가족들, 치료자, 다른 사람들에게 거짓말을 한다.
  ㉧ 도박으로 인해서 중요한 대인관계가 위태로워지거나, 직업상이나 교육상의 기회, 출세의 기회를 잃어버리게 된다.
  ㉨ 도박으로 인한 절망적인 경제 상태에서 벗어나기 위해 다른 사람에게 돈을 빌린다.
② 도박행동이 조증 삽화로 더 잘 설명되지 않는다.

(3) 원인
① 정신역동적 입장에서는 병적 도박증을 오이디푸스 갈등과 관련하여 공격적이거나 성적인 에너지를 방출하려는 욕구가 무의식적으로 대치된 것이라고 본다.
② 학습이론에서는 다른 사람의 도박행동에 대한 모방학습과 간헐적으로 돈을 따는 강화에 의해서 병적 도박증이 유발되고 지속된다고 설명한다.
③ 인지적 입장에 따르면, 병적 도박증을 지닌 사람은 자신이 돈을 따게 될 주관적 확률을 객관적 확률보다 현저히 높게 평가하는 낙관적 성향을 지니며, 비현실적이고 미신적인 인지적 왜곡을 나타낸다.
④ 유전적 소인의 영향을 시사하는 결과들이 보고되고, 호르몬 분비나 세로토닌 같은 신경전달물질이 도박행동을 증가시킨다는 연구 결과도 있다.

(4) 치료 18 기출
① 병적 도박은 원인이 다양한 만큼 치료법도 다양하게 제시되지만, 치료가 매우 어렵고 재발률이 높다. 도박광들은 대부분 자발적으로 치료를 받으려 하지 않으며, 가족이나 법원에 의해서 강제로 치료에 응하는 경우가 많다.
② 치료기법

행동치료적 기법	• 도박에 대한 매혹을 제거하고 오히려 혐오감을 형성함으로써, 도박을 멀리하게 하는 혐오적 조건형성이 사용되기도 한다. • 아울러 도박에 자꾸 빠져들게 하는 무의식적인 동기에 대한 통찰을 유도하는 정신역동적 치료가 적용되기도 한다.
약물치료	클로피라민이나 세로토닌 억제제가 병적 도박에 효과적이라는 주장이 있다.
기타	• 집단치료와 병적 도박자들이 도박의 유혹을 극복하도록 돕는 자조모임인 GA(Gamblers Anonymous)가 회복에 도움이 된다. • 병적 도박의 증세가 심각하거나 자살에 대한 위험성이 있을 때는 입원치료를 고려해야 한다.

CHAPTER 18 신경인지장애

중요도 ★★★

핵심포인트
주요 신경인지장애, 경도 신경인지장애, 섬망

뇌의 손상으로 인해 의식, 기억, 언어, 판단 등 인지적 기능이 결손된 경우이다. 노년기에 나타나는 가장 대표적인 정신장애로, 60세 이상에서의 유병률은 연령의 증가에 따라 높아지는 경향이 있다. 심각도에 따라 주요 신경인지장애, 경도 신경인지장애, 섬망으로 분류되며, 인지 수행의 현저한 손상이 표준화된 신경심리검사 또는 다른 정량적 임상평가에 의해 입증될 때 장애로 진단된다.

01 주요 신경인지장애 기출

(1) 개 념
① 한 가지 이상의 인지적 영역에서 과거의 수행수준에 비해 심각한 인지적 저하가 나타나는 경우이다.
② 주요 신경인지장애는 알츠하이머 질환, 뇌혈관 질환, 충격에 의한 뇌손상, HIV감염, 파킨슨 질환 등과 같은 다양한 질환에 의해 유발될 수 있으며, 원인에 따라 다양한 하위유형으로 구분된다.
③ 주요 신경인지장애의 원인인 혈관질환과 알츠하이머병의 경우, 인지 저하의 진행 속도는 각각 다르며, 알츠하이머병으로 인한 경우는 서서히 시작되고 점진적으로 진행된다.
④ 일련의 증상이 급격하고 갑자기 나타나며, 그 원인을 제거하면 증상이 갑자기 사라지는 경우가 많다.
⑤ 주요 신경인지장애에서 인지 저하는 본인이 인식하지 못할 수 있다.

(2) DSM-5 진단기준

① 이전 수행 수준에 비해 1가지 이상 인지영역에서 인지 저하가 현저하다는 증거가 다음에 근거한다.
　㉠ 환자 또는 환자를 잘 아는 사람이 현저한 인지 기능 저하를 걱정함
　㉡ 인지 수행의 현저한 손상이 표준화된 신경심리 검사 또는 다른 정량적 임상평가에 의해 입증됨
② 인지 결손은 독립적인 일상 활동을 방해한다.
③ 인지 결손은 섬망만 있는 상황에서 발생하는 것이 아니고, 다른 정신질환으로 더 잘 설명되지 않는다.
④ 병인에 따라 알츠하이머병, 전두측두엽 변성, 루이소체병, 혈관 질환, 외상성 뇌손상, 물질/치료약물 사용, HIV 감염, 프라이온병, 파킨슨병, *헌팅턴병, 다른 의학적 상태, 다중 병인 등으로 명시한다.

> ✅ **헌팅턴병**
> 유전성 뇌질환으로서, 성격변화와 치매를 보이는 질환을 말한다.

02 경도 신경인지장애 20 22 23 기출

(1) 개념

① 주요 신경인지장애에 비해 증상의 심각도가 경미한 경우를 말한다.
② 인지기능이 과거 수행수준에 비해 상당히 저하되었지만, 이러한 인지 저하로 인해 일상생활을 독립적으로 영위할 수 있는 능력이 저해되지는 않는다.
③ 주요 신경인지장애처럼 알츠하이머 질환, 뇌혈관 질환, 충격에 의한 뇌손상, HIV감염, 파킨슨 질환 등과 같은 다양한 질환에 의해 유발될 수 있다.

(2) DSM-5 진단기준

① 이전 수행 수준에 비해 1가지 이상 인지영역에서 인지 저하가 경미하게 있다는 증거가 다음에 근거한다.
　㉠ 환자 또는 환자를 잘 아는 사람이 현저한 인지 기능 저하를 걱정함
　㉡ 인지 수행의 경미한 손상이 표준화된 신경심리 검사 또는 다른 정량적 임상평가에 의해 입증됨
② 인지 결손은 독립적인 일상 활동을 방해하지 않는다.
③ 인지 결손은 섬망만 있는 상황에서만 발생하는 것이 아니고, 다른 정신질환으로 더 잘 설명되지 않는다.
④ 병인에 따라 알츠하이머병, 전두측두엽 변성, *루이소체병, 혈관 질환, 외상성 뇌손상, 물질/치료약물 사용, HIV 감염, 프라이온병, 파킨슨병, 헌팅턴병, 다른 의학적 상태, 다중 병인 등 명시한다.

> ✅ **루이소체**
> 여러 장애환자들의 신경세포 내에서 발달하는 비정상적인 단백질 집합체를 말한다.

> **지식 IN**
>
> **신경인지영역과 평가과제** 21 기출
> - 지속적 주의 : 특정 물체나 행위에 집중을 유지하는 능력을 말한다. 따라서 지속적 주의 평가 과제는 시간이 흐르는 동안 주의를 유지하는 능력을 평가하는 것이다.
>   예 일정한 시간 동안 특정 신호가 들릴 때마다 버튼 누르기
> - 인지적 유연성 : 예기치 않은 상황이나 갑자기 변경된 새로운 상황에서 행동과 사고가 적응하기 위한 능력을 말한다. 인지적 유연성 평가 과제는 두 개의 개념, 과제, 반응 규칙들 사이에서 전환(재구성)하는 능력을 평가한다.
>   예 숫자에서 글자로, 언어적 반응에서 키를 눌러 반응하기로, 숫자 더하기에서 숫자를 순서대로 하기로 전환하기
> - 분할주의 : 한 번에 두 개 이상의 과제 수행 시 이를 조정하기 위해 적절한 주의 자원을 배분하는 것이다. 분할주의 평가 과제는 동일한 시간 내에 2가지 과제에 주의를 기울이는 능력을 측정한다.
>   예 읽어주는 이야기를 습득하는 동안 손가락을 빠르게 두드리기
> - 작업기억 : 감각기관을 통해 입력된 정보를 단기적으로 기억하며, 능동적으로 이해하고 조작하는 과정으로 문장을 이해하거나 문제풀이 작업이 이루어진다. 작업 기억 평가 과제는 단기간 정보를 유지하고 그것을 다루는 능력을 평가한다.
>   예 일련의 숫자 · 단어 등을 거꾸로 따라 하기, 숫자목록 더하기
> - 감정의 인식 : 감정의 표현이나 행동이 사회적으로 허용하는 수준을 벗어나거나 사회적 기준에서 얼마나 둔감한지 평가한다.
>   예 여러 표정 가운데 행복, 슬픔, 분노 등의 하나의 감정을 선택하는 감정 구별 과제

03 섬 망 18 20 22 기출

(1) 개 념

① 섬망은 주의 장애와 의식 장애를 주된 특징으로 하며, 부가적 인지장애가 나타난다.
② 흔히 수면-각성 주기의 장애를 보이며, 의식이 혼미해지고 현실감각이 급격히 혼란되어 시간과 장소에 대한 인식의 장애가 나타난다. 또한, 주위를 알아보지 못하고 헛소리를 하거나 손발을 떠는 증상들이 나타난다.
③ 섬망의 유병률은 노인에게서 가장 높다.
④ 단기간에 발생하여 악화되며, 하루 중에도 그 심각도가 변동된다.
⑤ 이러한 증상이 과도한 약물복용이나 신체적 질병의 직접적 결과로 발생한 것이라는 명백한 근거가 있을 때 진단된다.
⑥ 일련의 증상이 급격하게 갑자기 나타나고, 그 원인을 제거하면 증상이 갑자기 사라지는 경우가 많다.
⑦ 섬망에 수반된 지각장애는 오해, 착각 또는 환각을 포함한다.

(2) DSM-5 진단기준
  ① 주의 장애와 의식의 장애를 주된 특징으로 한다.
     ㉠ 주의 장애 : 주의를 기울이고, 집중, 유지 및 전환하는 능력 감소
     ㉡ 의식 장애 : 환경에 대한 지남력 감소
  ② 장애는 단기간(몇시간 또는 며칠)에 걸쳐 발생하고, 기저 상태의 주의와 의식으로부터 변화를 보이며, 하루 중 심각도가 변하는 경향이 있다.
  ③ **부가적 인지장애** : 기억 결손, 지남력 장애, 언어, 시공간 능력 또는 지각
  ④ 진단기준 ①과 ③의 장애는 다른 신경인지장애로 더 잘 설명되지 않고, 혼수와 같은 각성 수준이 심하게 저하된 상황에서 일어나지 않는다.
  ⑤ 물질 중독 섬망, 물질 금단 섬망, 약물치료로 유발된 섬망, 다른 의학적 상태로 인한 섬망을 구별하여 명시한다.

CHAPTER 19 성격장애

중요도 ★★★

핵심포인트
A군 성격장애, B군 성격장애, C군 성격장애

성격장애는 어떤 사람의 인격이 보통 사람에게서 볼 수 있는 일반적인 범위에서 벗어나고 융통성 또한 떨어져서 적응, 직업, 대인관계 등에서 문제를 일으키는 것을 말한다. 증상의 유사성에 따라 A군 성격장애, B군 성격장애, C군 성격장애로 분류된다.

01 성격장애(Personality Disorder)의 일반적 진단기준

(1) DSM-5 진단기준 16 기출
① 내적 경험과 행동의 지속적인 유형이 개인이 속한 문화에서 기대하는 바로부터 현저하게 편향되어 있고, 다음 중 2가지 이상에서 나타난다.
  ㉠ 인지 : 사람 및 사건을 지각하는 방법
  ㉡ 정동 : 감정 반응의 범위, 불안전성, 적절성
  ㉢ 대인관계 기능
  ㉣ 충동 조절
② 장애는 사회 상황의 전 범위에서 경직되어 있고 전반적으로 나타난다.
③ 장애가 사회적·직업적 또는 다른 중요한 기능 영역에서 임상적으로 유의미한 고통이나 손상을 초래한다.
④ 장애는 오랜 기간 동안 있어 왔으며, 최소한 청년기 혹은 성인기 초기부터 시작된다.
⑤ 장애가 다른 정신질환의 현상이나 결과로 더 잘 설명되지 않고, 물질의 생리적 효과나 다른 의학적 상태로 인한 것이 아니다.

(2) 특 징 14 15 16 18 20 기출

① 비사회성, 깊이 있는 정서적 교감의 결여, 집단과 개인에 대한 믿음 결여, 자신의 성격이나 태도에 대한 통찰력 부족 등의 특징을 나타낸다.
② 성격장애는 시간이 지나더라도 쉽게 변하지 않으며, 그로 인한 고통과 장애를 동반한다.
③ 성격장애는 증상의 유사성에 따라 3가지 유형으로 분류된다.

분류	특징	종류
A군 성격장애	사회적으로 고립되어 있고 기이한 성격특성을 나타내는 성격장애	• 편집성 성격장애(Paranoid Personality Disorder) • 조현성 성격장애(Schizoid Personality Disorder) • 조현형 성격장애(Schizotypal Personality Disorder)
B군 성격장애	감정적이며 변화가 많고 극적인 성격특성을 나타내는 성격장애	• 반사회성 성격장애(Antisocial Personality Disorder) • 연극성(히스테리성) 성격장애(Histrionic Personality Disorder) • 경계선 성격장애(Borderline Personality Disorder) • 자기애성 성격장애(Narcissistic Personality Disorder)
C군 성격장애	불안하고 두려움을 많이 느끼는 성격특성을 나타내는 성격장애	• 의존성 성격장애(Dependent Personality Disorder) • 강박성 성격장애(Obsessive-Compulsive Personality Disorder) • 회피성 성격장애(Avoidant Personality Disorder)

> **지식 !N**
>
> **DSM-5 성격장애 대안모델** 20 기출
> DSM-5는 성격장애를 편집성, 분열성, 분열형, 반사회적, 연극성, 경계선, 자기애성, 강박성, 의존성, 회피성 등 10개로 구분하는 범주적 접근법을 취하고 있으나, 다섯 개의 병리적 성격 특질의 조합에 따라 성격장애를 차원적으로 평가할 수 있는 새로운 모델을 대안으로 포함하였다.
> • 조현형(분열형), 반사회성, 경계선, 자기애성, 강박성, 회피성 6개로 구분
> • 장애의 진단기준을 성격기능과 부적응적 성격 특질을 강조하는 것으로 재구성
> • 차원적으로 평가될 수 있는 성격 영역과 특정한 특질양상을 기술

02 A군 성격장애

(1) 편집성 성격장애 20 21 22 기출

① 개 념
 ㉠ 타인에 대한 강한 불신과 의심을 지니고 적대적인 태도를 나타내어 사회적 부적응을 나타내는 성격특성을 말한다.
 ㉡ 타인에 대한 불신으로 일을 혼자 처리하려는 경향이 있으며, 타인을 조정·지배하려고 한다.
 ㉢ 자신에 대한 모욕이나 경멸을 용서하지 않으며, 사소한 충돌에도 공격성을 보이고 적개심을 품는다.
 ㉣ 스트레스에 의한 우울증, 공포증, 강박장애 등을 일으킬 가능성이 높다.
 ㉤ 아동기와 청소년기에 과민성, 비사교성, 공상 또는 망상, 낮은 학업성취도 등을 나타낸다.

② DSM-5 진단기준
  ㉠ 다른 사람의 동기를 악의가 있는 것으로 해석하는 등 타인에 대한 전반적인 불신과 의심이 있으며, 다음 중 4가지 이상이 나타난다.
    • 타인이 자신을 이용하고 속이며 해를 입힌다고 의심한다.
    • 친구나 동료의 진실성이나 신뢰성에 대해 부당하게 의심한다.
    • 정보가 자신에게 악의적으로 사용될 수 있다는 두려움으로 인해 타인에게 자신의 속내를 드러내지 않는다.
    • 타인의 사소한 말이나 사건 속에 자신에 대한 비하와 위협의 의도가 있는지 파악하고자 한다.
    • 모욕, 손상 또는 경멸 등 자신이 품은 원한을 오랫동안 간직한다.
    • 타인의 의도와 관련 없이 자기 인격이나 명성이 공격당한 것으로 간주하여 즉각 화를 내거나 반격한다.
    • 특별한 이유 없이 자신의 배우자나 성적 상대자의 정절을 의심한다.
  ㉡ 성인기 초기에 시작되며 여러 상황에서 나타난다.
③ 원 인

정신분석적 입장	무의식적인 동성애적 욕구에서 기인하는 것으로서, 동성애적 욕구에 대한 불안을 제거하기 위해 부인, 투사, 반동형성의 방어기제를 사용함으로써 발생한다.
인지적 입장	• 독특한 신념과 사고과정에 초점을 두어 설명한다. • 편집성 성격장애자들의 3가지 기본신념 – 사람들이 악의적이고 기만적이다. – 사람들이 기회만 있으면 나를 공격할 것이다. – 긴장하고 경계해야만 나에게 피해가 없을 것이다.

④ 치 료
  ㉠ 치료목표는 환자가 겪고 있는 문제와 갈등의 근본 원인이 환자자신에게 있음을 자각하고, 스스로 변화하기 위해 실제적 노력을 하게 하는 것이다.
  ㉡ 의심으로 인해 치료적 관계형성이 매우 어렵다.
  ㉢ 솔직하고 개방적인 자세로 신뢰감을 심어주는 것이 치료결과에 중요한 영향을 미친다.

(2) 조현성(분열성) 성격장애 14 20 21 23 기출
① 개 념
  ㉠ 조현성 성격장애는 사회적 관계로부터 고립되어 대인관계를 기피하며, 자신의 감정을 표현하지 않는다.
  ㉡ 타인과 관계를 형성하는 능력, 적절한 반응을 통해 소통하는 능력에 장애가 있으므로, 사회적 적응에 어려움을 나타낸다.
  ㉢ 타인에 대해 무관심하며, 극히 소수의 사람들과만 친밀한 관계를 맺는다.
  ㉣ 지나치게 온순하고 내향적인 성격을 보이며, 타인의 칭찬이나 비난에 무관심하다.
  ㉤ 사회적으로 무능하여 대인관계를 요하는 업무수행에 어려움을 보이지만, 혼자 하는 활동에서는 능숙한 모습을 보이기도 한다.
  ㉥ 흔히 우울증을 지니고 있으며, 강한 스트레스에 의해 망상장애나 조현병을 일으킬 수도 있다.
  ㉦ 아동기와 청소년기에 나타나는 경우, 외톨이, 원만하지 못한 또래 관계, 사회불안, 학습부진 등의 양상을 보인다.

② DSM-5 진단기준 14 기출
　㉠ 다양한 형태의 사회적 유대로부터 반복적으로 유리되고, 대인관계에서 전반적으로 제한된 감정 표현이 나타나며, 다음 중 4가지 이상이 나타난다.
　　• 타인이나 가족성원과 친밀한 관계를 맺고자 하지 않는다.
　　• 거의 모든 활동에 있어서 혼자 선택하며 홀로 행동한다.
　　• 타인과 성적 관계를 가지는 것에 흥미가 없다.
　　• 즐거움을 얻는 활동이 거의 없거나 극히 소수이다.
　　• 가족 이외에 속내를 털어놓을 수 있는 친구가 없다.
　　• 타인의 칭찬이나 비난에 무관심한 반응을 보인다.
　　• 정서적으로 냉담하고 고립적이며, 단조로운 정동을 보인다.
　㉡ 이러한 양상이 성인기 초기에 시작되며 여러 상황에서 나타난다.
③ 원인과 치료
　㉠ 유아기에 부모로부터 양육되는 과정에서 경험하는 부적절감에서 기인한다고 본다.
　㉡ 조현성 성격장애 환자들의 사회적 고립은 환자들이 스스로 원하고 그에 만족하는(자아동조적) 경우가 많기 때문에, 환자 자신은 치료의 필요성을 거의 느끼지 않는 경우가 많다. 친밀한 관계 맺기를 피하는 것은 치료관계 형성에도 어려움을 준다. 때로 우울해 보이기도 하는데, 우울증의 증상과 조현성 성격장애 환자들의 무쾌감증, 사회적 도피, 정서의 둔마를 감별하여야 한다.
　㉢ 정서적이거나 개입적인 치료가 아니라 과제 제시형 접근을 하는 것이 대부분 더 성공적이며, 치료의 목표를 강요하지 않는 것이 중요하다. 조현성 성격장애 환자들이 사회적 참여에 대해 원하는 정도가 증가하지는 않더라도, 치료를 통해 다른 사람들과 의사소통하거나 사회적 관계를 맺을 수 있는 능력을 키울 수 있다.
　㉣ 지지적 정신치료를 할 수 있으며, 주로 상황대처, 사회기술훈련, 자아존중감, 의사소통 등과 관련된 분야가 중심이 된다. 일부 환자에서는 정신분석적 정신치료가 도움이 될 수 있는데, 통찰할 수 있는 능력이 적어 비효과적이라는 의견도 있다. 또한, 일부 환자에서는 집단치료도 유용할 수 있는데, 점차적인 신뢰 형성이 치료과정에서 중요하다. 대인관계 기술이 부족하므로 적절한 대인관계 행동을 *역할극을 통해 연습하는 행동치료도 도움이 된다.

> ✅ 역할극
> 비슷한 상황을 설정하고 참여자들이 직접 역할을 맡아 실연을 해보는 일종의 시뮬레이션을 말한다.

　㉤ 약물치료는 항정신병 약물, 항우울제, 정신자극제 등을 환자 증상 양상에 따라서 일부 환자에서 사용해 볼 수 있다. 세로토닌 제제는 거절에 대한 민감함을 누그러뜨리는 데 효과가 있다는 보고가 있고, 벤조디아제핀 제제는 대인관계의 불안을 줄일 수 있다는 보고가 있다.

(3) 조현형(분열형) 성격장애 16 24 기출

① 개 념
  ⊙ 분열성 또는 회피성 성격장애가 더 악화된 상태를 말한다.
  ⊙ 사회적으로 고립되어 타인과 가까운 대인관계를 맺지 못할 뿐 아니라, 기이한 생각과 행동을 나타내는 것이 특징이다.
  ⊙ 사회적 고립, 텔레파시 같은 마술적 사고, 관계망상, 피해의식, 착각, 이인증 등이 특징이다.
  ⊙ 인지과정의 주요 특징은 일탈이나 간섭으로, 그 결과 논리적인 사고의 전개가 어렵다. 정신병적인 사고가 일시적으로 나타나기는 하지만 조현병 진단에는 맞지 않는다.
  ⊙ 정서표현은 무감동하고 둔화되어 있다.

② DSM-5 진단기준
  ⊙ 친분관계를 급작스럽게 불편해하고, 그럴 능력의 감퇴 및 인지·지각의 왜곡, 행동의 기괴성으로 구별되는 사회적 관계의 결함이 광범위하게 나타난다. 다음 중 5가지 이상 나타난다.
    • 관계 사고 : 우연한 사고나 사건이 자신과 특별한 관계가 있다고 잘못 해석한다.
    • 소문화권 기준에 맞지 않는 마술적인 사고 : 미신, 천리안, 텔레파시 등에 대한 믿음, 기이한 공상
    • 신체적 착각을 포함한 이상한 지각 경험
    • 괴이한 사고와 언어
    • 편집증적인 생각 또는 의심
    • 부적절하고 제한된 정동
    • 기묘한 또는 괴팍한 행동이나 외모 : 이상한 동작, 혼잣말, 기묘한 말
    • 가족을 제외하면 가까운 친구나 친한 사람이 없음
    • 부적절하거나 위축된 정서 : 정서가 냉담하고 동떨어져 있음
  ⊙ 성인기 초기에 시작되며 여러 상황에서 나타난다.

③ 원인과 치료
  ⊙ 유전적 요인과 관련되어 있다는 주장과 유아기에 경험한 부모와의 불안정한 애착관계에 기인한다는 주장이 있다.
  ⊙ 인지적 입장에서는 조현형 성격장애자들의 독특한 사고와 인지적 왜곡으로 나타난다고 본다.
  ⊙ 치 료

약물치료	항정신병 약물치료를 시행한다.
인지행동 치료	• 사회적 고립을 줄이는 건전한 치료적 관계를 수립한다. • 다음으로 사회적 기술훈련과 적절한 언행의 모방학습을 통해 사회적으로 적절한 행동을 증가시킨 후, 내담자의 두서없는 사고양식에 의해 방해받지 않도록 치료 회기를 구조화하여 체계적으로 진행한다. • 마지막으로 내담자가 정서적 느낌보다는 객관적 증거에 의거하여 자신의 사고를 평가하도록 돕는다.

03 B군 성격장애 14 15 기출

(1) 반사회성 성격장애 15 16 기출

① 개 념
- ㉠ 반사회성 성격장애는 사회규범에 적응하지 못하며, 타인의 권리를 무시하거나 침범하는 양상을 보인다.
- ㉡ 지속적으로 비이성적·충동적·폭력적인 행위를 하며, 죄의식 없이 타인에게 피해를 입히거나 타인을 해치는 등의 범죄를 저지르기도 한다.
- ㉢ 강하게 자기주장을 내세우는 반면, 희생자 또는 약자를 무기력하다고 비난한다.
- ㉣ 가정이나 직장에서 책임을 지지 않으며, 자신의 이익을 위하여 타인을 교묘하게 이용한다.
- ㉤ 아동기의 품행장애나 주의력 결핍 및 과잉행동장애(ADHD)가 성인기에 이르러 반사회성 성격장애로 진행될 가능성이 높다.
- ㉥ 성적 일탈이나 약물남용에 빠지기 쉽다. 알코올과 마약 등 중독자와 교도소에 수감되어 있는 수용자에게 흔한 편이다.
- ㉦ 정직성, 의리가 없기 때문에 지속적이거나 친밀한 관계를 맺기가 힘들다.

② DSM-5 진단기준
- ㉠ 15세 이후 시작되고, 다른 사람의 권리를 무시하는 행동 양상이 있고, 다음 중 3가지 이상을 충족한다.
  - 체포 이유가 되는 행위를 반복하는 등 법적 행동에 관련된 사회적 규범에 맞추지 못함
  - 반복적으로 거짓말을 함
  - 충동적이거나 미리 계획을 세우지 못함
  - 신체적 싸움이나 폭력 등이 반복적으로 나타나는 불안정성 및 공격성
  - 자신이나 타인의 안전을 무시하는 무모성
  - 일정한 직업을 갖지 못하거나 혹은 마땅한 재정적 의무를 다하지 못하는 것 등 지속적인 무책임성
  - 다른 사람을 학대하거나 다른 사람 물건을 훔치는 것에 대해 양심의 가책이 결여 또는 합리화
- ㉡ 진단은 최소 18세 이상이어야 하며, 15세 이전에 품행장애의 증거가 있다.
- ㉢ 반사회적 행동은 조현병이나 양극성장애의 경과 중에만 나타나지 않는다.

③ 원인과 치료
- ㉠ 유전적인 요인이 관여함을 시사하는 연구와 뇌의 활동 이상으로 발생한다는 연구가 보고된다. 이와 함께 어린 시절의 양육경험이 반사회성 성격을 형성하는 데 중요한 영향을 미친다는 주장도 있다.
- ㉡ 정신분석적 입장은 어머니와 유아 간의 관계형성에서 기본적 신뢰가 형성되지 못할 경우, 파괴적인 방법으로 타인과 관계를 맺으려는 반사회성 성격이 나타난다고 본다.
- ㉢ 인지행동 치료적 접근에서 치료자는 치료적인 협력관계를 형성하기 위해 힘겨루기를 피해야 하고, 통제하려는 태도를 비추지 말아야 하며, 치료자는 중립적이고 수용적인 태도를 유지해야 한다.

② 이들을 치료할 때에는 양심, 죄책감, 후회를 불러일으키기보다는 친사회적인 행동을 통해 얻을 수 있는 장기적인 이익과 물질적 가치에 초점을 두는 것이 효과적이다. 동반된 정신과 증상에 따라 정신과 약물은 *대증적으로 시도해 볼 수 있다.

> ✅ **대증**
> 병의 증상에 대응하는 일을 말한다.

(2) 연극성(히스테리성) 성격장애 16 기출

① 개념
  ㉠ 연극성 성격장애는 감정의 표현이 과장되고, 주변의 시선을 받으려는 일관된 성격 특징을 가지며, 이로 인해 환자의 전반적인 기능이 저하되고 주관적인 고통이 초래되는 경우를 말한다.
  ㉡ 타인의 애정과 관심을 끌기 위한 지나친 노력과 과도한 감정표현을 보인다.
  ㉢ 대인관계의 초기에는 상대방에게 매력적으로 느껴지나, 일단 친밀해지면 요구가 많다.

② DSM-5 진단기준
  ㉠ 과도한 감정과 주의를 끄는 광범위한 형태로 나타나는데, 다음 중 5가지 이상이 나타난다.
    • 자신이 주목받지 못하는 상황을 불편하게 생각한다.
    • 다른 사람과의 관계에서 부적절할 정도로 성적으로 유혹적이거나 자극적이다.
    • 감정 표현이 자주 바뀌고, 피상적으로 표현한다.
    • 자신에 대한 관심을 계속해서 유지하기 위해서 외모를 이용한다.
    • 연극적인 방식으로 말을 하고, 말하는 내용에 세부적인 사항이 결여되어 있다.
    • 자신을 극적인 방식으로 표현하고, 연극적인 태도를 보이며, 감정을 과장해서 표현한다.
    • 피암시적임. 즉, 다른 사람이나 환경에 쉽게 영향을 받는다.
    • 다른 사람과의 관계를 실제보다 더 친밀한 것으로 잘못 생각한다.
  ㉡ 이는 성인기 초기에 시작되며, 여러 상황에서 나타난다.

③ 원인
  ㉠ 정신분석적 입장은 어린 시절의 오이디푸스 갈등에서 연극성 성격장애가 기인한 것으로 본다.
  ㉡ 인지적 입장은 독특한 신념과 사고방식에 주목하여 연극성 성격장애자의 원인을 파악한다.

④ 치료
  ㉠ 환자의 증상을 치료하기 위해서는 정신치료적인 접근이 우선되어야 하며, 환자 자신의 실제 감정을 구체화시켜 스스로 인식하도록 도와주는 것이 치료의 목표이다.
  ㉡ 정신치료의 경우, 최소 수개월 이상 장기간에 걸쳐 규칙적인 면담이 이루어져야 한다. 치료에 대한 환자 스스로의 동기가 낮은 경우에는 치료효과가 떨어질 수 있다.
  ㉢ 동반 증상에는 약물치료가 보조적으로 사용될 수 있는데, 우울증이나 신체 증상을 호소하는 경우에는 항우울제, 불안을 호소하는 경우에는 항불안제 등이 사용될 수 있다.
  ㉣ 인지치료에서는 전반적 인상에 근거하여 모호하게 생각하는 내담자의 사고 양식을 좀 더 구체적이고 체계적인 문제중심적 사고로 바꾸는 방법으로 치료한다.

(3) 경계선(경계성) 성격장애 14 16 19 20 21 기출

① 개념
  ㉠ 경계선 성격장애는 극단적인 심리적 불안정성, 즉 대인관계나 자아상(Self-Image), 정동에 있어서 불안정성을 보인다.
  ㉡ 신경증적 상태와 정신병적 상태의 경계를 의미하는 것으로, 평상시에도 위태로운 상태에 놓인 것처럼 보인다.
  ㉢ 타인으로부터 버림받는 것을 매우 두려워하며, 이성에 대해 강렬한 애정과 증오를 나타낸다.
  ㉣ 위기상태에서 매우 충동적·논쟁적이고 타인에게 책임을 전가하며, 분노를 터뜨려 통제력을 상실하기도 한다.
  ㉤ 급작스런 감정의 기복으로 인해 만성적인 공허감과 권태감, 우울함을 느낀다.
  ㉥ 성적 일탈, 약물남용, 도박, 무절제한 낭비 등을 하며, 자신의 분노를 표출하거나 타인에게서 동정을 얻기 위해 자해·자살의 위협을 보이기도 한다.

② DSM-5 진단기준
  ㉠ 대인관계, 자아상 및 정동의 불안정성과 충동성이 광범위하게 나타나며, 다음 중 5개 이상이 나타난다.
    • 실제 유기 또는 가상 유기를 피하기 위해 필사적으로 노력한다.
    • 대인관계에 있어서 상대방에 대한 이상화와 평가절하의 교차가 극단적이고 반복적으로 나타난다.
    • 자아상이나 자기지각이 지속적으로 심각한 불안정성을 보인다.
    • 낭비, 물질 남용, 성관계, 난폭운전, 폭식 또는 폭음 등 자신에게 손상을 줄 수 있는 충동성을 2가지 이상 나타낸다.
    • 반복적으로 자해나 자살의 위협을 보이며, 실제로 자해 행위를 시도한다.
    • 현저한 기분 변화로 인해 정서가 불안정하다.
    • 만성적인 공허감을 느낀다.
    • 부적절하고 심한 분노를 느끼거나, 분노를 조절하는 데 어려움을 느낀다.
    • 스트레스에 의한 망상적 사고 또는 심한 해리증상이 있다.
  ㉡ 성인기 초기에 시작되며 여러 상황에서 나타난다.

③ 원인

정신분석적 입장	오이디푸스 갈등 이전의 어린 시절에 어머니와 맺었던 독특한 관계경험에 의해 발생한다.
인지적 입장	경계선 성격장애자들이 3가지의 독특한 내면적 믿음을 지닌다고 본다. • 세상은 위험하며 악의에 가득 차 있다. • 나는 힘없고 상처받기 쉬운 존재이다. • 나는 원래부터 환영받지 못할 존재이다.
생물학적 입장	선천적으로 충동적이고 공격적인 기질을 지닌다는 다양한 주장을 제기한다.

④ 치 료
  ㉠ 치료에는 개인 심리치료가 가장 일반적이고 정신치료와 인지행동치료, 약물치료가 모두 포함된다.
  ㉡ 환자가 정신 치료를 통하여 치료자와 안정적이고 믿을 수 있는 인간관계를 발전시킴으로써, (비록 자기 성격의 문제점에 대한 깨달음을 얻지 않더라도) 호전될 수 있다.
  ㉢ 변증법적 행동치료(Dialectical Behavior Therapy)와 도식-중심 치료(Schema-Focused Therapy)의 인지행동치료의 효과가 밝혀져 있다.
  ㉣ 약물치료로는 분노, 충동성, 정서 불안정 등을 조절하기 위하여 항우울제나 항정신병 약물 또는 기분 조절제 등이 증상에 따라 이용된다.

(4) 자기애성 성격장애 16 21 기출

① 개 념
  ㉠ 자기애성 성격장애는 왜곡된 자아상으로 자신이 대단한 사람인 듯 과대평가하는 양상을 보인다.
  ㉡ 자기중심적이고 과시적이며, 타인으로부터 칭찬과 찬사를 받고 싶어 하는 반면, 타인의 비판이나 비난에는 과민하게 반응한다.
  ㉢ 자신의 성공 또는 권력의 획득을 꿈꾸며, 공상적·망상적인 환상에 사로잡힌다.
  ㉣ 자신의 목표를 위해 타인을 아무런 거리낌 없이 이용하려고 한다.
  ㉤ 특권의식에 사로잡혀 오만하고 거만한 태도를 보임으로써 주변 사람들과 잦은 마찰을 일으키고 따돌림을 당한다.
  ㉥ 자기애성 성격은 자기애적 성향을 외부로 드러내는 '외현적 자기애(Narcissisme Ouvert)'와 자기애적 성향을 내부로 지니고 있는 '내현적 자기애(Narcissisme Couvert)'로 구분된다.
  ㉦ 자기애성 성격은 보통 사춘기에 흔히 나타나지만, 이것이 필연적으로 자기애성 성격장애로 진행되는 것은 아니다.

② DSM-5 진단기준 16 20 기출
  ㉠ 과대성 행동과 사고, 숭배의 요구, 공감 능력 결여가 광범위한 양상으로 있고, 다음 중 5개 이상이 나타난다.
    • 자신의 중요성에 대해 과장된 지각을 한다.
    • 성공과 권력, 탁월함과 아름다움, 이상적인 사랑에 대한 공상을 자주 한다.
    • 자신은 매우 특별하고 독특하므로 특별하거나 지위가 높은 사람만이 자신을 이해할 수 있으며, 자신 또한 그들과 어울려야 한다고 생각한다.
    • 타인으로부터 과도한 찬사를 요구한다.
    • 특권의식을 가지며, 특별대우에 대한 불합리한 기대감에 사로잡힌다.
    • 자기 목표를 위해 타인을 이용하려고 한다.
    • 공감 능력 결여로 인해 타인의 감정이나 요구를 무시한다.
    • 타인을 질투하거나 또는 자신이 타인의 질투 대상이라고 생각한다.
    • 오만방자한 행동이나 태도를 보인다.
  ㉡ 청년기에 시작되며, 여러 상황에 나타난다.

③ 원 인

정신분석적 입장	부모의 과잉보호나 특이한 성장과정으로 인해 좌절경험을 하지 못하면, 유아기적 자기애가 지속되어 자기애성 성격장애로 발전한다.
인지적 입장	부적응적 행동을 유발하는 독특한 신념과 사고과정에 초점을 둔다.

④ 치 료
  ㉠ 치료는 환자 스스로 자기애(Narcissism)를 포기하도록 하는 것인데, 본인이 심리적인 문제를 가지고 있다는 것을 인정하는 것부터 자존감과 관련되기 때문에 심리치료를 수용하기 어려운 경우가 많다. 치료자에 대해서도 특별하고 최고라고 생각될 때 치료에 참여한다.
  ㉡ 치료에서는 이상화나 평가절하의 태도를 다루는 과정이 중요하다.
  ㉢ 약물치료는 제한적이나, 리튬과 세로토닌 제제를 사용해 볼 수 있다.

04 C군 성격장애 16 기출

(1) 회피성 성격장애 18 19 20 기출

① 개 념
  ㉠ 회피성 성격장애는 거절에 대해 매우 예민하고, 그로 인해 사회적으로 무기력한 모습을 보이는 성격장애로, 사회공포증을 동반하기도 한다.
  ㉡ 자신을 거절하지 않을 것이라는 확신이 드는 사람만을 대상으로 인간관계를 맺고, 거부나 상실에 대한 두려움과 고통이 커서 오히려 혼자 지내려고 하지만, 내적으로는 친밀한 관계를 원하는 특징이 있다. 평생유병률은 0.5~1% 정도이며, 여성에서 잘 생긴다.

② DSM-5 진단기준
  ㉠ 사회관계의 억제, 부적절감, 부정적 평가에 대한 예민함이 광범위한 양상으로 나타나고, 다음 중 4가지 이상 나타난다.
    • 비판이나 거절, 인정받지 못함 등 때문에 대인 접촉이 관련되는 직업 활동을 회피한다.
    • 자신을 좋아한다는 확신 없이는 대인 관계를 피한다.
    • 수치를 느끼거나 놀림 받음에 대한 두려움 때문에 친근한 대인관계 이내로 자신을 제한한다.
    • 사회적 상황에서 비판의 대상이 되거나 거절당하는 것에 대해 집착한다.
    • 부적절감으로 인해 새로운 대인관계를 맺는 것이 힘들다.
    • 자신을 사회적으로 부적절하고, 개인적으로 매력이 없는, 다른 사람에 비해 열등한 사람으로 바라본다.
    • 당황하는 인상을 줄까 두려워 어떤 새로운 일에 관여하거나 혹은 개인적인 위험을 감수하는 것을 드물게 마지못해서 한다.
  ㉡ 이는 청년기에 시작되어 여러 상황에서 나타난다.

③ 원 인
  ㉠ 정신역동적 관점으로는 수치심으로 인해 대인관계나 자신이 노출되는 상황을 회피하는 것이 성격장애로 이어진다고 본다.
  ㉡ 인지적 관점으로는 아동기의 경험에서 유래하는 자신에 대한 부정적 신념과 관련되어 있다고 본다.
④ 치 료
  ㉠ 일부 회피성 성격장애 환자에게는 정신역동치료가 유용한데, 이 경우 거절에 예민하기 때문에 *치료동맹을 효과적으로 형성하려는 노력이 필요하다. 치료가 조기에 중단되지 않도록 예방하여야 한다.

  > ✅ **치료동맹**
  > 치료 과정에서 치료자와 환자의 건강한 자아가 병이 든 마음을 고치기 위해 협력하기로 약속하는 것을 말한다.

  ㉡ 자기주장 훈련이나 점진적 노출, 긴장이완훈련, 일반적인 사회기술 훈련이 도움이 되고, 집단치료를 통해서 거절에 대한 과민성이 다른 사람들에게 미치는 영향을 이해할 수 있도록 돕는다. 이는 거절에 대한 지나친 예민함을 감소할 수 있다.
  ㉢ 약물치료는 불안과 우울 증상이 수반되었을 때 사용해 볼 수 있다.

(2) 의존성 성격장애 17 21 23 기출

① 개 념
  ㉠ 의존성 성격장애는 가족성원이나 타인에게 보살핌을 받고자 하는 욕구가 강하며, 순종적·의존적인 양상을 보인다. 의존성, 복종성, 수동성, 자기의심, 비관적 사고 등을 특징으로 한다.
  ㉡ 자신의 능력과 자질을 과소평가하여 자신이 결정을 내려야 할 상황에 처하는 경우 매우 불안해하며, 중요한 결정을 내리거나 책임성을 요하는 일들에 대해 타인에게 그 책임을 넘긴다.
  ㉢ 중요한 사람과의 밀착된 관계에 금이 갈 것을 우려하여, 자신의 요구나 욕구를 억제하면서까지 상대방의 주장과 의도에 따른다. 지나친 의존 행위로 인해 원만한 대인관계를 지속하기 어렵다.
  ㉣ 자신을 의도적으로 약하게 보이도록 함으로써 상대방의 보호를 유도하는 경향이 있다.
  ㉤ 의존 상대와의 관계가 끝나면 일시적으로 극심한 불안과 좌절을 느끼지만, 보통 다른 의존 상대를 찾아 유사한 관계를 재형성하는 경우가 대부분이다.
  ㉥ 아동기나 청소년기에 경험하는 만성 신체질환이나 분리불안장애가 소인이 되기도 한다.
② DSM-5 진단기준 17 기출
  ㉠ 돌봄을 받고자 하는 광범위하고 지나친 욕구가 복종적이고 매달리는 행동과 이별 공포를 초래하며, 다음 중 5개 이상이 나타난다.
   • 일상적인 결정에 대해서도 타인의 충고와 보장을 필요로 한다.
   • 자기 인생의 중요한 부분까지도 떠맡길 수 있는 타인을 필요로 한다.
   • 지지와 칭찬을 상실할지도 모른다는 두려움으로 인해 타인에게 반대의견을 제시하지 못한다.
   • 자신의 일을 단독으로 시작하거나 수행하기가 어렵다(동기나 활력이 부족해서라기보다는 판단이나 능력에 있어 자신감의 결여 때문).
   • 타인의 지지와 보호를 얻기 위해서라면 불쾌한 일이라도 마다하지 않는다.
   • 자신이 혼자 일을 처리해야 하는 경우 과장된 두려움과 불안감을 느낀다.

- 의존 상대와의 친밀한 관계가 끝나는 경우 서둘러 다른 지지와 보호의 대상을 찾는다.
- 스스로를 돌봐야 하는 상황에 대한 공포에 비현실적으로 집착한다.
ⓒ 이는 청년기에 시작되며 여러 상황에서 나타난다.

③ 원 인
㉠ 선천적으로 특정한 신체적 조건을 타고난 사람인 경우, 부모나 보호자로 하여금 보호반응을 유발하여 의존적 성향이 강화된다.
ⓒ 부모의 과잉보호가 주요 원인이 되기도 하며, 공격성이 위장된 것으로써 상대방에 대한 적대감을 방어하기 위한 타협책이라는 주장도 있다.

④ 치 료
㉠ 환자의 의존적인 성향과 치료에 순응하는 태도 때문에 '착한 환자'로 보일 수 있지만, 오히려 그러한 모습은 성공적인 치료를 통해 독립적인 성인으로서 살아가는 데 장애물이 된다.
ⓒ 즉, 의존성 성격장애를 가진 사람은 치료실 안에서 자신이 의지할 사람을 찾게 되고 치료자에게 순종하게 되는데, 이를 극복하지 못하면 치료의 진전 없이 병리적인 관계가 계속 반복될 수밖에 없다.
ⓒ 따라서 의존성 성격장애를 가진 사람은 심층적인 정신치료를 통해 그들이 겪는 불안감의 원인에 대해 탐색하고 직면해야 한다. 때로는 스스로 무력하고 무능하게 느껴질 때의 대처 방안으로 인지행동 치료적 접근방식이 도움이 될 때도 있다.

(3) 강박성 성격장애(Obsessive-Compulsive Personality Disorder) 17 22 기출

① 개 념
㉠ 강박성 성격장애는 정리정돈과 질서정연함, 자기통제와 완벽성에 집착을 보인다.
ⓒ 형식과 절차, 규칙에 지나치게 몰두하며, 사소한 것에도 과도하게 신경을 쓴다.
ⓒ 고집이 세고 완고하며, 융통성이 부족하여 타인과 타협하는 데 어려움을 느낀다.
ⓔ 자신의 감정이 외부로 표출되는 것을 억제하거나 자신의 감정을 의도적으로 꾸며낸다.
ⓜ 논리와 지성을 중요시하며, 충동적으로 행동하는 사람이나 자기관리에 소홀한 사람을 내심 경멸한다.
ⓑ 통제된 생활을 강조하며, 수직적인 대인관계를 유지하려고 한다.
ⓢ 씀씀이가 매우 인색하며, 당장 필요하지 않은 물건이라도 약간의 쓰임새만 있다면 무엇이라도 모아두려는 경향이 있다.

② DSM-5 진단기준
㉠ 융통성·개방성·효율성을 찾아보기 어렵고, 정돈·완벽·정신적 통제·대인관계 통제에 지나치게 집착하는 양상이 광범위하게 나타나며, 다음 중 4개 이상에 해당한다.
- 내용의 세부사항, 규칙, 목록, 순서, 조직, 형식에 집착하여 일의 중요한 부분을 놓친다.
- 지나치게 엄격한 완벽주의 성향으로 인해 오히려 과제를 완수하기 어렵다.
- 일과 생산성에 지나치게 몰두하여 여가활동을 즐기거나 가까운 사람들과 즐거운 시간을 가지지 못한다.
- 도덕적·윤리적·가치적 측면에서 지나치게 양심적이고 고지식하며, 융통성이 결여되어 있다.
- 감정적인 가치가 없는데도 낡고 가치가 없는 물건을 버리지 못한다.

- 자신이 일하는 방식에 따르지 않는 사람에게는 일을 위임하거나 함께 일하려고 하지 않는다.
- 미래의 재난에 대비하기 위해 돈을 쌓아두어야 한다는 생각으로 인해, 자신이나 타인에게 매우 인색하다.
- 경직되고 완고한 모습을 보인다.

ⓒ 이는 청년기에 시작되며, 여러 상황에 나타난다.

③ 원 인

정신분석적 입장	심리성적 발달단계에서 항문기의 경험과 관련된 것으로 본다.
인지적 입장	독특한 신념체계가 장애를 지속시킨다고 본다.

④ 치 료

㉠ 약물치료, 지나치게 엄격한 초자아를 수정하는 개인 정신역동적 치료, 내담자가 호소하는 문제에 초점을 맞추어 구체적인 목표를 세우고 해결해 나가는 인지행동 치료 등을 시도해 볼 수 있으나, 각각의 치료효과에 대해서는 아직 연구자들 간에 이견이 많다.

㉡ 다른 인격장애와는 달리, 환자 스스로 자신의 어려움과 고통을 인지하고 도움을 요청하는 경우가 적지 않다.

㉢ 다른 인격장애의 치료와 마찬가지로 체계적인 치료계획을 바탕으로 장기간 치료가 필요하다.

㉣ 약물치료로는 최근 SSRI(Selective Serotonin Reuptake Inhibitors) 등이 사용되기도 하지만, 강박적 성격특성 자체를 변화시키는지에 대해서는 미지수이며, 우울증이나 불안장애 등이 동반되었을 때 약물치료를 시행하면 동반증상에 대해 상당한 호전이 있는 것으로 보고된다.

> **SSRI**
> '선택적 세로토닌 재흡수 억제제'라고 불리는 항우울제를 말한다.

CHAPTER 20 임상적 주의가 필요한 기타 문제

중요도 ★★★

핵심포인트
관계문제, 학대와 방임, 교육과 직업문제, 주거와 경제문제

정신장애 범주에 속하지는 않지만, 임상적 관심과 보살핌이 필요한 다양한 심리적 문제들의 분류범주에 속하는 문제들이 이에 포함된다. 환자 정신질환의 진단, 경과, 예후, 치료 등에 영향을 줄 수 있는 기타 상태와 문제를 다룬다.

01 관계 문제

(1) 가족 양육과 관련된 문제 21 기출

부모-아동 관계 문제, 형제자매 관계 문제, 부모와 떨어진 양육, 부모의 관계 고충에 의해 영향을 받는 아동

(2) 1차 지지집단과 관련된 기타 문제

배우자나 친밀 동반자와의 관계 고충, 별거나 이혼에 의한 가족 붕괴, 가정 내 고도의 표출 정서, 단순 사별

02 학대와 방임

(1) 아동학대와 방임 문제 23 기출

아동 신체적 학대 확인/의심, 아동 신체적 학대와 관련된 기타 사항, 아동 성적 학대 확인/의심, 아동 성적 학대와 관련된 기타 사항, 아동 방임 확인/의심, 아동 방임과 관련된 기타 사항, 아동 심리적 학대 확인/의심, 아동심리적 학대와 관련된 기타 사항

(2) 성인 학대와 방임 문제

배우자나 동반자 신체적·성적·심리적 폭력 확인/의심, 배우자나 동반자 신체적·성적·심리적 폭력과 관련된 기타 사항, 배우자나 동반자 방임 확인/의심, 배우자나 동반자 방임과 관련된 기타 사항, 배우자나 동반자가 아닌 사람에 의한 성인 학대 확인/의심 등

03 교육과 직업문제

(1) 교육문제
학업이나 교육문제

(2) 직업문제
현재 군대 배치 상태와 관련된 문제, 고용과 관련된 기타의 문제

04 주거와 경제문제

(1) 주거문제
노숙, 부적절한 주거, 이웃·세입자 및 임대주 등과의 불화, 기숙시설 생활과 관련된 문제

(2) 경제문제
음식 부족, 극도의 가난, 불충분한 사회보험이나 복지지원, 명시되지 않은 주거 혹은 경제문제

05 사회환경과 연관된 기타 문제 16 기출

생의 단계 문제, 혼자 살기와 연관된 문제, 문화 적응의 어려움, 사회적 배척이나 거부, (지각된) 부정적 차별이나 박해의 표적, 사회환경과 관련된 명시되지 않은 문제

06 범죄 또는 법체계와의 상호작용과 연관된 문제

범죄의 피해자, 불구속 상태의 민사 또는 형사소송에서의 유죄 판결, 구속 또는 기타 구금, 출감과 관련된 문제, 기타 법적 상황과 관련된 문제

07 상담과 의학적 조언을 위한 기타의 건강 서비스 대면성 상담, 기타 상담 또는 자문

08 기타 정신사회적·개인적·환경적 상황과 연관된 문제

종교적(영적) 문제, 원하지 않는 임신, 혹은 임신 반복과 관련된 문제, 보호관찰관·사례관리자·사회복지사 등과 같은 사회복지 제공자와의 불화, 테러나 고문의 피해자, 재앙·전쟁 및 기타 적대행위에 노출, 심리사회적 상황과 관련된 기타 문제, 명시되지 않는 정신사회적 상황과 관련된 명시되지 않은 문제

09 개인력의 기타 상황

심리적 외상의 기타 개인력, 자해의 개인력, 군대 배치의 개인력, 기타 개인적 위험요인, 생활방식과 관련된 문제, 성인 반사회적 행동, 아동·청소년 반사회적 행동

10 의학적 치료 및 기타 건강관리에 대한 접근과 관련된 문제

건강관리 기관이 없거나 가기 어려움, 기타 도움을 주는 기관이 없거나 가기 어려움, 의학적 치료를 멀리함(과체중 또는 비만, 꾀병, 정신질환과 연관된 배회, 경계선 지적 기능)

필수과목 04 적중예상문제

❖ 완벽하게 이해된 부분에 체크하세요.

CHAPTER 01 이상심리학의 이론적 입장

01 이상심리에 관한 정신분석이론의 내용으로 옳지 않은 것은?

① 프로이트(Freud)는 이상행동의 원인을 어린 시절의 경험과 무의식적 갈등에 의한 것으로 본다.
② 쾌락의 원리에 기초한 것은 원초아(Id)이다.
③ 초자아가 자아를 적절히 조절·통제하지 못함으로써 신경증적 불안(Neurotic Anxiety)이 발생한다.
④ 불안에서 벗어나기 위해 '방어기제(Defense Mechanism)'를 사용한다.
⑤ 이상심리를 치유하기 위해 자유연상, 꿈의 분석, 저항의 분석, 훈습 등의 기술을 사용한다.

> 자아가 원초아를 적절히 조절·통제하지 못함으로써 신경증적 불안(Neurotic Anxiety)이 발생한다.

02 병의 원인보다는 증상의 일차적인 해소에 초점을 두고 있는 심리치료 방법은?

① 정신분석 ② 현실치료
③ 행동치료 ④ 교류분석
⑤ 인간중심치료

> '행동치료'는 부적응적인 행동이나 환경을 변화시키기 위해 학습이론을 적용시키는 심리 치료로 변화시킬 구체적 목표를 강조한다.

정답 01 ③ 02 ③

03 자율신경계의 투쟁도피반응에 관여하며, 중추신경계에서는 위험에 대한 기민성을 활성화시키고 공포 및 우울반응에 연관된 것으로 주장되는 신경전달물질은?

① GABA
② 도파민(Dopamine)
③ 세로토닌(Serotonin)
④ 노르에피네프린(Norepinephrine)
⑤ 글루타메이트(Glutamate)

④ 노르에피네프린은 심박동수를 촉진하고 투쟁도피반응을 조절하며, 일반적으로 개체들이 위협받는다고 느끼거나 매우 감정적인 반응을 경험할 때 올라간다.
① GABA의 주요 기능은 신경세포의 발화 억제이기 때문에 항불안제로, 신체를 '안정시키는' 지시에서 중요한 역할을 담당한다.
② 도파민은 정서적 각성, 주의집중, 쾌락, 수의적 운동과 같은 심리적인 기능에 영향을 미치며 조현병과 관련있다.
③ 세로토닌은 대개 억제성 신경전달물질로 감정조절, 수면·식욕 조절, 공격성·충동 억제에 영향을 미친다.
⑤ 글루타메이트는 GABA와 함께 뇌에 대량 존재하며, 대표적인 흥분성 아미노산이다.

04 다음의 설명과 관련된 뇌의 주요 신경전달물질은?

○ 감정·식욕·수면을 조절한다.
○ 공격성·충동 억제에 영향을 끼친다.
○ 부족할 경우 우울증이 발생할 수 있다.

① 도파민(Dopamine)
② 세로토닌(Serotonin)
③ 아드레날린(Adrenaline)
④ 인슐린(Insulin)
⑤ 노르에피네피린(Norepinephrine)

세로토닌은 억제성 신경전달물질로 기분이나 식욕 또는 수면을 조절하고 공격성·충동 억제에 영향을 끼친다. 세로토닌이 부족할 경우 우울증이 발생할 가능성이 있다.

05 이상행동에 관한 이론과 그 설명으로 옳은 것은?

① 생물학적 이론 – 이상행동은 자신의 욕구를 부모의 기대와 가치에 부합하도록 하는 조건적 수용이 이루어짐으로써 부적응 상태가 초래된다.
② 행동주의 이론 – 이상행동은 자기실현을 하는 데 있어서 오는 어려움에서 생긴다.
③ 인본주의 이론 – 이상행동은 무의식적 내적 갈등의 상징적 표현이다.
④ 사회문화적 이론 – 이상행동은 정상행동과 같이 학습의 결과로 습득되며, 학습 원리로 치료할 수 있다.
⑤ 인지행동 이론 – 이상행동은 인간의 역기능적 사고와 신념 등 부적응적인 인지 활동에 의해 발생한다.

① 생물학적 이론 : 신체적 원인론의 전통에 뿌리를 두고 있다. 즉 모든 정신장애는 신체질환과 마찬가지로 신체적 원인에 의해서 생겨나는 일종의 질병이며, 이러한 질병은 생물학적 방법에 의해서 치료되어야 한다고 가정한다.
② 행동주의 이론 : 주변 환경으로부터의 잘못된 학습을 이상행동의 원인으로 본다.
③ 인본주의 이론 : 부모나 사회의 기대와 가치에 부합하도록 하는 조건적 수용을 이상행동의 원인으로 본다.
④ 사회문화적 이론 : 사회문화적 요인, 즉 인종, 경제적 계층, 거주지, 문화적 특징 등을 이상행동의 원인으로 본다.

06 다음 이상심리학의 주요 이론에 관한 설명으로 옳은 것은?

○ 관찰이 가능한 인간의 행동에 연구 초점을 둔다.
○ 이상행동은 주변 환경으로부터의 잘못된 학습에 기인한 것이다.
○ 이상행동을 제거하기 위해 소거, 강화와 처벌, 체계적 둔감법, 모방학습 등을 사용한다.

① 정신분석 이론
② 인지행동 이론
③ 통합이론
④ 행동주의 이론
⑤ 생물학적 이론

인간의 행동을 환경과의 상호작용에 의한 학습의 과정으로 보며, 이상행동의 원인을 주변 환경으로부터의 잘못된 학습에 기인한 것으로 보는 이론은 '행동주의 이론'이다. 고전적 조건형성, 조작적 조건형성, 모방학습 등을 통해 이상행동이 습득되고 유지되는 과정을 구체적으로 밝히고자 한다.

정답 03 ④ 04 ② 05 ⑤ 06 ④

CHAPTER 02 이상심리의 분류 및 평가

01 이상행동의 평가, 분류 및 진단에 관한 설명으로 옳지 않은 것은?

① 면담과 관찰, 다양한 검사를 활용한다.
② 임상관찰에서 관찰자 편견의 문제점이 제기된다.
③ 낙인효과로 인해 내담자에게 자기이행적 예언의 결과가 나타날 수 있다.
④ 범주적 분류는 이상행동과 정상행동은 질적으로 구분된다고 본다.
⑤ 특정 장애에 대한 기술의 정확성 여부를 보여주는 것이 진단의 신뢰도이다.

> 기술이 특정 장애를 얼마나 정확하게 측정하느냐를 보여주는 것은 타당도이다. 신뢰도는 기술이 여러 번의 검사에서도 특정 장애를 얼마나 일관성 있게 측정하는지를 나타낸다.

02 이상행동의 분류에 관한 설명으로 옳지 않은 것은?

① 범주분류는 흑백논리적인 특성이 있다.
② 분류체계는 범주와 차원으로 나눌 수 있다.
③ DSM-5는 차원정보와 범주정보를 모두 고려한다.
④ 분류체계는 신뢰도와 타당도에 근거하여 평가된다.
⑤ 범주적 분류는 부적응과 관련된 몇 가지 차원들을 제시한다.

> 정상행동과 이상행동의 구분이 부적응성의 정도 문제일 뿐 질적인 차이는 없다는 가정에 근거한 것은 차원적 분류이다. 범주적 분류는 이상행동이 정상행동과는 질적으로 구분되며, 흔히 독특한 원인에 의한 것이기 때문에 정상행동과는 명료한 차이점을 지니고 있다는 가정에 근거한다.

03 DSM이나 ICD에 의한 이상행동의 분류 및 진단에 관한 설명으로 옳은 것은?

① 환자의 예후에 관한 정보는 포함되지 않는다.
② 과학연구에는 유용하지만, 임상적 활용도는 낮다.
③ 기본적으로 범주적인 질적 특성의 차이를 가정한다.
④ 자기충족적 예언(Self-Fulfilling Prophecy)의 효과는 나타나지 않는다.
⑤ 개인의 특수성 및 환경적 영향을 중시한다.

① 분류나 진단을 통해서 환자의 개인적 정보가 유실되거나 환자에 대한 고정관념이 형성될 수 있다.
② 연구자나 임상가에게 효과적인 정보를 제공해 주므로 임상적 활용도가 높다.
④ 진단명이 환자를 그 진단명에 맞도록 변화시켜 나가는 자기충족(이행)적 예언의 결과가 초래될 수 있다.
⑤ 현재의 분류체계는 의학적 모델로서 환경적 영향을 무시하고 창조적 사고를 억제한다.

04 다음 중 DSM-5의 특징으로 옳은 내용을 모두 고른 것은?

| ㄱ. 차원적 평가의 도입 | ㄴ. 환자의 인권 존중 |
| ㄷ. 범주적 평가 폐지 | ㄹ. 다축체계의 폐지 |

① ㄱ, ㄴ, ㄷ, ㄹ ② ㄱ, ㄴ, ㄷ
③ ㄴ, ㄹ ④ ㄴ, ㄷ, ㄹ
⑤ ㄱ, ㄴ, ㄹ

DSM-5는 일차적으로 범주적 평가를 기초하고, 그와 더불어 차원적 평가를 도입했다. 이상행동의 분류체계로서 범주적 평가는 이상행동과 정상행동을 질적으로 명백히 구분하는 데 반해, 차원적 평가는 이상행동과 정상행동을 질적 차이로 인정하지 않고 부적응성의 정도 차이로 본다.

05 DSM-IV-TR에 비해, DSM-5에서 달라진 점으로 옳은 내용을 모두 고른 것은?

ㄱ. 5축 체계가 3축 체계로 간소하게 축소되었다.
ㄴ. '파괴적 기분조절부전장애'라는 새로운 진단명이 생겼다.
ㄷ. 강박장애와 외상 후 스트레스 장애가 불안장애와 독립된 범주로 분류되었다.
ㄹ. 과거의 아동기 자폐, 아동기 붕괴성 장애, 의사소통장애 등이 자폐 스펙트럼 장애로 통합되었다.

① ㄱ ② ㄴ
③ ㄱ, ㄴ ④ ㄴ, ㄷ
⑤ ㄷ, ㄹ

ㄱ. DSM-IV-TR 다축체계가 실제 임상현장에서 유용하지 못하며, 진단의 객관성 및 타당성이 부족하다는 비판에 따라 이를 폐지하였다. 다만, 이는 표기방식을 폐기하는 것일 뿐 내용전체를 폐기한 것은 아니며, 일부는 진단 내에 포함시키거나 진단별 예로 전환하였다.
ㄹ. '광범위한 발달장애'의 하위유형이었던 '자폐성 장애'가 '자폐 스펙트럼 장애'로 명칭이 변경되어, DSM-5에서 새롭게 제시된 '신경발달장애'의 하위유형으로 분류되었다. 또한 기존의 '아스퍼거 장애'와 '아동기 붕괴성 장애'도 '자폐 스펙트럼 장애'로 통합되었다. '의사소통장애'는 신경발달장애의 하위유형이다.

정답 01 ⑤ 02 ⑤ 03 ③ 04 ⑤ 05 ④

CHAPTER 03 신경발달장애

01 신경발달장애의 하위유형에 포함되지 않는 것은?

① 자폐 스펙트럼 장애 ② 운동장애
③ 의사소통장애 ④ 주요 신경인지장애
⑤ 특정 학습장애

'주요 및 경도 신경인지장애'는 '신경인지장애'의 하위유형이다. '신경발달장애'의 하위유형에는 지적장애, 의사소통장애, 자폐 스펙트럼 장애, 주의력 결핍 및 과잉행동장애, 특정 학습장애, 운동장애-틱장애가 있다.

02 다음 보기의 내용이 설명하는 지적장애는?

○ 전체 지적장애 집단 가운데 약 10%를 차지한다.
○ 사회적 관습을 잘 이해하지 못하기 때문에 원활한 대인관계를 맺기 어렵다.
○ 초등학교 2학년 수준 정도의 학업기술을 습득한다.
○ 성인기에는 보호기관에서 지도감독하에 비숙련 또는 반숙련 작업을 수행할 수 있다.

① 경계선 정도의 지적장애 ② 가벼운 정도의 지적장애
③ 중간 정도의 지적장애 ④ 심한 정도의 지적장애
⑤ 아주 심한 정도의 지적장애

중간 정도의 지적장애는 IQ 35/40~50/55 지능수준이며, 지적장애의 약 10%를 차지한다.

구 분	지능수준	특 징
경도 (가벼운 정도) 지적장애	IQ 50/55에서 70 미만 (지적장애의 약 85%)	• 교육 가능한 범주 • 독립적 생활 또는 지도 · 지원에 의한 일상생활 가능
중도 (중간 정도) 지적장애	IQ 35/40에서 50/55까지 (지적장애의 약 10%)	• 초등학교 2학년 정도의 수준 • 지도나 감독에 의한 사회적 · 직업적 기술 습득
고도 (심한 정도) 지적장애	IQ 20/25에서 35/40까지 (지적장애의 약 3~4%)	• 간단한 셈 · 철자의 제한적 습득 • 밀착된 지도감독에 의한 단순작업 수행
심도 (아주심한 정도) 지적장애	IQ 20/25 이하 (지적장애의 약 1~2%)	• 지적 학습 및 사회적 적응이 거의 불가능함 • 지속적인 도움과 지도감독을 요함

03 신경발달장애에 관한 설명으로 옳은 것을 모두 고른 것은?

```
ㄱ. 주로 초기 발달 단계에 발현되어, 개인·사회·학업·직업 기능에 손상을 야기하는 발달 결함
   이 특징이다.
ㄴ. ADHD의 진단 기준은 6세 이전이다.
ㄷ. 탈억제성 사회적 유대감 장애는 신경발달장애의 하위 유형이다.
ㄹ. 투렛장애는 자폐스펙트럼 장애의 하위 유형이다.
ㅁ. 의사소통장애에는 언어, 말하기, 의사소통의 결함이 포함된다.
```

① ㄱ, ㄹ
② ㄱ, ㅁ
③ ㄱ, ㄷ, ㅁ
④ ㄴ, ㄷ, ㄹ
⑤ ㄴ, ㄹ, ㅁ

ㄴ. ADHD의 진단 기준은 12세 이전이다.
ㄷ. 탈억제성 사회적 유대감 장애는 외상 및 스트레스 관련 장애의 하위 유형이다.
ㄹ. 투렛장애는 신경발달장애의 하위장애에 해당하는 운동장애의 하위 유형이다.

04 다음 보기에 제시된 4개의 증상 모두를 포함하는 진단명은?

```
○ 사회적·정서적 상호작용의 결함
○ 언어적·비언어적 의사소통의 장애
○ 대인관계를 발전시키고 유지하고 이해하는 데의 결함
○ 제한된 관심과 상동증적인 행동의 반복성
```

① 반응성 애착장애
② 탈억제 사회관여 장애
③ 상동증적 운동장애
④ 자폐스펙트럼 장애
⑤ 사회적 의사소통 장애

① 반응성 애착장애 : 애착반응성 또는 발육부진 양육이라고도 한다. 양육자와의 애착외상으로 인하여 부적절하게 위축된 대인관계 패턴을 나타낸다.
② 탈억제 사회관여 장애 : 누구에게나 부적절하게 친밀함을 나타내는 유형을 말한다.
③ 상동증적 운동장애 : 반복적이고 충동적이며, 비기능적인 운동근육행동을 말한다.
⑤ 사회적 의사소통장애 : DSM-5에서 처음으로 추가된 장애로서, 인사하기나 정보교환과 같은 사회적 목적을 위해서 맥락에 적절하게 의사소통을 하는 능력, 맥락이나 듣는 사람의 필요에 맞추어서 의사소통을 적절하게 변화시키는 능력, 대화와 이야기하기에서 규칙을 따르는 능력, 명시적으로 표현되지 않은 것이나 언어의 함축적이거나 이중적 의미를 이해하는 능력 같은 언어적·비언어적 의사소통기술의 사회적 사용에 지속적인 어려움을 나타내는 경우를 말한다.

정답 01 ④ 02 ③ 03 ② 04 ④

05 특정 학습장애에 관한 설명으로 옳지 않은 것은?

① 지능이 정상보다 낮다.
② 장애가 지속되면 주의력 결핍장애나 우울증이 동반될 수 있다.
③ 후천적인 요인으로 아동학대, 가정불화가 있는 가정환경 등에 의하여 유발될 수 있다.
④ 특정 학습장애의 심각도는 경도, 중등도, 고도로 나눌 수 있다.
⑤ 잘못된 교육환경도 학습장애를 일으킬 수 있다.

> 특정 학습장애는 정상적인 지능을 갖추고 있고 정서적인 문제가 없음에도 불구하고, 지능수준에 비해 현저한 학습부진을 보이는 경우를 말한다.

06 다음 중 상동증적 운동장애에 관한 설명으로 옳지 않은 것은?

① 외견상 특별한 목적이 없어 보이는 반복적인 운동행동을 한다.
② 반복적인 운동행동이 사회적 또는 학업적 활동을 방해한다.
③ 증상의 심각도가 경도인 경우 감각자극이나 주의전환에 의해 증상이 쉽게 억제된다.
④ 운동행동을 억제하기 위해 보호 장비를 찾는 행동을 하기도 한다.
⑤ 자폐스펙트럼 장애를 충족하는 경우 자해행동이 있으면 상동증적 운동장애가 진단될 수 없다.

> 상동증적 운동장애는 억제할 수 없는 것처럼 보이고 목적 없는 것 같은 행동을 계속 반복하는 것을 말한다. DSM-5 진단기준에 의하면, 상동증적 운동장애는 자해행동을 수반하기도 한다.

07 주의력 결핍 및 과잉행동장애에 관한 설명으로 옳지 않은 것은?

① 증상이 지속되면 적대적 반항장애로 발전될 가능성이 높다.
② 증상들을 방치할 경우 청소년기와 성인기까지 증상이 지속될 수도 있다.
③ 부주의 또는 과잉행동-충동 증상 가운데 6가지 이상의 증상이 6개월 이상 나타난다.
④ 장애를 일으키는 과잉행동-충동 또는 부주의 증상이 7세 이전에 있었다.
⑤ 증상으로 인한 장애가 2가지 또는 그 이상의 장면에서 존재한다.

> 주의력 결핍 및 과잉행동장애는 DSM-5에서는 장애를 일으키는 과잉행동-충동 또는 부주의 증상이 12세 이전에 있었던 경우에 진단한다. DSM-IV에서는 7세로 규정하고 있다.

CHAPTER 04   조현병 스펙트럼 및 기타 정신병적 장애

01 조현병 스펙트럼 및 기타 정신병적 장애의 하위유형에 포함되지 않는 것은?

① 망상장애
② 단기 정신병적 장애
③ 조현형 성격장애
④ 조현성 성격장애
⑤ 조현양상장애

조현성 성격장애는 'A군 성격장애'의 하위유형이다. 조현형 성격장애는 'A군 성격장애'의 하위유형이면서 동시에 '조현병 스펙트럼 및 기타 정신병적 장애'의 하위유형에 포함된다.

02 다음은 DSM-5의 조현병 스펙트럼 장애에 속하는 정신장애의 일부이다. 정신병리의 심각도에 따라 경증에서 중증 순으로 바르게 나열한 것은?

ㄱ. 조현병	ㄴ. 망상장애
ㄷ. 조현형 성격장애	ㄹ. 단기 정신병적 장애

① ㄴ – ㄷ – ㄹ – ㄱ
② ㄴ – ㄹ – ㄱ – ㄷ
③ ㄷ – ㄴ – ㄹ – ㄱ
④ ㄷ – ㄹ – ㄱ – ㄴ
⑤ ㄹ – ㄴ – ㄷ – ㄱ

심각도 낮음 ◀────────				────────▶ 심각도 높음	
조현형 성격장애	망상장애	단기 정신병적 장애	조현양상장애	조현병	
				조현정동장애	

03 조현병 환자의 대표적인 음성 증상을 모두 고른 것은?

> ㄱ. 환 청
> ㄴ. 망 상
> ㄷ. 무의욕증
> ㄹ. 와해된 행동
> ㅁ. 감소된 정서표현

① ㄱ, ㄴ
② ㄴ, ㄷ
③ ㄷ, ㄹ
④ ㄷ, ㅁ
⑤ ㄹ, ㅁ

조현병의 양성증상과 음성증상
- 양성증상(Positive Symptom) : 망상, 환각, 환청, 와해된 언어나 행동 등
- 음성증상(Negative Symptom) : 무감동(감정적 둔마, 감소된 정서표현), 무언어증, 무의욕증 등

04 조현정동장애에 관한 설명으로 옳은 것은?

① 조현병 증상과 주요 우울 또는 조증삽화가 일정기간 동안 지속적으로 나타난다.
② 조현병과 동일한 임상적 증상을 나타내지만, 장애의 지속기간이 1개월 이상 6개월 이하인 경우를 말한다.
③ 조현병의 주요 증상 중 한 가지 이상이 하루 이상 1개월 이내로 짧게 나타나며 병전상태로 완전히 회복되는 경우를 말한다.
④ 환자의 현실 판단력에 장애가 생겨서 망상이 생기는 질환을 말한다.
⑤ 친밀한 인간관계를 불편해하고 인지적 또는 지각적 왜곡과 더불어 기이한 행동을 하는 성격장애이다.

② 조현양상장애, ③ 단기 정신병적 장애, ④ 망상장애, ⑤ 조현형 성격장애

05 망상장애에 관한 설명으로 옳지 않은 것은?

① 최소 1개월 동안 지속된 한 가지 이상의 망상이 존재한다.
② 망상의 직접적 영향을 제외하면 적응 기능이 현저히 손상되어 있고, 명백하게 기이한 행동이 나타난다.
③ 아형으로 피해형, 색정형, 과대형, 질투형 등이 있다.
④ 조증 삽화가 일어나는 경우, 조증 삽화의 기간은 망상이 발생하는 지속 기간에 비하여 상대적으로 짧다.
⑤ 현재의 심각도는 0(증상 없음)에서 4(심각한 증상)까지 평가한다.

> 망상이나 그것의 결과 외에는 그 사람의 기능이 심하게 망가지지 않고, 행동도 두드러지게 이상하거나 기이하지 않다.

CHAPTER 05   양극성 및 관련 장애

01 다음 중 양극성 및 관련 장애에 해당하는 내용을 모두 고른 것은?

> ㄱ. 기분부전장애
> ㄴ. 주요 우울장애
> ㄷ. 제1형 양극성 장애(Bipolar I Disorder)
> ㄹ. 순환성 장애

① ㄱ, ㄴ, ㄷ   ② ㄱ, ㄷ
③ ㄷ, ㄹ   ④ ㄴ, ㄹ
⑤ ㄱ, ㄷ, ㄹ

> DSM-5에서 '양극성 및 관련 장애'에는 제1형 양극성 장애(Bipolar I Disorder), 제2형 양극성 장애(Bipolar II Disorder), 순환성 장애(Cyclothymic Disorder)로 구분한다.

정답 03 ④   04 ①   05 ② / 01 ③

02 DSM-5의 조증 삽화 진단기준에 해당하지 않는 것은?

① 자기존중감이 팽창하거나 지나치게 과장된 자신감을 느낀다.
② 수면에 대한 욕구가 감소한다.
③ 평소보다 말이 많아지거나 말을 계속한다.
④ '사고의 비약(Flight of Ideas)'의 존재가 있다.
⑤ 목표지향적 활동이 감소한다.

> DSM-5 진단기준에 의하면, 조증삽화는 비정상적으로 의기양양하고 아무런 거리낌이 없으며, 과도하게 고양된 기분이 최소 1주간 거의 매일 하루 대부분 지속된다. 또한 다음 증상 중 3개 이상 심각한 정도로 나타나거나 4개 이상 과민한 정도로 나타난다.
> - 자기존중감이 팽창하거나 지나치게 과장된 자신감
> - 수면 욕구 감소
> - 평소보다 말이 많아지거나 말을 계속함
> - 사고비약(Flight of Ideas)이 있거나 사고가 연이어 나타남
> - 지나친 주의산만
> - 목표 지향적 활동의 증가 또는 정신 운동의 초조
> - 고통스러운 결과에 이르는 쾌락적 활동에 과도한 몰두

03 양극성 및 관련 장애에 관한 설명으로 옳은 것을 모두 고른 것은?

> ㄱ. 제Ⅰ형 양극성 장애의 평균 발병 연령은 제Ⅱ형 양극성 장애보다 늦고 주요 우울장애보다 빠르다.
> ㄴ. 양극성 장애는 모든 연령대에서 발병가능하다.
> ㄷ. 순환성 장애는 적어도 2년 동안 경조증 기간과 우울증 기간이 있어야 한다.
> ㄹ. 제Ⅱ형 양극성 장애에서 특징적인 조증삽화가 최소 1회는 나타난다.
> ㅁ. DSM-5에서는 우울장애와 다른 범주로 분리되었다.

① ㄱ, ㄴ
② ㄴ, ㄹ
③ ㄱ, ㄷ, ㄹ
④ ㄴ, ㄷ, ㅁ
⑤ ㄴ, ㄹ, ㅁ

> ㄱ. 제Ⅱ형 양극성 장애의 평균 발병 연령은 20대 중반으로 제Ⅰ형 양극성 장애보다 약간 늦고, 주요 우울장애보다 빠르다.
> ㄹ. 제Ⅰ형 양극성 장애에서 DSM-5 조증삽화(Manic Episode) 진단기준을 적어도 1회 부합한다. 조증삽화는 적어도 1주일 이상 지속되는데, 경조증삽화나 주요우울삽화에 선행하거나 뒤따른다.

04 양극성 및 관련 장애에 관한 설명으로 옳은 것은?

① 순환성 장애는 청소년의 경우 적어도 2년 동안 다수의 경조증 기간과 우울증 기간이 있을 때 진단된다.
② 제1형 양극성 장애는 순환성 장애로 발전될 확률이 높다.
③ 제2형 양극성 장애는 DSM-5 주요우울삽화 진단기준에 부합하고, 조증삽화가 적어도 1회 나타난다.
④ 순환성 장애는 불안증을 동반할 수 있고, 주요 우울삽화와 경조증삽화가 나타난다.
⑤ 순환성 장애 주요 발병 시기는 청소년기나 성인기 초기이다.

① 순환성 장애는 아동·청소년의 경우 적어도 1년 동안(성인의 경우 2년) 다수의 경조증 기간과 우울증 기간이 있을 때 진단된다.
② 순환성 장애를 가진 사람은 제1형 양극성 장애나 제2형 양극성 장애로 발전될 확률이 매우 높다.
③ 제2형 양극성 장애는 DSM-5 경조증삽화 진단기준에 적어도 1회 부합하고, 주요 우울삽화 진단기준에 부합한다. 단, 조증삽화는 1회도 없어야 한다.
④ 순환성 장애는 불안증을 동반할 수 있지만, 주요 우울삽화, 조증삽화, 경조증삽화는 존재하지 않는다.

05 다음 사례의 증상에 적절한 진단명은?

> 직장인 33세 A씨는 때로는 흥분되어 기분이 좋았고, 때로는 우울한 감정이 들면서 실패한 사람처럼 느껴지기도 했다. 기분이 들뜨면 조증이나 경조증 삽화에 해당되지는 않았으나, 과도한 소비를 하고 자신감이 넘쳤다. 반면, 들뜬 기분이 가라앉게 되면 주요 우울 삽화에는 해당되지 않았으나, 잠을 잘 못 잤고 깊은 한숨을 쉬며 무기력해졌다. A씨는 이런 기분의 기복을 벌써 2년째 지속하고 있다.

① 지속성 우울장애
② 제Ⅰ형 양극성 장애
③ 제Ⅱ형 양극성 장애
④ 순환성 장애
⑤ 기분조절곤란 장애

순환성 장애는 기분삽화에 해당되지 않는 경미한 우울 증상과 경조증 증상이 번갈아 가며, 2년 이상(아동·청소년의 경우는 1년 이상) 장기적으로 나타나는 경우를 말한다.

정답 02 ⑤ 03 ④ 04 ⑤ 05 ④

CHAPTER 06 우울장애

01 우울장애의 하위유형에 포함되는 내용을 모두 고른 것은?

ㄱ. 공황장애	ㄴ. 월경전 불쾌감 장애
ㄷ. 파괴적 기분조절부전 장애	ㄹ. 선택적 함구증
ㅁ. 불면장애	ㅂ. 지속성 우울장애

① ㄱ, ㄴ, ㄷ, ㄹ, ㅁ, ㅂ
② ㄱ, ㄷ, ㄹ, ㅁ, ㅂ
③ ㄴ, ㄷ, ㅁ, ㅂ
④ ㄴ, ㄷ, ㅂ
⑤ ㄴ, ㅁ, ㅂ

> DSM-5의 분류기준에 의한 우울장애의 주요 하위유형은 주요 우울장애, 지속성 우울장애, 월경전 불쾌감 장애, 파괴적 기분조절부전 장애이다. 공황장애와 선택적 함구증은 '불안장애'의 하위유형이고, 불면장애는 '수면-각성 장애'의 하위유형이다.

02 DSM-5의 우울장애에 관한 내용으로 옳지 않은 것은?

① DSM-4에서 '기분장애'의 하위유형이었던 '우울장애'와 '양극성 장애'가 DSM-5에서 각각 독립된 장애 범주로 구분되었다.
② 주요 우울장애는 우울한 기분 또는 흥미나 즐거움의 상실 증상이 필수적이다.
③ 월경전불쾌감장애는 월경이 시작되기 1주 전에 여러 가지 우울증상이 나타난다.
④ 지속성 우울장애는 하루 대부분 우울한 기분인 우울증상이 6개월 이상 지속적으로 나타나는 경우를 말한다.
⑤ 파괴적 기분조절부전장애의 주요 특징은 만성적인 고도의 지속적 과민성이다.

> 지속성 우울장애는 적어도 2년 동안 하루의 대부분 우울한 기분이 있으며, 증상 없는 기간이 2개월 이상 지속되지 않는다.

03 우울장애에 관한 아브람슨(Abramson)의 이론에 따르면, 우울장애의 만성화 정도에 영향을 미치는 귀인방식은?

① 실패경험에 대한 내부적 귀인
② 실패경험에 대한 안정적 귀인
③ 실패경험에 대한 전반적 귀인
④ 성공경험에 대한 예측 불가능 귀인
⑤ 성공경험에 대한 통제 불가능 귀인

우울장애를 겪는 사람들은 자신의 실패경험에 대해 내부적·안정적·전반적 요인으로 귀인하는 경향이 있다.
우울장애의 귀인이론(Abramson)

내부적 요인	실패의 원인을 자신의 능력 또는 노력의 부족, 성격상의 결함 등 내부적 요인으로 귀인하는 경우 우울감이 증폭된다.
안정적 요인	실패의 원인을 자신의 능력 부족이나 성격상의 결함 등 안정적 요인으로 귀인하는 경우 우울감은 만성화·장기화된다.
전반적 요인	실패의 원인을 자신의 전반적인 능력 부족이나 성격 전체의 문제 등으로 귀인하는 경우 우울증이 일반화된다.

04 주요 우울장애에 관한 설명으로 옳지 않은 내용을 모두 고른 것은?

ㄱ. 남자보다 여자에게서 더 흔한 장애이다.
ㄴ. 우울장애군(Depressive Disorders) 중에서 가장 심한 장애이다.
ㄷ. 우울 삽화 중 5개 증상 이상이 거의 매일 연속적으로 최소 2주간 지속된다.
ㄹ. DSM-IV의 '만성주요 우울장애'와 '기분부전장애'를 합하여 DSM-5에서 새롭게 제시된 진단명이다.
ㅁ. 심한 분노폭발을 반복적으로 나타내며, 거의 매일 하루 대부분 짜증이나 화를 낸다.

① ㄱ, ㄴ
② ㄷ, ㄹ
③ ㄱ, ㄷ
④ ㄹ, ㅁ
⑤ ㄴ, ㅁ

ㄹ. '지속성 우울장애'에 관한 설명이다.
ㅁ. '파괴적 기분조절 부전장애'에 관한 설명이다. 분노폭발은 평균적으로 주 3회 이상, 12개월 이상 지속적으로 나타난다.

05 주요 우울장애에 동반되는 세부 유형(양상)에 해당되지 않는 것은?

① 급속 순환성 양상 동반
② 혼재성 양상 동반
③ 주산기 발병 양상 동반
④ 계절성 양상 동반
⑤ 긴장증 양상 동반

> 주요 우울장애에 동반되는 세부 양상 유형으로, 불안증 동반, 혼재성 양상 동반, 멜랑콜리아 양상 동반, 비전형적 양상 동반, 기분과 일치하는 또는 일치하지 않는 정신병적 양상 동반, 긴장증 양상 동반, 계절성 양상 동반, 주산기 발병 동반이 있다. 급속 순환성 양상 동반은 해당되지 않는다.

CHAPTER 07 불안장애

01 개정된 DSM-5에 의한 불안장애의 유형에 해당하지 않는 것은?

① 공황장애　　　　　　　　　② 사회공포증
③ 적응장애　　　　　　　　　④ 범불안장애
⑤ 선택적 함구증

> DSM-5의 분류기준에 의한 불안장애의 주요 하위유형은 분리불안장애, 선택적 함구증, 특정공포증, 사회불안장애 또는 사회공포증, 공황장애, 광장공포증, 범불안장애이다. '적응장애'는 '외상 및 스트레스 관련 장애'의 하위유형이다.

02 일반화된 불안장애(Generalized Anxiety Disorder)에 관한 설명으로 옳지 않은 것은?

① 과도한 걱정과 불안이 6개월 이상 나타난다.
② 자신의 염려와 걱정을 자각하고, 이를 통제할 수 있다고 믿는다.
③ 유병률은 높은 편이나, 그에 비해 치료기관을 찾는 비율은 낮다.
④ 인지적 특성으로 기억과제 수행에서 중성자극보다 위협자극을 더 잘 기억한다.
⑤ 행동적 관점에서는 불안촉발 조건자극이 광범위하게 일반화된 다중 공포증으로 설명된다.

일반적으로 주변 생활환경에 존재하는 잠재적인 위험에 예민하며, 이러한 잠재적인 위험이 실제로 발생할 확률을 과도하게 평가한다. 또한, 위험한 사건이 실제 발생했을 경우 나타날 수 있는 부정적인 결과를 지나치게 치명적인 것으로 평가하며, 이에 대한 자신의 대처 능력을 과소평가하는 경향이 있다.

03 다음 사례의 증세를 보이는 경우의 장애와 관련이 있는 것은?

> 30대 회사원인 A씨는 늘 무언가 불길한 일이 벌어질 것 같은 막연한 걱정으로 안절부절못하는 긴장 상태로 살고 있다. '가족이 사고를 당하지 않을까?', '회사에서 상사나 후배가 싫어하지 않을까?', '차를 운전하다 사고가 나면 어떡하나?', '가전제품이 고장나면 어떡하나?' 등 일상생활 전반에 대한 크고 작은 걱정들이 A씨를 늘 피곤하게 만들었다.

① 범불안장애 ② 공포증
③ 공황장애 ④ 강박장애
⑤ 외상후 스트레스 장애

일상생활의 다양한 상황이나 사건에서 만성적인 불안과 지나친 걱정으로 인해 현실적인 부적응 상태를 경험하는 것을 '범불안장애'라고 한다.

04 특정공포증의 하위 유형이 아닌 것은?

① 동물형 ② 자연환경형
③ 혈액-주사-상처형 ④ 대인공포형
⑤ 상황형

특정공포증의 하위유형

상황형	교통수단, 터널, 다리, 엘리베이터, 비행기 등에 공포를 느끼는 유형으로 아동기와 20대 중반에 흔히 발병한다.
자연환경형	폭풍, 높은 곳, 물과 같은 자연환경에 대한 공포이다.
혈액-주사-상처형	피를 보거나 주사를 맞거나 기타 의학적 검사를 두려워하는 경우로써, 혈관 미주신경 반사가 매우 예민하며, 주로 초등학교 아동기에 발병한다.
동물형	대개 아동기에 시작되는데 동물이나 곤충을 두려워하는 것이다.

05 불안장애에 관한 설명으로 옳은 것을 모두 고른 것은?

> ㄱ. 공황장애는 갑작스럽게 죽을 것 같은 강렬한 불안과 공포가 나타난다.
> ㄴ. 광장공포증은 다른 사람으로부터 평가받는 사회적 상황에 대한 과도한 불안과 공포가 나타난다.
> ㄷ. 분리불안장애는 아동이 말을 할 수 있음에도 불구하고 특수한 사회적 상황에서 지속적으로 말을 하지 않는 행동이 나타난다.
> ㄹ. 특정공포증은 특정한 대상이나 상황에 대한 과도한 불안과 공포가 나타난다.

① ㄱ, ㄴ
② ㄱ, ㄷ
③ ㄴ, ㄷ
④ ㄱ, ㄹ
⑤ ㄴ, ㄹ

> ㄴ. 사회공포증에 대한 설명이다. 광장공포증은 광장이나 공공장소, 특히 급히 빠져나갈 수 없는 상황이나 장소에 혼자 있게 되는 것에 대해 공포를 느끼는 불안장애이다.
> ㄷ. 선택적 함구증에 대한 설명이다. 분리불안장애는 애착 대상으로부터 분리될 때 혹은 분리될 것으로 예상될 때 느끼는 불안의 정도가 일상생활을 위협할 정도로 심하고 지속적인 경우를 말한다.

06 P군의 증상에 적절한 DSM-5 진단명은?

> 평소 수줍음이 많던 P군은 고등학교 입학 후 가입한 동아리 모임에서 자기소개를 해야 할 순서가 다가오자, 불안이 심해지고 손발이 떨리며 말을 더듬고 횡설수설하게 되었다. 이후 P군은 다른 사람이 자신을 주시하거나 평가받는 상황이 너무 불안하여 고등학교를 자퇴하고 싶다고 한다.

① 공황장애
② 범불안장애
③ 광장공포증
④ 분리불안장애
⑤ 사회불안장애

> 사회불안장애는 어떠한 특정한 사회적 상황이나 일을 수행하는 상황에 노출되는 경우 발생하며, 사회적 기술의 결여 등으로 인해 상황을 회피하려는 양상을 보인다.

07 공황장애와 관련된 증상을 모두 고른 것은?

ㄱ. 감각 이상 ㄴ. 몸이 떨림
ㄷ. 가슴이 두근거림 ㄹ. 통제불능에 대한 공포
ㅁ. 이인증

① ㄱ, ㄴ
② ㄱ, ㄷ, ㄹ
③ ㄴ, ㄷ, ㄹ
④ ㄱ, ㄴ, ㄷ, ㄹ
⑤ ㄱ, ㄴ, ㄷ, ㄹ, ㅁ

> DSM-5 진단기준에서는 공황발작 중 4가지 이상 증상이 나타날 때 '공황장애'로 진단한다. 공황발작 증상으로는, 가슴 두근거림, 땀 흘림, 몸(손발) 떨림, 숨이 가쁘거나 막히는 느낌, 질식할 것 같은 느낌, 흉부 통증 또는 답답함, 구토감 또는 복부 통증, 현기증 또는 기절 상태의 느낌, 몸에 한기나 열기를 느낌, 감각 이상, 비현실감 또는 이인감, 통제불능에 대한 공포, 죽을 것 같은 두려움 등이 있다.

08 DSM-5에 따른 '선택적 함구증'의 진단기준으로 옳지 않은 것은?

① 다른 상황에서는 말을 할 수 있음에도 불구하고 특정한 사회적 상황에서는 지속적으로 말을 하지 못한다.
② 장애가 학업적·직업적 성취나 사회적 의사소통을 저해한다.
③ 장애의 기간은 적어도 6개월은 지속되어야 한다.
④ 말하지 못하는 이유가 언어에 대한 지식이 없거나 그 언어에 대한 불편과 관계가 없어야 한다.
⑤ 입학 후 처음 1개월 동안은 장애 지속기간에 포함시키지 않는다.

> 선택적 함구증(무언증)의 장애 기간은 적어도 1개월은 지속되어야 한다. 단, 입학 후 처음 1개월은 포함하지 않는다.

CHAPTER 08 강박 및 관련 장애

01 강박 및 관련 장애의 하위유형에 포함되지 않는 것은?

① 신체이형장애　　　　　　　　② 수집광
③ 피부뜯기 장애　　　　　　　　④ 하지불안 증후군
⑤ 발모광

　　강박 및 관련 장애의 하위유형으로는 강박장애, 신체이형장애, 수집광, 발모광, 피부뜯기 장애가 있다. 하지불안 증후군은 '수면-각성 장애'의 하위유형이다.

02 강박장애에 관한 설명으로 옳지 않은 것은?

① 심각한 불안이나 고통을 유발하는 강박적 사고와 이를 중화하기 위한 강박적 행동이 반복적으로 발생한다.
② 강박장애를 지닌 사람들은 이러한 강박적 사고와 행동이 지나치고 부적절하다는 것을 인식하지 못한다.
③ 흔한 강박적 행동으로는 손 씻기, 반복적인 확인, 순서대로 특정한 부분을 만지기, 숫자 세기 등이 있다.
④ 강박장애 환자들은 종종 순서나 규칙성에 사로 잡혀 있는 경우가 많다.
⑤ SSRI(세로토닌 선택적 재흡수 억제제)처방이 대표적이다.

　　강박장애를 지닌 사람들은 이러한 강박적 사고와 행동이 지나치고 부적절하다는 것을 인식하고 있지만, 통제할 수 없기 때문에 심한 심리적 고통을 겪는다. 이러한 강박사고나 강박행동은 많은 시간을 소모하고, 개인의 일상생활 또는 사회활동에 명백히 지장을 준다.

03 다음 사례의 증상과 관련이 있는 기분장애는?

> 고등학생인 A는 어느날 친한 친구가 농담 삼아 '넌 참 재미있게 생겼어'라는 한마디를 듣고 난 다음부터 자신의 외모에 자꾸 신경이 쓰이기 시작했다. 눈이 좀 작은 것 같다는 생각에 쌍꺼풀 수술도 하고, 코가 너무 낮은 것 같아 코를 높이는 수술을 했음에도 계속 얼굴에 신경이 쓰이고 스스로 외모가 추하다고 생각해 대인관계를 점점 회피하게 되었다.

① 사회불안 장애　　　　　　　　② 신체증상장애
③ 자기애성 성격장애　　　　　　④ 신체이형장애
⑤ 전환장애

정상적인 용모를 가진 사람이 자신의 외모가 심한 문제가 있다고 생각하면서, 사소한 외모문제를 과장되게 확대하거나 왜곡하는 상태로 '신체이형장애(신체추형장애)'라고 한다. 우연한 사건에 의해 자기 신체적 특성에 주목하게 되고, 이에 대해 선택적 주의를 기울이기 시작하면서 신체적 특성을 심각하게 여긴다. 이때 장애증상의 심리적 원인을 받아들이지 않고 성형수술을 원하는 경향이 있다.

04 다음 중 DMS-5에서 처음으로 독립적인 장애로 구분된 것끼리 묶인 것은?

ㄱ. 강박장애　　　　　　　　ㄴ. 발모광
ㄷ. 수집광　　　　　　　　　ㄹ. 신체이형장애
ㅁ. 피부뜯기 장애

① ㄱ, ㄴ　　　　　　　　② ㄴ, ㄹ
③ ㄷ, ㅁ　　　　　　　　④ ㄱ, ㄴ, ㄹ
⑤ ㄴ, ㄷ, ㅁ

DMS-5 이전에 수집광은 강박성 성격장애에서 언급만 되었지만 DMS-5에서 독립적인 장애로 분류하였다. 또한 이전에는 충동장애로 간주되었던 피부뜯기 장애 역시 DMS-5에서 독립적인 장애로 분류하여 진단이 가능하게 되었다.

05 강박장애에 관한 인지행동적 설명으로 옳지 않은 것은?

① 사고를 행위와 동일한 것으로 오해석함으로써 불안이 상승된다.
② 인지적 관점에서 강박사고는 침투적 사고에 대한 책임감의 과도한 부정으로 설명된다.
③ 주변인에게 안심 구하기나 의도적으로 좋은 생각하기 등은 중성화 전략에 해당된다.
④ 행동적 관점에서 강박행동은 불안회피를 추구하는 우연 연합으로 설명된다.
⑤ 강박행동의 수정에는 불안유발 자극에 대한 노출치료가 효과적이다.

'침투적 사고'란 우연히 의식 속에 떠오르는 원치 않는 불쾌한 생각을 의미하며, 강박장애를 지닌 사람들은 이러한 침투적 사고에 대해서 과도하게 중요성, 책임감, 통제필요성을 부여하게 된다.

정답 01 ④　02 ②　03 ④　04 ③　05 ②

CHAPTER 09 외상 및 스트레스 관련 장애

01 다음에서 '외상 및 스트레스 관련 장애'의 하위 유형을 모두 고른 것은?

ㄱ. 반응성 애착장애
ㄴ. 급성 스트레스 장애
ㄷ. 탈억제성 사회적 유대감 장애
ㄹ. 전환장애
ㅁ. 적응장애

① ㄱ, ㄴ, ㄷ, ㄹ, ㅁ
② ㄴ, ㄷ, ㄹ, ㅁ
③ ㄱ, ㄴ, ㄹ, ㅁ
④ ㄱ, ㄴ, ㄷ, ㅁ
⑤ ㄱ, ㄴ, ㄷ, ㄹ

외상 및 스트레스 관련 장애의 주요 하위유형은 외상 후 스트레스 장애, 반응성 애착장애, 탈억제성 사회적 유대감 장애, 급성 스트레스 장애, 적응장애이다. 전환장애는 '신체증상 및 관련 장애'의 하위유형이다.

02 다음 사례와 관련된 장애 증상은?

학생 K는 수학여행을 가다가 버스가 뒤집혀 친한 친구 몇 명이 사망하고, 본인도 부상을 당하는 사고를 겪었다. 이후 버스 소리만 들려도 깜짝깜짝 놀라고, 꿈속에서 죽은 친구의 모습이 보여 잠을 제대로 자지 못하는데, 이런 이상 증상은 1년이 넘도록 지속되고 있다.

① 급성 스트레스 장애
② 공포증
③ 공황장애
④ 강박장애
⑤ 외상 후 스트레스 장애

충격적인 사건, 예를 들어 강간, 폭행, 교통사고, 자연재해, 가족이나 친구의 죽음 등을 경험한 후 불안상태가 지속적으로 나타나는 양상을 보이는 장애를 '외상 후 스트레스 장애'라고 한다. 증상이 사고 이후 최소 3일 이상 최대 4주 동안 나타나면 '급성 스트레스 장애'로 진단하지만, 4주가 지난 후에도 부적응 증상이 개선되지 않고 지속 또는 악화되는 경우에는 '외상 후 스트레스 장애'로 진단된다.

03 급성스트레스 장애의 증상과 관련이 없는 것은?

① 침습증상　　　　　　　② 애착증상
③ 해리증상　　　　　　　④ 회피증상
⑤ 각성증상

급성스트레스 장애의 주요 증상

침습	• 반복적·불수의적·침습적으로 반복되는 외상 기억 • 외상 사건과 관련된 내용이나 정서를 포함한 꿈 반복 • 외상 사건이 다시 일어나는 것 같은 해리 반응 • 외상 사건과 유사하거나 상징적인 단서에 노출되었을 때 고통 반응
부정적 정서	긍정적인 감정(행복, 만족, 사랑)을 지속적으로 경험할 수 없음
해리	• 자기 자신이나 주변에 대한 현실감이 떨어짐 • 외상 사건의 중요한 측면을 기억하지 못함
회피	• 외상 사건과 관련된 기억·생각·감정을 회피하거나 회피하려고 노력 • 외상 사건을 생각나게 하는 요소들을 회피하거나 회피하려고 노력
각성	• 수면 장해(Sleep Disturbance) • 과각성 : 과잉 경계 • 집중 곤란 • 과도한 놀람 반응 • 공격으로 표현되는 과민한 행동과 분노

04 외상 후 스트레스 장애의 발생 및 악화에 기여하는 위험요인으로 옳지 않은 것은?

① 정신장애 가족력　　　　　② 심한 음주 및 도박
③ 의존적 성격특성　　　　　④ 자기 운명에 대한 외부적 통제소재
⑤ 외상 기억 회피 시도의 억제

외상 후 스트레스 장애의 발생 및 악화에 기여하는 위험요인

외상 전 위험요인	외상 사건 이전 외상 경험, 정신장애 가족력, 의존성이나 정서적 불안정성 등 성격특성, 자기 운명에 대한 외부적 통제소재, 심한 음주 및 도박 등
외상 중 위험요인	외상 사건 자체의 요인으로서 사건의 양태 및 강도와 연관. 일반적으로 외상 사건의 강도가 높고 노출 횟수가 많을수록 발병 가능성이 높고, 외상 사건이 가까운 사람에게서 유발되었을 때 증상이 더욱 심하고 오랫동안 지속
외상 후 위험요인	사회적 지지망이나 경제적 자원 부족, 부가적 스트레스 원인 등

정답　01 ④　02 ⑤　03 ②　04 ⑤

05 다음의 내용에 해당하는 DSM-5의 장애는?

> ○ 사회적 방임이나 정서박탈을 경험한 생후 9개월 이상의 아동에게 진단된다.
> ○ 적어도 5세 이전에 발병하고, 자폐 스펙트럼 장애에 해당되지 않는다.
> ○ 낯선 성인에게 거리낌이 없고, 과도한 신체적 친밀행동을 나타낸다.

① 반응성 애착장애
② 외상성 애착장애
③ 탈억제성 사회적 유대감 장애
④ 탈애착 사회관여장애
⑤ 외상성 애착 및 사회관여장애

보기의 내용은 '탈억제성 사회적 유대감 장애'에 관한 설명이다. 양육자와의 애착 외상을 경험한 아동이 누구든지 낯선 성인에게 아무런 주저 없이 과도한 친밀감을 표현하며 접근하는 장애를 말한다.

CHAPTER 10 해리장애

01 일반적으로 강한 심리적 충격이나 외상을 경험한 후 개인의 통합적인 기능, 즉 의식, 기억, 자기정체감 그리고 환경에 대한 지각 등에서 붕괴가 나타나는 정신장애는?

① 해리장애   ② 전환장애
③ 가성장애   ④ 공황장애
⑤ 적응장애

② '전환장애'는 1가지 이상 신경학적 손상을 시사하는 증상을 나타내는 장애로서, '기능성 신경증상 장애'라고도 한다.
③ '가성장애'는 의도적으로 아픈 것을 가장하기 위해 만들어낸 신체적·심리적 증상을 말하는 것으로서, '인위성 장애'라고도 한다.
④ '공황장애'는 예기치 못한 강렬한 불안 즉, 공황발작을 반복적으로 경험하는 것을 말한다.
⑤ '적응장애'는 주요한 생활사건에 대한 적응실패로 나타나는 정서적 또는 행동적 증상이다.

02 이인증/비현실감 장애에 관한 설명으로 옳지 않은 것은?

① 지각적 통합 실패를 의미하는 해리 증상이다.
② 비현실감은 자신이 낯선 상태로 변했다고 느끼는 것이고, 이인증은 외부세계가 이전과 다르게 변했다고 느끼는 것이다.
③ 이인증/비현실감을 경험하는 동안 현실 검증력은 손상되지 않은 채로 남아 있다.
④ 사회적·직업적, 또는 다른 중요한 기능 영역에서 유의미한 고통이나 손상을 초래한다.
⑤ 이인증/비현실감은 순간적으로 나타나기도 하고 수년간 지속되기도 한다.

'이인증'은 자기 자신이 평소와 다르게 낯선 상태로 변화되었다고 느끼는 것이고, '비현실감'은 자신이 아닌 외부세계가 이전과 다르게 변화되었다고 느끼는 것이다.

03 DSM-5의 해리성 기억상실에 관한 내용으로 옳지 않은 것은?

① 해리성 둔주가 함께 나타나기도 한다.
② 전쟁이나 재난, 대형사고, 학대 등 충격적인 스트레스가 원인이 된다.
③ 기억상실이 급작스럽게 발생하여 지속되었다가 갑작스럽게 회복되는 경우가 많다.
④ 자신의 정체성과 생활사를 전부 기억하지 못하는 전반적 기억상실이 나타나기도 한다.
⑤ 개인의 생활사 중 일부를 회상하지 못함과 동시에 언어 및 학습 능력의 손상이 나타난다.

해리성 기억상실은 보통 개인의 중요한 과거 경험이나 정보를 기억하지 못하는 것으로 나타난다. 언어 및 학습 능력, 일반적 지식, 비개인적인 정보에 대한 기억에는 손상이 없다.

04 DSM-5의 해리장애에 관한 설명으로 옳지 않은 것은?

① 외상 후에 발생하는 경향이 있다.
② 의식, 기억, 정체성의 정상적 통합이 붕괴된다.
③ 해리성 정체성장애는 다중성격장애로 불리기도 한다.
④ 해리장애는 대체로 심리적 원인보다 신체적 원인이 더 크게 작용한다.
⑤ 해리성 정체성장애, 해리성 기억상실, 이인성·비현실감 장애 등이 포함되어 있다.

해리장애(Dissociative Disorders)는 의식, 기억, 행동 및 자기정체감의 통합적 기능에 갑작스러운 이상이 생긴 상태를 말한다.

05 해리성 정체감 장애(Dissociative Identity Disorder)에 관한 설명으로 옳은 것은?

① 한 사람 안에 둘 이상의 각기 다른 정체성을 지닌 인격이 존재하는 경우이다.
② 각각의 인격은 동일한 이름을 가지면서도 서로 다른 자아상을 가진다.
③ 일차적 인격은 통제적·적대적인 반면, 교체되는 인격은 수동적·의존적이다.
④ 자신이 마치 기계인 것처럼 느낀다.
⑤ 일상적인 망각과 유사하다.

② 교체되는 인격들은 서로 다른 이름을 가지고 있다.
③ 일차적 인격은 수동적·의존적인 반면, 교체되는 인격은 통제적·적대적이다.
④ 자신이 마치 기계인 것처럼 느끼는 것은 이인증(Depersonalization Disorder)에 해당한다.
⑤ 일상적인 망각으로 설명하기에는 너무 광범위하고, 중요한 개인적 정보를 회상하지 못한다.

CHAPTER 11 신체증상 및 관련 장애

01 '신체증상 및 관련 장애'의 하위유형에 포함되지 않는 것은?

① 신체증상장애　　　　　　　　② 전환장애
③ 질병불안장애　　　　　　　　④ 신체이형장애
⑤ 인위성 장애

'신체증상 및 관련 장애' 하위유형으로는 신체증상장애, 질병불안장애, 전환장애, 인위성 장애가 있다.
'신체이형장애'는 '강박 및 관련 장애'의 하위유형이다.

02 신체증상 및 관련 장애에 관한 설명으로 옳은 것을 모두 고른 것은?

ㄱ. 질병불안장애는 자신이 어떤 심각한 질병에 걸려 있다고 생각하는 등 현실에 맞지 않는 걱정과 두려움을 가지는 것이다.
ㄴ. 전환장애는 신경학적·의학적 소견 없이 운동 및 감각기능의 이상, 신체적 경련이나 발작 등이 나타난다.
ㄷ. 허위성장애는 어떤 현실적 이득이나 목적을 가지고 고의적으로 병을 만들어내는 것이다.
ㄹ. 신체증상장애는 한 개 이상의 신체적 증상에 대한 과도한 생각·불안·행동이 나타난다.

① ㄱ, ㄴ　　　　　　　　　　　② ㄴ, ㄷ
③ ㄱ, ㄴ, ㄹ　　　　　　　　　④ ㄱ, ㄷ, ㄹ
⑤ ㄴ, ㄷ, ㄹ

ㄷ. 꾀병은 목적을 지니고 의도적으로 증상을 만들거나 과장하지만, 허위성 장애는 환자 역할을 하는 것 이외에 어떠한 현실적 이득이나 목적이 발견되지 않는다.

03 다음 사례의 증상과 가장 밀접한 관련이 있는 장애는?

> 착실하고 학교성적도 상위권이었던 중학생인 A는 아버지가 명예퇴직으로 직장을 그만두고 작은 분식집을 하면서 부모님이 심하게 다투는 경우를 자주 목격하게 되었다. 그리고 어느 날부터인가 자주 토하고 설사를 하며 어지럽다고 하여 학교에서 자주 조퇴와 결석을 반복하였다. 병원에서는 아무 이상이 없다고 하지만, A군은 입원치료를 받고 싶어 한다.

① 주요 우울장애
② 양극성장애
③ 신체증상장애
④ 통증장애
⑤ 조현병

> 신체증상장애는 1가지 이상 신체 증상이 고통을 유발하거나 일상생활에 유의미한 지장을 초래한다. 이때 신체증상이나 건강에 대한 과도한 사고·감정 또는 행동이 나타나는데, 과도한 염려가 6개월 이상 지속된다.

04 질병불안장애에 관한 설명으로 옳지 않은 것은?

① 심각한 질병에 걸렸다는 생각에 집착한다.
② 질병이 있는지 자신의 신체를 반복적으로 확인한다.
③ 의학적 상태가 실재하면 진단할 수 없다.
④ 건강에 대한 불안이 매우 높다.
⑤ 의학적 치료를 거의 하지 않는 유형도 있다.

> 질병불안장애는 신체적 증상을 부적절하게 인식하여 과도하게 집착하는 장애이다. 신체적 증상이 존재하지 않거나 존재하더라도 그 강도가 경미하다. 즉 질병이 실재할 수 있으나 실제 심각도에 비해 불안 수준이 지나치게 높은 것이다.

정답 05 ① / 01 ④ 02 ③ 03 ③ 04 ③

05 다음 보기의 사례에 적절한 진단명은?

> K는 늘 크고 작은 질병으로 학교를 제대로 다닌 적이 없다. 지난번에는 두통으로, 이번에는 설사로 학교 보건실을 찾아가 고통을 호소하였다. 사실 지난번에는 며칠 밤을 새웠고, 어제는 설사제를 먹었지만 아무에게도 그런 사실들을 이야기하지 않았다.

① 전환장애
② 히스테리
③ 인위성 장애
④ 신체증상장애
⑤ 질병불안장애

인위성(허위성) 장애는 환자 역할을 하는 것 이외에 어떠한 현실적 이득이나 목적이 발견되지 않는다. 반면, 꾀병은 목적을 지니고 의도적으로 증상을 만들거나 과장한다.

CHAPTER 12 급식 및 섭식장애

01 DSM-5에서 다음 사례와 관련이 있는 장애는?

> 사춘기가 한창인 중학교 3학년 A양은 자신이 너무 뚱뚱해서 남자친구가 없다고 생각하고 날씬해지기로 결심한 후, 음식을 거의 섭취하지 않는다. 사실 A양의 키는 165cm, 몸무게는 37kg으로 오히려 마른 편이다. 엄마는 갖은 음식을 다해 먹이지만 A양은 먹은 후에 거의 다 토해내곤 한다.

① 신경성 식욕부진증
② 신경성 폭식증
③ 폭식장애
④ 이식증
⑤ 반추장애

신경성 식욕부진증은 살을 빼려는 지속적인 행동, 체중 감소, 음식과 체중과 연관된 부적절한 집착, 음식을 다루는 기이한 행동, 살이 찌는 것에 대한 강한 두려움 등을 주요 특징으로 한다.

02 자가중독(Auto Addictive)이론이나 설정점(Set Point) 이론으로 설명할 수 있는 장애는?

① 수면-각성장애
② 성기능장애
③ 물질 관련 장애
④ 섭식장애
⑤ 외상 후 스트레스 장애

- 자가중독(Auto Addictive)이론 : 과도한 운동과 절식을 하는 '자가기아(Self-Addiction)' 행동을 하는 동안 엔 톨핀이 증가하여 긍정적 정서를 경험함으로써 신경성 식욕부진증적 행동이 강화된다고 본다.
- 설정점(Set Point)이론 : 시상하부의 기능 이상으로 인한 설정점(Set Point) 저하로 인해 섭식장애가 발생한다고 본다.

03 영양분이 없는 물질이나 먹지 못할 것(예 종이, 천, 흙, 머리카락)을 적어도 1개월 이상 지속적으로 먹는 장애는?

① 이식증
② 반추장애
③ 인위성 장애
④ 회피적/제한적 음식섭취 장애
⑤ 자폐 스펙트럼 장애

이식증(Pica)은 비영양성 물질이나 비음식 물질을 지속적으로 1개월 이상 먹는 경우를 말한다. 이때 먹는 행동은 문화적으로 허용된 습관이 아니며, 발달 수준에 부적절하다.

04 급식 및 섭식 장애에 관한 설명으로 옳지 않은 것은?

① 이식증을 제외한 단일 삽화에 대해 두 개 이상의 진단명을 적용할 수 없다.
② 되새김 장애(반추장애)에서는 적어도 1개월 동안 역류한 음식물을 반복해서 되씹거나 뱉는 증상이 나타난다.
③ 신경성 식욕부진증에서는 음식, 체형 등에 관한 강박적인 집착이 나타날 수 있다.
④ 폭식장애는 부적절한 보상행동이 나타나지 않는다.
⑤ 신경성 폭식증은 대부분 저체중이 나타난다.

신경성 폭식증은 단시간 내에 일반인들이 먹는 양보다 명백히 많은 양을 먹는 폭식행동과 그로 인한 체중 증가를 막기 위한 보상행동을 반복하는 경우를 말한다. 저체중인 경우도 있지만, 정상체중이거나 과체중인 경우가 더 흔하다.

정답 05 ③ / 01 ① 02 ④ 03 ① 04 ⑤

05 신경성 폭식증에 관한 설명으로 옳지 않은 것은?

① 우울증을 동반하는 경우가 많은 편이다.
② 신경성 식욕부진증에서 발전하기도 한다.
③ 신경성 식욕부진증의 경우와 달리 주로 아동기에 발병한다.
④ 폭식 행동은 주로 밤에 혼자 있을 때, 스트레스를 받았을 때 자주 나타난다.
⑤ 성격적 문제, 대인관계의 어려움, 충동통제의 어려움, 약물남용의 문제를 수반하기도 한다.

> 신경성 폭식증의 유병률은 청소년과 젊은 성인여성의 1~3%이며, 90%가 여성이다. 일반적으로 후기 청소년기 또는 초기 성인기에 시작하는 경우가 대부분이다.

CHAPTER 13 배설장애

01 유뇨증에 관한 설명으로 옳지 않은 것은?

① 배변훈련이 끝나는 5세 이상 아동이 신체적인 이상이 없음에도 불구하고, 옷이나 침구에 반복적으로 소변을 보는 경우를 말한다.
② 연령수준에 따라 유병률이 변화한다.
③ 3개월 이상 매주 1회 이상 나타날 경우에 진단된다.
④ 소변 가리기를 한번도 제대로 하지 못하는 일차성 유뇨증과 일정기간 분명하게 소변을 가린 후에 장애가 나타나는 이차성 유뇨증으로 구분된다.
⑤ 주간형, 야간형, 주야간형으로 나뉜다.

> 장애 행동이 주 2회 이상의 빈도로 적어도 3개월 동안 연속하여 일어난다.

02 배설장애에 관한 옳은 설명을 모두 고른 것은?

> ㄱ. 연령수준에 따라 유병률이 변화한다.
> ㄴ. 유뇨증은 실제 연령(또는 동등 발달수준)이 최소 5세 이상이 되어야 진단된다.
> ㄷ. 유뇨증은 연속 3개월 동안 주 2회 이상의 빈도로 나타난다.
> ㄹ. 유분증은 설사 및 변비를 동반한 주간형과 야간형으로 나뉜다.
> ㅁ. 유분증은 실제 연령(또는 동등 발달수준)이 최소 5세 이상이 되어야 진단된다.

① ㄱ, ㄴ
② ㄹ, ㅁ
③ ㄱ, ㄴ, ㄷ
④ ㄱ, ㄹ, ㅁ
⑤ ㄱ, ㄴ, ㄷ, ㄹ, ㅁ

ㄹ. 유뇨증이 주간형, 야간형, 주야간형으로 나뉜다.
ㅁ. 유분증은 4세 이상의 아동이 대변을 적절치 않은 곳에 반복적으로 배설하는 경우이다.

03 유분증의 DSM-5 진단기준으로 옳지 않은 것은?

① 부적절한 장소에서 반복적으로 대변을 본다.
② 장애 행동이 매주 1회 이상 빈도로 적어도 3개월 동안 연속 일어난다.
③ 아동의 발달연령은 최소 4세이어야 진단이 가능하다.
④ 장애 행동이 물질이나 일반적인 의학적 상태의 직접적 생리적 효과로 기인한 것이 아니다.
⑤ 변비 및 범람 변실금을 동반하는 경우가 있다.

> **유분증의 DSM-5 진단기준**
> • 부적절한 장소에서 반복적으로 대변을 본다.
> • 장애 행동이 매달 1회 이상 빈도로 적어도 3개월 동안 연속 일어난다.
> • 아동의 발달연령은 최소 4세이어야 진단이 가능하다.
> • 장애 행동이 물질이나 일반적인 의학적 상태의 직접적 생리적 효과로 기인한 것이 아니다.
> • 변비 및 범람 변실금을 동반하는 경우가 있다.

04 배설장애에 관한 설명으로 옳지 않은 것은?

① 유분증은 일차성 유분증과 이차성 유분증으로 구분한다.
② 만 5세가 지났는데 수개월에 한 번 정도 실수를 한다.
③ 유뇨증이 야간에 심한 경우에 야뇨증이라고 한다.
④ 치료과정에서 가족 내 아동을 수용하는 분위기를 유도해야 한다.
⑤ 유뇨증은 야간형, 주간형, 주야간형으로 구분한다.

> 연령 수준에 따라 유병률이 변화하며, 만 5세가 지났더라도 수개월에 한 번 정도 어쩌다가 실수를 하는 경우는 병으로 생각하지 않는다.

CHAPTER 14 수면-각성장애

01 DSM-5에서 수면-각성 장애의 하위유형이 아닌 것은?

① 불면장애　　　　　　　　② 과다수면 장애
③ 수면발작증　　　　　　　④ 전환장애
⑤ 일주기 리듬 수면-각성 장애

전환장애는 '신체증상 및 관련 장애'의 하위유형이다.

02 다음 중 일주기 리듬 수면-각성 장애의 유형에 해당하지 않는 경우를 모두 고른 것은?

> ㄱ. 지연된 수면단계형　　　　ㄴ. 수면 중 경악형
> ㄷ. 교대 근무형　　　　　　　ㄹ. 비24시간 수면-각성형
> ㅁ. 수면 중 보행형

① ㄱ, ㄴ　　　　　　　　② ㄱ, ㅁ
③ ㄴ, ㄹ　　　　　　　　④ ㄴ, ㅁ
⑤ ㄷ, ㄹ

일주기 리듬 수면-각성장애의 유형으로, 지연된 수면단계형, 조기 수면단계형, 교대 근무형, 불규칙한 수면-각성형, 비24시간 수면-각성형이 있다. '수면 중 경악형'과 '수면 중 보행형'은 수면이상증(Parasomnias ; 사건수면)의 유형이다.

03 수면-각성 장애에 관한 설명으로 옳지 않은 것은?

① 과다수면 장애 - 불면장애와 반대로 과도한 졸림으로 인해 일상생활에 어려움을 겪는 경우
② 기면증 - 주간에 깨어 있는 상태에서 갑자기 저항할 수 없는 졸음을 느껴 수면에 빠지게 되는 경우
③ 호흡 관련 수면장애 - 수면상태에서 일어나는 비정상적인 행동이나 경험을 하는 경우
④ 일주기 리듬 수면-각성 장애 - 수면-각성 주기의 변화로 인해 과도한 졸음이나 불면이 반복되는 경우
⑤ 하지불안 증후군 - 수면 중에 다리의 불쾌한 감각 때문에 다리를 움직이고 싶은 충동을 느끼는 경우

'수면이상증'에 대한 설명이다. '호흡 관련 수면장애'는 수면 중의 호흡장애로 인하여 과도한 졸음, 불면증이 유발되는 경우를 말한다.

04 일주기 리듬 수면-각성 장애를 설명하는 생체시계와 관련된 내용으로 옳지 않은 것은?

① 생체시계는 뇌 시상하부의 시교차상핵(SCN)에 위치한다.
② 생체시계는 24시간보다 길기 때문에 취침/기상 시간을 조금씩 늦추는 것은 쉽지만 앞으로 당기는 것은 어렵다.
③ 청소년들이 아침에 일찍 일어나기 힘들어하는 이유 중 하나도 일주기 리듬에 기인한다.
④ 청소년기에는 멜라토닌의 생성량이 많기 때문에 일주기 리듬이 쉽게 뒤로 밀릴 수 있다.
⑤ 일주기 생체시계를 조절하는 동조인자 중 가장 큰 역할을 하는 것은 식사시간이다.

생체시계를 외부의 시간에 동조시키는 데 빛이 가장 중요한 역할을 담당하고 있다.

05 다음 사례에서 나타나는 장애와 관련된 증상에 해당하는 것을 모두 고른 것은?

> 18세 청소년 S양은 최근 몇 개월 동안 학교생활에서 지나친 졸음 때문에 어려움을 겪었다. 수업시간에 과제를 발표하던 중 갑자기 정신이 멍해지고 온 몸에 힘이 빠지면서 잠에 빠져든 적도 여러 번 있었다. S양은 자신도 모르게 어쩔 수 없이 갑자기 잠에 빠졌다고 했고, 담임선생님은 그 말을 믿지 않았다.

ㄱ. 기면증	ㄴ. 수면발작
ㄷ. 탈력발작	ㄹ. 입면시-출면시 환각
ㅁ. 수면마비	

① ㄱ, ㄴ ② ㄱ, ㄷ, ㄹ
③ ㄴ, ㄷ, ㅁ ④ ㄴ, ㄷ, ㄹ, ㅁ
⑤ ㄱ, ㄴ, ㄷ, ㄹ, ㅁ

수면-각성장애 중 기면증(수면발작증)의 사례이다. 기면증은 낮에 갑작스럽게 심한 졸음을 느끼며, 자기도 모르게 잠에 빠지는 경우를 말한다. 수면발작(Sleep Attack)이 주요 증상이며 탈력발작이 나타날 수 있다. 또한, 수면이 시작되거나 깰 때 수면마비나 환각을 경험하기도 하며 수면마비(가위눌림)가 나타나기도 한다.

정답 01 ④ 02 ④ 03 ③ 04 ⑤ 05 ⑤

CHAPTER 15 성 관련 장애

01 지하철이나 대중교통에서의 성추행과 관련이 있는 장애는?

① 노출장애　　　　　　　　　　② 관음장애
③ 마찰도착장애　　　　　　　　④ 성적피학장애
⑤ 복장도착장애

> 마찰도착장애는 동의하지 않은 사람에 대한 접촉, 마찰 등을 통해 강한 성적 흥분을 일으키는 변태성욕장애이다.

02 DSM-5에서 규정된 변태성욕장애에 해당하지 않는 것은?

① 마찰도착장애　　　　　　　　② 복장도착장애
③ 소아성애장애　　　　　　　　④ 물품음란장애
⑤ 자위장애

> DSM-5에서는 변태성욕장애의 하위유형으로서 마찰도착장애, 복장도착장애, 소아성애장애, 물품음란장애, 노출장애, 관음장애, 성적가학장애, 성적피학장애를 제시하고 있다.

03 변태성욕장애에 관한 설명으로 옳지 않은 것은?

① 강력한 성적 충동과 함께 성적 흥분을 경험하기 위하여 유별나고 괴이한 비정상적 상상, 대상, 행위 또는 방법을 사용하는 모든 성적 장애가 포함된다.
② 어머니와의 이별 또는 어릴 때 성적 폭행이 원인이 되기도 한다.
③ 사회적 이론에서는 어렸을 때 성도착 환자에게 당했던 경험이나 대중매체의 영향 등이 원인적으로 작용한다고 한다.
④ 하위유형으로 관음장애, 노출장애, 마찰도착장애, 소아성애장애, 성극치감 장애, 물품음란장애, 복장도착장애가 있다.
⑤ 증상이 환자의 의도와는 관계없이 최소 6개월 이상 지속적으로 반복된다.

> 변태성욕장애의 하위유형으로는 관음장애, 노출장애, 마찰도착장애, 성적피학장애, 성적가학장애, 소아성애장애, 물품음란장애, 복장도착장애가 있다.

04 성별불쾌감에 관한 설명으로 옳지 않은 것은?

① 아동의 경우 남아는 여성 복장을 선호한다.
② 청소년의 경우 반대 성의 일차 또는 이차 성징을 갈망한다.
③ 아동의 경우 자신의 성과 일치하는 놀이친구를 선호한다.
④ 청소년의 경우 반대 성으로 대우받고 싶은 욕구가 있다.
⑤ 아동의 경우 여아는 전형적인 여성적 장난감이나 활동을 거부한다.

아동의 경우 자신의 성과 반대되는 놀이친구를 선호한다.

아동, 청소년 및 성인의 성불편증

아동의 성별불쾌감	최소 6개월 동안 다음 중 6가지 이상이 나타난다. • 반대 성이 되고 싶은 강한 갈망 또는 자신이 반대 성이라고 주장 • 반대 성 옷을 입거나 반대 성 흉내내기를 선호 • 가상놀이나 환상놀이에서 반대 성 역할 강한 선호 • 반대 성 놀이 친구에 대한 강한 선호 • 반대 성이 사용하는 장난감이나 게임 선호, 반대 성 활동에 대한 강한 선호 • 자기 성별에 대한 강한 혐오, 자기 성에 따른 장난감, 게임, 활동에 대한 거부감 • 반대 성별의 일차성징 또는 이차성징에 일치하는 것을 강렬히 선호
청소년 및 성인의 성별불쾌감	최소 6개월 동안 다음 중 2가지 이상이 나타난다. • 자신에게 부여된 일차적 성과 경험된 성에 있어서 현저한 불일치 • 자신의 경험된 성과의 현저한 불일치 때문에 자신의 일차 또는 이차성징을 제거하려는 강한 욕구 • 반대 성의 일차 또는 이차성징을 얻고자 하는 강한 욕구 • 반대 성이 되고 싶은 강한 욕구 • 반대 성으로 대우받고 싶은 강한 욕구 • 자신이 반대 성의 전형적 감정과 반응을 지니고 있다는 강한 신념

05 다음 사례의 내용과 관련이 있는 장애는?

> 평소에도 여성이 되고 싶어 했지만, 사회적 인식 때문에 침묵했던 대학생 A는 방학 때 태국관광 중 유명한 트렌스젠더쇼인 알카자쇼를 구경하고, 자신도 자신의 성 정체성을 찾아 여성으로 수술하기를 원했으나, 가족의 극심한 반대로 고통을 받고 있다.

① 정신분열스펙트럼 ② 성적피학장애
③ 성별불쾌감 ④ 복장도착장애
⑤ 허위성 장애

성별불쾌감은 자신의 생물학적 성과 성역할에 대해서 지속적으로 불편감을 느끼는 경우로, 반대 성에 대해서 강한 동일시를 나타내거나 반대의 성이 되기를 소망하는 경우를 말한다.

CHAPTER 16 파괴적, 충동조절 및 품행장애

01 '파괴적, 충동조절 및 품행장애'의 하위유형이 아닌 것은?

① 적대적 반항장애
② 반사회성 성격장애
③ 병적 도박
④ 병적 방화
⑤ 간헐적 폭발장애

'파괴적, 충동조절 및 품행장애'의 하위유형에는 적대적 반항장애, 간헐적 폭발장애, 품행장애, 반사회성 성격장애, 병적 도벽, 병적 방화가 있다. 도박장애는 '물질 관련 및 중독장애'의 하위유형이다.

02 DSM-5의 진단기준에 의할 경우, 다음 사례와 관련이 있는 장애는?

중학교 1학년인 A는 학교가 지나치게 간섭한다고 생각하며, 학교와 선생님에 대하여 반감을 가지고 사사건건 말대꾸를 한다.

① 적대적 반항장애
② 레트장애
③ 간헐적 폭발성 장애
④ 품행장애
⑤ 자폐 스펙트럼 장애

적대적 반항장애는 지속적으로 부정적이며 명령에 순종하지 않고, 부모나 선생님과 같은 권위적인 대상에게 적대적 행동을 보이는 것이 특징이다.

03 다음의 사례에서 B와 관련이 있는 장애는?

학부모 A는 어느 날 학교의 담임선생님으로부터 전화를 받고 학교에 갔더니 아들 B가 학교폭력에 연루된 것을 알았다. 처음에는 반신반의했으나, 조사결과 아들 B는 수시로 동급생이나 후배들을 폭행하고 금품을 빼앗아 왔으며, 자주 결석을 하고 저녁에는 골목에서 담배도 피운 것으로 나타났다.

① 적대적 반항장애
② 레트장애
③ 간헐적 폭발성 장애
④ 품행장애
⑤ 자폐 스펙트럼 장애

품행장애는 공격성과 타인의 권리를 침해하는 것, 규칙을 지키지 않는 것을 특징으로 한다. 즉, 지나친 공격성으로 타인을 해치고, 자기 물건이나 남의 물건을 파괴하는 행동을 보이며, 사기나 도둑질을 하기도 한다. 또한 반드시 지켜야 할 규칙들을 빈번히 어긴다.

04 DSM-5의 파괴적, 충동조절 및 품행장애에 관한 내용으로 옳지 않은 것은?

① 병적 방화는 방화로 인한 인명피해나 재산파괴 등에는 무관심하다.
② 병적 도벽은 대체로 청소년기에 시작되며 경제적 필요로 물건을 훔친다.
③ 간헐적 폭발장애는 폭발적인 행동을 하기 전에 긴장감을 먼저 느낀다.
④ 품행장애는 적대적 반항장애와 동반 진단할 수 있다.
⑤ 적대적 반항장애는 주의력결핍 과잉행동 장애와 함께 나타나는 경우가 많다.

병적 도벽은 남의 물건을 훔치고 싶은 충동을 참지 못해 반복적으로 도둑질을 하는 경우를 말하며 경제적 필요 때문에 훔치는 것이 아니다. 병적도벽은 '훔치는 행위'가 중요하며 그러한 행위를 하면서 느끼는 긴장감・만족감에 대한 유혹을 통제하지 못한다.

05 간헐적 폭발성 장애에 관한 설명으로 옳지 않은 것은?

① 공격적 충동이 조절되지 않는다.
② 언어적 공격행위나 신체적 공격행위가 반복해서 폭발적으로 나타난다.
③ 장애로 인하여 직업을 잃고, 학교에 적응하지 못하고 심할 경우 투옥되기도 한다.
④ 자극사건이나 심리사회적 스트레스에 비해 공격성의 정도가 지나치게 높다.
⑤ 공격적 행동을 하고 나서 죄책감을 느끼지 않으며 오히려 편안한 모습을 보인다.

공격적 발작을 하듯이 폭발적인 행동을 하기 전에 긴장감이나 각성상태를 먼저 느끼고, 행동을 하고 나서는 즉각적인 안도감을 느낀다. 그렇지만 곧이어 공격적 행동으로 인해 동요・후회하고, 죄책감을 느끼는 등 당혹스러워한다.

정답 01 ③ 02 ① 03 ④ 04 ② 05 ⑤

CHAPTER 17 물질 관련 및 중독 장애

01 다음 사례의 내용에 해당하는 장애는?

> 대기업 차장인 A는 회사에서 항상 자기 팀의 업무성과와 승진에 관한 문제 때문에 스트레스와 긴장 속에서 업무를 하다 보니, 집에서도 쉽게 잠을 이루지 못하는 날이 많아졌다. 그래서 잠을 이루기 위해 한두 잔씩 술을 마시기 시작했다가 어떤 날은 하룻밤에 혼자서 독한 보드카를 2~3병씩 마시기도 했다. 이런 일이 잦아지자 낮에도 숙취가 남아 업무를 수행하는 데에 문제가 생기게 되었다. 이런 일이 1년 이상 지속되자 상부에서 알게 되어 결국 A는 회사에서 권고사직을 당하였다.

① 항불안제 관련 장애
② 알코올 사용장애
③ 알코올 중독
④ 알코올 금단
⑤ 자극제 관련 장애

알코올 관련 장애는 알코올로 인한 임상적으로 유의미한 손상이나 고통을 일으키는 것을 말한다. 하위유형으로 알코올 사용장애, 알코올 중독, 알코올 금단이 있는데, A의 경우 알코올 섭취로 인한 중추신경계 손상이 발생하지 않았고 금단 현상도 보이지 않았으므로, 알코올 사용장애에 해당한다.

02 기억 상실, 지각적 결함, 주도성의 결여, 작화증과 같이 주로 인지적인 기능 손상을 일으키는 코르사코프 증후군이 포함되는 장애는?

① 정신분열증
② 해리성 장애
③ 수면-각성장애
④ 신경인지장애
⑤ 알코올 관련 장애

알코올 관련 장애는 알코올로 인한 임상적으로 유의미한 손상이나 고통을 일으키는 것을 말한다. 기억 상실, 지각적 결함, 주도성의 결여, 작화증과 같이 주로 인지적인 기능 손상을 일으키는 코르사코프 증후군이 포함되는 장애이다.

03 물질 관련 장애의 치료방법 중 행동주의적 접근방법에 해당하는 것은?

① 자유연상
② 꿈의 분석
③ 소 거
④ 저항 분석
⑤ 뇌절제술

> 행동주의적 치료방법에서는 잘못된 학습에 의해 형성된 이상행동을 제거하거나 적응적 행동을 학습시켜 대체하게 하고자 노력한다.
>
> | 소 거 | 물질을 반복적으로 찾도록 강화 요인 제거 |
> |---|---|
> | 혐오적 조건형성 | 물질을 찾는 행동을 할 때 불쾌한 자극을 줌으로써 행동 억제 |
> | 체계적 둔감법 | 단계적 노출을 통하여 부적응적 증상을 제거 |

04 DSM-5에 규정된 도박중독 장애에 관한 설명으로 옳지 않은 것은?

① 노름이나 도박을 하고 싶은 충동으로 반복적인 도박을 하게 되는 정신장애이다.
② 도박행동을 줄이거나 그만두려고 시도할 때 안절부절못하거나 신경이 과민해진다.
③ 스스로 도박행동을 조절하거나 줄이거나 중지하려는 노력이 거듭 실패로 돌아간다.
④ 병적 도박자들은 스트레스로 인한 고혈압이나 소화성 궤양, 편두통 같은 증상을 동반하기도 한다.
⑤ 병적 도박증을 지닌 사람은 자신이 돈을 따게 될 주관적 확률을 객관적 확률보다 현저히 낮게 평가하는 비관적 성향을 지닌다.

> 인지적 입장에 따르면, 병적 도박증을 지닌 사람은 자신이 돈을 따게 될 주관적 확률을 객관적 확률보다 현저히 높게 평가하는 낙관적 성향을 지니며, 비현실적이고 미신적인 인지적 왜곡을 나타낸다.

05 다음 중 물질사용장애를 일으키지 않지만 물질중독과 물질금단을 일으키는 것은?

① 알코올
② 대 마
③ 카페인
④ 아편계
⑤ 담 배

> 카페인은 물질사용장애를 일으키지 않지만 카페인 중독, 카페인 금단, 기타 카페인으로 유발된 장애 및 명시되지 않은 카페인 관련 장애 등을 일으킨다.
> ① 알코올 관련 장애 하위유형에 알코올 사용장애, 알코올 중독, 알코올 금단 등이 있다.
> ② 대마 관련 장애 하위유형에 대마 사용장애, 대마 중독, 대마 금단 등이 있다.
> ④ 아편계 관련 장애 하위유형에 아편계 사용장애, 아편계 중독, 아편계 금단 등이 있다.
> ⑤ 담배 관련 장애 하위유형에 담배 사용장애, 담배 금단 등이 있다. DSM-5상 담배는 물질중독을 일으키지 않는다.

정답 01 ② 02 ⑤ 03 ③ 04 ⑤ 05 ③

CHAPTER 18 신경인지장애

01 신경인지장애에 관한 설명으로 옳지 않은 것은?

① 인지 결손은 섬망만 있는 상황에서만 발생하는 것이 아니다.
② 병인에 따라 알츠하이머병, 전두측두엽 변성, 루이소체병, 혈관 질환, 외상성 뇌손상, 물질/치료약물 사용, HIV 감염, 프라이온병, 파키슨병, 헌팅턴병, 다른 의학적 상태, 다중 병인 등 명시한다.
③ 주요 신경인지장애에서 인지 저하는 본인이 인식하지 못할 수 있다.
④ 경도 신경인지장애의 인지 결손은 독립적인 일상 활동을 어렵게 한다.
⑤ 주요 신경인지장애는 1가지 이상 인지적 영역에서 심각한 인지적 저하가 나타나는 경우이다.

> 경도 신경인지장애의 경우, 인지 결손은 독립적인 일상 활동을 방해하지 않는다.

02 주요 신경인지장애에 관한 설명으로 옳은 것은?

① 인지 기능의 저하 여부는 병전 수행 수준을 기준으로 삼지 않는다.
② 가족력이나 유전자 검사에서 원인이 되는 유전적 돌연변이의 증거가 있어야 한다.
③ 기억 기능의 저하가 항상 나타난다.
④ 인지 기능 손상의 증거가 환자나 보호자의 주관적 보고 또는 객관적 검사 중 하나에서 확인되면 진단 가능하다.
⑤ 알츠하이머병으로 인한 경우는 서서히 시작되고 점진적으로 진행된다.

> ① 이전 수행 수준에 비해 1가지 이상 인지영역에서 인지 저하가 현저히 나타나야 한다.
> ② 알츠하이머 질환, 뇌혈관 질환, 충격에 의한 뇌손상, HIV감염, 파킨슨 질환 등과 같은 다양한 질환에 의해 유발될 수 있다.
> ③ 일련의 증상이 급격하게 갑자기 나타나고, 그 원인을 제거하면 증상이 갑자기 사라지는 경우가 많다.
> ④ 인지 기능 손상의 증거가 환자나 보호자의 주관적 보고뿐만 아니라, 표준화된 신경심리 검사 또는 다른 정량적 임상평가에 의해 입증되어야 한다.

03 다음 보기의 내용이 설명하는 장애는?

> ○ 이전 수행 수준에 비해 1가지 이상 인지영역에서 인지 저하가 있다.
> ○ 인지결손은 독립적인 일상 활동을 방해하지 않는다.
> ○ 알츠하이머 질환, 뇌혈관 질환, 충격에 의한 뇌손상, HIV감염, 파킨슨 질환 등과 같은 다양한 질환에 의해 유발될 수 있다.

① 단기 정신병적 장애
② 주요 신경인지장애
③ 경도 신경인지장애
④ 신경발달장애
⑤ 섬 망

> 경도 신경인지장애는 주요 신경인지장애에 비해 증상의 심각도가 경미한 경우를 말한다. 인지기능이 과거 수행 수준에 비해 상당히 저하되었지만, 이러한 인지 저하로 인해 일상생활을 독립적으로 영위하는 능력이 저해되지는 않는다.

04 섬망에 관한 설명으로 옳지 않은 것은?

① 주의 장애와 의식 장애를 주된 특징으로 한다.
② 단기간에 발생하여 악화되며, 하루 중에도 그 심각도가 변동된다.
③ 과도한 약물복용이나 신체적 질병의 직접적 결과로 발생한 근거가 있을 때 진단된다.
④ 증상을 일으키는 원인을 제거해도 일반적으로 회복하는 데 시간이 걸린다.
⑤ 기억결손, 지남력 장애, 언어・시공간 능력 장애 등 부가적 인지장애가 나타나기도 한다.

> 일련의 증상이 급격하게 갑자기 나타나고, 그 원인을 제거하면 증상이 갑자기 사라지는 경우가 많다.

정답 01 ④ 02 ⑤ 03 ③ 04 ④

CHAPTER 19　성격장애

01 DSM-5에서 A군에 해당하는 성격장애는?

① 히스테리 성격장애　　　　　　② 의존성 강박장애
③ 편집성 성격장애　　　　　　　④ 강박성 성격장애
⑤ 반사회성 성격장애

- A군 성격장애 : 편집성 성격장애, 조현성 성격장애, 조현형 성격장애
- B군 성격장애 : 반사회성 성격장애, 연극성 성격장애, 경계선 성격장애, 자기애성 성격장애
- C군 성격장애 : 회피성 성격장애, 의존성 성격장애, 강박성 성격장애

02 내담자가 다음과 같은 신념을 보이는 경우 판단할 수 있는 성격장애는?

○ 사람들은 악의적이고 기만적이다.
○ 그들은 기회만 있으면 나를 공격할 것이다.
○ 긴장하고 경계해야만 나에게 피해가 없을 것이다.

① 반사회성 성격장애
② 연극성(히스테리성) 성격장애
③ 경계선 성격장애
④ 자기애성 성격장애
⑤ 편집성 성격장애

'편집성 성격장애'는 타인에 대한 강한 불신과 의심을 지니고 적대적인 태도를 나타내어, 사회적 부적응을 나타내는 성격특성을 말한다. 이들은 친밀한 대인관계를 맺기가 어렵고, 주변 사람들과 적대적인 관계를 형성하는 경우가 흔하며, 자신에 대한 타인의 위협 가능성을 지나치게 경계하기 때문에 행동이 조심스럽고 비밀이 많다.

03 다음 진단기준에 해당하는 성격장애를 순서대로 바르게 나열한 것은?

> ㄱ. 감정적 냉담, 고립 혹은 단조로운 정동의 표현
> ㄴ. 공감능력의 결여
> ㄷ. 자신을 좋아한다는 확신 없이는 사람들과 관계하는 것을 피함

① ㄱ – 분열형, ㄴ – 자기애성, ㄷ – 회피성 성격장애
② ㄱ – 분열성, ㄴ – 반사회성, ㄷ – 편집성 성격장애
③ ㄱ – 강박성, ㄴ – 자기애성, ㄷ – 회피성 성격장애
④ ㄱ – 분열형, ㄴ – 반사회성, ㄷ – 편집성 성격장애
⑤ ㄱ – 분열성, ㄴ – 자기애성, ㄷ – 회피성 성격장애

> ㄱ. 분열성 : DSM-5 성격장애의 분류 중 A군으로 편집성, 분열성, 분열형이 이에 속한다. 분열형 성격장애는 분열성 또는 회피성 성격장애가 더 악화된 상태를 말한다.
> ㄴ. 자기애성 : DSM-5 성격장애의 분류 중 B군으로 반사회성 성격장애, 연극성 히스테리, 자기애성 성격장애가 이에 속한다.
> ㄷ. 회피성 성격장애 : DSM-5 성격장애의 분류 중 C군으로 의존성, 강박성, 회피성 성격장애가 이에 속한다.

04 극적이고 변덕스러운 B군 성격장애에 포함되지 않는 것은?

① 경계선 성격장애
② 강박성 성격장애
③ 반사회성 성격장애
④ 연극성 성격장애
⑤ 자기애성 성격장애

> 강박성 성격장애(Obsessive-Compulsive Personality Disorder)는 불안하고 두려움을 많이 느끼는 특성을 나타내는 성격장애인 'C군 성격장애'에 해당한다.

05 내원한 젊은 여성 환자가 정체감 혼란, 충동적인 성관계, 반복적인 자살위협, 일시적인 해리증상 등을 보이고 있으나, 기질적인 손상은 없는 것으로 확인되었다. 이 환자에게 올바른 진단은?

① 적응장애
② 충동조절장애
③ 외상 후 스트레스 장애
④ 우울장애
⑤ 경계선 성격장애

> 경계선 성격장애는 성적 일탈, 약물남용, 도박, 무절제한 낭비 등을 하며, 자신의 분노를 표출하거나 타인에게서 동정을 얻기 위해 자해·자살의 위협을 보이기도 한다.

06 다음에 제시된 특징에 해당하는 성격장애는?

> ○ 외모와 행동은 성적으로 유혹적이거나 자극적이다.
> ○ 타인의 애정과 관심을 끌기 위한 지나친 노력과 과도한 감정표현을 보인다.
> ○ 대인관계의 초기에는 상대방에게 매력적으로 느껴지나, 일단 친밀해지면 요구가 많다.

① 경계성 성격장애
② 연극성 성격장애
③ 편집성 성격장애
④ 회피성 성격장애
⑤ 자기애성 성격장애

> 연극성(히스테리성) 성격장애는 여러 성격장애 중에서도, 감정의 표현이 과장되고 주변의 시선을 받으려는 일관된 성격상의 특징을 가지며, 이로 인해 환자의 전반적인 기능이 저하되고 주관적인 고통이 초래되는 경우를 일컫는다.

07 '자기애성 성격장애'의 임상적 특징에 해당하는 것은?

① 실제적 또는 가상적 유기를 피하기 위하여 필사적인 노력
② 타인에 대한 극단적인 이상화와 평가절하를 번갈아하는 불안정한 대인관계방식
③ 반복적인 자살행동과 만성적인 공허감
④ 자신의 중요성에 대한 과장된 지각과 특권의식 요구
⑤ 기묘한 또는 괴팍한 행동이나 생각

①·②·③ 경계선 성격장애의 특징에 해당한다.
⑤ 조현형 성격장애의 특징에 해당한다.

08 다음 중 의존성 성격장애에 관한 내용으로 옳은 것을 모두 고른 것은?

ㄱ. 자신의 능력을 스스로 과소평가한다.
ㄴ. 피암시성이 높아서 환경에 의해 쉽게 영향을 받는다.
ㄷ. 친밀한 관계가 끝났을 때 그 사람과 관계를 지속하기 위해 더 의존하게 된다.
ㄹ. 판단과 능력에 대한 자신감이 부족하여 일을 혼자서 시작하거나 수행하기 어렵다.
ㅁ. 자신을 의도적으로 약하게 보이도록 함으로써 상대방의 보호를 유도하는 경향이 있다.

① ㄱ, ㄴ, ㄷ
② ㄱ, ㄹ, ㅁ
③ ㄴ, ㄷ, ㄹ
④ ㄱ, ㄷ, ㄹ, ㅁ
⑤ ㄴ, ㄷ, ㄹ, ㅁ

ㄴ. DSM-5 성격장애 중 B군 성격장애의 연극성 성격장애에 관한 내용이다.
ㄷ. DSM-5의 의존성 성격장애는 의존 상대와의 친밀한 관계가 끝나는 경우 서둘러 다른 지지와 보호의 대상을 찾는다.

CHAPTER 20   임상적 주의가 필요한 기타 문제

01 DSM-5의 '임상적 주의가 필요한 기타 문제'에서 한 개인이 처한 '사회환경과 연관된 문제'의 범주가 아닌 것은?

① 문화 적응의 어려움
② 생의 단계 문제
③ 혼자 살기와 연관된 문제
④ 사회적 배척과 거부
⑤ 가족 양육과 관련된 문제

> '가족 양육과 관련된 문제'는 DSM-5의 '임상적 주의가 필요한 기타 문제'에서 '관계 문제'에 해당된다. '사회환경과 연관된 기타 문제' 범주에는, 생의 단계 문제, 혼자 살기와 연관된 문제, 문화 적응의 어려움, 사회적 배척이나 거부, (지각된) 부정적 차별이나 박해의 표적, 사회환경과 관련된 명시되지 않은 문제가 포함된다.

02 '임상적 주의가 필요한 기타 문제'에 관한 설명으로 옳지 않은 것은?

① 임상적 주의가 필요한 기타 문제도 정신장애 범주에 속한다.
② 정신질환의 진단, 경과, 예후, 치료 등에 영향을 줄 수 있는 기타 상태와 문제를 다룬다.
③ 교육과 직업 문제도 포함된다.
④ 성인학대와 방임 문제도 포함된다.
⑤ 현재 군대 배치 상태와 관련된 문제도 포함된다.

> 정신장애 범주에 속하지는 않지만, 임상적 관심과 보살핌이 필요한 다양한 심리적 문제들의 분류범주에 속하는 문제들이 이에 포함된다.

03 DSM-5는 부가적으로 '임상적 주의가 필요한 기타 문제'에서 한 개인이 처한 '사회환경과 연관된 문제'들을 다루고 있는데, 이 범주에 해당하는 내용을 모두 고른 것은?

> ㄱ. 생의 단계 문제 예 생의 주기 전환인 발달기
> ㄴ. 혼자 살기와 연관된 문제 예 고아, 독신, 별거
> ㄷ. 문화적응의 어려움 예 이민, 군 입대
> ㄹ. 주거와 경제 문제 예 노숙, 극도의 가난
> ㅁ. 부정적 차별이나 박해의 표적 예 집단 괴롭힘, 공갈의 표적

① ㄱ, ㄴ ② ㄱ, ㅁ
③ ㄴ, ㄷ, ㄹ ④ ㄱ, ㄴ, ㄷ, ㅁ
⑤ ㄴ, ㄷ, ㄹ, ㅁ

사회환경과 관련된 기타 문제
- 생의 단계문제 예 생의 주기 전환인 발달기
- 혼자 살기와 관련된 문제 예 고아, 독신, 별거
- 문화 적응의 어려움 예 이민, 군 입대
- 사회적 배척이나 거부
- 부정적 차별이나 박해의 표적 예 집단 괴롭힘, 공갈의 표적
- 사회환경과 관련된 명시되지 않은 문제

04 DSM-5의 임상적 주의가 필요한 문제들 중 '아동학대와 방임 문제'의 하위유형에 해당하는 것을 모두 고른 것은?

> ㄱ. 아동 방임
> ㄴ. 아동 성적 학대
> ㄷ. 아동 심리적 학대
> ㄹ. 아동 신체적 학대
> ㅁ. 보호자가 아닌 사람에 의한 아동학대

① ㄱ, ㄴ, ㄷ ② ㄱ, ㄴ, ㄹ
③ ㄴ, ㄷ, ㄹ ④ ㄱ, ㄴ, ㄷ, ㄹ
⑤ ㄱ, ㄴ, ㄷ, ㄹ, ㅁ

아동학대와 방임 문제의 하위유형
- 아동 신체적 학대 확인/의심, 아동 신체적 학대와 관련된 기타 사항
- 아동 성적 학대 확인/의심, 아동 성적 학대와 관련된 기타 사항
- 아동 방임 확인/의심, 아동 방임과 관련된 기타 사항
- 아동 심리적 학대 확인/의심, 아동심리적 학대와 관련된 기타 사항

정답 01 ⑤ 02 ① 03 ④ 04 ④

필수과목 04 주관식 단답형 문제

❖ 문제를 읽고 ( ) 안에 들어갈 단어를 적어주세요.

01 (   )에는 지적장애, 의사소통장애, 자폐스펙트럼 장애, 주의력 결핍 및 과잉행동장애, 특정 학습 장애, 운동장애 등이 있다.

02 뇌의 특별한 기질적 이상 없이 사고나 감정, 언어, 지각, 행동 등에서 부적응적인 장애를 나타내는 정신장애는 (   )이다.

03 불안장애는 범불안장애, 특정공포증, 광장공포증, 사회불안장애, (   ), 분리불안장애, 선택적 함구증으로 구분할 수 있다.

04 (   )은/는 정상적인 용모를 가진 사람이 자신의 외모에 심한 문제가 있다고 생각하면서, 사소한 외모문제를 과장되게 확대하거나 왜곡하는 상태를 말한다.

05 강박장애의 (   )은/는 심한 불안이나 곤란을 초래하는 반복적·지속적인 사고, 충동 또는 이미지들을 말한다.

06 (   )은/는 '다중인격장애 또는 다중성격장애(Multiple Personality Disorder)'라고도 하며, 한 사람에게 둘 이상의 서로 다른 정체감을 지닌 인격이 존재하는 해리상태에 해당한다.

07 신체증상 및 관련 장애에는 신체증상장애, (   ), 전환장애, 허위성 장애가 있다.

08 (   )은/는 단시간 내에(약 2시간 이내) 일반인들이 먹을 수 있는 양보다 명백히 많은 양을 먹고, 음식을 먹는 동안 음식 섭취에 대해 통제력을 잃는다. 먹은 음식을 배출하기 위해 토하거나 약물을 복용하고, 환자들이 정상체중을 유지한다.

09 알코올 유발장애 중 (   )은/는 1887년 러시아의 정신병리학자인 코르사코프에 의해 제기된 것으로서, 건망증, 기억력 장애, 작화증 등의 증상을 특징으로 한다.

10 (   )은/는 한 가지 이상의 인지적 영역에서 과거의 수행수준에 비해 심각한 인지적 저하가 나타나는 장애를 말한다.

 정답

01 신경발달장애
02 조현병 스펙트럼 및 기타 정신병적 장애
03 공황장애
04 신체이형장애(신체추형장애)
05 침투적 사고
06 해리성 정체감 장애
07 질병불안장애(건강염려증)
08 신경성 폭식증
09 코르사코프 증후군(Korsakoff Syndrome)
10 주요 신경인지장애

필수과목 04 기출문항 OX 문제

❖ 문제를 읽고 ( ) 안에 맞는 답을 (O / X) 로 표기하세요.

01 프로이트(Freud)는 이상행동의 원인을 어린 시절의 경험과 무의식적 갈등에 의한 것으로 본다.
( )

02 도파민(Dopamine)은 기분조절, 수면, 음식섭취, 공격성, 통증에 영향을 주는 신경전달물질이다.
( )

03 조현병 스펙트럼 및 기타 정신병적 장애의 종류로는 조현병, 조현정동장애, 조현양상장애, 단기 정신병적 장애, 조현형 성격장애, 망상장애가 있다. ( )

04 정신분석적 입장에서는 양극성 장애에 영향을 미치는 유전적 요인, 수면생리적 요인, 신경내분비적 요인, 신경전달물질에 대해 연구한다. ( )

05 광장공포증은 다른 사람으로부터 평가받는 사회적 상황에 대한 과도한 불안과 공포가 나타난다.
( )

06 특정공포증은 체계적 둔감법, 참여적 모방학습, 노출치료, 이완훈련 등의 방법으로 치료한다.
( )

07 DSM-5에서는 불면장애, 과다수면 장애, 기면증, 호흡관련 수면장애, 일주기 리듬 수면-각성 장애, 수면이상증, 하지불안 증후군을 수면-각성 장애의 하위유형으로 구분한다. ( )

08 마찰도착장애는 자신의 생물학적 성과 성역할에 대해서 지속적으로 불편감을 느끼는 경우로서, 반대의 성에 대해서 강한 동일시를 나타내거나 반대의 성이 되기를 소망하는 경우를 말한다. (   )

09 적대적 반항장애는 지속적으로 부정적이며, 명령에 순종하지 않고, 부모나 선생님과 같은 권위적인 대상에게 적대적 행동을 보이는 것이 특징이다. (   )

10 유뇨증은 배변훈련이 끝나게 되는 4세 이상의 아동이 신체적인 이상이 없음에도 옷이나 침구에 반복적으로 소변을 보는 장애를 말한다. (   )

정답 및 해설

| 01 ○ | 02 × | 03 ○ | 04 × | 05 × | 06 ○ | 07 ○ | 08 × | 09 ○ | 10 × |

02 기분조절, 수면, 음식섭취, 공격성, 통증에 영향을 주는 신경전달물질은 세로토닌이다.

04 양극성 장애에 영향을 미치는 유전적 요인, 수면생리적 요인, 신경내분비적 요인, 신경전달물질에 대해 연구하는 것은 생물학적 입장이다.

05 사회공포증에 대한 설명이다. 광장공포증은 광장이나 공공장소, 특히 급히 빠져나갈 수 없는 상황이나 장소에 혼자 있게 되는 것에 대해 공포를 느끼는 불안장애이다.

08 성별불쾌감에 대한 설명이다.

10 유뇨증의 판단기준 연령은 5세 이상이고, 유분증의 판단기준 연령은 4세 이상이다.

2025 시대에듀 청소년상담사 2급 한권으로 끝내기

개정12판1쇄 발행	2025년 03월 05일 (인쇄 2025년 01월 22일)
초 판 발 행	2013년 01월 05일 (인쇄 2012년 10월 31일)
발 행 인	박영일
책 임 편 집	이해욱
저 자	시대청소년상담사 수험연구소
편 집 진 행	박종옥 · 장민영
표지디자인	김지수
편집디자인	김휘주 · 김보미
발 행 처	(주)시대고시기획
출 판 등 록	제10-1521호
주 소	서울시 마포구 큰우물로 75 [도화동 538 성지 B/D] 9F
전 화	1600-3600
팩 스	02-701-8823
홈 페 이 지	www.sdedu.co.kr
I S B N	979-11-383-8586-2 (13330)
정 가	46,000원

※ 이 책은 저작권법의 보호를 받는 저작물이므로 동영상 제작 및 무단전재와 배포를 금합니다.
※ 잘못된 책은 구입하신 서점에서 바꾸어 드립니다.

기출문제 완전 정복은
기출이 답이다
청소년상담사 2급

5개년(2020~2024년) 기출문제로 최신 출제유형 완벽 숙지!

상세하고 친절한 해설로 빈틈없는 학습 가능!

※ 도서의 이미지와 구성은 변경될 수 있습니다.

실전 대비 모의고사는 최종모의고사 청소년상담사 2급

실전 유형 최종모의고사 5회로 필기시험 완벽 대비!

최신 기출 키워드 소책자로 휴대하며 복습 가능!

※ 도서의 이미지와 구성은 변경될 수 있습니다.

초단기 합격은 Win-Q 단기합격

청소년상담사 2급

시험에 꼭 나오는 **핵심이론** & 기출 기반 **핵심예제**로 **효율적인 학습 가능!**

최신 기출 1회분 & 상세한 해설로 **2025년 시험 완벽 대비!**

※ 도서의 이미지와 구성은 변경될 수 있습니다.

나는 이렇게 합격했다

자격명: 위험물산업기사
구분: 합격수기
작성자: 배*상

나는 할 수 있다 69년생 50중반 직장인 입니다. 요즘 자격증을 2개 정도는 가지고 입사하는 젊은 친구들에게 일을 시키고 지시하는 역할이지만 정작 제 자신에게 부족한 점이 많다는 것을 느꼈기 때문에 자격증을 따야겠다고 결심했습니다. 처음 시작할 때는 과연 되겠냐? 하는 의문과 걱정이 한가득이었지만 시대에듀 인강을 우연히 접하게 되었고 잘 차려진 밥상과 같은 커리큘럼은 뒤늦게 시작한 늦깍이 수험생이었던 저를 합격의 길로 인도해 주었습니다. 직장생활을 하면서 취득했기에 더욱 기뻤습니다.

합격은 시대에듀

감사합니다!

♥

당신의 합격 스토리를 들려주세요.
추첨을 통해 선물을 드립니다.

QR코드 스캔하고 ▷▷▶
이벤트 참여해 푸짐한 경품받자!

베스트 리뷰	상/하반기 추천 리뷰	인터뷰 참여
갤럭시탭/ 버즈 2	상품권/ 스벅커피	백화점 상품권

합격의 공식
시대에듀

청소년상담사

2급 한권으로 끝내기

2교시

시대에듀

2교시 목차 CONTENTS

선택1과목 진로상담

01 청소년 진로상담의 이론적 기초

01 진로상담의 개관 · 4
02 청소년 진로상담 · 8
03 청소년 진로상담자의 역량과 자세 · 12
04 진로선택이론 · 13
05 진로발달이론 · 26
06 기타 진로이론 · 41
07 진로상담이론의 최근 경향 · 45
08 특수영역(진학, 직업, 능력, 다문화 등) 진로상담이론 · 57

02 청소년 진로상담의 실제

01 진로상담의 원리 및 과정 · 64
02 진로상담의 기법 · 66
03 진로심리검사 · 69
04 진로정보의 활용 · 75
05 개인 진로상담 과정과 집단 진로상담의 실제 · 79
06 특수영역 진로상담의 실제 · 84
07 기타 진로상담에 관한 사항 · 89

적중예상문제 · 단답형 문제 · OX문제   94

선택2과목 집단상담

01 청소년 집단상담의 이론

01 집단의 의의 · 126
02 집단상담의 기초 · 134
03 집단역동의 이해 및 집단상담 과정 · 140
04 집단상담의 제 이론 · 146
05 집단상담자 · 170

02 청소년 집단상담의 실제

01 집단상담자의 기술 및 문제 상황 다루기 · 172
02 청소년 집단상담의 계획 및 평가 · 185
03 청소년 집단상담의 특성 · 193
04 집단상담 윤리 · 197

적중예상문제 · 단답형 문제 · OX문제   203

선택3과목 가족상담

01 가족상담의 기초

- 01 가족상담을 위한 체계적 조망 · · · · · · · · · · · **232**
- 02 가족상담의 기본 개념 · · · · · · · · · · · · · · **237**
- 03 가족상담 과정 · · · · · · · · · · · · · · · · · · **240**
- 04 가족상담 기술 · · · · · · · · · · · · · · · · · · **242**
- 05 가족상담 윤리 · · · · · · · · · · · · · · · · · · **245**

02 가족상담의 이론과 실제

- 01 가족상담의 이론적 기초 · · · · · · · · · · · · · **247**
- 02 가족상담이론 · · · · · · · · · · · · · · · · · · **250**
- 03 가족생활주기와 가족상담 · · · · · · · · · · · · **291**
- 04 가족상담 사정과 평가 · · · · · · · · · · · · · · **295**

03 청소년 가족–부모상담

- 01 청소년 가족의 이해와 변화를 위한 개입전략 · · · · **303**
- 02 청소년 문제 유형별 가족상담(폭력, 중독, 자살 등) · · · **304**
- 03 청소년 가족–부모상담 사례 · · · · · · · · · · · · **306**

적중예상문제 · 단답형 문제 · OX문제 **314**

선택4과목 학업상담

01 학업문제의 이해

- 01 학업문제의 개요 · · · · · · · · · · · · · · · · · **344**
- 02 학습부진 · **345**

02 학업 관련 요인

- 01 개 요 · **351**
- 02 인지적 영역 · · · · · · · · · · · · · · · · · · · **351**
- 03 정의적 영역 · · · · · · · · · · · · · · · · · · · **353**
- 04 환경적 영역 · · · · · · · · · · · · · · · · · · · **366**

03 학업 관련 문제 및 평가

- 01 호소문제 유형 · · · · · · · · · · · · · · · · · · **370**

2교시 목차 CONTENTS

02 학습장애 · **372**
03 지적장애 · **378**
04 주의력결핍 과잉행동장애(ADHD) · **379**
05 학업 관련 검사에 대한 이해 · **381**
06 진단 및 평가절차 · **384**

04 학습전략에 대한 이해 및 실제

01 학습전략의 개요 · **387**
02 인지 및 초인지 전략 · **392**
03 상황별 학습전략 · **396**
04 학습전략 프로그램의 실제 · **398**

05 학업문제 상담 및 개입전략

01 학업상담의 개요 · **403**
02 학습동기 부족 · **408**
03 주의집중력 문제 · **412**
04 학습부진 영재아 · **415**
05 시험불안 및 발표불안 · **418**
06 학습에서의 일반적인 부적응과 학교공포증 · · · · · · · · · · · **421**

06 기타 학업상담에 관한 사항

01 학습과 음식 · **423**
02 운동, 수면, 음악 · **424**
03 학습모형 · **426**

적중예상문제 · 단답형 문제 · OX문제   **428**

부록 최신기출문제

2024년 23회 기출문제 및 정답   **473**

청소년 상담사 2급

2교시

선택 1과목 진로상담
선택 2과목 집단상담
선택 3과목 가족상담
선택 4과목 학업상담

선택 1과목

진로상담

- 01 청소년 진로상담의 이론적 기초
- 02 청소년 진로상담의 실제
- **적중예상문제**

(객관식 ‖ 주관식 단답형 문제 ‖ 기출문항 OX 문제)

"선택 1과목 진로상담"은 매년 비슷한 수준으로 출제되고 있습니다. 홀랜드, 수퍼와 같은 학자의 이론은 거의 매년 등장하고 있으며, 최근에는 상대적으로 출제빈도가 낮았던 학자의 이론도 함께 등장하고 있어 주의가 필요합니다. 이에 더해 사회적 쟁점인 여성 진로상담이나 다문화 청소년 대상 진로상담이 지속적으로 출제되는 경향이 있습니다. 다른 과목과 마찬가지로 실무 능력을 평가할 수 있도록 사례를 분석하여 적절한 결론을 이끌어내는 심화 문제가 출제되고 있기 때문에 학자의 진로 이론을 단순 암기하지 않고, 이해하여 사례에 적용하는 연습이 필요합니다.

✓ 최근 2024년도 23회 기출키워드

- 진로상담자가 갖추어야 할 역량
- 진로상담의 목표
- 윌리암슨(E. Williamson)의 진로상담 6단계
- 홀랜드(J. Holland)의 직업성격유형이론 5가지 개념
- 진로가계도(Career Genogram)
- 파슨스(F. Parsons)의 특성요인이론
- 로(A. Roe)의 욕구이론
- 하렌(V. Harren)의 진로의사결정유형이론
- 수퍼(D. Super)의 직업발달과정과 과업
- 갓프레드슨(L. Gottfredson)의 제한타협이론
- 긴즈버그(Ginzberg)의 직업선택 3단계
- 타이드만과 오하라(D. Tiedeman & R. O'Hara)의 진로의사결정이론
- 다위스와 롭퀴스트(Dawis & Lofquist)의 직업적응이론의 측면
- 슐로스버그(N. Schlossberg)의 진로전환이론
- 미러바일(R. Mirabile)의 퇴직자를 위한 카운슬링 모델
- 크럼볼츠(J. Krumboltz)의 우연학습이론 (Happenstance Learning Theory)
- 사회인지 진로이론(SCCT)의 진로상담 전략
- 사비카스(M. Savickas)의 진로구성주의
- 진로무질서이론(CTC ; Career Chaos Theory)
- 진로 의사결정수준에 따른 내담자 분류 샘슨 등(J. Sampson et al.)
- 진로양식면접(Career Style Interview)의 사용 질문
- 작업동맹(Working Alliance)
- 직업분류 및 직업사전
- 청소년 집단진로상담
- 다문화 진로상담

정오표▲

CHAPTER 01 청소년 진로상담의 이론적 기초

중요도 ★★★

핵심포인트
진로(Career)와 직업(Vocation), 청소년 진로상담의 목표와 필요성, 청소년 진로상담자의 역량과 자질, 진로선택이론, 진로발달이론, 진로의사결정이론 및 직업적응이론·진로전환이론, 진로상담이론의 최근 경향, 특수영역 진로상담이론(진학, 직업, 능력, 다문화 등)

01 진로상담의 개관

(1) 의 의
① 청소년 진로상담이란 청소년 내담자가 당면한 진로문제에 대해 상담을 통해서 궁극적으로 내담자의 일생 동안의 진로발달이 잘 이루어질수록 도와주는 과정이다. 이를 위해서 개인의 진로계획 및 준비, 직업준비와 선택, 진로문제의 해결과 적응 등을 돕는다.
② 상담자는 상담의 일반원칙과 진로검사나 진로정보 등의 도구를 사용하며, 생애진로발달 측면에서 내담자가 당면한 진로문제에 대하여 진단하고 구체화 과정을 거쳐 문제해결 등을 추구한다.
③ 진로상담 시에는 심리 상담에서 논의되는 촉진적 관계형성을 기초로 효율적인 상담자 반응과 기법을 통합해야 한다.

(2) 진로상담의 주요 원리 [15 기출]
① 진로상담은 진학과 직업선택에 초점을 맞추어 전개되어야 한다.
② 진로상담은 개인의 특성을 객관적으로 파악한 후, 상담자와 내담자 간의 라포(Rapport)가 형성된 관계 속에서 이루어져야 한다.
③ 진로상담은 진로발달이론에 근거하며, 진로발달이 진로상담에 영향을 미친다.
④ 진로상담은 개인의 진로결정에 있어서 핵심적인 요소이므로, 합리적인 진로의사결정 과정과 기법을 체득하도록 상담한다.
⑤ 진로상담은 변화하는 직업세계의 이해와 *진로정보활동을 중심으로 개인과 직업의 연계성을 합리적으로 연결하는 과정의 이용 방법에 초점을 두어야 한다.
⑥ 진로상담은 각종 심리검사의 합리적인 결과를 끌어낼 수 있도록 도와주는 역할을 다해야 한다.
⑦ 진로상담은 상담윤리강령에 따라 전개되어야 한다.
⑧ 항상 '차별적인 진단과 처치', 즉 개인차를 고려해야 한다.

> **✓ 진로정보활동**
> 진로를 결정할 때 자기와 자기를 둘러싼 환경을 이해하는 데 필요한 사실과 자료를 수집해서 제공해주는 활동을 말한다.

(3) 주요 용어해설

① 진로(Career)와 직업(Vocation) 14 15 기출

진로	• 한 개인의 전 생애 과정이며, 일생을 통해 행해지는 모든 행동을 포함한 보편적 생활 형태로 어느 순간 완성되는 것이 아니다. • 개인의 직업뿐만 아니라 일과 관련된 가치, 흥미, 태도, 진로계획 및 진로선택, 직업변경, 여가 등을 포괄하는 총체적 개념으로서, 개인의 역할 통합에 영향을 주는 과정이다. • 과거와 미래를 포함한 매우 복합적이고 종합적인 의미를 지니고 있다. 즉, 한편으로는 일을 통해 무엇인가를 축적해 놓은 직업적 경력을 의미하는 과거적 용어이면서도 앞으로 생애의 모든 단계에서 쌓아가야 할 '행로'라는 의미도 들어있는 미래지향적인 용어이기도 하다.

직업	• 일반적으로 보수를 받는 것을 전제로 한 일을 의미한다.
	• 한국직업사전에서는 직업을 '개인이 계속적으로 수행하는 경제 및 사회활동의 종류'라고 규정한다.
	• 한국직업사전에서 직업의 개념 5요인
	  - 생계의 유지(생업) : 본인 및 가족의 생계를 유지한다.
	  - 사회적 역할의 분담(직분) : 사회적 존재로서의 개인이 분담된 역할을 충분히 수행해야만 사회가 유지될 수 있다.
	  - 개성의 발휘 및 자아의 실현 : 직업을 통해 자기의 존재에 대한 의의를 실감하고 긍지를 느낄 수 있다.
	  - 계속적인 활동 : 계속성이 없는 일시적 행위는 직업이라고 할 수 없다. 그러나 일용근로자와 같이 매일 그 작업내용이 바뀌더라도 노동력의 제공이 계속적으로 이루어지는 경우에는 직업이다.
	  - 노동행위의 수반 : 정신적·육체적 노동이 수반되지 않는 이익배당, 투기 등은 직업이 아니다.

② 진로교육(Career Education)과 직업교육(Vocational Education)

진로교육	개인의 진로선택, 적응, 발달에 초점을 둔 교육으로 각 개인이 자신과 일의 세계를 인식 및 탐색하여 자신에게 적합한 일을 선택하고, 선택한 일을 잘 수행할 수 있도록 취학 전부터 시작하여 평생 학교, 가정, 사회에서 가르치고, 지도하고, 도와주는 활동을 총칭한다(서울대 교육연구소). 여기에서는 항상 교육적 작용이 중시된다.
직업교육	어떤 직업에 취업하기 위하여 준비하거나 현재의 직무를 유지·개선하기 위한 형식 또는 비형식 교육이라고 할 수 있다. 바꾸어 말하면, 개인이 일의 세계를 탐색하여 자기의 적성·흥미·능력에 맞는 일을 선택하고, 그 일에 필요한 지식·기능·태도·이해 및 판단력과 일에 대한 습관 등을 개발하는 형식 또는 비형식적인 교육을 말한다(서울대 교육연구소).

③ 진로상담(Career Counseling)과 직업상담(Vocational Counseling)

진로상담	진로지도를 위한 수단의 하나로 개인의 진로발달을 촉진하거나 진로계획, 진로·직업의 선택과 결정, 실천, 직업적응, 진로변경 등의 과정을 돕기 위한 활동을 의미한다. 진로상담의 한 부분으로 학교에서 주로 이루어지는 진학상담은 '상급학교 진학과 관련하여 학교선택, 계열선택, 학과선택 등을 돕는 활동'으로 정의된다.
직업상담	선택 가능한 직업의 결정, 각 직업의 조건, 취업에 필요한 조건, 취업절차 등 더욱 구체적인 수준에서 취업을 돕는 활동을 지칭한다. 최근 우리나라는 직업상담 전문가인 '직업상담사'를 국가자격으로 설정하여 시행에 옮기고 있다.

④ 진로발달(Career Development)과 진로수정(Career Change)

진로발달	진로발달은 평생을 통하여 지속되는 과정으로서, 각 개인이 자기가 설정한 진로목표에 접근해가고 그 목표를 달성해 가는 과정을 말한다.
진로수정	원래의 진로에서 다른 진로로 옮겨가는 것을 말한다. 주된 동기는 이미 주어진 진로에서 더 이상 발전할 기회가 차단된 경우이다. 진로수정을 할 때는 새로 선택하는 진로가 유사한 점들이 있어 그동안 쌓은 지식과 경험들을 활용할 수 있는가의 여부와 진로가 개인의 적성, 흥미, 태도, 능력, 신체적 조건, 인성에 부합하며 발전가능성이 있는가를 발견하도록 고려하여야 한다.

> **지식 !N**
>
> **진학상담** 23 기출
> - 진로상담의 한 부분으로 학교에서 주로 이루어지며, 상급학교 진학과 관련하여 학교선택, 계열선택, 학과선택 등을 돕는 활동이라고 정의된다.
> - 진로진학 상담교사는 단위학교의 진로진학 업무와 함께 학생 및 학부모 대상 진로진학 상담 및 교육을 담당한다.
> - 최근 학교 교육과정이 다변화하고 고교 및 대학 입학의 의사결정 시기가 빨라지면서 진학상담이 더욱 강조되는 추세이다.

(4) 초등학생의 진로상담 15 23 기출

① 의의

진로발달 측면에서 볼 때 초등학생들은 '진로인식(Career Awareness)' 단계에 해당한다. 따라서 초등학생의 상담에서는 자신의 소질과 흥미를 발견하고 일의 세계에 대한 인식을 토대로 일과 사회에 대한 기초적인 가치관 형성에 초점을 둔다. 전체적으로는 개인의 진로인식을 증진하고 진로의식과 동기를 부여하는 단계라 할 수 있다.

② 초등학생 진로상담의 목표 : 개인의 특성 탐색을 통한 자기이해를 증진한다.

③ 초등학생 진로발달의 특성
  ㉠ 이 시기는 긴즈버그의 진로선택 3단계 중 '환상기' 단계에 해당하고, 수퍼의 이론에 따르면 '성장기'에 해당한다.
  ㉡ 현실 여건 혹은 자신의 능력이나 가능성을 고려하지 않고 독단적인 특정 직업을 택하게 되며, 그 직업에서 하는 일을 놀이활동을 통해서 표출하려는 성향을 지닌다.
  ㉢ 현실적인 장애를 의식하지 못하기 때문에 자기가 원하는 것은 무엇이든지 할 수 있다는 환상적 믿음을 가지고 있으며, 자신의 욕구 충족을 직업으로 동일시하는 경향을 가지고 있다.
  ㉣ 자신의 흥미나 능력보다는 환상과 욕구를 중시하므로, 자신의 흥미에 관심을 가질 수 있도록 다양한 놀이나 활동을 하는 교육적 기회를 제공하도록 한다.

④ 진로상담방법
  ㉠ 자신에 대한 바른 이해와 일과 직업에 관한 바른 가치관이 형성될 수 있도록 개입하여야 한다.
  ㉡ 인지적으로 형식적 조작이 미성숙한 시기이므로 인과관계에 대한 개념을 경험할 수 있는 규칙이 있는 게임이나 신체활동이 가미된 보다 활동적인 상담방법이 유용할 수 있다.
  ㉢ 발달수준별로 적합한 방법을 적용한다.
  ㉣ 이 시기에는 환경적 요소를 극복할 능력과 기회가 부족하여 자신의 존재를 왜곡할 수 있으므로 *자아존중감을 키우도록 도와야 한다.
  ㉤ 아직까지 언어의 구사능력이 많이 부족하므로 언어 이외의 행동이 의미하는 바를 파악해야 한다.

> ✅ **자아존중감**
>
> 자신이 사랑받을 만한 가치가 있는 소중한 존재이고 어떤 성과를 이루어낼 만한 유능한 사람이라고 믿는 마음을 말한다.

(5) 중학생의 진로상담 14 23 기출

① 중학생 진로상담 목표
  ㉠ 일과 직업세계에 대한 이해
  ㉡ 진로의사결정 능력 향상

ⓒ 개인 특성 탐색을 통한 자기이해 증진
ⓔ 일과 직업에 대한 올바른 태도와 가치관 형성

② 중학생 진로발달의 특성
㉠ 중학교 시기는 능력단계와 가치단계로서 자신의 직업적인 열망과 관련하여 자신의 능력을 깨닫게 되는 시기이다.
㉡ 이 시기에 개인은 자신의 능력을 시험해 보고자 하며, 직업에 따라 보수, 근무조건 등이 다르고, 사회에 다양한 직업들이 있다는 것을 인식하게 된다. 또한 인지적 수준에서 형식적 조작 즉, 논리적 사고가 어느 정도 가능해진다.
㉢ 자신이 좋아하는 직업에 관련된 정보를 알아보려고 시도하며, 그 직업이 자신의 가치관 및 생애 목표에 부합하는지 평가한다.
㉣ 타인의 권유나 언론 등의 영향을 받았던 잠정적인 결정을 자신의 능력, 흥미, 적성, 학업성적, 직업전망 등을 고려한 신중한 결정으로 변환하는 중요한 시기라 할 수 있다.
㉤ 동료집단의 중요성이 증가하여 동료집단을 준거집단으로 삼는 경향이 있다.

③ 진로상담의 방법과 특징 14 23 기출
㉠ 아직까지 자신의 진로계획을 위한 방법이나 준비에 대해 확고한 신념이 없으므로, 상담에 대한 동기가 구체적이지 않다. 따라서 학업, 진로, 심리적 어려움 등을 전반적으로 평가한다.
㉡ 인지적으로 완전한 수준에 도달한 것이 아니고, 더 효과적인 언어적·추상적 추리기술을 발달하고 있는 중이므로, 도구를 활용한 구체적 방법의 활용을 병행하여야 한다. 필요한 경우 부모교육이나 부모상담의 병행여부도 검토한다.
㉢ 상담의 정의적 측면을 이용하여 내담자로 하여금 긍정적 자아개념을 이해하고 형성할 수 있도록 하며, 긍정적인 가치관과 태도를 갖도록 돕는다.
㉣ 또래를 활용한 구조화된 집단상담 프로그램도 효과적인 방법이 될 수 있다.
㉤ 청소년의 발달단계에 맞는 심리검사를 선정하여 실시한다.
㉥ 필요에 따라 진학정보를 수집·분석한다.
㉦ 자신이 어떤 분야에서 꿈을 이룰 수 있는지에 대한 인식을 확립할 수 있도록 '진로탐색'을 위한 활동을 하도록 한다.

(6) 고등학생의 진로상담 14 기출

① 의 의
고등학생과의 상담에서는 구체적 직업과 관련한 자신의 적성, 자신이 선택한 진로를 행할 수 있는 주변의 여건, 자신에게 기대되는 역할에 대한 객관적 지각을 토대로 구체적인 진로를 선택하거나 구체적인 진로를 선택하기 위한 현실적 목표수립에 초점을 둔다.

② 고등학생 진로발달의 특성
㉠ 또래집단의 문화와 교우관계를 중시하는 관점에서 진로를 선택하고, 직업선택의 가치, 일에 대한 기대와 보상, 작업환경, 의사결정의 효율성 등에 대해 관심을 갖는다.
㉡ 직업에 대한 탐색과 아울러 자신에 대한 인식을 확고히 한다. 즉, 진로문제에서 자신의 적합성 여부, 교육조건, 선택가능성 등에 초점을 두면서 대안을 점차적으로 줄여나간다.

ⓒ 자신의 흥미, 성격, 가치, 적성 등 자신에 대한 폭넓은 정체감을 형성하게 되고 아울러 타인에 대한 지각도 증대하기 시작하며, 자신에게 적합한 직업대안의 선택에 초점을 둔다.
ⓔ 실제 경험하지 않은 영역에 대한 가상적 추론 능력의 발달로 인하여 직업에 대해 성인과 거의 동일한 개념을 형성하고 자신의 직업포부를 현실적으로 구체화해 나가게 된다.

③ 진로상담의 방법
ⓐ 이 시기는 사회에 진출하기 위한 준비단계에 해당하므로, 앞으로의 직업수행에 필요한 지식과 기술을 습득하도록 돕는 과정이 요구된다.
ⓑ 고등학생들은 진학이나 취업과 같은 실제적 결정을 앞두고 있으므로, 일과 직업에 대한 정보뿐만 아니라 진학 관련 정보, 합리적 의사결정 기능에 대해서 알려주어야 한다.
ⓒ 각자가 선택한 진로와 관련하여 장기적 전망 또는 교육적 전망들을 고려하며, 삶의 형태나 질에 대해서도 예견해 볼 수 있는 미래시각을 전달하여야 한다.

02 청소년 진로상담

(1) 청소년 진로상담의 목표 14 16 18 20 21 22 23 24 기출

① 자신에 대한 올바른 이해확립
한 개인이 적절한 일과 직업을 선택하기 위해서는 무엇보다도 개인의 가치관, 능력, 성격, 적성, 흥미, 신체적 특성 및 주변 환경 등에 대하여 올바르게 이해할 수 있어야 한다.

② 일과 직업세계에 대한 이해증진
*물질문명의 눈부신 발전은 생활패턴뿐만 아니라 직업의 유형과 특성 등을 급격하게 변화시켰으며, 진로상담은 급변하는 직업세계에 대하여 올바르고 객관적으로 이해할 수 있도록 해준다.

> ✅ **물질문명**
> 정신문명과 달리 물질을 기반으로 하는 문명. 육신을 풍요롭게 하는 문명을 말한다.

③ 정보탐색 및 활용능력의 함양
진로상담 과정에서 직업 세계에 대해 올바르게 이해하기 위해서 정보의 수집 및 활용능력은 매우 중요하다.

④ 올바른 직업관과 직업의식 형성
내담자들이 올바른 직업관과 직업의식, 나아가 직업에 대한 올바른 태도와 가치관을 형성할 수 있도록 직업을 목적보다는 수단으로 여기는 생각과 직업 자체에 대한 편견을 버리도록 하고, 성 역할에 대한 고정관념에서 벗어나게 해야 한다.

⑤ 합리적인 의사결정 능력의 증진
진로상담의 최종결과도 다른 모든 활동들과 마찬가지로 '결정'이라는 과정을 통해서 나타난다. 청소년을 위한 진로상담에서는 청소년의 진로에 관한 의사결정 '과정'에 초점을 두고 의사결정기술을 훈련하고 학습하도록 도와준다.

(2) 진로발달단계별 진로상담목표 14 15 기출

구 분	목 표
초등학생 (진로인식단계)	• 학습과 사회적 발달의 기본 기능 습득 • 인간으로서의 삶과 개인적·사회적 활동에 관한 기본 기능 고찰 • 사회 속에서 이루어지는 개인적 삶의 기본 특성에 관한 고찰 • 인간이 배우고 활용하는 환경과 자연에 대한 탐구 • 아동의 기본적 흥미와 잠재력에 관한 탐색 • 개인의 특성 탐색을 통한 자기이해 증진
중학생 (진로탐색단계)	• 기본 기능 활용의 숙달 및 활용 능력 신장 • 장래의 직업, 취미생활, 가정생활, 시민생활, 문화생활 등에 관해 광범위하게 고찰 • 취업 기회에 관한 몇 가지 잠재적 가능성 탐색 • 직업선택 능력과 태도 함양 • 장래 직업의 보편적 영역에 관해 잠정적으로 선택 • 다양한 직업에서 요구하는 개인적·교육적 요건들에 관한 광범위한 지식 습득 • 인류의 가치와 신념체계에 관한 고찰
고등학생 (진로준비단계)	• 구체적인 미래의 진로계획을 수립 • 필요한 진로정보를 폭넓게 수집·분석하여 자신에게 적합한 직업 및 학교를 선정하고 이를 위해 계속 준비 • 건전한 직업관과 직업윤리를 형성하고 궁극적인 가치관 수립에 노력
대학생 (진로전문화단계)	전문적인 직업능력의 배양

(3) 청소년 진로상담의 필요성 16 기출

① 자신의 개인적 특성을 이해하는 것이 직업을 선택하는 데 도움이 된다.
② 현대사회의 다양한 일과 직업에 대한 객관적인 이해에 도움이 된다.
③ 직업세계 변화를 이해함으로써 진로탐색과 진로의사결정에 도움이 된다.
④ 진로상담은 개인의 진로발달을 촉진하거나 진로계획, 진로·직업의 선택과 결정, 실천, 직업적응, 진로변경 등에 도움이 된다.

(4) 청소년 진로문제의 실태 및 상담 대상

① 진로상담은 진로결정과 관련하여 학생들이 겪는 문제의 실태를 파악하는 것으로부터 시작한다.
② 각종 연구조사에 따르면, 청소년의 주요 고민 1순위는 성적, 2순위는 진로다. 특히, 청소년의 '성적문제'는 진로문제와 매우 밀접한 관련이 있으므로 진로문제의 중요성은 매우 크다.
③ 청소년상담자의 진로문제 상담대상은 주로 재학 중인 선배 또는 친구, 부모·가족, 취업한 사회선배, 교수 등의 순으로 나타났다(한국고용정보원).

(5) 청소년을 대상으로 하는 진로상담 21 기출

① 상담윤리를 지키며 진행한다.
② 내담자의 문제를 내담자의 입장에서 이해한다.
③ 내담자마다 성격, 적성, 흥미 등이 다름을 고려한다.
④ 내담자의 잠재력을 발견하고 발현될 수 있도록 돕는다.

(6) 2015 학교 진로교육의 영역과 세부목표(교육부 진로정보망 커리어넷) 19 기출

구분	대영역	중영역	세부목표
초등학교	자아 이해와 사회적 역량 개발	자아 이해 및 긍정적 자아개념 형성	• 자신이 소중한 존재임을 안다. • 자신의 장점 및 특성을 찾아본다.
		대인관계 및 의사소통 역량 개발	• 대인관계의 중요성을 이해하고 타인을 배려할 수 있다. • 대인관계에서 의사소통의 중요성을 이해하고 의사소통할 수 있다.
	일과 직업 세계 이해	변화하는 직업세계 이해	• 일과 직업의 의미와 역할을 이해한다. • 일과 직업의 다양한 종류와 변화를 이해한다.
		건강한 직업의식 형성	• 직업에 대한 긍정적인 태도를 형성한다. • 맡은 일에 최선을 다하는 태도를 기른다. • 직업에 대한 편견과 고정관념을 극복하여 개방적인 인식을 형성한다.
	진로 탐색	교육 기회의 탐색 직업 정보의 탐색	• 진로에서 학습이 중요함을 이해하고 바른 학습 태도를 갖는다. • 학교 유형과 특성을 이해하고 탐색한다. • 여러 방법으로 직업정보를 탐색하고 수집한다. • 다양한 체험활동을 통해 직업을 이해한다.
	진로 디자인과 준비	진로 의사결정능력 개발	• 다양한 의사결정 방식을 안다. • 다양한 상황에서 스스로 의사결정을 내릴 수 있다.
		진로 설계와 준비	• 진로 계획 수립의 중요성을 이해한다. • 자신의 꿈과 끼에 맞는 진로를 그려본다.
중학교	자아 이해와 사회적 역량 개발	자아 이해 및 긍정적 자아개념 형성	• 자아존중감을 발달시켜 자기효능감을 갖도록 노력한다. • 자신의 흥미, 적성, 성격, 가치관 등 다양한 특성을 탐색한다.
		대인관계 및 의사소통역량 개발	• 대인관계의 중요성을 이해하고, 대상과 상황에 맞는 대인관계 능력을 함양한다. • 사회생활에서 의사소통의 중요성을 이해하고, 효과적인 의사소통 방법을 이해하고 활용한다.
	일과 직업 세계 이해	변화하는 직업세계 이해	• 직업의 역할을 알고 다양한 종류의 직업을 탐색한다. • 사회변화에 따른 직업세계의 변화를 탐색한다. • 창업과 창직의 의미를 이해하고 관련 모의 활동을 해본다.
		건강한 직업의식 형성	• 직업 선택에 영향을 주는 다양한 가치를 탐색한다. • 직업인으로서 가져야 할 직업윤리 및 권리를 이해한다. • 직업에 대한 편견과 고정관념을 성찰하고 개선방법을 찾아본다.
	진로 탐색	교육 기회의 탐색	• 진로에서 학습의 중요성을 이해하고 자기주도적 학습 태도를 갖는다. • 고등학교의 유형과 특성에 대한 다양한 정보를 탐색한다.
		직업 정보의 탐색	• 다양한 방법과 체험활동을 통해 구체적인 직업정보를 탐색한다. • 직업에 대해 수집한 정보를 분석하여 직업 이해에 활용한다.
	진로 디자인과 준비	진로 의사결정능력 개발	• 진로 의사결정능력을 함양한다. • 진로를 선택하는 데 영향을 주는 진로장벽 요인을 알아보고 해결 방법을 찾는다.
		진로 설계와 준비	• 자신의 특성을 바탕으로 미래 진로에 대해 잠정적인 목표와 계획을 세운다. • 진로목표에 따른 고등학교 진학계획을 수립하고 준비한다.

일반 고등학교	자아 이해와 사회적 역량 개발	자아 이해 및 긍정적 자아개념 형성	• 자아정체감을 갖고 자기효능감과 자신감을 향상한다. • 관심 진로에 대한 자신의 강점과 능력을 평가하고 향상하려고 노력한다.
		대인관계 및 의사소통역량 개발	• 자신의 대인관계 능력을 점검하고 향상한다. • 직업생활에서 의사소통의 중요성을 이해하고, 효과적인 의사소통 능력을 향상한다.
	일과 직업 세계 이해	변화하는 직업세계 이해	• 미래 직업세계의 변화와 인재상을 탐색한다. • 직업세계의 변화가 자신의 진로에 미치는 영향을 파악한다. • 창업과 창직의 필요성을 이해하고 관련 계획을 세워본다.
		건강한 직업의식 형성	• 직업선택을 위한 바람직한 가치관을 형성한다. • 직업생활에 필요한 직업윤리 및 관련 법규를 파악한다.
	진로 탐색	교육 기회의 탐색	• 진로에서 학습의 중요성을 이해하고 자기주도적 학습 태도를 향상한다. • 대학 및 전공에 대한 다양한 정보를 탐색한다. • 지속적인 진로개발을 위한 평생학습의 중요성을 이해하고 여러 기회를 탐색한다.
		직업 정보의 탐색	• 관심 직업에 대한 구체적인 직업정보와 경로를 탐색한다. • 수집한 직업정보를 선별하고 활용한다.
	진로 디자인과 준비	진로 의사결정능력 개발	• 자신의 진로의사결정 방식을 점검하고 개선한다. • 자신의 진로장벽 요인을 해결하기 위해 노력한다.
		진로 설계와 준비	• 진로목표를 세우고, 구체적인 계획을 수립한다. • 상황변화에 맞추어 진로계획을 재점검하고 보완한다. • 고등학교 이후의 진로계획을 수립하고 실천하도록 노력한다.
특성화 고등학교	자아 이해와 사회적 역량 개발	자아 이해 및 긍정적 자아개념 형성	• 자아정체감을 갖고 자기효능감과 자신감을 향상한다. • 관심 진로에 대한 자신의 강점과 능력을 평가하고 향상하려고 노력한다.
		대인관계 및 의사소통역량 개발	• 자신의 대인관계 능력을 점검하고 향상한다. • 직업생활에서 의사소통의 중요성을 이해하고, 효과적인 의사소통 능력을 향상한다.
	일과 직업 세계 이해	변화하는 직업세계 이해	• 미래 직업세계의 변화와 인재상을 탐색한다. • 직업세계의 변화가 자신의 진로에 미치는 영향을 파악한다. • 창업과 창직의 중요성을 이해하고 관련 계획을 세워본다.
		건강한 직업의식 형성	• 직업 선택을 위한 바람직한 가치관을 형성한다. • 직업생활에 필요한 직업윤리 및 관련 법규를 파악한다.
	진로 탐색	교육 기회의 탐색	• 진로에서 학습의 중요성을 이해하고 자기주도적 학습 태도를 향상한다. • 대학 및 전공에 대한 다양한 정보를 탐색한다. • 지속적인 진로개발을 위한 평생학습의 중요성을 이해하고 여러 기회를 탐색한다.
		직업 정보의 탐색	• 관심 직업에 대한 구체적인 직업정보와 경로를 탐색한다. • 수집한 직업정보를 선별하고 활용한다.
	진로 디자인과 준비	진로 의사결정능력 개발	• 자신의 진로의사결정 방식을 점검하고 개선한다. • 자신의 진로장벽 요인을 해결하기 위해 노력한다.
		진로 설계와 준비	• 진로목표를 세우고, 구체적인 계획을 수립한다. • 상황변화에 맞추어 진로계획을 재점검하고 보완한다. • 고등학교 이후의 진로계획을 수립하고 실천하도록 노력한다.

03 청소년 진로상담자의 역량과 자세

(1) 청소년 진로상담자가 갖추어야 할 역량 14 19 24 기출
① 자기성찰 및 자기계발 역량
② 개인차 및 다양성에 대한 이해
③ 상담목표를 명료화하는 기술 습득
④ 효과적인 상담을 위한 개인 및 집단상담 기술 습득
⑤ 개인 및 집단검사 실시 및 해석 능력
⑥ 진로발달 이론에 대한 이해 및 전문지식 함양
⑦ 진로 프로그램 실시 및 개발 역량
⑧ 정보 탐색 및 첨단 정보화 기술 활용 능력
⑨ 상담전문가의 올바른 윤리 의식

(2) 청소년 진로상담자의 자세 16 기출
① 진로상담자로서 지켜야 할 상담윤리를 숙지하고 전문성을 유지한다.
② 검사를 선택할 때 표준화검사의 결과와 변형된 직업카드 분류법을 활용한다.
③ 전문 기술을 유지하고 발전하기 위해 *수퍼비전에 대한 지식과 기술이 필요하다.
④ 연구 목적으로 상담사례를 발표할 때는 내담자의 동의를 먼저 구하여야 한다.
⑤ 상담내용에 대해 비밀을 유지해야 한다. 단, 내담자나 내담자 주변인에게 닥칠 위험이 분명하고 위급한 경우, 법원의 명령이 있는 경우는 예외적으로 내담자의 비밀을 사전 동의 없이 관련자에게 공개할 수 있다.

> ✓ **수퍼비전**
> 교육 활동 전반에 걸쳐 교육목표를 효과적으로 달성하기 위하여 이루어지는 활동을 말한다.

지식 IN

미국의 진로발달학회(NCDA)에서 제시한 진로상담자 수행활동 15 19 기출
- 개인상담과 집단상담을 진행하여 내담자의 삶과 진로목표의 구체화를 돕는다.
- 능력, 흥미 등의 평가를 위해 심리검사를 실시·해석하고, 진로선택 대안을 확인한다.
- 과제 부여, 계획 경험하기 등을 통해 탐색활동을 격려한다.
- 직업세계를 이해하도록 진로설계시스템, 직업정보시스템을 활용한다.
- 개인의 의사결정기술 향상을 위한 기회를 제공한다.
- 개인의 진로계획을 지원한다.
- 성에 대한 정체성 확립과 동시에 성역할에 대해 올바르게 인식함으로써 성 역할 고정관념을 깨도록 돕는다.
- 대인관계기술의 향상을 도와 직장에서 잠재적인 개인 갈등을 해결하도록 돕는다.
- 내담자의 직업과 삶에서의 다른 역할들 사이의 통합을 이해하고 수용할 수 있도록 돕는다.
- 직무스트레스, 실직, 직업전환을 경험하는 개인에게 심리적 지지를 제공한다.

04 진로선택이론

(1) 특성-요인이론 14 16 17 23 기출

① 이론의 배경
  ㉠ 파슨스(Parsons)는 개인분석(자기분석), 직업분석, 과학적 조언을 통한 매칭을 주장하였는데, 이는 자신의 강점과 약점을 포함한 개인적 성향을 충분히 이해하고, 주어진 직업에서의 성공조건 및 보상과 승진에 관한 정보를 알아야 하며, 입수한 정보를 바탕으로 선택과정에서 '진실한 추론'을 해나가야 한다는 것이다.
  ㉡ 개인의 독특성을 바탕으로 한 개인차 심리학의 성장은 과학적 측정을 통한 특성 확인을 가능하게 하여 파슨스의 모델을 발전시켰고, 특히 피터슨(Peterson)은 진로상담자들이 사용할 수 있는 여러 가지 심리검사도구를 개발하였다.
  ㉢ 달리(Darley)는 특성-요인이론과 유사한 용어인 미네소타 견해(Minnesota Point of View)를 개발하였다. 미네소타 그룹의 한 학자인 윌리암슨은 특성-요인이론의 옹호자가 되었다.
  ㉣ 미네소타 대학의 직업심리학자들은 다양한 특수적성검사, 인성검사 등의 도구를 개발함으로써 특성-요인이론의 기초를 다졌다.
  ㉤ 대표적인 이론가는 파슨스(Parsons)를 비롯하여 윌리암슨(Williamson), 헐(Hull) 등이 있다.

② 특성-요인이론의 특징 21 24 기출
  ㉠ 개개인은 신뢰할 만하고 타당하게 측정될 수 있는 고유한 특성이 있고, 모든 직업은 그 직업에서 성공을 하는 데 필요한 특성을 지닌 근로자를 요구한다.
  ㉡ 직업선택은 직접적인 인지 과정이기 때문에 개인의 특성과 직업의 특성을 짝짓는 것이 가능하며, 개인은 자신의 특성과 직업이 요구하는 특성을 연결할 수 있다.
  ㉢ 개인의 특성을 파악하고 직업에 대한 이해의 과정을 거친 뒤, 이 두 가지 요소에 근거하여 각 개인의 특성과 적절한 직업의 매칭을 과학적 조언을 통해 주장한다.
  ㉣ 개인의 특성과 직업의 요구 간에 매칭이 잘될수록 성공 또는 만족의 가능성은 커진다.
  ㉤ 특성-요인이론에서는 개인의 제 특성에 대한 객관적인 이해를 기초로 하는 개인분석, 직업의 특성과 요구되는 직업능력을 분석하는 직업분석, 상담을 통해 개인과 직업을 연결하는 합리적 추론(개인과 직업 특성의 합리적인 연결)을 중시한다.
  ㉥ 개인의 성격, 가치, 지능, 적성, 흥미, 포부, 학업성취, 환경 등의 개인특성과 관련된 이해를 중시하며, 이를 위해 표준화된 검사의 실시와 결과의 해석을 진로상담 과정에서 강조한다.
  ㉦ 특성과 요인

구 분	특 성	요 인
의 의	• 검사를 통해 측정할 수 있는 개인의 특성 • 자기 자신에 대한 이해	• 성공적인 특정 직무수행에 필요한 조건 • 직업에 대한 이해와 지식
유 형	적성, 능력, 흥미, 가치관, 성격, 포부, 자원의 한계와 원인	직업의 요구 및 성공요건(책임, 성실성, 직업성취도 등), 장단점, 보수, 고용기회, 전망

③ 특성-요인이론의 주요 내용
　㉠ 효과적인 상담관계를 위한 요건
　　• 상담의 목적은 내담자가 모든 인격적인 면에서 최적의 방향으로 성장하도록 돕는 것이다.
　　• 상담자는 각 내담자의 독특성을 가정한다.
　　• 상담은 내담자의 자발적 요청에 의해 이루어지는 것이 더 바람직하다.
　　• 상담은 내담자 스스로 해결할 수 없는 문제에 당면했을 때만 필요하다.
　　• 상담관계에서 상담자는 완전하게 가치중립적인 입장을 취할 수는 없다.
　　• 무조건적인 수용이 내담자의 잠재력을 완전히 발휘하게 한다는 심리치료의 가정에 동의하지 않는다.
　　• 상담은 인간발달의 전체성을 다루어야 한다.
　　• 상담의 목적은 더욱 합리적인 문제해결력을 기르는 것이다.
　　• 상담과정에서 내담자의 통찰은 매우 중요하다.
　　• 상담의 대상은 누구나 될 수 있다.
　　• 각 개인은 자신의 잠재력을 충분히 발휘할 도덕적 의무를 가진다.
　　• 상담은 내담자로 하여금 이성적 문제 해결력을 기르게 하는 것이지만, 궁극적으로는 탁월성을 추구하는 목적적 노력을 하는 인간을 만드는 것이다.
　㉡ 특성-요인이론의 상담목표
　　• 내담자의 정서적 안정을 돕고 이성적으로 생활하도록 한다.
　　• 내담자 자신이 필요로 하는 정보를 수집·분석·종합할 수 있도록 한다.
　　• 내담자의 자기이해, 자기지도, 자기성장을 촉진한다.
　　• 자기통제가 가능하도록 한다.
　　• 내담자가 자신의 가능성을 확인하고, 그 가능성을 실제로 활용할 수 있게 한다.
　　• 내담자 자신의 동기, 능력, 적성, 성격, 흥미 등의 특성과 요인을 이해하고 수용하도록 한다.
　　• 내담자 자신의 특성 및 요인과 직업 또는 외부조건을 검토하여 만족스러운 결정을 내릴 수 있도록 한다.
　　• 내담자의 합리적인 문제해결력을 기른다.
　㉢ 상담의 특징
　　• 상담자 중심의 상담방법이다.
　　• 내담자에 대한 정서적 이해보다 문제의 객관적 이해에 중점을 둔다.
　　• 내담자에게 정보를 제공하고 학습기술과 사회적 적응기술을 알려주는 것을 중요시한다.
　　• 내담자를 객관적으로 이해하고, 올바른 예언을 하기 위해 사례나 *사례연구를 상담의 중요한 자료로 삼는다.

> ✅ **사례연구**
> 특정 개인 혹은 집단을 연구 대상으로 하여 검사나 관찰, 면접 등의 방법으로 자료를 수집한 후, 그것을 바탕으로 연구 대상의 특성이나 문제 등을 분석·진단하는 연구방법을 말한다.

　㉣ 상담자의 기술
　　• 동조 요청하기 : 내담자로 하여금 자신의 환경에 적응하도록 요청하는 기술이다.
　　• 환경 변화시키기 : 내담자에게 곤란을 일으키는 것이 실제적 환경이든 잠재적 환경이든 간에 내담자의 환경을 부분적으로 변화시키려는 시도이다.

- 적절한 환경 선택하기 : 내담자의 개성이나 성격에 가장 알맞은 환경을 선택하게 하는 것이다.
- 필요한 기술 학습하기 : 내담자에게 곤란을 일으키는 결함을 극복하도록 조력하는 것이다.
- 태도 바꾸기 : 가장 치료적인 성격의 기술로 내담자의 요구와 환경의 요구가 조화하도록 내담자의 태도를 바꾸게 하는 것이다.

ⓜ 상담기법
- 윌리암슨의 상담모형 6단계 15 18 20 22 기출

  윌리암슨(E. Williamson)은 특성요인 진로상담의 과정을 분석, 종합, 진단, 예측, 상담, 추수지도로 기술하였다. 이 과정에서 처음 네 단계(분석, 종합, 진단, 예측)는 상담자의 일방적인 주도적 역할이 요구되며, 나머지 두 단계(상담, 추수지도)는 내담자가 능동적으로 참여하는 단계이다.

제1단계 분석	여러 자료로부터 개인의 특성(태도, 흥미, 가족배경, 지적 능력, 교육적 능력, 적성 등)에 관한 자료들을 주관적·객관적 방법으로 수집하고, 표준화 검사를 실시한다.
제2단계 종합 24 기출	• 개인의 장단점, 욕구, 문제를 분류하기 위한 정보를 수집하고 조정한다. • 내담자의 독특성이나 개별성을 강조하기 위하여, 사례연구 기술과 검사목록(결과)에 의하여 자료를 수집하고 요약한다.
제3단계 진단	• 개인의 교육적·직업적 능력과 특성을 비교하여 진로문제의 객관적인 원인을 파악한다. • 내담자의 문제 및 뚜렷한 특징을 기술한 개인자료와 학문적·직업적 능력을 비교하여 문제의 원인을 탐색한다.
제4단계 예측 22 기출	• 조정가능성 및 문제의 가능한 결과를 판단하고, 이를 통해 내담자가 고려해야 할 대안적 조치들과 조정사항들을 찾는다. • 가능한 대안을 탐색하고, 각 대안의 성공가능성을 평가하고 예측한다.
제5단계 상담	• 개인특성에 관한 자료를 중심으로 직업에 잘 적응하기 위해 어떻게 해야 할지를 상담한다. • 현재와 미래의 바람직한 적응을 위해 무엇을 해야 할지를 내담자와 함께 이야기한다.
제6단계 추수지도	내담자가 행동계획을 잘 실천하도록 돕고, 결정과정의 적합성을 점검한 후 필요한 부분의 보충을 위해 추수지도를 한다.

- 윌리암슨의 특성-요인 진로상담기법

촉진적 관계형성	진로상담자는 내담자에게 신뢰감을 주고, 문제해결을 촉진할 수 있는 관계를 형성해야 한다.
자아이해의 신장	상담자는 내담자가 자신의 장점을 최대한으로 이용하여 진로를 선택하고 성공과 만족을 얻도록 조력해야 한다.
실제적인 행동의 계획이나 설계	상담자는 내담자의 학문, 직업적인 선택이나 감정, 태도 등에 대해 언어로써 명료화해 주며, 실제적인 행동을 계획하고 설계하도록 한다.
계획의 수행	내담자가 계획을 실행에 옮기고 직접 직업선택을 해보도록 조력한다.
의 뢰	필요한 경우 다른 상담자에게 내담자를 의뢰할 수 있다.

- 윌리암슨 특성-요인이론에서 검사의 해석단계에서 이용할 수 있는 3대 상담기법

설 명	상담자는 진단과 검사자료를 해석하여 내담자가 가능한 진로선택을 할 수 있도록 설명한다.
설 득	상담자는 내담자에게 합리적이고 논리적인 방법으로 검사자료를 제공하며, 진단과 결과의 의미를 이해하도록 함으로써 비합리적인 선택을 하지 않도록 설득한다.
직접충고	• 내담자가 고집스럽게 솔직한 의견을 요구하거나 심각한 실패나 좌절을 가져올 직업선택을 할 경우에만 이 방법을 사용한다. • 내담자가 가장 만족할 만한 선택이나 행동 또는 실행계획에 대해 상담자가 솔직한 견해로 표현하는 것이다.

• 윌리암슨의 진로선택의 문제 17 20 기출

불확실한 선택	• 내담자는 교육수준 부족, 자기이해 부족, 직업세계에 대한 이해 부족, 실패에 대한 두려움, 자신의 적성에 대한 불신 등으로 인해 직업선택에 대해 확신을 가지지 못한다. • 선택한 직업에 대해 자신감이 없으므로 다른 사람들로부터 해당 직업에서 성공을 거두리라는 위안을 받으려는 경향이 있다. • 상담자는 내담자로 하여금 자신의 능력과 진로적성 등 자기검토의 기회를 제공하며, 잠재력을 계발하도록 하여 자신감과 만족감을 느낄 수 있도록 한다. 또한, 경우에 따라 내담자에게 다른 대안직업을 제시하기도 한다.
미선택 (무선택)	• 내담자는 자신의 선택의사를 표현할 수 없으며, 자신이 무엇을 원하는지조차 모른다고 대답한다. • 선호하는 장래 직업이 있더라도 어느 것을 선택해야 할지 모르며, 심지어 직업선택보다 자신의 흥밋거리에 관심을 집중하기도 한다.
흥미와 적성의 불일치	내담자가 흥미를 느끼는 직업에 적성이 없거나, 적성이 맞는 직업에 흥미를 느끼지 못하는 등 흥미와 적성이 일치하지 않는 경우를 말한다.
현명하지 않은 선택 (어리석은 선택)	• 내담자는 목표에 부합하지 않는 적성이나 자신의 흥미와 관계없는 목표를 가지고 있을 수 있다. • 직업적응을 어렵게 하는 성격적 특징이나 특권에 대한 갈망을 가지고 있을 수도 있다.

④ 특성-요인이론의 평가 16 17 19 기출
㉠ 검사를 통한 개인의 특성평가 등에 대한 구인타당도의 문제가 제기될 수 있다.
㉡ 어떤 직업의 성공 여부에 대한 예언타당도의 문제가 제기될 수 있다.
㉢ 장기간에 걸친 진로발달 과정을 도외시하여 개인의 특성이 어떻게 발달되었는지 충분히 설명할 수 없고 이론 자체만으로 효율적인 진로상담의 지침을 제공하지 못한다.
㉣ 직업선택을 일회적인 행위로 간주한다.

(2) 홀랜드(Holland)의 성격이론 14 16 18 19 기출

① 의 의
㉠ 홀랜드의 이론은 개인의 특성과 직업세계의 특징과의 최적의 조화를 가장 강조하였다. 개인의 직업적 적응 또는 직업적 적합성은 그 개인의 초기경험의 산물인 인성에 따라 이루어진다는 이론적 전제 아래 사람들은 자신의 성격을 표현할 수 있는 적합한 환경을 추구한다는 것이다.
㉡ 이 이론은 사람의 행동은 그들의 성격에 적절한 직업 환경 특성들 간의 상호작용에 의해 결정된다는 것이며, 발달과정에 대해서는 설명하지 않는다.
㉢ 개인의 성격은 그들의 직업적 선택을 통해서 표현되며, 개인의 직업적 만족, 안정, 성취 그리고 적응은 그들의 성격과 직업 환경 간의 적절한 연결에 달려 있다고 보았고, 자신의 특성과 유사한 직업 환경을 선호하는 경향이 있다고 본다.

② 홀랜드 이론의 배경
홀랜드의 이론은 다음과 같은 4가지 가정을 기초로 하고 있다.
㉠ 대부분의 사람들은 실재적(Realistic), 탐구적(Investigative), 예술적(Artistic), 사회적(Social), 기업적(Enterprising), 관습적(Conventional)의 6가지 유형 중의 하나로 분류될 수 있다.
㉡ 6가지 종류의 환경이 있고, 각 환경에는 그 성격 유형에 일치하는 사람들이 머문다.
㉢ 사람들은 자신의 능력과 기술을 발휘하고 태도와 가치를 표현하며, 자신에게 맞는 역할을 수행할 환경을 찾는다.

㉣ 개인의 행동은 성격과 환경의 상호작용에 의해서 결정되며, 사람의 성격과 그 사람의 직업환경에 대한 지식은 진로선택, 직업성취 등에 관해서 중요한 결과를 예측할 수 있게 한다.

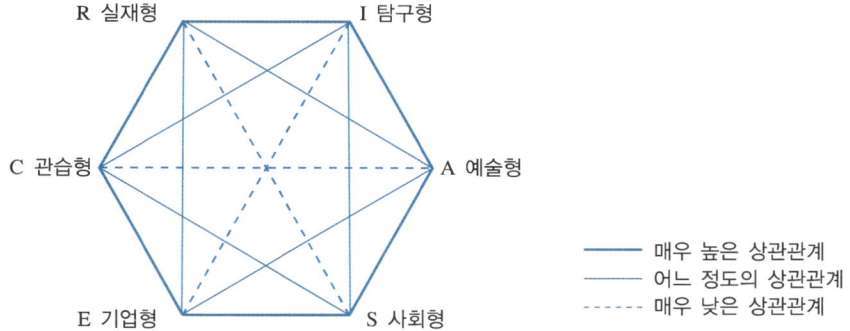

③ 홀랜드의 6가지 직업적 성격유형 16 17 20 기출

유 형	성격 특징	선호하는 활동	싫어하는 활동	대표적 직업	환 경
실재적 유형 (R형)	남성적, 솔직함, 검소함, 지구력, 건강함, 소박함, 직선적, 단순함	분명하고, 질서정연하게, 체계적으로 대상이나 연장·기계·동물들을 조작하는 활동 내지는 신체적 기술들	교육적인 활동이나 치료적인 활동	기술자, 자동차 및 항공기 조종사, 정비사, 농부, 엔지니어, 전기·기계기사, 운동선수 등	작업환경은 각종 도구를 이용해서 기계 등을 다루는 실무적인 일이다.
탐구적 유형 (I형)	논리적, 분석적, 합리적, 정확함, 비판적, 내성적, 신중함	관찰적·상징적·체계적으로 물리적·생물학적·문화적 현상을 탐구하는 활동	사회적이고 반복적인 활동	과학자, 의료기술자, 의사, 생물학자, 화학자, 물리학자, 인류학자, 지질학자 등	정확하고 과학적이며 지적인 사람들이 모여 있다.
예술적 유형 (A형)	자유분방, 개방적, 독창적, 개성이 강한 반면 협동적이지는 않음	예술적 창조와 표현, 변화와 다양성 및 모호하고, 자유롭고, 상징적인 활동	틀에 박힌 것, 명쾌하며, 체계적이고, 구조화된 활동	예술가, 작곡가, 음악가, 무대감독, 작가, 배우, 소설가, 미술가, 무용가, 디자이너 등	자기표현에 능하며, 독창적이고 독립적인 사람들이 모여 있다.
사회적 유형 (S형)	친절함, 봉사적, 감정적, 이상주의적	타인의 문제를 듣고, 이해하고, 도와주고, 치료해 주고, 봉사하는 활동	기계·도구·물질과 함께 명쾌하고, 질서정연하고, 체계적인 활동	사회복지가, 교육자, 간호사, 유치원 교사, 종교지도자, 상담가, 임상치료사, 언어치료사 등	병원, 학교, 상담소에는 사교형의 사람들이 다른 유형보다 더 많이 있다. 친절하고 인정 많으며, 신뢰가 가는 사람들이다.

유형	성격특성	직무활동	선호활동	대표직업	특징
기업적 유형 (E형)	지배적, 통솔력, 지도력, 설득적, 경쟁적, 야심적, 외향적, 낙관적, 열성적	조직의 목적과 경제적 이익을 얻기 위해 타인을 선도·계획·통제·관리하는 일과 그 결과로 얻어지는 위신·인정·권위를 얻는 활동	관찰적·상징적·체계적 활동	기업경영인, 정치가, 판사, 영업사원, 상품구매인, 보험회사원, 판매원, 관리자, 연출가 등	야망있고 사교적이며, 활동적인 사람들이 모여 있다.
관습적 유형 (C형) 19 기출	조심성, 세밀함, 계획성, 완고함, 책임감	정해진 원칙과 계획에 따라 자료들을 기록, 정리, 조직하는 일과 체계적인 작업환경에서 사무적, 계산적 능력을 발휘하는 활동	창의적, 자율적이며 모험적, 비체계적인 활동	공인회계사, 경제분석가, 은행원, 세무사, 경리사원, 컴퓨터 프로그래머, 감사원, 안전관리사, 사서, 법무사 등	숫자, 기록, 기계와 관련된 규칙적이며 순서에 따라 업무를 처리하는 분야에 많다.

④ 홀랜드 이론의 5가지 주요 개념 14 15 16 17 20 22 23 24 기출

㉠ 일관성(서로 다른 유형 간의 관계, 성격유형과 환경모형 간의 관련 정도)
- 이 개념은 환경유형뿐만 아니라 성격유형에도 적용되는데, 6가지 유형의 어떤 쌍들은 다른 유형의 쌍보다 공통점이 더 많다.
- 육각형 모형의 중요한 기능 중 하나는 성격의 일관성 정도를 규정하는 것으로, 두 유형 간의 근접성에 따라 설명된다.

  예 탐구적·관습적 활동에 흥미를 가진 실재적인 사람(RIC)은 기업적·사회적 활동에 선호를 나타내는 실재적인 사람(RES)보다 더 일관성이 있다고 가정한다.

높은 일관성	첫 두 개 문자가 육각형에 인접할 때 나타난다(RI 또는 SE).
중간 정도의 일관성	육각형에서 다른 문자가 개인코드의 첫 두 개 문자 사이에 있을 때 나타난다(RA 또는 SC).
낮은 일관성	코드의 첫 두 개 문자가 육각형에서 두 개 사이에 낀 문자들에 의해 나누어질 때 나타난다(RS 또는 AC).

- 일관성 있는 흥미유형을 보이는 사람은 대체로 안정된 직업경력을 가졌으며, 직업성취와 직업적 목표가 분명한 사람들이다.
- 따라서 일관성 있는 코드유형을 보이는 사람은 환경과의 상호작용에서 그렇지 않은 경우보다 예측 가능한 행동 결과를 나타낼 것이다.

㉡ 변별성(유형 간의 상대적 중요도의 관계)
- 특정 개인의 성격유형이나 작업환경은 다른 어떤 개인이나 환경보다 더 명확하게 규정할 수 있을 때 변별성이 있다고 해석한다.
- 어떤 사람들(또는 환경)은 아주 단순하다. 즉, 한 개의 유형과는 유사성이 많이 나타나지만, 다른 유형과는 별로 유사성이 나타나지 않는다.
- 또 다른 사람들(또는 환경)은 여러 유형에서 똑같은 유사성을 나타낸다.

- 모든 유형에 똑같은 유사성을 나타내는 사람은 특징이 없거나 잘 규정되지 않았다고 생각할 수 있다.
- 변별성은 *SDS 또는 *VPI 프로파일로 측정된다.

> **SDS**
> 자기방향탐색을 말한다.
>
> **VPI**
> 직업선호도검사를 말한다.
>
> **MVS**
> 자기직업상황을 말한다.

ⓒ 정체성
- 개인적 측면에서의 정체성이란 개인의 목표, 흥미, 재능에 대한 명확하고 견고한 청사진을 말한다. 환경적 측면에서의 정체성이란 조직의 투명성, 안정성, 목표·일·보상의 통합이라고 규정된다.
- *MVS의 직업정체성 척도는 개인에 대한 이러한 구인을 측정하는 데 사용된다.
- 자신에 대한 종합적인 인식으로써 일치성, 일관성 및 변별성에 의해 영향을 받는다.

ⓔ 일치성(성격과 환경 간의 관계)
- 개인의 흥미유형과 개인이 몸담고 있거나 소속되고자 하는 환경의 유형이 서로 부합하는 정도를 말한다.
- 다른 유형은 다른 환경을 원한다. 사람은 자신의 유형과 비슷하거나 정체성이 있는 환경유형에서 일하거나 생활할 때 일치성이 높아지게 된다. 또한 사람은 중요한 보상이 제공되는 환경에서 최대한 능력을 발휘하게 된다.
- 육각형은 개인의 유형과 환경 간의 일치정도를 측정할 수 있는데, 완벽한 적합은 현실적 환경에 현실적인 유형(실재형)이며, 다음으로 최선의 적합은 환경유형에 인접한 성격유형이므로, 탐구적 환경에서 일을 하는 현실적 유형의 사람이 이에 해당한다.
- 환경과 개인의 가장 좋지 않은 일치의 정도는 육각형에서 유형들이 반대 지점에 있을 때 나타난다.

ⓜ 계측성
- 홀랜드(Holland)에 의하면, 유형들(환경) 내 또는 유형들 간의 관계는 육각형 모델에 따라 정리될 수 있는데, 육각형 모델에서 유형들(환경) 간의 거리는 그것들 사이의 이론적인 관계에 반비례한다. 육각형은 개인(환경) 간 또는 개인 내에 있는 일관성의 정도를 나타내 주는 도형이다. 즉, 이론의 본질적 관계를 설명해 주는 것으로 여러 가지 실제적인 용도를 가지고 있다.
- RS유형 흥미를 가진 사람이 RI유형 흥미를 가진 사람보다 계측성이 높다.
- 상담자로 하여금 그 이론을 이해할 수 있도록 해주며, 내담자가 육각형 모형을 사용할 수 있도록 도와준다.
- 육각형 모형은 간결하게 설명되어 있기 때문에 어떤 내담자라도 이해할 수 있게 되어 있다.

⑤ 홀랜드 인성이론 적용 검사도구 14 15 16 기출

직업선호도검사 (VPI ; Vocation Preference Inventory) 18 기출	• 내담자가 160개의 직업목록에 흥미 정도를 표시하는 것으로, 직업선택이 사람들의 생각과 감정에 의해 측정될 수 있다고 본다. • 고용24에서 제공하는 직업선호도 검사 하위검사는 흥미검사, 성격검사, 생활사 검사이다.
자기방향탐색 (SDS ; Self-Directed Search)	• 내담자가 점수를 기록하는 형태의 워크북과 소책자로 되어 있다. • 그 유형은 R(현실적), I(연구적), A(예술적), S(사회적), E(진취적), C(관습적)이다. • 우리나라는 1997년에 홀랜드의 직업선호도검사를 한국판으로 개정하여 1998년부터 직업안정기관에서 사용하고 있다.
직업탐색검사 (VEIK ; Vocational Exploration and Insight Kit)	• 진로문제로 받는 스트레스 정도를 측정하는 검사이다. • 내담자가 추가로 관심을 갖는 직업을 84카드로 분류하여 그들의 관심직업을 분석한 것이다.
자기직업상황 (MVS ; My Vocational Situation)	• 개인과 환경의 정체성을 측정하는 검사이다. • 20개의 질문으로 구성되어 있으며, 직업정체성, 직업정보에 대한 필요, 선택된 직업목표에 대한 장애 등을 측정하는 것을 목적으로 한다.
경력의사결정검사 (CDM ; Career Decision Making)	• 홀랜드의 이론에 기초한 검사로서, 점수결과도 그의 육각형 모델에 따라 6가지 흥미점수가 도출된다. 그중 원점수가 가장 높은 2~3가지가 탐색대상 직업군이 된다. • 능력, 근로가치, 미래계획, 선호하는 교과목 등을 자가평정한 결과를 직업관련 의사결정 시스템 전반에 통합하며 중학생부터 성인을 대상으로 한다.

⑥ 홀랜드 이론의 평가

㉠ 장 점
- 환경 측정의 영역과 개인과 환경의 상호작용의 이해, 개인행동의 이해라는 측면에서 탁월하다.
- 그의 많은 노력은 환경의 다양한 유형 속에서 인간의 행동을 예언하고 이해하는 데 필요한 구조의 개발에 기여해 왔다.
- 인성 특성에 관련된 직업적 흥미를 이해하는 데 매우 중요한 공헌을 하였다.

㉡ 단 점
- 일반적인 홀랜드 모형, 특히 SDS(자기방향탐색)는 남녀 차별을 보여 준다.
- 특성이론에 내재된 것과 유사한 문제가 있는데, 특히 젊은이들은 자신의 환경 및 자신을 변화시킬 수 있는 능력이 있음에도 이 점을 고려하지 않았다.
- 인성 요인을 중요시하면서도 인성발달 과정에 대한 설명이 다소 결여되어 있다.
- 사람들이 어떻게 그러한 유형이 되는지에 대해 충분히 설명하지 못한다.
- 진로상담에 적용할 수 있는 구체적인 절차를 제공해주지 못하는데, 특히 상담자가 내담자와의 대면관계에서 사용할 수 있는 과정과 기법에 관한 절차가 없다.

(3) 로(Roe)의 욕구이론 15 16 17 20 22 기출

① 개 요 19 24 기출

㉠ 로(Roe)는 여러 가지 다른 직업에 종사하는 사람들은 각기 다른 욕구를 가지고 있으며, 이러한 욕구의 차이는 어린 시절의 부모-자녀관계에 기인한다고 보고 욕구가 직업선택에 큰 영향을 미친다고 여겼다.

ⓒ 초기 아동기, 특히 12세 이전에 부모가 보여준 자녀양육 방식이 자녀의 진로선택에 영향을 줄 수 있다고 보고, 부모가 자녀를 대하는 양육방식과 자녀의 심리적 욕구의 상호작용에 의해 직업선택이 이루어질 수 있음을 가정하였다.

② **이론의 배경**
　　㉠ 이 이론의 이론적 관심은 성격이론과 직업분류라는 이질적인 영역을 통합하는 데 있었다. 그는 직업의 전 영역을 신체적·심리적 변인 및 경험 등에서의 개인차와 관련지어 고려하는 것을 목적으로 하였다.
　　㉡ 직업에 관한 그의 연구 중 많은 것이 직업행동과 성격의 관계에 대한 것이었지만, 직업행동에서 성격이 유일하고 가장 중요한 변인이라고는 생각하지 않았다.
　　㉢ 로(Roe)의 초기 경험과 대부분의 초기 연구는 임상심리학에 기초하며, 유명한 예술가들이나 연구자들에 관한 임상적인 연구의 한 연장으로서 직업심리학에 관심을 가졌다.
　　㉣ 로(Roe)는 직업과 기본욕구 만족의 관련성에 대한 논의는 매슬로우(Maslow)의 욕구위계론을 바탕으로 할 때 가장 효율적이라고 보았기 때문에 성격이론 중 매슬로우의 이론이 가장 유용한 접근법이라고 생각하였다.
　　㉤ 매슬로우의 욕구위계에서는 하위 욕구일수록 충족시키고자 하는 강도가 더 강하다. 매슬로우는 이러한 욕구들이 선천적이고 본능적이지만, 생리적인 욕구를 제외한 나머지 욕구들은 조절 가능한 것이라고 생각하였다.

> **지식 IN**
>
> **매슬로우(Maslow) 욕구위계 이론의 기본가정**
> - 하위의 욕구로부터 상위의 욕구로 발달한다.
> - 하위에 있는 욕구일수록 강하고 우선순위가 높다.
> - 상위로 올라갈수록 각 욕구의 만족비율이 낮아진다.
>
> 자아실현 욕구
> 자존 욕구 (명예, 권력, 성취)
> 소속감과 애정 욕구 (타인과의 관계, 인정, 단체소속)
> 안전에 대한 욕구 (신체적, 감정적 안전-위험 회피)
> 생리적 욕구 (의식주, 수면에 대한 욕구)

③ **욕구이론의 5가지 가정**
　　로(Roe)는 초기 가정환경이 그 후 직업선택에 큰 영향을 미친다고 보고, 다음 5가지 명제를 제시하였다.
　　㉠ 개인의 여러 가지 잠재적 특성의 발달에는 한계가 있으며, 한계의 정도는 개인에 따라 다르다.
　　㉡ 개인의 유전적인 특성의 발달 정도와 발달 통로는 개인의 유일하고 특수한 경험에 의해 영향을 받으며, 또한 가정의 사회경제적 배경과 일반사회의 문화배경에 의해 영향을 받는다.
　　㉢ 유전의 제약을 비교적 조금밖에 받지 않는 흥미나 태도와 같은 변인들은 주로 개인의 경험에 따라 발달 유형이 결정된다.

ⓔ 심리적 에너지는 흥미를 결정하는 중요한 요소이다.
ⓜ 이러한 개인의 욕구와 만족 그리고 강도는 *성취동기의 유발 정도에 따라 결정된다.

> ✅ **성취동기**
> 어떤 일을 이루겠다는 내적 의욕을 말한다.

④ 부모–자녀관계와 직업 선택
  ㉠ 직업군의 선택은 부모–자녀의 관계 속에서 형성된 개인의 욕구구조에 의해서 결정된다.
  ㉡ 욕구구조는 유전적 특성과 함께 어렸을 때 경험하는 만족과 좌절에 의해 형성된다.
   • 따뜻한 부모–자녀의 관계에서 성장한 사람
     – 어렸을 때부터 어떠한 필요나 욕구가 있을 때 사람들과의 접촉을 통해서 그것을 만족시키는 독특한 욕구충족 방식을 배우게 되는데, 이것이 결국 인간 지향적인 성격을 형성토록 하며, 나아가서는 직업선택에 반영된다.
     – 그 결과 그들은 인간지향적인 직업(예 서비스직, 비즈니스직, 단체직, 문화직, 예술직)을 선택하려 한다.
   • 차가운 부모–자녀의 관계에서 성장한 사람
     – 어렸을 때부터 부모의 자상한 배려나 관심을 받지 못하고 자랐기 때문에 자신에게 어떤 문제가 있을 때 부모나 주위 사람의 도움을 청하지 않고 사람과의 접촉이 개재되지 않는 다른 수단을 통해서 해결하는 방법을 터득하게 된다.
     – 그 결과 그들은 자연히 비인간지향적인 직업(예 기술직, 옥외 활동직, 과학직)을 선택하게 된다.
  ㉢ 유 형

수용형		온정적·수용적 분위기에서 성장한 사람은 욕구를 사람에게서 충족한 경험이 많아서 사람들과 접촉이 많은 서비스, 교직 등의 직종에 종사하게 된다고 가정했다.
	무관심형	자녀를 수용적으로 대하지만 자녀의 욕구나 필요에 그리 민감하지 않고, 자녀에게 어떤 것을 잘하라고 강요하지 않는다.
	애정형	온정적인 관심을 기울이고 자녀의 요구에 응하고 독립심을 길러주며, 벌을 주기보다는 이성과 애정으로 대한다.
정서 집중형		자녀가 원하는 대로 했을 때만 사랑을 표현하므로, 이러한 부모 밑에서 자란 사람은 부모가 원하는 것과 부모의 감정에 민감하기 때문에 성격이 예민해져 예술 계통의 직업을 선호하게 된다고 가정했다.
	과보호형	자녀를 지나치게 보호함으로써 자녀에게 의존심을 키운다.
	과요구형	자녀가 남보다 뛰어나기를 바라고 공부를 잘하기를 바라므로, 엄격하게 훈련시키고 무리한 요구를 한다.
회피형		부모의 사랑과 관심을 제대로 받지 못하고, 부정적 분위기에서 성장한 사람들은 공격적·방어적 성격을 갖는데, 이들은 사람에 의해 자신의 욕구가 충족된 경험이 없으므로 사람과 접촉이 적은 기술직, 연구직 등의 직업을 선호하게 된다고 가정했다.
	거부형	자녀를 냉담하게 대하고 자녀가 선호하는 것이나 의견을 무시하며 부족하고 부적합한 면을 지적하고, 자녀의 욕구를 충족시켜 주려 하지 않는다.
	무시형	자녀와 별로 접촉하려고 하지 않으며, 부모의 책임을 회피한다.

⑤ 로(Roe)의 직업분류
  ㉠ 로(Roe)는 직업의 전 영역을 조사하기 위해, 기존의 분류체계들과는 다른 새로운 분류체계를 개발하였다.

ⓒ 로(Roe)는 기존의 직업분류를 분류의 논리적인 원리를 따르지 않은 것, 즉 어떤 경우에는 단계(Level)와 유형(Type)이 혼동되어 활용되고, 또 다른 경우에는 많은 직업들이 누락된 것으로 보았다.
ⓒ 직업사전(DOT)은 정교한 코딩체계를 가졌지만 유목화(Grouping)에서 일관성이 부족하며, 미네소타 직업평가척도(MORS ; Minnesota Occupational Rating Scales)를 제외하면 현존하는 분류체계 중 어느 것도 심리학적인 기반을 갖추지 못하였다고 평가하였다.
ⓔ 로(Roe)는 MORS에서 힌트를 얻어 흥미에 대한 다양한 요인분석에 관심을 돌리게 되었다. 그는 흥미에 기초해서 직업을 8개의 군집으로 나누고, 각 군집에 알맞은 직업들의 목록을 작성했다.
ⓜ 직업활동과 관련된 인간관계의 특성과 강도에 기초한 연속선상에 직업들이 배열될 수 있으며, 연속선상에서 가까이 위치한 군집들이 떨어진 군집보다 인간관계의 특성과 강도면에서 더 유사하다.
ⓗ 그 후 각 직업에서의 곤란도와 책무성을 고려하여 8개의 수준(Level)을 설정하여 8 × 8의 분류체계를 완성했는데, 두 가지 단계를 탈락시키고 결국 8 × 6의 구조를 만들었다.

⑥ 8가지 직업군(흥미에 기초하여 구분) 14 기출

서비스직 (Service)	• 기본적으로 다른 사람의 욕구와 복지에 관심을 가지고 봉사하는 것에 관련 있다. • 사회사업, *가이던스 등이 이 군집에 속한다.	✓ 가이던스 교육과정 및 취업준비생 등을 돕거나 지도하는 과정
비즈니스직 (Business Contact)	• 일대일 만남을 통한 공산품, 투자 상품, 부동산 등의 판매와 관련 있다. • 대인관계가 중요하나, 타인을 도와주기보다는 어떤 행동을 취하도록 상대방을 설득하는 데 초점을 둔다.	
단체직 (Organization)	• 사업, 제조업, 행정에 종사하는 관리직 화이트칼라가 해당한다. • 기업의 조직과 효율적인 기능에 주로 관련된 직업들이다. • 인간관계의 질은 대개 형식화되어 있다.	
기술직 (Technology)	• 상품과 재화의 생산, 유지, 운송과 관련된 직업을 포함하는 군집이다. • 운송과 정보통신에 관련된 직업뿐만 아니라 공학, 기능, 기계, 무역에 관계된 직업들도 이 영역에 속한다. • 대인관계는 상대적으로 덜 중요하며 사물을 다루는 데 관심을 둔다.	
옥외활동직 (Outdoor)	• 농산물, 수산자원, 지하자원, 임산물, 기타의 천연자원을 개발·보존·수확하는 것과 축산업에 관련된 직업들을 말한다. • 대인관계는 중요하게 다루어지지 않는다.	
과학직 (Science)	• 기술직과 달리 이 군집은 과학 이론과, 이론을 특정 환경에 적용하는 것과 관련된다. • 심리학이나 인류학과 같은 분야에서뿐만 아니라 전혀 인간관계 지향이 아닌 물리학과 같은 과학적 연구에서도 더 구체적인 인간관계에 호소하는 군집(예 의학직)과 관련 있다.	
일반문화직 (General Culture)	• 문화유산 보존과 전수에 관련되며, 개인보다 인류의 활동에 흥미가 있다. • 교육, 언론, 법률, 성직, 언어학과 인문학이라 불리는 과목들에 관련된 직업들이 이 군집에 포함된다. • 대부분 초·중등학교 교사들은 이 군집에 속하나 고등교육기관의 교사들은 가르치는 교과에 따라 서로 다른 직업군에 포함된다.	
예능직 (Arts and Entertainment)	• 창조적인 예술과 연예에 관련된 특별한 기술을 사용하는 것과 관련된 직업들이 여기에 속한다. • 대부분 개인과 대중 또는 조직화된 한 집단과 대중 사이의 관계에 초점을 둔다.	

⑦ 직업수준의 6단계(곤란도와 책무성 고려)
  ㉠ 각 군집은 다시 책임, 능력, 기술의 정도를 기준으로 각각 여섯 단계로 나누어진다.
  ㉡ 기준 사이의 상관관계는 없으며, 책무성의 정도가 단계의 구분에 가장 결정적인 영향을 미친다.
  ㉢ 각각의 단계들은 본질적으로 책무성의 연속선상에 존재한다.

고급 전문관리 (Professional and Managerial 1)	• 중요 사안에 대해 독립적인 책임을 지는 전문가들뿐만 아니라 개혁자, 창조자, 최고 경영관리자들을 포함한다. • 직업들은 대체로 사회집단보다 더 높은 권위를 갖지는 않는다. • 단계 설정의 기준 - 중요하고 독립적이며 다양한 책임을 진다. - 정책을 만든다. - 박사나 이에 준하는 정도의 교육을 받는다.
중급 전문관리 (Professional and Managerial 2)	• 고급단계와 정도의 차이가 있다. • 자율성이 있으나 고급단계보다 더 좁은 영역에 대한 덜 중요한 책임이 따른다. • 단계 설정의 기준 - 중요도와 다양성 측면에서 자신과 타인에 대한 중간 수준의 책임을 진다. - 정책을 해석한다. - 석사학위 이상, 박사와 그에 준하는 정도의 교육보다는 낮은 수준의 교육을 받는다.
준전문관리 (Semiprofessional and Small Business)	• 타인에 대한 낮은 수준의 책임을 진다. • 정책을 적용하거나 오직 자신만을 위한 의사결정을 할 수 있다. • 고등학교나 기술학교 또는 그에 준하는 교육수준을 요구한다.
숙련직(Skilled)	이 단계에서는 견습이나 다른 특수한 훈련과 경험을 필요로 한다.
반숙련직 (Semiskilled)	• 약간의 훈련·경험을 요구하지만, 숙련직보다는 매우 낮은 수준이다. • 훨씬 더 적은 자율과 주도권이 주어진다.
비숙련직 (Unskilled)	• 특수한 훈련이나 교육이 필요하지 않다. • 간단한 지시를 따르거나 단순한 반복활동에 종사하기 위해서 필요한 능력 이상을 요구하지 않는다.

⑧ 평 가
  ㉠ 공 헌
    • 성격과 직업분류를 통합하는 업적을 남겼고, 독특한 방식으로 직업을 분류하는 모델을 제시하였다.
    • 부모-자녀관계를 측정하기 위해 부모-자녀관계질문지(PCR Ⅰ ; Parent-Child Relations Questionnaire)를 개발하고, 질문지 분석을 통해서 3가지 요인을 밝혔다.
      - 양극요인 : 애정-거부(LR ; Loving-Rejecting), 무관심-요구(CD ; Casual-Demanding)
      - 단극요인 : 지나친 주의(O ; Overt Attention)
      - LR요인과 O요인 : 개인의 관심에 영향을 준다고 추정되었다.
  ㉡ 로(Roe)의 욕구이론에 대한 문제점 17 기출
    • 실증적인 근거가 결여되어 있다.
    • 진로상담을 위한 구체적인 절차를 제공하지 못했다.
    • 부모-자녀의 관계는 로(Roe)의 이론처럼 획일적이거나 단순하지 않기 때문에 이론을 검증하기가 매우 어렵다.

(4) 블라우(Blau) 등의 사회학적 이론 18 20 기출

① 이론의 배경 17 기출
  ㉠ 개인을 둘러싼 사회·문화적 환경이 개인의 행동에 영향을 미친다는 사회학적 지식을 바탕으로 생성된 이론으로, 블라우(Blau), 밀러(Miller)와 폼(Form) 등이 대표적 학자이다.
  ㉡ 핵심은 가정, 학교, 지역사회 등의 사회적 요인이 진로선택과 발달에 영향을 미친다는 것이다.

② 주요 내용
  ㉠ 문화나 인종의 차이는 개인의 직업적 야망에 큰 영향을 미치지 않는 데 반해, 개인이 속해 있는 사회계층은 이에 지대한 영향을 미친다.
  ㉡ 이러한 현상은 사회계층 그 자체에 의한 것이 아니다. 사회계층에 따라 그 속에서 생활하는 대다수 사람들의 사회적 반응, 교육받은 정도, 직업적 야망, 일반지능 수준 등을 결정하는 독특한 심리적 환경을 조성하게 되는데, 이것이 결과적으로 직업선택 및 발달에 영향을 미치게 된다는 것이다.
  ㉢ 저소득층 가정의 자녀들이 열망하는 직업과 그들이 실제로 가질 수 있으리라고 예상하는 직업 간에는 상당한 차이가 나타나게 된다는 것이다. 이러한 현상은 그들의 빈약한 교육 수준이나 무능력에서 기인하는 수도 있지만, 보다 근본적인 이유는 자신이 원하는 직업에 접근하는 것을 주위환경이 허용하지 않을 것이라는 생각 때문이다.
  ㉣ 환경을 의식해서 자신의 열망을 추구해 보지도 않고 체념해 버리는 경향 때문에 충분히 발전할 수 있는 능력이 있음에도 불구하고 자신의 능력에 비해 보잘것없는 일에 머물러 버리는 사람들이 있게 된다.
  ㉤ 이 이론에서 강조되는 요인은 공간과 시간에 따라 다르다. 즉, 가정에 따라, 지방에 따라, 국가에 따라, 사회계층에 따라 진로선택에 영향을 주는 요인은 다르다. 또한, 시간에 따라 모든 상황이 다르므로 그 결과 진로선택에 영향을 주는 주된 요인도 달라지게 된다.
  ㉥ 예를 들어 학생들의 직업적 흥미에 대한 영향력을 조사한 결과, 고등학교 시절에는 어머니의 영향력이 크며 대학 시절에는 아버지의 영향력이 큰 것으로 나타났다. 베이비붐이나 여성 해방과 같은 시대적 사건 또한 진로선택에 영향을 주는 중요한 요인이다.

③ 진로선택에 영향을 주는 사회요인

가 정	가정의 사회·경제적 지위, 부모의 직업·수입·교육 정도, 주거지역, 주거양식, 가정의 종족적 배경, 가족규모, 부모의 기대, 형제의 영향, 출생순서, 가정의 가치관, 가정에 대한 개인의 태도
학 교	교사와의 관계, 동료와의 관계, 교사의 영향, 동료의 영향, 학교의 가치
지역사회	지역사회에서 주로 하는 일, 지역사회의 목적 및 가치관, 지역사회 내에서의 특수한 경험을 할 수 있는 기회, 지역사회의 경제조건, 지역사회의 기술변화

④ 시사점
  ㉠ 이 이론의 특징은 개인이 통제할 수 없는 요인들이 직업선택에 중요한 영향을 끼친다는 것이다. 즉, 개인이 가진 직업선택의 재량권이 다른 이론에서 가정되는 것보다 훨씬 적다.
  ㉡ 따라서 사회학적 이론을 고려하여 진로상담을 할 때는 개인을 둘러싼 제반 상황을 파악하여 지도하여야 하며, 동일한 요인이라 해도 개인에 따라 영향을 받는 정도가 다르므로 각각의 요인이 개인에게 주는 독특한 의미를 주의 깊게 파악해야 한다.

05 진로발달이론

(1) 긴즈버그(Ginzberg)의 직업선택발달이론 18 기출

① 의 의
  ㉠ 직업선택은 일생을 거쳐서 발달하는 과정으로, 단일결정이 아니라 장기간에 걸쳐 이루어지는 결정이다. 따라서 나중에 이루어지는 결정은 그 이전 결정의 영향을 받게 된다.
  ㉡ 직업선택은 4가지 요인인 가치관, 정서적 요인, 교육의 양과 종류, 실제 상황적 여건의 상호작용으로 결정된다.
  ㉢ 직업선택의 과정은 바람(Wishes)과 가능성(Possibility) 간의 타협이기 때문에 *비가역적이라고 주장하였다.

> ✅ **비가역적**
> 주위 환경의 변화에도 쉽게 바뀌지 않고 한 방향으로만 나타나는 현상을 말한다.

② 직업선택과정의 3단계 16 17 20 23 24 기출
  ㉠ 환상기(Fantasy)
    • 이 시기는 자기가 원하는 직업이면 무엇이든 하고 싶고, 하면 된다는 식의 환상 속에서 비현실적인 선택을 하는 경향을 갖게 된다. 즉, 이 단계는 직업선택의 문제에서 자신의 능력이나 가능성, 현실여건 등을 고려하지 않고 욕구를 중시한다(11세 이전).
    • 환상기의 아동은 다양한 역할놀이를 통해 일과 직업세계를 이해한다.
  ㉡ 잠정기(Tentative)
    • 이 시기에 개인은 자신의 흥미, 능력, 취미에 따라 직업선택을 하려는 경향을 갖는다. 이 시기의 후반기에 가면 능력과 가치관 등의 요인도 조금 고려하지만, 현실상황을 별로 고려하지 않기 때문에 직업선택의 문제에서 다분히 비현실적인 성격을 띤다.
    • 이 시기의 특성은 잠정적이라 볼 수 있으며, 다음의 4가지 하위단계로 나뉜다.

흥미단계 (11~12세)	자신의 흥미나 취미에 따라 직업을 선택하려고 한다.
능력단계 (13~14세)	자신이 흥미를 느끼는 분야에서 성공을 거둘 수 있는 능력이 있는지 시험해보기 시작한다. 또한 다양한 직업이 있고 직업에 따라 보수나 훈련조건, 작업조건 등이 다르다는 것을 처음으로 의식하게 된다.
가치단계 (15~16세)	직업선택 시 다양한 요인을 고려해야 함을 인식한다. 따라서 자신이 좋아하는 직업에 관련된 모든 정보를 알아보려고 하며, 그 직업이 자신의 가치관 및 생애 목표에 부합하는지 평가한다.
전환단계 (17~18세)	주관적 요소에서 현실적인 외부요인으로 관심이 전환되며, 이것이 직업선택의 주요인이 된다.

ⓒ 현실기(Realistic) 15 16 기출

직업에서 요구하는 조건과 자신의 개인적 요구와 능력을 고려하여 현명한 선택을 하고자 한다. 이 시기는 다음의 3가지 하위단계로 나누어진다(18세 이후).

탐색단계	취업기회를 탐색하고 직업선택을 위해 필요하다고 판단되는 교육이나 경험을 쌓으려고 하는 단계이다.
구체화 (결정화)단계	자신의 직업목표를 구체화하고 직업선택의 문제에서 내·외적 요인들을 두루 고려하게 되며, 이 단계에서는 타협이 중요한 요인이 된다.
특수화 단계	자신의 결정을 구체화하고 더 세밀한 계획을 세워 고도로 세분화·전문화된 의사결정을 하게 된다.

(2) 수퍼(Super)의 생애진로발달이론

① 개 요 14 기출

㉠ 의 의
- 긴즈버그(Ginzberg)의 진로발달이론을 비판하고 보완하면서 발전된 이론이다.
- 개인의 속성과 직업에서 요구하는 속성을 고려하여 연결해주는 '자기개념' 이론을 가장 중요하게 여기며 진로성숙도검사를 주로 활용한다.
- 하비거스트(R. Havighurst)의 발달과업 개념을 차용하여 진로의 의미를 한 개인의 생애과정으로 설명한다.
- 진로발달은 제한된 발달시기에 일어나는 전 생애과정으로 개인의 일부는 개인의 심리적·생리적 속성에 의해, 또 다른 일부는 의미 있는 타인을 포함하는 환경요인에 의해 인간발달의 한 측면으로써 직업발달을 해 나가게 된다고 주장하였다.
- 개인의 진로발달은 대순환과 소순환이 공존한다는 역동적인 관점을 채택했다.
- 진로발달단계 순서 : 성장기 – 탐색기 – 확립기 – 유지기 – 쇠퇴기 21 기출

> **지식 IN**
>
> **후기 발달이론의 변화 중 큰 특징**
> - 일생에 걸쳐 경험하는 성장기, 탐색기, 확립기, 유지기, 쇠퇴기라는 일련의 진로발달단계를 대순환이라 하였다.
> - 각각의 발달단계마다 다시 반복적으로 탐색기, 확립기, 유지기, 쇠퇴기가 존재한다는 가정하에 이를 소순환이라 하였다.
> - 경제 불황과 과학기술 발전은 개인에게 소순환 단계를 촉발할 수 있고, 소순환은 개개인에 따라 탐색기로 복귀하여 새롭게 순환하는 것을 의미한다.

㉡ 생애진로발달이론의 전제 17 기출
- 개인은 능력이나 흥미, 성격에 있어서 각각 차이점을 갖고 있다.
- 진로발달이란 진로에 관한 자아개념의 발달이다.
- 부모의 사회경제적 수준, 지적 능력, 성격 특성, 진로성숙도, 기회 등에 의해 결정된다.
- 진로발달단계의 과정에서 재순환이 일어날 수 있다.

② 수퍼의 진로상담의 목표와 주요 개념
  ㉠ 진로상담의 목표 16 기출
    • 자기개념 분석하기
    • 진로성숙 수준 확인하기
    • 진로발달과제를 수행하는 데 필요한 지식, 태도, 기술 익히기
    • 자신의 흥미, 능력, 가치를 확인하고 생애 역할과 연계하여 이해하기
  ㉡ 주요 개념
    • 자기개념
      – 진로발달이란 진로에 관한 자기개념의 발달이며, 인간은 자아 이미지와 일치하는 직업을 선택한다. 즉, '나는 이런 사람이다'라고 느끼고 생각하던 바를 살릴 수 있는 직업을 택한다는 것이다.
      – 진로발달에서 본질적인 역할을 하는 자기개념은 유아기에서부터 형성, 전환, 실천의 과정을 거쳐서 사망에 이르기까지 계속 발달·보완된다.
      – 그러나 청년기 이후에는 대개의 경우 자기개념에 큰 변화가 오지 않는다.
    • 재순환 16 기출
      – 진로발달은 가역적이기 때문에 재순환이 발생한다.
      – 재순환은 전 생애에 걸쳐서 이루어진다.
      – 재순환은 생물학적인 발달의 과정과 속도에 일치하지 않는다.
      – 성인기의 진로위기는 변화하는 환경에 적응하도록 재순환을 촉진한다.
      – 같은 조직에서 다른 영역의 직무를 새로 수행하는 것도 재순환의 일종이다.
    • 발달과업
      – 진로성숙은 생애단계 내에서 성공적으로 수행된 발달과업을 통해서 획득할 수 있다.
      – 발달과업은 발달단계별로 맞추어 구체화, 특수화, 안정화, 공고화로 구별된다.

> **지식 IN**
> **수퍼(D. Super)의 발달모형에 바탕을 둔 진로상담 과정** 21 기출
> 접수면접 → 진로발달사정 → 자료통합과 내러티브 해석 → 상담목표설정 → 상담절차와 과정

③ 수퍼의 진로발달이론의 기본 요소 및 가정
  ㉠ 기본 요소
    적절한 진로발달이론은 '선행 연구 결과의 통합', '진로발달 연속성 고려', '흥미·능력·가치 및 기회가 조절하는 과정의 기술'이라는 3가지 조건을 만족해야 한다고 보았다. 선행 연구의 검토를 통해 이러한 조건을 만족시키는 진로발달이론의 11가지 요소를 확인하였다.

> **지식 IN**
>
> **진로발달이론의 11가지 요소**
> - 개인차
> - 직무능력의 유형
> - 적응의 계속성
> - 진로유형
> - 직무만족
> - 개인과 환경의 상호작용의 결과로서의 발달
> - 다양한 가능성
> - 동일시와 모델의 역할
> - 생애단계
> - 발달의 지도가능성
> - 진로유형의 역동성

ⓛ 기본 가정 14 17 기출
- 개인은 능력, 흥미, 성격 등에 있어서 각각 차이가 있다.
- 인간은 이런 특성의 차이로 인해 특정 직업에 대해 적합성을 지니게 된다.
- 각 직업군에는 각기 요구되는 일정 범위의 능력, 흥미, 성격특성이 있다.
- 개인의 직업 선호성이나 능력, 생활장면 및 자아개념 등은 시간의 경과와 경험에 따라 변화하므로 직업의 선택과 적응은 일생을 통해 변화하는 일련의 계속적인 과정이다.
- 진로발달이란 진로에 관한 자아개념의 발달이다.
- 개인 진로유형의 본질은 부모의 사회·경제적 수준, 개인의 지적 능력, 인성적 특성, 직업계획 등에 의해 결정된다.
- 개인의 진로발달은 능력과 흥미, 성숙의 과정을 촉진시키거나 자아개념의 발달을 도와줌으로써 이루어질 수 있다.
- 직업발달 과정은 주로 자기개념을 발달하고 실천해 나가는 과정이다.
- 진로발달성숙은 종합하고 타협하여 가는 과정 속에서 유전된 적성, 신체적 형성, 다양한 역할을 해 볼 수 있는 기회, 역할수행의 결과가 선배와 동료들을 얼마나 만족시켰는가의 정도 등이 상호작용하면서 일어난다.
- 개인과 사회적 요인과의 타협, 즉 자아개념과 현실 간의 타협은 직업발달에서 역할수행의 과정이며, 이러한 역할은 환상이나 상담, 면접 또는 학급, 클럽, 여가활동, 취업활동 등에서 수행된다.
- 직업과 인생에 대한 만족의 정도는 개인이 자신의 능력과 적성, 성격특성, 가치관에 맞는 진로를 찾아 종사했느냐에 달려 있다.
- 환경과 조직의 요구에 상응하는 성공은 어떤 주어진 생활, 즉 진로단계가 내담자의 진로의식성숙이라는 요구에 상응하는 개인의 준비도에 의존한다.
- *<u>진로의식성숙</u>은 하나의 가설적인 개념이며, 이것의 조작적 정의는 지능을 정의하는 것만큼 어렵다.
- 사람들이 일로부터 얻을 수 있는 만족의 정도는 그들의 자아개념을 충족시킬 수 있는 정도에 비례한다.
- 일과 직업은 대부분의 남녀에게 삶의 중심이 된다.

✅ **진로의식성숙**

자신에게 알맞은 진로를 인식, 선택, 계획하는 과정에서 그 개인이 상대적으로 차지하는 위치를 말한다.

④ 진로성숙도와 진로적응성 16 기출
  ㉠ 진로성숙도
    - 진로발달이란 자기에 대한 이해와 일과 직업세계에 대한 이해를 바탕으로 자신의 진로계획과 선택을 통합하고 조정해 나가는 과정이며, 이러한 이해와 조정·통합이 어느 정도 수준인가를 나타내는 것이 진로성숙도이다.
    - 진로성숙의 정도는 진로발달의 연속선상에서 개인이 도달한 위치를 의미한다.
    - 진로성숙도는 각 단계의 발달과업을 성공적으로 수행할 수 있는 준비도를 의미한다.
    - 진로성숙은 진로발달과업에 성공적으로 대처하기 위한 개인의 심리적 자원이다.
    - 진로성숙은 진로계획, 직업탐색, 의사결정, 직업세계에 대한 지식 등이 하위요인으로 구성된다.
    - 진로성숙도의 측정은 진로계획 '태도'와 진로계획 '능력'의 두 가지 지표를 포함한다.
    - 진로성숙도는 가설적 구인이며, 단일한 특질이 아니다.
    - 진로성숙도의 구성 6가지

진로결정성	자신의 진로선택과 진로방향 설정에 대한 결정에 확신이 드는 정도
진로확신성	자신감이라고도 표현할 수 있으며, 자신의 진로선택 문제에 대한 믿음과 확신을 가지고 있는 정도
진로목적성	자신의 욕구와 현실 사이에서 타협이 이루어지는 정도를 말하며, 구체적으로 추구하려는 내용이 무엇인지 선택한 진로를 통하여 알아보는 것
진로준비성	진로를 결정하는 데 필요한 사전 이해·준비·계획 정도 또는 참여와 관심 정도
진로독립성	진로를 선택할 때, 자신이 독립적으로 결정하는지 아니면 타인에 의존하여 결정하는지에 대한 태도를 측정하는 정도
가족일치성	자신의 진로와 가족 간의 의견 일치 정도이며, 가족과의 친밀감 및 상호간의 믿음이 바탕

> **지식 IN**
>
> **진로성숙의 하위요인** 15 기출
> - 선택하고자 하는 직업의 일관성 : 선택하고자 하는 직업의 분야 및 수준의 일관성
> - 선택하고자 하는 직업에 관한 정보수집 및 계획성 : 직업에 대한 정보수집의 면밀함 및 진로계획의 치밀성과 진로계획의 참여도
> - 진로선택에 대한 태도 : 진로문제에 대한 관심도 및 진로선택에 필요한 자료 이용의 효율성
> - 진로문제에 있어서의 이해 : 능력과 흥미의 일치도
> - 자기 특성의 구체적 이해 : 흥미의 성숙과 유형화, 진로문제에서의 독자성, 진로계획에 대한 책임감 수용 및 일로부터의 보상에 관한 관심, 직업선택 시 능력, 활동, 흥미와 선호직업이 일치하는지를 판단할 수 있는 현실성

  ㉡ 진로적응성
    - 끊임없이 변하는 일의 세계와 자신을 둘러싼 환경의 요구에 대처하는 준비도이자 다양한 생애 역할과 자신을 둘러싼 직업환경의 변화에 대한 준비도를 말한다.
    - 진로적응은 성인에게 진로성숙이라는 개념을 적용하기 위해 제안된 것이다.

⑤ 직업발달과정과 과업 15 16 17 19 20 23 24 기출
  ㉠ 발달과정

성장기 (Growth Stage, 출생~14세) 23 기출	• 욕구와 환상이 지배적이나, 사회참여 활동이 증가하고 현실검증이 생김에 따라 흥미와 능력을 중시하는 단계 • 환상기(4~10세) : 욕구가 지배적이며 욕구탐색이 중심 과제임. 자신의 역할수행을 중시 • 흥미기(11~12세) : 개인의 취향에 따라 목표와 내용을 결정 • 능력기(13~14세) : 능력을 보다 중요시하며 직업에 필요한 여건에 관심을 가짐
탐색기 (Exploration Stage, 15~24세)	• 학교·여가생활, 시간제의 일 등을 통한 경험으로 자신에 대한 탐색과 역할에 대해 수행해야 할 것을 찾으며, 직업에 대한 탐색을 시도하려는 단계 • 이 시기에 개인은 직업 선택에 대한 구체화, 결정화, 실행이라는 진로 발달과업을 접하게 된다. • 잠정기(15~17세) : 자신의 욕구, 흥미, 능력, 가치, 직업적인 기회 등을 고려 • 전환기(18~21세) : 개인이 직업세계나 교육, 훈련에 들어갈 때 필요한 과정을 받음 • 시행기(22~24세) : 개인이 자신에게 적합해 보이는 직업을 선택
확립기 (Establishment Stage, 25~44세)	• 자신에게 적합한 직업분야를 발견하고 자신의 생활의 안정을 위해 노력하는 단계 • 확립기의 초반과 중반에는 정착 또는 안정화, 확립기 후반부터는 공고화와 발전이 주된 과업임 • 시행기(25~30세) : 자신이 선택한 직업의 세계가 자신에게 어울리지 않을 경우 자신에게 적합한 일을 발견할 때까지 몇 차례의 변화를 경험 • 안정기(31~44세) : 자신의 진로에 대한 유형이 분명해짐에 따라 직업세계에서의 안정과 만족, 소속감을 가짐
유지기 (Maintenance Stage, 45~64세) 22 기출	• 직업세계에서 자신의 위치가 확고해지고 자신의 자리를 유지하기 위해 노력하며 안정된 삶을 살아가는 시기 • 개인은 보유·갱신, 혁신의 진로발달 과제를 가진다. 만일 이 기간에 현재의 직업 혹은 조직을 유지하기로 결정을 내리면, 개인은 자신이 성취한 것을 유지하고, 지식과 기술을 새롭게 하며, 일상적인 일을 하는 새로운 방법을 고안해 냄
쇠퇴기 (Disengagement Stage, 65세 이후)	• 감속기(65~70세) : 일의 수행속도가 느려지고, 직무에 변화가 오거나 혹은 일의 능력이 쇠퇴하는 데 따른 적절한 변화가 요구됨 • 은퇴기(71세 이후) : 시간제 일, 자원봉사 혹은 여가활동 등으로 이직함

  ㉡ 직업발달과업

과 제	연 령	특 징
구체화	14~17세	• 자원, 우연성, 흥미, 가치에 대한 인식과 선호하는 직업에 관한 계획을 통해 일반적인 직업목표를 형식화하는 인지적 단계의 과업이다. • 선호하는 진로에 대한 계획을 세우고 그것을 어떻게 수행할 것인가를 고려하는 것이다.
특수화 (결정화)	18~21세	• 시험적인 직업선호에서 특정한 직업선호로 바뀌는 시기의 과업이다. • 자세한 자료와 진로선택의 다양성을 뚜렷하게 인식하여 진로계획을 구체화하는 것이다.
실행화	22~24세	직업선호를 위한 훈련을 완성하고 고용에 참가하는 시기의 과업이다.
안정화	25~35세	• 직업에서 실제 일을 수행하고 재능을 활용함으로써 진로선택이 적절한 것임을 보여주고 자신의 위치를 확립하는 단계의 과업이다. • 개인이 진로를 확립하고 진로상황에 안정감이 생겼을 때 이루어진다.
공고화	35세 이후	승진, 지위, 경력개발 등에 의해 진로를 확립하는 시기의 과업이다.

⑥ 수퍼(Super)의 생애공간이론
  ㉠ 생애진로무지개 16 17 18 19 기출

개 념	• 수퍼는 개인의 진로발달과정을 자기실현 및 생애발달의 과정으로 보고 여러 가지 생활영역에 있어서의 진로발달을 나타내는 생애진로무지개를 제시하며, 진로성숙과 역할의 중요성을 강조하였다. • 양적인 평가방법으로 다양한 생애역할을 평가한다.
다양한 생애역할	• 삶의 다양한 역할 속에서 자신의 가치관을 추구하면서 살 수 있는 방법을 찾도록 한다. 즉, 사회적 관계 속의 다양한 생애역할이 부각되도록 하였다. • 일생동안 9가지 역할(예 아동·학생·여가인·일반시민·근로자·가장·주부·부모·연금생활자)을 수행한다고 보고, 이러한 역할들이 상호작용하며 이전의 수행이 이후의 수행에 영향을 미치게 된다고 하였다.
종단적 과정과 횡단적 과정	전 생애 동안 이어지는 진로발달의 종단적 과정(역할이 필요한 시간/기간)과 특정 시기의 횡단적 과정(활동의 왕성함 정도를 표시하는 면적/공간)을 표현한다.
역할 간의 갈등	전생애 발달과정 중 특정시기에 생애역할들 간 갈등을 겪을 수도 있다.
중요한 생애역할의 개념	참여(Participation), 전념(Commitment), 지식(Knowledge), 가치기대(Value Expectations) 등이 있다.

[생애진로무지개]

  ㉡ 진로아치문모형 14 18 20 기출
    • 인간발달의 생물학적·지리학적 면을 토대로 한 것으로, 아치웨이(Archway)의 기둥은 발달단계와 삶의 역할을 의미한다.
    • 개인(심리적 특징)을 왼쪽 기둥, 사회(경제자원, 경제구조, 사회구조 등)를 오른쪽 기둥으로 세웠다. 상층부 중심에는 자기(Self)를 배치하였다.
    • 개인은 사회의 단위로서 성장하고 기능하면서 사회에서 자신의 교육적·가족적·시민적·여가적 생애를 추구하며, 사회는 개인에게 영향을 준다.

[진로아치문모형]

⑦ 수퍼(Super)의 C-DAC(Career Development Assessment and Counseling) 모형 15 16 19 기출

㉠ 개념
- 개인이 당면한 생애역할 중에서 중요하게 부각되는 역할을 파악한다.
- 진로상담을 통해 얻어진 검사 결과의 사용방법에 관심을 둔다.

㉡ 상담목표
내담자 스스로 생애역할에 대한 통합적이고 적합한 개념을 형성하고 자아개념을 실현해 일에서의 성공, 사회적 기여, 개인적 만족을 이끄는 진로선택을 하게 한다.

㉢ 평가단계

구분	평가단계	내용
1단계	내담자의 생애구조와 직업적 역할의 중요성에 대한 평가	직업인으로서의 역할이 자녀, 학생, 배우자, 시민, 여가인 등 다른 역할들보다 얼마나 더 중요한지에 대해 탐색하고 생애역할의 우선순위를 결정할 수 있도록 돕는다.
2단계	진로발달의 수준과 자원을 평가	상담자는 어떤 발달과업이 내담자와 연관되어 있는지 확인하고, 이 문제를 해결할 수 있는 자원에 대한 평가로 넘어간다.
3단계	직업적 정체성에 대한 평가(가치, 능력, 흥미에 대한 평가)	가치, 능력, 흥미 측면에서 내담자의 직업적 정체성의 내용을 파악하고, 이러한 정체성이 내담자의 다양한 생애역할에 어떻게 나타나는지 탐색한다.
4단계	직업적 자아개념과 생애주제에 대한 평가	이전 단계까지의 객관적 평가에서 내담자의 주관적인 자아개념에 대한 평가로 옮겨가며, 자신과 세상을 어떻게 이해하고 있는지 내담자의 자기상을 확인하는 과정이다.

㉣ 통합해석

　　　평가단계의 내용을 근거로 상담자는 내담자의 생애사에 대한 통합적인 해석을 하고, 이를 통해 상담단계로 넘어간다.

　　㉤ 진로발달검사(CDI), 성인진로관심검사(ACCI)가 활용된다.

　　㉥ 의 의
　　　• 내담자가 생애역할의 우선순위를 결정하도록 도울 수 있다.
　　　• 내담자가 일상생활의 다양한 역할을 조화롭게 수행하도록 도울 수 있다.
　　　• 내담자의 주요한 진로문제, 진로발달과업, 진로의사결정 준비도 등을 평가할 수 있다.

⑧ 평 가 19 20 기출

　㉠ 수퍼는 직업선택의 과정은 인간의 발달과정 및 발달단계에 부합되는 과정으로서 전체 발달과정의 일부이며, 누구든지 이 단계를 거치며 발전해 간다고 설명한다.

　㉡ 직업발달에 본질적인 역할을 하는 자기개념은 유아기에서부터 형성되어 그 후로 전환, 실천과정을 거치면서 죽을 때까지 발달되지만, 청년 후기 이후에는 큰 변화를 보이지 않는다고 하여 탐색기와 확립기의 진로발달을 중요시했다.

　㉢ 수퍼의 이론은 지나치게 자기개념 지향적이며, 지적인 면을 강조하고 직업발달 측면만을 강조한다는 비판을 받고 있다.

　㉣ 개인의 직업발달 과정을 자아실현과 생애발달의 과정으로 본 점과 자기개념의 직업자기개념으로의 전환, 진로유형, 진로성숙, 진로발달 단계에 초점을 맞추면서 진로발달과정을 체계적으로 기술하고 있다는 점에서 가장 역동적이고 포괄적인 이론이라고 할 수 있다.

(3) 타이드만(Tiedeman)과 오하라(O'Hara)의 진로발달이론 21 기출

① 의 의 15 기출

　㉠ 진로발달을 직업정체감을 형성해 가는 과정으로 보았으며, 새로운 경험을 쌓을수록 개인의 정체감은 발달한다고 하였다.

　㉡ 개인의 자아정체감은 분화와 통합의 과정을 거치면서 형성되어 가며, 자아정체감은 직업정체감 형성의 기초요인이 된다.

　㉢ 진로발달은 자신을 동일시하면서 계속적으로 분화하고 통합하는 과정이라고 볼 수 있다. 분화는 분리된 경험의 문제이고, 통합은 확장된 경험을 모아 구조화하는 문제이다.

　㉣ 분화와 통합은 논리적으로는 분리되지만 실제경험에서는 분리되지 않으며, 연령이 증가하고 경험이 쌓일수록 발달하게 된다.

② 직업정체감 형성과정 16 20 24 기출

　㉠ 직업자아정체감은 의사결정을 되풀이하는 과정에서 성숙해진다.

　㉡ 개인은 어떤 문제에 직면하거나 어떤 결정을 내려야 할 때 인지적 구조의 분화와 통합에 의한 의사결정의 단계에 접어들게 된다. 이러한 단계들을 '예상기'와 '적응기'로 구분하고 있다.

- 예상기(Anticipation Period) : 전직업기(Preoccupation Period)라고도 불리며, 다음과 같이 4가지 하위단계로 나누어진다.

탐색 단계	자신의 진로목표를 설정하고 대안을 탐색해 보며, 그것을 성취할 수 있는 능력과 여건이 갖추어져 있는지에 대해 예비평가를 한다.
구체화 단계	• 가치관과 목표, 가능한 보수나 보상 등을 고려하면서 개인은 구체적으로 자신의 진로를 준비하기 시작한다. • 즉, 구체화 단계에서는 가능한 대안을 선택하며, 각 대안의 장단점을 검토하여 서열화 및 조직화한다.
선택 단계	자기가 하고 싶어 하는 일과 그렇지 않은 것을 확실히 알게 되며, 구체적으로 의사결정에 임하게 된다.
명료화 단계	• 이미 내린 결정을 신중히 분석·검토하는 과정이다. • 명료화기에서는 선택 실행을 위한 계획은 할 수 있지만, 아직 적극적 실행조건은 부족하다.

- 적응기(Adjustment Period) : 실천기(Implementation Period)라고도 한다. 이 단계는 앞에서 내린 잠정적 결정을 실천에 옮기는 과정으로 다음의 3가지 하위단계로 구분된다.

적응 단계	• 개인은 새로운 상황에 들어가서 인정과 승인을 받고자 한다. 새 집단이나 조직의 풍토에 적응하기 위해서 선택에 수동적으로 적응하며, 개인은 자신의 일면을 수정하거나 버리기도 한다. • 또한, 개인의 목표와 포부는 집단의 목표에 동화되고 수정된다.
개혁 단계	• 개인이 수용적인 자세로 새로운 상황에 임한 후, 일단 인정을 받으면 자신의 의견이나 주장을 강력하게 드러낸다. • 즉, 수동적인 수용의 성격에서 좀 더 적극적인 태도로 변화하는 단계이다.
통합 단계	• 개인이 집단의 목표와 자신의 목표가 비슷하다고 생각될 때 일어난다. • 개인이 집단이나 조직의 욕구와 자신의 욕구들을 균형 있게 조절할 수 있게 되어 타협과 통합을 이루게 된다.

(4) 터크만(Tuckman)의 진로발달이론

① 의 의 16 기출
  ㉠ 터크만은 자아인식, 진로인식, 진로의사결정이라는 3가지 주요 요소를 포함하는 8단계의 진로발달이론을 제시하였다.
  ㉡ 이 이론은 기능훈련을 제외한 진로교육의 목표 및 내용구축의 기저를 제공하고 있다.

② 진로발달 8단계

발달단계	시 기	특 징	진로발달내용
1단계	유치원~ 초등학교 1학년	일방적인 의존성의 단계	가정에서 사용하는 도구들을 중심으로 하여 진로의식을 형성하게 됨
2단계	초등학교 2학년	자아주장의 단계	점차 자율성을 형성하고, 단순한 형태의 선택이 이루어지며, 일에 대한 간단한 지식이나 개념을 이해함
3단계	초등학교 3학년	조건적 의존성의 단계	자아를 인식하게 되고 독립적인 존재가 되며 동기와 욕구, 친구와의 관계형성에 초점을 맞춤

4단계	초등학교 4학년	독립성의 단계	일의 세계를 탐색하고 진로결정에 대해 관심을 가짐
5단계	초등학교 5~6학년	외부지원의 단계	직업적 흥미와 목표, 작업조건, 직무내용 등에 관심을 가짐
6단계	중학교 1~2학년	자기결정의 단계	직업관을 갖기 시작하며 진로결정의 기본요인들을 현실적인 시각에서 탐색함
7단계	중학교 3학년~ 고등학교 1학년	상호관계의 단계	동료집단의 문화와 교우관계를 중시, 직업선택의 가치, 일에 대한 기대와 보상, 작업풍토, 의사결정의 효율성 등에 대한 관심을 가지기 시작
8단계	고등학교 2~3학년	자율성의 단계	진로문제에서 자신의 적합성 여부, 교육조건, 선택가능성 등에 초점을 두기 시작

(5) 갓프레드슨(Gottfredson)의 제한-타협이론(직업포부 발달이론) 19 20 23 기출

① 의 의 16 기출
  ㉠ 갓프레드슨은 사람들의 진로기대가 어릴 때부터 성별, 인종별, 사회계층별로 차이가 나는 이유를 설명하기 위해 제한-타협이론을 개발하였다.
  ㉡ 개인의 자기개념이나 흥미 등 주로 내적인 요인에만 관심을 두었던 기존의 발달이론과 성(性), 인종, 사회계층 등 사회적 요인과 함께 개인의 언어능력, 추론능력 등 인지적 요인을 추가로 통합하여 직업포부의 발달에 관한 이론을 개발하였다.
  ㉢ 사람은 누구나 자기의 자아 이미지에 맞는 직업을 원하기 때문에 자아개념은 직업선택에서 중요한 요인이다.
  ㉣ 갓프레드슨은 이러한 자아발달의 과정에서 포부에 대한 점진적인 제한을 가하는 것이 직업선호를 결정하게 되며, 자신의 포부를 실현하고자 할 때 개인이 현실과 조화를 이루는 과정에 관심을 두었다.
  ㉤ 진로선택 과정은 축소와 조정을 통해 진로포부가 변화하는 과정이다.
  ㉥ 수퍼와는 달리 직업선택은 일차적으로는 사회적 자아의 실현이고, 이차적으로는 심리적 자아의 실현으로 보았다.
  ㉦ 성역할은 흥미나 가치와 같은 심리적 변인에 의해 제한받지 않는다.

② 포부의 제한과 타협 14 16 20 기출

제 한	• 자기개념과 일치하지 않는 직업들을 배제하는 과정으로 자기개념의 발달단계에 따라 이루어진다. • 직업의 사회적 지위와 성역할을 기준으로 진로포부를 제한한다. • 수용 가능한 진로대안 영역을 축소하는 과정이다.
타협 (절충)	• 직업의 성역할, 사회적 지위, 흥미가 중요한 측면이며 타협되는 과정이다. • 제한을 통해 선택된 선호하는 직업 대안들 중 자신이 극복할 수 없는 문제를 가진 직업을 어쩔 수 없이 포기하고, 자신에게 덜 적합하지만 현실적으로 가능한 것을 선택하는 과정이다. 즉, 취업가능성과 같은 제한 요인에 근거하여 진로선택을 조정하는 과정이다.

> **지식 !N**
>
> **1. 타협의 4가지 원칙**
> - 자기개념에 대응되는 직업조건인 성 유형, 명성, 흥미는 상대적 중요성을 갖고 있으며, 이들은 직업대안들을 타협할 때 우선순위가 된다.
> - 타협 시 최고(Best)의 선택을 추구하기보다는 최선(Good)의 선택을 하려 한다.
> - 자신의 직업대안들의 집합인 사회적 공간 안에서 이루어진 선택에 대해 만족하지 못한다면, 그 직업에 관여하는 것 자체를 회피한다.
> - 흥미를 타협한 경우에 심리적으로 잘 적응하나, 사회적 위상을 위협하는 명성에 대해 타협한 경우에는 이보다 약간 덜 적응하려고 하며, 자신의 성 유형을 타협한 직업선택의 경우 심리적으로 가장 큰 타격을 입어 가장 적응을 못 한다.
>
> **2. 배제모델 : 티버스키(A. Tversky)** 16 기출
> - 직업대안의 여러 특성들을 동시에 고려하고, 불확실한 상황에서 의사결정이 가능하도록 도우며, 많은 진로선택들을 줄여나가는 데 유용하다.
> - 배제된 대안들이 더 좋은 대안이었을 가능성도 있다.

③ 직업포부의 발달단계 15 16 17 18 24 기출

발달단계	과제	연령	특징
1단계	힘과 크기 (서열) 지향성	3~5세	• 사고 과정이 구체화되며, 어른이 된다는 것의 의미를 알게 된다. • 외형적 관심단계이며, 주로 어른들의 역할을 흉내내고 직관적인 사고 과정을 보인다. • 불도저, 야구공 등 사용하는 도구에 기초해서 직업을 이해한다. • 자신이 생각하는 직업에 대해서 긍정적인 입장을 취한다.
2단계	성역할 지향성 18 기출	6~8세	• 자아개념이 성의 발달에 의해서 영향을 받게 되면서 직업에 대한 성역할 고정관념을 습득한다. • 이분법적(남녀의 구분) 정체감을 형성한다. • 직업을 이해할 때 자신의 성에 적합한지 살펴본다. • 구체적인 사고를 할 수 있어 남녀 역할에 바탕을 둔 직업 선호를 하게 된다. • 자기개념과 불일치하는 성별 관련 직업을 배제하기 시작하고, 수용 가능한 성 유형 경계선을 형성한다. • 자신이 선호하는 직업에 대해서 보다 엄격한 평가를 할 수 있다.
3단계	사회적 가치 지향성	9~13세	• 사회계층에 대한 개념이 생기면서 상황 속에서 자아를 인식하게 되고, 일의 수준에 대한 이해를 확장시킨다. • 자신의 능력에 맞고 수용 가능한 직업의 종류가 무엇인지 구체화한다. • 사회계층이나 지능을 진로선택의 주요 요소로 인식하게 되고, 직업의 사회적 지위에 눈을 뜬다. • 자신의 상대적 능력에 대해 판단하기 시작하고, 상대적 서열과 관련을 짓는다. • 직업에 대한 평가에 보다 많은 기준들을 갖게 된다.

4단계	내적이며 고유한 자아에 대한 지향성 22 기출	14세 이후	• 고유한 내적 자아의 특성에 대한 개념을 가지면서 자아인식이 발달되며 타인에 대한 개념이 생겨난다. • 타협의 과정이 시작되며, 자기개념에 부합하는 직업을 탐색한다. • 자아성찰과 사회계층의 맥락에서 직업적 포부가 더욱 발달한다. • 수용 가능한 직업의 종류 중에서 자아정체감을 만족시킬 수 있는 직업을 선택한다. • 추상적인 사고를 하게 되고, 개인적 흥미나 가치, 능력을 바탕으로 자신의 성격유형에 관심을 갖게 되며, 진로포부 수준도 점차 현실화해 간다.

(6) 크럼볼츠(Krumboltz)의 사회학습 진로이론 18 21 23 기출

① 이론의 배경 16 기출
  ㉠ 교육적·직업적 선호 및 기술이 어떻게 획득되며, 교육프로그램·직업·현장의 일들이 어떻게 선택되는가를 설명하기 위하여 발달된 이론이다.
  ㉡ 학습경험을 강조하는 동시에 개인의 타고난 재능의 영향을 강조하는 이론이다.

② 기본 가정 15 19 20 24 기출
  ㉠ 개인이 환경과의 상호작용을 통해 무엇을 학습했는가를 중요시한다.
  ㉡ 개인은 학습경험을 통해 세계를 바라보는 관점이나 신념을 형성한다고 본다.
  ㉢ 행동에 대한 일반적인 사회학습이론을 기초로 개인의 성격과 행동은 그의 독특한 학습경험에 의해서 가장 잘 설명할 수 있다고 가정한다.
  ㉣ 개인의 진로개발 과정에서 우연의 영향력을 중요시하므로 상담자는 내담자가 탐색적 활동에 집중하면서 우연히 일어난 일을 유용하게 활용할 수 있음을 깨닫게 한다.
  ㉤ 내담자의 학습을 촉진하기 위해 진로 관련 심리검사를 활용하는데, 진로 관련 심리검사는 개인 특성과 직업 특성을 매칭(Matching)하기 위한 것만은 아니다.
  ㉥ 사회학습이론에 따라 개발된 진로신념검사(CBI)를 통해 내담자의 진로발달 및 진로선택을 방해하는 비합리적 신념을 명료화하여 상담한다.
  ㉦ 상담의 성공 여부는 상담실 밖 현실에서 내담자가 무엇을 이루었는지에 달렸다.
  ㉧ 진로결정과정에서 개인이 통제하기 어려운 요인들이 영향을 미치고 있음을 강조한다.
  ㉨ 내담자가 호소하는 문제도 중요하지만 예기치 않은 사건이나 문제발생을 대비하는 역량을 키워 주는 것이 중요하다.
  ㉩ 내담자의 호기심(Curiosity), 인내심(Persistence), 유연성(Flexibility), 낙관성(Optimism), 위험감수(Risk-taking) 등의 기술을 촉진한다.

③ 상담의 목표 15 기출
  ㉠ 내담자들에게 원하는 것을 바로 알려 주기보다는 스스로의 학습과정을 통해 그 답을 발견할 수 있도록 돕는다.
  ㉡ 하나의 진로의사결정을 하도록 돕는 것이 아니라 내담자가 더욱 만족스러운 진로와 인생을 살아가기 위한 행동을 배우도록 돕는다.

④ 진로발달과정에 영향을 미치는 요인 17 19 기출
  ㉠ 크럼볼츠는 진로결정요인을 '환경적 요인'과 '심리적 요인', '우연적 요인'으로 구분하고, 결국 상담자는 내담자가 이러한 요인의 영향을 이해하고 변화하도록 도와주어야 한다고 하였다.

환경적 요인	• 개인에게 영향을 미치나 일반적으로 개인이 통제할 수 있는 영역 밖에 있는 것으로, 상담을 통해서 변화시키는 것이 불가능하다. • '유전적 요인(신체적 요인 등)과 특별한 능력' 및 '환경적 조건과 사건'을 말한다.
심리적 요인	• 개인의 생각과 감정과 행동을 결정하게 된다. • '학습경험'과 '과제접근기술'을 말한다.
우연적 요인	우연히 발생한 일이 진로에 긍정적으로 작용하는 경우를 '계획된 우연'이라고 한다.

ⓒ 진로의사결정(진로선택)에 영향을 미치는 4가지 요인 즉, 유전적 요인과 특별한 능력(선천적 능력), 환경적 조건(상황)과 사건, 학습경험, 과제접근기술 등의 상호작용을 밝힌다.

• 유전적 요인과 특별한 능력(선천적 능력)
개인의 진로기회를 제한하는 타고난 특질을 말한다. 즉, 교육적·직업적인 선호나 기술에 제한을 줄 수 있는 자질을 말하는 것으로서, 여기에는 인종, 성별, 신체적인 모습과 특징, 지능, 예술적 재능, 근육의 기능 등이 포함된다.

• 환경적 조건(상황)과 사건
환경에서의 특정한 사건이 기술개발, 활동, 진로선호 등에 영향을 미친다는 것이다. 취업 가능한 직종의 내용, 교육훈련이 가능한 분야, 사회정책, 노동법, 천재지변, 천연자원의 공급 및 이용가능 정도, 기술의 발달, 사회조직의 변화, 가정의 영향, 교육제도, 이웃과 지역사회의 영향 등이 포함된다.

• 학습경험 15 16 17 기출
개인이 과거에 학습한 경험은 현재 또는 미래의 교육적·직업적 의사결정에 영향을 미친다. 크럼볼츠는 크게 2가지 유형의 학습경험을 가정하고 있다.

도구적 학습경험	• 주로 어떤 행동이나 인지적인 활동에 대한 정적인 또는 부적인 강화를 받을 때 나타난다. • 사람들은 정적인 강화를 받게 되면 이와 관련된 행동을 반복하려는 경향을 보이는데, 이러한 행동을 반복하는 과정에서 관련된 기술을 보다 잘 숙지하게 되고 행동 그 자체에 내적인 흥미를 갖게 된다는 것이다. • 과거의 학습경험이 교육적·직업적 행동에 대한 도구로 작용하는 것이다. • 일반적으로 도구적 학습경험은 '선행사건 → 행동 → 결과'의 순서에 의해서 학습된다.
연상적 (=연합적) 학습경험	• 이전에 경험한 감정적으로 중립인(Neutral) 사건이나 자극을 정서적으로 비중립적인 사건이나 자극과 연결시킬 때 일어난다. • 예를 들어, 중병에 걸렸던 사람이 병원에서의 치료로 건강을 회복하였다면, 병원이라는 감정적으로 중립인 자극이 그에게 정적인 영향을 미쳐 나중에 의사가 되길 희망할 수 있을 것이다. 이러한 경험은 개인이 직접적으로 체험한 것인데, 이와는 달리 간접적이거나 대리적인 학습경험도 개인의 교육적·직업적 행동에 영향을 미치게 된다. • 크럼볼츠의 이론에서 개인은 지적이며 훌륭한 정보처리자로 간주되는데, 따라서 사람들은 타인의 행동을 관찰하거나 책이나 TV 등의 매체를 통해 정보 수집을 하는 것만으로도 새로운 행동이나 기술을 학습할 수 있게 된다.

• 과제접근기술(Task Approach Skills) 19 기출
  – 과제접근기술은 선행사건이나 어떤 과제를 성취하기 위해 동원하는 기술이다.
  – 개인이 환경을 이해하고 이에 대처하며 미래를 예견하는 능력이나 경향으로, 학습경험, 유전적 요인, 환경적인 조건이나 사건의 상호작용으로 나타난다.
  – 과제접근기술에는 문제해결기술, 일하는 습관, 정보수집 능력, *감성적 반응, 인지적 과정 등이 포함된다.

> ✓ 감성적 반응
> 사물 현상이 주는 자극에 대한 정적(情的) 반응을 말한다.

ⓒ 계획된 우연 16 19 22 기출
- 미첼(Michell), 레빈(Levin), 크럼볼츠(Krumboltz) 등이 사회학습이론을 확장한 진로상담의 학습이론에 '우연'의 개념을 추가하여 계획된 우연을 발표하였다.
- 사람들에게는 예측할 수 없는 다양한 사건들이 일어날 수 있으며, 삶에서의 우연적 사건을 긍정적 또는 부정적 기회로 만들 수 있는 가능성이 개인에게 열려있다고 전제한다.
- 우연히 발생한 일이 진로에 긍정적으로 작용하는 경우를 '계획된 우연'이라고 한다.
- 우연적 사건에 대한 준비와 대응에서 필요한 개인의 5가지 지각 요인(과제접근 기술)으로는 호기심, 인내심, 유연성, 낙관성, 위험감수성이 있다.
- 진행단계

1단계	내담자가 '계획된 우연한 일'은 삶에서 자연스럽게 일어날 수 있는 것임을 받아들이게 한다.
2단계	내담자가 갖는 호기심을 학습과 탐색을 위한 기회로 활용하도록 돕는다.
3단계	계획하지 않은 일과 관련된 내담자의 성공경험을 활용하여 내담자를 격려한다.
4단계	잠재된 기회를 더 잘 알아차릴 수 있는 내담자의 감수성을 키워준다.
5단계	행동을 방해하는 비합리적인 신념을 극복하도록 돕는다.

⑤ 진로결정 요인의 결과
　㉠ 자기관찰 일반화 : 자신에 대한 관찰 결과 얻어진 것으로 자신의 태도, 업무 습관, 가치관, 흥미, 능력수준에 대한 일반화를 말한다.
　㉡ 세계관 일반화 : 자신의 환경에 대한 일반화로 세상에 대해 이해하고 환경에서 나타날 결과를 예측하는 것을 말한다.
⑥ 상담과정

1단계 - 내담자의 기대에 대한 안내
2단계 - 내담자의 관심을 출발점으로 확인
3단계 - 계획하지 않은 일이 현재의 기반이 된 내담자의 성공경험 활용
4단계 - 잠재적인 기회를 알아차릴 수 있는 내담자의 감수성 키우기
5단계 - 장애요인 극복

⑦ 평 가
　㉠ 이 이론은 진로과정을 기술하며 또한 선택에 영향을 미치는 요인의 예를 제시하고 있기 때문에 기술적이며 동시에 설명적이다.
　㉡ 연구자들은 진로발달과 진로선택 과정을 단순화하려 했으나, 이 이론에 소개된 수많은 변인들은 타당화 과정을 극도로 복잡하게 만들었다.
　㉢ 진로상담에서 나타난 주요 내용
- 진로결정은 학습된 기술이다.
- 진로선택을 했다고 주장하는 사람들에게도 도움이 필요하다.
　(진로선택은 부정확한 정보와 잘못된 대안으로부터 이루어질 수도 있다)
- 상담의 성공 여부는 진로결정에서 내담자가 드러내 보인 기술에 의해 평가된다.
　(결정 기술의 평가가 필요하다)
- 내담자는 다양한 집단으로부터 나온다.

- 내담자들은 진입한 진로가 확실하지 않다고 해서 죄책감을 느낄 필요는 없다.
- 어떠한 직업도 모든 개인에게 가장 좋은 것으로 보이지는 않는다.

06 기타 진로이론

(1) 하렌(Harren)의 진로의사결정유형이론 21 기출

① 개 요
  ㉠ 개인의 진로결정과정과 방법 및 진로결정에 영향을 미치는 요인을 설명하는 이론이다.
  ㉡ 진로의사결정유형은 개인이 진로결정을 내릴 때 선호하는 접근방식이다.
  ㉢ 진로의사결정은 개인이 정보를 조직하고 여러 대안을 신중하게 검토하여 진로선택을 위한 행동과정에 전념하는 심리적인 과정이다.
  ㉣ 대학생 연령에 초점을 맞춘 진로결정수준은 자신의 전공 및 직업의 선택과 관련된 확신의 정도로 개인의 진로결정 상태를 '진로결정'과 '진로미결정'으로 구분한다.
  ㉤ 진로미결정은 정보 부족에 의한 것과 성격적 원인에 의한 것으로 구분한다.

> **지식 IN**
> **진로미결정 척도의 하위요인** 16 기출
> - 정보 부족
> - 진로준비 부족
> - 정보에 대한 불일치

② 주요 내용 14 15 16 17 18 19 22 24 기출
  ㉠ 하렌(Harren)은 의사결정이 필요한 과제를 인식하고 그에 반응하는 개인의 특징적 유형과 개인이 의사결정을 내리는 방식을 '의사결정유형'이라고 정의하였다.
  ㉡ 의사결정 과정에 영향을 미치는 의사결정자의 개인적인 특징으로 '자아개념'과 '의사결정유형'을 제안하였다.
  ㉢ 의사결정유형에는 의사결정과제를 지각하고, 그에 반응하는 개인의 특징적인 방식으로 합리적 유형, *직관적 유형, 의존적 유형이 있다.

> **직 관**
> 판단, 추리에 의하지 않고 직접적으로 대상을 파악하는 것을 말한다.

합리적 유형	• 자신과 상황에 대한 정확한 정보를 수집하고, 신중하고 논리적으로 의사결정을 수행해나간다. • 의사결정에 대한 책임을 자신이 진다.
직관적 유형	• 의사결정의 기초로 상상을 사용하고 현재의 감정에 주의를 기울인다. • 정서적 자각을 사용한다. • 선택에 대한 확신은 느끼지만, 그 결정의 적절성을 말로 설명하지 못하는 경우가 있다. • 의사결정에 대한 책임을 자신이 지려고 한다.
의존적 유형	• 타인의 영향을 많이 받고 수동적이며, 사회적 인정에 대한 욕구가 높다. • 의사결정에 대한 개인적 책임을 부정하고 그 책임을 외부로 돌린다.

ⓔ 하렌의 진로의사결정과정 20 24 기출

1단계(인식)	자아와 진로의사결정과 관련된 대안들을 인식
2단계(계획)	대안들의 상호관계를 인식하고, 그 가치에 대한 평가
3단계(확신)	잠정적인 의사결정 및 주변 사람들의 피드백
4단계(실행)	잠정적 결정을 실천에 옮기는 단계로 동조, 자율, 상호의존의 행위 단계로 나뉨

③ 이론의 적용 및 평가 14 15 기출
  ㉠ 효과적인 의사결정자는 적절한 자아존중감과 분화되고 통합된 자아개념을 갖고 있으며, 합리적 유형을 활용하여 책임 있는 의사결정을 하고, 성숙한 대인관계와 분명한 목적의식을 가진다고 정의하였다. 이러한 정의로 인해 진로결정과 관련하여 조력을 필요로 하는 내담자들을 변별하는 데 도움을 주고 있다.
  ㉡ 직업이 선택되는 구체적인 과정과 그 선택에 영향을 미치는 선행요소를 설명하는 데 초점을 맞춘다는 점에서 미시분석이라 할 수 있다.

> **지식 IN**
>
> **스콧과 브루스(Scott & Bruce)의 의사결정유형**
> (하렌이 제시한 유형을 바탕으로 의사결정유형을 행동적인 관점에서 분류)
>
> | 합리적 유형 | 대안을 탐색하고 논리적으로 평가 |
> |---|---|
> | 직관적 유형 | 직관이나 감정에 의존 |
> | 의존적 유형 | 다른 사람의 충고·지시를 구함 |
> | 즉흥적 유형 | 의사결정을 피하고 가능한 한 빨리 의사결정을 끝내고자 조급해함 |

(2) 다위스(Dawis)와 롭퀴스트(Lofquist)의 직업적응이론 21 23 기출

① 개 요 15 20 기출
  ㉠ 직업적응이론(TWA ; Theory of Work Adjustment)은 미네소타 대학의 다위스(Dawis)와 롭퀴스트(Lofquist)가 1950년대 후반부터 지속적으로 수행해온 직업적응 프로젝트의 연구 성과를 바탕으로 정립된 이론이다.
  ㉡ 특성-요인이론의 성격을 지닌 복잡한 이론이다.
  ㉢ 개인의 특성에 해당하는 욕구와 능력을 환경에서의 요구사항과 연관 지어 직무만족이나 직무유지 등의 진로행동을 설명하려 하였다.
  ㉣ 개인의 욕구와 능력을 환경의 요구와 연관 지어 평가하고 개인-환경간의 일치 정도를 분석한다.
  ㉤ 성격은 성격양식과 성격구조로 설명된다.
  ㉥ 개인은 직업 환경과의 조화를 이루기 위해 역동적 적응과정을 경험한다.
  ㉦ 개인과 환경 간의 상호작용을 통한 욕구충족을 강조한다.
  ㉧ 최근에는 '개인-환경 조화 상담'이라 칭하며, 개인과 환경 간의 상호작용을 강조하고 있다.
  ㉨ 직업적응의 주요 지표는 개인의 만족(Satisfaction)과 직업 환경의 만족(Satisfactoriness, 충족)이다.

② 직업적응이론의 개념 14 16 기출
  ㉠ 개인과 환경의 욕구 조화
    • 개인의 욕구(생리적 욕구나 사회적 인정 등)는 환경에서 제공하는 강화요인(보수나 승진, 양호한 작업환경 등)에 의해 만족된다.
    • 환경의 요구조건(직무나 과업, 집단구성원으로서의 역할 등)은 개인이 제공하는 강화요인(주어진 과업을 위한 개인의 능력 발휘 등)에 의해 충족된다.
    • 개인과 환경의 욕구가 상호간에 만족된 상태를 조화라고 한다.
  ㉡ 적 응
    • 개인과 환경의 욕구조건이 변하여 조화롭지 못한 상태가 되었을 때 개인은 환경의 요구조건을 변화하거나, 자신의 욕구구조를 변화해 조화 상태에 이르려는 역동적 과정을 경험한다.
    • 환경도 이와 동일한 행동을 취하려 하는데, 이러한 행동을 적응이라 한다.

③ 직업적응이론의 측면
  ㉠ 직업성격적 측면

민첩성	과제를 얼마나 일찍 완성하느냐와 관계되는 것으로, 정확성보다는 속도를 중시한다. 민첩성이 없다는 것은 반응의 신중함, 지연, 반응의 긴 잠재기를 뜻한다.
역량(속도)	근로자의 평균 활동수준을 말하고, 개인의 에너지 소비량을 의미한다.
리 듬	활동에 대한 다양성을 의미한다(단일성 ×).
지속성	개인이 환경과의 상호작용을 얼마나 오랫동안 유지하는지를 의미한다.

  ㉡ 적응양식적 측면 14 16 17 18 20 23 24 기출

융통성(유연성)	개인의 작업환경과 개인적 환경 간의 부조화를 참아내는 정도로 작업과 개인의 부조화가 크더라도 잘 참아낼 수 있는 사람은 융통적인 사람이다.
끈기(인내)	환경이 자신에게 맞지 않아도 개인이 얼마나 오랫동안 견뎌낼 수 있는가 하는 것을 의미한다.
적극성	개인이 작업환경을 개인적 방식과 좀 더 조화롭게 만들어 가려고 노력하는 정도를 의미한다.
반응성	개인-환경 간 부조화를 견딜 수 있는 정도를 넘어설 때 자신의 직업성격을 변화하는 방식으로 대처한다(직업성격의 변화로 작업환경에 반응하는 정도).

④ 직업적응이론과 관련하여 개발된 검사도구 14 19 20 23 기출
  ㉠ MIQ(Minnesota Importance Questionnaire, 미네소타 중요성 질문지) 22 기출
    미네소타 직업가치 검사는 일의 환경에 대하여 개인이 지니는 20개 욕구와 6개의 가치요인(성취, 편안함, 지위, 이타성, 안정성, 자율성)을 측정하는 도구로, 직업적응이론에 근거하여 개발되었고 190개의 문항으로 구성되어 있다.
  ㉡ MJDQ(Minnesota Job Description Questionnaire, 미네소타 직무기술 질문지)
    일의 환경이 MIQ에서 정의한 20개 욕구를 만족시켜 주는 정도를 측정하는 도구로 하위척도는 MIQ와 동일하다.
  ㉢ MSQ(Minnesota Satisfaction Questionnaire, 미네소타 만족도 질문지)
    직무만족의 원인이 되는 일의 강화요인을 측정하는 도구로 능력의 사용, 성취, 승진, 활동, 다양성, 작업조건, 회사의 명성, 인간자원의 관리체계 등의 척도로 구성되어 있다.
  ㉣ MOCS Ⅲ(Minnesota Occupational Classification System Ⅲ, 직업분류체계)
  ㉤ MSS(Minnesota Satisfactoriness Scales, 환경의 충족정도)
    근로자에 대한 조직의 만족도를 측정한다.

(3) 슐로스버그(N. Schlossberg) 등의 진로전환이론

① 개 요 [21] [23] [24] 기출
  ㉠ 진로전환은 개인이 경험한 어떤 사건으로 인해 삶을 바라보는 시각이 변하거나 자신을 둘러싼 상황의 변화에 대처해야 할 때 발생한다.
  ㉡ 진로전환에는 양가적인 특성이 있다.
  ㉢ 진로전환에 따라 스트레스 상황에 직면하거나 정서적·신체적인 어려움을 겪을 수 있다.
  ㉣ 진로전환의 증진요인으로는 경제적 안정, 정서적 안정, 건강, 전환 기술, 습득, 지지적 직업환경, 전환에 대한 지지 등이 있다.
  ㉤ 개인의 진로전환에 영향을 주는 4가지 요소(4S) [17] 기출
    • 자아(Self)   • 지원(Support)
    • 상황(Situation)   • 전략(Strategies)
  ㉥ 진로전환검사(CTI)는 준비도, 자기효능감(Confidence), 지각된 지지, 내외적 통제, 자기중심-관계중심(Independence-Interdependence)으로 구성된다.

(4) 기타 모델

① 굿맨 등(J. Goodman et al.)의 진로전환 모델 [18] 기출

구 분	진로전환	
입 직	신입직원	일의 요령 배우기
승 진	고속승진, 정체	견디기
퇴 사	해고, 은퇴, 직업 변경	떠나기, 애도하기, 노력하기
재취업을 위한 노력	실업상태	소외감

② 미러바일(R. Mirabile)의 퇴직자를 위한 카운슬링 모델 [22] [24] 기출

1단계	평안(Comfort)	퇴직으로 인한 감정적 혼란을 극복하는 단계
2단계	성찰(Reflection)	자신의 장단점과 경력을 분석하고 구직활동에 집중하는 단계
3단계	명확화(Clarification)	자신이 새롭게 개척해야 할 분야를 명확하게 설정하는 단계
4단계	방향(Direction)	설정된 경력목표에 맞는 새로운 직장을 탐색하는 방향설정 단계
5단계	관점 전환(Perspective Shift)	퇴직을 새로운 능력 창출과 경력 성장을 위한 기회로 인식하는 시각의 변화 단계

> **지식 IN**
>
> **이론과 심리검사** [16] [17] 기출
> • 홀랜드의 진로이론 : 진로상황검사, 진로정체감검사(MVS)
> • 수퍼의 진로발달이론 : 역할명확성검사, 역할중요도검사(SI)
> • 다위스와 롭퀴스트의 직업적응이론 : 미네소타 중요성 질문지(MIQ), 직무기술 질문지(JDQ), 미네소타 만족도 질문지(MSQ) 등
> • 샘슨, 피터슨, 렌즈, 리어든의 인지정보처리모델 : 진로사고검사(CTI)

07 진로상담이론의 최근 경향

(1) 인지적 정보처리이론(CIP ; Cognitive Information Processing)

① 의 의 16 19 기출
  ㉠ 급격한 변화를 겪고 있는 현대 사회에서는 개인의 진로 탐색 및 결정의 문제가 더욱 복잡한 양상을 띠므로, 진로 결정에 있어서의 의사 결정의 필요성과 능력의 중요성이 증대되고 있다.
  ㉡ 이 이론은 피터슨(Peterson), 샘슨(Sampson), 리어든(Reardon)에 의해서 개발된 것이며, 개인이 어떻게 정보를 이용해서 자신의 진로에 관한 문제해결 능력과 의사결정 능력을 향상시킬 수 있는가에 대한 종합적인 시각을 제공하며 진로사고검사(CTI)가 이루어진다.
  ㉢ 인간의 문제해결 과정이 컴퓨터의 정보처리과정과 유사하다는 점에 착안하여 진로선택 과정을 정보처리과정으로 본다.
  ㉣ 진로선택 자체의 적절성보다는 그 선택에 있어서 인지적으로 정보를 처리하는 인간의 사고 과정을 중요시하며 진로의사결정 방해요소를 파악한다.

② 기본 가정 20 23 기출
  ㉠ 진로선택은 인지와 정서의 상호작용에 의한 결과이다.
  ㉡ 진로의사결정은 하나의 문제해결 활동이다.
  ㉢ 진로문제를 해결하는 능력은 지식뿐 아니라 인지적 조작의 가용성에 영향을 받는다.
  ㉣ 진로문제의 해결은 고도의 기억력을 요하는 과제이다.
  ㉤ 진로문제를 보다 잘 해결하고자 하는 욕구는 곧 자신과 직업세계를 보다 잘 이해함으로써 직업선택에 만족을 얻고자 하는 것이다.
  ㉥ 진로발달은 자신과 직업에 대한 정보를 가지고 일련의 구조화된 기억구조를 형성함으로써 이루어진다.
  ㉦ 진로정체성은 자기를 얼마나 아느냐에 달렸다.
  ㉧ 진로성숙도는 자신의 진로문제를 해결하는 개인의 능력과 관련된다.
  ㉨ 진로상담의 궁극적 목적은 정보처리 기술을 향상하는 것이다.
  ㉩ 진로상담의 궁극적 목표는 내담자로 하여금 진로문제를 잘 해결하고 의사결정을 잘할 수 있도록 하는 것이다.

③ 인지적 정보처리의 과정 16 19 기출
  ㉠ 인지적 정보처리이론에서 상담자는 내담자의 욕구를 분류하고, 또 내담자가 지식을 획득하여 자신의 욕구가 무엇인지 알 수 있도록 도와주는 개입 기능을 한다.
  ㉡ 진로문제 해결은 일차적으로 인지적 과정이며, 그러한 과정은 피라미드와 커사비(CASVE) 과정으로 구성되어 있다.

- 정보처리영역 피라미드

정보영역	자기정보	자신의 가치, 흥미, 기술 등에 대한 개인의 지각을 말한다.
	직업정보	직업세계가 어떻게 구성되어 있는지에 대한 개인의 도식을 말한다.
의사결정기술영역		개인이 진로문제를 해결하고 의사결정을 하는 데 필요한 정보처리기술을 말한다.
실행과정영역		초인지, 자기 독백, 자기인식과 통제 및 모니터를 통해 진로문제를 해결하는 데 사용될 인지적 전략의 선택 및 조절을 말한다. (※ 초인지는 개인의 정서나 생각이 자신에게 영향을 미치는 것을 인식하도록 한다.)

- 커사비(CASVE) 20 기출

의사소통 및 문제를 점검·분석·종합하여 가치를 평가하고 실행에 옮기는 과정

의사소통 (Communication)	• 질문들을 받아들여 부호화하며 송출한다. • 자기 내부나 주변 환경으로부터 요구가 있을 때 시작된다.
분석(Analysis)	한 개념적 틀 안에서 문제를 찾아 분류한다.
종합/통합(Synthesis)	일련의 행위를 형성한다.
평가(Valuing)	성공과 실패의 확률에 관해 각각의 행위를 판단하고, 다른 사람에게 미칠 파급효과를 판단한다.
실행(Execution)	책략을 통해 계획을 실행한다.

④ 인지적 정보처리이론의 특징
  ㉠ 이 모델에서는 진로상담을 하나의 학습과정으로 간주한다.
  ㉡ 다른 이론들도 의사결정기술의 개발을 위해서 동일한 가정과 절차를 제안하고 있지만, 주요한 차이는 개인이 자신의 운명을 결정, 통제하는 데 있어서 무엇보다도 인지의 역할이 크다는 것을 강조한다.
  ㉢ 피터슨(G. Peterson), 샘슨(J. Sampson), 리어든(R. Reardon)의 인지적 정보처리접근 모형 22 기출

  > 초기개입 → 예비평가 → 문제규정과 원인분석 → 목표설정 → 개인학습계획 개발 → 개인학습계획 실행 → 요약반복과 일반화

  ㉣ 개인의 진로발달이론
    • 진로를 선택한다는 것은 문제해결 행동이며, 이러한 문제해결 능력은 지식뿐만 아니라 인지적인 작용에 좌우된다.
    • 진로의사결정에서 인지적 영역이 중요하지만, 그 과정에서 *정의적(Affective)인 측면도 인정되므로, 진로선택은 인지적 과정과 정의적 과정의 상호작용의 결과이다.

  ✓ 정의적
  태도·기질·정서·가치관·동기 등에 관련되는 가치를 말한다.

- 진로문제 해결은 자신과 직업 세계에 대한 지식을 동시에 처리할 수 있는 큰 기억 용량(High-Memory-Load)을 필요로 하는 과제이다.
- 진로발달은 일련의 체계적인 기억 구조(Schemata)로 이루어진 자신과 직업세계에 대한 지식구조에 있어서의 지속적인 성장과 변화를 포함한다.
- 자신과 직업세계에 대한 정보의 사려 깊은 통합에 기초한 독립적이고 책임성 있는 진로 결정은 진로문제의 해결 능력에 달려 있다.

⑤ 진로사고검사(CTI)

㉠ 의 의 14 기출
- 진로사고란 진로선택이나 진로결정과정에서 나타나는 여러 가지 생각들로서 진로관련 정보를 어떻게 활용하는지와 관련된 인지적 정보처리로 볼 수 있다.

> ✅ **인지적 정보처리이론**
> 진로문제를 개인의 인지적인 의사결정의 문제로 보는 것을 말한다.

- 부정적인 진로사고는 진로탐색, 진로선택이나 진로결정을 어렵게 하는 생각들로 의사결정 회피, 진로 미결정, 무력감과 우울, 흥미 저하, 진로준비활동 방해 등 전반적인 진로결정을 어렵게 하는 것으로 나타났다.
- 진로사고검사(CTI)는 *인지적 정보처리이론(CIP)과 인지치료를 이론적 근거로 하여 진로에서의 부정적인 인지를 측정한다.

㉡ 검사의 특징
- 현재 많이 사용하는 적성검사나 흥미검사는 진로성숙도, 진로정체감이 부족하거나 낮은 진로결정 준비도를 가지고 있는 일부 개인들에게는 효과적으로 활용되지 못하는 제한점을 가지고 있다.
- 진로사고검사는 어떤 사람들이 흥미검사로부터 얻어지는 정보를 처리하는 데 어려움을 가지고 있는지를 찾아내는 선별도구로서, 개인적인 특성에 맞는 진로지도를 할 수 있다.
- 진로사고검사(전산용)는 사용이 간편하며 집단검사, 개별검사로도 사용할 수 있다.
- 진로사고검사(전산용) 결과지를 활용해 부정적인 진로사고를 수정하는 작업도 가능하여, 진로 개인상담 및 워크숍, 집단상담에 활용도가 매우 큰 검사이다.

㉢ 검사의 활용
- 진로결정에 있어서 개인차를 고려한 개별화된 진로서비스를 제공할 수 있다.
- 진로사고검사는 3개의 하위척도 점수를 분석함으로써 내담자가 가지고 있는 진로문제의 특성을 구체적으로 이해할 수 있다.
- 진로사고검사(전산용)는 3개의 하위척도뿐만 아니라 정보처리영역 피라미드, 의사결정단계 점수를 분석함으로써, 진로문제해결과 진로의사결정의 주요 측면을 알 수 있어 피검자의 진로의사결정 기술을 향상하도록 도울 수 있다.
- 지금까지의 진로와 관련된 검사들이 초등학생에서 대학생까지만 사용할 수 있도록 개발된 데 반해, 이 검사는 일반 성인도 사용할 수 있다.
- 평생직장의 개념이 깨지면서 개인마다 진로결정의 시기가 여러 번 올 수 있으며, 그 때에 자기점검 및 실천계획을 위해 이 검사를 활용할 수 있다.

ㄹ 진로사고검사 하위척도 15 18 20 23 기출

의사결정혼란	진로의사결정 과정을 시작하거나 유지하는 데 개인이 가지는 곤란수준을 측정한다.
수행불안	여러 가지 대안 중 한 가지 대안을 선택하거나 대안에 대한 우선순위를 매기는 등의 선택을 하고자 할 때, 결단을 내리기 어려운 곤란수준을 나타낸다.
외적갈등	결정에 대한 책임감을 회피하게 하는 갈등에 관한 것으로, 중요타인에게서 얻는 정보의 중요성과 자신이 지각한 정보의 중요성 간에 균형조절에 있어서의 무능력을 반영한다.

(2) 가치중심적 진로접근모형

① 의 의 14 16 기출
  ㉠ 브라운(Brown)이 제안한 진로발달에 관한 가치중심적 접근모델은 인간행동이 개인의 가치에 의해 상당 부분 영향을 받는다는 가정에서 출발한다.
  ㉡ 브라운은 개인에 의해 확립된 행동규준들은 발달과정에 있어서 매우 중요한 가치에 기반을 둔 것으로, 개개인이 스스로의 행위와 타인의 행위를 판단하는 규칙들이 된다는 것이다.

② 기본 명제(가치, 흥미, 환경) 16 17 기출
  ㉠ 개인이 우선권을 부여하는 가치들은 그리 많지가 않다.
  ㉡ 우선순위가 높은 가치들은 아래와 같은 조건들을 만족할 경우 생애역할 선택에 있어서 가장 중요한 결정요인이 된다.
    • 생애역할가치를 만족시키려면 한 가지의 선택권만 이용할 수 있어야 한다.
    • 생애역할가치를 실행하기 위한 선택권은 명확하게 그려져야 한다.
    • 각 선택권을 실행에 옮기는 난이도는 동일하다.
  ㉢ 가치는 환경 속에서 가치를 담은 정보를 획득함으로써 학습된다.
  ㉣ 가치는 개인의 세습된 특성(유전)과 상호작용하면서 인지적으로 처리된다.
  ㉤ 사회적 상호작용 및 기회에 영향을 주는 또 다른 요인들로는 문화적 배경, 성별, 사회·경제적 수준 등이 있다.
  ㉥ 가치에 의해 흥미가 발달되지만, 흥미는 가치만큼 행동결정에 큰 영향을 미치지 않는다.
  ㉦ 가치는 일상생활에서 경험하는 정보처리에 많은 영향을 미친다.
  ㉧ 생애만족은 모든 필수적인 가치들을 만족시키는 생애역할에 달려 있다.
  ㉨ 한 역할의 현저성은 역할 내에 있는 필수적인 가치들의 만족 정도와 직접 관련된다.
  ㉩ 생애역할에서의 성공은 많은 요인들에 의해 결정되는데, 이들 중에는 학습된 기술도 있고 인지적·정의적·신체적 적성 등도 있다.

③ 상담자 유의사항 16 기출
  ㉠ 면접과정에서 정서적인 문제를 주의 깊게 살펴보아야 한다.
  ㉡ 양적 및 질적인 방법으로 가치들이 평가되어야 한다.
  ㉢ 검사결과를 해석하고 그에 대해서 이야기를 나누는 것도 하나의 개입으로 생각할 수 있다.
  ㉣ 상담자의 역할은 직업탐색프로그램이나 컴퓨터를 이용한 진로탐색프로그램 등을 활용하여 내담자의 가치와 진로를 연결해 주는 것이다.
  ㉤ 인간행동이 개인의 가치에 의해 상당 부분 영향을 받는다는 가정에서 출발하기 때문에 가치의 우선순위가 매겨진 증거를 확인해야 한다.

(3) 자기효능감 이론 17 기출

① 의 의 18 기출
  ㉠ 진로발달에 대한 초기의 이론들은 대체로 사람들의 진로발달을 설명하였으나, 근래에 이르러 성차에 대한 설명이 시도되고 있다.
  ㉡ 대표적 이론은 반두라(Bandura)의 사회학습이론을 토대로 한 해킷과 베츠(Hackett & Betz)의 자기효능감 이론이다.
  ㉢ 해킷과 베츠(Hackett & Betz)에 의하면, 효능감이 낮은 여성들은 진로이동뿐만 아니라 진로선택에 있어서도 제약을 받는다.
    • 성취에 대한 보상을 남성과 동등하게 받지 못하는 작업환경에 있을 때, 여성들은 자기효능감 개발에 방해를 받게 된다.
    • 자기효능감은 선택권의 제한과 자신의 능력을 십분 발휘하지 못하는 경험 등에 의해서 영향을 받게 되므로, 효능감이 낮은 여성들은 진로결정을 포기하거나, 지연 혹은 회피하는 경향이 있다.

② 자기효능감이 낮은 청소년의 진로상담 16 기출
  ㉠ 새로운 성공경험 기회를 갖도록 한다.
  ㉡ 실패의 원인을 자신의 능력으로 재귀인하지 않도록 한다.
  ㉢ 발달적으로 적합한 수행을 해낸 것에 대해 스스로 강화할 수 있도록 한다.
  ㉣ 자신의 과거 성취경험을 재해석하여 확실한 성공으로 지각할 수 있도록 한다.

③ 자기효능감에 관련된 진로상담 사례 15 기출

> • 내담자 : 저는 물리가 싫어요. 공부해도 남학생들만큼 성적이 나오지도 않고 어렵고 지루해요. 물리는 포기예요. 물리 때문에 대학도 못 갈 것 같아요.
> • 상담자 : 물리가 어렵게 느껴져서 속상하구나. 그런데 물리를 잘하는 여성도 많아. 퀴리부인처럼.
> • 내담자 : 하긴 저도 중학교까지는 괜찮았어요. 고등학교에서 망했어요.
> • 상담자 : 중학교까지 잘했는데 고등학교에서 물리성적이 떨어지니까 대학도 못 갈까 봐 걱정하는구나.

④ 자기효능감 척도(SES ; Self-Efficacy Scale)
  ㉠ 자기 자신의 능력에 대한 전반적인 신뢰 수준을 측정하기 위한 것으로, 구체적인 상황이나 행동과 연결되지 않은 전반적인 자기효능감의 기대를 측정한다.
  ㉡ 이 도구는 내담자의 욕구에 대한 임상적 개입과정을 구조화하는 데 유용하며, 진행과정의 지수로서 자기효능감의 기대는 개입 과정 동안 변화해야 한다.
  ㉢ 일반적 자기효능감과 사회적 자기효능감 등의 하위 척도로 구성된다(총 30문항).

지식 IN

반두라(Bandura)의 사회학습이론에서의 자기효능감 14 22 기출
• 어떤 정해진 수행을 해내기 위해 필요한 행동을 조직화하고 실행해 낼 수 있는 자신의 능력에 대한 개인의 판단(신념)으로 정의된다.
• 개인의 이전 수행 성취도, 타인 관찰을 통한 대리경험, 언어적 설득, 생리적 반응에 기인한다고 본다.
• 심리적 기능에 영향을 미치는 개인의 사고와 심상을 포함한다고 본다.
• 어떤 과제수행에 대해 자기의 능력에 대한 믿음이 과제시도 여부와 과제를 어떻게 수행하는지를 결정한다.

- 개인 노력의 강도를 결정한다. 즉, 효능감이 높은 사람은 과제수행을 긍정적으로 이끌어가는 성공 시나리오를 시각화하고, 문제 소지에 대해서도 좋은 해결 방안을 인지적으로 시연하는 반면, 효능감이 낮은 사람은 실패 시나리오를 시각화하는 경향이 있다. 이런 식의 효능적이지 못한 사고가 동기를 약화하고 수행을 저하한다.
- 자기에 대해 개인이 가진 개념이라는 점에서 자기개념과 밀접히 관련되어 있으나, 자기개념은 자신에 대한 종합적 개념이라고 할 수 있는 반면, 자기효능감은 자기개념의 한 부분이다.
- 자기존중감과 유사하지만 동일한 개념은 아니며, 자기존중감이 자기의 가치에 대한 평가라면, 자기효능감은 자기의 능력에 대한 평가이다.

(4) 사회인지 진로이론(SCCT ; Social Cognitive Career Theory) 22 기출

① 의의 14 20 기출
  ㉠ 여성의 진로발달을 설명하기 위해 자기효능감 이론을 도입한 논문에서 기원된 이론으로써 자기효능감과 결과기대, 개인적 목표 등의 인지적 측면과 진로와 관련된 개인특성, 환경 그리고 행동요인들을 이론적 틀에 포함하고, 이들 간의 관계를 설명하는 데 기여한 이론이다.
  ㉡ 반두라(Bandura)의 사회인지이론에서 파생된 이론으로써 문화, 성(Gender), 유전, 사회적 환경, 자기효능감 등이 개인의 진로관련 선택과 관련이 있다는 이론이다.
  ㉢ 대표적인 학자로는 렌트(Lent), 브라운(Brown), 해킷(Hackett), 베츠(Betz) 등이 있다.
  ㉣ 어떤 것을 성취했을 때 얻을 수 있는 것에 대한 신념이 실제 실행할 행동을 결정한다고 보았다.
  ㉤ 진로 의사결정 과정에서 맥락을 중요시하는 관점을 수용하였다.
  ㉥ 환경변인을 배경맥락 요인과 근접맥락 요인으로 나누어 개념화하였다.
  ㉦ 여성이나 소수자의 진로발달 및 선택을 강조하는 진로장벽 개념을 강조하였다.
  ㉧ 여성의 진로발달은 사회, 문화적인 여건에 좌우될 가능성이 높고, 취업결과도 상이할 수 있다고 보았다.
  ㉨ 진로대안을 실행하는 데 있어 장애가 되는 진로장벽이 무엇인지 확인하고, 진로장벽에 대한 지각이 얼마나 현실성 있는지 평가한 후, 이러한 장벽을 만나게 될 가능성이 어느 정도인지 평가하도록 돕는다.

② 3축 호혜성 인과적 모형
  ㉠ 개인 내의 요인과 환경이 행동에 영향을 끼칠 뿐 아니라, 행동이 또한 정서·인지 등 개인 내 요인과 환경에 다시 영향을 미친다.
  ㉡ 개인적·신체적 속성, 외부환경요인, 외형적 행동의 상보적 인과관계를 수용하여 개인의 진로발달은 개인의 특성과 환경의 단순한 결과물이 아닌 개인의 의지와 인지적 판단이 포함된 끊임없는 상호작용의 결과이다.
  ㉢ 개인은 유전과 환경의 결과물이 아니고 진로발달에 역동적 주체가 된다(개인-행동-상황의 상호작용).

③ 진로발달의 결정요인 19 20 23 기출

자기효능감	목표한 과업을 완성하기 위해 필요한 행동을 계획하고 수행할 수 있는 자신의 능력에 대한 개인의 신념을 말한다.
성과기대 (결과기대) 21 기출	• 특정한 과업을 수행했을 때 자신과 주변에 일어날 일에 대한 평가를 말한다. • 어떤 과업을 수행했을 때 자신 또는 타인에게 일어날 일에 대한 믿음을 의미한다. • 내가 이 일을 하면 어떤 상황이 벌어질까에 대한 예측으로, 이 예측에는 물리적 보상, 사회적 평가, 자신에 대한 평가 등 다양한 측면이 포함된다.
목표	• 단순히 환경이나 경험에 대한 반응자로서의 개인에서 벗어나 자신의 행동을 주체적으로 이끄는 인지적 주체로서의 개인을 추론할 수 있는 개념으로, 특정한 목표를 통해 행동을 실행하고 어떤 성취를 추구하는 것이다. • 이는 어떤 특정한 활동에 열중하거나 미래의 어떤 결과를 이루겠다는 것에 대한 결심이다.
진로장벽	환경변인으로 강조되고 있는 새로운 개념으로, 개인의 내면세계는 가족, 친구, 경제적 상황과 같은 가까운 환경에 둘러싸여 있는 근접 맥락과 제도화된 인종차별, 거시적 경제조건과 같은 큰 사회적 맥락으로 둘러싸여 있는 배경 맥락으로 구성된다.

④ 진로행동모형 18 23 기출

㉠ 흥미모형 14 15 16 기출

자기효능감과 결과기대는 함께 흥미를 예언하고, 흥미는 목표를 예언하고, 목표는 활동의 선택 및 실행을 가져오고, 이후 수행결과가 나타난다는 모형이다.

가정 1	어느 시기의 개인의 직업적 흥미나 학업적 흥미는 그 시점의 자기효능감과 결과기대를 반영한다.
가정 2	개인의 직업적 흥미는 또한 그 직업과 관련된 능력을 얼마나 가지고 있는가에 영향을 받지만, 이 둘의 관계는 자기효능감에 의해 매개된다.

[사회인지 진로이론에서의 흥미모형]

㉡ 선택모형 14 15 16 23 기출

학습경험에 의해 영향을 받은 자기효능감과 결과기대에 따라 예측된 여러 가지 진로 관련 흥미들 가운데 주된 하나의 목표를 선택하여 표현하고, 선택한 것을 실현하기 위한 활동을 선택하고 성취를 이루어 내는 것으로 나눈 후, 이것이 다시 피드백되면서 미래 진로 행동을 형성해 간다는 모형이다.

가정 3	자기효능감은 선택할 목표와 활동에 직접적으로도 영향을 미치고 간접적으로도 영향을 미친다.
가정 4	결과기대는 선택할 목표와 활동에 직접적으로도 영향을 미치고 간접적으로도 영향을 미친다.
가정 5	사람들은 자신에게 가장 흥미로운 영역의 직업이나 학문 영역에 들어가고 싶어 할 것이다(즉, 그 영역에서 목표를 선택한다).

가정 6	사람들은 만약 목표를 정하고, 목표를 명확한 용어로 말하고, 실제 진입할 수 있는 지점에 근접한 다면, 자신이 선택한 목표와 일치하는 영역의 직업이나 학문 영역에 들어가려고 시도할 것이다.
가정 7	흥미는 목표를 선택하는 것에 영향을 미치는 것을 통해 진입 행동에 간접적으로 영향을 미친다.

[사회인지 진로이론에서의 선택모형]

ⓒ 수행모형 14 15 23 기출

과거의 수행이 미래 행동의 결과에 대한 기대와 자기효능감에 영향을 미치고, 개인이 이미 선택한 영역에서 추구하는 수행의 수준을 예측하는 모형이다.

가정 8	자기효능감은 수행목표를 통해 진로와 학업 수행에 직·간접적으로 모두 영향을 미친다.
가정 9	능력(또는 적성)은 자기효능감을 통해 진로와 학업 수행에 직·간접적으로 모두 영향을 미친다.

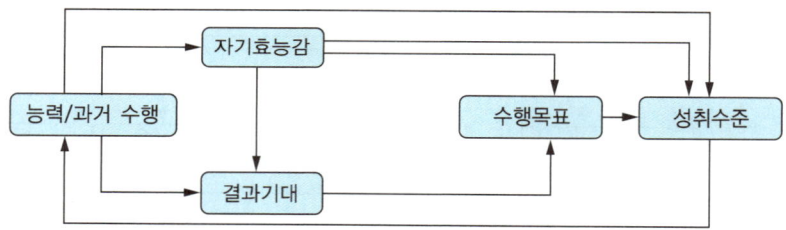

[사회인지 진로이론에서의 수행모형]

⑤ 여성을 위한 진로상담
  ㉠ 평가도구
    • 자신의 상담철학에 대한 평가 : 상담자는 자신의 상담에 대한 철학과 방향에 대한 지속적인 탐색을 한다.
    • 성별 맥락의 환경적 평가 : 내담자 각자가 영향을 받은 수준을 평가한다.
    • 직장의 성별 맥락의 환경적 평가 : 상담자는 내담자가 작업환경을 스스로 분석할 수 있도록 도와주어야 한다.
  ㉡ 기 법
    • 지식을 제공함으로써 확실한 진로결정을 유도해야 한다.
    • 여성에게 전통적인 성역할에 따른 직업을 선택할 경우 나타나는 득과 실에 대하여 알려야 한다.
    • 이론에 기초한 다양한 자기효능감 전략들을 제시하여, 내담자에게 성별에 기초한 자기효능감을 어떻게 바꿀 수 있는지를 가르쳐야 한다.

- 상담자는 내담자가 스스로 여성임을 가치 있게 여기도록 도와야 하는데, 이때 이해와 관계지향적인 여성의 특성을 강한 장점으로 평가하는 것이 상담자에게 필요하다.

ⓒ 성적 맥락에 따른 구체적 결과

수학 기피	• 여성의 궁극적인 진로 획득을 가장 황폐하게 만드는 요인이다. 수학 및 과학에서 자신의 능력에 대한 믿음이 있는 여성일지라도 교사를 포함하여 다른 영향력 있는 사람들이 여성의 능력을 알지 못한 것으로 인해 계속적으로 수학 분야의 진로를 추구하는 것에 악영향을 끼친다. • 수학과 관련된 직업 부문에 개입을 하지 않을 경우, 여성은 잠재적으로 가치 있는 진로에 대하여 선택할 기회를 지속적으로 놓치게 된다.
성공에 대한 낮은 기대감	• 매틀린(Matlin) : 대학교에 재학 중인 여성들을 대상으로 조사했을 때, 대학에서 시험 볼 경우의 결과 또는 성취수준 등에 대하여 갖게 되는 기대감이 낮은 것으로 나타났다. • 성인이 된 여성의 경우에도 계속적으로 자신의 삶에서 성취도에 대한 기대감이 낮은 것으로 나타났다. • 여성이 지속적으로 자신의 능력에 대하여 과소평가할 경우, 전체적인 진로발달에 악영향을 끼친다.
비전통적 진로에 대한 낮은 자기효능감	• 브룩스(Brocks)의 기대-유인가 모델 - 한 여성이 스스로 비전통적인 진로분야에서 성공에 대한 능력이 있다고 믿어도, 긍정적이거나 매력적인 진로가 아닐 경우 여성은 그 진로를 추구하지 않게 된다. - 반대로 여성이 느끼기에 긍정적이거나 매력적인 진로일지라도 성공에 대한 능력을 믿지 않을 경우 여성은 그 진로를 추구하지 않게 된다. - 즉, 기대와 유인가 둘 다 긍정적이어야 여성은 비전통적인 직업을 선택할 수 있다. • 베츠(Betz)와 에클스(Eccles) : 젊은 여성이 비전통적인 분야에서 자기효능감을 형성할 수 있도록 도와주는 중요한 효과로써 역할모델을 제시하였다.
관계적 초점	• 라이언스(Lyons) : 여성은 타인의 필요를 보는 민감성을 강조함으로써, 타인과의 동일시 및 감정이입적인 반응 등 관계를 갖는 방법을 중요시한다. • 길리건(Gilligan) : 남성은 발달측면에서 독립적인 역할을 강조하는데, 자신을 명확히 하며 자신에게 힘을 줄 수 있도록 한다. • 진로의사결정에 있어서 남성은 여성보다 독립적이며, 여성은 남성보다 관계적인 면을 더 중요시한다.
역할갈등	• 여성은 가정 일과 더불어 전일제 직장에서의 일을 모두 감당함으로써 엄청난 부담감을 느낀다. • 블루스타인(Blustein)과 슈와르츠(Schwartz) : 가정과 직장에서의 역할갈등을 조사한 결과, 이성애자 커플보다 여성동성애자(Lesbian) 커플이 가정 일을 더 동등하게 나누어서 하고 있다.

⑥ 진로상담전략 16 19 21 24 기출

ⓐ 자기효능감 점검 및 강화
- 낮은 자기효능감과 잘못된 결과기대를 현실적으로 수정하도록 한다.
- 내담자의 잘못된 자기효능감을 스스로 변화시킬 수 있도록 돕는 전략으로 새로운 경험을 하게 한다.
- 과거의 경험을 재해석하거나, *재귀인에 도움이 되는 구체적 자료를 수집하거나 제시하는 방법을 활용한다.
- 과거의 성공경험과 미래 수행목표에 대한 내담자의 인식을 수정하도록 한다.

✓ **재귀인**
사건의 대안적인 원인을 고려함으로써 자동적 사고와 가정을 검증하는 것이다.

ⓑ 결과기대에 대한 신념
- 내담자가 잘못된 진로결정을 하게 만들 수 있는 결과에 대한 비현실적인 기대를 확인하도록 돕는다.

- 내담자가 직접 경험, 사회적 인식, 매스컴 등의 다양한 진로 관련 행동을 통해 결과기대에 대한 신념을 얻도록 한다.
- 내담자의 결과기대를 참고하여 특정 진로에 대한 성과를 예측하고, 성과 예측 결과를 진로선택에 반영하도록 돕는다.

ⓒ 진로장벽 지각의 탐색 및 제거
- 진로대안을 실행하는 데 있어 장애가 되는 진로장벽이 무엇인지 확인한다.
- 진로장벽에 대한 지각이 얼마나 현실성 있는지 평가한 후, 이러한 장벽을 만나게 될 가능성이 어느 정도인지 평가하도록 돕는다.

ⓔ 제외된 진로대안의 확인
- 내담자가 고려 대상에서 제외했던 진로를 탐색하고, 고려할 수 있는 가능성들을 확장하는 것에 초점을 둔다.
- 표준화검사의 결과와 변형된 직업카드 분류법을 활용한다.

ⓜ 환경적 영향의 검토
- 내담자의 환경적 요인과 이에 대한 인식 정도가 진로 준비행동에 어떤 영향을 미치고 있는지 탐색한다.
- 환경적 요인에 의해 내담자가 제한된 학습경험을 하였는지 확인하고 제한된 학습경험 중 현 시점에서 보완 가능한 것이 있는 지 검토한다.

(5) 사비카스(M. Savickas)의 구성주의 진로이론(Career Construction Theory) 15 16 18 22 기출

① 개 념
ⓐ 수퍼(Super)의 초기 진로발달이론에서 출발했으며, 이를 현대적으로 확장하여 사비카스(M. Savickas)에 의해 제시되었다. 진로구성이론이라고도 한다.
ⓑ 개인은 진로와 관련된 행동에 의미를 부여하며 스스로 진로를 구성한다고 주장하며, 개인이 구성한 진로는 행동을 실행하게 하는 동기로 작용한다고 하였다.
ⓒ 이러한 이론의 속성은 16가지 가정을 토대로 구체적으로 표현된다.
ⓓ 내담자는 진로에 관해 자신만의 이야기(Narrative)를 지어내는데, 이 속에서 내담자의 직업적 성격, 진로적응도, 생애주제와 발달과업 등을 찾아갈 수 있도록 돕는다.

② 구성주의 이론의 요인
ⓐ 직업적 성격 19 21 기출
- 진로와 관련된 각 개인의 능력, 욕구, 가치, 흥미 등을 의미한다.
- 모든 사람에게는 각각의 독특한 특성이 있으며, 이는 성격 유형과 관련되어 개인의 성격 유형이 직업의 특성과 연결될 수 있다고 생각한다.
- 단 능력, 성격, 자아개념 등 직업관련 특성은 개인차가 있다.

ⓑ 진로적응도 19 20 23 기출
- 특정한 일에 자신을 맞추어 나가는 과정에서 동원되는 개인의 태도, 능력, 행동 등을 말한다.
- 사비카스는 진로적응도를 직업 발달과업, 진로 등과 관련한 고충에 대처하는 준비도로 정의하였으며, 사회적 역할과 직업 환경에 대처하여 직업 행동을 조절하는 자기조절전략이라고 하였다.

- 진로적응도의 하위 차원(4C) 22 기출

  사비카스는 진로적응도가 발휘되는 장면에 필요한 자원과 전략을 네 가지 차원으로 구분하였다.

개입질문	진로문제	적응차원	역량	대처행동	개입
미래가 있는가?	무관심	(미래 직업에 대한) 관심(Concern)	계획하기	• 알아차리는 • 관여하는 • 준비하는	방향성을 잡는 활동
누가 나의 미래의 주인인가?	미결정	(미래에 대한) 통제(Control)	결정하기	• 주장적인 • 훈련받은 • 의도적인	의사결정 연습
미래에 대해 원하는 것이 무엇인가?	비현실성	(직업 환경이 자신에게 맞는지에 대한) 호기심(Curiosity)	탐색하기	• 실험적인 • 위험을 감수하는 • 질문하는	정보탐색 활동
할 수 있을까?	억제	(미래의 장벽을 이겨낼 수 있다는) 자신감(Confidence)	문제해결	• 지속하는 • 노력하는 • 근면한	자기존중감 향상

  ⓒ 생애주제
  - 수퍼가 이야기한 자기개념으로, 자신의 일이나 생애 역할에 의미를 부여하게 하는 원동력이다.
  - 생애주제는 직업선택을 통해 자아개념을 구체화하고 일을 통해 자신을 드러내는 진로 관련 행동의 이유가 되므로, 사비카스는 개인의 생애주제를 담은 개인의 진로 관련 경험담을 듣는 것이 중요하다고 강조하였다.

③ 구성주의 진로상담 과정과 기법 21 24 기출
  ㉠ '구성 – 해체 – 재구성 – 협력구성'의 내러티브 방식을 기본으로 한다.
  ㉡ 개인의 생활이나 정체성을 변화하기 위해서는 개인의 스토리를 변화해야 한다. 구성주의 진로상담에서는 이렇게 개인의 스토리를 변화하기 위해 내러티브 방식을 기본으로 한다.
  ㉢ 진로상담과정에서 진로양식면접을 주로 사용하고, 표준화된 검사실시와 결과의 해석을 최소화한다.
  ㉣ '문제 확인 – 주관적 정체성 탐색 – 관점확대 – 문제 재정의 – 정체성 실현을 위한 행동정의 – 추수지도' 단계로 이루어진다.

④ 사비카스(M. Savickas)의 진로양식면접(Career Style Interview) 19 20 24 기출
  ㉠ '진로양식면접(Career Style Interview)'은 직업적 성격, 진로적응도, 생애주제의 영역에서 내담자의 삶의 주제 즉, 진로이야기를 이끌어내는 방법으로 활용된다.
  ㉡ 상담자는 진로양식면접을 진행할 때 내담자가 진로 경험을 회상하게 하여 자신의 어린 시절부터 나타난 삶의 주제를 찾게 하면서 생애초상화(Life Portrait)를 그리게 한다.
  ㉢ 생애초상화를 통해 삶의 과정에 나타난 열정을 발견하게 하고 현재의 열정과 일치 혹은 불일치를 통찰하게 하여 변화를 결심하게 하고 진로를 선택할 수 있도록 돕는다.
  ㉣ 진로유형면접 자료를 근거로 내담자의 생애주제(Life Themes)를 이끌어 낸다.
  ㉤ 개인이 환경의 영향을 받기도 하지만, 개인도 환경을 만들어가는 발달의 주체임을 강조한다.

지식 IN

진로양식면접(Career Style Interview)에서 사용하는 질문 24 기출

영 역	질 문
준비도	○○씨의 진로를 만들어가는 데 있어 저와 만나는 시간을 어떻게 활용할 수 있을까요?
역할모델	• 자라면서 가장 존경했던 사람은 누구인가요? • 어떤 사람의 삶을 따라 살고 싶은가요?
잡지/TV프로그램	• 정기적으로 구독하는 잡지가 있나요? • 그 잡지의 어떤 점이 좋은가요? • 좋아하는 TV 프로그램은 무엇인가요? 그 이유는?
책/영화	좋아하는 책이나 영화는 무엇인가요? 그 이유는?
여가와 취미	• 여가 시간을 어떻게 보내고 싶은가요? • 취미는 무엇이고 어떤 점이 좋은가요?
명언	• 좋아하는 명언이나 좌우명이 있나요? • 기억하고 있는 명언이 있으면 이야기해 주세요.
교과목	• 중학교 때와 고등학교 때 좋아한 과목은 무엇이었나요? 그 이유는? • 중학교 때와 고등학교 때 싫어한 과목은 무엇이었나요? 그 이유는?
생애 초기기억	• 가장 어릴 적 기억은 무엇인가요? • 3~6세 시기에 ○○씨에게 일어났던 일 중 기억에 남는 일 세 가지는 무엇인가요?

⑤ 평 가
   ㉠ 현대사회는 급속한 변화의 시기로 직업적 환경 역시 빠르게 변화하는 추세이며, 진로이론 또한 유연성, 적응성, 평생학습을 강조하게 되었다.
   ㉡ 개인과 환경의 특성을 연계하는 전통이론에서 벗어나 급속하게 변화하는 현대환경에 적응하기 위한 능동적인 태도를 강조하는 진로이론이다.
   ㉢ 구성주의 진로상담의 개입 기법이 아직 충분하지 않고, 실제 기법을 활용한 연구가 아직 부족한 편이다.

(6) 진로무질서이론(CTC ; Career Theory of Chaos) 24 기출
   ① 우리가 사는 세상은 불규칙하며 질서를 찾기 힘들고, 체제 안에서 요소들이 상호작용하며 복잡하게 뒤엉켜 있기 때문에 이를 단순히 설명할 수 없다는 전제조건에서 출발한다.
   ② 진로무질서이론을 정립한 피터 프라이어(Peter Pryor)나 짐 브라이트(Jim Bright)는 전통적인 진로이론이 체제의 복잡성, 변화 가능성, 우연적 영향의 중요성, 인간의 의미 구성 가능성 등을 간과하고 있다고 지적한다.
   ③ 현실은 닫힌 체제가 아닌 열린 체제라는 점을 고려할 때 기존 이론은 체제의 복잡성, 변화의 가능성, 우연적 영향의 중요성, 인간의 의미 구성 가능성 등을 간과하고 있다고 지적한다.
   ④ 체제의 기능을 유인(Attractors)으로 묘사한다. 이때 유인은 체제의 피드백 메커니즘, 목표 상태, 경계, 평형과 불평형 간의 조화와 같이 체제를 특징 짓는 일종의 궤적이다.

⑤ 진로 측면에서 유인(Attractors)의 특징 4가지
  ㉠ 목표 유인(Point Attractor) : 특정한 목표나 상태를 지향하는 유인으로, 개인은 이 목표에 도달하기 위해 노력하며, 그 과정에서 행동과 결정을 집중한다.
  ㉡ 진동 유인(Pendulum Attractor) : 특성을 가진 유인으로, 개인이 특정한 목표를 설정하고 그 목표를 향해 지속적으로 왔다 갔다 하는 패턴을 나타낸다. 이는 개인이 목표를 달성하기 위해 다양한 접근 방식을 시도하고, 그 과정에서 변화를 경험하는 것을 의미한다.
  ㉢ 패턴 유인(Torus Attractor) : 주기적이고 반복적인 패턴을 형성하는 유인으로, 개인이 진로 선택이나 경로에서 일정한 리듬이나 주기를 가지며, 이를 통해 안정성을 추구하는 경향을 보여준다.
  ㉣ 우연 유인(Stranger Attractor) : 예측할 수 없는 변화와 복잡성을 내포한 유인으로, 개인의 진로 결정 과정에서 우연한 사건이나 외부 요인들이 예기치 않게 영향을 미치며, 이는 종종 복잡한 결과를 초래한다.

08 특수영역(진학, 직업, 능력, 다문화 등) 진로상담이론

※ '필수 1과목 청소년상담의 이론과 실제' 중 'CHAPER 02 청소년상담 이론'과 내용상 유사하므로 자세한 내용은 'CHAPER 02 청소년상담 이론'을 참고하여 학습하시길 바랍니다.

(1) 정신분석적 상담이론

① 지그문트 프로이트(Sigmund Freud)에 의해 창시된 정신분석학은 정신의학과 심리학의 발전에 지대한 공헌을 하였다. 정신분석학은 1880년대부터 프로이트에 의해 체계화되기 시작하여 1910년 이후 후계자에 의해 수정·보완되었다.
② 정신분석학에서는 인간을 비합리적이고, 결정론적인 존재로 가정하여 인간의 행동이 기본적인 생물학적인 충동과 본능을 만족시키는 욕망에서 동기화된다고 본다.
③ 정신분석학은 성격발달에 대한 이론이자 인간본성에 관한 철학이며, 심리치료의 한 방법이다.
④ 정신분석학은 어린 시절의 경험과 무의식을 강조하며, 인간의 적응을 방해하는 요소를 무의식 속에서 동기로 작용하고 있는 억압된 충동으로 보고 있다.
⑤ 정신분석적 상담이론은 억압되어 있는 감정이나 충동들을 자유롭게 표현할 수 있도록 도움으로써, 문제되는 무의식의 내용을 의식수준으로 끌어올려 각성시키고자 한다.
⑥ 보딘(Bordin)의 직업상담과정

1단계 탐색과 계약설정	상담자는 내담자가 자신의 정신역동적 상태를 탐색할 수 있도록 돕고, 앞으로의 상담전략을 합의한다.
2단계 핵심결정	내담자는 자신의 성격적 제한을 그대로 받아들임으로써, 자신의 목표를 유지할 것인지 아니면 자신의 목표를 보다 폭넓게 확대할 것인지 고민하며 결정한다.
3단계 변화를 위한 노력	내담자의 성격, 특히 욕구 및 흥미 등 더 많은 변화를 필요로 하는 부분에 대하여 상담자와 내담자는 지속적인 변화를 모색하며, 이를 통해 내담자에게 자아를 각성시킬 뿐만 아니라 이해를 촉진시키기 위한 노력을 한다.

⑦ 직업상담기법
  ㉠ 명료화 : 내담자의 진로문제에 대해서 명료하게 재인식시켜 주는 것으로, 상담의 시작단계에서 가장 많이 사용한다.
  ㉡ 비교 : 개인과 진로발달의 관계를 설명하는 데 중점을 두고 있으며, 내담자의 문제와 역동적인 현상 간의 유사점과 차이점을 비교하는 방법이다.
  ㉢ 소망·방어체계에 대한 해석 : 내담자의 욕구나 소망, 그리고 그것에 대한 방어체계를 해석해 주는 방법이다.
⑧ 내담자의 문제영역 18 기출

의존성	다른 사람에게 지나치게 의존하거나 자신들의 욕구중재를 다른 사람에게 의존하려 한다. 또한 자신의 진로문제를 해결하고 책임지는 것을 어렵다고 느끼며, 내담자는 의존적인 갈등 때문에 문제해결이나 의사결정을 위해 적극적인 노력을 하지 못한다.
정보의 부족	의존적인 것처럼 보이지만 실제로는 정보가 부족한 사람들이다. 즉, 적합한 정보를 접할 기회가 없기 때문에 현명한 선택을 하지 못하는 경우이다. 체험 폭의 제한, 체험의 부적절성, 필요한 기술을 습득할 기회의 부족 등도 여기에 포함된다.
자아갈등	둘 혹은 그 이상의 자아개념과 관련된 반응기능 사이의 갈등이다. 진로와 결혼 사이의 역할기대로 갈등을 겪는 여성의 경우를 예로 들 수 있다.
선택에 대한 불안	여러 가지 대안들 가운데 선택을 못하고 불안해한다. 특히, 자신이 하고 싶은 일과 타인이 기대하는 일이 다를 경우 진로선택에서 불안과 갈등을 겪는다.
문제가 없음 (확신의 결여)	내담자가 현실적인 직업선택을 하고도 자신의 선택에 대한 확신의 부족으로 인해 직업상담사를 찾아오는 경우이다. 즉, 선택을 하였으나 확신을 갖지 못하고 타인들로부터 확신을 구한다.

(2) 인간중심 상담이론
① 의 의
  ㉠ 상담의 인간중심적 접근방법은 1940년대 초 미국의 심리학자 로저스(Rogers)에 의해 창안되었다.
  ㉡ 로저스의 인간중심상담에서는 사람들이 자기 자신의 중요한 일들을 스스로 결정하고, 자신의 문제를 스스로 해결할 수 있는 능력을 가지고 있다는 점을 강조한다.
② 특 징
  ㉠ 인간의 삶은 수동적인 과정이 아닌 능동적인 과정이며, 인간은 합목적적·전진적·건설적이고, 현실적인 존재인 동시에 아주 신뢰할 만한 선한 존재이다.
  ㉡ 인간은 누구나 자기 자신을 향상해 나아가려는 자아실현의 동기를 타고났다.
  ㉢ 내담자가 상담자와의 관계에서 일치, 존중, 감정이입적 이해를 경험하여 이를 받아들이면 자기 자신의 문제를 스스로 해결할 수 있다.
  ㉣ 인간은 자아와 현실 간에 불일치가 이루어지거나 자아에 대한 자각이 이상적 자아와 일치하지 않을 경우 부적응이 나타난다고 보며, 상담 및 심리치료의 과정에 대한 일차적 책임을 내담자에게 둔다.
③ 진로상담원리 16 기출
  ㉠ 진로발달을 위한 내담자의 내적 성장을 촉진한다.
  ㉡ 상담자의 태도를 기법보다 더 중요하게 여긴다.
  ㉢ 심리적 진단을 보조적 방법으로 사용한다.

② 상담자는 공감적 이해, 무조건적인 존중과 수용, 진실성과 같은 기본적인 태도를 갖는다.

(3) 행동주의 상담이론
① 의 의
  ㉠ 상담의 행동주의적 접근은 파블로프(Pavlov)의 고전적 조건형성이론에서 출발하여, 헐(Hull)의 학습이론, 스키너(Skinner)의 조작적 조건형성이론으로 이어진다.
  ㉡ 행동주의 상담이론은 정신분석이나 인간중심 상담이론에서와 같은 추정적이거나 가설적인 개념을 배제하고, 관찰 및 측정이 가능한 행동에 초점을 둔다.
② 특 징
  ㉠ 인간의 행동이 자연현상과 마찬가지로 일정한 법칙성을 지니고 있다고 가정한다.
  ㉡ 현재의 모든 행동이 오랜 학습의 과정을 거쳐 이루어진 것으로 보며, 그 행동을 지속하는 환경적인 자극이 있음을 강조한다.
  ㉢ 과거나 미래보다 현재의 구체적인 행동을 강조한다.
③ 상담원리
  상담자가 여러 학습 원리를 사용하여 내담자가 원하는 새로운 행동을 학습하도록 돕는다.

(4) 개인심리 상담이론
① 아들러(Adler)는 프로이트의 생물학적·결정론적인 관점에서 벗어나 사회심리적·비결정론적 관점으로 전환하였다.
② 아들러는 성인의 삶이 초기 6년 동안의 경험에 의해 상당 부분 좌우된다고 보았으나, 프로이트와 같이 과거의 탐색에 몰두하기보다 과거에 대한 개인의 지각과 초기 사상에 대한 해석이 현재에 어떻게 영향을 미치는가에 더 관심을 가졌다.
③ 무의식이 아닌 의식이 성격의 중심이며, 의식에 의한 선택과 책임, 삶의 의미, 성공과 완벽의 욕구를 강조하였다.
④ 인간은 성적 동기보다 사회적 동기에 의해 동기화되며, 인간의 행동은 목적적이고 목표지향적이다.
⑤ 인간은 단지 유전과 환경에 의해 결정되지 않으며, 오히려 환경에 영향을 미치고 환경을 창조하는 능력이 있다.

(5) 형태주의 상담이론
① 현상학 및 실존주의의 영향을 많이 받았으며, 펄스(Perls)에 의해 개발되고 보급되었다.
② 인간생활은 형태의 점진적 형성과 소멸의 과정이며, 그 과정이 적응에 대한 기준이다. 즉, 형태의 형성과 소멸의 과정이 원활하게 진행되는 사람을 건강한 사람으로 본다.
③ 내담자로 하여금 '지금-여기'의 현재 현실에서 자신이 무엇을 어떻게 보고 느끼는지, 무엇이 경험을 방해하는지 *각성(Awareness)하도록 돕는다.
④ 각성은 과거의 기억보다 지금 일어나고 있는 것을 가리킨다. 즉, '지금-여기'의 현실에 무엇이 존재하느냐에 초점을 두는 능력이다.

> **각 성**
> 깨거나 또는 자극에 반응을 보이는 생리적·심리적인 상태를 말한다.

(6) 의사교류분석 상담이론

① 의사교류분석 이론(TA ; Transaction Analysis)은 의사거래분석 이론이라고도 하며, 1950년대 초에 형성된, 인간의 약점이나 결함보다는 인간의 강점에 초점을 두는 이론이다.
② '심리교류(Transaction)'는 두 사람의 자아상태 사이에서 이루어지는 자극과 그에 관련된 반응으로서 의사소통의 단위이다.
③ 의사교류분석 이론의 창시자인 번(Berne)은 초기에 정신과 신체 간의 관계, 특히 인간의 직관에 흥미를 가졌다.
④ 인간은 환경과 경험들에 의해 어린 시절에 이미 중요하게 결정·형성되지만, 현재의 그러한 자신의 행동양식들을 이해할 수 있으며, 더 나아가 그러한 행동들을 새롭게 다시 선택·결정할 수 있는 반결정론적·가변적·자율적인 존재이다.
⑤ 프로이트의 정신분석이론에서 분리되어 자아의 상태를 부모 자아, 어른 자아, 어린이 자아로 나누었으며, 이 자아상태를 관찰 가능한 현상으로 보았다.
⑥ 상담의 주요 목표 : 내담자로 하여금 자율성을 성취하도록 하는 데 있다.

(7) 인지적·정서적 상담이론

① 인지적·정서적 상담이론은 역기능적인 사고가 잘못된 생각 또는 인지체계에 의해 나타나며, 그것이 인간의 행동에 영향을 미친다는 것을 기본전제로 한다.
② 인지이론과 행동주의적 요소가 결합된 개념으로서, 생각하고 정보를 처리하는 과정인 인지과정의 연구로부터 도출된 개념과 함께 행동주의와 사회학습이론으로부터 나온 개념들을 통합 적용한 것이다.
③ 합리적·정서적 행동치료, 인지치료, 현실치료, 인지행동치료 등의 치료기법을 사용하며, 특히 엘리스(Ellis)의 합리적·정서적 행동치료와 벡(Beck)의 인지치료가 대표적이다.
④ 상담치료기법 : ABCDE기법 14 기출
   ㉠ ABCDE기법은 인간이 비합리적인 신념으로 인해 부적응적 정서와 행동에 고착되는 것과 이의 치유과정을 설명하는 이론이다.
   ㉡ 엘리스는 ABCDE모델을 통해 선행사건이 부적절한 정서와 행동 또는 반대로 적절한 정서와 행동으로 나타나는 과정을 제시하였다.

Activating Event (선행사건)	• 개인에게 정서적 혼란을 일으키는 어떤 사건이나 현상 또는 행위를 말한다. • 이러한 선행사건은 내담자의 부정적인 정서를 유발한다.
Belief System (신념체계)	• 어떤 사건이나 현상 또는 행위 등과 같은 환경적 자극에 대해 개인이 가지게 되는 태도 또는 사고방식을 가리킨다. • 신념체계에는 합리적 신념과 비합리적 신념이 있다.
Consequence (결과)	• 선행사건에 접했을 때 합리적 또는 비합리적 태도 내지 사고방식을 가지고 그 사건을 해석함으로써 느끼게 되는 정서적 결과를 말한다. • 비합리적 사고방식을 가진 사람들은 대개의 경우 지나친 불안·원망·비판·죄책감 등과 같은 감정을 느끼게 되고, 정신장애와 질환을 앓기 쉬우며, 방어적 태세를 취하는 경향이 있다.

Dispute (논박)	• 자신이 가지고 있는 비합리적인 신념이나 사고에 대해 도전해보고, 과연 그 생각이 사리에 맞는 것인지를 다시 한번 검토해보도록 상담자가 촉구하는 것을 말한다. • 상담자는 논리적인 원리들을 제시하여 내담자의 그릇된 신념들을 논박함으로써 내담자가 자기패배적인 생각을 바꾸거나 포기하도록 돕는다.
Effect (효과)	• 내담자의 비합리적인 신념을 철저하게 논박함으로써 합리적인 신념으로 대치한 다음에 느끼게 되는 자기 수용적 태도와 긍정적 감정의 결과를 지칭한다. • 논박의 효과에는 이성적으로 생각하게 되는 인지적 효과와 바람직한 정서로 바꾸는 정서적 효과, 바람직한 행동으로 나타나는 행동적 효과 등이 있다.

지식 IN

인지 왜곡 16 기출
그릇된 가정 및 잘못된 개념화로 이어지는 생각의 체계오류이다.

강박적 부담	타인의 평가에 과도한 신경을 쓰고, 완벽주의적인 성향을 보이는 것
점쟁이 예언	충분한 증거 없이 미래를 예견하는 것
독심술	다른 사람의 마음을 자기 생각대로 읽어내는 것
낙인찍기	어떤 사람의 한 가지 행동이나 어떤 상황의 부분적 특징을 토대로 그 사람이나 상황 전체를 단정적인 용어로 표현하는 것
정신적 여과 (선택적 추상)	특정한 부정적 측면에 대하여 강박적으로 집착하고, 상황 전체를 객관적으로 파악하지 못하는 것

(8) 현실주의 상담이론

① 글래서(Glasser)는 현실주의 상담을 통해 내담자들이 스스로의 삶을 더욱 효과적으로 통제할 수 있도록 하며, 결과에 대해 스스로 책임질 것을 강조하였다.
② 인간은 궁극적으로 자기결정적이며, 자신의 삶에 대한 책임과 능력이 있다고 가정한다.
③ 인간은 자유롭고, 자신이나 환경을 통제할 수 있으며, 자신의 목표를 스스로 선택하고자 하는 욕구를 가지고 있다고 본다.
④ 과거나 미래보다 현재에 초점을 두며, 무의식적 행동보다 행동선택에 대한 평가에 초점을 둔다.
⑤ 도덕성을 강조하며, 개인의 효과적인 욕구 충족을 위해 새로운 방법을 교육시키고자 한다.

(9) 대상관계 상담이론

① 대상관계상담은 사람이 태어날 때부터 혼자가 아니며, 다른 대상과의 관계를 통해 삶을 구축한다는 대상관계이론을 토대로 한다.
② 대상관계의 개념은 프로이트(Freud) 사후의 정신분석학자들에 의해 발전하였으며, 이들은 인간이 삶을 통해 맺는 다양한 관계가 곧 대상관계의 발현이라고 주장하였다.
③ 유기체로서의 인간을 소외된 상태로 보지 않으며, 환경과의 상호작용 속에서 파악하고자 한다.
④ 자기 자신에 대한 근본적인 이미지에 해당하는 '자기표상(Self Representation)'과 타인 및 세상에 대한 근본적인 이미지에 해당하는 '대상표상(Object Representation)' 그리고 이들 사이의 '관계(Relation)'에 주목한다.

(10) 실존주의 상담이론

① 상담이론에 있어서 실존주의적인 접근은 기존의 정신분석이론 및 행동주의이론에 반발하여 인본주의 심리학에 기초를 둔다.
② 인간 존재의 불안의 원인을 본질적인 시간의 유한성과 죽음 또는 부존재의 불안에서 기인하는 것으로 보고, 자유의 상황에서 개인의 선택 및 그에 따른 책임을 강조한다.
③ 인간 존재의 참된 의미를 발견하는 것을 근본적인 목적으로 한다.
④ 프랭클(Frankl)은 '의미에 대한 의지(Will to Meaning)'를 강조하며 *의미치료(Logotherapy)를 개발하였다.

> ✅ **의미치료**
> '의미에 대한 의지'가 인간에게 있어 가장 기본적 동기를 부여하는 힘이다.

(11) 포괄적 상담이론

① 포괄적 진로상담은 크라이츠(Crites)에 의해 제시된 이론으로, 특성-요인, 인간중심, 행동주의, 발달적, 정신역동적 직업상담의 장점을 선택하고 단점을 보완하여, 설득력 있고 일관성 있는 체제로 통합시키려는 상담이다.
② 직업상담자들의 상담사례에서 얻어진 경험들을 배경으로 한 이론이다.
③ 포괄적 진로상담에서의 진단은 여러 직업상담이론들의 진단체계를 모두 고려하고 있으므로, 다양한 이론들의 진단체계를 알고 있어야 한다.
④ 상담단계 : 진단의 단계 → 명료화 또는 해석의 단계 → 문제해결
⑤ 검사의 유형
　㉠ 변별적 진단 : 내담자가 지닌 직업의 문제를 가려내기 위한 진단이다.
　㉡ 역동적 진단 : 내담자와의 상호작용을 통해 직업상담자의 주관적 오류를 보완하고 상담을 통해 얻어진 자료로 심리측정자료가 가질 수 있는 통계적 오류를 보완하는 진단이다.
　㉢ 결정적 진단 : 직업선택과 의사결정에서 나타나는 내담자의 문제를 체계적으로 분석하는 진단이다.
⑥ 평 가
　㉠ 여러 직업상담을 포괄적으로 다룸으로써 다양한 문제에 적용할 수 있게 하였다.
　㉡ 직업상담이론들은 포괄적 직업상담을 포함하여 대부분이 진학상담이나 취업상담 등의 분야에는 적합하나, 취업 후 직업적응 문제들까지 깊이 있게 다루지 못한다.

(12) 발달적 상담이론

① 의 의
　㉠ 대표학자로 수퍼(Super), 긴즈버그(Ginzberg), 타이드만(Tiedeman) 등이 있고, 내담자의 생애단계를 통한 진로발달의 측면에 중점을 두는 접근이다. 내담자의 진로발달을 촉진하는 것이 직접적인 목표이다.
　㉡ 내담자의 통찰을 돕고 성공하도록 도우며, 적응해야 할 중요영역에서 능력감을 맛보게 함으로써 삶의 다른 면에 보다 잘 대처하도록 도와서 일반적인 적응력을 증진한다.

② 수퍼(Super)의 발달적 상담에서 진단을 위한 3가지 평가유형

문제의 평가	내담자의 어려움과 진로상담에 대한 기대와 평가
개인의 평가	내담자의 심리적·사회적·신체적 상태에 대한 평가
예언평가	직업적·개인적 평가를 바탕으로 내담자가 성공하고 만족할 수 있는 것에 대한 예언

③ 상담전략
  ㉠ 상담자는 내담자의 진로성숙도를 측정하고 이에 따라 상담전략을 세운다.
  ㉡ 진로상담에서 내담자가 미숙한 경우 : 직업선택을 위한 상담보다는 선택을 위한 준비과정을 발달시키는 상담이 필요하다.
  ㉢ 진로상담에서 내담자가 성숙한 경우 : 내담자가 자신의 상황에 관계되는 정보를 수집·분석하고 자기화하는 것을 포함하며, 장래의 결정을 위해 직접 결론을 이끌어낼 수 있도록 돕는 것을 포함한다.

④ 발달적 진로상담의 단계

문제탐색 및 자아 개념 묘사 → 심층적 탐색 → 자아수용 및 자아통합 → 현실 검증 → 태도와 감정의 탐색과 처리 → 의사결정

⑤ 주요 기법

진로 자서전	내담자가 과거에 어떻게 의사결정을 했는지 알아보기 위해 학과 선택, 아르바이트 경험 등 일상적 결정에 대해 내담자가 자유롭게 기술하는 것이다.
의사결정 일기	내담자가 매일 어떻게 결정을 하는가 하는 현재에 초점이 맞춰져 있으며, 일상적인 자신의 의사결정에 대해 의사결정방식을 작성하는 것이다.

⑥ 내담자를 위한 직업정보 및 지위와 업무, 고용기회 등을 위한 '직업전망 핸드북'과 같은 소책자 등을 개발하였다.

(13) 구성주의 진로이론 15 16 17 18 기출

① 개인의 진로경험에 대한 주관적인 경험과 진로문제는 생애주제와 관련이 있다.
② 내담자는 상담자와 진로양식면접의 이야기를 통해 삶에서 중요하게 생각하는 열정, 삶의 방향성, 동기, 목표 등을 발견하여 진로선택을 하는 데 도움을 받는다.
③ 사비카스는 직업적 성격, 진로적응도, 생애주제 등 3가지 구성요인으로 이론을 구성하였다.
④ 대표적인 학자로 사비카스, 카크런, 한센 등이 있다
⑤ 진로유형면접, 자서전 쓰기, 유언장 쓰기 등의 기법이 있다.

CHAPTER 02 청소년 진로상담의 실제

중요도 ★★★

핵심포인트
진로상담의 원리 및 과정, 진로상담의 기법, 진로심리검사, 진로정보의 활용, 개인 진로상담 과정과 집단 진로상담의 실제, 특수영역 진로상담의 실제, 기타 진로상담에 관한 사항

01 진로상담의 원리 및 과정

(1) 진로상담의 원리
① 진학과 직업 선택에 초점을 맞추어 전개되도록 한다.
② 사람은 각자 지능, 성격, 신체적 구조와 기능, 학습 능력, 흥미, 인생관 등에서 개인차를 보인다. 따라서 개인의 특성을 객관적으로 파악하면서 상담자와 내담자 간의 라포(Rapport) 형성이 이루어지도록 해야 한다.
③ 진로상담은 진로발달이론에 근거하여 상담이 이루어지도록 한다.
④ 개인의 진로결정에 있어서 핵심적인 역할을 하므로 진로의사결정을 돕는 과정이 수반되어야 한다.
⑤ 각종 심리검사의 결과를 기초로 합리적인 결과를 끌어낼 수 있도록 돕는 역할을 해야 한다.
⑥ 직업이 요구하는 조건과 성질은 다르고, 개인의 적응성은 직종에 따라 적합하기도 하고 그렇지 않기도 하다. 즉, 직업 적응성이 다른 것이다.
⑦ 미래 사회는 전문화·세분화·다양화되고 국제화가 빠르게 진행되므로, 변화하는 직업세계를 이해시키고, 진로정보활동을 중심으로 개인과 직업의 연계성을 합리적으로 연결하는 과정과 방법에 초점을 두어야 한다.
⑧ 상담윤리강령에 따라 진행되어야 한다.

(2) 진로상담의 과정
① 진로상담모델의 상담과정(가이스버스, 헤프너, 존스턴) **14 기출**
   ㉠ 상담협력관계 형성
   ㉡ 내담자 정보수집 및 사례
   ㉢ 개념화 이론적 근거에 따른 상담기술의 적용
   ㉣ 평가, 종결 및 추수상담

② 겔라트(Gelatt)의 진로의사를 결정하는 상담과정(의사결정 순환과정)
  ㉠ 진로결정 목표설정
  ㉡ 정보수집
  ㉢ 가능한 대안 열거
  ㉣ 각 대안의 실현 가능한 결과 예측
  ㉤ 결과에 대한 가치 평가
  ㉥ 의사결정
  ㉦ 의사결정 평가
  ㉧ 재투입
③ 채프먼(Chapman)의 진학의사결정 모형 15 기출
  ㉠ 1단계 – 진단 : 학생의 특성(사회경제적 지위, 교육열망 수준, 적성, 각종 심리검사결과 등), 외부영향(의미 있는 타인, 대학교 특징, 대학의 학생과의 소통 노력 등)
  ㉡ 2단계 – 탐색 : 희망하는 대학, 학과의 입학전형 유형
  ㉢ 3단계 – 선택 : 대학 지원의 전략적 의사결정
  ㉣ 4단계 – 지원 : 선택한 대학, 학과에 지원하는 단계
  ㉤ 5단계 – 등록 : 대학의 입학허가 및 입학의사를 밝히는 단계

> **지식 IN**
>
> **진로상담과정 중 내담자의 저항** 17 18 21 23 기출
> - 자신이 바라지 않던 통찰을 하게 되는 것에 대한 두려움을 보인다.
> - 책임지기 두려워 진로의사결정을 미루는 태도를 보인다(가이스버스 등, Gysbers et al.).
> - 상담자와의 권력 차이로 충분히 자신을 드러내지 못하는 것에 대한 두려움을 보인다.
> - 자기보호를 위한 노력으로 저항을 나타낼 수 있다.
> - 상담자의 유능성 또는 상담방법에 대해 비난한다.
> - 반복적으로 상담시간에 연락 없이 오지 않는다.
> - 상담시간에 계속 침묵한다.
> - 저항은 내담자를 이해하고 변화시키는 데 필요한 것이다.
> - 상담자는 내담자의 저항을 자연스러운 반응으로 이해하고 존중해야 한다.
> - ※ 상담자도 진로상담 과정에서 다양한 형태의 저항행동을 보일 수 있다. 캐버너(M. Cavanagh)는 상담자에게 일어날 수 있는 저항으로 상담을 취소하거나 늦게 오기, 공상하거나 졸기, 불가능한 요구사항 설정하기, 내담자에게 일방적으로 말하기 등 10가지를 제시하였다.

02 진로상담의 기법

(1) 목표 수립을 위한 진로상담기법
① 목표설정을 위한 면담 리드(Interview Leads) 기법 21 기출
　㉠ 가이스버스(N. Gysbers)와 무어(E. Moore)가 사용하는 진로상담기법이다.
　㉡ 상담자가 내담자에게 적절한 질문을 하여 내담자의 욕구 등을 표현할 수 있게 한다.
　㉢ 질문의 예시
　　• 당신이 원하는 모습은 어떤 모습이고, 당신은 진로상담의 결과가 무엇이기를 원하십니까?
　　• 진로상담 후 당신이 달성하고자 하는 것은 무엇입니까?
　　• 현재의 상황이 어떻게 달라지기를 원하시고, 진로상담이 종결되었을 경우 어떤 모습이기를 상상하십니까?
② 진로목표 설정의 준거
　㉠ 목표는 가능한 한 구체적으로 표현
　㉡ 목표를 관찰 가능한 방식으로 표현
　㉢ 목표의 달성 지점을 지정
　㉣ 달성 가능한 목표를 설정
　㉤ 실천행동을 계획
③ 우볼딩(R. Wubbolding)의 현실치료 WDEP기법
　㉠ W(Want, 바람의 파악) 질문 : 무엇을 원하고 어떤 직업을 갖기를 원하는가?
　㉡ D(Doing, 현재 행동의 파악) 질문 : 당신은 지금 원하는 직업을 얻기 위해 무엇을 하고, 직업에서 보람을 느꼈을 때는 어떤 행동을 했는가?
　㉢ E(Evaluation, 평가) 질문 : 현재 당신이 직업을 얻기 위해 적절한 행동을 하고, 그런 행동을 계속하면 어디로 갈 것 같은가?
　㉣ P(Plan, 계획) 질문 : 무엇을 언제부터 하면 당신이 원하는 것을 얻게 되고, 지금 바로 실천할 수 있는 것으로 무엇이 있는지 찾아보겠는가?

(2) 내담자 특성 파악을 위한 진로상담기법
① 생애진로사정(LCA ; Life Career Assessment) 15 16 18 19 20 기출
　㉠ 아들러(Adler)의 개인심리학에 기초한 것으로 상담자가 내담자의 체계적인 다양한 정보를 수집하고, 내담자는 자신에 대해 체계적으로 이야기를 해나가며 자신의 경험에 대해 정리하고 자신의 삶의 방식을 알아가는 과정을 말한다.
　㉡ 생애진로사정은 구조화된 면접기법이자 대표적인 질적 측정도구이다.
　㉢ 표준화된 진로사정 도구의 사용이 필수적인 것은 아니며, 짧은 시간 내에 내담자에 대한 체계적인 정보를 수집할 수 있다.
　㉣ 내담자 자신에 대해 구체적으로 알 수 있어 정보를 수집하는 초기단계에서 유용하고, 내담자의 강점을 저해하는 장애를 발견할 수 있다.

ⓜ 비판단적이고 비위협적인 대화 분위기로 전개되므로, 내담자와 긍정적인 관계를 형성하는 데 도움이 된다.
ⓑ 생애진로사정은 진로사정, 일상적인 하루, 강점과 약점, 요약의 4가지 부분으로 구성되어 있으나, 이 형식을 꼭 따라야 하는 것은 아니며, 내담자의 반응에 따라 유연하게 변화시킴으로써 기계적인 답변을 방지하는 것이 좋다.

진로사정 (했던 일, 좋았던 점과 싫었던 점, 교육경험, 여가활동 → 핵심주제) 19 기출	• 경력평가 부분의 직업경험에 관해서는 내담자에게 그동안 했던 일들을 말하게 하고 나서, 그 직업에 대해 가장 좋아했던 것과 가장 싫어했던 것을 말하게 한다. • 교육에 관해서는 내담자 자신이 받은 교육이나 훈련경험에 대한 전반적인 평가를 해보도록 한다. • 여가활동에 관해서는 내담자가 어떻게 여가시간을 보내는지를 묻는데, 이때 언급하는 가치관의 주제들(이념이나 신념, 태도 등)이 앞서 직업과 교육부분에서 내담자가 언급한 것과 일관성이 있는지를 파악하는 것이 중요하다. 또한 일, 사랑, 우정에 대한 접근방식을 평가한다.
일상적인 하루 (의존적/독립적, 계획적/즉흥적)	내담자가 일상생활을 어떻게 조직하는가를 밝히는 것이 주목적으로, 내담자에게 자신의 전형적인 하루를 차근차근 설명하도록 함으로써 수행될 수 있다.
강점과 약점 (강점과 약점 3가지씩 말하기)	• 내담자가 스스로 생각하는 3가지 주요 강점과 주요 약점에 대해서 질문한다. • 이 부분에서는 내담자가 직면하고 있는 문제들, 내담자에게 있을 법한 환경적 장애들, 내담자가 갖고 있는 대처자원 등에 관한 정보를 얻을 수 있다. • 3가지 강점을 말한 후에는 이러한 강점들이 그들에게 어떤 영향을 주는지에 대해서 물어볼 수 있다.
요 약	• 생애진로사정의 마지막 부분이다. • 요약은 면접 동안에 얻은 정보들을 재차 강조하는 것으로 요약을 통해 두드러진 인생경력의 가치관들, 강점과 장애 등을 반복 확인할 수 있다. • 때로는 내담자 스스로 면담과정에서 자신에 관해 처음 알게 된 것을 정리해 보게 하는 것도 좋은데, 이는 자기인식을 증가시킬 수 있기 때문이다. • 요약의 또 다른 목적은 얻은 정보들을 상담자와 내담자가 문제해결을 위해 삼았던 목표와 관련시켜 보는 것으로, 여기에서는 내담자의 긍정적인 측면을 더 발전시킬 수 있다는 것을 보여 줄 수 있고, 약점들을 극복하기 위한 목표달성 계획을 세울 수 있다.

② 진로가계도(Career Genogram) 17 18 19 22 23 24 기출
ⓐ 보웬(Bowen)의 가계도를 응용한 것으로 3세대에 걸친 내담자 가족의 윤곽을 평가하며 진로 상담에서 활용하고 정보수집단계에서 사용한다.
ⓑ 가족상담 또는 가족치료에 기원을 둔 것으로 학생의 직업의식과 직업선택, 직업태도에 대한 가족구성원들의 영향력을 분석하는 대표적인 정성적 평가방법의 하나이다.
ⓒ 직업의 종류와 유형을 발견할 수 있고 가족들과의 관계가 학생이 형성한 진로 인식에 어떠한 영향을 미치는지 등을 탐색할 수 있다.
ⓓ 내담자 가족의 지배적인 직업가치를 확인하고 가족 중 내담자의 진로기대 형성에 중요한 역할을 한 사람이 누구인지를 결정하는 데 도움이 된다.
ⓔ 가족 구성원의 관계를 정해진 기호와 선으로 도표화한 그림으로 남자는 사각형, 여자는 원으로 표현한다. 이를 통해 가족의 외형적 관계뿐만 아니라 심리적 관계까지도 표현할 수 있는 장점이 있다.

③ 직업카드 분류법 16 19 기출
　㉠ 직업카드를 개발하고 이를 분류하는 활동을 통해 직업 흥미를 탐색하는 방법 또는 질적 도구이다.
　㉡ 진로카드 분류 활동을 통해 내담자의 진로주제를 평가한다.
　㉢ 내담자가 능동적으로 직업분류 과정에 참여하도록 하는 강점이 있지만, 표준화된 심리검사는 규준집단이 다를 경우 사용에 제한이 있다.
④ 표준화된 검사 16 기출
　진로상담의 과정과 결과를 증진하고 보다 과학적인 상담에 도움을 준다.

(3) 의사결정 조력을 위한 진로상담기법 18 기출

① 의사결정 유형검사 활용
　㉠ 하렌(Harren)이 개발한 진로의사결정 검사 척도에 포함되어 있는 의사결정 유형검사가 있는데, '예/아니요' 형식의 30문항으로 구성되어 있다.
　㉡ 유형 : 합리적 유형, 직관적 유형, 의존적 유형이 있다.
② 진로자서전 쓰기
　내담자가 과거에 진로와 관련하여 어떻게 의사결정을 했는지 알아보기 위해 학교 선택, 고등학교 졸업 후의 직업훈련, 시간제 일을 통한 경험, 고등학교에서 배운 지식과 기술들, 중요한 타인들 등에 대해 내담자 스스로 기술하게 하는 것을 말한다.
③ 주관적 기대효용 활용
　진로를 선택하는 데 있어서 개인은 다른 사람이나 사회가 아닌, 자신의 행복이나 즐거움, 만족에 대한 감정을 충족시키는 것을 기준으로 선택을 한다는 것이다.
④ 근거 없는 믿음 확인하기 14 기출
　㉠ 엘리스(Ellis)의 현실치료 ABCDE모델을 활용한 것으로, 진로와 관련된 근거 없는 믿음에 대해 합리적으로 생각하게 하는 것을 말한다.
　㉡ 이러한 방법은 내담자의 특성을 파악하는 효과도 있고, 근거 없는 믿음을 확인하고 받아들임으로써 합리적인 결정을 내릴 수 있도록 돕는다.
⑤ 은유로 저항감 다루기
　상담자가 내담자에게 잠재적인 책임감을 갖게 하는 위협 등을 식별하고 인식하여, 은유를 사용하여 내담자의 저항을 줄이고 의사결정을 돕는 방법을 말한다.
⑥ 유도된 환상 기법(Guided Fantasy Techniques)
　리더가 언어로 지시하면 상상을 통해 체험하는 것으로, 워밍업이나 마무리 기법으로 유용하다.
⑦ 진로 역할극(Career Role Play)
　역할극은 진로에 대한 간접 경험을 제공하고, 진로정보를 흥미 있게 전달할 수 있다.
⑧ 사다리 기법(Laddering Techniques)
　진로선택 구조를 찾는 방법으로 이용되는데 여러 직업 중에서 내가 선호하는 직업구조를 탐색하여 사다리 구조 안에서 나를 나 자체로 느끼는 것과 미리 결정된 것을 따라가면서 좋아지는 것 등을 확인하여 선호하는 직업 구조를 선택하는 것이다.
⑨ 논리적 분석 22 기출
　원하는 결과를 얻기 위하여 표본에서 얻은 자료를 비교 분석하여 해석하는 일을 말한다.

(4) 그 밖의 진로상담기법 15 기출
① 멘토와의 대화를 통한 정보수집
② 흥미와 적성에 대한 평가
③ 동영상을 활용한 면접연습
④ 역할연습을 통한 대인관계 기술훈련 등

03 진로심리검사 22 기출

(1) 심리검사의 기초 18 19 기출
① 심리검사는 특정한 개인의 행동을 알아보기 위하여 이미 알려져 있는 특성들에 대해 잘 알려진 측정도구를 적용하여 통제적으로 관찰하는 과정이다.
② 올바른 진로상담을 위해서는 성격, 신념, 적성, 흥미, 가치관 등 개인의 여러 가지 심리적 특성을 정확하게 평가하고 이해해야 한다. 상담에서 심리검사는 상담자와 내담자 모두에게 도움이 되는 정보를 제공해 준다.
③ 상담자는 사용하고자 하는 검사의 사용 목적과 검사 선정의 적절성을 검토하고, 타당도와 신뢰도를 확인한다.
④ 상담자는 심리검사를 통해 내담자의 문제를 평가하고 진단하며 개입전략을 수립한다.
⑤ 내담자는 심리검사 결과를 통해 자기 자신을 좀 더 객관적으로 이해하고, 학습이나 진로 문제와 관련하여 합리적인 결정을 내리는 데 도움을 얻는다.

(2) 심리적 특성의 이해와 평가
① 성격의 이해와 평가

NEO 인성검사	• 코스타와 맥크래가 제안한 성격 5요인 이론에 기초하여 빅 파이브(Big-Five) 성격 차원을 평가하기 위해 개발 • 신경과민성(N), 외향성(E), 개방성(O), 신중성(C), 동의성(A)의 5가지 성격요소를 측정
성격유형검사 (MBTI)	• 내향과 외향, 감각과 직관, 사고와 감정, 판단과 인식의 4차원을 중심으로 개인에게 우세한 특성을 조합하여 16가지의 성격유형 제시 • 검사의 결과는 16가지 유형에 대한 강점, 약점, 능력, 욕구, 가치, 흥미, 직업적 특성과 같은 성격특성 기술

② 진로발달 수준의 이해와 평가 14 18 20 기출

진로발달검사 (CDI ; Career Development Inventory)	• 수퍼의 진로발달 모형에 기초해서 적합한 교육 및 직업 선택에 대한 학생들의 준비도를 측정하기 위해 제작 • 진로계획, 진로탐색, 의사결정, 일의 세계에 대한 지식, 선호하는 직업에 대한 지식 등으로 구성

진로성숙도검사
(CMI ; Career Maturity Inventory)
19 21 기출
	• 크라이츠(Crites)의 진로발달 모형에 기초해서 초등학교 6학년~고등학교 3학년 학생을 대상으로 진로의사결정에 대한 태도와 능력, 행동 등을 양적으로 측정하기 위해 제작
	• 진로계획 태도와 진로계획 능력을 측정하기 위한 척도로 구성
	  – 진로계획 태도척도 : 결정성, 참여도, 독립성, 성향, 타협성 측정
	  – 진로계획 능력척도 : 자기 평가, 직업정보, 목표선정, 계획, 문제해결 측정
	• 한국교육개발원에서 개발한 한국형 진로성숙도 검사는 태도, 능력, 행동 3가지 측면 측정

진로결정 수준을 측정하기 위한 검사	• 진로결정척도(CDS ; Career Decision Scale) : 오시포(Ospiow)가 개발한 것으로, 진로선택 과정에 있는 고등학생과 대학생을 대상으로 진로미결정의 선행조건을 측정하기 위해 개발, 확신척도와 미결정척도로 구성 • 진로상황검사(MVS ; My Vocational Situation) : 고등학생과 대학생을 대상으로 진로미결정에 기여하는 문제의 성격을 확인하기 위해 개발 • 진로의사결정평가(진로의사결정수준검사, ACDM ; Assessment of Career Decision Making) : 하렌의 진로의사결정 모형에 기초해서 고등학생과 대학생을 대상으로 진로의사결정 유형과 진로발달과업을 해결해 나가는 과정을 측정하기 위해 개발한 것으로, 합리적·직관적·의존적 유형 측정

(3) 진로상담 영역별 진로심리검사

① 진학상담을 위한 진로심리검사

진로탐색검사	• 한국가이던스에서 출간한 진로탐색검사는 한국 중·고등학교 학생의 낮은 진로 성숙도, 진로교육 기회의 결여, 문화적 차이 등을 고려하여 홀랜드와 동료들이 개발한 진로탐색검사와 거의 동일한 과정을 거쳐 재구성 • 학지사 심리검사연구소에서 출간한 진로탐색검사는 미국 ACT검사의 일부인 직업흥미검사를 기초로, 우리나라 중·고등학생들의 사회문화적 차이를 반영하여 재표준화하여 중·고등학생의 직업적 흥미, 적성, 성격 등을 파악하여 진로선택에 도움을 주고자 함
대학수학능력시험	1993년 8월부터 한국교육과정평가원에서 대학교육에 필요한 수학능력을 측정하여 학생 선발의 공정성과 객관성을 높이는 것을 목표로 시행

② 직업상담을 위한 진로심리검사 14 16 20 기출

구직욕구 검사	만 18세 이상의 구직자를 대상으로 구직자의 취업에 대한 열망을 객관적으로 평가하고, 경제적 어려움, 구직활동의 적극성, 일자리 수용 자세의 3개 하위척도 포함
직업선호도 검사	만 18세 이상의 성인을 대상으로 실시하는 종합적인 직업심리검사로 흥미검사, 성격검사, 생활사검사의 3개 하위검사로 구성
직업적성검사	• 만 18세 이상의 모든 성인과 청소년(중고생)을 대상으로 다양한 직업 분야에서 자신이 맡은 직무를 성공적으로 수행하기 위하여 요구되는 중요한 적성요인을 측정하기 위해 개발 • 능력형 적성검사의 한계를 보완 • 신체·운동능력, 손재능, 공간지각력, 음악능력, 창의력, 언어능력, 수리·논리력, 자기성찰능력, 대인관계능력, 자연 친화력, 예술시각능력, 자기관리능력 등의 측정이 가능하도록 다중지능이론에 근거 • 한국직업능력개발원에서 개발한 자기보고식 검사(직업과 관련된 다양한 능력을 어느 정도 가지고 있는가를 스스로 평가하는 방식) • 검사결과를 각 적성 영역별 능력 정도를 나타내는 프로파일로 제공, 그 중 상대적으로 높은 능력을 보이는 2~3개 적성영역이 제시되고 관련 직업 추천, 각 직업군별 능력보유 정도가 5등급 중 하나로 제시

③ 직업적응 및 진로변경 상담을 위한 진로심리검사 14 기출

구직효율성 검사	• 만 18세 이상의 실직자나 구직을 원하는 성인을 대상으로 구직활동에 영향을 미치는 개인의 심리적 특성을 측정하여 장기 실업의 위험을 예측하고 동시에 효과적인 구직활동을 지원하는 데 유용한 정보를 제공하기 위한 검사 • 실직충격적응도검사, 구직취약성적응도검사, 구직동기검사, 구직기술검사 등을 측정하는 하위검사로 구성
직업전환 검사	• 현재 직업에 적응하는 데 어려움을 느끼는 직장인, 재취업을 희망하는 실직자, 자신의 전공과 다른 직업을 구하는 대학생 등 만 18세 이상의 성인을 대상 • 직업적응과 관련된 개인의 성격적 특성을 측정하여 성격 특성에 가장 합치하는 직업군을 확인하는 데 유용한 정보를 제공하기 위한 검사
창업진단 검사	• 창업을 희망하는 실직자를 주 대상으로 창업에 대한 소질 여부를 평가하고 성공 가능한 최적의 업종을 탐색하기 위해 개발된 검사 • 검사결과는 창업 희망자의 사업가 적성 여부를 진단하고 어떤 업종을 창업하는 것이 적합한지를 판정

④ 진로심리검사 활용 및 해석 시 유의점 16 19 20 21 기출
  ㉠ 신뢰도와 타당도가 갖추어진 검사를 선택한다.
  ㉡ 한 번에 너무 많이 검사하려고 하지 않는 것이 좋다.
  ㉢ 검사를 선택할 때 검사지명보다는 검사문항 등 검사의 실용성을 고려하여 선택한다.
  ㉣ 내담자가 추구하는 목적을 고려하고, 검사에 대한 내담자의 반응을 점검한다.
  ㉤ 검사결과는 이해를 위한 수단일 뿐이므로 검사결과를 확실하게 규정짓지 말아야 한다.
  ㉥ 검사결과로 나타난 강점 및 약점이 모두 객관적으로 검토되어야 한다.
  ㉦ 검사결과를 내담자가 이용 가능한 다른 정보와 관련지어 논의하고, 통합적인 관점에서 해석한다.
  ㉧ 내담자가 검사결과를 잘 이해하도록 안내하고 격려해야 하므로 전문적인 용어가 아닌 내담자가 이해할 수 있는 쉬운 용어를 사용해야 한다.

⑤ 심리검사를 활용한 진로상담에서 내담자와의 작업동맹 전략 24 기출
  ㉠ 내담자가 기대하는 것이 무엇인가와 같은 질문을 통해 촉진적 관계를 형성한다.
  ㉡ 내담자의 비합리적인 진로기대 및 진로신념 등을 살펴보면서 내담자의 관점을 수용한다.
  ㉢ 내담자가 가장 중시하는 욕구가 무엇인가를 통해서 내담자의 생활양식을 확인한다.
  ㉣ 내담자에게 특정한 일을 좋아하는 이유 등을 질문하면서 내담자의 문제를 구체화한다.

> **지식 IN**
> **작업동맹(Working Alliance)**
> 상담과정에서 상담자와 내담자가 내담자의 문제 해결이나 증상 개선이라는 목적을 위해 현실적으로 협력하고 함께 작업하는 과정을 의미한다. 상담자는 진로 관련 정보와 검사도구의 종류 및 사용 방법에 대한 충분한 설명을 통해 내담자가 자신의 선택에 대해 잘 이해하도록 도와야 한다.

지식 IN

청소년 진로상담에서 사용하는 심리검사 17 기출

학자	심리검사	내용
수퍼	CDI(Career Development Inventory)	진로발달수준 측정
피터슨, 샘슨	CTI(Career Thoughts Inventory)	진로문제 해결과 진로의사결정에서의 역기능적 사고 측정
홀랜드 21 기출	SDS(Self-Directed Search)	직업적 성격특성 측정
다우스, 롭퀴스트	MIQ(Minnesota Importance Questionnaire) 등	일의 환경에 대한 욕구, 가치관 측정
크라이츠	CMI(Career Maturity Inventory)	진로성숙도검사
기타	CDS(진로결정척도), MVS(진로상황검사), ACDM(진로의사결정평가)	진로결정유형 측정

(4) 흥미의 탐색

① 개요 14 기출
  ⓐ 흥미는 어떤 종류의 활동 또는 사물에 대하여 특별한 관심이나 주의를 가지게 하는 개인의 일반화된 행동경향이다.
  ⓑ 흥미는 성장함에 따라 변화하는데 어릴 때는 흥미가 구체적·수동적·단편적·비항상적이고 미분화된 형태이다.
  ⓒ 점차 성장함에 따라 구체적인 것에서 추상적인 것으로, 수동적인 것에서 능동적인 것으로, 단편적인 것에서 체계적이고 종합적인 것으로, 비항상적인 것에서 항상적인 것으로 그리고 분화되지 못한 것에서 분화된 형태로 변화한다.

② 흥미를 알아보는 방법
  가장 많이 이용되고 있는 방법은 체크리스트나 표준화 검사법이고, 직업카드분류검사도 활용되고 있다. 꿈의 변천사를 통해 흥미의 변화를 탐색하기도 한다.

③ 흥미검사 14 16 18 기출

스트롱 흥미검사 23 기출	• 흥미란 비교적 항상적이며, 특정 직업에 종사하고 있는 사람은 대개 비슷한 흥미를 가지고 있다는 전제로 개발 • 피검자에게 수백 개의 직업적 및 부업적 활동에 관한 질문을 목록으로 만들어 제시한 후, 각 질문에 대한 선호도(좋아함-무관심-싫어함 정도)를 파악하여 특정 직업군에 대한 흥미 형태 결정 • 홀랜드 유형(RIASEC)을 사용하여 결과 제공
쿠더 흥미검사	• 직업지도를 위해 제작 • 피검자에게 직업이나 학교 및 여가 생활에서 행해지는 여러 가지 특정 활동과 관련된 3가지의 가능한 생활 중에서 가장 좋아하는 것과 가장 싫어하는 것을 선택하게 하여 피검자의 흥미 영역을 결정
홀랜드 진로탐색검사 (SDS) 19 기출	• 사람들의 성격유형과 생활환경을 실재형, 탐구형, 예술형, 사회형, 기업형, 관습형의 여섯 가지로 구분하고 개인의 행동은 성격 특성과 환경 특성의 상호작용에 의해 결정된다고 가정 • 홀랜드의 RIASEC 육각형 모형에 기초해서 성격, 유능감, 직업, 활동, 자기평정의 5개 하위 영역에 대한 RIASEC 점수와 전체 RIASEC 요약 점수를 결과로 제시하고, 일관도, 변별도, 긍정응답률, 진로정체감, 검사 전후의 진로코드 및 최종적인 진로코드 분석 검토

(5) 적성의 탐색

① 개 요 16 기출

　㉠ 적성이란 어떤 과제나 임무를 수행하는 데 있어서 개인에게 요구되는 특수한 능력이나 잠재능력을 의미하며, 개인이 가지고 있는 일반 능력인 지능과 구분되는 특수한 능력을 말한다.
　㉡ 개인의 적성을 구성하는 요인으로는 일반적으로 일반적성능력, 언어능력, 수리능력, 공간지각능력, 수공능력, 운동조절능력, 사무지각능력, 형태지각능력 등이 있다.
　㉢ 적성은 타고난 능력이나 소질이라고 알려진 바와 같이 유전적인 성향이 강하지만, 학습경험이나 훈련으로 계발될 수도 있으므로, 다양한 학습경험을 해보는 것이 도움이 된다.
　㉣ 적성을 파악하는 주요 방법으로는 표준화 검사를 활용하는 것과 관찰하는 방법이 있다.

② 적성검사 16 기출

적성분류 검사	• 수리력, 추리력, 공간관계, 언어추리, 기계추리, 사무능력, 언어철자, 언어문장의 8개 하위검사로 구성 • 고등학교에서 학업지도 및 직업지도를 위해 제작한 것이지만, 타당도, 신뢰도가 높아 성인용으로도 사용
일반적성 검사	• 기구대조검사, 형태비교검사, 명칭비교검사, 종선기입검사, 타점속도검사, 표식검사, 평면도판단검사, 입체공간검사, 어휘검사, 산수추리검사, 계수검사의 11개 지필검사와 환치검사, 회전검사, 조립검사, 분해검사의 4개 기구검사로 구성 • 검출되는 적성은 형태지각, 사무지각, 운동조절, 공간판단능력, 언어능력, 산수능력, 손재치, 손가락 재치, 손운동 속도, 학습능력인 일반지능의 10개 요인 • 검사결과는 요인별 표준점수에 의한 프로파일 형식으로 제공되며, 몇 개의 적성요인에 대한 표준점수를 조합하면 개인이 어떤 유형의 직업에 적당한지에 대한 정보를 얻음
특수 적성검사	• 과학, 예능 등 특수 분야의 적성을 측정하기 위한 검사는 감각운동능력검사, 기계적성검사, 사무적성검사, 직업적성검사, 예능적성검사 등으로 분류 • 최근에는 전문 분야에서 특수 직업적성검사가 개발되어 사용 　예 의과대학입학허가검사, 법과대학입학허가검사, 전국교사시험 등

(6) 가치관의 탐색 18 기출

① 개 요 14 기출

　㉠ 개인이 특정 상황에서 선택이나 결정을 내려야 할 때, 어떤 특정한 방향으로 행동하게 하는 원리나 믿음 또는 신념이다. 가치관은 단시간 내에 형성되는 것이 아니라, 어린 시절부터 그가 접하는 환경과 접촉하는 사람들에 의하여 형성되는 것이다.
　㉡ 가치관경매활동은 가치관 명료화에 도움이 되고, 직업가치관은 직업포부, 직무만족에 영향을 미친다. 직업가치관 검사는 진로목표가 불분명한 내담자에게 유용하다.

② 가치관을 알아보는 방법

　가장 많이 쓰이는 방법으로는 표준화 검사법과 가치명료화 프로그램을 통한 측정 방법이 있는데, 우리나라에서 개발된 가치관 검사에는 개인가치관검사, 대인가치관검사, 가치관검사 등이 있다. 직업가치관과 관련된 검사는 고용24(www.work24.go.kr)에서 할 수 있다.

③ 가치관검사

개인가치관 검사	개인의 가치체계를 측정하기 위해 개발된 검사로 지톱스키와 워맨(Zytowsky & Warman)이 개발한 가치관 연구(SV), 수퍼 등(Nevill & Super)이 개발한 가치관 척도(VS), 중요도 검사(SI) 등이 있다.
직업가치관 검사	• 직업과 관련된 가치체계를 측정하기 위해 개발된 검사로 라운즈, 핸리, 다위스, 롭퀴스트와 와이스(Rounds, Hanly, Dawis, Lofquist & Weiss)의 미네소타 중요성질문지(MIQ), 수퍼(Super)가 개발한 직업가치관 검사(WVI) 등이 있다. • MIQ는 다위스와 롭퀴스트(Dawis & Lofquist)의 직업적응이론에 기초하여 개발된 20가지 직업요구와 가치에 대해 개인이 직업을 선택할 때 얼마나 중요하게 생각하는가를 질문하여 성취, 위로, 지위, 이타성, 안전, 자율성의 6개 가치영역으로 분류한다. • WVI는 중학교 1학년부터~고등학교 3학년을 대상으로 진로발달 연구와 진로상담을 위해 개발되었고, 일 자체가 주는 만족감(내재적 가치)이나 일을 통해 얻어지는 어떤 것에 대한 만족감(외재적 가치)을 측정하는 15개의 척도로 구성한다.

지식 !N

1. 내담자 특성 파악을 위한 가치사정법 16 기출
- 최고의 경험 탐색
- 존경하는 타인 말하기
- 과거 선택 회상
- 시간과 돈의 임의적인 사용
- 백일몽 말하기
- 가치의 우선순위 정하기

2. 고용노동부 고용24(www.work24.go.kr) 제공 청소년 대상 직업심리검사
청소년 직업가치관검사, 청소년 직업흥미검사, 흥미로 알아보는 직업탐색, 진로준비진단검사, 직업흥미탐색검사, 초등학생 진로인식검사, 고등학생 적성검사, 청소년 인성검사, 중학생 진로발달검사, 고등학생 진로발달검사, 중학생 진로적성검사

3. 진로정보망 커리어넷(www.career.go.kr) 제공 진로심리검사 23 기출
- 중·고등학생용 심리검사
  - 직업적성검사
  - 진로성숙도검사
  - 직업가치관검사(청소년)
  - 직업흥미검사(K)
  - 직업흥미검사(H)
  - 진로개발역량검사
- 대학생·일반용 심리검사
  - 진로개발준비도검사
  - 주요능력효능감검사
  - 이공계전공적합도검사
  - 직업가치관검사(대학/일반)

4. 학습 포트폴리오 22 기출
- 청소년이 학교 내외에서 교과와 비교과 활동에 따른 성취 과정을 중심으로 한 포트폴리오 유형을 말한다.
- 학습과정을 되돌아보고 학습 향상 정도, 학습 성향의 장단점을 지속적으로 정리한 자료 모음을 말한다.

04 진로정보의 활용

(1) 개 요 18 23 기출

① 진로정보란 개인이 진로에서 어떤 선택이나 결정을 할 때 또는 직업적응이나 직업발달을 꾀할 때 필요로 하는 모든 자료를 총칭하는 개념으로, 일과 관련된 교육적·직업적·심리사회적인 정보를 말한다.
② 진로정보활동의 목적은 직업세계의 종류와 관계되는 모든 분야를 폭넓게 이해시키고 준비할 수 있는 기회를 제공해 줌으로써 올바른 직업선택이나 직업관 형성에 이바지할 수 있고, 학교를 중퇴하거나 떠난 학생들, 취직·진학하거나 가정을 갖는 사람들의 당면한 필요를 충족시켜 줄 수 있는 특정한 지식이나 기술 등을 제시하여 미래생활의 적응이 원만하게 이루어지도록 하는 데 있다.
③ 정보는 그 자체보다는 이용가치의 높고 낮음에 의해 중요도가 결정된다.
④ 내담자가 비합리적인 신념을 가지고 있을 경우, 정보를 적절히 사용할 준비가 안 되어 있다고 볼 수 있다.
⑤ 비합리적인 신념이란 내담자가 본인에게 완벽하게 맞는 진로를 찾을 수 있다고 생각하는 신념(진로미신)을 말한다. 본인에게 완벽하게 맞는 진로는 존재하지 않으므로, 진로를 결정하기 위해 정보를 이용할 때는 최고가 아닌, 최선의 선택을 하는 것을 목적으로 해야 한다.
⑥ 직업정보를 활용하기 전에 정보출처의 신뢰도, 최신성, 취득경로 등을 검토한다.
⑦ 직업사전, 직업전망서, 직업분류 등을 통해 직업에 대한 정보를 얻을 수 있다.
⑧ 내담자 이해에 도움이 되는 정보를 제공한다.
⑨ 진로정보는 예측, 분류 또는 배치, 선발 등의 다양한 목적으로 활용된다.
⑩ 진로상담은 절대적인 정보라기보다는 각종 심리검사의 합리적인 결과를 끌어낼 수 있도록 도와주는 역할을 한다.
⑪ 내담자의 문제 특성을 고려하여 검사를 선택한다.
⑫ 직업에 대한 이해를 향상함으로써 합리적인 의사결정과정을 돕는다.
⑬ 진로정보에는 자원봉사, 직업체험, 인턴십 활동 등과 같이 직접적인 경험에 의해 수집한 자료도 포함된다.

(2) 진로상담 영역별 진로정보

① **진학에 관한 진로정보** : 커리어넷(www.career.go.kr), 교육부(www.moe.go.kr), 대학교 홈페이지, 진로·진학 담당교사를 통한 진로정보 찾기, 입시전문학원을 통한 진로정보 찾기 등
② **구직에 관한 진로정보** : 민간 진로정보기관(재향군인회, YWCA, 중소기업협동조합, 대한노인회, 대한상공회의소 등), 공공 진로정보기관(한국산업인력공단, 한국장애인고용공단), 한국직업사전, 한국직업전망서, 한국직업정보시스템, 한국표준직업분류, 한국표준산업분류 등
③ **직업적응에 관한 진로정보** : 국가기관의 직업적 프로그램(근로자 수강지원금 지원사업, 근로자 직업능력개발카드 지원사업), 기업 주체의 직업적응프로그램 등
④ **진로변경에 관한 진로정보** : 국민내일배움카드제(직업능력개발계좌제), 실업자를 위한 훈련(고용노동부)

⑤ 공공기관 제공 진로정보 [17] [20] [기출]
  ㉠ 한국노동연구원 : 매월 고용동향분석, 국내노동 동향, 노동시장 전망
  ㉡ 한국고용정보원 : 지역고용동향브리프, 한국직업전망, 한국직업사전, 고용24
  ㉢ 한국직업능력개발원 : 직업교육훈련지표, 진학정보, 자격정보
  ㉣ 통계청 : 한국표준산업분류, 한국표준직업분류
  ㉤ 고용노동부 : 구인구직통계, 고용노동통계연감

⑥ 한국표준직업 분류 [17] [기출]
  ㉠ 한국표준직업 분류는 수입(경제 활동)을 위해 개인이 하고 있는 일을 일의 형태에 따라 유형화(분류)한 것이다.
  ㉡ 직무와 직능수준에 근거하여 설계되었다.
  ㉢ 국제적으로 통용되는 국제노동기구(ILO) 국제표준직업분류를 기초로 작성한다.
  ㉣ 직업 항목은 대분류, 중분류, 소분류, 세분류, 세세분류로 나누어져 있다.
  ㉤ 표준직업 대분류와 직능수준과의 관계

한국표준 직업분류 대분류	직능능력
1. 관리자	제4직능수준 혹은 제3직능수준
2. 전문가 및 관련 종사자	제4직능수준 혹은 제3직능수준
3. 사무 종사자	제2직능수준
4. 서비스 종사자	제2직능수준
5. 판매 종사자	제2직능수준
6. 농림·어업 숙련 종사자	제2직능수준
7. 기능원 및 관련 기능 종사자	제2직능수준
8. 장치·기계 조작 및 조립 종사자	제2직능수준
9. 단순노무 종사자	제1직능수준
A. 군 인	제2직능수준

  ㉥ 제8차 한국표준직업분류 개정 분류 항목표(2024년 7월 1일 통계청 발표)

대분류	중분류
1. 관리자	• 의회·정부 및 기업 고위직 • 행정·경영 지원 및 마케팅 관리직 • 전문 서비스 관리직 • 건설·전기 및 생산 관련 관리직 • 판매 및 고객 서비스 관리직
2. 전문가 및 관련 종사자	• 과학 전문가 및 관련직 • 정보 통신 전문가 및 기술직 • 공학 전문가 및 기술직 • 보건 전문가 및 관련직 • 사회복지·종교 전문가 및 관련직 • 교육 전문가 및 관련직 • 법률 및 행정 전문직 • 경영·금융 전문가 및 관련직 • 문화·예술·스포츠·기타 전문가 및 관련직

3. 사무 종사자	• 기획·영업 및 인사 사무직 • 자재·생산 및 운송 사무직 • 회계·경리 및 통계 사무직 • 금융 사무직 • 법률·감사 및 행정 사무직 • 상담·안내 및 접수 사무직 • 일반 지원 사무직
4. 서비스 종사자	• 경찰·소방 및 보안 관련 서비스직 • 돌봄 및 보건 서비스직 • 개인 생활 서비스직 • 운송 및 여가 서비스직 • 조리 및 음식 서비스직
5. 판매 종사자	• 영업직 • 매장 판매 및 상품 대여직 • 통신 및 방문·노점 판매 관련직
6. 농림어업 숙련 종사자	• 농축산 숙련직 • 임업 숙련직 • 어업 숙련직
7. 기능원 및 관련 기능 종사자	• 식품 가공 관련 기능직 • 섬유·의복 및 가죽 관련 기능직 • 목재·가구·악기 및 간판 관련 기능직 • 금속 성형 관련 기능직 • 운송 및 기계 관련 기능직 • 전기 및 전자 관련 기능직 • 정보 통신 및 방송장비 관련 기능직 • 건설 및 채굴 관련 기능직 • 기타 기능 관련직
8. 장치·기계조작 및 조립 종사자	• 식품가공 관련 기계 조작직 • 섬유 및 신발 관련 기계 조작직 • 화학 관련 기계 조작직 • 금속 및 비금속 관련 기계 조작직 • 기계 제조·관련 기계 조작 및 조립직 • 전기·전자 관련 기계 조작 및 조립직 • 운전 및 운송 관련 기계 조작직 • 상하수도 및 재활용 처리 관련 기계 조작직 • 목재·인쇄 및 기타 기계 조작직
9. 단순 노무 종사자	• 건설 및 광업 관련 단순 노무직 • 운송 관련 단순 노무직 • 제조 관련 단순 노무직 • 청소 및 건물 관리 단순 노무직 • 가사·음식 및 판매 관련 단순 노무직 • 농림어업 및 기타 서비스 단순 노무직
A. 군인	군 인

◈ 한국표준직업분류 8차 개정 특징
- 포스트 코로나에 따른 보건 전문가 및 관련 서비스 종사자의 인력 확대 반영
  - 코로나 팬데믹 이후 보건의료 인력 확대, 보건 전문가 및 관련직으로 중분류 분리
  - 방역 활동 강화에 따라 방역원 등 신설

- 저출산·고령화에 따른 사회복지 및 돌봄 인력 수요 반영
  - 돌봄서비스 일자리와 관련한 돌봄 및 보건 서비스직을 중분류로 분리·신설
  - 교사보조 및 아동돌봄종사자, 요양보호사 및 간병인, 노인 및 장애인 돌봄 종사자를 각각 소분류로 상향 및 세분화
  - 아동 관련 정책수립에 필요한 보육교사도 유치원교사와 같은 소분류로 상향
- 신생·확대·소멸직업 등 노동시장의 구조 변화 반영
  - 반려동물 양육 가구 급증으로 수의사를 소분류로 분리, 동물 관련 서비스 종사자 신설
  - 플랫폼 노동 확대로 택배원과 별도로 늘찬배달원 신설
  - 인공지능(AI) 등 데이터기반 직업 수요로 데이터 전문가를 소분류로 상향
  - 고용규모가 줄어드는 직업분류 확대
    - 예) 전기자동차 조립원, 로봇 설치 및 정비원, 신재생에너지 관련 관리자 등
  - 고용규모가 줄어드는 직업분류 축소
    - 예) 금형·주조 및 단조원, 제관원 및 판금원, 용접원 → 금속 성형 관련 기능 종사자로 통합
    - 예) 인쇄 필름 출력원 등 세세분류 → 인쇄 관련 기계조작원으로 통합
- 직업분류 활용성 및 정확성 제고를 위해 직업분류 체계 개선
  - 경영 및 회계 관련 사무직의 고용 규모 과다로 분류 세분화
    - 예) 기획·영업 및 인사 사무직, 자재·생산 및 운송 사무직, 회계·경리 및 통계 사무직, 일반 지원 사무직
  - 공공기관 종사원(관리자·전문가·사무원)과 민간기업 종사원을 기업 종사원으로 통합
    - 예) 각 분야별 관리자·전문가·사무원
  - 청소원과 환경미화원 간의 직무 유사성을 고려하여 청소 대상별로 직업분류 개편
- 직업분류 개정 의견수렴 등 대내외 개정수요 반영
  - 시민사회 활성화를 위한 시민사회 활동가의 분류 상향 및 명칭 변경
  - 학제 등 직무 차이에 따른 약사와 한약사 분리
  - 행정 대서 이외 대리·대행 업무수행으로 행정사를 전문가 및 관련 종사자로 대분류 이동
  - 국제분류기준과 직업수요를 감안하여 청각능력 재활사 신설 등 개정 수요를 검토, 반영

(3) 진로정보의 제공방법에 따른 분류
① 진로지도 방법 : 집단지도 정보, 개별지도 정보
② 진로지도의 표시 : 도표로 표시된 정보, 문장이나 언어, 사진, 그림 등으로 표시된 정보
③ 진로정보의 이용 : 시청각기기의 이용, 인쇄물 이용, 언어(강의 및 토론) 이용, 컴퓨터 등 정보장치 등을 이용한 정보

(4) 진로정보의 평가 14 22 기출
① 제작시기 관련 평가 : 언제 만들어진 것인가?
② 제작대상 관련 평가 : 어느 곳을 대상으로 한 것인가?
③ 제작자 관련 평가 : 누가 만든 것인가?
④ 제작목적 관련 평가 : 어떤 목적으로 만든 것인가?

⑤ 자료수집 관련 평가 : 어떤 방식으로 수집하고 제시했는가?

> **지식 IN**
>
> **통역사에 대한 진로정보 제공** 16 기출
> - 컴퓨터 기반 정보시스템 자료 : 커리어넷에 올라온 국제경기 통역 자원봉사프로그램에 지원한다.
> - 직접적인 경험자료 : 통역 자원봉사 프로그램에 지원하여 통역사 역할을 체험한다.
> - 시청각 자료 : 매체를 통해 통역사에 관한 영화를 본다.
> - 인터뷰 자료 : 전문통역사와 면담을 한다.
> - 출판자료 : 통역사에 대한 책을 읽어본다.

05 개인 진로상담 과정과 집단 진로상담의 실제

(1) 청소년 개인 진로상담의 과정 개요
① 진로상담의 절차도 다른 상담의 절차과정과 크게 다르지 않다.
② 일반적으로 이루어지고 있는 진로상담의 절차는 다음과 같다.

(2) 청소년 개인 진로상담의 절차 진행 17 23 기출
① 상담자-내담자 관계 수립
진로상담에서도 우선적으로 내담자와 상담자 간의 촉진적 관계가 필요하다. 이를 위하여 상담자는 내담자의 이야기를 경청하고, 내담자와의 상호 촉진적 관계를 형성하며, 상담에 대해 가지고 있는 내담자의 기대를 확인하여야 한다.
② 정보의 수집 : 접수면접 단계에서 이루어진다.
   ㉠ 일반적인 정보수집 : 직업정체감 수준, 내담자가 진술하는 문제들(진로, 직업 등), 개인의 심리적 상태, 확신감이나 불안수준 등
   ㉡ 진로계획과 관련된 정보수집 : 진로문제를 해결하는 능력, 진로에 대해 가지고 있는 미신이나 신화, 학업능력에 대한 자신감 정도, 일에 대한 지식 정도 등
   ㉢ 진로발달적 측면에서의 정보수집 : 진로평가, 내담자의 생활양식, 강점과 장애 등

② 정보의 수집을 통한 내담자 분류 – 샘슨(Sampson), 피터슨(Peterson) 등 18 20 24 기출

구 분	유 형	내담자 진술
진로 결정자	자신의 선택이 잘된 것인지 명료화하기를 원하는 내담자	"나는 내가 올바른 방향으로 가고 있는지 알고 싶어요."
	자신의 선택을 이행하기 위해 도움이 필요한 내담자	"이제부터 무엇을 준비해야 할지 알고 싶어요."
	진로의사가 결정된 것처럼 보이나, 실제로는 결정을 하지 못하는 내담자	"진로에 대한 결정은 내렸지만 불안해요."
진로 미결정자	자신의 모습, 직업 혹은 의사결정을 위한 지식이 부족한 내담자	"내가 무엇을 잘하고 좋아하는지 알 수가 없어요."
	다양한 능력으로 지나치게 많은 기회를 갖게 되어 진로결정을 하기 어려운 내담자	"이것도 하고 싶고 저것도 하고 싶어서 결정을 내리기가 어려워요."
	진로결정을 하지 못하지만, 성격적인 문제는 없는 내담자	"그냥 아직은 구체적인 계획은 갖고 있지 않아요."
우유부단형	생활에 전반적인 장애를 주는 불안을 동반한 내담자	"내가 과연 무엇을 할 수 있을지 잘 모르겠어요."
	일반적으로 문제해결 과정에서 부적응적인 성격을 지니고 있는 내담자	"나는 우울해요."

③ 문제의 평가
  ㉠ 일반적으로 상담자가 처음으로 부딪히는 문제는 내담자의 문제를 파악하는 일이다. 단순히 호소 문제를 확인하는 수준을 넘어 왜 호소문제가 발생하였는지를 이해하는 일은 상담의 과정에서 가장 중요한 일이다.
  ㉡ 문제를 평가하기 위해서는 여러 가지 영역의 정보가 필요하다. 진로문제에 관한 것뿐 아니라 내담자의 성격, 지능과 학업성적, 사고·정서·행동을 포함하는 내담자의 심리상태, 가정환경, 진로성숙도, 진로를 포함하는 여러 영역에서의 자아 정체감, 의사결정양식 등을 평가해야 한다.

④ 상담목표의 설정 20 기출
  ㉠ 진로상담의 목표는 내담자 정보에 관한 종합적인 평가와 이해를 토대로 상담자와 내담자가 합의하는 과정을 거친다.
  ㉡ 설정된 목표는 내담자가 성취할 수 있다고 생각되는 분명한 이유가 있어야 한다.
  ㉢ 가능한 한 내담자의 현재 문제와 직접적으로 관계있는 것이어야 한다.
  ㉣ 상담자의 능력과 가치체계 내에 있어야 한다.
  ㉤ 상담자와 내담자 상호간의 논의를 통하여 상호 협력적으로 도출되어야 한다.
  ㉥ 상담자와 내담자는 환경과 상황에 따라 목표를 바꿀 수 있다는 점을 이해해야 한다.
  ㉦ 상담자는 내담자가 진로상담을 하려는 이유와 방향을 인식하고 상담 목표를 달성할 수 있도록 적극적으로 도와야 한다.
  ㉧ 목표 수립 과정에 내담자를 적극 참여시켜야 한다.

ⓒ 내담자별 상담목표(상담과제)

유형	내용
진로결정자	• 진로를 결정하게 된 과정을 탐색 • 충분한 진로정보의 제공여부를 확인 • 합리적인 과정으로 명백하게 내린 결정인지 확인 • 결정된 진로를 위한 준비 • 내담자의 잠재 가능성을 확인
진로미결정자 21 기출	• 진로의식에 대한 탐색 • 자기(이해를 위한) 탐색 • 직업세계에 대한 탐색 • 직업정보의 제공 • 구체적 직업정보의 활용 촉진 • 현재 자신의 능력에 대한 객관적인 파악 • 진로관련 심리검사 실시 • 진로관련 의사결정(과정)의 연습 • 진로동기의 부여
우유부단형 22 기출	• 불안이나 우울을 감소하는 일 • 불확실감을 감소하는 일 • 동기를 개발하는 일 • 기본적 생활습관의 변화를 유도하는 일 • 자존감을 회복하는 일(긍정적 자아개념 확립) • 자아정체감을 형성하는 일 • 가족 갈등을 해소하는 일

⑤ 상담의 개입

진로상담에서 효과적인 개입은 내담자에 대한 정보수집, 문제의 정확한 진단, 목표설정의 과정에 따라 이루어진다. 진로상담에서의 개입은 단순히 정보의 제공이나 검사결과에 따른 직업을 제안하는 것이 아닌, 좀 더 발달적이고 예방적인 차원에서 이루어져야 한다.

㉠ 진로결정자에 대한 개입

유 형	개입방법
자신의 선택이 잘 된 것인지 명료화하기를 원하는 내담자	• 생애곡선 그리기 • 표준화된 검사도구를 활용하여 자신에 대한 정확한 이해를 도모하기 • 자신의 교육적 성취와 발달이 진로에 미치는 영향을 이해하기 • 진로관련 정보의 적절한 활용 • 합리적 진로의사결정방법 활용 • 타인의 기대가 진로계획에 미치는 영향 인식
자신의 선택을 이행하기 위해 도움이 필요한 내담자	• 진로탐색과정 : 자신의 특성 인식, 자신의 특성에 맞는 진로의 선택 • 직업이 분류되는 다양한 방법 알아보기 • 일에 대한 올바른 태도와 가치관에 대한 인식
진로의사가 결정된 것처럼 보이나, 실제로는 결정을 하지 못하는 내담자	• 내담자가 느끼는 불안의 요소에 대한 탐색과 명료화 • 내담자가 느끼는 갈등에 대한 공감과 정서적 지지 • 새로운 해결방안을 찾으려는 내담자의 도전과 용기를 격려 • 진로행동 촉진

ⓒ 진로미결정자에 대한 개입

유 형	개입방법
자신의 모습, 직업 혹은 의사결정을 위한 지식이 부족한 내담자	• 표준화된 심리검사도구 활용 • 직업카드 분류 방법 활용
다양한 능력으로 지나치게 많은 기회를 갖게 되어 진로결정을 하기 어려운 내담자	• 표준화된 검사도구 활용 • 개인의 좌절에서 오는 스트레스와 이를 다룰 수 있는 대처전략 • 진로탐색과 선택에서의 독립성 촉진 : 내담자의 진로의식 수준, 부모의 양육방식 등을 점검

진로결정을 하지 못하지만, 성격적인 문제는 없는 내담자	• 진로관련 집단상담활동 참여
	• 생애곡선 그리기, 나의 인생 디자인하기 등 진로에서의 계획성을 증진하기
	• 진로시간을 전망하기, 미래설계 등을 통해 진로탐색의 동기를 증진하기
	  - 당신은 어떤 사람이 될 것인가? 당신은 무엇을 할 것인가?
	  - 당신의 미래에 발생할 수 있는 10가지 사건은 무엇인가?
	  - 미래자서전을 쓴다면 어떠한 내용을 담을 것인가?
	• 개인의 진로신화와 성역할 고정관념 다루기
	• 일에 대한 개인적 태도, 신념, 능력의 관련성 이해하기
	• 일의 세계에서 학문과 직업에서 요구되는 기술의 중요성을 이해하기

ⓒ 우유부단형에 대한 개입 19 기출

유 형	개입방법
생활에 전반적인 장애를 주는 불안을 동반한 내담자	• 자기명료화에 대한 개입 • 결단성 부족에 대한 원인 다루기 : 경쟁적인 모습, 타인을 의식하는 모습 다루기 • 진로선택에 대해서 주관적으로 느끼는 중요성을 다루기 • 우유부단함과 관련된 성격적·심리적 문제 다루기
일반적으로 문제해결 과정에서 부적응적인 성격을 지니고 있는 내담자	• 상담자와의 신뢰적 관계를 형성하고 유지하기 • 다양한 전략을 통해 우울이나 불안, 낮은 자아개념 등을 다루기 • 진로의식의 첫 단계로 진로계획 수립에 대한 동기를 고양하기
진로정보를 갖고 있는 경우	의사결정 과정이나 방법에 초점 맞추기
계획 없이 회피하는 경우	문제와 관련된 심리적 장애를 다루기 위한 상담 실시

⑥ 훈습
ⓐ 실제로 상담의 개입이 내담자에게 어떠한 영향을 미쳤는가를 알 수 있는 단계이다.
ⓑ 이 단계에서는 자기 이해를 더욱 공고히 하고 진로탐색과 준비과정을 효율적으로 준비하고 실천할 수 있도록 그 방법과 정보의 수준을 재확인하고 점검한다.

⑦ **종결과 추수지도** 14 21 기출
ⓐ 종결 : 내담자와 합의한 목표를 충분히 달성하였는지를 확인하고, 앞으로 부딪힐 문제를 예측하고 대비한다.
ⓑ 추수지도 : 상담 후 내담자가 진로 선택과 의사결정에 만족감을 유지하는지를 확인하며, 필요한 경우 그것이 지속되도록 지도한다.

(3) 청소년 대상 집단 진로상담의 실제 18 23 기출

① 집단 진로상담의 목표
   ㉠ 자기 자신을 객관적으로 이해하여 합리적인 자기 평가를 한다.
   ㉡ 선택 가능한 진로에 관하여 여러 대안을 만들어낸다.
   ㉢ 정보수집이나 취업면접에 필요한 기술을 직접 연습한다.
   ㉣ 선택의 대상이 되는 학교, 학과, 직업 등에 대한 정보를 수집한다.

② 집단 진로상담의 특징 22 24 기출
   ㉠ 집단활동을 통해 자기 이해의 기회를 얻는다.
   ㉡ 집단활동을 통해 자신의 직업적 적합성을 보다 객관적이고 현실적으로 이해할 수 있다.
   ㉢ 학생들에게 직업계획의 중요성과 직업세계에 대한 전반적인 오리엔테이션의 기회를 제공한다.
   ㉣ 개인적인 상담이 필요한 학생을 찾아내는 기회가 된다.
   ㉤ 학생들은 자신의 직업계획을 검토할 수 있는 기회를 얻게 된다.
   ㉥ 구성원들이 공통적으로 필요로 하는 직업정보를 동시에 효율적으로 제공할 수 있다.
   ㉦ 일반적으로 폐쇄집단은 개방집단에 비해 집단의 안정성이 높다.

③ 집단 진로상담의 계획
   ㉠ 집단 진로상담에 참여하게 될 대상자의 특성과 진로상담에 대한 요구를 조사한다.
   ㉡ 대상자의 요구를 중심으로 집단상담의 목표를 설정한다.
   ㉢ 집단 진로상담의 다양한 활동을 조사한다.
   ㉣ 집단 진로상담이 구현될 환경적 상황에 적합하도록 수정한다.
   ㉤ 집단상담 실시에 필요한 지원체제를 구축한다.
   ㉥ 집단상담의 효과를 측정할 수 있는 평가방법과 절차를 고안한다.

④ 집단 진로상담의 과정

초기 단계	처음 1, 2회기 정도의 단계로서, 집단원들이 모두 모이고 집단상담이 시작되면 상담자는 진로집단의 초점과 목표를 모두 공유할 수 있도록 한다. 모든 집단원이 고르게 자신의 경험과 문제를 공개할 수 있도록 하기 위해 화제를 독점하는 경향이 있는 집단원에 대한 제한이 필요하다.
과도기 단계	대부분의 집단원이 집단에 대한 불확실함과 좌절감 그리고 실망감을 표현하기 시작하는 단계이기 때문에 '집단의 위기'로 불리기도 한다. 집단의 응집성이 급속도로 떨어지지만 위기가 잘 다스려지면 다시 빠른 속도로 회복한다.
작업 단계	중심 주제에 대해 가장 깊고 풍부하게 다루고, 집단활동의 밀도가 강한 단계로써 집단원들은 집단에 대한 친밀감과 몰입감을 경험하게 된다.
종결 단계	정서가 가장 진한 시기로, 집단상담자는 집단원들이 진로탐색 과정에서 자신이 새롭게 알게 된 점, 진로선택을 위한 잠정적인 대안 선택이 어느 정도 이루어졌는지를 구체적으로 확인해 볼 수 있는 기회를 제공한다.

⑤ 청소년 집단 진로상담 운영 시 고려할 점 14 19 21 기출
   ㉠ 사전 요구 조사를 통하여 집단상담 프로그램의 목표를 설정한다.
   ㉡ 집단원의 요구와 집단상담 프로그램의 목표가 일치하는지 검토한다.
   ㉢ 집단원 구성, 집단의 크기, 회기의 빈도와 기간 등을 검토한다.
   ㉣ 진로집단상담에 필요한 다양한 자료와 활동을 조사하여 프로그램을 만든다.
   ㉤ 집단원이 프로그램의 적용 대상으로 적합한지 검토한다.
   ㉥ 구조화 프로그램을 실시하고자 할 때는 집단원들의 진로발달 수준이 유사한지 검토한다.

ⓐ 집단상담을 실시할 때 집단원 구성이 동질적인지 이질적인지를 검토한다.
ⓞ 집단원의 응집력을 높이기 위해서는 폐쇄형 집단상담을 선택해야 한다.
ⓩ 집단 내 분위기는 민주적이고 따뜻하여 각 구성원이 소속감을 가질 수 있어야 한다.
ⓒ 집단원 간 교류를 중시하여 학생이 자기표현을 통해 자기통찰을 깊게 할 수 있게 한다.
ⓚ 집단상담 실시에 필요한 공간과 준비물 등 환경적 요소들을 고려한다.
ⓣ 변화 정도를 알아볼 수 있는 방법과 절차를 만든다.
ⓟ 효과를 평가하여 차후 동일한 집단 상담프로그램을 운영할 때 활용한다.
ⓗ 진로집단상담자는 상담이론과 진로이론에 대한 지식을 갖추고 있어야 한다.

06 특수영역 진로상담의 실제

(1) 다문화 진로상담 17 20 기출

① 다문화 소수민의 진로문제 및 대안

㉠ 교육에서의 불평등 문제가 있다. 이러한 문제는 다문화 가정 청소년이 학교현장에서 어릴 때부터 자국인 청소년들과 동등한 교육과정, 교육내용, 대인관계를 경험할 수 있도록 다문화가정 학생들의 주관적인 삶의 세계를 이해하고, 그들의 포부를 실현시키기 위한 적극적인 상담이 이루어지도록 한다.

㉡ 다문화 가정의 자녀들은 낮은 진로 포부를 가지는 경향이 있고, 알고 있는 진로정보가 제한적이어서 진로선택에서 불평등을 경험할 수 있다. 이러한 문제를 해결하기 위해 최근 들어 고학력의 결혼이민여성을 같은 출신국가 결혼이민여성들의 적응을 돕는 전문상담사로 고용하거나 공무원으로 임용하여 진로선택 불평등을 해소해 나가고 있다.

㉢ 다문화 청소년들은 자신의 정체성이 무엇인지에 대하여 혼란을 느낀다. 따라서 이러한 다문화 가정 청소년들이 속해 있는 문화와 주류문화 사이에서 경험할 수 있는 정체성 혼란을 탐색하고 도와야 한다.

㉣ 다문화 청소년들은 사회적인 지지체계가 부족하다. 따라서 다문화 가정 스스로 자조모임을 만들고 활동하며 각종 지원단체를 활용하려는 모습은 우리 사회에 적극적으로 화합하려는 노력이므로 환영할 만한 일이고, 여러 가지 대안적 지지체제를 만들어 주려는 노력이 필요하다.

㉤ 다문화 가정에서 저소득과 소외계층 가정의 비율이 높은 것도 진로선택에 어려움으로 작용하고 있다. 따라서 문화적 차이로 인한 갈등에 더하여 가난에서 오는 스트레스, 사회적 취약계층으로서 겪는 소외감, 불안정한 가정상황 등을 고려하여 이에 대한 실질적인 도움이 필요하다.

㉥ 인종적 학대와 차별, 낮은 경제적 수준, 한국 사회의 직업구조나 계층에 대한 이해 부족, 가난, 멘토나 역할모델의 부족, 지지의 부족, 낮은 자기효능감과 같은 진로장벽이 있다. 따라서 상담자는 그들을 대상으로 진로상담을 실시할 때 개인이 어쩔 수 없는 사회적 맥락요인이 진로목표 설정과 행동의 선택과 실행에 미치는 영향을 민감하게 알아차려서 그에 대응하는 방안을 내담자와 함께 모색해야 한다.

ⓐ 구성주의 진로상담이론은 개인의 진로경험에 대한 주관적인 경험과 생애주제에 중점을 두고 있으므로, 내담자의 문화적 배경과 그로 인한 곤란 및 독특한 욕구에 대한 진단을 통해 다문화 내담자를 이해하는 데 도움이 된다.

② 다문화 진로상담의 방안 23 기출
  ㉠ 상담관계 형성
    내담자나 상담자의 인종적·민족적 배경과 상관없이 상담자는 유대관계를 강력하게 확보한 상태에서 상담과정에 대한 각 내담자의 고유한 기대를 충분히 이해하며, 내담자의 문화와 개인적 욕구에 맞는 목표와 과제를 설정하고 수행한다. 이와 동시에 다문화 내담자들의 본국 문화에 대하여 존중하는 자세를 잊지 않도록 한다.
  ㉡ 강점 강화
    다문화 내담자들은 부모 양국의 생활 습관이나 문화에 익숙해질 수 있고, 이중언어에 능통해질 수 있는 유리한 여건을 가질 수 있는 강점이 있다.
  ㉢ 문화적 특성을 고려한 신중한 진단
    다문화 내담자를 진단할 때는 내담자의 복잡한 문화를 이해하고 개인의 반응들을 적절히 해석하여야 하며, 내담자의 문화적 배경과 그로 인한 곤란 및 독특한 욕구에 대하여 확실히 알지 못하면서 기존의 상담이론과 기법을 섣불리 적용하지 않도록 해야 한다.
  ㉣ 사회적 네트워크와 역할모델 발견 및 활용
    사회적 네트워크와 자신과 유사하다고 여겨지는 역할모델을 발견하는 것은 자기효능감을 증진시키고, 신념을 바꾸게 하는 강력한 동기유발제가 될 수 있다.
  ㉤ 상담과정에 대한 명확한 설명
    자신과 다른 문화 출신의 상담자 앞에 혼자 앉아서 예측하기 어려운 상담과정을 견뎌내며 자신의 내면세계를 탐색하는 작업인 비구조화된 개인상담보다 진로탐색집단과 같은 구조화된 양식을 더 선호하기 때문에 상담과정에 대한 명확한 설명과 구조화된 기법 사용을 권한다.
  ㉥ 진로상담 과정에 가족 포함
    동양 소수민족 출신의 내담자들은 보다 집단적인 세계관을 가지고 있기 때문에 확대가족을 상담에 초대하여 의사결정 과정에 참여할 수 있게 하는 방안을 고려할 필요가 있다.
  ㉦ 사회적인 지지체계 구축
    다문화 내담자들은 성장 배경이 달라 우리나라의 진로시장에 대하여 많이 모르는 데다 궁금함이 생길 때 스스럼없이 질문할 수 있는 일가친척이 절대 부족하므로, 사회적 지지체계가 더욱 필요하다. 이에 다문화 가정과 자녀를 돕기 위한 노력이 여러 부처에서 행해지고 있다. 따라서 상담자는 가용한 정보 자원을 알아보고 연결해 주는 노력이 요구된다.
  ㉧ 추수상담 실시
    상담이 종결된 뒤에도 어려움이 있다면, 상담자를 다시 찾아와서 목표를 재조정하거나 실행방안을 수정하고 보완할 수 있음을 알린다.

③ 다문화 청소년과 진로상담 시 주의할 사항 14 17 18 21 23 24 기출
  ㉠ 다문화에 대한 사회인식을 고려하여야 한다.
  ㉡ 다문화에 대한 상담자의 지식과 인식은 중요하다.
  ㉢ 상담자 자신이 속해 있는 문화 특성에 관한 자각능력을 키운다.
  ㉣ 내담자 문화에 대한 상담자의 선입견을 탐색한다.

ⓜ 내담자의 문화에 대한 일반적인 생각을 알아야 한다.
ⓑ 문화적 특성을 고려하여 신중하게 내담자를 진단해야 한다.
ⓢ 내담자의 가치관이나 문화를 반영한 상담목표를 세우고, 상담방식을 적용해야 한다.
ⓞ 진로문제가 내담자가 속한 문화와 주류 문화 사이에서 경험할 수 있는 내담자의 정체성 혼란과 관련이 있는지 탐색하고 돕는다.
ⓩ 내담자들이 직면하고 있는 진로장벽을 이해하고자 노력한다.
ⓒ 내담자 가족에서 주요 의사결정자가 누구인지 이해하도록 노력한다.
ⓚ 일방적으로 내담자가 한국문화를 따르게 하려 해서는 안 된다.
ⓣ 내담자의 사회적 지지체계를 탐색하고 대안적인 사회적 지지체계를 구축할 수 있도록 돕는다.

(2) 장애인 진로상담 14 기출

① 장애인의 진로문제 23 기출

ⓐ 고용상의 차별
정부는 매년 장애인 고용장려금을 업체들에 지원하고 있지만, 장애인 근로자들 대부분이 최저임금에 모자라는 급여를 받고, 장애인 취업자 수는 감소하는 등 열악한 취업 상황에 놓여 있다. 장애인을 위한 일자리 창출과 직업능력 개발훈련을 위한 기회들이 제공되고 있다 해도 이러한 사업들이 활발하게 연결되도록 하는 작업은 별도로 이루어져야 하며 이 과정에서 상담자의 역할이 중요하다.

ⓑ 적합 직종의 제한
장애로 인해 업무 수행이 불가능한 영역에 대하여는 장애인의 진입이 불가하지만, 장애인이 접근할 수 있는 직종들이 장애 범위를 넘어서서 과도하게 제한을 받는 경우도 있다. 따라서 장애의 종류에 따라 개개인의 특징과 능력을 고려하여 업무를 배치해야 한다.

ⓒ 직업 관련 자기탐색 기회의 부족
장애인 직업지도를 위하여 개별상담, 직업 평가, 개별화된 계획 작성 등의 서비스가 제공되고 있고, 장애인이 능력과 적성에 맞는 직업을 선택하고 고용을 유지하도록 도움을 주는 프로그램이 실시되고 있지만, 움직임이 부자유스러운 장애인들이 심리검사나 개인상담을 받기 위해 센터까지 이동해야 하는 것은 현실적으로 어렵다.

ⓓ 직업능력 개발 및 적응훈련 기회의 부족
노동시장에서 필요로 하는 기술이 부족한 장애인에게 다양한 경험을 제공함으로써 직업세계에 대한 이해, 대인관계 기술 등을 개발하기 위한 일상생활훈련, 사회적응훈련, 직업환경 적응훈련 등을 실시하고 수업수행기관에 경비를 제공하고 있지만, 장애 유형에 따라서 각종 훈련프로그램이 이루어지는 장소에 혼자 힘으로 갈 수 없어서 혜택을 받지 못하는 경우가 많다. 장애인 진로상담을 위한 인프라 구축 시, 찾아가는 상담 또한 필요하다.

② 장애인 진로상담의 주요 주제
ⓐ 장애인들에게 어린 시절 또는 장애 발생 시로부터 가급적 빠른 시간 안에 진로교육을 실시하여 자신과 타인을 이해하고 존중하는 긍정적인 자아개념을 기르도록 해야 한다.
ⓑ 장애인의 진로발달을 돕기 위한 프로그램을 종합적으로 제시하는 개념은 전환교육이며, 이는 중등교육 이후의 교육과 직업 및 훈련을 통합하는 교육지원이다.

ⓒ 장애인 상담의 주요 주제

장애인의 진로발달을 위한 지도와 상담 실시	• 안내와 상담 : 학생들에게 장애가 고용에 어떠한 영향을 미치는지에 대한 지식과 정보 제공, 학생과 함께 학생의 장단점, 직업능력을 파악하고, 고용을 위한 개별적인 계획 세우기 • 직업 탐색과 직업 유지 : 장애학생이 원하는 직업을 탐색하는 데 가능한 모든 자원을 활용하여 도움을 주고, 필요할 경우 외부의 다른 기관에 위탁 • 직업훈련 : 학생이 목표로 하고 있는 직업에서 필요로 하는 기술을 가지고 있지 않다면, 직업재활상담자는 해당 직업훈련 제공 • 보조공학 : 직업생활을 하기 위해 필요로 하는 보조공학의 필요 여부 평가, 필요한 보조공학 기기 확인 등
장애인 진로상담을 위한 인프라 구축	• 장애인 진로·직업교육 홈페이지 구축 및 운영 • 장애인 진로·직업교육 체험관 운영 • 장애인 진로·직업교육 워크숍 운영 • 장애인 진로·직업교육 정책에 대한 현장 지원

찾아가는 상담 실시	• 전환교육 코디네이터들은 주로 중등학교에서 장애학생들을 위한 전환교육 프로그램을 기획하고 실행하는 역할을 한다.
	• 전환교육 코디네이터들이 단위 학교별로 교사·가족·부모와 함께 진행하는 학생을 위한 전환교육 프로그램은 다음과 같이 구성되어 있다.
	  - 학교 내 체계를 구축하는 학교 내 업무
	  - 학교와 정부의 직업재활국을 연결하는 전환교육계획 업무
	  - 장애학생들의 직업훈련과 현장적응 능력을 길러주기 위한 고용업무 등

> **지식 IN**
>
> **취업 준비 지체장애학생의 상담 시 필요한 개입사항** 14 기출
> • 긍정적인 자아개념을 형성하도록 조력한다.
> • 자기탐색을 통해 성공적인 취업의 요소를 갖추도록 한다.
> • 적합한 직종에 관한 정보를 수집·분석하여 진로대안을 검토한다.

(3) 여성 진로상담 22 기출

우리나라는 고학력 우수 여성 인력이 많은 데 비하여 아직도 여성의 경제활동 참가율이 매우 낮은 수준이다. 이에 따라 여성의 경제활동 참여율을 제고하는 것이 안정적인 국가 경제성장 기반을 마련하기 위한 선결조건이라 할 수 있다. 여성의 진로발달을 돕기 위한 상담의 필요성은 여성 개인의 욕구에 의해서도 제기되고 있다.

① 여성 진로상담의 특징
   ⊙ 성역할 고정관념 14 15 17 기출
     성역할은 개인이 속해 있는 문화 내에서 남성과 여성을 특징짓는 규정된 태도와 행동양식, 인성 특성으로서, 남녀를 구분 짓는 특정화된 개념이라 할 수 있다. 여성의 진로에는 전통적인 가부장적 편견 때문에 경제활동에 대한 차별적 대우가 존재한다. 또한 성에 대한 편견이 고착되면서 출산과 육아 등으로 여성의 경제활동 경력이 단절되어 여성의 인적자본 확충기회는 축소되고, 여성 노동 유형이 고착화되면서 성별 임금격차가 지속되는 경향을 보인다.
   ⓒ 자기효능감
     성별과 진로의사결정 효능감의 관계에 대한 연구들의 결과는 엇갈리지만, 대다수 국내외 연구결과에서 진로에서의 자기효능감은 여성이 남성보다 낮은 것으로 나타난다.

ⓒ 경력 단절
여성은 결혼과 육아로 인해 경력 단절의 위협에 놓이고, 경력이 단절된 여성이 자신의 능력이나 경향에 맞는 진로를 탐색하고 진입하기에는 제약이 많이 있다.
ⓔ 유리천장(승진차별)
남성 위주의 직장에는 여성의 승진을 합법적 절차에 따라 막으려는 교묘한 태도와 업무의 흐름이 있는데, 충분한 능력을 갖춘 사람이 직장 내 성차별이나 인종차별 등의 이유로 고위직을 맡지 못하는 상황을 비유적으로 일컫는 용어이다.
ⓜ 다중역할 갈등
여성들은 직장생활, 육아, 가사 부담 등의 다중역할로 신체적·정신적 어려움을 겪는다.
ⓗ 직장 내 성희롱·성폭력
조직에서 약자로서의 여성이 직면하는 또 하나의 곤란한 문제로 성희롱·성폭력의 경험을 들 수 있다. 이에 대응하기 위하여 여성 진로상담에서는 여성을 대상으로 하는 성희롱·성폭력 예방과 사후 대응방법, 성희롱·성폭력으로 인한 신체적·심리적 피해로부터 회복하는 방법 등을 비중있게 다뤄주어야 한다.

② 여성 진로상담의 방안 14 23 기출
㉠ 직무 태도의 개선
여성 진로발달상의 취약점의 저변에는 사회적인 불평등 구조가 있지만, 상담자들은 사회적 인식 개선을 위한 참여의 기회를 활용하면서 여성 내담자와 대면하여 상담할 때 개인적 차원의 해결책을 모색하는 데 많은 시간을 보내야 한다.
㉡ 장기적인 진로설계 격려
경력단절의 가능성을 고려하여 생애 전체에 대한 진로설계가 강화되어야 한다. 이를 위해 전 생애에 걸친 다중적인 역할을 형상화한 수퍼(Super)의 생애진로무지개를 활용하는 것도 도움이 된다.
㉢ 직장 여성의 위치에 대한 현실적 이해
상담에서는 잠재적·차별적 고용 관행, 유리천장의 이슈, 가정과 직장을 양립하는 이중 경력이 생활 전반에 미치는 역동 등과 관련된 불편한 이슈들을 명시적으로 드러내어 문제화하고, 그것들을 다루는 현실적인 대응방법들을 모색하면서 여성 내담자의 현실적 진로의식을 더 높여 줄 수 있다.
㉣ 자기표현 능력 증진
여성은 우선 불평등적 요소들로 인해 자존감과 직업능력이 저하되는 것을 막아야 하고, 직장에서의 대인관계에 파괴적인 영향을 끼치지 않는 범위 내에서 자기주장을 해야 하며, 아울러 이러한 자기주장이 여성 자신의 진로의식과 조직 마인드 부족, 편의주의적인 직장생활을 하려는 동기에 의한 것이 아님을 드러내도록 표현 능력을 증진해야 한다.
㉤ 스트레스 관리능력 증진
- 브라이커(Braiker, 1996)는 과도한 스트레스 상황에서 일하는 여성을 E형 성격유형으로 보고, 이들은 일도 완벽하게 하고, 남을 즐겁게 하기 위해서도 과도하게 신경쓰며, 모두로부터 자기의 존재를 입증받으려 하고, 사람들로 하여금 그들을 필요로 하게끔 만들고자 하기 때문에 쉴 수 없어 '수퍼우먼 증후군'을 앓고 있다고 본다.

- 상담자는 이들에 대한 인지적 재구조화를 시도할 수 있고, 불안을 유발하는 상황을 확인하여 행동을 수정하도록 돕고 이완훈련, 역할 재규정 등의 작업들을 시도해 볼 수 있다.

> **지식 IN**
>
> **여성을 대상으로 진로상담을 할 때 상담자가 고려할 사항** 19 23 기출
> - 성역할 고정관념의 내재화 정도를 고려한다.
> - 출산과 양육에 의한 경력단절은 자연스러운 현상이 아님을 인식하게 한다.
> - 경력단절을 고려하여 장기적인 진로계획을 설계하도록 격려한다.
> - 내담자가 직장에서의 유리천장을 극복할 수 있는 방안을 논의한다.
> - 여성의 진로발달에 대하여 상담자의 의식적・무의식적 편견을 검토한다.

③ 수퍼(Super)가 제시한 여성 진로유형 16 기출

안정된 가정주부형	여성이 학교를 졸업하고 신부수업을 받은 후 결혼하여 가정생활 영위
전통적인 진로형	여성이 학교를 졸업하고 결혼하기 전까지 직업을 갖다가 결혼과 동시에 직장을 그만두고 가정생활을 영위
안정적인 직업형	여성이 학교를 졸업하고 직업을 가진 뒤 결혼 여부와는 무관하게 정년까지 직업을 갖는 유형
이중진로형	여성이 학교를 졸업한 뒤 곧바로 결혼하고 직장을 갖는 유형
단절진로형	여성이 학교를 졸업하고 일을 하다가 결혼을 하면 직장을 그만두고 자녀교육에 전념하며, 자녀가 어느 정도 성장하면 재취업해서 자아실현과 사회봉사를 하는 유형
불안정한 진로형	여성이 가정생활과 직장생활을 번갈아 가며 시행하는 진로 유형
충동적 진로형	그때그때의 기분에 따라 직장도 가졌다가 그만두고, 결혼도 했다가 이혼하는 등의 일관성 없는 진로를 추구하는 유형

07 기타 진로상담에 관한 사항

(1) 취업 및 자립프로그램 20 기출

① 학교 밖 청소년지원센터 *꿈드림(구, 두드림 해밀 사업) 15 기출
   ㉠ 대상 : 9~24세 '학교 밖 청소년'
      - 초・중학교 3개월 이상 결석, 취학의무를 유예한 청소년
      - 고등학교 제적, 퇴학 처분을 받거나 자퇴한 청소년
      - 고등학교 미진학 청소년
      - 학업중단 숙려 대상 등 잠재적 학교 밖 청소년 포함
   ㉡ 내용 : 학교 밖 청소년의 개인적 특성과 상황을 고려한 상담지원, 교육지원, 직업체험 및 직업교육훈련지원, 자립지원 등의 프로그램을 통해 학교 밖 청소년들이 꿈을 가지고 자신의 미래를 스스로 준비하여 공평한 기회를 얻을 수 있도록 지원

> ✓ **꿈드림**
>
> '꿈・드림', '꿈을 드림'('드리다'의 명사형)이라는 중의적인 표현, 학교 밖 청소년에게 새로운 꿈과 희망을 드리겠다는 의미이다.

② 취업성공패키지
- ⊙ 대상 : 18~34세, 고등학교 이하 졸업(예정)자 중 비진학 미취업 청년, 대학교(전문대 포함) 졸업 후 미취업 청년, 고교 3학년 2학기 재학생, 대학교(대학원 포함) 마지막 학기 재학생(휴학생 포함)
- ⊙ 내용 : 심화되는 청년 고용문제를 완화하고자 18~34세 청년을 대상으로 '진단·경로 설정(1단계) → 의욕·능력증진(2단계) → 집중취업알선(3단계)'에 이르는 전 과정을 통합·제공함으로써 새로운 형태의 복지로서 청년일자리를 찾아주는 제도

③ 드림스타트
- ⊙ 대상 : 0세(임산부)~만 12세(초등학생 이하)로 아동 및 가족
- ⊙ 내용 : 가정방문을 통해 파악한 대상 아동과 가족의 기초정보 및 아동의 양육환경과 발달 정보를 기준으로 지역자원과 연계한 맞춤형 통합 서비스를 제공
  - 신체·건강 : 아동의 건강한 성장과 신체발달 증진, 건강한 생활을 위한 건강검진 및 예방·치료, 아동 발달에 필요한 신체·건강 정보 제공
  - 인지·언어 : 아동의 의사소통 및 기초학습 능력 강화, 맞춤형 인지·언어 서비스를 통한 아동의 강점 개발
  - 정서·행동 : 자아존중감 및 긍정적 성격 형성을 위한 정서발달 서비스 제공, 사회성 발달 및 아동 권리 신장을 위한 교육
  - 부모·가족 : 부모와 자녀의 상호작용 및 적합한 교육환경을 위한 부모 역량 강화, 부모의 유능감 및 자존감 강화, 부모의 양육기술 지원, 임산부의 건강한 출산 및 양육 지원

④ 취업사관학교
- ⊙ 대상 : 만 15세 이상 24세 미만의 학교 밖 청소년으로, 6개월 이상의 기간 동안 전문직업훈련, 자립장려금, 취업지원 등을 제공
- ⊙ 내용 : 낮은 고용률과 높은 실업률이 지속되는 문제를 해결하기 위한 제도
  - 2011년부터 기술교육뿐만 아니라 심리치료 및 다양한 인성교육, 봉사활동, 체험학습의 기회 등을 제공하는 맞춤형 프로그램
  - 훈련기관에 훈련비용 지원, 훈련생에게 월 30만원의 자립수당을 지원(훈련비 및 기숙비용 무료)

⑤ 근로자 내일배움카드제
- ⊙ 기존 실업자·재직자로 분리·운영되던 내일배움카드를 국민내일배움카드로 통합('20.1.1.)
- ⊙ 급격한 기술발전에 적응하고 노동시장 변화에 대응하는 사회안전망 차원에서 생애에 걸친 역량개발 향상 등을 위해 국민 스스로 직업능력개발훈련을 실시할 수 있도록 훈련비 등 지원

(2) 직업카드의 활용

① 직업카드 분류활동의 목표 14 15 16 기출
- ⊙ 직업흥미를 탐색한다.
  학생들에게 좋아하는 직업과 싫어하는 직업을 선택하게 하고, 그 이유를 탐색하는 활동을 통해 학생들이 자신의 직업흥미에 대해서 구체적으로 파악하도록 돕는다.
- ⊙ 다양한 직업세계에 대해 알게 하고, 자신의 홀랜드(Holland) 유형에 대해 살펴보게 한다.
  학생들에게 직업목록을 살펴보는 활동과 6개의 홀랜드 유형 중 자신과 가깝다고 생각되는 유형을 선택하는 활동을 통해, 직업세계의 다양성을 알게 하고 자신의 홀랜드 유형에 대해 관심을 갖도록 돕는다.

ⓒ 카드분류활동의 결과를 요약하고, 진로 및 직업관련 정보를 찾는 방법을 제시한다.

학생들에게 카드분류작업을 통해 알게 된 자신의 직업선호의 특징과 소감을 정리하는 활동을 통해 자신과 관련된 진로정보를 명확하게 이해하도록 돕고, 마지막으로 학생 스스로 진로 및 직업관련 정보를 찾을 수 있도록 웹사이트를 소개해준다.

② 직업카드 분류활동 진행방식

구 분	장 점	단 점
개인별	• 학생 개인과 상호작용할 수 있는 시간이 길어서 학생 개개인에 대해 보다 상세한 정보를 얻을 수 있으므로, 각 학생들의 독특성을 보다 분명하게 인식하는 데 도움이 된다. • 학생들은 개별적으로 궁금한 정보들을 상담자로부터 얻는 데 도움이 된다.	• 학생이 많을 경우 시간이 많이 걸린다. • 다른 학생들의 분류과정을 보면서 자신의 분류과정을 되돌아보는 경험이 생략된다.
소집단	• 학생들과 상호작용할 수 있는 시간이 다소 길고, 학생들이 다른 학생들의 분류활동을 관찰함으로써 자신과 다른 학생들과의 차이를 분명하게 인식하는 데 도움이 된다. • 상담자에게도 어느 정도 개별적으로 궁금한 정보들을 얻을 수 있다.	소집단별로 활동할 수 있는 공간이 필요하다.
학 급	• 짧은 시간에 많은 학생들과 함께 교실에서 진행하기 쉽고, 학생들에게 집단적으로 진로 관련 정보를 전달하기가 쉽다. • 학급 내에서 소집단별로 진행하게 되면 소집단 진행방식의 효과를 어느 정도 볼 수 있다.	• 학생 개개인에 대한 정보를 알기가 어렵다. • 진행 분위기가 산만할 수 있다.

③ 직업카드 분류활동의 단계별 과정
  ㉠ 도입단계
    • 카드분류활동에 대한 학생들의 준비도를 높이고 효율적인 진행을 위해 설정한 단계이다.
    • 학생들에게 직업카드의 구성내용과 카드분류활동의 진행과정을 설명해주고, 카드에 기입된 직업과 설명사항을 살펴보는 시간을 잠시 주며, 궁금한 점이 있으면 질문을 받는 활동들을 한다.
    • 도입단계에서 상담자는 학생들에게 본 카드분류활동이 학생들의 직업흥미를 탐색하는 새로운 방법이며, 다양한 직업에 대한 이해와 직업 관련 정보를 찾는 방법을 소개시켜 주는 활동임을 이해하도록 도와야 한다.
  ㉡ 분류단계
    • 직업카드를 '좋아하는 직업'과 '싫어하는 직업' 그리고 '미결정 직업'의 3가지 범주로 나누어 보는 단계이다.
    • 상담자들에게는 이 단계가 두 번째 단계이지만, 학생들이 사용하는 활동지에는 이 단계가 첫 단계로 소개되어 있으며, 학생들이 실제적으로 카드분류활동에 참여하게 되는 단계이다.
    • 카드 분류 시 학생들이 생소한 직업이나 직업의 설명 중 이해가 되지 않는 부분에 대해 질문하는 경우가 있으므로, 상담자는 미리 직업카드의 직업명과 내용들에 대해 읽어둘 필요가 있다.
  ㉢ 주제찾기단계
    • 카드분류과정에서 가장 중요한 단계로 학생들이 특정 직업에 대해 막연히 좋다 또는 싫다고 생각하던 것에서 그 이유를 보다 구체적으로 명료화함으로써 자신의 직업흥미를 심층적으로 탐색하도록 하는 핵심적인 과정이다.

- 상담자는 학생들이 충분히 자신의 직업선호의 이유에 대해서 탐색할 수 있도록 도와주어야 한다.
- 주제찾기 활동이 잘 이루어지면 교사는 학생들이 직업에 대해 가지는 정보의 수준과 정확도 그리고 직업선택 시 중요하게 여기는 점 등에 대해 다양한 정보를 얻을 수 있게 되며, 학생들은 그냥 막연히 '좋다' 또는 '싫다'라고 생각하던 것에서 한 걸음 더 나아가 보다 심층적으로 생각해보게 되는 기회를 갖게 된다.

② 순위결정단계
- 학생들이 선택한 좋아하는 직업 중 가장 좋아하는 3개의 직업을 골라내고, 여기에 다시 순위를 정해보는 단계이다.
- 학생들에게 가장 마음에 드는 직업을 고르게 된 이유를 활동지에 쓰거나 설명해 보게 함으로써 상담자는 학생들이 가장 선호하는 직업이 무엇인지에 대한 정보를 얻을 수 있고, 학생은 자신이 좋아하는 직업들 중에서 순서를 정해 선택해보는 기회를 가지게 된다.

⑩ 직업목록·홀랜드유형 탐색단계
- 학생들이 좋아한다고 선택한 직업의 경향을 파악하고, 직업목록을 이용하여 직업카드에 제시되어 있지 않은 다른 직업들에 대해서 살펴보는 단계이다.
- '한국직업전망서'의 직업을 직업분류별과 유형별로 정리한 직업목록을 읽으면서 관심이 가는 직업들을 체크해 두었다가, 이들 직업에 관한 자세한 정보를 인터넷이나 직업전망서 등을 이용해 찾아본다.
- 진행방법은 직업목록을 나누어 준 뒤, 제시된 직업 중 새롭게 관심이 가는 직업은 무엇인지 살펴보도록 하고, 다음으로 '홀랜드 6개 직업성격 유형'에 대한 설명을 참고하여 자신은 어느 유형이라고 짐작되는지 선택해보도록 한다.

(3) 직무분석

① 의 의
  ㉠ 직무분석이란 어떤 직무의 현재 내용을 조직적·과학적으로 체계화하여 인적자원관리에 필요한 직무정보를 제공하는 작업을 말한다.
  ㉡ 직무분석은 어떤 직무의 내용 또는 요구조건을 사실적인 자료를 기초로 정리·분석하여, 개별 직무의 성질에 가장 적합한 인력을 조직 내에서 유효하게 확보·육성·활용하는 기술이다.

② 직무분석의 단계

직업분석	• 채용, 임금결정, 조직관리 등을 목적으로 직업 행렬표를 작성하여 인력의 과부족과 분석대상 직업들의 상호관련을 분석한다. • 그다음 채용하는 직업이 요구하는 연령, 성, 교육과 훈련의 경험, 정신적·신체적 특질, 채용 후의 책임과 권한 등을 명시한 직업명세서를 작성하여야 한다.
직무분석	• 직무기술과 작업들을 열거한 작업알림표를 기술하기 위해 직무명세서를 작성한다. • 직무명세서를 토대로 각 작업마다 작업명세서를 작성하는데, 작업명세서는 작업요소, 작업표준, 작업조건, 사용하는 기계 및 공구, 재료, 전문지식, 일반지식, 안전 등에 관한 사항으로 구성된다.
작업분석	• 직무가 수행되는 작업환경이 그 직무의 담당자에게 어떠한 영향을 미치는가를 밝히는 것이다. • 불쾌조건의 분석(그 환경에서 담당자는 자신의 의사에 관계없이 정신적·육체적으로 어떠한 종류의 불쾌한 영향을 받고 있는가? 등), 재해 위험분석(어떠한 신체적 활동이나 환경조건에 의해서 유해한 영향을 받게 되는가? 등)으로 구분된다.

③ 국가직무능력표준(NCS)
　㉠ 의의 : 국가직무능력표준(NCS ; National Competency Standards)이란 산업현장에서 직무를 수행하기 위하여 요구되는 지식·기술·소양 등의 내용을 국가가 산업부문별·수준별로 체계화한 것이다(자격기본법 제2조).
　㉡ 직업기초능력 16 20 기출
　　• 의사소통능력 : 문서이해능력, 문서작성능력, 경청능력, 의사표현능력, 기초외국어능력
　　• 수리능력 : 기초연산능력, 기초통계능력, 도표분석능력, 도표작성능력
　　• 문제해결능력 : 사고력, 문제처리능력
　　• 자기개발능력 : 자아인식능력, 자기관리능력, 경력개발능력
　　• 자원관리능력 : 시간자원관리능력, 예산자원관리능력, 물적자원관리능력, 인적자원관리능력
　　• 대인관계능력 : 팀워크능력, 리더십능력, 갈등관리능력, 협상능력, 고객서비스능력
　　• 정보능력 : 컴퓨터활용능력, 정보처리능력
　　• 기술능력 : 기술이해능력, 기술선택능력, 기술적용능력
　　• 조직이해능력 : 국제감각, 조직체제이해능력, 경영이해능력, 업무이해능력
　　• 직업윤리 : 근로윤리, 공동체 윤리

(4) 사이버 진로상담 16 20 기출
① 의의 : 인터넷 등의 가상의 상담실에서 이루어지는 전문상담활동으로, 도움을 필요로 하는 내담자의 문제를 해결하고 생각·감정·행동상의 성장을 위해 노력하는 상담과정이다.
② 장단점

장 점 22 기출	• 상담이 익명으로 이루어질 수 있다. • 상담의 관계가 상담자 - 컴퓨터 - 내담자로 형성된다. • 상담과정에서 평등성 확보가 가능하다. • 상담자와 내담자의 시·공간적 제약을 극복할 수 있다. • 문제 외재화(Externalization)가 용이하다. • 수퍼비전과 자문이 용이하다. • 상담내용과 정보의 저장(영구적인 기록 가능) 및 가공이 용이하다. • 다양한 진로상담의 형태로 변형하거나 보조역할을 할 수 있다.
단 점	• 내담자의 공개된 정보만 파악하여 내면 파악에 한계가 있다. • 심각한 문제를 가진 내담자를 장기 상담할 수 없다. • 내담자의 비언어적 표현을 파악하기 어려워 깊이 있는 상담을 할 수 없다. • 인터넷 보급 및 기술적인 한계가 있다.

③ 진로정보 웹사이트 활용 시 고려사항 16 기출
　㉠ 공식적 채널의 정보전달력 여부
　㉡ 진로 정보제공의 기능 정비
　㉢ 진로정보의 표준 설정
　㉣ 정보의 업데이트 질 관리
　㉤ 검사나 서비스 비용
　㉥ 검사의 타당도 및 신뢰도

선택과목 01 적중예상문제

❖ 완벽하게 이해된 부분에 체크하세요.

CHAPTER 01 | 청소년 진로상담의 이론적 기초

01 진로상담이론에 관한 설명으로 옳지 않은 것은?

① 윌리암슨(E. Williamson)의 특성요인이론은 분석, 종합, 진단, 예측, 상담, 추수지도 등으로 진로상담과정을 설명한다.
② 하렌(V. Harren)의 진로의사결정 과정은 인식, 참여, 확신, 이행 등의 의사결정 단계를 설명한다.
③ 긴즈버그(E. Ginzberg)의 진로발달이론은 환상기, 잠정기, 현실기 등으로 진로발달단계를 설명한다.
④ 로우(A. Roe)의 욕구이론은 부모 양육태도가 자녀의 직업선택에 영향을 미친다고 가정한다.
⑤ 블라우(P. Blau)의 사회학적 이론은 가정, 학교, 지역사회 등 사회적 요인이 직업선택과 발달에 영향을 미친다고 가정한다.

> **하렌(V. Harren)의 진로의사결정 과정**
> • 1단계(인식) : 자아와 진로의사결정과 관련된 대안들을 인식한다.
> • 2단계(계획) : 대안들의 상호관계를 인식하고, 그 가치에 대한 평가를 한다.
> • 3단계(확신) : 잠정적인 의사결정 및 주변 사람들에게 피드백을 받는다.
> • 4단계(실행) : 잠정적 결정을 실천에 옮긴다.

02 다음에 제시된 민수의 진로상담으로 적절하지 않은 상담기법은?

> 졸업을 앞둔 고등학교 3학년 민수는 아직 취업준비를 못 했다. 자신과 직업에 대한 이해도 부족하고 현재 무엇부터 시작해야 할지 막막하다. 취업면접도 자신이 없고 막상 취업을 해서 직장동료들과 잘 지낼 수 있을지 걱정이 된다.

① 멘토와의 대화를 통한 진로정보 수집
② 흥미와 적성에 대한 평가
③ 동영상을 활용한 면접 연습
④ 가계도를 통한 삼각관계 분석
⑤ 역할연습을 통한 대인관계 기술 훈련

④ 가계도를 통한 삼각관계 분석은 가족치료기법으로 민수의 진로상담과는 거리가 멀다.

03 상담자의 활동과 진로상담의 목표가 바르게 연결된 것은?

> ㄱ. 내담자가 자신의 적성을 객관적으로 이해할 수 있도록 돕는다.
> ㄴ. 내담자가 선택할 수 있는 여러 대안들을 비교해 보도록 돕는다.

> A. 자신에 관한 이해 증진
> B. 일에 대한 가치관 함양
> C. 합리적인 의사결정 능력 증진
> D. 변화하는 사회에 대한 유연한 적응능력 함양

① ㄱ - A, ㄴ - B
② ㄱ - A, ㄴ - C
③ ㄱ - B, ㄴ - A
④ ㄱ - B, ㄴ - C
⑤ ㄱ - C, ㄴ - D

진로상담의 목표
- 자신에 대한 올바른 이해확립 : 적절한 일과 직업을 선택하기 위해서는 개인의 가치관, 능력, 성격, 적성, 흥미 등에 대하여 올바르게 이해할 수 있도록 한다.
- 일과 직업세계에 대한 이해증진 : 물질문명의 발전은 생활패턴과 직업의 유형 및 특성 등을 급격하게 변화시켰으며, 진로상담은 급변하는 직업세계에 대하여 올바르고 객관적으로 이해할 수 있도록 해준다.
- 정보탐색 및 활용능력의 함양 : 진로상담 과정에서 직업의 세계에 대한 올바른 이해를 위해서 정보의 수집 및 활용능력은 매우 중요하다.
- 올바른 직업관과 직업의식 형성 : 직업을 목적보다는 수단으로 여기는 생각과 직업 자체에 대한 편견을 버리도록 하고, 성 역할에 대한 고정관념에서 벗어나도록 한다.
- 합리적인 의사결정 능력의 증진 : 청소년을 위한 진로상담에서는 청소년의 진로에 관한 의사결정의 '과정'에 초점을 두고 의사결정기술을 훈련하고 학습하도록 도와준다.

04 진로상담이론과 주요 개념의 연결이 옳은 것을 모두 고른 것은?

> ㄱ. 수퍼(D. Super)의 생애진로발달이론 – 자기개념
> ㄴ. 사비카스(M. Savickas)의 구성주의 이론 – 진로적응도
> ㄷ. 베츠(N. Betz)와 해켓(G. Hackett)의 사회인지이론 – 자기효능감
> ㄹ. 하렌(V. Harren)의 진로의사결정이론 – 진로전환

① ㄱ, ㄴ
② ㄴ, ㄷ
③ ㄱ, ㄴ, ㄷ
④ ㄱ, ㄷ, ㄹ
⑤ ㄱ, ㄴ, ㄷ, ㄹ

> ㄹ. 하렌의 진로의사결정이론은 개인의 진로결정과정과 방법 및 진로결정에 영향을 미치는 요인을 설명한다. 의사결정과정에 영향을 미치는 개인적인 특징으로 의사결정유형(합리적 유형, 직관적 유형, 의존적 유형)과 자아개념을 제안하였다.

05 윌리암슨(E. Williamson)의 진로상담 과정에서 예측단계에 관한 설명으로 옳은 것은?

① 태도, 흥미, 가족배경, 지식, 학교 성적 등에 대한 세부적인 자료들을 수집한다.
② 내담자의 독특성 또는 개별성을 탐지하기 위하여 사례연구나 검사결과에 의해서 자료를 수집하고 요약한다.
③ 내담자의 특성과 문제를 분류하고, 교육적·직업적 능력과 특성을 비교하여 문제의 원인을 찾아낸다.
④ 조정 가능성 및 문제의 가능한 결과를 판단하고, 이를 통해 내담자가 고려해야 할 대안적 조치들과 조정사항들을 찾는다.
⑤ 새로운 문제가 발생되었을 때 내담자가 바람직한 행동계획을 수행할 수 있도록 돕는다.

> ① 1단계 분석, ② 2단계 종합, ③ 3단계 진단, ⑤ 6단계 추수지도에 관한 설명이다.

06 홀랜드(Holland)의 직업선택이론에 관한 설명으로 옳은 것은?

① RIE 코드가 RSE 코드보다 일관성이 높다.
② 기업적 유형(Enterprising Type)은 기계, 도구, 동물에 관한 체계적인 조작활동을 좋아하고 사회적 기술이 부족하다.
③ 실재적 유형(Realistic Type)에 맞는 대표적인 직업은 공인회계사, 사서, 경리사원 등이다.
④ 사회적 유형(Social Type)의 성격특징은 표현이 풍부하고 독창적이며 비순응적이다.
⑤ E와 S형은 사물과 아이디어로 직업활동을 하며, R과 I형은 사람들과 함께 일한다.

> 홀랜드(Holland)의 육각형 모델은 일관성, 일치성, 차별성(변별성), 정체성, 계측성(타산성)의 차원에서 해석할 수 있다. 그중 일관성은 유형들의 쌍이 얼마만큼 공통점을 가지고 있는지와 연관된 것으로 육각형상에서 첫 두 문자가 서로 인접한 경우 일관성이 높은 것으로 보며, 반대로 서로 멀리 떨어져 있는 경우 일관성이 낮은 것으로 간주한다. 따라서 'RIE 코드'의 'RI'가 'RSE 코드'의 'RS'보다 인접해 있으므로 일관성이 더 높다고 할 수 있다. 예를 들어 'RI'는 높은 수준의 일관성, 'RA'는 중간 수준의 일관성, 'RS'는 낮은 수준의 일관성을 나타낸다고 볼 수 있다.

07 홀랜드(Holland)의 흥미이론 중 개인의 흥미 유형과 개인이 몸담고 있거나 소속되고자 하는 환경의 유형이 서로 부합하는 정도는?

① 일치성(Congruence)
② 일관성(Consistency)
③ 변별성(Differentiation)
④ 정체성(Identity)
⑤ 계측성(Calculus)

> **홀랜드(Holland) 흥미이론의 하위개념**
> - 일관성 : 성격과 환경유형 모두에 적용되는 것으로, 유형들의 어떤 쌍은 다른 유형의 쌍들보다 공통점을 더 많이 가지고 있다.
> - 일치성 : 한 개인이 자기 자신의 성격유형과 동일하거나 유사한 환경에서 일하고 생활하는 경우에 해당한다. 육각형 모델을 통해 개인의 유형과 환경 간의 일치 정도를 측정할 수 있으며, 가장 완벽한 적합은 현실적 환경에 현실적인 유형이라 할 수 있다.
> - 차별성(변별성) : 어떤 사람 또는 환경은 매우 단순하여 어느 유형과는 매우 유사한 반면 다른 유형과는 차별적인 모습을 보인다. 모든 유형에 거의 동일한 유사성을 보이는 사람은 차별적 특징이 없거나 잘 규정되지 않았다고 볼 수 있다.
> - 정체성 : 성격과 환경유형 모두를 형성하도록 지원해주는 이차적인 구조로 간주된다. 성격적 측면에서의 정체성은 개인의 목표, 흥미, 재능에 대한 명확하고 견고한 청사진을 말하는 반면, 환경적 측면에서의 정체성은 조직의 투명성 및 안정성, 목표·일·보상의 통합을 의미한다.
> - 계측성(타산성) : 유형들 내 또는 유형들 간의 관계는 육각형 모델에 의해 정리되며, 육각형 모델에서의 유형들 간의 거리는 그 이론적인 관계에 반비례한다. 육각형은 이론의 본질적 관계를 설명해주는 것으로 여러 가지 실제적인 용도를 가지고 있다.

정답 04 ③ 05 ④ 06 ① 07 ①

08 로(Roe)의 진로상담이론에 관한 설명으로 옳지 않은 것은?

① 초기 부모와의 관계가 이후 진로에 미치는 영향을 강조하였다.
② 매슬로우(Maslow)의 욕구위계이론의 영향을 받았다.
③ 서비스직, 옥외활동직, 예능직 등을 포함하여 흥미에 기초한 8가지 직업군을 제안하였다.
④ 확신성, 안정성, 목적성의 정도를 기준으로 4단계의 직업수준을 제시하였다.
⑤ 부모가 자녀에게 냉담하고 자녀의 선호나 의견을 무시하면 자녀가 과학이나 연구계통의 직업을 갖게 된다고 설명하였다.

> 책임, 능력, 기술의 정도를 기준으로 하여 6단계의 직업수준을 제시하였다.

09 파슨스(F. Parsons)의 특성요인이론에서 자신에 대한 이해를 증진하기 위한 내용으로 옳은 것을 모두 고른 것은?

ㄱ. 성 격	ㄴ. 적 성
ㄷ. 흥 미	ㄹ. 직업종류
ㅁ. 가 치	ㅂ. 일의 내용

① ㄱ, ㄴ, ㄹ
② ㄱ, ㄷ, ㄹ
③ ㄱ, ㄴ, ㄷ, ㅁ
④ ㄴ, ㄷ, ㄹ, ㅂ
⑤ ㄴ, ㄷ, ㅁ, ㅂ

파슨스 이론의 특성과 요인

구 분	특 성	요 인
의 의	• 검사를 통해 측정할 수 있는 개인의 특성 • 자기 자신에 대한 이해	• 성공적인 특정 직무수행에 필요한 조건 • 직업에 대한 이해와 지식
유 형	성격, 적성, 능력, 흥미, 가치관, 포부, 자원의 한계와 원인	직업의 요구 및 성공요건(책임, 성실성, 직업 성취도 등), 장단점, 보수, 고용기회, 전망

10 슐로스버그(N. Schlossberg) 등이 제시한 진로전환상담에 관한 내용으로 옳지 않은 것은?

① 개인의 진로전환에 영향을 주는 4가지 요소(4S)는 자아(Self), 지원(Support), 상황(Situation), 전략(Strategies)이다.
② 진로전환에는 양가적인 특성이 있다.
③ 진로전환은 개인의 결혼이나 퇴사와 같은 명백한 삶의 변화로 제한하였다.
④ 진로전환의 증진요인으로는 경제적 안정, 정서적 안정, 건강, 전환기술 습득, 지지적 직업환경, 전환에 대한 지지 등이 있다.
⑤ 진로전환검사(CTI)는 준비도, 자기효능감(Confidence), 지각된 지지, 내외적 통제, 자기중심-관계중심(Independence-Interdependence)으로 구성된다.

진로전환은 명백한 삶의 변화로만 제한을 두기보다는, 개인이 경험한 어떤 사건으로 인해 삶을 바라보는 시각이 변하거나 자신을 둘러싼 상황의 변화에 대처해야 할 때 발생한다.

11 긴즈버그(Ginzberg)의 이론에서 직업목표를 정하고, 자신의 결정에 관한 내적·외적요소를 종합할 수 있으며, 타협이 중요한 요인이 되는 단계는?

① 능력(Capacity) 단계
② 탐색(Exploration) 단계
③ 결정화(Crystallization) 단계
④ 가치(Value) 단계
⑤ 전환(Transition) 단계

긴즈버그(Ginzberg)는 직업선택의 3단계를 '환상기 - 잠정기 - 현실기'로 구분하고, 현실기를 다시 '탐색 단계 - 결정화 단계 - 특수화 단계'의 3가지 하위단계로 나누었다. 결정화 단계에서 직업목표를 구체화하게 되며, 타협이 중요한 요인이 된다.

정답 08 ④ 09 ③ 10 ③ 11 ③

12 가이스버스(N. Gysbers)와 무어(E. Moore)가 목표설정을 위하여 사용하는 진로상담기법은?

① 면담 리드(Interview Leads)
② 진로 가계도(Career Genogram)
③ 사다리 기법(Laddering Techniques)
④ 생애진로무지개(Life Career Rainbow)
⑤ 생애진로사정(Life Career Assessment)

① 면담 리드 : 상담자가 내담자에게 적절한 질문을 하여 내담자의 욕구 등을 표현할 수 있게 하는 진로상담기법이다.
② 진로 가계도 : 보웬(Bowen)의 가계도를 응용한 것으로 3세대에 걸친 내담자 가족의 윤곽을 평가하며 진로상담에서 활용하고 정보수집단계에서 사용한다.
③ 사다리 기법 : 진로선택 구조를 찾는 방법으로 이용된다. 선호하는 직업구조를 탐색하여 사다리 구조 안에서 나를 나 자체로 느끼는 것과 미리 결정된 것을 따라가면서 좋아지는 것 등을 확인하여 선호하는 직업구조를 선택하는 것이다.
④ 생애진로무지개 : 수퍼(Super)가 생애공간이론에서 사용한 개념이다. 수퍼는 개인의 진로발달과정을 자기실현 및 생애발달의 과정으로 보고 여러 가지 생활영역에 있어서의 진로발달을 나타내는 생애진로무지개를 제시하였다.
⑤ 생애진로사정 : 아들러(Adler)의 개인심리학에 기초한 것이다. 상담자가 내담자의 체계적인 다양한 정보를 수집하고, 내담자는 자신에 대해 체계적으로 이야기해나가며 경험을 정리하고 삶의 방식을 알아가는 과정을 말한다.

13 다음 수퍼(D. Super)의 진로발달이론과 관련된 단계는?

○ 환상기 – 욕구가 지배적이고 욕구탐색이 중심 과제이다.
○ 흥미기 – 좋아하는 것을 활동으로 연결하고 이를 장래희망이라 생각한다.
○ 능력기 – 능력을 더욱 중요시하며 직업에 필요한 여건에 관심을 갖는다.

① 성장기　　　　　　　　　② 탐색기
③ 확립기　　　　　　　　　④ 유지기
⑤ 쇠퇴기

수퍼의 진로발달이론
① 성장기(출생~14세) : 욕구와 환상이 지배적이나 사회참여 활동이 증가하고, 현실 검증이 생김에 따라 흥미와 능력을 중시하는 단계이다.
② 탐색기(15~24세) : 학교·여가생활, 시간제의 일 등을 통한 경험으로 자신에 대한 탐색과 역할에 대해 수행해야 할 것을 찾고 직업에 대한 탐색을 시도하려는 단계이다.
③ 확립기(25~44세) : 자신에게 적합한 직업분야를 발견하고 자신의 생활의 안정을 위해 노력하는 단계이다.
④ 유지기(45~64세) : 직업세계에서 자신의 위치가 확고해지고 자신의 자리를 유지하기 위해 노력하며 안정된 삶을 살아가는 단계이다.
⑤ 쇠퇴기(65세 이후) : 정신적·육체적 기능이 점차 쇠퇴하는 단계이다.

14 타이드만과 오하라(Tiedeman & O'Hara)의 의사결정단계 중 '개혁 단계'에 대한 설명으로 옳은 것은?

① 자신의 진로목표를 설정하고 대안을 탐색해 보며 그것을 성취할 수 있는 능력과 여건이 갖추어져 있는지에 대해 예비평가를 한다.
② 가치관과 목표, 가능한 보수나 보상 등을 고려하면서 개인은 구체적으로 자신의 진로를 준비하기 시작한다.
③ 자기가 하고 싶어 하는 일과 그렇지 않은 것을 확실히 알게 되며 구체적으로 의사결정에 임하게 된다.
④ 개인은 새로운 상황에 들어가서 인정과 승인을 받고자 한다. 새 집단이나 조직의 풍토에 적응하기 위해서 개인은 자신의 일면을 수정하거나 버리기도 한다.
⑤ 개인이 수용적인 자세로 새로운 상황에 임한 후 일단 인정을 받으면, 자신의 의견이나 주장을 강력하게 드러낸다.

적응기(Adjustment Period)

적응 단계	• 개인은 새로운 상황에 들어가서 인정과 승인을 받고자 한다. 새 집단이나 조직의 풍토에 적응하기 위해서 선택에 수동적으로 적응하며, 개인은 자신의 일면을 수정하거나 버리기도 한다. • 개인의 목표와 포부는 집단의 목표에 동화되고 수정된다.
개혁 단계	• 개인이 수용적인 자세로 새로운 상황에 임한 후, 일단 인정을 받으면 자신의 의견이나 주장을 강력하게 드러낸다. • 즉, 수동적인 수용의 성격에서 좀 더 적극적인 태도로 변화하는 단계이다.
통합 단계	• 개인이 집단의 목표와 자신의 목표가 비슷하다고 생각될 때 일어난다. • 개인이 집단이나 조직의 욕구와 자신의 욕구들을 균형 있게 조절할 수 있게 되어 타협과 통합을 이루게 된다.

15 갓프레드슨(Gottfredson)의 이론 중 자신이 극복할 수 없는 문제를 가진 직업을 어쩔 수 없이 포기하고 자신에게 덜 적합하지만 현실적으로 가능한 것을 선택하는 과정을 무엇이라고 하는가?

① 포 부   ② 제 한
③ 강 행   ④ 권 위
⑤ 타 협

포부의 제한과 타협

제 한	자기개념과 일치하지 않는 직업들을 배제하는 과정으로 자기개념의 발달단계에 따라 이루어진다.
타 협	제한을 통해 선택된 선호하는 직업 대안들 중 자신이 극복할 수 없는 문제를 가진 직업을 어쩔 수 없이 포기하고, 자신에게 덜 적합하지만 현실적으로 가능한 것을 선택하는 과정이다.

정답 12 ① 13 ① 14 ⑤ 15 ⑤

16 크럼볼츠(Krumboltz)의 이론에 관한 설명으로 옳은 내용을 모두 고른 것은?

> ㄱ. 개인의 학습경험은 도구적 학습경험과 연상적 학습경험으로 이루어진다.
> ㄴ. 유전적 요인, 환경적 조건, 학습경험, 과제접근기술이 진로결정에 영향을 미친다.
> ㄷ. 예기치 않은 사건들이 진로에 부정적으로 작용하는 경우는 없다.
> ㄹ. 자기효능감과 과정기대를 중심으로 진로의사결정모형을 확립하였다.
> ㅁ. 개인과 환경과의 상호작용 과정에 초점을 두고 있다.

① ㄱ, ㄴ, ㅁ   ② ㄱ, ㄷ, ㄹ
③ ㄱ, ㄴ, ㄷ, ㄹ   ④ ㄱ, ㄴ, ㄹ, ㅁ
⑤ ㄴ, ㄷ, ㄹ, ㅁ

> ㄷ. 크럼볼츠는 삶에서 나타나는 다양하고 우연적인 사건에 주목하면서 한 사람의 진로발달 과정에서 예기치 않은 사건이 일어날 수밖에 없고, 이러한 사건은 그 사람의 진로에 긍정적 또는 부정적으로 작용하게 된다고 주장한다.
> ㄹ. 자기효능감과 성과기대를 중심으로 진로발달결정모형을 확립한 학자는 렌트(Lent), 브라운(Brown), 해킷(Hackett) 등이다.

17 윌리암슨(E. Williamson)의 관점에서 다음 사례의 내담자가 가진 진로의사결정 문제로 옳은 것은?

> 민아는 친구들의 머리를 잘 단장해주고 친구들의 반응도 좋아서 헤어디자이너가 되기로 선택했지만, 과연 옳은 선택을 했는가에 대해 의심한다.

① 진로무선택   ② 불확실한 선택
③ 현명하지 못한 선택   ④ 흥미와 적성 간의 모순
⑤ 직업부조화

> **윌리암슨의 진로선택의 문제**
> • 불확실한 선택 : 내담자는 교육수준 부족, 자기이해 부족, 직업세계에 대한 이해 부족, 실패에 대한 두려움, 자신의 적성에 대한 불신 등으로 인해 직업선택에 대해 확신을 가지지 못한다.
> • 진로무선택 : 내담자는 자신의 선택의사를 표현할 수 없으며, 자신이 무엇을 원하는지조차 모른다고 대답한다.
> • 현명하지 못한 선택 : 내담자는 목표에 부합하지 않는 적성이나 자신의 흥미와 관계없는 목표를 가지고 있을 수 있다.
> • 흥미와 적성 간의 모순 : 내담자가 흥미를 느끼는 직업에 적성이 없거나, 적성이 맞는 직업에 흥미를 느끼지 못하는 등 흥미와 적성이 일치하지 않는 경우를 말한다.

18 다음 A~E에 들어갈 단어를 순서대로 나열한 것은?

하렌(Harren)은 의사결정과정으로 인식, 계획, 확신, 이행의 네 단계를 제안하고, 이 과정에서 영향을 미치는 주요 요인으로 (A)과 (B)을(를) 제시하였다. 또한 효과적인 의사결정자는 적절한 (C)과(와) 분화되고 통합된 (D)을(를) 갖고 있으며, 합리적 유형을 활용하여 책임있는 의사결정을 하고, 성숙한 대인관계와 분명한 (E)을(를) 가진다고 정의하였다.

	A	B	C	D	E
①	자아개념	의사결정유형	자아존중감	자아개념	목적의식
②	자아존중감	정서적 자각	진로성숙도	자아의식	직업관
③	자기조절	우유부단함	도덕성	자아	진로목표
④	자아효능감	진로성숙도	자아존중감	자율성	생활양식
⑤	정서조절	흥미유형	진로성숙도	자아의식	가치관

하렌(Harren)의 효과적인 의사결정자
- 적절한 자아존중감과 통합된 자아개념을 가진다.
- 합리적 의사결정유형을 활용한다.
- 의사결정에 대해 스스로 책임진다.
- 성숙한 대인관계와 분명한 목적의식을 가진다.

19 다위스(R. Dawis)와 롭퀴스트(L. Lofquist)가 제안한 직업적응이론에 기초하여 개발된 평가도구로 옳지 않은 것은?

① 미네소타 충족도 척도(MSS)　　② 미네소타 만족도 질문지(MSQ)
③ 미네소타 중요도 질문지(MIQ)　　④ 미네소타 진로신념 검사(MCBI)
⑤ 미네소타 직무기술 질문지(MJDQ)

다위스와 롭퀴스트의 직업적응이론에 기초한 평가도구
- MIQ(Minnesota Importance Questionnaire ; 미네소타 중요도 질문지) : 개인이 일의 환경에 대하여 지니는 20개 욕구와 6개의 가치관을 측정하는 도구이다.
- MJDQ(Minnesota Job Description Questionnaire ; 미네소타 직무기술 질문지) : 일의 환경이 MIQ에서 정의한 20개 욕구를 만족시켜 주는 정도를 측정하는 도구이다.
- MSQ(Minnesota Satisfaction Questionnaire ; 미네소타 만족도 질문지) : 직무만족의 원인이 되는 일의 강화요인을 측정하는 도구로 능력의 사용, 성취, 승진, 활동, 다양성, 작업조건, 회사의 명성, 인간자원의 관리체계 등의 척도로 구성되어 있다.
- MOCS Ⅲ(Minnesota Occupational Classification System Ⅲ ; 직업분류체계)
- MSS(Minnesota Satisfactoriness Scales ; 미네소타 충족도 척도)

정답　16 ①　17 ②　18 ①　19 ④

20 다위스(Dawis)와 롭퀴스트(Lofquist)의 직업적응이론에 관한 설명으로 옳은 내용을 모두 고른 것은?

> ㄱ. 개인은 직업 환경이 원하는 기술을 가지고 있고, 그 환경은 개인의 욕구를 충족시켜 줄 강화인을 가지고 있을 때, 양자 간의 조화로운 상태로 본다.
> ㄴ. 개인의 성격양식을 개방성, 지속성, 민첩성, 속도로 설명한다.
> ㄷ. 개인의 적응양식을 유연성, 적극성, 반응성, 인내로 설명한다.
> ㄹ. 개인-환경 간 부조화의 정도가 수용할 수 없는 범위이면, 부조화를 줄이려는 노력보다 이직을 고려한다.
> ㅁ. 직업적응과 관련되는 두 가지 중요한 개념으로 개인의 만족과 직업 환경의 만족(충족)이 있다.

① ㄱ, ㄴ, ㄹ
② ㄱ, ㄷ, ㅁ
③ ㄱ, ㄹ, ㅁ
④ ㄴ, ㄷ, ㄹ
⑤ ㄴ, ㄷ, ㅁ

ㄴ. 개인의 성격양식을 민첩성, 역량, 리듬, 지구력으로 설명한다.
ㄹ. 직업적응이론은 개인은 환경과 조화를 이루려 하고 이를 유지하려는 기본적인 동기를 가진다고 가정한다. 따라서 개인-환경 간 부조화의 정도가 수용할 수 없는 범위이면, 개인은 환경의 요구조건을 변화시키거나 자신의 욕구 구조를 변화시켜 조화상태에 이르려고 한다.

21 인지적 정보처리이론(CIP)의 주요 전제로 옳지 않은 것은?

① 진로선택은 인지적 및 정의적 과정들의 상호작용의 결과이다.
② 진로를 선택한다는 것은 하나의 문제해결 활동이다.
③ 진로성숙은 진로문제를 해결할 수 있는 자신의 능력에 의존하지 않는다.
④ 진로문제해결은 인지적 작용에 의해 좌우된다.
⑤ 책임성 있는 진로결정은 진로문제의 해결능력에 달려 있다.

인지적 정보처리이론(CIP)의 주요 전제
진로상담을 하나의 학습과정으로 간주한다. 인지적 정보처리이론에서는 개인이 자신의 운명을 결정·통제하는 데 있어서 무엇보다도 인지의 역할이 크다는 것을 강조하는 데 그 특징이 있다.
- 진로선택은 인지적 과정과 정의적 과정의 상호작용 결과이다.
- 진로선택은 문제해결 행동이며, 이러한 문제해결 능력은 지식뿐만 아니라 인지적인 작용에 의해 좌우된다.
- 진로발달은 일련의 체계적인 기억구조로 이루어진 자신과 직업세계에 대한 지식구조에 있어서의 지속적인 성장과 변화를 포함한다.
- 책임성 있는 진로결정은 진로문제의 해결능력에 달려 있다.
- 진로성숙도는 자신의 진로문제를 해결하는 개인의 능력과 관련된다.

22 다음 반두라(A. Bandura)의 사회학습이론에서 설명하는 개념은?

○ 어떤 정해진 수행을 해내기 위해 필요한 행동을 조직화하고 실행해 낼 수 있는 자신의 능력에 대한 개인의 판단으로 정의된다.
○ 개인의 이전 수행 성취도, 타인 관찰을 통한 대리 경험, 언어적 설득, 생리적 반응에 기인한다.

① 자기조절 ② 자기효능감
③ 자기개념 ④ 자기발달
⑤ 자기진로적응

자기효능감
- 심리적 기능에 영향을 미치는 개인의 사고와 심상을 포함한다고 본다.
- 어떤 과제수행에 대해 자기의 능력에 대한 믿음이 과제시도 여부와 과제를 어떻게 수행하는지 결정한다.
- 개인 노력의 강도를 결정한다. 효능감이 높은 사람은 과제수행을 긍정적으로 이끌어가는 성공 시나리오를 시각화하고, 문제 소지에 대해서도 좋은 해결 방안을 인지적으로 시연하는 반면, 효능감이 낮은 사람은 실패 시나리오를 시각화하는 경향이 있는데, 이런 식의 효능적이지 못한 사고가 동기를 약화하고 수행을 저하한다.

23 사회인지 진로이론에 관한 설명으로 옳은 것을 모두 고른 것은?

ㄱ. 여성이나 소수자의 진로발달 및 선택을 강조하는 진로장벽 개념을 강조하였다.
ㄴ. 자기효능감, 결과기대, 개인적 목표 등의 인지요인을 강조하였다.
ㄷ. 진로행동모형에는 진로의사결정모형, 흥미발달모형, 선택모형, 수행모형이 있다.
ㄹ. 어떤 것을 성취했을 때 얻을 수 있는 것에 대한 신념이 실제 실행할 행동을 결정한다.
ㅁ. 사회는 사회적 역할을 통해 개인의 삶의 과정을 구성한다.

① ㄱ, ㄴ, ㄹ ② ㄱ, ㄷ, ㄹ
③ ㄴ, ㄷ, ㅁ ④ ㄱ, ㄴ, ㄷ, ㄹ
⑤ ㄴ, ㄷ, ㄹ, ㅁ

ㄷ. 진로행동모형에는 흥미모형, 선택모형, 수행모형이 있다.
ㅁ. 구성주의 진로발달 이론의 16가지 가정에 해당하는 내용이다.

24 사비카스(Savickas)의 구성주의 진로이론에 관한 설명으로 옳은 것은?

① 진로적응성은 성인기 진로발달에만 해당한다.
② 개인의 주관적 경험과 진로문제는 생애주제와 관련이 있다.
③ 진로적응도를 '계획된 우연'의 맥락에서 태도, 신념, 역량으로 구성한다.
④ 생애주제는 자녀, 학생, 시민, 배우자, 부모 등과 같은 역할로 구분된다.
⑤ 진로적응도를 자원과 전략에 따라 호기심, 인내심, 융통성, 낙관성, 위험감수로 구분한다.

> **사비카스(Savickas)의 구성주의 진로이론**
> 개인은 자신의 진로선택을 이끄는 하나 혹은 그 이상의 생애주제(Life Themes)를 가지고 있으며, 이러한 생애주제는 개인이 살아온 인생에 의해서 분명해지고, 개인은 생애주제를 실현하는 데 도움을 주는 의미 있는 일을 수행하는 데 의의를 부과함으로써 그들의 진로를 구성한다고 제시하였다. 또한, 진로 경험에 대한 객관적인 평가보다 내담자의 주관적인 경험과 의미부여가 진로선택에서 중요한 역할을 하는 것으로 보았다.

25 보딘(Bodin)이 주장한 직업선택의 문제영역 중 다음의 내용이 설명하고 있는 것은?

> 내담자가 현실적인 직업선택을 하고도 자신의 선택에 대한 확신의 부족으로 인해 직업상담사를 찾아오는 경우이다.

① 의존성
② 선택에 대한 불안
③ 확신의 결여
④ 정보의 부족
⑤ 자아갈등

> **직업선택의 문제영역**
> • 의존성 : 다른 사람에게 지나치게 의존하거나 자신들의 욕구중재를 다른 사람에게 의존하려 한다.
> • 정보의 부족 : 적합한 정보를 접할 기회가 없기 때문에 현명한 선택을 하지 못하는 경우이다.
> • 자아갈등(내적갈등) : 둘 혹은 그 이상의 자아개념과 관련된 반응기능 사이의 갈등이며, 진로와 결혼 사이의 역할기대로 갈등을 겪는 여성의 경우를 예로 들 수 있다.
> • 선택에 대한 불안 : 여러 가지 대안들 가운데 선택을 못하고 불안해한다.
> • 확신의 결여 : 선택은 하였으나, 확신을 갖지 못하고 타인들로부터 확신을 구한다.

26 수퍼(D. Super)의 생애진로무지개 모형에서 제시한 생애 역할로 옳은 것을 모두 고른 것은?

> ㄱ. 자녀(Child) ㄴ. 시민(Citizen)
> ㄷ. 여가인(Leisurite) ㄹ. 직업인(Worker)

① ㄱ, ㄴ
② ㄴ, ㄷ
③ ㄱ, ㄴ, ㄷ
④ ㄱ, ㄷ, ㄹ
⑤ ㄱ, ㄴ, ㄷ, ㄹ

> 수퍼는 생애진로무지개 모형에서 사람들이 성장하면서 수행하는 다양한 역할로 자녀(Child), 학생(Student), 여가인(Leisurite), 시민(Citizen), 직업인(Worker), 주부(Homemaker) 등을 언급하고 있다.

CHAPTER 02 청소년 진로상담의 실제

01 학교에서 실시되는 진로상담의 주요 원리에 관한 적절한 설명을 모두 고른 것은?

> ㄱ. 진로상담은 진학과 직업 선택에 초점을 맞추어 전개되어야 한다.
> ㄴ. 진로상담은 상담윤리강령에 따라 진행되어야 한다.
> ㄷ. 진로상담 과정에서 심리적인 문제가 나타나더라도 우선 진로문제 해결에 초점을 두어 진행한다.
> ㄹ. 진로상담은 각종 심리검사의 결과를 기초로 합리적인 결과를 이끌어 낼 수 있도록 도와주는 역할을 할 수 있다.
> ㅁ. 진로상담은 내담자가 합리적인 진로의사결정과정과 기법을 체득하도록 상담할 수 있다.

① ㄱ, ㄴ, ㄷ, ㄹ
② ㄱ, ㄴ, ㄷ, ㅁ
③ ㄱ, ㄴ, ㄹ, ㅁ
④ ㄱ, ㄷ, ㄹ, ㅁ
⑤ ㄴ, ㄷ, ㄹ, ㅁ

> ㄷ. 진로상담 과정에서 심리적인 문제가 나타나는 경우, 상담자는 각 사례에서 진로문제와 심리문제가 어떠한 양상으로 나타나는지 파악하고, 어떻게 개입할 것인지 방향을 정해야 한다. 공감과 지지를 바탕으로 진로문제에 영향을 주는 심리문제를 적절히 다루어 주되, 근원적이고 심각한 수준의 문제는 전문기관으로 연계한다.

02 진로상담기법 중 진로가계도를 활용한 상담에 대한 설명으로 옳지 않은 것은?

① 부모님의 직업이나 일하시는 모습에 대해 어떤 생각을 해보았는지 확인한다.
② 진로가계도를 그린 후 가계도 분석을 실시한다.
③ 3세대에 걸친 내담자 가족의 윤곽을 평가하는 대표적인 정성적 평가방법 중 하나이다.
④ 가족들이 중요하게 생각하고 있는 것은 무엇인지 탐색한다.
⑤ 남자는 원, 여자는 사각형으로 표현하고 가족 구성원 관계를 기호와 선으로 도표화하였다.

> 진로가계도는 가족 구성원의 관계를 정해진 기호와 선으로 도표화한 그림으로, 남자는 사각형, 여자는 원으로 표현한다. 이를 통해 가족의 외형적 관계뿐만 아니라 심리적 관계까지도 표현할 수 있다.

03 아들러(A. Adler)의 개인심리학에 기반한 생애진로사정(LCA)의 설명으로 옳지 않은 것은?

① 정보를 수집하는 초기단계에서 유용하다.
② 내담자 자신에 대해 구체적으로 알 수 있다.
③ 내담자의 강점을 저해하는 장애를 발견할 수 있다.
④ 내담자를 객관적으로 파악할 수 있는 표준화된 검사도구이다.
⑤ 구조는 진로사정, 전형적인 하루, 강점과 장애, 요약으로 구성되어 있다.

> 생애진로사정(LCA)는 아들러의 개인심리학에 기초한 것으로, 상담자가 내담자의 체계적인 다양한 정보를 수집하고, 내담자는 자신에 대해 체계적으로 이야기를 해나가며 자신의 경험에 대해 정리하고 자신의 삶의 방식을 알아가는 과정을 말하는 것이므로, 객관적인 검사도구라고 할 수 없다.

04 진로상담자가 다음의 평가를 통해 파악하고자 하는 내담자의 특성은?

○ 최고의 경험 탐색
○ 시간과 돈의 임의적인 사용
○ 존경하는 타인 말하기
○ 백일몽 말하기

① 가치
② 적성
③ 성격
④ 흥미
⑤ 역할

> ① 가치는 개인이 특정 상황에서 선택이나 결정을 내려야 할 때 어떤 특정한 방향으로 행동하게 하는 원리나 믿음 또는 신념이다.

05 진로상담에서 다음과 같은 상담자 질문을 활용하는 기법은?

○ 여가 시간을 어떻게 보내나요?
○ 당신의 일상적인 하루를 자세히 설명해 주겠어요?
○ 당신은 일과를 혼자 결정하나요? 아니면 다른 사람과 함께 결정하나요?

① 유도된 환상 기법(Guided Fantasy Techniques)
② 진로 역할극(Career Role Play)
③ 생애진로무지개(Life Career Rainbow)
④ 사다리 기법(Laddering Techniques)
⑤ 생애진로사정(Life Career Assessment)

생애진로사정
내담자 특성 파악을 위한 진로상담기법으로 진로사정(했던 일, 교육경험, 여가활동), 일상적인 하루(의존적/독립적, 계획적/즉흥적), 강점과 약점, 요약 등으로 구성된다.

06 청소년 진로상담에서 심리검사의 활용으로 옳은 것은?

① 진학상담을 위해 진로탐색검사를 실시한다.
② 학습동기를 파악하기 위해 구직욕구검사를 실시한다.
③ 가족의 영향을 파악하기 위해 직업선호도검사를 실시한다.
④ 직업적응 및 진로변경 상담을 위해 직업적성검사를 실시한다.
⑤ 흥미를 탐색하기 위해 직업전환검사를 실시한다.

② 구직욕구검사는 만 18세 이상의 구직자를 대상으로 구직자의 취업에 대한 열망을 객관적으로 평가하고, 경제적 어려움, 구직활동의 적극성, 일자리 수용 자세의 3개 하위척도를 포함하는 검사를 말한다.
③ 직업선호도검사는 만 18세 이상의 성인을 대상으로 실시하는 종합적인 직업심리검사로, 흥미검사, 성격검사, 생활사검사의 3개 하위검사로 구성되어 있다.
④ 직업적성검사는 만 18세 이상의 모든 성인과 청소년(중고생)을 대상으로 다양한 직업 분야에서 자신이 맡은 직무를 성공적으로 수행하기 위하여 요구되는 중요한 적성요인을 측정하기 위해 개발되었다. 직업적응 및 진로변경 상담을 위해서는 구직효율성 검사, 직업전환 검사, 창업진단 검사 등의 진로심리검사를 실시한다.
⑤ 직업전환검사는 현재 직업에 적응하는 데 어려움을 느끼는 직장인, 재취업을 희망하는 실직자, 자신의 전공과 다른 직업을 구하는 대학생 등 만 18세 이상의 성인을 대상으로 실시한다.

정답 02 ⑤ 03 ④ 04 ① 05 ⑤ 06 ①

07 진로심리검사에 관한 설명으로 옳지 않은 것은?

① 적성분류검사(DAT ; Differential Aptitude Test)는 일반적성검사와 특수적성검사가 있다.
② 진로발달검사(CDI ; Career Development Inventory)는 학교적응, 전공선택, 직업선택을 측정한다.
③ 진로의사결정수준검사(ACDM ; Assessment of Career Decision Making)는 합리적, 직관적, 의존적 유형을 측정한다.
④ 진로성숙도검사(CMI ; Career Maturity Inventory)는 진로계획 태도와 능력을 측정한다.
⑤ 스트롱 흥미검사(SII ; Strong Interest Inventory)는 좋아함-무관심-싫어함 정도를 파악하여 직업군에 대한 흥미 형태를 결정한다.

> ② 진로발달검사(CDI)는 수퍼의 진로발달 모형에 기초해서 적합한 교육 및 직업 선택에 대한 학생들의 준비도를 측정하기 위해 제작된 것으로 진로계획, 진로탐색, 의사결정, 일의 세계에 대한 지식, 선호하는 직업에 대한 지식 등으로 구성되어 있다.

08 흥미검사와 관련된 설명으로 옳은 것은?

① 스트롱 흥미검사는 직업지도를 위해 제작되었다.
② 스트롱 흥미검사는 피검자에게 수백 개의 직업적·부업적 활동에 관한 질문을 목록으로 만들어 제시한다.
③ 쿠더 흥미검사는 비교적 항상적이며 특정 직업에 종사하고 있는 사람은 대개 비슷한 흥미를 가지고 있다는 전제로 개발되었다.
④ 쿠더 흥미검사는 사람들의 성격유형과 생활환경을 실재형, 탐구형, 예술형, 사회형, 기업형, 관습형의 여섯 가지로 구분한다.
⑤ 홀랜드 진로탐색검사는 피검자에게 여러 가지 특정 활동과 관련된 세 가지의 가능한 생활 중에서 가장 좋아하는 것과 가장 싫어하는 것을 선택하게 하여 피검자의 흥미 영역을 결정한다.

흥미검사의 종류

스트롱 흥미검사	• 흥미란 비교적 항상적이며 특정 직업에 종사하고 있는 사람은 대개 비슷한 흥미를 가지고 있다는 전제로 개발되었다. • 피검자에게 수백 개의 직업적·부업적 활동에 관한 질문을 목록으로 만들어 제시한 후, 각 질문에 대한 선호도를 파악하여 특정 직업군에 대한 흥미 형태를 결정한다.
쿠더 흥미검사	• 직업지도를 위해 제작되었다. • 피검자에게 직업이나 학교 및 여가 생활에서 행해지는 여러 가지 특정 활동과 관련된 3가지의 가능한 생활 중에서 가장 좋아하는 것과 가장 싫어하는 것을 선택하게 하여 피검자의 흥미 영역을 결정한다.
홀랜드 진로탐색검사	• 사람들의 성격유형과 생활환경을 실재형, 탐구형, 예술형, 사회형, 기업형, 관습형의 6가지로 구분하고, 개인의 행동은 성격 특성과 환경 특성의 상호작용에 의해 결정된다고 가정한다. • 홀랜드의 RIASEC 육각형 모형에 기초해서 성격, 유능감, 직업, 활동, 자기평정의 5개 하위영역에 대한 RIASEC 점수와 전체 RIASEC 요약 점수를 결과로 제시하고, 일관도, 변별도, 긍정응답률, 진로정체감, 검사 전후의 진로코드 및 최종적인 진로코드 분석을 검토한다.

09 적성을 탐색하는 방법으로 옳지 않은 것은?

① 적성분류검사는 수리력, 추리력, 공간관계, 언어추리, 기계추리, 사무능력, 언어철자, 언어문장의 8개 하위검사로 구성되어 있다.
② 일반적성검사는 11개 지필검사와 환치검사, 회전검사, 조립검사, 분해검사의 4개 기구검사로 구성되어 있다.
③ 일반적성검사에서 검출되는 적성은 형태지각, 사무지각, 운동조절, 공간판단능력, 언어능력, 산수능력, 손재치, 손가락 재치, 손운동 속도, 학습능력인 일반지능의 10개 요인이다.
④ 특수적성검사는 과학, 예능 등 특수 분야의 적성을 측정하기 위한 검사로 감각운동능력검사, 기계적성검사, 사무적성검사, 직업적성검사, 예능적성검사 등으로 분류된다.
⑤ 특수적성검사의 결과는 요인별 표준점수에 의한 프로파일 형식으로 제공되며, 몇 개의 적성요인에 대한 표준점수를 조합하면 개인이 어떤 유형의 직업에 적당한지에 대한 정보를 얻을 수 있다.

검사 결과가 요인별 표준점수에 의한 프로파일 형식으로 제공되며, 몇 개의 적성요인에 대한 표준점수를 조합하면 개인이 어떤 유형의 직업에 적당한지에 대한 정보를 얻을 수 있는 검사는 '일반적성검사'이다.

10 다음 중 가치관 검사에 해당하는 내용을 모두 고른 것은?

ㄱ. 가치관 연구　　　　　ㄴ. 가치관 척도
ㄷ. 중요도 검사　　　　　ㄹ. 직업가치관 검사
ㅁ. 미네소타 중요도 질문지

① ㄱ
② ㄱ, ㄴ
③ ㄱ, ㄴ, ㄷ
④ ㄱ, ㄴ, ㄷ, ㄹ
⑤ ㄱ, ㄴ, ㄷ, ㄹ, ㅁ

가치관 검사

개인가치관 검사	개인의 가치체계를 측정하기 위해 개발된 검사로서, 지톱스키와 워맨(Zytowsky & Warman)이 개발한 가치관 연구(SV), 수퍼 등(Nevill & Super)이 개발한 가치관 척도(VS), 중요도 검사(SI) 등이 있다.
직업가치관 검사	• 직업과 관련된 가치체계를 측정하기 위해 개발된 검사로 라운즈, 핸리, 다위스, 롭퀴스트와 와이스(Rounds, Hamly, Dawis, Lofquist & Weiss)의 미네소타 중요도질문지(MIQ), 수퍼(Super)가 개발한 직업가치관 검사(WVI) 등이 있다. • MIQ는 다위스와 롭퀴스트(Dawis & Lofquist)의 직업적응이론에 기초하여 개발된 20가지 작업 요구와 가치에 대해 개인이 직업을 선택할 때 얼마나 중요하게 생각하는가를 질문하여 성취, 위로, 지위, 이타성, 안전, 자율성의 6개 가치 영역으로 분류한다. • WVI는 중학교 1학년~고등학교 3학년을 대상으로 진로발달 연구와 진로상담을 위해 개발되었고, 일 자체가 주는 만족감(내재적 가치)이나 일을 통해 얻어지는 어떤 것에 대한 만족감(외재적 가치)을 측정하는 15개의 척도로 구성한다.

11 다음의 대화에서 나타난 상담의 단계는?

• 상담자 : 어떤 점이 이걸 극복하는 데 도움이 되었나요?
• 내담자 : 선생님께서 내주신 과제를 하면서 재미를 알게 되었어요. 그래서 제가 미루면서 하지 않고 생각만 하던 것을 하나씩 하다 보니 극복이 되더라고요. 이제 정말 자신감을 갖게 되었어요.
• 상담자 : 그렇군요! 이제 자신감을 가지고 혼자서 할 수 있게 되었군요.

① 상담계획 구조화
② 상담목표 명료화
③ 상담협력관계 형성
④ 종결 환경 조성
⑤ 추수상담 일정 확정

④ '종결'단계에서는 내담자와 합의한 목표를 충분히 달성하였는지 확인하고, 앞으로 부딪힐 문제를 예측하고 대비하며, '추수지도'단계는 상담 후 내담자가 진로 선택과 의사결정에 만족감을 유지하는지를 확인하고, 필요한 경우 그것이 지속되도록 지도하는 것을 말한다.

상담의 단계
상담자-내담자 관계수립 → 정보의 수집 → 문제의 평가 → 상담목표의 설정 → 상담의 개입 → 훈습 → 종결과 추수지도

12 다음과 같이 진술한 내담자의 상태는?

"이것도 하고 싶고, 저것도 하고 싶어서 결정을 내리기 어려워요."

① 자신의 선택이 잘된 것인지 명료화하기를 원하는 내담자
② 자신의 선택을 이행하기 위해 도움이 필요한 내담자
③ 진로의사가 결정된 것처럼 보이나 실제로는 결정을 하지 못하는 내담자
④ 자신의 모습, 직업 혹은 의사결정을 위한 지식이 부족한 내담자
⑤ 다양한 능력으로 지나치게 많은 기회를 갖게 되어 진로 결정을 하기 어려운 내담자

정보의 수집을 통한 내담자 분류 - 샘슨(Sampson), 피터슨(Peterson) 등

구 분	유 형	내담자 진술
진로 결정자	자신의 선택이 잘 된 것인지 명료화하기를 원하는 내담자	"나는 내가 올바른 방향으로 가고 있는지 알고 싶어요."
	자신의 선택을 이행하기 위해 도움이 필요한 내담자	"이제부터 무엇을 준비해야 할지 알고 싶어요."
	진로의사가 결정된 것처럼 보이나, 실제로는 결정을 하지 못하는 내담자	"진로에 대한 결정은 내렸지만 불안해요."
진로 미결정자	자신의 모습, 직업 혹은 의사결정을 위한 지식이 부족한 내담자	"내가 무엇을 잘하고 좋아하는지 알 수가 없어요."
	다양한 능력으로 지나치게 많은 기회를 갖게 되어 진로결정을 하기 어려운 내담자	"이것도 하고 싶고 저것도 하고 싶어서 결정을 내리기가 어려워요."
	진로결정을 하지 못하지만, 성격적인 문제는 없는 내담자	"그냥 아직은 구체적인 계획은 갖고 있지 않아요."
우유부단형	생활에 전반적인 장애를 주는 불안을 동반한 내담자	"내가 과연 무엇을 할 수 있을지 잘 모르겠어요."
	일반적으로 문제해결 과정에서 부적응적인 성격을 지니고 있는 내담자	"나는 우울해요."

13 다음 사례에 제시된 내담자에 대한 상담자의 개입으로 옳지 않은 것은?

> 다미는 다른 친구들이 장래에 하고 싶은 것을 정하여 관련된 방과후 활동을 하는 것을 보면 부러웠다. 자기는 아직 무엇을 해야 할지, 무엇을 원하는지도 모르는 것 같아서 답답하다.

① 직업세계에 대한 탐색
② 자기이해를 위한 탐색
③ 선택된 진로과정 점검
④ 진로 관련 심리검사 실시
⑤ 진로 관련 의사결정 연습

③ '선택된 진로과정 점검'은 진로결정자에 대한 개입방법에 해당한다. 사례에 제시된 내담자는 진로 미결정자이므로, 상담자는 직업세계에 대한 탐색, 자기이해를 위한 탐색, 진로 관련 심리검사 실시, 진로 관련 의사결정 연습 등의 개입이 필요하다.

14 진로상담에서 내담자의 저항에 관한 설명으로 옳은 것은?

① 진로상담에서는 내담자의 저항이 나타나지 않는다.
② 마술처럼 해결될 것이라는 내담자의 기대는 저항으로 나타나기도 한다.
③ 단기상담으로 진행되기 때문에 내담자의 저항에 관심을 갖지 않는다.
④ 솔직한 대화는 간접적 이득을 주지만 저항을 일으킬 수도 있다.
⑤ 진로문제로 상담을 시작하면 자신의 심리적 문제를 회피할 수 있어 저항이 나타나지 않는다.

① 진로상담에서도 내담자는 자기보호를 위한 노력으로 저항을 나타낼 수 있고, 상담자는 내담자의 저항을 자연스러운 반응으로 이해하고 존중하도록 해야 한다.
③ 단기상담으로 진행된다면 더욱 적극적으로 내담자의 저항 목적이 무엇인지 파악하여 내담자와의 상담관계를 재점검하도록 한다.
④ 저항적인 내담자에 대한 전략으로 내담자와 친숙해지기 위해 솔직한 대화를 통해 내담자의 생애에서의 역할, 단계, 생애과제와 연관된 사건들을 총체적으로 이해하고자 한다.
⑤ 진로문제로 상담을 할 때도 내담자는 생애과제와 연관된 다양한 사건들을 경험하면서, 그로 인해 피할 수 없는 고통, 어려움, 긴장 등과 같은 심리적 문제와 결부되어 저항을 나타낼 수 있다.

15 청소년 집단진로상담의 특징으로 옳은 것을 모두 고른 것은?

> ㄱ. 자기이해의 기회가 되며, 자신의 직업적 적합성을 객관적으로 이해할 수 있다.
> ㄴ. 학생들이 공통적으로 필요로 하는 직업정보를 효율적으로 제공할 수 있는 기회가 된다.
> ㄷ. 직업계획의 중요성과 직업세계에 대한 전반적인 오리엔테이션의 기회가 된다.
> ㄹ. 집단상담 중 개인상담이 필요한 학생을 찾아내는 기회가 된다.

① ㄱ, ㄷ
② ㄱ, ㄹ
③ ㄱ, ㄷ, ㄹ
④ ㄴ, ㄷ, ㄹ
⑤ ㄱ, ㄴ, ㄷ, ㄹ

집단 진로상담의 특징
- 집단활동을 통해 자기이해의 기회를 얻는다.
- 집단활동을 통해 자신의 직업적 적합성을 보다 객관적이고 현실적으로 이해할 수 있다.
- 학생들에게 직업계획의 중요성과 직업세계에 대한 전반적인 오리엔테이션의 기회를 제공한다.
- 개인적인 상담이 필요한 학생을 찾아내는 기회가 된다.
- 학생들은 자신의 직업계획을 검토할 수 있는 기회를 얻게 된다.
- 학생들이 공통적으로 필요로 하는 직업정보를 효율적으로 제공할 수 있는 기회가 된다.

16 청소년 진로 집단상담을 운영할 때 고려해야 할 사항을 모두 고른 것은?

> ㄱ. 집단원의 요구와 집단상담 프로그램 목표의 일치여부를 검토한다.
> ㄴ. 구조화 프로그램을 실시하고자 할 때 집단원들의 진로발달 수준이 유사한지 검토한다.
> ㄷ. 집단원이 프로그램의 적용 대상으로 적합한지 검토한다.
> ㄹ. 효과를 평가하여 차후 동일한 집단상담 프로그램을 운영할 때 활용한다.

① ㄱ, ㄷ
② ㄱ, ㄹ
③ ㄱ, ㄷ, ㄹ
④ ㄴ, ㄷ, ㄹ
⑤ ㄱ, ㄴ, ㄷ, ㄹ

청소년 진로 집단상담을 통해 진로와 관련된 자신의 여러 측면에 대한 이해와 직업세계에 대한 탐색, 잠정적인 진로의사결정의 경험, 미래의 자신의 직업 탐색 등을 할 수 있다.

정답 13 ③ 14 ② 15 ⑤ 16 ⑤

17 다문화 청소년과 진로상담을 할 때 주의해야 할 내용을 모두 고른 것은?

> ㄱ. 진로문제가 내담자의 정체성 혼란과 관련이 있는지 탐색한다.
> ㄴ. 내담자 문화에 대한 상담자의 선입견을 탐색한다.
> ㄷ. 취업을 위해 내담자에게 한국 문화에 동화(Assimilation)될 것을 권장한다.
> ㄹ. 사회적 인식의 변화로 고용차별이 없다고 안심시킨다.

① ㄱ
② ㄱ, ㄴ
③ ㄴ, ㄹ
④ ㄱ, ㄴ, ㄷ
⑤ ㄱ, ㄴ, ㄹ

> ㄷ. 다문화 청소년 진로상담 시 내담자의 문화와 개인적 욕구에 맞는 목표와 과제를 설정하고 수행한다. 이와 동시에 다문화 내담자들의 본국 문화에 대하여 존중하는 자세를 잊지 않도록 한다.
> ㄹ. 상담자는 개인이 어쩔 수 없는 사회적 맥락요인이 진로목표설정과 행동의 선택과 실행에 미치는 영향을 민감하게 알아차려서 그에 대응하는 방안을 내담자와 함께 모색해야 한다.

18 다문화 진로상담을 진행할 때 상담자의 태도로 옳지 않은 것은?

① 다문화 내담자들의 본국 문화에 대하여 존중하는 자세를 잊지 않도록 한다.
② 이중 언어에 능통해질 수 있는 유리한 여건 등의 강점을 강화한다.
③ 다문화 내담자를 진단할 때는 내담자의 복잡한 문화를 이해하고 개인의 반응들을 적절히 해석한다.
④ 상담이 종결된 뒤에는 상담자를 다시 찾아와서 목표를 재조정하거나 실행방안을 수정하는 행동을 할 수 없음을 알린다.
⑤ 내담자 가족에서 주요 의사결정자가 누구인지 이해하도록 노력하는 것도 다문화 청소년상담에 있어서 도움이 된다.

> 상담이 종결된 뒤에도 어려움이 있다면 상담자를 다시 찾아와서 목표를 재조정하거나 실행방안을 수정하고 보완할 수 있음을 알린다.

19 취업 준비 중인 지체장애 학생을 상담할 때 필요한 개입을 모두 고른 것은?

ㄱ. 긍정적인 자아개념을 형성하도록 조력한다.
ㄴ. 기능을 회복할 수 있도록 개입한다.
ㄷ. 자기탐색을 통해 성공적인 취업의 요소를 갖추도록 한다.
ㄹ. 적합한 직종에 관한 정보를 수집·분석하여 진로대안을 검토한다.

① ㄱ, ㄴ
② ㄱ, ㄷ
③ ㄱ, ㄴ, ㄷ
④ ㄱ, ㄴ, ㄹ
⑤ ㄱ, ㄷ, ㄹ

ㄴ. 지체장애 학생이 주어진 조건 속에서 취업하여 적응할 수 있도록 도와주는 것이지, 기능을 회복할 수 있도록 하기 위해 상담을 하는 것은 아니다.

20 다문화 진로상담을 진행할 때 상담자의 태도로 옳지 않은 것은?

① 상담을 통해 환경을 변화시킬 수 없으므로, 내담자의 문화적 환경은 제외하고 내담자 개인의 특성 파악에 주력한다.
② 내담자를 진단할 때 내담자의 문화적 특성을 신중하게 고려한다.
③ 내담자들이 직면하고 있는 진로장벽을 이해하고자 노력한다.
④ 내담자의 가치관이나 문화를 반영한 상담목표를 세우고, 상담방식을 적용한다.
⑤ 내담자의 사회적 지지체계를 탐색하고 구축할 수 있도록 돕는다.

다문화 진로상담은 문화적 특성을 고려하여 신중하게 내담자를 진단해야 한다. 특히 내담자의 문화적 배경이나 그로 인해 발생하는 독특한 욕구에 대해 확실히 이해하지 못한 상태에서 기존의 상담이론과 기법을 섣불리 적용하지 않도록 주의해야 한다. 또한 상담의 전 과정에 있어서 다문화 내담자들의 본국 문화에 대하여 존중해야 한다.

정답 17 ② 18 ④ 19 ⑤ 20 ①

21 여성 진로상담의 방안에 관한 설명으로 옳지 않은 것은?

① 경력단절의 가능성을 고려하여 생애 전체에 대한 진로설계가 강화되어야 한다.
② 자기주장이 여성 자신의 진로의식과 조직 마인드 부족, 편의주의적인 직장생활을 하려는 동기에 의한 것이 아님을 드러내도록 표현능력을 증진해야 한다.
③ 상담자는 '수퍼우먼증후군'을 앓고 있는 여성에 대해 인지적 재구조화를 시도할 수 있고, 불안을 유발하는 상황을 확인하여 행동을 수정하도록 돕는다.
④ 여성을 대상으로 하는 성희롱·성폭력 예방과 사후 대응방법 등을 비중 있게 다루어야 한다.
⑤ 대다수 국내외 연구 결과에서 진로에서의 자기효능감은 여성이 남성보다 높은 것으로 나타나므로, 이 부분을 크게 다루지 않아도 된다.

> 성별과 진로의사결정 효능감의 관계에 대한 연구들의 결과는 엇갈리지만, 대다수 국내외 연구 결과에서 진로에서의 자기효능감은 여성이 남성보다 낮은 것으로 나타난다. 따라서 이런 부분도 회복될 수 있도록 상담에서 다루어야 한다.

22 여성 진로상담에서 고려해야 할 사항으로 옳지 않은 것은?

① 경력단절의 가능성을 고려하여 다목적을 지향하는 단기적인 진로설계를 계획한다.
② 학업수행에서 특정과목을 기피하여 진로선택의 폭을 제한하는지 탐색한다.
③ 성역할 고정관념 내면화 가능성을 탐색한다.
④ 여성이 전형적인 남성중심의 직업에 대하여 보이는 낮은 자기효능감에 관심을 갖는다.
⑤ 심리검사 해석을 할 때 성편견 문항, 부적절한 규준집단으로 인한 오류를 고려한다.

> 경력단절의 가능성을 고려하여 생애 전체에 대한 장기적인 진로설계가 강화되어야 한다. 이를 위해 수퍼(Super)가 전 생애에 걸친 다중적인 역할을 형상화한 생애진로무지개를 활용하는 것도 도움이 된다.

23 직업카드 분류활동의 단계별 과정이 바르게 나열된 것은?

① 도입단계 - 분류단계 - 주제찾기단계 - 순위결정단계 - 직업목록·홀랜드유형 탐색단계
② 도입단계 - 주제찾기단계 - 분류단계 - 직업목록·홀랜드유형 탐색단계 - 순위결정단계
③ 도입단계 - 직업목록·홀랜드유형 탐색단계 - 주제찾기단계 - 분류단계 - 순위결정단계
④ 도입단계 - 주제찾기단계 - 직업목록·홀랜드유형 탐색단계 - 분류단계 - 순위결정단계
⑤ 도입단계 - 분류단계 - 직업목록·홀랜드유형 탐색단계 - 주제찾기단계 - 순위결정단계

직업카드 분류활동의 단계별 과정
- 도입단계 : 카드 분류활동에 대한 학생들의 준비도를 높이고 효율적인 진행을 위해 설정한 단계이다.
- 분류단계 : 직업카드를 '좋아하는 직업'과 '싫어하는 직업' 그리고 '미결정 직업'의 3가지 범주로 나누어보는 단계이다.
- 주제찾기단계 : 특정 직업에 대해 막연히 좋다 또는 싫다고 생각하던 것에서 그 이유를 보다 구체적으로 명료화함으로써 자신의 직업흥미를 심층적으로 탐색해 보게 하는 핵심적인 과정이다.
- 순위결정단계 : 학생들이 선택한 좋아하는 직업 중 가장 좋아하는 3개의 직업을 골라내고, 여기에 다시 순위를 정해보는 단계이다.
- 직업목록·홀랜드유형 탐색단계 : 학생들이 좋아한다고 선택한 직업의 경향을 파악하고, 직업목록을 이용하여 직업카드에 제시되어 있지 않은 다른 직업들에 대해서 살펴보고, 홀랜드 직업성격 유형을 참고하여 자신은 어느 유형이라고 짐작되는지 선택해보도록 하는 단계이다.

직업카드 분류활동의 목표
- 직업흥미를 탐색한다.
- 다양한 직업세계에 대해 알게 하고, 자신의 홀랜드(Holland) 유형에 대해 살펴보게 한다.
- 카드 분류활동의 결과를 요약하고, 진로 및 직업관련 정보를 찾는 방법을 제시한다.

24 고용노동부 고용24(www.work24.go.kr)에서 제공하는 청소년 대상 직업심리검사를 모두 고른 것은?

```
ㄱ. 청소년 직업흥미검사          ㄴ. 이공계전공적합도검사
ㄷ. 고등학생 적성검사            ㄹ. 주요능력효능감검사
ㅁ. 초등학생 진로인식검사
```

① ㄱ, ㄴ, ㄷ
② ㄱ, ㄷ, ㅁ
③ ㄷ, ㄹ, ㅁ
④ ㄱ, ㄴ, ㄷ, ㄹ
⑤ ㄱ, ㄴ, ㄷ, ㅁ

고용24(www.work24.go.kr) 청소년 직업심리검사	커리어넷(www.career.go.kr) 진로심리검사

• 청소년 직업가치관검사
• 청소년 직업흥미검사
• 흥미로 알아보는 직업탐색
• 진로준비진단검사
• 직업흥미탐색검사
• 초등학생 진로인식검사
• 고등학생 적성검사
• 청소년 인성검사
• 중학생 진로발달검사
• 고등학생 진로발달검사
• 중학생 진로적성검사
	• 중·고등학생용 심리검사
	  - 직업적성검사
	  - 진로성숙도검사
	  - 직업가치관검사(청소년)
	  - 직업흥미검사(K)
	  - 직업흥미검사(H)
	  - 진로개발역량검사
	• 대학생·일반용 심리검사
	  - 진로개발준비도검사
	  - 주요능력효능감검사
	  - 이공계전공적합도검사
	  - 직업가치관검사(대학/일반)

01 주관식 단답형 문제

❖ 문제를 읽고 ( ) 안에 들어갈 단어를 적어주세요.

01 ( )은/는 개인이 계속적으로 수행하는 경제 및 사회활동의 종류를 말한다.

02 긴즈버그(Ginzberg)의 직업발달이론 3단계는 '환상기 – ( ) – 현실기'이다.

03 진로발달이란 자기에 대한 이해와 일과 직업세계에 대한 이해를 바탕으로 자신의 진로계획과 선택을 통합하고 조정해 나가는 과정이며, 이러한 이해와 조정·통합이 어느 정도 수준인가를 나타내는 것이 ( )이다.

04 갓프레드슨(Gottfredson)이 제시한 직업포부의 발달단계는 추상적 사고력의 발달에 따라 힘과 크기 지향성, 성역할 지향성, ( ), 내적이며 고유한 자아에 대한 지향성의 4단계의 제한 과정을 거친다.

05 사회인지 진로이론에서 진로행동모형에는 흥미모형, 선택모형, ( )이/가 있다.

06 홀랜드(Holland)의 6가지 성격유형에는 실재적 유형, ( ), 예술적 유형, 사회적 유형, 기업적 유형, 관습적 유형이 있다.

07 ( )은/는 미네소타 대학의 다위스(Dawis)와 롭퀴스트(Lofquist)가 1950년대 후반부터 지속적으로 수행해 온 직업적응 프로젝트의 연구성과를 바탕으로 정립된 이론으로써, 개인의 욕구와 능력을 환경의 요구와 연관지어 평가하고 개인-환경간의 일치 정도를 분석하는 진로상담이론이다.

08 (   )은/는 인지적 정보처리이론(CIP)과 인지치료를 이론적 근거로 하여 진로에서의 부정적인 인지를 측정하며, 그 하위척도에는 의사결정혼란, 수행불안, 외적갈등이 포함된다.

09 (   )은/는 보웬(Bowen)의 가계도를 응용한 것으로서, 진로상담에서 활용하고 정보수집 단계에서 사용된다. 상담자와 내담자가 가족 중 내담자의 진로기대 형성에 중요한 역할을 한 사람이 누구인지를 결정하는 데 도움이 된다.

10 (   ) 가정에서 저소득과 소외계층 가정의 비율이 높은 것도 진로선택에 어려움으로 작용하고 있다. 따라서 문화적 차이로 인한 갈등에 더하여 가난에서 오는 스트레스, 사회적 취약계층으로서 겪는 소외감, 불안정한 가정상황 등을 고려하여 이에 대한 실질적인 도움이 필요하다.

  정답

01 직업
02 잠정기
03 진로성숙도
04 사회적 가치 지향성
05 수행모형
06 탐구적 유형
07 직업적응이론
08 진로사고검사(CTI)
09 진로가계도
10 다문화

01 기출문항 OX 문제

❖ 문제를 읽고 ( ) 안에 맞는 답을 (O / X)로 표기하세요.

01 청소년 진로상담의 목표에는 자신에 대한 올바른 이해확립, 일과 직업세계에 대한 이해증진, 정보탐색 및 활용능력의 함양 등이 있다. ( )

02 수퍼(Super)는 개인의 진로발달 과정을 자기실현 및 생애발달의 과정으로 보고, 여러 가지 생활영역에 있어서의 진로발달을 나타내는 상층부에 전생애 발달 5단계를 기록한 진로아치문모형을 제시하였다. ( )

03 인지적 정보처리이론은 인간의 문제해결과정이 컴퓨터의 정보처리과정과 유사하다는 점에 착안하여, 진로선택의 과정을 정보처리의 과정으로 간주한다. ( )

04 직업선호도 검사는 20개의 질문으로 구성되어 있으며 직업정체성, 직업정보에 대한 필요, 선택된 직업목표에 대한 장애 등을 측정하는 것을 목적으로 한다. ( )

05 하렌(Harren)의 진로의사결정 과정은 '계획단계 → 인식단계 → 실행단계 → 확신단계'의 순으로 이루어진다. ( )

06 사비카스(M. Savickas)의 진로적응도(Career Adaptability)의 자원과 전략 4가지는 관심, 통제, 호기심, 자신감이다. ( )

07 구직효율성 검사는 실직 충격 및 취약성 검사, 구직 동기검사, 구직 기술검사 등을 측정하는 하위검사로 구성되어 있다. ( )

08 흥미검사에는 개인가치관검사, 미네소타 중요도질문지(MIQ), 수퍼(Super)가 개발한 직업가치관 검사(WVI) 등이 있다. ( )

09 추수지도는 상담 후 내담자가 진로 선택과 의사결정에 만족감을 유지하는지를 확인하며, 필요한 경우 그것이 지속되도록 지도한다. ( )

10 여성의 진로문제의 특징으로는 성역할 고정관념, 다중역할 갈등, 경력 단절, 유리천장 등이 있다. ( )

✔ 정답 및 해설

| 01 ○ | 02 × | 03 ○ | 04 × | 05 × | 06 ○ | 07 ○ | 08 × | 09 ○ | 10 ○ |

02 '생애진로무지개'에 대한 설명이다.
'진로아치문모형'은 인간발달의 생물학적·지리학적 면을 토대로 한 것으로, 아치웨이(Archway)의 기둥은 발달단계와 삶의 역할을 의미하며, 개인(심리적 특징)을 왼쪽 기둥, 사회(경제자원, 경제구조, 사회구조 등)를 오른쪽 기둥으로 세웠다.

04 '자기직업상황'에 해당하는 설명이다.
'직업선호도 검사(VPI)'는 내담자가 160개의 직업 목록에 흥미정도를 표시하는 것이다.

05 하렌(Harren)의 진로의사결정 과정은 '인식단계 → 계획단계 → 확신단계 → 실행단계'의 순으로 이루어진다.

08 '가치관 검사'에 해당한다.
'흥미검사'에는 스트롱 흥미검사, 쿠더 흥미검사, 홀랜드 진로탐색검사가 있다.

선택 2과목

 집단상담

01 청소년 집단상담의 이론
02 청소년 집단상담의 실제

적중예상문제

(객관식 ‖ 주관식 단답형 문제 ‖ 기출문항 OX 문제)

"선택 2과목 집단상담"의 학습은 필수과목의 이해가 바탕이 된다면 더욱 빠르게 이루어질 것입니다. 필수 1과목 등에서 지속적으로 등장했던 게슈탈트 상담이론, 개인심리학 상담이론, 해결중심 상담이론 등이 집단상담의 형태에 맞춰 조금씩 변화한 형태로 출제되고 있기 때문입니다. 집단상담의 기본 원리에 대해 이해했다면, 이를 청소년상담에 알맞게 분석하는 연습이 필요합니다. 다른 과목과 마찬가지로 사례를 올바른 방법으로 분석하여 알맞은 결과를 도출하는 능력을 시험하고 있기 때문에 주의가 필요합니다. 이에 더해 다문화 가정 청소년에 대한 상담이 한 문제 정도 출제되는 추세이니 기억해둘 필요가 있습니다.

✓ 최근 2024년도 23회 기출키워드

- 얄롬(I. Yalom)의 치료적 요인
- 코리(G. Corey)의 '작업집단'
- 집단상담 종결단계에서 집단상담자 역할
- 집단상담 초기단계의 집단원 특징
- 합리적정서행동치료(REBT) 집단상담의 단계
- 집단상담자의 개입
- 심리극 집단상담
- 집단상담자 역할
- 게슈탈트 집단상담의 심리적 현상
- 교류분석 집단상담
- 인간중심 집단상담
- 정신분석 집단상담기법
- 집단상담자의 상담기술
- 전이 반응에 대한 집단상담자의 대처
- 집단상담자의 역할
- 코리(G. Corey)의 집단상담자 전문적 자질
- 집단상담자의 기술 중 반영
- 집단상담 계획서에 포함되는 내용
- 청소년 집단상담에서 집단상담자의 행동
- 청소년상담사 윤리강령의 '다양성 존중'
- 비자발적인 청소년의 집단상담자 역할
- 청소년 집단상담의 이점
- 청소년 집단상담의 일반적인 목표
- 청소년 집단상담 운영 시 집단상담자의 전략
- 감수성 훈련집단

정오표▲

CHAPTER 01 청소년 집단상담의 이론

중요도 ★★★

핵심포인트
집단의 의의와 유형, 집단상담의 기초, 집단의 치료적 요인(Yalom), 집단상담과 개인상담, 집단의 발달단계, 집단규범, 집단상담의 제 이론, 집단상담자의 기술과 자질

01 집단의 의의

(1) 집단의 속성(Loeser)
① 공동 목표 : 행동이나 태도의 변화를 위한 공동 목표를 가진다.
② 집단원들의 의욕과 참여 : 일정기간 지속적으로 모인다.
③ 역동적 상호작용 : 자발적 참여를 통한 밀접한 상호작용을 경험한다.
④ 집단규준의 발달 : 집단원이 따르게 될 집단의 규준이 발달되어야 한다.
⑤ 자기지도를 위한 능력 : 자기지도를 위한 능력을 발휘하여야 한다.

(2) 집단의 유형
① 구조와 형태에 따른 집단의 유형 14 19 20 21 23 기출
  ㉠ 구조화 집단과 비구조화 집단 16 기출

구조화 집단 21 기출	• 특정 주제와 목표를 달성하기 위하여 일련의 구체적 활동으로 구성된다. • 집단상담자가 집단의 목표와 과정, 내용, 절차 등을 체계적으로 구성해둔 상태에서 집단을 주도적으로 이끌어 가는 형태로, 집단상담자가 구조화된 프로그램으로 집단상담을 진행한다. • 구조화 집단상담 계획에 관한 내용 　- 집단상담의 필요성에 대한 타당한 근거를 제시한다. 　- 집단목적에 부합하는 집단 참여대상의 범위를 결정한다. 　- 집단목적을 달성하기 위해 단계적인 세부목표를 설정한다. 　- 집단활동의 내용은 집단 목적에 적합하게 구성한다.
비구조화 집단	• 사전에 정해진 활동은 없으며, 구성원 개개인의 경험과 관심을 토대로 상호작용함으로써 집단의 치료적 효과를 얻고자 하는 집단의 형태로서, 구조화 집단보다 지도자의 전문성이 더욱 요구된다. • T-집단, 참만남집단, 감수성 훈련집단(인간관계 훈련집단) 등이 있다. • 감수성 훈련집단의 특성 24 기출 　- 집단원이 가진 기존 관념의 해빙이 중요하다. 　- 지금-여기에서의 상호교류를 강조한다. 　- 자신과 타인의 반응에 대한 알아차림과 통찰이 촉진된다. 　- 상대방의 이야기가 나에게 어떤 느낌을 주었는지 피드백으로 되돌려주는 것이 권장된다.

ⓒ 개방집단과 폐쇄집단 15 기출

개방집단	• 이미 집단상담이 진행되고 있더라도 집단이 허용하는 범위 내에서 새로운 집단원을 받아들이는 집단 형태이다. • 새로운 성원의 아이디어나 자원을 활용할 수 있으며, 다른 관점으로의 피드백도 받을 수 있다. • 새로운 성원의 참여로 집단 전체의 분위기를 조성할 수 있다. • 집단원이 다양한 사람들과 어울릴 기회가 늘어난다. • 일상생활의 인간관계 모습을 폐쇄집단보다 더 잘 반영한다. • 성원 교체에 따른 안정성이나 집단정체성에 문제가 발생할 수 있다. • 새로운 성원의 참여가 기존 성원의 집단과업 과정에 방해요소가 될 수 있다. • 새 집단원은 이미 토의한 내용과 집단의 기능에 대하여 생소하기 때문에, 집단 과정에 대한 관여수준과 발달단계의 차이로 인해 갈등을 초래하기 쉽다. • 집단 참여 오리엔테이션이 중요하다. • 한 회기나 제한된 시간 내에 다루기 어려운 문제탐색은 피하는 것이 좋다. • 유치원 아동이나 초등학교 저학년 집단 또는 장기적으로 운영되는 치료집단에 적합하다. • 또래와 어울리면서 의사소통, 팀워크 등과 같은 사회적 기술을 익히는 것이 집단의 목적일 경우에 적합하다.
폐쇄집단	• 집단상담이 시작될 때의 참여자들로만 끝까지 운영되는 집단이다. • 안정적인 구성으로 집단원의 역할행동을 예측할 수 있다. • 같은 집단원의 지속적인 유지로 인해 결속력과 응집력이 매우 높다. • 집단원의 결석이나 탈락은 집단의 크기를 작아지게 하는 등 집단에 부정적인 영향을 미친다. • 새로운 정보의 유입이 이루어지지 않으므로 효율성이 떨어질 수 있다. • 소수 의견이 집단의 논리에 의해 무시될 수 있다.

ⓒ 집중집단과 분산집단

집중집단	2박 3일 혹은 3박 4일 등 일정 기간 동안 집중적으로 상담을 실시한다.
분산집단	사전에 계획된 전체 회기가 끝날 때까지 일반적으로 주 1회의 형태로 나누어서 집단상담을 실시한다.

ⓔ 동질집단과 이질집단

동질집단	• 동질적인 사람들로 구성되거나 집단원들의 배경이 비슷한 집단이다. • 출석률·참여율이 비교적 높다. • 결속력·응집력이 높으므로, 보다 쉽게 공감이 이루어진다. • 상호간에 즉각적인 지지가 가능하며, 갈등 수준이 비교적 낮다. • 집단원 상호간의 관계가 피상적인 수준에 머물 수 있다. • 새로운 자극을 접할 기회가 감소하므로, 영속적인 행동변화의 가능성이 낮다. • 반론을 제기할 수 있는 기회가 감소하므로, 현실검증의 계기를 마련하기 어렵다. • 아동을 대상으로 하는 집단의 경우, 남아와 여아를 따로 모집하여 동성의 집단을 이루는 것이 효과적이다. • 학생의 경우, 공동의 관심사를 교류하면서 서로 어울릴 수 있도록 같은 또래로 구성하는 것이 효과적이다. • 특정 욕구를 가진 대상을 집단원으로 하는 경우 동질 집단으로 구성하는 것이 효과적이다.

이질집단	• 개인적·경험적 배경, 학력, 연령 등 서로 배경이 다른 집단원들로 구성된 집단의 형태이다. • 다양한 대인 간의 상호작용이 가능하므로, 상호간에 의미 있는 자극을 주고받을 수 있다. • 서로간의 차이점을 발견하고 이해하게 되며, 현실검증의 기회도 더욱 풍부해진다. • 집단원에게 다양한 관점과 견해를 제공함으로써, 개인의 문제를 해결하는 데 자극이 될 수 있다. • 집단원 상호간에 공통점이 없으므로, 자기노출에 소극적인 양상을 보인다. • 집단 내 다른 구성원들과 유대관계를 형성하는 데 시간이 오래 걸린다. • 집단 초기에 방어와 저항의 태도로 인해 집단원들의 탈락이 상대적으로 많은 편이다.

ⓜ 자발적 집단과 비자발적 집단

자발적 집단	스스로의 성장과 변화의 동기를 가지고 자발적으로 집단에 참여한다.
비자발적 집단	자신의 의지와 동기와는 무관하게 의무적으로 집단에 참여한다.

ⓑ 상대적으로 초보 집단상담자가 실시하기에 용이한 집단상담의 형태는 '구조적 집단', '폐쇄적 집단', '동질적 집단'이다.

② 기능에 따른 집단의 유형

㉠ 교육집단
- 집단원들의 지식과 정보 및 기술향상을 목적으로 하는 집단이다.
- 부모역할 훈련집단, 청소년 성교육집단, 위탁가정의 부모가 되려는 집단, 입양에 관심을 갖는 부모의 집단, 특정질병에 대한 정보를 얻고자 하는 집단 등이 해당한다.

㉡ 과업집단 15 기출
- 수행해야 할 과업을 달성하거나, 성과물을 산출해내기 위해 또는 명령을 수행하기 위해 만들어진 집단이다.
- 위원회, 이사회, 연합체, 협의체, 행정집단, 팀, 치료회의, 사회행동집단 등이 해당한다.

㉢ 성장집단 16 18 21 기출
- 다양한 집단활동의 체험을 원하거나 자신에 대해 좀 더 알기를 원하는 사람, 자신의 잠재력 개발에 관심 있는 사람들의 성장과 발달을 촉진하기 위해 구성된 집단이다.
- 비교적 정상범위의 적응 수준을 가진 사람을 대상으로 한다.
- 인원은 8~12명 정도가 적당하나, 대상자 특성에 따라 달라질 수 있다.
- 집단원 간의 역동적 상호작용을 통한 변화와 성장을 지향한다.
- 대인 간 의사소통을 증진하고 자신과 타인의 감정을 인식하고자 한다.
- 지도자와 집단원이 정기적으로 만나 상호 수용적 분위기에서 진행한다.
- 생활방식의 변화를 도모한다.
- 훈련집단, 참만남집단, *마라톤 집단 등의 유형이 있다.
- 부부의 결혼생활 향상 집단, 청소년 대상 가치명료화 집단, 여성을 위한 의식고양 집단, 퇴직을 준비하는 집단, 잠재력 개발 집단 등이 있다.

> ✔ 마라톤 집단
>
> 며칠 동안 연이어 회기를 가짐으로써 집단원들의 방어를 감소시켜 친밀감을 창출하며, 더 집중적이고 심화된 상호작용을 가능하게 하여, 인간적 성장을 이루어내는 집단을 말한다.

ⓔ 치료집단 21 기출
- 심각한 정도의 정서·행동문제와 병리적 증상의 제거·완화를 위한 정신장애 치료 및 심리치료를 주된 목적으로 한다.
- 정신장애, 성격장애 등 주로 임상 장면에서 환자들을 대상으로 운영되는 집단이다.
- 정신병리적 진단·평가를 활용한다.
- 치료집단을 이끄는 사람을 집단치료자라고 한다.
- 치료기간이 최대 수년에 이르기까지 장기적으로 진행된다.
- 사회공포증 극복을 위한 심리치료집단, 우울증 치료를 위한 환자집단 등이 있다.

ⓜ 지지집단
- 장차 일어날 사건에 좀 더 효과적으로 적응하기 위한 대처기술을 발전시킴으로써 집단원들이 삶의 위기에 대처하도록 돕는 집단이다.
- 이혼가정의 취학아동 모임, 암환자 가족 모임, 자녀양육의 어려움에 대해 공유하는 한부모 집단 등이 있다.

ⓗ 자조집단 23 기출
- 특정 목적을 성취하고, 집단원 상호간의 원조를 목적으로 형성되는 자발적 소집단이다.
- 특정 문제를 이미 겪었거나 극복한 집단원으로 구성되고, 집단원에게 비슷한 책임과 권위가 부여되며, 치료적 요인의 핵심은 증언이다.
- 비전문가들이 이끌어 간다는 점에서 치료집단과 구분되며, 핵심적인 공동의 관심사가 있다는 점에서 과업집단과도 구별된다.
- 마약중독이나 공격적 행동, 정신질환, 장애, 도박, 가정폭력, 에이즈 등의 공유문제에 지지를 제공한다는 점에서 지지집단과 비슷하지만, 주도적인 역할을 하지 않고 다만 지지와 상담만을 제공한다는 차이가 있다.
- 단주모임, 단약모임, 정신장애인 가족모임 등이 해당한다.

(3) 상담집단과 토의집단 20 기출

① **내용과 과정의 차이** : 토의집단은 분명한 주제를 가지고 모이므로 토의될 내용을 중시하며, 상담집단은 내용보다는 집단의 과정을 더 강조한다.

② **양극성 대 통일성** : 토의집단은 양측 혹은 분파가 생겨 승패나 옳고 그름의 시비를 가리지만, 상담집단에서는 각 개인의 감정이나 사고가 수용되므로 상반된 의견이 허용될 뿐만 아니라 장려된다.

③ **형식성 대 자발성** : 토의집단은 상반된 의견으로 인해 강한 정서적 반응을 유발하고, 이 정서적 반응이 토의진행을 방해하게 된다. 따라서 규칙과 질서를 창조해야 하므로 형식적이 되기 쉽다. 상담집단은 공동의 결의나 토론의 성패가 있을 수 없기 때문에 형식이 필요 없으며, 집단원의 자발적인 참여를 강조한다.

④ **객관성 대 주관성** : 토의집단은 주로 사실을 취급하고, 상담집단은 주관적인 측면을 더 강조한다. 즉, 감정표현의 분위기 속에서 상호관계에 역점을 둔다. 집단토의에서는 지적영역의 발달에 치중하나, 상담과정에서는 감정과 정서, 창의성과 상상력, 인간관계 등과 관련된 정적영역에 더욱 치중한다.

⑤ **제한성 대 솔직성** : 토의집단은 정한 목적을 향하여 진행하기 때문에 구성원은 언행에 항상 제약을 받으나, 상담집단은 옳고 그른 것의 판단이 주목적이 아니기 때문에 감정과 사고를 솔직히 표현하도록 격려된다.

⑥ **지도성의 차이** : 토의집단은 형식에 따른 지도자의 역할이 있고, 지도자가 목적 달성을 위한 토의를 이끈다. 상담집단은 정해진 지도자의 역할이 없고 집단의 자유로운 분위기를 이끈다.

구 분	토의집단	상담집단
내용과 과정의 차이	토의될 내용 중시	집단의 과정을 더 강조
양극성 대 통일성	승패나 시비를 가림(양극성)	상반된 의견을 허용(통일성)
형식성 대 자발성	형식성	자발성
객관성 대 주관성	객관성	주관성
제한성 대 솔직성	제한성	솔직성
지도성의 차이	토의 인도 및 집단 통제	자유로운 분위기 조성

(4) 참만남집단과 T-집단

① 참만남집단(Encounter Group) 15 16 19 기출

㉠ 의 의
- 참만남집단은 실존적·인도주의적인 사상을 기초로 하여 발전한 것으로서, 기존의 인간관계 훈련집단의 모형들에서 가지고 있던 유용성의 한계를 보완한다.
- 스톨러, 슈츠, 로저스가 제시한 모형이 있다.
- 일반적으로 고도의 집중적인 친교적 경험을 통해 태도 및 가치관, 생활양식의 변화 등을 포함하는 개인적 변화를 목표로 한다.
- 참만남집단은 다른 사람과의 의미 있는 만남을 통해 인간관계 및 인간 실존에 대해 자각하도록 한다.
- 소집단 활동이 주이며, 개방성과 솔직성·대인적 직면·자기노출·직접적인 정서적 표현을 격려한다.
- '지금-여기'의 경험을 통해 자유로운 대화를 전개하며, 다른 사람과의 교류능력을 증진하고 잠재력을 발휘하도록 한다.
- 개인경험에 중점을 두며, '체험집단'이라고도 불린다.

> **지식 IN**
>
> **조하리의 창** 15 기출
> - 나와 타인과의 관계 속에서 자신이 어떤 성향을 지니고 있고, 또 어떠한 면을 개선하면 좋을지 보여주는 '대인관계 이해도'에 관한 모델
> - 자신과 타인에게 모두 알려진 부분을 넓혀 인간관계의 효율성을 증진하기 위해 '남이 모르는 나'를 탐구하게 하는 활동
>
> | 열린 창 (Open Area) 나도 알고 남도 아는 나 | 보이지 않는 창 (Blind Area) 나는 모르지만 남은 아는 나 |
> |---|---|
> | 숨겨진 창 (Hidden Area) 나는 알지만 남은 모르는 나 | 미지의 창 (Unknown Area) 나도 모르고 남도 모르는 나 |

ⓒ 로저스(Rogers)의 참만남집단의 15단계 과정 15 18 19 기출

단 계	내 용
1. 혼돈과 무질서 (떼 지어 기웃거리는 양식, 맴돌기)	상담 초기에는 상담자의 뚜렷한 지시가 없으므로 혼돈, 좌절, 행동적이거나 언어적으로 '기웃거림'이 있다. '이 집단의 책임자는 누구인가?', '우리가 여기에 왜 와 있는가?', '우리가 무엇을 하기로 되어 있는가?' 등의 질문들이 나오며, 이들은 이 단계에서 느낌이나 관심사를 반영한다.
2. 사적인 자기노출 혹은 탐색에 대한 저항	상담 초기에 집단원들은 그 집단에서 수용될 것으로 생각하는 공적인 자기는 표현하지만, 사적인 자기노출에는 두려워하며 저항한다.
3. 과거의 느낌 기술	집단의 신뢰성에 대한 의심과 자기노출의 위험에도 불구하고 사적 느낌의 노출이 시작된다. 집단원들은 주저하면서도 *양가감정으로 '그때 그곳'에서의 양식으로 묘사를 하는 경향이 있다.
4. 부정적 감정의 표현	집단이 발전함에 따라 '지금-여기'의 감정 표현이 나타나는데, 이러한 표현들은 보통 필요한 지시를 하지 않는다는 이유로 흔히 집단상담자에 대한 공격성의 형식을 취한다. 집단상담자나 다른 집단원에 대한 이러한 표현은 긍정적 감정의 표현에 앞선다.
5. 사적으로 의미 있는 자료의 표현과 탐색	만약 부정적 감정의 표현이 집단원들에 의해서 수용적인 것으로 보이면, 신뢰의 분위기가 나타나며 사적 자료를 노출하게 된다. 이 시점에서 집단원은 자신이 성취하고자 하는 것이 바로 이것이라고 깨닫게 되며, 자유를 경험하기 시작한다. 이러한 지각 때문에 집단원들은 자신들에 관한 보다 깊이 있는 측면들을 다른 사람에게 기꺼이 알리려고 한다.
6. 집단 내에서의 즉시적인 대인 간 감정의 표현	집단원들은 서로에 대한 긍정적·부정적 감정을 표현하기 쉽다. 이러한 감정들이 이 단계에서 탐색된다.
7. 집단 내에서의 상담능력의 발달	집단원들은 자발적으로 서로에 대해 보살핌, 지지, 이해, 관심을 표현한다. 집단 내에 조력관계가 형성되며, 이는 집단 밖에서 보다 건설적인 삶을 살도록 집단원들을 조력한다.
8. 자기수용과 변화의 시작	집단원들이 변화의 시작을 나타낸다. 즉 집단원들은 이전에 부인 또는 왜곡했던 자신에 대한 측면들을 수용하기 시작한다. 자신의 감정에 보다 가까워지고, 결국 변화에 개방적이게 된다. 집단원들이 자신의 장점과 단점들을 수용함에 따라 방어를 하지 않게 되고, 변화를 기꺼이 맞이하게 된다.
9. 가면의 파괴	각 집단원들은 집단의 요구에 반응하기 시작하고, 가면과 가장을 벗어버린다. 이 단계에서 집단은 보다 깊은 의사소통을 하려고 노력한다. 이 과정에서 각 집단원들은 즉시적 감정의 노출을 점점 증가시킨다.
10. 피드백 주고받기	긍정적·부정적 피드백을 받는 과정에서 다른 집단원들이 자신을 어떻게 경험하는지, 또는 자신이 다른 집단원들에게 미치는 영향에 관한 많은 자료를 얻게 된다. 이러한 정보는 흔히 새로운 통찰을 얻게 하여 집단원 자신이 변화하고자 하는 면들을 결정하는 데 도움을 준다.
11. 직면 혹은 맞닥뜨림	집단원들은 긍정적·부정적 피드백을 의미하는 강력한 정서적 과정 속에서 서로를 직면한다. 직면이란, 집단원들로 하여금 그들의 행동을 보다 정직하게 조사하도록 초대하는 것이며, 관심·존경·공감의 확장이라고 할 수 있다. 불일치를 지적함으로써 진정한 자기성장의 장애를 제거하도록 돕고자 하기 때문이다.
12. 집단 과정 밖에서의 조력관계 형성	집단원들은 집단 밖에서 접촉하기 시작한다. 7단계에서 언급한 과정이 확장된 것이라고 본다.

> ✅ **양가감정**
> 상호 대립되거나 상호 모순되는 감정이 공존하는 상태를 말하며, 흔히 두 가지의 반대되는 가치·목표·동기 등이 공존할 때를 의미한다.

13. 기초적 참만남	집단 속에서 집단원들이 일반적으로 일상생활에서보다 더 가까워지고 보다 직접적인 접촉을 하기 때문에 진솔한 인간 대 인간의 관계가 일어난다. 이 시점에서 집단원들은 공동목표와 공동체 의식으로 일할 때 관계가 매우 유의미함을 경험한다.
14. 긍정적 감정과 친근감의 표현	과정이 진행됨에 따라 자신들과 타인들에 대한 감정 표현의 진실성이 일어나는 하나의 과정인 집단 내부에서의 온정과 가까움이 점증적으로 발달하게 된다. 친근감이라는 상담적 느낌은 최후의 가장 중요한 과정으로 이어진다.
15. 집단 내에서의 행동변화	감정 표현이 점점 편안해짐에 따라 집단원들의 행동이나 표정까지 변화하기 시작한다. 개방적으로 행동하려고 하며, 타인에 대한 보다 깊은 감정을 표현한다. 자신들에 대한 이해가 증가되며, 자신들의 문제에 대한 새로운 통찰을 한다. 그리고 타인과 함께하는 보다 효과적인 방식을 알아낸다. 만약 이 변화들이 효과가 있다면, 집단원들은 새로운 행동을 일상생활 속에서 실행하려고 한다.

ⓒ 스톨러(Stoller)의 모형 16 기출
- '마라톤 참만남집단'이라고도 불린다.
- 집단훈련의 시간적 집중성을 강조한다.
- 시간적 집중과 참가자의 피로가 오히려 있는 그대로의 모습을 드러내도록 한다.
- 행동으로 모범을 보이거나 설명을 통해 돕는 것을 집단상담자의 가장 중요한 역할로 제시하였다.

ⓔ 슈츠(Schutz)의 모형
- '개방적 참만남집단'에 해당한다.
- 특별히 신체적 느낌과 신체적 에너지의 이완을 통한 개인의 정서적 문제의 해방에 관심을 갖는다.
- 집단상담자는 지적인 이해보다 '행함(Doing)'과 '경험(Experiencing)'을 강조한다.
- 언어적인 방법들, 심리극, 도형, 신체운동연습 혹은 명상의 방법들이 이용된다.

② T-집단(인간관계 실험실적 접근상담)
ⓐ 정의 : T-집단은 훈련을 위주로 형성된 소집단으로, '훈련집단' 또는 '실험실적 접근'이라고도 한다. 학습목표로는 학습하는 방법에 대한 학습, 자기와 타인에 대한 이해력 증진, 집단기능에 대한 통찰력의 증진, 효과적인 집단원의 역할에 대한 학습, 구체적인 행동기술, 즉 커뮤니케이션 및 피드백의 기술(자기의 의사를 정확히 전달하고, 다른 사람의 의사를 정확히 받아들이는 기술의 습득) 등이 있다.

ⓑ T-집단의 목표(Corey & Corey)
- 자기-존중감 증진시키기
- 자신의 한계를 받아들이기
- 친밀성을 저해하는 행동 감소시키기
- 자기 자신과 타인을 신뢰하는 방법 배우기
- 외부의 '압박'과 '부담'으로부터 자유로워지기
- 자기-인식을 증가시켜서 선택과 행동 가능성 증가시키기
- '느낌을 가지는 것'과 '느낌에 따라 행동하는 것'의 차이 배우기
- 자신이 바라는 대로 하지 못하게 하는 초기의 부적절한 결정에서 벗어나기
- 다른 사람들도 *고전분투하고 있다는 것을 인식하기

✅ 고전분투(孤戰奮鬪)
고군분투와 같은 의미로, 남의 도움을 받지 아니하고 힘에 벅찬 일을 잘해 나가는 것을 비유적으로 이르는 말이다.

- 자신의 가치를 명료하게 하고, 그런 가치를 수정할 것인지, 수정한다면 어떻게 수정할 것인지 결정하기
- 불확실한 세상에서 선택하는 방법 배우기
- 개인적인 문제의 해결방법 찾기
- 다른 사람을 배려하는 능력 증가시키기
- 좀 더 개방적이고 정직하게 되기
- '지금-여기'의 집단 상황에서 직접적으로 다른 구성원들을 대하기
- 다른 사람들을 지지하고, 다른 사람들에게 도전하기
- 배려 깊고 신중하게 다른 사람들과 직면하기
- 자신이 원하는 것을 다른 사람들에게 요청하는 방법 배우기
- 다른 사람들의 욕구와 느낌에 민감해지기
- 다른 사람들에게 유용한 피드백 제공하기

ⓒ T-집단 학습의 본질적인 요소

모호성 혹은 사회적 공백상태	• 분명한 조직, 합의된 절차, 특수한 의제, 미리 정한 기대, 전통적인 의미의 집단상담자 없이 시작한다. • T-집단은 의도적으로 사회적 공백상태 혹은 모호한 장면을 제시하므로, 거기에서 일어나는 집단원의 다양한 행동반응을 학습자료로 활용하려는 것이다.
새로운 행동의 실험	T-집단은 집단원으로 하여금 바람직하지 못한 이전 행동을 버리고 새로운 행동을 실험할 수 있는 기회를 제공한다.
허용적 분위기와 심리적 안정감	집단원들이 무엇이든 자기가 하고 싶은 새로운 행동을 실험할 수 있도록 하는 경우, 허용적인 분위기를 조성하고 집단원의 행동에 대한 선악의 판단을 내리지 않는 것이 중요하다.
'지금-여기' 중심의 활동	'지금-여기'의 감정 및 행동, 현재 집단에서 일어나고 있는 현상에 초점을 둔다.
자기투입과 참여	T-집단은 주로 귀납적 접근방법을 사용하고 있으므로, 집단원들의 자기투입과 직접 참여 그 자체가 학습을 위한 필수조건이 된다.
피드백 주고받기	피드백이란 상대방의 행동이 나에게 어떤 반응을 일으키는가에 대해 그 상대에게 직접 이야기해주는 것을 말한다.
집단규범의 발달	T-집단이 아무리 비조직적이라고 하더라도, 그 자체의 과정과 내용을 통제할 규범을 발달시켜야 한다.

ⓔ T-집단상담자의 주요 역할
- 학습에 적합한 장면의 구성 : 집단의 역동을 탐색해볼 수 있는 허용적 분위기와 심리적 안정을 도모하도록 해준다.
- 행동의 모범 보이기 : 개방성, 타인의 감정에 대한 관심 등 바람직한 집단원으로서 해야 할 행동의 모범을 보임으로써 집단원들이 모방할 수 있도록 돕는다.
- 집단규범의 발달 및 유지 : 집단활동의 과정을 적절히 통제할 수 있는 집단규범의 발달 및 유지를 돕는다.
- 의사소통의 통로 열어주기 : 의문을 제기하고 문제를 명확히 하며, 모든 집단원의 적극적 참여를 권장함으로써 집단상담자는 상호 이해와 일치의 발달을 향한 의사소통의 통로를 여는 데 도움을 줄 수 있다.
- 조력자, 집단원 그리고 전문가로서 집단에 참여하기 : T-집단의 집단상담자는 전통적인 의미의 교사나 집단상담자가 아니며, 때로는 전문가로서의 기능을 수행해야 한다. 조력자, 집단원 그리고 전문가의 3가지 역할을 융통성 있게 잘 수행하는 것이 중요하다.

02 집단상담의 기초

(1) 집단상담의 정의

① 집단상담의 의미
  ㉠ 비교적 정상 범위에 속하는 사람들이 전문적인 상담자와 함께 높은 신뢰감을 가지고, 집단구성원 간에 상호 작용하여 자기 이해와 수용을 촉진하도록 함으로써, 개인의 태도와 행동의 변화를 통한 문제해결, 더 나아가 잠재능력의 개발을 꾀하는 것이다.
  ㉡ 역동적인 대인관계의 과정이며, 집단원 상호간의 계속적인 관계의 과정이다.
  ㉢ 한 명의 상담자와 여러 명의 청소년이 함께 모여 일정기간 정기적으로 만나면서 생활과정에서 직면하는 문제나 사건 등, 자신들의 관심사에 대해 각자의 느낌·반응행동·생각을 대화로 서로 교환한다.
  ㉣ 대화를 통한 교환 가운데 허용적·현실적·감정 정화적·상호 신뢰적·수용적·지원적인 집단의 응집력과 치료적 분위기를 통해 상호 이해를 촉진함으로써, 긍정적 변화를 모색하는 목적을 가진 집단활동이다.

② 집단상담의 대상
  ㉠ 집단상담은 정상범위에서 심하게 일탈하지 않은 사람들을 대상으로 이루어진다.
  ㉡ 정신 장애인이나 심각한 정서적·성격적 문제를 가지고 있는 사람은 제외되며, 개인의 정상적인 발달과업의 문제나 적응문제를 주로 다루게 된다.
  ㉢ 본격적인 치료보다는 성장과 적응을 강조한다.

③ 집단상담 상담자의 조건
  ㉠ 개인상담에 대한 성공적인 경험, 성격 역동에 대한 광범위한 이해, 집단역동에 관한 올바른 이해, 타인과의 의사소통 및 인간관계형성 능력 등을 갖춘 훈련받은 전문가여야 한다.
  ㉡ 집단상담의 상담자가 갖춰야 할 능력
    • 인간 행동에 대한 깊은 이해력
    • 행동 및 태도의 의미를 명료화하는 능력
    • 집단내의 몰입, 상호교류의 속도와 깊이를 관리하는 능력
    • 행동변화를 위한 실천 노력을 촉진하는 능력

④ 집단상담을 위한 상황적 요소
  ㉠ 신뢰적이고 수용적이어야 한다. 집단원 상호간에 무조건적인 수용과 신뢰적인 분위기는 효과적인 집단상담의 필수조건이다.
  ㉡ 집단상담의 과정적 요체는 자기탐색 및 이해, 자기개방과 피드백 주고받기에 있는데, 집단의 분위기가 긴장되거나 집단원 상호간에 신뢰적인 분위기가 아니라면, 의례적이고 형식적인 모임으로 끝나고 말 것이다.
  ㉢ 신뢰가 높은 집단의 특징 23 기출
    • 집단원은 집단 활동에 적극적으로 참여한다.
    • 자신의 개인적인 측면을 다른 집단원과 나눈다.
    • 집단에서 다른 집단원을 지지하거나 그들에게 도전한다.
    • 집단의 안과 밖에서 위험을 감수한다.

⑤ 집단상담을 '축소된 사회'라고 보는 얄롬(I. Yalom)의 관점 22 기출
  ㉠ 집단원들은 하나의 축소된 사회를 만들고, 이 사회는 집단원들의 특정한 방어적 행동을 이끌어 낸다.
  ㉡ 집단원들은 상호작용에 의해 각자의 대인관계에서 대처양식을 드러낸다.
  ㉢ 집단상담 상황에서 집단원들은 일상적인 생활에서 하는 행동을 자동으로 하게 되기 때문에 집단상담 상황은 일상적인 생활을 대표하며 전형적·자연적이다.
  ㉣ 집단의 발달이 방해받지 않는다면, 각 집단원의 사회 환경이 반영되는 축소된 사회로 발전한다.

(2) 집단상담의 목표 15 기출

① 자신에 대한 보다 깊은 이해와 정체성의 발달
  ㉠ 자기수용·자신감·자기존중감 증진, 자신에 대한 시각의 개선
  ㉡ 자신의 결정에 대한 자각과 지혜로운 결정능력 증진
  ㉢ 특정 행동변화를 위한 구체적 계획수립과 완수
  ㉣ 자신과 타인에 대한 주도성·자율성·책임감의 증진
  ㉤ 타인의 기대에 부응하는 태도에서 벗어나 자신의 기대에 부응해 행동하는 방식의 습득
  ㉥ 정상적인 발달문제와 갈등들을 해결하는 새로운 방식의 발견
  ㉦ *가치관 명료화, 가치관의 수정 여부와 수정 방식의 결정
② 효과적인 사회적 기술의 학습 : 자신과 타인에 대한 신뢰감 형성, 타인의 욕구와 감정에 대한 민감성 증진, 타인에 대한 배려와 염려를 바탕으로 하면서, 정직하고 솔직하게 직면하는 방식 습득

> ✓ 가치관 명료화
> 자신의 가치가 어떠하며 지금까지 자신이 가치 있다고 생각하고 있던 것들이 참가치인지를 판단하여 다양한 대안들 중에서 나의 가치를 선택하고, 이에 대한 확신을 바탕으로 행동화하고 반복하여 안전하고 지속적인 행동의 유형으로 정립하는 과정이다.

(3) 집단상담의 원리

자기이해	자신의 몸과 마음에 관한 모든 것을 사실 그대로(긍정적인 면과 부정적인 면을 포함) 이해하는 것이며, 자신에 대한 이해는 다른 사람에 대한 이해를 촉진시킨다.
자기수용	이해한 그대로의 자신을 인정하고 받아들이는 것으로서, 자기만을 수용하는 것으로 끝나는 것이 아니라 상대방 또는 더 나아가 모든 사람이나 자연 현상까지도 수용할 수 있게 된다.
자기개방	이해하고 수용한 자신을 있는 그대로 나타내 보이는 것으로서, 타인의 개방을 촉진시켜 상호 이해의 폭을 넓히고 넓어진 이해와 신뢰를 근거로 더 깊은 자기개방을 하게 한다.
자기주장	상대방에게 피해를 주지 않으면서 자신이 나타내고자 하는 바를 그대로 나타내는 학습된 행동으로서, 자신의 인권을 포함한 권리와 의견 등을 보다 적극적으로 상대방에게 알리는 것이다.
자기평가	현실에서 자신의 행동을 의미 있는 기준에 비추어보는 것으로서, 인과관계 추론을 통해 자신의 행동에 대한 타당성을 평가하고 자신의 행동이 현실적으로 유효하고 적합한 것인지 검토한다.
자기도전	새롭게 학습된 행동이나 사고·감정 등을 소개하는 것으로, 연습의 기회를 통해 새로운 행동을 시도하고 그에 따른 결과에 대해 상담자로부터 객관적인 평가를 받는다.

(4) 집단규범 14 17 19 기출

① 집단원들이 활동하는 데 있어서의 활동규약을 의미한다.
② 집단규범은 초기 단계에 설정하도록 한다.
③ 집단원들의 선입견에 의해 형성된 암묵적 규범은 집단에 부정적인 영향을 미칠 수 있으므로, 명시화하는 것이 좋다.

④ 집단규범이 명확하게 제시될수록 집단목표 달성에 도움이 된다.
⑤ 집단규범은 집단원들이나 집단상담자 어느 한쪽이 독단적으로 정하기보다는, 집단상담자와 집단원 간의 상호협력을 거쳐 확립해야 한다.
⑥ 집단상담자는 집단규범을 제시하는 등의 방법으로 규범 형성에 영향을 주고, 집단원 스스로 규범을 확립할 수 있도록 돕는다.
⑦ 집단규범은 설정 이후에도 논의를 거치고 동의를 얻어 변경하거나 확장할 수 있다.
⑧ 집단상담 중에는 때로 집단원에게 익숙한 사회적 규범과 다른 행동을 요구하기도 한다.
⑨ 집단에서 권장하는 행동 등과 같은 긍정적인 규범도 있다.

(5) 집단상담의 장단점 14 15 18 기출

장점	• 한 명의 상담자가 여러 내담자를 동시에 만날 수 있으므로, 시간적·경제적인 면에서 효과적이다. • 어떤 외적인 비난이나 징벌에 대한 두려움 없이, 지지적인 분위기에서 집단원들은 새로운 행동을 시도해 볼 수 있다. • 집단상담자의 지시나 조언이 없어도 집단원들 간 깊은 사회적 교류경험이 가능하다. • 집단은 사회의 축소판과 유사하므로 집단원들은 다양한 경험을 공유할 수 있다. • 집단원들 간의 상호작용과 집단상담자와의 상호작용을 통해 문제해결과 목표달성이 이루어진다. • 서로의 관심사나 감정을 터놓고 이야기할 수 있기 때문에 보편성, 소속감, 동료의식을 발달시킬 수 있다. • 현실적이고 실제 생활에 근접한 사회 장면이 이루어져, 실제적인 대인관계 패턴·태도·사고가 반영된다. • 상담성과를 개관한 연구에서 집단상담은 개인상담 못지않게 효과적인 것으로 나타났다.
단점	• 집단원이 다수이므로 비밀 유지에 어려움이 있다. • 모든 사람에게 집단상담이 효과적인 것은 아니다. • 참여자들이 심리적으로 준비가 되기 전에 자기의 속마음을 털어놓아야 한다는 집단 내 압력의 가능성이 있다. • 개인상담과 비교할 때 집단상담은 특정 내담자의 개인적인 문제가 충분히 다루어지지 않을 가능성이 크고, 개인에 대한 관심 정도가 약해질 수 있다. • 집단상담에 대한 관심의 증가로 적절한 훈련이나 경험이 부족한 상담자가 집단상담을 진행하는 경우가 있는데, 이는 부적절한 지도성의 문제를 야기할 수 있다. • 집단상담 경험에 도취되어 집단경험 자체를 목적으로 삼는 경우가 있으며, 현실도피의 기회가 될 우려가 있다.

(6) 집단의 치료적 요인 14 15 16 17 19 20 기출

① 집단상담자는 집단 운영을 계획할 때 집단의 치료적 요인을 인식해야 한다.
② 집단원 개개인은 서로 다른 치료적 요인에 의해 도움을 받을 수 있다.
③ 청소년들에게는 자신에 대한 다른 사람의 피드백을 경험하는 대인관계 학습이 중요한 치료적 요인이다.
④ 치료적 요인에 의한 변화경험은 집단상담자, 집단원, 집단활동 등의 다양한 상호작용의 결과로 발생한다.

⑤ 얄롬(Yalom)의 치료적 요인 23 기출
　㉠ 실존적 요인 22 기출
　　집단원과의 경험 공유를 통해 자기 자신이 다른 사람에게 아무리 많은 지도와 후원을 받는다고 해도 자신의 인생에 대한 궁극적인 책임은 스스로에게 있다는 것을 배운다는 것으로, 다음과 같이 다섯 개 항목으로 구성된다.
　　　• 인생이 때로 부당하고 공정하지 않다는 것을 인식한다.
　　　• 궁극적으로 인생의 고통이나 죽음은 피할 길이 없음을 인식한다.
　　　• 내가 아무리 다른 사람과 가깝게 지내더라도 여전히 홀로 인생에 맞닥뜨려야 한다.
　　　• 내 삶과 죽음에 대한 문제들을 직면하고 좀 더 솔직하게 나의 삶을 영위하며 사소한 일에 얽매이지 않는다.
　　　• 내가 다른 사람들로부터 아무리 많은 지도와 지지를 받더라도 내 인생을 살아가는 궁극적 책임은 나에게 있다.
　㉡ 희망의 주입(희망의 고취) : 집단은 집단원들에게 문제가 개선될 수 있다는 희망을 심어주는데, 이때 희망 그 자체가 치료적 효과를 가질 수 있다. 24 기출
　㉢ 보편성 : 자신만이 심각한 문제·생각·충동을 가진 것이 아니라, 다른 사람들도 자기와 비슷한 갈등과 생활경험, 문제 등을 가지고 있다는 것을 알고 위로를 받는다. 21 기출
　㉣ 정보공유(전달) : 집단원들은 집단상담자로부터 다양하고 유익한 정보를 습득함으로써 자신의 문제를 보다 명확하게 이해하며, 동료 집단원들로부터 직·간접적인 제안, 지도, 충고 등의 도움을 받는다.
　㉤ 이타심 : 집단원들은 위로·지지·제안 등을 통해 서로 도움을 주고받는다. 자신도 누군가에게 도움을 줄 수 있고, 타인에게 중요한 존재일 수 있다는 발견은 자존감을 높여준다.
　㉥ 1차 가족집단의 교정적 재현 : 집단은 가족과 유사한 점이 있으므로 집단상담자는 부모, 집단원은 형제자매가 될 수 있다. 집단원들이 초기 아동기에 자신의 부모형제와 상호작용했던 방식으로, 리더나 다른 집단원들과 상호작용하면서 가족 내 갈등이 집단에서 재현되고, 탐색과 새로운 역할실험의 기회를 갖게 된다. 그 과정을 통해 그동안 해결되지 못한 갈등상황에 대해 탐색하고 도전한다.
　㉦ 사회화 기술의 개발 : 다른 집단원으로부터의 피드백이나 특정 사회기술에 대한 학습을 통해 대인관계에 필요한 사회기술을 개발한다.
　㉧ 동일시(모방행동) : 집단상담자와 집단원은 새로운 행동을 배우는 데 좋은 모델이 될 수 있다.
　㉨ 대인관계 학습
　　　• 현대의 정신치료에서는 관계적 모델을 사용하는데, 관계적 모델이란 다른 사람들과의 관계라는 상호작용 속에서의 자기(Self)를 토대로 마음을 그려보는 것으로, 결국 개인은 자기에게 중요한 타인으로부터 나오는 평가에 기초하여 자아, 즉 자기역동을 발달시킨다는 것이다.
　　　• 집단원과의 상호작용을 통해 자신의 대인관계에 대한 통찰과 자신이 원하는 관계형성에 대한 아이디어를 가질 수 있으며, 자기에게 중요한 타인으로부터 나오는 평가에 기초하여 자기/자아(Self), 즉 자기역동을 발달시키는데, 이때 집단은 대인관계 형성의 새로운 방식을 시험해 볼 수 있는 장이 된다.

대인관계 학습-투입[입력] (Interpersonal Learning-Input) 22 24 기출	• 내가 다른 사람에게 어떤 인상을 주는지 알게 된다. • 내가 다른 사람에게 어떤 모습으로 보이는지 알게 된다. • 타인을 짜증나게 하는 나의 습관이나 태도를 알게 된다. • 내 생각을 말하지 않음으로써 때때로 사람들을 혼란에 빠뜨린다는 점을 알게 된다.
대인관계 학습-산출[출력] (Interpersonal Learning-Output) 22 기출	• 집단원들에게 상호 관계를 분명히 하기 위해 자신을 솔직히 표현한다. • 집단원들의 반응을 살피기보다 더 건설적으로 주장하는 방식으로 나 자신을 드러낸다. • 사람과 잘 지내는 기술의 개선은 집단과 타인에 대해 신뢰감을 더욱 느끼게 하여 집단 내의 한 특정한 집단원과의 어려움도 극복하게 한다.

ⓩ 집단응집력 : 집단 내에서 자신이 인정받고 수용된다는 소속감은 그 자체로써 집단원의 긍정적인 변화, 집단만족도, 집단원의 참석률에 영향을 미친다. 또한 집단의 지지와 수용도 집단응집력에 영향을 미친다.

㉠ 정화(Catharsis) 16 23 기출
- 카타르시스, 즉 정화는 억압되어 있거나 속으로 쌓여 있는 정서를 겉으로 표현함으로써, 그러한 감정이나 동기로 인해 생긴 긴장을 해소하는 것을 말한다.
- 집단 내 비교적 안전한 분위기 속에서 집단원은 그동안 억압된 감정을 자유롭게 발산할 수 있고, 쌓여있던 고통과 누적된 감정 표현으로 신체적·정신적 해방감을 경험하며, 집단원들에게 수용되면서 정서적 변화가 생긴다.
- 감정표출은 신체적 증상으로 나타날 수 있으며, 감정표출의 치료적 효과는 집단원의 문화적 배경에 따라 다르다.
- 정화는 집단원 간의 신뢰감과 상호유대감을 높인다.
- 집단상담자는 집단원의 감정표출과 관련된 감정과 감정표출 후 관련된 인지를 다루어야 하며, 감정적 패턴 아래 놓인 인지와 연관된 통찰을 다루는 것이 중요하다.
- 집단원의 감정 표현에 대하여 집단상담자의 적절한 조치 및 지도가 따르지 못하면 오히려 부정적 작용을 할 수도 있다.

⑥ 코리의 치료적 요인 20 기출

직면(자신의 불일치를 자각하여 변화의 계기를 만드는 것), 자기개방, 보편성, 피드백, 응집력, 희망, 실험을 해보는 자유, 관심과 이해, 변화하겠다는 결단, 감정 정화, 인지적 재구조화

(7) 집단상담과 개인상담

① 집단상담이 필요한 경우 16 기출

㉠ 여러 사람들을 보다 잘 이해하고, 타인이 자기를 어떻게 보는지 깨달아야 할 것으로 판단되는 내담자
㉡ 특히 자기와 성격, 생활배경 등이 다른 사람들에 대한 배려와 존경심을 습득해야 할 것으로 판단되는 내담자
㉢ 다른 사람과의 대화를 포함한 사회적 기술의 습득이 필요한 내담자
㉣ 다른 사람과의 유대감, 소속감 및 협동심의 향상이 필요한 내담자
㉤ 자기의 관심사나 문제에 관해 다른 사람의 반응·조언이 필요한 내담자

ⓑ 동료나 타인의 이해와 지지가 도움이 되리라고 판단되는 내담자
ⓢ 자기 문제에 관한 검토·분석을 기피하거나 유보하기를 원하고, 자기노출에 관해 필요 이상의 위협을 느끼는 내담자

② 개인상담이 필요한 경우
㉠ 가지고 있는 문제가 위급하고, 원인과 해결방법이 복잡하다고 판단되는 내담자
㉡ 내담자와 내담자 관련 인물들의 신상을 보호하고 비밀을 철저하게 보장할 필요가 있는 내담자
㉢ 자아개념과 관련된 검사를 해석할 경우 또는 심리검사 결과를 해석할 경우의 내담자
㉣ 집단에서 공개적으로 발언하는 것에 대해 심한 불안·공포가 있는 내담자
㉤ 상담집단의 동료들로부터 수용될 수 없을 정도로 대인관계가 좋지 못한 내담자
ⓑ 자신의 감정·동기·행동에 대한 인식이 매우 부족하고, 자기 자신에 대한 탐색·통찰력이 극히 제한되어 있는 내담자
ⓢ 상담자나 다른 사람들로부터의 주목과 인정을 강박적으로 요구할 것으로 판단되는 내담자
ⓞ 폭행이나 비정상적인 성적 행동을 취할 가능성이 보이는 내담자
㉢ 주의집중에 대한 내담자의 요구가 집단에서 다루어지기 어려운 경우
㉣ 의심증이 심하며 지나친 적대 감정에 사로잡혔거나 기타 심한 정서적 장애를 경험하고 있는 내담자

③ 집단상담과 개인상담의 유사점 **14 기출**
㉠ 내담자의 자기이해를 촉진한다.
㉡ 생활상의 문제해결을 돕는다.
㉢ 내담자들의 자기공개, 자기수용이 중요하다.
㉣ 이해적이고 허용적인 상담분위기의 조성과 유지가 필요하다.
㉤ 상담자의 기법 면에서 내담자가 이야기한 것을 비판하지 않고 의미를 요약하며, 더 분명하게 해주는 기법을 사용한다.
ⓑ 사적인 정보의 비밀을 보호한다.

(8) 집단상담과 유사개념의 비교 **16 기출**

집단상담	• 중심은 어떤 주제가 아닌 집단원 개개인 자체이므로, 그들의 행동변화가 중심이다. • 정상적이고 발달적인 문제를 주로 취급한다. • 자기이해의 증진, 태도의 변화 및 직업선택과 관련하여 일어나기 쉬운 갈등들을 취급하는 과정이다. • 개인적·정서적 문제의 해결에 치중하고, 현재의 문제나 병을 해결하고 치료하는 데 관심을 기울이며, 개인의 성장과 변화를 목적으로 한다. • 집단원 간의 상호작용을 통해 집단원의 감정 및 행동양식을 탐색한다.
집단지도	• 정보를 제공하는 일종의 직접적이고 인지적인 과정이며 교육적 경험의 내용을 주제로 취급한다. • 직접적인 정보의 획득, 새로운 문제에 관한 오리엔테이션, 학생활동의 계획 실천, 직업 및 교육적 결정에 필요한 자료수집 활동에 직접 관여한다. • 적극적이고 예방적 입장을 취한다.
집단치료	• 무의식적 동기에 관심을 두며 보다 깊은 수준의 성격구조의 변화에 관여하는 과정이다. • 성격장애의 문제를 다루고 심각한 신경증적 갈등을 경험하는 집단원을 대상으로 한다. • 현재나 미래보다는 과거(즉, 부정적 행동의 원인)에 더 강조점을 두지만, 현재의 문제나 병을 해결하고 치료하는 데 관심을 기울인다.

집단훈련	• 어떤 특정한 영역에 대한 기술을 익히는 과정으로, 구성원들에게 필요한 기술을 체계적으로 교육하고 연습시키는 과정이 포함된다. • 집단지도와 집단상담의 중간 지점에 위치하면서 양자의 특성을 공유한다고 볼 수 있다. 즉, 집단지도와 같이 구성원들은 공동의 목적을 가지고 필요한 정보를 얻는 동시에 집단상담과 같이 구성원 각자가 자신의 어려운 문제와 고민을 털어놓는다. • 집단훈련의 규모는 8~30명 정도이고, 훈련기간은 4~12회, 1회에 2~3시간 정도로 한다. • 취업 면접 훈련, 발표력·창의성 훈련, 사회성 훈련, 감수성 훈련, T-집단 등과 같은 집단 훈련이 보편화되고 있다.

(9) 집단상담의 활동들 15 기출

① 활동내용 : 쓰기, 동작, 이인 체계, 세 사람씩 짝을 짓는 것, 라운드, 창조적인 보조도구, 예술과 공예, 상상, 일반적인 읽기, 피드백, 신뢰, 경험적인 것, *도덕적 딜레마, 집단의 결정, 접촉 등이 있다.

✓ **도덕적 딜레마**
하나의 사건에 대하여 두 가지 서로 다른 도덕적 관점이 충돌하여 일어나는 것이다.

② 집단상담에서 다양한 활동을 하는 이유
   ㉠ 안정된 수준을 증가시키도록 돕는다.
   ㉡ 지도자에게 유용한 정보를 제공한다.
   ㉢ 토론을 할 수 있게 하고, 집단을 집중시키는 데 도움이 된다.
   ㉣ 초점을 이동시킬 수 있다.
   ㉤ 초점을 심화시킬 수 있다.
   ㉥ 경험적 학습의 기회를 제공한다.
   ㉦ 재미와 긴장완화를 제공한다.

03 집단역동의 이해 및 집단상담 과정

(1) 집단역동의 이해

① 의 의
   ㉠ 집단원들이 목적을 달성하기 위하여 노력할 때 일어나게 되는 상호작용적 힘으로 집단의 성격과 방향에 영향을 미친다.
   ㉡ 집단의 발달에 긍정적으로 작용할 수도 있지만, 참여자들에게 해를 끼치기도 한다.
   ㉢ 집단상담자는 집단에서 일어나고 있는 중요한 역동들을 감지하고, 생산적인 방향으로 활용할 수 있어야 한다.

② 집단역동에 관계되는 요인들
   ㉠ 집단의 배경 : 집단의 역사적 배경과 집단원의 특징에 따라 달라진다.
   ㉡ 집단의 참여형태 : 상담자와 집단원들 사이의 참여의 정도에 따라 달라진다.
   ㉢ 의사소통의 형태 : 바람직한 의사소통의 형태는 행동변화에 필수적인 요소이며, 의사소통의 양상이나 내용은 집단역동에 결정적인 영향을 미친다.
   ㉣ 집단의 응집성 : 집단원들이 참여하고 있는 집단활동에 대한 관심도, 사기, 집단정신 등을 포함한다.

ⓜ 집단의 분위기 : 심리적인 안정감을 주면서도, 집단원들이 자유롭게 신체적 활동을 할 수 있도록 해야 한다.
ⓑ 집단규범 : 집단원들이 활동하는 데 있어서의 활동규약을 의미한다.
ⓢ 집단원들의 사회적 관계유형 : 집단원들 간의 우정과 반감 같은 사회적 관계유형도 집단역동에 영향을 미친다.
ⓞ 하위집단의 형성
- 하위집단은 명성이나 영향력, 실력, 능력 혹은 설득력 등에 따라 형성되는 비공식적이고 잘 드러나지 않는 집단이다.
- 집단의 구성원들이 하위집단에 더 매력을 느끼고 충성심이 생기면 그 구성원들은 전체집단의 목적보다 하위집단의 목적을 중요시하게 되는데, 이는 집단응집력을 방해하고, 전체집단에 대한 신뢰도를 낮춘다.
ⓩ 주제의 회피 : 난처한 문제나 갈등의 무조건적인 회피는 집단역동에 부정적인 영향을 줄 수 있으므로 충분히 취급해야 한다.
ⓒ 지도성(영향력) 경쟁 : 상담자는 집단원들의 경쟁이 부정적으로 흐를 경우, 각자가 상대방의 지도성을 인정하고 수용하는 포용력을 갖도록 조력해야 한다.
ⓚ 숨겨진 안건 : 비공개된 중요한 의도나 안건은 이를 표면화해 취급해야 한다.
ⓔ 제안의 묵살 : 집단구성원들은 적절한 제안을 할 수 있는 능력이 요구되며, 제안이 여러 번 묵살되는 경우 묵살당한 본인이 집단 앞에서 자기제안을 표현하도록 조력해야 한다.
ⓟ 신뢰 수준 : 집단상담의 성패에 관건이 되는 요소이므로 보다 높은 신뢰 수준을 위해 노력해야 한다.

> **지식 IN**
>
> **응집력이 높은 집단의 특성** 14 18 기출
> - 자발적으로 집단에 참여하며 모임 시간을 엄수한다.
> - 비밀유지 원칙이 잘 지켜진다.
> - 집단원들이 새로운 모험 시도를 두려워하지 않는다.
> - 집단원들이 부정적인 것이든 긍정적인 것이든 자신의 느낌과 생각을 솔직하게 표현하고 서로의 감정에 솔직하게 반응한다.
> - 더 많은 자기개방을 한다.
> - 집단규범을 잘 지키고, 집단규범 일탈자에게 압력을 가한다.
> - 다른 집단원들에게 영향을 주기 위해 더 열심히 노력한다.
> - 고통을 함께 나누며 해결해 나간다.
> - 자유로운 분위기에서 집단활동에 적극적으로 동참한다.
> - 서로 보살피고 배려하며 있는 그대로 수용해 준다.
> - 정직한 피드백을 교환한다.
> - 건강한 유머를 통해 친밀해지고 기쁨을 함께한다.

③ 청소년 집단상담의 변화기능과 집단역동 치료효과 17 기출
   ㉠ 모방행동 : 집단상담에 참여하는 청소년들은 상담자나 다른 동료 참여자들의 바람직한 어떤 측면들을 모방하게 되어 개인상담보다 모방과정이 보다 더 확산된다.
   ㉡ 이타심 : 집단상담 참여자들은 서로 지지, 위로, 제안, 통찰을 제공하며, 이러한 내용에 진지하게 경청하고 수용한다.
   ㉢ 보편성 : 청소년들이 겪는 대부분의 어려운 문제는 자기 자신과 주위환경에 대한 객관적인 이해의 부족에서 비롯되기 쉽다. 참여자들과의 대화를 통해 그들이 겪는 문제들이 그 자신만이 겪는 문제가 아님을 알고, 그들의 문제에 대해 좀 더 객관적으로 대처할 수 있게 된다.
   ㉣ 안정감과 긴장감 : 참여자들은 집단에서 안정감을 느낄 때 자신의 본래 모습과 느낌을 솔직하게 드러낸다. 또한 일시적으로 긴장감을 나타낼 수도 있지만, 이것은 변화의 시초일 수 있다.
   ㉤ 변화를 시도하는 자유 : 집단은 새로운 행동을 실제로 시도해 보기 위한 안전한 장소가 된다. 즉, 외부적 위협을 느끼지 않으면서 현실적 문제 상황에 대한 자기 나름대로의 적응 및 대처방안을 체득할 수 있다.
   ㉥ 피드백(Feedback) : 집단 참여자들은 다른 사람들로부터 피드백을 받음으로써 다른 사람들에게 보이는 자신들의 행동효과를 점검한다.
   ㉦ 정보교환 : 상담자와 다른 집단 참여자들이 문제해결을 위해 서로 주고받는 정보는 집단상담에 참여한 청소년들의 발달상 보편적인 문제를 고려할 때 문제해결에 직접적 도움이 될 수 있다.
   ㉧ 인간관계 형성 기법의 학습 : 집단원들은 집단상담을 통해서 인간관계 형성 능력을 기르는 방법을 배울 수 있다.

(2) **집단상담의 과정** 17 18 기출
① 개 론
   ㉠ 집단상담의 과정과 발달 단계는 코리의 4단계, 이형득의 4단계, 한센의 5단계 등, 여러 학자가 다양한 단계를 제시해왔다.
   ㉡ 일반적으로 '시작단계-갈등단계-생산단계-종결단계'의 4단계로 구분할 수 있으며, 좀 더 간단히 '초기-중기-종결'의 3단계로 구분하기도 한다(3단계와 4단계의 맨 앞과 뒤에, 준비단계나 *추수단계 등을 넣는 학자도 있다).
   ㉢ '시작단계-갈등단계-생산단계-종결단계'는 학자마다 부르는 이름이 조금씩 다르므로, 학자별로 어느 단계에 해당하는지를 알아 두고, 이름이 다르더라도 각 단계의 특징과 과제, 집단상담자의 역할 등은 공통된다는 것을 알아두는 것이 좋다.

> ✓ **추수단계**
> 집단상담이 종결된 후 수주 혹은 수개월 후에, 지금까지 해온 집단의 효과를 재검토하고 집단이 어떤 부정적인 영향은 없었는지 집단이 일상생활에 어떤 긍정적 영향을 끼치고 있는지, 집단의 효과가 지속되고 있는지 등을 돌아보는 단계이다.

구 분		코리 4단계	이형득	한센 5단계
초 기	시작단계	초기단계	도입단계	시작단계
	갈등단계	과도기단계	준비단계	갈등단계
중 기	생산단계	작업단계	작업단계	응집단계
				생산단계
종 결	종결단계	통합과 종결단계	종결단계	종결단계

② **시작단계(초기단계)** 14 16 24 기출

이 단계는 근심과 불안, 걱정으로부터 구성원들이 서로 친밀해지도록 노력하고 집단의 한계를 찾으며, 집단의 규칙을 세워 힘과 영향력을 행사하고, 개인과 집단의 목표를 정하는 기간이다.

㉠ 시작단계의 특성
- 집단상담에 대한 기대와 희망을 가지고 있지만 낯선 상황에 대한 어색함과 두려움, 주저함 등이 나타나고 긴장과 불안을 느낀다.
- 위험을 감수하는 행동이 상대적으로 적고 관망하는 자세를 취하며 탐색도 머뭇거리며 일어난다.
- 집단원은 집단상담자에게 의존하는 성향을 보이며, 자기 역할을 파악하기 위해 노력한다.

㉡ 집단원들의 특징 21 기출
- 집단에 대해 비합리적인 기대를 하기도 한다.
- 자기표현을 하기에 안전한지 탐색한다.
- 불안과 긴장이 있기 때문에 의존적이고 소극적으로 행동하는 경향이 있다.
- 새로운 사람들과의 만남으로 자기개방에 부담을 느껴 집단 참여를 머뭇거린다.

㉢ 집단상담자의 역할 16 22 23 기출
- 집단상담자는 사전면담을 통하여 개별적인 집단원의 특징을 미리 파악하고 있어야 한다.
- 집단상담자는 첫 번째 모임에서 집단원을 소개하고 인사시킨다.
- 집단상담자는 집단원들과 집단에 대한 책임을 나누어야 한다. 집단원들이 주체적·능동적으로 집단에 참여하여 스스로 목표를 정하고, 결과에 대한 책임도 상담자와 공유한다는 점을 명확히 해야 한다.
- 집단상담자는 개방적이고 존중하는 태도로 집단원의 이야기를 적극적으로 경청하고 반응하여야 하며, 집단원의 경험을 가치 있게 여겨야 한다.
- 집단과정을 신뢰하고 집단원들이 의미 있는 변화를 만들어 내는 능력이 있음을 믿는다.
- 집단원들이 *예기불안 등 불안과 두려움을 진술하게 노출하고 기대를 표현하도록 도움으로써 안정된 분위기를 조성한다.
- 집단상담의 구조화 : 분명한 집단목표 및 개인목표, 기본 규칙과 집단규범을 설정하는데, 이때 의존성을 부추기지 않으면서 집단원이 혼란스럽지 않도록 적당히 구조화해야 한다.
- 초기 집단응집력 형성 : 집단상담자를 포함하여 집단원들 간에 친밀성과 소속감에 기반을 둔 정서적 유대와 신뢰가 형성되도록 돕는다.
- 상호작용 촉진 : 집단원이 상호작용하면서 유사한 감정과 관심을 갖고 있다는 사실을 깨닫도록 돕는다.
- 수용 : 집단상담자는 이 시기 집단원의 불안과 저항이 어떤 모임을 시작하기 전에 자연스럽게 나타내는 반응으로 이해하고 존중한다.

> ✅ **예기불안**
> 미래의 어떤 상황이나 사건을 떠올렸을 때 불안감이 증가하는 형태의 불안증상을 의미하며, 심한 경우 해당 사건의 몇 달 전부터 불안감이 시작될 수 있다.

> **지식 IN**
>
> **집단의 구조화** 15 17 18 19 기출
> - 주로 집단상담의 초기에 집단지도자가 집단의 목적, 규정, 한계 등에 관하여 언급하는 것으로 집단의 틀(Frame)을 잡아주는 것이다.
> - 집단의 성격과 목적, 집단상담자의 역할, 집단의 진행절차 그리고 지켜야 할 기본적인 행동의 규준 등에 관하여 적절히 설명해 줌으로써, 집단원으로 하여금 성공적인 집단 경험을 위한 준비를 하게 하는 것이다.
> - 집단의 모임 시간과 횟수에 대해 설명한다.
> - 집단원들이 생산적인 집단을 위한 행동규범을 창출하도록 촉진한다.
> - 적극적 참여, 위급상황 시 연락방법, 집단원의 책임에 관한 내용이 포함된다.
> - 집단 초기에 이루어지는 적절한 구조화는 응집성을 높이고 자기노출, 피드백과 맞닥뜨림을 촉진하는 데 도움이 된다.

③ 갈등단계(과도기단계) 15 17 19 20 기출

초기단계를 지나면서 집단원들 사이에는 친밀감이 형성되지만, 그에 따라 집단원들의 불안감이 고조되고, 갈등과 저항 등의 행동이 나타나는 시기이다.

㉠ 갈등단계의 특성
- 불안 고조 : 불안이 증가하고 고조된다.
- 갈등과 저항 : 집단원들이 서로 부정적인 정서 반응을 나타내면서 갈등과 저항이 일어난다. 갈등의 원천을 이해하고 갈등 상황이 발생할 때, 이를 터놓고 다루어야 집단상담이 바람직한 방향으로 진행될 수 있다.
- 집단상담자에 대한 도전 : 저항의 일종으로 집단상담자의 권위와 능력을 시험하고 도전하는 집단원이 나타난다.

㉡ 집단상담자의 역할 15 21 기출
- 집단원의 망설임이나 불안, 방어, 갈등 등을 자각하고 정리하도록 도와준다.
- 저항을 감지하고 다루어야 하며, 집단규범 형성을 증진한다.
- 저항과 갈등을 적절히 다루어 응집력을 높여야 한다.
- 집단원의 전이와 자신의 역전이 감정을 다루어 나가야 한다(참여자의 역할).
- 집단원이 저항과 갈등 등을 탐색하고 솔직히 표현하도록 격려하고 촉진한다(촉진자의 역할).
- 적절하고도 부드러운 직면을 시키는 행동모델로서의 모습을 보여줘야 한다.
- 집단원이 스스로 책임감을 가지고 자발적으로 풀어가도록 도와줘야 한다(조력자의 역할).
- 규칙을 잘 지키도록 도와주는 집단규범의 증진자로서의 역할도 한다.

④ 생산단계(작업단계) 14 16 기출

생산단계는 집단상담에서 가장 핵심적인 단계로 심리치료, 문제해결, 학습과 성장을 위해 노력하는 과정이 주를 이룬다.

㉠ 생산단계(작업집단)의 특성 24 기출
- 강한 집단응집력 형성 : 갈등과 저항이 표현되고 잘 다루어져 '우리 집단'이라는 소속감이 생기면서 조화롭고 협력적인 집단분위기와 강한 집단응집력이 형성된다.
- 집단 내 의사소통이 개방적이며, 자신이 경험한 것을 정확히 표현한다.

- 피드백 교환 활성화 : 무분별한 공격이 아닌 생산적인 피드백이 자유롭게 오가며 거부감 없이 수용되고 비방어적으로 고려된다.
- 집단원 상호간의 깊은 정서체험을 하게 된다.
- 깊은 신뢰관계 형성 : 집단원들의 신뢰와 결속력이 높아지고 자신이 지지받고 있다고 느껴 새로운 행동을 과감히 시도한다.
- 집단원은 대개 리더의 지시 없이도, 자발적이고 적극적으로 집단활동에 참가하려고 한다.
- '지금-여기'에 초점을 두고 원활하고 직접적인 소통이 이루어진다.
- 상담자에 대한 전이로 인해 집단원의 도전 행동이 나타날 수 있다.

ⓒ 집단상담자의 역할 **22 기출**
- 자기노출과 감정의 정화를 한다.
- '자기개방', '맞닥뜨림(직면)', '공감' 같은 반응에 적절한 행동모델이 된다.
- 집단의 응집력을 강화한다.
- 집단원의 사고와 정서의 변화를 촉진한다.
- 집단 전체와 개인이 보이는 패턴에도 관심을 갖고, 자신이 관찰한 것을 개방한다. 이때 비효과적 행동패턴을 탐색하고 낙담한 집단원을 격려한다.
- 집단원의 공통된 주제나 강렬한 정서를 찾아 다루며, 보편성을 제공한다.
- 집단에서 치료적 요인에 항상 주목하고, 이런 요인들을 최대한 활용한다.
- 집단원이 깊은 수준의 자기탐색을 할 수 있도록 촉진하고, 다른 행동 방식을 고려해볼 수 있도록 돕는다.
- 집단원의 모험적인 시도를 진지하게 받아들이고 지지하며 격려한다.

⑤ 종결단계 **16 17 20 기출**
집단원들이 집단경험을 통해 변화되고 학습한 것들을 총체적으로 정리하는 단계이다.

㉠ 종결단계의 특성
- 좌절 감정 다루기와 극복하기 : 집단원들이 바람직하지 못한 행동에서 벗어나 새로운 행동을 학습함으로써 목표를 달성하고, 집단에서 다루려고 했던 문제를 완결한다.
- 분리에 대한 감정과 복합적 감정 : 유대관계의 분리로 인해 아쉬운 감정을 느끼는 한편으로 집단으로부터 벗어난다는 해방감이 교차하는 복합적 감정을 느낀다.
- 과제회피 경향 : 집단원들은 자신의 문제가 해결됨으로써 자기노출이 점차 감소하고, 소극적인 태도를 취하며 과제회피가 나타난다.
- 집단상담자와 집단원은 집단과정에 대해 반성하며, 일상생활에서의 적용에 대해 토의한다.
- 집단활동에 대한 애착과 정서적 관여가 감소한다.
- 집단원의 성장과 변화를 평가한다.

ⓒ 집단상담자의 역할 **16 24 기출**
- 분리감정 다루기 : 집단상담자는 종결에 따른 아쉬움과 이별의 감정을 다루어야 한다.
- 학습내용 개관하기 : 집단 과정의 전반적인 내용을 개관하고 요약해야 한다.
- 목표달성 점검 : 집단원의 성장 및 변화를 평가하고, 집단상담의 초기 지각과 후기 지각을 비교한다.
- 미해결문제 다루기 : 집단원의 지속적인 성장 또는 미해결 문제에 대한 해결 계획을 수립해야 한다.

- 학습결과의 적용문제에 대해 집단원과 논의하며 피드백을 주고받아야 한다.
- 집단원들의 변화를 강화하고, 특별한 기술들을 다양한 일상에서 적용하도록 돕는다.
- 종결 후의 추수집단 모임을 결정해야 한다.
- 최종적인 마무리와 작별인사를 하도록 한다.

> **지식 IN**
>
> **종결회기에서 심층적인 문제를 노출하는 집단원에 관한 상담자의 반응** 14 기출
> - 다른 집단원이 합의하면 시간을 가지고 다룰 수 있다.
> - 심층문제를 다루지 못한 미진한 마음을 표출하게 한다.
> - 개인상담으로 진행될 수 있도록 권하고, 실행할 수 있는 용기를 준다.
> - 종결회기여서 충분히 다룰 수 없음을 이해시키고, 집단원의 행동을 제한한다.

⑥ 추수(Follow-Up) 면담
  ㉠ 집단상담 종결 후 수 주 혹은 수개월 후에, 지금까지 해온 집단의 효과를 재검토하는 단계이다.
  ㉡ 종결 후 집단원들이 경험한 어려움이 무엇인지 탐색하고, 집단의 효과가 지속하고 있는지 등을 돌아본다.
  ㉢ 도움이 필요한 집단원에게 추수 면담 이후의 개인 상담이나 상담프로그램 정보를 제공한다.

04 집단상담의 제 이론

(1) 정신분석 접근 16 19 21 23 기출

① 의 의 16 기출
  ㉠ 정신분석적 기법들을 이용하여, 8~11명의 내담자들을 집단으로 면접하는 방법이다.
  ㉡ 궁극적인 목표는 집단원의 성장과 발달을 저해하는 신경증적 갈등을 경감시켜 집단원의 인격적 성숙을 도모하는 것이다.
  ㉢ 인간에 관한 두 가지 기본가정인 *심적 결정론(Psychic Determinism)과 무의식의 정신분석 이론이 정신분석적 집단상담의 기본을 이룬다.
  ㉣ 어렸을 때부터 생긴 무의식적 동기와 갈등을 자유연상, 해석 등의 기법을 통해 의식화함으로써, 집단원들이 통찰을 통해 구성원 개개인의 건전한 자아발달을 촉진시키는 것을 목적으로 한다.
  ㉤ 과거의 경험이 현재의 성격에 미치는 영향에 초점을 두며, 집단에서 과거를 재경험하여 무의식적 갈등을 해소할 기회를 제공한다.
  ㉥ 집단원의 당면한 문제의 즉각적인 해결보다는 장기간의 성격 재구성(성격 재구조화)이 목적이다.
  ㉦ '건전한 자아'란 자아(Ego)가 초자아(Superego)와 원초아(Id)의 기능을 조정할 능력이 있어서 적절한 심적 균형을 유지하는 것을 말한다.
  ㉧ 집단원들이 다른 집단원의 문제를 듣고 반응하면서 보조 혹은 공동상담자 역할을 수행하기도 한다.

> **✓ 심적 결정론**
>
> 프로이트 심리학에서 모든 정신 현상은 물리 현상과 마찬가지로 인과관계에 의하여 결정된다는 이론이다.

ⓒ 개인분석과 달리 대인관계 양상을 분석한 후 개인의 내적 심리과정을 분석한다.

> **지식 IN**
>
> **정신분석적 집단상담의 주요 특징** 17 기출
> - 부적응 행동들을 줄이기 위해서 훈습과정을 거친다.
> - 관념이나 느낌, 환상 등을 자유롭게 표현하도록 하는 기법들을 사용한다.
> - '지금, 여기'보다 '그때, 거기'에 더 주의를 기울인다.
> - 부모와의 수직적 차원의 전이와 형제를 포함한 대인관계의 수평적 차원의 전이를 모두 다룬다.

② 집단상담자의 역할과 기능
  ㉠ 집단원의 의사소통이나 상호작용이 한 영역에 고착되었을 때, 이를 확장시키기 위하여 의식적 자아와 무의식적 자아를 관련짓는 역할을 한다.
  ㉡ 전이와 저항에 주의를 기울이며 해석을 통해 집단원의 통찰을 돕는다.
  ㉢ 볼프(A. Wolf)는 집단상담자가 자신을 향한 집단원들의 전이행동을 처리할 수 있어야 한다고 본다.
  ㉣ 코리(Corey & Corey)에 의한 집단상담자의 역할
    - 집단상담자는 전이와 저항에 대해 항상 주의를 기울인다.
    - 적절한 때에 집단원에게 해석해주고, 언어화를 통해 통찰하도록 돕는다.
    - 집단원들로 하여금 어린 시절의 경험을 재생할 수 있도록 돕는다.

> **지식 IN**
>
> **1. 코리(G. Corey)가 제시한 집단상담자의 인간적 자질** 17 23 기출
>
> | | |
> |---|---|
> | 유머 | 자신에 대해 웃을 수 있고, 자신의 인간적인 취약점을 유머 감각과 함께 볼 수 있어야 한다. |
> | 개인적인 힘 | 자신이 타인에게 미치는 영향력을 인식하고 집단원들의 역량을 강화할 수 있어야 한다. |
> | 용기 | 상담자라는 역할 뒤에 숨지 않고, 실수를 인정하며 자신의 통찰과 신념에 따라 행동할 수 있어야 한다. |
> | 함께함 | 자신의 감정을 자각하고 표현하며, 집단원들과 마음을 함께 나눌 수 있어야 한다. |
> | 창의성 | 의식으로 굳어진 기법이나 습관화된 진행방식을 탈피하고, 새로운 아이디어로 집단을 진행할 수 있어야 한다. |
> | 활력 | 집단을 이끌어 가는 데는 심리적·신체적 에너지가 많이 소모되므로, 쉽게 지치지 않는 활력이 있어야 한다. |
> | 자기 돌봄 | 집단을 생동감 있게 이끌 수 있는 활력을 얻으려면 여러 가지 면에서 자신을 돌볼 수 있어야 한다. |
> | 집단과정에 대한 신뢰 | 집단의 치료적 힘을 믿고 집단 내에서 발생하는 갈등을 조정하기 위해 노력할 수 있어야 한다. |
>
> **2. 코리가 제시한 집단상담자의 전문적 자질** 24 기출
> - 집단계획 및 지도능력
> - 상담이론에 관한 해박한 지식
> - 인간에 관한 폭넓은 식견
> - 집단원으로서의 집단 경험

ⓜ 슬랩손(S. Slavson)의 집단상담자의 기능 구분

지도적 기능	집단이 뚜렷한 목적이나 결론 없이 지나치게 피상적인 대화의 수렁에 빠져 헤어날 수 없는 상황이 되었을 때, 집단상담자는 숨은 주제를 지적해 주어 표면화시키는 지도적 기능을 수행한다.
자극적 기능	억압, 저항, 정서적 피로 혹은 흥미의 상실 등으로 인해 그 집단이 무감각 상태에 빠지거나 활기를 상실했을 때, 집단상담자는 자극적 기능을 수행한다.
확충적 기능	집단의 의사소통이나 상호작용이 한 영역에 고착되어 있을 때, 이를 확장시키는 데 힘쓴다.
해석적 기능	집단상담자는 해석적 기능을 잘 이행할 수 있어야 한다. '해석'이란, 집단원들의 마음속에 숨은 무의식을 의식화시키려는 집단상담자의 노력으로 볼 수 있다.

③ 집단상담의 기술 17 기출
  ㉠ 자유연상(Free Association)
    • 집단원에게 무의식적 감정과 동기에 대해 통찰하도록 하기 위해, 마음속에 떠오르는 것을 의식의 검열을 거치지 않은 채 표현하도록 격려한다. 또한 집단원은 자신의 감정과 경험을 개방함으로써 더 이상 자신의 감정과 경험을 억압하지 않은 채 자유로울 수 있다.
    • 자유연상의 방법

돌림차례법	차례로 돌아가면서 한 사람씩 택하여 모든 집단원이 그 사람을 볼 때 마음에 연상되는 것이 있으면 무엇이든지 이야기하도록 한다.
자유집단연상	집단 내에서 떠오르는 생각이나 감정을 자유롭게 토의하도록 한다.

  ㉡ 해석(Interpretation)
    • 집단원이 새로운 방식으로 자신의 문제들을 돌아볼 수 있도록 사건들의 의미를 설정해 주고, 자신의 문제를 새로운 각도에서 이해할 수 있도록 그의 생활경험과 행동의 의미를 설명하는 것이다.
    • 상담자는 집단원의 자유연상, 꿈, 환상, 저항, 전이 등에 내재된 숨은 의미를 해석·통찰하며, 집단원의 사고·행동·감정의 패턴을 드러내거나 이를 통해 나타나는 문제를 이해할 수 있도록 새로운 틀을 제공한다.
  ㉢ 전이(Transference) 20 24 기출
    • 애정, 욕망, 기대, 적개심 등 과거 중요한 사람에게 가졌던 감정을 상담자에게 느끼는 것이다.
    • 집단은 다양한 집단원들로 이루어지기 때문에, 다면적 전이 현상이 유도되어 보다 폭넓은 전이 관계가 관찰될 수 있다.
    • 상담자는 자신에게 표현된 내용들을 분석하고 해석함으로써, 내담자가 무의식적 갈등과 문제의 의미를 통찰하도록 돕는다.
    • 상담자에게 애정이나 동경, 신뢰 등을 느끼는 긍정적 전이 감정도 집단의 흐름을 저해한다.
    • 집단원이 그 반응으로 어떤 잠재적 이익을 얻는지 탐색한다.
    • 집단원에 대한 집단상담자 자신의 반응을 검토해 본다.
    • 집단원이 드러내는 감정이 집단 전체의 의견인지 확인해 본다.
    • 집단원의 전이 감정을 연상시키는 사람을 집단에서 찾아보도록 한다.

② 저항의 분석(Resistance Analysis)
- 상담진행을 방해하고 현재 상태를 유지하려는 의식적·무의식적 생각, 태도, 감정, 행동을 의미한다.
- 집단원이 무의식적 내용의 의식화에 따른 불안감에서 벗어나도록 하여 집단원의 갈등을 해소하고 상담의 진행을 원활히 하도록 한다.

⑩ 꿈의 분석(Dream Analysis) 18 기출
- 꿈의 내용을 분석함으로써, 꿈속에 내재된 억압된 감정과 무의식적인 욕구를 통찰하도록 하는 것이다.
- 상담자는 집단원에게 꿈의 내용에 대해 자유연상을 하도록 하며, 그와 관련된 감정도 이야기하도록 요구한다.

⑭ 훈습(Working-Through) 24 기출
- 현재 상황에서 지속되고 있는 인지적·정서적·행동적 왜곡 반응을 변화시키기 위해 집단원이 의식적 노력을 계속하도록 하는 것이다.
- 집단원이 통찰한 내용을 바탕으로 자신의 저항이나 문제를 점진적으로 수정해 나가도록 하는 것이다.
- 상담자는 집단원의 전이 저항에 대해 기대되는 수준의 통찰과 이해가 성취될 때까지 반복적으로 직면하거나 설명함으로써, 집단원의 통찰력이 최대한 발달하도록 하며 자아통합이 이루어지도록 한다.
- 상담자는 집단원의 심리적 문제에 대한 통찰을 현실 생활에 실제로 적용하도록 함으로써 집단원의 변화를 유도한다.

⊗ 버텨주기(Holding)와 간직하기(Containing)
- '버텨주기'는 집단원이 막연하게 느끼지만 스스로는 직면할 수 없는 불안과 두려움에 대해 상담자의 이해를 적절한 순간에 적합한 방법으로 전해주면서, 집단원에게 의지가 되어주고 따뜻한 배려로써 마음을 녹여주는 것이다.
- '간직하기'는 집단원이 불안과 두려움을 느끼는 충동과 체험에 대해 상담자가 즉각 반응하는 대신, 이를 마음속에 간직하여 적절히 통제함으로써 위험하지 않도록 변화시키는 것이다.

> **지식 IN**
>
> **투사적 동일시(Projective Identification)** 14 기출
> - 투사적 동일시는 자기의 부정적 감정을 상대방이 실제로 가지도록 만드는 현상이다.
> - 자기의 부정적 감정이 다른 사람에게 실제로 있다고 믿고, 그러한 행동을 하도록 만드는 현상이다.
> - 내담자가 상담자로 하여금 어떤 감정을 느끼도록 무의식적으로 유발시키는 투사적 동일시를 역전이로 볼 수 있다.
>
> > 예 A집단원이 자신과 관계없다고 생각하는 자신의 특성 일부를 B집단원이 가지고 있다고 믿게 되었다. A집단원과 B집단원은 집단에서 상호작용하였다. 이에 따라 B집단원은 A집단원이 예상하는 행동을 하게 되어, 집단원 간 갈등이 유발되었다.

④ 관련 이론 – 컨버그(Kernberg)의 대상관계 이론 15 기출
  ㉠ 의 의
    • 컨버그(Kernberg)는 전통적인 본능이론의 중요한 특징들과 프로이트의 구조적 모델, 대상관계이론, 자아심리학을 통합하여 심리적 구조와 대상관계의 관련성을 자세하게 설명하고 있고, *경계선 성격장애를 중심으로 대상관계의 병리적 발달에 대해 집중적인 이론을 제공하고 있다.
    • 대상관계의 발달적 특징으로 성격조직의 발달수준을 설명함으로써, 그 이전에 불분명했던 성격병리를 명료하게 설명하였으며, 이러한 그의 이론은 치료 실제에서 사례의 개념화에 유용하게 활용되고 있다.
  ㉡ 대상관계와 자아구조
    • 컨버그는 자아구조를 욕동과 그 파생물의 결과물로 보는 전통적인 자아심리학과 달리, 자아구조가 대상 이미지, 자기 이미지, 그리고 이 둘을 연결하는 정서 등의 3가지 요소로 이루어진 대상관계 단위에서 비롯된다고 생각하였다.
    • 대상관계 표상은 아동과 양육자의 상호작용이 내면화(Internalization)된 결과라고 생각했으며, 특히 상호작용의 정서적 특성이 내면화를 주도한다고 믿었다.
    • 컨버그에게 있어서 발달과정은 대상관계 단위와 그에 대한 방어들의 내면화 과정이다. 이러한 과정은 각 발달과정에서 자아의 통합능력에 따라 내사, 동일시, 자아동일시의 3가지 수준에서 이루어지는데, 이들은 발달수준을 반영하는 동시에 표상이 형성되는 방식이기도 하다.

> ● 경계선 성격장애
> 성격장애의 한 부분으로 불안정한 대인관계, 반복적인 자기 파괴적 행동, 극단적인 정서변화와 충동성을 나타내는 장애를 말한다.

(2) 개인심리학 접근 16 17 19 20 기출
  ① 의 의 16 기출
    ㉠ '개인 심리학'의 원리들에 기초하여 집단에서 개인들의 문제를 다룬다.
    ㉡ 결정론적 인간관에 반대하여, 생물학적 본능보다는 사회적인 면을, 성격의 무의식적인 면보다는 의식적인 면을 강조하였다.
    ㉢ 인간을 주로 성적 동기보다 사회적 충동에 의해 동기화되는 사회적 존재로 자기의 삶을 결정하는 창조적인 능력을 가진 존재라고 보았다.
    ㉣ 모든 인간의 행동은 목표 지향적이므로, 그 개인을 이해하기 위해서는 그의 목표가 무엇인가를 알아야 한다고 하였다.
    ㉤ 집단원의 사회적 상황과 사회에 대한 태도를 파악하고 사회적 관심에 대해 다룬다.
  ② 기본 개념 15 17 18 기출
    ㉠ 열등감과 보상, 우월을 향한 노력, 사회적 관심, 자아의 창조적 힘, 가상적 목표, 생활양식, 가족구도, *자기보호성향 등이 포함된다.
    ㉡ 포괄적 평가에 기초하여 집단원의 아동기 역동을 탐색하며, 삶의 이력에 대한 정보를 수집한다.
    ㉢ *가족구도 분석, 생활양식 분석 등이 주요 치료기법이다.
    ㉣ '해석'은 중요한 핵심기법 중 하나로서, '지금-여기'에서 하는 행동 이면에 깔린 동기를 다루고 해석을 가설적으로 제시한다.

> ● 자기보호성향
> 개인의 자존감을 지키기 위해 작동하며 사회적 상황에서 의식적으로 작동하는 것으로서, 그 유형으로는 변명, 공격, 거리두기, 배제경향성(철회)이 있다.

> ● 가족구도 분석
> 가족 내에서 가족 구성원간의 관계 유형을 말하며 가족구도 분석은 아들러의 치료기법에 활용된다.

ⓜ 격려, 역설적 의도, 버튼 누르기, 마치 ~처럼 행동하기 등의 상담기법을 사용한다.
③ 상담 목표
    ㉠ 사회적 관심을 증진시킨다.
    ㉡ 패배감을 극복하고 열등감을 감소시키도록 돕는다.
    ㉢ 집단원의 견해나 목표를 수정한다. 즉, 그들의 생활양식 및 잘못된 동기를 변화시킨다.
    ㉣ 집단원이 다른 사람과 동등한 감정을 갖고 사회의 구성원으로 기여하도록 돕는다.
④ 집단상담자의 역할 17 24 기출
    ㉠ 집단 내에서 일어나는 개인들의 '지금-여기'의 행동 및 열등감 자각과 우월성 추구에 초점을 맞춘다.
    ㉡ 집단원들 스스로 그 행동의 목적과 결과에 대해 이해하도록 격려하고 도와주며 용기를 준다.
    ㉢ 집단원의 대인관계가 향상되도록 훈련하는 것뿐 아니라 개인의 사회적 관심을 증대시킨다.
    ㉣ 집단원의 그릇된 생활양식 및 부적절한 사적 논리를 파악하여 변화시킨다.
    ㉤ 집단상담자는 집단원의 모범으로 작용하기도 하며, 필요에 따라서는 집단원의 선생님이나 부모 등과 함께 협의하기도 한다.
⑤ 개인심리 상담[아들러(A. Adler) 집단상담]의 단계

구 분	상담과정	내 용
제1단계(초기단계)	치료관계 형성	협력, 평등주의, 상호존중에 기초한 좋은 치료적 관계를 설정한다.
제2단계(탐색단계)	개인역동성 탐색	삶의 과제를 탐색하고 가족구도와 초기기억 분석을 한다.
제3단계(해석단계)	통합과 요약	생활양식을 통찰하고 현재 기능하는 자신의 모습을 이해한다.
제4단계(재정향단계) 22 기출	재교육	자신이 희망하는 목표에 부합하는 새로운 선택과 행동을 한다. [상담자 과업] • 집단원의 자신, 타인, 삶에 대한 잘못된 신념에 도전하기 • 대안적인 신념·행동·태도를 고려하여 삶의 과제에 효과적으로 대처하도록 조력하기 • 잘못된 삶의 패턴을 재정향하고, 협력적인 상호작용을 이끄는 원리를 교육하기 • 자기-제한적인 가정에 도전하기 위해 '마치 ~인 것처럼'과 같은 행동지향적인 기법을 활용하기

(3) 행동주의 접근 15 16 20 23 기출
① 의 의
    ㉠ 정서적 학습에 초점을 둔 파블로프(Pavlov)의 학습개념과 함께 유관강화를 통해 관찰 가능한 행동의 변화에 초점을 둔 스키너(Skinner)의 방법에 기초한다. 전자는 '행동주의적 심리치료', 후자는 '행동수정'이라고 한다.
    ㉡ 문제란 학습과정을 통해 습득된 부적응 행동에 불과하므로, 그 부적절한 행동을 제거하고 보다 적절한 새로운 행동을 학습하도록 도움을 주는 과정이 바로 '상담'이라고 본다.
    ㉢ 기본적으로 집단원의 행동을 수정시키려는 목적에서 고안된 것으로, 행동수정 절차는 문제행동을 발달적·사회적 측면에서 구체적으로 정의하고, 행동수정을 위한 구체적 목표를 세워 적합한 행동수정 방법을 찾으며, 그것을 실제로 적용하는 것이다.

ㄹ 행동수정을 위해서는 문제행동이 얼마나 빈번하게 또는 오랫동안 일어나고 있었는가, 즉 각 집단원에 대한 정확한 행동평가가 선행되어야 한다.
ㅁ 각 집단원이 경험하는 구체적인 문제행동에 대해 기능적 분석을 실시한다.
ㅂ 모방에 의한 사회적 학습 또는 관찰학습이론이 집단상담에 효과적으로 적용될 수 있다.

② 행동주의 상담의 기본가정
ㄱ 인간행동의 대부분은 학습된 것이므로 수정이 가능하다.
ㄴ 특정한 환경의 변화는 개인의 행동을 적절하게 변화시키는 데 도움이 된다.
ㄷ 강화나 모방 등의 사회학습 원리는 상담기술의 발전을 위해 이용될 수 있다.
ㄹ 상담의 효율성 및 효과성은 상담장면 밖에서의 집단원의 구체적인 행동 변화에 의해 평가된다.
ㅁ 상담방법은 정적이거나 고정된 것 또는 사전에 결정된 것이 아니므로, 집단원의 특수한 문제를 해결하기 위해 독특한 방식으로 고안될 수 있다.

③ 집단상담자의 역할 16 18 19 기출
ㄱ 집단상담자는 지시적이며 조언자이자 문제해결자로서 기능하는 경향이 있다.
ㄴ 집단상담자는 집단원의 구체적인 문제를 제거하는 동시에 보다 생산적인 행동 및 바람직한 인간관계의 증진을 도우려고 노력한다.
ㄷ 집단상담자는 집단의 참여자인 동시에 관찰자이다. 집단원으로 하여금 스스로 선택한 목표를 향해 나아가도록 암시를 주고, 진보가 나타날 때는 즉시 강화를 한다.
ㄹ 집단원의 부정적 인지와 스트레스 상황의 조건들을 해소하도록 하며, 개인적 자원과 지지적 환경을 살핀다.
ㅁ 정적 행동의 강화와 부적응 행동의 약화를 통해 행동의 바람직한 수정을 도모한다.
ㅂ 바람직한 행동 습득을 위해 역할연습과 숙제를 활용한다.
ㅅ 집단원과의 상담관계가 잘 형성된 후에 집단원의 문제행동을 확실히 규명해야 한다.
ㅇ 집단규범 또는 집단원들의 행동기준을 설정하고 따르도록 집단원들을 적극 교육한다.

④ 집단상담의 기술 15 19 기출
ㄱ 행동을 강화시키는 기법 18 기출

행동계약	구체화된 표적행동을 이행할 것을 서면으로 동의하는 것이다.
행동조형(조성)	행동을 구체적으로 세분화하여 단계별로 구분한 후, 각 단계마다 강화를 제공함으로써 바람직한 행동을 학습하도록 하는 것이다.
주장훈련	대인관계에서 느끼는 집단원의 불안과 공포를 해소하기 위해 상대의 권리를 침해하거나 불쾌감을 주지 않으면서 자신의 느낌·생각·욕구·권리 등을 표현하는 체계적인 훈련이다.
토큰경제	바람직한 행동들에 대한 체계적인 목록을 정해놓은 후, 그러한 행동이 이루어질 때 그에 상응하는 보상(토큰)을 하는 것이다.

ㄴ 행동을 약화시키는 기법

체계적 둔감법 (체계적 과민성 제거)	고전적 조건형성의 기법으로 불안이나 공포에 단계적으로 노출시킴으로써, 집단원의 불안반응을 제거한다.
피로법 (결과적 과민성 제거)	불안을 일으키는 장면과 관련된 무시무시한 '결과'를 아주 생생하게 상상함으로써 그 불안을 극복하는 기법이다.

홍수법	공포의 대상에 지속적으로 노출시킴으로써 결국에는 그 공포를 극복하게 되는 기법이다.
역조건화	하나의 좋은 자극과 하나의 혐오자극을 짝지어서 혐오자극에 의해서 일어난 불안을 극복하는 기법이다.
소 거	바람직하지 못한 행동에 강화를 주지 않음으로써 그 출현빈도를 줄이는 기법이다.
혐오치료	바람직하지 못한 행동에 혐오자극을 제시함으로써 부정적인 행동을 제거하는 기법이다.
양립할 수 없는 행동의 강화	양립할 수 없는 두 개의 행동 중 하나를 강화해 줌으로써 다른 하나를 약화시키는 기법이다.
심적 포화 (포화법)	강화를 포화상태에 이를 때까지 계속 주면, 그 강화의 가치가 상실되고 오히려 그 반대의 효과를 나타내는 기법이다.
모델링 (시범보이기)	모델링은 집단구성원이 다른 사람의 바람직한 행동을 관찰하여 학습한 것을 수행하는 것이다. 인간은 다른 사람이 행동하는 것을 보고 그런 행동과 반응을 그대로 모방할 수 있기 때문에, 시범자가 먼저 바람직한 행동을 보여주고 집단원이 그것을 모방하도록 하는 것이다.

ⓒ 스스로 행동을 통제 또는 지도할 수 있도록 집단원을 돕는 기술
- 자기지시(Self-Instruction) : 부적응 행동에 있어 불안을 줄이거나 적응행동을 할 수 있도록 자기 자신에게 지시하거나 말하는 방법이다.
- 사고중지(Thought-Stopping) : 스스로 통제할 수 없는 강박적이고 비생산적인 불안사고에 빠져 다른 일에 정신을 집중하기 어려운 집단원에게 쓰는 방법이다.
- 자기주장훈련 : 타인의 권리를 침해하지 않는 가운데 상대방의 인격을 존중하면서 자신의 감정, 권리, 욕구, 생각이나 의견을 솔직하게 상대방에게 직접적으로 표현하는 행동을 훈련하는 것이다.

ⓔ 집단원은 집단장면에서 현실과 유사한 행동연습을 한다.

(4) 실존주의 접근 17 23 기출

① 의 의
  ㉠ 어떠한 사건에 대한 집단원 스스로의 확고한 신념이 단지 우연에 의한 것임을 인식시키며, 자유의 상황에서 집단원의 선택 및 그에 따른 책임을 강조한다.
  ㉡ 인간 실존의 궁극적인 조건 : 자유, 무의미함, 죽음, 실존적 소외 22 기출
  ㉢ 관계, 의미 찾기, 불안, 고통, 죽음과 같은 주제를 다룬다.
  ㉣ 치료 기법보다 집단원의 현재 경험을 이해하는 것을 강조한다.
  ㉤ 침묵은 중요한 치료적 개입방법이다.
  ㉥ 인간 존재의 불안의 원인을 본질적인 시간의 유한성과 죽음 또는 부존재의 불안에서 기인하는 것으로 보며, 이러한 불안을 오히려 생산적인 치료를 위한 재료로 활용하여 집단원의 변화를 이끌어낸다.

② 상담의 목표
  ㉠ 핵심목적은 실존적 근심을 나눔으로써 자신을 발견하는 것이다.
  ㉡ 집단원이 자기 존재의 본질을 각성하는 것이다.
  ㉢ 집단원이 현재 경험하는 정서적 장애의 원인이 자기 상실 또는 논리의 불합리성임을 각성하는 것이다.

ⓔ 집단원이 비록 제한된 세계의 존재일지라도 이 세상에 던져진 삶을 수동적으로 살아갈 것이 아니라, 나름의 주관을 가지고 능동적으로 삶의 방향을 선택하는 것이다.
　　ⓜ 집단원이 자기 삶의 주인은 자신이어야 한다는 자유를 인식하고 수용하는 것이다.
　③ 집단상담자의 역할
　　㉠ 상담자는 집단원을 향해 있어야 하며, 집단원을 솔직하고 통합적이며 용기 있는 존재로 지각해야 한다
　　㉡ 상담자는 집단원과의 인간적이고 진실한 만남을 통해 집단원이 상담자와의 관계에서 자신의 독특성을 발견하도록 돕는다.
　　㉢ 상담자는 집단원이 자신의 내면의 목소리를 경청하고 주관적 경험에 주의를 기울이도록 격려한다.
　　㉣ 상담자는 집단원이 자신의 주관적인 경험에 바깥세상을 심각하게 받아들이도록 격려한다.
　　㉤ 상담자는 집단원이 치료에서 얻는 통찰에 기초해서 행동하도록 격려한다.

(5) 인간중심 접근 16 20 24 기출

　① 의 의
　　㉠ 로저스의 개인심리 치료법의 특징인 집단원 중심의 원리를 집단과정에 적용하여 발전한 것으로 '인간중심상담'이라고도 한다.
　　㉡ 인간은 자기 자신의 중요한 일들을 스스로 결정하고, 자신의 문제를 스스로 해결할 수 있는 능력을 지니고 있다는 점을 강조한다. 또한 부모의 가치조건을 강요하여 긍정적 존중의 욕구가 좌절되고, 부정적 자아개념이 형성되면서 심리적 어려움이 발생한다고 보는 이론이다.
　② 집단상담의 적용 원리 및 집단상담자의 역할 16 기출
　　㉠ 집단을 위한 특수한 목적도, 집단활동에 필요한 특별히 사전에 세우는 진행계획도 없다.
　　㉡ 집단상담자는 그 집단이 자체의 활동방향을 발전시킬 수 있도록 안내자, 촉진자로서의 역할을 수행한다.
　　㉢ 집단상담 과정에서 감정과 사고의 당위성을 인정하고 솔직하게 그대로 표현하도록 하는 분위기를 조성하여, 스스로 인간 본래의 자아실현 경향성을 회복하도록 조력한다.
　　㉣ '자아(자기 또는 자기개념)'는 자기 자신에 대한 자아상(Self Image)을 의미하는 것으로, 현재 자신의 모습에 대한 인식으로서의 '현실자아(Real Self)'와, 앞으로 자신이 어떤 존재가 되어야 하며, 어떤 존재가 되기를 원하고 있는지에 대한 인식으로서의 '이상적 자아(Ideal Self)'로 구분된다.
　　㉤ 인간중심 집단에서는 치료적 요소로 잠재력에 대한 신뢰, 수용적 분위기 형성, 주관적 경험세계에 대한 *민감성, 자신의 감정이나 태도에 대한 진솔함이 있어야 한다.

> ✓ **민감성**
> 자극을 쉽게 받아들이고, 이로 인해서 흥분하기 쉬운 상태 또는 성질이므로, 사소한 자극이나 사건으로 상처를 받고 쉽게 흥분하는 성향을 의미하기도 한다.

　③ 인간중심 집단상담에서 제시한 성격 변화의 6가지 필요충분조건 21 기출
　　㉠ 집단상담자와 집단원 사이에 심리적 접촉이 이루어진다.
　　㉡ 집단원이 경험한 것과 알고 있는 것 사이의 불일치가 존재한다.
　　㉢ 집단상담자는 집단원과의 관계에서 일치성을 보이며 통합되어 있다.
　　㉣ 집단상담자는 집단원을 위해 무조건적·긍정적 존중을 경험한다.

ⓜ 집단상담자는 집단원의 내적 참조 틀을 바탕으로 한 공감적 이해를 경험하고 집단원에게 자신의 경험을 전달하려고 시도한다.
ⓗ 집단원은 의사소통 과정에서 집단상담자의 무조건적·긍정적 존중과 공감적 이해를 조금이라도 지각하고 경험한다.

(6) 게슈탈트 접근(형태주의적 접근) 14 15 16 17 19 20 기출

① 의 의
  ㉠ 형태주의적 접근모형은 펄스(Perls)에 의해 개발되고 보급되었다.
  ㉡ 정서를 심화시키기 위한 기법들을 도입함으로써 집단을 구조화한다.
  ㉢ '어떻게'와 '무엇을'을 '왜'보다 더 중요시한다.
  ㉣ '그것' 혹은 '그 사람(3인칭)' 대신에 '나(1인칭)'를 사용하도록 함으로써, 계속적인 현재의 자기 각성이 이루어지도록 한다.
  ㉤ '지금(Now)', '경험(Experience)', '각성(Awareness)', '현실(Reality)'에 초점을 둔다.

② 지각형태(Gestalt)의 생성-소멸
  ㉠ 인간생활을 지각형태[전경(도형)과 배경으로 구성]의 점진적 생성과 소멸의 과정으로 본다.
  ㉡ 지각형태의 생성과 소멸의 과정 자체가 바로 적응에 대한 기준이 된다.
  ㉢ 정신적으로 건강한 사람은 '지각형태의 생성-소멸'의 과정이 순조롭게 진행되는 사람이다.
  ㉣ '지각형태의 생성-소멸' 과정의 방해요인
    • 외적 세계 및 자기 자체에 대한 각성이 명확히 이루어지지 않은 경우
    • 스스로 욕구와 행동을 억압하여 건강하고 통합된 형태의 형성을 방해하는 경우

③ 주요 개념 14 21 기출
  ㉠ 게슈탈트 : '전체', '형태', '모습' 등의 뜻을 지닌 독일어로서, 개체가 자신의 욕구나 감정을 하나의 의미 있는 전체로 조직화하여 지각한 것을 말한다.
  ㉡ 미해결 과제 : 완결되지 않은 게슈탈트를 의미하는 것으로, 분노·원망·고통·슬픔·불안·죄의식 등과 같이 명확히 표현되지 못한 감정을 포함한다.
  ㉢ 접촉 : 개성을 상실하지 않으면서도 자연이나 타인과 상호 작용하는 것을 말한다.
  ㉣ 알아차림(각성) : 개체가 자신의 유기체 욕구나 감정을 지각하여 게슈탈트로 형성하여 전경으로 떠올리는 행위 또는 그러한 능력을 말한다.
  ㉤ '지금-여기'의 자각 : '지금-여기'의 감정 및 행동, 현재 집단에서 일어나고 있는 현상에 초점을 둔다.
  ㉥ 신경증의 층 : 심리적인 성숙을 위해서는 신경증의 다섯 층인 허위층, 공포층, 한의 장벽, 내파층, 외파층을 벗어나야 한다.

④ 저항의 유형(접촉-경계 혼란) 16 19 기출

내 사 22 기출	• 타인(권위자)의 행동이나 가치관을 무비판적으로 수용함으로써 자기 것으로 동화하지 못한 채 내면에서 갈등을 일으키는 현상을 말한다. • 상담자의 개입이나 규칙에 의문을 제기하지 않는다.
투 사	집단원이 흔히 자신의 생각이나 욕구, 감정 등을 타인의 것으로 지각하거나 책임소재를 타인에게 돌리는 경우를 말한다. 예 집단통제 경향을 보이는 집단원이 자신이 아니라, 다른 집단원이 그렇다고 주장하는 경우

반전	실제로는 다른 사람을 향한 느낌이나 충동을 자신을 향하게 하는 것으로, 집단 초기 정서표현이나 참여를 주저한다.
융합 24 기출	• 밀접한 관계에 있는 두 사람이 같은 생각과 감정을 경험하는 심리적 현상이다. • 두 사람이 서로 간에 차이점이 없다고 느끼도록 합의함으로써 발생한다. • 서로 독립적으로 행동하지 못하고 의존관계에 빠지는 경우로 지속적으로 진정한 접촉을 어렵게 한다. • 자신의 의견을 말하거나 자신을 표현하는 것을 어려워한다.
자의식	사회적 관계에서 타인을 과도하게 의식하고, 자기 자신을 대상화하여 주의를 기울여 관찰하는 행동이다.
편향	감당하기 힘든 내적 갈등이나 환경 자극에 노출될 때, 이에 압도당하지 않으려고 자신의 감각을 둔화시켜서 환경과의 접촉을 피하거나 약화시키는 것이다.

⑤ **집단상담자의 역할** 16 기출
  ㉠ 집단원이 '지각형태의 생성-소멸'의 과정을 발견해 내도록 돕는다.
  ㉡ 집단원이 순간순간의 경험을 알아차리도록 도와 자신의 행동과 감정에 대해 통찰, 각성을 얻고 스스로 책임지게 한다.
  ㉢ 집단원들이 스스로를 *각성하도록 하기 위해 여러 가지 기술, 게임, 활동 등을 책임지고 계획·지도한다.
  ㉣ 집단 내에서의 활동과 상호작용이 집단상담자에 의해 주도적으로 진행된다.

> ✅ **각성**
> 기억되는 것보다는 지금 일어나고 있는 것을 가리키며, '지금-여기'의 현실에 무엇이 존재하느냐에 초점을 두는 능력이다.

⑥ **집단상담의 기술** 15 17 기출
  ㉠ 여러 행동지향적 기법들이 사용될 수 있으며, 이 기법들은 모두 현재의 감정들에 대한 자각과 즉시적 경험을 심화시킨다.
  ㉡ 집단상담자는 기법들을 능숙하고 적절하게 사용해야 하며, 집단원은 적극적인 자세로 스스로를 해석해야 한다.
  ㉢ 다양한 집단상담의 기술 17 20 23 기출

자각	• 미해결된 과제를 '지금-여기'로 끌어내, 단편적인 자기 지식 조각들을 선명한 통합체로 통찰하는 것이다. • 자각의 질문을 통해 자신의 자원을 사용할 수 있게 되고 책임감을 느끼게 되며, 자신에 대한 감각을 갖추게 된다.
욕구와 감정 및 신체의 자각	• 게슈탈트 상담에서는 현재 상황에서 자신의 욕구와 감정을 자각하는 것이 매우 중요하다. • 상담자는 집단원의 생각이나 주장의 배후에 있는 욕구와 감정, 특히 '지금-여기'에서 일어나는 욕구와 감정을 자각하도록 도와야 한다. 예 "지금 어떤 느낌이 드나요?", "지금 당신이 원하는 것은 무엇인가요?" • 집단원에게 현재 상황에서 느끼는 신체 감각을 자각하도록 함으로써 자신의 욕구와 감정을 깨닫도록 돕는다. 예 지금 당신의 신체 가운데 다리에서 어떤 감각이 느껴지는지 이야기해보세요.
언어 자각	• 상담자는 집단원의 말에서 행동의 책임소재가 불명확한 경우, 자신의 감정과 동기에 책임을 지는 문장으로 말하도록 해야 한다('그것', '우리' 등의 대명사 → '나는'). • 집단원이 객관적·논리적 어투의 표현 대신 주관적·감정적 어투의 표현으로 변경하여 표현하게 한다('~해야 한다', '~해서는 안 된다' → '~하고 싶다', '~하고 싶지 않다'). 예 "'나는 할 수 없다.' 대신 '나는 하지 않겠다.'로 바꾸어 말해 보세요."
뜨거운 자리	집단상담자가 문제의 해결을 희망하는 사람을 빈자리로 맞아들여, 집단원과 집단상담자 두 사람이 문제해결의 결론에 도달했다고 느낄 때까지 적극적인 상호작용을 통해 직접적·공격적으로 문제에 접근한다.

차례로 돌아가기 (순회하기)	• 어떤 집단원이 자신의 감정을 직접 표현하지 못할 때 그 집단원이 모든 집단원을 한 사람씩 차례로 돌아가면서 자신의 감정을 있는 그대로 직접 표현하게 하여 각성을 증진하는 기법이다. • 집단상담자는 집단을 활성화하기 위하여 맞닥뜨리는 형태로 이 기술을 사용할 수 있다.
책임지기	집단에 참여하는 개개인의 감정이나 행동에 책임을 부여하는 기법으로, 집단원이 말을 끝낼 때마다 "책임은 내가 진다."고 덧붙여 말하게 함으로써, 자신의 모든 사고・감정・행동 등에 책임을 지고 회피하지 못하게 한다.
빈 의자 기법	현재 치료 장면에 없는 사람과 상호작용할 필요가 있는 경우, 집단원에게 그 인물이 맞은편 빈 의자에 앉아 있다고 상상하도록 하여 대화하는 기법으로서, 상대 인물을 등장시키는 대신에 빈 의자를 사용하여 주로 주인공의 내적 갈등을 극화시켜 다룰 수 있다. 예 "당신의 어머니를 이곳에 불러와서 빈 의자에 앉히고 얘기해 보세요."
반전기법	집단원이 이제까지 회피하고 있는 행동과 감정들, 반대되는 행동들을 해보도록 하여 억압하고 통제해온 자신의 다른 측면을 접촉하고 통합할 수 있게 도와준다.
꿈 작업	꿈의 내용을 기억하고, 그것이 마치 지금 일어난 것처럼 재현한다.
자기 부분과의 대화(내적 대화 기법)	• 상담자는 집단의 인격에서 분열된 부분 또는 갈등을 느끼는 부분들 간에 대화가 이루어지도록 해야 한다. • 부분들 간의 대화를 통해 서로의 입장이 분명히 드러나며, 성격의 대립되는 부분들이 통합될 수 있다. 예 "당신의 내면에 있는 우월한 나와 열등한 나가 서로 대화하도록 해보세요."
과장하기 21 기출	감정을 체험하지만 그 정도와 깊이가 약해서 감정이 명확하지 않은 경우, 집단원의 행동이나 언어를 과장해서 표현하게 하여 감정 자각을 돕는 기법이며, 신체언어나 춤은 상징적인 의미를 파악하는 데 효과적일 수 있다.

(7) 합리정서행동 접근(REBT) 16 17 19 기출

① 의의 및 가정
  ㉠ 엘리스(Ellis)는 인본주의적 치료와 철학적 치료, 행동주의적 치료를 혼합하여 '합리적・정서적 행동치료(REBT ; Rational Emotive Behavior Therapy)'를 고안하였다.
  ㉡ 인간의 부적응적인 정서와 행동은 비합리적인 신념으로 인한 것으로 설명한다. 의도한 일이나 행동에 도움이 되지 못하고, 현실적으로 검증이 어렵거나 불가능하며, 논리적 비약이 심한 비합리적 사고에 의해 정서적인 문제가 발생한다고 보았다.
  ㉢ 정서적인 문제는 비논리적 신념체계 또는 비합리적 가치관에서 기인하는 것이므로, 그러한 비합리적인 것을 합리적인 것으로 대체하면 정서적인 문제들이 해소될 수 있다는 기본원리에 입각한다. 즉, 집단원의 비합리적 신념을 능동적이고 지시적으로 도전하여 논박한다.

구 분	합리적 사고	비합리적 사고
논리성	논리적으로 모순이 없다.	논리적으로 모순이 많다.
실용성	삶의 목적 달성에 도움이 된다.	삶의 목적 달성에 방해가 된다.
현실성	경험적 현실과 일치한다.	경험적 현실과 일치하지 않는다.
융통성	경직되어 있지 않으며, 융통성이 있다.	절대적・극단적이며 경직되어 있다.
파급효과	적절한 정서와 적응적 행동에 영향을 준다.	부적절한 정서와 부적응적 행동을 유도한다.

  ㉣ 생각이 정서와 행동을 유도한다고 강조하였으며, 합리적인 생각은 적절한 정서와 적응적인 행동을 초래한다고 하였다.

② 상담 및 치료 과정
  ㉠ 논리적・경험적 사고 원리에 입각한 행동으로 대체하도록 도움을 주는 과정이다.

ⓒ 인지적이고 활동적이며, 지시적인 교육방법을 주로 사용한다.
ⓒ 다음과 같은 ABCDE 모형을 중요한 치료절차로 이용한다.

선행사건 (Activating Event)	어떤 사건이나 행위가 개인에게 정서적인 혼란을 일으키는 것을 말한다.
신념체계 (Belief System)	합리적 신념과 비합리적 신념으로 나눌 수 있으며, 어떤 사건이나 행위 등에 의해 개인이 갖게 되는 사고방식을 말한다.
결과 (Consequence)	비합리적인 태도 내지 사고방식을 가지고 그 사건을 해석함으로써 느끼게 되는 정서적 결과를 말한다.
논박 (Dispute)	비합리적인 신념이나 사고에 대해서 다시 한번 검토해 보도록 상담자가 촉구하는 것을 말한다.
효과 (Effect)	비합리적인 신념을 논박한 후에 느끼는 자기수용적인 태도와 긍정적인 감정의 결과를 말한다.

ⓔ 집단상담 단계(순서) 24 기출

집단원이 문제를 이야기하도록 한다. → a-b-c모델을 기반으로 집단원의 비합리적 신념을 확인한다. → 논박을 통해 합리적 사고를 할 수 있도록 돕는다. → 행동과제를 내주고 다음 회기에 그 결과를 토의한다.

③ **집단상담자의 역할** 16 17 기출

ⓐ 집단원들의 바람직하지 못한 행동의 근거가 되는 생각을 찾아내고 분석하여, 그것이 비논리적임을 밝혀주고 합리적으로 생각하는 방법을 가르쳐준다.
ⓑ 능동적이며 지시적·설득적인 방법을 통해 집단원의 비합리적인 사고에 대해 논박하거나 직접적으로 맞선다.
ⓒ 역할연습과 자기주장 같은 기법을 사용하고 이를 숙제로 내준다.
ⓓ 집단원과의 대화 중에서 당위적 언어를 찾아내도록 하여 비합리적 생각과 합리적 생각을 구별하도록 가르친다.
ⓔ 두려움 때문에 하지 못하던 행동을 해봄으로써 자신의 생각이 비합리적이었음을 깨닫도록 한다.
ⓕ 감정적 반응에 대한 책임은 자신에게 있음을 깨닫도록 한다.
ⓖ 목표설정을 위하여 집단지도자와 구성원은 협력해야 하며, 집단상담자는 교사의 역할, 집단원은 학습자의 역할을 하며 가르치기, 제안하기, 과제주기 등의 기법이 활용된다.

④ **집단상담의 기술** 22 23 기출

ⓐ 인지적 치료법 : 집단원의 비합리적인 용어(예 '절대로', '반드시' 등) 사용에 주목하여 비합리적인 생각과 합리적인 생각을 구별하도록 지도한다.
ⓑ 감정적-환기적 방법 : 집단원의 가치관에 변화를 주기 위한 것으로, 역할놀이나 시범보이기 등을 동원한다. 여기서 역할놀이(역할연기)는 행동을 연습하기 위한 것이 아니며, 그 역할과 관련된 감정을 각성하고 극복하도록 하는 것이다.
ⓒ 행동치료 방법 : 집단원 자신 또는 다른 구성원들에 대한 의식의 극적인 변화를 일으키도록 돕기 위한 노력이다.
ⓓ 소크라테스식 질문법, 수치공격연습, 상상하기, 논박, 강의, 행동수정, 독서치료, 시청각적 자료, 활동중심의 과제, 자기주장 훈련, 감정둔화, 유머, 조작적 조건화, 암시, 지지 등 여러 가지 기술들을 활용한다.

(8) 인지치료 접근

① 의 의
- ⊙ 인지치료는 개인이 정보를 수용하여 처리하고 반응하기 위한 지적인 능력을 개발시키는 방법을 말한다.
- ⓒ 엘리스(Ellis)가 개인이 가진 비합리적 신념 문제에 초점을 두었다면, 벡(Beck)은 개인이 가진 정보처리과정상의 인지적 왜곡에 초점을 두었다.
- ⓒ 벡(Beck)은 사람들이 느끼고 행동하는 방식이 경험의 지각과 구조화의 방식에 의해 결정된다고 보았다.
- ⓔ 상담자는 집단원이 겪는 정서적 고통이나 부적절한 행동에 영향을 미치고, 집단원이 인식하지 못하는 생각인 부정적·자동적 사고나 비합리적 신념체계를 찾아 *인지적 재구조화를 하는 데 초점을 둔다.
- ⓜ 주요개념으로 핵심신념, 중재적 신념, 역기능적 사고, 자동적 사고, 인지삼제, 인지도식, 인지상 왜곡 등이 있다.

> ✅ **인지적 재구조화**
> 비효과적 행동패턴이 나타나는 것을 인지구조 때문이라고 보고, 관련된 인지구조를 바꿈으로서 효과적인 행동패턴을 이끌고자 하는 것이다.

② 상담의 목표 및 집단상담자의 역할
- ⊙ 인지치료는 역기능적이고 자동적인 사고 및 스키마, 신념, 가정의 대인관계 행동에서의 영향력을 강조하며, 집단원이 이를 인식하도록 하고 수정할 수 있도록 돕는다.
- ⓒ 집단원이 도식을 재구성하도록 격려함으로써, 정서나 행동에 변화가 일어나도록 한다.
- ⓒ 구조화된 치료이자 단기적·한시적 치료이므로 '지금-여기'에서 발견되는 집단원의 문제를 파악하고, 그에 대한 교육적인 치료를 수행하는 과정으로 이루어진다.

③ 집단상담의 기법

문제축약 기법	• 집단원이 아주 다양한 문제 증상들을 호소했을 때, 이러한 증상들을 몇 가지 중요한 공통된 것들로 묶어서 다루는 방법이다. • 문제 증상들을 발생 시기별로 정리한 다음, 초기에 발생한 증상들을 먼저 다룬다. 왜냐하면 먼저 발생한 문제들로 인해 이후의 증상들이 초래되었을 가능성이 크기 때문이다.
빈틈 메우기 기법	사람들이 경험하는 스트레스 사건과 정서적 혼란 사이의 빈틈을 확인하여 채우는 방법이다.
칸 기법	• '세 칸 기법'은 제일 왼쪽 첫 번째 칸에는 문제를 경험했던 상황이나 구체적인 스트레스 사건을 적고, 세 번째 칸에는 그 상황을 경험하고 난 다음에 일어났던 정서적 결과를 적는다. 그런 다음 두 번째 칸에는 둘 사이의 빈틈, 즉 자동적 사고를 확인하여 적는다. • '다섯 칸 기법'은 네 번째 칸에 긍정적이거나 부정적인 사고를 적을 수 있고, 다섯 번째 칸에는 이렇게 생각을 바꿀 경우에 동일한 상황에서 정서적 결과가 어떻게 달라질 수 있는지를 확인하여 적을 수 있다.
소크라테스 질문법	• 논박을 통해 집단원의 문제에 인지적 왜곡이나 오류가 있음을 밝혀내고, 질문을 통해 자기발견과 타당화의 과정을 거치게 되어 사건이나 행동의 의미를 재발견하는 기법이다. • 상대에게 여러 방향의 질문을 계속 던져서 스스로 생각하여 답을 찾아낼 수 있도록 한다.
근육이완훈련	근육의 수축과 이완, 깊고 규칙적인 호흡, 즐거운 사고나 심상 등을 훈련함으로써 일상생활에서 유발되는 스트레스에 대처할 수 있도록 가르치는 기법이다.
점진적 노출	불안을 유발하는 수준이 낮은 사건에서 높은 사건으로 점진적으로 노출시키는 기법이다.
모델링	관찰학습 과정을 통해 집단원이 시행착오 학습을 거치지 않고, 원하는 행동을 학습할 수 있도록 하는 기법이다.

(9) 현실치료/해결중심 접근 14 15 16 17 19 기출

① 현실치료 접근 23 기출

㉠ 의 의 16 21 22 기출
- 글래서(Glasser)가 정신분석의 결정론적 입장에 반대하여, 그에 반대되는 치료적 접근방법을 개발한 것이다.
- 스스로 삶을 더욱 효과적으로 통제할 수 있도록 하며, 더 나은 선택을 하는 방법을 배운다.
- 선택과 결과에 대해 스스로 책임질 것을 강조한다.
- 전이를 인정하지 않으며 적극적이고, 지시적이며, 교육적이다.
- 책임감(Responsibility), 현실(Reality), 옳거나 그름(Right or Wrong) 등 3R을 강조하며, 모든 문제가 존재하고 통제할 수 있는 시기는 현재이므로, 과거에는 관심을 두지 않는다.
- 집단상담이 '상담관계 형성 → 욕구 탐색 → 현재 행동에 초점두기 → 집단원 행동평가 → 계획 세우기'의 과정으로 진행된다고 보았다.
- 인간의 기본적 욕구를 생존, 소속, 힘(영향력), 자유, 재미로 보고, 실존주의적·현상론적 관점을 강조하며, '행동, 생각, 느낌, 생리작용(신체작용, 생리반응)'의 4요소로 이루어진 전체 행동을 강조한다.
- '행동'에 대해서는 거의 완전한 통제력을 가지고 있으며, '사고'에도 어느 정도의 통제가 가능하나, '감정'의 통제는 어려우며 '생리작용'에 대해서는 더더욱 통제력이 없다. 우리가 전행동(Total Behavior)을 변화시키고자 할 때, '행동'과 '사고'를 먼저 변화시키면, '감정'이나 '생리작용'도 따라오게 된다(행동 → 사고 → 감정 → 생리작용).
- 인간행동의 목적은 개인의 기본욕구에 따라 바라는 것과 그 환경으로부터 얻고 있다고 지각하는 것과의 차이나 불일치를 줄이는 데 있다.
- 개인의 행동, 느낌과 환경을 통제, 선택하는 것은 자기자신이라는 선택이론을 강조한다.
- 객관적인 사실보다 욕구의 맥락에서 세계를 지각하는 것에 초점을 둔다.
- 역설적 기법을 통해 집단원은 행동에 대한 통제와 선택 가능성을 자각할 수 있다.

㉡ 집단상담자의 역할 20 기출
- 집단원 모두가 집단에 관여하도록 하며, 현실의 문제에 직접 관여하도록 돕는다.
- 집단원을 무비판적이고 수용적인 태도로 상담한다.
- 집단원의 변명을 수용하지 않으며, 선택한 행동에 대해 책임지게 한다.
- 현명한 선택을 통해 자신의 삶을 효과적으로 통제할 수 있다는 점을 깨닫게 한다.
- 집단원의 생각하기와 행동하기를 변화시키려고 노력한다.
- 집단원이 이전과 다른 생각 및 행동을 선택함으로써, 자신의 느낌을 통제할 수 있다는 점을 이해할 수 있게 한다.

㉢ 집단상담의 진행과정 – 우볼딩(Wubbolding)의 WDEP 체계과정 17 기출

제1단계 Want (바람)	• 자신이 원하는 것을 정확하게 이해할수록 그것을 얻을 수 있는 가능성도 높아진다. • 자신이 진정 원하는 바람이 무엇인지 적어보고, 가장 원하는 것부터 상대적으로 덜 중요한 바람까지 순서를 정해보고, 각각의 바람이 얼마나 실현 가능한지 생각해본다.
제2단계 Doing (행동)	• 현재 자신의 행동을 관찰한다. • 하루의 일과를 꼼꼼히 리뷰해 보고, 다른 사람들과 어떻게 소통하고 있으며, 시간은 어떻게 사용하고 있는지 등을 확인한다.

제3단계 Evaluation (자기행동평가)	• 두 번째 단계에서 관찰한 자신의 행동들이 자신에게 어떤 도움 혹은 해가 되는지 평가한다. • 현재의 행동들이 자신이 진정으로 원하는 것을 얻는 데 도움이 되는지 또는 해가 되는지 자기평가를 한다.
제4단계 Planning (계획)	• 자신이 진정으로 원하는 것을 얻을 수 있도록 새로운 계획을 세운다. • 계획은 구체적이고(언제, 무엇을, 어디서, 얼마나 할 것인가) 현실적이어야 하며, 즉시 실행할 수 있는 것이어야 한다(오늘 당장 할 수 있는 일은 무엇인가?). • 반복해서 할 수 있는 계획을 세우는 것이 좋다.

ⓔ 상담환경의 조성
- 상담관계 형성하기 : 상담자는 집단원과 라포(Rapport)를 형성하고, 집단원이 자신이 원하는 것은 물론 충족 상태에 이르지 못한 욕구를 스스로 찾을 수 있도록 돕는다.
- 현재 행동에 초점두기 : 집단원이 자신의 욕구 충족을 위해 현재 어떤 행동을 하는지 알아본다.
- 행동 평가하기 : 현재의 집단원의 행동이 욕구 충족에 도움이 되는지 혹은 방해가 되는지 스스로 평가하도록 돕는다.
- 활동계획 세우기 : 현재 행동 중 부정적인 것을 찾아 긍정적인 것으로 고치기 위한 계획을 세운다.
- 다짐 받아내기 : 집단원이 계획한 활동을 그대로 실천하겠다는 다짐을 받아내야 한다.
- 변명 받아들이지 않기 : 변명은 받아들이지 않고, 실행하지 않은 잘못을 받아들이게 해야 한다.
- 처벌 사용하지 않기 : 처벌을 사용하면 더 패배적인 정체감을 가지게 되고, 상담관계를 악화시킬 수 있다.
- 절대 포기하지 않기 : 집단원의 변화 가능성을 끝까지 믿는다.

ⓜ 상담의 기술 18 기출
- 질문(Ask) : 현실치료에서는 상담의 각 과정마다 적절한 질문을 사용한다. 또한 '관계형성 단계', '현재 행동에의 초점화 단계'에서 질문을 한다.
- 유머(Humor) : 상담과정에서 '상담관계 형성 단계'에 도움이 되는 기술로서, 상담자는 때에 따라 적절한 유머를 사용하여 집단원의 긴장감을 풀어 주는 것이 중요하다.
- 토의와 논쟁 : 상담자는 현실치료 이론에서 강조하는 욕구 및 이의 충족을 위한 방법이 현실성이 있는지와 그 책임성에 초점을 두고 집단원과 토의 또는 논쟁을 한다.
- 맞닥뜨림(직면, Confrontation) : 질문과 토의 및 논쟁 중에 집단원의 모순성, 특히 현실적 책임과 관련된 모순성이 보이면, 이에 대해 상담자는 집단원과 '직면'해야 한다.
- 역설적 방법 : 집단원이 전혀 기대하지 않았던 방법으로 집단원을 대하여 문제를 전혀 새롭게 인식할 수 있게 하는 방법이다.

② 해결중심 접근 16 20 22 24 기출
㉠ 기본원리
- 문제중심 접근과 해결중심 접근 : 삶의 어려움을 성공적으로 해결하지 못하는 것에 중점을 두므로 문제에 대해 깊이 알아보기보다 새로운 해결방안을 찾는 것을 더 중요시한다. 따라서 문제해결을 위해서는 문제에 대해 더 많이 알아야 하는 것이 아니라 문제가 없을 때나 문제가 안 되는 상황에 대해 더 많이 알아야 한다.
- 긍정적 관점 지향 : 집단원들을 강점과 자원을 갖고 있는 존재로 보는 입장이므로, 상담자는 문제를 해결하는 데 사용될 수 있는 집단원의 성공과 강점, 자원과 특성들을 규명하고 그것을 집단원이 받아들일 수 있도록 돕는다.

- 효과가 있다면 계속하고, 효과가 없다면 다른 것을 시도한다.
- 상담은 긍정적인 것, 해결책 그리고 미래에 초점을 둘 때 원하는 방향으로 변화가 촉진된다.
- 고민이나 문제를 정상적인 개념으로 재진술하면 문제해결의 가능성이 열린다.
- 상담자와 집단원은 모든 문제에서 예외를 찾아낼 수 있으며, 예외를 해결책으로 사용할 수 있다.
- 사람들은 자신의 문제를 해결할 자원을 가지고 있다.
- 변화는 항상 일어나고 있으며 작은 변화를 통해 큰 변화를 달성한다고 보고, 작고 구체적이며 실천 가능한 상담목표를 설정한다.
- 알지 못함의 자세, 상담 이전의 변화 확인, 문제 삼지 않는 것 다루지 않기 등이 강조된다.

ⓒ 상담 과정
- 집단원의 강점과 자원을 인정하는 것이다.
- 변화시킬 수 없는 과거보다 현재와 미래에 초점을 맞추는 것이다.
- 상담자의 역할은 해결중심적 대화, 알지 못함의 자세를 취하는 것이다.
- 상담기법에는 해결지향적 질문, 치료적 피드백의 메시지(칭찬, 연결문, 과제로 구성)가 있다.

ⓒ 해결중심모델에서 사용하는 주요 질문기법
- 기적질문 : 문제가 해결된 상태를 상상해보는 것으로, 해결을 위한 요구사항들을 구체화·명료화하는 데 도움을 준다.
    예) 잠자는 동안 기적이 일어나 당신을 여기에 오게 한 그 문제가 극적으로 해결됩니다. 아침에 일어나서 지난밤 기적이 일어나 모든 문제가 해결되었다는 것을 어떻게 알 수 있을까요?
- 예외질문 : 문제해결을 위해 우연적이고 성공적으로 실행한 방법을 찾아내어, 이를 의도적으로 실행하도록 하는 것이다.
    예) 최근에 문제가 일어나지 않은 때는 언제인가요?
- 척도질문 : 숫자를 이용하여 집단원에게 자신의 문제, 문제의 우선순위, 성공에 대한 태도, 정서적 친밀도, 자아존중감, 치료에 대한 확신, 변화를 위해 투자할 수 있는 노력, 진행에 관한 평가 등의 수준을 수치로 표현하도록 하는 것이다.
    예) 0~10점까지의 척도에서 10점은 문제가 해결된 상태, 0점은 문제가 전혀 해결되지 않은 상태라고 가정합니다. 오늘은 몇 점이라고 생각하나요?
- 대처질문 : 어려운 상황에서의 적절한 대처 경험을 상기시킴으로써, 집단원으로 하여금 스스로의 강점을 발견하도록 돕는 것이다.
    예) 당신은 그 어려운 상황 속에서 어떻게 지금까지 견딜 수 있었나요? 어떻게 해서 상황이 더욱 나빠지지 않을 수 있었나요?
- 관계성 질문 : 집단원과 중요한 관계에 있는 사람들의 관점에서, 그들이 집단원 자신의 문제에 대해 어떻게 생각할지 추측해보도록 하는 것이다.
    예) 어머니가 당신의 변화된 부분을 본다면 어떤 부분을 보고 말해줄까요?
- 면담 이전의 변화를 묻는 질문 : 치료 이전의 변화를 매우 관심 있게 관찰하고, 이것을 근거로 해결방안을 찾아내는 데 이용한다.
    예) 혹시 치료약속을 하고 오늘 오기 전까지 무슨 변화가 있었나요?
- 보람 질문 : 집단원의 상담에 거는 기대 및 상담목표 등을 알 수 있고, 집단원이 사소한 목표나마 생각할 수 있게 하는 것이다.
    예) 오늘 집단상담이 끝날 즈음, 무엇이 달라지면 이 상담에 온 보람이 있다고 하실까요?

(10) 교류분석 접근 14 15 16 20 23 기출

① 의 의
- ㉠ 1950년대 초에 미국의 정신과 의사인 번(Berne)에 의해 개발된 집단치료 방법으로, 인간의 약점이나 결함보다는 강점에 초점을 두는 이론이다.
- ㉡ 교류분석(TA ; Transaction Analysis)은 '상호교류분석' 또는 '의사교류분석'이라고도 한다.
- ㉢ 집단원들이 각자 자신의 자아상태 거래 양식의 특성을 이해하고 건설적인 인생각본을 설계하도록 돕는다.
- ㉣ 일상생활의 요구에 따라 자신의 모든 자아상태의 거래가 활발하게 이루어지게 하는 능력을 개발하도록 돕는다.
- ㉤ 다문화 사회에서 필요한 상호존중의 삶의 태도를 강조하며, 계약기법을 통해 민주사회에서 자율적 인간으로서 책임감을 느끼고 실천하도록 한다.
- ㉥ 부적절한 생활각본(Life Script)을 버리고 생산적인 생활각본을 갖추도록 돕고, 자아상태 오염을 제거하도록 노력한다.
- ㉦ 상담목표는 개인을 독특한 문화적 존재로 보고, 집단원이 자율성을 성취하도록 돕는 것이다.

② 특 징 24 기출
- ㉠ 인간은 스스로 노력하면 변화할 수 있다는 희망을 제시한다.
- ㉡ 집단에서 이루어야 할 목표를 구체적으로 진술한 계약을 맺는다.
- ㉢ 인간관계에 대한 이해를 통해 의사소통 문제를 해결하는 데 도움이 된다.
- ㉣ 교육적 · 예방적 · 치료적 상담이 가능하다.

③ 인간 행동의 동기
- ㉠ 자극(Stroke)의 욕구
  - 일종의 인정 욕구로서, 인정 자극(Stroke)으로 충족되는 일차적 욕구이다.
  - 스트로크(Stroke)는 친밀한 신체적 접촉이라는 일반적 용어가 확대되어, 타인에 대한 존재의 인정을 뜻하는 모든 행위를 포함하는 개념이다.
  - '긍정적/부정적', '조건적/무조건적', '신체적/상징적' 스트로크 등으로 구분된다.

긍정적 스트로크	"참 잘했어요.", "정말 멋있네요." 등
부정적 스트로크	"정말 실망스럽네요.", "그게 당신의 한계로군요." 등
조건적 스트로크	"만약 공부를 열심히 한다면 용돈을 올려줄게." 등
무조건적 스트로크	"당신은 사랑받기 위해 태어난 사람입니다." 등
신체적 스트로크	안아주고, 쓰다듬어 주는 등의 신체적 접촉
상징적 스트로크	표정, 대화 태도, 사용하는 말투 등

  - 스트로크 경제(The Stroke Economy)의 제한규칙
    - 스트로크를 줄 수 있다고 해도 무작정 주지 마라.
    - 스트로크가 필요하다고 해서 함부로 요구하지 마라.
    - 스트로크를 원해도 쉽게 받아들이지 마라.
    - 스트로크를 원하지 않더라도 애써 거절하지 마라.
    - 자기 자신에게 스트로크를 주지 마라.

ⓛ 구조(Structure)의 욕구
- 한 개인이 필요로 하는 인정 자극을 받을 가능성을 높이기 위해 그의 생활시간을 조직화·구조화하려는 욕구이다.
- 시간을 구조화하는 6가지 방법에는 폐쇄(철회), 의례, 활동, 소일(시간 즐기기), 게임, 친밀 등이 있다.

폐쇄 (철회, Withdrawal)	대부분의 시간에 공상이나 상상을 하면서 자기를 타인으로부터 멀리하고, 자기애의 껍질 속에 숨어서 다른 사람과의 관계를 차단한다.
의례 (Ritual)	일상적인 인사에서부터 복잡한 결혼식이나 종교적 의식 등 전통이나 습관에 따르면서 간신히 스트로크를 유지한다.
활동 (Activity)	창조적이고 생산적인 목적을 위해 문제를 해결하는 활동으로, 어떤 결실을 얻기 위해 에너지를 투입한다.
소일, 여흥 (시간 즐기기, Pastimes)	무난한 화제를 대상으로 특별히 깊이 들어가지 않고, 특별한 목적 없이 함께 지내는 무갈등의 시간구조를 말한다.
게임 (Games)	표면적으로 나타나는 행동과 달리 숨은 의도를 가진 시간구조로, 숨겨져 있으나 이득을 얻도록 계획된 이면적 교류의 연속이기 때문에 진실한 의사교류가 이루어지지 않는다.
친밀 (Intimacy)	상대방에 대한 신뢰를 바탕으로 서로의 감정을 자연스럽게 표현하는 것이며, 가장 이상적인 *시간의 구조화 방법이다.

> ✅ **시간의 구조화**
>
> 사람들이 둘 또는 집단으로 모여 있을 때 시간을 보내는 방법으로서, 폐쇄에서 친밀로 나아갈수록 그리고 폐쇄에서 대화가 진행될수록 '심리적 위험'이 증대되고, 점점 더 개방적이고 깊은 대화가 가능하여 스트로크의 강도가 높아진다.

ⓒ 자세(Position)의 욕구
- 개인이 자신의 전 생애를 통해 어떤 확고한 삶의 자세를 갖고자 하는 욕구이다.
- 초기결정 및 재결정 14 기출

초기결정	• 아동은 부모의 금지령에 반응하여 어떠한 형태든 선택을 하게 된다. • 부모에게 인정받거나 애무를 받으려는 욕구 또는 신체적·심리적 생존을 위한 욕구에서 동기화된다. • 번(Berne)은 사람들이 이러한 금지령과 그 금지령에 근거하여 내린 결정의 희생물이라고 본다.
재결정	• 초기결정이 내려졌을지라도 그 결정을 뒤엎지 못하는 것이 아니라고 보며, 초기결정에 반응하여 새로운 결정을 내릴 수 있다고 본다. • 적절한 초기결정이 후기에는 부적절할 수 있으므로, 이러한 초기결정의 특성을 자각하고 새로운 결정(재결정)을 내리도록 하여 개인을 변화시키고자 한다.

- 생활 자세 16 21 기출
  - 생활 자세는 생애 초기에 결정된다.
  - 생활 자세는 자신에 대해 느끼고, 타인과 관계 맺는 방식을 결정한다.
  - 생활 자세는 교류 분석으로 변화할 수 있다.
  - 집단상담 및 치료의 목적은 궁극적으로 개인 생활을 '자기긍정-타인긍정(I'm OK-You're OK)'의 자세가 지배하는 생활로 변화시키고자 하는 것이라 할 수 있다.

- 삶의 자세 구분

자기긍정-타인긍정 (I'm OK, You're OK)	• 신뢰성, 개방성, 교환의 의지, 타인을 있는 그대로 수용한다. • 승리자의 각본으로서, 패배자는 없고 승리자만 있다.
자기긍정-타인부정 (I'm OK, You're not OK)	• 자신의 문제를 타인에게 투사하고 타인을 비난한다. • 자신의 우월성을 부각하는 반면, 타인의 열등성을 비난한다.
자기부정-타인긍정 (I'm not OK, You're OK)	• 타인과 비교하여 자신은 무력한 사람이라고 생각한다. • 자신의 욕구보다는 타인의 욕구를 위해 봉사하며, 자신은 희생당한 사람이라고 느낀다. • 타인의 권력을 지지하는 반면, 자신의 권력은 부정한다.
자기부정-타인부정 (I'm not OK, You're not OK)	• 인생에 대한 흥미를 상실하고, 자기 파괴적이고 유아기적인 행동을 한다. • 타인이나 자신에게 상해를 입히는 공격적 행동을 보이기도 한다.

④ 자아 상태 18 기출
  ㉠ 번(Berne)은 인간이 부모 자아(P ; Parent), 어른 자아(A ; Adult), 어린이 자아(C ; Child)의 3가지 자아 상태를 가지고 있다고 보면서, 이들 중 한 자아가 사람들 간의 의사소통이나 인간관계 상황에서 개인행동의 동력으로 작용한다고 보았다.
  ㉡ 3가지 자아상태

부모 자아	• 비판에 의한 교정됨이 없이 바로 받아들여져서 내면화되어 형성된다. • 양육적 기능과 통제적 혹은 비판적 기능의 두 가지 기능을 하고, 도덕과 가치판단의 모체가 내포되어 있다.
어른 자아	• 합리적인 사고를 하고 현실지향적인 행동을 하며, 내적 욕구와 외적 욕구를 중재하는 중재자로서의 역할을 한다. • 상황에 따라 각 자아가 적합한 기능을 할 수 있도록 하며, 어른 자아가 기능을 제대로 할 수 있을 때 개인은 잘 적응하는 생활을 영위할 수 있다.
어린이 자아	• 어린 시절에 실제로 느꼈거나 행동했던 것과 똑같은 감정이나 행동을 나타내는 자아 상태를 말한다. • 순응적 어린이 자아와 자연적 혹은 자유 어린이 자아로 구분된다.

⑤ 의사교류(의사거래)
  ㉠ 자극의 상호교환이 바로 의사교류(의사거래)이며, 의사교류(의사거래)는 사회적 상호교섭의 한 단위가 된다.
  ㉡ 자극과 반응의 소통 양상에 따른 교류의 분류

상보교류	• 의사소통의 제1규칙으로서, '무갈등 교류'를 말한다. • 어떤 자아 상태에서 보내지는 메시지에 대해 예상대로의 반응이 돌아오는 것이다. • 단지 두 개의 자아상태만이 관련되며, 자극과 반응의 방향이 수평적이다. • 인간관계 측면에서 이러한 교류는 솔직하고 자연스러우며, 이치에 맞는 것이라고 할 수 있다.
교차교류	• 다른 사람의 어떤 반응을 기대하기 시작한 교류에 대해 예상 외의 반응이 되돌아오는 것이다. • 3~4개의 자아상태가 관련되며, 자극과 반응의 방향은 항상은 아니지만 자주 교차된다. • 자극을 직접 받은 자아 상태에서 반응을 하지 않으며, 언어적-비언어적 의사소통이 일치한다. • 인간관계의 측면에서 이러한 교류는 고통의 근원이 된다.

이면교류 (암시적 교류)	• 상대방의 하나 이상의 자아 상태를 향해서 현재적인 교류와 잠재적인 교류, 양쪽이 동시에 작용하는 복잡한 교류로 가식적인 메시지가 전달되는 것이다. • 3~4개의 자아상태가 관련되며, 메시지에 두 가지 수준, 즉 언어적 수준(사회적 수준)과 비언어적 수준(심리적 수준)이 있다. • 메시지의 사회적-심리적 수준이 일치하지 않은 채 종종 상반된다. • 표면적으로 당연해 보이는 메시지를 보내고 있는 것 같으나, 그 주된 욕구나 의도 또는 진의 같은 것이 이면에 숨겨져 있는 것이 특색이다.

⑥ 집단상담자의 역할
  ㉠ 의사교류분석의 주요 개념을 설명하고, 생애 초기부터 형성된 개인의 생활각본과 인간관계 수립방략을 집단원들이 재검토하도록 한다.
  ㉡ 집단상담자는 집단원들 각자의 목표를 명확하고 구체적으로 기술한다.
  ㉢ 질문, 명료화, 직면, 설명, 예증, 확인, 해석, 구체화 등의 기술을 활용한다.

⑦ 집단상담의 기술 14 15 기출
  ㉠ 구조분석
    • 각 집단원들로 하여금 각 개인의 자아구조 상태를 검토해볼 수 있도록 돕는 과정이다.
    • 과거의 경험적 자료들에 의한 자아구조의 혼합 등을 살핀다.
    • 교류분석에서 가장 기본적인 개념은 성격구조의 3가지, 부모·성인·아동 자아상태이다. 특히, 개인이 갖는 부모 자아상태는 그가 속한 문화 및 가치의 영향에 대한 반영이라고 할 수 있으며, 구조분석은 문화적 적응을 돕는 상담기법이다.
  ㉡ 의사교류분석
    • 구조분석을 기초로 하여 집단원 각 개인이 집단상담자나 다른 집단원과의 관계에서 행하고 있는 의사교류 혹은 의사소통의 양상과 성질을 파악하는 분석법이다.
    • 의사교류의 기본유형은 상보적 의사교류, 교차적 의사교류, 이면적(암시적) 의사교류로 구분할 수 있다.
  ㉢ 라켓 분석 22 기출
    • 생의 초기에 형성된 만성적 부정 감정이자 인생각본의 기본이 되는 라켓 감정을 분석한다.
    • 라켓 감정(Racket Feeling)
      - 생의 초기에 중요한 인물과의 상호작용을 통해 형성된 만성적 부정 감정 양식을 말한다.
      - 자신의 감정이 아니라 부모나 환경의 요구에 맞춰 허용되었던 감정으로, 조작적이고 파괴적인 행동과 연관된다.
      - 라켓 감정은 주로 게임 뒤에 맛보는 불쾌하고 쓰라린 감정으로서, 게임과 마찬가지로 라켓도 초기결정을 지원하며 개인의 인생각본의 기본이 된다.
  ㉣ 게임분석
    • 숨겨진 일련의 암시적·이중적 의사거래를 분석한다.
    • 암시적인 의사교류를 게임의 종류 및 만성 부정 감정의 유형과 연관지어 분석한다.
  ㉤ 생활(인생)각본분석
    • 생활각본은 생의 초기에 있어서 개인이 경험하는 외적 사태들에 대한 자신의 해석을 바탕으로 하여 결정·형성된 반응양식이다.
    • 집단원 개인의 인생계획이나 이전 결정의 내용 등을 면밀히 검토한다.

- 인생각본을 분석함으로써 지금까지 숙명 또는 운명이라고 체념하고 살았던 것이 실은 자기가 무의식중에 강박적으로 연기하고 있던 드라마라는 것을 자각한다. 또한 자신의 성격형성 과정을 알 수 있으며, 인생초기에 형성된 기본적 인생태도 등에 대해서도 알 수 있다.

(11) 예술적 접근 등 기타 접근

① 심리극(Psychodrama) 15 21 24 기출
  ㉠ 의 의
   - '정신(Psyche)'과 '극(Drame)'의 합성어로, 모레노(Moreno)가 개발한 심리요법이다.
   - 내담자인 집단원의 심리적인 긴장이나 갈등을 상상력을 동원하여 가상의 드라마적인 상황으로 표현하는 것이다.
   - 내담자인 집단원이 자신의 역할을 넘어서서 새로운 행동을 실천해봄으로써 자아와 사건에 대한 새로운 인식과 정화 및 대안을 획득하는 체험적 과정이다.
   - 자발성·창조성·즉흥성의 원리를 기초로 한다.
  ㉡ 특 성
   - 연극을 통해 집단원 각자가 경험하는 어떤 사건을 재연하게 한다.
   - 과거 사건을 마치 지금 일어나는 것처럼 재연하게 한다.
   - 현실에서 일어날 수 없는 일까지 상상하게 하는 잉여현실을 도구로 활용한다.
   - 억압된 감정을 표출하고 정화하여 통찰을 일으키도록 한다.
   - 준비-시연-나누기의 순서로 진행된다.
   - 집단원은 심리극을 위한 경험자료를 내놓으며, 주인공 역할을 할 때 그들 자신이 심리극을 연출한다.
  ㉢ 구성요소 : 주인공, 보조 자아, 연출자, 관객, 무대, 무대 소품과 조명·음향 등

주인공	• 심리극 공연의 주체가 되는 사람이다. • 각본에 따른 연기가 아닌, 자신의 실생활을 자발적으로 묘사하는 것이다. • 어떤 일이나 자기 마음에 떠오르는 대로 자발적으로 행동한다. • 주인공(보통 환자나 주된 내담자)이 역할을 통해 구체적인 경험을 하도록 연출자가 적극적인 개입을 하고, 집단의 다른 구성원들이 심리극 동안에 자신들이 경험한 것을 함께 이야기할 기회를 갖도록 한다.
보조자아	• 심리극 장면에 참가하는 주인공과 연출자, 관객 이외의 모두를 말한다. • 극 중 주인공의 상대역을 하고, 주인공 역할이나 연출자 역할만큼 극의 진행에서 실질적인 부분을 차지한다. • 책상, 현관, 옷장 등은 무생물이지만 중요한 의미가 있는 사물이나 대상의 역할을 하는 보조자아이다.
연출자	• 주인공이 자신의 문제를 탐구하기 위해 심리극을 할 수 있도록 극을 이끌어 가는 사람이다. • 집단지도자, 치료자, 교사 또는 상담자로 일하고 있는 사람이 맡으며, 주인공이 자신을 드러낼 수 있도록 분위기를 조성한다. • 주인공을 심리적 차원에서 이해하고, 극중에 일어나는 변화를 관찰하는 것 외에도 관객의 반응과 변화도 살펴가면서 극을 진행한다. • 감정을 심화시키고, 과거의 상황을 재창조하며, 갈등에 대한 자각을 증진시키도록 고안된 기법들을 제시한다.

관객	• 주인공이 자신의 감정들을 탐구하는 과정에 직접 참가하는 적극적인 역할을 맡는다. • 주인공의 이야기를 보면서 자신이 겪은 비슷한 경험이나 느낌들, 매우 다르게 느꼈던 경험들에 대한 관객들의 이야기는 주인공을 지지하고 격려한다.
무대	• 행동표현이 일어나는 장소이며, 심리극을 위한 수단이 된다. • 생활의 표현과 자기 자신의 문제를 펼치는 장소이다. • 조명이나 음향기기 같은 보조기구는 필수적인 것은 아니지만 많은 효과를 줄 수 있다.

ㄹ) 집단상담의 기술 17 기출

역할놀이	심리극의 가장 기본적인 기법으로 연출자(상담자)는 주인공(내담자)으로 하여금 자신의 위치에서 특정한 역할을 선택하여 연기하도록 요구한다.
역할전환	남편이 아내 역할을, 교사가 학생 역할을 하는 등 일상생활의 역할을 바꾸어 연기해봄으로써, 상대방을 이해하는 동시에 자기중심적인 사고에서 벗어날 수 있게 된다.
이중자아 기법	자신의 감정을 명확히 표현하지 못하는 주인공에게 매우 유효한 기법으로, 보조자아가 주인공 뒤에서 주인공의 또 다른 자아의 역할을 수행하며, 주인공이 실제로 표현하기 주저하는 내면심리를 대신하여 표현한다.
빈 의자 기법	연출자는 빈 의자를 무대 중앙에 놓은 채 주인공에게 그 의자에 누가 앉아 있는지, 그 사람은 누구인지 상상해보도록 하여 그동안 마음속으로 하고 싶었으나 실행에 옮기지 못한 말과 감정을 표현할 수 있도록 유도한다.
거울기법	주인공이 지켜보고 있는 가운데 보조자아가 주인공의 역할을 대신함으로써, 주인공이 관중의 입장에서 객관적으로 자신의 행동을 이해하고 평가하도록 하는 기법이다.
독백기법	주인공의 숨겨진 생각이나 감정이 말을 통해 드러남으로써, 주인공의 감정을 이해하는 데 도움을 준다.
암전기법	전 극장을 어둡게 하여 비록 행동은 하고 있으나, 주인공이 고통스러운 경험을 관찰당하지 않고 혼자 있는 경험을 유지할 수 있도록 한다.
죽음장면 기법	주인공 자신이나 중요한 타인의 죽음을 가상적으로 체험해봄으로써 주인공 자신의 삶에 대한 고정관념과 자기 자신을 바라보는 방식을 바꾸어 주체성을 강화시키고, 중요한 타인에 대한 감정을 명료화시켜 그 관계에 대한 감정을 돌아볼 수 있는 수단으로 활용한다.
마술상점 기법	주인공이 바라는 것을 자신의 소중한 무언가와 교환하는 기법이다. 극을 워밍업시키고 집단원 개개인의 문제에 접근하기 위해 활용한다.
미래투사 기법 22 기출	주인공이 생각할 수 있는 장래의 범위 또는 가능한 행위의 범위를 탐색하여 이를 현실과 결부시킴으로써, 주인공의 현재 상황이나 문제를 볼 수 있도록 하는 기법이다.

② 예술치료

ㄱ) 개요
- 다양한 분야의 예술과 현대 의학, 심리치료 이론, 상담이론이 통합된 다각적인 치료기법이다.
- 인간의 창의성을 통해 내면의 욕구, 갈등, 심리적 상태 등을 표현하게 하여 증상의 근원적인 구조를 변화시켜 문제를 해결하는 심리치료 기법이다.
- 미술치료와 음악치료 외에 무용치료, 심리극, 영화치료, 놀이치료 등이 있다.

ⓒ 종 류

미술치료 16 기출	• 미술을 심리치료의 도구로 활용하는 것으로서, 아동뿐만 아니라 성인, 노인에게도 유용하게 사용될 수 있다. • 미술표현은 집단원의 문제를 또 다른 관점으로 이해할 수 있게 한다. • 미술이 지닌 상징성은 집단원의 감정을 안전하게 표현할 수 있게 한다. • 미술표현은 언어적 표현보다 통제를 적게 받고, 집단원의 거부감이나 공포, 저항을 어느 정도 줄일 수 있다. • 미술활동으로 생산된 구체적인 유형물은 새로운 통찰을 가능하게 한다. • 말로써 자신의 어려움을 표현하는 것을 어려워하거나 꺼릴 경우, 미술활동은 어른에게도 유용한 매개체가 될 수 있다. • 단지 아동은 발달학적으로 미숙한 부분이 있으므로, 이를 고려한 미술활동이 진행되어야 하며, 미술매체는 집단원의 인지수준에 따라 재료를 제한해주어야 한다.
음악치료	• 음악활동을 통해 참여자의 내면 세계와 관련하여 그들의 문제행동이 구체적인 방향을 가진 바람직한 행동으로 변할 수 있도록 돕는 음악 활동의 전문 분야를 말한다. • 음악적인 요소를 의사소통, 대인관계, 적절한 스트레스 해소 등에서의 어려움을 긍정적으로 변화시키는 것에 초점을 둔다. • 음악치료는 자기표현의 기회 마련, 다양한 활동을 통해 타인과의 긍정적인 관계형성, 정서 승화 및 스트레스에 적절하게 대처 등에 그 목적이 있다.

③ 이야기치료 17 기출

ⓒ 개 요
- 1980년대 이후 사회구성주의와 포스트모더니즘의 영향을 받은 문화인류학자 엡스턴(D. Epston)과 가족치료사 화이트(M. White)가 발전시켰다.
- 이야기치료는 단기적으로는 호소하는 문제의 감소를 목표로 하고 장기적으로는 내담자가 지배적인 문화로부터 벗어나 자신이 선호하는 방향으로 자기의 이야기를 쓰는 데 있다.
- 사람을 문제와 분리하여 개인의 역사를 철저히 살펴 독특한 결과를 찾아 새로운 이야기를 구성한다.

ⓒ 집단상담자의 역할
- 영향력을 끼치는 중심적 위치에서 대화를 이끌지 않고 집단원이 하는 집단원 자신의 이야기나 삶의 지식에 우선순위를 둔다.
- 질문과 반영을 통해 집단원이 자신의 대안적 이야기를 풍부하게 하고, 새롭게 알게 된 지식으로 당면한 문제를 다루는 데 익숙해지도록 돕는 촉진자 역할을 한다.
- 집단원의 삶이나 문제를 분석하고 해결의 답을 제공하는 것이 아니라 호기심을 가지고 질문하여 숨겨진 이야기를 끌어낸다.

ⓒ 치료의 과정 17 기출
- 문제의 경청과 해체 : 문제 이야기를 경청하고 사람과 문제를 분리하여 문제의 영향력을 탐색·평가하고 그것을 정당화한다.
- 독특한 결과의 해체 : 독특한 결과를 경청하고 *외재화하여 그 영향력을 탐색·평가하고 정당화한다.
- 대안적 이야기의 구축 : 확고한 문제 이야기에 대항하여 긍정적 변화를 가져오기 위해 튼튼한 줄거리의 대안적 이야기를 필요로 한다.
- 대안적 정체성의 구축 : 집단원이 선호하는 삶의 이야기가 청중 앞에서 사회적으로 인정받는 경험을 하도록 한다.

✓ 외재화

자신의 정체성을 문제로부터 분리하기 위해 문제에 이름을 붙이고 의인화하는 작업을 수행하는 것으로서, 이때 내담자가 문제로 이야기한 표현을 사용한다.

05 집단상담자

(1) 집단상담자의 역할

① 일반적인 역할 24 기출
  ㉠ 설계자 : 집단의 목표 및 세부계획을 수립하고 집단원을 선별·선발하며 집단을 구조화한다.
  ㉡ 보호자 : 집단원에게 권리와 책임에 대해 알려주고 비밀보장의 중요성을 강조한다.
  ㉢ 참여적 관찰자 : 집단의 수용적·자율적 분위기 조성을 위해 집단원의 일원으로 참여하고 집단 전체의 상황 및 집단의 상호작용을 주의 깊게 관찰하여 시의적절하게 의미 있는 반응을 보이며 집단의 흐름을 적절히 통제한다.
  ㉣ 촉진자 : 집단원의 참여를 권장하며 집단원이 자기이해와 자기탐구의 깊은 단계로 나아갈 수 있게 돕고, 건설적·직접적 방식으로 상호작용하도록 조력하면서 의사소통 및 상호작용을 촉진한다.
  ㉤ 모범자 : 집단원이 새로운 행동 변화를 시도할 수 있도록 분위기를 만들어 주고 집단과정에서 본보기가 된다.
  ㉥ 강화자 : 집단원의 성숙한 행동은 강화하고, 미성숙한 행동을 억제하는 사회적 자극이 된다.

② 구체적인 역할
  ㉠ 집단활동의 시작을 돕는다. 집단의 방향 및 기준을 분명하고 명백하게 제시하는 것은 집단의 진행에 도움이 된다.
  ㉡ 집단규범을 설정하고 발달을 돕는다.
  ㉢ 집단원을 보호·격려·수용한다. 상담자의 수용적인 반응은 집단원의 자기개방에 도움을 준다.
  ㉣ 집단원의 음성 언어와 비음성 언어에 적절한 반응을 보인다.
  ㉤ 적절한 집단작업을 주도적으로 실행하고, 관찰 결과를 토대로 집단과정을 해석한다.
  ㉥ 집단활동의 종결을 돕는다.

(2) 집단상담자의 기술

① 집단상담자가 가진 이론적 근거나 훈련 배경에 따라 또는 집단의 목표에 따라 집단상담의 과정이나 기술의 적용은 달라진다.
② 집단상담자는 집단상담을 지도하고 이끌어가기 위해 기본적인 기술은 물론이고, 집단의 각 발달단계와 상황에 적합한 집단상담의 기술을 활용할 수 있어야 한다. 이를 위해 집단상담자는 다양한 집단 경험을 쌓아야 하고 전문가로부터 지도와 감독도 받아야 한다.
③ 집단상담기법은 '의사소통기법'과 '주요 개입기법'의 두 가지로 나누어 볼 수 있다.

의사소통기법	공감하기, 자기개방하기, 관심기울이기와 경청하기, 반영하기, 피드백 주고받기, 연결하기, 직면하기와 해석하기, 명료화·요약·질문하기
주요 개입기법	저항 다루기, 전이와 역전이 다루기, 적시성에 유의하기, 침묵 처리하기, 지금-여기에 초점두기, 구조화하기, 뜨거운 자리, 개인 주제에 초점두기, 차례로 돌아가기, 빈의자 기법, 역할놀이, 바람직한 대안행동 다루기 등

(3) 집단상담자의 자질 14 15 16 기출

① 인간적 자질 15 19 21 기출
- ㉠ 인간에 대한 선의와 관심 : 집단상담자는 집단 내 개별성원들을 존중하고 신뢰하며, 그들 각자를 존엄성과 가치를 가진 존재로 인식해야 한다. 또한 적절한 관심을 기울여 줌으로써 그들과 정서적 관계를 발전시켜 나가야 한다.
- ㉡ 인간행동의 긍정적 변화에 대한 신념이 있어야 한다.
- ㉢ 자신에 대한 각성 : 집단상담자는 자기 자신의 사고와 감정, 동기와 목표, 가치관과 정체성 등에 대해 객관적으로 인지하고 있어야 한다.
- ㉣ 자기수용 : 자기를 있는 그대로 받아들이며 인정하는 것, 자신의 강점뿐만 아니라 약점까지도 받아들이며 인정하는 것이다. 내면에 대한 깊이 있는 반성과 성찰이 선행되어야 한다.
- ㉤ 용기 : 집단상담자는 실수나 실패를 두려워하지 않으며, 새로운 행동에 대한 모험을 과감히 시도하고, 진실한 모습으로 집단원과의 상호작용을 감수해야 한다.
- ㉥ 창조적 태도(창의성) : 집단상담자는 상담 과정에서 창의적·주도적 태도로 집단에서 야기되는 문제를 독창적인 방법과 기술을 활용하여 다루어야 한다.
- ㉦ 개방성 : 자신의 경험을 말하며 집단원에게 공감적 이해를 표현해야 한다.
- ㉧ 인내심 : 집단상담자는 상담 활동을 통해 경험하는 다양한 어려움과 외부 압력에 대해 끈기 있게 버틸 수 있는 인내심을 가져야 한다.
- ㉨ 유머 : 집단상담자는 상담 과정이 긴장되거나 지루하게 전개되지 않도록 적절한 유머를 사용할 수 있어야 하며, 집단원에게 웃음을 주는 말이나 행동을 함으로써 문제를 새로운 각도에서 조망해 볼 수 있도록 해야 한다.
- ㉩ 타인의 복지에 대한 관심 : 다른 사람의 복지에 깊은 관심을 갖는 것으로, 집단상담자가 자신의 이익을 위해 집단을 이용하지 않는 것이기도 하다.

② 전문적 자질 15 16 19 기출
- ㉠ 개인상담의 경험(내담자로서의 경험, 상담자로서의 경험)이 필요하다.
- ㉡ 집단상담의 참여 경험(자기탐색 집단, 교육지도 실습 집단, 집단 실습)이 필요하다.
- ㉢ 집단상담의 계획과 조직 능력이 있어야 한다.
- ㉣ 상담·심리치료 이론과 상담주제에 관한 지식을 갖추고 이해할 수 있어야 한다.
- ㉤ 인간에 관한 폭넓은 식견과 경험 : 집단원의 발달과정에 따른 과업을 신체적·인지적·심리사회적·성격적·문화적·도덕적 측면에서 조망할 수 있어야 한다.
- ㉥ 집단원으로서의 참여, 수련지도자와 함께하는 참여 학습 경험, 직접 집단을 계획·운영해 본 경험 등이 필요하다.
- ㉦ 다양한 상담이론 관련 지식과 이해를 갖추어야 한다.

CHAPTER 02 청소년 집단상담의 실제

중요도 ★★★

핵심포인트
집단상담자의 기술, 집단상담자의 문제상황 다루기, 청소년 집단상담의 계획 및 평가, 협동상담(공동지도력), 효과적인 집단상담 진행을 위한 사전준비, 청소년 집단상담 평가, 청소년 집단상담의 특성, 집단상담 윤리, 집단상담 참여자의 권리와 책임, 청소년 집단상담의 제 형태

01 집단상담자의 기술 및 문제 상황 다루기

(1) 집단상담자의 기술 14 15 16 17 기출

① 관심기울이기
   ㉠ 집단상담자가 집단원들의 메시지를 정확하게 이해할 수 있는 수단이 될 뿐만 아니라 그들을 존중한다는 점을 보여주는 방법이기도 하다.
   ㉡ 집단원이 입으로 표현하는 말의 내용뿐만 아니라, 비언어적인 것들에 대해서까지도 민감하게 관심을 기울이는 것을 의미한다.
   ㉢ '관심기울이기' 행동의 중심이 되는 요소 : 대화할 때 서로 시선을 부드럽게 마주치기, 몸짓과 표정을 통해 관심을 보이기, 간단한 말이나 동작으로 즉각적인 반응을 보이기

② 공감적 반응하기
   ㉠ 집단원 입장에서 그의 느낌 또는 내적 경험을 이해하고, 이를 직접 말로 전달하는 것이다.
   ㉡ 집단원으로 하여금 집단상담자와 집단에 대해서 수용적이고 신뢰감 있는 느낌을 가지도록 하는 효과를 발휘한다.
   ㉢ 이해한 것을 적절히 말로 표현하여, 그로 하여금 자신이 이해받고 있다는 사실을 느끼도록 하는 것이 중요하다.
   ㉣ '공감적 반응'을 하기 위한 효과적인 방법
      • 집단원의 생각과 느낌을 감지하기 위해, 집단상담자는 스스로를 그 집단원의 위치에 놓고 그의 입장에서 생각하며 느껴보도록 한다.
      • 집단원의 생각과 느낌을 가장 잘 나타낼 수 있는 단어를 찾아낸다.
      • 집단상담자가 그 집단원을 이해하고 있다는 사실을 구체적인 단어로 직접 말해준다.

③ 자기개방(자기노출)하기 19 기출
  ㉠ 집단상담자가 상담을 효과적으로 이끌기 위해 상담에 참여한 집단원에게 자신에 대한 주관적인 정보를 노출하는 기술이다.
  ㉡ 집단상담자는 자기개방(자기노출)을 통해 집단원에게 유사성과 친근감을 전달할 수 있고, 집단상담자와 집단원 간의 보다 깊은 이해를 발달시킬 수 있다.
  ㉢ 유 형

'지금-여기'의 자기노출	집단상담자가 집단원과 대화하는 동안 경험하게 되는 자신의 생각이나 느낌을 진솔하게 이야기한다.
'과거 경험'의 자기노출	과거에 있었던 자신의 경험과 느낌이 현재 집단원이 경험하고 있는 것과 유사성이 있는 경우 그것을 솔직하게 이야기한다. 예 "저도 과거에 당신과 같은 우울증을 경험한 적이 있어요. 그래서 당신의 그와 같은 기분을 어느 정도 이해할 수 있을 것 같아요."

  ㉣ 유의사항 22 기출
    • 상담자도 한 인간이라는 것을 느낄 수 있도록 충분히 자신을 드러낸다.
    • 상담자가 집단원에 의해 어떻게 영향을 받고 있는지를 적절하게 표현한다.
    • 자기개방(자기노출)을 하나의 기법으로 사용하기보다는 적절하다고 판단될 때 자발적으로 해야 한다.
    • 자신의 경험을 선택적으로 개방(노출)해야 하고, 필요한 만큼만 간결하게 하여야 하며, 내담자가 이를 불편하게 여긴다면 이에 대해 탐색해야 한다.
    • 정직하고 적절하게 개방함으로써 집단원에게 집단규범 형성의 모델이 된다.

④ 피드백 주고받기 16 18 20 기출
  ㉠ 피드백의 의의
    • 타인의 행동에 대한 자신의 반응을 상호간에 솔직하게 이야기해주는 과정을 피드백(Feedback)이라고 한다.
    • 피드백을 주고받는 것은 인간관계의 학습을 촉진하는 핵심요소이다.
    • 피드백의 주된 목적 중의 하나는 왜곡된 면과 과거의 실수를 바로잡게 하는 것이다.
    • 피드백은 실생활 적용테스트에서 아주 유용하게 쓰일 수 있고, 피드백을 통해 현실적이고 객관적인 시각을 갖게 된다.
  ㉡ 집단상담에서의 피드백의 의의
    • 집단상담의 중요한 목적 가운데 하나로, 집단원으로 하여금 타인들이 자기를 어떻게 보고 있으며, 어떻게 반응하는지 학습할 기회를 제공한다.
    • 상호간의 피드백은 집단치료에 있어서 중요한 치료요소 가운데 하나이다.
    • 집단에서 받는 피드백의 영향력은 집단의 진행과정을 반영한다.
      – 집단에서 오고가는 피드백의 질은 집단이 작업단계를 향해 어느 정도 나아갔는지 나타내는 척도 중 하나이다.
      – 피드백을 주고받는 것은 집단에 응집력과 신뢰가 확립되었다는 신호이다.
    • 규모가 작은 집단일 경우 구조화된 피드백은 집단원들의 목적달성을 돕는다.

ⓒ 피드백을 주고받을 때 유의할 점
- 사실적인 진술을 하되, 가치판단을 하거나 변화를 강요하지 않는다.
- 해석적이고 혼합된 피드백보다 구체적으로 관찰 가능한 특정 행동에 대해, 그 행동이 일어난 직후 적용하는 것이 효과적이다.
- 변화 가능한 행동에 대해 피드백을 해야 하며, 가능한 한 대안도 제시하는 것이 좋다.
- 피드백을 주는 이와 받는 이가 모두 피드백을 생산적으로 활용할 마음의 준비가 되어 있는가를 충분히 고려한 후 적용한다.
- 한 사람보다는 집단의 여러 사람이 주는 피드백이 더욱 의미가 있다.
- 상담자의 피드백은 집단원들의 피드백보다 수준이 높지만 쉽게 받아들여지지 않는다.
- 피드백을 주고받을 때의 태도
  - 피드백을 받을 때는 겸허해야 한다.
  - 부정적인 행동에 대해서도 비판적이어서는 안 된다.
  - 다른 사람들의 말을 귀 기울여 듣는 것이 중요하다.
- 긍정적 피드백과 부정적 피드백
  - 긍정적 피드백과 따끔한 피드백이 조화를 이룰 때 집단원들은 감당하기 힘든 피드백도 받아들인다.
  - 긍정적 피드백은 부정적 피드백보다 바람직하며 더 큰 영향력을 미치고 변하겠다는 의지를 고취시킨다.
  - 집단원들은 따끔한 피드백 주기를 꺼리는데, 상대방과 대립할까 봐, 혹은 상대에게 상처를 줄까 두려워서이다.
  - 부정적인 피드백을 주기 전에 집단원들의 자기노출 정도를 고려해야 한다.
  - 부정적인 피드백은 긍정적인 피드백 이후에 하는 것이 더 잘 받아들여진다.
  - 따끔한 피드백은 집단상담 후반기에 하는 것이 신뢰할 만하고 도움이 된다.

ⓓ 피드백을 통한 통찰과 문제해결을 위한 기법 15 16 기출

장점을 구체화하기	집단원 숫자만큼의 독서카드를 사용하여 집단에서 개인의 긍정적인 장점을 구체화하는 것을 돕는 방법이다.
인지적 집중	'상점분석기법' 등을 통하여 부정적인 감정을 긍정적인 것으로 변화시키는 작업이다. 상점분석기법은 다음과 같다. • 집단원이 '상점'에서 자신의 문제가 든 상자 중 하나를 선택하여 문제를 꺼내게 한다. • 집단원이 자신이 꺼낸 문제에 대해 어떻게 느끼는지 묻고 그 느낌에 집중하게 한다. • 집단원에게 그와 같이 느꼈던 다른 유사한 상황이 있는지 생각하게 하여 그러한 불안과 상황의 연결 지점을 찾게 한다. • 유사한 상황마다 같은 느낌이 들게 하는 사고가 무엇인지 정의하게 한다. • 집단원에게 부정적인 느낌이 들지 않는 유사한 상황에 집중하게 한다. • 유사한 상황에서 느낌이 달라질 때의 신념과 사고 등에 초점을 맞추게 하고, 집단원에게 그러한 느낌을 분석하게 한다. • 처음의 느낌을 다른 상황에서의 느낌으로 바꿀 수 있게 한다.
다르게 해석하기	집단원에게서 더 많은 정보를 얻어 더 객관적으로 상황을 지각할 때까지 판단을 보류하도록 격려하는 기법이다.
최악의 상황을 재평가하기	상황이나 사건이 최악의 것이라고 생각하기 때문에 발생하는 부정적 감정을 극복하는 기법이다.

사고유형과 독백 바꾸기	왜곡된 사고와 부정적 사고를 바꾸기 위해 일기를 쓰거나, 계획을 짜거나, 자신의 행동을 점검하는 등의 다른 활동을 해보도록 하는 기법이다.
걱정거리 점검하기	자신이 느끼는 불안(걱정거리)에 대하여 '상황에 대해 잘 모르는 정도'와 '손실의 중요도'가 1~10 중 어디쯤인지 파악한 후, 곱하기 하여 불안의 정도를 숫자로 나타내보고, 불안의 수준을 줄이는 기법이다.
5단계 사고과정 (A-FROG)	더 합리적으로 생각하고 행동하기 위하여 5단계의 사고과정을 거친다. • A : 그것은 나로 하여금 살아있다(Alive)는 느낌을 주는가? • F : 나는 그 결과 더 행복하게 느낄 수 있는가(Feel)? • R : 그것은 현실(Reality)에 바탕을 두고 있는가? • O : 그것은 내가 다른 사람들(Others)과 잘 지내도록 하는가? • G : 그것은 나의 목표(Goals)를 이루는 데 도움이 되는가?

⑤ 직면하기(맞닥뜨림하기) 16 18 21 기출

㉠ 집단원의 말이나 행동이 일치하지 않거나 모순점이 있을 때 그것을 지적해주는 기술이다.

㉡ 상대방에게 공격이나 위협으로 받아들여질 수 있으므로 사용상 주의를 필요로 한다.

㉢ 직면하기를 적용하는 경우 22 기출
- 이전에 한 말과 지금 하는 말이 불일치할 때
- 말과 행동이 불일치할 때
- 집단원이 스스로에 대해 인식하는 것과 다른 사람이 인식하는 것이 불일치할 때
- 집단원의 말과 정서적 반응 간에 차이가 있을 때
- 집단원의 말 내용이 집단상담자가 그에 대해 느낀 바와 다를 때

㉣ 직면하기를 적용할 경우 유의할 점
- 평가나 판단을 하지 않으며, 사실을 있는 그대로 진술하고 보고하도록 한다.
- 변화를 강요해서는 안 되며, 변화의 주체는 집단원 자신이어야 한다.
- 시기적으로 적절한 때에 기술을 적용하는 적시성(Timing)이 중요하다.
    예 "너는 좋은 성적을 받아 부모님을 기쁘게 해드리고 싶다고 하면서도, 한편으로는 친구와 컴퓨터게임 하는 것을 더욱 좋아하는구나."

⑥ 경청하기

㉠ 집단상담자가 집단원이 하는 말을 귀담아 들어주는 것을 말한다.

㉡ 집단상담자는 집단원의 말의 내용을 파악함은 물론 몸짓, 표정, 음성에서의 섬세한 변화에도 주의를 기울인다.

㉢ 집단상담자는 집단원의 잠재적인 감정과 반응에 주목하고 집중하고 있음을 표시한다.

㉣ 경청의 중요성
- 집단원의 메시지에 구체적으로 초점을 맞추고 집단원의 의사소통을 완전하고 정확하게 이해할 수 있다.
- 말을 하고 있는 집단원이 완전하게 개방되며, 정직한 표현을 촉진한다.
- 상호작용을 하는 동안에 '타인 중심'의 접근법을 발달시킨다.
- 경청의 요소는 청취, 이해, 기억, 반응이다.

ⓜ 적극적 경청
- 관심을 가지고 상대방의 말을 듣고 상대방의 생각과 감정을 상대의 입장에서 이해하는 것을 의미한다. 단어에서 뜻하는 것처럼 진실한 감정과 태도를 전하는 것은 어렵지만, 경청을 통해 상대방의 심정과 감정, 태도를 전달받는 것이 가능하며, 그 과정에서 상대방도 자신의 생각과 느낌을 이해하려고 노력하게 된다.

> **고정관념**
> 특정한 집단의 사람들이 지니고 있는 과잉 일반화 또는 부정확하게 일반화된 신념으로서, 일반적인 것으로 성, 인종, 민족, 직업에 관한 고정관념을 들 수 있다.

- 적극적 경청의 태도에는 상대가 무엇을 느끼고 있는가를 상대의 입장에서 받아들이는 '공감적 이해', 자신이 가지고 있는 *고정관념을 버리고, 상대의 태도를 받아들이는 '수용의 정신', 자신의 감정을 솔직하게 전하며, 상대를 속이지 않는 '성실한 태도'가 필수적이다.
- 적극적 경청을 위해서는 비판적·충고적인 태도를 버리고, 상대가 말하고 있는 의미 전체를 이해하며, 상대가 말하고 있는 것을 피드백(Feedback)해보면서 흥분하지 않는 것이 중요하다.

⑦ 반영하기 14 17 24 기출
ⓐ 집단원이 전달하고자 하는 의사의 본질을 스스로 볼 수 있도록 집단원의 말과 행동에서 표현되는 감정·생각·태도를 상담자가 다른 참신한 말로 부연해주는 기술이다.
ⓑ 집단원이 말한 내용을 좀 더 구체적으로 인식할 수 있도록 해준다.
ⓒ 집단원이 느끼고 있는 느낌을 집단상담자가 알고 있다는 사실을 그에게 전달하기 위해서 이용된다.
  예 "너는 가까운 친구가 너를 다른 사람들 앞에서 비난하는 것에 대해 무척 불쾌한 감정을 품고 있구나."

⑧ 명료화하기(명확화하기) 14 기출
ⓐ 어떤 중요한 문제의 밑바닥에 깔려있는 혼동과 갈등의 느낌을 가려내어 분명히 해주는 기술이다.
ⓑ 질문, 재진술, 다른 집단원들을 활용하는 방법들이 있다.
  예 "~라고 말한 것은 구체적으로 무엇을 뜻합니까?", "~에 대해서 자세하게 말해줄 수 있습니까?"

⑨ 바꾸어 말하기(환언)
ⓐ 집단원이 한 말을 간략하게 반복함으로써 집단원의 생각을 구체화할 수 있고, 집단원이 말하고 있는 바를 상담자가 바르게 이해하고 있는지를 확인할 수 있다.
ⓑ 명료화와 비슷하지만 집단원의 말을 종합하여 다른 말(용어나 개념)로 바꾸어 표현한다는 점에서 약간의 차이가 있다.
  예 • 집단원 : 선생님은 왜 상담 선생님이 되셨어요?
    • 상담자 : 내가 상담 선생님이 된 이유가 궁금한가 보구나.

⑩ 재진술 : 집단원이 한 말을 거의 똑같이 다시 한번 말해주는 것이다.
  예 • 집단원 : 어제 결국 용기를 내서 형에게 말했어요.
    • 상담자 : 그래, 용기를 내서 형에게 말했구나.

⑪ 요약하기
  ㉠ 집단상담자가 집단원의 생각이나 감정, 그가 한 이야기 등을 전체적으로 묶어 간략하게 정리하는 것이다.
  ㉡ 집단원들이 이야기의 핵심을 제대로 파악하지 못하거나, 전체적인 집단 과정에서 방향을 제대로 잡지 못하고 방황할 때, 집단상담자는 요약의 기술을 이용하여 집단 과정을 도울 수 있다.
  ㉢ 요약하기가 활용되어야 할 경우
    • 한 집단원이 이야기를 어느 정도 이상으로 길게 하는 경우
    • 다른 주제로 넘어가기 전에 앞의 주제에 대해 요약을 하면 주제의 연결이 원활하게 되도록 도울 수 있고 집단원들의 이해도를 높이는 데 도움이 되는 경우
    • 한 회기의 집단이 끝날 때 마지막으로 그날 집단의 전체 활동 내용이나 과정을 요약하는 경우

⑫ 해석하기 14 19 21 기출
  ㉠ 집단원이 표면적으로 표현하거나 인식한 내용을 뛰어넘어, 집단상담자가 그에게 새로운 방식으로 자신의 문제를 바라볼 수 있도록 행동·사고·감정에 대해서 새로운 의미를 부여하거나 새롭게 설명하는 것을 말한다.
  ㉡ 단정적으로 해석하지 않도록 해야 하며, 집단원의 의향을 묻는 것이 좋다.
  ㉢ 해석하기의 목적
    • 통찰을 촉진하고 집단원의 감정을 확인하고 경험하도록 한다.
    • 자기 통제력을 향상시킴으로써 집단원이 자신의 행위에 대한 책임을 지도록 한다.
  ㉣ 바람직한 해석의 방향
    • 과거 또는 미래 → '지금-여기'
    • '사람들' 또는 '우리들' → '나와 너(I & You)'
    • 자기방어 → 자기개방
    • 일반적인 것 → 구체적인 것
    • 간접적인 것 → 직접적인 것
    • 가정 또는 추측 → 확인 및 탐색

⑬ 질문하기
  ㉠ 구체적인 정보를 필요로 하거나 문제를 보다 깊이 탐색하기 위하여 또는 각 정보들 간의 관련성을 알아보기 위하여, 또는 다른 이유로 인해 질문을 해야 하는 경우가 있다.
  ㉡ 질문의 종류와 형식
    • 개방적 질문과 폐쇄적 질문

개방적 질문	• 집단원이 자유롭게 자신의 생각을 표현할 수 있고, 집단원에 대한 다양한 정보를 수집할 수 있는 장점이 있다. • 자신의 생각이나 감정을 표현하는 데 익숙지 않은 집단원의 경우 오히려 부담감을 줄 수 있다.
폐쇄적 질문	• 대답할 수 있는 범위를 한정하여 그 범위 내에서만 대답을 요구하는 질문으로, 위기상황에 유용하게 사용할 수 있는 장점이 있다. • 일반적으로 '예/아니오'나 단답식으로 질문하므로, 집단원으로부터 제한된 정보만 얻을 수 있다.

- 간접질문과 직접질문

간접질문	간접질문은 넌지시 물어본다. 예 "친구가 가출했다는 소식을 듣고 어떤 느낌이 들었는지 궁금하군요."
직접질문	직접질문은 직접적·직선적으로 물어본다. 예 "친구가 가출했다는 소식을 들었을 때 어떤 기분이 들었나요?"

- 집단상담 시 피해야 할 질문

유도질문	집단원에게 특정한 방향의 응답을 하도록 이끄는 질문이다. 예 "자신의 행동이 잘못됐다고 생각해보지는 않았나요?"
모호한 질문	집단원이 질문의 방향을 명확히 인지하지 못하거나 받아들이지 못하는 형태의 질문이다. 예 "누가 왜 그렇게 말했다고 생각하나요?"
이중질문	한 번에 두 가지 이상의 내용을 담은 질문이다. 예 "지금 이 상황이 너에게 유리하다고 생각하니? 또 사람들이 너를 더 지지해줄 것이라 생각하니?"
'왜' 질문	'왜(Why)' 의문사를 남용함으로써 집단원으로 하여금 비난을 받고 있다는 느낌을 갖도록 하는 질문이다. 예 "너는 왜 상담받기를 꺼려하니?"

- 집단상담 시 유용한 질문

기적질문	문제가 해결된 상태를 상상해보는 것으로써, 해결을 위한 요구사항들을 구체화·명료화하는 데 도움을 준다. 예 "너의 변화에 대해 네 친구는 어떻게 알 수 있을까?"
예외질문	문제해결을 위해 우연적이며 성공적으로 실행한 방법을 찾아내어 이를 의도적으로 실행하도록 하는 것이다. 예 "문제가 발생하지 않은 때는 언제인가요?"
대처·극복 질문	어려운 상황에서의 적절한 대처 경험을 상기시킴으로써, 집단원이 스스로의 강점을 발견하도록 돕는다. 예 "그렇게 힘든 과정 속에서 어떻게 지금의 상태를 유지할 수 있었나요?"

⑭ 연결짓기 14 15 16 19 22 24 기출
  ㉠ 한 집단원의 말과 행동을 다른 집단원의 관심사와 연결하고 관련 짓는 기술로, 집단원이 제기하는 여러 가지 문제의 관련 정보나 자료들을 서로 연관한다.
  ㉡ 집단원이 자기 문제를 다른 각도에서 보거나 미처 의식하지 못했던 문제의 진정한 원인이나 해결책을 찾는 데 도움이 될 수 있다.
  ㉢ 집단원 사이에 공감대를 형성하며 집단원의 참여를 촉진한다.
  ㉣ 공통의 관심사를 공유하고 집단의 상호작용을 통해 집단응집력을 증가하며, *연계성에 주목한다.
  ㉤ 집단원들이 자연스럽게 보편성을 경험하게 한다.
  ㉥ 집단원들이 서로의 유사성에 대해 알게 한다.

> ✅ 연계성
> 서로 관련을 맺고 있는 것으로 서로 의미 있게 구분되어 있으면서 그 관련이 원활한 것을 포함하는 것을 말한다.

⑮ 심적 지지해주기
  ㉠ 집단원이 집단과정에서 불편함을 느끼거나 불안감을 느끼는 경우 또는 어떠한 이유로 심적인 상처를 입었거나 그러할 우려가 있는 경우에 적용한다.
  ㉡ 집단상담자는 집단원이 집단으로부터 후퇴를 하거나 실망 또는 좌절하지 않도록 지지하고 용기를 갖도록 하며, 집단활동에 적극적으로 임하도록 격려해야 한다.

⑯ 행동 제한하기 15 17 기출
  ㉠ 집단상담자는 집단활동이 원활히 이루어지도록 노력할 의무가 있다.
  ㉡ 특정 집단원을 비난하거나 공격하는 것이 아니고, 비생산적이고 집단 발전에 도움이 되지 않는 행동을 하지 못하도록 제한하는 것이다.
  ㉢ 집단상담자가 집단원의 행동을 제한해야 하는 경우
    • 지나치게 질문만 계속할 때
    • 제3자에 대해 험담을 할 때
    • 집단 외부의 이야기를 길게 늘어놓을 때
    • 다른 집단원의 사적인 비밀을 캐내려고 강요할 때

⑰ 촉진하기 18 기출
  ㉠ 집단상담자는 집단이 보다 활성화되고 모든 집단원이 보다 적극적으로 집단과정에 참여함으로써 개인적 목표와 집단적 목적을 동시에 달성할 수 있도록 노력해야 한다.
  ㉡ 집단원들 간 의사소통의 장애요소를 제거하며, 집단원들이 보다 개방적인 자세로 자신을 표현하도록 유도하는 것이다.
  ㉢ 집단과정을 촉진할 때 유의할 점
    • 집단원들이 자신들의 느낌을 솔직하게 말하도록 돕는다.
    • 안전하고 수용적이며 신뢰적인 분위기를 조성하는 데 힘쓴다.
    • 집단원이 개인적인 문제를 탐색하거나 새로운 행동을 실험해보고자 할 때 격려와 지지를 해준다.
    • 초청 혹은 도전을 통해 가능한 한 많은 집단원을 참여시킨다.
    • 집단상담자에게 의존하는 경향을 줄인다.
    • 갈등이나 의견의 불일치를 공공연히 표현하도록 장려하고, 의사소통의 장벽을 극복하도록 돕는다.

⑱ 강화해주기
  ㉠ 집단원의 말과 행동에 대해 집단상담자가 긍정적인 피드백을 주어 그 특정 행동을 조장하기 위한 기술이다.
  ㉡ 집단상담자는 집단원의 행동에 개입하여 보상교환 등을 통해 정적 행동을 유도하며, 집단원 간 원만한 관계가 형성되도록 노력한다.

⑲ 저항의 처리
  ㉠ 처음으로 집단에 참여한 사람들은 자연히 불안과 긴장을 느끼게 되는데, 그로 인해 집단 활동에 참여하는 것을 주저하며 쉽게 자신을 개방하지 않는다.
  ㉡ 집단원이 과거의 일이나 제3자에 관한 이야기를 늘어놓은 것도 일종의 저항에 해당한다.
  ㉢ 집단원이 저항의 자세를 보이는 경우, 집단상담자는 그로 하여금 자신의 감정을 이야기하게 하거나, 모임이 끝난 후에 그러한 저항의 이유에 대해 묻도록 한다.
  ㉣ 집단상담자는 집단원들을 지지함으로써 그들의 불안과 긴장이 해소되도록 도와야 한다.

⑳ 전이의 취급
  ㉠ '전이'란 과거의 경험에서 어떤 이유로든 억압된 느낌을 현재의 비슷한 대상에게 표현하려는 현상을 말한다.

ⓛ 집단상담자는 집단원이 문제에 대한 통찰의 수준을 높여 경험적 확신을 가질 수 있도록 훈습을 통해 반복적으로 설명하고 분석하여야 한다.
ⓒ 전이의 취급의 주된 목적은 집단원으로 하여금 스스로 자아통합을 공고히 하도록 하는 것에 있다.

㉑ 역전이의 취급
　ⓘ 집단원들에 대한 집단상담자의 의식적 또는 무의식적인 정서상의 반응을 말한다. 즉, 역전이는 집단상담자가 집단원의 태도나 외형적 행동에 자신의 개인적인 정서를 투사하는 것이다.
　ⓛ 집단상담자는 과거의 경험이 현재 자신에게 미치는 영향을 지속적으로 점검할 필요가 있다. 또한 집단원들에게 그와 같은 사실을 감추기보다는 자신의 감정을 집단에 솔직히 내어놓고 이야기하는 것이 좋다.

㉒ 적시성에 유의하기
　ⓘ 집단상담의 기술도 그것을 사용하는 시간이나 시기가 적절하지 못한 경우에는 오히려 역효과를 초래할 수 있다.
　ⓛ 집단상담자는 시기나 때에 맞추어 적절한 기술을 적시에 사용할 수 있는 감각과 능력을 기르도록 노력해야 한다.

㉓ **초점 맞추기** 23 기출
　ⓘ 집단원의 표현이 혼돈되거나 산만하고 내용이 모호할 때 집단에서 논의되고 있는 대화의 주제에 초점을 맞추는 것이다.
　ⓛ 종류에는 초점 유지, 초점 이동, 초점 심화 등이 있다.

초점 유지 17 기출	"정희가 자신의 이야기를 끝낼 때까지 계속 진행할까요?" "새로운 이야기를 하기 전에 이 주제를 마무리해 봅시다." "동호가 더 할 얘기가 있는 것 같아요. 좀 더 들어볼까요?"
초점 이동	"이제 새로운 주제로 옮겨 가겠습니다."
초점 심화	"여러분, 지금 이야기하는 내용에 대해 곰곰이 생각해 봅시다. 여러분이 친구들과 다투게 되는 상황에서 어떤 패턴이 있는지 더 이야기를 나누어 볼까요?"

㉔ **'지금-여기'에 초점 두기** 17 기출
　ⓘ 상담자가 집단 구성원들을 집단 밖, 즉 일상생활에서의 행동에서 '지금-여기'의 감정 및 행동, 현재 집단에서 일어나고 있는 현상에 초점을 두도록 하는 것이다.
　ⓛ 집단상담 과정에서 '지금-여기'에 초점을 둠으로써 경험하고 있는 것을 표현할 수 있는 기회를 제공하고, 집단원 간 상호작용의 정서적 강도를 높일 수 있으며, 집단에서 일어나는 일에 대한 집단원들의 책임을 자각하게 한다.

㉕ **차단하기** 17 20 기출
　집단과정에 부정적인 영향을 주거나 집단구성원의 성장·발달을 저해하는 의사소통에 집단상담자가 직접 개입하여, 집단원의 역기능적인 언어행동 혹은 비언어 행동을 중지시키는 기술을 말한다.
　ⓔ 집단원이 중언부언할 때, 집단원이 상처를 주는 말을 할 때, 지도자가 주제의 초점을 변경하고자 할 때, 집단이 비생산적인 분위기로 흘러가서 분위기 전환이 필요할 때

㉖ **정보제공** : 집단원의 질문에 대한 대답이나 교육 및 지시를 위해 자료, 상담자의 의견, 사실 등을 제공하는 기법이다.

> **지식 IN**
>
> **회기 시작 시 집단원의 참여 활성화를 위한 집단상담자의 작업** 18 기출
> - 지난 회기에서 다루었던 주요 내용을 언급하면서 이번 회기의 계획을 말해준다.
> - 이번 회기에서 나누고 싶은 이야기를 집단원들이 돌아가면서 한두 문장 정도로 소개하도록 한다.
> - 집단상담에 방해가 되지 않는 범위에서 집단의 주제와 관련 있는 뉴스나 날씨 등에 대해 간략히 언급한다.
> - 긴급한 질문이나 대답을 요하는 문제가 있다면 시간을 할애해서 다룬다.
> - 특정 집단원을 언급하고 관심을 갖는 것은 다른 집단원을 당황하게 할 수 있으므로 바람직하지 않다.

(2) 집단상담자의 문제 상황 다루기 14 15 16 17 18 19 기출

① 비자발적 청소년 14 17 24 기출
  ㉠ 비자발적 청소년에게 알려야 할 내용
   - 집단을 거부할 권리나 비밀유지 등을 알린다.
   - 침묵할 자유와 권리가 있음을 알린다.
   - 적극적인 참여의 중요성을 설명한다.
   - 기대 이하 수준으로 집단에 참여한 경우 집단상담을 받은 것으로 인정하지 않을 수 있음을 설명한다.
   - 집단을 중도 탈퇴할 경우 발생할 결과에 대해 안내하고 선택할 수 있도록 한다.
  ㉡ 비자발적 청소년의 참여 동기 촉진방법
   - 명령이나 강제로 참여하게 된 청소년에게는 상담내용과 목표에 대해 정확히 알려주어 적극적으로 참여할 수 있도록 도와야 한다.
   - 비자발적 청소년이 집단에 억지로 참여하게 된 상황에 대한 솔직한 감정과 집단에 대한 자신의 마음을 충분히 표현할 수 있도록 시간을 준다.
   - 비자발적 청소년에게 진실하게 대하고 집단원의 욕구와 특성에 맞는 흥미롭고 창의적인 활동을 계획한다.
   - 비자발적 청소년이 집단에 수용되는 경험을 하게 한다.

② 소극적으로 참여하는 집단원
  ㉠ 소극적 참여란 집단원이 침묵으로 대응하거나 적극적으로 참여하지 않는 경우를 말한다.
  ㉡ 침묵하거나 적극적으로 참여하지 않는 집단원에게 강압적 참여를 강요하면 부담을 느껴 참여가 어려워질 수 있으므로, 침묵의 의미가 무엇인지 탐색하게 하고 다른 집단원이 말할 때 소극적 참여 집단원이 보인 비언어적 반응을 관찰하여 관심을 표현한다.
  ㉢ 소극적으로 참여하는 집단원을 위한 집단상담자의 반응 예시 23 기출
   - "이 집단에 있다는 것이 영희에게 어떻게 느껴지나요?"
   - "철수의 이야기를 들으며 영희는 어떤 느낌이 들었나요?"
   - "이 집단에 참여하기 힘든 이유가 무엇인지 이야기해 줄 수 있나요?"

③ 침묵하는 집단원 14 16 18 19 22 기출
  ㉠ 집단원들이 아무리 침묵에 대해 압박과 불안을 느끼더라도 지도자인 자신이 먼저 말해야 한다는 압박감을 느끼지 않아야 한다.

ⓒ 생산적 침묵인지 비생산적 침묵인지, 침묵하는 집단원 고유의 표현 방식이 있는지, 침묵이 집단원의 문화적 다양성에서 온 것이 아닌지 등을 알아본다.
ⓒ 생산적으로 여겨지는 침묵 상황에서 말하려는 집단원에게는 기다리라고 제지하고, 말하고 싶으나 기회를 잡지 못하는 집단원에게는 말할 기회를 준다.
ⓔ 집단원이 내면화 작업으로 침묵한다면, 집단상담 중에 함께 나누고 싶은 마음을 전한다.
ⓜ 침묵하는 집단원에게 침묵의 의미가 무엇인지 탐색하게 한다.
　예 "당신의 침묵은 어떤 의미가 있나요?", "집단 밖에서도 말이 없는 편인가요?", "이 집단에서 말을 꺼내기 힘들게 하는 것은 무엇인가요?", "다른 사람들의 이야기를 들으면서 재석 씨도 어떤 느낌이 들었을 것 같은데."
ⓗ 집단 초기에 성급한 해석을 내리는 경우, 침묵하는 집단원이 더 방어적으로 나올 수 있으므로 유념해야 한다.
ⓢ 적극적인 참여를 요구하면 침묵하는 집단원이 부담을 느껴 참여가 어려워질 수 있으므로, 침묵의 시간을 집단원들을 이해·관찰하는 시간으로 활용한다.
ⓞ 집단 초기에 오랜 침묵을 허용하는 것은 지도력이 제대로 발휘되지 않은 것이다.
ⓩ 침묵하는 집단원이 말을 할 수 있도록 적절히 조치하는 것이 바람직하며, 이때 참여를 강요하는 것이 아니라, 표정·몸짓 등 비언어적 행동에 대해 언급하며 자연스러운 참여를 유도한다.
ⓩ 집단원이 집단에 대한 신뢰감이 생기지 않아 침묵하는 경우, 자발적으로 참여할 때까지 기다려야 하며, 침묵하는 집단원에 대한 지나친 관심보다 적절한 반응을 통해 참여할 수 있도록 유도해야 한다.
ⓚ 지루함으로 인해 침묵할 경우 지루함을 없앨 수 있도록 분위기를 조성하는 것이 필요하다.
ⓔ 짝지어 말하기나 돌아가며 말하기 등 구조화 개입으로 침묵하는 집단원의 참여를 이끈다.
ⓟ 회기 마지막에 집단에서 경험한 내용을 나누는 시간에 침묵하는 집단원의 참여를 독려한다.

④ 대화를 독점하는 집단원 15 17 19 기출
　㉠ 상담자는 대화를 독점하는 집단원의 문제행동에 즉각적이고 적극적으로 개입한다.
　㉡ 상담자와 다른 집단원은 독점하는 집단원의 행동이 집단에 어떤 영향을 미치는지 솔직한 피드백을 해야 한다.
　㉢ 독점행동을 통해 얻고자 하는 것이 무엇인지 탐색할 수 있게 한다.
　㉣ 독점하는 집단원의 행동에 대한 탐색기회를 제공하는 미완성 문장을 사용한다.
　㉤ 대화 독점을 허용한 다른 집단원들이 직접 집단에서 이것에 대해 다루도록 개입한다.
　㉥ 대화 독점을 통해 얻고자 하는 점과 관련된 역동을 탐색한다.
　㉦ 대화 독점은 일종의 *강박적 불안감의 표현으로 자신을 은폐하기 위한 시도로 볼 수 있으므로, 상담자가 직접 개입하여 다른 집단원들이 대화에 적극 참여하도록 격려한다.

> ✅ **강박적 불안감**
> 특별한 근심거리나 걱정이 없음에도 이유 없이 불안감을 느끼면서 일정한 행동과 사고를 반복적으로 해야만 안심이 되는 상태를 의미한다.

⑤ 지도자 역할을 하려는 집단원 15 기출
　㉠ 스스로 지도자나 의사와 같은 역할을 하려는 사람으로, 자기의 우수성을 과시하며 지도자 역할을 하려는 유형이다.
　㉡ 상담자와 다른 집단원들의 인정을 받기 위해 이런 행동을 하는 경우가 많다.
　㉢ 지도자처럼 질문, 정보탐색, 조언함으로써 자신이 집단에서 취약해지는 것을 방어하려는 반응일 수 있다.

② 지도자 역할을 하려는 집단원은 집단에 참여한 자신의 일차적 문제를 다룰 기회를 상실할 수 있다.
⑩ 그런 행동은 다른 집단원이 싫어하는 경향이 있고, 집단의 진전을 방해할 수 있다.
⑪ 그런 행동을 하는 동기를 살펴볼 질문을 하면서 집단에서 자신의 목표 달성을 위해 어떤 역할을 할지 결정하게 한다.
⊗ 그런 행동이 집단에 어떠한 영향을 주는지 발견하고, 그런 행동을 만드는 심리적 갈등에 공감하며 태도의 비효율성을 인식시켜 준다.
◎ 하위집단을 형성할 경우 그에 따른 문제점을 집단 내에서 개방적으로 다룬다.

⑥ **개인중심 역할행동 집단원** 14 15 16 17 19 20 기출
㉠ 충고하기 : 집단원이 다른 참여자에게 충고를 하는 경우, 집단상담자는 그와 같은 충고를 하게 된 동기에 대해 스스로 탐색하도록 해주며, 그와 관련된 느낌을 취급하도록 돕는다.
㉡ 일시적 구원(상처 싸매기) : 다른 집단원의 고통을 지켜보는 것이 어려워 상처를 어루만져 주고 기분 좋게 해주는 가식적인 지지행동으로, 자신의 내면적 불안감을 감소시키고 안정을 취하려는 욕구의 표현이다. 상담자는 차단하기 기술을 사용하여 이러한 행동을 중지시키고 이러한 행동이 본인에게 어떤 의미를 지니고 있으며, 자신의 느낌이 무엇인지를 성찰하도록 돕는다. 21 22 기출
㉢ 공격하기 : 집단원이 직접적인 공격이나 적대적인 행동을 하는 경우, 집단상담자는 그와 같은 공격적인 표현의 원인에 직접적으로 맞닥뜨려야 한다.
㉣ 도움을 구걸하기 : 집단원이 지나치게 의존적인 행동을 보이는 경우, 집단상담자는 의존의 욕구가 지속되지 않도록 거절의 표시를 하고, 의존하는 자신의 태도를 인식하게 해야 한다. 또한 집단상담자 자신이 집단원의 의존행동을 조장하지 않았는지도 탐색해 본다.
㉤ 문제없는 사람으로 자처하기 : 집단원이 스스로 문제없는 사람으로 자처하는 경우 집단상담자는 그의 행동에 대한 솔직한 피드백을 제시한다.
㉥ 지성에만 호소하기(*지성화) : 집단원이 지적인 토론을 통해 자기은폐를 하고자 하는 경우, 집단상담자는 '지금-여기'의 주관적인 정서체험을 자각하도록 해준다.

> ✅ **지성화**
> 자신의 느낌이나 감정을 무시하고, 될 수 있는 한 객관적으로 문제와 갈등을 분석하게 하는 방어기제를 말한다.

⊘ 다른 사람들의 기분 맞추기 : 집단원이 다른 사람들의 기분을 맞추는 행동을 하는 경우, 집단상담자는 그가 솔직하게 자신의 내면을 표현할 수 있도록 유도한다.
◎ 집단과 관계없는 이야기하기 : 집단원이 집단활동과 아무런 관련이 없는 이야기를 하는 경우, 집단상담자는 집단 외부의 일이 어떠한 의미를 가지는지 관심을 갖도록 하여, 주관적인 경험을 표현할 수 있도록 돕는다.
㉣ 세월의 경험이 약이라고 치부하기 : 집단원이 세월의 경험을 언급하며 현실의 문제를 외면하고자 하는 경우, 집단상담자는 집단원이 당시의 경험에 따른 감정을 구체적으로 표현할 수 있도록 돕는다.

⑦ **중도 탈락 집단원에 대한 개입** 16 기출
㉠ 떠나려는 집단원에게 남으라는 압박이 가해질 경우 이를 저지한다.
㉡ 법정 명령으로 참여한 경우 그만두는 결정에 따른 결과와 후속 조치에 대해 설명한다.
㉢ 중도 탈락하고자 하는 경우 모임에 참여하여 사유를 밝히도록 하고 떠나려는 의사를 존중하면서 신중히 고려할 시간을 갖도록 권유한다.

ⓔ 남겨진 집단원들이 경험할 수 있는 사고와 감정을 탐색한다.
⑧ 비밀유지 원칙을 위반한 집단원 17 기출
　ⓖ 집단상담의 구성원들의 역할과 책임, 비밀보장과 그 한계를 분명히 하고 그 필요성을 강조하면서 비밀보장이 지켜지지 않았을 때의 잠재적인 결과에 대하여 분명히 해야 한다.
　ⓛ 상담자는 집단상담을 시작할 때만이 아니라 집단과정 중에도 비밀보장의 중요성을 강조하여 인지하도록 함으로써 차후 비밀보장이 준수되지 않는 경우 집단원들이 해를 입게 되는 일이 발생하지 않도록 주의를 기울여야 한다.
　ⓒ 비밀유지 위반이 일어난 경우 이해의 부족, 경계의 어려움, 또는 고의적인 행동 때문에 더 자주 일어나는 것은 아닌지 살펴보아야 한다.
　ⓔ 문제 집단원이 잔류하게 될 때 다른 집단원들이 비난하거나 공격하는 상황이 발생하는지 주의 깊게 관찰한다.
⑨ 비생산적 집단 분위기로의 발전을 방지하기 위해 상담자가 개입해야 할 상황 22 기출
　ⓖ 한 사람이 다른 사람의 대변인 역할을 하는 경우
　ⓛ 집단 밖의 사람, 상황, 사건에 관해서만 이야기되는 경우
　ⓒ 발언하기 전과 후에 꼭 상담자나 다른 사람의 승인을 구하는 경우
⑩ 기타 문제상황에 대한 대처방법 21 기출
　ⓖ 습관적으로 불평하는 집단원 : 개별면담을 통해 이유를 알아보고, 생산적인 집단이 될 수 있도록 협조를 구한다.
　ⓛ 만성적으로 지각 또는 결석을 하는 집단원
　　• 사전 양해 없이 특정 집단원들이 자주 불참하거나 지각하는 경우에는 당사자들뿐만 아니라 집단 전체에 부정적인 영향을 미친다.
　　• 지각 또는 결석이 잦은 집단원에게는 사전에 상담자와 집단원들에게 미리 고지해야 함을 알린다.
　　• 타당한 이유 없이 지각과 결석을 반복하는 집단원에게는 집단 참여 제한을 고려해야 한다.
　ⓒ 적대적인 집단원 : 그 행동이 다른 집단원에게 미치는 영향에 대해 이야기하고, 원하는 것을 탐색하여 직접 표현하게 한다.
　ⓔ 지속적으로 침묵하는 집단원 : 다른 집단원이 자신의 침묵을 오해할 가능성도 있다는 것을 알려준다.
　ⓜ 질문공세를 하는 집단원 : 질문하는 이유와 계기를 살펴보게 하고, 질문하기 전 마음속의 생각과 느낌에 대해 이야기하도록 요청한다.
　ⓗ 사실적 이야기를 늘어놓는 집단원 : 사실적 이야기와 관련된 감정을 현재형으로 표현하게 한다.

지식 IN

집단상담자의 지도성(주도성) 16 기출
• 집단원의 자율성에 대한 요구를 고려하여 집단을 운영한다.
• 달성해야 할 과업이 많을 때 일반적으로 집단상담자의 주도성을 높이는 것이 좋다.
• 집단의 크기가 클 때 일반적으로 집단상담자의 주도성을 높이는 것이 좋다.
• 집단상담 기간이 짧을 때 일반적으로 집단상담자의 주도성을 높이는 것이 좋다.

02 청소년 집단상담의 계획 및 평가

(1) 청소년 집단상담 계획 14 17 18 19 20 기출

① 집단의 장소와 분위기
  ㉠ 집단상담실의 위치, 크기 및 분위기는 집단원의 수, 연령, 주된 활동프로그램에 따라 다를 수 있다.
  ㉡ 대체로 심리적인 안정감을 주고 아늑하여 집단과정에 몰입하는 데 방해를 주지 않을 정도로 정돈되어 있으며, 참여자들이 자유로운 신체적 활동을 할 수 있을 정도로 커야 한다.
  ㉢ 상담의 효과를 높이기 위하여 흔히 시청각 기재를 활용할 수도 있는데, 이러한 경우에는 사전에 집단원 모두에게 분명히 알리고 동의를 얻어야 한다.
  ㉣ 집단상담 장소 중앙에 가구를 두는 것은 비언어적 의사소통에 방해를 줄 수 있다.

② 집단의 크기
  ㉠ 집단의 적절한 크기의 기준은 대체로 그 구성원의 성숙도, 집단상담자의 경험, 집단의 유형, 탐색할 문제나 관심의 범위, 그리고 타인에 대하여 알고자 하는 집단원의 요구 등 여러 요인에 따라 다를 수 있다.
  ㉡ 대부분의 전문가들은 5~15명의 범위에서, 특히 7~8명을 이상적인 수라고 보고 있다.
  ㉢ 집단의 크기는 모든 집단원이 원만한 상호작용을 할 수 있을 정도로 커야 하고, 동시에 모든 집단원이 정서적으로 집단 활동에 관여하여 집단감정을 느낄 수 있을 정도로 작아야 한다.
  ㉣ 연령이 어릴수록 적은 수로 구성하고, 성인에 가까울수록 다소 많은 수로 조직할 수 있다.
  ㉤ 연령별 특성을 고려해 볼 때, 초등학생은 3~4명, 청소년의 경우는 6~8명으로 구성하는 것이 효과적이다.

③ 집단의 구성
  ㉠ 집단의 성공여부는 강한 동기와 참여의식을 가지고 자발적으로 참여하는 집단원으로 구성되느냐, 그렇지 못하느냐에 달려 있다.
  ㉡ 청소년 집단상담은 구조적 집단상담의 형태로 진행하는 것이 더 효과적이다.
  ㉢ 집단이 유지되기 위해서 집단은 동질적이면서 이질적이어야 한다.
  ㉣ 구성방법

아동의 경우	남아와 여아를 따로 모집하여 동성의 집단을 이루는 것이 효과적이다
학생의 경우	공동의 관심사를 교류하면서 서로 어울릴 수 있도록 같은 또래로 구성하는 것이 효과적이다.
청소년의 경우	• 15세 이전 : 성적인 정체감에 몰두하여 다른 동성의 또래들과 비교하려는 욕구가 강하므로, 혼성집단보다는 동성집단이 더 바람직하다. • 15세 이후 : 남자와 여자를 혼합하여 서로 어울릴 수 있는 집단을 이루는 것이 효과적이다.
성인의 경우	서로의 경험을 교환할 수 있도록 다양한 연령층으로 구성하는 것이 효과적이다.

  ㉤ 효율적인 집단구성 16 기출
    • 심리교육 집단은 특정 주제에 초점을 둔 구조화된 집단으로 진행할 때 유용하다.
    • 성장집단은 성장 지향이 목적이므로, 이질집단 구성과 비구조화된 회기가 유용하다.
    • 지지집단은 정서적 지지가 목적이므로 동질집단 구성이 유용하다.
    • 자조집단은 상호 지지가 목적이므로 특정 주제를 가진 동질집단 구성이 용이하다.

④ **집단의 개방성** 15 기출
  ㉠ 집단은 신규 집단원을 받아들일 것인지(개방집단), 받아들이지 않고 기존의 집단원으로만 집단 활동을 할지(폐쇄집단) 결정해야 한다.
  ㉡ 집단의 개방 정도는 집단목표와 환경에 따라 달라질 수 있다.

⑤ **집단의 기간**
  ㉠ 집단의 기간은 집단원들이 제각기 참여의 기회를 가질 수 있고, 정서적으로 자신을 투입할 수 있으며, 원만한 집단활동이 전개될 수 있을 정도로 이루어져야 한다.
  ㉡ 집단상담자는 상담이 약속된 시간 규칙에 따라 전개되도록 해야 한다.
  ㉢ 집단상담을 시작할 때 미리 그 기간을 분명히 하고, 종결의 시일도 정해 두어야 한다.
  ㉣ 전문가들의 의견을 종합해 볼 때, 일반적으로 모임의 시간은 90~120분 정도가 적당하며, 특히 아동의 경우 30~40분, 청소년의 경우 1시간, 성인의 경우 2~3시간 정도가 적절하다.
  ㉤ 마라톤 집단의 경우에는 계속해서 12시간, 24시간 혹은 48시간(잠시 쉬고, 자고, 밥 먹는 시간 제외) 동안 진행되기도 한다. 이러한 마라톤 집단은 계속적인 상호작용과 수면부족에서 오는 피로현상 등을 통해 집단원 간에 통상적 가면을 벗고, 자신을 그대로 노출하도록 한다. 이와 같이 긴 시간의 활동을 전개하는 이유는 강력한 정서적 몰입과 대인 간의 맞닥뜨림을 촉진하기 위함이다.
  ㉥ 회합의 횟수를 사전에 정해놓고 만날 수도 있으나, 집단 진행과정 중 서로 협의하여 조정해나갈 수도 있다.

⑥ **집단의 조직성**
  ㉠ 집단 중심적인 집단에서는 비조직적인 형태를 취하는 반면, 집단상담자 중심적인 집단에서는 집단상담자가 사전에 정한 절차에 따라 지시적으로 진행되는 고도의 조직성을 띠게 된다.
  ㉡ T-집단의 집단상담자는 처음 시작할 때부터 자신은 아무것도 하지 않은 채, 집단원 중에서 리더십을 발휘하고 집단 스스로 집단을 이끌어 나가도록 기다린다.
  ㉢ 행동주의적 집단에서는 집단상담자가 미리 조직적인 프로그램을 고안하여 임하며, 집단 활동 전 과정을 그 프로그램에 의하여 진행한다.
  ㉣ 지나치게 엄격한 조직은 집단원의 자발성과 창의성의 발달을 막는 결과를 초래할 수 있다.

⑦ **협동상담(공동지도력)** 14 16 17 19 21 23 기출
  ㉠ '협동상담' 또는 '공동지도력'이란 둘 혹은 그 이상의 집단상담자가 협력해서 함께 상담하는 경우를 말하며 집단계획, 목표, 세부목표, 규범 등에 대해 협의·결정한다.
  ㉡ 둘 혹은 그 이상의 집단상담자가 동등하게 주 상담자로서 역할을 분담할 수도 있고, 한 사람이 주 상담자, 다른 한 사람이 보조상담자의 역할을 담당할 수도 있는데, 이러한 역할분담으로 집단과정을 촉진하고, 소진이 일어날 가능성을 줄일 수 있다.
  ㉢ 공동상담자 간 역할분담
    • 공동상담자는 집단원의 욕구를 충족시키기 위한 역할을 구조화하는 기회를 얻어야 한다.
    • 한 상담자는 과업목표에 치중하고, 다른 상담자는 사회 정서적 문제에 집중하는 식으로 역할분담이 가능하다.
    • 한 상담자가 개입 활동에 주력할 때, 다른 상담자는 집단원 관찰에 주의를 기울일 수 있다.
    • 한 상담자가 직접 집단 활동에 참여하거나 집단을 지도하는 동안, 다른 상담자는 집단 전체를 객관적인 입장에서 관찰할 수 있다.

- 한 상담자가 문제행동을 보이는 집단원에게 주의를 기울이는 동안 다른 상담자는 나머지 집단원들의 반응에 주의를 기울일 수 있다.

② 공동상담자 간 신뢰 관계의 중요성
- 공동상담자는 서로 존중하고 신뢰하는 관계를 형성해야 한다.
- 공동상담자는 서로의 관점과 의견 차이를 논의하기 위한 시간을 가져야 한다.
- 공동상담자 간 협의와 상호피드백은 필수적이며, 상담 전후에 공동상담자 간 토의하는 시간을 갖는 것이 도움이 된다.
- 공동상담자 간의 피드백을 통해 서로 다른 관점에서 상호작용을 할 수 있으므로, 집단 내 전문성 향상을 가져올 수 있다.

⑩ 공동지도력으로 인해 발생할 수 있는 지도자 간 갈등 등의 문제를 충분히 유념해야 한다.
⑪ 공동상담자의 이론적 배경이 같아야 집단에 도움이 되며, 공동상담자의 인간적 성향과 이론적 배경이 상반될수록 집단응집력이 저하되어 집단에 도움이 되지 않는다.

⊙ 공동지도력의 장점
- 한 상담자가 집단에서 강한 감정을 경험했다면 차후 공동상담자와 탐색해 볼 수 있다.
- 공동상담자가 참석해 있으므로 역전이를 어느 정도 방지할 수 있으며, 정신 역동적 집단에서는 한 상담자의 역전이 반응을 다른 상담자가 점검할 수 있어 도움이 된다.
- 두 상담자 간 상호작용을 통해 집단원들에게 시범을 보임으로써, 집단원 간 갈등상황에서 적절한 갈등 해결방법의 모델 등 역할모델을 배울 수 있다.
- 공동상담자 간의 불일치가 집단 안에서 건설적으로 해결된다면 집단원들에게 모범이 될 수 있다.
- 남성 상담자와 여성 상담자일 때 그 역할이 보완적이어서 집단에 도움이 된다.
- 청소년 집단상담일 경우 남성과 여성의 공동상담자 형태는 집단원에게 성역할 모델을 제공한다.
- 경험이 적은 상담자는 경험이 많은 공동상담자를 통해 집단 리더십을 익힐 수 있다.
- 초보 지도자 훈련에 가장 효과적인 방법이 될 수 있고, 상담자 탈진을 예방할 수 있다.

⊙ 공동지도력의 단점
- 상담자 간 화합이 이루어지지 않은 채 의견충돌이 일어나는 경우 집단이 양극화될 수 있다.
- 상담자들이 각자 자신의 역할과 기능을 제대로 발휘하지 못하는 경우, 치료적 역할모델로서 기능할 수 없다.
- 상담자들이 자신의 입장을 고수하거나 상대방의 능력을 인정하지 않는 경우, 권력다툼이나 갈등·경쟁 관계가 발생할 수 있다.
- 한 상담자가 집단원들과 결탁하여 다른 상담자에 대항할 수 있다.
- 절친한 상담자들의 경우, 자신들의 사적인 문제를 해결하기 위해 집단을 이용할 수 있다.
- 비용이 많이 들어 집단의 유지 및 발전에 지장을 초래하기도 한다.

⑧ 병행(Combined)상담과 연합(Conjoint)상담 14 기출
㉠ 한 명의 상담자에게 개인상담과 집단상담을 모두 받는 것을 '병행상담'이라 하고, 개인상담과 집단상담을 모두 받지만 각각의 상담자가 다른 것을 '연합상담'이라고 한다.
㉡ 심한 성격적 문제를 갖고 있을 때, 연합상담이 단독상담보다 효과적일 가능성이 크다.
㉢ 아동기에 성폭행을 당했거나 수치심과 관련된 문제가 있는 집단원의 경우, 정신역동적 연합상담이 단독상담보다 효과적일 가능성이 크다.

      ② 병행상담과 연합상담 모두 단독상담보다 중도탈락자가 발생하는 비율이 낮다.
    ⑨ 집단경험에 관한 일기(경험보고서)
      ㉠ 매 회기가 끝난 후, 각 집단원으로 하여금 그날의 집단경험에 대해 일기를 써서 다음 모임 때 제출하게 하면 효과적이다.
      ㉡ 가능하면 집단경험이 끝난 직후에 쓰는 것이, 있는 그대로의 느낌이나 생각을 담을 수 있어서 더욱 좋다.

(2) 효과적인 집단상담 진행을 위한 사전준비
  ① 집단상담에 관한 오리엔테이션 14 기출
    ㉠ 집단원들에 대한 오리엔테이션을 통해, 집단상담에 대한 일반적 오해와 비현실적 기대를 해소할 수 있다.
    ㉡ 집단의 목적·목표를 명확히 하며, 상담 중 지켜야 할 규칙을 수립한다.
    ㉢ 집단상담 과정에 관한 정보를 제공한다.
  ② 집단원의 선정 18 기출
    ㉠ 집단원을 주의 깊게 선정함으로써 집단상담의 효과를 높일 수 있으므로, 찾아온 후보자들을 일일이 면접한다.
    ㉡ 집단원 선정 시 고려사항 : 집단의 유형 또는 집단원의 구성, 집단의 목표 및 목적, 집단의 크기, 회합의 시간과 장소, 회합의 빈도와 길이, 집단 가입절차, 집단상담을 통해 기대할 수 있는 것, 집단상담에 사용될 기법 및 절차, 집단역할 및 그에 따른 권리와 책임, 그 외 집단상담에 소요되는 비용, 집단상담자와의 이중관계 여부
    ㉢ 집단원 선정방법
      • 개별 면접방법
        − 집단의 목적, 집단원의 책임, 집단에 거는 기대 등을 알아보고 위험요소와 예방법에 대해 설명한다.
        − 시간할애에 어려움이 있으나 효과적인 방법이 될 수 있다.
      • 질문지 방법 : 성별, 연령, 학년, 결혼 여부, 진단명, 질병에 관한 기록, 자녀 상황 등과 같은 인적 사항을 비롯하여 집단참여 목적, 집단참여 경험 여부, 집단에 대한 기대, 집단에 기여할 수 있는 방법 등을 묻는다.
      • 교사나 병원 직원과 같은 의뢰원에 의한 선발방법 : 사전에 집단에 적합한 집단원에 대한 내용을 알려주어야 한다.
    ㉣ 집단원 선별 과정 22 기출
      • 공동지도자는 두 사람이 함께 개개인을 면담하는 것이 바람직하다.
      • 예비 집단원이 상담자에게 질문할 기회를 준다.
      • 반사회성, 급성 정신병 등 위기에 처한 예비 집단원은 상담집단에서 제외한다.
      • 상담자가 집단원을 선별하기도 하지만, 집단원도 집단 참여 여부를 결정할 수 있다.
  ③ 개인적 행동목표 설정
    ㉠ 집단상담에 참여하는 개인의 목적과 목표가 분명히 설정되었을 때, 비로소 무슨 이유로 집단에 참여하며, 집단에서는 주로 무엇을 할 것인지에 대하여 명확히 알 수 있다.

ⓛ 행동목표를 설정함으로써 성장 여부나 행동변화 여부 등에 대한 효과를 평가할 수 있다.
ⓒ 각 개인이 가지고 온 여러 가지 문제점에 대하여 충분히 토의한 후, 이들을 구체적인 행동이나 기술적인 목표로 전환할 수 있다.
② 경청, 관찰, 명료화 및 해석의 여러 기술을 동원하여, 집단상담 대상자에게 상담을 위한 진정한 목적을 판별하고, 목표를 결정하도록 해준다.
◎ 집단원에 의해서도 그 달성 여부가 판별될 수 있을 정도로 가시적·구체적·조작적으로 진술되어야 한다.
ⓗ 전 집단 과정을 통하여 주기적으로 재고되고, 평가되고, 개정되어야 한다.

④ 집단상담의 목표 설정 16 20 23 기출
㉠ 집단상담의 목표 설정은 집단의 방향을 분명히 하는 데 도움을 준다.
㉡ 구체적인 목표 설정은 집단상담의 효과와 이에 대한 평가를 위하여 꼭 필요하다.
㉢ 집단 초기에 집단과 집단원의 목표를 확인하고, 집단원과 집단상담자가 의논하고 협력하여 설정한다.
㉣ 집단상담의 목표에는 '과정적 목표(집단 전체의 목표)'와 '개인적 목표' 두 가지가 있으며, 이 두 가지 모두를 설정하는 것이 필요하다.

과정적 목표	집단 과정의 발달을 돕는 데 도움을 주는 목표로, 집단원들이 어떻게 행동하면 집단이 활성화되고 신뢰 관계가 깊이 있게 발달할 수 있겠는가와 관련된 목표이다(자기개방하기, 경청하기, 피드백 주고받기 등).
개인적 목표	개인이 도움을 받고자 하는 특정 문제나 집단상담에 참여하는 주된 이유와 관련된 목표이다.

㉤ 목표는 집단과정 전체에 걸쳐 수정되고 추가될 수 있다.

⑤ 전체회기에 대한 계획 15 16 기출
㉠ 비구조화된 집단상담일지라도 개괄적인 프레임을 가지고 있어야 하며, 특히 구조화된 집단상담일 경우에는 반드시 전체회기에 대한 계획이 구체적으로 구성되어 있어야 한다.
㉡ 회기를 계획할 때 초반, 중반, 후반의 회기들 간의 차이를 염두에 두어야 하는데, 예컨대 8회기 집단상담이라고 한다면, 1~2회는 초반, 3~7회는 중반, 8회는 후반 등으로 구성하는 것이 적당하다.
㉢ 집단상담 초기의 상담의 구조화란 참여자들에게 집단의 성격과 목적, 집단을 운영하는 데 필요한 기본규칙, 지켜야 할 기본적인 행동규준, 그리고 지도자의 역할과 참여자의 역할 등에 대해 설명하고 가르쳐주는 것을 말한다.
㉣ 상담구조화의 목적은 참여자로 하여금 성공적인 집단경험을 위한 준비를 하도록 안내하는 데 있다. 상담의 구조화는 준비모임이나 첫 번째 집단모임에서 집중적으로 실시되는데, 지도자가 집단초기부터 너무 적게 개입하여 충분한 구조화를 하지 않으면, 집단은 불필요한 혼란을 경험하고 비생산적인 상호작용에 빠져 목표달성에 실패할 가능성이 높다. 따라서 초반회기에도 집단지도자가 충분히 개입하여야 한다.
㉤ 과제를 수행하지 않거나 결석한 집단원을 위한 계획도 수립한다.
㉥ 집단의 특성을 이해하고 에너지 수준을 고려하여 회기당 활동을 계획한다. 한 회기 동안 너무 많은 활동을 계획하여 집단원들이 충분히 생각할 시간이 적어지면 안 된다.
㉦ 집단을 계획할 때 가장 먼저 해야 할 것은 집단의 필요성과 이론적인 근거를 명확하게 제시하는 것이다.

◎ 집단 계획서는 사전 검사 전에 만들며 집단원의 자격, 회기의 빈도와 시간, 집단성과의 평가 계획 등이 포함된다. 24 기출

(3) 청소년 집단상담 평가 14 15 16 17 18 22 23 기출

① 집단상담 평가의 의의 17 19 기출
  ㉠ 집단활동을 통해 어느 정도 목표가 달성되었으며, 얼마만큼의 진전이 이루어졌는가에 대해 알아보는 과정이다. 평가계획은 일반적으로 집단계획단계에서 수립한다.
  ㉡ 집단상담 평가는 목적지향적 활동으로서, 일차적인 목적은 목표관리에 있다.
  ㉢ 평가의 목적은 집단원의 바람직한 변화를 조력하기 위해서이다.
  ㉣ 평가를 집단활동의 일부분으로 포함함으로써, 집단기술의 발달 및 개인행동의 변화 등 긍정적인 효과를 얻을 수 있다. 또한 그러한 과정을 통해 집단의 분위기와 응집성을 높이고, 집단원 상호 간에 우호적인 관계를 발전시킬 수 있다.
  ㉤ 집단상담의 평가에 있어서 가장 중요한 요소는 '정직성'과 '솔직성'이다.
  ㉥ 평가는 일종의 자기개선의 방안이며, 평가결과는 집단상담의 계획, 유지, 보완, 수정, 폐기 여부에 반영된다.

② 집단상담 평가의 구성요소 21 기출
  ㉠ 평가주체 : 일차적 주체는 집단상담자이다.
  ㉡ 평가대상 : 일차적 대상은 집단원이지만 집단상담자, 프로그램, 상담기관 모두 평가의 대상이 될 수 있다(평가의 주체와 대상이 다르다는 것은 상담자와 집단원이 서로 협력하여 집단상담을 진행해야 함을 의미한다).
  ㉢ 평가유형 : 평가대상에 따라 집단원 평가, 집단원 자기 평가, 집단상담자 평가, 집단상담 프로그램 평가, 집단상담 기관 평가 등으로 나눌 수 있다.
  ㉣ 평가목표 : 집단상담의 서비스의 질·계획·전문성, 집단원의 성장 촉진 여부 등을 목표 성취로 삼는다.
  ㉤ 평가과정 : 면접, 심리검사, 행동관찰 등의 과학적인 방법을 통해 집단상담 관련 변인에 대한 객관적 정보를 수집하고, 집단원에 대한 평가 내용을 양적 수치로 나타내며, 이를 근거로 타당한 준거를 사용하여 집단원의 현재의 변화 상태와 그 질적 가치를 판정 및 설명한다.
  ㉥ 집단상담 평가에서 심리검사 사용은 면접처럼 일반적인 것이 아니라 필요한 상황에서만 사용하는 방법이다.

③ 집단상담 평가의 내용
  ㉠ 집단 자체에 대한 평가내용 15 기출

젠킨스(Jenkins)	NTL(National Tranining Laboratory)
• 목표지향적인 방향성 • 집단토의나 활동의 성취도 • 성취 혹은 진전의 속도 • 집단자원의 활용도 • 집단활동의 개선책	• 효율적인 집단기능 • 보다 광범위한 사회적 목표에 대한 인식 • 집단자원의 충분한 활용 • 집단원 성장의 증진

  ㉡ 집단원의 성장에 대한 평가내용
    • 집단원에 대한 평가내용 : 집단원의 태도, 문제행동, 집단에서의 역할 등이 포함된 내용

- 집단원 개인의 행동변화를 위한 평가내용 : 집단원의 역할행동에 관한 내용, 각 개인이 작성한 행동목표에 포함된 내용
- 개인의 성장에 관한 평가내용 : 집단과업 성취를 돕는 역할행동, 집단의 유지 및 발전을 돕는 역할행동, 개인의 욕구충족을 위한 역할행동

ⓒ 평가내용에는 집단의 분위기, 응집성, 의사소통 형태, 인간관계 형태 등이 포함된다.

④ 집단평가의 종류

㉠ 집단상담은 기준을 무엇으로 삼느냐에 따라 다음과 같이 분류할 수 있다.

분류기준		평가항목
대상과 주체	집단원 평가	집단원의 특성
	집단상담 프로그램 평가	집단상담 프로그램의 특성이나 구성
	집단상담자 평가	집단상담자의 특성이나 개입행동
준 거	상대평가(규준 지향적 평가)	특정 집단원의 비교준거 집단 내의 상대적 위치
	절대평가(목표 지향적 평가)	일정의 목표 달성 정도
지 표	양적 평가	관찰, 측정, 통제가 가능한 객관적·양적 지표를 사용하여 평가
	질적 평가	관찰, 측정, 통제가 어려운 주관적·질적 지표를 사용하여 평가

㉡ 양적 평가(표준화된 심리검사)와 질적 평가
- 표준화된 심리검사는 수치화된 양적 지표를 사용하여 정해진 절차에 따라 평가하는 방법으로, 객관성 확보를 위해 집단상담의 본질이나 중요한 요소가 누락되거나 왜곡될 소지가 있다.
- 위의 내용과 같은 단점을 보완하기 위해 구조화된 방법이 아닌 질적 평가 방법을 사용하면, 기존의 심리검사에서 다루어지지 못했던 측면을 보다 융통성 있게 고려할 수 있다.
- 질적 평가 방법으로는 대부분의 비표준화 검사, 질문지, 체크리스트 등이 있다.

⑤ 집단상담 평가의 방법 16 20 기출

㉠ 공개토의 방식 : 사전에 특별한 준비 없이 집단과정에 대해서나 혹은 집단원 간의 상호작용에 대해 느끼거나 생각하는 바를 솔직히 털어놓고 의견을 교환하는 방법이다.

㉡ 단어 연상법
- 질문에 대해 즉각적으로 머리에 떠오르는 반응단어를 집단원 모두에게 종이에 쓰도록 하거나 대표로 한 사람이 칠판에 쓰도록 하는 방법이다.
- 시간을 절약할 수 있고, 정직한 느낌을 반영하면서도 집단에 대한 의미 있는 자료를 제공해줄 수 있으므로 자주 사용되고 있다.

㉢ 관찰자 혹은 기록자를 이용하는 방법 : 특정 집단원을 선정하여 집단과정과 집단원의 행동에 대해 관찰 및 기록을 한 후, 집단에 피드백을 하도록 하는 방법이다.

㉣ 녹음이나 녹화장치를 이용하는 방법
- 관찰자 대신에 녹음기나 녹화기를 사용할 수 있는데, 이는 집단활동의 시종을 하나도 빠뜨리지 않고 기록할 수 있을 뿐만 아니라 억양의 변화나 정서적인 특질까지도 나타내 보일 수 있으므로 매우 효과적이다.
- 기계를 통한 피드백에는 주관적인 가치판단이 개입되지 않으므로 객관성을 유지할 수 있는 장점도 있다.

ⓜ 측정도구를 이용하는 방법
- 간단하면서도 무기명으로 답할 수 있는 질문지나 *평정척도를 사용하여 다른 방법으로는 얻을 수 없는 여러 가지 정보를 쉽게 얻을 수 있다.
- 평가도구의 예 : 행동서술 질문지, 집단과정 체크리스트, 집단활동 체크리스트, 집단활동 평가서, 집단활동 참여태도 척도, 집단행동 평정표

> ✅ **평정척도**
> 검사하는 대상의 속성이나 반응 등을 단일연속선상에 배열하기 위하여 일정한 기준에 따라 일정 수치를 부여하거나 몇 개의 범주로 구별하여 만든 것으로서, 대상의 연속성에 가정을 두고 특성의 상대적 가치에 따라 구별되는 척도점을 기록하는 방식이다.

⑥ 집단상담 평가의 시기
  ㉠ 매 모임이 끝날 무렵 : 모임의 전체 길이가 2시간 정도 될 경우, 약 15분 정도의 시간을 평가에 할애할 수 있다.
  ㉡ 집단 기간의 중간과 마지막
    - 전체 집단 과정의 중간에 온전히 한 번의 모임을 할애하여 평가에 활용할 필요가 있다.
    - 사전에 평가의 시기를 정하고 모든 집단원으로 하여금 미리 준비하도록 해야 한다.
    - 집단상담의 전 과정이 끝날 무렵에 한 번 혹은 두 번의 모임을 할애하여 집단상담의 전체 경험에 대해 평가를 해야 한다.
  ㉢ 집단상담 종결 이후에 이루어지는 사후평가(결과평가)에서 집단 과정과 역동에 대해 평가한다.
  ㉣ 추후평가 : 집단상담의 전 과정이 끝나고 2~3개월이 지난 후에 집단경험이 일상생활에 어떤 결과를 가져왔는지, 그때의 변화가 어느 정도 계속되고 있으며, 집단상담의 효과가 어느 정도인지 등에 대해 평가해볼 수 있다.

지식 IN

1. **집단과정 평가 순서** 19 기출
   평가계획 수립 – 정보수집 – 현상기술 – 현상설명 – 대안제시 – 재과정

2. **과정분석(Processing)** 17 기출
   - 집단회기에서 경험한 사고패턴, 감정패턴, 행동패턴, 대인관계패턴, 쟁점 등에 관하여 성찰한 내용을 서로 공유하는 활동이다.
   - 과정분석은 집단의 발달과정에서 학생들의 사고와 감정을 촉발시켜 집단논의를 도출해 내는 촉매역할을 하는 것이다.
   - 활동경험을 집단원 개개인의 삶과 연관지어 탐색하도록 돕고, 과거에 초점을 두기보다 과거 경험이 현재에 미치는 영향을 탐색하도록 한다.
   - 처음으로 침묵을 깬 학생에 대한 지나친 시간 할애를 경계해야 하며, 모든 학생에게 평균적 시간을 준 후 특정 학생이나 주제에 초점을 맞춘다.

---

(4) 학교 집단상담 23 24 기출
① 학생, 교사, 학부모 대상 요구조사를 실시한다.
② 집단원의 발달단계와 발달과업을 고려하여 집단상담을 계획한다.
③ 학교장을 만나 운영계획에 대해 논의한 후 승인을 받는다.
④ 학교관계자, 교사, 보호자 및 법정대리인에게 집단상담의 이점을 설명한다.

⑤ 집단 주제와 집단 크기, 회기 수 등을 선정한다.
⑥ 미성년자의 집단상담 참여와 관련된 법률을 숙지한다.
⑦ 집단상담이 운영되는 학교의 상황과 방침을 고려한다.
⑧ 치료집단을 운영할 때는 법적 보호자의 참가 동의서를 받아야 한다.
⑨ 집단상담 계획 및 진행 과정 15 18 21 기출

> 대상 집단 요구 파악(상담 주제 선정) → 계획안(기안문) 작성 → 학교장 승인 → 집단원 모집 광고 → 부모나 보호자 승인 얻기 → 사전 집단 면접 → 집단원 선정 → 사전 검사 → 집단상담 → 사후 검사 → 추후지도 및 평가

⑩ 학교집단상담 계획서에 반드시 포함되어야 할 내용 17 기출
  ㉠ 집단의 필요성과 목적
  ㉡ 집단의 구성
  ㉢ 집단의 유형
  ㉣ 집단원 선발방법
  ㉤ 집단의 크기
  ㉥ 집단의 일정
  ㉦ 집단모임 장소
  ㉧ 집단상담자의 수
  ㉨ 집단 홍보
  ㉩ *기대효과와 평가
  ㉪ 집단의 활동내용(집단프로그램 활동) 결정

✓ 기대효과
다른 사람이나 자기 자신의 성취에 대해 갖게 되는 기대가 성취에 미치는 효과를 말하는 것으로서, 주로 긍정적인 효과를 의미한다.

03 청소년 집단상담의 특성

(1) 의의 16 기출

① 한 명의 상담자와 여러 명의 청소년들이 함께 모여 일정기간 정기적으로 만나면서 생활 과정에서 직면하는 문제나 사건 등 그들의 관심사에 대해 각자의 느낌·반응·행동·생각을 대화로 서로 교환한다.
② 효율적이고 현장 적용성이 높은 청소년 집단상담의 특성에는 행동 중심 활동의 활용, 발달단계에 적합한 관심과 욕구 다루기, 특정 문제나 주제를 공유하는 대상으로 집단 구성하기 등이 있다.
③ 일반적으로 청소년 집단상담은 성인 집단상담에 비해 집단상담자의 적극적인 역할과 자세가 요구되며, 청소년 언어와 문화에 대한 이해와 감수성이 필요하다.
④ 연령이 낮을수록 부모나 보호자에게 집단의 목적과 진행과정, 절차 등에 대해 알려 주어야 한다.

(2) 목표 16 24 기출

① 청소년 집단상담은 근본적으로 청소년의 성장과 발달에 중점을 두므로, 청소년기의 발달특성 및 발달과업을 고려하여 목표를 설정하여야 한다.
② 주요 목표로는 집단원의 자아발견 및 진로 결정, 탈자기중심화, 자존감 회복, 성적 갈등 해소, 외로움과 고립감 극복, 새로운 가치 추구 등이 있다.
③ 성장 과정에서 일어나는 신체적·인지적·정서적 변화에 대처하는 능력을 키운다.
④ 발달 과정상의 다양한 요구들을 충족하도록 하며 다양한 경험을 하도록 돕는다.
⑤ 자아정체감을 형성하는 과도기에서 집단원이 자신이 처한 환경을 이해·수용하도록 돕는다.
⑥ 집단원 자신의 흥미와 관심, 능력, 진로 및 적성에 대한 이해를 증진하게 한다.
⑦ 집단원이 자신의 행동 동기를 이해하고 자신감을 가지도록 한다.
⑧ 집단활동을 통해 다른 사람들과 관계를 형성하며, 그들의 일상생활이나 문제 해결 과정을 살피도록 하여 유용한 정보와 가치를 습득하도록 돕는다.
⑨ 집단 상호작용을 통해 대인관계 기술을 향상하게 하며, 타인의 감정을 고려하여 자신의 솔직한 느낌을 표현할 수 있도록 한다.
⑩ 청소년기 발달과업 성취와 관련된 집단의 목표 아래 구성원들은 상호작용하고 학습하며, 변화를 추구하고 성장 및 발달을 도모할 수 있다.

(3) 특징 16 기출

① **청소년상담의 일반적인 특징**
  ㉠ 허용적·현실적·감정정화적·상호신뢰적·수용적·지원적인 집단의 응집력과 치료적 분위기를 통해 상호 이해를 촉진함으로써 긍정적인 변화를 모색한다.
  ㉡ 집단에 참여한 청소년들이 각자의 느낌·태도·경험·행동·생각 등 그들의 관심사를 서로 나누는 가운데 성격 변화와 발달이 이루어진다.
  ㉢ 정신질환과 같은 비정상적이며 병적인 문제들을 주로 다루는 심리치료적 기능보다는, 대부분 일상생활의 적응이나 대인관계 등 정상적 청소년들이 그들의 자아정체감 발달 과정에서 겪고 있거나 관심을 두는 문제들을 다룬다.
  ㉣ 청소년들은 모호한 집단상황에 부담을 느끼므로, 회기 내용을 구체화하여 진행하는 것이 좋다.
  ㉤ 청소년은 또래의 영향을 많이 받기 때문에 집단원의 피드백을 적극 활용한다.
  ㉥ 일반적으로 구조적 집단상담은 역동적인 활동을 많이 하므로 활동적인 청소년에게 좋다.
  ㉦ 진로와 학습을 주제로 하는 집단상담에서는 교육이나 지도 형태로 진행하는 것이 좋다.
  ㉧ 비구조화 형태보다 구조화 혹은 반구조화 형태를 더 많이 활용한다.
  ㉨ 청소년은 일방적인 지시에 거부감을 가지므로, 직면보다는 공감적 이해와 수용, 지지를 많이 하는 것이 더 효과적이다.

② **청소년을 위한 집단 운영** 21 24 기출
  ㉠ 청소년에 대한 호감과 이해하는 태도를 보여주며 집단원의 가치와 생각을 존중해 준다.
  ㉡ 집단이 비생산적으로 흐를 때는 집단의 방향을 재구조화한다.
  ㉢ 치료집단을 운영할 때는 법적 보호자의 참가 동의서를 받는다.
  ㉣ 청소년의 흥미 유발을 위해 다양한 매체와 도구를 활용할 수 있다.

ⓜ 집단원은 성원 상호간에 동등한 관계가 되어야 하므로, 집단에 참여한 청소년이 집단상담자와 공동상담자가 되는 것은 바람직하지 않다.

③ **청소년 대상 집단상담의 긍정적인 효과** 17 18 20 23 24 기출
　　ⓐ 또래와의 상호 교류 능력이 개발되어 자기중심적·자기애적 사고 및 태도에 도전하게 한다.
　　ⓑ 안전한 환경에서 자유와 독립성을 시도할 수 있게 한다.
　　ⓒ 외부적 위협을 느끼지 않으면서 현실적 문제 상황에 대한 자기 나름의 적응 및 대처방안을 체득할 수 있다.
　　ⓓ 다른 친구들도 자신과 비슷한 감정과 생각이 있음을 깨닫게 된다.
　　ⓔ 자신의 고민을 드러내고 해결하면서 전보다 더 큰 자신감을 얻게 되고, 자아 강도를 높일 수 있다.
　　ⓕ 또래와의 상호작용을 통해 부정적인 감정을 다루는 방법을 연습할 수 있다.
　　ⓖ 상대방을 향한 관심과 존중, 감정이입 등 사회성 향상 기술을 연마할 수 있다.
　　ⓗ 또래와 함께 참여하면서 성인 상담자의 권위에서 느끼는 불안감이 감소한다.

④ **청소년 집단상담의 고려사항** 16 19 20 기출
　　ⓐ 집단 내에서의 상담과 관련된 내용을 집단 외부에 발설하지 않도록 한다.
　　ⓑ 참여자 전원의 논의와 다수의 동의를 통해 구체적인 사항을 결정하며, 결정된 사항에 대해 참여자 전원이 지키도록 한다.
　　ⓒ 새로운 가입 희망자가 있는 경우 집단원 전원의 논의에 의해 결정한다.
　　ⓓ 중도 탈퇴를 하고자 하는 경우 모임에 참석하여 사유를 밝히도록 한다.
　　ⓔ 집단 외부에서의 개인 간의 만남은 추후 다른 참여자들에게 알리도록 한다.
　　ⓕ 지각이나 결석은 삼가며, 부득이한 경우 그 사유를 사전에 상담자나 다른 참여자에게 알리도록 한다.
　　ⓖ 집단상담 진행과 관련한 상담자의 정보를 제공하여야 한다.
　　ⓗ 초등학생의 집단상담 시간은 1회 30분 정도이다.
　　ⓘ 학교 집단상담자는 학교의 기능을 이해하고, 학생들의 다양성을 존중하며, 자기능력의 한계를 인식하고, 학생들에 대한 현실적 기대를 해야 한다.
　　ⓙ 사전면접은 일대일 면접을 실시하여 학생이 집단의 특성과 목적에 적절할지를 평가한다.
　　ⓚ 심각한 *정서장애를 가진 학생은 집단치료를 해야 한다.
　　ⓛ 비자발적으로 참여한 경우, 개별 면담을 통해 참여에 대한 감정이나 생각을 탐색하고, 집단에 참여하지 않을 권리와 집단참여를 거부할 경우 수반되는 책임을 알려준다.
　　ⓜ 집단원들이 회기 밖에서 관계를 맺는 것이 집단역동에 미치는 영향에 대해 논의한다.
　　ⓝ 비협조적인 경우 과거 상담경험 등을 탐색한다.

> **✓ 정서장애**
> 일반적으로 인간관계에서 가지게 되는 감정상태가 어떤 좌절이나 갈등으로 왜곡된 상태가 되어 그 결과 일어난 행동장애 등을 말한다.

⑤ **아동·청소년 집단상담의 유의사항** 14 기출
　　ⓐ 윤리적 원칙과 법규를 고려하여야 한다.
　　ⓑ 종결을 사전에 고지하고 준비시켜야 한다.
　　ⓒ 약물남용의 경우는 비밀보장의 원칙을 철회하고 보호자에게 알려야 한다.
　　ⓓ 집단원으로 하여금 참여 동기와 기대, 집단규칙 등에 대해 언어로 표현하게 하는 것이 효과적이다.

> **지식 IN**
>
> **청소년 집단상담과 성인 집단상담의 특성** 23 기출
> - 자발적·비자발적인 집단원 모두에게 사전 동의를 받아야 한다.
> - 두 집단 모두 참여 중 언제든 본인의 의사에 따라 집단참여를 거부할 수 있다.
> - 두 집단 모두 사전면담을 통해 집단원을 선별할 수 있다.
> - 청소년 집단상담의 경우 청소년이 미성년자이기 때문에 비밀보장 원칙의 법적인 한계가 성인 집단상담과는 다르다.
> - 성인 집단에도 비자발적으로 참여한 집단원이 있을 수 있다. 이때 집단상담자는 강제적으로 집단상담에 참여하게 된 것에 대한 참여자 자신의 느낌과 생각을 이야기하는 기회를 주어야 한다.

(4) 집단상담에서 자주 사용하는 구조화 활동 15 기출

구 분		내 용
초기 자기소개 활동	둘씩 짝지어 자기소개하기	둘씩 짝지어 자기소개를 한 후, 앞으로 나와 집단 전체를 대상으로 상대방이 되어 자기소개하기
	중요한 타인되어 자기소개하기	집단 전체 앞에 빈 의자를 두고 자신이 가장 잘 아는 한 사람을 선정한 후, 빈 의자에 자신이 앉아 있다고 가정하고 자신을 가장 잘 아는 사람이 되어 자기를 소개하기
	별칭지어 자기소개하기	집단에서 불려지기를 원하는 별칭을 짓고, 왜 그런 별칭을 짓게 되었는지 말하며 자기소개하기
중기 활동	가치관 경매	가치관 목록표와 일정액의 돈을 나눠주고 구입예산을 할당하게 한 후, 가치항목별로 경매를 해서 가장 높은 금액을 부른 사람이 원하는 가치를 살 수 있는 것
	문장 완성	집단원들에게 몇 가지 문장을 제시하고 이를 완성하여 발표하게 하는 것
	추웠던 기억· 따뜻했던 기억	기억할 수 있는 경험 중 가장 추웠던 기억과 따뜻했던 기억을 떠올리고, 그러한 기억이 현재의 나에게 어떤 영향을 미치는지 이야기하기
마무리 활동	묘비명(유서) 쓰기	24시간 후에 죽는다는 가정하에 어떻게 24시간을 이용할 것인지 생각하고, 묘비명(또는 유언)을 써서 이를 집단원에게 발표한 뒤 생각을 나누기
	이제야 당신에게 말합니다.	자신의 생활을 돌아보면서 해결하지 못한 문제와 갈등에 대해 생각하고, 그동안 여러 가지 이유로 하지 못했던 이야기를 "이제야 처음으로 당신에게 이야기합니다."라는 말로 시작하는 편지를 써서 집단에서 발표하기
	피드백 주기	한 사람이 피드백하고 싶은 다른 사람 앞으로 가 손을 잡고, 진심 어린 피드백을 전해주면 피드백을 받은 사람은 고맙다고 인사하고, 자신이 피드백을 주고 싶은 다른 집단원에게 가는 등 이런 활동을 반복하여 전체 집단원 모두가 경험하게 하기
	카드 피드백	각 집단원의 이름이 적혀 있는 카드를 돌리면서 집단경험을 통해서 비추어진 모습과 하고 싶은 말을 적게 하여 본인에게 전달하기
	장점 세례	집단원 중에서 한 사람을 지정된 자리에 앉히고 집단들이 솔직하게 자리에 앉은 집단원의 장점을 일제히 폭탄세례 하듯이 이야기하기
	갈등해소와 통합	갈등이나 *미해결 과제의 해소를 통해 통합과 집단참여의 목적을 이루기

> ✓ **미해결 과제**
>
> 해결되지 않은 상태로 남아있는 무의식적 정서나 욕구들로서 공포나 분노, 슬픔, 죄책감, 수치심, 외로움, 무력감 등으로 경험하게 된다.

(5) 다문화가정 청소년 집단상담

① 다문화가정 청소년 집단상담자에게 필요한 역량 17 기출

기본 상담 역량	• 전문성 : 상담전문가로서의 태도 및 윤리 • 지식 : 상담을 하기 위한 이론적 지식 • 기술 : 실제적인 상담 능력 • 다문화적 상담요소 이해 : 상담과정에서 문화적 민감성에 따른 알맞은 적용 • 가족체계 고려 : 가족체계를 고려한 다문화 집단원의 이해와 상담
다문화 역량	• 인식 : 자신의 문화적 배경에 대한 자기인식과 타 집단문화의 다양성에 대한 인식 • 지식 : 다양한 문화와 문화집단에 관한 지식 • 기술 : 문화적으로 적절한 개입 기술 • 한국문화에서 다문화 특성 이해 : 한국 다문화 집단원들의 특성과 어려움 이해
지역사회 연계 역량	• 지식 : 지역사회 자원에 대한 정보 • 기술 : 연계망 구축과 연계 지원 기술

② 다문화가정 청소년상담자의 역량 개발을 위한 노력
  ㉠ 역량 개발을 위한 교육 : 상담자로서 관련 분야 교육은 물론 다문화 상담의 이해와 다문화 관련 교육을 받아야 한다.
  ㉡ 개인적인 노력 : 집단원의 문화에 대한 지식을 가지고 인정해주는 노력과 함께 상담자로서, 다문화에 대한 자기인식(편견이나 고정관념)을 점검하여 다문화에 대한 이중적인 태도를 버리고 진심으로 대한다.

③ 다문화가정 청소년 집단상담 시 유의점 17 22 기출
  ㉠ 다른 인종, 민족 집단에 대한 자신의 고정관념과 편견을 검토하고 교정한다.
  ㉡ 집단원들이 다문화에 관심을 표현하지 않아도 문화적 차이를 고려하여 집단을 운영한다.
  ㉢ 다문화 집단의 문화적 유산 및 역사적 배경에 대한 지식을 습득한다.
  ㉣ 문화적으로 적절한 기법을 사용한다.
  ㉤ 집단원의 행동은 각 나라의 문화와 인종에 따라 각각 다르게 나타날 수 있으므로 이를 고려해야 한다.

04 집단상담 윤리

(1) 집단상담 전문가 윤리규준의 필요성 14 17 기출

① 서비스 수혜자 보호
  ㉠ 전문가 윤리규준은 우선 서비스 수혜자를 보호하는 데 필요하다.
  ㉡ 집단상담의 궁극적인 요구는 집단원의 변화에 초점을 두어야 한다.
  ㉢ 집단 구성원의 권리를 보호·존중하면서, 집단의 권리도 함께 존중될 수 있도록 해야 한다.
  ㉣ 집단 활동 중 발생하는 갈등상황에서 바람직한 지도의 방향을 제시하는 동시에 지도자의 책임 있는 역할을 요구한다.

② 전문가 보호
  ㉠ 수혜자뿐만 아니라 전문가 자신을 위해서도 필요하다.

    ⓒ 전문가는 자신의 행동규범을 정하고 그것에 따르려고 노력함으로써, 전문가 집단 전체를 존속시킨다.
    ⓒ 집단에서 권장하는 행동 등과 같은 긍정적인 규범들도 있으며, 규범이 명확할수록 집단상담 진행에 도움이 된다.
    ② 전문가들은 윤리규준에서 정하는 범위 내에서 서비스를 제공하면 더는 논란의 대상이 되거나 외부로부터 간섭을 받지 않아도 된다는 점에서 윤리규준의 보호를 받는다.
  ③ 전문가에 대한 신뢰와 자율성 확보
    ㉠ 일반인들이 전문가의 활동이 자신이 속한 지역사회의 사회적 규범이나 도덕적 기대에 대한 세심한 배려 위에서 수행될 것이라고 확신하도록 도와준다.
    ⓒ 전문가 윤리규준은 전문가의 자율권을 확립하는 데 필수적이다.

(2) 윤리규준의 기본 원칙 및 윤리 문제를 위한 고려사항
  ① 상담전문가 윤리규준의 기본 원칙
    ㉠ 높은 윤리의식의 유지
    ⓒ 미세한 오류에 관한 관심
    ⓒ 집단원의 존엄성 존중과 복지 증진
    ② 독립적 존재의 인정과 협조 관계의 형성
    ⑩ 집단원의 권리 존중
    ⓑ 다양성 존중
  ② 윤리 문제를 위한 고려사항
    ㉠ 동료나 지도감독자에게 자문을 구하고 철저히 지도·감독을 받음으로써, 더욱 분명하고 통합적인 판단을 내려야 한다.
    ⓒ 주변으로부터 도움과 지지를 구해야 한다.
    ⓒ 정확한 판단은 시간이 걸린다는 점을 기억해야 한다.

(3) 집단상담전문가 윤리규준의 쟁점 15 16 20 기출
  ① 집단참여 관련 쟁점(사전 동의) 18 22 기출
    ㉠ 집단상담을 진행하기 위해서는 자세한 정보에 입각한 사전 동의가 필요하다.
    ⓒ 사전 동의란 상담 전반에 관한 설명을 듣고 나서의 설명에 근거한 동의를 말한다.
    ⓒ 사전 동의는 집단상담자와 집단원을 보호하고 집단원의 권리를 보장한다.
    ② 사전 동의 과정은 라포 형성을 돕는다.
    ⑩ 사전 동의 요소에는 다음과 같은 사항 등이 포함된다.
     • 상담의 목적과 목표
     • 상담에서 사용할 기법
     • 상담서비스로부터 얻을 수 있는 이익과 상담의 한계
     • 상담 중에 발생할 수 있는 위험 등에 대한 정보
     • 상담자의 전문성 및 자격요건
     • 상담자가 추구하는 이론적 배경

- 집단 참가 결과로 집단원이 기대할 수 있는 것
- 비밀유지와 비밀유지 예외사항

ⓑ 상담의 효과를 높이기 위하여 흔히 시청각 기재를 활용할 수도 있는데, 사전에 전 집단원에게 분명히 알리고 동의를 받아야 한다.

ⓢ 집단원의 정보를 공개할 때는 사전에 동의를 구하며, 꼭 필요한 최소한의 정보만 공개해야 한다.

ⓞ 사전 동의 절차는 집단상담 참여의 자발성 여부와 관계없이 시행해야 한다.

ⓩ 청소년 집단상담의 사전 동의 `21` `23` 기출
  - 자발적·비자발적인 집단원 모두에게 사전 동의를 받아야 한다.
  - 집단상담자의 경력, 이론적 지향, 도움 제공이 가능한 문제를 알린다.
  - 집단참여에 따른 잠재적 이익과 위험에 대해서 알린다.
  - 심리검사, 진단 및 상담 기록에 대해 알 권리가 있음을 알린다.
  - 폐쇄집단에서도 집단을 떠날 권리가 있음을 알린다.

② 비자발적 참여 문제
  ㉠ 집단원은 집단상담 참여 여부에 대해 선택할 권리가 있다.
  ㉡ 집단원의 자발적인 참여는 곧 상담에 대한 집단원의 동기와 직결되기 때문에 집단상담이 성공적으로 운영되기 위한 필수조건이다.
  ㉢ 집단상담자는 우선 집단원이 자신의 선택권이 제한되는 부분에 관해 설명을 들을 자유와 권리가 있다는 점을 이해하고, 강제적으로 집단상담을 하게 된 것에 대한 참여자 자신의 느낌과 생각을 이야기하는 기회를 주어야 한다.

③ 전문가에 의뢰 제안
  집단상담자는 특정 집단원의 욕구가 집단 내에서 충족될 수 없을 때는 집단원에게 다른 전문적 의뢰를 제안해야 한다.

④ 상담관계 관련 쟁점
  ㉠ 집단상담자는 집단원과 평등 관계가 이루어지게 해야 하며, 상담의 시작부터 종결까지 *조력관계를 지속해야 한다.
  ㉡ 이중관계를 맺지 않도록 한다.

> **조력관계**
> 개인이 의미 있는 삶을 영위하기 위해 자신의 잠재력을 실현하고 발전적인 방향으로 성장할 수 있도록 내적 자원을 활용하여 주변에서 도와주는 긍정적이고 역동적인 관계를 말한다.

⑤ 비밀보장 관련 쟁점 및 비밀보장의 한계 `16` `17` `18` `19` `20` 기출
  ㉠ 비밀보장 관련 쟁점
    - 집단상담에서 비밀유지는 상담자와 집단원 모두에게 해당한다.
    - 집단상담자는 문서·사진·컴퓨터 파일 등의 형태로 된 집단원의 정보에 대해 비밀보장의 한계, 정보를 얻어야 하는 목적 및 활용에 대해 구체적으로 알리고, 집단원이 자기개방의 수위를 결정하게 해야 한다.
    - 집단원의 사생활과 비밀은 상담 기관의 다른 상담전문가, 사무원, 자원봉사자들에 대해서도 보장되도록 최선의 노력을 다해야 한다.
    - 미성년인 집단원을 상담할 때, 작업 내용을 부모와 정기적으로 공유하는 것이 아니라 상담의 과정에서 필요하면 부모나 보호자가 참여할 수 있다.

- 상담자는 집단원의 사생활이 보호되고, 불법적인 정보유출이 이루어지지 않도록 필요한 조치를 강구해야 하며, 예외적인 경우를 제외하고는 집단원의 비밀은 반드시 보장되어야 한다.
- 집단원의 정보를 공개할 때는 사전에 동의를 구해야 하며, 꼭 필요한 최소한의 정보만 공개하도록 한다.
- 녹음이나 녹화를 할 때는 집단원의 허락을 받아야 한다.
- 집단과정 중에 비밀유지가 관심사가 되면 회기 중에 이 문제를 다루는 것이 바람직하다.
- 비밀유지와 관련된 다문화적 관점을 존중해야 한다.

ⓒ 비밀보장의 한계 20 기출

다음과 같은 경우에 집단상담자는 집단원의 비밀을 사전 동의 없이 관련자에게 공개할 수 있다.
- 집단원이나 집단원 주변인에게 닥칠 위험이 분명하고 위급한 경우
- 법원의 명령이 있는 경우
- 집단원의 생명이나 사회의 안전을 위협하는 경우(예 약물 남용 등)
- 집단원에게 감염성 있는 치명적인 질병이 있을 경우

⑥ 집단상담자의 능력 관련 쟁점 17 19 기출
  ㉠ 집단상담자는 자신의 능력에 대해 정확하게 평가하고 있어야 한다. 자신의 능력을 평가한다는 것은, 상담자 스스로 자신감을 가지고 집단원에게 도움을 제공할 수 있는 문제영역의 경계와 자신이 사용하는 기법의 유형 등에 대해 잘 알고 있어야 한다는 의미이다.
  ㉡ 집단상담자는 전문가로서 가져야 할 능력의 수준과 영역을 유지·확장해 나가야 한다.
  ㉢ 집단상담자는 자신이 제공하는 상담서비스의 효과에 대해서도 지속해서 점검해야 한다.
  ㉣ 집단상담자는 윤리규준을 이행해야 할 의무가 있으며 윤리규준은 책임 있는 의사결정을 하는 데 기준이 된다.
  ㉤ 집단상담자는 자신의 신체적·정신적·정서적 결함이 집단원이나 다른 사람들에게 해를 줄 우려가 있는 경우 전문적 서비스를 제공하지 않아야 한다.
  ㉥ 집단상담자는 집단원의 자기개방과 솔직한 표현이 집단원에게 변화와 성장을 경험할 수 있게 함과 동시에 해가 될 수도 있다는 사실을 이해하고, 집단원의 자기개방과 솔직한 표현으로 인해 발생할 수 있는 비밀보장이나 다중관계와 관련된 윤리적인 문제에 주의하여야 한다.
  ㉦ 집단상담자는 비생산적 행동에 개입하며, 과거나 미래가 아닌 현재의 문제에 관심을 둔다.
  ㉧ 집단상담자는 집단 역동, 집단과정, 집단촉진 기술에 대한 훈련을 받아야 한다.
  ㉨ 집단상담자의 민감성 혹은 전문성 부족은 윤리적 문제를 일으킬 수 있다.
  ㉩ 집단상담자는 집단경험이 집단원의 삶에 미칠 수 있는 부정적 영향도 알려주어야 한다.

⑦ 집단상담에서 경험할 수 있는 심리적·잠재적 위험 관련 쟁점 22 기출
  ㉠ 집단상담은 다수의 집단원이 상담의 전 과정에 함께 참여하게 되므로, 개인상담에 비해 심리적·잠재적 위험에 더 많이 노출되어 있다.
  ㉡ 집단상담자는 집단 안에서 힘과 지위를 오용할 수 있다.
  ㉢ 집단상담자는 집단이나 집단원을 비윤리적으로 조종할 수 있고, 집단원의 개인적인 관심과 이익에 반대되는 행위를 할 수 있는 위치에 있다.
  ㉣ 집단의 압력에 의해 개인의 주도적인 선택권이나 자율권을 포기하게 되는 경우가 있다.
  ㉤ 과도한 개방이나 새로운 경험에 의한 집단원의 급작스러운 심리적 혼란이 일어날 수 있다.

ⓑ 강력한 집단경험을 한 후, 그들 자신의 생활에서뿐만 아니라 그들의 주변 사람들의 생활에까지 영향을 미쳐 무분별하게 중대 결단을 내리는 경우가 있다.
ⓐ 집단원의 말이나 행동이 일치하지 않거나 모순점이 있을 때 그것을 지적하는 기술인 직면은 유익하고 강력한 도구이지만, 적절한 시기에 적절하게 사용되지 않으면, 집단원이 공격으로 받아들여 심리적 위험을 경험하게 됨으로써 파괴적인 방법이 될 수도 있다.
ⓞ 사적인 삶의 노출로 사생활을 침해할 소지가 있다.
ⓩ 공개된 내용 일부가 집단 내에서 유지되지 않을 수 있다.
ⓩ 집단상담자는 집단원들에게 집단원들도 비밀보장에 대한 윤리적 책임이 있다는 사실을 주지시켜야 한다.

(4) 윤리적 문제의 해결을 위한 필수절차

① 윤리적 문제나 딜레마가 있는지 확인한다.
② 현재 상황에서 문제가 되는 중요한 가치와 원리가 무엇인지 확인한다.
③ 전문가적인 판단에 비추어볼 때, 지금 초점이 되는 주제와 딜레마에 가장 관련성이 깊은 가치나 윤리적 원칙부터 순서를 정한다.
④ 딜레마 상황에 가장 핵심적인 가치와 일치하는 행동계획을 세운다.
⑤ 가장 적절한 기법과 기술을 가지고 계획을 실행한다.
⑥ 지금까지 내린 윤리적인 결정들의 효과를 검토한다.
⑦ 로웬버그와 돌고프(Loewenberg & Dolgoff)의 윤리적 원칙에 따른 우선순위

윤리원칙 1	생명보호의 원칙	인간의 생명보호가 다른 모든 원칙에 우선한다.
윤리원칙 2	평등과 불평등의 원칙	인간은 개개인의 능력과 권력에 따라 동등하게 또는 차별적으로 취급받을 권리가 있다.
윤리원칙 3	자율과 자유의 원칙	인간의 자유와 자율에 대한 권리는 소중하지만, 무제한 적인 것은 아니다.
윤리원칙 4	최소 해악·손실의 원칙	내담자의 특정 문제해결을 위해 부득이 대안을 선택할 수밖에 없는 경우, 언제나 내담자에게 최소한의 유해한 것을 선택하도록 한다.
윤리원칙 5	삶의 질 원칙	삶의 질을 긍정적인 방향으로 발전시킬 수 있도록 선택이 이루어져야 한다.
윤리원칙 6	사생활 보호와 비밀보장의 원칙	내담자의 인격을 존중하기 위해 내담자의 비밀이나 사생활은 보호되어야 한다.
윤리원칙 7	진실성과 정보개방의 원칙	상담자는 내담자에게 진실된 태도를 유지해야 하며, 관련 정보는 공개해야 한다.

(5) 집단상담 참여자의 권리와 책임

① 집단상담 참여자의 권리 16 기출
  ㉠ 집단에 관한 사전안내를 충분히 받을 권리
    • 집단참여 여부를 결정하기 전에 어떤 집단에 참여하게 되는지 알 권리가 있다.
    • 집단의 목적, 기본절차, 참여자들의 수칙, 참여비용, 집단참여로 인한 부담요소, 집단지도자의 자격 및 경력 등을 알 권리가 있다.

ⓒ 집단참여와 이탈의 자유
- 자신의 참여목적과 갈등이 있는 경우 집단을 떠날 수 있고, 자기개방의 압력을 받지 않는다.
- 집단원의 이탈 이유와 사정을 상담자와 집단원들에게 알릴 필요가 있다.
- 의뢰되었거나 '보내진' 집단원으로 구성되는 집단의 경우는 예외일 수도 있다.

ⓒ 개인정보를 보호받을 권리(비밀보장의 권리)
- 상담자는 비밀보장을 반복하여 교육할 책임이 있다.
- 집단의 녹음과 촬영 시, 촬영 사실과 어떤 경우에 사용되는지를 충분히 설명하여 이해시키고, 가능하면 서면상의 동의를 받는 것이 바람직하다.

ⓔ 말할 내용을 선택할 권리
  말할 내용을 강요받지 않으며, 자신의 의사에 따라 표현할 권리가 있다.

② 집단원의 책임(역할행동)

집단과업 성취를 위한 역할행동	집단의 유지 및 발전을 위한 역할행동
• 솔선해서 제안하기 • 정보를 요구하고 제시하기 • 의견을 묻고 제공하기 • 상세히 설명하기 • 조정하기 • 방향을 제시하기 • 평가하기 • 활기를 띠게 하기 • 진행을 돕기	• 격려하기 • 조화시키기 • 타협하기 • 의사소통을 촉진하기 • 규범 정하기 • 집단을 관찰하기 • 따르기

선택과목 02 적중예상문제

❖ 완벽하게 이해된 부분에 체크하세요.

CHAPTER 01 청소년 집단상담의 이론

01 다음의 설명과 가장 관련 있는 집단으로 옳은 것은?

○ 교칙 수정을 위해 교사나 학생들이 모여서 협의하는 집단
○ 학교폭력 예방 및 대책을 위해 학교상담위원들이 모여 협의하는 집단
○ 지적능력 결여 학생의 특수학교 전학 여부 결정을 위해 관련 전문가들이 모여 협의하는 집단

① 치료집단　　　　　　　　　② 성장집단
③ 과업집단　　　　　　　　　④ 교육집단
⑤ 지지집단

③ 과업집단 : 수행해야 할 과업을 달성하거나 성과물을 산출해내기 위해 만들어진 집단이다.
① 치료집단 : 병리적 증상의 제거나 완화를 위한 정신장애 치료 및 심리치료를 주된 목적으로 하는 집단이다.
② 성장집단 : 다양한 집단활동의 체험을 원하거나 자신의 잠재력 개발에 관심 있는 사람들의 성장과 발달을 촉진하기 위해 구성된 집단이다.
④ 교육집단 : 집단원들의 지식과 정보 및 기술향상을 목적으로 하는 집단이다.
⑤ 지지집단 : 장차 일어날 사건에 좀 더 효과적으로 적응하기 위한 대처기술을 발전시킴으로써 집단원들이 삶의 위기에 대처하도록 돕는 집단이다.

02 집단의 치료적 요인과 그에 관한 설명으로 옳지 않은 것은?

① 대인관계 입력 – 자신이 다른 사람에게 어떻게 지각되는지에 대해 알게 되는 것
② 정보공유 – 삶에 대한 유익한 정보습득
③ 정화 – 억압된 감정표현
④ 실존적 요인 – 삶의 안정성에 대한 인식
⑤ 1차 가족집단의 교정적 재현 – 초기 아동기와 유사한 역동체험을 통한 학습

> **실존적 요인 – 책임에 대한 인식**
> 집단의 치료적 요인 중 실존적 요인이란 집단원과의 경험 공유를 통해 자기 자신이 다른 사람에게 아무리 많은 지도와 후원을 받는다고 해도 자신의 인생에 대한 궁극적인 책임은 스스로에게 있다는 것을 배운다는 것이다.

03 구조와 형태에 따른 집단의 유형에 관한 설명 중 옳지 않은 것을 모두 고른 것은?

> ㄱ. 구조화 집단은 특정 주제와 목표를 달성하기 위하여 일련의 구체적 활동으로 구성되고, 집단리더가 정해진 계획과 절차에 따라 진행하는 집단의 형태이다.
> ㄴ. 비구조화 집단은 구조화 집단에 비해 폭넓고 깊은 자기탐색이 이루어진다.
> ㄷ. 집중집단은 사전에 계획된 전체 회기가 끝날 때까지 일반적으로 주 1회의 형태로 나누어서 집단상담을 실시한다.
> ㄹ. 분산집단은 2박 3일 혹은 3박 4일 등 일정기간 동안 집중적으로 상담을 실시한다.
> ㅁ. 동질집단은 동질적인 사람들로 구성되거나 집단원들의 배경이 비슷하고 결속력·응집력이 높은 집단이다.

① ㄱ, ㄴ ② ㄴ, ㄷ
③ ㄷ, ㄹ ④ ㄹ, ㅁ
⑤ ㄴ, ㄷ, ㄹ

> ㄷ. 집중집단 : 2박 3일 혹은 3박 4일 등 일정기간 동안 집중적으로 상담을 실시한다.
> ㄹ. 분산집단 : 사전에 계획된 전체 회기가 끝날 때까지 일반적으로 주 1회의 형태로 나누어서 집단상담을 실시한다.

04 집단상담의 원리에 관한 설명으로 옳지 않은 것은?

① 자기이해의 원리 – 자신의 몸과 마음에 관한 모든 것을 사실 그대로 이해하는 것이다.
② 자기개방의 원리 – 이해하고 수용한 자신을 있는 그대로 나타내 보이는 것이다.
③ 자기수용의 원리 – 이해한 그대로의 자신을 인정하고 받아들이는 것이다.
④ 자기주장의 원리 – 자신의 인권을 포함한 권리와 의견 등을 보다 적극적으로 상대에게 알리는 것이다.
⑤ 자기평가의 원리 – 새롭게 학습된 행동이나 사고·감정 등을 소개하는 것이다.

⑤ '자기도전의 원리'에 대한 설명이다. '자기평가의 원리'는 현실 속에서 자신의 행동을 의미 있는 기준에 비추어 보는 것으로, 인과관계 추론을 통해 자신의 행동에 대한 타당성을 평가하며, 자신의 행동이 현실적으로 유효하고 적합한 것인지 검토하는 것이다.

05 집단상담이 필요한 내담자에 해당하지 않는 사람은?

① 다른 사람과의 유대감, 소속감 및 협동심의 향상이 필요한 내담자
② 자기의 관심사나 문제에 관해 다른 사람의 반응·조언이 필요한 내담자
③ 동료나 타인의 이해와 지지가 도움이 되리라고 판단되는 내담자
④ 자기 문제에 관한 검토·분석을 기피하거나 유보하기를 원하고, 자기노출에 관해 필요 이상의 위협을 느끼는 내담자
⑤ 가지고 있는 문제가 위급하고, 원인과 해결방법이 복잡하다고 판단되는 내담자

⑤ '개인상담'이 필요한 내담자에 해당한다.

집단상담이 필요한 내담자와 개인상담이 필요한 내담자

집단상담이 필요한 내담자	• 여러 사람들을 보다 잘 이해하고, 다른 사람이 자기를 어떻게 보는가를 알아야 할 것으로 판단되는 내담자 • 특히 자기와 성격, 생활배경 등이 다른 사람들에 대한 배려와 존경심을 습득해야 할 것으로 판단되는 내담자 • 다른 사람과의 대화를 포함한 사회적 기술의 습득이 필요한 내담자 • 다른 사람과의 유대감, 소속감 및 협동심의 향상이 필요한 내담자 • 자기의 관심사나 문제에 관해 다른 사람의 반응, 조언이 필요한 내담자 • 동료나 타인의 이해와 지지가 도움이 되리라고 판단되는 내담자 • 자기 문제에 관한 검토·분석을 기피하거나 유보하기를 원하고, 자기노출에 관해 필요 이상의 위협을 느끼는 내담자
개인상담이 필요한 내담자	• 가지고 있는 문제가 위급하고, 원인과 해결방법이 복잡하다고 판단되는 내담자 • 내담자와 내담자 관련 인물들의 신상을 보호하고 비밀을 철저하게 보호할 필요가 있는 내담자 • 자아개념과 관련된 검사를 해석할 경우 또는 심리검사 결과를 해석할 경우의 내담자 • 집단에서 공개적으로 발언하는 것에 대해 심한 불안·공포가 있는 내담자 • 상담집단의 동료들로부터 수용될 수 없을 정도로 대인관계가 좋지 못한 내담자 • 자신의 감정·동기·행동에 대한 인식이 매우 부족하고, 자기 자신에 대한 탐색·통찰력이 극히 제한되어 있는 내담자 • 상담자나 다른 사람들로부터의 주목과 인정을 강박적으로 요구할 것으로 판단되는 내담자 • 폭행이나 비정상적인 성적 행동을 취할 가능성이 보이는 내담자 • 주의집중에 대한 내담자의 요구를 집단에서 다루기 어려운 경우 • 의심증이 심하며 지나친 적대 감정에 사로잡혔거나 기타 심한 정서적 장애를 경험하고 있는 내담자

06 집단상담의 목표 설정에 관한 설명으로 옳지 않은 것은?

① 집단의 방향을 분명히 하는 데 도움을 준다.
② 집단의 목표는 과정 속에서 수정될 수 없다.
③ 집단 전체의 목표와 개인의 목표를 모두 설정하는 것이 필요하다.
④ 집단 초기부터 집단원에게 명료하게 진술하고 이해시킬 필요가 있다.
⑤ 집단상담의 효과와 평가를 위해 필수적이다.

② 집단의 목표는 집단과정 전체에 걸쳐 수정되고 추가될 수 있다.
집단상담의 목표 설정
- 집단상담자는 집단원들의 목표나 특성, 집단상담이론, 자신의 특성 등을 고려하여 집단이 나아가야 할 방향을 미리 설정하여야 한다.
- 구체적인 목표 설정은 집단상담의 효과와 이에 대한 평가를 위하여 꼭 필요하다.
- 집단의 목표는 집단 초기에 집단과 집단원의 목표를 확인하고, 집단원과 집단상담자가 의논하고 협력하여 설정한다.
- 집단의 목표는 집단과정 전체에 걸쳐 수정되고 추가될 수 있다.
- 집단의 목표에는 '과정적 목표(집단 전체의 목표)'와 '개인적 목표'의 두 가지가 있다.

07 집단상담과 그 유사개념에 관한 옳은 설명을 모두 고른 것은?

> ㄱ. 집단상담의 중심은 어떤 주제가 아니고, 집단원 개개인 자체이다.
> ㄴ. 집단치료는 무의식적 동기에 관심을 기울인다.
> ㄷ. 집단지도는 정보를 제공하는 일종의 직접적이고 인지적인 과정이다.
> ㄹ. 집단훈련은 집단지도와 집단상담의 중간 지점에 위치하면서, 어떤 특정한 영역에 대한 기술을 익히는 과정으로 되어 있다.

① ㄱ, ㄴ　　　　　　　　　② ㄴ, ㄷ
③ ㄱ, ㄴ, ㄹ　　　　　　　　④ ㄷ, ㄹ
⑤ ㄱ, ㄴ, ㄷ, ㄹ

집단상담과 그 유사개념의 비교
- 집단상담의 중심은 어떤 주제가 아니고, 집단원 개개인 자체로서 집단원 개개인의 행동변화가 중심이다.
- 집단치료는 무의식적 동기에 관심을 기울이는 것이며, 보다 깊은 수준의 성격구조의 변화에 관여하는 과정이다.
- 집단지도는 교육적 경험의 내용을 주제로 취급하며, 정보를 제공하는 일종의 직접적이고 인지적인 과정이다.
- 집단훈련은 집단지도와 집단상담의 중간 지점에 위치하면서, 양자의 특성을 공유한다고 볼 수 있으며, 어떤 특정한 영역에 대한 기술을 익히는 과정으로 되어 있다.

08 응집력이 높은 집단에서 관찰되는 집단원의 특징으로 옳지 않은 것은?

① 다른 집단원들에게 영향을 주기 위해 더 열심히 노력한다.
② 더 많은 자기개방을 한다.
③ 집단규범을 잘 지키고, 집단규범 일탈자에게 압력을 가한다.
④ 부정적 감정은 거의 표현하지 않는다.
⑤ 한 명의 집단원이 중도 탈락했을 때, 집단의 붕괴에 대하여 덜 민감하게 반응한다.

> 응집력이 높은 집단의 집단원들은 부정적인 것이든 긍정적인 것이든 자신의 느낌과 생각을 솔직하게 표현하고, 서로의 감정에 솔직하게 반응한다.

09 비구조화 집단상담에서 신뢰 대 불신, 참여의 주저, 의미의 추구, 의존이 주된 관심사가 되는 발달단계는?

① 계획단계　　　　　　　　　　② 초기단계
③ 전환단계　　　　　　　　　　④ 작업단계
⑤ 종결단계

> **집단상담 시작단계(초기단계)의 특징**
> • 신뢰와 불신 : 집단상담에 대한 기대와 희망을 가지고 있지만 그와 동시에 긴장과 불안을 느낀다.
> • 참여의 주저 : 위험을 감수하는 행동이 상대적으로 적고 관망하는 자세를 취하며 탐색도 머뭇거리며 일어난다.
> • 의미의 추구 : 집단의 의미와 집단에서의 자기 역할을 파악하기 위해 노력한다.
> • 의존 : 집단원은 집단상담자에게 의존하는 성향을 보인다.

10 집단상담의 발달단계 중 갈등단계에 해당하는 것은?

① 낯선 상황에 대한 어색함과 두려움, 주저함 등의 긴장과 불안을 느낀다.
② 관망하는 자세를 취하며 머뭇거리며 탐색한다.
③ 집단활동에 대한 애착과 정서적 관여가 감소한다.
④ 저항의 일종으로 집단상담자의 능력을 시험하는 집단원이 나타난다.
⑤ 상담자에 대한 전이로 인해 집단원의 도전 행동이 나타날 수 있다.

> 갈등단계(과도기단계)에서는 시작단계(초기단계)를 지나면서 집단원들 사이에 친밀감이 형성되지만 그에 따라 집단원들의 불안감이 고조되고, 갈등과 상담자에 대한 저항들이 나타나는 시기이다. 저항의 일종으로 집단상담자의 권위와 능력을 시험하고 도전하는 집단원이 나타난다.
> ①·② 시작단계, ③ 종결단계, ⑤ 생산단계의 특징이다.

정답　06 ②　07 ⑤　08 ④　09 ②　10 ④

11 다음과 같은 특성을 보이는 집단상담의 발달단계는?

○ 강한 집단응집력 형성
○ 피드백 교환 활성화
○ 집단원 상호간의 깊은 정서체험

① 시작단계　　　　　　　　　② 갈등단계
③ 생산단계　　　　　　　　　④ 종결단계
⑤ 추수단계

생산단계(작업단계)의 특징
- 강한 집단응집력 형성 : 갈등과 저항이 표현되고 잘 다루어져 '우리 집단'이라는 소속감이 생기면서 조화롭고 협력적인 집단분위기와 강한 집단응집력이 형성된다.
- 집단 내의 의사소통이 개방적이며, 자신이 경험한 것을 정확히 표현한다.
- 피드백 교환 활성화 : 피드백을 자유롭게 주고받으며 비방어적으로 고려된다.
- 집단원 상호간의 깊은 정서체험을 하게 된다.
- 깊은 신뢰관계 형성 : 집단원들의 신뢰와 결속력이 높아지고 자신이 지지받고 있다고 느껴 새로운 행동을 과감히 시도한다.
- 집단원은 대개 리더의 지시 없이도 자발적이고 적극적으로 집단활동에 참가하려고 한다.
- '지금-여기'에 초점을 두고 원활하고 직접적인 소통이 이루어진다.
- 상담자에 대한 전이로 인해 집단원의 도전 행동이 나타날 수 있다.

12 집단상담 종결기에 나타나는 내담자 반응을 모두 고른 것은?

ㄱ. "솔직히 여기서 무엇을 말해야 할지 모르겠어요."
ㄴ. "집단원들을 더 이상 못 보게 된다고 생각하니 너무 아쉬워요."
ㄷ. "제 문제에 대한 집단원들의 충고가 많은 도움이 되었어요."
ㄹ. "앞으로 수업시간에 기회가 있으면 꼭 질문이나 발표를 하려고요."
ㅁ. "제가 무슨 말을 해도 평가하려고 하는 것 같아서 말하기가 부담스러워요."

① ㄱ, ㄴ　　　　　　　　　② ㄷ, ㄹ
③ ㄴ, ㄷ, ㄹ　　　　　　　④ ㄴ, ㄷ, ㅁ
⑤ ㄴ, ㄷ, ㄹ, ㅁ

　　ㄱ·ㅁ '시작단계'의 특징이다. 시작단계에서 집단원들은 집단상담에 대한 기대와 희망을 가지고 있지만, 낯선 상황에 대한 어색함과 두려움, 긴장과 불안을 느끼며 주저하게 된다.

13 정신분석적 상담이론에서 사용하는 집단상담기법 중 '전이'에 관한 설명으로 옳은 것은?

① 마음속에 떠오르는 것을 의식의 검열을 거치지 않은 채 표현하도록 격려하는 것
② 차례로 돌아가면서 한 사람씩 택하여 모든 집단원들이 그 사람을 볼 때 마음에 연상되는 것을 이야기하도록 하는 것
③ 집단 내에서 떠오르는 생각이나 감정을 자유롭게 토의하도록 하는 것
④ 애정, 욕망, 기대, 적개심 등 과거 중요한 사람에게 가졌던 감정을 상담자에게 느끼는 것
⑤ 상담진행을 방해하고 현재 상태를 유지하려는 의식적·무의식적 생각, 태도, 감정, 행동

> 전이(Transference)는 애정, 욕망, 기대, 적개심 등 과거 중요한 사람에게 가졌던 감정을 상담자에게 느끼는 것을 말하며, 상담자는 자신에게 표현된 내용들을 분석하고 해석함으로써, 내담자가 무의식적 갈등과 문제의 의미를 통찰하도록 돕는다.

14 코리(Corey & Corey)가 주장한 T-집단의 목표에 관한 설명으로 옳지 않은 것은?

① 자기-존중감을 증진시키는 것
② 자신의 한계를 받아들이는 것
③ 친밀성을 저해하는 행동을 감소시키는 것
④ 외부의 '압박'과 '부담'에 민감해지는 것
⑤ 자기 자신과 타인을 신뢰하는 방법을 배우는 것

> 코리(Corey & Corey)가 주장한 T-집단은 외부의 '압박'과 '부담'으로부터 자유로워지는 것을 목표로 한다.

15 아들러(Adler)의 개인심리학적 집단상담에서 집단원이 사용하는 자기보호성향(Safeguarding Tendency) 기제에 관한 설명으로 옳지 않은 것은?

① 사회적 상황에서 무의식적으로 작동한다.
② 변명은 집단원의 보호성향 중 하나이다.
③ 철회는 집단원의 보호성향 중 하나이다.
④ 공격성은 집단원의 보호성향 중 하나이다.
⑤ 자존감을 지키기 위해 작동한다.

> 아들러(Adler)의 자기보호성향은 프로이트(Freud)의 자기방어기제에 대응하는 개념이지만, 프로이트의 방어기제가 개인 내적인 상황에서 무의식적으로 작동하는 반면에, 아들러는 자기보호성향이 사회적 상황에서 의식적으로 작동한다고 보았다.
> ②·③·④·⑤ 열등 콤플렉스로부터 자존감을 지키기 위한 자기보호성향이다.

정답 11 ③ 12 ③ 13 ④ 14 ④ 15 ①

16 로저스(Rogers)가 제안한 참만남집단의 15단계 과정에 해당하는 것은?

> ㄱ. 긍정적 참회　　　　　　ㄴ. 자기수용과 변화의 시작
> ㄷ. 공감의 극대화　　　　　ㄹ. 가면의 파괴
> ㅁ. 직 면

① ㄱ, ㄴ, ㄷ　　　　　　② ㄱ, ㄷ, ㄹ
③ ㄴ, ㄷ, ㅁ　　　　　　④ ㄴ, ㄹ, ㅁ
⑤ ㄱ, ㄴ, ㄷ, ㄹ

> **로저스(Rogers)의 참만남집단의 15단계 과정**
> 혼돈과 무질서 – 사적인 자기노출(탐색에 대한 저항) – 과거의 느낌 기술 – 부정적 감정의 표현 – 사적으로 의미 있는 자료의 표현과 탐색 – 집단 내에서의 즉시적인 대인 간 감정의 표현 – 집단 내에서의 상담 능력의 발달 – 자기수용과 변화의 시작 – 가면의 파괴 – 피드백 주고받기 – 직면(맞닥뜨림) – 집단과정 밖에서의 조력관계 형성 – 기초적 참만남 – 긍정적 감정과 친근감의 표현 – 집단 내에서의 행동변화

17 게슈탈트 집단상담 기법과 그 내용으로 옳지 않은 것은?

① 신체활동 과장하기 – 신체언어로 보내는 미묘한 신호와 단서를 잘 지각한다.
② 순회하기 – 집단원들이 돌아가면서 평소에 표현하지 않았던 것을 이야기한다.
③ 환상대화법 – 내적 분열과 궁극적인 성격을 통합하여 자각한다.
④ 연결조성법 – 미해결된 상황을 현재 상황과 통합하여 인식한다.
⑤ 꿈작업 – 꿈의 내용을 기억하고 그것이 마치 지금 일어난 것처럼 재현한다.

> ④ '자각'에 대한 설명이다. 자각은 미해결된 과제를 '지금-여기'로 끌어내어 단편적인 자기지식 조각들을 선명한 통합체로 통찰하는 것이다.

18 합리적정서행동 접근(REBT)에 관한 설명으로 옳지 않은 것은?

① 엘리스(Ellis)가 발전시킨 모형이다.
② 비합리적인 것을 합리적인 것으로 대체할 때 정서적인 문제들이 해소될 수 있다는 기본원리에 입각한다.
③ 현실적으로 검증이 어렵거나 불가능하며, 논리적 비약이 심한 비합리적 사고에 의해 정서적인 문제가 발생한다.
④ 집단원의 비합리적인 용어('절대로', '반드시' 등) 사용에 주목하여 비합리적인 생각과 합리적인 생각을 구별하도록 지도한다.
⑤ 집단원의 비합리적인 사고에 대해 논박하거나 직접적으로 맞서지 않는다.

집단상담자는 능동적이며, 지시적·설득적인 방법을 통해 집단원의 비합리적인 사고에 대해 논박하거나 직접적으로 맞선다. 또한, 집단원들의 바람직하지 못한 행동의 근거가 되는 생각을 찾아내어 그것이 비논리적임을 밝혀주고, 합리적으로 생각하는 방법을 가르쳐 준다.

19 교류분석 집단상담에 관한 설명으로 옳지 않은 것은?

① 구조분석은 세 가지 자아상태를 검토하도록 돕는 과정이다.
② 교차적 의사교류는 두 가지 내용이 동시에 전달되는 경우로 바깥으로 직접 나타나는 자아와 실제로 기능하는 심리적 자아가 다른 것을 말한다.
③ 게임이란 숨겨져 있지만 이득을 얻도록 계획된 이면적 교류의 연속이다.
④ 긍정적인 삶의 자세 한 가지와 부정적인 삶의 자세 세 가지가 있다.
⑤ 개인이 시간을 구조화하는 여섯 가지 방법은 철회, 의례적 행동, 활동, 여흥, 게임, 친밀성이 있다.

② 교차적 의사교류는 다른 사람의 어떤 반응을 기대하기 시작한 교류에 대해 예상외의 반응이 되돌아오는 것으로, 3~4개의 자아 상태가 관련되며, 자극과 반응의 방향이 항상은 아니지만 자주 교차하는 의사교류이다.

20 현실치료 집단상담에서 청소년의 전행동(Total Behavior) 중 통제하기 쉬운 것부터 순서대로 나열한 것은?

① 생리반응 – 감정 – 사고 – 행동
② 사고 – 행동 – 감정 – 생리반응
③ 감정 – 사고 – 생리반응 – 행동
④ 사고 – 행동 – 생리반응 – 감정
⑤ 행동 – 사고 – 감정 – 생리반응

> 현실치료 상담에서는 '행동, 생각(사고), 느낌(감정), 생리작용'의 4요소로 이루어진 전체 행동(Total Behavior)을 강조한다. '행동'에 대해서는 거의 완전한 통제력을 가지고 있으며, '사고'도 어느 정도의 통제가 가능하나, '감정'의 통제는 어려우며, '생리반응(신체반응, 생리작용)'에 대해서는 더더욱 통제력이 없다고 본다(행동 → 사고 → 감정 → 생리반응).

21 다음에 해당하는 해결중심 상담이론의 주요 질문기법으로 옳은 것은?

> 문제해결을 위해 우연적이고 성공적으로 실행한 방법을 찾아낼 수 있도록 하는 질문이다.
> 최근에 문제가 일어나지 않은 때는 언제인가요?

① 예외 질문
② 관계성 질문
③ 척도 질문
④ 기적 질문
⑤ 대처 질문

> ① 예외 질문 : 일상생활에서 성공적으로 잘하고 있으면서도 의식하지 못하는 것을 발견하고, 성공했던 행동을 의도적으로 하도록 강화하기 위해 사용하는 질문이다.
> ② 관계성 질문 : 집단원과 중요한 관계에 있는 사람들의 관점에서, 그들이 집단원 자신의 문제에 대해 어떻게 생각할지 추측해보도록 하는 것이다. 어머니가 당신의 변화된 부분을 본다면 어떤 부분을 보고 말해줄까요?
> ③ 척도 질문 : 숫자를 이용하여 집단원에게 자신의 문제, 문제의 우선순위, 성공에 대한 태도, 정서적 친밀도, 자아존중감, 치료에 대한 확신, 변화를 위해 투자할 수 있는 노력, 진행에 관한 평가 등의 수준을 수치로 표현하도록 하는 것이다. 0~10점까지의 척도에서 10점은 문제가 해결된 상태, 0점은 문제가 전혀 해결되지 않은 상태라고 가정합니다. 오늘은 몇 점이라고 생각하나요?
> ④ 기적 질문 : 문제가 해결된 상태를 상상해보는 것으로, 해결을 위한 요구사항들을 구체화·명료화하는 데 도움을 준다. 잠자는 동안 기적이 일어나 당신을 여기에 오게 한 그 문제가 극적으로 해결됩니다. 아침에 일어나서 지난밤 기적이 일어나 모든 문제가 해결되었다는 것을 어떻게 알 수 있을까요?
> ⑤ 대처 질문 : 어려운 상황에서의 적절한 대처 경험을 상기시킴으로써, 집단원으로 하여금 스스로의 강점을 발견하도록 돕는 것이다. 당신은 그 어려운 상황 속에서 어떻게 지금까지 견딜 수 있었나요?, 어떻게 해서 상황이 더욱 나빠지지 않을 수 있었나요?

22 우볼딩(Wubbolding)의 WDEP 체계과정에 대한 설명으로 옳지 않은 것은?

① 자신이 원하는 것을 정확하게 이해할수록 그것을 얻을 수 있는 가능성도 높아진다.
② 자신의 행동들이 자신에게 어떤 도움 혹은 해가 되는지 평가한다.
③ 계획은 한 번에 끝날 수 있게 세우는 것이 좋다.
④ 하루의 일과를 꼼꼼히 리뷰해 본다.
⑤ 자신이 진정 원하는 바람이 무엇인지 적어본다.

> 반복해서 할 수 있는 계획을 세우는 것이 좋다. 또한 계획은 구체적이고 현실적이어야 하며, 즉시 실행할 수 있는 것이어야 한다.

우볼딩(Wubbolding)의 WDEP

제1단계 Want (바람)	• 자신이 원하는 것을 정확하게 이해할수록 그것을 얻을 수 있는 가능성도 높아진다. • 자신이 진정 원하는 바람이 무엇인지 적어보고, 가장 원하는 것부터 상대적으로 덜 중요한 바람까지 순서를 정해보고, 각각의 바람이 얼마나 실현 가능한지 생각해본다.
제2단계 Doing (행동)	• 현재 자신의 행동을 관찰한다. • 하루의 일과를 꼼꼼히 리뷰해 보고, 다른 사람들과 어떻게 소통하고 있으며, 시간은 어떻게 사용하고 있는지 등을 확인한다.
제3단계 Evaluation (자기행동평가)	두 번째 단계에서 관찰한 현재의 자신의 행동들이 자신이 진정으로 원하는 것을 얻는 데 도움이 되는지 또는 해가 되는지 평가한다.
제4단계 Planning (계획)	• 자신이 진정으로 원하는 것을 얻을 수 있도록 새로운 계획을 세운다. • 계획은 구체적이고 현실적이어야 하며, 즉시 실행할 수 있는 것이어야 한다. • 반복해서 할 수 있는 계획을 세우는 것이 좋다.

23 행동주의적 접근모형에서 행동을 강화하는 기술이 아닌 것은?

① 행동계약
② 자기주장훈련
③ 행동조형
④ 토큰경제
⑤ 양립할 수 없는 행동의 강화

행동주의 집단상담의 기술

행동을 강화하는 기술	행동계약, 자기주장훈련, 행동조형, 토큰경제
행동을 약화하는 기술	소거, 양립할 수 없는 행동의 강화, 체계적 과민성 제거, 심적 포화

정답 20 ⑤ 21 ① 22 ③ 23 ⑤

24 다음의 내용이 설명하는 집단상담이론은?

> 컨버그(Kernberg)와 코헛(Kohut)이 경계선 성격장애나 자기애성 성격장애를 가진 사람들을 대상으로 집단상담의 기틀을 마련한 이론적 접근을 말한다.

① 대상관계　　　　　　　　　② 교류분석
③ 행동주의　　　　　　　　　④ 인본주의
⑤ 실존주의

　　컨버그(Kernberg)와 코헛(Kohut)은 전통적인 본능이론의 중요한 특징들과 프로이트(Freud)의 구조적 모델, 대상관계이론, 자아심리학을 통합하여 심리적 구조와 대상관계의 관련성을 자세하게 설명하고 있고, 경계선 성격장애를 중심으로 대상관계의 병리적 발달에 대해 집중적인 이론을 제공하고 있다.

25 다음 중 집단상담자의 인간적 자질을 모두 고른 것은?

> ㄱ. 유머
> ㄴ. 인간에 대한 폭넓은 식견과 경험
> ㄷ. 개방성
> ㄹ. 타인의 복지에 대한 관심

① ㄱ, ㄷ, ㄹ　　　　　　　　② ㄱ, ㄷ
③ ㄴ, ㄷ, ㄹ　　　　　　　　④ ㄷ, ㄹ
⑤ ㄱ, ㄴ, ㄷ, ㄹ

집단상담자의 자질

인간적 자질(인성적 자질)	전문적 자질
• 인간에 대한 선의와 관심 • 인간행동의 긍정적 변화에 대한 신념 • 자신에 대한 각성 • 용기 • 창조적 태도(창의성) • 개방성 • 인내심 • 유머 • 타인의 복지에 대한 관심	• 개인상담 경험 • 집단상담 참여 경험 • 집단상담의 계획과 조직능력 • 상담이론과 상담주제에 관한 지식 • 인간에 관한 폭넓은 식견과 경험 • 집단원으로서의 참여, 수련지도자와 함께하는 참여 학습 경험, 직접 집단을 계획·운영해 본 경험 • 다양한 상담이론 관련 지식과 이해

CHAPTER 02 청소년 집단상담의 실제

01 다음과 같은 집단상담기법의 목적으로 옳은 것은?

> 청소년들에게 이제부터 삶이 이틀밖에 남지 않았다고 상상하게 한 후, 자신은 어디서 무엇을 하고 있을지를 생각하게 하였다. 어디에서 누구와 무엇을 하고 있을 것인가를 구체적으로 기록하게 하고, 전체 집단원이 모여서 자신이 쓴 것을 소리 내어 크게 읽은 후 자신이 이루고 싶은 것들에 대하여 서로 이야기하고 경험을 나누게 하였다.

① 불치병 극복
② 감사느낌 획득
③ 계획성 획득
④ 가치관 명료화
⑤ 갈등 해소

가치관 명료화
자신의 가치가 어떠한가를 확인하며 지금까지 자신이 가치 있다고 생각하고 있던 것들이 자신의 '참가치'인지 아닌지를 판단해 보며, 다양한 대안들 중에서 나의 가치를 선택하고, 이에 대해 확신을 가지며 행동화하고 반복하여 안전하고 지속적인 행동의 유형으로 정립하는 과정이다.

02 다음에 해당하는 집단상담의 기술로 옳은 것은?

> "저도 과거에 당신과 같은 우울증을 경험한 적이 있어요. 그래서 당신의 그와 같은 기분을 어느 정도 이해할 수 있을 것 같아요."

① 관심기울이기
② 공감적 반응하기
③ 자기노출하기
④ 피드백 주고받기
⑤ 직면하기

'자기노출하기'는 집단상담자가 상담을 효과적으로 이끌기 위해 상담에 참여한 집단원에게 자신에 대한 주관적인 정보를 노출하는 기술로서, 집단상담자의 자기노출을 통해 집단원에게 유사성과 친근감을 전달할 수 있고, 집단상담자와 집단원간의 보다 깊은 이해를 발달시킬 수 있다.

정답 24 ① 25 ① / 01 ④ 02 ③

03 피드백을 주고받을 때의 유의점에 관한 설명으로 옳지 않은 것은?

① 가치판단을 통한 느낌을 상대방에게 솔직하게 이야기한다.
② 구체적으로 관찰 가능한 행동에 대해 그 행동이 일어난 직후 적용하는 것이 효과적이다.
③ 변화 가능한 행동에 대해 피드백을 주어야 하며, 가능한 경우 대안도 함께 제시해주는 것이 좋다.
④ 한 사람에게서 온 것보다는 집단의 여러 사람들에게서 온 피드백이 더욱 의미가 있다.
⑤ 피드백을 받을 때는 겸허해야 한다.

'피드백 주고받기'는 집단상담의 중요한 목적 가운데 하나로서, 집단원으로 하여금 타인들이 자기를 어떻게 보고 있으며, 어떻게 반응하고 있는지에 대해 학습할 기회를 제공한다. 피드백을 주고받을 때에는 사실적인 진술을 하되, 가치판단을 하거나 변화를 강요하지 않는다.

04 다음에 해당하는 집단상담 기술로 옳은 것은?

> "너는 좋은 성적을 받아 부모님을 기쁘게 해드리고 싶다고 하면서도, 다른 한편으로는 친구와 컴퓨터게임 하는 것을 더욱 좋아하는구나."

① 피드백 주고받기
② 직면하기
③ 관심기울이기
④ 반영하기
⑤ 명료화하기

'직면하기(맞닥뜨림하기)'는 집단원의 말이나 행동이 일치하지 않거나 모순점이 있을 때 그것을 지적해주는 기술로서, 상대방에게 공격이나 위협으로 받아들여질 수 있으므로 주의하여 사용한다.

05 상담기술에 관한 설명을 바르게 연결한 것은?

> ㄱ. 집단원이 말한 내용을 좀 더 구체적으로 인식하도록 반사해준다.
> ㄴ. 문제의 밑바닥에 깔려있는 혼동되고 갈등적인 것을 명확히 알도록 해준다.
> ㄷ. 집단원의 말이나 행동에 새로운 의미를 부여하여 새로운 인식의 틀을 제공한다.

	ㄱ	ㄴ	ㄷ
①	반영	해석	직면
②	반영	명료화	해석
③	구체화	반영	해석
④	반영	명료화	직면
⑤	구체화	해석	직면

집단상담자의 전문적 기술
- 반영 : 집단원이 전달하고자 하는 의사의 본질을 스스로 볼 수 있도록 집단원의 말과 행동에서 표현되는 감정·생각·태도를 상담자가 다른 참신한 말로 표현해주는 기술이다.
- 명료화 : 어떤 중요한 문제의 밑바닥에 깔려있는 혼동되고 갈등적인 느낌을 가려내어 분명히 해주는 기술이다.
- 해석 : 집단원이 표면적으로 표현하거나 인식한 내용을 뛰어넘어 집단상담자가 새로운 방식으로 자신의 문제를 바라볼 수 있도록, 행동·사고·감정에 대해서 새로운 의미를 부여하거나 새롭게 설명하는 것을 말한다.
- 직면 : 집단원의 말이나 행동이 일치하지 않거나 모순점이 있을 때 그것을 지적해주는 기술이다.
- 구체화 : 명료화와 유사한 기술로서 내담자의 생각과 느낌, 경험 등을 좀 더 구체적으로 표현해 줄 것을 요구해서 더 정밀하게 확인할 수 있는 기법을 말한다.

06 촉진하기에 해당하는 것을 모두 고른 것은?

> ㄱ. 갈등과 논쟁은 집단 진행에 방해가 되므로 피하도록 한다.
> ㄴ. 생산적인 상호작용이 될 수 있도록 안전하고 수용적인 분위기를 만든다.
> ㄷ. 집단원들이 서로 직접 말하도록 독려하여 집단상담자에게 덜 의존하게 한다.
> ㄹ. 집단원이 자신의 개인적인 문제를 탐색하거나 새로운 행동을 시도할 때 지지한다.

① ㄱ, ㄷ
② ㄴ, ㄹ
③ ㄱ, ㄷ, ㄹ
④ ㄴ, ㄷ, ㄹ
⑤ ㄱ, ㄴ, ㄷ, ㄹ

집단과정을 촉진할 때 유의할 점
- 집단원들이 자신들의 느낌을 솔직하게 말하도록 돕는다.
- 안전하고 수용적이며 신뢰적인 분위기를 조성하는 데 힘쓴다.
- 집단원이 개인적인 문제를 탐색하거나 새로운 행동을 실험하고자 할 때 격려와 지지를 해준다.
- 초청 혹은 도전을 통해 가능한 한 많은 집단원을 참여시킨다.
- 집단상담자에게 의존하는 경향을 줄인다.
- 갈등이나 의견의 불일치를 공공연히 표현하도록 장려하고, 의사소통의 장벽을 극복하도록 돕는다.

정답 03 ① 04 ② 05 ② 06 ④

07 청소년 집단원의 특징에 관한 설명으로 옳지 않은 것은?

① 학교나 부모에 의해 참여하게 되는 경우 집단에 대한 관심이 없을 수도 있다.
② 교사나 부모와 같은 기성세대에게는 반항적인 태도를 가지고 도전할 수 있다.
③ 일반적으로 또래의 기준에 동조하거나 승인받는 것에 관심이 없다.
④ 신체적·생리적 변화로 외모에 관심을 갖게 된다.
⑤ 자아중심적이고, 자기의식적인 특성을 보인다.

> ③ 청소년 시기는 또래 집단에 몰입하는 시기이며, 또래와의 관계를 통해 정체감 형성·유지에 필요한 심리적·사회적 지지를 얻으므로, 또래의 기준에 동조하거나 승인받는 것에 관심이 많다.

08 집단상담 중 대화를 독점하는 집단원에 관한 상담자의 이해와 대처로 적절하지 않은 것은?

① 대화 독점을 허용한 다른 집단원들이 이를 직접 집단에서 다루도록 개입한다.
② 대화 독점을 통해 얻고자 하는 점과 관련된 역동을 탐색한다.
③ 집단원들이 독점 집단원에 대한 불만이나 좌절감을 표현하면서 해결할 때까지 기다린다.
④ 대화 독점은 일종의 강박적인 불안감의 표현으로 자신을 은폐하기 위한 시도로 볼 수 있다.
⑤ 상담자가 직접 개입하여 다른 집단원들이 대화에 적극 참여하도록 격려한다.

> 대화를 독점하는 집단원이 있을 경우 상담자는 집단원들이 스스로 해결할 때까지 기다리는 것이 아니라, 문제행동에 즉각적이고 적극적으로 직접 개입해야 한다. 또한 상담자와 다른 집단원은 대화를 독점하는 집단원의 행동이 집단에 어떤 영향을 미치는지 솔직한 피드백을 해야 한다.

09 집단원의 문제행동에 대한 상담자의 대처로 옳지 않은 내용을 모두 고른 것은?

> ㄱ. 여러 명의 집단원들이 만성적으로 지각하거나 결석하는 경우 집단원들 간의 상호작용에 좀 더 초점을 맞춘다.
> ㄴ. 대화를 독점하는 집단원에게 모든 집단원들이 돌아가면서 좌절된 심정을 피드백 하도록 한다.
> ㄷ. 습관적으로 불평을 하는 집단원에게는 개별면담을 통해 이유를 알아보고 생산적인 집단이 될 수 있도록 협조를 구한다.
> ㄹ. 지속적으로 의존적 자세를 보이는 집단원이 도움을 요청하는 행동을 보일 때 적극적으로 도와준다.

① ㄱ, ㄷ ② ㄴ, ㄹ
③ ㄱ, ㄴ, ㄹ ④ ㄴ, ㄷ, ㄹ
⑤ ㄱ, ㄴ, ㄷ, ㄹ

ㄱ. 집단원들은 결석이나 지각, 조퇴를 삼가며 부득이 한 경우 사전에 상담자와 집단원들에게 미리 고지해야 한다. 타당한 이유 없이 지각과 결석을 반복하는 집단원에게는 집단 참여의 제한을 고려할 수 있다. 사전에 양해 없이 특정 집단원들이 자주 불참하거나 지각하는 경우에는 당사자들뿐만 아니라 집단 전체에 부정적인 영향을 미치기 때문이다.
ㄴ. 대화 독점은 일종의 강박적인 불안감의 표현으로 자신을 은폐하기 위한 시도로 볼 수 있으므로, 상담자가 직접 개입하여 다른 집단원들이 대화에 적극 참여하도록 격려한다.
ㄹ. 집단원이 지나치게 의존적인 행동을 보이는 경우, 집단상담자는 의존의 욕구가 지속되지 않도록 거절의 표시를 해야 한다.

10 비자발적인 집단원에 대한 상담자의 개입으로 옳지 않은 것은?

① 적극적인 참여의 중요성을 설명한다.
② 침묵할 자유와 권리가 있음을 알려준다.
③ 집단에 억지로 참여하게 된 것에 대한 솔직한 감정을 표현할 수 있도록 한다.
④ 기대 이하의 수준으로 집단에 참여한 경우 집단상담을 받은 것으로 인정하지 않을 수 있음을 설명한다.
⑤ 학교폭력 가해학생이 법적 명령에 의해 집단에 출석할 때, 학교장의 요구가 있더라도 상담결과에 대한 비밀이 보장됨을 알린다.

비밀보장의 의무를 지킬 수 없는 예외적인 경우는 내담자나 내담자 주변인에게 닥칠 위험이 분명하고 위급한 경우 또는 법원의 명령이 있는 경우로 이러한 때 집단상담자는 내담자의 비밀을 사전 동의 없이 관련자에게 공개할 수 있다. 또한 전문상담교사가 포함된 학교폭력문제를 담당하는 전담기구는 학교장 및 심의위원회의 요구가 있는 때에는 조사결과 등 활동결과를 보고하여야 한다(학교폭력예방 및 대책에 관한 법률 제14조 제5항).

11 침묵하는 집단원에 관한 일반적인 대처 반응으로 옳은 것은?

① 집단의 초기에 침묵하는 집단원이 있으면 해석해 준다.
② 집단의 초기에 적극적인 참여를 요구한다.
③ 내담자를 존중하며 끝까지 기다린다.
④ 표정·몸짓 등 비언어적 행동에 대해 언급하며 자연스러운 참여를 유도한다.
⑤ 집단원의 이름을 계속 부르며 관심을 적극 표명한다.

① 집단 초기에 성급한 해석을 내리는 경우, 침묵하는 집단원이 더 방어적으로 나올 수 있으므로 유의해야 한다.
② 적극적인 참여를 요구할 경우, 침묵하는 집단원이 부담을 느껴 참여가 어려워질 수 있다.
③ 끝까지 기다리기보다는 침묵하는 집단원이 말할 수 있도록 적절한 조치를 취하는 것이 바람직하다.
⑤ 침묵하는 집단원에 대한 지나친 관심보다 적절한 반응을 통해 참여할 수 있도록 유도해야 한다.

12 청소년 집단상담을 실시하기 위하여 준비하는 과정이 순서대로 바르게 제시된 것은?

> ㄱ. 집단상담 계획서 작성　　ㄴ. 집단원 모집광고
> ㄷ. 대상집단 요구 파악　　　ㄹ. 사전 집단면접
> ㅁ. 집단원 선정　　　　　　ㅂ. 부모나 보호자 승인
> ㅅ. 사전 검사

① ㄱ - ㄴ - ㄷ - ㄹ - ㅁ - ㅂ - ㅅ
② ㄱ - ㄴ - ㅁ - ㄹ - ㄷ - ㅅ - ㅂ
③ ㄱ - ㄴ - ㅅ - ㄹ - ㄷ - ㅁ - ㅂ
④ ㄷ - ㄱ - ㄴ - ㄹ - ㅂ - ㅅ - ㅁ
⑤ ㄷ - ㄱ - ㄴ - ㅂ - ㄹ - ㅁ - ㅅ

집단상담의 계획 및 실시과정
대상집단 요구 파악 → 집단상담 계획서 작성 → 집단원 모집광고 → 부모나 보호자 승인 얻기 → 사전 집단면접 → 집단원 선정 → 사전 검사 → 집단상담 → 사후 검사 → 추후지도 및 평가

13 다음과 같은 특성을 지닌 집단에 관한 설명으로 옳지 않은 것은?

> ○ 또래와 어울리면서 의사소통, 팀워크 등과 같은 사회적 기술을 익히는 것이 집단의 목적일 경우 적합
> ○ 결원이 생기면 새로운 집단원이 들어올 수 있음
> ○ 비교적 장기적으로 운영하는 데 적합

① 집단원이 다양한 사람들과 어울릴 기회가 늘어난다.
② 일상생활의 인간관계 모습을 덜 반영한다.
③ 집단응집력이 결여될 수 있다.
④ 집단참여 오리엔테이션이 중요하다.
⑤ 한 회기나 제한된 시간 내에 다루기 어려운 문제탐색은 피하는 것이 좋다.

제시문은 '개방집단'에 대한 설명이다. 개방집단은 일상생활의 인간관계 모습을 폐쇄집단보다 더 잘 반영한다.

14 집단의 구성방법에 관한 설명으로 옳지 않은 것은?

① 아동의 경우 동성의 집단을 이루는 것이 효과적이다.
② 학생의 경우 같은 또래로 구성하는 것이 효과적이다.
③ 학교에서는 같은 반 학생들, 또는 장차 같은 반이 될 친구들이나 동아리 친구들이 집단상담의 훌륭한 구성원이 된다.
④ 청소년의 경우 15세 이전에는 혼성집단이 더 바람직하다.
⑤ 성인의 경우 서로의 경험을 교환할 수 있도록 다양한 연령층으로 구성하는 것이 효과적이다.

청소년집단의 구성

15세 이전	성적인 정체감에 몰두하여 다른 동성의 또래들과 비교하려는 욕구가 강하므로, 혼성집단보다는 동성집단이 더 바람직하다.
15세 이후	남자와 여자를 혼합하여 서로 어울릴 수 있는 집단을 이루는 것이 효과적이다.

15 청소년 집단상담을 계획할 때 고려해야 할 기본사항으로 옳지 않은 내용을 모두 고른 것은?

ㄱ. 청소년은 또래와의 상호관계가 중요하므로, 중학생으로 집단을 구성할 경우에는 15명 이상으로 진행하는 것이 바람직하다.
ㄴ. 청소년은 특성상 끈기가 부족하므로, 집단상담 한 회기 지속시간은 50분 미만으로 하여야 한다.
ㄷ. 청소년 집단상담은 구조적 집단상담의 형태로 진행하는 것이 더 효과적이다.
ㄹ. 집단원을 선발할 때 청소년의 호소문제와 특성뿐 아니라 가족관계도 반드시 파악하여야 한다.

① ㄱ, ㄴ
② ㄱ, ㄴ, ㄹ
③ ㄱ, ㄷ, ㄹ
④ ㄴ, ㄷ, ㄹ
⑤ ㄱ, ㄴ, ㄷ, ㄹ

ㄱ. 대부분의 전문가들은 5~15명의 범위 안에서 특히 7~8명이 집단의 이상적인 수라고 보고 있으며, 집단의 크기는 연령이 어릴수록 적은 수로 구성하고, 성인에 가까울수록 다소 많은 수로 조직할 수 있다.
ㄴ. 일반적으로 모임의 시간은 90~120분 정도가 적당하며, 특히 아동의 경우 30~40분, 청소년의 경우 1시간, 성인의 경우 2~3시간 정도가 적절하다.
ㄹ. 집단원을 선발할 때 청소년의 호소문제와 특성은 알아야 하지만, 가족관계까지 반드시 파악해야 하는 것은 아니다.

16 집단상담 평가에 관한 설명으로 옳은 것은?

① 평가의 목적은 집단원의 바람직한 변화를 조력하기 위해서이다.
② 평가계획은 종결시점에서 고려한다.
③ 평가 시점에 따라 상대평가와 절대평가로 구분할 수 있다.
④ 결과평가는 집단과정 중에 이루어진다.
⑤ 평가에서 심리검사 사용은 필수적이다.

② 평가계획은 일반적으로 집단 계획단계에서 수립한다.
③ 평가 준거에 따라 상대평가(규준 지향적 평가)와 절대평가(목표 지향적 평가)로 구분할 수 있다.
④ 결과평가는 집단 종결 시에 이루어진다.
⑤ 집단상담 평가에서 심리검사 사용은 면접처럼 일반적인 것이 아니라 필요한 상황에서만 사용하는 방법이다.

17 젠킨스(Jenkins)의 집단에 대한 평가내용을 모두 고른 것은?

ㄱ. 목표지향적 방향성	ㄴ. 집단활동의 성취 수준
ㄷ. 집단의 특이수준	ㄹ. 집단자원의 활용 수준
ㅁ. 집단활동의 개선책	

① ㄱ, ㄴ, ㄷ　　　　　　　② ㄴ, ㄷ, ㄹ
③ ㄱ, ㄴ, ㄹ, ㅁ　　　　　　④ ㄱ, ㄷ, ㄹ, ㅁ
⑤ ㄴ, ㄷ, ㄹ, ㅁ

젠킨스(Jenkins)의 평가내용
• 목표지향적인 방향성　　　　• 집단토의나 활동의 성취도
• 성취 혹은 진전의 속도　　　• 집단자원의 활용도
• 집단활동의 개선책

18 2명의 상담자가 공동으로 집단상담을 운영할 때 옳지 않은 것은?

① 공동지도자 간 서로 존중하고 신뢰하는 관계를 형성한다.
② 공동지도자들이 집단회기를 교대로 이끈다.
③ 공동지도자들은 서로의 관점과 의견 차이를 논의하기 위한 시간을 갖는다.
④ 공동지도자 간의 불일치가 집단 안에서 건설적으로 해결된다면 집단원들에게 모범이 된다.
⑤ 한 지도자가 문제행동을 보이는 집단원에게 주의를 기울이는 동안 다른 지도자는 나머지 집단원들의 반응에 주의를 기울인다.

> '협동상담' 또는 '공동지도력'이란 둘 혹은 그 이상의 집단상담자가 협력해서 함께 상담하는 경우로, 집단상담이 시작되기 전에 혼자서 집단을 지도할 것인지 두 사람이 함께 지도할 것인지 결정한 후에 진행해야 한다. 협동상담을 할 경우 둘 혹은 그 이상의 집단상담자가 동등하게 주 상담자로서 역할을 분담할 수도 있고, 한 사람이 주 상담자가 되고 다른 한 사람이 보조 상담자로서의 역할을 담당할 수도 있다.

19 집단상담 관련 윤리로 옳은 내용을 모두 고른 것은?

> ㄱ. 청소년의 부모가 집단상담의 내용을 알고 싶어 해서 학생에게 허락 받은 후 최소한의 정보를 제공했다.
> ㄴ. 청소년을 지도하는 교직원이 교육과 지도를 위해서 집단참여 학생의 상담내용을 알고 싶어 해서 부모와 학생에게 허락받은 후 최소한의 정보를 제공했다.
> ㄷ. 집단에 참여한 학생의 부모가 집단참여로 인한 자녀의 변화에 감사의 표시로 20만원 상당의 오페라 공연 티켓을 주어 받았다.
> ㄹ. 얼굴이 자주 붓고 팔에 멍이 난 아이에게 비밀보장의 예외를 알려주고 부모학대를 학교당국에 신고하려 하자 아이가 지금은 집단상담보다 가족이 우선이라고 해서 집단상담에 전념하였다.

① ㄱ, ㄴ
② ㄱ, ㄷ
③ ㄱ, ㄴ, ㄹ
④ ㄱ, ㄷ, ㄹ
⑤ ㄴ, ㄷ, ㄹ

> ㄷ. 내담자나 내담자 친인척과의 사적 관계 및 경제적 거래관계, 금품수수 행위는 금지된다.
> ㄹ. 내담자나 내담자 주변인에게 닥칠 위험이 분명하고 위급한 경우 또는 법원의 명령이 있는 경우, 집단상담자는 내담자의 비밀을 사전 동의 없이 관련자에게 공개할 수 있다. 따라서 내담자인 아동을 보호하기 위하여 학교당국에 신고하는 것이 우선이다.

정답 16 ① 17 ③ 18 ② 19 ①

20 청소년 집단상담에 관한 내용으로 옳은 것은?

① 청소년은 상처받기 쉬우므로 또래 집단원의 피드백을 이용하지 않는다.
② 남성과 여성의 공동상담자 형태는 집단원에게 성역할 모델을 제공하지 않고 중립적이어야 한다.
③ 비구조화 형태보다 구조화 혹은 반구조화 형태를 더 많이 활용한다.
④ 진로와 학습을 주제로 하는 집단상담에서는 교육이나 지도 형태보다는 내담자 위주의 상담이 바람직하다.
⑤ 일반적으로 성인 집단상담이 청소년 집단상담에 비해 집단상담자의 적극적인 역할과 자세가 요구된다.

③ 청소년들은 모호한 집단상황에 부담을 느끼므로 회기 내용을 구체화하여 진행하도록 한다. 일반적으로 구조적 집단상담은 역동적인 활동을 많이 하므로 활동적인 청소년에게 좋다.
① 청소년은 또래의 영향을 많이 받기 때문에 집단원의 피드백을 적극 활용한다.
② 남성과 여성의 공동상담자 형태는 집단원에게 성역할 모델을 제공한다.
④ 진로와 학습을 주제로 하는 집단상담에서는 교육이나 지도 형태로 진행하는 것이 좋다.
⑤ 일반적으로 청소년 집단상담이 성인 집단상담에 비해 집단상담자의 적극적인 역할과 자세가 요구된다.

21 아동, 청소년 집단상담의 유의사항이 아닌 것은?

① 윤리적 원칙과 법규를 고려하여야 한다.
② 종결을 사전에 고지하고 준비시켜야 한다.
③ 약물남용의 경우는 비밀보장의 원칙을 철회하고 보호자에게 알려야 한다.
④ 18세 이하의 경우 부모의 동의를 얻어야 한다는 것이 법적인 규제임을 명심하여야 한다.
⑤ 집단원으로 하여금 참여동기와 기대, 집단규칙 등에 대해 언어로 표현하게 하는 것이 효과적이다.

집단상담의 대상이 만 14세 미만인 경우에만 부모를 비롯한 법정대리인의 동의를 얻어야 한다.

22 청소년 집단상담의 특징에 관한 옳은 설명을 모두 고른 것은?

> ㄱ. 발달과정상의 다양한 요구들을 충족하도록 하며 다양한 경험을 하도록 돕는다.
> ㄴ. 집단활동을 통해 다른 사람들과 관계를 형성하며, 그들의 일상생활이나 문제해결 과정을 살피도록 하여 유용한 정보와 가치를 습득하도록 돕는다.
> ㄷ. 강제로 참여하게 된 집단원에게는 상담 내용과 목표에 대해 정확히 알려주어 적극적으로 참여할 수 있도록 돕는다.
> ㄹ. 정상적인 청소년들이 자아정체감 발달과정에서 겪고 있거나 관심을 두는 문제들보다 정신질환과 같은 비정상적이며 병적인 문제들을 주로 다루는 심리치료적 기능에 더 중점을 둔다.

① ㄱ, ㄴ ② ㄷ, ㄹ
③ ㄱ, ㄴ, ㄷ ④ ㄴ, ㄷ, ㄹ
⑤ ㄱ, ㄴ, ㄷ, ㄹ

ㄹ. 청소년 집단상담에서는 정신질환과 같은 비정상적이며 병적인 문제들을 주로 다루는 심리치료적 기능보다, 대부분 일상생활의 적응이나 대인관계 등 정상적인 청소년들이 그들의 자아정체감 발달과정에서 겪고 있거나 관심을 두는 문제들을 다룬다.

23 집단상담에서 자주 사용되는 구조화 활동 중에서 '마무리 단계'에 해당하지 않는 것은?

① 추웠던 기억·따뜻했던 기억 나누기
② 피드백 주기
③ 이제야 당신에게 말합니다.
④ 장점 세례
⑤ 카드 피드백

① 추웠던 기억·따뜻했던 기억 나누기 : 중기 활동으로서, 기억할 수 있는 경험 중 가장 추웠던 기억과 따뜻했던 기억을 떠올리고, 그러한 기억이 현재의 나에게 어떤 영향을 미치는지 이야기하는 것이다.
② 피드백 주기 : 한 사람이 피드백하고 싶은 사람에게 진심어린 피드백을 전해주면, 피드백을 받은 사람은 또 다른 집단원에게 피드백을 하는 활동을 반복하는 것이다.
③ 이제야 당신에게 말합니다 : 여러 가지 이유로 하지 못했던 이야기를 "이제야 처음으로 당신에게 이야기합니다."라는 말로 시작하는 편지를 써서 집단에서 발표하는 것이다.
④ 장점 세례 : 집단원 중에서 한 사람에게 집단들이 솔직하게 장점을 일제히 폭탄세례 하듯이 이야기하는 것이다.
⑤ 카드 피드백 : 각 집단원의 이름이 적혀 있는 카드를 돌리면서 집단경험을 통해서 비추어진 모습과 하고 싶은 말을 적어 본인에게 전달하는 것이다.

02 주관식 단답형 문제

❖ 문제를 읽고 (   ) 안에 들어갈 단어를 적어주세요.

01 상대적으로 초보 집단상담자가 실시하기에 용이한 집단상담의 형태는 '구조적 집단', '(   ) 집단', 동질적 집단'이다.

02 (   )은/는 특정 주제와 목표를 달성하기 위하여 일련의 구체적 활동으로 구성되고 집단상담자가 정해진 계획과 절차에 따라 상담을 진행하는 집단 형태를 말하며, (   )은/는 사전에 정해진 활동 없이 구성원 개개인의 경험과 관심을 토대로 상호작용함으로써 집단의 치료적 효과를 얻고자 하는 집단의 형태를 말한다.

03 얄롬(Yalom)의 집단의 치료적 요인의 내용에서 (   )(이)란, 집단원과의 경험 공유를 통해 자기 자신이 다른 사람에게 아무리 많은 지도와 후원을 받는다고 해도 자신들의 인생에 대한 궁극적인 책임은 스스로에게 있다는 것을 말한다.

04 (   )은/는 집단원들이 목적을 달성하기 위하여 노력할 때 일어나게 되는 상호작용적 힘으로, 집단의 성격과 방향에 영향을 미친다.

05 (   )은/는 내담자에게 무의식적 감정과 동기에 대해 통찰하도록 하기 위해 마음속에 떠오르는 것을 의식의 검열을 거치지 않은 채 표현하도록 격려한다.

06 (   )은/는 훈련을 위주로 형성된 소집단으로서 '훈련집단' 또는 '실험실적 접근'이라고도 한다.

07 (　　　)은/는 친밀한 신체적 접촉이라는 일반적 용어가 확대되어 타인에 대한 존재의 인정을 뜻하는 모든 행위를 포함하는 개념이다.

08 (　　　)은/는 숨겨진 일련의 암시적·이중적 의사거래를 분석한다.

09 소크라테스식 질문법, 논박하기, 수치공격 연습, 상상하기 등은 (　　　)에 근거한 집단상담기법이다.

10 (　　　)은/는 집단상담자가 집단원의 태도나 외형적 행동에 자신의 개인적인 정서를 투사하는 것이다.

정답

01 폐쇄집단
02 구조화 집단/비구조화 집단
03 실존적 요인
04 집단역동
05 자유연상
06 T-집단
07 스트로크
08 게임분석
09 합리적 정서 행동치료
10 역전이

02 기출문항 OX 문제

❖ 문제를 읽고 ( ) 안에 맞는 답을 (O / X)로 표기하세요.

01 성장집단은 집단원들의 자기 인식을 증진시키고, 사고를 변화시키는 것을 목적으로 하는 집단이다.
( )

02 집단상담을 위한 심리극(Psychodrama)의 구성요소에는 주인공, 보조자아, 연출자, 작가, 관객 등이 있다.
( )

03 의심증이 심한 사람이나 지나친 적대 감정에 사로잡힌 사람과 기타 심한 정서적 장애를 경험하고 있는 사람은 집단상담의 대상으로 적합하지 않다.
( )

04 집단의 치료적 요인(Yalom)으로서의 보편성이란, 참여자 자신만이 심각한 문제·생각·충동을 가진 것이 아닌, 다른 사람들도 자기와 비슷한 갈등과 생활경험, 문제를 가지고 있다는 것을 알고 위로를 얻는 것이다.
( )

05 스톨러(Stoller)의 모형은 '개방적 참만남집단'에 해당하며, 집단상담자는 지적인 이해보다 '행함(Doing)'과 '경험(Experiencing)'을 강조한다.
( )

06 형태주의 접근모형은 '나(일인칭)'를 사용하도록 함으로써 계속적인 자기각성이 이루어지도록 한다.
( )

07 기적질문은 문제해결을 위해 우연적이며 성공적으로 실행한 방법을 찾아내어 이를 의도적으로 실행하도록 하는 것이다. ( )

08 행동주의 집단상담은 '바람(Want) → 행동(Doing) → 자기행동평가(Evaluation) → 계획(Planning)'의 단계별로 모든 단계에 걸쳐 질문기술을 활용하며, 토의·논박·직면·언어충격·유머 등의 기술을 활용하여 진행한다. ( )

09 신뢰가 높은 집단의 특징 중 하나는 집단원 일부가 하위집단을 형성한다는 것이다. ( )

10 상보교류는 다른 사람의 어떤 반응을 기대하기 시작한 교류에 대해 예상외의 반응이 되돌아오는 것으로써, 인간관계의 측면에서 이러한 교류는 고통의 근원이 된다. ( )

정답 및 해설

01 ○   02 ×   03 ○   04 ○   05 ×   06 ○   07 ×   08 ×   09 ×   10 ×

02 심리극의 구성요소로는 주인공, 보조자아, 연출자, 관객, 심리극의 장소와 무대, 무대소품과 조명·음향 등을 들 수 있다. 일반적으로 '작가'는 포함하지 않는다.

05 슈츠(Schutz)의 모형에 대한 설명이다. 스톨러(Stoller)의 모형은 '마라톤 참만남집단'이라고도 불리며, 집단훈련의 시간적 집중성을 강조한다.

07 '예외질문'에 대한 설명이다. '기적질문'은 문제가 해결된 상태를 상상해보는 것으로서, 해결을 위한 요구사항들을 구체화·명료화하는 데 도움을 준다.

08 '현실치료적' 집단상담에 대한 설명이다.

09 하위집단은 명성이나 영향력, 실력, 능력 혹은 설득력 등에 따라 형성되는 비공식적이고 잘 드러나지 않는 집단으로, 집단응집력을 방해하고 전체집단에 대한 신뢰도를 낮춘다.

10 '교차교류'에 대한 설명이다. '상보교류'는 어떤 자아 상태에서 보내지는 메시지에 대해 예상대로의 반응이 돌아오는 것으로, 인간관계의 측면에서 이러한 교류는 솔직하고 자연스러우며 이치에 맞는 것이라고 할 수 있다.

선택 3과목

가족상담

01 가족상담의 기초
02 가족상담의 이론과 실제
03 청소년 가족 – 부모상담

적중예상문제

(객관식 ‖ 주관식 단답형 문제 ‖ 기출문항 OX 문제)

"선택 3과목 가족상담" 역시 다른 선택과목과 마찬가지로 크게 어렵지 않은, 매년 비슷한 난이도의 문제가 출제되고 있습니다. 기본적으로 가족 체계에 대한 이론과 가족상담을 위한 이론이 출제되고 있습니다. 이론에 대한 이해를 사례에 적용하는 문제도 꾸준히 출제되고 있어 주의가 필요하며, 가계도 문제가 다소 어려울 수 있으니 철저히 준비해야 합니다. 이에 더해 사이버네틱스, 밀란 모델 같은 다른 과목에서 없었던 이론이 등장하는 과목이기에 학습에 유의해야 합니다.

✓ 최근 2024년도 23회 기출키워드

- 가족상담 초기단계의 상담자 역할
- 경험적 가족상담
- 구조적 가족상담의 주요 기법
- 보웬(M. Bowen)의 가족상담
- 가족상담자의 윤리
- 후기 가족상담이론에 영향을 준 사회구성주의
- 가족상담이론과 기법
- 경험적 가족상담의 목표
- 구조적 가족상담의 개념-연합
- 맥매스터 모델(McMaster Model)에서 제시한 가족기능
- 카터(B. Carter)와 맥골드릭(M. McGoldrick)의 가족생활주기단계
- 순환모델의 자기보고식 가족사정척도
- 가족상담자의 개입
- 청소년의 집단따돌림
- 가족상담의 실제
- 가족원의 중독문제
- 가정폭력 가족상담
- 이야기치료
- 전략적 가족상담자
- 대처질문
- 체계론적 가족 상담의 개입 특성
- 가족상담의 기본 개념

정오표▲

CHAPTER 01 가족상담의 기초

중요도 ★★★

핵심포인트

가족상담이론(체계이론, 일반체계이론), 생태체계이론, 사이버네틱스, 가족상담의 기본개념, 가족상담의 주요 유형(개인상담과 가족상담, 집단상담과 가족상담, 합동상담, 협동상담, 병행상담, 혼합상담), 가족상담의 적용, 가족상담 과정, 단계별 가족상담자의 역할, 가족상담의 주요 이론별 상담기술, 가족상담 윤리

01 가족상담을 위한 체계적 조망

(1) 이론적 배경 15 기출

① 가족상담의 기본이론은 체계이론이다.
② 개인 간의 심리내적, 가족 간의 상호작용, 세대 간의 역동을 이해하고 성장에 초점을 둔 모델이다.
③ 가족상담에서 '전체로서의 가족'이 주목되어야 하는 이유는 가족이 상호의존하고 영향을 주고받는 체계적 특성을 갖고 있기 때문이다.
④ 가족치료의 주관심의 대상은 문제나 문제의 원인이 아니라 문제와 연관되어 일어나는 연쇄고리이며, 상담치료의 목적은 부정적이고 악순환적인 연쇄고리를 끊고, 긍정적인 연쇄고리를 만들어가는 것이다.
⑤ 20세기 중반 체계이론의 도입과 심리치료의 확대, 가족치료에 영향을 미치는 이론의 정립 등에 의해 초기 가족상담이 태동하게 되었고, 이때 영향을 미친 이론으로는 집단역동운동, 아동상담소지도운동, 부부상담, 사회복지실천 등이 있다.
⑥ 포스트모더니즘 영향(구성주의, 사회구성주의 이론의 등장)과 2차 사이버네틱스, 후기 구조주의, 다문화주의, 언어의 역할, 페미니즘, 울트라모더니즘 시대의 가족치료 등이 후기 가족상담에 영향을 미쳤다.

(2) 체계이론

① 체계이론의 개념 및 의의 16 18 24 기출
   ㉠ 체계이론이란 서로 관계를 맺으며 영향을 주고받는 상호의존적 부분들의 연결망을 말하며 원인과 결과에 대해 비결정론적 입장을 취한다.
   ㉡ 개인의 문제에 대한 관심보다는 체계 안에서 이루어지는 개인 간의 심리내적, 가족 간의 상호적 관계와 세대 간의 역동 등에 따르는 문제에 관심을 기울인다.

ⓒ 체계이론은 결과를 예측할 수 없는 비선형적인 경향이 있으나, 체계의 불균형 가운데 안정을 유지하고 체제를 유지하려는 과정인 안정지향성(Morphostasis)을 지향한다.
ⓔ 가족체계 또한 유기적으로 연결되어 있기 때문에 모든 문제는 서로 연결되어 있으며, 순환적 인과관계를 보인다.
ⓜ 가족체계의 생활은 구성원의 활동을 단순히 합한 것 이상으로 어떤 원인이 다양한 결과를 낳을 수 있다는 다중귀결성이 있다. 또한 가족이 여러 가지 방법을 사용하여 최종 목표에 이르는 동귀결성도 가진다. 19 23 기출
ⓗ 가족체계론적 시각에서의 가족 14 16 21 기출
  • 가족구성원 개인의 특성보다 가족 상호작용패턴이 더 중요하다.
  • 가족체계는 단순한 선형적 인과관계가 아닌 비선형적 인과관계이다.
  • 체계가 기능적으로 완전체가 되기 위해서는 구성요소 전체가 질서 있게 상호연관성이 있어야 한다.
  • 가족원 간의 *디지털 의사소통방식도 언어적 의사소통에 속한다.
  • 가족체계는 가족원 개개인의 특성을 합한 것 그 이상이다.
  • 개방성과 폐쇄성 간의 적절한 균형을 이루어야 한다.

✅ **디지털 의사소통방식**
1:1 실시간 의사소통방식으로 시간과 공간에 제약을 받지 않으며, 다양한 매체를 통해 전달되는 방식을 말한다.

ⓢ 가족상담의 체계론적 사고 20 24 기출
  • 절대적으로 옳고 그른 상황이 있다고 보지 않는다.
  • 모든 현상이 상호 연관되어있고 상호 의존하는 것으로 본다.
  • 내담자를 능동적으로 선택할 수 있는 존재로 보고 존중한다.
  • 가족구성원 모두를 고려할 뿐만 아니라 각자의 내적 경험도 고려한다.
  • 가족구성원들의 행동은 상호보완적이므로 개인의 변화는 가족체계의 변화를 초래한다.

② 일반체계이론 15 16 17 22 기출
  ㉠ 버터란피(L. Bertalanffy)에 의해 주장된 이론으로 모든 유기적 조직체는 상위체계와 하위체계로 구성되며, 인간은 사회의 일부분이라는 이론이다.
  ㉡ 개인과 환경을 원인과 결과의 인과적 관계가 아닌 상호보완적인 전체로 파악한다. 즉, 체계는 부분의 합보다 크다는 것을 전제로 한다. 19 기출
  ㉢ 체계는 주위를 둘러싸고 구분 짓는 경계를 가지며, 개방체계와 폐쇄체계로 구분한다.
  ㉣ 폐쇄체계는 환경과 교환이 없고 자신의 경계 안에 머무르면서 외부 체계와 상호작용하지 않으면서 엔트로피 수준이 높아지지만, 개방체계는 환경과 상호작용하면서 엔트로피를 지연시킨다. 17 19 기출
  ㉤ 가족체계에서 네겐트로피의 증대를 체계가 유연성이 있다고 본다.
  ㉥ *체계의 비합산성과 *순환적 인과성을 가진다.
  ㉦ 사이버네틱스(Cybernetics)와 동일한 관점 및 세계관을 기초로 발전하였다.

✅ **체계의 비합산성**
체계는 부분들을 단순히 합쳐 놓은 것보다 더 크다는 것을 의미한다.

✅ **순환적 인과성**
모든 사건은 원인과 결과가 맞물려 반복됨으로써 순환관계가 있다고 보는 것이다.

◎ 일반체계이론의 가족상담 적용 23 기출
- 가족은 각 부분의 특성을 합한 것 이상이다.
- 가족은 일반 규칙에 의해 지배된다.
- 가족체계는 경계가 있으며 가족체계의 부분의 변화는 전체의 변화를 가져온다.
- 가족체계는 항상성을 유지하려는 습성이 있다.
- 의사소통이나 피드백의 기능을 중시한다.
- 가족 안에서 개인행동은 순환적 인과관계로 이해해야 한다.
- 가족체계는 개방체계로의 목적을 갖는다.
- 가족은 하위체계를 가지며, 상위체계의 일부분이다.

지식 IN

가족의 하위체계 16 기출
- 가족체계의 하위체계는 성별(남성/여성), 세대(부모/자녀), 관심(지적/사회적) 기능에 따라 형성되며, 개인 또한 가족 내의 하위체계를 이루고, 각 구성원은 여러 개의 하위체계에 속해 다양한 역할을 담당할 수 있다.
- 가족체계는 하위체계들로 구성되고, 사회체계는 가족의 상위체계이다.
- 가족의 하위체계들은 상호작용하면서도 각 체계의 고유한 특성을 가진다.

③ 체계의 종류와 용어 18 19 21 23 기출
  ㉠ 개방체계와 폐쇄체계
   - 개방체계 : 환경으로부터 투입을 받아들이고 산출을 생산하여 다시 환경으로 보낸다.
   - 폐쇄체계 : 다른 체계와 상호교류가 없는 체계이다. 즉, 투입을 받아들이지 않고, 산출도 생산하지 않는다.
   - 개방체계와 폐쇄체계는 경계에 의해 결정된다.
   - 극단적인 개방체계나 폐쇄체계는 건강한 체계가 아니다.
  ㉡ 경계 : 체계를 구성하는 소단위로서, 물리적 또는 개념적 공간에 해당한다.
  ㉢ 홀론(Holon) : 하나의 체계는 상위체계에 속한 하위체계이면서 동시에 다른 것의 상위체계가 된다(체계의 이중적 성격).
  ㉣ 엔트로피(Entropy) : 체계가 소멸해 가거나, 무질서해지고 비조직화되는 과정. 폐쇄체계를 구성하고 있는 부분들은 시간이 지남에 따라 구성원들 사이의 구별이 없어지게 되며 점차 동일성을 띠게 된다. 따라서 체계 내의 조직구성 및 그 기능이 쇠퇴하게 된다.
  ㉤ 네거티브 엔트로피 또는 네겐트로피(Negative Entropy or Negentropy) : 체계의 외부로부터 에너지를 가져옴으로써 이용 불가능한 에너지가 감소되는 것으로 체계를 유지하고 발전을 도모하여 생존하는 힘이 된다.
  ㉥ 균형 : 외부환경으로부터 새로운 에너지의 투입 없이 현상을 유지하려는 속성을 말한다.
  ㉦ 항상성 : 끊임없는 변화와 운동의 과정 속에서 균형을 회복하려는 경향을 말한다. 항상성 상태에서 체계의 구조는 크게 달라지지 않는다.

ⓒ 안정상태 : 안정상태는 부분들 간의 관계를 유지시키고, 쇠퇴로 인해 붕괴되지 않도록 에너지를 계속 사용하는 상태를 말한다.
ⓩ 부적 피드백과 정적 피드백
부적(Negative) 피드백은 환경이 변할 때 비교적 일정하게 유지해 주는 것으로 체계가 변화나 이탈을 거부하고 안정성을 유지하는 방향으로의 피드백을 말하고, 정적(Positive) 피드백은 변화가 있을 때 체계가 변화를 받아들이는 것을 말한다.
ⓧ 동일결과성(Equifinality) : 살아있는 체계가 다양한 출발 상태에서 시작하여 다양한 방식과 역동적 상호작용을 통해 동일한 특징적 결과에 이르는 경향으로 순환적 인과관계와 관련된 개념이다. 즉 체계가 여러 방법을 통해 동일한 목표에 도달하는 것을 의미한다.

④ 폐쇄체계와 개방체계의 특징 17 19 기출

특 징	폐쇄체계(닫힌 체계)	개방체계(열린 체계)
엔트로피	높 다	낮 다
네겐트로피	낮 다	높 다
질 서	낮 다	높 다
혼 란	높 다	낮 다
법칙성	낮 다	높 다
정보의 필요성	적 다	많 다

(3) 사이버네틱스(Cybernetics) 15 16 18 기출

① 1947년 미국 수학자 N.위너를 중심으로 하는 과학자 그룹을 사이버네틱스(Cybernetics)라고 이름 지었는데, 어원은 '키잡이'를 뜻하는 그리스어 'Kybernetes'이다.
② 사이버네틱스는 생물체계와 사회체계에 있어서 순환적 인과관계와 피드백 기제에 관한 과학으로 발전하였다.
③ 1차, 2차 사이버네틱스로 구분되며, 1차 사이버네틱스를 일반체계이론과 동일한 것으로 간주하기도 한다.
④ 사이버네틱스(Cybernetics) 이론은 피드백 망(Feedback Loops) 또는 환류작용이라는 제어체계를 갖는다. 사이버네틱스는 자기조절 체계에서 피드백 기제에 관한 것으로, 가족이 어떻게 안정성을 유지하는가를 설명하기 위한 은유로 사용되었다.
⑤ 부적 피드백은 체계의 일탈을 최소화하며 안정성을 유지하는 방향으로의 피드백이다. 반면 정적 피드백은 체계의 안정성을 거부하고 변화시키려는 방향으로의 피드백이다.
⑥ 사이버네틱스 이론은 항상성(Homeostasis)을 추구하고 있는데, 이는 프로이트 이론에 저항성을 가지고 만들어진 것으로 평형·균형(Equilibrium)과 같은 맥락의 것이다.
⑦ 가족치료에 있어서의 사이버네틱스(Cybernetics)
㉠ 기계의 자동제어장치 원리를 가족체계에 도입·응용한 것이다.
㉡ 체계가 지속적으로 안정상태를 유지하기 위해 과거에 성공했던 기억과 실패했던 기억을 비교분석하는 자동적 메커니즘을 정교화하기에 이르며, 이후 전개되는 유사한 상황에서 이러한 메커니즘이 의식적인 생각을 거치지 않고도 되풀이되도록 한다는 것이다.

ⓒ 이러한 과정에서 피드백 정보는 새롭게 변경되어 미래 행위에 대한 패턴의 변경으로 이어지는데, 이것은 가족치료에서 비정상적인 행동패턴을 자연스럽게 정상적인 행동패턴으로 변경할 수 있음을 반영하는 것이다.
ⓔ 1차 수준의 사이버네틱스는 치료자들이 전문가로서의 객관적 입장이나 전문적 기술로써 확실한 지표를 가지고 가족체계를 진단할 수 있다고 본다.
ⓜ 2차 수준의 사이버네틱스는 행동이 객관적인 발견대상이 아닌, 주관적인 구성과정임을 강조하며, 치료자와 내담자가 동등한 관계로서 상호교류를 통해 치료적 개입에 가담한다고 본다.

1차적 사이버네틱스	개념	• 생물체계와 사회체계에 있어서 순환적인 인과관계 및 피드백과 관련된 과학 • 생명체가 환경과의 지속적인 상호작용으로 인해 생명을 유지해 나가는 유기적 모델과 동일하며, 이러한 내용은 일반체계이론에서 주장한 바와 유사함 • 치료자는 가족체계로부터 거리를 둔 채 객관적 관찰 및 의도적 개입으로 변화를 시도 • 치료자는 체계를 관찰하는 외부의 관찰자 역할(가족의 밖에 존재, 가족과 분리되어 조정 가능)
	한계점	• 살아있는 유기체는 환경과의 상호작용뿐만 아니라 자율성 및 자기조직능력이 풍부함에도 불구하고 이러한 점을 간과함 - 2차적 사이버네틱스가 나타나게 된 배경 • 치료자의 개입기술을 더 중요시 여겼으며, 내담자와 치료자 간의 상호작용을 고려하지 않은 점에 대하여도 비판의 대상이 됨
2차적 사이버네틱스		• 유기체란, 상호작용뿐만 아니라 자율성과 자기조직의 원리 및 자기준거의 특성을 가지며, 피드백 과정에서도 다양한 수준이 있다는 것을 강조 • 피드백 과정을 통해 모든 체계는 환경과의 상호작용이 이루어질 뿐만 아니라, 더 높은 차원의 피드백 과정으로 전체 체계를 유지해간다는 것을 강조 • 모든 생명의 현상은 서로 연결되어 있는 패턴과 관계성을 중요시함 - 치료자는 관찰자인 동시에 관찰대상자 - 치료자는 인간이 실제로 구성하는 것을 사회적·문화적인 환경에 의해 구성 - 치료자가 아닌, 내담자의 자기 준거틀에 기반을 둔 목표 준거틀

(4) 생태체계이론 16 기출

① 브론펜브레너(U. Bronfenbrenner)가 개발한 이론으로 생태학이론과 일반체계이론의 두 개념을 포함한다.
② 생태학이론은 인간과 환경 간의 상호작용을 강조하며, 환경과 인간을 하나의 총체로 간주한다.
③ 인간발달단계에 대해 거시적인 접근을 하는데 거시체계는 미시체계, 중간체계, 외적체계를 포함하며, 개인이 속한 사회의 이념이나 제도, 즉 정치, 경제, 문화 등의 광범위한 사회적 맥락을 의미한다.
④ 인간관
  ㉠ 인간은 사고, 감정, 행동을 가진 생물학적·심리학적·영적·사회적·문화적 존재로서 환경을 구성할 뿐 아니라 환경에 의해 영향을 받는 상호 교환적인 위치에 있다.
  ㉡ 생태학적 전이(Ecological Transition)는 삶의 전 영역에서 일어나며, 인간은 환경과의 상호교류를 지지 혹은 방해하는 유전적 잠재력을 가진 것으로 본다.
  ㉢ 인간은 성장하면서 환경과 역동적 관계를 가지며, 인간발달단계에 대해 거시적인 접근을 한다.
  ㉣ 생태체계 관점에서 인간의 발달은 진화적 시간에 따른 유전적 변화뿐만 아니라 성숙 및 선택과정에 의해 인간이 형성된다고 본다.

02 가족상담의 기본 개념

(1) 가족상담의 의의 15 16 18 기출

① 한국여성정책연구원의 정의 : 가족상담이란 '개인이나 가족의 문제해결을 위해 상담자가 가족을 체계로 보고 가족을 단위로 하여 가족의 기능·역할·관계상의 문제에 대해 실제 개입하는 일련의 조직적 상담과정'이다.
② 미국정신의학협회(APA)의 정의 : 가족상담이란 가족 중에 한 사람 이상을 한 회기에 동시에 상담하며, 상담은 지지적·지시적 또는 해석적일 수 있다. 가족 중 한 사람의 정신장애는 다른 가족들에게도 존재할 수 있으며, 상호관계와 기능에 영향을 줄 수 있다.
③ 가족상담이란 가족을 별개의 독립된 존재가 아닌 하나의 체계로 보며, 그 체계 속의 상호교류 양상에 개입함으로써 개인의 증상이나 행동에 변화를 가져오도록 추구하는 접근방법이다.
④ 가족구성원을 능동적으로 선택할 수 있는 존재로 보고, 상담자가 전문적인 위치에서 구성원의 경험세계와 구성원 가족의 상호작용을 존중하면서 상담을 진행한다.
⑤ 가족집단을 기초로 하여 그 가족이 지닌 여러 장애요소를 완화하고, 사회적 부적응 현상을 변화시킨다.
⑥ 가족을 한 단위로 보고, 가족 내에 존재하는 역기능적인 요소를 수정 또는 변화시킴으로써 가족기능을 회복시킨다.
⑦ 검사를 통한 문제의 정확한 진단을 중요시하지 않으며 상담자가 전 가족체계를 상담의 대상으로 여기고 실시하는 모든 형태의 상담이다.
⑧ 개인을 가족이라는 보다 큰 체계의 일원으로 보며, 가족구조의 변화를 초래함으로써 개인의 위치, 행동 및 정신내적 과정의 변화를 유도한다.
⑨ 가족상담은 가족성원과 가족기능상의 변화를 목표로 한다.
⑩ 가족체계는 구성원 개개인을 합한 것보다 더 큰 특성이 있다는 입장을 취한다.
⑪ 정신의학 및 심리학에서 각기 접근을 하고 있으며, 아동·청소년·노인·부부간의 상담 등 폭이 넓다.
⑫ 가족상담에서의 증상은 역기능적 상호작용의 결과라고 가정한다.

> **지식 IN**
>
> **1. 부부상담** 16 기출
> - 자녀의 발달단계에 따라서 부부관계가 어떻게 진전되었는지 탐색한다.
> - 가계도를 통하여 관계 내력을 진단하고 평가한다.
> - 문제해결을 위해 부부가 변화하는 방향으로 목표를 설정한다.
> - 부부간 합의에 의한 종결이 불가능할 수도 있다.
> - 원가족이나 가족구성원이 제시하는 내용도 고려하여 상담한다.

2. 한국의 문화적 특성을 고려한 가족상담 16 기출
- 한국 가족문화에 적합한 가족상담모델을 개발한다.
- 핵가족에게 영향을 미치는 확대가족과의 상호작용을 고려한다.
- 서구의 이론적 기준보다 한국의 가족 현실에 기반을 둔 진단 및 사정도구를 개발한다.
- 한국의 전통적인 가족문제 해결방식과 현대 가족상담과의 접목을 시도한다.
- 전통적 성역할 고정관념과 가부장적 가치관이 부부 상호작용과 가족 기능에 미치는 영향을 고려한다.

3. 가족상담관점에서 가족원의 중독문제 24 기출
- 중독의 원인이 가족의 체계나 구조에 있다고 전제한다.
- 가족원에게서 느끼는 소외와 외로움으로 인해 다른 대상에 의존함으로써 중독에 이르게 된다고 본다.
- 청소년 중독자의 경우 가족의 영향력이 강하기 때문에 가족상담적 접근이 필요하다.
- 중독문제는 가족의 부정적 상호작용 패턴에 의해 유지된다고 본다.

(2) 가족상담의 주요 유형

① 개인상담과 가족상담 14 19 23 기출

구 분	개인상담(개인심리학의 틀)	가족상담(체계론적 가족상담의 틀)
세계관	• 기계론적 세계관이다. • 우주는 기본적 물질구성체로 만들어진 거대한 우주기계와 같다.	• 유기체론적 세계관이다. • 우주는 상호 관련된 체계의 망으로 본질적으로 상호 교류하며 역동적이다.
상담의 대상	개인이 가지고 있는 문제를 개인의 내적·심리적 요소에 의한 것으로 파악하기 때문에, 개인의 내적·심리적 요소를 상담 대상으로 한다.	개인이 가지고 있는 문제점을 가족성원 간의 상호작용에서 발생하는 부작용으로 파악하기 때문에, 상담의 대상은 가족성원의 관계 및 기능이 된다.
상담의 목표	상담을 통하여 내담자가 문제의 원인에 대한 통찰력을 갖도록 돕는다.	문제의 원인이 가족성원과 가족기능의 부작용에 있으므로, 가족성원과 가족기능상의 변화를 목표로 한다.
상담자의 역할	상담자가 문제의 진단자 및 해결자의 역할을 한다.	상담자는 조정자·안내자·조력자의 역할을, 가족성원은 문제 해결자의 역할을 한다.
문제의 초점	• 내담자의 특성은 무엇이며 내담자가 어떠한 행동을 하여 문제가 생겼는지를 파악하는 데 주의를 기울인다. • 내담자가 맺고 있는 관계나 맥락은 일차적인 초점이 아니다. • 내담자를 수동적이고 반응적인 존재로 본다.	• 내담자의 문제나 증상은 그가 속한 가족이나 관계의 역기능과 직접적으로 연관된다고 본다. • 내담자의 문제해결을 위해서 내담자의 가족관계나 맥락을 일차적으로 고려한다.

구분		
문제의 진단과 해결	• 내담자의 문제를 객관적이고 정확하게 진단하고 평가할 수 있다고 보고 이를 중시한다. • 기계의 매뉴얼이 어느 기계에나 적용된다고 보듯이, 진단과 평가의 기준은 객관적으로 설정될 수 있고, 그 기준은 어느 내담자에게나 절대적으로 적용될 수 있다고 가정한다. • 문제의 인과관계를 선형적으로 본다. • 문제의 진단과 해결과정에서 기계론적 세계관에 기초한다.	• 내담자의 인식행위에 초점을 두며, 동일한 상황에 대해서도 내담자마다의 인식행위에 따라 다르게 이해되고 경험될 수 있다고 가정한다. • 가족원 개인의 행동문제에 대해 객관적이고 정확한 진단과 사정이 어렵다. • 각 개인의 특성을 잘 파악하고 있다고 하여, 가족 전체의 특성을 이해할 수 있는 것은 아니다. • 가족의 재구조화를 통해 구성원의 정신내적 과정과 행동을 변화시킬 수 있다는 원리이다.

② 가족상담과 집단상담

구 분	가족상담	집단상담
차이점	• 동일한 문제를 공유하면서 관련도가 높고, 스트레스 상황 자체가 상담대상이 된다. • 구성원 간 권력과 지위가 평등하지 않다.	• 평등하고 인과관계 없는 낯선 사람으로 구성원이 조직된다. • 스트레스 환경에서 자유롭다.
공통점	다수가 참여하며, 상담자와 내담자의 관계가 복잡하고 내담자 상호간의 반응이 나타난다.	

③ 합동상담
  ㉠ 1인의 상담자가 전 가족구성원을 동시에 면접한다.
  ㉡ 반드시 혈육이 아닐지라도 긴밀한 관계자는 포함된다.
  ㉢ 가족 상호작용이나 기능·역할·균형상태 등을 빨리 이해할 수 있다.
  ㉣ 질병·실직·전직·출산 등 외형적 스트레스에 효과적이다.

④ 협동상담
  ㉠ 별도의 상담자가 할당되어 개별적인 면접 후 정기적 회합을 통해 필요한 정보를 교환하고 협동적으로 상담한다.
  ㉡ 지리적 조건이 나쁘거나 특정의 상담자를 꺼릴 때, 과도한 동일화의 방지와 새로운 시각적 정보 획득이 용이하다.

⑤ 병행상담
  ㉠ 합동면접 후, 각각의 가족성원에 대한 개별면접을 병행한다.
  ㉡ 개인의 정신내적 문제에 대한 깊은 내성이 필요한 경우이다.
  ㉢ 내담자가 가진 감정이나 생각의 표현에 비밀을 보장할 필요가 있을 때 용이하다.
  ㉣ 상담의 이중성을 고려하여 객관적이고 타당성 있는 설득력이 요구된다.

⑥ 혼합상담
  ㉠ 상황의 변화에 따라 적절한 상담방법을 선택하면서 문제를 해결한다.
  ㉡ 원조방법의 객관화·표준화가 어렵다.

(3) 가족상담의 적용

가족상담이 필요한 경우	• 자녀의 정서, 행동적 문제 및 학교 부적응 등이 있는 경우 • 우울증, 불안 등 정서장애가 있는 경우 • 성적인 문제가 있는 경우 • 결혼생활 및 가정생활에 불만이 있는 경우 • 가족의 죽음, 이별, 질병, 실직 등의 위기극복이 필요한 경우 • 가족원 간의 의사소통에 문제가 있는 경우
가족상담이 부적합한 경우	• 가족원들이 모래알 가족처럼 극단적으로 분리되어 있어 변화하고자 하는 동기가 약한 경우 • 정신병적 폭력, 지각장애와 사고장애를 보이는 정신병이 있는 경우 • 가족의 방어기제가 완강하여 이를 깰 때 우울증이나 정신운동성 지체 증상을 일으킬 가능성이 높은 경우 • 급성조현병 환자가 상담을 거부하는 경우

03 가족상담 과정

(1) 상담과정별 과제

초 기	중 기	종 결
• 상담관계 형성 • 가족기능 사정 • 문제명료화 • 상담목표설정	• 가족구조의 재구조화 작업 • 구성원의 자주성, 융통성, 경험의 공유 • 타인의 반응 수용	• 목표달성 • 새로운 대처방법 • 행동양식의 수용 • 추수면담 약속잡기

① 초기단계 19 기출
  ㉠ 초기단계는 가족상담을 실시하는 첫 상담이 이루어지기 위해서 약속을 맺는 때부터 몇 번의 상담을 통하여 진단과 목표설정이 이루어지까지의 과정이다.
  ㉡ 상담접수(Intake)와 가족사정 및 구조화 19 기출
    • 가족사정 평가항목 16 기출
      가족의 강점, 혼외관계 여부, 발달주기단계와 과업, 문제유지에 기여하는 가족원의 역할, 가족의 건강, 기능 등이 있다.
    • 구조화
      – 상담의 구조화
        효율적인 상담을 위해 내담자가 준수해야 할 일들과 상담의 기본적 진행방식이나 절차 등에 대해 내담자에게 안내하거나 설명하는 것을 말한다.
      – 구조화의 종류 17 기출

상담에 관한 구조화	상담시간, 빈도, 총 상담횟수, 연락방법, 상담장소, 상담비용 등에 관한 지침
상담관계에 관한 구조화	상담자의 역할, 내담자의 역할, 내담자 행동의 제한, 관계의 성격 등
비밀보장에 관한 구조화	내담자가 말한 내용에 대하여는 제3자에게 알리지 않는 것을 원칙으로 한다는 것을 알리고, 예외에 해당하는 항목을 제시

> **지식 IN**
>
> **첫 번째 회기에서 상담자의 행동** 17 20 기출
> - 분위기를 편안하게 만들기 위해 일상적인 대화를 나눈다.
> - 가족 중 누가 먼저 말하는지, 누가 방해하는지 등을 관찰한다.
> - 가족구성원들이 서로 얼마나 멀리 앉아 있고, 누가 누구 옆에 앉아있는가를 통해 가족관계를 파악해 볼 수 있다.
> - '왜 이 시점에서?'라는 생각을 가지고 가족이 제시하는 문제를 명료화한다.
> - 첫 회기에서 우선 내담자가 자발적으로 상담에 참여하였는지 여부를 파악하는 것이 중요하다. 비자발적인 내담자의 경우 상담에 대한 저항이 일어날 수 있으므로, 상담 시 자신의 문제를 지각할 수 있는 기회를 늘리면서 자발적으로 상담에 참여할 수 있도록 동기유발을 하여야 하기 때문이다.
> - 상담 예약한 사람을 확인하고, 예약 시에 나눈 대화를 공유하도록 요청한다.

② 중기단계 19 기출
　㉠ 중간단계는 변화를 위한 작업이 행해지는 단계로서 상담의 실행단계이고 핵심과정이다.
　㉡ 상담자는 가족의 특성과 문제의 성격, 상담자의 능력과 전문적인 판단에 의하여 적절한 이론과 기법을 선택하고 각 내담자에게 적절한 상담전략을 선택하여 적극적으로 개입한다.
　㉢ *과정적 목표의 설정과 달성 : 상담은 하나의 큰 목표를 한꺼번에 달성하는 과정이라기보다는 순차적으로 과정적 목표를 달성해 나가는 과정으로 과정적 목표를 점검한다.
　㉣ 저항의 출현과 해결
　　- 사람마다 습관적으로 하는 사고, 감정 및 행동패턴은 그대로 지속되려는 경향이 있어 이를 변화시키려 할 때 저항이 일어나게 된다.
　　- 상담자는 이러한 경우들이 일어나지 않도록 조심하면서 내담자의 변화의 동기를 고취시키는 방향으로 문제를 해결해야 한다.

> **과정적 목표**
> 상담목표에 도달하기까지 중간 통과지점을 말한다.

③ 종결단계
　㉠ 종결과정
　　- 내담자의 상담 종결에 대한 감정처리작업
　　- 목표달성, 감정처리 및 미래에 대한 준비를 위한 마지막 작업
　　- 사후지도를 위한 상담면담 약속
　㉡ 종결단계의 고려사항
　　- 가족원의 감정 다루기(양가감정의 해소)
　　- 상담목표의 달성 정도 파악
　　- 행동변화의 요인에 관한 평가
　　- 행동변화가 미진한 이유에 대한 평가
　　- 미해결된 과제 다루기 : 지금으로서 충분히 다룰 수 없음을 논의하고, 상담 종결 후 개별상담이나 다른 상담자에게 의뢰하는 것을 권유한다.
　　- 피드백 주고받기 : 가급적 긍정적 피드백을 주어 자존감을 높이도록 하며, 부정적인 경우에는 직접적이고 간결하며 구체적으로 알려야 한다.

- 앞으로 무엇을 어떻게 해야 할 것인가에 대한 논의
- 추후과정에 대한 인식

ⓒ 가족상담을 종결하는 지표 14 16 기출
- 최초에 설정한 목표를 달성했거나, 가족의 규칙과 구조가 합리적이고 유연하게 변화된 경우
- 외부에서 자원이 더 이상 필요하지 않다고 판단되는 경우
- 상담자가 여러 가지 노력을 했는데도 상담효과가 없다고 판단했을 경우
- 가족이 상담에 대한 동기를 상실했을 경우
- 가족 간 의사표현이 명료하고 갈등 협상 능력이 생긴 경우

(2) 단계별 가족상담자의 역할 15 18 20 22 23 24 기출

초기단계	• 고지된 동의절차 실시 • 구체적인 상담 목표 설정과 장·단기 목표구분 • 가족에 합류하기 • 상담자 역할의 범위 안내 • 가족 상호작용패턴 탐색 • 치료적 관계를 형성하여 전문가로서의 신뢰구축	• 각 구성원의 목표 탐색 및 합의된 목표 설정 • 가족구성원들의 저항 극복 • 가족구성원 개인에게 공감 • 가족의 행동규범에 관해 안내 • 상담의 구조화 • 호소문제 탐색 및 명료화
중기단계	• 주변의 가족원 참여 • 계약과 교환관계 향상 • 가족원의 새로운 행동 강화 • 가족을 적절한 외부 체계와 연결 • 전이와 역전이 작업 • 가족 내에서 변화단서 찾기	• 가족원들을 적절하게 연결 • 가족체계 내의 특정 변화 강조 • 변화가능성에 대해 낙관적 태도 유지 • 과정에 초점두기 • 적절한 때에 유머 사용
종결단계	• 장기목표에 대한 토론 • 요 약 • 필요한 변화에 대한 평가	• 종결에 대한 오리엔테이션 • 추수상담

04 가족상담 기술

(1) 초기단계의 상담기술
① 합류하기(라포 형성) : 가족을 있는 그대로 받아들이고 수용함으로써 내담자와 신뢰를 형성한다.
② 가족사정 : 가족의 문제를 파악하고 장점과 자원을 활용한다.
③ 순환적 질문하기 : 전략적 가족치료의 밀란모델에서 개발된 것으로서, 가족구성원들이 문제에 대해 단편적인 시각에서 벗어나게 하므로 초기단계에 실시할 때 특히 유용하다.

(2) 가족상담의 주요 이론별 상담기술
① 다세대적 가족치료기법 : 보웬(Bowen) 15 16 18 19 20 24 기출
  ㉠ 과정질문 : 내담자의 감정을 가라앉히고 정서적 반응에 의해 나타난 불안을 낮추며 사고를 촉진하는 기법으로서, 가족들이 맺는 관계유형 방식을 살펴보는 것이다.

- ⓒ 가계도 : 3세대 이상에 걸쳐 가족구성원에 관한 정보와 그들 간의 관계를 도표로 기록하는 방법 (예) 가족구조의 도식화, 가족에 대한 정보기록, 가족관계에 대한 기술 등)이다.
- ⓓ 치료적 삼각화 : 가족 내에서 갈등을 빚고 있는 사람이 안정성을 되찾기 위해 제3자를 끌어들여 삼각관계를 형성하여 치료하는 방법이다.
- ⓔ 탈삼각화 : 가족 내에 형성되어 있는 삼각관계에서 벗어나 가족원의 자아분화를 향상하는 방법이다.
- ⓕ 관계실험 : 주로 삼각관계를 구조적으로 변화시키기 위해 사용하며, 가족들로 하여금 체계과정을 인식하고 그 과정 내에서 자신의 역할을 깨닫도록 학습시키는 것이다.
- ⓖ 자기입장 지키기 : 정서적 충동에 의해 반응하려는 경향을 막는 가장 직접적인 방법으로 자신의 견해를 피력하는 방법이다.
- ⓗ 코칭 : 내담자들이 직접 가족문제를 해결해 나가도록 치료자가 조언이나 격려를 하는 것이다.

② 구조적 가족치료기법 : 미누친(Minuchin) 14 기출

  ㉠ 교류와의 합류 19 23 24 기출

적응	• 치료자가 가족 구조를 지각하고 분석할 때 이를 의도적으로 지지하는 방법이다. • 가족을 있는 그대로 지지하고 존중함으로써 가족들이 편안하게 치료에 임할 수 있다.
추적	• 치료자가 기존의 가족 상호작용에 거스르지 않고 합류하는 방법이다. • 가족원이 계속 말을 할 수 있도록 물어보고 지지하는 활동이다. • 가족의 언어와 가치에 참여하고, 핵심 내용 반복하기와 명료화하는 질문 등을 한다.
모방	• 치료자가 가족의 어조, 행동유형, 말의 속도와 억양, 몸짓 등을 따라 하거나 자신과의 유사점을 강조하는 방법이다. • 가족의 언어, 비언어적 행동을 활용해 합류를 촉진하는 것으로, 의식적 또는 무의식적으로 모방하려는 대상의 언어 사용, 동작, 감정의 표현, 비유적 표현 등이 있다.

  ㉡ 교류의 창조 17 23 기출
  - 실연화 : 가족에게 역기능적 가족성원의 교류를 실제로 재현시키는 것
  - 구조화 : 가족교류 유형에 영향을 주기 위해 가족에게 관여하는 방법을 의도적으로 구조화하는 것

  ㉢ 교류의 재구성
  - 재정의 : 증상을 바라보는 가족의 시각을 바꿔서 교류유형을 변화시키려는 기법
  - 긴장고조 : 기존 상호교류 유형을 차단시키는 것
  - 과제부여 : 가족에게 어떤 특정의 교류에 관여하도록 과제를 내주는 것
  - 증상활용 : 가족의 어떤 증상에 초점을 두는 것

③ 경험적 가족치료기법 : 사티어(Satir) 15 19 24 기출

  ㉠ 원가족 도표 : 스타의 원가족 도표, 스타의 어머니와 아버지 원가족 도표 3장으로 구성되며, 주로 가족 재구성을 위해 사용한다.
  ㉡ 가족조각기법 : 집단이나 가족의 한 구성원에게 다른 가족구성원들과의 관계를 어느 정도 이해하는가를 알아보기 위한 기법으로, 내담자와 그의 가족 모두가 비언어적·신체적 방법으로 문제체계를 표현해보도록 하는 것이다.
  ㉢ 가족재구조화 : 원가족으로부터 근거하고 있는 가족의 역기능적 패턴을 명백하게 볼 수 있도록 도와주는 역할을 하며, 표면에 나타난 가족규칙과 가족주제, 가족신화 등을 함께 나누도록 하는 기법이다.

ㄹ 역할극 : 내담자가 겪었던 여러 어려운 삶의 상황들을 재연하여, 내담자에게 새로운 시각의 경험을 해보도록 하는 것이다.
ㅁ 빙산탐색 : 내담자의 숨겨진 빙산 즉, 내면을 이해하도록 하는 것이다.

④ **전략적 가족치료기법 : 헤일리(Haley)** 15 기출
ㄱ 역설적 개입 : 치료자가 문제행동을 유지하거나 더 강화하는 행동을 수행하도록 지시하여, 역으로 저항을 통한 변화를 이끌어내고자 하는 방법이다.
ㄴ 지시 : 적극적인 치료개입 방법으로 치료자가 가족에게 방향을 제시하고 과제를 부여한다.
ㄷ 은유적 기법 : 회피하는 문제에 대해 유사한 다른 문제로 접근해가는 방법이다.

⑤ **해결중심 가족치료기법 : 면담 이전과 이후의 변화에 대한 질문** 17 기출
ㄱ 예외질문 : 예외적인 상황을 찾아내고, 가족이 가지고 있는 자원을 이용하여 가족의 자아존중감을 강화한다.
ㄴ 기적질문 : 문제가 해결된 상황을 상상해 봄으로써 해결하기 원하는 것을 구체화・명료화한다.
ㄷ 척도질문 : 문제의 심각성 정도나 치료목표, 성취 정도의 측정을 수치로 표현하도록 한 질문이다.
ㄹ 대처질문 : 어려운 상황에서는 가족에게 약간의 성공감을 갖도록 하는 대처방법이다.

⑥ **이야기치료 기법**
ㄱ 빈약한 서술 찾아내기
ㄴ 문제를 표면화하기
ㄷ 문제로부터의 분리
ㄹ 문제의 영향력 탐구 및 평가
ㅁ 독특한 결과의 발견
ㅂ 대안적 이야기 엮어가기(스캐폴딩 지도)

⑦ **의사소통 가족상담**
ㄱ 직접적 기법 : 내담자의 문제해결 의지와 통찰력에 의존하는 방법이다.
ㄴ 역설적 개입
 • 역설적 명령 혹은 증상처방
 • 재명명 : 이미 벌어진 상황을 다른 언어를 사용하여 이에 대한 이해와 느낌, 생각이 바뀌도록 도와서 가족을 변화시키는 방법
ㄷ 보상 : 상대방이 기꺼이 다른 상대방이 원하는 것을 해주게 하는 기법이다.

⑧ **정신역동적 이론(대상관계이론)** 14 21 기출
경청, 감정이입, 해석, 분석, 자유연상 등 정신분석이론의 기법을 사용한다.

⑨ **인지행동치료**
긍정적 연습과 행동형성, 강화 및 *토큰강화법, *유관계약, *타임아웃 등

> ● **토큰강화법**
> 강화물을 직접 사용하는 대신, 기호에 맞는 보상물을 교환할 수 있게 하는 기법을 말한다.

> ● **타임아웃**
> 주로 바람직하지 않은 행동 시 고립시키는 방법으로서, 부적절한 행동을 감소시키는 기법을 말한다.

> ● **유관계약**
> 두 사람 또는 그 이상의 가족구성원이 서로 바라는 구체적인 행동을 약속하는 것을 말한다.

05 가족상담 윤리

(1) 가족치료의 주요 윤리원칙 `14` `16` `17` `19` `21` `24` `기출`

① 내담자에 대한 책임
  ㉠ 내담자의 다양성을 존중 : 상담자는 모든 인간의 기본적인 권리, 존엄성, 가치를 존중하며 연령이나 성별, 인종, 종교, 성적인 선호, 장애 등을 이유로 내담자를 차별하지 않는다.
    예 불교 신자인 상담자가 독실한 기독교 신자 가족을 상담
  ㉡ 상담관계 이외의 사적 관계를 맺는 다중(이중)관계 금지 : 상담자는 객관성과 전문적인 판단에 영향을 미칠 수 있는 다중관계는 피해야 한다. 특히, 상담자가 내담자의 상사이거나 지도교수 혹은 평가를 해야 하는 입장에 놓인 경우라면, 그 내담자를 다른 전문가에게 의뢰해야 한다.
  ㉢ 내담자의 자기결정권 존중 : 치료자는 내담자가 책임 있는 결정을 내릴 수 있도록 도와야 한다.
  ㉣ 치료종결이나 의뢰에 대한 책임 : 치료자는 자신의 치료적 개입이 내담자에게 도움이 된다고 판단되는 경우에만 치료적 관계를 지속해야 하고, 치료자가 다룰 수 없거나 다루기에 부적절한 경우 다른 치료서비스를 받도록 해야 한다.
  ㉤ 고지된 동의 `18` `19` `21` `22` `24` `기출`
    • 치료를 시작하기 전 내담자로 하여금 자신의 권리와 책임에 대해 충분히 이해한 상태에서 치료에 동의하도록 하는 절차를 말한다. 녹음, 녹화, 제3자의 관찰을 허용하기 전에 내담자로부터 문서로 사전 동의를 받는 것으로, 상담 내용에 대해 비밀을 유지하지만 법적인 요구가 있을 경우에는 공개할 수 있음을 알리는 것이다.
    • 고지된 동의에는 비밀보장의 한계, 치료기록의 성격과 범위, 치료자의 직책, 경험, 훈련, 전문영역, 치료모델과 대안, 예상되는 치료기간, 비용 및 청구방법, 내담자의 치료중단 권리, 상담과 치료에 따르는 잠재적 이익과 위험 등이 있다.

② 비밀보장 `20` `21` `23` `기출`
  ㉠ 사생활보호에 대한 사회적 가치에 기초한 원칙이다.
  ㉡ 전문적 치료관계를 유지하는 데 기본이 되는 원칙이다.
  ㉢ 상담사는 내담자의 동의 없이는 상담의 기록을 제3자나 기관에 공개하지 않아야 한다.
  ㉣ 상담자는 내담자의 사생활이 보호되고, 불법적인 정보유출이 이루어지지 않도록 필요한 조치를 강구해야 한다.
  ㉤ 예외적인 경우(내담자나 내담자 주변인에게 닥칠 위험이 분명하고 위급한 경우, 감염성이 있는 치명적인 질병이 있을 경우 또는 법원의 명령이 있는 경우)를 제외하고는 그 어떤 경우에도 내담자의 비밀은 보장되어야 한다.
  ㉥ 상담을 시작하기 전 비밀유지에 대한 입장을 표명함으로써, 내담자가 개인적 비밀을 털어놓을 수 있는 신뢰감 형성이 가장 중요하다.

③ 전문성과 품위
  ㉠ 신체적·정신적으로 또는 알코올이나 기타 약물의 오남용으로 전문적 능력이 손상되어 치료자로서의 역할을 수행할 수 없는 경우에는 치료를 행할 수 없다.

ⓒ 자신의 능력 밖에 있는 문제에 대한 진단, 처치, 충고 등을 하지 않으며, 증언이나 진술 등 자신의 전문적 소견을 공식화할 경우 타인의 삶에 지대한 영향을 미칠 수 있으므로 각별히 주의해야 한다.

④ 훈련생 및 연구대상에 대한 책임

상담자는 자신의 피고용인이나 훈련생이 약자인 점을 이용하여 사익을 추구해서는 안 된다.

⑤ 가족치료 전문직에 대한 책임

전문직이 요구하는 수준의 서비스 제공 및 관련 법 규정의 개정에 적극 참여하고, 금전적 보상이 없더라도 지역사회나 사회적 기능의 향상에 기여하는 활동을 포함한다.

⑥ 비용에 대한 합의

상담자는 서비스나 수퍼비전을 제공할 때 시작에 앞서 제공될 서비스나 수퍼비전의 내용을 내담자 또는 훈련생에게 설명해 주고 비용도 알려준다.

⑦ 서비스에 대한 홍보

내담자가 적절히 선택할 수 있도록 상담자의 능력·교육·훈련·경험·관련 자격증 등을 홍보하여야 한다.

(2) 윤리원칙의 서열화

윤리원칙	내 용
1. 생명보호의 원칙	인간의 생명보호가 다른 모든 원칙에 우선한다.
2. 평등과 불평등의 원칙	동등한 사람은 동등하게, 동등하지 않는 사람은 불평등하게 대우해야 한다.
3. 자율성과 자유의 원칙	내담자의 결정은 자신의 자율적 의사와 판단에 의해 이루어져야 한다.
4. 최소 손실의 원칙	상담자가 행동을 선택할 때는 최소비용이 드는 방법을 선택해야 한다.
5. 삶의 질 원칙	내담자뿐만 아니라 관련자의 삶의 질을 향상할 수 있어야 한다.
6. 사생활 보호와 비밀보장의 원칙	모든 사람의 사생활 및 권리를 신장시켜야 한다.
7. 진실성과 정보 개방의 원칙	관련된 사람에게 진실을 말하고, 관련 정보를 충분히 개방하도록 한다.

(3) 가족상담에서 사전동의 15 기출

① 상담과정에서 다루어질 목적과 내용을 가족에게 설명한다.
② 계약상담자가 선택한 다양한 개입방법의 효율성을 설명한다.
③ 예정된 상담의 횟수와 간격, 상담시간, 누가 참석할 것인가, 상담비용 등에 대해 설명한다.
④ 가족상담의 위험을 최소화할 책임이 상담자에게도 있음을 이야기한다.
⑤ 상담회기, 주기 등의 상담형식에 대해 설명한다.
⑥ 긍정적 결과에 대해 희망을 갖도록 설명한다.
⑦ 가족의 목표가 개인의 목표보다 우선시된다는 것을 알린다.

CHAPTER 02 가족상담의 이론과 실제

중요도 ★★★

핵심포인트

가족상담의 이론적 기초, 후기 가족상담모델의 발달, 가족상담이론(의사소통 가족상담모델, 정신역동적 모델, 체계적 가족치료, 구조적 가족치료, 경험적 가족상담모델, 전략적 가족상담모델, 해결중심 단기가족치료, 이야기치료, 인지행동치료), 가족생활주기, 카터와 맥골드릭(Carter & McGoldrick)의 가족발달단계와 과업, 가족상담 사정과 평가, 가족상담 실제

01 가족상담의 이론적 기초

(1) 초기 가족상담 발전의 배경 15 기출

① 초기 가족상담의 이론적 기초 17 18 기출
   ㉠ 상담자와 내담자 간의 위계적인 질서를 강조하였다.
   ㉡ 체계와 환경과의 상호작용에 초점을 두면서 체계에 대한 투입과 산출에 초점을 두는 블랙박스 모델이다.
   ㉢ 관계윤리, 가족출납부, 보이지 않는 충성심 등의 주요 개념이 이론을 형성하였다.
   ㉣ 가족의 기능 또는 역기능을 사정하기 위한 개념 개발과 특정치료적 기법의 습득을 중시하였다.

② 개인치료의 주류 밖에서의 영향
   ㉠ 아동상담소 운동
   ㉡ 일반체계이론과 사이버네틱스 등의 도입
   ㉢ 사회복지실천의 영향
   ㉣ 집단역동운동
   ㉤ 체계론적 사고의 등장으로 가족을 살아있는 체계이며 상호연관적·상호의존적·유기체적 총체로 파악
   ㉥ 부부상담 및 자녀양육에 있어서 상담의 필요성
   ㉦ 초기 가족상담모델의 발달

(2) 후기 가족상담 발전의 배경 15 19 22 기출

① 탈근대주의와 구성주의를 배경으로 1990년대에는 기법에 있어서 절충적인 시도와 함께 다른 시각의 가족치료 접근법이 모색되었는데, 대표적으로 해결중심 가족상담과 이야기치료 가족상담모델을 들 수 있다.
② 가족상담은 사회구성주의, 여권주의, 다문화주의의 영향으로 인해 사회적 상호작용과 주관적인 다양성을 중시하여 개개인의 상황에 적합한 기법이 필요하다는 생각이 자리 잡게 되었다.
③ 후기 가족상담의 이론적 기초 14 15 16 17 18 20 기출

㉠ 2차 사이버네틱스와 체계론적 관점을 기초로 발전되었는데, 2차 사이버네틱스에서 보는 체계는 자기준거성, 자율성, 부적 피드백 등의 속성을 갖는다.

✅ '알지 못함'의 자세
기존의 치료와는 달리, 내담자에 대하여 안다는 전제에서 상담을 시작하지 않는 것을 말한다.

㉡ 포스트모더니즘은 다양성과 차이 및 비본질주의를 강조하며, 인간이 각자의 인식행위를 통해 다르게 구성된 여러 우주에 살고 있다고 가정한다. 포스트모더니즘의 영향으로 상담자들은 현실에 대해 가족구성원들이 갖고 있는 다른 신념체계에 대하여 *'알지 못함'의 자세(Not Knowing Posture)를 취하였다.
㉢ 후기 구조주의는 사람들의 정체성에 대한 상세한 기술을 추구한다.
㉣ 페미니즘은 '개인적인 것은 정치적인 것이다'라는 신념으로 사회적 지배나 억압에 대해 비판하면서 편파성과 추상적 보편성에 대한 거부 등의 측면을 강조하였다.
㉤ 상담자의 지식과 기술을 신뢰하던 이전의 상담과는 달리 상담자와 내담자의 관계는 평등하다고 본다.
㉥ 문제의 원인에 집중하는 대신 가족구성원이 사건에 부여하는 의미를 찾고, 실현 가능한 해결책을 발견하는 것에 초점을 둔다.
㉦ 내담자와 상담자의 협력적 관계를 중시하며 사람들이 사회적 상호작용을 통하여 만드는 의미에 초점을 둔다.
㉧ 구성주의는 사람이나 현상에 관한 진실을 객관적으로 관찰할 수 없다고 주장한다.
㉨ 사회구성주의는 언어가 어떻게 세계와 신념을 구성하는가에 초점을 두었으며, 협력언어체계모델의 안데르센(T. Andersen)은 '반영팀'이라는 접근을 발전시켰다.

> **지식 IN**
>
> **1. 사회구성주의의 출현** 14 15 16 17 19 24 기출
> - 포스트모더니즘의 중심 사상 중 하나인 사회구성주의 사상은 내담자가 환경을 창조적으로 재구성하고 본인이 가지고 있는 능력을 저하시키는 많은 요인을 다른 시각에서 보도록 도와주는 사상적 기반을 제공한다. 따라서 해결중심 단기치료와 이야기치료의 이론적 배경 역할을 한다.
> - 문제나 증상은 그 사람을 둘러싼 전체로서의 가족이라는 맥락에서 발생한다고 보았다.
> - 가족기능의 정상성 판단기준에 관한 절대적 진실은 존재하지 않는다.
> - 언어가 어떻게 세계와 신념을 구성하는가에 초점을 둔다.
> - 치료자는 내담자의 견해를 존중하고 '알지 못함 자세'로 호기심을 가지고 접근한다.

- 사회구성주의의 기본 전제
  - 진실(Truth)은 사회적으로 구성된다.
  - 현실/실재(Reality)은 언어적 상호작용에 의해 이루어진다.
  - 현실/실재(Reality)는 사회적 상호작용을 통해 함께 구성하는 것이다.
  - 상담은 협동적이어야 한다.

2. 구조주의와 후기 구조주의의 특징 비교

구조주의	후기 구조주의
• 전문가의 지식이 존중된다. • 표면적 현상은 내면 깊이 자리한 개인 정체성의 단서에 불과하고, 전문가만이 표면적 현상을 정확히 해독할 권한을 가진다. • 개인의 삶은 규칙이나 규범에 따라 해석되고 존중된다. • 진리는 객관적으로 정확히 알 수 있다.	• 개인이 가지고 있는 고유의 지식이 존중된다. • 표면적 현상은 우리가 실제로 알 수 있는 모든 것으로 우리들 각자는 표면현상을 해석할 권한을 가진다. • 기대나 규범으로부터 벗어난 예외적 삶의 성취를 해석하는 데 초점을 둔다. • 사람들은 각자 행하고, 말하고, 기억하는 이야기들을 통해 의미 있는 삶을 구성할 권한을 가진다.

④ 후기 가족상담모델의 발달 14 15 16 23 기출

모델명	대표학자	내용	치료기법
해결지향모델	오한런	문제를 개인이 정의하는 의미체계로 인한 것으로 봄	선다형 질문, 문제의 정상화, 방향 틀어 요약하기법, 내담자의 관점 수용(활용), 분명하거나 상식적인 제안, 의문던지기, 미래에 초점두기법 등을 사용
해결중심모델	드세이저 & 버그	내담자 중심의 해결에 중점, 내담자의 장점이나 건강한 특성을 활용하며, 치료자와 내담자 간 협력관계를 중시함	해결지향적 질문(상담 전 변화에 관한 질문, 예외질문, 기적질문, 척도질문, 대처질문, 관계성질문, 악몽질문, 간접적 칭찬, '그 외에 또 무엇이 있습니까?' 질문)과 치료적 피드백의 메시지를 사용
이야기치료	화이트 & 엡스톤	문제의 외현화와 새로운 시각으로 대안적 삶의 이야기를 서술하게 함	정의예식과 외부증인집단 등의 기법 사용
협력언어체계 모델	앤더 & 굴시안	내담자와의 협력적 대화를 통하여 새로운 의미를 찾는 과정에 중점	반영팀(Reflecting Team)을 주요기법으로 활용

지식 IN

반영팀(Reflecting Team) 접근 14 기출
- 노르웨이의 정신과 의사인 안데르센(Andersen)이 발전시킨 것이다.
- 협력적 모델(Collaborative Model)과 관련이 깊다.
- 2차적 사이버네틱스를 토대로 발전되었다.
- 상담자는 관찰자이며, 내담자는 관찰대상이라는 고정된 관계를 변화시켰다.
- 상담팀(관찰자)이 상담실에서 상담을 받던 내담자 가족(참여자)에게 그들의 생각과 느낌을 전달하고, 이에 대한 참여자의 생각과 느낌을 관찰자에게 전달한다.

02 가족상담이론

(1) 의사소통 가족상담모델(1950년대) 14 15 17 기출

① 의 의
  ㉠ 캘리포니아 팔로 알토에서 베이트슨(Bateson)에 의해 주도된 정신분열증 연구프로젝트와 잭슨(Jackson)이 이끄는 정신건강연구소(MRI ; Mental Research Institute)에 관여한 연구자들이 정립한 의사소통이론에 기초하고 있다.
  ㉡ 다른 가족상담이론과 달리, 전적으로 가족에게 초점을 두고 문제를 가진 가족성원과 가족의 상호작용이라는 새로운 관점에서 연구되었다.
  ㉢ 의사소통 가족상담모델은 1950년대 이후, 30여 년 동안 발전을 거듭해오는 과정에서 학자에 따라 강조점을 달리한 다양한 모델로 분화·발전하였다.
  ㉣ 발전과정 : MRI를 중심으로 활동한 상호작용적 의사소통모델, 인본주의 경향을 강하게 띠면서 사티어(Satir) 특유의 모델로 발전된 경험적 가족상담모델, 헤일리(Haley)에 의해 발전된 전략적 가족상담모델 등으로 발전하였다.

② 주요 학자

베이트슨 (Bateson)	의사소통 가족상담의 선구자로서, 조현병 행동을 알기 위해 의사소통을 분석하기 시작하였다. 관찰을 통하여 메시지의 상호교환이 가족관계를 한정하며, 이러한 관계는 가족의 항상성 과정을 통해 안정을 찾는다는 사실을 발견하였다.
잭슨 (Jackson)	의사소통 가족상담을 창안하여 보편화하는 데 기여하였다. 1958년에 MRI를 설립하고, 거기에서 병리적 의사소통에 대한 연구를 하였는데, 이러한 의사소통유형은 결코 조현병 환자 가족의 고유한 것은 아니라는 사실을 밝혔다.

③ 기본 명제
  ㉠ 모든 행동은 의사소통이다.
  ㉡ 모든 의사소통에는 '내용'과 '관계'의 두 차원이 있으며, 내용측면은 정보를 전달하고, 관계측면은 정보가 받아들여지는 방법을 전달한다.
  ㉢ 모든 체계가 '규칙'에 의해 규정되면, 이러한 규칙으로 인해 '항상성'이 유지되고, 그 결과로 체계가 보존된다.
  ㉣ 모든 행동과 의사소통은 '상황' 안에서 검토되어야 하며, 상황에 대한 고려 없이는 완전한 이해가 있을 수 없다.
  ㉤ 의사소통은 끊임없이 이어지는 순환적 상호교환의 연속이다.
  ㉥ 의사소통유형은 의사소통이 일어나는 상황 내의 환류로 인해 반복되고, 따라서 문제 또한 유지된다.

> **지식 IN**
>
> **베이트슨의 의사소통법** 18 기출
> - 사이버네틱스의 공학적 개념을 행동과학의 용어로 환원하고 가족치료에 적용하는 데 주도적 역할을 하였다.
> - 이중구속은 베이트슨 연구진이 조현병 환자 가족의 의사소통을 연구하면서 소개한 것이다.

④ 주요 개념 14 15 24 기출
  ㉠ 이중구속 18 20 기출
    한 사람이 다른 사람에게 논리적으로 상호 모순되고 일치하지 않는 두 가지 메시지를 동시에 전달하는 것을 말한다. 베이트슨은 상호 모순된 메시지가 아동을 어떠한 메시지에도 반응할 수 없는 혼란된 상황에 놓이게 함으로써, 결국 정신분열적으로 반응할 수밖에 없게 된다고 주장하였다.

    > 예 상을 받아온 아들에게 엄마가 "축하해"라고 말하면서 계속 드라마에 열중하는 경우

  ㉡ 가족항상성 14 21 기출
    가족이 어떠한 상황에서도 안정성을 유지하려는 속성을 의미하며, 항상성은 가족 내에서 발전시킨 상호작용 유형에 의해 지속된다는 것이다.

    > 예 자녀가 청소년기에 진입하였는데도 부모가 아동기의 가족체계 방식대로 의사결정을 하려는 태도

  ㉢ 대칭적 관계와 보완적 관계

대칭적 관계 18 기출	• 평등성과 유사성에 기초한 관계이지만 병리적인 관계로 발전할 위험성이 있다. • 의사교환자 한쪽의 반응이 다른 쪽에 영향을 주고, 이것이 다시 한쪽의 반응을 상승시키는, 즉 대칭적 상승의 효과가 있게 되어 언쟁·싸움으로 발전하게 되는 경우이다.
보완적 관계	의사교환자가 우월-열등의 관계에 놓여 있어, 이 관계가 경직되는 경우에 병리적인 관계로 발전한다.

⑤ 정상적 가족발달
  ㉠ 가족을 부정적 환류와 긍정적 환류과정의 적절한 조화로 유지되는 기능적 체계로 보았다.
  ㉡ 이 두 가지 환류가 적절히 작용하여 가족의 구조를 보존 및 유지함과 동시에 환경의 변화에 적응하여 가족구조를 변화해 나갈 때 가족은 정상적으로 발달하게 되는 것이다.

⑥ 가족상담 발달 초기 조현병 환자가족의 역기능 14 15 16 17 18 19 20 21 22 23 기출

이중구속	베이트슨(Bateson)이 소개한 개념으로, 언어적 메시지와 비언어적 메시지가 서로 일치하지 않음으로써 어떠한 메시지에 반응해도 적절한 반응이 될 수 없는 상황을 말한다.
부부균열	• 리즈(T. Lidz)가 소개한 개념으로, 부부가 중요한 영역에서 서로 의견을 달리할 뿐만 아니라 다툼을 일으키는 관계를 말한다. • 부부가 거의 모든 영역에서 경쟁적이고, 각자 자신의 욕구와 기대를 충족시키기 위해 상대방의 지위를 손상시키는 관계를 말한다.
부부 불균형	• 부부간의 권력이 지나치게 불균형을 이루어 강자가 약자를 지배하는 상황으로, 조화로운 힘의 균형을 유지하는 데 실패하기 쉬우며 부부간의 갈등을 표면화하기 어려운 상태이다. • 부부체계에서 불균형 부부는 상대적인 권력을 갖고 있으므로 갈등이 표면화되는 것을 막을 수 있다. • 자녀들이 종종 부부갈등의 중재자 역할을 하게 된다.
거짓상호성	겉으로 드러난 가족원 간의 친밀한 상호작용이 진실한 모습이 아니라 거짓된 모습임을 나타낸다.
거짓친밀성	가족원 모두 결속된 모습을 보여야 하기 때문에 역할에 융통성이 없고, 유머와 자발성이 부족하다.
거짓적대성	• 윈(L. Wynne)이 소개한 개념으로, 가족원이 진실한 모습으로 상호작용하는 것이 아니라 겉으로 거리감을 두거나 적대적인 방식으로 상호작용하는 관계를 말한다. • 거짓적대성을 지닌 가족은 친밀감뿐만 아니라 갈등이나 불화를 직접 다루는 데 어려움을 느낀다.

고무울타리	• 가족상담 발달 초기에 조현병(정신분열증) 환자 가족의 역기능을 설명하기 위해 제시된 개념으로, 이중구속 또는 거짓친밀성을 의미한다. • 가족구성원의 외부 접촉을 촉진하는 경계를 말하며, 가족을 둘러싼 경계가 자신들의 편의에 따라 넓어지기도 하고 축소되기도 하는 것이다. • 고정된 가족역할로부터 벗어나려는 시도를 무시하거나 잘못 해석하여 발달하며, 가족원 개인이 자신의 정체성과 독자성을 찾으려는 시도를 무시하고 가족이 함께해야 한다는 믿음으로 가족의 담장을 확장해 가는 상황을 의미한다.
자기분화	개인이 가족의 정서적인 혼란으로부터 자유롭고 독립적인 사고나 행동을 할 수 있는 과정을 말한다.
가족투사과정	부모가 자신의 낮은 분화수준을 자녀들에게 전달하는 과정이다.

⑦ 주요 기법
  ㉠ 직접적 기법
    명확한 의사소통규칙의 교육, 가족의 의사소통유형의 분석과 해석 등의 기법으로, 내담자의 문제해결 의지와 통찰력에 의존하는 방법이며, 치료의 효과는 내담자의 협조에 따라 크게 좌우된다.
  ㉡ 역설적 개입 14 15 23 기출
    • 역설적 명령 혹은 증상처방(치료적 이중구속)
      내담자에게 문제행동을 계속 유지하라고 지시함으로써, 그의 통제 밖에 있었던 문제행동을 그의 통제권 안으로 끌어들이고, 문제행동을 포기함으로써만 벗어날 수 있는 치료적 역설상황을 만드는 것이다.
    • 재명명(Relabeling) 15 16 17 기출
      이미 벌어진 상황에 대하여 다른 언어를 사용하여 이에 대한 이해와 느낌, 생각이 바뀌도록 도와서 가족을 변화시키는 방법이다. 특히, 증상의 긍정적인 측면을 강조하는 것이 이 기법의 특징이다. 예를 들어, 가족 간의 심한 언쟁을 '서로 간의 관심과 배려'라고 재명명하는 것인데, 이것은 서로 간 정서적으로 연결되어 있고 관심이 있을 때 언쟁도 있을 수 있다는 생각에서 착안된 것이다.
  ㉢ 보상(Quid Pro Quo) 14 기출
    치료자가 각 당사자에게 상대방에게 무엇을 원하는지를 질문하고, 그 상대방이 기꺼이 다른 상대방이 원하는 것을 해주게 하는 기법이다.

⑧ 평가
  ㉠ 의사소통 가족상담이론의 기초가 되는 연구는 조현병 클라이언트 가족에서 보이는 병리적 의사소통이었으며, 이러한 연구를 통해 유명한 이중구속, 가족항상성 등의 개념이 유추되었다. 이러한 개념들은 대단히 획기적인 것으로 여타의 가족상담이론에서도 중요한 개념으로 활용되고 있다.
  ㉡ 치료결과에 대한 경험적 검증작업이 매우 미흡하고, 개입의 치료효과를 증명할 만한 실증적 자료가 절대적으로 부족하다는 결점이 있다.

(2) 정신역동적 모델(대상관계이론, 1970년대) 14 17 22 23 기출

① 의 의 19 기출

  ㉠ 가족을 대상으로 정신역동적 상담을 하는 것이며, 체계적 가족상담에 정신역동적 통찰과 개입을 선택적으로 도입한 모델이다.
  ㉡ 과거의 무의식적 이미지에 대한 통찰을 통한 인성 변화와 가족원의 무의식적 구속으로부터의 자유를 추구한다.
  ㉢ 1970년대 개인중심인 프로이트의 이론에서 벗어나, 관계중심인 대상관계이론으로 이행하면서 주목받게 되었다.
  ㉣ 정신역동적 불안은 인간의 모든 행동이나 생각이 우연히 나타나는 것이 아니라, 본능적 욕구인 성욕과 공격욕을 충족하기 위한 무의식적 충동에 의해서 나타난다고 보았다. 그러나 모든 인간은 자신의 본능이나 욕구를 추구하는 과정에서 이를 억제하려는 사회적 환경이나 정신적 역동과정에 의해서 갈등을 경험하게 되며, 갈등이 원만히 해결되지 못했을 때 신경장애와 같은 비정상적인 행동을 보이게 된다는 것이다. 그러므로 문제를 일으키는 정신세계의 역동성을 이해하여 이들 간의 갈등을 해소하고 문제의 증상을 감소시키는 심리치료가 필요하다는 이론이다.

  > - 정신장애는 개인의 내적인 갈등의 산물이다.
  > - 개인이 사용하는 과다한 방어는 병리로 나타난다.
  > - 신체 내의 과도한 긴장은 유기체 내의 정신신체적(Psychosomatic) 장애를 유발한다.
  > - 자아가 더 이상 현실에 대응할 수 있는 능력을 상실하였을 때, 개인은 정신병적(Psychotic) 반응을 보인다.

  ㉤ 정신역동적 치료는 이러한 현상의 내적인 갈등을 제거하기 위하여 억압되어 있는 갈등의 해소에 주력하고, 갈등을 통찰시키기 위하여 꿈의 분석, 자유연상, 저항의 처리, 전이 등의 방법을 동원하여 치료하는 것을 말한다. 정신역동적 가족상담의 상담기법 중 해석은 무의식적 상호작용의 의식화를 통해 자아가 무의식적인 자료를 의식화하는 것을 촉진함으로써, 내담자가 무의식적인 자료들에 대한 통찰을 갖는 것을 상담의 목표로 한다.

② 주요 학자

  ㉠ 애커만(Ackerman)
  - 「가족생활의 정신역동」이라는 가족의 진단과 치료에 관한 저서를 통해, 가족은 안정적이고 예측이 가능한 경우가 매우 드물며, 어려움을 겪는 한 개인을 가족에서 고립시키거나 격리하기보다는 가족 안에서 치료할 때 보다 나은 변화가 가능하다고 역설하였다.
  - 사람은 혼자서 살아가는 존재가 아니기 때문에 개인의 무의식에 대한 정확한 이해를 위해서는 가족상호작용이라는 현실적 맥락에 대한 이해가 선행되어야 한다고 보았고, 결론적으로 환자를 가족에서 따로 떼어내어 치료해서는 안 된다고 주장하였다.

ⓒ 클라인(Klein)
- 부모에 의해서 양육될 때 경험하는 만족과 좌절 등을 통하여 부모의 이미지를 내면화하면서 자아상을 형성해 나간다고 하였다.
- 그 결과 긍정적인 경험은 유아에게 따뜻함·보살핌·만족·안정감을 주지만, 부정적 경험은 유아에게 분노·불안·초조·염려·두려움을 주게 된다고 하였다.

ⓒ 보스조르메니-나지(Boszormenyi-Nagy) 14 16 18 기출
- 정신역동적 관점에서 가족 내 윤리적 책임을 강조하는 맥락적 가족치료를 주장하였다.
- 가족원 간과 세대 간에 상호교류와 주고받음의 균형을 추구하는 관계윤리에 주목하였고, 이를 여러 세대에 걸친 가족원장, 즉 대차대조표에 비유하였다.
- 가족관계에서 가족출납부적인 관계가 반드시 성립한다고 하였다. 즉, 출납부에서 수입이 있으면 지출이 있듯이, 가족관계에서도 이득을 보는 가족이 있으면 반드시 손해를 보는 가족이 있다고 하였다.
- 이는 금전출납부의 적자를 해결하기 위해서는 부채가 상환되어야 하는 것처럼, 부정을 저지르면 언젠가는 심판을 받아야 하는데, 문제는 심판이 너무 적거나 불충분하게 실행될 경우 보복의 고리(Chain of Displaced Retributions)가 발생한다는 데 있다.
- 결국 가족 중 누군가 나타내는 증상은 우리 가계의 부정이 너무 많이 누적되어 있다는 것을 알리는 신호이다. 어머니의 희생 및 그에 따른 우울증이 그 예이다.
- 가족출납부에 의하면, 개인의 이익은 집단을 위해 희생되는데 이는 보이지 않는 충성심과 관련이 있다. 따라서 문제행동이나 병리적 반응은 이러한 보이지 않는 충성심에서 발전할 수 있다.

③ 맥락적 가족치료
ⓒ 맥락적 가족치료의 의의 16 18 기출
- 정신역동적 관점에서 가족 내 윤리적 책임을 강조하는 맥락적 가족치료를 주장하였다.
- 인간에게 가장 기본이 되는 힘이 관계윤리(Relational Ethics)라고 하였다.
- 책임과 권리 간의 공정한 균형 및 관계공평성, 즉 공평한 관계의 형성과 가족원들의 재접속(Rejunction)을 통해 관계를 개선하는 것에 목표를 둔다.
- 관계윤리를 여러 세대에 걸친 가족원장, 즉 대차대조표에 비유하였다.
- 이 치료의 장점은 자신의 가족에게 일어난 부정적 연결고리에 대한 통찰을 통해 용서와 관대함이 이루어지게 되고, 이러한 부정적 채무가 정지될 때 높은 치료효과를 볼 수 있다는 것이다.

ⓒ 맥락적 가족치료의 용어 14 18 기출

유산(Legacy)	자녀들이 부모로부터 대화를 통해서 물려받게 되는 명령(Imperative)
원장(Ledger)	부모로부터 받은 유산과 자신이 삶에서 얻은 것들을 기록해서 계산해 놓은 장부
대칭(Symmetry)	두 사람이 서로 돌봄을 주고받는 관계
비대칭(Asymmetry)	일방적 돌봄이 되어 돌봄을 되돌려줄 수 없는 관계(부모와 자녀 관계)
충성심(Loyalty)	부모가 자녀를 돌봐 줌으로써 자녀가 갖게 되는 사랑과 신뢰의 마음
회전판(Revolving Slate)	• 유형이 한 세대에서 다음 세대로 무조건 반복되는 유산 • 사람들이 살아가면서 일정하게 계속 반복하는 행동의 형태
부모화(Parentification)	자녀가 오랫동안 부모 역할을 하는 현상

분열된 충성심 (Split Loyalty)	한쪽 부모에게만 자녀가 충성심을 가지게 되는 마음
보이지 않는 충성심 (Invisible Loyalty)	자녀들은 부모와의 상호작용을 통해 부모들이 하는 행동을 내면화하는데 보이지 않는 충성심은 흔히 무의식적이며 가족들에게 갖는 일종의 유대감이다.

ⓒ 맥락적 가족치료의 방법

자기타당 (Self-Validation)	치료자가 자녀들이 갖고 있는 충성심을 드러나게 해주는 활동
편파성(Partiality)	치료자가 가족구성원 중 어느 한 사람에게만 관심을 가지고 배려하는 활동
해방(Exoneration)	내담자를 그의 부모에게서 물려받은 회전판으로부터 해방시키는 치료자의 역할

④ 주요 내용 **21 기출**
  ㉠ 경청, 감정이입, 해석 등의 정신분석학적 방법을 통해 가족구성원의 내면을 정화한다.
  ㉡ 가족상담의 대상은 개인이 되기도 하고 가족구성원 모두가 되기도 하는데, 개별상담과 집단상담이 필요에 따라 절충된다.
  ㉢ 내적·심리적 갈등의 해결, 가족 간의 무의식적인 대상관계를 분석함으로써 통찰과 이해, 성장의 촉진, 합리적인 역할분배를 강조한다.
  ㉣ 상담자는 가족의 대화 혹은 행동 속에 무의식적으로 억압되어 있는 과거의 잔여물에 대해 탐색하고 성원들과 과거를 훈습한다.

⑤ 상담자의 태도
  ㉠ 정신역동적 가족상담은 분명히 고전적 정신분석보다는 적극적이지만, 대부분의 가족상담자들과 비교해보면 상당히 비지시적인 기법을 사용한다.
  ㉡ 내면화된 대상의 어떤 부분은 의식적이고 쉽게 알 수 있으나, 무의식에 숨겨진 심상을 찾아내기 위해서는 비지시적인 치료기법이 중요하다고 본다.
  ㉢ 대부분의 가족상담자도 환자에게 하는 조언을 최소화하려 하지만, 정신역동적 가족상담자의 경우에는 지시나 충고를 극도로 제한하였으며, 가족들의 생활을 거의 조정하지 않는다.
  ㉣ 방해를 최소화하고, 불필요한 개입을 배제하면서 개인의 반응을 면밀히 검토한다.
  ㉤ 정신분석학적 자유연상을 통해 무의식적인 것을 표면화하도록 한다.
  ㉥ 가족성원은 그들의 관심을 치료자의 방해나 지시없이 자유롭게 이야기하게 된다.
  ㉦ 개인이나 가족원 간, 가족과 상담자 간에 심리내적 역동이나 투사적 동일시를 중시한다.
  ㉧ 가족성원이 자신들의 마음속에 있는 것을 언어화하면, 치료자는 언급된 것을 욕구·방어·자아상태·감정전이의 파생물로 간주하여 적극적으로 분석하게 된다.

⑥ 상담기법 및 평가
  ㉠ 상담기법 **19 21 기출**

경청	내담자가 용기를 내서 괴로운 일들을 탐색하거나 혹은 생각을 가다듬거나 냉정을 되찾기 위해 말을 중단하고 침묵하거나 눈물을 흘리는 동안 상담자는 참을성 있게 기다리며, 내담자가 말하는 것뿐만 아니라 그가 말하고자 의도하는 것, 즉 말의 억양이나 말씨, 자세, 또다른 비언어적 메시지를 찾아낸다.
감정이입	상담자가 내담자의 생각과 느낌을 함께 공감할 수 있도록 주의를 기울여 들어주는 것이다.
해석	자아로 하여금 무의식적인 자료를 의식화하는 것을 촉진시킴으로써 내담자로 하여금 무의식적인 자료들에 대한 통찰을 갖게 하는 것이다.

분석	상담자들이 가족의 변화를 시도하기 전에 가족에 대한 이해를 먼저 해야 한다. 전이분석은 내담자가 어릴 때 어떤 중요한 인물, 대상에 대하여 가졌던 사랑이나 증오의 감정을 상담자에게 전이할 때 나타나는 현상이다.
자유연상	내담자로 하여금 마음속에 떠오르는 것이면 무엇이든지 이야기하도록 함으로써, 무의식적인 사건을 표면으로 끌어내기 위한 최고의 방법이다.

ⓒ 평가 : 과거 성장기에 부모와의 문제나 부모와의 결혼생활문제, 기타 문제로 상처를 받았거나 보이지 않는 충성심에 의해 얽매여서 벗어나지 못하는 가족들에게 효과가 있다.

(3) 보웬(Bowen)의 체계적 가족치료(다세대 가족상담모델) 22 기출

① 의의
  ㉠ 보웬(Bowen)의 가족체계이론은 메닝거 클리닉(Menninger Clinic)에서 소아 조현병 환자의 치료를 위해 환자와 그의 어머니 또는 그의 부모를 1~2개월간 공동으로 생활하게 함으로써, 환자와 가족의 유기적 관계를 발견하면서 제시된 이론이다.
  ㉡ 조현병 환자의 가족에 대한 연구를 통하여 분화의 개념과 삼각관계의 개념을 정립하게 되었고, 환자들은 엄마 또는 부모와 불안정한 애착관계를 형성한다는 사실을 발견하였다.
  ㉢ 가족을 다세대적 현상으로 파악하여 다세대적 분석을 통해 현재의 가족문제를 파악하려 하였다.

② 주요 내용 14 19 21 기출
  ㉠ 보웬은 행동장애를 '증가된 불안의 산물'로 보면서 고립되고 분화되지 못한, 가장 상처받기 쉬운 개인이 증상을 발달시키거나 혹은 갈등의 중심이 되기 쉽다고 보았다.
  ㉡ 보웬 가족치료의 목표는 만성불안에 대한 감정반사행동을 줄여 불안을 감소시키고 자아분화를 증가시키는 것으로 자기분화는 치료목표인 동시에 성장목표이다.
  ㉢ '나의 입장(I-Position)'을 격려하여 분화수준을 높이는 것이 치료의 목표이다.
  ㉣ 분화수준을 높이기 위해 분화되지 않은 가족자아집합체에서 자신을 분리·독립시켜 정체감을 형성하고, 자기 충동적·정서적 사고와 행동에서 자유를 획득해 나갈 수 있도록 돕는다.
  ㉤ 보웬의 가족치료에서는 상담자의 분화수준만큼 내담자도 그 정도로 분화된다고 가정한다.
  ㉥ 상담자는 탈삼각화를 코치하고, '나의 입장(I-Position)'을 시범 보이는 모델이 된다.
  ㉦ 출생순위 또는 형제자매 위치가 가족의 정서체계 안에서 특정한 역할과 기능을 한다.

③ 주요 개념
  ㉠ 자아분화(자기분화) 15 16 22 23 기출
    • 사고와 감정을 분리하여 자신과 타인을 구분할 수 있는 능력으로 개인이 가족의 정서적인 혼란으로부터 자유롭고 독립적인 사고나 행동을 할 수 있는 과정을 의미한다.
    • 분화의 상태를 0~100까지의 분화지수로 표시하며, 이때 '0'은 가족으로부터의 완전한 구속을, '100'은 가족으로부터의 완전한 독립을 의미한다.
    • 자아분화는 정서적이고 지적인 것의 분화를 의미하며, 감정과 사고가 적절히 분리되어 있는 경우 자아분화 수준이 높은 것으로 간주한다.
    • 분화되지 못하고 융합되어 있는 가족체계는 불안이나 변화를 경험할 때마다 정서의 지배를 받기 때문에 충동적인 행동이 일어나기 쉽고 융통성이 없으며, 스트레스 상황에서 부적응적이라고 보았다.
    • 미분화 가족 자아군은 온 가족이 감정적으로 한 덩어리가 되어 고착되어 있는 상태를 말한다.

• 분화수준에 따른 특징 18 19 기출

분화수준 높음	• 자신의 감정체계를 있는 그대로 받아들이면서도 이성적으로 대처하고 반응할 수 있으며, 친밀한 관계를 유지할 수 있다. • 내적인 불안을 인내할 수 있고, 다른 사람의 불안에 전염되지 않는다. • 가족동맹을 발달시키지 않고도 적응적이고 융통성이 있으며, 자율적으로 기능할 수 있다. • 자신의 신념에 따라 자율적으로 기능하면서 친밀한 관계를 유지한다.
분화수준 낮음	• 합리적으로 의사결정을 하지 못하며, 감정반사적인 행동수준에 머무른다. • 주관적이며 감정적으로 반응하며 삼각관계를 통해 자신의 불안을 회피하고자 한다. • 개인이 성장한 정서적 분위기가 뒤엉켜 있고 강할수록, 감정반사적 반응에 의해 지배받는다.

ⓒ 삼각관계 17 19 20 21 24 기출

- 스트레스는 두 사람(부부)의 관계체계에서 발생하는 관계의 균형을 유지하기 위한 시도 과정에서 발생한다.
- 삼각관계는 스트레스의 해소를 위해 두 사람 간의 상호작용체계에 다른 가족성원을 끌어들임으로써 갈등을 우회하는 것이다.
- 보웬은 삼각관계를 가장 불안정한 관계체계로 보았으며, 실제로 삼각관계가 불안이나 긴장, 스트레스를 감소하는 데 일시적인 도움은 줄 수 있지만, 가족의 정서체계를 혼란스럽게 만들어 증상을 더욱 악화하는 것으로 보았다.
- 보웬의 삼각관계 치료방법 18 20 기출
삼각관계를 해결하는 보웬의 치료법은 잠정적으로 치료자가 삼각관계에 끼어들거나, 벗어나기도 하면서 *탈삼각화한다.

> **✓ 탈삼각화**
> 가족에 형성된 삼각관계에서 벗어남으로써 가족성원의 자아분화를 향상하는 방법을 말한다.

ⓒ 핵가족 감정체계(정서체계) 14 17 19 21 23 기출

- 정신분석학에서 사용하는 '미분화된 가족자아집합체'와 연관된다.
- 가족의 정서적 일체감이 독특한 정서체계를 형성함으로써, 가족성원 간에 사고와 감정을 공유하다가 이후 서로를 배척하기에 이르는 정서적 관계를 의미한다.
- 개인은 자신의 해소되지 못한 불안을 가족에게 투사하며, 특히 미분화된 부부인 경우 사소한 스트레스 상황에도 심한 불안을 느낀다.
- 핵가족 감정체계는 부부간에 정서적으로 거리가 먼 경우, 부부 중 한 사람이 신체적 또는 정서적으로 역기능 상태에 있는 경우, 부부갈등이 심각한 경우, 부부간의 문제를 자녀에게 투사하는 경우 그 강도가 강해진다.

ⓔ 가족의 투사과정체계 14 16 17 23 24 기출

- 부모가 그들의 미성숙함과 분화의 부족을 자녀에게 전하는 삼각관계에서 어느 한 자녀 이상에게서 장애가 나타나는 과정을 뜻한다.
- 가족투사과정은 가족 내에서 불안이 투사되는 과정으로 미성숙한 부모가 자신의 미분화와 불안을 다루고 부부체계를 안정시키기 위해 무의식적으로 가장 스트레스에 취약한 자녀에게 정서적 에너지를 집중하는 방어기제이다.
- 자아분화 수준이 낮은 부모는 미분화에서 오는 불안을 삼각관계를 통해 회피하려고 하는데, 공통적 현상은 어머니가 특정 자녀와 공생적 관계를 형성하여 미분화의 산물인 자기문제를 투사한다는 점이다.
- 부모가 자신의 미분화를 전달함으로써 세대를 걸쳐서 진행되며, 투사대상이 된 자녀는 최소한의 자아분화만을 한 채 부모와 밀착관계를 가지게 된다.

- 투사는 어느 가정에서나 일어나는 것인데, 분화수준이 낮을수록 그 경향이 심하고, 심지어 다음 세대를 희생시키면서까지 이전 세대의 미분화에서 발생한 불안을 경감하려고 한다.

ⓜ 다세대 간 전이과정체계 15 23 기출
- 다세대를 통해 가족의 정서과정이 전수되는 것을 설명한다.
- 핵가족 안에서 개인뿐만 아니라, 여러 세대에 걸친 핵가족을 포함하는 정서적 장애를 의미한다.
- 다세대 전수과정에서 증상의 유형과 정도는 많은 정서적 변인에 의해 영향을 받으며, 한 세대에서 발생하는 심각한 외부 스트레스나 불안은 분화수준과 상호작용하여 역기능 발생을 촉진한다.
- 자아분화의 수준이 낮은 사람이 자신과 비슷한 분화 수준을 가진 사람과 결혼하면 다음 세대인 자녀에게 그들이 가진 미분화된 특징을 투사하게 되어, 자녀의 자아를 더욱 미분화 상태에 놓이게 한다. 이러한 투사과정이 여러 세대에 걸쳐 계속되면, 3세대 또는 그 이상의 세대에 가서 조현병이나 정서적 질환이 발생된다.
- 이렇게 볼 때, 조현병이나 역기능적 문제는 개인의 질병이 아니라, 가족체계에서 누적된 자아의 미분화·융해의 결과인 셈이다.

지식 IN

다세대모델의 특징 17 기출
- 삼각관계는 핵가족에서도 다중으로 있을 수 있다.
- 자아분화가 높은 사람은 타인의 평가에 연연하지 않는다.
- 가족투사과정은 가족 내에서 불안이 투사되는 과정을 말한다.
- 대표적인 핵가족 정서체계는 만성적 결혼갈등, 배우자의 역기능 등이다.

ⓑ 출생순위체계 24 기출
- 아동들의 특징적인 성격은 어떤 형제의 위치에서 성장하였는가에 의해 결정된다고 하였다.
- 환경이 다른 삶을 살아감에도 불구하고, 동일한 출생순위의 사람들은 비슷한 성격을 가지고 있다는 사실을 발견하였다.
- 출생순위에 따른 형제자매 위치는 가족 정서체계 안에서 특정한 역할과 기능을 담당한다.

ⓐ 정서적 단절체계 19 21 기출
- 한 개인과 자신의 *원가족 간의 미분화와 그것과 관련된 정서적 긴장을 설명한 것으로, 극심한 정서적 분리의 양상을 의미한다.
- 한 개인이 자신의 불안을 관리하기 위해 더 이상 가족구성원과 감정적인 교류를 하지 않는 것이다.
- 정서적 단절은 세대 간의 잠재된 융해의 문제를 반영하는 것이며, 세대 간의 정서적 *융해가 심할수록 정서적 단절의 가능성 또한 높다.

✅ **원가족**
혈통이나 유전적으로 관련된 가족 혹은 친족집단을 말한다.
예 친척, 친족

✅ **융해**
녹아서 물리적인 상태가 변하는 것을 말한다.

- 융해가 심한 사람은 가족과의 정서적 접촉을 회피함으로써 문제를 해결하려고 한다. 그러나 고립된 소외에서 오는 불안으로 다른 사람과 관계를 맺으면 또다른 융해를 초래한다.
- 정서적 단절은 물리적 단절을 전제하지 않는다. 즉, 물리적으로 가까운 경우에도 정서적 단절은 일어날 수 있다.

④ 상담기법 14 15 16 17 20 24 기출
  ㉠ 과정질문 18 20 23 기출
     • 내담자의 감정을 가라앉히고 정서적 반응에 의한 불안을 낮춰 사고를 촉진하는 기법으로 다양한 과정을 질문하여 내담자가 인식하지 못한 측면, 즉 가족들이 맺는 관계유형 방식 등을 살펴보는 것이다.
     • 가족체계 안에서 자신의 역할을 이해하고 문제의 맥락을 명료하게 사고하도록 하면서, 부부의 논쟁이 심할 경우에는 상담자는 중립적 태도로 각자의 생각에 초점을 맞추도록 한다.
     • 감정을 가라앉히고 정서적 반응에 의해 유발된 불안을 낮추도록 질문하고 가족성원이 문제를 어떻게 지각하고 관계유형에 어떤 방식으로 참여하였는지 질문한다.
  ㉡ 치료적 삼각관계 23 기출
     가족 내에서 갈등을 빚고 있는 사람은 안정성을 되찾기 위해 제삼자를 끌어들여 삼각관계를 형성하려는 경향이 있고, 상담과정에서 치료자까지도 자동적으로 삼각화 과정에 끌어들이려 하여 치료가 교착상태에 빠지게 될 수 있는데, 치료자가 정서적으로 말려들지 않는다면 가족체계와 그 성원들은 평정을 되찾아 자신들의 문제해결 방법을 찾기 시작한다.
  ㉢ 관계실험 15 24 기출
     주로 삼각관계를 구조적으로 변화시키기 위해 사용하며, 가족들로 하여금 체계과정을 인식하고 그 과정 내에서 자신의 역할을 깨닫도록 학습시키는 것이다. 또, 가족원이 평소 자신의 충동에 따라 자동적으로 반응하지 않을 때의 상황을 경험하도록 한다.
  ㉣ 자기입장 지키기(I-Positioning) 15 18 21 기출
     정서적 충동에 의해 반응하려는 경향을 막는 가장 직접적인 방법 중 하나는 자신의 견해를 피력하는 방법이다. 자기입장 지키기는 *나 전달법(I-Message)과는 다르다.

     > ✔ 나 전달법(I-Message)
     > 상대방을 비난하지 않고 문제가 되는 상대방의 행동과 그 결과를 객관적으로 기술함으로써, 그 행동이 나에게 미친 영향을 구체적으로 상대방에게 전달하는 표현법이다.

  ㉤ 코 칭 17 기출
     내담자들이 직접 자신들의 가족문제를 해결해 나가도록 치료자가 조언(격려)하는 것이다.
  ㉥ 가계도 15 16 17 기출

의 의	• 질적 가족평가방법으로, 3세대 이상에 걸쳐 가족구성원에 관한 정보와 그들 간의 관계를 도표로 기록하는 방법이다. • 가계도는 대체로 3단계로 작성된다. 가족구조의 도식화・가족에 대한 정보기록・가족관계에 대한 기술 등이다.
활용목적	가계도를 통해 내담자(클라이언트) 가족이 갖는 문제점을 조사하고 해결책을 모색하는 것을 목적으로 한다.
특 징	• 가계도는 가족의 복잡성을 알아볼 수 있도록 세부사항이 포함되어야 하는 동시에 쉽게 이해될 수 있도록 단순해야 한다. • 몇 세대에 걸친 가족 관계의 본질 및 구조를 묘사하는 데 활용된다. • 가계도는 중요한 가족의 사건(탄생・결혼・별거・죽음)들에 대하여 세부적인 그림을 제공하므로, 복잡한 가족유형에 대한 개관을 신속하게 파악할 수 있는 가족정보를 나타낸다. • 가계도는 상담사가 내담자(클라이언트)에 대한 문제 및 이해를 쉽게 파악하도록 도와줄 뿐만 아니라 상담사와 가족구성원이 새로운 정보를 알게 되면서 내담자를 변화하게 한다. • 가족에 관한 정보가 도식화되어 있기 때문에 가족 자신도 문제를 객관적・체계적인 관점에서 볼 수 있도록 돕는다.

• 가계도 작성 예시 15 16 18 20 22 기출

[가족 상호작용의 도식화]
〈자료 : McGoldrick, Gerson(이영분, 김유숙 역, 1999), 가족분석가계도〉

지식 IN

가계도를 이용한 가족역동 예시 16 18 20 23 기출

	• IP 부는 부모의 정서적 단절로 모에 대한 충성심이 높았을 것이다. • IP의 부계와 모계 모두 삼각관계에 맞물려 있을 것이다. • IP 모는 오빠의 죽음으로 인한 불안을 아들에게 투사했을 것이다. • IP 모는 여러 번의 상실로 아들과 정서적으로 더욱 융합했을 것이다. • IP 부계 쪽으로는 알코올 문제가 세대 간 전수되고 있다.	• IP는 외동이다. • IP의 부와 친조부는 갈등관계이다. • IP의 부와 친조모는 융합관계이다. • IP의 외조부모는 이별 또는 단절된 관계이다. • IP 부계 쪽으로는 알코올 문제가 세대 간 전수되고 있다.

- 가계도 해석하기

범주			내용
범주 1	가족의 구조	가족구성	• 원형핵가족, 한부모가족, 재혼가족, 3세대 동거가족, 기타 동거인이 있는 가족인지 파악 • 각 가족구성원이 안고 있는 문제점과 가족원 간의 경계, 연합, 갈등의 문제 탐색

		형제의 서열	• 출생순위 : 부모 역할을 하는 맏자녀, 제멋대로의 기질이 강한 막내, 한자녀의 경우 등 고려
			• 형제의 성별 : 남자형제 속에서 자란 여자아이, 누나들이 많은 남자막내 등
			• 형제의 연령차 : 비슷한 연령은 생활경험을 공유하나 6살 이상의 차이가 나면 구별해서 인식
			• 형제위치에 영향을 주는 그 밖의 요인
			  – 가족 역사에 있어서 형제출생의 시기
			  – 아동의 특성
			  – 아동에 대한 가족의 계획
			  – 성차에 대한 부모의 태도와 편견
			  – 부모의 형제위치와 관련된 아동의 형제위치

범주 2	가족의 생활주기		• 가족은 가족생활의 각 분기점마다 다음 분기점으로 이행할 수 있도록 가족체계를 새롭게 수정
			• 가족들의 생활을 확인하여 적절한 생활 주기에 알맞게 이루어지고 있는지, 만약 그렇지 않다면 어떤 배경을 가지고 있는지 해석
			• 가족 생활주기의 분기점
			  – 출 가 – 혼 인 – 자녀의 출산과 양육
			  – 자녀의 독립 – 은퇴 등

범주 3	세대를 통하여 반복되는 유형		• 역할유형 : 가족이 호소하는 알코올 문제, 폭력, 자살 등의 문제가 이전 세대에도 있었는지 탐색 • 관계유형 : 친밀감, 거리, 갈등의 관계유형이 여러 세대를 거쳐서 나타나는지 탐색 • 구조유형의 반복 : 구조 양상이 전 세대와 동일할 때 가족유형이 더 견고해지는 경우가 있으므로 주의하여 탐색
범주 4	인생의 중대사와 가족역할		• 중대사 우연의 일치 • 생활변화나 수난에 의한 충격 • 기념일 반응 • 사회·경제·정치의 영향

범주 5	삼각관계 유형	삼각관계란 긴밀한 융합, 적대, 갈등, 소원, 단절 등의 2인 관계 양상이 다른 또 한 명의 영향에 의하여 삼각관계로 연결되어 복잡한 관계 양상을 보이는 것 • 부모 자녀 간의 삼각관계 • 부부의 삼각관계 • 이혼이나 재혼가정의 삼각관계 • 위탁아동, 입양아 가족의 삼각관계 • 다세대에 걸친 삼각관계 : 조부모와 손자가 연합하여 부모에게 대항함
범주 6	가족의 균형과 불균형	• 가족의 구조 • 가족의 역할 : 보호자, 의존자, 제공자, 대변자 등의 다양한 역할이 잘 분담되어 있는지 탐색 • 가족자원의 유무 : 재산, 건강, 지원체계 등의 자원에 불균형이 있다면 어떻게 대응했는지 탐색

⑤ 평 가
  ㉠ 우리가 개인으로서 어떻게 기능하고 있는가, 다른 가족성원들과 어떻게 관계하고 있는가, 어떻게 기능과 관계가 연결되어 있는가에 대한 이해의 기초를 형성할 수 있게 해준다.
  ㉡ 세대 간의 유대가 강한 우리나라에서 가족 문제를 다루는 데 매우 유용한 가족상담모델이라는 평가를 받고 있다.

(4) 구조적 가족치료

① 의 의 14 15 16 18 19 21 기출
  ㉠ 개인을 사회적인 존재로 보고, 개인을 둘러싼 구조에 초점을 맞추고 있다.
  ㉡ 사회적 상황은 개인의 정신생활에 영향을 미치고, 개인은 사회적 상황에 영향을 미치면서 끊임없는 상호작용을 반복한다.
  ㉢ 문제나 증상에 대해 반결정론적 시각을 기초로 발전하였다.
  ㉣ 가족들의 상호작용 방식은 구조이며, 가족구조를 변화시키면 체계구성원의 정신내적 과정과 행동도 변화한다.
  ㉤ 가족의 구조적 변화에 치료목표를 두고, 치료자가 적극적으로 가족을 재구조화하는 과정에 개입한다.
  ㉥ 구조적 가족상담은 보이지 않는 일련의 기능구조이며, 이 구조를 이해하기 위하여 가족원 간의 인간관계규칙을 이해하지 않으면 안 된다고 보았다.

② 주요 학자 14 15 기출
  ㉠ 미누친(S. Minuchin)
    • 아르헨티나 출생으로 애커만(Ackerman)에게 정신분석훈련을 받았으며, 1950년대 가족상담은 대부분 중산층 가정에 초점을 두고 있어 빈곤가족에 적당치 않음을 발견하였다.
    • 빈민가족과 접하면서 굳어진 습관에서 벗어나 새로운 구조를 만들 수 있는 기회를 제공하는 치료방법이 개발되어야 한다고 생각하고 구조적 가족상담모델을 개발하였는데, 주요 기법은 교류와 합류이다.

> **지식 IN**
>
> **구조적 가족상담자가 관심 두어야 할 주된 영역(Minuchin)** 20 기출
> - 가족구조의 상호교류와 대안적인 상호교류 유형 파악
> - 변화하는 상황에 대한 반응으로서 가족체계의 동맹과 연합, 가족체계의 융통성과 재구조화의 능력 평가
> - 각 구성원의 행동에 대한 가족체계의 감수성 조사와 가족의 분리 상태 평가
> - 가족의 현재 생활 상황, 즉 가족환경에서 스트레스 요인과 생활지지 체계의 분석
> - 가족의 발달단계와 해당 단계에 적합한 과업수행 능력 평가
> - 가족의 상호교류 유형을 유지하기 위하여 내담자의 증상 이용

　　　ⓒ 그 외 주요학자 : 몬탈보(Montalvo), 아폰테(Aponte), 피시먼(Fishman) 등
③ 주요 개념
　　㉠ 가족구조
　　　• 가족은 상호교류 유형을 통하여 상호작용하는 체계이다.
　　　• 가족이란 밖으로는 큰 사회의 다른 체계(상부체계)와 안으로는 여러 소체계(하위체계)로 구성되어 있다.
　　㉡ 하위체계 16 17 18 19 21 22 기출
　　　• 가족은 부부 하위체계, 형제 하위체계, 부모 하위체계 등의 3가지 하위체계로 구성되어 있다. 하위체계 간의 규칙은 위계질서이며, 이 이론은 세대 간의 적합한 경계선을 주장한다.
　　　• 하위체계는 체계 내에서 특정한 기능이나 과정을 수행하는 전체 체계의 부분들이다.
　　　• 가족 내에서 세대, 성, 흥미 등에 따라 형성되며, 개인은 동시에 여러 개에 속하여 각각의 역할과 권력을 가지게 된다.
　　　• 부부체계가 건강하게 기능하기 위해서 부부는 각자 원가족의 영향에서 어느 정도 독립적이고 적절히 분화되어야 한다.
　　　• 건강한 부모-자녀 하위체계는 위계구조를 확립하는 것이며, 그렇지 못할 경우 역기능적으로 될 가능성이 크다.
　　　• 건강한 가족에서는 부모 하위체계와 부부 하위체계가 분리되어 존재한다.
　　㉢ 경 계
　　　경계가 지나치게 경직된 경우에는 외부체계와의 접촉을 거의 허용하지 않으므로 다른 성원 혹은 하위체계로부터 유리되며, 지나치게 해이한 경우에는 밀착된다.
　　㉣ 경계선 18 19 21 22 23 기출
　　　• 가족구성원 간의 분화정도, 즉 가족구성원 간의 허용할 수 있는 접촉의 양과 종류 또는 얼마나 자유롭게 서로 관여할 수 있는가 하는 침투성을 규정하는 가족규칙이다.
　　　• 체계가 건강하게 기능하기 위해서는 엄격한(Rigid) 경계선보다는 개방성과 폐쇄성 간의 적절한 균형을 이루어야 한다.

지식 IN

가족지도의 경계선

- - - - - - -	명료한 경계선	▬▬▬▬▬	협력관계
············	애매한 경계선	≡≡≡≡≡	지나친 밀착관계
▬▬▬▬▬	경직된 경계선	─┤├─	갈등관계
➡	우 회	}	연 합

ⓜ 제 휴
- 가족 상호작용 과정으로 가족체계의 한 개인이 다른 사람과 협력관계 또는 상반된 관계를 가지는 것을 말한다.
- 하위체계 속에는 많은 제휴가 일어나며, '연합'과 '동맹'의 두 가지가 있다.

연 합	두 사람이 제3자에 대항하기 위하여 제휴하는 경우이다.
동 맹	두 사람이 제3자와는 다른 공동의 목적을 위해 제휴하는 것으로, 반드시 제3자와 적대관계에 있지는 않다.

ⓑ 권 력
- 개개인의 가족성원이 상호작용 과정을 통해 다른 사람에게 미치는 영향력을 뜻하며, 이를 기반으로 가족 내 위계구조가 형성된다.
- 권력은 일반적으로 절대적인 권한을 의미하는 것이 아니라 경우에 따라서 달라진다.
- 권력구조는 상황에 따라 변화할 수 있고, 상호보완적으로 변하는 것이 바람직하다. 상황이 바뀌었는데도 역할이 경직되어 있고 고정된 상태이면 문제가 발생하기 쉽다.

ⓢ 가족규범 : 가족들 간에 지켜야 할 의무나 태도에 대한 지침·권리를 말한다.
ⓞ 가족항상성 : 체계로서의 가족은 구조와 기능의 균형을 유지하려는 속성을 가진다.
ⓩ 가족순환성 : 가족 내 성원의 변화가 다른 성원들과 가족 전체에 영향을 미친다.

④ 정상가족과 역기능가족
㉠ 정상가족 : 명확하고 안정된 경계선, 부모 하위체계의 강력한 위계구조, 체계의 융통성이 특징이다.
㉡ 역기능가족 : 가족의 경계선이 애매하거나 경직되어 있고, 가족구조가 융통성이 없어서 상황변화에 적절하게 대처하지 못하고 결탁이 형성되어 있는 것이다.

지식 IN

구조적 가족상담의 수퍼비전
- 가족의 구조 변화를 위해 어떻게 효율적으로 접근했는지 본다.
- 가계도를 통하여 가족구성원 간 경계 등을 탐색하도록 한다.
- 가족구성원이 보여주는 사고와 행동에서 구조 패턴을 보도록 한다.
- 가족의 잘못된 구조 패턴을 발견하고, 이를 해결하기 위해 새로운 구조 패턴을 탐색하게 한다.
- 가족구조를 파악하기 위해서는 행동을 관찰하게 하여야 한다.

⑤ 상담기법 [14] [15] [16] [17] [18] [19] [20] [24] [기출]

　㉠ 교류와의 합류 [18] [기출]
- 합류는 라포(Rapport)와 비슷한 개념이지만, 라포는 치료적 관계 상태를 의미하고 합류는 행동을 표현하는 의미를 지닌다.
- 가족과 상담자가 서로 협력하면서 치료를 계속하기 위해서 합류는 중요한 요소이다.
- 합류 촉진방법 [19] [기출]

적응하기 (유지하기)	상담자가 가족구조를 지각하고 분석할 때, 가족구조를 의도적으로 지지해주는 방법을 말한다. 예 주도적인 아버지에게 "제가 아들에게 뭘 좀 물어봐도 좋을까요?"
추적하기 (따라가기)	상담자가 가족이 지금까지 해 온 의사소통이나 행동을 존중하여 가족의 기존 교류의 흐름에 거슬리지 않고 뒤따라가는 것을 말한다. 예 "음, 네, 아, 그렇군요."로 가족이 자신들의 이야기를 계속하도록 격려한다.
흉내내기 (모방하기)	• 상담자가 가족의 행동유형, 속도, 감정을 판토마임하는 것처럼 모방하는 것이다. • 언어사용, 동작, 감정표현, 비유적 표현 등을 통해 흉내를 낸다. • 느릿느릿 반응하는 가족원에게 상담자가 자신도 속도를 늦춰서 반응하거나, 가족의 경험과 동일한 자신의 경험을 강조하여 말하기 등이 있다.

　㉡ 교류의 창조 [15] [17] [18] [19] [22] [23] [24] [기출]
　가족원이 자발적으로 참여하지 않은 상태에서 정보를 수집하는 것을 말한다.

실연화	• 가족에게 역기능적인 가족성원 간의 교류를 실제로 재현시키는 것이다. • 상담자는 '문제의 정의·인식 → 재연 지시 → 관찰 → 재연'을 수정하여 지도한다.
구조화 (계획화)	가족교류 유형에 영향을 주기 위하여 가족에게 관여하는 방법을 의도적으로 구조화하는 것이다.

　㉢ 교류의 재구성 [16] [17] [18] [19] [기출]
　가족의 교류 패턴을 변화시켜서 바람직한 가족구조를 만들기 위해 사용하는 기법이다.

재정의	증상을 바라보는 가족의 시각을 바꿔서 교류유형을 변화시키려는 기법이다. 예 컴퓨터게임을 못 하게 하는 어머니의 잔소리를 자식에 대한 관심으로 이해하는 것이다.
긴장고조	상호교류 유형을 차단시키는 것으로서, 상담자가 긴장을 조성하는 가장 간단한 전략으로 의사통로를 차단시키는 것이다. 예 부부간의 의사소통에서 아들이 엄마의 입장을 대변하려고 할 때, "잠깐만"이라고 말하면서 "어머니, 직접 말씀하세요."라고 말하여 부부간의 접촉을 증가시켜 줌으로써, 가족조직의 융통성이 생기도록 하는 것이다.
과제부여	가족에게 어떤 특정의 교류에 관여하는 과제를 주는 것이다. 예 컴퓨터게임에 빠진 아이가 컴퓨터게임을 하지 않을 때, 칭찬을 하거나 같이 놀아주는 과제를 부여하는 것 등이다.
증상활용	• 증상에 초점을 두기 • 증상을 강화하기(예 불면증환자를 며칠 동안 잠을 자지 않게 하는 것) • 증상을 의도적으로 등한시하기 • 새로운 증상으로 관심의 초점을 돌리기(예 비행청소년 문제를 부부간 불화에 초점을 두는 것) • 증상에 새로운 명칭을 붙이기(예 식이장애 딸이 부모의 통제에서 벗어나 독립적인 생활을 하려는 시도) • 증상유지

ⓔ 불균형기법(균형 깨뜨리기) 15 18 19 기출
- 의 의
  - 불균형이란 가족의 역기능을 바꾸기 위해 사용하는 기법으로, 여기에는 불공평하고 비민주적이라고 생각되는 방법들이 포함된다.
  - 불균형 기법은 상담자에 의해 가족의 위기가 촉발되어 가족의 현재 상태가 깨어지고, 새로운 가족구조를 형성시키려 할 때 사용되는 기법이다.
- 유형(미누친과 피시먼)

가족구성원과의 제휴기법	• 가족 내의 위계적인 위치를 변화시키기 위하여 가족의 한 구성원과 제휴하는 것이다. • 예컨대, 엄마에게 가족의 힘이 주어져 있는 경우 아빠에게 힘을 실어 준다거나 또는 다른 가족들의 관심에서 소외된 가족구성원과 제휴할 수도 있다. 이것은 가족들의 내면에 깔린 인간관계를 탐색함으로써 가능해진다.
가족구성원의 무시기법	• 상담자가 가족구성원 중 누군가가 마치 없는 것처럼, 상담에 참여하지 않은 사람처럼 무시하는 것이다. 당연히 이러한 무시는 상담자의 계획된 의도로, 무시를 당한 구성원은 상담자의 주의를 끌기 위하여 어떠한 형태의 행동이든 할 것이라고 기대된다. • 보통 치료효과를 높이기 위하여 상담자는 가족의 불쾌감을 고조시키는 행동을 취한다.
제휴의 교체기법	• 가족구성원 중 한 사람과 제휴하다가 그 대상을 바꾸어 다른 구성원과 제휴하는 것이다. 이 방법은 청소년기 자녀를 둔 가정에 문제나 갈등이 있을 때 적절하게 사용될 수 있다. • 상담자는 잠시 부모와 제휴하여 부모는 자녀에 대해 권위를 갖고 통제할 수 있는 규칙을 가질 수 있다고 지지한 다음에, 방향을 바꾸어 자녀 편에 서서 자녀들이 자율성을 갖기 위하여 부모와 타협할 권리가 있다고 지지해줄 수 있다.

ⓜ 경계선 만들기(경계 만들기)
- 가족성원 각자가 체계 내에서 적절한 위치에 있도록 가족 내 세대 간 경계를 분명히 유지하게 하는 것이다.
- 가족구조의 경계를 변화시키는 데 목적이 있으며, 가족들이 앉는 자리의 이동을 통하여 가족문제를 재구조화함으로써 역할을 재인식하여 가족의 경계선을 만들 수 있다.

⑥ 상담 지침 23 기출
㉠ 구조적 가족치료는 문제나 증상의 제거가 아닌 역기능적인 가족 구조의 재구조화이다.
㉡ 부모와 자녀 간의 적절한 위계질서를 확립한다. 적절한 위계는 부모가 권위와 책임을 바탕으로 세대 간 차이를 인정하는 구조이어야 한다.
㉢ 부모가 서로 지원하고 서로에게 적응함으로써 자녀에게 일관된 모습을 보여야 한다.
㉣ 부모는 자녀끼리 협상하고 갈등이나 차이를 해결하도록 지원한다.
㉤ 부부 하위체계는 부모 하위체계와 분리되어 존재하도록 한다.
㉥ 경계선이 경직되거나 분리된 가족은 가족원 간의 상호작용 빈도를 증가시킴으로써 분명한 경계선을 갖도록 돕는다.
㉦ 경계선이 밀착된 가족은 하위체계가 서로 분화되도록 돕는다.
㉧ 자녀독립기에는 명확하고 독립적인 경계선을 확립하도록 한다.

⑦ 평 가
이 치료방법은 고질적인 고부갈등, 부부갈등으로 인한 자녀문제 등 한국 가족의 경직된 가족구조와 가족규칙 하위체계 간의 경계선이 애매하거나 밀착된 데서 비롯되는 많은 가족 문제를 해결하는 데 효율적이다.

(5) 경험적 가족상담모델 16 20 22 24 기출

① 의 의 18 20 기출
  ㉠ 경험적 가족상담은 인본주의 심리학에 뿌리를 두고 있으며 대표 인물로 사티어(V. Satir)와 휘태커(C. Whitaker)가 있다.
  ㉡ 사티어는 휘태커와 함께 경험적 가족상담의 선구자로서, 일생을 가족상담에 전념하였으며, 자신의 독자적인 임상경험을 토대로 한 경험적 가족상담모델을 개발하였다.
  ㉢ 사티어는 내담자 내면의 정서경험에 접촉하여 변화시킨다면서 개인이 그들 자신의 내적 경험을 개방하여 가족과 자유롭게 상호작용할 때에 개인뿐만 아니라 가족이 함께 기능하고 성장한다고 보았다.
  ㉣ 특히, 자아존중감에 관심을 두었던 사티어는 개인의 인간성에 깊은 관심을 기울였다.
  ㉤ 그는 가족체계 내에서 가족구성원들이 자신과 다른 가족구성원들에 대하여 어떻게 느끼고, 어떻게 반응하는가 등 정서적·감정적 수준에 관심을 두었으며, 인간의 잠재능력에도 많은 관심을 가졌다.
  ㉥ 개인의 역사적 분석에 초점을 두는 것이 아니라, 가족체계 내의 관찰할 수 있는 현재 상호작용관계에 초점을 맞춘 이론으로 내면가족체계치료는 가족원 상호작용에 내재된 깊은 감정을 탐색한다.
  ㉦ 상담자는 솔직하게 자신을 개방하면서 내담자와 연결하며, 자발적인 정서표현의 모델로 활용한다.
  ㉧ 경험적 가족상담에서는 가족을 하나의 체계로 보기보다는 개인들의 집합으로 보면서 지금-여기에서의 내담자 체험을 강조하고, 가족에 대한 개인의 관여를 통해 변화를 촉진시킨다.
  ㉨ 사티어는 상담자가 갖춰야 할 요소로 유능성(Competence), 일치성(Congruence), 자신감(Confidence)의 3C를 강조하였다.

② 목 표 15 18 19 24 기출
  ㉠ 가족상담자들은 가족문제가 잘못된 의사소통에 기인한다고 생각하고, 치료적 개입을 통해 가족이 보다 바람직한 의사소통기술을 습득하도록 도움을 주는 것을 목표로 한다.
  ㉡ 개인 간의 차이점을 인정하고, 가족구성원의 잠재력을 성장시킨다.
  ㉢ 내담자의 자아존중감을 높이고, 의사소통과 대처유형이 일치하도록 한다.
  ㉣ 내담자가 자기 삶에 대한 선택권을 갖도록 하며, 합리적인 가족규칙이 되도록 개인의 성장과 가족 기능에 방해되는 가족규칙을 수정하는 작업을 한다.
  ㉤ 정서 표현 증진 및 자발성 성장을 상담목표로 한다.
  ㉥ 상담자는 내담자와 진솔하게 연결되고, 상담자 자신과 가족원들의 감정을 드러나게 한다.
  ㉦ 문제해결보다 가족의 기능을 회복시키는 데 초점을 두어서, 가족이 제시하는 문제의 구체적인 부분들에 대해 관심을 쏟지 않고, 진단에 관심을 갖지 않았다.

③ 주요 학자
  ㉠ 휘태커(Whitaker)
    • 경험적 가족상담이론의 창시자로, 정신분열증 환자와 가족에 대한 선구자적 연구를 하였다.
    • 치료를 하나의 성장과정으로 보고, 개개인의 성장을 도와 그들이 가족들과 함께 성장할 수 있도록 돕는 것이 치료목적이다.

- ⓒ 사티어(Satir) 15 20 기출
  - 캘리포니아에 위치한 정신건강연구소(MRI)의 창립 멤버로서, 가족상담 선구자 중 한 사람이다.
  - 자아에 대해 관심이 많았고, 인간의 잠재능력에 대해 긍정적 시각을 가졌다.
  - 가족체계 내에서 자신 또는 타인에 대해서 느끼는 감정이나 정서에 많은 관심을 기울였다.
  - 개인의 심리내적 과정을 이끌어내는 은유적 방법으로 빙산탐색을 활용하였다.
  - 감정에 대한 감정은 감정에 대한 판단을 의미한다.
  - 역기능적 원가족 삼인군 가족관계에서 유래된 쟁점을 이해하게 하고, 현재의 삶에서 걸림돌이 아닌 긍정적인 것으로 이해하도록 한다.
  - 사티어가 초기에 사용한 명상작업은 호흡, 감정, 집중에 관한 것으로 자신을 통찰하는 데 사용하였고, 후기의 명상작업은 확인, 긍정적 지각, 올바른 선택, 새로운 가능성과 자기 수용을 강조하였다.

④ 주요 개념
  - ㉠ 성 숙
    - 모든 인간은 성장과 발달에 대한 욕구를 가지고 있다.
    - 성숙한 사람은 자신에 대해 충분히 책임지며, 자신과 타인에 대한 정확한 지각을 기초로 선택할 수 있고, 자신이 내린 결정에 대해 책임진다고 전제한다.
  - ㉡ 자아존중감 23 기출
    - 한 개인이 자신에 대해 가지는 일종의 평가개념으로, 자신의 사고·가치관·행동에 많은 영향을 미친다.
    - 자아존중감이 생애 초기 주 양육자와의 관계에서 크게 영향을 받아 학습되고 발달한다고 본다.
    - 부모가 역기능적으로 의사소통하거나 의사소통 내용이 부정적일 때 자녀의 자아존중감은 손상된다.
    - 사티어(Satir)는 자아존중감을 개인 및 가족문제를 진단하고 치료하는 데 매우 중요한 기준으로 사용했고, 문제가족의 구성원은 공통적으로 자아존중감이 낮다는 사실을 발견하였다.
  - ㉢ 가족규칙 14 기출
    - 가족행동을 규정하고 제한하며, 가족생활을 이끌어가는 가족원의 역할·활동·행동 등 중요한 면에 대한 상호 간의 기대를 말하며, 의사소통을 관찰함으로써 발견할 수 있다.
    - 기능적 가족에는 기능적 가족규칙이 존재하고, 역기능적 가족에는 역기능적 가족규칙이 존재한다. 즉, 건강하지 못한 가족은 사람이 나쁜 것이 아니라, 가족 내에 존재하는 규칙이 적절하지 못하기 때문에 만들어진다.
    - 비합리적·비인간적인 규칙을 변화시킬 때 가족의 자아존중감이 향상된다.

⑤ 정상가족과 역기능적 가족 14 기출

정상가족	역기능적 가족
• 정상가족은 가족규칙에 융통성이 있고, 문제를 건설적으로 해결하며, 가족구성원들이 서로 양육하는 가족이다. • 정상가족은 관심과 온정 및 부드러움을 경험하며, 감정이입적이고 서로 신뢰하며 솔직하다. • 개별성을 인정하고, 다른 사람의 견해를 존중한다. • 가족 간의 대화가 직접적이며, 자신에 대한 가치감을 가지고 서로 대화를 나눈다.	• 냉랭하며 억압된 분위기에서 권태롭고 우울하게 살아가는 가족으로, 가족원은 단지 관습이나 의무감으로 살아가고, 스스로 자기가치감을 느끼지 못한 채 생활한다. • 가족구성원 간에 서로 경계하거나 거리감이 있으며, 가족구성원의 행동과 견해에 융통성이 없고, 가족체계 안에서 힘의 구조가 수시로 바뀐다. • 가족구성원 간에 무관심하거나 대화가 없고, 때로는 가족구성원 간의 분화가 되어있지 않다.

⑥ 역기능적 의사소통유형 19 21 22 기출

㉠ 회유형(위로형) 19 23 기출

다른 사람들만을 즐겁게 하는 사람이며, 다른 사람을 기쁘게 하고 즐겁게 하는 데에서 위안을 얻는다.

단 어	동의하는 단어를 사용한다. 예 내 잘못이다. 네가 없으면 난 아무것도 아니다.
정 서	구걸하는 마음, 변명하는 표현과 목소리, 약한 신체적 자세를 보인다.
행 동	• 의존적, 순교적이며 착한 행동을 한다. • 사죄・변명・애걸・양보의 행동을 한다.
내면의 경험	나는 아무것도 아닌 것같이 느낀다. 나는 아무 가치가 없다.
자 원	돌보는 것, 민감성
관 계	자신을 무시하고, 타인과 상황은 중요시한다.
예 시	"제발 용서해 주세요. 제가 시간을 잘 봤어야 했는데 … 모든 것이 다 제 잘못이에요."
치료목표	• 단계적 분노의 감정훈련, 자기주장훈련, 차이점 인식, 자기존중감 강화 • "아니에요.", "할 수 없어요." 말하기, 자기가 원하는 것 표현하기, 자기욕구와 감정인식 • 부정적인 감정표출이 첫단계의 목표

㉡ 비난형 19 23 기출

다른 사람을 비난함으로써 상대방을 통제하려고 하는 사람으로 문제의 원인을 다른 사람이나 환경에서 찾는다.

단 어	반대하는 단어를 사용한다. 예 너는 아무것도 제대로 하지 못한다. 문제가 무엇이냐? 모든 것이 당신 잘못이다.
정 서	• 비난적이다. 힘을 과시하고 융통성이 없다. • 나는 여기서 우두머리다.
행 동	공격적・심판적・명령적・약점을 캐내는 행동을 특징으로 한다.
내면의 경험	• 외롭고 긴장감으로 가득 차 있다. • 나는 외로운 실패자다.
자 원	강한 주장
관 계	자기와 상황만을 중시하고, 타인을 무시한다.
예 시	"아빠가 이렇게 자꾸 야단치니까 집에 들어오기 싫잖아요. 제가 늦게 들어오는 건 다 아빠 때문이에요."

치료목표	• 자기감정 조절, I-메시지 전달법, 정확한 규칙 설정, 부정적인 사고를 긍정적으로 유도하기 • "너 때문이야.", "그러나"라는 단어 사용을 통제, 인지적 왜곡 인식, 자기감정 통찰훈련 • 합리적·이성적 사고 훈련, 적절한 신체접촉과 경계훈련, 경청훈련

ⓒ 초이성형 14 16 19 21 23 기출

조용하고 침착하나 행동의 폭이 매우 좁다. 다른 사람과 대화할 때 바른 말들만 사용하며, 말의 속도는 대단히 느리다. 내면은 쉽게 상처받고 소외감을 느낀다.

단 어	• 극히 객관적이다. • 규칙과 옳은 것에 관한 자료를 사용하고, 추상적인 단어와 긴 설명을 사용한다.
정 서	냉정하고 경직되며, 굳은 자세와 고자세이다.
행 동	원칙론적, 권위적, 강직, 행동의 합리화, 조작적·의도적·강제적 행동을 특징으로 한다.
내면의 경험	• 나는 상처받기 쉽고 고립된 느낌이다. 어떤 감정도 표현할 수 없다. • 감정의 동요나 흥분에 불안함, 변화에 대한 위협, 자기통제의 상실에 대한 두려움을 느낀다.
자 원	지 식
관 계	자신과 다른 사람을 무시, '상황'만 중시한다.
예 시	"이건 그냥 무조건 야단칠 일이 아니고요. 제가 왜 늦었는지에 대해 이성적으로 생각을 좀 해 보세요."
치료목표	말의 뉘앙스나 비언어적인 메시지 표현 촉진, 감수성 훈련, 상대방에 대한 두려운 감정인식, 신체이완 훈련, 비언어적 의사소통인 얼굴표현·목소리 톤·태도 통찰

ⓓ 산만형 19 23 기출

의사소통에서 다른 사람의 말과 행동에 상관없이 행동한다. 대화의 내용에 초점이 없고, 적절하게 반응하지 못하며, 상황파악에 어둡다.

단 어	• 관계없는 단어를 사용한다. • 뜻이 통하지 않고 요점이 없다.
정 서	혼돈스러움, 비스듬히 앉는다.
행 동	산만, 부적절한 조정, 지나치게 정신이상적인 행동을 특징으로 한다.
내면의 경험	무가치와 고독의 경험, 소외에 대한 두려움, 타인의 인정을 원한다.
자 원	즐거움, 자발적, 창의적
관 계	자신, 다른 사람, 상황을 모두 무시한다.
예 시	"(다른 곳을 쳐다보며) 이런, 아빠가 화나셨나봐. 그런데 집이 왜 이렇게 썰렁해?"
치료목표	주의집중, 상대방의 말을 끝까지 경청하기, 자기 생각을 마지막까지 표현하기, 자아존중감 향상, 신체접촉 받아주기, 자기감정 인식, 명상 훈련, 감수성 훈련

ⓔ 왜곡된 의사소통의 예

• 알아주지 않는 경우

> • 학교에서 돌아온 고등학생 아들 : "아이고, 더워라." (먼저 시원한 마실 것 좀 달라는 의도)
> • 엄마 : "더우면, 목욕해라." (자녀의 욕구수준을 이해하지 못함)

- 들어주지 않는 경우 : 어떤 말을 했는데도 반응이 없으면, 들어주지 않는다는 느낌을 갖게 된다.

> • 청소기를 돌리고 있는 엄마에게 아들 : "용돈 좀 주세요."
> • 엄마 : (대답 없이 계속 청소기만 돌린다.)

- 일부러 했다는 느낌

> 〈친구를 만나러 간 아들이 일찍 들어올 때〉
> • 엄마 : "웬일이니. 오늘 바람맞았니?"
> • 아들 : "그래요. 친구한테 바람맞아 일찍 들어왔어요." 라고 반응하는 것(정서–행동 불일치)

- 얼버무려지는 경우

> 〈심부름으로 마트에서 채소를 사 온 딸에게〉
> 엄마 : "이게 뭐니? 채소가 다 시들었잖아."라고 말한 후, 딸이 황당해하자 그제서야 "배고프지. 얼른 밥 먹자." 식으로 얼버무리는 경우

⑦ 일치형(가장 바람직한 의사소통 유형) 21 23 기출
  ㉠ 언어와 행동이 일치되어 있으며, 다른 사람들과 감정적으로 잘 연결되어 있다.
  ㉡ 이들은 자신의 대화 형태를 스스로 조절할 수 있으며, 이를 통해서 다른 사람들과 좋은 관계를 맺을 수 있는 균형 있는 사람이다.

단어	자신의 말과 행동, 태도가 일치하는 유형이다.
정서	자신의 문제를 현실적으로 사고하고 현실적인 방법을 생각한다.
행동	자아존중감이 높고, 자신의 유일성과 상대방의 개별성을 존중한다.
내면의 경험	상대방과의 갈등을 하나의 기회로 여기고, 차이성을 인정하며, 가족 안과 밖의 경계가 명확하다.
자원	높은 자아존중감을 갖는다.
관계	자신, 다른 사람, 상황을 모두 중시한다.

⑧ 상담기법 14 15 16 17 기출
  ㉠ 원가족 도표(Family of Origin Map) 18 20 기출
    • 사티어는 치료의 대상을 내담자(Client) 또는 IP(Identified Patient/Index Person)라고 지칭하지 않고 '스타(Star)'라는 용어를 사용하였다.
    • 원가족 도표는 스타의 원가족 도표, 스타의 어머니 원가족 도표, 스타의 아버지 원가족 도표의 3장으로 구성되며, 주로 가족재구성을 위해 사용한다.
    • 원가족 도표는 가족치료에서 흔히 사용하는 가계도와는 구성과 내용에서 차이가 있다.
    • 원가족의 맥락 속에서 개인 심리의 내적 과정뿐 아니라, 가족과의 상호작용 및 가족역동성을 이해하고 평가하게 해준다.
    • 원가족 삼인군 개입 목적은 원가족에서 배운 역기능적 대처방법에서 벗어나 개별성을 갖도록 돕는 것이다. 원가족 삼인군에서 부여한 가족규칙과 부모의 규제에서 벗어나 자기로서 성장하도록 돕는다.

- 이 도표를 통하여 가족구성원의 성격, 자아존중감 정도, 대처방법인 의사소통방식, 가족규칙, 가족의 역동성, 가족 내의 대인관계, 세대 간의 유사점과 차이점, 사회와의 연계성 수준 등을 파악할 수 있다.
- 내담자가 높은 자아존중감을 가지고 일치된 의사소통을 하는 데 어떤 변화가 필요한지를 알기 위해 사용된다.

ⓒ 가족조각(Family Sculpture) 16 17 20 24 기출
- 가족 중 한 사람이 자신의 이미지에 따라 다른 가족을 공간에 배열한 후, 신체적 표현을 요구하여 가족관계를 나타내는 무언의 동작 표현이다.
- 자기표현이 어려운 아동 등이 있는 가족에게 효과적 치료방법이다.
- 가족들은 가족조각을 시도함으로써, 가족 간의 위계질서, 연합, 거리감, 친밀감, 보이지 않는 힘의 작용과 같은 상호작용을 직접 느끼며 체험할 수 있게 된다.
- 정서적 경험을 공유하기 위한 기법이고, 경험적 모델의 진단 혹은 치료수단이다.
- 물리적 거리, 자세 등을 통해 가족관계를 파악하는 것이 가능하다.
- 치료자는 가족의 역동성을 파악하고 직·간접적으로 치료개입을 하므로 치료의 효과를 가져올 수 있다.
- 가족조각을 시행하기 위해 조각가, 모니터, 연기자의 역할이 필요하다.
- 공간개념을 통해 가족체계를 상징적·비유적으로 묘사하는 것이다.
- 가족조각기법의 절차 18 기출

제1단계	• 가족의 동의를 얻는 단계이다. • 가족조각 기법이 가족을 이해하는 데 유용한 방법이라는 사실을 부각해 가족의 동의를 얻는다.
제2단계	상담자는 4가지 역기능적 의사소통에 대한 조각상을 표현해보도록 한다.
제3단계	가족구성원들이 자신에게 맞는 방식으로 모두 자세를 취해보도록 한다.
제4단계	앞 단계의 활동을 통해 서로 느끼는 것과 체험들을 이야기하도록 한다.
제5단계	• 가족 중 한 명을 조각가로 선정하는 단계이다. • 대개 문제를 가지고 있는 가족이지만, 이 제안을 기쁘게 받아들인 사람부터 시작해도 좋다.
제6단계	• 조각을 만드는 단계이다. • 특별한 규칙은 없지만, 가족에게 조각을 만드는 사람의 지시에 따르도록 강조한다. • 조각과정에서 상담자는 조각가가 바라는 것, 기대감, 자아존중감 등에 관하여 질문하고, 말로 표현하기 힘든 거절감, 무시, 가치상실 등을 나타내도록 돕는다. • 상담자는 가족의 상호관계성과 역동성에 대하여 적절히 설명하면서, 적당한 시기에 개입하여 *가족의 역동성이 균형을 이루도록 하며, 가족들이 변화에 대한 가능성을 자연스럽게 경험하도록 돕는다. 즉 가족조각기법을 통해 가족역동을 시각화하고 그에 대한 사고와 감정을 드러낸다. • 가족 전원의 배치가 끝나면, 조각을 만들 사람도 어딘가에 들어가 자신의 모습을 만들도록 지시한다. • 조각하는 동안 가족들이 이야기하거나 웃지 않게 하는 것이 중요한데, 웃거나 이야기하는 것은 자신을 드러내지 않으려는 자기방어일 수도 있기 때문이다.

✅ 가족의 역동성

가족 성원들 간에 발생하는 상호작용을 의미하며, 가족 역동성은 가족관계의 형태에 의해 발생한다.

제7단계	• 감정을 나누는 단계이다. • 조각이 끝나면, 상담자는 모든 가족에게 그 자세로 약 1~2분간 유지하면서 정지하도록 요구하는데, 이는 가족에게 자신들의 내면에 있는 감정과 접할 수 있는 기회를 주기 위한 것이다. • 그 후, 상담자는 가족 개개인에게 조각하는 동안 어떤 느낌이 들었는지 질문하는데, 이때 상담자는 가능하면 가족들이 감정적 차원에서 많은 피드백을 할 수 있도록 도와주어야 한다.

ⓒ 가족 재구조화(Family Reconstruction) 18 기출
- '가족 재구성'이라고도 하는데, 3세대를 대상으로 한 치료적 개입이 한 개인의 역기능적인 과거의 학습과 현재의 대처양식을 긍정적인 자원, 선택, 성장으로 전환시키기 위해 설계되어 있다.
- 원가족으로부터 근거하고 있는 가족의 역기능적 패턴을 명백하게 볼 수 있도록 도와주는 역할을 한다.
- 가족 재구조화 기법은 가족구성원 중 원가족에 대한 가족지도를 작성토록 하는 '스타(Star)'와 함께 시작한다. 가족의 역기능체계를 개방적이고, 건강한 기능체계로 바꾸는 데 기여하는 기법이다.
- 이 기법은 표면에 나타난 가족규칙과 가족주제, 가족신화 등을 함께 나누도록 한다. 내담자 자신의 어린 시절의 한 사건을 선택하여 재연하게 하고, 이를 통하여 자신에 대한 다른 감정과 시각을 가질 수 있도록 구조화한다.
- 이때 치료자는 스타의 가족 역사에서 발생했던 의미 있는 사건들을 연대기적으로 정리할 수 있도록 도와주어야 한다. 이 과정을 통해 원가족으로부터 왜곡된 학습과 인간으로서의 부모에 대한 이해, 그리고 스타 자신에 대한 이해를 이루어간다.
- 영향력의 수레바퀴는 가족 재구조화기법에서 스타에게 중요한 영향을 주었던 인물들을 드러내주기 위해 도입된 도구로, 스타를 중심으로 위치하고 긍정적이든 부정적이든 영향을 주었던 사람들의 관계를 표시한다.

ⓔ 역할극
치료자는 역할 참여자들과 함께 내담자가 겪었던 여러 어려운 삶의 상황들을 재연하여 내담자에게 새로운 시각의 경험을 하도록 한다.

ⓜ 빙산탐색 14 15 16 17 18 20 21 22 기출
- 사티어는 인간의 특성은 '심리적 존재'라고 전제하고, 이러한 심리적인 내면을 빙산에 비유하고 있다.
- 사티어는 우리는 사람들을 이해할 때 주로 겉으로 드러나는 것으로 이해하고 판단하는데, 인간을 이해하기 위해서는 숨겨진 빙산, 즉 내면까지 함께 이해할 수 있어야 한다고 주장하였다. 사티어는 이를 '빙산탐색'이라 하였으며, 빙산탐색 과정에서 수면 위에는 행동이 나타난다고 하였다.
- 개인의 내적 과정을 이끌어내는 은유적 방법으로 빙산기법을 활용한다.
- 빙산탐색은 자신과 상대방에 대한 행동, 감정, 지각 등을 알아차리고 공감하는 데 유용하다.
- 빙산탐색 과정을 통하여 과거의 역기능적인 의사소통패턴 대신 일치형 패턴으로 변화하며, 개인적인 성장과 건강한 가족관계를 수립한다.

행 동	• 빙산 위에 나타난 어떤 사건에 대한 활동과 이야기에 대해 내담자가 보고 들은 객관적 사실은 무엇인가? • 그가 보고 들은 것에 대하여 어떤 의미를 부여하는가? • 그 사건의 의미는 원가족과 자신의 자존감 수준에 어떠한 영향을 주는가?
대 처	• 수면에 나타난 사건에 대해 내담자는 어떻게 대처하였는가? • 어떤 대처방식과 방어기제들을 활용하였는가?
감 정	• 기쁨과 흥분의 감정이었는가? • 분노와 두려움, 슬픔과 아픔에 대한 감정이었는가?
감정에 대한 감정	그 사건에 대한 자신의 감정에 대한 감정은 무엇인가?
지 각	• 그 사건의 대처방식에 대한 자신의 '감정'과 '감정에 대한 감정'의 내담자의 해석규칙들은 무엇인가? • 보통 자신이 가지고 있는 가족규칙·습관·신념·가정·고정된 시각에 의해 자신이 갖는 주관적 해석이다.
기 대	• 오늘날까지 충족되지 않은 기대에 대해 어떻게 대처하여 왔는가? • 충족되지 않은 기대의 탐색과 해결방안으로는 자신에 대한 기대와 타인에 대한 기대, 자신에 대한 타인들의 기대는 무엇이었는가를 탐색한다.
열 망	내담자 자신이 이루고자 하는 소망·열망에 대한 탐색으로, 자존감을 높일 수 있는 새로운 방안을 모색한다.
자 아	• 내담자 자신을 지탱하게 하는 생명력(Life-Source)은 무엇인가? • 자신의 정신력 또는 영혼 깊숙한 곳에서 솟아나는 에너지의 근원은 무엇인가를 탐색한다.

ⓑ 은유(Metaphor)기법 23 기출

치료자가 간접적이고 비유적인 표현을 사용하기 때문에 내담자의 자존심이나 모양새 등을 손상시키지 않아 덜 위협적으로 느낄 수 있다.

⑨ 치료과정

제1단계	정체상태(폐쇄상태)	고통, 증상 등을 통해 변화의 필요성이 제기되는 단계이다.
제2단계	외부요인의 도입	문제의 탐색 및 긍정적 목적설정단계이다.
제3단계	혼돈(체계의 개방)	이전 행동은 맞지 않고, 새로운 행동은 개발되지 않은 사이의 혼란이다.
제4단계	변형(변화하기)	긍정적으로 설정된 목적을 행하여 변화하기 시작하는 단계로서, 치료시간의 대부분이 소요된다.
제5단계	통 합	변화가 자신과 조화를 이루고, 자리를 잡기 시작하면서 새로운 자신의 일부가 된다.
제6단계	실습(변화 실행하기)	변화를 실습하고 새로운 감각을 느껴본다.
제7단계	새로운 상태	건강·평등·조화·일체감·균형감을 가지며, 익숙함보다 편안함을 느낀다.

⑩ 평 가

㉠ 경험적 가족치료자들은 방어기제를 줄이고, 정서적 경험을 강화하기 위하여 매우 적극적이다.

㉡ 이 치료에서는 이해보다는 경험을 강조하고, 주로 감성적인 측면을 강조한다.

㉢ 실존주의·인본주의·현상학이론 등에 바탕을 두었지만, 이론체계가 미흡하고 기법도 다른 치료방법에서 도입한 것이다.

㉣ 다른 치료모델과 비교할 때, 경험적 치료모델의 개념이 추상적이고 치료효과 측정이 쉽지 않다.

㉤ 경험적 가족 치료자는 많은 훈련을 받아 자질을 향상해야 하고, 치료자의 경험 여부에 따라 치료결과에 많은 영향을 미친다.

(6) 전략적 가족상담모델

① 의의 16 20 21 22 23 24 기출

㉠ 기본적으로 상담자는 가족문제를 해결하기 위한 전략을 설계하고, 가족의 잘못된 위계질서를 수정하는 데 주안점을 둔다. 즉 자녀들은 부모에 의해 돌봄과 보호를 받도록 위계질서를 바로잡는 등 가족 내 잘못된 위계질서를 변화시켜 구성원들이 각자의 위치에서 적절한 힘을 행사하도록 한다.

㉡ 전략적 가족상담자에게 '전략'은 현재 문제를 빠르고 효율적으로 해결하기 위해 상담자가 미리 계획한 구체적인 전략을 말한다.

㉢ 인간의 행동이 왜 일어났는지에 관심이 없고, 단지 행동의 변화에만 관심을 갖는다.

㉣ 의사소통이론에 밀턴 에릭슨(M. Erikson)이 기여함으로써 전략적 상담모델을 만드는 데 초석이 되었다.

㉤ 주요 학자로는 베이트슨(Bateson), MRI 학파(잭슨 등), 헤일리(Haley), 마다네스(Madanes), 밀란(Milan) 학파(파라졸리, 보스콜로, 체친 등) 등이 있다.

② 학파와 주요기법

㉠ MRI 학파 19 기출

- 문제를 일으키고 유지하는 정적 환류고리(Feedback Loop)를 찾아 상호작용을 유지하는 규칙을 발견, 환류고리 혹은 규칙을 변화시키는 방법을 찾는 것, 즉 내담자가 제시한 문제의 해결을 상담의 목표로 삼는다.

피드백 고리	가족이 피드백을 통해 정보를 교환하면서 서로의 행동을 통제하거나 확장하는 것
정적 피드백	현재 상태를 벗어나 새로운 변화를 시도하는 피드백
부적 피드백	변화에 저항하여 기존의 상태로 가족을 돌아오게 하는 피드백

- 치료기법 15 기출

제1차적 변화	체계의 근본적인 조직은 변화하지 않고, 행동의 변화를 의미한다. 예 부모 : 혹시 너 평상시에 놀 시간이 부족하다고 생각하니?
제2차적 변화	• 체계의 근본적인 조직을 변화시키는 변화를 의미한다. • 가족의 구조 혹은 가족구성원 간의 의사소통 패턴에 있어서의 변화를 의미한다. 예 부모 : 우리가 귀가 시간을 너무 엄격하게 정한거니?

㉡ 헤일리(Haley)의 전략적 구조주의모델 18 기출

- 헤일리의 초기 상담이론은 관계규정에 의한 '의사소통'에 초점을 두었고, 후기에는 '가족의 위계질서'에 초점을 두고 발전하였다.
- 헤일리는 문제를 유지하는 긍정적 피드백 고리를 확인하고, 이런 상호작용을 지지하는 규칙을 파악하여 변화시킬 수 있는 방법을 찾고자 하였다.

- 헤일리는 내담자의 증상을 가족 내에서 힘을 얻기 위한 수단으로 생각하였다.

권력과 통제	• 모든 인간의 상호교류는 관계를 정의하기 위한 권력투쟁이다. • 가족원이 자신의 위치에 맞는 권력과 통제를 가질 때 위계질서가 유지되며, 힘의 균형이 깨지면 위계질서에 문제가 발생한다.
위계질서	• 기능적 가족일수록 가족 내 위계질서가 제대로 서있다고 보고, 윗세대가 더 많은 권력과 통제를 가지고 규칙을 집행할 수 있어야 하며, 세대 간 구조와 경계를 분명히 갖고 서로를 침범하지 않은 채 가족원 각각의 위치를 구조적으로 유지하는 상태가 기능적인 것이다. • 가족의 위계질서는 가족치료의 중요한 요인이며 가족의 위계질서 혼란이 문제를 유발한다. • 가족의 위계질서는 가족의 순환적 인과관계에서 이해된다. 가족은 셋 이상의 구성원이 관련된 체계로서 위계질서에 의해 유지되며, 위계질서는 가족의 중요한 규칙으로서 작용한다. • 문제가 있는 가족의 경우에는 위계질서가 기능을 상실하여 역기능적 가족이 된다.

지식 IN

기능적 가족과 역기능적 가족 16 기출

전략적 상담에서는 정상가족 또는 비정상적 가족이라는 용어 대신 기능적 가족 또는 역기능적 가족이라는 용어를 사용한다.

기능적 가족	명확하고 안정된 경계선, 부모 하위체계의 강력한 위계구조, 체계의 융통성이 특징
역기능적 가족	가족의 경계선이 애매하거나 경직되어 있고, 가족구조가 융통성이 없어서 상황 변화에 적절하게 대처하지 못하고 결탁이 형성되어 있는 것이 특징

- 치료기법 14 15 17 18 19 20 21 24 기출

역설적 개입	• 치료자가 교묘한 전략으로 가족문제에 개입함으로써 가족들이 지속해 온 역기능적 행동을 포기하게 만드는 방법이다. • 문제행동을 유지하거나 더 강화하는 행동을 수행하도록 지시하여, 역으로 저항을 통한 변화를 이끌어내고자 하는 방법이다. • 치료자에게 저항하게 함으로써 변화를 일으킬 수 있다.
지시 22 기출	• 적극적인 치료개입의 방법으로 치료자가 가족에게 방향을 제시하고 과제를 부여한다. • 시련기법(고된 체험 기법) : 동일하거나 더 힘든 시련을 체험하도록 과제를 주어 그 증상을 포기하도록 하는 것이다.
은유적 기법	내담가족구성원이 성에 관한 문제처럼 자신들의 문제를 밝히기 수치스럽다고 생각하여 상담자와 의논하기를 원하지 않을 때, 유사한 다른 문제에 대해 이야기하여 성에 관한 문제까지 접근해가는 방법이다.

ⓒ 마다네스(Madanes) 14 15 16 기출
- 자녀들이 부모들을 보호하고 돌보는 역할을 함으로써 문제가 발생되므로, 자녀들은 부모에 의해서 돌봄과 보호를 받도록 위계질서를 바로잡는 일을 치료목표로 한다.
- 치료기법 14 17 18 21 기출

가장기법 (위장기법)	• 긴장 상황을 조성하고 반항심을 유발하는 대신에 놀이를 하는 기분으로 저항을 우회한다. 예컨대, 분노·발작 증상을 하는 자녀에게 '헐크놀이'를 하도록 지시한다. • 아이가 성공적으로 헐크 흉내를 내면, 부모는 자녀를 돕는 것처럼 행동한다. • 분노·발작도 위장, 걱정도 위장이기 때문에 가족 상황은 긴장되고 심각한 싸움에서 쾌활한 가상적 게임으로 변형된다.

ⓒ 밀란모델(체계모델) 15 16 18 19 22 기출
- 헤일리의 전략적 가족치료와 MRI의 단기 가족치료이론을 바탕으로 하였으며, 가족들이 가지고 있는 게임을 무력화시키는 일이다.
- 증상을 가진 가족의 '게임규칙'에 초점을 두고 역설적 접근을 시도하고, 치료자는 중립적 위치에서 가족게임의 규칙을 파악하고자 한다.
- 파라졸리(M. Selvini-Palazzoli)는 치료를 통해 가족의 인식 등을 변화시켜 가족체계 전체의 변화를 유도한다는 점에서, 2차적 변화를 추구할 때 행동변화보다는 체계변화를 추구한다고 했다.
- 가족의 문제 해결을 위해 약 1년여의 기간 동안 한 달에 한 번씩 진행되는 장기간 단기치료(Long Brief Therapy)를 진행한다.
- 개인의 생각이나 행동변화보다는 가족의 자율성과 자유를 강화하는 것이다.
- 다른 전략모델보다 덜 문제 중심적이며, 행동변화보다는 체계변화를 추구한다.
- 치료기법 14 16 17 18 19 20 21 23 24 기출

긍정적 의미부여	• 가족들이 가지고 있는 게임의 긍정적인 면을 부각시키고 이를 역설적으로 처방한다. • 가족들이 가지고 있는 증상행동이나 다른 성원들의 행동을 긍정적으로 재해석하는 것을 말한다. 부정적 증상행동의 동기를 긍정적으로 해석해 주는 것으로 가족의 저항을 불러일으키지 않으면서 가족의 변화능력을 보인다. • 장기간 단기치료(Long Brief Therapy)로 불리며, 2개의 남녀 혼성조 중 1조는 상담하고 2조는 관찰하는 방식으로 진행되는 모델에서 주로 활용한다.
의식처방 (Ritual)	게임을 반복적으로 수행하기 위해 가족들이 일정한 의식을 만들어 게임을 하도록 하는 것이다. 이 과정을 통해 가족들의 게임이 분명하게 드러나고 가족들이 게임을 과장된 것으로 인식하게 된다.
불변처방 (Invariant Prescription)	역기능적인 가족의 게임에 유사성이 있는 것을 발견하여 가족으로 하여금 게임에 대항방식을 형성하여 '더러운 게임'을 중단시키는 방법이다. 예 많은 구성원들을 게임에 포함시켰다가 점차로 수를 줄여 직계가족으로 좁힘
순환질문 (Circular Questioning)	가족구성원이 문제에 대한 제한적이고 단선적인 시각에서 벗어나, 문제의 순환성을 인식하도록 유도하는 방법이다. 즉 다른 가족원의 입장에서 새로운 인식을 도모하고 관계적 맥락에서 문제를 바라볼 수 있도록 하는 대화기법이다.
협동치료	치료자와 가족이 게임을 분석하고, 이를 무력화할 수 있는 기법을 개발한다.

지식 IN

순환질문 14 17 기출
- 순환질문은 내담자가 자신을 다른 가족원들의 관점에서 보게 함으로써, 자기중심에서 벗어나게 한다.
- 치료자는 질문을 통하여 가족구성원이 A의 문제에 대한 이해를 '정신과적인 문제'에서 '가족 구조 변화의 적응적인 문제'로 옮겨가도록 유도함으로써, 단선적인 시각에서 벗어나 문제의 순환성을 깨닫도록 돕는다.
- 예 시

> - 치료자 : A의 우울증으로 누가 가장 괴로워하나요?
> - 가 족 : 어머니요.
> - 치료자 : 어머니는 A를 도우려고 무엇을 하세요?
> - 가 족 : 어머니는 A와 몇 시간씩 넘게 이야기를 하시고, 또 무언가를 하려고 하세요.
> - 치료자 : 어머니가 A를 도울 때 누가 가장 지지해주고 동의하시나요?
> - 가 족 : 지금 A를 진료해주고 있는 정신과 의사예요.
> - 치료자 : 그럼 A를 도울 때 반대하는 사람은 누구예요?
> - 가 족 : 아버지요. 아버지는 A가 원하는 것을 받아들여주면 안된다고 생각하세요.
> - 치료자 : 아버지의 생각에 동의하는 사람은 누구에요?
> - 가 족 : 우리는 모두 A가 너무 어린아이 취급을 받는다고 생각해요. 할머니도 그렇게 생각하세요. 할아버지는 아마도 어머니와 같은 생각이시겠지만 돌아가셨어요.
> - 치료자 : 그럼 A가 우울해지기 시작한 시점이 할아버지가 돌아가시기 전인가요, 아니면 그 후인가요?
> - 가 족 : 아마도 할아버지가 돌아가시고 얼마 안 되어서인 것 같아요.
> - 치료자 : 그렇군요. 만약에 할아버지가 돌아가시지 않았다면, 지금 가족은 어떻게 달라졌을까요?
> - 가 족 : 할머니가 우리와 함께 사시지 않았을 테니까요. 어머니와 할머니가 그렇게 많이 싸우지도 않으셨을 거예요. 그럼 어머니도 항상 슬프지 않으셨겠죠.
> - 치료자 : 어머니와 할머니가 그렇게 많이 싸우지 않으시고 어머니도 항상 슬퍼하지 않으신다면, A는 어떻게 되었을 것 같아요?
> - 가 족 : 아마도 A는 지금보다 행복해졌을 것 같아요. 하지만 아마도 아빠와는 다시 싸웠을 거예요.

(7) 해결중심 단기가족치료 22 기출

① 의 의 14 16 19 20 기출
  ㉠ MRI 단기가족치료센터를 중심으로 한 전략적 접근에 근원을 두고 발전한 해결중심 단기상담은 이론이 간단하고, 쉽게 활용할 수 있는 기법들이 제시되어 있다.
  ㉡ 문제의 원인이나 문제의 성질을 파악하는 것보다, 가족이 적용해왔던 또는 적용 가능한 해결책 등에 초점을 맞추어 질문을 하며, 문제해결을 위해 반드시 문제가 무엇인가를 밝힐 필요가 없다고 생각한다.
  ㉢ 치료를 통해 가족의 기대가 무엇인지를 분명하게 하는 것이 가족에게 더욱 도움이 된다고 본다.
  ㉣ 문제 해결에 무엇이 가장 도움이 되는지에 초점을 두고 해결책을 구축해가는 귀납적 방법으로 개발이 되었다.

② 이론적 배경 15 21 기출
  ㉠ 1970년대 후반 정신건강연구소(MRI)의 단기치료센터에서 활동한 드세이저는 1975년 더 종합적인 단기치료 모델을 만들었다.
  ㉡ 1978년 드세이저는 MRI를 떠나 미국 위스콘신 주의 단기가족치료센터(BFTC)를 설립하였고, 이는 해결중심 단기가족상담의 기초가 되었다.
  ㉢ 1980년대에 시작된 포스트모더니즘의 영향으로 모더니즘의 한계를 탈피하려는 노력이 가족치료 분야에서 시작되면서, 기존의 형식과 틀, 절대성과 객관성의 존재를 부인하고, 개인이 의미를 부여하는 것이 실재라는 관점이 영향력을 가졌다.
  ㉣ 구성주의와 사회구성주의가 출현하여 인간이 경험하는 실재는 주관적 구성물이고, 사회적·언어적 상호작용을 통해 구성된다는 관점들이 가족치료에 영향을 미쳤다. 즉, 언어가 실재를 반영하는 것(표상주의)이 아니고, 언어가 실재를 구성한다고 하였다.
  ㉤ 구성주의와 사회구성주의는 문제행동을 제거하는 것으로부터 대화의 자유로운 과정을 통하여 새로운 견해를 발견하도록 돕는 것으로 옮겨가면서, 가족구성원들의 반응을 전환시키기 위해 행동을 재명명하는 전략적 기법이 시도되었다.
    예 물건을 사는 데 몇 번이고 망설이는 어머니를 보고 불쌍하다고 생각하는 것에서 생각을 바꾸어 가족을 위해서 돈을 한 푼이라도 아끼려는 생각 깊은 어머니로 재명명하는 것
  ㉥ 1980년대에 접어들면서 가족치료의 접근방법에 다양성을 보이게 되었고, 해결중심적 가족치료는 사회조직에 대한 보편성이나 규범에서 벗어나려는 2차 혁신적 가족치료모델의 대표적인 것이다.
  ㉦ 혁신적 모델에서는 개인의 가족경험 과정과 경험에 대한 의미부여, 경험세계 구성과정을 파악하는 것이 더 중시되었으며, 치료자는 주도적 전문가가 아니라 내담자가 경험세계를 재창조하도록 협력하는 동반자가 되었다.

③ 주요 학자 20 21 기출
  ㉠ 인수 버그(Insoo K. Berg) : 많은 임상경험을 토대로 상담자를 훈련하고 이론을 보급하는 일에 기여하였다.
  ㉡ 드세이저(S. de Shazer) : 에릭슨의 가치, 철학, 기술, 전략 등에서 영향을 받았으며, 내담자가 치료에 가지고 오는 것과 가지고 있는 것을 활용하는 것이 치료의 기본이라고 여겼다.

④ 기본 원리 16 18 20 21 23 기출
  ㉠ 병리적인 것 대신에 건강한 것, 성공한 것에 초점을 둔다.
  ㉡ 내담자는 진정으로 변화를 원하는데 여기서 변화는 알게 모르게 지속적으로 일어나고 불가피하며, 연쇄적이다. 따라서 이 변화를 긍정적인 방향으로 이끄는 것이 바람직하다고 가정하였다.
  ㉢ 과거와 문제에 대한 역사(발달사)에 흥미와 관심을 두지 않고, 현재와 미래를 지향하여 현재의 상태와 미래의 해결 방안을 구축하는 데 초점을 둔다.
  ㉣ 내담자는 문제해결을 위해 필요한 것을 가지고 있고, 알고 있다.
  ㉤ 치료자가 할 일은 내담자가 이미 갖고 있는 자원·기술·지식·믿음·동기·행동·사회적 관계망·환경·증상 등을 발견하여 이를 치료에 활용하는 것이다.
  ㉥ 치료자는 내담자의 목표성취를 돕기 위하여 내담자 자원을 신뢰하고 사용한다.
  ㉦ 간단하고 단순한 것에서 출발하며, 작은 변화는 큰 변화의 모체가 되는 해결을 위한 출발이다.
  ㉧ 인지에 대한 강조와 내담자의 자율적인 협력을 중요시한다.

ⓒ 문제 중심으로부터 해결과 미래의 가능성으로 치료적 초점을 변화시켰다.
　　ⓕ 내담자는 과거에 성공했던 해결 방안을 계속 유용하게 사용하며, 효과가 없는 것에 집착하던 사고방식을 바꿀 수 있다.
　　ⓚ 내담자가 문제시하지 않는 것을 다룰 필요가 없으며, 상황적 맥락을 갖는 사회적 상호작용 용어로 기술된다.
　　ⓔ 탈이론적이고 규범에 매이지 않으며, 내담자의 견해를 존중한다. 또한 이론적 틀에 맞추어 내담자를 진단하지 않는다.
　　ⓟ 특정의 구체적이고 명확하고 측정할 수 있는 행동용어로 기술하며, 문제의 제거나 소멸이 아닌 성공의 긍정적 지표로 기술된다.

⑤ **치료 목표** 15 16 18 22 23 기출
　　㉠ 내담자에게 중요한 것이어야 하고, 협상을 통해 치료자에게도 중요해야 한다.
　　㉡ 목표는 큰 것이 아닌, 작고 간단한 행동으로, 구체적이고 측정할 수 있는 행동이어야 한다.
　　㉢ 목표는 최종 결과가 아닌, 처음의 시작이나 신호에 둔다.
　　㉣ 내담자의 생활에서 현실적이면서 성취 가능한 것이어야 하며 지금 여기에서 시작하는 것을 목표로 한다.
　　㉤ 목표 달성은 힘들고 어려운 일이라고 인식한다.
　　㉥ 목표는 문제를 없애는 것보다 새로운 행동을 시작하는 것이다.
　　㉦ 치료적 피드백 메시지는 칭찬, 연결문, 과제의 세 부분으로 구성되어 있다.

⑥ **치료자-내담자 관계유형** 14 16 19 23 기출

고객형 (Customer Type)	• 긍정적이고 협력적인 치료관계를 형성하면서 내담자는 문제해결을 위해 어떤 것이든 시도하려는 동기가 있다. • 상담자와 내담자는 일치된 해결 목표와 기대를 가지고 있으며 고객형 가족은 자신이 바로 해결책의 한 부분이라 느끼며, 문제해결을 위해서 무엇인가 하려는 의지를 보인다. • 치료자는 고객형 가족이 치료동기가 높기 때문에 고객형 관계유형을 원하지만, 실제로 고객형 가족 비율이 높지 않다. • 행동 과제를 부여한다.
불평형 (Complain Type)	• 자신을 위해서가 아니라, 다른 사람을 위해서라는 목표를 가지고 있을 때 발생한다. • 스스로의 평가나 치료목표를 구체적으로 기술하지만, 자신이 해결의 실마리를 쥐고 있다고 생각하지 않는다. • 증상을 보이는 가족성원 때문에 자신이 희생되었다 생각하여, 자신의 힘든 입장·역할을 이해받길 원한다. • 문제로 인해 고통받고 있지만, 해결책을 찾는 단계에서는 수동적인 반응을 보인다. • 치료자는 불평형 가족을 치료대상으로 생각하기 보다는, 치료에 활용할 수 있는 자원으로 생각해야 한다. • 관찰과제·생각과제를 부여한다.
방문형 (Visitor Type)	• 치료받아야 할 필요성이나 문제해결 동기가 약한 사람으로, 일반적으로 배우자·부모·교사에 의해서 의뢰받는다. • 왜 치료받아야 하는지 이해하지 못하기 때문에 치료에 무관심하거나 억지로 끌려왔다는 사실에 불평을 한다. • 치료자가 다른 사람의 요구와 결정을 따르는 것이 얼마나 힘들었는지 이해해 줄 때, 그들은 자신이 이해받고 있다는 느낌을 갖게 되어 치료자에 대한 신뢰가 형성되고 치료목표에 대해 협상할 수 있는 관계가 형성된다. • 특별한 과제 부여는 없으며, 치료자가 다른 사람의 요구와 결정을 따르는 것이 얼마나 힘들었는지 이해해주고, 상담에 온 것을 칭찬하여 앞으로 상담에 더 오도록 격려한다.

⑦ **치료기법** 14 15 16 17 21 기출

  ㉠ 면담 이전의 변화를 묻는 질문 23 기출
   - 일반적으로 가족은 문제가 가장 심각한 시기에 주변 사람·상담기관에 도움을 요청한다.
   - 해결중심적 가족상담에서는 이러한 치료 이전의 변화를 매우 관심 있게 관찰하고, 이것을 근거로 가족의 잠재능력을 발견하며 가족 스스로가 인식하지 못한 해결방안을 찾아내는 데 이용한다.
   - 치료자는 가족 스스로가 심각했던 문제가 어떻게 완화되었는지를 파악할 수 있도록 질문하여 의식적·무의식적으로 그들이 실시한 방법에 관해 인정하고 칭찬한다.
   - 누구의 도움 없이 스스로 노력했다는 것과 해결능력을 인정하고 그러한 사실을 강화하고 확대할 수 있도록 격려한다.
     예) "혹시 치료약속을 하고 오늘 오기 전까지 무슨 변화가 있었나요?"

  ㉡ 예외질문 23 기출
   - 예외질문은 일상생활에서 성공적으로 잘하고 있으면서도 의식하지 못하는 것을 발견하고, 성공했던 행동을 의도적으로 하도록 강화시키는 기법이다.
   - 치료자는 예외적인 상황을 찾아내고, 가족이 가지고 있는 자원을 이용하여 가족의 자아존중감을 강화한다.
   - 예외상황에서 어떤 일이 일어나는지 자세히 파악하기 위해 무엇이 달라졌는가, 누가, 무엇을, 어디서, 언제, 어떻게 했을때 문제가 일어나지 않는지를 질문한다.
   - 어떤 문제에도 예외는 있다는 것이 해결중심 단기치료 모델의 기본 전제이다. 예외를 찾아내어 그것을 계속 강조하면서 내담자의 성공을 확대하고 강화한다.
     예) "최근에 문제가 일어나지 않은 때는 언제인가요?"
       "문제가 일어난 상황과 일어나지 않은 상황의 차이는 무엇인가요?"
       "문제가 일어나지 않은 때는 무엇을 하는가요?"
       "문제가 일어나지 않은 때에 다른 가족원들은 무엇을 하는가요?"
       "지금까지 생활하면서 문제가 일어나지 않거나 덜 심각한 때는 언제였나요?"

  ㉢ 기적질문 20 21 기출
   - 문제가 해결된 상황을 상상해 봄으로써 해결하기 원하는 것을 구체화·명료화하는 데 도움이 된다.
   - 가족은 치료자의 질문에 대답하는 동안 기적을 만드는 사람은 바로 자신임을 알게 되고, 작은 일에서부터 시작해야 한다는 것을 점차 인식하며, 변화된 생각을 구체적으로 상상한다.
   - 이러한 과정을 겪으면서 가족은 그 자체가 자신의 치료목표라는 사실을 재인식한다.
     예) "밤에 자는 동안 기적이 일어나 지금 치료목표로 하는 문제가 해결되었다고 합시다. 그러나 잠자는 동안 기적이 발생하여 무슨 일이 생겼는지 아무도 모릅니다. 아침에 눈을 떴을 때 지난 밤 동안에 기적이 발생했다고 생각하겠습니까?"
       "당신에게 변화가 일어난 것을 다른 가족들은 무엇을 보고 알 수 있겠습니까?"
       "당신의 변화에 대해 배우자·자녀·부모는 어떻게 알 수 있겠습니까?"
       "그러한 행동들이 최근에 언제 있었습니까?"
       "얼마나 자주 그런 행동을 합니까?"
       "그러한 행동을 계속해서 하려면 어떻게 해야 할까요?"
       "기적이 일어난 것같이 하려면 무엇부터 시작해야 할까요?"

"기적이 이미 발생하고 있는 것을 알 수 있는 아주 작은 신호가 무엇일까요?"

ⓐ 척도질문 16 21 23 기출
- 문제의 심각성 정도나 치료목표, 성취 정도의 측정 등을 수치로 표현하도록 하는 질문이다.
- 변화에 대한 동기를 강화하고, 다음 단계로 발전하기 위해 무엇을 해야 할지 탐색한다.

> 1. 문제해결 전망에 관련된 척도질문
>   - 0~10점까지의 척도에서 10점은 문제가 해결된 상태, 0점은 문제가 전혀 해결되지 않은 상태라고 가정합니다. 오늘은 몇 점이라고 생각하나요?
>   - (내담자가 2점이라 했다면) 2점과 3점의 차이는 무엇인가요?
>   - 부모님이 여기 있다면, 부모님은 문제가 해결될 가능성을 몇 점이라고 말할까요?
> 2. 동기에 관련된 척도질문
>   - 문제 해결을 위해 어느 정도까지 노력할 수 있나요?
>   - 부모님은 당신이 어느 정도 노력할 것이라고 말하겠습니까?
>   - 부모님은 무엇을 보면 당신이 1점 향상되었다고 생각하겠습니까?
> 3. 진전 상태를 평가하는 척도질문
>   - 어제가 2점이었다고 했는데, 오늘은 몇 점을 예상하십니까?
>   - 3점이라면 2점에서 1점을 높이기 위해 무엇을 다르게 행동해야 하겠습니까?
>   - 1점이 올라간다면 누가 변화를 가장 먼저 알 수 있겠습니까?
> 4. 자기존중감에 관련된 척도질문
>   - 10을 당신이 이상적으로 생각하는 사람이라 하고, 1은 최악의 상태라고 한다면, 지금 당신의 상태는 어느 정도입니까?
>   - 1점이 향상되었을 때 부모님은 당신에게 무엇이 달라졌다고 하겠습니까?
> 5. 관계를 평가하는 척도질문
>   - 남편이 결혼생활을 지속하고 싶은 정도는 몇 점이라고 말할까요?
>   - 당신이 결혼을 지속하기 원하는 정도는 몇 점입니까?
>   - 당신의 점수가 남편보다 높다면, 더 원하는 정도는 어떻게 설명할 수 있을까요?

ⓑ 대처질문 16 18 22 23 24 기출
- 만성적인 어려움이나 절망으로 희망이 없다고 호소하는 내담자에게 대처질문을 한다.
- 낙담·좌절·비관적 상황에 있을 때, '모든 것이 잘될 테니 걱정 마라', '염려 마라', '긍정적인 것만을 보라' 등의 치료자의 위로는 가족을 오히려 더 비관하고 난처하게 만든다.
- 어려운 상황에서는 가족에게 약간의 성공감을 갖도록 하는 대처방법에 관한 질문이 바람직하다.

  예 "제가 봐도 지금은 무척 힘든 상태라고 생각됩니다. 상태가 더 나빠지지 않도록 하기 위해 어떻게 하시나요?"
  "어떤 방법이 도움이 되었습니까?"
  "매우 어려운 상황인데, 지금까지 어떻게 견디셨나요?"
  "당신의 남편이나 아이들은 무엇이 당신에게 도움이 된다고 하시나요?"
  "조금 나아지기 위해 당신은 어떻게 노력했나요?"
  "그렇게 힘든 상황인데도 어떻게 지금까지의 성적을 유지할 수 있었습니까?"
  "전혀 희망이 없을 때, 어떻게 아침에 일어나서 하루를 보냈습니까?"
  "가출을 시도한 것이 어떻게 도움이 되었습니까?"

- ⓑ 관계성 질문 `18` `23` 기출

    중요한 타인의 입장에서 자신을 바라보게 해서 이전에는 느끼지 못한 해결 상태를 파악하게 하는 질문을 말한다. 즉 내담자에게 중요한 사람들의 생각이나 행동을 파악하기 위한 질문이다.

    예 "어머니가 당신의 변화된 부분을 본다면 어떤 부분을 보고 말해줄까요?"
    "돌아가신 아버지가 이 자리에 계신다면 은지가 어떻게 행동하기를 바라실 것 같니?"

- ⓢ 보람질문 `23` 기출

    내담자가 상담 결과 어떤 긍정적 변화를 원하고 있는지 알기 위한 질문이다.

    예 "무엇이 좀 좋아지면 여기 와서 상담을 받은 것이 보람 있었다고 말할 수 있을까요?"

⑧ 메시지 전달하기

- ㉠ 메시지 전달하기의 원칙
    - 지금 이 시점에서 치료받으러 온 것은 매우 시기적절한 일이며, 내담자는 자신이 바라는 목적을 달성하기 위해 내담자 스스로 열심히 작업해야 함을 강조한다.
    - 내담자의 목적에 동의하며 칭찬한다. 여기서 칭찬은 상담내용에서 드러난 것에 대해 구체적으로 하는 것이 효과적이고, 작은 것이라도 긍정적인 시각에서 표현한다.
    - 내담자의 언어를 사용하며, 연결문을 사용하면서 제언한다.
    - 과제를 주는 이유와 논리 및 근거를 설명한다.

- ㉡ 메시지의 구성 `18` 기출

    상담자가 내담자에게 전달하는 메시지는 칭찬(Compliment), 연결문(Bridge), 과제(Task)의 세 부분으로 구성된다.

    - 칭찬 : 어려움을 겪고 있는 가족은 자신들이 현재 무엇인가 잘못하고 있다고 생각하기 쉬운데, 치료자에게 칭찬받음으로써 가족의 자존감을 높이는 데 도움이 된다. 칭찬은 추상적인 것보다는 면담 내용에서 드러난 구체적인 것일 때 더욱 효과적이다.
    - 연결문 : 지금 어려움을 겪고 있는 문제를 일반화하거나, 가족에게 필요하다고 판단되는 사실을 교육하는 것을 말한다. 이러한 과정은 가족에게 제기되는 다음 과제에 대한 이해를 돕기 위한 것이다. 치료자가 가족에게 과제에 대한 이론적 근거를 제시할 때, 가족은 과제에 대해 보다 명확히 이해할 수 있으며 실천가능성도 높아진다.
    - 과제주기 `14` `16` `18` `19` 기출

치료자-내담자 유형		과제 또는 메시지
고객형 (실행과제)	예외행동을 계속/ 더 많이 할 것	—
	동전던지기	• 동전 양면에 의미를 부여하고(예 앞면-기분 좋은 날, 뒷면-평일) 동전을 던져 그 의미를 가족 모르게 실행하도록 한다. 그때 가족들의 반응을 관찰한다. • 남의 영향을 많이 받는 경우에 효과적이다.
	예측과제	• 저녁에 내일은 좋은 날이 될지 여부를 예측해 보고, 다음 날 맞았는지 여부를 확인한다. • 우울, 불평이 많은 사람에게 적절하다.
	가정하여 행동하기	일주일 중 이틀 동안 기적이 일어난 것처럼 행동하고, 그때의 반응을 관찰한다. 또는 가족들에게 어떤 날이 본인에게 기적이 일어난 날인지 맞춰보게 한다.

불평형 (생각/관찰과제)	예외행동 주시	예외적인 행동을 발견하게 하고, 다음에 그것에 대해 이야기한다.
	양분된 의견전달	팀 성원들과 의논한 결과, 의견이 두 가지일 경우 집에 가서 가족들과 상의해서 어떤 것이 우리 가족에게 적절한지 의논해 오도록 한다.
	스페인식 과제	오늘 집에 가면 가족원 중 누군가가 상황을 좀 더 좋게 하려고 무언가를 할 것이라고 하면서 누가 어떤 행동을 했는지 관찰해 오게 한다.
	첫 상담과제	다음 세션에 올 때까지 당신들이 원하는 무엇인가가 이루어질 텐데, 그것이 무엇인지 관찰해 오도록 한다.
방문형 (과제 없음)	칭찬, 재방문 격려	안 올 수 있었지만 온 것에 대해 칭찬을 하고, 앞으로 더 오도록 격려한다.

⑨ 평 가
  ㉠ 해결중심 가족상담은 가족들의 자발적인 협조를 증가시키고, 빠른 시일에 문제를 해결하므로 경제적이다.
  ㉡ 현대와 같이 전 가족이 함께 치료하러 오기 어려운 실정에서 가족구성원 한사람으로도 치료가 가능하므로, 우리나라 사람들의 기대와 가장 잘 부합하는 치료방법이다.

(8) 이야기치료 22 기출

① 의 의 14 19 20 24 기출
  ㉠ 이야기치료는 화이트(White)와 엡스톤(Epston)에 의해 발전되었고, 다양성·상대성·비본질주의를 강조하는 포스트모더니즘 사조 속에서 발전하였다.
  ㉡ 이야기치료는 발달 초기에 베이트슨(G. Bateson)의 *'반복성 제약 조건' 개념의 영향을 받았다.
  ㉢ 이야기치료는 새로운 대안적 이야기(Alternative Story)를 재구성하도록 돕는다.
  ㉣ 이야기치료는 어떤 예상이나 선입관도 없이, 사람이 사물 그 자체를 파악하는 것은 어렵다는 후기 구조주의의 시각과 관련이 있다.
  ㉤ 우리의 지식은 자신의 경험에서 나온 것이므로 어떤 것을 안다는 것은 한계가 있어서, 그것은 다른 사람의 경험을 자신의 관점에서 나름대로 해석하는 것에 지나지 않는다는 입장이다.
  ㉥ 사람은 자신의 경험과 상상력을 활용하여 다른 사람이 언어화한 경험을 자신이 해석해 보려는 노력을 하게 되는데, 이야기치료는 경험에 의미를 부여하는 해석과정 자체에 초점을 두는 것이다.
  ㉦ 내담자나 그의 가족에 대한 문제로만 보는 것이 아니라 외부에 문제가 존재할 수 있다는 관계적인 측면까지 고려한 것이다.
  ㉧ 치료자는 *탈중심적(Decentered)이고, 영향력(Influential) 있는 입장을 취한다.
  ㉨ 내담자를 문제의 소유자가 아니라, 문제를 바라보는 관찰자로서 대화를 시작하게 한다.
  ㉩ 이야기치료는 단기적으로는 호소하는 문제의 감소를 목표로 하고, 장기적으로는 내담자가 지배적인 문화로부터 벗어나 자신이 선호하는 방향으로 자기의 이야기를 쓰는 데 있다.

✅ **반복성 제약 조건**
모든 사건이나 현상은 원칙적으로 동등한 확률로 발생해야 하나, 특정한 제약 조건이 관여되어 있어 실제로는 특정한 사건이 반복적으로 나타난다는 것이다.

✅ **탈중심적**
자기 밖에 있다는 '탈'과 '중심적'이라는 말을 조합하여, 중심에서 벗어나 있으나 영향력(중심적)은 있는 위치라는 말이다.

② 주요 학자
  ㉠ 초기
    - 치료나 이야기하기(Storytelling)를 관련해 이야기를 인간 경험에 대한 새로운 이해 방식으로 받아들인 학자들이 있었다(샤빈, 브루너, 호워드, 맥아담스 등).
    - 이들이 주장한 바는 인간의 삶은 이야기 형식을 띠고 있고, 사람들은 이야기를 만들고, 또 그 이야기에 의해 자신의 삶을 형성해 나아간다는 것이다.
  ㉡ 화이트(M. White)와 엡스톤(D. Epston) 14 16 기출
    - 초기 철학은 구체적이고 실제적인 방법론으로서 대화를 통해 내담자와 문제와의 관계를 재정의하여 문제에 새롭게 접근한다. 가족·개인대상 치료에 이러한 이론을 적용하면서 주목받게 되었다.
    - 이야기치료는 화이트와 엡스톤의 공동 노력으로, 1980년 이후에 미국을 중심으로 새로운 가족상담이론의 하나로 부상하기 시작했다.

③ 기본 전제 18 21 23 24 기출
  ㉠ 사람은 처음 시작부터 자신이 속한 문화와 사회의 이데올로기 속에서 어떠한 형태로든 영향을 받으며, 자신에 대한 이해를 구축해 가는 존재라는 것이 이야기치료 접근의 기본전제이다.
  ㉡ 사람은 자신의 경험을 만들어내고 해석하는 능동적 존재로, 경험은 사회문화적으로 구성된다.
  ㉢ 개인의 삶에 일어난 어떠한 사건이나 경험들은 언어를 통한 이야기로 만들어져 그 안에서 서로 연결되어 그 사람의 삶을 형성한다.
  ㉣ 세계와 인간경험은 개인이 해석하는 다양한 방식으로 개인 안에 존재하고 작용한다.
  ㉤ 우리가 살아가는 이야기는 사회적 맥락 속에서 만들어진다.
  ㉥ 이야기 속에는 사회적 담론과 자기정체성이 포함된다.
  ㉦ 문제는 사회·문화적 산물이므로 지배적인 이야기를 해체하는 것은 삶의 새로운 가능성을 높여 준다.
  ㉧ 삶의 이야기는 복합적이며, 목적의식에 따라 삶의 방향은 달라진다.
  ㉨ 개인의 정체성과 문제(증상)는 별개의 것으로 본다.
  ㉩ 개인적 삶의 이야기는 복합적인 내용을 포함하고 있다.
  ㉪ 개인이 속한 사회적 전제는 자신을 보는 방식에 영향을 미친다.
  ㉫ 인간은 자신의 경험을 특정한 방식으로 해석하고 의미를 부여한다.

> **지식 IN**
>
> **지배담론의 해체(Deconstruction of Dominant Discourse)** 14 17 기출
> - 이야기 속 깊이 숨겨진 진술적 담론에는 지배적 담론이 있어서 사람들의 삶에 실제적이고 구체적인 영향을 미치고, 사람들의 선택, 가치, 감정, 행동을 만들어낸다.
> - 이러한 지배담론을 해체하고, 절대적 진리로 여겼던 것을 분해하도록 도움으로써 삶의 새로운 가능성을 높여준다.
>
>> - 민 규 : 부모님이 공부를 잘해야 좋은 대학에 가고 출세를 할 수 있다고 하셨어요.
>> - 상담자 : 부모님의 그런 생각이 어디에서 온 것일까? 민규도 그런 신념이 있는 거니? 아니면 너는 다른 생각이 있는 거니?

④ 목표
  ㉠ 치료자는 사람들이 문제에 빠져 있는 이야기를 버리고, 자신에게 보다 힘과 만족을 주는 희망적이고 새로운 대안적 이야기를 갖도록 돕는 것이다. 따라서 이야기치료에서는 문제해결보다는 내담자들이 자신들 중심의 목소리에 지나치게 의존하고 있다는 사실을 깨닫게 하여 선택의 폭을 풍부하게 가지도록 돕는다.
  ㉡ 더 나아가 내담자와 협력하면서 내담자와 다른 사람들을 연결시키는 데 도움이 되는 방법을 강조한 새로운 이야기를 공동저작하는 것이다.
  ㉢ 사람들의 행동에 대한 수정이나 어떤 특정한 양식의 사고를 처방하는 것이 아니라, 그보다 내담자들이 하고 있는 이야기를 바꾸는 과정을 밝게 함으로써, 자연스럽게 자신의 삶에 대한 변화를 모색하게 하는 것이다.

⑤ 치료과정 4단계 16 17 18 19 20 21 23 기출

문제의 경청과 문제의 정의해체 단계	• 가족 문제 이야기를 경청하기 : 문제이야기를 경청하고, 내담자의 문제를 확인하고 공감한다.
	• 사람과 문제를 분리하기
	  – 내담자의 정체성과 문제를 분리하도록 돕는다. 표출적 대화를 통해 내담자가 자신의 정체성에서 문제 자체를 분리하며 생각하도록 한다.
	  – 외재화하기 : 문제에 이름을 붙여서(문제 명명하기) 객관화한다(예 늦은 밤까지 게임을 하고 늦잠을 자서 아침 수업시간에 지각하거나 결석하는 것에 이름을 붙인다면 뭐라고 할까?).
	• 문제의 영향력 탐색하기 : 문제에 이름을 붙이면, 그것의 영향력을 탐구하고 더 나아가 더 큰 맥락에 올려놓고 해체작업을 할 수 있게 된다.

독특한 결과의 탐색 단계	• 사람들은 이야기를 하는 가운데 새로운 경험을 하도록 초청되며, 이러한 새로운 경험을 독특한 결과라는 용어로 표현한다. • 독특한 결과는 이름 붙여진 문제이야기의 계열에 속하지 않는 혹은 반대되는 사건을 말한다. • 독특한 결과를 발견하도록 돕는다.
대안적 이야기 구축 (스캐폴딩지도)	• 독특한 결과를 동원하여 새로운 관계방식과 대안적 이야기를 구성한다. • 행동 영역의 질문 : 과거에 행했던 일을 언제, 어디서, 누가, 무엇을, 어떻게 했는가 등 행위 위주 질문, 여러 개의 사건이 특정한 주제에 따라 시간적 순서상으로 배열된 이야기 영역이다. • 정체성 영역의 질문 : 개인적 자질이나 특성에서 개인의 소신이나 원칙 등 다양한 형태의 목적의식 내지 지향이 포함된 영역으로 내담자가 지향하는 삶의 의도, 목적, 중시하는 가치, 신념, 희망이나 꿈, 삶의 원칙 등이며 '왜'의 질문도 이 영역에 포함한다.
대안적 정체성 구축	대안적 이야기를 계속 써나가고 더욱 풍부해지도록 도와 대안적 정체성을 구축하는 것으로 종결한다.

⑥ 치료기법 20 24 기출
  ㉠ 빈약한 서술 찾아내기
    • 빈약한 서술이란, 내담자의 내부 사정을 외면하고 이해를 배제하는 것을 의미한다. 따라서 밖으로 드러난 실패나 장애, 부족함 등을 객관화된 사실로 표현해 내는 외부적 관점에서의 서술이라고 할 수 있다.
    • 빈약한 서술 안에서는 속사정을 잘 알고 있는 당사자들이 자신들의 상황을 밝힐 수 있는 여유를 얻지 못한다. 따라서 내담자들이 겪는 문제적 경험은 쉽게 그들을 빈약한 서술로 유도하고, 타인들에 의해 왜곡된 자신을 받아들여 그들의 삶을 제한해 버린다. 사람들은 이런 빈약한 서술을 쉽게 아무런 저항 없이 자신의 행위와 정체성으로 받아들인다.

- 사람들이 빈약한 서술에 의해 자신을 보기 시작하면 자신의 약점, 장애, 부족과 허약한 부분들을 보게 된다. 반대로 자신의 능력, 강점, 자질이나 기술들은 뒷전에 물러나 잘 드러나지 않고 감춰져 버린다. 그러므로 이러한 빈약한 서술은 사람들의 행위 중 부정적인 결과들을 이끌어낸다. 이것을 내재화된 대화(Internalizing Conversations ; 문제를 자신의 안에 놓는 대화)라고 이야기한다.

ⓒ 문제를 표면화하기 17 기출

'문제를 표면화하기'란 문제를 외부로 추출해 낸다는 의미를 가지며, 사람들이 경험하고 있는 문제들을 객관화·구체화하는 치료적 접근이다.

ⓒ 문제로부터의 분리(외재화) 16 23 24 기출
- 문제를 개인과 분리하여 문제 이해와 대처를 위한 관점을 새롭게 구성할 수 있도록 돕는 이야기 상담기법이다.
- 이야기치료에서 문제를 내담자 자신과 분리된 다른 실체로 느끼는 것은 중요하다. 특히 문제를 다른 실체로 서술하는 능력과 기술들을 활용하여 자신을 다시 서술하는, 문제를 벗어난 이야기를 시작할 수 있게 해준다.
- 문제를 벗어난 이야기들, 혹은 문제와 분리되었을 때의 이야기를 독특한 결과(Unique Outcome)로 부르는데, 표출대화는 독특한 결과를 찾는 안내자와 같다.
- 치료자는 내담자들이 꺼낸 내재화된 대화를 잘 듣고 구분해 낼 수 있어야 한다. 내담자가 말하는 중에 자신의 정체성이 문제와 혼합되거나 결탁되어 있는 것을 듣게 될 때, 치료자는 내담자가 사용한 단어나 문구를 그대로 옮겨와 표출된 양식으로 새롭게 바꾸어 질문할 수 있다.

ⓔ 문제의 영향력 탐구

이야기 가족상담에서는 대화의 초기에 문제가 내담자들의 삶에 끼치고 있는 영향력들을 상세히 탐구하는 것이 중요하다. 그러므로 치료자는 질문을 던져 그들에게 어떻게 영향을 미치는지 자세히 탐구하여야 한다.

ⓜ 문제의 영향력 평가하기 23 기출

문제의 영향력이 충분히 탐구되면 치료자는 그 각각의 효과에 대하여 내담자들의 의견을 묻는다. 이때 내담자들의 경험에 대해 아무것도 미리 가정해서는 안 된다는 것이 중요하다. 그리고 내담자들 각자가 치료자의 질문에 자신의 입장을 밝힐 수 있는 시간을 주어야 한다.

ⓗ 독특한 결과의 발견 16 20 23 기출
- 다른 사람의 이야기로 정의된 정체성을 통해서 그동안 지배되어 왔던 모순적인 자신의 정체성을 깨닫는다. 하지만, 새로운 이야기의 형성을 통해 기존의 정해져 있던 의미가 지워질 수도 있는 것이다.
- 이러한 경험을 통해 그동안의 지배적인 구도에서 벗어나 새롭고, 기존의 의미가 주어지지 않은 산 경험을 하게 될 것이다. 이런 사건들을 '독특한 결과'라고 한다.
- '독특한 결과'는 자신의 삶과 관계에 대해 '사실'로 믿어왔던 것들과 사람들을 분리시킨다. 따라서 진실을 해체시키는 효과를 주는데, 문제를 통해 예상된 결과가 성취되지 못한 것도 바로 '독특한 결과'가 될 수 있다.

ⓢ 대안적 이야기 엮어가기 19 20 기출
- 문제의 이야기가 강하게 대두된 것처럼 대안적인 이야기가 문제이야기의 권위에 대항할 수 있도록 충분히 튼튼한 줄거리로 전개해야 한다.

- 이야기치료 과정에서 독특한 결과와 관련하여 행동 영역과 정체성 영역에서 무슨 일이 어떻게 발생하였고 그것이 어떤 의미를 갖고 있는지에 대해 질문을 던진다.

행동 영역의 질문	• 과거에 행했던 일을 언제, 어디서, 누가, 무엇을, 어떻게 했는가 등 행위 위주로 하는 질문이다. • 여러 개의 사건을 특정한 주제에 따라 시간적 순서상으로 배열하는 이야기 영역이다.
정체성 영역의 질문	• 개인적 자질이나 특성에서 개인의 소신이나 원칙 등 다양한 형태의 목적의식 내지 지향이 포함된 영역이다. • 내담자가 지향하는 삶의 의도, 목적, 중시하는 가치, 신념, 희망이나 꿈, 삶의 원칙 등이며, '왜'의 질문도 이 영역에 포함한다.

◎ 정의예식(Definitional Ceremony) 14 15 18 22 기출
- 의 의
  - 신중하게 선발된 외부증인 앞에서 내담자가 자신의 삶을 이야기하고 재현하는 것을 말한다.
  - 공동체 구성원이 자기 삶의 이야기를 하고, 재현할 수 있도록 하는 만남의 장 또는 모임을 말한다.
  - 내담자가 자신이 선호하는 삶의 이야기를 외부증인 앞에서 사회적으로 인정받는 경험을 갖게 하는 기법이다.
  - 외부증인은 내담자의 이야기를 들은 후, 특정 형식에 맞추어 다시 말하기(Retelling)로 응답하며, 마음에 와닿은 표현이나 떠오른 자신의 경험 등 자신의 생각을 나눈다.
- 외부증인
  - 주인공 이야기의 특정 부분을 인정해줌으로써 주인공 이야기가 풍부하게 발전하도록 돕는다.
  - 주인공 이야기를 귀 기울여 들어준 다음, 그중 특별히 와닿는 부분에 대해 다시 말하기를 수행한다.
  - 다시 말하기를 통해 그 부분을 설명하는데, 이 과정에서 자신의 이야기를 지나치게 강요하지 않는다.
  - 그 부분이 왜 와닿았는지, 어떤 영향을 미쳤는지를 설명한다.
  - 의견이나 충고, 평가, 설명 등 타인의 삶에 대해 사람들이 보이는 일상적인 반응은 피한다.
- 반영적 대화(다시 말하기) 15 19 기출
  - 외부증인이 내담자 이야기의 특정 부분에 대해 말하는 것이다.
  - 표현 : 내담자의 삶의 가치를 잘 보여주는 표현에 주목한다.
  - 이미지 : 내담자의 이야기를 들으면서 떠오르는 이미지를 설명한다.
  - 공명(반응형상화) : 내담자의 특정한 이야기나 표현을 들었을 때, 내 삶의 경험 가운데 어떤 것이 떠올랐는지 이야기한다.
  - 이동 : 내담자의 이야기가 나를 어떻게 움직였는지, 이야기를 들으면서 떠올렸던 대화나 대인관계에서 어떤 선택의 여지가 있었는지 등을 생각하면서, 내담자의 이야기를 목격하고 응답하는 기회를 통해 내가 어느 지점에 이르게 되었는지, 내 삶이 어떻게 달라졌는지 인정하고 보여준다.

⑦ 이야기 가족치료자의 역할 15 19 기출
㉠ 내담자들의 이야기를 매우 집중하여 경청하고, 문제를 지지하는 이야기를 발견하면, 어떤 출구를 기다렸다가 새로운 이야기로 들어가는 길을 발견하여 내담자들과 함께 새롭고 긍정적·희망적인 이야기로 재저작하는 일에 협력하는 동반자적 역할을 한다.

- ⓒ '재저작 대화'는 내담자의 문제해결을 위해 지배적 구상에 맞서는 대안적 구상을 찾아 새로운 이야기를 생성하는 것을 말한다. 18 23 기출
- ⓒ 새로운 이야기 생성은 두 가지 전제를 바탕으로 한다. 하나는 '우리의 삶이 다수의 이야기로 이루어진다'는 것과, 다른 하나는 '우리의 수많은 경험들이 모두 다 지배적인 이야기 안에는 들어가지 않는다'는 점이다.
- ⓔ 새로운 이야기의 생성은 우리가 사용해온 기존의 지배적인 삶의 각본을 수정하는 작업이다. 이 작업은 실제 일어났거나, 아니면 앞으로 일어날 사건의 경험에서 이제까지 이야기되지 않았던 것들을 우리가 이해할 수 있는 방식으로 설명해 내는 것이다.
- ⓜ 이 경우 내담자는 이 새로운 이야기의 저자이며, 최종 권위자가 되어야 한다.
- ⓑ 치료자는 치료자와 내담자 간의 권력구조를 해체하는 데 민감해야 하며, 탈중심적이고 영향력 있는 위치를 고수해야 한다. 탈중심적 입장이란, 내담자 가족이 제시하는 자신들의 이야기나 삶의 지식과 기술에 우선순위를 두는 것을 말한다.
- ⓢ 독특한 결과와 관련하여 과거, 현재, 미래의 행동과 정체성 영역에서 무슨 일이 있어났고, 의미가 무엇인지에 관해 질문한다.
- ⓞ 대안적 정체성을 세우는 과정에서 외부증인집단의 반영팀에게도 질문한다.
- ⓩ 문제이야기를 해체하고 독특한 결과에 의미를 부여할 수 있게 한다.
- ⓕ 내담자가 하나의 문제가 아닌 여러 가지 문제가 내포된 이야기를 가지고 온 경우에는 가장 중요한 문제가 아닌 덜 중요한 문제를 선택하여 표면화할 위험이 있다. 따라서 내담자가 가장 관심을 가지고 있는 쟁점이 무엇인가를 물어보는 것이 최선이다.

⑧ 평 가
- ㉠ 이야기치료 기법은 문제를 한 시점에 고정해서 그 시점에서 관계의 유형에 의하여 내면에 대한 진단을 내리고, 선입견과 전제를 두고 치료를 시작하는 기존의 전통적인 틀에서 벗어나 과거 혹은 최근의 사건들을 현재의 상황에서 문제를 재정의하도록 하는 치료모델로, 기존의 전통 치료모델들에 대한 훌륭한 대안이 될 수 있다.
- ㉡ 포스트모던 시대에 내담자가 스스로 자신들의 삶의 이야기를 재구성하여 그 문제로부터 스스로 탈출할 수 있는 새로운 대안 이야기하기를 위하여 자신의 삶을 재해석하도록 도움을 주는 포괄적 치료모델이라고 할 수 있다.

(9) 인지행동치료 22 기출

① 의 의
- ㉠ 1980년대에는 고전적 행동주의적 접근에 실패함으로써 인지적 기법을 도입하여 가족이 직면하는 문제에 행동치료의 이론과 실제적 기법을 적용하였다.
- ㉡ 인지행동 부부치료는 단순히 행동변화만으로 근본적인 해결이 되지 않는다고 믿고, 인지·정서·행동요인을 모두 고려한다.
- ㉢ 치료방법으로는 문제에 대한 분명한 인식과 정의, 상호 받아들일 수 있는 문제해결방법의 합의, 해결책 실행을 위한 기술훈련이 있다.

② 목표

부정적 행동을 소거하고 긍정적 행동을 늘리는 행동변화에 있으나, 많은 행동주의적 가족치료자들은 관계문제 해결에 인지적 요인이 관련되어 있음을 인식한다.

③ 기법 18 기출

긍정적 연습과 행동형성	바람직한 행동을 하는 기술을 반복하여 연습시키는 전략이다.
강화	결과를 보상하는 정적강화와 혐오적 결과와 반응에 의해 사라지는 부적강화를 사용한다.
토큰강화법	바람직한 행동을 할 때마다 직접 강화물을 제공하는 불편을 덜기 위한 방법이다.
유관계약	가족원의 바람직하지 않은 행동을 수정하기보다는, 상호작용 원리를 기초로 바람직한 행동을 극대화하고자 하는 것이다.
타임아웃	부적절한 행동을 감소하기 위한 기법으로, 정적강화로부터의 타임아웃이 자주 사용된다. 이것은 아동이 바람직하지 않은 행동을 할 경우 아동을 무시하거나 고립시키는 방법이다.

④ 스튜어트(Stuart)의 부부치료기법

자기주장 훈련	상대방의 권리를 침해하거나 상대방을 불쾌하게 하지 않는 범위 내에서, 자신의 욕구, 의견, 생각 등을 표현하게 한다.
긍정적 행동의 교환	부부가 서로 바라는 행동의 빈도가 증가하도록 돕는다.
의사소통 및 문제해결 능력	상대방이 자신이 원하는 것을 알아차리기를 기대하기보다는 요청하는 방법을 배우도록 한다.
유관계약	변화를 일으키는 배우자에 대하여 자신도 어떤 변화를 약속하는 것이다.
체계적 탈감각화, 감각이완훈련	어떤 대상이나 사건과 관련된 공포와 근심을 이완훈련 등의 방법을 통해 점차 완화하는 행동수정 기법이다. 자극에 대한 신체적, 심리적 반응을 점차 제거하거나 최소화한다.
포화	정적강화 자극이 계속적으로 주어져 포화상태에 이르면, 정적자극의 기능을 상실하고 오히려 반대효과를 나타내는 원리이다.
혐오기술	일시적으로 만족을 주거나 장기적으로 바람직하지 못한 행동에 대해 혐오자극을 제시하여 부적응 행동을 하지 않도록 하는 것이다.

⑤ 대표학자 16 17 기출

㉠ 패터슨(Patterson)

결혼생활 문제의 대부분은 강화자극 수준이 낮고 혐오자극 수준이 높기 때문에, 강화자극을 높이는 것이 부부치료에 필수라고 본다.

㉡ 리버만(Liberman)

문제행동을 강화하는 환경반응을 조사하여 바람직하지 않은 행동에 소거방식을 적용한다.

㉢ 스튜어트(R. Stuart)

잔소리나 협박 같은 혐오에 의한 통제를 사용하는 것이 종종 불행한 결혼생활을 야기한다고 보고 유관계약을 주장하였다. 또한 부부가 서로에게 긍정적 행동을 하도록 돕는 기법으로 '돌봄의 날(Caring Day)'을 정하도록 하였다.

> **지식 IN**
>
> **인지행동적 가족상담의 역기능적 신념** 19 기출
> - 이분법적 사고(흑백논리) : 모든 경험을 한두 개의 범주로만 이해하고, 중간지대가 없이 흑백논리로써 현실을 파악한다.
> - 의미확대 또는 의미축소 : 어떤 사건의 의미나 중요성을 실제보다 지나치게 확대하거나 축소한다.
> - 개인화의 오류 : 자신과 관련시킬 근거가 없는 외부사건을 자신과 관련시키는 성향으로, 실제로는 다른 것 때문에 생긴 일에 대해 자신이 원인이고 자신이 책임져야 할 것으로 받아들인다.
> - 독심술적 오류 : 충분한 근거 없이 다른 사람의 마음을 마음대로 추측하고 단정한다.
> - 선택적 추상화 : 다른 중요한 요소들은 무시한 채 사소한 부분에 초점을 맞추고, 그 부분적인 것에 근거하여 전체 경험을 이해한다.

03 가족생활주기와 가족상담 22 기출

(1) 가족생활주기 20 기출

① 결혼을 통한 가정의 성립부터 자녀의 출생·성장·발전·확대 과정을 거쳐 자녀가 독립하거나 결혼함으로써 축소되어 최후에는 부부의 사망으로 해체하는 전 과정을 말한다.
② 가족생활주기의 개념은 가족구성원 개인의 변화뿐 아니라 가족의 단계별 변화에 적응하기 위해 재조직되어야 함을 뜻한다.
③ 가족생활주기는 그 자체가 하나의 정서적 발달의 기본단위이다.
④ 가족 개개인의 움직임과 상호관계를 이해하는 준거틀이 된다.
⑤ 가족생활주기는 특유의 단계와 전이를 갖는다.
   예 • 난임 부부가 자녀를 출산한 후 자녀양육기로 들어가면서 양육스트레스를 경험한다.
   • 자녀청소년기에는 부모자녀관계에서 가족체계의 경계가 유연하게 변화해야 한다.
   • 중년기에는 가족안정성을 유지하려고 역기능적 상호작용을 고수한다.

(2) 가족발달과업(Havighurst)

① 개인 생애의 특정 시기에 발생하는 과업이다.
② 가장 만족스러운 방법으로 가족이 잘 유지되도록 하는 것이 발달과업의 목표이다.
③ 성공적인 성취를 하면 이후 과업에서의 성공을 이끌게 되고, 실패할 경우 개인의 불행감은 물론 사회적 불신과 이후 과업수행의 어려움을 가져온다.

(3) 듀발(Duvall)의 가족생활주기에 따른 발달과업 19 20 기출

단계별 구분		발달과업
제1단계	신혼부부기 (부부 확립기, 무자녀)	• 가정의 토대 확립하기 • 공유된 재정적 체재 확립하기 • 미래의 부모역할에 대해 준비하기 • 의사소통 유형 및 인간관계의 확대에 대해 준비
제2단계	자녀 출산기 (첫아이 출산~30개월)	• 가사의 책임분담 재조정 및 의사소통의 효율화 • 유아가 잘 성장할 수 있는 환경을 조성하고 이러한 생활유형에 적응하기 • 경제적 비용 충족하기
제3단계	학령전 아동기 (첫아이 2.5~6세)	• 확대되는 가족이 요구하는 공간과 설비를 갖추는 데 필요한 비용 충당하기 • 가족구성원들 사이의 의사소통유형에 적응하기 • 변화하는 가족의 욕구충족에 대한 책임에 적응하기
제4단계	초등학교 자녀기 (첫아이 6~13세)	• 아동의 활동을 충족시키고 부모의 사생활 보장하기 • 재정적 지급능력을 유지하면서 결혼생활을 유지하기 위해 노력하기 • 아동의 변화하는 발달적 요구에 효과적으로 대응하면서 학업 부분에서 성취감을 갖도록 격려하기
제5단계	청소년 자녀기 (첫아이 13~20세)	• 가족구성원들의 다양한 요구에 대비하기 • 모든 가족구성원들이 책임을 공유하면서 부모의 관심과 격려 형성하기 • 자유와 책임의 균형을 유지하면서 청소년과 성인 사이의 의사소통 중재하기
제6단계	성년 자녀기 (첫아이가 독립할 때부터 마지막아이가 독립할 때까지)	• 가정의 물리적 설비와 자원 재배치하기 • 자녀가 가정을 떠날 때 책임 재할당하기 • 부부관계의 재정립 • 자녀의 결혼을 통하여 새로운 가족구성원을 받아들임으로써 가족범위 확대하기
제7단계	중년 부모기 (부부만이 남은 가족~은퇴기까지)	• 텅빈 보금자리에 적응하기 • 부부 사이의 관계를 계속해서 재조정하기 • 조부모로서의 생활에 적응하기 • 은퇴 및 신체적 노화에 적응하기
제8단계	노년기 (은퇴 후~사망)	• 배우자의 죽음에 적응하기 • 타인, 특히 자녀에 대한 의존에 대처하기 • 경제적 문제의 변화에 적응하기 • 임박한 죽음에 적응하기

(4) 에릭슨(M. Erickson)의 가족생활주기

단계별 구분		특 징
1단계	구애기	• 청소년기에서 성인 사회의 구성원으로 옮겨가는 시기로 성공적인 구애 및 배우자 선택이 주요 과제이다. • 신체, 외모에 대한 콤플렉스, 원가족과 분화, 또래 관계 등에서 문제가 생길 수 있다.
2단계	결혼 초기	• 결혼 후 각자의 원가족에서 독립하여 배우자에게 적응해가는 시기이다. • 원가족·배우자와의 마찰, 성적 부적응, 외도, 결혼에 대한 헌신 부족 등의 문제가 발생할 수 있다.
3단계	자녀 양육기	• 자녀가 출생하여 양육을 시작하는 시기이다. • 한쪽 배우자가 자녀와 밀착되어 아동을 통해 부부 문제 다루기, 자녀 양육 문제로 부부·원가족 등과 갈등, 의사소통 문제, 가족 경계선 파괴 등의 문제가 발생한다.

4단계	중년기	• 주도권을 갖기 위한 힘 겨루기, 가족 안정성을 유지하기 위한 역기능적 상호작용 고수 등의 문제가 생긴다. • 남편은 사회적 지위를 얻지만 아내와 멀어지거나, 아내는 아내·어머니로서의 역할 상실을 경험할 가능성이 있다.
5단계	자녀 독립기	• 자녀가 부모에게 분리되어 독립하려는 시기이다. • 자녀 독립으로 인하여 부부의 공통요소가 사라지면서 계속 유지해온 가족 안정성이 깨진다.
6단계	노년기	• 자녀 독립 및 부모 은퇴로 노부부만 남는 시기로, 사회적 역할 축소로 인한 상실의 최소화가 필요하다. • 은퇴로 인한 역할 상실감을 겪거나 부부가 24시간 함께 있으면서 여러 문제를 겪을 수 있다.

(5) 카터와 맥골드릭(Carter & McGoldrick)의 가족발달단계와 과업 14 15 16 17 18 19 20 21 22 23 기출

단 계	역할·과업(발달을 위해 필요한 가족지위의 이차적 변화)
결혼전기	• 자신에 대한 정서적·재정적 책임을 수용하고, 부모-자녀관계의 분리를 받아들이는 단계이다. • 원가족과의 관계로부터 분화하고, 친밀한 이성관계를 발전하며, 일과 재정적 독립 측면에서 자신을 확립하는 단계이다.
결혼 적응기	• 새로 부부가 되면서 요구되는 가장 주요한 세 가지 과업은 '부부간에 서로 만족할 수 있는 새로운 관계수립', '확대가족과의 관계 재조정', '부모기에 대한 결정'이다. • 자신과 배우자의 원가족 및 친구와의 관계를 재정비함으로써 부부체계를 형성하고 강화한다.
자녀아동기	• 부부는 자녀를 위한 물리적·심리적 공간을 제공하며, 자녀양육과 집안일에 협동해야 한다. • 부부관계와 부모자녀관계가 균형을 유지하고, 조부모가 역할을 맡을 수 있는 기회를 제공하는 것도 중요하다.
자녀청소년기	• 가족경계에 융통성을 발휘해야 하는 시기이다. • 자녀의 발달과 관심의 변화에 대응하여 부모의 역할도 변화해야 한다. • 자녀의 자립과 의존 욕구 간의 갈등이 여러 문제행동으로 드러날 수 있다. • 자녀의 정체성 확립과 독립심 제고를 위해 가족규칙과 역할에 대해 타협한다. • 자녀가 책임감을 가지도록 가족 조직과 구조를 변화시킨다. • 가족의 경계를 유연하게 설정하여 자녀가 가족체계에 자유롭게 출입할 수 있도록 한다. • 자녀가 청소년의 시기에 자신의 실존에 대한 근본적이고 궁극적인 질문을 던지게 되는데, 이 과정에서 가출, 학교생활 부적응문제 등을 초래할 수 있다. • 부부는 중년기로 접어들면서 자신들의 결혼과 향후 거취문제에 초점을 맞추며, 노인기로 접어든 조부모에 대한 보살핌도 준비해야 한다.
자녀독립기	• 자녀가 자율성을 확립하는 단계이다. • 자녀의 취업과 결혼에 대해 지도한다. • 가족구성원의 증감을 적극적으로 수용한다. • 배우자와의 관계에서 역할과 규칙을 새롭게 정비한다. • 학업과 직업 훈련 등을 통해 자녀가 독립할 수 있도록 도와준다. • 부부체계가 다시 2인군 관계로 축소되면서 황혼기에 접어들고, 부부관계가 재정립되는 시기이다. • 성장한 자녀와 부모와의 관계는 성인 대 성인의 관계로 발전되며, 사돈과 며느리, 사위, 손자녀가 포함되도록 관계가 재정비되는 단계이다. • 부모나 조부모의 무능력과 죽음에 대처해야 하는 단계이다.
노년기 (가족해체기)	• 신체적 노화 및 은퇴에 적응하는 단계이다. • 다음 세대가 중추적 역할을 하도록 자신의 지혜와 경험이 활용될 수 있는 여지를 마련한다. • 배우자, 형제, 친구의 죽음에 대처하면서 자신의 죽음을 대비하여 삶을 되돌아보고 통합·평가한다.

(6) 카터와 맥골드릭(Carter & McGoldrick)의 가족체계에서의 스트레스원 14 18 19 기출

수직적 스트레스원	• 가족의 태도, 기대, 가풍, 가족유산, 규칙 등 세대에 따라 전수되는 관계와 기능 양식을 포함한다. • 가족의미, 가족신화, 가족규칙 등이 여기에 해당한다.
수평적 스트레스원	• 발달적 요인과 외적 요인으로 나뉜다. • 발달적 요인은 시간의 흐름에 따라 가족생활주기에서 결혼, 출산과 같은 예측이 가능한 사건을 말한다. • 외적 요인은 비교적 예측할 수 없는 불의의 사망, 장애아의 출산, 질병, 가족원의 실직 등의 사건이다.

(7) 한국보건사회연구원의 가족생활주기

1단계	형성기(가족의 성립)	결혼~첫 자녀 출생 전
2단계	확대기	첫 자녀 출산~막내 자녀 출생 전
3단계	확대완료기	막내 자녀 출산~첫 자녀 결혼 전
4단계	축소기	첫 자녀 결혼 및 분가
5단계	축소완료기	막내 자녀 결혼 및 분가
6단계	해체기(가족의 소멸)	배우자 사망~본인 사망

(8) 이혼가족의 생활주기 19 기출

단계		바람직한 태도	발달상의 과제
이혼 결정		결혼관계의 유지를 위한 문제 해결 능력이 없음을 인정한다.	부부 모두에게 결혼 실패에 대한 책임이 있음을 인정하고 수용한다.
가족해체계획		체계의 모든 부분이 생존할 수 있도록 준비한다.	자녀양육권이나 방문, 경제문제 등에 대해 협력적으로 일하며 확대가족과 이혼문제를 다룬다.
별거		• 협조적인 공동부모관계를 지속하면서 아동에 대한 재정 원조를 함께한다. • 배우자에 대한 감정 해결을 위해 노력한다.	• 함께 살아온 가족성원의 상실을 슬퍼한다. • 부부관계와 부모자녀관계 및 재정문제를 재구조화하고 별거에 적응한다. • 본인 및 배우자의 확대가족과의 관계를 재조정하고 재정립한다.
이혼		물리적인 것뿐만 아니라 정서적인 이혼을 위해 더 노력하고, 상처와 분노, 죄의식 등의 감정을 극복한다.	• 전 배우자와 그의 가족들의 방문을 융통성 있게 허용한다. • 자신의 재원을 구축하고 사회적 관계망도 재구축한다.
이혼 후	자녀 양육자	• 재정적인 책임감을 유지한다. • 전 배우자와 부모로서 접촉한다. • 전 배우자의 자녀와 그 가족과의 접촉을 지원한다.	• 전 배우자와 그의 가족들의 방문을 융통성 있게 허용한다. • 자신의 재원을 구축하고 사회적 관계망도 재구축한다.
	자녀 비양육자	전 배우자와 부모로서 접촉을 유지하면서, 자녀에 대한 보호적인 부모관계를 유지한다.	• 자녀와의 관계를 효과적으로 지속할 수 있는 방법을 찾는다. • 전 배우자와 자녀에 대한 재정적인 책임감을 유지한다. • 자신의 사회적 관계망을 재구축한다.

(9) 재혼가족 생활주기(카터와 맥골드릭) [20] 기출

새로운 관계의 시작	결혼과 가족을 형성하기 위해 재헌신하며, 이를 위해서 복잡성·모호성 등을 다룰 준비를 한다.
새로운 결혼 생활과 가족에 대한 계획	• 새로운 관계에 대하여 개방적인 태도로 접근한다. • 두 개의 가족체계 내에서 겪는 두려움, 충성심에 대한 갈등, 멤버십을 다룬다. • 전 배우자와 협력적인 재정 및 공동부모관계를 유지하기 위한 계획을 수립하고, 새 배우자와 자녀를 포함한 가족의 관계를 재조정한다.
재혼과 가족의 구성	• 몇 개의 체계를 서로 혼합하기 위하여 하위체계를 통한 관계와 재정적인 조정을 재편성한다. • 가족의 통합을 증진하기 위해 추억과 역사를 공유한다.

04 가족상담 사정과 평가

(1) 가족평가의 정의
① 가족을 하나의 단위로 보고, 가족내부 및 외부체계, 이들 간 상호작용을 파악하기 위해 자료를 수집·분석하여 그 가족에 대한 개입을 계획하는 일련의 과정을 말하며, '가족사정'이라고도 한다.
② 가족평가 과정을 통해 내담자 가족문제의 본질과 가족체계의 구조·가족관계 유형·가족체계와 외부체계의 상호작용·문제해결을 위한 가족원의 자원·문제해결에 대한 가족의 동기에 대해 평가한다.
③ 가족평가의 목적(McPhatter)
  ㉠ 가족문제의 특성을 명료화한다.
  ㉡ 가족원들이 그들 문제를 어떻게 지각하는지를 이해한다.
  ㉢ 가족역동의 구조·기능성·영향을 정확히 파악한다.
④ 가족평가의 탐색 [16] 기출
  ㉠ 가족규칙 : 가족행동을 설정하는 관계상의 합의이다.
  ㉡ 경계선 : 정상가족은 분명하고 명료한 경계선을 가지며, 밀착된 가족은 애매한 경계선을 지닌다.
  ㉢ 가족신화 : 가족의 항상성을 유지하는 데 기여할 수 있다.
  ㉣ 부모화 : 부모된 아동은 자기 나이보다 책임감과 능력 등이 발달되는 경향이 있다.
  ㉤ 가족의례 : 삶의 과정을 통해 세대 및 가족 간의 연결고리를 제공한다.

(2) 상담단계별 가족사정
① 초기단계
  ㉠ 초기평가는 상담과정을 결정하는 기초단계이다.
  ㉡ 초기단계의 가족상담자는 가족구성원들과의 라포를 형성하도록 노력한다.
  ㉢ 다양한 상담계획과 기법을 수립하여 가족의 상호작용을 관찰한다.
  ㉣ 가족상담자는 목표를 설정하고 모든 가족의 참여를 격려하도록 한다.
  ㉤ 가족의 강점, 혼외관계 여부, 발달주기단계와 과업, 문제유지에 기여하는 가족의 역할 등을 평가한다.

② 중기단계
　㉠ 중기단계는 상담과정의 핵심으로, 가족상담자는 겉으로 드러나지 않는 간접적인 문제들을 명확하게 탐색한다.
　㉡ 중기단계의 가족구성원은 자신의 문제를 드러내는 것을 두려워하는 등의 저항적인 행동을 보이기도 한다.
　㉢ 가족상담자는 '왜'라는 질문에서 '어떻게'라는 질문을 이끌어 내도록 한다.
　㉣ 중기과정에서는 가족구조의 재조정, 새로운 가족규칙과 역할의 수용 등이 이루어져야 한다.
③ 종료단계
　㉠ 문제가 가족구성원 모두 동일한 수준까지 개선되기 어려우며, 가족구성원 중 일부가 상담과정을 지체하거나 방해하는 경우가 있다.
　㉡ 상담과정을 통해 문제를 함께 해결하고, 자신감을 회복하는 단계이다.
　㉢ 명확하고 숨김없는 대화방법이 발달하고, 갈등을 해결하는 방법을 습득한다.
　㉣ 상담자는 가족상담의 종결 전에 목표의 달성여부, 변화의 여부 등을 전반적으로 평가해야 하며, 추후 상담계획도 종료단계에서의 평가에 포함되어야 한다.

(3) 가족평가방법

① 개 요

구 분		자료유형	평가방법
주관적(질적) 가족평가방법	내부자	자기보고식 방법	면접(인터뷰)과 관찰, 동적가족화, 합동가족화, 가계도, 가족조각
	외부자	관찰자의 주관적 보고	
객관적(양적) 가족평가방법	내부자	행동에 대한 자기보고	PREPARE-ENRICH기법, 가족환경모델, BEAVERS(비버스)모델, 순환모델, McMaster(맥매스터)모델, 가족건강성 척도
	외부자	행동적 방법	

② 주관적(질적) 가족평가방법 15 19 기출
　㉠ 면접(인터뷰)과 관찰

가족과 라포 형성	언어적·비언어적인 기법을 통하여 라포를 형성함으로써 내담자가 자유롭게 자신의 어려움을 털어놓고 상담자로부터 기꺼이 도움을 받게 된다.
가족관계 정보수집	• 가족원 간 실제 상호작용을 관찰하는 것과 가족원 간 관계에 대해 질문하여 가족관계가 서로 어떻게 결합하여 가족체계를 구성하고 있는가를 탐색한다. • 관찰과 면접으로 가족 상호작용의 반복적 연쇄과정을 파악한 후 역기능적 연쇄과정을 수정할 수 있다.
가족관계의 진단	• 문제와 치료결과에서 기대하는 가족의 욕구를 이해한다. • 가족구성과 가족의 발달단계를 정리한다.

　㉡ 동적가족화(KFD) 16 17 19 기출
　　• 의의 : 가족이 뭔가 하고 있는 그림을 통해 가족집단의 역동관계를 파악하는 방법이다. 그린 사람의 문화적 배경이 그들 가족관계의 표현에 반영되기 쉽다는 점을 인식해야 한다.
　　• 동적가족화의 해석방법
　　　- 동적가족화가 의미하는 것을 찾는다.
　　　- 그림을 그리는 과정을 관찰한다.

- 그림을 그린 후, 면담과정에서 정보를 수집한다.
- 전체적인 맥락에서 그 흐름이나 본질을 잘 파악하여야 한다.
- 동적가족화에 나타난 인물의 대인관계·표현·활동을 파악하여야 한다.
- 동적가족화의 위치와 강조점을 파악하여야 한다.
- 상 징
  - 상징을 고려할 때 지나친 해석은 지양해야 하고, 전체의 맥락과 그림을 그린 사람에 관한 자료를 종합해서 활용해야 한다.
  - TV는 가족의 단란, 부엌은 어머니, 신문은 지적·정보에 대한 관심 등으로 해석한다.
- 인물의 특징으로 본 해석
  - 가족성원의 상대적인 크기 : 일반적으로 높이나 크기가 증가하면, 가족관계 또는 가족의 심리적 영향이 크다는 것을 의미한다.
  - 가족의 유사한 표현 : 의복·표정·방향과 같이 어떤 가족과 자신의 모습이 동일하다면, 그 가족에게 호감을 가지고 있거나 동일시의 욕구가 있다고 추론한다.

ⓒ 합동가족화 [17] [기출]
- 동적가족화와는 달리, 가족이 함께 작품을 만들어 가도록 하는 방법이다.
- 그림에 가족원의 감정 및 가족 간 상호작용을 반영하여 가족기능의 측정에 도움을 준다.
- 해 석
  - 정리 역할 : 누가 그림을 정리하는가?
  - 그리는 순서 : 누가 가장 먼저 또는 나중에 그리는가?
  - 크기 : 그려진 인물의 크기는 다른 것에 비해 상대적으로 누가 크거나, 작은가?
  - 특수한 내용이나 이상한 주제가 나타나는가?

ⓓ 가계도(Genogram) [14] [15] [16] [17] [22] [기출]
- 가계도를 이용하면 가족구성원의 성·연령 또는 병력과 가족 구조를 쉽게 파악할 수 있다.
- 가족구성원들 사이의 감정적인 관계가 표시되어 있으면, 그 가족의 역동적인 양상도 파악할 수 있다.
- 가계도를 통하여 세대 간 유사점과 차이점 등을 파악한다.

지식 IN

가족상담 평가방법 [17] [기출]

가족체계분화 척도	가족체계 내의 연결성과 분리성 정도를 측정
동적가족화	개인이 가진 가족이미지를 파악하고 가족전체의 상호작용을 알 수 있는 투사적 도구
합동가족화	그림에 가족원의 감정 및 가족 간 상호작용을 반영하여 가족기능의 측정에 도움
가계도	가족성원에 관한 정보와 그들 간의 관계가 도식으로 제시되어 세대 간에 반복되는 유형 측정
결혼적응척도	부부간의 일치성, 결합, 애정표현, 만족도 등 결혼생활의 질과 적응 정도를 측정
부모-자녀 간 의사소통척도	부모-자녀 간 의사소통의 기능 정도 파악

③ 객관적(양적) 가족평가방법 17 19 22 기출
　㉠ PREPARE-ENRICH기법 : 부부와 커플이 자신과 파트너 간 관계영역에 대해 배울 수 있도록 돕기 위해 개발되었다. 즉, 부부관계의 여러 가지 영역 가운데 이슈가 되는 중요한 영역에 초점을 맞추어 각 커플에게 적합한 맞춤식 치료를 가능하게 하는 것이다. 이 기법은 내담자로 하여금 관계의 강점에 초점을 맞추도록 요구하면서 미래지향적이고 긍정적으로 접근을 한다.
　㉡ 가족환경모델(FEM) : 1974년 무스(Moos) 등이 사회생태학적 관점에서 하나의 사회집단인 가족에 대해 그 기능을 측정하고자 하였다. 그 결과 가족의 기능에 관계된 90개 항목을 추출하여 요인 분석을 통해 10개 항목 군을 정하고 가족환경척도(FES ; Family Environment Scale)로 제작하였는데, 이것을 다시 '관계 차원·개인성장 차원·체계유지 차원'으로 구분하였다.
　㉢ BEAVERS모델(SFI)
　　• 비버스(Beavers)의 체계모델은 일반체계이론의 원리에 기초를 두고, 가족은 물론 개인을 포함하는 모든 생활체계는 혼란스러운 역기능적 체계에서 엄격한 통제지향적 체계로, 더 나아가 보다 자율적이고 융통성 있고 적응적인 체계 즉 역량이 있는 체계로 나아간다는 가정에 의존하고 있다.
　　• 가족 기능이 증상이나 유형보다도 우선한다는 가정하에, '유능성'과 '유형'이라는 두 가지 개념으로 가족 기능에 대한 개념적 지도를 구성했다.
　　　- '가족유능성'은 범주적인 유형이 아닌, 가족을 연속선으로 나타내는 무한적 개념으로 다음과 같이 구분된다.

가족구조	권력분포, 세대 간 경계와 같은 개념 포함
가족신화/신념	• 가족의 습관적이며, 근거 없는 왜곡된 사고방식 • 가족의 전반적인 이데올로기에 관한 것 • 가족구성원 개인 혹은 가족원 간의 관계에 대한 잘못된 기대와 공유된 믿음 • 가족구성원들이 의심 없이 공유하여, 현실 왜곡 혹은 현실 부정의 요소를 가지기도 함
목표지향적인 협상	유능한 가족은 효율적인 문제 해결을 이루는 반면, 역기능 가족은 위험을 통해 문제 해결
자율성	침투성, 책임감, 표현의 명확성을 포함
가족정서	가족정서에 관련된 이슈로, 정서, 분위기, 감정이입, 미해결된 갈등을 포함
전반적 가족 건강상태/병리상태	전반적인 가족 건강상태와 병리상태

　　　- 두 번째 차원은 '가족유형(Family Style)'이라 명명한 관계적 차원으로, 구심성 가족상호작용과 원심성 가족상호작용에 대한 개념이다. '구심성 가족'은 외부세계보다는 가족내부의 관계에서 만족감을 얻는 반면, '원심성 가족'은 가족내부에서 보다 외부세계에서 더 큰 만족감을 얻는다. 비버스(Beavers)에 따르면, 건강한 가족은 극단적으로 원심적이거나 구심적이지 않은 형태, 즉 균형적인 가족스타일을 가진다.

구심성 가족	• 스트레스를 겪을 때 내부로 향함 • 가족 내부의 관계가 가족 외부의 관계보다 우선순위 • 경계선 불분명, 혼란스러운 의사소통유형
원심성 가족	• 어려운 일이 생기면, 가족으로부터 멀어지고 외부로 향함 • 양육적인 가정환경을 볼 수 없음 • 가족성원 간에 애정이 거의 없음 • 개인적인 필요를 충족하기 위해 가족 외부로 향함

• 비버스(Beavers)는 가족역량(유능성)요인과 가족유형요인을 활용하여, 가족기능 및 역기능의 정도에 따라 크게 4가지 가족체계유형으로 분류하였다.

건강한 가족	• 최적의 가족과 적절한 가족유형이 이에 속한다. • 이 가족유형은 적절하게 기능하며, 가족구성원은 심리적 스트레스를 거의 겪지 않는다.
중간범위 가족	• 가족역량차원에서는 중간수준에 속하는 가족이다. • 가족양식의 수준에 따라 중간범위의 구심성 가족, 중간범위의 원심성 가족, 중간범위의 혼합가족의 세 유형이 이에 속한다. • 이 가족유형 자녀들은 가벼운 행동장애와 신경증적인 증세를 보인다.
경계선상의 가족	• 가족양식에 따라 경계선상의 구심성 가족과 경계선상의 원심성 가족으로 분류된다. • 경계선상의 가족은 가족 내에서 안정되고 통제지향적인 상호작용을 확립하는데, 중간범위의 가족들보다 효과적이지 못하여 가족구성원은 자신과 다른 사람의 행동에 대한 의식이나 통찰이 거의 없다. • 이 가족유형의 자녀들은 불안정한 성격혼란을 겪거나 강박관념 또는 식욕부진 등의 문제가 나타날 수 있다.
심하게 혼란스러운 가족	• 가족역량 차원에서 가장 낮은 수준의 가족이다. • 가족양식 수준에 따라 심하게 혼란스러운 구심성 가족과 심하게 혼란스러운 원심성 가족이 이 유형에 속한다. • 가족구성원들은 관심을 공유할 수 없어 결국 갈등해결이 불가능하게 된다. • 이 가족유형의 자녀들은 가끔 조현병이나 반사회적 성격이 나타날 수 있다.

지식 IN

신경성 식욕부진증 가족의 특성 16 기출
• 갈등해결을 통한 안정이 아니라, 갈등을 회피함으로써 체계의 안정을 유지하려고 노력한다.
• 가족이 망처럼 서로 강하게 연결되어 있어서 가족들이 서로에게 과도하게 관심을 가지는 데서 비롯된다. 즉, 신경성 식욕부진증 가족에서는 경계가 미분화되어 분명하지 않다.
• 평온해 보이는 가족 이면에 심각한 긴장감이 존재하며, 부모의 갈등에 끼인 자녀는 문제를 해결하고자 증상을 강화한다.
• 가족 간 친숙한 상호교류 패턴에 고착되어 있어서, 변화의 필요성조차 부인해버리는 경우가 있다.

ⓔ 순환모델(FACES, Circumplex Model) 14 17 19 21 22 23 24 기출
• 가족이 어떻게 기능하는가를 연구하는 가장 중요한 모델 중의 하나이며, '복합구조모델'이라고도 한다. 이것은 가족체계이론에 기초하여 가족의 유형을 규명하는 독창적 접근방법이다.
• 가족체계이론을 바탕으로 가족기능에 관한 개념을 분석하여 귀납적으로 발전시킨 모델이다.
• 순환모델을 바탕으로 개발된 평가도구는 FACES와 CRS가 있다.
• 올슨(Olson) 등은 가족기능을 설명하는 것으로 가족응집성, 가족적응성, 의사소통을 제시하였다.

응집성	• 가족원이 가족 내에 다른 체계 또는 성원들과 분리 또는 결속되어 있는 정도와 서로에 대해 느끼는 정서적 유대감을 말하는 것으로서, 가족성원 간의 상호의존적 관계를 설명하고 있다. • 가족원 간의 정서유대, 가족의 외부환경, 하위체계들의 경계·연합이 이루어지는 정도와 대상, 가족의 공동시간과 개인의 사적시간의 허용 정도, 가족의 공동공간과 개인의 사적 공간의 허용 정도, 친구의 인정, 의사결정 유형, 가족과 개인의 취미 및 활동 보장 정도로 측정된다. • 결속정도에 따라 과잉분리, 분리, 연결, 밀착으로 분류된다. • 응집성이 지나치게 높은 밀착상태에서는 가족성원의 지나친 동일시로 가족성원 간의 유대감이 너무 높고, 개인의 자율성은 제한을 받는다. • 응집성이 낮은 과잉분리상태에서는 가족성원 간의 유대감은 낮고, 자율성은 높아진다. • 적절한 응집성을 가진 가족이 가족 간의 애착정도와 개인의 자율성의 균형을 이루면서 효율적으로 가족 기능을 수행하고, 개인의 정서적 발달을 촉진한다.
적응성	• 상황적으로 또는 발달관계상 일어날 수 있는 스트레스에 반응하여 가족체계의 권력·역할·규칙을 변화시킬 수 있는 능력으로, 가족원들이 가족체계를 변화시킬 수 있는 능력이다. • 가족원들이 자신의 의견을 주장하는 유형, 리더십, 부모의 양육태도, 가족의 협상 스타일, 역할관계의 융통성을 고려하여 경직·구조적·융통적·혼돈의 4수준으로 분류된다.
의사소통	• 가족 상호간의 응집력과 적응력을 원활하도록 하는 촉진영역으로 보고, 순환모델에 직접 포함하지는 않았다. • 가족응집성과 적응성을 통합하여 순환모델을 제안하였다.

• 가족체계 연구 시에 정상가족을 대상으로 할 때에는 16개 유형으로 자세히 분류하여 논하기 어려우므로, '가족응집성과 적응성의 점수'에 따라 '극단가족·중간범위가족·균형가족'의 3종류의 가족체계로 나누어 체계유형을 연구하거나, 'FACES Ⅲ의 점수'에 따라 '극단가족·중간범위가족·약간 균형적인 가족·균형가족'의 4종류로 가족체계를 나누어 연구할 수도 있다.

지식 IN

가족상담 사정도구 14 기출

• 사 례

> 甲가족상담사는 행동문제로 의뢰된 중학생 乙을 상담하다가 가족기능의 사정이나 평가가 필요하게 되었다. 甲은 특히 乙을 포함한 전체 가족 내에서의 정서적 유대관계와 변화를 허용하는 정도에 대해 알고 싶었다.

• 적합한 가족상담 사정도구 : FACES(복합구조모델)
 – 가족이 어떻게 기능하는가를 설명하는 연구방법이 적절하다.
 – 복합구조모델은 가족체계이론에 기초하여 가족의 유형을 규명하는 독창적 접근방법으로 가족응집성, 가족적응성, 의사소통을 알아보기 위해 적용하는 기법이다.

   ⓜ McMaster모델(FAD) 21 24 기출
    • 캐나다의 맥매스터 대학 정신과에 재직하던 엡스타인(Epstein) 등에 의해 개발되었다.
    • 가족기능을 평가하고 진단하는 데 뛰어난 개념적 준거들을 제공하고 있으며, 가족기능을 문제해결, 의사소통, 역할, 정서적 반응성, 정서적 관여, 행동통제, 가족의 일반적 기능 등 7가지 측면에서 파악하였다.

문제해결	가족이 효과적으로 기능하는 데 요구되는 문제해결능력이 있는가?
의사소통	효과적인 가족기능을 위해 의사소통이 모호하고 위장되어 있기보다는 생활을 하기 위해서 수행해야 하는 특수한 행동들이 잘 분담되고 있는가?
가족의 역할	가족구성원들이 매일의 일상생활을 하기 위해서 수행해야 하는 특수한 행동들이 잘 분담되고 있는가?
정서적 반응성	가족이 주어진 자극에 따라 적절한 내용과 적절한 양의 감정으로 반응할 수 있는 능력이 있는가?
정서적 관여	가족 전체가 각 개인의 관심사, 활동, 가치관에 얼마나 관심을 보이는가?
행동통제	가족구성원들의 행동을 다스릴 규범과 기준들을 가지는가?
가족의 일반적 기능	위의 6개 영역과 밀접한 관련성을 가지면서 가족기능의 전체적 능력을 보여주는가?

- 평가

장점	• 포괄적인 가족기능 사정의 척도가 된다. • 문항이 간결하며 이해하기 쉽고, 초점이 단순하게 잘 맞추어져 있다. • 문항지가 응답하기 쉽게 만들어져 있다.
단점	• 신뢰도와 타당도에 대한 더 많은 연구가 필요하다. • 임상가족과 비임상가족을 판별해 낼 수 있으나, 표본수가 너무 작다. • 점수화와 해석에 대한 매뉴얼이 없다.

ⓑ 가족건강성 척도

가족건강성 척도는 구조화된 자기보고식 질문지이다. 국내의 가족건강성 혹은 기능성에 대한 연구의 대부분에는 올슨(Olson)의 FACES Ⅲ가 가장 많이 활용되고 있으나, 서구 문화권의 특수성을 담고 있어 한국가족을 평가하는 데 부적절하다는 논란도 제기되고 있다.

(4) 가족상담 실제 14 기출

① 가족상담의 실제 19 20 24 기출

㉠ 가족상담 첫 회기에 전체 가족이 참여하는 것을 권장하나, 최근에는 상담자가 판단하여 문제에 따라 참가하는 가족원과 시기를 융통성 있게 정하는 추세이다.

㉡ 상담자는 적절한 시점에서 잡담의 종료를 알리며, 면담을 진행하는 것이 바람직하다.

㉢ 한 사람이 다른 가족원 대신 말하는 경우가 있으므로, 다른 가족원을 대신해서 이야기해서는 안 된다는 규칙을 만들어 놓는 것이 효과적이다.

㉣ 모든 가족원이 동시에 말하는 경우 상담자가 특정 가족원을 지정해서 질문할 수 있다.

㉤ 상담실에서 싸움이 발생할 가능성이 높은 경우나 가족원이 따로 상담을 받기 원하는 경우 등에는 가족원을 따로 만나는 것이 좋다.

㉥ 다른 가족원을 비난하는 경우 자신의 감정과 생각을 감정반사적이지 않게 표현하도록 한다. 즉 상담자는 비난을 제지하는 말을 하거나 손이나 팔을 흔드는 행동을 통해 비난하는 상호작용을 즉시 멈추게 하고 어떤 가족원을 비난하는 사람에게 건설적인 방법으로 자신의 감정과 생각을 다시 이야기하도록 개입하고 의사소통과정에서 공격적 행동이 왜 해로운 것인지 설명해준다.

㉦ 가족상담 종결 후, 추후상담을 할 때는 전화, 편지, 메일 등을 통해서도 가능하다.

> **지식 IN**
>
> **가족의사소통을 위한 가족상담자의 효과적인 개입** 16 19 기출
> - 여러 가족원이 동시에 말하는 경우 : 특정 가족구성원을 지정하여 질문한다.
> - 아무도 말하지 않는 경우 : 가족 상호작용이 원만하지 않기 때문인지 자신의 생각이나 감정을 억압하기 때문인지 원인을 파악한다.
> - 다른 가족원을 비난하는 경우 : 자신의 감정과 생각을 감정반사적이지 않게 표현하도록 지도한다.
> - 다른 가족원 대신 말하는 경우 : 가족원이 모두 상담대상자이므로 다른 사람이 대신하여 말해주지 않는다.
> - 가족원들이 상담자에게만 말하는 경우 : 가족 간의 상호작용이 중요하므로 가족끼리 서로 직접 표현하게 한다.

② 가족상담 시 체계론적 조망을 위한 질문 15 기출
  ㉠ 가족의 외적인 모습에서 무엇을 파악할 수 있는가?
  ㉡ 가족구성원들이 서로 얼마나 멀리 앉아 있고, 누가 누구 옆에 앉아있는가?
  ㉢ 가족에게서 파악될 수 있는 인지적 기능이 무엇인가?
  ㉣ 가족구성원들이 얼마나 명확하고 솔직하게 의사소통을 하는가?
  ㉤ 의사소통 패턴이 서로 주고받는 패턴인가? 일방적인가?
  ㉥ 반복적이고 비생산적인 의사소통 방식을 발견하는가?
  ㉦ 특별한 행동 후에 어떤 방법으로 부모가 자녀들을 꾸짖고 칭찬하는가?
  ㉧ 가족 내의 기본적인 감정상태는 무엇이며, 누가 그 감정을 전하는가?
  ㉨ 개인의 어떠한 역할이 가족의 저항을 강화시키며, 가장 강력한 가족의 방어기제는 무엇인가?
  ㉩ 어떤 하위체계가 이 가족에게 작용하고 있는가?
  ㉪ 누가 가족 내에서 권력을 행사하는가?
  ㉫ 가족구성원들이 서로 어떻게 분화되어 있으며, 하위집단 경계들은 어떠한가?
  ㉬ 가족은 가족생활주기 단계 중 어떤 단계를 경험하고 있으며, 문제해결방법이 그 단계에서 적절한가?

CHAPTER 03 청소년 가족-부모상담

중요도 ★★★

핵심포인트
청소년 가족상담의 목표 및 특징, 청소년 가족상담 시 상담사의 자세, 청소년 자녀가 있는 가족상담에서 상담자의 개입, 청소년 문제유형별 가족상담(가족폭력, 인터넷 중독, 자살 등), 청소년 가족-부모상담 사례

01 청소년 가족의 이해와 변화를 위한 개입전략

(1) 청소년 가족상담의 방법 19 기출
① 상담 초기에는 수용적 자세로 가족원들이 상담에 대해 편안하게 느끼고 마음을 열 수 있도록 하며, 청소년 자녀와 부모를 각각 분리해서 개별상담을 진행하는 것이 좋다.
② 개인 및 가족성원에 내재되어 있는 문제점과 가족 내에서 역할관계를 파악해야 한다. 이때 가족 내 학대나 폭력 문제가 있는지도 확인한다.
③ 개별상담을 통해 청소년 자녀나 부모는 중요한 정보를 말할 기회를 갖게 되며, 상담자는 가족관계에 내재된 역동을 파악하고 사례선정의 적절성 여부를 판단할 수 있다.

(2) 청소년 가족상담의 목표 및 특징 16 기출
① 자녀가 정체성을 확립하고 독립심을 키우도록 한다.
② 부모에 대한 애착과 분리가 적절하게 이루어지도록 한다.
③ 부모 자녀 간 경계선에 융통성을 증가시키도록 한다.
④ 자녀가 자유와 책임의 균형을 유지하도록 조정한다.
⑤ 부모의 부부관계, 확대가족의 관계, 가족환경의 문제 등 전반적인 가족문제를 다룬다.

(3) 청소년 가족상담 시 상담사의 자세 15 19 기출
① 가족들이 그동안 표현하지 못했던 감정을 솔직하게 표현할 수 있도록 격려하면서, 청소년 자녀의 행동에 대한 느낌을 주고받도록 돕는다.
② 부모와 청소년 자녀 간의 갈등을 악화시킬 수 있는 상호작용을 확인한다.
③ 반항하는 자녀의 문제는 가족 전체의 문제임을 인식시킨다.
④ 부모 중 한쪽의 불안이 자녀에게 투사되어 다른 한쪽의 부모와 자녀 간에 갈등이 있는지를 확인한다.
⑤ 부모로 하여금 자녀 앞에서 상대방의 결정을 비판하게 하면 갈등만 깊어질 수 있으므로 삼가야 한다.

(4) 청소년 자녀가 있는 가족상담에서 상담자의 개입 16 20 기출

① 청소년기 자녀가 있는 가족상담이므로, 상담자는 청소년 또래의 집단행동에 초점을 맞추어야 한다.
② 청소년기 자녀는 부모와의 의사소통, 애정, 신뢰를 지속하면서 부모와의 분화된 관계를 추구하도록 상담한다.
③ 청소년들의 가장 큰 고민이 진로문제이므로 가족문제와 함께 잘 해결되도록 도와주어야 한다.
④ 청소년기는 자녀와 부모의 갈등이 많은 시기이므로 반드시 상담자는 이런 문제를 다루어 주어야 한다.
⑤ 자녀가 자유롭게 할 수 있는 것과 스스로 책임져야 하는 것을 구별할 수 있도록 한다.
⑥ 비행청소년의 가족상담에서는 또래의 특성 및 놀이문화, 학교생활, 지지체계 및 생태환경 등도 파악해야 한다.

(5) 청소년 자녀-부모상담 시 유의할 점

① 부모가 자녀에게 모든 책임을 전가하지 않는지 유의해야 한다.
② 청소년 내담자가 자신들이 사용하는 일상어로 자연스럽게 의견을 표현할 수 있게 한다.
③ 상담회기를 진행할 때 청소년 자녀가 먼저 이야기하게 하는 대화방법을 사용하는 것이 좋다.
④ 상담자가 성인이라는 점이 청소년에게 불리하게 작용할 수 있으므로, 상담자는 자신의 자녀나 젊은 시절 자신을 연상시키는 것과 같은 역전이가 일어나지 않도록 유의한다.
⑤ 부모와 자녀 사이는 이미 힘의 불균형이 내재하는 권위와 위계로 구성된 관계임을 인식한다.

02 청소년 문제 유형별 가족상담(폭력, 중독, 자살 등)

(1) 가정폭력에 대한 가족상담

① 폭력의 유형

합법적·표현적 폭력	긴장과 분노를 완화하는 카타르시스적 작용을 하며, 가벼운 공격행위로 분노를 해소하는 것이다.
비합법적·표현적 폭력	상대방에게 과도한 고통이나 상처를 주는 심각한 형태의 폭력으로, 가정폭력의 대부분이 이에 속하며 유기, 학대, 살인으로까지 이어져 사회문제가 되고 있다.
합법적·수단적 폭력	가정 내에서 흔히 볼 수 있는 유형으로, 부모의 체벌 등 바람직한 행동을 유도하기 위해 나타난다.
비합법적·수단적 폭력	초기에는 선의의 의도로 행해진 폭력행위라 할지라도 지나치면 권력남용으로 이어질 수 있는 폭력이다.

② 가정폭력 상담의 실제 16 기출

㉠ 표현적 폭력의 경우 상보성을 띠며 피해자와 가해자의 역할이 정해져 있는 것은 아니다.
㉡ 지속적인 폭력의 경우에는 개인 내적인 문제뿐만 아니라 가족의 역동도 이해하고 개입해야 한다.
㉢ 상담과정에서 부부간 폭력이 드러난 경우 자녀에 대한 폭력 여부를 확인해야 한다.
㉣ 폭력으로 인한 아동기 우울증은 성인기 이후의 적응까지 장기적으로 영향을 미친다.
㉤ 가정폭력 가해자는 상담자나 권위적 대상과의 관계에서 어려움을 겪을 수 있다.

③ 가정 내에서 폭력문제를 보이는 청소년 가족에 대한 이해 및 개입 [19] [기출]
  ㉠ 폭력의 대상은 가족 내에서 자신보다 힘이 약한 사람이다.
  ㉡ 어머니에 대해 의존과 폭력이라는 양면적인 태도를 보인다.
  ㉢ 폭력을 청소년 개인의 병리가 아닌 가족체계의 병리로 간주하여 개입한다.
  ㉣ 가정 내 폭력행위 외에 도벽, 약물의존, 범죄행위와 같은 것을 행하는 경우는 거의 없다.
  ㉤ 가족들이 폭력문제를 보이는 청소년의 눈치를 보며 맞춰주면 오히려 공격성을 자극할 수 있음을 주지시킨다.

④ 부모 간 폭력 가정 청소년 자녀의 심리적 어려움 [23] [기출]
  ㉠ 심한 수치심을 느끼고 자존감 형성에 부정적 영향을 받는다.
  ㉡ 폭력, 가출, 비행, 자살시도 등 심각한 부적응 행동을 표출할 가능성이 높아진다.
  ㉢ 폭력을 행하는 부모뿐 아니라 폭력을 제지할 수 없는 자신의 무력함에도 분노를 느낀다.
  ㉣ 언제 폭력이 발생할지, 자신이 폭력을 촉발시키지 않을지 불안해하고 두려움을 느낀다.

(2) 인터넷 중독에 대한 가족상담 [20] [기출]
① 인터넷 중독의 요인 파악 : 유희성, 익명성, 쌍방향성, 개방성, 호기심 등
② 문제의 원인 및 현재 상태 탐색
  ㉠ 인터넷 중독 증상 및 진단 준거를 설명하여 내담자의 행동에 문제가 있음을 인지시킨다.
  ㉡ 인터넷의 과도한 사용으로 인한 불규칙한 생활의 변화 등을 확인시킨다.
③ 개인적인 대처방안
  ㉠ 인터넷 이용행태를 중심으로 한 생활일지를 작성한다.
  ㉡ 인터넷 사용시간을 계획・실천한다.
  ㉢ 스스로 자신의 상황을 객관적으로 되돌아보고, 중독의 원인을 자각하고 극복한다.
  ㉣ 부정적 정서를 조절하며, 인터넷 외의 취미, 운동 등을 가진다.
  ㉤ 자신의 문제를 솔직하게 표현하고 필요할 경우 전문가의 도움을 받는다.
④ 가족상담을 통한 대처방안
  ㉠ 환경적인 변화 : 컴퓨터를 가족들이 많이 모이는 장소(예 거실 등)로 옮기기
  ㉡ 일정한 장소에서 시간을 정하여 하도록 하기
  ㉢ 인터넷 사용을 생각나게 하는 단서 없애기
  ㉣ 여가시간을 가족이 함께하기(예 취미, 운동, TV시청 등)

(3) 자살에 대한 가족상담
① 특 징
  ㉠ 외부자극 변화에 민감하여 충동적으로 일어나기 쉽고 다분히 감정적인 경향이 있다.
  ㉡ 사소한 일에도 쉽게 충격을 받아 단순하게 자살하는 경향이 있으며 모방 자살이 많다.
  ㉢ 자신의 심적 고통을 외부에 알리고자 하는 제스처형이나 호소형 자살이 많다.
  ㉣ 가정의 불화를 자신의 탓으로 생각하는 죄책감으로 인한 자살도 많다.
  ㉤ 성적 및 학교생활과 관련된 문제로 인한 자살이 많으며, 친구와의 동일시로 인한 집단자살이 많다.
  ㉥ 여학생들이 남학생보다 자살시도율이 더 높다.

② 문제의 원인 및 현재 상태 탐색
  ㉠ 죽음의 이유에 대해서 진지하게 의논하며 자살 서약서 등을 작성한다.
  ㉡ 자살과 관련된 사항(자살계획, 이전 자살시도 경험, 술이나 약물남용 여부 확인 등)을 구체적으로 파악한다.
  ㉢ 정서적 고통과 무희망감에 대해 탐색하여 그 원인에 대한 통찰을 할 수 있도록 격려한다.
  ㉣ 자살 생각을 일으키는 개인적 사건이나 선행사건을 살펴본다.
③ 일반적인 대처방안
  ㉠ 감정에 옳고 그름 평가하지 않기 : 자신이 이해받지 못한다는 느낌을 갖게 될 수 있다.
  ㉡ 자살에 대해 논쟁하지 않기 : 자신의 어려움이 거부당했다는 느낌을 받을 수 있다.
  ㉢ 모든 것이 잘 될 것이라는 비현실적 기대를 하지 않기 : 단순한 해결책으로 해결되지 않으면 또다시 절망할 수 있다.
  ㉣ 비밀을 지켜주겠다고 약속하기 않기 : 가까운 친구나 가족에게 알리는 것이 도움이 된다.
④ 가족상담을 통한 대처방안
  ㉠ 부모와 가족관계에 있어서 가정 학대 및 상실에 대한 치유 기회를 제공한다.
  ㉡ 부모와 자녀 간 효과적인 의사소통 및 다양한 소통의 기술 습득을 통해 자녀의 적응행동을 강화한다.
  ㉢ 자녀에게 친사회적이고 건설적인 활동을 하도록 격려하는 긍정적 활동을 유도한다.
  ㉣ 부모 혹은 양육자에게 적극적으로 개입하여 청소년의 자살위험에 대한 이해를 돕고, 청소년이 자살위기를 극복하는 데 적극 지원할 수 있도록 상담 및 약물치료 등에 대한 이해를 돕는 과정이 필요하다.

03 청소년 가족-부모상담 사례

(1) 가정생활 16 20 22 기출

① 사례 1
  ㉠ 사례 내용

  > 甲(초6)은 스스로 자신을 비하하는 말을 자주 하고, 열등감이 심하고 친구와의 관계에서도 많이 위축되어 있다. 甲은 부모님이 자신을 싫어하고 여동생만 예뻐한다는 얘기를 하며 동생과 자주 싸운다. 어머니는 甲이 동생이 없어졌으면 좋겠다는 말에 충격을 받고, 밖에서는 자신감 없고 사회성이 떨어지는 모습에 불안하고 염려가 되어 상담을 신청하였다.

  ㉡ 가족상담 개입
  • 가족조각 : 甲이 지각하고 있는 가족관계와 상호작용패턴을 확인할 수 있다.
  • 빙산작업 : 甲의 외부로 나타나는 문제행동 저변에 깔려 있는 감정과 욕구를 탐색하고 이해한다.
  • 동적가족화 : 甲이 지각하고 있는 가족들의 태도, 감정, 행동을 확인할 수 있다.
  • 가계도 탐색 : 어머니가 경험하고 있는 불안의 원인을 탐색하기 위해 원가족에서의 관계 경험을 살펴본다.

② 사례 2
   ㉠ 사례 내용

   > 최근 사회적 거리두기로 가족과 함께 있는 시간이 많아지면서 작은 아들 지훈(초4)이가 더욱 의기소침해지고 죽고 싶다는 이야기를 자주 하는 문제로 가족이 상담을 받으러 왔다. 아빠는 지훈이와 사이가 좋으나 집에 없을 때가 많으며, 자녀에 대한 통제가 심한 엄마도 맞벌이로 바쁘고, 활달하고 고집이 센 형(고1)은 성적과 학습태도 문제로 엄마와 자주 싸운다.

   ㉡ 가족상담 개입
   - 엄마와 형과의 갈등에 끼어있는 삼각관계를 해체시킨다.
   - 가족조각 작업을 통해 지훈이가 다른 가족원에게 느끼는 정서를 탐색한다.
   - 아빠와의 관계는 원만하므로 아빠의 협조하에 관계를 밀착시켜 지훈이의 가족적응력을 키우는 것이 바람직하다.

③ 사례 3
   ㉠ 사례 내용

   > 힙합에 빠져있는 은서(여, 중3)는 이 문제로 부모님과 많은 갈등을 겪고 있다. 딸의 행동을 이해하지 못하는 아빠는 딸을 그렇게 키운 게 엄마라며 두 사람을 비난한다. 엄마는 딸이 안쓰럽긴 하지만 자신이 할 수 있는 것이 없다고 생각한다.

   ㉡ 가족상담 개입
   - 이야기치료모델에 따라 가족 갈등의 외재화 방법을 이용한다.
   - 경험적 모델에 따라 가족구성원의 의사소통 유형을 분석한다.
   - 다세대모델에 따라 부모와 자녀 간 정서적 삼각관계를 파악한다.
   - 해결중심 단기모델에 따라 문제가 해결된 상황에 대한 기적질문을 한다.

④ 사례 4
   ㉠ 사례 내용

   > 영훈이(15세)는 집에서 거의 말하지 않고 자기 방에서만 지낸다. 부모가 반복적으로 대화를 시도하려 하나, 대답하지 않거나 큰소리로 화를 내기도 한다. 부모는 신혼 초부터 갈등이 심했는데 부부싸움을 한 후 어머니는 막내인 영훈에게 자주 하소연하였으며, 아버지는 밖에 나가 밤늦게 돌아오곤 하였다.

   ㉡ 가족상담 개입
   - 빙산기법을 활용하여 가족구성원 개인의 내적 경험 이해를 시도한다.
   - 가족의 정서적 역동과 패턴을 살펴보기 위해 가계도를 활용한다.
   - 부모-자녀 하위체계의 기능이 적절한지 확인한다.
   - 부적절하고 역기능적인 가족 위계구조를 살핀다.

(2) 학교생활 16 23 24 기출

① 사례 1

ㄱ. 사례 내용

> 甲(고2)은 학교생활 문제로 상담을 받게 되었다. 상담자는 상담과정에서 甲의 가족이 모두 소통단절 상태임을 알고 가족상담을 제안하였다. 어머니는 자신을 비난하는 아버지와 싸울 때마다 甲에게 빨리 들어오라고 전화를 하며, 대학에 낙방하면 미래가 없다고 甲에게 잔소리를 자주 한다. 도움을 주었던 형은 대학생이 되면서 바빠져 甲은 점점 더 외로운 느낌이 들고, 컴퓨터 게임에만 빠져들게 되었다.

ㄴ. 가족상담 개입

- 부모님의 갈등에 甲이 끼어들게 되는 삼각관계를 해체시킨다.
- 자신이 비난당하면 甲에게 밀착하는 어머니는 분리시키고, 도움을 주었던 형은 밀착시켜 甲이 가족적응력을 키울 수 있게 해야 한다.
- 가족조각을 활용하여 甲이 다른 가족구성원에게 느끼는 내적 정서상태를 탐색한다.
- 어머니의 주장이 甲을 짓누르는 지배적 이야기가 될 수 있음을 인식시킨다.
- 가족들의 의사소통을 점검하여 일치형의 의사소통을 하도록 돕는다.

② 사례 2

ㄱ. 사례 내용

> Y(13세, 여)는 수업시간에 집중하지 못하고 수업을 방해하며 교우관계에 어려움을 보여 상담에 의뢰되었다. 부모님은 자주 부부싸움을 하는데, 어머니는 남편과 갈등이 있을 때마다 Y에게 남편을 비난했고, Y의 학업에 대해 집착하는 모습을 보였다. 아버지는 딸의 문제가 아내의 과보호와 부적절한 양육 태도 때문이라고 비난하였다.

ㄴ. 가족상담 개입

- 가족 내 학대나 폭력 문제가 있는지 확인한다.
- Y가 상담에 자발적으로 참여하였는지 확인한다.
- 가족들에게 상담 참여의 필요성과 과정을 설명한다.
- 가족상담에 참여한 모두가 동등하게 이야기하고 상호수용 가능한 의사결정을 내릴 수 있도록 힘의 균형을 유지한다.

③ 사례 3

ㄱ. 사례 내용

> A(고2)는 지각과 결석이 잦아지고 성적도 조금씩 떨어졌다. 또한 친구들과 어울리면서 음주와 흡연을 하는 등 문제 행동을 하였고 자해의 흔적도 발견되어 상담에 의뢰되었다.

ㄴ. 가족상담 개입

- 학교 폭력과 가정폭력이 있었는지 확인한다.
- 가족조각을 활용하여 가족원 간의 의사소통 체계를 탐색한다.
- 자해의 강도, 빈도 등을 확인하고 생명존중서약을 받는다.

- 지각과 결석 등 문제가 생길 무렵 가족 내 발생한 문제가 있었는지 확인한다.
- 가족성원에 내재되어 있는 문제점과 가족 내 역할관계를 파악해야 한다.

(3) 선택적 함묵증 16 기출

① 사 례

> 甲(초4)은 2년 전부터 말이 없더니, 최근에 가족 이외에는 말을 하지 않는 선택적 함묵증을 보이고 있다. 아버지는 회사일로 바빠서 양육에는 거의 관여하지 않고, 어머니는 매사에 깔끔하고 정리정돈을 잘하며 가끔씩 욱하는 성격을 보일 때가 있다. 4개월 전 아버지가 전근을 가면서 이사를 하게 되었고, 2년 전에 甲을 예뻐해 주시던 친할머니가 돌아가셨다. 7살 차이 나는 형은 甲이 태어나면서 시샘을 많이 해, 어릴 때 형에 비해 甲이 방치되는 경우가 많았다. 형은 쾌활하고 산만하고 반항적이어서 자주 혼나며, 이에 비해 甲은 귀염둥이 역할을 하면서 모범적인 행동을 하여 부모를 기쁘게 하고 있다.

② 가족상담 사례개념화
㉠ 甲의 증상은 갑작스러운 환경 변화에 기인할 수 있다.
㉡ 甲은 말을 하지 않음으로써 부모의 관심을 끌 수 있다.
㉢ 甲의 증상은 부모의 일관되지 못한 양육태도에 기인할 수 있다.
㉣ 친조모 상실감에 대한 애도가 충분히 이루어지지 않은 것으로 보인다.
㉤ 형과 甲은 나이 차가 있지만, 형과 부모와의 애정에 경쟁관계가 있고, 위계질서는 나타나 있지 않다.

(4) 스마트폰 중독

① 사 례 17 기출

> - 甲(IP, 여, 중1) : 스마트폰을 손에서 놓지 못하고, 길을 갈 때도 이어폰을 꽂고 스마트폰에서 눈을 떼지 않아 몇 차례 사고를 당할 뻔하였다.
> - 乙(남동생, 초5) : 새 학년이 되면서 스마트폰을 사달라고 부모에게 계속 조르고 있다.
> - 丙(아빠, 45세) : 딸을 볼 때마다 화를 내고, 말대꾸하는 딸에게 손찌검을 하기도 한다.
> - 丁(엄마, 41세) : 딸 때문에 속상하지만 가족이 화목해질 것이라고 믿고 있다.

② 가족상담 개입
㉠ 부모하위체계를 강화한다.
㉡ 스마트폰 사용에 대한 가족규칙의 타당성을 검토한다.
㉢ 甲이 스마트폰을 사용하지 않을 때를 찾아본다.
㉣ 자녀훈육방식에 대한 다세대 전수과정을 살펴본다.
㉤ 문제의 원인을 찾지 않고 가족이 적용해왔던 또는 적용 가능한 해결책 등에 초점을 맞춰본다.

(5) 가정폭력 이혼 및 피해 16 22 기출

① 사 례

> 상담자는 가정폭력 피해를 입은 甲(여, 중2)의 동의를 얻고 비슷한 경험을 겪은 두 여학생을 초대하여 상담과정을 지켜보게 하였다. 상담 중반에 상담자는 甲이 지켜보는 앞에서 이 두 여학생에게 甲으로부터 받은 좋은 인상을 이야기하도록 하였다. 상담자는 다시 甲에게 두 여학생이 말하는 것을 듣고 자신에 대해 어떻게 생각하게 되었는가를 질문하였다. 이러한 과정을 통해 甲은 자신을 긍정적으로 받아들일 수 있게 되었다.

② 가족상담 개입
  ㉠ 甲의 긍정적 정체성을 강화시킨다.
  ㉡ 두 여학생을 외부증인으로 활용한다.
  ㉢ 甲의 지배적 이야기를 해체시키고자 한다.
  ㉣ 甲에게 대안적 이야기를 구축할 수 있도록 한다.
  ㉤ 甲이 새로운 이야기의 형성을 통해 기존에 정체된 자신의 의미를 지우고, 스스로를 긍정적으로 받아들일 수 있게 한다.

(6) 부모의 이혼 및 재혼 16 22 기출

① 사례 1
  ㉠ 사례내용

> 甲(고1)은 부모의 이혼으로 외할머니와 살고 있었는데, 최근 아버지가 재혼하면서 재혼가정에 합류하게 되었다.

  ㉡ 가족상담 개입
  • 甲에게 친어머니에 대한 충성심 갈등을 다룰 수 있도록 돕는다.
  • 새로운 가족체계에 대한 두려움을 수용해 준다.
  • 가족경계선을 재구조화시키도록 돕는다.
  • 친어머니와 함께 사는 가족이 정상이라는 생각에 집착하지 않도록 돕는다.
  • 새로운 가족에 적응하도록 외할머니와 협력관계를 유지하기 위한 방법 모색이 필요하다.

② 사례 2
  ㉠ 사례 내용

> 은수(15세)는 최근 등교 거부 및 아버지에게 대들고 반항하는 문제로 상담을 하게 되었다. 은수는 부모의 이혼으로 8세부터 친할머니와 살았는데, 중학생이 되자 아버지와 합가하였다. 친할머니는 3개월 전 돌아가셨고, 어머니의 재혼 이후 어머니와는 자주 만나지 못한다.

  ㉡ 가족상담 개입
  • 은수의 부모에 대한 분열된 충성심을 다룰 수 있도록 돕는다.
  • 아버지와 친밀감을 올릴 수 있는 작업을 모색한다.
  • 친할머니의 상실에 대해 애도작업을 하도록 한다.
  • 어머니와의 정서적 단절 이슈에 대한 작업을 한다.

> **지식 IN**
>
> **이혼한 부모의 자녀양육에 관한 가족상담자의 조언** 15 19 기출
> - 화가 나서 폭행을 할 것 같으면 타임아웃(Time-Out)을 활용하게 한다.
> - 부모가 자녀에게 일관된 규칙을 가지고 대하도록 한다.
> - 보이지 않는 충성심 때문에 다른 부모를 속이는 일이 일어나지 않게 한다.
> - 관심 받고 싶은 자녀의 욕구를 살피도록 조언한다.
> - 가족경계선을 재구조화하도록 돕는다.
> - 자녀가 새로운 가족체계에 대한 두려움을 가질 수 있음을 설명한다.
> - 자녀가 부모 중 누구 편을 들어야 할지 갈등할 수 있음을 설명한다.

(7) 틱 증상 17 기출

① 사 례

> 틱 증상이 있는 甲(남, 중1)의 부모는 甲이 어렸을 때부터 서로에 대한 불만으로 자주 다투었다. 1년 전 부부가 맞벌이를 시작하면서 외할머니가 甲을 돌봐주게 되었고, 외할머니의 잦은 불평과 잔소리로 인해 甲의 틱 증상은 더욱 심해졌다. 담임선생님은 甲의 부모에게 부모상담을 제안하고 청소년상담사에게 의뢰하였다.

② 가족상담 개입

상담자는 구조적 모델을 이용하여 틱 증상의 완화를 위해 부부하위체계가 강화되도록 재정비한다.

(8) 자해 및 가족갈등 19 기출

① 사례 1

㉠ 사례내용

> 甲(여, 고1)은 친구들과 잘 어울리지 못하고 학교 성적도 좋지 않은 것에 대해 비관하던 중, 최근에는 부모와의 대화도 거부하고 자해를 시도하였다.

㉡ 적절한 상담기법 : 경험적 모델
- 희망적인 은유기법을 사용하여 甲의 자아존중감이나 체면을 손상시키지 않도록 한다.
- 빙산탐색을 적용하여 甲의 숨겨진 내면 속의 문제점도 함께 이해하도록 한다.

② 사례 2

㉠ 사례내용

> 고등학교 1학년 학생인 지영이는 최근 공부하기 싫고, 학교에 가기 싫다고 하며 잦은 지각과 조퇴를 하여 담임선생님을 통해 상담에 의뢰되었다. 상담하는 과정에서 손목에 자해 흔적을 발견했다. 부모님과도 갈등이 심하고, 중학교 때까지 도움을 주던 언니가 다른 지역의 대학으로 진학하면서 점점 더 고립되었음을 인지하게 된 상담자는 가족상담을 제안하였다.

ⓒ 가족상담 개입
- 학교 폭력이 있었는지 확인한다.
- 자해의 강도, 빈도, 방법을 확인하고 생명존중서약을 받는다.
- 학교에 가기 싫다고 할 무렵 가족 내에 발생한 문제가 있었는지 확인한다.
- 가족조각을 활용하여 해당 학생이 다른 가족구성원에게 느끼는 내적 정서 상태를 탐색한다.
- 학교 및 학급 차원에서 도움을 주기 위해서 해당 학생이 정상적으로 학교생활에 적응할 수 있도록, 낙인찍지 않고 지속적인 관심과 신뢰를 보이며 배려하여 정서적 지지를 제공하는 것이 중요하다.

(9) 학업부진 17 기출

① 사례

> 甲(고1)은 학업 부진으로 인한 부모와의 갈등으로 가족상담을 받게 되었다. 부모님은 "공부를 잘해야 좋은 대학에 가고 출세를 할 수 있는데, 甲은 성적이 나빠서 큰일이다"라고 말했다. 상담자는 부모님의 그런 생각이 어디에서 왔는지 질문하고, 그 외의 성공 방식은 없는지에 대하여 생각해 보자고 하였다. 甲에게는 나쁜 성적에 대해 어떻게 느끼는지 묻고, 지금까지 성적이 좋았던 적은 없었는지 질문하였다.

② 가족상담 개입
  ㉠ 부모님은 '문제로 가득 찬 이야기'를 제시하고 있다.
  ㉡ 상담자는 부모님이 따르는 지배담론의 해체를 시도하고 있다.
  ㉢ 상담자의 개입방식은 사회구성주의의 영향을 받은 것이다.
  ㉣ 상담자는 문제를 표면화(객관화·구체화)하는 상담기법을 쓰고 있다.
  ㉤ 상담자는 甲에게 문제의 영향력을 평가하게 하고 독특한 결과를 탐색하도록 이끌고 있다.

(10) 기타 상담기법에 따른 사례

① 관계성 질문 17 기출

  ㉠ 사례

> - "돌아가신 아버지가 이 자리에 계신다면, 은지가 어떻게 행동하기를 바라실 것 같니?"
> - "현수야, 형이 여기 있다고 하자. 그 문제가 해결되면 무엇이 달라지겠냐고 묻는다면, 형은 뭐라고 할까?"

  ㉡ 상담기법에 따른 개입
  중요한 타인의 입장에서 자신을 바라보게 해서 이전에는 느끼지 못한 해결상태를 파악해 보게 하는 질문이다.

② 생태도 17 22 기출
  ㉠ 사 례

  > 상담을 청한 丙씨 부부에게는 가끔 왕래하는 출가한 딸이 있고, 부부가 매주 방문하는 부모님이 계신다. 丙씨 부부는 맞벌이 부부이며 취미 동호회에 열심히 참여하고 있으나, 최근 주택문제로 구청과 갈등 중에 있고 그 일로 부부간 불화를 겪고 있다. 가족상담자는 가족 내·외의 관계와 자원의 흐름을 감안하여 가족을 평가하고 싶다.

  ㉡ 상담기법에 따른 개입
  - 가족의 외부 환경과의 관계에서 발생하는 역동성 등을 하나의 그림으로 나타낸 것이다.
  - 가족 및 가족생활공간을 공유하는 사람, 주변 환경, 자원 등과의 연계성 등을 하나의 그림으로 그려 나타낸다.

③ 다양성 존중 17 기출
  ㉠ 사 례

  > - 불교 신자인 甲상담자는 독실한 기독교 신자 가족을 상담하기로 하였다.
  > - 이성애자인 乙상담자는 어머니의 의뢰에 따라 동성애 성향을 밝힌 고등학생 아들을 만나기로 하였다.

  ㉡ 상담기법에 따른 개입
  내담자의 다양성을 존중하기 위해서 상담자는 모든 인간의 기본적인 권리, 존엄성, 가치 등을 존중하며, 연령이나 성별, 인종, 종교, 성적인 선호, 장애 등을 이유로 내담자를 차별하지 않는다.

> **지식 IN**
>
> **고된 체험 기법** 16 기출
> - 사 례
>
>   > 甲(남, 중1)의 어머니는 집안을 어지르는 문제로 甲의 상담을 의뢰했다. 상담자는 甲에게 집안을 어지르는 경우가 발생하면 소설을 30장씩 베껴 쓰는 과제를 내주겠다고 했고, 甲은 이를 수락했다. 그 후 甲은 집안을 어지르면 과제를 수행해야 했고, 그 과제가 힘들게 느껴졌던 甲은 집안을 어지르지 않게 되었다.
>
> - 가족상담의 개입
>   고된 체험 기법이란 甲에게는 이득이 되지만 행동으로 실천하기에는 다소 어려운 행동을 증상이 있는 시기에 해보도록 하는 것이다.

03 적중예상문제

❖ 완벽하게 이해된 부분에 체크하세요.

CHAPTER 01 ▸ 가족상담의 기초

01 가족상담의 특징에 관한 설명으로 옳은 것은?

① 가족구성원의 경험과 상호작용을 존중하면서 상담을 진행한다.
② 문제나 증상을 가지고 있는 가족구성원만이 상담대상이 된다.
③ 가족구성원 각각을 별개의 독립된 존재로 본다.
④ 개인을 대상으로 상담을 하면 가족상담이라고 보기 어렵다.
⑤ 가족구성원을 수동적 존재로 본다.

② 문제나 증상을 가지고 있는 가족구성원만 대상이 되거나 가족 전원을 대상으로 하는 것이 아니며, 현재의 문제와 관련된 상호작용 양상을 바꾸는 데 꼭 필요한 가족원을 대상으로 한다.
③ 가족상담이란 가족을 별개의 독립된 존재가 아닌 하나의 체계로 보며, 그 체계 속에 있는 한 개인의 상호교류 양상에 개입함으로써 개인의 증상이나 행동에 변화를 가져오도록 하는 접근방법이다.
④ 개인을 대상으로 가족상담을 진행하는 경우 개인상담과 유사하지만, 가족체계의 일부로 개인을 이해하고 개인의 변화를 통한 가족체계의 변화를 목표로 한다는 점에서 개인상담과는 다르다.
⑤ 가족구성원을 능동적으로 선택할 수 있는 존재로 보고, 상담자가 전문적인 위치에서 상담과정을 지시하기보다 구성원의 경험세계와 구성원 가족의 상호작용을 존중하면서 상담을 진행한다.

02 개인상담과 비교했을 때 가족상담의 특성으로 옳은 것은?

① 변증법적 논리로 접근한다.
② 직선적 인과론에 기반한다.
③ 문제를 환원적으로 이해한다.
④ 인간을 결정론적 존재로 본다.
⑤ 개인의 내적·심리적 요소를 상담 대상으로 한다.

개인상담과 가족상담의 비교

구 분	개인상담(개인심리학의 틀)	가족상담(체계론적 가족상담의 틀)
세계관	• 기계론적 세계관 • 우주는 기본적 물질구성체로 만들어진 거대한 우주기계와 같다. • 이분법적 세계관	• 유기체론적 세계관 • 우주는 상호 관련된 체계의 망으로 본질적으로 상호교류하며 역동적이다.
인간관	결정론적 · 반응적 존재	선택의 자유 · 능동적 존재
기본가정	• 개인주의적 · 환원주의적 • 직선적 인과론 • 주체 · 객체의 이원론 • 이분법적(Either ~ or) • 객관주의적 인식론 • 법칙, 외재적 실재 • 문제의 원인, 'Why' • 역사에 초점	• 관계적 · 맥락적 • 순환적 인과론 • 전체성, 상호의존적 전일성 • 변증법적(Both ~ and) • 주관주의적 인식론 • 패턴, 체계 • 내용, 사실, 'What' • 현재 상황(Now Here)
상담의 대상	개인의 내적 · 심리적 요소를 상담 대상으로 한다.	상담 대상은 가족성원의 관계 및 기능이 된다.
상담의 목표	상담을 통하여 내담자가 문제의 원인에 대한 통찰력을 갖도록 돕는다.	가족성원과 가족기능상의 변화를 목표로 한다.
상담자의 역할	상담자가 문제의 진단자 및 해결자의 역할을 한다.	상담자는 조정자 · 안내자 · 조력자의 역할을, 가족성원은 문제 해결자의 역할을 한다.

03 가족상담의 개념에 관한 설명으로 옳은 것은?

① 부부불균형(Marital Skew) - 리즈(T. Lidz)가 소개하였으며, 부부가 서로 역할을 교환할 수 없고 목표를 공유하거나 보완할 수 없는 상황
② 이중구속(Double Bind) - 윈(L. Wynne)이 소개하였으며, 가족구성원들이 겉으로 거리를 두거나 적대적인 방식으로 상호작용하는 상황
③ 고무울타리(Rubber Fence) - 가족원 개인의 정체성을 찾으려는 시도가 무시되고, 가족이 함께해야 한다는 믿음으로 가족의 경계를 확장해 가는 상황
④ 거짓적대성(Pseudo-Hostility) - 베이트슨이 소개한 개념으로, 언어적 메시지와 비언어적 메시지가 서로 일치하지 않음으로써 어떠한 메시지에 반응해도 적절한 반응이 될 수 없는 상황
⑤ 부부균열(Marital Schism) - 부부 중 한 사람은 지속적으로 약하고, 다른 한 사람은 강한 위치에 있는 상황

① 부부불균형(Marital Skew) : 부부 중 한 사람은 지속적으로 약하고, 다른 한 사람은 강한 위치에 있는 상황
② 이중구속(Double Bind) : 베이트슨이 소개한 개념으로, 언어적 메시지와 비언어적 메시지가 서로 일치하지 않음으로써 어떠한 메시지에 반응해도 적절한 반응이 될 수 없는 상황
④ 거짓적대성(Pseudo-Hostility) : 윈(L. Wynne)이 소개하였으며, 가족구성원들이 겉으로 거리를 두거나 적대적인 방식으로 상호작용하는 상황
⑤ 부부균열(Marital Schism) : 리즈(T. Lidz)가 소개하였으며, 부부가 서로 역할을 교환할 수 없고 목표를 공유하거나 보완할 수 없는 상황

정답 01 ① 02 ① 03 ③

04 가족상담 초기단계에 상담자의 과업으로 옳지 않은 것은?

① 가족의 상호작용 과정을 탐색한다.
② 상담 과정을 설명하고 구조화한다.
③ 구체적인 문제와 시도했던 해결책을 점검한다.
④ 궁금한 점에 대해 질문할 수 있도록 격려한다.
⑤ 해석을 통해 내담자가 문제의 원인을 통찰하도록 돕는다.

⑤ 상담 중기단계에 해당한다. 가족상담 중기단계에서는 상담자는 상담목표를 달성하기 위해 가족이 감당할 수 있는 범위 내에서 가장 효과적이라고 판단되는 치료기법을 활용한다.

05 다음 중 가족상담이 필요한 경우에 해당하는 것은?

ㄱ. 자녀의 정서·행동적 문제 및 학교 부적응 등이 있는 경우
ㄴ. 정신병적 폭력, 지각장애와 사고장애를 보이는 정신병이 있는 경우
ㄷ. 가족원 간의 의사소통에 문제가 있는 경우
ㄹ. 가족의 방어기제가 완강할 경우

① ㄱ, ㄷ
② ㄴ, ㄷ
③ ㄴ, ㄹ
④ ㄱ, ㄴ, ㄷ
⑤ ㄱ, ㄴ, ㄷ, ㄹ

가족상담이 필요한 경우
- 자녀의 정서·행동적 문제 및 학교 부적응 등이 있는 경우
- 우울증이나 불안 등 정서장애가 있는 경우
- 성적인 문제가 있는 경우
- 결혼생활 및 가정생활에 불만이 있는 경우
- 가족의 죽음, 이별, 질병, 실직 등의 위기극복이 필요한 경우
- 가족원 간의 의사소통에 문제가 있는 경우

06 가족상담의 체계론적 사고에 관한 설명으로 옳지 않은 것은?

① 개인이 변화해도 가족체계를 변화시킬 수는 없다.
② 절대적으로 옳고 그른 상황이 있다고 보지 않는다.
③ 모든 현상이 상호 연관되어있고 상호 의존하는 것으로 본다.
④ 내담자를 능동적으로 선택할 수 있는 존재로 보고 존중한다.
⑤ 가족구성원 모두를 고려할 뿐만 아니라 각자의 내적 경험도 고려한다.

가족상담에서 '전체로서의 가족'이 주목되어야 하는 이유는 가족이 상호의존하고 영향을 주고받는 체계적 특성을 갖고 있기 때문이다. 따라서 가족구성원들의 행동은 상호보완적이므로 개인의 변화는 가족체계의 변화를 초래한다.

07 일반체계이론에 관한 설명으로 옳은 것을 모두 고른 것은?

> ㄱ. 정적(Positive) 피드백은 항상성의 개념과 동일하다.
> ㄴ. 체계의 행동을 설명하기 위해 순환적 인과관계를 가정한다.
> ㄷ. 사이버네틱스(Cybernetics)와 동일한 관점과 세계관을 기초로 발전되었다.
> ㄹ. 체계의 요소들은 개별적으로 존재하므로 독립적으로 이해할 수 있다.

① ㄱ, ㄴ
② ㄱ, ㄹ
③ ㄴ, ㄷ
④ ㄱ, ㄴ, ㄷ
⑤ ㄴ, ㄷ, ㄹ

ㄱ. 정적 피드백은 체계의 안정적인 상태를 거부하고 변화시키려는 방향으로의 피드백이다. 반면 항상성은 끊임없는 변화와 운동의 과정에서 균형을 회복하려는 경향을 말하며, 항상성 상태에서 체계의 구조는 크게 달라지지 않는다.
ㄹ. 체계의 모든 조직체는 유기적으로 존재하며, 인간은 사회의 일부분이라고 본다.

08 가족상담 초기단계에서 상담자의 역할에 관한 설명으로 옳은 것은?

① 문제에 대한 연장자의 관점을 탐색한다.
② 각 구성원의 목표를 참고로 상담자가 목표를 설정한다.
③ 가족구성원 중 먼저 오는 사람 편에서 동맹관계를 맺는다.
④ 가족의 상호교류방식보다는 상담자와의 개인적 라포를 중시한다.
⑤ 가족구성원 개인에게 공감하여 편안한 마음을 갖도록 한다.

① 문제에 대한 각 가족구성원 관점을 탐색한다.
② 각 구성원의 목표를 탐색하고 합의된 목표를 설정한다.
③ 상담자는 모든 가족원과 치료적 동맹관계를 형성한다.
④ 가족의 상호교류방식을 존중하고 치료적 관계를 형성한다.

정답 04 ⑤ 05 ① 06 ① 07 ③ 08 ⑤

09 가족상담 중기단계에서 특징적으로 나타나는 상담자의 역할로 옳은 것은?

① 상담의 구조화
② 가족구성원들의 저항 극복
③ 가족 내에서 변화단서 찾기
④ 필요한 변화에 대한 평가
⑤ 가족 상호작용패턴 탐색

가족상담 단계별 상담자의 역할

단계	역할
초기	• 고지된 동의절차 실시 • 단기목표와 장기목표로 구분 • 가족구성원들의 저항 극복 • 가족에 합류하기 • 상담의 구조화 • 가족 상호작용패턴 탐색 • 호소문제 탐색 및 명료화 • 치료적 관계를 형성하여 전문가로서의 신뢰구축
중기	• 주변의 가족원 참여 • 가족원들을 적절하게 연결 • 계약과 교환관계 향상 • 가족체계 내의 특정 변화 강조 • 가족원의 새로운 행동 강화 • 변화가능성에 대해 낙관적 태도 유지 • 가족을 적절한 외부체계와 연결 • 과정에 초점두기 • 적절한 때에 유머 사용 • 가족 내에서 변화단서 찾기
종기	• 장기목표에 대한 토론 • 종결에 대한 오리엔테이션 • 요약 • 추수상담 • 필요한 변화에 대한 평가

10 가족상담 과정에서 종결에 관한 설명으로 옳지 않은 것은?

① 가족 간 의사표현이 명료하고 갈등 협상 능력이 생긴 경우 종결하는 것이 바람직하다.
② 가족의 규칙과 구조가 합리적이고 유연하게 변화된 경우 종결을 고려할 수 있다.
③ 상담자의 노력에도 불구하고 상담의 효과가 없다고 판단하였을 때는 종결을 고려할 수 있다.
④ 가족과 합의된 상담 목표가 달성된 경우 종결할 수 있다.
⑤ 종결에 대한 가족의 욕구보다 지속에 대한 상담자의 의지가 존중되어야 한다.

상담을 종결하는 데 있어서 우선적으로 내담자의 관점과 요구가 고려되어야 하므로, 가족구성원들이 종결하고자 하는 경우에는 그에 따라야 한다.

상담을 종결하는 지표
- 상담 초기에 설정한 목표가 달성되었을 경우
- 최초에 설정한 목표를 충분히 달성하지는 못했지만, 상담이 더 이상 필요하지 않다고 판단될 정도로 가족 기능에 변화가 있는 경우
- 가족 간 의사표현이 명료하고 갈등 협상 능력이 생긴 경우
- 외부에서 자원이 더 이상 필요하지 않다고 판단되는 경우
- 상담자가 여러 가지 노력을 했는데도 상담효과가 없다고 판단했을 경우
- 가족이 상담에 대한 동기를 상실했을 경우

11 가족체계이론에 관한 설명으로 옳지 않은 것은?

① 가족원 각각의 개인적 특성보다 상호연결성과 관계에 더 초점을 둔다.
② 부적(Negative) 피드백이 정적(Positive) 피드백보다 더 바람직하다.
③ 가족체계는 가족원 개개인의 특성을 합한 것 그 이상이다.
④ 가족원들은 개체로서 작용하며 일정한 속성을 가지고 상호작용한다.
⑤ 가족체계가 건강하게 기능하기 위해서는 개방성과 폐쇄성 간의 적절한 균형을 이루어야 한다.

가족체계는 끊임없는 피드백 과정에 의해 안정성이 유지되기도 하고 변화되기도 한다. 때문에 부적 피드백과 정적 피드백 모두 필요하므로 어느 것이 더 바람직하다고는 할 수 없다.
- 부적 피드백 : 체계가 변화나 이탈을 거부하고 안정성을 유지하는 방향으로의 피드백이다.
- 정적 피드백 : 체계의 안정적인 상태를 거부하고 체계를 변화시키려는 방향으로의 피드백이다.

12 개방체계와 폐쇄체계에 관한 설명으로 옳은 내용을 모두 고른 것은?

ㄱ. 개방체계와 폐쇄체계는 경계에 의해 결정된다.
ㄴ. 개방체계에서는 많은 양의 정보가 필요하지 않다.
ㄷ. 극단적인 개방체계나 폐쇄체계는 건강한 체계가 아니다.
ㄹ. 폐쇄체계는 환경과 상호작용하면서 엔트로피를 지연시킨다.

① ㄱ, ㄷ
② ㄴ, ㄹ
③ ㄱ, ㄴ, ㄷ
④ ㄴ, ㄷ, ㄹ
⑤ ㄱ, ㄴ, ㄷ, ㄹ

ㄴ. 개방체계는 정보를 환경으로부터 받아들이고 산출하여 환경으로 보내기 때문에 많은 양의 정보가 필요하다.
ㄹ. 폐쇄체계는 환경과 교환이 없고 자신의 경계 안에 머무르는 반면에, 개방체계는 환경과 상호작용하면서 엔트로피를 지연시킨다.

13 가족상담 윤리에 관한 내용으로 옳지 않은 것은?

① 내담자가 스스로 의사결정을 할 권리를 존중한다.
② 인종, 성별, 출신국가 등에 관계없이 내담자를 공정하게 대우해야 한다.
③ 상담자는 내담자와 사적인 친밀관계, 성적관계, 동업자관계 등을 피해야 한다.
④ 비밀보장은 상담관계를 유지하는 데 기본이 되는 원칙이기 때문에 예외 없이 지켜져야 한다.
⑤ 상담을 시작하기 전에 내담자에게 자신의 권리와 책임에 대해 충분히 설명한 후 동의를 구해야 한다.

비밀보장은 상담관계를 유지하는 데 기본이 되는 원칙이지만 비밀보장의 한계가 존재한다.
비밀보장의 권리가 제한되는 경우
- 미성년자인 내담 청소년이 신체적·정신적 성적학대를 받은 사실을 알게 되었을 때
- 내담 청소년이 자기 자신이나 타인에 대하여 해를 가하려는 상황이 임박했을 때
- 청소년의 부모나 보호자의 요청이 있을 때
- 법원의 요구가 있을 때
- 내담 청소년의 범죄사실이 드러났을 때
- 내담 청소년이 법정감염병에 감염된 사실이 드러났을 때

14 다음에서 설명하는 가족상담 윤리를 나타내는 개념으로 옳은 것은?

> 상담자는 내담자의 연령, 성별, 인종, 종교, 성적 선호, 장애 등을 이유로 내담자를 차별하지 않으며, 상담자의 사회문화적 배경이나 가치관이 내담자에게 영향을 미치지 않도록 한다.

① 다양성 존중 ② 고지된 동의
③ 이중관계 금지 ④ 자기결정권 존중
⑤ 비밀보장

② 고지된 동의 : 치료를 시작하기 전 내담자로 하여금 자신의 권리와 책임에 대해 충분히 이해한 상태에서 치료에 동의하도록 하는 절차를 말한다.
③ 이중관계 금지 : 이중관계는 상담치료자들이 내담자에게 두 가지 혹은 그 이상의 역할을 동시에, 연속해서 수행할 때 발생한다. 따라서 상담자는 객관성과 전문적인 판단에 영향을 미칠 수 있는 다중관계는 피해야 한다.
④ 자기결정권 존중 : 자기결정권이란 인간이 가지고 있는, 자신의 운명을 결정할 수 있는 무조건적 권리로, 치료자는 내담자가 책임 있는 결정을 내릴 수 있도록 도와야 한다.
⑤ 비밀보장 : 내담자의 동의 없이는 상담의 기록을 제3자나 기관에 공개하지 않아야 한다는 것으로, 상담을 시작하기 전 비밀유지에 대한 입장을 표명함으로써, 내담자가 개인적 비밀을 털어놓을 수 있는 신뢰감 형성이 가장 중요하다.

15 가족상담에서 사전동의 과정에 관한 설명으로 옳지 않은 것은?

① 가족상담의 목적과 내용을 설명한다.
② 가족상담의 위험을 최소화할 책임이 상담자에게도 있음을 이야기한다.
③ 예정된 상담의 횟수와 간격, 상담시간, 누가 참석할 것인가, 상담비용 등에 대해 설명한다.
④ 긍정적 결과에 대해 희망을 갖도록 설명한다.
⑤ 개인의 목표가 가족의 목표보다 우선시된다는 것을 알린다.

> 가족상담에서는 개인이나 그의 문제보다 가족의 관계나 관계에서 발생되는 문제에 초점을 두므로 사전에 이를 분명히 한다.

16 부부상담에 관한 옳은 설명을 모두 고른 것은?

> ㄱ. 원가족이나 가족구성원이 부부를 위하여 제시하는 상담목표는 고려하지 않는다.
> ㄴ. 자녀의 발달단계에 따라서 부부관계가 어떻게 진전되었는지 탐색한다.
> ㄷ. 가계도를 통하여 관계 내력을 진단하고 평가한다.
> ㄹ. 문제해결을 위해 부부가 변화하는 방향으로 목표를 설정한다.
> ㅁ. 부부간 합의에 의한 종결이 불가능할 수도 있다.

① ㄱ, ㄴ
② ㄱ, ㄷ, ㄹ
③ ㄴ, ㄷ, ㄹ
④ ㄴ, ㄷ, ㄹ, ㅁ
⑤ ㄱ, ㄴ, ㄷ, ㄹ, ㅁ

> ㄱ. 부부 상담은 상담 과정을 통해 문제점의 원인 및 증상의 발생과정을 이해할 수 있게 되고, 문제해결을 위해 부부가 변화하는 방향으로 목표를 설정한다. 또한, 부부상담에 원가족이나 가족구성원이 제시하는 내용도 고려하여 상담하여야 한다.

17 한국의 문화적 특성을 고려한 가족상담에 관한 설명으로 옳지 않은 것은?

① 한국 가족문화에 적합한 가족상담모델을 개발한다.
② 핵가족에게 영향을 미치는 확대가족과의 상호작용을 고려한다.
③ 서구 이론적 관점의 기준보다 한국의 가족 현실에 기반을 둔 진단 및 사정도구를 개발한다.
④ 한국의 전통적인 가족문제 해결방식과 현대 가족상담과의 접목을 시도한다.
⑤ 전통적 성역할 고정관념과 가부장적 가치관이 부부 상호작용과 가족 기능에 미치는 영향을 무시한다.

우리나라는 외국에 비해 높은 수준의 성역할 고정관념과 가부장적 태도를 가지고 있다. 젊은 층과 여성의 경우에는 전통적인 가치관이 약화되어가고 있지만, 아직도 상당수의 남성들은 전통적 성역할 고정관념과 가부장적 가치관을 가지고 있기 때문에 부부 상호작용이나 가족의 기능에 많은 영향을 끼친다.

CHAPTER 02 　 가족상담의 이론과 실제

01 초기 가족상담모델에 관한 설명으로 옳은 내용을 모두 고른 것은?

ㄱ. 일반체계이론, 사이버네틱스(Cybernetics) 등이 도입되었다.
ㄴ. 베이트슨(Bateson)이 우울증 환자 가족의 의사소통을 연구하면서 이중구속(Double-Bind) 가설을 발표하였다.
ㄷ. 거짓으로라도 가족구성원 간에 친밀한 모습을 보여야 한다는 거짓상호성(Pseudo-Mutuality) 개념이 소개되었다.
ㄹ. 이야기치료, 해결중심 가족상담 등을 체계론적 가족치료라고 부른다.
ㅁ. 부부가 서로 역할을 교환할 수 없다는 부부불균형(Marital Skew) 개념이 소개되었다.

① ㄱ, ㄷ　　　　　　　　　　② ㄴ, ㅁ
③ ㄱ, ㄷ, ㄹ　　　　　　　　 ④ ㄷ, ㄹ, ㅁ
⑤ ㄱ, ㄴ, ㄷ, ㅁ

ㄴ. 이중구속 이론은 베이트슨(Bateson) 연구진이 조현병(정신분열증) 환자 가족들의 의사소통에 관한 프로젝트 수행 결과를 학술지에 발표하면서 처음 소개되었다.
ㄹ. 체계론적 가족치료는 초기 가족상담모델에 해당하고, 이야기치료와 해결중심 가족상담은 후기 가족상담모델에 해당한다.
ㅁ. 리츠(T. Lidz)는 부부균열과 부부불균형의 개념을 제시하였는데, 부부가 서로 역할을 교환할 수 없고 목표를 공유하거나 보완할 수 없는 것은 부부균열에 대한 설명에 해당한다.

02 후기 가족상담의 이론적 기초에 관한 설명으로 옳은 것은?

① 상담자와 내담자 간의 위계적인 질서를 강조하였다.
② 블랙박스모델로서 체계와 환경과의 상호작용에 초점을 두었다.
③ 관계윤리, 가족출납부, 보이지 않는 충성심 등이 주요 개념을 형성하였다.
④ 2차 사이버네틱스의 발전이 후기 가족상담이 탄생하게 된 배경이 되었다.
⑤ 가족의 기능·역기능을 사정하기 위한 개념 개발과 특정 치료적 기법의 습득을 중시하였다.

> ①·②·③·⑤ 초기 가족상담에 관한 설명이다.
> 후기 가족상담은 2차 사이버네틱스와 체계론적 관점을 기초로 발전되었다. 후기 가족상담은 상담자의 '알지 못한다(Not Knowing)'는 자세를 강조하며, 상담자와 내담자의 관계는 평등하다고 본다.

03 다음의 상황에서의 상담 개입을 설명하는 개념으로 옳은 것은?

> • 남편 : 우리 부부는 항상 싸우게 되는 것이 문제예요.
> • 부인 : 맞아요. 늘 싸우게 되더라구요.
> • 상담사 : 그렇다면 두 분이 매일 일정한 시간 계속 싸워보도록 하시지요.

① 증상처방　　　　　　　　　② 가장기법
③ 의식처방　　　　　　　　　④ 억제기법
⑤ 은유적 과제

> 증상처방은 의사소통 가족상담기법으로 '역설적 명령' 혹은 '치료적 이중구속'이라고 한다. 내담자에게 문제행동을 계속 유지하라고 지시함으로써, 그의 통제 밖에 있었던 문제행동을 그의 통제권 안으로 끌어들이고, 문제행동을 포기해야만 벗어날 수 있는 치료적 역설상황을 만드는 것이다.

04 밀란(Milan) 모델에 관한 설명으로 옳은 것을 모두 고른 것은?

ㄱ. 순환질문 같은 언어기반 접근들을 많이 사용한다.
ㄴ. 가족의 상호작용 패턴을 가족게임(Family Game)으로 보았다.
ㄷ. 장단기치료(Long-Brief Therapy) 모델로 상담이 1년에 한 번씩 진행되기도 한다.
ㄹ. 긍정적 의미부여(Positive Connotation)는 가족의 문제행동을 재구성하는 기법이다.

① ㄴ, ㄷ
② ㄱ, ㄴ, ㄹ
③ ㄱ, ㄷ, ㄹ
④ ㄴ, ㄷ, ㄹ
⑤ ㄱ, ㄴ, ㄷ, ㄹ

ㄷ. 가족의 문제 해결을 위해 약 1년여의 기간 동안 한 달에 한 번씩 진행되는 장기간 단기치료(Long-Brief Therapy)를 진행하기도 한다.

05 가족상담모델과 주요 기법이 옳게 연결된 내용을 모두 고른 것은?

ㄱ. 이야기치료 - 재진술, 외재화
ㄴ. 구조적 가족상담 - 모방, 경계선 만들기
ㄷ. 다세대 가족상담 - 탈삼각화, 정서적 단절
ㄹ. 전략적 가족상담 - 역설적 개입, 불변 처방

① ㄱ, ㄴ
② ㄷ, ㄹ
③ ㄱ, ㄴ, ㄹ
④ ㄴ, ㄷ, ㄹ
⑤ ㄱ, ㄴ, ㄷ, ㄹ

ㄷ. 보웬(Bowen)의 다세대 가족치료기법 중 '탈삼각화'란 가족 내에 형성되어 있는 삼각관계에서 벗어나 가족원의 자아분화를 향상하는 방법이다. 그러나 '정서적 단절'은 한 개인과 자신의 원가족 간의 미분화와 그것과 관련된 정서적 긴장을 설명한 것으로, 극심한 정서적 분리의 양상을 의미하는 다세대 가족상담의 주요 개념이며 상담기법은 아니다.

06 다세대모델에 관한 설명으로 옳지 않은 것은?

① 세대 간의 정서적 융해가 심할수록 정서적 단절의 가능성은 낮다.
② 삼각관계는 핵가족 내에서도 다중으로 있을 수 있다.
③ 자아분화가 높은 사람은 타인의 평가에 연연하지 않는다.
④ 가족투사과정은 부모가 자신의 낮은 분화수준을 자녀들에게 전달하는 과정이다.
⑤ 대표적인 핵가족 정서체계는 만성적 결혼갈등, 배우자의 역기능 등이다.

> 정서적 단절은 한 개인과 자신의 원가족 간의 미분화와 그것과 관련된 정서적 긴장을 설명하는 것이다. 세대 간의 잠재된 융해의 문제를 반영하는 것으로, 세대 간의 정서적 융해가 심할수록 정서적 단절의 가능성 또한 높다.

07 다음에서 공통적으로 설명하는 보웬(Bowen)의 다세대 가족상담의 기법으로 옳은 것은?

> ○ 내담자의 감정을 가라앉히고 정서적 반응에 의해 유발된 불안을 낮추며 사고를 촉진하는 기법이다.
> ○ 가족체계 안에서 자신의 역할을 이해하고 문제의 맥락을 명료하게 사고하도록 하면서, 부부의 논쟁이 심할 경우에는 상담자는 중립적 태도로 각자의 생각에 초점을 맞추도록 하는 기법이다.

① 코칭
② 치료적 삼각화
③ 자기입장(I-Position) 지키기
④ 관계실험
⑤ 과정질문

> 보웬의 다세대 가족상담기법 중에서 과정질문은 내담자의 감정을 가라앉히고 정서적 반응에 의한 불안을 낮춰 사고를 촉진하는 기법으로, 다양한 과정을 질문하여 내담자가 인식하지 못한 측면, 즉 가족들이 맺는 관계유형 방식 등을 살펴보는 것이다.

정답 04 ② 05 ③ 06 ① 07 ⑤

08 구조적 가족상담이론에서 역기능적 가족의 재구조화에 관한 내용으로 옳지 않은 것은?

① 부모 하위체계와 별도로 부부 하위체계가 기능하도록 한다.
② 부모가 서로 지원하고 서로에게 적응함으로써 자녀에게 일관된 모습을 보여야 한다.
③ 부모는 자녀끼리 협상하고 갈등이나 차이를 해결하도록 지원한다.
④ 적절한 위계는 부모가 권위와 책임을 바탕으로 세대 간 차이를 인정하는 구조이다.
⑤ 경계선이 밀착된 가족은 가족원 간의 상호작용 빈도를 증가시킴으로써 서로에 대한 보살핌과 지원을 제공하도록 한다.

> 경계선이 밀착된 가족은 개인이나 하위체계가 서로 분화하도록 도와야 한다. 경계선이 경직되거나 분리된 가족은 분명한 경계선을 갖도록 가족원 간의 상호작용 빈도를 증가시킨다.

09 사티어(Satir)의 경험적 가족상담에 관한 설명으로 옳은 내용을 모두 고른 것은?

> ㄱ. 개인의 심리내적 과정을 이끌어내는 은유적 방법으로 빙산치료를 한다.
> ㄴ. 감정에 대한 감정은 감정에 대한 판단을 의미한다.
> ㄷ. 초이성형 의사소통을 하는 사람은 타인만 무시한다.
> ㄹ. 경험적 가족상담자가 갖추어야 할 요소로는 유능(Competent)하고, 배려심(Consideration) 있고, 일치적(Congruent)이어야 한다.
> ㅁ. 역기능적 원가족 삼인군 가족관계에서 유래된 쟁점을 이해하게 하고, 현재 삶에서 걸림돌이 아닌 긍정적인 것으로 이해할 수 있게 한다.

① ㄱ, ㄴ, ㄷ ② ㄱ, ㄴ, ㅁ
③ ㄱ, ㄷ, ㄹ ④ ㄴ, ㄷ, ㄹ
⑤ ㄴ, ㄹ, ㅁ

> ㄷ. 초이성형 의사소통을 하는 사람은 자신과 타인을 모두 무시하고 '상황'만 중시한다.
> ㄹ. 사티어(Satir)는 경험적 가족치료자가 갖춰야 할 3대 요소로 유능성(Competence), 일치성(Congruence), 자신감(Confidence)의 3C를 강조하였다.

10 가족조각에 관한 설명으로 옳지 않은 것은?

① 가족 간의 위계질서, 연합, 거리감, 친밀감, 보이지 않는 힘의 작용과 같은 상호작용을 직접 느끼며 체험할 수 있게 된다.
② 공간개념을 통해 가족체계를 상징적·비유적으로 묘사하는 것이다.
③ 자기표현이 어려운 아동이 포함된 가족에는 비효과적이다.
④ 물리적 거리, 자세 등을 통해 가족 관계를 파악할 수 있다.
⑤ 가족조각을 시행하기 위해 조각가, 모니터, 연기자의 역할이 필요하다.

> 가족조각기법은 가족 중 한 사람이 자신의 이미지에 따라 다른 가족을 공간에 배열한 후, 신체적 표현을 요구하여 가족관계를 나타내는 무언의 동작 표현이다. 따라서 언어적 표현이 부족하고 소극적으로 참여하는 가족들이 자연스럽게 참여하면서 치료에 개입하여 치료의 효과를 가져올 수 있다.

11 전략적 가족상담에 관한 설명으로 옳은 내용을 모두 고른 것은?

> ㄱ. 사이버네틱스 피드백 고리 개념은 MRI모델의 주요 개념이다.
> ㄴ. 전략적 상담자는 증상을 제거하는 이차적 변화를 가져오면 된다고 본다.
> ㄷ. 밀턴 에릭슨(M. Erikson)의 기여는 전략적 상담모델을 만드는 데 초석이 되었다.
> ㄹ. 헤일리(J. Haley)는 '돌봄과 보호'의 개념에 따라 부모가 자녀에게 위계질서를 잡도록 하였다.

① ㄱ, ㄴ
② ㄱ, ㄷ
③ ㄴ, ㄹ
④ ㄱ, ㄷ, ㄹ
⑤ ㄴ, ㄷ, ㄹ

> ㄴ. 전략적 상담자는 증상을 제거하는 일차적 변화뿐 아니라 가족체계의 변화를 포함하는 이차적 변화, 그리고 증상과 관계된 사회관계망까지 포함하였다.
> ㄹ. 자녀들이 부모들을 보호하고 돌보는 역할을 함으로써 문제가 발생되므로, 자녀들은 부모에 의해서 돌봄과 보호를 받도록 하여, 부모가 자녀에게 위계질서를 바로잡도록 하는 것을 치료목표로 하는 것은 마다네스 학파이다.

12 대처질문에 관한 설명으로 옳은 것은?

① 내담자가 어려움과 위기를 어떻게 극복하고 생존해 왔는지 그리고 희망을 버리지 않고 유지해 올 수 있었는지에 관하여 질문하는 동시에 생존능력을 인정하고 간접적으로 칭찬하는 기법이다.
② 내담자들이 이미 효과적인 해결책을 사용하고 강점과 자원을 갖고 있으면서도 의식하지 못할 때 문제보다는 해결책을 모색하는 것으로 관심을 전환시키는 데 도움이 되는 기법이다.
③ 내담자가 인식하는 문제의 정도, 해결 가능성, 상담의 진척 정도 등을 숫자로 표현하도록 하는 기법이다.
④ 내담자와 중요한 관계에 있는 사람의 생각, 의견, 가치관, 반응 등에 관하여 질문하는 것으로 다른 사람의 관점에서 생각하고 이해하도록 돕기 위한 기법이다.
⑤ 한국에서 해결중심모델을 적용하는 과정에서 명명된 질문으로 상담을 통해 어떤 상태가 되면 보람 있다고 생각하는지 질문하는 기법이다.

> 대처질문은 해결중심 단기가족치료기법으로 어려운 상황에서의 적절한 대처 경험을 상기시켜 내담자가 스스로 강점을 발견하도록 돕는 질문이다. 과거 경험을 바탕으로 내담자가 위기와 어려움을 어떻게 극복했는지 확인하고 이를 칭찬하는 기법이다. 주로 만성적인 어려움이나 절망으로 희망이 없다고 호소하는 내담자에게 활용한다.

13 이야기치료의 기본가정(전제)으로 옳지 않은 것은?

① 세계와 인간경험은 개인이 해석하는 방식으로 존재한다.
② 삶의 이야기는 단선적이며, 정해진 방향대로 간다.
③ 우리가 살아가는 이야기는 사회적 맥락 속에서 만들어진다.
④ 삶의 이야기 속에는 사회적 담론과 자기정체성이 포함된다.
⑤ 지배적 이야기를 해체하는 것이 새로운 가능성을 높여준다.

> 삶의 이야기는 복합적이며, 목적의식에 따라 삶의 방향은 달라진다.
> **이야기치료의 기본가정(전제)**
> - 세계와 인간경험은 개인이 해석하는 다양한 방식으로 개인 안에 존재하고 작용한다.
> - 우리가 살아가는 이야기는 사회적 맥락 속에서 만들어진다.
> - 이야기 속에는 사회적 담론과 자기정체성이 포함된다.
> - 문제는 사회·문화적 산물이므로 지배적인 이야기를 해체하는 것은 삶의 새로운 가능성을 높여 준다.
> - 삶의 이야기는 복합적이며, 목적의식에 따라 삶의 방향은 달라진다.
> - 인간의 경험은 사회문화적으로 구성된다.
> - 인간은 자신의 경험을 만들어내고 해석하는 능동적 존재이다.

14 가족상담모델에서 상담자의 역할에 관한 설명으로 옳은 내용을 모두 고른 것은?

> ㄱ. MRI의 단기상담 – 가족원의 입장을 수용하고 활용하며 협력을 높인다.
> ㄴ. 밀란(Milan)모델 – 가족이 어떻게 되어야 한다는 시각을 가지고 모든 가족구성원과 연결한다.
> ㄷ. 경험적 가족상담 – 내담자와 진솔하게 연결되고, 상담자 자신과 가족원들의 감정을 드러나게 한다.
> ㄹ. 구조적 가족상담 – 지도력을 가지고 가족체계에 합류하면서 상담자 자신을 치료도구로 활용한다.
> ㅁ. 보웬(Bowen)의 가족상담 – 정서적 중립성을 유지하며 가족들이 상담자를 통해 소통하도록 한다.

① ㄱ, ㄴ, ㅁ ② ㄴ, ㄷ, ㄹ
③ ㄱ, ㄷ, ㄹ, ㅁ ④ ㄴ, ㄷ, ㄹ, ㅁ
⑤ ㄱ, ㄴ, ㄷ, ㄹ, ㅁ

> ㄴ. 밀란(Milan)모델의 목표는 개인의 생각이나 행동변화보다는 가족의 자율성과 자유를 강화하는 것이다. 다른 전략모델보다 덜 문제 중심적이고, 행동변화보다는 체계변화를 추구하며, 치료자는 중립적 위치에서 가족 게임의 규칙을 파악하고자 한다.

15 상담기법과 해당 모델의 연결이 옳은 것은?

① 유머(Humor) – 다세대모델
② 집중/강조(Intensity) – 경험적 모델
③ 나–입장(I-Position) – 이야기치료
④ 가장기법(Pretend Technique) – 전략적 모델
⑤ 생활연대기(Life Chronology) – 구조적 모델

> ④ 전략적 모델 : 역설적 개입, 긍정적 의미부여, 의식기법, 가장기법, 시련기법 등
> ① 다세대모델 : 가계도, 치료적 삼각화, 코칭 등
> ② 경험적 모델 : 원가족 도표, 가족조각, 가족인형극, 빙산탐색 등
> ③ 이야기치료 : 재저작, 스캐폴딩, 정의예식 등
> ⑤ 구조적 모델 : 합류, 실연화, 증상활용 등

정답 12 ① 13 ② 14 ③ 15 ④

16 다음 보기에서 설명하는 카터(B. Carter)와 맥골드릭(M. McGoldrick)의 가족생활주기 단계로 옳은 것은?

> ○ 이 단계의 발달과제는 부모-자녀관계의 재정립이다.
> ○ 자녀의 발달과 관심의 변화에 대응하여 부모의 역할도 변화해야 한다.
> ○ 자녀의 자립과 의존 욕구 간의 충돌로 부모-자녀 간 갈등이 일어날 수 있다.

① 새롭게 출발하는 가족
② 어린 자녀를 둔 가족
③ 청소년기 자녀를 둔 가족
④ 자립하는 자녀를 둔 가족
⑤ 노년기 가족

자녀청소년기
- 가족경계의 융통성을 발휘해야 하는 시기에 해당한다.
- 자녀의 발달과 관심의 변화에 대응하여 부모의 역할도 변화해야 한다.
- 자녀의 자립과 의존 욕구 간의 갈등이 여러 문제행동으로 드러날 수 있다.
- 자녀의 정체성 확립과 독립심 제고를 위해 가족규칙과 역할에 대해 타협한다.
- 자녀가 청소년의 시기에 자신의 실존에 대한 근본적이고 궁극적인 질문을 던지게 되는데, 이 과정에서 가출, 학교생활 부적응문제 등을 초래할 수 있다.
- 부부는 중년기로 접어들면서 자신들의 결혼과 향후 거취문제에 초점을 맞추며, 노인기로 접어든 조부모에 대한 보살핌도 준비해야 한다.

17 가족상담에서 활용되는 평가방법에 관한 설명으로 옳지 않은 것은?

① 가족체계분화척도(Differentiation in the Family System Scales)는 가족체계 내의 연결성과 분리성 정도를 측정한다.
② 동적가족화(Kinetic Family Drawing)는 개인이 가진 가족이미지를 파악하고 가족 전체의 상호작용을 알 수 있는 투사적 도구이다.
③ 합동가족화(Conjoint Family Drawing)는 가족성원에 관한 정보와 그들 간의 관계가 도식으로 제시되어 세대 간에 반복되는 유형을 알 수 있는 도구이다.
④ 결혼적응척도(Dyadic Adjustment Scale)는 부부간의 일치성, 결합, 애정표현, 만족도 등 결혼생활의 질과 적응 정도를 측정한다.
⑤ 부모-자녀 간 의사소통척도(Parents-Adolescent Communication Family Inventories)는 부모-자녀 간 의사소통의 기능 정도를 파악한다.

가계도에 대한 설명이고, 합동가족화는 가족이 함께 작품을 만들어 가도록 하는 방법으로 그림에 가족원의 감정이 투영될 뿐만 아니라 가족 간 상호작용을 반영하고, 가족기능의 측정에 도움을 준다.

18 다음의 설명에 해당하는 구조적 가족상담의 개념은?

> ○ 두 사람이 제3자에게 맞서기 위해 힘을 합하는 것
> ○ 예 어머니와 자녀가 힘을 모아 폭력적인 아버지에게 대항하는 것

① 동맹(Alliance) ② 연합(Coalition)
③ 합류(Joining) ④ 추적(Tracking)
⑤ 밀착(Enmeshment)

② 연합 : 두 사람이 제3자에 대항하기 위하여 제휴하는 개념으로, 가족 내에서 특정 인물 간의 동맹을 형성하여 다른 가족 구성원과의 갈등에서 힘을 주는 역할을 한다.
① 동맹 : 두 사람이 제3자와는 다른 공동의 목적을 위해 제휴하는 것으로, 반드시 제3자와 적대관계에 있지는 않다.
③ 합류 : 상담자가 가족과 관계를 형성하여 그들의 감정과 경험에 공감하는 것이다. 라포(Rapport)와 비슷한 개념이지만, 라포는 치료적 관계를 의미하고 합류는 행동의 의미를 지닌다.
④ 추적 : 상담자가 가족이 지금까지 해 온 의사소통이나 행동을 존중하여 가족의 기존 교류의 흐름에 거슬리지 않고 뒤따라가는 것이다.
⑤ 밀착 : 가족 구성원 간의 경계가 불분명해지고 지나치게 밀접하게 연결된 상태이다.

19 다음 사례의 상황에 적합한 가족평가의 기법은?

> C가족상담사는 행동문제로 의뢰된 중학생 민수를 상담하다가 가족기능의 사정이나 평가가 필요하게 되었다. 그는 특히 민수를 포함한 전체 가족 내에서의 정서적 유대관계와 변화를 허용하는 정도에 대해 알고 싶었다.

① MBTI ② 생태도
③ 가계도 ④ FACES
⑤ ENRICH

FACES는 가족이 어떻게 기능하는가를 연구하는 가장 중요한 모델 중의 하나이며, '복합구조모델'이라고도 한다. 이것은 가족체계 이론에 기초하여 가족의 유형을 규명하는 독창적 접근방법이다. 올슨(Olson) 등은 가족기능을 설명하는 것으로 가족응집성, 가족적응성, 의사소통을 제시하였다.

정답 16 ③ 17 ③ 18 ② 19 ④

20 가족 의사소통에 대한 가족상담자의 효과적인 개입으로 옳지 않은 것은?

① 여러 가족원이 동시에 말하는 경우 – 상담자가 특정 가족구성원을 지정하여 질문할 수 있다.
② 내담자가 두서없이 말하는 경우 – 상담자는 상담주제로 대화의 초점을 전환시킨다.
③ 다른 가족원 대신 말하는 경우 – 표현을 잘 못하는 가족원을 대신하여 말해주도록 격려하였다.
④ 다른 가족원을 비난하는 경우 – 자신의 감정과 생각을 감정반사적이지 않게 표현할 수 있도록 하였다.
⑤ 가족원들이 상담자에게만 말하는 경우 – 가족 간의 상호작용이 중요하므로 직접 표현하도록 하였다.

가족원이 모두 상담대상자가 되므로, 다른 사람이 대신하여 말해주도록 하는 것은 좋지 않다. 미리 다른 가족원을 대신해서 이야기해서는 안 된다는 규칙을 만들어 놓는 것이 효과적이다.

CHAPTER 03 청소년 가족–부모상담

01 청소년 자녀와 함께하는 가족상담으로 옳은 내용을 모두 고른 것은?

> ㄱ. 자녀가 정체성을 확립하고 독립심을 키우도록 한다.
> ㄴ. 부모에 대한 애착과 분리가 적절하게 이루어지도록 한다.
> ㄷ. 부모 자녀 간 경계선에 융통성을 증가시키도록 한다.
> ㄹ. 부모의 부부문제는 다루지 않는다.
> ㅁ. 자녀가 자유와 책임의 균형을 유지하도록 조정한다.

① ㄱ, ㄴ
② ㄱ, ㄷ
③ ㄴ, ㄷ, ㄹ
④ ㄱ, ㄴ, ㄷ, ㅁ
⑤ ㄱ, ㄴ, ㄷ, ㄹ, ㅁ

ㄹ. 청소년상담은 청소년 전문상담사의 심리치료적 개입으로 청소년 문제를 다각적이고 심도 깊게 해결하여 소중한 자녀가 정신적·심리적으로 건강하게 성인으로 성장할 수 있도록 돕는 것이다. 청소년기 문제를 해결하기 위해서는 청소년에 대한 상담뿐만 아니라 부모의 부부관계, 확대가족의 관계, 가족환경의 문제 등을 다뤄야 한다.

02 청소년기 자녀가 있는 가족에 대한 상담개입으로 옳은 것은?

① 자녀가 상담에 저항할 때 부모와 연합하여 설득한다.
② 정체성의 유예시기이므로 부모가 자녀를 잘 통제하도록 한다.
③ 부모역할은 자녀의 변화와 관계없이 일관성 있게 유지하도록 한다.
④ 부모도 중년기의 위기를 맞이하는 시기이므로 부모의 문제를 우선적으로 다룬다.
⑤ 자녀가 자유롭게 할 수 있는 것과 스스로 책임져야 하는 것을 구별할 수 있도록 한다.

① 자녀가 상담에 저항하더라도 부모와 자녀 사이는 이미 힘의 불균형이 내재하는 권위와 위계로 구성된 관계이므로, 상대적으로 힘의 우위에 있는 성인들이 연합하는 것은 바람직하지 않은 방법이다. 자녀가 상담에 대한 저항으로 참여가 어려울 때에는 부모 단독 상담으로 자녀에게 영향을 미쳐 치유의 효과를 이끌어내는 등 다양한 가능성을 열어 두고 상담을 진행하는 것이 좋다.
②·③ 청소년 가족상담을 통해 자녀가 정체성을 확립하고 독립심을 키우도록 하는 것이 중요하므로, 자녀의 변화에 대한 긍정적 시각을 통해 책임감을 갖도록 도와주면서 민주적·수평적인 관계로 변화하기 위한 현실적인 조정이 필요하다.
④ 부모도 중년기의 위기로 삶의 여유가 없어지고 조급해지면서 상당한 스트레스를 받고 있으나, 부모의 입장에서 자녀들이 겪고 있는 문제들을 폭넓은 시각에서 보고 객관적으로 인지하여 관개 개선을 위해 노력할 수 있도록 상담을 진행하여야 한다.

03 청소년기 자녀가 있는 가족상담에서 상담자의 개입으로 옳은 것은?

① 청소년의 또래집단 행동에 대해서 초점을 맞추지 않아도 된다.
② 부모역할은 자녀의 변화와 관계없이 일관성 있게 유지하도록 한다.
③ 청소년기 자녀는 부모와의 의사소통, 애정, 신뢰를 지속시키면서 부모와의 분화된 관계를 추구하도록 상담한다.
④ 청소년들의 진로문제는 다루지 않고 가족문제에 집중해야 한다.
⑤ 청소년기 자녀와 부모의 갈등은 다루지 않는다.

상담자는 청소년 또래집단 행동에 대해 초점을 맞추어야 하고, 가족상담을 통해 자녀가 정체성을 확립하고 독립심을 키우도록 하는 것이 중요하다. 따라서 자녀의 변화에 대한 긍정적 시각을 통해 책임감을 갖도록 도와주면서 민주적이고 수평적인 관계로 변화하기 위한 현실적인 조정이 필요하다. 또한 청소년들의 가장 큰 고민이 진로문제이므로 가족문제와 함께 잘 해결되도록 도와주어야 하며, 자녀와 부모의 갈등이 많은 시기이므로 이에 대해서도 다루어 주어야 한다.

04 다음의 사례에 적용할 수 있는 상담 접근방법에 관한 설명으로 옳지 않은 것은?

> 동건이(IP, 초6)는 스스로 자신을 비하하는 말을 자주 하고 열등감이 심하며 친구와의 관계에서도 많이 위축되어 있다. IP는 부모님이 자신을 싫어하고 여동생만 예뻐한다는 얘기를 하며 동생과 자주 싸운다. 어머니는 IP가 동생이 없어졌으면 좋겠다는 말에 충격을 받고, 밖에서는 자신감 없고 사회성이 떨어지는 모습에 불안하고 염려가 되어 상담을 신청하였다.

① 가족조각 – IP가 지각하고 있는 가족관계와 상호작용패턴을 확인할 수 있다.
② 빙산작업 – IP의 문제 행동 밑에 있는 감정과 욕구를 탐색하고 이해한다.
③ 동적가족화 – IP가 지각하고 있는 가족들의 태도, 감정, 행동을 확인할 수 있다.
④ 탈삼각화 – 어머니가 삼각관계에 끼여 있음을 인식시키고 어머니가 주도적으로 남매의 갈등을 해결하도록 한다.
⑤ 가계도 탐색 – 어머니가 경험하고 있는 불안의 원인을 탐색하기 위해 원가족에서의 관계 경험을 살펴본다.

탈삼각화는 제3자를 두 사람의 관계에서 분리시켜 가족 내에 형성되어 있는 삼각관계를 벗어나게 함으로써 가족원들이 자아분화하도록 돕는 기법이다.

05 가정폭력 가족상담에 관한 설명으로 옳지 않은 것은?

① 표현적 폭력의 경우 상보성을 띠지 않으며 피해자와 가해자의 역할이 정해져 있다.
② 지속적인 폭력의 경우에는 개인의 내적인 문제뿐만 아니라 가족의 역동도 이해하고 개입해야 한다.
③ 상담과정에서 부부간 폭력이 드러난 경우 자녀에 대한 폭력 여부를 확인해야 한다.
④ 폭력으로 인한 아동기 우울증은 성인기 이후의 적응까지 장기적으로 영향을 미친다.
⑤ 가정폭력 가해자는 상담자나 권위적 대상과의 관계에서 어려움을 겪을 수 있다.

표현적 폭력의 경우 상보성을 띠며 피해자와 가해자의 역할이 정해져 있지 않다.

06 다음 사례에 대한 가족상담 개입으로 옳은 것은?

> 준서(15세)는 최근 등교를 거부하고, 아버지에게 대들고 반항하는 문제로 상담에 의뢰되었다. 준서는 부모의 이혼으로 8세부터 친할머니와 살다가 중학생이 되면서 아버지와 합가하게 되었고, 친할머니는 3개월 전 돌아가셨다. 어머니와는 어머니의 재혼 이후 자주 만나지 못하고 있다.

① 친할머니의 상실을 생각하면 슬퍼지므로 잊게 한다.
② 부모님의 이혼을 받아들이고 아버지에게만 의지하게 한다.
③ 아버지와의 친밀감 향상을 위한 작업을 한다.
④ 반항행동이 문제이므로 행동수정 작업만 한다.
⑤ 어머니와 연락을 끊고 정서적 독립을 하도록 한다.

① 친할머니의 상실에 대한 애도작업을 한다.
② 준서의 부모에 대한 분열된 충성심을 다룬다.
④ 행동수정만으로는 근본적인 해결책이 되지 않으며, 행동을 유지시키는 사고유형을 변화시켜야 한다는 인지적 과정이 필요하다. 따라서 인지·정서·행동 요인을 모두 고려하여 먼저 문제에 대한 인식과 정의를 하고, 상호 간에 받아들일 수 있는 문제해결방법을 합의하여 해결책을 실행하기 위한 기술훈련을 한다.
⑤ 어머니와의 정서적 단절 이슈에 대해 작업한다.

07 다음 사례를 진행하면서 상담자가 취할 행동으로 옳지 않은 것은?

> 소영이(여, 중1)는 교우관계에 어려움이 있고, 수업시간에 집중하지 못하고 수업을 방해하여 상담에 의뢰되었다. 부모님은 자주 부부싸움을 하는데, 어머니는 아버지와 갈등이 있을 때마다 소영이에게 아버지에 대한 비난을 했고, 소영이의 학업에 대해 매우 집착하는 모습을 보였다. 아버지는 딸의 문제가 어머니의 과보호와 부적절한 양육태도 때문이라고 비난하였다.

① 소영이의 가족 내 학대나 폭력 문제가 있는지 확인한다.
② 소영이가 상담에 자발적으로 참여하였는지 확인한다.
③ 소영이의 가족들에게 상담 참여의 필요성과 과정을 설명한다.
④ 소영이의 가족과 진행한 상담 내용을 학교 선생님들과 공유하여 학교의 지지를 이끌어낸다.
⑤ 가족상담에 참여한 모두가 동등하게 이야기하고 상호수용 가능한 의사결정을 내릴 수 있도록 힘의 균형을 유지한다.

상담사의 윤리 원칙 중 비밀보장에 관한 내용이다. 비밀보장의 권리가 제한되는 경우를 제외하고 내담자의 동의 없이 상담의 기록(내용)을 제3자나 기관에 공개하지 않아야 한다. 상담을 시작하기 전 비밀유지에 대한 입장을 표명함으로써, 내담자가 개인적 비밀을 털어놓을 수 있는 신뢰감 형성이 가장 중요하다.

정답 04 ④ 05 ① 06 ③ 07 ④

08 다음 사례에 적용할 수 있는 상담 접근방법으로 옳지 않은 것은?

> 연지(15세)는 집에서 거의 말을 하지 않고 자기 방에서 주로 지내는데, 부모의 반복적인 대화 시도에 무응답하거나 큰 소리로 화를 내기도 한다. 부모는 신혼 초부터 갈등이 심했고, 부부싸움을 하고 나면 어머니는 막내인 연지에게 하소연을 자주 했고 아버지는 밖으로 나갔다가 늦게 귀가하곤 했다.

① 빙산기법 – 가족구성원 개인의 내적 감정과 욕구를 탐색하고 이해한다.
② 가계도 탐색 – 가계도를 활용하여 가족의 정서적 역동과 패턴을 살펴본다.
③ 가족 조각 – 다른 가족구성원에게 느끼는 연지의 내적 정서를 탐색한다.
④ 가족의 하위체계 – 부모-자녀하위체계가 적절한 기능을 하는지 살펴본다.
⑤ 성격유형검사(MBTI) – 가족체계의 전체 역동과 특성을 파악하기 위해 구성원 개인별로 성격유형검사를 실시한다.

가족체계의 전체 역동과 특성을 파악하려면 가족원 간 관계를 질문하여 반응을 파악하는 등 가족 관계에 대한 정보를 얻고 어떻게 결합하여 가족체계를 구성하고 있는지 탐색해야 한다. 따라서 개인별 성격유형검사(MBTI)는 적절하지 않다.

09 민정이(여, 고1)는 친구들과 잘 어울리지 못하고 학교 성적도 좋지 않은 것에 대해 비관하던 중, 최근에는 부모와의 대화도 거부하고 자해를 시도하였다. 민정이네 가족에게 적용할 경험적 모델의 기법으로 옳은 내용을 모두 고른 것은?

> ㄱ. 희망적인 은유를 사용한다.
> ㄴ. 민정이와 빙산탐색을 진행한다.
> ㄷ. 민정이와 치료적 삼각관계를 형성한다.
> ㄹ. 코칭을 통해 부모 역할을 이해하도록 돕는다.

① ㄱ, ㄴ
② ㄷ, ㄹ
③ ㄱ, ㄴ, ㄹ
④ ㄴ, ㄷ, ㄹ
⑤ ㄱ, ㄴ, ㄷ, ㄹ

경험적 가족상담은 내담자의 자아존중감을 높이고, 일치적인 의사소통을 하도록 한다. 이 사례에서는 민정이의 내적 과정을 이끌어내는 은유적 방법으로 빙산탐색을 활용한다. 여기서 은유기법은 직접적으로 지시하거나 평가하지 않고 간접적·비유적인 표현을 사용하는 것으로, 내담자의 자아존중감이나 체면을 손상하지 않도록 하는 것이다. 빙산탐색은 인간을 이해하기 위해서는 숨겨진 빙산 즉, 내면까지 함께 이해하도록 하는 방법이다.

10 이혼한 내담자와의 상담에서 부모-자녀 관계에 관한 상담자의 개입으로 옳지 않은 것은?

① 관심 받고 싶은 자녀의 욕구를 살피도록 조언한다.
② 부모가 자녀에게 일관된 규칙을 가지고 대하도록 한다.
③ 자녀가 새로운 가족체계에 대한 두려움을 가질 수 있음을 설명한다.
④ 보이지 않는 충성심 때문에 다른 부모를 속이는 일이 일어나지 않게 한다.
⑤ 자녀들의 안정감을 위해 가족경계선은 재구조화하기보다는 기존의 틀을 유지할 수 있도록 독려한다.

이혼한 내담자와의 상담에서 부모-자녀 관계에 있어 가족경계선을 재구조화하도록 도와야 한다.

11 박 양(중2)은 가정폭력 피해 문제로 상담을 받게 되었다. 다음의 상담 상황에서 상담자의 개입으로 옳지 않은 것은?

> 상담자는 박 양의 동의를 얻고 비슷한 경험을 겪은 두 여학생을 초대하여 상담과정을 지켜보게 하였다. 상담 중반에 상담자는 박 양이 지켜보는 앞에서 이 두 여학생에게 박 양으로부터 받은 좋은 인상을 이야기하도록 하였다. 상담자는 다시 박 양에게 두 여학생이 말하는 것을 듣고 자신에 대해 어떻게 생각하게 되었는가를 질문하였다. 이러한 과정을 통해 박 양은 자신을 긍정적으로 받아들일 수 있게 되었다.

① 박 양과 문제를 분리하는 전략을 구사하였다.
② 박 양의 긍정적 정체성을 강화하고자 하였다.
③ 두 여학생을 외부증인으로 활용하였다.
④ 박 양의 지배적 이야기를 해체하고자 하였다.
⑤ 박 양에게 대안적 이야기를 구축할 수 있도록 하였다.

제시문은 '정의예식'에 대한 것이며, 신중하게 선발된 외부증인 앞에서 내담자가 자신의 삶을 이야기하고 재현하는 것을 말한다. 외부증인은 내담자의 이야기를 들은 후, 특정 형식에 맞추어 다시 말하기(Retelling)로 응답하며, 와닿은 표현이나 떠오른 자신의 경험 등 자신의 생각을 나누고 반영적 대화를 함으로써 내담자의 긍정적 정체성을 강화해 지배적 이야기를 해체하고 대안적 이야기를 구축할 수 있도록 한다.

정답 08 ⑤ 09 ① 10 ⑤ 11 ①

03 주관식 단답형 문제

❖ 문제를 읽고 (　　) 안에 들어갈 단어를 적어주세요.

01 결혼을 통한 가정의 성립부터 자녀의 출생·성장·발전·확대 과정을 거쳐 자녀가 독립하거나 결혼함으로써 축소되어 최후에는 부부의 사망으로 해체하는 전 과정을 (　　)(이)라고 한다.

02 (　　)은/는 배의 조종사를 의미하는 그리스어 Kybernetes에서 유래된 것으로, 기계와 살아 있는 유기체 사이에서 자기조절 및 통제를 연구하는 것이다.

03 한 사람이 다른 사람에게 논리적으로 상호 모순되고 일치하지 않는 두 가지 메시지를 동시에 전달하는 것을 (　　)(이)라고 한다.

04 사티어(Satir)는 치료의 대상을 내담자(Client)또는 IP(Identified Patient / Index Person)라고 지칭하지 않고, (　　)(이)라는 용어를 사용하였다.

05 보웬(M. Bowen)의 가족상담기법 중 (　　)은/는 가족체계 내 삼각관계에 변화를 일으키기 위한 기법으로 가족원이 체계 과정을 인식하고 그 과정에서 자신의 역할을 자각하게 하는 것을 목표로 한다.

06 (　　)은/는 가족구성원 간의 분화정도, 즉 가족구성원 간의 허용할 수 있는 접촉의 양과 종류 또는 얼마나 자유롭게 서로 관여할 수 있는가 하는 침투성을 규정하는 가족규칙이다.

07 (　　　)은/는 문제가 해결된 상황을 상상해 봄으로써 해결하기 원하는 것을 구체화·명료화하는 데 도움이 된다.

08 신중하게 선발된 외부증인 앞에서 내담자가 자신의 삶을 이야기하고 재현하는 것을 (　　　)(이)라고 한다.

09 가족을 하나의 단위로 보고 가족내부 및 외부체계, 이들 간 상호작용을 파악하기 위해 자료를 수집·분석하여 그 가족에 대한 개입을 계획하는 일련의 과정을 (　　　)(이)라고 한다.

10 (　　　)은/는 가족이 뭔가 하고 있는 그림을 통해 가족집단의 역동관계를 파악하는 방법이다.

 정답

01 가족생활주기
02 사이버네틱스(Cybernetics)
03 이중구속
04 스타(Star)
05 관계실험
06 경계선
07 기적질문
08 정의예식
09 가족평가(가족사정)
10 동적가족화(KFD)

03 기출문항 OX 문제

❖ 문제를 읽고 ( )안에 맞는 답을 (O / X)로 표기하세요.

01 보웬(Bowen)은 두 사람 관계에서 발생하는 스트레스는 상충된 욕구가 있을 때 균형을 유지하려고 시도하는 데서 발생한다고 보고, 가족구조 안에서 두 사람 간의 스트레스를 해결하는 방법은 가족의 다른 구성원을 두 사람의 상호작용 체계로 끌어들여 삼각관계를 형성하는 것이라고 보았다.
( )

02 가족상담에서 상담자는 문제 해결자의 역할을 한다. ( )

03 가족상담 유형 중 합동상담은 별도의 상담자가 할당되어 개별적인 면접 후 정기적 회합을 통해 필요한 정보를 교환하고 협동적으로 상담하는 것이다. ( )

04 가족의 방어기제가 완강할 경우에는 가족상담이 적합하다. ( )

05 우울이란 이미 발생했던 재난에 대한 두려운 관념의 불유쾌한 감정이며, 때로는 무의식적이다.
( )

06 의사소통에서 보완적 관계는 평등성에 기초하지만 병리적인 관계로 발전할 위험성이 있다.
( )

07 역기능적 의사소통유형 중 회유형은 자신을 중시하고 타인과의 상황은 무시한다. ( )

08 다세대 가족상담모델은 행동장애를 증가된 불안의 산물로 본다. ( )

09 해결중심 가족상담은 가족들의 자발적인 협조를 증가시키고, 빠른 시일에 문제를 해결하므로 경제적이다. ( )

10 빈약한 서술이란 내담자의 내부 사정을 외면하고 이해를 배제하는 것을 의미한다. ( )

정답 및 해설

01 ○ 02 × 03 × 04 × 05 ○ 06 × 07 × 08 ○ 09 ○ 10 ○

02 가족상담에서 상담자는 조정자·안내자·조력자의 역할을 하며, 가족성원이 문제 해결자의 역할을 한다.
03 합동상담은 1인의 상담자가 전 가족구성원을 동시에 면접하는 것이다.
04 가족의 방어기제가 완강할 경우에는 가족상담이 부적합하다.
06 대칭적 관계는 평등에 기초한 관계이며, 보완적 관계는 평등하지 않은 관계를 의미한다. 그렇다고 어느 관계가 보다 안정적이거나 우월하다고 할 수는 없으며, 양자는 모두 병리적으로 발전할 가능성이 있다.
07 역기능적 의사소통유형 중 회유형은 자신을 무시하고 타인과의 상황은 중요시한다.

선택 4과목

 # 학업상담

01 학업문제의 이해
02 학업 관련 요인
03 학업 관련 문제 및 평가
04 학습전략에 대한 이해 및 실제
05 학업문제 상담 및 개입전략
06 기타 학업상담에 관한 사항

적중예상문제

(객관식 ‖ 주관식 단답형 문제 ‖ 기출문항 OX 문제)

"선택 4과목 학업상담"은 실무와 직접적 연관이 있는 문제가 많아 사례와 이론의 연계 학습이 필수적입니다. 학습부진아, 학습과진아와 같은 포괄적인 개념에서부터 수학학습장애, 특정학습 장애와 같은 세밀한 개념에 이르기까지 학업과 관련된 다양한 이론이 등장합니다. 다른 과목과 연계되지 않는 학업 이론이 많이 등장하기 때문에 새로운 이론을 학습한다는 두려움이 생길 수 있지만, 상식적인 수준에서 추론 가능한 이론들이기에 이해하는 데 큰 어려움은 없을 것이라 추측됩니다. 학습불안, 동기부여이론, 학습전략 등 학업과 관련된 이론을 사례에 적용하는 연습과 함께 학습한다면 즐겁게 공부할 수 있는 과목이라 생각합니다.

✓ 최근 2024년도 23회 기출키워드

- 학습장애
- 커크와 찰팬트(S. Kirk & J. Chalfant) 등의 학습장애 분류
- 칙센트미하이(M. Cskiszentmihalyi)의 몰입(Flow)
- 장기기억 속 지식의 형태
- 자기결정성의 내면화 정도
- DSM-5에서 정의하는 학습장애의 종류
- DSM-5의 주의력결핍 과잉행동장애(ADHD) 진단기준 : 부주의
- K-WISC-Ⅴ에 포함된 하위 요인
- 길포드(J. Guilford)의 창의적 사고
- 능력-성취 불일치(IQ-Achievement Discrepancy)
- 상보적 교수
- 맥키치(W. McKeachie)의 자원관리 전략
- PMI(Plus-Minus-Interest)
- 초인지전략(Metacognitive Strategies)
- 마이켄바움과 굿맨(D. Meichenbaum & K. Goodman)의 자기교시훈련
- 반두라(A. Bandura)의 관찰학습
- 시간관리 매트릭스
- 중재반응모형(RTI)
- 관찰법의 종류 : 표본기록법
- 반두라(A. Bandura)의 도덕적 품행 : 도덕적 정당화
- 발레란드와 비소네트(Vallerand & Bissonnette)가 구분한 학습동기단계
- 주의집중력 문제 : 인지적 측면
- 학습부진 영재아에게 영향을 줄 수 있는 요인
- 시험불안의 인지주의적 접근
- 학업문제 부진아의 일반적인 진단 기준

정오표▲

CHAPTER 01 학업문제의 이해

중요도 ★★★

핵심포인트
학업문제의 특성, 학습부진의 정의, 학습부진과 구분되는 용어, 우리나라의 학습부진 기준, 학습부진의 특성, 학습부진 요인, 학습부진 학생을 위한 수업전략, 학습부진 학생의 상담, 학습과진아와 학습부진아의 특성(R. Taylor)

01 학업문제의 개요

(1) 의 의
① 학업은 청소년기의 가장 중요한 발달 과제로, 생활의 중심이 되고 있다.
② 사회구성원에게 주어진 역할 면에서도 청소년기에는 학업에 매진하는 것이 자신의 역할 수행의 중심이 된다.
③ 학업은 청소년의 삶 전반에 관련되어 있으므로, 학업에서의 부적응이나 어려움은 생활의 모든 영역에 영향을 미치며, 청소년에게 발생한 어떤 문제나 갈등은 대부분 학업에 곤란을 초래할 수 있다.
④ 교육열이 높은 사회에서는 부모의 기대라는 요인이 청소년 학업문제의 큰 배경으로 자리잡고 있다.
⑤ 학업에서 어려움을 겪는 학습자의 공통된 원인으로는 '낮은 이해력'이 있는데, 이에 접근하기 위해서는 낮은 이해력이 나타나는 원인을 파악해야 한다.

(2) 낮은 이해력이 나타나는 원인 23 기출
① 어휘력이 낮은 경우 : 학업의 주된 활동은 새로운 교과 내용의 습득인데, 이는 언어적 설명으로 이루어지기 때문에 교과 수준에 맞는 적절한 어휘가 수반되지 않으면 내용을 파악하기 어렵다.
② 문장 또는 단락 연결에 어려움을 겪는 경우 : 교과 내용을 파악하기 위해서는 문장을 이해해야 한다. 문장이 문단으로, 문단이 특정 주제의 내용을 이루기 때문에 여러 개의 문장을 동시에 연결하는 것에 어려움을 느낄 때 내용 파악이 어렵다.
③ 새로운 것에 대한 수용 폭이 낮은 경우 : 평소의 학업성취 수준에 비해 새로운 내용을 받아들이는 수용폭이 낮은 경우 학업에 어려움을 겪는다.
④ 추론 및 원인-결과 인식력이 낮은 경우 : 제시된 내용을 기반으로 원인이나 결과를 추론해야 하는데, 이러한 내용을 유추하지 못할 경우 이해력이 낮은 것으로 평가한다.
⑤ 이 외에 단기기억 능력이 낮은 경우 : 설명을 들어도 쉽게 잊기 때문에 매번 새로운 내용으로 인식하여 학업에서 어려움을 겪기도 한다.

02 학습부진 22 기출

(1) 개요

① 학습부진의 정의 16 17 기출
  ㉠ 학습부진은 개인이 특정한 영역을 제대로 수행하지 못하거나, 기대했던 것보다 잘하지 못할 때 쓰는 포괄적인 개념이다.
  ㉡ 정상적인 지적 능력을 가지고 있으나 전학, 가정불화 등과 같은 사회 환경적 요인과 불안이나 우울과 같은 정서적 요인에 의해 학업이 떨어지고, 이에 따라 자신의 잠재적 능력에 비해 학업성취 수준이 현격하게 떨어지는 상태를 뜻한다. 따라서 학습부진으로 분류되려면 최소한의 학습능력을 갖추고 있어야 한다.
  ㉢ 학생이 정상적인 지적 능력과 잠재적인 능력을 지니면서도, 수락 가능한 최저수준의 학업 성취에 도달하지 못하는 상태이다. 정상적인 학교학습 능력이 있으면서도 선수학습 요소의 결손 때문에 설정된 교육목표의 최저 학업성취 수준에 도달하지 못한 학습자를 말하기도 한다.
  ㉣ 교육부는 학습부진을 '기초학습부진'과 '교과학습부진'으로 구분하고 있다. 기초학습부진은 기초적인 학습기능이나 학습전략이 부족한 경우이고, 교과학습부진은 해당 학년 교과 교육과정에서 제시된 최소 수준의 목표에 도달하지 못한 경우를 말한다.
  ㉤ 학습부진의 요건으로 인지적 요인, 학습 전략적 요인, 신체적 요인, 정서적 요인, 환경적 요인 등이 있지만, 지능보다는 환경적 조건의 결함을 더 중요하게 여긴다.
  ㉥ 학습부진은 지속기간에 따라 오랫동안 학습부진을 보이는 만성 학습부진과 부모 이혼, 전학, 질병 등으로 나타나는 일시적·상황적 학습부진으로 분류할 수 있다.
  ㉦ 학습부진의 원인으로는 학습동기의 결여, 교사의 낮은 기대, 공부기술과 학습시간의 부족 등을 들 수 있다.
  ㉧ 학습부진은 능력과 성취의 편차, 즉 기대되는 학년 수준과 성취된 학년의 차이 등으로 설명할 수 있다.
  ㉨ 학습부진아는 다수의 학습자에게 사용되는 보편적 교재나 교수방법으로는 학습하지 못하는 특징이 있다.

② 학습부진 학생에 대한 학자들의 정의

잉그램 (Ingram, 1953)	학년 진급에서 만족할 만한 성과를 내지 못하여 연령집단 수준의 학업 성적을 얻는 데 장애를 보이는 학습자를 말한다.
커크 (Kirk, 1972)	지적 결함을 가진 학생이라기보다는 교육과정 적응에 곤란을 겪는 학생이라 정의한다.
박성익 (1986)	정상적인 학교학습 능력이 있으면서도 선수학습 요소의 결손 때문에 설정된 교육목표의 최저 학업성취 수준에 도달하지 못한 학습자를 말한다.

③ 학습부진과 구분되는 용어 20 21 23 기출

학습지진	• 지적 능력의 저하로 학습성취가 뒤떨어지는 것을 말한다. • 지능수준은 하위 3~25% 정도로, 지능지수(IQ)로는 약 70~85 사이에 속한다.
학업저성취	• 학습부진과 자주 중복하여 쓰는 개념으로, 일반적으로 하위 5~20%의 성취수준을 보이는 아동을 가리킨다. • 학습부진과 다른 점은 아동의 잠재적인 수준을 고려하지 않고 학업성취의 결과만을 기준으로 삼는다는 데 있다.
학업지체	• 학습에서의 발달과업을 적절히 성취하지 못하여 규정된 학년이나 학기의 학습목표를 달성하지 못한 학습자를 말한다. • 절대적인 기준을 준거로 하여 적절한 학업성취를 보이지 못한 경우를 의미한다.
학습장애	• 지적장애, 정서장애, 환경 및 문화적 결핍과는 관계없이 듣기, 말하기, 쓰기, 읽기 및 산수능력을 습득하거나 활용하는 것에, 심한 어려움을 한 분야 이상에서 보이는 장애이다. • 개인의 내적인 결손, 즉 지각장애, 신경 체계의 역기능 및 뇌손상과 같은 기본적인 정보처리과정의 장애로 인해 학습에 부적응을 보이는 것이다.

④ 우리나라의 학습부진 기준 15 16 기출
  ㉠ 기초학습부진의 기준은 초등학교 3학년 진입 수준에서 읽기·쓰기·기초 수학의 최소 성취기준에 대한 도달 여부이다.
  ㉡ 잠재적인 학습능력이나 지적 능력을 고려하지 않고, 결과적으로 나타난 학업성취 수준을 중시한다.
  ㉢ 기초학력미달 기준은 국어, 사회, 수학, 과학, 영어 과목에서 목표성취 수준의 20% 이상을 달성하지 못한 경우이다.
  ㉣ 교과학습부진 학생은 각 교육(학년)단계에서 요구하는 최저 학업성취 기준에 도달하지 못한 학습자로서 어느 정도의 지적 능력은 있으나, 선수학습 요소의 결핍이나 기타 제반 환경적 영향으로 인해, 각 학년의 최저 학업성취 수준에 도달하지 못한 학생을 의미한다. 평가도구는 교과학습 진단평가, 중간·기말평가, 교사평가(수업 중 관찰 포함) 등을 이용한다.
  ㉤ 학습부진의 발생 원인보다 결과로 나타나는 현상에 초점을 둔다.
  ㉥ 학업성취와의 비교준거를 지적 능력에 두고, 학습부진의 원인을 뇌손상과 같은 개인 내적 결함보다는 누적된 학습결손, 학습전략과 같은 교수학습 환경에 둔다.
  ㉦ 결과적으로 학습부진은 신체적·정서적·행동적·환경적인 장애나 결핍으로 인해 학습상황에서 부진을 나타내는 현상이라고 볼 수 있다.

⑤ 학업문제 부진아의 일반적인 진단기준 24 기출
  ㉠ 가정이나 학교에서 자신에게 부과된 개인적 책임을 지속적으로 미루는 경향이 있다.
  ㉡ 자신의 학업 수행에 대해 과대평가하는 경향이 있다.
  ㉢ 자아와 자신의 미래에 대한 성찰이 결핍되어 있다.
  ㉣ 자신보다 타인에 대해 보다 많은 책임감을 가진다.

> **지식 IN**
>
> **선수학습과 학업성취** 18 기출
> - 선수학습이란 그 이전까지 배운 내용, 즉 앞서 받았던 학습내용을 말한다.
> - 선수학습 결손은 해당 학년의 교과학습에 어려움을 초래할 수 있다.
> - 선수학습 결손으로 인한 학업미성취는 누적된 학습결손이 주 원인이다.
> - 학년이 올라가면서 학습 결손도 누적되므로, 상급학교로 갈수록 선수학습의 중요성은 높아진다.
> - 수학은 위계성이 높은 과목이어서 선수학습이 결손되면, 새 단원을 공부할 때 어려움을 겪는다.
> - 선수학습이 부족한 경우에는 학습전략을 배울 뿐만 아니라 선수학습의 결손이 어느 시점부터 일어났는지를 잘 진단하여 이에 대한 보완책과 함께 학습전략을 사용할 수 있도록 해주어야 한다.

(2) 학습부진의 특성 14 16 기출

① 인지적 특징

㉠ 주의력이 부족하며, 흥미의 범위가 좁고 상상력·창의력·사고력이 부족하다. 읽기 능력도 생활연령에 비해 뒤떨어진다. 파지력과 기억력이 부족하고, 상상을 전달하는 능력이 부족하며, 시간과 공간을 국지적으로 지각하고, 창의성·손기능·인내력·주의집중력·추리력·정의감·분석력이 부족하다. 학습의 흥미와 태도가 정상아보다 낮고, 장래에 대한 기대점수도 낮으며, 자아개념도 부정적이다.

㉡ 학습부진아는 시청각 지각과 기억력에서 낮은 경향을 보이며 중요하지 않은 정보를 회상하는 데는 별다른 차이를 보이지 않으나, 중요한 정보를 회상하는 데는 정상아보다 뒤떨어진다. 중요한 개념을 고무시키는 유도질문이 있는 경우는 중요한 정보를 기억하는 데 정상아와 차이를 보이지 않으나, 유도질문이 없는 경우는 비교집단보다 성취가 낮다. 장기기억에서는 정상아에 비해 별다른 차이를 보이지 않지만, 단기기억에서는 부진아가 정상아보다 낮은 경향을 보인다.

㉢ 기초적인 학습기능이나 학습전략이 부족하고, 심리검사 시 검사자에게 자신이 잘 모른다는 사실이 드러나는 것을 매우 꺼리며, 자신감이 부족하여 자신이 한 답을 자주 수정하는 태도를 보인다. 학습장애아가 어느 특정 영역의 수행에서 지체 현상을 보이는 것에 비해, 학습부진아는 국어, 수학을 포함한 전 영역에서 뒤떨어진다.

② 정의적 특징

㉠ 자극에 대한 반응시간이 늦다. 자신에 대한 상실감을 지니기 어려우며, 불안과 수줍음이 많고, 잘 복종하고, 자기 판단력이 결여되어 새로운 상황이나 인물에 대한 적응력이 부족하며, 충동적으로 행동하고 결과에 대한 조급한 기대감을 지닌다.

㉡ 학습부진아의 귀인성향은 우수아에 비해 내적 귀인을 덜하는 것으로 나타난다. 학습부진아는 과제의 수행결과에 대한 원인귀속을 자신이 통제할 수 없는 외적 환경으로 돌리는 경향이 많다. 즉, 학습자는 실패의 원인이 자신의 통제권 외에 있다는 사실을 지각하고 이러한 지각에 근거하여 앞으로의 성취기대감을 지닌다. 그 결과 학습자의 학업성취는 저조해진다.

㉢ 사회성과 학습동기가 부족하고 자아개념이 낮다. 무관심, 억압, 자기 비하, 태만, 무책임, 신뢰 상실을 보인다. 정서적·사회적으로 미성숙을 보이고, 열등감이 있으며 *감정부전장애(Dysthymia)라는 만성 우울증적 경향이 있다.

> **감정부전장애**
> 비교적 가벼운 우울증으로, 기분 좋지 않은 상태가 장기간 지속되어 일상생활에서 완전한 기능을 하는 것을 방해하는 것을 말한다.

ⓔ 오락과 같은 말초적인 자극 외에 자기 나이에 맞는 활동에는 거의 흥미를 느끼지 못하고 의욕이 없으며, 쉽게 피곤해져 집중력이 떨어지고 자신감이 없어 어떤 결정도 자신이 제대로 내릴 수 없으며, 자신의 앞날에 대한 기대나 희망이 없다.

③ 환경적 특징
ⓞ 부모의 훈육태도가 지시적·강요적이며, 가정 내의 추상적 언어 사용이 부족하고, 학습결과에 대한 피드백이 부족하거나 과잉행동을 요구받는다.
ⓛ 불안정한 가족 분위기가 조성되어 있고, 부모의 과잉기대 경향이 강하다. 가족 간의 정서적인 공감대 형성이 부족한 상태에서 공부로 압박을 받는다.
ⓒ 학교의 제반 시설이 충분히 마련될 경우 학업성취의 가능성이 높아진다.

(3) 학습부진 요인

① 통합적 접근

능력 요인	지능, 기초학습기능, 선수학습, 적성, 인지양식
인지 요인	공부에 대한 태도·동기, 부모의 기대에 대한 지각, 공부와 관련된 비합리적 신념
정서적 요인	우울(학습된 무기력), 불안, 성취압력으로 인한 스트레스
행동적 요인	학습 전략, 공부시간
환경적 요인	물리적 환경, 심리적 환경(부모/또래/교사와의 관계, 형제 경쟁)

② 학습부진의 요인 분류 16 18 22 기출

개인 변인	변화	기초학습기능, 선수학습, 학습동기, 학습전략, 성격, 공부에 대한 태도, 부모에 대한 지각, 불안, 우울, 비합리적 신념, 자아개념, 공부시간
	불변	지능, 적성, 기질, 인지양식
환경 변인	변화	부모와의 관계, 부모의 양육태도, 성취압력, 또래관계, 교사와의 관계, 형제와의 경쟁
	불변	부모의 지위변인, 가족구조의 변화, 학교 풍토, 교육과정, 교사의 교수법, 학습과제, 학교시설, 시험형식, 경쟁구조, 사교육

(4) 학습부진 학생을 위한 수업 전략

① 적응수업전략
ⓞ 학습부진아가 이해할 수 있는 수준으로 수업시간에 도달해야 할 학습목표를 제시한다.
ⓛ 수업진행에 대한 안내를 위하여 각 단원별 또는 차시별 수업 개요를 제시한다.
ⓒ 전문적인 어휘 목록이나 추상적인 개념에 대한 해설자료 등을 제공한다.
ⓔ 학습부진 학생의 수준에 맞는 적절한 가정학습 과제를 제공한다.
ⓜ 특별교재 또는 학습자료를 활용한다.
ⓗ 학습계획서를 작성해 주고 계속 점검한다.
ⓢ 정보의 확인, 분석, 저장, 기억 방법, 독서 방법, 시험 준비, 노트필기 방법 등 학습기술을 지도한다.

② 교정수업전략
ⓞ 학습을 방해하거나 장애가 되는 결함과 약점 등을 제거하는 데 중점을 둔다.

ⓒ 학습부진 학생의 잘못된 학습 습관을 확인할 수 있고, 이를 수정할 수 있다는 가정하에 학습자를 변화시키는 데 관심을 갖는다.
　　ⓒ 교정수업 전략에서는 학습부진아에 대한 개인별 진단이 중시되며, 진단결과에 따라 학습과제 및 적절한 프로그램이 주어진다.
　③ **목표설정전략** 15 기출
　　㉠ 학습부진학생의 경우 비현실적 목표를 세우거나 목표달성에 대한 내적인 통제력이 부족한 것이 특징이므로, 목표를 세울 때는 특히 현실적이고 구체적인 단기목표를 세워서 목표달성 성공경험을 확대하는 것이 필요하다.
　　㉡ 공부 이외에 몰입하고 있는 활동도 참고하여 목표설정 전략에 반영하는 것이 바람직하다.
　　㉢ 단기목표는 SMART 원칙에 따라 구체적이고(Specific), 목표달성을 측정할 수 있으며(Measurable), 목표행동으로 표현되고(Actionable), 현실적이며(Realistic), 목표달성기간(Time-Frame)이 정해져 있는 것이 좋다.
　　㉣ 장기목표와 단기목표 설정을 모두 촉진해야 한다. 즉, 장기목표를 달성할 수 있는 단기목표를 설정하여 장기목표를 달성할 수 있도록 해야 한다.

(5) 학습부진 학생의 상담 15 기출
　① 다른 문제가 병존하는 경우 병존하는 다른 문제 혹은 더 시급하게 다루어야 하는 원인은 없는지 살펴보아야 하며, 시급한 문제가 먼저 어느 정도 해결되고 난 후 학습문제를 다루어야 한다.
　② 더욱 직접적으로 학생이 현재 어떤 방법으로 공부하고 있는지, 강·약점이 무엇인지 알아보기 위해 학생이 공부하는 과정을 상담 장면에서 재연해보도록 하거나 공부한 자료(책, 공책, 문제집 등)를 가져오도록 하여 점검해 볼 수도 있다.
　③ 자신있는 과목에 먼저 학습전략을 적용하고, 꾸준히 공부하는 시간을 갖도록 하여 성과를 우선 경험하게 한다. 이런 과정에서 갖게 된 자신감을 기반으로 하여 취약한 과목을 어떤 방법으로 보충할지에 대한 전략을 세워보게 하고, 이를 꾸준히 실천할 수 있는 장·단기 계획을 세워보게 한다.
　④ 학습방법에 대한 진단검사나 현재 상태를 객관적으로 알 수 있는 심리검사 등을 통해 막연한 혹은 이상적으로 생각하는 자신의 모습이 아니라 더 현실적인 자신의 모습을 알 수 있도록 한다.
　⑤ 부모와 자녀가 서로에 대한 감정을 표현하는 연습을 하고, 어느 정도 마음 열고 이야기하는 것이 시작되었다면, 이제 서로에 대해 기대하는 것 혹은 바라는 것이 무엇인지 구체화해보도록 한다. 막연한 기대나 비현실적 기대는 자칫 서로에 대한 실망감과 분노로 이어질 수 있다.
　⑥ 구체화하는 방법으로는 척도질문을 활용하거나 서로 원하는 것을 목록으로 적은 다음, 구체적으로 그 의미를 설명하도록 하는 방법 등을 사용한다.

(6) 학습과진아와 학습부진아의 특성(R. Taylor) 16 17 19 기출
　① 학습과진아
　　㉠ *학습과진아는 불안이 낮으며, 목표를 달성하기 위한 내적 통제력과 긴장감을 가진다.
　　㉡ 학습과진아는 학업 지향적이며, 목표를 세울 때 현실적이고 성공 가능한 것을 선택한다.

> **학습과진아**
> 적성평가에 의해 기대되는 수준보다 높은 성취수준을 나타내는 아동을 말한다.

ⓒ 학습과진아는 자신을 수용하고, 낙관적이며, 자기신뢰감이 있다.
ⓔ 대인관계에서 적응적이며, 성인과 비교적 원만한 관계를 유지한다.
② 학습부진아
㉠ 사회지향적이며, 자기비판적이고 부적절감을 느낀다.
㉡ 불안수준이 높은 편이며, 목표에 대해 비현실적이다.
㉢ 대인관계에 있어 거절감이나 고립감을 느끼기 쉽고, 무관심하거나 비판적이다.
㉣ 학습과진아에 비해 의존감과 독립의 갈등을 더 겪는다.
㉤ 성인과의 관계에서 회피하거나 적대감을 가진다.

CHAPTER 02 학업 관련 요인

중요도 ★★★

핵심포인트

학업문제와 요인, 지능과 학업성취도, 뇌의 기능, 기초학습기능검사, 학습전략, 학습동기 이론, 기대-가치 이론, 자기효능감 이론, 목표와 목표지향 이론, 귀인이론, 흥미, 강화와 처벌, 자아개념, 내외적 동기, 켈러(Keller)의 ARCS 이론, 좌절대처 전략, 학습환경의 유형, 학습문제의 원인, 학업성취 격차 분석이론

01 개요 16 17 기출

(1) 학업문제와 요인
① 학업문제는 드러나는 형태가 다양하고 학생의 학교생활에 미치는 영향력이 크며, 학업문제가 또 다른 문제를 파생할 수 있다.
② 학업문제는 여러 가지 요인들이 관여하는데, 상담자는 학생에게 어떤 요인으로 인해 학업문제가 발생하는지 정확하게 이해해야 한다.

(2) 학업관련 요인의 분류 22 기출

인지적 요인	지능, 기초학습능력, 선행학습 수준, 학습방법 및 전략 등
정의적 요인	학습에 대한 동기와 흥미, 자아개념, 불안 등
환경적 요인	가정, 학교, 친구 등

02 인지적 영역

(1) 지능 15 16 기출

① 정의
  ㉠ 웩슬러(Wechsler) : 지능은 개인이 합목적적으로 행동하고 합리적으로 사고하며, 환경을 효율적으로 다룰 수 있는 총체적인 능력이다.
  ㉡ 비네(Binet) : 지능은 판단 또는 양식, 실용적 감각, 창의력, 상황에의 적응능력을 의미한다.
  ㉢ 가드너(H. Gardner)의 다중지능 이론 20 기출
    • 지능을 하나의 일반 지능으로 기술하는 것을 비판하였다.
    • 석학증후군(Savant Syndrome, 서번트 신드롬 : 지능이 떨어지지만 특정 분야에서 뛰어난 재능을 보이는 현상)은 지능이 독립되어 있다는 증거가 된다.

- 8개 다중지능(언어, 논리-수학, 시각-공간, 신체운동, 음악, 대인관계, 개인 내적, 자연탐구)으로 구성하였다.

② **지능과 학업성취도** 18 23 기출
  ⓐ 연구(설외숙, 1982)에 의하면 성격, 지능, 가정환경의 3가지 요인이 함께 작용한 학업성취도에 대한 예언변량은 40~60%였고, 특히 이 세 변인 중에서도 지능변인이 학업성취도와 가장 높은 상관관계를 보였으며, 가정환경과 성격 순으로 상관정도가 감소되었다.
  ⓑ 지능과 학업성취도는 저학년일수록 높고, 상급학년으로 갈수록 그 정도가 낮아진다.
  ⓒ 지능과 학업성취도는 수학계열, 국어계열, 과학계열 순으로 지능과의 상관관계가 높고, 예체능계열과 선택과목은 상관관계가 낮다.
  ⓓ 성적부진 문제를 호소하는 학생들을 상담하려면, 개인용 지능검사를 실시하여 학생의 지적 기능에 대한 더 정확하고 풍부한 정보를 확보하고, 잠재적 학습능력보다 학업성취 수준이 저조한 것인지 여부부터 확인해야 한다.
  ⓔ 개인용 지능검사는 검사자와 피검사자가 1:1로 검사하는 형태로, 비네-시몽 검사, 고대-비네 검사, 웩슬러 지능검사 등이 있다.
  ⓕ 웩슬러 지능검사를 통해 언어성 지능지수와 동작성 지능지수를 산출할 수 있다.
  ⓖ 지능점수를 통해 학생의 인지적 강점 및 약점을 파악할 수 있으며, 상담자는 내담자의 지능을 객관적으로 이해할 필요가 있다.
  ⓗ 지능이 주는 영향력은 크지만, 학업성취를 100% 예측하는 것은 아니다.
  ⓘ 지능의 객관적 측정 결과 못지않게 지능에 대한 학습자의 주관적 인식도 학습 태도에 많은 영향을 준다.
  ⓙ 지능검사의 결과를 활용할 때 지능에 대한 과대 또는 과소평가를 주의해야 한다.

③ **뇌의 기능** 15 16 기출

우반구	시공간과 관련된 지각능력, 운동능력, 정서기능 등을 담당한다.
좌반구	논리, 지적 사고와 같은 언어기능을 담당한다.
전두엽	주의, 계획, 사고 기능과 발성 등 운동 언어 기능을 담당하는 브로카 영역이 있으며, 브로카 영역이 손상된 환자에게서 운동성 실어증이 나타난다.
두정엽	감각정보의 통합 및 판단을 담당하며, 다양한 형태의 감각정보를 통해 사물을 인식한다.
측두엽	베르니케 영역이라고 하는 부위에서 언어 이해를 담당하며, 손상되면 글을 읽거나 말의 의미를 파악하는 데 심각한 어려움을 경험한다.
후두엽	시각정보를 분석하고 통합하는 역할을 수행한다.

(2) 기초학습기능검사

① **의 의**
  ⓐ 기초학습능력은 학과목에 관계없이 학업성취 전반에 영향을 미치는 중요한 요인이다.
  ⓑ 기초학습능력이 충분히 확보되지 않은 상태에서는 지속적인 학습부진을 극복하기 어렵다.
  ⓒ 내담자에게 기초학습의 결손이 있다면 무엇보다 결손된 기초학습을 보충해야 한다.

② 활 용
　㉠ *기초학습기능검사는 개인용 표준검사로 아동의 학습수준이 정상과 어느 정도 떨어지는지 알아보거나 학습 집단 배치에서 어느 수준의 아동집단에 들어가야 하는가를 결정하기 위한 것이다.
　㉡ 구체적인 개별화 교수안을 짜기 위한 목적으로 활용될 수 있다.

> **기초학습기능**
> 읽기, 쓰기, 말하기, 셈하기, 정보처리 등 학습을 수행하기 위해 가장 기본적으로 갖추어야 할 기초적인 학습 능력의 기능 여부를 말한다.

③ 구 성
　㉠ 기초학습기능검사의 검사대상 아동은 유치원부터 초등학교 6학년까지이다. 이 검사는 학년규준과 연령규준을 갖춘 개인용 학력검사라는 특징을 갖는다.
　㉡ 이 검사는 정보처리 기능과 언어 기능 및 수 기능을 측정하도록 구성되어 있으며, 모두 학교학습에 기초가 되는 기능이다.
　㉢ 학생이 얻은 점수는 유치원 및 초등학교 과정의 학년 수준을 측정할 수 있는 내용이기도 하다.

03 정의적 영역

(1) 학습동기 이론 14 21 기출

① 의 의
　㉠ 학습동기는 지능 다음으로 학업성취도에 큰 영향을 미치는 중요한 요인이다. 즉 지능은 낮지만 학습동기가 높은 학생들은 비교적 높은 성적을 보이는 반면, 지능은 높지만 학습동기가 낮은 학생들은 성적이 낮다.
　㉡ 많은 학생들이 스스로 공부가 즐겁거나 자신에게 의미가 있어서 하기보다는 부모와 주위의 기대나 압력에 못 이겨 공부를 하고 있고, 상담실을 찾는 내담자들은 더욱 그럴 가능성이 크다. 대부분의 내담자들은 학습에 대한 동기가 낮고, 공부를 왜 해야 하는지 모르고, 부모님의 기대에 대해 강한 압박감을 느끼고 있는 경우가 많다.

② 특 징
　㉠ 학습동기는 목표지향적인 행동이 활성화되고 지속되는 과정이다(Pintrich & Schunk).
　㉡ 동기는 직접 관찰될 수 없기 때문에 과제선택, 노력, 지구력, 언어진술과 같은 행동으로부터 유추할 수 있다.
　㉢ 동기는 행동 추진력의 방향이 되는 목표를 포함한다.
　㉣ 동기는 신체적 활동이나 정신적 활동을 필요로 한다. 신체적 활동으로는 노력, 지구력을 포함한 다른 외현적 행동들이 있고, 정신적 활동으로는 계획세우기, 시연, 조직화, 점검, 의사결정, 문제해결, 평가 등이 있다.
　㉤ 동기의 신체적·정신적 활동은 목표달성에 활용된다.
　㉥ 동기유발된 활동은 지속된다.

③ 학습과 동기유발의 4가지 기능

활성적 기능	동기는 행동을 유발하고 지속해 주며, 유발한 행동을 성공적으로 추진하는 힘을 준다.
지향적 기능	행동은 환경 속에 있는 대상을 향해 전개되는 경우가 많다. 행동의 방향을 어느 쪽으로 결정짓느냐는 동기에 따라 달라진다.
조절적 기능	선택된 목표 행동에 도달하기 위해서는 필요한 다양한 동작이 선택되고 이를 수행하는 과정을 겪는다. 이는 다양한 분절 동작을 선택하고 수행하는 과정의 동기이다.
강화적 기능	행동의 수행이 유기체 행위자에게 어떠한 효과를 미치는가에 따라 그 행동이 일어날 확률이 증가하기도 하고 감소하기도 한다.

④ 학습동기를 가능하게 만드는 원인에 대한 이론적 접근으로 크게 기대-가치 이론, 자기효능감 이론, 목표와 목표지향 이론, 귀인 이론 등이 있다.

(2) 기대-가치 이론

① 의 의

기대-가치 이론은 자신이 학습을 통하여 성공할 것이라는 기대와 그 성공에 대하여 자신이 부여하는 가치를 곱한 것만큼 학습동기가 생긴다는 관점이다.

② 성취동기 14 기출

㉠ 맥클랜드(McClelland)와 앳킨슨(Atkinson)은 성취 행동을 다가서려는 경향(성공에 대한 기대 = 성공추구동기형)과 물러서려는 경향(실패에 대한 두려움 = 실패회피동기형) 사이의 갈등으로 표현했다.

$$Ta(성취동기) = Ts(목표에 다가서려는 경향) - Taf(실패를 피하려는 경향)$$

㉡ 머레이(Murray)는 인간의 27가지 심리 발생적 욕구 중 하나로 성취동기를 제안하였다.

㉢ 성취동기가 높은 학생은 중간 정도 난이도의 과제, 즉 달성 가능하면서도 성취감을 느낄 수 있는 과제를 선택할 것이다. 이 말은, 너무 쉽기 때문에 성공이 보장된, 그래서 성취감을 거의 주지 않는 과제와 성공할 가능성이 희박한 어려운 과제는 회피할 것이라는 의미이다.

㉣ 성취동기가 낮은 학생은 아주 쉬운 과제와 아주 어려운 과제를 선택할 것이다. 아주 쉬운 과제는 별로 노력을 기울이지 않고도 성취할 수 있기 때문이고, 아주 어려운 과제는 성공 가능성은 희박해도 실패에 대한 변명이 가능하기 때문이다.

③ 과제가치

㉠ 과제가치란 교과목의 내용에 대한 흥미 및 교과목의 중요성과 관련한 학생들의 지각을 말한다.
㉡ 과제가치에는 내재적 가치와 실용적 가치가 있다.

내재적 가치	학생들이 과제에 참여함으로써 느끼는 만족과 기쁨에 영향을 준다.
실용적 가치	과제와 자신에 대한 미래의 목표와의 관계를 의미한다.

(3) 반두라(A.Bandura)의 자기효능감 이론 18 19 20 21 23 기출

① 어떤 특정한 과제를 수행할 때 필요한 일련의 행동을 조직하고 완성하는 자신의 능력에 대한 믿음인 *자기효능감에 따라서 학습동기가 좌우된다는 관점이다.

✅ **자기효능감**
어떤 상황에서 적절한 행동을 할 수 있다는 기대와 신념을 말한다.

② 학업적 자기효능감은 학습자가 학업적 과제의 수행을 위해 필요한 행위를 조직하고 실행해 나가는 자신의 능력에 대한 판단이라고 정의된다.
③ 지각된 유능감(Competency)에 비해 더 구체적이고 상황적인 특성이 있다고 할 수 있다.
④ 사고과정에 대한 자기조절, 동기 그리고 정서적·생리적 상태와도 관련되어 있다.
⑤ 학업적 자기효능감이 높아지면 학습동기 향상에 도움이 된다.
⑥ 자기효능감이 높을수록 어렵고 도전적인 목표를 선호한다.
⑦ 자기효능감은 자기가치에 대한 평가 결과로 얻어지는 자존감과 구별된다.
⑧ 자기효능감에 영향을 미치는 요소와 원인 18 기출

요소	원인
과거의 성과 (성공경험)	비슷한 과제에 대한 과거의 성과 경험은 다음 과제에 대한 자기효능감을 증가한다. [예] 성공적인 보고서 작성 경험은 다음 보고서에 대한 자기효능감을 증가한다.
모델 관찰 (대리경험)	모델이 될 만한 사람을 관찰하는 것은 높은 기대 수준과 기술을 배우게 한다.
언어적(사회적) 설득	교사와 같이 학생에게 중요한 사람이 언어적으로 설득하는 말을 하는 것을 말한다. [예] "네가 좋은 보고서를 제출할 것이라 생각한다."
생리적·정서적 심리상태	• 피로, 배고픔과 같은 생리적 요소, 걱정과 같은 심리상태 등이 과제 집중을 방해하여 결국 자기효능감을 감소한다. • 개인이 느끼는 각성의 질에 따라 자기효능감이 달라지며, 각성이 불안이 아닌 정도이면 자기효능감이 높아진다.

> **지식 IN**
>
> **결과기대**
> • 행동한 결과로 획득할 수 있는 무언가에 대한 기대나 특정 과업을 완수했을 시 자신과 자신을 둘러싼 주변에 발생할 일을 평가하는 것을 말한다.
> • 결과기대는 자신이 하는 어떤 행동이 어떤 결과를 초래하리라는 사실을 알면서도 그와 같은 행동을 성공적으로 할 수 있을 것인지를 확신할 수 없으면 그러한 기대에 맞춰 행동하지 않기 때문에 앞으로 수행할 행동이 성공적이라는 것에 대해 확신하는 자기효능감과 구별해야 한다.

(4) 목표와 목표지향 이론

① 의 의
학생이 어떤 목표를 가졌는지가 학습동기에 지대한 영향을 미친다. 사람의 생각은 자신의 목표, 즉 개인이 이루고자 하는 성과 또는 성취하려는 희망을 반영한다. 이러한 각 학생의 목표는 그들의 동기와 학습에 영향을 미친다.

② 성취목표이론 21 22 기출
   ㉠ 성취동기이론의 목표지향성 개념에서 발전한 이론으로 '목표지향성이론'이라고도 한다.
   ㉡ 목표는 과제수행에 주의 집중시키고, 목표달성을 위해 노력하게 하며, 효율적인 전략을 선택하게 하는 동기의 속성이 있다.
   ㉢ 성취목표지향성은 숙달목표(Mastery Goal) 지향성과 수행목표(Performance Goal) 지향성으로 분류하는데, 숙달목표는 과제 자체나 개인의 성장을 기준으로 개인의 유능성을 정의하고, 수행목표는 타인과의 비교를 통해 개인의 유능성을 정의하는 것이다.
   ㉣ 수행목표와 숙달목표(드웩, C. Dweck)

수행목표 지향	• 능력에 대한 실체이론을 수용하여 지능에 대한 고정신념(실체론적 신념, Entity View of Intelligence)을 가지고 있다. • 자신의 능력이 다른 사람의 능력과 어떻게 비교되느냐에 초점을 맞추며, 타인과의 상대적 비교를 기준으로 성공 여부를 판단한다. • 학습과정보다 학습결과에 더 관심을 가지며, 타인과의 경쟁에서 이기는 것을 목표로 한다. • 과제수행 실패 시 자기능력 부족으로 귀인하는 경향이 있고, 불안감을 많이 경험한다. • 자신의 유능함을 보여줄 수 있는 과제나 무능함을 감출 수 있는 과제를 선택하는 경향이 있다. • 피상적이고 단기적인 학습전략을 선호한다. • 수행평가가 동기에 미치는 영향으로, 수행접근지향(자신의 능력을 보여주고 싶어 하는) 학생은 자신감이 있고 자기효능감이 높은 경향이 있지만, 반대로 수행회피목표를 가진 학생은 자신감이 부족하고 낮은 자기효능감을 가지기 쉽다. • 수행회피지향을 가진 학생이 수행목표를 가지면, 그들의 학습동기는 심하게 손상될 수 있다.
숙달목표 (학습목표) 지향	• 능력에 대한 증가이론을 수용한다. • 과제의 숙달, 향상, 이해 증진에 중점을 둔다. • 매우 바람직한 학습목표를 가진 학생은 자기효능감이 높다. • 이들은 어려움에 끈질기게 직면하고 성공은 내적이고 통제 가능한 원인에 기인한다고 생각함으로써 도전적인 학습상황을 받아들이고, 구체적인 질문과 요점 정리 같은 효과적인 전략을 사용한다. • 숙달목표를 가진 학생의 경우 정규수업이 끝난 후에도 학습에 지속적인 관심과 노력을 기울인다.
비 고	• 학생들이 학교에 다니면서 수행목표지향은 점차 증가하지만, 숙달목표지향은 감소하는 경향이 있다. • 교사들이 학생들에게 좋은 대학을 가려면 좋은 점수를 얻어야 한다든지 시험이나 작문에서 학생들의 점수 차이를 말함으로써 의도하지 않게 수행목표지향을 부추기기도 한다.

   ㉤ 목표의 유형(에임스, C. Ames)
     • 숙달목표와 수행목표

숙달목표 (접근/회피)	• 숙달접근목표 : 과제의 숙달, 학습과정 및 학습활동의 이해 등 학습의 내재적 가치에 초점을 맞추며 새로운 지식을 획득하려는 성향이다. • 숙달회피목표 : 과제를 숙달하지 못하는 것을 회피하는 것에 초점을 맞추는 것으로, 하나도 틀리지 않으려는 성향이다(완벽주의).
수행목표 (접근/회피)	• 수행접근목표 : 남들보다 유능해 보이는 것에 초점을 두는 것으로, 경쟁에서 이기고 집단 내에서 최고가 되려 하고 자신의 능력을 과시하려는 성향이 있다. • 수행회피목표 : 남들보다 무능해 보이는 것을 회피하려는 데 초점을 맞추는 것이다. • 수행접근목표 지향 학습자(자신의 능력을 보여주고 싶어 하는 자)는 자신감이 있고 높은 자기효능감을 보이는 경향이 있지만, 반대로 수행회피목표 지향 학습자는 자신감이 부족하고 낮은 자기효능감을 가지기 쉽다.

- 사회적 목표
  - 사회적 목표는 타인과의 관계에서 형성되는 것으로, 사회적 상호작용을 하거나 자신의 집단에서 책임을 다하려는 목표를 말한다.
  - 선생님이나 또래의 동의를 구하는 것, 또래에서 지위를 얻는 것, 약속을 존중하는 것, 다른 사람을 지지해 주는 것이 있으며, 이것이 때로 동기를 강화 또는 약화한다.
  - 이 목표들은 학습을 도울 수도 있고 방해할 수도 있다.
- 과제회피 목표
  - 배우기를 원하지도 않고 유능해 보이기를 원하지도 않으며, 단지 과제를 회피하려는 학습자이다.
  - 이들은 열심히 노력할 필요가 없거나 과제가 쉽거나 또는 게으름을 피울 수 있을 때 성공적이라고 느낀다.

> **지식 IN**
>
> **셀리그만(M. Seligman)의 학습된 무력감(Learned Helplessness)** 22 23 기출
> - 자신이 통제할 길이 전혀 없는 스트레스를 오랜 기간 받거나 계속해서 실패할 경우, 반복된 실패 경험이 상황에 대한 통제성 상실을 초래한 상태이다.
> - 자신이 할 수 있는 통제에 대한 지각을 인지적으로 왜곡한다.
> - 위와 같은 이유로 상황을 개선하고자 하는 의지를 상실하거나 결과를 통제하려는 동기가 감소한다.
> - 반응과 혐오적인 결과 간에 수반성이 확실히 없음을 학습하는 것으로, 행동과 그 결과 사이에 관련이 없다고 인식될 때 나타난다.
> - 통제 불가능한 상황에서 혐오자극의 반복적 노출로 발생할 수 있다.
> - 수행지향성이 높은 사람에게 나타날 가능성이 높고, 이들은 실패를 능력 부족으로 생각한다.
> - 무기력을 가져오는 핵심적인 신념을 바꾸는 방법 등으로 치료·극복할 수 있다.

③ 로크와 라뎀(F.A. Locke & G.P. Latham)의 목표설정이론
  ㉠ 개인이 의식적으로 얻기 위해 설정한 목표가 개인의 동기와 행동에 영향을 미친다는 이론이다.
  ㉡ 개인은 목표를 달성하기 위해 의식적으로 그 행동을 조절하므로 목표를 설정하는 것은 인간의 동기와 행동에 모두 효과적이라는 것이다.
  ㉢ 목표의 3가지 조건 17 18 23 기출
    - 근접성 : 지나치게 먼 장래에 이루어질 수 있는 목표가 아니라 가까운 시일 내에 이룰 수 있는 단기 목표의 형태를 말한다.
    - 구체성 : 막연하고 모호한 형태가 아니라 구체적으로 명확한 형태를 말한다.
    - 난이도 : 상당히 어렵게 느껴지지만, 학습자의 능력 범위 안에서 도달 가능한 정도의 형태를 말한다.
  ㉣ 목표 헌신(Goal Commitment)
    - 목표를 달성하겠다는 결정 및 이를 추구하기 위해 지속적인 노력을 유지하는 것이다.
    - 로크는 목표설정에 있어 목표 헌신을 중요시하여, 목표에 대해 학습자의 헌신이 없으면 유의미한 성과를 이룰 수 없다고 하였다.

ⓜ 학습목표 설정에 대한 학습자의 헌신(Commitment)에 영향을 주는 요인 22 기출
- 사회적 환경요인 : 인센티브와 같은 보상 구조나 롤 모델에 대한 역할 모델링, 단체의 규범, 그룹과 동료의 목표 등
- 개인적 요인 : 이전 수행 능력, 자기효능감, 귀인성향, 목표가 가지는 가치에 대한 신념, 개인이 가진 기술의 수준 등(특히 자기효능감이 가장 큰 영향을 끼침)

(5) 귀인이론 14 16 21 기출

① 의의
  ㉠ 와이너(Weiner)가 체계화한 인지주의적 학습이론으로, 인간 행동의 원인이 개인의 특성 및 환경이 아닌 자신이 어떻게 생각하느냐에 따라 달라진다는 관점에서 출발한다.
  ㉡ 귀인이론은 성공이나 실패에 대해 자신의 행동에 대한 원인을 귀속하는 경향성에 대한 이론이다.

② 기본 가정
  ㉠ 사람들은 자신의 성공 또는 실패의 원인을 알고자 하는 특성이 있다.
  ㉡ 그들은 성공 또는 실패를 자신의 과업수행 중에 있었던 특정한 어떤 일의 탓으로 돌린다.
  ㉢ 행운 및 불운, 과업의 난이도, 호의적·적대적 인간관계, 자신이 어려워하는 일, 자신이 가지고 있는 능력의 정도 등이 주요 요소가 된다.
  ㉣ 와이너는 원인에 대한 주요 요소들을 분석하여 사람들이 자신의 실패나 성공의 원인으로 가장 많이 귀인하는 '능력', '노력', '운', '과제 난이도'라는 4가지 요소를 설정하였다.

능력	"난 원래 머리가 좋으니까 100점 맞은 거야! 이 결과는 당연한 거야!"
노력	"수업시간에 열심히 필기하고, 꾸준히 예습과 복습을 했더니 점수가 잘 나왔네."
운	"다 찍었는데 운이 좋아서 100점을 맞았네."
과제 난이도	"이번에는 선생님이 문제를 쉽게 내서 점수가 잘 나왔네!"

③ 귀인의 3가지 차원 16 18 기출

통제(원인)의 소재	• 어떤 일의 성공이나 실패에 대한 책임을 내적인 요인에 두어야 하는지 외적인 요인에 두어야 하는지에 대한 것이다. • 어떠한 결과에 대한 책임을 자신의 노력이나 능력으로 돌리는 경우, 이는 내적 요인으로 볼 수 있다. 이 경우에는 성공하면 자부심과 동기 증진을 가져올 수 있지만, 실패하면 수치감이 증폭된다. • 보통 자신의 실패를 자신이 통제할 수 없는 요인으로 실패했다며 외적으로 귀인할 때보다 자신의 능력 부족과 같이 내적으로 귀인할 때 더 큰 수치심을 느낀다. • 학업성취에 가장 큰 영향력을 끼치는 내적 귀인 요소는 노력이다. • 이에 비해, 어떠한 결과에 대한 책임을 과제의 난이도 혹은 운으로 돌리는 경우, 이는 외적 요인으로 볼 수 있다. 이 경우에는 성공하면 외부의 힘에 감사하지만, 실패하면 분노를 일으킨다.
안정성	• 어떠한 일의 원인이 시간의 경과나 특정한 과제에 따라 변화하는가의 여부에 따라 안정과 불안정으로 분류된다. • 노력은 자신의 의지에 따라 노력을 기울일 수 있으므로 불안정적 요인이다. • 반면에 능력은 비교적 고정적이므로 안정적 요인이다. • 안정성의 차원은 미래에 대한 기대와 관련되어 있다. 자신의 성공 또는 실패를 자신의 능력이나 시험의 난이도와 같은 안정적 요인에 귀인하면, 미래에 비슷한 과제에서도 유사한 결과를 기대할 것이다. 그러나 불안정적 요인에 귀인하면, 그 결과는 예측할 수 없다.

통제 가능성	• 그 원인이 의지에 의해 통제될 수 있느냐의 여부에 따라 통제 가능과 통제 불가능으로 분류된다. • 통제 가능성 차원은 자신감과 미래에 대한 기대와 관련이 있다. 높은 점수를 통제 가능한 요인으로 귀인하면 자부심을 느끼면서 다음에도 비슷한 결과를 기대할 수 있다. • 반면에 통제 불가능한 요인으로 귀인하면 "정말 운이 너무 좋았어!"라는 식으로 안도하며 앞으로도 그런 행운이 계속되기만 바랄 수밖에 없다. • 자신의 실패를 자신의 능력 부족 등의 내적인 요인, 통제 불가능한 원인으로 탓하고 자신의 삶을 자신이 통제할 수 없다는 생각을 가지면 학습된 무기력에 빠질 가능성이 높다.

④ 귀인과 각 차원과의 관계 15 18 23 기출

귀인 요소	원인소재	안정성 여부	통제 가능성 여부
능력	내 적	안정적	통제 불가능
노력	내 적	불안정적	통제 가능
과제 난이도	외 적	안정적	통제 불가능
운	외 적	불안정적	통제 불가능

⑤ 시험의 실패에 대한 귀인 14 18 기출

차원분류			실패 이유
원인소재	안정성	통제 가능성	
내 적	안정적	통제 불가능	적성에 맞지 않는다.
		통제 가능	절대 공부를 안 한다.
	불안정적	통제 불가능	시험 당일에 아팠다.
		통제 가능	해당 시험을 위해 공부하지 않았다.
외 적	안정적	통제 불가능	학교의 요구 사항이 너무 높다.
		통제 가능	교사가 편파적이다.
	불안정적	통제 불가능	운이 나빴다.
		통제 가능	친구들이 도와주지 않았다.

⑥ 귀인에 영향을 미치는 요인

㉠ 다른 사람과의 비교 정도 : 모든 학생들의 결과가 좋았다면 모두가 잘 했거나 채점상 융통성이 있는 것이므로 외적으로 귀인하는 반면, 한 명의 학생만 결과가 좋았다면 그의 능력이나 노력이 뛰어난 것이므로 내적으로 귀인한다.

㉡ 일관성 : 결과가 과거와 유사하다면 안정적 요인에 귀인하는 반면, 결과가 과거와 다르다면 불안정적 요인에 귀인한다.

㉢ 과거 성공·실패의 경험 : 과거에 이어 현재에도 연이은 실패는 학생에게 스스로의 능력을 낮게 인식하도록 함으로써 능력 부족에 따른 내적 요인으로, 성공하는 경우에는 운 등에 의한 것으로 인식하도록 함으로써 외적 요인으로 귀인한다.

㉣ 성별의 차이 : 남성의 경우 성공을 자신의 능력으로, 여성의 경우 실패를 자신의 능력으로 귀인하는 경향이 있다.

㉤ 연령의 차이 : 연령이 낮은 경우 자신의 능력을 스스로 높이 평가하는 반면, 연령이 높은 경우 자신의 능력을 스스로 낮게 평가하는 경향이 있다.

ⓗ 개인적 성향 : 성취 욕구가 높은 경우 내적으로 귀인하는 반면, 성취 욕구가 낮은 경우 외적으로 귀인하는 경향이 있다.
ⓢ 기타 : 사회적·문화적 원인, 교사의 태도, 행동의 독특성 등

(6) 흥미(Interest)

① 개인의 기질적 특성의 하나로 보는 관점이 있다.
② 교과내용, 학습방법 등과 같은 상황적-환경적 특성에 의해 생긴다(따라서 상황적-환경적 특성의 변화를 통해 학생이 공부에 흥미를 느낄 수 있는 방법을 개발하는 것이 필요하다).
③ 개인적 성향이 특이한 맥락과의 상호작용을 통해 심리적 상태로 활성화된다.
④ 흥미는 정서적인 측면보다 선행지식의 수준이나 가치부여 등의 측면이 더 강한 개념으로 볼 수도 있다(레닝거).
⑤ 하이디(Hidi)와 레닝거(Renninger)가 제시한 흥미발달 단계

단계	정의	필요한 자원의 유형	특징
제1단계 상황적 흥미의 촉발	정서적·인지적 과정으로 인한 단기간의 변화에서 야기한 심리적 상태	퍼즐, 모둠활동, 컴퓨터 등 흥미를 유발할 수 있는 환경적 조건	• 관심의 집중과 정서적 반응 • 초기에는 부정적인 정서반응이 나올 수도 있음
제2단계 상황적 흥미의 유지	관심이 촉발된 이후의 심리적 상태로, 집중과 관심을 유지하는 단계	협동학습과 일대일 학습 등 개인적으로 학습내용을 의미 있게 받아들일 수 있도록 교육적 환경을 조성함	• 관심의 집중과 정서적 반응 • 만일 부정적인 정서가 있다면, 개인적 흥미로 발전되기 전에 바뀌어야 함
제3단계 개인적 흥미의 등장	내용에 대한 지속적인 관심이 나타나 흥미가 개인의 성향이 되는 초기단계	또래나 전문가 등의 지원이 있기는 하지만, 스스로도 흥미를 갖게 되는 초기단계	긍정적인 관심과 내용 관련 지식의 축적이 이루어지며, 호기심 어린 질문을 하게 되는 초기단계
제4단계 개인적 흥미로 자리잡음	시간이 지나도 특정한 주제에 대해 지속적인 흥미를 보임	상당한 정도로 자발적 흥미를 보이며, 외적인 지원도 이를 유지하는 데 도움이 됨	긍정적 감정, 지식의 증가 및 축적, 자기조절 및 자기성찰의 증가

(7) 강화

① *강화자극(보상)이 따르는 반응은 반복되는 경향이 있으며, 조작적 반응이 일어나는 비율을 증가한다.
② 행동은 그 행동의 결과에 의해 지배를 받게 되어 유기체가 한 행동이 만족한 결과를 가져올 때 더욱 강한 행동의 반복을 가져온다.

> ✅ **강화**
> 행동주의에서 동기를 설명하는 핵심개념을 말한다.

③ 강화와 처벌
행동주의적 관점에서 학습동기는 강화와 처벌에 의해 조절될 수 있다.

강화	어떤 행동이 다시 발생할 반응 빈도를 증가하는 것 • 정적 강화 : 유쾌 자극을 제시하여 행동의 빈도를 증가하는 것 • 부적 강화 : 불쾌 자극을 철회하여 행동의 빈도를 증가하는 것
처벌	이전의 부적 행동의 빈도를 줄이는 것 • 정적 처벌 : 불쾌 자극을 제시하여 행동의 빈도를 줄이는 것 • 부적 처벌 : 유쾌 자극을 철회하여 행동의 빈도를 줄이는 것

④ 강화스케줄

계속적 강화		• 반응의 횟수나 시간에 상관없이 기대하는 반응이 나타날 때마다 강화를 주는 것이다. • 반응의 빠른 학습이 이루어진다. • 지속성이 거의 없으며, 반응이 빨리 사라진다. [예] 아이가 공부를 열심히 하는 경우 TV 시청을 허락하는 것
간헐적 강화	고정간격계획 (FI)	• 일정한 시간이 지난 뒤에 일어나는 특정한 첫 번째의 행동을 강화하는 것이다. • 지속성이 거의 없으며, 강화시간이 다가오면서 반응률이 증가하는 반면 강화 후 떨어진다. [예] 주급, 월급, 일당, 정기적 시험
	가변간격계획 (VI)	• 강화 시행의 간격이 다르지만 평균적으로 확인할 수 있는 시간 간격이 지난 후에 강화를 주는 것이다. • 느리고 완만한 반응률을 보이며, 강화 후에도 거의 쉬지 않는다. [예] 평균 5분인 경우 2분, 7분, 15분 정도에 강화를 줌
	고정비율계획 (FR)	• 어떤 특정한 행동이 일정한 수만큼 일어났을 때 강화를 주는 것이다. • 빠른 반응률을 보이지만 지속성이 약하다. [예] 옷 공장에서 옷 100벌을 만들 때마다 1인당 100만 원의 성과급을 지급함
	가변비율계획 (VR)	• 평균 몇 번의 반응이 일어난 후 강화를 주는 것이다. • 반응률이 높게 유지되며, 지속성도 높다. [예] 자동도박기계

(8) 자아개념

① 의 의

자아개념이란 자신을 어떤 사람이라고 지각하는가를 의미한다. 학업성취 결과는 학생들의 자아개념에 매우 큰 영향을 준다.

② 유 형

㉠ 학급 자아개념, 능력 자아개념, 성취 자아개념

학급 자아개념	학급에서 이루어지는 학업과 관련된 활동에 있어 자신에 대한 지각
능력 자아개념	학업에 관련된 잠재가능성에 대한 자신의 지각
성취 자아개념	실제 학업성취의 결과에 대한 지각

㉡ 긍정적 자아개념과 부정적 자아개념

긍정적 자아개념	성공적인 경험을 많이 한 경우는 긍정적인 자아개념이 형성되고, 긍정적인 자아개념은 이후 학습 상황에서 성공할 수 있는 가능성을 더욱 높여준다.
부정적 자아개념	실패 경험이 많은 사람은 부정적인 자아개념이 형성되고, 이후 실패의 기대를 하게 될 확률이 높으며 실제로도 실패할 가능성이 높아진다.

(9) 내·외적 동기 21 기출

① 공부 자체의 의미를 전혀 모르는 내담자라면, 우선 *외적 동기를 활용하여 학습에 대한 동기를 높이는 개입을 하면서 점차 학습에 대한 가치를 내면화하고, 학습 자체의 가치와 흥미를 경험하도록 *내적 동기를 높이는 개입이 이루어지도록 해야 한다.

> **외적 동기**
> 인간의 학습동기가 환경적 자극이나 보상 등에 의해 발생하는 것이다.

> **내적 동기**
> 학습 자체에 대한 흥미를 가지고 적정한 수준의 도전을 추구하고 숙달하려는 지향성을 말한다.

② 자기결정성 이론(E. Deci & R. Ryan) 15 16 17 기출
  ㉠ 개념
   • 자기결정성이란 자신의 행동을 조절·통제할 수 있다고 느끼는 정도를 의미한다.
   • 인간에게는 자기결정성이 존재하며 이것이 동기에 영향을 미친다고 본다. 즉, 자신이 스스로 가치를 부여한 목표라면, 그 목표를 성취하기 위한 행동을 더 적극적으로 수행한다는 것이다.
   • 학습자가 알맞은 사회 환경적 조건에 처해 있을 때 내재적 동기가 촉발되고 유능성, 자율성, 관계성의 기본적인 욕구가 만족될 때 내재적인 동기가 증진된다고 보았다.
  ㉡ 자기결정성이론에서 가정하는 3가지 기본심리욕구 20 기출
   • 유능성(Competence): 과제를 효율적으로 통제하며 성공적으로 수행하는 능력에 대한 욕구
   • 자율성(Autonomy): 외부 통제나 간섭 없이 스스로의 행동을 자율적으로 선택하고 결정하려는 욕구
   • 관계성(Relatedness): 다른 사람과 밀접한 정서적 유대와 애착을 형성하고 결과로 사랑과 존중을 얻으려는 욕구
  ㉢ 자기결정성 이론에서 상정하는 동기조절의 유형 18 21 22 24 기출

무동기		• 외부의 어떠한 유인이나 보상에도 동기화되지 못하고, 행동하려는 의지가 결핍된 상태로 행동을 하지 않거나 의도 없이 행동한다. • 기질적으로 인내력이 낮은 특성을 가지고 있다. • 학습동기가 내면화되지 않은 상태이다. • 학습된 무기력 상태에 있는 학습자들에게서 볼 수 있는 특성으로, 자신의 반응이 어떠한 영향도 미칠 수 없다는 것을 학습한 결과에 기인한다. • '공부를 왜 하는지 모르겠다'와 같은 진술에서 볼 수 있듯이, 무동기 상태에 있는 학습자들은 과제수행에 가치를 두지 않으며, 자신이 그 과제를 성공적으로 수행할 수 있을 것이라고 기대하지도 않는다.
외적동기	외적 조절	• 외적 보상이나 압력, 혹은 제약에 순응하기 위해 행동을 한다. • 이러한 행동은 자기결정이 전혀 포함되어 있지 않은 타율적 행동이다. • 학습자는 부모나 교사가 제공하는 외적 보상을 얻거나 벌을 피하기 위하여 과제를 수행한다.
	부과된 조절 (투사)	• 자신이나 타인의 인정을 추구하며, 죄책감이나 불안 혹은 자기 비난을 피하기 위하여 동기화된 행동을 한다. • 부과된 조절에 의해 동기화된 학습자는 교사가 자신을 좋은 학생으로 생각하기를 원하기 때문이라든지, 과제를 하지 않는 것을 스스로 용납하지 못하기 때문이라든지, 안 하면 수치스럽기 때문이라든지 등의 이유로 과제를 수행한다.
	확인된 조절 (동일시)	• 내적 흥미보다는 개인적 중요성이나 자신이 설정한 목표를 추구하기 위해 동기화된 행동이다. • 이전에는 외적으로 조절되었던 가치나 목표를 자신의 것으로 수용하고 선택해서 행동을 하게 된다.

외적동기		• 학습자는 그 과목에 대해 이해하기를 원해서라든지, 대학 진학을 중요하다고 생각하기 때문이라든지, 새로운 것을 배우기 원해서와 같이 개인적 중요성이나 자신이 설정한 목표를 추구하기 위해 과제를 수행한다.
	통합된 조절	• 특정 행동이 갖는 바람직한 측면을 받아들여 자신의 가치체계에 통합하여 발현된 행동이다. • 외적 관점이 개인의 내면과 통합되어 비교적 자기결정성이 높은 상태로, 외적 동기 가운데 가장 자율적이다. • '공부하는 것이 나에게 가치 있는 일이라고 믿기 때문에 공부한다'와 '사회에 필요한 사람이 되고 싶어서 공부한다'와 같은 진술에서 볼 수 있듯이, 통합된 조절은 환경에 의해 강요되거나 방해받는 것이 아니라, 내면화의 자연스러운 결과이다. • 통합은 자기조절이 매우 성숙된 단계이기 때문에 자기반성적 사고가 가능한 청소년기 이후에나 획득할 가능성이 있다. • 통합된 동기에 따른 행동은 내재적 동기와 공통점이 많지만, 특정한 과제수행 자체에 내재해 있는 즐거움보다는 그 밖의 다른 결과를 얻기 위해 행동하기 때문에 여전히 외적 동기에 의한 행동으로 간주한다.
내적 동기 (내재적 조절)		• 자신의 내·외적 세계를 탐구하고 숙달하기 위한 선천적 동기이다. • 내재적으로 동기화된 학습자는 학습활동에 참여하는 과정에서 얻는 만족이나 즐거움, 재미 등을 얻기 위해 과제를 수행한다. • 학습자는 도전감을 주는 과제를 선호하고, 호기심 때문에 과제를 수행하기도 하며, 과제수행의 결과를 자신의 내부적 기준에 의해 판단하는 경향이 있다. • 내재적 동기가 높으면 과제 참여를 즐기게 되고, 이는 학업성취를 용이하게 해준다.

지식 IN

인간중심적 관점에서 본 무동기 21 기출
- 인간중심적 관점에서는 무동기의 원인을 매슬로우(A. Maslow)의 욕구위계이론에 기초하여 설명한다.
- 인간중심적 상담이론에서 인간은 타인으로부터 긍정적 관심을 얻고자 하는 욕구와 자기 관심의 욕구를 갖고 있으며 욕구가 충족될 때 충분히 기능하는 인간이 될 수 있다. 하지만 이것이 충족되지 못하면 삶의 의욕이 사라지고 행동하려는 의지가 결핍된 무동기 상태가 된다.

ⓔ 자기결정성의 개념을 바탕으로 구분한 학습동기의 단계(R. Vallerand & R. Bissonnette) 18 19 24 기출

무기력 단계	학습동기가 전혀 내면화되지 않은 상태이다.
외적강압 단계	누군가가 직접적으로 보상을 주거나 통제를 가하면서 구체적인 행동을 지시할 때 행동을 수행하는 것(처벌을 피하고 보상받기 위해 공부하는 것)이다.
내적강압 단계	스스로 자신의 행동을 통제하기는 하지만 행동을 직접 통제하는 통제자가 다른 사람에서 자신으로 바뀌어졌을 뿐이지 외적 가치나 보상체계는 그대로 내면화된 단계이다 (학습자는 죄책감이나 긴장·불안을 피하기 위해 공부한다).
유익추구 단계	어떤 목표를 이루기 위해 유익한 행동을 스스로 선택하여 수행하는 단계이다.
의미부여 단계	행동을 수행하면서 갈등을 경험하지 않는 단계로 공부하면서 내적 갈등이나 긴장을 경험하지는 않는다.
지식탐구 추구 단계	알고 이해하고 의미를 추구하려는 욕구에 의해 공부하는 단계이다.
지적성취 추구 단계	과제를 완벽하게 수행하는 것이 중요하며, 즐거움과 만족을 얻기 위해 공부하는 단계이다.
지적자극 추구 단계	흥분되는 학습내용을 통하여 강렬한 지적 즐거움을 얻기 위해 공부하는 단계이다.

(10) 켈러(Keller)의 'ARCS 이론' 19 21 기출

① 켈러는 학습 환경에서 학습자들의 동기를 유발하고 유발된 동기를 계속 유지하기 위한 전략을 'ARCS 이론'으로 발전시켰다.
② ARCS 이론은 수년에 걸친 경험적 연구의 결과로 수정·보완되었으며, 여러 가지 다른 수업 상황에 적용되면서 구체화되었다.
③ 켈러의 ARCS 이론은 교수의 3가지 결과 변인인 효과성, 효율성, 매력성 중에서 특히 매력성과 관련하여 학습자의 동기를 유발시키는 전략을 제공하고 있다.
④ 켈러는 학습동기를 유발하고 유지시키는 변인들로 주의(Attention), 관련성(Relevance), 자신감(Confidence), 만족감(Satisfaction)을 제시하였다.

구 분	의 의	전 략
주의(A)	• 주의는 동기의 요소인 동시에 학습의 선행조건이다. 동기적 관심은 주의를 획득하고 유지하는 것이다. • 주의는 호기심, 주의환기, 감각추구 등의 개념과 연관되어 있다. • 새롭고 신기한 사건이나 사실을 제시하여 학습자의 호기심이나 주의를 유발함으로써 지각적 주의를 환기한다. • 주의는 학습자들이 스스로 새로운 정보를 추구하고 문제해결을 하도록 계속적으로 주의나 호기심을 유지한다.	• 지각적 주의환기의 전략 : 시청각 효과의 사용, 비일상적인 내용이나 사건 제시, 주의분산의 자극 지양 • 탐구적 주의환기의 전략 : 능동적 반응 유도, 문제해결 활동의 구상 장려, 신비감의 제공 • 다양성의 전략 : 다양한 교수 형태 사용, 일방적 교수와 상호작용적 교수의 혼합, 교수자료의 변화 추구, '목표-내용-방법'의 기능적 통합
관련성(R)	• 가르칠 내용의 방식에서 나오는 것으로, 내용 자체로부터 나오는 것이 아닌 학습자들이 현재 부딪히고 있는 문제들을 적절히 활용하는 것에서 나온다. • 동기는 관련성이 지각되어야만 계속적으로 유지된다. • 학습자가 교육의 내용을 자신의 장래에 어떤 중요한 목적을 달성하는 데 도움이 된다고 인지할 때 더욱 높은 학습 동기를 유발한다. • 학습자의 필요 충족을 추구하는 교수 방법에서 찾아볼 수 있다. • 주어진 과제를 빨리 잘하고자 하는 욕구와 과제 성취를 방해하는 요인을 극복하여 더 어려운 과제를 잘 풀려고 하는 욕구 등 성취욕구와 연관된다.	• 친밀성 전략 : 친밀한 인물 혹은 사건, 구체적이고 친숙한 그림, 친밀한 예문 및 배경 지식 활용 • 목적지향성의 전략 : 실용성에 중점을 둔 목표 제시, 목적지향적인 학습 형태 활용, 목적의 선택 가능성 부여 • 필요 또는 동기와의 부합성 강조의 전략 : 다양한 수준의 목적 제시, 학업성취 여부의 기록 체제 활용, 비경쟁적 학습상황의 선택 가능, 협동적 상호 학습상황 제시
자신감(C)	• 학습에서는 적정 수준의 도전감을 주면서 노력에 따라 성공할 수 있다는 자신감을 심어 주는 것이 중요하다. • 능력이 있다고 느낄 때 높은 동기를 가질 수 있으므로, 능력에 대한 자각을 통해 동기를 유발하도록 한다. • 통제 가능성에 대한 자각을 통해 동기를 유발하도록 한다. • 성공에 대한 기대감을 높여 동기를 유발하도록 한다.	• 학습의 필요조건 제시의 전략 : 수업의 목표와 구조, 평가기준 및 피드백의 제시, 선수학습 능력의 판단, 시험의 조건 확인 • 성공의 기회 제시의 전략 : 쉬운 것에서 어려운 것으로 과제 제시, 적정 수준의 난이도 유지, 다양한 수준의 시작점 제공, 무작위의 다양한 사건 제시, 다양한 수준의 난이도 제공 • 개인적 조절감 증대의 전략 : 학습의 끝을 조절할 수 있는 기회 제시, 학습 속도의 조절 가능, 원하는 부분에로의 재빠른 회귀 가능, 다양하고 선택 가능한 과제의 난이도 제공

만족감(S)	• 학습자로 하여금 자신의 수행에 대해 적절한 보상을 하도록 한다. • 유발된 동기를 계속 유지하는 역할을 하며, 이는 학습자의 학업수행에도 영향을 미친다. • 학습자의 학업수행 과정과 결과에 대한 인지적 평가 및 기타 내적 보상을 한다. • 지속적인 강화와 피드백을 통해 동기를 유지하도록 한다.	• 자연적 결과 강조의 전략 : 연습문제를 통한 적용 기회 제공, 후속 학습상황을 통한 적용 기회 제공, 모의상황을 통한 적용 기회 제공 • 긍정적 결과 강조의 전략 : 적절한 강화 계획의 활용, 의미 있는 강화의 강조, 정답을 위한 보상 강조, 외적 보상의 사려 깊은 사용, 선택적 보상 체제 활용 • 공정성 강조의 전략 : 수업 목표와 내용의 일관성 유지, 연습과 시험 내용의 일치

(11) 좌절대처 전략

① **실패에 대한 내성** : 실패 결과에 대해 비교적 건설적인 태도로 반응하는 경향성으로, 실패에 대한 내성이 높은 사람은 낮은 사람에 비해 실패에 대해 더 긍정적인 태도를 보인다.

② **자아 탄력성** : 어떤 상황에서도 일정한 자아통제 수준을 유지하고 스트레스의 영향으로부터 벗어나 이전의 상태로 되돌아갈 수 있는 대처 능력으로 탄력적인 자아일수록 스트레스 상황에서도 융통성 있고 통합된 문제해결력을 보인다.

> **지식 IN**
>
> **그릿(Grit)** 22 기출
> • 개념 : 개인의 성취를 결정하는 요인으로, 최근 주목받고 있는 비인지적 능력(Non-Cognitive Skill) 중 하나이다.
> • 특징
>   - 어떤 목표를 달성하기 위한 장기적인 노력과 열정, 끈기를 말하며, 학업을 지속적으로 수행하게 하는 성격 중 가장 중요한 것이다.
>   - 상황적 어려움이나 실패의 과정을 거치면서도 포기하지 않고 끝까지 버티는 힘으로, 실패를 극복하고 새로운 목표를 이루는 데 필요한 개인적 특성이다.
>   - 그릿이 높은 개인은 학업성취를 비롯한 성공의 가능성이 높다.
>   - 목표 설정, 내재적 동기 부여, 습관, 자기효능감 증대 등 후천적 노력에 의해 함양할 수 있다.
> • 그릿(Grit) 척도의 구성요인
>   - 흥미유지 : 자신의 관심사를 얼마나 일관성 있게 유지하는지 정도
>   - 노력지속 : 장기목표 달성을 위해 얼마나 긴 시간 동안 끈기 있게 노력하는지 정도

04 환경적 영역

(1) 의 의
학습을 향한 의지와 동기가 높으면 어떤 상황에서든지 노력을 경주할 수 있고 뛰어난 성취를 높일 수 있지만, 환경적 요건이 학생들의 학습을 돕는 방향으로 구성되지 못하면 이로 인해 학습과정이 방해를 받게 되고 이는 학습부진으로 이어진다.

(2) 학습환경의 유형 23 기출
① 학습환경으로는 가정, 학교, 또래, 지역사회 등 학생들을 둘러싼 모든 환경이 포함된다. 또한 공간, 온도, 소음, 조명 등의 물리적 환경뿐 아니라 학습에 대한 지지도, 주변인들의 학습행동, 학력이 중시되는 풍토, 학습과 관련된 상호작용 등 구조적이고 과정적인 환경이 매우 중요하다. 상담자들은 전학, 이사, 부모의 이혼 등 갑작스러운 환경의 변화나 가정의 불화, 교사와의 갈등, 또래관계의 실패와 같은 스트레스를 주는 심리적 환경과 내담자의 학습을 방해하는 환경이 무엇인지를 확인할 필요가 있다.

② 가정환경
  ㉠ 가정의 사회경제적 지위
    가족원의 사회적 지위나 수입 및 자산 등을 의미하며, 이러한 요인이 학업 성취에 영향을 줄 수 있다는 연구가 있다. 하지만 부모의 사회경제적 지위 자체가 자녀의 학업에 영향을 주는 것이 아니라 부모의 교육적 관심과 기대, 부모와 자녀의 관계, 교육에 대한 개입 방식이 매개될 때 영향을 줄 수 있다는 주장도 있다.
  ㉡ 부모의 관여
    학습과 관련하여 부모가 자녀의 학력을 향상하기 위해 행하는 모든 개입을 말한다. 학업성취의 향상을 위해서는 적절한 수준과 형태의 부모 관여가 필요하다.

학업에 긍정적인 영향을 주는 양육태도	• 평온하고 화목한 가정 분위기 • 질책보다는 격려하는 분위기 • 무리한 기대를 하지 않고 능력에 맞는 기대치의 형성 • 학업과 관련된 내용에 자녀의 의견 수렴
학업에 부정적인 영향을 주는 양육태도	• 비현실적이고 과도한 기대 • 차갑고 반목하는 가족 분위기 • 학생의 의견을 무시한 학업 관련 결정
기타 물리적 환경	• 집 주변 환경 • 방 음 • TV나 컴퓨터의 위치 • 공부방의 독립 여부

③ 학교환경
  ㉠ 교사와의 관계
    교과지식의 전달자로서의 역할만 하는 것이 아니라 학생과의 관계 형성을 통해 학생의 정서적·인지적 영역에 전인격적으로 영향을 준다.

낮은 성취 학생에 대한 교사의 행동	• 어떤 학생이 낮은 성취를 보일 것이라고 기대하는 교사는 그런 학생들을 특별 취급하게 되어 학생의 배울 기회는 줄고 성취도 낮아진다. • 학생이 낮은 성취를 보이는 원인을 능력 부족이라고 생각하는 교사는 지나친 도움을 주게 되지만, 노력 부족이라고 생각하는 교사는 다른 학습의 기회를 제공하고 다른 귀인적 메시지를 사용하려고 노력해야 한다.
학생에 대한 교사의 피드백	• 교사의 피드백은 학생들이 그들의 능력을 지각하는 데 있어서 중요한 요인이다. • 과제에 대한 칭찬을 받은 아동은 자신이 영리하다고 생각하게 되고 칭찬받지 않은 아동보다 과제를 더 열심히 하지만, 쉬운 과제 성취에 대한 교사의 칭찬은 학생이 낮은 능력의 소유자라고 귀인하게 된다.
학생 특성의 고려	• 자아개념, 발달수준, 성 등의 학생 특성이 선택에 영향을 준다. 높은 자아개념을 가진 학생은 성공을 내적 원인으로 귀인하고, 실패를 외적 요인으로 귀인한다. • 학교 상황에서 특히 중요한 것은 실패의 취급에 있어 성공 경험 학생과 실패 경험 학생을 다르게 다루는 전략이다. 학생들에게 상황이란 변화될 수 있는 것임을 믿게 하기 위해서는 노력이 효과를 거두는 실제적 증거가 필요하다. • 이에 대한 한 가지 효과적인 방법은 학생이 특정 분야에서 발전이 있거나 잘한 것이 있으면 그것을 강조하고, 과거의 노력과 성취 간의 연관을 강조하는 것이다.

ⓒ 또래 관계

아동기에서 청소년기로 가면서 중요성이 커지고, *자아정체감 형성이라는 발달 과제를 달성해야 하는 시기에 심리적으로 소속감과 안정감을 제공해 주는 역할을 한다. 학습과 관련하여 긍정적인 영향을 줄 수도 있고, 부정적인 영향을 줄 수도 있는 영향력이 매우 큰 환경적 변인이다.

✓ **자아정체감**
일반적으로 자신에 대한 확신·신념·생각이나 평가 등을 뜻하는 말이다.

ⓒ 로젠샤인(B. Rosenshine)과 스티븐스(R. Stevens)가 제시한 교사의 피드백 유형 15 16 19 22 기출

• 긍정적 피드백과 부정적 피드백

구 분	의 의		내 용
긍정적 피드백	학생들에게 학습 또는 수행의 적절한 혹은 정확한 측면에 관해 정보를 주기 위한 것으로 교사들은 "맞았어.", 혹은 "훌륭한 대답이구나."와 같은 말을 사용해서 학생의 반응이 적절함을 학생들에게 알리는 것이다.	수행 피드백	과제수행의 정확성, 학습수정에 대한 피드백
		동기 피드백	과제를 잘하는지에 대한 평가 피드백
		귀인 피드백	열심히 해서 좋은 결과를 얻은 경우와 같은 피드백
		전략 피드백	어떠한 전략을 사용해야 하는지, 사용한 전략이 효과적이었는지에 대한 피드백
부정적 피드백	• 학생들의 수행이나 행동이 부적절하거나 혹은 부정확한 상황을 학생들에게 알리기 위해 사용하는 것으로 학생들의 답에 "틀렸군요."라고 말하거나 숙제에서 잘못된 철자를 정정해 주는 피드백이다. • 부정적 피드백은 대개 짧고, 자주 사용하지 않을 때 효과적이다.		

• 평가적 피드백과 비평가적 피드백 15 기출

평가적 피드백	학생들의 반응과 행동에 대해 "훌륭하군요.", "더 노력해야 하겠어요."라는 언어적 표현이나 교사들의 얼굴표정으로 나타내는 비언어적 표현들로 학생들의 수행에 대한 가치판단을 제공하는 피드백이다.
비평가적 피드백	사실적이고 객관적인 기준에 초점을 두어 "너는 이번 시험에서 10문제 중에서 8문제를 맞았더구나."라고 말하는 것으로, 성적이 좋은지 나쁜지에 대한 판단이 들어있지 않은 사실적인 내용만을 제공하는 피드백이다.

④ 제도적 환경
  ㉠ 가정환경의 영향을 학교 교육을 통해 극복할 수 있도록 지원하는 사회제도적 지원 프로그램이 시행, 촉진되고 있다.
  ㉡ 2005년 기초학력 책임제 시행, 2009년 학력 향상 중점학교지원사업의 추진, 2010년 국가 수준 학업성취도 평가를 통한 학력 지원 사업, 저소득층·맞벌이 가정의 자녀들의 학업 및 교육적 지원을 위한 '초등돌봄교실', '온종일 돌봄교실' 등이 운영되고 있다.

(3) 학습문제의 원인(Silver, Hagin, Duane) 14 16 기출

구 분	평가 내용
학습자 평가	• 학습자가 심리병적인 증상이 있는지를 확인 • *외현화 장애(주의력결핍, 반항장애 등) 또는 내면화된 장애(우울 등) 여부와 학습에 미치는 1차적 혹은 2차적 영향 확인 • 의학적으로 시각이나 청각 등의 결함으로 인해 학습에 영향을 받지 않는지 확인 • 의학적 목적에 의해 사용된 약물치료가 학습능력에 영향을 미치고 있지는 않은지 검토 • 학습자의 일반적인 지적능력과 학습자의 정의적 특성 즉, 동기, 자아개념, 불안 고려 • 학습전략에 대한 일반적 지식 활용수준 평가
가족평가	• 부모뿐만 아니라 가족 전체에 대해 평가 • 부모의 양육태도, 학습에 대한 기대 포함 예 가족의 가치관, 편부모양육, 맞벌이 부부 문제
환경 및 문화적 맥락요인	학교나 지역사회를 포함한 환경적 문제 평가 예 교사와의 관계, 내담자가 맺고 있는 친구관계, 재학 중인 학교 및 학원의 특성

✓ **외현화 장애**
통제되지 못하고 표출되는 공격행동, 비행행동 등을 말한다.

(4) 이클스(Eccles), 윅필드(Wigfield)와 쉬펠레(Schiefele)가 제시한 자녀의 학습과 관련 있는 부모의 태도 15 기출

① 자녀의 학업수행에 대한 귀인
② 과제난이도에 대한 인식
③ 자녀의 능력에 대한 기대와 확신
④ 학업에 대한 가치부여
⑤ 실제적인 성취 수준
⑥ 성공하는 데는 장애물이 있으므로, 이를 극복하기 위한 전략이 필요하다는 신념

(5) 학업성취 격차 분석 이론

① 지능 결핍론
  ㉠ 교육 격차는 개인의 지능 차이로 발생한다고 보는 이론이다.
  ㉡ 지능지수는 타고난 지적 능력일 뿐만 아니라 후천적 환경의 우열에 따라 달라진다.
  ㉢ 젠센(A. R. Jensen)의 연구 : 지능은 유전 요인이 약 80%, 사회적·문화적·신체적 제환경이 약 20%이다.
  ㉣ 아이젠크(H. J. Eysenck)의 연구 : 지능은 유전 요인이 80%, 환경이 20%이다.

② 환경 결핍론 16 기출
  ㉠ 교육 격차는 부모의 사회·경제적 배경에 의해 발생한다. 즉, 가정의 문화적 환경, 언어모형, 지각·태도의 차이나 상대적 결핍이 개인차를 발생하게 하여 학업성취의 격차가 나타난다는 것이다.
  ㉡ 콜먼(Coleman) 보고서 : 가정의 사회경제적 지위(부모의 교육수준, 직업, 수입 등)가 학생의 학업성취에 미치는 영향은 절대적이다. 이에 비해 학교의 물리적 환경, 교사의 질 등 학교요인은 그 영향력이 상대적으로 미미하다.
  ㉢ 젠크스(Jencks) 보고서 : 학업성취에 영향을 주는 요인은 가정배경, 인지능력, 인종 차, 학교의 질의 순으로 보았다.
  ㉣ 플라우덴(Plowden) 보고서 : 학업성취의 격차에 영향을 미치는 요소로 부모의 태도, 가정환경, 학교의 특성 순으로 나타난다고 보았다.

③ 교사 결핍론 17 21 기출
  ㉠ 교육 격차는 교사-학생의 대인지각(교사의 학생관) 등 교육 내적 요인의 차이에서 발생한다고 보는 이론이다.
  ㉡ 맥딜과 릭스비(Mcdill & Rigsby) 연구 : 학업성취는 학생의 학업적성, 학구적 가치지향성, 가정의 사회적·경제적 배경, 학교풍토, 학생집단의 지위구성 요소 순으로 영향을 준다.
  ㉢ 로젠탈과 제이콥슨(Rosenthal & Jacobson)의 피그말리온 효과 : 교사의 학생관(교사-학생의 대인지각)이 학업성취도를 결정한다. → 자기충족적 예언(Self-Fulfilling Prophecy)
  ㉣ 블룸(Bloom)의 완전학습이론 : 교육 격차는 교사의 교수학습방법에서 기인된 것이다.
  ㉤ 리스트 연구의 낙인이론 : 교사의 사회계층에 따른 학생 구분 즉, 우수 학생, 중간 학생, 열등 학생으로의 구분이 학업성취에 영향을 준다.

> **지식 IN**
>
> **자기충족적 예언** 21 기출
> - 예언의 영향으로 인해 발생하지 않을 수도 있었던 현상이 예언대로 된 것을 말한다.
> - 예를 들어 교사가 학생의 배경에 근거하여 기대를 형성하면(성적이 오를 거라는 기대) → 교사는 자신의 기대와 일치하는 방식으로 학생을 대하고(교사의 지속적인 칭찬과 관심) → 학생은 교사의 기대에 일치하는 방식으로 행동하는(학생의 성적 향상) 것이다.

CHAPTER 03 학업 관련 문제 및 평가

중요도 ★★★

핵심포인트
호소문제 유형, 학습장애, 지적장애, 주의력결핍 과잉행동장애(ADHD), 학업문제의 평가 및 진단을 위한 심리검사의 이해, 일반적인 심리검사 활용지침, 진단 및 평가절차, 중재-반응 모형, 심리적 기능 발달의 평가와 진단

01 호소문제 유형

(1) 개요 및 유형

① 개 요

특정 학습자를 대상으로 하거나 학습의 특정 영역에 대한 개별적 연구, 학업성취 관련 변인 등의 연구가 이루어지고 있다. 대다수 학습자의 학습 문제를 분류하기 위한 연구는 1994년에 청소년대화의 광장(현, 한국청소년상담복지개발원)에서 실시한 청소년문제 유형 분류체계 개발 연구가 시작이라 할 수 있다.

② 유형(김창대 외) 20 22 23 기출

㉠ 시험불안 문제 : 지나치게 성적에 집착하고 하락을 두려워하여 불안감과 압박감을 느끼고 스트레스를 받는다.
㉡ 학업에 대한 회의나 낮은 동기 문제 : 공부에 대한 반감이나 반발심과 같은 부정적 감정은 없지만 공부의 필요성에 근본적인 의문과 회의를 품으며 공부하려는 마음이 형성되지 않아 다른 놀이에 많은 시간을 투여한다.
㉢ 집중력 부족 : 주의산만, 잡념 등으로 인해 집중력이 부족해 공부나 성적에 영향을 끼친다.
㉣ 성적 하락 문제 : 성적이 떨어지거나 오르지 않아 걱정하고 스트레스를 받으며 심한 좌절감과 열등감을 느낀다.
㉤ 공부 방법 문제 : 효과적으로 공부하는 방법을 모르거나 부적절한 방법으로 공부함으로써 공부나 성적에 좋지 않은 영향을 끼친다.
㉥ 공부에 대한 반감 : 공부에 대한 근본적 의문은 별로 없이 공부하는 것 자체에 반감과 반발심을 느낀다.
㉦ 학업능률의 저하 문제 : 나름대로 시간을 투자해 공부했음에도 결과가 좋지 않은데 그 원인을 뚜렷하게 알 수 없거나 효과적으로 공부하는 방법을 몰라서 고민한다.
㉧ 능력 부족 : 실제 능력 즉, 지능이나 기억력이 부족해 공부나 성적에 영향을 주는 경우이다.

ⓒ 공부 습관 미형성 : 공부를 하고자 하는 마음은 있는데, 그것이 체계적 습관으로 형성되지 않는 경우이다.
ⓔ 성적에 대한 집착 : 공부의 질적인 면에 치중하기보다는 점수와 등수에 얽매여서 경쟁심을 느끼고, 심지어 죽고 싶다는 생각까지 하는 경우이다.
㉠ 학업 관련 파생 문제 : 공부 및 성적과 관련하여 관계에 생기는 문제로 친구나 부모, 교사와의 관계에서 어려움을 겪거나 혹은 성적이 부진한 학생을 무시하거나 놀리는 경우 등이 나타날 수 있다.

(2) 분 류 14 19 21 기출

① 홍경자 등(2002)은 학습 부진 문제를 대분류, 중분류, 소분류로 구분하고, 대분류는 인지적 문제, 정의적 문제, 관계의 문제로 구분하였다.

대분류	중분류	소분류
인지적 문제	지적 능력 부족의 문제	• 능력 부족 • 기 타
	학습전략의 문제	• 집중력 부족 • 공부 방법 문제 • 노력은 했는데 성적이 오르지 않음 • 기 타
정의적(정서적) 문제	학습동기의 문제	• 공부 자체에 대한 회의와 의문 • 공부에 대한 동기 부족
	공부 태도의 문제	• 공부에 대한 반감 • 공부 습관 미형성 • 기 타
	학습 관련 스트레스와 시험불안	• 시험불안 • 성적저하 및 저조로 인한 걱정과 스트레스 • 성적에 대한 집착 • 기 타
관계의 문제	관계 관련 문제	• 성적으로 인한 관계 문제 • 관계 문제로 인한 학업문제 • 기 타

출처 : 홍경자 외(2002)

② 황매향(2009)은 호소문제와 학습부진 요인을 통합한 2차원적 학업문제 유형 분류를 제안하였고, 그 내용은 다음 표와 같다.

시험불안	• 인지적 요인 : 비합리적 신념 • 정서적 요인 : 불안
공부에 대한 회의	• 인지적 요인 : 비합리적 신념 • 정서적 요인 : 우울
집중력	• 인지적 요인 : 인지양식 • 행동적 요인 : 학습전략
걱정과 스트레스	• 인지적 요인 : 공부에 대한 태도·동기, 부모의 기대에 대한 지각, 비합리적 신념 • 정서적 요인 : 우울, 불안

공부 방법	• 인지적 요인 : 인지양식 • 행동적 요인 : 학습전략, 공부시간
공부에 대한 반감	인지적 요인 : 공부에 대한 태도·동기, 비합리적 신념
노력해도 성적 안 오름	• 능력요인 : 지능, 기초학습, 선수학습, 적성 • 행동적 요인 : 학습전략
능력부족	• 능력요인 : 지능, 기초학습, 선수학습 • 행동적 요인 : 학습전략
공부 습관 미형성	행동적 요인 : 학습전략, 공부시간
동기부족	인지적 요인 : 공부에 대한 태도·동기
성적에 대한 집착	• 인지적 요인 : 비합리적 신념 • 정서적 요인 : 불안, 스트레스 • 환경적 요인 : 심리적 환경
대인관계	환경적 요인 : 심리적 환경
낮은 학습효능감	인지적 요인 : 공부에 대한 태도·동기, 부모의 기대에 대한 지각
다른 활동과 갈등	• 인지적 요인 : 공부에 대한 태도·동기 • 행동적 요인 : 공부시간 • 환경적 요인 : 물리적 환경, 심리적 환경
신체적·물리적 환경	환경적 요인 : 물리적 환경

③ 황매향의 학습부진 요인 분류의 예 [20] 기출

```
                            변화 가능
              ┌─────────────────────┬─────────────────────┐
              │      2사분면         │      1사분면         │
              │ 부모와의 관계,       │ 기초학습기능, 선수학습,│
              │ 부모의 양육태도,     │ 학습전략, 성격,      │
              │ 성취압력, 또래관계,  │ 공부에 대한 태도,    │
              │ 교사와의 관계,       │ 부모에 대한 지각,    │
              │ 형제와의 경쟁        │ 불안, 우울,          │
              │                     │ 비합리적 신념,       │
              │                     │ 자아개념, 공부시간   │
   환경변인   ├─────────────────────┼─────────────────────┤  개인변인
              │      3사분면         │      4사분면         │
              │ 부모의 지위변인,     │                     │
              │ 가족구조의 변화,     │ 지능, 적성,          │
              │ 학교풍토, 교육과정,  │ 기질, 인지양식       │
              │ 교사의 교수법,       │                     │
              │ 학습과제, 학교시설,  │                     │
              │ 시험형식,            │                     │
              │ 경쟁구조, 사교육     │                     │
              └─────────────────────┴─────────────────────┘
                            변화 불가능
```

02 학습장애

(1) 개념 [14] [15] [16] [19] [24] 기출

① 전반적인 지능은 정상 범위에 있지만 특정 영역의 이상으로 학습능력의 결손, 즉 말하기, 읽기, 쓰기, 추론, 산수계산 등에서 결손이 나타나는 장애를 말한다.
② DSM-5에서는 특정학습장애라고 한다.

③ 지능이 현저하게 낮은 것은 아니지만 학습 및 학업기술 사용에 어려움을 보인다.
④ 어려움을 보이는 특정 학습영역에 대한 중재를 받았음에도 읽기 등 적어도 하나 이상의 영역에서 기대수준보다 낮은 성취를 보인다.
⑤ 커크(S. Kirk)와 찰팬트(J. Chalfant)는 학습장애를 발달적 학습장애와 학업상 학습장애로 구분하여 설명하기도 하였다. 24 기출

발달적 학습장애	• 학생이 교과를 습득하기 전에 필요한 신체적 기능에 관한 문제이다. • 1차 장애는 주의장애, 기억장애, 지각장애이며, 2차 장애는 사고장애, 구어장애이다.
학업상 학습장애	• 학교에서 습득하는 학습에 관한 장애이다. • 읽기장애, 글씨쓰기장애, 수학장애, 철자/작문장애이다.

⑥ 시각장애, 청각장애, 운동장애, 지적장애(정신지체), 정서장애에 따른 학습결손, 또는 환경, 문화, 경제적 결핍에 따른 학습결손은 학습장애에 포함되지 않는다.
⑦ 학습장애의 한 특성인 학습전략의 결함은 별도의 교육이 없으면 성인이 되어서도 그대로 유지되는 경향이 많다.
⑧ 학습장애의 진단은 부모면담, 신체검사, 심리검사, 신경발달 평가, 심리교육 평가를 통해서 할 수 있다. 구체적으로 *BGT(Bender-Gestalt Test), 로샤 검사, K-ABC, K-WISC-Ⅳ, KISE-BAAT(국립특수교육원 기초학력검사) 검사 등이 활용되고 있다.

✅ **BGT**
기하학적 도형 9개의 자극 카드들을 피검자에게 한 장씩 차례로 보여주면서 그것을 종이 위에 따라 그리도록 하여, 여기서 나온 정보들로 심리를 분석하는 검사이다.

⑨ 학습장애에서 가장 중요한 것은 '조기발견'과 '조기치료'로 학습을 본인의 능력에 맞게 효과적으로 수행하게 하고, 학습장애에 따른 이차적 심리적 문제를 해결하는 것이며, 필요할 경우 약물치료를 병행할 수 있다.

(2) 학습장애의 분류

① 읽기학습장애
  ㉠ 처음 나온 글자와 잘 사용하지 않는 글자를 읽을 때 틀리기 쉽다.
  ㉡ 문장의 어구나 행을 빠트리거나 반복해서 읽거나 글의 핵심을 잘 파악하지 못한다.
  ㉢ 글을 바르게 읽기 어렵고, 글을 읽을 때 단어의 한 부분을 생략하고 읽는다.
  ㉣ 쓰여 있지 않은 말을 쓰여 있는 것처럼 읽고, 읽어야 할 단어를 다른 단어로 바꾸어 읽는다.

② 쓰기학습장애
  ㉠ 구두점을 빠트리거나 바르게 찍지 못한다.
  ㉡ 한정된 양의 작문과 문장밖에 쓰지 않는다.
  ㉢ 글씨를 쓸 때 맞춤법이 많이 틀리고, 글을 쓰는 속도가 매우 느리다.
  ㉣ 쓰는 어휘가 정해져 있고, 단순한 문장만을 사용한다.

③ 수학학습장애(Geary) 17 18 기출
  ㉠ 단순 연산의 인출과 장기기억화의 어려움으로 인한 경우이다.
  ㉡ 주의집중의 부족이나 논리적 연산의 수행에 어려움을 겪는 경우이다.
  ㉢ 연산 절차상의 어려움을 겪는 경우이다.
  ㉣ 수리적 정보의 표상과 해석에 있어서 시공간적 기술 사용상 어려움을 겪는 경우이다.
  ㉤ 읽기장애를 동반하는 경우이다.

지식 !N

기어리(Geary)가 제시한 수학학습장애와 관련된 인지적 결함

절차적 결함	• 개념적 지식, 신경심리 측면에서 나타나며, 연산문제를 해결하는 데 있어 오류를 많이 범한다. • 기초적인 수학 개념(예 수, 기호)에 대한 이해 능력이 낮으며, 복잡한 절차가 요구되는 문제를 해결하는 데 있어 발달지체를 경험하고, 절차적 오류를 탐색하는 능력이 낮다. • 아동의 우반구에 손상이 발생하면 세기 절차에 어려움이 발생하고, 복잡한 연산문제를 해결하는 데 많은 어려움을 겪게 된다.
기억인출 결함 (의미론적 결함)	• 수학 학습과정에서 기억에 중심을 둔 문제해결을 잘하지 못한다. • 실제로 학습장애 학생은 수학개념과 수학식을 인출하는 데 문제가 있으며, 시간도 오래 걸린다.
시공간적 결함	• 시공간적 결함은 기하학과 복잡한 문장제 문제의 해결에 상당한 영향을 준다.

(3) 학습장애 학생의 특성 14 기출

인지적 특성	지적능력은 평균적인 지능을 보이고 주의집중력이 떨어지며 인지처리 과정에 결함을 보인다.
정서적 특징	부정적 자아개념을 가지며 좌절 극복 의지가 약하고, 사회적으로 위축되어 있으며 불안 수준이 높고 자기관리 능력이 부족하다.
행동적 특성	충동적 과잉행동의 문제를 보이고 협응 능력이 떨어져 동작이 전반적으로 어설프고 부자연스럽다. 시각 및 청각적 정보처리의 문제로 인해 읽거나 쓰기를 하지 못한다.

(4) 학습장애의 유형 16 기출

언어성 학습장애	• 언어 능력이 현저하게 뒤처져 있는 상태를 가리킨다. • 좌뇌를 중심으로 하는 언어 학습에 특히 어려움을 보인다. • 말이나 문장의 의미 이해에 곤란을 나타낸다.
비언어성 학습장애	• 좌우 양반구 중에서 우뇌를 중심으로 하는 시지각과 공간인지학습에 어려움을 나타낸다. • 쓰기장애와 읽기장애의 대부분은 비언어성 학습장애 아동에게 나타난다. • 뛰어난 음절읽기와 철자쓰기, 글 쓸 때의 운동문제, 새로운 상황의 적응문제, 과잉행동 등의 특징이 있다.
혼합성 학습장애	• 언어성과 비언어성의 문제를 모두 가지고 있는 경우이다. • 뇌기능에서는 좌우의 뇌기능에 문제를 가지고 있다.

(5) 국립특수교육원의 학습장애 아동 선별 16 기출

① 학습장애 아동은 기억력이 떨어져 지시사항을 적절히 수행하지 못하는 아동을 뜻한다.

② 시각장애, 청각장애, 지적장애, 정서장애, 문화적 기회결핍 등에 의해 학력이 지체된 아동은 학습장애에서 제외한다.

③ 학습장애 아동은 읽기를 할 때 낱말을 빠뜨리거나, 다른 말로 바꾸어 읽거나, 앞뒤 낱말을 바꾸어 읽는다.

④ 학습장애 아동은 쓰기를 할 때 글자를 앞뒤, 상하로 바꾸어 쓰거나 읽을 수 없을 정도의 난필로 쓴다.

> ✔ 편차
> 자료값들이 특정값으로부터 떨어진 정도를 말한다.

⑤ 학습장애아동은 -2표준편차 이상의 정상적인 지능을 지니고, 연령수준에 적합한 일반적인 교수-학습방법에 따라 학습을 경험하고도 읽기, 쓰기, 수학적 추리 및 계산과 같은 영역에서의 성취수준이 해당하는 학년 수준에서 2년 이상 지체되어 특별한 지원을 지속적으로 요구하는 아동을 말한다.
⑥ 국립특수교육원의 KISE-BAAT 기초학력검사는 KISE-BAAT(읽기), KISE-BAAT(쓰기), KISE-BAAT(수학)의 3개 소검사로 구성된 도구로 유치원, 초등 1~6학년, 중학생 1~3학년의 현재 학년과 기초학력지수를 알아볼 수 있는 진단평가 검사도구이다.

읽기학습장애	낱말읽기, 문장 독해 등의 분야에서 학습장애를 보이는 자
쓰기학습장애	철자, 쓰기, 글짓기 등의 분야에서 학습장애를 보이는 자
수학학습장애	수학적 추리 및 문제해결, 계산, 도형 등의 분야에서 학습장애를 보이는 자
중복학습장애	읽기, 쓰기, 수학학습장애 영역 가운데 2개 이상의 분야에서 학습장애를 보이는 자

(6) DSM-5의 특정학습장애 16 17 19 21 22 24 기출

① 진단기준 18 기출
  ㉠ 적절한 개입을 했는데도 학습하는 데 어려움을 느끼는 증상이 다음 중 1가지 이상 최소 6개월이 지속될 경우에 특정 학습장애로 진단한다.
    • 부정확하거나 부자연스러운 단어 읽기
    • 읽은 것의 의미를 이해하는 것이 어려움
    • 철자법이 어려움
    • 글로 표현하는 것이 어려움
    • 수 감각, 연산값 암기, 산술적 계산을 숙달하는 데의 어려움
    • 수학적 추론의 어려움
  ㉡ 학습 기술이 표준화된 성취도 검사와 종합적인 임상 평가를 통해 생활연령에 기대되는 수준보다 현저하게 양적으로 낮으며, 학업적·직업적 수행이나 일상생활을 현저하게 방해한다는 것이 확인되어야 한다. 17세 이상인 경우 학습의 어려움에 대한 과거 병력이 표준화된 평가를 대신할 수 있다.
  ㉢ 학습의 어려움은 학령기에 시작되나, 해당 학습 기술을 요구하는 정도가 개인의 능력을 넘어서는 시기가 되어야 분명히 드러날 수도 있다.
  ㉣ 학습의 어려움은 지적장애, 시력이나 청력 문제, 다른 정신적·신경학적 장애, 정신적 불행, 학습 지도사가 해당 언어에 능숙하지 못한 경우, 불충분한 교육적 지도로 더 잘 설명되지 않는다.
  ㉤ DSM-5에서는 특정학습장애를 읽기 곤란형, 쓰기 곤란형, 산술 곤란형의 세 유형으로 분류하며, 심각도에 따라 경도, 중등도, 고도 세 수준으로 명시하여 평가한다.
  ㉥ 명시할 것 : 손상된 모든 학업 영역과 보조 기술에 대해 세부화
    • 읽기 손상 동반 : 단어 읽기 정확도, 읽기 속도 또는 유창성, 독해력
    • 쓰기 손상 동반 : 철자 정확도, 문법과 구두점 정확도, 작문의 명료도와 구조화
    • 수학 손상 동반 : 수 감각, 단순 연산값의 암기, 계산의 정확도 또는 유창성, 수학적 추론의 정확도

② 특징
　㉠ 기존에는 '읽기장애', '쓰기장애', '수학장애'로 분류되어 진단하였으나, DSM-5에서는 '특정학습장애'라는 하나의 진단명하에 포함하였다.
　㉡ 대부분의 경우 학업적 어려움은 학령기 초기에 분명해지기 시작한다.
　㉢ 학업적 어려움은 환경적으로 불리한 조건이나 교육기회의 부족과 같은 일반적인 요인에 의한 것이 아니어야 한다.
　㉣ 학업적 어려움은 지적발달장애나 전반적 발달지연에 의한 것이 아니어야 한다.
　㉤ 학습기술을 배우고 지속하는 것의 어려움이 그에 맞는 적절한 중재를 제공했음에도 최소 6개월 이상 지속된다.
　㉥ 특정학습장애는 생물학적 근원이 있는 신경발달장애이다. 언어적·비언어적 정보를 효과적으로 정확하게 인지하고 처리하는 능력에 영향을 줄 수 있는 유전적·후생적·환경적 요인의 상호작용이 포함된다.
　㉦ 핵심적 학업 기술을 학습하는 데 있어서 지속적인 어려움을 경험하는데, 핵심적 학업 기술을 획득하지 못한 문제로 인해 다른 과목의 학습도 방해를 받는다.
　㉧ 특정학습장애가 있는 청소년과 성인은 읽기나 쓰기 혹은 산수가 요구되는 활동을 회피할 수 있다.
　㉨ 학습의 어려움은 한 가지 영역에 국한되어 있을 수도 있고, 여러 영역에 걸쳐 있을 수도 있다. 따라서 각각 손상된 학습 영역과 특정학습장애의 하위 기술에 대해 명시해야 한다.

(7) 학습장애 학생들이 겪는 사회적·정서적 문제 20 기출

① 자아개념이 부정확하고, 정교화되어 있지 못하다.
　→ 학급 규칙, 일상적인 학교생활 등에 반영하여 개별 지도, 교과 수행 기준 조정 등 개별화
② 과제에 대한 잦은 실패로 회피 행동이나 철회, 공격 행동을 보인다.
　→ 학생에 대한 형성평가와 체계적인 관찰을 통하여 성공 경험을 할 수 있도록 계획
③ 학습과제 수행 시 충동적으로 반응하는 경우가 많아 잦은 오류를 범한다.
　→ 과제물을 매번 검토하여 피드백을 해주고 학습속도를 조절
④ 또래 및 교사들과의 관계가 원만하지 못하여 학교생활에 적응하지 못할 가능성이 크다.
　→ 사회적 기술의 부족, 상호작용 기회 부족 등의 잘못된 사회적 행동의 원인을 파악하여 바로잡아 주기
⑤ 학교에서의 성공 시에는 외적 귀인을, 실패 시에는 내적 귀인을 함으로써 무기력에 빠진다.
　→ 충분한 공감과 더불어 감정개입 없이 과오를 바로잡아 주기
⑥ 과도한 불안으로 인해 과잉행동, 주의산만, 신경과민 등 유발한다.
　→ 공감과 더불어 조력자들이 자기편이라는 것을 인식시킬 필요가 있음

(8) 학습장애 학생에 대한 상담방법

행동문제 상담	• 맥락평가 단계 : 바람직하지 못한 행동이 발생할 것으로 예측되는 시설, 환경, 상황 등의 맥락을 관찰하여 특정한 상황하에서 특정한 실수가 나타나고 있는지의 여부 파악 • 바람직한 행동진술 단계 : 학생들이 무엇을 하지 말아야 하는지보다는 무엇을 해야 하는지를 파악하게 함으로써 목표를 명확히 인식하도록 하는 단계 • 맥락수정 단계 : 학생의 바람직하지 못한 행동이 발생할 수 있는 가능성을 줄이기 위해 자리이동, 과제제시 방식의 변화 등과 같은 맥락을 수정 • 바람직한 행동연습 단계 : 학생들에게 바람직한 행동을 실제로 연습하게 하거나, 인지적으로 상상을 통해 시연해 보도록 하는 단계 • 바람직한 행동강화 단계 : 바람직한 행동을 유도하기 위해서는 동기부여를 강하게 할 필요가 있으며, 따라서 학생이 바람직한 행동을 할 경우 즉시 보상 • 바람직한 행동의 촉진을 위한 신호 활용단계 : 바람직한 행동을 해야 한다는 신호를 제시함으로써 적기에 바람직한 행동을 할 수 있도록 조력 • 점검계획 수립단계 : 바람직한 행동 습득여부를 판단하기 위한 점검계획을 수립
기초학습 상담	• 조기발견 및 개입이 무엇보다 중요하다. • 읽기 영역 체계적인 문자해독능력 향상을 위한 프로그램을 제공하고, 충분한 연습과 다양한 적용 경험을 계획 및 제공하여 필요한 인지 전략을 자율적으로 일반화하여 적용할 수 있도록 조력한다. • 쓰기활동 단계 <table><tr><td>기획단계</td><td>학생이 어떤 주제로 글을 쓸 것인지를 정하도록 하고 주제를 정한 후에는 글의 목적이나 독자의 특성에 적합한 글의 형식을 선택하도록 지도한다.</td></tr><tr><td>초안단계</td><td>글의 전체적 구성을 조직해 보도록 하고, 각 부분별로 글의 구성과 글을 구성할 소재의 적합성에 대해 검토하도록 지시한다.</td></tr><tr><td>수정단계</td><td>먼저 전체적인 글의 구성에 대해 스스로 다시 한번 검토하고, 다른 사람에게도 검토하게 하고 피드백을 받도록 하여 자신의 검토 결과와 다른 사람의 피드백을 근거로 전반적인 글의 조직, 내용의 타당성, 문법적 오류 등에 대한 수정작업을 체계적으로 수행할 수 있도록 지도한다.</td></tr><tr><td>편집단계</td><td>철자나 문법의 오류뿐 아니라, 글의 형식에 대한 편집이 이루어지도록 지도한다.</td></tr><tr><td>발표단계</td><td>상담자는 학습장애 학생이 자신의 글을 다른 동료, 부모, 또는 교사들 앞에서 발표할 수 있는 장을 마련하여 쓰기 활동에 대한 동기를 높이는 데 초점을 맞춰 지도한다.</td></tr></table> • 수학 영역 학생들이 수학기능을 수행하는 데 근본이 되는 기본개념들을 파악하고 있는지에 대한 평가를 한 후, 단순한 반복 연습을 통한 기본기능 학습보다는 각 기능에 내재해 있는 개념적 이해를 도울 수 있는 방향으로 교육 프로그램을 계획하고 제공한다.
학부모 상담	• 부모들이 가진 개성, 배경, 가치기준, 양육방법 등이 확실히 나쁘다는 증거가 없는 한 학생의 행동 문제를 부모의 탓으로 돌리는 단정적인 태도를 보이지 않는다. • 장애학생의 부모들은 자녀를 양육하는 데 있어서 힘들어하는 경우가 많은데, 그것은 그들이 능력이 부족해서가 아니라 학습장애 자녀가 갖는 독특성에서 기인하는 것임을 이해한다. • 장애학생 학부모와 대등한 입장에서 공감대를 형성하고, 원만하고 신뢰성 있는 관계를 형성한다. • 장애학생의 문제에 국한하여 상담의 초점을 맞추기보다 가족을 포함한 모든 문제에 초점을 둔다.
아동상담 14 기출	• 하나의 목표에 초점을 두도록 한다. • 각 상담회기가 끝날 때마다 요약과 명료화를 하도록 한다. • 최대한 유연성을 발휘하여 절충적인 입장에서 가능한 한 여러 가지 교수기법을 사용한다. • 학습장애의 다양성을 인정하고 더 나은 중재를 위하여 다른 전문가들과의 네트워크를 형성한다. • 규칙적인 상담스케줄을 유지하지만, 문제가 심각해지면 자주 만날 수도 있다.

> **지식 IN**
>
> **학습장애 지도방법 : 상보적 교수** 24 기출
> - 팰린스카와 브라운(A. Palinscar & A. Brown)이 독해력 수업에 사용하기 위해 개발하였다.
> - 학생 간, 학생과 상담자 간의 구조화된 대화를 통해 학생의 초인지적인 이해를 돕는 교수법이다.
> - 처음에는 교사와 학생이 학습 과제를 함께 해결하다가 점차 학생이 독자적으로 과제를 해결할 수 있도록 교수가 학생에게 도움을 준다.
> - 전략에는 요약하기, 질문하기, 명료화하기, 예측하기가 있다.

03 지적장애

(1) 지적장애의 개념 14 16 기출

① 지적장애는 발달시기에 시작되며, 개념·사회·실용 영역에서 지적 기능과 적응 기능에 결함이 있는 상태를 말한다.

② 지적장애는 다음 3가지 기준을 충족시켜야 한다.
  ㉠ 추리, 문제해결, 계획, 추상적 사고, 판단, 학업, 경험 학습 등과 같은 지적기능의 결함이 있는데, 이는 임상적 평가와 개별 표준화 지능검사 모두에서 확인되어야 한다.
  ㉡ 개인 독립성 및 사회적 책임에 대한 발달적·문화적 기준을 충족하지 못하는 적응 기능의 결함이 있다. 지속적인 지원이 없다면, 적응 결함은 가정, 학교, 일터, 지역사회 등의 여러 환경에서 의사소통, 사회참여, 독립생활과 같은 일상생활 활동 중 두 영역 이상 제한을 가져온다.
  ㉢ 지적 및 적응 결함이 발달기에 발병한다.

③ 지적장애는 심각도에 따라 가벼운 정도의 지적장애, 중간 정도의 지적장애, 심한 정도의 지적장애, 아주 심한 정도의 지적장애 등 4가지 단계로 분류된다.

구 분	IQ	내 용
경도 (가벼운 정도의 지적장애)	50(55)~70	학교 밖에서 지적 결함이 나타날 수도 있고, 그렇지 않을 수도 있다. 특히 스트레스 상황일 때 간헐적인 지원과 도움이 필요할 수 있지만 흔히 이 범위에 해당하는 아동은 성장해서 독립적인 생활이 가능하다.
중등도 (중간 정도의 지적장애)	35(40)~50(55)	어느 정도의 개인적 자율성과 주변과의 사회적 관계를 발달시킬 수 있다. 종종 보호 작업장에서 일하는 데 필요한 기술들을 획득한다.
고도 (심한 정도의 지적장애)	20(25)~35(40)	때로 보호 작업장에서의 작업이 가능하기도 하지만, 일반적으로 일생 동안 다른 사람의 도움과 보살핌이 필요하다.
최고도 (아주 심한 정도의 지적장애)	20(25) 미만	학습능력이 크게 손상되었고, 전부는 아니어도 대부분의 신체적 요구에 대한 지속적인 보살핌이 필요하다.

(2) 지적장애(정신지체) 아동의 특성 15 기출

① **인지적 특성** : 빈약한 기억력, 느린 학습속도, 주의집중이 잘되지 않음, 일반화의 어려움, 동기유발의 어려움
② **심리·정서적 특성** : 실패의 원인을 자기가 아닌 남의 탓으로 돌림, 실패에 대한 경험이 누적되어 문제의 어려움 정도에 관계없이 미리 실패를 예상함, 남에게 의존하려는 경향이 많음
③ **말·언어의 특성** : 의미적·개념적 측면보다는 형식적·순차적 측면에 초점을 맞추는 경향, 언어발달이 지체됨, *다운증후군의 경우 특히 언어발달이 느림
④ **사회성** : 다른 사람과 어떻게 상호작용해야 하는지 몰라 친구를 사귀지 못하는 경우가 많음, 빈약한 자아개념으로 사회성발달에 부정적임, 실제적인 적응행동의 결함으로 신변처리기술이나 사회적 관계와 행동에 제한성을 가짐
⑤ **신체운동기능** : 일반 학생의 평균보다 낮음, 협응·균형·소근육 운동기능이 떨어짐(특히 다운증후군의 경우 운동기능이 상당히 열악함)

> ✓ **다운증후군**
> 유전병의 일종으로, 21번 염색체가 정상보다 많이 발현될 경우에 나타나는 질병이다.

04 주의력결핍 과잉행동장애(ADHD)

(1) 특 징 14 16 18 22 기출

① 아동기에 많이 나타나는 장애로, 지속적으로 주의력이 부족하여 산만하고 과다활동, 충동성을 6개월 이상 지속적으로 보이는 상태를 말한다.
② 만 12세 이전에 시작하며 성인기까지 계속될 수 있다. 같은 또래의 아동에 비하여 현저하게 부산한 행동을 보이며, 안절부절못하고 충동적인 행동을 나타내기 때문에 가정이나 학교생활에 커다란 어려움을 겪을 수 있다.
③ ADHD가 청소년기에도 증상이 유지되는 경우 과잉행동은 다소 개선되지만 품행장애, 반항장애 등 다른 문제를 동반할 수 있다.
④ ADHD 학생이 많이 드러내는 문제 가운데 하나가 만성적 학습부진이다. 학업 중 주의력을 유지하는 데 어려움이 있어 읽기, 쓰기, 수학 등에서 낮은 학습수행을 나타낸다.
⑤ 과잉행동은 별로 나타나지 않지만, 부주의 문제를 주로 보일 때는 주의력결핍 우세형으로 진단된다.
⑥ 부주의 증상은 학업적 결함과 또래들의 무시와도 연관이 있다.
⑦ 부주의는 주어진 과제를 수행하지 않고 돌아다닌다거나, 인내심 부족, 지속적 집중의 어려움, 무질서함과 같은 모습으로 발현되나 반항이나 이해 부족에서 기인한 것은 아니어야 한다.
⑧ 부주의 행동 특성 9개와 과잉행동 및 충동성 특성 9개로 구성된 총 18개의 행동증상을 통해 진단한다.
⑨ ADHD에 진단적인 생물학적 표지자는 없다.
⑩ 신경전달물질인 *도파민과 *노르에피네프린이 뇌의 특정부위에서 적게 나타나는 것이 ADHD 발생에 영향을 미치는 것으로 추정된다.

> ✓ **도파민**
> 다양한 동물들의 중추 신경계에서 발견되는 호르몬이나 신경전달물질을 말한다.

> ✓ **노르에피네프린**
> 자율신경계에서 발견되는 신경전달물질을 말한다.

⑪ DSM-5에서는 ADHD의 하위유형을 주의력 결핍 우세형, 과잉행동-충동 우세형, 복합형으로 제시하고 있다.

(2) 구 분 23 24 기출

① **주의력결핍(부주의) 우세형** : 다음 부주의 증상 중 적어도 6개 이상 증상이 6개월 이상 지속되어, 부적응적이고 발달 수준에 부합하지 않으며 사회적·학업적 활동에 부정적 영향을 미친다.
  ㉠ 세부적인 사항에 면밀한 주의를 기울이지 못하거나 학업, 공부 또는 다른 활동을 할 때 부주의한 실수를 한다.
  ㉡ 흔히 일을 하거나 놀 때 지속적으로 주의집중을 할 수 없다.
  ㉢ 흔히 다른 사람이 직접 말을 할 때, 경청하지 않는 것으로 보인다.
  ㉣ 흔히 지시를 완수하지 못하고, 학업, 잡일, 직장에서의 임무를 수행하지 못한다.
  ㉤ 흔히 과업과 활동을 체계화하지 못한다.
  ㉥ 흔히 지속적으로 정신적 노력을 요구하는 과업(학업 또는 숙제 등)에 참여하는 것을 피하거나 싫어하거나 저항한다.
  ㉦ 흔히 활동하거나 숙제하는 데 필요한 물건을 잃어버린다(예 장난감, 학습과제, 연필, 책 또는 도구들).
  ㉧ 흔히 외부자극에 의해 쉽게 산만해진다.
  ㉨ 흔히 일상적인 활동을 잊어버린다.

② **과잉행동-충동 우세형** : 다음 과잉행동-충동성에 관한 증상 중 적어도 6개 증상이 6개월 이상 부적응적이고 발달 수준에 부합하지 않을 정도로 지속된다.

과잉행동	• 흔히 손발을 꼼지락거리거나 의자에 앉아서도 몸을 가만두지 못한다. • 흔히 앉아 있어야 하는 교실이나 다른 상황에서 자리를 떠난다. • 흔히 부적절한 상황에서 지나치게 뛰어다니거나 기어오른다. • 흔히 조용한 여가활동에 참여하거나 놀지 못한다. • 흔히 '끊임없이 활동하거나' '자동차(무언가)에 쫓기는 것'처럼 행동한다. • 흔히 지나치게 수다스럽게 말을 한다.
충동성 20 기출	• 흔히 질문이 채 끝나기도 전에 성급하게 대답한다. • 흔히 차례를 기다리지 못한다. • 흔히 다른 사람의 활동을 방해하고 간섭한다(예 대화나 게임에 참견한다).

③ **복합형** : 지난 6개월 동안 주의력 결핍 증상과 과잉행동 증상이 복합적으로 나타나는 유형이다.

지식 IN

주의력결핍 과잉행동장애(ADHD) 아동 상담-강화 활동 관리 프로그램 23 기출
• 칭찬과 관심만으로 부족할 때 토큰 경제(토큰 강화프로그램)를 사용하여 보조적인 강화물을 제공하면 더 큰 효과가 나타날 수 있다.
• 강화활동 계약의 사용, 규칙과 짝지어진 정적 강화, 문제행동 전환에 대한 강화활동을 포함한다.
• 학급중심의 토큰 강화프로그램에서는 하나 이상의 문제가 있는 학급상황이 중재의 목표가 된다.
• 행동계약서에는 수행이 요구되는 교실 행동이 유용한 강화활동의 결과로서 명시된다.
• 정적강화로부터의 타임아웃은 유용한 강화물의 박탈이 효과적이라는 점을 전제한다.

05 학업 관련 검사에 대한 이해

(1) 개 요
① 검사는 평가의 특수한 형태로 일련의 질문을 통일된 양식으로 제시하여 행동의 표본을 측정하는 도구 또는 체계적 절차를 의미한다. 대표적인 것이 심리검사로서, 심리검사는 규준이나 목표에 비추어 행동을 평가하기 위해서 표집된 행동을 신뢰성 있고 타당하게 측정하는 체계적인 절차를 말한다.
② 심리검사의 목적은 예측, 선발, 분류 또는 배치, 측정, 평가에 있다.
③ 심리검사에서 측정이 어려운 이유로 측정 대상과 측정 방법이 분명하지 않다는 점과 측정이 간접적으로 이루어지는 점, 수량화에 따른 위험성을 제시하고 있다.

(2) 학업문제의 평가 및 진단을 위한 심리검사의 이해 14 15 16 17 18 19 20 22 기출

① **지능검사** : 학습자의 인지적 능력을 진단하고 평가하기 위해 사용되는 가장 대표적인 심리검사이다.

웩슬러 아동지능검사 21 24 기출	• 웩슬러가 만 5세에서 16세 미만의 아동을 대상으로, 아동의 인지적 능력을 평가하기 위해 개발한 개인용 임상도구 • 한국 웩슬러 아동지능검사 4판(K-WISC-IV)은 10개 주요 소검사와 5개 보충 소검사로 구성, 검사 후 결과를 언어이해지표, 작업기억지표, 처리속도지표, 지각추론지표의 네 영역으로 나누어 점수를 매기고 이를 토대로 아동의 전체적인 인지능력을 나타내는 전체지능지수를 산출 • 한국 웩슬러 아동지능검사 5판(K-WISC-V)은 4판의 개정판으로 이전 판과는 달리 지능 이론은 물론이고 인지발달·신경발달·인지신경과학·학습과정에 대한 최근 심리한 연구들에 기초, 구조적으로 변화한 전체 IQ(FSIQ)와 5가지 기본지표점수(언어이해, 시공간, 유동추론, 작업기억, 처리속도), 5가지 추가지표점수(양적추론, 청각작업기억, 비언어, 일반능력, 인지효율)를 제공
카우프만 아동용 지능검사 (K-ABC)	• 카우프만 부부가 2세 6개월부터 12세 5개월까지의 아동을 대상으로, 아동의 정신과정과 후천적으로 습득한 사실적 지식수준 측정 • 하위검사는 순차처리척도(손동작, 수 회상, 단어배열), 동시처리척도(마법의 창, 얼굴기억, 그림통합, 삼각형, 시각유추, 위치기억, 사진순서), 습득도척도(표현어휘, 인물과 장소, 산수, 수수께끼, 문자해독, 문장이해)로 구성

② **교육성취도 검사** : 기초적인 학습능력이나 학습가능성을 진단하고 평가한다.

기초학습기능검사 (KEDI-IBLST)	• 한국교육개발원에서 유치원 및 초등학교 수준의 정상아동 및 장애아동을 대상으로 학업에 기초가 되는 능력을 평가하는 데 사용하기 위한 목적으로 표준화된 개인검사용 기초학습진단검사 • 정보처리, 셈하기, 읽기 I, 읽기 II, 쓰기 등 5개의 소검사로 구성
기초학습기능 수행평가체제 (BASA)	• 학습부진아동이나 특수교육 대상자의 읽기, 쓰기, 수학 영역에서의 수행수준을 진단하고 평가하는 검사 • 초등학교 1~3학년 아동을 대상으로 실제 학생들이 배우는 기초학습기능에 근거하여 학생의 수행정도를 평가하기 위해 개발 • 읽기, 쓰기, 수학 등 3개의 검사로 구성
국립특수교육원 기초학력검사 (KISE-BAAT)	• 읽기, 쓰기, 수학의 3개 소검사로 구성된 도구로, 유치원, 초등 1~6학년, 중학생 1~3학년의 현재 학년과 기초학력지수를 알아볼 수 있는 진단평가 검사도구 • 학교학습, 특히 국어와 수학에서 부진을 나타내는 아동을 선별 또는 진단

③ 학습환경 진단검사

가정환경 진단검사	• 캘드웰과 브래들리(Caldwell & Bradley, 1978)가 개발한 '환경 측정을 위한 가정 관찰'을 장영애(1986)와 조용태(1995)가 각각 일반 아동과 정신지체 아동의 가정을 대상으로 우리나라 실정에 맞게 타당화한 것을 사용
교육환경 진단검사	• 우리나라 학생들의 특성과 그들이 가정 및 학교에서 접하고 있는 학습 환경을 알아보기 위해 개발된 것 • 부모와의 협의를 위한 자료 역할로 효과적

④ 학습전략검사 : 최근 인지심리학의 영향으로 학습전략을 다루는 인지적 접근이 학습문제에 대한 주된 개입방법으로 자리 잡게 되면서, 학습자의 학습전략 활용수준을 측정하기 위한 각종 심리검사가 개발되어 사용되었다.

학습잠재능력검사	• 한국심리자문연구소에서 학습부진의 원인을 진단하기 위해 제작하여 초등학교용, 중학교용, 고등학교용 검사가 별도로 개발 • 검사의 하위척도는 학습능력척도와 학습활동척도 2가지
ALSA 청소년 학습전략검사	• 김동일(2005)이 초등학교 고학년부터 중·고등학생을 대상으로 학습전략을 분석하고, 프로그램 활용을 통한 학습전략 증진에 기여할 목적으로 개발 • 학습동기, 자기효능감, 인지초인지 전략, 자원관리 전략의 4개 하위영역 측정
학습기술진단검사	• 변영계와 김석우(2001)가 제작한 것으로 초등학교 고학년부터 중·고등학생을 대상으로 학습자가 스스로 학습 목표를 정하고 학업성취를 이루어 가는 과정을 계획하고 설계하는 데 관련된 일련의 기법을 평가하여 학습기술 향상 방안을 제시할 목적으로 사용 • 자기관리, 수업참여, 과제해결, 읽기, 쓰기, 시험치기, 정보처리 등 학습기술 측정
MLST-II 학습전략검사	• 박동혁(2011)이 학습자의 학습과정에서 자기조절학습 능력의 근간을 이루는 습관적·행동적 및 전략적인 효율성을 측정하기 위해 개발 • 성격적 차원, 정서적 차원, 동기적 차원, 행동적 차원의 4개의 차원으로 구성

⑤ 학습태도검사

학습흥미검사	• 조봉환과 임경희(2003)가 중·고등학생을 대상으로 학습활동에 대한 흥미와 학교생활 장면에서 학생들이 가지고 있는 학습에 대한 흥미를 구체적으로 알아보기 위해 개발 • 학습유형별 흥미척도, 학습유형별 특성 및 학습스타일, 교과별 흥미, 타당도 척도로 구성
표준화학습 흥미검사	• 이상로와 변창진(1990)이 중·고등학교 학생을 대상으로 중·고등학교 교육과정에 포함된 학습활동에 대한 흥미를 구체적으로 알아보기 위해 개발
학업동기검사 (AMT ; Academic Motivation Test)	• 김아영(2003)이 초등학교부터 대학교까지의 학생을 대상으로 학습자를 이해하고 학습 수행을 예측하며 실패에 대한 건설적인 반응 여부를 파악할 목적으로 개발 • 학업적 자기효능감 척도와 학업적 실패내성척도로 구성
학업동기 및 학습전략검사 (L-MOST)	• 김효창(2011)이 초등학교 3학년부터 고등학교까지의 학생을 대상으로 학습수행 향상을 위해 요구되는 다양한 학습동기 및 학습전략에서 학생 개개인의 장점과 단점을 파악하기 위해 개발 • 학업동기척도, 학습전략척도, 정서척도, 타당도 척도로 구성
학습습관검사	• 학생들에게 자신들의 학습 습관이 다른 학생들에 비해 상대적으로 얼마나 적절한지 확인하고, 부적절한 습관을 개선하기 위한 전략을 논의하는 데 유용한 정보제공 • 동기, 자신감, 실천, 이해, 정리, 기억, 관리 등 7가지 하위척도로 구성
학습성격유형검사 U&I	• 학생이 학습 과정에서 보이는 개인의 성격적인 특성을 측정하는 검사로, 이를 통해 학생에게 가장 적합한 학습방법을 제안한다. • 학습성격유형은 행동형, 규범형, 탐구형, 이상형의 네 가지 유형을 기초로, 총 14가지 유형으로 구분한다.

⑥ 기타 특수검사

한국판 학습장애평가척도 (K-LDES)	• 실생활에서 아동을 매일 접하는 교사나 부모가 평가하는 척도로, 아동의 학습문제를 조기에 발견하여 조속한 치료적 도움을 받는 데 유용 • 주의력, 생각하기, 말하기, 읽기, 쓰기, 철자법, 수학적 계산을 통해 아동의 학습문제를 진단
아동·청소년 행동평가척도 (K-CBCL)	4세부터 17세까지의 아동·청소년을 대상으로 그들의 사회적 적응 및 학업수행 그리고 정서·행동 문제를 부모가 평가하는 것으로 아동·청소년의 심리장애 진단에 유용
주의집중력검사	학생의 주의력과 집중력을 평가하여 개선 방안을 강구하는 데 유용한 정보제공
진로탐색검사	학생의 직업적 흥미나 성격 등 진로선택에 필요한 유용한 정보를 제공하여 학습의욕을 회복하도록 도움 제공

(3) 일반적인 심리검사 활용지침 15 16 19 기출

① 심리검사 필요 여부 판단과정에서의 지침
  ㉠ 검사를 하려는 목적을 분명히 한다.
  ㉡ 학생을 실습 대상으로 삼지 않는다.
  ㉢ 검사는 자격이 있는 사람이 표준화된 절차에 따라 실시해야 하므로, 자신이 실시와 해석을 할 수 있는 전문성을 가지고 있는지 돌아본다.
  ㉣ 검사의 실시와 해석이 내담자의 문화에 적절하게 적용될 수 있는지 확인한다.

② 심리검사 선정과정의 지침 및 유의사항 20 23 기출
  ㉠ 검사목적에 맞는 검사를 선정한다.
  ㉡ 검사의 신뢰도와 타당도, 검사 규준을 확인한다.
  ㉢ 검사의 실용성을 고려한다.

③ 심리검사 결과 해석에서의 지침
  ㉠ 검사결과에 대해 학생이 어떻게 기대하고 있는지 먼저 탐색한다.
  ㉡ 검사결과는 하나의 잠정적인 결과임을 인식하고 학생에게 알려준다.
  ㉢ 한두 개의 숫자, 한두 개의 유형 정보만 알려주고는 결과를 해석했다고 생각하지 않는다.
  ㉣ 심리검사는 학생에 대한 여러 가지 이해 방법 중 하나일 뿐임을 명심한다.
  ㉤ 심리검사 결과가 평소의 행동 관찰 결과와 다를 때, 이러한 차이를 보이는 이유에 대해 궁금해 하고 탐색한다.

④ 학업상담 시 심리검사 활용지침 20 기출
  ㉠ 검사의 목적이나 진행방법, 검사의 한계에 대해 내담자에게 충분히 설명해주어야 한다.
  ㉡ 검사 매뉴얼(검사요강)에 제시된 표준화된 검사 실시와 채점 절차를 따라야 한다.
  ㉢ 검사자와 피검자 간의 라포(Rapport) 형성에 유의한다.
  ㉣ 한 번에 너무 많이 검사하려고 하지 않는다.
  ㉤ 검사에서 얻은 정보에 대해서는 비밀보장의 원칙을 준수한다.

06 진단 및 평가절차

(1) 호소문제와 내력 탐색

① 학습자에게서 지적 수행의 문제가 발견되면, 일단 그가 불편을 호소하는 문제에 귀를 기울이고 그러한 문제의 내력을 체계적으로 탐색한다. 이때 먼저, 가정생활 및 학교생활과 관련해서 평소와는 다르게 행동하는 이상 전조를 살핀 후 학생이 불편을 호소하는 심리적 문제에 관심을 기울이고 그 내력을 탐색한다.

② 이 단계에서 그림검사(*HTP, *KFD)와 문장완성검사(SCT)와 같은 평가도구를 이용하면 학생과 친밀감을 형성하고 그의 생각과 느낌을 찾아내는 데 도움이 된다.

> ✅ **HTP(집-나무-사람검사)**
> 수검자가 자신의 개인적 발달사와 관련된 경험을 그림에 투사하도록 하는 투사적 심리검사를 말한다.
>
> ✅ **KFD(동적가족화)**
> 그림을 통해 가족관계를 파악하도록 만들어진 투사적 심리검사를 말한다.

> **지식 IN**
>
> **학생이 드러내는 학습 문제(Levine)**
> - 기초학습기능을 완벽하게 습득하지 못한다.
> - 기정사실이나 지식을 습득하는 데 어려움이 있다.
> - 과제나 결과물을 완성시키는 데 어려움을 드러낸다.
> - 교과학습에 필요한 개념이나 원리를 이해하지 못한다.
> - 주어진 과제에 체계적으로 접근하는 데 어려움이 있다.
> - 과제 수행에서 요구되는 양과 속도를 따라가지 못한다.
> ※ 학생의 지적 수행에서 위의 문제들이 두드러지게 나타날 경우, 교사나 상담자는 학습 프로필을 더 상세하게 파악하기 위해 체크리스트를 활용한다.

(2) 교육성취도 및 학습태도에 대한 평가와 행동관찰

① 교육성취도에 대한 평가와 행동관찰
학생의 지적 수행에 관련된 문제를 더욱 체계적으로 이해하기 위해서는 일차적으로 교육성취도에 관한 자료를 면밀히 검토한다.

② 학습 태도에 대한 평가와 행동관찰
학생이 지적 수행에서 드러내는 교육성취도는 학생의 지적 수행에 연관된 심리적 과정은 물론 학교 및 가정의 생활환경 등 다양한 내적·외적 요인이 관여하기 때문에 학생이 학습에 임하는 태도와 전략을 면밀히 관찰하여 학습 행동에 관여하는 요인을 파악할 필요가 있다.

③ 학습문제 진단을 위한 관찰법의 종류 24 기출

표본기록법	• 관찰자가 참여 대상이나 장면을 미리 정해놓고 그 장면에서 일어나는 행동과 상황, 언어 등을 모두 일어난 순서대로, 시간 간격별로 기록하는 방법으로 행동의 일화를 가장 자세하고 완전하게 표현하는 관찰 방법이다. • 지속적 관찰 기록법이라고도 한다.
일화기록법	행동을 직접 관찰하여 객관적이고 서술식으로 기록하되, 중요한 사건이나 핵심이 되는 행동들을 중심으로 짧게 기록하는 방법이다.

사건표집법	관찰자가 관찰하고자 하는 특정 행동이나 사건을 명확히 선정한 후 해당 사건이 발생하였을 때 기록하는 방법이다.
시각(시간)표집법	관찰하고자 하는 특정 행동이 정해진 짧은 시간 내에 얼마나 자주 일어나는지의 행동 출현 빈도를 수집하는 시간 표집 관찰 방법이다.

(3) 학습장애의 진단모델

① 능력-성취 불일치(IQ-Achievement Discrepancy) 24 기출
  ㉠ 추정되는 아동이 지닌 지적 잠재력과 실제 학업성취 간에 나타나는 *심각한 차이로 학습장애 여부를 진단한다.
  ㉡ 복잡하고 중요한 결정인 학습장애 진단을 단일공존에 의존하며, 지능검사 자체가 잠재력을 측정하는지에 대한 의문이 있다.

> ◆ **심각한 차이**
> 지능검사에서 측정되는 잠재력과 실제로 나타나는 성취도 간의 차이로 능력-성취 불일치를 말한다.

② 중재-반응 모형(Responsiveness-To-Intervention) 15 19 21 기출
  ㉠ 정의
   • 중재-반응 모형은 교육적 중재에 대한 아동의 반응을 연속적인 과정으로 평가·진단하는 모형으로, 아동이 효과적인 중재에 적절하게 반응을 하지 못하여 또래 아동들보다 현저하게 낮은 성취수준과 느린 진전도(성취기울기)를 보이는 경우, 이중 불일치(Dual Discrepancy)가 발생하였다고 보고 이를 학습장애로 진단한다.
   • 학습 수행수준과 발달속도가 진단기준이 된다.
   • 중재-반응 모형이 적용되면서 '선(先)중재, 후(後)진단'의 원리에 바탕을 둔 중재와 평가 과정이 강조되며, 일회적 평가결과에 근거한 장애진단을 지양하고, 중재와 반응의 상호역동적인 과정과 계속적인 학습평가 과정을 중요시한다.
   • 학업문제를 가진 학생을 조기에 선별함으로써 학생들이 실패할 때까지 기다리지 않고 조기에 개입(중재)할 수 있다.
   • 학습장애 진단과 평가결과는 개입(중재)과 상호역동적인 관계이다.
   • 중재-반응 모형을 통해 중재과정에서 환경적 요인에 의한 학습문제와 개인 내적요인(중추신경계 기능장애로 추정)에 의한 학습문제를 변별할 수 있으므로, 사회·경제·문화적 요인에 의해 학업문제가 발생한 학생을 학습장애로 판별하는 오류를 감소할 수 있다.

  ㉡ 중재-반응 3단계 모형 17 24 기출

1단계	모든 내담자를 대상으로 평가하고, 내담자의 학습에 관한 진전도를 점검하기 위해 일반교육에서 질적이고 핵심적인 교수를 적용하고 평가를 실시하는 것이다(모든 내담자중심 교육).
2단계	• 1단계에서 핵심적인 교육과정을 받았으나 중재에 반응하지 못한 대략 15%의 내담자를 지원하기 위해, 교정적 지원을 필요로 하는 내담자를 진단하고 이들 내담자에게 소집단 중재를 제공하는 것이다(소집단중심 집중교육). • 효과적인 중재에 반응하는 정도가 동등한 지적 능력을 소유한 또래들에 비해 적절한지 점검한다.
3단계	1주일에 한 번 이상 진전도 점검을 실시하면서 매일 적어도 30분 동안 개별화(특수교육 지원)된 중재를 제공한다(집중적인 개별화중심 특수교육).

(4) 심리적 기능 발달의 평가와 진단

아동의 지적 수행에서 드러나는 약점의 원인을 구체적으로 이해하기 위해서는 지적 수행에 연관된 심리적 과정을 이해해야 한다. 학습 맥락에서 심리적 기능 발달에 대한 평가를 위해 표준화심리검사와 몇 가지 신경심리학적 선별검사를 조합한 평가 전략이 제안되고 있는데, 이 과정은 대개 1차 심리평가와 2차 심리평가로 구분한다.

① 1차 심리평가
  ㉠ 학업 부진이 어떤 이유에서 발생한 것인지 규명하여 학생이 어떤 장애에 해당하는지 감별한다.
  ㉡ 주로 표준화 지능검사, 교육성취도검사 등 일반적인 심리검사와 부모 면담 실시, 추가로 주의력 검사나 부모-자녀 관계검사를 실시한다.

② 2차 심리평가
  ㉠ 1차 심리평가를 통해 학습장애로 진단이 내려지면, 다음 단계에서 학습부진을 유발하는 원인을 파악하고 치료적으로 어떻게 개입해야 할 것인지 파악하기 위한 2차 심리평가를 실시한다.
  ㉡ 2차 심리평가 검사는 세부적이고 특징적인 인지 능력을 일일이 평가한다.
  ㉢ 2차 심리평가에서 기억력을 비롯하여 다양한 뇌의 기능이 정상적으로 발달하고 있는지를 확인하는 과정인 신경심리평가를 실시한다.

(5) 학습장애 진단평가 과정 21 기출

① 학습장애 위험군 학생 선별 : 보호자 또는 각급 학교의 장이 학습장애를 가지고 있거나 가지고 있다고 의심되는 학생을 선별한다.
② 진단 및 평가 의뢰서 작성 및 의뢰
  ㉠ 보호자 또는 각급 학교의 장이 진단 및 평가의뢰서를 작성하여 교육장 또는 교육감에게 제출하며, 만약 학교의 장이 의뢰한 경우에는 의뢰 전에 반드시 보호자의 사전 동의가 필요하다.
  ㉡ 교육장이나 교육감은 진단 및 평가의뢰서를 접수 받은 즉시 이를 특수교육지원센터로 회부한다.
③ 학습장애 진단 및 평가 실시 : 특수교육지원센터는 30일 이내에 학습장애 진단 및 평가영역(지능검사, 기초학습기능검사 등)에 대하여 표준화 검사를 실시하고 그 결과를 교육장이나 교육감에게 보고하여야 한다.
④ 학습장애 적격성 여부 및 교육 지원 내용 결정 : 교육장 또는 교육감은 특수교육지원센터로부터 최종의견을 통지받은 때부터 2주일 이내에 특수교육대상자로의 선정 여부 및 제공할 교육지원 내용을 결정하여 보호자에게 통지한다.
⑤ 장애 적격성 여부 통보 : 부모 등 보호자에게 통지할 때는 서면으로 통지한다.
⑥ 학습장애 학생 배치 : 교육장 또는 교육감은 특수교육운영위원회의 심사를 거치고 보호자 의견을 수렴하여 학습장애 학생을 일반학교의 일반학급, 일반학교의 특수학급, 특수학교 중 하나에 배치하여 교육한다.

CHAPTER 04 학습전략에 대한 이해 및 실제

중요도 ★★★

핵심포인트

학습전략에 대한 학자들의 개념 정의, 맥키치(Mckeachie)의 학습전략, 협동학습전략, 질문생성 학습전략, 학업 지연행동의 극복전략, 기억증진 전략, 성취전략 유형에 따른 시험준비 행동, 토마스와 로빈슨(Thomas & Robinson)의 PQ4R의 단계, 상황별 학습전략, 노트 작성 학습전략, 학습전략 프로그램의 실제

01 학습전략의 개요

(1) 학습전략의 의의 14 16 20 기출

① 학습자의 학습과정에 영향을 미치는 행동양식과 사고체제로서 학습자가 새로운 정보를 선택, 획득, 조직하여 통합하는 방식에 영향을 미치는 인간의 정보처리 활동이다.
② 학습을 더 효과적으로 하기 위해 학습자 자신이 취하는 모든 방법적 사고 또는 행동이다.
③ 효율적 학습과 정보기억에 도움이 되는 여러 가지 종류의 기능이나 방법이다.
④ 정보의 획득, 저장, 활용을 촉진할 수 있는 일련의 과정이나 단계이며 학습자가 새로운 정보를 선택·획득·조직·저장하는 방식에 영향을 미치는 모든 정보처리 활동이다.
⑤ 학습목표를 달성하기 위한 전체적인 계획 과정이며 학습 촉진을 위하여 학습자가 사용하는 여러 가지 정신적 조작으로서 목표지향적인 구체적인 활동이다.
⑥ 학습방법 및 전략은 학년이 높아질수록, 학습에 투여하는 시간이 많은 과제일수록 학업성취에 미치는 영향이 커진다.
⑦ 학년이 높아지고 학습해야 할 양이 많아지면서 상황에 맞는 공부 방법을 습득하고 활용해야 하는데, 이 부분에서 실패하고 이전에 사용하던 학습전략을 그대로 사용하는 내담자들이 많다.
⑧ 특히 공부를 잘했는데 갑자기 성적이 떨어진 경우, 효율적인 학습방법 및 전략 활용에서의 실패가 원인일 수 있다.
⑨ 학습부진이 나타난 시기의 특성을 살펴보면 위와 같은 문제가 있는지를 파악할 수 있다.

(2) 학습전략에 대한 학자들의 개념 정의 16 17 19 기출

① 댄서로우(Dansereau) : 정보의 획득, 저장, 그리고 그 활용을 촉진할 수 있는 일련의 과정 또는 단계를 말하며, 주전략으로서 정보처리 과정을 이해, 파지, 회상, 사용 전략으로 구분하였다.
② 와인슈타인 & 메이어(Weinstein & Mayer) : 학습자의 정보 약호화 과정에 영향을 미치거나 학습에 관여하는 모든 사고체계와 행동양식을 말한다.

③ 존스(Jones) : 학습을 촉진하기 위하여 학습자가 사용하는 여러 가지 정신적 조작이라고 정의하였다. 이러한 학습전략은 의식적이든 무의식적이든 간에 목적지향적인 구체적인 행동을 말한다.
④ 맥키치(Mckeachie) : 학습전략을 인지전략, 상위(초)인지전략, 자기자원관리전략 이 3가지 범주로 대별한다.

(3) 학습전략의 종류
① 맥키치(Mckeachie)의 학습전략 20 기출
  ㉠ 인지전략(Cognitive Strategies) 14 15 16 17 18 19 22 기출
    • 학습자가 공부할 자료를 기억하고 이해하는 데 사용하는 자료의 부호화, 즉 학습에 관한 전략과 정보의 인출에 관한 전략으로 시연, 정교화, 조직화 전략이 해당한다.
    • 효과적인 공부 방법에 대한 학습 전략이다.

시 연	• 단기기억 속에서 정보가 사라지지 않게 하기 위한 전략으로 학습내용을 외우거나 소리 내어 읽는 것을 말한다. • 방법으로는 중요한 부분에 밑줄긋기, 강조표시하기, 베끼기, 색칠하기, 학습할 항목 암송하기, 선택적으로 노트정리하기, 내용을 알 때까지 반복적으로 쓰기 등이 있다. • 8세 무렵 비자발적으로 학습내용을 시연하다가, 12세 무렵 자발적으로 시연을 하기 시작한다.

정교화	• 학습자료를 의미 있게 하기 위하여 새 정보를 이전 정보와 관련시켜 특정한 관계를 지니도록 하는 방법이다.
	• 그 방법으로는 다음과 같은 것이 있다.
	  - 중요한 개념이 있으면 쉬운 말로 풀어본다(의역하기).
	  - 주요 개념을 공부할 때는 자기말로 바꾸어 본다(매개 단어법).
	  - 새로운 개념을 배울 때는 이해하기 쉽도록 구체적인 예를 떠올려 본다(심상의 형성).
	  - 어떤 주제를 공부할 때, 내가 지금까지 알고 있는 것과 관련성을 찾아본다(유추하기).
	  - 노트필기를 통하여 수강한 강의내용을 다시 반복 연습한다(창의적 노트하기).
	  - 학습내용을 실생활과 관련지어 공부한다.

조직화	학습내용의 요소 간의 관계를 논리적으로 구성해 보는 것으로 중요한 개념을 중심으로 내용을 분석해 보거나 이들 간에 어떤 관계가 존재하는지를 추론하여 복잡한 내용을 더 쉽게 이해할 수 있도록 돕는 인지전략이다. • 어떤 주제에 대해 공부할 때 나름대로 내 생각을 정리해 본다. • 내용이 복잡할 때는 도표를 그리거나 요약해 본다(도표화 및 개요화). • 공부를 할 때 개념들을 모아서 나름대로 관계를 정립해 본다(핵심아이디어의 선택). • 국사나 사회(세계사)를 공부할 때는 연대별로 묶어서 공부한다(*군집화).

✓ **군집화**
물리적 혹은 추상적 객체들을 비슷한 객체로 그룹화하는 것을 말한다.

  ㉡ 상위(초)인지전략(Metacognitive Strategies) 21 22 23 24 기출
  학습자가 학습하면서 자신의 인지과정에 대한 개념을 형성하는 것으로, 이를 통해 효과적인 인지전략을 선택하여 통제하고 조절하는 전략이다.

계 획	학습할 때 어떤 인지전략을 사용할 것인지 계획하는 것으로 목차부터 살펴보기, 무슨 내용에 대한 것인지 대강 훑어보기, 문제를 풀기 전에 무엇을 묻고자 하는지 추측하기가 이에 해당한다.
점 검	자신의 학습과정을 점검하는 인지활동으로서 학습내용에 집중하기, 자신의 이해정도를 스스로 평가해보기, 시험보는 동안 문제 푸는 속도 체크하기 등이 해당한다.

조 정	• 점검과 밀접한 관계가 있는 것으로, 자신의 학습활동이 효과적이었는지 계속 점검하다가 수정 사항이나 보완해야 하는 경우 대안을 제시하며 학습활동을 진행한다. • 학습활동을 점검하다가 문제가 생기거나 모르는 부분이 있으면 앞으로 돌아가서 공부하기, 이해하기 어려운 부분이 있으면 속도를 줄이는 것 등이 이에 해당한다.

ⓒ 자기자원관리전략(Resource Management Strategies) 14 17 19 24 기출

시간관리전략	시간표 작성, 목표설정
공부환경관리전략	장소 정리, 조용한 장소 확보, 조직적인 장소 조성
노력관리전략	자기효능감을 높이는 노력에 대한 귀인, 학습분위기 조성, 자기강화
타인의 조력추구전략	교사·동료로부터 조력을 추구, 집단학습, 개인지도 받기 등

지식 IN

Park(1993)의 정보처리과정 모형에서 각 단계에 사용되는 인지전략

인지 및 상위인지 전략	• 학습자가 정보를 처리, 통제, 조절하는 데 관련된 전략 • 주의집중전략 : 감각기억에서 단기기억으로 정보가 옮겨져 가는 주의집중 과정과 관련 • 시연전략 : 단기기억에서 정보가 사라지지 않게 하기 위한 것으로 반복적이고 기계적으로 외우는 것 • 정교화전략 : 학습하려는 자료와 이미 아는 다른 자료 간에 연결점을 만드는 것. 심상화, 질문에 답하기, 범주 찾기, 위계화 및 보기 들기 등의 기법 사용 • 약호화전략 : 단기기억에 있는 정보를 장기기억으로 전이하는 과정에서 정보를 줄이는 전략. 유의미화전략, 조직화전략 사용 • 인출전략 : 이미 장기기억에 있는 정보를 활성화해 단기기억으로 끌어내는 것 • 상위인지 : 사고에 대한 사고로 인지과정을 알아차리며 인지를 통제하고 조정하는 측면을 가짐. 계획, 관리 및 자기조절 활동을 함

관리전략
18 기출
	• 학업을 잘 수행하기 위해 공부에 투자하는 시간을 확보하고, 확보된 학습시간 동안 과제에 집중하도록 하는 전략
	• 시간관리전략 : 학습할 시간을 어떻게 계획하고 확보하고 실천해 나갈 것인가와 관련된 전략
	  1. 목표설정 단계 2. 계획단계 3. 의사결정 단계
	  4. 실행단계 5. 통제 및 평가단계 6. 정보이용 단계
	• 정신에너지관리전략 : 사고, 감정 및 행동을 관리하는 능력으로 자신의 몸과 마음을 잘 다스려서 최고 상태로 유지함으로써 내면의 잠재력을 최대한 발휘하도록 하는 것
	• 각 영역의 관리가 얼마나 잘 되고 있는지를 확인할 수 있는 간편한 도구
	  1. 행동관리 2. 감정관리 3. 긍정적 사고
	  4. 올바른 식생활 5. 적절한 운동 6. 휴식과 수면

② **협동학습전략** 17 기출

  ㉠ 새로운 정보를 학습하는 데 도움이 된다.
  ㉡ 개별학습과 수행과제에 대한 전이를 용이하게 한다.
  ㉢ 지식의 공유가 높을수록 각 학생들의 학습에 긍정적인 영향을 준다.
  ㉣ 상호이해, 타인에 대한 긍정적 태도, 친절함 등을 길러주는 데 효과적이다.

> **✓ 협동학습전략**
> 학생과 학생 사이의 활발한 사회적 상호 작용을 통하여 학습효과를 극대화하는 교수 전략을 말한다.

③ **질문생성 학습전략** 15 기출

  ㉠ 질문생성이란 학생이 질문을 고안해내는 것으로 교수자의 질문과 구별하여 사용되며, 질문생성 학습은 하나의 학습전략이다.

ⓒ 교과내용을 공부할 때 생각 없이 공부하는 것보다는 먼저 질문을 제기하고, 그러한 질문에 대답하기 위한 자세로 학습한다면, 중요한 부분을 더 잘 인식할 수 있다.
　　ⓓ 자기 자신을 평가하며 자신의 생각 속에서 이것저것을 전체적으로 관리할 줄 아는 능력을 '초인지'라고 하는데, 질문생성 학습전략을 통해 자기가 이해한 내용을 기초로 질문을 만들 경우 자신의 이해능력에 대한 초인지를 강화시킨다.
　　ⓔ 질문생성 전략은 질문을 생성하고 답하기를 시도하는 과정에서 학습자 자신을 동기화할 수 있다.
　　ⓕ 질문생성 과정에서 학습자 자신이 가지고 있는 선행지식을 활성화한다.

④ *학업 지연행동(Procrastination)의 극복전략 15 23 기출

> **학업 지연행동**
> 학습자가 주관적인 불편감을 느끼면서도 자신의 학업 과제를 미루는 것을 말한다.

　　ⓐ 현실적인 목표를 설정하고 무리한 스케줄을 짜지 않는다.
　　ⓑ 좋은 시간관리 전략을 사용하여 할 일에 대한 우선순위를 정한다.
　　ⓒ 자기조절행동 및 부정적인 자기언어(Self-Talk) 사용을 점검한다.
　　ⓓ 동기부족, 완벽주의, 빈약한 시간 관리 및 조직 기술 등을 점검한다.
　　ⓔ 과제수행에 도움이 되게 해야 할 과제를 적어놓는다.
　　　→ 과제를 완성하겠다는 일종의 서약
　　ⓕ 장기목표를 세우고, 과제에 대해 수용적인 태도를 갖는다.
　　ⓖ 큰 과제나 어려운 과제는 쪼개서 하며 즐겁지 않은 과제에 대해서는 보상한다.
　　ⓗ 하고 싶은 행동이 있어도 공부를 하고 난 다음에 한다.
　　ⓘ 지연 행동을 할 때 그 후 발생할 나쁜 결과를 생각한다.

⑤ 기억증진 전략 14 기출

　　ⓐ 기억증진 기법
　　　• 시간의 투여 : 시간 활용을 잘해라, 많은 시간을 들이면 더 잘한다.
　　　• 깊이 있게 정보를 처리한다(정교화).
　　　• *사전검토(PQRST) 방법을 이용한다.

> **사전검토(PQRST)**
> 사전 검토(Preview), 질문(Question), 읽기(Read), 자기암송(Self-Recitation), 검사(Test)

　　ⓑ 심상을 이용하는 방법
　　　• 심상 : 마음속에서 어떤 개념을 시각화하는 것을 말함
　　　• 이중부호화이론 : 언어적 부호, 이미지 부호
　　　• 심상이용 기억 증진법 : 쌍 연합학습(이름과 단어 외우기), 계열학습(나열된 항목을 순서대로 기억), 핵심 단어법(중요단어에 생생한 이미지 부착), 장소법(기억항목을 친숙한 장소에 저장하는 기억전략), 고정 단어법(이미 알려진 고정된 사전지식에 기억하고자 하는 단어를 연결)
　　ⓒ 운율을 이용하는 방법 : 단어에 운율을 이용하는 단순한 기법을 사용(구구단, 천자문)
　　ⓓ 반복을 이용하는 방법 : 반복은 친숙성과 정보처리 가능성을 증진
　　ⓔ 효과적인 기억력 증진전략 16 23 기출
　　　• 암기할 때 기억단서를 사용하고 정보를 연합한다.
　　　• 기억을 방해하는 간섭요인을 최소로 줄인다.
　　　• 학습한 것을 자신의 언어로 반복해서 복습한다.
　　　• 의미를 확대 부여하여 기억한다.
　　　• 흥미를 일으키고 주의집중을 한다.
　　　• 자료를 심상화한다.
　　　• 단어에 운율을 이용하는 단순한 기법을 사용한다.

⑥ 반두라의 관찰학습 24 기출
  ㉠ 반두라는 모델링을 통한 관찰학습, 모방학습을 강조하였다.
  ㉡ 인간은 자극에 반응하는 것 이외에도 타인의 사고, 행동, 느낌을 모방하고 모델링함으로써 자신의 사고, 행동, 느낌을 형성한다는 것이다.
  ㉢ 반두라의 관찰학습 이론에 근거하여 학습전략 수행 시 '모델링된 사건들 → 주의과정 → 파지과정 → 행동산출 과정 → 동기유발 과정 → 패턴의 맞춤'의 단계로 진행한다.
  ㉣ 반두라의 관찰학습 과정

주의	모방하려는 모델의 행동에 주의를 기울이며 모델행동의 특징이나 단서를 기억하는 것이다.
파지 · 실행	이전에 관찰된 내용이 기억이 되는 과정으로, 모델의 행동을 말로 표현하고 머릿속으로 부호화하는 것이다. 마음속으로 상상해보는 내적 시범과 실제로 행동해보는 외적 시연이 있다.
운동재생 (행동산출)	모델의 행동을 상징적으로 부호화하여 기억한 것을 행동으로 전환하는 과정이다.
동기유발	실행은 강화와 동기적 변수에 의해 좌우되며, 보상을 얻을 수 있을 때만 모방한다.

(4) 성취전략 유형에 따른 시험준비 행동 14 22 기출

① 낙관주의 전략
  ㉠ 시험에 대해 낙관적 기대를 하고 시험 준비를 열심히 하지만, 시험과 관련된 부정적인 생각들을 의도적으로 피하려고 하는 성취전략이다.
  ㉡ 시험을 준비하면서 마음의 안정과 자신감을 유지하고 대체적으로 열심히 공부하며, 시험에서 보통 이상의 수행을 보인다.
  ㉢ 성과에 대해서는 내적으로 귀인하나, 실패에 대해서는 자신이 통제할 수 없었다고 생각한다.

② 방어적 비관주의 전략
  ㉠ 해당 학습자가 과거에 좋은 성적을 얻었음에도, 다가올 시험에 대해 좋은 성적을 얻지 못할 것이라는 비관적인 기대를 하면서 마주칠지도 모르는 곤란한 상황들을 예상하고 미리 대비하는 성취전략이다.
  ㉡ 시험을 잘 보지 못할 것이라는 불안에 대처하기 위하여 더욱 열심히 준비하여 보통 수준 이상의 결과를 보인다.

③ 자기손상 전략
  ㉠ 시험에 실패할 경우 자신의 능력이나 지능 부족으로 귀인하지 않기 위해 시험 전에 전략적으로 시험에 방해가 될 만한 행동을 하거나 방해가 될 만한 이유가 있음을 호소하는 성취전략이다.
    예 시험 전에 파티하기, 일부러 다른 일 하기
  ㉡ 시험 성적이 안 좋을 경우 노력하지 않았기 때문이라고 합리화하는 반면, 노력하지 않았음에도 만족할 만한 결과가 나왔을 때는 자신의 능력 때문이라고 지각한다.

④ 방관적 전략
  ㉠ 시험에 대하여 아무런 준비를 하지 않는 것이다.
  ㉡ 규준 지향평가가 만연하는 사회에서 학업성취도를 통하여 유능감을 나타내고자 하는 학생의 욕구가 거듭되는 실패로 좌절 경험을 갖게 될 때, 학습된 무기력이 발생한 후, 무기력 때문에 다른 것은 시도조차 하지 않을 경우 방관적 전략을 취할 가능성이 높다.

02 인지 및 초인지 전략

(1) 정의 16 18 기출
① 인지전략은 주어진 과제를 기억하고 이해하고 필요한 곳에 사용하는 실제적 전략이 포함되고, 주어진 정보를 잘 부호화해서 저장하고 필요한 경우에 인출하는 정보처리 과정이 이에 해당한다고 볼 수 있다.
② 댄서로우(Dansereau)는 이러한 정보처리 과정을 이해전략, 파지전략, 회상전략, 사용전략 등으로 구분하고 있다.

> **지식 IN**
>
> **자동화(Automaticity)** 20 기출
> - 장기 기억의 네트워크에 저장된 정보가 여러 번의 연습으로 인해 자동적으로 인출되는 과정을 말한다. 이렇게 자동화는 의식적으로 처리되고 통제되었던 행동이 무의식화되고 자동적으로 되는 상황이므로 큰 노력 없이도 더 빠르게 필요한 지식을 인출할 수 있다.
> - 자동화는 자각 또는 의식적 노력 없이 수행 가능한 정신적 조작을 사용한다.
> - 자동화는 특별히 주의하거나 노력하지 않아도 무의식적으로 정보 또는 기능을 잘 처리할 수 있는 상태를 가리킨다. 이렇게 조작이 자동으로 일어나기 때문에 한계가 있는 인지능력이 복잡하고 어려운 문제를 해결하는 데 적용될 수 있다.

(2) 인지 및 초인지 전략과 학업성취
① 높은 초인지 전략을 사용하는 사람들은 자신의 학습 과정을 스스로 점검하고 언제 문제가 발생할지를 알며, 그에 따라 자신의 학습 과정을 조절하기 때문에 더욱 효과적으로 학습한다.
② 학습전략 훈련을 저학년 학생들에게 가르칠 경우 바람직한 학습 습관을 형성하는 데 도움을 주어 학업성취에 더욱 긍정적인 영향을 미치고, 장기적인 효과를 얻을 수 있다.

(3) 초인지 전략의 결함으로 나타나는 어려움 16 기출
① 자신이 청취한 내용을 잘 점검하지 못하는 경향이 있다.
② 융통성이 부족하여 문제를 해결할 때 충분히 사고하지 않고 충동적으로 처리한다.
③ 기억을 돕기 위한 다른 전략을 생각해내는 것에 어려움이 있다.
④ 정보를 기억하기 위한 다양한 전략을 생각해내지 못한다.
⑤ 읽기의 목적 결정, 주제 찾기, 이해했는지 점검하기, 이해에 어려움이 있을 때 다시 읽기와 훑어보기 등을 하지 못한다.

(4) 토마스와 로빈슨(Thomas & Robinson)의 PQ4R의 단계 14 16 17 18 19 23 기출
① Preview(예습하기)
   ㉠ 개념 : 공부할 내용이 어떻게 구성되어 있는지 전반적으로 살펴보는 단계
   ㉡ 전략 : 앞으로 읽을 내용을 한번 살펴본다. 읽을 분량을 확인, 다루기 쉬운 단원 확인, 제목,

서론, 굵은 글씨체의 표 제목 읽기, 요약된 단락 읽기 등

② Question(질문하기)
  ㉠ 개념 : 내용을 살펴보면서 정교화 질문들을 만드는 단계
  ㉡ 전략 : 예습하기를 기반으로 텍스트에 기초하여 해답을 얻고 싶은 질문 적기, 각 장·각 절의 소제목을 육하원칙에 따라 의문문으로 바꾸기, 굵은 글씨체의 표제를 질문으로 변형 등

③ Read(읽기)
  ㉠ 개념 : 공부할 내용을 처음부터 끝까지 읽는 것과 동시에 질문하기 단계에서 만든 정교화 질문들에 답을 찾고자 노력하는 단계
  ㉡ 전략 : 주요 아이디어, 보조 자료, 변화의 추이 읽기, 제시된 내용의 특징과 윤곽을 그리기, 책에 표시하면서 이러한 특징들이 의미하는 것을 기록, 읽고 표시하면서 주제, 논지의 전개, 매 단락에서 알아야 할 것을 질문 등

④ Reflection(숙고하기)
  ㉠ 개념 : 다 읽고 난 후에 답을 살피고 추가적으로 정교화 질문들을 만들어 보고 그 질문들에 대답하는 단계
  ㉡ 전략 : 질문에 대한 답 정리, 읽은 내용들을 머릿속으로 구조화하고 이전에 알고 있는 내용과 관련짓기 등

⑤ Recite(암송하기)
  ㉠ 개념 : 읽은 것을 요약하고, 그전에 읽은 내용들과의 관계들도 포함하는 단계
  ㉡ 전략 : 소리 내어 크게 읽고 주제 적기, 시선을 다른 곳에 두고 책을 덮은 뒤 주제나 세부 내용을 자신의 언어로 표현, 이미 만들었던 질문에 답하기, 정확하게 기록했는지 점검, 빠뜨린 정보는 없는지 찾기 등

⑥ Review(복습하기)
  ㉠ 개념 : 정교화 질문을 할 수 없거나 자신이 만든 질문에 대한 답을 할 수 없는 부분들을 다시 읽어 보는 단계
  ㉡ 전략 : 주어진 자료를 다시 훑어보기, 머릿속으로 전체 내용 그리기, 주제를 소리 내어 말하거나 자신의 질문에 답하기, 비교하고 대조해 보며 내용을 재조직·범주화하기 등

(5) 로빈슨(H. M. Robinson)의 'SQ3R' 16 22 기출

① 훑어보기(Survey) : 글을 자세히 읽기 전에 중요 부분만을 훑어보고, 그 내용을 미리 생각해 보는 것이다. 즉, 제목, 그림, 삽화나 사진, 도표 등을 살펴본다.
② 질문하기(Question) : 글의 제목이나 소제목 등과 관련지어 글의 중심 내용이 무엇인지 마음속으로 물어본다. 자신의 배경지식을 활용하면서 글 내용을 능동적으로 탐색할 수 있다.
③ 자세히 읽기(Read) : 차분히 읽어 가면서 책의 내용을 하나하나 확인하고, 이해하며, 중요한 내용을 파악한다.
④ 되새기기(Recite) : 지금까지 읽은 내용들을 요약·정리하여, 글을 쓴 동기나 목적, 독자에게 전달하고자 하는 중심 내용을 떠올려 본다.
⑤ 다시 보기(Review) : 전체 내용을 정리하는 단계로서, 글을 읽기 전에 생각했던 질문에 대해 충분한 답을 얻었는지 확인하고, 답이 충분하지 않다면 그 이유도 생각해 본다.

(6) 드 보노(de Bono)의 인지사고 프로그램 PMI(Plus-Minus-Interesting) 16 24 기출

① 에드워드 드 보노(Edward de Bono)가 제안한 것으로 생각하는 사람이 어떤 판단에 도달하기 전에 그 상황을 다시 자세히 검토하는 것을 도와주는 인지확장도구이다.
② CoRT 프로그램에서 소개된 것으로 어떤 아이디어나 제안을 다룰 때, 열린 마음의 태도로 다루게 하기 위하여 의도적으로 사용하는 방법이다.
③ Plus(긍정적인 측면), Minus(부정적인 측면), Interest(흥미로운 측면), 대안의 모든 측면을 고려해 본 다음 결정하게 하는 것이다.
④ 수렴적 사고와 주의집중에 적절한 다각적 발상 기법이다.
⑤ PMI 기법 전개순서
　㉠ 다룰 주제를 선정하고 기술
　㉡ P, M, I 세 부분으로 구분하여 아이디어 도출
　㉢ P에 해당하는 장점 보완
　㉣ M에 해당하는 약점에 대한 원인과 대책 제시
　㉤ I에 해당하는 흥미로운 점으로 대안 도출
⑥ 각각의 단계에서 브레인스토밍(Brainstorming)을 적용하며, 단순히 P, M, I의 생각을 나열하는 데 끝나서는 안 되고, 각 단계에서 도출된 생각을 바탕으로 종합적인 평가에 이르도록 한다.

> **지식 IN**
>
> **1. 브레인스토밍(Brainstorming)** 16 기출
> - 어떠한 내용의 발언이라도 그에 대한 비판은 잠정적으로 보류하고, 자유분방하게 아이디어를 낼 수 있도록 권장한다.
> - 많은 수의 아이디어가 나오도록 독려한다.
> - 누군가 제시한 좋은 아이디어를 기초로 더 발전된 아이디어를 내도록 권장한다.
>
> **2. 강제 관련법(Forced Relationship)** 21 기출
> - 화이팅(C. Whiting)이 개발하였다.
> - 서로 관련이 없는 두 가지 이상의 아이디어나 사물을 인위적으로 연결해 아이디어 산출의 시발점으로 삼는 아이디어 유도방법이다.
> - 기존의 방식이 아닌, 전혀 색다른 방식으로 생각하는 능력을 개발하도록 돕는 연합 사고 활동으로, 사고의 유연성을 기르고 창의적인 사고력을 신장하는 데 도움을 준다.
> - 연필과 고무지우개가 합쳐져 탄생한 고무지우개 달린 연필, 인터넷과 텔레비전을 결합하여 탄생한 인터넷 TV, 가방과 바퀴가 합쳐져 만들어진 캐리어 등이 강제결합법의 대표적인 예이다.

(7) 길포드(J. Guilford)의 창의적 사고 16 18 21 24 기출

① 문제해결에 필요한 사고 유형
　㉠ 수렴적 사고 : 문제에 대한 정답을 정확히 알고 해결하는 사고 유형
　㉡ 확산적 사고 : 문제에 대해 가능한 답을 다양하게 산출하는 사고 유형 → 창의적 사고
② 창의적 사고의 구성 요인
　㉠ 유창성 : 가능한 한 많은 아이디어를 산출하는 능력

ⓒ 유연성/융통성 : 고정적 사고에서 벗어나 여러 각도에서 다양한 아이디어를 찾아내는 능력
ⓒ 독창성 : 기존 아이디어와 다르게 새롭고 독특한 아이디어를 산출하는 능력
ⓔ 정교성 : 기존 아이디어에서 더 구체적이고 세밀하게 추가하여 아이디어를 발전하는 능력
ⓜ 민감성 : 자신을 둘러싼 주위 환경과 일상에서 발생하는 문제에 세심하게 관심을 기울이는 태도 및 민감하게 반응하는 능력

(8) 에프클라이즈(A. Efklides)의 정의에 따른 메타인지 [20] 기출

① 메타인지는 인지 모델로 모니터링과 통제 기능으로 형성된 메타수준에서 행하는 활동이다.
② 메타인지는 모니터링을 통해 인지에 대한 표상을 만들고, 인지에 대한 표상에 기반하여 인지를 통제한다.
③ 모니터링은 다시 메타인지적 지식과 메타인지적 경험으로 분류되고, 메타인지적 기술·전략을 사용하는 것은 통제 기능에 해당한다.

모니터링		통제
메타인지적 지식	메타인지적 경험	
• 이론에 대한 생각, 신념 • 자기(Self), 과업(Task), 전략(Strategies), 목표(Goals)에 대한 생각, 신념 • 인지기능에 대한 생각, 신념	• 익숙함과 어려움 • 앎에 대한 느낌 • 자신감과 만족감 • 감 정 • 학습에 대한 판단	• 의식적·계획적인 활동 및 전략 사용 • 인지과정에 대한 조절 • 노력 및 시간의 분배 • 인지과정의 확인 및 조절 • 인지과정 결과 평가

지식 IN

몰입(Flow) [21] 기출
- 몰입은 어떤 행위에 깊게 몰입하여 시간의 흐름이나 공간, 더 나아가서는 자신에 대한 생각까지도 잊어버리게 되는 심리적 상태를 말하며, 몰입 상태에서는 고도의 집중 상태에 빠지게 된다.
- 행동의 근원이 내재적으로 동기화되어 나타나므로 자기목적적인 경험이라고도 하며, 활동 자체를 즐기면서 모든 관심을 완전히 투사하고 있는 상태를 말한다..
- 활동몰입(Activity Flow)은 자신의 활동행위에 완전히 몰두하여 최적의 학습을 수행할 때 발생되는 심리적 상태를 말한다.
- 학습자가 인지한 활동과제의 수준과 자기 능력의 수준이 모두 높은 상태에서 균형을 이룰 때 '몰입'을 경험한다.
- 몰입 경험은 학습자의 학습에 대한 흥미 및 적극적 참여를 유발한다.
- 몰입 상태에서 학습자는 학습활동 그 자체에 즐거움을 느끼며 자신의 존재마저 잊어버리는 자의식의 상실 상태를 경험하고, 이를 통해 학습행위의 주체가 된다.
- 활동몰입의 영역
  - 3채널 모델 : 불안, 지루함, 몰입
  - 4채널 모델 : 지루함, 불안, 몰입, 무관심
  - 8채널 모델 : 무관심, 걱정, 불안, 각성, 몰입, 통제, 이완, 지루함

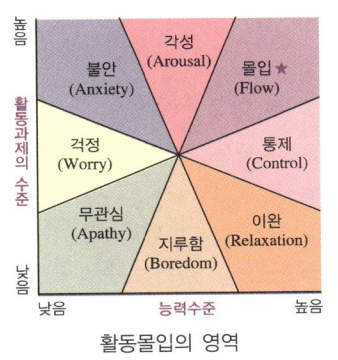

활동몰입의 영역

03 상황별 학습전략

(1) 수업에서 학습전략

수업 전	• 숙제하기 • 이전의 강의 내용에 대한 재검토 • 수업에서 수행하게 될 내용에 대한 전반적인 검토
수업 중	• 수업목표 검토 • 교사의 강의에 집중 • 수업에서 수행하는 내용에 적극 참여 • 필요한 경우, 강의의 흐름을 깨지 않는 범위 내에서 질문
수업 후	• 어려운 개념 및 내용 검토 • 스터디 집단에 참여하여 배운 내용 점검

(2) 시험 보는 상황에서 학습전략

① 연필과 펜, 시계와 같은 필요한 준비물을 챙겨 시험 준비장에 일찍 도착하기
② 마음을 안정하고 자신감 유지하기
③ 편안한 상태로 시험을 치르며 신중하게 선택하기
④ 자신이 볼 시험이 어떤 것인지 시험지를 주의 깊게 훑어보기
⑤ 아는 문제부터 전략적으로 답하기
⑥ 반드시 시험 답안을 재검토하기
⑦ 시험 결과를 분석하여 다음의 시험에 대비하기
⑧ 잘 쓰지 못한 것과 대체된 것을 확인하여 공부전략을 결정하기

(3) 노트 작성 학습전략 19 기출

① 노트필기의 유용성 16 기출
　㉠ 노트필기는 쓰는 동작을 통해 주의집중을 유지할 수 있고, 단기기억 능력이나 용량의 한계를 극복하고 망각을 이겨낼 수 있도록 돕는다.
　㉡ 노트필기는 수업 내용을 이해하고 파악하는 데 도움을 준다.
　㉢ 노트필기는 기억력 증진과 복습에 도움을 준다.
② 노트필기전략
　㉠ 효과적인 노트필기 방법 17 23 기출
　　• 글자는 다른 사람도 알아볼 수 있도록 쓴다.
　　• 노트필기를 잘 하기 위해 듣기 기술을 향상시킨다.
　　• 날짜를 기록하고 과목은 구분하여 작성한다.
　　• 학습 내용의 정교화를 위해 자주 반복되는 내용은 약어를 사용하는 등, 자신의 언어로 바꾸어 정리한다.
　　• 시험이나 과제를 끝낸 후에는 관련 자료를 보충하여 적어둔다.
　　• 제시된 학습자료에 대해 비판적 평가를 적는다.

- 강의내용의 의미에 주의를 기울이고, 핵심 내용을 기록한다.
- 강의를 잘 이해할 수 있도록 교재로 예습하고 강의노트로 복습한다.
- 수업에서 제시되는 용어의 정의, 법칙, 원리 등을 듣고 정확하게 받아 적는다.

ⓒ 코넬(Cornell)식 노트필기 시스템 16 기출
- 강의 내용을 정리할 때 노트의 속 페이지에 네 가지 영역으로 나누어 기록하여 더 효과적으로 복습할 수 있도록 하는 방법이다.
- 노트의 영역은 크게 상단의 제목 영역과 왼쪽의 핵심내용 정리 영역(단서 란), 오른쪽의 수업 내용 정리 영역(노트필기 란), 하단의 요약 영역으로 나눈다.
- 코넬식 노트필기 시스템은 기록(Record), 축약(Reduce), 암송(Recite), 반성(Reflect), 복습(Review)의 5R로 이루어져 있다.

기록(Record)	강의 중 칠판에 쓰는 내용을 경청하면서 중요한 내용 노트에 적기
축약(Reduce)	중요한 단서를 확인하고 요점을 파악하여 밑줄을 긋고, 단서 란에 질문 기록하기
암송(Recite)	단서를 이용하여 요점을 소리 내어 읽기
반성(Reflect)	이전에 배운 내용과 연결하여 잘못된 부분 고치기
복습(Review)	암송한 내용을 요약하여 노트의 각 면 하단 빈칸에 표기하거나 기록하기

ⓒ 마인드맵 노트필기법 16 기출
- 마인드맵은 노트필기를 할 때 그림을 활용하는 방법으로, 기억해야 할 전체 내용을 한눈에 파악할 수 있는 장점이 있다.
- 이미지와 핵심어, 색과 부호를 사용하여 뇌의 기능을 극대화하는 두뇌개발 필기법이다.

(4) 외국어 학습전략 19 기출

① 의의

옥스퍼드와 크루칼(Oxford & Crookall)은 외국어 학습전략을 크게 직접 전략과 간접 전략으로 구분하였는데, 직접 전략은 기억 전략, 인지적 전략, 보상 전략을 포함하며 간접 전략은 상위인지적 전략, 정의적 전략, 사회적 전략을 포함한다.

② 옥스퍼드와 크루칼(Oxford & Crookall)의 6가지 외국어 학습전략

직접 전략	기억 전략	• 학습자들의 머릿속에 학습내용과 연결고리를 만들어 기억을 연장하는 전략 • 밑줄긋기 또는 강조하기, 베끼기, 색칠하기, 노트하기, 핵심단어법, 단어그림연상법, 지도법 등
	인지적 전략	• 학습자들이 새로운 정보를 더 효과적으로 유지하고 활용하기 위해 사용하는 전략으로, 학습 내용을 입력하고 연습하는 과정에서 꼭 이해해야 할 핵심 부분을 추려내는 전략 방법 • 반복적 연습이 필요함 • 연상하기, 요약하기, 의역하기, 번역하기, 묘사하기, 반복해서 듣기, 질의 응답하기 등
	보상 전략	• 언어 지식과 언어 사용의 격차를 줄여주는 전략으로 교사 및 학습자의 학습 전략을 높이기 위한 수단·물질적인 전략 방법 • 위계 정하기, 몸짓 이용하기, 게임 사용, 칭찬하기, 도움 요청하기, 팀 경쟁 등

간접 전략	상위인지적 전략	• 학습 과정 전반을 조정, 통제하기 위해 사용하는 전략으로, 학습자가 학습의 최종 목표에 도달하였는지 스스로 평가하기 위한 전략 방법 • 계획하기, 점검하기, 평가하기, 자문하기, 학습 목표 명확히 하기, 선택적 집중, 문제점 식별하기 등
	정의적 전략	• 학습자들이 언어 학습과 관련된 자신의 감정이나 태도, 동기 등을 더욱 잘 조정할 수 있도록 돕는 전략 방법 • 자기 강화, 긍정적 독백, 이해 음악과 웃음 사용 등
	사회적 전략	• 학습자들이 의사소통에 있어 목표언어지식이 부족할 때 의미 있는 내용의 의사소통을 위해 언어 학습 과정에서 타인과 상호작용하는 활동 • 질문하기, 동료와 협동, 감정 이입의 개발 등

04 학습전략 프로그램의 실제 15 16 기출

(1) 연쇄화 학습전략
① 개념 : 서로 간에 의미 관계가 없고 무질서한 것같이 보이는 항목자료를 서로 고리로 연결해 의미를 부여하여 기억 촉진하기
② 원리 : 단어리스트로 문장 만들기

(2) 노박(J. Novak)의 개념도(Concept Map) 학습전략 19 기출
① 개 념
  ㉠ 학생들의 학습을 체계적으로 하기 위해 만들어진 기법으로, 복잡한 자료에서 중요한 정보·개념을 골라 시각적으로 간단히 나타내는 그림(지도)이다.
  ㉡ 개념 간 상호관계를 규명하고 조직해나가는 과정으로 개념을 일정한 기준을 가지고 상위개념-하위개념-요소 등으로 체계적으로 분류하여 나타낸 것이며, 학습자가 가지고 있는 인지구조를 정교화하려는 것이 목적이다.
  ㉢ 그림은 개념과 개념 간의 관계를 마디와 연결선을 활용하여 다차원적으로 표현하는데, 마디는 개념 또는 지식의 내용을 나타내고 연결선은 개념(마디)과 개념 간의 관계를 나타낸다. 각 개념은 범주화할 수 있다.
② 절 차
  ㉠ 학습 자료에서 가장 중요한 개념을 이해하기 위해 반복적으로 읽는다.
  ㉡ 개념을 가장 일반적인 것부터 가장 특정한 것으로 등급 짓고, 각 개념 간의 관련된 중요성을 결정한다.
  ㉢ 종이에 개념을 가장 일반적인 것에서 특정한 것으로 배열하고, 관련된 개념 사이를 명확하게 규정하고, 관련된 개념 사이에 선을 긋고, 개념 사이에 중요한 관련을 나타내기 위해 낱말이나 문장을 기록한다.

③ 개념도의 교육적 활용 가능성 16 기출
  ㉠ 교사의 교수활동을 돕는다.
  ㉡ 학습자가 이미 알고 있는 것을 탐구한다.
  ㉢ 어떤 글이나 내용들로부터 의미를 추출하는 데 도움이 된다.
  ㉣ 학습할 방향과 최종 목표점을 알려주는 학습의 안내자 역할을 한다.

(3) 전략적 읽기 학습전략
① 읽기 전 전략 : 배경지식 활성화, 개관전략
② 읽기 중 전략 : 핵심내용 파악, 요약하기
③ 읽기 후 전략 : 점검전략

(4) 자기조절 학습전략 15 23 기출
① 학습전략 중 자기조절 학습이란 학습자가 강의실 내외에서 인지, 동기, 행동을 적극적으로 조절함으로써, 주도적인 학습을 하여 학습효과를 극대화하는 학습방법을 말한다. 이러한 학습전략의 범주에 속하는 동기조절은 학습자가 숙달 목표, 내재적 동기, 자기효능감, 과제 가치 등 심리적 요인을 기반으로 학습에 참여하는 학습전략에 해당한다.
② 새로 습득한 학습전략은 과제와 상황에 따라 적용되어야 한다.
③ 자신의 힘으로 해결하기 어려운 학습장애에 직면할 경우 자신보다 유능한 친구, 부모, 교사에게 도움을 요청한다.
④ 자기조절 학습전략은 아동의 충동성을 감소시키고, 아동의 자기통제력을 향상하는 데 효과적이다.
⑤ 자기조절 학습에서는 자기 지향적 피드백(Feedback) 과정이 있다. 이 과정을 통해 학습자는 그들이 사용하는 전략의 효과를 평가하고 수정함으로써 전략을 변화하고, 자기 지식, 자기 지각을 하도록 다시 피드백한다.
⑥ 짐머만(Zimmerman)은 사회인지적 관점에서 인간의 행동은 개인, 환경, 행동의 역동적인 상호작용에 의하여 일어난다고 보고 있다.
⑦ Zimmerman&Martinez-Pons의 자기조절 학습전략의 구성 19 20 기출

1. 자기평가	학습자가 자신의 학습의 질이나 진행을 스스로 평가하는 것
2. 조직화와 변형	학습 향상을 위해 학습 관련 자료들을 여러 가지 형태로 재배열하는 것
3. 목표설정과 계획	학습의 목적, 목표를 설정하고 이와 관련된 활동들을 나열하여 실행할 수 있도록 시간 계획을 짜서 완성하는 것
4. 정보 탐색	과제 수행 시 더 많은 학습 과제의 정보를 찾기 위해 노력하는 것
5. 계속적인 기록과 관찰	학습 내용이나 결과를 기록하기 위해 노력하는 것
6. 환경의 구조화	학습을 수월하기 하기 위해 물리적인 환경을 선택하고 정리하기 위해 노력하는 것
7. 자기 보상 및 처벌 (자기강화)	학습의 성공이나 실패에 따라 스스로 보상이나 벌을 제공하는 것
8. 정보의 시연과 기억	학습자료를 기억하기 위해 반복하여 연습하려고 노력하는 것
9-11. 사회적 도움	동료(9), 교사(10), 성인(11) 등으로부터 도움을 얻기 위해 노력하는 것
12-14. 자료검토	수업이나 시험을 잘 보기 위해 시험지(12), 공책(13), 교과서(14) 등 자료를 다시 읽기 위해 노력하는 것

(5) 암기전략 16 17 기출

앳킨슨과 시프린(Atkinson & Shiffrin)은 이중저장기억 모델에서 '감각 등록기-작업(단기)기억-장기기억'의 3단계로 학습내용이 기억되는 과정을 보여 준다.

① **주의집중** : 주의집중 정도가 높을 때 학습내용이 기억에 저장될 가능성도 높아진다.
② **시연** : 내용을 반복하여 읽거나 써보는 등의 방법으로 학습자가 배운 내용을 계속 되새긴다.
③ **정교화** : 학습내용을 받아들일 때 자기 나름대로 그 뜻이나 의미를 해석하는 과정을 거친다.
④ **조직화** : 새로 알게 된 학습내용을 단편적으로 이해하지 않고 다른 내용 혹은 기존에 알고 있던 지식과 연결하여 상호 관련성을 파악한다.
⑤ **시각적 심상** : 학습내용을 언어로 익힐 뿐 아니라 이미지나 그림으로 떠올려 보거나 그려 보는 방법이다.
⑥ **기억술(비논리적 형태)** : *장소법, *단어법, *약성구 기법 등이 있다.

✅ **장소법**
익숙한 장소나 방 안의 물건들을 외워야 할 내용과 연결하는 것을 말한다.

✅ **단어법**
새로 학습할 내용을 자신이 이미 알고 있는 것과 연결하는 것을 말한다.

✅ **약성구 기법**
암기하려는 항목들의 첫 글자를 따고 앞뒤에 모음을 적절히 넣어, 단어나 구 혹은 문장으로 만들어 외우는 것을 말한다.

> **지식 IN**
>
> **앳킨슨과 시프린(Atkinson & Shiffrin)의 이중저장기억 모델** 21 22 기출
>
> - **개 념**
>   - 컴퓨터를 모델로 삼아 기억의 주요 과정을 부호화, 저장, 인출로 나눈다.
>   - 감각기억, 단기(작동/작업)기억, 장기기억의 방향으로 정보가 부호화된다.
>   - 부호화는 감각 정보가 기억 속에 저장 가능한 표상으로 전환되는 것으로, 그 유형으로 조직화・정교화・쉐마 전략・시각적 심상 등이 있다.
> - **감각기억**
>   - 학습자가 눈이나 귀 같은 감각수용기관을 통해 환경으로부터 얻은 정보(자극)를 감각등록기에 저장하는 최초의 기억이다.
>   - 감각기억은 매우 짧은 시간 동안 자극을 아주 정확하게 저장한다(시각은 1초, 청각은 4초).
>   - 감각기억은 수용량에 제한이 없지만, 투입 즉시 처리하지 않으면 정보는 유실된다.
>   - 저장된 자극 중 학습자의 의지에 의해 주의를 받은, 주의집중 정도가 높은 일부 정보만 단기기억(작업기억)으로 유입된다.
> - **단기기억(작동/작업기억)**
>   - 일시적인 저장소 역할을 한다.
>   - 방금 경험한 것을 바로 기억할 수 있는 기억의 한계, 즉 작업기억(단기기억)의 저장 용량은 7 ± 2단위 정도이다.
>   - 성인의 경우 보통 5~9개의 정보가 약 20초 동안 저장될 수 있다.
>   - 정보의 양과 지속시간에 제한이 있다.
>   - 단기기억에서 장기기억으로 정보를 저장하려면 정보의 심층적인 내용을 이해해야 하며, 이를 위해 시연, 정교화, 조직화 등의 전략을 사용한다.

- 장기기억 24 기출
  - 무한한 정보를 영구적으로 저장할 수 있는 곳이다.
  - 현재 사용하지 않더라도 필요할 때 저장된 정보를 사용할 수 있도록 한다.
- 장기기억 속 지식의 형태

서술적 지식	• 심리학 용어와 같은 사실적 정보를 아는 것으로 내용지식을 말한다. 선언적 지식이라고도 한다. • 서술 가능한 기억이다. • 일반적 지식의 기억을 말하는 '의미기억'과 개인적 경험에 대한 기억으로서 '자서전적 기억'이라 부르는 '일화기억'은 서술적 지식에 해당한다. • 일화기억(일상기억)은 개인의 경험을 보유하는 저장소이다. • 의미기억은 문제 해결 전략과 사고 기술 그리고 사실, 개념, 규칙 등과 같이 경험으로부터 습득했던 일반화들이 저장된다. 예 5+5=10이라는 것을 아는 것, 초식동물과 육식동물의 차이점을 아는 것
절차적 지식	• 인지활동을 수행하는 방법을 아는 것으로 과정지식을 말한다. 어떻게 하는 것'과 관련되어 있으며, 인출속도가 비교적 빠른 지식이다. • 행동으로 나타낼 수 있으나 이에 대한 서술이 가능하지 않은 비서술적 기억이다. 예 새로 구입한 전자기기의 작동 방법을 아는 것
조건적 지식	서술적 및 절차적 지식을 언제, 왜 채택해야 하는지 아는 것이다. 예 뉴스의 요지 파악을 위해 신문을 대충 읽는 것은 가능하나 어려운 교재 이해를 위해 교재를 대충 읽는 것은 안 된다는 것을 아는 것

(6) 시간관리 학습전략 16 19 22 23 24 기출

① **시간계획의 시작** : 학습목표 설정, 우선순위 정하기, 학습목표의 중요도와 긴급도에 따른 시간계획과 활용방향, 소요되는 시간의 추정
② **시간계획의 작성** : 한 학기 달력을 사용한 시간계획, 주별 시간계획, 일일 시간계획(단, 학습시간의 단위는 학습자의 특성에 따라 계획, 변동시간을 고려하여 계획)
③ **시작하는 방법** : 정신적・신체적으로 준비, 마음의 지도 그리기, 어떤 장소에서건 어떤 방식으로든 시작하기, 비판 묻어두기
④ **계획한 시간계획대로 실천하고 관리하는 방법** : 시간계획대로 했을 때나 하지 않았을 때의 결과 떠올리기, 낭비하고 있는 시간에 대해 스스로에게 말하기, 다른 누군가에게 나의 시간계획 말하기, 학습할 시간을 어떻게 계획하고 실천해 나가는지 확인하기 등
⑤ **시간 절약법** : 일의 순서 정하기, 긴급도가 높은 일을 먼저 하기, 중요도가 큰 일을 먼저 하기, 짜투리 시간 활용하기, 시간이 적게 걸리는 일 먼저 하기, 일을 '동시에' 하는 습관 들이기 등
⑥ **시간관리 매트릭스** 21 기출

	긴급한 일	긴급하지 않은 일
중요한 일	**1사분면** • 내용 : 위기, 급박한 문제, 마감 시간이 임박한 프로젝트, 회의, 시험 • 상담자의 개입 사례 : 단기간에 모든 정신 에너지를 모아 최선을 다해 과제를 수행하도록 조언	**2사분면** • 내용 : 예방, 준비, 계획, 중장기 계획, 자기계발, (인간)관계 구축, 재충전, 가치관 확립 • 상담자의 개입 사례 : 장기간 규칙적・지속적으로 시간을 투자하면서 최선을 다해 수행하도록 조언
중요하지 않은 일	**3사분면** • 내용 : 불필요한 방해물, 전화, 우편물, 이메일, 다른 이의 사소한 문제 • 상담자의 개입 사례 : 단기간에 최소한의 시간만 할애하며, 지나친 정신에너지 투입은 지양하도록 조언	**4사분면** • 내용 : 하찮은 일, 시간 낭비 활동, 과도한 TV 시청, 인터넷, 즐거운 활동 • 상담자의 개입 사례 : 오랜 기간 시간을 투자하는 행위는 시간 낭비라고 조언

CHAPTER 05 학업문제 상담 및 개입전략

중요도 ★★★

핵심포인트

학업상담의 특징 및 절차, 상담구조화, 학습동기 부족, 학습동기 원인론, 욕구위계이론, 학습동기 향상을 위한 학습목표 관리, 주의집중 문제의 원인, 주의집중 향상 전략, 주의집중 문제를 가진 내담자의 학업상담 전략, 학습부진 영재에 대한 상담전략, 시험불안, 발표불안, 학습에서의 일반적인 부적응, 학교공포증

01 학업상담의 개요

(1) 학업상담의 의의와 특징 16 20 기출

① 청소년기의 성장과정에서 가장 중요한 일은 학업에 관한 바람직한 습관을 형성하고 성취를 이루어 내는 일이다. 이 일이 만족스럽게 진행되지 못하는 경우 학업상담이 필요하게 된다.
② 학업문제는 다른 요인들에 의해서 야기되는 결과적인 증상일 뿐만 아니라 학업부진으로 인해서 자아개념을 손상하고 신체질병이나 정신문제를 일으키며 부모와의 관계를 악화하고 좌절에 의한 비행과 탈선을 하게 하는 등 여러 가지 문제의 원인이 된다.
③ 학업상담은 학업문제를 가져오는 요인들을 제거하여 학업문제가 가져오는 결과들을 해결하는 것이다.
④ 학업상담은 학습과정에서 겪는 여러 가지 문제를 통합적으로 해결하여 유능한 학습자가 되도록 조력하는 과정이다.
⑤ 학업상담은 학습 영역에서 문제가 발생하여 이루어지는 상담이지만, 학업문제와 그 밖의 문제가 혼재되어 있으므로 상담자는 내담자의 문제를 통합적으로 진단하고 문제를 해결하기 위해 조력해야 한다.
⑥ 학업상담은 비자발적인 내담자가 많은데, 이 경우 내담자의 동기와 부모의 요구를 고려하여 조력해야 하며 부모의 관여가 적절한 수준과 형태로 이루어지도록 도와야 한다.
⑦ 구체적 사고 발달 단계에 해당하는 초등학생은 놀이와 학습의 조화를 통하여 긍정적인 경험과 학습 습관이 형성되도록 도와야 한다.

> **지식 IN**
>
> 1. **구체적 조작기(7~12세)**
>   - 구체적 사물을 조작함으로써 문제를 해결하는 단계
>   - 논리적 사고, 자아중심성 및 비가역성 극복
>   - 유목화·서열화 가능, 보존개념 획득
>
> 2. **형식적 조작기(12세 이상)**
>   - 청소년 시기에 해당하는 단계
>   - 현실적 세계를 넘어 추상적으로 사고할 수 있는 단계
>   - 추상적 사고, 가설 설정 및 검증·연역적 사고, 체계적인 사고 능력, 논리적 조작에 필요한 문제 해결 능력 발달

(2) 학업상담자에게 요구되는 자질

① 학업문제에 영향을 주는 다양한 요인들을 체계적으로 고려하는 능력
② 학업문제의 원인과 그에 대한 개인 및 가족의 대응 전략에 대한 정확한 이해 능력
③ 학업방법 자체를 학습하여 주도적인 학업상담을 할 수 있는 능력
④ 학업문제를 다루어야 하는 시점에 적절한 지식과 전략을 사용할 수 있도록 준비된 능력

(3) 성공한 학습태도를 위한 상담

① **자각** : 실패의 악순환을 깨뜨리는 첫 단계는 학생으로 하여금 자신의 자기 패배적인 악순환을 먼저 깨닫게 해야 한다.
② **대치** : 과거의 비효과적인 학습전략을 현실적이고 더욱 유동적인 성공수준의 새로운 학습전략으로 교체하는 일이 필요하다.
③ **변화를 위한 긍정적 자극 필요**
   ㉠ 긍정적 자극이란 칭찬, 애정, 지원, 인정, 이해적 배려 등을 말한다.
   ㉡ 학생들은 조리 있게 설명하지 못하는 선생님, 이해하기 어려운 교과서, 불편하게 짜여진 시간표, 경솔하고 경쟁적인 친구, 자주 바뀌는 입시정책 등에 대해 불만과 짜증을 느낀다.
   ㉢ 학생들은 대개 불만을 직접 표현하지 못하다가 상담을 통해 솔직하게 말할 용기를 낸다.
   ㉣ 상담이 진행됨에 따라 학생들은 직접 불만을 말할 수 있게 되고, 여기에 대해 상담자가 이해를 표시함으로써 자기 불만으로부터 벗어날 수 있는 자각과 용기를 찾는 것이다.
④ **기타** : 학습문제는 학습계획 및 태도뿐만 아니라, 공부하는 분위기, 학생 개인의 정신적·신체적 건강상태, 학습능력의 수준 및 학습에 대한 욕구 등을 고려해야 한다.

(4) 학업상담 절차 21 22 기출

학업상담의 일반적인 절차는 '상담관계 형성 → 상담구조화 → 학업문제 진단 → 상담목표 설정 → 개입전략 설정 및 개입 → 사례관리'라고 볼 수 있다.

① 상담관계 형성
  ㉠ 다른 상담과 마찬가지로 이후 상담에서의 성공적인 개입을 위해서는 상담자와 관계를 형성하는 것이 반드시 선행되어야 한다.
  ㉡ 상담자는 학업문제로 인해 힘들었던 학생에 대한 공감적 이해는 물론, 자녀의 학업문제로 인해 심적 고통을 경험하고 있는 부모에 대한 공감적 이해를 통해 상담자에게 마음을 열 수 있도록 해야 한다. 아울러 학업이 이루어지는 과정에 대한 전문적 지식과 전략을 제시할 수 있고 학업문제를 중심으로 하여 개인 및 가족이 경험하는 문제에 대한 전문성을 보여줌으로써 전문가적인 신뢰감을 줄 수 있어야 한다.

② 상담구조화 16 23 기출
  ㉠ 의의
    상담구조화란 앞으로 상담을 어떻게 진행해 나갈 것이며, 상담에서 내담자와 상담자는 어떤 역할을 해야 하는지에 대한 지침을 내담자에게 전달하는 것이다.
  ㉡ 구체적 내용
    • 상담구조화의 구체적인 내용으로는 상담에 관한 구조화, 상담관계에 대한 구조화, 비밀 보장에 대한 구조화 등이 포함된다.

상담에 관한 구조화	상담시간, 빈도, 총 상담횟수, 연락방법, 상담 장소, 상담비용 등에 관한 지침이 포함된다.
상담관계에 대한 구조화	상담자의 역할, 내담자의 역할, 관계의 성격 등이 포함된다.
비밀보장에 대한 구조화	내담자가 말한 내용에 대하여는 제3자에게 알리지 않는 것을 원칙으로 한다는 것을 알리고, 예외에 해당하는 항목을 제시한다.

    • 학업상담의 경우 부모와 자녀가 '상담이 무엇인가', '상담을 통해 무엇을 얻기 원하는가' 등 상담 장면에 대한 기대가 매우 다를 수 있다.
    • '공부 문제'를 이야기하고 다루는 상황이 자칫 학원이나 학교장면과도 유사하게 생각되어 학업상담을 통해 '성적의 향상방법'에 대한 '조언' 혹은 '가르침'을 얻는 것으로 학습 상담 장면을 규정하기가 쉽다.
    • 이와 같은 기대들을 상담초기에 내담자에게 이야기할 수 있도록 하고, 상담 장면에서 무엇을 하고 또 무엇을 하지 않을 것인지에 대한 상담구조화는 이후 상담과정의 혼란을 최소화하기 위해 매우 필요한 과정이라고 볼 수 있다.

③ 학업문제 진단
  ㉠ 학업문제의 원인 파악
    • 일반적인 학습부진의 문제
    • 학습과 관련된 여러 가지 장애로 진단될 수 있는 문제
    • 부모의 갈등이나 가정의 경제적 문제 등 복합적으로 관련된 문제
  ㉡ 학업문제 진단의 개요
    • 학업문제의 진단을 위해, 상담자는 면접기술뿐 아니라 각종 표준화, 비표준화 검사들을 활용한다. 이때 가능하다면 학습과 관련된 인지적·정서적·환경적 요인을 다각도로 검토하고 측정할 필요가 있다.

- 학습자에 대한 효과적인 개입은 이와 같은 다양하고도 체계적인 진단에 근거할 때 더욱 적절한 것이 될 가능성이 높다.
- 이와 같은 과정에서 상담자는 가능한 한 다양한 검사나 면접방법을 숙지하고 알아둘 필요가 있지만, 아울러 충분히 숙지하지 못하지만 반드시 실시해야 할 검사가 무엇인지도 알아둘 필요가 있다.
- 상담자 개인 혹은 소속기관의 한계상 필요하지만 실시하기 어려운 검사가 있을 경우, 관련 기관을 소개하고 연결해주는 것도 상담자의 주요 업무에 해당한다.

ⓒ 진단방법
- 면접을 통한 진단 : 학생들을 대상으로 학업부담(등교부담, 수업부담), 학업불안(시험불안 등), 학업 동기 및 방법(학업에 대한 동기결여 등), 자기이해와 자신감(남들보다 잘할 자신이 없는 것 등) 등에 대한 호소를 들어 학생들의 학업문제를 진단할 수 있다.
- 심리검사를 통한 진단 : 심리검사에는 지적능력 등을 포함한 인지적 접근에 의한 방법과 동기, 불안, 자아개념을 포함한 정의적 접근에 의한 방법이 있다.

인지적 접근	• 지능검사, 학업성취검사, 기초학습기능검사, 학습부진아용 배치 · 진단검사, 자기조절학습검사 등이 있다. • 학습자의 지적 능력 못지않게 '학습전략'의 사용을 고려해야 하는데, 이와 관련하여 자기조절학습검사, MLST학습전략검사 등이 있다.
정의적 접근	• 정의적 특성을 평가하는 검사 가운데 객관적 검사로는 학업성취동기, 학습흥미, 귀인척도, 시험불안검사, 자아개념검사 등이 포함되고 주관적 검사로는 HTP(집-나무-사람그림검사), SCT(문장완성검사), TAT(주제통각검사)와 같은 투사검사들을 사용할 수 있다. • 정의적 문제와 행동적 문제가 함께 나타나는 대표적인 문제로는 ADHD, 즉 주의력결핍 과잉행동 문제를 들 수 있다.

- 학습유형과 심리검사
  - 학습유형은 사람들이 정보를 이해하고 기억하는 방식을 말하는데, 학습하는 과정에서 나타나는 행동양식을 말한다.
  - 학습유형을 측정하는 대표적인 검사로는 SSI(Student Styles Inventory, 학생유형검사)가 있다.

지식 IN

SSI(Student Styles Inventory, 학생유형검사)

대 상	내 용	평 가
초등학교 3학년~ 고등학교 3학년	• 학생 개개인에게 가장 적합한 학습방법, 대인관계방식, 과제 수행방식 등에 초점 • 융(Jung)의 이론에 근거하여 평가 • 총 69개 문항	• 외향형 VS 내향형 • 실제형 VS 상상형 • 사고형 VS 감정형 • 조직형 VS 유연형

② 진단절차

제1단계 (예비단계)	초기면접으로 신뢰관계를 형성하고 진단목적을 명확히 하는 단계이다.
제2단계	• 진단결과에 대한 피드백을 준비하는 단계이다. • 진단결과의 내용과 전달형태를 어떻게 할 것인지를 결정하는 단계이다.
제3단계	• 피드백을 제공하는 단계이다. • 이 단계에서는 진단내용이 정확한가를 확인하고 제공된 해석에 대해 내담자가 자신의 실제 생활모습 또는 사례를 연결짓도록 하는 과정이 중요하다.
제4단계	• 치료적 진단과정에 추가되는 단계이다. • 진단을 통해 내담자가 발전하게 된 점을 정리하고 이를 문서화하여 내담자에게 제공하는 단계이다. • 진단과정이 더 효과적이려면 상담자는 내담자로 하여금 진단결과에 대해 이해하고 자기생각을 이야기하게 하며, 진단결과에 대해 깊이 있게 의견을 나누는 것이 중요하다.

④ 상담목표 설정
  ㉠ 학업문제의 원인에 따른 목표설정 : 학업성취도의 향상뿐만 아니라 학습으로 인한(혹은 학업문제의 원인이 되는) 정서적·심리적·환경적인 어려움도 해소해야 한다.
  ㉡ 내담자의 학업문제에 맞는 목표설정 : 학업상담의 목표는 내담자에 따라 집중력 향상, 학습관 기르기, 학습동기 향상, 긍정적 자아개념, 자기관리능력 향상, 대인관계 기술 습득, 정서적 안정 등 매우 다양할 수 있다.
  ㉢ 과정 중심적 목표설정 : 학업상담의 목표를 성적 향상에만 초점을 두지 말고, 목표 성취를 자주 경험할 수 있도록 과정 중심이 되어야 한다.
  ㉣ 구체적인 형태의 목표설정 : 부모는 학업문제에 어떻게 개입할 수 있는지 잘 알지 못하고, 내담자도 어떤 목표를 세워야 할지 막연하게 생각하기 쉽다. 상담자는 가능한 수준에 대한 행동적 측정 및 심리진단을 통해 현실적으로 노력할 수 있는 범위나 가장 우선적인 노력이 필요한 부분 등을 고려해야 한다.
  ㉤ 부모의 과도한 기대 조정 : 객관적인 청소년의 학습능력에 비해 과도한 성과를 원하는 경우에는 우선 부모의 기대가 내담자의 능력으로는 벅차다는 것을 객관적 근거와 함께 알려야 한다.

> **지식 !N**
>
> **상담목표의 기능(Cormier)**
> • 목표는 상담의 방향을 제시한다. 목표는 내담자가 함께 관심을 집중해야 할 영역을 나타내줄 뿐 아니라 상담에 대한 내담자의 기대를 명료화해줄 수 있다.
> • 목표를 명확히 설정하면 상담자는 자신이 그 내담자가 상담의 목표를 달성할 수 있도록 돕기 위해 필요한 기술과 능력을 가진 상담자인지 아닌지를 판단할 수 있다.
> • 분명하게 설정된 목표는 그 목표를 지닌 사람의 일상적 생활 내에서도 기억에 남아 그 목표달성을 촉진할 수 있는 자원에 관심을 기울이도록 한다.
> • 목표가 분명히 설정되면 그에 맞는 상담개입 방법을 선택하고 적용할 수 있으며, 상담 성과를 평가할 수 있게 된다.
> • 목표를 설정하는 과정 자체가 내담자가 상담과 변화에 대해 갖고 있는 동기를 높여준다.

⑤ 개입전략 설정 및 개입 21 기출
  ㉠ 가장 보편적인 개입전략은 학습전략을 제시하는 것이다.
  ㉡ 내담자의 문제 및 강점·자원에 대하여 파악한 것에 기초하여 달성 가능한 목표를 설정하고, 성공경험을 늘려 자신감을 갖게 한다.
  ㉢ 친구들 사이의 왕따 문제나 부모들의 불화 등으로 인한 심리적 갈등이 현저한 경우 또는 우울과 불안의 문제가 현저한 경우 이 문제를 먼저 다루어 주어야 한다.
  ㉣ 선수학습이 부족한 경우에는 학습전략을 배울 뿐 아니라 선수학습의 결손이 어느 시점부터 일어났는지를 잘 진단하여 이에 대한 보완책과 함께 학습전략을 사용할 수 있도록 해주어야 한다.
  ㉤ 상담자는 내담자의 학습에 대한 동기수준, 학업문제 자체의 특성, 학업문제 이외의 기타 적응문제에 대한 종합적인 평가에 근거하여 어떤 개입전략을 선택할 것인지를 정하고 실행해야 한다.
  ㉥ 2차 문제 발생 예방을 위해 조기진단과 초기 개입이 필요하다.
  ㉦ 상담자는 학습장애아 상담 시 장애 발달양상에 대해 충분한 지식을 가져야 하며, 학습장애아들이 실현해 나가는 과정의 독특성을 이해해야 한다.
  ㉧ 내담자가 현재 성취수준을 수용할 수 있게 촉진한다.
  ㉨ 자신의 전문적 한계를 인식하고, 내담자에게 적절한 조력을 할 수 없는 경우 다른 상담자에게 의뢰해야 한다.

02 학습동기 부족

(1) 개 요

① 학습은 첫째, 개인이 생존과 번영을 위해서 필요한 무엇인가를 배우고 익히는 행동을 의미한다. 둘째, 제도교육에서 강조하는 내용을 배우고 익히는 행동을 의미한다. 셋째, 제도교육의 평가 체제에서 더 높은 점수를 받기 위해서 하는 활동을 가리킨다. 여기서 학습동기는 학습이라고 불리는 앞의 세 가지 행위 중에 하나를 선택하고, 그것을 방해하는 요소에도 불구하고 선택한 행위를 지속하게 하는 어떤 원인을 지칭하는 것이라 할 수 있다.
② 학습동기의 향상을 위해서는 학습자의 학습 자기개념을 향상하는 것이 중요하다. 학습 자기개념은 학습상황에서의 목표의 수립, 목표추구 행동, 좌절대처 행동과 같은 학습 과정행동과 학습결과에 영향을 끼칠 수 있다.

(2) 학습동기 원인론 14 기출

① 환경 지향적 원인론 : 학습동기의 형성, 유지, 변화에서 환경이 결정적인 영향을 준다고 주장

고전적 조건형성 이론	학습 활동을 중립자극으로 보고, 학습 행동이 재미있는 인물, 협동과 공정한 경쟁 분위기, 격려 등과 연합하여 학습동기를 일으킨다고 본다.
조작적 조건형성 이론 18 기출	조작적 조건화는 자극이 일으키는 반응이 아닌 능동적이고 의도적인 조작적 행동을 다루는데, 이러한 행동은 대부분 그 행동 때문에 발생한 결과, 즉 후속자극의 영향을 받는다. 후속자극이 개인의 조작적 행동을 통제하고 조절하므로, 학습동기는 학습이라는 행동에 후속되는 자극이 어떠하냐에 따라서 향상, 감소, 유지, 변화가 가능하다고 본다.

② 개인 지향적 원인론 : 학습동기를 기본적인 학습자 개인의 심리적 속성에 의해서 설명 23 기출

인지적 평형화 경향	피아제(Piaget)가 개념화한 것으로, 인간이 인간을 둘러싼 환경에 적응하기 위해서 환경과 환경에 대한 개인의 도식을 지속적으로 비교하여 둘 사이의 불일치를 해결하는 선천적 경향성이다.
학습효능감	반두라(Bandura)가 개념화한 자기효능감의 하위요소로, 자기효능감은 개인이 구체적인 영역에서 자신의 수행 능력에 대해서 믿고 생각하고 느끼는 개념이고, 학습효능감은 학습자가 학습 영역에서 자신의 수행 능력에 대해서 믿고 생각하고 느끼는 것을 말한다.
자기결정성	개인은 자신이 선택한 행동에 대해서 높은 동기를 가지나 자신이 선택하지 않은 행동에 대해서 낮은 동기를 가진다는 것이다.
귀인이론	인간의 동기는 결과의 원인을 무엇으로 지각하느냐에 따라서 달라진다는 것을 정교화한 이론이다.
기대가치 이론	인간의 동기는 인간이 '자신의 행동이 미래에 어떤 결과를 가져올 것인가?'를 어떻게 추론하느냐에 따라 영향을 받는다고 간주한 이론이다.

③ 체제 이론적 접근(생태학적 접근)
  ㉠ 개인 지향적 원인론과 환경 지향적 원인론을 통합하고 발전한 원인론이다.
  ㉡ 특정 순간에 특정 행동은 체제 혹은 생태학적 맥락 안에 있는 제 요소의 복잡하고 미묘한 관계에 의해서 영향을 받는다. 따라서 학습동기를 향상하기 위해서는 학습자를 둘러싼 체제 혹은 생태적 맥락을 정확하게 파악하여 체제의 제 요소의 관계가 학습동기를 고양하도록 재배열해야 한다.

지식 IN

학습동기 향상을 위한 생태학적 접근의 적용절차

제1단계	현재의 학습동기 수준 평가
제2단계	학습동기와 연관된 개인적 변인에서 변화가 있었는지 확인하기 위해서 개인적 변인에 대한 정보수집
제3단계	학습동기와 연관된 환경적 변인에서 변화가 있었는지 확인하기 위해서 환경적 변인에 대한 정보수집
제4단계	학습동기를 중심으로 개인적 변인과 환경적 변인이 어떤 관련성이 있는지 추정하기 위해 학습동기와 개인적 변인, 환경적 변인 사이의 관계를 화살표로 표현
제5단계	도모하는 학습동기의 변화를 위해 생태학적 맥락 내의 요소 중에서 변화가 가능한 요소를 확인하기 위해 학습자와 학습자의 환경 변인의 인사와 자문
제6단계	변화 가능한 요소를 변화시키기 위해 계약
제7단계	계약을 시행한 후에 학습동기의 변화 평가
제8단계	평가에 기반하여 다시 1단계에서 7단계를 반복

(3) 매슬로우(Maslow)의 욕구위계이론 16 기출

① 학습목표
  ㉠ 학습에 대한 동기는 학습자로부터 나오는 내재적인 것이다.
  ㉡ 학습목표는 욕구위계의 최상위에 있는 자아실현이며, 교육자는 이것이 이루어지도록 노력해야 한다.

② 결핍욕구(결손욕구)와 성장욕구(메타욕구) 18 23 기출

구 분	결핍욕구	성장욕구
특 성	• 우선적으로 만족되어야 하는 욕구 • 긴장을 해소하고 평형을 복구하려는 욕구 • 타인지향적이고 의존적임	• 잠재력을 실현하려는 욕구 • 결코 만족되지 않는 욕구이며, 지속되길 기대함 • 자율적이고 자기지시적이어서 스스로를 도울 수 있음
종 류	생리적 욕구, 안전의 욕구, 소속감과 애정의 욕구, 자기존중욕구	인지적 욕구, 심미적 욕구, 자아실현의 욕구

지식 IN

반두라의 선택적 도덕적 이탈(Selective Moral Disengagement) 24 기출

- 개인이 도덕적인 행동을 하지 않을 때 이를 정당화하기 위해 자신의 행동을 다양한 방식으로 해석하거나 변형하여 비난받을 행위로부터 이탈하는 현상이다.
- 도덕적 자기제재가 선택적으로 활성화되고, 자기규제가 비도덕적 행동을 통제하지 못하는 것이다.
- 도덕적 이탈 정도가 높을수록 개인은 자신의 비도덕적 행동에 대해 낮은 죄책감을 느낀다.
- 도덕적 이탈의 유형

도덕적 정당화 (Moral Justification)	유해한 행위가 오히려 사회적으로 가치 있고 도덕적 목적에 기여하는 것으로 생각하는 것을 말한다. 사람들에게 비난받을 만한 행위를 보다 바람직한 목적을 위한 수단으로 인식한다. 예 신의 이름으로 행한다며 타 종교를 박해함
중립적인 이름 붙이기 (Euphemistic Labelling)	사기 행위를 '전략'이라고 포장하거나 총격을 '타깃 맞추기', 전쟁에서의 민간인 사상자를 가리켜 부차적 피해(콜래트럴 데미지)라고 부르는 등 말장난을 통해 양심의 가책을 가리는 것이다.
책임감의 치환 (Displacement of Responsibility)	책임을 면하는 것으로, 자신을 명령에 따를 수밖에 없는 수동적인 존재로 치환함으로써 책임을 회피하는 것이다. 예 자신의 비도덕적 행동에 대해 다른 사람이 시켜서 어쩔 수 없이 했다며 책임을 전가함
책임감의 확산 (Diffusion of Responsibility)	군중들 사이에 책임감이 공평하기 나뉘기 때문에 어떤 사건을 목격한 사람이 많을수록 개인이 느끼는 책임감은 적어진다는 것이다. 분업, 집단행위 등을 통해 행위의 주체가 모호해져 도덕적 통제력이 약화된다.
비인간화 (Dehumanization)	피해자를 인격으로 보지 않는 것을 통해 자기제재에서 벗어나는 것이다. 예 인체 실험을 당하는 사람을 통나무라고 부름
유리한 비교 (Advantageous Comparison)	범죄자들이 내가 안 했어도 다른 누군가 했을 거라거나 자신보다 더 나쁜 사람들이 많다고 하는 것이다. 예 자신의 폭행 행위를 살인범과 비교하며 정당화함
결과 왜곡 (Disregard or Distortion of Consequences)	행위의 결과를 축소, 무시, 왜곡하여 자신의 행위로 인한 해로운 결과의 책임감에서 벗어나는 것이다. 예 동료를 다치게 하고 많이 다친 것도 아닌데 난리라며 화를 냄
비난의 귀인 (Attribution of Blame)	비난원인의 귀속이라고도 하며, 피해자를 비난하는 것을 통해 자신을 가해 상황으로 몰린 무고한 희생자라고 주장하고 도덕적 자기제재에서 벗어나려 하는 것이다. 예 성범죄자가 성범죄의 원인을 노출이 심한 의상을 입고 밤늦게 다니는 여성에게 귀인하는 경우

(4) 학습동기가 부족한 내담자 상담 20 기출
① 내담자의 행동을 주의 깊게 관찰하여 그들의 흥미와 능력을 파악한다.
② 내담자가 학습과 관련된 자신의 태도를 객관적으로 관찰할 수 있는 기회를 제공한다.
③ 일반적으로 처음에는 즉시강화를 하다가 점차적으로 자연강화를 시도한다.
④ 과제 난이도와 같은 외적 귀인보다는 능력과 같은 내적 귀인을 찾아서 강화를 한다.

(5) 학습동기 향상을 위한 학습목표 관리 14 17 18 기출
① 적정하게 설정된 학습목표는 학습동기를 높이지만, 과도하게 혹은 과소하게 설정된 학습목표는 학습동기를 오히려 감소할 수 있다.
② 상담자는 전문성, 공감, 열정, 명확성, 문화적 반응성을 가지고 학습자의 동기부여에 개입한다.
③ 내담자의 특성 및 상황에 따라서 다양한 단기, 중기 목표설정이 필요하고, 시간, 능력, 투자할 수 있는 에너지의 측면에서 실현 가능하여 학습에 몰입하도록 돕는 목표인지 객관적으로 평가하도록 안내한다.
④ 단기목표의 설정은 일상생활에서 자신의 노력으로 변화를 일으킬 수 있는 것이 바람직하다.
⑤ 중기목표의 설정은 학습과 관련된 성공경험에 초점을 맞추는 것이 필요하다.
⑥ 자신의 학업성취 목표를 설정함에 있어서 타인이 강요하기보다 자신이 직접 설정할 때 학습동기를 향상할 수 있다.
⑦ 행동문제에 대해 객관적으로 평가할 수 있게 해주고, 학습동기가 낮은 이유를 파악하고 후속자극을 통해 강화한다.
⑧ 초기에는 간헐적 강화를 시도하다가 점차 자연강화를 받을 수 있도록 환경을 조성한다.
⑨ 학습된 무기력(Learned Helplessness)은 변화 가능하다.

(6) 자녀의 학업동기를 높일 수 있는 의사소통(J. Meece) 16 17 기출
① 자녀의 자율성 존중
② 지시보다 제안하는 형태로 부모가 원하는 것을 전달
③ 자녀의 감정과 욕구를 잘 알아주면서 소통
④ 여러 대안들을 제시하면서 선택할 여지를 주는 것

03 주의집중력 문제

(1) 개요 14 기출

주의집중 능력은 인지 및 학습의 전 과정에 영향을 미치는 중요한 능력이며, 크게 주의력과 집중력으로 세분화할 수 있다.

> ✅ **초점적 주의력**
> 특정 자극에만 반응하는 능력을 말한다.

① 주의력
  ㉠ *초점적 주의력, 선택적 반응 능력 등과 유사한 개념이다.
  ㉡ 정보 처리의 초반 단계에서 요구되는 능력이고, 동시에 접하는 무수히 많은 정보 중 특정 정보만을 선택하여 초점을 맞추는 능력이다.
  ㉢ 환경과의 상호작용을 통해 학습되는 특성이 있고, 정보 처리의 관점에서 보면 주의력은 감각등록기와 단기기억 사이에서 가장 크게 요구된다.
  ㉣ 어린 학습자의 경우 중요한 정보와 그렇지 않은 정보를 변별하는 능력이 부족하거나 바람직한 학습 태도를 아직 형성하지 못하였기 때문에 선택적인 반응 능력 자체가 부족할 수 있다.
  ㉤ 연령과 상관없이 노출된 환경이 지나치게 비구조화되어 있어 주의력 문제를 나타내는 경우가 많다.

② 집중력 20 기출
  ㉠ 주어진 시간 내에 과제를 완성하기 위해 의식을 모으는 능력이다.
  ㉡ 주의의 초점이 되어 선택된 단기기억 정보가 장기기억이 되도록 하는 과정에서 요구되는 능력이다.
  ㉢ 작업기억은 다양한 기억 전략과 학습 전략을 활용할 때 활성화되기 쉽다.
  ㉣ 장기기억 내에 저장되어 있는 배경지식, 기억 및 학습 전략의 사용 등 학습자의 인지적 능력의 영향을 받는다.
  ㉤ 지루함·피곤함·좌절감·불안감 등을 극복하고 과제에 지속하는 힘을 필요로 하는 특징이 있다.

(2) 주의집중 문제의 원인 17 21 기출

① 생물학적 원인은 유전으로 인해 이전 세대가 가지고 있는 산만하고 충동적인 성향이 다음 세대로 이어져 기질이나 경향성 등의 형태로 나타나는 것이다. 생물학적 원인으로 인해 주의집중력 문제를 가지게 된 내담자는 어릴 때부터 많은 호기심과 높은 에너지 수준을 가지고 있다.
② 환경적 원인은 부모와의 상호작용 과정에서 양산되는 것으로 부모의 관심 부족이나 방임은 집단 학습 장면에서 이해력 부족으로 인한 주의집중 문제를 나타낸다. 또한 부모의 과도한 교육적·문화적 자극은 낮은 학습효능감을 형성하게 하여 수동적인 태도로 학습에 임하게 하기 때문에 학습에 대한 흥미와 동기를 떨어뜨린다.
③ 지나치게 비구조화되어 있는 생활환경은 주의집중력 문제의 원인이 되기도 하며, 주위 환경으로부터 가중되는 심리적 불안과 스트레스도 주의집중 능력 발달을 저해할 수 있다.
④ 주의집중 문제의 원인은 대개의 경우 복합적이며, 생물학적 원인과 환경적 원인 간의 상호작용에서 기인한다.
⑤ 공부에 대한 과잉 스트레스로 인해 야기되는 심리적 부담감의 영향을 받는다.
⑥ 학습 결손이 누적되면 주의집중력 문제의 원인이 될 수 있다.

(3) 주의집중 능력에 영향을 주는 요소 16 24 기출

인지영역	• 주의집중 능력은 정보처리의 전 과정에 영향을 미치는 능력이며, 주의집중 능력에 의해 정보처리의 효율이 달라질 수 있다. • 지능은 대표적으로 정보처리 능력에 영향을 미친다. • 낮은 지능으로 인해 교과 내용을 이해하지 못해서 나타나는 주의집중의 문제는 ADHD로 진단되기보다는 학습부진아로 진단되는 것이 적절하다. • 언어 발달 수준이 정보처리 능력에 많은 영향을 미치고, 언어 발달 수준이 높은 학습자는 내재적 언어를 통한 자기통제 능력이 뛰어나다. • 누적된 학습경험의 양과 질이 주의집중 능력 발달에 영향을 미친다.
정서영역	• 주의집중 능력은 자신의 정서를 관리하는 힘인 자기 통제력의 영향을 많이 받는다. • 지루하고 힘든 과제를 하는 경우 자신의 정서를 조절하고 동기를 유지할 수 있는 힘이 뒷받침되어야 높은 주의집중 능력을 발휘할 수 있다. • 자기통제력은 정서적 안정감, 자신감, 의미 있는 타인에 대한 신뢰감 등에 의해 발달하고, 정서적 안정감과 함께 자신의 능력에 대한 긍정적인 믿음, 주변의 의미 있는 타자인 부모나 교사에 대한 신뢰에 영향을 받는다.
행동영역	• 주의집중 능력은 생활습관과 학습습관의 영향을 많이 받으며, 생활환경에 따라 달리 발달한다. • 부모의 산만하고 무질서한 행동 패턴은 주의력 발달에 필요한 습관을 형성하지 못하게 된다. • 주의집중 능력 발달을 위해서는 수면, 식사 등 일상적으로 반복되는 중요한 일들을 규칙적으로, 균형 있게 하는 것이 필요하다. • 시간계획을 세우고 점검하는 등의 시간관리 전략을 익히도록 하여, 주어진 과제의 성격에 맞추어 주의집중 능력을 조절해서 발휘하도록 하는 것도 필요하다.

(4) 주의집중 향상 전략 15 18 22 기출

① 내재적 언어를 통한 자기통제력 향상

㉠ 개념
- 자기통제력은 목표를 달성하기 위해 순간의 충동적인 욕구나 행동을 억제할 수 있는 능력이다.
- 자기통제력 발달에 도움이 되는 내재적 언어인 속말을 통해 자신의 사고와 감정을 조절하는 전략을 활용한다.
- 과제를 완수해 나가는 단계마다의 사고를 나누어서 각 단계별로 필요한 언어를 내재화하는 과정을 통해 자신의 행동을 조절한다.

㉡ 대표적인 방법
- 자기교시(Self-Instruction)훈련 20 기출
  - 문제해결 과정을 마음속으로 말하며 문제를 해결하는 방법이다.
  - 자기교시훈련에서는 자기진술문(Self-Statement)을 사용한다.
  - 자기진술문이란 자신에게 하는 말을 가리킨다.
  - 자기진술문 구성 요소 : 문제 정의, 문제 접근, 주의집중, 반응지도, 자기평가, 자기강화, 오류수정
- *소리 내어 생각하기(Think Aloud) : 매순간 머릿속에서 생각나는 것을 소리 내어 말하며 문제를 해결하는 방법이다. 21 기출

> ✓ 소리 내어 생각하기
> 생각을 소리 내어 말함으로써 인지기능과 기억력을 촉진하는 언어중재기법이다.

ⓒ 마이켄바움 & 굿맨(Meichenbaum & Goodman) : 자기통제력 향상을 위한 방법 중 하나로 과제를 완수해 나가는 단계마다의 사고를 나누어서 각 단계별로 필요한 언어를 내재화하는 과정을 통해 자신의 행동을 조절하도록 하였다. 19 24 기출

외현적 모델링 단계	성인 모델이 큰 소리로 말하면서 과제를 수행하고 아동은 관찰한다.
안내를 통한 외현적 모델링 단계	성인 모델이 하는 말을 아동이 큰 소리로 따라 말하면서 과제를 수행한다.
외현적 시연단계	아동이 혼자서 큰 소리로 말하면서 과제를 수행한다.
속삭임을 통한 시연단계	아동이 작은 소리로 혼잣말을 하면서 과제를 수행한다.
내재적 시연단계	아동이 마음속으로 혼잣말을 하면서 과제를 수행한다.

ⓓ 캔달 & 브라스웰(Kendall & Braswell) : 사회적 맥락에서의 문제해결 전략과 마이켄바움과 굿맨의 자기교시 훈련을 정교화하여 언어적 자기교시를 통한 문제해결 전략을 제시하였다. 23 기출
- 문제 정의 단계
- 문제에 대한 접근단계
- 답의 선택단계
- 답의 검토단계
- 자기 강화단계

② 정서 및 동기조절 능력 향상
ⓐ 과거를 회상하고 미래를 예견할 수 있는 능력이 필요하다.
ⓑ 자신의 과거 경험 중 꾸준한 노력을 통해 즉각적인 보상보다 더 큰 보상을 나중에 받았던 기억을 떠올려 현재에 적용하고, 현재의 노력이 미래에 어떤 결과로 이어질지를 예견하며 현재의 행동을 조절한다.

③ 학습전략 향상
ⓐ 어휘력과 독해력을 우선적으로 신장한다.
ⓑ 특정 능력 저하로 인해 특정 영역의 학습 장면에서 주의집중 능력이 저하되는 학습자의 경우, 특정인지 능력을 높이기 위한 노력을 병행한다.
ⓒ 효과적인 학습전략을 사용한다.

인지 학습전략	중심내용 파악법, 요약 및 노트필기법, 암기법
초인지 학습전략	인지 학습전략과 목표설정, 계획수립, 자기관찰, 결과평가, 자기강화

④ 공부환경 관리
ⓐ 공부환경을 점검하여 가능한 한 방해 자극이 없는 조용하고 깨끗한 공간에서 학습한다.
ⓑ 내담자의 주의집중 능력을 방해하는 요인을 분석하여 환경을 변화한다.

⑤ 공부시간 관리
ⓐ 생활을 단순화하여 정해진 시간에 정해진 활동을 하고, 가장 집중이 잘 되는 시간을 확보하는 습관을 들인다.
ⓑ 일과 분석을 위해 시간대별로 어디서, 무엇을 했는지 구체적으로 작성하여 가장 집중을 잘한 시간대와 가장 집중을 못한 시간대, 그리고 그때의 활동 내용을 점검한 후, 더 적절한 시간대에 적절한 활동을 할 수 있도록 하루 일과를 다시 계획한다.

⑥ 생활습관 관리
　㉠ 식습관의 경우 세끼 식사를 정해진 시간에 규칙적으로 하고, 각 끼니마다 고른 영양소를 섭취한다.
　㉡ 수면은 한 번에 깊이 충분히 자는 것이 바람직하다.

(5) 주의집중 향상을 위해 교사가 사용할 수 있는 전략(Bender) 15 기출
① 학생들을 가까이서 지켜본다.
② 교실의 공간을 세밀하게 구조화한다.
③ 수업자료는 색상별로 제공한다.
④ 주의집중이 필요할 때 교사가 사용하는 신호나 몸짓 등을 미리 가르친다.
⑤ 학급규칙을 게시한다.
⑥ 학급일과표를 게시한다.
⑦ 2개의 책상을 사용한다.
⑧ 의도적인 산만함을 유도하기도 한다.
⑨ 책상을 깨끗하게 유지하도록 한다.
⑩ 학급짝꿍을 이용한다.

(6) 주의집중 문제를 가진 내담자의 학업상담 전략 17 18 20 기출
① 일반적인 방해 요인뿐만 아니라 내담자에게 해당하는 집중 방해 요인을 찾아 제거한다.
② 주의집중력 향상 정도는 인내력이나 자신을 통제하는 능력 등으로 평가한다.
③ 초등학교 저학년인 경우 15~20분, 초등학교 고학년과 중학생은 30분 정도 집중할 수 있도록 고려한다.
④ 학습관련 상황에서 내담자가 자신의 행동을 관찰하거나 평가할 수 있도록 한다.
⑤ 내담자의 특성 중 주의집중하는 데 도움이 되는 강점을 찾아서 칭찬과 격려를 한다.
⑥ 자기조절능력을 향상하는 내적 언어를 개발하여 사용하도록 한다.
⑦ 내담자가 좋아하고 선호하는 과목을 먼저 공부하도록 배려해야 한다.
⑧ 올바르지 못한 식습관과 수면부족은 기억력·집중력·학습능력에 영향을 미치므로, 올바른 식습관과 충분한 수면을 취하도록 유도한다.

04 학습부진 영재아

(1) 개요 14 15 16 17 22 기출
① 영재에 대한 일반적 정의는 지적 특성, 학습적 특성, 창의적 특성, 인성적 특성에서 평균인보다 상당한 수월성을 나타내는 아동을 말하며, 영재교육진흥법에 의하면 영재란 재능이 뛰어난 사람으로서 타고난 잠재력을 계발하기 위하여 특별한 교육을 필요로 하는 사람을 말한다.
② 학습부진 영재아는 지적으로 우수하나 자신의 능력만큼 학교에서 학업을 수행해 나가지 못하는 영재(Davis & Rimm), 잠재 능력과 학업성취가 서로 일치하지 않는 영재(Gallagher)로 정의하고 있다.

③ 학습부진 영재를 판별하기 위한 영재성검사가 완료되어 영재성이 확인되면, 판별된 영재들의 실제 학업수행 능력을 측정하기 위해서 학업성취검사 등을 사용한다. 이후 그들의 능력에 비해 학업성취도가 현저히 떨어지는 학생들을 미성취 영재로 판별한다.
④ 미성년 영재의 문제발견단계에서 활용되는 기법으로는 브레인스토밍 기법, 마인드맵 기법, 범주 만들기, 재정의 등이 있다.

(2) 학습부진 영재아의 특징 18 23 24 기출

① 학습장면에서 전통적인 방식이 아닌 다른 방식으로 지식을 배우고 축적한다.
② 신경체계의 과민성으로 인해 많은 감각자극을 수용하여 지적능력이 나타나는 반면, 과잉행동성을 나타낼 수 있다.
③ 학습과제 실패에 대한 지각은 높고, 성공에 대한 지각은 낮은 경향이 있다.
④ 학습에서의 실패 경험으로 파괴적 행동, 낮은 자기효능감 등의 문제를 보이기도 하고, 자아존중감이 낮아져 자신의 능력을 신뢰하지 못하기도 한다.
⑤ 완벽주의로 고통을 받기도 하고, 그러한 성향으로 인해 성공할 가능성이 있는 학업이나 활동만을 선택하는 경향이 있다.
⑥ 주변의 과도한 성취기대 때문에 학습관련 효능감에 부정적인 영향을 받기도 한다.
⑦ 창의적 욕구와 능력 표현을 억압하는 사회 압력 때문에 사회적 고립을 경험할 수 있다.
⑧ 학교에서 영재 학습 양식에 맞는 교육 기회가 주어지지 않아서 나타날 수 있다.
⑨ 학습부진 영재아에게 영향을 줄 수 있는 요인으로는 비현실적 기대, 완벽주의, 대인관계 기술의 결핍, 창의적 욕구와 능력의 표현을 억압하는 것 등이 있다.

(3) 학습부진 영재아에 대한 상담 요구

가정환경	• 부모의 영재성에 대한 이해 부족에서 기인하는 상담요구 • 부모의 권위적이고 일관성이 없는 양육방식에서 기인하는 상담요구 • 부모의 과도한 기대나 무관심, 대화부족 등에서 기인하는 상담요구 • 형제관계에서 기인하는 상담요구
개인특성	• 자신의 빠른 지적 성장에 비해 신체적·정서적·사회적 성장이 상대적으로 늦은 비동시성에서 기인하는 부담과 스트레스에 적절히 대처하지 못함으로 인한 상담요구 • 영재의 다재능성에서 기인하는 상담요구 • 높은 지적 능력에서 기인하는 상담요구 • 정서적 민감성과 강렬함에서 기인하는 상담요구 • 완벽주의 특성에서 기인하는 상담요구
학교적응	• 학교환경에서 기인하는 상담요구 • 지적인 자극의 결여에서 기인하는 상담요구 • 교사의 지나친 순응강조에서 기인하는 상담요구 • 또래와의 원만하지 못한 교우관계에서 기인하는 상담요구

(4) 학습부진 영재아에 대한 상담방법 19 21 기출

① 학습부진 영재의 예방 방안 20 기출
  ㉠ 학습부진 영재아 상담은 객관적인 진단과 평가에 기초하여 체계적으로 접근해야 한다.

ⓒ 학습부진 영재의 자기이해, 스트레스 대처훈련 등을 목표로 하는 집단상담 프로그램을 개발하여 적용하고, 부모나 교사들이 합리적인 기대를 가지고 많은 격려를 하도록 교육과 연수를 실시한다.

ⓒ 학습부진 영재의 능력, 흥미, 적성 등을 객관적으로 파악함으로써 자신을 명확히 이해하게 하고, 자신이 원하는 직업에 대한 정보를 충분히 제공하여 적합한 진로를 탐색하고 준비하여 결정할 수 있는 진로상담을 실시한다.

ⓔ 학습부진 영재에게 자신의 사고, 감정, 행동을 체계적으로 관리하는 능력을 키워 주는 자기조절 훈련이나 분노조절 훈련 프로그램, 동료들과의 교우관계를 향상하는 사회성 증진 프로그램을 개발하여 적용한다.

ⓜ 학습부진 영재아는 실패는 높게 지각하고 성공은 낮게 지각하는 경향이 있기 때문에 이것을 객관적으로 지각하는 상담을 해야 한다.

ⓗ 학습부진 영재아는 완벽주의와 높은 이상주의를 품는 경향이 있다.
- 완벽주의와 높은 이상주의는 반복적인 실패를 낳는다.
- 능력보다 낮은 목표를 설정함으로써 실패만을 회피하려는 양상을 보이며, 이로 인해 무기력증이 생기고 결국 부정적인 자아개념을 생성한다.
- 완벽주의 성향의 학습부진 영재아는 성공할 가능성이 있는 학업만 선택하는 경향이 있기 때문에 스스로 완벽주의 성향을 인식하고 조절할 수 있게 도와줘야 한다.
- 개인 상담과 심리검사를 통하여 학습부진 영재아의 능력을 객관적으로 파악하여 비현실적으로 높거나 낮은 목표를 수정해야 한다.
- 현실적이면서도 적절하게 도전할 수 있는 목표를 설정할 수 있도록 도와주어 자신감을 고취시켜야 한다.

ⓢ 과민성을 보이는 영재는 많은 감각자극의 수용으로 고민 행동이 나타날 수 있으므로, 자극에 대해 선택적으로 주의를 집중하게 하고 이를 관리할 수 있도록 돕는다.

ⓞ 영재성으로 인해 부적절한 친구관계를 맺을 수 있기 때문에 이에 대한 상담을 해야 한다.

② 학습부진 영재에 대한 상담전략 15 16 23 기출
ⓐ 영재상담 방향
- 학습부진 영재아는 지적 능력과 학업적 수행 간에 불일치가 일어나고 있으므로, 상담 시 이런 특성을 고려해야 한다.
- 자신의 강점을 사용할 기회를 거의 갖지 못한 학습부진 영재아는 대부분의 학습에 흥미를 잃고 좌절한 경험이 많다. 이때는 결과만을 강조하기보다는 영재성을 알아봐 주고, 그 가치를 인정한다는 메시지를 주어야 한다.
- 많은 학습부진 영재아는 비언어적인 영역에서 강점을 가지고 있으므로, 주로 언어적 재능을 요구하는 학교에서 부적응할 확률이 높다. 따라서 비언어적 영역의 강점을 가진 학습장애 영재아를 위해 영상적 사고, 공간설계, 극적인 표현 등의 활동을 구성하는 것이 좋다.
- 학습부진 영재아를 판별할 때는 특정한 능력이나 흥미에 대한 확인만이 아니라, 추상적 사고 과정에서 평균 이상의 능력을 확인하여야 한다.
- 상담 이외에 개인 교수프로그램과 같은 필요한 특수교육 서비스 제공 여부를 고려할 수 있다. 개인교수는 학교의 교과목과 관련된 기초지식을 학습부진 영재아가 학습할 때 도와주는 것으로, 개인교수의 담당은 교사나 카운슬러가 담당하는 것이 아니라 가정, 가정교사, 학업성적이 우수한 급우 중의 한 학생이 담당하는 것이 좋다.

- 학습부진 영재아는 부적합한 학습 전략이나 교수 방법으로 성취실패를 반복하는 경우 좌절감을 가질 수 있다. 따라서 상담 시 정서적인 접근이 동반되어야 한다.
- 학습부진 영재아는 자신이 가지고 있는 강점과 약점 사이에서 심한 불일치를 경험하기 때문에 정서적 문제를 가지고 있기 쉽다. 이때는 정서적 지지를 경험할 수 있는 집단상담을 제공하는 것이 바람직하다.
- 상담과정에서 가족 및 부모의 참여와 역할을 강조하고, 사회성이 훼손된 경우에 또래에게 지지받는 경험을 할 수 있도록 조력한다.
- 영재성으로 인해 받게 되는 주위의 기대로부터 기인하는 스트레스에 적절히 대처할 수 있도록 돕는다.
- 영재성을 더 정확히 이해하고, 심리적 정보를 얻기 위해 심리검사를 활용할 수 있다.

ⓒ 영재상담 모형
- 1단계 : 사정단계로 영재의 특성을 확인하고 상담관계 형성
- 2단계 : 문제발견 단계로 상담의 목표를 설정하고 문제 세분화·구체화
- 3단계 : 문제해결 단계로 문제해결을 위한 계획을 직접 실행
- 4단계 : 종결단계로 미해결사항을 매듭짓고 평가 및 추수상담 협의
- 5단계 : 추수단계로 해결을 위한 구체적 실천 여부 확인

05 시험불안 및 발표불안

(1) 시험불안 16 19 기출

① 개 요 18 기출
㉠ 시험불안이란 개인의 수행(시험)에 대한 평가가 이루어지는 상황에서 예견되는 실패에 대한 정서적·인지적 반응과 생리적(신체적) 변화라고 정의할 수 있다.
㉡ 적정 수준의 불안은 학습량을 증가하지만, 학습에 문제가 있는 내담자들의 경우는 학업에 대한 불안이 너무 지나쳐서 학습행동 및 시험행동에 방해를 받고 있는 상황일 때가 많다.
㉢ 학업실패에 대한 지나친 걱정, 조금의 실패도 용납할 수 없는 완벽주의적 성격, 부모나 가족의 지나친 기대, 자신감 부족, 기질적으로 쉽게 불안해지는 불안에 대한 높은 감수성 등이 지나친 불안의 원인이다.
㉣ 스필버거(C. Spielberger)는 시험불안이 상태불안에 해당한다고 보았다.
㉤ 리버트(R. Liebert)와 모리스(L. Morris)는 시험불안이 인지적 반응인 걱정(Worry)과 정서적 반응인 감정(Emotionality)으로 구성된다고 보았다.
- 인지적 반응인 걱정은 부정 평가에 대한 인지적 관심의 결과로 나타나며, 주변 평가에 민감하여 발생한다.
- 정서적 반응인 감정은 주관적으로 느끼는 것으로 긴장, 과민, 소화 장애 등의 증상이 나타난다.
㉥ 시험에 대한 부정적 자기평가는 시험불안의 인지적 반응에 해당한다.

지식 IN

상태-특성불안검사(State-Trait Anxiety Inventory) : 스필버거(Spielberger) 16 기출

상태불안	• 특수한 상황에서 긴장감, 걱정, 두려움을 느끼는 일시적인 불안상태이다. • 내담자가 '지금' 어떻게 느끼는지를 측정한다. • 개인의 환경에 따라 변화할 수 있다(예 시험불안).
특성불안	• 선천적으로 타고난 잠재적인 특성 또는 성향이다. • 내담자가 '전반적으로' 어떻게 느끼는지를 측정한다. • 시간과 상황에 비교적 안정적이다.

② 시험불안의 증상

생리학적 증상	머리가 아프다, 배가 아프고 소화가 잘 안된다, 가슴이 두근거린다, 손에 땀이 난다, 다리 떨기와 같은 의미 없는 행동을 반복적으로 한다.
인지적 증상	시험을 잘 못 볼 것 같아 걱정이다, 이번 시험은 꼭 잘 봐야 한다, 이 시험을 못 보면 내 인생은 끝장이다, 절대로 한 문제도 틀리면 안 된다, 나는 시험만 보면 아무 생각이 안 난다.
행동적 증상	시험 전날 하루 종일 잠만 잔다, 불안한 마음에 TV를 계속 보거나 게임을 한다, 시험 전날 학교를 안 간다, 시험을 보다가 중간에 나와 버린다.

③ 시험불안의 원인

가정환경	부모의 양육태도, 부모의 과도한 기대, 부모의 시험에 대한 압력 등
사회적 환경	학벌 지상주의, 경쟁지향적 학습환경 등
개인적 요인	인정받고 싶은 욕구가 지나치게 강한 경우, 잘못된 학업습관 등
내적 원인	낮은 지적능력, 학업에 대한 실패감 내지는 성공감 결여, 비효과적인 학습방법, 충동성, 불안에 대한 높은 감수성 등
외적 원인	학벌위주의 사회, 높은 교육열, 부모의 지나친 기대로 인한 성적에 대한 압박감

④ 시험불안의 인지주의적 접근 14 15 17 24 기출

인지적 간섭모델	시험불안이 높은 사람은 시험상황을 더 위협적인 상황이라고 해석하고 자신의 능력을 평가절하하여 시험을 제대로 보지 못할 것이라는 내적 대화를 하면서 걱정, 염려를 활성화해 결국 정보처리 속도가 떨어진다고 본다.
인지적 결핍모델	시험불안은 학습전략이 부족하고 결과적으로 시험을 제대로 준비하지 못했다는 것을 인식한 결과로 본다.

지식 IN

맨들러와 사라슨(Mandler & Sarason)의 시험불안의 욕구이론적 접근 이론 19 기출

시험불안을 설명하는 욕구이론적 접근에서 맨들러와 사라슨은 높은 시험불안을 설명하는 두 가지 종류의 욕구를 가정하였다. 하나는 시험상황에서 과제수행을 촉진하는 반응을 야기하는 학습된 '과제수행 욕구'이고, 다른 하나는 과제수행을 촉진하는 반응과 방해하는 반응을 모두 야기하는 학습된 '불안 욕구'이다. 과제수행을 촉진하는 반응은 학업성적을 증가시키나 과제수행을 방해하는 반응은 학업성적을 감소시키는데, 상황에 따라 과제수행 욕구와 불안 욕구 중 하나의 욕구가 발생하여 과제수행을 촉진하거나 방해하여 성적을 증가하거나 감소한다고 하였다.

⑤ 시험불안의 개입방법 15 16 17 20 21 22 23 기출

합리적으로 생각하기	비합리적이고 왜곡된 사고를 합리적인 사고로 변화하기 • 제1단계 : 시험불안을 느꼈던 상황 생각하기 • 제2단계 : 내담자가 가지고 있는 비합리적 사고 찾기 • 제3단계 : 내담자가 가지고 있는 비합리적 사고의 인지적 오류 찾기 • 제4단계 : 비합리적 사고의 근거 찾기 • 제5단계 : 합리적 사고로 변화하기
자기대화 (Self-Talk) 하기	자신이 불안한 상황을 상상해 보게 한 후, 그 상황에서 유용한 자기대화를 찾아 연습하고, 불안한 상황과 유사한 상황이 발생하거나 불안한 장면을 상상할 때 자기대화를 하는 연습을 하여, 실제 상황에서도 자동적으로 자기대화할 수 있도록 훈련하기
이완훈련 (체계적 둔감법)	• 불안한 상태에서 긴장이 극도로 달하게 되므로 긴장을 줄이기 위한 이완훈련을 실시, 온몸의 긴장을 풀어 주고 마음을 편하게 해주는 효과 • 불안위계표를 작성한 후, 가장 낮은 불안부터 이완과 연합하여 훈련을 실시
사전 학습 강화	시험공부를 많이 하여 어려운 문제도 쉬운 문제로 지각할 수 있도록 훈련
부모의 지지	부모의 적절한 지지와 말과 일치된 행동이 시험불안을 줄이는 데 효과
기타 방법	• 시험불안 관련 정서 반응에 게슈탈트(Gestalt) 상담 통하여 개입 가능 • 시험의 중요성을 설명하고 과거의 성공 경험 강조

> **지식 !N**
>
> **체계적 둔감법의 진행단계**
> 근육이완훈련 → 불안위계목록 작성 → 불안을 가장 적게 일으키는 장면부터 상상하기 → 다시 불안해하면 이완훈련 실시 → 자극강도 높이기 → 가장 심한 자극에 대해 불안을 느끼지 않으면 상담종료

(2) **발표불안** 14 16 23 기출

① 정의 : 다수의 청중들 앞에서 발표를 하는 상황에서 타인의 평가가 예상되거나 실제 평가가 이루어질 때 나타나는 부적응적인 인지적·생리적·행동적 반응들을 말한다.

② 원인

유전적 원인	수줍음이 많고 내성적인 성향은 유전적인 요인과 관련이 있는 만큼 발표불안에 있어 유전의 영향을 배제하기 어렵다.
부모의 양육 태도	부모가 비일관적이거나 무관심할 경우 또는 엄격한 태도를 취할 경우 자녀의 발표불안으로 이어질 수 있다.
조건화된 학습의 결과	과거에 발표를 했을 때 교사의 핀잔 또는 친구들의 부정적인 피드백으로 인하여 발표하는 상황에 불안을 느낄 수 있다.
비합리적 사고	발표에 대한 비현실적이고 이상적인 기준, 자신에 대한 부정적 지각, 실패 및 타인의 시선에 대한 과도한 지각 등을 가진 경우 발표불안을 겪는다.
사회적 기술 부족	발표할 기회를 충분히 갖지 못하고 발표행동을 할 연습의 기회가 적어서 불안이 생성된다.

③ 증상

생리학적 증상	다리, 목소리 등이 떨린다, 가슴이 쿵쾅거린다, 땀을 흘린다, 얼굴이 빨개진다, 멍해진다 등
인지적 증상	내가 발표하면 다른 애들이 나를 놀릴 거야, 발표할 때 선생님이 틀렸다고 하면 어떻게 하지? 안 하고 말거야, 발표할 때 떨리고 더듬을 텐데, 발표하다 실수하면 어떻게 하지? 등
행동적 증상	손이나 발을 떤다, 아무 말도 하지 못한다, 발표 때문에 학교를 가지 않는다, 배가 아프다고 양호실에 간다 등

④ 개입방법 16 18 22 기출

부모 및 교사의 격려	부모나 교사의 적극적인 격려를 통해 자신감 향상하기
합리적으로 생각하기	시험에 대한 내담자의 비합리적이고 왜곡된 사고를 합리적인 사고로 변화하기
자기대화하기	불안한 상황에서 내담자에게 자기격려로서 기능하도록 자기대화를 반복적으로 시도(발표 전, 중, 후에 지속적으로 실시)
체계적 둔감화	• 이완훈련 실시 • 위계적 발표불안 리스트 작성 • 위계적 발표불안 리스트를 작성할 때 현실적으로 성공가능한 목표설정 • 불안한 순간을 상상해 보고 각각의 상황에서 몸을 이완하는 연습(가장 낮은 불안부터 상상) • 실생활에서 이를 적용
발표기술 훈련	• 발표기술을 습득하여 반복적으로 연습 • 자신이 발표하는 모습을 동영상으로 찍고 상담자와 함께 보기 • 상담 장면에서 반복적으로 연습 • 발표하는 올바른 습관 학습

> **지식 IN**
>
> **행동형성/조성(Behavior Shaping)**
> 바람직한 행동을 증가하기 위해 목표 행동에 점진적으로 가까운 행동을 체계적으로 차별 강화하여 새로운 행동을 형성하는 것을 말한다.

06 학습에서의 일반적인 부적응과 학교공포증

(1) 학습에서의 일반적 부적응 22 기출

① 비효과적인 학습방법 : 학습 초기 단계에서 의미, 목적 없이 무조건적으로 외우는 주입식 암기는 정보를 활용하는 문제해결에 도움이 되지 않고, 더 깊이 있는 사고 능력을 향상하기 위한 측면에서도 도움이 되지 않는다.

② 노력에 비해 오르지 않는 성적 : 공부 방법에 대한 점검이 필요하고, 집중력, 공부 문제 또는 정서적 문제 등과 관련이 있는지 점검한다.

③ 낮은 학습동기 : 학습자가 학업에 대한 필요성, 목표, 동기 등을 형성하기 이전에 외부의 압력에 의한 학업을 하는 경우, 점차 부모와의 갈등이나 학업에 대한 회의 및 반감 등이 나타나면서 학업에 대한 흥미를 상실한다.

④ 주의산만/집중력 부족 : 학습 환경을 점검하여 지나치게 학습요구가 많거나 강압적인 경우에는 이러한 환경을 우선적으로 조정한다.
⑤ 시험불안 : 부모의 기대나 성취압력, 학습자의 완벽성이나 성적에 대한 집착 및 경쟁으로 인한 기대목표와 실제 수행 간의 차이로 발생한다.
⑥ 낮은 학습능력 : 지적 능력으로 인한 학습 문제는 지적 능력의 결손 수준에 따라 전반적인 영역의 문제와 특정 영역의 문제로 구분하고, 전반적인 영역의 문제는 주로 학업의 전 영역에 걸쳐 나타난다.
⑦ 공부습관 미형성 : 공부는 일정 시간 지속해야 하는 활동이기 때문에 공부하는 행위 자체가 습관이 되어야 한다.
⑧ 관계의 문제 : 학업으로 인한 부모-자녀 간의 갈등은 학업에 대한 지나친 간섭 및 관여, 생활의 통제로 이어지기 때문에 또 다른 갈등을 유발하고, 학생은 점차 학업에 대한 흥미와 반감으로 인해 공부를 하지 않는 태도를 형성한다.

(2) 학교공포증 14 기출
① 애매모호한 신체증상을 호소하면서 학교 가기를 거부하여 여러 번 결석하는 증상으로 학교거부증, 등교거부증, 학교기피증이라는 용어로 사용되고 있다.
② 학교공포증 아동들 중 분리불안에 의한 학교 거부인 경우 대개 성적은 좋고, 학교에서 특별한 문제가 없다.
③ 증 상
  ㉠ 신체적 증상은 주로 아침에 일어날 때 나타나는데, 학교에 가지 않아도 된다면 이내 사라진다. 흔히 호소하는 신체증상은 배가 아프거나 두통, 구역질, 메스꺼움, 설사, 어지럼증이 있고, 학교에 가야 할 시간이 되면 점차 심해지며, 주로 3월, 9월 등 학기 초에 흔히 생긴다.
  ㉡ 지속적으로 결석을 하면서도 집 근처를 떠나지 않는다.
  ㉢ 학교에 가고 싶지 않은 이유로서 학교 상황에 대해 갖가지 비판을 하는 경향을 보인다.
④ 원 인
  ㉠ 아동의 심리사회적 발달과정에서 학교공포증을 유발하는 가장 중요한 요인은 지나친 의존심을 낮게 하는 가족 상호작용의 형태이다. 부모들 가운데 과보호적이며 너무 많은 간섭을 하여 아이들이 부모로부터 떨어지는 것을 어렵게 하는 경우가 있다.
  ㉡ 이 외에도 다른 학교로 전학을 가는 경우, 엄격한 선생님, 어려운 시험, 이해되지 않는 수업, 학교 폭력배 등의 이유로 학교공포증이 생긴다.
⑤ 극복방안
  ㉠ 가장 좋은 치료는 학교에 매일 가도록 하는 것으로, 직접 직면함으로써 그런 공포가 사라지고, 매일 호소하던 증상들도 사라지게 된다.
  ㉡ 필요할 경우 의사의 진찰을 받도록 하고, 담임교사에게 도움을 청한다.
  ㉢ 아이와 함께 학교에 대한 두려움에 대해 이야기하고, 친구들과 더 많은 시간을 보낼 수 있도록 돕는다.

CHAPTER 06 기타 학업상담에 관한 사항

중요도 ★★★

핵심포인트

학습자의 식단관리, 피해야 할 식습관, 두뇌를 활성화하는 음식, 학습효과를 높이는 수면법, 운동, 수면, 음악, 캐롤(Carroll)의 학교학습모형, 블룸(Bloom)의 완전학습모형

01 학습과 음식

(1) 학습자의 식단관리

① 단백질과 불포화지방산을 섭취한다.
② 정신건강과 밀접한 관계가 있는 칼슘을 섭취하고, 간식을 통해서 정해진 식사로 섭취되는 영양분 이외에 보충되어야 할 영양분을 섭취한다.
③ 커피는 가급적 피하는 것이 좋고, 아침식사를 거르지 않고 꼭 먹는 습관을 기르고, 두뇌 기능의 활성화를 위해 비타민을 많이 함유한 식품을 먹는다.

(2) 두뇌를 활성화하는 음식 14 기출

피해야 할 식습관	• 주의력을 떨어뜨리는 인스턴트 식품 • 숙면을 방해하는 카페인 • 민감한 장을 자극하는 찬 음식

두뇌 발달에 좋은 음식
20 기출
	• 등 푸른 생선 : 뇌신경계의 반응 속도를 높임
	• 견과류와 씨앗류 : 불포화지방산이 들어 있어 뇌신경 세포에 좋은 영향을 미치고 비타민 E는 뇌의 혈류량을 늘려 활성화를 도움
	• 해조류
	  - 미역 등에 들어있는 칼륨은 머리를 맑게 하고 피로회복을 도움
	  - 성분 중 하나인 요오드는 신경시스템과 뇌 건강에 중요한 역할을 하며 인지 기능을 도움
	• 레몬 : 비타민C와 구연산이 스트레스를 완화하고 피로회복을 도와 학습에 도움
	• 달걀 : 달걀노른자에 함유된 레시틴(Lecithin)은 기억력 증진에 도움
	• 들깨가루 : 불포화지방산인 리놀렌산이 풍부해 뇌의 기억력 및 학습능력을 높임
	• 김치 : 뇌기능 촉진, 집중력 향상, 정신 안정에 도움
	• 우유 : 면역력을 강화하는 면역 글로불린, 라이소자임, 락토페린 등의 성분 함유
	• 브로콜리 : 피로회복과 해독작용
	• 뿌리채소 : 무, 감자, 우엉 등은 뇌에 힘을 채워 주어 뇌가 과열되었을 때 도움
	• 검은 콩
	  - 성장과 두뇌발달, 건강까지 한꺼번에 잡을 수 있음
	  - 볶은 검은콩은 씹으면 뇌를 자극해 두뇌발달에 도움을 줌
	• 옥수수
	  - 비타민, 미네랄, 섬유소 등이 풍부
	  - 옥수수 눈에 들어있는 레시틴 성분은 두뇌발달에 좋은 영향을 미침

02 운동, 수면, 음악

(1) 운동
① 학습능력 증진을 위해 운동을 생활화한다.
② 걷기운동은 다른 운동과 달리 발목이나 관절부상의 위험이 없고 몸에 부담을 별로 주지 않으며, 부작용도 거의 없는 안전하고 쉬운 운동이기 때문에 운동 강도, 빈도, 시간을 점차 늘려 걷기운동을 한다면 여러 가지 효과를 볼 수 있다.

(2) 수면 22 기출
① 개요
잠을 자는 동안 뇌는 단기 저장고에 입력된 정보를 장기 저장고로 전송해 저장하기 때문에 잠을 자고 있는 동안 기억력이 강화되어 수면 중 그날 배운 중요한 것들을 스스로 반복해서 학습하게 된다. 따라서 청소년들이 학습의 질을 높이기 위해서는 충분한 수면을 취해야 한다.

② 학습효과를 높이는 수면법 16 18 기출
㉠ 높은 긴장감과 스트레스로 인하여 밤잠을 이루기 힘든 경우, 30분 정도 가벼운 운동으로 땀을 흘린 뒤 따뜻한 물에 샤워한다.
㉡ 수면 부족 혹은 늦게까지 공부하는 습관 등으로 머리가 멍하다면 수면 시간대를 조절한다.
㉢ 책상에 엎드려 자지 말고 잠은 침대에서 잔다.
㉣ 불을 켜고 자면 멜라토닌 분비가 억제되어 숙면을 방해할 수 있다.
㉤ 낮잠은 15~30분 정도로 한두 차례 자면 신체 리듬을 건강하게 유지하는 데 도움이 되지만, 2시간 이상 자는 것은 신체 리듬에 방해가 될 수 있다.
㉥ 자신에게 적절한 수면시간을 찾아 규칙적으로 수면을 취하는 것은 학습효과를 높이는 데 도움이 될 수 있다.
㉦ 하루 최대 7시간 잠을 자는 것이 좋다.
㉧ 뇌는 렘(REM)수면 단계에서 단기기억 저장소에서 필요한 기억들을 정리하여 장기기억 저장소에 보내 장기기억화한다. 따라서 암기과목을 공부한 후 잠을 자면 기억력이 보다 오래 유지된다.
㉨ 뇌파 중 알파파는 공부 능률을 향상한다.

지식 IN

뇌파의 종류 및 기능

뇌파의 구분		주파수	상 태	
감마파		30Hz 이상	• 불안, 흥분 • 시상 → 후두엽 → 전두엽 • 깊은 주의집중, 높은 수준의 인지처리 작업	
베타파		13~30Hz	• 평상시 외부와 대응 • 전두엽에서 잘 기록 • 이완과 긴장의 중간 상태 • 새로운 일을 할 때 출현, 간단한 집중력	
알파파	패스트	12~14Hz	• 명상이나 휴식 시 발생 • 주로 후두엽에서 발생	• 약간 긴장된 의식, 주의 집중 • 명상파, 뇌의 이완 상태, 의식 집중
	미들	8~14Hz / 9~12Hz		• 편안한 의식, 집중 상태 • 공부능률 향상, 정신통일 • 기억력·집중력 최대
	슬로우	8~9Hz		• 명상, 무념무상 • 휴 식
세타파		4~7Hz	• 졸음 상태, 얕은 수면, 렘 수면 시 지배적 • 해마, 시상(변연계통)에서 주로 발생 • 상상력, 창의력, 감정적인 연결, 직관력과 관련 • 델타파보다 얕은 휴식	
델타파		0.5~3Hz	• 깊은 수면 혹은 혼수 상태 • 전방 전두부에서 발생 • 성장호르몬 생성 • 나이가 들면서 점점 줄어들어 수면 능력 점차 악화	

(3) 음 악

① 음악을 들으며 공부하는 학생들이 많은데, 음악과 학습에 관한 최근의 많은 연구에서 음악이 학습에 긍정적인 효과를 미치는 것으로 나타났다.

② 가사가 있는 음악을 들으면 집중력을 방해하기도 하지만, 특정한 종류의 클래식은 집중력을 높여 학습 효과를 향상해 준다는 연구 결과가 있다. 따라서 집중력을 향상시키고, 기억과 창의력을 증진시켜 문제해결력을 높이며 스트레스를 해소해 주는 적절한 클래식 음악을 활용하여 학습 능력을 증진시킨다.

03 학습모형

(1) 캐롤(Carroll)의 학교학습모형 15 기출

① 기본 입장
  ㉠ 완전학습의 이론적 토대를 제공한다.
  ㉡ 기본 명제 : 주어진 과제에서 학습자의 학습정도는 그 과제의 학습에 필요한 시간에 비하여 실제로 학습에 사용한 시간의 비율에 따라 결정된다.

② 기본 개념
  ㉠ 학습자의 학습정도 : 도달될 것으로 기대된 교수목표의 기준선에 비추어 본 실제 학습성취의 정도
  ㉡ 과제의 학습에 필요한 시간 : 주어진 과제를 완전학습의 기준까지 학습하는 데 소요되는 시간량
  ㉢ 실제로 학습에 사용한 시간 : 학습자가 능동적으로 학습과제에 주의를 집중시켜 학습에 열중한 시간량
  ㉣ 학습의 정도 $= f\left(\dfrac{\text{학습에 사용한 시간}}{\text{학습에 필요한 시간}}\right) = f\left(\dfrac{\text{학습지속력, 학습기회}}{\text{적성, 수업이해력, 수업의 질}}\right)$

구 분		내 용
학습에 필요한 시간	적성	• 최적의 학습조건하에서 주어진 학습과제를 일정한 수준으로 성취하는 데 필요한 시간(적성이 높으면 시간이 줄어듦) • 학습자 변인
	능력 (수업이해력)	• 수업내용이나 수업에서 사용되는 여타 자료나 학습절차를 이해하는 학습자의 능력(지능이 높을수록 학습에 필요한 시간은 줄어듦) • 학습자 변인
	교수의 질 (수업의 질)	• 학습과제의 제시, 설명 및 구성이 학습자에게 최적의 상태로 접근된 정도 • 수업(교수)변인
학습에 사용한 시간	학습지속력	• 학습자가 인내심을 발휘하여 학습에 더욱 많은 시간을 보내려고 하며, 학습과정에서의 불편과 고통을 이겨내고 실제로 학습하는 데 사용한 시간 • 학습자 변인
	학습기회	• 어떤 과제의 학습을 위해 학생에게 실제로 주어지는 시간량 • 수업(교수)변인

(2) 블룸(Bloom)의 완전학습모형

① 의의
  ㉠ 완전학습은 상위 75~90%의 학습자들로 하여금 전형적인 집단수업 상황에서 상위 25%의 학생들이 성취한 수준과 동일한 수준의 성취를 가능하게 하는 것이다.
  ㉡ 이론에 따라서는 학급 안의 약 95%의 학생들이 주어진 학습과제를 90% 이상 완전히 성취해 내는 것을 완전학습으로 보기도 하는데, 완전학습을 위한 이 모형은 캐롤(Carroll)의 학교학습모형에 그 이론적 기반을 두고 있다.

② 구 성
  ㉠ 개인차의 문제를 해결하기 위해 이 모형은 '수업 전 단계, 수업활동 단계, 수업 후 단계'의 총 10단계로 구성되어 있다.
  ㉡ 완전학습 모형 단계

1	수업 전 단계	기초학습 결함 진단 : 선행학습 정도를 진단하여 학습 결손 유무 파악
2		기초학력의 보충 : 기초 학력 진단을 통해 발견된 학습 결손을 보충, 해당 학생들에게만 실시
3	수업 활동 단계 (본 수업 단계)	수업 목표 제시
4		수업 활동 : 본수업 활동
5		수업 보조 활동 : 본수업과 연습, 실험, 실습, 시범 등을 병행
6		형성평가 실시 : 교과과정과 수업방법 개선이 목적
7		보충학습 : 형성평가 결과에 따라 학습이 부진한 학생에게 실시
8		심화학습 : 형성평가 결과에 따라 정상적인 진전을 보인 학생에게 실시
9		2차 학습기회 제공
10	수업 후 단계	종합평가 : 수업 종결 후 학생들의 학업 성취도를 종합적으로 평가하여 수업활동의 효율성에 대해 판단

③ 한계점
  ㉠ 완전학습 성취기준에 도달하려면 교사의 부담이 커져 결국 실패할 가능성이 높다.
  ㉡ 구체적인 목표 진술에 대한 합의가 부족하다.
  ㉢ 완전학습전략 수행에 요구되는 시간이 학교체제 내에서의 교육과정 구성이나 수업시간 배정상 어렵다.
  ㉣ 인지적인 학습과제에 국한되어 운동적 과제, 정의적 과제에 대한 배려가 부족하다.
  ㉤ 이론의 초점을 학습자, 학습과제, 수업조건에 둠으로써 기타 교육적 조건과 사회적 상황에 대한 고려가 없다.
  ㉥ 교정 및 치료적 수업방법 및 자료가 부족하다.
  ㉦ 진단평가 및 형성평가를 위한 정교한 검사도구가 부족하다.

선택과목 04 적중예상문제

❖ 완벽하게 이해된 부분에 체크하세요.

CHAPTER 01 학업문제의 이해

01 학습부진(Underachievement)에 관한 설명으로 옳지 않은 것은?

① 학업성취수준이 잠재적 능력에 미치지 못하고 현격하게 떨어지는 상태를 말한다.
② 지능수준이 하위 3~25%에 해당하고, 지능지수는 약 75~90 정도에 속하는 학습자를 말한다.
③ 물리적 환경, 심리적 환경이 원인이 되기도 한다.
④ 비효율적인 학습전략을 가지고 있는 경우가 많다.
⑤ 선수 학습의 누적된 결손을 보이는 경우가 많다.

> 학습지진은 지적 능력의 저하로 학습성취가 뒤떨어지는 것을 말하며, 지능수준이 하위 3~25% 정도로서 지능지수(IQ)로는 약 70~85 사이에 속한다.
> **학습부진**
> - 정상적인 지적 능력을 가지고 있으나 전학, 가정불화 등과 같은 사회 환경적 요인과 불안이나 우울과 같은 정서적 요인에 의해 학업이 떨어지고, 이에 따라 자신의 능력에 비해 학업성취 수준이 낮은 학생을 뜻한다. 따라서 학습부진으로 분류되려면 최소한의 학습능력을 갖추고 있어야 한다.
> - 학습부진의 요건으로 인지적 요인, 학습 전략적 요인, 신체적 요인, 정서적 요인, 환경적 요인이 있지만, 지능보다는 환경적 조건의 결함을 더 중요하게 여긴다.
> - 학습부진의 원인으로는 학습동기의 결여, 교사의 낮은 기대, 공부기술과 학습시간의 부족 등을 들 수 있다.
> - 정상적인 학교학습 능력이 있으면서도 선수학습 요소의 결손 때문에 설정된 교육목표의 최저 학업성취 수준에 도달하지 못한 학습자를 말하기도 한다.

02 학업상담에서 만날 수 있는 다음 사례의 적절한 명칭은?

> 지적장애, 정서장애, 환경 및 문화적 결핍과는 관계없이 듣기, 말하기, 쓰기, 읽기 및 산수능력을 습득하거나 활용하는 데 한 분야 이상에서 어려움을 겪는다. 일반적으로 개인의 능력발달에서 분야별 불균형이 나타나는 특징이 있으며, 지각장애, 지각-운동장애, 신경체계의 역기능 및 뇌손상과 같은 기본적인 정보처리 과정의 장애로 인해 나타난다.

① 학습지진　　　　　　　　　② 학습장애
③ 학습부진　　　　　　　　　④ 학업지체
⑤ 학업저성취

학습장애와 학습부진은 학습지진과 달리 정상적인 지능 범위 내에 있으면서도 학습에 어려움을 느끼며 학업성취도가 낮은 경우에 해당한다. 학습부진이 특히 불안 및 우울 등 개인의 정서적 요인이나 가정불화 및 부적절한 교우관계 등 환경적 요인에 의한 것인 반면, 학습장애는 특히 대뇌의 특정 영역에서의 발달적인 기능장애에 의해 나타나는 것으로 알려져 있다.

학습부진과 구분되는 용어

용어	설명
학습지진	• 지적 능력의 저하로 인하여 학습성취가 뒤떨어지는 것을 말한다. • 지능 수준은 하위 3~25% 정도로 지능지수(IQ)로는 약 70~85 사이에 속한다.
학업저성취	• 학습부진과 자주 중복하여 쓰는 개념으로 일반적으로 하위 5~20%의 성취수준을 보이는 아동을 가리킨다. • 학습부진과 다른 점은 아동의 잠재적인 수준을 고려하지 않고 학업성취의 결과만을 기준으로 삼는다는 데 있다.
학업지체	• 학습에서의 발달과업을 적절히 성취하지 못하여 규정된 학년이나 학기의 학습목표를 달성하지 못한 학습자를 말한다. • 절대적인 기준을 준거로 하여 적절한 학업성취를 보이지 못한 경우를 의미한다.
학습장애	• 지적장애, 정서장애, 환경 및 문화적 결핍과는 관계없이 듣기, 말하기, 쓰기, 읽기 및 산수 능력을 습득하거나 활용하는 데 심한 어려움을 한 분야 이상에서 보이는 장애이다. • 개인의 내적인 결손, 즉 지각장애, 신경 체계의 역기능 및 뇌손상과 같은 기본적인 정보처리과정의 장애로 인해 학습에 부적응을 보이는 것이다.

03 테일러(R. Taylor)가 제시한 학습과진아와 비교한 학습부진아의 특성으로 옳지 않은 것은?

① 학습과진아에 비해 불안을 더 가지고 있다.
② 학습과진아에 비해 자기비판적이고 부적절감을 가지고 있다.
③ 학습과진아에 비해 부모 및 교사와 비교적 원만한 관계를 유지한다.
④ 학습과진아에 비해 의존감과 독립의 갈등을 더 겪는다.
⑤ 학습과진아는 학업지향적인 반면, 학습부진아는 사회지향적이다.

학습과진아와 학습부진아의 특성 비교
- 학습과진아는 학업지향적인 반면, 학습부진아는 사회지향적이다.
- 학습과진아는 대인관계에서 적응적이어서 원만한 관계를 유지하는 반면, 학습부진아는 대인관계에 있어 거절감이나 고립감을 느끼기 쉽고 무관심하거나 비판적이다.
- 학습과진아는 불안이 덜한 반면, 학습부진아는 상대적으로 불안수준이 높은 편이다.
- 학습과진아는 목표에 대해 현실적인 반면, 학습부진아는 목표에 대해 비현실적이다.
- 학습과진아는 자신을 수용하고 낙관적인 반면, 학습부진아는 자기비판적이고 부적절감을 가진다.

04 학습부진아의 환경적 특징에 관한 설명 중 옳은 것은?

① 학습결과에 대한 피드백(Feedback)이 부족하거나 과잉학습을 요구받는다.
② 가족 간에 정서적 공감대 형성이 충분하다.
③ 가정 내의 추상적인 언어 사용이 일반적이다.
④ 자기 판단력이 결여되어 새로운 상황이나 인물에 대한 적응력이 부족하다.
⑤ 학교의 시설은 학습부진과 관련이 없다.

② 가족 간에 정서적 공감대 형성이 충분하지 않은 상태에서 공부로 압박을 받는다.
③ 가정 내의 지시적·강요적 언어 사용이 일반적이고, 추상적 언어 사용이 부족하다.
④ 자기 판단력이 결여되어 새로운 상황이나 인물에 대한 적응력이 부족한 것은 정의적 특징에 해당한다.
⑤ 학교의 제반 시설이 충분히 마련되어 있을 때 학업 성취의 가능성이 높아진다.

05 학습문제의 원인 중 '낮은 이해력'에 관한 설명으로 옳은 것을 모두 고른 것은?

ㄱ. 어휘력이 낮은 경우 발생할 수 있다.
ㄴ. 문장 또는 단락의 연결에 어려움을 겪는 경우 발생할 수 있다.
ㄷ. 추론 및 원인-결과 인식력이 낮은 경우 발생할 수 있다.
ㄹ. 단기기억 능력이 낮은 경우 발생할 수 있다.

① ㄱ, ㄴ, ㄷ ② ㄱ, ㄴ, ㄹ
③ ㄱ, ㄷ, ㄹ ④ ㄴ, ㄷ, ㄹ
⑤ ㄱ, ㄴ, ㄷ, ㄹ

낮은 이해력이 나타나는 원인 : 어휘력이 낮은 경우, 문장 또는 단락 연결에 어려움을 겪는 경우, 새로운 것에 대한 수용의 폭이 낮은 경우, 추론 및 원인-결과 인식력이 낮은 경우, 단기기억 능력이 낮은 경우 등

CHAPTER 02 학업 관련 요인

01 학습문제와 관련된 요인 중 인지적 요인에 해당하는 내용을 모두 고른 것은?

ㄱ. 지능
ㄴ. 학습에 대한 동기와 흥미
ㄷ. 선행학습
ㄹ. 자아개념

① ㄱ, ㄴ, ㄷ
② ㄱ, ㄷ
③ ㄴ, ㄹ
④ ㄹ
⑤ ㄱ, ㄴ, ㄷ, ㄹ

학습문제와 관련된 요인
- 인지적 요인 : 지능, 기초학습능력, 선행학습, 학습전략 등
- 정의적 요인 : 학습에 대한 동기와 흥미, 자아개념, 불안 등
- 환경적 요인 : 가정, 학교, 친구 등

02 기초학습기능검사에 관한 설명으로 옳지 않은 것은?

① 기초학습기능이란 읽기, 쓰기, 말하기, 셈하기, 정보처리 등 학습을 수행하기 위해 가장 기본적으로 갖추어야 할 기초적인 학습능력의 기능 여부를 말한다.
② 기초학습기능검사는 개인용 표준검사로서 구체적인 개별화 교수안을 짜기 위한 목적으로 활용될 수 있다.
③ 기초학습기능검사의 검사대상 아동은 유치원부터 중학교 3학년까지이다.
④ 학년규준과 연령규준을 갖춘 개인용 학력검사라는 특징을 갖는다.
⑤ 기초학습기능검사는 정보처리기능과 언어기능 및 수기능을 측정하도록 구성되어 있다.

기초학습기능검사의 검사대상 아동은 유치원부터 초등학교 6학년까지이다.

정답 03 ③ 04 ① 05 ⑤ / 01 ② 02 ③

03 다음 빈칸에 들어갈 용어로 알맞은 것은?

> 데시와 라이언(Deci & Ryan)은 인간에게는 자기결정성이 존재하는데, 이것이 (　　)에 영향을 미친다고 보았다. 즉 자신이 스스로 가치를 부여한 목표라면, 그 목표를 성취하기 위한 행동을 더 적극적으로 수행하게 된다는 것이다.

① 흥 미　　　　　　　　② 동 기
③ 조 절　　　　　　　　④ 효능감
⑤ 자아개념

데시(E. Deci)와 라이언(R. Ryan)은 자신의 행동에 대해 조절이나 통제를 할 수 있다고 느끼는 정도를 의미하는 자기결정성 이론을 주장하였다. 그리고 동기조절의 유형을 무동기, 외적 조절, 부과된 조절(투사), 확인된 조절(동일시), 통합된 조절, 내적 동기로 나누었다.

04 다음 사례를 기대-가치이론으로 해석했을 때 영희의 의사에 대한 동기(%)는?

> ○ 영희는 상담사가 되기를 원하지만 부모님은 의사가 되기를 원한다.
> ○ 영희는 의사가 되는 삶은 자신에게 전혀 가치가 없다고 느끼는 반면에 상담사가 되면 자신이 꿈꾸는 삶의 90% 정도의 가치는 있다고 생각한다.
> ○ 영희는 공부를 잘하기 때문에 의사나 상담사가 될 가능성은 90%이다.

① 0%　　　　　　　　② 10%
③ 30%　　　　　　　　④ 60%
⑤ 90%

기대-가치이론은 자신이 학습을 통하여 성공할 것이라는 기대와 그 성공에 대하여 자신이 부여하는 가치를 곱한 것만큼 학습동기가 생긴다는 관점이다. 따라서 의사에 대한 동기는 0%가 된다.

05 앳킨슨(Atkinson)에 의할 경우, 성취동기가 높은 학생이 선택하는 과제는?

① 아주 쉬운 과제
② 중간 정도의 과제
③ 아주 어려운 과제
④ 중간 정도의 과제 또는 아주 어려운 과제
⑤ 아주 쉬운 과제 또는 아주 어려운 과제

> 성취동기가 높은 학생은 중간 정도의 난이도의 과제, 즉 달성 가능하면서도 성취감을 느낄 수 있는 과제를 선택할 것이다. 이 말은, 너무 쉽기 때문에 성공이 보장된, 그래서 성취감을 거의 주지 않는 과제와 성공할 가능성이 희박한 어려운 과제는 회피할 것이라는 말이다.

06 교사와 학생이 상호작용하는 과정을 통해 교사의 기대가 자기충족적 예언(Self-fulfilling Prophecy)으로 작동하는 과정을 설명할 때 적절한 순서대로 나열한 것은?

> ㄱ. 교사는 자신의 기대와 일치하는 방식으로 학생을 대한다.
> ㄴ. 교사는 학생의 배경에 근거하여 기대를 형성한다.
> ㄷ. 학생은 교사의 기대에 일치하는 방식으로 행동한다.

① ㄱ - ㄴ - ㄷ
② ㄱ - ㄷ - ㄴ
③ ㄴ - ㄱ - ㄷ
④ ㄴ - ㄷ - ㄱ
⑤ ㄷ - ㄱ - ㄴ

> **자기충족적 예언**
> 로젠탈과 제이콥슨(Rosenthal & Jacobson)의 피그말리온 효과는 교사의 학생관(교사-학생의 대인지각)이 학업성취도를 결정한다는 이론으로, 자기충족적 예언이라고도 불린다. 예언의 영향으로 인해 발생하지 않을 수도 있었던 현상이 예언대로 된 것을 말하는데, 예를 들어 교사가 학생의 배경에 근거하여 기대를 형성하면(성적이 오를 거라는 기대) → 교사는 자신의 기대와 일치하는 방식으로 학생을 대하고(교사의 지속적인 칭찬과 관심) → 학생은 교사의 기대에 일치하는 방식으로 행동하는(학생의 성적 향상) 것이다.

정답 03 ② 04 ① 05 ② 06 ③

07 자기효능감에 영향을 미치는 요소 및 원인을 모두 고른 것은?

ㄱ. 과거의 성과(성공경험) ㄴ. 모델 관찰(대리경험)
ㄷ. 언어적 설득 ㄹ. 미래의 성공에 대한 가상

① ㄱ, ㄴ, ㄷ   ② ㄱ, ㄷ
③ ㄴ, ㄹ   ④ ㄹ
⑤ ㄱ, ㄴ, ㄷ, ㄹ

자기효능감에 영향을 미치는 요소 및 원인

요소	원인
과거의 성과 (성공경험)	비슷한 과제에 대한 과거의 성공경험은 다음 과제에 대한 자기효능감을 증가한다. 예 성공적인 구술 보고서 작성 경험은 다음 보고서에 대한 자기효능감을 증가한다.
모델관찰 (대리경험)	모델이 될 만한 사람을 관찰하는 것은 높은 기대수준과 기술을 배우게 한다.
언어적 설득	교사와 같이 학생에게 중요한 사람이 언어적으로 설득하는 말을 한다. 예 "네가 좋은 보고서를 제출할 것이라 생각한다."
생리적·정서적 심리상태	• 피로, 배고픔과 같은 생리적 요소, 걱정과 같은 심리상태 등이 과제집중을 방해하여 결국 자기효능감을 감소한다. • 개인이 느끼는 각성의 질에 따라 자기효능감이 달라지며, 각성이 불안이 아닌 정도이면 자기효능감이 커진다.

08 다음의 내용에 해당하는 데시(Deci)와 라이언(Ryan)의 자기결정성 이론의 동기 유형은?

○ 특정 행동이나 과제를 의식적으로 선택한다.
○ 교사나 부모와 같은 타인에게 중요한 것이 아니라 자신에게 중요한 것을 선택한다.
○ 내적 흥미보다는 유용성이 중요하다.

① 외적 조절(Extrinsic Motivation)
② 통합된 조절(Integrated Regulation)
③ 확인된 조절(Identified Regulation)
④ 내적 동기(Intrinsic Motivation)
⑤ 부과된 조절(Introjected Regulation)

확인된 조절(동일시)
• 내적 흥미보다는 개인적 중요성이나 자신이 설정한 목표를 추구하기 위해 동기화된 행동이다.
• 이전에는 외적으로 조절되었던 가치나 목표를 자신의 것으로 수용하고 선택해서 행동을 하게 된다.
• 학습자는 그 과목에 대해 이해하기를 원해서라든지, 대학 진학에 중요하다고 생각하기 때문이라든지, 새로운 것을 배우기를 원해서와 같이 개인적 중요성이나 자신이 설정한 목표를 추구하기 위해 과제를 수행한다.

09 와이너(B. Weiner)의 귀인 요소와 차원과의 연결이 옳은 것은?

① 능력 – 내적, 안정, 통제 불가능
② 노력 – 내적, 불안정, 통제 불가능
③ 운 – 외적, 안정, 통제 불가능
④ 타인 – 외적, 안정, 통제 가능
⑤ 과제 난이도 – 외적, 불안정, 통제 가능

와이너(B. Weiner)의 귀인 요소와 차원과의 연결

귀인 요소	원인소재	안정성 여부	통제 가능성 여부
능력	내적	안정적	통제 불가능
노력	내적	불안정적	통제 가능
과제 난이도	외적	안정적	통제 불가능
운	외적	불안정적	통제 불가능

10 학습의 요인 중 흥미에 관한 설명으로 옳지 않은 것은?

① 개인의 기질적 특성의 하나로 보는 관점도 있다.
② 상황적·환경적 특성의 변화를 통해 학생이 흥미를 느끼도록 하는 공부 방법을 개발하는 것이 필요하다.
③ 하이디와 레닝거(Hidi & Renninger)에 따르면, 흥미는 상황에 따라 일시적으로 시작되지만 필요한 지원을 얻게 되면 떨어진다.
④ 개인적 성향이 특정한 맥락과의 상호작용을 통해 심리적 상태로 활성화되는 것으로 보는 관점도 있다.
⑤ 레닝거(Renninger) 모델에 따르면, 흥미는 정서적인 측면보다 선행지식의 수준이나 가치부여 등의 측면이 더 강한 개념으로 볼 수도 있다.

정답 07 ① 08 ③ 09 ① 10 ③

하이디와 레닝거가 제시한 흥미발달단계에 따르면 흥미가 촉발되어 지속되면 개인의 성향이 되며, 시간이 지나도 특정한 주제에 대해 지속적인 흥미를 보인다고 하였다.

하이디(Hidi)와 레닝거(Renninger)가 제시한 흥미발달 단계

단계	정의	필요한 자원의 유형	특징
제1단계 상황적 흥미의 촉발	정서적·인지적 과정으로 인한 단기간의 변화에서 야기한 심리적 상태	퍼즐, 모둠활동, 컴퓨터 등 흥미를 유발할 수 있는 환경적 조건	• 관심의 집중과 정서적 반응 • 초기에는 부정적인 정서반응이 나올 수도 있음
제2단계 상황적 흥미의 유지	관심이 촉발된 이후의 심리적 상태로서, 집중과 관심을 유지하는 단계	협동학습과 일대일 학습 등 개인적으로 학습내용을 의미 있게 받아들일 수 있도록 교육적 환경을 조성함	• 관심의 집중과 정서적 반응 • 만일 부정적인 정서가 있다면, 개인적 흥미로 발전되기 전에 바뀌어야 함
제3단계 개인적 흥미의 등장	내용에 대한 지속적인 관심이 나타나 흥미가 개인의 성향이 되는 초기단계	또래나 전문가 등의 지원이 있기는 하지만, 스스로도 흥미를 갖게 되는 초기단계	긍정적인 관심과 내용관련 지식의 축적이 이루어지며, 호기심 어린 질문을 하게 되는 초기단계
제4단계 개인적 흥미로 자리잡음	시간이 지나도 특정한 주제에 대해 지속적인 흥미를 보임	상당한 정도로 자발적 흥미를 보이며, 외적인 지원도 이를 유지하는 데 도움이 됨	긍정적 감정, 지식의 증가 및 축적, 자기조절 및 자기성찰의 증가

11 다음 중 동근이의 실패 이유에 가장 부합하는 귀인은?

> • 용석 : 어떻게 된 거야? 이번에 성적이 많이 떨어졌네.
> • 동근 : 시험 당일에 너무 심하게 몸이 좋지 않았어.

① 원인은 내적이며, 안정적이고 통제가 가능하다.
② 원인은 내적이며, 불안정적이고 통제가 불가능하다.
③ 원인이 외적이며, 안정적이고, 통제가 가능하다.
④ 원인이 외적이며, 불안정적이고, 통제가 가능하다.
⑤ 원인이 외적이며, 불안정적이고, 통제가 불가능하다.

시험의 실패에 대한 귀인

차원분류			실패 이유
원인소재	안정성	통제 가능성	
내적	안정적	통제 불가능	적성에 맞지 않다.
		통제 가능	절대 공부를 안 한다.
	불안정적	통제 불가능	시험 당일에 아팠다.
		통제 가능	해당 시험을 위해 공부하지 않았다.

12. 로젠샤인(Rosenshine)과 스티븐스(Stevens)가 제시한 교사의 긍정적인 피드백 유형 중 다음에 해당하는 것은?

> 과제를 얼마나 정확하게 했는지, 제대로 하기 위해서는 어떻게 수정해야 하는지 등에 대한 피드백을 제공한다.

① 전략 피드백 ② 수행 피드백
③ 동기 피드백 ④ 귀인 피드백
⑤ 평가 피드백

긍정적 피드백
학생들에게 학습 또는 수행의 적절한 혹은 정확한 측면에 관해 정보를 주기 위한 것으로 학생의 반응이 적절함을 학생들에게 알리는 것이다.

수행 피드백	과제수행의 정확성, 학습 수정에 대한 피드백
동기 피드백	과제를 잘하는지에 대한 평가 피드백
귀인 피드백	열심히 해서 좋은 결과를 얻은 경우와 같은 피드백
전략 피드백	어떠한 전략을 사용하고, 사용한 전략이 효과적이었는지에 대한 피드백

평가 피드백
학생들의 반응과 행동에 대해 언어적 표현이나, 교사들의 얼굴표정으로 나타내는 비언어적 표현들로 학생들의 수행에 대한 가치판단을 제공하는 피드백으로 사실적인 내용만을 제공하는 비평가 피드백과 대조된다.

13. 켈러(Keller)의 ARCS 이론에 관한 내용으로 옳지 않은 것은?

① 교수의 3가지 결과 변인인 효과성, 효율성, 매력성 중에서 특히 효과성에 초점을 두고 있다.
② 다양한 교수 형태를 사용함으로써 학습자들의 주의를 유지시킨다.
③ 관련성은 목적지향적인 학습과 연관된다.
④ 자신감은 통제가능성에 대한 자각에서 비롯된다.
⑤ 지속적인 강화와 피드백을 통해 만족감을 부여한다.

켈러는 학습 환경에서 학습자들의 동기를 유발하고 유발된 동기를 계속 유지시키기 위한 전략으로 'ARCS 이론'을 제시하였다. ARCS 이론은 학습동기유발의 변인에 해당하는 '주의(Attention)', '관련성(Relevance)', '자신감(Confidence)', '만족감(Satisfaction)'을 의미하는 것으로, 교수의 3가지 결과 변인인 효과성, 효율성, 매력성 중에서 특히, 매력성과 관련하여 학습자의 동기를 유발하고자 하는 전략이다.

14 다음 개념을 제시한 학자로 옳은 것은?

> ○ 학습자가 과제수행에 필요한 행위를 조직하고 실행해 나가는 자신의 능력에 대한 판단으로, 개인이 구체적인 영역에서 자신의 수행능력에 대해서 믿고 생각하고 느끼는 바를 의미한다.
> ○ 언어적 설득, 대리적 경험, 성공경험, 생리·정서적 상태 등은 이 개념의 원천이다.

① 켈러(F. Keller) ② 반두라(A. Bandura)
③ 아들러(A. Adler) ④ 피아제(J. Piaget)
⑤ 로렌즈(K. Lorenz)

제시문이 설명하는 개념은 '학업적 자기효능감'이다. 이는 어떤 특정한 과제를 수행할 때 필요한 일련의 행동을 조직하고 완성하는 자신의 능력에 대한 믿음인 자기효능감에 따라서 학습동기가 좌우된다는 관점으로, 이와 같은 개념을 제시한 학자는 반두라(A. Bandura)이다.

15 봉사활동을 하면 화장실 청소를 면제해 주는 경우와 관련된 강화기법으로 적절한 것은?

① 정적 강화 ② 부적 강화
③ 정적 처벌 ④ 부적 처벌
⑤ 소 거

강화와 처벌

구 분	제 시	철 회
유쾌 자극	정적 강화	부적 처벌
불쾌 자극	정적 처벌	부적 강화

- 정적 강화 : 교실 청소를 하는 학생에게 과자를 준다.
- 부적 처벌 : 방청소를 소홀히 한 아이에게 컴퓨터를 못 하게 한다.
- 정적 처벌 : 장시간 컴퓨터를 하느라 공부를 소홀히 한 아이에게 매를 가한다.
- 부적 강화 : 발표자에 대한 보충수업 면제를 통보하여 학생들의 발표를 유도한다.

16 다음의 내용에 해당하는 강화스케줄은?

> ○○옷 공장에서는 옷 100벌을 만들 때마다 근로자에게 1인당 100만원의 성과급을 지급하기로 했다.

① 계속적 강화계획
② 고정간격계획
③ 가변간격계획
④ 고정비율계획
⑤ 가변비율계획

강화계획(강화스케줄)		
계속적 강화		• 반응의 횟수나 시간에 상관없이 기대하는 반응이 나타날 때마다 강화를 주는 것이다. • 반응의 빠른 학습이 이루어진다. • 지속성이 거의 없으며, 반응이 빨리 사라진다. [예] 아이가 공부를 열심히 하는 경우 TV 시청을 허락하는 것
간헐적 강화	고정간격계획 (FI)	• 일정한 시간이 지난 뒤에 일어나는 특정한 첫 번째의 행동을 강화하는 것이다. • 지속성이 거의 없으며, 강화시간이 다가오면서 반응률이 증가하는 반면 강화 후 떨어진다. [예] 주급, 월급, 일당, 정기적 시험
	가변간격계획 (VI)	• 강화 시행의 간격이 다르지만 평균적으로 확인할 수 있는 시간 간격이 지난 후에 강화를 주는 것이다. • 느리고 완만한 반응률을 보이며, 강화 후에도 거의 쉬지 않는다. [예] 평균 5분인 경우 2분, 7분, 15분 정도에 강화를 줌
	고정비율계획 (FR)	• 어떤 특정한 행동이 일정한 수만큼 일어났을 때 강화를 주는 것이다. • 빠른 반응률을 보이지만 지속성이 약하다. [예] 공장에서 물건 100개를 만들 때마다 1인당 50만 원의 성과급을 지급함
	가변비율계획 (VR)	• 평균 몇 번의 반응이 일어난 후 강화를 주는 것이다. • 반응률이 높게 유지되며, 지속성도 높다. [예] 자동도박기계

17 성취동기에 대한 설명 중 잘못된 것은?

① 맥클랜드(McClelland)와 앳킨슨(Atkinson)은 성취 행동을 성공에 대한 기대와 실패에 대한 두려움 사이의 갈등으로 표현했다.
② 머레이(Murray)는 인간의 다섯 가지 심리발생적 욕구 중의 하나로 성취동기를 제안하였다.
③ 성취동기가 높은 학생은 너무 어려운 과제는 회피할 것이다.
④ 성취동기가 낮은 학생은 아주 쉬운 과제나 아주 어려운 과제를 선택할 것이다.
⑤ 과제 가치에는 내재적 가치와 실용적 가치가 있다.

머레이(Murray)는 인간의 27가지의 심리발생적 욕구 중의 하나로 성취동기를 제안하였다.

정답 14 ② 15 ② 16 ④ 17 ②

18. 학업성취의 향상을 위해 적절한 수준과 형태의 부모관여가 필요한데, 다음 중 부모의 양육태도와 관련하여 옳지 않은 설명은?

① 평온하고 화목한 가정 분위기는 학업에 긍정적인 영향을 준다.
② 무리한 기대를 하지 않고 능력에 맞는 기대치의 형성은 학업에 긍정적인 영향을 준다.
③ 학업과 관련된 내용에 자녀의 의견을 자제시키는 것이 학업에 긍정적인 영향을 준다.
④ 비현실적이고 과도한 기대는 학업에 부정적인 영향을 준다.
⑤ 차갑고 반목하는 가족분위기는 학업에 부정적인 영향을 준다.

> 학업과 관련된 내용에 자녀의 의견을 수렴하는 것이 학업에 긍정적인 영향을 준다.
>
> **부모의 관여**
>
> | | |
> |---|---|
> | 학업에 긍정적인 영향을 주는 양육태도 | • 평온하고 화목한 가정 분위기
• 질책보다는 격려를 하는 분위기
• 무리한 기대를 하지 않고 능력에 맞는 기대치의 형성
• 학업과 관련된 내용에 자녀의 의견 수렴 |
> | 학업에 부정적인 영향을 주는 양육태도 | • 비현실적이고 과도한 기대
• 차갑고 반목하는 가족분위기
• 학생의 의견을 무시한 학업관련 결정 |
> | 기타 물리적 환경 | • 집 주변 환경
• 방 음
• TV나 컴퓨터의 위치
• 공부방의 독립 여부 |

19. 학업과 관련하여 환경적 영역에 관한 설명으로 옳지 않은 것은?

① 교사는 학생과의 관계 형성을 통해 학생의 정서적·인지적 영역에 전인격적으로 영향을 준다.
② 또래 관계는 자아정체감 형성이라는 발달 과제를 달성해야 하는 시기에 심리적으로 소속감과 안정감을 제공해 주는 역할을 한다.
③ 교사의 피드백은 학생들이 그들의 능력을 지각하는 데 있어서 큰 영향을 미치지 못한다.
④ 가정환경의 영향을 학교 교육을 통해 극복할 수 있도록 지원하는 사회제도적 지원 프로그램이 시행되고 있다.
⑤ 저소득층·맞벌이 가정의 자녀들의 학업 및 교육적 지원을 위한 '초등 돌봄교실', '온종일 돌봄교실'이 운영되고 있다.

> 교사의 피드백은 학생들이 그들의 능력을 지각하는 데 있어서 중요한 요인이다. 과제에 대한 칭찬을 받은 아동은 자신이 영리하다고 생각하게 되고 칭찬받지 않은 아동보다 과제를 더 열심히 하지만, 쉬운 과제 성취에 대한 교사의 칭찬은 학생이 낮은 능력의 소유자라고 귀인하게 된다.

20 이클스(Eccles), 윅필드(Wigfield)와 쉬펠레(Schiefele)가 제시한 자녀의 학습과 관련 있는 부모의 태도에 해당하는 내용을 모두 고른 것은?

> ㄱ. 자녀의 학업수행에 대한 귀인
> ㄴ. 과제 난이도에 대한 인식
> ㄷ. 자녀의 능력에 대한 기대와 확신
> ㄹ. 가족 내 의사결정 태도
> ㅁ. 학습장애물 극복 전략의 필요성에 대한 신념

① ㄱ, ㄴ, ㄷ   ② ㄴ, ㄷ, ㄹ
③ ㄷ, ㄹ, ㅁ   ④ ㄱ, ㄴ, ㄷ, ㅁ
⑤ ㄴ, ㄷ, ㄹ, ㅁ

> **자녀의 학업에 영향을 주는 6가지 부모의 태도**
> - 자녀의 학업수행에 대한 귀인
> - 과제 난이도에 대한 인식
> - 자녀의 능력에 대한 기대와 확신
> - 학업에 대한 가치부여
> - 실제적인 성취수준
> - 성공하는 데는 장애물이 있으므로 이를 극복하기 위한 전략이 필요하다는 신념

CHAPTER 03 ▶ 학업 관련 문제 및 평가

01 학업성취의 인지적 요인에 관한 설명으로 옳지 않은 것은?

① 지능검사는 학습자의 학습 취약점을 보강하는 계획을 세우는 데 유용하다.
② 학업성적이 점차적으로 하락하는 경우 선행학습의 결손이 누적되었을 수도 있다.
③ 기초학업능력을 파악하기 위해서는 표준화된 학업성취검사를 활용하는 것이 좋다.
④ 개인형 지능검사도구로는 K-WAIS, 고대-비네검사, SCR-90 등이 있다.
⑤ 상담자가 학습자의 선행학습 수준을 파악하기 어려운 경우, 교사와 부모의 협조를 얻어서 간접적으로 파악할 수 있다.

> 개인용 지능검사란 검사자와 피검사자가 1:1로 검사하는 형태로 스탠포드-비네 지능검사, 카우프만 지능검사, 웩슬러 지능검사(K-WAIS) 등이 있다. SCR-90은 간이정신진단검사로 정신과적 증상을 평가하기 위하여 개발되었다.

02 학업 관련 표준화된 심리검사 선정 시 유의사항으로 옳은 것을 모두 고른 것은?

> ㄱ. 실시 목적에 맞는 검사를 선정한다.
> ㄴ. 검사의 신뢰도 정보를 점검한다.
> ㄷ. 검사의 타당화 과정에 대한 정보를 점검한다.
> ㄹ. 검사규준이 있는지 확인한다.

① ㄱ, ㄷ
② ㄴ, ㄹ
③ ㄱ, ㄴ, ㄷ
④ ㄴ, ㄷ, ㄹ
⑤ ㄱ, ㄴ, ㄷ, ㄹ

학업 관련 표준화된 심리검사 선정 시 유의사항
- 검사목적에 맞는 검사를 선정한다.
- 검사의 신뢰도와 타당도, 검사규준을 확인한다.
- 검사의 실용성을 고려한다.

03 기어리(D. Geary)가 제시한 수학학습장애의 유형으로 옳지 않은 것은?
① 읽기 장애가 공존하는 장애
② 연산절차상의 어려움을 겪는 장애
③ 방향이나 시간개념상의 어려움을 겪는 장애
④ 수리적 정보의 시·공간적 표상에 어려움을 겪는 장애
⑤ 단순 연산의 인출과 장기기억화의 어려움으로 인한 장애

수학학습장애 유형(Geary)
- 단순 연산의 인출과 장기기억화의 어려움으로 인한 경우
- 주의집중의 부족이나 논리적 연산의 수행에 어려움을 겪는 경우
- 연산 절차상의 어려움을 겪는 경우
- 수리적 정보의 표상과 해석에 있어서 시·공간적 기술 사용상 어려움의 경우
- 읽기 장애를 동반하는 경우

04 DSM-5에 의한 특정학습장애 진단기준에 관한 옳은 설명을 모두 고른 것은?

> ㄱ. 적절한 개입을 했음에도 읽기, 쓰기, 수학 영역 중 적어도 한 가지 영역에서 최소 6개월 이상 어려움을 보인다.
> ㄴ. 학업적 어려움은 지적발달장애나 전반적 발달지연에 의한 것일 수도 있다.
> ㄷ. 학습의 어려움은 학령기에 시작되나, 해당 학습 기술을 요구하는 정도가 개인을 능력을 넘어서는 시기가 되어야 분명히 드러날 수도 있다.
> ㄹ. 17세 이상인 경우 학습의 어려움에 대한 과거 병력이 표준화된 평가를 대신할 수 있다.

① ㄱ
② ㄴ, ㄷ
③ ㄱ, ㄴ, ㄷ
④ ㄷ, ㄹ
⑤ ㄱ, ㄷ, ㄹ

DSM-5의 특정학습장애에서 나타나는 학업적 어려움은 지적발달장애나 전반적 발달지연에 의한 것이 아니어야 한다.

05 지적장애(정신지체)에 관한 설명으로 옳은 것은?

① 지적기능이 매우 낮아서 기본적으로 학습이 불가능하다.
② 경도 지적장애 아동은 사회성 교육을 적절하게 받을 경우 독립적 생활이 가능하다.
③ 지적장애 아동은 정상아동에 비해 인지적 능력은 낮지만 사회성 기술은 차이가 없다.
④ 중년기에 시작되는 경우도 있다.
⑤ 지능검사에서 IQ 85 이하일 때 지적장애로 판정된다.

① 지적장애는 심각도에 따라 '경도, 중등도, 고도, 최고도'로 구분하는데, IQ 50/55에서 70 미만인 경도 지적장애인 경우에는 학습이 가능하다.
③ 다른 사람과 어떻게 상호작용해야 하는지 몰라 친구를 사귀지 못하는 경우가 많고, 빈약한 자아개념으로 사회성 발달에 부정적이다. 실제적인 적응행동의 결함으로 신변처리기술이나 사회적 관계와 행동에 제한성을 가진다.
④ 지적장애는 지적 및 적응 결함이 발달기에 발병한다.
⑤ 표준화된 지능검사 결과 지능지수 70 미만을 말한다.

정답 02 ⑤ 03 ③ 04 ⑤ 05 ②

06 주의력결핍 및 과잉행동장애(ADHD)의 특징에 관한 설명으로 옳지 않은 것은?

① 지속적으로 주의력이 부족하여 산만하고 과다활동, 충동성을 보이는 상태를 말한다.
② 장애를 일으키는 과잉행동-충동 또는 부주의 증상이 12세 이후에 나타난다.
③ 증상으로 인한 장해가 2가지 또는 그 이상의 장면에서 존재한다.
④ 사회적·학업적·직업적 기능에 임상적으로 심각한 장해가 초래된다.
⑤ 증상이 광범위성 발달장애, 정신분열증, 또는 기타 정신증적 장애의 경과 중에만 발생하지 않으며, 다른 정신 장애에 의해 잘 설명되지 않는다.

주의력결핍 및 과잉행동장애(ADHD)란, 같은 나이나 발달 수준에 있는 다른 아이들에 비해 부주의, 산만함, 충동성 또는 과잉행동의 증상과 행동들이 더 자주 심하게 나타나는 장애로서, 장애를 일으키는 과잉행동-충동 또는 부주의 증상이 12세 이전에 발생한다.

07 주의력결핍 및 과잉행동장애(ADHD)의 하위유형 중 '주의력결핍 우세형'과 관련된 내용을 모두 고른 것은?

ㄱ. 세부적인 사항에 면밀한 주의를 기울이지 못하거나 학업, 공부 또는 다른 활동을 할 때 부주의한 실수를 한다.
ㄴ. 흔히 일을 하거나 놀 때 지속적으로 주의집중을 할 수 없다.
ㄷ. 흔히 지속적으로 정신적 노력을 요구하는 과업(학업 또는 숙제 등)에 참여하는 것을 피하거나 싫어하거나 저항한다.
ㄹ. 흔히 차례를 기다리지 못한다.
ㅁ. 흔히 조용한 여가활동에 참여하거나 놀지 못한다.

① ㄱ
② ㄱ, ㄴ
③ ㄱ, ㄴ, ㄷ
④ ㄱ, ㄴ, ㄷ, ㄹ
⑤ ㄱ, ㄴ, ㄷ, ㄹ, ㅁ

ㄹ·ㅁ '과잉행동-충동 우세형'과 관련되어 있다.

08 학업상담을 위해 사용될 수 있는 심리검사에 대한 옳지 않은 설명을 모두 고른 것은?

① 한국교육개발원 기초학습기능검사 – 유치원부터 초등학교 6학년에 이르는 학생들을 대상으로 기초능력 정도를 평가하는 검사이다.
② 기초학습기능수행평가체제(BASA) – 학습부진아동이나 특수교육 대상자의 읽기, 쓰기, 수학 영역에서의 수행수준을 진단하고 평가하는 검사이다.
③ K-WISC-Ⅳ – K-WISC-Ⅲ와 비교할 때 차례 맞추기, 모양 맞추기, 미로 등 3개 소검사가 빠지고 새로운 소검사 5개가 추가되었다.
④ 국립특수교육원 기초학력검사 – 초·중·고등학교 학생의 학업성취 수준을 파악하여 보정교육으로 연결할 수 있도록 하기 위한 검사이다.
⑤ BGT(Bender-Gestalt Test) – 투사검사로 9개의 도형을 제시하여 수검자가 해당 도형들을 어떻게 지각하여 재생하는지 관찰함으로써 성격을 추론할 수 있다.

④ 국립특수교육원 기초학력검사(KISE-BAAT) : KISE-BAAT(읽기), KISE-BAAT(쓰기), KISE-BAAT(수학)의 3개 소검사로 구성된 도구로서 유치원, 초등 1~6학년, 중학생 1~3학년의 현재 학년과 기초학력지수를 알아볼 수 있는 진단평가 검사도구이다.

09 학습장애 진단평가 과정을 순서대로 나열한 것은?

> ㄱ. 장애 적격성 여부 결정
> ㄴ. 진단 및 평가 의뢰서 작성
> ㄷ. 진단, 평가를 실시
> ㄹ. 장애 적격성 여부 통보
> ㅁ. 장애학생 배치

① ㄱ - ㄴ - ㄷ - ㅁ - ㄹ
② ㄱ - ㄹ - ㄴ - ㅁ - ㄷ
③ ㄴ - ㄱ - ㄷ - ㄹ - ㅁ
④ ㄴ - ㄷ - ㄱ - ㄹ - ㅁ
⑤ ㄷ - ㄱ - ㄹ - ㅁ - ㄴ

학습장애 진단평가 과정
학습장애 위험군 학생 선별 → 진단 및 평가 의뢰서 작성 및 의뢰(의뢰 전에 반드시 보호자의 사전 동의 필요) → 학습장애 진단 및 평가 실시(지능검사, 기초학습기능검사 등 표준화 검사 실시) → 학습장애 적격성 여부 및 교육 지원 내용 결정 → 장애 적격성 여부 통보(보호자에게 서면으로 통지) → 학습장애 학생 배치(보호자 의견 수렴)

정답 06 ② 07 ③ 08 ④ 09 ④

10 학습전략검사에 대한 설명으로 옳은 것은?

① 최근 인지심리학의 영향으로 학습전략을 다루는 인지적 접근이 학습문제에 대한 주된 개입 방법으로 자리 잡게 되면서 등장하게 된 검사이다.
② 학습잠재능력검사에는 학습동기, 자기효능감, 인지초인지 전략, 지원관리 영역 등의 하위 능력을 측정한다.
③ ALSA 청소년 학습전략검사는 자기관리, 수업참여, 과제해결, 읽기, 쓰기, 시험치기, 정보처리 등 학습기술을 측정한다.
④ 학습기술진단검사는 성격적 차원, 정서적 차원, 동기적 차원, 행동적 차원으로 구성되어 있다.
⑤ MLST 학습전략검사는 학습능력척도, 학습활동척도 등의 하위 척도가 있다.

학습전략검사
최근 인지심리학의 영향으로 학습전략을 다루는 인지적 접근이 학습문제에 대한 주된 개입 방법으로 자리 잡게 되면서 학습자의 학습전략 활용 수준을 측정하기 위한 각종 심리검사가 개발되어 사용되었다.

학습잠재능력	• 한국심리자문연구소에서 학습부진의 원인을 진단하기 위해 제작하여 초등학교용, 중학교용, 고등학교용 검사가 별도로 개발 • 검사의 하위척도는 학습능력척도와 학습활동척도 두 가지
ALSA 청소년 학습전략검사	• 김동일(2005)이 초등학교 고학년부터 중·고등학생을 대상으로 학습전략을 분석하고 프로그램 활용을 통한 학습전략 증진에 기여할 목적으로 개발 • 학습동기, 자기효능감, 인지초인지 전략, 자원관리 전략의 하위영역 측정
학습기술 진단검사	• 변영계와 김석우(2001)가 제작한 것으로 초등학교 고학년부터 중·고등학생을 대상으로 학습자가 스스로 학습목표를 정하고 학업성취를 이루어 가는 과정을 계획하고 설계하는 데 관련된 일련의 기법을 평가하여 학습기술 향상 방안을 제시할 목적으로 사용 • 자기관리, 수업참여, 과제해결, 읽기, 쓰기, 시험치기, 정보처리 등 학습기술 측정
MLST-Ⅱ 학습전략검사	• 박동혁(2011)이 학습자의 학습 과정에서 자기조절학습 능력의 근간을 이루는 습관적·행동적 및 전략적인 효율성을 측정하기 위해 개발 • 성격적 차원, 정서적 차원, 동기적 차원, 행동적 차원으로 구성

11 학업관련 검사 중 학습태도검사와 관련된 내용을 모두 고른 것은?

ㄱ. 학습흥미검사	ㄴ. 표준화학습 흥미검사
ㄷ. 학업동기검사	ㄹ. 학습습관검사
ㅁ. 학업동기 및 학습전략검사	

① ㄱ, ㄴ
② ㄱ, ㄴ, ㄷ
③ ㄴ, ㄷ, ㄹ
④ ㄴ, ㄷ, ㄹ, ㅁ
⑤ ㄱ, ㄴ, ㄷ, ㄹ, ㅁ

학습태도검사

학습흥미나 학습동기 또는 학습습관에 좀 더 초점을 둔 검사이다.

학습흥미검사	• 조봉환과 임경희(2003)가 중·고등학생을 대상으로 학습활동에 대한 흥미와 학교생활 장면에서 학생들이 가지고 있는 학습에 대한 흥미를 구체적으로 알아보기 위해 개발 • 학습유형별 흥미, 학습유형별 특성 및 학습스타일, 교과별 흥미, 타당도 척도로 구성
표준화학습 흥미검사	이상로와 변창진(1990)이 중·고등학교 학생을 대상으로 중·고등학교 교육 과정에 포함된 학습활동에 대한 흥미를 구체적으로 알아보기 위해 개발
학업동기검사 (AMT ; Academic Motivation Test)	• 김아영(2003)이 초등학교부터 대학교까지의 학생을 대상으로 학습자를 이해하고 학습 수행을 예측하며 실패에 대한 건설적인 반응 여부를 파악할 목적으로 개발 • 학업적 자기효능감 척도와 학업적 실패내성척도로 구성
학업동기 및 학습전략검사 (L-MOST)	• 김효창(2011)이 초등학교 3학년부터 고등학교까지의 학생을 대상으로 학습 수행 향상을 위해 요구되는 다양한 학습동기 및 학습전략에서 학생 개개인의 장점과 단점을 파악하기 위해 개발 • 학업동기척도, 학습 전략척도, 정서척도, 타당도 척도로 구성
학습습관검사	• 학생들에게 자신들의 학습습관이 다른 학생들에 비해 상대적으로 얼마나 적절한지를 확인하고 부적절한 습관을 개선하기 위한 전략을 논의하는 데 유용한 정보 제공 • 동기, 자신감, 실천, 이해, 정리, 기억, 관리의 7가지 하위척도로 구성

12 다음의 내용과 관련된 진단 및 평가절차는?

> 그림검사(HTP, KFD)와 문장완성검사(SCT)와 같은 평가도구를 이용하면 학생과 친밀감을 형성하고, 그의 생각과 느낌을 찾아내는 데 도움이 된다.

① 1차 심리평가 ② 2차 심리평가
③ 학습태도에 대한 평가와 행동관찰 ④ 교육성취도에 대한 평가와 행동관찰
⑤ 호소문제와 내력 탐색

진단 및 평가절차
• 호소문제와 내력 탐색 : 학습자에게서 지적 수행의 문제가 발견되면 문제에 귀를 기울이고 문제의 내력을 체계적으로 탐색하는 단계로서, 그림검사(HTP, KFD)와 문장완성검사(SCT)와 같은 평가도구를 이용하기도 한다.
• 교육성취도에 대한 평가와 행동관찰 : 학생의 지적 수행에 관련된 문제를 체계적으로 이해하기 위해서는 일차적으로 교육성취도에 관한 자료를 면밀히 검토한다.
• 학습태도에 대한 평가와 행동관찰 : 학생의 지적 수행에서 드러내는 교육성취도는 학생의 지적 수행과 연관된 심리적 과정은 물론, 학교 및 가정의 생활환경 등 다양한 내적·외적 요인이 관여하기 때문에, 학습 행동에 관여하는 요인을 파악할 필요가 있다.
• 1차 심리평가 : 학업 부진이 어떤 이유에서 발생한 것인지를 규명하고, 이를 통해 학생이 어떤 장애에 해당하는지 감별한다.
• 2차 심리평가 : 1차 심리평가를 통해 학습장애로 진단이 내려지면, 다음 단계에서는 학습부진 유발요인을 파악하고, 치료적으로 어떻게 개입해야 할 것인지를 파악하는 것을 목표로 한다.

정답 10 ① 11 ⑤ 12 ⑤

13 학습장애 학생들이 겪는 사회적·정서적 문제에 관한 설명으로 옳지 않은 것은?

① 자아개념이 부정확하고, 정교화되어 있지 못하다.
② 과제에 대한 잦은 실패로 회피 행동이나 철회, 공격 행동을 보인다.
③ 학습과제 수행 시 충동적으로 반응하는 경우가 많아 잦은 오류를 범한다.
④ 또래 및 교사들과의 관계가 원만하지 못하여 학교생활에 적응하지 못할 가능성이 크다.
⑤ 학교에서의 성공 시에는 내적 귀인을, 실패 시에는 외적 귀인을 하여 무기력에 빠진다.

> 학교에서의 성공 시에는 외적 귀인을, 실패 시에는 내적 귀인을 함으로써 무기력에 빠지기 때문에 충분한 공감과 더불어 감정개입 없이 과오를 바로잡아 주어야 한다.

14 학습장애 학생에 대한 상담 방법 중 행동 문제 상담에 관한 설명으로 옳은 것은?

① 맥락평가 단계 – 바람직하지 못한 행동이 발생할 것으로 예측되는 시설, 환경, 상황 등의 맥락을 관찰하여 특정한 상황하에서 특정한 실수가 나타나고 있는지의 여부를 파악한다.
② 바람직한 행동진술 단계 – 바람직한 행동을 해야 한다는 신호를 제시함으로써 적기에 바람직한 행동을 할 수 있도록 조력한다.
③ 맥락수정 단계 – 바람직한 행동을 유도하기 위해서는 동기부여를 강하게 할 필요가 있으며, 따라서 학생이 바람직한 행동을 할 경우 즉시 보상한다.
④ 바람직한 행동연습 단계 – 학생의 바람직하지 못한 행동이 발생할 수 있는 가능성을 줄이기 위해 자리이동, 과제 제시 방식의 변화 등과 같은 맥락을 수정한다.
⑤ 바람직한 행동강화 단계 – 학생들에게 바람직한 행동을 실제로 연습하게 하거나 인지적으로 상상을 통해 시연해보도록 한다.

> ② 바람직한 행동진술 단계 : 학생들이 무엇을 하지 말아야 하는지보다는 무엇을 해야 하는지를 파악하게 함으로써 목표를 명확히 인식하도록 하는 단계
> ③ 맥락수정 단계 : 학생의 바람직하지 못한 행동이 발생할 수 있는 가능성을 줄이기 위해 자리이동, 과제 제시 방식의 변화 등과 같은 맥락을 수정
> ④ 바람직한 행동연습 단계 : 학생들에게 바람직한 행동을 실제로 연습하게 하거나 인지적으로 상상을 통해 시연해보도록 하는 단계
> ⑤ 바람직한 행동강화 단계 : 바람직한 행동을 유도하기 위해서는 동기부여를 강하게 할 필요가 있으며, 따라서 학생이 바람직한 행동을 할 경우 즉시 보상

15. 중재반응 모델(RTI)에 관한 옳은 설명을 모두 고른 것은?

ㄱ. 학습문제를 가진 학생을 조기에 선별하여 중재를 실시하고, 중재에 따라 학습장애 학생을 선별하는 모델이다.
ㄴ. 같은 반 또래보다 낮은 성취수준과 낮은 학습 진전도를 보이는 경우를 학습장애로 진단한다.
ㄷ. 학습의 수행수준과 발달속도가 진단기준이 된다.
ㄹ. 1단계에서는 소집단중심 집중교육, 2단계에서는 개별화중심 특수교육을 실시한다.
ㅁ. 사회·경제·문화적 요인으로 학업문제를 가진 학생을 학습장애로 판별할 오류를 감소시킨다.

① ㄴ, ㄹ
② ㄷ, ㄹ
③ ㄱ, ㄷ, ㅁ
④ ㄱ, ㄴ, ㄷ, ㅁ
⑤ ㄴ, ㄷ, ㄹ, ㅁ

ㄹ. 1단계에서는 모든 내담자중심 교육, 2단계에서 소집단중심 집중교육, 3단계에서 개별화중심 특수교육을 지원한다.

중재-반응 모형(Responsiveness-To-Intervention)

1단계	모든 내담자를 대상으로 평가한다.
2단계	1단계에서 핵심적인 교육과정을 받았으나 중재에 반응하지 못한 대략 15%의 내담자를 지원하고, 소집단 중재를 제공한다.
3단계	일주일에 한 번 이상 진전도 점검 실시, 매일 적어도 30분 동안 개별화(특수교육 지원)된 중재를 제공한다.

• 교육적 중재에 대한 아동의 반응을 연속적인 과정으로 평가·진단하는 모형으로서, 아동이 효과적인 중재에 적절하게 반응하지 못하여 또래 아동들보다 현저하게 낮은 성취수준과 느린 진전도(성취기울기)를 보이는 경우, 이 중 불일치가 발생하였다고 보고 이를 학습장애로 진단한다.
• 학업문제를 가진 학생을 조기에 선별함으로써 학생들이 실패할 때까지 기다리지 않고 조기에 개입(중재)할 수 있다.
• 중재-반응 모형을 통해 중재과정에서 환경적 요인에 의한 학습문제와 개인 내적요인(중추신경계 기능장애로 추정)에 의한 학습문제를 변별할 수 있다.

CHAPTER 04 학습전략에 대한 이해 및 실제

01 맥키치(W. Mckeachie)는 학습전략을 인지적, 초인지적, 자원관리의 세 가지 범주로 나누었다. 다음 중 초인지적 전략에 해당하는 내용을 모두 고른 것은?

> ㄱ. 정교화전략 　　　　　　　　　ㄴ. 계획전략
> ㄷ. 점검전략 　　　　　　　　　　ㄹ. 조직화전략
> ㅁ. 조정전략

① ㄱ, ㄴ, ㄷ　　　　② ㄱ, ㄴ, ㄹ
③ ㄴ, ㄷ, ㄹ　　　　④ ㄴ, ㄷ, ㅁ
⑤ ㄷ, ㄹ, ㅁ

맥키치(W. Mckeachie)의 학습전략 중 (초)인지전략(Metacognitive Strategies)
학습자가 학습하면서 자신의 인지과정에 대한 개념을 형성하는 것으로써, 이를 통해 효과적인 인지전략을 선택하고 통제하고 조절하는 전략이다.

계 획	학습 시 어떤 인지전략을 사용할 것인지 계획하는 것으로 목차부터 살펴보기, 무슨 내용에 대한 것인지 대강 훑어보기, 문제를 풀기 전에 무엇을 묻고자 하는지 추측하기가 이에 해당한다.
점 검	자신의 학습과정을 점검하는 인지활동으로서 학습내용에 집중하기, 자신의 이해 정도를 스스로 평가해보기, 시험 보는 동안 문제 푸는 속도 체크하기 등이 해당한다.
조 정	점검과 밀접한 관계가 있는 것으로 자신의 학습활동을 점검하다가 문제가 생기게 되면 앞으로 다시 돌아가 공부하기, 이해하기 어려운 부분이 있으면 속도를 줄이는 것 등이 이에 해당한다.

02 PQ4R의 단계에서 암송하기에 해당하는 내용을 모두 고른 것은?

> ㄱ. 소리 내어 크게 읽고 주제 적기
> ㄴ. 시선을 다른 곳에 두고 책을 덮은 뒤 주제나 세부적인 내용을 자신의 언어로 표현
> ㄷ. 이미 만들었던 질문에 답하기
> ㄹ. 정확하게 기록했는지 점검
> ㅁ. 빠뜨린 정보는 없는지 찾기

① ㄱ, ㄴ, ㅁ　　　　② ㄷ, ㄹ, ㅁ
③ ㄱ, ㄴ, ㄷ, ㄹ　　④ ㄴ, ㄷ, ㄹ, ㅁ
⑤ ㄱ, ㄴ, ㄷ, ㄹ, ㅁ

PQ4R은 토마스와 로빈슨(Tomas & Robinson)에 의해 제안된 방법으로, 학생들이 글을 읽는 동안 이해하고 있는지를 스스로 점검하여 유의미한 이해를 이끌어 내는 일련의 단계들로 구성된 읽기 학습 전략이다. 암송하기(Recite)는 읽은 것을 요약하고 그 전에 읽은 내용들과의 관계도 포함시키는 단계이다.

03 정교화전략에 해당하지 않는 것은?

① 나는 중요한 개념이 있으면 쉬운 말로 풀어본다.
② 나는 주요 개념을 공부할 때는 자기말로 바꾸어 본다.
③ 나는 학습내용을 실생활과 관련지어 공부한다.
④ 나는 새로운 개념을 배울 때는 이해하기 쉽도록 구체적인 예를 떠올려 본다.
⑤ 나는 어떤 주제에 대해 공부할 때 나름대로 내 생각을 정리해 본다.

정교화전략과 조직화전략

정교화전략	조직화전략
• 중요한 개념이 있으면 쉬운 말로 풀어본다. • 주요 개념을 공부할 때는 자기말로 바꾸어 본다. • 학습내용을 실생활과 관련지어 공부한다. • 새로운 개념을 배울 때는 이해하기 쉽도록 구체적인 예를 떠올려 본다. • 어떤 주제를 공부할 때 내가 지금까지 알고 있는 것과 관련성을 찾아본다. • 노트필기를 통하여 수강한 강의 내용을 다시 반복 연습한다.	• 어떤 주제에 대해 공부할 때 나름대로 내 생각을 정리해 본다. • 내용이 복잡할 때는 도표를 그리거나 요약해본다. • 공부한 내용은 내 방식대로 정리해 놓는다. • 공부를 할 때 개념들을 모아서 나름대로 관계를 정립해 본다. • 국사나 사회(세계사)를 공부할 때는 연대별로 묶어서 공부한다.

04 상위인지전략의 계획전략에 해당하는 것은?

① 시험 치는 동안 문제 푸는 속도 체크하기
② 학습내용 집중하기
③ 자신의 이해정도 스스로 평가해 보기
④ 무슨 내용인지 대강 훑어보기
⑤ 이해하기 어려운 부분이 있으면 속도 줄이기

①·②·③ 점검전략, ⑤ 조정전략에 해당한다.

05 학업 지연행동의 극복전략에 관한 내용으로 옳지 않은 것은?

① 즐겁지 않은 과제에 대해서는 보상한다.
② 자기조절행동 및 부정적인 자기언어(Self-Talk) 사용을 점검한다.
③ 시간이 적게 소요되는 작은 과제들은 큰 과제로 묶어 접근한다.
④ 동기부족, 완벽주의, 빈약한 시간 관리 및 조직 기술 등을 점검한다.
⑤ 현실적인 목표를 설정하고 무리한 스케줄을 짜지 않는다.

> **학업 지연행동(Procrastination)의 극복전략**
> 학업 지연행동이란 학습자가 주관적인 불편감을 느끼면서도 자신의 학업 과제를 미루는 것을 말하며, 그러한 행동을 극복하기 위한 전략은 다음과 같다.
> - 현실적인 목표를 설정하고 무리한 스케줄을 짜지 않는다.
> - 좋은 시간관리 전략을 사용하여 할 일에 대한 우선순위를 정한다.
> - 자기조절행동 및 부정적인 자기언어(Self-Talk) 사용을 점검한다.
> - 동기부족, 완벽주의, 빈약한 시간 관리 및 조직 기술 등을 점검한다.
> - 과제수행에 도움이 되게 해야 할 과제를 적어놓는다(과제를 완성하겠다는 일종의 서약).
> - 장기목표를 세우고, 과제에 대해 수용적인 태도를 보인다.
> - 큰 과제나 어려운 과제는 쪼개서 하며 즐겁지 않은 과제에 대해서는 보상한다.
> - 하고 싶은 행동이 있어도 공부를 하고 난 다음에 한다.
> - 지연 행동을 할 때 그 후 발생할 나쁜 결과를 생각한다.

06 다음에서 동근이가 사용한 학습전략은?

> • 상담자 : 평소에 시험공부를 어떻게 준비하나요?
> • 동 근 : 교재를 읽으면서 중요한 내용은 밑줄을 긋고, 중요한 단어는 형광펜으로 칠하면서 반복적으로 암기위주의 공부를 하는 편이에요.

① 시연전략   ② 정교화전략
③ 조직화전략   ④ 계획전략
⑤ 조절전략

단기기억 속에서 정보가 사라지지 않게 하기 위해 학습내용을 외우는 전략을 시연전략이라 하며, 방법으로는 밑줄긋기, 강조표시하기, 베끼기, 색칠하기, 노트정리하기 등이 있다.

07 주어진 정보를 잘 부호화해서 저장하고 필요한 경우에 인출하는 인지전략을 정보처리 과정이라 한다. 댄서로우(Dansereau)의 정보처리 과정 구분에 해당하지 않는 것은?

① 조절전략
② 이해전략
③ 사용전략
④ 파지전략
⑤ 회상전략

> 인지전략은 주어진 과제를 기억하고 이해하고 필요한 곳에 사용하는 실제적 전략이 포함되는데, 댄서로우(Dansereau)는 이러한 정보처리 과정을 이해전략, 파지전략, 회상전략, 사용전략으로 구분하고 있다.

08 가장 효과적인 노트정리 방법으로 알려진 코넬(Cornell)식 노트정리 방법에 대한 설명으로 옳지 않은 것은?

① 핵심내용 정리 칸(단서란)을 오른쪽에, 수업내용 정리 칸(노트 필기란)을 왼쪽에 나눈다.
② 수업내용을 받아 적는다.
③ 핵심단어를 왼쪽 칸에 적는다.
④ 중요한 내용 및 강조한 내용을 표시한다.
⑤ 수업이 끝나면 페이지 하단에 위에 적은 필기 내용을 요약하여 적어둔다.

> ① 핵심내용 정리 칸(단서란)을 왼쪽에, 수업내용 정리 칸(노트 필기란)을 오른쪽에 나눈다.

09 협동학습전략의 효과에 관한 설명으로 옳지 않은 것은?

① 새로운 정보를 학습하는 데 도움이 된다.
② 개별학습과 수행과제에 대한 전이를 용이하게 한다.
③ 지식의 공유가 높을수록 각 학생들의 학습에 긍정적인 영향을 준다.
④ 상호이해, 타인에 대한 긍정적 태도, 친절함 등을 길러주는 데 효과적이다.
⑤ 자기생활을 관리하여 스트레스에 따른 소진을 예방해 준다.

협동학습이란 학생과 학생 사이의 활발한 사회적 상호 작용을 통하여 학습 효과를 극대화하는 교수전략이다.

장 점	• 학생 측면 : 흥미 유발, 학업 성취도 증진, 사회적 기술 훈련, 자아존중감 강화 • 교사 측면 : 다양한 교수 전략 제공
문제점	• 일부 학생이 거부하면 나머지 학생들에게 좋지 않은 영향을 미칠 수 있음 • 학습 내용보다는 집단 분위기에 쉽게 휩쓸려 갈 수 있음 • 학습 과정에서 잘못된 지식을 습득할 수 있는 가능성이 있음

10 학습시간 관리전략에 관한 설명으로 옳은 것을 모두 고른 것은?

> ㄱ. 학습목표의 중요성이나 적절성에 따른 우선순위를 설정한다.
> ㄴ. 공부하는 데 필요한 자신의 최적 시간을 찾는다.
> ㄷ. 과목의 특성을 파악하여 쉬운 교과목에서 어려운 것으로 진행하며, 복습이 예습보다 효과적이다.
> ㄹ. 부족한 학습시간은 수면시간이나 식사시간을 쪼개어 보충하는 것이 효율적이다.

① ㄱ, ㄴ
② ㄴ, ㄷ
③ ㄷ, ㄹ
④ ㄱ, ㄴ, ㄷ
⑤ ㄱ, ㄷ, ㄹ

ㄷ. 선호하는 과목을 먼저 진행하며, 예습과 복습은 모두 중요하기 때문에 예습과 복습의 비율을 적절하게 나눠 학습하는 것이 효과적이다.
ㄹ. 식사를 정해진 시간에 규칙적으로 하는 올바른 식습관과 충분한 수면시간을 가져야 한다. 부족한 학습시간은 이동시간 등 자투리 시간을 활용한다.

CHAPTER 05 학업문제 상담 및 개입전략

01 학습 무동기 내담자와의 상담관계에서 상담목표 설정에 관한 옳은 내용을 모두 고른 것은?

> ㄱ. 궁극적인 상담목표는 학습동기 및 학업성취도 향상이다.
> ㄴ. 내담자의 특성 및 상황에 따라서 다양한 단기, 중기 목표 설정이 필요하다.
> ㄷ. 단기목표의 설정은 일상생활에서 자신의 노력으로 변화를 일으킬 수 있는 것이 바람직하다.
> ㄹ. 중기목표의 설정은 학습과 관련된 성공경험에 초점을 맞추는 것이 필요하다.

① ㄱ, ㄴ
② ㄷ, ㄹ
③ ㄱ, ㄴ, ㄷ
④ ㄴ, ㄷ, ㄹ
⑤ ㄱ, ㄴ, ㄷ, ㄹ

학습목표와 학습동기의 관계
- 적정하게 설정된 학습목표는 학습동기를 증가하지만, 과도하게 혹은 과소하게 설정된 학습목표는 학습동기를 오히려 감소할 수 있다.
- 내담자의 특성 및 상황에 따라서 다양한 단기, 중기 목표설정이 필요하며, 시간·능력·투자할 수 있는 에너지의 측면에서 실현 가능하여 학습에 몰입하도록 돕는 목표인지 객관적으로 평가하도록 안내한다.

02 시험불안의 개입방법에 관한 설명으로 옳은 내용을 모두 고른 것은?

> ㄱ. 비합리적이고 왜곡된 사고를 합리적인 사고로 변화시킨다.
> ㄴ. 불안 상황에서 긍정적 자기대화(Self-Talk)를 할 수 있게 한다.
> ㄷ. 불안위계표를 작성한 후 가장 높은 불안부터 이완과 연합하여 훈련을 실시한다.
> ㄹ. 충분한 사전학습을 강화한다.
> ㅁ. 부모가 적절한 지지를 제공하도록 한다.

① ㄱ, ㄴ
② ㄱ, ㄴ, ㄷ
③ ㄴ, ㄷ, ㄹ
④ ㄱ, ㄴ, ㄹ, ㅁ
⑤ ㄱ, ㄷ, ㄹ, ㅁ

ㄷ. 불안위계표를 작성한 후 가장 낮은 불안부터 이완과 연합하여 훈련을 실시한다.

03 학업상담에서 심리검사의 활용지침으로 옳은 것은?

① 검사의 신뢰성 유지를 위해 내담자에게 검사의 목적이나 진행방법을 언급해서는 안 된다.
② 심리검사 결과가 잠정적인 결과라는 인식을 가지고 내담자에게 이야기한다.
③ 심리검사를 받는 것은 자주 할 수 있는 일이 아니므로, 한 번 검사할 때 많이 하는 것이 효과적이다.
④ 심리검사와 행동관찰의 결과가 다를 때는 심리검사 결과를 잘못된 것으로 본다.
⑤ 상담에서와 달리 심리검사를 실시할 때는 라포 형성이 필요 없다.

> ① 내담자에게 불필요한 불안감이나 의혹을 안겨주지 않기 위해 검사의 목적이나 진행방법을 충분히 설명한다.
> ③ 한 번에 너무 많이 검사하려고 하지 않아야 한다.
> ④ 심리검사 결과가 평소의 행동관찰 결과와 다를 때, 이러한 차이를 보이는 이유에 대해 궁금해하고 탐색한다.
> ⑤ 검사자와 피검자 간의 라포(Rapport) 형성에 유의한다.

04 학업상담자에게 요구되는 자질에 관한 설명으로 옳지 않은 것은?

① 학업문제에 영향을 주는 다양한 요인들을 체계적으로 고려할 수 있어야 한다.
② 학업문제의 원인과 그에 대한 개인 및 가족의 대응 전략에 대한 정확한 이해능력이 있어야 한다.
③ 학업상담은 학업성취 그 자체에만 한정되어 이루어져야 한다.
④ 학업상담을 하기 위해서는 학업방법 자체를 학습하여 주도적인 학업을 할 수 있는 적절한 지식을 교육하고 훈련하여야 한다.
⑤ 아동 및 청소년 상담을 하는 상담자라면 누구나 학업의 문제를 다루어야 하는 시점에 적절한 지식과 전략을 사용할 수 있도록 준비해 둘 필요가 있다.

> 학업상담은 학업성취 그 자체에만 한정되지 않고 학업문제에 대한 개인 및 가족의 건강한 발전과 적응과정이라는 더욱 폭넓은 목적을 추구해야 한다.

05 학업상담의 일반적인 절차 중 앞으로의 상담 진행과정과 내담자에게 상담관계에 대한 역할 지침 등을 내담자에게 전달하는 단계는?

① 상담관계 형성
② 상담구조화
③ 상담목표 설정
④ 개입전략 설정 및 개입
⑤ 사례관리

> 학업상담의 일반적인 절차는 '상담관계 형성 → 상담구조화 → 학업문제 진단 → 상담목표 설정 → 개입전략 설정 및 개입 → 사례관리'라고 볼 수 있다. 이 중 상담구조화란 앞으로 상담을 어떻게 진행해 나갈 것이며, 상담에서 내담자와 상담자는 어떤 역할을 해야 하는지에 대한 지침을 내담자에게 전달하는 것이다.

06 마이켄바움(Meichenbaum)과 굿맨(Goodman)의 자기통제력 향상을 위한 내재적 언어학습의 단계에 관한 설명으로 옳은 것은?

① 사회적 맥락에서의 문제해결 전략과 자기교시훈련을 정교화하여 언어적 자기교시를 통한 문제해결 전략을 제시한다.
② 자기교시훈련과 사회적 문제 상황에서 계획세우기, 해결책 탐색, 결과산출 과정을 언어화하는 문제해결 훈련을 적절히 병행한 접근법이다.
③ 외현적 시연은 성인 교수자의 시연과 지도하에 아동이 자기통제언어를 소리내어 말하도록 독려한다.
④ 외현적 모델링, 외현적 시연, 안내를 통한 외현적 모델링, 속삭임을 통한 시연, 내재적 시연의 순서로 진행된다.
⑤ 문제정의, 집중유도, 자기평가, 자기강화 등의 각 단계마다 외현적 모델링에서 시작해서 내재적 시연으로 끝나는 언어의 내재화 과정을 학습한다.

> ① 캔달 & 브라스웰(Kendall & Braswell)은 사회적 맥락에서의 문제해결 전략과 마이켄바움과 굿맨의 자기교시 훈련을 정교화하여 언어적 자기교시를 통한 문제해결 전략을 제시하였다.
> ② 과제를 완수해 나가는 단계마다의 사고를 나누어서 각 단계별로 필요한 언어를 내재화하는 과정을 통해 자신의 행동을 조절하도록 하였다.
> ③ 외현적 시연은 아동이 혼자서 큰 소리로 말하면서 과제를 수행한다.
> ④ 외현적 모델링, 안내를 통한 외현적 모델링, 외현적 시연, 속삭임을 통한 시연, 내재적 시연의 순서로 진행된다.

07 상담구조화를 상담에 관한 구조화, 상담관계에 대한 구조화, 비밀보장에 대한 구조화로 분류할 경우, 상담관계에 대한 구조화에 해당하는 것은?

① 상담시간
② 내담자의 역할
③ 연락방법
④ 총 상담횟수
⑤ 상담비용

상담구조화	
상담에 관한 구조화	상담시간, 빈도, 총 상담횟수, 연락방법, 상담 장소, 상담비용 등에 관한 지침이 포함된다.
상담관계에 대한 구조화	상담자의 역할, 내담자의 역할, 관계의 성격 등이 포함된다.
비밀보장에 대한 구조화	내담자가 말한 내용에 대하여는 제3자에게 알리지 않는 것을 원칙으로 한다는 것을 알리고, 예외에 해당하는 항목을 제시한다.

08 학업상담 과정을 순서대로 바르게 나열한 것은?

ㄱ. 학업 문제 진단
ㄴ. 사례 관리
ㄷ. 상담 관계 형성
ㄹ. 상담 개입전략 설정
ㅁ. 상담 목표 설정

① ㄱ - ㄷ - ㄹ - ㅁ - ㄴ
② ㄱ - ㄷ - ㅁ - ㄹ - ㄴ
③ ㄱ - ㅁ - ㄷ - ㄹ - ㄴ
④ ㄷ - ㄱ - ㄹ - ㅁ - ㄴ
⑤ ㄷ - ㄱ - ㅁ - ㄹ - ㄴ

학업상담의 일반적인 절차는 '상담 관계 형성 → 상담구조화 → 학업 문제 진단 → 상담 목표 설정 → 개입전략 설정 및 개입 → 사례 관리'라고 볼 수 있다.

09 학업상담의 절차 중 다음이 설명하는 것은?

○ 내담자와 상담자 간의 역할을 설명하고, 비밀보장과 그 한계에 대해 안내한다.
○ 상담의 특성, 절차, 조건 등에 대해 상담자와 내담자가 합의하는 것이다.

① 상담관계 형성
② 상담구조화
③ 학업문제 진단
④ 상담목표설정
⑤ 개입전략 설정 및 개입

상담구조화
• 앞으로 상담을 어떻게 진행해 나갈 것이며, 상담에서 내담자와 상담자는 어떤 역할을 해야 하는지에 대한 지침을 내담자에게 전달하는 것이다.
• 상담구조화의 구체적인 내용으로는 상담에 관한 구조화, 상담관계에 대한 구조화, 비밀보장에 대한 구조화 등이 포함된다.

10 발표불안의 원인으로 옳은 내용을 모두 고른 것은?

ㄱ. 유전적 영향
ㄴ. 부모의 엄격한 양육 태도
ㄷ. 무조건화된 학습
ㄹ. 비합리적 사고

① ㄱ, ㄴ
② ㄴ, ㄷ
③ ㄴ, ㄹ
④ ㄱ, ㄴ, ㄹ
⑤ ㄱ, ㄴ, ㄷ

발표불안의 원인	
유전적 원인	수줍음이 많고 내성적인 성향은 유전적인 요인과 관련이 있는 만큼 발표불안에 있어 유전의 영향을 배제하기 어렵다.
부모의 양육 태도	부모가 비일관적이거나 무관심할 경우 또는 엄격한 태도를 취할 경우 자녀의 발표불안으로 이어질 수 있다.
조건화된 학습의 결과	과거에 발표를 했을 때 교사의 핀잔 또는 친구들의 부정적인 피드백으로 인하여 발표하는 상황에 불안을 느낄 수 있다.
비합리적 사고	발표에 대한 비현실적이고 이상적인 기준, 자신에 대한 부정적 지각, 실패 및 타인의 시선에 대한 과도한 지각 등을 가진 경우 발표불안을 겪는다.
사회적 기술 부족	발표할 기회를 충분히 갖지 못하고, 발표행동을 할 연습의 기회가 적어서 불안이 생성된다.

정답 07 ② 08 ⑤ 09 ② 10 ④

11 학업상담에서 상담자의 역할과 개입전략으로 옳지 않은 것은?

① 학습장애아 상담 시 장애의 발달양상에 대한 충분한 지식을 가지고 그들이 실현해 나가는 과정의 독특성을 이해해야 한다.
② 상담자가 제공할 수 있는 조력의 내용이 아니거나 정도를 넘어선 높은 수준의 개입전략이 요구되면 최선을 다해 조력해야 한다.
③ 2차적 문제 발생의 예방을 위해 조기진단과 초기 개입이 필요하다.
④ 내담자로 하여금 현재 성취수준을 수용하도록 촉진한다.
⑤ 기초학습능력의 결손이나 선수학습의 결손을 확인하고, 이를 보완할 수 있는 대안탐색 과정을 도와야 한다.

> 자신의 전문적 한계를 인식하고 내담자에게 적절한 조력을 할 수 없는 경우, 다른 상담자에게 의뢰해야 한다.

12 학습동기의 원인을 설명하기 위한 다양한 접근 중에서 '개인 지향적 원인'에 대한 설명으로 옳지 않은 것은?

① 인지적 평형화 경향 – 피아제(Piaget)가 개념화한 것으로, 인간이 인간을 둘러싼 환경에 적응하기 위해서 환경과 환경에 대한 개인의 도식을 지속적으로 비교하여 둘 사이의 불일치를 해결하는 선천적 경향성을 말한다.
② 학습효능감 – 반두라(Bandura)가 개념화한 자기효능감의 하위요소로, 자기효능감은 개인이 구체적인 영역에서 자신의 수행 능력에 대해서 믿고 생각하고 느끼는 바를 칭하는 개념이다.
③ 자기결정성 – 개인은 자신이 선택한 행동에 대해서 높은 동기를 가지나 자신이 선택하지 않은 행동에 대해서 낮은 동기를 가진다는 것을 말한다.
④ 귀인이론 – 인간의 동기는 결과의 원인을 무엇으로 지각하느냐에 따라서 달라진다는 것을 정교화한 이론이다.
⑤ 조작적 조건형성 이론 – 반응에 후속되는 자극에 의해서 학습동기의 형성, 유지, 변화를 설명하는 이론으로 학습동기는 학습이라는 행동에 후속되는 자극이 어떠하냐에 따라서 향상, 감소, 유지, 변화가 가능하다고 본다.

> 조작적 조건형성 이론은 '환경 지향적 원인론'에 해당한다.
> **학습동기 원인론**
>
> | 환경 지향적 원인론 | • 학습동기의 형성, 유지, 변화에서 환경이 결정적인 영향을 한다고 주장한다.
• 고전적 조건형성 이론, 조작적 조건형성 이론 |
> |---|---|
> | 개인 지향적 원인론 | • 학습동기를 기본적인 학습자 개인의 심리적 속성에 의해서 설명한다.
• 인지적 평형화 경향, 학습효능감, 자기결정성, 귀인이론, 기대가치 이론 |
> | 체제 이론적 접근
(생태학적 접근) | 개인 지향적 원인론과 환경 지향적 원인론을 통합하고 발전시킨 원인론이다. |

13 학습동기이론에 관한 설명으로 옳지 않은 것은?

① 매슬로우(A. Maslow)의 인지적 욕구는 성장욕구에 해당된다.
② 행동주의적 관점에서 학습동기는 강화와 소거에 의해 조절될 수 있다.
③ 실패를 자신의 노력 부족의 내적인 요인, 통제 가능한 원인으로 귀인하면 학습된 무기력에 빠질 가능성이 높다.
④ 학업적 자기효능감이 높아지면 학습동기 향상에 도움이 된다.
⑤ 내재적 동기는 학습 자체에 대한 흥미를 느끼고 적정한 수준의 도전을 추구하고 숙달하려는 지향성에 해당한다.

자신의 실패를 자신의 능력 부족 등의 내적인 요인, 통제 불가능한 원인으로 탓하고 자신의 삶을 자신이 통제할 수 없다는 생각을 가질 때 학습된 무기력에 빠질 가능성이 높다.

14 주의집중 능력은 크게 주의력과 집중력으로 세분화되는데, 집중력에 관한 설명으로 옳지 않은 것은?

① 환경과의 상호작용을 통해 학습되는 특성이 있고, 정보처리의 관점에서 감각등록기와 단기기억 사이에서 가장 크게 요구된다.
② 작업기억은 다양한 기억전략과 학습전략을 활용할 때 활성화되기 쉽다.
③ 장기기억 내에 저장되어 있는 배경지식, 기억 및 학습전략의 사용 등 학습자의 인지적 능력의 영향을 받는다.
④ 지루함, 피곤함, 좌절감, 불안감 등을 극복하고 과제에 지속하는 힘을 필요로 하는 특징이 있다.
⑤ 주의의 초점이 되어 선택된 단기기억 정보가 장기기억이 되도록 하는 과정에서 요구되는 능력이다.

① 주의력에 대한 설명이다.
주의력
• 주의력은 초점적 주의력, 선택적 반응 능력 등과 유사한 개념으로, 정보처리의 초반 단계에서 요구되는 능력이고, 동시에 접하는 무수히 많은 정보 중 특정 정보만을 선택하여 초점을 맞추는 능력이다.
• 주의력은 환경과의 상호작용을 통해 학습되는 특성이 있고, 정보처리 관점에서 보면 주의력은 감각기억(감각등록기)과 단기기억 사이에서 가장 크게 요구된다. 하지만 어린 학습자의 경우 중요한 정보와 그렇지 않은 정보를 변별하는 능력이 부족하거나 바람직한 학습 태도를 아직 형성하지 못하였기 때문에 선택적인 반응 능력 자체가 부족할 수 있다. 한편, 연령과 상관없이 노출된 환경이 지나치게 비구조화되어 있어 주의력 문제를 나타내는 경우가 있다.

정답 11 ② 12 ⑤ 13 ③ 14 ①

15 주의집중 능력 발달에 영향을 미치는 요소 중 인지영역에 관한 설명으로 옳은 것은?

① 자기통제력은 정서적 안정감, 자신감, 의미 있는 타인에 대한 신뢰감 등에 의해 발달한다.
② 주의집중 능력은 정보처리의 전 과정에 영향을 미치는 능력이며, 주의집중 능력에 의해 정보처리의 효율이 달라질 수 있다.
③ 지루하고 힘든 과제를 하는 경우 자신의 정서를 조절하고 동기를 유지할 수 있는 힘이 뒷받침되어야 높은 주의집중 능력을 발휘할 수 있다.
④ 주의집중 능력은 생활습관과 학습습관의 영향을 많이 받으며 생활환경에 따라 달리 발달한다.
⑤ 주의집중 능력 발달을 위해서는 수면, 식사 등 일상적으로 반복되는 중요한 일들을 규칙적으로, 균형 있게 하는 것이 필요하다.

①・③ 정서영역, ④・⑤ 행동영역에 대한 설명이다.
인지영역
- 주의집중 능력은 정보처리의 전 과정에 영향을 미치는 능력이며, 주의집중 능력에 의해 정보처리의 효율이 달라질 수 있다.
- 지능은 대표적으로 정보처리 능력에 영향을 미친다.
- 낮은 지능으로 인해 교과 내용을 이해하지 못해서 나타나는 주의집중의 문제는 ADHD로 진단되기보다는 학습부진아로 진단되는 것이 적절하다.
- 언어발달 수준이 정보처리 능력에 많은 영향을 미치고, 언어발달 수준이 높은 학습자는 내재적 언어를 통한 자기통제 능력이 뛰어나다.
- 누적된 학습경험의 양과 질이 주의집중 능력발달에 영향을 미친다.

16 학습부진 영재아에 관한 설명으로 옳지 않은 것은?

① 시험성적에서 학령수준에 못 미치는 수행이 나타날 수 있다.
② 사회・정서적으로 적응하는 데 어려움이 있을 수 있다.
③ 학습의 실패경험으로 낮은 자기효능감의 문제가 나타날 수 있다.
④ 빠른 지적 성장에 비해 신체적・정서적・사회적 성장이 늦을 수 있다.
⑤ 심리사회적인 문제가 발생했을 경우 혼자 해결하도록 둔다.

학습부진 영재아는 영재성과 학습부진아의 특성이 동시에 나타나는 아이이다. 학습부진 영재아에게 심리사회적인 문제가 발생했을 경우 상담 과정에서 가족 및 부모의 참여와 역할을 강조하고, 사회성이 훼손된 경우에 또래에게 지지받는 경험을 할 수 있도록 조력해야 한다.

17 다음 사례의 상담사가 사용한 상담기법은?

> - 내담자 : 기말고사가 다가올수록 긴장돼서 잠도 오지 않고 식욕도 없어 머리만 계속 아파요.
> - 상담자 : 지금 전 당신에게 여러 가지 장면을 상상하라고 할 것입니다. 그러나 만약 당신이 불안하거나 도움이 필요하면 언제든지 왼쪽 집게 손가락을 들어 올리세요. 먼저 시험일정이 공지된 날의 상황을 생각하세요(15초 정도 멈춤). 자, 이제 그 장면을 상상하는 것을 멈추고 당신의 모든 주위를 다시 한번 근육을 이완하는 데 집중하세요.
>
> 〈중 략〉
>
> 어제 저녁에 집에서 공부하고 있는 당신을 떠올려 봅시다(5초 동안 멈춤). 오늘은 5월 20일입니다. 정확히 시험 한 달 전이지요(5초 동안 멈춤). 이제 그 장면을 끝내세요. 계속해서 근육을 이완합니다. 시험 한 달 전에 공부하는 장면을 다시 상상해봅시다(5초 동안 멈춤). 장면 상상하기를 멈추고, 당신의 근육에 대해서만 생각하세요. 지금의 평온한 상태를 즐겨보세요(15초 동안 멈춤).
>
> 〈중 략〉
>
> 그 장면을 그만 떠올리고 근육을 이완하세요, 자, 이제 제가 5까지 셀 겁니다. 그러면 당신은 눈을 떠보세요. 아주 차분하고 상쾌한 기분을 느낄 겁니다.

① 체계적 둔감법
② 변별학습
③ 금지적 조건형성
④ 역조건 형성법
⑤ 강화훈련

시험불안에 대하여 상담사는 체계적 둔감법을 사용하고 있다.
볼프(J. Wolpe)의 체계적 둔감법(Systematic Desensitization)
- 체계적 둔감법은 행동주의 상담에서 널리 사용되고 있는 고전적 조건형성의 기법으로, 특정한 상황이나 상상에 의해 조건 형성된 불안이나 공포를 극복하도록 하기 위한 것이다.
- 혐오스런 느낌이나 불안한 자극에 대한 위계목록을 작성한 다음, 낮은 수준의 자극에서 높은 수준의 자극으로 상상을 유도함으로써 불안이나 공포에서 서서히 벗어나도록 한다.
- 체계적 둔감법은 불안이나 공포 혐오증, 강박관념 등이 있는 내담자로 하여금 그로 인한 부적응 행동이나 회피 행동을 치료하는 데 효과가 있다.

18 시험불안 원인을 다음과 같이 설명하는 이론적 접근은?

> 시험불안이 높은 것은 학습전략 혹은 시험전략이 부족하기 때문이다.

① 욕구이론 접근
② 인지적 간섭모델 접근
③ 행동주의적 접근
④ 인지적 결핍모델 접근
⑤ 정서적 모델 접근

시험불안의 인지주의적 접근
- 인지적 간섭모델 : 시험불안이 높은 사람은 시험 상황을 더 위협적인 상황이라고 해석하고, 자신의 능력을 평가절하하여 시험을 제대로 보지 못할 것이라는 내적 대화를 하면서 걱정, 염려를 활성화해 결국 정보처리 속도가 떨어진다고 본다.
- 인지적 결핍모델 : 시험불안은 학습전략이 부족하고 결과적으로 시험을 제대로 준비하지 못했다는 것을 인식한 결과로 본다.

19 다음 사례의 시험불안 개입방법으로 옳은 것은?

> 청소년상담사는 시험불안이 높은 수연이에게 기말고사 상황을 상상해 보게 하였다. 그 상황에서 불안을 낮추거나 자신감을 높이는 유용하고 긍정적인 문장을 찾게 한 후, 집이나 학교 책상에 문장으로 적어놓고 반복적으로 읽고 내적 언어로 연습하게 하였다. 그리고 실제 시험을 볼 때 이 방법을 활용하게 하였다.

① 이완훈련
② 자기대화하기
③ 기대가치훈련
④ 사전학습강화
⑤ 부모의 지지

시험불안의 개입방법

합리적으로 생각하기	비합리적이고 왜곡된 사고를 합리적인 사고로 변화하기 • 제1단계 : 시험불안을 느꼈던 상황 생각하기 • 제2단계 : 내담자가 가지고 있는 비합리적 사고 찾기 • 제3단계 : 내담자가 가지고 있는 비합리적 사고의 인지적 오류 찾기 • 제4단계 : 비합리적 사고의 근거 찾기 • 제5단계 : 합리적 사고로 변화하기
자기대화 (Self-talk)	불안한 상황을 상상해 보게 한 후, 그 상황에서 유용한 자기대화를 찾아 연습하고, 불안한 상황과 유사한 상황이 발생하거나 불안한 장면을 상상할 때 자기대화를 하는 연습을 하여, 실제 상황에서도 자동으로 자기대화를 할 수 있도록 훈련하기
이완훈련 (체계적 둔감법)	• 불안한 상태에서 긴장이 극도로 달하게 되므로 긴장을 줄이기 위한 이완훈련 실시, 온몸의 긴장을 풀어 주고 마음을 편하게 해주는 효과 • 불안위계표 작성 후, 가장 낮은 불안부터 이완과 연합하여 훈련 실시
사전 학습 강화	시험공부를 많이 하여 어려운 문제도 쉬운 문제로 지각할 수 있게 훈련
부모의 지지	부모의 적절한 지지와 말과 일치된 행동이 시험불안을 줄이는 데 효과

20 학교공포증에 관한 설명으로 옳은 것은?

① 신체적 증상은 주로 저녁에 자기 전에 나타난다.
② 애매모호한 신체증상을 호소하면서 학교를 여러 번 결석하고 가기를 거부하는 증상이다.
③ 주로 7월, 12월 등 학기 말에 흔히 생긴다.
④ 학교공포증을 유발하는 가장 중요한 요인은 가족 내의 독립심이 지나치게 강조될 때이다.
⑤ 가장 좋은 치료는 학교에 매일 가지 않도록 하여 직접 직면하는 것을 피하는 것이다.

① 신체적 증상은 주로 아침에 일어날 때 나타나는데, 학교에 가지 않아도 된다면 이내 사라진다.
③ 주로 3월, 9월 등 학기 초에 흔히 생긴다.
④ 학교공포증을 유발하는 가장 중요한 요인은 지나친 의존심을 낳게 하는 가족 상호작용의 형태이다.
⑤ 가장 좋은 치료는 학교에 매일 가도록 하는 것으로, 직접 직면함으로써 그런 공포가 사라지고 매일 호소하던 증상들도 사라지게 된다.

CHAPTER 06 기타 학업상담에 관한 사항

01 두뇌발달과 학업능력 증진에 좋은 음식과 그 이유에 관한 설명으로 옳지 않은 것은?

① 등 푸른 생선은 뇌신경계의 반응 속도를 높인다.
② 견과류와 씨앗류는 불포화지방산이 들어 있어 뇌신경 세포에 좋은 영향을 미친다.
③ 해조류는 칼륨이 들어있어 머리를 맑게 하고 피로 회복을 돕는다.
④ 들깨가루는 불포화지방산인 리놀렌산이 풍부해 뇌의 기억력 및 학습능력을 높인다.
⑤ 김치는 단백질과 비타민, 미네랄, 섬유소 등이 풍부하다.

김치는 비타민, 미네랄, 섬유소 등이 풍부하며, 뇌 기능을 촉진하고 집중력을 향상하며 정신안정에 도움을 준다.

02 캐롤(Carroll)의 학교학습모형은 보기에 제시한 다섯 개의 요소를 사용하여 학습의 정도를 학습에 필요한 시간과 학습에 소비한 시간의 함수로 표현한다. 학습에 소비한 시간으로 분류된 요소로 묶인 것은?

> ㄱ. 적 성 ㄴ. 수업의 질
> ㄷ. 수업의 이해력 ㄹ. 학습지속력
> ㅁ. 학습 기회

① ㄱ, ㄷ
② ㄴ, ㄹ
③ ㄷ, ㄹ
④ ㄷ, ㅁ
⑤ ㄹ, ㅁ

캐롤(Carroll)이 제안한 학교학습모형

구 분		내 용
학습에 필요한 시간	적 성	• 최적의 학습조건하에서 주어진 학습과제를 일정한 수준으로 성취하는 데 필요한 시간(적성이 높으면 시간이 줄어듦) • 학습자 변인
	능력 (수업이해력)	• 수업내용이나 수업에서 사용되는 여타 자료나 학습절차를 이해하는 학습자의 능력(지능이 높을수록 학습에 필요한 시간은 줄어듦) • 학습자 변인
	교수의 질 (수업의 질)	• 학습과제의 제시, 설명 및 구성이 학습자에게 최적의 상태로 접근된 정도 • 수업(교수) 변인
학습에 소비한 시간	학습지속력	• 학습자가 인내심을 발휘하여 학습에 더욱 많은 시간을 보내려고 하며, 학습과정에서의 불편과 고통을 이겨내고 실제로 학습하는 데 사용한 시간 • 학습자 변인
	학습 기회	• 어떤 과제의 학습을 위해 학생에게 실제로 주어지는 시간량 • 수업(교수) 변인

03 학습효과를 높이는 수면법에 관한 설명으로 옳지 않은 것은?

① 가벼운 운동 후 따뜻한 물에 샤워하면 숙면에 도움이 된다.
② 자신에게 알맞은 수면시간을 찾아 규칙적으로 잠을 잔다.
③ 학습의 질을 높이기 위해 충분한 수면을 취한다.
④ 수면부족으로 머리가 멍하다면 수면시간을 조절할 수 있다.
⑤ 15분 정도의 낮잠은 학습효과에 도움이 되지 않는다.

낮 시간에 15~30분 정도의 낮잠을 한두 차례 자두면 신체 리듬을 건강하게 유지하는 데 도움이 된다.

04 블룸(Bloom)의 완전학습모형에 관한 설명으로 옳지 않은 것은?

① 캐롤의 학교학습모형을 이론적 기반으로 두고 있다.
② 개인차의 문제를 해결하기 위해 10단계로 나누어 구성하였다.
③ 완전학습은 학습자 상위 90% 이상의 학습자들이 주어진 학습과제를 100% 성취하는 것이다.
④ 한 단원이 끝날 때마다 종합평가를 실시하고 수업활동의 효율성을 판단한다.
⑤ 완전학습 성취기준에 도달하려면 교사의 부담이 커져 실패할 가능성이 높다.

완전학습은 상위 95%의 학습자들이 주어진 학습과제를 약 90% 이상 성취해내는 것이다.

선택과목 04 주관식 단답형 문제

❖ 문제를 읽고 ( ) 안에 들어갈 단어를 적어주세요.

01 (　　　)은/는 정상적인 지적 능력을 가지고 있으나 자신의 능력에 비해 학업 성취 수준이 낮은 학생을 뜻한다.

02 학업문제와 관련된 요인 중 지능, 기초학습능력, 선행학습, 학습전략 등은 (　　　)에 해당한다.

03 전두엽에는 주의, 계획, 사고 기능과 발성 등 운동 언어 기능을 담당하는 (　　　)영역이 있으며, 이 영역이 손상된 환자에게 운동성 실어증이 나타난다.

04 켈러(Keller)는 학습동기를 유발하고 유지시키는 변인들로 (　　　), '관련성(Relevance)', '자신감(Confidence)', '만족감(Satisfaction)'을 제시하였다.

05 아동기에 많이 나타나는 장애로서, 지속적으로 주의력이 부족하여 산만하고 과다활동, 충동성을 6개월 이상 지속적으로 보이는 상태를 (　　　)(이)라 한다.

06 (　　　)은/는 학습자의 학습 과정에서 자기조절학습 능력의 근간을 이루는 습관적·행동적 및 전략적인 효율성을 측정하기 위해 개발한 검사이다.

07 학습자가 학습하면서 자신의 인지과정에 대한 개념을 형성하는 것으로써, 이를 통해 효과적인 인지전략을 선택하고 통제하고 조절하는 전략을 (　　　)(이)라 한다.

08 PQ4R은 토마스와 로빈슨(Tomas & Robinson, 1972)에 의해 제안된 방법으로 Preview(예습하기), Question(질문하기), Read(읽기), Reflection(숙고하기), Recite(암송하기), (   )이/가 있다.

09 개인 지향적 원인론 중 반두라(Bandura)가 개념화한 자기효능감의 하위요소로, 자기효능감은 개인이 구체적인 영역에서 자신의 수행 능력에 대해서 믿고 생각하고 느끼는 바를 칭하는 개념이고, (   )은/는 학습자가 학습 영역에서 자신의 수행 능력에 대해서 믿고 생각하고 느끼는 바를 지칭한다.

10 (   )(이)란 개인의 수행(시험)에 대한 평가가 이루어지는 상황에서 예견되는 실패에 대한 정서적 반응과 생리적 변화라고 정의할 수 있다.

정답

01 학습부진아
02 인지적 요인
03 브로카
04 주의(Attention)
05 주의력결핍 및 과잉행동장애(ADHD)
06 MLST-Ⅱ 학습전략검사
07 상위(초)인지전략(Metacognitive Strategies)
08 Review(복습하기)
09 학습효능감
10 시험불안

04 기출문항 OX 문제

❖ 문제를 읽고 ( ) 안에 맞는 답을 (O / X)로 표기하세요.

01 학습부진의 특성 중 환경적 특징은 부모의 훈육태도가 지시적·강요적이며, 가정 내의 추상적 언어 사용이 부족하고, 학습결과에 대한 피드백이 부족하거나 과잉행동을 요구받는다. ( )

02 수행목표 지향은 과제의 숙달, 향상, 이해증진에 중점을 둔다. ( )

03 와이너(Weiner)는 원인에 대한 주요 요소들을 분석하여 사람들이 자신의 실패나 성공의 원인으로 가장 많이 귀인하는 '능력', '노력', '운', '과제 난이도'라는 네 가지 요소를 설정하였다. ( )

04 정적 강화는 유쾌 자극을 철회하여 행동의 빈도를 줄이는 것을 말한다. ( )

05 교육성취도검사는 학습흥미나 학습동기 또는 학습습관에 좀 더 초점을 둔 검사를 말한다. ( )

06 성취 전략 유형에 따른 시험 준비 행동 중 낙관주의 전략은 시험에 대해 낙관적 기대를 하고 시험 준비를 열심히 하지만, 시험과 관련된 부정적인 생각들을 의도적으로 피하려고 하는 성취 전략이다. ( )

07 발표불안을 증가시키는 원인에는 수줍음과 내향적 성향, 부모의 무관심, 비합리적 사고, 사회적 기술 부족 등이 있다. ( )

08 학습부진 영재아는 듣기, 말하기, 읽기, 쓰기, 산수 등의 영역 중 하나 이상의 특정 영역에서 심각한 어려움을 경험한다. ( )

09 맥키치(McKeachie)가 분류한 '조직화전략'에는 핵심 아이디어의 선택, 개요화, 군집화, 도표화 등의 행동이 포함된다. ( )

10 김치는 면역력을 강화하는 면역 글로불린, 라이소자임, 락토페린 등의 성분이 함유되어 있다. ( )

정답 및 해설

01 ○ 02 × 03 ○ 04 × 05 × 06 ○ 07 ○ 08 × 09 ○ 10 ×

02 숙달목표(학습목표)에 관한 설명이다.
수행목표 지향은 자신의 능력이 다른 사람의 능력과 어떻게 비교되느냐에 초점을 맞춘다.

04 부적 처벌에 관한 설명이다.
정적 강화는 유쾌 자극을 제시하여 행동의 빈도를 증가시키는 것을 말한다.

05 학습태도검사에 관한 설명이다.
교육성취도검사는 기초적인 학습능력이나 학습가능성을 진단하고 평가하는 검사이다.

08 학습장애에 대한 설명이다.
영재에 대한 일반적 정의는 지적 특성, 학습적 특성, 창의적 특성, 인성적 특성에서 평균인보다 상당한 수월성을 나타내는 아동을 말하며, 영재교육진흥법에 의하면 영재란 재능이 뛰어난 사람으로서 타고난 잠재력을 계발하기 위하여 특별한 교육을 필요로 하는 사람을 말한다. 학습부진 영재아는 지적으로 우수하나 자신의 능력만큼 학교에서 학업을 수행해 나가지 못하는 영재(Davis & Rimm), 잠재 능력과 학업성취가 서로 일치하지 않는 영재(Gallagher)로 정의한다.

10 우유에 대한 설명이다.
김치는 뇌 기능 촉진, 집중력 향상, 정신 안정에 도움이 된다.

청소년상담사 2급
2024년 23회

최신기출문제

1교시

필수 1과목	청소년상담의 이론과 실제
필수 2과목	상담연구방법론의 기초
필수 3과목	심리측정 평가의 활용
필수 4과목	이상심리

2교시

선택 1과목	진로상담
선택 2과목	집단상담
선택 3과목	가족상담
선택 4과목	학업상담

2024 23회 청소년상담사 2급 최신기출문제

1교시 A형

필수과목 01 청소년상담의 이론과 실제

※ 답안카드 작성 시 시험지와 동일한 문항번호의 답항에 마킹하시오.

01 청소년상담자의 역할로 옳지 않은 것은?

① 갈등해결을 위한 중재자
② 문제해결을 위한 훈련가
③ 상담 관련 전문지식의 자문가
④ 내담자의 결정을 대신하는 구원자
⑤ 인간발달과 정신건강의 촉진자

> **청소년상담자의 역할**
> • 직접적인 역할 : 교육자, 안내자, 옹호자, 조력자, 훈련가, 변화촉진자
> • 간접적인 역할 : 연구자, 조정자(중재자), 자문가, 조직개발자

02 화상상담의 단점으로 옳은 것을 모두 고른 것은?

> ㄱ. 비언어적 단서를 포착하고 활용하는 데 제약이 따른다.
> ㄴ. 내담자의 갑작스러운 돌발 상황에 신속하게 대처하기 어렵다.
> ㄷ. 상담자와 내담자의 사생활 침해, 개인정보 유출에 취약하다.
> ㄹ. 상담실 이외의 공간에서 상담이 이루어지므로 내담자가 방어적 태도를 취하기 쉽다.

① ㄱ, ㄴ
② ㄴ, ㄷ
③ ㄷ, ㄹ
④ ㄱ, ㄴ, ㄷ
⑤ ㄱ, ㄴ, ㄷ, ㄹ

정답 01 ④ 02 ④

화상상담은 사이버상담 중 하나로, 모니터를 통해 상담자와 내담자가 얼굴을 보며 상담하는 형태이다. 따라서 의사소통의 제약, 응급(긴급) 상담 시 적극적 대처 곤란, 신뢰 문제, 상담의 연속성 문제, 대화 예절 파괴 가능성 등의 단점이 있다. 반면에 시간적·공간적 제약 극복, 풍부하고 용이한 정보획득, 신속한 상담관계 형성, 감정정화 기능, 내담자의 자발적 참여(내담자 주도성) 및 이로 인한 높은 상담 동기 등의 장점이 있다.

03 게슈탈트 상담에 관한 설명으로 옳은 것은?

① 상담목표는 내담자의 증상을 제거하는 데 있다.
② 내파층은 부모나 환경의 기대에 따라 행동하며 살아가는 단계이다.
③ 뜨거운 의자(Hot Seat)는 새로운 방식을 실험해 보도록 하는 기법이다.
④ 반전은 감각을 둔화시켜 자신 및 환경과의 접촉을 약화시키는 접촉경계장애이다.
⑤ 알아차림 접촉 주기는 욕구출현-알아차림-에너지 동원-행동-접촉-물러남 과정으로 반복된다.

⑤ 게슈탈트 상담에서 제시한 '알아차림-접촉' 주기 6단계는 감각단계(배경에서 출발, 유기체의 욕구가 신체감각의 형태로 나타남) → 알아차림단계(이를 알아차려 게슈탈트 형성) → 에너지 동원단계(게슈탈트 해소를 위한 에너지 동원, 흥분 경험) → 행동단계(적절한 행동선택 및 실행) → 접촉단계(환경과의 접촉을 통한 게슈탈트 해소) → 물러남단계(게슈탈트가 사라지고 휴식을 취함) 순서로 진행된다.
① 게슈탈트 상담의 목표는 내담자가 자신의 욕구와 감정을 알아차리고 수용하며, 환경과의 접촉을 통해 문제를 해소하도록 돕는 것이다.
② 부모나 환경의 기대에 따라 행동하며 살아가는 단계는 공포층(연기층)이다. 내파층은 자기욕구를 인식하지만 억압하는 상태를 말한다.
③ 뜨거운 의자/자리(Hot Seat)는 상담자가 문제의 해결을 희망하는 사람을 빈자리로 맞아들이며, 두 사람의 상호작용을 통해 직접적으로 문제에 접근하는 기법을 말한다.
④ 감각을 둔화해 자신 및 환경과의 접촉을 약화하는 접촉경계장애는 편향이다. 반전은 자신이 다른 사람이나 환경에 대하여 하고 싶은 행동을 자기 자신에게 하는 것, 혹은 타인이 자기에게 해주기를 바라는 행동을 스스로 자기 자신에게 하는 접촉경계장애를 말한다.

04 자해 청소년에 대한 상담개입 방법으로 옳지 않은 것은?

① 마음챙김   ② 바디워크(Bodywork)
③ 대인관계 기술   ④ 정서조절 기술
⑤ 변증법적 행동치료

② 바디워크 : 몸의 자세를 바르게 교정하여 인체의 기능이 효율적으로 작동하게 함으로써 몸과 마음을 건강하게 단련하는 작업을 의미한다.

05 다음 사례에서 상담자가 공통적으로 적용한 상담이론은?

> ○ 상담자 : A가 기억할 수 있는 가장 어린 시절의 기억을 떠올려보세요. (잠시 후) 어떤 기억이 떠올랐는지 이야기해 주세요.
> ○ 상담자 : (발표에 대한 두려움이 있는 내담자에게) B가 마치 발표를 아주 잘하는 사람처럼 행동해 봅시다.

① 개인심리학
② 교류분석
③ 현실치료
④ 정신분석
⑤ 실존주의 상담

> 가장 어린 시절의 기억을 떠올려보도록 하는 것은 개인심리학 상담에서 내담자의 역동성 탐색과 분석(상담의 과정 2단계) 시 사용하는 어린 시절의 회상(Early Recollections)이다. 마치 발표를 아주 잘하는 사람처럼 행동하는 것은 개인심리학 상담의 기법 중 하나인 가상행동(마치 ~처럼 행동하기) 기법이다.

06 다음 사례의 상담자가 사용한 상담기법의 적용 시점으로 옳은 것은?

> 상담자 : (학업을 중단한 내담자에게) 학교 밖 청소년을 위한 꿈드림센터라는 기관이 있어요. 꿈드림센터에서는 학교 밖 청소년에게 상담, 교육, 자립 지원, 직업 체험 등을 지원하고 있어요.

① 상담의 주제나 초점을 이동하고자 할 때
② 내담자의 문제해결을 위한 정보가 필요할 때
③ 내담자 문제의 원인을 설명하고자 할 때
④ 내담자의 사고나 감정, 행동 등을 탐색하고자 할 때
⑤ 내담자의 감정을 변별하고 표현할 수 있도록 돕고자 할 때

② 위의 사례에서 상담자는 학업을 중단한 내담자에게 필요한 정보를 제공하였다. 따라서 상담자가 사용한 기법은 조언(Suggestion) 또는 충고이며, 이러한 기법의 적용 시점은 '내담자의 문제해결을 위한 정보가 필요할 때'이다.

조언(Suggestion) 또는 충고
- 조언은 내담자가 해야 할 것을 추천하거나 제안하는 기술이다.
- 상담자의 조언과 충고는 자칫하면 내담자의 반발과 저항을 초래할 수 있다.
- 조언은 진정한 의미에서 내담자의 자기이해, 자기탐색, 자기성장의 기회를 박탈하기 쉽고 내담자를 열등한 위치에 처하게 하기 쉽다.
- 조언을 자주 사용하는 것은 삼가야 한다. 다만 신속한 의사결정이 필요한 경우나 위기 상황 및 부모와 가족상담을 하는 경우 적절히 사용하는 것이 효율적이다.
- 미성년자 및 중·고등학생을 상담하는 경우에는 다소 지시적인 방법으로 직접적인 조언과 정보를 제공하는 것이 유용할 수 있다.

07 다음 사례에 대한 행동적 개입으로 옳지 않은 것은?

> 고등학생 A는 음주 상태에서 등교하여 징계를 받았다. 어려서부터 선수 생활을 했기 때문에 학업성적은 하위권이다. 야구선수로 성공하지 못하면 인생이 힘들어질 거라고 생각하니 경기를 앞두면 불안이 심해지고 그럴 때마다 술을 마시고 주량은 점점 늘고 있다.

① 재결단작업　　　　　　② 행동계약
③ 모델링　　　　　　　　④ 이완훈련
⑤ 체계적 둔감법

① 재결단작업 : 재결단이란 교류분석 상담의 과정 중 마지막 단계로, 내담자가 잘못된 초기결단을 재경험하고, 새롭고 더욱 건전한 결단을 하도록 조력받는 단계이다. 이 경우 내담자는 더욱 자율적이고 책임감 있고 진실되게 살아가기를 선택할 수 있다.
② 행동계약 : 구체화된 표적행동을 이행할 것을 서면으로 동의하는 것을 말한다. 행동계약은 자극통제 기법에 속하는데, 자극통제란 문제 행동과 관련된 환경 요인을 미리 재조정하여 행동의 변화를 촉진하는 기법이다. 부적절한 행동을 일으키는 환경 자극의 빈도를 줄이고 바람직한 행동을 일으키는 환경 자극을 증가하는 것을 목적으로 한다.
③ 모델링 : 타인의 행동을 관찰하고 학습하여 행동의 변화를 촉진하는 것으로, 실물모델·상징모델·묵시적 모델이 있다. 정확한 학습을 위해 습득된 행동을 시연해 보게 하는데, 모델이 매력적일수록 효과가 크다. 실제 인물이 아닌 소설 속 주인공도 모델의 역할이 가능하다.
④ 이완훈련 : 긴장과 이완의 느낌을 의도적으로 통제하는 방법을 학습하게 하는 기법으로, 불안이나 스트레스를 겪고 있는 내담자에게 적용한다.
⑤ 체계적 둔감법 : 고전적 조건형성 기법으로, 혐오스러운 느낌이나 불안한 자극에 대한 위계목록을 작성한 다음, 낮은 수준의 자극에서 높은 수준의 자극으로 상상을 유도하여 혐오나 불안에서 서서히 벗어나도록 하는 기법이다.

08 사례개념화에 관한 설명으로 옳지 않은 것은?

① 사례개념화는 내담자에 대한 잠정적인 가설이다.
② 내담자에 대한 정보가 추가될 때마다 수정, 보완할 수 있다.
③ 상담자의 전문적 소견이므로 이론적, 추상적 용어를 사용한다.
④ 사례개념화는 구체적인 상담개입의 방향을 제시해주는 역할을 한다.
⑤ 사례개념화의 목적은 내담자의 문제를 해결하기 위한 효과적인 계획을 세우는 데 있다.

사례개념화의 개념
사례개념화란 내담자의 문제, 원인 또는 관련 요인, 상담개입 방법을 체계적으로 설명하는 과정이다. 상담자는 내담자로부터 얻은 단편 정보를 통합하여 잠정적인 가설을 세운다. 내담자의 핵심 문제를 파악하고, 해결하기 위해 행동특성·상담목표 등 구체적인 전략을 특정 지식의 이론적 기초와 연결한다. 사례개념화는 구체적인 상담 개입의 방향을 제시해주며, 그 목적은 내담자의 문제를 해결하기 위한 효과적인 계획을 세우는 데 있다.

사례개념화 방법
- 문제의 핵심이 무엇인지 심리적 차원에서 생각한다.
- 문제의 원인, 특정 사건·계기 등 사건이 내담자에게 끼친 영향을 파악한다.
- 문제를 지속하는 내담자의 내적 역동과 역기능적 사고, 신념, 감정, 행동특성, 방어기제와 외적 역동, 주변 사람들의 반응과 주변 환경 등을 살펴본다.
- 내담자가 진술하는 내용에서 반복하여 나타나는 주제나 패턴을 파악한다.
- 여러 정보를 근거로 가설을 세우고, 정보가 추가됨에 따라 그 가설을 계속 수정·보완한다.

09 다음에서 설명하는 상담이론은?

○ 인간의 고통을 보편적이며 정상적인 것으로 본다.
○ 상담목표는 심리적 유연성을 증대시키는 것이다.
○ 내담자의 문제는 경험회피와 인지적 융합으로 인한 심리적 경직성에서 비롯된다.

① 해결중심상담
② 자아초월상담
③ 수용전념치료
④ 실존주의 상담
⑤ 변증법적 행동치료

수용전념치료(ACT ; Acceptance and Commitment Therapy)
- 마음챙김 및 수용 기반 인지행동치료의 접근법 중 하나이다.
- 인지행동치료의 '제3의 동향'으로 기존 인지행동치료를 보완하는 방법 중 하나이다.
- 인지적 탈융합과 마음챙김을 통해 심리적 건강과 삶의 질을 향상할 수 있다고 본다. 스티븐 헤이즈(S. Hayes)에 의해 발전되었다.
- 생각과 느낌을 수용하고 현재에 존재하게 하며, 가치 있는 방향을 선택하고 행동을 취하게 하는 방법이다.
- 인간의 고통을 보편적이며 정상적인 것으로 본다.
- 정신병리가 경험 회피와 인지적 융합으로 인한 심리적 경직성에 의해 발생한다고 본다.
- 상담목표는 심리적 유연성을 증대하는 것이다.
- 핵심 원리로는 가치 탐색, 전념 행동, 현재에 머무르기, 인지적 탈융합 등이 있다.

10 상담기법에 관한 설명으로 옳지 않은 것은?

① 경청은 내담자의 말과 행동에 집중해서 보고 듣는 것으로 내담자가 생각이나 감정을 자유롭게 표현하게 한다.
② 감정반영은 내담자가 표현한 감정을 상담자가 다른 말로 부연해주는 것으로 내담자로 하여금 이해받고 있다는 인식을 갖게 한다.
③ 명료화는 모호한 표현을 명확하게 하기 위한 질문 형태의 기술로 내담자가 미처 생각하지 못했던 측면을 다시 생각해 보게 한다.
④ 해석은 지금-여기에서 일어나는 상담자와 내담자 사이의 역동을 피드백하는 것으로 내담자는 자신에 대한 통찰을 얻게 된다.
⑤ 재진술은 내담자가 진술한 내용을 상담자의 말로 바꾸어 기술하는 것으로 내담자로 하여금 자신이 한 말에 주의를 기울이게 한다.

> ④ '즉시성'에 대한 설명이다. '해석'은 내담자가 자기의 문제를 새로운 각도에서 이해하도록 그의 생활경험과 행동의 의미를 상담자가 설명해주는 것으로, 내담자가 다른 관점으로 문제를 볼 수 있도록 행동, 사고, 감정에 새로운 의미를 제공하는 것이다.

11 분석심리학에 관한 설명으로 옳은 것을 모두 고른 것은?

> ㄱ. 정신적 기능은 사고, 감정, 감각, 직관으로 구성된다.
> ㄴ. 콤플렉스는 의식과 무의식의 구성요소로 특히 집단무의식의 내용으로 구성된다.
> ㄷ. 해석단계에서는 증상의 의미, 아니마와 아니무스, 그림자 등을 알아차리도록 한다.
> ㄹ. 상담은 관계형성-분석과 사정-해석-재정향 단계 순으로 진행된다.

① ㄱ, ㄴ
② ㄱ, ㄷ
③ ㄴ, ㄹ
④ ㄱ, ㄴ, ㄷ
⑤ ㄴ, ㄷ, ㄹ

> ㄱ. 분석심리학은 심리유형론에서 정신의 기능을 합리적 기능과 비합리적 기능으로 나누고, 합리적 기능은 사고와 감정, 비합리적 기능은 감각과 직관으로 구성된다고 하였다.
> ㄷ. 분석심리학의 상담단계 중 해석(명료화) 단계에서는 내담자가 나타내는 증상의 의미, 아니마와 아니무스, 그림자, 상황과 고통 등을 알아차리도록 하여 내담자가 자신의 문제에 대한 정서적·지적 통찰을 얻을 수 있게 한다.
> ㄴ. 분석심리학에서 콤플렉스는 무의식의 구성요소로 특히 개인무의식의 내용으로 구성된다.
> ㄹ. 개인심리학의 상담단계이다. 분석심리학은 고백-해석(명료화)-교육-변형 단계 순으로 진행된다.

12 현대 정신분석 이론가와 주요개념의 연결이 옳지 않은 것은?

① 코헛(H. Kohut) – 자기대상(Self-object)
② 클라인(M. Klein) – 탈융합(Defusion)
③ 페어베언(W. Fairbairn) – 분열 자리(Schizoid Position)
④ 위니컷(D. Winnicott) – 과도적 대상(Transitional Object)
⑤ 말러(M. Mahler) – 분리개별화(Separation-individuation)

② 클라인(M. Klein)은 대상관계이론을 주장한 이론가 중 한 사람이다. 그는 원시적인 방어과정으로 '투사적 동일시'라는 개념을 제시하였다.

13 스마트폰 과의존에 관한 설명으로 옳지 않은 것은?

① 스마트폰 과의존 유형에는 SNS, 게임, 음란물, 도박, 검색 등이 있다.
② 금단은 스마트폰을 사용하지 못하면 초조하고 불안함을 느끼는 현상이다.
③ 스마트폰 과의존 자가진단 척도(S-척도) 결과가 35점 이상이면 위험 사용자군에 해당된다.
④ 고위험 사용자군은 스마트폰 사용에 대한 통제력을 상실한 상태로 전문적인 도움이 필요하다.
⑤ 스마트폰 과의존은 과도한 스마트폰 이용으로 인해 스마트폰에 대한 현저성이 증가하고 이용 조절력이 감소해 문제적 결과를 경험하는 상태이다.

청소년 스마트폰중독 자가진단 척도(S-척도)
• 고위험 사용자군 : 총점 45점 이상
• 잠재적 위험 사용자군 : 총점 42점 이상~44점 이하
• 일반 사용자군 : 총점 41점 이하

14 다음 상황에 해당하는 키치너(K. Kitchener)의 윤리적 의사결정 원칙으로 옳은 것은?

> ㄱ. 상담자 A는 애완동물의 죽음으로 상실감을 겪고 있는 내담자를 상담하면서 자신의 전문성이 부족하다고 판단하여 다른 상담자에게 의뢰하였다.
> ㄴ. 상담자 B는 집에서 먼 청소년상담복지센터보다 가까운 학교 Wee클래스에서 상담을 받고 싶어 하는 내담자의 의견을 수용하였다.

① ㄱ : 선의(Beneficence), ㄴ : 충실성(Fidelity)
② ㄱ : 무해성(Nonmaleficence), ㄴ : 충실성(Fidelity)
③ ㄱ : 무해성(Nonmaleficence), ㄴ : 공정성(Justice)
④ ㄱ : 충실성(Fidelity), ㄴ : 자율성(Autonomy)
⑤ ㄱ : 선의(Beneficence), ㄴ : 자율성(Autonomy)

키치너의 윤리적 의사결정 원칙
- 선의 : 내담자가 자신이 속한 사회와 문화권 안에서 성장하고 발전하는 데 기여하도록 하는 것과 관련된 것으로, 상담자는 내담자를 돕고 촉진함으로써 내담자의 안녕과 복지를 증진하는 선한 일을 해야 한다.
- 자율성 : 내담자가 자발적으로 삶의 방향을 선택하고 의사를 결정하는 것과 관련된 것으로, 타인의 권리를 해치지 않는 한 내담자가 원하는 것을 선택하고 그것을 할 수 있는 권리가 보장되어야 한다.
- 무해성 : 내담자에게 해롭거나 고통을 줄 수 있는 행동을 피해야 한다.
- 공정성 : 내담자의 연령, 성별, 인종, 재정, 문화, 종교 등에 의한 편향 없이 평등하고 공평하게 대해야 한다.
- 충실성 : 정직한 약속을 하고 그것을 지키기 위해 책임을 다하는 것과 관련된 것으로, 상담자는 내담자에게 충실하고 존중을 보여주어야 한다.
- 진실성 : 근거에 입각하여 상담을 이끌고 내담자를 진실로 대하면서 서로 공감하고 이해·수용하는 태도를 통해 신뢰를 기반으로 하는 관계를 형성해야 한다.

15 현실치료에 관한 설명으로 옳지 않은 것은?

① 내담자는 자신의 정서와 행동에 대한 책임이 있다.
② 우볼딩(R. Wubbolding)은 지지적인 상담환경을 강조하여 구체적인 권장사항을 제시하였다.
③ 내담자의 욕구를 탐색하고 원하는 것을 얻기 위해 무엇을 해왔는지 파악한다.
④ 내담자의 현재 행동에 초점을 두고 행동의 효과성에 따라 새로운 전행동(Total Behavior)을 선택하도록 한다.
⑤ 내담자의 선택을 중요시하여 계획을 실천하지 못할 경우 변명을 허용한다.

⑤ 현실치료에서는 변명은 받아들이지 않고, 실행하지 않은 잘못을 받아들이게 한다.

16 청소년상담사 윤리강령에 명시된 '내담자의 권리와 보호'에 관한 내용으로 옳은 것은?

① 청소년 내담자에게 무력, 정신적 압력을 사용하지 않는다.
② 청소년상담사는 심리검사를 실시하고 해석할 수 있는 능력을 배양해야 한다.
③ 청소년 문제해결을 위해 윤리적 기준에 따라 과학적인 방법으로 연구를 수행한다.
④ 내담자에게 전문적인 서비스를 제공하기 위해 상담내용을 기록하고 보관한다.
⑤ 청소년상담사는 사적 대화에서 내담자의 신원확인이 가능한 정보를 공개하지 않는다.

① 내담자의 복지 중 '내담자의 권리와 보호'와 관련된 내용이다.
② 심리평가 중 '심리검사의 실시'와 관련된 내용이다.
③ 연구 및 출판 중 '연구활동'과 관련된 내용이다.
④ 비밀보장 중 '기록 및 보관'과 관련된 내용이다.
⑤ 비밀보장 중 '사생활과 비밀보장의 의무'와 관련된 내용이다.

17 해결중심상담에 관한 설명으로 옳은 것을 모두 고른 것은?

ㄱ. 변화에 낙관적이다.
ㄴ. 내담자의 언어체계에 관심이 있다.
ㄷ. 예외적인 상황을 탐색한다.
ㄹ. 모더니즘의 보편적 진리를 강조한다.
ㅁ. 심리평가에 의한 진단을 중시한다.

① ㄱ, ㄴ, ㄷ   ② ㄱ, ㄴ, ㄹ
③ ㄷ, ㄹ, ㅁ   ④ ㄱ, ㄴ, ㄷ, ㄹ
⑤ ㄴ, ㄷ, ㄹ, ㅁ

해결중심상담은 문제의 원인을 규명하기보다는 내담자가 가진 자원을 활용하여 해결방안을 마련하는 단기적 접근방법이다. 일반적인 진실이나 지식은 없으며 사회를 구성하는 것은 '사실'뿐이고, 현실은 언어체계로 표출된다고 주장하는 사회구성주의 영향을 받았다. 상담자는 내담자가 해결중심의 언어를 사용하는 데 도움을 준다. 내담자는 상담 전에 이미 변화할 준비가 되어 있다고 가정하며, 예외적인 상황을 탐색하여 내담자의 긍정적 부분을 강화한다.

정답 14 ⑤ 15 ⑤ 16 ① 17 ①

18 교류분석에 관한 설명으로 옳지 않은 것은?

① 내담자의 자아상태 분석을 통해 성격구조와 기능을 파악한다.
② 카프만(S. Karpman)은 게임분석을 위해 드라마 삼각형을 고안하였다.
③ 굴딩(M. Goulding)은 각본분석에 의한 금지령 목록을 제시하고 있다.
④ 라켓감정은 스트레스 상황에서 적절성 여부와 상관없이 반복적으로 사용된다.
⑤ 교차교류는 상대방의 하나 이상의 자아상태를 향해서 상보적 교류와 잠재적 교류가 동시에 작용하는 교류이다.

> ⑤ 상대방의 하나 이상의 자아상태를 향해서 상보적(현재적) 교류와 잠재적 교류가 동시에 작용하는 것은 '이면교류'이다. 교차교류는 다른 사람의 어떤 반응을 기대하기 시작한 교류에 대해 예상 외의 반응이 되돌아오는 것으로, 3~4개의 자아 상태가 관련되며 자극과 반응의 방향은 항상은 아니지만 자주 교차된다.

19 청소년상담에 관한 설명으로 옳지 않은 것은?

① 청소년의 잠재가능성을 실현할 수 있도록 돕는다.
② 청소년 고용, 보호 기관 관련자도 상담 대상에 포함된다.
③ 다양한 매체를 활용한 상담보다는 대면상담에 주력한다.
④ 일상에서 당면한 문제해결과 예방을 위해 교육을 실시한다.
⑤ 위기개입 및 자립을 지원하여 건전한 발달과 성장을 돕는다.

> ③ 청소년상담은 일대일 개인면접뿐 아니라 소규모 또는 대규모 형태의 집단교육 및 훈련, 컴퓨터나 전화 등을 이용한 매체상담, 놀이치료 등의 다양한 방법을 활용한다.

20 다음에서 설명하는 인지적 오류로 옳은 것은?

> ○ 상황이나 사건의 주된 내용은 무시하고 특정 정보에만 주의를 기울여 전체 맥락의 중요한 부분을 간과하는 것
> ○ 작품발표회에서 다수가 긍정적인 반응을 보였음에도 불구하고 부정적인 반응을 보인 소수에게 주의를 기울여 실패한 작품이라고 단정 짓는 경우

① 개인화
② 선택적 추론
③ 흑백논리적 사고
④ 부정적 예측
⑤ 과잉일반화

---

② 선택적 추론/추상화(정신적 여과) : 다른 중요한 요소들은 무시한 채 사소한 부분에 초점을 맞추고, 부분적인 것에 근거하여 전체 경험을 이해한다. 예 발표를 잘 마무리했지만 한 친구가 졸고 있었다는 이유로 발표가 지루했다고 생각하는 경우

① 개인화 : 자신과 관련 근거가 없는 외부사건을 자신과 연관하는 성향이다. 실제로는 다른 것 때문에 생긴 일에 대해 자신이 원인이고 자신이 책임져야 할 것으로 받아들인다. 예 "내가 공부를 못하기 때문에 부모님의 사이가 안 좋다."

③ 흑백논리적/이분법적 사고 : 모든 경험을 한두 개의 범주로만 이해하고, 중간지대 없이 흑백논리로써 현실을 파악한다. 예 "나와의 약속을 어겼기 때문에 너는 나쁜 인간이다."

④ 부정적 예측 : '임의적 추론'에 속하는 인지적 오류이다. '임의적 추론'은 어떤 결론을 지지하는 증거가 없거나 그 증거가 결론에 위배됨에도 그와 같은 결론을 내리는 것으로, '독심술(적 사고)'과 '부정적 예측' 등 두 가지 형태로 나눌 수 있다. 예 자신의 메시지에 답변이 없다고 하여, 상대방이 의도적으로 회피한다고 판단하는 경우

⑤ 과잉일반화 : 한두 가지의 고립된 사건에 근거해서 일반적인 결론을 내리고, 그것을 서로 관계없는 상황에 적용한다. 예 평소 자신을 도와주던 친구가 어쩌다가 한 번 자신을 도와주지 않았다고 하여, 자신과의 친분을 끊은 것이라고 결론을 내리는 경우

21 합리정서행동상담(REBT)에 관한 설명으로 옳은 것은?

① 인간의 본성에 대해 결정론적인 입장을 강조한다.
② 심리적 문제는 미해결과제가 해소되지 못할 때 발생한다.
③ 상담목표는 내담자의 억압된 정서를 자각하게 하는 것이다.
④ 내담자가 자기실현 경험을 바탕으로 이상적 자기에 부합하도록 돕는다.
⑤ 인지, 정서, 행동이 상호작용하는 과정에서 인지적 요인이 핵심이 된다.

⑤ 합리정서행동상담은 '인지'를 인간의 정서 및 행동의 핵심 요소로 본다.
①·③ 정신분석상담에 관한 설명이다.
② 게슈탈트상담에 관한 설명이다.
④ 인간중심상담에 관한 설명이다.

합리정서행동상담
인간을 합리적 사고와 비합리적 사고의 잠재성을 모두 지닌 존재로 본다. 인간의 삶에 혼란을 가져올 수 있는 비합리적 신념에 주목하여 인간의 비합리적 사고 또는 신념이 부적응을 유발한다고 보고, 인지 재구조화를 통해 비합리적 사고를 합리적인 사고로 대치하는 것을 목표로 한다.

22 상담단계와 과업의 연결이 옳은 것을 모두 고른 것은?

ㄱ. 초기 – 상담의 구조화
ㄴ. 초기 – 상담목표 설정
ㄷ. 중기 – 통찰과 변화 시도
ㄹ. 중기 – 추수 회기
ㅁ. 종결 – 문제탐색과 정보수집

① ㄱ, ㄴ
② ㄱ, ㄴ, ㄷ
③ ㄴ, ㄷ, ㄹ
④ ㄱ, ㄷ, ㄹ, ㅁ
⑤ ㄴ, ㄷ, ㄹ, ㅁ

상담단계와 과업
- 초기 : 관계 형성, 문제탐색과 정보수집, 문제 이해 및 평가, 상담의 구조화, 상담목표 설정
- 중기 : 통찰과 변화 시도, 직면과 저항 등 다루기, 관찰 내용 피드백
- 종결 : 상담 성과 평가, 상담목표 달성 정도 파악, 종결 관련 감정 파악, 실행 격려, 추수 회기 결정

23 지역사회 청소년통합지원체계(CYS-Net, 청소년안전망)에 관한 설명으로 옳지 않은 것은?

① 청소년 보호법령에 명시되어 있다.
② 지역사회기반으로 통합서비스를 제공하기 위한 시스템이다.
③ 청소년에 대한 상담, 긴급구조, 보호, 의료지원 등을 지원한다.
④ 필수연계기관에 시·도 교육청과 초·중등학교 등이 포함된다.
⑤ 필수연계기관은 위기청소년에 대한 지원 의뢰가 있을 경우 최우선적으로 지원하도록 상호 협력하여야 한다.

> ① 청소년복지지원법령에 명시되어 있다.
> **지역사회 청소년통합지원체계**
> • 지역사회를 기반으로 청소년에게 통합서비스를 제공하기 위한 시스템으로, 개입체계는 긴급구조, 일시보호, 진단, 상담개입을 위한 것이다.
> • 청소년의 건강한 성장을 위해 지역사회 내 청소년 관련 자원(위기청소년을 지원하기 위한 자발적인 주민 모임 등)을 연계하여 학업중단, 가출, 인터넷 과의존 등 위기청소년에게 상담·보호·교육·의료·자립 등 맞춤형 서비스를 제공한다.
> • 필수연계기관에는 시·도 교육청과 초·중등학교 등이 포함되며, 위기청소년에 대한 지원 의뢰가 있을 경우 최우선으로 지원하도록 상호 협력하여야 한다.

24 청소년상담에서 사전동의(Informed Consent)의 내용으로 옳지 않은 것은?

① 상담자의 경력
② 상담을 거부할 권리
③ 상담 약속과 취소 방법
④ 상담 성과에 대한 보장
⑤ 상담 참여의 잠재적 위험

> **사전동의의 내용**
> • 비밀보장과 비밀보장의 예외 상황
> • 상담자의 학위와 경력, 이론적 지향
> • 상담 약속과 취소 및 필요시 연락 방법
> • 상담을 거부할 권리
> • 내담자가 본인 상담 자료를 열람할 수 있는 권리
> • 상담서비스로부터 얻을 수 있는 이익과 상담의 한계
> • 상담 참여의 잠재적 위험

25 청소년상담의 통합적 접근에 관한 설명으로 옳지 않은 것은?

① 특정 이론의 한계를 극복하고자 포괄적으로 접근하는 시도이다.
② 다양한 이론과 기법을 통합하여 치료효과를 증가시키는 데 목적이 있다.
③ 내담자에게 동일한 치료관계와 방법을 적용하기 위해 고안해낸 접근법이다.
④ 라자루스(A. Lazarus)의 다중양식치료는 기술적 통합 접근에 해당한다.
⑤ 동화적 통합 접근은 특정한 주요 이론을 선택하고 다양한 치료적 접근을 결합·적용하는 것이다.

③ 상담의 통합적 접근은 다양한 이론적 접근과 기법을 필요에 따라 선별 적용하여 상담의 효과성을 높이기 위한 접근법이다.

필수과목 02 상담연구방법론의 기초

26 다음 사례에서 연구가설이 표현하고 있는 효과는?

> 많은 선행연구에서 부모와의 안정애착(A)이 자녀의 학교생활적응(B)에 영향을 미치는 것으로 나타났다. 최근 한 연구자는 애착이론과 선행연구를 근거로, 두 변인(A, B)과 자기효능감(M)간 관계를 나타내는 연구가설을 다음과 같이 설정했다.
> "A는 M을 통해 B에 정적인 영향을 미칠 것이다."

① B의 직접효과   ② B의 매개효과
③ A의 간접효과   ④ M의 조절효과
⑤ B의 이월효과

"A(독립변수)가 M(매개변수)을 통해 B(종속변수)에 (정적인) 영향을 미칠 것이다"라는 것은 A의 간접효과에 관한 표현이다.
• 간접효과/매개효과
  - 부분매개효과 : 독립변수가 매개변수를 통해 종속변수에 영향을 주고, 독립변수가 직접적으로 종속변수에 영향을 주기도 하는 경우(직접효과)의 매개효과
  - 완전매개효과 : 매개변수가 있어야만 독립변수가 종속변수에 영향을 미치는 경우의 매개효과
• 직접효과 : 매개변수가 있어도 독립변수가 매개변수를 거치지 않고 종속변수에 직접 영향을 미치는 효과
• 조절효과 : 독립변수가 종속변수에 미치는 효과가 조절 변수의 수준에 따라서 달라지는 경우 발생하는 효과
• 이월효과 : 선행 실험 처치나 연구 조건의 영향이 후속 실험 처치나 연구 조건이 시행되는 동안까지도 남아서 작용하는 현상

27 가설 설정 및 검정에 관한 설명으로 옳지 않은 것은?

① 가설 설정은 주로 연역적 접근법을 사용한다.
② 유의수준보다 유의확률(p값)이 작으면 영가설을 기각한다.
③ 가설 검정을 위한 자료분석 방법은 논문의 연구방법에 기술한다.
④ 영가설을 기각했을 때 이 결정이 오류일 확률을 1종 오류라고 한다.
⑤ 자료분석 결과가 연구자의 예측과 다르게 나타나면 연구가설을 수정해서 논문에 보고한다.

⑤ 자료 분석 결과가 연구자의 예측과 다르게 나타나도 연구가설을 수정해서는 안 된다.

28 연구 수행에 관한 설명으로 옳은 것을 모두 고른 것은?

ㄱ. 연구의 독특성, 의의 및 실행 가능성을 고려하여 연구 주제와 연구 문제를 결정한다.
ㄴ. 관련 이론과 선행연구들이 부재한 상황에서도 인과관계를 검증할 수 있는 실험연구를 우선적으로 고려한다.
ㄷ. 양적 연구 수행 시 연구의 내적 타당도뿐 아니라 연구 결과의 일반화 가능성도 중요한 고려사항이다.
ㄹ. 자기보고식 검사를 사용하면 모든 참여자들이 성실하고 정확하게 문항에 반응한다.

① ㄷ
② ㄱ, ㄷ
③ ㄴ, ㄹ
④ ㄱ, ㄴ, ㄷ
⑤ ㄱ, ㄴ, ㄹ

ㄴ. 관련 이론과 선행연구들의 부재 시 설문조사 등 자료 수집을 우선 고려한다.
ㄹ. 다양한 상황에서 자신의 사고, 감정, 행동에 관한 질문에 대해 보고하는 자기보고식 검사를 사용한다고 해서 모든 참여자가 성실하고 정확하게 문항에 반응하는 것은 아니다.

29 상담 연구에 관한 일반적인 설명으로 옳지 않은 것은?

① 눈덩이표집은 확률표집의 일종이다.
② 군집분석은 사람뿐 아니라 진술문이나 검사문항을 범주화하는 목적으로 활용된다.
③ 자기보고식 검사는 심층면접에 비해 상대적으로 실시하기 용이하다.
④ 이론은 인간 행동을 개념화할 뿐 아니라, 가설 도출 및 검증의 기반이 된다.
⑤ 연구자마다 다른 이론을 토대로 동일한 변인을 다르게 조작적으로 정의할 수 있다.

> ① 눈덩이표집은 비확률표집의 일종이다.
> 표본추출기법
> • 비확률표집
>   - 눈덩이(누적)표집 : 연속적인 추천 과정을 통해 표본을 선정하는 방법이다.
>   - 할당표집 : 인구통계학적 특성 등과 같은 연구자의 모집단에 대한 사전지식을 기초로 하여 모집단의 특성을 나타내는 모집단의 속성을 미리 파악할 수 있을 때, 각 속성의 구성 비율을 고려해 하위 집단별로 표본 수를 할당한 다음 표본을 추출하는 방식이다.
>   - 편의(임의/우연)표집 : 조사자가 편리한 대로 표출한다.
> • 확률표집
>   - 집락(군집)표집 : 표본(추출) 단위를 집단(일정한 지역)으로 하여 무작위 표출한다.
>   - 단순무작위표집 : 표본 요소들의 표출될 확률이 동일하다.
>   - 층화표집 : 일정한 특성에 의해 모집단을 층화하고 각 층에서 일정 수를 무작위 표출한다.

30 양적 연구 패러다임에 관한 설명으로 옳은 것은?

① 일반적으로 구성주의 관점을 따른다.
② 주로 영역코딩, 축코딩, 개방코딩 등 귀납적인 자료분석을 실시한다.
③ 표본의 대표성, 관찰의 객관성, 실증주의적 관점을 중시한다.
④ 근거이론, 현상학적 연구, 합의적 질적 연구가 해당된다.
⑤ 참여관찰을 통해 연구대상이 상황에 부여하는 의미를 이해하고자 한다.

> 양적 연구 패러다임은 현상의 속성을 계량적으로 표현하고 그들의 관계를 통계분석으로 밝혀내는 것으로 표본의 대표성, 관찰의 객관성, 실증주의적 관점을 중시한다.
> 질적 연구 패러다임
> • 관찰자가 자신이 관찰하려는 것에 직접 참여하여 여러 역할을 담당하는 참여관찰(현장 연구)을 통해 연구대상이 상황에 부여하는 의미를 이해하는 데 초점을 맞춘 연구이다.
> • 구성주의 · 구조주의 · 해석주의 · 후기 실증주의 등의 관점을 따른다.
> • 근거이론, 현상학적 연구, 합의적 질적 연구가 해당되며 주로 영역코딩, 축코딩, 개방코딩 등 귀납적인 자료분석을 한다.

31 양적 연구의 타당도에 관한 설명으로 옳지 않은 것은?

① 무선표집(Random Sampling)을 실시하면 일반적으로 외적 타당도가 증가한다.
② 연구참여자들을 실험집단과 통제집단에 무선할당(Random Assignment)하면 일반적으로 내적 타당도가 감소한다.
③ 일반적으로 실험연구는 가외변인을 통제하기 때문에 내적 타당도가 높다.
④ 연구 수행 중에 참여자들이 이탈하고 측정도구가 바뀔 경우 연구의 타당도가 위협받는다.
⑤ 변인 간 상관관계를 토대로 인과관계를 단정할 수 없다.

② 연구참여자들을 실험집단과 통제집단에 동질화를 위해 무선 할당하면 일반적으로 내적 타당도가 높아진다 (실험 처치만이 실험 결과에 영향을 끼쳤음을 알 수 있다).

내적 타당도
각 변수 사이의 인과관계를 추론하여 그것이 실험에 의한 진정한 변화에 의한 것인지를 판단하는 인과 조건의 충족 정도를 말한다.

32 통계적 검정력(Statistical Power)에 관한 설명으로 옳은 것을 모두 고른 것은?

ㄱ. 2종 오류(β)의 크기는 통계적 검정력과는 관련이 없다.
ㄴ. 통계 검정의 가정이 위배되면 일반적으로 통계적 검정력은 감소한다.
ㄷ. 통계적 검정력이 1에 가까울수록 1종 오류(α)는 0에 가까워진다.
ㄹ. 1종 오류(α)의 수준을 보수적으로 설정하면(예: .001), 실제 효과가 있을 때 효과가 있다고 결론 내리기 어려워진다.

① ㄱ, ㄴ   ② ㄱ, ㄷ
③ ㄴ, ㄹ   ④ ㄱ, ㄷ, ㄹ
⑤ ㄴ, ㄷ, ㄹ

β를 통계적 검정력이라고 하며, 2종 오류(β)의 크기와 통계적 검정력은 역의 상관관계를 가진다.
ㄷ. 1종 오류와 2종 오류는 반비례 관계에 있으므로 통계적 검정력(1-β)이 1에 가까울수록 2종 오류(β)가 0에 가까워지므로 1종 오류(ㄱ. 1-α)는 1에 가까워진다.

33 척도의 타당도를 평가할 수 있는 방법을 모두 고른 것은?

> ㄱ. 요인분석
> ㄴ. 문항의 내용 및 척도 구성에 대한 전문가의 판단
> ㄷ. 타당성이 확보된 기존 척도와의 상관
> ㄹ. 다특성-다방법(Multitrait-Multimethod) 접근

① ㄱ, ㄴ
② ㄴ, ㄷ
③ ㄷ, ㄹ
④ ㄱ, ㄷ, ㄹ
⑤ ㄱ, ㄴ, ㄷ, ㄹ

타당도 평가 방법
- 내용타당도 : 문항의 내용 및 척도 구성에 대한 전문가의 판단
- 기준타당도 : 타당성이 확보된 기존 척도와의 상관
- 구성타당도
  - 요인분석 : 검사를 구성하는 문항들의 상관관계를 분석하여 상관이 높은 문항들을 묶어주는 통계적 방법
  - 다특성-다방법 접근 : 둘 이상의 특성에 대해 둘 이상의 방법으로 측정하여 그 결과를 분석하는 방법으로 동일한 특성에 대해 서로 다른 방법으로 측정하여 그 결과가 어느 정도 상관관계를 나타내는지 확인하는 것
  - 이해타당도 : 특정 개념에 대해 이론적 구성을 토대로 어느 정도 체계적·논리적으로 이해하고 있는가를 나타내는 것
  - 수렴(집중)타당도 : 동일한 개념을 측정하기 위해 서로 다른 측정 방법을 사용하여 얻은 측정치 간에 높은 상관관계가 존재해야 함을 전제로 함
  - 판별타당도 : 서로 다른 개념을 측정하여 얻은 측정 문항들의 결과 간에 상관관계가 낮아야 함을 전제로 함

34 측정도구 선정 및 사용에 관한 설명으로 옳은 것은?

① 반복된 측정으로 인한 연습효과가 예상될 경우, 연구자는 동형검사(Parallel Forms) 사용을 고려하는 것이 좋다.
② 측정도구의 신뢰도가 높으면 타당도 또한 당연히 높다고 가정한다.
③ 측정도구 선정 시 검사의 경제성, 피검자의 피로도는 고려할 사항이 아니다.
④ 측정도구가 특정 연령대를 대상으로 타당화되었다면 다른 연령대에도 타당도가 확보된 것으로 가정한다.
⑤ 일반적으로 한 개의 측정도구로도 특정 구성개념을 완벽히 구인할 수 있기 때문에, 구성개념을 측정하기 위해 두 개 이상의 측정도구를 사용할 필요가 없다.

> ① 검사-재검사 신뢰도는 동일한 측정도구를 가지고 동일한 대상에게 시간적 간격을 두고 반복 측정하여 신뢰도를 평가하는 방법으로 간편하지만, 반복된 측정으로 연습효과가 예상될 수 있다. 이때 동일하지 않은 유사한 형태의 둘 이상의 측정 도구를 사용하여 동일한 표본에 적용한 결과를 서로 비교하여 신뢰도를 측정하는 동형검사 신뢰도(대안 신뢰도/복수·평행양식법)를 사용하면 연습효과를 방지할 수 있어서 좋다.
> ② 신뢰도는 타당도의 필요조건으로 신뢰도가 높다고 해서 반드시 타당도가 높아지지는 않는다.
> ③ 측정 도구 선정 시 신뢰도와 타당도는 물론 검사의 경제성이나 피검자의 피로도는 고려할 사항이다.
> ④ 측정 도구가 특정 연령대를 대상으로 타당화되었다고 해서 다른 연령대에도 타당도가 확보된 것으로 가정하거나 일반화하려면 다른 연령대에 대한 조사를 통해 다른 연령대에 대한 신뢰도와 타당도가 확보되어야 한다.
> ⑤ 일반적으로 한 개의 측정 도구로 특정 구성개념을 완벽히 구인할 수는 없기 때문에, 구성개념을 측정하기 위해 두 개 이상의 측정 도구를 사용할 필요가 있다.

35 척도의 신뢰도(Reliability)에 관한 설명으로 옳은 것을 모두 고른 것은?

> ㄱ. 척도의 문항이 1개일 경우 반분신뢰도 계수는 1이다.
> ㄴ. 같은 척도를 연령대가 다른 참여자들에게 실시해도 신뢰도 계수는 변하지 않는다.
> ㄷ. Cronbach의 alpha는 검사-재검사 신뢰도를 나타낸다.
> ㄹ. 문항들의 내용이 서로 유사하면 척도의 내적 일관성은 커진다.

① ㄱ
② ㄹ
③ ㄱ, ㄹ
④ ㄴ, ㄷ
⑤ ㄱ, ㄴ, ㄷ, ㄹ

> ㄱ. 반분신뢰도에서 양분된 측정 도구의 문항 및 항목 수는 그 자체가 완전한 척도를 이룰 수 있을 만큼 충분해야 하며, 반분한 문항 수는 적어도 8~10개는 되어야 한다. 문항 수가 감소하면 반분신뢰도 계수도 낮아진다.
> ㄴ. 같은 척도를 연령대가 다른 참여자들에게 실시하면 신뢰도 계수는 변할 수 있다.
> ㄷ. Cronbach의 alpha는 내적일관성 신뢰도를 나타낸다.

36 다음 각각의 사례에 적절한 분석 방법을 옳게 짝지은 것은?

> ㄱ. 연구자는 '자기수용척도'의 하위척도(자기수용-1, 자기수용-2, 자기수용-3) 점수의 프로파일을 토대로 연구참여자들을 적극적 자기수용자, 소극적 자기수용자, 비수용자로 구분했다.
> ㄴ. 연구자의 관심은 A와 B의 관계를 C가 조절하는지를 확인하는 데 있다. 이를 위해 연구자는 1단계에 공변인을 투입하고, 2단계에 A와 C를 투입하고, 마지막 3단계에 A와 C의 상호작용 항을 투입해서 B를 설명하는 모형을 설정한 후 상호작용 항이 통계적으로 유의한지 확인했다.

① ㄱ : 경로분석, ㄴ : 위계적 회귀분석
② ㄱ : 요인분석, ㄴ : 경로분석
③ ㄱ : 군집분석, ㄴ : 메타분석
④ ㄱ : 군집분석, ㄴ : 위계적 회귀분석
⑤ ㄱ : 메타분석, ㄴ : 반복측정 분산분석

> ㄱ. 군집분석 : 어떤 객체나 대상들이 지닌 다양한 특성의 유사성을 바탕으로 동질적인 몇 개의 군집으로 집단화하는 통계분석기법
> ㄴ. 위계적 회귀분석 : 매개효과나 조절효과 또는 상호작용효과를 확인하기 위해 주로 사용하는 기법

37 논문 작성 시 '논의 및 결론'에 포함될 내용에 관한 설명으로 옳은 것은?

① 연구 가설을 지지하지 않는 연구 결과는 보고하거나 해석하지 않는다.
② 연구 결과가 상담 실무 및 관련 이론에 갖는 시사점을 기술한다.
③ 연구에서 활용한 척도 및 자료 수집 절차를 상세히 기술한다.
④ 연구의 배경이 되는 이론과 선행연구들을 소개하고 가설을 진술한다.
⑤ 연구참여자들의 인구통계학적 정보를 표로 제시한다.

> 논문 작성 시 '논의 및 결론'에 포함될 내용
> • 결과에 근거한 결론 진술
> • 결과의 가설 지지 여부 설명
> • 결과가 제공하는 이론적·실제적 함의 및 시사점 제공
> • 연구의 한계점 및 후속 연구를 위한 제언 제시

38 논문 작성 시 '연구방법'에 포함될 내용으로 옳은 것은?

① 연구의 필요성과 목적
② 가설 검정을 위한 자료 분석 결과
③ 연구 결과 요약 및 선행연구와의 비교
④ 가설 설정의 근거가 되는 이론과 선행연구 결과
⑤ 참여자 모집 절차 및 선정 기준

> 연구방법에서는 연구대상자(참여자) 모집 절차와 선정 기준 및 표집 방법과 선택 이유에 관해 기술해야 한다. 실험연구 시 실험집단과 통제집단 사이의 동질성 확보에 관한 내용도 함께 기술해 주면 더 설득력 있는 연구 과정이 될 수 있다.

39 진실험설계가 충족해야 할 조건으로 옳지 않은 것은?

① 외생(Extraneous)변수의 통제
② 무작위 집단 배정
③ 현장실험
④ 종속변수값 간의 비교
⑤ 독립변수의 조작

> 진실험설계/순수실험설계가 충족해야 할 조건으로는 외생변수의 통제, 무작위 집단 배정, 독립변수의 조작으로 독립변수의 변화에 따른 종속변수값 간의 비교 등이 있다.

40 자료의 총체로부터 귀납적으로 이론을 개발하는 방법으로서, 연구자는 수집한 자료에 기초하여 가설을 설정하고 검증하며, 분석적 귀납법이라고 부르는 과정을 통해 이론을 개발하는 연구방법은?

① 현상학적 연구
② 사례연구
③ 문화기술지 연구
④ 합의적 질적 연구
⑤ 근거이론 연구

> ⑤ 근거이론 연구는 일련의 체계적인 과정을 통하여 어떤 현상에 대해 하나의 이론을 귀납적으로 끌어내는 질적연구방법이다.
> ① 현상학적 연구는 하나의 개념이나 현상에 여러 개인적 체험의 본질을 기술한다.
> ② 사례연구는 소수의 사례를 심층적으로 다루어 문제를 종합적으로 파악하는 방법이다.
> ③ 문화기술지 연구는 어떤 특정 집단 구성원들의 삶의 방식, 행동, 그들이 만들어 사용하는 사물들을 현지인의 관점에서 이해하고, 과학적으로 기술하기 위한 방법론이다.
> ④ 합의적 질적 연구에서는 다양한 연구 구성원들을 참여시켜 자료를 분석하는 과정에서 양적 연구 과정의 엄밀함을 도입하여 체계적인 분석과 구성원의 합의를 강조한다.

41 단순선형회귀분석에서 총변동(SST ; Sum of Squares Total) 중 선형관계로 설명되지 않는 변동 (SSE ; Sum of Squares Error)이 차지하는 비중이 $\frac{1}{5}$ 이라면 결정계수 R^2의 값은?

① $\frac{1}{25}$

② $\frac{1}{5}$

③ $\frac{4}{5}$

④ 5

⑤ 25

> $R^2 = 1 - \frac{SSE}{SST}$ 에서 총변동 중 선형관계로 설명되지 않는 변동인 $\frac{SSE}{SST}$ 가 $\frac{1}{5}$ 이라고 하였으므로 $R^2 = 1 - \frac{1}{5} = \frac{4}{5}$ 이다.

42 집단 간 설계에 해당하는 것을 모두 고른 것은?

> ㄱ. 사후검사 통제집단 설계
> ㄴ. 솔로몬 4집단 설계
> ㄷ. 교차설계
> ㄹ. 라틴정방형(Latin Square) 설계

① ㄱ, ㄴ   ② ㄱ, ㄷ
③ ㄴ, ㄷ   ④ ㄴ, ㄹ
⑤ ㄷ, ㄹ

> ㄱ·ㄴ. 집단 간 설계/피험자 간 설계는 집단을 나누어 상이한 처치를 하는 설계로 요인설계, 배합집단설계, 사후검사 통제집단설계, 솔로몬 4집단 설계 등이 있다.
> ㄷ·ㄹ. 교차설계와 라틴정방형 설계는 반복 처치 또는 둘 혹은 그 이상의 독립변인에 같은 참여자를 할당하는 설계인 집단 내 설계에 해당한다.

43 질적 연구의 특징에 관한 설명으로 옳지 않은 것은?

① 자연스러운 상황에서 수행되고 밀접한 상호작용이 자료의 원천이다.
② 면접, 관찰, 문서 등 다양한 형태의 자료들을 수집한다.
③ 참여자의 관점·의미 또는 참여자의 다양한 주관적 견해에 초점을 맞춘다.
④ 이론과 가설은 수집된 자료로부터 연역적 방법으로 진화하여 발견된다.
⑤ 연구설계에 있어서 초기계획이 엄격하게 규정되지 않고, 연구 과정이 유연하다.

> ④ 연역적 방법에 기초한 것은 양적 연구이다. 질적 연구는 귀납적인 자료 분석을 한다.

44 인간참여자를 대상으로 한 연구에서 연구참여에 대한 동의를 받을 때 고지해야 하는 사항으로 옳지 않은 것은?

① 연구의 목적, 예상되는 기간 및 절차
② 연구참여에 따른 잠재적 위험
③ 연구기간 중 연구참여를 철회할 권리
④ 예상되는 실험 결과나 연구 결과
⑤ 비밀보장의 한계

> 연구참여에 대한 동의를 받을 때 고지해야 하는 사항
> • 연구의 목적
> • 부작용이나 위험 요소
> • 연구에 참여하거나 중간에 그만둘 수 있는 권리
> • 비밀보장의 한계
> • 예상되는 기간 및 절차
> • 참여에 대한 보상

45 연구부정행위에 관한 설명으로 옳지 않은 것은?

① 존재하지 않은 데이터를 허위로 만들어 내는 것은 위조에 해당한다.
② 존재하지 않은 연구 결과를 허위로 만들어 내는 것은 변조에 해당한다.
③ 타인의 아이디어를 정당한 승인 또는 인용 없이 활용하는 것을 표절이라 한다.
④ 연구에 기여하지 않은 사람에게 논문저자 자격을 부여하는 것은 부당한 저자표시이다.
⑤ 이전에 출판된 자신의 연구 결과를 해당 사실을 밝히지 않고 사용하는 것도 연구부정행위에 해당한다.

> 연구부정행위
> • 위조 : 존재하지 않는 연구 결과나 자료를 허위로 만들어 내는 것
> • 변조 : 연구 재료·장비·과정 등을 인위적으로 조작하거나 데이터를 임의로 변형·삭제하여 논문 내용 또는 결과를 왜곡하는 행위
> • 부당한 저자표시 : 공동으로 집필한 원문에 공저자를 모두 기재하지 않았거나 연구에 기여하지 않은 사람에게 논문 저자 자격을 부여하는 것
> • 표절
>   - 누구의 아이디어인지 모를 경우에도 인용 표기를 하지 않은 경우
>   - 이미 출간된 본인의 저술을 책으로 엮거나 타 출판물에 출판하면서 저널의 편집자나 독자들에게 중복출판임을 고지하지 않는 경우(자기표절, 중복출판)
>   - 기존 연구의 문제와 방법을 반복하였으나 그 연구 목적과 반복한 사실 등을 밝히지 않은 경우
>   - 원출처를 인용한 제2차 출처로부터 원출처에 제시된 글의 내용을 재인용하면서 제2차 출처를 밝히지 않고 원출처만 제시하는 경우
>   - 출처를 인용한 경우라도 본인의 저술로 인정할 수 없을 정도로 많은 문구와 아이디어를 빌려온 경우

46 혼합연구방법에 관한 설명으로 옳은 것을 모두 고른 것은?

> ㄱ. 미숙련 연구자에게 적합한 연구방법이다.
> ㄴ. 질적 연구방법과 양적 연구방법을 결합한 연구방법이다.
> ㄷ. 현상에 대한 이해를 넓히고 깊이 있는 연구가 가능하다.

① ㄱ
② ㄱ, ㄴ
③ ㄱ, ㄷ
④ ㄴ, ㄷ
⑤ ㄱ, ㄴ, ㄷ

> ㄱ. 혼합연구방법은 질적 연구와 양적 연구의 장점을 혼합하는 방법으로 연구자에게는 질적·양적 연구 모두에 대한 전문적 지식의 숙련도가 필요하다.

47 유사실험설계(Quasi-experimental Design)에 관한 설명으로 옳지 않은 것은?

① 비동질통제집단설계(Nonequivalent Control Group Design)는 유사실험설계에 속한다.
② 진실험설계(True Experimental Design)에 비해 내적 타당도 확보가 우수하다.
③ 피험자를 무선적으로 배치하지 못한다.
④ 실험실 상황이 아닌 실제 상황에서 독립변수를 조작해 연구하는 설계이다.
⑤ 진실험설계에 비해 외생변수의 효과를 통제하기 어렵다.

> ② 내적 타당성은 실험이 실험 변수의 효과를 정확하게 측정할 수 있도록 설계되어 외생변수의 통제가 얼마나 잘 이루어졌는가를 나타내는 지표로, 외생변수의 효과를 통제하기 어려운 유사실험설계는 진실험설계에 비해 내적 타당도가 낮다.

48 상담연구에서 단일사례연구설계(Single-case Research Design)에 관한 설명으로 옳지 않은 것은?

① 연구 결과의 일반화 가능성이 높다.
② 통계적 검증보다는 임상적 유의미성을 중시한다.
③ ABAB설계(Reversal Design)와 다중기저선설계(Multiple-baseline Design) 등이 있다.
④ 연구를 진행하면서 연구설계나 연구절차를 유연하게 수정할 수 있다.
⑤ 한 개인 또는 집단을 상대로 연구대상 내 차이를 분석하여 처치효과를 추정한다.

> ① 단일사례연구설계는 연구자의 의도적인 개입이 표적 행동에 바라는 효과를 가져왔는지를 평가하기 위해 적용하는 설계이다. 사례가 하나이므로 외적 타당도가 낮아 연구 결과의 일반화 가능성에 제약이 있다.

정답 45 ② 46 ④ 47 ② 48 ①

49 모의상담연구에 관한 설명으로 옳지 않은 것은?

① 독립변수의 수준을 조작함으로써 실험 상황을 통제할 수 있다.
② 대리 내담자의 활용을 통해 재정적 부담을 완화할 수 있다.
③ 상담과정 단순화를 통해 연구 결과의 해석이 용이해진다.
④ 변수의 조작적 정의를 구체화할 수 없다는 것이 단점이다.
⑤ 실험과정에서 발생할 수 있는 윤리적 문제를 회피할 수 있다.

> ④ 모의상담연구는 관찰하려는 상담 현상 자체를 좀 더 단순화하는 연구전략이다. 결과의 해석이 용이하다는 장점이 있으나 연구 결과를 일반화하기 어렵다는 단점이 있다.

50 실험실 실험연구에 관한 설명으로 옳지 않은 것은?

① 종속변인에 영향을 미치는 처치변인 외에 가외변인에 대한 통제가 중요하다.
② 처치를 인위적으로 조작하여 종속변인이 어떤 변화를 보이는지를 분석한다.
③ 상담 연구의 실험실 실험연구에는 모의상담이 해당된다.
④ 일반적으로 현장 실험연구에 비해 외적 타당도가 낮다.
⑤ 우연적 사건, 성숙효과는 외적 타당도를 저해하는 가외변인에 해당한다.

> ⑤ 우연적 사건, 성숙 효과는 내적 타당도를 저해하는 요인이다.
> **외적 타당도를 저해하는 요인**
> • 연구 표본의 대표성 결여
> • 선발과 처치의 상호작용
> • 검사 경험의 반응적 효과
> • 복합적인 실험 처치의 간섭
> • 호손효과
> • 플라시보 효과/위약효과
> • 존 헨리 효과
> • 바닥(Floor) 효과
> • 천장(Ceiling) 효과
> • 연구자효과

필수과목 03 심리측정 평가의 활용

51 다음에서 설명하고 있는 개념으로 옳은 것은?

> ○ 수검자와 다른 사람들의 점수를 비교하여 높거나 낮은 정도를 확인할 수 있다.
> ○ 검사 실시 후 수검자들의 점수를 해석하기 위해 필요하다.

① 규 준
② 심리측정
③ 척 도
④ 심리검사
⑤ 행동 표본

> ① 규준은 특정 검사 점수의 해석에 필요한 기준이 되는 자료로, 특정 개인의 점수가 어떤 의미를 지니고 있는지에 관한 정보를 제공해 준다.
> ② 심리측정은 심리적 속성에 수를 부여하는 것이다.
> ③ 척도는 측정하고자 하는 대상에 수치나 기호를 부여하는 것이다.
> ④ 심리검사는 개인에 대한 종합적인 정보를 알아내는 과정의 한 부분으로, 심리적 속성을 체계적이고 수량적으로 측정하는 것이다.
> ⑤ 행동 표본은 측정하고자 하는 행동의 일부를 관찰하여 행동을 추정하는 것이다.

52 심리검사와 평가의 윤리에 관한 설명으로 옳은 것은?

① 표준화된 검사인 경우 결과 해석 시 수검자의 문화적 차이를 고려하지 않아도 된다.
② 동의할 능력이 없는 사람에게는 평가의 본질과 목적에 대해 알려주지 않아도 된다.
③ 법률에 의해 검사가 의뢰된 경우 수검자에게 평가 동의를 받지 않아도 된다.
④ 다른 사람에게 해를 끼칠 위험은 비밀보장의 예외적 조항에 포함되지 않는다.
⑤ 평가 결과를 수검자에게 보여주면 안 되는 경우, 사전에 수검자에게 이 사실을 알려주지 않아도 된다.

> ③ 법률에 의해 위임된 경우나 승인된 경우 개인의 동의 없이 검사를 시행할 수 있고, 비밀정보를 최소한으로 노출할 수 있다.
> ① 표준화된 검사라도 결과를 해석할 때는 검사에 영향을 미칠 수 있는 상황이나 개인의 언어적·문화적 차이를 고려해야 한다.
> ② 동의할 능력이 없는 사람이더라도 평가의 본질과 목적에 대해 알려주어야 한다.
> ④ 다른 사람에게 해를 끼칠 위험은 비밀보장의 예외적 조항에 포함되어 비밀보장의 원칙을 지키지 않아도 된다.
> ⑤ 평가 결과를 보여주면 안 되는 경우 사전에 수검자에게 이 사실을 알려야 한다.

정답 49 ④ 50 ⑤ 51 ① 52 ③

53 심리평가의 목적에 관한 설명으로 옳지 않은 것은?

① 적절한 라포를 형성한다.
② 자아 강도를 확인한다.
③ 치료적 반응을 예상하고 치료 효과를 파악한다.
④ 성격 구조와 특성을 이해한다.
⑤ 증상의 심각도를 평가한다.

> 심리평가의 목적
> • 내담자 및 주변 환경에 대한 이해
> • 문제의 명료화 및 세분화
> • 내담자에 대한 이해(자아 강도 확인, 성격 구조와 특성 이해)
> • 치료계획 및 치료 전략의 제시
> • 치료적 관계의 유도
> • 치료 결과 및 효과, 증상의 심각도에 대한 평가

54 심리검사의 역사에 관한 설명으로 옳지 않은 것은?

① 정신연령 개념은 Binet-Simon 검사에서 처음 제안되었다.
② Exner는 로샤(Rorschach) 검사의 종합체계를 고안하였다.
③ 비율 IQ는 Stanford-Binet 검사에서 도입되었다.
④ Army Beta의 한계점을 보완하기 위해 언어적 검사인 Army Alpha를 제작하였다.
⑤ 편차 IQ는 Wechsler 지능검사에서 사용되었다.

> 군대 알파(Army Alpha) 검사의 한계점을 보완하기 위해 군대 베타(Army Beta) 검사를 제작하였다. 군대 알파 검사는 일반적 인력 선별을 위한 언어성 검사들로 구성되어 있었으며, 군대 베타 검사는 외국인이나 문맹자를 위한 비언어성 검사들로 구성되었다.

55 면담에 관한 설명으로 옳은 것은?

① 면담 시 직면은 수검자가 말하려는 주제를 충분히 표현하지 않을 때 명확하게 해 달라고 요청하는 것이다.
② K-SADS는 정동장애와 조현병을 알아보기 위한 성인용 면담 도구이다.
③ 면담 시 실시하는 정신상태검사는 지적 기능 영역을 포함한다.
④ 면담 초기에는 정확한 정보를 파악할 수 있는 폐쇄형 질문을 먼저 시작하는 것이 바람직하다.
⑤ 구조화된 면담은 수검자에게 얻은 자료를 양적으로 바꾸기 어렵다.

① 면담 시 직면은 수검자의 말이나 행동이 일치하지 않거나 모순점이 있을 때 지적해 주는 기술이다.
② K-SADS는 한국판 사회적 회피 및 불편감 척도로 사회적 상황에서 불안을 경험하는 정도와 잠재적으로 혐오적인 사회적 상황을 회피하려는 경향을 측정한다.
④ 면담 초기에는 다양한 정보를 파악할 수 있는 개방형 질문을 먼저 시작하는 것이 바람직하다.
⑤ 구조화된 면담은 미리 만들어진 질문지를 사용하는 등 질문의 내용이나 방식을 제한하여 면담자와 피면담자의 재량권을 최소화하는 면담으로, 비구조화된 면담에 비해 수검자에게 얻은 자료를 양적으로 바꾸기에 용이하다.

56 행동평가에 관한 설명으로 옳지 않은 것은?

① 전통적 행동관찰과 비교하여 특정한 행동과 맥락 변인에 초점을 둔다.
② 행동 면담을 통해 선행사건, 행동, 결과 간의 관련성을 기술한다.
③ 규준적(Nomothetic) 접근보다 개인 특이적(Idiographic) 접근을 더 선호한다.
④ 상황적 결정 요인을 강조하며 개인차를 중요하게 여긴다.
⑤ 심박수나 혈압과 같은 생리적 측정은 평가도구에 포함되지 않는다.

⑤ 행동평가도구에는 자기보고, 자기모니터 하기, 기록하기, 조사하기, 직접적 행동 기록, 생리적 측정, 지나친 행동평가, 주된 관심 확인 등이 있다.

57 내담자의 특성을 측정하기 위한 심리검사 선정이 적절한 것은?

① 병리적 성격을 진단하기 위해 MBTI를 실시한다.
② 성인의 지능을 평가하기 위해 K-ABC를 실시한다.
③ 전반적인 성격을 측정하기 위해 16PF를 실시한다.
④ ADHD를 변별하기 위해 TAT를 실시한다.
⑤ 직업적성을 알아보기 위해 HTP를 실시한다.

> ③ 16PF는 카텔(Cattell)이 지능 요인을 성격의 한 범주로 평가하기 위해 고안한 검사이다.
> ① MBTI는 심리 유형론을 토대로 만든 성격 유형 검사이다.
> ② K-ABC는 카우프만 아동용 지능검사이다.
> ④ TAT는 주제통각검사로 자아와 환경관계 및 대인관계의 역동적 측면 등을 평가하는 투사적 검사이다.
> ⑤ HTP는 집-나무-사람 검사로 인격의 양상을 측정하기 위한 투사적 검사이다.

58 심리검사의 실시와 해석에 관한 설명으로 옳지 않은 것은?

① 검사자는 표준화된 검사 절차를 지키는 것이 원칙이다.
② 의뢰 목적에 맞는 검사를 선택하는 것이 바람직하다.
③ 검사자의 기대가 수검자의 반응 결과에 영향을 미친다.
④ 수검자가 지시문을 정확하게 이해할 수 있도록 하여야 한다.
⑤ 검사결과는 반영구적이거나 영구적으로 해석된다.

> ⑤ 비교적 영구성을 띠고 있는 것으로 알려진 지능지수도 변동이 있음이 연구 결과로 보고되고 있다. 심리검사에 관한 결과는 현재의 수검자에 대해 심층적으로 이해하기 위한 해석이어야 한다. 심리검사의 결과를 영구적 또는 반영구적으로 해석하는 것은 오류에 빠지기 쉽다.

59 심리검사에 관한 설명으로 옳지 않은 것은?

① 심리적 구성개념을 측정하기 위한 수단이다.
② 지능검사는 최대수행검사의 한 종류이다.
③ 심리적 특성의 개인차를 비교할 수 있다.
④ 투사검사는 객관적 검사에 비해 채점 시 평정자 간 일치도가 낮다.
⑤ 특정 영역에서 행동 전집을 수집하여 측정한다.

> ⑤ 심리검사는 행동 전집이 아닌 개인의 소수 표본 행동을 수집하여 그 결과를 토대로 개인의 전체 행동을 예견한다.

60 전통적 심리검사의 제작 순서로 옳은 것은?

> ㄱ. 검사 규준과 요강 작성
> ㄴ. 검사목적의 명료화
> ㄷ. 문항의 개발
> ㄹ. 검사의 내용과 방법 결정
> ㅁ. 문항 분석

① ㄱ-ㄴ-ㄷ-ㄹ-ㅁ
② ㄴ-ㄹ-ㄷ-ㅁ-ㄱ
③ ㄷ-ㄴ-ㄱ-ㄹ-ㅁ
④ ㄹ-ㄷ-ㄴ-ㅁ-ㄱ
⑤ ㅁ-ㄱ-ㄷ-ㄹ-ㄴ

> **심리검사의 제작 순서**
> 제작 목적의 설정(명료화) → 검사 내용의 정의 → 검사 방법의 결정 → 문항의 개발 및 작성 → 예비검사의 실시 → 문항 분석과 수정 → 본검사 실시 → 신뢰도와 타당도 검토 → 규준과 검사 요강 작성

정답 57 ③ 58 ⑤ 59 ⑤ 60 ②

61 심리검사의 신뢰도와 타당도에 관한 설명으로 옳은 것은?

① 검사 문항 수가 적을수록 신뢰도는 높아진다.
② 예측타당도는 구성타당도의 한 종류이다.
③ 측정의 표준오차값이 작을수록 신뢰도는 높아진다.
④ 동형신뢰도는 시간경과에 따른 검사의 안정성을 측정하는 신뢰도이다.
⑤ 크론바하 알파(Cronbach's Alpha) 계수는 타당도 측정의 한 방법이다.

③ 심리검사에서 측정의 표준오차(SEM)값이 작을수록 검사의 신뢰도는 높아진다.
① 검사의 문항이 많을수록 신뢰도는 어느 정도 높아진다.
② 예측타당도는 준거타당도의 한 종류이다.
④ 시간 경과에 따른 검사의 안정성을 측정하는 신뢰도는 검사-재검사 신뢰도이며, 동형신뢰도는 동형의 두 검사 실시 결과 간의 상관계수를 계산하여 신뢰도를 추정한다.
⑤ 크론바하 알파 계수는 신뢰도 추정 방법의 한 방법으로 내적 일관성을 구한다.

62 다음 설명에 해당하는 K-WISC-V의 소검사는?

제한 시간 내에 사물들이 그려진 자극 페이지를 제시한 후, 반응 페이지에 있는 사물들 중 자극 페이지에서 보았던 것들을 가능한 한 순서대로 고르도록 하는 과제

① 그림기억　　　　　　　　② 순차연결
③ 선 택　　　　　　　　　　④ 공통그림찾기
⑤ 행렬추리

① 그림기억은 제한 시간 내에 1개 이상의 그림이 있는 자극 페이지를 본 후, 반응 페이지에 있는 보기에서 해당 그림을 가능한 한 순서대로 찾는다.
② 순차연결은 연속되는 숫자와 글자를 듣고, 숫자는 오름차순으로, 글자는 가나다순으로 암기한다.
③ 선택은 제한 시간 내에 무선으로 배열된 그림과 일렬로 배열된 그림을 훑어보고 표적 그림에 표시한다.
④ 공통그림찾기는 두세 줄로 이루어진 그림들을 보고 각 줄에서 공통된 특성으로 묶을 수 있는 그림을 하나씩 고른다.
⑤ 행렬추리는 행렬이나 연속의 일부를 보고, 행렬 또는 연속을 완성하는 보기를 찾는다.

63 K-WAIS-Ⅳ의 소검사 중 핵심 소검사가 아닌 것은?

① 상 식
② 행렬추론
③ 빠진 곳 찾기
④ 산 수
⑤ 동형찾기

③ 빠진 곳 찾기는 지각추론(PRI)의 보충소검사이다.
① 상식은 언어이해(VCI)의 핵심소검사이다.
② 행렬추론은 지각추론(PRI)의 핵심소검사이다.
④ 산수는 작업기억(WMI)의 핵심소검사이다.
⑤ 동형찾기는 처리속도(PSI)의 핵심소검사이다.

64 지능 이론에 관한 설명으로 옳은 것을 모두 고른 것은?

ㄱ. Spearman의 2요인 이론에서 일반 지능은 모든 종류의 인지적 과제를 수행할 때 사용되는 능력이다.
ㄴ. 결정 지능은 개인의 축적된 학습 경험을 반영하므로 나이가 들어도 계속 발달할 수 있다.
ㄷ. CHC(Cattell-Horn-Carroll) 이론은 일반 지능 g 요인 하위에 넓은 인지능력, 그 하위에 좁은 인지능력으로 구성된다.
ㄹ. Thurstone이 제안한 기본 정신능력에는 문제해결 영역이 포함된다.

① ㄱ, ㄴ
② ㄱ, ㄴ, ㄷ
③ ㄱ, ㄷ, ㄹ
④ ㄴ, ㄷ, ㄹ
⑤ ㄱ, ㄴ, ㄷ, ㄹ

ㄹ. 써스톤(Thurstone)이 다요인설에서 제안한 기본 정신 능력에는 언어이해(Verbal Comprehension), 수(Numerical), 공간시각(Spatial Visualization), 지각속도(Perceptual Speed), 기억(Memory), 추리(Reasoning), 단어유창성(Word Fluency)이 있다.

65 MMPI-2에서 재구성 임상 척도의 T점수가 65 이상일 때 해석으로 옳지 않은 것은?

① RC1 : 소화 기능 문제, 두통, 신경과적 증상과 같은 다양한 신체증상을 보고한다.
② RC2 : 불행하게 느끼며 의기소침하고 미래에 대해 비관적이다.
③ RC3 : 냉소적 태도를 가지고 있으며 타인을 신뢰할 수 없고 이기적인 존재라고 생각한다.
④ RC4 : 사회적 규범과 기대에 순응하지 않고 타인에게 공격적이며 갈등적인 인간관계를 보인다.
⑤ RC6 : 비현실감, 환각 증상이 나타난다.

⑤ RC6 : 피해 의식을 가지고 있어 자신이 남들의 표적이 된다고 생각하고 타인을 의심하며, 편안하고 믿을 만한 대인관계를 맺지 못한다.

66 홀랜드(Holland) 직업적성검사에서 다음의 성격 특징을 포함하는 유형은?

○ 자유분방함
○ 독창적이며 비순응적임
○ 상상력이 풍부하고 감수성이 높음
○ 구조화된 활동에는 흥미를 느끼지 못함

① 예술적(Artistic) 유형
② 탐구적(Investigative) 유형
③ 관습적(Conventional) 유형
④ 기업적(Enterprising) 유형
⑤ 사회적(Social) 유형

② 탐구적 유형은 추상적인 문제나 애매한 상황에 대한 분석적이고 논리적인 탐구활동을 선호한다.
③ 관습적 유형은 구조화된 상황에서 구체적인 정보를 토대로 정확하고 세밀한 작업을 요하는 일을 선호한다.
④ 기업적 유형은 정치적·경제적 도전 극복을 지향하며, 지위와 권한을 통해 다른 사람의 행동을 이끌고 통제하는 활동을 선호한다.
⑤ 사회적 유형은 인간의 문제와 성장, 인간관계를 지향하고 사람과 직접 일하기를 좋아하며, 원만한 대인관계를 맺는다.

67 MBTI에서 정보를 수집하고 지각하는 지표로 옳은 것은?

① 외향(E), 내향(I)
② 감각(S), 직관(N)
③ 사고(T), 감정(F)
④ 판단(J), 인식(P)
⑤ 감각(S), 사고(T)

> **MBTI의 선호 지표에 따른 성격 유형**
> • 에너지의 방향 : 외향(E) / 내향(I) → 개인의 주의집중 및 에너지의 방향이 인간의 외부로 향하는지 내부로 향하는지 나타낸다.
> • 인식 기능 : 감각(S) / 직관(N) → 정보의 인식 및 수집 방식에 있어서 경향성을 반영한다.
> • 판단 기능 : 사고(T) / 감정(F) → 인식된 정보를 토대로 판단 및 결정을 내리는 경향성을 반영한다.
> • 생활양식 또는 이행양식 : 판단(J) / 인식(P) → 외부 세계에 대한 태도, 생활방식 및 적응양식에 있어서 어떠한 과정을 선호하는지 나타낸다.

68 MMPI-A에 관한 설명으로 옳은 것은?

① L척도의 상승은 솔직한 검사태도를 시사한다.
② A-cyn척도의 상승은 자존감이 낮고 다른 사람만큼 유능하지 못하다는 느낌과 관련된다.
③ A-aln척도의 상승은 절도나 반항 같은 품행장애와 관련된다.
④ 무응답 반응이 30개 이상으로 너무 많으면 전체 척도를 신뢰하기 힘들다.
⑤ 임상 척도에서 강박 척도의 상승은 다양한 행동화, 비행과 관련된다.

> ① L척도의 상승은 다소 고의적이고 부정직하며 세련되지 못한 검사 태도를 시사한다.
> ② A-cyn척도의 상승은 냉소적이고 염세적 태도와 관련된다.
> ③ A-aln척도의 상승은 다른 사람들로부터 정당한 대우를 받지 못하고 이해받지 못하며 이용당한다고 느껴 그들과 큰 정서적 거리를 느끼는 것과 관련된다.
> ⑤ 임상 척도에서 강박 척도의 상승은 긴장과 불안, 생각에 집착, 강박적, 공포, 융통성 결여와 관련된다.

69 NEO-PI-R에 관한 설명으로 옳은 것은?

① 지능을 성격의 기본적 구성요소로 간주한다.
② 신경증(Neuroticism) 척도의 하위척도에 불안이 포함되어 있다.
③ 개방성(Openness) 척도가 높은 사람은 관습적, 현실적이다.
④ 외향성(Extraversion) 척도의 하위척도에 신중성이 포함되어 있다.
⑤ 성실성(Conscientiousness) 척도가 높은 사람은 창조적, 독창적이다.

② 신경증 척도의 하위척도에는 불안, 적대감, 우울, 자의식, 충동성, 심약성이 포함되어 있다.
① NEO-PI-R 검사는 지능검사가 아닌, 성격의 5요인(신경증, 개방성, 외향성, 성실성, 우호성)을 측정하는 대표적인 자기보고형 성격검사이다.
③ 관습적, 현실적인 것은 개방성 척도가 낮은 사람이다. 개방성 척도가 높은 사람은 세상에 대해 호기심이 많고 새로운 아이디어와 가치를 추구하며, 자신의 감정에 민감하고, 창조적이고 탐구적인 일을 좋아한다.
④ 외향성 척도의 하위척도에 온정, 사교성, 주장, 활동성, 자극 추구, 긍정적 감정이 포함되어 있다. 신중성은 성실성 척도의 하위척도이다.
⑤ 창조적, 독창적인 것은 개방성 척도가 높은 사람이다. 성실성 척도가 높은 사람은 목적 지향적이고, 조직력이 뛰어나며, 시간을 엄수하고 자신의 의무 이행에 철저하다.

70 TCI 척도에 관한 설명으로 옳은 것을 모두 고른 것은?

> ㄱ. 자기초월 : 우주 만물과 자연을 수용하고 동일시하는 경향
> ㄴ. 인내력 : 자신의 행동을 상황에 맞게 통제, 조절, 적응시키는 능력
> ㄷ. 자율성 : 지속적 강화가 없더라도 보상 받은 행동을 일정한 시간 동안 지속하려는 성향

① ㄱ
② ㄴ
③ ㄱ, ㄴ
④ ㄴ, ㄷ
⑤ ㄱ, ㄴ, ㄷ

> ㄱ. 자기초월 : 자기 자신을 우주의 한 부분으로 지각할 수 있는 정도로 개인의 영성과도 관련 있다.
> ㄴ. 인내력 : 보상이 없을 때 혹은 간헐적으로만 강화되는 경우에도 한 번 보상된 행동을 꾸준히 지속하는 경향성을 말한다. 두뇌의 행동 유지 시스템과 관련 있다.
> ㄷ. 자율성 : 자신이 선택한 목표와 가치를 이룰 수 있도록 상황을 만들어 가는 능력으로 자기 행동에 대한 통제력, 조절력, 적응력과 관련 있다.

71 PAI의 임상 척도로 옳지 않은 것은?

① 강박증(OBS)
② 신체적 호소(SOM)
③ 음주 문제(ALC)
④ 경계선적 특징(BOR)
⑤ 조증(MAN)

> PAI의 임상 척도에는 신체적 호소(SOM), 불안(ANX), 불안 관련 장애(ARD), 우울(DEP), 조증(MAN), 편집증(PAR), 조현병(SCZ), 경계선적 특징(BOR), 반사회적 특징(ANT), 알코올 문제(ALC), 약물 문제(DRG)가 있다.

72 한국판 아동·청소년 행동평가 척도(K-CBCL 6-18)에 관한 설명으로 옳은 것은?

① 아동 및 청소년 본인이 실시하는 자기보고형 질문지이다.
② 신체 증상 척도는 내재화 척도에 해당된다.
③ 위축/우울 척도는 외현화 척도에 해당된다.
④ 문제행동 총점은 내재화 척도와 외현화 척도를 합산한 점수이다.
⑤ 공격행동 척도는 규칙을 어기거나 사회적 규범에 어긋나는 문제행동들을 충동적으로 하는 성향을 나타낸다.

> ② 내재화 척도에는 불안/우울 척도, 위축/우울 척도, 신체 증상 척도가 있다.
> ① 아동, 청소년기의 사회적 적응 및 정서나 행동 문제를 부모가 평가하는 임상적 심리 장애 진단 도구이다.
> ③ 외현화 척도에는 규칙 위반, 공격행동이 있다.
> ④ 문제행동 총점은 내재화 총점 + 외현화 총점 + 사회적 미성숙 + 사고 문제 + 주의집중 문제 + 기타 문제를 합산한 점수이다.
> ⑤ 규칙 위반 척도에 관한 내용이다. 공격행동 척도는 언어적·신체적으로 파괴적이고 공격적인 행동이나 적대적인 태도와 관련된다.

73 투사검사에 관한 설명으로 옳은 것을 모두 고른 것은?

> ㄱ. 로샤(Rorschach) 검사는 흑백 카드 10장으로 구성된다.
> ㄴ. 주제통각검사(TAT)는 백지카드를 포함하여 총 31장으로 구성된다.
> ㄷ. 수검자의 반응을 통해 의식 또는 무의식적 내용이 나타난다고 가정한다.
> ㄹ. 집-나무-사람(HTP) 검사에서 집 그림의 창과 창문은 환경과의 간접적인 접촉을 나타내는 지표이다.

① ㄱ, ㄴ, ㄷ
② ㄱ, ㄴ, ㄹ
③ ㄱ, ㄷ, ㄹ
④ ㄴ, ㄷ, ㄹ
⑤ ㄱ, ㄴ, ㄷ, ㄹ

> ㄱ. 로샤 검사는 10장의 잉크반점으로 된 대칭형 그림의 카드로 구성되어 있다. 10장의 카드 중 5장은 무채색으로 되어 있으며, 나머지 5장은 일부에 유채색이 사용되었거나 전체가 유채색으로 되어 있다.

74 투사적 검사의 장점으로 옳은 것을 모두 고른 것은?

> ㄱ. 반응의 독특성
> ㄴ. 방어의 어려움
> ㄷ. 검사실시와 해석의 간편성
> ㄹ. 무의식적 내용의 반응

① ㄱ, ㄷ
② ㄱ, ㄴ, ㄹ
③ ㄱ, ㄷ, ㄹ
④ ㄴ, ㄷ, ㄹ
⑤ ㄱ, ㄴ, ㄷ, ㄹ

> ㄷ. 투사적 검사는 신뢰도와 타당도의 검증이 어렵고 검사의 채점 및 해석에 있어서 높은 전문성이 요구된다.

75 문장완성검사(SCT)에 관한 설명으로 옳지 않은 것은?

① 수검자에게 가장 먼저 떠오르는 생각을 적어 문장을 완성하도록 지시한다.
② 수검자의 반응을 면담에 활용할 수 있다.
③ 개인과 집단에 실시할 수 있다.
④ 반응시간에 제한이 있다.
⑤ 지능, 교육수준, 문장력 등의 영향을 받는다.

> ④ 제한 시간은 없으나, 가능한 한 빨리 문장을 완성하도록 지시한다.

필수과목 04 이상심리

76 이상심리의 행동주의 모형에 관한 설명으로 옳지 않은 것은?

① 이상행동을 조건형성을 통해 설명한다.
② 무의식적 욕구나 갈등은 가정하지 않는다.
③ 개념들이 너무 추상적이어서 측정하기 어렵다.
④ 이상행동을 잘못된 학습의 결과로 본다.
⑤ 행동주의 모형에 입각한 치료에는 체계적 둔감법이 있다.

> ③ 행동주의이론은 인간의 내면과 무의식을 강조한 정신분석이론과 달리 직접 관찰이 가능한 인간의 행동에 연구의 초점을 두었다.

77 DSM-5에 포함되지 않은 정신장애는?

① 지속적 비탄장애　　　　　② 되새김장애
③ 유뇨증　　　　　　　　　 ④ 섬망
⑤ 병적 방화

> ① 지속적 비탄장애는 DSM-5-TR에 포함된 정신장애이다. DSM-5-TR은 명확성을 위하여 기존에 출판된 70개 이상 질환에 대한 DSM-5 진단기준의 수정사항을 포괄적으로 업데이트한 것이다.
> ② 되새김장애는 DSM-5에 포함된 급식 및 섭식장애의 하위 장애이다.
> ③ 유뇨증은 DSM-5에 포함된 배설장애의 하위 장애이다.
> ④ 섬망은 DSM-5에 포함된 신경인지장애의 하위 장애이다.
> ⑤ 병적 방화는 DSM-5에 포함된 파괴적, 충동조절 및 품행장애의 하위 장애이다.

78 정신장애 분류의 장점으로 옳지 않은 것은?

① 상담자들과 연구자들이 일관성 있게 공통적인 용어를 사용할 수 있다.
② 축적된 연구 결과와 임상적 지식을 체계적으로 정리 및 전달할 수 있다.
③ 정신장애의 공통적 특성과 원인에 대한 연구가 가능해진다.
④ 진단된 장애 속성 이외에도 개인의 독특한 증상과 특성을 고려하며, 개인의 특수성에 초점을 맞출 수 있다.
⑤ 심리장애들 간의 유사성과 차이점을 인식하는 데 도움을 줄 수 있다.

> ④ 환자 개인이 진단된 장애 속성 외에 독특한 증상과 특성을 지닐 수 있으나, 이러한 특성이 무시될 수 있는 단점이 있다.

79 DSM-5의 지적장애 중등도 수준에 해당하는 것을 모두 고른 것은?

> ㄱ. 말 표현 시 어휘나 문법에 상당한 제한이 있다.
> ㄴ. 학령 전기 아동에서는 언어와 학습 준비 기술이 느리게 발달한다.
> ㄷ. 전 발달 영역에 걸쳐, 개념적 기술이 또래에 비해 현저히 뒤처진다.
> ㄹ. 전 발달 과정에 걸쳐 사회적 행동과 의사소통 행동에서 또래들과 확연한 차이를 보인다.

① ㄱ, ㄴ, ㄷ
② ㄱ, ㄴ, ㄹ
③ ㄱ, ㄷ, ㄹ
④ ㄴ, ㄷ, ㄹ
⑤ ㄱ, ㄴ, ㄷ, ㄹ

> ㄱ. 말 표현 시 어휘나 문법에 상당한 제한이 있을 경우는 DSM-5의 지적장애 고도 또는 심한 정도(Severe Mental Retardation) 수준에 해당한다.

80 다음 사례에 해당하는 DSM-5의 신경발달장애는?

> D군은 초등학교 3학년 학생으로 초등학교 1학년 때부터 눈을 깜박이고, 머리와 목을 빠르게 움직이고, 어깨를 들썩거리기 시작했다. 이러한 동작은 시도 때도 없이 나타났다. 1년 전부터는 이런 동작뿐만 아니라 중얼거리는 소리를 내기 시작했고, 부모가 그만두라고 야단을 치면 잠시만 조용할 뿐 다시 시작되었다. 중얼거리는 소리는 점점 커졌고, 여러 가지 욕도 들어 있었다.

① 투렛장애
② 잠정적 틱장애
③ 발달성 협응장애
④ 상동증적 운동장애
⑤ 지속성 운동 또는 음성 틱장애

② 잠정적 틱장애는 틱이 처음 틱이 나타난 시점으로부터 1년 미만으로 나타난다.
③ 발달성 협응장애는 협응 운동의 습득과 수행이 개인의 연령과 기술 습득 및 사용 기회에 기대되는 수준보다 현저하게 낮게 나타난다.
④ 상동증적 운동장애는 특정 행동을 아무런 목적 없이 반복적이고 충동적으로 지속하여 정상적인 적응에 문제를 야기한다.
⑤ 지속성 운동 또는 음성 틱장애는 한 가지 또는 여러 가지 운동성 틱이 나타나거나 음성 틱이 나타나는 경우로, 운동성 틱과 음성 틱이 모두 나타나지는 않는다.

투렛장애 DSM-5 진단기준
- 18세 이전(보통 아동기)에 발병하며, 여아보다 남아에게서 더 많이 나타난다.
- 틱장애 중 가장 심각한 유형으로, 여러 '운동성 틱(Motor Tic)'과 한 가지 이상 '음성 틱(Vocal Tic)'이 일정 기간 나타난다. 두 가지 틱이 반드시 동시에 나타날 필요는 없다.
- 틱은 1년 이상의 기간 동안 거의 매일 또는 간헐적으로 하루에 몇 차례씩(대개 발작적으로) 일어난다.
- 장애는 물질의 생리적 효과나 다른 의학적 상태로 인한 것이 아니다.

81 DSM-5에서 조현병의 음성증상은?

① 상황에 맞지 않는 부적절한 정서
② 망상
③ 환각
④ 와해된 언어
⑤ 정서적 둔마

조현병의 양성증상과 음성증상
- 양성증상(Positive Symptom) : 망상, 환각, 환청, 와해된 언어나 행동, 정동불일치(상황에 맞지 않는 부적절한 정서 표현) 등
- 음성증상(Negative Symptom) : 무감동(정서적 둔마, 감소된 정서표현), 무언어증, 무의욕증, 사회적 고립 등

82 DSM-5의 망상장애 아형(Subtypes)으로 옳지 않은 것은?

① 색정형 ② 과대형
③ 공격형 ④ 피해형
⑤ 질투형

> DSM-5의 망상장애 아형으로는 색정형(애정형), 과대형, 질투형, 피해형, 신체형, 혼합형이 있다.

83 DSM-5의 각 조현병 스펙트럼 장애와 그 진단기준을 옳게 짝지은 것을 모두 고른 것은?

> ㄱ. 조현병 : 망상, 환각, 혼란스러운 언어, 심하게 혼란스러운 행동이나 긴장증적 행동, 음성 증상들 중 최소 3가지 이상의 진단기준이 1개월간 지속되어야 한다.
> ㄴ. 조현정동장애 : 조현병의 증상과 더불어 주요 우울 또는 조증 삽화가 포함되어야 한다.
> ㄷ. 망상장애 : 1개월 이상의 지속 기간을 가진 한 가지 혹은 그 이상의 망상이 존재한다.
> ㄹ. 단기 정신병적 장애 : 망상, 환각, 와해된 언어, 극도로 와해된 또는 긴장성 행동의 지속 기간이 1개월 이상 6개월 이내이다.

① ㄱ ② ㄴ, ㄷ
③ ㄱ, ㄷ, ㄹ ④ ㄴ, ㄷ, ㄹ
⑤ ㄱ, ㄴ, ㄷ, ㄹ

> ㄱ. 조현병 : 망상, 환각, 혼란스러운 언어, 심하게 혼란스러운 행동이나 긴장증적 행동, 음성 증상들 중 최소 2가지 이상의 진단기준이 1개월 중 상당 기간 동안 지속되어야 한다.
> ㄹ. 단기 정신병적 장애 : 망상, 환각, 와해된 언어, 극도로 와해된 또는 긴장성 행동 중 1가지 이상의 증상이 존재하고, 지속 기간이 최소 1일 이상 1개월 이내이다.

84 DSM-5의 조증 삽화 진단기준으로 옳지 않은 것은?

① 불면증
② 사고의 비약
③ 목표 지향적 활동의 증
④ 자존감의 증가 또는 과대감
⑤ 고통스러운 결과를 초래할 가능성이 높은 활동에의 지나친 몰두

> 조증 삽화는 비정상적으로 의기양양하고 아무런 거리낌이 없으며, 과도하게 고양된 기분이 최소 1주간 거의 매일 하루 대부분 지속된다. 또한 다음 증상 중 3개 이상 심각한 정도로 나타나거나 4개 이상 과민한 정도로 나타난다.
> - 자기존중감이 팽창하거나 지나치게 과장된 자신감
> - 수면 욕구 감소
> - 평소보다 말이 많아지거나 말을 계속함
> - 사고비약(Flight of Ideas)이 있거나 사고가 연이어 나타남
> - 지나친 주의산만
> - 목표 지향적 활동의 증가 또는 정신 운동의 초조
> - 고통스러운 결과에 이르는 쾌락적 활동에 과도한 몰두

85 다음에 해당하는 우울증의 유형은?

> 가족과의 사별, 실연, 실직, 중요한 시험에의 실패, 가족의 불화나 질병 등과 같이 비교적 분명한 환경적 스트레스가 계기가 되어 우울증상이 나타난다.

① 반응성 우울증
② 내인성 우울증
③ 지체성 우울증
④ 정신병적 우울증
⑤ 신경증적 우울증

> ② 내인성 우울증은 유전적 요인 또는 호르몬 분비나 생리적 리듬 등과 같은 내부적인 생리적 요인에 의해 나타난다.
> ③ 지체성 우울증은 기분이 심하게 가라앉고 행동이나 사고가 느려진다.
> ④ 정신병적 우울증은 심각한 우울 증상을 나타냄과 동시에 현실판단력이 손상되어 환각과 망상이 나타난다.
> ⑤ 신경증적 우울증은 현실판단력에 현저한 손상이 없는 상태에서 우울한 기분과 의욕상실이 나타난다. 자신에 대한 부정적 생각에 몰두하지만 망상 수준에 도달하지는 않는다. 무기력하고 침울하지만 현실 판단 능력 장애는 보이지 않는다.

정답 82 ③ 83 ② 84 ① 85 ①

86 DSM-5의 불안장애 하위유형에 해당하는 것을 모두 고른 것은?

> ㄱ. 선택적 함구증
> ㄴ. 분리불안장애
> ㄷ. 특정공포증
> ㄹ. 범불안장애
> ㅁ. 사회불안장애

① ㄱ, ㄴ, ㄷ
② ㄱ, ㄴ, ㄹ, ㅁ
③ ㄱ, ㄷ, ㄹ, ㅁ
④ ㄴ, ㄷ, ㄹ, ㅁ
⑤ ㄱ, ㄴ, ㄷ, ㄹ, ㅁ

> DSM-5의 불안장애 하위유형에는 선택적 함구증(무언증), 분리불안장애, 특정공포증, 범불안장애, 사회공포증(사회불안장애), 광장공포증, 공황장애가 있다.

87 DSM-5의 공황장애에 관한 설명으로 옳지 않은 것은?

① 반복적으로 예상하지 못한 공황발작이 일어난다.
② 발작 혹은 그로 인한 지속적인 염려와 걱정, 발작과 관련한 심각한 부적응적인 행동들이 3개월 이상 나타나야 한다.
③ 공황장애 3요인 인지이론은 공황장애가 불안 민감성, 파국적 오해석, 공황적 자기효능감에 의해서 유발된다고 본다.
④ 신경생물학적 관점에서는 청반핵과 노르에피네프린이 공황장애와 관련되어 있다고 본다.
⑤ 대표적인 치료방법으로 공황통제치료(Panic Control Treatment)가 있다.

> DSM-5의 공황장애 진단기준 중 최소 1회 이상의 발작 이후 1개월 이상 다음 중 1가지 혹은 2가지의 양상이 나타나야 한다.
> • 추가적인 공황발작이나 그로 인한 결과들에 대한 지속적인 염려나 걱정
> • 공황발작과 관련된 행동에서의 유의미한 부적응적 변화

88 다음 사례에 해당하는 DSM-5의 장애는?

> C씨는 3주 전 심각한 부상을 입고, 동승자는 사망하는 등 심각한 자동차 사고를 경험하였다. 그 후로는 그 사건에 대한 플래시백을 경험하고, 잠을 잘 못 자고 차를 타는 것을 두려워한다.

① 적응장애 ② 공황장애
③ 강박장애 ④ 급성 스트레스 장애
⑤ 외상 후 스트레스 장애

> ④ 급성 스트레스 장애는 외상사건을 직접 경험했거나 목격한 후에 나타나는 부적응 증상들이 최소 3일 이상 최고 4주간 지속되는 장애이다. 4주가 지난 후에도 부적응 증상이 개선되지 않고 지속 또는 악화되는 경우 '외상 후 스트레스 장애'로 진단된다.

89 DSM-5의 강박장애에 관한 설명으로 옳지 않은 것은?

① 강박사고나 강박행동은 시간을 소모하게 만든다.
② 일반적으로 발병 연령은 남성이 여성보다 더 빠르다.
③ 원하지 않은 불쾌한 생각이 자꾸 떠올라 그것을 제거하기 위한 행동을 반복하게 되는 장애이다.
④ 심리적 치료방법으로 노출 및 반응방지법이 효과적이라고 알려져 있다.
⑤ 강박사고와 강박행동 둘 중 하나가 존재하지 않는 경우 강박장애 진단을 내릴 수 없다.

> ⑤ DSM-5의 강박장애는 강박사고 또는 강박행동 중 어느 하나가 존재하거나 둘 다 존재할 때 진단을 내린다.

90 다음에 해당하는 해리성 정체감 장애 관련 이론은?

> 해당 이론은 해리현상이 발생하는 심리적 구조를 설명하기 위해서 해리를 억압과 구별되는 다른 유형의 방어기제로 주장한다. 억압과 해리는 모두 불쾌한 경험을 의식에서 밀어내는 방어적 기능을 한다는 점에서 유사하지만 그 방식이 다르다. 억압의 경우 수평분할을 기반으로 사고의 내용이 무의식으로 내려가는 반면, 해리는 수직분할이 생기고 사고의 내용들은 수평적인 의식 속에 머물게 된다.

① 외상 이론 ② 4요인 이론
③ 신해리 이론 ④ 학습이론 : 사회적 강화의 산물
⑤ 빙의 이론

> **신해리 이론(Neodissocation Theory)**
> - Hilgard(1977)는 해리를 억압과 구별되는 다른 유형의 방어기지라고 주장한다.
> - 억압과 해리는 모두 불쾌한 경험을 '의식'에서 밀어내는 방어 기능을 한다는 점에서 유사하지만 방식이 다르다. 억압의 경우 억압장벽에 의해 수평분할이 생기고 기존의 내용이 무의식으로 눌러 내려가는 반면 해리에서는 수직분할이 생기고 사고 내용은 수평인 의식 속에 머물러 있게 된다.

91. 다음에 해당하는 DSM-5의 신체증상 및 관련 장애는?

> ○ 분명한 속임수와 관련되어 신체적이거나 심리적 징후나 증상을 허위로 조작하거나 상처나 질병을 유도한다.
> ○ 다른 사람에게 자기 자신이 아프고 장애가 있거나 부상당한 것처럼 표현한다.
> ○ 명백한 보상이 없는 상태에도 기만적 행위가 분명하다.

① 신체증상장애
② 꾀병
③ 전환장애
④ 인위성장애
⑤ 질병불안장애

> **DSM-5의 신체증상 및 관련 장애 중 인위성(허위성)장애 진단기준**
> - 스스로에게 부과된 인위성장애
>   - 분명한 속임수와 관련되어 신체적 또는 심리적인 징후나 증상을 조작하거나 상처나 질병을 유도한다.
>   - 다른 사람에게 자기 자신이 아프고 장애가 있거나 부상당한 것처럼 표현한다.
>   - 명백한 외적 보상이 없는 상태에서도 기만적 행위가 분명하다.
>   - 행동이 망상장애나 다른 정신병적 장애와 같은 다른 정신질환으로 더 잘 설명되지 않는다.
> - 타인에게 부과된 인위성장애
>   - 분명한 속임수와 관련되어 다른 사람의 신체적 또는 심리적인 징후나 증상을 조작하거나 상처나 질병을 유도한다.
>   - 제3자(피해자)가 아프고, 장애가 있거나 부상당한 것처럼 다른 사람에게 내보인다. 이때 제3자가 아닌 가해자가 인위성장애 진단을 받는다.
>   - 명백한 외적 보상이 없는 상태에서도 기만적 행위가 분명하다.
>   - 행동이 망상장애나 다른 정신병적 장애와 같은 다른 정신질환으로 더 잘 설명되지 않는다.

92 다음 사례에서 보이는 행동을 설명하는 DSM-5의 진단으로 옳은 것은?

> A씨는 남편과 심하게 싸운 후 다음 날 일터로 나갔고 그날 집에 돌아오지 않았다. 3주 후 A씨는 집에서 멀리 떨어져 있는 지방의 한 여관에서 눈을 떴으며, 어떻게 이곳에 왔는지 집을 떠난 후 무슨 일이 있었는지를 기억하지 못했다.

① 해리성 정체감 장애
② 해리성 황홀경
③ 비현실감 장애
④ 이인증
⑤ 해리성 기억상실 : 해리성 둔주 동반

> ⑤ 해리성 기억상실증은 개인의 중요한 과거 경험이나 정보를 기억하지 못한다. 해리성 둔주가 동반되었을 때는 정체성 또는 다른 중요한 자전적 정보에 대한 기억상실과 방랑이 나타난다. 자신의 과거나 정체성에 대한 기억을 잃고, 자신이 속한 곳에서 벗어나 방황하는 상태를 말한다.

93 다음 사례에 해당하는 DSM-5의 급식 및 섭식장애는?

> B씨는 정상 체중을 유지하며 2시간 안에 많은 음식을 섭취한다. 살찌는 것을 막기 위해 변비약을 복용하고 오랜 시간 운동을 한다. B씨는 이런 행동을 몇 개월간 매일 해 왔다. 1kg만 쪄도 B씨는 자기 자신이 가치 없고 못생겨진다고 생각한다.

① 이식증
② 폭식장애
③ 신경성 폭식증
④ 신경성 식욕부진증
⑤ 회피적/제한적 음식섭취장애

> **DSM-5의 급식 및 섭식장애 중 신경성 폭식증 진단기준**
> - 폭식행동을 반복적으로 한다. 이러한 폭식행동은 다음 2가지 특징을 보인다.
>   - 일정한 시간 동안(2시간 이내) 먹는 음식의 양이 대부분의 사람이 유사한 상황에서 먹는 양에 비해 현저하게 많다.
>   - 폭식행위 동안 먹는 것에 대한 조절 능력 상실감(예 먹는 것을 멈출 수 없으며, 먹는 양을 조절할 수 없다는 느낌)을 느낀다.
> - 체중증가를 억제하기 위한 반복적이고 부적절한 보상행동(예 설사제, 이뇨제, 관장약, 기타 약물의 남용, 금식, 스스로 유도한 구토, 과도한 운동)이 나타난다.
> - 폭식행동과 부적절한 보상행동 모두 평균적으로 적어도 주 1회 이상 3개월 동안 일어나야 한다.
> - 체형과 체중이 자기 평가에 과도한 영향을 미친다.
> - 문제행동들이 신경성 식욕부진증 기간 동안에만 나타나는 것이 아니다.

94 불면장애의 치료를 위한 수면위생 교육에 포함되지 않는 것은?

① 규칙적인 취침시간을 정한다.
② 낮에 길게 낮잠을 자는 것을 피한다.
③ 취침 전에 알코올을 섭취하지 않는다.
④ 취침 1시간 전에 격렬한 운동을 한다.
⑤ 잠자리에 누워 있는 동안 잠을 방해하는 행동을 하지 않는다.

> ④ 격렬한 운동을 하면 교감신경이 활성화된다. 강도가 높은 운동은 취침 2시간 전에, 중간 강도 운동은 취침 1시간 전에 끝내도록 한다.

95 DSM-5의 성별 불쾌감 장애 진단기준으로 옳지 않은 것은?

① 이성(반대 성)이 되고 싶은 강한 갈망은 있으나 자신이 이성(반대 성)이라고 주장하지는 않는다.
② 최소 6개월 기간으로 진단기준의 증상들이 나타나야 한다.
③ 남자아이 또는 여자아이는 이성(반대 성)의 복장을 선호하고 착장하기를 선호한다.
④ 자신의 해부학적 성별에 대해서는 강한 혐오를 가진다.
⑤ 가상 놀이 또는 환상 놀이에서 이성(반대 성)의 역할을 선호한다.

> ① DSM-5의 성별 불쾌감 장애 진단기준은 반대 성이 되고 싶은 강한 갈망 또는 자신이 반대 성이라고 주장한다.

96 DSM-5의 품행장애 진단기준으로 옳지 않은 것은?

① 동물에게 신체적으로 잔인하게 대한다.
② 다른 사람의 집, 건물 또는 자동차를 망가뜨린다.
③ 심각한 손상을 입히려는 의도로 고의적으로 불을 지른다.
④ 부모의 제지에도 불구하고 13세 이전부터 자주 밤늦게까지 집에 들어오지 않는다.
⑤ 자주 화를 내고 크게 분개한다.

> ⑤ 자주 화를 내고 크게 분개하는 것은 DSM-5의 적대적 반항장애 진단기준이다.

97 DSM-5의 병적 도벽에 관한 설명으로 옳은 것은?

① 여성에 비해 남성의 유병률이 높다.
② 체포될 것에 대해 염려하지 않는다.
③ 발병 연령은 보통 성인기에 시작된다.
④ 훔치기 직전에 고조되는 긴장감이 나타난다.
⑤ 필수 증상은 돈이 필요하거나 물건이 꼭 필요해서 훔치는 행위를 하는 것이다.

① 전체 남녀의 비율은 확실하지 않으나 남성에 비해 여성의 유병률이 높다.
② 절도욕구에 대해서 불편해하고 발각되는 것에 두려움을 지니지만, 절도행위 후의 만족감이 더 크기 때문에 절도행위를 반복한다.
③ 보통 청소년 후기 무렵에 발병하지만 그 형성 시기는 일정하지 않다.
⑤ 경제적 필요 때문에 훔치는 것이 아니라, 남의 물건을 훔치고 싶은 충동을 참지 못하는 것이다.

98 DSM-5에 포함된 '임상적 주의의 초점이 될 수 있는 기타의 상태' 중 '의학적 치료 및 기타 건강관리에 대한 접근과 관련된 문제'에 속하지 않는 것은?

① 의학적 치료를 멀리함
② 과체중
③ 자해의 개인력
④ 꾀병
⑤ 경계성 지적 기능

DSM-5에 포함된 '임상적 주의의 초점이 될 수 있는 기타의 상태' 중 '의학적 치료 및 기타 건강관리에 대한 접근과 관련된 문제'에는 건강관리 기관이 없거나 가기 어려움, 기타 도움을 주는 기관이 없거나 가기 어려움, 의학적 치료를 멀리함(과체중 또는 비만, 꾀병, 정신질환과 연관된 배회, 경계선 지적 기능)이 속한다.

99 다음 사례에 해당하는 DSM-5의 성격장애는?

> A씨는 관계에 대한 욕구가 부족해 시골에서 혼자 살고 타인과 거의 접촉하지 않는다. A씨는 주변의 공기와 물에 포함된 유해한 화학물질을 두려워하고 극단적으로 오염을 걱정한다. A씨는 자신만의 정수 시스템을 개발했고 자신의 옷을 직접 만들어 입는다. 만약 밖에 나가야 할 일이 생기면 오염된 공기를 피하기 위해 온몸을 과도하게 감싸고 마스크를 쓴다.

① 편집성 성격장애
② 조현성 성격장애
③ 조현형 성격장애
④ 회피성 성격장애
⑤ 반사회성 성격장애

> **DSM-5의 성격장애 중 조현형 성격장애 진단기준**
> 친분관계를 급작스럽게 불편해하고, 그럴 능력의 감퇴 및 인지·지각의 왜곡, 행동의 기괴성으로 구별되는 사회적 관계의 결함이 광범위하게 나타난다. 다음 중 5가지 이상 나타난다.
> • 관계 사고 : 우연한 사고나 사건이 자신과 특별한 관계가 있다고 잘못 해석한다.
> • 소문화권 기준에 맞지 않는 마술적인 사고 : 미신, 천리안, 텔레파시 등에 대한 믿음, 기이한 공상
> • 신체적 착각을 포함한 이상한 지각 경험
> • 괴이한 사고와 언어
> • 편집증적인 생각 또는 의심
> • 부적절하고 제한된 정동
> • 기묘한 또는 괴팍한 행동이나 외모 : 이상한 동작, 혼잣말, 기묘한 말
> • 가족을 제외하면 가까운 친구나 친한 사람이 없음
> • 부적절하거나 위축된 정서 : 정서가 냉담하고 동떨어져 있음

100 '성격장애에 대한 대안적 DSM-5 모델'에서 도출될 수 있는 성격장애를 모두 고른 것은?

> ㄱ. 경계성 성격장애
> ㄴ. 강박성 성격장애
> ㄷ. 의존성 성격장애
> ㄹ. 자기애성 성격장애

① ㄱ, ㄴ, ㄷ
② ㄱ, ㄴ, ㄹ
③ ㄱ, ㄷ, ㄹ
④ ㄴ, ㄷ, ㄹ
⑤ ㄱ, ㄴ, ㄷ, ㄹ

> DSM-5 성격장애 대안모델에서 도출될 수 있는 특정 성격장애에는 경계성 성격장애, 강박성 성격장애, 자기애성 성격장애, 반사회성 성격장애, 회피성 성격장애, 조현형 성격장애, 특질에 따라 명시된 성격장애가 있다.

2024 청소년상담사 2급
23회 최신기출문제
2교시 A형

선택과목 01 진로상담

※ 답안카드 작성 시 시험지와 동일한 문항번호의 답항에 마킹하시오.

01 진로상담자가 갖추어야 할 역량으로 옳은 것을 모두 고른 것은?

> ㄱ. 진로 관련 이론에 대한 이해
> ㄴ. 개인차와 다양성에 대한 이해
> ㄷ. 진로검사 수행 역량
> ㄹ. 자기성찰과 자기계발 역량

① ㄱ, ㄴ
② ㄷ, ㄹ
③ ㄱ, ㄴ, ㄷ
④ ㄴ, ㄷ, ㄹ
⑤ ㄱ, ㄴ, ㄷ, ㄹ

> **청소년 진로상담자가 갖추어야 할 역량**
> - 자기성찰 및 자기계발 역량
> - 개인차 및 다양성에 대한 이해
> - 상담목표를 명료화하는 기술 습득
> - 효과적인 상담을 위한 개인 및 집단상담 기술 습득
> - 개인 및 집단검사 실시 및 해석 능력
> - 진로발달 이론에 대한 이해 및 전문지식 함양
> - 진로 프로그램 실시 및 개발 역량
> - 정보 탐색 및 첨단 정보화 기술 활용 능력
> - 상담전문가의 올바른 윤리 의식

정답 99 ③ 100 ② / 01 ⑤

02 진로상담의 목표로 옳은 것을 모두 고른 것은?

> ㄱ. 자신에 대한 정확한 이해 증진
> ㄴ. 직업세계에 대한 이해 증진
> ㄷ. 진로정보 탐색 및 활용능력 함양
> ㄹ. 합리적인 의사결정 능력 증진

① ㄱ, ㄴ
② ㄷ, ㄹ
③ ㄱ, ㄴ, ㄷ
④ ㄱ, ㄷ, ㄹ
⑤ ㄱ, ㄴ, ㄷ, ㄹ

> **청소년 진로상담의 목표**
> - 자신에 대한 올바른 이해 확립
> - 일과 직업세계에 대한 이해 증진
> - 정보탐색 및 활용능력 함양
> - 올바른 직업관과 직업의식 형성
> - 합리적인 의사결정 능력의 증진

03 윌리암슨(E. Williamson)의 진로상담과정에서 종합 단계에 관한 설명으로 옳은 것은?

① 내담자의 독특성 또는 개별성을 탐색하기 위하여 사례연구나 검사결과를 통해 자료를 수집하고 요약한다.
② 내담자의 특성과 문제를 분류하고 교육적, 직업적 능력과 특성을 비교하여 문제의 원인을 찾아낸다.
③ 새로운 문제가 발생되었을 때 내담자가 바람직한 행동계획을 수행할 수 있도록 계속적으로 돕는다.
④ 여러 자료로부터 태도, 흥미, 가정환경, 지식, 학교 성적 등에 대한 자료들을 수집한다.
⑤ 현재 또는 미래의 바람직한 적응을 위해 무엇을 해야 할지를 함께 상의한다.

윌리암슨의 상담모형 6단계
- 1단계(분석) : 여러 자료로부터 개인의 특성(태도, 흥미, 가족배경, 지적 능력, 교육적 능력, 적성 등)에 관한 자료들을 주관적·객관적 방법으로 수집하고, 표준화 검사를 실시한다.
- 2단계(종합)
  - 개인의 장단점, 욕구, 문제를 분류하기 위한 정보를 수집하고 조정한다.
  - 내담자의 독특성이나 개별성을 강조하기 위해 사례연구 기술과 검사목록(결과)에 의하여 자료를 수집하고 요약한다.
- 3단계(진단)
  - 개인의 교육적·직업적 능력과 특성을 비교하여 진로문제의 객관적인 원인을 파악한다.
  - 내담자의 문제 및 뚜렷한 특징을 기술한 개인자료와 학문적·직업적 능력을 비교하여 문제의 원인을 탐색한다.
- 4단계(예측)
  - 조정 가능성 및 문제의 가능한 결과를 판단하고, 이를 통해 내담자가 고려해야 할 대안적 조치들과 조정사항들을 찾는다.
  - 가능한 대안을 탐색하고 각 대안의 성공 가능성을 평가하고 예측한다.
- 5단계(상담)
  - 개인특성에 관한 자료를 중심으로 직업에 잘 적응하기 위해 어떻게 해야 할지를 상담한다.
  - 현재와 미래의 바람직한 적응을 위해 무엇을 해야 할지를 내담자와 함께 이야기한다.
- 6단계(추수지도) : 내담자가 행동계획을 잘 실천하도록 돕고, 결정과정의 적합성을 점검한 후 필요한 부분의 보충을 위해 추수지도를 한다.

04 다음은 홀랜드(J. Holland)의 직업성격유형이론에 관한 설명이다. (   )에 공통으로 들어갈 용어로 옳은 것은?

○ (   )은 개인과 직업환경 간의 적합성 정도에 대한 것으로 사람의 직업적 관심이 직업환경과 어느 정도 맞는지를 의미한다.
○ 사람들은 자신의 유형과 비슷하거나 정체성을 갖게 하는 환경 유형에서 일하거나 생활할 때 (   )이 높아지게 된다.
○ 예술적인 사람이 관습적인 환경에서 일하거나 생활할 때는 (   )이 낮은 것이다.

① 정체성(Identity)
② 일치성(Congruence)
③ 계측성(Calculus)
④ 변별성(Differentiation)
⑤ 일관성(Consistency)

정답 02 ⑤ 03 ① 04 ②

> **홀랜드의 직업성격유형이론 5가지 주요 개념**
> - 일관성 : 서로 다른 유형 간의 관계로, 일관성 있는 흥미유형을 보이는 사람은 대체로 안정된 직업경력을 가졌고 직업성취와 직업적 목표가 분명하다. 따라서 일관성 있는 코드유형을 보이는 사람은 환경과의 상호작용에서 그렇지 않은 경우보다 예측 가능한 행동 결과를 나타낼 것이다.
> - 변별성 : 유형 간의 상대적 중요도의 관계를 의미한다. 특정 개인의 성격유형이나 작업환경은 다른 어떤 개인이나 환경보다 더 명확하게 규정할 수 있을 때 변별성이 있다고 해석한다.
> - 정체성 : 자신에 대한 종합적인 인식으로서 일치성, 일관성 및 변별성에 의해 영향을 받는데, 변별성, 일관성, 일치성이 모두 높을 때 정체성도 높아진다.
> - 일치성 : 성격과 환경 간의 관계로, 개인의 흥미유형과 자신이 속한 직업환경 유형의 유사성을 반영한다. 따라서 개인의 성격 특징과 직무환경 특성 간 일치성이 높을 때 직업만족, 직업성취 수준이 높아질 수 있다.
> - 계측성 : 유형(환경) 내 또는 유형 간의 관계는 육각형 모델에 따라 정리될 수 있는데, 육각형 모델에서 유형(환경) 간의 거리는 그것들 사이의 이론적인 관계에 반비례한다. 육각형은 개인(환경) 간 또는 개인 내에 있는 일관성의 정도를 나타내 주는 도형으로서, 이론의 본질적 관계를 설명해 주며, 여러 가지 실제적인 용도를 가지고 있다.

05 진로상담에서 활용하는 진로가계도(Career Genogram)에 관한 설명으로 옳지 않은 것은?

① 가족의 맥락 속에서 내담자 이해를 촉진시켜주는 기법이다.
② 내담자 가족의 지배적인 직업가치를 확인하기 위해 사용할 수 있다.
③ 남성은 원, 여성은 사각형, 중심인물은 두 겹의 원을 사용하여 진로가계도를 그린다.
④ 진로정보 수집단계에서 사용될 수 있는 질적 평가과정이다.
⑤ 내담자의 진로기대형성에 중요한 역할을 한 가족이 누구인지 확인이 가능하다.

> ③ 진로가계도는 3세대에 걸친 내담자 가족의 윤곽을 평가하며 진로 상담에서 활용한다. 가족 구성원의 관계를 정해진 기호와 선으로 도표화하여 남자는 사각형, 여자는 원으로 표현한다.
> ① 진로가계도는 가족상담 또는 가족치료에 기원을 둔 것으로 내담자의 직업의식과 선택, 태도에 대한 가족구성원의 영향력을 분석하고 이해를 촉진한다.
> ②·⑤ 진로가계도는 내담자 가족의 지배적인 직업가치를 확인하고 가족 중 내담자의 진로기대형성에 중요한 역할을 한 사람이 누구인지 결정하는 데 도움이 된다.
> ④ 진로가계도는 진로정보 수집단계에서 사용하는 것으로, 학생의 직업의식과 직업선택, 직업태도에 대한 가족 구성원들의 영향력을 분석하는 대표적인 정성적 평가방법의 하나이다.

06 파슨스(F. Parsons)의 특성요인이론에서 자신에 대한 이해를 증진시키기 위한 특성으로 옳지 않은 것은?

① 성 격
② 흥 미
③ 적 성
④ 직 무
⑤ 가 치

> 파슨스의 특성요인이론에서 자신에 대한 이해를 증진하기 위한 특성으로는 개인의 성격, 가치, 지능, 적성, 흥미, 포부, 학업성취, 환경 등이 있다.

07 로(A. Roe)의 욕구이론에 관한 설명으로 옳은 것은?

① 개인의 욕구는 직업선택에 영향을 미치지 않는다.
② 부모는 아동기 진로발달에 영향을 미치지 않는다.
③ 직업을 흥미에 기초하여 8개 직업군으로 제안하였다.
④ 직업에서의 곤란도와 책무성을 고려하여 5개의 직업단계를 설정하였다.
⑤ 베츠(N. Betz)의 이론을 근거로 직업과 기본욕구 만족 간의 관련성을 설명하였다.

> ③ 로는 흥미에 기초해서 직업을 8개의 군집으로 나누고, 각각의 군집에 알맞은 직업들의 목록을 작성했다.
> ① 로는 여러 가지 다른 직업에 종사하는 사람들은 다른 욕구를 가지고 있으며, 욕구가 직업 선택에 큰 영향을 미친다고 여겼다.
> ② 로는 초기 아동기, 특히 12세 이전에 부모가 보여준 자녀 양육방식이 자녀의 진로 선택에 영향을 줄 수 있다고 보았다.
> ④ 로는 직업의 곤란도와 책무성을 고려하여 직업수준을 6단계로 설정하였다.
> ⑤ 로는 매슬로우(Maslow)의 욕구위계론을 바탕으로 하여 직업과 기본욕구 만족의 관련성에 대하여 논의하였다.

08 하렌(V. Harren)의 진로의사결정유형이론에 관한 설명으로 옳은 것을 모두 고른 것은?

> ㄱ. 합리적 유형은 결정에 대한 자신의 책임을 부정한다.
> ㄴ. 진로의사결정 단계는 '인식-계획-확신-이행'이다.
> ㄷ. 합리적 유형, 직관적 유형, 의존적 유형으로 진로의사결정유형을 분류하고 있다.
> ㄹ. 인식단계는 동조, 자율, 상호의존의 3가지의 하위단계로 나누어진다.

① ㄱ, ㄴ
② ㄴ, ㄷ
③ ㄱ, ㄴ, ㄷ
④ ㄱ, ㄷ, ㄹ
⑤ ㄱ, ㄴ, ㄷ, ㄹ

ㄱ. 합리적 유형은 자신과 상황에 대한 정확한 정보를 바탕으로 신중하게 의사결정을 수행하며 의사결정에 대한 책임을 자신이 진다.
ㄹ. 진로의사결정 단계 중 이행단계는 잠정적 결정을 실천에 옮기는 단계로, '동조·자율·상호의존' 3가지의 하위단계로 나뉜다.

09 수퍼(D. 3Super)의 진로발달단계에서 다음과 같은 발달과업이 수행되는 단계는?

○ 정착(Stabilizing)
○ 공고화(Consolidating)
○ 발전(Advancing)

① 성장기
② 탐색기
③ 확립기
④ 유지기
⑤ 쇠퇴기

수퍼의 직업발달과정과 과업
- 성장기(Growth Stage, 출생~14세) : 욕구와 환상이 지배적이나, 사회참여 활동이 증가하고 현실검증이 생김에 따라 흥미와 능력을 중시하는 단계로, 환상기, 흥미기, 능력기로 구분
- 탐색기(Exploration Stage, 15~24세)
  - 학교·여가생활, 시간제 등을 통해 자신에 대한 탐색과 수행해야 할 것을 찾으며, 직업 탐색을 시도하는 단계
  - 직업 선택에 대한 구체화, 결정화, 실행이라는 진로 발달과업이 주된 과업
- 확립기(Establishment Stage, 25~44세)
  - 적합한 직업 분야를 발견하고 생활의 안정을 위해 노력하는 단계
  - 초반과 중반에는 정착 또는 안정화, 후반부터는 공고화와 발전이 주된 과업
- 유지기(Maintenance Stage, 45~64세)
  - 직업세계에서 자신의 위치가 확고해지고 자리를 유지하기 위해 노력하며 안정된 삶을 살아가는 시기
  - 보유(유지), 갱신, 혁신의 진로 발달과업을 수행
- 쇠퇴기(Disengagement Stage, 65세 이후) : 정신적·육체적 기능이 점차 쇠퇴하는 단계로 감속기와 은퇴기로 구분

10 갓프레드슨(L. Gottfredson)의 제한타협이론에서 다음에 해당하는 단계는?

> ○ 이 단계의 아동들은 힘, 크기 등 서열의 개념을 획득하는 것이 중요하다.
> ○ 이 단계의 아동들은 성인의 역할을 통해 직업을 인식하게 된다.
> ○ 직업에 대한 무한한 상상력과 환상이 서열 개념에 의해 제한을 받게 된다.

① 성역할 지향 단계
② 외적이며 비교평가 지향 단계
③ 사회적 가치 지향 단계
④ 규모와 힘 지향 단계
⑤ 내적이며 고유한 자기 지향 단계

> **갓프레드슨의 직업포부 발달단계**
> • 힘과 크기(서열) 지향성(3~5세) : 사고과정이 구체화되고 어른이 된다는 것의 의미를 알게 되며, 직관적인 사고과정을 보인다.
> • 성역할 지향성(6~8세) : 자아개념이 성의 발달에 의해 영향을 받으면서 직업에 대한 성역할 고정관념을 습득한다.
> • 사회적 가치 지향성(9~13세) : 자신의 능력에 맞고 수용 가능한 직업의 종류가 무엇인지 구체화하고 자신의 상대적 능력에 대해 판단하기 시작하고, 상대적 서열과 관련짓는다.
> • 내적이며 고유한 자아에 대한 지향성(14세 이후) : 자아성찰과 사회계층의 맥락에서 직업적 포부가 더욱 발달하며 수용 가능한 직업의 종류 중에서 자아정체감을 만족시킬 수 있는 직업을 선택한다.

11 다음 이론을 주장한 학자는?

> ○ 진로선택은 일생을 거쳐서 발달하는 과정이다.
> ○ 진로선택과정을 환상기, 잠정기, 현실기의 세 단계로 구분하였다.
> ○ 환상기의 아동은 다양한 역할놀이를 통해 일과 직업세계를 이해하고 선호한다.

① 블라우(P. Blau)
② 긴즈버그(E. Ginzberg)
③ 윌리암슨(E. Williamson)
④ 갓프레드슨(L. Gottfredson)
⑤ 보딘(E. Bordin)

긴즈버그는 직업선택의 3단계를 '환상기-잠정기-현실기'로 구분하고, 잠정기를 '흥미단계-능력단계-가치단계-전환단계'의 4가지 하위단계로, 현실기를 '탐색 단계-결정화 단계-특수화 단계'의 3가지 하위단계로 나누었다.
① 블라우는 개인을 둘러싼 사회·문화적 환경이 개인의 행동에 영향을 미친다는 사회학적 지식을 바탕으로 사회학적 이론을 제시하였다.
③ 윌리암슨은 특성-요인이론을 옹호하며, 특성요인 진로상담의 과정을 분석, 종합, 진단, 예측, 상담, 추수지도로 기술하였다.
④ 갓프레드슨은 사람들의 진로기대가 어릴 때부터 성별, 인종별, 사회계층별로 차이가 나는 이유를 설명하기 위해 제한-타협이론을 제시하였다.
⑤ 보딘은 정신분석학을 토대로 특성-요인이론과 내담자 중심 상담의 개념과 기법을 통합한 정신역동적 직업상담을 제시하였다.

12 타이드만과 오하라(D. Tiedeman & R. O'Hara)의 진로의사결정이론에 관한 설명으로 옳지 않은 것은?

① 실천기는 새로운 상황에 순응하는 순응기에서 집단의 요구와 개인의 요구 간에 균형을 이루는 통합기를 거쳐 자신의 의견이나 주장을 행사하는 개혁기로 전개된다.
② 개인의 진로의사결정 단계를 직업정체감 형성 과정에 따라 예상기와 실천기로 나누어 설명한다.
③ 구체화 단계에서는 가능한 대안을 선택하며, 각 대안의 장단점을 검토하여 서열화 및 조직화한다.
④ 선택기는 구체화 과정을 통해 나타난 결과를 토대로 명확한 목표를 설정하는 단계이다.
⑤ 개인이 일에 직면했을 때 분화와 통합을 통하여 직업정체감을 형성한다고 보았다.

① 실천기(Implementation Period)는 적응기(Adjustment Period)라고도 하며 예상기에서 내린 잠정적 결정을 실천에 옮기는 과정으로, 적응기(순응기), 개혁기, 통합기의 3가지 하위 단계로 전개된다.

13 다위스와 롭퀴스트(Dawis & Lofquist)가 제시한 직업적응 방식에 관한 설명과 개념을 바르게 연결한 것은?

> ㄱ. 개인이 직업 환경과 개인적 환경 간의 부조화를 참아내는 정도
> ㄴ. 개인-환경 간 부조화 상태에서 개인이 직업 환경을 변화시킴으로써 대처하는 방식

① ㄱ : 끈기(Perseverance), ㄴ : 유연성(Flexibility)
② ㄱ : 끈기(Perseverance), ㄴ : 적극성(Activeness)
③ ㄱ : 유연성(Flexibility), ㄴ : 적극성(Activeness)
④ ㄱ : 유연성(Flexibility), ㄴ : 반응성(Reactiveness)
⑤ ㄱ : 적극성(Activeness), ㄴ : 반응성(Reactiveness)

유연성(융통성)은 개인-환경 간의 부조화를 참아내는 정도를 의미하고, 적극성은 개인이 작업환경을 개인적 방식과 좀 더 조화롭게 만들어 가려고 노력하는 정도를 의미한다.

다위스와 롭퀴스트의 직업적응이론 측면

- 직업성격적 측면
  - 민첩성 : 과제를 얼마나 일찍 완성하느냐와 관계되는 것으로, 정확성보다는 속도를 중시
  - 역량(속도) : 근로자의 평균 활동수준을 말하고, 개인의 에너지 소비량을 의미
  - 리듬 : 활동에 대한 다양성을 의미
  - 지구력 : 개인이 환경과 상호작용하는 다양한 활동수준의 기간을 의미
- 적응양식적 측면
  - 융통성(유연성) : 개인-환경 간의 부조화를 참아내는 정도로, 작업과 개인의 부조화가 크더라도 잘 참아낼 수 있는 사람은 융통성이 있는 사람
  - 끈기(인내) : 환경이 자신에게 맞지 않아도 오랫동안 견뎌낼 수 있는 정도
  - 적극성 : 작업환경을 개인적 방식과 좀 더 조화롭게 만들어 가려고 노력하는 정도
  - 반응성 : 개인-환경 간의 부조화를 견딜 수 있는 정도를 넘어설 때 자신의 직업성격을 변화하는 방식으로 대처

14 슐로스버그(N. Schlossberg)가 제시한 진로전환 상담에 관한 내용으로 옳지 않은 것은?

① 직업생활 전환에는 청사진과 위협의 양가적인 특성이 있다.
② 직업생활 전환의 개념을 생애 사건 가운데 결혼 및 출산에 한정하여 설명하고 있다.
③ 새로운 일자리로 진입하는 경우 기대치 전환이 중요하다고 보고 있다.
④ 개인의 직업생활 전환에 영향을 주는 요소로 자아(Self), 지원(Support), 상황(Situation), 전략(Strategy) 등을 강조한다.
⑤ 새로운 일자리에 적응하기 위해서는 네트워킹, 가족지원정책, 경제적 안정 등 다양한 차원의 개입이 요구된다.

> 슐로스버그의 진로전환이론에서는 직업생활 전환을 명백한 삶의 변화로만 제한을 두기보다 개인이 경험한 어떤 사건으로 인해 삶을 바라보는 시각이 변하거나 자신을 둘러싼 상황의 변화에 대처해야 할 때 발생하는 것으로 인식하였다.

15 미러바일(R. Mirabile)의 퇴직자를 위한 카운슬링모델에서 다음이 설명하는 단계는?

> ○ 퇴직자가 퇴직의 충격에서 벗어나 본격적인 구직 활동에 집중한다.
> ○ 퇴직자는 인터뷰, 검사, 경청 등을 통해 퇴직과 관련된 감정과 반응들을 이해하고 수용한다.
> ○ 퇴직자가 강점과 약점, 동기부여 요인, 진로유형 파악에 초점을 두고 검사와 평가를 수행한다.

① 위안(Comfort)　　　　② 성찰(Reflection)
③ 명료화(Clarification)　　④ 방향(Direction)
⑤ 관점전환(Perspective Shift)

> 미러바일의 퇴직자를 위한 카운슬링 모델
> • 1단계-평안(Comfort) : 퇴직으로 인한 감정적 혼란을 극복하는 단계
> • 2단계-성찰(Reflection) : 자신의 장단점과 경력을 분석하고 구직활동에 집중하는 단계
> • 3단계-명확화(Clarification) : 자신이 새롭게 개척해야 할 분야를 명확하게 설정하는 단계
> • 4단계-방향(Direction) : 설정된 경력목표에 맞는 새로운 직장을 탐색하는 방향설정 단계
> • 5단계-관점 전환(Perspective Shift) : 퇴직을 새로운 능력 창출과 경력 성장을 위한 기회로 인식하는 시각의 변화 단계

16 크럼볼츠(J. Krumboltz)의 우연학습이론(Happenstance Learning Theory)을 토대로 한 진로상담에 관한 설명으로 옳지 않은 것은?

① 진로결정과정에서 개인이 통제하기 어려운 요인들이 영향을 미치고 있음을 강조한다.
② 내담자가 호소하는 문제도 중요하지만 예기치 않은 사건이나 문제발생을 대비하는 역량을 키워주는 것이 중요하다.
③ 내담자의 호기심(Curiosity), 인내심(Persistence), 유연성(Flexibility), 낙관성(Optimism), 위험감수(Risk-taking) 등의 기술을 촉진시킨다.
④ 미래는 불확실하므로 개인의 특성과 직업의 특성을 연결하는 전통적인 진로상담을 중시한다.
⑤ 상담의 성공여부는 내담자가 상담실 밖에서 다양한 경험을 위해 얼마나 노력하고 성장하는가에 좌우된다.

> ④ 우연학습이론을 토대로 한 진로상담은 개인적 특성과 직업 특성을 연결하기 위해서가 아니라 학습을 촉진하기 위해 진로 관련 심리검사를 활용한다. 우연학습이론에서 인간의 행동은 경험을 통한 학습의 산물이므로 계획되지 않은 우연한 사건도 학습을 통해 진로선택의 기회로 만들 수 있다고 본다.

17 사회인지 진로이론(SCCT)이 진로상담에 주는 시사점으로 옳지 않은 것은?

① 내담자의 흥미나 가치, 능력보다는 진로장벽에 영향을 미치는 환경적 조건을 중시한다.
② 내담자가 선택 가능한 진로를 일찍 제외하도록 만든 진로장벽을 확인하고 평가하는 것이 중요하다.
③ 내담자의 잘못된 직업정보를 점검하고 수정하는 것이 중요하다.
④ 자기효능감 점검, 결과기대에 대한 탐색과 현실성 강화, 진로준비행동 촉진 등이 중요한 개입전략이다.
⑤ 부적절한 자기효능감이나 결과에 대한 기대 때문에 내담자가 제외한 진로대안들을 다시 확인하는 것이 중요하다.

> ① 사회인지 진로이론의 진로상담 목표는 내담자의 흥미, 가치, 능력과 일치하는 직업을 찾을 수 있도록 돕는 것이다. 이를 위해 진로장벽을 확인하고 평가하는 과정이 포함된다. 진로장벽이란 내담자의 진로발달 및 진전과정을 방해하는 내적, 환경적 사건이나 조건을 의미한다. 사회인지 진로이론의 진로상담은 진로대안을 실행하는 데 있어 장애가 되는 내담자의 진로장벽이 무엇인지 확인하고, 진로장벽에 대한 지각이 얼마나 현실성 있는지 평가한 후, 이러한 장벽을 만나게 될 가능성이 어느 정도인지 평가하도록 돕는다.

18 사비카스(M. Savickas)의 진로구성주의에 근거한 진로상담의 전략으로 적절하지 않은 것은?

① 심리검사는 개인의 특성에 대한 과학적 접근이므로 표준화검사 결과를 중시한다.
② 내담자로 하여금 진로나 직업선택과 관련된 본인의 이야기(Storytelling)를 하도록 한다.
③ 내담자의 진로이야기를 끌어내기 위해 진로유형면접(Career Style Interview)을 사용한다.
④ 진로유형면접 자료를 근거로 내담자의 생애주제(Life Themes)를 이끌어낸다.
⑤ 개인이 환경의 영향을 받기도 하지만, 개인도 환경을 만들어가는 발달의 주체임을 강조한다.

① 진로상담 과정에서 진로양식면접을 주로 사용하고, 표준화된 검사 실시와 결과의 해석을 최소화한다.

19 합리성을 토대로 한 전통적 진로상담이론의 한계를 극복하기 위해 최근 강조되고 있는 진로상담 대안이론(진로무질서이론 등)이 등장하게 된 배경으로 옳지 않은 것은?

① 기존의 이론들은 개인의 진로에 영향을 주는 객관적 맥락과 주관적 맥락의 영향을 모두 포함하지 못하고 있다.
② 기존의 이론들은 매칭 또는 조화의 역동에만 초점을 두고 인간의 적응적인 특성을 충분히 반영하지 못하고 있다.
③ 기존의 이론들은 인간이 현상과 경험을 새롭게 해석하고 의미부여하고 있는 점을 간과하고 있다.
④ 진로발달이 예상하지 못했던 사건과 경험, 즉 우연에 의해 변화될 수 있음을 충분히 고려하지 못하고 있다.
⑤ 기존의 이론들은 안정보다 변화를 가정하고 있어 이론과 실제가 부합되지 않는 한계가 있다.

⑤ 과거에는 변화보다는 안정이, 개혁보다는 보수가 우선시되었지만 급속하게 변화해 가는 현대 사회 속에서는 끊임없는 변화와 계속되는 선택의 과정에 맞는 유연한 적응을 요구받고 있다. 진로상담이론 역시 새로운 직업들이 끊임없이 만들어지고, 사라지는 시대에 기존의 진로이론으로는 한계가 있기 때문에 이 한계를 벗어나기 위해 새로운 이론인 대안이론(진로무질서이론, 비이성적 이론 등)이 등장하게 되었다.

20 샘슨 등(J. Sampson et al.)이 제시한 내담자 분류체계를 기준으로 볼 때 "진주"의 진로발달 상태를 바르게 진단한 것은?

> "진주"는 아버지의 권유를 받아들여 회계사가 되기로 결정하고 대학의 경상계열에 진학하였다. 대학 진학 후에도 "진주"의 진로에 대한 생각은 바뀌지 않았지만 동기들과 달리 자격취득 등 회계사가 되기 위한 별다른 준비를 하지 않고 있다.

① 문제의 원인 – 내적 갈등
② 문제의 원인 – 의존성
③ 호소영역 – 진로미결정자
④ 진로의사결정 정도 – 희망과 현실의 괴리
⑤ 진로의사결정 정도 – 진로결정자

> **샘슨 등의 내담자 분류체계**
> - 진로결정자
>   – 자신의 선택이 잘된 것인지 명료화하기를 원하는 내담자
>   – 자신의 선택을 이행하기 위해 도움이 필요한 내담자
>   – 진로의사가 결정된 것처럼 보이나 실제로는 결정을 하지 못하는 내담자
> - 진로미결정자
>   – 자신의 모습, 직업 혹은 의사결정을 위한 지식이 부족한 내담자
>   – 다양한 능력으로 지나치게 많은 기회를 갖게 되어 진로결정이 어려운 내담자
>   – 진로결정을 하지 못하지만, 성격의 문제는 없는 내담자
> - 우유부단형(진로무결정자)
>   – 생활에 전반적인 장애를 주는 불안을 동반한 내담자
>   – 일반적으로 문제해결 과정에서 부적응적인 성격을 지니고 있는 내담자

21 다음의 사례가 보여주는 진로상담기법은?

> ○ 역할모델
>   - 자라면서 가장 존중했던 사람은 누구인가요?
>   - 어떤 사람의 삶을 따라서 살고 싶은가요?
> ○ 잡지/TV프로그램
>   - 장기적으로 구독하고 있는 잡지가 있나요? 그 잡지의 어떤 점이 좋은가요?
>   - 좋아하는 TV프로그램이 무엇이며, 그 이유는?
> ○ 좋아하는 책/영화
>   - 좋아하는 책이나 영화는 무엇이며, 그 이유는?
> ○ 교과목
>   - 중학교나 고등학교 때 좋아하는 과목은 무엇이며, 그 이유는?
> ○ 여가와 취미
>   - 여가시간을 어떻게 보내고 싶은가요?
>   - 취미는 무엇인가요? 취미생활의 어떤 점이 좋은가요?

① 진로유형면접(Career Style Interview)
② 진로성숙도평가(Career Maturity Assessment)
③ 직업카드
④ 표준화검사
⑤ 진로가계도(Career Genogram)

사비카스(M. Savickas)의 진로양식면접(Career Style Interview ; 진로유형면접)은 직업적 성격, 진로적응도, 생애주제의 영역에서 내담자의 삶의 주제를 이끌어내는 방법으로 활용된다.

22 심리검사를 활용한 진로상담에서 내담자와의 작업동맹 전략으로 옳지 않은 것은?

① 내담자가 기대하는 것이 무엇인가와 같은 질문을 통해 촉진적 관계를 형성한다.
② 내담자의 비합리적인 진로기대 및 진로신념 등을 살펴보면서 내담자의 관점을 수용한다.
③ 내담자가 가장 중시하는 욕구가 무엇인가를 통해서 내담자의 생활양식을 확인한다.
④ 내담자에게 특정한 일을 좋아하는 이유 등을 질문하면서 내담자의 문제를 구체화한다.
⑤ 내담자가 검사도구의 종류와 특징을 잘 모를 경우 상담자가 주도적으로 검사도구를 선택한다.

> 작업동맹(Working Alliance)은 상담과정에서 상담자와 내담자가 내담자의 문제해결이나 증상 개선이라는 목적을 위해 현실적으로 협력하고 함께 작업하는 과정이다. 상담자는 진로 관련 정보와 검사도구의 종류 및 사용 방법에 대한 충분한 설명을 통해 내담자가 자신의 선택에 대해 잘 이해하도록 도와야 한다.

23 직업분류 및 직업사전에 대한 설명 중 옳지 않은 것은?

① 한국표준직업분류에서는 직업을 11개 직업군으로 분류하고 있다.
② 한국표준직업분류에서는 직능수준을 교육과 훈련정도에 따라 4단계로 구분하고 있다.
③ 한국고용직업분류는 직업을 대분류, 중분류, 소분류, 세분류로 구분하고 있다.
④ 한국직업사전의 직업코드에서 마지막 세 자리 숫자는 자료(Data), 사람(People), 사물(Things)을 의미한다.
⑤ 한국직업사전에서는 부가직업정보로 직업별 필요한 정규교육수준, 숙련기간, 자격면허 등을 제공하고 있다.

> ④ 한국직업사전의 직업코드는 특정 직업을 구분해 주는 단위로 '한국고용직업분류(KECO)'의 세 분류 4자리 숫자로 표기한다. 자료(Data), 사람(People), 사물(Things)은 부가직업정보 중 직무기능을 소개한 것이다.

24 청소년 집단진로상담에 관한 설명으로 옳지 않은 것은?

① 집단의 형태로 진로상담이 진행됨을 의미한다.
② 집단의 형태로 진행되어 자기이해의 기회가 없다.
③ 공통적으로 필요로 하는 직업정보를 효율적으로 제공할 수 있는 기회가 된다.
④ 자신의 직업적 적합성을 객관적이고 현실적으로 이해할 수 있다.
⑤ 자신의 진로계획을 검토하게 하는 기회를 제공한다.

> ② 청소년 집단진로상담은 집단활동을 통해 자기 이해의 기회를 얻으며 자신의 직업적 적합성을 보다 객관적이고 현실적으로 이해할 수 있다.

25 다문화 진로상담에 관한 내용을 모두 고른 것은?

> ㄱ. 내담자의 문화보다 상담자의 문화를 따르도록 만든다.
> ㄴ. 다문화에 대한 상담자의 지식과 인식은 중요하다.
> ㄷ. 내담자들이 직면하고 있는 진로문제를 이해하고자 노력한다.
> ㄹ. 내담자를 진단할 때 내담자의 문화적 특성을 신중하게 고려한다.

① ㄱ, ㄷ
② ㄴ, ㄹ
③ ㄱ, ㄴ, ㄷ
④ ㄴ, ㄷ, ㄹ
⑤ ㄱ, ㄴ, ㄷ, ㄹ

> ㄱ. 상담자는 강력한 유대관계를 확보한 상태에서 상담과정에 대한 내담자의 고유한 기대를 충분히 이해하며, 내담자의 문화와 욕구에 맞는 목표와 과제를 설정하고 수행한다. 이와 동시에 다문화 내담자들의 본국 문화에 대하여 존중하는 자세를 잊지 않도록 한다.

선택과목 02 ▶ 집단상담

26 다음의 집단원이 말하는 얄롬(I. Yalom)의 치료적 요인을 순서대로 나열한 것은?

> ○ 나무님이 집단의 도움을 받아 문제를 해결하는 모습을 보니 제게도 용기가 생겼어요.
> ○ 집단을 통해 제가 다른 사람들에게 어떤 성격으로 보이는지 알게 됐어요.

① 보편성, 대인관계 출력
② 희망의 고취, 대인관계 입력
③ 대인관계 입력, 보편성
④ 희망의 고취, 대인관계 출력
⑤ 보편성, 대인관계 입력

② '희망의 고취'는 집단이 집단원들에게 문제가 개선될 수 있다는 희망을 심어준다. 이때 희망 그 자체가 치료적 효과를 가질 수 있다는 것이고, '대인관계 입력'은 내가 다른 사람에게 어떤 인상을 주는지, 어떤 모습으로 보이는지 알게 된다는 것이다.

27 코리(G. Corey)의 '작업집단'의 주요 특성으로 옳지 않은 것은?

① 집단원들이 서로 신뢰하고 기꺼이 위험을 감수한다.
② 가까운 집단원끼리 하위집단을 만들기 때문에 전체 집단의 응집력이 높다.
③ 피드백이 자유롭게 오가며 거부감 없이 수용된다.
④ 지금-여기에서 의미 있는 상호작용이 이루어진다.
⑤ 무분별한 공격이 아닌 생산적인 피드백이 이루어진다.

② 작업집단에서는 갈등과 저항이 표현되고 잘 다루어져 '우리 집단'이라는 소속감이 생기면서 조화롭고 협력적인 집단분위기와 강한 집단응집력이 형성된다. 하위집단은 명성이나 영향력, 실력, 능력 혹은 설득력 등에 따라 형성되는 비공식적이고 잘 드러나지 않는 집단을 말한다. 집단의 구성원들이 하위집단에 더 매력을 느끼고 충성심이 생기면 그 구성원들은 전체 집단의 목적보다 하위집단의 목적을 중요시하게 되는데, 이는 집단응집력을 방해하고, 전체 집단에 대한 신뢰도를 낮춘다.

28 집단상담 종결단계에서 집단상담자 역할로 옳은 것은?

① 집단상담 전체과정을 평가하고 지속적 변화를 격려한다.
② 집단원들이 자신의 방어적 패턴을 인식할 수 있도록 돕는다.
③ 집단원들이 구체적인 개인목표를 설정하도록 돕는다.
④ 집단상담의 일반적인 지침과 진행방법에 대해 안내한다.
⑤ 집단원들이 친숙해질 수 있도록 분위기를 조성한다.

> ① 단상담 종결단계에서 집단상담자는 집단상담 과정의 전반적인 내용을 개관·요약하고, 집단원의 성장 및 변화를 평가하며, 집단원들의 변화를 강화하고 특별한 기술들을 다양한 일상에서 적용하도록 도와야 한다. 또한 종결에 따른 아쉬움과 이별의 감정을 다루고, 종결 후의 추수집단 모임을 결정해야 한다.
> ② 갈등단계(과도기단계), ③·④·⑤ 시작단계(초기단계)에서의 집단상담자 역할에 해당한다.

29 집단상담 초기단계의 집단원 특징으로 옳지 않은 것은?

① 집단참여와 관련하여 두려움과 주저하는 태도를 보인다.
② 새로운 사람들과의 만남으로 인해 어색함을 느낀다.
③ 집단에 대한 막연한 기대감을 가지기도 한다.
④ 집단상담자에 대한 적대감이나 저항의 표면화가 일어난다.
⑤ 집단이 자기개방을 하기에 안전한 장소인지 탐색한다.

> ④ 집단원이 집단상담자에 대한 적대감이나 저항을 표면화하는 단계는 '갈등단계(과도기단계)'이다.
> **집단상담 초기단계의 집단원 특징**
> • 집단에 대해 비합리적인 기대를 하기도 한다.
> • 자기표현을 하기에 안전한지 탐색한다.
> • 불안과 긴장이 있기 때문에 의존적이고 소극적으로 행동하는 경향이 있다.
> • 새로운 사람들과의 만남으로 자기개방에 부담을 느껴 집단 참여를 머뭇거린다.

30 합리적정서행동치료(REBT) 집단상담의 단계를 순서대로 옳게 나열한 것은?

> ㄱ. 논박을 통해 합리적 사고를 할 수 있도록 돕는다.
> ㄴ. 집단원이 문제를 이야기하도록 한다.
> ㄷ. 행동과제를 내주고 다음 회기에 그 결과를 토의한다.
> ㄹ. a-b-c모델을 기반으로 집단원의 비합리적 신념을 확인한다.

① ㄱ → ㄹ → ㄷ → ㄴ
② ㄴ → ㄱ → ㄹ → ㄷ
③ ㄴ → ㄹ → ㄱ → ㄷ
④ ㄹ → ㄱ → ㄴ → ㄷ
⑤ ㄹ → ㄴ → ㄷ → ㄱ

> ㄴ. 집단상담자가 집단원이 현재 고민하는 문제를 이야기하게 한다.
> ㄹ. 집단상담자는 a-b-c모델을 기반으로, 선행사건(Activating Event)에 대한 집단원의 비합리적 신념(Belief System)과 그러한 신념을 가지고 사건을 해석함으로써 느끼게 되는 정서적 결과를 확인한다.
> ㄱ. 집단상담자는 논박을 통해 집단원이 그러한 비합리적인 신념이나 사고에 대해서 다시 한번 검토해 보도록 촉구하고 합리적 사고를 돕는다. 논박한 후에 느끼는 집단원의 자기수용적인 태도와 긍정적인 감정의 결과를 확인한다.
> ㄷ. 집단원에게 행동숙제를 내주고, 다음 회기에 그 결과를 보고하게 한 후 함께 토의한다.
>
> 합리적정서행동치료의 a-b-c모델
> • 선행사건(Activating Event) : 어떤 사건이나 행위가 개인에게 정서적인 혼란을 일으키는 것을 말한다.
> • 신념체계(Belief System) : 합리적 신념과 비합리적 신념으로 나눌 수 있으며, 어떤 사건이나 행위 등에 의해 개인이 갖게 되는 사고방식을 말한다.
> • 결과(Consequence) : 비합리적인 태도 내지 사고방식을 가지고 그 사건을 해석함으로써 느끼게 되는 정서적 결과를 말한다.

31 다음의 질문들을 주요 기법으로 사용하는 이론에서 집단상담자의 개입에 관한 설명으로 옳은 것은?

> ○ 당신이 우울하지 않을 때는 언제인가요?
> ○ 당신이 기분이 좋다는 것을 친구들이 무엇을 보면 알 수 있을까요?
> ○ 화내는 대신에 무엇을 다르게 하고 있을 것 같나요?

① 작고 구체적이며 실천 가능한 상담목표를 설정한다.
② 과거경험이 현재 성격에 미치는 영향에 초점을 둔다.
③ 문제의 원인을 파악하는 것이 해결의 지름길이라고 본다.
④ 집단원의 전이 감정에 대한 전문적인 해석을 내린다.
⑤ 집단원이 책임을 회피하는 방식을 점검하도록 한다.

제시된 질문은 모두 해결중심상담이론에서 사용하는 기법이다. 해결중심상담이론은 집단원들을 강점과 자원을 가진 존재로 보는 입장이므로, 상담자는 문제를 해결하는 데 사용될 수 있는 집단원의 성공과 강점, 자원과 특성들을 규명하고 그것을 집단원이 받아들일 수 있도록 돕는다. 또한 변화는 항상 일어나고 있으며, 작은 변화를 통해 큰 변화를 달성한다고 보므로, 상담자는 작고 구체적이며 실천 가능한 상담목표를 설정한다.

32 심리극 집단상담의 특성으로 옳지 않은 것은?

① 집단구성원을 하나로 묶는 양방향적 공감인 텔레파시가 중시된다.
② 억압된 감정을 표출하고 정화하여 통찰을 일으키도록 한다.
③ 준비-시연-나누기의 순서로 진행된다.
④ 현실에서 일어날 수 없는 일까지 상상하게 하는 잉여현실을 도구로 활용한다.
⑤ 과거 사건을 마치 지금 일어나는 것처럼 재연하게 한다.

심리극 집단상담의 특성
- 역할연기를 통해 자신, 타인 및 상황에 대한 이해를 증진한다.
- 과거 발생한 일도 '지금-여기'에서 일어나는 것처럼 실연된다.
- 주요 5대 구성요소로 주인공, 보조자아, 연출가, 관객, 무대가 있다.
- 준비(워밍업 단계)-시연(실연 단계)-나누기(종결 단계)의 순서로 진행된다.
- 언어적·비언어적 수단을 통해 즉흥적으로 주인공의 상황이 표현된다.
- 억압된 감정을 표출하고 정화하여 통찰을 일으키도록 한다.
- 실연단계에서 내면적 정서들이 표현되면서 주인공은 억압된 감정을 의식하게 된다.
- 현실에서 일어날 수 없는 일까지 상상하게 하는 잉여현실을 도구로 활용한다.

33 다음의 상담기법들을 사용하는 이론의 집단상담자 역할에 관한 설명으로 옳지 않은 것은?

○ 격려
○ 역설적 의도
○ 버튼 누르기
○ 마치 ~처럼 행동하기

① 그릇된 생활양식을 변화시키도록 격려한다.
② 자기 행동의 목적과 결과에 대해 이해하도록 돕는다.
③ 집단원들의 지금-여기에서의 행동에 초점을 둔다.
④ 집단원의 사회적 관심을 향상시키고자 한다.
⑤ 꿈을 토대로 무의식적 소망과 성적 억압을 해석한다.

⑤ 제시된 상담기법들을 사용하는 이론은 개인심리학 상담이론이다. 꿈을 토대로 무의식적 소망과 성적 억압을 해석하는 이론은 정신분석 상담이론이다.

34 다음의 설명에 해당하는 게슈탈트 집단상담의 심리적 현상은?

○ 밀접한 관계에 있는 두 사람이 같은 생각과 감정을 경험하는 접촉-경계 혼란
○ 서로 독립적으로 행동하지 못하고 의존관계에 빠지는 경우로 지속적으로 진정한 접촉을 어렵게 함

① 내 사
② 투 사
③ 융 합
④ 반 전
⑤ 편 향

게슈탈트 집단상담의 심리적 현상(접촉-경계 혼란)
• 내사 : 타인(권위자)의 행동이나 가치관을 무비판적으로 수용함으로써 자기 것으로 동화하지 못한 채 내면에서 갈등을 일으키는 현상
• 투사 : 내담자들이 자신의 생각이나 욕구, 감정 등을 타인의 것으로 지각하거나 책임소재를 타인에게 돌리는 현상
• 반전 : 다른 사람을 향한 느낌이나 충동을 자신에게 향하게 하는 현상
• 융합 : 밀접한 관계에 있는 두 사람이 서로 간에 차이점이 없다고 느끼도록 합의함으로써 발생하는 현상
• 자의식 : 사회적 관계에서 타인을 과도하게 의식하고, 자기 자신을 대상화하여 주의를 기울여 관찰하는 현상
• 편향 : 감당하기 힘든 내적 갈등이나 환경 자극에 노출될 때 이에 압도당하지 않으려고 자신의 감각을 둔화해서 환경과의 접촉을 피하거나 약화하는 현상

정답 32 ① 33 ⑤ 34 ③

35 교류분석 집단상담에 관한 설명으로 옳지 않은 것은?

① 인간은 스스로 노력하면 변화할 수 있다는 희망을 제시한다.
② 집단에서 이루어야 할 목표를 구체적으로 진술한 계약을 맺는다.
③ 인간관계에 대한 이해를 통해 의사소통 문제를 해결하는 데 도움이 된다.
④ 교육적·예방적·치료적 상담이 가능하다.
⑤ 정서적 접근을 지향하므로 지적 능력이 낮은 집단원에게도 효과적이다.

⑤ 교류분석 집단상담은 내담자의 지적 능력을 토대로 하므로 대상자 선정에 제약이 따르며, 용어가 쉽지 않고 추상적인 경우도 있으므로 실제적인 적용에 어려움이 있다.

36 인간중심 집단상담에 관한 설명으로 옳은 것을 모두 고른 것은?

ㄱ. 인간은 본능적으로 자기를 보전하고 유지하며 실현하는 경향성을 가지고 있다고 보았다.
ㄴ. 진실성은 다른 집단원의 내적 참조틀을 통해 그 집단원의 세계를 보는 능력을 말한다.
ㄷ. 로저스(C. Rogers)는 집단상담자를 '촉진자'라고 불렀다.
ㄹ. 집단상담자는 집단원의 과거경험들에 대한 자료 수집에 중점을 둔다.

① ㄱ, ㄴ
② ㄱ, ㄷ
③ ㄱ, ㄴ, ㄹ
④ ㄱ, ㄷ, ㄹ
⑤ ㄴ, ㄷ, ㄹ

ㄱ. 간중심 집단상담은 인간을 합목적적이고 전진적이며, 건설적이고 현실적인 존재인 동시에 아주 신뢰할 만한 선한 존재로 본다. 또한 인간은 누구나 자신을 향상해 나아가려는 자아실현의 동기(자아실현 경향성)를 타고 났다고 강조한다.
ㄷ. 로저스는 인간중심 집단상담의 상담자는 그 집단이 자체의 활동 방향을 발전할 수 있도록 안내자, 촉진자로서의 역할을 한다고 하였다.
ㄴ. 진실성(일치성/사실성)은 상담자가 순간순간 경험하는 자신의 감정이나 태도를 있는 그대로 표현하고 개방하는 진솔한 태도를 말한다. 다른 집단원의 내적 참조틀을 통해 그 집단원의 세계를 보는 능력은 '공감적 이해'이다.
ㄹ. 인간중심 집단상담의 상담자는 문제해결보다는 집단원에게 초점을 맞추고, 계획된 방법을 사용하기보다는 집단과정 그 자체를 중요시한다. 또한, 집단원들이 집단에서 현재의 순간을 충분히 경험하도록 한다.

37 다음에 해당하는 정신분석 집단상담기법은?

> ○ 현재 상황에서 지속되고 있는 인지적·정서적·행동적 왜곡 반응을 변화시키기 위해 집단원이 의식적 노력을 계속하도록 하는 것
> ○ 집단원이 통찰한 내용을 바탕으로 자신의 저항이나 문제를 점진적으로 수정해 나가도록 하는 것

① 자유연상
② 훈습
③ 해석
④ 저항 분석
⑤ 차례로 돌아가기

② 훈습(Working-Through) : 내담자의 전이 저항에 대해 기대되는 수준의 통찰과 이해가 성취될 때까지 상담자가 반복적으로 직면하거나 설명하여 내담자의 통찰력이 최대한 발달하도록 하며 자아통합이 이루어지도록 한다. 내담자의 심리적 문제에 대한 통찰을 현실 생활에 실제로 적용하게 하여 내담자의 변화를 유도하는 기법이다.
① 자유연상 : 집단원에게 무의식적 감정과 동기에 대해 통찰하도록 하기 위해, 마음속에 떠오르는 것을 의식의 검열을 거치지 않은 채 표현하도록 격려하는 기법이다. 집단원은 자신의 감정과 경험을 개방함으로써 더는 자신의 감정과 경험을 억압하지 않은 채 자유로울 수 있다.
③ 해석 : 집단원이 새로운 방식으로 자신의 문제들을 돌아볼 수 있도록 사건들의 의미를 설정해 주고, 자신의 문제를 새로운 각도에서 이해할 수 있도록 그의 생활경험과 행동, 행동의 의미를 설명하는 기법이다. 상담자는 집단원의 자유연상, 꿈, 환상, 저항, 전이 등에 숨은 의미를 해석·통찰하며, 내담자의 사고·행동·감정의 패턴을 드러내거나 이를 통해 나타나는 문제를 이해할 수 있도록 새로운 틀을 제공한다.
④ 저항 분석 : 저항이란 상담 진행을 방해하고 현재 상태를 유지하려는 집단원의 의식적·무의식적 생각, 태도, 감정, 행동 등을 의미한다. 상담자는 저항 분석을 통해 집단원이 무의식적 내용의 의식화에 따른 불안감에서 벗어나도록 하여 집단원의 갈등을 해소하고 상담이 원활하게 진행될 수 있게 해야 한다.
⑤ 차례로 돌아가기(돌림차례법) : 자유연상 기법 중 한 가지 방법으로, 집단원이 차례로 돌아가면서 한 사람씩 택하여 모든 집단원이 그 사람을 볼 때 마음에 연상되는 것이 있으면 무엇이든지 이야기하도록 하는 것이다.

38 다음 집단상담자의 상담기술에 관한 설명으로 옳지 않은 것은?

> ○ 바다님이 말한 것은 지난 회기에 보라님이 했던 말과 유사한 것 같군요.
> ○ 향기님이 지금 이야기한 것과 비슷한 경험을 하신 분이 있나요?

① 집단원들 사이에 공감대를 형성한다.
② 공통의 관심사에 주의를 기울이게 한다.
③ 집단원들 간의 보편성을 경험하게 한다.
④ 집단원의 말과 행동의 모순 및 비일관성을 알게 한다.
⑤ 집단원들의 참여를 촉진한다.

④ 집단원의 말과 행동의 모순 및 비일관성을 알게 하는 상담기술은 '직면하기(맞닥뜨림하기)'이다. 제시된 상담기술은 '연결하기'이다. 연결하기란 한 집단원의 말과 행동을 다른 집단원의 관심과 연결하고 관련짓는 기술이다. 연결하기는 집단원이 제기하는 여러 가지 문제의 관련 정보나 자료들을 서로 연관하며, 집단원 간 상호작용과 응집력을 촉진한다. 또한, 집단원이 자신의 문제를 다른 각도에서 보게 하여 문제의 진정한 원인이나 해결책을 찾는 데 도움을 줄 수 있고, 집단원들에게 보편성을 체험하게 할 때 사용한다.

39 집단상담자에게 전이 반응을 보이는 집단원에 대한 집단상담자의 대처로 옳지 않은 것은?

① 집단원이 그 반응으로 어떤 잠재적 이익을 얻는지 탐색한다.
② 집단원에 대한 집단상담자 자신의 반응을 검토해본다.
③ 집단원이 드러내는 감정이 집단 전체의 의견인지 확인해 본다.
④ 긍정적인 전이 감정은 집단의 흐름을 저해하지 않으므로 다루지 않는다.
⑤ 집단원의 전이 감정을 연상시키는 사람을 집단에서 찾아보도록 한다.

④ 전이란 애정, 욕망, 기대, 적개심 등 과거 중요한 사람에게 가졌던 감정을 상담자에게 느끼는 것을 말하며 이 중 애정이나 동경, 또는 신뢰 등을 느끼는 것을 긍정적인 전이라고 한다. 긍정적인 전이 감정도 해결되지 않는 갈등의 재현이며, 집단의 흐름을 저해하므로 집단상담자는 이러한 전이도 다루어야 한다.

40 집단상담자의 역할에 관한 설명으로 옳지 않은 것은?

① 촉진자 : 집단원의 참여를 권장하고, 집단원이 자기이해와 자기탐구의 깊은 단계로 나아갈 수 있도록 돕는다.
② 모범자 : 집단원이 새로운 행동변화를 시도할 수 있도록 분위기를 만들어 주고 집단 과정에서 본보기가 된다.
③ 설계자 : 집단원의 성숙한 행동은 강화하고, 미성숙한 행동을 억제하는 사회적 자극이 된다.
④ 참여적 관찰자 : 집단의 수용적이고 자율적 분위기 조성을 위해 집단원의 일원으로 참여하고 집단 전체의 상황을 주의 깊게 관찰한다.
⑤ 보호자 : 집단원들에게 권리와 책임에 대해 알려주고, 비밀보장의 중요성을 강조한다.

③ 집단원의 성숙한 행동은 강화하고, 미성숙한 행동을 억제하는 사회적 자극이 되는 것은 집단상담자의 강화자 역할에 해당한다. 설계자 역할은 집단의 목표 및 세부계획을 수립하고 집단원들을 선별·선발하며 집단을 구조화하는 것을 말한다.

41 코리(G. Corey)의 집단상담자 전문적 자질로 옳지 않은 것은?

① 충실한 자기돌봄
② 집단계획 및 지도능력
③ 상담이론에 관한 해박한 지식
④ 인간에 관한 폭넓은 식견
⑤ 집단원으로서의 집단 경험

① 충실한 자기돌봄이란 코리가 제시한 집단상담자의 인간적 자질로, 집단을 생동감 있게 이끌 수 있는 활력을 얻기 위해 여러 가지 면에서 자신을 돌볼 수 있는 자질을 의미한다.

42 다음 대화에서 집단상담자가 적용한 기술은?

○ 집단원 : 이번 시험에서 실수를 많이 한 것 같아요. 엄마는 제가 시험에서 늘 만점을 받기를 원하시는데… 엄청 화를 내실 것 같아요. 그래서 아직 시험결과에 대해 얘기하지 못했어요.
○ 집단상담자 : 이번 시험에서 실수한 것 때문에 엄마에게 혼날까 봐 많이 걱정되는가 보군요. 그리고 엄마에게 이 사실을 말해야 한다는 것이 두렵군요.

① 행동제한   ② 반 영
③ 직 면   ④ 자기노출
⑤ 차단하기

② 반영 : 집단원이 전달하고자 하는 의사의 본질을 스스로 볼 수 있도록 집단원의 말과 행동에서 표현되는 감정·생각·태도를 상담자가 다른 참신한 말로 부연해주는 것으로, 집단원이 말한 내용을 좀 더 구체적으로 인식할 수 있도록 해주는 기술이다.
① 행동제한 : 특정 집단원을 비난하거나 공격하는 것이 아니고, 비생산적이고 집단 발전에 도움이 되지 않는 행동을 하지 못하도록 제한하는 기술이다. 집단원이 지나치게 질문만 계속할 때, 제3자에 대해 험담할 때, 집단 외부의 이야기를 길게 늘어놓을 때, 다른 집단원의 사적인 비밀을 캐내려 강요할 때 사용한다.
③ 직면 : 집단원의 말이나 행동이 일치하지 않거나 모순점이 있을 때 그것을 지적해주는 기술이다. 상대방에게 공격이나 위협으로 받아들여질 수 있으므로 사용상 주의를 필요로 한다.
④ 자기노출(자기개방) : 집단상담자가 상담을 효과적으로 이끌기 위해 상담에 참여한 집단원에게 자신에 대한 주관적인 정보를 노출하는 기술이다. 집단상담자는 자기노출(자기개방)을 통해 집단원에게 유사성과 친근감을 전달할 수 있다.
⑤ 차단하기 : 집단과정에 부정적인 영향을 주거나 집단구성원의 성장·발달을 저해하는 의사소통에 집단상담자가 직접 개입하여, 집단의 역기능적인 언어 행동 혹은 비언어 행동을 중지하는 기술을 말한다.

43 집단상담 계획서에 포함되는 내용으로 옳은 것을 모두 고른 것은?

> ㄱ. 집단원의 자격
> ㄴ. 회기의 빈도와 시간
> ㄷ. 집단성과의 평가 계획
> ㄹ. 집단의 명시적, 암묵적 규범

① ㄱ, ㄴ
② ㄴ, ㄷ
③ ㄷ, ㄹ
④ ㄱ, ㄴ, ㄷ
⑤ ㄱ, ㄴ, ㄷ, ㄹ

> 집단상담 계획서에는 집단의 필요성과 목적, 집단의 활동 내용, 집단의 구성, 집단의 유형, 집단원의 자격, 집단원 선발 방법, 집단의 크기·일정(회기의 빈도와 시간 등), 모임 장소, 집단상담자의 수, 집단 홍보, 기대효과와 평가계획, 집단에 대한 명확하고 설득력 있는 근거 등이 포함되어야 한다.

44 학교에서 운영되는 청소년 집단상담에서 집단상담자의 행동으로 옳지 않은 것은?

① 미성년자의 집단상담 참여와 관련된 법률을 숙지한다.
② 집단상담이 운영되는 학교의 상황과 방침을 고려한다.
③ 집단원의 발달단계와 발달과업을 고려하여 집단상담을 계획한다.
④ 학교관계자, 교사, 보호자 및 법정대리인에게 집단상담의 이점을 설명한다.
⑤ 집단상담에서 말한 것은 어떤 내용이라도 부모와 학교관계자에게 비밀을 보장할 것을 약속한다.

> ⑤ 학교에서 운영되는 청소년 집단상담에서 말한 것은 보호자 및 교육적 필요에 의해 비밀유지가 제한될 수 있다는 것을 참가자들에게 알려야 한다.

45 청소년상담사 윤리강령의 '다양성 존중'에 해당하는 집단상담자의 태도로 옳은 것은?

① 집단상담을 시작할 때 집단원의 권리와 책임을 알려준다.
② 집단원과 연애 관계 및 기타 사적인 관계를 맺지 않는다.
③ 내담자의 보호자 또는 법정대리인에게 상담에 대한 사전 동의를 받는다.
④ 훈련받지 않은 상담기법을 오남용하지 않는다.
⑤ 자신의 개인적 가치, 태도, 신념을 자각하고, 집단원에게 자신의 가치를 강요하지 않는다.

> **'다양성 존중'에 해당하는 집단상담자의 태도**
> - 청소년상담사는 모든 인간의 기본적인 권리, 존엄성, 가치를 존중하며 성별, 장애, 나이, 성적 지향, 사회적 신분, 외모, 인종, 가족형태, 종교 등을 이유로 내담자를 차별하지 않는다.
> - 청소년상담사는 내담자의 다양한 문화적 배경을 이해하고, 청소년상담사 자신의 고유한 문화적 정체성이 상담과정에 영향을 주지 않도록 노력해야 한다.
> - 청소년상담사는 자신의 개인적 가치, 태도, 신념, 행위를 자각하고 내담자에게 자신의 가치를 강요하지 않는다.

46 비자발적인 청소년 집단상담에서 집단상담자의 역할로 옳은 것을 모두 고른 것은?

> ㄱ. 비자발적인 집단원이라도 사전 동의서를 받는다.
> ㄴ. 집단원 스스로 집단활동 참여 여부를 선택할 권리가 있음을 말해준다.
> ㄷ. 집단을 중도 탈퇴할 경우 발생할 결과에 대해 안내하고 선택할 수 있도록 한다.
> ㄹ. 집단 참여에 대해 느끼는 부정적인 감정을 솔직하게 표현할 기회를 준다.

① ㄱ, ㄴ
② ㄴ, ㄹ
③ ㄷ, ㄹ
④ ㄱ, ㄴ, ㄹ
⑤ ㄱ, ㄴ, ㄷ, ㄹ

> **비자발적인 청소년 집단상담에서 집단상담자의 역할**
> - 비자발적인 집단원이라도 사전 동의서를 받는다.
> - 집단을 거부할 권리나 비밀유지 및 침묵할 자유와 권리가 있음을 알린다.
> - 집단을 중도 탈퇴할 경우 발생할 결과에 대해 안내하고 선택할 수 있도록 한다.
> - 적극적인 참여의 중요성을 설명하고, 기대 이하 수준으로 집단에 참여한 경우 집단상담을 받은 것으로 인정하지 않을 수 있음을 설명한다.
> - 명령이나 강제로 참여하게 된 청소년에게는 상담내용과 목표에 대해 정확히 알려주어 적극적으로 참여할 수 있도록 도와야 한다.
> - 집단에 억지로 참여하게 된 상황에 대한 솔직한 감정과 집단에 대한 자신의 마음을 충분히 표현할 수 있도록 시간을 준다.
> - 비자발적 청소년에게 진실하게 대하고 집단원의 욕구와 특성에 맞는 흥미롭고 창의적인 활동을 계획한다.
> - 비자발적 청소년이 집단에 수용되는 경험을 하게 한다.

정답 43 ④ 44 ⑤ 45 ⑤ 46 ⑤

47 청소년 집단상담의 이점으로 옳은 것을 모두 고른 것은?

> ㄱ. 부정적 감정을 다루는 방법을 연습할 수 있도록 해준다.
> ㄴ. 다른 또래도 나와 비슷한 감정을 갖고 있음을 알게 된다.
> ㄷ. 집단상담자와의 관계를 통해 의존성을 높여 나간다.
> ㄹ. 또래와의 대화를 통해 자신과 타인에 대한 관심과 이해의 폭이 확대된다.

① ㄱ, ㄴ
② ㄱ, ㄷ
③ ㄱ, ㄴ, ㄹ
④ ㄱ, ㄷ, ㄹ
⑤ ㄴ, ㄷ, ㄹ

청소년 집단상담의 이점
- 또래와의 상호 교류 능력이 개발되어 자기중심적·자기애적 사고 및 태도에 도전하게 한다.
- 안전한 환경에서 자유와 독립성을 시도할 수 있게 한다.
- 외부적 위협을 느끼지 않으면서 현실적 문제 상황에 대한 자기 나름의 적응 및 대처방안을 체득할 수 있다.
- 다른 친구들도 자신과 비슷한 감정과 생각이 있음을 깨닫게 된다.
- 자신의 고민을 드러내고 해결하면서 전보다 더 큰 자신감을 얻게 되고, 자아 강도를 높일 수 있다.
- 또래와의 상호작용을 통해 부정적인 감정을 다루는 방법을 연습할 수 있다.
- 상대방을 향한 관심과 존중, 감정이입 등 사회성 향상 기술을 연마할 수 있다.
- 또래와 함께 참여하면서 성인 상담자의 권위에서 느끼는 불안감이 감소한다.
- 또래와의 대화를 통해 자신과 타인에 대한 관심과 이해의 폭이 확대된다.

48 청소년 집단상담의 일반적인 목표로 옳은 것을 모두 고른 것은?

> ㄱ. 타인의 감정을 고려하여 자신의 솔직한 느낌을 표현할 수 있도록 한다.
> ㄴ. 자신의 흥미와 관심, 능력, 진로 및 적성에 대한 이해를 증진시킨다.
> ㄷ. 집단 상호작용을 통해 대인관계 기술을 향상시킨다.
> ㄹ. 성장과정에서 일어나는 신체적·인지적·정서적 변화에 대처하는 능력을 키운다.

① ㄱ, ㄴ
② ㄱ, ㄴ, ㄷ
③ ㄱ, ㄷ, ㄹ
④ ㄴ, ㄷ, ㄹ
⑤ ㄱ, ㄴ, ㄷ, ㄹ

> **청소년 집단상담의 일반적인 목표**
> - 청소년 집단상담은 근본적으로 청소년의 성장과 발달에 중점을 두며, 성장 과정에서 일어나는 신체적·인지적·정서적 변화에 대처하는 능력을 키운다.
> - 자아정체감을 형성하는 과도기에서 각자 자신이 처한 환경을 이해하고 수용하도록 돕는다.
> - 발달 과정상의 다양한 요구들을 충족시키도록 하며, 다양한 경험을 하도록 돕고, 자신의 흥미와 관심, 능력, 진로 및 적성에 대한 이해를 증진한다.
> - 집단활동을 통해 다른 사람들과 관계를 형성하며, 타인의 감정을 고려하여 자신의 솔직한 느낌을 표현할 수 있도록 하고, 집단 상호작용을 통해 대인관계 기술을 향상한다.
> - 타인의 일상생활이나 문제해결 과정을 살피도록 하여 유용한 정보와 가치를 습득하도록 돕는다.
> - 청소년들이 자신의 행동 동기를 이해하고 자신감을 가지도록 한다.
> - 자아발견 및 진로결정, 탈자기중심화, 자존감 회복, 성적 갈등의 해소, 외로움과 고립감의 극복 등이 목표이다.

49 청소년 집단상담 운영 시 집단상담자의 전략에 관한 설명으로 옳지 않은 것은?

① 집단이 진행될수록 권위자로서의 주도권을 높여 나간다.
② 집단이 비생산적으로 흐를 때에는 집단의 방향을 재구조화한다.
③ 흥미를 끌기 위해 다양한 매체와 도구를 사용할 수 있다.
④ 집단원의 가치와 생각을 존중해 준다.
⑤ 청소년에 대한 호감과 이해하는 태도를 보여준다.

> **청소년 집단상담 운영 시 집단상담자의 전략**
> - 집단목표 설정은 청소년기 발달특성을 고려한다.
> - 집단원의 가치와 생각을 존중해 준다.
> - 청소년에 대한 호감과 이해하는 태도를 보여준다.
> - 청소년의 흥미유발을 위해 다양한 매체와 도구를 활용할 수 있다.
> - 집단이 비생산적으로 흐를 때에는 집단의 방향을 재구조화한다.
> - 비자발적으로 참여하게 된 집단원은 집단에 관심이 없을 수도 있고 저항감이 클 수 있으며, 집단에 대한 불편함을 느낄 수 있으므로, 그러한 감정을 나눌 수 있는 기회를 얻도록 돕는다.

정답 47 ③ 48 ⑤ 49 ①

50 감수성 훈련집단에 관한 설명으로 옳지 않은 것은?

① 집단원이 가진 기존관념의 해빙이 중요하다.
② 심각한 기능상의 문제와 증상 치료를 목표로 한다.
③ 지금-여기에서의 상호교류를 강조한다.
④ 자신과 타인의 반응에 대한 알아차림과 통찰이 촉진된다.
⑤ 상대방의 이야기가 나에게 어떤 느낌을 주었는지 피드백으로 되돌려주는 것이 권장된다.

> ② 심각한 기능상의 문제와 증상 치료를 목표로 하는 집단은 치료집단이다. 감수성 훈련집단은 정서적 경험에 초점을 맞추고 참가자의 이해, 타인과의 관계 회복, 공동체 형성 등을 목표로 하는 인간관계 훈련집단이다.

선택과목 03 가족상담

51 가족상담 초기단계의 상담자 역할로 옳지 않은 것은?

① 가족구성원이 이해받고 존중받는 느낌을 갖도록 한다.
② 가족구성원 간 상호작용을 지지하고 가족체계에 합류한다.
③ 직면을 통해 문제에 관한 통찰을 유도한다.
④ 상담자 역할의 범위와 가족의 행동규범에 관해 안내한다.
⑤ 구체적인 상담 목표를 설정한다.

> ③ 직면을 통한 문제에 관한 통찰 유도는 중기단계의 역할에 해당한다.
> **가족상담 초기단계의 상담자 역할**
> • 고지된 동의절차 실시
> • 각 구성원의 목표 탐색 및 합의된 목표 설정
> • 구체적인 상담 목표 설정과 장·단기 목표구분
> • 가족구성원들의 저항 극복
> • 가족에 합류하기
> • 가족구성원 개인에게 공감
> • 상담자 역할의 범위 안내
> • 가족의 행동규범에 관해 안내
> • 가족 상호작용패턴 탐색
> • 상담의 구조화
> • 치료적 관계를 형성하여 전문가로서의 신뢰구축
> • 호소문제 탐색 및 명료화

52 경험적 가족상담에 관한 설명으로 옳지 않은 것은?

① 가족구성원의 정서적 경험과 표현에 중요한 가치를 둔다.
② 지금-여기에서 일어나는 상호작용 과정을 중시한다.
③ 대표 인물로 사티어(V. Satir)와 휘태커(C. Whitaker)가 있다.
④ 인본주의 심리학에 뿌리를 두고 있다.
⑤ 가족의 경계와 위계를 파악하는 데 초점을 둔다.

> ⑤ 가족 내의 경계와 위계에 대한 강조는 구조적 가족상담에서 중요하게 다루는 내용이다. 경험적 가족상담은 주로 정서적 경험과 상호작용 과정에 중점을 둔다.
> ① 경험적 가족상담은 과거보다는 현재에 초점을 맞추고, 지금-여기에서의 가족체계 내 관찰할 수 있는 상호작용 관계에 초점을 맞춘다.
> ③ 경험적 가족상담의 주요 학자에는 경험적 가족상담이론의 창시자인 휘태커와 정신건강연구소(MRI)의 창립 멤버인 사티어가 있다.
> ④ 경험적 가족상담은 인본주의 심리학의 원칙을 기반으로 하여 인간의 성장 가능성과 자아실현을 강조한다.

53 구조적 가족상담의 주요 기법과 설명의 연결로 옳은 것은?

① 실연하기 - 가족구성원 간의 교류를 상담 과정에서 실제로 재현시키는 기법
② 경계선 만들기 - 가족원의 언어나 몸짓을 그대로 따라하는 기법
③ 증상 과장하기 - 가족 상호작용의 규칙과 구조를 지지하고 따르는 기법
④ 긴장고조 기법 - 가족의 긍정적인 면을 부각시키고 강화함으로써 상호작용 흐름의 방향을 바꾸는 기법
⑤ 증상 재명명하기 - 가족이 기존의 상호작용을 계속하도록 격려하는 기법

> ② 경계선 만들기는 밀착된 가족에게는 경계를 분명히 하여 개인의 독립심과 자율성을 키워주고 유리된 가족에게는 가까이 접근하고 접촉을 증가하도록 도와주는 기법이다.
> ③ 증상 과장하기는 가족의 문제 행동이나 증상을 의도적으로 과장하여 주목하게 하고, 이를 통해 가족의 상호작용 패턴을 재구조화하도록 유도하는 기법이다.
> ④ 긴장고조 기법은 상호교류 유형을 차단하는 것으로서, 일시적으로 가족체계에 스트레스를 증가해 기존의 평형상태에서 벗어나 재구조화하도록 돕는 기법이다.
> ⑤ 증상 재명명하기는 증상이 역기능적 가족구조를 표현하거나 연관이 있다고 재정의해서 말해주는 기법이다.

정답 50 ② 51 ③ 52 ⑤ 53 ①

54 보웬(M. Bowen)의 가족상담에서 아래의 사례를 설명하는 개념으로 옳은 것은?

> L씨(45세, 남편)와 C씨(43세, 아내)는 결혼 13년차 부부로 딸(10살)과 아들(7살)을 두고 있다. 부부는 결혼 6년차부터 자녀 양육 및 가사 분담에 관한 의견 차이로 크게 다툰 이후 현재까지도 만성적으로 부부 갈등을 겪고 있으며, 두 사람 간에 원활한 의사소통은 잘되지 않는 상황이다. 초등학교에 다니는 딸이 전학 이후에 학교 적응과 친구관계에 어려움을 겪기 시작하면서 C씨는 딸에게 과도한 관심을 쏟고 있다. C씨는 남편과의 관계에서 느끼는 좌절과 불편함으로 인해 딸에게 더욱 집중하면서 남편과의 갈등을 해소할 기회는 점점 줄어들고 있다.

① 사회적 정서과정
② 부부균열
③ 거짓적대성
④ 삼각관계
⑤ 정서적 단절

> 보웬의 가족상담에서 삼각관계는 스트레스의 해소를 위해 두 사람의 상호작용체계에 다른 가족구성원을 끌어들여 갈등을 우회하는 것이다. 보웬은 삼각관계를 가장 불안정한 관계 체계로 보았으며, 실제로 삼각관계가 불안이나 긴장, 스트레스를 감소하는 데 일시적인 도움은 줄 수 있지만, 가족의 정서체계를 혼란스럽게 만들어 증상을 더욱 악화하는 것으로 보았다.

55 가족상담자의 윤리에 관한 설명으로 옳은 것을 모두 고른 것은?

> ㄱ. 내담자와 사업적 관계나 성적 관계 등을 맺지 않는다.
> ㄴ. 내담자에게 비밀을 보장받을 권리와 한계에 관하여 안내한다.
> ㄷ. 내담자에게 가족상담자 자신의 관점과 가치를 받아들이도록 요구한다.
> ㄹ. 상담내용은 내담자의 동의 없이 연구 등 공공 목적을 위해 활용할 수 있다.

① ㄱ, ㄴ
② ㄱ, ㄷ
③ ㄴ, ㄷ
④ ㄱ, ㄴ, ㄹ
⑤ ㄴ, ㄷ, ㄹ

> ㄷ. 상담자는 내담자의 자기결정권을 존중하고, 내담자가 책임 있는 결정을 내릴 수 있도록 도와야 한다.
> ㄹ. 상담자는 내담자의 동의 없이는 상담 기록을 제3자나 기관에 공개해서는 안 된다.

56 다음 설명에 해당하는 보웬(M. Bowen)의 가족상담기법으로 옳은 것은?

> ○ 가족체계 내 삼각관계에 변화를 일으키기 위한 기법
> ○ 가족원이 체계 과정을 인식하고 그 과정에서 자신의 역할을 자각하게 하는 것이 목표
> ○ 가족원이 평소 자신의 충동에 따라 자동적으로 반응하지 않을 때의 상황을 경험하도록 함
> ○ 예) 추적자 역할의 가족원에게는 상대와 거리를 두고 떨어져 보기를 요청하고, 도망자 역할의 가족원에게 자신의 감정을 표현하며 상대에게 다가가보도록 격려

① 나 입장(I-position) 취하기
② 관계실험
③ 과정질문
④ 코칭
⑤ 가계도

> ② 보웬의 가족상담기법 중 관계실험은 주로 삼각관계를 구조적으로 변화하기 위해 사용하며, 가족들로 하여금 체계과정을 인식하고 그 과정 내에서 자신의 역할을 깨닫도록 학습시키는 것이다.
> ① 나 입장 취하기는 상대방의 행동을 비난하거나 지적하기보다 자신의 감정에 초점을 맞추어 표현하도록 돕는 방법이다.
> ③ 과정질문은 내담자의 감정을 가라앉히고 정서적 반응에 의한 불안을 낮춰 사고를 촉진하는 방법이다.
> ④ 코칭은 가족원이 자신의 감정을 표현하는 데 도움을 주고, 특정 행동을 취하도록 격려하는 방법이다.
> ⑤ 가계도는 가족의 역사와 관계를 시각적으로 표현하여 패턴을 이해하도록 돕는 방법이다.

57 후기 가족상담이론에 영향을 준 사회구성주의에 관한 설명으로 옳지 않은 것은?

① 실재(Reality)는 언어를 통해 구성된다고 본다.
② 그 누구도 객관적인 실재를 알 수 없다고 본다.
③ 전문가의 전문적인 지식을 중요시하는 관점을 가진다.
④ 실재는 상호작용을 통해 사회적으로 구성된다고 본다.
⑤ 본질적인 진실이란 존재하지 않는다는 관점을 가진다.

> **사회구성주의의 기본 전제**
> • 실재는 사회적으로 구성된다.
> • 실재는 언어를 통해 구성된다.
> • 실재는 사회적 상호작용을 통해 함께 구성하는 것이다.
> • 실재는 이야기를 통해 조직되고 유지된다.
> • 본질적인 진실이란 존재하지 않는다.
> • 그 누구도 객관적인 실재를 알 수 없다.

58 가족상담이론과 기법의 연결로 옳지 않은 것은?

① 경험적 가족상담 – 가족조각기법
② 보웬(M. Bowen) 가족상담 – 과정질문
③ 구조적 가족상담 – 추적하기
④ 전략적 가족상담 – 긍정적 의미부여
⑤ 이야기치료 – 고된 체험기법

> ⑤ 고된 체험기법은 전략적 가족상담의 기법으로 동일하거나 더 힘든 시련을 체험하도록 과제를 주어 그 증상을 포기하도록 하는 치료기법이다. 이야기치료는 새로운 대안적 이야기(Alternative Story)를 재구성하도록 돕는 것으로 기법에는 정의예식, 재진술, 외재화, 재저작, 스캐폴딩, 대안적 이야기 등이 있다.

59 보웬(M. Bowen)의 가족상담에 관한 설명으로 옳은 것을 모두 고른 것은?

> ㄱ. 미분화 가족 자아군은 온 가족이 감정적으로 한 덩어리가 되어 고착되어 있는 상태이다.
> ㄴ. 가족구성원의 자아분화 수준이 높을수록 자율성이 부족하며, 감정적으로 반응한다.
> ㄷ. 가족투사과정은 미성숙한 부모가 취약한 자녀를 투사 대상으로 선택하는 과정이다.
> ㄹ. 출생순위에 따른 형제자매 위치는 가족 정서체계 안에서 특정한 역할과 기능을 담당한다.
> ㅁ. 개인의 문제는 그 개인이 속한 특정 세대의 역기능적 구조에 의해 발생한다.

① ㄱ, ㄴ
② ㄱ, ㄷ, ㄹ
③ ㄴ, ㄷ, ㅁ
④ ㄱ, ㄷ, ㄹ, ㅁ
⑤ ㄴ, ㄷ, ㄹ, ㅁ

> ㄴ. 가족구성원의 자아분화 수준이 높을수록 이성적으로 대처하고 반응할 수 있으며 친밀한 관계를 유지한다. 자아분화 수준이 낮을수록 주관적이며 감정적으로 반응하며 합리적으로 의사결정을 하지 못한다.
> ㅁ. 개인의 문제는 그 개인이 속한 특정 세대의 역기능적인 구조에 의해 발생한다고 보는 것은 구조적 가족상담의 관점이다. 구조적 가족상담은 가족원의 증상이나 문제는 역기능적 가족구조에서 비롯된다고 여긴다. 따라서 구조적 가족상담의 치료목표는 역기능적 가족구조를 변화해서 증상을 제거하거나 문제를 해결하는 것이다.

60 경험적 가족상담의 목표에 관한 설명으로 옳지 않은 것은?

① 당면문제해결
② 정서 표현의 증진
③ 자발성 증진
④ 인간적 성장
⑤ 경험의 확대

> ① 경험적 가족상담은 문제해결보다 가족의 기능을 회복하는 데 초점을 두어서, 가족이 제시하는 문제의 구체적인 부분들에 대해 관심을 쏟지 않았다.
> ②·③ 경험적 가족상담은 정서 표현의 증진 및 자발성 성장을 상담목표로 한다.
> ④·⑤ 경험적 가족상담은 개인의 인간성에 깊은 관심을 기울이고, 지금-여기에서의 경험을 확대·강조하였다.

61 다음의 설명에 해당하는 구조적 가족상담의 개념은?

> ○ 두 사람이 제3자에게 맞서기 위해 힘을 합하는 것
> ○ 예 어머니와 자녀가 힘을 모아 폭력적인 아버지에게 대항하는 것

① 동맹(Alliance)
② 연합(Coalition)
③ 합류(Joining)
④ 추적(Tracking)
⑤ 밀착(Enmeshment)

> ② 연합 : 두 사람이 제3자에 대항하기 위하여 제휴하는 개념으로, 가족 내에서 특정 인물 간의 동맹을 형성하여 다른 가족 구성원과의 갈등에서 힘을 주는 역할을 한다.
> ① 동맹 : 두 사람이 제3자와는 다른 공동의 목적을 위해 제휴하는 것으로서, 반드시 제3자와 적대관계에 있지는 않다.
> ③ 합류 : 상담자가 가족과 관계를 형성하여 그들의 감정과 경험에 공감하는 것을 의미한다. 라포(Rapport)와 비슷한 개념이지만, 라포는 치료적 관계 상태를 의미하고 합류는 행동을 표현하는 의미를 지닌다.
> ④ 추적 : 상담자가 가족이 지금까지 해 온 의사소통이나 행동을 존중하여 가족의 기존 교류의 흐름에 거슬리지 않고 뒤따라가는 것이다.
> ⑤ 밀착 : 가족 구성원 간의 경계가 불분명해지고 지나치게 밀접하게 연결된 상태를 의미한다.

62 맥매스터 모델(McMaster Model)에서 제시한 가족기능으로 옳은 것을 모두 고른 것은?

ㄱ. 문제해결	ㄴ. 의사소통
ㄷ. 행동통제	ㄹ. 정서적 반응성
ㅁ. 응집성	

① ㄱ, ㄴ
② ㄱ, ㄷ, ㄹ
③ ㄴ, ㄹ, ㅁ
④ ㄱ, ㄴ, ㄷ, ㄹ
⑤ ㄴ, ㄷ, ㄹ, ㅁ

> 맥매스터 모델은 가족기능을 평가하고 진단하는 데 뛰어난 개념적 준거들을 제공한다. 가족기능을 '문제해결, 의사소통, 가족의 역할, 정서적 반응성, 정서적 관여, 행동통제, 가족의 일반적인 기능' 등 7가지 측면에서 파악하였다.

63 다음 설명에 해당하는 카터(B. Carter)와 맥골드릭(M. McGoldrick)의 가족생활주기단계는?

> ○ 가족구성원의 증감을 수용하는 단계
> ○ 자녀가 자율성을 확립하는 단계
> ○ 자녀와의 관계를 재정립하는 단계
> ○ 부모의 의존과 죽음에 대처하는 단계

① 신혼부부 단계
② 어린 자녀를 둔 단계
③ 사춘기 자녀를 둔 단계
④ 자녀 독립 단계
⑤ 노년기

> **자녀 독립기**
> • 자녀의 취업과 결혼에 대해 지도한다.
> • 가족구성원의 증감을 적극적으로 수용한다.
> • 배우자와의 관계에서 역할과 규칙을 새롭게 정비한다.
> • 학업과 직업 훈련 등을 통해 자녀가 독립할 수 있도록 도와준다.
> • 부부가 다시 2인군 관계로 축소되면서 황혼기에 접어들고, 부부관계가 재정립되는 시기이다.
> • 성장한 자녀와 부모와의 관계는 성인 대 성인의 관계로 발전되며, 사돈과 며느리, 사위, 손자녀가 포함되도록 관계가 재정비되는 단계이다.
> • 부모나 조부모의 무능력과 죽음에 대처해야 하는 단계이다.

64 순환모델의 자기보고식 가족사정척도는?

① BGT
② KFD
③ FACES
④ ENRICH
⑤ PREPARE

③ 순환모델을 바탕으로 개발된 평가도구로는 자기보고식 내부자 척도인 FACES와 외부 관찰자 척도인 CRS가 있다.
① BGT(Bender Gestalt Test)는 일종의 투사적 검사로 시각-운동 협응능력 및 시지각 능력을 측정하는 검사이다.
② KFD(Kinetic Family Drawing)는 가족이 뭔가 하고 있는 그림을 통해 가족집단의 역동관계를 파악하는 방법이다.
④·⑤ PREPARE-ENRICH는 부부와 커플이 자신과 파트너 간 관계영역에 대해 배울 수 있도록 돕기 위해 개발된 도구이다.

65 다음 사례에서 가족상담자의 개입으로 옳지 않은 것은?

> 고등학교 2학년인 A는 지각과 결석이 잦아지고 성적도 조금씩 떨어졌다. 또한 친구들과 어울리면서 음주와 흡연을 하는 등 문제 행동을 하였고 자해의 흔적도 발견되어 상담에 의뢰되었다.

① 학교 폭력과 가정 폭력이 있었는지 확인한다.
② 가족조각을 활용하여 가족원 간의 의사소통 체계를 탐색한다.
③ 자해의 강도, 빈도 등을 확인하고 생명존중서약을 받는다.
④ 지각과 결석 등 문제가 생길 무렵 가족 내에 발생한 문제가 있었는지 확인한다.
⑤ 내담자 개인의 행동 문제로 상담이 의뢰되었기 때문에 가족상담은 고려하지 않는다.

내담자 개인의 행동 문제로 상담을 하더라도 개인 및 가족성원에 내재되어 있는 문제점과 가족 내에서 역할관계를 파악해야 한다. 이때 가족 내 학대나 폭력 문제가 있는지도 확인한다.

66 청소년의 집단따돌림에 관한 설명으로 옳은 것을 모두 고른 것은?

ㄱ. 집단따돌림은 청소년 사이에서 일어나는 폭력의 한 형태이다.
ㄴ. 따돌림 피해 청소년은 대개 성인에게 도움을 요청하여 해결한다.
ㄷ. 집단따돌림에 영향을 주는 요인은 개인, 가족, 학교환경 등으로 분류된다.
ㄹ. 집단따돌림과 유사한 개념으로 왕따, 집단괴롭힘, 불링(Bullying) 등이 있다.

① ㄱ, ㄴ
② ㄴ, ㄷ
③ ㄷ, ㄹ
④ ㄱ, ㄷ, ㄹ
⑤ ㄱ, ㄴ, ㄷ, ㄹ

ㄴ. 집단따돌림 등 청소년폭력 피해자들은 피해에 대해 적극적으로 알리지 않는 경우가 많다.

67 가족상담의 실제에 관한 내용으로 옳은 것을 모두 고른 것은?

ㄱ. 모든 가족원이 상담에 참석하지 못하면 가족상담이 성립되지 않는다.
ㄴ. 부모가 자녀를 대신하여 이야기해서는 안 된다는 규칙을 정해 놓는 것은 도움이 된다.
ㄷ. 가족상담 종결 후, 추후상담을 할 때는 전화, 편지, 메일 등을 통해서도 가능하다.
ㄹ. 상담 초기부터 가족상담자가 모든 상담과정을 엄격하게 통제하는 것이 좋다.

① ㄱ, ㄴ
② ㄱ, ㄷ
③ ㄴ, ㄷ
④ ㄷ, ㄹ
⑤ ㄱ, ㄴ, ㄹ

ㄱ. 모든 가족원이 상담에 참여하는 것을 권장하나, 상담자가 판단하여 문제에 따라 참가하는 가족원과 시기를 융통성 있게 정하는 추세이다.
ㄹ. 상담 초기에는 수용적 자세로 가족원들이 상담에 대해 편안하게 느끼고 마음을 열 수 있도록 한다.

68 가족상담적 관점에서 가족원의 중독문제에 관한 설명으로 옳지 않은 것은?

① 중독의 원인을 가족의 체계나 구조에 있다고 전제한다.
② 가족원에게서 느끼는 소외와 외로움으로 인해 다른 대상에 의존함으로써 중독에 이르게 된다고 본다.
③ 청소년 중독자의 경우 가족의 영향력이 강하기 때문에 가족상담적 접근이 필요하다.
④ 가족 내에 중독자가 생기면 온 가족이 중독자 중심으로 움직여야 한다.
⑤ 중독문제는 가족의 부정적 상호작용 패턴에 의해 유지된다고 본다.

> ④ 가족 내에 중독자가 생기면 중독자 회복을 위해서 중독자 가족이 먼저 신체적 및 정신적으로 건강하고 독립되어야 하며, 중독자의 회복에 있어 가족의 사랑과 지지가 매우 중요하다.

69 가정폭력 가족상담에 관한 설명으로 옳지 않은 것은?

① 개인의 폭력문제도 가족문제 중의 하나로 보고 가족체계에 초점을 두고 접근한다.
② 가정폭력을 해결하기 위해서는 가족원 간의 역기능적 상호작용 패턴과 관계구조를 변화시키는 것이 필요하다.
③ 체계론적 입장에서 폭력은 가족을 비롯한 타인의 폭력행위를 모방함으로써 폭력을 학습하게 된다고 본다.
④ 보웬(M. Bowen)의 가족상담에서는 가족의 폭력문제를 가족원의 낮은 자아분화 수준과 관련 있는 것으로 본다.
⑤ 이야기치료에서는 폭력에 기여하는 가부장적 담론을 파악하고 해체하여 대안적 이야기를 구축한다.

> ③ 사회학습이론 입장에 해당한다. 체계론적 입장에서는 폭력을 개인의 병리적인 행동의 산물이기보다는 체계의 산물로 간주한다. 즉, 가족은 하나의 사회체계이며, 폭력은 이러한 체계를 운영하는 하나의 방식이라고 보았다.

70 이야기치료에 관한 설명으로 옳지 않은 것은?

① 개인의 삶은 언어를 통한 이야기로 구성되고 창출된다.
② 포스트모더니즘과 사회구성주의적인 시각에 근거한다.
③ 이야기는 사회적 맥락 속에서 만들어진다고 본다.
④ 문제는 결과적으로 사람에게 있다고 본다.
⑤ 마지막 단계는 대안적 정체성을 구축하는 것이다.

> ④ 이야기치료에서 문제는 개인이 아닌 사회·문화적 산물이라고 여긴다.
> ① 이야기치료에서는 개인의 삶에 일어난 어떠한 사건이나 경험들은 이야기로 만들어져 그 안에서 서로 연결되어 그 사람의 삶을 형성한다고 본다.
> ② 이야기치료는 다양성·상대성·비본질주의를 강조하는 포스트모더니즘 사조 속에서 발전하였고, 어떤 예상이나 선입관도 없이 사람이 사물 그 자체를 파악하는 것은 어렵다는 사회구성주의적 시각과 관련이 있다.
> ③ 이야기치료에서는 이야기는 사회적 맥락 속에서 만들어지며 이야기 속에 사회적 담론과 자기정체성이 포함된다고 여긴다.
> ⑤ 이야기치료는 '문제의 경청과 문제의 정의해체 단계-독특한 결과의 탐색 단계-대안적 이야기 구축-대안적 정체성 구축'의 4단계로 이루어진다.

71 전략적 가족상담자로 분류되지 않는 학자는?

① 헤일리(J. Haley)
② 마다네스(C. Madanes)
③ 파라졸리(M. Selvini-Palazzoli)
④ 잭슨(D. Jackson)
⑤ 컨버그(O. Kernberg)

> 전략적 가족상담모델의 주요 학자로는 베이트슨(Bateson), MRI 학파(잭슨 등), 헤일리(Haley), 마다네스(Madanes), 밀란(Milan) 학파(파라졸리, 보스콜로, 체친 등) 등이 있다. 컨버그(O. Kernberg)는 경계선 성격장애나 자기애성 성격장애를 가진 사람들을 대상으로 대상관계이론을 정립하였다.

72 대처질문에 관한 설명으로 옳은 것은?

① 내담자가 어려움과 위기를 어떻게 극복하고 생존해 왔는지 그리고 희망을 버리지 않고 유지해 올 수 있었는지에 관하여 질문하는 동시에 생존능력을 인정하고 간접적으로 칭찬하는 기법이다.
② 내담자들이 이미 효과적인 해결책을 사용하고 강점과 자원을 갖고 있으면서도 의식하지 못할 때 문제보다는 해결책을 모색하는 것으로 관심을 전환시키는 데 도움이 되는 기법이다.
③ 내담자가 인식하는 문제의 정도, 해결가능성, 상담의 진척 정도 등을 숫자로 표현하도록 하는 기법이다.
④ 내담자와 중요한 관계에 있는 사람의 생각, 의견, 가치관, 반응 등에 관하여 질문하는 것으로 다른 사람의 관점에서 생각하고 이해하도록 돕기 위한 기법이다.
⑤ 한국에서 해결중심모델을 적용하는 과정에서 명명된 질문으로 상담을 통해 어떤 상태가 되면 보람 있다고 생각하는지 질문하는 기법이다.

> 대처질문은 해결중심 단기가족치료 기법으로 어려운 상황에서의 적절한 대처 경험을 상기해 내담자가 스스로 강점을 발견하도록 돕는 질문이다. 과거 경험을 바탕으로 내담자가 위기와 어려움을 어떻게 극복했는지 확인하고 이를 칭찬하는 기법이다. 주로 만성적인 어려움이나 절망으로 희망이 없다고 호소하는 내담자에게 활용한다.
> ② 예외질문에 대한 설명이다.
> ③ 척도질문에 대한 설명이다.
> ④ 관계성 질문에 대한 설명이다.
> ⑤ 보람질문에 대한 설명이다.

73 다음에서 설명하는 이야기치료 기법은?

> ○ 문제를 사람과 분리시키기 위한 기법
> ○ "남편의 거짓말이 당신을 괴롭히고 있군요." 대신 "거짓말이 두 사람 사이에 갈등을 일으키게 했군요."라고 상담자가 바꾸어 말하는 것

① 가족조각   ② 문제의 외재화
③ 대안적 이야기   ④ 정의예식
⑤ 독특한 결과 탐색

> ② 문제를 개인과 분리하여 문제 이해와 대처를 위한 관점을 새롭게 구성할 수 있도록 돕는 이야기치료 기법은 '문제의 외재화'이다.
> ① 가족조각기법은 가족 중 한 사람이 자신의 이미지에 따라 다른 가족을 공간에 배열한 후, 신체적 표현을 요구하여 가족관계를 나타내는 무언의 동작 표현이다.
> ③ 대안적 이야기는 문제에 빠져 있는 이야기를 버리고 자신에게 보다 힘과 만족을 주는 희망적이고 새로운 이야기를 만드는 과정이다.
> ④ 정의예식은 신중하게 선발된 외부증인 앞에서 내담자가 자신의 삶을 이야기하고 재현하는 것을 말한다.
> ⑤ 독특한 결과 탐색은 외재화 대화에서 문제를 벗어난 이야기들, 혹은 문제와 분리되었을 때의 이야기를 말한다.

74 체계론적 가족 상담의 개입 특성에 관한 설명으로 옳지 않은 것은?

① 가족 문제의 원인을 현재보다는 과거에서 파악하고자 한다.
② 순환적 인과관계를 통해 문제를 이해하고자 한다.
③ 가족구성원 간의 상호 관계성에 주목한다.
④ 체계를 구성하는 개인 간 관계에 초점을 두고 개입한다.
⑤ 가족구성원 간 행위의 연쇄적인 패턴을 파악하고자 한다.

> ① 체계론적 가족 상담의 개입에서 내담자와 관련된 사람들이 현시점에서 어떻게 서로 의사소통하고 있으며 어떤 어려움들이 발생하고 악화되고 있는지를 파악한다.

75 가족상담의 기본 개념에 관한 설명으로 옳은 것을 모두 고른 것은?

> ㄱ. 가족항상성(Family Homeostasis)은 가족체계가 변화에 저항하고 안정성을 그대로 유지하고자 하는 특성을 의미한다.
> ㄴ. 정적 피드백(Positive Feedback)은 체계가 변화를 거부하고 균형을 유지하도록 하는 피드백을 의미한다.
> ㄷ. 2차 변화(Second-order Change)는 체계의 규칙 자체를 재설정하여 항상성을 재구조화하는 변화를 의미한다.
> ㄹ. 대칭적(Symmetrical) 관계는 가족구성원 각자가 서로 균형을 맞추거나 보완해주는 역할을 하는 관계를 의미한다.

① ㄱ, ㄴ
② ㄱ, ㄷ
③ ㄴ, ㄷ
④ ㄱ, ㄴ, ㄹ
⑤ ㄱ, ㄷ, ㄹ

> ㄴ. 정적 피드백은 현재 상태를 벗어나 새로운 변화를 시도하는 피드백을 의미한다.
> ㄹ. 대칭적 관계는 평등성과 유사성에 기초하는 개념이다. 반면, 보완적(Complementary) 관계는 한 사람이 가진 속성이 다른 사람이 결핍된 부분을 보완해주는 관계를 말한다.

선택과목 04 학업상담

76 학습장애에 관한 설명으로 옳지 않은 것은?

① 학습장애가 성인기에도 지속될 수 있다.
② DSM-5에서는 특정학습장애라고 명명한다.
③ 지능이 현저하게 낮지 않으나 학습하고 학업기술을 사용하는데 어려움을 보인다.
④ 특정 학습 영역에서의 학업성취에 어려움을 보이는 직접적인 원인이 시각장애나 청각장애에 기인한다.
⑤ 어려움을 보이는 특정 학습 영역을 위한 중재를 받았음에도 읽기 등 적어도 하나 이상의 영역에서 기대수준보다 낮은 성취를 보인다.

> 지적장애(정신지체), 시각장애, 청각장애, 정서장애, 문화적 기회결핍 등에 의해 학력이 지체된 아동은 학습장애에서 제외한다.

77 커크와 찰팬트(S. Kirk & J. Chalfant) 등의 학습장애 분류에 관한 설명으로 옳지 않은 것은?

① 읽기장애는 학업적 학습장애로 분류한다.
② 기억장애는 학업적 학습장애로 분류한다.
③ 수학장애는 학업적 학습장애로 분류한다.
④ 주의집중 장애, 사고장애는 발달적 학습장애로 분류한다.
⑤ 학습장애를 발달적 학습장애와 학업적 학습장애로 분류한다.

> ② 기억장애는 발달적 학습장애에서 1차 장애로 분류된다.
> **학습장애 분류**
> • 발달적 학습장애
>   - 학생이 교과를 습득하기 전에 필요한 신체적 기능에 관한 문제
>   - 1차 장애는 주의집중장애, 기억장애, 지각장애이며, 2차 장애는 사고장애, 구어장애
> • 학업적 학습장애
>   - 학교에서 습득하는 학습에 관한 장애
>   - 읽기장애, 글씨쓰기장애, 수학장애, 철자/작문장애

정답 74 ① 75 ② 76 ④ 77 ②

78 칙센트미하이(M. Cskiszentmihalyi)의 몰입(Flow)에 관한 설명으로 옳은 것을 모두 고른 것은?

> ㄱ. 어떤 수행에 몰두하여 시간, 피로뿐만 아니라 수행 그 자체 외에 아무것도 느끼지 못하는 최적 경험의 상태
> ㄴ. 학습자가 자신의 기술(능력) 수준은 낮지만 도전 수준이 높은 과제를 수행할 때 몰입을 경험함
> ㄷ. 행동의 근원이 내재적으로 동기화되어 나타나므로 자기목적적 경험이라고도 함
> ㄹ. 몰입 경험은 학습자의 학습에 대한 흥미유발과 적극적 참여를 유발함
> ㅁ. 학습자가 자의식의 상실로 인해 학습활동 행위 그 자체의 객체가 됨

① ㄱ, ㄴ
② ㄱ, ㄴ, ㄹ
③ ㄱ, ㄷ, ㄹ
④ ㄴ, ㄷ, ㅁ
⑤ ㄷ, ㄹ, ㅁ

> ㄴ. 몰입'은 학습자가 인지한 활동과제의 수준과 자기 능력의 수준이 모두 높은 상태에서 균형을 이룰 때 경험한다.
> ㅁ. 몰입상태에서 학습자는 학습활동 그 자체에 즐거움을 느끼며 자기 자신의 존재마저 잊어버리는 자의식의 상실 상태를 경험하고, 이를 통해 학습행위의 주체가 된다.

79 장기기억 속의 지식의 형태와 예를 바르게 제시한 것을 모두 고른 것은?

> ㄱ. 선언적 지식 : 6+4=10을 아는 것
> ㄴ. 일화적 기억 : 수학문제 풀이방식에 대해 친구에게 질문했던 장면에 대한 기억
> ㄷ. 절차적 지식 : 새로 구입한 전자기기의 작동 방법을 아는 것
> ㄹ. 조건적 지식 : 초식동물과 육식동물의 차이점을 아는 것

① ㄱ, ㄴ
② ㄴ, ㄷ
③ ㄱ, ㄴ, ㄷ
④ ㄱ, ㄷ, ㄹ
⑤ ㄱ, ㄴ, ㄷ, ㄹ

> ㄹ. 초식동물과 육식동물의 차이점을 아는 것은 선언적 지식에 해당된다. 선언적 지식은 '~을 아는 것'에 관한 사실, 정의 절차, 규칙에 대한 지식을 말한다. 한편, 조건적 지식은 서술적·절차적 지식을 언제 그리고 왜 채택해야 하는지 아는 것이다.

80 라이언과 데시(R. Ryan & E. Deci)의 동기이론에서 자기결정성을 내면화하는 정도가 낮은 수준에서 높은 수준으로 배열한 것은?

> ㄱ. 주입된 조정
> ㄴ. 외재적 조정
> ㄷ. 통합된 조정
> ㄹ. 동일시 조정
> ㅁ. 내재적 조정

① ㄱ → ㄴ → ㄷ → ㄹ → ㅁ
② ㄴ → ㄱ → ㄹ → ㄷ → ㅁ
③ ㄴ → ㄷ → ㄹ → ㄱ → ㅁ
④ ㅁ → ㄹ → ㄷ → ㄴ → ㄱ
⑤ ㅁ → ㄱ → ㄹ → ㄷ → ㄴ

> 라이언과 데시의 동기이론에서 자기결정성을 내면화하는 정도가 낮은 수준에서 높은 수준으로의 순서는 '무동기 → 외재적 조절 → 부과된(주입된) 조절 → 확인된 조절(동일시) → 통합된 조절 → 내재적 조절' 순이다.

81 DSM-5에서 정의하는 학습장애의 종류에 해당되지 않는 것은?

① 읽기장애
② 듣기장애
③ 산술장애
④ 쓰기장애
⑤ 달리 분류되지 않는 장애

> DSM-5에서 정의한 특정학습장애는 정상적인 지능을 가지고 있으며 정서적 문제가 없음에도 지능 수준에 비해 학습 기술이 현저하게 양적으로 낮은 경우를 말한다. 특정학습장애는 DSM-IV에서의 읽기장애, 산술장애, 쓰기장애, 달리 분류되지 않는 학습장애를 포함하여 기술하고 있고 이를 명시자로 부호화하였다.

정답 78 ③ 79 ③ 80 ② 81 ②

82 DSM-5의 주의력결핍 과잉행동장애(ADHD)와 관련된 진단기준 가운데 '부주의'에 해당하지 않는 것은?

① 흔히 일을 하거나 놀이를 할 때, 지속적으로 주의를 집중할 수 없다.
② 흔히 다른 사람이 직접 말을 할 때, 경청하지 않는 것으로 보인다.
③ 흔히 조용히 여가활동에 참여하거나 놀지 못한다.
④ 흔히 과업과 활동을 체계화하지 못한다.
⑤ 흔히 외부의 자극으로 쉽게 산만해진다.

③ '흔히 조용히 여가활동에 참여하거나 놀지 못한다'는 DSM-5의 주의력결핍 과잉행동장애와 관련된 진단기준 가운데 '과잉행동-충동'에 해당한다.

83 K-WISC-Ⅴ에 포함된 하위 요인에 포함되지 않는 것은?

① 지각추론
② 시공간
③ 언어이해
④ 유동추론
⑤ 처리속도

① 지각추론은 언어이해, 작업기억, 처리속도와 함께 한국 웩슬러 아동지능검사 4판(K-WISC-Ⅳ)에 포함된 지수영역이다.

84 수렴적 사고와 확산적 사고의 개념을 제시한 이론은?

① Spearman과 Thurstone의 지능이론
② Guilford의 지능이론
③ Horn, Cattell과 Hebb의 지능이론
④ Cattell-Horn-Carroll의 지능이론
⑤ Binet의 지능이론

길포드(J. Guilford)의 창의적 사고
• 문제해결에 필요한 사고 유형 : 수렴적 사고, 확산적 사고
• 창의적 사고의 구성 요인 : 유창성, 유연성/융통성, 독창성, 정교성, 민감성

85 추정되는 지적 잠재력과 실제 학업성취 간의 차이를 통해 학습장애 여부를 진단하는 것은?

① 능력-성취 불일치 접근법
② 중재반응 접근법
③ 인지처리과정 결함 접근법
④ IQ-학업성취 불일치 모델 접근법
⑤ 개인 내적 처리과정 결함 접근법

> **능력-성취 불일치(IQ-Achievement Discrepancy)**
> • 아동이 지닌 잠재적인 능력과 학업성취 간에 나타나는 심각한 차이로 진단하는 것이다.
> • 복잡하고 중요한 결정인 학습장애 진단을 단일공존에 의존하며, 지능검사 자체가 잠재력을 측정하는지에 대한 의문이 있다.

86 다음에 해당하는 학습장애 지도방법은?

> ○ 독해지도를 위해 팰린스카와 브라운(A. Palinscar & A. Brown)이 개발함
> ○ 학생 간이나 학생과 상담자 간의 구조화된 대화를 통해 학생의 초인지적 이해를 도움
> ○ 상담자는 학생이 요약하기, 질문생성하기, 명료화하기, 예측하기의 전략을 사용하도록 가르치고, 점차적으로 학생이 네 가지 전략을 실연함

① 또래 교수   ② 내재적 교수
③ 명시적 교수   ④ 스캐폴딩 교수
⑤ 상보적 교수

> **상보적 교수**
> • 원래 독해력 수업에 사용하기 위해 팰린스카와 브라운이 개발하였다.
> • 처음에는 교사와 학생이 학습 과제를 함께 해결하다가 점차적으로 학생이 독자적으로 과제를 해결할 수 있도록 교수가 학생에게 도움을 주는 방법이다.
> • 전략에는 요약하기, 질문하기, 명료화하기, 예측하기가 있다.

87 맥키치(W. McKeachie)의 학습전략 분류 중 자원관리 전략에 해당하는 것을 모두 고른 것은?

> ㄱ. 암송하기
> ㄴ. 기억조성법
> ㄷ. 시간표 작성
> ㄹ. 조용한 공부 장소의 선택
> ㅁ. 노력에 대한 귀인

① ㄱ, ㄴ
② ㄴ, ㄷ, ㄹ
③ ㄷ, ㄹ, ㅁ
④ ㄱ, ㄴ, ㄷ, ㄹ
⑤ ㄱ, ㄴ, ㄷ, ㄹ, ㅁ

자기자원관리전략(Resource Management Strategies)
- 시간관리전략 : 시간표 작성, 목표설정
- 공부환경관리전략 : 장소 정리, 조용한 장소 확보, 조직적인 장소 조성
- 노력관리전략 : 자기효능감을 높이는 노력에 대한 귀인, 학습분위기 조성, 자기강화
- 타인의 조력추구전략 : 교사·동료로부터 조력을 추구, 집단학습, 개인지도 받기 등

88 다음에 해당하는 창의적 사고 발상 기법은?

> ○ 에드워드 드 보노(Edward de Bono)가 제안함
> ○ CoRT 프로그램에서 한 단원으로 소개됨
> ○ 생각하는 사람이 어떤 판단에 도달하기 전에 그 상황을 다시 자세히 검토하는 것을 도와주는 인지확장도구

① 시네틱스(Synetics)
② 스캠퍼(SCAMPER)
③ 체크리스트(Checklist)
④ PMI(Plus-Minus-Interest)
⑤ 마인드맵핑(Mind Mapping)

PMI(Plus-Minus-Interest)
- 에드워드 드 보노가 제안한 것으로 생각하는 사람이 어떤 판단에 도달하기 전에 그 상황을 다시 자세히 검토하는 것을 도와주는 인지확장도구이다.
- CoRT 프로그램에서 한 단원으로 소개된 것으로 어떤 아이디어나 제안을 다룰 때, 열린 마음의 태도로 다루게 하기 위하여 의도적으로 사용하는 방법이다.
- 수렴적 사고와 주의집중에 적절한 다각적 발상 기법이다.
- Plus(긍정적인 측면), Minus(부정적인 측면), Interest(흥미로운 측면), 대안의 모든 측면을 고려해 본 다음 결정하게 하는 것이다.
- PMI 기법 전개순서는 다룰 주제를 선정하고 기술 → P, M, I 세 부분으로 구분하여 아이디어 도출 → P에 해당하는 장점 보완 → M에 해당하는 약점에 대한 원인과 대책 제시 → I에 해당하는 흥미로운 점으로 대안 도출 순이다.
- 각각의 단계에서 브레인스토밍(Brainstorming)을 적용하며, 단순히 P, M, I의 생각을 나열하는 데 끝나서는 안 되고, 각 단계에서 도출된 생각을 바탕으로 종합적인 평가에 이르도록 한다.

89 인지학습전략 중 다음에 해당하는 초인지전략은?

> ○ 모르는 부분이 있으면 다시 앞장으로 돌아가서 복습을 진행한다.
> ○ 학습자가 수행하고 진행한 활동이 과연 효과적이었는지를 계속 점검하면서, 수정해야 할 사항이나 보완이 필요한 경우 그에 대한 대안을 제시하며 학습활동을 진행한다.

① 계획하기
② 점검하기
③ 조절하기
④ 조직화하기
⑤ 정교화하기

초인지전략(Metacognitive Strategies)
- 계획하기 : 학습할 때 어떤 인지전략을 사용할 것인지 계획하는 것으로 목차부터 살펴보기, 무슨 내용에 대한 것인지 대강 훑어보기, 문제를 풀기 전에 무엇을 묻고자 하는지 추측하기가 이에 해당한다.
- 점검하기 : 자신의 학습과정을 점검하는 인지활동으로서 학습내용에 집중하기, 자신의 이해정도를 스스로 평가해보기, 시험 문제 푸는 속도 체크하기 등이 해당한다.
- 조절(조정)하기 : 점검과 밀접한 관계가 있는 것으로 자신의 학습활동을 점검하다가 문제가 생기면 앞으로 다시 돌아가 공부하기, 이해하기 어려운 부분이 있으면 속도를 줄이는 것 등이 이에 해당한다.

90 마이켄바움과 굿맨(D. Meichenbaum & K. Goodman)의 자기교시훈련의 단계 중 외현적 모델링 단계에 해당하는 것을 모두 고른 것은?

> ㄱ. 내담자는 상담자의 행동을 관찰한다.
> ㄴ. 내담자는 상담자의 안내에 따라 자기통제언어를 크게 소리내어 말하며 수행한다.
> ㄷ. 상담자가 자기통제언어를 소리 내어 말하며 특정 과제를 수행하는 행동을 시범해 보인다.
> ㄹ. 상담자는 내담자가 자기통제언어를 크게 소리 내어 말하며 수행하도록 작은 목소리로 속삭이듯 안내한다.
> ㅁ. 상담자가 크게 소리 내어 자기통제언어를 말하며 시범을 보인 후 내담자가 상담자의 행동과 자기통제언어를 크게 소리 내어 말하며 수행하도록 안내한다.

① ㄱ, ㄴ
② ㄱ, ㄷ
③ ㄴ, ㄷ
④ ㄷ, ㄹ
⑤ ㄹ, ㅁ

마이켄바움과 굿맨의 자기교시훈련의 단계
- 외현적 모델링 단계 : 성인 모델이 큰 소리로 말하면서 과제를 수행하고 아동은 관찰한다.
- 안내를 통한 외현적 모델링 단계 : 성인 모델이 하는 말을 아동이 큰 소리로 따라 말하면서 과제를 수행한다.
- 외현적 시연단계 : 아동이 혼자서 큰 소리로 말하면서 과제를 수행한다.
- 속삭임을 통한 시연단계 : 아동이 작은 소리로 혼잣말을 하면서 과제를 수행한다.
- 내재적 시연단계 : 아동이 마음속으로 혼잣말을 하면서 과제를 수행한다.

정답 87 ③ 88 ④ 89 ③ 90 ②

91 반두라(A. Bandura)의 이론에 근거하여 학습전략 수행 시 Ⓐ 단계에 해당하는 것으로 옳은 것은?

> 모델링된 사건들 → 주의과정 → 파지 과정 → 행동산출 과정 → Ⓐ → 패턴의 맞춤

① 작은 단계로 과제를 분석하여 시범을 보이는 상담자의 행동을 관찰한다.
② 상담자는 내담자에게 상징적 부호화와 인지적 시연이 일어나도록 개입한다.
③ 내담자는 자신의 행동과 기억 속에 있는 모델의 행동 간에 불일치가 발생하면 수정한다.
④ 다른 친구가 성공적으로 읽기 수행을 하고 나서 칭찬받는 장면을 본 후, 자신도 그와 같이 하면 칭찬을 받을 것이라고 기대하고 동기화된다.
⑤ 다른 친구의 읽기 수행 장면을 주의 깊게 관찰하며 마음속으로 연습한다.

Ⓐ는 동기유발단계에 해당한다.
반두라의 관찰학습 과정
- 주의 : 모방하려는 모델의 행동에 주의를 기울이며, 모델행동의 특징이나 단서를 기억하는 것이다.
- 파지·실행
  - 이전에 관찰된 내용이 기억이 되는 과정으로서, 모델의 행동을 말로 표현하고 머릿속으로 부호화하는 것이다.
  - 마음속으로 상상해보는 내적 시범과 실제로 행동해보는 외적 시연이 있다.
- 운동재생 : 모델의 행동을 상징적으로 부호화하여 기억한 것을 행동으로 전환하는 과정이다.
- 동기유발 : 실행은 강화와 동기적 변수에 위해 좌우되며, 보상을 얻을 수 있을 때만 모방한다.

92 내담자가 작성한 시간관리 매트릭스의 내용에 대해 상담자가 적절하게 개입한 사례는?

	긴급함	긴급하지 않음
중요함	Ⓐ	Ⓒ
중요하지 않음	Ⓑ	Ⓓ

① Ⓐ : 단기간에 모든 정신에너지를 모아 최선을 다해 과제를 수행하도록 조언함
② Ⓑ : 시간을 두고 차분하게 준비해야 하나, 과도한 열정을 쏟을 필요가 없다는 것을 깨닫도록 조언함
③ Ⓒ : 단기간에 최소한의 시간만 할애하고 너무 많은 정신에너지를 투입하지 않도록 조언함
④ Ⓓ : 오랜 시간 동안 규칙적이고 지속적으로 시간을 투자하면서 최선을 다해 수행하도록 조언함
⑤ Ⓒ : 오랜 시간을 투자하는 행위가 시간낭비라고 조언함

시간관리 매트릭스

	긴급한 일	긴급하지 않은 일
중요한 일	1사분면(급하면서 중요한 일) 위기, 급박한 문제, 마감시간이 임박한 프로젝트, 회의, 시험	2사분면(중요하지만 급하지 않은 일) 예방, 준비, 계획, 중장기 계획, 자기계발, (인간)관계 구축, 재충전, 가치관 확립
중요하지 않은 일	3사분면(급하지만 중요하지 않은 일) 불필요한 방해물, 전화, 우편물, 이메일, 다른 이의 사소한 문제	4사분면(급하지도 중요하지도 않은 일) 하찮은 일, 시간낭비 활동, 과도한 TV시청, 인터넷, 즐거운 활동

93 중재반응모형(RTI) 적용 시 순서가 바르게 나열된 것은?

> ㄱ. 일반교육 상황에서 전체 학생지도
> ㄴ. 집중적인 개별화 중재
> ㄷ. 학습장애 위기학생에 대한 소집단 집중교육

① ㄱ → ㄴ → ㄷ
② ㄱ → ㄷ → ㄴ
③ ㄴ → ㄱ → ㄷ
④ ㄴ → ㄷ → ㄱ
⑤ ㄷ → ㄱ → ㄴ

중재-반응 3단계 모형
- 1단계 : 모든 내담자를 대상으로 평가하고, 내담자의 학습에 관한 진전도를 점검하기 위해 일반교육에서 질적이고 핵심적인 교수를 적용하고 평가를 실시하는 것이다(모든 내담자중심 교육).
- 2단계
  - 1단계에서 핵심적인 교육과정을 받았으나 중재에 반응하지 못한 대략 15%의 내담자를 지원하기 위해, 교정적 지원을 필요로 하는 내담자를 진단하고 이들 내담자에게 소집단 중재를 제공하는 것이다(소집단중심 집단교육).
  - 효과적인 중재에 반응하는 정도가 동등한 지적 능력을 소유한 또래들에 비해 적절한지를 점검한다.
- 3단계 : 적어도 1주일에 한 번 이상 진전도 점검을 실시하면서 매일 적어도 30분 동안 개별화(특수교육 지원)된 중재를 제공한다(개별화중심 특수교육).

94 학습문제 진단을 위하여 관찰자가 관찰 대상이나 장면을 미리 정해놓고 그 장면에서 일어나는 행동과 상황, 언어 등을 모두 일어난 순서대로 기록하는 방법은?

① 표본기록법
② 일화기록법
③ 사건표집법
④ 시각표집법
⑤ 인물표집법

관찰법의 종류
- 표본기록법 : 관찰자가 참여 대상이나 장면을 미리 정해놓고 그 장면에서 일어나는 행동과 상황, 언어 등을 모두 일어난 순서대로, 시간 간격별로 기록하는 방법으로 행동의 일화를 가장 자세하고 완전하게 표현하는 관찰 방법이다(지속적 관찰 기록법).
- 일화기록법 : 행동을 직접 관찰하여 객관적이고 서술식으로 기록하되, 중요한 사건이나 핵심이 되는 행동들을 중심으로 짧게 기록하는 방법이다.
- 사건표집법 : 관찰자가 관찰하고자 하는 특정 행동이나 사건을 명확히 선정한 후 해당 사건이 발생하였을 때 기록하는 방법이다.
- 시각(시간)표집법 : 관찰하고자 하는 특정 행동이 정해진 짧은 시간 내에 얼마나 자주 일어나는지의 행동 출현 빈도를 수집하는 시간 표집 관찰 방법이다.

95 반두라(A. Bandura)가 설명한 도덕적 품행과 관련하여 사람들로부터 비난받을 만한 행동을 보다 바람직한 목적을 위한 수단으로 인식하는 것은?

① 도덕적 정당화(Moral Justification)
② 책임감의 확산(Diffusion of Responsibility)
③ 책임감의 치환(Displacement of Responsibility)
④ 비난의 귀인(Attribution of Blame)
⑤ 유리한 비교(Advantageous Comparison)

> ① 도덕적 정당화 : 유해한 행위가 오히려 사회적으로 가치 있고 도덕적 목적에 기여하는 것으로 생각하는 것이다.
> ② 책임감의 확산 : 군중들 사이에 책임감이 공평하기 나뉘기 때문에 어떤 사건을 목격한 사람이 많을수록 개인이 느끼는 책임감은 적어진다는 것이다.
> ③ 책임감의 치환 : 책임을 면하는 것으로, 자신을 명령에 따를 수밖에 없는 수동적인 존재로 치환함으로써 책임을 회피하는 것이다.
> ④ 비난의 귀인 : 피해자를 비난하는 것을 통해 자신을 가해 상황으로 몰린 무고한 희생자라고 주장하고 도덕적 자기 제재로부터 벗어나려 하는 것이다.
> ⑤ 유리한 비교 : 범죄자들이 내가 안 했어도 다른 누군가 했을 거라거나 나보다 더 나쁜 사람들이 많다는 사고 방식을 보이는 것이다.

96 발레란드와 비소네트(Vallerand & Bissonnette)가 구분한 학습동기 단계에서 자율성이 가장 높은 것은?

① 내적 강압 단계(Extrinsic-introjected Regulation)
② 의미 부여 단계(Extrinsic-intergrated Regulation)
③ 지식 탐구 단계(Intrinsic-to Know)
④ 지적 성취 단계(Intrinsic-to Accomplish to Things)
⑤ 지적 자극 추구 단계(Intrinsic-to Experience Stimulation)

> **발레란드와 비소네트가 구분한 학습동기 단계**
> - 무기력 단계 : 학습동기가 전혀 내면화되지 않은 상태이다.
> - 외적 강압 단계 : 누군가가 직접적으로 보상을 주거나 통제를 가하면서 구체적인 행동을 지시할 때 행동을 수행하는 것(처벌을 피하고 보상받기 위해 공부하는 것)이다.
> - 내적 강압 단계 : 스스로 자신의 행동을 통제하기는 하지만 행동을 직접 통제하는 통제자가 다른 사람에서 자신으로 바뀌었을 뿐 외적 가치나 보상체계는 그대로 내면화된 단계이다(학습자는 죄책감이나 긴장·불안을 피하기 위해 공부한다).
> - 유익추구 단계 : 어떤 목표를 이루기 위해 유익한 행동을 스스로 선택하여 수행하는 단계이다.
> - 의미 부여 단계 : 행동을 수행하면서 갈등을 경험하지 않는 단계로 공부하면서 내적 갈등이나 긴장을 경험하지는 않는다.
> - 지식 탐구 추구 단계 : 알고 이해하고 의미를 추구하려는 욕구에 의해 공부하는 단계이다.
> - 지적 성취 추구 단계 : 과제를 완벽하게 수행하는 것이 중요하며, 즐거움과 만족을 얻기 위해 공부하는 단계이다.
> - 지적 자극 추구 단계 : 흥분되는 학습내용을 통하여 강렬한 지적 즐거움을 얻기 위해 공부하는 단계이다.

97 주의집중력 문제와 관련하여 인지적 측면에서 정보처리 능력에 해당하는 것은?

① 자신감
② 학습경험
③ 생활습관
④ 정서적 안정감
⑤ 주변 환경에 대한 신뢰감

① 자신감은 정서영역에 해당한다.
③ 생활습관은 행동영역에 해당한다.
④ 정서적 안정감은 정서영역에 해당한다.
⑤ 주변 환경에 대한 신뢰감은 정서영역에 해당한다.

98 영재아가 학습부진을 경험하게 될 때 영향을 줄 수 있는 요인에 해당하지 않는 것은?

① 둔감성
② 완벽주의
③ 비현실적 기대
④ 대인관계 기술의 결핍
⑤ 창의적 욕구와 능력의 표현 억압

학습부진 영재아는 재능이 뛰어나고 지적으로 우수하나 그런 잠재 능력과 학업성취가 일치하지 않는 영재아로, 신경체계의 과민성을 보이는 경우가 많다.

학습부진 영재아의 특징
- 학습장면에서 전통적인 방식이 아닌 다른 방식으로 지식을 배우고 축적한다.
- 신경체계의 과민성으로 인해 많은 감각자극을 수용하여 지적 능력이 나타나는 반면, 과잉행동성을 나타낼 수 있다.
- 학습과제 실패에 대한 지각은 높고, 성공에 대한 지각은 낮은 경향이 있다.
- 학습에서의 실패 경험으로 파괴적 행동, 낮은 자기효능감 등의 문제를 보이기도 하고, 자아존중감이 낮아져 자신의 능력을 신뢰하지 못하기도 한다.
- 완벽주의로 고통을 받기도 하고, 그러한 성향으로 인해 성공할 가능성이 있는 학업이나 활동만을 선택하는 경향이 있다.
- 주변의 과도한 성취기대 때문에 학습 관련 효능감에 부정적인 영향을 받기도 한다.
- 창의적 욕구와 능력 표현을 억압하는 사회 압력 때문에 사회적 고립을 경험할 수 있다.
- 학교에서 영재 학습 양식에 맞는 교육 기회가 주어지지 않아서 나타날 수 있다.
- 도전하고자 하는 욕구가 강하기 때문에 지나치게 높은 목표를 설정하여 비현실적인 기대를 하게 된다.
- 또래와의 대인관계 기술이 부족하여 사회적 발달이나 사회 적응에 어려움을 겪을 수 있다.

99 시험불안의 원인이 시험상황을 위협적인 상황으로 해석함과 동시에 자신의 능력을 평가절하하는 것이라고 보는 이론적 모델은?

① 행동주의적 모델
② 욕구이론적 모델
③ 정신역동적 모델
④ 인지적 모델
⑤ 상호교류적 과정 모델

> **시험불안의 인지주의적 접근**
> - 인지적 간섭모델 : 시험불안이 높은 사람은 시험상황을 더 위협적인 상황이라고 해석하고 자신의 능력을 평가절하하여 시험을 제대로 보지 못할 것이라는 내적 대화를 하면서 걱정, 염려를 활성화해 결국 정보처리속도가 떨어진다고 본다.
> - 인지적 결핍모델 : 시험불안은 학습전략이 부족하고 결과적으로 시험을 제대로 준비하지 못했다는 것을 인식한 결과로 본다.

100 학업문제 부진아의 일반적인 진단 기준에 해당하지 않는 것은?

① 자아와 미래에 대한 성찰이 결핍되어 있음
② 가정과 학교에서 자신에게 부과된 개인적 책임을 지속적으로 미룸
③ 자신보다는 타인에 대해 좀 더 많은 책임감을 가짐
④ 학업 수행에 관해 과대평가하는 경향성이 있음
⑤ 당황스러움이나 수치심에 대해 두드러진 자기의식 또는 민감성을 보임

> 학업문제 부진아는 사회성과 학습동기가 부족하고 자아개념이 낮아 무관심, 억압, 자기 비하, 태만, 무책임 등의 태도를 보인다.

정답 97 ② 98 ① 99 ④ 100 ⑤

아이들이 답이 있는 질문을 하기 시작하면
그들이 성장하고 있음을 알 수 있다.

- 존 J. 플롬프 -

( )년도 ( )제( )차 국가전문자격시험 답안카드

( )년도 ( )제( )차 국가전문자격시험 답안카드

성 명

교시(차수)기재란
( )교시·차 ① ② ③
문제지 형별기재란
( )형 Ⓐ Ⓑ
선택과목1
선택과목2

수험번호

감독위원 확인
(인)

2025 시대에듀 청소년상담사 2급 한권으로 끝내기

개정12판1쇄 발행	2025년 03월 05일 (인쇄 2025년 01월 22일)
초 판 발 행	2013년 01월 05일 (인쇄 2012년 10월 31일)
발 행 인	박영일
책 임 편 집	이해욱
저　　　자	시대청소년상담사 수험연구소
편 집 진 행	박종옥 · 장민영
표지디자인	김지수
편집디자인	김휘주 · 김보미
발 행 처	(주)시대고시기획
출 판 등 록	제10-1521호
주　　　소	서울시 마포구 큰우물로 75 [도화동 538 성지 B/D] 9F
전　　　화	1600-3600
팩　　　스	02-701-8823
홈 페 이 지	www.sdedu.co.kr
I S B N	979-11-383-8586-2 (13330)
정　　　가	46,000원

※ 이 책은 저작권법의 보호를 받는 저작물이므로 동영상 제작 및 무단전재와 배포를 금합니다.
※ 잘못된 책은 구입하신 서점에서 바꾸어 드립니다.

시대에듀 대표브랜드 청소년상담사 시리즈

판매량 적중률 선호도 1위 20년 연속 청소년상담사 부문

청소년상담사 1급 한권으로 끝내기

- ▶ [분권 구성] 필수 3과목
  + 선택 4과목(비행상담, 성상담, 약물상담, 위기상담) 구성
- ▶ 상담현장전문가인 서울대학교 심리학과 출신 저자 집필
- ▶ 출제경향을 반영한 핵심이론 + 과목별 적중예상문제
- ▶ 부록 - 최근 기출문제(2024년 23회) 수록
- ▶ 최신 개정법령, 청소년백서 완벽 반영

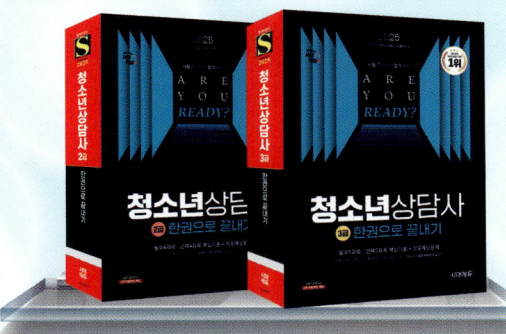

청소년상담사 2급 · 3급 한권으로 끝내기

- ▶ [분권 구성] 필수과목 + 선택과목, 전과목 모두 수록
- ▶ 2급 8과목, 3급 7과목의 방대한 이론을 한권으로 압축
- ▶ 출제경향을 반영한 핵심이론 + 과목별 적중예상문제
- ▶ 부록 - 최근 기출문제(2024년 23회) 수록
- ▶ 유료 동영상 강의교재

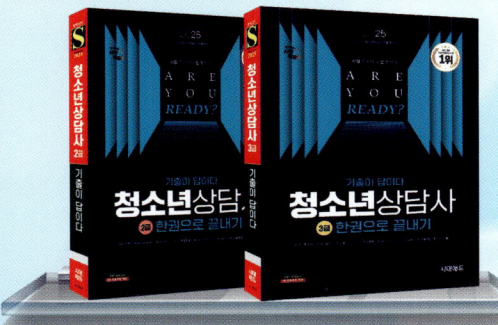

기출이 답이다 청소년상담사 2급 · 3급

- ▶ 2020년 19회~2024년 23회 5개년 기출문제 + 해설 수록
- ▶ 문제풀이와 이론복습을 동시에 해결 가능한 명쾌한 해설
- ▶ 최근 1회분 기출해설(2024년 23회) 강의 무료제공
- ▶ 자격상세정보를 친절하게 제공하는 시험가이드 수록

※ 도서의 이미지와 구성은 변경될 수 있습니다.

실전 감각을 키우는 **청소년상담사 최종모의고사!**

청소년상담사 2급·3급

최종모의고사

① 실전을 대비하는 최종모의고사 5회분 + 해설 구성
② 2급 8과목, 3급 7과목의 필수과목 + 선택과목 모의고사
③ 오답까지 설명해주는 친절한 해설 수록
④ [특별부록] 소책자(최신 기출키워드) 제공
⑤ 유료 동영상 강의교재

※ 도서의 구성 및 이미지는 변경될 수 있습니다.

실제 면접사례로 대비하는 **청소년상담사 2차 면접!**

청소년상담사 2급·3급

2차 면접대비

① 2014년 12회~2023년 22회 실제 면접기출 사례 수록
② 상담현장전문가인 서울대학교 심리학과 출신 저자 집필
③ 면접현장 개인적 질문, 상담 관련 질문, 사례지 질문 완벽대비
④ 청소년상담사 2급·3급 유형별 면접사례 Q&A
⑤ 청소년상담사 윤리강령 + 청소년상담사 면접자료 수록

※ 도서의 구성 및 이미지는 변경될 수 있습니다.

모든 자격증·공무원·취업의 합격정보

 합격 과 좋아요! 정보